Großkommentare der Praxis

Strafgesetzbuch
Leipziger Kommentar

Großkommentar

13., neu bearbeitete Auflage

herausgegeben von
Gabriele Cirener, Henning Radtke, Ruth Rissing-van Saan, Thomas Rönnau,
Wilhelm Schluckebier

Achtzehnter Band
§§ 323a bis 330d

Bearbeiter:
§§ 323a–323c: Andreas Popp
§§ Vor 324–330d: Michael Heghmanns
Sachregister: Christian Klie

DE GRUYTER

ISBN 978-3-11-048897-5
e-ISBN (E-Book) 978-3-11-049030-5
e-ISBN (E-PUB) 978-3-11-048916-3

Library of Congress Control Number: 2021941936

Bibliografische Information der Deutschen Nationalbibliothek
Die Deutsche Nationalbibliothek verzeichnet diese Publikation in der Deutschen Nationalbibliografie; detaillierte bibliografische Daten sind im Internet über http://dnb.dnb.de abrufbar.

Satz/Datenkonvertierung: Meta Systems Publishing & Printservices GmbH, Wustermark
Druck und Bindung: CPI books GmbH, Leck

MIX
Papier aus verantwortungsvollen Quellen
FSC www.fsc.org FSC® C083411

www.degruyter.com

Verzeichnis der Bearbeiter der 13. Auflage

Dr. **Philipp Ambach**, Chief, Victim Participation and Reparations, Section Registry, International Criminal Court
Gerhard Altvater, Bundesanwalt beim Bundesgerichtshof (Abteilungsleiter) a.D., Karlsruhe
Elisabeth Baier, LL.M., Rechtsanwältin, Berlin
Dr. **Christoph Barthe**, Oberstaatsanwalt beim Bundesgerichtshof, Richter am Sondergerichtshof für den Kosovo (Kosovo Specialist Chambers)
Dr. **Alexander Baur**, Juniorprofessor an der Universität Hamburg
Dr. **Christian Brand**, Universität Konstanz
Dr. **Dominik Brodowski**, LL.M. (UPenn), Juniorprofessor an der Universität des Saarlandes
Dr. **Christoph Burchard**, LL.M., Universitätsprofessor an der Goethe-Universität Frankfurt am Main
Dr. **Jens Bülte**, Universitätsprofessor an der Universität Mannheim
Dr. **Tobias Ceffinato**, PD, Staatsanwalt Bayreuth
Gabriele Cirener, Vorsitzende Richterin am Bundesgerichtshof, Leipzig
Dr. **Christoph Coen**, Oberstaatsanwalt beim Bundesgerichtshof, Karlsruhe
Dr. Dr. h.c. **Gerhard Dannecker**, Seniorprofessor an der Ruprecht-Karls-Universität Heidelberg
Dr. **Tobias Engelstätter**, Oberstaatsanwalt beim Bundesgerichtshof, Karlsruhe
Dr. **Robert Esser**, Universitätsprofessor an der Universität Passau
Dr. **Julia Gebhard**, Legislative Support Officer, OSZE Büro für Demokratische Institutionen und Menschenrechte (OSZE/ODIHR)
Dr. **Oliver Harry Gerson**, Universität Passau
Dr. **Ferdinand Gillmeister**, Rechtsanwalt, Freiburg, Honorarprofessor an der Universität Bayreuth
Dr. **Ingke Goeckenjan**, Universitätsprofessorin an der Ruhr-Universität Bochum
Dr. **Luís Greco**, LL.M., Universitätsprofessor an der Humboldt-Universität zu Berlin
Anette Greger, Oberstaatsanwältin beim Bundesgerichtshof, Karlsruhe
Dr. **Andreas Grube**, Richter am Bundesgerichtshof, Karlsruhe
Dr. **Anette Grünewald**, Universitätsprofessorin an der Friedrich-Schiller-Universität Jena
Dr. **Georg-Friedrich Güntge**, Leitender Oberstaatsanwalt bei der Generalstaatsanwaltschaft in Schleswig, Honorarprofessor an der Christian-Albrechts-Universität zu Kiel
Dr. **Michael Heghmanns**, Universitätsprofessor an der Westfälischen Wilhelms-Universität Münster, Vorsitzender Richter am Landgericht Münster
Gregor Herb, Vorsitzender Richter am Landgericht Berlin
Dr. **Mayeul Hiéramente**, Rechtsanwalt, Hamburg
Dr. Dr. **Eric Hilgendorf**, Universitätsprofessor an der Julius-Maximilians-Universität Würzburg
Dr. **Tatjana Hörnle**, Direktorin des MPI zur Erforschung von Kriminalität, Sicherheit und Recht, Freiburg i.Brsg., Honorarprofessorin an der Humboldt-Universität zu Berlin
Dr. **Kristian Hohn**, Privatdozent an der Bucerius Law School Hamburg
Dr. **Jutta Hubrach**, Vorsitzende Richterin am Oberlandesgericht Düsseldorf
Dr. **Florian Jeßberger**, Universitätsprofessor an der Humboldt-Universität zu Berlin
Dr. **Johannes Koranyi**, Richter am Landgericht Bonn
Dr. **Peter König**, Richter am Bundesgerichtshof, Leipzig, Honorarprofessor an der Ludwig-Maximilians-Universität München
Dr. **Ralf Krack**, Universitätsprofessor an der Universität Osnabrück
Juliane Krause, Richterin am Bayerischen Obersten Landesgericht, Bamberg
Dr. **Matthias Krauß**, Bundesanwalt beim Bundesgerichtshof, Karlsruhe
Dr. **Christoph Krehl**, Richter am Bundesgerichtshof, Karlsruhe, Honorarprofessor an der Goethe-Universität Frankfurt am Main
Helena Krüger, Wissenschaftliche Mitarbeiterin an der Universität Passau

https://doi.org/10.1515/9783110490305-201

Dr. **Matthias Krüger**, Universitätsprofessor an der Universität München
Dr. Dr. h.c. **Michael Kubiciel**, Universitätsprofessor an der Universität Augsburg
Dr. **Hans Kudlich**, Universitätsprofessor an der Friedrich-Alexander-Universität Erlangen-Nürnberg
Dr. **Michael Lindemann**, Universitätsprofessor an der Universität Bielefeld
Dr. **Alexander Linke**, Richter am Landgericht Köln
Kai Lohse, Bundesanwalt beim Bundesgerichtshof, Karlsruhe
Dr. **Manfred Möhrenschlager**, Ministerialrat a.D., Bonn
Dr. **Andreas Mosbacher**, Richter am Bundesgerichtshof, Leipzig, Honorarprofessor an der Universität Leipzig
Dr. **Svenja Münzner**, Lehrbeauftragte an der Justus-Liebig-Universität Gießen, Staatsanwältin beim Bundesgerichtshof, Karlsruhe
Dr. **Uwe Murmann**, Universitätsprofessor an der Georg-August-Universität Göttingen
Dr. **Nina Nestler**, Universitätsprofessorin an der Universität Bayreuth
Dr. **Jens Peglau**, Richter am Oberlandesgericht Hamm
Dr. **Andreas Popp**, M.A., Universitätsprofessor an der Universität Konstanz
Dr. **Henning Radtke**, Richter des Bundesverfassungsgerichts, Karlsruhe, Honorarprofessor an der Leibniz Universität Hannover
Dr. **Ruth Rissing-van Saan**, Vorsitzende Richterin am Bundesgerichtshof a.D., Bochum, Honorarprofessorin an der Ruhr-Universität Bochum
Dr. **Thomas Rönnau**, Universitätsprofessor an der Bucerius Law School Hamburg
Dr. **Henning Rosenau**, Universitätsprofessor an der Martin-Luther-Universität Halle-Wittenberg
Dr. **Wolfgang Ruß**, Vorsitzender Richter am Bundesgerichtshof a.D., Karlsruhe
Dr. h.c. **Wilhelm Schluckebier**, Richter des Bundesverfassungsgerichts a.D., Karlsruhe
Dr. **Wilhelm Schmidt**, Bundesanwalt beim Bundesgerichtshof a.D., Karlsruhe
Dr. **Ursula Schneider**, Richterin am Bundesgerichtshof, Leipzig
Daniel Scholze, Richter am Landgericht Ravensburg
Dr. Dres. h.c. **Friedrich-Christian Schroeder**, em. Universitätsprofessor an der Universität Regensburg
Dr. Dr. h.c. mult. **Bernd Schünemann**, em. Universitätsprofessor an der Ludwig-Maximilians-Universität München
Dr. **Jan C. Schuhr**, Universitätsprofessor an der Ruprecht-Karls-Universität Heidelberg
Dr. **Christoph Sowada**, Universitätsprofessor an der Universität Greifswald
Dr. **Mark Steinsiek**, Ministerialrat, Niedersächsisches Ministerium für Wirtschaft, Arbeit, Verkehr und Digitalisierung
Dr. **Brian Valerius**, Universitätsprofessor an der Universität Bayreuth
Dr. **Torsten Verrel**, Universitätsprofessor an der Universität Bonn
Dr. Dr. Dr. h.c. **Thomas Vormbaum**, Universitätsprofessor an der Fern-Universität in Hagen
Dr. **Tonio Walter**, Universitätsprofessor an der Universität Regensburg, Richter am Bayerischen Obersten Landesgericht
Dr. **Thomas Weigend**, em. Universitätsprofessor an der Universität zu Köln
Jochen Weingarten, Oberstaatsanwalt beim Bundesgerichtshof, Karlsruhe
Lienhard Weiß, Bundesanwalt beim Bundesgerichtshof, Karlsruhe
Dr. **Gerhard Werle**, Universitätsprofessor an der Humboldt-Universität zu Berlin
Stefan Wiedner, Richter am Oberlandesgericht Koblenz
Dr. **Gereon Wolters**, Universitätsprofessor an der Ruhr-Universität Bochum, Mitglied des Verfassungsgerichtshofes für das Land Nordrhein-Westfalen
Dr. **Frank Zieschang**, Universitätsprofessor an der Julius-Maximilians-Universität Würzburg
Dr. **Georg Zimmermann**, Vorsitzender Richter am Landgericht Bielefeld
Kathrin Zitzelsberger, Universität Passau

Vorwort

Der jetzt vorgelegte Band 18 enthält die Kommentierung der Tatbestände des Vollrauschs (§ 323a), der Gefährdung einer Entziehungskur (§ 323b) und der nach § 323c strafbaren unterlassenen Hilfeleistung, sowie die Umweltstraftaten gemäß den §§ 324–330d. Er umfasst damit Straftatbestände, die gewichtige Rechtsgüter der Allgemeinheit schützen. Insbesondere Straftaten gegen die Umwelt gefährden Gesundheit und Leben vieler Menschen und sind deshalb zu Recht in den letzten Jahren zum Gegenstand verstärkter öffentlicher Aufmerksamkeit geworden. Gerade vor dem Hintergrund des Klimawandels ist die Frage, inwieweit Umweltstrafrecht zum nationalen und weltweiten Klimaschutz beitragen kann, hochaktuell.

Den Part der Umweltstraftaten hat in der 13. Auflage erstmals Michael Heghmanns übernommen, da Manfred Möhrenschlager, Autor der Vorauflage, aus persönlichen Gründen ausgeschieden ist. Verlag und Herausgeber danken ihm für seine wertvolle Vorarbeit in der 12. Auflage. Gleichzeitig begrüßen sie herzlich Michael Heghmanns im Kreis der Autorinnen und Autoren und sind dankbar, dass er sich dieser komplexen Materie erfolgreich angenommen hat. Die Straftatbestände der §§ 323a–323c sind demgegenüber in der bewährten Kommentierung durch Andreas Popp verblieben, dem Verlag und Herausgeber für seine Bereitschaft zur weiteren Mitarbeit herzlich danken.

Der Stand der Kommentierungen ist durchweg März 2021.

Bochum im Juni 2021 — Ruth Rissing-van Saan

https://doi.org/10.1515/9783110490305-202

Inhaltsverzeichnis

Abkürzungsverzeichnis

AA	Auswärtiges Amt
aA	anderer Ansicht
a. a. O.	am angegebenen Ort
AbfG	Gesetz über die Vermeidung und Entsorgung von Abfällen (Abfallgesetz)
AbfVerbrG	Gesetz über die Überwachung und Kontrolle der grenzüberschreitenden Verbringung von Abfällen (Abfallverbringungsgesetz)
Abg.	Abgeordneter
AbgO	Reichsabgabenordnung
abgedr.	abgedruckt
Abk.	Abkommen
abl.	ablehnend
ABl.	Amtsblatt
AblEU	Amtsblatt der Europäischen Union (ab 2003); Ausgabe C: Mitteilungen und Bekanntmachungen; Ausgabe L: Rechtsvorschriften
AblKR	Amtsblatt des Kontrollrats
Abs.	Absatz
Abschn.	Abschnitt
abw.	abweichend
AbwAG	Abwasserabgabengesetz
AcP	Archiv für civilistische Praxis (zit. nach Band u. Seite)
AdVermiG	Gesetz über die Vermittlung der Annahme als Kind und über das Verbot der Vermittlung von Ersatzmüttern (Adoptionsvermittlungsgesetz)
AE	Alternativ-Entwurf eines StGB, 1966 ff.
a. E.	am Ende
AEUV	Vertrag über die Arbeitsweise der Europäischen Union
AfP	Zeitschrift für das gesamte Medienrecht / Archiv für Presserecht
ÄndG	Änderungsgesetz
ÄndVO	Änderungsverordnung
a. F.	alte Fassung
AFG	Arbeitsförderungsgesetz
AfP	Archiv für Presserecht
AG	Amtsgericht; in Verbindung mit einem Gesetz: Ausführungsgesetz
AGBG/AGB-Gesetz	Gesetz zur Regelung des Rechts der Allgemeinen Geschäftsbedingungen
AHK	Alliierte Hohe Kommission
AIDP	Association Internationale de Droit Pénal
AktG	Gesetz über Aktiengesellschaften und Kommanditgesellschaften auf Aktien (Aktiengesetz)
AktO	Anweisung für die Verwaltung des Schriftguts bei den Geschäftsstellen der Gerichte und der Staatsanwaltschaften (Aktenordnung)
allg.	allgemein
allg. M.	allgemeine Meinung
Alt.	Alternative
aM	anderer Meinung
A&M	Arzneimittel und Recht (Zeitschrift für Arzneimittel und Arzneimittelpolitik)
AMG	Arzneimittelgesetz
amtl. Begr.	amtliche Begründung
and.	anders
Angekl.	Angeklagte(r)
Anh.	Anhang
AnhRügG	Gesetz über die Rechtsbehelfe bei Verletzung des Anspruchs auf rechtliches Gehör (Anhörungsrügengesetz)
Anl.	Anlage
Anm.	Anmerkung
Annalen	Annalen des Reichsgerichts
AnwBl.	Anwaltsblatt

https://doi.org/10.1515/9783110490305-203

ao	außerordentlich
AO 1977	Abgabenordnung
AöR	Archiv des öffentlichen Rechts
AOStrÄndG	Gesetz zur Änderung strafrechtlicher Vorschriften der Reichsabgabenordnung und anderer Gesetze
AP	Arbeitsrechtliche Praxis (Nachschlagewerk des Bundesarbeitsgerichts)
APuZ	Aus Politik und Zeitgeschichte
AR	Arztrecht
ArchKrim.	Archiv für Kriminologie
ArchPF	Archiv für das Post- und Fernmeldewesen
ArchPR	Archiv für Presserecht
ArchPT	Archiv für Post und Telekommunikation
ARSP	Archiv für Rechts- und Sozialphilosophie
Art.	Artikel
AT	Allgemeiner Teil des Strafgesetzbuches
AtG/AtomG	Gesetz über die friedliche Verwendung der Kernenergie und den Schutz gegen ihre Gefahren (Atomgesetz)
AÜG	Arbeitnehmerüberlassungsgesetz
Auff.	Auffassung
aufgehob.	aufgehoben
Aufl.	Auflage
Aufs.	Aufsatz
AuR	Arbeit und Recht
ausdrückl.	ausdrücklich
ausführl.	ausführlich
AusfVO	Ausführungsverordnung
ausl.	ausländisch
AuslG	Ausländergesetz
AusnVO	Ausnahmeverordnung
ausschl.	ausschließlich
AV	Allgemeine Verfügung
AVG	Angestelltenversicherungsgesetz
AWG	Außenwirtschaftsgesetz
AWG/StÄG	Gesetz zur Änderung des Außenwirtschaftsgesetzes, des Strafgesetzbuches und anderer Gesetze
Az.	Aktenzeichen
b.	bei
BA	Blutalkohol, Wissenschaftliche Zeitschrift für die medizinische und die juristische Praxis
BAG	Bundesarbeitsgericht
BAGE	Entscheidungen des Bundesarbeitsgerichts (zit. nach Band u. Seite)
BAK	Blutalkoholkonzentration
BÄK	Bundesärztekammer
BÄO	Bundesärzteordnung
BAnz.	Bundesanzeiger
BauFordSiG	Bauforderungssicherungsgesetz
BauGB	Baugesetzbuch
BauR	Zeitschrift für das gesamte öffentliche und private Baurecht
Bay.	Bayern, bayerisch
BayBS	Bereinigte Sammlung des Bayerischen Landesrechts (1802–1956)
BayJagdG	Bayerisches Jagdgesetz
BayLSG	Bayerisches Landessozialgericht
BayObLG	Bayerisches Oberstes Landesgericht
BayObLGSt	Sammlung von Entscheidungen des Bayerischen Obersten Landesgerichts in Strafsachen
BayPAG	Bayerisches Polizeiaufgabengesetz
BayVBl.	Bayerische Verwaltungsblätter

BayVerf.	Verfassung des Freistaates Bayern
BayVerfGHE	s. BayVGHE
BayVerwBl.	Bayerische Verwaltungsblätter
BayVGH	Bayerischer Verwaltungsgerichtshof
BayVGHE	Sammlung von Entscheidungen des Bayerischen Verwaltungsgerichtshofs mit Entscheidungen des Bayerischen Verfassungsgerichtshofs, des Bayerischen Dienststrafhofs und des Bayerischen Gerichtshofs für Kompetenzkonflikte
BayZ	Zeitschrift für Rechtspflege in Bayern (1905–1934)
BB	Betriebs-Berater
BBG	Bundesbeamtengesetz
Bbg	Brandenburg
BBodSchG	Gesetz zum Schutz vor schädlichen Bodenveränderungen und zur Sanierung von Altlasten (Bundes-Bodenschutzgesetz)
Bd., Bde	Band, Bände
BDH	Bundesdisziplinarhof
BDO	Bundesdisziplinarordnung
BDSG	Bundesdatenschutzgesetz
Bearb.	Bearbeitung
BeckRS	Beck-Rechtsprechung
begl.	beglaubigt
BegleitG zum TKG	Begleitgesetz zum Telekommunikationsgesetz
Begr., begr.	Begründung, begründet
Bek.	Bekanntmachung
Berliner AnwBl.	Berliner Anwaltsblatt
Bekl., bekl.	Beklagter, beklagt
Bem.	Bemerkung
ber.	berichtigt
bes.	besonders, besondere(r, s)
Beschl.	Beschluss
Beschw.	Beschwerde
Bespr.	Besprechung
Best.	Bestimmung
BestechungsVO	Bestechungsverordnung
bestr.	bestritten
betr.	betreffend
BeurkG	Beurkundungsgesetz
BewH	Bewährungshilfe
BezG	Bezirksgericht
BFH	Bundesfinanzhof
BFHE	Entscheidungen des Bundesfinanzhofs (zit. nach Band u. Seite)
BfJG	Gesetz über die Errichtung des Bundesamtes für Justiz = Art. 1 des Gesetzes zur Errichtung und zur Regelung der Aufgaben des Bundesamtes für Justiz
BG	Bundesgericht (Schweiz)
BGB	Bürgerliches Gesetzbuch
BGBl. I, II, III	Bundesgesetzblatt Teil I, II und III
BGE	Entscheidungen des Schweizerischen Bundesgerichts (Amtliche Sammlung)
BGH	Bundesgerichtshof
BGHGrS	Bundesgerichtshof, Großer Senat
BGHR	BGH-Rechtsprechung
BGHSt	Entscheidungen des Bundesgerichtshofes in Strafsachen
BGHZ	Entscheidungen des Bundesgerichtshofes in Zivilsachen
BG Pr.	Die Praxis des Bundesgerichts (Entscheidungen des schweizerischen Bundesgerichts)
BilMoG	Gesetz zur Modernisierung des Bilanzrechts
BImSchG	Bundes-Immissionsschutzgesetz
BImSchVO	Bundes-Immissionsschutzverordnung

BinnSchiffG/ BinSchG	Gesetz betr. die privatrechtlichen Verhältnisse der Binnenschifffahrt (Binnenschiffahrtsgesetz)
BiRiLiG	Bilanzrichtlinien-Gesetz
BJagdG	Bundesjagdgesetz
BJM	Basler Juristische Mitteilungen
BK	Basler Kommentar zum Strafgesetzbuch; auch: Bonner Kommentar zum Grundgesetz
BKA	Bundeskriminalamt
BKAG/BKrimAG	Gesetz über die Einrichtung eines Bundeskriminalpolizeiamtes (Bundeskriminalamtes)
Bln.	Berlin
Bln.GVBl.Sb.	Sammlung des bereinigten Berliner Landesrechts, Sonderband I (1806–1945) und II (1945–1967)
BlStSozArbR	Blätter für Steuern, Sozialversicherung und Arbeitsrecht
Blutalkohol	Blutalkohol, Wissenschaftliche Zeitschrift für die medizinische und juristische Praxis
BMI	Bundesminister(ium) des Inneren
BMJ	Bundesminister(ium) der Justiz
BNatSchG	Gesetz über Naturschutz und Landschaftspflege (Bundesnaturschutzgesetz)
BNotÄndG	Drittes Gesetz zur Änderung der Bundesnotarordnung und anderer Gesetze
BNotO	Bundesnotarordnung
BPolG	Bundespolizeigesetz
BR	Bundesrat
BRAGO	Bundesgebührenordnung für Rechtsanwälte
BRAK	Bundesrechtsanwaltskammer
BranntwMG/ BranntwMonG	Branntweinmonopolgesetz
BRAO	Bundesrechtsanwaltsordnung
BRAOÄndG	Gesetz zur Änderung der Bundesrechtsanwaltsordnung, der Patentrechtsanwaltsordnung und anderer Gesetze
BRD	Bundesrepublik Deutschland
BR-Drs./BRDrucks.	Bundesrats-Drucksache
BReg.	Bundesregierung
Brem.	Bremen
BremPolG	Bremisches Polizeigesetz
BRJ	Bonner Rechtsjournal
BRProt.	Protokolle des Bundesrates
BRRG	Beamtenrechtsrahmengesetz
BRStenBer.	Verhandlungen des Bundesrates, Stenographische Berichte (zit. nach Sitzung u. Seite)
BS	Sammlung des bereinigten Landesrechts
BSeuchG	Bundes-Seuchengesetz
BSG	Bundessozialgericht
BSGE	Entscheidungen des Bundessozialgerichts (zit. nach Band u. Seite)
BSHG	Bundessozialhilfegesetz
Bsp.	Beispiel
BStBl.	Bundessteuerblatt
BT	Besonderer Teil des StGB; auch: Bundestag
BT-Drs./BTDrucks.	Bundestags-Drucksache
BtMG	Gesetz über den Verkehr mit Betäubungsmitteln (Betäubungsmittelgesetz)
BTProt.	s. BTVerh.
BTRAussch.	Rechtsausschuss des Deutschen Bundestags
BTStenBer.	Verhandlungen des deutschen Bundestages, Stenographische Berichte (zit. nach Wahlperiode u. Seite)
BTVerh.	Verhandlungen des Deutschen Bundestages
Buchst.	Buchstabe
BVerfG	Bundesverfassungsgericht
BVerfGE	Entscheidungen des Bundesverfassungsgerichts
BVerfGG	Gesetz über das Bundesverfassungsgericht
BVerwG	Bundesverwaltungsgericht
BVerwGE	Entscheidungen des Bundesverwaltungsgerichts

BVV	Beitragsverfahrensverordnung
BVwVfG	(Bundes-)Verwaltungsverfahrensgesetz
BW	Baden-Württemberg
bzgl.	bezüglich
BZR	Bundeszentralregister
BZRG	Gesetz über das Bundeszentralregister und das Erziehungsregister (Bundeszentralregistergesetz)
bzw.	beziehungsweise
ca.	circa
CCZ	Corporate Compliance Zeitschrift
ChemG	Gesetz zum Schutz vor gefährlichen Stoffen (Chemikaliengesetz)
CR	Computer und Recht
CJB	Criminal Justice and Behavior
CWÜAG	AusführungsG zum Chemiewaffenübereinkommen (CWÜ-AG)
DA	Deutschland Archiv
DÄBl.	Deutsches Ärzteblatt
dagg.	dagegen
DAR	Deutsches Autorecht
DAV	Deutscher Anwaltsverein
DB	Der Betrieb
DDevR	Deutsche Devisen-Rundschau (1951–1959)
DDR	Deutsche Demokratische Republik
DDT-G	Gesetz über den Verkehr mit DDT (DDT-Gesetz)
DepotG	Gesetz über die Verwahrung und Anschaffung von Wertpapieren (Depotgesetz)
ders./dies.	derselbe/dieselbe
dgl.	dergleichen
DGVZ	Deutsche Gerichtsvollzieher-Zeitung
d. h.	das heißt
dies.	dieselbe(n)
Diff., diff.	Differenzierung, differenzierend
Diss.	Dissertation
DJ	Deutsche Justiz, Rechtspflege und Rechtspolitik
djb	Deutscher Juristinnenbund
DJT	Deutscher Juristentag
DJZ	Deutsche Juristenzeitung (1896–1936)
DMW	Deutsche Medizinische Wochenschrift
DNA-AnalysG	Gesetz zur Novellierung der forensischen DNA-Analyse
DNutzG	Gesetz zur effektiven Nutzung von Dateien im Bereich der Staatsanwaltschaften
DÖV	Die Öffentliche Verwaltung
DOGE	Entscheidungen des Deutschen Obergerichts für das Vereinigte Wirtschaftsgebiet
DR	Deutsches Recht, Wochenausgabe (vereinigt mit Juristische Wochenschrift) (1931–1945)
DRechtsw.	Deutsche Rechtswissenschaft (1936–1943)
DRiB	Deutscher Richterbund
DRiG	Deutsches Richtergesetz
DRiZ	Deutsche Richterzeitung
DRM	Deutsches Recht, Monatsausgabe (vereinigt mit Deutsche Rechtspflege)
DRpfl.	Deutsche Rechtspflege (1936–1939)
Drs./Drucks.	Drucksache
DRsp.	Deutsche Rechtsprechung, hrsg. von Feuerhake (Loseblattsammlung)
DRZ	Deutsche Rechts-Zeitschrift (1946–1950)
DSB	Datenschutzberater
DStR	Deutsches Strafrecht (1934–1944); jetzt: Deutsches Steuerrecht
DStrR	Deutsches Steuerrecht
DStrZ	Deutsche Strafrechts-Zeitung (1914–1922)

DStZ A	Deutsche Steuerzeitung, bis Jg. 67 (1979): Ausgabe A
dt.	deutsch
DtZ	Deutsch-Deutsche Rechts-Zeitschrift
DuD	Datenschutz und Datensicherheit
DuR	Demokratie und Recht
DV	Datenverarbeitung
DVBl.	Deutsches Verwaltungsblatt
DVJJ	Deutsche Vereinigung für Jugendgerichte und Jugendgerichtshilfen e.V.
DVO	Durchführungsverordnung
DVollzO	Dienst- und Vollzugsordnung
DVP	Deutsche Verwaltungspraxis
DVR	Datenverarbeitung im Recht (bis 1985, danach vereinigt mit IuR)
DWW	Deutsche Wohnungswirtschaft
DZWIR	Deutsche Zeitschrift für Wirtschafts- und Insolvenzrecht
E	Entwurf; auch: Entscheidung
E 1927	Entwurf eines Allgemeinen Deutschen Strafgesetzbuches nebst Begründung (Reichstagsvorlage) 1927
E 62	Entwurf eines Strafgesetzbuches mit Begründung 1962
EAO	Entwurf einer Abgabenordnung
ec	electronic cash
ebd.	ebenda
EBM	Einheitlicher Bewertungsmaßstab
ebso.	ebenso
ed(s)	editor(s)
EDV	Elektronische Datenverarbeitung
EEGOWiG	Entwurf eines Einführungsgesetzes zum Gesetz über Ordnungswidrigkeiten
EEGStGB	Entwurf eines Einführungsgesetzes zum Strafgesetzbuch (EGStGB)
EFG	Entscheidungen der Finanzgerichte
EG	Einführungsgesetz bzw. Europäische Gemeinschaft(en) bzw. Erinnerungsgabe
EGBGB	Einführungsgesetz zum Bürgerlichen Gesetzbuch
EG-FinanzschutzG/ EGFinSchG	Gesetz zum Übereinkommen v. 26.8.1995 über den Schutz der finanziellen Interessen der Europäischen Gemeinschaften
EGGVG	Einführungsgesetz zum Gerichtsverfassungsgesetz
EGH/EhrenGHE	Ehrengerichtliche Entscheidungen der Ehrengerichtshöfe der Rechtsanwaltschaft des Bundesgebiets und des Landes Berlin
EGInsO	Einführungsgesetz zur Insolvenzordnung
EGInsOÄndG	Gesetz zur Änderung des Einführungsgesetzes zur Insolvenzordnung und anderer Gesetze
EGKS	Europäische Gemeinschaft für Kohle und Stahl
EGMR	Europäischer Gerichtshof für Menschenrechte
EGOWiG	Einführungsgesetz zum Gesetz über Ordnungswidrigkeiten
EGStGB	Einführungsgesetz zum Strafgesetzbuch
EGStPO	Einführungsgesetz zur Strafprozeßordnung
EGV	Vertrag zur Gründung der Europäischen Gemeinschaft
EheG	Ehegesetz
ehem.	ehemalig
Einf.	Einführung
eingeh.	eingehend
einschl.	einschließlich
einschr.	einschränkend
Einl.	Einleitung
EJF	Entscheidungen aus dem Jugend- und Familienrecht (1951–1969)
EKMR	Europäische Kommission für Menschenrechte
EmmingerVO	Verordnung über Gerichtsverfassung und Strafrechtspflege
EMRK	Europäische Menschenrechtskonvention
entgg.	entgegen

Entsch.	Entscheidung
entspr.	entsprechend
Entw.	Entwurf
Erg.	Ergebnis bzw. Ergänzung
ErgBd.	Ergänzungsband
ErgThG	Ergotherapeutengesetz
Erl.	Erläuterung
Erw.	Erwiderung
ESchG	Embryonenschutzgesetz
EssGespr.	Essener Gespräche zum Thema Staat und Kirche
EStG	Einkommensteuergesetz
etc.	et cetera
Ethik Med.	Ethik in der Medizin
ETS	European Treaty Series
EU	Europäische Union
EU-ABl	Amtsblatt der Europäischen Union
EUBestG	Gesetz zum Protokoll v. 27.9.1996 zum Übereinkommen über den Schutz der finanziellen Interessen der Europäischen Gemeinschaften (EU-Bestechungsgesetz)
EuCLR	European Criminal Law Review
eucrim	The European Criminal Law Associations' Forum
EuGH	Gerichtshof der Europäischen Gemeinschaft
EuGHE	Entscheidungen des Gerichtshofs der Europäischen Gemeinschaften – Amtliche Sammlung
EuGRZ	Europäische Grundrechte-Zeitschrift
EuHbG	Gesetz zur Umsetzung des Rahmenbeschlusses über den Europäischen Haftbefehl und die Übergabeverfahren zwischen den Mitgliedstaaten der Europäischen Union (Europäisches Haftbefehlsgesetz – EuHbG)
EuR	Europarecht
EurGHMR	Europäischer Gerichtshof für Menschenrechte
EurKomMR	Europäische Kommission für Menschenrechte
europ.	europäisch
EuropolG	Europol-Gesetz
EUV	Vertrag über die Europäische Union
EuZW	Europäische Zeitschrift für Wirtschaftsrecht
EV	Vertrag zwischen der Bundesrepublik Deutschland und der Deutschen Demokratischen Republik über die Herstellung der Einheit Deutschlands – Einigungsvertrag
EV I bzw. II	Anlage I bzw. II zum EV
evtl.	eventuell
EWG	Europäische Wirtschaftsgemeinschaft
EWGV	Vertrag zur Gründung der Europäischen Wirtschaftsgemeinschaft
EWIR	Entscheidungen zum Wirtschaftsrecht
EWiV	Europäische wirtschaftliche Interessenvereinigung
EWR	Schriftenreihe zum europäischen Weinrecht; auch: Europäischer Wirtschafts-Raum
EzSt	Entscheidungssammlung zum Straf- u. Ordnungswidrigkeitenrecht, hrsg. von Lemke
f., ff.	folgende, fortfolgende
FA	Fachanwalt für Arbeitsrecht
FAG	Gesetz über Fernmeldeanlagen
FamRZ	Ehe und Familie im privaten und öffentlichen Recht, Zeitschrift für das gesamte Familienrecht
FAO	Fachanwaltsordnung
FAZ	Frankfurter Allgemeine Zeitung
FD-StrafR	Fachdienst Strafrecht
Festschr.	Festschrift
FG	Finanzgericht; auch: Festgabe
FGG	Gesetz über die Angelegenheiten der freiwilligen Gerichtsbarkeit
FGO	Finanzgerichtsordnung
fin.	finanziell

FinDAG	Finanzdienstleistungsaufsichtsgesetz
FinVerwG/FVG	Gesetz über die Finanzverwaltung
FlaggRG/FlRG	Gesetz über das Flaggenrecht der Seeschiffe und die Flaggenführung der Binnenschiffe (Flaggenrechtsgesetz)
FLF	Finanzierung, Leasing, Factoring
FlRV	Flaggenrechtsverordnung
FMStG	Finanzmarktstabilisierungsgesetz
Fn.	Fußnote
Forens Psychiatr Psychol Kriminol	Forensische Psychiatrie, Psychologie, Kriminologie
Fortschr Neurol Psychiat	Fortschritte der Neurologie. Psychiatrie
fragl.	fraglich
FS	Festschrift
G bzw. Ges.	Gesetz
G 10	Gesetz zur Beschränkung des Brief-, Post- und Fernmeldegeheimnisses (Gesetz zu Artikel 10 Grundgesetz)
GA	Goltdammer's Archiv für Strafrecht, zit. nach Jahr u. Seite (bis 1933: Archiv für Strafrecht und Strafprozeß, zit. nach Band u. Seite)
GAA	Geldausgabeautomat
GBA	Generalbundesanwalt
GBG	Gesetz über die Beförderung gefährlicher Güter
GBl.	Gesetzblatt
GbR	Gesellschaft bürgerlichen Rechts
geänd.	geändert
GebFra	Geburtshilfe und Frauenheilkunde
GedS	Gedächtnisschrift
gem.	gemäß
Gemeinsame-Dateien-Gesetz	Gesetz zur Errichtung gemeinsamer Dateien von Polizeibehörden und Nachrichtendiensten des Bundes und der Länder
GenG	Gesetz betreffend die Erwerbs- und Wirtschaftsgenossenschaften
GenStA	Generalstaatsanwalt
GerS	Der Gerichtssaal
GeschlKG/GeschlkrG	Gesetz zur Bekämpfung der Geschlechtskrankheiten
GeschO	Geschäftsordnung
gesetzl.	gesetzlich
GesO	Gesamtvollstreckungsordnung
GesR	Gesundheitsrecht (Zeitschrift für Arztrecht, Krankenrecht, Apotheken- und Arzneimittelrecht)
GesRZ	Der Gesellschafter
GewArch	Gewerbearchiv, Zeitschrift für Gewerbe- und Wirtschaftsverwaltungsrecht
GewO	Gewerbeordnung
GewVerbrG	Gesetz gegen gefährliche Gewohnheitsverbrecher und über Maßregeln der Sicherung und Besserung
gg.	gegen
GG	Grundgesetz für die Bundesrepublik Deutschland
ggf.	gegebenenfalls
GjS/GjSM	Gesetz über die Verbreitung jugendgefährdender Schriften und Medieninhalte
GKG	Gerichtskostengesetz
GKÖD	Gesamtkommentar Öffentliches Dienstrecht
gl.	gleich
GmbHG	Gesetz betreffend die Gesellschaften mit beschränkter Haftung
GmbHR/GmbH-Rdsch	GmbH-Rundschau (vorher: Rundschau für GmbH)
GMBl.	Gemeinsames Ministerialblatt

GnO	Gnadenordnung (Landesrecht)
GOÄ	Gebührenordnung für Ärzte
GoB	Grundsätze ordnungsmäßiger Buchführung
GoBi	Grundsätze ordnungsmäßiger Bilanzierung
grdl.	grundlegend
grds.	grundsätzlich
GrS	Großer Senat
GrSSt	Großer Senat in Strafsachen
GRUR	Gewerblicher Rechtsschutz und Urheberrecht
GS	Der Gerichtssaal (zit. nach Band u. Seite); auch: Gedächtnisschrift
GSNW	Sammlung des bereinigten Landesrechts Nordrhein-Westfalen (1945–1956)
GSSchlH	Sammlung des schleswig-holsteinischen Landesrechts, 2 Bde (1963)
GÜG	Gesetz zur Überwachung des Verkehrs mit Grundstoffen, die für die unerlaubte Herstellung von Betäubungsmitteln mißbraucht werden können (Grundstoffüberwachungsgesetz)
GV	Gemeinsame Verfügung (mehrerer Ministerien) (auch: Grundlagenvertrag)
GVBl.	Gesetz- und Verordnungsblatt
GVBl. I–III	Sammlung des bereinigten Hessischen Landesrechts
GVG	Gerichtsverfassungsgesetz
GWB	Gesetz gegen Wettbewerbsbeschränkungen
GwG	Gesetz über das Aufspüren von Gewinnen aus schweren Straftaten (Geldwäschegesetz)
h. A.	herrschende Ansicht
HaagLKO/HLKO	Haager Abkommen betr. die Gesetze und Gebräuche des Landkriegs
HAG	Heimarbeitsgesetz
Hamb.	Hamburg
HambJVBl	Hamburgisches Justizverwaltungsblatt
HambSOG	Hamburger Sicherheits- und Ordnungsgesetz
HannRpfl	Hannoversche Rechtspflege
Hans.	Hanseatisch
HansGZ bzw. HGZ	Hanseatische Gerichtszeitung (1889–1927)
HansJVBl	Hanseatisches Justizverwaltungsblatt (bis 1946/47)
HansOLGSt	Entscheidungen des Hanseatischen Oberlandesgerichts in Strafsachen (1879–1932/33)
HansRGZ	Hanseatische Rechts- und Gerichtszeitschrift (1928–43), vorher:
HansRZ	Hanseatische Rechtszeitschrift für Handel, Schiffahrt und Versicherung, Kolonial- und Auslandsbeziehungen sowie für Hansestädtisches Recht (1918–1927)
Hdb.	Handbuch
HdbStR	Isensee/Kirchhof (Hrsg.), Handbuch des Staatsrechts der Bundesrepublik Deutschland
HeilPrG	Gesetz über die berufsmäßige Ausübung der Heilkunde ohne Bestallung (Heilpraktikergesetz)
Hess.	Hessen
HessSOG	Hessisches Sicherheits- und Ordnungsgesetz
HESt	Höchstrichterliche Entscheidungen, Sammlung von Entscheidungen der Oberlandesgerichte und der Obersten Gerichte in Strafsachen (1948–49)
HFR	Höchstrichterliche Finanzrechtsprechung
HGB	Handelsgesetzbuch
hins.	hinsichtlich
Hinw.	Hinweis
h. L.	herrschende Lehre
h. M.	herrschende Meinung
HöchstRR	Höchstrichterliche Rechtsprechung auf dem Gebiete des Strafrechts, Beilage zur Zeitschrift für die gesamte Strafrechtswissenschaft (1 zu Bd. 46, 2 zu Bd. 47, 3 zu Bd. 48)
HRR	Höchstrichterliche Rechtsprechung (1928–1942), bis 1927: Die Rechtsprechung, Beilage zur Zeitschrift Juristische Rundschau
HRRS	Höchstrichterliche Rechtsprechung im Strafrecht
Hrsg. bzw. hrsg.	Herausgeber bzw. herausgegeben
h. Rspr.	herrschende Rechtsprechung
Hs./Hbs.	Halbsatz

HWiStR	Krekeler/Tiedemann/Ulsenheimer/Weinmann (Hrsg.) Handwörterbuch des Wirtschafts- und Steuerstrafrechts
i. Allg.	im Allgemeinen
i. allg. S.	im allgemeinen Sinne
i. d. F.	in der Fassung
i. d. R.	in der Regel
i. d. S.	in diesem Sinne
i. E./i. Erg.	im Ergebnis
i. e. S.	im engeren Sinne
IGH	Internationaler Gerichtshof
i. gl. S.	im gleichen Sinne
i. Grds.	im Grundsatz
IHK	Industrie- und Handelskammer
i. H. v.	in Höhe von
ILC	International Law Commission
ILM	International Legal Materials
IM	Innenminister(ium)
IMT	International Military Tribunal (Nürnberg)
inl.	inländisch
insb./insbes.	insbesondere
insges.	insgesamt
InsO	Insolvenzordnung
IntBestG	Gesetz zur Bekämpfung internationaler Bestechung
inzw.	inzwischen
IPBPR	Internationaler Pakt über bürgerliche und politische Rechte
IPRB	IP-Rechts-Berater, Der Informationsdienst für das Recht des geistigen Eigentums
i. R. d.	im Rahmen der/des
i. R. v.	im Rahmen von
i. S.	im Sinne
i. S. d.	im Sinne der/des
i. S.e.	im Sinne einer(s)
IStGH	(ständiger) Internationaler Strafgerichtshof (Den Haag)
IStGH-Statut	Internationaler Strafgerichtshof – Statut
IStR	Internationales Strafrecht
i. S. v.	im Sinne von
i. techn. S.	im technischen Sinne
ITRB	IT-Rechtsberater
i. U.	im Unterschied
i. Üb.	im Übrigen
IuKDG	Gesetz zur Regelung der Rahmenbedingungen für Informations- und Kommunikationsdienste (Informations- und Kommunikationsdienstegesetz)
IuR	Informatik und Recht
iuris	Rechtsportal der iuris-GmbH
iurisPR	iuris-Praxis-Report (Anmerkungen)
i. V. m.	in Verbindung mit
i. W.	im Wesentlichen
i. w. S.	im weiteren Sinne
i. Z. m.	im Zusammenhang mit
JA	Juristische Arbeitsblätter für Ausbildung und Examen
JahrbÖR	Jahrbuch des öffentlichen Rechts der Gegenwart
JahrbPostw.	Jahrbuch des Postwesens (1937–1941/42)
JA-R	Juristische Arbeitsblätter – Rechtsprechung
JArbSchG	Gesetz zum Schutze der arbeitenden Jugend (Jugendarbeitsschutzgesetz)
JAVollzO	Jugendarrestvollzugsordnung

JBeitrO	Justizbeitreibungsordnung
JBl.	Justizblatt; auch: Juristische Blätter (Österreich)
JBlRhPf.	Justizblatt Rheinland-Pfalz
JBl Saar	Justizblatt des Saarlandes
JbVerkR	Jahrbuch Verkehrsrecht
jew.	jeweils
JFGErg.	Entscheidungen des Kammergerichts und des Oberlandesgerichts München in Kosten-, Straf-, Miet- und Pachtschutzsachen (Jahrbuch für Entscheidungen in Angelegenheiten der freiwilligen Gerichtsbarkeit und des Grundbuchrechts, ErgBd.)
JGG	Jugendgerichtsgesetz
JK	Jura-Kartei
JKomG	Gesetz über die Verwendung elektronischer Kommunikationsformen in der Justiz (Justizkommunikationsgesetz)
JM	Justizminister(ium)
jM	Juristische Monatszeitschrift; juris – Die Monatszeitschrift
JMBlNRW/JMBlNW	Justizministerialblatt für das Land Nordrhein-Westfalen
JÖSchG	Gesetz zum Schutze der Jugend in der Öffentlichkeit
JOR	Jahrbuch für Ostrecht
JöR	Jahrbuch des öffentlichen Rechts der Gegenwart
JR	Juristische Rundschau
JRE	Jahrbuch für Recht und Ethik
JSt	Journal für Strafrecht
JStGH	Internationaler Strafgerichtshof für das ehemalige Jugoslawien
JStGH-Statut	Internationaler Strafgerichtshof für das ehemalige Jugoslawien – Statut
1. JuMoG	Erstes Gesetz zur Modernisierung der Justiz (1. Justizmodernisierungsgesetz)
2. JuMoG	Zweites Gesetz zur Modernisierung der Justiz (2. Justizmodernisierungsgesetz)
JurA	Juristische Analysen
Jura	Juristische Ausbildung
JurBl./JBl.	Juristische Blätter
jurisPR-StrafR	juris PraxisReport Strafrecht
JurJahrb.	Juristen-Jahrbuch
JurPC	Internet-Zeitschrift für Rechtsinformatik und Informationsrecht
JuS	Juristische Schulung, Zeitschrift für Studium und Ausbildung
Justiz	Die Justiz, Amtsblatt des Justizministeriums von Baden-Württemberg
JuV	Justiz und Verwaltung
JVA	Justizvollzugsanstalt
JVBl.	Justizverwaltungsblatt
JVKostO	Gesetz über Kosten im Bereich der Justizverwaltung
JVollz.	Jugendstrafvollzugsordnung; s. auch JAVollzO
JW	Juristische Wochenschrift
JWG	Jugendwohlfahrtsgesetz
JZ	Juristenzeitung
JZ-GD	Juristenzeitung – Gesetzgebungsdienst
Kap.	Kapitel
KastG/KastrG	Gesetz über die freiwillige Kastration
KE	Kommissionsentwurf
KFG	Gesetz über den Verkehr mit Kraftfahrzeugen
Kfz.	Kraftfahrzeug
KG	Kammergericht bzw. Kommanditgesellschaft
KGJ	Jahrbuch für Entscheidungen des Kammergerichts in Sachen der freiwilligen Gerichtsbarkeit, in Kosten-, Stempel- und Strafsachen (1881–1922)
KindRG	Gesetz zur Reform des Kindschaftsrechts
KJ	Kritische Justiz
KKZ	Kommunal-Kassen-Zeitschrift
KO	Konkursordnung

KOM	(EU-)Kommission
KorBekG/ KorrBekG/ KorrBG	Gesetz zur Bekämpfung der Korruption
K&R	Kommunikation und Recht
KRABl.	s. ABlKR
KreditwesenG/ KWG	Gesetz über das Kreditwesen
KRG	Kontrollratsgesetz
KriegswaffKG/ KWKG	Gesetz über die Kontrolle von Kriegswaffen
KrimAbh.	Kriminalistische Abhandlungen, hrsg. von Exner
KrimGwFr	Kriminologische Gegenwartsfragen (zit. nach Band u. Seite)
Kriminalistik	Kriminalistik, Zeitschrift für die gesamte kriminalistische Wissenschaft und Praxis
KrimJournal	Kriminologisches Journal
KriPoZ	Kriminalpolitische Zeitschrift
krit.	kritisch
KritJ/Krit. Justiz	Kritische Justiz
KritV/KritVj	Kritische Vierteljahresschrift für Gesetzgebung und Rechtsprechung
KrW-/AbfG	Gesetz zur Förderung der Kreislaufwirtschaft und Sicherung der umweltverträglichen Beseitigung von Abfällen (Kreislaufwirtschafts- und Abfallgesetz)
KTS	Konkurs-, Treuhand- und Schiedsgerichtswesen (jetzt: Zeitschrift für Insolvenzrecht)
KunstUrhG/KUrhG	Kunsturhebergesetz
KuT	Konkurs-, Treuhand- und Schiedsgerichtswesen
KuV/k+v/K+V	Kraftfahrt und Verkehrsrecht, Zeitschrift der Akademie für Verkehrswissenschaft, Hamburg
KWG	s. KreditwesenG
LegPer.	Legislaturperiode
Lfg.	Lieferung
LFGB	Lebens- und Futtermittelgesetzbuch
LG	Landgericht
lit.	littera (Buchstabe)
Lit.	Literatur
LKRZ	Zeitschrift für Landes- und Kommunalrecht Hessen/Rheinland-Pfalz/Saarland
LM	Nachschlagewerk des Bundesgerichtshofs, hrsg. v. Lindenmaier/Möhring u. a. (zit. nach Paragraph und Nummer)
LMBG	Gesetz über den Verkehr mit Lebensmitteln, Tabakerzeugnissen, kosmetischen Mitteln und sonstigen Bedarfsgegenständen (Lebensmittel- und Bedarfsgegenständegesetz)
LPG	Landespressegesetz
LPK	Lehr- und Praxiskommentar
LRA	Landratsamt
LRE	Sammlung lebensmittelrechtlicher Entscheidungen
LS	Leitsatz
lt.	laut
LT	Landtag
Ltd.	Limited (Private company limited by shares)
LuftSiG	Gesetz zur Neuregelung von Luftsicherheitsaufgaben (Luftsicherheitsgesetz)
LuftVG	Luftverkehrgesetz
LuftVO/LuftVVO	Verordnung über den Luftverkehr
LuftVZO	Luftverkehrs-Zulassungs-Ordnung
LVerf.	Landesverfassung
LVwG SH	Landesverwaltungsgesetz Schleswig-Holstein
LZ	Leipziger Zeitschrift für Deutsches Recht (1907–1933)
m.	mit
m. Anm.	mit Anmerkung

Mat.	Materialien zur Strafrechtsreform (1954). Band I: Gutachten der Strafrechtslehrer. Band II: Rechtsvergleichende Arbeiten
m. a. W.	mit anderen Worten
m. Bespr.	mit Besprechung
MdB	Mitglied des Bundestages
MdL	Mitglied des Landtages
MDR	Monatsschrift für Deutsches Recht
MDStV	Staatsvertrag über Mediendienste
MedR	Medizinrecht
MedSach	Der Medizinische Sachverständige
MEPolG	Musterentwurf eines einheitlichen Polizeigesetzes
MfS	Ministerium für Staatssicherheit
mit Nachw.	mit Nachweisen
MiStra	Anordnung über Mitteilungen in Strafsachen
missverst.	missverständlich
Mitt.	Mitteilung
MittIKV	Mitteilungen der Internationalen Kriminalistischen Vereinigung (1889–1914; 1926–1933)
MK	Münchener Kommentar zum Strafgesetzbuch
m. krit. Anm.	mit kritischer Anmerkung (von)
MLR	Marburg Law Review
MMR	MultiMedia und Recht
MMW	Münchner Medizinische Wochenschrift
MoMiG	Gesetz zur Modernisierung des GmbH-Rechts und zur Bekämpfung von Missbräuchen
MRG	Militärregierungsgesetz
MschrKrim./ MonKrim.	Monatsschrift für Kriminologie und Strafrechtsreform
MschrKrimBiol/ MonKrimBiol.	Monatsschrift für Kriminalbiologie und Strafrechtsreform
MschrKrimPsych/ MonKrimPsych.	Monatsschrift für Kriminalpsychologie und Strafrechtsreform (1904/05–1936)
MStGO	Militärstrafgerichtsordnung
m. w. N.	mit weiteren Nachweisen
m. zust./abl. Anm.	mit zustimmender/ablehnender Anmerkung
Nachtr.	Nachtrag
Nachw.	Nachweis
NATO-Truppen-statut/NTS	Abkommen zwischen den Parteien des Nordatlantikvertrags v. 19.6.1951 über die Rechtsstellung ihrer Truppen (NATO-Truppenstatut)
Nds.	Niedersachsen
NdsRpfl./Nds.Rpfl	Niedersächsische Rechtspflege
NdsSOG	Niedersächsisches Sicherheits- und Ordnungsgesetz
NEhelG	Gesetz über die Rechtsstellung der nichtehelichen Kinder
NetzDG	Gesetz zur Verbesserung der Rechtsdurchsetzung in sozialen Netzwerken (Netzwerkdurchsetzungsgesetz)
n. F.	neue Fassung
Niederschr./ Niederschriften	Niederschriften über die Sitzungen der Großen Strafrechtskommission
Nieders.GVBl. (Sb. I, II)	Niedersächsisches Gesetz- und Verordnungsblatt, Sonderband I und II, Sammlung des bereinigten niedersächsischen Rechts
NJ	Neue Justiz
NJOZ	Neue Juristische Online-Zeitschrift
NJW	Neue Juristische Wochenschrift
NJW-CoR	Computerreport der Neuen Juristischen Wochenschrift
NJW-RR	NJW-Rechtsprechungs-Report Zivilrecht
NK	Nomos Kommentar zum Strafgesetzbuch
NKrimP	Neue Kriminalpolitik

NPA	Neues Polizei-Archiv
Nr.(n)	Nummer(n)
NRW	Nordrhein-Westfalen
NStE	Neue Entscheidungssammlung für Strafrecht, hrsg. von Rebmann, Dahs und Miebach
NStZ	Neue Zeitschrift für Strafrecht
NStZ-RR	NStZ-Rechtsprechungs-Report Strafrecht
NuR	Natur und Recht
NVwZ	Neue Zeitschrift für Verwaltungsrecht
NWB	Neue Wirtschaftsbriefe für Steuer- und Wirtschaftsrecht
NWVBl	Nordrhein-Westfälische Verwaltungsblätter
NZA	Neue Zeitschrift für Arbeits- und Sozialrecht
NZA-RR	NZA-Rechtsprechungsreport Arbeitsrecht
NZBau	Neue Zeitschrift für Baurecht und Vergaberecht
NZG	Neue Zeitschrift für Gesellschaftsrecht
NZI	Neue Zeitschrift für das Recht der Insolvenz und Sanierung
NZM	Neue Zeitschrift für Miet- und Wohnungsrecht
NZS	Neue Zeitschrift für Sozialrecht
NZV	Neue Zeitschrift für Verkehrsrecht
NZWehrr/NZWehrR	Neue Zeitschrift für Wehrrecht
NZWiSt	Neue Zeitschrift für Wirtschafts-, Steuer- und Unternehmensstrafrecht
o.	oben
o. ä.	oder ähnlich
ob. dict.	obiter dictum
OBGer	Obergericht (Schweizer Kantone)
öffentl.	öffentlich
OECD	Organisation for Economic Cooperation and Development
ÖJZ/ÖstJZ	Österreichische Juristenzeitung
Öst OGH	Österreichischer Oberster Gerichtshof; ohne Zusatz: Entscheidung des Öst OGH in Strafsachen (zit. nach Band und Seite)
o. g.	oben genannt
OG	Oberstes Gericht der DDR
OGDDR	Entscheidungen des Obersten Gerichts der DDR
OGH	Oberster Gerichtshof (Österreich)
OGHBrZ	Oberster Gerichtshof für die Britische Zone
OGHSt	Entscheidungen des Obersten Gerichtshofes für die Britische Zone in Strafsachen (1949/50)
OHG	Offene Handelsgesellschaft
OLG	Oberlandesgericht
OLGSt	Entscheidungen der Oberlandesgerichte zum Straf- u. Strafverfahrensrecht (zit. nach Paragraph u. Seite, n. F. nach Paragraph u. Nummer)
OR	Obligationenrecht (Schweiz)
o. R.	ohne Rechnung
OrgK	Organisierte Kriminalität
OrgKG	Gesetz zur Bekämpfung des illegalen Rauschgifthandels und anderer Erscheinungsformen der Organisierten Kriminalität
OrgKVerbG	Gesetz zur Verbesserung der Bekämpfung der Organisierten Kriminalität
OVG	Oberverwaltungsgericht
OWiG	Gesetz über Ordnungswidrigkeiten
PartG	Gesetz über die politischen Parteien (Parteiengesetz)
PartGG	Partnerschaftsgesellschaftsgesetz
PatG	Patentgesetz
PAuswG	Gesetz über Personalausweise
PersV	Die Personalverwaltung
PflanzenSchG/ PflSchG	Gesetz zum Schutz der Kulturpflanzen (Pflanzenschutzgesetz)

PharmR	PharmaRecht
PHI	Produkthaftpflicht International
PIF	Protection des Intérêts Financiers (EU)
PIN	Personal Identification Number
PlProt.	Plenarprotokoll
PolG	Polizeigesetz
polit.	politisch
Polizei	Die Polizei (seit 1955: Die Polizei – Polizeipraxis)
PolV/PolVO	Polizeiverordnung
PostG	Gesetz über das Postwesen (Postgesetz)
PostO	Postordnung
Pr.	Preußen
PrG	Pressegesetz
PrGS	Preußische Gesetzessammlung (1810–1945)
ProdSG	Produktsicherheitsgesetz
Prot.	Protokolle über die Sitzungen des Sonderausschusses für die Strafrechtsreform
Prot. BT-RA	Protokolle des Rechtsausschusses des Deutschen Bundestages (zit. nach Nummern)
Pr. OT	Preußisches Obertribunal
PrOVG	Preußisches Oberverwaltungsgericht
PrPVG	Preußisches Polizeiverwaltungsgesetz
PrZeugnVerwG	Gesetz über das Zeugnisverweigerungsrecht der Mitarbeiter von Presse und Rundfunk
PStG	Personenstandsgesetz
PStR	Praxis Steuerstrafrecht
psych.	psychisch
PsychThG	Gesetz über die Berufe des psychologischen Psychotherapeuten und des Kinder- und Jugendlichenpsychotherapeuten (Psychotherapeutengesetz)
PTV	Polizei, Technik, Verkehr
PVT	Polizei, Verkehr und Technik
qualif.	qualifizierend
R	Rechtsprechung des Reichsgerichts in Strafsachen (zit. nach Band u. Seite)
RabgO/RAO	Reichsabgabenordnung
RAussch.	Rechtsausschuss
RBerG	Gesetz zur Verhütung von Mißbrauch auf dem Gebiet der Rechtsberatung
RdA	Recht der Arbeit
RdErl.	Runderlass
RdJB	Recht der Jugend und des Bildungswesens
RdK	Das Recht des Kraftfahrers, Unabhängige Monatsschrift des Kraftverkehrsrechts (1926–43, 1949–55)
Rdn.	Randnummer
Rdschr./RdSchr.	Rundschreiben
RDStH	Entscheidungen des Reichsdienststrafhofs (1939–41)
RDStO	Reichsdienststrafordnung
RDV	Recht der Datenverarbeitung
Recht	Das Recht, begründet von Soergel (1897–1944)
RechtsM	Rechtsmedizin
rechtspol.	rechtspolitisch
RechtsTh	Rechtstheorie
rechtsvergl.	rechtsvergleichend
RefE	Referentenentwurf
Reg.	Regierung
RegBl.	Regierungsblatt
rel.	relativ
RfStV	Rundfunkstaatsvertrag
RG	Reichsgericht

RGBl., RGBl. I, II	Reichsgesetzblatt, von 1922–1945 Teil I und Teil II
RGRspr.	Rechtsprechung des Reichsgerichts in Strafsachen (1879–1888)
RGSt	Entscheidungen des Reichsgerichts in Strafsachen
RGZ	Entscheidungen des Reichsgerichts in Zivilsachen
RHG	Rechnungshofgesetz
RHilfeG/RHG	Gesetz über die innerdeutsche Rechts- und Amtshilfe in Strafsachen
RhPf.	Rheinland-Pfalz
RiAA	Grundsätze des anwaltlichen Standesrechts – Richtlinien gem. § 177 Abs. 2 Satz 2 BRAO
RIDP	Revue internationale de droit pénal
RiJGG	Richtlinien der Landesjustizverwaltungen zum Jugendgerichtsgesetz
RiOWiG	Gemeinsame Anordnung über die Zuständigkeit der Staatsanwaltschaft zur Verfolgung von Ordnungswidrigkeiten und über die Zusammenarbeit mit den Verwaltungsbehörden
RiStBV	Richtlinien für das Strafverfahren und das Bußgeldverfahren
RiVASt	Richtlinien für den Rechtshilfeverkehr mit dem Ausland in strafrechtlichen Angelegenheiten
RIW	Recht der Internationalen Wirtschaft
RJagdG	Reichsjagdgesetz
RKG/RKnappschG	Reichsknappschaftsgesetz
RKGE	Entscheidungen des Reichskriegsgerichts
RMBl.	Reichsministerialblatt, Zentralblatt für das Deutsche Reich (1923–45)
RMG/RMilGE	Entscheidungen des Reichsmilitärgerichts (zit. nach Band u. Seite)
RöntgVO/RöV	Röntgenverordnung
ROW	Recht in Ost und West. Zeitschrift für Rechtsvergleichung und interzonale Rechtsprobleme
R & P	Recht und Psychiatrie
Rpfleger	Der Deutsche Rechtspfleger
RpflG	Rechtspflegergesetz
RPostG	Reichspostgesetz
RPSych	Rechtspsychologie, Zeitschrift für Familienrecht, Strafrecht, Kriminologie und Soziale Arbeit
Rspr.	Rechtsprechung
RStGB	Reichsstrafgesetzbuch
RStGH	Internationaler Strafgerichtshof für Ruanda
RStGH-Statut	Internationaler Strafgerichtshof für Ruanda – Statut
RT	Reichstag
RTDrucks.	Drucksachen des Reichstages
RTVerh.	Verhandlungen des Reichstages
RuP	Recht und Politik. Vierteljahreshefte für Rechts- und Verwaltungspolitik
RVG	Rechtsanwaltsvergütungsgesetz
RVO	Reichsversicherungsordnung
s.	siehe
S.	Seite oder Satz
s. a.	siehe auch
SA	Sonderausschuss für die Strafrechtsreform
SaarPolG	Saarländisches Polizeigesetz
SaarRZ	Saarländische Rechts- und Steuerzeitschrift
SaBremR	Sammlung des bremischen Rechts (1964)
SächsArch.	Sächsisches Archiv für Rechtspflege, seit 1924 (bis 1941/42), Archiv für Rechtspflege in Sachsen, Thüringen und Anhalt
SächsOLG	Annalen des Sächsischen Oberlandesgerichts zu Dresden (1880–1920)
SächsPolG	Sächsisches Polizeigesetz
Sarl	Societé à responsabilité limitée
SchAZtg	Schiedsamts-Zeitung
ScheckG/SchG	Scheckgesetz
SchiedsmZ	Schiedsmannszeitung (1926–1945), seit 1950 Der Schiedsmann
SchKG	Gesetz zur Vermeidung und Bewältigung von Schwangerschaftskonflikten (Schwangerschaftskonfliktgesetz)
SchlH	Schleswig-Holstein

SchlHA	Schleswig-Holsteinische Anzeigen
Schriften der MGH	Schriften der Monumenta Germanicae Historica
SchwangUG	(DDR-)Gesetz über die Unterbrechung der Schwangerschaft
SchwarzArbG	Schwarzarbeitsbekämpfungsgesetz
schweiz.	schweizerisch
SchwJZ	Schweizerische Juristen-Zeitung
SchwZStr.	Schweizer Zeitschrift für Strafrecht
SeeArbG	Seearbeitsgesetz
SeemannsG	Seemannsgesetz
SeeRÜbk./SRÜ	Seerechtsübereinkommen der Vereinten Nationen; Vertragsgesetz
Sen.	Senat
SeuffBl.	Seufferts Blätter für Rechtsanwendung (1836–1913)
SexualdelikteBekG	Gesetz zur Bekämpfung von Sexualdelikten und anderen gefährlichen Straftaten (Sexualdeliktebekämpfungsgesetz)
SFHÄndG	Schwangeren- und Familienhilfeänderungsgesetz
SFHG	Gesetz zum Schutz des vorgeburtlichen/werdenden Lebens, zur Förderung einer kinderfreundlicheren Gesellschaft, für Hilfen im Schwangerschaftskonflikt und zur Regelung des Schwangerschaftsabbruchs (Schwangeren- und Familienhilfegesetz)
SG/SoldatG	Gesetz über die Rechtsstellung der Soldaten
SGB I, III, IV, V, VIII, X, XI	I: Sozialgesetzbuch, Allgemeiner Teil III: Sozialgesetzbuch, Arbeitsförderung IV: Sozialgesetzbuch, Gemeinsame Vorschriften für die Sozialversicherung V: Sozialgesetzbuch, Gesetzliche Krankenversicherung VIII: Sozialgesetzbuch, Kinder- und Jugendhilfe X: Sozialgesetzbuch, Verwaltungsverfahren, Zusammenarbeit der Leistungsträger und ihre Beziehung zu Dritten XI: Soziale Pflegeversicherung
SGb.	Sozialgerichtsbarkeit
SGG	Sozialgerichtsgesetz
SGV.NW	Sammlung des bereinigten Gesetz- und Verordnungsblatts für das Land Nordrhein-Westfalen (Loseblattsammlung)
SichVG	Gesetz zur Rechtsvereinheitlichung der Sicherungsverwahrung
SJZ	Süddeutsche Juristen-Zeitung (1946–50), dann Juristenzeitung
SK	Systematischer Kommentar zum Strafgesetzbuch
Slg.	Sammlung der Rechtsprechung des EuGH
s. o.	siehe oben
sog.	sogenannt(e)
Sonderausschuss	Sonderausschuss des Bundestages für die Strafrechtsreform, Niederschriften zitiert nach Wahlperiode und Sitzung
SortenSchG	Gesetz über den Schutz von Pflanzensorten (Sortenschutzgesetz)
SozVers	Die Sozialversicherung
spez.	speziell
SprengG/SprengstoffG	Gesetz über explosionsgefährliche Stoffe (Sprengstoffgesetz)
SpuRT	Zeitschrift für Sport und Recht
SSt	Entscheidungen des österreichischen Obersten Gerichtshofes in Strafsachen und Disziplinarangelegenheiten
StA	Staatsanwalt(schaft)
StaatsGH	Staatsgerichtshof
StaatsschStrafsG	Gesetz zur allgemeinen Einführung eines zweiten Rechtszuges in Staatsschutz-Strafsachen
StÄG	s. StRÄndG
StAZ	Das Standesamt, Zeitschrift für Standesamtswesen, Personenstandsrecht, Ehe- u. Kindschaftsrecht, Staatsangehörigkeitsrecht
StB	Der Steuerberater
StenB/StenBer	Stenographischer Bericht
StGB	Strafgesetzbuch

StPO	Strafprozeßordnung
str.	streitig, strittig
StrAbh.	Strafrechtliche Abhandlungen
StRÄndG	Strafrechtsänderungsgesetz (1. vom 30.8.1951) 18. ~ – Gesetz zur Bekämpfung der Umweltkriminalität 27. ~ – Kinderpornographie 28. ~ – Abgeordnetenbestechung 31. ~ – Zweites Gesetz zur Bekämpfung der Umweltkriminalität 37. ~ – §§ 180b, 181 StGB 40. ~ – Gesetz zur Strafbarkeit beharrlicher Nachstellungen 41. ~ – Bekämpfung der Computerkriminalität 42. ~ – Anhebung der Höchstgrenze des Tagessatzes bei Geldstrafen 49. ~ – Umsetzung europäischer Vorgaben zum Sexualstrafrecht 50. ~ – Verbesserung des Schutzes der sexuellen Selbstbestimmung 59. ~ – Verbesserung des Persönlichkeitsschutzes bei Bildaufnahmen
StraffreiheitsG/ StrFG	Gesetz über Straffreiheit
StraFo	Strafverteidigerforum
strafr.	strafrechtlich
StrafrAbh.	Strafrechtliche Abhandlungen, hrsg. von Bennecke, dann von Beling, v. Lilienthal und Schoetensack
StraßVerkSichG	1. Gesetz zur Sicherung des Straßenverkehrs (Straßenverkehrssicherungsgesetz – StraßenVSichG)
StrEG	Gesetz über die Entschädigung für Strafverfolgungsmaßnahmen
StREG	Gesetz über ergänzende Maßnahmen zum 5. StrRG (Strafrechtsreformergänzungsgesetz)
StrlSchuV/ StrlSchVO	Strahlenschutzverordnung
StRR	Strafrechtsreport
StrRG	Gesetz zur Reform des Strafrechts (1. ~, 2. ~, ... 6. ~)
st. Rspr.	ständige Rechtsprechung
StS	Strafsenat
StuR	Staat und Recht
StV/StrVert.	Strafverteidiger
StVE	Straßenverkehrsentscheidungen, hrsg. von Cramer, Berz, Gontard, Loseblattsammlung (zit. nach Paragraph u. Nummer)
StVG	Straßenverkehrsgesetz
StVGÄndG	Gesetz zur Änderung des Straßenverkehrsgesetzes und anderer Gesetze
StVj/StVJ	Steuerliche Vierteljahresschrift
StVK	Strafvollstreckungskammer
StVO	Straßenverkehrsordnung
StVollstrO	Strafvollstreckungsordnung
StVollzÄndG	Gesetz zur Änderung des Strafvollzugsgesetzes
StVollzG	Gesetz über den Vollzug der Freiheitsstrafe und der freiheitsentziehenden Maßregeln der Besserung und Sicherung (Strafvollzugsgesetz)
StVollzK	Blätter für Strafvollzugskunde (Beilage zur Zeitschrift „Der Vollzugsdienst")
1. StVRG	Erstes Gesetz zur Reform des Strafverfahrensrechts
1. StVRErgG	Erstes Gesetz zur Ergänzung des 1. StVRG
StVZO	Straßenverkehrs-Zulassungs-Ordnung
s. u.	siehe unten
SubvG	Subventionsgesetz
SV	Sachverhalt
TDG	Gesetz über die Nutzung von Telediensten
TerrorBekG	Gesetz zur Bekämpfung des internationalen Terrorismus (Terrorismusbekämpfungsgesetz)
TerrorBekErgG	Gesetz zur Ergänzung des Terrorismusbekämpfungsgesetzes (Terrorismusbekämpfungsergänzungsgesetz)

ThürPAG	Thüringisches Polizeiaufgabengesetz
TierschG/ TierschutzG	Tierschutzgesetz
Tit.	Titel
TKG	Telekommunikationsgesetz
TPG	Gesetz über die Spende, Entnahme und Übertragung von Organen (Transplantationsgesetz)
TV	Truppenvertrag
Tz.	Textziffer, -zahl
u.	unten (auch: und)
u. a.	unter anderem (auch: andere)
u. ä.	und ähnliche
u. a. m.	und anderes mehr
UdG	Urkundsbeamter der Geschäftsstelle
Üb.	Überblick; Übersicht
Übereink./Übk.	Übereinkommen
ÜbergangsAO	Übergangsanordnung
ü. M.	überwiegende Meinung
UFITA	Archiv für Urheber-, Film-, Funk- und Theaterrecht
UG	Unternehmergesellschaft
U-Haft	Untersuchungshaft
UMAG	Gesetz zur Unternehmensintegrität und Modernisierung des Anfechtungsrechts
umstr.	umstritten
UmwRG	Umweltrahmengesetz der DDR
UNO	United Nations Organization (Vereinte Nationen)
UNTS	United Nations Treaty Series
unv.	unveröffentlicht
UPR	Umwelt- und Planungsrecht
UrhG	Gesetz über Urheberrecht und verwandte Schutzrechte (Urheberrechtsgesetz)
UStG	Umsatzsteuergesetz
usw.	und so weiter
UTR	Umwelt- und Technikrecht, Schriftenreihe des Instituts für Umwelt- und Technikrecht der Universität Trier, hrsg. von Rüdiger Breuer u. a.
u. U.	unter Umständen
UVNVAG	Ausführungsgesetz v. 23.7.1998 (BGBl. I S. 1882) zu dem Vertrag v. 24.9.1996 über das umfassende Verbot von Nuklearversuchen – Zustimmungsgesetz
UWG	Gesetz gegen den unlauteren Wettbewerb
UZwG	Gesetz über den unmittelbaren Zwang bei Ausübung öffentlicher Gewalt durch Vollzugsbeamte des Bundes
UZwGBw	Gesetz über die Anwendung unmittelbaren Zwanges und die Ausübung besonderer Befugnisse durch Soldaten der Bundeswehr und zivile Wachpersonen
v.	von, vom
VAE	Verkehrsrechtliche Abhandlungen und Entscheidungen
VAG	Versicherungsaufsichtsgesetz
v. A. w.	von Amts wegen
VBlBW	Verwaltungsblätter für Baden-Württemberg
VD	Verkehrsdienst
VDA bzw. VDB	Vergleichende Darstellung des deutschen und ausländischen Strafrechts, Allgemeiner bzw. Besonderer Teil
VE	Vorentwurf
VerbrBekG	Gesetz zur Änderung des Strafgesetzbuches, der Strafprozeßordnung und anderer Gesetze (Verbrechensbekämpfungsgesetz)
VerbringungsG/ VerbG	Gesetz zur Überwachung strafrechtlicher und anderer Verbringungsverbote

VereinfVO	Vereinfachungsverordnung 1. ~ –, VO über Maßnahmen auf dem Gebiet der Gerichtsverfassung und Rechtspflege 2. ~ –, VO zur weiteren Vereinfachung der Strafrechtspflege 3. ~ –, Dritte VO zur Vereinfachung der Strafrechtspflege 4. ~ –, Vierte VO zur Vereinfachung der Strafrechtspflege
VereinhG	Gesetz zur Wiederherstellung der Rechtseinheit auf dem Gebiete der Gerichtsverfassung, der bürgerlichen Rechtspflege, des Strafverfahrens und des Kostenrechts
VereinsG	Gesetz zur Regelung des öffentlichen Vereinsrechts (Vereinsgesetz)
VerfGH	Verfassungsgerichtshof
VerglO	Vergleichsordnung
Verh.	Verhandlungen des Deutschen Bundestages (BT), des Deutschen Juristentages (DJT) usw.
VerjährG	Gesetz über das Ruhen der Verjährung bei SED-Unrechtstaten 2. VerjährG, Gesetz zur Verlängerung strafrechtlicher Verjährungsfristen vom 27.9.1993 3. VerjährG, Gesetz zur weiteren Verlängerung strafrechtlicher Verjährungsfristen vom 22.12.1997
VerkMitt./VM	Verkehrsrechtliche Mitteilungen
VerkProspektG	Wertpapiere-Verkaufsprospektgesetz
vermitt.	vermittelnd
VerpflG	Gesetz über die förmliche Verpflichtung nichtbeamteter Personen (Verpflichtungsgesetz) i. d. F. v. Art. 42 EGStGB
VerschG	Verschollenheitsgesetz
VersG	Gesetz über Versammlungen und Aufzüge (Versammlungsgesetz)
VersR	Versicherungsrecht, Juristische Rundschau für die Individualversicherung
VerwArch.	Verwaltungsarchiv
VG	Verwaltungsgericht
VGH	Verwaltungsgerichtshof
vgl.	vergleiche
Vhdlgen	s. Verh.
VIZ	Zeitschrift für Vermögems- und Immobilienrecht
VN	Vereinte Nationen
VN-Satzung	Satzung der Vereinten Nationen
VO	Verordnung
VOBl.	Verordnungsblatt
VOR	Zeitschrift für Verkehrs- und Ordnungswidrigkeitenrecht
Voraufl.	Vorauflage
Vorbem.	Vorbemerkung
VorE	Vorentwurf
vorgen.	vorgenannt
VRS	Verkehrsrechts-Sammlung, Entscheidungen aus allen Gebieten des Verkehrsrechts
VStGB	Völkerstrafgesetzbuch
VVDStRL	Veröffentlichungen der Vereinigung deutscher Staatsrechtslehrer (zit. nach Heft u. Seite)
VVG	Gesetz über den Versicherungsvertrag
VwBlBW	Verwaltungsblätter Baden-Württemberg
VwGO	Verwaltungsgerichtsordnung
VwVfG	Verwaltungsverfahrensgesetz
VwVG	Verwaltungsvollstreckungsgesetz
VwZG	Verwaltungszustellungsgesetz
WaffG/WaffenG	Waffengesetz
Warn./WarnRspr	Sammlung zivilrechtlicher Entscheidungen des RG, hrsg. von Warneyer (zit. nach Jahr und Nummer)
WBl	Wirtschaftsrechtliche Blätter (Österreich)
WDO	Wehrdisziplinarordnung
WehrpflG	Wehrpflichtgesetz
WeimVerf./WV	Verfassung des Deutschen Reichs (sog. „Weimarer Verfassung“)
WeinG	Weingesetz

weitergeh.	weitergehend
WHG	Gesetz zur Ordnung des Wasserhaushalts (Wasserhaushaltsgesetz)
WiB	Wirtschaftsrechtliche Beratung
1. WiKG	1. Gesetz zur Bekämpfung der Wirtschaftskriminalität
2. WiKG	2. Gesetz zur Bekämpfung der Wirtschaftskriminalität
WissR	Wissenschaftsrecht
WiStG	Gesetz zur weiteren Vereinfachung des Wirtschaftsstrafrechts (Wirtschaftsstrafgesetz 1954)
wistra	Zeitschrift für Wirtschaft, Steuer, Strafrecht, dann: Zeitschrift für Wirtschafts- und Steuerstrafrecht
WiVerw	Wirtschaft und Verwaltung
WK	Wiener Kommentar zum Strafgesetzbuch
WM	Wertpapier-Mitteilungen
w. N. b.	weitere Nachweise bei
WoÜbG	Gesetz zur Umsetzung des Urteils des Bundesverfassungsgerichts vom 3. März 2004 (akustische Wohnraumüberwachung) v. 24.6.2005
WuM	Wohnungswirtschaft und Mietrecht
WPg	Die Wirtschaftsprüfung
WpHG	Gesetz über Wertpapierhandel
WRP	Wettbewerb in Recht und Praxis
WStG	Wehrstrafgesetz
WZG	Warenzeichengesetz
z.	zur, zum
(Z)	Entscheidung in Zivilsachen
ZAG	Zahlungsdiensteaufsichtsgesetz
ZahlVGJG	Gesetz über den Zahlungsverkehr mit Gerichten und Justizbehörden
ZAkDR	Zeitschrift der Akademie für Deutsches Recht (1934–1944)
ZaöRV	Zeitschrift für ausländisches öffentliches Recht und Völkerrecht
z. B.	zum Beispiel
ZBB	Zeitschrift für Bankrecht und Bankwirtschaft
ZbernJV/ZBJV	Zeitschrift des Bernischen Juristenvereins
ZBl. f. Verk. Med.	Zentralblatt für Verkehrsmedizin, Verkehrspsychologie, Luft- und Raumfahrtmedizin
ZDG	Gesetz über den Zivildienst der Kriegsdienstverweigerer (Zivildienstgesetz)
ZfB	Zeitschrift für Binnenschifffahrt und Wasserstraßen
ZfBR	Zeitschrift für deutsches und internationales Baurecht
Z. f. d. ges. Sachverst.wesen	Zeitschrift für das gesamte Sachverständigenwesen
ZFIS	Zeitschrift für innere Sicherheit
ZfJ	Zentralblatt für Jugendrecht
ZfL	Zeitschrift für Lebensrecht
ZfRSoz	Zeitschrift für Rechtssoziologie, The German Journal of Law and Society
ZfRV	Zeitschrift für Rechtsvergleichung, Internationales Privatrecht und Europarecht
ZfS/ZfSch	Zeitschrift für Schadensrecht
ZfStrVo	Zeitschrift für Strafvollzug und Straffälligenhilfe
ZfW	Zeitschrift für Wasserrecht
ZfWG	Zeitschrift für Wett- und Glücksspielrecht
ZfZ	Zeitschrift für Zölle und Verbrauchssteuern
ZG	Zeitschrift für Gesetzgebung
ZGR	Zeitschrift für Unternehmens- und Gesellschaftsrecht
ZHR	Zeitschrift für das gesamte Handelsrecht und Wirtschaftsrecht, begr. v. Goldschmidt
Zif./Ziff.	Ziffer(n)
ZInsO	Zeitschrift für das gesamte Insolvenzrecht
ZIP	Zeitschrift für Wirtschaftsrecht
ZIS	Zeitschrift für Internationale Strafrechtsdogmatik
zit.	zitiert

ZJS	Zeitschrift für das Juristische Studium
ZMR	Zeitschrift für Miet- und Raumrecht
ZNER	Zeitschrift für Neues Energierecht
ZollG	Zollgesetz
ZParl	Zeitschrift für Parlamentsfragen
ZPO	Zivilprozessordnung
ZRP	Zeitschrift für Rechtspolitik
ZSchwR	Zeitschrift für Schweizerisches Recht
ZStW	Zeitschrift für die gesamte Strafrechtswissenschaft
z. T.	zum Teil
ZUM	Zeitschrift für Urheber- und Medienrecht/Film und Recht
zusf.	zusammenfassend
zust.	zustimmend
ZustErgG	Gesetz zur Ergänzung von Zuständigkeiten auf den Gebieten des Bürgerlichen Rechts, des Handelsrechts und des Strafrechts (Zuständigkeitsergänzungsgesetz)
ZustG	Zustimmungsgesetz
ZustVO	Verordnung über die Zuständigkeit der Strafgerichte, die Sondergerichte und sonstige strafverfahrensrechtliche Vorschriften
zutr.	zutreffend
z. V. b.	zur Veröffentlichung bestimmt
ZVG	Gesetz über die Zwangsversteigerung und die Zwangsverwaltung (Zwangsversteigerungsgesetz)
ZVS	Zeitschrift für Verkehrssicherheit
zw.	zweifelhaft (auch: zweifelnd)
ZWehrR	Zeitschrift für Wehrrecht (1936/37–1944)
ZWH	Zeitschrift für Wirtschaftsstrafrecht und Haftung im Unternehmen
z. Z.	zur Zeit
ZZP	Zeitschrift für Zivilprozess

Schrifttum und abgekürzt zitierte Literatur

Das Schrifttum zum Kernstrafrecht sowie sämtliche strafrechtlich relevanten Festschriften und vergleichbare Werke finden sich unter 1. Es folgt in alphabetischer Reihenfolge das Schrifttum zum Nebenstrafrecht und zu nichtstrafrechtlichen Gebieten: 2. Betäubungsmittelstrafrecht, 3. Bürgerliches Recht einschließlich Versicherungsrecht, 4. DDR-Strafrecht, 5. Europäisches Recht, 6. Handelsrecht einschließlich Bilanz- und Gesellschaftsrecht, 7. Jugendstrafrecht, 8. Kriminologie, 9. Ordnungswidrigkeitenrecht, 10. Presserecht, 11. Rechtshilfe, 12. Rechtsmedizin und Medizinstrafrecht, 13. Strafprozess- und Strafvollzugsrecht, 14. Straßenverkehrsrecht, 15. Verfassungsrecht und Verwaltungsrecht, 16. Wettbewerbs- und Kartellrecht, 17. Wirtschafts- und Steuerstrafrecht, 18. Zivilprozess- und Insolvenzrecht, 19. Sonstiges (einschließlich Arbeits- und Sozialrecht, Völkerrecht und Waffenrecht).

1. Strafrecht (StGB) und Festschriften

Zitier-Abk.	Werk
AK	Kommentar zum Strafgesetzbuch – Reihe Alternativkommentare, hrsg. v. Wassermann, Bd. 1 (1990), Bd. 3 (1986)
Ambos	Internationales Strafrecht, 5. Aufl. (2018)
AnwK	AnwaltKommentar StGB, hrsg. v. Leipold/Tsambikakis/Zöller, 3. Aufl. (2020)
Appel	Verfassung und Strafe (1998)
Arzt/Weber/Heinrich/Hilgendorf BT	Strafrecht, Besonderer Teil, Lehrbuch, 3. Aufl. (2015)
v. Bar	Gesetz und Schuld im Strafrecht, 1. Bd. (1906), 2. Bd. (1907), 3. Bd. (1909)
Baumann	Strafrecht, Allgemeiner Teil, 7. Aufl. (1975)
Baumann/Weber/Mitsch/Eisele	Strafrecht, Allgemeiner Teil, Lehrbuch, 12. Aufl. (2016)
BeckOK	Beck'scher Online-Kommentar StGB, hrsg. v. Heintschel-Heinegg, 50. Edition (2021)
Beling	Die Lehre vom Verbrechen (1906)
Beulke-Symposion	Strafverteidigung – Grundlagen und Stolpersteine, Symposion für Werner Beulke, hrsg. v. Engländer/Fahl/Satzger/Swoboda (2012)
Binding, Grundriß	Grundriß des Deutschen Strafrechts, Allgemeiner Teil, 8. Aufl. (1913)
Binding, Handbuch	Handbuch des Strafrechts (1885)
Binding, Lehrbuch I, II	Lehrbuch des gemeinen Deutschen Strafrechts, Besonderer Teil, 2. Aufl. Bd. 1 (1902), Bd. 2 (1904/05)
Binding, Normen	Die Normen und ihre Übertretung, 2. Aufl., 4 Bände (1890–1919)
BK	Basler Kommentar Strafrecht I und II, hrsg. von Niggli/Wiprächtiger, 4. Aufl. (2019) (s. aber auch 15. Verfassungsrecht)
Blei I, II	Strafrecht I, Allgemeiner Teil, 18. Aufl. (1983); Strafrecht II, Besonderer Teil, 12. Aufl. (1983)
Bochumer Erläuterungen	Bochumer Erläuterungen zum 6. Strafrechtsreformgesetz, hrsg. v. Schlüchter (1998)
Bockelmann BT 1, 2, 3	Strafrecht, Besonderer Teil, Bd. 1: Vermögensdelikte, 2. Aufl. (1982); Bd. 2: Delikte gegen die Person (1977); Bd. 3: Ausgewählte Delikte gegen Rechtsgüter der Allgemeinheit (1980)
Bockelmann/Volk	Strafrecht, Allgemeiner Teil, 4. Aufl. (1987)
Bringewat	Grundbegriffe des Strafrechts, 3. Aufl. (2018)
Bruns, Strafzumessungsrecht	Strafzumessungsrecht: Gesamtdarstellung, 2. Aufl. (1974)
Bruns, Reflexionen	Neues Strafzumessungsrecht? „Reflexionen" über eine geforderte Umgestaltung (1988)
Bruns/Güntge	Das Recht der Strafzumessung, 3. Aufl. (2018)
Burgstaller	Das Fahrlässigkeitsdelikt im Strafrecht (1974)
Coimbra-Symposium	s. Schünemann/de Figueiredo Dias

https://doi.org/10.1515/9783110490305-204

Dahs	Handbuch des Strafverteidigers, 8. Aufl. (2015)
Dalcke/Fuhrmann/Schäfer	Strafrecht und Strafverfahren, 37. Aufl. (1961)
Dölling/Duttge/König/Rössner	s. HK-GS
Ebert	Aktuelle Probleme der Strafrechtspflege: Beiträge anläßlich eines Symposiums zum 60. Geburtstag von E.W. Hanack, hrsg. v. Ebert (1991)
Ebert AT	Strafrecht, Allgemeiner Teil, 4. Aufl. (2001)
Einführung 6. StrRG	Einführung in das 6. Strafrechtsreformgesetz (1998) (bearb. v. Dencker u. a.)
Eisele BT 1, BT 2	Strafrecht – Besonderer Teil I: Straftaten gegen die Person und die Allgemeinheit, 6. Aufl. (2021); Strafrecht – Besonderer Teil II: Eigentumsdelikte und Vermögensdelikte, 6. Aufl. (2021)
Erbs/Kohlhaas	Strafrechtliche Nebengesetze, Loseblattausgabe, 236 Lfg. (Mai 2021)
Erinnerungsgabe Grünhut	Erinnerungsgabe für Max Grünhut (1965)
Eser et al., Rechtfertigung und Entschuldigung I–IV	Rechtfertigung und Entschuldigung: rechtsvergleichende Perspektiven. Beiträge aus dem Max-Planck-Institut für ausländisches und internationales Strafrecht, Bd. 1, hrsg. v. Eser/Fletcher (1987); Bd. 2, hrsg. v. Eser/Fletcher (1988); Bd. 3: Deutsch-Italienisch-Portugiesisch-Spanisches Strafrechtskolloquium 1990 in Freiburg, hrsg. v. Eser/Perron (1991); Bd. 4: Ostasiatisch-Deutsches Strafrechtskolloquium 1993 in Tokio, hrsg. v. Eser/Nishihara (1995)
Festgabe BGH 25	25 Jahre Bundesgerichtshof
Festgabe BGH 50	50 Jahre Bundesgerichtshof, Festgabe aus der Wissenschaft, Band IV: Straf- und Strafprozeßrecht (2000)
Festgabe Frank	Festgabe für Reinhard von Frank zum 70. Geburtstag, 2 Bde. (1930)
Festgabe Graßhoff	Der verfasste Rechtsstaat, Festgabe für Karin Graßhoff (1998)
Festgabe Kern	Festgabe für Eduard Kern zum 70. Geburtstag (1957)
Festgabe Paulus	Festgabe für Rainer Paulus zum 70. Geburtstag (2009)
Festgabe Peters	Wahrheit und Gerechtigkeit im Strafverfahren: Festgabe für Karl Peters aus Anlaß seines 80. Geburtstages (1984)
Festgabe RG I–VI	Die Reichsgerichtspraxis im deutschen Rechtsleben: Festgabe der juristischen Fakultäten zum 50-jährigen Bestehen des Reichsgerichts (1929)
Festgabe Schultz	Lebendiges Strafrecht: Festgabe zum 65. Geburtstag von Hans Schultz (1977)
Festgabe Schweizer JT	Festgabe zum Schweizerichen Juristentag (1963)
Festschrift Achenbach	Festschrift für Hans Achenbach zum 70. Geburtstag (2011)
Festschrift Amelung	Grundlagen des Straf- und Strafverfahrensrechts: Festschrift für Knut Amelung zum 70. Geburtstag (2009)
Festschrift Androulakis	Festschrift für Nikolaos Androulakis zum 70. Geburtstag (2003)
Festschrift Augsburg	Recht in Europa: Festgabe zum 30-jährigen Bestehen der Juristischen Fakultät Augsburg (2002)
Festschrift Baumann	Festschrift für Jürgen Baumann zum 70. Geburtstag (1992)
Festschrift Bemmann	Festschrift für Günter Bemmann zum 70. Geburtstag (1997)
Festschrift Beulke	Ein menschengerechtes Strafrecht als Lebensaufgabe – Festschrift für Werner Beulke zum 70. Geburtstag (2015)
Festschrift BGH 50	Festschrift aus Anlaß des fünfzigjährigen Bestehens von Bundesgerichtshof, Bundesanwaltschaft und Rechtsanwaltschaft beim Bundesgerichtshof (2000)
Festschrift Blau	Festschrift für Günter Blau zum 70. Geburtstag (1985)
Festschrift Bockelmann	Festschrift für Paul Bockelmann zum 70. Geburtstag (1979)
Festschrift Böhm	Festschrift für Alexander Böhm zum 70. Geburtstag (1999)
Festschrift Böttcher	Festschrift für Reinhard Böttcher zum. 70 Geburtstag (2007)
Festschrift Boujong	Verantwortung und Gestaltung: Festschrift für Karlheinz Boujong zum 65. Geburtstag (1996)
Festschrift Brauneck	Ehrengabe für Anne-Eva Brauneck (1999)
Festschrift Bruns	Festschrift für Hans-Jürgen Bruns zum 70. Geburtstag (1978)
Festschrift Burgstaller	Festschrift für Manfred Burgstaller zum 65. Geburtstag (2004)
Festschrift v. Caemmerer	Festschrift für Ernst von Caemmerer zum 70. Geburtstag (1978)
Festschrift Celle I	Göttinger Festschrift für das Oberlandesgericht Celle: zum 250-jährigen Bestehen des Oberlandesgerichts Celle (1961)

Festschrift Celle II	Festschrift zum 275-jährigen Bestehen des Oberlandesgerichts Celle (1986)
Festschrift Dahs	Festschrift für Hans Dahs zum 70. Geburtstag (2005)
Festschrift Dencker	Festschrift für Friedrich Dencker zum 70. Geburtstag (2012)
Festschrift Diestelkamp	Geschichte der Zentraljustiz in Mitteleuropa: Festschrift für Bernhard Diestelkamp zum 65. Geburtstag (1994)
Festschrift DJT	Hundert Jahre deutsches Rechtsleben: Festschrift zum hundertjährigen Bestehen des Deutschen Juristentages 1860–1960, 2 Bde. (1960)
Festschrift Dreher	Festschrift für Eduard Dreher zum 70. Geburtstag (1977)
Festschrift Dünnebier	Festschrift für Hans Dünnebier zum 75. Geburtstag (1982, Nachdruck 2014)
Festschrift Eisenberg	Festschrift für Ulrich Eisenberg zum 70. Geburtstag (2009)
Festschrift Engisch	Festschrift für Karl Engisch zum 70. Geburtstag (1969)
Festschrift Ermacora	Fortschritt im Bewußtsein der Grund- und Menschenrechte: Festschrift für Felix Ermacora zum 65. Geburtstag (1988)
Festschrift Eser	Menschengerechtes Strafrecht: Festschrift für Albin Eser zum 70. Geburtstag (2005)
Festschrift Europa-Institut	Europäische Integration und Globalisierung, Festschrift zum 60-jährigen Bestehen des Europa-Instituts (2011)
Festschrift Fezer	Festschrift für Gerhard Fezer zum 70. Geburtstag (2008)
Festschrift Fiedler	Verfassung – Völkerrecht – Kulturgüterschutz, Festschrift für Wilfried Fiedler zum 70. Geburtstag (2011)
Festschrift Fischer	Festschrift für Thomas Fischer (2018)
Festschrift Friebertshäuser	Festgabe für den Strafverteidiger Dr. Heino Friebertshäuser (1997)
Festschrift Frisch	Grundlagen und Dogmatik des gesamten Strafrechtssystems – Festschrift für Wolfgang Frisch zum 70. Geburtstag (2013)
Festschrift Fuchs	Festschrift für Helmut Fuchs zum 65. Geburtstag (2014)
Festschrift GA	140 Jahre Goltdammer's Archiv für Strafrecht: eine Würdigung zum 70. Geburtstag von Paul-Günter Pötz (1993)
Festschrift Gallas	Festschrift für Wilhelm Gallas zum 70. Geburtstag (1973)
Festschrift von Gamm	Festschrift für Otto-Friedrich Frhr. von Gamm (1990)
Festschrift Gauweiler	Recht und Politik: Festschrift für Peter Gauweiler zum 60. Geburtstag (2009)
Festschrift Geerds	Kriminalistik und Strafrecht: Festschrift für Friedrich Geerds zum 70. Geburtstag (1995)
Festschrift Geilen	Bochumer Beiträge zu aktuellen Strafrechtsthemen: Festschrift für Gerd Geilen zum 70. Geburtstag (2003)
Festschrift Geiß	Festschrift für Karlmann Geiß zum 65. Geburtstag (2000)
Festschrift Geppert	Festschrift für Klaus Geppert zum 70. Geburtstag (2011)
Festschrift Germann	Rechtsfindung – Beiträge zur juristischen Methodenlehre: Festschrift für Oscar Adolf Germann zum 80. Geburtstag (1969)
Festschrift Gleispach	Gegenwartsfragen der Strafrechtswissenschaft: Festschrift zum 60. Geburtstag von Graf W. Gleispach (1936) (Nachdruck 1995)
Festschrift Gollwitzer	Weltpolitik, Europagedanke, Regionalismus: Festschrift für Heinz Gollwitzer zum 65. Geburtstag (1982)
Festschrift Göppinger	Kriminalität, Persönlichkeit, Lebensgeschichte und Verhalten: Festschrift für Hans Göppinger zum 70. Geburtstag (1990)
Festschrift Gössel	Festschrift für Karl Heinz Gössel zum 70. Geburtstag (2002)
Festschrift Grünwald	Festschrift für Gerald Grünwald zum 70. Geburtstag (1999)
Festschrift Grützner	Aktuelle Probleme des internationalen Strafrechts – Beiträge zur Gestaltung des internationalen und supranationalen Strafrechts: Heinrich Grützner zum 65. Geburtstag (1970)
Festschrift Hamm	Festschrift für Rainer Hamm zum 65. Geburtstag (2008)
Festschrift Hanack	Festschrift für Ernst-Walter Hanack zum 70. Geburtstag (1999)
Festschrift Hanauer	Festschrift für Rudolf Hanauer aus Anlass seines 70. Geburtstages (1978)
Festschrift Hassemer	Festschrift für Winfried Hassemer zum 70. Geburtstag (2010)
Festschrift Heidelberg	Richterliche Rechtsfortbildung: Festschrift der Juristischen Fakultät zur 600-Jahr-Feier der Universität Heidelberg (1986)
Festschrift Heinitz	Festschrift für Ernst Heinitz zum 70. Geburtstag (1972)

Festschrift Heintschel-Heinegg	Festschrift für Bernd von Heintschel-Heinegg zum 70. Geburtstag (2015)
Festschrift Heinz	Festschrift für Wolfgang Heinz zum 70. Geburtstag (2012)
Festschrift Henkel	Grundfragen der gesamten Strafrechtswissenschaft: Festschrift für Heinrich Henkel zum 70. Geburtstag (1974)
Festschrift v. Hentig	Kriminologische Wegzeichen: Festschrift für Hans v. Hentig zum 80. Geburtstag (1967)
Festschrift Herzberg	Strafrecht zwischen System und Telos: Festschrift für Rolf Dietrich Herzberg zum 70. Geburtstag (2008)
Festschrift Herzog	Staatsrecht und Politik: Festschrift für Roman Herzog zum 75. Geburtstag (2009)
Festschrift Heusinger	Ehrengabe für Bruno Heusinger (1968)
Festschrift Hilger	Datenübermittlungen und Vorermittlungen: Festgabe für Hans Hilger (2003)
Festschrift Hirsch	Festschrift für Hans Joachim Hirsch zum 70. Geburtstag (1999)
Festschrift Honig	Festschrift für Richard M. Honig zum 80. Geburtstag (1970)
Festschrift Hruschka	Jahrbuch für Recht und Ethik: Festschrift für Joachim Hruschka zum 70. Geburtstag (2006)
Festschrift Hubmann	Beiträge zum Schutz der Persönlichkeit und ihrer schöpferischen Leistung: Festschrift für Heinrich Hubmann zum 70. Geburtstag (1985)
Festschrift Hübner	Festschrift für Heinz Hübner zum 70. Geburtstag (1984)
Festschrift Jakobs	Festschrift für Günther Jakobs zum 70. Geburtstag (2007)
Festschrift Jauch	Wie würden Sie entscheiden? Festschrift für Gerd Jauch zum 65. Geburtstag (1990)
Festschrift Jescheck	Festschrift für Hans-Heinrich Jescheck zum 70. Geburtstag, 2 Bde. (1985)
Festschrift Jung	Festschrift für Heike Jung zum 65. Geburtstag (2007)
Festschrift JurGes. Berlin	Festschrift zum 125-jährigen Bestehen der Juristischen Gesellschaft zu Berlin (1984)
Festschrift Kaiser	Internationale Perspektiven in Kriminologie und Strafrecht: Festschrift für Günther Kaiser zum 70. Geburtstag, 2 Bde. (1998)
Festschrift Kargl	Festschrift für Walter Kargl zum 70. Geburtstag (2015)
Festschrift Arthur Kaufmann (1989)	Jenseits des Funktionalismus: Arthur Kaufmann zum 65. Geburtstag (1989)
Festschrift Arthur Kaufmann (1993)	Strafgerechtigkeit: Festschrift für Arthur Kaufmann zum 70. Geburtstag (1993)
Festschrift Kern	Tübinger Festschrift für Eduard Kern (1968)
Festschrift Kerner	Kriminologie – Kriminalpolitik – Strafrecht, Festschrift für Hans-Jürgen Kerner zum 70. Geburtstag (2013)
Festschrift Kirchberg	Festschrift für Christian Kirchberg zum 70. Geburtstag (2017)
Festschrift Kleinknecht	Strafverfahren im Rechtsstaat: Festschrift für Theodor Kleinknecht zum 75. Geburtstag (1985)
Festschrift Klug	Festschrift für Ulrich Klug zum 70. Geburtstag, 2 Bde. (1983)
Festschrift Koch	Strafverteidigung und Strafprozeß: Festgabe für Ludwig Koch (1989)
Festschrift Kohlmann	Festschrift für Günter Kohlmann zum 70. Geburtstag (2003)
Festschrift Kohlrausch	Probleme der Strafrechtserneuerung: Eduard Kohlrausch zum 70. Geburtstage dargebracht (1944; Nachdruck 1978)
Festschrift Köln	Festschrift der Rechtswissenschaftlichen Fakultät zur 600-Jahr-Feier der Universität zu Köln (1988)
Festschrift Krause	Recht und Kriminalität: Festschrift für Friedrich-Wilhelm Krause zum 70. Geburtstag (1990)
Festschrift Krey	Festschrift für Volker Krey zum 70. Geburtstag (2010)
Festschrift Küper	Festschrift für Wilfried Küper zum 70. Geburtstag (2007)
Festschrift Kühne	Festschrift für Hans-Heiner Kühne zum 70. Geburtstag (2013)
Festschrift Lackner	Festschrift für Karl Lackner zum 70. Geburtstag (1987)
Festschrift Lampe	Jus humanum: Grundlagen des Rechts und Strafrechts, Festschrift für Ernst-Joachim Lampe zum 70. Geburtstag (2003)
Festschrift Lange	Festschrift für Richard Lange zum 70. Geburtstag (1976, Nachdruck 2017)
Festschrift Laufs	Humaniora, Medizin – Recht – Geschichte: Festschrift für Adolf Laufs zum 70. Geburtstag (2006)

Festschrift Leferenz	Kriminologie – Psychiatrie – Strafrecht: Festschrift für Heinz Leferenz zum 70. Geburtstag (1983)
Festschrift Lenckner	Festschrift für Theodor Lenckner zum 70. Geburtstag (1998)
Festschrift Lüderssen	Festschrift für Klaus Lüderssen zum 70. Geburtstag (2002)
Festschrift Maihofer	Rechtsstaat und Menschenwürde: Festschrift für Werner Maihofer zum 70. Geburtstag (1988)
Festschrift Maiwald	Festschrift für Manfred Maiwald zum 75. Geburtstag (2011)
Festschrift Mangakis	Strafrecht – Freiheit – Rechtsstaat: Festschrift für Georgios Mangakis (1999)
Festschrift Maurach	Festschrift für Reinhart Maurach zum 70. Geburtstag (1972)
Festschrift H. Mayer	Beiträge zur gesamten Strafrechtswissenschaft: Festschrift für Hellmuth Mayer zum 70. Geburtstag (1966)
Festschrift Mehle	Festschrift für Volkmar Mehle zum 65. Geburtstag (2009)
Festschrift Meyer-Goßner	Festschrift für Lutz Meyer-Goßner zum 65. Geburtstag (2001)
Festschrift Mezger	Festschrift für Edmund Mezger zum 70. Geburtstag (1954)
Festschrift Middendorff	Festschrift für Wolf Middendorff zum 70. Geburtstag (1986)
Festschrift Miyazawa	Festschrift für Koichi Miyazawa: dem Wegbereiter des japanisch-deutschen Strafrechtsdiskurses (1995)
Festschrift E. Müller (2003)	Opuscula Honoraria, Egon Müller zum 65. Geburtstag (2003)
Festschrift E. Müller (2008)	Festschrift für Egon Müller zum 70. Geburtstag (2008)
Festschrift Müller-Dietz (1998)	Das Recht und die schönen Künste: Heinz Müller-Dietz zum 65. Geburtstag (1998)
Festschrift Müller-Dietz (2001)	Grundlagen staatlichen Strafens: Festschrift für Heinz-Müller-Dietz zum 70. Geburtstag (2001)
Festschrift Nehm	Strafrecht und Justizgewährung: Festschrift für Kay Nehm zum 65. Geburtstag (2006)
Festschrift Neumann	Rechtsstaatliches Strafrecht: Festschrift für Ulfrid Neumann zum 70. Geburtstag (2017)
Festschrift Nishihara	Festschrift für Haruo Nishihara zum 70. Geburtstag (1998)
Festschrift Nobbe	Entwicklungslinien im Bank- und Kapitalmarktrecht: Festschrift für Gerd Nobbe zum 65. Geburtstag (2009)
Festschrift Odersky	Festschrift für Walter Odersky zum 65. Geburtstag (1996, Nachdruck 2018)
Festschrift Oehler	Festschrift für Dietrich Oehler zum 70. Geburtstag (1985)
Festschrift Otto	Festschrift für Harro Otto zum 70. Geburtstag (2007)
Festschrift Paarhammer	In mandatis meditari, Festschrift für Hans Paarhammer zum 65. Geburtstag (2012)
Festschrift Paeffgen	Strafe und Prozess im freiheitlichen Rechtsstaat – Festschrift für Hans-Ullrich Paeffgen zum 70. Geburtstag (2015)
Festschrift Pallin	Strafrecht, Strafprozeßrecht und Kriminologie: Festschrift für Franz Pallin zum 80. Geburtstag (1989)
Festschrift Partsch	Des Menschen Recht zwischen Freiheit und Verantwortung: Festschrift für Karl Josef Partsch zum 75. Geburtstag (1989)
Festschrift Peters	Einheit und Vielfalt des Strafrechts: Festschrift für Karl Peters zum 70. Geburtstag (1974)
Festschrift Ch. Pfeiffer	Kriminologie ist Gesellschaftswissenschaft, Festschrift für Christian Pfeiffer zum 70. Geburtstag (2014)
Festschrift Pfeiffer	Strafrecht, Unternehmensrecht, Anwaltsrecht: Festschrift für Gerd Pfeiffer zum Abschied aus dem Amt als Präsident des Bundesgerichtshofes (1988)
Festschrift Pfenniger	Strafprozeß und Rechtsstaat: Festschrift zum 70. Geburtstag von H. F. Pfenniger (1976)
Festschrift Platzgummer	Festschrift für Winfried Platzgummer zum 65. Geburtstag (1995)
Festschrift Pötz	s. Festschrift GA
Festschrift Puppe	Strafrechtswissenschaft als Analyse und Konstruktion: Festschrift für Ingeborg Puppe zum 70. Geburtstag (2011)
Festschrift Rasch	Die Sprache des Verbrechens – Wege zu einer klinischen Kriminologie: Festschrift für Wilfried Rasch (1993)
Festschrift Rebmann	Festschrift für Kurt Rebmann zum 65. Geburtstag (1989)

Festschrift Reichsgericht	Die Reichsgerichtspraxis im deutschen Rechtsleben, Festgabe der juristischen Fakultäten zum 50-jährigen Bestehen des Reichsgerichts, Bd. 5, Strafrecht und Strafprozeß (1929)
Festschrift Reichsjustizamt	Vom Reichsjustizamt zum Bundesministerium der Justiz, Festschrift zum 100-jährigen Gründungstag des Reichsjustizamtes am 1.1.1877 (1977)
Festschrift Rengier	Festschrift für Rudolf Rengier zum 70. Geburtstag (2018)
Festschrift Richterakademie	Justiz und Recht: Festschrift aus Anlaß des 10-jährigen Bestehens der Deutschen Richterakademie in Trier (1983)
Festschrift Rieß	Festschrift für Peter Rieß zum 70. Geburtstag (2002)
Festschrift Richter	Verstehen und Widerstehen: Festschrift für Christian Richter II zum 65. Geburtstag (2006)
Festschrift Rissing-van Saan	Festschrift für Ruth Rissing-van Saan zum 65. Geburtstag (2011)
Festschrift Rittler	Festschrift für Theodor Rittler zu seinem 80. Geburtstag (1957)
Festschrift Rogall	Systematik in Strafrechtswissenschaft und Gesetzgebung: Festschrift für Klaus Rogall zum 70. Geburtstag am 10. August 2018 (Schriften zum Strafrecht) (2018)
Festschrift Rolinski	Festschrift für Klaus Rolinski zum 70. Geburtstag (2002)
Festschrift Rosenfeld	Festschrift für Ernst Heinrich Rosenfeld zu seinem 80. Geburtstag (1949)
Festschrift Rössner	Über allem: Menschlichkeit – Festschrift für Dieter Rössner zum 70. Geburtstag (2015)
Festschrift Roxin (2001)	Festschrift für Claus Roxin zum 70. Geburtstag (2001)
Festschrift Roxin (2011)	Strafrecht als Scientia Universalis: Festschrift für Claus Roxin zum 80. Geburtstag (2011)
Festschrift Imme Roxin	Festschrift für Imme Roxin zum 75. Geburtstag (2012)
Festschrift Rudolphi	Festschrift für Hans-Joachim Rudolphi zum 70. Geburtstag (2004)
Festschrift Salger	Straf- und Strafverfahrensrecht, Recht und Verkehr, Recht und Medizin: Festschrift für Hannskarl Salger zum Abschied aus dem Amt als Vizepräsident des Bundesgerichtshofes (1995)
Festschrift Samson	Recht – Wirtschaft – Strafe: Festschrift für Erich Samson zum 70. Geburtstag (2010)
Festschrift Sarstedt	Festschrift für Werner Sarstedt zum 70. Geburtstag (1981, Nachdruck 2014)
Festschrift Sauer	Festschrift für Wilhelm Sauer zu seinem 70. Geburtstag (1949)
Festschrift G. Schäfer	NJW-Sonderheft für Gerhard Schäfer zum 65. Geburtstag (2002)
Festschrift K. Schäfer	Festschrift für Karl Schäfer zum 80. Geburtstag (1980, Nachdruck 2019)
Festschrift Schaffstein	Festschrift für Friedrich Schaffstein zum 70. Geburtstag (1975)
Festschrift Schewe	Medizinrecht – Psychopathologie – Rechtsmedizin: diesseits und jenseits der Grenzen von Recht und Medizin, Festschrift für Günter Schewe zum 60. Geburtstag (1991)
Festschrift W. Schiller	Festschrift für Wolf Schiller zum 65. Geburtstag (2014)
Festschrift Schleswig-Holstein	Strafverfolgung und Strafverzicht: Festschrift zum 125-jährigen Bestehen der Staatsanwaltschaft Schleswig-Holstein (1992)
Festschrift Schlothauer	Festschrift für Reinhold Schlothauer zum 70. Geburtstag (2018)
Festschrift Schlüchter	Freiheit und Verantwortung in schwieriger Zeit: kritische Studien aus vorwiegend straf(prozeß)rechtlicher Sicht zum 60. Geburtstag von Ellen Schlüchter (1998)
Festschrift N. Schmid	Wirtschaft und Strafrecht: Festschrift für Niklaus Schmid zum 65. Geburtstag (2001)
Festschrift R. Schmid	Recht, Justiz, Kritik: Festschrift für Richard Schmid zum 85. Geburtstag (1985)
Festschrift Eb. Schmidt	Festschrift für Eberhard Schmidt zum 70. Geburtstag (1961)
Festschrift Schmidt-Leichner	Festschrift für Erich Schmidt-Leichner zum 65. Geburtstag (1977)
Festschrift Schmitt	Festschrift für Rudolf Schmitt zum 70. Geburtstag (1992)
Festschrift Schneider	Kriminologie an der Schwelle zum 21. Jahrhundert: Festschrift für Hans Joachim Schneider zum 70. Geburtstag (1998, Nachdruck 2011)
Festschrift Schöch	Festschrift für Heinz Schöch zum 70. Geburtstag (2010)
Festschrift Schreiber	Strafrecht, Biorecht, Rechtsphilosophie: Festschrift für Hans-Ludwig Schreiber zum 70. Geburtstag (2003)
Festschrift Schroeder	Festschrift für Friedrich-Christian Schroeder zum 70. Geburtstag (2006)
Festschrift Schünemann	Streitbare Strafrechtswissenschaft: Festschrift für Bernd Schünemann zum 70. Geburtstag (2014)

Festschrift Schüler-Springorum	Festschrift für Horst Schüler-Springorum zum 65. Geburtstag (1993)
Festschrift Schwind	Kriminalpolitik und ihre wissenschaftlichen Grundlagen: Festschrift für Hans-Dieter Schwind zum 70. Geburtstag (2006)
Festschrift Schwinge	Persönlichkeit in der Demokratie: Festschrift für Erich Schwinge zum 70. Geburtstag (1973)
Festschrift Seebode	Festschrift für Manfred Seebode zum 70. Geburtstag (2008)
Festschrift Sendler	BürgerRichterStaat: Festschrift für Horst Sendler zum Abschied aus seinem Amt (1991)
Festschrift Spendel	Festschrift für Günter Spendel zum 70. Geburtstag (1992)
Festschrift Spinellis	Die Strafrechtswissenschaft im 21. Jahrhundert: Festschrift für Dionysios Spinellis, 2 Bde. (2001)
Festschrift Steinhilper	Kriminologie und Medizinrecht: Festschrift für Gernot Steinhilper zum 70. Geburtstag (2013)
Festschrift Stock	Studien zur Strafrechtswissenschaft: Festschrift für Ulrich Stock zum 70. Geburtstag (1966)
Festschrift Stöckel	Strafrechtspraxis und Reform: Festschrift für Heinz Stöckel zum 70. Geburtstag (2010)
Festschrift Stree/Wessels	Beiträge zur Rechtswissenschaft: Festschrift für Walter Stree und Johannes Wessels zum 70. Geburtstag (1993)
Festschrift Stutte	Jugendpsychiatrie und Recht: Festschrift für Hermann Stutte zum 70. Geburtstag (1979)
Festschrift Tiedemann	Strafrecht und Wirtschaftsstrafrecht: Dogmatik, Rechtsvergleich, Rechtstatsachen; Festschrift für Klaus Tiedemann zum 70. Geburtstag (2008)
Festschrift Trechsel	Strafrecht, Strafprozessrecht und Menschenrechte: Festschrift für Stefan Trechsel zum 65. Geburtstag (2002)
Festschrift Triffterer	Festschrift für Otto Triffterer zum 65. Geburtstag (1996)
Festschrift Tröndle	Festschrift für Herbert Tröndle zum 70. Geburtstag (1989, Nachdruck 2020)
Festschrift Tübingen	Tradition und Fortschritt im Recht: Festschrift gewidmet der Tübinger Juristenfakultät zu ihrem 500-jährigen Bestehen 1977 von ihren gegenwärtigen Mitgliedern (1977)
Festschrift Venzlaff	Forensische Psychiatrie – Entwicklungen und Perspektiven: Festschrift für Ulrich Venzlaff zum 85. Geburtstag (2006)
Festschrift Volk	In dubio pro libertate: Festschrift für Klaus Volk zum 65. Geburtstag (2009)
Festschrift Vormbaum	Strafrecht und Juristische Zeitgeschichte – Symposium anlässlich des 70. Geburtstages von Thomas Vormbaum (2014)
Festschrift Waseda	Recht in Ost und West: Festschrift zum 30-jährigen Jubiläum des Instituts für Rechtsvergleichung der Waseda-Universität (1988)
Festschrift Wassermann	Festschrift für Rudolf Wassermann zum 60. Geburtstag (1985)
Festschrift v. Weber	Festschrift für Hellmuth von Weber zum 70. Geburtstag (1963)
Festschrift Weber	Festschrift für Ulrich Weber zum 70. Geburtstag (2004)
Festschrift Welzel	Festschrift für Hans Welzel zum 70. Geburtstag (1974)
Festschrift Widmaier	Strafverteidigung, Revision und die gesamten Strafrechtswissenschaften: Festschrift für Gunter Widmaier zum 70. Geburtstag (2008)
Festschrift Wolf	Mensch und Recht: Festschrift für Erik Wolf zum 70. Geburtstag (1972)
Festschrift Wolff	Festschrift für E. A. Wolff zum 70. Geburtstag (1998)
Festschrift Wolter	Festschrift für Jürgen Wolter zum 70. Geburtstag (2013)
Festschrift Würtenberger	Kultur, Kriminalität, Strafrecht: Festschrift für Thomas Würtenberger zum 70. Geburtstag (1977)
Festschrift Würtenberger II	Verfassungsstaatlichkeit im Wandel, Festschrift für Thomas Würtenberger zum 70. Geburtstag (2013)
Festschrift Würzburger Juristenfakultät	Raum und Recht: Festschrift 600 Jahre Würzburger Juristenfakultät (2002)
Festschrift Zeidler	Festschrift für Wolfgang Zeidler (1987)
Festschrift Zoll	Rechtsstaat und Strafrecht: Festschrift für Andrzej Zoll zum 70. Geburtstag (2012)

Festschrift Zweibrücken	175 Jahre Pfälzisches Oberlandesgericht: 1815 Appellationshof, Oberlandesgericht 1990 (1990)
Fischer	Strafgesetzbuch und Nebengesetze, Kurzkommentar, 68. Aufl. (2021)
Forster/Joachim	Alkohol und Schuldfähigkeit (1997)
Frank	Das Strafgesetzbuch für das Deutsche Reich nebst dem Einführungsgesetz, 18. Aufl. (1931)
Freiburg-Symposium	s. Tiedemann
Freund/Rostalski AT	Strafrecht, Allgemeiner Teil, 3. Aufl. (2019) (vormals Freund)
Frisch, Vorsatz und Risiko	Vorsatz und Risiko: Grundfragen des tatbestandsmäßigen Verhaltens und des Vorsatzes (1983)
Frisch, Tatbestandsmäßiges Verhalten	Tatbestandsmäßiges Verhalten und Zurechnung des Erfolgs (1988)
Frister	Strafrecht Allgemeiner Teil, 9. Aufl. (2020)
Gallas, Beiträge	Beiträge zur Verbrechenslehre (1968)
Gedächtnisschrift Delitala	Gedächtnisschrift für (Studi in memoria di) Giacomo Delitala, 3 Bde. (1984)
Gedächtnisschrift Armin Kaufmann	Gedächtnisschrift für Armin Kaufmann (1989)
Gedächtnisschrift H. Kaufmann	Gedächtnisschrift für Hilde Kaufmann (1986)
Gedächtnisschrift Keller	Gedächtnisschrift für Rolf Keller (2003)
Gedächtnisschrift Meurer	Gedächtnisschrift für Dieter Meurer (2002, Nachdruch 2014)
Gedächtnisschrift K. Meyer	Gedächtnisschrift für Karlheinz Meyer (1990, Nachdruck 2019)
Gedächtnisschrift Noll	Gedächtnisschrift für Peter Noll (1984)
Gedächtnisschrift H. Peters	Gedächtnisschrift für Hans Peters (1967)
Gedächtnisschrift Radbruch	Gedächtnisschrift für Gustav Radbruch (1968)
Gedächtnisschrift Schlüchter	Gedächtnisschrift für Ellen Schlüchter (2002)
Gedächtnisschrift Schröder	Gedächtnisschrift für Horst Schröder (1978)
Gedächtnisschrift Seebode	Im Zweifel für die Freiheit: Gedächtnisschrift für Manfred Seebode (2015)
Gedächtnisschrift Tjong	Gedächtnisschrift für Zong Uk Tjong (1985)
Gedächtnisschrift Vogler	Gedächtnisschrift für Theo Vogler (2004)
Gedächtnisschrift E. Weßlau	Gedächtnisschrift für Edda Weßlau (2016)
Gedächtnisschrift Zipf	Gedächtnisschrift für Heinz Zipf (1999)
Gimbernat et al.	Internationale Dogmatik der objektiven Zurechnung und der Unterlassungsdelikte: Spanisch-Deutsches Symposium zu Ehren von Claus Roxin, hrsg. v. Gimbernat et al. (1995)
Gössel I, II	Strafrecht, Besonderer Teil, Bd. 1: Delikte gegen immaterielle Rechtsgüter des Individuums, 2. Aufl. (1999); Bd. 2: Straftaten gegen materielle Rechtsgüter des Individuums (1996)
Gössel/Dölling	Strafrecht, Besonderer Teil, Bd. 1: Straftaten gegen Persönlichkeits- und Gemeinschaftswerte, 2. Aufl. (2004)
Gropp/Sinn AT	Strafrecht, Allgemeiner Teil, 5. Auflage (2020) (vormals Gropp)
Gropp Sonderbeteiligungen	Deliktstypen mit Sonderbeteiligung (1992)
Grundfragen	Grundfragen des modernen Strafrechtssystems, hrsg. v. Schünemann (1984)
Haft AT, BT II	Strafrecht, Allgemeiner Teil, 9. Aufl. (2004); Besonderer Teil II, 8. Aufl. (2005)
Haft/Hilgendorf BT I	Strafrecht, Besonderer Teil I, 9. Aufl. (2009)
Hanack-Symposium	s. Ebert
Hefendehl	Empirische Erkenntnisse, dogmatische Fundamente und kriminalpolitischer Impetus. Symposium für Bernd Schünemann zum 60. Geburtstag, hrsg. v. Hefendehl (2005)
Hefendehl Kollektive Rechtsgüter	Kollektive Rechtsgüter im Strafrecht (2002)
Heghmanns BT	Strafrecht für alle Semester, Besonderer Teil (2009)
Heinrich	Strafrecht AT, 6. Aufl. (2019)
vHH	Strafgesetzbuch, Kommentar, hrsg. v. von Heintschel-Heinegg, 3. Aufl. (2018)
v. Heintschel-Heinegg	s. vHH
Hilgendorf/Kudlich/Valerius	Handbuch des Strafrechts, Bd. 4: Strafrecht Besonderer Teil I (2019); Bd. 5: Strafrecht Besonderer Teil II (2020)

v. Hippel I, II	Deutsches Strafrecht, Bd. 1 (1925), Bd. 2 (1930)
HK-GS	Dölling/Duttge/König/Rössner, Gesamtes Strafrecht, Handkommentar, 4. Aufl. (2017)
Hohmann/Sander	Strafrecht Besonderer Teil. BT I: Vermögensdelikte, 3. Aufl. (2011); BT II: Delikte gegen die Person und gegen die Allgemeinheit, 2. Aufl. (2011)
Hruschka	Strafrecht nach logisch-analytischer Methode, 2. Aufl. (1988, Nachdruck 2011)
Jäger BT	Examens-Repetitorium Strafrecht Besonderer Teil, 9. Aufl. (2019)
Jakobs AT	Strafrecht, Allgemeiner Teil, 2. Aufl. (1993)
Jescheck, Beiträge I, II	Strafrecht im Dienste der Gemeinschaft: ausgewählte Beiträge zur Strafrechtsreform, zur Strafrechtsvergleichung, zum internationalen Strafrecht, 1953–1979 (1980) (I); Beiträge zum Strafrecht 1980–1998 (1998) (II), jew. hrsg. v. Vogler
Jescheck/Weigend	Lehrbuch des Strafrechts, Allgemeiner Teil, 5. Aufl. (1996)
Joecks/Jäger	Strafgesetzbuch, Studienkommentar, 13. Aufl. (2021) (vormals Joecks)
Kienapfel/Höpfel/Kert	Strafrecht, Allgemeiner Teil, 15. Aufl. (2016) (vormals Kienapfel)
Kienapfel, Urkunden	Urkunden und andere Gewährschaftsträger im Strafrecht (1967)
Kindhäuser/Zimmerman	Strafrecht, Allgemeiner Teil, 9. Aufl. (2019)
Kindhäuser/Schramm	Strafrecht, Besonderer Teil I: Straftaten gegen Persönlichkeitsrechte, Staat und Gesellschaft, 9. Aufl. (2019)
Kindhäuser/Böse	Strafrecht, Besonderer Teil II: Straftaten gegen Vermögensrechte, 11. Aufl. (2020)
Kindhäuser/Hilgendorf	Strafgesetzbuch, Lehr- und Praxiskommentar, 8. Aufl. (2019)
Kindhäuser, Gefährdung	Gefährdung als Straftat (1989)
Kindhäuser/Neumann/Paeffgen	s. NK
Klesczewski AT, BT I/II/III	Strafrecht, Allgemeiner Teil, 3. Aufl. (2017); Besonderer Teil I: Straftaten gegen die Person (2010); Besonderer Teil II: Vermögensdelikte (2011); Besonderer Teil III: Straftaten gegen Kollektivrechtsgüter (2012)
Klesczewski BT	Strafrecht Besonderer Teil – Lehrbuch zum Strafrecht der Bundesrepublik Deutschland (2016)
Köhler AT	Deutsches Strafrecht, Allgemeiner Teil (1997)
Kohlrausch/Lange	Strafgesetzbuch mit Erläuterungen und Nebengesetzen, 43. Aufl. (1961, Nachdruck 2019)
Krey/Esser	Deutsches Strafrecht, Allgemeiner Teil, 7. Aufl. (2021)
Krey/Hellmann/Heinrich BT 1, 2	Strafrecht, Besonderer Teil, Bd. 1: Besonderer Teil ohne Vermögensdelikte, 17. Aufl. (2021); Bd. 2: Vermögensdelikte, 18. Aufl. (2021)
Kühl AT	Strafrecht, Allgemeiner Teil, 8. Aufl. (2017)
Küper/Zopfs BT	Strafrecht, Besonderer Teil, 10. Aufl. (2018)
Küpper/Börner	Strafrecht, Besonderer Teil, Bd. 1: Delikte gegen Rechtsgüter der Person und Gemeinschaft, 4. Aufl. (2017) (vormals Küpper)
Lackner/Kühl	Strafgesetzbuch mit Erläuterungen, 29. Aufl. (2018)
Leipold/Tsambikakis/Zöller	s. AnwK
Leitner/Rosenau	Wirtschafts- und Steuerstrafrecht, hrsg. v. Leitner/Rosenau (2017)
v. Liszt, Aufsätze	Strafrechtliche Aufsätze und Vorträge, 2 Bde. (1925)
v. Liszt/Schmidt AT, BT	Lehrbuch des deutschen Strafrechts, Allgemeiner Teil, 26. Aufl. (1932); Besonderer Teil, 25. Aufl. (1925)
LK	Strafgesetzbuch, Leipziger Kommentar, 12. Aufl. hrsg. v. Laufhütte/Rissing-van Saan/Tiedemann (2006 ff.); 13. Aufl. hrsg. v. Radtke/Rissing-van Saan/Rönnau/Schluckebier (2018 ff.)
Lutz	Strafrecht AT, 15. Aufl. (2021)
Madrid-Symposium	s. Schünemann/Suárez
Manoledakis/Prittwitz	Strafrechtsprobleme an der Jahrtausendwende: Deutsch-Griechisches Symposium in Rostock 1999, hrsg. v. Manoledakis/Prittwitz (2000)
Matheus	Strafrecht BT 2, Nichtvermögensdelikte, 12 Aufl. (2020)
Matt/Renzikowski	Strafgesetzbuch, Kommentar, 2. Aufl. (2020)
Maurach AT, BT	Strafrecht, Allgemeiner Teil, 4. Aufl. (1971); Besonderer Teil, 5. Aufl. (1969) mit Nachträgen von 1970/71

Maurach/Zipf	Strafrecht, Allgemeiner Teil, Teilbd. 1: Grundlehren des Strafrechts und Aufbau der Straftat, 8. Aufl. (1992)
Maurach/Gössel/Zipf	Strafrecht, Allgemeiner Teil, Teilbd. 2: Erscheinungsformen des Verbrechens und Rechtsfolgen der Tat, 8. Aufl. (2014)
Maurach/Schroeder/Maiwald I, II	Strafrecht, Besonderer Teil, Teilbd. 1: Straftaten gegen Persönlichkeits- und Vermögenswerte, 10. Aufl. (2009); Teilbd. 2: Straftaten gegen Gemeinschaftswerte, 10. Aufl. (2013)
Maurach/Schroeder/Maiwald/Hoyer/Momsen	Strafrecht, Besonderer Teil, Teilbd. 1: Straftaten gegen Persönlichkeits- und Vermögenswerte, 11. Aufl. (2019)
H. Mayer AT	Strafrecht, Allgemeiner Teil (1953)
H. Mayer, Strafrecht	Das Strafrecht des deutschen Volkes (1936)
H. Mayer, Studienbuch	Strafrecht, Allgemeiner Teil, Studienbuch (1967)
Mezger, Strafrecht	Strafrecht, Lehrbuch, 3. Aufl. (1949) (ergänzt durch: Moderne Wege der Strafrechtsdogmatik [1950])
Mitsch BT	Strafrecht, Besonderer Teil: Vermögensdelikte, 3. Aufl. (2015)
MK	Münchener Kommentar zum Strafgesetzbuch, hrsg. von Joecks/Miebach, 3. Aufl. (2017), 4. Aufl. (2020 ff.)
Naucke	Strafrecht, Eine Einführung, 11. Aufl. (2008)
Niederschriften I–XIV	Niederschriften über die Sitzungen der Großen Strafrechtskommission, 14 Bde. (1956–1960)
Niethammer	Lehrbuch des Besonderen Teils des Strafrechts (1950)
Niggli/Queloz	Strafjustiz und Rechtsstaat: Symposium zum 60. Geburtstag von Franz Riklin und José Hurtado Pozo, hrsg. v. Niggli/Queloz (2003)
NK	Nomos-Kommentar zum Strafgesetzbuch, hrsg. von Kindhäuser/Neumann/Paeffgen, 5. Aufl. (2017)
NK-WSS	Nomos Kommentar zum Wirtschafts- und Steuerstrafrecht, 1. Aufl. (2017)
Oehler	Internationales Strafrecht, 2. Aufl. (1983)
v. Olshausen	Kommentar zum Strafgesetzbuch für das Deutsche Reich, 12. Aufl. (§§ 1–246) bearb. von Freiesleben u. a. (1942 ff.); sonst 11. Aufl. bearb. von Lorenz u. a. (1927)
Otto AT, BT	Grundkurs Strafrecht: Allgemeine Strafrechtslehre/Die einzelnen Delikte, jeweils 7. Aufl. (2005)
Pfeiffer/Maul/Schulte	Strafgesetzbuch, Kommentar an Hand der Rechtsprechung des Bundesgerichtshofes (1969)
Preisendanz	Strafgesetzbuch, Lehrkommentar, 30. Aufl. (1978)
Puppe	Strafrecht Allgemeiner Teil im Spiegel der Rechtsprechung, 4. Aufl. (2019)
Rengier AT, BT 1, 2	Strafrecht, Allgemeiner Teil, 12. Aufl. (2020); Besonderer Teil, Bd. 1: Vermögensdelikte, 23. Aufl. (2021); Bd. 2: Delikte gegen die Person und die Allgemeinheit, 22. Aufl. (2021)
Riklin-Hurtado-Symposium	s. Niggli/Queloz
Rostock-Symposium	s. Manoledakis/Prittwitz
Roxin/Greco AT I	Strafrecht, Allgemeiner Teil, Bd. 1: Grundlagen – Der Aufbau der Verbrechenslehre, 5. Aufl. (2020) (vormals Roxin)
Roxin AT II	Strafrecht, Allgemeiner Teil, Bd. 2: Besondere Erscheinungsformen der Straftat (2003)
Roxin TuT	Täterschaft und Tatherrschaft, 10. Aufl. (2019)
Roxin/Arzt/Tiedemann	Einführung in das Strafrecht und Strafprozessrecht, 6. Aufl. (2014)
Roxin-Symposium	s. Gimbernat
Sack	Umweltschutz-Strafrecht, Erläuterung der Straf- und Bußgeldvorschriften, Loseblattausgabe, 45. Aktualisierung (März 2020)
Safferling	Internationales Strafrecht (2011)
Satzger/Schluckebier/Widmaier	s. SSW
Sauer AT, BT	Allgemeine Strafrechtslehre, 3. Aufl. (1955); System des Strafrechts, Besonderer Teil (1954)
Schäfer/v. Dohnanyi	Die Strafgesetzgebung der Jahre 1931 bis 1935 (1936) (Nachtrag zur 18. Aufl. von Frank: das Strafgesetzbuch für das Deutsche Reich [1931])

Schmidt AT, BT I, BT II	Strafrecht, Allgemeiner Teil, Besonderer Teil I und II, jeweils 21. Aufl. (2019)
Schmidt-Salzer	Produkthaftung, Bd. 1: Strafrecht, 2. Aufl. (1988)
Schmidhäuser	Einführung in das Strafrecht, 2. Aufl. (1984)
Schmidhäuser AT, BT, StuB	Strafrecht, Allgemeiner Teil, 2. Aufl. (1975); Besonderer Teil, 2. Aufl. (1983); Studienbuch: Allgemeiner Teil, 2. Aufl. (1984)
Schöch	Wiedergutmachung und Strafrecht: Symposium aus Anlaß des 80. Geburtstages von Friedrich Schaffstein, hrsg. v. Schöch (1987)
Schönke/Schröder	Strafgesetzbuch, Kommentar, 30. Aufl. (2019)
Schramm	Internationales Strafrecht, 2. Aufl. (2018)
Schroth BT	Strafrecht, Besonderer Teil, 5. Aufl. (2010)
Schünemann/de Figueiredo Dias	Bausteine des Europäischen Strafrechts: Coimbra-Symposium für Claus Roxin, hrsg. v. Schünemann/de Figueiredo Dias (1995)
Schünemann/Suárez	Bausteine des europäischen Wirtschaftsstrafrechts: Madrid-Symposium für Klaus Tiedemann, hrsg. v. Schünemann/Suárez (1994)
Sieber	Verantwortlichkeit im Internet (1999)
Sieber/Cornils	Nationales Strafrecht in rechtsvergleichender Darstellung, hrsg. von Sieber/Cornils (2008 ff.)
SK	Systematischer Kommentar zum Strafgesetzbuch, 9. Aufl. (2017)
sLSK	Systematischer Leitsatzkommentar zum Sanktionenrecht, hrsg. v. Horn, Loseblattausgabe (1983 ff.)
Sonnen	Strafrecht Besonderer Teil (2005)
SSW	Strafgesetzbuch, Kommentar, hrsg. v. Satzger/Schluckebier/Widmaier, 5. Aufl. (2020)
Stratenwerth/Kuhlen AT	Strafrecht, Allgemeiner Teil – Die Straftat, 6. Aufl. (2011)
Tendenzen der Kriminalpolitik	Neuere Tendenzen der Kriminalpolitik, Beiträge zu einem deutsch-skandinavischen Strafrechtskolloquium, hrsg. v. Cornils/Eser (1987)
Tiedemann	Wirtschaftsstrafrecht in der Europäischen Union, Rechtsdogmatik – Rechtsvergleich – Rechtspolitik (Freiburg-Syposium), hrsg. v. Tiedemann (2002)
Tiedemann, Anfängerübung	Die Anfängerübung im Strafrecht, 4. Aufl. (1999)
Tiedemann, Tatbestandsfunktionen	Tatbestandsfunktionen im Nebenstrafrecht (1969)
Tiedemann-Symposium	s. Schünemann/Suárez
Walter	Der Kern des Strafrechts (2006)
v. Weber	Grundriß des deutschen Strafrechts, 2. Aufl. (1948)
Welzel, Strafrecht	Das Deutsche Strafrecht, 11. Aufl. (1969)
Welzel, Strafrechtssystem	Das neue Bild des Strafrechtssystems, 4. Aufl. (1961)
Wessels/Beulke/Satzger	Strafrecht, Allgemeiner Teil, 50. Aufl. (2020)
Wessels/Hettinger/Engländer	Strafrecht, Besonderer Teil 1: Straftaten gegen Persönlichkeits- und Gemeinschaftswerte, 44. Aufl. (2020)
Wessels/Hillenkamp/Schuhr	Strafrecht, Besonderer Teil 2: Straftaten gegen Vermögenswerte, 43. Aufl. (2020)
WK	Wiener Kommentar zum Strafgesetzbuch – StGB; hrsg. v. Höpfl/Ratz, Loseblatt, 2. Aufl. (1999 ff.)
Wohlers Deliktstypen	Deliktstypen des Präventionsrechts – Zur Dogmatik „moderner" Gefährdungsdelikte (2000)
Wolters	Das Unternehmensdelikt (2001)
Zieschang AT	Strafrecht, Allgemeiner Teil, 6. Aufl. (2020)
Zieschang, Gefährdungsdelikte	Die Gefährdungsdelikte (1998)

2. Betäubungsmittelstrafrecht

Franke/Wienroeder	Betäubungsmittelgesetz, Kommentar, 3. Aufl. (2007)
Joachimski/Haumer	Betäubungsmittelgesetz (mit ergänzenden Bestimmungen), Kommentar, 7. Aufl. (2015)

Körner/Patzak/Volkmer	Betäubungsmittelgesetz, Kurzkommentar, 9. Aufl. (2019)
Webel	Betäubungsmittelstrafrecht (2003)
Weber	Betäubungsmittelgesetz, Kommentar, 5. Aufl. (2017)

3. Bürgerliches Recht einschließlich Versicherungsrecht

Bruck/Möller	Großkommentar zum Versicherungsvertragsgesetz, 9. Aufl. (2008 ff.), 10. Aufl. (2021 ff.)
Erman	Handkommentar zum Bürgerlichen Gesetzbuch, 16. Aufl. (2020)
Jauernig	Bürgerliches Gesetzbuch: BGB, 18. Aufl. (2021)
Larenz/Wolf	s. Wolf/Neuner
MK-BGB	Münchener Kommentar zum Bürgerlichen Gesetzbuch, 7. Aufl. (ab 2015) und 8. Aufl. (ab 2018) beide hrsg. von Säcker/Rixecker/Oetker/Limperg
MK-VVG	Münchener Kommentar zum Versicherungsvertragsgesetz, hrsg. v. Langheid/Wandt, 2. Aufl. (2016)
Neuner	Allgemeiner Teil des Bürgerlichen Rechts, 12. Aufl. (2020)
Palandt	Bürgerliches Gesetzbuch mit Einführungsgesetz (Auszug), 80. Aufl. (2021)
Prütting/Wegen/Weinreich	BGB Kommentar, 16. Aufl. (2021)
RGRK	Das Bürgerliche Gesetzbuch, Kommentar, mit besonderer Berücksichtigung der Rechtsprechung des Reichsgerichts und des Bundesgerichtshofes (Reichsgerichtsrätekommentar), hrsg. v. Mitgliedern des Bundesgerichtshofes, 12. Aufl. (1975–1999)
HK-BGB	Schulze/Dörner/Ebert/Hoeren/Kemper/Saenger/Scheuch/Schreiber/Schulte-Nölke/Staudinger/Wiese, Bürgerliches Gesetzbuch, Handkommentar, 10. Aufl. (2019)
Soergel	Bürgerliches Gesetzbuch mit Einführungsgesetz und Nebengesetzen, 13. Aufl. (1999 ff.)
Staudinger	J. von Staudingers Kommentar zum Bürgerlichen Gesetzbuch mit Einführungsgesetz und Nebengesetzen, 13. Aufl. Bearbeitungen (1993 ff.)

4. DDR-Strafrecht

StGB-Komm.-DDR	Strafrecht der Deutschen Demokratischen Republik, Kommentar, 5. Aufl. (1987)
StGB-Lehrb.-DDR AT, BT	Strafrecht der DDR, Lehrbuch: Allgemeiner Teil, 2. Aufl. (1976); Besonderer Teil (1981)
StGB-Lehrb.-DDR 1988	Strafrecht der DDR, Lehrbuch, Allgemeiner Teil (1988)
StPO-Komm.-DDR	Strafprozeßrecht der Deutschen Demokratischen Republik, Kommentar, 3. Aufl. (1989)
StPO-Lehrb.-DDR	Strafverfahrensrecht, Lehrbuch, 3. Aufl. (1987)

5. Europäisches Recht

Bleckmann	Europarecht, 6. Aufl. (1997)
Geiger/Khan/Kotzur	s. GKK
GKK	EUV/AEUV, Kommentar, hrsg. v. Geiger/Khan/Kotzur, 6. Aufl. (2017)
GKN	Das Recht der Europäischen Union, Kommentar, Loseblattausgabe, hrsg. v. Grabitz/Hilf/Nettesheim, 72. Aufl. (2021)
Grabitz/Hilf/Nettesheim	s. GKN
Hailbronner/Klein/Magiera/Müller-Graff	s. HKMM

HKMM	Handkommentar zum Vertrag über die Europäische Union (EUV/EGV), hrsg. v. Hailbronner/Klein/Magiera/Müller-Graff, Loseblattausgabe (1991 ff.)
HdEuropR	Handbuch des Europäischen Rechts, Loseblattausgabe, hrsg. v. Ehlermann/Bieber/Haag, 714. Lfg. (2021)
Hecker	Europäisches Strafrecht, 5. Aufl. (2015)
Hobe/Fremuth	Europarecht, 10. Aufl. (2020) (vormals Fremuth)
IM EG	Wettbewerbsrecht: Band 1. EU, 2 Teilbände., hrsg. v. Immenga/Mestmäcker, 5. Aufl. (2012); Nachtrag zu Teilband 1 (2014); 6. Aufl. (ab 2019)
Immenga/Mestmäcker EG	s. IM EG
Satzger	Internationales und Europäisches Strafrecht, 9. Aufl. (2020)
Schwarze	EU-Kommentar, hrsg. v. Schwarze/Becker/Hatje/Schoo, 4. Aufl. (2019)
Schweitzer/Hummer	Europarecht, 6. Aufl. (2008)
Sieber/Satzger/v. H.-Heinegg	s. SSvHH
SSvHH	Europäisches Strafrecht, hrsg. v. Sieber/Satzger/v. Heintschel-Heinegg, 2. Aufl. (2014)
Streinz	Europarecht, 11. Aufl. (2019)

6. Handelsrecht einschließlich Bilanz- und Gesellschaftsrecht

Baumbach/Hopt	Handelsgesetzbuch: HGB mit GmbH & Co., Handelsklauseln, Bank- und Börsenrecht, Transportrecht, 40. Aufl. (2021)
Ebenroth/Boujong/Joost/Strohn	Handelsgesetzbuch, 4. Aufl. (2020)
Großfeld/Luttermann	Bilanzrecht, 4. Aufl. (2009)
Habersack/Casper/Löbbe	GmbHG Großkommentar in 3 Bänden, hrsg. von Habersack/Casper/Löbbe, Band 1: Einleitung, §§ 1–28, 3. Aufl. (2019)
Hachenburg	GmbHG, Kommentar, 8. Aufl. (1993 bis 1997)
Heymann	HGB, Kommentar, 2. Aufl. (2004), 3. Aufl. (ab 2019)
GK-AktG	Großkommentar zum Aktiengesetz, 4. Aufl. hrsg. v. Hopt/Wiedemann (1992 ff.); 5. Aufl. hrsg. v. Hirte/Mülbert/Roth (2015 ff.)
Hüffer/Koch	Aktiengesetz: AktG, Kommentar, 15. Aufl. (2021)
MK-HGB	Münchener Kommentar zum Handelsgesetzbuch, hrsg. v. K. Schmidt, 4. Aufl. (2016 ff.); 5. Auflage (2021 ff.)
Schmidt/Lutter	AktG Kommentar in 2 Bänden, 4. Aufl. (2020)
Scholz	Kommentar zum GmbH-Gesetz in 3 Bänden, 12. Aufl. (2018 ff.)
Staub	Großkommentar zum HGB, 6. Aufl. (2021 ff.)
Ulmer/Habersack/Löbbe	s. UHL
UHL	GmbHG Großkommentar in 2 Bänden, hrsg. v. Ulmer/Habersack/Löbbe, 2. Aufl. (2016)

7. Jugendstrafrecht

AK JGG	Kommentar zum Jugendgerichtsgesetz – Reihe Alternativkommentare, hrsg. v. Wassermann (1987)
Beulke/Swoboda	Jugendstrafrecht, 16. Aufl. (2020) (vormals Schaffstein/Beulke/Swoboda)
Brunner	Jugendgerichtsgesetz, Kommentar, 9. Aufl. (1991)
Brunner/Dölling	Jugendgerichtsgesetz, Kommentar, 13. Aufl. (2017)
Böhm/Feuerhelm	Einführung in das Jugendstrafrecht, 4. Aufl. (2004)
Diemer/Schatz/Sonnen	Jugendgerichtsgesetz mit Jugendstrafvollzugsgesetzen, Kommentar, 8. Aufl. (2020)
Eisenberg/Kölbel JGG	Jugendgerichtsgesetz, Kommentar, 22. Aufl. (2021)

Laubenthal/Baier/Nestler	Jugendstrafrecht, 3. Aufl. (2015)
Ostendorf JGG	Jugendgerichtsgesetz, Kommentar, 11. Aufl. (2021)
Streng	Jugendstrafrecht, 5. Aufl. (2020)
Walter/Neubacher	Jugendkriminalität: eine systematische Darstellung, 4. Aufl. (2011)

8. Kriminologie

Albrecht	Kriminologie, 4. Aufl. (2010)
Dittmann/Jehle	Kriminologie zwischen Grundlagenwissenschaften und Praxis, hrsg. v. Dittmann/Jehle (2003)
Eisenberg/Kölbel	Kriminologie, 7. Aufl. (2017) (vormals Eisenberg)
Göppinger	Kriminologie, 4. Aufl. (1980)
Göppinger	Kriminologie, hrsg. v. Göppinger/Bock, 6. Aufl. (2008)
HwbKrim	Handwörterbuch der Kriminologie, hrsg. v. Sieverts/Schneider, Bd. 1–3, Ergänzungsband (4. Bd.), Nachtrags- und Registerband (5. Bd.), 2. Aufl. (1966–1998)
IntHdbKrim	Internationales Handbuch der Kriminologie, hrsg. v. H.-J. Schneider, Bd 1 (2007); Bd 2 (2009)
Kaiser/Schöch/Kinzig	Kriminologie, Jugendstrafrecht, Strafvollzug, hrsg. v. Schöch/Kinzig, 8. Aufl. (2015)
Kaiser, Einführung	Kriminologie: eine Einführung in die Grundlagen, 10. Aufl. (1997)
Meier	Kriminologie, 6. Aufl. (2021)
Mezger, Kriminologie	Kriminologie, Studienbuch (1951)
Schneider	Kriminologie, Lehrbuch, 3. Aufl. (1992)
Schneider, Kriminologie	Kriminologie: Ein internationales Handbuch (2014)
Schwind	Kriminologie und Kriminalpolitik, 23. Aufl. (2016)

9. Ordnungswidrigkeitenrecht

Bülte	Ordnungswidrigkeitenrecht, 6. Aufl. (2020) (vormals Bohnert/Bülte)
Göhler	Gesetz über Ordnungswidrigkeiten, Kurzkommentar, 18. Aufl. (2021)
HK-OWiG	Heidelberger Kommentar zum Ordnungswidrigkeitengesetz, hrsg. v. Lemke u. a., 2. Aufl. (2005)
KK-OWiG	Karlsruher Kommentar zum Gesetz über Ordnungswidrigkeiten: OWiG, hrsg. v. Mitsch, 5. Aufl. (2018)
Krenberger/Krumm	OWiG Ordnungswidrigkeitengesetz, Kommentar, 6. Aufl. (2020) (vormals Bohnert/Krenberger/Krumm)
Mitsch, OWiG	Recht der Ordnungswidrigkeiten, 2. Aufl. (2005)
Rebmann/Roth/Hermann	Gesetz über Ordnungswidrigkeiten, Kommentar, Loseblattausgabe, 29. Aktualisierung (Oktober 2020)

10. Presserecht

Groß	Presserecht, 3. Aufl. (1999)
Löffler	Presserecht, Kommentar, 6. Aufl. (2015)
Löffler HdB	s. Ricker/Weberling
Ricker/Weberling	Handbuch des Presserechts, begr. v. Löffler, hrsg. v. Ricker/Weberling, 7. Aufl. (2021)
Soehring/Hoene	Presserecht, 6. Aufl. (2019) (vormals Soehring)

11. Rechtshilfe

Grützner/Pötz/Kreß/Gazeas	Internationaler Rechtshilfeverkehr in Strafsachen, Loseblattausgabe, 51. Aktualisierung (2021)
Schomburg/Lagodny/Gleß/Hackner	Internationale Rechtshilfe in Strafsachen, 6. Aufl. (2020)
Schomburg/Lagodny	Internationale Rechtshilfe in Strafsachen = International Cooperation in Criminal Matters, 6. Aufl. (2020)
Vogler/Wilkitzki	Gesetz über die Internationale Rechtshilfe in Strafsachen (IRG), Kommentar, Loseblattausgabe (1992 ff.) als Sonderausgabe aus Grützner/Pötz, Internationaler Rechtshilfeverkehr in Strafsachen, 2. Aufl. (1980 ff.)

12. Rechtsmedizin und Medizinstrafrecht

Forster	Praxis der Rechtsmedizin (1986)
Forster/Ropohl	Rechtsmedizin, 5. Aufl. (1989)
Frister/Lindemann/Peters	Arztstrafrecht (2011)
HfPsych I, II	Handbuch der forensischen Psychiatrie, hrsg. v. Kröber/Dölling/Leygraf/Saß, Bd. 1: Strafrechtliche Grundlagen der Gutachtenerstellung im Strafverfahren (2007); Bd. 2: Psychopathologische Grundlagen und Praxis der forensischen Psychiatrie im Strafrecht (2011); Bd. 3: Psychiatrische Kriminalprognose und Kriminaltherapie (2006); Bd. 4: Kriminologie und forensische Psychiatrie (2009); Bd. 5: Forensische Psychiatrie im Privatrecht und Öffentlichen Recht (2009)
Laufs	Fortpflanzungsmedizin und Arztrecht (1992)
Laufs/Katzenmeier/Lipp	Arztrecht, hrsg. v. Katzenmeier/Lipp, 8. Aufl. (2021)
Laufs/Kern/Rehborn	Handbuch des Arztrechts, hrsg. v. Kern/Rehborn, 5. Aufl. (2019)
Rieger	Lexikon des Arztrechts, hrsg. v. Rieger/Dahm/Steinhilper Loseblatt (2004)
Roxin/Schroth	Handbuch des Medizinstrafrechts, hrsg. v. Roxin/Schroth, 4. Aufl. (2010)
Spickhoff	Medizinrecht, hrsg. v. Spickhoff, 3. Aufl. (2018)
Ulsenheimer/Gaede	Arztstrafrecht in der Praxis, 6. Aufl. (2020) (vormals Ulsenheimer)
Venzlaff/Foerster/Dreßing/Habermeyer	Psychiatrische Begutachtung, hrsg. v. Dreßing/Habermeyer, 7. Aufl. (2020)
Wenzel	Medizinrecht, hrsg. v. Wenzel, 4. Aufl. (2019)

13. Strafprozess und Strafvollzugsrecht

AK-StPO	Kommentar zur Strafprozeßordnung – Reihe Alternativkommentare, hrsg. v. Wassermann, Bd. 1 (1988), Bd. 2 Teilbd. 1 (1992), Bd. 2 Teilbd. 2 (1993), Bd. 3 (1996)
AK-StVollzG	Kommentar zum Strafvollzugsgesetz – Reihe Alternativkommentare, hrsg. v. Wassermann, 3. Aufl. (1990)
Arloth/Krä	Strafvollzugsgesetze, Kommentar, 4. Aufl. (2017)
BeckOK-StPO	Beck'scher Online-Kommentar StPO, hrsg. v. Graf, 39. Edition (2021)
Beulke	Strafprozessrecht, 13. Aufl. (2016)
Beulke/Swoboda	Strafprozessrecht, 15. Aufl. (2020)
Bringewat	Strafvollstreckungsrecht: Kommentar zu den §§ 449–463d StPO (1993)
Calliess/Müller-Dietz	s. Laubenthal/Nestler/Neubacher/Verrel
Eisenberg	Beweisrecht der StPO, Spezialkommentar, 10. Aufl. (2017)
Hamm/Pauly	Die Revision in Strafsachen, 8. Aufl. (2020)
HK-StPO	Heidelberger Kommentar zur Strafprozessordnung, hrsg. v. Gercke/Julius/Temming/Zöller, 6. Aufl. (2019)
Isak/Wagner	s. Röttle/Wagner

Joecks/Jäger	Studienkommentar StPO, 5. Aufl. (2021)
Kamann	Handbuch für die Strafvollstreckung und den Strafvollzug, 2. Aufl. (2008)
Kammeier/Pollähne	Maßregelvollzugsrecht, Kommentar, 4. Aufl. (2018)
Kissel/Mayer	Gerichtsverfassungsgesetz, 10. Aufl. (2021)
KK	Karlsruher Kommentar, Strafprozessordnung – GVG, EGGVG, EMRK, hrsg. v. Hannich, 8. Aufl. (2019)
Kleinknecht/Meyer-Goßner	s. Meyer-Goßner/Schmitt
KMR	Kleinknecht/Müller/Reitberger (Begr.), Kommentar zur Strafprozeßordnung, Loseblattausgabe, 8. Aufl. (1990 ff.), ab 81. Lfg. hrsg. von v. Heintschel-Heinegg/Bockemühl
Kramer	Grundlagen des Strafverfahrensrechts: Ermittlung und Verfahren, 9. Aufl. (2021)
Kühne	Strafprozessrecht (ehem. Strafprozeßlehre) 9. Aufl. (2015)
Laubenthal/Nestler/Neubacher/Verrel	s. LNNV
LNNV	Strafvollzugsgesetz, Kurzkommentar, hrsg. v. Laubenthal/Nestler/Neubacher/Verrel, 12. Aufl. (2015) (begr. und bis zur 11. Aufl. fortgeführt von Callies/Müller-Dietz)
LR	Löwe-Rosenberg, Die Strafprozeßordnung und das Gerichtsverfassungsgesetz mit Nebengesetzen, Großkommentar, 26. Aufl. (2006 ff.), 27. Aufl. (2016 ff.)
Marschner/Lesting/Stahmann	Freiheitsentziehung und Unterbringung, 6. Aufl. (2019) (vormals Marschner/Volckart/Lesting; Saage/Göppinger)
Meyer-Goßner/Schmitt	Strafprozessordnung mit GVG und Nebengesetzen, Kurzkommentar, 64. Aufl. (2021) (vormals Kleinknecht/Meyer-Goßner)
Müller	Beiträge zum Strafprozessrecht (2003)
Peters	Strafprozeß, Ein Lehrbuch, 4. Aufl. (1985)
Pfeiffer	Strafprozeßordnung und Gerichtsverfassungsgesetz, 5. Aufl. (2005)
Pohlmann/Jabel/Wolf	Strafvollstreckungsordnung, Kommentar, 9. Aufl. (2015)
Putzke/Scheinfeld	Strafprozessrecht, 8. Aufl. (2019)
Röttle/Wagner	Strafvollstreckung, 8. Aufl. (2009); (vormals Wetterich/Hamann; Isak/Wagner)
Roxin/Schünemann	Strafverfahrensrecht, 29. Aufl. (2017)
Roxin/Arzt/Tiedemann	Strafrecht und Strafprozessrecht, 6. Aufl. (2014)
Saage/Göppinger	s. Marschner/Volckart
Sarstedt/Hamm	s. Hamm
Satzger/Schluckebier/Widmaier	s. SSW-StPO
Schäfer, Strafverfahren	Die Praxis des Strafverfahrens, 6. Aufl. (2000), 7. Aufl. (2018)
Schäfer/Sander/van Gemmeren	Die Praxis der Strafzumessung, 6. Aufl. (2017)
Schätzler	Handbuch des Gnadenrechts, 2. Aufl. (1992)
Eb. Schmidt, Lehrkommentar I–III	Strafprozeßordnung, Lehrkommentar, Bd. 1: Die rechtstheoretischen und die rechtspolitischen Grundlagen des Strafverfahrensrechts, 2. Aufl. (1964); Bd. 2: Erläuterungen zur Strafprozeßordnung und zum Einführungsgesetz zur Strafprozeßordnung (1957) (mit Nachtragsband 1 [1967] und 2 [1970]); Bd. 3: Erläuterungen zum Gerichtsverfassungsgesetz und zum Einführungsgesetz zum Gerichtsverfassungsgesetz (1960)
Schwind/Böhm/Jehle/Laubenthal	Strafvollzugsgesetze, Kommentar, 7. Auflage (2020)
SK-StPO	Systematischer Kommentar zur Strafprozessordnung mit GVG und EMRK, hrsg. v. Wolter, Loseblattausgabe (1986 ff., 5. Aufl. 2016 ff.)
SSW-StPO	Strafprozessordnung, Kommentar, hrsg. v. Satzger/Schluckebier/Widmaier, 4. Aufl. (2020)
Ulrich	Der gerichtliche Sachverständige, 12. Aufl. (2007), (vormals Jessnitzer/Ulrich)
Volckart/Grünebaum	Maßregelvollzug, 8. Aufl. (2015)
Volk/Engländer	Grundkurs StPO, 9. Aufl. (2018)
Walter, Strafvollzug	Strafvollzug, 2. Aufl. (1999)

14. Straßenverkehrsrecht

Bär/Hauser/Lehmpuhl	Unfallflucht, Kommentar, Loseblattausgabe (1978 ff.)
Beck/Berr/Schäpe	OWi – Sachen im Straßenverkehrsrecht, 7. Aufl. (2017) (vormals Beck/Berr)
Berz/Burmann	Handbuch des Straßenverkehrsrechts, hrsg. von Burmann/Heß, Loseblattausgabe, 43. Lfg. (2021)
Burmann/Heß/Hühnermann/Jahnke	Straßenverkehrsrecht, Kommentar, 26. Aufl. (2020), hrsg. v. Burmann/Heß/Hühnermann/Jahnke (vormals Jagow/Burmann/Heß)
Cramer	Straßenverkehrsrecht, Bd. 1: StVO, StGB, 2. Aufl. (1977)
Full/Möhl/Rüth	Straßenverkehrsrecht: Kommentar (1980) mit Nachtrag (1980/81)
Hentschel/König/Dauer	s. HKD
Haus/Krumm/Quarch	Gesamtes Verkehrsrecht, hrsg. von Haus/Krumm/Quarch, 2. Aufl. (2017)
Hentschel	Trunkenheit, Fahrerlaubnisentziehung, Fahrverbot im Straf- und Ordnungswidrigkeitenrecht, 10. Aufl. (2006)
Hentschel/Born	Trunkenheit im Straßenverkehr, 7. Aufl. (1996)
Hentschel/Krumm	Fahrerlaubnis – Alkohol – Drogen im Straf- und Ordnungswidrigkeitenrecht, 7. Aufl. (2018)
Himmelreich/Hentschel	Fahrverbot, Führerscheinentzug; Bd. 1: Straf- und Ordnungswidrigkeitenrecht, 8. Aufl. (1995)
Himmelreich/Staub/Krumm/Nissen	Verkehrsunfallflucht: Verteidigerstrategien im Rahmen des § 142 StGB-mit Auslandsteil, 7. Aufl. (2019) (vormals Himmelreich/Bücken/Krumm)
HKD	Straßenverkehrsrecht, hrsg. v. Hentschel/König/Dauer, 46. Aufl. (2021) (vormals Jagusch/Hentschel)
HK-StVR	Heidelberger Kommentar zum Straßenverkehrsrecht, hrsg. v. Griesbaum u. a. (1993)
Hentschel/König/Dauer	s. HKD
Janker	Straßenverkehrsdelikte: Ansatzpunkte für die Verteidigung (2002)
Jagow/Burmann/Heß	s. Burmann/Heß/Hühnermann/Jahnke
Jagusch/Hentschel	s. HKD
Janiszewski	Verkehrsstrafrecht, 5. Aufl. (2004)
Janiszewski/Jagow/Burmann	s. Burmann/Heß/Hühnermann/Jahnke
JBH	s. Burmann/Heß/Hühnermann/Jahnke
MK-StVR	Münchener Kommentar zum Straßenverkehrsrecht, hrsg. von Bender/König (2016 ff.)
Müller I–III	Straßenverkehrsrecht, Großkommentar, 22. Aufl., Bd. 1 (1969) mit Nachtrag 1969, Bd. 2 (1969), Bd. 3 (1973)
Rüth/Berr/Berz	Straßenverkehrsrecht, Kommentar, 2. Aufl. (1988)

15. Verfassungsrecht und Verwaltungsrecht

AK-GG	Alternativkommentar Grundgesetz, hrsg. v. Wassermann, 3. Aufl. (2001)
Battis	Bundesbeamtengesetz, Kommentar, 5. Aufl. (2017)
BK	Bonner Kommentar zum Grundgesetz (Bonner Kommentar), Loseblattausgabe, hrsg. v. Kahl/Waldhoff/Walter (211. Lfg. 2021)
Clemens/Scheuring/Steingen/Wiese	s. TVöD
Dreier I–III	Grundgesetz, Kommentar, 3. Aufl. (Bd. 1: 2013; Bd. 2: 2015; Bd. 3: 2018)
Friauf	Kommentar zur Gewerbeordnung – GewO, Gewerberechtlicher Teil, Loseblattausgabe, hrsg. v. Friauf (2018)
Fuhr/Stahlhacke	s. Friauf
HdStR I–XIII	Handbuch des Staatsrechts der Bundesrepublik Deutschland, hrsg. v. Isensee/Kirchhof, 3. Aufl (Bd. 1: 2003; Bd. 2: 2004; Bd. 3: 2005; Bd. 4: 2006; Bd. 5: 2007; Bd. 6: 2009; Bd. 7: 2009; Bd. 8: 2010; Bd. 9: 2011; Bd. 10: 2012; Bd. 11: 2013; Bd. 12: 2014; Bd. 13: 2015)
Jarass/Pieroth	Grundgesetz für die Bundesrepublik Deutschland: Kommentar, 16. Aufl. (2020)

Kopp/Ramsauer	Verwaltungsverfahrensgesetz, 22. Aufl. (2021)
Landmann/Rohmer I, II	Gewerbeordnung und ergänzende Vorschriften, Kommentar, Loseblattausgabe, Bd. 1: Gewerbeordnung; Bd. 2: Ergänzende Vorschriften, jew. 85. Aufl. (2021)
v. Mangoldt/Klein/Starck	Kommentar zum Grundgesetz, Bd. 1 (Art. 1–19), Bd. 2 (Art. 20–82), Bd. 3 (Art. 83–146), 7. Aufl. (2018); früherer Titel: Das Bonner Grundgesetz
Maunz/Dürig	Grundgesetz, Kommentar, Loseblattausgabe, 7. Aufl. (1991 ff.) (bearb. v. Badura u. a.), 94. Aufl. (2021)
Maunz/Schmidt-Bleibtreu/Klein/Bethge	s. MSBKB
MSBKB	Bundesverfassungsgerichtsgesetz, Kommentar, Loseblatt, hrsg. v. Maunz/Schmidt-Bleibtreu/Klein/Bethge, 60. Aufl. (2020)
Klein/Ulsamer	nunmehr: Maunz/Schmidt-Bleibtreu/Klein/Bethge
v. Münch/Kunig	Grundgesetz, Kommentar, Gesamtwerk in 2 Bänden, 7. Aufl. (2021)
Plog/Wiedow	Kommentar zum Bundesbeamtengesetz, mit Beamtenversorgungsgesetz. 404. Lfg. (2019)
Sachs	Grundgesetz-Kommentar, 9. Auflage (2021)
Schmidt-Bleibtreu/Hofmann/Henneckef	Kommentar zum Grundgesetz, 14. Aufl. (2017)
Schoch	Besonderes Verwaltungsrecht, 15. Aufl. (2013) (vormals Schmid-Aßmann/Schoch)
Stern I–V	Das Staatsrecht der Bundesrepublik Deutschland, Bd. 1, 2. Aufl. (1984); Bd. 2 (1980); Bd. 3/1 (1988); Bd. 3/2 (1994); Bd. 4 (1997); Bd. 4/2 (2006); Bd. 5 (2000)
TVöD	Kommentar zum Tarifvertrag öffentlicher Dienst (TVöD), hrsg. v. Clemens/Scheuring/Steingen/Wiese, Loseblattausgabe, 125. Lfg. (2021)
Wolff/Bachof/Stober/Kluth	Verwaltungsrecht, Band, 13. Aufl. (2017)

16. Wettbewerbs- und Kartellrecht

Baumbach/Hefermehl	s. Köhler/Bornkamm
Dreher/Kulka	Wettbewerbs – und Kartellrecht, 11. Aufl. (2021) (vormals Rittner/Dreher/Kulka)
Emmerich/Lange	Kartellrecht, Studienbuch, 15. Aufl. (2021) (vormals Emmerich)
Emmerich/Lange	Unlauterer Wettbewerb, 11. Auflage (2019)
FK Kartellrecht [GWB]	Frankfurter Kommentar zum Kartellrecht, mit Kommentierung des GWB, des EG-Kartellrechts und einer Darstellung ausländischer Kartellrechtsordnungen, hrsg. v. Glassen u. a., Loseblattausgabe, 99. Lfg. (2021) bis zur 44. Lfg. unter dem Titel: Frankfurter Kommentar zum Gesetz gegen Wettbewerbsbeschränkungen
Fezer/Büscher/Obergfell	Lauterkeitsrecht (Kommentar zum UWG) 2 Bände, 3. Aufl. (2016)
Immenga/Mestmäcker GWB	Wettbewerbsrecht, Kommentar, hrsg. v. Immenga/Mestmäcker, 6. Aufl. (2020 f.)
Köhler/Bornkamm/Feddersen	Gesetz gegen den unlauteren Wettbewerb UWG – mit PAngV, UKlaG, DL-InfoV39. Aufl. (2021) (vormals Köhler/Bornkamm)
Köhler/Piper	s. Ohly/Sosnitza
Ohly/Sosnitza	UWG – Gesetz gegen den unlauteren Wettbewerb, Kommentar, 7. Aufl. (2016)
Rittner/Dreher	Europäisches und deutsches Wirtschaftsrecht, 3. Aufl. (2008)

17. Wirtschafts- und Steuerstrafrecht

Achenbach/Ransiek/Rönnau	s. ARR
ARR	Handbuch Wirtschaftsstrafrecht, hrsg. v. Achenbach/Ransiek/Rönnau, 5. Aufl. (2019)
Belke/Oehmichen	Wirtschaftskriminalität – aktuelle Fragen des Wirtschaftsstrafrechts in Theorie und Praxis (1983)
Bender/Möller/Retemeyer	Steuerstrafrecht – Mit Schwerpunkt Zoll- und Verbrauchssteuerstrafrecht, Loseblattausgabe, 51. Lfg. (2021)

Bittmann	Insolvenzstrafrecht, hrsg. von Bittmann, 2. Aufl. (2017)
Dannecker/Knierim/Smok	Insolvenzstrafrecht, 3. Aufl. (2018) (vormals Dannecker/Knierim/Hagemeier)
Eidam	Unternehmen und Strafe, 5. Aufl. (2018)
Franzen/Gast/Joecks	s. JJR
Geilen, Aktienstrafrecht	Erläuterungen zu §§ 399–405 AktG von Gerd Geilen, Erläuterungen zu § 408 AktG von Wolfgang Zöllner (1984) (Sonderausgabe aus der 1. Aufl. des Kölner Kommentars zum Aktiengesetz)
GJW	Wirtschafts- und Steuerstrafrecht, hrsg. v. Graf/Jäger/Wittig, 2. Aufl. (2017)
Graf/Jäger/Wittig	s. GJW
Greeve/Leipold	Handbuch des Baustrafrechts (2004)
Hellmann	Wirtschaftsstrafrecht, 6. Aufl. (2021) (vormals Hellmann/Beckemper)
Hübschmann/Hepp/Spitaler	s. HHS
HHS	Abgabenordnung, Finanzgerichtsordnung, Kommentar, Loseblattausgabe, (bearb. v. Söhn et al.) 263. Lfg. (Juli 2021)
HWiStR	Handwörterbuch des Wirtschafts- und Steuerstrafrechts, Loseblattausgabe (1985–1990), hrsg. v. Krekeler/Tiedemann u. a.
Ignor/Mosbacher	Handbuch Arbeitsstrafrecht, 3. Aufl. (2016)
Joecks/Jäger/Randt	Steuerstrafrecht, 8. Aufl. (2015)
JJR	Steuerstrafrecht: mit Zoll- und Verbrauchssteuerstrafrecht; Kommentar zu §§ 369–412 AO; § 32 ZollVG, 8. Aufl. (2015)
Kempf/Lüderssen/Volk	Die Handlungsfreiheit des Unternehmers, hrsg. v. Kempf/Lüderssen/Volk (2009)
Klein	AO – Abgabenordnung, Kommentar, 15. Aufl. (2020)
Kohlmann	Steuerstrafrecht, Kommentar zu den §§ 369–412 AO 1977, Loseblattausgabe, 70. Aktualisierung (2021)
Kohlmann GmbH	Die strafrechtliche Verantwortlichkeit des GmbH-Geschäftsführers, 1. Aufl. (1990)
Krekeler/Tiedemann/Ulsenheimer/ Weinmann	Handwörterbuch des Wirtschafts- und Steuerstrafrechts, hrsg. von Krekeler/Tiedemann/Ulsenheimer/Weinmann (1985–1990)
Kudlich/Oğlakcıoğlu	Wirtschaftsstrafrecht, 3. Aufl. (2020)
Kühn/von Wedelstädt	s. KvW
KvW	Abgabenordnung und Finanzgerichtsordnung, hrsg. v. von Wedelstädt, 22. Aufl. (2018)
MG	Wirtschaftsstrafrecht, hrsg. von Müller-Gugenberger, 7. Aufl. (2020)
Müller-Gugenberger	s. MG
Otto, Aktienstrafrecht	Erläuterungen zu den §§ 399–410 AktG (1997, Nachdruck 2012) (Sonderausgabe aus der 4. Aufl. des Großkommentars zum Aktiengesetz)
Park	Kapitalmarktstrafrecht, Handkommentar, 5. Aufl. (2019)
Petri	Arbeitsstrafrecht, 3. Aufl. (2021)
Ransiek	Unternehmensstrafrecht (1996)
Rolletschke	Steuerstrafrecht, 4. Aufl. (2012)
C. Schröder	Handbuch Kapitalmarktstrafrecht, 4. Aufl. (2020)
Tiedemann, GmbH-Strafrecht	GmbH-Strafrecht (§§ 82–85 GmbHG und ergänzende Vorschriften), 5. Aufl. (2010) (Sonderausgabe aus der 10. Aufl. des Kommentars zum GmbHG von Scholz, Bd. III 2010)
Tiedemann, Wirtschaftsstrafrecht	Wirtschaftsstrafrecht, 5. Aufl. (2017)
Tiedemann, Wirtschaftsstrafrecht EU	Wirtschaftsstrafrecht in der Europäischen Union. Rechtsdogmatik – Rechtsvergleich – Rechtspolitik (Freiburg-Symposium), hrsg. v. Tiedemann (2002)
Tipke/Kruse	Abgabenordnung, Finanzgerichtsordnung. Kommentar zur AO und FGO inkl. Steuerstrafrecht, 166. Lfg. (Juni 2021)
Tipke/Lang	Steuerrecht, 24. Aufl. (2021)
Wabnitz/Janovsky/Schmitt	Handbuch des Wirtschafts und Steuerstrafrechts, 5. Aufl. (2020) (vormals Wabnitz/Janovsky)
Weyand/Diversy	Insolvenzdelikte, 10. Aufl. (2016)
Wittig	Wirtschaftsstrafrecht, 5. Aufl. (2020)
Ziouvas	Das neue Kapitalmarktstrafrecht (2006)

18. Zivilprozessrecht und Insolvenzrecht

Baumbach/Lauterbach/ Hartmann/Anders/Gehle	s. BLHAG
BLHAG	Zivilprozessordnung, 79. Aufl. (2021)
FK-InsO	Frankfurter Kommentar zur Insolvenzordnung, hrsg. v. Wimmer, 10. Aufl. (2021)
HK-InsO	Heidelberger Kommentar zur Insolvenzordnung, hrsg. v. Kayser/Thole, 10. Aufl. (2020)
Jaeger	Insolvenzordnung, Großkommentar, hrsg. v. Henckel/Gerhardt (2004 ff.)
KPB	InsO – Kommentar zur Insolvenzordnung, hrsg. v. Kübler/Prütting/Bork, Loseblattausgabe, 88. Aktualisierung (Mai 2021)
Kübler/Prütting/Bork	s. KPB
Leonhardt/Smid/Zeuner	Insolvenzordnung (InsO) mit Insolvenzrechtlicher Vergütungsverordnung (InsVV), Kommentar, hrsg. v. Leonhardt/Smid/Zeuner, 3. Aufl. (2010)
MK-InsO	Münchener Kommentar zur Insolvenzordnung, 4. Aufl. (ab 2019)
MK-ZPO	Münchener Kommentar zur ZPO, 6. Aufl. (2020 f.)
Musielak/Voit	ZPO – Zivilprozessordnung, Kommentar, 18. Aufl. (2021)
Rattunde/Smid/Zeuner	Insolvenzordnung (InsO), Kommentar, hrsg. v. Rattunde/Smid/Zeuner, 4. Aufl. (2018) (vormals Leonhard/Smid/Zeuner)
Rosenberg/Schwab/Gottwald	Zivilprozessrecht, 18. Aufl. (2018)
Stein/Jonas	Kommentar zur Zivilprozeßordnung, 23. Aufl. (2014 ff.)
Thomas/Putzo	ZPO – Zivilprozessordnung, 42. Auflage (2021)
Zöller	Zivilprozessordnung, Kommentar, 33. Aufl. (2020)

19. Sonstiges (einschließlich Arbeits- und Sozialrecht, Völkerrecht und Waffenrecht)

Bieneck	Handbuch des Außenwirtschaftsrechts mit Kriegswaffenkontrollgesetz, hrsg. v. Bieneck, 2. Aufl. (2005)
Brownlie	Principles of Public International Law, 9. Aufl. (2019)
Corpus Juris	The implementation of the Corpus Juris in the Member States/La mise en œuvre du Corpus Juris dans les Etats Membres, hrsg. v. Delmas-Marty/Vervaele (2000); Deutsche Version der Entwurfsfassung von 1997: Delmas-Marty (Hrsg.), Corpus Juris der strafrechtlichen Regelungen zum Schutz der finanziellen Interessen der Europäischen Union, Deutsche Übersetzung von Kleinke und Tully, Einführung von Sieber (1998)
Dahm/Delbrück/Wolfrum	Völkerrecht, 2. Aufl., Band I/1 (1989), Band I/2 (2002, Nachdruck 2012), Band I/3 (2002, Nachdruck 2012)
Dreier/Schulze	Urheberrechtsgesetz, Kommentar, hrsg. v. Dreier/Schulze, 6. Aufl. (2018)
Duden	Deutsches Universalwörterbuch: Das umfassende Bedeutungswörterbuch der deutschen Gegenwartssprache, hrsg. v. Dudenredaktion, 9. Aufl. (2019)
ErfK	Erfurter Kommentar zum Arbeitsrecht, 21. Aufl. (2021)
Fuchs/Preis/Brose	Sozialversicherungsrecht und SGB II, 3. Aufl. (2020) (vormals Fuchs/Preise)
Gerold/Schmidt	Rechtsanwaltsvergütungsgesetz, 25. Aufl. (2021)
Götz/Tolzmann	Bundeszentralregistergesetz, Kommentar, 4. Aufl. (2000); Nachtrag (2003)
Günther/Taupitz/Kaiser	Embryonenschutzgesetz, Juristischer Kommentar mit medizinisch-naturwissenschaftlichen Grundlagen, 2. Aufl. (2014)
Hanau/Adomeit	Arbeitsrecht, 14. Aufl. (2007)
Hauck/Noftz	Sozialgesetzbuch – Gesamtkommentar, hrsg. v. Hauck/Noftz, Loseblattausgabe, (2020)
Herdegen	Völkerrecht, 20. Aufl. (2021)
Hoeren/Sieber/Holznagel	s. Multimedia-Recht
HwbRW I–VIII	Handwörterbuch der Rechtswissenschaft, hrsg. v. Stier-Somlo u. a., Bd. 1 (1926), Bd. 2 (1927), Bd. 3 (1928), Bd. 4 (1927), Bd. 5 (1928), Bd. 6 (1929), Bd. 7 (1931), Bd. 8 (1937) (unter dem Titel: Die Rechtsentwicklung der Jahre 1933 bis 1935/36)

Ipsen	Völkerrecht, 7. Aufl. (2018)
KassKomm	Kasseler Kommentar Sozialversicherungsrecht, Loseblattausgabe, 114. Lfg. (Mai 2021)
Keller/Günther/Kaiser	Embryonenschutzgesetz, Kommentar (1992)
Kröger/Gimmy	Handbuch zum Internetrecht, 2. Aufl. (2013)
Lingens/Korte	Wehrstrafgesetz, Kommentar, 5. Aufl. (2012) (vormals Schölz/Lingens)
Lüder/Vormbaum	Materialien zum Völkerstrafgesetzbuch: Dokumentation des Gesetzgebungsverfahrens (2002)
Multimedia-Recht	Handbuch Multimedia-Recht, hrsg. v. Hoeren/Sieber/Holznagel, Loseblattausgabe, 56. Lfg. (Mai 2021)
Rebmann/Uhlig	Bundeszentralregister, Gewerbezentralregister, Verkehrszentralregister und ergänzende Bestimmungen, Kommentar (1985)
Seidl-Hohenveldern	Lexikon des Rechts – Völkerrecht, 3. Aufl (2001)
Seidl-Hohenveldern/Stein	Völkerrecht, 12. Aufl. (2009)
Shaw	International Law, 8. Aufl. (2017)
Steindorf	Waffenrecht, Kurzkommentar, 10. Aufl. (2015)
Stein/von Buttlar/Kotzur	Völkerrecht, 14. Aufl. (2017)
Strupp/Schlochauer	Wörterbuch des Völkerrechts, 2. Aufl., Band 1 (1960), Band 2 (1961), Band 3 (1962)
Thüsing	AÜG – Arbeitnehmerüberlassungsgesetz, Kommentar, hrsg. v. Thüsing, 4. Aufl. (2018)
Tolzmann	Bundeszentralregistergesetz, 5. Aufl. (2015)
Ulsamer LdR	Lexikon des Rechts: Strafrecht, Strafverfahrensrecht, hrsg. v. Ulsamer, 2. Aufl. (1996)
Verdross/Simma	Universelles Völkerrecht, 3. Auflage (2010)
Vitzthum/Proelß	Völkerrecht, 8. Aufl. (2019)
Waltermann	Sozialrecht, 14. Aufl. (2020)
Wannagat	Sozialgesetzbuch I, hrsg. v. Eichenhofer/v. Koppenfels-Spies/Wenner, 2. Aufl. (2018); Sozialgesetzbuch IV, hrsg. v. Eichenhofer/Wenner, 2. Aufl. (2017); Sozialgesetzbuch X, hrsg. v. Eichenhofer/Wenner, 2. Aufl. (2017)
Werle/Jeßberger	Völkerstrafrecht, 5. Aufl. (2020)

Strafgesetzbuch

vom 15. Mai 1871 (RGBl. 1871, 127);
neugefasst durch Bek. v. 13.11.1998 (BGBl. I 3322);
zuletzt geändert durch Gesetz v. 14. September 2021 (BGBl. I 4250)

ACHTUNDZWANZIGSTER ABSCHNITT **Gemeingefährliche Straftaten**

§ 323a Vollrausch

(1) Wer sich vorsätzlich oder fahrlässig durch alkoholische Getränke oder andere berauschende Mittel in einen Rausch versetzt, wird mit Freiheitsstrafe bis zu fünf Jahren oder mit Geldstrafe bestraft, wenn er in diesem Zustand eine rechtswidrige Tat begeht und ihretwegen nicht bestraft werden kann, weil er infolge des Rausches schuldunfähig war oder weil dies nicht auszuschließen ist.

(2) Die Strafe darf nicht schwerer sein als die Strafe, die für die im Rausch begangene Tat angedroht ist.

(3) Die Tat wird nur auf Antrag, mit Ermächtigung oder auf Strafverlangen verfolgt, wenn die Rauschtat nur auf Antrag, mit Ermächtigung oder auf Strafverlangen verfolgt werden könnte.

Schrifttum

Arbab-Zadeh Zurechnungsfähigkeit, Rauschtat und spezifisches Bewußtsein, NJW **1974** 1401; *Arndt* Verkehrsverstöße im Rauschzustand, DAR **1954** 148; *Backmann* Anwendbarkeit des § 330a bei unterlassener Hilfeleistung im Zustand des Vollrauschs, JuS **1975** 698; *Barthel* Bestrafung wegen Vollrauschs trotz Rücktritts von der versuchten Rauschtat? (2001); *Behrendt* Affekt und Vorverschulden (1983); *Bemmann* Welche Bedeutung hat das Erfordernis der Rauschtat in § 330a StGB? GA **1961** 65; *Berster* Vollrauschtatbestand und unsicherer Rauschgrad, ZStW **124** (2012) 991; *Bertram* Zur Bestrafung der im Vollrausch begangenen Straftaten im Entwurf 1960 des StGB (§ 351), MSchrKrim **1961** 101; *Boldt* Zur Handlung des Zurechnungsunfähigen in § 330a StGB, DR **1939** 1035; *Brandenberger* Bemerkungen zu der Verübung einer Tat in selbstverschuldeter Zurechnungsunfähigkeit (1970); *Brandstetter* Grundfragen der Deliktsverwirklichung im Vollrausch (Wien 1992); *Bruns, H.-J.* Die Bedeutung des krankhaft oder rauschbedingten Irrtums für die Feststellung „einer mit Strafe bedrohten Handlung" i. S. der §§ 42b, 330a StGB, DStrR **1939** 225; *ders.* Zur neuesten Rechtsprechung über die Strafbarkeit der Volltrunkenheit, JZ **1958** 105; *ders.* Zur Problematik rausch-, krankheits- oder jugendbedingter Willensmängel des schuldunfähigen Täters im Straf-, Sicherungs- und Schadensersatzrecht (§§ 330a, 42b StGB, 829 BGB), JZ **1964** 473; *ders.* Die Strafzumessung bei Vollrauschdelikten (§ 323a StGB), Festschrift Lackner (1987) 439; *Burmann* Andere berauschende Mittel im Verkehrsstrafrecht, DAR **1987** 134; *Cramer* Der Vollrauschtatbestand als abstraktes Gefährdungsdelikt (1962); *ders.* Verschuldete Zurechnungsunfähigkeit – actio libera in causa – § 330a StGB, JZ **1971** 766; *Dahm* Zur Bestrafung der Rauschtat nach § 330a StGB, ZAkDR **1939** 267; *Dencker* Vollrausch und „der sichere Bereich des § 21 StGB", NJW **1980** 2159; *ders.* § 323a StGB – Tatbestand oder Schuldform? JZ **1984** 453; *Derwort* Die strafrechtliche Verantwortlichkeit des Rauschtäters, in: Würtenberger/Hirschmann (Hrsg.) Kriminalbiologische Gegenwartsfragen (1964) 70; *Dölling* Rausch, Kriminalität und Strafrecht, in: Kiesel (Hrsg.) Rausch (1999) 149; *ders.* Zur strafrechtlichen Bewertung des Alkoholkonsums, in: Koriath u. a. (Hrsg.) Grundfragen des Strafrechts, Rechtsphilosophie und die Reform der Juristenausbildung (2010) 17; *Dollinger* Die Handlung des Zurechnungsunfähigen im Strafrecht, Diss. München 1938; *ders.* Zur Handlung des Zurechnungsunfähigen in § 330a StGB, DR **1939** 1033; *Domning* Mit Strafe bedrohte Handlungen Schuldunfähiger, Ein Beitrag zur Auslegung der §§ 42b und 330a StGB (1939); *Dorbritz* Die „mit Strafe bedrohte Handlung" des § 330a StGB als Gegenstand richterlicher Rechtsschöpfung, Diss. Heidelberg 1944; *Dreher* Im Irrgarten der Wahlfeststellung, MDR **1970** 369; *Duttge* Der Vollrauschtatbestand de lege lata und de lege ferenda, Festschrift Geppert (2009) 63; *Egg/Geisler* (Hrsg.) Alkohol, Strafrecht und Kriminalität (2000); *Fahl* Der strafbare Vollrausch (§ 323a StGB), JuS **2005** 1076; *Fahnenschmidt/Klumpe* Der Anfang vom Ende der actio libera in causa? DriZ **1997** 77; *Fajen* Die Strafbarkeit des Rauschtäters, Diss. Göttingen 1957; *Finke* Alkoholismus und Strafrecht, Diss. Halle-Wittenberg 1940; *Flor* Versuch und Teilnahme beim Rauschmittelmißbrauch nach § 330a StGB, JW **1938** 781; *Flück* Alkoholrausch und Zurechnungsunfähigkeit (1968); *Fortlage* Tatbestand der Volltrunkenheit nach § 330a StGB, DJZ **1935** Sp. 480; *Fors-*

https://doi.org/10.1515/9783110490305-001

ter/Rengier Alkoholbedingte Schuldunfähigkeit und Rauschbegriff des § 323a StGB aus medizinischer und juristischer Sicht, NJW **1986** 2869; *Foth* Zur Strafzumessung bei Taten unter Alkoholeinfluß, DRiZ **1990** 417; *Freund* Vollrausch, in: Hilgendorf/Kudlich/Valerius (Hrsg.) Handbuch des Strafrechts Bd. 5 (2020), § 46; *Freund/Renzikowski* Zur Reform des § 323a StGB, ZRP **1999** 497; *Geisler* Zur Vereinbarkeit objektiver Bedingungen der Strafbarkeit mit dem Schuldprinzip (1998); *Gerchow* Zur Schuldfähigkeit Drogenabhängiger, BA **1979** 97; *ders.* Sogenannte berauschende Mittel und ihre medizinisch-rechtliche Problematik, Festschrift Sarstedt (1981) 1; *Gerland* Der Rauschmittelmißbrauch nach § 330a StGB, ZStW **55** (1936) 784; *Gollner* „Zurüstungen" bei § 330a StGB, MDR **1976** 182; *Gottwald* Vollrauschtatbestand und objektive Bedingung der Strafbarkeit, DAR **1997** 302; *Graf* Aus der Praxis der Rauschtat, DRiZ **1934** 235; *Gramsch* Der Tatbestand des Rauschmittelmißbrauchs nach § 330a StGB (1938); *ders.* Versuch und Teilnahme beim Rauschmittelmißbrauch nach § 330a Strafgesetzbuch, JW **1938** 779; *Grasmann* Die mit Strafe bedrohte Handlung in § 330a StGB mit einem Ausblick auf die §§ 42b, 48, 49 StGB unter besonderer Berücksichtigung neuerer Lehrmeinungen zum Aufbau der Straftat, Diss. München 1951; *Grüner* Zur Anwendbarkeit des § 330a StGB bei chronischen Alkoholikern, BA **1979** 300; *Gündel* Der Rücktritt von der versuchten Rauschtat beim Vollrauschtatbestand (2003); *Haft* Eigenhändige Delikte. Unter besonderer Berücksichtigung des Vollrauschs (§ 330a), JA **1979** 651; *Hammermüller* Zur Reform des § 323a StGB, ZRP **2001** 236; *Hardwig* Studien zum Vollrauschtatbestand, Festschrift Eb. Schmidt (1961) 459; *ders.* Der Vollrauschtatbestand, GA **1964** 140; *Hartl* Der strafrechtliche Vollrausch (§ 323a StGB) speziell im Straßenverkehrsrecht (1988); *Haubrich* Zur Strafzumessung bei Vollrausch-Verkehrsstraftaten, DAR **1980** 359; *Heimberger* Trunkenheit und Trunksucht im Vorentwurf zu einem Deutschen Strafgesetzbuch, ZStW **32** (1911) 563; *Heinitz* Die rechtlichen Schwierigkeiten bei der Auslegung des § 330a StGB, Dtsch. Zschr. f. d. ges. gerichtl. Medizin **44** (1955–56) 509; *ders.* Zum Verhältnis der Wahlfeststellung zum Satz in dubio pro reo, JR **1957** 126; *Heiß* Verurteilung nach § 323a StGB trotz Zweifel über das Vorliegen eines Vollrausches? NStZ **1983** 67; *Hennig* Vollrausch, in: Hettinger (Hrsg.) Reform des Sanktionenrechts, Bd. 1 (2001) 97; *Hentschel/Born* Trunkenheit im Straßenverkehr, 6. Aufl. (1992); *Herrmann* Der Drogenmißbrauch und seine Bekämpfung, ZStW **86** (1974) 423; *Hettinger* Die „actio libera in causa": Strafbarkeit wegen Begehungstat trotz Schuldunfähigkeit? (1988); *Heuermann* Die Behandlung der Trunksucht und der Gewohnheitstrinker, Materialien zur Strafrechtsreform 2. Bd., I Allgem. Teil (1954) 209; *Hirsch* Alkoholdelinquenz in der Bundesrepublik Deutschland, ZStW-Beiheft **1981** 2; *Hirschmann* Zur Kriminologie der akuten Alkoholpsychosen, in: Würtenberger/Hirschmann (Hrsg.) Kriminalbiologische Gegenwartsfragen, H. 6 (1964) 55; *Hodes* Fallen unter § 330a RStGB auch Unterlassungen? ZWehrR **1936/37** 47; *ders.* § 330a StGB in der reichsgerichtlichen Rechtsprechung und in der Rechtslehre, ZWehrR **1939/40** 129; *Hogräfer* Das Schuldproblem in § 330a StGB (1940); *Horn* Kann die „mindestens erheblich verminderte Schuldfähigkeit" den „Rausch"-Begriff i. S. des § 330a StGB definieren? JR **1980** 1; *Hruschka* Methodenprobleme bei der Tatzurechnung trotz Schuldunfähigkeit des Täters, SchwZStR **90** (1974) 48; *ders.* Die actio libera in causa – speziell bei § 20 StGB mit zwei Vorschlägen für die Gesetzgebung, JZ **1996** 64; *Hwang* Die Rechtsnatur des Vollrauschtatbestandes (§ 323a StGB) – Ein abstraktes oder ein konkretes Gefährdungsdelikt? Diss. Göttingen 1987; *Junge* Rauschbedingte Fehlvorstellungen beim Vollrausch (1995); *Kaufmann, Arthur* Unrecht und Schuld beim Delikt der Volltrunkenheit, JZ **1963** 425; *Kaffarnik* Die Behandlung der Trunkenheit im deutschen und österreichischen Strafrecht (1938); *Kohlrausch* Trunkenheit und Trunksucht im Deutschen Vorentwurf, ZStW **32** (1911) 645; *Kraatz* Die subjektive Beziehung des Rauschtäters zur Rauschtat – oder: Kann der „Brückenschlag" zwischen Berauschung und Rauschtat überhaupt gelingen? ZStW **125** (2014) 819; *Kreuzer* Der Drogenmißbrauch und seine Bekämpfung, ZStW **86** (1974) 379; *Krumm* Verteidigungsstrategie: Vollrausch – § 323a StGB, SVR **2007** 356; *Krumme* Rechtliche Überlegungen zum § 330a StGB, BA **1961/62** 282; *Krümpelmann* Schuldzurechnung unter Affekt und alkoholisch bedingter Schuldunfähigkeit, ZStW **99** (1987) 191; *Kulhanek* Beihilfe zum Vollrausch, JA **2011** 832; *Kusch* Der Vollrausch, § 323a StGB in teleologischer Auslegung (1984); *Lackner* Vollrausch und Schuldprinzip, JuS **1968** 215; *ders.* Neuorientierung der Rechtsprechung im Bereich des Vollrauschtatbestandes, Festschrift Jescheck, Bd. 1 (1985) 645; *Lange* Der gemeingefährliche Rausch, ZStW **59** (1940) 574; *ders.* Die Behandlung der Volltrunkenheit in der Strafrechtsreform, JR **1957** 242; *Lautmann* Wie hermetisch denkt die Strafrechtsdogmatik? Sozialwissenschaftliche Bemerkungen zur Bestrafung des Rauschdelikts, in: Lüderssen/Sack (Hrsg.) Vom Nutzen und Nachteil der Sozialwissenschaften für das Strafrecht, Tb. 2 (1980) 610; *v. Lilienthal* Zurechnungsfähigkeit, VDA Bd. V (1908) 33; *Maurach* Schuld und Verantwortung im Strafrecht (1948); *Mayer, Hellmuth* Die folgenschwere Unmäßigkeit (§ 330a StGB), ZStW **59** (1940) 283; *Mezger/Mikorey* Volltrunkenheit und Rauschtat gemäß § 330a StGB, MschrKrim **1936** 410; *Milde* Mit Vollrausch in die Sicherungsverwahrung, StraFo **2006** 217; *Miseré* Unfallflucht (StGB § 142) und Rauschdelikt (StGB § 323a) – Studie zum Verhältnis beider Tatbestände, Jura **1991** 298; *Mittermaier* Über Einfluß der Trunkenheit auf die Zurechnung und Strafanwendung, Neues Arch. d. Criminalrechts 12 (1830) 1; *Montenbruck* Zum Tatbestand des Vollrausches, GA **1978** 225; *Neumann* Zurechnung und „Vorverschulden" – Vorstudien zu einem dialogischen Modell strafrechtlicher Zurechnung (1985); *ders.* Erfolgshaftung bei „selbstverschuldeter" Trunkenheit? StV **2003** 527; *Niederreuther* Der Rauschmittelmißbrauch nach § 330a RStGB, ZWehrR **1936/37** 284; *ders.* Zur Anwendung des § 330a StGB, GS **114** (1940) 322; *Nießen* Alkohol im

Straßenverkehr unter besonderer Berücksichtigung des § 323a StGB, Diss. Köln 1986; *Otto* Der Vollrauschtatbestand (§ 323a StGB), Jura **1986** 478; *ders.* Die Beurteilung alkoholbedingter Delinquenz in der Rechtsprechung des Bundesgerichtshofs, Festgabe BGH **IV** (2000) 111; *Paeffgen* Die Ausweitung des „Rausch"-Begriffs (§ 323a StGB) – ein unaufhaltsamer Prozeß? NStZ **1985** 8; *ders.* Actio libera in causa und § 323a StGB, ZStW **97** (1985) 513; *ders.* Strafzumessungsaspekte bei § 323a StGB, NStZ **1993** 66; *ders.* Zur rechtlichen und rechtspolitischen Problematik des Vollrausch-Tatbestandes (§ 323a StGB), in: *Egg/Geisler* (Hrsg.) Alkohol, Strafrecht und Kriminalität (2000) 49; *Pickenpack* Vollrausch und „der sichere Bereich des § 21", Diss. Göttingen 1988; *Puppe* Die Norm des Vollrauschtatbestandes, GA **1974** 98; *dies.* Neue Entwicklungen in der Dogmatik des Vollrauschtatbestandes, JURA **1982** 281; *Ranft* Strafgrund der Berauschung und Rücktritt von der Rauschtat, MDR **1972** 737; *ders.* Grundprobleme des Vollrauschtatbestandes (§ 323a StGB), JA **1983** 193, 239; *ders.* Die rauschmittelbedingte Verkehrsdelinquenz, JURA **1988** 133; *Rasmussen* Die Möglichkeit der Einführung einer Norm nach dem Modell § 15 StGB DDR für den „selbstverschuldeten Rausch", Diss. Münster 2000; *Rautenberg* Strafmilderung bei selbstverschuldeten Rauschzuständen? Eine Anregung für den Gesetzgeber aus den neuen Bundesländern, DtZ **1997** 45; *Renzikowski* Die Verschärfung des § 323a – Preisgabe des Schuldprinzips? ZStW **112** (2000) 475; *ders.*, Im Labyrinth des Vollrauschtatbestands (§ 323a StGB), in: Schneider/Frister (Hrsg.) Alkohol und Schuldfähigkeit (2002) 141; *ders.*, Rauschdelikt und Schuldbegriff, in: Kaufmann (Hrsg.) Recht auf Rausch und Selbstverlust durch Sucht (2003) 317; *Roeder* Das Schuld- und Irrtumsproblem beim Vollrausch, Festschrift Rittler (1957) 211; *Ruisinger* Die selbstverschuldete Trunkenheit im deutschen Strafrecht der Gegenwart und Zukunft (1929); *Salger/Mutzbauer* Die actio libera in causa – eine rechtswidrige Rechtsfigur, NStZ **1993** 561; *Sartor* Die Rauschtat und das Problem des „natürlichen Vorsatzes" in § 330a StGB, Diss. Frankfurt 1939; *Schäfer, H.* Dürfen Art und Schwere der im Vollrausch begangenen Tat bei der Strafzumessung nach § 323a StGB berücksichtigt werden? DRiZ **1996** 196; *Scheiff* Straftaten in Volltrunkenheit, Diss. Würzburg 1940; *Schewe* Reflexbewegung, Handlung, Vorsatz (1972); *Schewe* Juristische Probleme des § 330a StGB aus der Sicht des Sachverständigen, BA **1976** 87; *ders.* Alkoholdelinquenz aus medizinischer Sicht, ZStW-Beih. **1981** 39; *ders.*§ 323a – Definitions- und Beweisprobleme an der „unteren Rauschgrenze"? BA **1983** 369; *Schliwienski* Die schuldhafte Herbeiführung des Rausches und die Schuldunfähigkeit bei der Rauschtat nach § 323a StGB, Diss. Köln 1987; *Schlosky* Straftaten in Volltrunkenheit, JW **1936** 3425; *Schmidt-Leichner* Zur Problematik des Rauschmittelmißbrauchs nach § 330a StGB, DStrR **1940** 109; *Schneidewin* Vollrausch und Wahlfeststellung, JZ **1957** 324; *Schreyer* Die Volltrunkenheit im heutigen Strafrecht, Diss. München 1937; *Schröder* Der subjektive Tatbestand des § 330a StGB, DRiZ **1958** 219; *Schulz* Zweifelsfragen um § 330a StGB, Diss. Hamburg 1938; *Schuppner/Sippel* Nochmals: Verurteilung nach § 323a StGB trotz Zweifels über das Vorliegen eines Vollrausches? NStZ **1984** 67; *Schwarz* Rauschtat und Wahlschuldfeststellung, NJW **1957** 401; *Schwarze* Die Zurechnung der im Zustande hochgradiger Trunkenheit begangenen Handlungen, GS **33** (1881) 430; *Sick/Renzikowski* Strafschärfung bei Rauschtaten? Zum Entwurf des Landes Berlin vom 19.2.1997, ZRP **1997** 484; *Sieg* Zur Strafzumessung bei Vergehen des Vollrausches, MDR **1979** 549; *Steffens* Die strafrechtliche Bekämpfung der Trunksucht (1928); *Streng* Unterlassene Hilfeleistung als Rauschtat? JZ **1984** 114; *ders.* „actio libera in causa" und Vollrauschstrafbarkeit – rechtspolitische Perspektiven, JZ **2000** 20; *ders.* Strafmilderung gem. §§ 21, 49 I StGB auch bei eigenverantwortlich herbeigeführter Trunkenheit?, Festschrift Rengier (2018) 113; *Täschner* Forensischpsychiatrische Probleme bei der Beurteilung von Drogenkonsumenten, NJW **1984** 638; *Thaman* Alkoholrausch und Schuld im Rechtsvergleich, Gedächtnisschrift Heine (2016), 339; *Thilmann* Die Auswirkungen von Alkohol und Drogen auf die Schuldfähigkeit (2007); *Tröndle* Vollrauschtatbestand und Zweifelsgrundsatz, Festschrift Jescheck, Bd. 1 (1985) 665; *Uhse* Kritik des § 330a StGB, Diss. Frankfurt 1954; *Waaben/Schultz/Léauté* Die Behandlung der Trunkenheit im Strafrecht (1960); *Weber, G.* Das Delikt der folgenschweren Volltrunkenheit nach § 330a StGB, Diss. Saarbrücken 1970; *v. Weber* Die Bestrafung der Rauschtat, GS **106** (1935) 329; *ders.* Die Bestrafung von Taten Volltrunkener, MDR **1952** 641; *ders.* Die Bestrafung von Volltrunkenheit, GA **1958** 257; *ders.* Die strafrechtliche Verantwortlichkeit für die Rauschtat, Festschrift Stock (1966) 59; *Wolter* Vollrausch mit Januskopf, NStZ **1982** 54; *Zimmermann* Trunksucht und sogenannte verminderte Zurechnungsfähigkeit im zukünftigen Strafrecht (1934).

Entstehungsgeschichte

In das StGB **eingefügt** worden ist die – in ihren ersten beiden Absätzen auf § 367 des Entwurfs eines Allgemeinen Deutschen Strafgesetzbuchs von 1927 zurückgehende – Strafvorschrift als § 330a durch das Gesetz gegen gefährliche Gewohnheitsverbrecher und über Maßregeln der Sicherung und Besserung vom 24.11.1933 (RGBl. I S. 995, 999), in Kraft getreten am 1.1.1934, in folgender Fassung:

> (1) Wer sich vorsätzlich oder fahrlässig durch den Genuß geistiger Getränke oder durch andere berauschende Mittel in einen die Zurechnungsfähigkeit (§ 51 Abs. 1) ausschließenden Rausch versetzt, wird mit Gefängnis bis zu zwei Jahren oder mit Geldstrafe bestraft, wenn er in diesem Zustand eine mit Strafe bedrohte Handlung begeht.

(2) Die Strafe darf jedoch nach Art und Maß nicht schwerer sein als die für die vorsätzliche Begehung der Handlung angedrohte Strafe.
(3) Die Verfolgung tritt nur auf Antrag ein, wenn die begangene Handlung nur auf Antrag verfolgt wird.

Das Gesetz zur Änderung des Reichsstrafgesetzbuchs vom 4.9.1941 (RGBl. I S. 549, 550) brachte eine **Anhebung des Strafrahmens** (Androhung von „Gefängnis" schlechthin, d. h. bis zu *fünf* statt nur bis zu *zwei* Jahren), in Kraft getreten am 11.9.1941.
Ihre *heutige Fassung* – und die gesetzliche Überschrift „Vollrausch" – erhielt die Vorschrift durch das EGStGB vom 2.3.1974 (BGBl. I S. 469, 495), in Kraft getreten am 1.1.1975: In ihren sachlichen Anwendungsbereich ausdrücklich eingeschlossen sind seither auch Fälle, in denen Schuldunfähigkeit bei Begehung der Rauschtat lediglich „nicht auszuschließen" ist (vgl. BT-Drucks. 7/550, S. 268). Zugleich wurde die „mit Strafe bedrohte Handlung", auf die Abs. 1 Bezug nimmt, durch die (nunmehr in § 11 Abs. 1 Nr. 5 definierte) „rechtswidrige Tat" ersetzt.
Neu nummeriert wurde die Bestimmung (ohne inhaltliche Änderungen) als *§ 323a* durch das 18. StRÄndG vom 28.3.1980 (BGBl. I S. 373, 374), in Kraft seit 1.7.1980.

Übersicht

I. Allgemeines

Die Vorschrift des § 323a hat *Spendel* mit Recht als „eine der umstrittensten, wenn nicht die strittigste des ganzen Strafgesetzbuchs" bezeichnet und hinzugefügt, dass sie „den Kommentator vor kaum lösbare Schwierigkeiten" stelle.[1] Ähnliche Einschätzungen finden sich bis heute zuhauf, und sie begleiten die Norm seit jeher. Erschien doch bereits § 330a a. F. bald als ein „durchaus monströses Gebilde" (*Boldt* DR **1939** 1035), mindestens aber als „schwierige und fragwürdige Bestimmung" (*H. Mayer* ZStW **59** [1940] 283). Als missglückt gilt die Vorschrift bis heute,[2] und schon über ihre sachliche Einordnung herrscht Streit. Trotz des beträchtlichen Aufwands, den die deutsche Strafrechtswissenschaft mit ihr in den vergangenen Jahrzehnten getrieben hat, ist der Ertrag letztlich überschaubar geblieben, weil sich nach wie vor „keine der möglichen Deutungen widerspruchsfrei in den allgemeinen dogmatischen Systemzusammenhang einfügt" (*Lackner/Kühl/Heger* Rdn. 1), so dass im Grunde nur „die Wahl zwischen Übeln" bleibt (*Lackner* FS Jescheck [1985] 645, 651).[3] Das muss besonders misslich erscheinen, wenn man in dieser Vorschrift zugleich einen „wahre[n] Rechtsmikrokosmos" erblickt, „der – auf engstem Raume zusammengedrängt – fast kein wichtiges Problem der Strafrechtsdogmatik unberührt läßt" (so *Roeder*, FS Rittler [1957] 211, 242). Gleichwohl wird dem jeweiligen dogmatischen Ausgangspunkt allenthalben entscheidende Bedeutung für die Lösung der zahllosen Einzelfragen zugeschrieben, die sich mit der praktischen Handhabung dieser Bestimmung verbinden – was freilich nicht hindert, dass etliche dieser Fragen selbst von Vertretern ein und derselben Grundauffassung durchaus unterschiedlich beantwortet werden.[4] Auch der Bundesgerichtshof ist nach eigenem Eingeständnis „bislang nicht zu einem durchgehend einheitlichen Verständnis dieser Vorschrift gelangt" (BGHSt **49** 239, 251). Jedenfalls sei sie „von allen anderen Straftatbeständen tatsächlich und rechtlich verschieden" (BGHSt **1** 275, 277; **49** 239, 251). „Nahezu jeder mögliche Standpunkt ist in den verschiedenen BGH-Urteilen vertreten worden" (so bereits *Arthur Kaufmann* JZ **1963** 425, 426); in der neueren Rechtsprechung hingegen wird, wie es scheint, eine grundsätzliche Stellungnahme „eher umgangen" (*Fischer* Rdn. 18). 1

1 *Spendel* LK[11] Rdn. 1. Ähnlich auch *Welzel* S. 473 („dogmatisch kaum überwindliche Schwierigkeiten") und nahezu die gesamte Kommentarliteratur, s. nur *Lackner/Kühl/Heger* Rdn. 1; *Matt/Renzikowski/Safferling* MR Rdn. 2; *Paeffgen* NK Rdn. 4; *SSW/Schöch* Rdn. 7.

2 Entsprechend urteilen etwa *v. Weber* MDR **1952** 641, 643 („mißglückte Lösung"); *Cramer* S. 92; *Rasmussen* S. 76 f; *Lackner* JuS **1968** 265, 216; *Otto* JURA **1986** 478 („Mißgriff"); *Berster* ZStW **124** (2012) 991, 1008 f; *Geisler* MK Rdn. 1; *Paeffgen* SK Rdn. 4; *Sch/Schröder/Hecker* Rdn. 2.

3 Ähnlich etwa *Welzel* S. 473; *Hwang* S. 103 ff; *Geppert* JURA **2009** 40; *Paeffgen* NK Rdn. 13a; *Wessels/Hettinger/Engländer* Rdn. 1140.

4 Vgl. bereits *Maurach* S. 95.

1. Die kriminalpolitische Problemlage

2 **a) Rauschbedingter Schuldausschluss.** Zurückzuführen ist dieser Befund freilich nicht allein auf das Unvermögen des Gesetzgebers, sondern auch auf Schwierigkeiten, die sich aus dem hier verfolgten kriminalpolitischen Regelungsanliegen und damit in gewisser Weise „aus der Sache selbst" ergeben.[5] Handelt es sich bei § 323a (und schon bei § 330a a. F.) doch gleichsam um den Versuch, ein Problem des *Allgemeinen* mit den Mitteln des *Besonderen Teils* zu lösen:

3 **„Ohne Schuld"** handelt nach § 20 namentlich, wer *bei Begehung der Tat* wegen einer *krankhaften seelischen Störung* unfähig ist, das Unrecht der Tat einzusehen oder nach dieser Einsicht zu handeln. Eine solche Störung kann nun aber gerade auch auf einem durch Alkohol oder andere Substanzen induzierten *Rausch* beruhen (*„Intoxikationspsychose"*; näher *Verrel/Linke/Koranyi* LK § 20 Rdn. 92, 95 ff; *Thilmann* S. 52 ff, 161 ff). Sofern sie, der Regel des § 20 entsprechend, den Ausschluss strafrechtlicher Schuld zur Folge hat, kommt eine *Bestrafung* des Täters wegen der im Rausch begangenen Tat grundsätzlich nicht in Betracht; denkbar bleibt allenfalls – aber doch immerhin – die Verhängung von stationären oder ambulanten *Maßregeln* (§§ 61 ff), soweit deren Voraussetzungen im einzelnen Fall gegeben sein sollten. Dieses Ergebnis ist zwingend, solange strikt an den Grundsätzen der *Koinzidenz* und der *Referenz* sämtlicher Verbrechenselemente festgehalten wird, also daran, „daß die Merkmale einer Straftat zeitlich und sachlich aufeinander bezogen sind" und damit eine „unzerlegbare Einheit" bilden (so prägnant *Hettinger* S. 436).[6] Denn dann muss gerade – und nur – die im Rausch vollzogene Tathandlung eine „schuldhafte" sein, und das ist sie eben nicht, wenn der Berauschte aus den in § 20 genannten Gründen „ohne Schuld handelt". *Insoweit* sachlich unerheblich ist insbesondere der Umstand, dass die seelische Störung in diesen Fällen nur eine zeitweilige ist und der Täter sie obendrein durch die Aufnahme eines Rauschmittels selbst herbeigeführt hat (*Renzikowski* ZStW **112** [2000] 475, 490 f). Gerade mit Blick auf den zuletzt genannten Punkt mag es gleichwohl unangemessen erscheinen, den schuldlos Handelnden einfach straflos zu lassen.[7]

4 Eine radikale Lösung könnte lauten, *generell* an der strafrechtlichen Verantwortlichkeit des berauschten Täters festzuhalten (sofern es sich nicht gerade um eine unfreiwillig erlittene Intoxikation handeln sollte) und ihn damit in den Rechtsfolgen von der in § 20 getroffenen Regelung explizit auszunehmen (wie dies einige andere Strafrechtsordnungen in der Tat tun, vgl. unten Rdn. 50 f). Aber das ist *de lege lata* ausgeschlossen und zumindest in einem (aus guten Gründen) am *Tatschuld*-Prinzip orientierten Strafrechtssystem[8] auch nur schwer vorstellbar.[9] Auch § 7 Abs. 1 WStG enthält eine solche Regelung nicht (sondern versagt in Fällen selbstverschuldeter Trunkenheit lediglich eine sonst u. U. denkbare Absenkung des Regelstrafrahmens).[10]

5 Nach immer noch vorherrschender Auffassung soll freilich in gewissen Sachverhaltskonstellationen, die schlagwortartig als Fälle der **actio libera in causa** bezeichnet werden, eine Bestrafung wegen des im Rausch begangenen Delikts gleichwohl in Betracht kommen (näher dazu *Verrel/Linke/Koranyi* LK § 20 Rdn. 194 ff).[11] Sie sind dadurch gekennzeichnet, dass der infolge seiner Berauschung schuldunfähige Täter die Voraussetzungen des Schuldausschlusses durch den Konsum al-

---

5 *Heinitz* DZtgM **1954** 509, 519; *Spendel* LK[11] Rdn. 2 (zust. BGHSt **49** 239, 251).

6 Zum Prinzip der „Referenz" *Hruschka* AT[2] S. 21 ff; zum Gedanken der „Koinzidenz" krit. (aber nicht überzeugend) *Jerouschek/Kölbel* JuS **2001** 417; ferner etwa *Streng* FS Beulke 313.

7 S. a. *Spencer/Pedain* in: Simester (Hrsg.) Appraising strict liability (2005) 237 ff.

8 Anders auf der Basis eines *„funktionalen"* Schuldverständnisses namentlich *Streng* ZStW **101** (1989) 273, 317 ff; Abweichungen vom Tatschuld-Prinzip erwägen etwa a. *Dencker* JZ **1984** 453, 454 ff; *Salger/Mutzbauer* NStZ **1993** 561, 565 (de lege ferenda); *Rautenberg* DtZ **1997** 45, 47.

9 Abl. etwa *Hirsch* JR **1997** 391, 392; *ders.* FS Nishihara 88, 95; von Verfassungs wegen *Lagodny* Strafrecht vor den Schranken der Grundrechte (1996) 407 ff.

10 Vgl. nur *Dau* MK § 7 WStG Rdn. 8 ff; zum früheren § 49 Abs. 2 MilStGB (1872) s. die Nachw. bei *Spendel* LK[11] Rdn. 8.

11 Eingehende Darstellung bei *Barthel* S. 145 ff. Zur Historie der Argumentationslinie „actio libera in causa" s. etwa *Katzenstein* Die Straflosigkeit der actio libera in causa (1901) 64 ff; *Hettinger* S. 57 ff; *Hruschka* FS Link 687.

koholischer Getränke oder anderer Rauschmittel zuvor selbst herbeigeführt hat *und* dabei – in noch verantwortlichem Zustand – „bereits eine vorwerfbare innere Beziehung zur späteren Tat hergestellt hat“ (BGHSt **17** 333, 334 f; **42** 235, 238). Schon in diesem Geschehensabschnitt habe der Täter nämlich schuldhaft „die entscheidende Ursache für ein eigenes Tun gesetzt“ (so BGH LM 7 zu § 51 Abs. 1 StGB [a. F.]), das dann später in der von ihm vorhergesehenen bzw. jedenfalls vorherzusehenden Weise abläuft. Eine Bestrafung wegen *vorsätzlicher* Tatbegehung unter dem Gesichtspunkt der „actio libera in causa“ (oft missverständlich als „vorsätzliche actio libera in causa“ bezeichnet) setzt danach voraus, dass der Täter (1.) im Rausch zwar schuldlos (§ 20), aber doch mit dem erforderlichen Tatbestandsvorsatz gehandelt hat,[12] (2.) diesen Defektzustand durch die Einnahme eines berauschenden Mittels selbst vorsätzlich[13] und verantwortlich[14] herbeigeführt hat und hierbei (3.) zumindest billigend in Kauf genommen hat, er werde in diesem Zustand eine *bestimmte Tat* begehen (wie er sie dann auch begangen hat).[15] Eine solche Konstellation kommt wohl allerdings „nicht allzu häufig“ vor (BGHSt **17** 259, 263)[16] und bildet (zumal in der Variante des sich planmäßig bis zum Verlust der Steuerungsfähigkeit „Mut antrinkenden“ Verbrechers) eher ein Beispiel von im Wortsinne „welt-fremder“ Lehrbuchkriminalität. Praktisch weitaus bedeutsamer sind dagegen Fälle *fahrlässiger* Tatbegehung (die sich aber jedenfalls bei gewöhnlichen „Erfolgsdelikten“ wie §§ 222, 229[17] teilweise schon ohne Rückgriff auf besondere Überlegungen zur „actio libera in causa“ lösen lassen; so denn auch BGHSt **42** 235, 236 f im Anschluss an *Horn* GA **1969** 289; zu den Grenzen dieser „Lösung“ *Hettinger* S. 450 ff; *ders.* GA **1989** 1 und in FS Schroeder [2006] 209). Hier hat der Täter lediglich fahrlässig nicht bedacht, dass er in dem selbst herbeigeführten Defektzustand eine *bestimmte Tat* begehen könnte, und eben sie dann auch tatsächlich begangen (vgl. *Verrel/Linke/Koranyi* LK § 20 Rdn. 206 m. w. N.).

Nicht mehr von diesen Überlegungen erreicht werden allerdings Fallgestaltungen, in denen **6**
der Täter den zum Schuldausschluss führenden Rauschzustand zwar gleichfalls in verantwortlicher Weise selbst begründet hat, die anschließend im Rausch ausgeführte Tat für ihn bei der Aufnahme des Rauschmittels aber noch nicht (konkret) vorhersehbar gewesen ist. Jedenfalls bei gravierenden Rechtsverletzungen regt sich offenbar ein „mehr oder weniger offen zugegebenes Bedürfnis nach vergeltender Repression gegenüber solchen Tätern“ (*Schultz* in *Waaben/Schultz/Léauté* Die Behandlung der Trunkenheit im Strafrecht [1960] 17, 29) und verbindet sich mit dem (vermeintlich archaisch-erfolgsstrafrechtlichen) Gedanken, „daß der verschuldet Volltrunkene für seine in diesem Zustand begangenen Taten strafrechtlich verantwortlich“ sein müsse (*v. Weber* GS **106** [1935] 329, 339), wenn auch vielleicht nur in abgeschwächter Form.[18] Die allseits in Anspruch genommene Freiheit im Umgang mit Alkohol (als dem am weitesten verbreiteten Rauschmittel) schützt den Rauschtäter danach keineswegs vor gesellschaftlicher Missbilligung, sondern wendet sich gerade gegen ihn. Wer sich selbst bis zum Verlust der Steuerungsfähigkeit berauscht hat, wird eben – anders als ein psychisch schwer kranker Mensch – „nicht als schick-

---

12 Vgl. BGHSt **1** 124, 126; **23** 356, 360; *Rengier* AT § 25 Rdn. 6. Zur dogmatischen Fragwürdigkeit dieses „Vorsatz“-Erfordernisses s. etwa *Stratenwerth* GS Armin Kaufmann (1989) 485, 491; *Hettinger* in: ders. (Hrsg.) Reform des Sanktionenrechts I (2001) 189, 257 f; *Frister* AT 18. Kap. Rdn. 25; *Roxin/Greco* AT I § 20 Rdn. 67a; zu den hier denkbaren Irrtumsproblemen *Kühl* AT § 11 Rdn. 23; *Roxin/Greco* a. a. O. Rdn. 75 sowie BGHSt **21** 381, 383 f.

13 H. M., vgl. nur *Verrel/Linke/Koranyi* LK § 20 Rdn. 205 m. w. N.; **aA** aber etwa *Jähnke* LK[11] § 20 Rdn. 81 f.

14 Erheblich *verminderte* Schuldfähigkeit steht noch nicht entgegen; vgl. OLG Düsseldorf NJW **1962** 684; *Verrel/Linke/Koranyi* LK § 20 Rdn. 202 m. w. N.

15 BGHSt **2** 14, 17; BGH NStZ **1992** 536. Die beiden zuletzt genannten Punkte werden meist unter dem Schlagwort „Doppelvorsatz“ zusammengefasst.

16 Ähnlich BGH LM 7 zu § 51 Abs. 1 StGB (a. F.); *Hettinger* in: ders. (Hrsg.) Reform des Sanktionenrechts, Bd. 1 (2000) 189, 199, 272 f; mit Blick auf die revisionsgerichtliche Praxis a. *Schnarr* bei *Dietmeier* ZStW **110** (1998) 393, 405.

17 Hinsichtlich sog. „verhaltensgebundener“ Delikte wie §§ 315c, 316 oder § 21 StVG hat BGHSt **42** 235 die Unhaltbarkeit von actio-libera-in-causa-Konstruktionen immerhin erkannt.

18 „Bestrafungslücken“ bestreitet *Kusch* S. 138 („Rechtswidrige Taten eines Schuldunfähigen sind nicht strafwürdig“); vgl. aber *Neumann* S. 62.

salhaft von einem Defekt Betroffener erlebt, in dem der Normalbürger sich kaum wiedererkennen könnte" (*Streng* ZStW **101** [1989] 273, 319), sondern an der Verantwortung für sein eigenes Tun und Lassen gleichsam festgehalten. Eine solche Zuweisung von Verantwortlichkeit setzt freilich ein anderes Verständnis von Tatschuld voraus, als es dem Strafrechtssystem und insbesondere den §§ 20, 21 derzeit ganz überwiegend zugrunde gelegt wird.[19] Die dadurch bedingte (und jedenfalls im deutschen Strafrecht allenthalben als schmerzlich empfundene) *Lücke* „zeigt sich, wenn man die Bestimmungen der §§ 20, 21 StGB auf die gesellschaftlichen Regeln der Zuschreibung von Verantwortlichkeit projiziert" (so treffend *Neumann* S. 62). Mit § 323a weicht das Gesetz dem damit aufgeworfenen Problem (vergeblich) aus: Nicht mehr die im Defektzustand begangene Tat, sondern – stattdessen – die Herbeiführung des Defektzustandes selbst scheint hier gemeint und als **eigenständiges Vergehen des „Vollrausches"** unter Strafe gestellt worden zu sein. Entstehungsgeschichtlich ist die Wahl eines solchen *„Vorfeld-Tatbestandsmodells"* gerade als Entscheidung gegen das (gleichfalls diskutierte) alternative *„Modell der außerordentlichen Schuldzurechnung"* zu verstehen, das vom Grundsatz des Schuldausschlusses wegen bestimmter Defektzustände eine explizite Ausnahme für Fälle selbstverschuldeter Berauschung macht (eingehend *Barthel* S. 145 ff, 227 f). Doch steht auch hinter einem solchen Tatbestand ersichtlich das kriminalpolitische Anliegen zu verhindern, dass „der Täter aufgrund nicht ausschließbarer Schuldunfähigkeit wegen seines rechtswidrigen Tuns ansonsten überhaupt nicht bestraft werden könnte" (BGHSt **49** 239, 251). Um die Bestrafung der *Rauschtat* darf es also nicht mehr gehen, und doch gäbe es den „Vollrausch" als Delikt nicht ohne sie.

7 **b) Praktische Bedeutung.** Die **praktische Bedeutung** der Vorschrift dürfte nach alledem entscheidend von den Voraussetzungen abhängen, unter denen strafrechtliche Sanktionen *unmittelbar an die im Rausch begangene Tat* angeknüpft werden können. Angesprochen ist damit in erster Linie der Umgang mit der Schuldausschlussregel des § 20: Sollte hier die verstärkte Berücksichtigung *psychodiagnostischer* Gesichtspunkte gegenüber dem für den Tatzeitpunkt ermittelten BAK-Wert[20] jedenfalls bei alkoholgewöhnten Tätern im Ergebnis zu einer deutlich restriktiveren Handhabung dieser Vorschrift führen (wie *Geisler* MK Rdn. 64 annimmt), so träte auch der von § 323a vorausgesetzte Fall – keine Bestrafung wegen der im Rauschzustand begangenen Tat – entsprechend seltener ein (und auch schon bei der Bestimmung lediglich *geschätzter* BAK-Werte dürfte einiges von den dabei jeweils berücksichtigten methodischen Standards abhängen[21]).

8 Auf der anderen Seite wirken – jedenfalls in der Theorie – Veränderungen im Umgang mit den als *actio libera in causa* bezeichneten Konstellationen auch auf den Anwendungsbereich des § 323a zurück. Denn in diesen Fällen verbleibt es, solange und soweit nach den hierfür vorgeschlagenen „Grundsätzen" eine (außerordentliche) Schuldzurechnung auch schon *de lege lata* erfolgen soll, gleichfalls bei der Bestrafung *wegen der im Rausch begangenen Tat*; für § 323a bliebe dann insoweit kein Raum[22] (näher dazu unten Rdn. 142). Die in BGHSt **42** 235 vollzogene bereichsweise Abkehr von einer am Gedanken der *actio libera in causa* orientierten Schuldzurechnung bei „verhaltensgebunden" Tatbeständen wie §§ 315c, 316 oder § 21 StVG[23] erscheint daher geeignet, das durch § 323a abzudeckende Feld wieder zu verbreitern (so jedenfalls *Geppert* JURA **2009** 40). Obgleich dies, was die Rechtsprechung betrifft, wohl doch noch nicht der „Anfang vom Ende" (*Horn* StV **1997** 264) gewesen sein dürfte, dringt in der Strafrechtswissen-

---

19 Zu anderen Lösungen s. etwa *Neumann* ZStW **99** (1987) 567; *Streng* ZStW **101** (1989) 273; *ders.* JZ **1984** 114, 118 ff.
20 Vgl. hier nur BGHSt **43** 66 (grundlegend); **57** 247 = NStZ-RR **2012** 304 m. Anm. *Höll*; BGH NStZ **1997** 591; **2012** 262; **2016**, 670 f m. w. N.; allg. dazu *Verrel/Linke/Koranyi* LK § 20 Rdn. 99 ff; *Sch/Schröder/Perron/Weißer* § 20 Rdn. 16 ff.
21 S. etwa Egg/Geisler/*Kröber* 27, 33 ff.
22 *Geisler* MK Rdn. 71; *Rengier* BT II § 41 Rdn. 2 ff; *Sch/Schröder/Hecker* Rdn. 31.
23 Dazu etwa *Ambos* NJW **1997** 2296; *Fahnenschmidt/Klumpe* DRiZ **1997** 77; *Hardtung* NZV **1997** 97; *Horn* StV **1997** 264; *Hruschka* JZ **1997** 22; *Gottwald* DAR **1997** 302; *Neumann* StV **1997** 23; *Wolff* NJW **1997** 2032; krit. *Spendel* JR **1997** 133; *Hirsch* NStZ **1997** 230; *Gössel/Dölling* § 42 Rdn. 26; *Freund* GA **2014** 137.

schaft zu Recht die Auffassung vor, dass derartige Konstruktionen jedenfalls im geltenden Recht keine tragfähige Grundlage finden.[24] Damit muss es auch in diesen Fällen mit § 323a sein Bewenden haben.

Legt man die Strafverfolgungsstatistik zugrunde, ist jedenfalls ein bemerkenswerter **Bedeutungsverlust** der Vorschrift zu notieren: Waren Ende der 1970er Jahre (allein in der alten Bundesrepublik) noch über 10.000 Verurteilungen wegen Vollrauschs im Jahr die Regel (vgl. *Spendel* LK[11] Rdn. 16 m. w. N.), so sind es heute gerade einmal ein Zehntel davon. Die Zahlen scheinen kontinuierlich zu sinken – im Einzelnen ergeben sich für die Jahre 9

2008: 465 Verurteilungen im Zusammenhang mit einem Verkehrsunfall und 2.623 Verurteilungen in sonstigen Fällen (3.088 insgesamt); entsprechend

2009: 376 und weitere 2.570 Verurteilungen (2.946 insgesamt)
2010: 289 und weitere 2.156 Verurteilungen (2.445 insgesamt)
2011: 263 und weitere 1.858 Verurteilungen (2.121 insgesamt)
2012: 251 und weitere 1.756 Verurteilungen (2.007 insgesamt)
2013: 231 und weitere 1.634 Verurteilungen (1.865 insgesamt)
2014: 238 und weitere 1.394 Verurteilungen (1.632 insgesamt)
2015: 233 und weitere 1.128 Verurteilungen (1.361 insgesamt)
2016: 191 und weitere 935 Verurteilungen (1.126 insgesamt)
2017: 238 und weitere 953 Verurteilungen (1.191 insgesamt)
2018: 198 und weitere 790 Verurteilungen (988 insgesamt)
2019: 197 und weitere 779 Verurteilungen (976 insgesamt).[25]

c) Deliktsrecht. Für das bürgerliche **Deliktsrecht** enthält § 827 BGB die folgende Regelung: 10

Wer im Zustand der Bewusstlosigkeit oder in einem die freie Willensbestimmung ausschließenden Zustand krankhafter Störung der Geistestätigkeit einem anderen Schaden zufügt, ist für den Schaden nicht verantwortlich. Hat er sich durch geistige Getränke oder ähnliche Mittel in einen vorübergehenden Zustand dieser Art versetzt, so ist er für einen Schaden, den er in diesem Zustand widerrechtlich verursacht, in gleicher Weise verantwortlich, wie wenn ihm Fahrlässigkeit zur Last fiele; die Verantwortlichkeit tritt nicht ein, wenn er ohne Verschulden in den Zustand geraten ist.

Der zweite Satz macht den Schädiger für den von ihm angerichteten Schaden also auch dann verantwortlich, wenn er seine vorübergehende Bewusstseinsstörung durch die Aufnahme „geistiger Getränke" oder ähnlicher Mittel selbst verschuldet hat. Er soll dann nicht besser – aber auch nicht schlechter[26] – stehen als eine gedachte nüchterne Vergleichsfigur. Fingiert wird dabei aber lediglich ein haftungsbegründender *Fahrlässigkeitszusammenhang* im Hinblick auf das schädigende Ereignis (der freilich nicht in allen Fällen genügt, um tatsächlich eine Scha- 11

24 *Paeffgen* ZStW **97** (1985) 513 ff; *ders.* NK vor § 323a Rdnr. 29; *Hettinger* S. 436 ff; *Salger/Mutzbauer* NStZ **1993** 561; *Hruschka* JZ **1996** 64, 68; *Ambos* NJW **1997** 2296; *Rönnau* JA **1997** 599 ff, 707 ff; *Köhler* AT S. 397; *Stühler* S. 111 f, 121 f; *Rasmussen* S. 46 f; *Sydow* Die actio libera in causa nach dem Rechtsprechungswandel des BGH (2002) 225; *Übler* Neue Entwicklungen im Bereich der actio libera in causa (2003) 188; *Zenker* Actio libera in causa (2003) 121; *Langer* Die Sonderstraftat[2] (2007) 128 f; *Kaspar* AT Rdn. 441 ff; *Conen* AnwK § 20 Rdn. 100 ff; i. E. abl. auch *Rath* JuS **1995** 405, 412; *Schweinberger* JuS **2006** 507, 511; *Renzikowski* in: M. Kaufmann (Hrsg.) Recht auf Rausch und Selbstverlust durch Sucht (2003) 317, 322 ff; *Mack* Trunkenheit und Obliegenheit (2008) 89, 111 f; *Kindhäuser* AT § 23 Rdn. 20 f; *Sch/Schröder/Perron/Weißer* § 20 Rdn. 35b; **aA** freilich auf der Grundlage des sog. „Tatbestandsmodells" etwa *Hirsch* FS Geppert 235; *Baumann/Weber/Mitsch/Eisele* § 19 Rdn. 34 ff; *Frister* AT Kap. 18 Rdn. 17 ff; *Rengier* AT § 25 Rdn. 15; *Roxin/Greco* AT I § 20 Rdn. 56 ff; *Stratenwerth/Kuhlen* AT § 10 Rdn. 43 ff; für eine ungeschriebene Ausnahme von § 20 weiterhin *Heinrich* AT Rdn. 602 f; *Kühl* AT § 11 Rdn. 6 ff; *Krey/Esser* AT Rdn. 708 ff; wieder anders *Streng* MK § 20 Rdn. 128 ff.

25 Quelle: Statistisches Bundesamt Wiesbaden, Fachserie 10 Reihe 3 (2008–2019).

26 Zutr. *Wagner* MK BGB § 827 Rdn. 11. Anders etwa *Soergel/Spickhoff* § 827 Rdn. 9 (man betrinke sich „auf eigene Gefahr").

densersatzpflicht zu begründen[27]). Anders als im Falle der (grundsätzlich auch im Bürgerlichen Recht praktizierten) Erfolgszurechnung nach dem Gedanken der *actio libera in causa* verlangt § 827 S. 2 BGB ein Verschulden nur hinsichtlich der Berauschung; dies impliziert im Übrigen offenbar eine entsprechende *Verkehrspflicht*, sich nicht in einen derartigen Zustand zu versetzen.[28] Eine ganz ähnliche Regelung war für das *Strafrecht* in § 64 des Vorentwurfs 1909 vorgesehen (unten Rdn. 15).

2. Historische Entwicklung

12 Die Frage nach dem angemessenen Umgang mit berauschten (meist: alkoholisierten) Tätern ist alt; sie ist auch nicht immer und nicht überall im gleichen Sinne beantwortet worden.[29] Gleichwohl hielt das **RStGB 1871** für den selbst herbeigeführten Rausch zunächst keine besonderen Regelungen bereit (sieht man einmal von dem Übertretungstatbestand des § 361 Nr. 5 ab, wonach mit Haft zu bestrafen war, wer „sich dem Spiel, Trunk oder Müßiggang dergestalt hingibt, daß er in einen Zustand geräth, in welchem zu seinem Unterhalte oder zum Unterhalte derjenigen, zu deren Ernährung er verpflichtet ist, durch Vermittelung der Behörde fremde Hülfe in Anspruch genommen werden muß"). Allein das **Militärstrafgesetzbuch 1872** versagte in seinem § 49 Abs. 2 – ähnlich wie heute noch § 7 Abs. 1 WStG – bei bestimmten Delikten im Falle „selbstverschuldeter Trunkenheit" eine sonst mögliche Strafmilderung.

13 *Zurechnungsunfähigkeit* (§ 51 a. F.) infolge hochgradiger Berauschung nahm die höchstrichterliche Rechtsprechung bald nicht mehr nur in den Fällen an, in denen sich der Täter zum Tatzeitpunkt – buchstäblich „sinnlos berauscht" – „in einem Zustande von Bewußtlosigkeit" (im Sinne der ersten Variante des § 51 a. F.) befunden hatte. Sie begann auch Fälle von nicht ganz so weit gehender Berauschung als „krankhafte Störung der Geistesthätigkeit" (im Sinne der zweiten Variante) zu erfassen, sofern sie jedenfalls mit erheblichen Bewusstseinstrübungen verbunden war.[30] In allen diesen Fällen war mithin die Straflosigkeit des Täters die Folge, wenn nicht etwa gerade eine Konstellation gegeben war, in der nach den – von der Rechtsprechung spätestens seit RGSt **22** 413 ausdrücklich anerkannten – „Grundsätzen" der *actio libera in causa* verfahren werden konnte.[31] Gleichwohl scheint die instanzgerichtliche Praxis (aus „generalpräventiven" Gründen) mit Freisprüchen wegen rauschbedingter Zurechnungsunfähigkeit eher zurückhaltend verfahren zu sein.[32]

14 Keine Verwirklichung fand der Entwurf eines Gesetzes „betreffend die Bestrafung der Trunkenheit" vom 23. März 1881,[33] der entgegen seinem Titel keineswegs nur auf die Bestrafung desjenigen zielte, der „in einem nicht unverschuldeten Zustande Ärgerniß erregender Trunkenheit an öffentlichen Orten betroffen wird" (so § 1 Abs. 1: Geldstrafe bis zu 100 Mark oder Haft bis zu zwei Wochen), sondern – nicht zuletzt mit Blick auf jene reichsgerichtliche Rechtsprechung – in seinem § 2 vor allem auch besondere Regelungen über die Sanktionierung einer *im Rausch begangenen Tat* bereit hielt für den Fall, dass sich der Täter „in einen bis zur Ausschlie-

---

27 S. nur BGH VersR **1966** 458; NJW **1968** 1132, 1133; *Wagner* MK BGB § 827 Rdn. 13.

28 *Wagner* MK BGB § 827 Rdn. 12 mit Verweis auf Prot. II S. 590 (Verpflichtung, „im Genusse der geistigen Getränke Maß [zu] halten"); s. a. BGH NJW **1968** 1132, 1133.

29 Eingehende Darstellungen bei *Barthel* S. 145 ff; *Hettinger* S. 57 ff; s. ferner *Spendel* LK[11] Rdn. 3 ff; *Mittermaier* Neues Archiv des Criminalrechts XII (1830) 1 ff; *v. Bar* Gesetz und Schuld im Strafrecht II (1907) 104 ff; *Gramsch* S. 3 ff.

30 Vgl. hier nur RGSt **5** 338 f; **63** 46, 48; **64** 349, 353; **67** 149 f; RG DJZ **1907** Sp. 1280; zum Ganzen a. *v. Weber* FS Stock 59, 62 f.

31 Eingehende Darstellung bei *Hettinger* S. 179 ff.

32 Vgl. dazu etwa *Aschaffenburg* in: Hoche (Hrsg.) Handbuch der gerichtlichen Psychiatrie (1909) 20 ff; *v. Weber* FS Stock 59, 62 f; *Krümpelmann* ZStW **99** (1987) 191, 195.

33 Sten. Ber. über die Verhandlungen des Reichstags, 4. Legislaturperiode, IV. Session 1881, Bd. 3, Aktenstück Nr. 70 S. 401 ff; näher dazu *Hettinger* S. 262 ff; *Barthel* S. 163 ff.

ßung der freien Willensbestimmung gesteigerten Zustand von Trunkenheit versetzt und in demselben eine Handlung begeht, welche, in freier Willensbestimmung begangen, seine strafrechtliche Verurtheilung zur Folge haben würde" (Absatz 1). Dem 21. Deutschen Juristentag hingegen schienen zehn Jahre später „besondere strafgesetzliche Bestimmungen gegen Trunksucht und Trunkenheit nicht geboten".[34] Kurz zuvor hatte sich bereits der Internationale Gefängniskongress in Sankt Petersburg (1890) auf die Formel verständigt, dass der Zustand der Trunkenheit „an sich betrachtet" noch kein Vergehen darstellen und zu strafrechtlichen Sanktionen nur dort Anlass geben könne, „wo er sich öffentlich zeigt unter gefährdenden Voraussetzungen gegen die Sicherheit oder durch Handlungen, geeignet, Ärgernis zu erregen, die Ruhe und die öffentliche Ordnung zu stören" (hier zitiert nach *Gramsch* S. 25). Nicht verwirklicht worden ist schließlich auch der Entwurf eines Gesetzes „betreffend die Bekämpfung der Trunksucht" vom 15.1.1892, der in erster Linie die sozialen Folgen exzessiven Alkoholkonsums vor Augen hatte und in diesem Zusammenhang wiederum an § 1 (*nicht* aber an § 2) des oben genannten Entwurfes von 1881 anknüpfte.[35]

Nach dem Vorentwurf zu einem Deutschen Strafgesetzbuch 1909 sollte das Gericht, sofern „eine strafbare Handlung auf Trunkenheit zurückzuführen" sei, dem Verurteilten neben der Strafe „den Besuch der Wirtshäuser" (längstens für ein Jahr) verbieten können (§ 43 Abs. 1 S. 1); bei festgestellter Trunksucht sollte auch die Unterbringung in eine Trinkerheilanstalt möglich sein (S. 2). Nicht zuletzt aber sah der Vorentwurf erstmalig eine Bestrafung auch des zur Tatzeit Zurechnungsunfähigen vor, sofern „der Grund der Bewußtlosigkeit selbstverschuldete Trunkenheit" gewesen ist (§ 64); dieser Fall sollte – wohl im Wege einer *Fiktion*[36] – einer *fahrlässigen* Begehung des Delikts (falls strafbar) gleichgestellt werden (vgl. in diesem Zusammenhang auch heute noch § 827 BGB!). Erst der „Gegenentwurf" von 1911 enthielt in seinem § 190 eine (dem § 242 des *österreichischen* Vorentwurfs – gleichfalls aus dem Jahre 1909 – nachgebildete[37]) Regelung, die als Ausgangspunkt für den späteren § 330a a. F. gelten kann: Hiernach sollte mit Gefängnis bis zu sechs Monaten (!) bestraft werden, wer „sich vorsätzlich oder fahrlässig in einen die Zurechnung [...] ausschließenden Zustand der Trunkenheit versetzt", „wenn er in diesem Zustand eine Handlung begeht, die ihm sonst als Verbrechen oder Vergehen zuzurechnen wäre". Die nachfolgenden Entwürfe (zu ihnen *Barthel* S. 194 ff) bringen dann keine wesentlichen Änderungen mehr, was die Deliktsfassung betrifft, freilich erhöht sich ab dem „Entwurf Radbruch" (1922) die Strafdrohung auf das *Vierfache* (Gefängnis bis zu zwei Jahren; erstmalig freilich „nach Art und Maß" *limitiert* auf die jeweils für die vorsätzliche Begehung angedrohte Strafe). Als unmittelbares Vorbild für den (in den ersten beiden Absätzen wörtlich übereinstimmenden) § 330a a. F. in der Fassung des „Gewohnheitsverbrechergesetzes" vom 24.11.1933 kann schließlich § 367 des Entwurfs eines Allgemeinen Deutschen Strafgesetzbuchs (in der Fassung der Reichstagsvorlage von 1927) gelten. Die durch den neuen § 330a erreichte Erweiterung der Strafbarkeit auf rauschbedingt nicht zurechnungsfähige Täter eröffnete nicht zuletzt die Möglichkeit, gerade auch diesen Personenkreis der durch dasselbe Gesetz eingeführten *Maßregel* nach § 42c (Unterbringung in einer Trinkerheil- oder Entziehungsanstalt) zu unterwerfen, die in ihrer damaligen Konzeption nur *„neben der Strafe"* angeordnet werden konnte (anders nunmehr § 64).[38] 15

Wiewohl die Vorschrift (als § 330a a. F.) erstmals zu Zeiten des NS-Regimes Eingang in das StGB fand, wird sie gemeinhin *nicht* als typische Hervorbringung nationalsozialistischer Straf- 16

---

34 Verhandlungen des 21. DJT 1891, Bd. III (1892) 476.

35 Verhandlungen des Reichstags 1890–1892, 5. Anlagenband, Aktenstück Nr. 593 S. 3545; näher dazu *Barthel* S. 175 f.

36 Vgl. *Binding* GS **77** (1911) 22, 36; *Kohlrausch* ZStW **32** (1911) 645, 657.

37 Dazu *Barthel* S. 190.

38 Vgl. nur *L. Schäfer/Wagner/Schafheutle* Gesetz gegen gefährliche Gewohnheitsverbrecher und über Maßregeln der Sicherung und Besserung (1934) 209; *Werle* Justiz-Strafrecht und polizeiliche Verbrechensbekämpfung im Dritten Reich (1989) 105.

rechtspolitik verstanden.[39] In der Tat ist sie, wie oben dargelegt, bereits in mehreren Entwürfen der Weimarer Zeit (vgl. § 327 des Radbruch-Entwurfes 1922; § 335 StGB-E 1925; § 367 StGB-E 1927; § 367 StGB-E 1930) und im Grunde auch schon durch § 190 des „Gegenentwurfes 1911" (zum „Vorentwurf" 1909) vorgezeichnet. Die (bis zum heutigen Tag nicht wieder rückgängig gemachte) Anhebung der Strafrahmenobergrenze von zuvor zwei auf bis zu *fünf* Jahre Gefängnis durch das (wenn auch aus anderen Gründen) berüchtigte Gesetz zur Änderung des Reichsstrafgesetzbuchs vom 4.9.1941 (RGBl. I S. 549) mag hingegen durchaus auch der damals vorherrschenden Geringschätzung strafrechtslimitierender Prinzipien geschuldet sein (vgl. a. *Barthel* S. 224 ff).

3. Zur dogmatischen Einordnung der Vorschrift

a) Abstraktes Gefährdungsdelikt

17 **aa) Vollrausch als abstraktes Gefährdungsdelikt.** Mit der in § 330a a. F. getroffenen Regelung hatte sich der Gesetzgeber, wie gesehen, für einen eigenständigen Vorfeld-Tatbestand entschieden (Rdn. 6, 15). Weit verbreitet ist daher – gleichsam in äußerster Zuspitzung dieser Eigenständigkeit – die Annahme, mit § 323a werde der strafrechtliche Vorwurf gegenüber dem Rauschtäter vollständig verlagert: Gegenstand sei nun gerade nicht mehr die Rauschtat, sondern *ausschließlich* ein ihr vorgelagertes Verhalten, das wegen seiner abstrakten Gefährlichkeit für jedermann verboten und auch schon als solches „strafwürdig" sei. Wenn das Gesetz darüber hinaus auch noch die Begehung einer „rechtswidrigen Tat" durch den Berauschten fordere, so liege darin lediglich eine zusätzliche *objektive Bedingung der Strafbarkeit*, durch die die Bestrafung des sich selbst Berauschenden auf diejenigen Fälle eingeschränkt werde, in denen wegen des im Rausch verwirklichten Geschehens eben auch ein besonderes „Strafbedürfnis" bestehe.[40] Die Rauschtat selbst liegt bei einer solchen Sichtweise also schon *jenseits* von Unrecht und Schuld; zur Schuld zugerechnet wird danach allein das **Gefährdungsunrecht** einer vorsätzlichen oder fahrlässigen Selbstberauschung.[41] In der Sache herrscht diese Auffassung, die das Schrifttum schon zu § 330a a. F. geprägt[42] hat, bis heute sowohl in der Rechtsprechung[43] als auch in der Lehre[44] (dort allerdings nicht ganz so eindeutig) vor.

18 Damit wird die gesetzgeberische Entscheidung für ein „Tatbestandsmodell" in der Tat ernstgenommen und folgerichtig zu Ende gedacht; ausgewichen wird zugleich dem Vorwurf, über § 323a – dem Tatschuldprinzip zuwider – nun „eigentlich" doch die im Rausch begangene Tat zu bestrafen (und § 20 damit bereichsweise auszuhebeln). Gleichwohl sieht sich eine solche Interpretation des § 323a vielfältigen Einwänden ausgesetzt,[45] und tatsächlich handelt es sich

---

39 S. nur *Barthel* S. 215; *Paeffgen* NK Rdn. 1.

40 Etwas anders *Jescheck* in: Niederschr. Bd. 2 (1958) 246, 251: „Strafökonomie".

41 *Puppe* GA **1974** 98, 115; *dies.* JURA **1982** 281; *Montenbruck* GA **1978** 225, 228; *Dencker* NJW **1980** 2159 f; *Kusch* S. 20, 59 ff; *Hartl* S. 81; *Junge* S. 89 ff; *Lagodny* Strafrecht vor den Schranken der Grundrechte (1996) 233 ff.

42 Vgl. etwa *Schäfer/Wagner/Schafheutle* (1934) 209 ff; *Mezger/Mikorey* MSchrKrim **1936** 410, 412; *Schreyer* S. 56 ff; *Gramsch* S. 59; *Domning* S. 41; *Boldt* DR **1939** 1035 f; *Dahm* ZAkDR **1939** 267, 268; *Niederreuther* GS **114** (1940) 322, 341; *Gerland* ZStW **55** (1940) 784, 797; *Dreher* JZ **1953** 421, 426; *Bruns* JZ **1958** 105, 108; *Schröder* DRiZ **1958** 219, 222; *Schwalm* MDR **1959** 906; *Lackner* JuS **1968** 215, 216; *Puppe* GA **1974** 98; *Lay* LK⁹ § 330a Rdn. 5 f; monografisch *Cramer* (mit einem in der Sache freilich abweichenden Begriffsverständnis).

43 RGSt **69** 187, 188; **70** 42, 43; 159, 160; **73** 11, 13; BGHSt **1** 124 f („Gefährdungsdelikt eigener Art"); 275, 277; **2** 14, 18; **6** 89; **16** 124, 125 ff; **17** 333, 334; **20** 284, 285; **32** 48, 53; **42** 235, 242; NStZ-RR **2017** 135, 137; BayObLG NJW **1974** 1520, 1521; OLG Braunschweig VRS **7** 123, 125; NJW **1966** 679, 670; OLG Hamburg JR **1982** 37, 38; OLG *Hamm* Beschl. v. 18.2.2014 – III-1 RVs 12/14; OLG Schleswig SchlHA **1969** 165; OLG Zweibrücken VRS **32** 455; vgl. jetzt auch wieder BGH NStZ-RR **2017** 135, 136 f.

44 *Krey/Hellmann/Heinrich* BT 1 Rdn. 1144 f; *Rengier* BT II § 41 Rdn. 9; *Wessels/Hettinger/Engländer* Rdn. 1139; *Lackner/Kühl/Heger* Rdn. 1; *Wolters* SK Rdn. 2.

45 Vgl. überblicksweise a. *Geisler* S. 368 ff; Egg/Geisler/*Paeffgen* 49, 59 ff; *Streng* FS Rengier 113, 116 f.

bei ihr – in den harten Worten, die *Arthur Kaufmann* für sie gefunden hat – um eine „überspitzte, formalistische und inhaltlich unwahre Konstruktion" (JZ **1963** 425, 426; vgl. a. *ders.* Das Schuldprinzip² [1976] 144 ff). Denn die Deutung als abstraktes Gefährdungsdelikt mit objektiver Strafbarkeitsbedingung ist bereits für sich genommen fragwürdig (dazu sogleich Rdn. 19 ff), steht in unauflöslichem Widerspruch zum gesetzlichen Regelungszusammenhang (Rdn. 28) und wird – nicht zuletzt deshalb – auch sonst weder vom Gesetzgeber noch von der Rechtsprechung konsequent durchgeführt (Rdn. 29 ff).

(1) Zum Gegenstand eines strafbewehrten Verbots gemacht worden ist nach jener Lehre 19
zwar nicht schon der schlichte Konsum von Alkohol oder anderen berauschender Mittel, auch nicht eine dabei an den Tag gelegte „Unmäßigkeit" (*Mayer* ZStW 59 [1940] 283, 301), sondern erst die Herbeiführung eines Rauschzustandes von einiger Intensität[46] (bei dem es sich freilich – entgegen der amtlichen Überschrift – nicht notwendig um einen „Vollrausch" im landläufigen Sinne handeln muss, vgl. unten Rdn. 94). Doch handelt es sich hierbei, jedenfalls was die Berauschung durch alkoholische Getränke anbelangt, bei realistischer Betrachtung wohl um einen Vorgang, der als solcher „in weitem Maß sozial toleriert – wenn auch nicht unbedingt gebilligt – wird" (*Jakobs* AT² 17. Abschn. Rdn. 61), zumindest solange, wie es dabei nicht zu grobem Fehlverhalten kommt, das gerade auch mit dem Berauschtsein in Verbindung gebracht werden kann. Der Genuss alkoholischer Getränke, namentlich von Wein und Bier, ist „seit Jahrhunderten ein fest eingefügter Bestandteil der hiesigen Kultur",[47] in der selbst „gelegentliche schwere Rauschzustände mit Kontrollverlust" nicht rundweg abgelehnt[48] und in einem gewissen (meist mehr oder weniger „festlichen") Rahmen auch durchaus zelebriert werden (in den Jahren 2008 bis 2010 nach Berechnungen der Weltgesundheitsorganisation WHO mit 11,8 Litern reinen Alkohols pro Kopf – bezogen auf den Teil der Bevölkerung ab 15 Jahren – und damit sogar noch deutlich über dem im weltweiten Vergleich ohnehin recht hohen Durchschnitt der WHO-Region Europa von 10,9 Litern).[49] Von „sozialer Adäquanz" (was immer aus ihr zu folgern sein sollte) wird man bei einem Alkoholrausch von dem für § 323a vorauszusetzenden Schweregrad zwar dennoch nicht mehr ohne Weiteres sprechen können,[50] doch dürfte die Grenze hier nicht gerade leicht zu ziehen sein (für unbedenklich hält *Kusch* S. 49 immerhin noch „das Nippen an einem Glas Wein" oder „das Trinken eines kleinen Glases Bier zum Essen" [!]). Ob die Berauschung als „Entwürdigung der eigenen Persönlichkeit" zumindest „sittlich zu mißbilligen" ist, wie noch *Cramer* S. 36 behauptet hat, mag hier dahinstehen; ein strafbewehrtes Verbot wäre mit einem solchen Urteil allein jedenfalls noch nicht zu legitimieren.[51]

Erklärt und gerechtfertigt wird jenes Verbot denn auch gar nicht damit, sondern vielmehr 20
mit dem „Schutz der Allgemeinheit vor den Gefahren, die ihr bei der unberechenbaren Wirkung des Alkohols als des verbreitetsten Rauschmittels auf den einzelnen Menschen nach allgemeiner Erfahrung von Volltrunkenen drohen" (so BGHSt **16** 124, 128; für andere Rauschmittel müsste das offenbar entsprechend gelten). Aber eine solche „allgemeine Erfahrung" gibt es nicht.[52] Sie könnte sich jedenfalls nicht auf die Gesamtheit aller Alkoholkonsumenten beziehen, denn nur von wenigen Menschen wird sich sagen lassen, dass sie im Rausch zu kriminellem Verhalten

---

46 Hierauf verweisen etwa *Lackner* JuS **1968** 215, 217; *Dencker* JZ **1984** 456, 460; vgl. a. BGHSt **49** 239, 251 f.

47 *Geisler* S. 371.

48 Egg/Geisler/*Rebsam-Bender* 253, 254.

49 *World Health Organization* Global status report on alcohol and health 2014 (2014) 212.

50 Verneinend etwa *Gramsch* S. 47; *Hardwig* FS Eb. Schmidt 459, 460 f; *Dencker* JZ **1984** 453, 456, 460; *Kusch* S. 49 f; *Barthel* S. 87 f m. Fn. 76.

51 So denn auch *Cramer* selbst (S. 36 f mit zutr. Hinweis auf andere selbstschädigende Einwirkungen auf den eigenen Körper); vgl. a. *Arth. Kaufmann* JZ **1963** 425, 428. Etwas anders läge es wohl bei der von *Schultz* letztlich hinter § 330a a. F. vermuteten Rechtspflicht, „in einer freien Rechtsordnung die von der Rechtsordnung anerkannte Persönlichkeit mit ihren Hauptkennzeichen des Selbstbewußtseins, der Selbstbestimmungsfähigkeit und damit der Verantwortungsfähigkeit zu bewahren" (in *Waaben/Schultz/Léauté* Die Behandlung der Trunkenheit im Strafrecht [1960] 17, 32).

52 AA wohl BGHSt **49** 239, 242; **62** 247, 263 ff.

neigen.[53] Entsprechend ist auch immer wieder darauf hingewiesen worden, dass die allermeisten „Vollrausch"-Zustände gerade nicht mit der Schädigung oder auch nur Gefährdung anderer Menschen verbunden sein dürften.[54] Verlässliche Nachweise sind hier allerdings aus naheliegenden Gründen kaum zu führen. Doch umgekehrt sind auch die empirischen Grundlagen jener „Gefährlichkeitsthese" weit weniger gesichert, als es zunächst scheinen mag.[55] Zwar lässt sich, was den Alkohol betrifft, ein gewisser statistischer Zusammenhang nicht leugnen. Der Polizeilichen Kriminalstatistik (PKS) zufolge war „Alkoholeinfluss" bei mehr als einem Viertel aller aufgeklärten Fälle von Gewaltkriminalität festzustellen (2019: 25,6 %; 2018: 26,2 %).[56] Eine *direkte* Beziehung zwischen Alkoholkonsum und Gewalttätigkeit ist aber wohl nicht anzunehmen,[57] und überhaupt muss die Annahme einer generell „verbrechensfördernden" Wirkung alkoholischer Getränke zumindest „sehr differenziert" betrachtet werden (so bereits *Langelüddeke/Bresser* Gerichtliche Psychiatrie[4] [1976] 288), wenn sie sich denn überhaupt aufrechterhalten lässt (dies ausdrücklich verneinend etwa *Venzlaff/Foerster* Psychiatrische Begutachtung[5] [2009] 242).

21 Auszugehen ist vielmehr von einer überaus komplexen Gemengelage, in der die Alkoholisierung des Täters oft nur als „tatgestaltender Faktor"[58] erscheint bzw. als ein Umstand, der abweichendes Verhalten gelegentlich erleichtert und vereinfacht[59] (manchmal aber wohl auch umgekehrt eher erschweren kann). Nicht selten dürften Alkohol- bzw. Rauschmittelmissbrauch und Delinquenz auf eine *gemeinsame Grundproblematik* zurückzuführen sein.[60] In gewissem Umfang mag auch nur ein Scheinzusammenhang bestehen (etwa, weil berauschte Menschen mitunter auffälliger und ungeschickter agieren als andere, oder weil die Annahme hochgradiger Alkoholisierung gerade auf entsprechenden Schutzbehauptungen des Beschuldigten selbst beruht[61]); selektive Anzeigemuster (entsprechend der Alkoholisierung des Täters oder auch des *Opfers*) könnten gleichfalls eine gewisse Rolle spielen.[62] Nach alledem sind es am Ende vielleicht eher „mächtige soziale Überzeugungen"[63] als empirische Erkenntnisse, auf die sich die Annahme eines ursächlichen Zusammenhangs von Berauschung und Verbrechen gründet,[64] möglicherweise auch die im westlichen Kulturkreis offenbar tief verwurzelte Vorstellung stets latent vorhandener, lediglich ihrer „Entfesselung" harrender Triebe.[65] Davon einmal abgesehen

53 Ebenso *Lackner* JuS **1968** 215, 218; *Hwang* S. 69; *Roxin/Greco* AT I § 23 Rdn. 10; *Geisler* S. 370.

54 Wie hier bereits *Lange* JZ **1951** 460, 462; *Arth. Kaufmann* JZ **1963** 425, 432; *Hirsch* ZStW-Beiheft **1981** 2, 13 f; *Geisler* S. 370; *Freund* HbStrR Bd. 5 § 46 Rdn. 21; vgl. a. OLG Oldenburg JZ **1951** 460 sowie BGHSt **49** 239, 242. *Renzikowski* ZStW **112** (2000) 475, 500 vermutet ein „Verhältnis im Promillebereich" zwischen den im Vollrausch begangenen schwereren Delikten und der (unbekannten) Zahl folgenloser Vollräusche.

55 *Platz* Alkoholkriminalität (1995) 23 ff; vgl. a. *H. J. Schneider* Kriminologie (1987) 466 f; *Kaiser* Kriminologie, 10. Aufl. (1997) 330 f; *Konrad/Huchzermeier/Rasch* Forensische Psychiatrie und Psychotherapie[5] (2019) 241 ff. Sehr zurückhaltend auch der Erste Periodische Sicherheitsbericht (2001) 214.

56 Vgl. Bundeskriminalamt (Hrsg.) Polizeiliche Kriminalstatistik Jahrbuch 2019, Bd. 1 S. 44. Maßgeblich für die Erfassung dieses Merkmals ist ein offensichtlicher oder nach den (polizeilichen) Ermittlungen wahrscheinlicher Alkoholeinfluss (S. 48). Zur im internationalen Vergleich erheblichen Variationsbreite in der Erhebung von Alkoholpräsenz bei verschiedenen Straftaten instruktiv *H.-J. Albrecht* BewHi **32** (1985) 345, 351.

57 *H-J. Albrecht* BewHi **32** (1985) 345, 349 u. a. mit Hinweis auf *Blum* in: Collins (Hrsg.) Drinking and Crime (1982) 110 ff; s. a. *Proescholdt u. a.* Fortschr Neurol Psychiat **82** (2012) 441.

58 Vgl. etwa *Brettel* in *Göppinger* Kriminologie, 6. Aufl. (2008) § 27 Rdn. 49; *Egg* in: DHS-Jahrbuch Sucht (2015) 171, 172; *J. Kinzig* in: W. Kinzig/Sautermeister (Hrsg.), Rausch (2020) 205, 218.

59 Egg/Geisler/*Kerner* 11, 20. Einen ersten Überblick über empirische Befunde bieten a. *Görgen/Nowak* Alkohol und Gewalt (2013).

60 vgl. a. Egg/Geisler/*Kröber* 27, 29 f.

61 *Egg* in: DHS-Jahrbuch Sucht (2015) 171, 172; zu Gewohnheitstätern mit Alkoholproblemen a. *H.-J. Albrecht* BewHi **32** (1985) 345, 350.

62 *H.-J. Albrecht* BewHi **32** (1985) 345, 352 m. w. N.

63 *H.-J. Albrecht* BewHi **32** (1982) 345, 354.

64 S. a. Egg/Geisler/*Kröber* 27, 30 („eine Form der gesellschaftlichen Problemdefinition und Problementsorgung").

65 *Konrad/Huchzermeier/Rasch*, Forensische Psychiatrie und Psychotherapie, 5. Aufl. (2019) 242. Vgl. nur die Schilderung der Rauschgefahren in BGHSt **16** 124, 125.

dürften schließlich – was bei der verbreiteten Fokussierung auf „alkoholische Getränke“ leicht aus dem Blick gerät – die tatsächlichen Beziehungen zwischen der Aufnahme „anderer“ berauschender Mittel und delinquentem Verhalten noch weniger klar zutage liegen (so ist beispielsweise bei Cannabis-Produkten eine gewaltfördernde Wirkung empirisch weder belegt noch naheliegend, vgl. nur *Brettel* in *Göppinger*, Kriminologie, 6. Aufl. [2008] § 27 Rdn. 39 m. w. N.; zu Drogen mit „überwiegend sedierender Wirkung“ a. *Berster* ZStW **124** [2012] 991, 996). Nicht von ungefähr hat *Lackner* denn auch erfahrungsgeleitete Überlegungen zum Zusammenhang von Rausch und Delinquenz schon im Ansatz zurückgewiesen und die „strafrechtliche Verteidigungslinie“ (!) stattdessen schon an schlichter Statistik ausrichten wollen mit der Erwägung, hinter dem allgemeinen Interesse an der Verhütung von Rechtsgüterverletzungen habe das Interesse des Bürgers an unbeschränkter Freiheit zum Alkoholgenuss eben zurückzutreten (JuS **1968** 215, 219). Dies, der notorische Verweis auf die modernen Lebensverhältnisse, die solche Absicherungen nun einmal erforderten,[66] und die dem Strafrecht hier offenbar zugedachte volkspädagogische Funktion präsentieren also schon § 330a a. F. in gewisser Weise als **„Risikostrafrecht“**[67] avant la lettre.

Davon abgesehen bleibt der genaue Inhalt eines solchen „Selbstberauschungsverbots“ meist im Ungefähren (und seine nähere Bestimmung im Ergebnis den Forensikern überlassen[68]), und sobald man nähere Orientierung bei den Auswirkungen sucht, die die Aufnahme des Rauschmittels im konkreten Fall auf die Schuldfähigkeit hinsichtlich der Rauschtat gehabt hat, lässt sich eine *generelle*, *ex ante* verwertbare Beschreibung des abstrakt Gefährlichen ohnehin nicht mehr leisten (was aber eben auch gerade gegen die Annahme eines gewöhnlichen Gefährdungsdelikts sprechen könnte, vgl. *Berster* ZStW **124** [2012] 991, 993 f u. bereits *Krümpelmann* ZStW **99** [1987] 191, 199). Eine verhaltensleitende Funktion kann eine solche Norm jedenfalls nur sehr begrenzt erfüllen (**krit.** insoweit a. *Duttge* FS Geppert [2011] 63, 73). Überdies handelte es sich bei ihr wohl letztlich um nichts weniger als um einen Fall strafrechtlich erzwungener *Prävention künftigen eigenen Fehlverhaltens* durch Ausschaltung mutmaßlich kriminogener Faktoren, die den begrifflichen Rahmen eines „Gefährdungsdelikts“ wohl zumindest dort sprengen dürfte, wo sie sich gegen verantwortliche („freie“) Handlungen eines u. U. noch Schuldfähigen richtet (bedenkenswert dazu *Neumann* S. 59 ff). Und schließlich wäre sie – merkwürdig genug – gegen die mit der Berauschung assoziierte globale Gefährdung aller nur denkbaren Rechtsgüter gerichtet, auf deren Bestand ein einzelner berauschter Mensch irgendwie Einfluss nehmen könnte. Eine solche These führt die Rechtsgutslehre freilich im Grunde *ad absurdum*,[69] doch zeigt sie zugleich recht deutlich, wie nahe die Vorschrift doch letztlich dem Allgemeinen Teil steht. 22

Der Große Senat für Strafsachen verdient also Zustimmung, wenn er feststellt, dass „das bloße schuldhafte Sichberauschen ohne nachfolgende Rauschtat nach allgemeiner Rechtsüberzeugung kein strafwürdiges Unrecht“ begründe (BGHSt [GrS] **9** 390, 396).[70] Auch sonst dürfte 23

66 Ebenso etwa BGHSt **16** 124, 125; *Jescheck* in: Niederschr. Bd. 2 (1958) 246, 251; *Bertram* MSchrKrim **1961** 101, 104 („Industriezeitalter“); *Dencker* NJW **1980** 2159, 2160; *Kusch* S. 51 („Bevölkerungsdichte und Technisierung“); *Paeffgen* NK Rdn. 57. Krit. dazu bereits *Cramer* S. 81.

67 Vgl. nur dessen allg. Charakterisierung bei *Böhm* Der „Gefährder“ und das „Gefährdungsrecht“ (2011) 58 ff m. w. N.

68 *Paeffgen* NK Rdn. 55, 58.

69 Ähnlich *Paeffgen* NK Rdn. 8; vgl. ferner bereits *Kindhäuser* Gefährdung als Straftat (1989) 328.

70 Ähnlich etwa *Kohlrausch/Lange* § 330a Anm. III; *Maurach* JuS **1961** 373, 374 f; *Arth. Kaufmann* Das Schuldprinzip² (1976) 147, 252; *A/W/H/Hilgendorf* § 40 Rdn. 11 und schon – in der Diktion der späten 1930er Jahre – *Gramsch* S. 103 (durch eine derartige Strafvorschrift würde „neben einer Reihe von strafwürdigen Trinkern usw. unzweifelhaft auch eine große Anzahl von völlig harmlosen Volksgenossen erfaßt und zu strafwürdigen Rechtsbrechern gestempelt werden“); s. a. schon OLG Celle NdsRpfl **1950** 128; OLG Oldenburg JZ **1951** 460. Auch die jüngste Entscheidung des Großen Senats zur Strafrahmenverschiebung (§ 21) wegen Trunkenheit scheint immerhin noch zwischen der grundsätzlichen Bewertung als „Unrecht“ und dessen eingeschränkter „Straf- oder Ahndbarkeit“ unterscheiden zu wollen (BGHSt **62** 247, 268 f).

es aber – jedenfalls in weiten Teilen der Bevölkerung – kaum für etwas *rechtlich Verbotenes* gehalten werden;[71] dass es sich um „selbstständiges, rechtlich fassbares sanktionswürdiges Unrecht" handeln soll, wie der Große Senat neuerdings behauptet (BGHSt **62** 247, 268 im Anschluss an BGHSt **16** 124, 125), leuchtet in der Tat kaum ein.[72] Eine solche Annahme wäre mit dem Umstand, dass eine Prohibition alkoholischer Getränke in Deutschland aktuell weder stattfindet noch auf absehbare Zeit politisch durchzusetzen wäre, zwar formal noch vereinbar,[73] wird durch ihn aber – realistisch betrachtet – auch nicht gerade nahegelegt (vgl. *Neumann* S. 69). Die Beweisführungslast liegt aber doch wohl bei demjenigen, der die Existenz eines solchen Verbotes behauptet (weshalb der von *Lackner* JuS **1968** 215, 216 erhobene Einwand, eine ausdrückliche *Erlaubnis* sei nirgendwo zu finden, ins Leere geht). Immerhin schließt die als Grundrecht garantierte Allgemeine Handlungsfreiheit (Art. 2 Abs. 1 GG) anerkanntermaßen auch das Recht ein, sich Alkohol (BVerwG NJW **1991** 1317 f) oder andere berauschende Mittel zuzuführen (*di Fabio* MDHS Art. 2 Rdn. 50 m. w. N.; *Hohmann/Matt* JuS **1993** 370, 373). Andererseits unterliegt ein „Recht auf Rausch" damit eben zugleich den Grenzen, die der allgemeinen Handlungsfreiheit auch sonst gezogen werden können (BVerfGE **90** 145, 172 – „Cannabis"), und es erscheint prinzipiell keineswegs ausgeschlossen, ein allgemeines Berauschungsverbot erst und überhaupt nur im Strafgesetzbuch zu regeln[74] (ganz abgesehen davon, dass offenbar – was in diesem Zusammenhang meist übersehen wird – auch das Bürgerliche Recht in § 827 S. 2 BGB implizit von einer entsprechenden *Verkehrspflicht* ausgeht[75]). Wie sich eine solche Regelung zu dem anerkannten freiheitlich-rechtsstaatlichen Grundprinzip verhielte, nach dem der Einsatz des Strafrechts erst als *ultima ratio* in Betracht gezogen werden darf (vgl. hier nur *Weigend* LK Einl Rdn. 1), ist freilich nicht recht klar, da staatliche Versuche, dem exzessiven Konsum alkoholischer Getränke entgegenzuwirken, weitestgehend fehlen.[76] Eine Besteuerung – als eine anerkannte und vergleichsweise effiziente Präventionsmaßnahme[77] – erfolgt in der Bundesrepublik Deutschland jedenfalls nur zurückhaltend und liegt (von Schaumweinerzeugnissen einmal abgesehen) regelmäßig deutlich unter den jeweiligen EU-Mittelwerten.[78] Die (monopolisierte) Herstellung von Branntwein ist in den vergangenen 40 Jahren sogar mit insgesamt mehr als 4,5 Mrd. Euro aus Bundesmitteln subventioniert worden.[79] Und wie *Neumann* S. 69 zu bedenken gibt: „Solange organisierte Massenbesäufnisse wie das Münchner Oktoberfest unter staatlicher Schirmherr-

---

71 *Arth. Kaufmann* JZ **1963** 425, 428 m. w. N.; *v. Weber* FS Stock 59, 70 f, *Hirsch* ZStW-Beiheft **1981** 1, 12 f („in unserer Rechtsordnung schwerlich denkbar"); *Jakobs* AT 17. Abschn. Rdn. 61 (ginge „am praktisch Möglichen und Notwendigen vorbei"); *Duttge* FS Geppert 63, 68, 72; *Kraatz* ZStW 125 (2014) 819, 827 („absurd"); *Streng* FS Rengier 113, 116. Wäre es anders, müsste dem Täter nach Ansicht von *Berster* (ZStW **124** [2012] 991, 994) gar „angesichts von staatlich sanktionierten und beworbenen Volksfesten" ein nicht zu vermeidender Verbotsirrtum zugebilligt werden.

72 Abl. auch *Roxin/Greco* AT I § 20 Rdn. 45e; bereits gg. BGHSt **16** 124, 125 (wieder aufgegriffen in BGH NStZ **2016** 203) zu Recht *Freund* HbStrR Bd. 5 § 46 Rdn. 7; vgl. ferner *Arzt/Weber/Heinrich/Hilgendorf* § 40 Rdn. 11; *Schönke/Schröder/Hecker* Rdn. 1.

73 Insoweit zutr. *Kusch* S. 50; *Lay* LK[9] § 330a Rdn. 7; vgl. aber *Roeder* FS Rittler 211, 212; *Arth. Kaufmann* JZ **1963** 425, 426; *Haft* JA **1979** 651, 656; *Neumann* S. 69.

74 In diesem Sinne etwa *Lackner* JuS **1968** 215, 217; *Kusch* S. 50 f; vgl. a. BGHSt **9** 390, 396; **49** 239, 252. Ein „Zirkelschluss" wäre das jedenfalls nicht (so aber *Kraatz* ZStW **125** [2014] 819, 827 Fn. 73).

75 *Wagner* MK BGB § 827 Rdn. 12 mit Verweis auf Prot. II S. 590 (Verpflichtung, „im Genusse der geistigen Getränke Maß [zu] halten"); s. a. BGH NJW **1968** 1132, 1133.

76 Zutr. *Renzikowski* in: M. Kaufmann (Hrsg.) Recht auf Rausch und Selbstverlust durch Sucht (2003) 317, 318 f; *Sagel-Grande* in: Schneider (Hrsg.) Internationales Handbuch der Kriminologie, Bd. 2 (2009) 507, 538 f. Vgl. aber immerhin *Die Drogenbeauftragte der Bundesregierung* Drogen- und Suchtbericht 2016 S. 130 ff sowie überblicksweise *Strohs* Abwehr alkoholbedingter Gefahren (2013).

77 *Elder* American Journal of Preventive Medicine **38** (2010) 217; *Waagenar/Tobler/Komro* American Journal of Public Health **100** (2010) 2270; *Gaertner u. a.* in: DHS-Jahrbuch Sucht 2015, S. 39, 54 ff.

78 Einzelheiten bei *Gaertner u. a.* in: DHS-Jahrbuch Sucht 2015, S. 39, 54 ff; s. a. *Rabinovich* The affordability of alcoholic beverages in the European Union (2009).

79 *Gaertner u. a.* in: DHS-Jahrbuch Sucht 2015, S. 39, 58.

schaft veranstaltet werden, solange kann derselbe Staat das Sichbetrinken nicht als rechtswidrig brandmarken, ohne die Autorität seiner Normen zu gefährden".

Überdies hätte die Annahme eines (jedenfalls in § 323a ausgesprochenen) allgemeinen Verbots, sich selbst im Übermaß zu berauschen, zwar nicht die von *Maurach* (in kritischer Absicht) gezogene und in der Tat befremdliche Konsequenz eines *Nothilferechts* gegen den sich solchermaßen Berauschenden[80] (weil dieser allein damit noch keinen „Angriff" auf ein Individualrechtsgut verübt und im Übrigen auch noch keine „gegenwärtige" Gefahr im Sinne einer – von *Maurach* gleichfalls erwogenen – Notstandslage schafft). Doch lässt sich immerhin fragen, ob dann nicht immerhin eine konkrete Gefahr für die Unversehrtheit der objektiven Rechtsordnung und damit für die „öffentliche Sicherheit" im Sinne des *Polizeirechts*[81] von jeder beliebigen Person ausgehen müsste, die sich mit ihrem Alkoholkonsum bereits an der Schwelle eines tatbestandsmäßigen Rausches befindet (*Berster* ZStW **124** [2012] 991, 994 f; **aA** *Dencker* JZ **1984** 456, 460 Fn. 74); schon in einer solchen Berauschung läge nach jener Lehre ja schon strafwürdiges Unrecht. Tatsächlich aber schreiten Polizeibehörden gegen die Herbeiführung von Alkoholräuschen nicht nur nicht ein, sondern nehmen es gerade im Gegenteil sogar auf sich, selbst „organisierte Massenbesäufnisse" (*Neumann* S. 69) wie etwa das Münchner Oktoberfest oder gewisse karnevalistische Großveranstaltungen absichernd zu begleiten und damit im Grunde überhaupt erst zu ermöglichen.[82] Der schlichte Konsum von Alkohol (selbst in größeren Mengen) wird im Polizei- und Sicherheitsrecht noch nicht einmal als abstrakte Gefahr betrachtet.[83] *Kriminalpräventive* Maßnahmen auf diesem Gebiet sind dem deutschen Recht zwar durchaus nicht fremd, doch handelt es sich regelmäßig nur um einzelfallbezogene spezialpräventive Verbote, beispielsweise in Gestalt einer (über § 145a sogar strafbewehrten) richterlichen Weisung im Rahmen der Führungsaufsicht (§ 68b Abs. 1 Nr. 10; zur fragwürdigen Vorwegnahme auf *polizeirechtlicher* Grundlage *Popp* NK **2015** 266, 272 f gg. VG Minden Urt. v. 25.1.2010 – 11 K 1830/09). 24

Was nun die – der Bestrafung eines solchen Gefährdungsverhaltens vorgeblich begrenzend entgegengesetzte – Bedingung einer im Rausch begangenen „rechtswidrigen Tat" anbelangt, so ist in der Literatur[84] schon früh erkannt worden, dass es sich hierbei jedenfalls nicht um eine „gewöhnliche" **Strafbarkeitsbedingung** (wie etwa § 283 Abs. 6 [bzw. vormals § 239 KO]) handeln könne.[85] Zwar liegt eine Beschränkung des strafrechtlichen Zugriffs auf Fälle, in denen „tatsächlich etwas passiert" ist, zugegebenermaßen nicht fern.[86] Doch damit wäre noch nicht erklärt, weshalb es insoweit nicht schlicht auf die Herbeiführung irgendeines Schadens oder sonst eine Störung der öffentlichen Sicherheit und Ordnung ankommen soll, sondern gerade auf eine „mit Strafe bedrohte Handlung" (§ 330a a. F.) bzw. „rechtswidrige Tat" i. S. d. § 11 Abs. 1 Nr. 5 (so § 323a),[87] und weshalb die Strafbarkeit der mit dem Rauschmittelkonsum assoziierten „Gefährdung" dann obendrein auch noch davon abhängig gemacht ist, ob gerade auch eine *schuldhafte* Begehung dieser Tat erwiesen werden kann oder nicht (*Neumann* S. 58). Vor allem aber lässt sich auf diese Weise nicht begründen, warum ein und dasselbe Verhalten bald als Kriminalunrecht (§ 323a), bald als bloße Ordnungswidrigkeit (§ 122 OWiG) sanktioniert werden soll, je nach dem, welchem Gebiet das sanktionsauslösende, aber doch angeblich unrechtsneut- 25

---

80 *Maurach* S. 109; gegen ihn zutr. etwa *Lackner* JuS **1968** 215, 217; *Geisler* S. 371 m. Fn. 27.

81 Vgl. nur *Denninger* in: Lisken/Denninger (Hrsg.) Handbuch des Polizeirechts[5] (2012) Kap. D Rdn. 16 ff, 19.

82 *Neumann* S. 69; *Geisler* S. 372; *Berster* ZStW **124** (2012) 991, 994; *Kraatz* ZStW **125** (2014) 819, 827 f.

83 Vgl. VGH Mannheim NVwZ-RR **2010** 55, 56 (allenfalls „Gefahrenverdacht"); OVG Hamm NVwZ **2010** 1319; OVG Koblenz LKRZ **2012** 427; OLG Braunschweig v. 20.3.2013 – Ss (OWiZ) 28/13; *Kohl* NVwZ **1991** 621, 623; *Faßbender* NVwZ **2009** 563, 564; *W. Hecker* NVwZ **2010** 1016 f; *Brückner* LKV **2012** 202; *Rachor* in: Lisken/Denninger (Hrsg.) Handbuch des Polizeirechts, 5. Aufl. 2012, Abschn. E Rdn. 437; indirekt bestätigend nunmehr § 9a SächsPolG, § 27a ThürOBG.

84 Vgl. etwa *Niederreuther* GS **114** (1940) 322, 341; *v. Weber* Grundriß des deutschen Strafrechts[2] (1948) 119; *Maurach* S. 96 ff; *Cramer* S. 110 ff.

85 So noch *Schäfer/Wagner/Schafheutle* Gewohnheitsverbrechergesetz (1934) 211; *Gerland* ZStW **55** (1936) 784, 797.

86 *Paeffgen* NK Rdn. 13; vgl. a. *Renzikowski* ZStW **112** (2000) 475, 515; *Duttge* FS Geppert 63, 77 f.

87 S. bereits *v. Weber* MDR **1952** 641, 642.

rale Ereignis – die „Rauschtat" – gerade zugeordnet ist.[88] Im Übrigen ist die Behauptung, eine solche Strafbarkeitsbedingung habe für den sich Berauschenden doch lediglich *begünstigende* Wirkung (indem sie seine schon durch die Selbstberauschung verwirkte Bestrafung *einschränke*), bereits *prima facie* unplausibel (weil an die Kriminalisierung jeglicher – auch *folgenloser* – Vollrausch-Erlebnisse wohl ohnehin niemand denken würde) und bei näherem Hinsehen auch *logisch* nicht weiter ernstzunehmen.[89] Auch dogmatisch will die Vorstellung eines zwar straftatbestandmäßigen, aber gleichwohl (noch) nicht „strafbedürftigen" Verhaltens nicht recht überzeugen (zutr. *Jakobs* AT Abschn. 10 Rdn. 5), von der vielfach schwankenden und schon deshalb alles andere als unproblematischen Terminologie (s. nur *Volk* ZStW **97** [1985] 894 ff) einmal ganz abgesehen: „Strafbedürfnis" und „Strafwürdigkeit" sind nun eben keine Gesichtspunkte, die gleichsam deliktssystematisch isoliert diskutiert werden könnten, sondern liegen jeder Tatbestandsbildung (und auch den allgemeinen Deliktsvoraussetzungen) immer schon voraus.[90]

26 Wenn teilweise ergänzend hierzu geltend gemacht wird, das Erfordernis einer im Rausch begangenen „rechtswidrigen Tat" verdanke sich eben auch der Suche nach einem handfesten Beleg[91] für die Gefahr, die durch die Selbstberauschung begründet worden bzw. von der berauschten Person ausgegangen sei (in ersterem Sinne etwa BGH NJW **1992** 1519; in zweiterem BGHSt **1** 124, 125; BGH bei Dallinger MDR **1974** 15), ist die zum Ausgangspunkt gewählte These vom „abstrakten" Gefährdungsdelikt im Grunde schon wieder zurückgenommen.[92] Denn der Nachweis eines gerade auch im Einzelfall gefährlichen Verhaltens sollte sich dann eigentlich schon begrifflich erübrigen (ganz abgesehen davon, dass die später begangene Rauschtat dafür nur sehr bedingt geeignet sein dürfte[93]).

27 Nicht zuletzt wäre der in Absatz 1 festgelegte **Strafrahmen** von bis zu fünf Jahren kaum zu erklären, wenn das dem Täter vorzuwerfende Verhalten ausschließlich in der Herbeiführung eines vorübergehenden Rauschzustandes zu sehen wäre. Denn dafür liegt die Obergrenze offensichtlich viel zu hoch.[94] Verglichen mit der abstrakten Verkehrsgefährdung durch eine Trunkenheitsfahrt (§ 316) beläuft sie sich auf das Fünffache; damit deckt sie sich mit dem für eine fahrlässige Tötung (!) vorgesehenen Höchstmaß (§ 222). Die Erweiterung des Strafrahmens von vormals zwei auf bis zu fünf Jahre Gefängnis durch das NS-Gesetz zur Änderung des Reichsstrafgesetzbuchs vom 4.9.1941 (RGBl. I S. 549 f) verdankte sich denn auch ganz offensichtlich dem Bestreben, die Strafdrohung *„gegen Rauschtaten"* (!) deutlich zu erhöhen.[95] Im Übrigen läge es,

---

88 Vgl. nur *Renzikowski* in: Schneider/Frister (Hrsg.) Alkohol und Schuldfähigkeit (2002) 141, 148; *Geisler* S. 369; *Geppert* JURA **2009** 40, 41; *Duttge* FS Geppert 63, 67; *Geisler* MK Rdn. 4; *Paeffgen* NK Rdn. 9; *SSW/Schöch* Rdn. 4. **Anders** (mit schwer nachvollziehbarer Begründung) BGH NStZ-RR **2017** 135, 157.

89 Vgl. bereits *Arth. Kaufmann* JZ **1963** 425, 429; *Puppe* FS Lackner 199, 210; zust. *Miseré* Die Grundprobleme der Delikte mit strafbegründender besonderer Folge (1997) 117 f, *Paeffgen* NK Rdn. 9.

90 So mit Recht *Haffke* in: Schünemann/de Figueiredo Dias (Hrsg.) Bausteine des europäischen Strafrechts (Coimbra-Symposium für Claus Roxin) (1995) 89 ff; *Romano* ebd. S. 107 ff; *Roxin/Greco* AT I § 23 Rdn. 37 ff m.w.N. Jene Differenzierung scharf abl. a. *Geisler* GA 2000 166, 169 ff; *ders.* MK Rdn. 5.

91 Sei es im Sinne eines *zwingenden* Beweisanzeichens (BGHSt **1** 124, 125) bzw. „ausschließlichen Erkenntnismittels" (*Domning* S. 28), sei es im Sinne einer indiziellen Funktion (so etwa BGHSt **38** 356, 361; BGH bei Dallinger MDR **1974** 15; NJW **1992** 1519; OLG Zweibrücken NZV **1993** 489; OLG Oldenburg NJW-RR **2005** 1548, 1549; *Gerland* ZStW **55** [1936] 784, 798; *Gramsch* S. 108; *Schröder* DRiZ **1958** 219; *Dencker* JZ **1984** 453, 459).

92 Krit. daher bereits *Lange* JZ **1951** 460, 462; *Frister* Schuldprinzip, Verbot der Verdachtsstrafe und Unschuldsvermutung als materielle Grundprinzipien des Strafrechts (1986) 55; *Junge* S. 73.

93 Insoweit zutr. *Kusch* S. 71; s.a. *Cramer* S. 82 f; *Frister* Schuldprinzip, Verbot der Verdachtsstrafe und Unschuldsvermutung als materielle Grundprinzipien des Strafrechts (1986) 55 ff.

94 Vgl. nur *Roeder* FS Rittler 211, 240; *Bemmann* GA 1961 65; *Cramer* S. 37 f; *Welzel* S. 474; *Ranft* MDR **1972** 737, 739 f; *Wolter* NStZ **1982** 54, 56; *Neumann* Zurechnung und „Vorverschulden" (1985) 70; *Schliwienski* S. 21; Egg/Geisler/*Paeffgen* 49, 60; *Renzikowski* in: Schneider/Frister (Hrsg.) Alkohol und Schuldfähigkeit (2002) 141, 148; *Roxin/Greco* AT I § 23 Rdn. 8; *Rönnau* JuS **2011** 697, 698; *Berster* ZStW **124** (2012) 991, 996; ebenso schon zur ursprünglichen Strafdrohung von bis zu zwei Jahren Gefängnis *Hogräfer* S. 18; *Mayer* ZStW **59** (1940) 283, 285 f; *Lange* ZStW **59** (1940) 574, 580.

95 So ausdrücklich *Freisler* DJ **1941** 929, 930; weitere Nachw. bei *Barthel* S. 224 ff.

wenn es wirklich nur um den Vorwurf schuldhafter Berauschung gehen sollte, doch wohl nahe, zwischen vorsätzlicher und fahrlässiger Begehung zu differenzieren, anstatt sie demselben Strafrahmen zu unterstellen (vgl. bereits *v. Weber* MDR **1952** 641, 642; s. a. BGHSt [GrS] **9** 390, 396).

(2) Die Deutung des § 323a als schlichtes Gefährdungsdelikt verträgt sich aber auch sonst nur schlecht mit der inneren Systematik und dem weiteren gesetzlichen Regelungszusammenhang dieser Vorschrift. Kann bereits der in Absatz 1 gezogene Strafrahmen von bis zu fünf Jahren Freiheitsstrafe nicht überzeugend erklärt werden, wenn damit nichts weiter als die schuldhafte Selbstberauschung abzugelten wäre (Rdn. 27), so ist noch weniger zu sehen, weshalb er nach Maßgabe des Absatzes 2 nun auf einmal mit der hypothetischen Strafe abzugleichen ist, die den Täter erwarten würde, wenn er unmittelbar aus dem im Rausch verwirklichten Tatbestand zu bestrafen wäre. Nur unter der – mit jener Deutung jedoch unvereinbaren – Prämisse, dass die nach § 323a zu verhängende Sanktion jedenfalls auch vom Unrecht der Rauschtat abhängt, lässt sich der in Absatz 2 getroffenen Regelung überhaupt Sinn abgewinnen[96] (einzuräumen bleibt freilich, dass sie auch dann keineswegs konsequent durchgeführt erscheint, vgl. dazu noch unten Rdn. 155 f). Dies gilt umso mehr, als die Anwendung des § 323a nicht nur die Begehung einer strafrechtswidrigen Tat (§ 11 Abs. 1 Nr. 5) voraussetzt, sondern eben auch gerade eine Sachlage, in der eine unmittelbare Bestrafung aus dem jeweils verwirklichten Tatbestand nicht in Betracht kommt, weil die Schuldfähigkeit des Täters insoweit nicht zu erweisen ist. Der Mangel dieser Bestrafungsvoraussetzung wird hier also selbst zur Voraussetzung einer – offenbar ersatzweisen – Strafbarkeit eines Vergehens gemacht, das nunmehr in der eigenen Berauschung liegen soll (vgl. a. *Hruschka* AT^2 S. 298). 28

(3) Auch an anderer Stelle hat der Gesetzgeber das von der h. A. behauptete Konzept eines eigenständigen Gefährdungsdelikts in der Sache verlassen, um dem „lediglich" aus § 323a strafbaren Täter eine besondere, gerade seiner Rauschtat entsprechende Sanktion auferlegen zu können, nämlich bei den Voraussetzungen der Anordnung von Sicherungsverwahrung (vgl. § 66 Abs. 1 S. 1 lit. c, Abs. 3 S. 1 und unten Rdn. 172 f). Mehrfach greift auch das Verfahrensrecht gleichsam durch den Vollrausch-Tatbestand hindurch auf die eigentlich gemeinten, in casu aber eben berauscht begangenen Delikte zu, wenn es auf § 323a gerade nicht generell, sondern jeweils nur stellvertretend für bestimmte Delikte in Bezug nimmt (so bei der Aufzählung der Privatklagedelikte in § 374 Abs. 1 Nr. 6a StPO und dem Erfordernis eines Sühneversuchs, § 380 Abs. 1 S. 2 StPO) oder schon in § 323a selbst einen Gleichlauf des Strafantragserfordernisses herstellt (Absatz 3).[97] 29

Der Deutung des § 323a als abstraktes Gefährdungsdelikt widerspricht aber nicht zuletzt auch die strafgerichtliche Praxis, die sich keineswegs bereitfindet, sämtliche Konsequenzen einer solchen Interpretation zu akzeptieren (was sie freilich keineswegs hindert, sich verbal immer wieder zu ihr zu bekennen). Aus naheliegenden Gründen scheint sich dort die Einsicht, dass es sich bei der im Rausch begangenen Tat wohl doch um mehr und anderes handeln müsse als um eine bloße „äußere Bedingung der Strafbarkeit", gewissermaßen als Unterströmung immer wieder Bahn zu verschaffen. Das betrifft nicht allein den Bereich der *Strafzumessung*, in dem sich die Rechtsprechung keineswegs nur an der vorsätzlichen bzw. fahrlässigen Selbstberauschung, sondern eben durchaus auch an der im Rausch begangenen Tat orientieren will (zu den Einzelheiten unten Rdn. 158 ff), sondern namentlich auch die Behauptung eines „Stufenverhältnisses" zwischen Rauschtat und Selbstberauschung (BGHSt **32** 48, 55 ff, dazu noch unten Rdn. 102), die mit der Annahme eines abstrakten Gefährdungsdelikts im Grunde nicht – oder nur in einem sehr formalen Sinne – zu vereinbaren ist: Die abstrakte Gefährdung völlig beliebiger Rechtsgüter durch Selbstintoxikation ist sachlich doch wohl etwas ganz *anderes* (und nicht 30

96 *Arth. Kaufmann* JZ **1963** 425, 428; *Müller-Dietz* Grenzen des Schuldgedankens im Strafrecht (1967) 77; *Paeffgen* ZStW **97** (1985) 513, 539; *Neumann* S. 52 f; *Geisler* S. 368 f; mit Blick auf das Willkürverbot (Art. 3 Abs. 1 GG) und die zu § 330a a. F. ergangene Entscheidung des BVerfG (bei *Spiegel* DAR **1979** 181) a. *Berster* ZStW **124** (2012) 991, 997 f.
97 Vgl. a. BGHSt (GrS) **9** 390, 396.

nur „weniger") als beispielsweise eine Körperverletzung, Sachbeschädigung oder Beleidigung.[98] Hingewiesen wird ferner auf den Versuch, bei der Anordnung von Untersuchungshaft nach § 112a StPO auch den Vollrausch-Tatbestand mit einzubeziehen, soweit (!) er mit einer der dort genannten Katalogtaten im Zusammenhang steht (*Paeffgen* NK Rdn. 9; näher unten Rdn. 192). Auch sonst wird der im Rausch begangenen Tat immer wieder eine Bedeutung zugemessen, die für eine „objektive Strafbarkeitsbedingung" jedenfalls nicht selbstverständlich ist. So soll sie nach BGHSt **42** 235, 242 einen inländischen Tatort auch in den Fällen begründen, in denen nicht ihretwegen, sondern allenfalls aus § 323a gestraft werden kann, und dies selbst dann, wenn die Berauschungshandlung, auf die es doch bei einem „abstrakten Gefährdungsdelikt" allein ankommen könnte, im Ausland vollzogen worden sein sollte (unten Rdn. 44). Auch die für § 2 Abs. 1 relevante „Zeit der Tat" soll sich nach dem als Rauschtat erfassten Verhalten richten (so jedenfalls OLG Braunschweig NJW **1966** 1878 – Folge: Die Erhöhung des Strafrahmens für die im Rausch begangene Tat trifft über § 330a Abs. 2 a. F. auch den, der sich bereits vor ihrem In-Kraft-Treten in einen fortdauernden Rausch versetzt [und damit i. S. v. § 8 „gehandelt"] hat).[99]

31 All das macht deutlich genug, dass sich die Deutung des § 323a als abstraktes Gefährdungsdelikt der Selbstberauschung letztlich nicht durchhalten lässt, weil die im Rausch begangene Tat – mag sie auch außerhalb des Unrechtstatbestandes im engeren Sinne stehen – eben doch das Unrecht, das dem Täter strafrechtlich zur Last gelegt wird, teils offen, teils latent mitbestimmt. Diese Tat liefert überhaupt erst den Anlass dafür, die Strafbarkeit (wenigstens) nach dieser Vorschrift zu thematisieren.

32 **b) Regelung einer Ausnahme von § 20.** Vor diesem Hintergrund kann es nicht überraschen, dass § 323a bisweilen – neben verschiedenen Versuchen, die Norm aus dem Gedanken der *Erfolgs- bzw. Risikohaftung* für das im Rausch verwirklichte Unrecht heraus zu erklären (vgl. noch unten Rdn. 123) – geradewegs als (verdeckte) **Ausnahme zu der in § 20 getroffenen Regelung** apostrophiert und verstanden worden ist.[100] Auch der Große Senat für Strafsachen hat einmal zumindest erwogen, ob § 330a a. F. nicht im Grunde lediglich „eine besonders geartete strafrechtliche Verantwortlichkeit des Rauschtäters für die im selbstverschuldeten Zustand der Zurechnungsunfähigkeit begangene Straftat begründet" (BGHSt [GrS] **9** 390, 395), diese Überlegung dann aber sogleich (und mit Recht) wieder verworfen. Der Umstand allein, dass die Vorschrift dann im Besonderen Teil des StGB gründlich fehlplaziert erscheinen müsste (*Sch/Schröder/Hecker* Rdn. 1), erscheint einer solchen Sicht nicht als Gegenargument, sondern ist gerade Teil ihrer These: Mit dieser „Falschetikettierung" (*Hruschka* AT² S. 298) werde das eigentliche Regelungsziel gezielt verschleiert, um die angestrebte „Durchbrechung des reinen Schuldprinzips [...] erträglicher zu machen" (wie *Schäfer* in: Gürtner [Hrsg.] Das kommende deutsche Strafrecht² [1935] 49, 70 es ausgedrückt hat). Sinn des § 323a wäre es danach im Grunde genommen nicht, ein bestimmtes Verhalten (Selbstberauschung) bei Strafe zu verbieten, sondern die Bestrafung einer schuldlos begangenen Tat in denjenigen Fällen zu ermöglichen, in denen der Täter die zum Schuldausschluss führende Sachlage selbst „schuldhaft" herbeigeführt hat (und sich deshalb nicht auf sie „berufen" können soll). Wer sich berauscht, handelt danach nicht

---

98 *Streng* JR **1993** 35, 36; *Paeffgen* NK Rdn. 9.

99 Anders (Rauschtat als für die Bestimmung der Tatzeit irrelevante objektive Strafbarkeitsbedingung) freilich die h. M.; vgl. nur *Ambos* MK § 8 Rdn. 12; *Böse* NK § 8 Rdn. 2; *Fischer* Rdn. 3; *Sch/Schröder/Eser/Weißer* § 8 Rdn. 3; *Werle/Jeßberger* LK § 8 Rdn. 11; **aA** *Schmidhäuser* ZStW **71** (1959) 545, 559.

100 *Neumann* S. 125 ff; *Hruschka* Strafrecht nach logisch-analytischer Methode, 2. Aufl. (1988) 296 ff; *Streng* JZ **1984** 114, 118 f; *ders.* ZStW **101** (1989) 273, 318 ff; *ders.* JZ **2000** 20, 27; *Rautenberg* DtZ **1997** 45, 46 f; *Otto* BT § 81 Rdn. 1; *Streng* FS Rengier 113, 118 f; s. aber a. schon (jeweils zu § 330a a. F.) *Maurach* S. 108 ff; *v. Weber* GA **1958** 257, 262 („im Grunde eine Erweiterung der Zurechnung auf selbstverschuldeten Rausch"); *Deselaers* Der Begriff der mit Strafe bedrohten Handlung, Diss. Bonn 1959, S. 43; *Bertram* MSchrKrim **1961** 101, 104 ff; *Hardwig* FS Eb. Schmidt 459, 473 ff u. GA **1964** 140, 144 f.

eigentlich einem gesetzlichen Verbot zuwider, sondern geht lediglich das Risiko ein, für eine etwaige Rauschtat – mag sie auch nicht vorhersehbar gewesen sein – dann eben auch die strafrechtliche Verantwortung tragen zu müssen (man betrinkt sich also „auf eigene Gefahr", so *v. Weber* GA **1958** 257, 262; vgl. a. *ders.* FS Stock [1966] 59, 72). Die Gleichstellung der fahrlässigen mit der vorsätzlichen Selbstberauschung in § 323a Abs. 1 ließe sich damit gut erklären: Entscheidend wäre hier ja nur, dass der Defekt überhaupt in vorwerfbarer Weise begründet wurde.[101]

Offen bleibt indes, weshalb genau ein rechtlich freigestelltes Verhalten – und dann gerade *dieses* Verhalten – eine derartige Ausdehnung des Schuldvorwurfs in das Tatbestandsvorfeld tragen soll (**krit.** daher *Geisler* MK Rdn. 8). Auch will es nicht recht passen, dass das Gesetz die – nach dieser Auffassung letztlich für die *Rauschtat* verwirkte – Strafe in § 323a Abs. 1 und Abs. 2 offenbar nur unvollkommen an das mit ihr jeweils verwirklichte Unrecht und den dafür grundsätzlich vorgesehenen Strafrahmen harmonisiert hat (der „Abschlag" im Vergleich zur unmittelbar schuldhaften Begehung [ggf. unter Berücksichtigung des § 21] erfolgte dann nicht etwa proportional, sondern fiele gerade bei schwereren Delikten großzügiger aus als bei weniger gewichtigen[102] – s. dazu a. noch unten Rdn. 155). Überhaupt ist wohl nicht daran vorbeizukommen, dass § 323a tatbestandliche Voraussetzungen mit einer eigenständigen Rechtsfolge verknüpft und – wie die Entstehungsgeschichte zweifelsfrei belegt (*Barthel* S. 145 ff) – gerade auf der Entscheidung *gegen* eine Ausnahmeregelung im Allgemeinen Teil beruht.[103] Davon abgesehen bliebe schließlich erst noch die alledem vorausliegende Grundsatzfrage zu beantworten, wie sich eine solche Ausnahme zum Schuldprinzip (nicht zuletzt auch in seiner verfassungsrechtlichen Dimension) verhielte.[104] Der formalistische Versuch, aus der Behandlung der vom Täter selbst verschuldeten Notstandslage (vgl. heute § 35 Abs. 1 S. 2) bzw. des von ihm selbst zu vertretenden Verbotsirrtums (§ 17 S. 1) einen allgemeinen und eben auch für § 20 Geltung beanspruchenden Rechtsgrundsatz abzuleiten,[105] dürfte jedenfalls nicht ohne weiteres gelingen, zumal er jedenfalls auf die hier eingeschlossenen Konstellationen jenseits der a.l.i.c. nicht ohne weiteres passt[106] (und überdies auch noch nicht die sachliche Beschränkung gerade auf „berauschende Mittel" erklärt, wie *Paeffgen* NK Rdn. 12 mit Recht bemerkt). Dem überaus bedenkenswerten Plädoyer von *Streng* für einen *„funktionalen Schuldbegriff"*, mit dem sich jene Frage möglicherweise eher lösen ließe,[107] hat sich die Strafrechtswissenschaft bislang weitestgehend verschlossen.[108] 33

In gewisser Weise verwandt, aber doch eigenständig ist die Lehre *Kindhäusers*, der § 323a explizit zurückführt auf ein Verbot, die eigene normative Ansprechbarkeit zu beseitigen.[109] Damit wird § 323a gerade nicht als „Zurechnungsregel", sondern durchaus als Delikt des Besonderen Teils gedeutet, das freilich nicht in der Gefährdung irgendwelcher „Rechtsgüter" besteht, sondern gewissermaßen in einem Angriff auf das strafrechtliche Zurechnungssystem selbst.[110] Gerechtfertigt wird eine solche Strafvorschrift danach schlicht mit der praktischen Notwendig- 34

---

101 *Streng* JZ **1984** 114, 118 ff; *ders.* JR **1993** 35, 37 f; *ders.* MK § 20 Rdn. 153.

102 Vgl. nur *Geisler* MK Rdn. 7; *Paeffgen* NK Rdn. 12; weitere Kritik bei *Dencker* JZ **1984** 453, 456.

103 BGHSt **9** 390, 396; *Dencker* JZ **1984** 453, 457; *Schliwienski* S. 10; *Junge* S. 15; *Geisler* S. 377; *Berster* ZStW **114** (2012) 991, 1000.

104 Vgl. *Barthel* S. 113; *Geisler* MK Rdn. 8.

105 *Hruschka* AT² S. 299 f.

106 Zutr. *Kindhäuser* Gefährdung als Straftat (1989) 330 f; *Geisler* S. 378 f; *Paeffgen* NK Rdn. 12; krit. a. *Neumann* S. 128 m. Fn. 348; *Roxin* FS Lackner 307, 310 f; *Berster* ZStW **114** (2012) 991, 999.

107 Vgl. *Streng* JZ **1984** 114, 119 f; ZStW **101** (1989) 273, 317 ff; von einem etwas anderen Ausgangspunkt aus a. *González-Rivero* Strafrechtliche Zurechnung bei Defektzuständen (2001) 195 f.

108 Krit. dazu etwa *Stübinger* KJ **1993** 33, 39 ff; *Hirsch* ZStW **106** (1994) 746, 752 ff; *Geisler* S. 60 ff; *ders.* MK Rdn. 8; *Renzikowski* ZStW **112** (2000) 475, 489.

109 *Kindhäuser* Gefährdung als Straftat (1989) 331 ff.

110 *Kindhäuser* Gefährdung als Straftat (1989) 332 f; *ders.* BT I § 71 Rdn. 6; ähnlich a. *Jakobs* AT Abschn. 17 Rdn. 61 und ihm zust. *Roxin* Täterschaft und Tatherrschaft⁸ (2006) 760; unklar *Maurach/Schroeder/Maiwald* § 96 Rdn. 3 (§ 323a gehöre zu den „Straftaten gegen die Durchsetzung des Strafrechts").

keit, den generalpräventiven Effekt der übrigen Strafdrohungen auch gegenüber der sonst möglichen Erwägung abzusichern, man habe, sofern man erst einmal hinreichend berauscht sei, keinerlei Sanktionen mehr zu befürchten. Das leuchtet zwar zunächst ein, doch wäre – wie *Kindhäuser* selbst (S. 334 f) sehr deutlich sieht – die durch § 323a vermittelte Strafdrohung ihrerseits wenig geeignet, ihre Adressaten zur Zurückhaltung beim Rauschmittelkonsum zu motivieren, weil diese Drohung der Sache nach vom Eintritt eines aus deren Sicht ganz zufälligen (jedenfalls aber nicht geradewegs zu erwartenden) Ereignisses – nämlich der Begehung einer „Rauschtat" – abhängig gemacht wird.

35 **c) Konkretes Gefährlichkeitsdelikt.** Wieder andere Auffassungen halten demgegenüber zwar am Tatbestandscharakter des § 323a fest, versuchen aber doch immerhin – wenn auch je auf unterschiedliche Weise – der Einsicht Rechnung zu tragen, dass die schlichte Selbstberauschung *allein* offenbar noch kein Strafunrecht zu begründen vermag (und erst nicht den in § 323a vorgesehenen Strafrahmen). Sie tun das zum einen durch erhöhte Anforderungen an das tatbestandliche Geschehen, zum anderen durch die Annahme einer weiteren (ungeschriebenen) Voraussetzung, die in einer besonderen (im Einzelnen freilich unterschiedlich bestimmten) *Beziehung* dieses Geschehens zu der später im Rausch begangenen Tat bestehen soll. Obschon mit dieser einschränkenden Voraussetzung gerade dem Schuldprinzip Tribut gezollt werden soll, ist man doch regelmäßig bestrebt, sie jedenfalls nicht an eine echte Fahrlässigkeitsbeziehung des Täters zu seiner Rauschtat heranreichen zu lassen, um dem § 323a noch einen eigenständigen Anwendungsbereich *unterhalb* der Zurechnung unter dem Aspekt der *actio libera in causa* zu sichern (umfassender Überblick bei *Barthel* S. 86 ff; s. ferner *Geisler* S. 392 ff).

36 Das gilt etwa für die namentlich von *Richard Lange* vorgeschlagene, der alten *Tätertypenlehre* entsprechende Beschränkung auf Personen, die im Rausch mehr als andere zu strafrechtlich relevanten Handlungen *neigen* (und um diese Neigung entweder gewusst oder sie in fahrlässiger Weise nicht bedacht haben),[111] oder für die gleichfalls einschränkende Voraussetzung besonderer (innerer oder äußerer) Umstände des Rauschmittelkonsums, die die Gefahr der Begehung solcher Handlungen begründen (und wiederum für den Täter wenigstens vorhersehbar gewesen sein müssen).[112] In der Vorauflage (LK[11] Rdn. 60 ff) hat sich auch *Spendel* für ein ungeschriebenes Tatbestandsmerkmal ausgesprochen, das in der „Gefährlichkeit des Sichberauschens und seiner unmittelbaren Wirkung, des Vollrausches, im konkreten Fall" zu sehen und ausschließlich – erst (!) – mit der Begehung einer „Rauschtat" erwiesen sein soll (die den Tatbestand damit eigentlich erst komplettiert). Auf diese Weise wird die Rauschgefährlichkeit – jedenfalls im Nachhinein – objektiv sogar auf bestimmte Rechtsgüter hin konkretisiert (nämlich auf die, gegen die die Rauschtat schließlich gerichtet war), während subjektiv ein noch unbestimmter („genereller") Gefährdungsvorsatz bzw. eine „generelle" Gefährdungsfahrlässigkeit schon genügen soll (a. a. O. Rdn. 62; folgerichtig spricht *Spendel* denn auch in Rdn. 66 von einem „Gefährdungsdelikt eigener Art").[113]

37 Der in diesem Zusammenhang häufig gebrauchte Ausdruck „konkretes Gefährdungdelikt"[114] ist freilich missverständlich und deshalb zu vermeiden (so mit Recht *Duttge* FS Geppert [2011] 63, 74 f): Es geht keineswegs um die (unhaltbare) Behauptung, § 323a setze eine bereits konkret gewordene Gefährdungslage für irgendein fremdes Rechtsgut voraus, in der der Eintritt

---

111 Grundl. (in Fortführung der Überlegungen bei *Kohlrausch* ZStW **32** [1911] 645, 660 ff) *Lange* ZStW **59** (1940) 574, 580 ff; s. ferner *Kohlrausch/Lange* § 330a Anm. III, V.2. (hieran anschließend OLG Oldenburg JZ **1951** 460); *Heinitz* JR **1957** 126, 128 f; *Welzel* S. 474; ähnlich noch heute *A/W/H/Hilgendorf* § 40 Rdn. 12.

112 In diesem Sinne etwa *Ranft* MDR **1972** 737, 740 f; *ders.* JA **1983** 193, 194; *Schliwienski* S. 49 ff, ähnlich wohl *Hirsch* ZStW-Beiheft **1981** 1, 15; *Küpper* BT I § 5 Rdn. 62.

113 Krit. dazu etwa *Hwang* S. 92 ff; *Junge* S. 68 ff.

114 Ihn verwenden etwa *Geisler* S. 388 ff; *ders.* MK Rdn. 9; *Fischer* Rdn. 2; *Sch/Schröder/Hecker* Rdn. 1; *Arzt/Weber/Heinrich/Hilgendorf* § 40 Rdn. 12; *Barthel* S. 86 ff.

eines Schadens gewissermaßen nur noch vom Zufall abhängt. Gefordert wird vielmehr, dass das im Tatbestand des § 323a bezeichnete Geschehen auch unter den im einzelnen Fall gegebenen Umständen *„gefährlich"* gewesen sein muss; genügen soll danach mit anderen Worten nicht schon die schlichte Tatsache, dass ein Mensch seine eigene Berauschung herbeiführt, sondern erst die weiter gehende Feststellung, dass es nach Lage der Dinge tatsächlich gute Gründe dafür gab, dieses Vorgehen für riskant zu halten. In diesem Sinne wäre also besser von einem **„konkreten Gefährlichkeitsdelikt"** zu sprechen.[115]

Gewissermaßen eine Zwischenstellung[116] gegenüber diesen Ansätzen und der oben genannten Deutung des § 323a als „abstraktes" Gefährdungsdelikt in Reinform nimmt die vom 5. Strafsenat in BGHSt **10** 247, 249 f aufgestellte These ein, es müsse für den Täter bei der Aufnahme des berauschenden Mittels „mindestens vorhersehbar sein, daß er im Rausch irgendwelche Ausschreitungen strafbarer Art begehen" könne[117] (was von manchen als eine nur subjektive Einschränkung ohne objektiv-tatbestandliche Entsprechung verstanden worden ist[118] und *Cramer* S. 95 f zu der entsprechenden Ergänzung veranlasst hat, ein „gefährlicher" und damit allein tatbestandsmäßiger Rausch müsse auch schon objektiv „geeignet sein, zu strafbaren Handlungen irgendwelcher Art zu führen";[119] auf den Adäquanzgedanken verweisend wiederum *Gollner* MDR **1976** 182, 186). Demgegenüber fordern andere ganz ausdrücklich, „dass der Täter hinsichtlich der im Rausch begangenen Tat fahrlässig gehandelt hat" (*Roxin/Greco* AT I § 23 Rdn. 9; dazu noch unten Rdn. 127); von diesem Ausgangspunkt aus hätte man es dann im Grunde mit einem „Sonderfall des fahrlässigen Erfolgsdelikts" zu tun (*Freund* HdBStrR Bd. 5 § 46 Rdn. 16). – Zu der von *Wolter* (NStZ **1982** 54) und *Paeffgen* (NK Rdn. 14 ff) entwickelten Lehre vom *„Doppel-Tatbestand"* s. gleichfalls noch unten Rdn. 121. 38

d) Hilfstatbestand eigener Art. In der Tat führt wohl kein Weg daran vorbei, § 323a seiner Form nach als eigenständigen Tatbestand zu verstehen.[120] Unabweisbar ist aber zugleich die Einsicht, dass eine Bestrafung nach dieser Vorschrift über das dort bezeichnete Verhalten – die eigene Berauschung – offenbar hinausweist a uf die im Rausch begangene „rechtswidrige Tat" (vgl. oben Rdn. 19 ff). Das *mit der Rauschtat verwirklichte Unrecht* ist es also gerade, das wenigstens behelfsmäßig in den Formen des § 323a erfasst und mit Strafe beantwortet werden soll. In diesem Sinne bildet die Rauschtat also auch beim Delikt des „Vollrauschs" den „eigentlich unrechtsbedeutsamen Teil" (*Welzel* ZStW **58** [1939] 491, 523) des gesamten Geschehens,[121] und deshalb darf sie auch nicht völlig aus dem Schuldzurechnungszusammenhang herausgehalten werden (näher dazu unten Rdn. 120 ff). 39

---

115 Dafür *Duttge* FS Geppert 63, 75 im Anschluss an die Terminologie bei *Hirsch* FS Arth. Kaufmann 545; FS Tiedemann 145 (weiterführend *Zieschang* Die Gefährdungsdelikte [1998]). Von einem konkreten Gefährdungsdelikt „besonderer Art" spricht *Ranft* JA **1983** 193, 194.

116 Vgl. *Barthel* S. 93 ff („Mischgebilde").

117 So bereits BGH VRS **7** 309, 310 f; s. ferner BGH JR **1958** 28 f; VRS **17** 340 f; OLG Köln NJW **1966** 412; OLG Celle NJW **1969** 759, 760; OLG Schleswig SchlHA **1969** 169; BayObLG NJW **1974** 1520, 1522; NJW **1990** 2334, 2335; OLG Hamm NJW **1975** 2252, 2253; NStZ **2009** 40 m. Anm. *Geisler*.

118 S. hier nur *Bockelmann* BT 3 (1980) 214; *Barthel* S. 94 f m. w. N.

119 Was *Cramer* freilich nicht gehindert hat, von einem „abstrakten" Gefährdungsdelikt zu sprechen (krit. insoweit etwa *Lackner* JuS **1968** 215, 218; *Hartl* S. 78 ff; *Schliwienski* S. 47 f).

120 BGHSt (GS) **9** 390, 396; *v. Weber* MDR **1952** 641, 642; *Dencker* JZ **1984** 453, 457; *Lackner* FS Jescheck, Bd. 1, 645, 650; *Schliwienski* S. 10; *Junge* S. 15; *Geisler* S. 377; *Barthel* S. 145 ff; *Berster* ZStW **114** (2012) 991, 1000; s. a. *Otto* FG BGH IV (2000) 111, 130.

121 Vgl. nur *Hardwig* FS Eb. Schmidt 459, 472; *Arth. Kaufmann* JZ **1963** 425, 428; *Krümpelmann* ZStW **99** (1987) 191, 201; *Geisler* S. 367 ff; *Geppert* GS Schlüchter (2002) 43, 57; *Jescheck/Weigend* AT S. 557; *Roxin/Greco* AT I § 23 Rdn. 8; *Duttge* FS Geppert 63, 68; *Rönnau* JuS **2011** 697, 698; *Kraatz* ZStW **125** (2014) 819, 829; *Matt/Renzikowski/Safferling* Rdn. 17; *Sch/Schröder/Hecker* Rdn. 1; diff. *Paeffgen* Rdn. 14 ff.

40 § 323a erfüllt damit im Ergebnis (wie schon § 330a a. F.[122]) die Funktion, die **Bestrafung des Rauschtäters auch über die durch § 20 gezogenen Grenzen hinaus** sicherzustellen.[123] Deshalb steht bei dieser Strafvorschrift auf ganz eigentümliche Weise die *Retrospektive* im Vordergrund: Erst die begangene rechtswidrige Tat und der Umstand, dass sie dem berauschten Täter nicht zur Schuld zugerechnet werden kann, lenken den Blick auf die Herbeiführung des Rausches selbst; erst von hier aus erscheint die Selbstberauschung auf einmal als Unrecht (und jedenfalls insofern ist, wie *Spendel* LK[11] im Anschluss an BGH JR **1958** 28, 29 formuliert hat, tatsächlich „nur ein Rausch, der zu Straftaten führt, verboten").[124] Das Postulat einer *stets gegebenen* „abstrakten" Gefährlichkeit solchen Tuns beruht daher gleichsam auf einer *tat- und schuldstrafrechtlichen Rekonstruktion* bzw. „Rationalisierung" (*Neumann* S. 62) dieser Zusammenhänge: Der Sinn des § 323a *könne* nicht darin liegen, „die Anordnung der Schuldlosigkeit nach § 20 nachträglich zu korrigieren, so sehr dies auch dem allgemeinen Rechtsgefühl und damit der Wahrung des Rechtsfriedens entsprechen mag"; vielmehr *müsse* § 323a „in das auf die generalpräventive Strafdrohung gegen bestimmte Verhaltensweisen angelegte System des Strafrechts integriert", mithin als Gefährdungsdelikt gedeutet werden (*Maurach/Schroeder/Maiwald* § 96 Rdn. 3). Doch braucht sich auch eine solche Deutung nicht der Einsicht zu verschließen, dass es sich eben keineswegs um ein „gewöhnliches" Gefährdungs- bzw. Gefährlichkeitsdelikt handelt, sondern um eines, das mit Blick auf die ihm zugedachte Aushilfsfunktion durch einen gleichsam übergeordneten teleologischen Zusammenhang begrenzt wird (ähnlich, wenngleich mit umgekehrter Gewichtung bereits *Otto* FG BGH IV [2000] 111, 131).

41 Wenn danach § 323a lediglich die Funktion eines **Aushilfstatbestandes** zugestanden wird, so ist damit zwar ein zentraler Gesichtspunkt für die Auslegung der Vorschrift benannt,[125] nicht aber etwa ein Argument für die (auch sonst nicht zu begründende) These, § 323a habe *immer* schon dann Anwendung zu finden, wenn ein Rauschmittel im Spiel und schuldhafte Tatbegehung nicht nachweisbar sei (s. unten Rdn. 89). Hingegen ergibt sich aus jener Auffangfunktion sehr wohl, dass der (nicht ausschließbar) Schuldunfähige im Rahmen des § 323a nicht schlechter stehen soll als im Falle schuldhafter Begehung der rechtswidrigen Tat.[126]

4. Vereinbarkeit mit dem Grundgesetz

42 Unvereinbar mit dem GG wäre die Vorschrift des § 323a lediglich dann, wenn sich aus dem Schuldprinzip – in seiner verfassungsrechtlichen Dimension[127] – zwingende Vorgaben ergeben sollten, denen § 323a in keiner denkbaren Auslegungsvariante gerecht werden könnte. Eben dies hat namentlich Frister geltend gemacht: Ihm zufolge verdankt sich die Sanktionierung der Selbstberauschung gerade der (die Strafe als Grundrechtseingriff legitimierenden) „Gefahr für die Normakzeptanz" in denjenigen Fällen, in denen ihr eine Rauschtat nachfolgt; dies aber sei ein Umstand, den der Täter nach dem Konzept des § 323a gerade nicht zu verantworten habe

---

122 S. nur *Schäfer/Wagner/Schafheutle* Gesetz gegen gefährliche Gewohnheitsverbrecher und über Maßregeln der Sicherung und Besserung (1934) 209; *v. Weber* GS **106** (1935) 329; *Gerland* ZStW **55** (1936) 784, 786; vgl. a. BGHSt (GS) **9** 390, 397. „Auf dem Umweg der Volltrunkenheit die im Zustande der Unzurechnungsfähigkeit begangenen strafbaren Handlungen erfassen" war nach *R. Zimmermann* S. 31 schon das Ziel von § 367 StGB-E 1927.

123 Vgl. a. *Neumann* S. 125 ff; *Hruschka* Strafrecht nach logisch-analytischer Methode[2] (1988) 296 ff; *Kindhäuser* Gefährdung als Straftat (1989) 331; *Otto* FG BGH IV (2000) 111, 131; ferner *Krümpelmann* ZStW **99** (1987) 191, 225: „Verbindung von Tatbestand und Schuldregel"; *Streng* JZ **1984** 114, 118 ff.

124 Vgl. in diesem Zusammenhang a. *Jakobs* AT 17. Abschn. Rdn. 61: „aufschiebend bedingtes" Unrecht (krit. dazu etwa *Renzikowski* ZStW **112** [2000] 475, 508: „Selbstwiderspruch").

125 Krit. *Kusch* S. 138; *Schliwienski* S. 76 f.

126 Vgl. z. B. RGSt **73** 11, 14; BGH NJW **1953** 1442; **1992** 1519; **2004** 96; StV **1986** 5; **1988** 328, 329; *G. Weber* S. 124 f.

127 Dazu etwa *Frister* Schuldprinzip, Verbot der Verdachtsstrafe und Unschuldsvermutung als materielle Grundprinzipien des Strafrechts (1988) S. 28 ff; *Appel* Verfassung und Strafe (1998) S. 109 ff; *Stächelin* Strafgesetzgebung im Verfassungsstaat (1998) S. 242 ff; *Wolff* AöR 124 (1999) 55; *Hörnle* FS Tiedemann 325.

und der daher auch seine Bestrafung nicht rechtfertigen könne.[128] Das trifft die Legitimationsdefizite der h. A. wohl ziemlich genau, doch sind eben auch alternative Deutungen der Vorschrift denkbar (vgl. oben Rdn. 35 ff, 39 ff), die das Verdikt der Verfassungswidrigkeit möglicherweise ersparen.

Bleibt der Schuldvorwurf, der These vom abstrakten Gefährdungsdelikt entsprechend, bei § 323a hingegen tatsächlich auf die vorsätzliche oder fahrlässiger Selbstberauschung beschränkt, so wäre dem Grundsatz „keine Strafe ohne Schuld" jedenfalls Genüge getan.[129] In Zweifel gezogen werden könnte dann allenfalls die verfassungsrechtliche Rechtfertigung eines solchen allgemeinen (strafbewehrten) Berauschungsverbots[130] oder wenigstens die materielle Schuldangemessenheit einer daran anknüpfenden Freiheitsstrafe von bis zu fünf Jahren (offen gelassen in BGHSt **16** 124, 126). Für eine zurückhaltende Handhabung der Vorschrift (lediglich) auf der *Rechtsfolgenseite* plädieren daher *Wolter* (NStZ **1982** 54, 59) und, ihm folgend, auch *Paeffgen* (ZStW **97** [1985] 513, 535; NK Rdn. 14 ff). Unter dem Blickwinkel des Willkürverbots fragwürdig erscheinen mögen ferner die mitunter eigenartigen Effekte der in Absatz 1 und Absatz 2 getroffenen Strafrahmenregelungen (vgl. unten Rdn. 155), an denen freilich weder der BGH noch das BVerfG (1 BvR 1042/78 vom 27.9.1978, mitgeteilt bei *Spiegel* DAR **1979** 173, 181 und *Sieg* MDR **1979** 549) Anstoß genommen haben (möglicherweise ist das Problem dort aber „gar nicht recht erfaßt worden", wie *Sieg* a. a. O. – durchaus plausibel – vermutet hat). 43

5. Transnationale Sachverhalte

a) Strafanwendungsrecht. Im **Inland** begangen (§ 3) ist ein Vergehen nach § 323a jedenfalls dann, wenn der Täter sich dort *in einen Rausch versetzt* und damit i. S. d. § 9 Abs. 1 Var. 1 „gehandelt" hat. Bei einer Berauschung (ausschließlich) im Ausland stellt sich die Frage, ob eine anschließende Begehung der *Rauschtat* im Inland als der „zum Tatbestand gehörende Erfolg" (§ 9 Abs. 1 Var. 3 StGB) angesehen werden kann, der damit auch für § 323a einen inländischen Begehungsort begründen würde. Sofern man dieses Delikt mit der h. A. durchgängig als „abstraktes Gefährdungsdelikt" verstehen will, bei dem die später im Rausch begangene Tat lediglich die Funktion einer strafbarkeitseinschränkenden Zusatzbedingung erfüllt, wäre diese Frage eigentlich zu verneinen.[131] Diese Konsequenz wird freilich nur selten gezogen; Rechtsprechung (BGHSt **42** 235, 242) und h. L.[132] wollen auch die Rauschtat als einen für den Begehungsort relevanten Umstand anerkennen, und dies zu Recht: In der Sache ist gerade die im Rausch begangene Tat Anlass und Grund der (in § 323a verselbständigten) Sanktionierung des Sich-Berauschenden. 44

Lässt sich auch danach ein *inländischer* Begehungsort nicht begründen (und greift auch § 4 nicht ein), so kommt eine Bestrafung als **Auslandstat** regelmäßig nur unter den Voraussetzungen des § 7 in Betracht (da Vergehen nach § 323a durch § 6 gar nicht und durch § 5 nur in den 45

---

128 *Frister* Schuldprinzip, Verbot der Verdachtsstrafe und Unschuldsvermutung als materielle Grundprinzipien des Strafrechts (1988) S. 53 ff.

129 Die Möglichkeit einer einschränkenden Auslegung mit Blick auf Bagatellfälle, in denen eine Gefährdung anderer für nahezu ausgeschlossen gelten kann, bestreitend und daher für Verfassungswidrigkeit des § 323a *Lagodny* Strafrecht vor den Schranken der Grundrechte (1996) 234 ff.

130 Berechtigte Zweifel etwa in BGHSt **9** 390, 396; **10** 247, 250 und bei *Geisler* S. 371; *Geppert* GS Schlüchter (2002) 43, 57; noch weitergehend *Duttge* FS Geppert 63, 72 (nicht rechtswidrig). Anders freilich BayObLG NJW **1974** 1521, 1522; *Paeffgen* NK Rdn. 13. Zum Ganzen näher *Lagodny* Strafrecht vor den Schranken der Grundrechte (1996) 233 ff; *Renzikowski* ZStW **112** (2000) 475, 507 ff.

131 *Satzger* NStZ **1998** 112, 116 f; *Wolters* SK Rdn. 2.

132 *Oehler* Internationales Strafrecht[2] (1983) Rdn. 261; *Ambos* MK § 9 Rdn. 21; *Lackner/KühlHeger* § 9 Rdn. 2; *Sch/Schröder/Eser/Weißer* § 9 Rdn. 6c; *Werle/Jeßberger* LK § 9 Rdn. 38; wohl a. *Böse* NK § 9 Rdn. 9; mit teilw. abw. Begründung ebenso *Hecker* ZIS **2011** 398 ff; s. a. *Namavicius* Territorialgrundsatz und Distanzdelikt (2012) 155 ff; **aA** *Stree* JuS **1968** 465, 473; *Lay* LK[9] § 330a Rdn. 82; *Satzger* NStZ **1998** 112, 116 f.

Fällen der Nr. 12–14 erfasst sind). Ob die „Tat" freilich, wie von § 7 Abs. 1 gefordert, „gegen einen Deutschen gerichtet" sein kann, hängt davon ab, ob insoweit nur formal-isoliert auf das Vergehen nach § 323a abgehoben wird oder *auch auf die Rauschtat*: Im erstgenannten Fall dürfte sich der für § 7 Abs. 1 benötigte Individualbezug kaum begründen lassen (zutr. *Satzger* NStZ **1998** 112, 117).

46 **b) Völkerstrafgesetzbuch.** Das deutsche VStGB unterstellt in § 1 allein die „in ihm bezeichneten Verbrechen" dem Weltrechtsprinzip. Das in diesem Zusammenhang gemäß § 2 VStGB anwendbare „allgemeine Strafrecht" umfasst zwar die §§ 20, 21 StGB und – soweit man sie als geltendes Recht anerkennen will – auch die Grundsätze der *actio libera in causa* (vgl. *Weigend* MK VStGB § 2 Rdn. 24 f). Die als besonderer Deliktstatbestand ausgestaltete Regelung des § 323a gehört hingegen nicht mehr hierher; sie kann auf Auslandssachverhalte daher nur nach Maßgabe der §§ 4 bis 7 Anwendung finden.[133]

6. Rechtsvergleichende Hinweise

47 Unter den „Strafbaren Handlungen gegen den öffentlichen Frieden" im 20. Abschnitt des *österreichischen* StGB[134] wird auch die „Begehung einer mit Strafe bedrohten Handlung im Zustand voller Berauschung" genannt (§ 287).[135] Hiernach ist mit Freiheitsstrafe bis zu drei Jahren zu bestrafen, „wer sich, wenn auch nur fahrlässig, durch den Genuß von Alkohol oder den Gebrauch eines anderen berauschenden Mittels in einen die Zurechnungsfähigkeit ausschließenden Rausch versetzt", sofern er „im Rausch eine Handlung begeht, die ihm außer diesem Zustand als Verbrechen oder Vergehen zugerechnet würde" (Absatz 1 Satz 1). Die Strafe darf jedoch „nach Art und Maß nicht strenger sein, als sie das Gesetz für die im Rausch begangene Tat androht" (Absatz 1 Satz 2). Eine dem deutschen § 323a Abs. 3 vergleichbare Bestimmung enthält schließlich auch § 287 Abs. 2 öStGB.

48 In der *Schweiz* wird gemäß Art. 263 StGB (in der Fassung des Bundesgesetzes vom 13.12.2002, in Kraft seit 1.1.2007) mit Geldstrafe bestraft, wer „infolge selbstverschuldeter Trunkenheit oder Betäubung unzurechnungsfähig ist und in diesem Zustand eine als Verbrechen oder Vergehen bedrohte Tat verübt" (Satz 1). Sofern es sich bei dieser Tat um „ein mit Freiheitsstrafe als einzige Strafe bedrohtes Verbrechen" handelt, gilt allerdings ein höherer Strafrahmen: Freiheitsstrafe bis zu drei Jahren oder Geldstrafe. Rechtsprechung (BGE **104** IV 249, 254) und Lehre (*Bommer* BK Art. 263 Rdn. 3 f m. w. N.) erblicken in dieser (dem deutschen § 323a ersichtlich nicht unähnlichen) Vorschrift ein mit dem Schuldprinzip letztlich nicht zu vereinbarendes Relikt erfolgsstrafrechtlichen Denkens; größere praktische Bedeutung hatte sie bislang aber offenbar ohnehin nicht.[136] Aus diesen Gründen wurde im Vorentwurf eines Bundesgesetzes „über die Harmonisierung der Strafrahmen im Strafgesetzbuch, im Militärstrafgesetzbuch und im Nebenstrafrecht" (2010) denn auch ihre ersatzlose Streichung avisiert (Erläuternder Bericht, S. 38 f). Dann hätte es mit der in Art. 19 Abs. 4 schwStGB getroffenen (in der Lehre auf den

133 Vgl. *Kreicker* in: *Eser/Kreicker* (Hrsg.) Nationale Strafverfolgung völkerrechtlicher Verbrechen, Bd. 1 (2003) 414; *Weigend* MK VStGB § 2 Rdn. 25.

134 Ihm auch in diesem Punkt genau folgend das *liechtensteinische* StGB (§ 287).

135 Monografisch *Brandstetter* Grundfragen der Deliktsverwirklichung im Vollrausch (1992); s. jetzt a. *Mattei* Alkohol und Strafrecht, Diss. Innsbruck 2016.

136 Vgl. nur *Bommer* BK Art. 263 Rdn. 3 u. bereits *Schultz* in *Waaben/Schulz/Léauté* Die Behandlung der Trunkenheit im Strafrecht (1960) 33 mit dem bemerkenswerten Hinweis auf den Umstand, dass „die Rauschtat in Deutschland in viel stärkerem Maß ein kriminalpolitisch und kriminologisch wichtiges Problem ist, währenddem sie in der Schweiz, übrigens auch dogmatisch, die Rolle eines kriminalrechtlichen Mauerblümchens spielt".

Gedanken der *actio libera in causa* zurückgeführten[137]) Regelung sein Bewenden, nach der der Täter strafbar bleibt, sofern er seine Schuldunfähigkeit *vermeiden* und die in diesem Zustand begangene Tat *voraussehen* hätte können.[138]

Anders als im *französischen* Code pénal, der eine vergleichbare Regelung nicht kennt, schließt im *spanischen* Código Penal (1995) eine „vorübergehende Geistesstörung" gleichfalls die Strafe nicht aus, „wenn sie vom Täter hervorgerufen wurde, um die Tat zu begehen oder er die Tatbegehung vorhergesehen hatte" (Art. 20 Nr. 1 Abs. 2 in der Übersetzung von *Ambos* NJW **1997** 2296, 2298). 49

Weitergehend halten manche europäische Strafrechtsordnungen bei Rauschtätern ganz *generell* an der **vollen strafrechtlichen Verantwortlichkeit** fest. Nach Art. 92 Abs. 1 des *italienischen* Codice Penale (1930) etwa führt Trunkenheit, sofern sie nicht auf Zufall oder höherer Gewalt beruht, weder zum Ausschluss noch auch nur zur Verminderung der Zurechnungsfähigkeit.[139] Auch nach Art. 31 § 1 des *polnischen* Kodeks karny (in der Übersetzung von *E. Weigend* [1998] 48) „begeht keine Straftat", wer „zur Tatzeit wegen einer psychischen Krankheit, einer geistigen Behinderung oder einer anderen Störung der Geistestätigkeit die Bedeutung seiner Tat nicht erkennen oder sein Verhalten nicht steuern kann"; ist diese Fähigkeit lediglich erheblich eingeschränkt, kommt eine Strafmilderung in Betracht (§ 2). Hat sich der Täter jedoch „in einen Trunkenheits- oder Rauschzustand versetzt, der zum Ausschluß oder zu einer Einschränkung seiner Zurechnungsfähigkeit geführt hat und hat er dies vorausgesehen oder hätte er es voraussehen können", finden die vorgenannten Regeln ausdrücklich keine Anwendung (§ 3). Auch das Strafgesetzbuch der Russischen Föderation (1996) unterwirft (in der Übersetzung von *Schroeder/Bednarz* [1998] 51) denjenigen, der „eine Straftat in einem Rausch begangenen hat, der durch den Konsum von Alkohol, narkotischen Mitteln oder sonstigen psychisch wirkenden Stoffen hervorgerufen wurde", explizit der strafrechtlichen Verantwortlichkeit (Art. 23).[140] „Nicht bestraft" wird nach Art. 34 Abs. 1 des *türkischen* Strafgesetzbuchs (Türk Ceza Kanunu vom 26.9.2004 in der Übersetzung von *Tellenbach* [2008] 31), wer „aus einem vorübergehenden Grund oder unter dem Einfluss von unfreiwillig konsumiertem Alkohol oder Betäubungsmitteln den rechtlichen Sinn seiner Straftat und ihre Folgen nicht verstehen kann oder wessen Steuerungsfähigkeit im Hinblick auf die Tat erheblich beeinträchtigt ist". Hiervon ausgenommen wird wiederum in Absatz 2 „eine Person, welche die Straftat unter dem Einfluss von willentlich konsumiertem Alkohol oder Betäubungsmitteln begangen hat". 50

Ähnliche Regelungen finden sich auch in den **nordischen Ländern**. Nach § 20 Abs. 2 des *norwegischen* Strafgesetzes[141] etwa befreit „eine Bewusstseinsstörung infolge von selbstverschuldetem Rausch" prinzipiell „nicht von Strafe". Kap. 1 § 2 des *schwedischen* Kriminalgesetzbuchs[142] bestimmt: „Ist die Tat in selbstverschuldetem Rausch begangen worden oder war der Täter auf andere Weise durch eigenes Verschulden vorübergehend seiner Sinne nicht mächtig, 51

137 *Bommer* BK Art. 19 Rdn. 86 ff.

138 Daneben stehen freilich noch gewisse kantonale Bestimmungen über die Ahndung von Übertretungen wie beispielsweise § 23 des Solothurner Gesetzes über das kantonale Strafrecht, wonach mit Haft bis zu acht Tagen oder Buße bestraft werden kann, wer „sich öffentlich ein unanständiges, Sitte und Anstand verletzendes Benehmen zuschulden kommen lässt, insbesondere in angetrunkenem Zustande Skandal verübt".

139 Im Kontext des „positivistischen", zwischen Strafe und Sicherungsmaßregel ausdrücklich nicht mehr unterscheidenden Entwurfes von *Ferri* (1921), auf den diese Regelung zurückgeführt wird (*Cramer* S. 13 m. w. N.), kam der Zurechnungsfähigkeit freilich ohnehin nur nachrangige Bedeutung zu; vgl. *Vormbaum* (Hrsg.) Vorentwurf zu einem italienischen Strafgesetzbuch über Verbrechen von 1921 („Progetto Ferri") (2014) 55 f, 104 f.

140 Monografisch dazu *Biss* Alkoholkonsum und Trunkenheitsdelikte in Russland mit vergleichenden Bezügen zu Deutschland (2006).

141 In der Übersetzung von *Cornils/Husabø* Das norwegische Strafgesetz – Lov om straff (straffeloven) (2014) 112.

142 In der Übersetzung von *Cornils/Jareborg* Das schwedische Kriminalgesetzbuch – Brottsbalken vom 21. Dezember 1962 nach dem Stand von 1. Dezember 2000 (2000) 51.

so führt dies nicht dazu, daß die Tat nicht als Straftat anzusehen ist". Nach § 16 Abs. 1 des *dänischen* Strafgesetzes[143] werden zwar „Personen, die zur Tatzeit wegen Geisteskrankheit oder eines damit gleichzustellenden Zustands zurechnungsunfähig waren", nicht bestraft (Satz 1); befand sich der Täter vorübergehend „infolge des Konsums von Alkohol oder anderen Rauschmitteln" in einem derartigen Zustand, „so kann jedoch eine Strafe verhängt werden, wenn besondere Umstände dafür sprechen" (Satz 3). Zudem soll gemäß § 138 mit Geldstrafe oder Gefängnis bis zu einem Jahr bestraft werden, wer „sich vorsätzlich oder durch grobe Fahrlässigkeit in einen Rausch versetzt", wenn er „in diesem Zustand andere Personen oder bedeutendere Vermögenswerte gefährdet". Auch nach dem *finnischen* Strafgesetz[144] (Kap. 3 § 4 Abs. 4) ist „ein selbstverschuldeter Rausch oder eine andere vorübergehende selbstverschuldete Bewußtseinsstörung" bei der Beurteilung der Zurechnungsfähigkeit nicht zu berücksichtigen, „es sei denn, daß besonders schwerwiegende Gründe hierfür bestehen".

52 Ein „dem Vollrausch vergleichbares oder auch nur ähnliches Delikt" existiert nach dem Befund von *Stassen-Rapp* (Die Behandlung von selbstverschuldeten Rauschzuständen im angloamerikanischen Strafrecht [2011] 315) „derzeit weder in England noch in den USA".[145] Zumindest traditionell erscheint die Trunkenheit des Täters sogar eher noch als strafschärfender Gesichtspunkt,[146] entlastet ihn aber jedenfalls grundsätzlich nicht.[147] Für das *englische* Strafrecht ist dabei zwischen freiwilliger und unfreiwilliger *„intoxication"* zu unterscheiden, zugleich aber auch danach, ob das in Rede stehende Delikt in subjektiver Hinsicht einen *„specific intent"* voraussetzt, an dem es infolge des Rausches fehlen kann (weiterführend etwa *Ashworth/Horder* Principles of Criminal Law[7] [2013] 194 ff; s. a. *Safferling* Vorsatz und Schuld [2008] 464 ff; *Stassen-Rapp* a. a. O. S. 37 ff).

53 Vor dem Hintergrund dieser erheblichen Unterschiede im Umgang mit rauschmittelbedingten Einschränkungen der Einsichts- bzw. Steuerungsfähigkeit[148] kann von international anerkannten und damit „allgemeinen" Rechtsgrundsätzen keine Rede sein (sieht man einmal vom Fall der *unfreiwilligen* Berauschung ab, die einer Bestrafung des Rauschtäters wohl überall entgegensteht). Im **Völkerstrafrecht**, in dem das Handeln unter dem Einfluss von Rauschmitteln durchaus „von herausgehobener praktischer Bedeutung und von besonderer rechtspolitischer Brisanz" zu sein scheint,[149] geht das *Römische Statut des Internationalen Strafgerichtshofs* vom 17.7.1998 (BGBl. 2000 II S. 1394) in Art. 31 Abs. 1 lit. b daher offenbar einen Mittelweg. Danach ist im Falle eines freiwillig herbeigeführten Rauschzustandes eine Straffreistellung letztlich nur

---

143 In der Übersetzung von *Cornils/Greve* Das dänische Strafgesetz – Straffeloven (2009) 48 bzw. 122.

144 In der Übersetzung von *Cornils/Frände/Matikkala* (2006) 116 f.

145 Sympathie für die deutsche Regelung jedoch bei *Fletcher* Rethinking Criminal Law (1978) 846 ff. Vgl. zum Ganzen a. *Ashworth/Horder* Principles of Criminal Law[7] (2013) 194 ff; *Thaman* GS Heine (2016) 339; *Atalay* International Journal of Offender Therapy and Comparative Criminology 64 (2020), 1398.

146 Dazu a. *Safferling* Vorsatz und Schuld (2008) 459 ff (u. a. mit Verweis auf die Entscheidung DPP v. Beard [1920] All ER Rep. 21, 25); für die USA etwa *Hall* General Principles of Criminal Law[2] (1960) 529.

147 Die dafür gelegentlich zitierte Wendung „Philip sober must pay the penalty for the misdeeds of Philip drunk" findet sich bei *Williams* Criminal Law – The General Part[2] (1961) 560 (noch plastischer wohl das dort in Rn. 10 gleichfalls angeführte alte Sprichwort „He that kylleth a man drunk, sobur schal be hangyd").

148 Weiteres Material zum Rechtsvergleich etwa bei *Schnarr* in: Hettinger (Hrsg.) Reform des Sanktionenrechts, Bd. 1 (2001) 1, 21 ff; *Hennig* ebd. S. 97, 114 ff; *Hettinger* ebd. S. 189, 240 ff; *Thilmann* Die Auswirkungen von Alkohol und Drogen auf die Schuldfähigkeit (2007) 255 ff; *Mack* Trunkenheit und Obliegenheit (2008) 54 ff; *Springer* Probleme der alkoholbedingt verminderten Schuldfähigkeit (§ 21 StGB) unter Berücksichtigung rechtsvergleichender Überlegungen (2009) 138 ff, 209 ff; s. ferner *Spencer/Pedain* in: Simester (Hrsg.) Appraising Strict Liability (2005) 237, 239 ff sowie aus dem älteren Schrifttum *Schultz* in *Waaben/Schultz/Léauté* Die Behandlung der Trunkenheit im Strafrecht (1960) 17, 19 ff.

149 Vgl. nur *Werle/Jeßberger* Völkerstrafrecht[5] (2020) Rdn. 759 m. w. N.; *Nill-Theobald* „Defences" bei Kriegsverbrechen am Beispiel Deutschlands und der USA (1998) S. 383 f.

dann ausgeschlossen, wenn der Täter das Risiko, im Rausch ein Völkerrechtsverbrechen zu begehen, nicht erkannt haben sollte.[150]

7. Reform

Wird § 323a mit der vorherrschenden Auffassung (Rdn. 17) schlicht als ein abstraktes Gefährdungsdelikt verstanden, dessen Unrecht sich in der (vorsätzlichen oder fahrlässigen) Selbstberauschung erschöpft, ohne dass es auf die im Rausch begangene Tat noch irgendwie ankäme, so muss der heute geltende Strafrahmen von bis zu fünf Jahren Freiheitsstrafe unangemessen weit erscheinen (vgl. bereits oben Rdn. 27).[151] Folgerichtig ist daher wiederholt eine deutliche **Absenkung der Strafrahmenobergrenze** gefordert worden, und zwar wenigstens im Sinne einer Rückkehr zu jenen zwei Jahren Freiheitsstrafe (vgl. *Paeffgen* NK Rdn. 15), mit denen sich bis 1941 sogar die nationalsozialistischen Urheber des § 330a a. F. noch begnügt hatten (was freilich immer noch dem Vierfachen der in früheren Entwürfen vorgesehenen sechs Monate entspricht[152]). 54

Mit gerade entgegengesetzter Tendenz strebte eine Gesetzesinitiative des Landes Berlin aus dem Jahr 1997 (BR-Drs. 123/97), eine Strafzumessungsregelung für **besonders schwere Fälle** mit einem erweiterten Strafrahmen (von sechs Monaten bis zu zehn Jahren Freiheitsstrafe) an; gedacht war dabei an die Begehung eines *Verbrechens* (§ 12 Abs. 1) nach *vorsätzlicher* Selbstberauschung, womit freilich gerade auch der im Rausch begangenen Tat – obschon nur als „objektive Strafbarkeitsbedingung“ verstanden – eine entscheidende, eben deshalb aber mit dem Prinzip schuldangemessenen Strafens evident unvereinbare Bedeutung zugedacht war.[153] Dies gilt erst recht für den hieran zwei Jahre später anschließenden Entwurf eines „Rauschtaten-Strafschärfungsgesetzes“ der CDU/CSU-Fraktion im Deutschen Bundestag (BTDrucks. 14/545), der im Grunde keineswegs auf eine bloße Strafschärfung bei § 323a abzielte, sondern geradewegs auf die (freilich nach Maßgabe des § 49 Abs. 1 abgemilderte) Bestrafung aus dem jeweils im Rausch (schuldlos!) verwirklichten Tatbestand (ebenso dann ein glücklicherweise bereits im Bundesrat gescheiterter Gesetzesantrag des Freistaates Sachsen, BR-Drs. 204/18, anschließend freilich – in grotesk abgewandelter Form – erneut eingebracht, BR-Drs. 265/19). In der Strafrechtswissenschaft sind all diese Entwürfe zu Recht auf breite Ablehnung gestoßen.[154] Gesetz geworden sind sie nicht. Der Rechtsausschuss des Deutschen Bundestages, der in seiner Mehrheit den „Bruch mit dem Schuldprinzip“ sehr wohl erkannt hatte, sprach sich in seiner Beschlussempfehlung vom 22.5.2002 vielmehr dafür aus, eine Neuregelung in den Gesamtzusammenhang einer umfassenderen Reform des Besonderen Teils zu stellen (BT-Drucks. 14/9148 S. 4), zu der es bislang freilich noch nicht gekommen ist. Doch auch dann wäre der hier noch von *Spendel* LK[11] Rdn. 287 vertretenen Auffassung, es sei „eher an eine Erhöhung als an eine Ermäßigung des Strafrahmens von § 323a zu denken“, nicht zu folgen. Die *Kommission zur Reform des Sanktionenrechts* hat in diesem Punkt zwar mehrheitlich einen gewissen „Diskussionsbedarf“ anerkannt, zugleich aber auf mögliche Friktionen mit dem Höchstmaß des § 222 für die Fahrlässigkeitstat eines voll 55

---

150 Weitergehend wohl *Ambos* Der Allgemeine Teil des Völkerstrafrechts (2002) 503; zum Ganzen a. *van Sliedregt* The Criminal Responsibility of Individuals for Violations of International Humanitarian Law (2003) 250 ff.

151 Vgl. nur *Geisler* S. 369 ff; Egg/Geisler/*Paeffgen* 49, 60 ff.

152 Hierfür mit guten Gründen *Paeffgen* ZStW **97** (1985) 513, 532 ff; Egg/Geisler/*Paeffgen* 49, 60 ff; vgl. a. *Wolter* NStZ **1982** 54, 60 ff.

153 Krit. dazu a. *Sick/Renzikowski* ZRP **1997** 484. Der Bundesrat hat sich dem gleichwohl nicht grundsätzlich verschlossen, freilich die Form eines Qualifikationstatbestandes bevorzugt; vgl. BR-Drs. 97/99; BTDrucks. 14/759.

154 S. nur *Hirsch* JR **1997** 391; *Sick/Renzikowski* ZRP **1997** 484; *Freund/Renzikowski* ZRP **1999** 497; *Dölling* in: Kiesel (Hrsg.) Rausch (1999) 175, 178 ff; *Renzikowski* ZStW **112** (2000) 475, 477 ff; Egg/Geisler/*Paeffgen* 49; *Streng* ebd. S. 69, 94 f u. JZ **2000** 20, 26 f; *Hettinger* in: ders. (Hrsg.) Reform des Sanktionenrechts, Bd. 1 (2001) 189, 286 f; *Neumann* StV **2003** 527; *Zenker* Actio libera in causa (2003) 172 ff; *J. Kinzig* in: W. Kinzig/Sautermeister (Hrsg.) Rausch (2020) 205, 214 f; abl. a. *Roxin/Greco* AT I § 20 Rdn. 73; *Geisler* MK Rdn. 13; *Sch/Schröder/Hecker* Rdn. 2.

Schuldfähigen hingewiesen; in jedem Falle sei bei § 323a aber das „einzig zulässige Bezugsunrecht" in der Berauschung als solcher zu sehen (vgl. *Schnarr/Hennig/Hettinger* in: Hettinger [Hrsg.] Reform des Sanktionenrechts, Bd. 1 [2001] 312 ff).

56 Folgenlos geblieben sind schließlich auch vereinzelte Vorstöße für eine Regelung in Anlehnung an § 15 Abs. 3 DDR-StGB 1968 („Wer sich schuldhaft in einen die Zurechnungsfähigkeit ausschließenden Rauschzustand versetzt und in diesem Zustand eine mit Strafe bedrohte Handlung begeht, wird nach dem verletzten Gesetz bestraft").[155] Für eine *Abschaffung* des dann funktionslosen § 323a haben auch andere Stimmen im Schrifttum plädiert, die gleichfalls eine von § 20 abweichende **Sonderregelung im Allgemeinen Teil** bevorzugen.[156] Sie scheint gerade für diejenigen nahe zu liegen, die bereits den geltenden § 323a der Sache nach als verkappte Ausnahme zu der in § 20 aufgestellten Regel verstehen wollen. So hat *Hruschka* erwogen, den dort vorgesehenen Schuldausschluss explizit immer dann zu versagen, wenn der Täter für seinen jeweiligen Defekt „selbst verantwortlich" sei (verbunden mit einer fakultativen Strafmilderung nach Maßgabe des § 49 Abs. 1).[157]

57 Andere halten dafür, die mit § 323a gewählte „Tatbestandslösung" grundsätzlich beizubehalten, sie dann aber konsequenter durchzuführen als bisher (so etwa *Renzikowski* ZStW **112** [2000] 475, 513 f; *Duttge* FS Geppert [2011] 63, 79 will mit guten Gründen nur „gegen Leib oder Leben eines anderen gerichtete" Taten im „für andere lebens- oder gesundheitsgefährlichen Rausch" erfasst wissen; **krit.** dazu wiederum *Berster* ZStW **124** [2012] 991, 1009 ff mit einem weiteren eigenen Vorschlag). Erwogen wird jedoch auch eine deutlichere Anbindung an die Rauschtat (zu der dann freilich ein Fahrlässigkeitsbezug bestehen muss).[158] Ob § 323a auf lange Sicht wirklich „kriminalpolitisch unabdingbar"[159] erscheint, dürfte jedenfalls maßgeblich vom Gesamtkonzept einer etwaigen künftigen Reform abhängen, die sinnvoll nur in der Zusammenschau mit den §§ 20, 21 (einschließlich einer gesetzlichen Regelung der *actio libera in causa*) erfolgen[160] und wohl auch nicht darauf verzichten könnte, über den Umgang mit dem Dogma der „Zweispurigkeit" noch einmal neu nachzudenken (und letztlich auch darüber, was unter „Schuld" verstanden werden soll).

II. Die „Rauschtat" als Grundsachverhalt

1. Begehung einer rechtswidrigen Tat

58 Anlass zur Erörterung des § 323a besteht überhaupt nur dann, wenn jemand – in dem nachfolgend zu erörternden „Zustand" – eine **rechtswidrige Tat (§ 11 Abs. 1 Nr. 5)** begangen, mithin durch sein Verhalten ohne Rechtfertigung den Tatbestand eines Strafgesetzes (nach dem StGB oder nach nebenstrafrechtlichen Vorschriften) verwirklicht hat (sei es als Täter, sei es als Teilnehmer eines solchen Delikts). Das schließt den Versuch mit ein, soweit er strafbar sein kann

---

155 Vgl. (mit Unterschieden im Detail) etwa *Foth* NJ **1991** 389; *Rautenberg* DtZ **1997** 45; *Maatz* StV 1998 279; monografisch *Rasmussen* m. eig. Vorschlag S. 125 ff; ferner a. *Hennig* in: Hettinger (Hrsg.) Reform des Sanktionenrechts, Bd. 1 (2000) 99, 163 ff.

156 *Thilmann* S. 247 f, 339 ff; wohl auch *Hruschka* JZ **1996** 64, 69 ff; *Sick/Renzikowski* ZRP **1997** 484, 487; *Streng* FS Rengier 113, 122. Dagg. mit beachtlichen Gründen *Freund* HbStrR Bd. 5 § 46 Rdn. 59.

157 *Hruschka* JZ **1996** 64, 69 ff; JZ **1997** 22 u. bereits JZ **1989** 310; zust. *Salger/Mutzbauer* NStZ **1993** 561, 565; *Ambos* NJW **1997** 2296, 2298; ferner etwa *Fahnenschmidt/Klump* DRiZ **1997** 77.

158 *Freund* HbStrR Bd. 5, § 46 Rdn. 60.

159 *Fischer* Rdn. 3; ähnl. *Jescheck* in: Niederschr. Bd. 2 (1958) 246, 251 (zu § 330a a. F.); s. a. BGHSt **49** 239, 251.

160 *Dölling* in: Kiesel (Hrsg.) Rausch (1999) 149 (182 f); *Sydow* Die actio libera in causa nach dem Rechtsprechungswandel des Bundesgerichtshofs (2002) 224 f.

(§ 23 Abs. 1).[161] Entsprechendes gilt für ein über § 30 Abs. 1 und Abs. 2 zu erfassendes Vorfeldverhalten (zum Rücktritt s. aber noch unten Rdn. 76 f).

Anderweitig „störendes“ Betragen des Berauschten genügt dagegen nicht, mag es auch 59 nach bürgerlichem oder öffentlichem Recht zu beanstanden sein bzw. durch sicherheitsrechtliche Maßnahmen unterbunden werden können. Für etwa verwirklichte **Ordnungswidrigkeiten** gilt (nur) § 122 OWiG.

Eine Verurteilung aus § 323a setzt **lückenlose Feststellungen** zu der im Rausch begange- 60 nen Tat voraus.[162] Unverzichtbar sind solche Feststellungen nicht zuletzt auch im Hinblick auf die in § 323a Abs. 2 getroffene Regelung (dazu unten Rdn. 150 ff).

Schon wegen des ausdrücklichen Verweises auf die in § 11 Abs. 1 Nr. 5 gegebene Begriffsbe- 61 stimmung knüpft § 323a ausschließlich an Taten an, die nach allgemeinen Regeln in objektiver und ggf. auch subjektiver Hinsicht tatbestandsmäßig und rechtswidrig sind. „Die im Rausch begangene Tat ist ein Verbrechen“ mit sämtlichen Merkmalen, „die zur Fällung des Mißbilligungsurteils über den Urheber einer tatbestandlich-rechtswidrigen Handlung erforderlich sind“ (*Maurach* S. 111). Diese Festlegung bedeutet freilich zugleich eine Beschränkung, die in mancherlei Hinsicht sachwidrig erscheinen mag, solange sie allein unter dem Gesichtspunkt der „Gefährlichkeit“ des Berauschten betrachtet wird (und eben deshalb jedenfalls im *Maßregelrecht* auch gewissen Modifikationen unterliegen soll, wenn sich dort die Frage der rechtswidrigen Anlasstat stellt[163]). Nicht als Beschränkung, sondern geradezu als natürliche Folge der gesetzlichen Konzeption erscheint die Anknüpfung an „rechtswidrige Taten“ jedoch auf dem Boden der Einsicht, dass § 323a lediglich eine Ersatzfunktion erfüllt (oben Rdn. 39 ff).

a) Handlung oder Unterlassung. *Mindestvoraussetzung* einer „rechtswidrigen Tat“ ist mithin 62 auch hier, dass der Betreffende (im Falle eines Begehungsdelikts) überhaupt **gehandelt** bzw. (im Falle eines Unterlassungsdelikts) eine ihm an sich mögliche Handlung **unterlassen** hat. Angesprochen ist damit, wie heute grundsätzlich anerkannt wird, der Handlungsbegriff der allgemeinen Straftatlehre (zu ihr näher *Walter* LK Vor § 13 Rdn. 28 ff). Schadensträchtige Körperbewegungen eines buchstäblich „sinnlos Berauschten“, die sich danach nicht mehr als Handlung begreifen lassen, kommen folglich von vornherein nicht als Anknüpfungspunkt in Betracht.[164] So kann es etwa liegen, wenn der Berauschte unkontrolliert stürzt,[165] torkelt[166] oder sich erbricht.[167] „Reflexbewegungen eines Bewußtlosen“ scheiden in jedem Fall aus (BGHSt **1** 124, 126 f; BayObLG NJW **1974** 1520, 1522). Das mag – unter dem Blickwinkel der (angeblich sogar besonders gesteigerten) „Gefährlichkeit“ des solchermaßen Berauschten – als unbefriedigend empfunden werden, wenn die Handlungsunfähigkeit doch gerade auf der übermäßigen Berauschung beruht.[168] Die Einbeziehung auch solcher Fälle muss aber formal an der Wortlautgrenze

---

161 Eingehend dazu *Barthel* S. 265 ff; s. ferner BGH Urt. v. 5.1.1971 – 5 StR 676/70 bei *Dallinger* MDR **1971** 361, 362; *Geisler* MK Rdn. 33; *Sch/Schröder/Hecker* Rdn. 13; *Wolters* SK Rdn. 18; zum lediglich begonnenen „Verleiten“ a. BGH NJW **1953** 1442.

162 BayObLG NJW **1989** 1685; *Fischer* Rdn. 6.

163 Das gilt v. a. für den Umgang mit vorsatzrelevanten Fehlvorstellungen, die gerade auf den „Zustand“ bzw. die „Sucht“ des Täters zurückzuführen sind (vgl. nur *Schöch* LK[12] § 63 Rdn. 43 ff; § 64 Rdn. 25 f).

164 Vgl. nur RGSt **69** 189, 191; RG JW **1936** 514; RG DR **1939** 1151; BGHSt **1** 124, 127; BGH NJW **1952** 193, 194; OLG Celle GA **1956** 360; BayObLG NJW **1974** 1520, 1522; OLG Hamm NJW **1975** 2252, 2253; *Geisler* MK Rdn. 32; *Paeffgen* NK Rdn. 70; *Matt/Renzikowski/Safferling* Rdn. 10; *Sch/Schröder/Hecker* Rn 13; *Arzt/Weber/Heinrich/Hilgendorf* § 40 Rdn. 14; *Wessels/Hettinger/Engländer* Rdn. 1145; i. E. (wenn auch in der Begründung abw.) *Kusch* S. 74 ff. Zur älteren Rechtsprechung vgl. a. *Schewe* Reflexbewegung, Handlung, Vorsatz (1972) 40 ff.

165 *Otto* JURA **1986** 478, 483; *Sch/Schröder/Eisele* Vorbem. §§ 13 ff Rdn. 39.

166 *Walter* LK Vor § 13 Rdn. 37; *Sch/Schröder/Eisele* Vorbem. §§ 13 ff Rdn. 39; abw. *Roxin/Greco* AT I § 8 Rdn. 71.

167 *Geppert* JURA **2009** 40, 44; *Rengier* BT II § 41 Rdn. 14.

168 Anders daher noch *Schlosky* JW **1936** 3425; *Mayer* ZStW **59** (1940) 283, 329; *Hogräfer* S. 70; *Cramer* S. 122; krit. a. *Schewe* BA **1976** 87, 96 f.

(„rechtswidrige Tat" in dem durch § 11 Abs. 1 Nr. 5 vorgegebenen Sinne)[169] und in der Sache an der Einsicht scheitern, dass die mit der Berauschung verbundene „Gefährlichkeit" des Berauschten eben von vornherein nur in den Grenzen der durch § 20 begründeten Zurechnungslücke relevant sein kann (oben Rdn. 40). Auch für einen besonderen, gerade auf den Rauschtäter zugeschnittenen Handlungsbegriff, wie ihn noch *Spendel* (LK[11] Rdn. 164 ff) zu entwickeln suchte, ist daher bei § 323a kein Raum.

63 Bezugstat des § 323a kann auch ein **Unterlassungsdelikt** sein.[170] Voraussetzung ist – entsprechend dem gerade Gesagten – dann freilich, dass dem (möglicherweise) bis zum Schuldausschluss berauschten Täter immer noch die *Handlungsfähigkeit* verblieben ist.[171] Von hier aus erledigt sich denn auch der Einwand, es könne nicht Aufgabe des Vollrauschtatbestands sein, eine strafbewehrte Pflicht zur vorsorglichen Erhaltung der eigenen Handlungs- und Hilfsfähigkeit zu etablieren,[172] die jedenfalls *außerhalb* bestimmter Garantenbeziehungen in der Tat nicht leicht zu begründen wäre. Doch wird auch hier von dem Berauschten nicht mehr gefordert, als er selbst – in seinem aktuellen Zustand – zu leisten imstande ist; vermag er keinen sinnvollen Beitrag mehr zu erbringen, liegt eine unterlassene Hilfeleistung schon tatbestandlich nicht vor.[173] Von einer indirekt durch § 323a bewirkten *Erweiterung* der in § 323c angesprochenen allgemeinen Hilfspflicht[174] kann daher keine Rede sein (und auch über den Gedanken der *omissio libera in causa* ließe sich eine solche Erweiterung nicht bewerkstelligen, s. nur *Dehne-Niemann* GA **2009** 150, 152 ff; *Popp* LK § 323c Rdn. 123). Zu Recht hat deshalb BayObLG NJW **1974** 1520, 1522 das Unterlassen einer Hilfeleistung, die auch einem Berauschten noch möglich und zumutbar war (hier: die Benutzung seines Telefons zur Anforderung eines Krankenwagens zu gestatten), als Rauschtat i. S. v. § 330a a. F. genügen lassen.[175]

64 **b) Tatbestandliche Voraussetzungen.** Auch sonst muss die Rauschtat in jeder Hinsicht straftatbestandsmäßig sein. Das gilt zunächst für die Merkmale des objektiven Tatbestandes und die mit ihnen ggf. verknüpften Kausalitäts- und Zurechnungsfragen (*Rengier* FS Roxin I [2001] 811, 818), dann aber auch für die konstitutiven subjektiven Elemente des jeweiligen Deliktstatbestandes.[176]

65 Angesprochen ist damit insbesondere das regelmäßige Erfordernis **vorsätzlichen** Handelns (§ 15), das dann auch – und in gleicher Weise – bei der im Rausch begangenen „Tat" erfüllt sein muss.[177] Dabei geht es, wie sonst, allein um die kognitiv-intentionale Beziehung des Täters zum Tatgeschehen (*nicht* aber auch schon um das Bewusstsein, etwas Unrechtes zu tun, oder um sonsti-

---

169 Vgl. *Paeffgen* NK Rdn. 70: offensichtlicher Verstoß gegen das Analogieverbot.

170 *Cramer* S. 122; *Fischer* Rdn. 6; *Geisler* MK Rdn. 33; *Lackner/Kühl/Heger* Rdn. 6; *Paeffgen* Rdn. 70; *Sch/Schröder/Hecker* Rdn. 13; *Wolters* SK Rdn. 14. AA (nicht überzeugend) *Hardwig* FS Eb. Schmidt 459, 479; *Kusch* S. 111 ff; unklar *Mayer* ZStW **59** (1940) 285, 332.

171 *Geisler* MK Rdn. 33; *Paeffgen* NK Rdn. 70.

172 *Hardwig* FS Eb. Schmidt 459, 479; GA **1964** 140, 150 f.

173 Vgl. nur *Dencker* NJW **1980** 2159, 2165; *Sch/Schröder/Hecker* Rdn. 13; *Wessels/Hettinger/Engländer* Rdn. 1146.

174 *Hardwig* GA **1964** 140, 150 f; *Backmann* JuS **1975** 689, 702; *Lenckner* JR **1975** 31, 33; *Lackner/Kühl/Heger* Rdn. 6.

175 Eingehend *Streng* JZ **1984** 114, 118; ebenso *Otto* JURA **1986** 478, 483 f; *Geisler* MK Rdn. 33; *Paeffgen* NK Rdn. 70; *Matt/Renzikowski/Safferling* Rdn. 10; *Sch/Schröder/Hecker* Rdn. 13. AA *Lackner/Kühl/Heger* Rdn. 6; *Maurach/Schroeder/Maiwald* § 96 Rdn. 9.

176 So im Grundsatz bereits RGSt **69** 189, 191; RG HRR **1936** Nr. 1550; JW **1936** 1911 Nr. 27; s. ferner BGHSt **18** 235, 236; OLG Hamburg JR **1951** 211; OLG Celle GA **1956** 360; OLG Hamm NJW **1967** 1523, 1524; BayObLG NJW **1989** 1685; JR **1992** 346.

177 *Geisler* MK Rdn. 34 f; *Lackner/Kühl/Heger* Rdn. 7; *Matt/Renzikowski/Safferling* Rdn. 11; *SSW/Schöch* Rdn. 25; aA noch *Spendel* LK[11] Rdn. 198 ff und vor ihm etwa *Hodes* JW **1936** 514; *Schlosky* JW **1936** 3427; *Domning* S. 25 ff; *Hogräfer* S. 91 ff; i. E. ähnlich *Kusch* S. 92 ff; *Freund/Rostalski* AT § 7 Rdn. 32 wollen auch schon „gewisse Minderformen vorsätzlichen Verhaltens" (?) ausreichen lassen.

ge Elemente der Schuld). Eben dies ist denn auch gemeint, wenn die Rechtsprechung[178] in diesem Zusammenhang bis heute einen „natürlichen" Vorsatz genügen lassen will (was angesichts der dogmatischen Entwicklung der vergangenen Jahrzehnte[179] freilich einigermaßen antiquiert wirkt). Verlangt das Gesetz eine bestimmte Vorsatzform (etwa „absichtliches" oder „wissentliches" Handeln), gilt dies auch für die Rauschtat.[180] Sofern das betreffende Delikt durch **weitere subjektive Merkmale** gekennzeichnet ist, müssen auch diese vorliegen, so etwa die Absicht, sich eine fremde Sache zuzueignen[181] oder die Absicht, sich auf Kosten eines fremden Vermögens rechtswidrig zu bereichern (vgl. BGHSt **18** 235, 237 zu § 263, wo freilich auch schon eine „Täuschung" fehlte).[182]

Nicht vorsätzlich handelt, wer bei Begehung der Tat einen Umstand nicht kennt, der zum 66
gesetzlichen Tatbestand gehört (§ 16 Abs. 1 Satz 1). Ein solcher **Irrtum über Tatumstände** lässt mithin den Vorsatz und in dieser Hinsicht auch die von § 323a vorausgesetzte „rechtswidrige Tat" entfallen. Ob dies auch dann gilt, wenn sich der Irrtum geradezu als *Folge des Rauschzustandes* darstellt, ist lange Zeit kontrovers beurteilt worden, inzwischen aber wohl weitestgehend anerkannt.[183] Dies zu Recht: Bei den Vorsatzdelikten setzt eine „rechtswidrige Tat" (§ 11 Abs. 1 Nr. 5) nun einmal Tatbestandsvorsatz voraus, und dieser liegt entweder ganz oder eben gar nicht vor (mit dem Eingeständnis eines *tatsächlich bestehenden* – dann aber aus übergeordneten Gründen für „unbeachtlich" erklärten – Irrtums i. S. d. § 16 Abs. 1 ist die Annahme gleichwohl „vorsätzlichen" Handelns schlechterdings unvereinbar[184]). Das unter der Perspektive des Gefährdungsdelikts nachvollziehbare Unbehagen daran, den berauschten Täter im Ergebnis gerade deshalb straffrei ausgehen zu lassen, weil ihn sein Rausch zu einer fehlerhaften Einschätzung tatbestandlich relevanter Umstände geführt hat,[185] muss nicht nur hinter dem Wortlaut („rechtswidrige Tat"), sondern auch hinter der Einsicht zurücktreten, dass es sich bei § 323a eben nicht um ein gewöhnliches Gefährdungsdelikt handelt, sondern nur um eine Ersatzlösung für einen sachlich begrenzten Bereich (oben Rdn. 39 ff). Sind aber Grund und Ursache eines Tatbestandsirrtums nach der in § 16 Abs. 1 Satz 1 getroffenen Regelung generell ohne Belang, ist davon auch im Kontext des § 323a keine Ausnahme zu machen; eine Sonderdogmatik für rauschbedingte Irrtumsfälle (die im Übrigen wohl auch forensisch zu fragwürdigen Differenzierungen nötigen würde) hat hier keinen Platz. Das sieht – nach einigen früheren Fehlgriffen[186] – inzwischen auch die Rechtsprechung so: Wer im Rausch den Überblick über sein mitgeführtes Bargeld verliert und daher im Glauben, noch zahlen zu können, in einer Gastwirtschaft Bestellungen aufgibt, die in Wahrheit seine aktuelle Zahlungsfähigkeit übersteigen, „täuscht" insoweit nicht (BGHSt **18** 235, 236). – Anders glaubt man freilich im *Maßregelrecht* verfahren zu dürfen (vgl. nur BGH NStZ-RR **2008**, 334; *Schöch* LK[12] § 63 Rdn. 43 ff m. w. N.; **aA** mit Recht *Pollähne* NK § 63 Rdn. 43).

Auch ein **Fahrlässigkeitsdelikt** kann als Rausch- und Bezugstat für § 323a in Betracht kom- 67
men. Die Frage der Sorgfaltswidrigkeit soll insoweit nach h. A. am Maßstab eines *nüchternen* Menschen – bzw. individualisiert: des konkreten Täters im nüchternen Zustand[187] – zu beant-

---

178 Vgl. zuletzt etwa BGH NStZ-RR **2001** 15; BGHR § 323a Abs. 1 Rausch 4 (Gründe); OLG Bamberg NStZ **2012** 156; OLG Hamm BA **2014** 118 f; BSG NJW **2002** 1069.

179 Vgl. hier nur *Lackner/Kühl* § 15 Rdn. 31 ff; *Vogel/Bülte* LK § 15 Rdn. 37 ff.

180 *Sch/Schröder/Hecker* Rdn. 14.

181 BGH NJW **1967** 579; BayObLG NJW **1992** 2040; beide zu § 242.

182 *Fischer* Rdn. 7; *Geisler* MK Rdn. 35; *Sch/Schröder/Hecker* Rn 14; *Rengier* BT II § 41 Rdn. 14; *Wessels/Hettinger/Engländer* Rdn. 1145.

183 Vgl. nur *Hartl* S. 180 f; *Otto* JURA **1986** 478, 485; *Geppert* JURA **2009** 40, 45; *Conen* AnwK Rdn. 42; *Fischer* Rdn. 7; *Geisler* MK Rdn. 39; *Lackner/Kühl/Heger* Rdn. 9; *Paeffgen* Rdn. 74; *Sch/Schröder/Hecker* Rn 15; *Arzt/Weber/Heinrich/Hilgendorf* § 40 Rdn. 21; *Klesczewski* BT § 23 Rdn. 24 f; *Wessels/Hettinger/Engländer* Rdn. 1147. Differenzierend aber nun *Freund* HbStrR Bd. 5 § 46 Rdn. 44 ff.

184 So mit Recht *Cramer* S. 88 m. w. N.; *Neumann* S. 81; *Geisler* MK Rdn. 39.

185 *Spendel* LK[11] Rdn. 185 ff m. w. N.; aus dem älteren Schrifttum etwa *Schlosky* JW **1936** 3427; *Hográfer* S. 91 ff.

186 Vgl. etwa RGSt **70** 159; **73** 11, 13 ff; BGH NJW **1953** 1442. Zutr. hingegen noch RG HRR **1936** Nr. 1550.

187 *Freund* HbStrR Bd. 5 § 46 Rdn. 43; Sch/Schröder/*Hecker* Rdn. 16; abw. wohl *Wolters* SK Rdn. 15.

worten sein.[188] Die Sorgfaltsanforderungen werden also mit anderen Worten von der Frage einer Berauschung unabhängig gestellt (wodurch nicht zuletzt der Anwendungsbereich des § 323a bei fahrlässigen Rauschtaten abgesichert wird); nicht etwa sollen sie mit zunehmender Berauschung absinken. Wer allerdings nach seinen persönlichen Kenntnissen und Fähigkeiten den Eintritt des tatbestandlichen Erfolges (bzw. der tatbestandlichen Gefährdungslage) selbst nüchtern nicht hätte vorhersehen und vermeiden können, kann auch nicht nach § 323a bestraft werden.[189] Zu der (in der Literatur weithin abgelehnten) Rechtsprechung zum Pflichtwidrigkeitszusammenhang bei folgenschweren Trunkenheitsfahrten[190] steht dieses (zutreffende) Ergebnis freilich in einem gewissen Spannungsverhältnis.

68 **c) Weitere Voraussetzungen.** Eine *rechtswidrige* Rauschtat als Anknüpfungspunkt für § 323a liegt nicht vor, wenn im konkreten Fall **Rechtfertigungsgründe** eingreifen, der Täter also beispielsweise in Notwehr (§ 32) oder im Notstand (§ 34) gehandelt hat.[191] Freilich verlangt eine solche Rechtfertigung – wie sonst auch – ein entsprechendes Bewusstseinsbild („subjektives Rechtfertigungselement") auf Seiten des Täters.[192] Fehlt es („rauschbedingt" oder nicht), ist das damit verbleibende Handlungsunrecht allenfalls in den Grenzen der *Versuchsstrafbarkeit* (§ 23 Abs. 1) zu erfassen (näher dazu *Murmann* LK § 22 Rdn. 255 ff m. w. N.).

69 Umgekehrt ist das für eine „rechtswidrige Tat" vorausgesetzte personale Unrecht nicht vollständig verwirklicht, wenn der Handelnde die sachlichen Voraussetzungen eines anerkannten Rechtfertigungsgrundes irrtümlich für gegeben hält (**„Erlaubnistatumstandsirrtum"**).[193] Wie beim Tatbestandsirrtum (§ 16 Abs. 1 Satz 1) kommt es für dieses Ergebnis auf den Grund der Fehlvorstellung nicht an, und nichts anderes gilt richtiger (und heute auch vorherrschender) Ansicht nach im Kontext des § 323a: An einer in jeder Hinsicht rechtswidrigen Tat fehlt es hier im Falle eines Erlaubnistatumstandsirrtums auch dann, wenn dieser Irrtum „rauschbedingt" sein sollte[194] (denkbar ist dann im Einzelfall freilich eine *fahrlässig* begangene Rauschtat als Anknüpfungspunkt für § 323a[195]). Bei Tätern mit zweifelhafter Schuldfähigkeit würde anderenfalls eine sachlich nicht zu rechtfertigende Schlechterstellung eintreten (unterlägen sie doch im Kontext des § 323a auf einmal einer ungünstigeren Irrtumsregelung). Zum entgegengesetzten Ergebnis – Irrelevanz eines solchen Irrtums für die Anwendbarkeit des § 323a – kommen folgerichtig nur diejenigen, die auf den Erlaubnistatumstandsirrtum *generell* § 17 anwenden wollen (in diesem Sinne als Vertreter der sog. „strengen" Schuldtheorie denn auch *Paeffgen* NK Rdn. 75).

---

188 OLG Hamm BA **51** (2014) 118 f; *Conen* AnwK Rdn. 41; *Geisler* MK Rdn. 35; *Lackner/Kühl/Heger* Rdn. 11; *Geppert* JURA **2009** 40, 46; vgl. a. OLG Hamburg MDR **1967** 854; **aA** *Kusch* S. 105 ff m. w. N.

189 *Arzt/Weber/Heinrich/Hilgendorf* § 40 Rdn. 24; *Ranft* JA **1983** 239, 242; *Geppert* JURA **2009** 40, 46.

190 Vgl. BGHSt **24** 31, 35 ff; BayObLG NStZ **1997** 388 m. abl. Anm. *Puppe*; BGH NStZ **2013** 231. Krit. etwa *Kühl* AT § 17 Rdn. 63 m. w. N.; *Rengier* AT § 52 Rdn. 41; vgl. a. *Duttge* MK § 15 Rdn. 175 f.

191 *Geisler* MK Rdn. 42; *Sch/Schröder/Hecker* Rdn. 17; *Wessels/Hettinger/Engländer* Rdn. 1149; vgl. a. BGH NJW **1979** 1370.

192 *Sch/Schröder/Hecker* Rdn. 17; *Wolters* SK Rdn. 15; **aA** noch *Spendel* LK[11] Rdn. 184.

193 Vgl. hier nur *Roxin/Greco* AT I § 14 Rdn. 70; *Puppe* NK § 16 Rdn. 137 ff; *Sch/Schröder/Sternberg-Lieben/Schuster* § 16 Rdn. 18; anders (nur Ausschluss der „Vorsatzschuld") etwa *Jescheck/Weigend* S. 464 ff; *Rengier* AT § 30 Rdn. 20; *Wessels/Beulke/Satzger* Rdn. 478 f und jetzt a. BGH NStZ **2012** 272, 273.

194 So i. E. auch *Hartl* S. 181 f; *Pickenpack* S. 185 ff; *Junge* S. 132 ff; *Ranft* JURA **1983** 239, 242; *Geppert* JURA 2009 40, 45 f; *Fischer* Rdn. 7; *Geisler* MK Rdn. 40; *Lackner/Kühl/Heger* Rdn. 9; *Matt/Renzikowski/Safferling* Rdn. 11; *Sch/Schröder/Hecker* Rdn. 15; *Wolters* SK Rdn. 12; *Arzt/Weber/Heinrich/Hilgendorf* § 40 Rdn. 22; *Rengier* BT II § 41 Rdn. 16. Auf die einzelnen Varianten der hierbei zugrunde gelegten „eingeschränkten" Schuldtheorie soll es in diesem Zusammenhang nicht ankommen. **AA** noch RGSt **73** 11, 17; OLG Celle NJW **1969** 1775; *Traub* JZ **1959** 12, 15; *Kohlrausch/Lange* § 330a Anm. VI.3.; *Spendel* LK[11] Rdn. 199; *Maurach/Schroeder/Maiwald* BT 2 § 96 Rdn. 13; s. a. BGH NJW **1953** 1442 (rauschbedingte Irrtümer generell unbeachtlich) einerseits, BGH NJW **1979** 1370 andererseits.

195 *Conen* AnwK Rdn. 44 (mit Verweis auf den Sachverhalt bei OLG Hamm VRS **110** [2006] 17).

Stellt das Gesetz für das im Rausch begangene Delikt eine **objektive Bedingung der Strafbarkeit** auf, so muss auch diese eingetreten sein, um eine Bestrafung des Rauschtäters aus § 323a auszulösen.[196] Für die in § 231 bezeichneten schweren Folgen, die in diesem Zusammenhang oft angeführt werden, gilt das freilich schon deshalb, weil sie richtigerweise dem Unrechtstatbestand zuzuordnen sind (*Roxin/Greco* AT I § 23 Rdn. 12; **aA** BGHSt **16** 130, 132; **33** 100, 103). Es verbleiben also Fälle wie § 104a (*Kusch* S. 118) oder § 283 Abs. 6, in denen der Gesetzgeber jeweils gewissen außerstrafrechtlichen Zwecksetzungen den Vorrang gegenüber der strafrechtlichen Verfolgung eingeräumt hat; diese Wertung ist dann selbstverständlich auch auf den nur ersatzweise heranzuziehenden § 323a zu erstrecken. 70

Entsprechendes gilt schließlich auch für die bereits **verjährte** Rauschtat: Könnte sie im Falle schuldhafter Begehung nach den Regeln der §§ 78 ff nicht mehr verfolgt werden, so erstreckt sich dieses Verfahrenshindernis auch auf § 323a (Rdn. 188). 71

2. Rauschbedingte Zurechnungslücke

Aus dem Umstand, dass § 323a seinem Wortlaut nach (nur) auf eine im Rausch begangene „rechtswidrige Tat“ verweist, ist nicht etwa im Umkehrschluss zu folgern, dass es damit auf andere, dem Rechtwidrigkeitsurteil verbrechenssystematisch *nachgeordnete* Merkmale der Rauschtat schlechterdings nicht ankomme. Vor dem Hintergrund der Einsicht, dass § 323a gleichsam ersatzweise gerade dort (und nur dort) ansetzt, wo die Zurechnung dieser Tat zur Schuld im Ergebnis an der vorausgegangenen Selbstberauschung scheitern muss, wird die betreffende Passage in Absatz 1 klarstellend so gelesen, dass der Täter wegen der im Rausch begangenen Tat „*nur deshalb* nicht bestraft werden kann, weil er infolge des Rausches schuldunfähig war oder weil dies nicht auszuschließen ist“.[197] 72

a) Fehlender Zusammenhang mit der Berauschung. Das trifft offenbar zunächst auf denjenigen nicht zu, der nicht erst durch den hier in Rede stehenden Berauschungsakt (nicht ausschließbar) schuldunfähig geworden ist, sondern sich bereits unabhängig davon in einem Zustand befunden hat, der hinsichtlich der in Rede stehenden „rechtswidrigen Tat“ nach **§ 20** zum Schuldausschluss führt. Man mag sich sogar fragen, ob eine solche Person überhaupt noch zum Täter eines Vergehens nach § 323a taugt (verneinend etwa *Gramsch* S. 45; *Spendel* LK[11] Rdn. 73 m. w. N.). Das hat allerdings zur Folge, dass der von *Paeffgen* für die Gegenansicht ins Feld geführte „friedliebende Geistesgestörte“, der sich im Rausch von einer anderen Seite gezeigt hat, schon aus dem Tatbestand des § 323a herausfällt und daher auch keiner maßregelrechtlichen Sanktion unterworfen werden kann.[198] Das mag unter dem Blickwinkel eines Gefährdungs- bzw. Gefährlichkeitsdelikts unbefriedigend erscheinen, folgt aber aus der funktionalen Begrenzung der Vorschrift auf den Ausgleich selbst herbeigeführter Zurechnungslücken. 73

Ebenfalls nicht durch § 323a erfasst werden können Fälle, in denen das vom Täter eingenommene Rauschmittel seinen Intoxikationseffekt schon wieder verloren hat (wie beim „Abbau“ von Alkohol), der Zustand der Schuldunfähigkeit aber noch bis zur Begehung der Tat fortwährt (so mit Recht *Rengier/Forster* NJW **1986** 2869, 2872 am Beispiel eines zwar durch Alkoholkonsum ausgelösten, dann aber über die Ausnüchterung hinaus fortdauernden „epileptischen Dämmerzustands“). 74

196 *Geisler* MK Rdn. 44; *Paeffgen* Rdn. 79a.

197 BGH NJW **1953** 1442; *Dencker* NJW **1980** 2159, 2161; *Paeffgen* NK Rdn. 78; *Otto* BT § 81 Rdn. 16; *Rengier* BT I § 41 Rdn. 16; krit. *Barthel* S. 271 f.

198 *Paeffgen* NK Rdn. 61. Die dort zusätzlich geltend gemachten Bedenken wegen der damit zugleich entfallenden Teilnahmemöglichkeit sind nach der hier vertretenen Ansicht gegenstandslos, weil ihr zufolge § 323a ohnehin nicht teilnahmefähig ist (s. u. Rdn. 139).

75 **b) Verantwortungsausschluss aus anderen Gründen.** Keine Anwendung findet § 323a auch dann, wenn die strafrechtliche Verantwortlichkeit für die „rechtswidrige Tat" unabhängig von der Frage der Schuldfähigkeit schon aus anderen Gründen ausgeschlossen ist.[199] So liegt es etwa, wenn der Täter im *entschuldigenden Notstand* (§ 35) gehandelt oder im Sinne des § 33 die *Grenzen der Notwehr überschritten* hat (dies auch dann, wenn der fragliche Affekt durch die Wirkung des Rauschmittels noch verstärkt worden sein sollte[200]). Zu ähnlichen Ergebnissen gelangt letztlich auch, wer § 323a als schlichtes Gefährdungsdelikt versteht, für dessen Strafbarkeit die Begehung einer „rechtswidrigen" (aber eben nicht notwendig auch: schuldhaften) Tat im Rausch nur äußere Bedingung ist; der hier immerhin zu fordernde objektive Zusammenhang der Rauschtat mit der Berauschung mag dann nämlich im Einzelfall unterbrochen[201] oder durch die zur Entschuldigung führende Sachlage gleichsam „überlagert" sein (in diesem Sinne wohl *Kusch* S. 127 f, freilich nur für § 35).

76 Unanwendbar ist § 323a nach h. A. auch in den Fällen, in denen der Täter die Rauschtat im **unvermeidbaren Verbotsirrtum** (§ 17 Satz 1) begangen hat, sofern er einem solchen Irrtum auch in weniger berauschtem Zustand unterlegen wäre (die Schuld also nicht gerade „infolge des Rausches" fehlt).[202] Demgegenüber ist *rauschbedingt fehlende Unrechtseinsicht* gerade auch Exkulpationsgrund im Sinne des § 20.[203] Ein solcher Irrtum des Rauschtäters steht der Anwendung des § 323a mithin nicht entgegen,[204] dürfte aber tatsächlich kaum vorkommen (s. a. *Verrel/Linke/Koranyi* LK § 20 Rdn. 100).

77 Handelt es sich bei der Rauschtat um einen grundsätzlich (§ 23 Abs. 1) strafbaren *Versuch*, so ist fraglich, ob mit einem den Anforderungen des § 24 entsprechenden **Rücktritt** auch der Anknüpfungspunkt für § 323a (wieder) entfällt. Die Rechtsprechung (eingehend analysiert bei *Barthel* S. 30 ff) hat das Problem bislang verschiedentlich gestreift.[205] Der Sache nach will sie die Regeln des § 24 auch im Kontext des § 323a berücksichtigen – bald in unmittelbarer, bald in „analoger" Anwendung (so BGH StV **1994** 304; NStZ-RR **2001** 15).[206] Wird § 323a konsequent als (schlichtes) Gefährdungsdelikt interpretiert, so lässt sich das, wie *Barthel* (S. 285 ff) eingehend dargelegt hat, aber nur schwer begründen: An der abstrakten Gefährlichkeit des Sich-Berauschens ändert der Rücktritt ebenso wenig, wie er die Tatsache des unmittelbaren Ansetzens zum Versuch (in dem sich jene Gefahr sogar schon konkretisiert hat) nachträglich wieder aus der Welt schaffen kann (a. a. O. S. 309 f, 331 ff; diff. *Geppert* JURA **2009** 40, 46). Indessen fehlt es, wenn der Versuchstäter schon wegen seines Rücktrittsverhaltens von Strafe zu verschonen wäre, ebenso an einer *rauschbedingten* Zurechnungslücke wie in den zuvor genannten Fällen. Denn ein logischer zwingender Vorrang des *schuldhaften* Versuchs vor der Frage des Rücktritts (§ 24) – mit der Folge, dass letztere bei einem bis zur Schuldunfähigkeit Berauschten im Grunde gar nicht mehr gestellt werden dürfte – besteht jedenfalls dann nicht, wenn der Rücktritt vom

---

199 *Geisler* S. 419 f; *Otto* JURA **1986** 478, 485; *Conen* AnwK Rdn. 45; *Fischer* Rdn. 8; *Paeffgen* NK Rdn. 78 f; *Sch/Schröder/Hecker* Rdn. 18; *SSW/Schöch* Rdn. 27; *Arzt/Weber/Heinrich/Hilgendorf* BT § 40 Rdn. 25; *Rengier* BT I § 41 Rdn. 16.

200 *Geppert* JURA **2009** 40, 46.

201 Vgl. *Rengier* FS Roxin I 811, 819.

202 OLG Stuttgart NJW **1964** 413 f; *Dencker* NJW **1980** 2159, 2165; *Otto* JURA **1986** 478, 485; *Geppert* JURA **2009** 40, 46; *Conen* AnwK Rdn. 43; *Fischer* Rdn. 8; *Sch/Schröder/Hecker* Rdn. 18; *Wolters* SK Rdn. 17; *Küpper* BT § 5 Rdn. 69; *Rengier* BT I § 41 Rdn. 17. Krit. zu dieser Formel *Junge* S. 135 ff.

203 Hierauf mit Recht verweisend *Geppert* JURA **2009** 40, 45; s. a. BGH MDR **1968** 854, 855; NStZ **1989** 430; *Verrel/Linke/Koranyi* LK § 20 Rdn. 12 m. w. N.

204 *Geisler* MK Rdn. 41; *Rengier* BT I § 41 Rdn. 11.

205 Vgl. RG HRR **1936** Nr. 1149; BGH MDR/D **1971** 362; StV **1994** 304; NStZ **1994** 131 m. Anm. *Kusch*; NStZ-RR **1999** 8; NStZ-RR **2001** 15.

206 I.E. übereinstimmend die h. L., vgl. nur *Geppert* JURA **2009** 40, 46; *Gössel/Dölling* § 59 Rdn. 6; *Maurach/Gössel/Zipf* AT 2[8] § 41 Rdn. 210; *Conen* AnwK Rdn. 40; *Geisler* MK Rdn. 47; *Lackner/Kühl/Heger* Rdn. 10; *Paeffgen* Rdn. 80; *SSW/Schöch* Rdn. 28; *Sch/Schröder/Hecker* Rdn. 19; *Wolters* SK Rdn. 19; aA etwa *Kusch* S. 128 f; *Barthel* S. 345 ff.

Versuch deliktssystematisch gleichfalls als Grund ausgeschlossener strafrechtlicher Verantwortlichkeit[207] eingeordnet wird; fraglich kann von hier aus allenfalls sein, ob jemand in einem den Voraussetzungen des § 20 entsprechenden Zustand noch den Anforderungen gerecht zu werden vermag, die an einen „freiwilligen" Rücktritt zu stellen sind (was *Kusch* S. 129 zu Unrecht bestreitet,[208] BGH NStZ-RR **1999** 8 hingegen ausdrücklich bejaht). Ist der Rauschtäter wegen seines Rücktrittsverhaltens schon nach § 24 nicht zu bestrafen, hat es damit also sein Bewenden; der sachliche Anwendungsbereich des § 323a ist nicht eröffnet, weil die Straflosigkeit des Versuchs in diesem Fall eben nicht (allein) auf der (nicht auszuschließenden) Schuldunfähigkeit des Täters beruht. Diesen klaren Zusammenhang sollte man im Übrigen durch die (höchst angreifbare) Rede von der lediglich „analogen" Heranziehung der Rücktrittsregeln[209] nicht unnötig verdunkeln.[210]

Unerheblich ist von diesem Standpunkt schließlich auch, ob der Rücktritt noch *während* 78
des Rauschzustandes oder erst zu einem Zeitpunkt erfolgt, zu dem der Täter die Zone möglicher Schuldunfähigkeit wieder verlassen hat.[211] Die Gegenauffassung, die im zuletzt genannten Fall aus § 323a bestrafen will,[212] sieht im Rücktritt gewissermaßen ein Gegenindiz zu der sich im Versuch manifestierenden konkreten Rauschgefährlichkeit, das naturgemäß nur während des Rausches wirksam werden könne (zusammenfassend *Geppert* JURA **2009** 40, 47). Doch trifft schon ihre Prämisse – gesetzliche Indizfunktion der Rauschtat – nicht zu (vgl. bereits oben Rdn. 26), und wäre es anders, so bliebe doch immer noch offen, wie ein freiwilliger Rücktritt die Bewertung der (bereits „indizierten") Rauschgefährlichkeit noch beeinflussen könnte (vgl. die eingehende Kritik von *Barthel* S. 287 ff).

III. Das tatbestandsmäßige Vorverhalten: „Sich-in-einen-Rausch-Versetzen"

1. Täter

Der Tatbestand des § 323a kann grundsätzlich von jedermann verwirklicht werden (anders z. B. 79
noch *Welzel* S. 475 m. w. N.: verboten sei nur die Selbstberauschung „eines gemeingefährlichen, weil zu Straftaten im Rausch neigenden Menschen"). Die im Rausch begangene rechtswidrige Tat (§ 11 Abs. 1 Nr. 5) muss dann freilich auch die eigene sein. Wer sich schon aus anderen Gründen in einem Zustand befindet, der seine strafrechtliche Verantwortlichkeit ausschließt, kann sie durch Selbstberauschung nicht mehr aufheben und kommt damit als Täter des § 323a im Ergebnis nicht in Betracht (vgl. bereits oben Rdn. 72 f).

2. Das tatbestandsmäßige Verhalten

a) Tathandlung. Die **Tathandlung** des Vergehens nach § 323a besteht schlicht darin, dass der 80
Täter *sich selbst* ein Rauschmittel der nachfolgend in Rdn. 81 ff beschriebenen Art verabreicht. Auf welche Weise er dies bewirkt, ist gleichgültig. Insbesondere ist die Form, in der das betref-

---

207 Im Sinne der von *Roxin* entwickelten Lehre; s. *ders./Greco* AT I § 19 Rdn. 1 ff; AT II § 30 Rdn. 29 ff m. w. N.; überblicksweise ferner *Murmann* LK § 24 Rdn. 51 f.

208 Ähnlich *Gündel* S. 120 ff; *Übler* Neue Entwicklungen im Bereich der actio libera in causa, Diss. Regensburg 2003, S. 158 ff. Zur zutr. Gegenansicht vgl. *Geisler* S. 428 ff m. w. N.

209 So zuletzt etwa BGH NStZ-RR **2001** 15; *Geisler* MK Rdn. 45; *Paeffgen* NK Rdn. 80; *Sch/Schröder/Hecker* Rdn. 19. Krit. zu einer solchen „Analogie" *Barthel* S. 327 ff.

210 Vgl. bereits *Dencker* NJW **1980** 2159, 2165 Fn. 74. Wie hier wohl a. *Wolter* SK Rdn. 19.

211 So mit Recht *Gössel/Dölling* § 61 Rdn. 6; *Conen* AnwK Rdn. 40; *Lackner/Kühl/Heger* Rdn. 10; *Paeffgen* NK Rdn. 80; *Wolters* SK Rdn. 19.

212 *Ranft* JA **1983** 239, 243; *Geppert* JURA **2009** 40, 47; *Geisler* MK Rdn. 49; *Sch/Schröder/Hecker* Rdn. 19.

fende Rauschmittel seinem Organismus zugeführt wird, ohne Bedeutung (sie mag etwa oral, rektal, durch die Nase, mittels Injektion oder Inhalation erfolgen). Der Täter mag sich hierbei gegebenenfalls auch der Hilfe anderer bedienen, solange er das Geschehen insgesamt tatherrschaftlich in Händen behält (*insoweit* ist § 323a also *kein* „eigenhändiges" Delikt, s. noch unten Rdn. 137).

81 Auf den **Zweck**, der mit der Einnahme des Rauschmittels verfolgt wird, soll es dabei grundsätzlich nicht ankommen.[213] Mit dem schlichten Verweis auf die gegenüber § 330a a. F. abgeänderte Formulierung des § 323a in der seit 1974 geltenden Fassung, die seither gerade nicht mehr vom „*Genuß*" des berauschenden Mittels spricht (sondern nur noch verlangt, dass sich der Täter durch ein solches Mittel „in einen Rausch versetzt"), wäre diese Auffassung freilich noch nicht zu begründen, weil damit lediglich wörtliche Übereinstimmung mit der damals zugleich eingeführten Regelung in § 122 OWiG hergestellt werden sollte[214] und der „Genuß" auch schon zuvor nicht im Sinne eines lustvollen Konsumerlebnisses verstanden worden war, sondern eher neutral als ein „Sich-Einverleiben" des jeweiligen Rauschmittels. Für ein solches Verständnis spricht in der Tat die empirische Beobachtung, dass auch und gerade habituelle Rauschmittelkonsumenten oft weit davon entfernt sind, die Wirkungen der von ihnen aufgenommenen Stoffe auch zu „genießen" (*Gerchow* FS Sarstedt [1981] 1, 7). Bleibt nun allerdings der Sinn, den der Täter mit der Einnahme einer bestimmten Substanz verbindet, konsequent ausgeblendet, so umfasst der über § 323a besonders zu sanktionierende Personenkreis nicht mehr nur exzessive Trinker und Drogenkonsumenten, die sich gewissermaßen um des Rausches willen berauschen, sondern auch Fälle, in denen sich jemand ein als „berauschend" eingestuftes Mittel etwa zur Linderung von Schmerzen bzw. sonst zu therapeutischen Zwecken beibringt oder damit gar den eigenen Tod herbeizuführen sucht (zu diesen Fällen noch unten Rdn. 115). Nicht ohne Grund hat daher BayObLGSt **1958** 108, 110 f (noch zu § 330a a. F.) geltend gemacht, die Vorschrift wolle gerade „denjenigen treffen, der sich – schuldhaft – im Übermaß einem gefährlichen und angesichts des Übermaßes und der Gefährlichkeit verwerflichen Genuß berauschender Mittel hingibt", nicht aber den, der „um Schmerzen zu stillen, zu viel Heilmittel nimmt" und auf diese Weise seine Zurechnungsfähigkeit aufhebt (was, wenn überhaupt, nur unter dem Gesichtspunkt der *actio libera in causa* zu erfassen wäre). Wollte man dieser Einschätzung folgen, so könnte sie aber wohl auch dann noch Geltung beanspruchen, wenn das „Heilmittel" zugleich ein „berauschendes" ist (nicht so freilich das BayObLG a. a. O., das seine These ausdrücklich auf *nicht* berauschend wirkende Heilmittel beschränkt wissen wollte, und die oben angeführte h. M.; der Gesichtspunkt der „Rauschgefährlichkeit", der auch bei gewissen Medikamenten Geltung beansprucht, überlagert hier also die ursprünglich kriminalpolitische Entscheidung über die Frage, in welchen Fällen eine durch das Tatschuldprinzip begrenzte Bestrafung durch die in § 323a getroffene Regelung ergänzt werden soll).

82 **b) Die einzelnen Rauschmittel.** Unter den Rauschmitteln kommt den „alkoholischen Getränken" sicherlich die mit Abstand größte Bedeutung zu.[215] Das Gesetz hebt sie daher als den praktisch wichtigsten Unterfall der „berauschenden Mittel" gesondert hervor.

83 **aa) Alkohol.** Als **Alkohol** wird im allgemeinen Sprachgebrauch nur der *Ethylalkohol (Ethanol)* bezeichnet. In Getränken, die für den Konsum durch Menschen bestimmt sind, kommt er in aller Regel nicht synthetisiert, sondern als Produkt eines *Vergärungs*- oder *Destillationsprozesses* vor.[216] Zu den auf diese Weise hergestellten alkoholischen Getränken zählen namentlich Bier,

---

213 Vgl. nur *Geisler* MK Rdn. 17; *Sch/Schröder/Hecker* Rdn. 4.
214 Vgl. die Entwurfsbegründung BTDrucks. 7/550 S. 268; OLG Karlsruhe NJW 1979 611.
215 Vgl. nur *Haller* in: Singer/Batra/Mann (Hrsg.) Alkohol und Tabak (2011) S. 596 ff; *Konrad/Huchzermeier/Rasch* Forensische Psychiatrie und Psychotherapie[5] (2019) S. 245; *Dölling* in: Kiesel (Hrsg.) Rausch (1999) 149, 164.
216 *Franzke* in: Singer/Batra/Mann (Hrsg.) Alkohol und Tabak (2011) 73, 75.

Wein (Schaumwein und weinhaltige Getränke eingeschlossen) sowie Spirituosen aller Art. In aller Regel wird Alkohol dem Körper als Inhaltsstoff eines *Getränks* zugeführt; ist dies einmal nicht der Fall, wird man doch jedenfalls von der Aufnahme eines anderen berauschenden Mittels sprechen können (ähnlich *Schöch* LK § 64 Rdn. 65; zu „spirituosenhaltigen Schokoladenwaren [Pralinen]“ *Spendel* LK[11] Rdn. 86). Entsprechendes gilt für die orale Einnahme eines primär zur äußerlichen Anwendung bestimmten alkoholhaltigen Arzneimittels (z. B. „Franzbranntwein“).

bb) Andere berauschende Mittel. Von „anderen berauschenden Mitteln“ (jenseits der „alkoholischen Getränke“) spricht das StGB nicht nur in § 323a: Mit denselben Worten wird auch der Anwendungsbereich für die Unterbringung in eine Entziehungsanstalt beschrieben (§ 64 Satz 1), seit der Reform des Führungsaufsichtsrechts im Jahre 2007[217] auch der mögliche Gegenstand einer (durch § 145a strafbewehrten) gerichtlichen Weisung (§ 68b Abs. 1 Nr. 10). Nicht zuletzt begegnen sie auch bei den Gefährdungstatbeständen des Verkehrsstrafrechts (§§ 315a Abs. 1 Nr. 1, 315c Abs. 1 Nr. 1 lit. a, 316 Abs. 1) sowie in § 323b. Es liegt daher nahe, wenigstens einen gewissen sachlichen Kernbereich übereinstimmender Begriffsbildung anzunehmen – insbesondere im Verhältnis zu § 64, dessen Entstehungsgeschichte gerade ebenfalls auf das Gewohnheitsverbrechergesetz v. 24.11.1933 zurückweist (in dem die damaligen §§ 42c, 330a überdies noch deutlich aufeinander bezogen waren). Mag mit Blick auf die jeweils unterschiedlichen systematischen und teleologischen Bezüge ein insgesamt einheitliches Verständnis der „berauschenden Mittel“ auch nicht zu erreichen sein (*Schöch* LK § 64 Rdn. 66), so wird man doch häufig auf Erkenntnisse aus den jeweils anderen Bereichen zurückgreifen können (insbesondere, was rechtstatsächliche Einsichten in die „berauschende“ Wirkung dieser oder jener Substanz angeht).[218] In diesem Sinne kann und muss an dieser Stelle zunächst verwiesen werden auf die Übersicht bei *Schöch* (LK § 64 Rdn. 74 ff) sowie die ausführlichen Darstellungen in der Spezialliteratur,[219] nicht zuletzt aber auch auf die Anlagen I bis III des BtMG (hierzu etwa *Weber* BtMG, 4. Aufl. [2013] § 1 Rdn. 241 ff). Auf Mittel, die nicht bzw. nur unter engen Voraussetzungen frei erhältlich sind, ist § 323a – wie schon das Beispiel der alkoholischen Getränke erkennen lässt – im Übrigen aber nicht beschränkt. 84

Aus der gesetzlichen Formulierung („... und andere ...“) ergibt sich zunächst, dass mit den „berauschenden Mitteln“ ein *Oberbegriff* eingeführt wird, der „alkoholischen Getränke“ – als praktisch besonders bedeutsames Beispiel – mit einschließt und eben dadurch auch stärkere Konturen erhalten soll: In ihren Wirkungen müssen die „anderen“ Mittel danach wohl **dem Alkohol jedenfalls ansatzweise vergleichbar** sein (s. a. *Schöch* LK § 64 Rdn. 67).[220] Daraus ergibt sich zunächst, dass es sich auch bei ihnen um Substanzen handeln muss, die von außen dem Körper zugeführt werden, um dort auf biochemische Weise ihre Wirkung zu entfalten (*Paeffgen* NK Rdn. 26); den „Rausch ohne Drogen“ meint § 323a also nicht. Viel mehr ist mit jenem Vergleich dann aber auch noch nicht gewonnen, wie leicht einzusehen ist, wenn man die doch recht unterschiedlichen Störungsbilder nebeneinander legt, die aus dem Konsum bei- 85

217 Gesetz zur Reform der Führungsaufsicht und zur Änderung der Vorschriften über die nachträgliche Sicherungsverwahrung v. 17.4.2007, BGBl. I S. 513, in Kraft seit 18.4.2007; Übersicht bei *Schneider* LK[12] Vor § 68 Rdn. 27b.
218 So denn auch *Schöch* LK[12] § 64 Rdn. 66. Weitergehend (für eine prinzipiell einheitliche Begriffsbildung) etwa *Gerchow* FS Sarstedt 1, 6; *Burmann* DAR **1987** 134; *v. Gemmeren* MK § 64 Rdn. 18.
219 Umfassende Übersicht bei *Patzak* in: Körner/Patzak/Volkmer (Hrsg.) BtMG, 9. Aufl. (2019), Abschnitt „Stoffe“; monografisch *Strasser* Der Begriff der „anderen berauschenden Mittel“ im Strafrecht (2007); *Geschwinde* Rauschdrogen[8] (2018); aus der Forensik etwa *Müller/Nedopil* Forensische Psychiatrie[5] (2017) 155 ff; *Uchtenhagen* in: Kreuzer (Hrsg.) Handbuch des Betäubungsmittelstrafrechts (1998) 4 ff.
220 In diesem Sinne bereits die Begründung zum Gewohnheitsverbrechergesetz in: Dt. Reichsanzeiger u. Preuß. Staatsanzeiger Nr. 277 v. 27.11.1934 S. 3; *Schäfer/Wagner/Schafheutle* Gesetz gegen gefährliche Gewohnheitsverbrecher und über Maßregeln der Sicherung und Besserung (1934) 123, 210.

spielsweise von Cannabis, Kokain, LSD, Opiaten oder Amphetaminen resultieren können.[221] Dem Sinnzusammenhang des § 323a entsprechend kommen jedenfalls nur solche Substanzen in Betracht, die ihrer Art nach grundsätzlich geeignet sind, die Fähigkeit zur Orientierung an rechtsverbindlichen Verhaltensnormen nach den durch § 20 vorgegebenen Kriterien ernsthaft zu beeinträchtigen oder gar völlig aufzuheben.[222] Umgekehrt ist aber nicht jede Substanz, die pharmakologisch eine derartige Wirkung haben kann, schon deshalb auch ein „berauschendes" Mittel im Sinne des § 323a.[223] Anders hätten die gesetzlichen Tatbestandsmerkmale „Rausch" und „berauschend" offenbar keine eigenständige Bedeutung mehr.

86 Als *Rechtsbegriff* fordert der **„Rausch"** daher mit Notwendigkeit eine sachliche Bestimmung, die aber *forensisch* möglicherweise gar nicht zufriedenstellend geleistet werden kann[224] und daher (nicht nur) unter empirischer Perspektive zwangsläufig angreifbar bleibt (zutr. *Paeffgen* NK Rdn. 20). Ganz allgemein lässt sich ein solcher Effekt als Ausdruck einer Intoxikation durch eine „zentral wirksame" (d. h. im zentralen Nervensystem ansetzende) Substanz beschreiben. Damit ist freilich nur eine notwendige, für sich genommen aber noch nicht hinreichende Bedingung benannt, denn diese Intoxikation darf nicht (oder jedenfalls nicht sogleich) zu einer vollständigen Bewusstseinstrübung führen, sondern muss wenigstens vorübergehend noch Raum lassen für ein „Rauscherlebnis" (vgl. *Täschner* Rauschmittel, 6. Aufl. 2002, 16 f) und die damit einhergehenden „Veränderungen der Stimmung, des Bewusstseins und des Antriebs" (*Konrad/Rasch* Forensische Psychiatrie[4] [2014] 130). Angesichts der empirischen Vielgestaltigkeit derartiger Zustände fallen gehaltvolle *generalisierende* Kennzeichnungen aber offenbar schwer (und dies offenbar schon beim Alkoholrausch; vgl. nur die Übersicht bei *Schretzenmayer* Die forensisch-psychiatrische Beurteilung des Alkoholrausches im Wandel der Zeit [1998] 96 ff). Eine zumindest zeitweilige *euphorische* Grundstimmung ist für wohl nicht gerade untypisch, sicher aber keine zwingende Voraussetzung. Ebenso wenig kann es entscheidend darauf ankommen, ob der Intoxikationszustand als angenehm oder gar lustvoll empfunden wird,[225] und ein Moment der *Ekstase* wird man erst recht nicht fordern dürfen (scharf ablehnend sogar *Gerchow* FS Sarstedt [1981] 1, 6: „in der Laienmeinung immer noch gängige, aber völlig unsinnige Vorstellung über Rausch und Rauscherleben"; vgl. aber a. *Müller-Küppers* in: Kiesel [Hrsg.] Rausch [1999] 116, 117 ff). Ob mit dem (auch in der Rechtsprechung gelegentlich bemühten) Gedanken der „Wesensfremdheit" des beim Berauschten zu beobachtenden Verhaltens[226] ein hilfreiches Kriterium angesprochen ist, darf gleichfalls bezweifelt werden.[227]

87 Die Einordnung als Rauschmittel soll nicht nur unabhängig von der **Zwecksetzung** erfolgen, die der Täter mit der Aufnahme der betreffenden Substanz im konkreten Fall verbindet (*Geisler* MK Rdn. 17),[228] sondern auch unabhängig von der Funktion, die dem Mittel nach den Intentionen seines Herstellers bzw. nach herkömmlicher („objektiver") Auffassung zukommen soll. Als maßgeblich angesehen wird vielmehr allein der potenziell „berauschende" Effekt, den das jeweilige Mittel beim Menschen auslösen kann.[229] Damit bleiben einerseits z. B. Opiate oder Cannabis-Produkte „berauschende Mittel" auch dann, wenn sie im Einzelfall lediglich in therapeutischer Absicht aufgenommen werden; andererseits aber soll der Einordnung einer Substanz

---

221 Krit. daher *Schewe* BA **1976** 87, 91; *Gerchow* FS Sarstedt 1, 8; *Kusch* S. 33 ff; *Paeffgen* NK Rdn. 25.

222 Zutr. *Paeffgen* NK Rdn. 26; *Wolters* Rdn. 5; vgl. a. *Fischer* Rdn. 4.

223 So mit Recht OLG Karlsruhe NJW **1979** 611 gegen *Schewe* BA **1976** 92. Vgl. bereits BayObLGSt **1958** 108, 110 sowie (zum Verkehrsstrafrecht) BGH VRS **53** (1977) 356; *Mayer* ZStW **71** (1959) 291; wie hier a. *Paeffgen* NK Rdn. 20; *Sch/Schröder/Hecker* Rdn. 8.

224 Vgl. nur *Schewe* BA **1976** 87, 90 ff; *Gerchow* FS Sarstedt 1, 8 ff; optimistischer wohl Egg/Geisler/*Kröber* 27; zum Ganzen a. *Dölling* in: Kiesel (Hrsg.) Rausch (1999) 149 ff.

225 *Fischer* Rdn. 4; *Paeffgen* NK Rdn. 23 m. w. N.; vgl. a. *Salger* DAR **1986** 383, 386; *Grohmann* MDR **1987** 630, 631.

226 Vgl. etwa BGH StV **1981** 335; BayObLG NJW **1974** 1520, 1521.

227 Skeptisch daher auch *Paeffgen* NK Rdn. 24.

228 Zur Einnahme in *Suizidabsicht* s. nur OLG Hamm NJW **1975** 2252; OLG Frankfurt BA **1979** 407; BayObLG bei Rüth DAR **1977** 197, 204; NJW **1990** 2334.

229 Vgl. nur BayObLG NJW **1990** 2334 m. w. N.

als „berauschendes Mittel" auch nicht entgegenstehen, dass mit ihr herkömmlicherweise ganz andere Zwecksetzungen verbunden werden. Angesprochen sind damit nicht nur als *„Schnüffelstoffe"* verwendete Haushalts- oder Industriechemikalien (wie z. B. Lösungsmittel, Gase, Ether),[230] sondern insbesondere auch bestimmte *Medikamente* (BayObLG NJW **1990** 2334; vgl. aber bereits oben Rdn. 80).

Beispiele: „Rauschgifte" im eigentlichen Sinne[231] wie namentlich *Opiate* (Morphin, Heroin oder Kodein); Kokain und „Crack" (eine Zubereitung von Kokainhydrochlorid); *Halluzinogene* wie das synthetisch hergestellte LSD (Lysergsäurediäthylamid), Mescalin, DOM, PCP (Phencyclidin) und andere „designer drugs";[232] ferner die aus dem indischen Hanfkraut (*Cannabis sativa var. indica*) gewonnenen Produkte (Haschisch, Marihuana); von den **Medikamenten** etwa barbiturathaltige *Schlafmittel* wie Luminal, diazepamhaltige Präparate (z. B. Valium, vgl. BGH Beschl. vom 30.8.1983 – 3 StR 337/83, andererseits aber a. OLG Köln BA **1977** 124 f) oder das in seinen Nebenwirkungen vergleichbare Lexotanil (OLG Celle NJW **1986** 2385; BayObLG NJW **1990** 2334); *Beruhigungsmittel (Tranquilizer)*; *Aufputschmittel* (Ephedrin, Amphetamine); *Analgetika* (schmerzstillende Mittel) wie Dolantin, Polamidon oder Dolviran. **88**

3. Der bewirkte Rauschzustand

a) Berauschung als tatbestandlicher Erfolg. Als **Erfolg** der genannten Handlungen nennt das Gesetz den Eintritt eines als „Rausch" bezeichneten Zustandes beim Täter selbst. Der Rausch ist damit für das Vergehen nach § 323a ein *objektives Tatbestandsmerkmal*, das zur sicheren Überzeugung des Tatrichters erwiesen sein muss. Bleibt zweifelhaft, ob der Täter einen solchen Zustand erreicht hat, ist *in dubio pro reo* zu verfahren: Eine Verurteilung aus § 323a kommt dann nicht in Betracht.[233] Mit dem Gesetzlichkeitsprinzip (Art. 103 Abs. 2 GG, Art. 7 Abs. 1 EMRK) offensichtlich unvereinbar ist daher der Vorschlag, schon eine Zweifelslage genügen zu lassen, in der eine Berauschung bei Begehung der rechtswidrigen Tat immerhin *möglich* erscheint.[234] Auch eine *Wahlfeststellung* scheidet in diesen Fällen aus (**aA** *Tröndle* FS Jescheck [1985] 665, 687). **89**

Mehr und anderes als den Eintritt eines Rauschzustandes verlangt das Gesetz an dieser Stelle nicht, und nur dies ist – in der Vorsatzvariante des Delikts – auch Gegenstand des Vorsatzes bzw. – in der Fahrlässigkeitsvariante – Bezugspunkt der Vermeidepflicht.[235] Dass es sich hierbei um einen *„die Zurechnungsfähigkeit [...] ausschließenden* Rausch" handeln müsse (so noch § 330a Abs. 1 a. F.), setzt § 323a in seiner heutigen Fassung gerade nicht mehr voraus. Die Vorschrift schließt nunmehr im Gegenteil explizit auch Konstellationen mit ein, in denen (bezüglich der Bezugstat) Schuldunfähigkeit lediglich „nicht auszuschließen" ist, ein „Rausch" aber immerhin feststeht.[236] Entgegen der vom Gesetz selbst gewählten Bezeichnung „Vollrausch" ist ein solcher also kein zwingender Bestandteil des deliktischen Geschehens mehr. Rausch und „Zurechnungsunfähigkeit" sind daher nicht einfach nur „zwei Seiten desselben **90**

---

230 Zu ihnen *Geschwinde* Rauschdrogen[8] (2018) 974 ff; *Altenkirch* in: Scheerer/Vogt (Hrsg.) Drogen und Drogenpolitik (1989) 419.

231 Vgl. a. die einführende Übersicht bei *Müller-Küppers* in: Kiesel (Hrsg.) Rausch (1999) 116, 126 ff.

232 Vgl. *Geschwinde* Rauschdrogen[8] (2018) 283 ff. Zu weiteren „neuen" psychotropen Substanzen a. *Scherbaum* in: Pollähne/Lange-Joest (Hrsg.), Rauschzustände (2016) 27 ff.

233 Vgl. nur BGHSt **32** 48, 54 f; NStZ-RR **2017** 135, 157; KG StV **2019** 276; *Dencker* NJW **1980** 2159, 2160; *Forster/Rengier* NJW **1986** 2869, 2871; *Otto* FG BGH Bd. IV (2000) 111, 132 f; *Fischer* Rdn. 12; *Wolters* SK Rdn. 4a.

234 Wie es *Schewe* BA **1983** 369, 370 ff wohl vorschwebte; s. ferner (mit teilw. abw. Begründung) *Heiß* NStZ **1983** 67 (gegen ihn zutr. *Nießen* S. 185 ff; *Schuppner/Sippel* NStZ **1984** 67); *Schmoller* Alternative Tatsachenaufklärung im Strafrecht (1986) 214; *Geisler* MK Rdn. 28.

235 *Horn* JR **1980** 1, 2; *Fischer* Rdn. 11c.

236 BGHSt **32** 48, 53 f; *Dencker* NJW **1980** 2159, 2160; *Pickenpack* S. 155; *Geisler* MK Rdn. 18; abw. noch *Spendel* LK[11] Rdn. 231 (anders aber wohl in beweisrechtlicher Hinsicht Rdn. 153).

Zustands“ (wie BayObLGSt **1958** 108, 110 noch zu § 330a a. F. formulierte), wohl aber *begrifflich aufeinander bezogen*: Von Bedeutung sind von vornherein nur solche Rauschzustände, die *in Hinsicht auf eine im Rausch begangene rechtswidrige Tat* die Schuldfähigkeit des Täters sicher oder jedenfalls nicht ausschließbar aufgehoben haben (*Neumann* S. 102 ff).

91 **aa) Rausch.** Wie der Zustand, den der Täter erreicht haben muss, qualitativ beschaffen sein muss, um als „Rausch“ gelten zu können, ist nicht leicht zu sagen. Aus dem funktionalen Zusammenhang mit der „Zurechnungslücke“ bei der Rauschtat[237] folgt lediglich, dass es sich um einen Zustand handeln muss, der seiner Art nach ein Eingangsmerkmal des § 20 zu begründen und ggf. die dort genannten Defizite auszulösen vermag; aus § 323a Abs. 1 selbst ergibt sich weiter, dass dieser Zustand gerade durch die Aufnahme eines „berauschenden Mittels“ hervorgerufen sein muss – was freilich, abgesehen von der damit verbundenen sachlichen Beschränkung auf *stoffgebundene* Rauschformen, über einen Kreisschluss kaum hinausführt.[238] Das gilt im Grunde auch für die in der Rechtsprechung geläufige Formel, ein tatbestandsmäßiger Rausch setze voraus, dass „der Zustand des Täters nach seinem ganzen Erscheinungsbild als durch den Genuß von Rauschmitteln hervorgerufen anzusehen ist“.[239] Das „Erscheinungsbild“ ist nun aber als solches offenbar nur bedingt geeignet, den „Rausch“ von anderen seelischen Störungen abzugrenzen[240] und kann, wie schon das Beispiel des Alkoholrauschs zeigt, von Fall zu Fall durchaus unterschiedlich sein.[241] Vor diesem Hintergrund wird man sich mit Definitionen nach Art des Vorschlags von *Forster/Rengier* NJW **1986** 2869, 2871 zufriedengeben müssen. Ein „Rausch“ ist hiernach „ein durch alkoholische Getränke oder (und) andere berauschende Mittel verursachter erheblicher akuter Intoxikationszustand, der für sich allein (oder durch zusätzliche Faktoren) die Einsichts- oder Steuerungsfähigkeit (bezüglich der in diesem Zustand begangenen Tat) zumindest erheblich vermindert“ (der letztgenannte Punkt ist allerdings streitig, s. u. Rdn. 101 ff).

92 Überaus problematisch sind weitere, letztlich unscharf gebliebene Unterbegriffe wie die des „abnormen“, „atypischen“ „komplizierten“ oder „pathologischen“ Rausches.[242] In der forensischen Praxis finden sie gleichwohl immer noch Verwendung und damit auch Eingang in die Rechtsprechung. Das gilt zumal für den (freilich seltenen) Fall des **„pathologischen Rausches“**,[243] der bei entsprechender Veranlagung auch schon durch eine vergleichsweise geringe Dosis Alkohol ausgelöst werden kann (und deshalb – jedenfalls beim ersten Mal – unvorhergesehen und auch unvorhersehbar über den davon Betroffenen hereinbrechen mag); er kann mit überraschenden und persönlichkeitsuntypischen aggressiven Ausbrüchen verbunden sein. Schon die sachliche Berechtigung einer solchen Begriffsbildung ist nicht unumstritten. Zwar mag auch ein solches Störungsbild zum Schuldausschluss führen (s. nur *Verrel/Linke/Koranyi* LK § 20 Rdn. 99, 114 m. w. N.), psychopathologisch gesehen soll es sich indessen um „ein völlig anderes Phänomen als beim Rausch“ handeln (so *Foerster/Leonhardt* in: Schneider/Frister [Hrsg.] Begutachtung psychischer Störungen [2011] 55, 60), und auch BGHSt **40** 198, 199 versteht darunter einen durch Alkohol ausgelösten Dämmerzustand, der „mit einem Alkoholrausch qua-

---

237 Vgl. *Neumann* S. 58 f; *Sch/Schröder/Hecker* Rdn. 6.

238 Zutr. *Schewe* BA **1976** 87, 92; *Gerchow* FS Sarstedt 1, 2; *Paeffgen* NK Rdn. 22.

239 Vgl. nur BGHSt **26** 363, 364; **32** 48, 53; BGH NJW **1997** 3101, 3102; NStZ-RR **2011** 80; BayObLG NJW **1990** 2334.

240 *Forster/Rengier* NW **1986** 2869, 2872; s. a. *Gerchow* FS Sarstedt 1, 7 f; *Kusch* S. 45 f.

241 Vgl. nur *Konrad/Huchzermeier/Rasch* Forensische Psychiatrie und Psychotherapie[5] (2019) 243 f; *Schretzenmayer* Die forensisch-psychiatrische Beurteilung des Alkoholrausches im Wandel der Zeit (1998) 96 ff.

242 Zur Kritik s. hier nur *Athen* Syndrome der akuten Alkoholintoxikation (1986) 5 ff; *Venzlaff* FS Schreiber 509 ff; *Foerster/Leonhardt* in *Schneider/Frister* (2011) 55, 59 ff; vgl. a. *Konrad/Rasch* Forensia 3 (1992) 167 ff; *Schretzenmayer* Die forensisch-psychiatrische Beurteilung des Alkoholrausches im Wandel der Zeit (1998) 123 ff; *Haller* in: Singer/Batra/Mann (Hrsg.) Alkohol und Tabak (2011) 596, 598 ff.

243 Vgl. BGHSt **1** 196, 198; **40** 198; Beschl. v. 18.7.2013 – 4 StR 196/13; LG Bad Kreuznach NZV **1992** 420.

litativ nicht vergleichbar" sei (wieder anders *Laubichler/Kühberger* BA **1997** 260, die im Übrigen in keinem einzigen der von ihnen untersuchten 62 Fälle die Diagnose „pathologischer Alkoholrausch" bestätigt fanden). All das gibt wohl Anlass zu erwägen, ob derartige Fallgestaltungen nicht bereits aus dem objektiven Tatbestand des § 323a herauszuhalten sind (zumal sie unter subjektiven Gesichtspunkten bereits jetzt straflos bleiben können, vgl. BGHSt **40** 198, 200).

bb) Rauschtatbezogene Betrachtung. Eine wenig fruchtbare, in ihrer praktischen Bedeutung 93
vermutlich überschätzte weitere Diskussion kreist um die Frage, inwieweit das Vorliegen eines „Rausches" (auch) nach den Auswirkungen zu beurteilen ist, die die Intoxikation durch das Rauschmittel auf die Schuldfähigkeit *in Hinsicht auf die in diesem Zustand begangene rechtswidrige Tat* gehabt hat. Denn natürlich lässt sich nicht ernsthaft bestreiten (und wird auch von niemandem bestritten), dass der Begriff des „Rausches" jedenfalls dem Prinzip nach zunächst unabhängig von der (rauschtatbezogenen) Frage aufgehobener bzw. verminderter Schuldfähigkeit gebildet werden kann und auch gebildet werden muss,[244] dies jedenfalls unter dem Blickwinkel eines Gefährdungstatbestandes: Der Inhalt des – insoweit allein maßgeblichen – Verbotes, sich selbst in einen „Rausch" zu versetzen, muss schon zu dem Zeitpunkt festzustellen sein, zu dem sein Adressat mit der Aufnahme entsprechender Substanzen beginnt und noch dahinsteht, ob es in der Folge überhaupt zu einer Rauschtat kommt (für die dann die §§ 20, 21 erstmals und einzig unmittelbare Relevanz erlangen).[245] Hier kann es also nur um die allgemeine Beschreibung eines nicht mehr hinzunehmenden Zustands gehen, in dem jemand infolge der Einnahme von Rauschmitteln zur Quelle einer („abstrakt" verstandenen) Gefahr für andere wird, also gewissermaßen um eine rauschmittelinduzierte generelle „Sozialuntüchtigkeit" (so treffend *Puppe* JURA **1982** 281, 285; ähnlich bereits *dies.* GA **1974** 98, 109).[246] Wie ein solcher Zustand – losgelöst vom jeweiligen „Verkehrskreis" des Täters und sonstigen situativen Faktoren[247] – näher zu bestimmen und in der gerichtlichen Praxis festzustellen wäre, ist freilich nicht leicht zu beantworten.[248] An der bei Pkw-Fahrern gezogenen Grenze alkoholbedingter („absoluter") Fahruntüchtigkeit im Sinne der §§ 315c Abs. 1 Nr. 1 lit. a, 316 (so *Montenbruck* GA **1978** 225, 230 ff) wird man sich dabei jedenfalls kaum orientieren können, weil sie lediglich für eine vergleichsweise spezielle technische Aufgabenstellung („das Fahrzeug sicher zu führen") entwickelt und mit den gerade hiermit verbundenen Leistungsanforderungen begründet worden ist (wie nicht zuletzt an der Herabsetzung dieser Grenze auf nunmehr 1,1 ‰ gegenüber den von *Montenbruck* noch zugrunde gelegten 1,3 ‰ durch BGHSt **37** 89 deutlich wird – für § 323a wäre sie damit aber wohl unangemessen niedrig).[249] Bei den übrigen „berauschenden Mitteln" sind derartige feste Maßzahlen ohnehin nicht zu finden (zutr. *Geisler* MK Rdn. 25; vgl. aber a. *Paeffgen* NK Rdn. 55).

Diese Schwierigkeiten mögen nicht unüberwindlich sein (s. *Paeffgen* NK Rdn. 57 ff). Doch 94
muss man sehen, dass sich die Frage letztlich ohnehin nie so stellt: Von strafrechtlichem Interesse ist die in § 323a angesprochene Berauschung überhaupt nur und erst dann, wenn ihr eine „rechtswidrige Tat" (§ 11 Abs. 1 Nr. 5) nachfolgt *und* insoweit die Schuldunfähigkeit des berauschten Täters sicher festgestellt oder zumindest nicht ausgeschlossen werden kann. Vor diesem Hintergrund wollen nun Rechtsprechung und h. L. eine für § 323a hinreichend intensive

244 *Puppe* GA **1974** 98 ff (grundlegend); *Dencker* JZ **1984** 453, 457 ff; *Fischer* Rdn. 11c; *Matt/Renzikowski/Safferling* Rdn. 7.

245 Vgl. nur *Puppe* GA **1974** 98 f (noch zu § 330a a. F.); *Horn* JR **1980** 1, 2; *Kusch* S. 53; *Krümpelmann* ZStW **99** (1987) 191, 199 f; *Renzikowski* ZStW **112** (2000) 475, 508; *Kraatz* ZStW **125** (2014) 819, 828; *Paeffgen* NK Rdn. 40.

246 Ähnlich *Paeffgen* ZStW **97** (1985) 513, 529 f; *Hartl* S. 92 ff.

247 Vgl. a. die krit. Bemerkung bei *Jakobs* AT 17. Abschn. Rdn. 60 Fn. 111.

248 Krit. mit Blick auf die mangelnde Bestimmtheit daher etwa BayObLG JR **1980** 27; *Neumann* S. 106 ff; *Pickenpack* S. 68 ff; *Geppert* JURA **2009** 40, 42; *Geisler* MK Rdn. 23; *SSW/Schöch* Rdn. 15; dagg. wiederum *Paeffgen* NK Rdn. 55.

249 Zu Recht abl. *Dencker* NJW **1980** 2159, 2162; *Geppert* JURA **2009** 40, 42; *Geisler* MK Rdn. 25; *Paeffgen* NK Rdn. 50.

Berauschung immer nur dann annehmen, wenn *auch in Hinsicht auf jene Tat* die **Schuldfähigkeit aufgehoben oder (sicher) zumindest erheblich vermindert i. S. d. § 21** war.[250]

95 Schon auf der Grundlage der vorherrschenden Auffassung, die in § 323a ein „abstraktes" Gefährdungsdelikt und in der begangenen Rauschtat lediglich dessen „objektive Strafbarkeitsbedingung" sehen will, ließe sich das Kriterium wenigstens erheblich verminderter Schuldfähigkeit (§ 21) nachvollziehbar erklären: Auf der Ebene der Sanktionsnorm würden dann – durch eben jene „Strafbarkeitsbedingung" – aus der Menge sämtlicher verhaltensnormwidriger Selbstberauschungen diejenigen herausgefiltert, die auch *bestraft* werden sollen; das könnten aber wohl kaum solche sein, bei denen der Rauschmittelkonsum noch nicht einmal zu einer rechtserheblichen Beeinträchtigung der Steuerungsfähigkeit geführt hat (vgl. *Dencker* JZ **1984** 453, 460). Aber auch sonst ist der Frage nach dem „Rausch" des Täters jedenfalls praktisch die ganz andere Frage nach seiner strafrechtlichen Verantwortlichkeit für die von ihm begangene „rechtswidrige Tat" vorgelagert, und nur von hier aus – als Quelle möglicher Schuldunfähigkeit – erhält die vorangegangene Berauschung ihre rechtliche Bedeutung (s. a. *Neumann* S. 58 f). Aus diesen Überlegungen lässt sich die Einsicht gewinnen, dass die von der h. M. geforderte Einbeziehung der rauschtatbezogenen Schuldfähigkeitsbeurteilung in der Sache gar nicht darauf abzielt, den „Rausch" als solchen näher zu bestimmen, sondern eine solche nähere Bestimmung gerade überflüssig zu machen, indem sie die Frage nach dem „Rausch" gegen die ganz andere Frage nach dem *sachlichen Anwendungsbereich des § 323a* eintauscht (dazu im Einzelnen unten Rdn. 98 ff). Nur auf diese Weise gelangen die Rechtsprechung[251] die ihr folgende herrschende Lehre[252] zu der Formel, ein Rausch im Sinne dieser Vorschrift sei nur dann anzunehmen, wenn *mit Blick auf die im Rausch begangene Tat (!)* wenigstens erheblich verminderte Schuldfähigkeit (§ 21) sicher festgestellt werden könne. Diese Grenzziehung wäre offensichtlich sinnlos, wenn sie lediglich ein allgemeines Berauschungsverbot inhaltlich näher konturieren sollte (und im Übrigen auch nicht geeignet, die von Art. 103 Abs. 2 GG geforderte Bestimmtheit *aus Sicht der Verbotsadressaten* zu sichern[253]): Erst und einzig eine spätere strafrechtswidrige Tat könnte die Frage aufwerfen, ob die Schuldfähigkeit gerade in Hinsicht auf diese Tat infolge des vorangegangenen Rauschmittelkonsums aufgehoben oder doch erheblich vermindert war (was nicht zuletzt auch von der Art des begangenen Delikts abhängt und sich daher generell-abstrakt gar nicht beantworten lässt[254]). Denkbar wäre allenfalls, jene Formel lediglich als Verweis auf die Eingangsmerkmale der §§ 20, 21 zu verstehen (*Horn* JR **1980** 1, 4 f; *Wolters* SK Rdn. 4) bzw. als Begrenzung des „Rausches" auf einen „Zustand, in dem der Täter infolge Rauschmittelkonsums hinsichtlich irgendeines (Straf-)Normverstoßes in irgendeiner Situation bereits nur noch vermin-

---

250 Vgl. nur BGHSt **16** 187; **17** 333, 334; BGH NStZ **1984** 74, 75; NStZ-RR **1999** 172; OLG Köln BA **2002** 50; OLG Karlsruhe NJW **2004** 3356, 3357; OLG Jena Urt. v. 28.7.2006 – 1 Ss 158/06; OLG Braunschweig NStZ-RR **2014** 287; *Dencker* NJW **1980** 2159, 2164; *ders.* JZ **1984** 453, 459; *Lackner* FS Jescheck I 645, 662 f; *Forster/Rengier* NJW **1986** 2869, 2871; *Nießen* S. 74 ff; *Pickenpack* S. 208; *Dölling* in: Kiesel (Hrsg.) Rausch (1999) 149, 175; *A/W/H/Hilgendorf* § 40 Rdn. 30; *Eisele* BT I Rdn. 1237; *Kindhäuser/Zimmermann* BT I § 69 Rdn. 16; *Krey/Hellmann/Heinrich* Rdn. 1154; *Rengier* BT II § 41 Rdn. 22; *Wessels/Hettinger/Engländer* Rdn. 1142; *Lackner/Kühl/Heger* Rdn. 4; *SSW/Schöch* Rdn. 14 f; *Sch/Schröder/Hecker* Rdn. 7; wohl a. *Ranft* JURA 1988 133, 138.

251 Vgl. nur BGHSt **16** 187; **17** 333, 334; BGH NStZ **1984** 74, 75; NStZ-RR **1999** 172; OLG Köln BA **2002** 50; OLG Karlsruhe NJW **2004** 3356, 3357; OLG Jena Urt. v. 28.7.2006 – 1 Ss 158/06; OLG Braunschweig NStZ-RR **2014** 287.

252 *Dencker* NJW **1980** 2159, 2164; *ders.* JZ **1984** 453, 459; *Lackner* FS Jescheck I 645, 662 f; *Forster/Rengier* NJW **1986** 2869, 2871; *Nießen* S. 74 ff; *Pickenpack* S. 208; *Dölling* in: Kiesel (Hrsg.) Rausch (1999) 149, 175; *A/W/H/Hilgendorf* § 40 Rdn. 30; *Eisele* BT I Rdn. 1237; *Kindhäuser/Zimmermann* BT I § 69 Rdn. 16; *Krey/Hellmann/Heinrich* Rdn. 1154; *Rengier* BT II § 41 Rdn. 22; *Wessels/Hettinger/Engländer* Rdn. 1142; *Lackner/Kühl/Heger* Rdn. 4; *SSW/Schöch* Rdn. 14 f; *Sch/Schröder/Hecker* Rdn. 7; wohl a. *Ranft* JURA **1988** 133, 138.

253 Wie vielfach angenommen wird, vgl. nur *Lackner* FS Jescheck 645, 662 f; *Rengier* BT II § 41 Rdn. 22.

254 *Puppe* GA **1974** 98 ff; *Montenbruck* GA **1978** 225, 232; *Horn* JR **1980** 1, 2 f; *Kusch* S. 53; *Lackner* FS Jescheck 645, 653 f; *Paeffgen* NStZ **1985** 8 u. NK Rdn. 40.

dert schuldfähig wäre" (so *Dencker* NJW **1980** 2159, 2162).[255] In der Tat wird man, dem allgemeinen Sprachgebrauch folgend, ohne erhebliche Verminderung der Einsichts- bzw. Steuerungsfähigkeit, von einem „Rausch" kaum sprechen können (*Paeffgen* NK Rdn. 48; *Eisele* BT I Rdn. 1237), und gerade auch unter dem Blickwinkel eines Gefährdungsdelikts dürfte es fast aussichtslos sein, die Verbotswidrigkeit – und erst recht die *„Strafwürdigkeit"* – eines Verhaltens zu begründen, das zu einer solchen Verminderung gerade noch nicht nachweislich geführt hat.[256] Unbeschadet dessen verdankt sich dieses Erfordernis aber in erster Linie ganz andersartigen (und unter Gefährdungsaspekten durchaus dysfunktionalen) Überlegungen zur Subsidiarität des § 323a (vgl. a. noch Rdn. 98 ff).

b) Die von § 323a erfassten Rausch-Konstellationen. Auf der Grundlage der herrschenden Auffassung ergibt sich zusammengefasst: 96

aa) Verantwortlichkeit sicher ausgeschlossen. Ohne weiteres anwendbar ist § 323a dann, wenn **feststeht**, dass die strafrechtliche Verantwortlichkeit für die im Rausch begangene Tat gemäß § 20 ausgeschlossen ist und auch eine „außerordentliche" Zurechnung unter dem Gesichtspunkt der *actio libera in causa* nicht in Betracht kommt. 97

bb) Schuldunfähigkeit nicht sicher, aber zumindest nicht auszuschließen. Ist hinsichtlich der rechtswidrigen Tat rauschbedingte **Schuldunfähigkeit lediglich nicht auszuschließen,** scheint § 323a seinem Wortlaut nach gleichfalls anwendbar zu sein, sofern jedenfalls ein „Rausch" als solcher sicher feststeht. Doch muss man zunächst sehen, dass mit dem durch das EGStGB zum 1.1.1975 eingefügten Zusatz „oder weil dies nicht auszuschließen ist" lediglich die bis dahin gesetzwidrige Rechtsprechung des Großen Senats für Strafsachen zu § 330a a. F. legalisiert werden sollte, die ein „ernstes kriminalpolitisches Anliegen" darin sah, auch dann (wenigstens) aus dem Vollrausch-Tatbestand strafen zu können, wenn der Rauschtäter nicht ausschließbar zurechnungsunfähig (§ 51 Abs. 1 a. F.) gewesen ist (BGHSt **9** 390, 395 ff). In einer solchen Zweifelslage war nämlich zu seinen Gunsten hinsichtlich der im Rausch begangenen Tat von Zurechnungsunfähigkeit auszugehen, andererseits aber auch gerade nicht erwiesen, dass er sich zuvor – wie von § 330a Abs. 1 a. F. vorausgesetzt – tatsächlich in einen „die Zurechnungsfähigkeit (§ 51 Abs. 1) *ausschließenden*" Rausch versetzt hatte. Eine *Wahlfeststellung* konnte, wie der Große Senat völlig zu Recht feststellte, mangels rechtsethischer und psychologischer Vergleichbarkeit der schuldhaften Selbstberauschung (§ 330a a. F.) mit den jeweils im Rausch begangenen Delikten nicht in Betracht kommen[257] (zumal die völlige Entfesselung jenes Instituts durch das NS-Gesetz vom 28.6.1935 mit dem Kontrollratsgesetz Nr. 11 vom 30.1.1946 aus guten Gründen wieder zurückgenommen worden war). Doch suchte das Gericht ein entsprechendes Ergebnis durch die Interpretation des § 330a a. F. als *„Auffangstrafdrohung"* zu erreichen[258] – beschränkte sich dabei allerdings in der Sache auf den (heute durch §§ 20, 21 markierten) Bereich, in dem die *Schuldfähigkeit entweder völlig aufgehoben oder doch erheblich vermindert* ist.[259] Nicht behauptet worden ist eine solche Auffangfunktion also 98

---

255 Nahestehend, aber strenger *Paeffgen* NK Rdn. 49 ff, der eine so schwerwiegende Beeinträchtigung fordert, dass „selbst alltäglichen Verhaltenserwartungen nicht mehr genügt werden kann" (a. a. O. Rdn. 59 m. Fn. 164).

256 *A/W/H/Hilgendorf* § 40 Rdn. 30; *Rengier* BT II § 41 Rdn. 22; *Lackner/Kühl/Heger* Rdn. 1.

257 BGHSt **9** 390, 392 ff; heute ganz h. M. AA jedoch *Klesczewski* BT § 23 Rdn. 20.

258 Zur Kritik s. etwa *Dreher* MDR **1957** 180; *Heinitz* JR **1957** 126; *Schneidewin* JZ **1957** 324; *Schwarz* NJW **1957** 401; zusammenfassend *Lay* LK[9] § 330a Rdn. 31 m. w. N.

259 Vgl. BGHSt **9** 390, 398 f („Bleibt zweifelhaft, ob der verschuldete Rausch die Zurechnungsfähigkeit des Täters ausgeschlossen oder nur erheblich vermindert hat"); *Dencker* JZ **1984** 453, 457; *Paeffgen* NStZ **1985** 8, 10; *Barthel* S. 253.

etwa für *sämtliche* Fälle, in denen Schuldunfähigkeit nicht sicher festgestellt, aber eben auch nicht ausgeschlossen werden kann. Und nichts spricht dafür, dass der Gesetzgeber des § 323a n. F. mit dem genannten Passus über die in der Entwurfsbegründung[260] ausdrücklich in Bezug genommene Entscheidung des Großen Senats hinausgehen wollte (*Barthel* S. 253 f, 256; *Dencker* JZ **1984** 453, 457). In ihrem Wortlaut bildet die gesetzliche Formulierung jene sachliche Beschränkung zwar nicht ab (er ist unter diesem Gesichtspunkt in der Tat „zu weit" geraten; *Barthel* a. a. O. S. 254, 256 m. Fn. 554); eine methodengerechte Interpretation des Gesetzestextes wird seine Entstehungsgeschichte aber nicht unberücksichtigt lassen dürfen.[261] Vor diesem Hintergrund verliert auch der Verweis auf den „unergiebigen" (und damit auch für abweichende Deutungen offenen) *Wortlaut* des § 323a[262] seine argumentative Kraft.

Hieraus und aus der weiteren höchst- und obergerichtlichen Rechtsprechung ergibt sich eine Differenzierung nach den folgenden Fallgruppen:

99 **(1)** Grundsätzlich außer Streit steht im Ergebnis der Umgang mit Fallgestaltungen, in denen die Schuldfähigkeit bei Begehung der rechtswidrigen Tat infolge der Berauschung des Täters *jedenfalls erheblich vermindert*, möglicherweise – aber nicht sicher – auch völlig aufgehoben war. An einem tatbestandsmäßigen „Rausch" wird in solchen Fällen wohl kaum jemand zweifeln. Für die Rechtsprechung und weite Teile des Schrifttums kann von einem „Rausch" i. S. d. § 323a *überhaupt erst dann* die Rede sein, wenn der Intoxikationszustand des Täters seine Schuldfähigkeit bereits mit Sicherheit i. S. d. § 21 erheblich vermindert hat[263] (das ist gerade die in BGHSt **9** 390, 398 f angesprochene Zweifelszone[264]). In diesen Fällen muss eine Bestrafung wegen der im Rausch begangenen Tat ausscheiden, weil die Schuldfähigkeit des Täters nicht sicher festgestellt werden kann; doch liegt damit gerade die in § 323a bezeichnete Situation (Schuldunfähigkeit „nicht auszuschließen") und eben auch ein „Rausch" vor. Dem praktischen Bedürfnis nach handhabbaren Kriterien für die Anwendung des § 323a wird die damit postulierte „Untergrenze" wohl bestmöglich gerecht (jedenfalls in dem Maße, wie dies auch für die insoweit herangezogene Regelung des § 21 gilt[265]). Zu beachten bleibt dabei freilich, dass eine Rückrechnungsmethode, die tendenziell zur Annahme einer besonders hohen BAK führt und den Beschuldigten damit im Kontext des § 21 regelmäßig begünstigt, bei § 323a dann möglicherweise „zu früh" einen „Rausch" indiziert (und damit einen Umstand, der für den Beschuldigten *hier* belastend wirkt).[266]

100 Abgerückt ist die Rechtsprechung[267] hingegen von der früher wiederholt gebrauchten, nicht nur sprachlich verwirrenden[268] Formel, der Rausch müsse so schwer gewesen sein, dass der *„sichere Bereich"* erheblich verminderter Schuldfähigkeit bei jeder möglichen Fallgestaltung bereits (zur Schuldunfähigkeit hin) „überschritten" sein müsse.[269]

---

260 BT-Drucks. 7/550 S. 268; s. a. schon die Begründung zum E 1962 S. 538.

261 Vgl. hier nur *Müller/Christensen* Juristische Methodik I[11] (2013) Rdn. 360 ff, 362.

262 BGHSt **32** 48, 53; *Tröndle* FS Jescheck 665, 678, 680 f; *Fischer* Rdn. 11c.

263 Vgl. nur BGHSt **16** 187; **17** 333, 334; BGH NStZ **1984** 74, 75; NStZ-RR **1999** 172; OLG Köln Beschl. v. 23.1.2001 – Ss 494/00; OLG Karlsruhe NJW **2004** 3356, 3357; OLG Jena Urt. v. 28.7.2006 – 1 Ss 158/06; OLG Braunschweig NStZ-RR **2014** 287; *Dölling* in: Kiesel (Hrsg.) Rausch (1999) 149, 175; *Conen* AnwK Rdn. 22; *Geisler* MK Rdn. 26; *Lackner/Kühl/Heger* Rdn. 4; *SSW/Schöch* 17; *Sch/Schröder/Hecker* Rdn. 7.

264 Enger verstanden von *Paeffgen* NStZ **1985** 8, 10 (die Grenze zur Schuldunfähigkeit müsse „stets wenigstens sehr nahe sein").

265 *Dencker* JZ **1984** 453, 459. Krit. insoweit *Conen* AnwK Rdn. 25.

266 Vgl. zuletzt KG StV **2019** 276 im Anschluss an OLG Karlsruhe NJW **2004** 3356.

267 S. nur BGHSt **32** 48, 54; BGH NStZ **1989** 365.

268 Krit. etwa *Horn* JR **1980** 2, 4; *Puppe* JURA **1982** 283; *Spendel* LK[11] Rdn. 152 („unklar und unglücklich, um nicht zu sagen: widersinnig"); konstruktiver Deutungsversuch bei *Paeffgen* NK Rdn. 42; monografisch: *Pickenpack*.

269 Vgl. etwa noch BGHSt **16** 187, 190; BGH GA **1967** 281; **1968** 371; VRS **41** 93, 95 (jeweils zu § 330a a. F.); OLG Schleswig DAR **1965** 136; OLG Celle NJW **1969** 1916, 1917; OLG Hamm NJW **1977** 344; BayObLGSt **1977** 178; **1978** 161; OLG Karlsruhe NJW **1979** 1945 („hilfsweise" zust. *Paeffgen* NStZ **1985** 8, 9 ff).

(2) Problematischer sind hingegen Konstellationen, in denen beim Täter zwar eine nicht ganz unerhebliche *Intoxikation* durch ein „berauschendes Mittel" festzustellen ist, die „Zweifelszone" hinsichtlich seiner Verantwortlichkeit für die in diesem Zustand begangene Tat aber noch weiter gestreckt ist und letztlich das ganze Spektrum zwischen *uneingeschränkter* (jedenfalls noch nicht i. S. d. § 21 „erheblich verminderter") und *vollständig aufgehobener* Schuldfähigkeit (§ 20) umfasst. Auch hier scheidet zwar zunächst eine Verurteilung wegen der „rechtswidrigen Tat" aus, weil insoweit die Schuldfähigkeit des Täters zwar möglicherweise gegeben, aber eben auch nicht sicher festzustellen ist. Doch auch die tatbestandlichen Voraussetzungen des § 323a sind nicht erwiesen, wenn unter einem „Rausch" mit der h. M. im Ergebnis *nur* ein solcher Zustand verstanden werden soll, in dem die Schuldfähigkeit jedenfalls schon erheblich vermindert ist (Rdn. 94), was hier aber gleichfalls unerweislich bleibt. Folglich ist der Täter (wenn man so will: in doppelter Anwendung des Zweifelssatzes) freizusprechen, weil ihm weder eine schuldhafte Tatbegehung noch eine Berauschung in dem für § 323a erforderlichen Ausmaß nachzuweisen ist.[270] Ein solches Ergebnis darf man in der Tat befremdlich finden, wird hier doch innerhalb eines einzigen Tatgeschehens ein und dieselbe Zweifelsfrage (eben die nach dem Schweregrad der Alkoholintoxikation) *zweimal* – und dies gegenläufig – behandelt (*Tröndle* FS Jescheck [1985] 665, 678 ff). Der Grund für diesen „Denkfehler" (so *Tröndle* a. a. O.) dürfte freilich in der Entscheidung des Gesetzgebers für einen *Tatbestand* des „Vollrausches" liegen und darin, dass ihm die h. A. ein Gefährdungsdelikt entnehmen will, das sich mit der Rauschtat nur mehr oder weniger zufällig (nämlich sub specie „Strafbarkeitsbedingung") überschneidet. Solange § 323a als abstraktes Gefährdungsdelikt verstanden wird, dessen Unrechtstatbestand sich in der schlichten Herbeiführung eines Rauschzustandes erschöpft, dürfte an jenem Ergebnis nicht vorbeizukommen sein (*Pickenpack* S. 153, 208 f). Anders soll es indessen nach einer im Schrifttum vertretenen Auffassung[271] liegen, wenn für das hier tatbestandlich erfasste Verhalten weitergehend verlangt wird, dass es gerade mit Blick auf die später begangene Tat vorhersehbar „gefährlich" war (vgl. oben Rdn. 127). Denn dann bestehe zwischen beiden gleichsam ein „stufenähnliches" Verhältnis (*Geisler* MK Rdn. 27), weshalb eine Verurteilung auf der niedrigeren Stufe (gemeint ist § 323a) den Beschuldigten nicht ungerechtfertigt beschwere (und § 323a wiederum seine Aufgabe als „Auffangtatbestand" erfüllen könne), solange nur überhaupt eine „Intoxikation" festgestellt sei. Aber ein „Minus des entsprechenden Gefährdungsunrechts" ist dem Beschuldigten nach dieser Lehre ja nur deshalb „anzulasten" (wie *Geppert* JURA **2009** 40, 49 sich ausdrückt), weil auf seinen prozessordnungsgemäßen Nachweis gerade verzichtet werden soll (indem der Zweifelssatz – nach BGHSt **9** 390: abermals – wegen seiner „kriminalpolitisch" vermeintlich misslichen Konsequenzen beiseitegeschoben wird, um ein das „Rechtsgefühl" befriedigendes Ergebnis zu erreichen).[272] 101

Etwas anders stellt sich die Sachlage dar, wenn mit einem Teil des Schrifttums ein „Rausch" auch *unterhalb* der oben Rdn. 99 bezeichneten Grenze für möglich gehalten[273] und im Strafverfahren dann auch sicher festgestellt wird. Zwar ist auch dann keine Verurteilung wegen der im Rausch begangenen Tat möglich (da zugunsten des Beschuldigten von fehlender Schuldfähigkeit ausgegangen werden muss), doch steht bei dieser Lesart immerhin fest, dass sich der Täter in einen (den tatbestandlichen Anforderungen des § 323a entsprechenden) „Rausch" versetzt hat. Dann hätte er – bei hinreichend erheblicher Rauschmittelintoxikation – in *jeder denkbaren* 102

---

270 BGH GA **1967** 281; **1968** 371; VRS **50** 358, 359; JR **1980** 32; OLG Schleswig MDR **1977** 247; OLG Hamm NJW **1977** 344; BayObLG JR **1978** 208 m. Anm. *Montenbruck*; JR **1980** 27; OLG Köln VRS **68** 38, 40; OLG Karlsruhe NJW **2004** 3356; KG Beschl. v. 10.6.2020 – (4) 161 Ss 65/20 (86/20).

271 *Geppert* JURA **2009** 40, 49; *Geisler* MK Rdn. 27; *SSW/Schöch* Rdn. 18; i. E. ähnlich *Spendel* LK[11] Rdn. 155.

272 Abl. a. *Sch/Schröder/Hecker* Rdn. 7; vgl. a. *Puppe* JURA **1982** 281, 283. Für *Wahlfeststellung* auch insoweit hingegen *Tröndle* FS Jescheck 665, 684 ff.

273 In diesem Sinne etwa *Tröndle* FS Jescheck 665, 676 ff; *Jakobs* AT 17. Abschn. Rdn. 62; *Saal* JURA **1994** 157; *Otto* FG BGH IV (2000) 111, 130 ff; *Hentschel* NJW **2005** 641, 646; *Fahl* JuS **2005** 1076, 1077; *Maurach/Schroeder/Maiwald* BT § 96 Rdn. 18; *Fischer* Rdn. 11c; *Matt/Renzikowski/Safferling* Rdn. 7.

Variante (!) schuldhaft einen Straftatbestand verwirklicht. Gleichwohl kann, wie der Große Senat in BGHSt **9** 390, 394 i. E. zutreffend festgestellt hat, eine *Wahlfeststellung* zwischen der im Rausch (aber möglicherweise schuldhaft) begangenen Straftat einerseits und dem Vollrausch-Vergehen andererseits nicht in Frage kommen (s. oben Rdn. 98).[274] Das gilt selbst dann, wenn man den (wohl weitgehend berechtigten) grundsätzlichen Einwänden gegen diese Verfahrensweise[275] letztlich nicht folgen wollte: Von rechtsethischer und psychologischer Vergleichbarkeit der jeweils „zur Wahl stehenden" Delikte, wie sie die Rechtsprechung in diesem Zusammenhang stets fordert,[276] kann jedenfalls dann keine Rede sein, wenn das von § 323a erfasste Unrecht allein in einer gewissermaßen noch richtungslosen Globalgefährdung aller erdenklichen Rechtsgüter durch Selbstberauschung gesehen wird (wie es die Rechtsprechung seit BGHSt **16** 124 ganz überwiegend für richtig hält).[277] Es geht auch nicht an, dieses Ergebnis mit dem Verweis auf ein *„normativ-ethisches Stufenverhältnis"* zu umgehen,[278] in welchem die schuldhafte Selbstberauschung jeweils *unterhalb* der im Rausch begangenen Tat verortet wird,[279] um sodann *in dubio* „nur" – aber eben doch – aus § 323a verurteilen zu können. Ein derartiges „Stufenverhältnis" (bei feststehender Berauschung) ist zwar auch von BGHSt **32** 48, 55 ff behauptet worden,[280] dies freilich beschränkt auf den (oben Rdn. 99 behandelten) Fall *sicher* schon erheblich verminderter Schuldfähigkeit (während – obiter dictum – ausdrücklich offengelassen wird, ob die Annahme eines „Rausches" auch bei möglicher voller Schuldfähigkeit in Frage käme; a. a. O. 54). Für den damit angesprochenen Bereich waren jene Überlegungen allerdings überflüssig, weil sich dort die Anwendbarkeit des § 323a bereits unmittelbar aus dem Gesetz ergibt, das mit dem zum 1.1.1975 eingefügten Passus „oder weil dies nicht auszuschließen ist" gerade die vom Großen Senat in BGHSt **9** 390, 395 ff etablierte Lösung übernehmen wollte – mehr aber auch nicht (vgl. oben Rdn. 98). Mitnichten ist daraus ein umfassendes „Auffangtatbestandskonzept" zu folgern, nach dem nunmehr *sämtliche* Fälle unklarer Schuldfähigkeit (zu Lasten des Rauschtäters) über § 323a abzuwickeln wären.[281]

103 In der Rechtsprechung sind diese Ansätze bisher zu Recht nicht aufgegriffen worden (ausdrücklich ablehnend zuletzt OLG Karlsruhe NJW **2004** 3356 f[282]). Fallgestaltungen, in denen sie sich praktisch auswirken könnten, dürften ohnehin nicht allzu häufig auftreten (*Wolters* SK Rdn. 16), setzen sie doch die sichere Feststellung einer Berauschung, die zum Verlust der Schuldfähigkeit geführt haben könnte, und *zugleich* Unsicherheit darüber voraus, ob die

274 Ebenso BGHSt **1** 275, 277; BGHR § 323a Abs. 1 Rausch 1; OLG Hamm NJW **1977** 344; OLG Schleswig MDR **1977** 247; BayObLG JR **1978** 208, 209 u. JR **1980** 27; OLG Köln VRS **68** 38, 41; OLG Karlsruhe NJW **2004** 3356 f; *Neumann* S. 113 f; *Nießen* S. 197 ff; *Pickenpack* S. 30 f; *Horn* JR 1980 1; *Schuppner/Sippel* NStZ **1984** 67, 69; *Fahl* JuS **2005** 1076, 1077; *Rengier* BT II § 41 Rdn. 23; *Wessels/Hettinger/Engländer* Rdn. 1142; *Fischer* Rdn. 12; *Geisler* MK Rdn. 27; *Paeffgen* NK Rdn. 60; *SSW/Schöch* Rdn. 18; *Sch/Schröder/Hecker* Rdn. 26; *Wolters* SK Rdn. 16. AA *Tröndle* FS Jescheck 665, 685 ff; vgl. a. *Lay* LK[9] § 330a Rdn. 112.

275 Vgl. BGH (2. Strafsenat) NStZ **2014** 392; aA freilich nunmehr BGH-GS NStZ **2018** 41. Zum Ganzen a. *Freund* FS Wolter 35; *Schuhr* NStZ **2014** 437; *Stuckenberg* ZIS **2014** 461; *Freund/Rostalski* JZ **2015** 716; *Kotsoglou* ZStW **127** (2015) 334; *Pohlreich* ZStW **128** (2016) 676; *Frister* NK nach § 2 Rdn. 76 ff; *Gaede* AnwK § 1 Rdn. 51.

276 S. neben BGHSt GS **9** 390, 393 f etwa BGHSt **11** 26; 100, 101; **16** 184, 187; 21 152, 153; 22 12; 154, 156; **23** 203, 204; 360, 361; **25** 182, 183 f; **30** 77, 78; *Dannecker/Schuhr* LK Anh § 1 Rdn. 135 ff m. w. N.

277 Folgerichtig abl. daher a. *Frister* NK nach § 2 Rdn. 48 m. w. N.; *Wolters* SK Rdn. 16.

278 *Otto* FG BGH IV (2000) 111, 133 (an BGHSt **32** 48, 57 anschließend); *Hentschel* NJW **2005** 641, 646; *SSW/Schöch* Rdn. 18; krit. zu solchen Überlegungen bereits *Neumann* S. 115 ff.

279 Weil § 323a in der Sache die Funktion einer Schuldzurechnungsregel zu erfüllen habe (*Otto* FG BGH IV [2000] 111, 130 ff) bzw. wegen der vom Gesetzgeber angeblich zugewiesenen Rolle als „Auffangtatbestand".

280 Ebenso BGH NJW **1992** 1519, 1520.

281 So aber wohl *Tröndle* FS Jescheck 665, 676 ff; *Fahl* JuS **2005** 1076, 1077; i. E. wohl a. *Lackner/Kühl/Heger* Rdn. 5. Zu Recht aA *Dencker* NJW **1980** 2159, 2163; *ders.* JZ **1984** 453, 458 f; *Jakobs* AT 17. Abschn. Rdn. 62; *Paeffgen* NK Rdn. 46.

282 Eine hiergegen gerichtete Vorlage des OLG München gem. § 121 Abs. 2 Nr. 1 GVG hat BGH NStZ-RR **2019** 60 als unzulässig zurückgegeben.

Schuldfähigkeit überhaupt schon i. S. d. § 21 erheblich vermindert war (wofür es nach der neueren Rechtsprechung des BGH[283] jeweils nicht allein auf das Erreichen bestimmter BAK-Werte, sondern wesentlich auch auf psychodiagnostische Kriterien ankommen soll, was derartige Konstellationen noch seltener machen dürfte; *Conen* AnwK Rdn. 30).

cc) Zweifel am Rauschzustand. Bleibt indessen zweifelhaft, ob sich der Täter bei Begehung 104 der rechtswidrigen Tat überhaupt in einem **Rauschzustand** befunden hat, so ist *in dubio pro reo* davon auszugehen, dass die Voraussetzungen dieses Tatbestandsmerkmals nicht gegeben sind. Damit scheidet eine Verurteilung aus § 323a jedenfalls aus (h. M.).

dd) Gesicherte Schuldfähigkeit. Unanwendbar ist § 323a schließlich dann, wenn **Schuldfähigkeit** in Hinsicht auf die rechtswidrige Tat **sicher feststeht.**[284] Bestraft wird dann unmittelbar aus dem jeweils verwirklichten Tatbestand. 105

c) Kausal- und Zurechnungszusammenhang. Selbstredend muss der Rauschzustand gerade 106 darauf beruhen, dass sich der Täter eine oder mehrere der oben Rdn. 81 ff genannten Substanzen zugeführt, sich also *„durch"* sie in einen Rausch versetzt hat. In diesem Sinne darf man wohl auch die in der Rechtsprechung gebräuchlich gewordene Formel verstehen, der Zustand des Täters müsse „seinem ganzen Erscheinungsbild nach" als „durch den Genuß von Rauschmitteln hervorgerufen anzusehen" sein[285] (was beispielsweise dann nicht hinreichend festgestellt ist, wenn lediglich eine „leichte Alkoholisierung" nach drei bis vier Flaschen Bier im Raum steht, so mit Recht BGH NStZ-RR **2011** 80). Das bedeutet freilich nicht, dass es sich bei der Aufnahme des betreffenden Rauschmittels um die allein ausschlaggebende oder auch nur überwiegende Ursache für jenen Zustand handeln müsste.[286] Denkbar (und nicht einmal so selten) sind vielmehr auch Fälle, in denen sich der Eintritt eines Rauschzustandes mit der für § 323a erforderlichen Intensität erst aus dem Zusammenwirken mehrerer Faktoren erklären lässt, so etwa bei der Kombination mit weiteren aufgenommenen Substanzen (z. B. Medikamenten[287]), einer besonderen persönlichen Veranlagung[288] oder auch einer äußeren Einwirkung physischer oder psychischer Art. Auch dann kann immer noch davon gesprochen werden, dass der Täter sich durch ein berauschendes Mittel in einen Rausch versetzt habe, solange dieses Mittel dabei jedenfalls *keine ganz untergeordnete, sondern eben doch zumindest eine erhebliche Rolle* spielt.[289]

Ersichtlich *täterstrafrechtlicher* Natur war die vom Reichsgericht entwickelte Lehre, nach 107 der lediglich unvorhersehbare *äußere* Ereignisse im Einzelfall der Annahme eines Beruhenszusammenhangs zwischen dem Konsum von Rauschmitteln und dem Eintritt einer tatbestandsmäßigen „Berauschung" entgegenstehen könnten, nicht aber bislang latente Besonderheiten in der körperlichen oder seelischen *Veranlagung* des Täters selbst (zusammenfassend: RGSt **73** 132, 133). Eine etwaige abnorme Konstitution des Rauschmittel-Konsumenten, ohne die es bei

283 BGHSt **43** 66 (grundlegend); **57** 247 = NStZ-RR **2012** 304 m. Anm. *Höll*; BGH NStZ **1997** 591; **2012** 262; NStZ-RR **2003** 71; allg. dazu *Verrel/Linke/Koranyi* LK § 20 Rdn. 99 ff; *Sch/Schröder/Perron/Weißer* § 20 Rdn. 16 ff.
284 *SSW/Schöch* Rdn. 16; *Rengier* BT II § 41 Rdn. 19.
285 Vgl. nur BGHSt **26** 363, 364 f; **32** 48, 53; NJW **1997** 3101, 3102; NStZ-RR **2011** 80; BayObLGSt **1958** 108, 111 f.
286 BGHSt **22** 8; **26** 363, 365 f; NStZ-RR **2011** 80; ähnlich (die Frage aber offenlassend) bereits BGHSt **1** 196, 198; *Paeffgen* NK Rdn. 29; *Sch/Schröder/Hecker* Rdn. 8 m. w. N.; *SSW/Schöch* Rdn. 10. Anders noch RGSt **70** 85, 86 f.
287 Vgl. OLG Hamburg JR **1982** 345 m. Anm. *Horn*; OLG Oldenburg MDR **1985** 516.
288 S. etwa BGHSt **4** 73 (Epilepsie); s. a. OLG Brandenburg Beschl. v. 12.11.2008 – 1 Ss 82/08 (bipolare Persönlichkeitsstörung).
289 In diesem Sinne a. *Forster/Rengier* NJW **1986** 2869, 2872; *Geisler* MK Rdn. 30; *Paeffgen* NK 30; *SSW/Schöch* Rdn. 10.

der von ihm aufgenommenen Dosis wohl nie zu einem „Rausch“ (in der vom Tatbestand vorausgesetzten Intensität) gekommen wäre, sollte also prinzipiell unberücksichtigt bleiben – nicht nur, weil Grenzziehungen auf diesem Gebiet nur schwer möglich seien (so noch BGHSt **1** 196, 199), sondern auch und vor allem wegen der „Gefährlichkeit“ gerade solcher Personen (vgl. *Kohlrausch/Lange* § 330a Anm. II). Doch kann es auch bei § 323a nicht schlichtweg um den Zugriff auf „gefährliche Personen“ gehen, sondern allenfalls um die Zurechnung einer „Gefährdung“. Der zutreffende Kern jener Rechtsprechung dürfte vielmehr darin zu sehen sein, dass sich der vom Täter erreichte Defektzustand – mag er auch Grund für die Annahme des § 20 liefern – sachlich eben nicht mehr als „Berauschung“ bezeichnen lässt, wenn und weil er in erster Linie auf einer ganz anderen Sachlage beruht (etwa auf einer Gehirnerschütterung infolge eines Sturzes oder Schlages[290]), während beispielsweise eine besondere Überempfindlichkeit gegen Alkohol dem Befund eines „Rausches“ noch keineswegs entgegensteht (vgl. RGSt **73** 11, 12).

108 Im Übrigen aber handelt es sich, wie in BGHSt **26** 363, 365 schließlich zutreffend erkannt worden ist, nicht etwa um ein Problem der *Kausalität* (vgl. a. schon BGHSt **22** 8, 11 f), sondern um eines der **objektiven Zurechenbarkeit** zum Tatbestand (ähnlich *Geisler* MK Rdn. 30, der damit aber „keine allzu strengen Anforderungen“ verbunden wissen will): Mit der Einnahme des Rauschmittels muss ein rechtlich inakzeptables Risiko geschaffen worden sein, und der schließlich eingetretene Rauschzustand muss sich gerade als Verwirklichung dieses Risikos verstehen lassen. Wollte man mit der Lehre von der objektiven Zurechnung auch bei § 323a wirklich ernstmachen, so müsste man namentlich bei alkoholischen Getränken, deren maßvoller Konsum ja durchaus sozialadäquat erscheint, wohl grundsätzlich ein *übermäßiges* Konsumverhalten zur ersten Voraussetzung machen (so in der Tat *Puppe* GA **1974** 98, 107 f; *dies.* JURA **1982** 281, 288).[291] Will man sich dazu nicht verstehen (etwa weil die Grenze zwischen „Maß“ und „Übermaß“ nicht leicht zu ziehen ist[292] und nicht zuletzt auch von den näheren Umständen des einzelnen Falles abhängen dürfte[293]), so wären doch zumindest diejenigen Fälle auszuscheiden, in denen sich der Eintritt eines Rauschzustandes der von § 323a vorausgesetzten Art als *gänzlich atypischer Verlauf* darstellt, also etwa maßgeblich auf einer außerordentlich seltenen körperlichen Besonderheit des Rauschmittelkonsumenten selbst beruht (**aA** insoweit *Geisler* MK Rdn. 30).[294] Die Zurechnung hindern können im Einzelfall auch dazwischentretende Einwirkungen von dritter Seite (etwa einen Schlag auf den Kopf einer bereits alkoholisierten, aber noch nicht in dem für § 323a erforderlichen Maß „berauschten“ Person)[295] oder ein Unfall (wie in dem von *Cramer* JZ **1971** 766, 768 gebildeten Beispiel des angetrunkenen Fußgängers, der nach einem Sturz eine Gehirnerschütterung erlitten hat – wenn denn der dadurch bewirkte pathologische Zustand überhaupt noch als „Rausch“ zu bezeichnen sein sollte).

109 Demgegenüber sucht die Rechtsprechung vorzugsweise nach Lösungen im subjektiven Bereich (s. zum Vorsatz unten Rdn. 111 ff; zur Fahrlässigkeit unten Rdn. 120 ff).

---

290 Vgl. *Forster/Rengier* NJW **1986** 2869, 2870 u. bereits *Cramer* JZ **1971** 766, 768. I.E. wohl ähnlich wie hier *Geisler* MK Rdn. 30; *Lackner/Kühl/Heger* Rdn. 3; *Paeffgen* NK Rdn. 30, *Sch/Schröder/Hecker* Rdn. 8.

291 Grds. zust. *Paeffgen* NK Rdn. 29; aA etwa *Cramer* JZ **1971** 766, 767; *Lackner/Kühl/Heger* Rdn. 3; *Geisler* MK Rdn. 30; abl. a. BGHSt **26** 363, 365 (s. aber BGH bei Spiegel DAR **1979** 173, 180 [Nr. 5a]; BayObLG bei *Rüth* DAR **1977** 197, 204).

292 Bei manchen Rauschmitteln mag eine solche Grenzziehung sogar von vornherein unmöglich sein (vgl. *Kusch* S. 32: „LSD-Trip“).

293 Vgl. *Dencker* NJW **1980** 2159, 2162 m. Fn. 44; *Forster/Rengier* NJW **1986** 2869, 2872; *Paeffgen* NK Rdn. 29; s. a. *Cramer* JZ **1971** 766, 767.

294 Entsprechend der Behandlung von Fällen abnormer Konstitution des *Tatopfers*, vgl. nur *Kühl* AT § 4 Rdn. 65; *Rengier* AT § 13 Rdn. 69 ff; OLG Karlsruhe NJW **1976** 1853, 1854 m. w. N. (zu extensiv hingegen BGH NStZ **2008** 686).

295 Ebenso *Geisler* MK Rdn. 30 u. i. E. a. *Paeffgen* NK Rdn. 30.

4. Subjektive Zurechnung

Das Vergehen nach § 323a kann – bei gleichem Strafrahmen (vgl. aber noch unten Rdn. 157) – 110
sowohl vorsätzlich als auch fahrlässig begangen werden (Absatz 1). Vorsatz und Fahrlässigkeit sind dabei jedenfalls auf die eigene Berauschung zu beziehen, nach h. M. sogar nur hierauf (zur möglichen Einbeziehung auch der Rauschtat unten Rdn. 120).

a) Vorsätzliche Selbstberauschung. Ein **vorsätzlicher Vollrausch** liegt danach vor, wenn 111
der Täter sich willentlich und wissentlich Alkohol oder ein anderes Rauschmittel zuführt und es dabei für möglich hält und billigend in Kauf nimmt, dass er sich „dadurch in einen Rauschzustand versetzt und dass dieser seine Einsichtsfähigkeit oder sein Hemmungsvermögen jedenfalls erheblich vermindert, wenn nicht ganz ausschließt“.[296] Gelegentlich ist auch vom „rauschbedingten Zustand (möglicher) Schuldunfähigkeit“ die Rede (so etwa in NStZ-RR **2000** 80, 81). Doch das ist mindestens missverständlich (vgl. a. BGHSt **16** 187, 189 f): Der vom Vorsatz zu erfassende tatbestandliche Erfolg (oben Rdn. 89) ist nach der heutigen Fassung des § 323a Abs. 1[297] allein der *Rausch*.[298] Freilich muss ein Zustand, der diesen Namen auch verdient, ein hinreichendes Potential aufweisen, den davon Betroffenen ggf. in der genannten Weise zu beeinträchtigen (dazu oben Rdn. 91 ff), und eben dies muss auch vom Vorsatz des Täters abgedeckt sein.

Allein aus dem tatsächlichen Konsum einer erheblichen Menge alkoholischer Getränke wird 112
man ein dem entsprechendes Vorstellungsbild freilich noch nicht ableiten dürfen[299] und schon gar nicht aus dem Besuch einer Studentenfeier, auf der solche Getränke konsumiert werden sollen (OLG Braunschweig NStZ-RR **2014** 287, 288). Mit der Annahme, durch den Konsum einer bestimmten Substanz „angeheitert“, „beschwipst“, „high“ oder schlicht betrunken zu werden, ist nicht immer und nicht notwendig auch schon ein *„Rausch“*-Vorsatz verbunden. Ein solcher Vorsatz kann insbesondere bei Personen fehlen, die im Umgang mit dem fraglichen Rauschmittel noch sehr unerfahren sind. Aber selbst das „Wissen eines chronisch Alkoholabhängigen um den bei ihm regelmäßig eintretenden Kontrollverlust“ soll BGH NStZ-RR **2007** 368 zufolge für sich genommen noch nicht die Annahme rechtfertigen, die Volltrunkenheit werde von ihm „jeweils vorsätzlich und uneingeschränkt schuldhaft herbeigeführt“ (in der Sache freilich zielte diese Entscheidung – wie auch sämtliche der darin angeführten früheren Entscheidungen – lediglich auf die in solchen Fällen angezeigte Prüfung des § 21 ab).

Einer besonders sorgfältigen Prüfung bedürfen insbesondere Fälle, in denen der Eintritt 113
eines Rausches der oben genannten Qualität nicht allein mit der Aufnahme eines berauschenden Mittels zu erklären ist, sondern erst mit dem Zusammenwirken mehrerer Faktoren, beispielsweise im Falle einer Kombination mit einer „starken affektiven Aufladung“ (vgl. BGHR § 323a Abs. 1 Rausch 4) oder einer Persönlichkeitsstörung (OLG Brandenburg Beschl. v. 12.11.2008 – 1 Ss 82/08). Auch der Eintritt eines sogenannten „pathologischen“ Rauschzustandes (oben Rdn. 92) mag jedenfalls beim ersten Mal nicht vorherzusehen sein (was dann nicht nur vorsätzliches Handeln, sondern auch Fahrlässigkeit ausschließen würde, BGHSt **40** 198, 199 f). Hat der Täter hingegen den Eintritt eines Rauschzustandes grundsätzlich vorhergesehen und gebilligt, so liegt, wenn der tatsächlich eingetretene Rauschzustand aufgrund von Wechselwirkungen mit anderen Substanzen einen vielleicht überraschend „abnormen“ Charakter an-

---

296 BGH NStZ-RR **2001** 15; ähnlich bereits BGHSt **16** 187, 189 f; BGH NJW **1967** 579; BGHR § 323a Abs. 1 Vorsatz 2; s. ferner etwa OLG Köln BA **47** (2010) 296; OLG Braunschweig NStZ-RR **2014** 287, 288; OLG Hamm Beschl. v. 28.4.2016 – 3 RVs 30/16.

297 Anders noch zu § 330a a. F. daher etwa RGSt **70** 85, 87.

298 *Schliwienski* S. 169 f; *Horn* JR **1980** 1, 2; zutr. Formulierungen daher bei *Conen* AnwK Rdn. 31; *Fischer* Rdn. 16; *Lackner/Kühl/Heger* Rdn. 13; *Paeffgen* NK Rdn. 63; *SSW/Schöch* Rdn. 20; *Wolters* SK Rdn. 6.

299 OLG Düsseldorf StV **1993** 425 f; StraFo **1999** 98, 100; OLG Hamm Beschl. v. 28.4.2016 – III-3 RVs 30/16; vgl. a. BGHR § 323a Abs. 1 Vorsatz 2 (für „etliche Gläser Wodka und etliche Gläser Wodka Lemon“).

nimmt, darin unter Umständen nur eine unwesentliche Abweichung vom vorgestellten Kausalverlauf.[300] Um eine *wesentliche* Abweichung soll es sich indessen handeln, wenn der Eintritt der Schuldunfähigkeit erst durch unvorhergesehene zusätzliche äußere Ereignisse ausgelöst wird (so wie im Fall BGHR § 323a Abs. 1 Vorsatz 1 die durch das Verhalten eines Dritten ausgelöste „panische Angstreaktion" und die im Zuge einer körperlichen Auseinandersetzung erlittene Gehirnerschütterung). Nach der vorzugswürdigen Lehre von der objektiven Zurechnung dürfte es dann freilich schon am *objektiven* Zusammenhang zwischen der geschaffenen Gefahr (Rauschmittelkonsum) und dem eingetretenen Erfolg fehlen.

114 Ein über die Berauschung hinausweisender **„Gefährdungs- bzw. Gefährlichkeitsvorsatz"** – der bei entsprechenden Sicherungsmaßnahmen („Zurüstungen") des Täters folgerichtig entfiele[301] – ist indessen nicht erforderlich, sofern das Vergehen nach § 323a gerade als abstraktes Gefährdungsdelikt verstanden werden soll. Eine solche Interpretation ist freilich, wie gesehen, keineswegs unproblematisch (oben Rdn. 18 ff), und deshalb finden sich in Rechtsprechung und Lehre auch abweichende Ansätze, die auch auf den Gegenstand des Tätervorsatzes zurückwirken; zu ihnen näher unten Rdn. 120 ff.

115 Wer sich ein Rauschmittel in **suizidaler Absicht** zuführt und dabei in der Annahme handelt, auf diese Weise *unmittelbar* – d. h. ohne ein „rauschartiges Zwischenstadium" – eine zur Handlungsunfähigkeit führende Bewusstlosigkeit und schließlich den eigenen Tod zu bewirken, hat eben deshalb schon nicht den Vorsatz, sich in einen Rausch zu versetzen.[302] Tritt wider Erwarten (lediglich) ein derartiger Zustand ein, kann aber ein fahrlässiger Vollrausch vorliegen, falls eine solche Entwicklung für den Täter vorhersehbar war (vgl. OLG Hamm NJW **1975** 2252; BayObLG NJW **1990** 2334, 2335).

116 **b) Fahrlässiges Sich-in-einen-Rausch-Versetzen.** Ein **fahrlässiger Vollrausch** setzt voraus, dass jedenfalls die Verursachung eines Rauschzustandes im oben Rdn. 91 ff dargelegten Sinne vorhersehbar und vermeidbar gewesen ist (vgl. aber noch Rdn. 120 ff). Dabei kommt es, wie sonst auch, entscheidend auf die individuellen Kenntnisse und intellektuellen Fähigkeiten des Täters an.[303] Eine *berauschende* Wirkung versteht sich bei Substanzen, die – wie Medikamente – nicht zu den „klassischen" Rauschmitteln gehören, keineswegs von selbst und ist auch nicht etwa schon deshalb vorhersehbar, weil dem „Beipackzettel" oder sonstigen Informationsquellen als mögliche Nebenwirkung der Verlust der *Fahrtüchtigkeit* oder sonstige Einschränkungen des Steuerungsvermögens zu entnehmen sein mögen (BayObLG NJW **1990** 2334, 2335). Vor allem dann, wenn erst das vom Täter aufgenommene Rauschmittel erst im Zusammenwirken mit weiteren Umständen zur Berauschung führt, ist sorgfältig zu prüfen und darzulegen, inwieweit eine solche Folge auch subjektiv vorhersehbar war. Dies mag bei Umständen in der eigenen Person – etwa Krankheiten oder sonstigen konstitutionellen Besonderheiten[304] – regelmäßig näher liegen als bei von außen hinzutretenden Ereignissen (BGHSt **26** 363, 366), so etwa bei einer durch Tätlichkeiten eines Dritten ausgelösten „schweren affektiven Erregung"[305] oder den Folgen eines erlittenen Schlages auf den Kopf mit einer Likörflasche (wie im Fall BGH NJW **1980** 1806). Entscheidend ist freilich nicht die Vorhersehbarkeit des betreffenden Umstands an sich (etwas missverständlich daher die Überlegungen in BGH StV **1987** 246 m. Anm. *Neumann* sowie *Sch/Schröder/Hecker* Rdn. 9), sondern allein die Vorhersehbarkeit einer (auch) daraus resultierenden *Berauschung.*

---

300 BGH Beschl. v. 18.7.2013 – 4 StR 196/13; ähnlich für eine „affektive Erregung" a. schon BGH NJW **1979** 1370.

301 *Otto* JURA **1986** 478, 486; *Sch/Schröder/Hecker* Rdn. 10; vgl. a. BGHSt **10** 247, 251.

302 BayObLG MDR **1990** 742; *Paeffgen* NK Rdn. 63.

303 *Neumann* S. 75; *Geisler* MK Rdn. 52.

304 Zum jedenfalls beim ersten Mal unvorsehbaren „pathologischen" Rausch vgl. aber BGHSt **40** 198, 199 f; LG Bad Kreuznach NStZ **1992** 338.

305 BGH NStZ **1982** 116; s. a. schon BGH GA **1966** 375; BGH NJW **1967** 298; **1975** 2250; **1979** 1370.

Auf den *Verlust der Schuldfähigkeit* als solchen ist die Fahrlässigkeit hingegen ebenso wenig zu beziehen wie der Vorsatz (BGHSt **16** 187, 189 f; vgl. schon oben Rdn. 93 ff; wiederum missverständlich insoweit BGH StV **1987** 246). Überhaupt ist es, sofern § 323a strikt als abstraktes Gefährdungsdelikt konstruiert werden soll, prinzipiell unerheblich, ob für den sich Berauschenden die spätere Begehung irgendwelcher *rechtswidriger Taten im Rausch* (oder gar eine Rauschtat der von ihm konkret begangenen Art) und damit seine eigene „Rauschgefährlichkeit" vorhersehbar gewesen ist oder nicht.[306] Unerheblich wäre dann folgerichtig auch, ob der Täter etwa eigens Sicherheitsvorkehrungen („Zurüstungen"[307]) getroffen hat, um ein derartiges Risiko möglichst auszuschließen (*Wolters* SK Rdn. 7). Denn es liegt geradezu „im Wesen abstrakter Gefährdungsdelikte, dass sie gelegentlich auch Sachverhalte erfassen, in denen sich im Einzelfall die Gefahr nicht verwirklichen konnte" (so treffend BGHSt **33** 133, 135 f), und deshalb dürfte eine entsprechende („teleologische") Reduktion solcher Straftatbestände, wie sie im Schrifttum verschiedentlich erwogen worden ist,[308] höchstens in seltenen Ausnahmefällen in Betracht kommen (*Wolters* a. a. O.; vgl. a. BGHSt **26** 121, 125: „absolut zuverlässige lückenlose Maßnahmen" sowie BGH NStZ-RR **2017** 135, 137); im Übrigen könnten derartige **Abschirmungsbemühungen des sich Berauschenden** allenfalls bei der Strafzumessung gewürdigt werden (dazu unten Rdn. 163), einen Fahrlässigkeitsvorwurf aber nicht ausschließen. 117

5. Bezug zur Rauschtat

Als ein in diesem Sinne „abstraktes" Gefährdungsdelikt ist das Vollrausch-Vergehen in der Rechtsprechung allerdings nicht durchgängig verstanden worden. Vielmehr findet sich auch eine ganze Reihe von (selbst höchstrichterlichen) Entscheidungen, die ausdrücklich auch einen (mehr oder minder konkretisierten) subjektiven Bezug zu der im Rausch begangenen Tat verlangen; in der Literatur werden zum Teil sogar noch strengere Anforderungen gestellt (näher unten Rdn. 127 ff). Für ein entsprechend der in § 15 aufgestellten Regel vom Vorsatz zu erfassendes Tatbestandsmerkmal des § 323a hält die Rauschtat freilich niemand,[309] und auch als ein qualifizierendes Erfolgsmerkmal i. S. d. § 18 kann sie offensichtlich nicht eingeordnet werden (vgl. a. BGHSt **6** 89).[310] 118

a) Kausalität und objektive Zurechnung. Schon auf *objektiver* Seite ist nicht unumstritten, ob die im Rausch begangene Tat mit der Berauschung des Täters in einem (nachzuweisenden) **kausalen Zusammenhang** stehen muss, richtiger Ansicht nach aber zu bejahen (vgl. a. BGHSt **23** 375, 376). Zwingend wäre ein solcher Zusammenhang allerdings auf der Grundlage der Vorstellung, die Rauschtat sei geradezu das vom Gesetz geforderte *Indiz* für die Gefährlichkeit des vom Täter bei sich selbst herbeigeführten Rauschzustandes (denn das kann sie nur sein, wenn sie auch auf eben diesem Zustand beruht).[311] Auf dem Boden der wohl herrschenden Auffassung, die das Erfordernis einer im Rausch begangenen rechtswidrigen Tat (§ 11 Abs. 1 Nr. 5) lediglich als Strafbarkeitsschranke eines *abstrakten Gefährdungsdelikts* deutet, könnte es hingegen durchaus genügen, dass zu der (den Unrechtstatbestand bereits vollständig erschöpfenden) 119

306 Vgl. BGHSt **13** 223, 225; **16** 124, 126; 187, 189 f; **26** 363, 366; BGH NStZ-RR **2017** 135, 137 m. w. N.; BayObLG NJW **1974** 1520, 1521; *Lackner/Kühl/Heger* Rdn. 1.
307 Dazu *Gollner* MDR **1976** 182.
308 Dies v. a. im Zusammenhang mit der Schweren Brandstiftung (§ 306a), s. nur *Sch/Schröder/Heine/Bosch* § 306a Rdn. 2 m. w. N.; krit. aber *Geppert* FS Weber 427 ff; *Kargl* NK § 306a Rdn. 3; *Rengier* BT II § 40 Rdn. 32.
309 Eingehend dazu *Geisler* S. 389 ff *Bemmann* GA **1961** 65, 72 f spricht zwar ausdrücklich von einem Tatbestandsmerkmal, will insoweit aber ein „generelles" Verschulden genügen lassen.
310 Insoweit überholt sind die Überlegungen bei *Mayer* ZStW **59** (1940) 283, 326 ff und *Hogräfer* S. 46.
311 In diesem Sinne etwa noch *Hogräfer* S. 47; *Cramer* S. 117 m. w. N.; s. a. *Spendel* LK[11] Rdn. 158.

Berauschung eben noch eine im Rausch begangene Tat hinzutritt, diese Tat also lediglich „während, nicht wegen des Rauschzustandes begangen wird" (*Gerland* ZStW **55** [1936] 784, 801). Eine Ursache-Folge-Beziehung wäre danach jedenfalls nicht denknotwendig erforderlich.[312] Weshalb sie für den Eintritt der Strafbarkeit völlig gleichgültig sein sollte, ist indessen auch auf der Grundlage jener h. A. nicht recht zu sehen (so mit Recht *Rengier* FS Roxin I [2001] 811, 819); dies gilt erst recht, wenn die Rauschtat, wie es häufig geschieht, als „objektive Strafbarkeitsbedingung" gerade auf den Gedanken der Strafbedürftigkeit zurückgeführt wird, die bei einer *folgenlosen* Berauschung fehlen soll. Die Verwirrungen, die sich in diesem Zusammenhang mit der – freilich ihrerseits verfehlten – Formel von der „condicio sine qua non" früher verbanden (wie, wenn sich der Rauschtäter dahin einlassen sollte, er hätte die Rauschtat gewiss ebenso gut auch nüchtern begangen?),[313] dürften sich durch die vorzugswürdige Lehre von der gesetzmäßigen Bedingung wohl weitestgehend vermeiden lassen (**aA** insoweit *Neumann* S. 77).[314] Von diesem Ausgangspunkt aus erscheint es dann aber nur folgerichtig, den Zusammenhang von Berauschung und Rauschtat nach den Grundsätzen der Lehre von der **objektiven Zurechnung** noch weiter zu präzisieren (vgl. *Rengier* a. a. O. S. 818 f; *Wolters* SK Rdn. 10).[315]

120 **b) Verschuldenszusammenhang.** Wird die Tatsache, dass der sich schuldhaft Berauschende im Rausch (mindestens) eine rechtswidrige Tat (§ 11 Abs. 1 Nr. 5) begangen hat, lediglich als eine die Strafbarkeit auslösende äußere Bedingung verstanden, bedarf es einer besonderen **subjektiven Beziehung** des Täters zu dieser Rauschtat gerade *nicht*; eben dies soll mit der Rede von der Rauschtat als *„objektiver"* Strafbarkeitsbedingung zum Ausdruck gebracht werden.[316] Vorgeworfen wird dem Täter nach dieser Lehre ja ausschließlich die Selbstberauschung und die damit verbundene abstrakte Gefährdungslage, nicht aber die im Rausch begangene Tat. Diesen Standpunkt nehmen in der Tat nicht nur erhebliche Teile des Schrifttums ein;[317] auch der Bundesgerichtshof hat ihn hat ihn wiederholt bezogen.[318] Bei einer solchen Sichtweise wird die dem Gesetz zugrunde liegende Entscheidung für ein eigenständiges Gefährdungsdelikt nun zwar konsequent zu Ende gedacht, zugleich aber (ebenso konsequent) ignoriert, dass dem mit der Rauschtat verwirklichten Unrecht offenbar auch im Rahmen des § 323a ganz entscheidende Bedeutung für das „ob" und das „wie" der strafrechtlichen Sanktionierung zukommt (oben Rdn. 27 f). Eben deshalb kann die im Rausch begangene Tat schwerlich nach dem Muster einer „objektiven Strafbarkeitsbedingung" behandelt werden, ohne mit dem Schuldprinzip zu brechen:[319] Stellt sich die Vollrausch-Strafe – je-

---

312 Auf den Kausalitätsnachweis daher ausdrücklich verzichtend RGSt **73** 177, 182 im Anschluss an *Gerland* ZStW **55** (1936) 784, 800 f; BGH 1 StR 298/70 v. 2.11.1970; *Gramsch* S. 108 f; s. ferner etwa *Domning* S. 39 ff und heute wieder *Paeffgen* NK Rdn. 71; *Conen* AnwK Rdn. 46.

313 S. etwa *Gerland* ZStZW **55** (1936) 784, 800 f; *Mayer* ZStW **59** (1940) 283, 325 f; *Hogräfer* S. 47 f; *Cramer* S. 117 f; zusammenfassend *Spendel* LK[11] Rdn. 158 ff.

314 I.E. übereinstimmend *Rengier* FS Roxin I 811, 819; *Berster* ZStW **124** (2012) 991, 1002 f sowie *Sch/Schröder/Hecker* Rdn. 12 (Mitursächlichkeit genüge); vgl. i. Ü. bereits *Puppe* GA **1974** 98, 113.

315 Immerhin einen Adäquanzzusammenhang fordernd *Gollner* MDR **1976** 182; in der Sache ähnlich *Cramer* S. 94 ff.

316 In diesem Sinne etwa *Rengier* BT II § 41 Rdn. 6 ff (der aber immerhin einen objektiven Zurechnungszusammenhang fordert, vgl. *ders.* FS Roxin I 811, 819).

317 *Puppe* GA **1974** 98, 115; *Montenbruck* GA **1978** 225, 228; *Dencker* NJW **1980** 2159, 2160; *Kusch* S. 57 ff; *Lackner* FS Jescheck 645, 651 f; *Bruns* FS Lackner 439; *Hartl* S. 81; *Pickenpack* S. 21; *Junge* S. 89 ff, 102; *Baumann/Weber/Mitsch/Eisele* AT § 25 Rdn. 6; *Krey/Hellmann/Heinrich* Rdn. 1144; *Maurach/Schroeder/Maiwald* § 96 Rdn. 3, 20; *Rengier* BT II § 41 Rdn. 9; *Lackner/Kühl/Heger* Rdn. 1; *Wolters* SK Rdn. 7.

318 S. namentlich BGHSt **13** 223, 225; BGHSt **16** 124, 126; 187, 190; **17** 333 f; ferner etwa BGHSt **20** 284, 285; **32** 48, 53; **42** 235, 242; Urt. v. 25.5.2016 – 5 StR 85/16; BayObLG NJW **1974** 1521; OLG Hamburg MDR **1982** 598; OLG Hamm Beschl. v. 18.2.2014 – III-1 RVs 12/14.

319 Vgl. nur *Arth. Kaufmann* Das Schuldprinzip[2] (1976) 251 ff; *Hwang* S. 103; *Köhler* AT S. 398; *Matt/Renzikowski/Safferling* Rdn. 17.

denfalls in der Sache – als strafrechtliche Reaktion (auch) auf die Rauschtat dar, so erhebt sie eben auch insoweit einen persönlichen Vorwurf, der – auch von Verfassungs wegen[320]– grundsätzlich ein individuelles *Verschulden* voraussetzt, auf das es nach der Lehre von der „objektiven Strafbarkeitsbedingung" aber gerade nicht ankommen soll.

Will man sich mit diesem Befund nicht einfach abfinden (wie etwa *Schultz* in *Waaben/Schultz/Léauté* Die Behandlung der Trunkenheit im Strafrecht [1960] 17, 35 ff), dem Gesetzgeber 121
mit Rücksicht auf ein „sachliches Bedürfnis" hier und dort ausnahmsweise die Herausbildung *schuldindifferenter Unrechtsmerkmale*[321] zugestehen oder gar umgekehrt § 323a kurzerhand für *verfassungswidrig* erklären,[322] so scheint sich als Ausweg immer noch der Versuch anzubieten, die Vorschrift in einer Weise *auszulegen*, die dem Schuldprinzip (und damit zugleich dem Gesamtsystem des deutschen Strafrechts) besser gerecht wird. In diese Richtung weist zunächst der durchaus bedenkenswerte Vorschlag,[323] innerhalb des durch § 323a erfassten Bereichs ganz grundsätzlich zwei Konstellationen zu unterscheiden, nämlich solche *mit* und solche *ohne* einen (wie immer gearteten) Schuldbezug zu der im Rausch begangenen Tat (die somit nur im zuletzt genannten Fall als objektive Strafbarkeitsbedingung eines abstrakten Gefährdungsdelikts fungierte), und an diese Unterscheidung dann auch eine entsprechende Abstufung auf der *Rechtsfolgenseite* zu knüpfen, d. h. bei *fehlendem* Schuldbezug also etwa – dem dann lediglich verbleibenden abstrakten Gefährdungsunrecht der Selbstberauschung entsprechend – über „Geld- oder Freiheitsstrafe bis zu 6 Monaten"[324] jedenfalls nicht hinauszugehen. Dies hätte, was die Friktionen mit dem Schuldprinzip betrifft, immerhin eine gewisse Entschärfung zur Folge, schafft aber noch keine vollständige Abhilfe[325] (es sei denn, § 323a ließe sich immerhin für den zuletzt genannten Bereich konsistent als abstraktes Gefährdungsdelikt mit einer Rauschtat als Strafbarkeitsbedingung konstruieren,[326] was jedoch, wie oben Rdn. 18 ff gesehen, jedenfalls nicht ohne weiteres möglich sein dürfte).

Nicht zuletzt sieht sich eine solche Lösung dem Vorwurf ausgesetzt, die gesetzliche Rege- 122
lung ohne hinreichende methodische Rechtfertigung sachlich zu korrigieren zu wollen.[327] Das gilt freilich auch (und erst recht) für die nachfolgend anzuführenden Ansätze, die für § 323a ganz *generell* eine – wie auch immer geartete – persönliche Beziehung zwischen dem sich schuldhaft Berauschenden und seiner späteren Rauschtat verlangen (insoweit zutr. *Berster* ZStW **124** [2012] 991, 1003 ff): Ist es – zumindest nach der offenkundigen Konzeption des historischen Gesetzgebers – gerade der Sinn jener Strafvorschrift, nach einer im Rausch begangenen Tat die Sanktionierung des Täters eben auch in den Fällen zu ermöglichen, in denen ihm diese Tat *nicht* zur Schuld zugerechnet werden kann (und sei es auch nur unter dem Gesichtspunkt einer *actio libera in causa*), so lässt sich das Erfordernis einer (wenn auch „noch so losen"[328])

---

320 S. nur BVerfGE **20** 323, 331; **95** 96, 140; *Weigend* LK Einl Rdn. 14.

321 Zu einem solchen Verständnis (bestimmter) „objektiver Strafbarkeitsbedingungen" s. hier nur *Rittler* FG Frank, Bd. 2 (1930) 1, 17; *Engisch* FS Mezger 124, 132; *Arth. Kaufmann* Das Schuldprinzip² (1976) 251 (zu § 330a a. F.); vgl. a. *Jescheck/Weigend* AT S. 537 („unechte" Strafbarkeitsbedingungen); wieder anders *Sax* JZ **1976** 9, 15 f (unrechtsbegründende, aber objektive „Strafwürdigkeitsvoraussetzung").

322 *Frister* Schuldprinzip, Verbot der Verdachtsstrafe und Unschuldsvermutung als materielle Grundprinzipien des Strafrechts (1986) 59.

323 *Wolter* NStZ **1982** 54; *Paeffgen* ZStW **97** (1985) 513, 536 ff; *ders.* NK Rdn. 14 ff („Doppel-Tatbestand"); vgl. a. schon § 351 StGB-E 1962.

324 *Paeffgen* NK Rdn. 15 („äußerstenfalls" zwei Jahre Freiheitsstrafe, wie ursprünglich in § 330a a. F. vorgesehen); vgl. a. *Lackner* FS Jescheck 645, 651 Fn. 35; *Jescheck/Weigend* AT S. 557 (Strafzumessung „im untersten Bereich").

325 Einen „halbherzigen Verlegenheitskompromiss" sieht darin *Geisler* MK Rdn. 63; vgl. a. schon *Arth. Kaufmann* Das Schuldprinzip² (1976) 252 (mit Blick auf § 351 Abs. 1 StGB-E 1960).

326 Wie *Paeffgen* NK Rdn. 13 konsequenterweise annimmt.

327 *Lackner/Kühl/Heger* Rdn. 1; *Sch/Schröder/Hecker* Rdn. 1; vgl. ferner *Lackner* FS Jescheck 645, 651 Fn. 35; *Bruns* FS Lackner 439, 443; *Neumann* S. 71 f; abl. a. *Frister* Schuldprinzip, Verbot der Verdachtsstrafe und Unschuldsvermutung als materielle Grundprinzipien des Strafrechts (1986) 59.

328 BGHSt **10** 247, 250.

subjektiven Anbindung der Rauschtat an die Selbstberauschung jedenfalls nicht mehr ohne Weiteres als methodisch mögliches Ergebnis einer *Auslegung* der Vorschrift darstellen, dem dann eben – als dem einzig schuldprinzip- und *verfassungskonformen* – der Vorzug zu geben wäre (allg. dazu *Dannecker/Schuhr* LK § 1 Rdn. 326 ff), sondern wohl nur als Folge einer sachlichen *Reduktion* auf ein sub specie „Tatschuldprinzip" eben noch erträgliches Maß. Der Wortlaut der Norm steht einem solchen Vorgehen jedenfalls nicht zwingend entgegen;[329] auch dürften sich die tatsächlichen und vor allem normativen Grundlagen der legislativen Wertung seit dem Gewohnheitsverbrechergesetz 1933 in mancherlei Hinsicht verschoben haben (was namentlich den Schuldbegriff,[330] die gesetzlichen Voraussetzungen und die gerichtliche Praxis der Ex- bzw. Dekulpation, die Einschätzung der gesetzlich gar nicht geregelten *actio libera in causa* und nicht zuletzt eben auch den verfassungsrechtlichen Rahmen anbelangt[331]).

123 Einer schlichten *Erfolgshaftung* des sich Berauschenden für seine spätere Rauschtat[332] wird heute niemand mehr das Wort reden wollen. Gleichfalls nicht durchzusetzen vermochte sich bislang aber auch die Idee, gewissermaßen unterhalb von Vorsatz und Fahrlässigkeit eine dritte Verschuldensform in Gestalt einer *„Haftung für riskantes Verhalten"* anzusiedeln.[333] Vorwerfbar wäre ein bestimmtes Geschehen – hier: die im Rausch begangene Tat – danach bereits dann, wenn es sich als adäquate Folge eines schon für sich genommen vorwerfbaren Risikos darstellt (*Schweikert* ZStW **70** [1958] 394, 403 ff).[334] Das ist immerhin schon etwas mehr als eine bloße Zufallshaftung nach dem Gedanken des *versari in re illicita* (so mit Recht *Puppe* GA **1974** 98, 104), denn vorausgesetzt wird ja zumindest ein gewisser Zurechnungszusammenhang zwischen dem riskanten Verhalten (der Selbstberauschung) und dem missbilligten Erfolg (der im Rausch begangenen Tat): Gerade um diesen zu vermeiden, hätte man jenes eben lassen sollen. Verzichtet würde lediglich auf die Vorhersehbarkeit eines solchen Geschehens in Gestalt dieser oder jener Rauschtat.[335] Zumindest auf dem Boden eines „funktionalen" Schuldbegriffs dürfte mit einer solchen Form der Zurechnung im Ergebnis gut zu leben sein.[336] Die §§ 15 ff wissen von ihr freilich nichts,[337] und so bewegt sie sich jedenfalls *de lege lata* auf unsicherem Gelände.

124 In der Rechtsprechung des BGH hat zeitweilig der 5. Strafsenat eine Sonderposition mit der These bezogen, auch beim Vollrauschvergehen (§ 330a a. F.) müssten der Vorsatz bzw. die Fahrlässigkeit des sich berauschenden Täters die „Möglichkeit umfassen", im Rausch **„irgendwelche Ausschreitungen strafbarer Art"** zu begehen (BGHSt **10** 247, 250; ähnlich bereits zuvor

---

329 **AA** *Berster* ZStW **124** (2012) 991, 1004 („grammatikalisch" [sic!] „kaum Zweifel").

330 Vgl. hier nur zu der im selben Gesetz enthaltenen Strafschärfung nach § 20a a. F. *Werle* Justiz-Strafrecht und polizeiliche Verbrechensbekämpfung im Dritten Reich (1989) 94 ff m. w. N.

331 So mit Recht *Klesczewski* BT § 23 Rdn. 10.

332 In diese Richtung noch *v. Weber* GS **106** (1935) 329; *ders.* GA **1958** 257; vgl. a. *Mayer* ZStW **59** (1940) 283; *Baumann* ZStW **70** (1958) 227, 244. Wieder anders *Maurach* S. 94 ff, der das Unrecht der im Rausch begangenen Tat und die „missbräuchlich" selbst aufgehobene Zurechnungsfähigkeit im Grunde beziehungslos nebeneinanderstellt; krit. daher *Schröder* DRiZ **1958** 219, 220; *Cramer* S. 28 ff.

333 *Schweikert* ZStW **70** (1958) 394; *Hardwig* FS Eb. Schmidt 459; *ders.* GA **1964** 140; vgl. a. *Puppe* GA **1974** 98, 104; *dies.* NK § 15 Rdn. 10; krit. dazu etwa *Lang-Hinrichsen* ZStW **73** (1961) 210, 221 ff; *Cramer* S. 26 ff; *Arth. Kaufmann* Das Schuldprinzip² (1976) 145 ff; *Neumann* S. 118 ff; *Kraaatz* ZStW **125** (2014) 819, 824 ff. Zu ähnlichen älteren (noch am Muster des „erfolgsqualifizierten" Delikts orientierten) Ansätzen vgl. namentlich *Mayer* ZStW **59** (1940) 323 u. die Monografie von *Hogräfer*.

334 Eine Adäquanzbeziehung genügen lassen wollen a. *Jescheck* Niederschr. Bd. 2 (1958) 246, 251; *Gollner* MDR **1976** 189; vgl. ferner a. *Rengier* FS Roxin I 811, 819.

335 Und damit wohl letztlich auch auf die Verletzung einer „Sorgfaltspflicht" (so ausdrücklich *Schweikert* ZStW **70** [1958] 397, 407; anders aber *Puppe* NK § 15 Rdn. 10).

336 Vgl. etwa *Streng* JZ **1984** 114, 119; mit Bezug auf den „normativen" Schuldbegriff a. schon *v. Weber* FS Stock 59, 71 ff.

337 Vgl. nur *Cramer* S. 26 ff; *Barthel* S. 105 f; *Duttge* FS Geppert 63, 70 f; *Sch/Schröder/Sternberg-Lieben/Schuster* § 15 Rdn. 5; *Vogel/Bülte* LK vor § 15 Rdn. 15; abw. aber *Puppe* NK § 15 Rdn. 10.

in VRS **7** 309, 310 f).[338] Das war offenbar als eine rein *subjektive* Einschränkung ohne objektiv-tatbestandliche Entsprechung zu verstehen[339] (wie nicht zuletzt an der weiteren Entscheidung BGH JR **1958** 28 f deutlich wird, die die verfehlten Erwägungen des Großen Senats in BGHSt **10** 259 zur Strafzumessung auch noch auf die Ebene der Strafbegründungsschuld zu übertragen sucht[340]). Sie wird freilich zugleich wieder weitestgehend zurückgenommen durch die Erwägung, dass sich eine solche Voraussicht bzw. Voraussehbarkeit „in aller Regel" von selbst verstehe (weshalb auch besondere Urteilsfeststellungen hierzu „im allgemeinen" verzichtbar seien).[341] Ausnahmsweise könne es daran freilich auch einmal fehlen, namentlich dann, wenn der sich Berauschende noch „sehr jung und unerfahren" sei oder eben gerade besondere „Zurüstungen" getroffen habe, welche ihn „nach menschlicher Voraussicht daran hindern mußten, während des Rausches irgendwelche strafbare Handlungen zu begehen" (BGHSt **10** 247, 251).[342] Das BayObLG hat die Reihe dieser Beispiele später noch um den Fall des rauschmittelgestützten Suizidversuchs ergänzt (NJW **1990** 2334, 2335). Die anderen Strafsenate des BGH haben sich dieser Rechtsprechung nicht angeschlossen (vgl. vielmehr nur BGHSt **16** 124), und auch der 5. Senat hat sie, soweit ersichtlich, später nicht mehr fortgeführt.[343] Im Schrifttum hat sie jedoch – mit manchen Nuancierungen im Detail – zahlreiche Anhänger gefunden,[344] und auch in der Judikatur der Oberlandesgerichte lebt sie noch fort.[345]

Eine eher an der *Täterpersönlichkeit* orientierte[346] und damit wohl in der Sache noch etwas **125** restriktivere Variante dieses Ansatzes stellt demgegenüber die *Neigung* zu (beliebigen) straftatbestandlichen Ausschreitungen im Rausch in den Mittelpunkt, die dem sich Berauschenden dann jedenfalls einsichtig gewesen sein müsse[347] (womit freilich zugleich vorausgesetzt wird, dass er eine solche Neigung auch *objektiv* hat). Andere fordern – gleichfalls in einschränkender Absicht – eine aus den näheren Umständen belegte *Gefährlichkeit der Berauschung* und auch insoweit wiederum mindestens individuelle Vorhersehbarkeit.[348]

Soweit diese „Rauschgefährlichkeit" gar als (ungeschriebenes) *objektives Tatbestandselement* des Vollrauschdelikts verstanden wird, setzt dessen *vorsätzliche* Begehung folgerichtig vo- **126** raus, dass der Täter nicht nur den Eintritt eines Rauschzustandes, sondern auch die Gefahr eigenen straftatbestandmäßigen Handelns in diesem Zustand zumindest billigend in Kauf ge-

---

338 S. ferner BGH JR **1958** 28; BGH VRS **17** 340 sowie OLG Braunschweig NdsRpfl **1962** 72; OLG Köln NJW **1966** 412; OLG Celle VRS **28** 210, 211; NJW **1969** 759, 760; 1588, 1589; BayObLG NJW **1968** 1897; **1974** 1520, 1522; **1990** 2334, 2335; OLG Hamm NJW **1975** 2252, 2253; NStZ **2009** 40 m. Anm. *Geisler* (aufgegeben im Beschl. v. 18.2.2014 – III-1 RVs 12/14); OLG Schleswig SchlHA **1976** 169; OLG Jena Urt. v. 28.7.2006 – 1 Ss 158/06.

339 Krit. daher *Cramer* S. 94; *Bockelmann* BT 3 (1980) S. 214; *Duttge* FS Geppert 63, 74.

340 Mit Recht abl. *Bruns* JZ **1958** 105, 110; *Arth. Kaufmann* JZ **1963** 425, 430; *Schliwienski* S. 45 f; *Pickenpack* S. 17 ff.

341 BGHSt **10** 247, 251; BGH JR **1958** 28; BGH VRS **17** 340; vgl. a. BayObLG NJW **1990** 2334, 2335 und jüngst BGH StV **2019** 226, 228; NStZ-RR **2021** 77.

342 Hinsichtlich der „Zurüstungen" vgl. a. OLG Celle VRS **28** 210; NJW **1969** 1588, 1589; *Gollner* MDR **1976** 182.

343 Nach Ansicht von *Barthel* S. 255 deshalb nicht, weil der Gesetzgeber des § 323a n. F. ihr nicht gefolgt sei.

344 *Bemmann* GA **1961** 65, 73 f; *Montenbruck* GA **1978** 225, 237; *Hirsch* ZStW-Beiheft **1981** 2, 16; *Ranft* JA **1983** 193, 194 f; *Otto* JURA **1986** 478, 485; *Miseré* Die Grundprobleme der Delikte mit strafbegründender besonderer Folge (1997) 134 f; *Rönnau* JuS **2011** 697, 698; *A/W/Hilgendorf* § 40 Rdn. 12; *Küpper* BT I § 5 Rdn. 62; *Maurach/Schroeder/Maiwald* BT 2 § 96 Rdn. 5; wohl auch *Dölling* in: Kiesel (Hrsg.), Rausch (1999) 149, 173 f; *Köhler* AT S. 398; *Conen* AnwK Rdn. 35; *Kaspar* Verhältnismäßigkeitsprinzip und Grundrechtsschutz im Präventionsstrafrecht (2014) 736 f. In der Sache ähnlich bereits *v. Weber* GS **106** (1935) 329, 338.

345 Vgl. etwa BayObLG **1990** 2334, 2335; OLG Hamm BA **2005** 73, 74; NStZ **2009** 40 m. Anm. *Geisler*; OLG Oldenburg BA **2005** 73; OLG Frankfurt Beschl. v. 22.10.2009 – 1 Ss 300/09.

346 Krit. deshalb *Spendel* LK[11] Rdn. 59; *Kraatz* ZStW **125** (2014) 819, 831.

347 Grdl. *Lange* ZStW **59** (1940) 574, 581 ff; *Kohlrausch/Lange* § 330a Anm. V; aus der Rspr. etwa OLG Celle NdsRpfl **1950** 128; OLG Oldenburg JZ **1951** 460 m. Anm. *Lange*; vgl. ferner a. *Heinitz* JR **1957** 347, 348; *Ranft* MDR **1972** 737, 741; *Welzel* S. 475; *Arth. Kaufmann* Das Schuldprinzip[2] (1976) 146; *A/W/H/Hilgendorf* § 40 Rdn. 12.

348 In diesem Sinne etwa *Ranft* MDR 1972 737, 740 f; *ders.* JA **1983** 193, 194; *Schliwienski* S. 49 ff, ähnlich wohl *Hirsch* ZStW-Beiheft **1981** 1, 15; *Küpper* BT I § 5 Rdn. 62.

nommen hat.[349] Anderenfalls läge – selbst bei wissentlicher und willentlicher Berauschung – allenfalls ein *fahrlässiges* Vergehen nach § 323a vor (für das die Vorhersehbarkeit irgendeines strafrechtlich relevanten Verhaltens bereits ausreichend, nach jener Lehre aber eben auch notwendig ist). Überwiegend wird die Gefahr späterer Rauschtaten jedoch eher als Begründungselement einer (freilich abgeschwächten) *Zurechnung des mit der Rauschtat dann auch tatsächlich verwirklichten Unrechts* eingeordnet. Bei dieser Sichtweise bleiben Vorsatz und Fahrlässigkeit in § 323a auf die Herbeiführung eines Rauschzustandes beschränkt; die generelle Vorhersehbarkeit irgendeiner Rauschtat tritt – gleichsam in wenigstens angedeuteter Verbeugung vor dem Schuldprinzip – lediglich noch hinzu.[350]

127 Freilich bliebe man mit alledem – wenn denn ernstlich dem Schuldprinzip genüge getan werden soll – gleichsam auf halbem Wege stehen.[351] Denn echte Fahrlässigkeit (als Gegenstand eines entsprechenden Schuldvorwurfs) ist stets auf ein konkretes Geschehen bezogen, für das der Täter in objektiv zurechenbarer Weise ursächlich geworden ist. Es geht also nicht lediglich um ein inakzeptabel gefährliches Verhalten und dessen Folgen (etwa im Sinne des heute allseits verworfenen kanonistischen Grundsatzes *„versanti in re illicita imputantur omnia quae sequuntur ex delicto“*), sondern eben immer (nur) um die Verletzung der Pflicht, ein vorhersehbares konkretes Ereignis zu vermeiden, das mit einem für das jeweilige Delikt spezifischen Unwerturteil belastet ist.[352] In diesem Sinne wird denn auch für § 323a im Schrifttum vielfach verlangt, dass für den sich Berauschenden gerade die spätere Rauschtat jedenfalls **ihrer Art nach vorhersehbar** war;[353] eine in der Sache wohl etwas abgeschwächte Variante dieser Auffassung fordert immerhin, dass der Täter eine solche Tat wenigstens nach der Art des betroffenen Rechtsguts und des dabei verwirklichten Handlungsunrechts hätte absehen können.[354] Ob es sich dann – jedenfalls bei der zuerst genannten Variante – wirklich schon um *Fahrlässigkeit* im eigentlichen Sinne handeln würde (wie *Roxin/Greco* AT I § 23 Rdn. 9 anzunehmen scheinen), ist freilich nicht ganz klar (zutr. *Barthel* S. 92; vgl. aber a. *Kraatz* ZStW **125** [2014] 819, 832 ff).

128 Bei einer solchen – in Hinsicht auf das Schuldprinzip noch am ehesten erträglichen – Deutung des § 323a mag es, wie man deutlich sagen muss, jedenfalls bei manchen Personen tatsächlich ein *strafloses „erstes Mal“* geben.[355] Doch damit tut sich keine „Strafbarkeitslücke“ auf: Wer im Rausch zu Ausschreitungen neigt, wird das von ihm in einem solchen Zustand Angerichtete in aller Regel auch vorhersehen können (*Geisler* MK Rdn. 63), und es gibt keinerlei „kriminalpolitischen“ Gründe[356] dafür, auch an demjenigen Rauschtäter, der mit einer derartigen Wendung der Dinge den Umständen nach nicht zu rechnen brauchte, gleichwohl ein abschreckendes,

---

349 So ausdrücklich noch der 5. Strafsenat in BGH VRS **7** 309, 311 (nicht ganz eindeutig hingegen BGHSt **10** 247 ff); s. ferner BayObLG NJW **1968** 1897, 1898; **1990** 2334, 2335; OLG Hamm BA **2005** 73, 74; OLG Oldenburg BA **2005** 73; *Lenckner* JR **1975** 31, 32; *Spendel* LK[11] Rdn. 235, 243; *Sch/Schröder/Hecker* Rdn. 12. **AA** OLG Celle NJW 1969 1916; BayObLG NJW **1974** 1520, 1523; OLG Hamm NJW **2009** 40 m. Anm. *Geisler.*

350 So jedenfalls in der Sache (Vorhersehbarkeit rechtswidrigen Verhaltens genügen lassend) OLG Celle NJW **1969** 1916; BayObLG NJW **1974** 1520, 1523; OLG Hamm NJW **2009** 40 m. Anm. *Geisler.* Zur Entgegensetzung von „verhaltensbezogener Gefährlichkeit“ und „subjektiver Vorwerfbarkeitsbeziehung“ in diesem Zusammenhang a. *Duttge* FS Geppert 63, 74.

351 Zutr. *Arth. Kaufmann* Das Schuldprinzip[2] (1976) 146 f; ebenso schon *Lange* ZStW **59** (1940) 574, 584.

352 *Renzikowski* ZStW **112** (2000) 475, 500 f m. w. N.; s. a. *Duttge* FS Geppert 63, 71, 76.

353 *Roxin/Greco* AT I § 23 Rdn. 9; *Geisler* S. 398 ff; *ders.* MK Rdn. 57 ff; *Renzikowski* ZStW **112** (2000) 475, 501; *ders.* in: Schneider/Frister (Hrsg.) Alkohol und Schuldfähigkeit (2002) 141, 150 f; *Freund* HbStrR Bd. 5 § 46 Rdn. 24; i. E. ähnlich wohl a. *Brandenberger* S. 133 ff; *Duttge* FS Geppert 63, 74 ff; *Kraatz* ZStW **125** (2014) 819, 833 ff; *Matt/Renzikowski/Safferling* Rdn. 17; s. i. Ü. bereits *Kohlrausch* ZStW **32** (1911) 645, 661.

354 *Wolter* NStZ **1982** 54, 58; zust. *Geppert* JURA **2009** 40, 41; *Sch/Schröder/Hecker* Rdn. 1.

355 Vgl. BGH VRS **7** 309, 311; OLG Oldenburg JZ **1951** 460; *Renzikowski* ZStW **112** (2000) 475, 502; *Geisler* MK Rdn. 63.

356 So aber wohl *Junge* S. 87 f im Anschluss an *Otto* JURA **1986** 478, 479; abl. a. *Spendel* LK[11] Rdn. 59.

belehrendes oder erwartungssicherndes Exempel zu statuieren.[357] Das gilt dann auch für den, der sich arglos zu Bett legt, um dort seinen Rausch auszuschlafen (oder, wie in dem von *Spendel* LK[11] Rdn. 64 erdachten Beispiel, mit einem „heißen Grog" berauscht seine Erkältung auszukurieren – nach OLG Celle NJW **1969** 1588, 1589 hingegen erst dann, wenn z. B. mit Blick auf etwaige Verkehrsdelikte die „Unerreichbarkeit des Kraftfahrzeugschlüssels sichergestellt" worden ist).

Je nach den Anforderungen, die danach an die individuelle Vorhersehbarkeit der im Rausch begangenen Tat gestellt werden, kann allerdings die Grenze zu den bislang unter dem Gesichtspunkt der „fahrlässigen a.l.i.c." behandelten Fällen verschwimmen[358] oder – jedenfalls *de facto* – sogar gänzlich verschwinden.[359] Aber das ist kein durchschlagender Einwand. Nach vordringender und zutreffender Auffassung findet eine Bestrafung nach den „Grundsätzen" der *actio libera in causa* im geltenden Recht ohnehin keine Grundlage (oben Rdn. 5), und selbst wenn man dies mit der noch h. M. anders sehen wollte, so verbliebe doch für § 323a immerhin dort noch ein eigener Anwendungsbereich, wo Fahrlässigkeitstatbestände von vornherein fehlen[360] (oder durch eine vorsätzliche Tat *im Rausch* überlagert werden, s. dazu unten Rdn. 143). Soweit BGHSt **42** 235, 238 ff jene Konstruktion für „verhaltensgebundene" Delikte wie §§ 315c, 316 oder § 21 StVG bereits aufgegeben hat, muss es ohnehin bei § 323a bewenden (*Geppert* JURA **2009** 40, 42). **129**

IV. Rechtswidrigkeit

Die Selbstberauschung soll ausnahmsweise gerechtfertigt sein, wenn die Zuführung eines bestimmten „berauschenden Mittels" aus medizinischen Gründen angezeigt war (so noch *SSW/Schöch*[1] Rdn. 12). Freilich entsteht ein solches Rechtfertigungsproblem nur deshalb, weil die h. M. den Tatbestand entsprechend weit fassen und nicht auf einen Kernbereich missbräuchlichen Rauschmittelkonsums beschränken will (dazu bereits oben Rdn. 80). Denkbar ist ferner die gerechtfertigte Durchführung wissenschaftlicher Experimente (vgl. *Kusch* S. 67 m. Fn. 73). Weitere Konstellationen sind (wie das von *Spendel* LK[11] Rdn. 229 noch bemühte Beispiel eines sich im Nötigungsnotstand berauschenden „jungen Matrosen" deutlich macht) nicht leicht zu finden. **130**

V. Schuld

Während hinsichtlich der im Rausch begangenen Tat geradezu vorausgesetzt wird, dass der Täter infolge seiner Berauschung (jedenfalls nicht ausschließbar) schuldunfähig war, muss er sich doch immerhin schuldhaft in jenen Rauschzustand versetzt haben. Im Einzelfall kann auch insoweit nach § 20 die **Schuld ausgeschlossen** sein. Denkbar ist dies etwa bei gewissen hirnorganischen Defekten (s. etwa OLG Naumburg BA **2002** 46), zuweilen – freilich selten – auch bei hochgradig Rauschmittelabhängigen,[361] bei chronischem Medikamentenmissbrauch[362] oder als **131**

357 In diesem Sinne a. *Roxin/Greco* AT I § 23 Rdn. 11; *Freund* HbStrR Bd. 5 § 46 Rdn. 23; *Geisler* MK Rdn. 63. Für eine Strafzumessung lediglich „im untersten Bereich" *Jescheck/Weigend* AT S. 557.

358 Krit. deshalb *Cramer* S. 46; *Arth. Kaufmann* JZ **1963** 425, 431; *Streng* JZ **1984** 114, 118; *Lagodny* Strafrecht vor den Schranken der Grundrechte (1996) 237; vgl. a. *Geppert* JURA **2009** 40, 41; *Fischer* Rdn. 19.

359 Für eine grundsätzliche Beschränkung des § 323a auf Fälle der a.l.i.c. in der Tat *Klesczewski* BT § 23 Rdn. 8 ff.

360 *Geisler* S. 401 ff; *Roxin/Greco* AT I § 23 Rdn. 11; *Geppert* JURA **2009** 40, 41; *Kraatz* ZStW **125** (2014) 819, 835; *Geisler* MK Rdn. 62.

361 BGHSt **1** 196, 199; StV **1984** 419; OLG Hamm NJW **1973** 1424; ggf. auch bei akuter Entzugssymptomatik, s. *Gerchow* FS Sarstedt 1, 13.

362 OLG Hamm VRS **52** (1977) 194, 196.

Folge einer „langjährigen mißbräuchlichen Behandlung mit starken Beruhigungsmitteln im Strafvollzug der ehemaligen DDR" (wie im Fall BGH NJW **1994** 30).

132 Anhaltspunkte für eine Alkoholabhängigkeit bzw. wiederholten Alkoholmissbrauch geben regelmäßig Anlass, die Voraussetzungen jedenfalls des § 21 zu erörtern,[363] und dies erst recht, wenn zugleich die Anordnung einer Maßregel nach § 64 begründet werden soll.[364] Auch wer grundsätzlich fähig ist, „abstinent zu leben und vom Alkoholgenuss zu lassen", kann sich doch während der konkreten Konsumsituation in einem Zustand befunden haben, in dem diese Fähigkeit deutlich herabgesetzt war (BGH NStZ-RR **1997** 299: mögliches Zusammenspiel von Alkoholabhängigkeit und Triebstörung; BGHR § 323a Abs. 1 Sichberauschen 2: verminderte Hirnleistungsfähigkeit). Entsprechend legen auch langjähriger Umgang mit Drogen und jedenfalls psychische Abhängigkeit die Prüfung nahe, ob die Fähigkeit, „der Versuchung des Rauschmittelmißbrauchs zu widerstehen", nicht etwa in einem für § 21 relevanten Maße eingeschränkt ist, zumal dann, wenn bereits mehrere stationäre und ambulante Therapien erfolglos geblieben sind (wie im Fall BGH NStZ **1996** 334). Andererseits ist aber auch Gesichtspunkten, die *gegen* eine Milderung sprechen, hinreichende Beachtung zu schenken (vgl. BGH NStZ-RR **1997** 300).

VI. Täterschaft und Teilnahme

1. Beteiligung an der Rauschtat

133 An der im Rausch begangenen „rechtswidrigen Tat", an die § 323a Abs. 1 anknüpft (oben Rdn. 58 ff), können weitere Personen beteiligt sein, und dies grundsätzlich in allen Formen, die das Gesetz kennt.[365] Möglich ist insbesondere **mittelbare Täterschaft** (§ 25 Abs. 1 Var. 2), also die Tatbegehung „durch einen anderen", nämlich den Berauschten, sofern dieser wegen seines Zustandes der überlegenen Willensherrschaft des Hintermanns unterliegt.[366] Fehlt diesem freilich die nähere Einsicht in das Ausmaß der Berauschung des anderen, kann immerhin Anstiftung (§ 26) oder wenigstens Beihilfe (§ 27) vorliegen (*Sch/Schröder/Hecker* Rdn. 25 m. w. N.); Gleiches gilt, wenn die Konstruktion mittelbarer Täterschaft – wie namentlich bei §§ 315c Abs. 1 Nr. 1, 316 – an einem deliktsspezifischen Erfordernis der „eigenhändigen" Begehung scheitert.[367]

134 Im Übrigen ist aber auch **mittäterschaftliche Begehung** (§ 25 Abs. 2) nicht grundsätzlich ausgeschlossen:[368] Da das Gesetz in § 29 die Frage der *Beteiligung* von der Frage der *Schuld* des jeweiligen Beteiligten grundsätzlich trennt, disqualifiziert das Vorliegen der Voraussetzungen des § 20 in der Person des Rauschtäters diesen jedenfalls nicht von vornherein als Partner eines Mittäterschaftsverhältnisses (wie BGHSt **23** 122 f offenbar annimmt); zu weiteren Einzelheiten *Schünemann/Greco* LK § 25 Rdnr. 192.

135 Eine **Unterlassungstäterschaft** Dritter in Hinsicht auf das mit der Rauschtat verbundene Geschehen setzt stets eine entsprechende Garantenverantwortlichkeit voraus (allg. dazu *Weigend* LK § 13 Rdn. 17 ff). Insbesondere die Frage, ob und ggf. unter welchen Umständen eine solche Verantwortlichkeit bereits mit *Abgabe und Ausschank alkoholischer Getränke* an den spä-

---

363 Vgl. nur BGHR StGB § 323a I Sichberauschen 1; BGH StV 1984 154, 419; Beschl. v. 1.2.1985 – 2 StR 860/84 (bei *Theune* NStZ 1986 153, 155); BGH NStZ-RR 1997 102; 2007 368; BGH StV 2005 495; BayObLG Beschl. v. 14.8.1991 – RReg. 2 St 147/91 (bei *Janiszewski* NStZ 1991 576).

364 BGHR § 323a Abs. 1 Sichberauschen 2; BGH NStZ-RR **1997** 299; BGH NStZ-RR **2007** 368; abw. aber BGH NStZ-RR **1997** 300 („Gewohnheitstrinker").

365 *Conen* AnwK Rdn. 149; *Fischer* Rdn. 20; *Geisler* MK Rdn. 67; *Paeffgen* NK Rdn. 81; *SSW/Schöch* Rdn. 31; s. a. *Rengier* BT II § 41 Rdn. 27.

366 *Fischer* Rdn. 20; *Geisler* MK Rdn. 67; *Lackner/Kühl/Heger* Rdn. 17.

367 Vgl. nur OLG Dresden NJW **2006** 1013, 1014; **aA** *Roxin* AT II § 25 Rdn. 295 f.

368 Zutr. *Fischer* Rdn. 20; *Geisler* MK Rdn. 67; *Paeffgen* NK Rdn. 81.

teren Rauschtäter begründet werden kann, hat die Rechtsprechung immer wieder beschäftigt. Der Ingerenz-Gedanke führt bei diesen „allgemein als sozial üblich anerkannten Verhaltensweisen" erst einmal nicht weiter (wie BGHSt **19** 152, 154 ff richtig hervorhebt; überholt daher die frühere Entscheidung BGHSt **4** 20, 21 ff, die dafür schon das Ausschenken mehrerer Schnäpse durch eine Gastwirtin genügen lassen wollte). Gleichwohl soll für Gastwirte eine Rechtspflicht zum Eingreifen (beispielhaft: zur Verhinderung einer Trunkenheitsfahrt) entstehen, wenn „die Trunkenheit des Gastes offensichtlich einen solchen Grad erreicht hat, daß er nicht mehr verantwortlich handeln kann" (d. h. „zurechnungsunfähig" geworden ist, BGHSt **19** 152, 155; vgl. a. BGH NJW **2004** 3350, 3355; *Roxin* FS Trechsel [2002] 551, 560 f). Ausschlaggebend ist danach offenbar weniger die Pflichtwidrigkeit der Bewirtung als vielmehr deren zutage getretene Folge (vielleicht noch verbunden mit der offenbar nie ganz aufgegebenen Vorstellung einer quasipolizeilichen Zuständigkeit von Gastwirten innerhalb ihres Lokals). Nimmt man das ernst, so wäre vor einer eventuellen Garantenverantwortlichkeit auch derjenige nicht gefeit, der sich beim Ausschank alkoholischer Getränke durchwegs im Rahmen des gewerbe- und gaststättenrechtlich Zulässigen bewegt (namentlich das in § 20 Nr. 2 GastG aufgestellte Verbot beachtet, solche Getränke „an erkennbar Betrunkene zu verabreichen").[369] Damit dürfte die Verantwortlichkeit von Gastwirten und vergleichbaren anderen Personen aber wohl doch überspannt werden. Ob die von der Rechtsprechung entwickelten Grundsätze auch auf private Gastgeber zu übertragen wären, ergibt sich zwar (anders als gelegentlich angenommen[370]) nicht schon aus der Entscheidung BGHSt **26** 35, 37 ff, liegt aber nahe. – Bei Verkehrsdelikten wie § 316, die nur von demjenigen täterschaftlich begangen werden können, der das Fahrzeug auch selbst führt (BGHSt **8** 6, 8 f; OLG Dresden NJW **2006** 2013, 2104), ist indessen eine Unterlassungstäterschaft Dritter ohnehin ausgeschlossen.

Die **Fahrlässigkeitshaftung** eines Dritten (etwa nach § 222 oder § 229) für die Folgen der **136** Rauschtat kann einmal daran anknüpfen, dass er deren Begehung durch eigene Sorgfaltswidrigkeit vorhersehbar ermöglicht oder erleichtert (bzw., wie im oben angeführten Fall BGHSt **4** 20, garantenpflichtwidrig nicht verhindert) hat.[371] Darüber hinaus soll sie auch schon mit der *Förderung der Berauschung* begründet werden können (s. nur *Geisler* MK Rdn. 67), was freilich entsprechende Kausal- und Zurechnungszusammenhänge voraussetzt, die für den Dritten schon vorhersehbar gewesen sein müssen. Bei Delikten wie § 316 Abs. 2 kommt fahrlässige Nebentäterschaft eines Dritten in keiner dieser beiden Varianten in Betracht (vgl. nur BGHSt **8** 6, 9).

2. Beteiligung am Vergehen nach § 323a

Täter des § 323a kann nur derjenige sein, der sich selbst in einen Rausch versetzt. Deshalb **137** von einem „eigenhändigen" Delikt zu sprechen, wie es vielfach geschieht,[372] kann freilich zu Missverständnissen Anlass geben: Richtig ist zwar, dass sich der Täter im Durchleben des Rauschzustandes nicht vertreten lassen kann – es geht immer nur um ein pflichtwidriges Sich-selbst-Berauschen und insofern ausnahmslos um eine höchstpersönliche Einwirkung auf den eigenen Körper und den eigenen Geisteszustand. § 323a kann deshalb nicht als mittelbarer Täter begehen, wer einen anderen Menschen in einen Rausch versetzt – auch nicht in der Weise, dass dieser andere gleichsam „gegen sich selbst" instrumentalisiert wird (indem ihm beispielsweise

---

369 Vgl. in eben diesem Sinne a. BGHSt **26** 35, 37 ff (allerdings zur Frage einer *Obhutspflicht* ggü. dem berauschten Gast).

370 *Conen* AnwK Rdn. 51; *Geisler* MK Rdn. 68.

371 *Geisler* MK Rdn. 67; *Sch/Schröder/Hecker* Rdn. 24.

372 *Lackner/Kühl/Heger* Rdn. 17; *Arzt/Weber/Heinrich/Hilgendorf* BT § 40 Rdn. 34; *Roxin* Täterschaft und Tatherrschaft[8] (2006) 760; *Fischer* Rdn. 20; krit. *Jakobs* AT Abschn. 21 Rdn. 23.

unbemerkt Alkohol oder ein anderes Rauschmittel ins Getränk gemischt wird).[373] Bei der Herbeiführung des eigenen Rausches mag sich der Täter jedoch ohne weiteres einer anderen Person bedienen: Ein Drogenkonsument bittet etwa einen anderen, ihm ein Rauschmittel zu injizieren.[374] Insoweit ist ein „eigenhändiges" Vorgehen also nicht zwingend (ob die Einbeziehung eines Dritten dann auch als „mittelbare" Täterschaft bezeichnet werden sollte, ist freilich eine andere Frage[375]).

138 Für **Mittäterschaft** (§ 25 Abs. 2) ist nach dem Gesagten hingegen kein Raum.[376] Die höchstpersönliche Pflicht, die Herrschaft über das eigene Tun und Lassen nicht durch exzessive Rauschzustände aufs Spiel zu setzen, kann jeder Mensch nur für sich selbst verletzen. Ein gemeinsamer Entschluss, dies zu mehreren zu tun, ändert daran nichts und gibt keinen Anlass, insoweit von „Mittäterschaft" zu sprechen (so aber *Schliwienski* S. 205 f; *Spendel* LK[11] Rdn. 268).

139 Auch eine Teilnahme durch **Anstiftung** oder **Beihilfe** kommt bei § 323a – heute wohl vorherrschender Auffassung[377] zuwider – *nicht* in Betracht.[378] Die diesem Tatbestand zugedachte besondere Funktion, die strafrechtliche Verantwortlichkeit des *Rauschtäters* über das von den allgemeinen Regeln vorgegebene Maß hinaus auszudehnen, deckt die Kriminalisierung *Dritter*, die sich lediglich an fremder Selbstberauschung „beteiligen", eben gerade nicht mehr ab.[379] Dass deren Erfassung als Teilnehmer am Vergehen nach § 323a (jedenfalls in der Vorsatz-Variante[380]) konstruktiv möglich ist[381] und im Gesetzestext auch nicht ausdrücklich ausgeschlossen wird,[382] verschlägt gegenüber dieser grundsätzlichen teleologischen Überlegung nur wenig (zumal auch die Entstehungsgeschichte der Norm eher für als gegen die hier vertretene Auffassung spricht; vgl. *H. Mayer* ZStW **59** [1940] 283, 334 m. w. N.). Deshalb führt auch der schlichte Verweis auf die angebliche Strafwürdigkeit des betreffenden „Teilnehmer"-Verhaltens[383] letztlich nicht weiter. Die hier vertretene Ansicht vermeidet zugleich ein Problem, das sich für die (hier abgelehnte) h. M. in Hinsicht auf die *sachlichen Grenzen* der strafrechtlichen Teilnehmerhaftung stellt: Sollte sie wirklich auch Zechgenossen und Gastwirte treffen? Immerhin wird dann das aus der allgemeinen Zurechnungslehre zu entnehmende Erfordernis, dass das vom Teilnehmer geschaffene Risiko objektiv die *Grenzen des rechtlich noch Akzeptablen* überschritten haben muss, zu einer sinnvollen Einschränkung führen müssen[384] (für die man sich jedenfalls im Bereich des Gaststättengewerbes an § 20 Nr. 2 GastG orientieren kann, der das Verabreichen alkoholischer Getränke – nur – an erkennbar Betrunkene verbietet, und jenseits davon an der in BGHSt **19** 152, 154 ff formulierten Einsicht, der Alkoholausschank zähle grundsätzlich zu den

---

373 Statt vieler: *Cramer* GA 1961 97, 103; *Roxin* Täterschaft und Tatherrschaft[8] (2006) 431. Anders wohl nur *Maurach/Schroeder/Maiwald* BT II § 96 Rdn. 24.

374 *Cramer* GA **1961** 97, 103 m. w. N.; *Spendel* LK[11] Rdn. 265; ihm zustimmend *Paeffgen* NK Rdn. 66.

375 Zu Recht zweifelnd *Cramer* GA **1961** 97, 103; *Ranft* JA **1983** 239, 244.

376 *Fischer* Rdn. 20; *Geisler* MK Rdn. 69; *Paeffgen* NK Rdn. 66; *SSW/Schöch* SSW 30; Sch/Schröder/*Hecker* Rdn. 22; *Wolters* SK Rdn. 9.

377 *Cramer* GA **1961** 97, 103 ff; *Matt/Renzikowski/Safferling* Rdn. 18; *Sch/Schröder/Hecker* Rdn. 23; *Wolters* SK Rdn. 9; *Arzt/Weber/Heinrich/Hilgendorf* BT § 40 Rdn. 35; *Eisele* BT I Rdn. 1226; *Rengier* BT II § 42 Rdn. 26. Von möglicher Teilnehmerstrafbarkeit geht offenbar auch BGHSt **10** 247, 248 aus.

378 Wie hier *Lackner/Kühl/Heger* Rdn. 17; *Lay* LK[9] Rdn. 73; *Ranft* JA 1983 239, 244; *Welzel* S. 476; *Otto* GK BT § 81 Rdn. 20; konstruktive „Schwierigkeiten" sieht auch *Streng* FS Rengier 113, 117.

379 Ebenso *Ranft* JA **1983** 239, 244; *Otto* GK BT § 81 Rdn. 20; ähnlich schon *Mayer* ZStW **59** (1940) 283, 334, unter Hinweis auf die Entstehungsgeschichte („unzweifelhafte Absicht des Gesetzgebers").

380 §§ 26, 27 setzen jeweils eine *vorsätzliche* Haupttat voraus; überholt daher *Cramer* GA **1961** 97, 105 f; *Roxin* Täterschaft und Tatherrschaft[8] (2006) 431 f (vgl. *dens.* S. 552 ff).

381 Dies insbesondere unabhängig von der Einordnung des § 323a als „Pflichtdelikt"; insoweit zutr. *Geisler* MK Rdn. 69; *Paeffgen* NK § 323a Rdn. 66; s. a. *Roxin* Täterschaft und Tatherrschaft[8] (2006) 430 ff, 760.

382 *Cramer* GA **1961** 97, 104 f; *Paeffgen* NK Rdn. 66.

383 Vgl. etwa *Roxin* Täterschaft und Tatherrschaft[8] (2006) 432.

384 In diesem Sinne etwa *Geisler* MK Rdn. 70; *Matt/Renzikowski/Safferling* Rdn. 18; *SSW/Schöch* Rdn. 30; *Rengier* BT II § 42 Rdn. 26.

„allgemein als sozial üblich anerkannten Verhaltensweisen"). Und nicht zuletzt müsste sich erweisen lassen, dass nicht nur der sich Berauschende, sondern auch der Teilnehmer *vorsätzlich* gehandelt haben (vgl. §§ 26, 27) – dies jedenfalls mit Blick auf den Eintritt eines tatbestandsmäßigen Rauschzustandes, nach der hier (Rdn. 127 f) vertretenen Auffassung aber auch, was die mögliche Begehung rechtswidriger Taten in diesem Zustand anbelangt.[385]

VII. Konkurrenzen

Bei mehreren im Rausch begangenen rechtswidrigen Taten (§ 11 Abs. 1 Nr. 5) ist § 323a nach st. Rspr. gleichwohl nur *einmal* verwirklicht.[386] Unerheblich ist dabei, ob die im Rausch begangenen Delikte zueinander in Tateinheit oder Tatmehrheit stehen (zu letzterem Fall noch unten Rdn. 154), solange es sich nur um denselben Rauschzustand (und damit um ein und dasselbe Vergehen nach § 323a) handelt. Bleibt unklar, welche von mehreren möglichen Rauschtaten der Täter begangen hat, kann diese Frage allenfalls in entsprechender Anwendung der für die Wahlfeststellung entwickelten Grundsätze offengelassen werden.[387] **140**

Ein Konkurrenzverhältnis zwischen der **Rauschtat** und dem auf sie – gleichsam *ersatzweise* – bezogenen Vergehen nach § 323a ist von vornherein ausgeschlossen (BGHSt **2** 14, 18; allg. M.). Das folgt aus der ausdrücklichen Beschränkung des Vollrausch-Tatbestandes in der zweiten Satzhälfte des Absatzes 1 auf genau die Konstellationen, in denen eine Bestrafung wegen der im Rausch begangenen Tat nicht möglich ist.[388] Als Auflösung eines Konkurrenzproblems würde sich ein solches Ergebnis jedenfalls nicht von selbst verstehen, insbesondere dann nicht, wenn die Selbstberauschung als abstrakte Gefährdung *aller erdenklichen Rechtsgüter* gedeutet werden soll (insoweit zutr. *Lange* ZStW **59** 574, 591; **krit.** a. *Kusch* S. 159 f), die hinter dem im Rausch dann tatsächlich verübten Angriff auf immerhin *ein* bestimmtes Rechtsgut *stets* als subsidiär zurückzutreten hätte (vgl. *Paeffgen* NK Rdn. 68); noch näher läge das bei einer Interpretation als „konkretes" Gefährdungsdelikt. Aber um ein gewöhnliches Gefährdungsdelikt handelt es sich bei § 323a eben gerade nicht: Die als Delikt ausgeformte Selbstberauschung interessiert im Grunde erst und nur dann, wenn nicht schon wegen der im Rausch begangenen Tat gestraft werden kann. **141**

Soweit dem Täter die im Rausch begangene rechtswidrige Tat – entgegen der hier (Rdn. 8) vertretenen Auffassung – als **actio libera in causa** zur Schuld zugerechnet wird, findet § 323a folglich ebenfalls keine Anwendung.[389] Denn auch hier tritt der von dieser Vorschrift gerade vorausgesetzte Fall, dass der Täter wegen jener Tat „nicht bestraft werden kann", eben letztlich nicht ein.[390] Für Rauschtaten, bei denen jene außerordentliche Schuldzurechnung versagt, gilt das natürlich nicht; soweit sie zur Strafbarkeit aus § 323a führen, wird ggf. *Tateinheit* mit etwaigen anderen im Rausch begangenen, aber unter dem Gesichtspunkt der a.l.i.c. bestraften Delikten angenommen (BGHSt **17** 333, 335 ff).[391] **142**

---

385 Insoweit übereinstimmend *Geisler* MK Rdn. 70; *Roxin* Täterschaft und Tatherrschaft[8] (2006) 431.

386 RGSt **73** 11, 12; RG HRR **1938** Nr. 190; BGHSt **13** 223, 225; BGHR § 323a Abs. 1 Konkurrenzen 4; BGH StV **1994** 128; BGH MDR **1994** 434; BGH NZV **2001** 133; OLG Hamburg VRS **53** 125.

387 OLG Oldenburg NJW **1959** 832; *Dencker* NJW **1980** 2159, 2165; *Lackner/Kühl/Heger* Rdn. 12; *Paeffgen* NK Rdn. 85; weiter (auf rechtsethische und psychologische Vergleichbarkeit verzichtend) *Montenbruck* GA **1978** 225, 239; *Spendel* LK[11] Rdn. 328; *Sch/Schröder/Hecker* Rdn. 20 (hinsichtlich Abs. 2 aber *in dubio pro reo* entscheidend).

388 Ähnlich *Otto* JURA **1986** 478, 487 („Tatbestand" des § 323a nicht erfüllt).

389 Vgl. nur RGSt **73** 177, 182; BGHSt **2** 14, 17; **10** 247, 255; mit abw. Begründung a. BGHSt **17** 333, 335; *Geppert* JURA **2009** 40, 48; *Fischer* Rdn. 23; *Geisler* MK Rdn. 72.

390 Zutr. *Otto* JURA **1986** 478, 487; *Wolters* SK Rdn. 32; i. E. übereinstimmend (auf die „Subsidiarität" des § 323a rekurrierend) *Geisler* MK Rdn. 72; *Matt/Renzikowski/Safferling* Rdn. 21; *Sch/Schröder/Hecker* Rdn. 31.

391 Ebenso etwa *Geppert* JURA **2009** 40, 48; *Geisler* MK Rdn. 72; *Lackner/Kühl/Heger* Rdn. 19. S. a.; *Rath* JuS **1995** 405, 413; *Arzt/Weber/Heinrich/Hilgendorf* § 40 Rdn. 39.

143 Sofern sich für einen im Vollrausch vorsätzlich herbeigeführten Erfolg (etwa: eine Körperverletzung, § 223) zugleich eine – dem schuldausschließenden Rauschzustand vorgelagerte – *Fahrlässigkeitshaftung* (im Beispiel: § 229) im Sinne einer „fahrlässigen actio libera in causa") begründen lassen sollte, wird gleichfalls **Tateinheit** mit § 323a (bezogen auf das spätere *Vorsatzdelikt*) behauptet, um so einen gegenüber dem Fahrlässigkeitstatbestand erweiterten Strafrahmen zu erschließen (im Beispiel: Obergrenze von fünf Jahren, § 323a Abs. 1, statt der drei Jahre in § 229).[392] Ganz abgesehen von den grundsätzlichen Einwänden gegen derartige Fahrlässigkeitskonstruktionen (s. nur *Hettinger* GA **1989** 1; *ders.* FS Schroeder [2006] 209) vermag ein auf diese Weise gleichsam „verdoppelter" Vorwurf kaum zu überzeugen (es genügt mithin eine Verurteilung *nur* aus § 323a in Verbindung mit dem Vorsatztatbestand).

144 Besondere Probleme bereiten die in **§ 142** enthaltenen Tatbestände. Fragwürdig geworden ist mit der Neufassung des § 142 durch das 13. StrÄG vom 13. Juni 1975 (BGBl. I S. 1349, in Kraft seit 21. Juni 1975) die Verknüpfung des § 323a mit einer Rauschtat nach § 142 *Abs. 1* (zum Streitstand näher *Herb* LK § 142 Rdn. 127 ff). Seither erfasst nämlich § 142 *Abs. 2 Nr. 2* auch denjenigen Unfallbeteiligten, der sich „berechtigt oder entschuldigt" vom Unfallort entfernt hat, und legt ihm die Pflicht auf, die bislang noch nicht erfolgten Feststellungen nunmehr unverzüglich nachträglich zu ermöglichen. Rechnet man nun zu den Fällen *entschuldigten* Sich-Entfernens auch den des rauschbedingt schuldlos Handelnden (§ 20), so treffen diesen zwar die in § 142 Abs. 2, Abs. 3 bezeichneten Pflichten, sobald er wieder hinreichend nüchtern geworden ist; für das Vollrauschdelikt (§ 323a) wäre dann aber (jedenfalls, was § 142 betrifft) kein Raum mehr.[393] Das BayObLG (JR **1989** 341 m. abl. Anm. *Keller*) ist dieser Lösung mit dem Argument entgegengetreten, der Gesetzgeber habe am früheren Rechtszustand (§ 323a i. V. m. § 142 [Abs. 1]) nichts ändern wollen; zudem sei das Begriffspaar „berechtigt oder entschuldigt" nicht „formal-dogmatisch" zu verstehen, sondern seinem „natürlichen Wortsinn" nach auf ein „erlaubtes" Entfernen zu beziehen (das im Falle des sich im Rausch vom Unfallort Entfernenden gerade fehle).

145 Jedenfalls diese letztgenannten Vorbehalte gegenüber einem „formal-dogmatischen" Umgang mit dem Gesetz dürften durch die Entscheidung BVerfG NJW **2007** 1666 (zur Einordnung unvorsätzlichen Sich-Entfernens) einigermaßen erschüttert worden sein; im Übrigen liegen sie schon deshalb neben der Sache, weil *andere* Fälle vorübergehender Schuldunfähigkeit ja durchaus unter § 142 Abs. 2 Nr. 2 gefasst werden (vgl. nur *Fischer* Rdn. 47 m. w. N.), obschon das Verlassen des Unfallortes natürlich auch hier nicht „erlaubt" ist. Die vom BayObLG und weiten Teilen des Schrifttums[394] postulierte Ausnahme für die Fälle *rauschbedingter* Schuldunfähigkeit, die danach eben nicht nach § 142 Abs. 2 Nr. 2, sondern (nur) nach dessen Abs. 1 i. V. m. § 323a zu behandeln wären, ist denn auch eher durch vermeintliche kriminalpolitische Notwendigkeiten motiviert: Da im Kontext des § 142 Abs. 2 Nr. 2 die Schuldunfähigkeit bei Verlassen des Unfallorts feststehen muss (Tatbestandsmerkmal), scheidet in Zweifelsfällen eine Bestrafung nach dieser Vorschrift aus; aber auch § 142 Abs. 1 kommt nicht in Betracht, wenn *in dubio* von Schuldunfähigkeit ausgegangen werden muss (§ 20). Das sich hier durch die „doppelte" Anwendung des Zweifelssatzes eine (von *Fischer* § 142 Rdn. 48 als „sachwidrig" empfundene) Strafbarkeitslücke auftut, liegt in der gesetzlichen Konstruktion des § 142 begründet und gilt für alle Fälle zweifelhafter Schuldunfähigkeit. Soweit sie gerade auf einer (als solche feststehenden) Berauschung beruht, soll aber nun § 323a einen Ausweg bieten und die Strafbarkeit des Täters eben doch sicherstellen (*Fischer* a. a. O.; anders *Küper* NJW **1990** 209, 211) – für eine so schwach legitimierte Strafnorm wie § 142[395] ist ein solcher Aufwand möglicherweise etwas übertrieben.

---

392 BGHSt **2** 14, 18; *Geppert* JURA **2009** 40, 48; *Geisler* MK Rdn. 73; *Lackner/Kühl/Heger* Rdn. 19; *Arzt/Weber/Heinrich/Hilgendorf* § 40 Rdn. 40. Anders noch RGSt **70** 85 (zu § 330a a. F.): Vorrang der fahrlässigen „actio libera in causa"; krit. a. *Paeffgen* NK Rdn. 68a („kennzeichnend für die omnipräsente Straf-Sucht").

393 Subsidiarität des zugleich (i. V. m. § 142 Abs. 1) gegebenen § 323a. Krit. *Küper* NJW **1990** 209, 211 ff.

394 Vgl. nur *Fischer* § 142 Rdn. 48; *Sch/Schröder/Hecker* Rdn. 13; *Rengier* BT II § 46 Rdn. 58; *Wessels/Hettinger/Engländer* Rdn. 1125.

395 S. nur *Matt/Renzikowski/Renzikowski* § 142 Rdn. 1; *Popp* Gläubigerschädigung (2014) S. 370 ff.

Streitig ist ferner die Behandlung **mehrfacher Zueignungen**, sofern die *erste* im Rausch erfolgt und daher nur über § 323a zu erfassen ist (vgl. beispielhaft OLG Celle NJW **1962** 1833: Jemand entwendet im Vollrausch eine Sache [§ 242] und maßt sich, inzwischen ausgenüchtert, auch noch weiterhin Befugnisse ihres Eigentümers an [§ 246]). Nach einer verbreiteten Auffassung,[396] die auch schon vom BGH (bei Dallinger MDR **1971** 546) vertreten worden ist, soll in diesen Fällen das Vergehen nach § 323a zurücktreten, weil diese Vorschrift lediglich zur Schließung von Strafbarkeitslücken bestimmt sei; hierfür bestehe aber, weil immerhin die der Rauschtat nachfolgende Zueignung aus § 246 bestraft werden könne, kein Bedürfnis. Mit der gerade auch in der Rechtsprechung vorherrschenden sog. „Tatbestandslösung", die die erneute Manifestation einer bereits erfolgten Zueignung schon *tatbestandlich* nicht mehr als Unterschlagung verstehen will,[397] ist dieses Ergebnis freilich nicht ohne weiteres vereinbar, da ihr zufolge überhaupt nur *eine* – hier allerdings im Rausch und damit schuldlos begangene – Zueignung anzunehmen wäre, das Problem der Gesetzeskonkurrenz also gar nicht auftreten könnte (ob sich der Täter die Sache beim ersten Mal auch „in strafbarer Weise" zugeeignet hat – so freilich missverständlich BGHSt **14** 38, 43 – kann für die objektiv-tatbestandliche Beurteilung seines Folgeverhaltens als [wiederholte] „Zueignung" ja schwerlich maßgeblich sein). Zustimmung verdient demgegenüber die vom OLG Celle a. a. O. gewählte Lösung: Bestrafung allein aus § 323a. Aus der erwähnten „Tatbestandslösung" zu § 246 ergibt sie sich von selbst; denjenigen, die ihr nicht folgen, bietet das OLG die Begründung an, das Unrecht späterer Zueignungshandlungen sei durch die Bestrafung nach § 323a (bezogen auf den vorangegangenen Diebstahl der Sache) bereits hinreichend abgegolten.[398] 146

Ist ein **Dauerdelikt** bereits *vor* Eintritt des Rauschzustandes begonnen (und vollendet) worden und währt es nun in diesen Zustand hinein fort, kommt allein die jeweils einschlägige Strafvorschrift zur Anwendung (anders, nämlich i. S. v. Tatmehrheit mit § 323a, freilich BGH 5 StR 135/83 v. 29.3.1983 für einen Fall unerlaubten Waffenbesitzes, weil dieser mit der durch § 323a sanktionierten Selbstberauschung rechtlich nicht zusammenfalle – doch sollte § 323a eben nur eine beschränkte Ersatzfunktion zukommen; zur umgekehrten Konstellation [Trunkenheitsfahrt eines zunächst bis zur Schuldunfähigkeit Berauschten] BGH VRS **62** 191 f). Kommt es im Rausch noch zu weiteren, nur über § 323a zu erfassenden Delikten, ist *Tateinheit* zwischen Dauerdelikt und Vollrausch anzunehmen (vgl. BGH NJW **1992** 584: Vergehen nach dem Sprengstoffgesetz). Ein entsprechendes Ergebnis erzielt BGH NStZ-RR **1999** 8 mit Hilfe der Annahme, ein bereits vor der Berauschung ausgeübter unerlaubter Waffenbesitz erlange durch einen im Rausch gefassten konkreten Tötungsentschluss eine neue rechtliche Qualität (womit neben dem ursprünglichen Waffenbesitz eine „zweite" Rauschtat gewonnen ist; zum Ganzen a. *Altvater* NStZ **1999** 17, 20). 147

VIII. Rechtsfolgen

1. Strafe

Strafrechtliche Folge eines Vergehens nach § 323a – gleichviel, ob vorsätzlich oder nur fahrlässig verwirklicht – ist zunächst Freiheitsstrafe von einem Monat (§ 38 Abs. 2, s. aber § 47 Abs. 2) bis zu fünf Jahren oder Geldstrafe (nach Maßgabe des § 40). Damit ist in § 323a Abs. 1 freilich nur eine absolute Obergrenze bezeichnet, die keinesfalls überschritten werden darf; unter den 148

---

396 *Geppert* JURA 2009 40, 48; *Sch/Schröder/Hecker* Rdn. 33; *Wessels/Hettinger/Engländer* Rdn. 1151.

397 BGHSt 14 38, 43 ff (grundlegend); 16 280, 281; NJW 1983 2827; ebenso *Gehrmann* Systematik und Grenzen der Zueignungsdelikte (2002) S. 109; *Kindhäuser* NK § 246 Rdn. 37; *SSW/Kudlich* § 246 Rdn. 20; *Maurach/Schroeder/Maiwald* BT 1 § 34 Rdn. 22; *Rengier* BT I § 5 Rdn. 51 ff. Bei der ersten (und einzigen) Zueignung muss es nicht notwendig um eine Unterschlagung handeln (BGH NStZ-RR 1996 131, 132).

398 A. A. *Ranft* JA 1983 239, 244 f; *Paeffgen* NK Rdn. 87: Tatmehrheit.

Voraussetzungen des Absatzes 2 kann der zur Verfügung stehende Strafrahmen sogar noch enger sein (unten Rdn. 150 ff). Eine an der jeweiligen Rauschtat orientierte Untergrenze gibt es hingegen nicht.[399]

149 **a) Absolute Grenze.** Die **absolute Obergrenze** von fünf Jahren Freiheitsstrafe (Absatz 1) gilt insbesondere auch dann, wenn im tatgegenständlichen Rauschzustand *mehrere rechtswidrige Taten* begangen worden sind. Denn auch in einer solchen Konstellation ist das Vergehen nach § 323a nur *einmal* verwirklicht (oben Rdn. 140), und zwar unabhängig davon, ob die im Rausch begangenen Taten zueinander im Verhältnis der Tateinheit oder Tatmehrheit stehen (zum letztgenannten Fall vgl. aber noch unten Rdn. 154). Mit Blick auf den Gefährdungssachverhalt (Selbstberauschung), der durch § 323a vorgeblich allein erfasst werden soll, ist der in Absatz 1 gezogene Strafrahmen offenbar viel zu weit (s. bereits Rdn. 27, 54).[400] Nicht zuletzt eröffnet er jedenfalls theoretisch die Möglichkeit, beispielsweise auf eine im schuldausschließenden Rausch begangene Körperverletzung mit einer Bestrafung wegen „Vollrauschs" zu reagieren, die im Ergebnis nicht geringer ausfällt (vgl. BGHR § 323a Abs. 2 Strafzumessung 5); ein „Verkürzungseffekt" der von Absatz 1 vorgesehenen Begrenzung setzt erst bei schwereren Delikten (dann aber umso deutlicher) ein.[401] Von Verfassungs wegen soll gegen eine solche Regelung freilich nichts einzuwenden sein (so jedenfalls das BVerfG bei *Spiegel* DAR **1979** 181). – Zur Milderung in Fällen *erheblich verminderter Schuldfähigkeit* (§ 21) schon bei der Aufnahme des Rauschmittels bereits oben Rdn. 132.

150 **b) Relative Grenze.** Eine zusätzliche, **am Strafrahmen der Rauschtat orientierte** (und damit „relative") **Begrenzung nach oben** ergibt sich freilich – „oft übersehen"[402] – aus Absatz 2: Hiernach darf die Strafe wegen des Vollrauschdelikts „nicht schwerer sein als die Strafe, die für die im Rausch begangene Tat angedroht ist". Gemeint ist damit der Strafrahmen, der *im konkreten Fall* zur Anwendung käme: Wer wegen der Rauschtat nicht bestraft werden kann, weil er (nicht ausschließbar) schuldlos gehandelt hat, soll über § 323a jedenfalls nicht härter sanktioniert werden als im Falle gegebener Schuldfähigkeit (s. a. BGH NJW **1992** 1519; grds. anders *Kusch* S. 146 ff). An dieser Regelung wird besonders deutlich, dass es sich beim „Vollrausch" keineswegs um ein gewöhnliches abstraktes Gefährdungsdelikt handeln kann:[403] Das im Rausch verwirklichte, im Kontext des § 323a aber vermeintlich unerhebliche Unrecht der „rechtswidrigen Tat" wird auf der Rechtsfolgenseite des § 323a offenbar doch reflektiert (dies jedenfalls in einem *negativ-begrenzenden* Sinne). In seiner heute geltenden Fassung verweist Absatz 2 insoweit gerade auf den im Rausch verwirklichten Vorsatz- bzw. Fahrlässigkeitstatbestand (während sich § 330a Abs. 2 a. F. noch stets an dem für die *vorsätzliche* Begehung vorgesehenen Strafrahmen orientierte) – beispielhaft (vgl. *Sch/Schröder/Hecker* Rdn. 27): Hat der Berauschte einen anderen Menschen mit einem gefährlichen Werkzeug verletzt, ergibt sich gemäß Absatz 2 eine Obergrenze von drei Jahren Freiheitsstrafe, sofern dem Rauschtäter insoweit nur Fahrlässigkeit zur Last fällt (vgl. § 229); bei vorsätzlichem Handeln (§§ 223, 224 Abs. 1 Nr. 1) hingegen hat es mit der absoluten Obergrenze (§ 323a Abs. 1) sein Bewenden. Daraus erhellt zugleich die Notwendigkeit, hinsichtlich der im Rausch begangenen Tat entsprechende Feststellungen zu treffen[404] (anders freilich BayObLG NJW **1989** 1685 f hinsichtlich der Frage vorsätzlicher oder fahrlässiger Trunkenheit im Verkehr, da das Gesetz beide Varianten in § 316 ja gerade gleichstelle).

399 Vgl. OLG Oldenburg Beschl. v. 29.8.2011 – 1 Ss 136/11 (insoweit nicht abgedruckt in NStZ-RR **2011** 380).
400 *Paeffgen* NStZ **1993** 66, 67; *Streng* NJW **2003** 2963, 2965.
401 S. a. *Paeffgen* NStZ **1993** 66, 68.
402 Jedenfalls nach Einschätzung von *Schäfer/Sander/van Gemmeren* Rdn. 1715.
403 So auch *Fischer* Rdn. 21; *Paeffgen* NK Rdn. 86.
404 *Sch/Schröder/Hecker* Rdn. 27.

Bei der Bestimmung der relativen Obergrenze i. S. d. Abs. 2 sind auch etwaige **obligatorische Strafmilderungsgründe** zu berücksichtigen (BGH NJW **1992** 1519 m. Anm. *Streng* JR **1993** 35).[405] Stellt sich die im Rausch begangene „rechtswidrige Tat" beispielsweise nur als Beihilfehandlung dar, so ist auch im Rahmen des § 323a Abs. 2 lediglich der nach §§ 27 Abs. 2 Satz 2, 49 Abs. 1 abgemilderte Strafrahmen heranzuziehen. Entsprechendes gilt für minder schwere Fälle. 151

Fakultative Strafmilderungsgründe können nach h. M. jedenfalls dann Berücksichtigung finden, wenn sie mit der Berauschung des Täters nicht in unmittelbarem Zusammenhang stehen.[406] Dies gilt etwa für den Fall, dass die Rauschtat über einen (freilich bereits strafbaren) Versuch nicht hinausgekommen ist (§§ 23 Abs. 2, 49 Abs. 1)[407] oder in einem begehungsgleichen Unterlassungsdelikt gesehen wird (§§ 13 Abs. 2, 49 Abs. 1). Problematisch ist hingegen die durch § 21 eröffnete Milderungsmöglichkeit. Kommt es zur Anwendung des § 323a nur deshalb, weil der Täter bei Begehung der Rauschtat *möglicherweise* schuldunfähig gewesen ist (möglicherweise aber eben auch – wenngleich nur vermindert – schuldfähig), wird man bei der Bildung des Vergleichsstrafrahmens für Absatz 2 die fakultative Milderung nach § 21 grundsätzlich in gleicher Weise zu berücksichtigen haben wie bei einer Bestrafung wegen der Rauschtat. So ist sichergestellt, dass der Betreffende jedenfalls im Ergebnis nicht schlechter steht als ein *zweifelsfrei* Schuldfähiger (mit anderen Worten: Dem Rauschtäter soll nicht zum Nachteil gereichen, dass nicht auszuräumende Zweifel an seiner Schuldfähigkeit von der Rauschtat weg- und zum Vollrauschtatbestand hinführen, denn letzterer hat insoweit richtigerweise nur „auffangende" Funktion).[408] Nicht anders ist dann auch bei Mehrfachmilderungen (etwa in Kombination mit einem „minder schweren Fall") zu entscheiden (s. a. BGH NStZ-RR **1996** 290; *Conen* AnwK Rdn. 52 m. w. N.), es sei denn, der Regelstrafrahmen des § 323a Abs. 1 ist ohnehin der für den Angeklagten vorteilhaftere (BGH NStZ **2017** 711). 152

Eine andere Frage ist freilich, inwieweit eine Strafmilderung nach § 21 in Fällen *selbst zu verantwortender Berauschung* überhaupt in Betracht gezogen werden kann (eingehend dazu *Verrel/Linke/Koranyi* LK § 21 Rdn. 49 ff und nun – auf den Vorlagebeschluss des *3. Strafsenats* NStZ-RR **2017** 135 hin – BGH [GS] **62** 247[409]). Für den praktisch bedeutsamsten Fall vorangegangenen *Alkoholkonsums* wollte die Rechtsprechung diese Milderung – mit gewissen einzelfallbezogenen Nuancierungen – jedenfalls dann regelmäßig versagen, wenn der Täter aufgrund früherer Erfahrungen um seine besondere Neigung wissen konnte, in alkoholisiertem Zustand Straftaten der betreffenden Art zu begehen (Einzelheiten bei *Verrel/Linke/Koranyi* LK § 21 Rdn. 50 ff).[410] Bleibt nun auch der Anwendungsbereich des § 323a mit Rücksicht auf den Schuldgrundsatz auf eben diese Fälle begrenzt (oben Rdn. 127 f), können die oben entwickelten Überlegungen (jedenfalls was die alkoholbedingt verminderte Schuldfähigkeit betrifft) von vornherein keine praktische Bedeutung erlangen (so folgerichtig *Geisler* MK Rdn. 80). Denn dann erfasst § 323a (Abs. 2) keinen Fall, in dem hinsichtlich der Rauschtat an eine Strafmilderung nach § 21 für den alkoholisierten Täter zu denken wäre. Wollte man demgegenüber § 323a als schlichten Gefährdungstatbestand verstehen, der eine wie auch immer geartete subjektive Beziehung des Sich-Berauschenden zur späteren Rauschtat *nicht* voraussetzt, so mag es allerdings widersprüchlich erscheinen, die Entscheidung über eine Strafmilderung nach § 21 gleichwohl mit einer solchen 153

405 *Conen* AnwK Rdn. 52; *Fischer* Rdn. 21a; *Geisler* MK Rdn. 79; *SSW/Schöch* Rdn. 35.

406 *Geisler* MK Rdn. 79; *SSW/Schöch* Rdn. 35.

407 S. a. OLG Brandenburg BA **2005** 74, 75.

408 In diesem Sinne etwa BGH JR **1993** 33 m. Anm. *Streng* sowie Anm. *Paeffgen* NStZ **1993** 66; BGH NStZ-RR **1996** 290; **2001** 15; OLG Brandenburg BA **42** [2005] 74; OLG Braunschweig NStZ-RR **2014** 287, 288; *Conen* AnwK Rdn. 52; *SSW/Schöch* Rdn. 35.

409 **Krit.** dazu *Roxin/Greco* AT I § 20 Rdn. 45c ff; mit Blick auf den Vorlagebeschluss a. schon *Streng* FS Rengier 113.

410 Vgl. nur BGHSt **34** 29, 33; **43** 66, 77 f; BGH NJW **1997** 2460; NStZ-RR **2014** 238; **2017** 70 m. w. N.; übersichtsweise a. *Schnarr* in: Hettinger (Hrsg.) Reform des Sanktionenrechts, Bd. I (2000) 1, 48 ff. Weitergehend dann aber der Vorlagebeschluss des 3. Strafsenats BGH NStZ-RR **2017** 135, 136; s. dazu a. BGH (4. Strafsenat) NStZ-RR **2016** 305.

Beziehung zu verknüpfen (so der *3. Strafsenat* in BGH NStZ **2003** 480; vgl. a. *Neumann* StV **2003** 527, 528 f; *Rau* JR **2004** 401): Auch wer mit der Begehung einer Straftat im Rausch nicht zu rechnen brauchte, sähe sich dann bei (nicht ausschließbarer) Schuldunfähigkeit einer Strafdrohung von bis zu fünf Jahren Freiheitsstrafe ausgesetzt (§ 323a Abs. 1), während er bei lediglich verminderter Schuldfähigkeit von der in § 21 vorgesehenen Milderung und einem damit unter Umständen sogar niedrigerem Strafrahmen profitieren könnte (im Falle einer vorsätzlichen Körperverletzung ergäben sich dann beispielsweise nur drei Jahre und neun Monate). Der *3. Strafsenat* hatte sich daher in der genannten Entscheidung – obiter dictum – dafür ausgesprochen, die aus § 323a entnommene „negative gesetzliche Bewertung des Sich-Berauschens" auch auf § 21 zu übertragen und die danach mögliche Milderung bei „verschuldeter Trunkenheit" *generell* zu versagen (vgl. a. schon *Foth* FS Salger [1995] 31, 37 f). Der *5. Strafsenat* hatte sich von jenem Vorschlag noch in BGHSt **49** 239 zu Recht distanziert.[411] Dem Vorlagebeschluss des *3. Strafsenats* (NStZ-RR **2017** 135) ist der Große Senat inzwischen leider gefolgt: Das „selbstverantwortliche Sich-Betrinken des Täters vor der Tat" stelle „für sich allein einen schulderhöhenden Umstand dar", der im Rahmen des § 21 regelmäßig Berücksichtigung finden dürfe (BGHSt **62** 247, 263).[412] Über den Umgang mit vorwerfbaren Rauschzuständen anderer Art soll damit freilich noch nichts gesagt sein (a. a. O. 271).

154 Bei **mehreren „realkonkurrierenden" Rauschtaten** geht die h. A. zwar von nur *einem* Fall des § 323a aus (oben Rdn. 140), will mit Blick auf diese Taten aber gleichwohl eine Art „Gesamtstrafenbildung" vornehmen, die im Ergebnis lediglich durch die absolute Obergrenze des Absatzes 1 (fünf Jahre Freiheitsstrafe) begrenzt sein soll, mag die durch Absatz 2 gezogene Grenzlinie dabei auch überschritten werden.[413] Beispielhaft: Hat der Täter im Rausch nur *eine* Sachbeschädigung (§ 303 Abs. 1) begangen, liegt die Obergrenze bei einer Bestrafung wegen Vollrauschs gleichfalls bei zwei Jahren Freiheitsstrafe (§ 323a Abs. 2 i. V. m. § 303 Abs. 1); bei *mehreren* realkonkurrierenden Rauschtaten soll indessen eine darüber hinausgehende Freiheitsstrafe (bis zu fünf Jahren, § 323a Abs. 1) selbst dann möglich sein, wenn die schwerste von ihnen gleichfalls nur eine Sachbeschädigung war. Jedenfalls unter dem Blickwinkel eines „abstrakten Gefährdungsdelikts" (mit *mindestens* einer Rauschtat als „objektiver Strafbarkeitsbedingung") muss dieses Vorgehen höchst widersprüchlich erscheinen (zutr. *Ranft* JA **1983** 239, 244).

155 **Folge** der in Absatz 1 und Absatz 2 getroffenen Regelungen ist jedenfalls eine Limitierung der im konkreten Fall zugemessenen Strafe nach oben hin: Ausgeschlossen wird damit, dass die nach § 323a verhängte Strafe höher ausfallen kann als im hypothetischen Vergleichsfall einer Verurteilung wegen der „rechtswidrigen Tat" selbst.[414] Unter der Perspektive eines (abstrakten) Gefährdungsdelikts muss Absatz 2 als systemfremde Interferenz erscheinen, doch zeigt sich eben gerade hier besonders deutlich die bloße *Ersatzfunktion* des § 323a und die zentrale Bedeutung der im Rausch begangenen Anlasstat. Welche Folgerungen hieraus für die Strafzumessung im Einzelnen zu ziehen sind, wird unterschiedlich beurteilt (dazu noch unten Rdn. 159 ff). Im Verhältnis zu den – wegen (nicht ausschließbarer) Schuldunfähigkeit des Täters gerade *nicht* zur Anwendung gelangenden – jeweiligen Strafrahmen der im Rausch begangenen Delikte fällt jedenfalls auf, dass § 323a bis zu der in Absatz 1 gezogenen Obergrenze von fünf Jahren Freiheitsstrafe stets mithalten kann (das Sanktionsspektrum für eine *ohne Schuld* begangene vorsätzliche Körperverletzung also beispielsweise nicht schmaler ist als im Falle einer schuldhaften Verwirklichung, § 223 Abs. 1); freilich kann dann über Absatz 2 ein nach § 21 gemilderter Ver-

---

411 BGHSt **49** 239 m. Anm. *König* NJ **2005** 44; daran anschließend auch der *1. Strafsenat* im Beschl. v. 10.5.2016 – 1 ARs 21/15; abl. a. *Frister* JZ **2003** 1016; *Neumann* StV **2003** 527; *Rau* JR **2003** 401; *Streng* NJW **2003** 2963; *Verrel/Hoppe* JuS **2005** 308.

412 Zu Recht abl. *Roxin/Greco* AT I § 20 Rdn. 45d ff; *Fischer* § 21 Rdn. 29; zur Kritik am Vorlagebeschluss (NStZ-RR **2017** 135) bereits *Streng* FS Rengier 113 ff; Sch/Schröder/*Perron*/*Weißer* § 21 Rdn. 21.

413 *K. Schäfer* DJ **1938** 258; *Kohlrausch/Lange* § 330a Anm. VIII 1; *Geisler* MK Rdn. 76; *Sch/Schröder/Hecker* Rdn. 28; *Spendel* LK[11] Rdn. 327; *Wolters* SK Rdn. 22; **aA** *Niederreuther* GS **114** (1940) 322, 343; *Ranft* JA **1983** 239, 244.

414 Noch enger (auf bestimmte Konstellationen des *non liquet* beschränkend) *Kusch* S. 146 ff.

gleichsstrafrahmen zu einer abgesenkten Obergrenze auch für das Vollrauschvergehen führen (dazu bereits Rdn. 152 f). Bei schwereren Delikten mit höherem Strafmaximum fällt der Abstand dagegen zunehmend größer aus (bei einem *schuldlos* begangenen Totschlag etwa entspricht die Vollrausch-Obergrenze von fünf Jahren Freiheitsstrafe nur noch einem Drittel der fünfzehn Jahre, die bei *schuldhafter* Begehung vorgesehen sind, vgl. §§ 212 Abs. 1, 38 Abs. 2 – der Abstand verringert sich freilich etwas, wenn auch §§ 21, 49 Abs. 1 mitberücksichtigt werden). An alledem soll von Verfassungs wegen nichts auszusetzen sein (so ist wohl das BVerfG bei *Spiegel* DAR **1979** 173, 181 zu verstehen), und BGH NStZ **1993** 81 sieht darin schlicht die natürliche Konsequenz der gesetzgeberischen Entscheidung für einen Gefährdungstatbestand dieser Art.

Der beschriebene Effekt, der zumindest jenseits der Obergrenze des Absatz 1 den Rauschtäter scheinbar umso mehr begünstigt, je gravierender seine Rauschtat ausfällt,[415] gibt in der Tat keinen Anlass, einer Ausweitung des Vollrausch-Strafrahmens das Wort zu reden (so aber *Spendel* LK[11] Rdn. 287); ebenso gut kann man eine „unbefriedigende Strafhärte" darin sehen, dass unterhalb jener Grenze dieselben Strafmaxima für die schuldhafte Begehung wie für das entsprechende Vollrauschvergehen gelten (so jedenfalls *Streng* Strafrechtliche Sanktionen [2012] Rdn. 736, der deshalb eine entsprechende proportionale Verkürzung auch in diesem Bereich vorschlägt,[416] mithin jeweils ein Strafmaximum von „circa einem Drittel der Obergrenze des jeweiligen Rauschtat-Strafrahmens" [NJW **2003** 2963, 2965] – folgerichtig auf der Grundlage der Ansicht, § 323a diene der Sache nach ohnehin nur der Bestrafung *wegen der Rauschtat*).[417] 156

c) Strafzumessung. Die grundsätzliche Ausgestaltung des § 323a als ein auf die Selbstberauschung beschränktes Gefährdungsdelikt scheint auf den ersten Blick geradewegs dazu zu zwingen, auch die **Strafzumessungsentscheidung**[418] ausschließlich oder doch in allererster Linie an der vorsätzlichen bzw. fahrlässigen *Herbeiführung des Rauschzustandes* als solcher zu orientieren.[419] Der hierfür durch Absatz 1 eröffnete Strafrahmen erscheint dafür freilich viel zu weit (vgl. bereits oben Rdn. 27), und sinnvolle Kriterien für den Umgang mit ihm lassen sich so leicht auch nicht finden (insoweit zutr. BGHSt **23** 375, 376). Immerhin lässt sich zwischen Fällen vorsätzlicher und lediglich fahrlässiger Selbstberauschung unterscheiden; obschon das Gesetz (ähnlich wie im Falle des § 316) für beide Varianten einen gemeinsamen Strafrahmen vorgibt, ist es – entgegen BGH StV **1992** 230[420] – auch mit Blick auf das „Doppelverwertungsverbot" (§ 46 Abs. 3) nicht grundsätzlich ausgeschlossen, dem verfassungsrechtlich fundierten Gebot schuldangemessenen Strafens entsprechend eine Abstufung zwischen der *vorsätzlichen* und der lediglich *fahrlässigen* Berauschung vorzunehmen (wie es ja auch bei § 316 geschieht, s. nur *SSW/Ernemann* § 316 Rdn. 42) und letztere milder zu behandeln.[421] Als weitere Gesichtspunkte kämen etwa die Vorerfahrungen des Täters sowie Anlass und Umstände des Rauschmittelkonsums in Betracht (*Paeffgen* NK Rdn. 87). Bedenklich wäre es mit Blick auf § 46 Abs. 3 aber beispielsweise, eine Berauschung „ohne nachvollziehbaren Anlaß" als strafschärfend zu werten (BGHR § 323 Abs. 2 Strafzumessung 3); auch ein Alkoholkonsum in erheblicher Menge und der dadurch er- 157

---

415 *Sieg* MDR **1979** 549; *Paeffgen* NStZ **1993** 66, 68.

416 Näher dazu *Streng* NJW **2003** 2963, 2965 u. bereits ZStW **101** (1989) 273, 320 f; s. a. *Paeffgen* NStZ **1993** 66, 68 f („die [relativ] sachgerechteste Lösung"); **aA** *Geisler* MK Rdn. 78.

417 Ähnlich (Orientierung an § 49 Abs. 1 oder Absenkung des Strafrahmens auf ¾ oder ½) wohl a. Schöch nach dem Diskussionsbericht von Steinbrenner in *Egg/Geisler* S. 267, 273.

418 Zu ihr allg. *Sieg* MDR **1979** 549; *Haubrich* DAR **1980** 359; *Foth* DRiZ **1990** 417; *Paeffgen* NStZ **1993** 66; *H. Schäfer* DRiZ **1996** 196.

419 Ausdrücklich in diesem Sinne daher etwa *Lay* LK[9] § 330a Rdn. 92; *Kusch* S. 144 f, 161 f; *Haubrich* DAR **1980** 359, 360 und wohl a. *Renzikowski* ZStW **112** (2000) 475, 504.

420 Ebenso etwa OLG Karlsruhe NStZ-RR **1996** 198, 200 (keine Strafschärfung wegen *vorsätzlicher* Berauschung); *Conen* AnwK Rdn. 54.

421 Für eine mildere Behandlung fahrlässiger Begehung a. *Geisler* MK Rdn. 81; *Paeffgen* NK Rdn. 62; *Sch/Schröder/Hecker* Rdn. 29; *Maurach/Schroeder/Maiwald* § 96 Rdn. 25; *Schäfer/Sander/van Gemmeren* Rdn. 1713.

zielte BAK-Wert sind sachlich bereits durch das gesetzliche Tatbestandsmerkmal „Rausch" verbraucht worden (BGHR § 46 Abs. 3 Vollrausch 1; OLG Braunschweig NStZ-RR **2014** 287, 288). Ebenso wenig geht es an, dem Täter schlicht „die von ihm ausgehende Gefährlichkeit im Rausch" als solche anzulasten (BGH bei Mösl NStZ **1984** 492, 495).

158 Indessen kann auch *die im Rausch begangene Tat* – wie immer man sie einordnen mag – im Prozess der Strafzumessung schon deshalb nicht vollständig ausgeblendet werden, weil sie nach Maßgabe des § 323a Absatz 2 zu einer abgesenkten Strafobergrenze führen kann (oben Rdn. 150 ff).[422] A wird diese Regelung in ihrem sachlichen Gehalt keineswegs immer auch dem Strafzumessungsrecht zugeordnet (vgl. *Kusch* S. 140 ff). Die Rechtsprechung (**krit.** zu ihr *Barthel* S. 83 ff) hat sich freilich ohnehin nie dazu verstehen wollen, ihre Strafzumessungserwägungen strikt auf die schuldhafte Selbstberauschung zu beschränken und die *im Rausch begangene Tat* dabei gänzlich unberücksichtigt zu lassen. Soweit diese explizit als bloße äußere Zusatzbedingung der Strafbarkeit verstanden und deshalb gerade mit Bedacht aus dem Bezugsfeld der Strafbegründungsschuld herausgehalten werden soll, versteht sich keineswegs von selbst, weshalb die näheren Umstände des Eintritts jener Bedingung nun auf einmal für eine ihrerseits an der „Schuld des Täters" (§ 46 Abs. 1 Satz 1) orientierte Strafzumessung Relevanz erlangen können. Allein aus der *begrifflichen* Entgegensetzung von „Strafbegründungs"- und „Strafzumessungsschuld" ergibt sich das jedenfalls noch nicht,[423] und auch die Behauptung, es handele sich bei der Rauschtat doch gerade um den „wichtigsten Gesichtspunkt für eine Beurteilung der Schwere der Tat [i. S. d. § 323a]" (so BGHSt **23** 375, 376; **38** 356, 361) ist zunächst nur eine *petitio principii.*

159 In der Sache geht nun allerdings auch die Rechtsprechung davon aus, dass im Rahmen des § 323a nicht die Rauschtat „als solche" zum Vorwurf gemacht werden dürfe (vgl. BGHSt **23** 375, 376; **38** 356, 361; BGHR § 323a Abs. 2 Strafzumessung 6); vielmehr sei hier – von den Tatgerichten oft genug verkannt – auch bei der Strafzumessung gerade das schuldhafte Sich-Berauschen in den Mittelpunkt zu stellen.[424] Gerade in diesem Zusammenhang soll nun aber auch die im Rausch begangene rechtswidrige Tat zu berücksichtigen sein, und zwar über mindestens zwei (nicht immer klar voneinander getrennte) Begründungslinien: Die erste ist, wenn man so will, genuin strafzumessungsrechtlicher Natur und rechnet dem Täter auf der Rechtsfolgenebene explizit mehr und anderes zu, als es seinem Vergehen im technischen Sinne entspricht.[425] Als ihr (heute freilich überholter) Ausgangspunkt sei die berühmte (und zugleich viel gescholtene) Passage in BGHSt **10** 259, 264 hier noch einmal wiedergegeben: „Wer schuldhaft eine gefahrenschwangere Lage geschaffen hat, wer schuldhaft gewissermaßen das Tor geöffnet hat, durch das mannigfaches unbestimmtes Unheil eindringen konnte, den darf man, wenn das Unheil eingedrungen ist, im Bereich der Strafzumessung ohne Verletzung des Schuldgrundsatzes dafür verantwortlich machen". Dass eben diese – alsbald auch auf die Strafzumessung bei § 330a a. F. übertragene, dann aber angesichts des neuen § 46 Abs. 2 Satz 2 (i. d. F. des 1. StrRG vom 25.6.1969, in Kraft seit 1.10.1973) offensichtlich unhaltbar gewordene – These auch später noch explizit als Richtlinie für die Strafzumessung beim Vollrauschdelikt herangezogen worden ist,[426] erscheint in der Tat „erstaunlich und schwer verständlich" (*Bruns* FS Lackner [1987] 439, 449). Denn seither sind ausdrücklich nur die „*verschuldeten* Auswirkungen der Tat" zu berücksichti-

---

422 *Schäfer/Sander/van Gemmeren* Rdn. 1712 ff; *Streng* Strafrechtliche Sanktionen, 3. Aufl. (2012) Rdn. 734; *ders.* NK § 46 Rdn. 155 f. Krit. zu jener Regelung daher folgerichtig *Kusch* S. 139 ff.

423 Grds. krit. zu jener Unterscheidung von „Strafbegründungs"- u. „Strafzumessungsschuld" in diesem Zusammenhang a. *Renzikowski* ZStW **112** (2000) 475, 503 f (heute „zu Recht nirgends mehr ernsthaft vertreten"); zweifelnd *H. Schäfer* DRiZ **1996** 196, 199; allg. dazu a. *Frisch* FS Müller-Dietz 237.

424 St. Rspr., vgl. nur BGHSt **16** 124, 125; BGHR § 323a Abs. 2 Strafzumessung 1; BGH NZV **2001** 133; NStZ-RR **2020** 250; ThürOLG OLGSt StGB § 323a Nr 5.

425 Vgl. a. *Foth* DRiZ **1990** 417; allg. dazu a. *Frisch* FS Müller-Dietz 237.

426 BGHSt **23** 375, 376; BGH DAR **1982** 200; MDR **1982** 811; mittelbare Bezugnahmen letztlich auch noch in BGH NStZ **1996** 334 (näher *Barthel* S. 86 m. Fn. 67).

gen, und es ist nicht zu sehen, weshalb ausgerechnet bei § 323a etwas anderes gelten sollte.[427] Die Begehung einer rechtswidrigen Tat im Rausch wäre als „außertatbestandliche Folge" der Selbstberauschung also nur dann berücksichtigungsfähig, wenn sie für den Sich-Berauschenden mindestens vorhersehbar war (zum Ganzen a. *Theune* LK[11] § 46 Rdn. 144 ff, 163 ff; *ders.* StV **1985** 162); dass sie sich *objektiv* als Realisierung einer in der Selbstberauschung angelegten Gefahr darstellt,[428] ist zwar notwendig, aber eben noch nicht hinreichend (so mit Recht *Neumann* S. 55 f, *Geisler* MK Rdn. 82).

Der zweite Begründungsansatz setzt demgegenüber unmittelbar bei der vom Täter zu verantwortenden Berauschung an und sucht dabei deren spezifische „Gefährlichkeit" – bzw. die Gefährlichkeit und „kriminelle Energie" (!) des sich Berauschenden (*Wolters* SK Rdn. 23) – gewissermaßen retrospektiv aus der Art und den äußeren Umständen der von ihm im Rausch begangenen rechtswidrigen Tat zu begründen (oder gar unwiderleglich zu vermuten[429]). Das hat den scheinbaren „Vorzug", die Rauschtat in dieser indiziellen Funktion[430] ganz unabhängig von ihrer individuellen Vorhersehbarkeit heranziehen (und sich so über die schuldstrafrechtlichen Grenzen des § 46 Abs. 2 hinwegsetzen) zu können, ist aber schon im Ansatz wenig plausibel (vgl. nur *Cramer* S. 82 ff; *Junge* S. 70 ff gegen *Spendel* LK[11] Rdn. 60 ff): Das Bestehen einer „Gefahr" wird weder dadurch widerlegt, dass das befürchtete Ereignis ausgeblieben ist, noch dadurch bestätigt, dass ein solches Ereignis eingetreten ist (da beides auf Zufall oder anderen Gründen beruhen kann). I.E. zu Recht sollen daher wenigstens solche „Verhaltensweisen" aus der Strafzumessung auszublenden sein, die wohl mit der Rauschtat, nicht aber mit dem Sichberauschen in Zusammenhang stehen (vgl. etwa BGH NStZ-RR **1997** 300). 160

Zusammengefasst will die Rechtsprechung – bald der ersten, bald der zweiten Begründungslinie folgend – bei der Strafzumessung etwa ins Gewicht fallen lassen, dass der Täter in seinem Rauschzustand gleich mehrere Rauschtaten begangen hat (BGHSt **16** 124, 127). Berücksichtigung finden sollen zudem jedenfalls die *„tatbezogenen"* Merkmale der jeweiligen Rauschtat,[431] also etwa die Art, der Umfang und die Schwere des Delikts (auch in seinen Auswirkungen auf das Opfer der Tat[432]) sowie der dadurch verursachte Schaden (bzw. Art und Ausmaß der dadurch begründeten Gefahrenlage wie etwa im Falle einer Trunkenheitsfahrt[433]), während allerdings *zugunsten* des Angeklagten nicht entscheidend ins Gewicht fallen soll, dass von ihm im Vollrausch entwendete Waren letztlich nur von geringem Wert waren (so jedenfalls ThürOLG OLGSt StGB § 323a Nr 5). Überhaupt ist die Rechtsprechung in diesem Punkt nicht immer frei von Widersprüchen und letztlich gefangen in einem (allein mit dogmatischen Mitteln wohl kaum aufzulösenden) Dilemma: Obwohl – oder gerade weil – der Rauschtat nach dem Gesagten im Ergebnis entscheidendes Gewicht zuerkannt wird, dürfe sie andererseits aber auch wieder nicht überbewertet werden, „soll nicht der Schuldvorwurf des Sichberauschens gegen den [der im Rausch begangenen Tat] ausgetauscht werden oder über die Maßen in den Hintergrund geraten" (BGH NZV **2001** 133; **krit.** *Fischer* Rdn. 22). 161

Prinzipiell außer Betracht zu bleiben haben nach der Rechtsprechung daher jedenfalls diejenigen Merkmale der im Rausch begangenen Tat, die sich nicht mehr als äußere Folge 162

---

427 *Renzikowski* ZStW **112** (2000) 475, 503 f; *Maurach/Schroeder/Maiwald* § 96 Rdn. 25; vgl. a. *Geisler* MK Rdn. 82; *Wolters* SK Rdn. 23. Großzügiger verfahren wollen aber wohl *Foth* DRiZ **1990** 417; *H. Schäfer* DRiZ **1996** 196.

428 Darauf verweisend etwa *Puppe* GA **1974** 98, 106; OLG Karlsruhe NJW **1975** 1936 u. wohl a. *Haubrich* DAR **1980** 359, 361 („gewisser Verantwortungszusammenhang").

429 Vgl. *Spendel* LK[11] Rdn. 61.

430 S. etwa BGH VRS **34** (1968) 349; **41** (1971) 93, 96; OLG Stuttgart NJW **1971** 1815.

431 BGHSt **23** 375, 376 (hier freilich „nach den in BGHSt **10**, 259 erörterten Grundsätzen"); **38** 356, 361; BGHR § 323a Abs. 2 Strafzumessung 1, 2; BGH NStZ-RR **1997** 300; **2001** 15; **2020** 250; OLG Stuttgart NJW **1971** 1815; OLG Karlsruhe NJW **1975** 1936; BayObLG NZV **1989** 318, 319.

432 Vgl. etwa BGH bei Holtz MDR **1982** 811; NStZ **1994** 131; BGH NStZ-RR **1997** 300, 301.

433 OLG Stuttgart VRS **37** (1969) 121, 122; ferner etwa OLG Hamm VRS **36** (1969) 264; OLG Stuttgart NJW **1971** 1815; OLG Karlsruhe NJW **1975** 1936; allg. a. BGH bei Spiegel DAR **1982** 200 zu Nr. 3.

der Rauschgefährlichkeit darstellen lassen,[434] sondern gewissermaßen sachlich dem Schuldvorwurf zugehören, der gegenüber dem Täter insoweit aber (auch im Kontext des § 323a) nicht zu erheben sei. Zu solchen *„täterbezogenen"* Merkmalen sollen etwa die der Rauschtat zugrunde liegenden Motive und die in ihr zutage getretene Gesinnung,[435] die Rohheit und Brutalität ihrer Ausführung[436] oder ihre planvolle Vorbereitung und Durchführung[437] gehören. Das bereitet naturgemäß Probleme bei „gemischten" Merkmalen: „Züge von Roheit" könnten, was die im Rausch begangene Tat anbelangt, nur insoweit belastend in Ansatz gebracht werden, als damit die Art und Weise der Tatausführung beschrieben wird, während auf die (eben darin zum Ausdruck gelangte) „rohe Gesinnung" des Rauschtäters keinesfalls Bezug genommen werden dürfe (vgl. BGHR § 323a Abs. 2 Strafzumessung 2). Aber auch sonst führen jene Grundsätze mitunter zu eigenartigen, wenig einleuchtenden Differenzierungen:[438] So soll etwa beim unbemerkten Diebstahl eines Kindernotfallkoffers aus einem unverschlossenen Rettungswagen zwar Berücksichtigung finden dürfen, dass der Verlust eines solchen Koffers für etwaige künftige Notfallpatienten „gefährlich" sei; unzulässig sei es hingegen, eine solche Rauschtat zum Nachteil des Täters als „hässlich" und „sinnlos" zu bewerten.).[439] In der tatgerichtlichen Praxis dürfte sich die Problematik am Ende wohl auf die Frage revisionssicherer Formulierungen verkürzen.

163 Nach der hier in Übereinstimmung mit einem Teil der Judikatur vertretenen Auffassung hingegen wird der dem Vollrauschtatbestand zugrunde liegende Unrechtssachverhalt von vornherein auch durch die Rauschtat mitbestimmt; deren Begehung muss somit für den Täter jedenfalls in den Grundzügen vorhersehbar gewesen sein (oben Rdn. 127 f). Das schließt es allerdings aus, ein solches Vorhersehen-Können bei der Strafzumessung noch ein weiteres Mal zum Nachteil des Angeklagten zu verwerten (§ 46 Abs. 3),[440] während Fälle *fehlender* Vorhersehbarkeit – gelegentlich als Milderungsgrund genannt[441] – schon tatbestandlich ausgeschieden werden. Soweit sichernde Vorkehrungen („Zurüstungen") des Rauschmittelkonsumenten nicht bereits tatbestandsausschließend wirken (oben Rdn. 117), sind sie jedenfalls bei der Strafzumessung zu seinen Gunsten zu berücksichtigen.[442] Im Übrigen ist es aber wegen der hier schon grundsätzlich geforderten Schuldbeziehung zur Rauschtat nicht zu beanstanden, deren nähere Umstände und Folgen (soweit vorhersehbar) auch als Strafzumessungstatsachen heranzuziehen (noch weitergehend *Geisler* MK Rdn. 82, der dann auch „die Motive, die Zielvorstellungen und die Gesinnung des Täters" strafschärfend verwerten will).

164 **d) Aussetzung zur Bewährung.** Bei der Verurteilung zu einer Freiheitsstrafe kann deren Vollstreckung nach Maßgabe des § 56 **zur Bewährung auszusetzen** sein. Für Trunkenheitsdelikte im Straßenverkehr (§§ 315c, 316) haben sich hierzu in der Rechtsprechung einige Grundsätze herausgebildet, die auch dann (entsprechend) Anwendung finden sollen, wenn stattdes-

---

434 Zu diesem Gesichtspunkt etwa BGHSt **23** 375, 376; **38** 356, 361; BGH MDR **1992** 1162, 1164; BGH bei Detter NStZ **1993** 178; OLG Karlsruhe NJW **1975** 1936; OLG Schleswig SchlHA **1977** 180.

435 BGHSt **23** 375, 376; **38** 356, 361; BGH StV **1988** 530; BGH NStZ-RR **1997** 300; **2020** 250.

436 BGH bei Holtz MDR **1982** 811; BGHR § 323a Abs. 2 Strafzumessung 1; BGH NStZ-RR **2020** 250.

437 BGH bei Dallinger MDR 1974 15; BGH NStZ-RR **1997** 300.

438 Krit. etwa *Theune* StV **1985** 162, 163; *Safferling* MR Rdn. 25; *Spendel* LK[11] Rdn. 291.

439 OLG Hamm, Beschl. vom 18.2.2014 – III-1 RVs 12/14, 1 RVs 12/14.

440 Nach der Gegenauffassung, die eine Vorhersehbarkeit der Rauschtat (als objektiver Strafbarkeitsbedingung) gerade nicht voraussetzt, ein Strafschärfungsgrund, der seinerseits durch entsprechende Sicherungsvorkehrungen („Zurüstungen") des sich Berauschenden wieder abgemildert werden kann (*Wolters* SK Rdn. 23).

441 S. etwa OLG Stuttgart NJW **1971** 1814; OLG Karlsruhe NStZ-RR **1996** 199; *Lackner/Kühl/Heger* Rdn. 16; *Sch/Schröder/Hecker* Rdn. 29; vgl. a. *Wolter* NStZ **1982** 54, 58 f.

442 *Maurach/Schroeder/Maiwald* § 96 Rdn. 25.

sen „nur" aus § 323a verurteilt wird (**krit.** dazu *Haubrich* DAR **1980** 359, 360).[443] Freilich darf[444] – und *muss* – dabei eine gewisse Abstufung nach unten vorgenommen werden, denn der bei § 323a erhobene Schuldvorwurf ist ein anderer und im Ergebnis geringerer (vgl. a. *Hubrach* LK[11] § 56 Rdn. 57; bedenklich daher die umstandslose Heranziehung der Rauschtat-Umstände in BGH NStZ **1991** 331). Im Falle langjährigen Alkoholmissbrauchs steht, wenn die Lebensverhältnisse des Angeklagten insgesamt eine positive Wendung genommen haben, ein einmaliger Rückfall in Gestalt eines fahrlässigen Vollrauschvergehens einer Aussetzung noch nicht grundsätzlich entgegen.[445] Bei der nach § 56 Abs. 2 vorzunehmenden Gesamtwürdigung ist ggf. auch mangelnde Erfahrung im Umgang mit Alkohol zu berücksichtigen (BGH HRRS **2012** Nr. 813) oder eine zwischenzeitlich erfolgte „ernsthafte Abkehr von jeglichem Alkoholgenuß" (OLG Karlsruhe NStZ-RR **1996** 198, 199).

Die Vollstreckung einer Freiheitsstrafe von mindestens sechs Monaten kann trotz günsti- **165**
ger Sozialprognose zur „Verteidigung der Rechtsordnung" geboten sein (§ 56 Abs. 3).[446] Soweit in diesem Zusammenhang die besonders schweren Folgen (etwa eines im Rausch verursachten Verkehrsunfalls) geltend gemacht werden (vgl. *Hubrach* LK[11] § 56 Rdn. 54 m. w. N.), müssen sie für den Angeklagten wenigstens vorhersehbar gewesen sein.[447] Der Grad der Alkoholisierung des Täters kann grundsätzlich nicht noch einmal in Ansatz gebracht werden, da seine Berauschung bereits Merkmal des gesetzlichen Tatbestandes ist (OLG Karlsruhe NStZ-RR **1996** 198, 200; zur Geltung von § 46 Abs. 3 auch in diesem Zusammenhang *Schneider* LK § 46 Rdn. 264).

e) Absehen von Strafe. Hätte das Gericht schließlich in Hinsicht auf die im Rausch begangene **166**
Tat ganz **von Strafe absehen** können (wie in den Fällen der §§ 314a Abs. 2, 320 Abs. 2), so gilt dies auch dann, wenn stattdessen § 323a zur Anwendung kommt.[448] Im Übrigen kann aber auch unter den Voraussetzungen des § 60 von Strafe abzusehen sein (*Wolters* SK Rdn. 24).

2. Fahrverbot als Nebenstrafe

Als Nebenstrafe kann ein **Fahrverbot (§ 44)** in Betracht kommen (s. etwa AG Regensburg ZfSch **167**
1985 123; LG Gera StraFo **1999** 388), soweit nicht ohnehin nach § 69 die Fahrerlaubnis zu entziehen ist (s. unten Rdn. 174), weil der Täter sich als ungeeignet zum Führen von Kraftfahrzeugen erwiesen hat. Bei Verkehrsdelikten im Vollrausch soll dies nach § 69 Abs. 2 Nr. 4 regelmäßig anzunehmen sein. Eine Ausnahme kann hiervon aber etwa im Falle eines sog. „pathologischen" Rausches zu machen sein (vgl. LG Bad Kreuznach NZV **1992** 420, 422: stattdessen Fahrverbot nach § 44).

Unter den Voraussetzungen des § 265 Abs. 2 Nr. 1 StPO kann nunmehr auch die Verhängung **168**
eines Fahrverbots gem. § 44 StGB einen vorherigen *rechtlichen Hinweis* erforderlich machen.[449] Die früher (auch hier) vertretene Gegenauffassung ist damit überholt.

---

443 OLG Oldenburg VRS **23** (1962) 46, 52; OLG Celle NJW **1968** 759; NJW **1969** 1588; OLG Hamm VRS **36** (1969) 264; BayObLG bei *Rüth* DAR **1969** 234; OLG Karlsruhe NJW **1975** 1936; OLG Koblenz VRS **52** (1977), 179; OLG Karlsruhe NStZ-RR **1996** 198, 200.

444 OLG Karlsruhe NStZ-RR **1996** 198, 200 m. w. N.; vgl. a. *Haubrich* DAR **1980** 359, 360.

445 OLG Koblenz NStZ-RR **2015** 42.

446 Vgl. etwa OLG Karlsruhe NJW **1975** 1936; NStZ-RR **1996** 198.

447 Zutr. *Bruns* FS Lackner 439, 445 gg. OLG Karlsruhe NJW **1975** 1936.

448 OLG Stuttgart NJW **1964** 413, 414; *Fischer* Rdn. 22a; *Paeffgen* NK Rdn. 98.

449 Vgl. BTDrucks. 18/11277 S. 37; KK-StPO/*Kuckein*/*Bartel* § 265 Rdn. 16a; *Meyer-Goßner*/*Schmitt*/*Schmitt* § 265 Rdn. 20a.

3. Maßregelrecht

169 **a) Unterbringung in einer Entziehungsanstalt.** Von den Maßregeln der Besserung und Sicherung steht in erster Linie – freilich auch schon in Hinsicht auf die im Rausch begangene Tat (s. unten Rdn. 171) – die **Unterbringung in einer Entziehungsanstalt** (§ 64) im Raum. Im Kontext des Gewohnheitsverbrechergesetzes 1933 dürfte es gerade eine der Hauptfunktionen des damaligen § 330a a. F. gewesen sein, den Weg zur (seinerzeit nur neben einer *Strafe* möglichen) Unterbringung in einer Trinkerheil- oder Entziehungsanstalt (§ 42c a. F.) auch in solchen Fällen zu eröffnen, in denen der Täter hinsichtlich der im Rausch begangenen Tat sonst hätte freigesprochen werden müssen.[450] Erst das 2. StrRG vom 4. Juli 1969 (in Kraft getreten zum 1.1.1975) hat den Anwendungsbereich dieser Maßregel auf den heutigen Umfang erweitert (näher *Schöch* LK[12] § 64 Rdn. 33). Nach der Neufassung der Vorschrift durch Gesetz vom 16.7.2007 (BGBl. I S. 1327) „soll" (*nicht*: „muss") das Gericht die Unterbringung in einer Entziehungsanstalt anordnen, wenn es anlässlich einer rechtswidrigen – nicht notwendig aber auch schuldhaft begangenen – Tat (1.) beim Täter den Hang feststellt, alkoholische Getränke oder andere berauschende Mittel im Übermaß zu sich zu nehmen, (2.) die fragliche Tat im Rausch begangen worden oder jedenfalls auf diesen Hang zurückzuführen ist, (3.) die Gefahr besteht, dass der Betreffende weitere erhebliche Taten begeht, die mit seinem Hang in einem symptomatischen Zusammenhang stehen[451] und schließlich (4.) die Behandlung in einer solchen Anstalt hinreichend konkrete Erfolgsaussichten hat (§ 64 Satz 2).

170 **b) Unterbringung in einem psychiatrischen Krankenhaus.** Demgegenüber wird die **Unterbringung in einem psychiatrischen Krankenhaus** (§ 63) nur ausnahmsweise in Betracht kommen: Sie setzt beim Täter gleichsam als Hintergrund des Rauschtat-Geschehens einen *länger andauernden „Zustand"* voraus, der von dem durch die Aufnahme von Rauschmittel induzierten vorübergehenden Defekt zu unterscheiden ist[452] und seinerseits jedenfalls seinem Gewicht nach einer krankhaften seelischen Störung entsprechen muss (näher dazu *Schöch* LK[12] § 63 Rdn. 108 ff). Hat letztlich erst der Rauschmittelkonsum zum Verlust bzw. zur erheblichen Verminderung der Schuldfähigkeit geführt, kann eine Unterbringung nach § 63 danach nur bei einem *Zusammenwirken* mit jenem mehr oder weniger krankhaften Grundzustand in Frage kommen, mithin – wie BGH HRRS **2014** Nr. 602 (Beschl. v. 1.4.2014 – 2 StR 602/13) den Standpunkt der Rechtsprechung[453] zusammenfasst – nur dann, wenn der Betreffende „an einer krankhaften Alkoholsucht leidet, in krankhafter Weise alkoholüberempfindlich ist oder an einer länger andauernden geistigen-seelischen Störung leidet, bei der bereits geringer Alkoholkonsum oder andere alltägliche Ereignisse die erhebliche Beeinträchtigung der Schuldfähigkeit auslösen können und dies getan haben" (zum Ganzen a. *Schöch* LK[12] § 63 Rdn. 113 ff).

171 Im Grunde scheint es nahe zu liegen, bei der Anordnung der Unterbringung in einem psychiatrischen Krankenhaus unmittelbar an die im Rausch begangene rechtswidrige Tat (§ 11 Abs. 1 Nr. 5) anzuknüpfen (vgl. *Neumann* NStZ **2004** 198). Gleichwohl hat die Rechtsprechung stattdessen immer wieder das Vollrauschvergehen selbst in den Mittelpunkt gestellt.[454] Soll die Unterbringung unmittelbar an die Verwirklichung des Vollrauschtatbestandes anknüpfen, muss freilich feststehen, dass die Schuldfähigkeit des Sich-Berauschenden schon mit Blick auf die

---

450 *L. Schäfer/Wagner/Schafheutle* Gesetz gegen gefährliche Gewohnheitsverbrecher und über Maßregeln der Sicherung und Besserung (1934) 209; s. a. *Werle* Justiz-Strafrecht und polizeiliche Verbrechensbekämpfung im Dritten Reich (1989) 105.

451 S. a. BGH NStZ **2000** 25; NStZ-RR **2007** 368.

452 Vgl. nur BGHSt **34** 22, 27; BGH NStZ **1982** 218; 1983 429; *Schöch* LK[12] § 63 Rdn. 105 ff; *Sch/Schröder/Kinzig* § 63 Rdn. 14.

453 S. nur BGHSt **10** 57, 60; **34** 313, 314; **44** 369, 374 ff; NStZ-RR **1999** 267; **2010** 170; NStZ **2012** 209.

454 Vgl. nur BGH NStZ **1996** 41; BGH NStZ-RR **1997** 102, 299 f; anders aber BGH Urt. v. 4.7.1995 – 1 StR 256/95.

Selbstberauschung nicht gegeben oder jedenfalls erheblich vermindert war.[455] Lässt sich dies aber nicht sicher feststellen, so kann die Anordnung der Maßregel jedenfalls nicht auf das Vergehen nach § 323a gestützt werden, und so stellte sich für den *4. Strafsenat* die Frage, ob nicht stattdessen auf die dahinter liegende rechtswidrige Tat zurückgegriffen werden könne (BGH NStZ **2004** 96, 97; eine abschließende Stellungnahme der übrigen Senate war in jenem Verfahren freilich nicht zu erreichen, s. NStZ **2004** 384). Diese Frage ist im Grundsatz zu bejahen: Sind hinsichtlich jener Rauschtat die Voraussetzungen einer Unterbringung nach § 63 gegeben, kann die Möglichkeit einer solchen Unterbringung nicht dadurch entfallen, dass anstelle eines Freispruchs aus § 323a verurteilt wird (so mit Recht *Neumann* a. a. O.). Dem entspricht im Ergebnis auch die abschließende Entscheidung des *4. Strafsenats* (NStZ **2004** 384): Finde § 323a nur deshalb Anwendung, weil hinsichtlich der im Rausch begangenen Tat *in dubio pro reo* von Schuldunfähigkeit auszugehen sei, dürfe sich diese Annahme auf der Rechtsfolgenseite nicht nachteilig auswirken und dem Angeklagten von der – im Vergleich zur gleichfalls im Raume stehenden Sicherungsverwahrung *milderen* – Unterbringung nach § 63 ausschließen; für letztere sei dann eben doch schon an die Rauschtat anzuknüpfen. Aber auch jenseits solcher Zweifelsfälle wird man das so halten müssen.[456]

c) Sicherungsverwahrung. Im Übrigen bleibt auch nach der jüngsten (mehr oder weniger behelfsmäßigen) Überarbeitung der §§ 66 ff durch das Gesetz zur bundesrechtlichen Umsetzung des Abstandsgebotes im Recht der Sicherungsverwahrung vom 15.12.2012 (BGBl. I S. 2425) nach § 66 Abs. 1 Satz 1 Nr. 1 lit. c die Anordnung von **Sicherungsverwahrung** auch anlässlich eines *vorsätzlich* begangenen Vollrauschvergehens möglich, sofern die im Rausch begangene rechtswidrige Tat dem zuvor (unter lit. a und b) aufgestellten Deliktskatalog unterfällt. Schon bei der mit dem „Gesetz zur Neuordnung des Rechts der Sicherungsverwahrung und zu begleitenden Regelungen" (SichVNOG) vom 22.12.2010 (BGBl. I S. 2300) angestrebte *Konzentration* dieser Maßregel auf Taten „gegen [grundlegende] höchstpersönliche Rechtsgüter" sowie „gemeingefährliche Straftaten" (vgl. BTDrucks. 17/3403 S. 14 f, 22) wollte man auf die Einbeziehung der (schon bisher als „vorsätzliche Straftat" erfassten[457]) Vollrausch-Konstellationen jener Delikte nicht verzichten. *Nur insoweit* freilich kommt ein (vorsätzliches) Vergehen nach § 323a seither noch als Anlasstat in Betracht.[458] 172

Ferner bleibt die Anordnung von Sicherungsverwahrung unter den abgesenkten Voraussetzungen des § 66 Abs. 3 auch anlässlich eines Vollrauschvergehens möglich, soweit es sich bei der im Rausch begangenen Tat um ein Verbrechen i. S. v. § 66 Abs. 1 Satz 1 Nr. 1 lit. a und b oder um ein Vergehen nach §§ 174 bis 174c, 176a, 176b, 177 Abs. 2 Nr. 1, Abs. 3 und 6, 180, 182, 224, 225 Abs. 1 oder 2 handelt (bei den in § 66 Abs. 3 gleichfalls genannten Straftaten nach §§ 89a Abs. 1 bis 3, 89c Abs. 1 bis 3, § 129a Absatz 5 Satz 1 Alt. 1, auch i. V. m. § 129b Abs. 1 dürfte § 323a kaum je praktisch werden). Anlasstat kann stets nur der *vorsätzliche* Vollrausch (§ 323a Abs. 1) sein. Das war für die ursprüngliche Fassung des § 66 Abs. 3 (eingefügt durch das SexualdelBekG v. 26.1.1998) noch streitig[459] (wenngleich i. E. ohne praktische Bedeutung), ergibt sich seit der Klarstellung durch das Gesetz zur Neuordnung des Rechts der Sicherungsverwahrung und zu 173

---

455 Zusammenfassend BGH NStZ **2004** 96; s. a. schon BGH NStZ **1996** 41; BGH NStZ-RR **1997** 102, 299 f; BGH Beschl. v. 20.9.1995 – 2 StR 441/95; Beschl. v. 16.12.1997 – 1 StR 735/97; *Pollähne* NK § 63 Rdn. 44; *Schöch* LK[12] § 63 Rdn. 60 m. w. N.

456 Ebenso *Neumann* NStZ **2004** 198, 199; *Buermeyer* HRRS **2004** 65, 68 f; unentschieden *v. Gemmeren* MK § 63 Rdn. 33; *Schöch* LK[12] § 63 Rdn. 60 f; *Sch/Schröder/Kinzig* § 63 Rdn. 15.

457 S. nur RGSt **73** 177, 179 = DR 1939 m. Anm. *v. Weber*; BGH GA 1963 146 f.

458 Vorbild für diese Anbindung an die Rauschtat war § 66 Abs. 3 Satz 1 (vgl. BTDrucks. 17/3403 S. 24).

459 Für die (damals vom Wortlaut gedeckte) Einbeziehung auch lediglich fahrlässiger Vollrauschvergehen etwa *Milde* StraFo **2006** 217, 218 ff; zu Recht abl. *Laubenthal* ZStW **116** (2004) 703, 719 und (immer noch) *Paeffgen* NK Rdn. 103.

begleitenden Regelungen vom 22. Dezember 2010 (BGBl. I S. 2300) nun auch aus dem ausdrücklichen Wortlaut des § 66 Abs. 3 (vgl. BTDrucks. 17/3403 S. 24 f). – An diese Regelung knüpfen ferner die Vorschriften über die vorbehaltene und nachträgliche Sicherungsverwahrung (§§ 66a, 66b) an.

174 **d) Entziehung der Fahrerlaubnis.** Von den ambulanten Maßregeln dürfte der **Entziehung der Fahrerlaubnis** (§ 69) die mit Abstand größte Bedeutung zukommen.[460] Ihre straf- bzw. maßregeltheoretische Einordnung ist – namentlich was ihr Verhältnis zu § 44 angeht – durchaus fragwürdig (*Haffke* FS Hamm [2008] 137 ff), an der begrifflich-formalen Oberfläche aber klar: §§ 69 ff zielen auf den zum Führen von Kraftfahrzeugen *ungeeigneten* Täter, während § 44 für den hierzu grundsätzlich *geeigneten* Täter einen „Denkzettel" in repressiv-erzieherischer Absicht bereithält (zu diesem Gesichtspunkt vgl. nur BVerfGE **27** 36, 41 f; BGHSt **24** 348, 351; BGH NStZ **2004** 144, 147). Die beiden Sanktionsformen schließen einander daher regelmäßig aus (näher dazu *König* LK § 44 Rdn. 16 ff). Die Regelvermutung mangelnder Eignung bei gewissen Verkehrsstraftaten (§ 69 Abs. 2 Nr. 1 bis 3) gilt auch dann, wenn es sich insoweit um Rauschtaten im Sinne des § 323a handelt (§ 69 Abs. 2 Nr. 4 – *andere* Fälle des § 323a begründen eine solche Vermutung folglich nicht!). Bezieht sich das Vollrauschvergehen in diesem Sinne auf eine Verkehrsunfallflucht der in § 69 Abs. 2 Nr. 3 beschriebenen Art, so genügt es, wenn der Täter die dort genannten Schadensfolgen jedenfalls dann hätte erkennen können, wenn er nicht berauscht gewesen wäre.[461] Ausnahmsweise kann die Indizwirkung freilich durch besondere (tat- oder täterbezogene) Umstände auch entkräftet werden, so etwa in dem bereits genannten Fall eines unvorhersehbaren „pathologischen" Rausches (LG Bad Kreuznach NZV **1992** 420, 422) oder im Falle einer folgenlosen Trunkenheitsfahrt, bei der das Fahrzeug nur wenige Meter bei geringer Geschwindigkeit bewegt worden ist[462] oder in einer notstandsähnlichen Situation (LG Heilbronn DAR **1987** 29). – Zur *verwaltungsbehördlichen* Entziehung der Fahrerlaubnis s. etwa *Geiger* NZV **2005** 623.

175 In der Hauptverhandlung ist auf die mögliche Entziehung der Fahrerlaubnis ggf. nach § 265 Abs. 2 StPO hinzuweisen; dies auch dann, wenn in der Anklageschrift bereits ein Fahrverbot als Nebenstrafe (§ 44) – aber eben nur ein solches – angesprochen worden sein sollte (BayObLG NStZ-RR **2004** 248 f).

176 Unter den Voraussetzungen des § 111a StPO kann die Fahrerlaubnis durch richterlichen Beschluss auch schon vorläufig entzogen werden. Ist der Beschuldigte später nur deshalb freizusprechen, weil zwischen dem Verkehrsdelikt (etwa: § 316) und § 323a keine Wahlfeststellung möglich ist, kann ihm eine Entschädigung nach § 5 Abs. 2 StrEG zu versagen sein, weil er die betreffenden Strafverfolgungsmaßnahmen (Sicherstellung des Führerscheins und vorläufige Entziehung der Fahrerlaubnis) durch die immerhin feststehende Teilnahme am Straßenverkehr in alkoholisiertem Zustand grob fahrlässig selbst verursacht hat (OLG Karlsruhe NJW **2004** 3356; einschränkend – nicht schon bei einer BAK unter dem für § 24a StVG maßgeblichen Grenzwert von 0,5 ‰ – etwa LG Aachen BA **2012** 112; LG Oldenburg BA **2015** 223).

4. Einziehung

177 Was die im Rausch – und damit (möglicherweise) schuldlos – begangene rechtswidrige Tat anbelangt, kommt eine **Einziehung** etwaiger producta bzw. instrumenta sceleris nur unter den

460 Vgl. z. B. OLG Düsseldorf VRS **7** (1954) 52 = DAR **1954** 189; OLG Oldenburg NJW **1962** 693 f; OLG Braunschweig DAR **1964** 349; OLG Hamm VRS **26** (1964) 281; OLG Zweibrücken VRS **54** (1978) 113, 115.

461 *Fischer* § 69 Rdn. 31; *Geppert* LK[12] § 69 Rdn. 86 m. w. N.; *Sch/Schröder/Kinzig* § 69 Rdn. 39.

462 OLG Stuttgart NJW **1987** 142; LG Gera StV **2000** 262; AG Regensburg ZfSch **1985** 123; weitere zu berücksichtigende Umstände bei AG Lüneburg StV **1996** 439.

Voraussetzungen des § 74b Abs. 1 Nr. 1 in Betracht. Der Umstand, dass anstelle eines Freispruchs eine Verurteilung aus § 323a erfolgt, ändert daran nichts (BGHSt **31** 80, 81 f m. Anm. *Hettinger* JR **1983** 207; BGH NStZ-RR **1996** 100).[463] Damit können solche Gegenstände (etwa: eine bei der Rauschtat gebrauchte Waffe) eingezogen werden, soweit sie die Allgemeinheit gefährden bzw. die (durch konkrete Anhaltspunkte belegte) Gefahr eines weiteren strafrechtswidrigen Gebrauchs besteht (wie z. B. in BGH NStZ-RR **1996** 100 bei einem zu „spielerischen Scheingefechten" benutzten Degen in der Hand eines Mannes mit „periodisch exzessivem Trinkverhalten"). Vorausgesetzt ist stets, dass es sich jedenfalls bei der Rauschtat (nicht notwendig aber auch bei dem darauf bezogenen Vergehen nach § 323a, vgl. nur BGHSt **31** 80) um ein Vorsatzdelikt handelt (anders, aber schon damals mit dem Wortlaut des § 74 Abs. 1 unvereinbar, noch *Spendel* LK[11] Rdn. 321).[464]

Hiervon zu unterscheiden[465] sind die zur Vorbereitung und Begehung der *Selbstberauschung* (§ 323a) gebrauchten oder bestimmten Gegenstände (also etwa Schnapsgläser oder Spritzbesteck). Sie – und nur sie (vgl. BGHSt **31** 80, 81) – unterliegen (jedenfalls theoretisch) der Einziehung auch unter den in § 74 Abs. 1 und 3 genannten Voraussetzungen, sofern es sich um ein *vorsätzliches* Vollrauschvergehen handelt (§ 74 Abs. 1; als Rauschtat genügt insoweit freilich auch schon ein Fahrlässigkeitsdelikt). 178

5. Sicherheitsrechtliche Folgen

Waffenrechtliche Erlaubnisse setzen nach § 4 Abs. 1 Nr. 2 WaffG vom 11.10.2002 (BGBl. I S. 3970, 4592) Zuverlässigkeit (§ 5) und persönliche Eignung (§ 6) voraus. Letztere fehlt namentlich bei Abhängigkeit von Alkohol und anderen berauschenden Mitteln (§ 6 Abs. 1 Nr. 2); der Feststellung eines konkreten rauschmittelassoziierten Fehlverhaltens bedarf es insoweit nicht. Eine bereits erteilte Erlaubnis ist ggf. zurückzunehmen bzw. zu widerrufen (§ 45 Abs. 1, Abs. 2 WaffG). Eben dies gilt auch im Falle mangelnder Zuverlässigkeit (§ 5 WaffG). Insoweit kann auch schon die Verurteilung wegen fahrlässigen Vollrauschs (und damit wegen einer „fahrlässigen gemeingefährlichen Straftat", § 5 Abs. 2 Satz 1 Nr. 1 lit. b WaffG) zum Widerruf einer waffenrechtlichen Erlaubnis führen (BVerwG GewArch **1992** 159). Während § 5 Abs. 2 WaffG lediglich eine Regelvermutung der Unzuverlässigkeit aufstellt (König/Papsthart WaffG, 2. Aufl. 2012, § 5 Rdn. 9 ff), fehlt die Zuverlässigkeit ausnahmslos (und ohne Rücksicht auf etwaige „Härtefälle") in den Fällen des § 5 Abs. 1. Neben den dort genannten rechtskräftigen strafgerichtlichen Verurteilungen (Nr. 1) ist hier vor allem die auf Tatsachen gestützte Annahme zu nennen, der Betreffende werde mit Waffen oder Munition „nicht vorsichtig oder sachgemäß" umgehen (Nr. 2 lit. b). Eine solche Negativprognose ist nach der jüngsten Rechtsprechung des BVerwG bereits bei demjenigen gerechtfertigt, der in einem Zustand, in dem alkoholbedingte Ausfallerscheinungen generell auftreten können, eine Schusswaffe gebraucht hat (BVerwG NJW **2015** 1127: zwei Gläser Rotwein und ein Schnaps). 179

IX. Verfahrensrechtliches

Aus der Entscheidung des Gesetzgebers für einen eigenständigen Vergehenstatbestand in § 323a ergibt sich zunächst zwangsläufig: Schuldig gesprochen wird der Angeklagte nicht der jeweili- 180

---

463 S. a. schon BGH bei Holtz MDR **1976** 812; BGH NJW **1979** 1370; OLG Hamburg NStZ **1982** 246; *Fischer* § 74 Rdn. 8, 13.

464 Wie hier *Hettinger* JR **1983** 209. Die abw. Entscheidung OLG Braunschweig NJW **1954** 1052 (zu § 40 a. F.) ist in mehrfacher Hinsicht überholt.

465 Vgl. nur BGHSt **31** 80, 81; *Fischer* § 74 Rdn. 8; *Lackner/Kühl/Heger* § 74 Rdn. 5.

gen Rauschtat, sondern (nur) des Vollrauschs.[466] Entsprechend ist auch die **Urteilsformel** zu fassen (§ 260 Abs. 4 S. 1 StPO). In ihr ist auch anzugeben, ob wegen eines vorsätzlichen oder eines fahrlässigen Vergehens nach § 323a verurteilt wird[467] (was nötigenfalls auch noch durch das Revisionsgericht klargestellt werden kann, sofern es jedenfalls in den Urteilsgründen hinreichende Feststellungen hierzu findet[468]). Erst in den Gründen ist dann auch auf die Rauschtat einzugehen (*Fischer* Rdn. 24). Der Eintrag im Bundeszentralregister beschränkt sich gleichfalls auf „die rechtliche Bezeichnung der Tat, deren der Verurteilte schuldig gesprochen worden ist" (§ 5 Abs. 1 Nr. 6 BZRG), und damit, vergleichsweise nichtssagend, auf § 323a. Das alles mag angesichts der Bedeutung, die der im Rausch begangenen Tat bei § 323a tatsächlich zukommt, wenig befriedigend erscheinen,[469] ist als technische Konsequenz der vom Gesetzgeber gewählten Konstruktion aber hinzunehmen.

181 Im Verhältnis zu der im Rausch begangenen rechtswidrigen Tat kommt eine **Wahlfeststellung** nach zutreffender h. M. nicht in Betracht (näher dazu bereits oben Rdn. 98).

182 Gegenstand der mit 2/3-Mehrheit zu treffenden **Entscheidung über die Schuldfrage** (§ 263 Abs. 1 StPO) ist nicht allein die (vorsätzliche oder fahrlässige) Selbstberauschung, sondern auch die im Rausch begangene „rechtswidrige Tat", mag sie auch lediglich als objektive Strafbarkeitsbedingung aufgefasst werden.[470] Denn auch als solche nimmt sie an allen rechtsstaatlichen Sicherungen teil, die auch sonst für tatbestandliche Voraussetzungen der Strafbarkeit gelten (so mit Recht *Jescheck/Weigend* S. 560 m. w. N.). Nach der hier vertretenen Auffassung umfasst die Schuldfrage überdies die subjektive Beziehung des Sich-Berauschenden zur späteren Rauschtat (oben Rdn. 127 f).

183 In den **Urteilsgründen** sind zunächst die für erwiesen erachteten Tatsachen anzugeben, in denen die Merkmale einer – vorsätzlichen oder fahrlässigen – Selbstberauschung gefunden werden (§ 267 Abs. 1 StPO); dazu gehört namentlich auch die Feststellung eines „Rausches" im oben Rdn. 91 ff dargelegten Sinne. Festzustellen sind aber auch sämtliche objektiven und subjektiven Merkmale der im Rausch begangenen rechtswidrigen Tat sowie der Umstand, dass der Täter infolge seines Rausches insoweit als schuldunfähig anzusehen ist (nicht etwa darf die möglicherweise schuldausschließende Volltrunkenheit einfach offengelassen werden; irrig daher OLG Hamm MDR **1972** 533). Anzuführen sind – jedenfalls nach der hier im Einklang mit einem Teil der Rechtsprechung vertretenen Ansicht (oben Rdn. 127 ff) – ferner die Tatsachen, aus denen sich ergibt, dass der sich Berauschende mit der Möglichkeit zu rechnen hatte, im Zustand des Rausches eine „rechtswidrige Tat" zu begehen (vgl. a. BGHSt **5** 143 f). Dies erübrigt sich (entgegen BGHSt **10** 247, 251; BGH JR **1958** 28, 29) auch nicht etwa schon deshalb, weil sich eine solche Möglichkeit häufig von selbst versteht (einschränkend denn auch BayObLG NJW **1992** 2334, 2335).

184 Die Rauschtat und das durch § 323a tatbestandlich erfasste vorangegangene Sich-Berauschen bilden zusammen **eine Tat im verfahrensrechtlichen Sinne (§ 264 StPO)**.[471] Daraus folgt insbesondere, dass mit der Aburteilung der Rauschtat die Strafklage insgesamt verbraucht ist; ebenso liegt es auch umgekehrt, wenn das Geschehen nur unter dem Gesichtspunkt des

---

466 *Fischer* Rdn. 24 (mit Verweis auf die unveröffentliche BGH-Entscheidung 4 StR 170/86); *Sch/Schröder/Hecker* Rdn. 35; diff. *Paeffgen* NK Rdn. 100. Krit. zu dieser „Falschetikettierung" der (eigentlich gemeinten) Rauschtat *Hruschka* Strafrecht (1988) 298.

467 BGH NJW **1969** 1581, 1582; StV **1992** 232; *Geisler* MK Rdn. 90; *Wolters* SK Rdn. 27.

468 BGH NJW **1969** 1581, 1582; OLG Oldenburg VRS **40** (1971) 29, 30.

469 Krit. deshalb *Hardwig* GA **1964** 140; *Geisler* MK Rdn. 90.

470 Ebenso allg. zur Feststellung objektiver Strafbarkeitsbedingungen *Mellinghoff* Fragestellung, Abstimmungsverfahren und Abstimmungsgeheimnis im Strafverfahren (1988) 117, 144; *Jescheck/Weigend* S. 560; *Roxin/Schünemann* § 48 Rdn. 13; *Graf/Eschelbach* § 263 Rdn. 4; HK-StPO/*Julius* § 263 Rdn. 3; *Radtke/Hohmann/Britz* § 263 Rdn. 5; speziell zur Rauschtat a. *Lay* LK^{9} Rdn. 114; *Spendel* LK^{11} 366. **AA** KK-StPO/*Kuckein* (7. Aufl.) § 263 Rdn. 8; *Meyer-Goßner/Schmitt* § 263 Rdn. 1.

471 Allg. M., s. nur OLG Zweibrücken NZV **1993** 488, 489; *Geisler* MK Rdn. 89; *Paeffgen* NK Rdn. 105; *Sch/Schröder/Hecker* Rdn. 36; krit. *Neumann* S. 96 ff.

§ 323a abgeurteilt worden ist. Stellt sich im Laufe der Hauptverhandlung heraus, dass der Angeklagte aufgrund nicht auszuschließender Schuldunfähigkeit (§ 20) nicht wegen der ihm ursprünglich zur Last gelegten Tat verurteilt werden kann, ist er nicht etwa freizusprechen, sondern stattdessen aus § 323a zu verurteilen (vgl. aber noch Rdn. 185), sofern jedenfalls die Voraussetzungen dieser Vorschrift festgestellt werden können (insbesondere also ein „Rausch" sicher nachgewiesen ist, s. oben Rdn. 89). Geboten ist dann ein *rechtlicher Hinweis* (§ 265 Abs. 1 StPO), der überdies erkennen lassen muss, ob nunmehr (auch) eine Verurteilung nach dem Vorsatz- oder nach dem Fahrlässigkeitstatbestand des Vollrauschs im Raum steht[472] (dies jedenfalls dann, wenn letztlich wegen der Vorsatzvariante verurteilt werden soll). Entsprechendes gilt für den umgekehrten Fall: Ergibt sich, dass anstelle des angeklagten Vollrauschvergehens nun doch unmittelbar wegen der „rechtswidrigen Tat" gestraft werden kann, so ist der Angeklagte ihretwegen zu verurteilen (nicht aber vom nunmehr obsoleten Vorwurf des Vollrauschs freizusprechen); eines rechtlichen Hinweises bedarf es hier natürlich erst recht.

Sind indessen mehrere Taten angeklagt worden, die sich im Laufe des Verfahrens als im selben Rausch begangene „Rauschtaten" erweisen, lassen sie sich grundsätzlich zwar als *eine* Tat nach § 323a zusammenfassen; sind sie dem Angeklagten aber schon nicht nachzuweisen, ist er insoweit **freizusprechen.**[473] **185**

Eine bloße **Strafmaßberufung** (§§ 318, 327 StPO) ist auch bei einer Verurteilung aus § 323a möglich, schließt dann aber auch eine neue, möglicherweise günstigere Beurteilung der (sachlich zum Schuldspruch rechnenden) Rauschtat aus (OLG Zweibrücken GA **1982** 560). Ausnahmsweise nicht zulässig ist sie freilich dann, wenn die Feststellungen nicht einmal erkennen lassen, ob sich der Täter vorsätzlich oder fahrlässig in einen Rausch versetzt hat, und schon deshalb keine geeignete Grundlage für die Strafzumessung bilden können (OLG Stuttgart VRS **37** [1968] 121). Gleiches soll gelten, wenn in der Vorinstanz die Möglichkeit der Schuldunfähigkeit (und damit ggf. auch einer Verurteilung aus § 323a) übersehen worden ist (OLG Frankfurt NJW **1968** 1638) oder umgekehrt nach § 323a verurteilt worden ist, ohne hinsichtlich der Rauschtat eine *actio libera in causa* zu erwägen (OLG Celle NJW **1969** 1588). Umgekehrt soll bei einer Verurteilung wegen einer in Trunkenheit begangenen Tat die (nach BGHSt **38** 362 grundsätzlich mögliche) Beschränkung der Berufung mit dem Ziel, zumindest die Frage der in erster Instanz unterbliebenen Anordnung einer Unterbringung nach § 64 aus dem Berufungsverfahren herauszuhalten, dann ins Leere gehen, wenn sich das Berufungsgericht mit einer Sachlage konfrontiert sieht, nach der vorerst sowohl eine erhebliche Verminderung (§ 21) als auch ein völliger Ausschluss der Schuldfähigkeit (mit der Folge einer Bestrafung aus § 323a) möglich erscheint (OLG München, Beschl. v. 25.1.2013 – 1 Ws 32/13: untrennbarer sachlicher Zusammenhang mit den vom AG nicht geprüften Unterbringungsvoraussetzungen; zu beschränkungshindernden doppelrelevanten Tatsachen a. BGH NStZ-RR **2012** 202). **186**

Einen **Strafantrag** setzt die Verfolgung des Vergehens nach § 323a immer (aber auch nur) dann voraus, wenn es sich bei der *Rauschtat* um ein Antragsdelikt handelt (§ 323a Abs. 3). Entsprechendes gilt für eine etwa erforderliche *Ermächtigung* zur Strafverfolgung (vgl. §§ 89a Abs. 4, 89b Abs. 4, 89c Abs. 4, 90 Abs. 4, 90b Abs. 2, 97 Abs. 3, 104a, 194 Abs. 4) und das nach § 104a vorausgesetzte *Strafverlangen* der ausländischen Regierung. Die *Rücknahme* des wegen der Rauschtat gestellten Strafantrags (§ 77d) wirkt ggf. auch für das an ihre Stelle tretende Vollrausch-Vergehen (so zum früheren Recht auch schon OLG Celle NJW **1959** 2274). **187**

Die Frage der **Verjährung** eines Vergehens nach § 323a ist von der Verjährung der Rauschtat gedanklich zu trennen (auch wenn beide nach h. A. gemeinsam – nämlich erst mit Beendigung auch der im Rausch begangenen Tat – beginnen). Mit Ablauf der für § 323a geltenden Verjährungsfrist von fünf Jahren (§ 78 Abs. 3 Nr. 4) entsteht ein Verfahrenshindernis also auch dann, wenn die Rauschtat selbst noch verfolgbar wäre. Dies gilt selbstverständlich auch in den Fällen, **188**

---

472 Vgl. zuletzt OLG Köln NStZ-RR **1998** 370; OLG Stuttgart StV **2008** 626; OLG Oldenburg NJW **2009** 3669 und NStZ-RR **2011** 380.

473 OLG Köln VRS **64** (1983) 207; KG Beschl. v. 12.5.2016 – (5) 161 Ss 65/16.

in denen die Rauschtat nur deshalb noch unverjährt ist, weil es sich um ein Delikt der in § 78b Abs. 1 Nr. 1 bezeichneten Art handelt (nicht etwa ist das dort angeordnete Ruhen der Verjährung – über den Wortlaut der Vorschrift hinaus – auch auf den ggf. an die Stelle jener Delikte getretenen Vollrausch zu erstrecken[474]). Dagegen liegt der umgekehrte Fall – die *Rauschtat* ist bereits verjährt – von vornherein nicht im sachlichen Anwendungsbereich der in § 323a getroffenen Regelung (s. bereits oben Rdn. 70); jedenfalls aber müsste das dem Absatz 3 zugrunde liegende Prinzip, die Verfolgbarkeit des Vollrauschs an die Verfolgbarkeit der Rauschtat zu knüpfen, dann ebenso für die Verjährung gelten (*Spendel* LK[11] Rdn. 351; OLG Naumburg NJW **2001** 312). In der Sache zeigt sich also auch hier, dass § 323a gegenüber der unmittelbaren Sanktionierung der Rauschtat nur eine Auffangfunktion erfüllt – ist schon die im Rausch begangene Tat nicht mehr zu verfolgen, gilt für die Berauschung nichts anderes.[475]

189 Bei den in § 374 Abs. 1 Nr. 1–6 StPO genannten Delikten ist eine Verfolgung im Wege der **Privatklage** seit dem 1. Justizmodernisierungsgesetz vom 24. August 2004[476] ausdrücklich auch dann statthaft, wenn sie als Rausch- und damit Bezugstat i. S. v. § 323a begangen werden; (nur) insoweit ist also auch der Vollrausch ein Privatklagedelikt (§ 374 Abs. 1 Nr. 6a StPO).[477] Möglich geworden ist damit in Fällen mangelnden öffentlichen Interesses (§ 376 StPO) die *Einstellung des Verfahrens* durch die Staatsanwaltschaft unter Verweisung auf diesen Weg. Die dort in Teilbereichen errichtete weitere Hürde des *Sühneversuchs* erstreckt sich seither auch auf das Vergehen nach § 323a, soweit seiner Anwendung die hier einschlägigen Delikte als Rauschtat zugrunde liegen (§ 380 Abs. 1 Satz 2 StPO).[478]

190 Da § 395 Abs. 1 StPO für die Befugnis zum **Anschluss als Nebenkläger** seit seiner Neufassung durch das Opferschutzgesetz vom 18. Dezember 1986[479] lediglich eine „rechtswidrige Tat" voraussetzt, sind grundsätzlich auch Rauschtaten nach den dort in Nr. 1 bis 6 bezeichneten Strafvorschriften eingeschlossen, soweit sie die Anwendung des § 323a zugrunde liegen.[480] Die mit der abweichenden früheren Rechtslage verbundenen *kostenrechtlichen* Probleme (vgl. etwa BGHSt **20** 284 285; BayObLG JZ **1986** 556) stellen sich deshalb heute nicht mehr: Wegen einer Tat, die i. S. v. § 472 Abs. 1 S. 1 StPO „den Nebenkläger betrifft", ist auch verurteilt, wer lediglich eines Vollrauschs schuldig gesprochen wird, sofern die im Rausch begangene rechtswidrige Tat dem Katalog des § 395 Abs. 1 StPO unterfällt (BGH Beschl. v. 20.8.2019 – 3 StR 272/19). Die Grenzen, die § 400 Abs. 1 StPO der Rechtsmittelbefugnis des Nebenklägers zieht, sind auch hier zu beachten. Nicht angefochten werden kann eine Verurteilung (nur) aus § 323a daher lediglich mit dem Ziel, eine andere rechtliche Würdigung der *Schuldform* (vorsätzlicher statt fahrlässiger Vollrausch) oder gar nur der zugrunde liegenden *Rauschtat* zu erreichen (BGH NStZ-RR **2019** 353).

191 Als sachwidrig kann sich in der Praxis der Umstand erweisen, dass der Katalog derjenigen Verbrechen, die nach § 74 Abs. 2 GVG die **sachliche Zuständigkeit des Schwurgerichts** begründen, sich *nicht* auch auf diejenigen Fälle erstreckt, in denen die betreffenden Kapitaldelikte lediglich als Rausch- und Bezugstat für § 323a StGB fungieren. Die somit fehlende Zuständigkeit des Schwurgerichts (OLG Stuttgart MDR **1992** 290, 291) lässt sich auch durch den (für sich genommen sehr wohl diskutablen) Verweis auf praktische Bedürfnisse nicht herbeireden. Behelfen mag man sich im Einzelfall mit der Erwägung, eine Verurteilung aus § 323a stelle sich im gegenwärtigen Verfahrensstadium „als nur eine von mehreren in Betracht kommenden Möglichkeiten" dar, während alternativ dazu aber eben auch die Annahme einer strafbaren Katalogtat immerhin im Raume ste-

---

474 So aber *Mitsch* MK § 78b Rdn. 8; gegen ihn zutr. *Geisler* MK Rdn. 86.

475 I.E. übereinstimmend *Fischer* Rdn. 21a; *Geisler* MK Rdn. 86; *Lackner/Kühl/Heger* Rdn. 15; *Paeffgen* NK Rdn. 82; vgl. a. schon OLG Celle NJW **1959** 2274, 2275; abw. noch KG VRS **20** 50, 51.

476 BGBl. I S. 2198, in Kraft seit 1.9.2004. Zur früheren Rechtslage *Spendel* LK[11] Rdn. 346 f.

477 Immer noch anders *Fischer* Rdn. 24; *Paeffgen* NK Rdn. 104; *Sch/Schröder/Hecker* Rdn. 36.

478 Dazu a. *Klüter* SchAZtg **2006** 248; *Twittmann* SchAZtg **2009** 271.

479 BGBl. I S. 2496, in Kraft seit 1.4.1987.

480 BGH NStZ-RR 1998 305; NStZ-RR **2019** 353; LG Stuttgart NJW 1990 1126; OLG Bamberg MDR 1992 68; *Geisler* MK Rdn. 88; *Meyer-Goßner/Schmitt* § 395 Rdn. 3; anders nur noch *Fischer* Rdn. 24.

he (in diesem Sinne OLG Celle NStZ-RR **2012** 181 f). Noch besser wäre eine klare Lösung der Frage durch den Gesetzgeber (so denn auch OLG Celle a. a. O.; *Gittermann* JR **2014** 377).

Zweifelhaft ist, ob der **Haftgrund der Wiederholungsgefahr (§ 112a Abs. 1 StPO)** auch mit **192** dem dringenden Verdacht begründet werden kann, dass eine der dort bezeichneten Straftaten *im Vollrausch* begangen worden ist. In der Rechtsprechung ist das gelegentlich angenommen worden (OLG Frankfurt NJW **1965** 1728; OLG Hamm NJW **1974** 1667), dies freilich zu Unrecht:[481] Selbst wenn man die Zweifel an der Gesetzgebungskompetenz des Bundes (Art. 74 Abs. 1 Nr. 1 GG) für derartige Präventivmaßnahmen[482] und weitere grundsätzliche rechtsstaatliche Bedenken gegen jene Vorschrift (vgl. nur *Roxin/Schünemann* Strafverfahrensrecht, § 30 Rdn. 12) nicht teilen wollte, ist jedenfalls nicht daran vorbeizukommen, dass der in § 112a Abs. 1 Satz 1 StPO enthaltene Straftatenkatalog als *abschließende* Regelung einer im Grunde strafverfahrensfremden Sicherungsmaßnahme anzusehen ist, die tief – und letztlich auf der Grundlage eines bloßen „doppelten Verdachts" – in wesentliche Freiheitsrechte des Betroffenen eingreift und daher nach elementaren rechtsstaatlichen Grundsätzen (und nicht zuletzt mit Blick auf Art. 104 Abs. 1 Satz 1 GG) einer erweiternden Interpretation von vornherein unzugänglich bleiben muss.[483] Die Annahme eines Sachverhalts, in dem eine dieser Katalogtaten im schuldausschließenden Vollrausch begangen worden ist, vermag den Verdacht einer *strafbaren* Katalogtat jedoch gerade nicht zu begründen (was mit Blick auf die präventive Zielsetzung des § 112a StPO zugegebenermaßen misslich erscheinen mag, in der Logik eines an ein *Strafverfahren* angedockten Sicherheitsrechts aber eben schon von Anfang an angelegt ist); vielmehr ist die vom Gesetzgeber gewählte Behandlung jener Fälle unter dem Etikett eines eigenständigen Vollrausch-Vergehens auch hier ernstzunehmen.

Nicht grundsätzlich ausgeschlossen ist hingegen die – an eine mutmaßliche *Rauschtat* an- **193** knüpfende – **einstweilige Unterbringung** gem. § 126a StPO, sofern dringende Gründe für die Annahme vorhanden sind, dass jene Tat im Zustand der Schuldunfähigkeit oder verminderten Schuldfähigkeit (§§ 20, 21) begangen worden und in diesem Zusammenhang eine Unterbringung nach § 63 oder § 64 erfolgen wird.

Zur **vorläufigen Entziehung der Fahrerlaubnis (§ 111a StPO)** s. bereits oben Rdn. 176. **194**

X. Opferentschädigungsrecht

Eine im Rausch und damit (nicht ausschließbar) schuldlos begangene Tat kann gleichwohl ei- **195** nen „vorsätzlichen, rechtswidrigen tätlichen Angriff" im Sinne von § 1 Abs. 1 Satz 1 OEG darstellen. Der Umstand, dass der Täter lediglich aus § 323a bestraft und *insoweit* (d. h. bezogen auf die Selbstberauschung) lediglich *fahrlässiges* Handeln festgestellt worden ist, ändert daran nichts (BSG NJW **2002** 1069).

XI. Migrationsrecht

Wegen „einer oder mehrerer vorsätzlicher Straftaten gegen das Leben, die körperliche Unver- **196** sehrtheit, die sexuelle Selbstbestimmung, das Eigentum oder wegen Widerstands gegen Vollstreckungsbeamte" verurteilt ist im Sinne des § 60 Abs. 8 Satz 3 AufenthG auch, wer derartige

481 Abl. a. *Conen* AnwK Rdn. 66; *Geisler* MK Rdn. 89; *Paeffgen* NK 106; HK-StPO/*Posthoff* § 112a Rdn. 5; *Neumann* Zurechnung und „Vorverschulden" (1985) 99 f **AA** – jenen Entscheidungen zust. – *Hengsberger* JZ **1966** 209, 211; *Spendel* LK[11] Rdn. 356; KK-StPO/*Graf* § 112a Rdn. 15.

482 *Paeffgen* Vorüberlegungen zu einer Dogmatik des Untersuchungshaft-Rechts (1986) 141 ff; vgl. freilich BVerfGE **19** 342; 35 185; *Zabel* GS Seebode (2015) 217.

483 Zutr. *Geisler* MK Rdn. 89; *Frister* in: Lisken/Denninger (Hrsg.) Handbuch des Polizeirechts, 5. Aufl. (2012) Abschn. F Rdn. 179; HK-StPO/*Posthoff* § 112a Rdn. 5.

Taten im Rausch begangen hat und insoweit nur nach § 323a bestraft worden ist.[484] Denn eine „Gefahr für die Allgemeinheit" – und damit ein Grund, vom Abschiebungsverbot des § 60 Abs. 1 AufenthG abzuweichen – wird durch Rauschtaten dieser Art auch dann belegt, wenn die Verurteilung nicht unmittelbar ihretwegen, sondern lediglich ersatzweise aus § 323a erfolgt.

197 Dagegen soll es im Kontext des Ausschlusstatbestands in § 5 Abs. 1 lit. d BVFG an der Begehung einer „rechtswidrigen Tat", die nach inländischen Maßstäben Verbrechensqualität hätte, fehlen, wenn das fragliche Geschehen nach deutschem Strafrecht wegen fehlender bzw. nicht auszuschließender Schuldunfähigkeit nur unter dem Gesichtspunkt eines Vollrausch-Vergehens hätte bestraft werden können.[485]

484 VG Saarlouis Urt. v. 9.7.2019 – 6 K 941/18.

485 So – wenig überzeugend – VG Köln Urt. v. 18.12.2017 – 10 K 2131/16.

§ 323b Gefährdung einer Entziehungskur

Wer wissentlich einem anderen, der auf Grund behördlicher Anordnung oder ohne seine Einwilligung zu einer Entziehungskur in einer Anstalt untergebracht ist, ohne Erlaubnis des Anstaltsleiters oder seines Beauftragten alkoholische Getränke oder andere berauschende Mittel verschafft oder überläßt oder ihn zum Genuß solcher Mittel verleitet, wird mit Freiheitsstrafe bis zu einem Jahr oder mit Geldstrafe bestraft.

Entstehungsgeschichte

Eingefügt worden ist die – mit § 368 des Entwurfes eines Allgemeinen Deutschen Strafgesetzbuchs von 1927 wörtlich übereinstimmende – Strafvorschrift als § 330b durch das Gesetz gegen gefährliche Gewohnheitsverbrecher und über Maßregeln der Sicherung und Besserung vom 24.11.1933 (RGBl. I S. 995, 999) mit Wirkung vom 1.1.1934, in folgender Fassung:

Wer wissentlich einer Person, die in einer Trinkerheilanstalt oder einer Entziehungsanstalt untergebracht ist, ohne Erlaubnis des Leiters der Anstalt geistige Getränke oder andere berauschende Mittel verschafft, wird mit Gefängnis bis zu drei Monaten oder mit Geldstrafe bestraft.

Neu gefasst worden ist die Bestimmung durch das EGStGB vom 2.3.1974 (BGBl. I S. 469, 496) in der heutigen Form (*Tatbestandserweiterung* und *Strafverschärfung*), in Kraft getreten am 1.1.1975.

Übersicht

I. Allgemeines

Den Grund für die Schaffung des § 323b bildete das Ziel, die Durchführung einer gegen den Willen des Süchtigen angeordneten Entziehungskur in einer Anstalt, also den Vollzug einer zur Bekämpfung der Rauschmittelsucht getroffenen Präventivmaßnahme zu sichern.[1] Soweit eine solche Entziehungskur Teil des *maßregelrechtlichen* Sanktionierungs- und Behandlungsprogramms sein kann (vgl. nur § 64), kommt dieser Strafbestimmung also eine flankierende und ergänzende Funktion zu, die sie mit einigen weiteren Strafvorschriften zum Schutz der Straf- und Maßregelvollstreckung gemeinsam hat.[2] Insoweit erfasst sie – in diesem Punkt dem in § 258 Abs. 2 geregelten Delikt vergleichbar – nur (potenziell) störende Handlungen von Seiten eines Dritten, während die Beeinträchtigung der Entziehungskur durch den Anstaltsinsassen selbst aus naheliegenden Gründen straflos gelassen ist. Auf maßregelrechtliche Entziehungskuren ist die Vorschrift aber nicht beschränkt (s. näher Rdn. 8 f). Ihr **doppeltes Schutzanliegen** zielt zum 1

---

1 Entwurf eines Allgem. Deutschen Strafgesetzbuchs von 1927, S. 39, 190; Dtsch. RAnz. u. Preuß. StAnz. Nr. 277 vom 27.11.1933, 1. Beil., S. 1; Entwurf eines StGB 1962 S. 539.

2 S. etwa den Systematisierungsversuch bei *Maurach/Schroeder/Maiwald* BT II § 103 Rdn. 1 ff.

https://doi.org/10.1515/9783110490305-002

einen auf den Erhalt der Chance, die dem Untergebrachten auferlegte Entziehungskur zum Erfolg zu führen,[3] erfasst dieses Ziel freilich von vornherein nur nach Maßgabe des von der ärztlichen Leitung jeweils verfolgten Therapiekonzepts (vgl. noch unten Rdn. 18). Zum anderen geht es aber, da im Zentrum dieser therapeutischen Bemühungen stets der Suchtpatient selbst steht, auch um dessen (objektives) Interesse an ihrem Erfolg.[4] Seine „Einwilligung" in die Tathandlungen des § 323b wäre freilich unbeachtlich,[5] weil die Aussicht, die beiden genannten Ziele zu erreichen, gerade auch ihm selbst gegenüber geschützt bleibt.

2 **Praktische Bedeutung** hat die Vorschrift kaum. Die *Polizeiliche Kriminalstatistik* führte sie nur vorübergehend gesondert auf (2009: 9 Fälle; 2010: 15 Fälle; 2011: 17 Fälle; 2012: 14 Fälle; 2013: 15 Fälle).[6] Allenfalls eine Handvoll abgeurteilte Fälle im Jahr haben in die *Strafverfolgungsstatistik* Eingang gefunden (fast immer stand am Ende auch eine Verurteilung):

2009: 3 Verurteilungen,
2010: 1 Verurteilung,
2011: 2 Abgeurteilte, davon 1 Verurteilung;
2012: 2 Verurteilungen,
2013: 4 Verurteilungen,
2014: 2 Verurteilungen,
2015: 5 Verurteilungen,
2016: 1 Verurteilung,
2017: 8 Abgeurteilte, davon 7 Verurteilungen,
2018: 5 Abgeurteilte, davon 4 Verurteilungen;
2019: 11 Abgeurteilte, davon 8 Verurteilungen.[7]

Gerichtliche Entscheidungen zu § 323b sind, soweit ersichtlich, nicht veröffentlicht (sieht man einmal von dem Beschluss des LG München StV **1996**, 141 ab, in dem die Beschlagnahme von Patienten- und Personalakten eines mit Drogentherapie befassten Bezirkskrankenhauses wegen des Verdachts einer Straftat nach § 323b mit Recht für unverhältnismäßig erklärt wird). Schon die bloße Existenz der Vorschrift ist selbst unter Strafjuristen kaum bekannt.[8] Ihre marginale praktische Bedeutung dürfte nicht zuletzt darauf zurückzuführen sein, dass die – tatsächlich gewiss vorkommenden – „Störfälle" meist anderweitig (und in der Regel anstaltsintern) aufgearbeitet werden,[9] die therapeutische Praxis auf den Schutz des Strafrechts also offenbar weitestgehend verzichten zu können glaubt. Umso überraschender ist es, dass man in der Strafrechtsreform eine Erhöhung der gesetzlichen Höchststrafe von drei Monaten auf ein Jahr Freiheitsstrafe – immerhin eine *Vervierfachung* – für nötig gehalten hat.[10]

3 Schon die gesetzliche Bezeichnung legt die Einordnung des § 323 b als **Gefährdungsdelikt** nahe. In der Tat setzt der Tatbestand nicht voraus, dass das Verhalten des Täters die therapeutischen Bemühungen um den Entzugspatienten nachhaltig stört oder gar endgültig zum Scheitern

---

3 Vgl. *Paeffgen* NK Rdn. 2 im Anschluss an *Schäfer/v. Dohnanyi* Strafgesetzgebung (1936) 122. Nahezu tautologisch hingegen *van Gemmeren* MK Rdn. 1 (Schutz gewisser Entziehungskuren „gegen Störungen durch Dritte"); ähnlich auch *Wolters* SK Rdn. 2.

4 So mit Recht *Paeffgen* NK Rdn. 2; *SSW/Schöch* Rdn. 1.

5 *van Gemmeren* MK Rdn. 18.

6 *Bundeskriminalamt* Polizeiliche Kriminalstatistik 2010 S. 47; 2011 S. 48; 2012 S. 300; 2013 S. 296. In den gesondert veröffentlichten Falltabellen finden sich 13 Fälle für das Jahr 2014 und 20 Fälle für das Jahr 2015.

7 Statistisches Bundesamt Wiesbaden, Fachserie 10 (Rechtspflege), Reihe 3 (Strafverfolgung) 2009–2019. Für das Jahr 2008 enthält die Statistik überhaupt keinen Eintrag zu § 323b StGB.

8 Übereinstimmende Einschätzung bei *van Gemmeren* MK Rdn. 3. Auch die Lehrbuchliteratur ignoriert die Vorschrift zumeist (s. aber immerhin *Maurach/Schroeder/Maiwald* BT II § 103 Rdn. 1; § 104 Rdn. 5).

9 *SSW/Schöch* Rdn. 1; *van Gemmeren* MK Rdn. 3.

10 Nicht überzeugend die Begründung im StGB-E 1962, S. 540; BTDrucks. 7/550 S. 268 f Harsche Kritik („nachgerade grotesk") auch bei *Paeffgen* NK Rdn. 4.

bringt. Der *Grad* der ihm angelasteten Gefährdung ist in den drei möglichen Begehungsvarianten freilich unterschiedlich: Wird dem Untergebrachten ein Rauschmittel „verschafft" (1. Variante) oder „überlassen" (2. Variante), steht der Konsum dieses Mittels durch den Empfänger gerade noch aus (und könnte bei rechtzeitiger Entdeckung möglicherweise sogar noch unterbunden werden). Demgegenüber betrifft das „Verleiten" in der dritten Variante gerade den „Genuss solcher Mittel" und damit auch eine bereits eingetretene (wenn auch im Einzelfall vielleicht nur ephemere und letztlich folgenlose) Störung des für den Patienten vorgesehenen Behandlungs- und Entziehungsprogramms. Sieht man, was nahe liegt, schon darin eine tatsächliche Gefährdung des mit der Entziehungskur erstrebten Zwecks, so stellt sich § 323b in der zuletzt genannten Begehungsform als *konkretes*, in den beiden ersten Varianten hingegen als lediglich *abstraktes* Gefährdungsdelikt dar.[11] Ungeachtet dessen will ein Teil der Literatur[12] – meist ohne nähere Erörterung der Frage – § 323 b durchgängig als (nur) abstraktes Gefährdungsdelikt verstehen. Praktisch hängt von derlei Klassifizierungen ohnehin nichts ab.

II. Die einzelnen Deliktsmerkmale

1. Der objektive Tatbestand

4 Zur Erfüllung des objektiven Tatbestandes von § 323b gehört, dass der Täter einem auf Grund behördlicher Anordnung oder ohne seine Einwilligung zu einer Entziehungskur in einer Anstalt Untergebrachten ohne Erlaubnis des Anstaltsleiters oder dessen Beauftragten alkoholische Getränke oder andere berauschende Mittel verschafft oder überlässt oder dass er den Suchtpatienten zum Genuss solcher Mittel verleitet. Das Vergehen kann also in drei Formen begangen werden. Die ursprüngliche Gesetzesfassung des § 330b a. F. von 1933 nur das „Verschaffen" von Rauschmitteln kannte, ist um zwei weitere Begehungsweisen erweitert worden, um „Strafbarkeitslücken" zu vermeiden.[13]

5 **a) Tatsubjekt (Täter)** kann grundsätzlich jedermann sein, auch eine andere in der Anstalt untergebrachte Person. Wer sich als Untergebrachter *selbst* Rauschmittel verschafft und so den Erfolg der eigenen Entziehungskur in Frage stellt, fällt hingegen nicht unter § 323b. Soweit das Maßregelrecht (hier: § 64) betroffen ist, unterscheidet sich die Vorschrift damit von anderen Tatbeständen, die gerade (oder jedenfalls auch) die Gefährdung des Maßregelzwecks *durch den Verurteilten selbst* im Auge haben. Dies betrifft nicht mehr nur vorrangig sichernde Maßregeln wie das Berufsverbot nach § 70 StGB (vgl. § 145c StGB) oder die Entziehung der Fahrerlaubnis nach § 69 StGB (vgl. § 21 Abs. 1 Nr. 1 StVG), sondern seit der Reform der Führungsaufsicht im Jahre 2007[14] namentlich auch die gerichtliche Weisung an Probanden der Führungsaufsicht, „keine alkoholischen Getränke oder andere berauschende Mittel zu sich zu nehmen, wenn aufgrund bestimmter Tatsachen Gründe für die Annahme bestehen, dass der Konsum solcher Mittel zur Begehung weiterer Straftaten beitragen wird, und sich Alkohol- oder Suchtmittelkontrollen zu unterziehen, die nicht mit einem körperlichen Eingriff verbunden sind" (§ 68b Abs. 1 Nr. 10). Wer als Verurteilter während der Führungsaufsicht gegen eine solche Weisung verstößt und dadurch den Zweck der Maßregel gefährdet, ist strafbar nach § 145a Satz 1.[15]

---

11 In diesem Sinne etwa *van Gemmeren* MK Rdn. 2; *SSW/Schöch* Rdn. 1; *Spendel* LK[11] Rdn. 5.
12 *Fischer* Rdn. 1; *Wolters* SK Rdn. 2.
13 StGB-Entwurf 1962, S. 540 l. Sp.; BTDrucks. 7/550 v. 11.5.1973, S. 269 l. Sp.
14 Gesetz zur Reform der Führungsaufsicht vom 13.4.2007 (BGBl. I S. 513), in Kraft seit 18.4.2007.
15 Beachtliche Kritik an der Strafbewehrung von Weisungen nach § 68b I Nr. 10 StGB etwa bei *Neubacher* ZStW **118** (2006) 855, 874 ff; *Pollähne* KritV **2007** 386, 409 m. w. N.

6 Da das Gesetz seinem eindeutigen Wortlaut nach ein Handeln „ohne Erlaubnis des Anstaltsleiters oder seines Beauftragten" voraussetzt, kommt der **Anstaltsleiter** selbst nach heute herrschender und zutreffender Auffassung als Täter nicht in Betracht (dazu noch näher Rdn. 19).

7 **b) Tatbetroffener** ist der – wenigstens *auch*[16] – zu einer Entziehungskur zwangsweise in einer Anstalt Untergebrachte. Von vornherein *nicht* erfasst sind daher Patienten *ambulanter* suchttherapeutischer Maßnahmen (BTDrucks. 7/550 S. 269).

8 **aa) Behördliche Anordnung.** Der Zwangscharakter der Unterbringung – und nicht zuletzt auch der Entziehungskur, mit der sie verbunden ist – wird in der heutigen Fassung des § 323 b durch den verdeutlichenden Zusatz[17] unterstrichen, dass sie **„auf Grund behördlicher Anordnung"** bzw. **„ohne Einwilligung"** des Betroffenen erfolgen muss. Da „behördlich" insbesondere auch „gerichtlich" heißen kann (vgl. § 11 Abs. 1 Nr. 7), eine stationäre Unterbringung als *Freiheitsentziehung* ohnehin stets richterlicher Anordnung bzw. Bestätigung bedarf (Art. 104 Abs. 2 GG) und auch als Ausübung eines sorge- oder betreuungsrechtlichen Aufenthaltsbestimmungsrechts einer gerichtlichen Kontrolle unterworfen ist, können im Sinne der ersten Variante betroffen sein:
- Verurteilte, die auf Grund *strafgerichtlicher* Anordnung nach § 64 StGB in einer Entziehungsanstalt oder nach § 63 StGB in einem psychiatrischen Krankenhaus untergebracht sind (ggf. auch vorläufig gemäß § 126a Abs. 1 StPO)[18] oder später in den Vollzug einer solchen Maßregel überwiesen worden sind (§ 67a Abs. 1 und 2 StGB);
- Personen, die als psychisch Kranke einer freiheitsentziehenden Maßnahme nach Landesrecht unterworfen werden (durch *richterliche*, in Eilfällen zunächst auch durch vorläufige *verwaltungsbehördliche* Entscheidung[19]);
- Minderjährige, die auf Grund einer *familiengerichtlichen* Entscheidung nach § 1631b Satz 1 BGB (im Falle der Vormundschaft: i. V. m. § 1800 Satz 1 BGB) untergebracht sind (ggf. auch im Wege einer einstweiligen Anordnung nach §§ 331, 332 i. V. m. § 167 Abs. 1 Satz 1 FamFG) – s. aber noch unten Rdn. 9;
- Volljährige, die durch den für sie bestellten Betreuer (§§ 1896 ff BGB) bzw. durch ihren Bevollmächtigten mit Genehmigung des *Betreuungsgerichts* untergebracht sind (§ 1906 Abs. 1, Abs. 2 Satz 1, Abs. 5 BGB;[20] zu einstweiligen Maßregeln dieses Gerichts s. § 1846 BGB) – vgl. aber auch insoweit noch unten Rdn. 9.

Nicht erfasst sind dagegen (ungeachtet bestehender Alkohol- und Rauschmittelverbote) beispielsweise Untersuchungshäftlinge oder Strafgefangene in einer Justizvollzugsanstalt; letztere auch dann nicht, wenn gegen sie eine Maßregel nach § 64 bereits „angeordnet" wurde, aber zum Tatzeitpunkt – etwa wegen einer Entscheidung nach § 67 Abs. 2 – (noch) nicht vollzogen wird (*Wolters* SK Rdn. 5). Das Einbringen von *Betäubungsmitteln* in eine Justizvollzugsanstalt kann nach § 29 Abs. 1 BtMG strafbar sein (u. U. sogar als unbenannter besonders schwerer Fall i. S. d. Abs. 3[21]).

---

16 Ähnlich *Fischer* Rdn. 2 (Entziehungskur „mindestens einer der Unterbringungszwecke"); *Sch/Schröder/Hecker* Rdn. 6. Unter Berufung auf die Begründung zum EGStGB (BT-Drucks. 7/550 S. 269) scheinbar großzügiger *van Gemmeren* MK Rdn. 9: Es genüge, dass sich die zum Tatzeitpunkt tatsächlich an einem Untergebrachten durchgeführte Entziehungskur noch im Rahmen des Unterbringungszwecks bewege (in diesem Sinne auch *Spendel* LK[11] Rdn. 15). Doch dient diese Formulierung wohl nur dazu, auch die Fälle des § 67a Abs. 2 zu erfassen (z. B. Überweisung aus der Sicherungsverwahrung, § 66, in eine Entziehungsanstalt).

17 BTDrucks. 7/550 S. 269 r. Sp.; s. a. StGB-E 1962, S. 539 r. Sp.

18 *Paeffgen* NK Rdn. 10; *Sch/Schröder/Hecker* Rdn. 5.

19 Vgl. beispielsweise Art. 10 des bayerischen Unterbringungsgesetzes.

20 Zu den Voraussetzungen einer solchen Unterbringung bei Alkoholismus s. jetzt näher BGH NJW **2011** 3518.

21 Körner/*Patzak* BtMG § 29 Abs. 3 Rdn. 53 ff; einschränkend OLG Koblenz NStZ **1993** 549.

bb) Unterbringung ohne Einwilligung. Die *zweite* Variante – die Unterbringung des Betroffenen **„ohne seine Einwilligung"** – hat demgegenüber kaum noch eigenständige Bedeutung. Sie erklärt sich historisch aus dem Bestreben des Gesetzgebers, auch diejenigen Fälle abzudecken, in denen sich die Unterbringung allein auf die Entscheidung des oder der jeweiligen Personensorgeberechtigten gründet. Gedacht war dabei an *minderjährige* Kinder bzw. Mündel (denn im Falle der seinerzeit vorgesehenen Vormundschaft über entmündigte *Volljährige* war nach der Entscheidung BVerfGE **10** 302, 309 ff im Hinblick auf Art. 104 Abs. 2 GG ohnehin eine gerichtliche Entscheidung erforderlich – vgl. im heute geltenden Betreuungsrecht § 1906 Abs. 2 BGB). Der h. M. zufolge sind solche Fälle heute kaum noch denkbar, weil § 1631b S. 1 BGB (im Falle der Vormundschaft: i. V. m. § 1800 Satz 1 BGB) auch insoweit eine gerichtliche Kontrolle und damit bereits eine „behördliche Anordnung" im Sinne der ersten Variante vorsehe (s. o. Rdn. 8); es verbleibt daher lediglich die Konstellation, dass ein Minderjähriger durch einen Sorgeberechtigten zunächst ohne Genehmigung des Familiengerichts in einer Entziehungsanstalt untergebracht worden ist, weil „mit dem Aufschub Gefahr verbunden ist" (§ 1631b S. 3 BGB), und die (freilich unverzüglich nachzuholende) Entscheidung des Gerichts noch aussteht.[22] Die dabei zugrunde gelegte (und auch hier Rdn. 8 vorgenommene) Einordnung der familiengerichtlichen Entscheidung nach § 1631b BGB als „behördliche Anordnung" i. S. d. § 323b versteht sich freilich nicht von selbst, weil das Gericht die Unterbringung des betroffenen Minderjährigen in diesem Fall gerade nicht „anordnet", sondern lediglich „genehmigt"[23]: Sie beruht auf dem Aufenthaltsbestimmungsrecht als Teil der elterlichen Personensorge (§ 1631 Abs. 1 BGB), dessen konkrete Ausübung für den Fall einer freiheitsentziehenden auswärtigen Unterbringung des Kindes (sog. „Fremdplatzierung")[24] mit Rücksicht auf dessen Freiheitsrecht[25] einer gerichtlichen Missbrauchskontrolle[26] am Maßstab des Kindeswohls (§§ 1631b Satz 2, 1697a BGB) unterworfen wird. Nur wenn die Sorgeberechtigen eine solche Unterbringung anstreben, ist das Familiengericht überhaupt zur Entscheidung nach § 1631b BGB berufen. Genehmigt es sie, liegt es doch weiter in der Hand der Eltern (bzw. des Vormunds), ob – und in welcher Anstalt[27] – der Minderjährige nun tatsächlich untergebracht wird.[28] Das gibt Anlass zu zweifeln, ob das Kind nach alledem *auf Grund* „behördlicher [hier: gerichtlicher] Anordnung" untergebracht ist oder nicht vielmehr in Folge einer entsprechenden Entscheidung seiner Eltern (bzw. seines Vormunds).[29] Entsprechendes gilt für die vom Betreuungsgericht kontrollierte Unterbringung eines Volljährigen durch den für ihn bestellten Betreuer bzw. eine insoweit von ihm selbst bevollmächtigte Person (§ 1906 Abs. 2, Abs. 5 BGB). Die Frage ist deshalb von Belang, weil auch die in § 323b genannte Alternative „ohne seine Einwilligung" in denjenigen (wohl eher seltenen) Fällen nicht greifen könnte, in denen ein im natürlichen Sinne einwilligungsfähiger Betroffener einer stationären Entziehungskur *selbst zugestimmt* hat – während er der ersten Variante („auf behördliche An- 9

22 *van Gemmeren* MK Rdn. 8; *Sch/Schröder/Hecker* Rdn. 5 (dem dort genannten § 1631b Satz 2 BGB entspricht heute Satz 3).

23 In diesem Sinne ist auch zu tenorieren, vgl. *Staudinger/Salgo* BGB § 1631b Rdn. 41.

24 *Czerner* AcP **202** (2002) 72, 85; *Staudinger/Salgo* BGB § 1631b Rdn. 11.

25 Vgl. nur *Huber* MK BGB § 1631b Rdn. 1 m. w. N. Ob Art. 104 Abs. 2 GG eine solche Kontrolle sogar erzwingt, hatte BVerfGE **10** 302, 328 noch offengelassen (die Kammerentscheidung NJW 2007 3560 scheint davon aber ohne weiteres auszugehen). In der Literatur wird dies heute überwiegend angenommen, s. nur *Jarass/Pieroth* GG Art. 104 Rdn. 29 m. w. N.; *Huber* MK BGB § 1631b Rdn. 12; *Staudinger/Salgo* BGB § 1631b Rdn. 10.

26 Die Genehmigung ist daher Schutzmaßnahme i. S. d. Haager Minderjährigenschutzabkommens (AG Glückstadt FamRZ 1980 824). Im Hintergrund steht die Sorge, Kinder und Jugendliche könnten bei auftretenden Problemen vorschnell aus ihrer angestammten Umgebung heraus „abgeschoben" werden; vgl. BTDrucks. 8/2788 S. 38; *Beaucamp* RdJB **2007** 98, 99 f; *Czerner* AcP **202** (2002) 72, 74; *Staudinger/Salgo* BGB § 1631b Rdn. 4 f. Der nunmehr eingefügte Verweis auf alternative „öffentliche Hilfen" (Satz 2) verdeutlicht dies einmal mehr.

27 Vgl. OLG Brandenburg FamRZ **2004** 815.

28 Folgerichtig hängt auch die Verlängerung der für einen bestimmten Zeitraum genehmigten Unterbringung vom Willen des Sorgeberechtigten ab (OLG Naumburg FamRZ **2009** 431).

29 In diesem Sinne *Paeffgen* NK Rdn. 9.

ordnung“) jedenfalls unter der Prämisse unterfiele, dass auch bei einer solchen Sachlage eine gerichtliche Genehmigung erforderlich ist.[30] Trotz der genannten Zweifelsgründe ist die Frage jedoch im Sinne der h. M.[31] zu beantworten: Die gerichtlichen Entscheidungen nach §§ 1631b, 1906 Abs. 2 BGB treffen auf verfahrensrechtlicher Ebene zwar keine „Anordnung“, sondern genehmigen nur eine fremde Entschließung (des Sorgeberechtigten bzw. des Betreuers). Gleichwohl liefern sie gegenüber dem Betroffenen einen *eigenständigen Rechtsgrund* für seine Unterbringung, was nicht zuletzt daran deutlich wird, dass er ohne einen solchen Gerichtsbeschluss nicht am Verlassen der Anstalt gehindert werden dürfte (§ 239 StGB!).[32] Deshalb sind auch diese Entscheidungen – dem geschilderten Verständnis des historischen Gesetzgebers entsprechend – als „behördliche Anordnung“ i. S. d. ersten Variante einzuordnen, mit der Folge, dass für die zweite Variante („ohne seine Einwilligung“) in der Tat nur der Fall des § 1631b Satz 3 BGB verbleibt (für den es im Betreuungsrecht keine Entsprechung gibt).

10 **cc) Freiwillige Entziehungskur.** Wer sich **freiwillig** einer stationären Entziehungskur unterwirft, die er jederzeit wieder abbrechen kann, fällt nicht unter § 323b.[33] Das gilt auch für den Fall, dass sich der Patient damit zugleich einer *Weisung* fügt, die ihm das Gericht im Zusammenhang mit einer Strafaussetzung bzw. Strafrestaussetzung zur Bewährung erteilt hat (§ 56c Abs. 3 Nr. 1 und 2, auch i. V. m. §§ 57 Abs. 3 Satz 1, 57a Abs. 3 Satz 2).[34] Obgleich die für die Erteilung einer solchen Weisung erforderliche Einwilligung des Verurteilten nur im Zeitpunkt der gerichtlichen Entscheidung vorliegen muss, könnte sie doch im Falle eines Sinneswandels nicht gegen seinen Willen durchgesetzt werden.[35] Nichts anderes gilt für entsprechende Weisungen im Rahmen der Führungsaufsicht (§ 68b Abs. 2 Satz 4 i. V. m. § 56c Abs. 3). Die Entscheidungsfreiheit des Verurteilten ist jeweils nur (aber immerhin) faktisch eingeschränkt durch die Aussicht auf die jeweils drohenden Folgen, die der vorzeitige Abbruch der Entziehungskur mit sich bringen kann (Bewährungswiderruf nach § 56 f Abs. 1 Nr. 2, ggf. i. V. m. §§ 57 Abs. 5 Satz 1, 57a Abs. 3 Satz 2, bzw. unbefristete Führungsaufsicht nach § 68c Abs. 2, Abs. 3 Nr. 2). An einer zwangsweisen Unterbringung fehlt es auch bei einer Erziehungsmaßregel (§ 9 Nr. 1 JGG) in Gestalt der Weisung, sich einer Entziehungskur zu unterziehen (§ 10 Abs. 2 JGG), weil auch hier die Befolgung der Weisung nicht erzwungen werden kann.[36] Ist die Vollstreckung einer maßregelrechtlichen Unterbringung gemäß § 67d Abs. 2 Satz 1 zur Bewährung ausgesetzt worden oder die Höchstfrist für die Unterbringung in einer Entziehungsanstalt (§ 67d Abs. 1) abgelaufen, so scheidet § 323b auch dann aus, wenn der Betroffene aus freien Stücken zunächst weiter in der Anstalt verweilt.[37] Nicht im Sinne der Vorschrift „untergebracht“ ist schließlich auch, wer sich bei zurückgestellter Strafvollstreckung in einer „Einrichtung“ nach § 35 Abs. 1 Satz 2 BtMG aufhält.[38]

---

30 Ist der (einsichtsfähige) *Betreute* mit der Unterbringung einverstanden, soll es an einer nach § 1906 Abs. 1 genehmigungsbedürftigen „Freiheitsentziehung“ fehlen (vgl. etwa BayObLG FamRZ **1996** 1375). Das Einverständnis des *minderjährigen Kindes* soll hingegen nach wohl vordringender Auffassung generell ohne Einfluss auf das Genehmigungserfordernis nach § 1631b Satz 1 BGB bleiben; vgl. *Beaucamp* RdJB **2007** 98, 100; *Gollwitzer/Rüth* FamRZ **1996** 1388, 1389 f; *Vogel* FamRZ **2015** 1, 4; *Staudinger/Salgo* BGB § 1631b Rdn. 8; aA *Huber* MK BGB § 1631b Rdn. 4.

31 *van Gemmeren* MK Rdn. 7; *Sch/Schröder/Hecker* Rdn. 5; zum früheren Recht auch schon *Spendel* LK[11] Rdn. 11 ff.

32 Vgl. nur *Staudinger/Salgo* BGB § 1631b Rdn. 18. Mit der rechtfertigenden Wirkung der Genehmigung argumentieren gerade auch diejenigen, die sie bei § 1631b BGB nicht davon abhängig machen wollen, ob der einsichtsfähige Minderjährige sich zunächst freiwillig „fremdplatzieren“ lässt (s. o. Rdn. 31): Wird er später auch anderen Sinnes, bleibt seine Unterbringung doch rechtmäßig.

33 *Fischer* Rdn. 2; *Paeffgen* NK Rdn. 9; *SSW/Schöch* Rdn. 2; *Sch/Schröder/Hecker* Rdn. 5.

34 *van Gemmeren* MK Rdn. 8; *SSW/Schöch* Rdn. 2.

35 BGHSt **36** 97, 99; *Sch/Schröder/Kinzig* § 56 c Rdn. 21 m. w. N.

36 *Eisenberg* JGG § 10 Rdn. 74. Vgl. ferner *Ostendorf* JGG § 10 Rdn. 27.

37 *Fischer* Rdn. 2; *van Gemmeren* MK Rdn. 8; *Sch/Schröder/Hecker* Rdn. 5.

38 Zum Vorrang der Maßregelanordnung gem. § 64 StGB ggü. einem Vorgehen nach § 35 BtMG s. BGH NStZ-RR **2010** 319.

Soweit eine familiengerichtliche Entscheidung nach § 1631b Satz 1 BGB über die stationäre suchttherapeutische Behandlung *Minderjähriger* (bzw. bei *Volljährigen* eine betreuungsgerichtliche Entscheidung nach § 1906 Abs. 2 BGB) in den Fällen für verzichtbar gehalten wird, in denen der Betroffene einsichtsfähig und mit der Durchführung einer Entziehungskur einverstanden ist,[39] kann § 323b folgerichtig ebenfalls nicht zur Anwendung kommen.

dd) Nicht erforderlich ist, dass sich der Untergebrachte bei Begehung der Tat gerade in den Räumen der betreffenden Anstalt aufhält. Es genügt, dass er dort im oben (Rdn. 7) bezeichneten Sinne „untergebracht" ist, mag er von der Tathandlung auch gelegentlich eines Ausgangs oder sonst außerhalb der Anstalt betroffen sein. 11

c) Tatmodalitäten. § 323b umfasst insgesamt *drei* alternative Begehungsformen. Als *Gegenstand* aller drei Tathandlungen nennt das Gesetz **berauschende Mittel** und hebt aus ihnen **alkoholische Getränke** noch einmal gesondert hervor. Die Begriffe decken sich mit jenen, die auch § 323a zugrunde liegen (vgl. zu den Einzelheiten daher *Popp* LK § 323a Rdn. 81 ff sowie *Schöch* LK[12] § 64 Rdn. 74 ff). Unerheblich soll in allen drei Varianten sein, ob das jeweils tatgegenständliche Rauschmittel gerade dasjenige ist, von dem der Untergebrachte durch die ihm auferlegte Entziehungskur entwöhnt werden soll.[40] Dem wird man nicht schon unter Berufung auf die (vom Tatbestand des § 323b gar nicht ins Auge gefasste) Gefahr der Weitergabe an andere[41] zustimmen können, wohl aber mit Rücksicht auf die Gefahr einer „Suchtverlagerung" beim tatbetroffenen Untergebrachten,[42] soweit sie die Erfolgsaussichten der gerade durchgeführten Entziehungskur schmälert. Ohne eine solche Einschränkung droht, wie *Conen* (AnwK Rdn. 14) mit Recht zu bedenken gibt, eine inakzeptable Ausweitung des § 323b auf die strafrechtliche Sanktionierung bloßer Hausordnungsverstöße. 12

In der *ersten* der drei möglichen *Tatvarianten* **verschafft** der Täter der untergebrachten Person alkoholische Getränke bzw. sonstige Rauschmittel im o. g. Sinne. Ob dies entgeltlich oder unentgeltlich geschieht, ist jedenfalls auf Tatbestandsebene ohne Belang. Diese Begehungsform, die auch sonst immer wieder in Straftatbeständen begegnet (so z. B. in §§ 87 Abs. 1 Nr. 3, 149 Abs. 1, 259 Abs. 1, 261 Abs. 2 Nr. 1, 275 Abs. 1, 310 Abs. 1, 316c Abs. 4 StGB sowie § 29 Abs. 1 Satz 1 Nr. 1 BtMG), lässt sich dahin umschreiben, dass der Täter dem Untergebrachten zur gegenständlichen Erlangung der betreffenden Stoffe verhilft, also bewirkt, dass dieser die *tatsächliche Verfügungsgewalt* über die jeweilige Sache erlangt (vgl. a. RGSt **69** 86, 87 zum Verschaffen von Abtreibungswerkzeugen für die Schwangere nach § 218 Abs. 4 Satz 2 von 1926; BGHSt **27** 45, 46; 160, 163 für das Sich-Verschaffen von Sachen durch den Hehler nach § 259). Der bloße Nachweis einer möglichen Bezugsquelle reicht daher noch nicht.[43] Im Gegensatz zum „Überlassen" (2. Variante) muss aber beim „Verschaffen" das Mittel nicht aus dem Herrschaftsbereich des Täters stammen, sondern kann durch diesen *auch aus der Sphäre eines Dritten* an den Untergebrachten vermittelt werden. Ebenso ist ein unmittelbarer Kontakt zwischen dem Anstaltsinsassen und dem Täter nicht erforderlich: Beide können also eine Mittelsperson – etwa einen *Boten* – einschalten. Mit der bloßen Aushändigung an den Boten hat der Täter das Rauschmittel aber dem Untergebrachten, für den es bestimmt ist, regelmäßig noch nicht verschafft,[44] mag die alsbaldige Weiterleitung an ihn den Umständen nach auch sehr wahrscheinlich sein.[45] An- 13

39 Vgl. die in Fn. 31 Genannten.
40 *Fischer* Rdn. 3a; *van Gemmeren* MK Rdn. 12.
41 So aber *van Gemmeren* MK Rdn. 12; *Sch/Schröder/Hecker* Rdn. 7.
42 *van Gemmeren* MK Rdn. 12; *Sch/Schröder/Hecker* Rdn. 7.
43 Vgl. bereits *Schäfer/Wagner/Schafheutle* Gesetz gegen gefährliche Gewohnheitsverbrecher (1934) § 330b a. F. Anm. 4. Ebenso heute etwa *Paeffgen* NK Rdn. 15.
44 Anders noch RGSt 69 86, 87 zum Verschaffen von Abtreibungswerkzeugen nach § 218 Abs. 4 Satz 2 i.d.F,. von 1926.
45 So aber *Paeffgen* NK Rdn. 21, wo nur an eng begrenzte Ausnahmefälle gedacht ist.

derenfalls würde – da der Versuch des § 323b straflos gelassen ist – die Zone strafbarer Gefährdungshandlungen über die vom Gesetz gezogene Grenze hinaus nach vorne ausgedehnt.[46] Handelt es sich bei dem Boten um einen Mitpatienten, der seinerseits als Tatbetroffener in Betracht käme, so wird das Rauschmittel auch *ihm* nicht verschafft, wenn er es lediglich als Transportperson in Händen hält und im Innenverhältnis zum bestimmungsmäßigen Empfänger nur als Überbringer fungieren soll: Wenn und soweit er sich zum Zeitpunkt des Erhalts an diese Absprache halten will, fehlt ihm nämlich eben deshalb eigene *Verfügungs*gewalt, die für eine erfolgreiche Verschaffung kennzeichnend ist (vergleichend herangezogen werden kann § 29 Abs. 1 Satz 1 Nr. 1 BtMG, s. nur BayObLG NStZ **2004** 401 f). Im übrigen genügt für die erste Handlungsweise des § 323b – ebenso wie für die zweite – die tatsächliche *Ermöglichung* des Rauschmittel*genusses*[47] (die in der Regel, wenngleich nicht notwendig, schon die Entziehungskur gefährdet). Ein „Verschaffen durch Unterlassen" ist möglich, setzt aber eine besondere Verantwortlichkeit (§ 13 Abs. 1) voraus, die wohl beim Pflegepersonal der betreffenden Anstalt gegeben sein mag, nicht aber etwa bei Mitinsassen.[48]

14 Die *zweite* mögliche *Tathandlung* besteht im **Überlassen** der Rauschmittel an den Untergebrachten. Auch diese Begehungsform ist von anderen Deliktstatbeständen her bekannt (vgl. etwa §§ 87 Abs. 1 Nr. 3, 149 Abs. 1, 184 Abs. 1 Nr. 1, 281 Abs. 1, 310 Abs. 1). Sie setzt – im Unterschied zur vorhergehenden Variante des „Verschaffens" (vgl. Rdn. 13) – notwendig voraus, dass der Täter die betreffende Sache aus seinem *eigenen* Verfügungsbereich entlässt und stattdessen der Zugriffsmacht des Untergebrachten anheimgibt (vgl. bereits RGSt **17** 257, 258; **59** 214, 217, zur Überlassung von Sprengstoff nach dem SprengstG 1884). Ist der Gegenstand zwar auf der einen Seite aus der Hand des Handelnden gegeben, auf der anderen aber noch nicht in den Herrschaftsbereich des Empfängers gelangt, so liegt noch kein Überlassen vor (s. RGSt **43** 10, 15, wiederum zum SprengstG). Die Begründung eigenen „(Allein)gewahrsams" bzw. wirklicher *Verfügungsgewalt* wird auf Seiten des Empfängers allerdings nicht erforderlich sein (auch dies im Gegensatz zum „Verschaffen", s. o. Rdn. 13): „Zum unmittelbaren Verbrauch überlässt" im Sinne des § 29 Abs. 1 Satz 1 Nr. 6 lit. b BtMG nach der Rechtsprechung auch derjenige einem anderen ein Betäubungsmittel, wer es ihm „nur zum Mitgenuß bzw. in verbrauchsgerechter Menge zum sofortigen Verbrauch an Ort und Stelle" hingibt.[49] Hat andererseits jemand – etwa als Vermittler – an der Übertragung des Rauschmittels mitgewirkt, ohne dabei selbst tatsächliche Gewalt darüber zu besitzen, so ist darin noch kein täterschaftliches „Überlassen" zu sehen, da diese Begehungsform eben gerade voraussetzt, dass „der Täter die tatsächliche Gewalt [...], die er dem Erwerber überträgt, vorher selbst ausgeübt hat" (so BGHSt **28** 294 zu § 16 Abs. 1 Nr. 3 KWKG in der damaligen Fassung).[50] Da für das „Überlassen" einer Sache das schlichte „Zulassen" des Zugriffs auf sie geradezu typisch ist, kann diese zweite Tatvariante auch schlicht in äußerer Passivität (unterlassenes Einschreiten) verwirklicht werden, ohne dass es einer besonders zu begründenden Garantenpflicht bedürfte.[51] Ob der Untergebrachte das ihm überlassene Rauschmittel im weiteren Verlauf tatsächlich noch *konsumiert*, ist – nicht anders als im Fall des Verschaffens (Variante 1) – für die Vollendung auch hier unerheblich.

15 Als *dritte* mögliche *Tathandlung* nennt das Gesetz schließlich den Fall, dass der Täter die untergebrachte Person **zum Genuss** der betreffenden Rauschmittel **verleitet**. Anders als in den beiden ersten Tatvarianten muss es hier also tatsächlich zum *Konsum* eines berauschenden Mit-

---

46 In diesem Sinne wohl auch *Sch/Schröder/Hecker* Rdn. 9, soweit dort „unmittelbare" Verfügungsgewalt des Untergebrachten verlangt wird; der Tendenz nach auch *Paeffgen* NK Rdn. 21. Um den „Schutzzweck" nicht zu beeinträchtigen, will *van Gemmeren* MK Rdn. 13 hingegen auf das Unmittelbarkeitserfordernis verzichten.

47 Treffend *v. Olshausensch.* Komm., Erg.-Bd. (1936) § 330b a. F. Anm. 2a (S. 312); s. a. *Lackner/Kühl* Rdn. 3.

48 So mit Recht *van Gemmeren* MK Rdn. 13; *Wolters* SK Rdn. 9.

49 S. etwa BayObLG NStZ **1990** 395; StV **1998** 592 m. Anm. *Körner*; StV **2002** 263.

50 In diesem Sinne auch *van Gemmeren* MK Rdn. 14.

51 Ebenso *Fischer* Rdn. 3a; *van Gemmeren* MK Rdn. 14 („echtes Unterlassungsdelikt"); *Wolters* SK Rdn. 9; *Schöne* Unterlassene Erfolgsabwendungen (1974) 219.

tels gekommen sein, der nicht notwendig ein „Genuss“ im Sinne besonders angenehmer oder gar lustvoller Empfindungen zu sein braucht[52] und nicht auf *orale* Zuführungsformen beschränkt ist.[53] Hingegen ist – ebenfalls im Unterschied zu den vorhergehenden Varianten – nicht erforderlich, dass das Rauschmittel den Untergebrachten aus der Herrschaftssphäre des Täters oder eines Dritten erreicht. Eigenständige Bedeutung erlangt die Variante des „Verleitens“ vielmehr gerade für den Fall, dass der Untergebrachte über das Rauschmittel bereits verfügt.

Den Ausdruck **„Verleiten“** verwendet das StGB wiederholt (vgl. §§ 120 Abs. 1, 160 Abs. 1, 16
328 Abs. 2 Satz 4, 357 Abs. 1), wenn auch nicht stets im selben Sinne: So setzt § 160 Abs. 1 StGB nach zutreffender Ansicht voraus, dass der vom Täter verleiteten Person selbst die Bedeutung ihres eigenen Verhaltens verborgen bleibt, sie also gutgläubig handelt.[54] Eine solche Überlegenheit im Wissen ist dagegen für das Verleiten im Sinne des § 323b weder charakteristisch noch überhaupt erforderlich: Der Untergebrachte wird sich der Art und der Wirkungen des von ihm konsumierten Stoffs in aller Regel sehr wohl bewusst sein, und es ist kaum anzunehmen, dass das Gesetz gerade diesen Regelfall aus dem Anwendungsbereich des § 323b heraushalten will. Am nächsten scheint der Vergleich mit § 120 Abs. 1 StGB zu liegen[55]: So wie dort das Verleiten eines Gefangenen bzw. Verwahrten zum Entweichen der Sache nach einer Anstiftung zu einem solchen – in der Person des Entweichenden selbst freilich tatbestandslosen (und daher auch nicht teilnahmefähigen) – Verhalten entspricht,[56] könnte auch die Strafbarkeit des „Verleitens zum Genuss“ in § 323b letztlich die „Anstiftung“ des Untergebrachten zum Rauschmittelkonsum ersetzen (die hier – im technischen Sinne des § 26 – wiederum konstruktiv nicht in Betracht kommt, weil dieser Konsum in der Person des Untergebrachten tatbestandslos ist und daher keine „Haupttat“ zu begründen vermag). Dabei dürfte das „Verleiten“ im Sinne des § 323b weiter zu fassen sein und nicht nur die kommunikative Beeinflussung des Untergebrachten abdecken, wie sie für das „Bestimmen“ zur Tat (§ 26) kennzeichnend ist,[57] sondern auch andere Formen der Einwirkung auf seine Entschließungen, insbesondere durch das Arrangement einer zum Konsum anreizenden Situation (*van Gemmeren* MK Rdn. 15). Mag der Untergebrachte auch längst zum Bruch mit den Grundsätzen der ihm auferlegten Entziehungskur und zum Konsum von Rauschmitteln bei jeder sich bietenden Gelegenheit entschlossen sein, so kann er gleichwohl noch – eben durch Aufzeigen oder Gewähren einer solchen Gelegenheit – zu der konkreten Konsumhandlung verleitet werden.[58] Da es nur um diese (den Erfolg der Entziehungskur gefährdende) Konsumhandlung als solche geht, soll es schließlich auch gleichgültig sein, ob der Konsument selbst sich der Art, Eigenschaften und Wirkungen des fraglichen Stoffes bewusst ist oder nicht.[59] Eindeutig zu weit geht jedoch die gängige Formel, es genüge jede (Mit-)Verursachung des Rauschmittelkonsums im Sinne der Äquivalenzlehre,[60] weil sie zum einen die heute weithin anerkannten Grundsätze der objektiven Zurechnung ignoriert, zum anderen aber auch nicht hinreichend deutlich macht, dass es sich stets um eine lenkende Einwirkung auf das Verhalten des Untergebrachten handeln muss. Wer dessen Rauschmittelkonsum als Garant gerade

---

52 Vgl. BayObLG NZV **1990** 317 m. w. N. (zu §§ 315c Abs. 1 Nr. 1 lit. a, 316); anders noch OLG Karlsruhe BA **1979** 59 m. abl. Anm. *Schewe*.

53 Vgl. zum entsprechenden Merkmal bei der Trunkenheit im Verkehr etwa *Sch/Schröder/Hecker* § 316 Rdn. 4.

54 D. h. im Kontext des § 160: unvorsätzlich im Hinblick auf die Falschheit ihrer Aussage. In diesem Sinne RGSt **11** 418, 420; *Maurach/Schroeder/Maiwald* BT II § 75 Rdn. 102; *Müller* MK § 160 Rdn. 16; *Vormbaum* FS Maiwald 817, 824 ff; *Wessels/Hettinger* (40. Aufl. 2016) Rdnr. 783. AA BGHSt 21 116; *Rengier* BT II § 49 Rdn. 57.

55 Der Verleitensbegriff der Konnivenz (§ 357 Abs. 1) wird hingegen – ohne Unterschiede in der Sache – herangezogen etwa bei *Paeffgen* NK Rdn. 17; *Sch/Schröder/Hecker* Rdn. 11.

56 Vgl. nur *Sch/Schröder/Eser* § 120 Rdn. 10.

57 So die h. M., s. etwa *Sch/Schröder/Heine/Weißer* § 26 Rdn. 3; *Schünemann* LK § 26 Rdn. 15.

58 Wie auch der generell Tatbereite noch zur konkreten Tat angestiftet werden kann (vgl. nur BGH NStZ **1994** 29, 30; *Sch/Schröder/Heine/Weißer* § 26 Rdn. 6 sowie – zum „Bestimmen“ i. S. d. § 30a Abs. 2 Nr. 1 BtMG – BGHSt **45** 373, 374). Wie hier auch *Wolters* SK Rdn. 10; *SSW/Schöch* Rdn. 4.

59 *van Gemmeren* MK Rdn. 15; *Wolters* SK Rdn. 10; *Sch/Schröder/Hecker* Rdn. 9.

60 So aber *Paeffgen* NK Rdn. 17; *Spendel* LK[11] Rdn. 24.

zu verhindern hat, kann ihn hierzu auch durch *Unterlassen* „verleiten"[61] (etwa dadurch, dass er eine bestehende Konsumgelegenheit nicht beseitigt und dem Untergebrachten auf diese Weise – „wissentlich" – die Option zum Rauschmittelgenuss eröffnet).

17 **d) Fehlende Erlaubnis.** Voraussetzung ist schließlich, dass der Täter **ohne Erlaubnis des Anstaltsleiters oder seines Beauftragten** handelt. Anstaltsleiter in diesem Sinne ist der *leitende Arzt*, nicht der Verwaltungsdirektor der Anstalt, mag dieser auch der Vorgesetzte des ersteren sein.[62] Beauftragte sind in diesem Zusammenhang Ärzte oder sonstige medizinische Pflegepersonen, die dem ärztlichen Leiter unterstellt und von ihm mit der Behandlung des Süchtigen *betraut* sind. Denn die Erweiterung der für die Erlaubniserteilung Verantwortlichen hat man bei der Strafrechtsreform für notwendig gehalten, weil der Anstaltsleiter die Durchführung und Überwachung der Entziehungskur auch anderen Personen übertragen könne.[63]

18 Das *Nicht*vorliegen der Erlaubnis ist **negatives Tatbestandsmerkmal**, ihre Erteilung also stets[64] ein tatbestandsausschließender Umstand.[65] Diese Voraussetzung erschien notwendig, da zur Entziehungskur, insbesondere auch zur Behandlung schwerer Entzugserscheinungen, oft die Verabfolgung immer kleiner werdender Mengen des gewohnten Rauschmittels gehöre.[66] Wie immer solche „reduktionstherapeutischen" Ansätze nach dem heutigen Stand suchtmedizinischer Forschung auch zu beurteilen sein mögen – ihre Berücksichtigung schon in der tatbestandlichen Struktur des § 323b deutet jedenfalls darauf hin, dass der Gesetzgeber die Reichweite seines Gefährdungsverbots schon formal durch das vom leitenden Arzt jeweils verfolgte Therapiekonzept begrenzen wollte, das seinerseits einer weiteren gerichtlichen Nachprüfung entzogen bleibt: Es geht dann eben nicht um die Gefährdung einer Entziehungskur schlechthin, sondern um ein Gefährdungsverhalten *in der spezifischen Form des Konflikts mit den vom jeweiligen Anstaltsleiter getroffenen Entscheidungen.*

19 Daraus folgt zunächst, dass **der Anstaltsleiter selbst den Tatbestand niemals verwirklichen kann**[67] (und auch sein „Beauftragter" nur dann, wenn er sich eigenmächtig über die Vorgaben des Anstaltsleiters hinwegsetzt). Die Fragestellung, ob der Anstaltsleiter die erforderliche Erlaubnis sich „selbst erteilen"[68] und insoweit im Einzelfall „rechtsmissbräuchlich"[69] handeln könne, ist deshalb von vornherein schief: Die Erlaubnis, von der § 323b handelt, betrifft stets das Verhalten *anderer* und formt damit die für diese anderen maßgebliche Verbotsmaterie aus. Der Anstaltsleiter, der sie erteilt, ist also nicht Adressat, sondern Mitgestalter dieses Verbots. Auch wenn er einem anderen sachwidrig – etwa aus Verantwortungslosigkeit oder gar Eigennutz – erlaubt, einen untergebrachten Patienten mit Rauschmitteln zu versorgen, wird er damit nicht „selbst zum Täter"[70]: § 323b ist kein Pflichtdelikt der für die Entziehungskur verantwortlichen Personen, sondern erfasst die Gefährdung der Erfolgsaussichten einer solchen Kur nur unter den genannten spezifischen Einschränkungen. Der Einwand *Spendels*, damit bliebe „gera-

61 Ebenso *Wolters* SK Rdn. 10.
62 *van Gemmeren* MK Rdn. 16; *Sch/Schröder/Hecker* Rdn. 13.
63 Vgl. StGB-Entwurf 1962, S. 540 l. Sp.; BT-Drucks. 7/550 S. 269.
64 Zu Recht nicht durchgesetzt hat sich die auf *Cramer* zurückgehende Differenzierung bei *Sch/Schröder/Hecker* Rdn. 14, wonach nur die *medizinisch indizierte* Erlaubnis den Tatbestand ausschließen soll, während die nicht indizierte, aber „nach der Vorstellung des Arztes" (!) medizinisch unbedenkliche Erlaubnis nur rechtfertigende Wirkung haben könne (und jenseits dieser Voraussetzungen allenfalls die eines Strafausschließungsgrundes).
65 *Fischer* Rdn. 3; *van Gemmeren* MK Rdn. 16; BeckOK/*Ziegler* Rdn. 4.
66 Entw. eines Allgem. Dtsch. StGB von 1927, S. 190 r. Sp.; *Schäfer/Wagner/Schafheutle* Gesetz gegen gefährliche Gewohnheitsverbrecher (1934) 213; StGB-Entwurf 1962, S. 540 l. Sp.
67 *Conen* AnwK Rdn. 5; *Fischer* Rdn. 3; *Lackner/Kühl* Rdn. 3; *Paeffgen* NK Rdn. 8.
68 Vgl. *Paeffgen* NK Rdn. 6 (der aber im Ergebnis die hiesige Auffassung teilt).
69 So („Rechtsmißbrauch") *Spendel* LK[11] Rdn. 28.
70 So aber *van Gemmeren* MK Rdn. 16; *Spendel* LK[11] Rdn. 28; wohl auch *Sch/Schröder/Hecker* Rdn. 14 (unter dem Gesichtspunkt einer bloßen „Scheinerlaubnis").

de die schwerste Form der Gefährdung einer Entziehungskur oft straflos“ (LK[11] Rdn. 8), schlägt daher gegenüber dem Gesetzlichkeitsprinzip (Art. 103 Abs. 2 GG) nicht durch und verfehlt darüber hinaus auch die eben dargelegte Struktur des in § 323b geregelten Delikts.

20 Tatbestandsausschließende Bedeutung erlangt die Erlaubnis nur, wenn sie **vor der Tat erteilt** worden ist; die nachträgliche Billigung bzw. Genehmigung des Tatgeschehens durch den Anstaltsleiter oder einen von ihm Beauftragten berührt die bereits eingetretene Strafbarkeit nicht mehr.[71] Ein Tatbestandsausschluss auf Grund lediglich *„mutmaßlicher Erlaubnis“* ist theoretisch denkbar, dürfte aber nur ganz ausnahmsweise in Betracht kommen, da in der Regel eine unmittelbare Nachfrage beim Anstaltsleiter oder einer von ihm beauftragte Person möglich und dann eben auch vorrangig ist.

21 Die mit Gewalt durchgesetzte Duldung der Tathandlung und die in einer Zwangslage der in § 35 beschriebenen Art erteilte Zustimmung begründen noch keine „Erlaubnis“ im Sinne des § 323b. Auch muss sich die Erlaubnis gerade auf ein im übrigen tatbestandsmäßiges Geschehen beziehen, der Erlaubende also insbesondere wissen, dass bei dem von ihm gestatteten Vorgang ein Rauschmittel im Spiel ist. Die Wirksamkeit der Erlaubnis an weitere einschränkende (und damit im Ergebnis den Bereich des Strafbaren erweiternde) Bedingungen zu knüpfen, ist nicht veranlasst und mit Blick auf das Gesetzlichkeitsprinzip (Art. 103 Abs. 2 GG) auch nicht statthaft. Keine Zustimmung verdient daher die verbreitete Lehre von der unbeachtlichen **„Scheinerlaubnis“**, die namentlich bei sachfremder Motivation des sie erteilenden Anstaltsleiters vorliegen soll[72] (und diesen dann nach einer – hier Rdn. 19 bereits abgelehnten – Auffassung gar zum *Täter* macht). Sie beruht im Grunde wohl auf dem Gedanken der Unzulässigkeit rechtsmissbräuchlichen Verhaltens, etwa so wie ihn das StGB in § 330d Abs. 1 Nr. 5 – aber eben auch nur dort – ausdrücklich aufgegriffen hat (Handeln „auf Grund einer durch Drohung, Bestechung oder Kollusion erwirkten ... Zulassung“).

2. Der subjektive Tatbestand

22 § 323b setzt ausdrücklich voraus, dass der Täter in Hinsicht auf die vorgenannten objektiven Merkmale **„wissentlich“** handelt. Damit ist die in diesem Tatbestand verlangte Vorsatzform sowohl zur Absicht, also auch zum Eventualvorsatz hin abzugrenzen. Wissen – und nicht nur billigend in Kauf nehmen – muss der Täter insbesondere, dass er es mit einer zur Entziehung untergebrachten Person zu tun hat.[73] Auch der berauschenden und suchterzeugenden Wirkung des tatgegenständlichen Stoffs muss er sich genau bewusst sein. Ist dies aber der Fall, bleiben seine mit der Tat verfolgten Absichten ohne Belang (unerheblich ist also, ob das dem Anstaltsinsassen mitgebrachte Schlafmittel dessen Suchtverhalten unterstützen oder ihm tatsächlich nur zu besserem Schlaf verhelfen soll). Ist sich der Täter der Eigenschaften des Stoffs hingegen nicht ganz sicher, so handelt er hinsichtlich des Merkmals „berauschendes Mittel“ eben nicht „wissentlich“ und bleibt straflos selbst dann, wenn es ihm geradezu darauf ankommt, den Untergebrachten mit einem solchen Mittel zu versorgen. Denn anders als etwa in § 258 Abs. 1 hat der Gesetzgeber der „wissentlichen“ Begehung die „absichtliche“ gerade nicht zur Seite gestellt. Das mag kriminalpolitisch unbefriedigend und wenig überzeugend erscheinen,[74] ist als gesetzgeberische Entscheidung aber hinzunehmen.

Geht der Handelnde irrig von einer Erlaubnis durch den Anstaltsleiter bzw. dessen Beauftragten aus, so ist sein Vorsatz infolge *Tatumstandsirrtums* (§ 16 Abs. 1 Satz 1) ausgeschlossen

71 *van Gemmeren* MK Rdn. 16.
72 *van Gemmeren* MK Rdn. 16; *Sch/Schröder/Hecker* Rdn. 14.
73 S. bereits BTDrucks. 7/550 S. 269; *van Gemmeren* MK Rdn. 17.
74 In diesem Sinne auch *Paeffgen* NK Rdn. 19 („kriminalpolitisch außerordentlich fragwürdig“) und bereits *Spendel* LK[11] Rdn. 30. Dem Ruf nach dem Gesetzgeber (*van Gemmeren* MK Rdn. 17 mit Fn. 75) vermag sich aber wohl nur anzuschließen, wer die praktische Bedeutungslosigkeit der gesamten Vorschrift (oben Rdn. 2) einmal ausblendet.

(*Wolters* SK Rdn. 12). Unerheblich wäre hingegen etwa die verfehlte Rechtsauffassung, die Unterbringung sei aus formellen oder materiellen Gründen rechtswidrig, oder die Einschätzung, der Erfolg der Entziehungskur werde durch das eigene Verhalten noch nicht ernsthaft in Frage gestellt.

3. Rechtfertigung

23 Da die Erlaubnis des Anstaltsleiters oder seines Beauftragten bereits den objektiven Tatbestand des § 323b entfallen lässt (Rdn. 18) und auch ein etwaiges Einverständnis des tatbetroffenen Untergebrachten weder auf Tatbestands- noch auf Rechtfertigungsebene Bedeutung erlangen kann (s. schon Rdn. 1), steht als Unrechtsausschlussgrund letzlich nur der **rechtfertigende Notstand** (§ 34) im Raum, etwa dann, wenn Gefahren für die Gesundheit oder gar das Leben des Suchtpatienten (nicht aber schon ein alternatives, vermeintlich „besseres" Therapiekonzept) die Verabreichung eines „Rauschmittels" erforderlich machen, ohne das hierfür (rechtzeitig) die Erlaubnis des Anstaltsleiters oder eines von ihm Beauftragten zu erlangen wäre (ebenso Paeffgen NK Rdn. 20).

4. Schuld

24 **Entschuldigungsgründe** werden kaum praktisch werden. Der Fall des Putativnotstandes gem. § 35 Abs. 2, dass z. B. ein Angehöriger glaubt, dem Suchtkranken drohe infolge schwerer Entzugserscheinungen Gesundheitsgefahr, wenn er diesem nicht sofort eine kleine Dosis des gewohnten Mittels (z. B. eines Schlaf- oder Beruhigungsmittels) gebe, dürfte mehr theoretisch sein.

III. Vollendung und Versuch

25 Bei den *beiden ersten* Begehungsformen, dem Verschaffen oder Überlassen von Rauschmitteln, ist das Vergehen des § 323b **vollendet**, sobald der Untergebrachte die tatsächliche Verfügungsgewalt erlangt hat (zur Einschaltung eines Mittelsmanns s. bereits oben Rdn. 13 f). Der Anstaltsinsasse braucht – anders als bei der dritten Ausführungsart, dem Verleiten zum Rauschmittelgenuss – zur Vollendung des Delikts weder den berauschenden Stoff eingenommen noch überhaupt die Absicht gehabt haben, dies zu tun.[75] Es genügt in diesen beiden Varianten also objektiv die *Ermöglichung* des Rauschmittelkonsums.

26 Handelt die Zwischenperson hingegen eigenmächtig und ohne Wissen des Untergebrachten, so hat der Täter, der dem Dritten das Rauschmittel in der Erwartung überließ, dieser werde es dem Untergebrachten aushändigen, das Vergehen des § 323b nur versucht (vgl. wiederum RGSt **69** 86, 88). Der **Versuch** ist hier aber nicht strafbar (§ 23 Abs. 1).

IV. Täterschaft und Teilnahme

27 Der *von der Tat betroffene Untergebrachte* kommt selbst weder als Täter noch als Teilnehmer in Betracht. Insbesondere kann er andere – etwa durch die an einen Besucher oder an das Anstaltspersonal gerichtete Aufforderung, ihm Rauschmittel zu besorgen – nicht zu einem Vergehen nach § 323b anstiften, denn es handelt sich um eine Sachlage, die mit der Teilnahme des Täters an der Vollstreckungsvereitelung (§ 258 Abs. 2) zu seinen eigenen Gunsten verglichen

75 *v. Olshausenscher* Komm., Erg.-Bd. (1936) § 330b a. F. Anm. 4 (§ 312); *Mösl* LK[9] § 330b a. F. Rdn. 6; *van Gemmeren* MK Rdn. 13.

werden kann. Ist aber schon eine solche Teilnahme des zu Begünstigenden nach § 258 Abs. 5 als straflos anzusehen,[76] muss das für eine entsprechende Teilnahme an § 323b erst recht gelten, denn während sich die Tat im Falle des § 258 Abs. 2 schon gegen den Vollzug der Unterbringung als solchen und damit gegen die tatsächliche Grundlage für den mit ihr verfolgten Heilungszweck (die Entwöhnung des Süchtigen) richtet, geht es im Falle des § 323b lediglich um die Gefährdung dieses Zwecks; umso eher lässt sich hier also ein Verantwortungsausschluss[77] mit der Folge der Straflosigkeit für den sich selbst begünstigenden Anstifter rechtfertigen.[78]

Alle übrigen Personen – den Anstaltsleiter ausgenommen (s. oben Rdn. 19) – können das Delikt täterschaftlich verwirklichen. Als **Mittäter** des dem Süchtigen Rauschmittel verschaffenden ersten Täters kommt z. B. der *Mittelsmann* des Untergebrachten in Betracht, wenn jener bösgläubig ist und diesem den Alkohol oder die Droge vorsätzlich übergibt. **Anstiftung** ist etwa in der Form denkbar, dass die Freundin eines eingewiesenen Drogenabhängigen das Pflegepersonal besticht und so dazu bestimmt, dem Patienten Morphium oder dergleichen zu überlassen.

V. Rechtsfolgen

Die Rechtsfolge des Delikts ist *Freiheitsstrafe bis zu einem Jahr* oder *Geldstrafe*. Für die Strafzu- **28**
messung (§ 46) bedeutsam werden kann – zu Lasten des Täters – etwa ein Handeln aus Gewinnsucht bzw. gegen Entgelt[79] oder mit besonderer „krimineller Energie".[80] Für den Täter sprechen kann hingegen das solidarisch-fürsorgliche Motiv, das mit dem Entzug verbundene Leid eines Mitpatienten zu lindern (so mit Recht *Paeffgen* NK Rdn. 23). Zu den „verschuldeten Auswirkungen der Tat" (§ 46 Abs. 2), die straferschwerend zu berücksichtigen sein können, gehört nicht schon der Umstand, dass der Untergebrachte das betreffende Rauschmittel auch wirklich zu sich nimmt, weil der Konsum in der Begehungsform des „Verleitens" bereits zum Tatbestand gehört (§ 46 Abs. 3) und auch in den beiden anderen Varianten („Verschaffen" und „Überlassen") eben typischerweise mit seiner Verwirklichung verbunden ist.[81] Entsprechendes gilt auch für die mit dem Konsum regelmäßig verbundenen gesundheitlichen Folgen, es sei denn, sie sind im Einzelfall außerordentlich schwerwiegend.[82] Generell als strafzumessungsrelevant angesehen wird dagegen die Abgabe an jugendliche Untergebrachte (*van Gemmeren* MK Rdn. 22). Das „Maß der Pflichtwidrigkeit" (§ 46 Abs. 2) ist erhöht, wenn der Täter zu dem in der Anstalt tätigen Behandlungs- und Betreuungspersonal gehört und die ihm insoweit zugedachte schützende Funktion gerade ins Gegenteil verkehrt – ein Rechtsgedanke, wie er auch bei der gesetzlichen Strafbemessung z. B. in den §§ 120 Abs. 2, 258 a seine besondere Ausprägung gefunden hat. Bei der Verhängung einer *Freiheitsstrafe unter sechs Monaten* ist schließlich § 47 Abs. 1 zu beachten.

VI. Konkurrenzfragen

§ 323b kann *tateinheitlich* einmal mit den Vorschriften des **BtMG** (z. B. § 29 Abs. 1 Satz Nr. 1, 6 **29**
lit. b, 10 sowie §§ 29a, 30, 30a) konkurrieren, sofern es sich bei dem tatgegenständlichen Rauschmittel um ein Betäubungsmittel im Sinne dieses Gesetzes handelt. Sodann ist Tateinheit

76 Vgl. nur *Altenhain* NK § 258 Rdn. 71; *Walter* LK § 258 Rdn. 128. Ebenso in der Rechtsprechung BayObLG NJW **1978** 2563; anders noch BGHSt **17** 236 zu § 257 a. F.

77 Zu dieser Deutung des § 258 Abs. 5 *Roxin/Greco* AT I § 22 Rdn. 138.

78 Dieser von *Spendel* LK[11] Rdn. 36 angestellten Überlegung zustimmend *Paeffgen* NK Rdn. 22.

79 Ebenso *van Gemmeren* MK Rdn. 22; *Paeffgen* NK Rdn. 23.

80 *van Gemmeren* MK Rdn. 22.

81 In diesem letzten Punkt anders noch *Spendel* LK[11] Rdn. 37.

82 Zutreffend *van Gemmeren* MK Rdn. 22.

mit **§ 223** (auch qualifiziert nach **§ 224 Abs. 1 Nr. 1**) bzw. **§ 229** denkbar, soweit der durch die Tathandlung ermöglichte Rauschmittelkonsum beim Untergebrachten zu einer (wenn auch nur vorübergehenden) Intoxikation und damit zu einer wenigstens zeitweiligen Gesundheitsschädigung geführt hat *und* dieser Erfolg nicht mehr auf eine (jedenfalls bei den *Körperverletzungsdelikten* den Zurechnungszusammenhang ausschließende) eigenverantwortliche Selbstgefährdung des Betroffenen rückführbar ist.

30 Problematisch ist dagegen, ob und inwieweit § 323b mit **§ 258 Abs. 2** (Vereitelung der Vollstreckung einer Maßnahme) zusammentreffen kann. *Tateinheit* wird heute nur noch von Teilen des Schrifttums[83] ohne weiteres für möglich gehalten, von anderen[84] dagegen lediglich in (nicht immer näher bezeichneten) Ausnahmefällen; wieder andere[85] schließen sie völlig aus. Im Kern geht es dabei weniger um ein genuin konkurrenzrechtliches Problem, sondern in erster Linie um die Frage, in welchen Fallkonstellationen eine Verwirklichung *beider* Tatbestände überhaupt denkbar ist. Nur wenn sich solche Fälle aufzeigen lassen, stellt sich die weitere Frage, wie damit auf Konkurrenzebene umzugehen ist. Führt man sich vor Augen, dass § 258 Absatz 2 erstens (abgesehen von der Strafe) nur *Maßnahmen* (§ 11 Abs. 1 Nr. 8) betrifft und zweitens nur die Vereitelung der *Vollstreckung* einer solchen Maßnahme, so kommen für eine Überschneidung mit § 323b von vornherein nur Fallgestaltungen in Betracht, in denen der Tatbetroffene einer Maßregel nach § 64 oder § 63 unterliegt und seine tatsächliche Unterbringung in einer entsprechenden Vollzugseinrichtung verhindert (nach h. M.[86] auch schon: nicht unerheblich verzögert) wird, indem der Täter ihn etwa vor der Aufnahme in die Anstalt verbirgt oder ihm später zur Flucht verhilft (ggf. auch in Form einer Gefangenenbefreiung, § 120 Abs. 1, 4). Da § 258 Abs. 2 nur die Sabotage der *tatsächlichen Durchführung* der Unterbringung in einer Maßregelvollzugsanstalt erfasst,[87] ist die bloße Störung des mit dieser Unterbringung verfolgten *Zwecks* – hier: Therapie einer Suchtmittelabhängigkeit – gerade nicht tatbestandsmäßig;[88] das in § 323b bezeichnete Verhalten stellt daher nicht schon als solches eine Form von (ggf. auch nur versuchter) Vollstreckungsvereitelung dar.[89] Um *beide* Delikte durch *dieselbe Handlung* (§ 52 Abs. 1) zu begehen, wäre also eine Kombination von Unterbringungsvereitelung und Gefährdung des Therapieprogramms erforderlich, die wohl nur selten vorkommen dürfte. Die dafür erdachten Beispiele wirken deshalb fast zwangsläufig konstruiert (Unterbrechung des Vollzugs durch nächtliche, feucht-fröhliche Ausflüge aus der Anstalt;[90] Ermöglichung der Flucht durch Verabreichung eines Aufputschmittels[91]).

31 Neben § 323b kann schließlich auch noch **§ 115 Abs. 1 OWiG** (Verkehr mit Gefangenen) verwirklicht sein, wonach ordnungswidrig handelt, wer unbefugt „einem Gefangenen Sachen oder Nachrichten übermittelt oder sich von ihm übermitteln läßt" (Nr. 1) oder „sich mit einem Gefangenen, der sich innerhalb einer Vollzugsanstalt befindet, von außen durch Worte oder Zeichen verständigt" (Nr. 2). „Gefangener" in diesem Sinne ist nach der in Absatz 2 gegebenen Definition, „wer sich auf Grund strafgerichtlicher Entscheidung oder als vorläufig Festgenommener in behördlichem Gewahrsam befindet". Dies trifft insbesondere auch auf die Anstaltsunterbringung gemäß §§ 63, 64 (auch i. V. m. § 126a StPO) zu. Für das Zusammentreffen einer solchen Ordnungswidrigkeit mit § 323b gelten die Regeln des § 21 OWiG.

---

83 *Lackner/Kühl* Rdn. 5; *Paeffgen* NK Rdn. 24; *SSW/Schöch* Rdn. 7. Früher war diese Auffassung noch weit verbreitet, vgl. nur die Nachweise bei *Spendel* LK[11] Rdn. 39.
84 *van Gemmeren* MK Rdn. 21; *Fischer* Rdn. 5.
85 *Wolters* SK Rdn. 13; *Sch/Schröder/Hecker* Rdn. 15.
86 Vgl. nur die Nachweise bei *Walter* LK § 258 Rdn. 40.
87 S. nur *Walter* LK § 258 Rdn. 38.
88 Ebenso *van Gemmeren* MK Rdn. 21; s. a. *Wolters* SK Rdn. 13.
89 Dies allein war der Sinn der von *Paeffgen* NK Rdn. 24 angegriffenen Darlegungen *Spendels* (LK[11] Rdn. 40 f).
90 *Spendel* LK[11] Rdn. 42.
91 *van Gemmeren* MK Rdn. 21.

§ 323c Unterlassene Hilfeleistung; Behinderung von hilfeleistenden Personen

(1) Wer bei Unglücksfällen oder gemeiner Gefahr oder Not nicht Hilfe leistet, obwohl dies erforderlich und ihm den Umständen nach zuzumuten, insbesondere ohne erhebliche eigene Gefahr und ohne Verletzung anderer wichtiger Pflichten möglich ist, wird mit Freiheitsstrafe bis zu einem Jahr oder mit Geldstrafe bestraft.

(2) Ebenso wird bestraft, wer in diesen Situationen eine Person behindert, die einem Dritten Hilfe leistet oder leisten will.

Schrifttum

Barth Die Nothilfe im neuen deutschen Strafrecht, JW **1935** 2320; *Bauer* Die Nothilfepflicht im § 330c StGB und die Rechtspflichten zum Handeln bei den unechten Unterlassungsdelikten, Diss. Frankfurt/M. 1940; *Bellebaum* Die Hilfeleistungspflicht im in- und ausländischen Strafrecht der Gegenwart, Diss. Erlangen 1935; *Beulke* „Pflichtenkollisionen" bei § 323c StGB? Festschrift Küper (2007) 1; *Blaschick* Die Hilfeleistungspflicht des § 330c StGB, Diss. Leipzig 1937; *Blindauer* Die folgenschwere unterlassene Hilfeleistung (§ 330c StGB), Diss. Saarbrücken 1961; *Borgmann* Verstößt ein Arzt, der es unterläßt, ärztliche Hilfe zu leisten, gegen § 330c des Strafgesetzbuches? med. Diss. Bonn 1947; *Burri* Die gebotene Hilfeleistung im schweizerischen Strafrecht, insbesondere die Hilfeleistungspflicht des Fahrzeugführers bei Unfällen, Diss. Bern 1951; *Dehne-Niemann* Omissio libera in causa bei „echten" Unterlassungsdelikten? Zur Verhaltensgebundenheit „echten" Unterlassens am Beispiel der §§ 266a I, 323c StGB, GA **2009** 150; *Dölling* Suizid und unterlassene Hilfeleistung, NJW **1986** 1011; *Dowlad* Die Strafbarkeit der aktiven Beteiligung an gebotswidrig unterlassener Hilfstätigkeit, Diss. Bielefeld 1981; *Dütz* Zur privatrechtlichen Bedeutung unterlassener Hilfeleistung (§ 330c StGB), NJW **1970** 1822; *Ehlers* Die Nothilfepflicht im Deutschen Strafgesetzbuch (§ 330c StGB), Diss. Rostock 1939; *van Els* Die Unterlassung der Rettung eines Selbstmörders, Diss. Köln 1961; *Engländer* Die Pflicht zur Notwehrhilfe, Festschrift Roxin II (2011) 657; *Fahlenbock* Die unterlassene Hilfeleistungspflicht nach § 330c StGB und ihre Rechtsfolgen, Diss. Köln 1939; *Fischer, M.* Unterlassene Hilfeleistung und Polizeipflichtigkeit, Diss. Tübingen 1989; *Frellesen* Die Zumutbarkeit der Hilfeleistung (1980); *Freund* Unterlassene Hilfeleistung, in: Hilgendorf/Kudlich/Valerius (Hrsg.) Handbuch des Strafrechts Bd. 5 (2020), § 47; *Frisch* Strafrecht und Solidarität, GA **2016** 121; *Furtner* Hilfeleistung nach § 330c StGB trotz Gefahr eigener strafgerichtlicher Verfolgung? NJW **1961** 1196; *Gallas* Zur Revision des § 330c StGB, JZ **1952** 396; *ders.* Unterlassene Hilfeleistung nach deutschem Strafrecht, Deutsche Landesreferate zum IV. Internationalen Kongreß für Rechtsvergleichung in Paris 1954 (1955) 344; *ders.* Strafbares Unterlassen im Fall einer Selbsttötung, JZ **1960** 649, 686; *Geilen* Probleme des § 323c StGB, Jura **1983** 78, 138; *Georgakis* Hilfspflicht und Erfolgsabwendungspflicht im Strafrecht (1938); *Geppert* Die unterlassene Hilfeleistung (§ 323c StGB), Jura **2005** 39; *Gieseler* Unterlassene Hilfeleistung – § 323c StGB (1999); *Harzer* Die tatbestandsmäßige Situation der unterlassenen Hilfeleistung gemäß § 323c StGB (1999); *Haubrich* Die unterlassene Hilfeleistung (2001); *Heger/Jahn* Anmerkungen zum Bundesratsentwurf „Effektive Bekämpfung von sogenannten Gaffern sowie Verbesserung des Schutzes des Persönlichkeitsrechts, KriPoZ **2017** 113; *Heil* Die Folgen der unterlassenen Hilfeleistung gemäß § 323c StGB (2001); *Heinitz* Teilnahme und unterlassene Hilfeleistung beim Selbstmord, JR **1954** 403; *von Hirsch/Neumann/Seelmann* (Hrsg.) Solidarität im Strafrecht (2013); *Huschens* Die unterlassene Hilfeleistung im nationalsozialistischen Strafrecht, Diss. Freiburg 1938; *Iburg* Zur Anwendbarkeit des § 323c StGB bei verletzten oder gefährdeten Tieren, NuR **2004** 155; *Joerden* Das System der Rechte und Pflichten in Notsituationen und seine Umsetzung im polnischen und deutschen Recht, in: Wolf (Hrsg.) Kriminalität im Grenzgebiet 5/6 (2002) 33; *Kargl* Unterlassene Hilfeleistung (§ 323c StGB). Zum Verhältnis von Recht und Moral, GA **1994** 247; *Kauczor* Ist das Nichteingreifen bei fremdem Selbstmord gemäß § 330c StGB strafbar? NJW **1962** 479; *Kienapfel* Die Unterlassung der Hilfeleistung (§ 95 StGB), ZVR **1977** 289; *Kienapfel* Die Hilfeleistungspflicht des Arztes nach deutschem und österreichischem Strafrecht, Festschrift Bockelmannn (1979) 591; *Koch* Unterlassene Hilfeleistung durch Behindern von Rettungsmaßnahmen, GA **2018** 323; *Kreuzer* Ärztliche Hilfeleistungspflicht bei Unglücksfällen im Rahmen des § 330c StGB (1965); *ders.* Die unterlassene ärztliche Hilfeleistung in der Rechtsprechung, NJW **1967** 278; *Krüger, J.* § 323c Abs. 1 StGB in der Pandemie – vom gefährlichen Potential der gemeinen Gefahr und Not in Krisenzeiten, medstra **2020** 212; *Kühl* Zur Anwendung des Solidaritätsbegriffs auf die unterlassene Hilfeleistung nach § 323c StGB, in: v. Hirsch/Neumann/Seelmann (Hrsg.) Solidarität im Strafrecht (2013) 93; *ders.* Zur Legitimität der Strafvorschrift „Unterlassene Hilfeleistung", Festschrift Frisch (2013) 785; *Kühnbach* Solidaritätspflichten Unbeteiligter (2007); *Lange, Uwe-Hauke* Die Verletzung der Hilfspflicht gegenüber einer Schwangeren im deutschen und ausländischen Recht, Diss. Kiel 1962; *Lenk* Die Strafbarkeit des „Gaffers" gem. § 323c II StGB, JuS **2018** 229; *Leonhard* Der sog.

https://doi.org/10.1515/9783110490305-003

Liebesparagraph, RStGB § 360 Ziffer 10, Diss. Heidelberg 1910; *Meister* Die verzögerte Hilfeleistung nach § 330c StGB, MDR **1954** 598; *Morgenstern* Unterlassene Hilfeleistung, Solidarität und Recht (1997); *Naucke* Der Aufbau des § 330c StGB, Festschrift Welzel (1974) 761; *Müller* Die strafbare Hülfeverweigerung (1896); *North* Die Nothilfepflicht im deutschen Strafrecht unter Berücksichtigung ihrer geschichtlichen Grundlage sowie der ausländischen Gesetzgebung, Diss. Tübingen 1906; *Nowakowski* Bemerkungen zu §§ 94, 95 StGB, Festschrift Reimer (1976) 253; *Pawlik* Unterlassene Hilfeleistung: Zuständigkeitsbegründung und systematische Struktur, GA **1995** 360; *Pedotti* Die Unterlassung der Nothilfe mit besonderer Berücksichtigung des geltenden und künftigen schweizerischen Rechtes, Diss. Zürich 1911; *Pfannmüller* Die vorsätzliche Begehungstat und der § 330c StGB, MDR **1973** 725; *Pflitsch* Die Hilfeverpflichtung im Deutschen Strafrecht, Diss. Bonn 1951 (Mschr.); *Pitzer* Die öffentlichrechtliche Entschädigung bei der Hilfeleistungspflicht aus § 330c StGB, Diss. Marburg 1956; *Popp* Nothilfe nach erlaubter Notwehr? Festschrift Donatsch (2017) 177; *Preuß* Behinderung von hilfeleistenden Personen, § 323c Abs. 2 StGB, ZIS 2019, 345; *Ranft* Hilfspflicht und Glaubensfreiheit in strafrechtlicher Sicht, Festschrift Schwinge (1973) 111; *Röwer* Der Irrtum über die Grenzen der Hilfspflicht nach § 330c StGB, NJW **1959** 1263; *Ruppert* Die unterlassene Hilfeleistung nach § 323c StGB, medstra **2017** 284; *Scheffler* Zur Strafbarkeit von „Gaffern“, NJW **1995** 232; *ders.* Die Rechtsprechung des Bundesgerichtshofes zur Strafbarkeit der Mitwirkung am Suizid – besser als ihr Ruf? JbRE **7** (1999) 341; *Schmid* Das strafbare Unterlassen in heutiger Rechtsgeltung, DStR (GA) **1936** 424; *Schmidt, Eb.* Die Besuchspflicht des Arztes unter strafrechtlichen Gesichtspunkten (1949); *Schmitt, R.* Das Recht auf den eigenen Tod, MDR **1986** 617; *Schmitz, M.* Die Funktion des Begriffs Unglücksfall bei der unterlassenen Hilfeleistung unter Berücksichtigung spezieller inhaltlicher Problemfelder – Ein Beitrag zum personalen Verhaltensunrecht und zum Erfolgssachverhalt des § 323c StGB (2005); *Schöch* Zur Strafbarkeit der Behinderung von hilfeleistenden Personen, GA **2018** 510; *Schulte* Garantenstellung und Solidarpflicht (2001); *Schweiger* Selbstmord und Hilfeleistungspflicht, NJW **1955** 816; *Schwind* Zum sogenannten Non-helping-bystander-Effekt bei Unglücksfällen und Straftaten, Festschrift Kaiser (1998) 409; *Schwind u. a.* Alle gaffen ... keiner hilft. Unterlassene Hilfeleistung bei Unfällen und Straftaten (1998); *Seebode* Zur Berechenbarkeit der strafrechtlichen Hilfspflicht, Festschrift Kohlmann (2003) 279; *Seeler* Beihilfe zum Selbstmord – unterlassene Hilfeleistung? NJW **1958** 1860; *Seelmann* Solidaritätspflichten im Strafrecht? in: Jung/Müller-Dietz/Neumann (Hrsg.) Recht und Moral (1991) 295; *ders.* „Unterlassene Hilfeleistung“ oder: Was darf das Strafrecht? JuS **1995** 281; *Seibert* Gedanken zur unterlassenen Hilfeleistung, DAR **1953** 69; *Spann/Liebhardt/Braun* Ärztliche Hilfeleistungspflicht und Willensfreiheit des Patienten, Festschrift Bockelmann (1979) 487; *Spendel* Zum Vergehen der unterlassenen Hilfeleistung, Festschrift Seebode (2008) 377; *Spengler* AIDS und unterlassene Hilfeleistung, DRiZ **1990** 259; *Stein* Verhaltensnorm und Strafsanktionsnorm bei § 323c StGB, Festschrift Küper (2007) 607; *Stieve* Die unterlassene Hilfeleistung, ihre Behandlung im deutschen Strafrecht sowie deren geschichtliche Grundlage, Diss. Erlangen 1936; *Storsberg* Der gegenwärtige Umfang der Nothilfepflicht im Strafgesetzbuch, Diss. Göttingen 1952; *Stree* Zumutbarkeitsprobleme bei Unterlassungstaten, Festschrift Lenckner (1998) 393; *Tag* Nichtanzeige geplanter Straftaten, unterlassene Hilfeleistung oder Freispruch? JR **1995** 133; *Streng* Unterlassene Hilfeleistung als Rauschtat? JZ **1984** 114; *Ullrich* Strafrechtlich sanktionierte Hilfeleistungspflichten in der Schweiz, Diss. Bern 1980; *Vermander* Unfallsituation und Hilfspflicht im Rahmen des § 330c StGB (1969); *Weber, Gunter* Die Grenzen der Anwendbarkeit des § 330c auf die Beihilfe zum Selbstmord, NJW **1959** 134; *Weigelt* Verkehrsunfallflucht und unterlassene Hilfeleistung (1960); *Welzel* Zur Dogmatik der echten Unterlassungsdelikte, insbesondere des § 330c StGB, NJW **1953** 327; *ders.* Zur Problematik der Unterlassungsdelikte, JZ **1958** 494; *Wiedenroth* Die Verletzung der Hilfeleistungspflicht (unter besonderer Berücksichtigung der historischen Entwicklung im germanischen Recht und der ausländischen Gesetzgebung), Diss. Erlangen 1936; *Wildanger* Die Nothilfepflicht nach der neuen Fassung des § 330c StGB (Drittes Strafrechtsänderungsgesetz vom 4.8.1953), Diss. Köln 1955 (Mschr.); *Wittmann* Die unterlassene Hilfeleistung aus rechtsvergleichender und rechtsethischer Sicht, Festschrift Yamanaka (2017) 380; *Wöbker* Selbstmord und Selbstmordversuch als Unglücksfall im Sinne des § 323c StGB, Diss. Köln 1981; *Zopfs* Begründet die Sachgefahr einen Unglücksfall im Sinne des § 323c StGB? Festschrift Seebode (2008) 449.

Entstehungsgeschichte

Das Reichsstrafgesetzbuch von 1871 erfasste (in engster Anlehnung an § 340 Nr. 7 PrStGB 1851) zunächst durch **§ 360 Abs. 1 Nr. 10** als *Übertretung* den Sachverhalt, dass jemand bei Unglücksfällen oder gemeiner Gefahr oder Noth von der Polizeibehörde oder deren Stellvertreter zur Hilfe aufgefordert, keine Folge leistet, obgleich er der Aufforderung ohne erhebliche eigene Gefahr genügen konnte.
Durch Art. 9 des Gesetzes zur Änderung des Strafgesetzbuchs vom 28. Juni 1935 (RGBl. I S. 839), in Kraft getreten am 1. September 1935, ist § 360 Abs. 1 Nr. 10 StGB gestrichen und durch den folgenden neu eingefügten **§ 330c** ersetzt worden:

Wer bei Unglücksfällen oder gemeiner Gefahr oder Not nicht Hilfe leistet, obwohl dies nach gesundem Volksempfinden seine Pflicht ist, insbesondere wer der polizeilichen Aufforderung zur Hilfeleistung nicht nachkommt, obwohl er der Aufforderung ohne erhebliche Gefahr und ohne Verletzung anderer wichtiger Pflichten genügen kann, wird mit Gefängnis bis zu zwei Jahren oder mit Geldstrafe bestraft.

Seine heutige Fassung erhielt der Tatbestand mit dem Dritten Strafrechtsänderungsgesetz vom 4. August 1953 (BGBl. I S. 735, 743), in Kraft getreten am 1. Oktober 1953; damit verbunden war zugleich eine *Absenkung der Strafrahmenobergrenze* auf *ein Jahr* Gefängnis (später ersetzt durch den Ausdruck „Freiheitsstrafe" auf Grund des 1. StrRefG vom 25. Juni 1969, BGBl. I S. 645, 657, 680, in Kraft getreten am 1. April 1970). Die Gesetzesüberschrift „Unterlassene Hilfeleistung" geht auf das EGStGB vom 2. März 1974 (BGBl. I S. 469, 502, 648) zurück, das am 1. Januar 1975 in Kraft getreten ist.
Mit dem Achzehnten Strafrechtsänderungsgesetz vom 28. März 1980 (BGBl. I S. 373, 374), in Kraft getreten am 1.7.1980, rückte die Vorschrift schließlich – inhaltlich unverändert – als **§ 323c** an ihre heutige Stelle. Das zweiundfünfzigste Gesetz zur Änderung des Strafgesetzbuches – Stärkung des Schutzes von Vollstreckungsbeamten und Rettungskräften vom 23. Mai 2017 (BGBl. I S. 1226), in Kraft seit 30. Mai 2017, fügte ihr schließlich einen zweiten Absatz hinzu und ergänzte insoweit die Überschrift um die Bezeichnung „Behinderung von hilfeleistenden Personen".

Übersicht

I. Allgemeines

1. Zur Geschichte der Strafvorschrift über unterlassene Hilfeleistung (Absatz 1)

1 In der eingangs wiedergegebenen Entwicklung, die das Delikt der unterlassenen Hilfeleistung im StGB seit 1871 genommen hat,[1] scheinen **zwei unterschiedliche Regelungsmodelle** auf, die sich einander auch im weiteren historischen Rückblick auf die Behandlung jener Materie durch die Strafgesetzgebung gleichsam idealtypisch gegenüberstellen lassen. Das erste, dem noch § 360 Abs. 1 Nr. 10 RGStB zugeordnet werden kann, erfasst die unterlassene Hilfeleistung als einen Fall des Ungehorsams gegenüber einer behördlichen (polizeilichen) Anordnung im Kontext öffentlich organisierter Hilfs- und Rettungsbemühungen in bestimmten Notsituationen.[2] Im Vordergrund steht hier also die Gewährleistung effektiver staatlicher Gefahrenabwehr auch noch dort, wo sie im Einzelfall an materielle oder personelle Grenzen zu stoßen droht. Diesem Muster entsprach – als unmittelbare Vorlage für § 360 Abs. 1 Nr. 10 RStGB 1871 – bereits § 340 Nr. 7 des preuß. StGB 1851 (dem sachlich wiederum Art. 475 Nr. 12 des französischen Code pénal von 1810 vorangegangen war). Auch in der späteren Reformdiskussion[3] blieb es bis in die Weimarer Zeit hinein vorherrschend (so in § 308 Abs. 1 Nr. 8 des Vorentwurfs 1909; § 358 Nr. 13 des Gegenentwurfs 1911; § 415 Nr. 1 des Kommissionsentwurfs von 1913; § 199 des Entwurfs von 1919; § 217 des Radbruch'schen Entwurfs von 1922; § 220 des Entwurfs eines Allgemeinen Deutschen Strafgesetzbuchs von 1925; § 401 des Entwurfs von 1927 und der überarbeiteten Fassung von 1930), wenn auch zum Teil ergänzt durch weitere Tatbestände, die eine polizeiliche Aufforderung zur Hilfeleistung nicht mehr voraussetzen sollten (vgl. erstmals § 415 Nr. 2 des Kommissionsentwurfs von 1913, aufgegriffen in § 291 des Entwurfs 1919 [„unterlassene Lebensrettung"]; ferner § 228 des Radbruch-Entwurfs 1922 sowie § 243 des Entwurfs von 1925). In gewissen Bußgeldtatbeständen des Katastrophenschutzrechts begegnet es auch heute noch.[4]

2 Demgegenüber greift das *zweite* Regelungsmodell unmittelbar auf den einzelnen Bürger durch und legt ihm – wie der heute geltende § 323c Abs. 1 – für einzelne näher bestimmte Notlagen eine originäre und zugleich strafbewehrte Hilfspflicht zugunsten der in Not Geratenen auf. Ein frühes Beispiel liefert das Preuß. ALR von 1794 (II. Teil, 20. Titel, 11. Abschn., § 782).[5] In unserem StGB findet sich dieses Modell mit der Ablösung des § 360 Abs. 1 Nr. 10 durch den neuen § 330c erstmals im Jahre 1935 verwirklicht (zuvor hatte freilich schon § 22 Abs. 2 des Kraftverkehrsgesetzes vom 3.5.1909[6] das vorsätzliche Verlassen von Unfallopfern in hilfloser Lage – als Sonderdelikt des Fahrzeugführers – unter Strafe gestellt). Noch deutlicher erkennbar geworden ist es seit der Streichung der (bis dahin immer noch als Beispiel hervorgehobenen) „polizeilichen Aufforderung" durch das Dritte Strafrechtsänderungsgesetz vom 4. August 1953 (BGBl. I S. 735, 743), in Kraft getreten am 1. Oktober 1953.

3 Der neue § 330c fand sich, wenig überraschend, von Anfang an in einen Zusammenhang mit der *Ideologie des NS-Staates* gestellt – etwa mit der Behauptung, in ihm spiegele sich „in besonderem Maße der im nationalsozialistischen Staate eingetretene Wandel in den Auffassun-

---

1 Eingehend dazu und zum Folgenden die Monografie von *Gieseler* (1999) sowie *Zopfs* FS Seebode 449, 453 ff; ferner etwa *North* S. 3 ff; *Pedotti* S. 7 ff; *Vermander* S. 2 ff; *Haubrich* S. 56 ff.

2 Vgl. mit Bezug auf § 360 Abs. 1 Nr. 10 nur *Binding* Lehrbuch 2/2 (1905) 741 f.

3 Näher dazu *Gieseler* S. 25 ff; *Spendel* LK[11] Rdn. 3 ff.

4 So kann etwa nach Art. 9 Abs. 1 Satz 1 des Bayerischen Katastrophenschutzgesetzes v. 24.7.1996 (GVBl. 1996, 282) die Katastrophenschutzbehörde „zur Katastrophenabwehr von jeder Person die Erbringung von Dienst-, Sach- und Werkleistungen verlangen sowie die Inanspruchnahme von Sachen anordnen"; Geldbuße bis zu 5.000 Euro droht demjenigen, der einer vollziehbaren Anordnung in diesem Sinne „nicht, nicht richtig, nicht vollständig oder nicht rechtzeitig nachkommt oder deren Durchführung stört" (Art. 18 Nr. 1).

5 „Wer ohne eigne erhebliche Gefahr einen Menschen aus der Hand der Räuber oder Mörder, aus Wasser- und Feuersnoth oder aus einer andern drohenden Lebensgefahr retten könnte und es unterläßt: soll, wenn der andre wirklich das Leben einbüßt, vierzehntägige Gefängnißstrafe leiden".

6 RGBl. 1909 S. 437; aufgehoben erst durch VO vom 2.4.1940 (RGBl. I S. 606).

gen über die Pflichten des einzelnen gegenüber der Volksgemeinschaft und den anderen Volksgenossen" wider; es handele sich um „einen sichtbaren Niederschlag des allgemeinen Satzes, daß Gemeinnutz vor Eigennutz zu gehen hat"[7] und dergleichen mehr.[8] RGSt **69** 321, 324 nimmt die Vorschrift als positiv-rechtlichen Beleg für den „Willen der Gemeinschaft", „heute die gegenseitige Hilfeleistung innerhalb bestimmter Grenzen in das Gebiet des rechtlich Gebotenen einzuweisen" (und leitet aus diesem „Willen" methodisch fehlerhaft zugleich neue Garantenbeziehungen ab). In der Sache dürfte die neue Strafnorm indes auch jenseits solcher ideologischen Vereinnahmungsversuche einer allgemeineren staatstheoretischen und zugleich kriminalpolitischen Tendenz entsprochen haben[9] (gleichwohl sollte die augenscheinliche Kompatibilität dieser Strafvorschrift mit der NS-Ideologie Anlass genug sein, sich ihr mit besonderer kritischer Aufmerksamkeit zu nähern[10]).

Nach dem Ende der nationalsozialistischen Diktatur wurde die Vorschrift denn auch nicht 4
in ihrem grundsätzlichen Anliegen, sondern lediglich wegen der Rückbindung der Hilfspflicht an das „gesunde Volksempfinden" in Frage gestellt[11] (und zu der vom alliierten „Criminal Code Committee" avisierten Rückkehr zu einer dem alten § 360 Abs. 1 Nr. 1 entsprechenden Regelung ist es nie gekommen[12]). Im Hinblick auf die Kontrollratsproklamation Nr. 3 vom 20. Oktober 1945 (II.3.: „Kein Gericht darf irgendeine Handlung auf Grund von ›Analogie‹ oder im Hinblick auf das sogenannte ›gesunde Volksempfinden‹ für strafbar erklären, wie es bisher im deutschen Strafrecht der Fall war") wurde die Fortgeltung des § 330c in der Tat verschiedentlich bezweifelt oder gar explizit verneint,[13] bis schließlich BGHSt **1** 266, 268 f den Streit zugunsten der weiteren Anwendbarkeit entschied[14] (wenn auch mit durchaus anfechtbarer Begründung, vgl. *Frellesen* S. 110). Das Dritte Strafrechtsänderungsgesetz vom 4. August 1953 (s. o.) beseitigte schließlich den anstößig gewordenen Verweis auf das „gesunde Volksempfinden" (das zuweilen freilich auch später noch anzuklingen scheint: von „gesundem ethischem Empfinden" spricht noch OLG Stuttgart MDR **1964** 1024, 1025) und gab der Vorschrift ihre heutige Fassung. Seit 2017 bildet sie in § 323c nurmehr den ersten Absatz (zu der zugleich[15] als Absatz 2 angefügten „Behinderung von hilfeleistenden Personen" näher unten Rdn. 142 ff).

Unter den Straftaten „gegen Leben und Gesundheit des Menschen" betraf **§ 119 StGB-DDR** 5
vom 12. Januar 1968[16] die „Verletzung der Pflicht zur Hilfeleistung":

---

7 Beide Zitate aus *Schäfer/v. Dohnanyi* Die Strafgesetzgebung der Jahre 1931 bis 1935 (1936) 214.

8 Vgl. namentlich *Barth* JW **1935** 2320; *Freisler* JDR **1935** 520, 537; *E. Schäfer* DJ **1935** 991; *L. Schäfer* DJ **1935** 994, 998; ferner etwa *Huschens* S. 30; *Georgakis* S. 4. Weitere Nachweise und Kritik bei *Frellesen* S. 102 ff; *Pauli*, Die Rechtsprechung des Reichsgerichts in Strafsachen zwischen 1933 und 1945 und ihre Fortwirkung in der Rechtsprechung des Bundesgerichtshofes (1984) 197 ff; *Morgenstern* S. 41 ff.

9 S. a. *Jescheck*, Niederschr. d. Großen Strafrechtskommission Bd. 9 (1959) 372 (§ 330c als „eine Art Schrittmacher" für „eine neue Richtung in unserem Strafrecht"); *Naucke*, FS Welzel 761, 773; ferner *Vogel* ZStW **115** (2003) 638, 656 f.

10 In diesem Sinne allg. *Vormbaum* Strafrechtsgeschichte (2009) 272 f.

11 Kritische Darstellung bei *Frellesen* S. 109 ff.

12 Näher dazu *Etzel* Die Aufhebung von nationalsozialistischen Gesetzen durch den Allierten Kontrollrat (1992) 195 f.

13 Gegen die Fortgeltung der Vorschrift etwa OLG Kiel SchlHA **1947** 232; OLG Hessen NJW **1948** 488; OLG Hamm MDR **1949** 767; OLG Stuttgart MDR **1951** 566 m. zust. Anm. *Schneidewin*.

14 Ebenso BayObLG NJW **1953** 556; s. zuvor schon OLG Koblenz NJW **1948** 489; OLG Neustadt SJZ **1949** Sp. 650; ferner etwa *Maurach* BT S. 364 f und *Schmidt* Die Besuchspflicht des Arztes unter strafrechtlichen Gesichtspunkten (1949) 5 ff.

15 Durch das zweiundfünfzigste Gesetz zur Änderung des Strafgesetzbuches – Stärkung des Schutzes von Vollstreckungsbeamten und Rettungskräften vom 23. Mai 2017 (BGBl. I S. 1226), in Kraft seit 30. Mai 2017.

16 In der Fassung des Gesetzes vom 19. Dezember 1974 zur Änderung des Strafgesetzbuches, des Anpassungsgesetzes und des Gesetzes zur Bekämpfung von Ordnungswidrigkeiten (GBl. I Nr. 64 S. 591), aufgehoben durch den Einigungsvertrag vom 31.8.1990 (BGBl. II S. 889).

> Wer bei Unglücksfällen oder Gemeingefahr für das Leben oder die Gesundheit von Menschen nicht die erforderliche und ihm mögliche Hilfe leistet, obwohl ihm dies ohne erhebliche Gefahr für sein Leben oder seine Gesundheit und ohne Verletzung wichtiger anderer Pflichten möglich ist, wird von einem gesellschaftlichen Organ der Rechtspflege zur Verantwortung gezogen oder mit öffentlichem Tadel, Geldstrafe, Verurteilung auf Bewährung oder mit Freiheitsstrafe bis zu zwei Jahren bestraft.

„Pflichtwidriges Verhalten nach einem Verkehrsunfall" war durch die speziellen Regelungen in § 199 DDR-StGB erfasst:

> (1) Wer nach einem Verkehrsunfall einem Verletzten nicht die erforderliche und ihm mögliche Hilfe leistet, obwohl ihm dies ohne erhebliche Gefahr für sein Leben oder seine Gesundheit und ohne Verletzung wichtiger anderer Pflichten möglich ist, wird von einem gesellschaftlichen Organ der Rechtspflege zur Verantwortung gezogen oder mit öffentlichem Tadel, Geldstrafe, Verurteilung auf Bewährung oder mit Freiheitsstrafe bis zu zwei Jahren bestraft.
>
> (2) Wer nach einem Verkehrsunfall Maßnahmen unterläßt, die zur Beseitigung des durch den Unfall hervorgerufenen Gefahrenzustandes für den Verkehr geboten und ihm möglich sind, obwohl nach den Umständen in Frage kommt, daß sein Verhalten zur Verursachung des Unfalles beigetragen hat wird von einem gesellschaftlichen Organ der Rechtspflege zur Verantwortung gezogen oder mit öffentlichem Tadel, Geldstrafe oder Verurteilung auf Bewährung bestraft.

2. Kriminologie

Literatur (Auswahl)

Alle/Mayerl Der Bystander-Effekt in alltäglichen Hilfesituationen: Ein nicht-reaktives Feldexperiment (2010); *Bierhoff* Psychologie hilfreichen Verhaltens (1990); *Bierhoff/Klein/Kramp* Hemmschwellen zur Hilfeleistung. Untersuchung der Ursachen und Empfehlung von Maßnahmen zum Abbau (1990); *von Danwitz* Die justizielle Verarbeitung von Verstößen gegen § 323c StGB (2002); *Darley/Latané* Bystander intervention in emergencies: Diffusion of Responsibility, Journal of Personality and Social Psychology **1968** 377; *Fischer et al.* The Bystander-Effect: A Meta-Analytic Review on Bystander Intervention in Dangerous and Non-Dangerous Emergencies, Psychological Bulletin **137** (2011) 517; *Füllgrube* Das Problem der unterlassenen Hilfeleistung, Kriminalistik **1978** 160; *Heiland* Courage und Gewalt, in: Groenemeyer/Wieseler (Hrsg.), Soziologie sozialer Probleme und sozialer Kontrolle (2008) 115; *Heinsohn* Rostocks Gewalt und ihre Erhellung durch die Bystander-Foschung, Leviathan **21** (1993) 5; *Hunt* The Compassionate Beast (1990); *Huston/Ruggiero/Conner/Geis* Bystander intervention into crime: A study based on naturally-occuring episodes, Social Psychology Quarterly **1981** 14; *Jacobsen* Evil-By-Proxy and Everyday Monsters: Toward a Moral Sociology for Overcoming the Passive Observation of Evil, in: Picart (Hrsg.), Monsters, Law, Crime (2021) 97; *Jetter* Schauen statt Helfen, NK **1997** 6; *Kaufman* Protectors of Predators or Prey: Bystanders and Upstanders amid Sexual Crimes, Southern Californian Law Review **92** (2019) 1317; *Köhler* Prosoziales Verhalten: Forschungsschwerpunkte und Forschungsthemen, Zeitschrift für Sozialpsychologie **1977** 23; *Latané/Darley* The unresponsive bystander: Why doesn't he help? (1970); *Lück* Prosoziales Verhalten. Empirische Untersuchungen zur Hilfeleistung (1975); *Macaulay/Berkowitz* Altruism and helping behavior (1970); *Neidhardt/Gerhards* Schwindende Bereitschaft der Großstadtbevölkerung zu gegenseitiger Bürgerhilfe bei Straftaten oder Unglücksfällen – Gründe und Abhilfemöglichkeiten (1989); *Piliavin/Dovidio/Gaertner/Clark* Responsive bystanders: The process of intervention, in: Darlega/Grzelak (Hrsg.), Cooperation and helping behavior (1982) 279; *Piliavin/Rodin/Piliavin* Good samaritanism: An underground phenomenon? Journal of Personality and Social Psychology **1969** 289; *Rosenthal* Thirty-eight witnesses (1964); *Schleifer/Pribilla* Zur Problematik der „unterlassenen ärztlichen Hilfeleistung" in Schleswig-Holstein (1972); *Schwind, E.-C.* Gesellschaft der Wegseher, Die Kriminalprävention **2004** 21; *Schwind, H.-D.* Zum sogenannten Non-helping-bystander-Effekt bei Unglücksfällen und Straftaten, Festschrift Kaiser (1998) 409; *ders.* Das (non-helping-)Bystander-Phänomen: Nichteingreifen bei Gewaltstraftaten, in: Schneider (Hrsg.), Internationales Handbuch der Kriminologie, Bd. 2 (2009) 773; *Schwind/Gielen/Roitsch* Viele sehen zu – niemand hilft, Die Polizei **1997** 139; *Schwind/Gietl/Zwenger* Der (non-helping) bystander-Effekt, Kriminalistik **1991** 233; *Schwind/Roitsch/Gielen/Gretenkordt* Alle gaffen ... keiner hilft. Unterlassene Hilfeleistung bei Unfällen und Straftaten (1998); *Shotland/Goodstein* The role of bystanders in crime control, Journal of Social Issues **1984** 9; *Weber* Zivilcourage bei Gewaltgeschehnissen im öffentlichen Raum, NK **2012** 16.

6 Nicht völlig von der Hand zu weisen ist *Seebodes* Bemerkung, der Straftatbestand der unterlassenen Hilfeleistung beschäftige „zwar die Wissenschaft sehr, die Praxis aber kaum" (FS Kohlmann [2003] 279, 281). In der Tat dürfte es sich – jenseits spektakulärer Einzelfälle mit zum Teil gravierenden Folgen[17] – insgesamt doch eher um vergleichsweise bagatellarische Vorgänge handeln, die quantitativ jedenfalls im Hellfeld keine übermäßig große Rolle spielen (vgl. a. *v. Danwitz* S. 48 ff). Die *Polizeiliche Kriminalstatistik* hat Delikte nach § 323c lange Zeit gar nicht erst gesondert ausgewiesen, Angaben hierzu enthielt sie vorübergehend ab dem Jahr 2009 (2.047 registrierte Fälle; 2.001 im Jahr 2010; 1.800 im Jahr 2011; 1.903 im Jahr 2012; zuletzt 1.798 im Jahr 2013). Die *Strafverfolgungsstatistik* zeichnet für die jüngste Vergangenheit folgendes Bild[18]:

Jahr	abgeurteilte Fälle	Verurteilungen
2009	256	131
2010	250	116
2011	229	127
2012	186	110
2013	167	87
2014	169	91
2015	151	70
2016	142	72
2017	144	88
2018	121	61 (nur § 323c Abs. 1)
2019	155	87 (nur § 323c Abs. 1)

7 Gleichwohl richten Kriminologie und Kriminalprävention ihr Augenmerk inzwischen gerade auch auf das Helfen und Nicht-Helfen in fremder Not und Bedrängnis – nicht zuletzt deshalb, weil auch *strafbare Übergriffe* auf andere Menschen zu den Situationen gerechnet werden, in denen eine Hilfeleistungspflicht i. S. d. § 323c entstehen kann (s. u. Rdn. 59). Besonderes Interesse gilt dabei seit jeher dem Phänomen des sogenannten *„non helping bystander"*: Wird ein Unglücksfall – ein Unfall oder auch die Begehung einer Straftat zum Nachteil einer konkreten Person – von *mehreren* Beobachtern wahrgenommen, scheinen die Aussichten des Opfers auf Hilfeleistung eher zu sinken als zu steigen.[19] Die Anwesenheit anderer (potenzieller) Helfer mag unter Umständen zu einer (gefühlten) „Diffusion von Verantwortung" führen (*Schwind/Roitsch/Gielen/Gretenkordt* [1998] 53 ff m. w. N.); möglicherweise wirkt die von den übrigen Anwesenden gezeigte Indifferenz auch schon auf die eigene Deutung der Situation zurück (sie erscheint harmlos, weil sie offenbar auch den anderen harmlos erscheint).[20] Zuweilen mögen auch eine gewisse „Bewertungsangst"[21] gegenüber dem Publikum bzw. die allzu bescheidene Einschätzung der eigenen Kompetenz im Vergleich zu anderen Anwesenden[22] eine Rolle spielen. Jenseits der *bystander*-Problematik wird das Unterlassen von Hilfe vor allem auf entsprechende *Kosten-*

---

17 S. etwa die Auflistung bei *Spendel* LK[11] Rdn. 17.

18 Statistisches Bundesamt, Fachserie 10 Reihe 3, 2009-2019.

19 Überblick zum Forschungsstand bei *Fischer et al.* Psychological Bulletin 137 (2011) 517; *Schwind/Roitsch/Gielen/Gretenkordt* (1998); differenzierend z. B. *Levine/Crowther* Journal of Personality and Social Psychology 95 (2008) 1429. Zur Passivität gegenüber rechtsextrem motivierter Gewalt *Döring* Angstzonen (2008) 235 ff; *Heinsohn* Leviathan (1993) 5.

20 Vgl. etwa *Bierhoff* Hilfreiches Verhalten (1980) 153; *Schwind/Roitsch/Gielen/Gretenkordt* (1998) 47 ff („pluralistische Ignoranz").

21 *Schwind/Roitsch/Gielen/Gretenkordt* (1998) 57; s. bereits *Latané/Darley* Journal of Personality and Social Psychology (1968) 215, 216; *Bierhoff* Hilfreiches Verhalten (1980) 155 f.

22 *Schwind/Roitsch/Gielen/Gretenkordt* (1998) S. 111 ff; *Bierhoff/Klein/Kramp* Hemmschwellen zur Hilfeleistung (1990) 20 ff.

Nutzen-Erwägungen zurückgeführt[23] (was nicht zuletzt deshalb besonders plausibel erscheint, weil der Helfende gewissermaßen in Vorleistung gehen muss und die für ihn damit verbundenen Nachteile eher greifbar werden als der zu erwartende „Gewinn"). Auch soziale und äußere Merkmale des in Not geratenen Menschen können im konkreten Fall den Entschluss zu helfendem Tätigwerden ungünstig beeinflussen.[24]

3. Regelungskontext

8 Der strafrechtliche Zugriff auf das Problem mangelnder Hilfe in besonderen Bedrohungs- und Notlagen, wie er in § 323c Abs. 1 – und für einen bestimmten Teilbereich auch in den §§ 138, 139 – verwirklicht ist, versteht sich keineswegs von selbst. Jedenfalls für die europäischen Strafrechtsordnungen ist er allerdings nicht untypisch, aber auch dort vor dem Hintergrund außerstrafrechtlicher Ansätze zu sehen, die in anderen Teilen der Welt – etwa im anglo-amerikanischen Rechtskreis – geradezu als Alternative zu strafrechtlichen Regelungen gelten.[25] Soweit sie darauf abzielen, gleichsam einige der genannten Bedenken zu entkräften, die dem Entschluss zum Tätigwerden in fremder Not entgegenstehen mögen, oder gar positive Anreize zu derart altruistischem Handeln zu setzen versuchen, lassen sie sich – in der Diktion nordamerikanischer Rechtstheorie – dem Konzept eines *Good Samaritan Law* zuordnen, das denjenigen begünstigen will, der tatsächlich Hilfe leistet.[26] Nicht zuletzt geht es darum, etwaige negative Konsequenzen solchen Tuns für den Helfenden selbst zu vermeiden. Demgegenüber setzt das *Bad Samaritan Law* auf eine ausdrücklich statuierte Hilfspflicht und die Drohung mit Bestrafung für den Fall, dass ihr nicht nachgekommen wird. Im deutschen Recht finden sich letztlich beide Ansätze miteinander kombiniert:

9 **a) Zivil- und Sozialversicherungsrecht.** Wer einem anderen Menschen bei einem Unglücksfall spontan Hilfe leistet, hat als *Geschäftsführer ohne Auftrag* (§§ 677 ff BGB) nur Vorsatz und grobe Fahrlässigkeit zu vertreten, wenn er damit die „Abwendung einer dem Geschäftsherren drohenden dringenden Gefahr" bezweckt (§ 680 BGB). Für *einfache Fahrlässigkeit* im Zusammenhang mit seiner Hilfstätigkeit haftet der Helfende dem Verunglückten daher nicht (insbesondere auch nicht deliktisch, BGH NJW **1972** 475). Für professionelle Nothelfer (etwa Notärzte) soll diese Haftungsprivilegierung freilich nicht gelten, falls sie für ihr Tätigwerden die übliche Vergütung erhalten.[27] Soweit der Rettende hoheitlich tätig wird, gelten die allgemeinen Regeln der Amtshaftung (§ 839 BGB, Art. 34 S. 1 GG).[28] Unter den Voraussetzungen des § 683 Satz 1 BGB

---

23 S. etwa *Piliavin/Dovidio/Gaertner/Clark* in: Darlega/Grzelak (Hrsg.) Cooperation and Helping Behavior (1982) 279 ff; *Schwind/Roitsch/Gielen/Gretenkordt* (1998) 31 ff m. w. N.

24 *Schwind/Roitsch/Gielen/Gretenkordt* (1998) 61 ff m. w. N.

25 Vgl. etwa zum chinesischen Recht *Heuser* FS Chiao Wei 355 ff; *Bu* International Journal of Law, Crime and Justice 49 (2017) 46; *ders.* Liverpool Law Review 38 (2017) 135; ferner *Wittmann* FS Yamanaka 363 ff.

26 Zur Terminologie s. etwa *Feldbrugge* American Journal of Comparative Law 14 (1965) 630; *Fabre* Whose Body is it Anyway? Justice and the Integrity of the Person (2006) 40 ff; *Malm* Law and Philosophy 19 (2000) 707. Die Bezugnahme auf den „barmherzigen Samariter" ist nach wie vor verbreitet (s. nur *Arzt/Weber/Heinrich/Hilgendorf* § 39 Rdn. 3), mag auch der Protagonist jenes biblischen Gleichnisses (Lk 10, 25–37) mehr und anderes geleistet haben, als § 323c verlangt; s. dazu etwa *Feinberg* The Moral Limits of the Criminal Law I: Harm to Others (1984) 133; *U. Wessels* Die gute Samariterin (2002).

27 Das ist möglicherweise anders bei Ärzten, die nur zufällig am Unfallort vorbeikommen (OLG München NJW **2006** 1883, 1885 – str.). Eine Verpflichtung zum Abschluss eines Behandlungsvertrages (Kontrahierungszwang) begründet § 323c Abs. 1 in keinem Fall (s. zuletzt *Klose/Straub* MedR **2017** 935, 959).

28 Vgl. etwa BGHZ **160** 216; BGH VersR **1991** 1053; OLG Schleswig SchlHA **2007** 186; *Hausner* MedR **1994** 435.

kann der Helfende ferner *Ersatz* für seine *Aufwendungen* verlangen (§ 670 BGB).[29] Entsprechendes gilt für den Ausgleich von *Eigenschäden*, die sich der Helfer etwa zugezogen hat (auch hier kommt ihm, was den Einwand eigenen Mitverschuldens angeht, wiederum das Privileg des § 680 BGB zugute; BGHZ **43** 188, 194). In Einzelfällen mag sogar ein *deliktischer* Anspruch des Helfers in Betracht kommen (vgl. OLG Düsseldorf NZV **2011** 393, 394). Ein freiwilliges Engagement als *Polizeihelfer* kann überdies Ausgleichsansprüche *gegenüber dem Staat* begründen (näher *Rachor* in: Lisken/Denninger [Hrsg.] Handbuch des Polizeirechts, 5. Aufl. 2012, Abschn. M Rdn. 62 ff).

Der – gelegentlich begründeten – Sorge, der Hilfsbedürftige könne für derartige Ansprüche **10**
ohnehin nicht aufkommen, weil er selbst nicht über die dafür erforderlichen Mittel verfüge, wirkt § 25 S. 1 SGB XII (früher: § 121 S. 1 BSHG) entgegen: Wer „in einem Eilfall" (z. B. nach einem Unfall oder bei akuter Erkrankung) „Leistungen" erbringt, die dem Betreffenden – wäre es eben kein „Eilfall" gewesen – auf Antrag vom zuständigen *Sozialhilfeträger*[30] gewährt worden wären, kann sich von *diesem* seine Aufwendungen in gebotenem Umfang erstatten lassen; ein deswegen etwa zu führender Sozialgerichtsprozess ist für den Nothelfer kostenfrei.[31] Zielen diese Regelungen auch ganz allgemein darauf ab, die Hilfsbereitschaft „im Interesse in Not geratener Menschen zu erhalten und zu stärken" (BVerwGE **91** 245, 248; **114** 326, 332; vgl. a. schon BTDrucks. 3/1799 S. 61), so werden sie in der Praxis doch vor allem für Ärzte und Krankenhausträger relevant. Das ihnen auf Grund der gesetzlichen Beweislastverteilung verbleibende Risiko, ihre Aufwendungen im Ergebnis letztlich doch selbst tragen zu müssen, lässt sich allerdings auch durch die Konstruktion öffentlich-rechtlicher Aufopferungsansprüche (§ 323c Abs. 1 als „enteignender Eingriff"?) nicht abwenden (BGH NJW **2005** 1363).

Ist der Eintritt der Notlage *durch einen Dritten verschuldet*, so kann auch dieser für Schäden **11**
einzustehen haben, die sich ein Helfer im Zusammenhang mit seiner Hilfeleistung etwa zugezogen hat, sofern letzterer sich durch das fragliche Ereignis – *ex ante* betrachtet[32] – zu helfendem Eingreifen „herausgefordert" sehen durfte und ein solches Eingreifen für jenen Dritten vorherzusehen war.[33]

Darüber hinaus sind nach § 2 Abs. 1 Nr. 13 lit. a SGB-VII[34] alle Personen, die „bei Unglücksfäl- **12**
len oder gemeiner Gefahr oder Not Hilfe leisten oder einen anderen aus erheblicher gegenwärtiger Gefahr für seine Gesundheit retten", kraft Gesetzes in der *gesetzlichen Unfallversicherung* versichert. Nehmen sie im Zusammenhang mit ihrer Hilfeleistung selbst Schaden an ihrer Gesundheit oder kommen sie dabei gar zu Tode, kann dies daher nach Maßgabe des § 8 SGB-VII als „Arbeitsunfall" zu bewerten sein (BSG NZA-RR **2011** 201) und Ansprüche auf Versicherungsleistungen begründen.[35] Diese Regelungen werden oft als Ausgleich des Umstandes verstanden, dass nach Maßgabe des § 323c StGB sogar eine strafbewehrte *Pflicht* zur Hilfeleistung bestehe;[36] freilich sind sie

---

29 Näher zum Ganzen *Gehrlein* VersR **1998** 1330; *Loyal* VersR **2013** 966; *Fanatico* Duty to Rescue (2015) 243 ff; zum IPR *Wendelstein* GPR **2014** 46.

30 Entsprechendes gilt für Personen, die (noch) keinen Antrag auf das ihnen dem Grunde nach (anstelle von Sozialhilfe) zustehende „Arbeitslosengeld II" bzw. „Sozialgeld" (§§ 19 ff SGB II) gestellt haben (BSG SGb **2009** 475; *Bieback* in: Grube/Wahrendorf [Hrsg.] SGB XII, 7. Aufl. 2020, § 25 Rdn. 5 m. w. N.); im Falle einer Leistungsberechtigung nach dem AsylbLG soll § 25 SGB XII hingegen nicht analog anzuwenden sein (BSGE 114 292).

31 BSG Beschl. v. 11.6.2008 – B 8 SO 45/07 B: Nothelfer als „Leistungsempfänger" i. S. v. § 183 S. 1 SGG.

32 Instruktiv OLG Düsseldorf NJW-RR **1995** 1365.

33 S. etwa OLG Stuttgart NJW **1965** 112 (Verletzung beim Versuch, Menschen aus einem brennenden Fahrzeug zu retten); OLG Düsseldorf NJW-RR **1995** 1365; BGH NJW **1996** 2646.

34 So der Sache nach bis zum 31.12.1996 auch schon die Vorgängervorschrift in § 539 Abs. 1 Nr. 9 lit. a RVO.

35 Zu den tatbestandlichen Voraussetzungen des § 323c ist das Sozialversicherungsrecht nicht strikt akzessorisch (näher dazu BSGE **54**, 190, 192 m. w. N.).

36 So zuletzt ausdrücklich BSG Urt. v. 13.9.2005 – B 2 U 6/05 Tz. 20; eingehend dazu BSGE **42** 97, 102 ff; vgl. ferner den Vorschlag einer Entschädigungsregelung *unmittelbar im StGB* (§ 115a StGB-E) im Alternativ-Entwurf Besonderer Teil, Straftaten gegen die Person, 1. Halbband (1970) 60 f.

älter als diese[37] und verdanken sich in erster Linie der Zielsetzung, die ehemals recht schwache zivilrechtliche Position des unaufgefordert Helfenden sozialversicherungsrechtlich auszugleichen.[38] Gleichfalls gesetzlich unfallversichert sind Personen, die sich „zum Schutz eines widerrechtlich Angegriffenen persönlich einsetzen" (§ 2 Abs. 1 Nr. 13 lit. c Var. 2 SGB-VII). Der sachliche Anwendungsbereich dieser Vorschriften reicht über die Erfüllung von Hilfspflichten nach § 323c hinaus: Versicherungsschutz besteht auch für solche Hilfeleistungen, die dem Helfenden im Sinne der Strafvorschrift nicht „zuzumuten" wären (BSG NZS **2012** 866, 867).

13 Schließlich kann, wer von einem anderen den „tätlichen" Angriff eines Dritten abwehrt (und ihm möglicherweise eben dadurch in einem „Unglücksfall" i. S. v. § 323c „Hilfe leistet"), nach dem *Gesetz über die Entschädigung für Opfer von Gewalttaten* (Opferentschädigungsgesetz) Versorgungsansprüche in Hinsicht auf gesundheitliche Schäden erlangen, die er in diesem Zusammenhang etwa erlitten hat (§ 1 Abs. 1 Satz 1 OEG).

14 **b) Strafrecht.** Gleichwohl verzichtet das deutsche Recht auch nicht darauf, im **Strafrecht** mit § 323c Abs. 1 eine explizite allgemeine Hilfspflicht in bestimmten Notlagen zu proklamieren, die – anders als das Unterlassungsdelikt der Aussetzung in Form des *Im-Stich-Lassens* (§ 221 Abs. 1 Nr. 2) – ein besonderes Beistandsverhältnis gerade nicht voraussetzt.[39] Für *Verkehrsunfälle* statuiert § 34 Abs. 1 Nr. 4 StVO noch einmal ausdrücklich die Verpflichtung aller Unfallbeteiligten, „Verletzten zu helfen", und verweist dafür wiederum auf § 323c. In *Strafvollzugsanstalten* trifft Gefangene bei bestimmten Gefahrenlagen eine entsprechende Meldepflicht (s. *Laubenthal* Strafvollzug [2015] Rdn. 698). Besondere (zum Teil auch bußgeldbewehrte) Regelungen für die *Hilfeleistung in Seenotfällen* enthält schließlich auch § 2 der VO über die Sicherung der Seefahrt vom 27. Juli 1993.[40]

15 Immerhin bleibt den Adressaten jener allgemeinen Hilfspflicht (Absatz 1) grundsätzlich garantiert, dass sich das Strafbarkeitsrisiko für sie nicht etwa auch noch *steigert*, wenn sie in dem geforderten Umfang tatsächlich Hilfe leisten: Allein damit laden sie sich selbst noch *keine Garantenverantwortlichkeit* (kraft Übernahme einer besonderen Schutzfunktion) auf. Denn dass derjenige, der für einen in Not geratenen Menschen zunächst etwas Nützliches tut, damit dann aber (aus welchen Gründen auch immer) nicht fortfährt, strafrechtlich strenger haften soll als derjenige, der von Anfang an jegliche Hilfe zurückhält, wäre in der Tat kaum plausibel zu machen (*Hoyer* NStZ **1994** 85; *Roxin* AT II § 32 Rdn. 61). Ganz allgemein gilt vielmehr: „Dadurch allein, daß jemand versucht, einem anderen zu helfen, entsteht für ihn noch keine Obhutspflicht" (BayObLG NJW **1953** 556; BGHSt **26** 35, 39). Das ändert sich allerdings dann (aber eben *erst* dann), wenn das helfende Eingreifen mit einer signifikanten *Steigerung des Risikos* für das jeweils betroffene Rechtsgut verbunden ist (OLG Stuttgart NStZ **2009** 102 f) bzw. dazu führt, dass der Betreffende von anderen Hilfsmöglichkeiten abgeschnitten wird und nunmehr in besondere Abhängigkeit gebracht worden ist[41] (weitergehend aber wohl BGH NJW **1993** 2628 f). Im Übrigen aber bleiben Verunglückter und Helfer einander Fremde. Auch eine *strafbewehrte Verschwiegenheitspflicht* wird nicht begründet, wenn der Helfende beispielsweise einen am Unglücksort tätigen Arzt unterstützt.[42] Für diesen wird die tatsächliche Übernah-

---

37 Die erste sachlich entsprechende Regelung wurde im Jahre 1928 als § 537 Nr. 5 lit. a-c in die RVO aufgenommen (RGBl. 1928 I S. 405); § 330c StGB a. F. datiert aus dem Jahr 1935.

38 Umfassend dazu *Koch* Unaufgeforderte Hilfeleistung in Notsituationen (2011) 192 ff.

39 Zu strukturellen Parallelen und Differenzen beider Delikte *Küper* ZStW **111** (1999) 30, 52 ff.

40 BGBl. I S. 1417. Die in § 10 Abs. 1 Nr. 1 und 2 der VO genannten Verstöße begründen Ordnungswidrigkeiten nach § 15 Abs. 1 Nr. 2 des Seeaufgabengesetzes i. d. F. der Bekanntmachung vom 21. Januar 1987 (BGBl. I S. 541).

41 Ähnlich *Kühl* AT § 18 Rdn. 75; *Roxin* AT II § 32 Rdn. 62; *Stratenwerth/Kuhlen* AT § 13 Rdn. 25.

42 Zufallshelfer sind keine „berufsmäßig tätigen Gehilfen" des Berufsträgers i. S. v. § 203 Abs. 3 Satz 1 n. F. (vgl. nur *Sch/Schröder/ Eisele* Rdn. 24); ihre Einbeziehung als „(sonstige) mitwirkende Person" in den Kreis der zur Verschwiegenheit Verpflichteten (§ 203 Abs. 4 S. 1 n. F.) dürfte vom Gesetzgeber kaum beabsichtigt worden sein.

me der Behandlung freilich regelmäßig ein Garantenverhältnis begründen. *Eingriffe in Rechtsgüter Dritter* sind dem Helfenden gestattet, soweit die Voraussetzungen des rechtfertigenden Notstands (§ 904 Satz 1 BGB, § 34 StGB) oder eines anderen Rechtfertigungsgrundes gegeben sind; beruht die tatbestandsmäßige Notlage auf einem „Angriff", kann auch Notwehrhilfe (§ 32) zulässig sein. Ein eigenständiger Erlaubnissatz jenseits der anerkannten allgemeinen Rechtfertigungsgründe ist der durch § 323c Abs. 1 begründeten Hilfspflicht nicht zu entnehmen – diese reicht vielmehr von vornherein nicht über das hinaus, was als Not(stands)hilfe gerechtfertigt werden kann (s. unten Rdn. 111; zu Eingriffen in die Rechtssphäre des zu Rettenden unten Rdn. 116).

Hinzuweisen ist in diesem Zusammenhang aber noch auf einige weitere Straftatbestände: 16
Wer absichtlich oder wissentlich *vortäuscht*, dass „wegen eines Unglücksfalles oder wegen gemeiner Gefahr oder Not die Hilfe anderer erforderlich sei", macht sich strafbar nach **§ 145 Abs. 1 Nr. 2.** Diese – gleichsam als Gegenstück zu § 323c (Absatz 1) konzipierte[43] – Vorschrift soll verhindern helfen, dass andere auf Grund ihrer vermeintlichen Hilfeleistungspflicht Zeit und materielle Güter unnütz aufwenden; überdies ist (nicht anders als in den schon durch Abs. 1 Nr. 1 erfassten Fällen) jedenfalls ein gehäuftes Auftreten von „Fehlalarm"-Situationen der allgemeinen Bereitschaft, im Einzelfall helfend tätig zu werden, nicht gerade förderlich (zumal die *Eindeutigkeit* der Notlage empirisch offenbar die Rettungschancen für die in Not geratene Person günstig beeinflusst[44]). Eigens unter Strafe gestellt ist zudem in **§ 145 Abs. 2 Nr. 2**[45] insbesondere die Beseitigung bzw. die Beeinträchtigung der Funktion von *Rettungsgeräten* (z. B. Feuerlöscher [BayObLG NJW **1988** 837] oder Notrufanlagen), die eine effektive Hilfeleistung oft erst ermöglichen und darüber hinaus durch ihren immanenten „Aufforderungscharakter"[46] überhaupt zum Tätigwerden motivieren können. Im Arrangement eines scheinbaren Unglücksfalls i. S. v. § 323c soll – als „psychische Autofalle" – ferner ein Angriff auf die Entschlussfreiheit anderer Kraftfahrer (§ 316a) zu sehen sein.[47]

Die **Behinderung von Rettungsmaßnahmen** durch Dritte kann ihrerseits nach § 323c (Ab- 17
satz 1 und weitergehend nunmehr nach Absatz 2), in besonderen Fällen auch als fahrlässiges oder gar vorsätzliches Verletzungsdelikt strafbar sein (s. a. noch Rdn. 122 f). Im Straßenverkehr stellt die Missachtung des durch die Verwendung von Blaulicht und Einsatzhorn („Martinshorn") vermittelten Gebots, „sofort freie Bahn zu schaffen" (§ 38 Abs. 1 StVO), eine Ordnungswidrigkeit dar (§ 49 Abs. 3 Nr. 3 StVO), die mit einer Geldbuße bis zu 2.000 Euro geahndet werden kann (§ 24 Abs. 2 StVG); Entsprechendes gilt für die Pflicht, zwischen zwei Fahrstreifen eine „Rettungsgasse" zu bilden (§§ 49 Abs. 1 Nr. 11 i. V. m. 11 Abs. 2 StVO).[48] Gegen *Schaulustige* („Gaffer"), die schon durch ihre bloße Anwesenheit die Tätigkeit der (meist professionellen) Rettungskräfte beeinträchtigen,[49] kann die Polizei nach jeweiligem Landespolizeirecht Platzverweisungen aussprechen (vgl. etwa Art. 16 Abs. 1 Satz 2 BayPAG) und notfalls auch unter Anwendung unmittelbaren Zwangs durchsetzen. Solche Befugnisse können hilfsweise auch bestimmten Angehörigen der Feuerwehr zustehen (z. B. nach Art. 24 BayFeuerwehrG, bußgeldbewehrt nach Art. 26 Nr. 2 dieses Gesetzes), im Katastrophenfall auch der Katastrophenschutzbehörde und den von ihr beauftragten Einsatzkräften (vgl. etwa Art. 10 BayKatastrophenschG, wiederum bußgeldbewehrt in Art. 18 Nr. 2).

43 *Kretschmer* NK § 145 Rdn. 4; *Sch/Schröder/Sternberg-Lieben* § 145 Rdn. 1 (jeweils mit Hinweis auf die Begründung zu § 300 E 1962, BTDrucks. 4/650 S. 471).

44 Vgl. *Darley/Latané* in: Lück (Hrsg.) Mitleid – Vertrauen – Verantwortung (1977) 100, 104; *Schwind/Roitsch/Gielen/Gretenkordt* (1998) 41 f.

45 S. aber a. § 304 Abs. 1.

46 *Schwind/Roitsch/Gielen/Gretenkordt* S. 75 m. w. N.

47 *Rengier* BT I § 12 Rdn. 11; vgl. a. BGH NJW **2015** 2131, 2132.

48 Dazu zuletzt *Schubert* NZV **2018** 21, 22 f.

49 Zu ihnen eingehend *Scheffler* NJW **1995** 232; *Heger/Jahn* JR **2015** 508, 514 ff.

18 Dieses Bild wird seit 2011 ergänzt durch eine damals als § 114 Abs. 3 neu eingeführte[50] und mittlerweile[51] in **§ 115 Abs. 3** enthaltene Regelung (die in § 323c Abs. 2 nunmehr eine gewisse Fortsetzung gefunden hat, s. unten Rdn. 142). Gemäß § 113 (Widerstand gegen Vollstreckungsbeamte) ist hiernach auch zu bestrafen, wer „bei Unglücksfällen oder gemeiner Gefahr oder Not Hilfeleistende der Feuerwehr, des Katastrophenschutzes oder eines Rettungsdienstes, eines ärztlichen Notdienstes oder einer Notaufnahme durch Gewalt oder durch Drohung mit Gewalt behindert" (Satz 1); für tätliche Angriffe soll insoweit § 114 n. F. entsprechend gelten (S. 2). Die Übereinstimmung mit § 323c in der Beschreibung der jeweils tatbestandsmäßigen Situation wird in den Materialien[52] nicht weiter erörtert und verdankt sich offenbar in erster Linie dem Anliegen, typisierend die Einsatzlagen zu erfassen, in denen den genannten „professionellen Rettern" selbst ein *symbolisch herausgehobener strafrechtlicher Schutz* zuteilwerden soll (was wiederum – wenngleich allenfalls reflexhaft – auch im Interesse derjenigen Personen liegen mag, zu deren Schutz die betreffenden Rettungskräfte tätig werden[53]). Abgerundet wird dieses symbolische (und unter systematischen Gesichtspunkten nachgerade katastrophale) Regelungskonzept schließlich durch die zugleich erfolgte Aufnahme von Arbeitsmitteln und Kraftfahrzeugen „des Katastrophenschutzes oder eines Rettungsdienstes" in die Reihe der Schutzobjekte des **§ 305a Abs. 1 Nr. 2, Nr. 3**.

19 Außerhalb dieses Zusammenhangs stehen hingegen **§ 142** (Unerlaubtes Entfernen vom Unfallort), der nach herrschender und zutreffender Auffassung als „abstraktes Vermögensgefährdungsdelikt" ausschließlich dem Schutz möglicherweise bestehender Ersatzansprüche dient (*Herb* LK § 142 Rdn. 1 m. w. N.), sowie letztlich auch **§ 201a Abs. 1 Nr. 2**, der seit 2015 auch die unbefugte Herstellung bzw. Übertragung einer Bildaufnahme erfasst, die „die Hilflosigkeit einer anderen Person zur Schau stellt",[54] und die ergänzende Regelung in Abs. 2 Satz 2 (Zugänglich-Machen von Bildaufnahmen einer *verstorbenen* Person).

4. Legitimation

20 **a) Allgemeines.** Die Frage, zu welchen „Rechtsgütern" das Delikt der unterlassenen Hilfeleistung in Beziehung zu setzen sei, stellte sich nur denjenigen nicht, die darin gerade einen exemplarischen Fall von *Gesinnungsstrafrecht* sehen wollten, wie es zur Entstehungszeit des § 330c a. F. allerdings vorstellbar erschien (vgl. in diesem Sinne nur *Huschens* [1938] 27 ff). Ob auch einige Entscheidungen des RG hierher gehören, ist dagegen nicht zweifelsfrei, weil mit der Rede von der „rücksichtslosen Gesinnung", die hier unter Strafe gestellt sei, möglicherweise nur die besondere tatbestandliche Struktur – Irrelevanz der *Folgen* des Ausbleibens von Hilfe und *ex-ante*-Maßstab für deren Erforderlichkeit – unterstrichen werden sollte (so wohl z. B. in RGSt **71** 200, 203 f); der BGH hat sich gegenüber einer „gesinnungsstrafrechtlichen" Deutung der Vorschrift stets ablehnend gezeigt.[55]

---

50 Das 44. Gesetz zur Änderung des StGB – Widerstand gegen Vollstreckungsbeamte (BGBl. I S. 2130) ist zum 5.11.2011 in Kraft getreten. Übersicht und Kritik bei *Singelnstein/Puschke* NJW **2011** 3473; *Zopfs* GA **2012** 259; *Heger/Jahn* JR **2015** 508; kritisch zum Gesetzentwurf auch schon *Hettinger* FS Roxin II 273, 277 f.

51 Auf Grund des 52. Gesetzes zur Änderung des StGB – Stärkung des Schutzes von Vollstreckungsbeamten und Rettungskräften vom 23.5.2017 (BGBl. I S. 1226), seit 30.5.2017 in Kraft.

52 Gesetzentwurf der BReg (BTDrucks. 17/4143); Beschlussempfehlung und Bericht des Rechtsausschusses (BTDrucks. 17/6505).

53 Im „dogmatischen Dunkelfeld von § 145d oder § 323c angesiedelt" sieht die Regelung auch *Bosch* MK § 114 Rdn. 12 (der sie – mangels Eignung, ein über §§ 223 ff, 240 hinausgehendes Ziel zu erreichen – sogar für verfassungswidrig hält).

54 Krit. *Eisele/Sieber* StV **2015** 312, 316; *Englerth/Huerkamp* JRE **23** (2015) 313, 327 f.

55 BGHSt **1** 266, 269; BGH NJW **1952** 394; BGH VRS **13** (1957) 120, 125; s. aber (mit Blick auf BGHSt **2**, 196) auch *Pauli*, Die Rechtsprechung des Reichsgerichts in Strafsachen zwischen 1933 und 1945 und ihre Fortwirkung in der Rechtsprechung des Bundesgerichtshofes (1984) 197 ff.

Richtig gesehen wurde, dass sich die unterlassene Hilfeleistung in das überkommene Schema der Verletzung bzw. Gefährdung fremder „Rechtgüter" *durch* den Täter nicht ohne weiteres einordnen lässt. Dies gilt letztlich auch für die von *Nagler* vertretene Lehre, die – gerade im Gegensatz zu jener explizit gesinnungsstrafrechtlichen Deutung – § 330c a. F. (gleichsam in Fortschreibung des vormaligen § 360 Abs. 1 Nr. 10) als *Ungehorsamsdelikt* verstehen wollte, letztlich gerichtet gegen die „Würde des Staates",[56] und in der Sache wohl gar nicht allzu weit entfernt ist von der These *Welzels*, „Schutzobjekt" sei allein die „öffentliche Sicherheit", während der in Not Geratene selbst „nur als Teil des Publikums, aber nicht als individuell Berechtigter" geschützt werde (*Welzel* S. 470; ferner z. B. *Wildanger* S. 19 ff). Hier wie dort erscheint das Unrecht begrenzt auf die Weigerung des Nothelfers, die ihm zugedachte Funktion eines außerordentlichen Erfüllungsgehilfen zu übernehmen, dessen sich der Staat gelegentlich bedienen muss, um seinen Bürgern Sicherheit und Schutz auch noch in Notfällen gewährleisten zu können (ähnlich wieder *Pawlik* GA **1995** 360, 361 ff; vgl. a. *Haas* Kausalität und Rechtsverletzung [2002] 241 ff). 21

Demgegenüber werden heute ganz überwiegend die in der Notlage jeweils bedrohten **Individualrechtsgüter** als Schutzgegenstand genannt.[57] *Welche* dies im Einzelnen sein können, hängt von der näheren Auslegung der Merkmale „Unglücksfall" bzw. „gemeine Gefahr oder Not" ab; sicher hierher gehören jedenfalls Leib, Leben, Gesundheit und Freiheit der in Not geratenen Person, nach verbreiteter Auffassung aber insbesondere auch ihr Hab und Gut (s. unten Rdn. 52 f). Indessen verdeckt die Rede vom Rechtsgüterschutz, dem § 323c hiernach ebenso verpflichtet sein soll wie viele andere Strafvorschriften auch, eine keineswegs unwesentliche Differenz im Verhältnis des Nicht-Helfers zu demjenigen, dem er helfen soll: Nicht *vor* dem „Nichtstuer" sind jene Güter zu schützen (wie noch *Spendel* LK[11] Rdn. 29 formuliert hat), sondern vielmehr *durch* ihn (so treffend *Kühnbach* S. 117 f; s. a. *Gössel/Dölling* BT 1 § 56 Rdn. 1). Gewiss hat die Hilfspflicht den Sinn, drohende Nachteile für den Güterbestand des in Not Geratenen abzuwenden. Jedoch lässt sich nach herkömmlichen Zurechnungsmaßstäben kaum sagen, dass diese Güter „verletzt" oder auch nur „gefährdet", wer in fremder Notlage untätig bleibt: Zwar mag, wer einem in Not Geratenen nicht hilft, durchaus *ursächlich* werden für die Fortdauer der prekären Lage des anderen und auch für die weiteren Nachteile, die diesem daraus etwa noch erwachsen (dies jedenfalls auf dem Boden der zutreffenden Kausalitätslehre der „gesetzmäßigen Bedingung"[58]). Doch verlangt ein solches Urteil eben – über den schlichten Kausalzusammenhang hinaus – einen besonderen *Zurechnungsgrund*, der es rechtfertigt, den untätig Gebliebenen für eine bestimmte Sachlage (eine bestehende Gefahr oder gar den Eintritt eines Schadens) verantwortlich zu machen.[59] Ein solcher Zurechnungsgrund ist aber in den Fällen, in denen helfendes Eingreifen i. S. d. § 323c Abs. 1 verlangt wird, gerade nicht ersichtlich: Weder hat der nicht Helfende notwendig etwas mit der (von ihm schlicht vorgefundenen) Gefahrenlage zu schaffen, noch braucht er in einer besonderen Beziehung zu der in Not geratenen Person zu stehen. Erst die ihm durch Absatz 1 auferlegte Hilfspflicht selbst begründet seine Zuständigkeit als „Retter" der bedrohten Güter,[60] und nur ihretwegen werden diese Güter *auch für ihn* zu „*Rechts*-Gütern" (!). 22

---

56 *Nagler* ZAkDR **1940** 226.

57 BGHSt **14** 213, 215; s. a. BGH NJW **2002** 1356, 1357; OLG Düsseldorf NJW **1992** 2370 f; *Blindauer* S. 31; *Kreuzer* S. 30; *Vermander* S. 19; *Frellesen* S. 144; *Heil* S. 23 ff; *Kahlo* Die Handlungsform der Unterlassung als Kriminaldelikt (2001) 325; *Freund* MK Rdn. 1; *Lackner/Kühl* Rdn. 1; *Stein* SK Rdn. 1; *Sch/Schröder/Hecker* Rdn. 1; *Spendel* LK[11] Rdn. 29; *Rengier* BT II § 42 Rdn. 1; *Wessels/Hettinger/Engländer* Rdn. 1154. Auf den neuen Absatz 2 lässt sich dieses Ergebnis (entgegen *Lenk* JuS **2018** 229, 230) freilich nicht stützen.

58 *Engisch* Die Kausalität als Merkmal der strafrechtlichen Tatbestände (1931); *Puppe* ZStW **92** (1980) 863, 895 ff; *Roxin* AT II § 31 Rdn. 39 ff S. allg. a. *Birnbacher* Tun und Unterlassen (1995) 65 ff.

59 Insoweit zutr. *Morgenstern* S. 123 f; *Kühnbach* S. 106; vgl. a. *Matt/Renzikowski/Renzikowski* Rdn. 1; *Roxin* AT II § 31 Rdn. 41; *v. Hirsch/Schorscher* in: v. Hirsch/Neumann/Seelmann (Hrsg.) Solidarität im Strafrecht (2013) 77 ff.

60 Vgl. a. *Morgenstern* S. 123 f; *Kühnbach* S. 105 f.

23 Dies ist im Übrigen auch der Grund, weshalb die unterlassene Hilfeleistung nach § 323c nicht als „Angriff" im Sinne des § 32 aufgefasst werden kann, **Notwehr** gegen den untätig bleibenden Hilfspflichtigen (bzw. Not*hilfe* zugunsten des Hilfsbedürftigen) also *nicht* statthaft ist.[61] Durch solche Untätigkeit wird der in Not Geratene gerade nicht (im Sinne eines Angriffs) „gefährdet",[62] sondern eben nur sich selbst und seinem Schicksal überlassen (erzwungen werden kann eine Hilfeleistung i. S. d. § 323c daher allenfalls auf der Grundlage des § 34). Auch im polizeirechtlichen Sinne ist der unbeteiligte Dritte gerade nicht verantwortlich und kann daher als *„Nichtstörer"* grundsätzlich nur in den engen Grenzen des **polizeilichen Notstands** (§ 6 MEPolG) in Anspruch genommen werden (vgl. nur *Denninger* in: Lisken/Denninger [Hrsg.] Handbuch des Polizeirechts, 5. Aufl. [2012] Abschn. D Rdn. 138 ff).[63]

24 Aus dem Prinzip des *alterum non laedere* lässt sich die Hilfspflicht des § 323c Abs. 1 also gerade nicht hinreichend erklären (weshalb u. a. auch der Versuch *Feinbergs* misslingt, derartige allgemeine Rettungspflichten dem in gewisser Weise verwandten *harm principle* zu unterstellen[64]). Aber auch aus dem bloßen Umstand, dass jemandem der Verlust wichtiger, selbst elementarer Güter droht, folgt nicht schon die Zuständigkeit beliebiger Dritter, dieser Notlage nach Kräften abzuhelfen.[65] Der Verweis auf den (von der Rechtsgutsfrage scharf zu scheidenden) „Strafgrund" des § 323c, der im allgemeinen Interesse an *solidarischer Schadensabwehr in besonderen Notlagen* liegen soll,[66] führt kaum weiter, sondern verdeckt lediglich die für ein freiheitliches Rechtsverständnis fundamentale Frage, aus welchem *rechtlichen* Grund jemand einen Teil seiner eigenen Handlungsfreiheit (und womöglich noch weitere Güter) aufopfern soll, um den Güterbestand eines anderen zu bewahren (anstatt es bei der Regel zu belassen, nach der jedermann im Guten wie im Schlechten sein eigenes Schicksal trägt).[67] Oft ist diese Frage dahin beantwortet worden, dass ein solcher Rechtsgrund eigentlich nicht bestehe (und – jedenfalls auf der Grundlage einer an *Kant* anschließenden Rechtsphilosophie – auch gar nicht bestehen könne[68]); im Grunde habe man es mit der schlichten *Verrechtlichung einer sittlichen bzw. moralischen Verpflichtung* zu tun,[69] die sich – möglicherweise im Zuge einer allgemeinen Tendenz zur „Ethisierung des Strafrechts" (*Kohlrausch/Lange* § 330c Anm. I) – dem zweifelhaften Bemühen verdanke, „den Rechtsstaat zugleich Tugendstaat sein zu lassen" (*Seebode* FS Kohlmann [2003] 279, 283), und daher „das eigentlich Fragwürdige" an dieser Strafvorschrift sei (so etwa *Kreuzer* S. 21). Aus dieser Sicht trägt § 323c erst recht Aus-

---

61 Im Ergebnis übereinstimmend *Matt/Renzikowski/Engländer* § 32 Rdn. 10; *Erb* MK § 32 Rdn. 70; *Heinrich* AT I Rdn. 343; *Lesch* FS Dahs 81, 101 f; *Rengier* AT § 18 Rdn. 17; *Roxin/Greco* AT I § 15 Rdn. 13; wohl auch *Stratenwerth/Kuhlen* AT § 9 Rdn. 65; einschränkend *Jakobs* AT 12/21 (nur bei Unerreichbarkeit der Polizei); **aA** *Spendel* LK[11] Rdn. 119; *Rönnau/Hohn* LK § 32 Rdn. 101 ff m. w. N. Zum Ganzen a. *Joerden* in: v. Hirsch/Neumann/Seelmann (Hrsg.) Solidarität im Strafrecht (2013) 48, 53 ff.

62 So aber z. B. *Lagodny* GA **1991** 300, 304 f; ähnlich *Herzog* NK[4] § 32 Rdn. 13.

63 Erst die Strafbestimmung in § 323c könnte ihn überhaupt zum Handlungsverantwortlichen machen (dafür etwa *Schenke* Polizei- und Ordnungsrecht, 7. Aufl. [2011] Rdn. 694; *Barczak* Die Verwaltung 49 [2016] 157, 169 f m. w. N.). Zum Ganzen a. *Kühnbach* S. 118 ff; monografisch *M. Fischer* Unterlassene Hilfeleistung und Polizeipflichtigkeit, Diss. Tübingen 1989.

64 *Feinberg* The Moral Limits of the Criminal Law I: Harm to Others (1984) 126 ff. Krit. *Morgenstern* S. 122 ff.

65 Zutr. *Pawlik* Der rechtfertigende Notstand (2002) 57; s. a. *Grünewald* Das vorsätzliche Tötungsdelikt (2010) 282 f. Anders wohl *Freund* MK Rdn. 2 (gegen ihn wiederum *Kühnbach* S. 107 ff).

66 *Spendel* LK[11] Rdn. 26 f; s. ferner etwa *Geppert* Jura **2005** 39, 40; *Lackner/Kühl* Rdn. 1; BGH NJW **2002** 1356, 1357. Geradezu als „Delikt gegen die mitmenschliche Solidarität" erscheint § 323c bei *Otto* BT § 67 Rdn. 1; vgl. aber auch *Gössel* BT 1 § 56 Rdn. 1; *Wittmann* FS Yamanaka 363, 370.

67 Vgl. *Matt/Renzikowski/ Renzikowski* Rdn. 1 (*casum sentit dominus*). Aus der neueren rechts- und moralphilosophischen Literatur vgl. etwa *Wildt* in: Ritter/Gründer (Hrsg.) Historisches Wörterbuch der Philosophie Bd. 9 (1995), Sp. 1004; *Kühl* FS Spendel 75 und FS Hirsch 259; *Stemmer* Handeln zugunsten anderer (2000); *v. d. Pfordten* in: v. Hirsch/Neumann/Seelmann (Hrsg.) Solidarität im Strafrecht (2013) 103 ff sowie die Beiträge in: Orsi et al. (Hrsg.) Solidarität (Rechtsphilosophische Hefte 4, 1995); Bayertz (Hrsg.) Solidarität (1998).

68 So wohl *Morgenstern* S. 124 ff. Zum Ganzen a. *Ebbinghaus* die Strafen für Tötung eines Menschen nach Prinzipien einer Rechtsphilosophie der Freiheit (1968) 64 ff.

69 *Gallas* JZ 1952 396; *Lange* Niederschr. d. Großen Strafrechtskommission Bd. 9 (1959) 371.

nahmecharakter.[70] Freilich bleibt damit ein im Grunde staatstheoretisches Problem auf eine Frage der Moral reduziert.[71] Nicht viel anders liegt es mit dem Versuch, die Nothilfe auf ein „Hauptgebot der christlichen Lehre“ zurückzuführen.[72] Indessen fehlt es auch nicht an Versuchen, „Unterstützungsnormen“[73] wie das Hilfeleistungsgebot des Absatz 1 als Ausdruck einer genuin **rechtlich begründeten Solidaritätsbeziehung** zu interpretieren, die in ihrem Kern gerade *nicht* nur moralisch oder gar religiös begründet ist (zur Abgrenzung ggü. der christlichen *caritas* auch *Metz* in: Bayertz [Hrsg.] Solidarität [1998] 172 f). Tatsächlich kennt das Recht ein solches Solidarprinzip jedenfalls beim *rechtfertigenden Notstand*: Denn auch die Zumutung, die in § 904 S. 1 BGB, § 34 S. 1 StGB genannten „Einwirkungen“ bzw. „Taten“ dulden und zugunsten *fremder* Interessen die *eigenen* hintanstellen zu müssen, lässt sich aus dem liberalen Grundprinzip der wechselseitigen Anerkennung privater Freiheitssphären nicht erklären;[74] vielmehr handelt es sich offenbar um eine begründungsbedürftige *Einschränkung* dieses Prinzips durch ein anderes, das auf die *solidarische Übernahme von Lasten* (und nicht lediglich auf deren utilitaristische Verrechnung[75]) gerichtet ist.[76] Eben dies dürfte aber auch für die Strafvorschrift des § 323c Abs. 1 gelten,[77] der – wiederum für bestimmte Notlagen und wiederum in fremdem Interesse – nicht nur eine *Duldungs-*, sondern sogar eine *Handlungspflicht* zugrunde liegt (und die damit zugleich den weiteren Einwänden ausgesetzt ist, die ganz allgemein gegen rechtliche Verhaltens*gebote* vorgebracht werden; zu ihnen etwa *Seelmann* JuS **1995** 281). Auch für eine solche Hilfspflicht lassen sich verschiedene Begründungsmodelle denken, beispielsweise kontraktualistische[78] oder gerade auch solche in der Tradition Kants.[79]

---

70 *Naucke* FS Welzel 761, 773; *Morgenstern* S. 140 f; *Kahlo* Die Handlungsform der Unterlassung als Kriminaldelikt (2001) 330; *Seebode* FS Kohlmann 279, 283 f („Fremdkörper“).

71 Im Übrigen sollte man sehen, dass es sich bei der Entwicklung strafbewehrter Solidarpflichten keineswegs um ein auf § 323c beschränktes Phänomen handelt: Die vermeintliche Anomalie einer Hilfspflicht ohne Sonderverbindung zu der in Not geratenen Person verblasst, wenn der Blick zugleich auch auf diejenigen Bereiche der Garantenlehre trifft, in denen solidarisches Handeln zwischen einander mehr oder weniger Fremden zum Gegenstand einer Garantenpflicht erhoben wird (vgl. dazu allg. *Schulte* Garantenstellung und Solidarpflicht [2001]), und auch in anderen Fällen der Verantwortlichkeit als Fürsorge-Garant zeichnet das Strafrecht (auch) moralische Leitlinien richtigen Verhaltens nach (*Naucke* Strafrecht, 10. Aufl. 2002 § 7 Rdn. 242 ff).

72 So noch BGHSt **6** 147, 151; die daran anschließende Behauptung, ein vergleichbares Gebot, dem Mitmenschen in Not zu helfen, sei im „islamischen Kulturkreis“ nicht zu finden (LG Mannheim NJW **1990** 2212), erscheint ebenso anmaßend wie unzutreffend, mochte sie im zugrunde liegenden Fall auch „gut gemeint“ gewesen sein.

73 *Tranow* Das Konzept der Solidarität (2012) 70 f.

74 Vgl. hier nur *Neumann* NK § 34 Rdn. 7; *Hruschka* Strafrecht nach logisch-analytischer Methode, 2. Aufl. (1988) 111 ff; s. a. *Jakobs* in: Eser/Nishihara (Hrsg.) Rechtfertigung und Entschuldigung IV (1995) 143, 146; *Morgenstern* S. 33 ff.

75 Zur Kritik utilitaristischer Notstandstheorien etwa *Köhler* AT S. 282 f; *Merkel* in: Institut für Kriminalwissenschaften der Universität Frankfurt am Main (Hrsg.) Vom unmöglichen Zustand des Strafrechts (1995) 171, 178 ff; *Renzikowski* Notstand und Notwehr (1994) 202 ff.

76 *Kühnbach* S. 82 ff; *Engländer* GA **2010** 15, 19 ff; *Neumann* NK § 34 Rdn. 9; *Perron* in: Eser/Perron (Hrsg.) Rechtfertigung und Entschuldigung III (1991) 79 ff. Dass dem Recht positive Hilfspflichten in existentiellen Notlagen jedenfalls nicht völlig fremd sind, mag man im Übrigen auch daraus ersehen, dass die Rettung von Menschen in Seenot nicht nur seit jeher „tief in maritimen Traditionen verankert“ erscheint, sondern auch als Gebot internationalen Gewohnheitsrechts; vgl. *Rah* Asylsuchende und Migranten auf See (2009) 100.

77 Zu diesem Zusammenhang etwa *Kühnbach* S. 117; *Neumann* NK § 34 Rdn. 9; *Grünewald* Das vorsätzliche Tötungsdelikt (2010) 281 ff; *Hruschka* Strafrecht nach logisch-analytischer Methode, 2. Aufl. (1988) 91 ff; *Köhler* AT S. 285; ferner etwa *Kühl* FS Hirsch 259, 266 f; *Silva Sánchez* GA 2006 382; *Perdomo-Torres* Die Duldungspflicht im rechtfertigenden Notstand (2011) 19 ff; *Seelmann* in: v. Hirsch/Neumann/Seelmann (Hrsg.) Solidarität im Strafrecht (2013) 35 ff; *Saliger* ebd. S. 61, 66 ff; *Neumann* in: Hilgendorf/Joerden (Hrsg.) Handbuch Rechtsphilosophie (2017) 7, 11.

78 Vgl. etwa *T. Zimmermann* Rettungstötungen (2008) S. 50 f; *Saliger* in: v. Hirsch/Neumann/Seelmann (Hrsg.) Solidarität im Strafrecht (2013) 61, 66 ff; *Engländer* JZ **2019** 1049, 1052.

79 Überblicksweise dazu *Kühl* FS Hirsch 259, 267 ff; s. ferner etwa *Weinrib* Yale Law Journal **90** (1980) 247, 279 ff; *Kahlo* Die Handlungsform der Unterlassung als Kriminaldelikt (2001) 281 ff; *Pawlik* Der rechtfertigende Notstand (2002) 150 ff; krit. *Morgenstern* S. 126 ff. Zum Ganzen jetzt auch *Ambos* in: ders./Duff/Roberts/Weigend (Hrsg.), Core Concepts in Criminal Law and Criminal Justice, Vol. 1 (2020) 17, 39 ff.

Sollten sie sich allerdings auf lange Sicht nicht als tragfähig erweisen, bleibt wohl nur die von *Pawlik* befürwortete Sichtweise, nach der § 323c (Absatz 1) letztlich nur die „Einlösung der staatlicherseits übernommenen Schutzverpflichtung" garantiert (GA **1995** 360, 366).

25 **b) Verfassungsrechtliche Aspekte.** Demgegenüber ist die (sachliche) **Vereinbarkeit** des § 323c Abs. 1 **mit dem Grundgesetz** jedenfalls in der Strafrechtswissenschaft lange Zeit kaum thematisiert[80] und nur selten explizit in Frage gestellt worden; umgekehrt ist – wenn auch nur vereinzelt – gar eine verfassungsrechtliche *Poenalisierungspflicht* behauptet worden.[81] Das BVerfG hat in seiner „Gesundbeter"-Entscheidung die Vorschrift als solche jedenfalls unbeanstandet gelassen (BVerfGE **32** 98 zu § 330c a. F.). Die in der Literatur geäußerten Bedenken betreffen in erster Linie die gesetzliche *Bestimmtheit* der tatbestandlichen Voraussetzungen (Art. 103 Abs. 2 GG);[82] dies gerade in Hinsicht auf die einigermaßen vage Beschränkung der Hilfspflicht durch die Wendung „den Umständen nach zuzumuten". Sie verbinden sich in der Regel (nur) mit der Forderung nach einer restriktiven Auslegung der betreffenden Merkmale bzw. mit Kritik an ihrer Handhabung in der strafgerichtlichen Praxis (so namentlich *Seebode* FS Kohlmann [2003] 279, 281 ff).

26 Auch wenn die gesetzliche Verpflichtung zur Nothilfe im Einzelfall dazu führen mag, dass die Ausübung der unterschiedlichsten grundrechtlich geschützten Freiheiten für die Dauer der Hilfeleistung hintan stehen muss, ist die *materielle* grundrechtliche Problematik einer solchen Verpflichtung doch zunächst im Gebot bestimmter Tätigkeiten selbst (und sodann in seiner Sanktionierung mit den Mitteln des Strafrechts) zu sehen. Entgegen einer in der Staatsrechtslehre auch heute noch anzutreffenden Auffassung[83] ist Prüfungsmaßstab dabei nicht etwa das grundsätzliche Verbot des *Arbeitszwangs* in Art. 12 Abs. 2 GG mit seinen dort genannten Ausnahmen: Wer dem in § 323c ausgesprochenen Gebot gemäß einem anderen Hilfe leistet, kommt damit keiner „herkömmlichen allgemeinen, für alle gleichen öffentlichen Dienstleistungspflicht" nach.[84] Der nach Absatz 1 Hilfspflichtige soll nicht lediglich im Interesse des gemeinen Wohls, sondern – jedenfalls bei „Unglücksfällen"[85] – in erster Linie zugunsten einzelner Privatpersonen tätig werden, und er wird dafür auch nicht eigentlich „in Dienst genommen", sondern nur in einer konkreten Situation zu einem bestimmten Verhalten verpflichtet. Das Schutzanliegen des Art. 12 Abs. 2 GG, die (aus der Zeit des NS-Regimes bekannte) staatliche Ausbeutung der Arbeitskraft des Einzelnen am Arbeitsmarkt vorbei zu verhindern,[86] ist von Hilfspflichten der in § 323c Abs. 1 behandelten Art ersichtlich nicht berührt. Einschlägig ist vielmehr die *allgemeine Handlungsfreiheit* (Art. 2 Abs. 1 GG),[87] die auch die Freiheit zum Etwas-nicht-Tun einschließt, ihre Schranken in der „verfassungsmäßigen Ordnung" findet. Mag auch der Vorschlag, Hilfspflichten der in § 323c zugrunde gelegten Art unmittelbar aus Art. 1 Abs. 1 S. 1 GG zu be-

---

80 Monografisch dazu jetzt *Haubrich*.

81 So etwa von *Haubrich* S. 402 (jedenfalls soweit es um *lebensrettende* Hilfe geht). Mit Recht abl. etwa *Sax* JZ **1975** 137, 148; *Baier* GA **2002** 363, 365.

82 Kritisch insoweit etwa *Frellesen* S. 218 ff; *Haubrich* S. 330 ff; *Seebode* FS Kohlmann 279, 281 ff; *Joerden* in: v. Hirsch/Neumann/Seelmann (Hrsg.) Solidarität im Strafrecht (2013) 49, 52 f; *J. Krüger* medstra **2020** 212, 215 f.

83 S. etwa *R. Breuer* in: Isensee/Kirchhof (Hrsg.) HdStR VIII, 3. Aufl. (2010), § 170 Rdn. 123; *Götz* VVDStRL **41** (1983) 8, 28.

84 Im Hinblick auf die in Art. 133 Abs. 1 WRV geregelte Staatsbürgerpflicht, „nach Maßgabe der Gesetze persönliche Dienste für den Staat und die Gemeinde zu leisten", mochte sich allerdings § 360 Abs. 1 Nr. 10 RStGB mit seiner Anknüpfung an eine entsprechende Aufforderung durch die Polizeibehörde noch als Normierung und Sanktionierung einer solchen Pflicht interpretieren lassen; so etwa *Anschütz* Die Verfassung des Deutschen Reichs, 14. Aufl. (1933) 615.

85 Zutr. *J. Krüger* medstra **2020** 212, 215 Fn. 39.

86 Vgl. *Merten* BayVBl **1978** 554, 559; *Haubrich* S. 337 ff.

87 Ebenso *Haubrich* S. 344 f.

gründen,[88] zu Recht keine Gefolgschaft gefunden haben, so dürfte sich eine gewisse Grundsolidarität der Bürger untereinander als *Verfassungsprinzip* durchaus begründen lassen;[89] zu den daraus abzuleitenden „Solidarpflichten" (*Kluth/Sander* DVBl. **1996** 1285, 1290) zählt dann eben auch die Hilfeleistungspflicht in Not- und Unglücksfällen.[90]

Nicht übersehen werden sollte in diesem Zusammenhang, dass die gesetzlich geforderte Hilfstätigkeit im Einzelfall den *rechtlich anerkannten Interessen des zu Rettenden* auch einmal zuwiderlaufen kann (insoweit zutr. *Haubrich* S. 146 ff, 345 ff). Zwar verpflichtet § 323c Abs. 1 grundsätzlich nur zu willkommener Hilfe (s. unten Rdn. 116 ff), doch mag der entgegenstehende Wille des anderen bisweilen nicht ersichtlich sein oder gar von Rechts wegen zurückzutreten haben, wie es für freiverantwortliche Suizidversuche teilweise angenommen worden ist (näher dazu Rdn. 63 ff). Da es das BVerfG inzwischen offenbar sogar mit Blick auf geistig gesunde Erwachsene für ein „legitimes Gemeinwohlanliegen" hält, „Menschen davor zu bewahren, sich selbst einen größeren persönlichen Schaden zuzufügen" (vgl. BVerfG NJW **1999** 3399, 3401), dürften jedenfalls von dieser Seite keine grundsätzlichen Einwände zu erwarten sein. *Sedes materiae* ist hier in erster Linie nicht § 323c, sondern die Rechtfertigungslehre (insbesondere mit ihren Instituten der mutmaßlichen Einwilligung und ggf. auch des rechtfertigenden Notstandes), denn nur das Erlaubte wird von § 323c Abs. 1 verlangt (s. noch unten Rdn. 111; *Neumann* NK § 34 Rdn. 35). 27

In den **Verfassungen der Länder** finden sich teilweise Bestimmungen, in denen die Verpflichtung zur gegenseitigen Nothilfe in bestimmten Fällen sogar ausdrücklich festgestellt wird. 28

Art. 122 der Bayerischen Verfassung vom 2. Dezember 1946:

Bei Unglücksfällen, Notständen und Naturkatastrophen und im nachbarlichen Verkehr sind alle nach Maßgabe der Gesetze zur gegenseitigen Hilfe verpflichtet.

Art. 46 der Verfassung des Landes Brandenburg vom 20. August 1992:

Jeder Mensch ist bei Unglücksfällen, Katastrophen und besonderen Notständen nach Maßgabe der Gesetze zur Nothilfe verpflichtet.

Art. 10 der Verfassung der Freien Hansestadt Bremen vom 21. Oktober 1947:

Bei Unglücksfällen, Notständen und Naturkatastrophen besteht eine allgemeine Verpflichtung zu gegenseitiger Hilfeleistung.

Art. 22 der Verfassung von Rheinland-Pfalz vom 18. Mai 1947:

Jedermann ist bei Unglücksfällen und besonderen Notständen nach Maßgabe der Gesetze zur Leistung von Nothilfe verpflichtet.

Art. 19 Abs. 1 der Verfassung des Saarlandes vom 15. Dezember 1947:

Jeder ist nach Maßgabe der Gesetze zur Übernahme ehrenamtlicher Tätigkeit und zur Nothilfe verpflichtet.

---

88 *Luchterhand* Grundpflichten als Verfassungsproblem in Deutschland (1988) 44 ff.
89 *Volkmann* Solidarität – Programm und Prinzip der Verfassung (1998).
90 Vgl. *Kluth/Sander* a. a. O.; *Volkmann* Solidarität – Programm und Prinzip der Verfassung (1998) 398. Zum Ganzen auch *Morgenstern* S. 79 ff, 126 ff; *Sattler* Gefahrenabwehr im Katastrophenfall (2008) 250 ff; *Joerden* in: *v. Hirsch/Neumann/Seelmann* (Hrsg.) Solidarität im Strafrecht (2013) 49 ff.

5. Rechtsnatur

29 § 323c Abs. 1 regelt ein **Unterlassungsdelikt.** Die überkommene Bezeichnung der unterlassenen Hilfeleistung als „echtes" Unterlassungsdelikt[91] ist nur begrenzt hilfreich, solange nicht klar ist, was genau mit der Entgegensetzung von „echten" und „unechten" Unterlassungsdelikten zum Ausdruck gebracht werden soll und welche dogmatischen Folgerungen hieran anschließen. Sicher unzutreffend wäre eine Ausrichtung an bestimmten deontischen Modalitäten: Wenn Tatbestände wie § 323c Abs. 1 die Missachtung eines Gebots (nämlich: Hilfe zu leisten) voraussetzen, so gilt für Delikte wie etwa das des Totschlags durch Unterlassen (§§ 212, 13) nichts anderes, mag auch dem Begehungsdelikt nach § 212 ein Verbot zugrunde liegen – die Nichtbefolgung eines Handlungsgebots ist nun einmal allen („echten" wie „unechten") Unterlassungsdelikten gemeinsam.[92] Im Sinne der rein positivrechtlich orientierten Terminologie *Armin Kaufmanns*[93] stellt die unterlassene Hilfeleistung jedenfalls ein „echtes", weil eben schon „vom Gesetz selbst vertypt[es]" Unterlassungsdelikt dar. Meist verbindet sich mit der Etikettierung als „echtes" Unterlassungsdelikt freilich weitergehend die Vorstellung, es komme bei diesen gerade nicht „auf das Verhindern eines ›Erfolges‹, sondern allein auf das Unterlassen des geforderten Handelns an".[94] In diesem Sinne heißt es auch von der unterlassenen Hilfeleistung, der Eintritt eines besonderen „Taterfolges" werde gerade nicht vorausgesetzt.[95] In der Tat genügt es für die Vollendung dieses Delikts, dass der Täter die von ihm geschuldete Hilfeleistung nicht (rechtzeitig) erbringt, während das weitere Schicksal der Güter, die von der fraglichen Notlage betroffen sind, tatbestandlich gerade nicht mehr von Belang ist (abw. wohl nur *Blindauer* S. 35, der die unterlassene Hilfeleistung als „erfolgsbegründetes Delikt" verstehen will: Nur wenn der Hilfsbedürftige „einen weiteren Schaden erlitten" habe, trete Strafbarkeit ein). Dass die Hilfeleistungspflicht natürlich gleichwohl auf die Bewahrung jener Güter zielt, steht auf einem anderen Blatt.[96] Im Übrigen steht freilich auch der in § 323c Abs. 1 bezeichneten Unterlassung ein „Erfolg" gegenüber: Dem in Not Geratenen *fehlt* gerade die Hilfe, die er nach Lage der Dinge von dem anderen erhalten könnte (und auch erwarten darf).[97] Soweit mit der Einordnung als „echtes" Unterlassungsdelikt schließlich zum Ausdruck gebracht werden soll, dass sich bei diesen das Problem der Gleichstellung mit einem korrespondierenden Begehungsdelikt nicht stellt, trifft dies auf Absatz 1 jedenfalls zu. Damit entfällt zugleich die Frage nach einer besonderen Garantenverantwortlichkeit, mit der eine solche Gleichstellung in erster Linie zu begründen wäre; insbesondere ist der sachliche Anwendungsbereich des § 13 nicht eröffnet.

30 Mit Rücksicht darauf, dass Absatz 1 *nur* durch das Unterlassen gerade der Hilfeleistung in einer spezifischen Situation verwirklicht werden kann, mag ferner von einem *verhaltensgebundenen* Delikt gesprochen werden (*Dehne-Niemann* GA **2009** 150, 159 ff). Bedeutung soll diese Einordnung vor allem für das Problem der *omissio libera in causa* haben (dazu Rdn. 123). Und schließlich handelt es sich bei der unterlassenen Hilfeleistung um ein *Dauerdelikt*, das so lange

---

91 S. nur *Sch/Schröder/Hecker* Rdn. 1; *Gaede* NK Rdn. 3 m. w. N.; *Wessels/Hettinger/Engländer* Rdn. 1154.

92 S. nur *Engisch* MSchrKrim **1939** 414, 424; *Arm. Kaufmann* Die Dogmatik der Unterlassungsdelikte (1959) 3 ff; *Roxin* AT 2 § 31 Rdn. 27; *Röhl/Röhl* Allgemeine Rechtslehre, 3. Aufl. (2008) 485 f Abw. noch BGHSt **14** 280, 281.

93 *Arm. Kaufmann* Die Dogmatik der Unterlassungsdelikte (1959) 206 ff; *ders.* JuS **1961** 173, 174; s. a. *Stratenwerth/Kuhlen* AT § 13 Rdn. 6 f.

94 So BGHSt **14** 280, 281 zu § 84 Abs. 1 Nr. 2 GmbHG a. F.; ähnlich jetzt auch wieder BGHSt **57** 28, 30 (zu § 221 Abs. 1 Nr. 2): „echte" Unterlassungsdelikte müssten „keinen Taterfolg aufweisen".

95 In diesem Sinne wohl BGH NJW **2012** 546 (zu § 221 Abs. 1 Nr. 2).

96 Ein „Erfolgsabwendungsgebot" sieht *insoweit* etwa *Schöne* S. 56 ff; s. a. *Vogel* Norm und Pflicht bei den unechten Unterlassungsdelikten (1993) 101.

97 *Roxin* AT 2 § 31 Rdn. 22; *Walter* ZStW **116** (2004) 555, 575 f („negatives Erfolgsdelikt"). Für das gleichfalls „echte" Unterlassungsdelikt nach § 266a Abs. 1 entsprechend *Popp* in: Steinberg/Valerius/Popp (Hrsg.) Das Wirtschaftsstrafrecht des StGB (2010) 113, 124 f.

fortwährt, wie die Handlungspflicht besteht;[98] erst mit ihrem Wegfall ist das Delikt beendet. Als wenig weiterführend hat sich hingegen die Etikettierung als „*unechtes Unternehmensdelikt*"[99] erwiesen.[100]

Die Eigenart des Vergehens nach Absatz 1 verfehlt schließlich die Einordnung als *abstraktes*[101] oder gar *konkretes*[102] *Gefährdungsdelikt*. Der Vorwurf unterlassener Hilfeleistung zielt nämlich gerade nicht auf eine dem Untätigen zuzurechnende Begründung, Aufrechterhaltung oder Steigerung einer Gefahr, sondern allein auf den Umstand, dass er einer bereits vorgefundenen besonderen Gefährdungslage nicht tätig entgegenwirkt (dazu bereits oben Rdn. 22 ff; *Vermander* S. 35 ff). Richtigerweise ist daher allenfalls von einem **„In-Gefahr-Lassungsdelikt"**[103] zu sprechen. Um ein („abstraktes") Gefährdungsdelikt handelt es sich hingegen im Falle des Absatzes 2 (näher dazu noch unten Rdn. 143). 31

6. Transnationale Sachverhalte

Bei Unglücksfällen, gemeiner Gefahr oder Not im Inland (einschließlich der in § 4 bezeichneten Schiffe und Luftfahrzeuge) findet Absatz 1 Anwendung unabhängig davon, ob die in Not geratene Person die deutsche Staatsangehörigkeit besitzt und ob sie sich rechtmäßig auf deutschem Staatsgebiet aufhält (zu den in diesem Zusammenhang auftretenden aufenthaltsstrafrechtlichen Problemen s. noch Rdn. 112); Entsprechendes gilt für den, der zu helfen unterlässt. Auch bei einem Unglücksfall im Ausland kann, soweit die erforderlichen Hilfshandlungen bereits im Inland ihren Anfang nehmen müssten,[104] nach § 9 Abs. 1 Alt. 2 eine Inlandstat gegeben sein (einer deutschen Notärztin im Grenzgebiet zu Polen war freilich die Fahrt zur Rettung eines in einem polnischen Einkaufsmarkt zusammengebrochenen Patienten nicht „zuzumuten", weil ihr Einsatz als Ausübung von Hoheitsgewalt einer – damals noch fehlenden – zwischenstaatlichen Vereinbarung bedurfte; LG Görlitz MedR **2005** 172 m. zust. Anm. *Peters*). Allerdings steht die Erfassung transnationaler Sachverhalte grundsätzlich unter dem Vorbehalt, dass auch sie noch innerhalb des Schutzbereichs des jeweiligen Tatbestandes liegen (allg. dazu *Werle/Jeßberger* LK Vor § 3 Rdn. 290 ff). Zumindest in bestimmten Randbereichen der Pflicht zur Hilfe „in gemeiner Gefahr oder Not" – namentlich bei der etwa von *Spendel* LK[11] Rdn. 65 f für möglich gehaltenen Pflicht zur Staatsnothilfe – könnten hier Zweifel bestehen, soweit allein ausländische öffentliches Interessen auf dem Spiel stehen. Vor dem Hintergrund der Einsicht, dass auch die „gemeine" Gefahr bzw. Not in ihrem Kern regelmäßig nichts anderes ist als eine besondere Bedrohungslage für eine Vielzahl von Individualinteressen (s. u. Rdn. 72 ff), werden sich Notlagen im Ausland aber gleichfalls noch dem Schutzbereich des § 323c zuordnen lassen.[105] Die Begrenzung 32

---

98 *SSW/Schöch* Rdn. 2.

99 *Schröder* FS Kern 457, 464 ff; *Stein* SK Rdnr. 5; vgl. a. *Jakobs* AT 28[11] („partielles" Unternehmensdelikt); *Heil* S. 146 f.

100 Ablehnend auch AG Tiergarten NStZ **1991** 236, 237; *Vermander* S. 31 ff; *Geppert* JURA **2005** 39, 41 f; *Arzt/Weber/Heinrich/Hilgendorf* § 39 Rdn. 2 in Fn. 1; *Sch/Schröder/Hecker* Rdn. 2; vgl. a. *Sowada* GA **1988** 195.

101 *Vermander* S. 35 ff.

102 *Conen* AnwK Rdn. 13; *Fischer* Rdn. 2; *SSW/Schöch* Rdn. 2; *Schuhr* in: Spickhoff (Hrsg.) Medizinrecht (3. Aufl. 2018) § 323c Rdn. 2; *Spendel* LK[11] Rdn. 20; *Seelmann* JuS 1995 281, 285. Wieder anders *Zieschang* Die Gefährdungsdelikte (1998) 345 f („konkretes Gefährlichkeitsdelikt").

103 *Maurach/Schroeder/Maiwald* § 55 Rdn. 3; offenbar im Anschluss hieran a. *Geilen* JURA **1983** 138, 143 („Gefahrbelassungsdelikt"); *Geppert* JURA **2005** 39, 41; *Sch/Schröder/Hecker* Rdn. 1.

104 Dazu allg. *Sch/Schröder/Eser/Weißer* § 9 Rdn. 5 m. w. N. auch zu abw. Auffassungen; *Werle/Jeßberger* LK § 9 Rdn. 19.

105 Vgl. die entsprechenden, das Ausland mit einschließenden Schutzbereichsbestimmungen für den „öffentlichen Frieden" (§§ 111, 125) oder die Sicherheit des Straßenverkehrs (§ 316) bei *Satzger* Internationales und Europäisches Strafrecht § 6 Rdn. 2.

der damit denkbar gewordenen „globalen Hilfspflichten“[106] ist als Tatbestandsproblem des § 323c Abs. 1 freilich noch kaum diskutiert. Gleiches gilt für die Frage, ob die durch moderne Informations- und Kommunikationstechnik vermittelte Kenntnis von Unglücksfällen an irgendeinem Ort der Welt wirklich genügen kann, um eine (wie auch immer inhaltlich begrenzte) Rechtspflicht zum Einschreiten zu begründen.[107]

33 *Amtsträger* (§ 11 Abs. 1 Nr. 2) und die ihnen gleichgestellten *Soldaten der Bundeswehr* (§ 1a Abs. 2 WStG) können während eines dienstlichen Auslandsaufenthalts bereits durch § 5 Nr. 12 erfasst sein. Bei Auslandseinsätzen deutscher Soldaten wird eine Hilfspflicht aus § 323c Abs. 1 freilich nicht selten durch „andere wichtige Pflichten“ ausgeschlossen sein.[108]

34 Von einer Inlandstat (§ 3) ist wegen § 9 Abs. 1 Var. 3 auch dann auszugehen, wenn die Behinderung von im Inland hilfeleistenden Personen (§ 323c Abs. 2) durch ein Verhalten außerhalb des deutschen Staatsgebietes bewirkt wird. Im umgekehrten Fall – im Ausland Hilfeleistende werden von Deutschland aus behindert – liegt gleichfalls noch eine Inlandstat vor (§ 9 Abs. 1 Var. 1).

7. Rechtsvergleichende Hinweise

35 In *Österreich* ist die „Unterlassung der Hilfeleistung“ durch § 95 StGB unter Strafe gestellt.[109] Die Strafbestimmung beschränkt sich indes auf die Nichtleistung von Hilfe, die „zur Rettung eines Menschen aus der Gefahr des Todes oder einer beträchtlichen Körperverletzung oder Gesundheitsschädigung“ *„offensichtlich“* erforderlich ist. Besonders hervorzuheben ist die bereits auf Tatbestandsebene geregelte Strafschärfung für den Fall, dass die Unterlassung der Hilfeleistung den Tod eines Menschen zur Folge hat. Im Übrigen steht die Hilfeleistungspflicht auch hier unter einem Zumutbarkeitsvorbehalt. Hat jemand – wenn auch nicht widerrechtlich – eine Verletzung am Körper (§ 83 StGB) verursacht, kann die Nichtleistung von Hilfe als „Imstichlassen eines Verletzten“ nach § 94 StGB strafbar sein.[110]

36 Seit 1990 erfasst das *Schweizerische* Strafgesetzbuch unter der Überschrift „Unterlassung der Nothilfe“ zunächst die Nichtleistung von Hilfe zugunsten einer vom Täter selbst verletzten Person bzw. zugunsten eines Menschen, der „in unmittelbarer Lebensgefahr schwebt“, sodann aber auch den Fall, dass jemand „andere davon abhält, Nothilfe zu leisten, oder sie dabei behindert“ (Art. 128).[111] Ergänzend ist seit 1.1.1995 durch Art. 128bis der wissentlich ausgelöste falsche Alarm gegenüber bestimmten Rettungsinstitutionen unter Strafe gestellt.

37 Art. 223-6 des *französischen* Code Pénal enthält zwei Unterlassungsdelikte: Die Nichthinderung der Begehung eines Verbrechens im Vorfeld (*non-obstacle à la commission d'une infraction,*

---

106 Zur *moralphilosophischen* Seite dieses Problems s. hier nur *Singer* Philosophy & Public Affairs 1 (1972) 229; *Jamieson* (Hrsg.) Singer and His Critics (1999); s. ferner den Überblick bei *Hahn* in: Heidbrink/Langbehn/Loh (Hrsg.) Handbuch Verantwortung (2017) 525 ff.

107 Die Diskussion scheint in den USA (aus spezifischen Gründen) etwas weiter fortgeschritten, s. etwa *Yamen/Carr/Bartholomew* Boston University Public Interest Journal **28** 117 (2019); *Haber* **77** Wash. & Lee L. Rev. 1559 (2020).

108 Näher dazu *Sohm* NZWehrR **1996** 89, 101 ff; *Wentzek* NZWehrR **1997** 25, 31 ff. Zur möglichen Verdrängung der StGB-Tatbestände durch das VStGB s. aber auch *Zimmermann* GA **2010** 507 einerseits, *Müssig/Meyer* FS Puppe 1500, 1503 ff andererseits.

109 S. etwa *Nowakowski* FS Reimer 253; *Kienapfel* FS Bockelmann 591; *Vesenmayer* Die Unterlassung der Hilfeleistung im ärztlichen Behandlungsrecht, Diss. Salzburg 1993.

110 Monografisch dazu *Pichler* Imstichlassen eines Verletzten (§ 94 StGB), Diss. Salzburg 1993; *Segelhuber* Die Hilfeleistungspflicht des Verursachers einer Verletzung (1996); *Zartl* Die Hilfeleistungspflicht nach § 94 StGB (1999).

111 Zur früheren Rechtslage etwa *Pedotti*; *Ullrich* Strafrechtlich sanktionierte Hilfeleistungspflichten in der Schweiz (1980); zur Novellierung *Schultz* SchwZStr **108** (1991) 395, 405 ff; *Maihold* in: v. Hirsch/Neumann/Seelmann (Hrsg.) Solidarität und Strafrecht (2013) 131 ff; ferner *Popp* FS Donatsch 177.

Art. 223-6 al. 1 C.P.) sowie die unterlassene Hilfeleistung (*non-assistance à personne en péril*) bei unmittelbar drohender Gefahr für das Leben, die Gesundheit oder die körperliche Unversehrtheit einer Person (Art. 223-6 al. 2 C.P.). Eine weitere (mildere) Strafvorschrift betrifft das Unterlassen von Gegenmaßnahmen bei „natürlichen" Unglücksfällen (*sinistre de nature*), die mit Gefahr für Personen verbunden sind (Art. 223-7 C.P.). Die Behinderung von Rettungsmaßnahmen ist in Art. 223-5 C.P. unter Strafe gestellt.

Auch in anderen europäischen Staaten besteht eine strafbewehrte Pflicht zur Hilfeleistung **38** häufig nur bei Lebensgefahr (Art. 450 des *niederländischen*, Art. 130 des *slowenischen* StGB) bzw. Lebens- oder ernsthafter Gesundheitsgefahr (so etwa Art. 162 des *polnischen*, Art. 207 des *tschechischen*, Art. 199 des *rumänischen*, § 177 des *slowakischen* oder Kap. 21 § 15 des *finnischen* StGB; auch die persönliche Freiheit einschließend Art. 200 des *portugiesischen* Código Penal), gelegentlich auch weitergehend (s. etwa Art. 593 des *italienischen* Codice Penale[112] oder Art. 98 des *türkischen* StGB). Im *spanischen* Código Penal schließlich findet sich neben der zu § 323c Abs. 1 parallelen Vorschrift des Art. 195 auch noch ein Sondertatbestand für Ärzte (Art. 196; eingehend hierzu *Esquinas* GA **2007** 532).[113]

Demgegenüber kennen die meisten Bundesstaaten der *USA* – ähnlich wie *England* und *Wales*[114] – *keine* allgemeine strafbewehrte Hilfspflicht. Soweit solche Strafvorschriften bestehen, **39** beschränken sie sich zum Teil auf abschließend benannte Hilfsmaßnahmen „at the scene of a crime" zugunsten des Opfers bestimmter Delikte (etwa die Benachrichtigung von Sicherheitskräften durch denjenigen, der die Begehung eines Sexualdelikts beobachtet, in *Florida*, Stat. Ann. 794.027; unter Einbeziehung bestimmter Gewaltdelikte auch *Washington*, Rev. Code Ann. § 9.69.100; an schwerwiegende Verletzungen des Opfers anknüpfend *Hawaii*, Rev. Stat. § 663–1.6; *Massachusetts*, Gen. Laws Ann. ch. 268, § 40, ch. 269, § 18; ggf. auch *persönlichen* Einsatz fordernd *Wisconsin*, Stat. Ann. § 940.34); gelegentlich wird stattdessen auch nur verlangt, *begangene* Gewalt- bzw. Sexualdelikte zur Kenntnis der Behörden zu bringen (*California*, Penal Code § 152.3; *Nevada*, NRS 202.882). „At the scene of an emergency" ist auch bei erheblicher Gesundheitsgefahr nur selten direkte eigene Hilfe geschuldet (*Minnesota*, Stat. Ann. § 604A.01; *Rhode Island*, Stat. §§ 11–1–5.1, 11–56–1; ohne die situative Begrenzung auf „emergencies" sogar *Vermont*, Stat. Ann. tit. 12, § 519).[115]

8. Reform

Die Forderung nach einer Streichung der Vorschrift – und ihrer Ersetzung durch einen wieder **40** am Vorbild des § 360 Abs. 1 Nr. 10 RStGB 1871 orientierten Tatbestand (*Gieseler* S. 141 ff) – ist bisher vereinzelt geblieben. Gleiches gilt für die von *Harzer* vorgeschlagene radikale Restriktion auf Fälle existentieller Not, in denen nur der als einziger (!) vor Ort Anwesende zur Hilfe verpflichtet werden soll (S. 198: „Jedermann trifft auf den bewußtlosen Niemand. Es ist weit und breit keiner außer den beiden zu sehen"). Auf der anderen Seite besteht aber auch kein Anlass für eine – gelegentlich befürwortete – Erhöhung des Strafrahmens über die derzeitige Obergren-

112 Weiterführend *Cadoppi* in: Menlowe/McCall Smith (Hrsg.) The Duty to Rescue (1993) 55 ff.

113 Weitere rechtsvergleichende Hinweise auch bei *Wittmann* FS Yamanaka 363, 366 ff.

114 Dazu etwa *Ashworth* in: v. Hirsch/Neumann/Seelmann (Hrsg.) Solidarität und Strafrecht (2013) 115 ff; zur Perspektive des Common Law ferner *Menlowe/McCall Smith* (Hrsg.) The Duty to Rescue (1993); rechtsvergleichend *Feldbrugge* American Journal of Comparative Law 14 (1965) 630; *Ambos* in: ders./Duff/Roberts/Weigend (Hrsg.), Core Concepts in Criminal Law and Criminal Justice, Vol. 1 (2020), 17, 23 ff; zur zivilrechtlichen Seite s. dagg. *Fanatico* Duty to Rescue (2015).

115 Zur dortigen Diskussion vgl. hier nur *Wenick* 94 Yale L.J. 1787, 1803 f (1985); *Yeager* Wash. U.L.Q. 71 1 (1993); *Pardun* 20 Loy. L.A. Int'l & Comp. L. Rev. 591 (1998); *Levy* **44** Georgia L. Rev. 607 (2010) sowie die Beiträge in Law & Philosophy 19 (2000).

ze von einem Jahr Freiheitsstrafe hinaus;[116] sie hätte wohl ohnehin eher symbolischen Charakter als einen empirisch nachweisbaren Effekt.[117]

41 Bedenkenswert erscheint nach wie vor die im **Alternativ-Entwurf eines Strafgesetzbuches** vorgeschlagene *Begrenzung* der Strafvorschrift auf die „Unterlassene Hilfeleistung bei Leibes- und Lebensgefahr" (§ 115 StGB-AE)[118]:

Wer als Zeuge einer Leibes- oder Lebensgefahr bei einem Unglücksfall oder als zur Abwendung dieser Gefahr persönlich Aufgeforderter die Hilfe nicht leistet, die zur Abwendung der Gefahr erforderlich erscheint, wird mit Geldstrafe bis zu einem Jahr bestraft. Die Hilfspflicht besteht nicht, wenn die erforderliche Hilfeleistung den Täter in Leibes- oder Lebensgefahr bringen würde.

42 Der jüngere **Alternativ-Entwurf Sterbegleitung** (*Schöch/Verrel u. a.*, abgedruckt in GA **2005** 553) greift in seinem § 215 StGB-E schließlich die besondere Problematik der unterlassenen Hilfeleistung im Kontext eines *Suizidversuchs* auf[119] (dazu unten Rdn. 62 ff; mit guten Gründen **krit.** *Neumann/Saliger* HRRS **2006** 280, 286 f):

> (1) Wer es unterlässt, die Selbsttötung eines anderen zu hindern oder einen anderen nach einem Selbsttötungsversuch zu retten, handelt nicht rechtswidrig, wenn die Selbsttötung auf einer freiverantwortlichen und ernstlichen, ausdrücklich erklärten oder aus den Umständen erkennbaren Entscheidung beruht.
>
> (2) Von einer solchen Entscheidung darf insbesondere nicht ausgegangen werden, wenn der andere noch nicht 18 Jahre alt ist oder wenn seine freie Willensbestimmung entsprechend den §§ 20, 21 StGB beeinträchtigt ist.

II. Unterlassene Hilfeleistung (Absatz 1)

1. Die tatbestandsmäßige Situation

43 Die von § 323c gemeinte Hilfeleistungspflicht entsteht nicht etwa immer schon dann, wenn nach Lage der Dinge ein (dringendes) Bedürfnis für das Eingreifen anderer besteht. Sie ist vielmehr situativ bedingt durch – und zugleich begrenzt auf – eine **Trias von Notlagen**, an die das Gesetz auch an anderer Stelle anknüpft (vgl. § 145 Abs. 1 Nr. 2 und nun auch § 115 Abs. 3). Sie decken sich nicht, schließen einander aber auch nicht aus, sondern erfassen ggf. eine Situation unter mehreren Gesichtspunkten; so kann etwa der Brand eines Wohnhauses ein „Unglücksfall" für seine Bewohner sein (s. BGHSt **39** 164, 166) und im Übrigen eine „gemeine Gefahr" begründen.

---

116 Vgl. etwa § 232 E 1960 (*zwei* Jahre); aus neuerer Zeit etwa *Schwind/Gielen/Roitsch* Die Polizei (1997) 139, 141 f sowie – für „folgenschwere" Fälle – *Freund* HbStrR Bd. 5, § 47 Rdnr. 65 (Obergrenze von *zwei* bzw. sogar *drei* Jahren); für eine Angleichung an den Strafrahmen des § 138 *Westendorf* Die Pflicht zur Verhinderung geplanter Straftaten durch Anzeige (1999) 291 ff.

117 Ebenso *v. Danwitz* Die justizielle Verarbeitung von Verstößen gegen § 323c StGB (2002) 65 ff.

118 *Baumann et al.* Alternativ-Entwurf eines Strafgesetzbuches, Besonderer Teil, Straftaten gegen die Person, 1. Halbb. (1970) 58 ff. Unmittelbar im Strafgesetzbuch sollte zudem eine Entschädigungsregelung folgen (§ 115a).

119 Vgl. ferner den Vorschlag von *Kutzer* (in: Wolfslast/Schmidt [Hrsg.] Suizid und Suizidversuch, 2005, 181,192), § 323c zu ergänzen durch den Satz „Hilfe ist nicht erforderlich, wenn ein Suizid nach ernsthafter Überlegung zur Beendigung schweren Leidens begangen wird", und den jüngsten Augsburg-Münchner-Halleschen Entwurf eines Sterbehilfegesetzes (*Dorneck et al.*, Gesetz zur Gewährleistung selbstbestimmten Sterbens und zur Suizidprävention, 2021), dessen § 4 Abs. 2 folgendermaßen lautet: „Die Verhinderung eines Suizids ist unzulässig, wenn dieser auf einem erkennbar freiverantwortlichen Willen beruht. Rechtfertigungsgründe bleiben unberührt. Die Verhinderung ist nicht dadurch gerechtfertigt, dass durch die Art des Suizids die seelische Gesundheit Dritter in nicht schwerwiegender Weise beeinträchtigt wird. Medizinische Behandlungen oder Versorgungen gegen den erkennbar freiverantwortlichen Willen des Suizidenten sind auch nach Eintritt der Bewusstlosigkeit unzulässig".

Die Pflicht zur Hilfeleistung besteht nur **„bei"** einer Sachlage, die einer der genannten Notlagen entspricht. Das bedeutet zunächst in *zeitlicher* Hinsicht, dass ein Verhalten im Vorfeld solcher Situationen tatbestandslos ist (und sich auch nicht durch Konstrukte wie das der *omissio libera in causa* erfassen lässt, s. noch Rdn. 124). In *räumlicher* und zugleich *persönlicher* Hinsicht wird durch die Präposition „bei" der Kreis derjenigen eingegrenzt, die zur Hilfeleistung verpflichtet sind und daher als Täter des § 323c in Betracht kommen (dazu näher Rdn. 78 ff). **44**

Die Frage, auf welchen **Standpunkt** es bei der Feststellung einer entsprechenden Notlage jeweils ankommen soll, wird nicht einheitlich beantwortet; in gewisser Weise setzt sie sich fort in dem Problem, nach welchem Maßstab die im konkreten Fall „erforderliche" Hilfe zu bestimmen ist (hierzu unten Rdn. 82 ff). Denn für das erkennende Gericht mag sich die Sachlage im Nachhinein bisweilen anders darstellen als für den potenziellen Nothelfer, der in der konkreten Situation auf einer möglicherweise schmaleren Informationsgrundlage agiert. Einer solchen Betrachtung *ex ante* – aus der subjektiven Sicht des Untätigen oder aus der standardisierten Perspektive eines gedachten „objektiven Beobachters" – steht dann also eine abweichende Bewertung *ex post* gegenüber. Ausgeschlossen ist zwar, dass sie nachträglich *gegen* den Beschuldigten gekehrt wird: Sollte sich etwa die fragliche Situation erst später als „Unglücksfall" erweisen, so fehlte es insoweit jedenfalls am Vorsatz (§ 16 Abs. 1 S. 1).[120] Im umgekehrten Fall aber – nur *ex ante* erscheint die Situation als schadensträchtige Notlage bzw. eine bestimmte Hilfsmaßnahme als das zu ihrer Abwendung Erforderliche – stellt sich die Frage nach der maßgeblichen Perspektive durchaus. Einige Gefolgschaft gefunden hat insoweit die hier von *Spendel* (LK[11] Rdn. 35) entwickelte Auffassung, zumindest die *tatsächlichen Voraussetzungen* des jeweiligen Notfalls – aber auch *nur* diese – seien *ex post* zu beurteilen (beim „Unglücksfall" etwa das „plötzlich eintretende Ereignis"), während das allen drei Notlagen immanente prognostische Element der *Gefahr* ebenso eine (objektivierte) *ex-ante*-Betrachtung erzwinge wie die Frage, welche Art von Hilfe insoweit „erforderlich" sei.[121] **45**

In der Tat verweisen ihrem Begriff nach sowohl der „Unglücksfall" (unten Rdn. 50) als auch die „gemeine Gefahr" bzw. „Not" auf ein Wahrscheinlichkeitsurteil, das auf eine noch ungewisse künftige Entwicklung – den Eintritt eines Schadens – bezogen ist. Gemeint ist also stets eine *Gefahrenlage* für ein bestimmtes Gut, wie sie – im Sinne einer Prognose – *zum Zeitpunkt der Tat* besteht (und welchen Verlauf die Dinge dann später tatsächlich genommen haben, ist hierfür schon definitionsgemäß irrelevant[122]). Das ist wohl der Sache nach anerkannt und auch gar nicht der Kern des hier zu behandelnden Problems. Im Streit steht vielmehr (nur), auf *welche* Prognose – genauer: auf welche *tatsächliche Prognosegrundlage* – es für die strafrechtliche Beurteilung ankommt.[123] Und hier verdient durchaus diejenige Auffassung den Vorzug, die auch erst im Nachhinein bekannt gewordene Umstände mit einbeziehen (den Sachverhalt also *ex post* beurteilen) will.[124] Denn nur sie gewährleistet die nötige systematische Kohärenz mit den Voraussetzungen des rechtfertigenden Notstands (§ 34), für den in Hinblick auf die „Gefahr" gleichfalls eine Informationsgrundlage zu fordern ist, die den tatsächlichen Verhältnissen möglichst nahe kommt und daher („*ex post*") auch solche Erkenntnisse berücksichtigt, die erst nach- **46**

---

120 Bei Beschränkung der Rechtspflicht auf das *ex ante* Erkennbare auch schon die Pflichtwidrigkeit (so etwa *Freund* MK Rdn. 31).

121 *Geppert* JURA **2005** 39, 42; AnwK/*Conen* Rdn. 17; *SSW/Schöch* Rdn. 5; *Sch/Schröder/Hecker* Rdn. 2; *Gaede* NK Rdn. 7. Krit. *Freund* MK Rdn. 36 ff.

122 *Stein* FS Küper 607, 625; s. a. (jeweils für die „Gefahr" i. S. d. § 34 S. 1) *Baumann/Weber/Mitsch/Eisele* § 17 Rdn. 48; *Kühl* AT § 8 Rdn. 43; *Neumann* NK § 34 Rdn. 46.

123 *Küper* BT S. 312; *Freund* MK Rdn. 29 f.

124 BGH VRS **13** (1957) 120, 125; AG Tiergarten NStZ **1991** 236 f; *Haubrich* S. 418 ff; *Frellesen* StV **1987** 22, 23; *Seelmann* JuS **1995** 281, 284; *Sowada* NStZ **2019** 666, 672; *Lackner/Kühl* Rdn. 2; *Kindhäuser/Zimmermann* BT I § 70 Rdn. 9; *Küper* BT S. 312; *Otto* GK BT § 67 Rdn. 7; *Rengier* BT II § 42 Rdn. 4; wohl auch A/W-*Hilgendorf* § 39 Rdn. 5. Jedenfalls i. E. übereinstimmend *Stein* FS Küper 607, 625 ff; **aA** *Rudolphi* NStZ **1991** 237; *Zieschang* Die Gefährdungsdelikte (1998) 342 ff; *Freund* MK Rdn. 29 ff; s. ferner die Monografie von *Schmitz*.

träglich gewonnen werden konnten.[125] Ähnlich wie dort[126] ist es auch im Rahmen des § 323c prinzipiell möglich (und sprachlich auch naheliegend[127]), zwischen wirklichen und nur scheinbaren Unglücksfällen bzw. Gefahrenlagen zu unterscheiden. Die Annahme einer Hilfspflicht schon beim bloßen *Anschein* eines Unglücksfalls (in subjektiver oder objektivierter *ex-ante*-Perspektive) hätte jedoch zum einen eine eigentümliche Ambivalenz ihrer Legitimationsgrundlage zur Folge: Nur soweit ein anderer Mensch *tatsächlich* in bestimmter Hinsicht der Hilfe bedarf, ließe sich – dem Solidarprinzip des § 34 entsprechend – die freiheitsverkürzende Inanspruchnahme als Helfer aus einem konkreten Schutzbedürfnis des anderen Teils legitimieren;[128] ein Hilfsgebot auch in Fällen nur *scheinbarer* Not hätte hingegen offenbar eine ganz andere Aufgabe (die vorsorgliche Aktivierung von Hilfsmaßnahmen „auf Verdacht" im *abstrakten* Interesse aller potenzieller Opfer). Zum anderen darf nicht unberücksichtigt bleiben, dass die Hilfeleistung ihrerseits mit Eingriffen in den Rechtskreis Dritter verbunden sein kann (der Hilfeleistende nimmt etwa ein fremdes Telefon oder Fahrzeug in Anspruch). Nach den Regeln des Aggressivnotstands rechtfertigen lassen sich solche Eingriffe aber wiederum nur bei *wirklicher* Gefahr, und es ist nicht anzunehmen, dass § 323c diese Regeln durch eine *weiter* reichende Verpflichtung überspielen will. Mithin hat eine Situation, die (*ex post*) nicht zugleich als Notstandslage i. S. v. § 34 beschrieben werden kann, auch als Anknüpfungspunkt für eine Hilfeleistungspflicht nach § 323c Abs. 1 auszuscheiden. Wer in der fraglichen Situation (*ex ante*) gleichwohl *irrig* einen Unglücksfall annimmt und dennoch untätig bleibt, ist straflos, weil das Gesetz einen *Versuch* des § 323c Abs. 1 nicht kennt.[129]

47 Richtig entschieden hat daher das AG Tiergarten (NStZ **1991** 236 m. abl. Anm. *Rudolphi*) den Fall zweier Streifenpolizisten, die einem am Steuer seines Wagens reglos zusammengesunkenen Mann nicht zur Hilfe kamen, obschon *ex ante* durchaus von einem Unglücksfall (etwa in Gestalt eines plötzlichen Herzanfalls) auszugehen sein mochte. War nämlich der Mann zum fraglichen Zeitpunkt schon verstorben, so lag *ex post* betrachtet kein Unglücksfall mehr vor, weil eine weitere Verschlimmerung der Lage dann nicht mehr zu besorgen war (s. unten Rdn. 49); lässt sich der genaue Todeszeitpunkt nicht mehr sicher feststellen, ist *in dubio pro reo* zu entscheiden (vgl. jetzt a. BGH NStZ **2016** 153; anders noch *Spendel* LK[11] Rdn. 35). Den Konsequenzen einer Sachverhaltsbewertung, die möglichst alle verfügbaren Informationen einschließlich erst im Nachhinein bekannt gewordener Umstände verarbeitet, versucht die Rechtsprechung allerdings in den *Suizid-Fällen* dadurch zu entgehen, dass der „Unglücksfall" bereits begrifflich von der Frage der Freiverantwortlichkeit des Selbsttötungsentschlusses abgelöst wird (die typischerweise allenfalls *ex post* beantwortet könnte; zum Ganzen näher unten Rdn. 63 ff, 66).

48 Auch sonst soll jedenfalls die *Erforderlichkeit* einer bestimmten Hilfsmaßnahme nicht deshalb entfallen, weil „sich aus der Rückschau die befürchtete Folge des Unglücks als von Anfang an unabwendbar erweist".[130] Maßgeblich sei insoweit nämlich die „Beurteilung durch einen verständigen Beobachter in dem Augenblick, in dem sich die Notwendigkeit, zu helfen, herausstellt" (BGHSt **14** 213, 216), also eine objektivierte *ex-ante*-Betrachtung[131] (wie sie auch im Kon-

---

125 *Neumann* NK § 34 Rdn. 45 ff; *Zieschang* LK[12] § 34 Rdn. 27; vgl. a. *Kühl* AT § 8 Rdn. 51.

126 S. etwa BayObLG NJW **2000** 888; *Kühl* AT § 8 Rdn. 46; *Erb* MK § 34 Rdn. 62; *Neumann* NK § 34 Rdn. 45; *Sch/Schröder/Perron* § 34 Rdn. 13; *Zieschang* LK § 34 Rdn. 27.

127 *Seelmann* JuS **1995** 281, 284; *Stein* FS Küper 607, 625 f.

128 In diesem Sinne auch *Kindhäuser/Zimmermann* BT I § 70 Rdn. 10; *Küper* BT S. 312. Krit. *Freund* MK Rdn. 41.

129 *Seelmann* JuS **1995** 281, 284; *Kindhäuser/Zimmermann* BT I § 70 Rdn. 10. Anders etwa *Schöne* S. 72 ff; vgl. a. *Freund* MK Rdn. 39 (jedenfalls der *taugliche* Versuch tatbestandlich von § 323c erfasst).

130 BGHSt **32** 367, 381; NStZ **1985** 501; **2016** 153; **2021** 236.

131 Vgl. a. RGSt **75** 68, 71; BGHSt **16** 200, 203; **17** 166, 170 f; NStZ **1985** 409, 501; StV **1986** 201 m. Anm. *Ulsenheimer*; AG Tiergarten NStZ **1991** 236, 237; LG Dessau-Roßlau Urt. v. 11.10.2013 – 1 Ns (427 Js 19533/11), 1 Ns 427 Js 19533/11; ferner BGH (Z) MDR **2013** 971. Ebenso *Freund* MK Rdn. 76; *Lackner/Kühl* Rdn. 5; *Sch/Schröder/Hecker* Rdn. 12; *Kindhäuser/Zimmermann* BT I § 70 Rdn. 14; *Rengier* BT II § 42 Rdn. 9; *Wessels/Hettinger/Engländer* Rdn. 1159.

text des § 34 Satz 1 [„nicht anders abwendbar"] favorisiert wird[132]). Nur „von vornherein offenkundig nutzlose Hilfe" brauche nicht geleistet zu werden.[133] Aus der *Objektivierung* der *ex-ante*-Betrachtung folgt immerhin, dass die Erforderlichkeit einer bestimmten Hilfshandlung auch dann entfällt, wenn dem Täter die dafür maßgeblichen Umstände verborgen bleiben (so ist die Verständigung von Rettungskräften nicht mehr erforderlich, wenn andere diese Aufgabe bereits übernommen haben, mag der Täter davon wissen oder nicht; BayObLG NJW **1973** 770, 771). Erscheint eine *ex ante* angezeigte, aber gleichwohl unterlassene Hilfe freilich *ex post* als *sinnlos* oder als geradezu *schädlich* (wie möglicherweise im Fall BGHSt **21** 50, 52), so führten diese Grundsätze bei einer Verurteilung aus § 323c zu dem befremdlichen Vorwurf, etwas nicht getan zu haben, was – wie nun alle wissen! – dem anderen nichts genützt oder am Ende gar geschadet hätte – ein Ergebnis, das zumindest die *Strafbedürftigkeit* einer solchen Unterlassung fundamental in Frage stellt, wenn sie nicht lediglich auf den darin zutage getretenen Mangel an Hilfsbereitschaft und damit schlicht auf die *Gesinnung* des Täters bezogen werden soll,[134] sondern auf das Versäumen einer *realen* Rettungschance. Nicht zuletzt dieser Befund gibt Anlass, die vorherrschende *ex-ante*-Bestimmung der „erforderlichen" Hilfe noch einmal zu überdenken (für einen *ex-post*-Maßstab denn auch *Stein* SK Rdn. 31 m. w. N. und noch *Sch/Sch/Cramer* [25. Aufl.] Rdn. 2a).

a) Unglücksfall

aa) Allgemeine Voraussetzungen. Die praktisch wichtigste Notlage, die eine Hilfeleistungspflicht nach § 323c Abs. 1 auszulösen vermag, nennt das Gesetz an erster Stelle: den „Unglücksfall". Diesen Ausdruck verwendet es (abgesehen von den oben genannten Fällen der §§ 145 Abs. 1 Nr. 2, 115 Abs. 3) auch noch in anderen Zusammenhängen, dort nicht gänzlich im selben Sinn: Wenn *§ 315 Abs. 3 Nr. 1 lit. a* eine Qualifikation des gefährlichen Eingriffs in den Bahn-, Schiffs- und Luftverkehr an die Absicht knüpft, „einen Unglücksfall herbeizuführen", sind hierunter nur solche Ereignisse zu verstehen, bei denen die konkrete Gefährdung auch tatsächlich in eine *Schädigung* mündet;[135] demgegenüber soll es für § 323c Abs. 1 genügen, dass ein Schaden nur einzutreten *droht* (dazu sogleich Rdn. 50). Ein engeres Verwandtschaftsverhältnis besteht insoweit zum „Unglücksfall", dessen Ausnutzung nach *§ 243 Abs. 1 S. 2 Nr. 6* einen besonders schweren Fall des Diebstahls zu begründen vermag; freilich stehen dort eher die eingeschränkten Selbstschutzmöglichkeiten des Eigentümers bzw. Gewahrsamsinhabers im Vordergrund.[136] Jedenfalls meint „Unglücksfall" in § 323c Abs. 1 aber mehr und anderes als „Unfall" im Sinne des *§ 142*: Weder beschränkt sich das Delikt der unterlassenen Hilfeleistung auf Ereignisse im Straßenverkehr, noch auf Situationen, in denen bereits ein Personen- oder Sachschaden von einigem Gewicht *eingetreten* ist (wie es ein „Unfall" nach § 142 allerdings voraussetzt, s. nur BGHSt **8** 263, 265; **24** 382, 383); umgekehrt liegt nur ein „Unfall", nicht aber auch ein „Unglücksfall" vor, wenn eine weitere Gefährdung des Unfallopfers nicht zu besorgen ist. Freilich bildeten jedenfalls in der Vergangenheit gerade auch Verkehrsunfälle einen wichtigen Anwendungsbe- 49

---

132 Vgl. nur *Baumann/Weber/Mitsch/Eisele* AT § 17 Rdn. 61; *Kühl* AT § 8 Rdn. 79; *Zieschang* LK § 34 Rdn. 50; s. aber *Sch/Schröder/Perron* § 34 Rdn. 18.

133 BGHSt **32** 367, 381; vgl. a. BGHSt **46** 279, 290; BGH NStZ **2000** 414, 415.

134 So allerdings ausdrücklich RGSt **71** 200, 203 f – ein Urteil, an das die Leitentscheidung BGHSt 14, 213 übrigens ausdrücklich anknüpft (s. a. *Pauli* Die Rechtsprechung des Reichsgerichts in Strafsachen zwischen 1933 und 1945 und ihre Fortwirkung in der Rechtsprechung des Bundesgerichtshofes [1984] 200 f).

135 S. nur BGH NJW **1996** 329, 330; OLG München NStZ **2006** 452; AG Bochum VRR **2009** 114; ebenso etwa *Barnickel* MK § 315 Rdn. 82; *König* LK § 315 Rdn. 113. Es versteht sich, dass eine solche Schädigung nicht wirklich eingetreten sein muss, um eine darauf bezogene *Absichts*qualifikation zu begründen. Mindestens missverständlich demgegenüber *Herzog* NK[4] § 315 Rdn. 28; *Lackner/Kühl* § 315 Rdn. 8 (jeweils im Anschluss an OLG Bremen VRS **66** 266).

136 Vgl. nur *Vogel* LK § 243 Rdn. 47.

reich des § 323c.[137] – Der Gebrauch des Plurals („bei Unglücksfällen") schließlich ist nicht etwa dahin zu verstehen, dass mehrere Personen bzw. Güter betroffen sein müssen.[138]

50 Die Begriffsbestimmung des „Unglücksfalles", die das Reichsgericht für § 330c a. F. – im Anschluss an die Kommentarliteratur zum vorherigen § 360 Abs. 1 Nr. 10[139] – zunächst vorgenommen hatte, verlangte ein *„plötzlich eintretendes Ereignis, das erheblichen Schaden verursacht und weiteren Schaden zu verursachen droht"* (RGSt **71** 187, 189; 200, 203); einige Jahre später werden in diese Formel noch die möglichen Arten eines solchen Schadens – „für Personen oder Sachen" – aufgenommen).[140] Auch der Bundesgerichtshof hat sie in seinen ersten Entscheidungen zugrunde gelegt.[141] Als *zu eng* erachtet wird diese Definition des „Unglücksfalles" heute aber jedenfalls insofern, als sie in ihrem ersten Teil („Ereignis, das erheblichen Schaden *verursacht*") eine *bereits erfolgte Beeinträchtigung* des jeweils betroffenen Guts – im Sinne eines schon eingetretenen Schadens – zu fordern scheint. Ein solcher **„Teilschaden"** wird in vielen (unstreitig tatbestandsmäßigen) Konstellationen zwar vorliegen, etwa bei dringend behandlungsbedürftigen Verletzungen infolge eines Unfalls. Um ein *notwendiges* Begriffselement soll es sich gleichwohl nicht handeln: Auch wenn jemand etwa – so das Beispiel von *Dreher* – „einen führerlosen Lastkraftwagen eine steile Straße herunterrasen sieht", müsse er doch „verpflichtet sein, die unten spielenden Kinder von der Straße wegzureißen, bevor der Wagen ankommt".[142] Zu Schaden gekommen ist in einer solchen Situation noch niemand; dem allgemeinen Sprachgebrauch nach wird man daher wohl eher sagen, es sei, wenn die Kinder tatsächlich von der Straße gerissen werden, ein „Unglück" gerade *verhindert* worden (vgl. *Seebode* FS Kohlmann [2003] 279, 287). Konstitutiv für eine Notlage, die Anlass zum Eingreifen gibt, ist allerdings nicht das, was bereits geschehen ist, sondern nur das, was *künftig* noch geschehen kann[143] (weshalb die gefährdeten Kinder in *Drehers* Beispiel tatsächlich schon „in Not" sind). Daraus folgt aber lediglich, dass „Unglücksfall" i. S. v. 323c nur eine Situation sein kann, in der die – vom Helfenden einzudämmende – Gefahr eines Schadenseintritts besteht. Nicht aber folgt daraus schon, dass *jede* Notlage in diesem Sinne auch tatbestandsmäßig sein müsste: Es ist keineswegs der Sinn des § 323c, jedermann ganz allgemein bei fremder Not zur Hilfeleistung zu verpflichten, und wäre es so, könnte sich dieser Sinn doch – wie sonst auch – nur in den Grenzen des möglichen Wortsinns verwirklichen (insoweit zutreffend *Seebode* FS Kohlmann [2003] 279, 287): Das Gesetz spricht eben nicht von einer (beliebigen) „Not"- oder „Gefahrenlage", sondern explizit von einem „Unglücksfall". Mit diesem Wortlaut mögen sich zugegebenermaßen auch noch Sachlagen wie die im Beispiel genannte in Übereinstimmung bringen lassen (vgl. *Stein* FS Küper [2007] 607, 610 ff). Der damit verbundene, heute im Anschluss an BGHSt (GrS) **6** 147, 152 in Rechtsprechung[144] und Literatur[145] ganz überwiegend befürwortetete *Verzicht auf das Kriterium des „Teilschadens"* zieht freilich gewisse Verluste an tatbestandlicher Bestimmtheit nach sich, tritt nun doch an die Stelle des handgreiflichen Schadensfalles (mit seiner – auch kriminalpolitisch bedeutsamen – besonderen Appell-Funktion[146]) das ungleich vagere Erfordernis eines *unmittelbar* drohenden Schadens. Demgegenüber bringt die vom BGH seither verschiedentlich ge-

137 S. nur RGSt **71** 200, 203; **74** 69, 72; BGHSt **2** 296, 297; **11** 135, 136; BGH NJW **1954** 728.

138 Vgl. bereits *Wildanger* S. 22 f; *Blindauer* S. 36; *Vermander* S. 49 f.

139 Vgl. (jeweils zu § 360 Abs. 1 Nr. 10) namentlich *Frank* Anm. X 1 a); *Rosenberg* LK^4 Anm. X 3.

140 RG DR **1940** 2063; RGSt **75** 68, 70; 160, 162; **77** 301, 303.

141 BGHSt **2** 150 f; **3** 65, 66; BGH NJW **1954** 728, 729; s. a. BayObLG NJW **1953** 556 und nun wieder BGHSt **57** 42, 48.

142 *Dreher* Niederschriften 9 S. 379.

143 *Kreuzer* S. 39 ff.

144 S. insoweit a. BVerfGE **115** 118, 144 f und NVwZ **2012** 1239, 1244 zum „Unglücksfall" i. S. v. Art. 35 Abs. 2 Satz 2 GG (scheinbar enger demgegenüber §§ 13 Abs. 1 Satz 1, 14 Abs. 1 LuftSiG; zu dieser Diskrepanz BVerfG NVwZ **2013** 713, 716).

145 *Fischer* Rdn. 3a; *Freund* MK Rdn. 19; *SSW/Schöch* Rdn. 7; *Sch/Schröder/Hecker* Rdn. 5; *Wessels/Hettinger/Engländer* Rdn. 1156.

146 Vgl. *Eb. Schmidt* in den Niederschriften 9 S. 371.

brauchte Formel, vorausgesetzt sei ein Ereignis, das „eine erhebliche Gefahr bringt *oder zu bringen droht*",[147] sachlich wohl keine weitere Ausdehnung bzw. Vorverlagerung (sondern nur die pleonastische Umschreibung einer bestehenden Gefahrenlage).[148] – Ist umgekehrt bereits ein Schaden eingetreten, mag dies zwar auch dann als „Unglücksfall" zu bezeichnen sein, wenn eine weitere Verschlechterung der Lage nicht zu befürchten ist (*Stein* SK Rdn. 12). Doch ist das letztlich keine für § 323c relevante Sachlage mehr (in diesem Sinne wohl auch AG Tiergarten NStZ **1991** 236, 237): Besteht keine Gefahr weiterer Schäden, ist auch keine schadensabwendende Hilfe veranlasst (s. a. BGH NJW **1954** 728, 729). In diesem Sinne ist wohl auch die Rechtsprechung zu verstehen, die schon nicht von einem „Unglück" sprechen will, wenn der „Verunglückte" *nur unerhebliche Verletzungen* erlitten hat (etwa „Prellungen, einen Bluterguß und Schürfwunden" – BGH Urt. v. 8.8.2001 – 2 StR 124/01; ähnlich KG Beschl. v. 24.11.2000 – [3] 1 Ss 330/00 [93/00] für eine Verstauchung nach einem Sturz vom Fahrrad).

Der zu erwartende (weitere) Schaden muss nach wohl allgemeiner Auffassung einem **anderen Menschen** drohen, also ein diesem *individuell zugeordnetes Gut* betreffen. Sicher erfasst ist dabei jedenfalls der *Kernbereich menschlicher Existenz*: Die ernstliche Gefahr, das Leben zu verlieren oder auf Dauer nicht unerheblichen körperlichen bzw. gesundheitlichen Schaden zu nehmen, vermag unstreitig einen „Unglücksfall" zu begründen. Gleiches gilt für erhebliche Beeinträchtigungen des körperlichen Wohlbefindens (namentlich durch starke Schmerzen) sowie der persönlichen Freiheit.[149] 51

Bei anderen auf die Person bezogenen Gütern fällt es hingegen schon sprachlich nicht mehr so leicht, eine unversehens eingetretene Bedrohungslage als „Unglücksfall" zu bezeichnen.[150] Gleichwohl sollen nach verbreiteter Auffassung auch drohende materielle Einbußen an **Sachgütern und Vermögenswerten** grundsätzlich geeignet sein, einen „Unglücksfall" i. S. d. § 323c zu begründen und damit jedermann in den Grenzen der Zumutbarkeit zu helfendem Eingreifen zu zwingen.[151] Die formelhafte Rede vom drohenden Schaden „an Personen oder Sachen" bzw. „Menschen oder Sachen", durch den der „Unglücksfall" gekennzeichnet sein soll, wird in der Rechtsprechung seit den Tagen des Reichsgerichts[152] unverändert tradiert (s. nur BGHSt **2** 150; **3** 65, 66; **6** 147, 152). Sie schließt offenbar an das gängige weite Verständnis des „Unglücksfalles" im vormaligen § 360 Abs. 1 Nr. 10 RStGB an (ohne freilich zu berücksichtigen, dass *dort* mit dem Vorbehalt polizeilicher Aufforderung noch ein nicht zu unterschätzender *Filter* zur Verfügung stand, um die Hilfspflicht unbeteiligter Dritter angemessen zu begrenzen; vgl. *Zopfs* FS Seebode [2008] 449, 453 ff und bereits *Gallas* JZ **1952** 396, 399); auch mochten möglichst weit reichende Hilfspflichten dem damaligen Zeitgeist durchaus entgegengekommen sein.[153] 52

Doch nicht nur deshalb stößt die Einbeziehung bloßer **„Sachgefahren"** in den Begriff des Unglücksfalles seit langem[154] – und in jüngster Zeit immer häufiger[155] – auf Widerspruch. In der Tat führt eine solche Interpretation den sachlichen Anwendungsbereich des § 323c nicht nur weit über das Maß hinaus, zu dem andere Rechtsordnungen mit vergleichbaren Vorschriften gefunden haben (s. oben Rdn. 34 ff). Sie wird auch keineswegs durch den – insoweit neutra- 53

147 BGHSt **6** 147, 152; BGH NJW **1983** 350, 351; BGH (1987) NStE § 323c Nr. 1; s. a. OLG Düsseldorf NJW **1991** 2979.
148 Eingehend *Spendel* LK[11] Rdn. 42; sprachliche Kritik etwa auch bei *Geilen* Jura 1983 78, 82; *Zopfs* FS Seebode 449, 450 f.
149 *Vermander* S. 23; *Stein* SK Rdn. 13.
150 Zutr. *Seebode* FS Kohlmann 279, 289 und bereits *Vermander* S. 23.
151 So etwa *Kreuzer* S. 37 ff; *Schmitz* S. 153 ff; *Geilen* JURA **1983** 78, 86 f; *Pawlik* GA **1995** 360, 366; A/W-*Hilgendorf* § 39 Rdn. 3 (Eigentum); *Rengier* BT II § 42 Rdn. 4.
152 RG DR 1940 2063; RGSt 75 68, 70; 77 301, 303.
153 Vgl. etwa die Ausführungen bei *Schramm* S. 113; *Wiedenroth* S. 35 ff.
154 Vgl. nur *Blindauer* S. 33; *Vermander* S. 24 ff; *Frellesen* S. 155.
155 S. nur *Harzer* S. 105; *Kahlo* Die Handlungsform der Unterlassung als Kriminaldelikt (2001) 334 f; *Hoffmann* GA **2002** 385, 391 f; *Seebode* FS Kohlmann 279, 289 f; *Momsen* Die Zumutbarkeit als Begrenzung strafrechtlicher Pflichten (2006) 420 f; *Zopfs* FS Seebode 449; grds. a. *Haubrich* S. 245 ff; *Heil* S. 61 ff; *Matt/Renzikowski/Renzikowski* Rdn. 4; vgl. ferner *Arzt/Weber* BT (2000) § 39 Rdn. 3; *Otto* BT § 67 Rdn. 2.

len[156] – Gesetzeswortlaut erzwungen oder auch nur nahegelegt. Der Gesetzgeber hat den solidarischen Güterschutz durch unbeteiligte Dritte in Absatz 1 gerade nicht zu einem allgemeinen Programm erhoben, sondern ihn im Gegenteil als *begründungsbedürftige Ausnahme* für fest umrissene Konstellationen mehr oder weniger existentieller Not ausgestaltet. Der drohende Verlust von Sach- und Vermögenswerten dürfte in der Regel unterhalb dieser Schwelle anzusiedeln sein, zumal ihr Inhaber ein solches Risiko häufig selbst durch den Abschluss entsprechender Versicherungen abfedern kann (*Frellesen* S. 154 f; **krit.** *Schmitz* S. 156). Sollte zur Begründung eines „Unglücksfalles" schon eine überraschend eingetretene Gefahrenlage für fremde Sachen genügen, hätte dies zudem die eigenartige Folge, dass deren *Gefährdung* (abgesehen von Sonderfällen wie §§ 315 ff oder § 306 f) regelmäßig straflos bliebe, das schlichte *In-Gefahr-Lassen* jedoch nach § 323c strafbar wäre (*Zopfs* FS Seebode [2008] 449, 463 f). Da Rechtsprechung und h. L. ferner auch die (unmittelbar bevorstehende) Begehung von *Straftaten* als „Unglücksfall" auffassen wollen (dazu unten Rdn. 59), müsste dies dann auch für Eigentumsdelikte wie Diebstahl oder Sachbeschädigung gelten; mithin wäre grundsätzlich jedermann (im Rahmen des Möglichen und Zumutbaren) gehalten, andere ggf. durch rechtzeitigen Zuruf vor dem Zugriff eines Taschendiebes zu warnen oder Graffiti-Sprayer von fremden Hauswänden zu vertreiben.[157] Dass solche Hilfe generell nicht „zuzumuten" und daher letztlich eben doch nicht zu erbringen sei, wird man nicht immer ohne weiteres sagen können; hält man aber im Übrigen dafür, dass die gegen deliktisches Handeln zu leistende Hilfe in erster Linie in der Benachrichtigung der Polizei besteht (s. BGH GA **1971** 337 und Rdn. 101), so ergäbe sich für den von *§ 138 Abs. 1* gerade weitgehend ausgesparten Bereich der Eigentums- und Vermögenskriminalität eben letztlich doch eine („kleine") Anzeigepflicht aus § 323c.[158] Angesichts dieser Einwände befürwortet auch der verbleibende Teil der Lehre überwiegend nur eine „sehr restriktive Anwendung"[159] auf Fälle bloßer Sachgefahr: In Betracht kommen soll sie lediglich bei Sachen von bedeutendem Wert,[160] bei „unersetzlichen Kunstwerken"[161] oder gar nur unter der Voraussetzung, dass mit den betroffenen Sachwerten zugleich die „bürgerliche Existenz" ihres Inhabers auf dem Spiel steht.[162] Demgegenüber hat das LG Magdeburg (Urt. v. 24.8.2009 – 26 Ns 66/08) allen Ernstes auch schon den unmittelbar drohenden Verlust von Mobiltelefon und Schlüsselbund als „Unglücksfall" ausreichen lassen wollen.

54 Noch weniger zu halten sein dürfte die These, § 323c Abs. 1 vermöge im Grunde *jedes beliebige Rechtsgut* durch Hilfspflichten unbeteiligter Dritter abzusichern.[163] Die Vorschrift wäre dann in der Tat *die* „zentrale Regelung der unterlassenen Abwendung von Rechtsgutsverletzungen, deren Herbeiführung in Begehungstatbeständen unter Strafe steht" (*Schöne* S. 101). Aber das ist sie gerade nicht: Zwar ist zuzugeben, dass das gesetzliche Merkmal „Unglücksfall" insoweit einigermaßen indifferent erscheint; dieser Befund enthebt den Rechtsanwender aber keineswegs von der Aufgabe einer – nicht zuletzt am Prinzip der *ultima ratio* zu orientierenden – *Auslegung* (zutreffend *Vermander* S. 16 ff), die den Ausnahmecharakter einer solchen Vorschrift nicht aus den Augen verlieren darf. Die in der Literatur gebildeten, mitunter bizarren Beispiele (wie das des Landgerichtspräsidenten, der, weil ihm unbemerkt scheinbares Diebesgut zugesteckt worden ist, in einen für „sein Prestige schlechthin ruinöse[n] Verdacht" zu geraten droht,

---

156 Insoweit zutr. *Stein* SK Rdn. 14; **aA** *Seebode* FS Kohlmann 279, 289.

157 Letzteres Beispiel schon bei *Zopfs* FS Seebode 449, 452; vgl. a. LG Magdeburg Urt. v. 24.8.2009 – 26 Ns 66/08 (BeckRS 2010, 05957).

158 *Kreuzer* S. 38; *Frellesen* S. 153; s. a. Sch/Schröder/*Hecker* Rdn. 5; hiergegen wiederum *Stein* SK Rdn. 14.

159 *Wessels/Hettinger/Engländer* Rdn. 1156.

160 *Schmitz* S. 158; *Gössel* BT 1 § 56 Rdn. 2; *Rengier* BT I § 42 Rdn. 3; ähnlich *Freund* MK Rdn. 26; *Geppert* JURA **2005** 39, 42; *Wessels/Hettinger/Engländer* Rdn. 1156.

161 *Gössel* BT 1 § 56 Rdn. 2.

162 *Seelmann* JuS **1995** 281, 284. Ähnlich *Pawlik* GA **1995** 360, 367 (nicht unerhebliche Erschütterung der finanziellen Voraussetzungen „gelebter Autonomie").

163 *Schwarz* GS **106** (1935) 243, 265; *Schöne* S. 51 m. w. N.; *Geilen* JURA **1983** 79, 83 f.

von dem ihn ein zufälliger Zeuge des Geschehens freilich entlasten könnte[164]) sind bisher jedenfalls ohne praktische Relevanz geblieben.

55 Nach dem derzeitigen Stand der Rechtsentwicklung[165] erfasst § 323c das in eine Notlage geratene **Tier** als solches nicht.[166] Dem steht nicht entgegen, dass sich das Schutzversprechen der *gesetzlichen Unfallversicherung* für Helfer „bei Unglücksfällen" (§ 2 Abs. 1 Nr. 13 lit. a SGB-VII) auch auf die Rettung von Tieren erstrecken soll[167]: Nicht alles, was das Sozialversicherungsrecht fördern will, muss auch strafrechtlich erzwungen werden, und für die Annahme strafbewehrter „Solidarpflichten aus Mitgeschöpflichkeit" ist eine hinreichende Legitimationsgrundlage bislang nicht dargetan. Auch unter dem Gesichtspunkt der „Sachgefahr", die nach verbreiteter Auffassung einen „Unglücksfall" begründen können soll (s. Rdn. 51), wären Tiere allenfalls soweit zu erfassen, als sie nicht herrenlos sind und darüber hinaus einen (erheblichen) wirtschaftlichen Wert aufweisen. Ob und inwieweit bestimmten Tieren auf fremde Kosten Not(stands)hilfe geleistet werden *darf*, ist eine andere Frage.[168]

56 Mit Recht hat das Reichsgericht in den oben Rdn. 49 erwähnten Entscheidungen nur das **„plötzlich eintretende"** Ereignis als „Unglücksfall" verstehen wollen, und mit Recht ist ihm auch der BGH darin bis heute gefolgt.[169] Nahe gelegt wird ein solches Verständnis im Grunde schon durch den Wortlaut („Unglücks*fall*"),[170] vor allem aber durch die Einsicht, dass allein aus dem Bestehen einer (durch irgendein „Ereignis" ausgelösten) Gefahrenlage für ein bestimmtes Gut nicht zu erklären wäre, weshalb *jedermann* bei Strafe zu helfendem Eingreifen verpflichtet sein soll (s. Rdn. 24). Zu legitimieren ist eine solche Inanspruchnahme fremder Handlungsfreiheit nur unter der Voraussetzung, dass das „Unglück" über den Betroffenen gewissermaßen *überraschend hereingebrochen* ist, ohne dass er ihm aus eigener Kraft – oder auch durch rechtzeitige Eigenvorsorge – noch hätte entgehen können[171] (dazu auch noch Rdn. 58).

57 **bb) Medizinische Notfälle.** Die zu § 360 Abs. 1 Nr. 10 RStGB noch weithin verbreitete[172] Vorstellung, dass das fragliche „Ereignis" den Betroffenen – wie ein *Unfall* – buchstäblich *von außen* überkommen müsse, hat das Reichsgericht für den nachfolgenden § 330c zurückgewiesen (RGSt **75** 68, 70 f): Der „Wandel der Auffassung über die Pflichten des einzelnen gegenüber der Volksgemeinschaft und sein Verhältnis zu den Volksgenossen" lasse eine solche Einschränkung nicht mehr zu. In der Tat ist sie „begrifflich nicht notwendig": Kennzeichnend für ein „Unglück" dürfte vor allem sein, dass es dem davon Betroffenen gleichsam *schicksalhaft widerfährt* und ihn mehr oder weniger *unvorbereitet trifft*; nur in *diesem* bildlichen Sinne eines erlebten *Gesche-*

---

164 *Geilen* Jura **1983** 79, 81.

165 Vgl. aber weiterführend *Gruber* Rechtsschutz für nichtmenschliches Leben (2006).

166 Wie hier i. E. auch *Kraemer* Tierschutz und Strafrecht (2011) 274 ff, 278 ff; *Nitschmann* in: Autexier (Hrsg.) L'animal et le droit (2008) S. 57, 61; *Niermann* Die Pflicht zur Verwahrung von Fundtieren und herrenlosen Tieren (2017) 87 ff; *Mitsch* JURA **2017** 1388, 1398 f; **aA** *Iburg* NuR **2004** 155; *Schönfelder* NuR **2017** 26 f; *v. Loeper* NuR **2020**, 827, 830; *Pfohl* MK § 17 TierSchG Rdn. 157.

167 Dazu etwa *Leube* NZV **2002** 545; SG Frankfurt Urt. v. 21.11.2012 – S 23 U 6/11 Tz. 27 ff.

168 Zu ihr etwa OLG Naumburg NJW **2018** 2064 m. Anm. *Hotz*; *Herzog* JZ **2016** 190; *Greco* JZ **2019** 390; *Reinbacher* ZIS **2019** 509; *Keller* FS Merkel 779.

169 BGHSt **3** 65, 66; **6** 147, 152; **57** 42, 48; NStZ **1983** 313; NStZ **1985** 409; übereinstimmend auch die Rechtsprechung des BSG zu § 539 Abs. 1 Nr. 9 lit. a RVO bzw. § 2 Abs. 1 Nr. 13 lit. a SGB-VII, s. nur BSGE **35** 140, 141; NZA-RR **2011**, 201, 202. Ebenso etwa *Conen* AnwK Rdn. 18; *Fischer* Rdn. 3a; *Stein* Rdn. 9; *Gaede* NK Rdn. 4; *Kahlo* Die Handlungsform der Unterlassung als Kriminaldelikt (2001) 332; *Kindhäuser/Zimmermann* BT I § 70 Rdn. 4; *Rengier* BT II § 42 Rdn. 3, 6; *Wessels/Hettinger/Engländer* Rdn. 1156.

170 *North* S. 42; *Pedotti* S. 174; *Wiedenroth* S. 33; *Stieve* S. 14; *Fahlenbock* S. 17; *Wildanger* S. 23. Kritisch dazu *Kreuzer* S. 43 ff, 46.

171 Ähnlich *Stein* SK Rdn. 9; *Pawlik* GA 1995 360, 369 f; s. a. *Schuhr* in: Spickhoff (Hrsg.) Medizinrecht (3. Aufl. 2018) § 323c Rdn. 19 f.

172 Vgl. *Olshausen*, 11. Aufl., § 360 Nr. 10 Anm. b m. w. N.

hens – im Gegensatz zu eigenem Wollen und Handeln – mag die Rede von „außen“ und „innen“ noch hingehen.[173] Dieses heute wohl unangefochtene Verständnis des „Unglücksfalls“ schließt daher auch *pathologische Verläufe an Leib und Seele* nicht von vornherein aus dem Anwendungsbereich des § 323c aus.

58 Freilich begründet die schlichte **Erkrankung** eines Menschen noch *keinen* (ggf. als Dauerzustand fortwährenden oder gar chronisch wiederkehrenden) „Unglücksfall“ im Sinne des § 323c, dies insbesondere auch dann nicht, wenn sie schwerwiegend ist und in verhältnismäßig kurzer Zeit zum Tode führen kann (RGSt **75** 68, 71). Von einem „Unglücksfall“ kann vielmehr nur dann die Rede sein, wenn der Krankheitsverlauf eine *„plötzliche, sich rasch verschlimmernde Wendung nimmt“* (BGH NStZ **1983** 313; NStZ **1985** 122; 409; s. a. OLG Düsseldorf NJW **1995** 799) bzw. eine schwere Erkrankung plötzlich auftritt (OLG Köln StraFo **1997** 54, 55: Herzinfarkt).[174] Um einen „Notfall“ in der Terminologie des medizinischen Rettungswesens muss es sich freilich nicht handeln.[175] In der Rechtsprechung ist ein „Unglücksfall“ etwa angenommen worden bei sich steigernden und nahezu unerträglich gewordenen Schmerzen in der Bauchhöhle (OLG Hamm NJW **1975** 604, 605); plötzlichem Auftreten stärkster Schmerzen bei einem Krebspatienten (AG Augsburg ZMGR **2005** 70); bedrohlichem Abfallen des Blutdrucks infolge postoperativer innerer Blutungen (AG Groß-Gerau NJW **1982** 709 f); schwerer und andauernder Atemnot im Zusammenhang mit der plötzlichen Verschlimmerung eines Herzleidens (OLG Düsseldorf NJW **1995** 799); Atembeschwerden, begleitet von Schmerzen in der Brust (OLG Köln StraFo **1997** 54, 55); Herzschmerzen und Schmerzen im linken Arm auch bei einer seit längerem herzkranken Patientin (BGH NStZ **1985** 409); Anzeichen einer Blinddarm- bzw. Wurmfortsatzentzündung (OLG Köln NJW **1991** 764) oder eines Herzinfarkts (OLG Zweibrücken VersR **2000** 605). *Verneint* worden ist ein „Unglücksfall“ dagegen bei dauerhafter Mangelernährung eines Kleinkinds (BGH Urt. vom 17.10.1984 – 2 StR 433/84 – insoweit nur unvollständig wiedergegeben in NStZ **1985** 122: selbst bei einer Zuspitzung der Lage, wie sie an der Entwicklung eines sog. „Greisengesichts“ erkennbar wird). Auch die *Schwangerschaft* ist als solche kein „Unglücksfall“, der zugunsten der schwangeren Frau Hilfspflichten im Sinne des § 323c Abs. 1 zu begründen vermöchte.[176] Sie kann im Einzelfall freilich einen unerwarteten Verlauf nehmen, der dann ein umgehendes Eingreifen erforderlich macht (so für den Fall einer Schieflage des Kindes und „Vorfall eines Ärmchens“ bereits RGSt **75** 160, 162; s. ferner BGH NJW **1983** 350, 351: akut drohende Eileiter-Ruptur mit der Gefahr sofortigen Verblutens im Fall einer „Eileiterschwangerschaft“; s. a. schon RG HRR **1941** Nr. 915: Schmerzen und Beschwerden infolge einer zunächst nicht als solche erkannten „Bauchhöhlenschwangerschaft“).

59 Entgegen den soeben skizzierten Grundsätzen soll nach einer im Schrifttum verbreiteten Auffassung nicht darauf ankommen, ob sich der Gesundheitszustand des Betroffenen *plötzlich* verschlechtert hat, sondern lediglich darauf, ob nach Lage der Dinge ein *sofortiges Eingreifen notwendig* erscheint.[177] Damit würde allerdings die tatbestandliche Begrenzungsfunktion des Merkmals „Unglücksfall“ weitgehend aufgegeben.[178] Eine solche Begrenzung hat jedoch ihren guten Sinn: Die Hilfspflicht, die § 323c Abs. 1 mit Strafe bewehrt, wird eben gerade nicht schon dadurch begründet, dass jemand – und sei es noch so dringend – fremder Hilfe bedarf, sondern

173 In diesem Sinne auch *Neumann* JA **1987** 244, 254 f („kausales“ vs. „finales Sprachmuster“).

174 Ebenso *Conen* AnwK Rdn. 19; *Fischer* Rdn. 6; *Lackner/Kühl* Rdn. 2; *Gössel* BT 1 § 56 Rdn. 3; *Schuhr* in: Spickhoff (Hrsg.) Medizinrecht 3. Aufl. (2018) § 323c Rdn. 18; *Rengier* BT II § 42 Rdn. 6; *Wessels/Hettinger/Engländer* Rdn. 1156.

175 *Schuhr* in: Spickhoff (Hrsg.) Medizinrecht 3. Aufl. (2018) § 323c Rdn. 16 m. w. N.

176 OLG Düsseldorf NJW **1991** 2979 = JR **1992** 37 mit zust. Anm. *Meurer*; *Schuhr* in: Spickhoff (Hrsg.), Medizinrecht 3. Aufl. (2018) § 323c Rdn. 18; *Ulsenheimer* in: Laufs/Kern (Hrsg.) Handbuch des Arztrechts, 4. Aufl. (2010) § 141 Rdn. 16.

177 *Vermander* S. 52 ff; *Schöne* S. 78 ff; *Geilen* Jura **1983** 78, 89 f; *Geppert* Jura **2005** 39, 43; *Maurach/Schroeder/Maiwald* § 55 Rdn. 17; *Freund* MK Rdn. 23; *Sch/Schröder/Hecker* Rdn. 6; noch weiter gehend wohl *Blindauer* S. 37 ff (schon wenn Eingreifen „dringend“).

178 Abl. a. *Stein* FS Küper 607, 612; *Schuhr* in: Spickhoff (Hrsg.) Medizinrecht 3. Aufl. (2018) Rdn. 19 f.

erst aus dem zusätzlichen Überraschungsmoment, das dem so in Not Geratenen keine Chance zu hinreichender Vorsorge mehr lässt.[179] Für hilfspflichtige *Garanten* hingegen hat das Kriterium der „Plötzlichkeit" ohnehin keine Bedeutung. Im Übrigen leidet die Diskussion unter einer Verengung des Blicks auf den *strafrechtlich sanktionierten* Bereich ärztlicher Pflichtverletzungen. Gewiss hat es keinerlei Sinn, ärztliche Hilfe außerhalb bereits bestehender Behandlungsverhältnisse ausgerechnet davon abhängig zu machen, ob die Hilfsbedürftigkeit des Patienten sich gerade in einer „plötzlichen, sich rasch verschlimmernden Wendung" seines Zustands manifestiert.[180] Daraus ergibt sich aber – wenig überraschend – nur die Untauglichkeit des Versuchs, eine Verhaltensordnung für Ärzte gerade aus einer (obendrein gänzlich unspezifischen) Strafvorschrift wie der des § 323c Abs. 1 zu entwickeln.[181] Wann ein Arzt sich eines Falles anzunehmen hat, ist in erster Linie eine Frage des Arztrechts und der ärztlichen Berufsauffassung (vgl. a. § 7 Abs. 2 S. 2 Muster-BO-Ä 2011: *freie Ablehnung* der Übernahme einer Behandlung nur „von Notfällen oder besonderen rechtlichen Verpflichtungen abgesehen"). Die möglichst vollständige Erfassung ärztlicher Berufspflichten kann aber für § 323c Abs. 1 kaum Auslegungsmaxime sein.

cc) Straftaten. Nicht nur Naturkräfte, sondern auch *andere Menschen* können für den Eintritt 60
des „Unglücksfalles" verantwortlich sein (so etwa beim fahrlässig verursachten Verkehrsunfall). Selbst ein *vorsätzlich herbeigeführtes Ereignis* kann – jedenfalls für davon betroffene Dritte – ein „Unglück" darstellen (in diesem Sinne auch BVerfGE **115** 118, 143 f zum „Unglücksfall" i. S. d. Art. 35 Abs. 2 S. 2 GG). Erfasst wird damit nach h. A. insbesondere die **Begehung von Straftaten.**[182] Ihr zufolge verlangt § 323c Hilfeleistung nicht nur *nach* der Tat (z. B. Sorge um ein verletztes Opfer[183]), sondern auch *gegen* die Tat: Abdrehen eines Gashahns, um das Gelingen eines Mordversuchs zu vereiteln (RGSt **71** 187, 189); Löschen eines gelegten Brandes (BGHSt **39** 164, 166); Einschreiten gegen eine sexuelle Nötigung oder Vergewaltigung[184] oder gegen eine (drohende) erhebliche Körperverletzung.[185] Die *drohende* Begehung der Tat soll bereits genügen (BGH NStE [1993] Nr. 2 zu § 323c); freilich muss sie *unmittelbar* bevorstehen, wenn sie bereits *gegenwärtig* einen „Unglücksfall" begründen soll (zu weitgehend daher wohl BGHSt **57** 42, 48 f: mögliche Hilfspflicht schon bei Kenntnis von einer „Absprache", das Opfer zu attackieren). Im Ergebnis werden damit zum einen die Verhaltensanforderungen an unbeteiligte Dritte insgesamt über das in §§ 138, 139 vorgezeichnete Maß hinaus angehoben. Zum anderen wird es möglich, eine strafrechtliche Verantwortlichkeit auch dort noch zu begründen, wo eine *Beteiligtenstrafbarkeit* aus rechtlichen Gründen ausscheiden muss oder jedenfalls nicht nachzuweisen ist[186] (in diesem Sinne bereits BGHSt **3** 65, 66 ff [falls Beihilfe ausscheidet]; s. ferner BGHSt **30** 391, 397 [falls Garantenpflicht als Wohnungsinhaber nicht begründbar ist]; unzutreffend und überholt dagegen RGSt **71,** 187, 189, soweit dort eine Beihilfe durch Unterlassen gerade mit der Hilfspflicht aus § 330c a. F. begründet wird).

---

179 *Schuhr* in: Spickhoff (Hrsg.) Medizinrecht 3. Aufl. (2018) Rdn. 19 f.

180 *Eb. Schmidt* Die Besuchspflicht des Arztes unter strafrechtlichen Gesichtspunkten (1949) 8 ff; *Ulsenheimer* in: Laufs/Kern (Hrsg.) Handbuch des Arztrechts, 4. Aufl. (2010) § 141 Rdn. 20.

181 Vgl. *Eb. Schmidt* Die Besuchspflicht des Arztes unter strafrechtlichen Gesichtspunkten (1949) 10 f.

182 RGSt **71** 187, 189; BGHSt **3** 65, 66; **30** 391, 397; BGH GA **1971** 336; BGH bei Holtz MDR **1993** 721; BGH NJW **2012** 1237, 1239; *Freund* MK Rdn. 65; *Stein* SK Rdn. 16; *Sch/Schröder/Hecker* Rdn. 7; *Rengier* BT I § 42 Rdn. 5; **aA** *Conen* AnwK Rdn. 20.

183 Vgl. etwa BGH NStZ **1983** 454; NStZ-RR **2015** 375; **2017** 212.

184 BGHSt **3** 65, 66; **30** 391, 397; BGH GA **1971** 336; OLG Celle NJW **1970** 341; OLG Düsseldorf NJW **1983** 767 f.

185 BGHR § 323c Unglücksfall 3; BGHSt **57** 42, 48; BGH NStZ-RR **2017** 212.

186 Abl. daher *Conen* AnwK Rdn. 20; tendenziell einschränkend jetzt a. BGH NStZ **2017** 212 (Zumutbarkeit des Einschreitens im Urteil darzulegen).

61 **dd) Eigenverantwortlich verursachte Gefahrenlage.** Kein „Unglücksfall" widerfährt demjenigen, der das schadensträchtige Ereignis gezielt und voll verantwortlich **selbst herbeigeführt** hat, wie beispielsweise einen zu betrügerischen Zwecken inszenierten Zusammenstoß zweier Kraftfahrzeuge (vgl. BGH NStZ **1991** 183 [zu § 315 Abs. 3 Nr. 1]). Zweifelhaft ist ferner, ob von einem „*Unglücks*fall" die Rede sein kann, wenn der Betreffende seine prekäre Lage zwar nicht vorsätzlich (auch nicht „bedingt vorsätzlich") hat eintreten lassen, er aber doch gleichsam sehenden Auges ein entsprechendes *Risiko eingegangen* ist. Eine solche bewusste – und auch im Übrigen „*eigenverantwortliche*" – Selbstgefährdung soll nach verbreiteter Auffassung[187] der Annahme eines „Unglücksfalles" und daran anschließender strafbewehrter Hilfspflichten grundsätzlich entgegenstehen. Nimmt man die h. M. freilich beim Wort, so wäre ein nicht unbeachtlicher Teil der Ereignisse, die bislang durchaus als „Unglücksfall" i. S. d. § 323c behandelt werden, aus dem Anwendungsbereich dieser Vorschrift auszuscheiden (insoweit zutr. *Geilen* JURA **1983** 78, 88 f), namentlich die Gefahrenlagen, die aus dem übermäßigen Konsum von Alkohol, Betäubungsmitteln oder anderen Substanzen ergeben können, sofern er von dem Betreffenden eben noch „eigenverantwortlich" und in Kenntnis der damit verbundenen Risiken gesteuert worden ist[188] (anders denn auch OLG Stuttgart GA **1981** 273 für einen Fall intravenösen Heroinkonsums; zu den Grenzen eigenverantwortlichen Handelns a. BGH NStZ **2012** 319). Die von der h. M. vornehmlich ins Auge gefassten Fälle sind denn auch andere; gedacht ist beispielsweise an die Ausübung von „Extremsportarten" und sonstige „waghalsige" Unternehmungen, die mit einem *unverhältnismäßig* hohen Risiko behaftet sind (*Stein* SK Rdn. 17; **a. A.** wohl *Matt/Renzikowski/Renzikowski* Rdn. 5). Nehmen solche Wagnisse ein böses Ende, mag es sich zwar nach allgemeinem Sprachgebrauch immer noch um einen „Unfall" oder eben ein „Unglück" handeln, das den Betreffenden *ungewollt* ereilt hat – aber doch eben nicht um eines, dass ihn gleichsam unvorbereitet „überrollt" hätte (im Gegenteil hat er dieses Risiko geradewegs gesucht). Und in der Tat ist schwer einzusehen, weshalb unbeteiligte Dritte bei Strafe verpflichtet sein sollten, „einen Menschen zu retten, der sich in frivolster Weise in Gefahr stürzt" (*Binding* Grünhut's Zeitschrift **2** [1875] 661, 679); denkbar wäre dies wohl nur im Sinne einer buchstäblich bedingungslosen Schutzgarantie, die schlechterdings jedem Menschenwesen gelten und zugleich von jedermann eingelöst werden soll. Die Legitimationsproblematik des § 323c Abs. 1 schlägt also an dieser Stelle bereits auf die Interpretation des Merkmals „Unglücksfall" durch (vgl. *Kahlo* Die Handlungsform der Unterlassung als Kriminaldelikt [2001] 331 ff); spätestens bei der Frage, welches Maß an solidarischer Hilfe unbeteiligten Dritten in solchen Fällen „zuzumuten" ist, kann ihr nicht mehr ausgewichen werden (s. Rdn. 100).

62 Festzuhalten ist vor diesem Hintergrund aber zugleich auch, dass eigenverantwortlich selbstgefährdendes Verhalten einen „Unglücksfall" jedenfalls dann nicht ausschließt, wenn sich der Betreffende hierzu *in anerkennenswerter Weise veranlasst* sehen durfte, wie es insbesondere bei **riskanten Rettungsversuchen** (auch über das nach § 323c Abs. 1 geschuldete Maß hinaus) regelmäßig der Fall ist (zu einer vergleichbaren Abschwächung des Eigenverantwortungsprinzips bei der Zurechnung sog. „Retterschäden" *Walter* LK Vor § 13 Rdn. 116 f).

63 Keinen „Unglücksfall" begründet nach verbreiteter und zutreffender Lehre auch der **Suizidversuch**, sofern er sich *nicht* lediglich als dramatische Zuspitzung einer den Suizidenten gleichsam überwältigenden psychopathologischen Entwicklung darstellt, sondern im Gegenteil (in einem noch näher zu bestimmenden Sinne) auf dessen *freiverantwortlicher Entschließung* be-

---

187 *Pawlik* GA **1995** 360, 369; *Kahlo* Die Handlungsform der Unterlassung als Kriminaldelikt (2001) 332; *Conen* AnwK Rdn. 27; *Freund* MK Rdn. 64; *Stein* SK Rdn. 20; Sch/Schröder/*Hecker* Rdn. 7; *Gaede* NK Rdn. 5; für den „bedingten Selbstmordvorsatz" auch *Spendel* LK[11] Rdn. 55; **aA** etwa *Geilen* JURA **1983** 78, 88 f und wohl auch *Rengier* BT II § 8 Rdn. 27.

188 So denn auch ausdrücklich *Stein* SK Rdn. 17; Sch/Schröder/*Hecker* Rdn. 8 („Rauschmittelmissbrauch"); vgl. a. *Kreuzer* S. 48; BayObLG NJW **1953** 556 (Hinstürzen eines Betrunkenen; offen gelassen von OLG Stuttgart NStZ **2009** 102, 103).

ruht.[189] In diesem Sinne hatte zunächst auch der BGH einen Unglücksfall (§ 330c a. F.) schon „begrifflich und sprachlich" für ausgeschlossen gehalten, „solange das verantwortliche Handeln des Selbstmörders die Lebensgefahr im Wesentlichen so gestaltet, wie er es sich vorgestellt hat, und solange sein Selbsttötungswille fortbesteht" (BGHSt **2** 150, 151). Andere folgen jener Lehre lediglich – aber immerhin – für die (eher seltenen, aber doch festzustellenden) Fälle, die sich mit dem (historisch freilich nicht unbelasteten) Terminus des „*Bilanzsuizids*" kennzeichnen lassen.[190]

Nur wenige Jahre nach der genannten Entscheidung stellte sich der Große Senat indessen gerade auf den gegenteiligen Standpunkt: Es sei „der klare Sinn des § 330c StGB, daß jede durch einen Selbstmordversuch verursachte Gefahrenlage die Hilfepflicht desjenigen auslöst, der ihrer ansichtig wird" (BGHSt **6** 147, 152). Daran halten im Ergebnis auch die folgenden Entscheidungen fest,[191] freilich verschiebt sich die Argumentation: Im Fall „Dr. Wittig" (BGHSt **32** 367, 375 f) distanziert sich das Gericht vorsichtig von der (wohl als unhaltbar erkannten) These, auf den „sittlich mißbilligten Willen des Selbstmörders zu seinem eigenen Tode" könne es in diesem Zusammenhang von vornherein nicht ankommen (so in der Tat noch BGHSt **6** 147, 153). Stattdessen wird nunmehr geltend gemacht, § 323c könne „seine dem solidarischen Lebensschutz dienende Funktion" nicht sinnvoll erfüllen, wenn die Hilfspflicht davon abhängig gemacht werde, ob der dem Suizidversuch zugrunde liegende Entschluss frei von Willensmängeln gewesen sei; denn dies könne „innerhalb der kurzen Zeitspanne, die für die unter Umständen lebensrettende Entscheidung am Unglücksort zur Verfügung steht, kaum jemand ohne psychiatrisch-psychologische Fachkenntnisse und ohne sorgfältige Abklärung der äußeren und inneren Motivationsfaktoren zuverlässig beurteilen" (BGHSt **32** 367, 376; vgl. a. LG Berlin JR **1967** 269). Zugleich ist die Zone strafbarer Untätigkeit zeitlich nach vorne ausgedehnt worden:[192] Während in der Entscheidung des Großen Senats (BGHSt **6** 147, 152) ein „Unglücksfall" jedenfalls – aber offenbar auch *erst* – für die Zeit *nach* der eigentlichen Suizidhandlung im Hinblick auf die *hierdurch* „verursachte Gefahrenlage" angenommen wird, lässt BGHSt **13** 162, 168 f die tatbestandsmäßige Situation, die zum Einschreiten verpflichtet, schon *vor* diesem Zeitpunkt beginnen, sofern sich ein unmittelbar bevorstehendes suizidales Geschehen bereits erkennbar abzeichnet (Aufbruch der Suizidentin zum „Hammerteich", in den sie sich alsdann stürzen will; ähnlich wohl auch BGHSt **32** 367, 375). Erst recht nicht soll es BGHSt **32** 367, 375 zufolge darauf ankommen, ob der Suizident bereits das Bewusstsein bzw. die Herrschaft über das Geschehen verloren hat (dies im Gegensatz zur Tötung auf Verlangen durch ein – angeblich pflichtwidriges – Unterlassen, §§ 216, 13, wie sie vom BGH a. a. O. S. 371 ff verfehlterweise[193] ins Spiel gebracht worden ist). In „äußersten Grenzlagen" könnten sich bestimmte Rettungsmaßnahmen allerdings als „nicht zumutbar" 64

---

189 *Wagner* Selbstmord und Selbstmordverhinderung (1975) 55; *Bottke* Suizid und Strafrecht (1982) 298 ff; *Kahlo* Die Handlungsform der Unterlassung als Kriminaldelikt (2001) 332 f; *Momsen* Die Zumutbarkeit als Begrenzung strafrechtlicher Pflichten (2006) 412; *Gavela* Ärztlich assistierter Suizid und organisierte Sterbehilfe (2013) 44 ff; *Schweiger* NJW **1955** 816, 817; *Kauczor* NJW **1962** 479; *Bottke* GA **1983** 22, 34 ff; *Schmitt* JZ **1984** 866, 868; *Gropp* NStZ **1985** 97, 100; *Sowada* JURA **1985** 75, 86; *Ranft* JZ **1987** 911 (913); *Pawlik* GA **1995** 360, 367 ff; *Seebode* FS Kohlmann 79, 286; *Geppert* JURA **2005** 39, 43 f; *Hillenkamp* JZ **2020** 1053, 1056; *Conen* AnwK Rdn. 26; *Freund* MK Rdn. 60; *Lackner/Kühl* Rdn. 2; *Matt/Renzikowski/Renzikowski* Rdn. 10; *Rosenau* LK vor §§ 211 ff Rdn. 97; *Schneider* MK Vor §§ 211 ff Rdn. 84; *Sch/Schröder/Hecker* Rdn. 8; *Gaede* NK Rdn. 5; s. a. *Arzt/Weber/Heinrich/Hilgendorf* § 3 Rdn. 33; *Krey/Hellmann/Heinrich* BT I Rdn. 99; *Rengier* BT II § 8 Rdn. 20; *Wessels/Hettinger/Engländer* Rdn. 68.

190 *Neumann* JA **1987** 244, 255; *Schuhr* in: Spickhoff (Hrsg.) Medizinrecht 3. Aufl. (2018) § 323c StGB Rdn. 21; *Kraatz* GS Tröndle (2019) 595, 611. Der Anteil solcher Fälle wird meist auf etwa 5 % geschätzt (*Duttge* ZfL **2012** 51, 5; s. a. *Jähnke* LK[11] vor § 211 Rdn. 27 m. w. N.).

191 BGH JR **1956** 347; BGHSt **7** 268, 272; **13** 162, 168; **32** 367, 374.

192 Vgl. dazu a. *Feldmann* Die Strafbarkeit der Mitwirkungshandlungen am Suizid (2009) 261 f.

193 Vgl. nur *Jähnke* LK[11] § 216 Rdn. 9; *Mitsch* AnwK § 216 Rdn. 5; *Neumann* NK § 216 Rdn. 7; *Sch/Schröder/Eser/Sternberg-Lieben* § 216 Rdn. 10; *Rengier* BT II § 8 Rdn. 12 ff; *Wessels/Hettinger/Engländer* Rdn. 181; ferner a. *OLG München* NJW **1987** 2940, 2942 ff; *StA München I* NStZ **2011** 345. Gleichwohl an §§ 216, 13 festhaltend jedoch BGHSt **55** 191, 202.

darstellen (so BGHSt **32** 367, 381 am Beispiel einer „von der Rechtsordnung hingenommenen ärztlichen Gewissensentscheidung"). In einer späteren Entscheidung (NStZ **1988** 127) findet sich indessen die dunkle Andeutung, der Senat neige dazu, „einem ernsthaften, freiverantwortlich gefaßten Selbsttötungsentschluß eine stärkere rechtliche Bedeutung beizumessen", als dies in BGHSt **32** 367 geschehen sei, und *jenseits* der eigentlichen Suizid-Fälle hat jedenfalls schon BGH NStZ **1983** 117 f eine Verpflichtung aus § 323c, dem „erklärten Willen" eines Sterbewilligen zuwiderzuhandeln, ausdrücklich verneint.[194] Deuteten bereits manche Belege aus der neueren instanzgerichtlichen Rechtsprechung[195] auf einen allmählichen Wandel hin, so erweisen sich die beiden jüngsten Entscheidungen des *5. Strafsenats* als weiterer, freilich seltsam halbherziger Schritt: Zwar wird – im sog. Hamburger Fall – im Ergebnis bekräftigt, dass der freiverantwortlich gebildete und deutlich erklärte Wille einer Suizidentin insbesondere auch den Tatbestand des § 323c (Absatz 1) entfallen lassen könne (BGHSt **64** 121, 133 f). Doch soll es sich dabei nach wie vor wohl nur um eine Art Einwendung handeln, die der Verpflichtung zu „helfendem" Einschreiten *im Einzelfall* entgegenstehe (ein Eingreifen sei dem angeklagten Arzt angesichts der „für ihn unauflöslichen Konfliktsituation" nicht mehr „zuzumuten" gewesen). An der Einordnung auch einer solchen Fallgestaltung als „Unglücksfall" will der *Senat* dagegen weiterhin festhalten, wenngleich mit anderer, gegenüber BGHSt **6** 147 gewissermaßen säkularisierter Begründung:[196] Die „Zerstörung des grundrechtlich geschützten Rechtsguts Leben" stelle sich „bei natürlicher Betrachtung" durchaus als Unglücksfall dar (in „gravierenden Ausnahmefällen" wie demjenigen, der der Entscheidung BVerwGE **158** 142 zugrunde lag, soll das allerdings wohl nicht mehr gelten – die Bedeutung dieses Vorbehalts ist nicht ganz klar[197]). Das „Erfordernis menschlicher Solidarität" fasst das Gericht offenbar als eine eigenständige, vom Willen seiner Destinatäre zunächst einmal unabhängige Größe auf; erst in einem zweiten Schritt wird die so begründete Verpflichtung zu „helfen" an die aktuellen Interessenlage angepasst – dies dann freilich auf dem Umweg über die insoweit völlig irrelevante Perspektive des *potenziell Verpflichteten*, dem ein Tätigwerden gegen den Willen des Suizidenten nun nicht „zuzumuten" sein soll.[198] Überzeugend wirkt das nicht: Als Akt „menschlicher Solidarität" wird sich ein Verhalten, das der andere nicht wünscht, wohl von vornherein kaum verstehen lassen;[199] jedenfalls aber ist „Hilfe" nicht geschuldet, wo sie gar nicht geleistet werden *darf*, weil der andere sie sich verbittet.[200] Vorzugswürdig wäre gewesen, in jenen Fällen schon keine tatbestandsmäßige Situation i. S. d. § 323c Abs. 1 anzunehmen (Rdn. 63). Klar sein sollte aber zumindest, dass für die vom *5. Strafsenat* präferierte „Zumutbarkeitslösung" – anders als verschiedentlich befürchtet[201] – nicht die individuellen Befindlichkeiten des potenziell Hilfspflichtigen ausschlaggebend sein können (namentlich nicht die in BGHSt **32** 367, 381 genannte „Gewissensentscheidung" oder eine – von *Sowada* NStZ **2019** 666, 672 in kritischer Absicht angeführte – „Gewissensnot"), sondern schlicht die Einsicht, dass § 323c Abs. 1 selbstverständlich niemandem „zumutet", etwas Verbotenes zu tun (s. unten Rdn. 111), beispielsweise also, dem Willen des Suizidenten zuwider ärztliche Behandlungsmaßnahmen einzuleiten.[202] Es kann also, wie nun auch BGHSt **64**

---

194 S. ferner die Einstellungsverfügung der Münchener Staatsanwaltschaft MedR **2011** 291 ff.

195 LG Deggendorf GesR **2014** 487 (ausdrücklich gegen BGHSt **32** 367); LG Hamburg NStZ **2018** 281, 283; LG Berlin NStZ-RR **2018** 246, 248.

196 Zu dieser Differenz *Popp* in: Steinberg/Koch/Popp (Hrsg.) Strafrecht in der alten Bundesrepublik 1949-1990 (2020) 563, 567 ff; zutr. Kritik an der Argumentation des Senats ferner bei *Engländer* JZ **2019** 1049, 1051 f.

197 S. die Überlegungen dazu bei *Rissing-van Saan/Verrel* NStZ **2020** 121, 129.

198 Krit. zu dieser Konstruktion auch *Sowada* NStZ **2019** 666, 671 f; *Rissing-van Saan/Verrel* NStZ **2020** 121, 128 f. In dem am selben Tag ergangenen Urteil im Berliner Fall (LG Berlin NStZ-RR **2018** 246) wird sie noch einmal wiederholt (BGHSt **64** 135, 145); zu dieser Entscheidung *Sowada* a. a. O.; *Hecker* JuS **2020** 82, 84.

199 Ebenso *Engländer* JZ **2019** 1049, 1052.

200 *Hillenkamp* JZ **2019** 1053, 1056; *Rissing-van Saan/Verrel* NStZ **2020** 121, 129; vgl. a. *Sowada* NStZ **2019** 666, 672.

201 Zuletzt etwa von *Rissing-van Saan/Verrel* NStZ **2020** 121, 129.

202 I.E. ebenso *Hillenkamp* JZ **2019** 1053, 1056; *Rissing-van Saan/Verrel* NStZ **2020** 121, 129.

121, 134 zugesteht, um „Zumutbarkeit" nur im Sinne eines Unrechtstatbestandselements gehen (allg. dazu Rdn. 92 ff).

Hinter der *begrifflichen* Frage, ob zu den „Unglücksfällen" im Sinne des § 323c auch andere als „von außen" hereinbrechende Ereignisse gehören können (Rdn. 56) und insbesondere auch solche, die sich vielleicht *lediglich für nicht hinreichend informierte Außenstehende* als „unglückhaft" darstellen (vgl. BGHSt **32** 367, 376), verbirgt sich daher letzten Endes das *Sachproblem*, eine im Einzelfall freiverantwortliche Entscheidung für den eigenen Tod auch im Kontext der unterlassenen Hilfeleistung zu respektieren und sie nicht durch strafrechtlich erzwungene – aber eben gerade nicht mehr gewollte – „Hilfe" zu konterkarieren. Denn nach unserer Rechtsordnung steht jedermann auch der Freitod frei.[203] Weder ist der Suizid als solcher „rechtswidrig",[204] noch wird das Verlangen, auf dem Weg in den eigenen Tod nicht aufgehalten zu werden, durch die (angebliche) Unverfügbarkeit des eigenen Lebens begrenzt (wie noch BGH NStZ **1983** 313, 314 anzunehmen scheint). Der Todeswunsch des Suizidenten ist daher nicht etwa rechtlich unbeachtlich, sondern liefert im Gegenteil gerade den eigentlichen Grund dafür, auch die *„Teilnahme"* an seinem Suizid (als „Gehilfe" oder gar „Anstifter") nicht als strafbares Unrecht zu behandeln.[205] In diesem Sinne ist auch der hieran unmittelbar anschließende Einwand gegen die o. g. Rechtsprechung zu verstehen, es sei widersprüchlich, die *Teilnahme* am Suizid straflos zu lassen, den (alsdann untätig bleibenden) „Teilnehmer" dann aber doch – eben nach § 323c – verantwortlich zu machen.[206] Zwar ist mit der Feststellung, dass die „Teilnahme" an einem Suizid (in der Rolle eines „Gehilfen" oder gar „Anstifters") eben nicht als strafbare Beteiligung an einem *Tötungsdelikt* verstanden werden kann, noch keine *umfassende* und *abschließende* Bewertung des „Teilnehmer"-Verhaltens getroffen (die „Beihilfehandlung" kann unter anderen Gesichtspunkten durchaus verboten und sogar strafbar[207] sein – etwa dann, wenn sie einer der Tatbestandsvarianten des § 29 Abs. 1 BtMG entspricht [wie in BGHSt **46** 279] bzw. § 95 AMG unterfällt [LG Wuppertal v. 24.1.2007 – 23 Kls 10 Js 1052/05 – 80/06]), und auch sonst folgt aus dem Umstand, dass er das in Rede stehende Rechtsgut – das Leben des Suizidenten – nicht selbst angreift, gerade noch nichts für die solidarischen Schutzpflichten, die ihn gleichwohl (wie jeden anderen auch) als unbeteiligten Dritten treffen könnten.[208] Genau an diesem Punkt tritt der gerügte Wertungswiderspruch aber doch zutage: Weshalb sollte jemand zum Schutze eines fremden Rechtsguts tätig werden müssen, über das der alleinige Inhaber doch bereits in gegenteiligem Sinne disponiert hat? Mag eine *moralische* Verpflichtung außenstehender Dritter, sich gleichwohl „einzumischen", auch gut begründbar sein, so wäre doch erst noch zu erweisen, dass sie in § 323c gerade auch verrechtlicht worden ist.[209] Nicht zuletzt ist zu berücksichtigen, dass § 323c Abs. 1 gegenüber dem zu Rettenden keine neuen Eingriffsrechte bzw. Handlungsbefugnisse schafft,[210] sondern solche gerade voraussetzt. Rettungsmaßnahmen, die etwa mit einem *Eingriff in die körperliche Integrität* verbunden wären, sind jedoch – wovon selbstverständlich auch die Rechtsprechung ausgeht[211] – noch nicht einmal er- 65

---

203 *Pawlik* GA **1995** 360, 368 f; *Neumann* FS Kühl 569, 576 f; *Rosenau* LK vor §§ 211 ff Rdn. 88; s. a. LG Deggendorf GesR **2014** 487 und nun grundlegend BVerfGE **153** 182.

204 Irrig insofern BGHSt **46** 279, 285. Zur Kritik vgl. nur *Duttge* NStZ **2001** 546 f; *Sternberg-Lieben* JZ **2002** 153, 154 f; *Popp* ZStW **118** (2006) 639, 647; *H. Dreier* JZ **2007** 317, 319; *Engländer* GA **2010** 15, 26; *Neumann* FS Kühl 569, 576 f m. w. N.

205 Vgl. nur *Schilling* JZ **1979** 159; *Chatzikostas* Die Disponibilität des Rechtsgutes Leben in ihrer Bedeutung für die Probleme von Suizid und Euthanasie (2001) 270 ff; *Ingelfinger* Grundlagen und Grenzbereiche des Tötungsverbots (2004) 222 ff; *Neumann* NK Vor § 211 Rdn. 44.

206 *Spendel* LK[11] Rdn. 51; *Gavela* Ärztlich assistierter Suizid und organisierte Sterbehilfe (2013) 44; vgl. a. *OLG München* NJW 1987 2940, 2943 ff.

207 Eingehend dazu *Feldmann* Die Strafbarkeit der Mitwirkungshandlungen am Suizid (2009) 290 ff.

208 Insoweit i. E. zutr. BGHSt **6** 147, 154 f; ferner etwa *Dölling* NJW **1986** 1011, 1012; *Neumann* JA **1987** 244, 254 ff; *Schuhr* in: Spickhoff (Hrsg.) Medizinrecht 3. Aufl. (2018) § 323c StGB Rdn. 21.

209 Wie *Neumann* JA **1987** 244, 255 allerdings annimmt.

210 So aber offenbar *Gavela* Ärztlich assistierter Suizid und organisierte Sterbehilfe (2013) 244.

211 Grundlegend BGHSt **11** 111, 113 f; vgl. a. BGH NStZ **1983** 313, 314.

laubt, sondern vielmehr verboten und strafbar (§ 223), wenn und weil der Suizident sie nicht wünscht (soweit eine Verständigung mit ihm aktuell nicht mehr möglich und ein entgegenstehender Wille nicht bekannt ist, werden allerdings meist die Voraussetzungen einer *mutmaßlichen Einwilligung* gegeben sein, die ihre rechtfertigende Kraft selbstverständlich auch dann behält, wenn der Gerettete später bekunden sollte, solch gut gemeinte Hilfe gerade nicht gewollt zu haben). Lehnt er sie hingegen ab, so lässt sich diese Entscheidung nicht etwa durch die Annahme eines *Notstands* i. S. v. § 34 unterlaufen.[212]

66 Selbst in BGHSt **32** 367, 378 wurde daher – auf dem Boden der Auffassung, ein Arzt dürfe sich angesichts des Suizidversuchs seiner Patientin deren Todeswunsch nicht beugen – immerhin ein „Konflikt zwischen der Verpflichtung zum Lebensschutz und der Achtung des Selbstbestimmungsrechts" eingeräumt, der eine *Abwägung* erforderlich mache und – wenn auch nur in „Grenzsituationen" – ein rettendes Einschreiten *„unzumutbar"* machen könne (a. a. O. 380; ähnlich auch jetzt noch BGHSt **64** 121, 133 f, s. bereits oben Rdn. 64). Gegen eine solche **Zumutbarkeitslösung**, die auch in der Literatur einige Anhänger gefunden hat,[213] ist nicht nur einzuwenden, dass sie (jedenfalls in der genannten Entscheidung) auf höchst unklare Weise die „Jedermannspflicht" nach § 323c mit (ihrerseits keineswegs unproblematischen) ärztlichen Sonderpflichten vermengt. Sie überzeugt auch systematisch nicht (zutr. *Freund* MK Rdn. 59): Es geht nicht um die Interessen und Befindlichkeiten des Helfers, sondern schon um die objektive Sachlage, die sich beim freiverantwortlich gesteuerten Suizid eben gerade nicht als „Unglücksfall" für den Suizidenten darstellt. Denn selbst wenn man zugesteht, dass Staat und Gesellschaft *jeden* Freitod als „Unglück" betrachten (sollten), das besser nicht geschehen wäre (*Kutzer* FS Schöch [2010] 481, 483), kann es doch für ein Delikt, das nach heute ganz h. A. allein die Interessen des „in Not" Geratenen selbst betrifft, allein auf dessen eigene Sichtweise ankommen. Im Fall einer – nach den Maßstäben der *Einwilligungslehre* – eigenverantwortlichen Suizidhandlung kann daher schon objektiv nicht von einem „Unglücksfall" die Rede sein (BGHSt **2** 150, 151; dies konsequenterweise aber wohl auch dann nicht, wenn der Suizident nach einem freiverantwortlich geführten Angriff gegen sein eigenes Leben auf einmal anderen Sinnes wird und nunmehr doch weiterzuleben wünscht: Sollte ein solches Geschehen zu Beginn lediglich[214] als Akt freier Selbstbestimmung anzusehen sein – und *eben deshalb* nicht als „Unglück" –, so kann die sich daraus ergebende Situation schwerlich rückwirkend in einen „Unglücksfall" umgedeutet werden, nur weil ihr Protagonist die Folgen seines Handelns *jetzt* anders bewertet als zuvor[215]). Der Umstand, dass das die Freiverantwortlichkeit durch zufällige Zeugen eines suizidalen Geschehens in der Situation selbst häufig gar nicht und auch *ex post* nicht immer eindeutig beurteilt werden kann,[216] ist keine Besonderheit der Suizid-Fälle (ob ein Mensch überhaupt noch am Leben ist, mag sich ebenfalls nicht sofort klären lassen) und zwingt keineswegs zur Annahme einer generellen Pflicht zum Einschreiten „auf Verdacht" (die auch beim unerkannt *toten* Unglücksopfer nicht angenommen wird, s. Rdn. 46); die denkbare Einlassung eines untätig Geblieben, er sei vom Ausnahmefall eines freiverantwortlichen Suizids ausgegangen, kann im Rahmen der richterlichen Überzeugungsbildung (§ 261 StPO) – insbesondere mit Blick auf die näheren Umstände des Geschehens – durchaus zu widerlegen sein (zumal *dolus eventualis*

---

212 Zutr. *Engländer* GA **2010** 15 ff, 26 f; *Neumann* NK § 34 Rdn. 35 und jetzt auch *Rengier* BT II § 8 Rdn. 20; grds. übereinstimmend ferner *Baumann/Weber/Mitsch/Eisele* § 17 Rdn. 55. A. A. wohl *Roxin/Greco* AT I § 16 Rdn. 102; s. a. *Sch/Schröder/Eser/Eisele* § 240 Rdn. 32 m. w. N. (für die gewaltsame Verhinderung auch eines freiverantwortlichen Suizids); diff. *Sch/Schröder/Perron* § 34 Rdn. 33.

213 Vgl. etwa *Dölling* NJW **1986** 1011, 1016; *Eisele* BT I Rdnr. 192; *Rengier* BT II § 8 Rdn. 19 ff; wieder anders (fehlende Erforderlichkeit) *Gössel* BT I § 2 Rdn. 82. Krit. etwa *Duttge* FS Schöch 599, 612 f.

214 Gegen das im Text paraphrasierte „Entweder – Oder" mit guten Gründen *Neumann* JA **1987** 244, 254 f.

215 Zutr. *Stein* SK Rdn. 18; *Dölling* NJW **1986** 1011, 1014 f; aA *Gallas* JZ **1952** 371, 372; **1954** 641 f; *Heinitz* JR **1954** 403, 405; *Sch/Schröder/Eser/Sternberg-Lieben* Vorbem. §§ 211 ff Rdn. 44; *Sch/Schröder/Hecker* Rdn. 8 und wohl a. BGHSt **2** 150, 151.

216 Vgl. BGHSt **32** 367, 376; *Kutzer* in: Wolfslast/Schmidt (Hrsg.) Suizid und Suizidversuch (2005) 181, 188 f; *Gössel* BT 1 § 56 Rdn. 3: *Rengier* BT II § 8 Rdn. 19.

in Hinsicht auf das Vorliegen eines „Unglücksfalles" genügt, s. u. Rdn. 125).[217] Bei Kindern und Jugendlichen dürfte Freiverantwortlichkeit im genannten Sinne freilich nur ganz ausnahmsweise vorliegen (noch restriktiver § 215 Abs. 2 AE-Sterbebegleitung: niemals; krit. dazu *Neumann/Saliger* HRRS **2006** 280, 287).

Diesen Grundsätzen entsprechend hat auch die **Polizei** „die persönliche Grenzentscheidung eines Menschen zu respektieren, der bei klarem Bewusstsein unbedingt entschlossen ist, sich das Leben zu nehmen" (*VG Hamburg* MedR **2009** 550, 555).[218] Etwas anderes ergibt sich nicht etwa schon aus ihrem Auftrag zur Gefahrenabwehr und auch mit Blick auf Art. 2 Abs. 2 S. 1 GG (so *VG Hamburg* a. a. O.) nur unter der (nicht unzweifelhaften) Prämisse, der „objektivrechtliche Gehalt" dieser Vorschrift *verpflichte* den Staat geradewegs dazu, „mit dem Eintreten für das Leben und gegen alle Emanationen der Lebensmüdigkeit immer auch eines der höchsten Rechtsgüter der Verfassung sichtbar zu machen" (so in der Tat *di Fabio* in: Maunz/Dürig, GG, 43. Lfg. 2004, Art. 2 Abs. 2 S. 1 Rdn. 48). 67

Auch der **Hungerstreik** von Strafgefangenen, Untersuchungshäftlingen oder sonst zwangsweise Untergebrachten vermag keinen „Unglücksfall" zu begründen.[219] Dies gilt auch dann, wenn sich der Betreffende damit selbst in akute Gesundheits- oder Lebensgefahr bringt. Eine *Berechtigung* zum Einschreiten ergibt sich allerdings aus § 101 Abs. 1 Satz 1 StVollzG-Bund, der „bei schwerwiegender Gefahr für die Gesundheit des Gefangenen" (und *nur* dann) dessen Ernährung gerade auch als *Zwangsmaßnahme* auf dem Gebiet der Gesundheitsfürsorge gestattet (für die nach der Änderung des Art. 74 Abs. 1 Nr. 1 GG durch das Föderalismusreformgesetz vom 28.8.2006[220] erlassenen Landesgesetze[221] gilt Entsprechendes). „Solange von einer freien Willensbestimmung des Gefangenen ausgegangen werden kann", ist die Vollzugsbehörde zur Durchführung derartiger Maßnahmen ausdrücklich *nicht verpflichtet* (vgl. § 101 Abs. 1 Satz 2 StVollzG-Bund bzw. die wiederum parallelen Regelungen des Landesrechts[222]); ob sie in einem solchen Fall dazu berechtigt ist (oder ob § 101 Abs. 1 Satz 1 StVollzG bzw. die ihm entsprechenden landesrechtlichen Vorschriften nicht vielmehr *verfassungskonform* auf das Fehlen einer „freien Willensbestimmung" des Gefangenen zu beschränken sind[223]), ist eine andere Frage (ausführlich zum Ganzen *Koranyi* StV **2015** 257). 68

ee) Notwehr-Fälle. Die **durch Notwehr gerechtfertigte Verletzung** eines anderen Menschen begründet nach der Rechtsprechung regelmäßig *keine Garantenpflichten* des Notwehr (bzw. Nothilfe) Übenden gegenüber dem von ihm verletzten Angreifer (BGHSt **23** 327, 328; BGH NJW 69

---

217 Näher dazu *Jähnke* LK[11] Vor §§ 211 Rdn. 31; *Schneider* MK Vor §§ 211 ff Rdn. 85.

218 Anders noch *VG Karlsruhe* NJW **1988** 1536, 1537. Bei einer (aus anderen Gründen) festgehaltenen Person ist allerdings eine Fesselung zulässig, wenn „Selbstmordgefahr besteht" (so § 8 Nr. 3 UZwG) bzw. wenn Tatsachen die Annahme rechtfertigen, dass der Festgehaltene sich anderenfalls töten oder verletzen werde (so etwa Art. 65 Nr. 3 BayPAG; vgl. BayObLG JR **1989** 475; BayVerfGH NJW **1989** 1790, 1791; NJW **1990** 2926, 2927). Zum Sonderfall der mit Bedacht öffentlich in Szene gesetzten Selbsttötung *Bottke* GA **1982** 346, 359; *Günzel* Das Recht auf Selbsttötung, seine Schranken und die strafrechtlichen Konsequenzen (2012) 122.

219 *Ostendorf* Das Recht zum Hungerstreik (1983) 260 ff; *Michale* Recht und Pflicht zur Zwangsernährung bei Nahrungsverweigerungen in Justizvollzugsanstalten, Diss. Augsburg 1983, S. 199; *Conen* AnwK Rdn. 27; *Fischer* Rdnr. 5; *Matt/Renzikowski/Renzikowski* Rdn. 11; *Stein* SK Rdn. 20; *Sch/Schröder/Hecker* Rdn. 8; *SSW/Schöch* Rdn. 9.

220 BGBl. I S. 2034; näher dazu *Laubenthal* Strafvollzugsrecht, 6. Aufl. (2011) Rdn. 131 ff.

221 Vgl. insoweit für Baden-Württemberg § 80 Abs. 1 Satz 1 JVollzGB III; für Bayern Art. 108 Abs. 1 Satz 1 StVollzG; für Hamburg § 84 Abs. 1 Satz 1 StVollzG; für Hessen § 25 Abs. 1 Satz 1 StVollzG; für Niedersachsen § 93 Abs. 1 Satz 1 JVollzG.

222 Im Einzelnen: § 80 Abs. 1 Satz 2 JVollzGB III (Baden-Württemberg); Art. 108 Abs. 1 Satz 2 StVollzG (Bayern); § 84 Abs. 1 Satz 3 StVollzG (Hamburg); § 25 Abs. 1 Satz 3 StVollzG; § 93 Abs. 1 Satz 3 JVollzG (Niedersachsen).

223 S. a. *J. Wagner* Selbstmord und Selbstmordverhinderung (1975) 159; *Bemmann* FS Klug, Bd. 2, 563; *Laue* in: Hillenkamp/Tag (Hrsg.) Intramurale Medizin (2005) 217, 224 ff.

2000 414).[224] Zu Recht: Eine besondere Verantwortlichkeit aus *Ingerenz* lässt sich in einem solchen Fall schwerlich begründen.[225] Über eine allgemeine Verpflichtung zu solidarischer Hilfe in besonderen Notlagen, wie sie § 323c zum Gegenstand hat, ist damit jedoch noch nicht entschieden, und in der Tat wird eine solche Hilfspflicht für die genannten Notwehr-Fälle vielfach angenommen[226] – wenn auch nicht selten mit der Einschränkung, dass solche Hilfe im Einzelfall unzumutbar sein könne (namentlich dann, wenn noch mit weiteren Angriffen zu rechnen ist[227]). Auch der BGH hält § 323c hier grundsätzlich für anwendbar.[228] Die hiergegen bereits von *Spendel* erhobenen Bedenken[229] sind allerdings im Ergebnis berechtigt: Verletzungen durch rechtmäßige Notwehr- bzw. Nothilfehandlungen, die der Betreffende durch seinen rechtswidrigen Angriff selbst heraufbeschworen hat, sind alles andere als ein plötzlich über ihn hereinbrechendes „Unglück" (anders freilich bei *schuldlos* Handelnden[230]). Nicht weil der Angreifer (zumindest im Verhältnis zum Angegriffenen) seinen Anspruch auf solidarische Hilfe „verwirkt" hätte oder gar der „Friedlosigkeit" verfallen wäre, sondern schlicht wegen der tatbestandlichen Begrenzung auf „Unglücksfälle" verpflichtet § 323c Abs. 1 ihm gegenüber nicht zur Hilfe: Wer einen rechtswidrigen Angriff i. S. d. § 32 verübt, handelt, was die ihm entgegenschlagende Verteidigung angeht, gerade auf eigene Gefahr;[231] die berechtigte Gegenwehr seines Opfers wird man dann aber schwerlich als „Unglücksfall" verstehen können.[232] Soweit allerdings Notwehr auch gegen *schuldlos* Handelnde für zulässig gehalten wird, dürften die Verteidigungshandlung und ihre Folgen für den Angreifer durchaus noch als „Unglück" für diesen aufzufassen sein.[233] – Explizite Regelungen der Hilfeleistungspflicht für Personen, die bei der *Anwendung unmittelbaren Zwangs* verletzt worden sind, enthalten etwa § 5 UZwG, § 13 UzwGBw sowie zahlreiche Vorschriften des Sicherheitsrechts der Länder (beispielsweise Art. 63 BayPAG).

---

224 Ebenso die h. L., s. nur *Rönnau/Hohn* LK § 32 Rdn. 288 m. w. N.; *Weigend* LK § 13 Rdn. 45; *Welzel* S. 215; *Rudolphi* Die Gleichstellungsproblematik der unechten Unterlassungsdelikte und der Gedanke der Ingerenz (1966) 180 ff; *Roxin* FS Trechsel 551, 564 f; *Rengier* AT § 50 Rdn. 77; i. E. a. *Dencker* FS Stree/Wessels 159, 175 f. Anders etwa noch *Granderath* Die Rechtspflicht zur Erfolgsabwendung aus einem vorangegangenen gefährdenden Verhalten bei den unechten Unterlassungsdelikten, Diss. Freiburg 1961, S. 202 ff; *Welp* Vorangegangenes Tun als Grundlage einer Handlungsäquivalenz der Unterlassung (1968) 266 ff, 271 ff; *Herzberg* Die Unterlassung im Strafrecht und das Garantenprinzip (1972) 294 ff; *Maurach/Gössel/Zipf* § 46 Rdn. 103; zweifelnd *Kühl* FS Herzberg 177, 188 f; zum Ganzen a. *Walther* FS Herzberg 503; *Popp* FS Donatsch 177.

225 Zur vom Angegriffenen selbst „provozierten" Notwehr vgl. aber *Freund* AT § 6 Rdn. 74 m. Fn. 89; im Einzelfall mag auch ein soziales Näheverhältnis garantenpflichtig machen (*Popp* FS Donatsch 177, 186).

226 *Jakobs* AT 28/4; *Rengier* BT II § 42 Rdn. 5; *Matt/Renzikowski/Renzikowski* Rdn. 9; *Sch/Schröder/Hecker* Rdn. 7; *Weigend* LK § 13 Rdn. 45 mit Fn. 145; *Welzel* Lehrbuch S. 215.

227 *Freund* MK 97; *Sch/Schröder/Hecker* Rdn. 18; *Rönnau/Hohn* LK § 32 Rdn. 288.

228 BGHSt **23** 327, 328, aufgegriffen in BGH NStZ **1985** 501= StV **1986** 201 m. Anm. *Ulsenheimer*; BGH 2 StR 188/17 v. 13.9.2017 (nicht vollständig wiedergegeben in NStZ **2017** 84).

229 *Spendel* LK[11] Rdn. 46; ders. LK[11] § 32 Rdn. 329 ff.

230 Ihnen gegenüber besteht freilich auch schon kein uneingeschränktes Notwehrrecht (denn in der Sache handelt es sich vielmehr um eine Form des Defensivnotstandes, vgl. *Pawlik* Der rechtfertigende Notstand [2002] 308 ff; *Engländer* Grund und Grenzen der Nothilfe [2008] 253 ff; *Popp* FS Donatsch 177, 185).

231 Nicht von ungefähr wollen manche darin geradezu eine gleichsam in „mittelbarer Täterschaft" bewirkte Selbstverletzung des Angreifenden sehen; vgl. hier nur *Merkel* JZ **2007** 373, 377; *Jakobs* System der strafrechtlichen Zurechnung (2012) 45 f.

232 Im Grundsatz wie hier *Conen* AnwK Rdn. 21 f; *Kahlo* Die Handlungsform der Unterlassung als Kriminaldelikt (2001) 354 f und jetzt a. *Gaede* NK Rdn. 5; zweifelnd a. *Walther* FS Herzberg 503, 507 ff; *Schünemann* Grund und Grenzen der Unterlassungsdelikte (1971) 314 m. Fn. 175. Ungeachtet dieses Begründungszusammenhangs glaubt *Gerhold* hier eine bis ins Jahr 1935 zurückreichende „Kontinuität" erkennen zu können (JuS **2021** 97, 101).

233 Vgl. bereits *Granderath* Die Rechtspflicht zur Erfolgsabwendung aus einem vorangegangenen gefährdenden Verhalten bei den unechten Unterlassungsdelikten (1961) 207.

ff) Tod. Mit dem **Tod** der verunglückten Person endet auch die Sachlage, an die eine Pflicht zu helfendem Eingreifen i. S. d. Abs. 1 anknüpfen könnte.[234] Die als „Unglücksfall" angesprochene tatbestandsmäßige Situation besteht dann *nicht mehr*. Dies gilt freilich nur für die *dieser* Person zu leistende Hilfe. In Hinsicht auf *andere* Menschen kann gleichwohl eine tatbestandsmäßige Gefahrenlage fortdauern oder sogar gerade auf Grund des Todesfalls erst entstehen. So hat die Rechtsprechung wiederholt eine *„gemeine Gefahr"* für andere Verkehrsteilnehmer angenommen, wenn ein durch einen Verkehrsunfall tödlich verletzter Fußgänger (OLG Oldenburg VRS **11** [1956] 53) oder Radfahrer samt Fahrrad (BGHSt **1** 266, 269 im Anschluss an RGSt **70** 200, 203) in der Dunkelheit auf der Fahrbahn liegen bleibt. Dass mit der *hieraus* gefolgerten Verpflichtung, den Leichnam des Unfallopfers zu bergen, im Ergebnis auch Forderungen der „Pietät" im Umgang mit Verstorbenen entsprochen werden mag,[235] ändert daran nichts. Für die Bestimmung des *Todeszeitpunkts* gelten die zu §§ 211 ff anerkannten Grundsätze entsprechend.[236] Während mit diesem Zeitpunkt schon der *Rechtsträger* wegfällt, dem ein Anspruch auf solidarische Hilfe in existentieller Not zugeordnet werden könnte, und damit auch die tatbestandsmäßige Situation des § 323c nicht mehr vorliegt, kann *zuvor* immerhin eine Sachlage eingetreten sein, in der im Angesicht des sicheren nahen Todes keine „Hilfe" im Sinne dieser Norm mehr „erforderlich" ist (näher Rdn. 82 f). 70

gg) Pränatale Notlagen. Wenig diskutiert worden sind bislang die Grenzen des § 323c in Beziehung auf das noch *ungeborene Leben* und seine Vorformen. Dabei erscheint das gelegentlich vorgetragene Argument, angesichts des Schutzes selbst bloßer Sachwerte durch § 323c könnten etwa hilfsbedürftige Föten aus dem Anwendungsbereich dieser Vorschrift nicht schlechthin ausgeschlossen sein,[237] aus einem doppelten Grund kaum tragfähig: Zum einen ist schon nicht zweifelsfrei, ob denn die Bedrohung von Sachwerten wirklich als „Unglücksfall" in Betracht kommt (vgl. Rdn. 52). Zum anderen und vor allem aber übersieht jener „Erst-recht-Schluss", dass der Schutz des § 323c nicht Gütern schlechthin, sondern nur den an ihnen Berechtigten gilt; ob aber auch schon dem *nasciturus* oder gar noch früheren Formen menschlichen Lebens in diesem Sinne Subjektcharakter zukommt, ist ja gerade noch zu erweisen. Nimmt man die vom Gesetzgeber gewählte Formulierung des § 218a Abs. 1 („Der Tatbestand des § 218 ist nicht verwirklicht, wenn") und die ihr zugrunde liegenden Ausführungen in BVerfGE **88** 203, 273 beim Wort, wonach ein „beratener" Schwangerschaftsabbruch (§§ 218a Abs. 1 Nr. 1, 219 i. V. m. den Vorschriften des SchKG) zwar straflos gestellt werden könne, gleichwohl aber mit Blick auf das Lebensrecht des Ungeborenen *rechtswidrig* bleibe, dann stellt sich in der Tat die Frage, ob sich das Bevorstehen eines solchen (rechtswidrigen) Abbruchs nicht etwa für den *nasciturus* als „Unglücksfall" darstellen könnte. Indessen wird dieser Vorgang „rechtswidrig" nur genannt (*Merkel* NK Vor §§ 218 ff Rdn. 21), von der Rechtsordnung – und nicht zuletzt auch vom BVerfG selbst – aber in der Sache gerade akzeptiert, was sich nicht zuletzt in der die „Beratungslösung" absichernden Forderung niederschlägt, es sei sicherzustellen, dass „gegen das Handeln der Frau und des Arztes von Dritten Nothilfe zugunsten des Ungeborenen nicht geleistet werden kann" (BVerfGE **88** 203, 279). Die „Hilfe", die ihm insoweit von Rechts wegen zuteilwerden soll, bleibt daher, wenn man so will, auf das obligatorische Beratungsverfahren beschränkt. Diese Überlegungen schließen es freilich noch nicht zwingend aus, in *anderen* Fällen eine zur Hilfeleistung verpflichtende Sachlage anzunehmen (es mag sich um plötzlich auftretende vorgeburtliche Komplikationen handeln – oder um einen *nicht* zulässigen Abbruch der Schwangerschaft). Doch schützt das geltende Strafrecht ungeborenes Leben schon vor *aktiver Schädigung* offensichtlich nur fragmentarisch (eben durch §§ 218 ff). *Systemati-* 71

---

234 RGSt **71** 200, 203; BGHSt **1** 266, 269; **14** 213, 216; **32** 367, 381; BGH NStZ **2016** 153.

235 Vgl. die Bemerkung von *Geilen* JURA **1985** 78, 80.

236 In diesem Sinne auch BayObLG Beschl. v. 20.6.2000 – 5St RR 276/99 (Gesamthirntod entsprechend § 3 Abs. 2 Nr. 2 TPG); aus forensischer Sicht vgl. aber auch *Berg/Helwig* ZRechtsmed (1990) 279.

237 *Geilen* Jura **1983** 78, 80 f; *Kiesecker* Die Schwangerschaft einer Toten (1996) 270; *Heim* Ektogenese (2004) 236 (mit Beschränkung auf den „selbständig lebenfähigen Fötus", S. 251 f; ebenso *Geilen* a. a. O.).

sche Kohärenz lässt sich daher am besten durch den sachlichen Gleichlauf des strafrechtlichen Lebensschutzes nach §§ 211 ff und des Schutzes körperlicher Unversehrtheit nach §§ 223 ff einerseits mit dem Schutzbereich des § 323c andererseits herstellen. Dabei sieht sich das von der h. M. herangezogene Leitkriterium für den Eintritt in die Schutzzone der §§ 211 ff – das Einsetzen der Eröffnungswehen – inzwischen beachtlicher Kritik ausgesetzt;[238] man wird daher (wie im bürgerlichen Recht, § 1 BGB) erst mit der Vollendung der Geburt einen rechtlichen Status anzunehmen haben, der andere im Falle eines Unglücks zur Hilfeleistung verpflichten kann. – Von vornherein außerhalb des tatbestandlichen Schutzbereichs bleiben jedenfalls die befruchtete, entwicklungsfähige *menschliche Eizelle* und sog. *totipotente Zellen* (§ 8 Abs. 1 ESchG); für sie gelten allein und abschließend die Vorschriften des Embryonenschutzgesetzes.[239]

72 **b) Gemeine Gefahr.** Als zweite Variante der tatbestandsmäßigen Situation, in der unterlassene Hilfeleistung zum Kriminaldelikt werden kann, nennt das Gesetz die „gemeine Gefahr". Dabei ist **Gefahr**, wie sonst auch, als *Relationsbegriff* zu verstehen: Es geht um eine Sachlage, in der eine gewisse Wahrscheinlichkeit besteht, dass *etwas Bestimmtes* geschehen wird – eben der Eintritt eines *Schadens* an einem bestimmten Gut. Stets handelt es sich (nur) um die *Prognose* künftiger Entwicklungen; bleibt der Schaden gleichwohl aus, ändert das also nichts daran, dass zuvor immerhin die Gefahr seines Eintretens bestand (fraglich kann allenfalls sein, ob bei der Beurteilung der Gefahrenlage durch das Gericht auch solche Fakten mit einzubeziehen sind, die erst nachträglich bekannt geworden sind; s. dazu Rdn. 45 ff).

73 Um eine **gemeine** Gefahr[240] handelt es sich zunächst dann, wenn die Aussicht, Schaden zu nehmen, einer *unbestimmten Vielzahl von Personen* droht. In diesem Sinne wird das Merkmal „gemeine Gefahr" auch in anderen Zusammenhängen – etwa in § 243 Abs. 1 Satz 2 Nr. 6[241] – interpretiert. Nicht erforderlich ist freilich, dass die zu erwartende Schädigung vielleicht letztlich nicht mehr als *einen* Menschen treffen mag: Droht etwa ein Gegenstand auf eine von Fußgängern benutzte Straßenfläche herabzufallen, ist dadurch die Allgemeinheit gefährdet, obschon der Gegenstand nur einmal fallen und dabei auch nur einen Passanten verletzen kann (eben denjenigen, der zufällig zu dieser Zeit vorübergeht;[242] zur abweichenden Bestimmung „gemeingefährlicher Mittel" in § 211 Abs. 2 vgl. *Rissing-van Saan/Zimmermann* LK[12] Rdn. 140 ff). Ist mit dem Eintritt eines Schadens für eine *bestimmte Mehrzahl* von Personen zu rechnen (etwa: die Passagiere eines Schiffs), soll ebenfalls eine „gemeine" Gefahr gegeben sein[243] (die dann aber wohl meist auch schon als „Unglücksfall" mit mehreren Betroffenen zu erfassen ist[244]).

74 Eine gemeine Gefahr wird etwa für die folgenden Fälle angenommen: Wald- oder Hausbrand;[245] Deichbruch, Überschwemmung[246] und andere Naturkatastrophen; (drohender) Aus-

238 *Herzberg/Herzberg* JZ **2001** 1106; *Herzberg* FS Geilen 39; *Merkel* NK § 218 Rdn. 33 ff; vgl. a. *Neumann* NK Vor § 211 Rdn. 5 ff. Hiergegen aber jüngst wieder BGH NStZ **2021** 489 (490) m. w. N.

239 Unklar *Langer-Rock* Der strafrechtliche Schutz des überzähligen in-vitro-gezeugten Embryos, Diss. Bayreuth 1998, S. 50. Nicht schon im Sinne der Strafvorschrift in § 2 Abs. 1 Var. 4 ESchG „verwendet" wird freilich ein Embryo, der lediglich unversorgt gelassen wird (vgl. nur *Müller-Terpitz* in: Spickhoff [Hrsg.], Medizinrecht [2011] ESchG § 2 Rdn. 2; *Schroth* NStZ **2009** 233, 236 f; s. a. BGHSt **55**, 206, 219 f; KG NStZ **2009** 293, 294 f).

240 Die Begriffsbestimmung im (1935 zugleich mit § 330c a. F. in das StGB eingefügten) § 315 Abs. 3 a. F. – „Gefahr für Leib oder Leben, sei es auch nur eines einzelnen Menschen, oder für bedeutende Sachwerte, die in fremdem Eigentum stehen oder deren Vernichtung gegen das Gemeinwohl verstößt" – war systematisch nur auf die „Gefährdung des Eisenbahnverkehrs, der Schiffahrt oder der Luftfahrt" zu beziehen.

241 *Kindhäuser* NK § 243 Rdn. 38. Vgl. a. *Sch/Schröder/Heine/Bosch* Vorbem. zu §§ 306 ff Rdn. 19.

242 S. bereits *Pedotti* S. 173; *Blindauer* S. 52 f; wie hier auch *Freund* MK Rdn. 70; *Sch/Sch-Hecker* Rdn. 9; *Spendel* LK[11] Rdn. 59.

243 *Spendel* LK[11] Rdn. 59; zust. *Freund* MK Rdn. 70.

244 So für den Fall des Schiffbruchs wohl *Esser/Bettendorf* NStZ **2012** 233, 237.

245 Bay KassH GA **1873** 612; OLG Celle GA **1912** 358, 359; BayObLGSt **34** (1935) 84 f.

246 BayObLG GA **1901** 142.

tritt von gefährlichen Chemikalien, giftigen Gasen oder von radioaktiver Strahlung aus Industriebetrieben bzw. Kraftwerken (*Sch/Sch/Hecker* Rdn. 9); Vergiftung des Trinkwassers (s. § 319); u. U. auch ausgebrochene gefährliche Tiere.[247] Pandemische Infektionslagen gehören wohl ebenfalls hierher (zumal an sog. *hot spots*), doch wird sich bei ihnen sinnvolles und effektives Abwendungshandeln nicht immer leicht bestimmen lassen; in jedem Fall zielt § 323c Abs. 1 aber allein auf die Eindämmung konkreter Gefahrenlagen durch unmittelbar spürbare „Hilfe", nicht auf die allgemeine Disziplinierung der Bevölkerung.[248] Gelangen gefälschte und zugleich gesundheitsgefährdende Medikamente in Umlauf, soll dies gleichfalls eine gemeine Gefahr begründen können (*Hauke/Kremer* PharmR **2013** 213, 216). Nicht zuletzt sind *Verkehrshindernisse* zu nennen, sofern nach den Umständen damit zu rechnen ist, dass Verkehrsteilnehmer sie nicht rechtzeitig erkennen und ihnen ggf. ausweichen können. Dies gilt etwa für Hindernisse auf Bahngleisen, vor allem aber für größere Gegenstände[249] (etwa von einem Transportfahrzeug herabgefallene Ladung[250]) und auch für (verletzte oder gar tote) *Unfallopfer*, die auf der Straße liegen (vgl. BGHSt **1** 266, 269: Radfahrer samt Fahrrad; OLG Oldenburg VRS **11** [1956] 53: angefahrener Fußgänger). Entsprechendes gilt für auf der Fahrbahn liegende Betrunkene oder sonst berauschte Personen (vgl. BayObLGSt **1962** 201, 203). Auch ein entwichenes reiterloses Pferd mag auf einer öffentlichen Straße eine gemeine Gefahr begründen.[251] *Keine* gemeine Gefahr begründet hingegen der bloße Umstand, dass ein Mensch mit dem HI-Virus oder vergleichbaren Krankheitserregern infiziert ist.[252] Gefahrenlagen *ausschließlich* für Sachwerte dürften eher untypisch sein (für ihren generellen Ausschluss *Vermander* S. 25 f; *Frellesen* S. 155).

In den besonderen Risikolagen, die in § 1 Abs. 1 Bundesleistungsgesetz (BLG)[253] bezeichnet 75
werden, mag im Einzelfall auch eine gemeine Gefahr i. S. d. § 323c gegeben sein (vgl. BayObLGSt **15** [1917] 9, 11 f: Kriegsausbruch). Unabhängig davon können schon auf der Grundlage jenes Gesetzes gewisse Unterstützungshandlungen angefordert werden (vgl. etwa § 2 Abs. 1 Nr. 9: „Werkleistungen, insbesondere Instandsetzungsleistungen, sowie Verpflegungsleistungen, soweit diese Leistungen im Rahmen des allgemeinen Geschäftsbetriebs des Leistungspflichtigen vorgenommen zu werden pflegen, ferner Verkehrsleistungen von Eigentümern oder Besitzern von Verkehrsmitteln, auch wenn es sich nicht um Verkehrsunternehmen handelt"); werden solche Leistungen vorsätzlich oder fahrlässig nicht (ordnungsgemäß) bewirkt, kann eine Ordnungswidrigkeit vorliegen (§ 84 Abs. 1 Nr. 1 BLG), unter den Voraussetzungen des § 85 BLG auch eine Straftat. – Zur Verpflichtung als Helfer im Rahmen von *Zivilschutz und Katastrophenhilfe* des Bundes vgl. § 28 ZSKG (bußgeldbewehrt in § 30 Abs. 2 Nr. 3 ZSKG).

c) Gemeine Not. Es ist seit jeher anerkannt, dass sich das Attribut „gemeine" zu dem Merkmal 76
„Gefahr" im Tatbestand der unterlassenen Hilfeleistung *auch* auf das der „Not" bezieht, die dritte Variante der tatbestandsmäßigen Situation dieses Delikts mithin die **„gemeine Not"** bildet (RGSt **75** 68, 70; RG HRR **1941** Nr. 915).[254] Für dieses Verständnis wird immer wieder auf die Entstehungsgeschichte verwiesen: In § 340 Abs. 1 Nr. 7 PrStGB 1851 (dem unmittelbaren Vorbild von § 360 Abs. 1 Nr. 10 RStGB 1871) fand sich noch die Wendung „wer bei Unglücksfällen oder

---

247 *Spendel* LK[11] Rdn. 62 (m. zahlreichen Beispielen). Vgl. a. schon *North* S. 39: tollwütiger Hund.

248 Sehr instruktiv zum Ganzen (mit besonderem Blick auf das Sars-Cov-2-Virus) *J. Krüger* medstra **2020** 212 f.

249 S. andeutungsweise a. BGH NJW **1954** 728, 729 und wohl auch schon RG DR **1942** 1223.

250 S. a. BSG v. 27.3.2012 – Az. B 2 U 7/11 R (zu § 2 Abs. 1 Nr. 13 lit. a SGB-VII): Führungshülse eines Stützrads am Rand eines Autobahnfahrstreifens.

251 BayLSG Urt. v. 19.1.2005 – L 3 U 65/04 zu § 2 Abs. 1 Nr. 13 lit. a SGB VII.

252 So aber *Meurer* in: Szwarc (Hrsg.) AIDS und Strafrecht (1996) 133, 149; *Lackner/Kühl* Rdn. 3; zweifelnd hingegen *Matt/Renzikowski/Renzikowski* Rdn. 12; *Sch/Schröder/Hecker* Rdn. 9.

253 Bundesleistungsgesetz v. 19.10.1956, zuletzt geändert durch Art. 5 des Gesetzes v. 11.8.2009 (BGBl. I S. 2723).

254 Bereits zu § 360 Abs. 1 Nr. 10 etwa *North* S. 40; *Leonhard* S. 13; weitere Einzelheiten hierzu bei *Spendel* LK[11] Rdnr. 70.

bei einer gemeinen Gefahr oder Noth ...", die mit der Wiederholung der Präposition „bei" und mit dem anschließenden „einer" noch deutlicher habe erkennen lassen, dass auch das Adjektiv „gemein" *beiden* nachfolgenden Substantiven zuzuordnen sei; die in § 360 Abs. 1 Nr. 10 RStGB gewählte und bis heute tradierte abweichende Formulierung verdanke sich lediglich sprachlichen Gründen.[255] In der Tat erscheint es wenig plausibel, dass an dieser Stelle – über den eingangs genannten „Unglücksfall" hinaus – beliebige weitere *individuelle* Notlagen zum Auslöser strafbewehrter Hilfspflichten gemacht werden sollten (zutr. *Blindauer* S. 54). Sollen aber nur Situationen *„gemeiner* Not" erfasst sein, so fragt sich, ob eine so bezeichnete Fallgruppe neben der der „gemeinen Gefahr" überhaupt eigenständige Bedeutung haben kann.[256] Der Vergleich mit § 145 liefert dafür keinen eindeutigen Hinweis: Die in § 145 Abs. 2 behandelten „Unfallverhütungs- und Nothilfemittel" sind allein auf „Unglücksfälle" und „gemeine Gefahr" bezogen, während der Missbrauch von Notrufen (Absatz 1) die Notlagen-Trias des § 323c übernimmt (ebenso nun auch § 115 Abs. 3). Ein Blick auf den entstehungszeitlichen Kontext des § 330c a. F. ist möglicherweise aufschlussreicher: War in § 329 Abs. 1 RStGB 1871 noch von der „Abwendung oder Beseitigung eines *Nothstandes*" durch die Lieferung von Lebensmitteln die Rede, so sprach der seit 1934[257] an die Stelle eben dieser Vorschrift getretene § 92a Abs. 1 Satz 2 von „Zeiten *gemeiner Not*", in denen die Versorgung mit „Lebensmitteln oder anderen zur Behebung der gemeinen Not erforderlichen Gegenständen" auch strafrechtlich abgesichert werden sollte. Gemeint waren also offenbar *existentielle Mangellagen*, die durch Naturereignisse (etwa Überschwemmungen) oder auch durch menschliche Einwirkung (Beschießung oder dgl.) verursacht sein mochten.[258] Neben diese Form von allgemeiner Bedrängnis, die für die davon Betroffenen zunächst nur die *latente* Gefahr des Verhungerns usw. birgt, tritt ein anderes Verständnis von „Not", wie es namentlich in den Ausdrücken „Notwehr" (§ 32) bzw. „Notstand" (§ 34) aufscheint: eine *akute* Bedrohung, die zu umgehenden Gegenmaßnahmen auffordert.[259]

77 Nimmt man, wie heute weitestgehend anerkannt, beide Bedeutungsvarianten zusammen (die Übergänge sind ohnehin fließend), so ergeben sich als **Beispiele** für „gemeine Not(lagen)" etwa: Zusammenbruch der örtlichen Wasserversorgung (vgl. BayObLG **20** 268, 270, 272); längerer Stromausfall[260] oder längere Brennstoffknappheit bei niedrigen Temperaturen;[261] witterungsbedingtes „Abgeschnitten-Sein" eines Ortes von den allgemeinen Verkehrsnetzen für einen nicht lediglich unerheblichen Zeitraum;[262] Austritt gesundheitsschädlicher Stoffe („Giftgaswolke") bzw. Radioaktivität aus einer Industrieanlage. Vorausgesetzt ist dabei stets, dass Leib, Leben und Gesundheit einer Vielzahl von Menschen bedroht sind (s. a. *Haubrich* S. 411 f). In vielen Fällen mag zugleich auch schon eine „gemeine Gefahr" (Rdn. 71 ff) gegeben sein – notwendig ist dies aber nicht. Die Einbeziehung allgemeiner Mangellagen in Hinsicht auf besonders wichtige Güter und Dienstleistungen über das Merkmal der „gemeinen Not" führt wegen der lediglich latenten Bedrohung der einzelnen davon betroffenen Menschen vielmehr zu einer tendenziellen *Vorverlagerung* der tatbestandsmäßigen Situation im Vergleich zur „gemeinen Gefahr".[263] Die darin als Möglichkeit aufscheinende „strafrechtliche Übersetzung einer sonst mit Bezugsscheinen arbeitenden Zwangswirtschaft" (so pointiert *Geilen* Jura **1983** 138,

---

255 *Leonhard* S. 13; *Blindauer* S. 54 f; *Vermander* S. 59 Anm. 56.

256 Verneint etwa von *Arzt/Weber/Heinrich/Hilgendorf* § 39 Rdn. 16; *Stein* SK Rdn. 21; Skepsis auch bei *Maurach/Schroeder/Maiwald* § 55 Rdn. 1 6. Vgl. a. schon *Blindauer* S. 55 f; *Vermander* S. 59 f. Für die Streichung zumindest dieser Variante *J. Krüger* medstra **2020** 212, 218.

257 Eingeführt durch die sog. „Verratsnovelle" vom 24.4.1934.

258 In diesem Sinne *Niethammer* in Erg.-Bd. zum *v. Olshausenschen* Komm. (1936) § 92a Anm. 4 a (S. 131); *Schönke* StGB (1942) § 92a Anm. I 2 a (S. 250).

259 In diesem Sinne bereits *Spendel* LK[11] Rdn. 73 ff.

260 *Spendel* LK[11] Rdn. 75; *Gaede* NK Rdn. 8.

261 *Sch/Schröder/Hecker* Rdn. 10; *Spendel* LK[11] Rdn. 75.

262 *Sch/Schröder/Hecker* Rdn. 10; *Spendel* LK[11] Rdn. 75; *Gaede* NK Rdn. 8.

263 Ähnlich *Momsen* Die Zumutbarkeit als Begrenzung strafrechtlicher Pflichten (2006) 413; *Spendel* LK[11] Rdn. 74 ff.

140) belegt die beachtliche Dimension, die eine Strafvorschrift wie § 323c in Krisenzeiten einmal annehmen könnte (zu pandemiebezogenen Not- und Mangellagen s. jetzt a. *J. Krüger* medstra **2020** 212, 213 f).

2. Die zur Hilfeleistung Verpflichteten

Die dem § 323c zugrunde liegende Pflicht zur Hilfeleistung kann grundsätzlich **jedermann** tref- 78
fen. Als „Sonderdelikt" lässt sich § 323c daher allenfalls in dem weiteren Sinne bezeichnen, dass als Täter nur in Betracht kommt, wer sich in bestimmter Weise mit einer der drei genannten Varianten der tatbestandsmäßigen Situation konfrontiert findet (*Jakobs* AT 30/2). Dies wird aus praktischen Gründen häufig nur bei einer gewissen räumlichen Nähe zum Ort des Geschehens der Fall sein, doch erlaubt es moderne Kommunikationstechnik in zunehmendem Maße, physische Distanzen zu überwinden und den Kreis derjenigen, denen eine aktuelle Notlage zur Kenntnis gelangt, ganz erheblich zu vergrößern. Unbeschadet der Frage, was dem einzelnen unter solchen Umständen noch an Hilfe „zuzumuten" sein mag, wird seit jeher eine grundsätzliche Beschränkung der Normadressaten auf diejenigen Personen diskutiert, die in einer gewissen engeren räumlichen Beziehung zu der fraglichen Notlage (bzw. zu der von ihr betroffenen Person) stehen – die also, wie *Eberhard Schmidt* formuliert hat, „als Nachbarn gewissermaßen mitbetroffen sind, die der Zufall zur Stelle führt oder unter irgendeinem Gesichtspunkt Genossen des Betroffenen sind, von denen er nach den Anschauungen vernünftigen sozialen Zusammenlebens Hilfe ebenso erwarten darf, wie er ihnen Hilfe zu leisten bereit sein wird".[264] Im Anschluss an *Schmidt* und *Gallas* (JZ **1952** 396, 398) hat denn auch *Welzel* noch das „rechtsstaatliche Erfordernis" hervorgehoben, den Adressatenkreis der Handlungspflicht zu begrenzen auf den „Augenzeugen" oder „jedenfalls eine Person, die die ihr zukommende Nachricht vom Unglücksfall sofort durch eigene Wahrnehmung verifizieren kann" (NJW **1953** 327, 328).[265] Der BGH hat es freilich ausdrücklich abgelehnt, die Fügung „wer bei Unglücksfällen (usw.)" als Beschränkung auf räumlich anwesende (oder jedenfalls sich in der Nähe aufhaltende) Personen zu interpretieren; „bei" sei vielmehr lediglich im Sinne von „anlässlich" zu verstehen (BGHSt **21** 50, 53). Die Literatur ist dem weitgehend gefolgt;[266] sie beruft sich – freilich zirkelschlüssig – auf den „Schutzzweck" des § 323c (Absatz 1) und verweist auf Korrektive wie die (bei größerer räumlicher Entfernung oft fehlende) Zumutbarkeit helfenden Eingreifens.

Dieses Verständnis ermöglicht es, Personen, die über eine besondere, für die fragliche Not- 79
lage relevante *Sachkunde* oder *Ausrüstung* verfügen, auch dann noch in den Kreis der Hilfspflichtigen einzubeziehen, wenn sie nicht ohnehin schon vor Ort zur Verfügung stehen; sie können dann – je nach Lage des Falles – nicht nur zu derjenigen Hilfe verpflichtet sein, die auch aus der Ferne geleistet werden kann (etwa Beratung, aber z. B. auch *telemedizinische Behandlung*[267]), sondern haben sich ggf. auch *an den Ort zu begeben*, an dem sich die in Not geratene Person befindet, und ihr alsdann dort weitere Hilfe zukommen zu lassen. In besonderer Weise betroffen sind davon **Ärzte**: Zwar wird stets – und mit Recht – betont, dass aus der heute in § 323c geregelten Strafvorschrift „keine Sonderpflicht für Ärzte" abgeleitet werden kön-

---

264 *Eb. Schmidt* Die Besuchspflicht des Arztes unter strafrechtlichen Gesichtspunkten (1949) 14; vgl. a. schon *Storsberg* S. 57 ff.

265 Im nämlichen Sinne auch noch *Welzel* S. 472; s. a. *Arm. Kaufmann* Die Dogmatik der Unterlassungsdelikte (1959) 233.

266 Vgl. nur *Kreuzer* S. 74 ff; *Schöne* S. 88; *Lackner/Kühl* Rdn. 4; *SSW/Schöch* Rdn. 6; Sch/Schröder/*Hecker* Rdn. 22; *Spendel* LK[11] Rdn. 34, 107 ff; aA *Arzt/Weber/Heinrich/Hilgendorf* § 39 Rdn. 20 ff; aus legitimationstheoretischen Gründen auch *Harzer* S. 211 ff.

267 Vgl. *Frister/Lindemann/Peters* Arztstrafrecht (2011) Rdn. 169; *Ulsenheimer* Arztstrafrecht in der Praxis, 4. Aufl. (2008) Rdn. 254a; *Schuhr* in: Spickhoff (Hrsg.) Medizinrecht 3. Aufl. (2018) Rdn. 14 zu § 323c StGB; *Fehn* MedR **2014** 543; *Ruppert* medstra **2017** 284, 285 f.

ne (RGSt **75** 68, 72; RG HRR **1941** Nr. 415), was auch der Bundesgerichtshof wiederholt hervorgehoben hat (BGHSt **2** 296, 299; BGH NStZ **1983** 313, 314 = JR **1984** 293 m. Anm. *Kreuzer*). Auf Grund ihrer besonderen Kenntnisse und Fähigkeiten sind es aber gerade sie, die bei Unglücksfällen um Hilfe angegangen werden und dann „wirksamere und frühere Hilfe" leisten können als andere Personen (zum Ganzen zuletzt *Ruppert* medstra **2017** 284).

80 Als *hilfspflichtigen Täter* angesehen hat die Rechtsprechung deshalb etwa

- den Arzt in einem kleinen Ort, der nachts trotz dreimaliger dringender Anrufe der Hebamme wegen plötzlich auftretender Komplikationen bei einer Geburt nicht kommt, obwohl der Hausarzt der Gebärenden gar nicht und ein anderer Arzt nur im 6 km entfernten Nachbarort zu erreichen ist (RGSt **75** 160);
- einen Internisten, der sich zufällig nur wenige hundert Meter vom Unfallort entfernt aufhält und es gleichwohl unterlässt, einen am Kopf verletzten Jungen zu untersuchen und mit seinem Pkw ins Krankenhaus zu bringen, wohin er ohnedies wenig später aufgebrochen wäre (BGHSt **2** 296 f);
- einen Arzt, der einen *Hausbesuch* für einen an Bronchitis schwer erkrankten Säugling ablehnt, obwohl andere Ärzte (namentlich der Hausarzt) nicht erreichbar sind (BGHSt **17** 166, 169); ebenso den Bereitschaftsarzt, der an einem Sonntag der Bitte um einen Hausbesuch nicht entspricht, obwohl ihm sich steigernde, nahezu unerträgliche Schmerzen in der Bauchhöhle geschildert werden (OLG Hamm NJW **1975** 604; s. a. AG Jever NJW **1991** 760); in *anderen* Fällen ist freilich schon der *telefonisch erteilte Rat*, den Betreffenden umgehend in ein Krankenhaus zu verbringen, als ausreichend angesehen worden (so etwa OLG Karlsruhe NJW **1979** 2360 = JR **1980** 295 m. zust. Anm. *Bruns* sowie – unter Berücksichtigung der damaligen Verkehrsverhältnisse – auch OLG Koblenz NJW **1947/48** 489); ebenso die Vereinbarung, zunächst abzuwarten und bei weiterer Verschlechterung des Befindens noch einmal anzurufen (OLG Köln NJW **1991** 764);
- einen Klinikarzt im Nachtdienst, der einen mit dem Krankenwagen gebrachten bewusstlosen Motorradfahrer wegen Belegung aller Betten ablehnt, ohne ihn in irgendeiner Weise zu untersuchen, obgleich das Krankenhaus nicht klein und die anderweitige Versorgung des Verunglückten nur unter beträchtlichem Zeitverlust möglich ist (OLG Köln NJW **1957** 1609):
- *nicht* aber einen Kinderarzt, der noch vor Begründung eines Behandlungsverhältnisses auf die telefonische Bitte um einen Hausbesuch nicht reagiert haben soll (OLG Köln MedR **2016** 519, freilich fehlerhaft unter dem Gesichtspunkt einer „Garantenstellung").

Nicht übersehen werden darf in diesem Zusammenhang schließlich, dass *Bereitschaftsärzten* von der Rechtsprechung über die Verpflichtungen nach § 323c Abs. 1 hinaus eine **Garantenverantwortlichkeit** zugewiesen wird (BGHSt **7** 211, 212), und dies selbst dann, wenn ein Behandlungsverhältnis bislang weder mit dem den Bereitschaftsdienst versehenden, noch mit einem anderen (vom Bereitschaftsarzt gleichsam substituierten) Arzt bestanden hat.[268]

81 Von **mehreren** Personen, die in vergleichbarer Weise zur Hilfeleistung fähig sind, ist jeder einzelne verpflichtet, sämtliche erforderliche Maßnahmen zu treffen; sie sind also gleichsam als „Gesamtschuldner" zu betrachten (so treffend *Spendel* LK[11] Rdn. 114). Hat einer von ihnen das Nötige getan (beispielsweise telefonisch einen Rettungsdienst oder die Polizei verständigt), werden die übrigen frei – von ihrer Seite ist nun eben keine Hilfe mehr „erforderlich" (s. a. BGH NJW **1952** 394 und unten Rdn. 85). Solange aber die erforderliche Hilfe noch nicht geleistet ist, währt die Zuständigkeit jedes einzelnen fort; keiner darf sich also darauf verlassen, dass ein anderer helfen werde (vgl. BayObLGSt **1956** 262, 263 f = NJW **1957** 354).

268 Insoweit zu Recht kritisch *Roxin* AT 2 § 32 Rdn. 75; *Schöch* in: Roxin/Schroth (Hrsg.) Handbuch des Medizinstrafrechts, 4. Aufl. (2010) 164. Gänzlich abl. etwa *Erlinger* Behandlungsfreiheit und ärztliche Behandlungspflicht, Diss. München 1998, S. 116 ff.

3. Gegenstand und Umfang der zu leistenden Hilfe

a) Die Erforderlichkeit. Nicht weniger, aber auch nicht mehr als die **erforderliche** Hilfe ist in den genannten Notlagen zu leisten. Dabei ist *Hilfe* als ein *tätiges Bemühen* um eine (merkliche) *Verbesserung* der augenblicklichen Lage zu verstehen. Es geht also um Maßnahmen mit dem Zweck, die aktuell bestehende Gefahr des Eintritts weiterer Schäden möglichst einzudämmen (hierauf gründet sich denn auch die frühere Lehre vom „Erfolgsabwendungsgebot", das dem Delikt der unterlassenen Hilfeleistung zugrunde liegen soll[269]). Tätigkeiten, die in dieser Hinsicht keinen Nutzen bringen, stellen der Sache nach schon keine „Hilfe" dar (*Stein* SK Rdn. 28); die bloße Demonstration von Hilfs*bereitschaft* und gutem Willen ist ebenso wenig geschuldet wie „leere Betriebsamkeit" (so treffend *Spendel* LK[11] Rdn. 90). Nichts mehr zu tun gibt es etwa für ein *bereits verstorbenes Unfallopfer*[270]; freilich mag infolge des Unfalls noch eine *gemeine Gefahr* für andere Verkehrsteilnehmer bestehen, der dann abzuhelfen ist (s. Rdn. 70). 82

Wie eine für den Betreffenden wirklich nützliche Hilfe überhaupt aussehen kann, hängt nicht zuletzt davon ab, welche der ihm drohenden Schäden nach menschlichem Vermögen überhaupt noch abgewendet werden können. So mag sich der Tod als Folge einer Verletzung, Vergiftung usw. in manchen Fällen letztlich nicht mehr aufhalten lassen – mit der Konsequenz, dass *hiergegen* gerichtete Maßnahmen sinnlos wären und deshalb auch nicht ergriffen werden müssen (s. a. BGHSt **46** 279, 290). *Geholfen* werden kann dann nur – aber immerhin – noch mit Maßnahmen, die Leiden und Schmerzen abmildern (BGH JR **1956** 347, 348; BGHSt **14** 213, 217; OLG Köln StraFo **1997** 54). Ob dazu auch schlichter **seelischer Beistand** gehört, ist eine andere Frage; in der Tat müsste das Anliegen, menschlich-freundliche Zuwendung, Zuspruch und Trost ausgerechnet mit den Mitteln des Strafrechts erzwingen zu wollen, einigermaßen befremdlich erscheinen[271] (vgl. aber noch Rdn. 89). Die noch von *Maurach* (JR **1956** 343, 349) vertretene Auffassung, die Vorschrift verlange „Samariterdienste auch dort, wo ärztliche Kunst versagt", ist deshalb dahin zu präzisieren, dass in solchen Fällen wenigstens für eine Linderung der Beschwerden gesorgt werden soll. 83

Was im einzelnen Fall „erforderlich" ist, um der Not wirksam abzuhelfen, ergibt sich also zunächst aus der jeweiligen Sachlage selbst (zum Problem der insoweit maßgeblichen Perspektive s. o. Rdn. 44 ff).[272] Die *individuellen Fähigkeiten und Kenntnisse des Hilfspflichtigen*, die diesen Anforderungen möglicherweise nicht (voll) entsprechen, bestimmen freilich erst Grenzen und Gestalt dessen, was von ihm konkret *ge*-fordert wird[273] (vgl. Rdn. 97). Wer bestimmte Maßnahmen den Umständen nach nur *im Zusammenwirken mit anderen* zu bewerkstelligen vermag, schuldet jedenfalls den eigenen Beitrag dazu. 84

Nicht erforderlich ist helfendes Eingreifen jedenfalls soweit, wie der in Not Geratene (noch) imstande ist, **sich selbst zu helfen.**[274] „Nur wenn der Betroffene tatsächlich der Hilfe bedürftig ist, hat die Hilfeleistung Sinn und Zweck" (BGH NJW **1952** 394). Im offenkundigen Gegensatz hierzu hatte das Reichsgericht noch festgestellt, die Pflicht zur Hilfeleistung bestehe durchaus „unabhängig davon, ob sich der Betroffene in hilfloser Lage befindet" (RGSt **75** 355, 359),[275] und sich insoweit (der damaligen Fassung des § 330c entsprechend) auf das „gesunde Volksempfinden" berufen. Hinter der – heute zu Recht allgemein abgelehnten – *gesinnungsstrafrechtlichen* 85

---

269 S. etwa *Schöne* Unterlassene Erfolgsabwendung und Strafgesetz (1974) 56 ff.

270 BGHSt **1** 266, 269; **5** 124, 126; **14** 213, 216; **17** 166, 169, 172; s. auch allg. BGHSt **16** 200, 203; **32** 367, 381.

271 Ablehnend auch *Kreuzer* S. 121 ff; *v. Dellingshausen* Sterbehilfe und Grenzen der Lebenserhaltungspflicht des Arztes (1981) 36 ff.

272 Gegen diese Frage nach dem „an sich" Erforderlichen aber *Freund* MK Rdn. 78.

273 Vgl. RGSt **75** 68, 73; *Freund* MK Rdn. 78; *Gaede* NK Rdn. 9.

274 BGH NJW **1952** 394; OLG Düsseldorf NStZ **1991** 531; *Pawlik* GA **1995** 360, 371; *Vermander* S. 73; *Lackner/Kühl* Rdn. 5; *Gaede* NK Rdn. 10; *Wessels/Hettinger/Engländer* Rdn. 1158.

275 S. a. schon RGSt **71** 200, 203; **74** 69, 71, und noch KG VRS **3** (1951) 266, 267 f.

Fassade dieser Rechtsprechung[276] verbirgt sich freilich *auch* das bis heute von vielen geteilte Anliegen, die Frage der Hilfsbedürftigkeit des Verunglückten bzw. die der „Erforderlichkeit" von Hilfe strikt *ex ante* zu bestimmen (sehr deutlich in diese Richtung etwa RGSt **71** 200, 203 f); zu dieser Problematik allgemein Rdn. 45 ff.

86 Aus den vorstehenden Erwägungen ergibt sich zugleich, dass (weitere) Hilfsbemühungen dort nicht (mehr) erforderlich sind, wo schon **andere Helfer** der Notlage tatsächlich hinreichend entgegenwirken.[277] Das gilt in erster Linie für den Fall, dass bereits *professionelle Rettungskräfte* bzw. die Polizei im Einsatz sind und auch aktuell über die nötigen personellen und sachlichen Mittel verfügen. Die Verbindlichkeit eines in diesem Sinne überflüssigen Helfers beschränkt sich dann darauf, den Rettungseinsatz nicht zu behindern. Aber auch die hinreichende Abhilfe durch *andere Dritte* kann die Erforderlichkeit weiterer Hilfsaktivitäten und damit den objektiven Tatbestand des § 323c Abs. 1 entfallen lassen, so etwa, wenn das Opfer eines vom Täter verursachten Verkehrsunfalls sogleich von anderen Verkehrsteilnehmern ausreichende und zweckmäßige Hilfe erfährt (BGH NJW **1952** 394) oder wenn die Verständigung eines Notarztes bereits von anderen Personen erledigt worden ist (BayObLG NJW **1973** 770, 771). Das bloße *Vertrauen* darauf, dass ein anderer helfen werde, entlastet freilich noch nicht (OLG Hamm NJW **1968** 212, 213); dies auch dann nicht, wenn andere potenzielle Helfer erreichbar oder unmittelbar vor Ort anwesend sind (s. etwa den Fall BayObLG NJW **1954** 354: bei Ankunft an der Unfallstelle bereits zehn weitere Personen „in allgemeiner Debatte", aber noch ohne konkrete Hilfstätigkeit). Ist mit vergleichbar schneller und wirksamer Hilfe von dritter Seite nicht verlässlich zu rechnen, bleibt eigenes Tätigwerden erforderlich.[278] Da die (fortbestehende) Hilfsbedürftigkeit des in Not Geratenen, aus der sich die Erforderlichkeit helfenden Eingreifens ergibt, zum *objektiven* Tatbestand des § 323c gehört,[279] liegt unterlassene Hilfeleistung tatbestandlich selbst dann nicht vor, wenn der Betreffende vom Wegfall der Hilfsbedürftigkeit wegen hinreichender Sorge durch Dritte nichts weiß (BayObLG NJW **1973** 770, 771).

87 Die erforderliche Hilfe kann beispielsweise darin bestehen,
- *professionelle Retter* (je nach Lage des Falls etwa einen Notarzt, die Polizei oder die Feuerwehr) zu verständigen (vgl. BayObLG NJW **1973** 770; OLG Düsseldorf NJW **1995** 799), ihnen ggf. den Weg zum Unglücksort zu weisen oder Zugangshindernisse zu beseitigen (und sei es auch nur durch eigenes Beiseitetreten – s. a. *Scheffler* NJW **1995** 232, 234 mit Bezug auf sog. „Gaffer"; *Heger/Jahn* JR **2015** 508, 514 ff.);
- verletzte Personen selbst zu einem Arzt oder ins nächstgelegene Krankenhaus zu transportieren (vgl. BGHSt **2** 296, 299; KG DJZ **1908** Sp. 877);
- hilfswilligen Dritten vorhandene *Rettungsmittel zu überlassen* (etwa ein Boot, um zu hilfsbedürftigen Personen im Wasser zu gelangen – vgl. OLG Darmstadt DJZ **1901** Sp. 512; OLG Breslau HRR **1928** Nr. 2240; ein Telefon, um einen Arzt verständigen zu können – LG Bielefeld DStR **1939** 217; BayObLG NJW **1974** 1520, 1522);
- sich „bei Not am Mann" an Löscharbeiten zu beteiligen (BayObLGSt **34** [1935] 84 f) bzw. Hilfskräfte freizustellen (so für den Fall einer Überschwemmung BayObLGSt GA **1901** 142).

88 Bei *räumlicher Distanz zum Unglücksort* kann insbesondere **informatorische Hilfe** erforderlich sein, so etwa die aus überlegenem Sachverstand erfolgende Aufklärung darüber, dass nach Lage der Dinge ein Notarzt verständigt bzw. ein Transport ins Krankenhaus organisiert werden müsse (BGH NStZ **1985** 409).

---

276 Mit Recht gerügt etwa von *Spendel* LK[11] Rdn. 88; s. a. *Wildanger* S. 67.

277 *Pawlik* GA **1995** 360, 370 f; *Vermander* S. 73; *Freund* MK Rdn. 84; *Gaede* NK Rdn. 10; s. a. OLG Karlsruhe NJW **1979** 2360, 2361.

278 Vgl. etwa RG DR **1942** 1787 Nr. 15; BGH NJW **1952** 394; BGH bei Martin DAR **1960** 67; BGH VRS **14** (1958) 191, 193; **22** (1962) 271, 272; **24** (1963) 189, 190 f; **32** (1967) 437, 440; OLG Hamm NJW **1968** 212, 213; OLG Karlsruhe NJW **1979** 2360, 2361.

279 Vgl. a. BGHSt **17** 166, 168; BayObLG NJW **1957** 354; 1973 770, 771.

Erforderlich sein kann im Einzelfall auch **psychischer Beistand**, soweit er etwa geeignet ist, den Durchhaltewillen zu stärken und auf diese Weise zu erreichen, dass der Verunglückte sich nicht selbst vorzeitig aufgibt und dann endgültig nicht mehr gerettet werden könnte. So soll es – nach einem vom OLG Stuttgart (MDR **1964** 1024, 1025) gebildeten Beispiel – etwa erforderlich sein, dem nach einem Sturz im Fels hängenden Bergsteiger Mut zuzusprechen, um zu erreichen, dass er bis zum Eintreffen der Bergwacht auszuhalten vermag. In dem vom OLG Stuttgart a. a. O. selbst entschiedenen Fall hingegen ist es richtigerweise *nicht* als erforderlich anzusehen, einer zu freier Selbstbestimmung fähigen Frau zu einer bestimmten medizinischen Behandlung zu überreden, die sie aus religiösen Gründen – in Kenntnis der möglichen Folgen – gerade ablehnt.[280] 89

Nicht „erforderlich“ war – entgegen OLG Hamm NJW **1968** 212, 213 – auch die (*in casu* gleichfalls aus religiösen Erwägungen nicht erteilte) Zustimmung eines Vaters zur Vornahme einer Bluttransfusion, durch die das eigene Kind gerettet werden sollte.[281] Denn damit hätte der Vater kein Hindernis aus dem Weg geräumt, das der Vornahme der Transfusion *faktisch* entgegengestanden hätte. Sie könnte jederzeit auch ohne seine Zustimmung durchgeführt werden, und dies sogar rechtmäßig (entweder auf der Grundlage einer familiengerichtlichen Entscheidung nach § 1666 Abs. 1 BGB oder, wenn eine solche nicht mehr rechtzeitig herbeigeführt werden kann, im rechtfertigenden Notstand; vgl. nur *Roxin/Greco* AT I § 13 Rdn. 92). Der Vater mag ungeachtet seiner persönlichen Überzeugungen familienrechtlich verpflichtet gewesen sein, der Transfusion zuzustimmen (§§ 1626 Abs. 1, 1627 Satz 1 BGB); doch nicht um die Verletzung *dieser* Pflichten geht es in § 323c Abs. 1, sondern um das Vorenthalten effektiver Hilfe. Das vom OLG Hamm (a. a. O. 214) erörterte Problem der „Zumutbarkeit“ eines den eigenen Glaubensüberzeugungen widersprechenden Verhaltens stellte sich bei dieser Sichtweise also im Grunde gar nicht. 90

Gelegentliche Erörterung findet schließlich die Frage, ob hinterbliebene nächste Angehörige ggf. verpflichtet sein können, nach § 4 TPG einer Organ- oder Gewebeentnahme zuzustimmen, um auf diese das Leben eines anderen, sonst möglicherweise todgeweihten Patienten zu retten. Regelmäßig wird hier freilich (nach den oben Rdn. 56 ff dargelegten Maßstäben) schon kein „Unglücksfall“ vorliegen;[282] im Übrigen zeigt § 4 TPG gerade, dass den betreffenden Angehörigen eine solche Zustimmung freigestellt bleiben soll – eine Wertentscheidung des Gesetzgebers in Hinsicht auf eine bestimmte Konfliktlage, die der allgemeineren Vorschrift des § 323c Abs. 1 vorgeht.[283] 91

b) Die Zumutbarkeit

aa) Deliktssystematische Stellung. Wegen unterlassener Hilfeleistung strafbar ist nach dem Gesetzeswortlaut nur, wer nicht Hilfe leistet, „obwohl dies erforderlich und *ihm den Umständen nach zuzumuten*“ ist. Bereits diese sprachliche Gleichordnung der beiden Merkmale „erforderlich“ und „zuzumuten“ deutet an, dass sie auch eine gemeinsame Aufgabe erfüllen sollen: die **Konturierung und Begrenzung der Pflichtwidrigkeit**, die im Zentrum des *Gesamtunrechtstat-* 92

---

280 S. dazu auch *Böse* ZStW **113** (2001) 40, 71; *Frisch* FS Schroeder 11, 21; *Valerius* Kultur und Strafrecht (2011) 112 f.

281 Ebenso *Kreuzer* NJW **1968** 1201, 1202; *Ulsenheimer* FamRZ **1968** 568, 569; *Böse* ZStW **113** (2001) 40, 69; *Roxin/Greco* AT I § 22 Rdn. 109; letztlich auch *Dreher* JR **1972** 342, 344; *Peters* JZ **1972** 85, 86.

282 *Kaschubs-Saeedi* Menschliches Leben als Schutzgut des Strafrechts (2002) 220 (Funktionsausfall eines Organs i. d. R. kein „plötzliches Ereignis“).

283 Eine Organentnahme, die weder von einer zu Lebzeiten erklärten Einwilligung noch von der Zustimmung entscheidungsbefugter nächster Angehöriger gedeckt ist, kann auch nicht unter Notstandsgesichtspunkten (§ 34 StGB) gerechtfertigt sein, weil den §§ 3, 4 TPG gerade die Annahme zugrunde liegt, dass der Körper einer verstorbenen Person insoweit prinzipiell nicht mit „Sozialpflichten“ belastet sein solle (so im Ergebnis auch *Schroth* in: ders./König/Gutmann/Oduncu [Hrsg.], TPG [2005], § 19 Rdn. 22, 35; wohl auch *Tag* MK TPG § 19 Rdn. 8 f m. w. N.).

bestandes bei § 323c Abs. 1 steht. In diesem Zusammenhang fungiert also auch die Zumutbarkeit als *objektive Grenze der Hilfeleistungspflicht* und damit als **Merkmal des Unrechtstatbestandes**[284] mit der Folge, dass jedenfalls die das Zumutbarkeitsurteil begründenden Tatsachen als *Tatumstände* (§ 16 Abs. 1 Satz 1) vom Vorsatz umfasst sein müssen.[285]

93 Diese heute ganz herrschende deliktssystematische Einordnung des Passus „den Umständen nach zuzumuten" war freilich nie unumstritten. In der Tat gebraucht das StGB selbst die Worte „zumuten" und „zumutbar" in vielerlei Zusammenhängen,[286] und in der allgemeinen Dogmatik der Unterlassungsdelikte wird jedenfalls der Topos der „Unzumutbarkeit normgemäßen Verhaltens" oft (auch) zur Begründung ausgeschlossener *Schuld* (bzw. ausgeschlossener *Verantwortlichkeit*) herangezogen. Auch die Rechtsprechung spricht von (fehlender) Zumutbarkeit gelegentlich in diesem Sinne (so etwa in BGHSt **6** 46, 57), dann aber auch wieder im Sinne einer Rechtspflichtbegrenzung (so BGH NJW **1994** 29; vgl. a. OLG Hamburg StV **1996** 437). Die Einsicht, dass hier unter einem gemeinsamen Schlagwort sachlich durchaus verschiedene Fallgestaltungen erörtert werden, die in Wahrheit eben auch verschiedenen systematischen Kategorien zu unterstellen sind (vgl. nur *Schöne* S. 91 ff; *Roxin* AT II § 31 Rdn. 211 ff), muss auch bei § 323c Abs. 1 zu einer *differenzierenden Betrachtungsweise* führen:

94 **(1)** Soweit der Verweis auf das Zumutbare (oder eben nicht mehr Zumutbare) *Rechtspflichten klären und begrenzen* will, wird in der Tat gerade der *Unrechtstatbestand* der unterlassenen Hilfeleistung angesprochen. Die beiden im Gesetz exemplarisch herausgehobenen Gründe, aus denen jemandem eine (an sich erforderliche) Hilfshandlung nicht „zuzumuten" sein kann, lassen das gut erkennen: Mit der „erheblichen eigenen Gefahr" wird der Sache nach auf eine *materielle Opfergrenze* verwiesen, die der zur Hilfe Aufgerufene gegenüber dem in Not Geratenen geltend machen kann. Jedenfalls an dieser Grenze *endet* seine Hilfspflicht (und insoweit kann auch für die sog. „unechten" Unterlassungsdelikte nichts anderes gelten[287]). Der Hinweis auf den möglichen Vorrang „anderer wichtiger Pflichten" macht gleichfalls deutlich, dass es hier um eine grundsätzliche Bestimmung der Pflichtenlage geht, in der sich der Betreffende von Rechts wegen befindet (und auch in diesem Punkt besteht zu den „unechten" Unterlassungsdelikten letztlich kein Unterschied). Damit ist die Zumutbarkeit auf der Ebene des Unrechtstatbestands sogar in zweifacher Hinsicht von Bedeutung: Die Hilfspflicht ist sowohl mit den *Eigeninteressen* des Helfers abzugleichen (nachfolgend Rdn. 98 ff), als auch mit *Drittinteressen*, die sich hinter (scheinbar) kollidierenden „anderen" Pflichten verbergen können (dazu Rdn. 107 ff). Es versteht sich, dass dafür nur rechtliche Maßstäbe in Frage kommen (vergleichbar etwa denen des rechtfertigenden Notstands bzw. der rechtfertigenden Pflichtenkollision) und nicht schon die dunkle Bezugnahme auf ein „allgemeines Sittlichkeitsempfinden" (so noch OLG Hamm NJW **1968** 212, 214; vgl. a. BGHSt **11** 353, 354).

95 **(2)** Daneben verbleiben jedoch Fallgestaltungen, in denen die fehlende „Zumutbarkeit" einer bestimmten Handlung allenfalls einen Grund für den *Ausschluss strafrechtlicher Verantwortlichkeit* darstellen kann, ohne dass sich an der Pflichtwidrigkeit der Unterlassung dieser Handlung etwas ändern würde: Der Unterlassende hat sich hier rechtlich nicht richtig verhalten, entgeht aber dennoch dem strafrechtlichen Vorwurf, weil ein solcher den Umständen nach ver-

---

284 *Frellesen* S. 209; *Kreuzer* S. 91; *Beulke* FS Küper 1, 4; *Geppert* JuS 2005 39, 45; *Kindhäuser/Zimmermann* BT I § 70 Rdn. 17; *Lackner/Kühl* Rdn. 7; *Naucke* FS Welzel 761, 767; *Otto* BT Rdn. 12; *Pawlik* GA **1995** 360, 372; *Rengier* BT II § 42 Rdn. 13; Sch/Schröder/*Hecker* Rdn. 18; *Gaede* NK Rdn. 11; **aA** *Welzel* S. 473; *Maurach/Schroeder/Maiwald* § 55 Rdn. 22.

285 *Fischer* Rdn. 15, 30; *Sch/Schröder/Hecker* Rdn. 25; *SSW/Schöch* Rdn. 23. Vertiefend zum Ganzen *Naucke* FS Welzel 761, 766 ff.

286 S. nur die Auflistungen bei *Momsen* Die Zumutbarkeit als Begrenzung strafrechtlicher Pflichten (2006) 39 f; ferner die Monografien von *Gribbohm* Verwendung und Funktion der Unzumutbarkeit im Strafrecht, Diss. Kiel 1960 und *Wortmann* Inhalt und Bedeutung der „Unzumutbarkeit normgemäßen Verhaltens" im Strafrecht (2002).

287 Insoweit übereinstimmend *Krey/Esser* AT Rdn. 1173; *Sch/Schröder/Bosch* Vorbem. §§ 13 ff Rdn. 155. Zum Vorbildcharakter der in § 323c getroffenen Einordnung in den Unrechtstatbestand für die übrigen Unterlassungsdelikte s. a. *Stree* FS Lenckner 393, 397.

zichtbar erscheint (zu diesen Fällen näher Rdn. 130 ff). Die Tatsache, dass das Gesetz mit Bezug auf die zu (1) genannten Gesichtspunkte den Ausdruck „zuzumuten“ verwendet und sie in dieser Form dem Unrechtstatbestand zuweist, zwingt keineswegs dazu, dorthin nun auch noch alle anderen Fragen zu verschieben, die ansonsten der Schuld- bzw. Verantwortlichkeitsebene zuzuschlagen wären.

Die **praktischen Konsequenzen** des Streits sind freilich gering. Soweit Zumutbarkeits- 96
fragen bereits auf der Ebene des Unrechtstatbestandes die Reichweite der Handlungspflicht mitbestimmen sollen, wird zum einen der *Irrtumsregelung* des § 16 Abs. 1 S. 1 ein weiteres Anwendungsfeld erschlossen – was im Ergebnis allerdings wieder dadurch relativiert wird, dass der Tatbestandsvorsatz nach verbreiteter Auffassung[288] nur die Kenntnis der tatsächlichen Umstände voraussetzt, aus denen sich die Zumutbarkeit einer bestimmten Form von Hilfe ergibt, während die fehlerhafte Bewertung als „unzumutbar“ den Vorsatz unberührt lassen und ggf. als bloßer Gebotsirrtum (§ 17) zu behandeln sein soll (s. Rdn. 129), der in der Regel aber vermeidbar sein wird; im Ergebnis besteht dann aber kein Unterschied zum Irrtum über Schuldausschließungsgründe.[289] Zum anderen entfällt, soweit der Zumutbarkeit der Hilfshandlung schon für den Unrechtstatbestand Bedeutung zugemessen wird, mit ihr auch die rechtswidrige Haupttat als Bezugspunkt für die Strafbarkeit etwaiger *Teilnehmer* – doch kommt Teilnahme am Vergehen nach § 323c Abs. 1 ohnehin nur in gewissen Sonderfällen in Betracht (s. Rdn. 141). Keinerlei Auswirkungen hat die Streitfrage hingegen auf das *Notwehr- und Nothilferecht* (§ 32) gegenüber dem Hilfspflichtigen (so aber noch *Spendel* LK[11] Rdn. 119): Ein solches Recht besteht im Falle der unterlassenen Hilfeleistung nämlich ohnehin nicht (dazu bereits Rdn. 23).

Von vorneherein nicht geschuldet sind Handlungen, die der Betreffende nicht ausführen 97
kann, weil ihm die dafür nötigen Fähigkeiten, Kenntnisse oder Hilfsmittel fehlen. In diesem Sinne hängt die Hilfspflicht in der Tat davon ab, „wie weit der einzelne zur Leistung der Hilfe fähig ist“ (RGSt **75** 68, 73). Auch insoweit von „unzumutbarer“ Hilfe zu sprechen (so z. B. *Wildanger* S. 95, 101), führt nur zu unnötiger Verwirrung; der oben genannte Streit betrifft diese Fälle jedenfalls nicht. Denn das **Unvermögen**, eine bestimmte Hilfshandlung vorzunehmen, schließt nach der im Strafrecht eingebürgerten Begriffsbildung bereits ein *tatbestandsmäßiges Unterlassen* aus.[290] Wer etwa das im Auto eingeklemmte Unfallopfer mangels technischer Hilfsmittel und manueller Fertigkeiten nicht aus dem demolierten Fahrzeug zu befreien vermag, „unterlässt“ insoweit nicht die (an sich) erforderliche Hilfe (wohl aber kann es in einer solchen Situation dann erforderlich – und möglich – sein, telefonisch einen Rettungsdienst zu verständigen). Wer sich sprachlich nicht mit der Notrufzentrale verständigen kann, ist auch nicht verpflichtet, dort anzurufen[291] (möglicherweise kann er aber in anderer Weise helfen). Einem Blinden ist nicht der Abtransport eines Verunglückten (RGSt **74** 199, 200), einem Nichtschwimmer nicht die Rettung eines Ertrinkenden durch Sprung ins Wasser möglich (vielleicht aber u. U. doch durch Hineinziehen des Verunglückten in ein Boot, durch Herbeirufen Dritter usw.). Ein Volltrunkener mag in einem Notfall wenigstens insofern noch zur Hilfe in der Lage sein, als er einem anderen Helfer, der einen Rettungsdienst für einen auf der Straße zusammengebrochenen Passanten herbeirufen will, sein Telefon überlassen kann.[292] Zu keiner Hilfeleistung mehr imstande sind freilich schlafende oder völlig desorientierte Personen (BGH StV **2008** 182, 184). Nicht zuletzt die *räumliche Distanz* zum Ort des Unglücks mag helfendes Eingreifen unmöglich machen, sofern sie nicht rechtzeitig überwunden werden kann. Bleibt für den Betreffenden nach den Umständen keine sinnvolle Handlungsmöglichkeit

---

288 *Schaffstein* FS OLG Celle 175, 205; *Sch/Schröder/Hecker* Rdn. 25 m. w. N.; krit. *Frellesen* S. 219 f.
289 Hierzu BGHSt **48** 255, 261; *Kühl* AT § 13 Rdn. 82 ff m. w. N.
290 Vgl. nur *Baumann/Weber/Mitsch/Eisele* AT § 15 Rdn. 15 ff; *Jescheck/Weigend* AT S. 616 f; *Roxin* AT II § 31 Rdn. 8 ff.
291 *Stein* SK Rdn. 22; s. a. BayObLG NJW **1974** 1520, 1523.
292 Vgl. BayObLG NJW **1974** 1520, 1522 = [unvollst.] JR **1975** 30 mit Anm. *Lenckner*.

übrig, scheidet auf seiner Seite eine „unterlassene" Hilfeleistung aus. Das gilt auch dann, wenn er dieses Unvermögen durch ein bestimmtes Verhalten *vor* Eintritt des Unglücksfalles etc. *selbst* begründet hat; auf den Gedanken der *omissio libera in causa* kann bei § 323c nicht zurückgegriffen werden (näher Rdn. 123).

98 Ist hingegen der Täter zu *mehreren* Hilfeleistungshandlungen – beispielsweise zugunsten mehrerer verunglückter Personen – an sich zwar imstande, dies aber nur *alternativ* (er kann *entweder* A *oder* B helfen, *nicht aber beiden zugleich*), so kann und muss er sich für eine von ihnen entscheiden (s. auch noch unten Rdn. 110). Erscheinen beide Handlungen gleichermaßen dringlich, verhält er sich – wie immer die Entscheidung ausfällt – pflichtgemäß, weil das Recht auch in solchen Fällen nichts Unmögliches verlangt[293] (wer hingegen gänzlich untätig bleibt, verletzt *eine*, hier eben *alternativ gefasste* Hilfspflicht).[294]

99 **bb) Ohne erhebliche eigene Gefahr.** Nicht geschuldet ist eine Hilfeleistung, die mit einer *erheblichen Gefahr für den Hilfeleistenden selbst* verbunden wäre. Angesprochen sind damit die **berechtigten Eigeninteressen** des potenziellen Helfers, gegen die sich das Rettungsinteresse des anderen Teils erst einmal durchsetzen muss. Auf das *diesem* Sinne noch Zumutbare ist die Rechtspflicht beschränkt:[295] Was die Opfergrenze übersteigt, muss nicht geleistet werden. Berücksichtigungsfähig sind in diesem Zusammenhang nicht nur Leib und Leben des Helfers, sondern auch andere rechtlich anerkannte Interessen, namentlich Sachwerte.[296] Freilich sind sie grundsätzlich ins Verhältnis zu setzen zu Art und Grad der Gefahr, durch die die Notlage jeweils begründet wird. Für *Sachen*, die im Rahmen der Hilfeleistung beschädigt oder verbraucht werden, ergibt sich das schon aus der Wertung des § 904 Satz 1 BGB:[297] Derartige Einbußen sind hinzunehmen, sofern der sonst drohende Schaden des anderen „unverhältnismäßig groß" ausfiele (aber eben auch *nur* dann). Ein nicht nur leicht verletztes Unfallopfer ist daher auch dann zum Arzt oder in ein Krankenhaus zu transportieren, wenn dabei das Wageninnere verunreinigt werden sollte; als behelfsmäßiges Verbandsmaterial ist ein Kleidungsstück auch dann zur Verfügung zu stellen, wenn es dadurch unbrauchbar wird.

100 Auch sonst entsteht die Hilfspflicht nur unter der Voraussetzung, dass die Interessen der in Not geratenen Person die eigenen Interessen des Helfenden **wesentlich überwiegen.**[298] Es handelt sich also im Prinzip um eine vergleichbare Schwelle, wie sie auch § 34 für die zwangsweise solidarische Inanspruchnahme Dritter formuliert.[299] Nicht anders als dort (vgl. *Neumann* NK § 34 Rdn. 95 f) wird man deshalb als Abwägungskriterium grundsätzlich auch das Eigenverschulden des Gefährdeten an seiner gegenwärtigen Lage zu berücksichtigen haben.[300] Den eigenen Interessen des potenziellen Helfers dürfte im Rahmen des § 323c generell ein größeres Gewicht zukommen, weil er nicht (wie bei § 34) lediglich einen Eingriff in ein bestimmtes Gut zu dulden hat, sondern sich gewissermaßen immer auch selbst als Person mit in das Geschehen einbringen und handeln muss (ähnlich *Stein* SK Rdn. 34). Eine erhebliche Gesundheitsgefährdung muss deshalb auch dann nicht eingegangen werden, wenn dies der Rettung von Menschenleben dienen würde.[301] Das gilt beispielsweise auch für das Risiko, sich durch ein be-

---

293 Wie hier *Joerden* Logik im Recht, 2. Aufl. (2010) 72 ff („alternative Pflichtenstellung"). Für Rechtfertigung die h. L., zu ihr allg. *Mangakis* ZStW **84** (1972) 447 (459 ff); *Lenckner* GA **1985** 295 (304 f); *Gropp* FS Hirsch 206, 215 ff; **aA** (nur Schuldausschluss) *Fischer* Vor § 32 Rdn. 11a; *Jescheck/Weigend* AT S. 367.

294 *Goeckenjan* GS Joecks (2018) 71, 88; *Paeffgen/Zabel* NK vor §§ 32 ff Rdn. 177; *Kühl* AT § 18 Rdn. 137.

295 Ebenso OLG Hamburg NStZ **1996** 557, 559 (zu § 370 Abs. 1 Nr. 2 AO); vgl. ferner *Gaede* NK § 13 Rdn. 17.

296 *Frellesen* S. 171 m. w. N.; *Sch/Schröder/Hecker* Rdn. 19; *Gaede* NK Rdn. 12.

297 *Sch/Schröder/Hecker* Rdn. 19; krit. *Vermander* S. 91.

298 *Pawlik* GA **1995** 360, 371 f; *Schmitz* S. 29 f; *Freund* MK Rdn. 95.

299 So i. E. auch *Hruschka* JuS **1979** 385, 390; *Seelmann* JuS **1995** 281, 285 f; *Pawlik* GA **1995** 360, 371 f; *Böse* ZStW **113** (2001) 40, 70; *Freund* MK Rdn. 93.

300 S. a. schon *Popp* FS Donatsch 177, 183.

301 *Gaede* NK Rdn. 12.

stimmtes Hilfsverhalten mit Krankheitserregern zu infizieren, sofern eine solche Möglichkeit objektiv besteht (also nicht lediglich auf irrationalen Befürchtungen beruht[302]) und auch mit nicht unerheblichen gesundheitlichen Folgen zu rechnen ist (so durfte im Fall RGSt **77** 301 die Beförderung eines diphtheriekranken Kindes abgelehnt werden, um eine eigene Infektion zu vermeiden). Erst recht muss niemand sein eigenes Leben aufs Spiel setzen, um das eines anderen (oder auch einer Vielzahl von Menschen) zu retten.[303] „Heldenmut und Opfergeist" verlangt § 323c keineswegs (so prägnant *Spendel* LK[11] Rdn. 122). Auch sonst hat die Wahrung eines *Kernbereichs personaler Autonomie* stets Vorrang; daher ist z. B. niemandem zuzumuten, eine gescheiterte Beziehung fortzuführen oder gar in häuslicher Gemeinschaft mit einer suizidgeneigten Person „auszuharren" (BGHSt **7** 268). Die im Notstandsrecht anerkannten Grenzen rechtlich geschuldeter Solidarität (vgl. nur *Neumann* NK § 34 Rdn. 118 ff) gelten auch hier: Anderen etwa als Organ- oder Blutspender zu dienen ist niemand verpflichtet (zum Ganzen a. *Frisch* GA **2016** 121, 131 ff).

Gesteigerte **berufsspezifische Gefahrtragungspflichten** haben in diesem Zusammenhang grundsätzlich außer Betracht zu bleiben (so mit Recht *Stree* FS Lenckner [1998] 393, 404 f; vgl. a. *Freund* MK Rdn. 96). Gefragt ist der (potenzielle) Helfer in § 323c nur in seiner Allerweltsrolle als „Jedermann", nicht etwa in der des Polizeibeamten, Feuerwehrmannes usw.[304] Allerdings mögen die Ausrüstung und die besonderen Kenntnisse und Fähigkeiten, über die die betreffenden Berufsträger verfügen, die zu besorgende Eigengefährdung im Einzelfall geringer erscheinen lassen. **101**

Besteht der „Unglücksfall" in einer (unmittelbar bevorstehenden oder gerade begangenen) **Straftat** oder einem vergleichbaren Angriff auf einen anderen Menschen, wird ein buchstäblich handgreifliches Dazwischengehen angesichts der damit möglicherweise verbundenen Eigengefährdung oft unzumutbar sein (LG Mannheim NJW **1990** 2212); fast immer zumutbar ist dann aber immerhin die Betätigung von Alarm- oder Notrufanlagen und die Verständigung der Polizei.[305] Weitergehende *Nothilfebefugnisse (§ 32)* müssen also nur im Rahmen des Zumutbaren ausgeschöpft werden.[306] In keinem Fall verlangt ist selbstverständlich die Zahlung von Lösegeld, um das Opfer eines erpresserischen Menschenraubs wieder in Freiheit zu bringen.[307] **102**

Wie jedem anderen sind Hilfshandlungen grundsätzlich auch demjenigen zumutbar, der zuvor **selbst zur Entstehung der Gefahrenlage beigetragen** hat. Ihm soll nach verbreiteter Auffassung sogar *mehr* als anderen zugemutet werden können (s. nur BGHSt **11** 135, 136 f), was teilweise mit dem Gedanken der Ingerenz begründet wird (*A/W/Hilgendorf* § 39 Rdn. 24; *Fischer* Rdn. 18; zur Kritik noch unten Rdn. 106). Zumutbar ist die Hilfeleistung daher insbesondere auch für den *Beteiligten an einer fahrlässigen oder vorsätzlichen Begehungsstat* (BGHSt **11** 353; **14** 282; **39** 164, 166). Wenn die Rechtsprechung hier gelegentlich anders entschieden hat (s. etwa OLG Frankfurt NJW **1954** 1847, 1848; OLG Celle NJW **1970** 341), so waren dafür wohl in der Sache konkurrenzrechtliche Erwägungen ausschlaggebend (ähnlich wie bei der – verfehlten – Ablehnung einer entsprechenden Ingerenzgarantenpflicht in BGH StV **1996** 131 (abl. *Stein* JR **1999** 265; offen gelassen von BGH NStZ **2003** 312 f). „Widersinnig" ist die Annahme einer Hilfspflicht in solchen Fällen jedenfalls nicht[308] (zu den Konkurrenzfragen Rdn. 168 f). **103**

Inwieweit allerdings die **Gefahr eigener strafrechtlicher Verfolgung** die in § 323c geregelte Verpflichtung zur Hilfeleistung einzuschränken vermag, ist umstritten und auch in der Rechtsprechung noch nicht abschließend geklärt. Der apodiktischen Feststellung in BGHSt **39** 164, **104**

302 Weitergehend wohl *Spengler* DRiZ **1990** 259, 261 f.
303 *Freund* MK Rdn. 95; *Sch/Schröder/Hecker* Rdn. 19.
304 So im Ergebnis auch *Arm. Kaufmann* Die Dogmatik der Unterlassungsdelikte (1959) 153 Fn. 159. **AA** etwa *Frellesen* S. 207 f; *Stein* SK 33.
305 *Arzt/Weber/Heinrich/Hilgendorf* § 39 Rdn. 23; *Maurach/Schroeder/Maiwald* § 55 Rdn. 18; s. a. BGH GA **1971** 336.
306 Weitergehend wohl *Engländer* FS Roxin II 657, 665 ff.
307 Vgl. zuletzt *Fuhlrott/Schröder* NZA-RR 2017 625, 629.
308 So aber A/W/*Hilgendorf* § 39 Rdn. 25 im Anschluss an OLG Celle NJW **1970** 341; abl. a. *Frellesen* S. 201 f.

166, eine solche Gefahr befreie „grundsätzlich nicht von der Pflicht zur Hilfeleistung", stehen im Schrifttum differenzierende Lösungsvorschläge gegenüber. Unterschieden werden insbesondere die beiden folgenden Konstellationen:

(1) Eine Person, die aus irgendeinem Grunde strafrechtlicher Verfolgung ausgesetzt ist, wird zufällig eines „Unglücksfalles" bzw. einer „gemeinen Gefahr oder Not" ansichtig; bestimmte (an sich mögliche und erforderliche) Hilfsmaßnahmen sind aber praktisch verbunden mit einer nicht unerheblichen Steigerung des Risikos, hinsichtlich jener anderen Tat überführt, entdeckt, gefasst und bestraft zu werden.

(2) Der potenzielle Helfer ist selbst auf irgendeine Weise in die Entstehung der betreffenden Notlage verstrickt und würde sich durch die Hilfeleistung einem erhöhten Verfolgungsrisiko aussetzen, was Straftaten betrifft, die mit dem „Unglücksfall" usw. in sachlichem Zusammenhang stehen (etwa eine fahrlässige Körperverletzung oder auch eine Trunkenheitsfahrt).

105 Nach verbreiteter Auffassung sollen die Fallgruppen (1) und (2) prinzipiell *unterschiedlich* zu behandeln sein: Zwar sei aus dem Grundsatz der *Selbstbelastungsfreiheit* abzuleiten, dass eine Hilfeleistung regelmäßig nicht verlangt werden könne, durch die sich der Helfende faktisch einem gesteigerten Entdeckungs- und Bestrafungsrisiko aussetzen würde (der Sache nach geht es also um den Versuch, das Merkmal „zumutbar" *verfassungskonform* – nämlich mit Blick auf das grundrechtlich fundierte „nemo-tenetur"-Prinzip – zu interpretieren[309]). Dieser Grundsatz soll sich freilich nur in der *ersten*, nicht aber in der *zweiten* Fallgruppe gegenüber der Hilfspflicht aus § 323c durchsetzen können (obwohl gerade in dieser zweiten Fallgruppe der Konflikt mit der Selbstbelastungsfreiheit besonders augenfällig wird). In den zu (1) genannten Fällen – der Verfolgte sieht sich zufällig mit einer fremden Notlage i. S. d. § 323c konfrontiert – soll eine Hilfspflicht nur soweit bestehen, wie auch ohne die genannten Risiken sinnvoll geholfen werden kann.[310] So seien – um ein Schulbeispiel aufzugreifen – etwa die Beteiligten eines Banküberfalls nicht verpflichtet, anzuhalten und Erste Hilfe zu leisten, wenn sie auf der Flucht eines schwerverletzten Unfallopfers ansichtig würden (zumutbar bliebe dann freilich immer noch die *anonyme* Verständigung eines Rettungsdienstes, vgl. BGHSt **11** 135, 137). Anders soll allenfalls dann zu entscheiden sein, wenn die zu erwartende Bestrafung, der sich der Täter zu entziehen sucht, eher gering erscheint, während sich der Verunglückte in Lebensgefahr befindet oder jedenfalls schwere gesundheitliche Schäden zu befürchten sind (s. a. BGH GA **1956** 120, 121).[311]

106 Demgegenüber soll in der Fallgruppe (2) – der potenzielle Helfer ist in den „Unglücksfall" selbst verstrickt und scheut das Risiko, deswegen strafrechtlich belangt zu werden – die Hilfeleistung regelmäßig zuzumuten sein.[312] Wer „durch sein Tun einen Unglücksfall mitverursacht hat und *deshalb* – aus dem Gesichtspunkt der Abwendung einer von ihm herbeigeführten Gefahr – zur Hilfeleistung verpflichtet ist, andernfalls er als Täter oder Teilnehmer für die Folgen des Unglücks einzustehen hat", könne sich auch in Hinsicht auf die unterlassene Hilfeleistung „nicht damit entlasten, die Hilfeleistung sei ihm nicht zumutbar gewesen, weil er sich sonst dem Verdacht oder gar der Bestrafung wegen strafbarer Herbeiführung des Unglücksfalls ausgesetzt hätte" (BGHSt **11** 353, 355). Ungeachtet ihrer problematischen Begründung (das Ingerenz-Prinzip taugt wohl nur bedingt zur Steigerung allgemeiner Solidaritätspflichten[313]) ist der genannten Entscheidung im Ergebnis beizupflichten, denn sie korrigiert jedenfalls für die Fallgruppe (2), was schon im Ausgangspunkt keine Zustimmung verdient: Das Interesse, der Verfolgung wegen begangener Straftaten zu entgehen, vermag die Pflicht zur Hilfeleistung nach § 323c

309 S. a. (krit.) *Kölbel* Selbstbelastungsfreiheiten (2006) 447 ff.

310 *Sch/Schröder/Hecker* Rdn. 20 (unter Verweis auf BGH bei Holtz MDR **1982** 448); *Rengier* BT II § 42 Rdn. 15.

311 In diesem Sinne z. B. auch *Freund* MK Rdn. 99; *Rengier* BT II § 42 Rdn. 15; *Seelmann* JuS 1995 281, 286; *Gaede* NK Rdn. 12.

312 Vgl. nur *Stein* SK Rdn. 36; *Rengier* BT II § 42 Rdn. 14.

313 Zutr. *Schuhr* in: Spickhoff (Hrsg.) Medizinrecht 3. Aufl. (2018) § 323c Rdn. 50; s. a. *Geilen* JURA **1983** 138, 146 m. Fn. 83.

regelmäßig *nicht* auszuschließen;[314] sie besteht also namentlich auch in der Fallgruppe (1) (wo sie BGH GA **1956** 121, 122 ja im Grunde gleichfalls anerkannt hat); in Betracht kommt daher allenfalls der Ausschluss strafrechtlicher Verantwortlichkeit auf der Ebene der *Schuld* (s. Rdn. 131). Denn die Interessen der in Not geratenen Person dürften ein solches (subjektiv nachvollziehbares) Interesse in aller Regel wesentlich überwiegen. Auch die Anerkennung des Rechts, sich in strafprozessualer Hinsicht nicht selbst belasten zu müssen, zwingt zu keiner anderen Bewertung; jedenfalls das Verfassungsrecht verlangt, wie das BVerfG in seinem „Gemeinschuldner-Beschluss" ausgeführt hat, gerade „keinen lückenlosen Schutz gegen Selbstbezichtigungen ohne Rücksicht darauf, ob dadurch schutzwürdige Belange Dritter beeinträchtigt werden" (BVerfGE **56** 37, 49). Relativiert wird die Bedeutung dieser Fragen freilich durch den Umstand, dass häufig immerhin bestimmte Formen der *anonymen* Hilfeleistung offenstehen, deren Wahrnehmung dem Betreffenden dann jedenfalls zuzumuten ist (in diesem Sinne denn auch BGHSt **11** 135, 137; BGH NStZ **1983** 454).[315]

Schließlich mag auch die Freiheit, das eigene Verhalten an persönlichen **Glaubensüber-** 107
zeugungen oder **Gewissensentscheidungen** auszurichten, grundsätzlich als berechtigtes Eigeninteresse des potenziellen Helfers Berücksichtigung finden.[316] Wesentlich überwiegen dürften in den (bislang einzig praktisch gewordenen) Fällen ernster Gesundheits- und Lebensgefahr indessen stets die Interessen des zu Rettenden, so dass sich im Ergebnis jedenfalls an der *Rechtspflicht* zur Hilfeleistung nichts ändert[317] (zum möglichen Ausschluss strafrechtlicher Verantwortlichkeit Rdn. 134). Auch § 12 des Schwangerschaftskonfliktgesetzes[318] lässt im Übrigen erkennen, dass der Gesetzgeber die Freiheit zur „Untätigkeit aus Überzeugung" nicht schrankenlos zugesteht, denn hiernach darf die Mitwirkung an einem zulässigen Schwangerschaftsabbruch – gleich aus welchem Grund – nicht verweigert werden, soweit sie zwingend erforderlich ist, „um von der Frau eine anders nicht abwendbare Gefahr des Todes oder einer schweren Gesundheitsschädigung abzuwenden". Aus der Gewährleistung des Grundrechts aus Art. 4 Abs. 1 GG, „sein gesamtes Verhalten an den Lehren seines Glaubens auszurichten und seiner inneren Glaubensüberzeugung gemäß zu handeln" (BVerfGE **32** 98, 106), ergibt sich nichts anderes: Zum einen stellt die durch Art. 140 GG in das Bonner Grundgesetz inkorporierte Vorschrift des Art. 136 Abs. 1 WRV, wonach „die bürgerlichen und staatsbürgerlichen Rechte und Pflichten [...] durch die Ausübung der Religionsfreiheit weder bedingt noch beschränkt werden", dieses Grundrecht nach zutreffender Lehre unter den Vorbehalt eines *allgemeinen* Gesetzes[319] (was auf den Fall des § 323c StGB sicher zuträfe). Zum anderen hat auch das BVerfG in der soeben zitierten „Gesundbeter"-Entscheidung gerade offengelassen, auf welche Weise ggf. abweichende Glaubensüberzeugungen deliktssystematisch zu berücksichtigen seien; die dortigen Formulierungen scheinen eher nur den *Verzicht auf Strafe* nahezulegen. Im zugrunde liegenden Fall (zu ihm auch bereits OLG Stuttgart MDR **1964** 1024) hing die zutreffende Lösung freilich ohnehin nicht von diesen Fragen ab: Der Beschwerdeführer hatte es lediglich unterlassen, seiner Ehefrau zu einer lebensrettenden Bluttransfusion zu überreden, von der sie jedoch beide unter Verweis auf eine bestimmte Bibelstelle nichts wissen wollten. Zwar liefe ein gesetzlicher – gar strafrechtlich vermittelter – Zwang, gegen auch selbst geteilte Glaubensüberzeugungen zu *argumentieren*,

314 So im Ergebnis auch *Stein* SK Rdn. 36; *Matt/Renzikowski/Renzikowski* Rdn. 23.
315 *Maurach/Schroeder/Maiwald* § 55 Rdn. 26; *Rengier* BT II § 42 Rdn. 15; *Sch/Schröder/Hecker* Rdn. 20; *Gaede* NK Rdn. 12.
316 *Böse* ZStW **113** (2001) 39, 69 ff; *Engländer* FS Roxin II 657, 669 f.
317 Ebenso *Böse* ZStW **113** (2001) 39, 70 f; i. E. übereinstimmend *Herzberg* ZIS **2010** 471. Vgl. ferner *Hirsch* Strafrecht und Überzeugungstäter (1996) 19 f.
318 Schwangerschaftskonfliktgesetz vom 27. Juli 1992 (BGBl. I S. 1398).
319 BVerwGE **112** 227, 232; *Muckel* Religiöse Freiheit und staatliche Letztentscheidung (1997) 224 ff; *Bock* AöR **123** (1998) 444, 462 ff; *Schoch* FS Hollerbach 149, 163 f; *Czermak* Religions- und Weltanschauungsrecht (2008) Rdn. 129; *M. Heckel* AöR 134 (2009) 309, 377 f; *Jarass/Pieroth* Art. 4 Rdn. 28 m. w. N.; s. a. *Herzberg* ZIS **2010** 471; *Popp* in: Rengier/Kuzuhara (Hrsg.) Globalisierung und kulturelle Gegensätze im gegenwärtigen Rechtsstaat (2017) 85, 93 f; aA freilich BVerfGE 23 23, 30 f; *Dreier/Morlok* Art. 4 Rdn. 124 m. w. N.

in der Tat den Garantien des Art. 4 Abs. 1 GG durchaus zuwider (insoweit zutreffend *Ranft* FS Schwinge [1973] 111, 123) und ließe sich – mit Blick auf die damit zugleich berührte Menschenwürde – wohl auch nicht ohne weiteres dadurch legitimieren, dass dem akut gefährdeten Leben der Ehefrau ein wesentlich höheres Gewicht zuerkannt wird. Eine solche „intellektuelle Hilfeleistung" (OLG Stuttgart a. a. O. 1025) durch gutes Zureden ist aber – gänzlich unabhängig von der religiösen bzw. weltanschaulichen Problematik, die sie für den Helfer im Einzelfall aufwerfen mag – nicht geschuldet, soweit die *autonome Entscheidung* gegen eine bestimmte Form medizinischer Behandlung von allen anderen schlicht hinzunehmen ist (mag sie ihrerseits auf religiösen Überzeugungen beruhen oder nicht; zum Verzicht auf Hilfe näher Rdn. 116 ff).[320]

108 **cc) „Andere wichtige Pflichten".** Auch wer **andere wichtige Pflichten** zu erfüllen hat, soll von der Verpflichtung zur Hilfeleistung ausgenommen bleiben. Diese Verpflichtung *entsteht* also überhaupt nur unter der Voraussetzung, dass sie – ihr Bestehen unterstellt – im konkreten Fall nicht mit „anderen wichtigen Pflichten" kollidieren würde.[321] Um die Hilfeleistungspflicht auszuschließen, genügt es dem Wortlaut zufolge bereits, dass die andere, mit ihr sachlich unvereinbare Pflicht gleichfalls „wichtig" ist – „wichtiger" muss sie also nicht unbedingt sein.[322] Stets geht es dabei nur um *rechtliche* Pflichten, nicht etwa auch um solche, die jemand lediglich auf der Grundlage einer bestimmten religiösen Überzeugung oder aus Gewissensgründen als für sich verbindlich anerkennt.[323] Die Möglichkeit, solchen Vorstellungen gemäß zu leben, kann jedoch als berechtigtes Eigeninteresse des Helfers (Rdn. 99 ff) zu berücksichtigen sein (Entsprechendes gilt für den von *Spendel* angeführten Fall der „moralischen Sohnespflicht", sich möglichst rasch an das Sterbebett der Mutter zu begeben; vgl. dazu aber OLG Köln VRS **59** [1980] 438, 439). Im Einzelnen ist wie folgt zu unterscheiden:

109 **(1)** Ist die der Hilfspflicht gegenübergestellte „andere Pflicht" gleichfalls auf ein bestimmtes **Handeln** gerichtet, so entsteht nach den Regeln der (etwas missverständlich so genannten[324]) *„rechtfertigenden Pflichtenkollision"* grds. (nur) diejenige Pflicht, der das höher zu veranschlagende *Interesse* zugrunde liegt (*Neumann* NK § 34 Rdn. 125 m. w. N.). Ein „wesentliches" Überwiegen ist insoweit nicht erforderlich, weil es – anders als bei der Berücksichtigung von legitimen *eigenen* Interessen des Helfers – eben nicht um die notstandssolidarische Belastung einer als subjektives Recht geschützten Position geht (auf die der strengere Abwägungsmaßstab des § 34 gerade zugeschnitten ist; vgl. *Neumann* a. a. O.). Vielmehr stehen einander nur mehrere Handlungserwartungen gegenüber, denen jeweils ein bestimmtes *Erhaltungs- bzw. Rettungsinteresse* entspricht. Mit Blick auf diese Interessen ist also zu entscheiden, wie „wichtig" eine Handlungspflicht im Vergleich zu einer anderen ist (vgl. *Rönnau* LK Vor § 32 Rdn. 115). Dabei ist zu berücksichtigen, dass bei § 323c Abs. 1 die Hilfspflicht schon nach dem Wortlaut der Vorschrift hinter eine (gleich) „wichtige" Pflicht zurücktreten kann; im Ergebnis entsteht sie also nur (aber auch schon dann), wenn sie *wichtiger* ist als „andere wichtige Pflichten". Wer kleine Kinder zu beaufsichtigen hat, muss sie beispielsweise nicht allein zurücklassen, um beim Löschen eines Brandes zu helfen (so im Ergebnis bereits OLG Celle GA **1912** 358, 360 zu § 360 Abs. 1 Nr. 10,

---

320 *Peters* JZ **1972** 85; *Böse* ZStW **113** (2001) 40, 71; *Hirsch* Strafrecht und Überzeugungstäter (1996) 18; *Valerius* Kultur und Strafrecht (2011) 112 f; ähnlich *Freund* MK Rdn. 107.

321 Ebenso *Beulke* FS Küper 1, 3 ff; *Sch/Schröder/Sternberg-Lieben* Vorbem. §§ 32 ff Rdn. 75; i. E. auch *Roxin/Greco* AT I § 16 Rdn. 123. Zu solchen gleichsam nur „hypothetischen Pflichtenkollisionen" s. allg. *Mangakis* ZStW **84** (1972) 447, 445.

322 Vgl. nur *Beulke* FS Küper 1, 5; *Sch/Schröder/Sternberg-Lieben* Vorbem. §§ 32 ff Rdn. 75.

323 **AA** wohl *Valerius* Kultur und Strafrecht (2011) 106 m. w. N.; *SSW/Schöch* Rdn. 19 (unter fehlgehender Berufung auf BVerfGE 32 98). Wenn hingegen *Spendel* (LK[11] Rdn. 172) als „andere wichtige Pflichten" auch religiöse Pflichten anerkennt, so doch nur auf der Grundlage seiner Auffassung, dass die Unzumutbarkeit bei § 323c insgesamt als Problem der *Schuld* zu behandeln sei.

324 Vgl. nur *Gropp* FS Hirsch 207; *Coca Vila* ZStW **130** (2018) 959; *Neumann* NK § 34 Rdn. 124 ff m. w. N.

freilich noch unter dem – nach jener Vorschrift allein maßgeblichen – Gesichtspunkt der „erheblichen eigenen Gefahr"). Wichtiger als die Pflicht von Bediensteten öffentlicher Verkehrsbetriebe, für einen pünktlichen Fahrverkehr zu sorgen, kann dagegen die Hilfspflicht gegenüber verletzten oder plötzlich erkrankten Personen sein (so etwa RGSt **75** 355, 359 für einen vom Schaffner aus dem Wagen gestoßenen Fahrgast, der dadurch Prellungen und eine Gehirnerschütterung erlitten hatte; s. a. den Fall OLG Düsseldorf NJW **1995** 799; *anders* aber wohl RG DR **1942** 1787). Bei Auslandseinsätzen der Bundeswehr wird die Pflicht zur Hilfeleistung nach § 323c Abs. 1 oft hinter militärischen Belangen zurückzutreten haben.[325]

Konkurrieren mehrere in Not geratene Personen um Hilfe, die aber nicht allen zugleich geleistet werden kann, so ist nach Art und Grad der ihnen jeweils drohenden Gefahr zu entscheiden, wem (zuerst) geholfen werden muss (ein höheres oder geringeres *Mitverschulden* der Betroffenen an ihrer jeweiligen Lage soll hingegen außer Betracht zu lassen sein[326]). Lassen sich insoweit keine signifikanten Unterschiede feststellen (etwa: zwei Nichtschwimmer drohen zu ertrinken), ergibt sich daraus eine im echten Sinne **alternativ gefasste** Hilfspflicht (Rdn. 98). Die Auswahl, die der in solcher Weise Verpflichtete dann *de facto* zu treffen hat, ist rechtlich in keiner Weise determiniert, insbesondere auch nicht durch freihändig übertragene „Wertentscheidungen" der Verfassung (beispielsweise Diskriminierungsverbote).[327] Von welchen Motiven und welcher Gesinnung sich der Helfende hier leiten lässt, bleibt irrelevant; maßgeblich ist allein das (hier eben gleiche) Rettungsinteresse der Verunglückten.[328] Wer jedoch einem der Betroffenen als *Garant* verpflichtet ist, hat nach vorherrschender und zutreffender Auffassung[329] vorzugsweise diesem beizustehen; dies jedenfalls, solange das Rettungsinteresse anderer nicht als wesentlich überwiegend anzusehen ist (*Neumann* NK § 34 Rdn. 129 m. w. N.). 110

(2) „Andere wichtige Pflichten", die in rechtlichen **Verboten** wurzeln und darauf gerichtet sind, bestimmte Handlungen zu *unterlassen*, begrenzen die Hilfeleistungspflicht aus § 323c Abs. 1 von vornherein: Was nicht erlaubt ist, kann nicht zugleich geboten sein.[330] Verbotswidriges Verhalten verlangt § 323c von niemandem. Die Grenzen des Erlaubten bestimmen sich nicht zuletzt nach den *Eingriffsrechten im Notstand*, insbesondere also nach § 904 S. 1 BGB und § 34 StGB. Was hiernach gestattet ist, kann dann auch zum Gegenstand des Hilfeleistungsgebots gemacht werden (sofern dessen weitere tatbestandliche Voraussetzungen gegeben sind und die fragliche Hilfshandlung auch im Übrigen „zuzumuten" ist). Umgekehrt: Hilfe „zu Lasten Dritter", die nicht einmal im Notstand zu rechtfertigen ist, braucht nicht geleistet zu werden (sondern ist verboten und möglicherweise sogar strafbar). Damit kommt es im Verhältnis zu möglicherweise entgegenstehenden Verboten letztlich darauf an, ob das „Rettungsinteresse" der in Not geratenen Person *„wesentlich überwiegt"* und damit den Vorrang erhält gegenüber dem Interesse, das durch die Verbotsnorm geschützt werden soll. 111

Nachrangig gegenüber der Pflicht zur Hilfeleistung nach § 323c Abs. 1 ist insbesondere das aus § 142 Abs. 1 abzuleitende Verbot, sich als *Unfallbeteiligter (§ 142 Abs. 5)* vorzeitig vom Unfallort zu entfernen (BGHSt **5** 124, 128; KG VRS **34** [1968] 110), wenn einem Verletzten gerade auf 112

---

325 Näher zum Ganzen *Sohm* NZWehrR **1996** 89; *Wentzek* NZWehrR **1997** 25.

326 So jedenfalls *Neumann* NK § 34 Rdn. 131; *Rönnau* LK Vor § 32 Rdn. 122; **aA** freilich mit guten Gründen *Roxin/Greco* AT I § 16 Rdn. 123; *Matt/Renzikowski/Engländer* vor § 32 Rdn. 31; *Schlehofer* MK vor § 32 Rdn. 261 u. jetzt a. Sch/Schröder/*Sternberg-Lieben* Vor §§ 32 ff Rdn. 74; s. a. *Popp* FS Donatsch 177, 183.

327 Vgl. mit Blick auf die im Kontext der Corona-Pandemie diskutierten Triage-Probleme a. *Ast* ZIS **2020** 268, 270 f; *Merkel/Augsberg* JZ **2020** 704, 707; *Sowada* NStZ **2020** 452, 456; *Engländer* in: Hörnle/Huster/Poscher (Hrsg.) Triage in der Pandemie (2021) 111, 136 ff.

328 *Neumann* NK § 34 Rdn. 132a; *Roxin/Greco* AT I § 16 Rdn. 121.

329 *Beulke* FS Küper 1, 4 ff; *Goeckenjan* GS Joecks (2018) 81, 84 ff; *Frellesen* S. 190 ff; *Jakobs* AT Abschn. 15 Rdn. 7; *Neumann* NK § 34 Rdn. 129; *Rönnau* LK Vor § 32 Rdn. 125; *Rengier* AT § 49 Rdn. 45; *Roxin/Greco* AT I § 16 Rdn. 123; *Stratenwerth/Kuhlen* AT § 9 Rdn. 122. **AA** etwa *Freund* MK Rdn. 104; *Schmidhäuser* StB AT 12/64; vgl. a. *Hirsch* LK[11] Vor § 32 Rdn. 80.

330 Vgl. a. *Gropp* FS Hirsch 207, 210 f; *Neumann* FS Yamanaka 171, 180 f.

diese Weise geholfen werden soll. Auch der Arzt, der seiner Pflicht aus § 323c Abs. 1 entsprechend zum Ort des Unglücksfalles fährt und unterwegs in einen Verkehrsunfall verwickelt wird, darf (und muss) seine Fahrt ohne weiteres Warten fortsetzen (vgl. dann aber § 142 Abs. 2 Nr. 2!). *Straßenverkehrsrechtliche Vorschriften* können gleichfalls zurücktreten (Orientierung bietet hier § 35 Abs. 5a StVO, wonach Fahrzeuge des Rettungsdienstes von den Vorschriften der StPO ausdrücklich befreit sind, soweit „höchste Eile geboten ist, um Menschenleben zu retten oder schwere gesundheitliche Schäden abzuwenden"). Jedoch ist ein bereits angetrunkener Arzt nicht verpflichtet, selbst mit dem Auto zu einem Notfallpatienten zu fahren, wenn er zu dessen sachgerechter Behandlung nicht mehr imstande ist und damit unter dem Gesichtspunkt des § 34 auch die Trunkenheitsfahrt nicht zur Gefahrabwendung erforderlich sein kann (OLG Koblenz MDR **1972** 885). Mit Blick auf § 96 Abs. 1 Nr. 2 AufenthG gerechtfertigt – und im Einzelfall auch nach § 323c Abs. 1 geboten – ist hingegen die (ggf. auch anonyme) Notfallbehandlung von Personen, die sich nicht legal im Bundesgebiet aufhalten, in migrantenmedizinischen Einrichtungen.[331]

113 Auch den Bruch der ärztlichen *Schweigepflicht* gegenüber nahen Angehörigen hat der BGH (NStZ **1983** 313) für zulässig gehalten, um der betroffenen Patientin gerade auf diese Weise Hilfe zukommen zu lassen (gutes Zureden zu einer Operation, gegen die sich die Patientin trotz ihres akut lebensbedrohlichen Zustandes sperrte). Über einen fehlerfrei gebildeten Patientenwillen darf sich der Arzt aber grundsätzlich nicht hinwegsetzen (*Schünemann* LK[12] § 203 Rdn. 143 m. w. N.); noch weniger kann er dazu verpflichtet sein.[332] Für eine das Autonomieprinzip überlagernde Rechtfertigung aus § 34 ist in derartigen Fällen *intrapersonaler* Interessenkollision grundsätzlich kein Raum (vgl. *Neumann* NK § 34 Rdn. 32 ff).

114 Wer als Diensteanbieter (§ 3 Nr. 6 TKG) das *Fernmeldegeheimnis* zu wahren hat, ist weder verpflichtet noch auch nur berechtigt, entsprechende Informationen an andere weiterzugeben, sofern keiner der in § 88 Abs. 3 Satz 3 und 4 TKG bezeichneten Ausnahmefälle vorliegt. Da es sich weder § 34 noch bei § 323c Abs. 1 um eine „andere gesetzliche Vorschrift" handelt, die sich „ausdrücklich auf Telekommunikationsvorgänge bezieht" (§ 88 Abs. 3 Satz 3 TKG), lässt sich Nothilfe hier auch nicht etwa über die polizeirechtliche Generalklausel erzwingen (vgl. VG Darmstadt NJW **2001** 2273: Abfrage der Standortdaten eines Mobiltelefons, um hieraus den Aufenthaltsort einer vermissten Person erschließen zu können; freilich dürften solche Daten dem Fernmeldegeheimnis nur soweit unterfallen, als sie mit konkreten Telefonaten – erfolglose Verbindungsversuche eingeschlossen – im Zusammenhang stehen[333]).

115 Schließlich können auch *völkerrechtliche Grundsätze* der Hilfeleistung entgegenstehen (so im Fall LG Görlitz MedR **2005** 172 m. zust. Anm. *Peters*: kein Notarzteinsatz in fremdem Hoheitsgebiet).

116 **c) Der Verzicht auf Hilfe.** Hilfe, die von der in Not geratenen Person *nicht gewünscht* wird, braucht nicht geleistet zu werden. Das ist – ungeachtet aller Differenzen in der Bestimmung des von § 323c Abs. 1 geschützten „Rechtsguts" (Rdn. 20 ff) – im Ergebnis allseits anerkannt; unterschiedlich beantwortet wird lediglich die Frage, wo dieses Ergebnis systematisch am besten zu verorten ist.[334] Wenn der Verzicht auf Hilfe zuweilen ausdrücklich als Problem nicht des

---

331 *Lehmann* ZAR **2008** 24, 27; i. E. auch *Fahlbusch* in: Hofmann (Hrsg.), Ausländerrecht, 2. Aufl. 2016, AufenthG § 96 Rn. 45.

332 Zum Ganzen a. *Eichelbrönner* Die Grenzen der Schweigepflicht des Arztes und seiner berufsmäßig tätigen Gehilfen nach § 203 StGB in Hinblick auf Verhütung und Aufklärung von Straftaten (2001) 130 ff.

333 Dazu *Altvater* LK § 206 Rdn. 24; *Popp* AnwK § 206 Rdn. 13; s. a. BVerfG NJW **2007** 352, 353 f (zu § 100i Abs. 1 Nr. 2 StPO; **aA** insoweit noch BGH NJW **2003** 2034, 2035).

334 Vgl. a. *Duttge* FS Schöch 599, 612 ff.

Tatbestandes, sondern der Rechtswidrigkeit bezeichnet wird,[335] so wohl vor allem deshalb, weil ein solcher Verzicht die objektive Situation, in der er erklärt wird, als solche unberührt lässt; es bleibt also etwa bei einem „Unglücksfall", in dem – „an sich" – bestimmte Gegenmaßnahmen angezeigt sind (in diesem Sinne etwa OLG Stuttgart MDR **1964** 1024). Doch kann man zweifeln, ob sie auch „erforderlich" sein können, wenn der durch sie Begünstigte sie doch gerade ablehnt (vgl. *Hillenkamp* FS Küper 123, 133); ganz abgesehen davon, dass sich eine ihm gleichwohl *aufgedrängte* Zuwendung nur schlecht noch als „Hilfe" etikettieren ließe (s. a. OLG München NJW **1987** 2940, 2945). Soweit sie gar mit einem *Eingriff* in die Rechtssphäre der betroffenen Person verbunden wäre, bedürfte sie im Gegenteil gerade eines rechtfertigenden Grundes, der in erster Linie wiederum in einer (mutmaßlichen) *Einwilligung* zu suchen wäre. Gegenständlich begrenzt wird der Verzicht durch die eigene Verfügungsbefugnis: „Zu Lasten Dritter" darf Hilfe selbstverständlich nicht abgelehnt werden (*Sch/Sch/Hecker* Rdn. 24). Wird lediglich eine bestimmte Form von Hilfe zurückgewiesen (das Opfer eines Verkehrsunfalls will sich z. B. nicht gerade vom angetrunkenen Unfallgegner ins Krankenhaus fahren lassen), so können andere Hilfsmaßnahmen gleichwohl geboten sein (im Beispiel etwa die Organisation eines anderweitigen Transports, so der österr. OGH ÖJZ **1963** 273 Nr. 196).

Die *Beweggründe* für einen solchen Verzicht sind unerheblich, solange er nur auf einer **frei-** 117
verantwortlich getroffenen Entscheidung beruht, mag sie anderen auch als „falscher Stolz" oder törichter Eigensinn erscheinen oder auf kulturelle oder religiöse Vorstellungen zurückgehen, die nur von wenigen geteilt werden (s. a. *Hillenkamp* FS Küper 123, 134 ff). Erforderlich, aber auch ausreichend ist eine natürliche Einsichts- und Urteilsfähigkeit, die im Einzelfall auch schon bei Jugendlichen gegeben sein kann (einschränkend freilich *Hillenkamp* a. a. O. S. 140 f). Schockzustände oder erhebliche Alkoholisierung können sie hingegen ausschließen (ähnlich *Hauptmann/Jerabek* WK Rdn. 22 zu § 94 öStGB). Jedenfalls aus § 323c ergibt sich auch keine Verpflichtung, andere von ihrem autonom gefassten Entschluss durch „gutes Zureden" wieder abzubringen (anders noch OLG Stuttgart MDR **1964** 1024). Einen Grenzfall stellt in dieser Hinsicht der in BGH NStZ **1983** 313 (mit Anm. *Lilie*) behandelte Sachverhalt dar, in dem bei einer 21-jährige Frau gelegentlich einer fachärztlichen Beratung wegen eines von ihr beabsichtigten Schwangerschaftsabbruchs eine lebensbedrohliche Eileiterschwangerschaft diagnostiziert worden war. Nach Auffassung des Gerichts hätte es der Gynäkologe nicht bei seinem ausdrücklichen Hinweis auf die akute Lebensgefahr und die Notwendigkeit sofortiger stationärer Behandlung belassen dürfen; angesichts der Weigerung seiner Patientin, seinem Rat zu folgen, sei er vielmehr verpflichtet gewesen, noch weitere Personen mit einzubeziehen (etwa den Hausarzt oder gar die Mutter), deren Bemühungen die junge Frau vielleicht zugänglicher gewesen wäre.[336]

Wirksam ist der Verzicht auf Hilfe jedoch grundsätzlich auch dann, wenn damit *der eige-* 118
ne Tod als mögliche oder gar sichere Konsequenz in Kauf genommen wird (so i. E. auch BGH NStZ **1983** 117, 118 – die mitgeteilten Feststellungen lassen freilich nicht klar erkennen, ob es sich überhaupt um einen „Unglücksfall" gehandelt hat).[337] Es besteht kein Grund, den einer bestimmten Hilfeleistung entgegenstehenden Willen in Fällen ernsthafter Lebensgefahr pauschal für „unbeachtlich" zu erklären (wie es noch BGH NStZ **1983** 313, 314 in dem oben Rdn. 117 referierten Fall getan hat). Aus § 216 ergibt sich das jedenfalls nicht, denn er spricht dem einzelnen die Verfügungsbefugnis über das eigene Leben allein in Hinsicht auf das „Sich-töten-Lassen" ab. Wer hingegen Hilfe ablehnt, die allein ihm das Weiterleben sichern könnte, entscheidet sich lediglich dafür, einen sich ihm bietenden Vorteil nicht in Anspruch zu nehmen. Dazu ist er aber auch nicht verpflichtet (entgegen OLG Stuttgart MDR **1964** 1024

335 *Maurach* JR **1956** 348, 349 f; *Welzel* S. 473; *Wilhelm* NStZ **2009** 15, 18; *Stein* SK Rdn. 46; vgl. a. *Kaspar* JuS **2014** 769, 771.

336 Abl. freilich *Geiger* JZ **1983** 153; *Maurach/Schroeder/Maiwald* § 55 Rdn. 20; *Ulsenheimer* Arztstrafrecht in der Praxis § 2 Rdn. 260.

337 Ebenso *Stein* SK Rdn. 46.

auch nicht etwa seinen Angehörigen gegenüber), und noch viel weniger dazu, die mit einer nicht gewollten Hilfsmaßnahme etwa verbundenen *Eingriffe* in seine private Lebensgestaltung (EGMR NJW **2002** 2851, 2854 zu Art. 8 Abs. 1 EMRK) oder gar in seine körperliche Unversehrtheit hinzunehmen. Zumindest letzteres ist denn auch in der Rechtsprechung heute im Ergebnis unbestritten: Rettungshandlungen gegen den fehlerfrei gebildeten und erklärten Willen des Verunglückten stellen sich ggf. als verbotene und strafbare Körperverletzung dar[338] und können daher nicht zugleich den Inhalt einer *Handlungspflicht* nach § 323c bilden.[339] Schon eine *Rechtfertigung* solcher Hilfe nach Notstandsgrundsätzen – auf Kosten der personalen Autonomie des Betroffenen selbst – kommt prinzipiell nicht in Betracht.[340] Auch für Ärzte und Pflegekräfte gelten diese Grundsätze ohne Abstriche: Weder Berufsethos noch Gewissensfreiheit geben ihnen das Recht, sich über das Selbstbestimmungsrecht des Betreffenden hinwegzusetzen.[341] Für **Patientenverfügungen** stellt § 1901a Abs. 3 BGB[342] nunmehr ausdrücklich klar, dass ihre Verbindlichkeit von „Art und Stadium einer Erkrankung" ihres Urhebers *nicht* abhängt (s. a. BGHSt **55** 191, 196). Damit ist nicht nur (bejahend) die Frage entschieden, ob derartigen Erklärungen Bedeutung auch außerhalb jener irreversibel tödlicher Krankheitsverläufe zukommt, auf die sie der XII. Zivilsenat – unter fehlgehendem Verweis auf die Entscheidung im „Kemptener Fall" (BGHSt **40** 257) – noch beschränkt wissen wollte (näher dazu *Popp* ZStW **118** [2006] 639, 655 ff). Anerkannt wird damit vielmehr auch und gerade die *Fortgeltung* solcher Verfügungen *über den (vorübergehenden oder dauerhaften) Verlust der eigenen Handlungs- und Entscheidungsfähigkeit hinaus* (vgl. *Höfling* NJW **2009** 2849, 2850). Ein auf sie gestützter **„Behandlungsabbruch"** i. S. d. Entscheidung des 2. Strafsenats (BGHSt **55** 191) soll indessen nur bei Beachtung des in §§ 1901a ff BGB vorgesehenen Verfahrens „gerechtfertigt" sein (so derselbe Senat in BGH NStZ **2011** 274, 276 m. insoweit abl. Anm. *Verrel*; dem BGH zust. *Dölling* ZIS **2011** 345, 348). Das lässt sich diesen Vorschriften freilich keineswegs entnehmen: Einer Patientenverfügung kommt hiernach vielmehr unmittelbar rechtliche Wirkung zu,[343] also auch dann, wenn noch kein Betreuer bestellt sein sollte.[344] Das wird auch für die unterlassene Hilfeleistung gelten müssen (anders wohl *Walter* ZIS **2011** 76, 81). – Zu den *Suizidfällen*, die von der schlichten Zurückweisung einer Behandlung zu unterscheiden sind (so mit Recht *Hillenkamp* FS Küper 123, 131 ff m. w. N.), vgl. bereits Rdn. 63 ff.

119 Liegt dem Verzicht auf Hilfe hingegen *keine* nach diesen Grundsätzen freiverantwortliche Entscheidung zugrunde, bleibt die Hilfspflicht bestehen. Nimmt die Ablehnung von Hilfe die Form **aktiver Gegenwehr** an, ist der zu ihrer Überwindung – und damit letztlich zu wirksamer Hilfe – nötige Zwang allenfalls in den Grenzen „erforderlich" i. S. d. § 323c, in denen er gegenüber dem Betroffenen auch *gerechtfertigt* werden kann. Den richtigen Maßstab hierfür dürften die Grundsätze der *mutmaßlichen Einwilligung* liefern, die gerade auch in Fällen aktueller Einwilligungsunfähigkeit Anwendung finden.[345] Gleichwohl kann die Hilfeleistung dann im Einzelfall *unzumutbar* werden (s. bereits Rdn. 99 ff).

---

338 Vgl. bereits RGSt **25** 375; BGHSt **11** 111, 114; **12** 379; vgl. a. *Popp* ZStW **118** (2006) 639, 641; *Hillenkamp* FS Küper 123, 143 ff.

339 Vgl. a. BGH NStZ **1983** 313, 314; LG Deggendorf GesR **2014** 387.

340 *Neumann* NK § 34 Rdn. 35a; *SSW/Rosenau* § 34 Rdn. 15; *Sch/Schröder/Perron* § 34 Rdn. 8a. **AA** *Ulsenheimer* FS Eser 1225, 1230 ff.

341 Vgl. nur BGHZ **163** 195, 200 (anders noch OLG München NJW **2003** 1743, 1745); BGHSt **55** 191, 196 f; zum Ganzen a. *Ulsenheimer* FS Eser 1225 ff; *Verrel* Gutachten 66. DJT (2006) 41 ff; mit Blick auf die Notfallmedizin *Hilgendorf* FS Kühl 509, 516 f.

342 Eingefügt durch das 3. BtÄndG vom 29.7.2009 (BGBl I S. 2286), in Kraft seit 1.9.2009.

343 Vgl. nur BGH NJW **2014** 3572, 3574; *Schwab* MK BGB § 1901a Rdn. 30; *Wagner* MK BGB§ 630d Rdn. 25.

344 Zu Bekundungen eines *Vorsorgebevomächtigten* LG Deggendorf GesR **2014** 387.

345 Vgl. etwa *Neumann* NK § 34 Rdn. 33; *Erb* MK § 34 Rdn. 35.

4. Das tatbestandsmäßige Verhalten

Den Tatbestand des § 323c Abs. 1 verwirklicht, wer die von ihm in der konkreten Situation geschuldete Hilfe „nicht leistet", entsprechende Handlungen also **unterlässt**, obwohl sie ihm möglich wären (vgl. schon Rdn. 97). 120

Durch ein **aktives Tun** kann der Tatbestand des *Unterlassungsdelikts* nach Absatz 1 grundsätzlich nicht verwirklicht werden.[346] Freilich kann das Unterlassen der geschuldeten Hilfeleistung innerhalb des konkreten Gesamtgeschehens von Handlungen begleitet oder „überdeckt" werden (so treffend *Spendel* LK[11] Rdn. 92; zum Ganzen auch *Weigend* LK § 13 Rdn. 8). Die schlichte *Weigerung*, sich als Helfer zu betätigen bzw. hilfswilligen anderen Personen Rettungsgerät zur Verfügung zu stellen, führt noch nicht über § 323c hinaus – mag sie auch „aktiv" durch Worte oder Gesten zum Ausdruck gebracht worden sein.[347] Werden Hilfswillige allerdings aktiv *am Zugriff auf vorhandene Rettungsmittel gehindert*, kann *neben* der unterlassenen eigenen Hilfeleistung (§ 323c Abs. 1) ggf. auch ein Begehungsdelikt – etwa nach §§ 223 ff, 211 ff – vorliegen (dies im Übrigen unabhängig davon, ob es sich um herrenlose oder fremde Gegenstände handelt oder um eigene, soweit deren Gebrauch gemäß § 904 Satz 1 BGB zu dulden ist).[348] Das gilt nicht nur in Fällen der gewaltsamen „Abwehr" des Hilfswilligen (die sich *diesen* gegenüber zudem als Nötigung darstellen kann; s. nun aber auch § 115 Abs. 3 S. 1), sondern z. B. auch schon für das schlichte Wegsperren, Verstecken oder Festhalten des betreffenden Gegenstandes (insoweit **aA** *Ranft* JuS **1963** 340, 341; *Meyer-Bahlburg* GA **1968** 49, 51; *Gropp* GS Schlüchter 173, 179), und dies auch dann, wenn das Rettungsmittel nicht einem Dritten, sondern dem in Not Geratenen selbst vorenthalten werden soll.[349] Ein Begehungsdelikt kann ferner bei *täuschender* Einwirkung gegeben sein (etwa wenn Hilfswillige, die sich auf den Weg zum Unglücksort gemacht haben, irregeleitet werden oder durch falsche Behauptungen der unzutreffende Eindruck erweckt wird, Hilfe sei nicht – oder nicht mehr – erforderlich[350]) oder wenn sonst zum Nachteil des in Not Geratenen in einen „rettenden Kausalverlauf" eingegriffen wird (allg. dazu *Weigend* LK § 13 Rdn. 8 m. w. N.). Entsprechendes gilt nun auch für die aktive Behinderung hilfswilliger Personen im Sinne des neuen Absatzes 2 (Rdn. 142 ff). 121

Wer *selbst* in Erfüllung seiner Hilfspflicht zwar bereits tätig geworden ist, dann aber – anderen Sinnes geworden – doch noch verhindert, dass der von ihm selbst angestoßene Verlauf für den Verunglückten hilfreich werden kann, hat im Ergebnis nicht geholfen[351] („Rücktritt vom Gebotserfüllungsversuch"[352]) und mit dieser Unterlassung jedenfalls den Tatbestand des § 323c Abs. 1 verwirklicht. Daran ändert sich auch dann nichts, wenn das Ausbleiben effektiver Hilfe durch ein positives Tun bewirkt worden ist. Fraglich kann nur sein, ob eine solche Abbruchshandlung ggf. *auch* den Tatbestand eines entsprechenden Begehungsdelikts erfüllt (hinter dem § 323c Abs. 1 dann allerdings zurückzutreten hätte). Das wird heute ganz überwiegend – und zu Recht – verneint, soweit der Täter auf diese Weise letztlich nur die anfängliche Sachlage 122

346 Ausführlich *Dehne-Niemann* GA **2009** 150, 157 ff; übereinstimmend *Preuß* ZIS **2019**, 345, 347. **AA** *Walter* ZStW **116** (2004) 555, 576 f; *Freund* FS Herzberg 225, 242 f; *Stein* SK Rdn. 23 und wohl a. *Puschke/Rienhoff* JR **2017** 924, 932 (unter fehlgehender Berufung auf *Scheffler* NJW **1995** 232, 234, der lediglich das Nichtbeiseitetreten – mithin ein Unterlassen – behandelt); s. ferner *Merkel* FS Herzberg 193 ff; *Koch* GA **2018** 323.

347 S. nur *Engisch* FS Gallas 163, 182; *Gropp* GS Schlüchter 173, 179; *Krey/Esser* Rdn. 1108; *Kühl* AT § 18 Rdn. 20; s. ferner etwa *Winter* Der Abbruch rettender Kausalität (2000) 151 ff.

348 *Roxin* FS Engisch 380, 387 ff; *Kühl* AT § 18 Rdn. 20; *Sch/Schröder/Stree/Bosch* Vorbem. §§ 13 ff Rdn. 159; *Wessels/Beulke* Rdn. 701; s. a. *Jakobs* AT 7/63.

349 Vgl. *Jakobs* AT 7/63; *Herzberg* FS Röhl 270, 277; *Silva Sánchez* GA **2006** 382 ff; *Merkel* FS Herzberg 193, 209 ff (mit weiteren Differenzierungen). Anders auch insoweit *Meyer-Bahlburg* GA **1968** 49, 51.

350 *Rengier* AT § 48 Rdn. 19.

351 Vgl. bereits *von Overbeck* GS **88** (1922) 319, 326; ferner etwa *Herzberg* FS Röhl 270, 278; *Stratenwerth/Kuhlen* § 13 Rdn. 4.

352 *Roxin* AT II § 31 Rdn. 109; *ders.* FS Engisch 380, 382 f; kritisch zu dieser Terminologie *Jakobs* AT 7/62.

wiederherstellt[353] (*dieses* Tun geht, wenn man so will, im pflichtwidrigen Unterlassen gleichsam auf und begründet daher kein über das Unterlassungsdelikt hinausreichendes Unrecht[354]). Anders liegt es freilich, wenn das Rettungsmittel schon in die Sphäre des zu Rettenden gelangt ist,[355] aber auch schon dann, wenn das vom Täter in Gang gesetzte Geschehen ohne sein Zutun zur Rettung des Verunglückten geführt hätte.[356] Die aktive *Herbeiführung* eines „Unglücksfalles" unterfällt § 323c Abs. 1 hingegen nicht.[357]

123 Die Hilfspflicht *entsteht* überhaupt erst mit dem Eintritt der Notlage.[358] *Außerhalb* – insbesondere: **im Vorfeld** – einer tatbestandsmäßigen Situation im Sinne des Absatzes 1 bestehen also noch keine (nach dieser Vorschrift strafbewehrten) Verpflichtungen in Hinsicht auf eine möglicherweise später einmal zu erbringende Hilfeleistung.[359] Deshalb ist der Kraftfahrer, der keinen Verbandkasten (§ 35h StVZO) mit sich führt und bei einem Verkehrsunfall nicht mit Verbandmaterial helfen kann, ebenso wenig aus § 323c Abs. 1 strafbar[360] wie der Spaziergänger, der den Stadtpark rechtzeitig wieder verlassen hat, bevor ein in gefährlicher Höhe herumkletterndes Kind tatsächlich vom Baum fällt (so das Beispiel von *Lenckner* JR **1975** 31, 33) – und dies jeweils unabhängig davon, ob mit dem späteren Unglücksfall und der Art der dann benötigten Hilfe zu rechnen war oder der Betreffende es auf sein dann zutage tretendes Unvermögen gar bewusst angelegt hat (etwa um „Scherereien" zu vermeiden). Eine „Vorwirkung" bzw. „Vorverlagerung" der von Absatz 1 erfassten Hilfspflicht ist insoweit auch nicht mit Hilfe des Gedankens der *omissio libera in causa* (bzw. *omissio libera in omissione*) zu begründen (eingehend dazu *Dehne-Niemann* GA **2009** 150, 152 ff).[361]

124 Wer sich hingegen angesichts einer *bereits bestehenden* Notlage durch ein bestimmtes Handeln selbst die Möglichkeit nimmt, die ihn treffende Hilfeleistungspflicht zu erfüllen (indem er sich etwa vom Unglücksort entfernt, ein wichtiges Hilfsmittel unbrauchbar macht oder anderweitig verwendet), unterlässt schlicht die von ihm geforderte Hilfe (des Rückgriffs auf den Gedanken der *omissio libera in causa* bedarf es dann gar nicht).

5. Der subjektive Tatbestand

125 Nur die **vorsätzlich** unterlassene Hilfeleistung ist strafbar (§ 15).[362] Dolus eventualis genügt.[363] Der Täter muss es also zumindest ernsthaft für möglich halten, dass eine der in Absatz 1 genannten Situationen vorliegt und eine Hilfshandlung seinerseits erforderlich macht; dass er gleichwohl diese Hilfe nicht (vollständig) leistet, muss er wenigstens billigend in Kauf nehmen. Das weitere Schicksal der in Not geratenen Person – etwa die weitere Verschlechterung ihrer Lage oder gar ihr Tod – ist nicht mehr Gegenstand des Vorsatzes; die Hoffnung auf einen guten Ausgang entlastet den Täter insoweit also nicht.

---

353 *Kühl* AT § 18 Rdn. 21 m. w. N.; *Sch/Schröder/Stree/Bosch* Vorbem. §§ 13 ff Rdn. 160 m. w. N.

354 Vgl. *Roxin* FS Engisch 381, 383; *dens.* AT I § 31 Rdn. 109.

355 *Kühl* AT § 18 Rdn. 21; *Roxin* AT II § 31 Rdn. 110; *Wessels/Beulke* Rdn. 702.

356 Zutr. *Engisch* FS Gallas 163, 183; *Samson* FS Welzel 579, 596; *Baumann/Weber/Mitsch/Eisele* § 15 Rdn. 31; *Jakobs* AT 7/62; *Rengier* AT § 48 Rdn. 22 f; aA *Roxin* FS Engisch 380, 388; FS Spinellis 945, 960: dann (allenfalls) § 323c.

357 AA wohl *Jakobs* AT 7/67; *Merkel* FS Herzberg 193, 214, 221 f.

358 *Baier* GA 1999 272, 277; *Baumann/Weber/Mitsch/Eisele* AT § 15 Rdn. 28; *Dehne-Niemann* GA **2009** 150, 154; *Struensee* FS Stree/Wessels 133, 152.

359 Vgl. a. *Sánchez-Vera* Pflichtdelikt und Beteiligung (1999) 87 f.

360 *Baumann/Weber/Mitsch/Eisele* AT § 15 Rdn. 28.

361 Ebenso etwa *Lenckner* JR **1975** 31, 33; *Baier* GA **1999** 272, 277; *Weigend* LK § 13 Rdn. 67 m. Fn. 215. AA wohl *Roxin* FS Engisch 380, 384; *Streng* JZ **1984** 114, 117.

362 Zur Übertretung nach § 360 Abs. 1 Nr. 10 RStGB noch abw. OLG Celle GA **1912** 358, 360; KG JR **1926** Beil. 8 Sp. 696 (Nr. 877); *North* S. 91.

363 RGSt **71** 200, 204; **74** 69, 71; **75** 160, 163; **77** 301, 305; s. a. BGH bei Dallinger MDR **1968** 552; OLG Hamm NJW **1975** 604, 605.

Nicht vorsätzlich handelt, wer bei Begehung der Tat einen Umstand nicht kennt, der zum gesetzlichen Tatbestand gehört (§ 16 Abs. 1 Satz 1). Ein solcher **Tatumstandsirrtum** liegt zunächst dann vor, wenn die fragliche Situation gar nicht als „Unglücksfall" wahrgenommen wird – sei es, dass dem Betreffenden schon das schadensträchtige *Ereignis* als solches entgeht, sei es, dass er die (für einen „Unglücksfall" konstitutive) *Gefahr weiterer Schäden* verkennt (beispielhaft BGH NJW **1954** 728, 729: fälschliche Annahme eines Pkw-Fahrers, lediglich einen auf der Fahrbahn liegenden Gegenstand überfahren und beschädigt zu haben). Insbesondere schließt die fehlgehende Annahme, das schwer verletzte Opfer eines Verkehrsunfalls sei bereits *verstorben*, Vorsatz in Hinsicht auf das Vorliegen einer zu Hilfshandlungen verpflichtenden tatbestandsmäßigen Situation aus (BGHSt **5** 124, 126). Auch wer nicht erkennt, dass weitergehende Hilfe als die bereits geleistete erforderlich ist, unterlässt sie nicht vorsätzlich (BGH MDR/H **1993** 721, 722; s. a. den Fall AG Saalfeld NStZ-RR **2005** 142, 143: Verständigung eines Notarztes unterbleibt, weil der durch einen Faustschlag verursachte Milzriss für die Beteiligten nicht ersichtlich ist). Auch die tatsächlichen Umstände, aus denen sich – im Rdn. 94 dargelegten Sinne – die *Zumutbarkeit* der Hilfeleistung ergibt, sind Gegenstand des Vorsatzes.[364] Ohne Vorsatz handelt deshalb, wer irrig Umstände annimmt, bei deren tatsächlichem Vorliegen ihm helfendes Eingreifen rechtlich nicht abverlangt würde (Beispiel: die mit der Hilfeleistung verbundene Eigengefährdung wird überschätzt[365]). Auch die fehlgehende Annahme, die in Not geratene Person habe auf (weitere) Hilfe *verzichtet*, kann den Vorsatz ausschließen (anders wohl *Welzel* S. 473). 126

Die gesetzliche Regelung des Tatumstandsirrtums entlastet freilich auch denjenigen, der es „lieber gar nicht so genau wissen will" oder an fremden Notlagen generell uninteressiert (also sozusagen grundsätzlich hilfsunwillig) ist. Die Einlassung, „nichts bemerkt" bzw. die Erforderlichkeit von Hilfe nicht einmal als Möglichkeit in Betracht gezogen zu haben, dürfte sich allerdings im Einzelfall durchaus widerlegen lassen (vgl. wiederum BGH NJW **1954** 728, 729 sowie den viel beachteten Fall AG Essen-Borbeck Urt. v. 18.9.2017 – 3 Ds-70 Js 654/16–252/17: bewusstloser Bankkunde als vermeintlich schlafender Obdachloser). Weiter abgeschwächt wird das Problem zudem durch die Überlegung, dass zur Hilfeleistungspflicht bei Unglücksfällen auch die Pflicht gehöre, sich bei Wahrnehmung eines entsprechenden schadensträchtigen Ereignisses zunächst einmal ein genaueres Bild von der Sachlage zu verschaffen, um sodann ggf. weitere Schritte zu ergreifen (so etwa *Welzel* NJW **1953** 327, 328: „Prüfungspflicht" als Teil der Handlungspflicht); auf die fehlende Kenntnis von der Erforderlichkeit bestimmter Hilfsmaßnahmen käme es dann gar nicht mehr an, weil unterlassene Hilfeleistung schon in der unterlassenen Erforschung der Situation zu sehen wäre.[366] 127

Eine andere Frage ist, ob eine unzureichende Prüfung der Sachlage ggf. den Vorwurf eines *Fahrlässigkeitsdelikts* begründen kann, wenn in der Folge körperliche Beschwerden oder Schmerzen auftreten, die anderenfalls hätten vermieden werden können (§ 229), bzw. der Betreffende gar verstirbt (§ 222). In Betracht kommt ein solcher Vorwurf freilich nur bei einer entsprechenden *Garantenpflicht* (unklar daher OLG Köln NJW **1991** 764). 128

Nicht zum Vorsatz rechnet nach h. M. jedoch die *Kenntnis der Hilfeleistungspflicht* als solcher (s. a. BGHSt **19** 295, 299 zu § 138; *Vogel/Bülte* LK § 15 Rdn. 61). Zwar findet sich in der Rechtsprechung des RG (zu § 330c a. F.) in der Tat die Formulierung, der Vorsatz müsse gerade auch „die Erkenntnis der Pflicht und das Bewußtsein, sie zu verletzen", mit umfassen (RGSt **75** 160, 163). Aus dem Kontext dieser Passage und späteren Klarstellungsversuchen[367] ergibt sich jedoch, dass auch hier im Grunde nur die Kenntnis der *tatsächlichen Umstände* verlangt wird, die für die Entstehung und den Umfang der Hilfeleistungspflicht bedeutsam sind. Lediglich einem nach § 17 zu behandelnden **Gebotsirrtum** (*Vogel/Bülte* LK § 17 Rdn. 106) unterliegt demnach also, wer die rechtliche Norm des § 323c Abs. 1 überhaupt nicht 129

364 *Sch/Schröder/Hecker* Rdn. 25; *SSW/Schöch* Rdn. 23.
365 Vgl. *Geppert* Jura **2005** 39, 47; Sch/Schröder/*Hecker* Rdn. 25; *SSW/Schöch* Rdn. 20.
366 Vgl. a. BGHSt **2** 296, 299 f; BGH VRS **14** (1958) 194, 196 f; AG Tiergarten NStZ **1991** 236, 237.
367 RG DR **1942** 1787; RGSt **77** 301, 305.

kennt oder im konkreten Fall aus den von ihm zutreffend erkannten tatsächlichen Umständen den rechtlich fehlerhaften Schluss zieht, die Leistung von Hilfe (einer bestimmten Form) sei ihm nach Lage der Dinge unzumutbar und daher auch nicht verlangt (vgl. etwa OLG Hamm NJW **1968** 212, 214: Annahme, aufgrund der in Art. 4 GG garantierten Glaubens- und Gewissensfreiheit nicht zu einem mit den eigenen Überzeugungen unvereinbaren Verhalten verpflichtet zu sein).[368]

6. Schuld

130 Die individuelle **Zumutbarkeit** helfenden Eingreifens ist nach heute herrschender und zutreffender Auffassung nicht nur (und erst) von Bedeutung für die Frage, ob dem nicht Helfenden sein Verhalten zum persönlichen Vorwurf gereichen, mithin seine strafrechtliche Schuld begründen soll (so aber noch *Spendel* LK[11] Rdn. 156 ff). Sie wird vielmehr auch schon als Regulativ zur Begrenzung der Hilfeleistungspflicht selbst herangezogen und damit bereits auf der Ebene des Unrechtstatbestandes relevant (näher Rdn. 91 ff). Das sollte freilich nicht zu dem Fehlschluss verleiten, dass *sämtliche* Fragestellungen, die geläufig unter dem Stichwort „(fehlende) Zumutbarkeit" diskutiert werden, bei § 323c nun (ausnahmsweise) im Unrechtstatbestand zu verorten seien. Mit der Aussage, ein bestimmtes Handeln sei einer Person angesichts dieser oder jener Umstände nicht „zumutbar" gewesen, verbindet sich nicht selten gerade das Anliegen, diese Person – ungeachtet der Pflichtwidrigkeit ihrer Unterlassung – lediglich vom strafrechtlichen Schuldvorwurf[369] bzw. von strafrechtlicher Verantwortlichkeit auszunehmen. Soweit dieses Anliegen berechtigt erscheint, ist schlechterdings nicht zu sehen, warum die sonst[370] auf dieser Stufe des Verbrechensaufbaus verhandelten Gesichtspunkte sich nun bei § 323c Abs. 1 zu Fragen der (fehlenden) Rechtspflichtwidrigkeit wandeln sollten.

131 „Unzumutbar" in einem lediglich auf die *Schuld* bezogenen Sinne kann namentlich eine Hilfeleistung sein, die einen eigenen *Angehörigen* in die **Gefahr strafrechtlicher Verfolgung** brächte. Die Anerkennung einer derartigen Konfliktlage als *Grund ausgeschlossener strafrechtlicher Verantwortlichkeit* (Schuldausschließungsgrund) entspricht ihrer Behandlung im Rahmen des § 139 Abs. 3 Satz 1 (vgl. dazu nur *Krauß* LK § 139 Rdn. 32 m. w. N.) sowie der – freilich str. – Einordnung des § 258 Abs. 6 (*Roxin* AT II § 31 Rdn. 233 ff). Auch hier geht es um eine Sondersituation, die der des entschuldigenden Notstands (§ 35) ähnelt und es in spezial- wie generalpräventiver Hinsicht gestattet, auf die strafrechtliche *Sanktionierung* des pflichtwidrigen Nicht-Helfens zu verzichten – wie auch BGHSt **11** 135, 137 ff im Ergebnis zutreffend erkennt (das Problem stellt sich freilich, wie an dieser Entscheidung gleichfalls deutlich wird, ohnehin nur in dem wohl eher seltenen Fall, dass andere, zumutbare Formen der Hilfeleistung nicht ersichtlich sind).

132 *Nicht unzumutbar* – auch nicht im Sinne eines Schuldausschließungsgrundes – ist die Hilfeleistung hingegen demjenigen, der durch sie eine Steigerung des Risikos zu gewärtigen hätte, wegen eines *selbst begangenen* Delikts strafrechtlich verfolgt zu werden (zur Hilfspflicht auch in diesen Fällen bereits Rdn. 103 ff). Denn *diese* Gefahr hat er durch die Begehung der betreffenden Tat ja letztlich selbst heraufbeschworen (Rechtsgedanke des § 35 Abs. 1 Satz 2).[371] Anders

---

368 *Geppert* JURA **2005** 39, 47; *SSW/Schöch* Rdn. 23; differenzierend *Gaede* NK Rdn. 14 (*Tatbestands*irrtum, sofern der Täter die relevanten rechtlichen Bewertungen „nicht einmal laienhaft nachvollzogen hat").

369 Vgl. nur *SSw/Kudlich* § 13 Rdn. 34; *Kindhäuser* AT § 36 Rdn. 37; *Kühl* AT § 18 Rdn. 140 m. w. N.

370 D.h. bei den „unechten" Unterlassungsdelikten (vgl. nur BGHSt **6** 46, 57; *Rönnau* LK Vor §§ 32 ff Rdn. 346 ff; *SSW/Kudlich* § 13 Rdn. 34, 45; *Kühl* AT § 18 Rdn. 140 f m. w. N.

371 Jedenfalls im Ergebnis übereinstimmend *Spendel* LK[11] Rdn. 166; *Stein* SK Rdn. 51; *Kühl* AT § 18 Rdn. 141; *Lampe* FS Lenckner 159, 168; *Stratenwerth/Kuhlen* AT § 13 Rdn. 84; s. a. *Weigend* LK § 13 Rdn. 69.

ist daher zu entscheiden, wenn ein in jeder Hinsicht *Unschuldiger* die Befürchtung hegt, den Umständen nach als Urheber des Unglücksfalles in Verdacht zu geraten, und aus diesem Grunde nicht in der gebotenen Weise Hilfe leistet (vgl. RG DR **1940** 154; s. a. BGH bei Martin DAR **1960** 67).

Ein die Schuld ausschließender **Gebotsirrtum** (§ 17 Satz 1) kann vorliegen, wenn dem Täter allenfalls die moralische, nicht aber auch die *rechtliche* Gebotenheit der Hilfeleistung in den von § 323c bezeichneten Fällen bekannt ist (vgl. LG Mannheim NJW **1990** 2212, 2213). Die Obliegenheit, einen solchen Irrtum durch entsprechende Erkundigungen zu vermeiden, hat noch nicht vernachlässigt, wer sich etwa erst seit kurzem in Deutschland aufhält und aus seinem persönlichen kulturellen Hintergrund heraus mit der Existenz einer solchen – global gesehen durchaus nicht selbstverständlichen – *Rechtsnorm* nicht unbedingt zu rechnen braucht (was nicht nur für den vom LG Mannheim a. a. O. freigesprochenen pakistanischen Asylbewerber aus der Ahmadiyya-Glaubensgemeinschaft gelten dürfte, sondern beispielsweise wohl auch für einen Großteil der US-amerikanischen Staatsbürger, s. Rdn. 39); auf die (gleichfalls in Rechnung zu stellenden) sprachlichen Hemmnisse, die solchen Nachforschungen im Einzelfall entgegenstehen mögen (wie im Fall des LG Mannheim a. a. O.), kommt es dann gar nicht mehr entscheidend an. **133**

Glaubens- und Gewissensentscheidungen. Die Annahme eines unmittelbar aus Art. 4 Abs. 1 GG abzuleitenden *Entschuldigungsgrundes*[372] lässt sich auch im Kontext der unterlassenen Hilfeleistung auf den zutreffenden Ausgangspunkt zurückführen, dass sich die mit jenem Grundrecht garantierten Freiheiten eben nicht in jedem Falle gegenüber den für *alle* geltenden rechtlichen Solidaritätspflichten durchzusetzen vermögen (dem Betreffenden die Hilfeleistung also – im Sinne einer *Rechtspflicht* – unbeschadet seiner persönlichen Glaubensüberzeugungen durchaus „zuzumuten" sein kann, vgl. Rdn. 107). Gleichwohl könnte aber im Einzelfall der Verzicht auf eine *Bestrafung* der pflichtwidrig unterlassenen Hilfeleistung in spezial- wie generalpräventiver Hinsicht vertretbar sein; der gebotene Respekt vor der individuellen Glaubens- bzw. Gewissensentscheidung äußerte sich dann eben im Unterbleiben des persönlichen Vorwurfs, der mit einem Schuldspruch nun einmal verbunden wäre. In diesem Sinne dürfte nicht zuletzt die „Gesundbeter"-Entscheidung BVerfGE **32** 98 zu verstehen sein, wenn dort ein „Zurückweichen des Strafrechts" wenigstens für den Fall gefordert wird, dass „der konkrete Konflikt zwischen einer nach allgemeinen Anschauungen bestehenden Rechtspflicht und einem Glaubensgebot den Täter in eine seelische Bedrängnis bringt, der gegenüber die kriminelle Bestrafung, die ihn zum Rechtsbrecher stempelt, sich als eine übermäßige und daher seine Menschenwürde verletzende soziale Reaktion darstellen würde" (S. 109). Ein solches „Zurückweichen" lässt sich verbrechenssystematisch wohl am besten unter dem Gesichtspunkt *ausgeschlossener Verantwortlichkeit* begründen (*Roxin/Greco* AT I § 22 Rdn. 122 ff);[373] er sollte umso leichter fallen, als es sich bei § 323c Abs. 1 nicht einmal um ein Delikt handelt, das die Verletzung oder auch nur Gefährdung eines anderen Menschen zum Gegenstand hat, sondern nur das Versagen solidarischer Zuwendung. **134**

Ausgeschlossen ist die Schuld schließlich unter den Voraussetzungen des § 20. Ob eine unterlassene Hilfeleistung als **Rauschtat** für § 323a in Betracht kommen kann, ist nicht unumstritten, von der Rechtsprechung (BayObLG NJW **1974** 1520, 1523) aber bejaht worden (näher *Popp* LK § 323a Rdn. 62). **135**

---

372 Vgl. hier nur *Hilgendorf* in: Czermak, Religions- und Weltanschauungsrecht (2008) Rdn. 496; *Schlehofer* MK vor §§ 32 ff Rdn. 318 ff; *Spendel* LK[11] Rdn. 172. AA etwa *Frister* AT § 20 Rdn. 20 ff; *Stratenwerth/Kuhlen* AT § 10 Rdn. 118; wieder anders *Böse* ZStW 113 (2001) 40, 74, der Art. 4 GG schon (aber wohl auch nur) bei der Begründung der Rechtspflicht berücksichtigen will.

373 Mit der besonderen „psychischen Zwangslage" begründen einen Entschuldigungsgrund dagegen etwa *Frisch* GA **2006** 273, 279; *Neumann* NK § 17 Rdn. 46; *Kühl* AT § 12 Rdn. 116 m. w. N.

7. Vollendung und Tätige Reue

136 Den strafbaren **Versuch** eines Vergehens nach § 323c Abs. 1 kennt das Gesetz nicht (§ 23 Abs. 1). Die These, wenigstens einige der – ja auch bei („echten") Unterlassungsdelikten prinzipiell denkbaren[374] – „materiellen" Versuchssachverhalte seien gleichwohl als (formell vollendete) unterlassene Hilfeleistung strafbar („unechtes Unternehmensdelikt"),[375] wird heute nur noch in einer abgeschwächten Form vertreten, die nicht mehr grundsätzlich in Abrede stellt, dass im Ergebnis jedenfalls der untaugliche Versuch (der Täter geht etwa irrig von einem tatsächlich nicht gegebenen „Unglücksfall" aus) straflos gelassen ist.[376]

137 Ein *tauglicher* Versuch des § 323c wird demgegenüber teilweise schon konstruktiv bestritten, da eine gebotswidrige Unterlassung sich eben auch schon als Vollendung darstelle (*Roxin* AT II § 29 Rdn. 294). Dem ist in dieser Allgemeinheit nicht zu folgen[377]: Die Hilfeleistungspflicht bezieht sich keineswegs notwendig auf einen singulären Zeit*punkt*, zu dem allein sie erfüllt werden könnte (ggf. unter Einberechnung der ein oder anderen „Schrecksekunde", die dem Täter immerhin allgemein zugebilligt wird; s. a. BGH bei *Holtz* MDR **1993** 721 f; NStZ **2016** 153). Vielmehr ist es auch möglich (und plausibler), ihr einen – je nach Sachlage mehr oder weniger großen – Zeit*raum* zuzuordnen, innerhalb dessen ihr der Täter (noch) rechtzeitig nachkommen kann.[378] Sofern er dies letztlich tut, schadet ein etwaiges Zögern ebenso wenig wie der offenkundige „Versuch", sich der Erfüllung der Pflicht zu entziehen (etwa durch „Flucht" vom Ort des Geschehens oder die erklärte Weigerung, etwas zu tun) – denn nicht auf die darin etwa zutage tretende *Gesinnung*, sondern allein auf die *rechtzeitige* Hilfe kommt es an. Für die Feststellung der **Vollendung** des Delikts kann daher nicht pauschal an den Zeitpunkt angeknüpft werden, zu dem der Täter „seinen Entschluß, dem Verunglückten nicht zu helfen, zum ersten Mal nach außen kundgab" (wie BGHSt **14** 213, 215 allerdings missverständlich formuliert). Die „Handlungsfrist",[379] die dem Täter offensteht, währt so lange, wie eine ernsthafte Verringerung der Rettungschancen noch nicht zu besorgen ist. Sie kann deshalb im Einzelfall schon nach wenigen Augenblicken verstrichen sein; andererseits kann beispielsweise dem Opfer eines Verkehrsunfalls auch dann noch rechtzeitig geholfen worden sein, wenn der Täter am Unfallort zunächst vorbeigefahren ist, dann aber kehrtgemacht und sich doch um den Verletzten gekümmert hat (*Maihofer* GA **1958** 289, 296; *Spendel* LK[11] Rdn. 99). Anders – und im Ergebnis wohl zutreffend – entschieden hat der BGH freilich den Fall eines Kraftfahrers, der nachts bei einem Überholvorgang einen Fußgänger angefahren hatte und dann nach kurzem Halt etwa 600 Meter weitergefahren war, bevor wieder zur Unfallstelle zurückkehrte und sich dann (erneut) wieder um das Unfallopfer bemühte (BGHSt **14** 213, 216 f): Die *ex ante* ungewisse, für den Laien nicht abschätzbare Lage des Verletzten habe hier eben ein sofortiges Eingreifen erfordert.

138 Wird dem Hilfspflichtigen hingegen allenfalls die genannte „Schrecksekunde" bei der Erfüllung seiner Pflicht eingeräumt, so vermag der Umstand, dass er ihr schließlich doch noch nachkommt, an der Vollendung des Delikts nichts mehr zu ändern; er kann dann nur noch als Grund für ein *vermindertes Sanktionsbedürfnis* berücksichtigt werden (dies dann freilich in Abhängigkeit von der jeweiligen Motivation des Umkehrverhaltens, insbesondere: der „Freiwilligkeit"). Neben einer *analogen Anwendung der Rücktrittsregelungen (§ 24)*[380] wird vor allem eine entspre-

---

374 S. nur § 283 Abs. 3 i. V. m. Abs. 1 Nr. 5, Nr. 7 lit. b; allg. dazu *Sch/Schröder/Eser/Bosch* Vorbem. § 22 Rdn. 27 m. w. N.; *Olmedo Cardenete* FS Roxin II 917; zur unterlassenen Hilfeleistung a. *Maihofer* GA **1958** 289, 294.

375 *Armin Kaufmann* Die Dogmatik der Unterlassungsdelikte (1959) S. 230 f; *Schöne* S. 72 ff; *Welzel* S. 471.

376 Vgl. etwa *Freund* MK Rdn. 119 (sofern die Untauglichkeit ex ante „bei verständiger Würdigung der Sachlage" ersichtlich ist). Zur Straflosigkeit a. *Roxin* AT II § 29 Rdn. 293.

377 Näher etwa *Maihofer* GA 1958 289, 291 ff. Im Grundsatz wie hier auch *Spendel* LK[11] Rdn. 96 ff.

378 Letztlich (wenngleich zurückhaltend) auch *Freund* MK Rdn. 120 m. Fn. 178.

379 *Nagler* LK[8] I (1957) Einl. Anh. 2 S. 34 vor B I 1.

380 *Maurach/Schroeder/Maiwald* § 55 Rdn. 29.

chende Heranziehung der Vorschriften über die **tätige Reue** vorgeschlagen,[381] die das Gesetz für verschiedene andere Tatbestände bereithält (vgl. etwa §§ 83a, 87 Abs. 3, 98 Abs. 2, 149 Abs. 2 und 3, 158 Abs. 1, 306e, 314a, 320, 330b). Der BGH (BGHSt **14** 213, 217) hat gegen eine solche Analogie nicht nur geltend gemacht, dass sie zu (freilich nicht näher bezeichneten) „kriminalpolitisch unerwünschten Ergebnissen" führen würde, sondern auch – und vor allem – darauf verwiesen, dass es sich bei jenen Regelungen immer nur um Einzelfall-Lösungen für den jeweiligen Tatbestand handele. In der Tat kann von einem durchgängig verfolgten Regelungskonzept, das dann bei § 323c eine „planwidrige Lücke" aufwiese, keine Rede sein (**aA** *Berz* FS Stree/Wessels 331, 338). Die bislang fragmentarisch gebliebene Aufarbeitung des Phänomens der „tätigen Reue" durch den Gesetzgeber mag zu bedauern sein; auf der Ebene der Rechtsanwendung ist sie gleichwohl hinzunehmen.[382] Das Verfahren wird in den hier interessierenden Fällen aber regelmäßig einzustellen sein (§ 153 StPO).[383]

8. Täterschaft und Teilnahme

Das Spektrum der in § 25 genannten **Täterschaftsformen** wird bei § 323c Abs. 1 keineswegs vollständig ausgeschöpft. Jeder, den im Sinne dieses Tatbestandes eine (wie auch immer inhaltlich gestaltete) Hilfspflicht trifft, begeht die Tat unmittelbar selbst, soweit er dieser Pflicht nicht nachkommt. Daran ändert sich letztlich auch dann nichts, wenn mehrere Hilfspflichtige ihr Untätig-Bleiben untereinander abgesprochen haben; welchen praktischen oder auch nur dogmatischen Sinn es haben sollte, diesen Fall als Mittäterschaft (§ 25 Abs. 2) zu behandeln, ist nicht recht ersichtlich.[384] Von „mittäterschaftlichem" Unterlassen mag allenfalls dann gesprochen werden, wenn aussichtsreiches Rettungshandeln nur durch gemeinsame Anstrengungen möglich erscheint.[385] **139**

Für die Konstruktion *mittelbarer Täterschaft (§ 25 Abs. 1 Var. 2)* besteht ebenfalls kein Bedürfnis, weil der „Hintermann" bereits als unmittelbarer Täter zu erfassen ist, soweit er diejenige Hilfe versagt, die er selbst schuldet (und die ggf. auch in der Einwirkung auf „Vorderleute" bestehen kann – etwa im Abstellen von Hilfskräften zur Abwehr einer gemeinen Gefahr). Die aktive Einwirkung auf hilfswillige Dritte mit den Mitteln mittelbarer Täterschaft hingegen (beispielhaft: dem Notarzt wird auf der Suche nach dem Unglücksort der falsche Weg gewiesen) kann bei entsprechendem Vorsatz aus entsprechenden Begehungstatbeständen (etwa nach §§ 212, 223) strafbar sein[386] und im Übrigen ein Delikt nach § 323c Abs. 2 darstellen, unterfällt aber als solche nicht dem Unterlassungstatbestand des Abatzes. 1 (anders die Nichterteilung der richtigen Auskunft). **140**

Was die **Anstiftung** zu einer unterlassenen Hilfeleistung angeht, ist zu unterscheiden: Wer selbst nach § 323c Abs. 1 hilfspflichtig ist und gleichwohl untätig bleibt, verwirklicht das Delikt eben deshalb auch selbst *täterschaftlich.* Eine damit einhergehende *aktive* Einwirkung auf einen anderen Hilfspflichtigen, die auch diesen zur Versagung von Hilfe veranlasst, erfüllt den Tatbestand des *Unterlassungs*delikts nach Absatz 1 hingegen nicht;[387] auch als Anstiftungshandlung **141**

381 *Schmitz* S. 140 ff; *Freund* MK Rdn. 122; *Lackner/Kühl* Rdn. 11; *Rengier* BT II § 42 Rdn. 20; *Sch/Schröder/Hecker* Rdn. 26; einschränkend (nicht mit der Folge des *Freispruchs*) *Stein* SK Rdn. 52; s. a. *Berz* FS Stree/Wessels 331, 336 ff.
382 Im Ergebnis ebenso *Fischer* Rdn. 36; *Spendel* LK[11] Rdn. 103; s. a. *Schaffstein* FS Dreher 147, 154; allg. dazu auch *Hillenkamp* in: Schöch (Hrsg.) Wiedergutmachung und Strafrecht (1987) 81, 89; *Blöcker* Die Tätige Reue (2000) 201 f.
383 *Schmitz* S. 150 f; *Arzt/Weber/Heinrich/Hilgendorf* § 39 Rdn. 17; vgl. bereits *Schaffstein* FS Dreher 147, 155.
384 S. a. *Stratenwerth/Kuhlen* AT § 14 Rdn. 17. Mittäterschaftliches Unterlassen grundsätzlich ablehnend *Grünwald* GA **1959** 110, 111; *Armin Kaufmann* Die Dogmatik der Unterlassungsdelikte (1959) 189.
385 *Jescheck/Weigend* AT S. 682; *Stratenwerth/Kuhlen* AT § 14 Rz. 17; vgl. a. BGHSt **37** 106, 129.
386 Vgl. nur *Schünemann* LK § 25 Rdn. 214; *Sch/Schröder/Heine/Weißer* § 25 Rdn. 58; *Jescheck/Weigend* AT S. 604, 640; *Kühl* AT § 20 Rdn. 267 m. w. N.; krit. freilich *Schroeder* FS Küper 539, 541.
387 Anders offenbar *Arzt/Weber/Heinrich/Hilgendorf* § 39 Rdn. 27; wie hier dagg. *Sch/Schröder/Hecker* Rdn. 27.

(§§ 323c Abs. 1, 26) hat sie letztlich keine eigenständige Bedeutung, soweit der „Anstiftende" schon wegen seines eigenen Unterlassens als Täter des § 323c Abs. 1 erfasst wird. Denkbar ist Anstiftung zur unterlassenen Hilfeleistung daher nur durch Personen, die ihrerseits *nicht* zu irgendeiner Form von Hilfe fähig bzw. verpflichtet sind (etwa, weil sie selbst zu weit vom Unglücksort entfernt sind, um sinnvoll helfen können, aber telefonisch auf den dort anwesenden Haupttäter Einfluss nehmen).[388] Eine Strafbarkeit nach § 323c *Abs. 2* kommt daneben nicht in Betracht.[389] Ob in solchen Fällen zugunsten des nicht selbst hilfspflichtigen Teilnehmers § 28 Abs. 1 eingreift,[390] ist zweifelhaft (BGH Beschl. v. 24.3.2021 – 4 StR 416/20 Rn. 22 scheint das Gegenteil anzunehmen).

III. Die Behinderung hilfeleistender Personen (Absatz 2)

142 Durch das 52. Gesetz zur Änderung des Strafgesetzbuches – Stärkung des Schutzes von Vollstreckungsbeamten und Rettungskräften vom 23. Mai 2017 (BGBl. I S. 1226), in Kraft seit 30. Mai 2017, ist § 323c um einen zweiten Absatz erweitert worden.[391] Er enthält – bei gleichem Strafrahmen – einen eigenständigen neuen Straftatbestand, der von dem der unterlassenen Hilfeleistung (nunmehr Absatz 1) scharf zu scheiden ist und in der Überschrift auch eine gesonderte rechtliche Bezeichnung (i. S. v. § 260 Abs. 4 Satz 2 StPO) erhalten hat, eben als „Behinderung von hilfeleistenden Personen". Die Vorgeschichte dieses Tatbestandes reicht zurück bis zum 44. Gesetz zur Änderung des StGB vom 1.11.2011 (BGBl. I S. 2130): Durch einen neuen § 114 Abs. 3 (heute: § 115 Abs. 3 S. 1 und 2) sollten „unabhängig von bereits vorhandenen Sanktionsmöglichkeiten" (!) auch Feuerwehrleute und andere Rettungskräfte „ausdrücklich in den Anwendungsbereich des § 113 StGB einbezogen und vor gewalttätigen Behinderungen und tätlichen Angriffen bei Hilfseinsätzen geschützt werden" (BTDrucks. 17/4143 S. 6). Zur (lediglich situativen) Umschreibung der tatbestandlich zu erfassenden Hilfs- und Rettungsmaßnahmen hat der Gesetzgeber – ohne weitere Begründung – auf die „Notlagen-Trias" der §§ 145 Abs. 1 Nr. 2, 323c zurückgegriffen. Im Vordergrund standen damals wohl noch *die Helfer selbst* (denn sie sind es ja, die der Entwurfsbegründung zufolge „geschützt werden" sollen und deshalb den in § 113 genannten Vollstreckungsbeamten formal gleichgestellt worden sind[392]). Das Blickfeld erweiterte sich in der folgenden Legislaturperiode – im Kontext weiterer Bemühungen um die „Stärkung des Schutzes von Vollstreckungsbeamten und Rettungskräften" – freilich alsbald auf die „öffentliche Sicherheit" (BTDrucks. 18/11161 S. 1, gleichlautend BTDrucks. 18/11547 S. 1) und schließlich (im Bericht des Rechtsausschusses, BTDrucks. 18/12153 S. 6) auf die bedrohten Individualrechtsgüter, denen die Rettungsbemühungen jeweils gelten.[393] Dies wiederum legte es für den Rechtsausschuss offenbar nahe, die Behinderung solcher Bemühungen nunmehr ganz generell straftatbestandlich zu erfassen, mithin unabhängig davon, ob der Helfende den in § 114 Abs. 3 a. F. genannten Rettungskräften zugerechnet werden kann. Da eine entsprechende Erweiterung das System der §§ 113 ff nun endgültig gesprengt hätte und zudem – mit Blick auf die Bundesratsinitiative zur „effektiven Bekämpfung von sogenannten Gaffern" (BR-Drs. 226/16) – gerade auch Verhaltensweisen *jenseits* der dort genannten Nötigungshandlungen und Tätlichkeiten inkriminiert werden

388 Ein (versuchtes) *Begehungsdelikt* (etwa § 212) zum Nachteil des Verunglückten (so wohl *Welzel* S. 473) wird man in einer solchen Anstiftung nicht sehen können (*Freund* MK Rdn. 113 f).

389 Anders wohl *Preuß* ZIS 2019, 345, 351.

390 In diesem Sinne *Arzt/Weber/Heinrich/Hilgendorf* § 39 Rdn. 27.

391 Allg. dazu etwa *Zöller* KriPoZ 2017 143; *Schiemann* NJW **2017** 1846.

392 Scharfe (in der Sache aber berechtigte) Kritik unter gesetzessystematischem Blickwinkel bei *Paeffgen* NK § 114 Rdn. 11a m. w. N.; s. ferner etwa *Singelnstein/Puschke* NJW **2011** 3473, 3474 f.

393 Für eine Einbeziehung dieser Güter auch schon in das mit § 114 Abs. 3 a. F. (§ 115 Abs. 3 n. F.) verfolgte Schutzanliegen wohl *Puschke/Rienhoff* JR **2017** 924, 930.

sollten, entschied man sich kurzerhand für eine „gesonderte ergänzende Strafvorschrift" unter dem Dach des § 323c: Dessen neuer zweiter Absatz erweitere „letztlich" (?!) den Schutz „von Personen (d. h. deren Leben oder Gesundheit) oder Sachwerten in entsprechenden Situationen vor Gefahren durch eine verzögerte oder verhinderte Hilfeleistung" (BTDrucks. 18/12153 S. 6). Um den Schutz der *Helfenden* geht es hier nun also gar nicht mehr (ebenso *Wessels/Hettinger/Engländer* Rdn. 1165). Im Übrigen aber wird mit § 115 Abs. 3 die zuvor in § 114 Abs. 3 enthaltene Strafvorschrift in der Sache beibehalten (und soweit es um tätliche Angriffe geht, durch § 114 n. F. sogar verschärft). Das Ergebnis ist nun alles andere als ein Glanzstück der Gesetzgebungskunst: Gewisse Formen der Nötigung bzw. Körperverletzung werden, soweit sie sich in bestimmten Notsituationen gegen professionelle Rettungskräfte richten, zugleich – sachfremd – auch den §§ 113, 114 zugeordnet, und genau von diesen Situationen (und wiederum von Behinderungseffekten) handelt nun noch einmal § 323c Abs. 2. Praktische Bedeutung hat die Vorschrift bislang offenbar kaum.

Weshalb die Einordnung der „Behinderung hilfswilliger Personen" als zweiter Absatz in § 323c „aus systematischen Gründen zu begrüßen" sein soll,[394] erschließt sich vor diesem Hintergrund mitnichten: Zwar gehört sie tatsächlich ebenso wenig wie § 115 Abs. 3 in den Kontext der §§ 113, 114. Doch auch mit der bisher in § 323c (nun Absatz 1) geregelten unterlassenen Hilfeleistung hat sie nur wenig zu tun. Die Bezugnahme auf die „Notlagen-Trias" des Absatzes 1 ist entstehungsgeschichtlich gesehen zunächst eine eher äußerliche (sie geht letztlich auf § 114 Abs. 3 a. F. zurück und diente dort lediglich der situativen Beschreibung von Tätigkeiten, bei denen bestimmte professionelle Rettungskräfte Vollstreckungsbeamten gleichgestellt werden sollten). Vor allem aber ist das in Absatz 2 geregelte Delikt von dem der unterlassenen Hilfeleistung (Absatz 1) von Grund auf verschieden: Es geht hier, legitimationstheoretisch gesehen, gerade nicht mehr um die Verpflichtung zu solidarischer Zuwendung (s. Rdn. 24), sondern schlicht um das allgemeine Verbot, anderen zu schaden (*neminem laedere*) – und zwar dadurch, dass eine bestehende Rettungschance für ein aktuell bereits von anderer Seite bedrohtes individuelles Gut vernichtet wird. Es handelt sich also letzten Endes um nichts anderes als um einen *aktiven Angriff* auf den in Not geratenen Menschen[395] (bzw. auf eine von gemeiner Gefahr oder Not bedrohte Vielzahl von Menschen) durch den Abbruch eines rettenden Verlaufs[396] (hier freilich tatbestandlich verkürzt auf ein entsprechendes *Gefährdungs*verhalten und beschränkt auf solche Rettungschancen, die gerade aus Hilfsbemühungen anderer Menschen erwachsen, Rdn. 145). Zu schützen gilt es den in Not Geratenen daher *vor* dem Täter des Absatzes 2 (während Absatz 1 den Schutz *durch* Hilfeleistende zu gewährleisten sucht, s. Rdn. 22 ff). Gewiss wird auf diese Weise im Ergebnis auch die Hilfeleistung abgesichert, die *von anderen* in Erfüllung einer Pflicht nach Absatz 1 erbracht wird (*Lenk* JuS **2018** 229 f). Doch ist Abs. 2 tatbestandlich lediglich auf „Situationen" der in Absatz 1 genannten Art beschränkt, nicht aber auf Rettungsbemühungen, zu denen der Betreffende nach Absatz 1 (oder sonst) verpflichtet ist; es genügt vielmehr, dass er *tatsächlich* Hilfe leistet oder wenigstens leisten will. Nicht vom Tatbestand vorausgesetzt ist freilich, dass der Täter die Schädigung des in Not geratenen Dritten auch erreicht (oder doch zu erreichen sucht). Erfasst wird lediglich ein bestimmtes Verhalten – die Behinderung von Hilfswilligen – ohne Rücksicht darauf, ob im konkreten Fall überhaupt eine reale Rettungschance besteht und dann auch tatsächlich zum Schaden eines anderen beeinträchtigt wird.[397] Mit Blick auf diesen 143

394 So *Schiemann* NJW **2017** 1846, 1848; vgl. a. *Lenk* JuS **2018** 229 f Krit. dagg. *Magnus* GA **2017** 530, 541.

395 Deutlich nun auch *Preuß* ZIS **2019**, 345, 347 (der Täter verändere im Unterschied zu § 323c Abs. 1 gerade „aktiv die Situation").

396 Vgl. a. *Magnus* GA **2017** 530, 541. Allg. zur Einordnung des Abbruchs „rettender Kausalverläufe" als positives Tun etwa *Kühl* AT § 18 Rdn. 20 m. w. N.; *Rengier* AT § 48 Rdn. 18 ff; *Weigend* LK § 13 Rdn. 8; differenzierend aber etwa *Gropp* GS Schlüchter 173, 179; *Haas* Kausalität und Rechtsverletzung (2002) 131.

397 Vgl. a. BTDrucks. 18/12153 S. 6 sowie *Heger/Jahn* KriPoZ **2017** 113, 115.

von den tatsächlichen Gegebenheiten gleichsam abstrahierenden Ansatz mag man also von einem **„abstrakten" Gefährdungsdelikt** sprechen.[398]

144 *Objektive Voraussetzung* ist auch hier zunächst ein Unglücksfall (Rdn. 49 ff) bzw. gemeine Gefahr oder Not (Rdn. 72 ff, 76 f). Das ergibt sich zwingend aus dem Wortlaut („in diesen Situationen") und der systematischen Stellung der Norm. Fehl geht deshalb allerdings die im Bericht des Rechtsausschusses (BTDrucks. 18/12153 S. 7) geäußerte Auffassung, Strafbarkeit nach Absatz 2 trete auch in dem Fall ein, dass „eine Rettung des Opfers gar nicht mehr möglich war, weil es zum Zeitpunkt der Behinderung einer hilfeleistenden Person bereits verstorben war". Denn dann handelt es sich – jedenfalls in Hinsicht auf dieses Opfer – nicht mehr um einen „Unglücksfall" (vgl. Rdn. 70) und damit auch nicht mehr um eine „Situation" i. S. d. Abs. 2.[399] Für diesen Tatbestand genügt zwar die Behinderung einer Person, die einem Dritten lediglich Hilfe leisten „will", dies aber eben nur unter der am Anfang des Satzes genannten Bedingung, dass eine der zuvor in Absatz 1 genannten „Situationen" gegeben ist (und das kann nur heißen: *tatsächlich* und nicht lediglich in der Vorstellung des Hilfswilligen). Anderenfalls ergäbe sich denn auch der eigenartige Befund, dass den Tatbestand der unterlassenen Hilfeleistung (Absatz 1) schon objektiv nicht verwirklicht, wer nach dem Tod eines Verunglückten untätig bleibt, während nach Absatz 2 derjenige strafbar wäre, der ihn von entsprechenden Hilfsbemühungen abhält (in schlechter Absicht oder gar durch den zutreffenden Hinweis auf die Sinnlosigkeit solchen Tuns); erklären ließe sich das allenfalls noch mit dem – vom Güterschutzgedanken freilich weitgehend gelösten[400] – rechtspolitischen Ziel, die Alltagsmoral durch die Einübung gewisser absoluter Verhaltensnormen (etwa: „sich Rettungswilligen nicht in den Weg zu stellen") zu verstärken. Rechtfertigungsprobleme wird man so freilich nicht lösen: Wer wohlmeinende Hilfswillige des eigenen Hauses verweist, in dem diese einen Dritten in Gefahr wähnen, müsste dafür nun seinerseits erst Notrechte geltend machen (und spätestens hier käme es nun doch darauf an, ob dem Hausrecht *tatsächlich* ein Rettungsinteresse gegenübersteht oder nicht).

145 Die Tat muss sich auf eine Person beziehen, die **einem Dritten Hilfe leistet oder leisten will.** Von der Beschränkung auf Hilfeleistende der Feuerwehr, des Katastrophenschutzes oder eines Rettungsdienstes, wie sie § 115 Abs. 3 Satz 1 zugrunde liegt (und bereits § 114 Abs. 3 a. F. zugrunde lag), wollte sich der Gesetzgeber an dieser Stelle gerade lösen.[401] Übernommen worden ist von dort hingegen die Beschreibung des Geschehens, gegen das das Verhalten des Täters sich richten muss: Tätigkeiten, die auf Hilfe, mithin auf die Abwendung der jeweiligen Notlage gerichtet sind (wozu selbstverständlich auch schon die Anfahrt zum Unglücksort gehört[402]). Ob nur solche Tätigkeiten gemeint sind, die zu jenem Zweck auch objektiv *geeignet* sind, ist fraglich und im Kontext des § 114 Abs. 3 a. F. teilweise verneint worden, weil sich die Tat dort in erster Linie gegen den Hilfeleistenden persönlich richte.[403] So liegt es bei § 323c Abs. 2 indessen gerade nicht, und was daran strafwürdig sein soll, dem in Not Geratenen die Aussicht auf eine für ihn sinnlose Form von „Hilfe" abzuschneiden, ist nicht zu sehen. Die dem Dritten zugedachte Hilfe braucht sich nach dem Verständnis des Rechtsausschusses nicht notwendig auf Leben und Gesundheit zu beziehen, sondern kann auch „Sachwerte" betreffen (BTDrucks. 18/12153 S. 6). Ein derart weites Verständnis mag im Kontext des § 115 Abs. 3 (§ 114 Abs. 3 a. F.) durchaus einleuchten (Feuerwehr!), führt im systematischen Zusammenhang mit § 323c Abs. 1 jedoch zu gewissen Friktionen: Sieht man dort mit guten Gründen (Rdn. 52 f) in bloßer „Sachgefahr" noch

---

398 So denn auch *Lenk* JuS **2018** 229, 230 gg. *Zöller* KriPoZ **2017** 143, 147 (der offenbar „konkrete Gefahren" voraussetzen will und sich insoweit zu Unrecht auf § 323c Abs. 1 beruft).

399 AA unter Verweis auf die zitierten Materialien *Schöch* GA **2018** 510, 514; *Wessels/Hettinger/Engländer* Rdn. 1166. Wie hier dagg. *Lenk* JuS **2018** 229, 231 (mit dem ergänzenden Hinweis, dass es mit dem Tod des Verunglückten auch keinen „Dritten" mehr gibt); *Sch/Schröder/Hecker* Rdn. 32.

400 Krit. deshalb a. *Wessels/Hettinger/Engländer* Rdn. 1166; *Zöller* KriPoZ **2017** 143, 147.

401 Vgl. BTDrucks. 18/12153 S. 6.

402 S. nur *Bosch* MK § 114 a. F. Rdn. 11.

403 *Bosch* MK § 114 a. F. Rdn. 12 gegen *Lackner/Kühl/Heger* § 114 a. F. Rdn. 4.

keinen „Unglücksfall", der gänzlich unbeteiligte Dritte zu rettendem Eingreifen verpflichten könnte, so wird erklärungsbedürftig, weshalb Absatz 2 („in diesen Situationen") gleichwohl Anwendung finden soll. Der Ausschuss dürfte die Problematik wohl insgesamt übersehen haben (weshalb aus den angeführten Materialien auch nicht etwa umgekehrt gefolgert werden darf, der Gesetzgeber habe die Ausdehnung der unterlassenen Hilfeleistung nach Absatz 1 auf Gefahrenlagen für Eigentum und Vermögen implizit anerkannt). Unerheblich ist für Absatz 2 schließlich, ob die helfende bzw. hilfswillige Person zu der betreffenden Hilfsmaßnahme von Rechts wegen *verpflichtet* ist (nach Absatz 1 oder aus anderen Gründen).

Behindert wird der Hilfeleistende (wie bei § 115 Abs. 3 Satz 1), wenn er in seiner Tätigkeit nicht nur unerheblich gestört wird;[404] zumindest insoweit mag man also (wie dort[405]) von einem „Erfolgsdelikt"[406] sprechen. Die Hilfsmaßnahmen müssen daher zwar nicht notwendig *ver*-hindert, aber doch nachweislich erschwert worden sein.[407] Ob auf der anderen Seite die bloße Vereitelung ihres *Erfolgs* genügt, ist allerdings mehr als zweifelhaft, zielt die Vorschrift doch gerade auf das Behindern der zur Hilfeleistung entschlossenen Person selbst.[408] Anders als bei § 115 Abs. 3 Satz 1 ist hier jedoch nicht erforderlich, dass die Behinderung durch Gewalt oder durch Drohung mit Gewalt erreicht wird. Beispielhaft genannt werden die Beschädigung von technischem Gerät, das Versperren des Wegs und die Beeinträchtigung der Tätigkeit von Ärzten und Krankenhauspersonal in der Notaufnahme.[409] Die schlichte „Abstiftung" eines zur Hilfeleistung Entschlossenen ist noch kein „Behindern". Anders mag es bei Täuschungen liegen (etwa, wenn Hilfswilligen bewusst der falsche Weg gewiesen oder die Existenz weiterer Verletzter geleugnet wird).[410] Eine räumliche Beschränkung auf das unmittelbare Umfeld des Unglücksortes ist der gesetzlichen Regelung wohl nicht zu entnehmen (**aA** *Lenk* JuS **2018** 229, 232 f). 146

Wer lediglich nicht zur Seite tritt (oder fährt), um besser qualifizierten anderen Hilfswilligen den Zugang zum Unglücksort zu eröffnen, konnte dagegen schon bisher einigermaßen zwangslos durch Absatz 1 erfasst werden: professionelle Rettungsmaßnahmen zu ermöglichen, ist eine geradezu typische Form der von § 323c Abs. 1 geforderten Hilfeleistung (vgl. bereits Rdn. 87 sowie *Scheffler* NJW **1995** 232, 234; *Heger/Jahn* JR **2015** 508, 514 ff).[411] Gleichwohl ordnen die Materialien auch das „Nichtbeiseitetreten" und das „Blockieren von Notfallgassen" ausdrücklich als Behindern i. S. v. Absatz 2 ein (hinter dem Absatz 1 insoweit wohl zurückzutreten hätte). Ob hier – über § 13 hinaus – ganz generell eine tatbestandliche Gleichstellung von Tun und Unterlassen angestrebt worden ist, lässt sich kaum sagen. Durch **Unterlassen** behindern können aber jedenfalls Garanten[412] (so etwa unter Ingerenz-Gesichtspunkten Fahrzeugführer, die entgegen § 12 Abs. 1 Nr. 5 StVO „in amtlich gekennzeichneten Feuerwehrzufahrten" halten oder parken). 147

404 BTDrucks. 18/12153; zu § 114 Abs. 3 a. F. vgl. bereits *Zopfs* GA **2012** 259, 273; *Bosch* MK § 114 a. F. Rdn. 12 m. w. N.; *Paeffgen* NK § 114 a. F. Rdn. 11c.

405 S. nur *Bosch* MK § 114 a. F. Rdn. 12 (mit Kritik an der „völligen Unkenntnis der Gesetzessystematik" der §§ 113 f, die dieser Tatbestandsgestaltung zugrunde liege); *Paeffgen* NK § 114 a. F. Rdn. 11c; ähnlich *Singelnstein/Puschke* NJW **2011** 3473, 3474 („Erfolgsmoment").

406 So *Fischer* Rdn. 26.

407 AA offenbar *Magnus* GA **2017** 530, 541 (deren Annahme, strafbar sei nach Absatz 2 auch „das ‚Gaffen' am Unfallort, das nicht ursächlich für eine Behinderung von Rettungswilligen geworden ist", freilich schon mit dem Wortlaut – „behindert" – nicht zu vereinbaren ist und auch in den Ausführungen in BTDrucks. 18/12153 S. 6 keine Grundlage findet).

408 Mit beachtlichen Gründen abl. *Freund* MK Rdn. 137 (Beeinträchtigung des Rettungs*verhaltens* erforderlich).

409 BTDrucks. 18/12153 S. 7.

410 Ähnlich *Lenk* JuS **2018** 229, 232 (mit dem Beispiel gezielt irreführender Postings in sog. sozialen Netzwerken).

411 Als *Klarstellung* lässt sich dies nicht ohne weiteres verstehen, da es sich bei dem in Absatz 2 normierten Tatbestand eben gerade nicht um einen Unterfall der unterlassenen Hilfeleistung (Absatz 1) handeln dürfte, sondern um ein von Grund auf anderes Delikt (anders – und *deshalb* kritisch – *Freund* MK Rdn. 132 ff, 138 ff).

412 Ebenso *Fischer* Rdn. 20.

148 Konkurrieren mehrere Helfer miteinander, so mag es sein, dass sie sich gegenseitig „behindern“ (oder dass einer, der sich – zu Recht oder zu Unrecht – für kompetenter hält, den anderen beiseiteschiebt).[413] Die damit aufgeworfenen Rechtfertigungsfragen (wessen Beitrag ist *objektiv* sinnvoller und deshalb vorrangig?) dürften sich nicht leicht und oft wohl auch nur im Nachhinein beantworten lassen; kriminalpolitisch kaum beabsichtigt sein dürfte auch die möglicherweise abschreckende Wirkung auf Hilfswillige (und womöglich gar nach Absatz 1 Hilfspflichtige). Vorgeschlagen worden ist deshalb, die mit dem eigenen Helfen verbundenen Beeinträchtigungen unter dem Gesichtspunkt des erlaubten Risikos schon aus dem objektiven Tatbestand auszuscheiden.[414] Denkbar ist aber auch, das Tatbestandsmerkmal „behindert“ mit Blick auf den Entstehungszusammenhang der Vorschrift auf ein Verhalten zu beschränken, durch das die Hilfstätigkeit anderer gleichsam von außen – nämlich *durch selbst nicht hilfswillige Dritte* – gestört wird.[415]

149 Da Absatz 2 ein Drei-Personen-Verhältnis zugrunde liegt, scheidet auch der „Dritte“, dem die Hilfe zugedacht ist, als Täter notwendig aus. Nicht verwirklicht wird der Tatbestand daher durch (scheinbar oder tatsächlich) hilfsbedürftige Personen, die sich etwa im Rausch oder aus anderen Gründen gegen helfende Zuwendung zur Wehr setzen.[416]

150 Mehr als die spürbare Behinderung einer hilfswilligen Person (Rdn. 146) ist tatbestandlich nicht vorausgesetzt. Unerheblich ist deshalb, ob sich die Lage der von dem Unglücksfall usw. betroffenen Menschen dadurch tatsächlich verschlechtert hat oder zumindest die konkrete Gefahr einer solchen Verschlechterung begründet worden ist.[417]

151 **Vorsätzliches** Handeln setzt zunächst voraus, dass der Täter die Notlage als solche erkennt oder das Vorliegen einer entsprechenden Situation zumindest ernsthaft in Betracht zieht. In gleicher Weise erfasst haben muss er zudem den Umstand, dass die tatbetroffene Person einem Dritten Hilfe leistet oder doch leisten will (was bei nicht-professionellen Helfern freilich nicht immer ohne Weiteres erkennbar sein dürfte, zutr. *Fischer* Rdn. 31). Der Vorsatz muss sich schließlich auch auf den „Behinderungserfolg“ (Rdn. 146) erstrecken; irrelevant ist dagegen, ob der Täter mit nachteiligen Folgen seines Tuns für jenen Dritten rechnet oder auch nur rechnen musste. Die lediglich *fahrlässige* Behinderung von Polizei- und Hilfsfahrzeugen kann als Ordnungswidrigkeit zu ahnden sein (§ 24 Abs. 1 StVG i. V. m. §§ 11 Abs. 2, 49 Abs. 1 Nr. 11 StVO; dazu a. *Schubert* NZV **2018** 21, 22 f).

152 **Gerechtfertigt** sein kann die Behinderung, soweit sie auf der Wahrnehmung amtlicher Befugnisse beruht oder der Einhaltung sicherheitsrechtlicher Vorgaben dient,[418] aber auch dann, wenn sie mit der Zustimmung des Dritten erfolgt, dem die Hilfe zuteilwerden soll.[419] Die elterliche Sorge (§ 1626 Abs. 1 BGB) schließt das Recht ein, sich vorrangig selbst um ein in Not geratenes minderjähriges Kind zu kümmern und dabei andere Personen an entsprechenden Hilfsbemühungen zu hindern; anders liegt es freilich, wenn diese Personen deutlich besser zur Hilfeleistung befähigt sind und sofortiges Eingreifen geboten ist. Im Übrigen kommt selbstverständlich auch eine Rechtfertigung nach Notstandsregeln (§ 34) in Betracht. Das Eigentum an Sachen, die nach Maßgabe des § 904 Satz 1 BGB *nicht* als Rettungsgerät zur Verfügung gestellt werden müssen, kann gegen den Zugriff übereifriger Hilfswilliger auch durch Notwehr (§ 32) verteidigt werden.

---

413 Vgl. bereits *Heger/Jahn* KriPoZ **2017** 113, 116; ferner *Lenk* JuS **2018** 229, 232.

414 *Lenk* JuS **2018** 229, 232; *Sch/Schröder/Hecker* Rdn. 32 und wohl auch *Preuß* ZIS **2019**, 345, 352.

415 In der Sache ähnlich wohl *Heger/Jahn* KriPoZ **2017** 113, 116 mit dem Vorschlag, Absatz 2 auf Behinderungen „aus Sensationslust“ einzuschränken; vgl. a. *Puschke/Rienhoff* JR **2017** 924, 932.

416 Vgl. bereits *Bosch* MK § 114 a. F. Rdn. 11 im Anschluss an *Heger/Jahn* JR **2015** 508, 511.

417 Vgl. BTDrucks. 18/12153 S. 6.

418 *Fischer* Rdn. 33.

419 So wohl auch *Lenk* JuS **2018** 229, 230.

IV. Rechtsfolgen

1. Straf- und Maßregelrecht

153 **a) Strafrechtliche Folge** der unterlassenen Hilfeleistung nach Absatz 1 ist zunächst *Freiheitsstrafe* von einem Monat (§ 38 Abs. 2, s. aber § 47 Abs. 2) bis zu einem Jahr oder *Geldstrafe* (nach Maßgabe des § 40[420]); eben dies soll nun auch für die Behinderung von hilfeleistenden Personen nach Absatz 2 gelten. Für die Aussetzung der Freiheitsstrafe zur Bewährung gilt mithin stets § 56 Abs. 1. Regelmäßig nur eine Geldstrafe wird in Frage kommen, wenn tatsächlich geleistete Hilfe lediglich in Ausmaß bzw. Intensität hinter dem rechtlich Geforderten zurückbleibt. Ein *Fahrverbot* als Nebenstrafe (§ 44) ist grundsätzlich denkbar, sofern man zu den „Pflichten eines Kraftfahrzeugführers" auch diejenige zur Hilfeleistung bei Verkehrsunfällen rechnen will (vgl. § 34 Abs. 1 Satz 1 Nr. 4 StVO!). Die Verhängung von *Jugendstrafe* vermag ein Vergehen nach § 323c Abs. 1 jedenfalls unter dem Gesichtspunkt der „Schwere der Schuld" nicht zu rechtfertigen (BGH StV **2005** 66 f). Eine *Einstellung des Strafverfahrens* durch die Staatsanwaltschaft (§ 153 StPO) ist auch ohne Zustimmung des Gerichts möglich, sofern „die durch die Tat verursachten Folgen gering sind" (§ 153 Abs. 1 Satz 2 StPO); ferner kann eine Einstellung mit Auflagen oder Weisungen in Betracht zu ziehen sein.[421]

154 Eine **Verschiebung des Strafrahmens** kann insbesondere in den Fällen des § 21 in Betracht kommen (zur *tätigen Reue* s. bereits Rdn. 138).

155 Die *verschuldeten Auswirkungen der Tat* sind nach § 46 Abs. 2 bei der **Strafzumessung** ebenso zu berücksichtigen wie die *Gesinnung, die aus der Tat spricht*. Was den zuerst genannten Aspekt betrifft, stellt sich bei § 323c Abs. 1 insbesondere die Frage, ob ein in Folge nicht geleisteter Hilfe eingetretener (weiterer) Schaden als „außertatbestandliche" Folge straferschwerend zu berücksichtigen ist (zum Folgenden eingehend *Heil* S. 121 ff). Denn wenn solche Folgen auch für die Vollendung des Tatbestands unerheblich sind (und auch nicht, wie teilweise in anderen Strafrechtsordnungen, wenigstens als Qualifikationsmerkmale erheblich werden können), so wird man manche von ihnen doch als „Auswirkungen" der Missachtung eines Handlungsgebots auffassen dürfen, das gerade auf ihre Vermeidung abzielt[422]: Dem schwer verletzten Unfallopfer etwa soll geholfen werden, weil es an seinen Verletzungen nicht sterben soll – geschieht dies nun doch, obwohl es durch pflichtgemäße Hilfe hätte gerettet werden können, ist genau das eingetreten, was durch die Auferlegung gesetzlicher Hilfspflichten in solchen Fällen verhindert werden sollte. Eine andere Frage ist, ob derartige Auswirkungen der Tat schon dann als „verschuldet" anzusehen sind, wenn sie für den Täter jedenfalls vorhersehbar waren (so im Grundsatz die Rspr.[423]), oder ob auch insoweit wenigstens Eventualvorsatz zu fordern ist.[424] Was die Behinderung hilfeleistender Personen (Absatz 2) anbelangt, sind die weiteren Auswirkungen solchen Tuns zwar gleichfalls berücksichtigungsfähig, soweit sie verschuldet sind; dann freilich kann zugleich ein Verletzungsdelikt (etwa nach § 229 oder § 222) gegeben sein, hinter dem Absatz 2 zurücktritt.

156 Der zweite oben angesprochene Strafzumessungsgesichtspunkt – die aus der Tat sprechende *Gesinnung* – gewinnt für die unterlassene Hilfeleistung aus Glaubens- oder Gewissens-

---

420 Zur erforderlichen Darlegung der Schätzungsgrundlagen (§ 40 Abs. 3) bei verweigerter Auskunft über die Einkommens- und Vermögensverhältnisse im Fall eines nach § 323c verurteilten Chirurgen OLG Koblenz MedR **1983** 228.

421 Zu einem dafür geeigneten „Grenzfall" OLG Köln StraFo **1997** 54, 56.

422 Zu dieser schutzzweckorientierten Eingrenzung der berücksichtigungsfähigen „Auswirkungen der Tat" vgl. nur allg. *Frisch* GA **1972** 321, 344, 346 f; *Bloy* ZStW **107** (1995) 576, 585; *Sch/Schröder/Kinzig* § 46 Rdn. 26a m. w. N.; BGH NStZ **1993** 337 f; speziell zu § 323c *Heil* S. 125 f; *Freund* FS Herzberg 225, 236; *Stein* SK Rdn. 58.

423 S. etwa BGH NStZ **1986** 85, 86; NStZ-RR **2006** 372; NStZ-RR **2010** 170; bezogen auf § 323c (Abs. 1) auch *Heil* S. 133 ff.

424 Zur Problematik allg. *Bloy* ZStW **107** (1995) 576, 593; *Sch/Schröder/Kinzig* § 46 Rdn. 26b m. w. N.

gründen nur dann Bedeutung, wenn dem Täter entgegen der hier vertretenen Auffassung (Rdn. 134) *kein* Schuld- bzw. Verantwortungsausschluss zugebilligt wird; für ihn streitet dann lediglich das verfassungsgerichtlich verordnete „Wohlwollensgebot" (BVerfGE **23** 127, 134).[425] Alles andere als unbedenklich erscheint unter dem Gesichtspunkt des *Doppelverwertungsverbots* (§ 46 Abs. 3) die straferschwerende Berücksichtigung der „Gleichgültigkeit" des Nicht-Helfenden gegenüber der Notlage: Damit ist kaum mehr beschrieben als die bewusste Untätigkeit in Kenntnis sämtlicher relevanter Tatumstände, die bereits zum Tatbestand des § 323c in objektiver und subjektiver Hinsicht gehört.[426] Ähnlich dürfte es beim Vorwurf der „Gefühlsroheit" liegen (zutreffend daher BGH Beschl. v. 1.1.1995 – 4 StR 750/94, insoweit nicht abgedruckt in NStZ **1995** 300). Ist der Täter mit Rücksicht auf berechtigte eigene Interessen untätig geblieben, die an der Zumutbarkeit helfenden Eingreifens aber letztlich nichts zu ändern vermochten, so ist dies wenigstens im Rahmen der Strafzumessung anzuerkennen (vgl. *Stree* FS Lenckner 393, 408).

157 Das *Nachtatverhalten* erlangt als Strafzumessungsgesichtspunkt vor allem dann Bedeutung, wenn (mit der Rechtsprechung des BGH und der auch hier Rdn. 138 vertretenen Lehre) verspätete Bemühungen des Täters nicht als „tätige Reue" zu einer Milderung oder gar einem völligen Absehen von Strafe zu führen vermögen. Strafmindernd auswirken kann sich schließlich auch die *Mitschuld des Verunglückten* (BGH VRS **14** 191).

158 Die konkret festgesetzte Strafe soll jedenfalls nicht höher ausfallen dürfen als die, die bei gleicher Sachlage einen *Garanten* träfe (*Sch/Sch/Hecker* Rdn. 3).

159 **b) Maßregelrecht.** Im Bereich der **Maßregeln** sind die *Entziehung der Fahrerlaubnis* (§ 69, auch i. V. m. § 69b) bzw. eine „isolierte Sperre" (§ 69a Abs. 1 Satz 3) nicht von vornherein ausgeschlossen. § 323c Abs. 1 bzw. Abs. 2 gehören freilich *nicht* zu denjenigen Delikten, die den Täter nach § 69 Abs. 2 regelmäßig als ungeeignet zum Führen von Kraftfahrzeugen erscheinen lassen (doch kann sich eine solche Regelwirkung ggf. aus einem unerlaubten Entfernen vom Unfallort ergeben, wenn die Voraussetzungen des § 69 Abs. 2 Nr. 3 vorliegen). Ein (etwa gegen einen Arzt auszusprechendes) *Berufsverbot* (§ 70) allein wegen einer unterlassenen Hilfeleistung nach § 323c Abs. 1 dürfte hingegen nahezu immer unverhältnismäßig sein (§ 62).[427]

160 **c) Berufsrecht.** Neben der Strafe ist eine **berufsgerichtliche Ahndung** der unterlassenen Hilfeleistung (Absatz 1) nicht grundsätzlich ausgeschlossen. Sie wird in der Praxis wohl am ehesten bei Ärzten in Betracht kommen und begründet insoweit nach BVerfGE **27** 180 (= NJW **1970** 507 mit Anm. *Kreuzer*) keinen Verstoß gegen Art. 103 III GG; sie könne vielmehr im Einzelfall erforderlich sein, um eine „besondere Mißbilligung wegen der Verletzung der Berufspflicht zum Ausdruck zu bringen und mit dieser Reaktion einer Minderung des Ansehens der Ärzteschaft entgegenzuwirken".

2. Zivilrechtliche Folgen

161 Inwieweit das in § 323c Abs. 1 inkriminierte Verhalten zugleich eine Verpflichtung zum **Schadensersatz** begründen kann, wenn und soweit die verunglückte Person Nachteile erleidet, die ihr bei pflichtgemäßer Hilfeleistung erspart geblieben wären, wird unterschiedlich beurteilt. Neben vertraglichen Ansprüchen, wie sie im Einzelfall nach zivilrechtlichen (auch arbeitsrechtlichen) Grundsätzen gegeben sein mögen, stehen in erster Linie deliktsrechtliche Regelungen im

---

425 Vgl. a. *Muckel* NJW **2000** 689, 690; krit. *Hirsch* Strafrecht und Überzeugungstäter (1996) 26.
426 Vgl. a. BGH bei Mösl NStZ **1984** 492, 495.
427 Ebenso *Schuhr* in: Spickhoff (Hrsg.) Medizinrecht 3. Aufl. (2018) § 323c Rdn. 57.

Raum. § 823 Abs. 1 BGB scheidet allerdings aus: Weder hat der untätig Gebliebene die genannten Schäden durch eine Verletzungshandlung verursacht, noch ist er für sie als Unterlassungstäter verantwortlich (denn eine Garantenverpflichtung, wie sie insoweit auch im bürgerlichen Recht vorausgesetzt wird, trifft ihn gerade nicht). Die „Zurechnungslücke", die sich damit offensichtlich auftut, soll freilich durch die Behandlung des § 323c (Absatz 1) als Schutzgesetz im Sinne des § 823 Abs. 2 BGB überwunden werden können (so jetzt auch BGHZ **197** 225).[428] Das verdient (schon aus den Rdn. 24 genannten grundsätzlichen Erwägungen) keine Zustimmung, denn damit wird mangelndes Engagement für fremde Belange der zurechenbaren Schädigung eines anderen (durch Tun oder garantenpflichtwidriges Unterlassen) in den Rechtsfolgen gleichgestellt und das „haftungsrechtliche Gesamtsystem" der §§ 823 ff auf diese Weise letztlich gesprengt (zutr. abl. daher *Wagner* MK BGB § 823 Rdn. 416 f). Als Schutzgesetz zugunsten des in Not Geratenen angesehen werden kann dagegen das Verbot der Behinderung hilfeleistender Personen (Absatz 2).

3. Opferentschädigungsrecht

Die schlichte unterlassene Hilfeleistung (Absatz 1) stellt gerade keinen „tätlichen Angriff" dar, 162
der nach **§ 1 Abs. 1 Satz 1 OEG** einen Anspruch auf Versorgungsleistungen begründen könnte.[429] Da das Gesetz schon in seiner vollständigen amtlichen Bezeichnung ausdrücklich nur die „Entschädigung für die Opfer von Gewalttaten" zum Gegenstand hat (dies gewissermaßen als Ausgleich für das mit dem Gewaltmonopol des Staates verbundene, in casu aber uneingelöste Schutzversprechen[430]) und ebenso ausdrücklich nur von „tätlichen" Angriffen spricht,[431] dürften im Übrigen auch Fälle der Aussetzung nach § 221 Abs. 1 Nr. 2 (Im-Stich-Lassen bei entsprechender Garantenbeziehung) ausscheiden.[432] Eine andere Frage ist, ob derjenige, der einem tätlich Angegriffenen beisteht (und ihm damit bei einem „Unglücksfall" im Sinne des § 323c Hilfe leistet), Versorgungsansprüche geltend machen kann, wenn er dabei selbst gesundheitliche Schäden erlitten hat; diese Frage ist, soweit es sich um die „rechtmäßige Abwehr" eines solchen Angriffs handelt, zu bejahen (§ 1 Abs. 1 Satz 1 OEG).

V. Konkurrenzen

Handelt es sich bei dem „Unglücksfall" bzw. der „gemeinen Gefahr" um die (ggf. unmittelbar 163
bevorstehende) Ausführung einer Katalogtat nach **§ 138 Abs. 1** *und* besteht im konkreten Fall die erforderliche und dem Täter zumutbare Hilfe gerade – und nur – darin, eine Behörde bzw. den Bedrohten selbst rechtzeitig zu benachrichtigen, so tritt § 323c Abs. 1 hinter § 138 zurück, falls der Täter eben eine solche Anzeige unterlassen hat (*Gesetzeskonkurrenz*; vgl. a. BGHSt **39** 164, 167). Denn die diesen Strafvorschriften jeweils zugrunde liegenden Gebote dienen beide demselben Ziel (Bewahrung der Güter des Bedrohten[433]) mit denselben Mitteln (Inanspruchnahme eines unbeteiligten Dritten). Ein Verhältnis *logischer Subordination* besteht zwischen den

428 In diesem Sinne bereits OLG Düsseldorf NJW **2004** 3640; OLG Hamm NZV **2005** 427; OLG Bamberg NJOZ **2012** 936, 941; *Killinger* Die Besonderheiten der Arzthaftung im medizinischen Notfall (2009) Rdn. 145 f; *Fanatico* Duty to Rescue (2015) 220 ff; aA OLG Frankfurt NJW-RR **1989** 794, 795; *Kreuzer* S. 33; *Dütz* NJW **1970** 1822, 1824; differenzierend *Momsen* Die Zumutbarkeit als Begrenzung strafrechtlicher Pflichten (2006) 437 mit Fn. 1430.

429 BSG Beschl. v. 12.6.2003 – 9 VG 11/02 B; LSG Niedersachsen-Bremen NdsRpfl 2006 286.

430 In diesem Sinne BSG Urt. v. 10.11.1993 – 9 RVg 2/93.

431 Zu dieser Voraussetzung nunmehr eingehend BSG Urt. v. 4.7.2011 – B 9 VG 2/10 R.

432 Von der sozialgerichtlichen Rechtsprechung bisher, soweit ersichtlich, nicht entschieden.

433 Vgl. nur BGHSt **55** 148, 151 f; *Hanack* LK § 138 Rdn. 2 f; *Rengier* BT II § 52 Rdn. 1; *Sch/Schröder/Sternberg-Lieben* § 138 Rdn. 1; *Schöne* Unterlassene Erfolgsabwendungen und Strafgesetz (1974) 104 ff, 115.

beiden Tatbeständen freilich nicht: Die von § 138 erfassten Fälle werden gerade nicht *sämtlich* als besondere Erscheinungsformen unterlassener Hilfeleistung von § 323c Abs. 1 eingeschlossen, weil die Sachlage, die den von §§ 138, 139 gemeinten Handlungspflichten zugrunde liegt, nicht immer auch schon als „Unglücksfall" i. S. v. § 323c gelten kann. Andererseits regelt § 138 den Umgang mit geplanten bzw. aktuell begangenen Straftaten nicht abschließend (in dem Sinne, dass nur bei den dort genannten Delikten ein Tätigwerden Dritter veranlasst und die von ihnen erwartete Aktivität auf die dort beschriebene Anzeige beschränkt wäre). Für die subsidiäre[434] Vorschrift des § 323c Abs. 1 bleibt daher jedenfalls dann Raum, wenn als Hilfe noch mehr und anderes zu leisten ist als eine bloße Anzeige.

164 *Gesetzeskonkurrenz*[435] besteht ferner im Verhältnis zum Tatbestand der **Aussetzung** nach **§ 221 Abs. 1 Nr. 2**, der für die dort genannten Beistandspflichtigen ein *besonderes*, auch im Erfordernis einer konkreten Gefährdungsfolge („Gefahr des Todes oder einer schweren Gesundheitsbeschädigung") über § 323c Abs. 1 hinausgehendes Unterlassungsdelikt behandelt (so BGH NStZ **2012** 210, 211 m. w. N.). Was die in § 221 Abs. 1 *Nr. 1* genannte Tatbestandsvariante betrifft, so muss man sehen, dass nur derjenige einen Menschen „in eine hilflose Lage *versetzt*", der eine solche Lage *begründet*[436] oder wenigstens nicht unerheblich *intensiviert*, woran es beispielsweise fehlen kann, wenn der Täter einen Schwerverletzten aus der eigenen Wohnung auf die Straße schafft, ohne für ärztliche Hilfe zu sorgen (vgl. den Fall BGH NStZ **1985** 501 – nur § 323c).[437] Im Übrigen mag eine „hilflose Lage" zwar auch aus dem Umstand resultieren, dass der Täter – als einzige zur Hilfe fähige Person – sich dem anderen räumlich entzieht oder schlicht beschließt, für ihn nichts weiter zu tun;[438] auf solche Weise „in eine hilflose Lage versetzt" werden kann dieser andere freilich nur durch Beistandspflichtige i. S. d. § 221 Abs. 1 Nr. 2[439] (hinter den Nr. 1 dann zurücktritt).

165 Beruht der „Unglücksfall" i. S. d. § 323c auf einem „Unfall im Straßenverkehr", so kann in der Person eines „Unfallbeteiligten" (§ 142 Abs. 5) neben einer unterlassenen Hilfeleistung (§ 323c Abs. 1) auch ein *unerlaubtes Entfernen vom Unfallort* (§ 142 Abs. 1) gegeben sein. Insoweit wird überwiegend Tateinheit (§ 52 Abs. 1) angenommen.[440] Doch das versteht sich keineswegs von selbst[441]: Mit einem aktiven Tun (dem Verlassen des Unfallorts) kann die Unterlassung von Hilfsmaßnahmen lediglich zeitlich zusammenfallen; man wird aber nicht sagen können, dass sie sich deshalb auch decken.[442] Auch unter der – durchaus anfechtbaren[443] – Prämisse, dass § 142 Abs. 1 gleichfalls als (wenigstens „verkapptes") Unterlassungsdelikt zu interpretieren sei, lässt sich Handlungs- und damit Tateinheit nicht ohne weiteres begründen, weil jedenfalls die

---

434 *Stein* SK Rdn. 56. Für *Spezialität* des § 138 dagg. *Fischer* Rdn. 38; *Hohmann* MK § 138 Rdn. 24; *Spendel* LK[11] Rdn. 197; *Gaede* NK Rdn. 16. **AA** (Idealkonkurrenz) hingegen etwa *Arzt/Weber/Heinrich/Hilgendorf* § 39 Rdn. 29; *Freund* MK Rdn. 128; *Vermander* S. 64.

435 *Rengier* BT II § 42 Rdn. 21; *Gaede* NK Rdn. 16.

436 Hierauf beschränkt *Neumann* NK § 221 Rdn. 15, 16 m. w. N.

437 Ebenso *Hardtung* MK § 221 Rdn. 10.

438 Zutr. *Hardtung* MK § 221 Rdn. 11; vgl. a. *Wessels/Hettinger/Engländer* Rdn. 220. Hierher gehört auch der Fall, dass sich ein Vater durch Einnahme von Schlaftabletten und Weinbrand außerstand setzt, sein kleines Kind vor Eigengefährdungen zu bewahren (vgl. BGHSt **38** 78, wo freilich zu Unrecht § 221 Abs. 1 Alt. 2 a. F. erörtert wird).

439 *Hardtung* MK § 221 Rdn. 11.

440 RGSt **75** 355, 359 f; BGH VRS **10** (1956) 220; VRS **22** (1962) 271, 273; VRS **25** (1963) 42, 44; **32** (1967) 437; OLG Oldenburg VRS **11** (1956) 53; ebenso etwa *Welzel* S. 473; *Spendel* LK[11] Rdn. 198; *Sch/Schröder/Sternberg-Lieben* § 142 Rdn. 90; *Gaede* NK Rdn. 16.

441 Für Tatmehrheit denn auch noch *Sch/Schröder/Cramer/Sternberg-Lieben* (27. Aufl.) § 142 Rdn. 91.

442 *Jescheck/Weigend* § 67 III 4; *Roxin* AT 2 § 33 Rdn. 88; s. a. *Struensee* Die Konkurrenz bei Unterlassungsdelikten (1971) 46 ff. Tateinheit zwischen Begehungs- und „echtem" Unterlassungsdelikt hat auch noch BGHSt **6** 229, 230 (im Anschluss an RGSt **68** 315, 317) für ausgeschlossen gehalten. Anders wohl *Sch/Schröder/Sternberg-Lieben/Bosch* § 52 Rdn. 19.

443 Vgl. hier nur BayObLG NJW **1987** 1365, 1366; *Küper* GA **1994** 49, 72; *Zopfs* MK § 142 Rdn. 13 f.

nach § 142 Abs. 1 Nr. 1 begründeten Pflichten nicht schon dadurch erfüllt werden, dass etwaigen Unfallopfern Hilfe geleistet wird (und umgekehrt).

Tateinheit (§ 52) ist ferner angenommen worden zwischen § 323c (Absatz 1) und einem durch Unterlassen verwirklichten *gefährlichen Eingriff in den Straßenverkehr* (§ 315b Abs. 1 Nr. 2): Ein Lkw-Fahrer überfährt nachts einen Fußgänger und lässt den Toten mitten auf der Fahrbahn liegen (so der Fall OLG Oldenburg VRS **11** [1956] 53). Darin liegt nicht allein eine unterlassene Hilfeleistung mit Blick auf die insoweit bestehende „gemeine Gefahr", sondern zugleich das „Bereiten" eines Hindernisses durch Unterlassen (§§ 315b Abs. 1 Nr. 2, 13),[444] soweit den Lkw-Fahrer als Ingerenz-Garanten die Pflicht trifft, den zum Verkehrshindernis gewordenen Leichnam von der Straße zu entfernen. Da letzterer Tatbestand das in diesem Fall verwirklichte Gefährdungsunrecht vollständig abdeckt, besteht für die Annahme von Idealkonkurrenz aber kein nachvollziehbares Bedürfnis; § 323c Abs. 1 hat deshalb richtigerweise zurückzutreten.[445] 166

Auch hinter sonstigen **begehungsgleichen Unterlassungen** tritt § 323c Abs. 1 zurück (Subsidiarität): Wer der verunglückten Person als *Garant* nicht Hilfe leistet, ist in Hinsicht auf die hieraus etwa erwachsende Schadensfolge (lediglich) wie ein Begehungstäter zu bestrafen; der damit zugleich verwirklichten unterlassenen Hilfeleistung kommt daneben keine eigenständige Bedeutung mehr zu.[446] Entsprechendes gilt ggf. auch für den *Versuch* eines begehungsgleichen Unterlassungsdelikts und wohl auch – soweit strafbar – für dessen *fahrlässige* Verwirklichung (**aA** insoweit *Sch/Sch/Hecker* Rdn. 30). Eigenständige Bedeutung erlangt § 323c Abs. 1 daher im Ergebnis nur dann, wenn sich eine Sonderverantwortlichkeit als Garant nicht nachweisen oder rechtlich schon gar nicht begründen lässt. *Verneint* worden ist sie etwa in folgenden Fällen: vorangegangener gemeinsamer Konsum von alkoholischen Getränken („Zechgemeinschaft", s. etwa BayObLG NJW **1953** 556; OLG Stuttgart NStZ **2009** 102 f) oder Betäubungsmitteln (BGH StV **2020** 373; OLG Stuttgart NJW **1981** 182 f); gemeinsame illegale Einreise in das Bundesgebiet (BGH NStZ **2008** 276, 277 m. krit. Bespr. *Wilhelm* NStZ **2009** 15). 167

Wer aktiv *an einem gegen das Opfer gerichteten anderen Delikt beteiligt* ist, kann nicht auch noch aus § 323c (Absatz 1) bestraft werden, weil er *zugleich* dem Opfer gegen die übrigen Beteiligten nicht Beistand geleistet habe. Das ist im Ergebnis nicht streitig, wird aber unterschiedlich begründet. Das OLG Celle (NJW **1970** 341) hat es für „widersinnig" gehalten, „von einem solchen Täter – über das in der Strafandrohung enthaltene Gebot, die Straftat überhaupt zu unterlassen, hinaus – zu verlangen, daß er während der Tatbegehung seinem eigenen Opfer Hilfe leiste (also gewissermaßen mit der einen Hand ungeschehen mache, was er mit der anderen willentlich anrichte)", und eine unterlassene Hilfeleistung (§ 330c a. F.) damit schon tatbestandlich ausgeschlossen.[447] Die Auflösung solch vermeintlichen Widersinns dürfte aber eher Sache der Konkurrenzlehre sei.[448] Ist eine Deliktsbeteiligung im genannten Sinne *nicht nachzuweisen*, stellen sich freilich die Rdn. 174 erörterten Probleme. 168

Auch wer *nach* einem Delikt, an dem er selbst (als Täter oder Teilnehmer) beteiligt ist, dem durch die Tat verletzten (oder sonst in Not gebrachten) Opfer nicht Hilfe leistet, ist nicht auch noch nach § 323c Abs. 1 zu bestrafen: Unterlassene Hilfeleistung liegt zwar tatbestandlich vor (insbesondere ist es keineswegs – im Anschluss an die oben zitierte Entscheidung OLG Celle NJW **1970** 341 – als „widersinnig" anzusehen, die in einer solchen Situation von jedermann geschuldete Hilfeleistung auch von demjenigen einzufordern, der für die Lage des Opfers 169

444 Insoweit zutr. *Spendel* LK[11] Rdn. 206 (gegen OLG Oldenburg a. a. O.), der zugleich auf vergleichbare Konstellationen bei § 315c Abs. 1 Nr. 2 lit. g aufmerksam macht.

445 AA (Idealkonkurrenz möglich) *Lackner/Kühl* Rdn. 12; *Spendel* LK[11] Rdn. 206; *Gaede* NK Rdn. 16.

446 BGH NStZ-RR **2013** 383; *Freund* MK Rdn. 125; *Rengier* BT II § 42 Rdn. 21; *Sch/Schröder/Hecker* Rdn. 30; *Wessels/Hettinger/Engländer* Rdn. 1163.

447 Dem folgend *Maurach/Schroeder/Maiwald* § 55 Rdn. 12; s. a. *Lackner/Kühl* § 323c Rdn. 8.

448 In diesem Sinne etwa BGHSt **3** 65, 69; **39** 164, 166; s. ferner BGH MDR **1980** 769; BGH NStZ **1997** 127; NStZ **2013** 280; LG Dessau-Roßlau, Urt. v. 11.10.2013 – 1 Ns (427 Js 19533/11), 1 Ns 427 Js 19533/11; ebenso etwa *Geppert* JURA **2005** 39, 47; *Freund* MK Rdn. 127; *Sch/Schröder/Hecker* Rdn. 30.

verantwortlich zu machen ist). Doch tritt sie als mit abgegoltene **Nachtat** hinter dem ersten (den „Unglücksfall" herbeiführenden) Delikt zurück (s. jetzt auch BGH NJW **2013** 280 f). Eigenständige Bedeutung erlangt § 323c Abs. 1 daher nur, wenn eine Bestrafung wegen dieser „Vortat" im konkreten Fall nicht möglich ist – namentlich dann, wenn eine im Raum stehende Beteiligung hieran unerweislich bleibt (vgl. BGHSt **39** 164, 166) – oder dem durch die Vortat Verletzten nunmehr die *Gefahr eines weiteren Schadens* droht, der über den vom Täter gewollten Verletzungserfolg hinausginge (z. B. wenn sich das Opfer, das lediglich körperlich misshandelt werden sollte, infolge dieser Misshandlungen in Lebensgefahr befindet – BGH Urt. v. 20.1.2000 – 4 StR 365/99[449]) und die *hierauf* bezogene Unterlassung von Hilfsmaßnahmen ihrerseits nicht schon als (versuchtes) Garantendelikt erfasst werden kann (vgl. den Fall BGH a. a. O.). Eine entsprechende Garantenverantwortlichkeit kraft Ingerenz kann namentlich in Fällen des Mittäterexzesses fehlen, so dass nur § 323c Abs. 1 zur Anwendung kommt (s. etwa BGH NStZ-RR **2009** 366: unterlassene Befreiung eines durch andere Beteiligte im Exzess gefesselten Opfers eines Wohnungseinbruchsdiebstahls). Im Verhältnis zur Vortat besteht *Tatmehrheit* (vgl. bereits BGHSt **16** 200, 203).

170 Nur nach **Absatz 2** zu bestrafen ist, wer i. S. d. § 323c Abs. 1 selbst nicht hilft und zugleich hilfswillige andere Personen behindert. *Tateinheitlich* mit Absatz 2 verwirklicht sein können dagegen etwa §§ 303, 305a (Beschädigung von Rettungsmitteln oder -fahrzeugen), aber wohl auch § 145d Abs. 2 Nr. 2 (soweit Nothilfemittel absichtlich oder wissentlich beeinträchtigt und damit in ihrer Brauchbarkeit auch für künftige Einsätze gemindert worden sind). Unklar ist indessen das Verhältnis zu § 115 Abs. 3 S. 1: Ginge es dort allein um den Schutz bestimmter Helfer vor nötigenden Übergriffen,[450] so handelte es sich jedenfalls nicht um eine Spezialnorm gegenüber § 323c Abs. 2, der seinerseits ja den Interessen der in Not Geratenen dienen soll. Die Annahme von Idealkonkurrenz dürfte den Vorstellungen des Gesetzgebers aber wohl kaum entsprechen (geschaffen werden sollte mit Absatz 2 lediglich eine „ergänzende" Strafvorschrift, vgl. BTDrucks. 18/12153 S. 6); Absatz 2 hat im Ergebnis daher zurückzutreten.[451] Soweit die Nötigung hilfswilliger Personen durch § 240 erfasst ist,[452] wird man indessen von Tateinheit auszugehen haben; sie besteht ferner zu § 241, ggf. auch zu §§ 125, 125a, sowie im Verhältnis zu Delikten gegen Leib und Leben des Helfenden. Werden bei ein und demselben Unglücksfall mehrere Hilfswillige in ihrem jeweiligen Tun behindert, ist § 323c Abs. 2 gleichwohl nur *einmal* verwirklicht.

171 Hat die Behinderung einer hilfswilligen Person tatsächlich nachteilige Folgen für den in Not Geratenen, wird § 323c Abs. 2 durch das damit ggf. verwirklichte Verletzungsdelikt (etwa nach §§ 223 ff oder gar §§ 211 ff) verdrängt.[453] Auch hinter die deliktische Herbeiführung des Unglücksfalles tritt eine anschließende Behinderung hilfswilliger Personen regelmäßig als mitbestrafte Nachtat zurück (**aA** *Fischer* Rdn. 39: Tatmehrheit); steht die Behinderung, nicht aber die Beteiligung an der Vortat fest, ist nur aus § 323c Abs. 2 zu verurteilen (Postpendenz).

---

449 Vgl. bereits BGHSt **14** 282, 286 f; BGH bei *Holtz* MDR **1982** 448.

450 Für die Einbeziehung der Interessen des in Not geratenen Menschen auch schon in § 114 Abs. 3 a. F. (§ 115 Abs. 3 n. F.) aber wohl *Puschke/Rienhoff* JR **2017** 924, 930.

451 I.E. ebenso *Puschke/Rienhoff* JR **2017** 924, 932; *Preuß* ZIS **2019** 345, 353; zum Ganzen a. *Fahl* ZStW **130** (2018) 745, 750 f.

452 Ob § 115 Abs. 3 Satz 1 insoweit eine Sperrwirkung entfaltet (so *Singelnstein/Puschke* NJW **2011** 3473, 3475 bez. § 114 Abs. 3 a. F.), ist zweifelhaft. Nimmt man dies an, wären Fälle der Drohung mit einem sonstigen empfindlichen Übel (unterhalb von Gewalt) ggü. den dort genannten Rettungskräften nicht von § 240 erfasst (übrig bleibt dann aber § 323c Abs. 2); bei anderen Hilfeleistenden hätte es hingegen bei § 240 sein Bewenden (tateinheitlich mit § 323c Abs. 2). Dagegen spricht allerdings, dass § 114 Abs. 3 unabhängig von bestehenden Sanktionsmöglichkeiten eingeführt werden sollte, zu diesen also offenbar hinzutritt, ohne sie zu auszuschließen; mithin ist § 240 auch in den genannten Fällen anwendbar (§ 115 Abs. 3 jedoch, soweit er reicht, *lex specialis*).

453 Ebenso *Schöch* GA **2018** 510, 517; *Preuß* ZIS **2019** 345, 353.

VI. Verfahrensrechtliches

Die Verfolgung eines Vergehens nach Absatz 1 setzt einen **Strafantrag** nicht voraus. Ist allerdings die vorsätzliche Verletzung des im konkreten Fall bedrohten Rechtsguts nur auf Antrag verfolgbar (wie bei der Körperverletzung, § 230 Abs. 1 Satz 1), kann für das schlichte vorsätzliche In-Gefahr-Lassen durch einen Unbeteiligten kaum etwas anderes gelten. Jene besondere Prozessvoraussetzung des Verletzungsdelikts ist also auf § 323c Abs. 1 zu übertragen[454] (im Falle des § 230 Abs. 1 Satz 1 dann aber auch mit der Einschränkung, dass es bei besonderem öffentlichen Interesse an der Strafverfolgung auf den Strafantrag des Betroffenen nicht ankommt; *Stein* SK Rdn. 58). Für Absatz 2 sollten diese Grundsätze entsprechende Geltung haben. 172

Zur selben **Tat im verfahrensrechtlichen Sinne** kann eine unterlassene Hilfeleistung (Absatz 1) auch dann gehören, wenn sie nach den Grundsätzen der *materiell-rechtlichen Konkurrenzlehre* im Verhältnis der Handlungsmehrheit zu einem zuvor verwirklichten Begehungsdelikt steht (s. Rdn. 169), gleichwohl aber mit diesem einen einheitlichen Lebensvorgang bildet.[455] Das hat zur Folge, dass eine Aburteilung der unterlassenen Hilfeleistung selbst dann möglich ist, wenn nur wegen des vorangegangenen Begehungsdelikts Anklage erhoben worden ist (BGHSt **16** 200, 202 f). Dies macht jedoch regelmäßig einen entsprechenden rechtlichen Hinweis nach § 265 Abs. 1 StPO erforderlich (vgl. a. BGHSt **39** 164, 165). Ist jenes Begehungsdelikt nicht erwiesen, ist nur nach § 323c Abs. 1 zu verurteilen (OLG Hamm NJW **1961** 1833; **1962** 359). Nicht mehr um die „in der Anklage bezeichnete Tat" (§ 264 Abs. 1 StPO) handelt es sich hingegen, wenn nach dem Ergebnis der Beweisaufnahme der ursprüngliche Tatvorwurf (Brandlegung und anschließendes Verlassen des Tatorts) durch einen ganz anderen Geschehensablauf ausgetauscht wird (Abwesenheit während der Brandlegung durch einen Dritten, spätere Untätigkeit bei Entdecken des Brandes nach Rückkehr); in einem solchen Fall bedarf es einer Nachtragsanklage gem. § 266 StPO (BGH NStZ **2009** 286). 173

Keine („echte") **Wahlfeststellung**, sondern eine Verurteilung *nur* aus § 323c Abs. 1 hat zu erfolgen, wenn eine Beteiligung an der deliktischen Herbeiführung einer entsprechenden Notlage nicht sicher festgestellt werden kann und der ansonsten subsidiäre Tatbestand der unterlassenen Hilfeleistung deshalb wieder Bedeutung erlangt.[456] Ein *normativ-ethisches Stufenverhältnis* (*Dannecker/Schuhr* LK Anh. § 1 Rdn. 91 ff, 95) liegt hier insofern vor, als die unterlassene Hilfeleistung zwar keine mindere Form des „Angriffs" auf das jeweils betroffene Gut darstellt, eben dieses Gut aber doch immerhin pflichtwidrig in Gefahr gelassen wird. Die Vorschrift des § 138, für die ein solches Stufenverhältnis gleichfalls angenommen wird,[457] kann dem § 323c Abs. 1 freilich auch hier vorgehen (s. Rdn. 163). Die hiergegen vorgebrachte Kritik (*Tag* JR **1995** 133, 135 f) gründet sich auf die – freilich unzutreffende – Annahme, § 323c werde durch die Beteiligung an der Begründung eines „Unglücksfalles" usw. nicht erst verdrängt (dazu Rdn. 168 f), sondern bereits *tatbestandlich ausgeschlossen*. Ein Stufenverhältnis besteht ferner zwischen der Behinderung hilfeleistender Personen (Absatz 2) und der tatsächlichen Schädigung des Verunglückten durch Abbruch eines rettenden Kausalverlaufs. 174

Die in der **Urteilsformel** anzugebende rechtliche Bezeichnung der Tat ist der gesetzlichen Überschrift zu entnehmen (§ 260 Abs. 4 Satz 2 StPO); sie lautet im Falle des Absatzes 2 daher nicht etwa „unterlassene Hilfeleistung", sondern „Behinderung hilfeleistender Personen". 175

Mitangeklagte haften für die Auslagen der Staatskasse als Teil der **Verfahrenskosten** (§ 464a Abs. 1 Satz 1 StPO) gesamtschuldnerisch, sofern sie „in Bezug auf *dieselbe* Tat" verurteilt worden sind (§ 466 S. 1 StPO). Hieran fehlt es nach OLG Hamm NJW **1961** 1833 bei einer Verurtei- 176

---

454 Ebenso *Vermander* S. 24; *SSW/Schöch* Rdn. 32; *Spendel* LK[11] Rdnr. 209, die § 323a Abs. 3 analog heranziehen wollen; ferner *Conen* AnwK Rdn. 52; *Stein* SK Rdn. 58.

455 BGHSt **16** 200, 202 f; OLG Celle NJW **1961** 1080, 1081; OLG Hamm NJW **1961** 1833.

456 Ebenso BGHSt **39** 164, 166; BGH NStZ **1997** 127; *Dannecker/Schuhr* LK Anh. § 1 Rdn. 95; *Fischer* Rdn. 38; *Lackner/Kühl* Rdn. 8; *Wessels/Hettinger/Engländer* Rdn. 1163. AA *Tag* JR 1995 133, 136.

457 Vgl. BGHSt **55** 148; BGH NStZ **2004** 499 unter Aufgabe der früheren Rspr.

lung (nur) aus § 323c (Absatz 1), wenn der andere Mitangeklagte seinerseits nur wegen der vorangegangenen, den „Unglücksfall" begründenden Körperverletzung verurteilt wurde (während ihm in Hinsicht auf die – subsidiäre – unterlassene Hilfeleistung kein Vorsatz nachzuweisen war).

177 Hingegen kann von einer (auch nur teilweisen) **Vereidigung eines Zeugen** abzusehen sein, wenn er die dem Beschuldigten zur Last gelegten Misshandlungen eines Dritten unmittelbar beobachtet, diesem Dritten aber im Anschluss daran im Sinne des § 323c Abs. 1 nicht Hilfe geleistet haben könnte: Jedenfalls insoweit ist der Zeuge nämlich nach BGH StV **1992** 547 f gerade auch selbst „der Tat, welche den Gegenstand der Untersuchung bildet", verdächtig (§ 60 Satz 2 StPO), weil er durch seine unterlassene Hilfeleistung ggf. „in derselben Richtung wie der (Haupt)Täter mitgewirkt" hätte (dessen eigene unterlassene Hilfeleistung hinter der vorangegangenen Körperverletzung ja lediglich zurücktrat).

178 Im **Klageerzwingungsverfahren** ist als „Verletzter" (§ 172 Abs. 1 Satz 1 StPO) nur derjenige anzusehen, der von der unterlassenen Hilfeleistung selbst betroffen ist. *Angehörigen* bzw. *Hinterbliebenen* stehen die Beschwerde und der Antrag auf gerichtliche Entscheidung also nicht zu; insbesondere geht das Antragsrecht auch nicht etwa auf die Erben über (OLG Celle NStZ **1988** 568; OLG Düsseldorf NJW **1992** 2370). Was die Behinderung hilfeleistender Personen nach § 323c Abs. 2 angeht, ist „Verletzter" nicht etwa derjenige, dessen Hilfstätigkeit behindert worden ist, sondern allenfalls der tatsächlich in Not geratene Dritte (vgl. bereits Rdn. 143).

179 Auch als **Nebenkläger** können hinterbliebene Angehörige (soweit von § 395 Abs. 2 Nr. 1 StPO erfasst) nicht auftreten, weil die verunglückte Person nicht im Sinne dieser Norm „durch eine rechtswidrige Tat getötet" worden ist, falls sie in Folge unterlassener Hilfeleistung verstirbt (OLG Celle NJW **1969** 945; *Hilger* LR § 395 Rdn. 8). Für die Beurteilung der Nebenklagebefugnis kommt es freilich nur auf die durch die Anklage umrissene Tat (§ 264 StPO), nicht auf deren Bewertung durch die Anklagebehörde an; ist die Tat nur unter dem rechtlichen Gesichtspunkt des § 323c Abs. 1 angeklagt, sind die genannten Angehörigen als Nebenkläger zuzulassen, sofern (nach entsprechendem Hinweis gemäß § 266 StPO) eine Verurteilung aus einem Tötungsdelikt zumindest nicht gänzlich ausgeschlossen erscheint.[458] Nach zulässigem Anschluss als Nebenkläger – etwa in Bezug auf den zunächst erhobenen Vorwurf eines Totschlags – sind die insoweit erwachsenen *notwendigen Auslagen* dem Angeklagten auch dann aufzuerlegen, wenn er stattdessen nur aus § 323c Abs. 1 verurteilt wird: Auch diese Tat „betrifft" im Sinne des § 472 Abs. 1 Satz 1 StPO den Nebenkläger, weil auch sie – wenn auch auf schwächere Weise – die Rechtsgüter derjenigen Person berührt, um derentwillen ihm die Nebenklagebefugnis eingeräumt ist (BGH NJW **2002** 1356 f unter Aufgabe der entgegenstehenden früheren Rechtsprechung, die noch das durch § 330c a. F. – gerade im Gegensatz zu den Tötungsdelikten – zu schützende *Allgemeininteresse* an der Hilfeleistung in Unglücksfällen in den Mittelpunkt gestellt hatte).

180 Im Übrigen ergibt sich eine *Anschlussbefugnis des in Not Geratenen selbst* jedenfalls nicht aus § 395 Abs. 1 StPO. Seit der „Entfesselung der Nebenklage" (*Bung* StV **2009** 430, 434) durch das 2. Opferrechtsreformgesetz vom 3. Juli 2009 (BGBl. I S. 2280; in Kraft seit 29. Juli 2009) kann sich der erhobenen öffentlichen Klage als Nebenkläger freilich auch anschließen, wer durch eine (im Grunde beliebige) „andere rechtswidrige Tat verletzt ist", sofern dies „aus besonderen Gründen, insbesondere wegen der schweren Folgen der Tat, zur Wahrnehmung seiner Interessen geboten erscheint" (§ 395 Abs. 3 StPO). Dies mag in extremen Einzelfällen auch einmal bei einer unterlassenen Hilfeleistung zu bejahen sein.[459] – Im Verfahren *gegen einen Jugendlichen* freilich bleibt Nebenklage wegen eines solchen Delikts ohnehin stets unzulässig (§ 80 Abs. 3 JGG).

458 OLG Celle NJW **1969** 945; OLG Frankfurt NJW **1979** 994, 995; OLG Koblenz NJW **2004** 305, 306.
459 So etwa im Fall BGH Urt. v. 28.1.2021 –3 StR 279/20.

NEUNUNDZWANZIGSTER ABSCHNITT **Straftaten gegen die Umwelt**

Vor § 324 Vorbemerkungen zum Umweltstrafrecht

Schrifttum

Umweltstrafrecht. *Achenbach* Die Sanktionen gegen die Unternehmensdelinquenz im Umbruch, JuS **1990** 601; *Ahlmann-Otto* Die Verknüpfung von deutschem und EG-Abfallwirtschaftsrecht mit dem Abfallstrafrecht (2000); *Arbeitskreis „Umweltstrafrecht")* Bericht der interministeriellen Arbeitsgruppe „Umwelthaftungs- und Umweltstrafrecht" vom 19.12.1988 des Bundesministeriums der Justiz/des Bundesministeriums für Umwelt, Naturschutz und Reaktorsicherheit (zit. *AK-U); Albrecht/Heine/Meinberg* Umweltschutz durch Strafrecht? Empirische und rechtsvergleichende Untersuchungsvorhaben zum Umweltstrafrecht und zur Umweltkriminalität, ZStW **96** (1984) 943; *Alwart* Strafrechtliche Haftung des Unternehmens – vom Unternehmenstäter zum Täterunternehmen, ZStW **105** (1993) 752; *Ambs* Das Legalitätsprinzip auf dem Prüfstand der Rechtswirklichkeit, insbesondere im Bereich der Umweltkriminalität, K. Meyer-Gedächtnisschrift (1990) 7; *Anastasopoulou* Deliktstypen zum Schutz kollektiver Rechtsgüter (2005); *Arndt* Der Betriebsbeauftragte im Umweltrecht – Garant im Umweltstrafrecht? Diss. Kiel 1985; *Arzt* Probleme der Kriminalisierung und Entkriminalisierung sozialschädlichen Verhaltens, Kriminalistik **1981** 117; *Arzt/Backes/Baumann* Alternativentwurf eines Strafgesetzbuches. Besonderer Teil, Straftaten gegen die Person, Zweiter Halbband, §§ 151 ff, 1971; *Athanassiou* Strafbarkeit der juristischen Personen am Beispiel des Umweltstrafrechts (2002); *Bachmaier* Welchen Beitrag kann das Strafrecht für einen verbesserten Umweltschutz leisten? 15. Strafverteidigertag (1992) 219; *Backes* Fehlstart im Umweltstrafrecht, ZRP **1975** 229; *ders.* Strafgesetze gegen die Umwelt, 12. Strafverteidigertag (1989) 66; *ders.* Umweltstrafrecht JZ **1973** 337; *Bartolme* Der Schutz des Bodens im Umweltstrafrecht (1995); *Baumann* Der strafrechtliche Schutz der menschlichen Lebensgrundlagen, ZfW **1973** 63; *ders.* Ein Nachtrag zu den Personengefährdungsdelikten des AE, ZRP **1972** 51; *ders.* Umweltverschmutzung ist kein Kavaliersdelikt, Umwelt **1972** 36; *Beer* Die Luftverunreinigung unter strafrechtlichen Gesichtspunkten, Diss. Mainz 1968; *Bergmann* Zur Strafbewehrung verwaltungsrechtlicher Pflichten im Umweltstrafrecht, dargestellt an § 325 StGB (1993); *Beulke* Die „Lederspray-Entscheidung" – BGHSt 37, 106, JuS **1992** 737; *Bickel* Anwendungsprobleme des Umweltstrafrechts aus öffentlich-rechtlicher Sicht, in: *Meinberg/Möhrenschlager/Link* Umweltstrafrecht (1989) 261; *Bloy* Die Straftaten gegen die Umwelt im System des Rechtsgüterschutzes, ZStW **100** (1988) 485; *ders.* Umweltstrafrecht: Geschichte – Dogmatik – Zukunftsperspektiven, JuS **1997** 577; *Börner* Umweltstrafrecht (2020); *Böse* Die Zuständigkeit der Europäischen Gemeinschaft für das Strafrecht, GA **2006** 211; *Boldt* Die Rolle der Strafverfolgungsbehörden beim Umweltschutz aus polizeilicher Sicht, Die Polizei **1992** 77; *Bottke* Das zukünftige Umweltschutzstrafrecht, JuS **1980** 539; *ders.* Politik und Strafrecht am Beispiel des Umweltschutzes, Universitas **1982** 727; *ders.* Empfiehlt es sich, die strafrechtliche Verantwortlichkeit für Wirtschaftsstraftaten zu verstärken? wistra **1991** 31; *ders.* Haftung aus der Nichtverhütung von Straftaten Untergebener in Wirtschaftsunternehmen de lege lata (1994); *Bräutigam* Die Bedeutung von Verwaltungsvorschriften für das Strafrecht – dargestellt am Beispiel der §§ 325, 325a StGB und der Technischen Anleitungen des Immissionsschutzrechts (2010); *Brahms* Definition des Erfolges der Gewässerverunreinigung (1994); *Brammsen* Kausalitäts- und Täterschaftsfragen bei Produktfehlern, Jura **1991** 533; *Brandt* Grenzüberschreitender Umweltschutz im deutschen Umweltrecht, DVBl. **1995** 779; *Brauer* Die strafrechtliche Behandlung genehmigungsfähigen, aber nicht genehmigten Verhaltens (1988); *Braun* Die kriminelle Gewässerverunreinigung (§ 324 StGB) – Eine strafrechtliche Studie über die Verschmutzung von Gewässern unter Berücksichtigung von Kriminologie und Kriminalistik (1990); *dies.* Zu den Ursachen und Tätertypen bei kriminellen Gewässerverunreinigungen (§ 324 StGB) – Eine Studie über kriminogene und tatauslösende Faktoren sowie die Tätertypologie derartiger Delikte, ArchKrim. **1990** 4; *Brenner* Der Verwaltungsakt mit Nebenbestimmungen, JuS **1996** 283; *Breuer* Konflikte zwischen Verwaltung und Strafverfolgung, DÖV **1987** 169; *ders.* Empfehlen sich Änderungen des strafrechtlichen Umweltschutzes insbesondere in Verbindung mit dem Verwaltungsrecht? NJW **1988** 2072; *ders.* Probleme der Zusammenarbeit zwischen Verwaltung und Strafverfolgung auf dem Gebiet des Umweltschutzes, AöR **115** (1990) 448; *ders.* Verwaltungsrechtlicher und strafrechtlicher Umweltschutz – Vom Ersten zum Zweiten Umweltkriminalitätsgesetz, JZ **1994** 1077; *Buckenberger* Strafrecht und Umweltschutz (1975); *Bund deutscher Kriminalbeamter* Konzeption zur Bekämpfung der Umweltkriminalität (1984); *Busch* Unternehmen und Umweltstrafrecht (1997); *Busch/Iburg* Umweltstrafrecht (2002); *Carle* Zusammenarbeit zwischen Umweltverwaltung und Strafverfolgungsbehörden, in: *Schulze/Lotz* (Hrsg.) Polizei und Umwelt, Teil 2, BKA-Schriftenreihe Bd. **55** (1987); *Cheng* Kriminalisierung und Entkriminalisierung im Umweltstrafrecht: eine vergleichende Analyse mit Schwerpunkt auf der Entwicklung in Taiwan und in der Bundesrepublik Deutschland, Diss. Tübingen 1992; *Christiansen* Grenzen der behördlichen

https://doi.org/10.1515/9783110490305-004

Einleiteerlaubnis und Strafbarkeit nach § 324 StGB. Materielle Betreiberpflichten und Überwachungswertregelung (1996); *Cornelius* Verweisungsbedingte Akzessorietät bei Straftatbeständen (2016); *Czychowski* Das neue Wasserstrafrecht im Gesetz zur Bekämpfung der Umweltkriminalität, ZfW **1980** 205; *ders.* Dokumentation zur 5. wissenschaftlichen Fachtagung der Gesellschaft für Umweltrecht (1982); *Dahs* Der Überwachungswert im Strafrecht – ein untauglicher Versuch, NStZ **1984** 440; *ders. Zur* strafrechtlichen Haftung des Gewässerschutzbeauftragten nach § 324 StGB, NStZ **1986** 97; *Dahs/Pape* Die behördliche Duldung als Rechtfertigungsgrund im Gewässerstrafrecht (§ 324 StGB), NStZ **1988** 393; *Dahs/Redeker* Empfehlen sich Änderungen im strafrechtlichen Umweltschutz, insbesondere in Verbindung mit dem Verwaltungsrecht? DVBl. **1988** 803; *Dannecker* Strafrecht in der Europäischen Gemeinschaft, JZ **1996** 869; *Dannecker/Streinz* Umweltpolitik und Umweltrecht: Strafrecht, in: *Rengeling*, Handbuch zum europäischen und deutschen Umweltrecht (EUDUR), 2. Aufl. (2003), Bd. I 126; *D'Avila* Das Unrecht der Umweltdelikte. Einige Reflexionen über den Angriff auf Rechtsgüter im Bereich des Umweltstrafrechts, GA **2011** 578; *Daxenberger* Kumulationseffekte: – Grenzen der Erfolgszurechnung im Umweltstrafrecht (1997); *Deiters/Reuker/Wagner* Die strafbarkeitsbegrenzende Wirkung der behördlichen Duldung virtuellen Glücksspiels, NStZ **2021** 321; *Denzer* (Hrsg.) Strafverfolgung und Umweltschutz. Dokumentation der 6. Rechtspolitischen Akademietagung in Haus Neuland. In memoriam Wolfgang Geißel (1989); *Dierlamm* Der faktische Geschäftsführer im Strafrecht – ein Phantom? NStZ **1996** 153; *Dietz/Gneiting* Koordinationsprobleme zwischen Verwaltungs- und Strafrechtsimplementationen im Umweltrecht, MSchKrim. **72** (1989) 190; *Diehm* Die „safe habour"-Verordnung und das Urteil des EuGH zum Rahmenbeschluss über den Schutz der Umwelt durch das Strafrecht, wistra **2006** 366; *Dietzel* Der Tatbestand des § 328 Abs. 3 Nr. 1 StGB – Eine Untersuchung zur Effektivität des Umweltstrafrechts in Bezug auf den Umgang mit radioaktiven Stoffen und mit Gefahrstoffen im Sinne des ChemG (2010); *Dölling* Umweltstrafrecht und Verwaltungsrecht. Zur Bedeutung von Verwaltungsakten und materiellem Verwaltungsrecht für die Strafbarkeit des Bürgers, JZ **1985** 461; *ders.* Empfehlen sich Änderungen des Umweltstrafrechts? ZRP **1988** 334; *ders.* Generalprävention durch Strafrecht: Realität oder Illusion? ZStW **102** (1990) 1; *ders.* Grundprobleme des Umweltstrafrechts aus juristischer und kriminologischer Sicht in: *Benz u. a.* (Hrsg.) Natur- und Umweltschutzrecht (1989); *ders.* Generalprävention durch Strafrecht: Realität oder Illusion? ZStW **102 (1998)** 1; *ders.* Zur Entwicklung des Umweltstrafrechts, Festschrift Kohlmann (2003) 111; *Dolde* Zur Verwaltungsakzessorietät von § 327 StGB. Bemerkungen zum Alkem-Urteil des LG Hanau, NJW **1988** 2329; *Ebenroth/Willburger* Die strafrechtliche Verantwortung des Vorstandes für Umweltstraftaten und gesellschaftsrechtliche Vermeidungsstrategien, BB **1991** 1941; *Eben* Kausalität und objektive Zurechnung, Jura **1979** 561; *Ebner* Können Umweltverletzungen durch § 34 StGB gerechtfertigt sein? ZfU **2008** 271; *Egner* Probleme der strafrechtlichen Beurteilung von Luftverunreinigungen in reformpolitischer Hinsicht (1994); *Ehrhardt* Unternehmensdelinquenz und Unternehmensstrafe (1994); *Eisele* Die verwaltungsrechtliche Genehmigungsfiktion im Straf- und Ordnungswidrigkeitenrecht, NJW **2014** 1417; *Enderle* Blankettstrafgesetze – Verfassungs- und strafrechtliche Probleme von Wirtschaftsstraftatbeständen (2000); *Ensenbach* Probleme der Verwaltungsakzessorietät im Umweltstrafrecht, dargestellt an den Straftatbeständen der Gewässerverunreinigung, Luftverunreinigung und Lärmverursachung, Diss. Gießen 1988; *Eser* Ökologisches Recht, in: *Markl* (Hrsg.) Natur und Geschichte (1983); *ders.* Umweltschutz: Eine Herausforderung für das Strafrecht – national und international, in: *Kühne/Miyazawa* (Hrsg.) Neue Strafrechtsentwicklungen im deutsch-japanischen Vergleich (1995) S. 97; *Fenner* Der Rechtsmissbrauch im Umweltstrafrecht im System des Strafrechts und des Öffentlichen Rechts (2000); *Fiedler* Die Betreiberdelikte im Umweltstrafrecht, Bucerius Law Journal **2009** 56; *M. Fischer* Deutschlands Umweltstrafrecht unter Änderungsdruck der EU, NuR **2011** 564; *R. Fitzgerald* Straftaten gegen die Umwelt, ZStW **104** (1992) 689; *Fluck* Die Duldung des unerlaubten Betreibens genehmigungsbedürftiger Anlagen, NuR **1990** 197; *Forkel* Grenzüberschreitende Umweltbelastungen und deutsches Strafrecht. Zugleich ein Beitrag zur Lehre von der Funktion und Legitimation des Strafrechts (1988); *Frank* Strafrechtliche Relevanz rechtswidrigen begünstigenden Verwaltungshandelns, Diss. Berlin 1985; *Franzheim* Die Bewältigung der Verwaltungsakzessorietät in der Praxis, JR **1988** 319; *ders.* Die Umgrenzung der wasserrechtlichen Einleitungserlaubnis als Rechtfertigungsgrund des Straftatbestandes der Gewässerverunreinigung, NStZ **1987** 327; *ders.* Strafrechtliche Probleme der Altlasten, ZfW **1987** 9; *ders.* Umweltstrafrecht. Eine Darstellung für die betriebliche und die forensische Praxis (1991); *Franzheim/Pfohl* Umweltstrafrecht, 2. Aufl. (2001); *Freund* Erfolgsdelikt und Unterlassen (1992); *Frisch* Verwaltungsakzessorietät und Tatbestandsverständnis im Umweltstrafrecht (1993); *ders.* Grundlinien und Kernprobleme des deutschen Umweltstrafrechts, in: *Leipold* Umweltschutz und Recht in Deutschland und Japan (2000); *ders.* Klimaschutz und Strafrecht (2015); *Fritsch* Umweltstrafrecht in der betrieblichen Praxis, Umwelt **1993** 207; *Führ* Symbolische Gesetzgebung: verfassungswidrig? KritV **2003** 5; *Galonska* Amtsdelikte im Umweltrecht – ein Beitrag zu der Frage der Strafbarkeit von Amtsträgern in Aufsichtsbehörden, Diss. Würzburg 1986; *Gentzcke* Informales Verwaltungshandeln und Umweltstrafrecht – Eine verwaltungs- und strafrechtsdogmatische Untersuchung der behördlichen Duldung im Wasserrecht, Diss. Freiburg 1990; *Gerhards* Die Strafbarkeit des Ungehorsams gegen Verwaltungsakte, NJW **1987** 86; *Geulen* Grundlegende Neuregelung des Umweltstrafrechts, ZRP **1988** 323; *Gradl* Umweltgefährdende Abfallbeseitigung. Eine strafrechtliche Studie zu § 326 StGB unter Berücksichtigung von Kriminologie und Kriminalistik (1992); *Greive* (Hrsg.) Was taugt das Strafrecht heute? Die Zukunft des Strafrechts am Beispiel von Umwelt- und Drogenkriminalität, Tagungsbericht der Ev. Akademie Loccum (1992); *Griefahn* Umweltkriminalität. Ein Thema für die Umweltpolitik, Kriminalistik **1992** 274; *Groß/Pfohl Zur* Strafbarkeit von Bürgermeistern im Bereich kommunaler Abwasserreinigungsanlagen. Zugleich Anmerkung zu OLG Saarbrücken NStZ 1991, 531, NStZ **1992** 119; *Günter-Nicolay* Die Erfassung von Umweltstraftaten mit Auslandsbezug durch das deutsche Umweltstrafrecht gemäß §§ 324 ff StGB, (2003); *Günther* Strafrechtswidrigkeit und Strafunrechtsausschluß (1983); *Gütschow* Der Artenschutz im Umweltstrafrecht (1998); *Hamm* Empfehlen sich Änderungen des strafrechtlichen Umweltschutzes insbesondere in Verbindung mit dem Verwaltungsrecht? Tagungsband DJT (1988) II L 61; *ders.* Stellungnahme zum Referentenentwurf eines ... Strafrechtsänderungsgesetzes – Zweites Gesetz zur Bekämpfung der Umweltkriminalität – des Bundesministers der Justiz, StV **1990** 219; *Hansmann* Verwaltungshandeln und Strafverfolgung – konkurrierende Instrumente des Umweltrechts? NVwZ **1989** 913; *Hassemer* Symbolisches Strafrecht und Rechtsgüterschutz, NStZ **1989** 553; *ders.* Produktverantwortung im modernen Strafrecht, 2. Aufl. (1996); *ders.* Freistellung des Täters aufgrund von Drittverhalten, Festschrift für Lenckner (1998) 97; *Hassemer/Meinberg* Umweltschutz durch Strafrecht, Neue Kriminalpolitik **1989** 46; *Hauber* Umweltstrafrecht und Umweltkriminalität – Eine Einführung, VR **1989** 109; *Hecker* Die Strafbarkeit grenzüberschreitender Luftverunreinigungen im deutschen und europäischen Umweltstrafrecht, ZStW **115** (2003) 880; *ders.* Europäische Integration und Strafrechtsentwicklung in der EU am Beispiel des Umweltstrafrechts, Festschrift 400jähriges Jubiläum Universität Gießen (2007) 455; *Hecker/Heine/Risch/Windolph/Hübner* Abfallwirtschaftskriminalität im Zusammenhang mit der EU-Osterweiterung (2008); *Hefendehl* Europäisches Strafrecht: bis wohin und nicht weiter, ZIS **2016** 161; *Heger* Die Europäisierung des deutschen Umweltstrafrechts (2009); *ders.* Das 45. Strafrechtsänderungsgesetz – Ein erstes europäisches Gesetz zur Bekämpfung der Umweltkriminalität, HRRS **2012** 211; *ders.* Die Beeinflussung des deutschen Strafrechts durch EU-Recht und der Gedanke des Rechtsmissbrauchs, ZIS **2013** 289; *ders.* Renaissance der Umweltstrafrechtsprechung? HRRS **2014** 168; *ders.* Zur Europarechtsakzessorietät des Strafrechts, insbesondere des Umweltstrafrechts, Festschrift Kühl (2014) 669; *ders.* Der Einfluss des Europarechts auf das Umweltstrafrecht einschließlich des Nebenstrafrechts (BNatSchG, BJagdG), in: *Kloepfer/Heger* (Hrsg.) Das Umweltstrafrecht nach dem 45. Strafrechtsänderungsgesetz (2015) 43; *Heghmanns* Grundzüge einer Dogmatik der Straftatbestände zum Schutz von Verwaltungsrecht oder Verwaltungshandeln (2000); *Heid-Mann* Novellierung des Umweltstrafrechts, Der Gefahrgut-Beauftragte **1991** 67; *ders.* Umweltstrafrecht kann empfindlich schmerzen, Der Gefahrgut-Beauftragte **1991** 57; *Heimpel* Strafrechtliche Verantwortung im Umweltrecht, BayGemeindetag **1988** 162; *Heine* Aspekte des Umweltstrafrechts im internationalen Vergleich, GA **1986** 67; *ders.* Probleme der strafrechtlichen Verantwortlichkeit und Sanktionen bei Umweltverstößen, Bericht über die Verhandlungen des XV. Internationalen Strafrechtskongresses, ZStW **108** (1996) 669; *ders.* Die strafrechtliche Verantwortlichkeit von Unternehmen. Von individuellem Fehlverhalten zu kollektiven Fehlentwicklungen, insbesondere bei Großrisiken (1995); *ders.* Umweltstrafrecht in der Bundesrepublik Deutschland: Entwicklung und gegenwärtiger Stand, Grundprobleme und Alternativen, in: *Eser/Kaiser* (Hrsg.) Drittes Deutsch-Sowjetisches Kolloquium über Strafrecht und Kriminologie (1987) 67; *Eser* Erkennung und Verfolgung von Umweltstraftaten im europäischen Rechtsraum, UPR **1987** 281; *ders.* Geltung und Anwendung des Strafrechts in den neuen Bundesländern am Beispiel der Umweltdelikte, DtZ **1991** 423; *ders.* Ökologie und Recht: Zur historischen Entwicklung normativen Umweltschutzes, GA **1989** 116; *ders. Zur* Rolle des strafrechtlichen Umweltschutzes. Rechtsvergleichende Beobachtungen zu Hintergründen, Gestaltungsmöglichkeiten und Trends, ZStW **101** (1989) 722; *ders.* Strafrecht und „Abfalltourismus", Festschrift Triffterer (1996) 401; *ders.* Verwaltungsakzessorietät des Umweltstrafrechts, NJW **1990** 2425; *ders.* Tagungsbericht über die „International Conference on Environmental Criminal Law" in Taipei (1991), ZStW **103** (1991) 819; *ders.* Umweltstrafrecht im Übergang – Probleme der DDR-Rechtsangleichung, in: *Baumann/Roßnagel/Weinzierl* (Hrsg.) Rechtsschutz für die Umwelt im vereinigten Deutschland (1992) 215; *ders.* Straftaten gegen die Umwelt, ZStW **105** (1993) 908; *ders.* Umweltstrafrecht im Rechtsstaat, ZUR **1995** 63; *ders.* Umweltstrafrecht im vereinten Deutschland: Die Rechtslage in den neuen Bundesländern – Übergangsprobleme, in: *Heine* (Hrsg.) Umweltstrafrecht in osteuropäischen Ländern (1995) 75; *ders.* Schutz von Gewässer und Meer durch Strafrecht: Neue europäische und internationale Entwicklungen, Festschrift Otto (2007) 1015; *Heine/Meinberg* Empfehlen sich Änderungen im strafrechtlichen Umweltschutz, insbesondere in Verbindung mit dem Verwaltungsrecht? Gutachten D für den 57. Deutschen Juristentag (1988); *dies.* Das Umweltstrafrecht – Grundlagen und Perspektiven einer erneuten Reform, GA **1990** 1; *Heinz* Probleme des Umweltstrafrechts im Spiegel der Literatur, NStZ **1981** 253; *Helm* Dogmatische Probleme des Umweltstrafrechts, JurBl. **1991** 689; *Hermes/Wieland* Die staatliche Duldung rechtswidrigen Verhaltens. Dogmatische Folgen behördlicher Untätigkeit im Umwelt- und Steuerrecht (1988); *Herrmann* Die Rolle des Strafrechts beim Umweltschutz in der Bundesrepublik Deutschland, ZStW **91 (1979)** 281; *ders.* Die Verhandlungen der II. Sektion über das Thema: „Die Rolle des Strafrechts beim Umweltschutz", Tagungsbericht über den XII. Internationalen Strafrechtskongreß Hamburg 1979, ZStW **92** (**1980**) 1054; *ders.* Darum geht es: Umweltpolizei, Kriminalist **1985** 215; *Herzog* Gesellschaftliche Unsicherheit und strafrechtliche Daseinsvorsorge. Studien zur Vorverlagerung des Strafrechtsschutzes in den Gefährdungsbereich (1991); *Hilgendorf* Gibt es ein „Strafrecht der Risikogesellschaft"? NStZ **1993** 10; *ders.* Strafrechtliche Produzentenhaftung in der „Risikogesellschaft" (1993); *Hillebrand* Risiko einer strafrechtlichen Verfolgung im Umweltstrafrecht im Bereich der kommunalen Selbstverwaltung, Gemeinde **1993** 383; *Hirsch* Bilanz der Strafrechtsreform, H. Kaufmann-Gedächtnisschrift (1986) 133, 153; *Hoch* Die Rechtswirklichkeit des Umweltstrafrechts aus der Sicht von Umweltverwaltung und Strafverfolgung. Empirische Untersuchungen zur Implementation strafbewehrter Vorschriften im Bereich des Umweltschutzes (1994); *ders.* Umweltschutz durch Umweltstrafrecht? in: *Kaiser/Kury* (Hrsg.) Kriminologische Forschung in den 90er Jahren (1993) 29; *Hoffmann* Die Verjährungsfristen der Straftaten gegen die Umwelt, ZAP **1991** 535; *Hofmann* Bodenschutz durch Strafrecht? Die Probleme bei der Auslegung und Anwendung des Tatbestandes der Bodenverunreinigung (§ 324a StGB) und ihre Auswirkungen auf die Effizienz strafrechtlichen Umweltschutzes, Diss. Kiel 1996; *ders.* Verunreinigung des Bodens (§ 324a StGB) – ein neuer Tatbestand auf naturwissenschaftlichem Prüfstand, wistra **1997** 89; *Hohmann* Das Rechtsgut der Umweltdelikte – Grenzen des strafrechtlichen Umweltschutzes (1991); *ders.* Von den Konsequenzen einer personalen Rechtsgutsbestimmung im Umweltstrafrecht, GA **1992** 76; *Hölzen* Auswirkungen des Öko-Audits auf das Umweltstrafrecht (2011); *Hopf* Umweltstrafrecht und die Duldungspraxis in der Umweltverwaltung, IUR **1990** 64; *Höpfel* Die internationale Dimension des Umweltstrafrechts, Festschrift Triffterer (1996) 425; *Horn* Umweltschutz-Strafrecht: eine After-Disziplin? UPR **1983** 362; *ders.* Bindung des Strafrechts an Entscheidungen der Atombehörden? Lehren aus dem Alkem-Urteil, NJW **1988** 2335; *ders.* Erlaubtes Risiko und Risikoerlaubnis, Festschrift Welzel (1974) 719; Umweltschutz durch Strafrecht, NuR **1988** 63; *Hoyer* Eignungsdelikte (1987); *ders.* Gewässerverunreinigung durch Bürgermeister – Anmerkung zu OLG Saarbrücken NStZ 1991, 531, NStZ **1992** 387; *ders.* Die traditionelle Strafrechtsdogmatik vor neuen Herausforderungen: Probleme der strafrechtlichen Produkthaftung, GA **1996** 160; *Hübenett* Rechtswidrige behördliche Genehmigung als Rechtfertigungsgrund – ein gelöstes strafrechtliches Problem? Dargestellt an § 324 StGB (Gewässerverunreinigung), Diss. Bonn 1986; *Hüting* Die Wirkung der behördlichen Duldung im Umweltstrafrecht, Diss. Bonn 1995; *Hug* Umweltstrafrechtliche Verantwortlichkeiten in den Kommunen (1996); *Hugger* Zur strafbarkeitserweiternden richtlinienkonformen Auslegung deutscher Strafvorschriften, NStZ **1993** 421; *Hümbs-Krusche/Krusche* Die strafrechtliche Erfassung von Umweltbelastungen (1983); *dies.* Die strafrechtliche Erfassung von Umweltbelastungen als ultima ratio der Umweltpolitik? (1983); *dies.* Die Effektivität gesetzgeberischer Initiativen im Umweltstrafrecht, ZRP **1984** 61; *Hüper* Spannungsverhältnis Umweltstrafrecht – Umweltverwaltungsrecht? in: Strafverfolgung und Strafverzicht (1992); *Hüwels* Fehlerhafter Gesetzesvollzug und strafrechtliche Zurechnung: die Organisationszuständigkeit und die institutionelle Zuständigkeit des Amtsträgers, dargestellt an Beispielen aus dem Umweltstrafrecht (1986); *Hundt* Die Wirkungsweise der öffentlich-rechtlichen Genehmigung im Strafrecht (1994); *Immel* Strafrechtliche Verantwortlichkeit von Amtsträgern im Umweltrecht – Umweltuntreue, Diss. Gießen 1987; *ders.* Die Notwendigkeit eines Sondertatbestandes im Umweltstrafrecht: Umweltuntreue, ZRP **1989** 105; *Jachmann* Die Bindungswirkung normkonkretisierender Verwaltungsvorschriften, Die Verwaltung **1995** 17; *Jäde* Vereinfachungsprobleme des Anlagenzulassungsrechts, WiVerw. **1995** 119; *Jaeschke* Informale Gestattungen und §§ 327, 325 StGB, NuR **2006**, 480; *Jarass* Verwaltungsrecht als Vorgabe für Zivil- und Strafrecht, DÖV **1990** 1059; *Jedwad* Irrtum des Genehmigungsempfängers im Umweltstrafrecht (2006); *Jescheck* (Hrsg.) Die Rolle des Strafrechts beim Umweltschutz, Kongreßakten über den XII. Internationalen Strafrechtskongreß (1980) 151; *Jörgensen* Die Aussetzung des Strafverfahrens zur Klärung außerstrafrechtlicher Rechtsverhältnisse (1991); *Jünemann* Rechtsmissbrauch im Umweltstrafrecht (1998); *Just-Dahlmann* Stiefkind des Strafrechts: Umweltschutz, Festschrift Sarstedt (1981) 81; *Kareklas* Die Lehre vom Rechtsgut und das Umweltstrafrecht, Diss. Tübingen 1990; *Kegler/Legge* Umweltschutz durch Strafrecht? Anzeigeverhalten im Umweltstrafrecht (1989); *Keller* Empfehlen sich Änderungen des strafrechtlichen Umweltschutzes, insbesondere in Verbindung mit dem Verwaltungsrecht? Tagungsband des 57. DJT (1988) II L 7; *ders.* Umweltstrafrecht und Umweltverwaltungsrecht, BaWüVerwPr. **1990** 30; *ders.* Zur strafrechtlichen Verantwortlichkeit des Amtsträgers für fehlerhafte Genehmigungen im Umweltrecht, Festschrift Rebmann (1989) 241; *Kellermann* Strafverfolgung von Umweltstrafsachen – „Politisches Blendwerk" oder ein wirksames Mittel zum Umweltschutz? Kriminalsoziologische Bibliographie **1987** 23; *Kemme* Das Tatbestandsmerkmal der Verletzung verwaltungsrechtlicher Pflichten in den Umweltstraftatbeständen des StGB (2007); *Kessal* Umweltschutz durch Strafrecht (1987); *ders.* Umweltschutz im Spannungsfeld zwischen Strafrecht und Verwaltungsrecht, in: *Benz u. a.* (Hrsg.) Natur- und Umweltschutzrecht (1989) 109; *Kim* Umweltstrafrecht in der Risikogesellschaft (2004); *ders.* Neue Tatbestandstypen im Umweltstrafrecht, Diss. Osnabrück 2009; *Kindhäuser* Gefährdung als Straftat. Rechtstheoretische Untersuchungen zur Dogmatik der abstrakten und konkreten Gefährdungsdelikte

(1989); *ders.* Rechtstheoretische Grundfragen des Umweltstrafrechts, Festschrift Helmrich (1994) 967; *Kirchner* Die Unterlassungshaftung bei rechtmäßigem Vorverhalten im Umweltstrafrecht (2003); *Klages* Meeresumweltschutz und Strafrecht – Zur Ausdehnung deutscher Strafgewalt auf den Festlandsockel, Diss. Freiburg 1989; *Kleine-Cosack* Kausalitätsprobleme im Umweltstrafrecht (1988); *Klink* Bekämpfung der Umweltkriminalität – Schwerpunkt polizeilicher Aufgabenerfüllung in der Zukunft, Die Polizei **1985** 371; *Kloepfer/Vierhaus* Umweltstrafrecht, 2. Aufl. (2002); *Kloepfer/Heger* Umweltstrafrecht, 3. Aufl. (2014); *dies.* (Hrsg.) Das Umweltstrafrecht nach dem 45. Strafrechtsänderungsgesetz (2015); *Knaut* Die Europäisierung des Umweltstrafrechts (2005); *Knopp* Die Gesetzesnovelle zum Umweltstrafrecht, ZAP **1995** 109; *ders.* Neues Umweltstrafrecht und betriebliche Praxis BB **1994** 2219; *ders.* Strafbarkeit von Amtsträgern in Umweltverwaltungsbehörden unter besonderer Berücksichtigung der BGH-Rechtsprechung, DÖV **1994** 676; *Köhler* Der strafrechtliche Schutz der Gewässer, ZfW **1994** 321; *ders.* Vollzugsprobleme bei der Ahndung von Umweltdelikten, in: *Baumann/Roßnagel/Weinzierl* (Hrsg.) Rechtsschutz für die Umwelt im vereinigten Deutschland (1992) 239; *Köhne* Die richtlinienkonforme Auslegung im Umweltstrafrecht (2007); *Krell* Alltägliche Verkehrsverstöße als Umweltstraftaten? NZV **2012** 116; *Krüger, F.* Die Entstehungsgeschichte des 18. Strafrechtsänderungsgesetzes zur Bekämpfung der Umweltkriminalität, Diss. Münster 1995; *Krüger M.* Die Entmaterialisierungstendenz beim Rechtsgutsbegriff (2000); *Krusche* Verschärfung des Umweltrechts – Konsequenzen für die Unternehmen, JR **1989** 489; *Kube* Zur „Rentabilität" von Umweltdelikten, Neue Polizei **1987** 51; *Kube/Seitz* Zur „Rentabilität" von Umweltdelikten oder: Viel passiert, wenig geschieht, DRiZ **1987** 41; *Kubica* Polizeiliche Bekämpfung der Umweltkriminalität, in: *Schwind/Steinhilper* (Hrsg.) Umweltschutz und Umweltkriminalität (1986) 25; *Kühl* Anthropozentrische oder nichtanthropozentrische Rechtsgüter im Umweltstrafrecht? in: *Nida-Rümelin/von der Pfordten* (Hrsg.) Ökologische Ethik und Rechtstheorie (2002) 245; *Kuhlen* Fragen einer strafrechtlichen Produkthaftung (1989); *ders.* Strafhaftung bei unterlassenem Rückruf gesundheitsgefährdender Produkte, NStZ **1990** 566; *ders.* Umweltstrafrecht – auf der Suche nach einer neuen Dogmatik, ZStW **105** (1993) 697; *ders.* Umweltstrafrecht in Deutschland und Österreich (1994); *ders.* Grundfragen der strafrechtlichen Produkthaftung, JZ **1994** 1142; *ders.* Zum Strafrecht der Risikogesellschaft, GA **1994** 347; *ders.* Zum Umweltstrafrecht in der Bundesrepublik Deutschland, WiVerw **1991** 181 und **1992** 215; *Kühne/Görgen* Die polizeiliche Bearbeitung von Umweltdelikten, BKA-Forschungsreihe (1991); *Kühnhold* Probleme des Umweltschutzes aus der Sicht eines Staatsanwalts, IUR **1991** 148; *Kunz, Karl-Ludwig* Das strafrechtliche Bagatellprinzip (1984); *ders.* Umweltkriminalität und Umweltstrafrecht: ein rechtspolitischer Überblick, recht **1990** 15; *Lagemann* Der Ungehorsam gegenüber sanktionsbewehrten Verwaltungsakten, Diss. Münster 1987; *Lamberg* Die Tathandlung nach § 326 I StGB in den Fällen des § 1 III Nr. 5 AbfG, NJW **1991** 1996; *Langkeit* Zweites Gesetz zur Bekämpfung der Umweltkriminalität – Heilsweg oder Sackgasse? WiB **1994** 710; *Laski* Die strafrechtlichen Bezüge des Bundes-Bodenschutzgesetzes (2003); *Laufhütte* Frühstart von „Backes", ZRP **1976** 24; *ders.* Überlegungen zur Änderung des Umweltstrafrechts, DRiZ **1989** 337; *Laufhütte/Möhrenschlager* Umweltstrafrecht in neuer Gestalt, ZStW **92** (1980) 912; *Leffler Zur* polizeilichen Praxis der Entdeckung und Definition von Umweltstrafsachen (1993); *Leibinger* Der strafrechtliche Schutz der Umwelt, ZStW **90** (1978) Beiheft S. 69; *Lenckner* Behördliche Genehmigungen und der Gedanke des Rechtsmißbrauchs im Strafrecht, Festschrift Pfeiffer (1988) 27; *Lenk* Die Bedeutung verwaltungsrechtlicher Entscheidungen und Rechtsbehelfe im Strafrecht (2020); *Lenzen* Zuständigkeit für das Strafrecht kraft Sachzusammenhangs, JR **1980** 133; *Liebl* Umweltkriminalität: eine Bibliographie (1994); *Lindemann/Reichling* Anwendungsprobleme des Verfalls und des Verfalls von Wertersatz bei Umweltstraftaten, wistra **2014** 369; *Löffeler* Strafrechtliche Konsequenzen faktischer Geschäftsführung, wistra **1989** 121; *Lorenz* Die Folgepflicht gegenüber rechtswidrigen Verwaltungsakten und die Strafbarkeit des Ungehorsams, DVB1. **1971** 165; *ders.* Vollzugsdefizite im Umweltrecht, UPR **1991** 253; *Lorz* Das Strafrecht und die Tiere, Gedächtnisschrift K. Meyer (1990) 566; *Lottmann-Kaeseler/Rüther* Ordnungswidrigkeiten im Umweltdeliktsbereich, in: *Kaiser/Kury/Albrecht* (Hrsg.) Kriminologische Forschung in den 80er Jahren (1988) 63; *Lotz, Heinrich* Schwerpunkte der Umweltkriminalität und Ermittlungsansätze, in: *Poerting* (Hrsg.) Wirtschaftskriminalität (1985) 195; *Lotz, Klaus* Gründe und Abhilfemöglichkeiten von Vollzugsdefiziten im Umweltrecht, DVP **1995** 144; *Lüderssen* Neuere Tendenzen der deutschen Kriminalpolitik, StV **1987** 163; *Lüderssen/Nestler-Tremel/Weigend* Modernes Strafrecht und ultima-ratio-Prinzip (1990); *Lutterer/Hoch* Rechtliche Steuerung im Umweltbereich – Funktionsstrukturen des Umweltstrafrechts und des Umweltordnungswidrigkeitenrechts (1997); *Lüthge/Klein* Die materielle Genehmigungsfähigkeit im Umweltstrafrecht: Bekanntes Problem, neue Ansätze, ZStW **129** (2017), 48; *Maihofer* Umweltschutz durch Strafrecht, in: Dokumentation zur wissenschaftlichen Fachtagung 1979 der Gesellschaft für Umweltrecht e.V. (1980) 118; *Mansdörfer* Das europäische Strafrecht nach dem Vertrag von Lissabon – oder: Europäisierung des Strafrechts unter nationalstaatlicher Mitverantwortung, HRRS **2010** 11; *Martin, Jacob* Umweltbehörden und Strafrecht – Anmerkungen zum Urteil des Landgerichts Hanau im „Alkem-Prozeß", KritJ **1988** 159; *Martin, Jörg* Reform des Umweltstrafrechts? – Zur Diskussion des 57. Deutschen Juristentages, UPR **1989** 133; *ders.* Strafbarkeit grenzüberschreitender Umweltbeeinträchtigungen – Zugleich ein Beitrag zur Gefährdungsdogmatik und zum Umweltvölkerrecht, Diss. Freiburg 1989; *ders.* Umweltstrafrecht im Umbruch? Die Gesetzentwürfe von Regierung und Opposition im Vergleich, IUR **1991** 141; *ders.* Grenzüberschreitende Umweltbeeinträchtigungen im deutschen Strafrecht, ZRP **1992** 19; *Martin, Julia* Sonderdelikte im Umweltstrafrecht (2006); *Marx* Die behördliche Genehmigung im Strafrecht (1993); *Matejko* Der Irrtum über Verwaltungsnormen im Rahmen der Verwaltungsakzessorietät – Ein Beitrag zur strafrechtlichen Irrtumslehre unter besonderer Berücksichtigung des Umweltstrafrechts (2008); *Mattern* Zur Notwendigkeit strafrechtsunabhängiger Handlungsstrategien im Umweltschutz, KrimBibl. **1987** 41; *Matussek/Graichen* Bekämpfungsmöglichkeiten in der Umweltkriminalität und die Aus- und Fortbildung der Polizeien des Bundes und der Länder (1985); *Meier* Verbraucherschutz durch Strafrecht? NJW **1992** 3193; *Meinberg* Beschreibung eines Dilemmas. Polizei und Umweltkriminalität – Vorschläge zur Krisenbewältigung, Kriminalistik **1989** 17; *ders.* Das Strafrecht als Mittel zum Umweltschutz, in: Zwanzig Jahre südwestdeutsche Kriminologische Kolloquien (1984) 153; *ders.* Empirische Erkenntnisse zum Vollzug des Umweltstrafrechts, ZStW **100** (**1988**) 112; *ders.* Grenzen des Vertrauens – Zur Kooperation im Umweltrecht, BaWüVBl. **1987** 401; *ders.* Mängel und Alternativen des geltenden Umweltstrafrechts, Recht und Politik **1984** 183; *ders.* Praxis und Perspektiven des Umwelt-Ordnungswidrigkeiten-Rechts, NJW **1990** 1273; *ders.* Probleme der Verfolgung von Umweltstraftaten aus kriminologischer Sicht, Schriftenreihe der Polizeiführungsakademie **1986** 271; *ders.* Strafrechtlicher Umweltschutz in der Bundesrepublik Deutschland, NuR **1986** 52; *Meinberg/Link* Umweltstrafrecht in der Praxis. Falldokumentation zur Erledigung von Umweltstrafverfahren (1988); *Meinberg/Möhrenschlager/Link* (Hrsg.) Umweltstrafrecht (1989); *Mencke* Anzeigepflicht auf dem Erlaßwege? DRiZ **1987** 396; *Merten* Polizei und Umweltkriminalität, Kriminalist **1987** 196; *Meurer* Umweltschutz durch Umweltstrafrecht? NJW **1988** 2065; *Michalke* Das staatsanwaltschaftliche Ermittlungsverfahren – eine Waffe für den Umweltschutz? ZRP **1988** 273; *dies.* Die Verwertbarkeit von Erkenntnissen der Eigenüberwachung zu Beweiszwecken in Straf- und Ordnungswidrigkeitenverfahren, NJW **1990** 417; *dies.* Das neue Umweltstrafrecht, StraFo **1996** 73; *dies.* Die Entwicklung des Umweltstrafrechts in der Rechtsprechung, StraFo **1996** 109; *dies.* Die Strafbarkeit von Amtsträgern wegen Gewässerverunreinigung (§ 324 StGB) und umweltgefährdender Abfallbeseitigung (§ 326 StGB) in neuem Licht, NJW **1994** 1693; *dies.* Umweltstrafsachen, 2. Aufl. (2000); *dies.* Verwaltungsrecht im Umweltstrafrecht. Die Legaldefinition der „verwaltungsrechtlichen Pflicht" in § 330d Ziffer 4 StGB (2001); *Miller* Umweltkriminalität: Nur Bagatellen? Kriminalistik **1988** 189; *Minninger* Das Umweltstrafrecht nach dem 2. Gesetz zur Bekämpfung der Umweltkriminalität, Die Polizei **1992** 102; *Möhrenschlager* Konzentration des Umweltstrafrechts, ZRP **1979** 97; *ders.* Die Verankerung von Umweltstraftaten im Strafgesetzbuch, Umwelt **1979** 76; *ders.* Umweltstrafrecht, in: *Wagner/Pschera* (Hrsg.) Aktuelle Rechtsfragen des Umweltschutzes (1981) 39; *ders.* Das neue Wasserstrafrecht im Gesetz zur Bekämpfung der Umweltkriminalität, ZfW **1982** 197; *ders.* Neue Entwicklungen im Umweltstrafrecht des Strafgesetzbuchs, NuR **1983** 209; *ders.* Kausalitätsprobleme im Umweltstrafrecht des Strafgesetzbuchs, WiVerw **1984** 47; *ders.* Der strafrechtliche Schutz gegen Gewässerverunreinigungen durch Schiffe, in: 22. Deutscher Verkehrsgerichtstag 1984 (VGT 84) 313; *ders.* Belastungen der Umwelt – Nahtstellen zur Kriminalität, in: *Schwind/Steinhilper* (Hrsg.) Umweltschutz und Umweltkriminalität (1986) 7; *ders.* Vorhaben zur Reform des Umweltstrafrechts, wistra **1990** H. 4 S. V; *ders.* Standort und Struktur umweltstrafrechtlicher Normen, insbesondere im Zusammenhang mit dem Umweltverwaltungsrecht, in: *Taiwan/ROC Chapter* (Hrsg.) International Association of Penal Law, International Conference on Environmental Criminal Law (1992) 272; *ders.* Die Entwürfe eines Zweiten Gesetzes zur Bekämpfung der Umweltkriminalität – Inhalt und Stand des Gesetzgebungsverfahrens, in: Evangelische Akademie Loccum (Hrsg.), Was taugt das Strafrecht heute? Die Zukunft des Strafrechts am Beispiel von Umwelt- und Drogenkriminalität, Loccumer Protokolle 8/92 85; *ders.* Revision des Umweltstrafrechts – Das Zweite Gesetz zur Bekämpfung der Umweltkriminalität – NStZ **1994** 513 und 566; *ders.* Regierungsentwurf zu einem Strafrechtsänderungsgesetz über den strafrechtlichen Schutz der Umwelt, wistra **2011** R XXXIII; VII; *ders.* Strafrechtsänderungsgesetz zur Umsetzung der EU-Richtlinie über den strafrechtlichen Schutz der Umwelt, wistra **2011** R LXIX; *Mohr* Das Lagebild der Umweltkriminalität, Die Polizei **1992** 80; *Moll* Europäisches Strafrecht durch nationale Blankettstrafgesetzgebung? (1998); *Mueller* Binnenschiffahrtskriminalität in Nordwestdeutschland und den Niederlanden, MSchrKrim. **1990** 105; *ders.* Erfahrungen und Gedanken zum deutschen Strafrecht aus der Sicht der neuen Bundesländer, ZStW **103** (1991) 902; *Müller-Tuckfeld* Traktat für die Abschaffung des Umweltstrafrechts, in: *Albrecht* Vom unmöglichen Zustand des Strafrechts (1995) 461; *Mumberg* Der Gedanke des Rechtsmißbrauchs im Umweltstrafrecht, Diss. Göttingen 1989; *Murmann* Täterschaft durch Weisungsmacht, GA **1996** 269, 278; *Müssig* Schutz abstrakter Rechtsgüter und abstrakter Rechtsgüterschutz (1994); *Mußgnug* Verwaltungsrecht als Vorgabe für Zivil- und Strafrecht, in: Tagungsband Staatsrechtslehrertagung 1991, VVDStRL **50** (1991) 275, 329; *Nack* Rechtstatsachen zur Umweltkriminalität, Recht und Politik **1984** 178; *Nadler* Zur Informationskrise auf dem Gebiet des Rechts, JZ **1977** 296; *Noll* Der Schutz des Menschen und seiner natürlichen Umwelt heute. Strafrechtliche Aspekte, Universitas **1971** 1021; *Ocker* Das unerlaubte Betreiben von genehmigungsbedürftigen Anlagen oder sonstigen Anlagen im Sinne des Bundes-Immissionsschutzgesetzes, deren Betrieb zum

Schutz vor Gefahren untersagt worden ist (§ 327 Abs. 2 Nr. 1 StGB) (1995); *Odersky* Zur strafrechtlichen Verantwortlichkeit für Gewässerverunreinigungen, Festschrift Tröndle (1989) 291; *Odersky/Brodersen* Empfehlen sich Änderungen des strafrechtlichen Umweltschutzes insbesondere in Verbindung mit dem Verwaltungsrecht? ZRP **1988** 475; *Oehler, Dietrich* Die internationalstrafrechtlichen Bestimmungen des künftigen Umweltstrafrechts, GA **1980** 241; *Ohm* Der Giftbegriff im Umweltstrafrecht, Diss. Kiel 1984; *Ossenbühl* Empfehlen sich Änderungen des strafrechtlichen Umweltschutzes, insbesondere in Verbindung mit dem Verwaltungsrecht? Tagungsband des 57. DJT (1988) II L 36; *Ossenbühl/Huschens* Umweltstrafrecht – Strukturen und Reform, UPR **1991** 161; *Ostendorf* Das Geringfügigkeitsprinzip als strafrechtliche Auslegungsregel, GA **1982** 333; *Otto, Franz* Das Gesetz zur Bekämpfung der Umweltkriminalität, DVP **1980** 241; *ders.* Neue Strafvorschriften zum Schutz der Umwelt, RdL **1994** 253; *Otto, Harro* Das neue Umweltstrafrecht, Jura **1995** 134; *ders.* Grundsätzliche Problemstellungen des Umweltstrafrechts, Jura **1991** 308; *ders.* Die Unterbrechung des Zurechnungszusammenhangs als Problem der Verantwortungszuschreibung, in: Festschrift Lampe (2003) 491; *Paeffgen* Anmerkungen zum Erlaubnistatbestandsirrtum, Gedächtnisschrift Armin Kaufmann (1989) 389; *ders.* Verwaltungsakt-Akzessorietät im Umweltstrafrecht, Festschrift Stree/Wessels (1993) 587; *Paetzold* Die Neuregelung rechtsmißbräuchlich erlangter Genehmigungen durch § 330d Nr. 5 StGB, NStZ **1996** 170; *Papier* Zur Disharmonie zwischen verwaltungs- und strafrechtlichen Bewertungsmaßstäben im Gewässerstrafrecht, NuR **1986** 1; *ders.* Umweltschutz durch Strafrecht? (1987); *ders.* Strafbarkeit von Amtsträgern im Umweltrecht, NJW **1988** 1113; *Peine* Die Legalisierungswirkung, JZ **1990** 201; *Perschke* Die Verwaltungsakzessorietät des Umweltstrafrechts nach dem 2. UKG, wistra **1996** 161; *Peters* Meßungenauigkeiten – ein nicht zu lösendes Problem im Rahmen des § 324 StGB? NuR **1989** 167; *ders.* Meßungenauigkeiten und Gewässerstrafrecht (1986); *Petznek* Umweltstrafrecht (1989); *Petzsche* Die Verweisung auf EU-Rechtsakte im Umweltstrafrecht des StGB, NZWiSt **2015** 418; *Pfeiffer* Verunreinigung der Luft nach § 325 StGB. Probleme eines strafrechtlichen Unrechtstatbestandes, Diss. Bonn 1992; *Pfohl* Strafbarkeit von Amtsträgern wegen Duldung unzureichender Abwasserreinigungsanlagen, NJW **1994** 418; *ders.* Strafbarkeit von unerlaubten Einleitungen in öffentliche Abwasseranlagen, wistra **1994** 6; *ders.* Das deutsche Umweltstrafrecht – ein Erfolgsmodell? NuR **2012** 307; *ders.* Das 45. Strafrechtsänderungsgesetz, Umsetzung der EU-Richtlinien über den strafrechtlichen Schutz der Umwelt, ZWH **2013** 95; *Prittwitz* Strafrecht und Risiko: Untersuchungen zur Krise von Strafrecht und Kriminalpolitik in der Risikogesellschaft (1993); *Puppe* Vom Umgang mit Definitionen in der Jurisprudenz – Kreative Definitionen oder warum sich Juristen über Begriffe streiten, Gedächtnisschrift Armin Kaufmann (1989) 15; *dies.* Tatirrtum, Rechtsirrtum, Subsumtionsirrtum, GA **1990** 145; *dies.* „Naturgesetze" vor Gericht, JZ **1994** 1147; *Rademacher* Die Strafbarkeit wegen Verunreinigung eines Gewässers (§ 324 StGB) unter besonderer Berücksichtigung der behördlichen Genehmigung als Rechtfertigungsgrund, Diss. Bayreuth 1988; *Ramming* Der Anlagenbetreiber des Umweltstrafrechts im Lichte des Gefahrenabwehrrechts – Dargestellt am Beispiel des § 327 StGB (2010); *Ransiek* Gesetz und Lebenswirklichkeit (1989); *ders.* Unternehmensstrafrecht (1996); *ders.* Betreiben, Ausführen, Bestellen – § 327 StGB und andere Tatbestände des Wirtschaftsstrafrechts, in: Festschrift Widmaier (2008) 725; *ders.* Umweltstrafrecht ZStW **121** (2009) 162; *Reichart* Umweltschutz durch völkerrechtliches Strafrecht (1999); *Reiling/Reschke* Die Auswirkungen der Lissabon-Entscheidung des Bundesverfassungsgerichts auf die Europäisierung des Umweltstrafrechts, wistra **2010** 47; *Rengier* Das moderne Umweltstrafrecht im Spiegel der Rechtsprechung – Bilanz und Aufgaben, Konstanzer Universitätsreden Nr. 184 (1992), zit. „Umweltstrafrecht"; *ders. Die* öffentlich-rechtliche Genehmigung im Strafrecht, ZStW **101** (1989) 874; *ders.* Zur Bestimmung und Bedeutung der Rechtsgüter im Umweltstrafrecht, NJW **1990** 2506; *ders.* Überlegungen zu den Rechtsgütern und Deliktstypen im Umweltstrafrecht, in: *L. Schulz* (Hrsg.) Ökologie und Recht (1991) 33 (zit.: *Rengier* Ökologie und Recht); *ders. Zum* Gefährdungsmerkmal „(fremde) Sachen von bedeutendem Wert" im Umwelt- und Verkehrsstrafrecht, Festschrift Spendel (1992) 559; *ders. Zur* Reichweite von Sorgfaltspflichten und verwaltungsrechtlichen Pflichten im Umweltstrafrecht, Festschrift Boujong (1996) 791; *ders.* Zum Täterkreis und zum Sonder- und Allgemeindeliktscharakter der „Betreiberdelikte" im Umweltstrafrecht, in: Festschrift Kohlmann (2003) 225; *Rest* Neue Mechanismen der Zusammenarbeit und Sanktionierung im internationalen Umweltrecht, NuR **1994** 271; *Riettiens* Der Abfallbegriff im Strafrecht: Zur Definition des Tatmittels der umweltgefährdenden Abfallbeseitigung (1994); *Rininsland* Umweltstrafrecht und Umweltverantwortung, in: Datenverarbeitung, Steuer, Wirtschaft, Recht **1994** 89; *Risch* Polizeiliche Praxis bei der Bearbeitung von Umweltkriminalität (1992); *Ritter* Umweltpolitik und Rechtsentwicklung, NVwZ **1987** 929; *Robra/Meyer* Umweltstrafrechtliche Unterlassungshaftung des Konkursverwalters im Zusammenhang mit Altlasten, wistra **1996** 243; *Rogall* Das Gesetz zur Bekämpfung der Umweltkriminalität (18. StRÄG), JZ-GD **1980** 101; *ders.* Gegenwartsprobleme des Umweltstrafrechts, Festschrift Köln (1988) 505; *ders.* Die Strafbarkeit von Amtsträgern im Umweltbereich, Forschungsbericht im Auftrag des Umweltbundesamtes (1991) (zit.: *Rogall* Amtsträgerstrafbarkeit); *ders.* Das Abfallstrafrecht der Bundesrepublik Deutschland, in: Arbeiten zur Rechtsvergleichung Band 154, Verantwortlichkeit für Abfall in Deutschland und Frankreich (1992) 143; *ders.* Grundprobleme des Abfallstrafrechts, NStZ **1992** 360 und 561; *ders.* Die Duldung im Umweltstrafrecht, NJW

1995 922; *ders.* Die Verwaltungsakzessorietät des Umweltstrafrechts – Alte Streitfragen, neues Recht, GA **1995** 299; *ders.* Probleme des Umweltstrafrechts in Deutschland, in: *Hirsch* u. a. (Hrsg.), Neue Erscheinungsformen der Kriminalität (1996) 171; *ders.* Die Auswirkungen des neuen Kreislaufwirtschafts- und Abfallgesetzes auf das Umweltstrafrecht, Festschrift Boujong (1996) 807; *ders.* Legenden und Skripts – Zur Lage des Umweltstrafrechts, ZfU **1997** 35; *ders.* Umweltschutz durch Strafrecht – eine Bilanz, in: *Dolde* (Hrsg.), Umweltrecht im Wandel (2001) 795; *von Rohr* Das Strafrecht im System umweltrechtlicher Instrumentarien (1995); *Ronzani* Erfolg und individuelle Zurechnung im Umweltstrafrecht. Eine Studie zur Funktionalität der Strafrechtsdogmatik im Umweltschutz unter besonderer Berücksichtigung des Schweizer Rechts (1992); *Rotsch* Individuelle Haftung in Großunternehmen: Plädoyer für den Rückzug des Umweltstrafrechts (1998); *ders.* Unternehmen, Umwelt und Strafrecht – Ätiologie einer Misere, wistra **1999** 321, 368; *ders.* Theoretische Probleme im Umweltstrafrecht, in: *Trunk* u. a. (Hrsg.), Judicial and Administrative Assistance in the Baltic Area – Rechts- und Amtshilfe im Ostseeraum (2005) 189; *Roxin* Der strafrechtliche Rechtswidrigkeitsbegriff beim Handeln von Amtsträgern – eine überholte Konstruktion, Festschrift Pfeiffer (1988) 45; *Rudolphi* Schutzgut und Rechtfertigungsprobleme der Gewässerverunreinigung im Sinne des § 324 StGB, ZfW **1982** 197; *ders.* Primat des Strafrechts im Umweltschutz? in: Dokumentation zur siebten wissenschaftlichen Fachtagung 1983 der Gesellschaft für Umweltrecht (1984) 30; *ders.* Primat des Strafrechts im Umweltschutz? NStZ **1984** 193, 248; *ders.* Rechtfertigungsgründe im Strafrecht, Gedächtnisschrift Armin Kaufmann (1989) 371; *Rüdiger Zur* Bekämpfung sozialgefährlicher Umweltverstöße durch das Kriminalstrafrecht, Diss. Gießen 1976; *Rügemer* Novellierung des Umweltstrafrechts: ineffektiv – demagogisch – folgenlos, Deutsche Polizei 1994 Heft 9 S. 6; *Rühl* Grundfragen der Verwaltungsakzessorietät, JuS **1999** 521; *Rüther* „Immanente" oder „radikale" Reform des Umweltstrafrechts? „More of the same" oder „Weniger ist mehr"? KritV 1993 227; *ders.* Was schützt und wem nützt das Umweltstrafrecht? DUR **1989** 19; *ders.* Defizite im Vollzug des Umweltrechts und des Umweltstrafrechts. Konzeption, zentrale Ergebnisse und Vorschläge eines Forschungsprojekts, IUR **1992** 152; *ders.* Die behördliche Praxis bei der Entdeckung und Definition von Umweltstrafsachen (1991); *ders.* Empirische Normgeneseforschung, Theorie, Methode und erste Ergebnisse eines Projekts zur Umweltstrafrechtssetzung Krimjournal **1982** 177; *ders.* Ermittlung der Ursachen für den Anstieg der polizeilich festgestellten Umweltschutzdelikte, Schriftenreihe der Polizeilichen Führungsakademie **1984** 59; *ders.* Umweltschutz durch Kriminalstrafrecht? 12. Strafverteidigertag (1989) 128; *ders.* Ursachen für den Anstieg polizeilich festgestellter Umweltschutzdelikte (1986); *ders. Zur* Genese des Umweltstrafrechts als umweltpolitisches Instrument, ZfU **1985** 69; *Ruhrmann* Umweltkriminalität, in: *Dreyhaupt u. a.* (Hrsg.) Umwelt-Handwörterbuch, Umweltmanagement in der Praxis für Führungskräfte in Wirtschaft, Politik und Verwaltung (1992) 393; *Ruhs* Europäisierung des Umweltstrafrechts, ZIS **2011** 13; *Sack* Das Gesetz zur Bekämpfung der Umweltkriminalität, NJW 1980 1424; *ders.* Das neue Umweltstrafrecht – Bewährung in der Praxis – Aus der Sicht der Staatsanwaltschaft, in: *Schulze/Lotz* (Hrsg.) Polizei und Umwelt, BKA-Schriftenreihe Bd. 54 (1986); *ders.* Novellierung des Umweltstrafrechts (Zweites Gesetz zur Bekämpfung der Umweltkriminalität), MDR **1990** 286; *ders.* Umweltschutz-Strafrecht (Loseblattausgabe); *Saliger* Umweltstrafrecht, 2. Aufl. (2020); *ders.* Grundfragen des heutigen Umweltstrafrechts in: *Kloepfer/Heger* (Hrsg.) Umweltstrafrecht nach dem 45. StrÄndG (2015) 9; *Samson* Kausalitäts- und Zurechnungsprobleme im Umweltstrafrecht, ZStW **99** (1987) 617; *ders.* Gewässerstrafrecht und wasserrechtliche Grenzwerte, ZfW **1988** 201; *ders.* Konflikte zwischen öffentlichem und strafrechtlichem Umweltschutz, JZ **1988** 800; *ders.* Probleme strafrechtlicher Produkthaftung, StV **1991** 182; *ders.* Grundprinzipien und Probleme des deutschen Umweltstrafrechts, in: New Trends in the Control of Environmental Crime, The 2nd International Workshop (1992) 79; *Sanden* Öko-Audit und Umweltstrafrecht, wistra **1995** 283; *Sander* Gesetz zur Bekämpfung der Umweltkriminalität, DB **1980** 1249; *ders.* Umweltstraf- und Ordnungswidrigkeitenrecht (1981); *Sangenstedt* Garantenstellung und Garantenpflicht von Amtsträgern (1989); *Schall* Die Relevanz der Arbeitsplätze im strafrechtlichen Umweltschutz, in: *Achenbach* (Hrsg.) Recht und Wirtschaft (1985); *ders.* Umweltschutz durch Strafrecht: Anspruch und Wirklichkeit, NJW **1990** 1263; *ders.* Möglichkeiten und Grenzen verbesserten Umweltschutzes durch das Strafrecht, wistra **1992** 1; *ders.* Zur Strafbarkeit von Amtsträgern in Umweltverwaltungsbehörden – BGHSt 38, 325, JuS **1993** 719; *ders.* Probleme der Zurechnung von Umweltdelikten in Betrieben, in: *Schünemann* (Hrsg.) Unternehmenskriminalität, Deutsche Wiedervereinigung. Die Rechtseinheit, Arbeitskreis Strafrecht, Bd. III (1996) 99; *ders.* Neue Erkenntnisse zur Realität und Verfolgung der Umweltkriminalität, Festschrift Schwind (2006) 395; *ders.* Der Umweltschutzbeauftragte: Ein Mann ohne Eigenschaften, Festschrift Amelung (2009) 287; *ders.* Allgemein- und Sonderdelikte: Versuch einer Abgrenzung im Umweltstrafrecht, Festschrift Schöch (2010) 619; *ders.* Die Ambivalenz von Eigenüberwachung und Selbstaufzeichnungen im Umweltstrafrecht, in Festschrift Samson (2010) 483; *ders.* Das 45. StÄG: Echte Gesetzesreform oder auftragsgemäße Erledigung? Festschrift Wolter (2013) 643; *ders.* Umweltstrafrecht – ein bloßes Alibi-Instrument? Festschrift Schünemann (2014) 815; *ders.* Was ändert das 45. StRÄndG am deutschen Umweltstrafrecht? In: *Kloepfer/Heger* (Hrsg.) Umweltstrafrecht nach dem 45. StrÄndG (2015) 33; *Schall/Schreibauer* Gegenwärtige und zukünftige Sanktionen bei Umweltdelikten, NuR **1996** 440; *Scheele Zur*

Bindung des Strafrichters an fehlerhafte behördliche Genehmigungen im Umweltstrafrecht, Diss. Köln 1993; *Scheller* Bericht über das Kolloquium „Zur Rolle des strafrechtlichen Umweltschutzes" 1989, ZStW 101 (**1989**) 788; *Schendel* Probleme des Umweltstrafrechts aus der Sicht der industriellen Praxis, in: *Meinberg/Möhrenschlager/Link* (Hrsg.) Umweltstrafrecht 246; *Schild* Probleme des Umweltstrafrechts, Jura **1979** 421; *ders.* Umweltschutz durch Kriminalstrafrecht? JurBl. **1979** 12; *Schink* Vollzug des Umweltstrafrechts durch die Umweltbehörden? DVBl. **1986** 1073; *Schirrmacher* Neue Reaktionen auf umweltdeliktisches Verhalten: zugleich ein Beitrag zur Konkretisierung des Anwendungsbereichs des § 153a StPO (1998); *Schley* Die kriminalistische Bedeutung von Umweltgutachten, Kriminalistik **1992** 519; *Schmalenberg* Ein europäisches Umweltstrafrecht (2004); *Schmeken/Müller* Umweltstrafrecht in den Kommunen, 3. Aufl. (1993); *Schmid* Bekämpfung der Umweltkriminalität, Die Neue Polizei **1980** 176; *Schmidhäuser* Zum Begriff der Rechtfertigung im Strafrecht, Festschrift Lackner (1987) 77; *Schmidt, Alexander* (Hrsg.) Das Umweltstrafrecht der Zukunft. Kritik und Anregungen für ein Umweltgesetzbuch (1996); *Schmidt-Salzer* Strafrechtliche Produktverantwortung, NJW **1988** 1937; *ders.* Strafrechtliche Produktverantwortung. Das Lederspray-Urteil des BGH, NJW **1990** 2966; *ders.* Konkretisierung der strafrechtlichen Produkt- und Umweltverantwortlichkeit, NJW **1996** 1; *Schmidt/Schöne* Das neue Umweltstrafrecht, NJW **1994** 2514; *Schmitz* Verwaltungshandeln und Strafrecht. Zur Verwaltungsakzessorietät des Umweltstrafrechts (1992); *ders.* Nachhaltigkeit und Sanktionen, in: *Kahl* (Hrsg.) Nachhaltigkeit als Verbundbegriff (2008) 512; *Schneider* Umweltstrafrecht, in: *Bundesministerium der Justiz* (Hrsg.) Verbrechensverhütung und Behandlung Straffälliger, 8. Kongreß der Vereinten Nationen in Havanna (1990) 21; *Schnichels/Seyderhelm* Die Reform des europäischen Umweltstrafrechts, EuZW **2020** 829; *Schöndorf* Umweltschutz durch Strafrecht – Bestandsaufnahme und Perspektiven, NJ **1991** 527; *Scholz* Gewässerverunreinigung durch Direkteinleitungen? – Zur Strafbarkeit des Indirekteinleiters nach § 324 StGB bei der öffentlichen Abwasserbeseitigung (1996); *Schramm* Die Verpflichtung des Abwassereinleiters zur Weitergabe von Eigenmeßwerten und der Nemo-tenetur-Satz (1989); *Schröder, Horst* Abstrakt-konkrete Gefährdungsdelikte? JZ **1967** 522; *ders.* Die Addition strafloser Handlungen zu einer Straftat, JZ **1972** 651; *Schroeder* Die Gefährdungsdelikte, ZStW **94** (1982) 1; *Schröder, Meinhard* Verwaltungsrecht als Vorgabe für Zivil- und Strafrecht, DÖV **1990** 1057; *Schröder/Jarass* Verwaltungsrecht als Vorgabe für Zivil- und Strafrecht (1991); *Schroeder* Die Gefährdungsdelikte, ZStW **94** (1982) 1, 16; *Schünemann* (Hrsg.) Bausteine des Europäischen Strafrechts (1995); *ders.* Die Regeln der Technik im Strafrecht, Festschrift Lackner (1987) 367; *ders.* Alternative Kontrolle der Wirtschaftskriminalität, Gedächtnisschrift Armin Kaufmann (1989) 629; *ders.* in: *Breuer* u. a. (Hrsg.), Umweltschutz und technische Sicherheit im Unternehmen (1993) 137; *ders.* Unternehmenskriminalität und Strafrecht (1979); *ders.* Die Strafbarkeit von Amtsträgern im Gewässerstrafrecht, wistra **1986** 235; *ders.* Kritische Anmerkungen zur geistigen Situation der deutschen Strafrechtswissenschaft, GA **1995** 201; *ders.* Zur Dogmatik und Kriminalpolitik des Umweltstrafrechts, Festschrift Triffterer (1996) 437; *Schulte* Rechtsgutsbegriff und öffentliches Recht (1980); *Schulz* Strafrechtliche Produkthaftung bei Holzschutzmitteln, ZUR **1994** 26; *Schulz* Das anthroporelationale „Rechtsgut" im Umweltstrafrecht in: *Nida-Rümelin/von der Pfordten* (Hrsg.) Ökologische Ethik und Rechtstheorie (1995) 265; *Schulze/Lotz* Polizei und Umwelt (1986); *Schuster* Die Rolle behördlicher Gestattungen in der Strafverfolgungspraxis, in: *Schwind/Steinhilper* (Hrsg.) Umweltschutz und Umweltkriminalität (1986) 51; *Schwarz* Zum richtigen Verständnis der Verwaltungsakzessorietät des Umweltstrafrechts, GA **1993** 318; *Schwertfeger* Die Reform des Umweltstrafrechts durch das Zweite Gesetz zur Bekämpfung der Umweltkriminalität (2. UKG), insbesondere unter kriminalpolitischen Gesichtspunkten (1998); *Schwind/Steinhilper* (Hrsg.) Umweltschutz und Umweltkriminalität (1986); *Seelmann* Atypische Zurechnungsstrukturen im Umweltstrafrecht, NJW **1990** 1257; *Seidl-Hohenveldern* Grenzüberschreitender Umweltschutz und Strafrecht, Festschrift Lange (1976) 489; *Seier* Probleme des Umweltstrafrechts, dargestellt anhand von Fallbeispielen, JA **1985** 23; *Semerak* Umweltkriminalität – Straftaten gegen die Umwelt (1983); *Shim* Verwaltungshandeln und Rechtfertigungsprobleme im Umweltstrafrecht: Untersuchungen mit besonderer Betonung der Gewässerverunreinigung nach § 324 StGB, unter vergleichender Betrachtung der Rechtslage in Korea, Diss. Tübingen 1994; *Sieren* Ausländische Umweltmedien als Schutzgüter des deutsche Umweltstrafrechts, Diss. Osnabrück 1991; *Siva Sanchez* Strukturen der Zurechnung bei den Straftaten gegen die Umwelt, Festschrift Volk (2009) 755; *Stein* Vorsatz bei Gefährlichkeits-, Gefährdungs- und Verletzungsdelikten, Festschrift Wolter (2013) 521; *Steindorf* Umwelt-Strafrecht, 2. Aufl. (1997); *Steinke* Mit UMPLIS und INFUCHS gegen Umweltkriminalität, Kriminalistik **1985** 361; *ders.* Umweltkriminalität, Kriminalistik 1982 521; *ders.* Umweltrecht und Polizei, Die Polizei **1982** 332; *Storm/Lohse/Delfs* Umweltschutzdelikte. Eine Auswertung der Polizeilichen Kriminalstatistik (jährlich); *Stratenwerth* Zukunftssicherung mit den Mitteln des Strafrechts? ZStW **105** (1993) 679; *Streich* Dem Gesetz zuwider – Wie bundesdeutsche Behörden Umweltverbrechen zulassen (1993); *ders.* Prozedurale Regelungen im Strafrecht, Festschrift Hassemer (2010) 639; *Suhr Zur* Begriffsbestimmung von Rechtsgut und Tatobjekt im Strafrecht, JA **1990** 303; *Szesny/Görtz* Das neue Umweltstrafrecht – Kritisches zur Umsetzung der Richtlinie Umweltstrafrecht, ZUR **2012** 405; *Suilmann* Bekämpfung der Umweltkriminalität (2006); *Terschlüssen* Reform des Umweltstrafrechts, IUR **1991** 168; *Tiedemann* Tatbestandsfunktionen im Nebenstrafrecht (1969); *ders.* Die Neuordnung des Umweltstrafrechts (1980); *ders.* Théorie et réforme du droit pénal del'environnement, Revue de science criminelle et de droit pénal comparé, **1986** 263; *ders.* Das deutsche Umweltstrafrecht von 1980 im westeuropäischen Zusammenhang, Kriminalist **1988** 389; *ders.* Europäisches Gemeinschaftsrecht und Strafrecht, NJW **1993** 23; *ders.* Umweltstrafrecht, in: *Kimminich/von Lersner/Storm* Handwörterbuch des Umweltrechts (HdUR) Bd. II 2. Aufl. (1994) Sp. 2439; *Tiedemann/Kindhäuser* Umweltstrafrecht – Bewährung oder Reform? NStZ **1988** 337; *Timm* Auswirkungen der Europäisierung auf Kriminalität und Straftatenbekämpfung am Beispiel von Umweltkriminalität, in: *Bundeskriminalamt* (Hrsg.) Verbrechensbekämpfung in europäischer Dimension, BKA-Vortragsreihe Bd. 37 (1992) 89; *ders.* Subventionierter Wohlstand. Auswirkungen der Europäisierung auf Kriminalität und Straftatenbekämpfung am Beispiel Umweltkriminalität, Kriminalistik **1992** 87; *ders.* Umweltkriminalität, Criminal Digest **1992** 9; *Triffterer* Die Rolle des Strafrechts beim Umweltschutz in der Bundesrepublik Deutschland, ZStW **91** (1979) 309; *ders.* Umweltstrafrecht (1980); *ders.* Umweltstrafrecht als Instrument der Umweltpolitik, JurBl. **1986** 409; *ders.* Thesen zur Bewältigung der Umweltkrise, ÖJZ **1988** 545; *ders.* Umweltstrafrecht, in: *Ulsamer* (Hrsg.) Lexikon des Rechts/Strafrecht, Strafverfahrensrecht, 2. Aufl. (1996) 1034; *ders.* Viktimologische Aspekte im Umweltstrafrecht, in: *Eser/Kaiser* (Hrsg.) Drittes deutsch-sowjetisches Kolloquium über Strafrecht und Kriminologie 1985 (1987) 141; *ders.* Von Tschernobyl nach Wackersdorf. Zur strafrechtlichen Verantwortlichkeit zuständiger Politiker und Behördenvertreter, ÖJZ **1986** 446; *Tröndle* Verwaltungshandeln und Strafverfolgung – Konkurrierende Instrumente des Umweltrechts? NVwZ **1989** 918; *Veit* Rezeption technischer Regeln im Straf- und Ordnungswidrigkeitenrecht unter besonderer Berücksichtigung ihrer verfassungsrechtlichen Problematik (1989); *Vierhaus* Das 2. Gesetz zur Bekämpfung der Umweltkriminalität, Beitrag zur Vollzugseffektivierung oder symbolische Gesetzgebung? Jahrbuch des Umwelt- und Technikrechts (UTR) 17 (1992) 79; *ders.* Die neue Gefahrgutbeauftragtenverordnung aus der Sicht des Straf-, Ordnungswidrigkeiten- und Umweltverwaltungsrechts, NStZ **1991** 466; *ders.* Die Reform des Umweltstrafrechts durch das 2. Gesetz zur Bekämpfung der Umweltkriminalität, ZRP **1992** 161; *Vogel, Hans-Jochen* Zum Umweltrecht in der Bundesrepublik Deutschland, ZRP **1980** 178; *Vogel, Joachim* Strafrechtsgüter und Rechtsgüterschutz durch Strafrecht im Spiegel der Rechtsprechung des Bundesverfassungsgerichts, StV **1996** 110; *Vogel, Klaus* Umweltkriminalität. Meldedienst und Möglichkeiten der Prävention, Kriminalist **1985** 218; *Vogelsamp-Rempe* Umweltstrafrechtliche Relevanz von Altlasten (1992); *Volk* Kausalität im Strafrecht, NStZ **1996** 105; *Vollmöller* Gefahrguttransporte und Strafrecht, Entsorgungs-Technik 1992 23; *Vormbaum, Thomas* Probleme der Strafrechtsanwendung im vereinigten Deutschland, StV **1991** 176; *Wachenfeld* Wasserrechtliches Minimierungsgebot und Gewässerstrafrecht (1993); *Walcher* Probleme der Zusammenarbeit von Staatsanwaltschaft und Polizei bei der Bekämpfung der Umweltkriminalität, Die Polizei **1982** 376; *Wasmuth/Koch* Rechtfertigende Wirkung der behördlichen Duldung im Umweltstrafrecht, NJW **1990** 2434; *Weber, Ulrich* Strafrechtliche Verantwortlichkeit von Bürgermeistern und leitenden Verwaltungsbeamten im Umweltrecht (1988); *ders.* Das deutsche Strafrecht nach dem 45. StrRG Festschrift Kühl (2014) 747; *Wegener* Verwaltungsakzessorietät im Umweltstrafrecht. Zur Auslegung von § 330d Nr. 5 StGB, NStZ **1988** 608; *Wegscheider* Probleme grenzüberschreitender Umweltkriminalität, DRiZ **1983** 56; *ders.* Kausalitätsfragen im Umweltstrafrecht, ÖJZ **1983** 641; Gerichtliche Praxis des Umweltstrafrechts – Übersicht über Ergebnisse eines Forschungsprojekts, ÖJZ **1987** 356; *ders.* Umweltzerstörung und Umweltstrafrecht, NuR **1988** 318; *ders.* Grenzüberschreitende Umweltbeeinträchtigungen im Spiegel des alten und neuen Strafrechts, JurBl. **1989** 214; *Wessel* Die umweltgefährdende Abfallbeseitigung durch Unterlassen – Eine straf- und verwaltungsrechtliche Untersuchung (1993); *Wiedemann* Der Gefahrguttransport-Tatbestand im neuen Umweltstrafrecht (1995); *Wimmer* Die Strafbarkeit grenzüberschreitender Umweltbeeinträchtigungen, ZfW **1991** 141; *ders.* Jüngste Entwicklungen bei der Novellierung des Umweltstrafrechts, in: *Baumann/Roßnagel/Weinzierl* (Hrsg.) Rechtsschutz für die Umwelt im vereinigten Deutschland (1992) 201; *ders.* Strafbarkeit des Handelns aufgrund einer erschlichenen behördlichen Genehmigung, JZ **1993** 67; *Winkelbauer* Zur Verwaltungsakzessorietät des Umweltstrafrechts (1985); *ders.* Die strafrechtliche Verantwortung von Amtsträgern im Umweltstrafrecht, NStZ **1986** 149; *ders.* Die behördliche Genehmigung im Strafrecht, NStZ **1988** 201; *ders.* Atomrechtliches Genehmigungsverfahren und Strafrecht, JuS **1988** 691; *ders.* Die Verwaltungsabhängigkeit des Umweltstrafrechts, DÖV **1988** 723; *Winkemann* Probleme der Fahrlässigkeit im Umweltstrafrecht – Erläutert anhand des § 324 Abs. 3 StGB, Diss. Heidelberg 1991; *Wirtz/Schleiner* Bedeutung des Umweltstrafrechts für die betriebliche Praxis (1995); *de With* Das neue Umweltstrafrecht, Recht und Politik **1980** 33; *Witteck* Der Betreiber im Umweltstrafrecht (2004); *Wittkämper* Möglichkeiten und Grenzen der Prognose – dargestellt am Beispiel der Umweltkriminalität, in: Schriftenreihe der Polizeiführungsakademie 1987 335; *ders.* Umweltschutz (1992); *Wittkämper/Wulff-Nienhüser* Zur Prognose der Umweltkriminalität, in: *Schulze/Lotz* (Hrsg.) Polizei und Umwelt, Teil 2, BKA-Schriftenreihe Bd. 55 (1987); *Wohlers* Deliktstypen des Präventionsstrafrechts. zur Dogmatik „moderner" Gefährdungsdelikte (2000); *Won* Behördliche Genehmigung als Tatbestandsausschließungs- oder Rechtfertigungsgrund im Umweltstrafrecht, Diss. Würzburg 1994; *Wulff-Nienhüser* Umweltkriminalität. Ein Beitrag zur Erhellung des Problemfeldes, zu möglichen

Strategien und Entwicklungen, Diss. Münster 1988; *Wüterich* Strafrechtliche Aspekte der Altlastenproblematik, BB **1992** 2449; *Zieher* Das sog. internationale Strafrecht nach der Reform – Der Rechtsgrund bei Straftaten im Ausland nach den §§ 5 und 6 StGB (1977); *Zieschang* Gefährdungsdelikte (1998); *ders.* Das „potentielle Gefährdungsdelikt" in der Rechtsprechung des BGH, Festschrift Wolter (2013) 557; *Zimmermann* Wann ist der Einsatz von Strafrecht auf europäischer Ebene sinnvoll? ZRP **2009** 74;

Ausländisches Umweltstrafrecht. *Cheng* Kriminalisierung und Entkriminalisierung im Umweltstrafrecht: eine vergleichende Analyse mit Schwerpunkt auf der Entwicklung in Taiwan und in der Bundesrepublik Deutschland, Diss. Tübingen 1992; *Cho* Umweltstrafrecht in Korea und Japan (1993); *Cornils/Heine* Umweltstrafrecht in den nordischen Ländern (1994); *Dubovik/Marx* Landesbericht UdSSR, in: *Heine* (Hrsg.) Umweltstrafrecht in osteuropäischen Ländern (1995) 341; *Eser/Heine* (Hrsg.) Umweltstrafrecht in England, Kanada und den USA, Max-Planck-Institut für Ausländisches und Internationales Strafrecht, Bd. 43 (1994); *Faure* Umweltschutz durch Strafrecht in Belgien (1992); *Haas* Die Zusammenarbeit der niederländischen Strafverfolgungs- und Verwaltungsbehörden im Bereich von Umweltdelikten aus rechtsvergleichender und kriminologischer Sicht (1996); *Heine* Umweltschutzrecht in der Schweiz, UPR **1985** 345; *Heine* (Hrsg.) Umweltstrafrecht in osteuropäischen Ländern (1995) 75; *ders.* (Hrsg.) Umweltstrafrecht in mittel- und südeuropäischen Ländern (1995); *Heine/Catenacci* Umweltstrafrecht in Italien. Problemschwerpunkte eines nebenstrafrechtlichen Schutzprogramms, ZStW **101** (1989) 163; *Heine/Waling* Die Durchsetzung des Umweltstrafrechts in den Niederlanden, JR **1989** 402; *Karamanidis* Der strafrechtliche Umweltschutz in Griechenland – Unter besonderer Berücksichtigung des deutschen Umweltstrafrechts (1985); *Lammich* Landesbericht DDR, in: *Heine* (Hrsg.) Umweltstrafrecht in osteuropäischen Ländern (1995) 1; *Meinel* Umweltstrafrecht und Umweltkriminalität in den USA. Eine Untersuchung zur Bekämpfung illegaler Umweltbelastungen durch Gewässerverunreinigung und Sonderabfallablagerung in den Vereinigten Staaten, Diss. Freiburg 1987; *Miller* Das Umweltstrafrecht im Königreich Spanien und der Bundesrepublik Deutschland (2004); *Mueller* Binnenschiffahrtskriminalität in Nordwestdeutschland und den Niederlanden, MSchrKrim. **1990** 105; *Niering* Der strafrechtliche Schutz der Gewässer: Rechtsvergleichung zwischen der Bundesrepublik Deutschland, Österreich und der Schweiz (1993); *Noll* Strafrechtlicher Umweltschutz, in: *Müller-Stahel* (Hrsg.) Schweizerisches Umweltschutzrecht (1973) 393; *Oudijk* Die Sanktionen im niederländischen Gesetz über Wirtschaftsdelikte und deren Anwendung im Umweltstrafrecht, wistra **1991** 161; *Schuhmann* Umweltschutz durch Strafrecht in Schwarzafrika – Eine vergleichende Untersuchung anhand einer Fallstudie für Kenia, Diss. Freiburg 1989; *Shim* Verwaltungshandeln und Rechtfertigungsprobleme im Umweltstrafrecht: Untersuchungen mit besonderer Betonung der Gewässerverunreinigung nach § 324 StGB, unter vergleichender Betrachtung der Rechtslage in Korea, Diss. Tübingen 1994; *Spreng* Umweltrecht in Kanada – Unter vergleichender Berücksichtigung der Strafbarkeit juristischer Personen, Diss. Freiburg (1988); *Stojanovic* Landesbericht Jugoslawien, in: *Heine* (Hrsg.) Umweltstrafrecht in osteuropäischen Ländern (1995) S. 89; *Triffterer Zur* gegenwärtigen Situation des österreichischen Umweltstrafrechts, ÖJZ **1991** 799; *Waling* Das niederländische Umweltstrafrecht. Eine Untersuchung zu den dogmatischen Grundlagen und zur praktischen Anwendung (1991); *Wegscheider* Österreichisches Umweltstrafrecht (1987); *ders.* Zur Entwicklung des Umweltstrafrechts in Österreich, Festschrift Triffterer (1996) 457; *ders.* Zur Praxis des Umweltstrafrechts in Österreich, ÖJZ **1989** 641; *Weigend* Landesbericht Polen, in: *Heine* (Hrsg.) Umweltstrafrecht in osteuropäischen Ländern (1995) 159.

Umweltschutz, Umweltrecht, Verwaltungsrecht. *Arndt* Umweltrecht, in: *Steiner* (Hrsg.) Besonderes Verwaltungsrecht, 8. Aufl. (2006); *Bartholme* Umweltrechtliche Verantwortlichkeit als mittelbarer Verursacher von Umwelteinwirkungen (2006); *Beck* Risikogesellschaft. Auf dem Weg in eine andere Moderne, 2. Aufl. (1987); *Becker* Die Bindungswirkung von Verwaltungsakten im Schnittpunkt von Handlungsformenlehre und materiellem öffentlichen Recht, dargestellt am Beispiel des gestuften Verfahrens im Atom- und Immissionsschutzrecht (1997); *Beckmann* Produktverantwortung. Grundsätze und zulässige Reichweite, UPR **1996** 41; *Berendes/Frenz/Müggenborg* (Hrsg.) Wasserhaushaltsgesetz, 2. Aufl. (2017); *Beyerlin* Umweltvölkerrecht (2000); *Beyerlin/Marauhn* International Environmental Law (2011); *Bickel* Bundesbodenschutzgesetz, 4. Aufl. (2003); *Böcher/Töller* Umweltpolitik in Deutschland (2012); *Böhler* Die Ökonomie der Umweltgüter: Regel- und Begriffsbildung im Umweltrecht (2003); *Böhm* Der Normmensch. Materielle und prozedurale Aspekte des Schutzes der menschlichen Gesundheit vor Umweltschadstoffen (1996); *Bosselmann* Im Namen der Natur, Der Weg zum ökologischen Rechtsstaat (1992); *ders.* Vom Umweltrecht zum Ökorecht – Skizze eines grundlegenden Wandels, Jahrbuch des Umwelt-und Technikrechts (UTR) **27** (1994) 3; *Brandner* Rechtsprobleme der Grenzwerte für Abwassereinleitungen, ZfW **1989** 1; *ders.* Entwicklungen des Umwelt- und Technikrechts 1989, in: *Breuer/Kloepfer/Marburger/Schröder* (Hrsg.) Jahrbuch des Umwelt- und Technikrechts (UTR) **12** (1990) 469; *ders.* Entwicklungen des Umwelt- und Technikrechts 1991, in: *Breuer/Kloepfer/Marburger/Schröder* (Hrsg.) Jahrbuch des Umwelt- und Technikrechts **17** (1992) 277; *ders.* Umweltschutz durch Abgaben und Steuern, DVB1. **1991** 1192; *Brandt* Grenzüberschreitender Umweltschutz im deutschen Umweltrecht, DVB1. **1995** 779; *Brenner* Der Verwaltungsakt mit Nebenbestimmungen, JuS **1996** 283;

Breuer Empfiehlt es sich, ein Umweltgesetzbuch zu schaffen, gegebenenfalls mit welchen Regelungsbereichen? Gutachten B zum 59. DJT (1992); *ders.* Entwicklungen des europäischen Umweltrechts – Ziele, Wege und Irrwege (1993); *ders.* Umwelttechnik für Juristen. Umweltrecht für Ingenieure, Kongreßbericht (1989); *ders.* Verwaltungsrechtliche Prinzipien und Instrumente des Umweltrechts (1989); *ders.* Öffentliches und privates Wasserrecht, 3. Aufl. (2004); *Breuer/Gärditz* Öffentliches und privates Wasserrecht, 4. Aufl. (2017); *Breuer/Kloepfer/Marburger/Schroeder* (Hrsg.) Umweltschutz und technische Sicherheit in Unternehmen (9. Trierer Kolloquium zum Umwelt- und Technikrecht (1994); *Brohm* Rechtsstaatliche Vorgaben für informelles Verwaltungshandeln, DVBl. **1994** 133; *Bückmann* Bodenschutzrecht (1992); *Bulling* Kooperatives Verwaltungshandeln (Vorverhandlungen, Arrangements, Agreements und Verträge) in der Verwaltungspraxis, DÖV **1989** 277; *Bundesministerium für Umwelt, Naturschutz und Reaktorsicherheit* (Hrsg.) Umweltgesetzbuch (UGB-Kom-E) (1998); *Bundesumweltministerium/Umweltbundesamt* (Hrsg.) Handbuch Umweltcontrolling (1995); *Cansier* Umweltökonomie (1993); *Czybulka* Umweltschutzdefizite und Verwaltungskultur, JZ **1996** 596; *Czychowski/Reinhardt* Wasserhaushaltsgesetz, 12. Aufl. (2019); *Decken* Steuerung durch Recht – oder: mehr Mut zur Normierung im Umwelt- und Technikrecht, ZRP **1995** 63; *Degenhart* Die Bewältigung der wissenschaftlichen und technischen Entwicklungen durch das Verwaltungsrecht, NJW **1989** 2435; *Delbrück* Umweltpflichtigkeit der öffentlichen Verwaltung (1992); *Dempfle/Müggenborg* Die „Umwelt", ein Rechtsbegriff? NuR **1987** 301; *Dierkes/Fietkau* Umweltbewußtsein – Umweltverhalten (1988); *Dolde* (Hrsg.) Umweltrecht im Wandel (2001); *Eisenbarth* Altlastensanierung und Altlastenfinanzierung (1995); *Endres* Instrumente der Umweltpolitik, ZRP **1985** 197; *Engel* Planungssicherheit für Unternehmen durch Verwaltungsakt (1992); *Epiney* Umweltrecht in der Europäischen Union, 4. Aufl (2019); *Epiney/Scheyli* Umweltvölkerrecht (2000); *Erbguth* Die Zulässigkeit der funktionalen Privatisierung im Genehmigungsrecht, UPR **1995** 369; *ders.* Rechtssystematische Grundfragen des Umweltrechts (1987); *Erbguth/Schink* Gesetz über die Umweltverträglichkeitsprüfung, 2. Aufl. (1996); *Everling* Durchführung und Umsetzung des Europäischen Gemeinschaftsrechts im Bereich des Umweltschutzes unter Berücksichtigung der Rechtsprechung des EuGH, NVwZ **1993** 209; *Eyermann* VwGO – Verwaltungsgerichtsordnung, 15. Aufl. (2019); *di Fabio* Entscheidungsprobleme der Risikoverwaltung, NuR **1991** 353; *ders.* Risikoentscheidungen im Rechtsstaat (1994); *Fabry* Private Unternehmen als Umwelt-Störer (1993); *Fehling/Kastner/Störmer* Verwaltungsrecht, 5. Aufl. (2020); *Feldhaus* Grundzüge einer Strategie des modernen Umweltschutzes, in: *Schwind/Steinhilper* (Hrsg.) Umweltschutz und Umweltkriminalität (1986) 71; *ders.* Bundesimmissionsschutzrecht (Loseblatt); *Feldhaus/Eisenbarth* Umweltrechtliche Vorschriften im vereinten Deutschland, UPR **1990** 401; *Fischer* Der Betriebsbeauftragte im Umweltschutzrecht (1996); *Fleury* Das Vorsorgeprinzip im Umweltrecht (1995); *Fluck* Die „Legalisierungswirkung" von Genehmigungen als ein Zentralproblem öffentlich-rechtlicher Haftung für Altlasten, VerwArch. **1988** 406; *ders.* Die Duldung des unerlaubten Betreibens genehmigungsbedürftiger Anlagen, NuR **1990** 197; *Fluck/Franz/Fischer/Franßen* Kreislaufwirtschaftsrecht (Loseblatt); *Fluck/v. Hahn/Fischer* REACH – Stoffrecht (Loseblatt); *Frank* Vom Umweltschutz zum Mitweltrecht, DVBl. **1989** 693; *Frenz* Europäisches Umweltrecht (1997); *ders.* Bundes-Bodenschutzgesetz (2000); *Fröhler/Zehetner* Rechtsschutzprobleme bei grenzüberschreitenden Umweltbeeinträchtigungen, Bd. 1 (1979), Bd. 3 (1981); *Gassner* Das Recht der Landschaft (1995); *Gassner/Winkelbrandt* UVP – Umweltverträglichkeitsprüfung in der Praxis (1996); *Gawel* Staatliche Steuerung durch Umweltverwaltungsrecht, Die Verwaltung **1995** 201; *Gelbhaar* Umweltnormen mit monetärer Sanktionsdrohung ZfU **1995** 341; *Gern* Die Ermessensreduzierung auf Null, DVBl. **1987** 1194; *Giesberts/Reinhardt* Umweltrecht, 2. Aufl. (2018); *Gossow* (Hrsg.) Altlastensanierung. Genehmigungsrechtliche, bautechnische und haftungsrechtliche Aspekte (1995); *Gusy* Verbot mit Erlaubnisvorbehalt – Verbot mit Dispensvorbehalt, JuS **1981** 80; *Haaf* Die Fernwirkungen gerichtlicher und behördlicher Entscheidungen (1984); *Hach* Völkerrechtliche Pflichten zur Verminderung grenzüberschreitender Luftverschmutzung in Europa (1993); *Hahn* Offenbarungspflichten im Umweltschutzrecht (1984); *Haker/Krieshammer* Juristische Erfordernisse bei der Organisation des Umweltschutzes in der Energiewirtschaft, Energiewirtschaftliche Tagesfragen (et) **1989** 522; *Haller* Umfang des Auskunftsanspruchs gegen Behörden im Umweltrecht, UPR **1995** 338; *Hansmann* Schwierigkeiten bei der Umsetzung und Durchführung des europäischen Umweltrechts, NVwZ **1995** 320; *Hansmann/Sellner* Grundzüge des Umweltrechts, 4. Aufl. (2012); *Hartkopf* Über Verantwortung im Umweltschutz, NuR **1981** 113; *Hellmich* Kooperation statt Konfrontation als Alternative bei der Bekämpfung der Umweltkriminalität (2008); *Henneke* Abkehr von der Anthropozentrik im Umwelt- und Planungsrecht? AgrarR **1986** 192; *ders.* Der Schutz der natürlichen Lebensgrundlagen in Art. 20a GG, NuR **1995** 325; *ders.* Informelles Verwaltungshandeln im Wirtschaftsverwaltungs- und Umweltrecht, NuR **1991** 267; *ders.* Systematisierung und innere Harmonisierung des Umweltrechts, Jura **1990** 461; *Hermes/Wieland* Die staatliche Duldung rechtswidrigen Verhaltens. Dogmatische Folgen behördlicher Untätigkeit im Umwelt- und Steuerrecht (1988); *Hill* Rechtsstaatliche Bestimmtheit oder situationsgerechte Flexibilität des Verwaltungshandelns, DÖV **1987** 885; *Himmelmann* Gemeinschaftsrechtliche Vorgaben für die Umsetzung von EG-Recht – Zu den Auswirkungen der neuesten Rechtsprechung von EuGH und Bundesverwaltungsgericht auf die nationale Umsetzungspraxis, DÖV **1996** 145; *Himmelmann/Pohl/Tünne-*

sen-Harmes Handbuch des Umweltrechts (1994); *Hoffmann-Riem/Schmidt-Aßmann/Voßkuhle* Grundlagen des Verwaltungsrechts (2006–2009); Umweltschutz als Gesellschaftsziel – illustriert an Beispielen aus der Energiepolitik, GewArch **1996** 1; *Hoffmann-Riem Hoppe* (Hrsg.) Gesetz über die Umweltverträglichkeitsprüfung (1995); *ders.* Staatsaufgabe Umweltschutz, VVDStRL **38** (1980) 211; *Hoppe/Beckmann/Kauch* Umweltrecht, 2. Aufl. (2000); *Hucke* Umweltschutz – Ein Plädoyer für den Ausbau der rechtlichen Normierung, in: *Voigt* (Hrsg.) Verrechtlichung (1980) 63; *Huffmann/Schulte* Die Entwicklung des Umwelt- und Technikrechts im Jahre 1994, Jahrbuch des Umwelt- und Technikrechts (UTR) **31** (1995) 281; *Hulpke/Koch/Wagner/Römpp* (Hrsg.) Lexikon Umwelt (1993); *Hüttermann* Funktionen der Grenzwerte im Umweltrecht und Abgrenzung des Begriffes (1993); *Jachmann* Die Bindungswirkung normkonkretisierender Verwaltungsvorschriften, Die Verwaltung **1995** 17; *Jäde* Vereinfachungsprobleme des Anlagenzulassungsrechts, WiVerw. **1995** 119; *Jankowski* Verfahrensprivatisierung im Umweltrecht (Tagungsbericht), UPR **1995** 340; *Jans* Grenzüberschreitendes Umweltrecht (1990); *Jarass* Aktuelle Probleme des Umweltschutzes und des Umweltrechts, Jahrbuch des Umwelt- und Technikrechts (UTR) 5 (1988) 91; *ders.* Die Anwendung neuen Umweltrechts auf bestehende Anlagen (1987); *ders.* Konflikte zwischen EG-Recht und nationalem Recht vor den Gerichten der Mitgliedstaaten, DVB1. **1995** 954; *ders.* Bundesimmissionsschutzgesetz, 13. Aufl. (2020); *Jarass/Petersen* KrWG – Kreislaufwirtschaftsgesetz (2014); *Jarass/Kloepfer/Kunig/Papier/Peine/Rehbinder/Salzwedel/Schmidt-Aßmann* Umweltgesetzbuch – Besonderer Teil (UGB-BT), Berichte des Umweltbundesamtes 4/94 (1994); *Kahl* Der EuGH als „Motor des europäischen Umweltschutzes“? Thüringer VerwBl. **1994** 225 und 256; *ders.* Umweltprinzip und Gemeinschaftsrecht (1993); *Kahl/Gärditz* Umweltrecht, 11. Aufl. (2019); *Ketteier* Instrumente des Umweltrechts, JuS **1994** 826 und 909; *Kilian* Umweltschutz durch internationale Organisationen? (1986); *Kimminich/von Lersner/Storm* (Hrsg.) Handwörterbuch des Umweltrechts, 2. Aufl. (1994); *Kinkel* Möglichkeiten und Grenzen der Bewältigung von umwelttypischen Distanz- und Summationsschäden, ZRP **1989** 293; *Kirchgässer* Das Verursacherprinzip: Leerformel oder regulative Idee? JZ **1990** 1042; *Kischel* Formelle und materielle Illegalität im Recht der Gefahrenabwehr, DVB1. **1996** 185; *Kloepfer* Systematisierung des Umweltrechts (1978); *ders.* Grenzüberschreitende Umweltbelastungen als Rechtsproblem, DVB1. **1984** 245; *ders.* Umweltrecht im geeinten Deutschland, DVB1. **1991** 1; *ders.* Zu den neuen umweltrechtlichen Handlungsformen des Staates, JZ **1991** 737; *ders.* Umweltrecht, in: *Achterberg* (Hrsg.) Besonderes Verwaltungsrecht Bd. II 4. Aufl. (2020); *ders.* Umweltschutz als Verfassungsrecht: Zum neuen Art. 20a GG, DVB1. **1996** 73; *ders.* Zur Kodifikation des Umweltrechts in einem Umweltgesetzbuch, DÖV **1995** 745; *ders.* Umweltrecht, 4. Aufl. (2016); *Kloepfer/Durner* Umweltschutzrecht, 3. Aufl. (2020); *Kloepfer/Franzius* Die Entwicklung des Umweltrechts der Bundesrepublik Deutschland, Jahrbuch des Umwelt- und Technikrechts (UTR) **27** (1994) 179; *Kloepfer/Kröger* Das Umweltrecht in der deutschen Einigung (1991); *Kloepfer/Rehbinder/Schmidt-Aßmann/Kunig* Umweltgesetzbuch – Allgemeiner Teil (1991); *Kment* Grenzüberschreitendes Verwaltungshandeln (2010); *Knack/Henneke* VwVfG – Verwaltungsverfahrensgesetz, 11. Aufl. (2019); *Kniep Zur* Zulassung von „Umweltgutachtern“, GewArch **1995** 317; *Koch* Auf dem Weg zum Umweltgesetzbuch, NVwZ **1991** 953; *ders.* Vereinfachung des materiellen Umweltrechts, NVwZ **1996** 215; *Koch/Hofmann/Reese* Handbuch Umweltrecht, 5. Aufl. (2018); *Koch/Pache/Scheuning* Gemeinschaftskommentar zum Bundes-Immissionsschutzgesetz (Loseblatt); *Köck* Die Sonderabgabe als Instrument des Umweltschutzes (1991); *Koenig* Internalisierung des Risikomanagements durch neues Umwelt- und Technikrecht? NVwZ **1994** 937; *Kopp/Ramsauer* Verwaltungsverfahrensgesetz, 21. Aufl. (2020); *Kopp/Schenke* Verwaltungsgerichtsordnung, 26. Aufl. (2020); *Kothe* Das neue Umweltauditrecht (1997); *Kotulla* Umweltschutzbeauftragte (1995); *ders.* Umweltrecht, 7. Aufl (2017); *ders.* Wasserhaushaltsgesetz, 3. Aufl. (2020); *ders.* Bundes-Immissionsschutzgesetz (Losebl.); *Kröger* Integrierter und betrieblicher Umweltschutz (Tagungsbericht), UPR **1995** 342; *ders.* Integrierter und betrieblicher Umweltschutz (Tagungsbericht), UPR **1995** 342; *ders.* Naturethik – Grundtexte der gegenwärtigen tier- und ökoethischen Diskussion (1997); *Kuhlmann* Der Mitweltschutz im gesamtdeutschen Grundgesetz, NuR **1995** 1; *Kunig* Zehn Fragen zur Entwicklung des Umweltrechts, Jura **1996** 663; *Kuntz* Umweltrecht (Loseblatt-Entscheidungssammlung ab 1988); *Ladeur* Risikobewertung und Risikomanagement im Anlagensicherheitsrecht, UPR **1993** 121; *Lahl* Das programmierte Vollzugsdefizit, ZUR **1993** 249; *Lämmle* Konkurrenz paralleler Genehmigungen (1991); *Landesanstalt für Umweltschutz Karlsruhe/Roth* Grenzwerte (1993); *von Landmann/Rohmer* Umweltrecht (Loseblattausgabe); *Lappe* Grenzüberschreitender Umweltschutz – Das Modell der Nordischen Umweltschutzkonvention im Vergleich mit dem deutschen Umweltrecht, NuR **1993** 213; *Lendi* Das Recht des Lebensraumes – eine Herausforderung, UPR **1994** 41; *Lenk* Die Bedeutung verwaltungsrechtlicher Entscheidungen und Rechtsbehelfe im Strafrecht – Zugleich eine konzeptionelle Betrachtung über die Berücksichtigung rechtlicher Rückwirkungsfiktionen im Strafrecht (2020); *von Lersner* Gibt es Eigenrechte der Natur? NVwZ **1988** 988; *ders.* Verfahrensvorschläge für umweltrechtliche Grenzwerte, NuR **1990** 193; *ders.* Zur Entstehung von Begriffen des Umweltrechts, Festschrift Sendler (1991) 261; *v. Lersner/Wendenburg/Versteyl* Recht der Abfallbeseitigung des Bundes, der Länder und der Europäischen Union (Loseblatt); *Lorenz* Vollzugsdefizite im Umweltrecht, UPR **1991** 253; *Lübbe-Wolff* Das Kooperationsprinzip im Umweltrecht – Rechtsgrundsatz oder Deckmantel des

Vollzugsdefizits? NuR **1989** 295; *dies.* Grundwasserbelastung durch CKW. Rechtsfragen der Ermittlung und Sanierung (1991); *dies.* Umweltschutz durch kommunales Satzungsrecht (1993); *dies.* Vollzugsprobleme der Umweltverwaltung, NuR **1993** 217; *Luhmann* Das Recht der Gesellschaft (1993); *Lütkes* Das Umweltauditgesetz UAG, NVwZ **1996** 230; *Lütkes/Ewer* Bundesnaturschutzgesetz, 2. Aufl. (2018); *Marburger* Die Regeln der Technik im Recht (1979); *Marburger/Enders* Technische Normen im Europäischen Gemeinschaftsrecht, Jahrbuch des Umwelt- und Technikrechts (UTR) **27** (1994) 333; *Mayer-Tasch* Umweltrecht im Wandel (1978); *Mayntz* u. a. Vollzugsprobleme der Umweltpolitik (1978); *Meßerschmidt* Europäisches Umweltrecht (2011); *Middeke* Nationaler Umweltschutz im Binnenmarkt (1993); *Möller* Umweltschutz in der sozialen Marktwirtschaft (1993); *Molkenbur* Umweltschutz in der Europäischen Gemeinschaft, DVB1. **1990** 677; *Müggenborg* Formen des Kooperationsprinzips im Umweltrecht der Bundesrepublik Deutschland, NVwZ **1990** 909; *Murswiek* Freiheit und Freiwilligkeit im Umweltrecht, JZ **1988** 985; *ders.* Staatsziel Umweltschutz (Art. 20a GG). Bedeutung für Rechtsetzung und Rechtsanwendung, NVwZ **1996** 222; *ders.* Ein Schritt in Richtung auf ein ökologisches Recht. Zum „Wasserpfennig"-Beschluß des BVerfG, NVwZ **1996** 417; *Nicklas* Der Vollzug des europäischen Umweltrechts, Tagungsbericht, DVB1. **1995** 840; *Nicklisch* (Hrsg.) Prävention im Umweltrecht (1988); *Oberrath* Kompendium Umweltrecht (1996); *Ossenbühl.* Verwaltungsrecht als Vorgabe für Zivil- und Strafrecht, DVB1. **1990** 963; *ders.* Vorsorge als Rechtsprinzip im Gesundheits-, Arbeits- und Umweltschutz, NVwZ **1986** 161; *Paeffgen* Imperativer und kooperativer Umweltschutz in wettbewerbspolitischer und unternehmensstrategischer Sicht, NuR **1994** 424; *Pape* Die Bewältigung von Altlasten in der Praxis, NJW **1992** 2661; *Papier* Gewässerverunreinigung, Grenzwertfestsetzung und Strafbarkeit (1984); *ders.* Bedeutung der Verwaltungsvorschriften im Recht der Technik, Festschrift Lukes 159; *ders.* Entwurf eines Umweltgesetzbuches – Vom allgemeinen zum besonderen Teil, DVB1. **1992** 1133; *ders.* Zur rückwirkenden Haftung des Rechtsnachfolgers für Altlasten, DVB1. **1996** 125; *Peter* Umweltschutz am Hochrhein (1987); *Peters* Der Vorsorgebegriff im UVP-Recht und seine Auswirkungen auf das Umweltverwaltungsrecht, UPR **1994** 281; *ders.* Umweltverträglichkeitsprüfung (1995); *Peters/Hesselbarth* Umweltrecht, 5. Aufl. (2015); *Proelß* (Hrsg.) Internationales Umweltrecht (2017); *Radkau* Die Ära der Ökologie (2011); *ders.* Natur und Macht – Eine Weltgeschichte der Umwelt, 2. Aufl. (2012); *Radtke/Eisenbarth* Die Finanzierung der ökologischen Altlasten in den neuen Bundesländern, UPR **1993** 86; *Raeschke-Keßler/Schendel/Schuster* (Hrsg.) Umwelt und Betrieb (Loseblattausgabe ab 1992); *Randak* Bindungswirkung von Verwaltungsakten, JuS **1992** 33; *Randelzhofer* Umweltschutz und Völkerrecht, Jura **1992** 1; *Randelzhofer/Wilke* Die Duldung als Form flexiblen Verwaltungshandelns (1981); *Raschauer/Wessely* Handbuch Umweltrecht (2006); *Rat von Sachverständigen für Umweltfragen* (RSA) Umweltgutachten: 1987 BT-Drs. 11/1568, **1994** BT-Drs. 12/6995, **1996** BT-Drs. 13/4108; *Rehbinder* Argumente für die Kodifikation des deutschen Umweltrechts, UPR **1995** 361; *ders.* Das Vollzugsdefizit im Umweltrecht und das Umwelthaftungsrecht (1995); *ders.* Ein weiterer Schritt auf dem Weg zur Kodifikation des deutschen Umweltrechts. Zum „Professorenentwurf" des Besonderen Teils eines Umweltgesetzbuchs, NuR **1994** 313; *ders.* Extraterritoriale Rechtsanwendung im Umweltrecht, Festschrift Kloepfer (2013) 489; *Rehbinder/Schink* Grundzüge des Umweltrechts, 5. Aufl. (2018); *Rengeling* Zur Fortgeltung von Genehmigungen der ehemaligen DDR-Verwaltung, DVB1. **1992** 222; *ders.* Europäische Normgebung und ihre Umsetzung in nationales Recht, DVB1. **1995** 945; *Rengeling* (Hrsg.) Integrierter und betrieblicher Umweltschutz (1996); *ders.* EUDUR, Handbuch zum europäischen und deutschen Umweltrecht, Bd. I, II (2003); *Ress* Die richtlinienkonforme „Interpretation" innerstaatlichen Rechts, DÖV **1994** 489; *Rogall* Ökologische Ökonomie (2008); *Rombach* Der Faktor Zeit im umweltrechtlichen Genehmigungsverfahren (1994); *Roßnagel* Ansätze zu einer rechtlichen Steuerung des technischen Wandels, Jahrbuch des Umwelt- und Technikrechts (UTR) **27** (1994) 425; *ders.* Europäische Techniknormen im Lichte des Gemeinschaftsvertragsrechts, DVB1. **1996** 1181; *Röthel/Hartmann* Europarechtliche und verfassungsrechtliche Impulse für die Normkonkretisierung im Umweltrecht, Jahrbuch des Umwelt- und Technikrechts (UTR) **31** (1995) 71; *Rumpel* Abschied von der „modifizierenden Auflage" im Umweltverwaltungs- und Umweltstrafrecht, NVwZ **1988** 502; *Sach* Genehmigung als Schutzschild? Die Rechtsstellung des Inhabers einer immissionsschutzrechtlichen Genehmigung (1994); *Salzwedel* Risiko im Umweltrecht – Zuständigkeit, Verfahren und Maßstäbe der Bewertung, NVwZ **1987** 276; *Sanden* Umweltrecht (1999); *Schenke* Widerruf oder Rücknahme rechtswidrig gewordener Verwaltungsakte? Zum Aufsatz von Kopf BayVBl. **1989** 652, BayVBl. **1990** 107; *Schink* Umweltrechtliche Beschränkungen ordnungsgemäßer Landwirtschaft, UPR **1991** 201; *ders.* Rechtsfragen der Altlasten, GewArch **1995** 441 und **1996** 6 und 50; *Schink/Versteyl* Kreislaufwirtschaftsgesetz (2012); *Schlacke* Umweltrecht, 7. Aufl. (2019); *Schmidt-Salzer* Konkretisierungen der strafrechtlichen Produkt- und Umweltverantwortung, NJW **1996** 1; *Schneider* Kooperative Verwaltungsverfahren, VerwArch. **1996** 38; *Schnutenhaus* Grenzüberschreitende Umweltverschmutzung und Haftung, UPR **1991** 60; *Schrader* Altlastensanierung nach dem Verursacherprinzip? (1989); *ders.* Ökologisierung des Rechts? Reformperspektiven im Umweltrecht, DVB1. **1995** 1124; *Schröder, Meinhard* „Verwaltungsrecht als Vorgabe für Zivil- und Strafrecht, DÖV **1990** 1057; *ders.* Verwaltungsrecht als Vorgabe für Zivil- und Strafrecht, VVDStRL **50** (1991) 196; *ders.* Nachhaltigkeit" als Ziel und Maßstab des deutschen Umweltrechts, WiVerw. **1995** 65; *ders.* Genehmigungsverwaltungsrecht (2015); *Schwartmann/Pabst* Umweltrecht, 2. Aufl. (2011); *Schweitzer* Neue Entwicklungen im Umweltrecht (Tagungsbericht), UPR **1997** 19; *Seibert* Die Bindungswirkung von Verwaltungsakten (1989); *Sellner/Reidt/Ohms* Immissionsschutzrecht und Industrieanlagen, 3. Aufl. (2006); *Sendler* Die Entwicklung des Umweltschutzrechts in der Rechtsprechung des Bundesverwaltungsgerichts, UPR **1991** 241; *ders.* Brauchen wir ein Umweltgesetzbuch (UGB)? – Wenn ja: Wie sollte es aussehen? DVB1. **1992** 1113; *ders.* Stand der Überlegungen zum Umweltgesetzbuch, NVwZ **1996** 1145; *ders.* Verwaltungsverfahrensgesetz und Umweltgesetzbuch, NVwZ **1999** 132; *Sieder/Zeitler/Dahme/Knopp*, WHG, AbwAG (Loseblatt); *Sojka* Umweltschutz und Umweltrecht. Eine Fibel zur Unterrichtung und für die Praxis (1995); *Spannowsky* Grenzen des Verwaltungshandelns durch Verträge und Absprachen (1994); *Sparwasser/Engel/Voßkuhle* Umweltrecht – Grundzüge des öffentlichen Umweltschutzrecht (2003); *Sparwasser/Geißler* Grenzen der Zustandsstörerhaftung am Beispiel des Altlastenrechts, DVB1. **1995** 1317; *Spiegier* Umweltbewußtsein und Umweltrecht. Über den Zusammenhang von Bewußtseins- und Rechtsstrukturen (1990); *Spoerr* Die Allgemeine Verwaltungsvorschrift zur Ausführung des Gesetzes über die Umweltverträglichkeitsprüfung, NJW **1996** 85; *Steiger* Entwicklungen des Rechts der natürlichen Lebenswelt, NuR **1995** 437; *Steinberg* Verfassungsrechtlicher Umweltschutz und Staatszielbestimmung, NJW **1996** 1985; *Stone* Umwelt vor Gericht (1987); *Storm* Umweltrecht – Einführung 10. Aufl. (2015); *Storm/Bunge* Handbuch der Umweltverträglichkeitsprüfung (Loseblattausgabe ab 1988); *Stornier* Rechtsschutz gegen Inhalts- und Nebenbestimmungen, DVB1. **1996** 81; *Streinz* Die Bewältigung der wissenschaftlichen und technischen Entwicklungen durch das Verwaltungsrecht, BayVBl. **1989** 550; *Strobel* Das Umweltauditgesetz mit dem neuen Umweltgutachter, DStR **1995** 1715; *Thieme* (Hrsg.) Umweltschutz im Recht (1988); *Tiessen* Die „genehmigungsfähige" Gewässerverunreinigung, Diss. Kiel (1987); *Toft/Uwer* Die Entwicklung des Umwelt- und Technikrechts in den Jahren 1992 und 1993, Jahrbuch des Umwelt- und Technikrechts (UTR) **27** (1994) 725; *Töpfer* Stand und Entwicklung eines gesamtdeutschen Umweltschutzes, in: *Baumann/Roßnagel/Weinzierl* (Hrsg.) Rechtsschutz für die Umwelt im vereinigten Deutschland (1992) 41; *TÜV-Verband* (Hrsg.) Der Gefahrguttransport von radioaktiven Stoffen (1990); *Voß* Neuere Entwicklungen im Agrarumweltrecht, AgrarR **1991** 293; *Wagner* Die Genehmigung umweltrelevanter Vorhaben in parallelen und konzentrierten Verfahren (1987); *ders.* Öffentlichrechtliche Genehmigung und zivilrechtliche Rechtswidrigkeit (1989); *ders.* Der technisch-industrielle Umweltnotfall im Recht der Europäischen Gemeinschaften (1992); *ders.* Effizienz des Ordnungsrechts für den Umweltschutz? NVwZ **1995** 1046; *Wahl* Erlaubnis, in: *Kimminich/von Lersner/Storm* (Hrsg.) Handwörterbuch des Umweltrechts (HdUR) Bd. I 2. Aufl. Sp. 436 f, *Waskow* Betriebliches Umweltmanagement. Anforderungen nach der Audit-Verordnung der EG (1994); *Weber* Zur Umsetzung von EG-Richtlinien im Umweltrecht, UPR **1992** 5; *Weber-Lejeune* Bemerkungen zu dem „Model Act on the Protection of the Environment" des Europarates aus der Sicht des Professorenentwurfs „Umweltgesetzbuch – Allgemeiner Teil", Jahrbuch des Umwelt- und Technikrechts (UTR) **31** 183; *Weberling* Grenzwerte für Umweltbelastungen – ihre Akzeptanz und Umsetzung, UPR **1991** 13; *Weimar* Umweltrechtliche Verantwortung des GmbH-Geschäftsführers, GmbHR **1994** 82; *Werner* Vorläufiger Rechtsschutz in Umweltsachen, NuR **1992** 149; *Wickel* Bestandsschutz im Umweltrecht (1996); *Wiegand* Bestmöglicher Umweltschutz als Aufgabe der Europäischen Gemeinschaften, DVB1. **1993** 533; *Wilhelm* Umweltrecht (1996); *Winter* (Hrsg.) Grenzwerte (1986); *Wolf* Umweltrecht (2001).

Rechtsprechungsübersichten. *Hecker/Lorenz* Systematische Übersicht zur Rechtsprechung zum Umweltstrafrecht, NStZ-RR **2017** 33; NStZ-RR **2020**, 33; *Horn* Rechtsprechungsübersicht zum Umweltstrafrecht, JZ **1994** 1097; *Horn/Hoyer* Rechtsprechungsübersicht zum Umweltstrafrecht, JZ **1991** 703; *Kahl* Neuere höchstrichterliche Rechtsprechung zum Umweltrecht, JZ **2012** 667; JZ **2016** 666; *Kuntz* Rechtsprechung in Umweltsachen (Loseblattausgabe); *Rasel* Umweltrecht – Rechtsprechung (1994); *Schall* Systematische Übersicht der Rechtsprechung zum Umweltstrafrecht, NStZ **1992** 209, 265; **1997** 420, 462, 577; NStZ-RR **1998** 353; **2001** 1; **2002** 33; **2003** 65; **2005** 33, 97; **2006** 161, 263, 292; **2007** 33; **2008** 97, 129; *Schmidt, Reiner* Neuere höchstrichterliche Rechtsprechung zum Umweltrecht, JZ **1995** 545; Umweltbundesamt (Hrsg.), bearbeitet von *Lohse/Hesterberg/Zimmermann*, Rechtsprechung ab 1990 zum Umweltschutz (Loseblattausgabe); Leitsatzdatenbank JURATEC

Vorschriftensammlungen

a) Bundes- und Landesrecht: *Burhenne* Umweltrecht; *Helgerth/Volz/Seitz* Handbuch Umweltstrafrecht; *Helgerth/Volz* Umwelt-Strafrecht^{PC} (CD-ROM); *Kloepfer* Umweltschutz; *Lohse* Umweltrecht für Umweltmanagement; *Schulz/Becker* Deutsches Umweltschutzrecht (jeweils Loseblattausgaben); *Schwartmann/Maus* Baurecht, Umweltrecht, 2. Aufl. (2007)

b) EG-Recht: *Becker* Fundstellen- und Inhaltsnachweis Umweltschutzrecht der Europäischen Union (2019); *Storm/Lohse* EG-Umweltrecht (EGUR); *Versteyl* Umweltrecht der Europäischen Gemeinschaft (jeweils Loseblattausgaben) – *Krämer* Umweltrecht der EG.

Übersicht

I. Entstehungsgeschichte

1. Erste Maßnahmen zum Umweltschutz

1 **a) Frühere Bemühungen um Sanktionen gegen Umweltdelikte.** Übermäßige Nutzung der Natur durch den Menschen hat schon frühzeitig zu Beeinträchtigungen und gar Schäden geführt. Sie gaben Anlass zu Gegenmaßnahmen, zu rechtlichen Regelungen und auch zur Einführung und Anwendung von Sanktionen. Antike Quellen weisen auf Verschmutzungen von Gewässern, auf Gefährdungen von Böden durch Rodungen und Erosionen, Dezimierungen von Wäldern, Pflanzen und Tieren und auf Belastungen durch Abwasser, Abgase sowie für die Luft giftige Stoffe hin; umweltbelastend war insbesondere der Bergbau.[1] Aus dem Mittelalter und der frühen Neuzeit sind vereinzelte Sanktionen gegen unbefugtes Roden und Holzfrevel sowie ge-

---

1 Nachweise bei *Fischer* Umweltschützende Bestimmungen im Römischen Recht (1995) 127 ff; *Heine* Ökologie und Recht in historischer Sicht, in: *Lübbe/Ströker* (Hrsg.) Ökologische Probleme im kulturellen Wandel (1989) 116 ff (gekürzt in GA **1989** 116 ff.); *Thommen* Umweltgeschichte der Antike (2009) 43, 61, 67 f, 77, 79, 87, 108, 111, 113, 122 f, 127, 132 f – Beispiele des römischen Rechts in D. 9.3.1 (Auswerfen von Unrat auf Straßen);); 43.10.1 (Ablagerung von Schutt, Unrat, Kadaver auf Straßen); 47.1.1.1 (u. a. Wasserverunreinigung; schwere Strafen angedroht); 47.10.44 (Immissionsbelastungen).

gen Luftverunreinigung und unerlaubte Abfallbeseitigung bekannt.[2] Vorläufer des deutschen Umweltstrafrechts seit dem 19. Jahrhundert waren einzelne Normen, die als „spezielles Polizeirecht" fungierten und insbesondere das ungenehmigte Errichten oder Betreiben von Anlagen, die unbefugte, zu Verunreinigungen führende Wassernutzung oder die Verursachung übermäßigen Lärms bekämpften.[3] Obwohl durch das Anwachsen der Bevölkerung und die fortschreitende Technisierung des Lebens die Umwelt stetig wachsenden Belastungen ausgesetzt war, enthielt das deutsche Reichsstrafgesetzbuch, im Gegensatz zu dem österreichischen „Gesetzbuch über Verbrechen und schwere Polizey-Uebertretungen" von 1803,[4] weder in seiner ursprünglichen Fassung nennenswerte umweltschutzrechtliche Bestimmungen noch wurden solche nachträglich eingefügt. Der einzige einschlägige Vergehenstatbestand – neben einzelnen Übertretungen wie in § 360 Nr. 11 RStGB (zuvor § 340 Nr. 9 PrStGB 1851) gegen ruhestörenden Lärm – war der Tatbestand gegen Brunnen- und andere gemeingefährliche Vergiftungen in den §§ 324, 326 RStGB (später §§ 319, 320 StGB; zuvor § 340 PrStGB 1851; Art. 150 BayStGB 1813; Art. 215 sächsStGB 1855).

Der Problembereich Umweltschutz war als Ganzes noch längere Zeit nicht im Bewusstsein **2**
der Bevölkerung und in der Normgebung angekommen; in einzelnen Bereichen wurden jedoch schon im 19. Jahrhundert Schutzmaßnahmen ergriffen, so gegen schädliche Immissionen und eng begrenzt auch gegen Verunreinigungen von Gewässern aus gewerblichen Anlagen, was aber gegenüber den drängenden Problemen und wegen der sich erst allmählich entwickelten Verfahren zur Reinigung von Abwässern und zum Schutz des Trinkwassers nur beschränkt wirksam war.[5] Ergänzend sind Bemühungen um den Natur(denkmal)schutz, einschließlich des Artenschutzes, bis hin zum Erlass des Reichsnaturschutzgesetzes und der NaturschutzVO v. 1935/36 zu nennen.[6] Im Zeichen des Wiederaufbaus und des Wirtschaftswunders blieben Umweltbelange zunächst weiterhin im Hintergrund. Auch hatte der Bund ursprünglich nur beschränkte Gesetzgebungsbefugnisse, was den Ländern allerdings die Möglichkeit zu eigenen Initiativen gab, wie z. B. in Nordrhein-Westfalen im Bereich des Immissionsschutzes. Dann lösten Umweltskandale,[7] Fehlentwicklungen mit verschlechterten Luft- und Wasserqualitäten, unzureichende Abfallbeseitigung, umstrittene Landschaftseingriffe und deren Pressepublizität (z. B. Der Spiegel v. 5.10.1970: „Vergiftete Umwelt") in Verbindung mit einem gesellschaftlichen Wertewandel einen als „ökologische Revolution" bezeichneten Bewusstseinswandel bei Regierung, Gesetzgeber

---

2 *Heine* (Fn. 1) 121 ff; *ders.* Umweltbezogenes Recht im Mittelalter, in: *Herrmann* (Hrsg.) Umwelt in der Geschichte (1989) 111 ff; *ders.* Umweltschutzrecht aus historischer Sicht – Vom Beginn der Neuzeit bis ins 20. Jahrhundert, in: *Schubert/Herrmann* (Hrsg.) Von der Angst zur Ausbeutung Umwelterfahrung zwischen Mittelalter und Neuzeit (1994) 157 ff, jeweils m. w. N.; *Kloepfer* Umweltrecht § 2 Rdn. 15 ff.

3 *Heine/Meinberg* Gutachten D 17; *Bloy* JuS **1997** 577; *Laufhütte/Möhrenschlager* ZStW **92** (1980) 912, 922 f, 936, 968; *Wüsthoff* BB **1953** 134 f, jeweils m. w. N.

4 Nachweise bei *Bloy* ZStW **100** (1988) 485 f.

5 Näher hierzu *Kloepfer* Zur Geschichte des deutschen Umweltrechts (1994); *ders.* Umweltrecht § 2 Rdn. 55 ff, 67 ff; *Rüther* KrimJournal **1982** 177 ff; *Brüggemeier* Das unendliche Meer der Lüfte. Luftverschmutzung, Industrialisierung und Risikodebatten im 19. Jahrhundert (1996); *Uekötter* Umweltgeschichte im 19. und 20. Jahrhundert (2007) 62 ff – Beispiele: Pr. GewO v. 17.1.1845 (GS S. 41); eine reichseinheitliche Geltung brachte die Gewerbeordnung von 1869/1871; einzelne wasserrechtliche Regelungen wurden in Preußen im 19. Jahrhundert eingeführt.

6 Vgl. *Kloepfer* § 2 Rdn. 70 ff; für die Zeit von 1875 bis 1914 s. auch die Auflistung internationaler und nationaler Entwicklungen bei *Radkau* Ära der Ökologie 55 ff; ferner *Uekötter* (Fn. 5) 68 ff; *ders.* Ökologische Erinnerungsorte (2014) 86 ff (krit zum RNatSchG); *Winniwarter/Bork* Geschichte unserer Umwelt (2014) 136.

7 Die Liste der Sünden des Menschen an der Natur ist lang. Tankerunfälle mit weitreichenden Meeresverschmutzungen standen am Anfang der aufsehenerregenden Vorfälle, zum Beispiel 1967 im Ärmelkanal (*Torrey Canyon;* 60.000 t Öl), 1987 an der bretonischen Küste (220.000 t Öl), 1989 Havarie von *Exxon Valdez* vor Alaska (40.000 t Öl), 1992 bei La Coruña und 1993 vor den Shetland-Inseln (85.000 t Öl), 1999 Öltanker *Erika* vor der französischen Atlantikküste, 2002 *Prestige* im Atlantik vor der galizischen Küste von Spanien (64000 t Öl), 2006 die illegale Verbringung von Giftmüll in die Elfenbeinküste und die durch die Ölplattform *Deep Horizon* ab 20.4.2010 ausgelöste Katastrophe im Golf von Mexiko mit dem Austritt von geschätzten 800 Mio. t Öl. Auch Binnengewässer wurden von

und in der Bevölkerung aus. Dort schlug er sich in der Gründung von Bürgerinitiativen und ökologisch orientierten politischen Gruppierungen nieder.[8]

3 **b) Ausländische Erfahrungen.** Internationale Reaktionen auf ausländische Erfahrungen mit Umweltbeeinträchtigungen mit dem Aufruf zu Gegenmaßnahmen kamen hinzu, wie die Wasser-Charta und die Charta zur Reinhaltung der Luft des Europarates von 1968 sowie die VN-Umweltkonferenzen in Stockholm 1972[9] (mit dem nachfolgenden Umweltprogramm der Vereinten Nationen, UNEP) und in Rio 1992 mit dem Leitziel der Nachhaltigkeit. Weitere Beispiele sind mehrere Übereinkommen zum Schutz vor Meeresverschmutzung ab 1972 (insbesondere MARPOL 1973/78), das Washingtoner Übereinkommen über den internationalen Handel mit gefährdeten Arten freilebender Tiere und Pflanzen (CITES) von 1973, das Genfer Übereinkommen über weiträumige grenzüberschreitende Luftverunreinigungen von 1979, das UN-Seerechtsübereinkommen (SRÜ) von 1982, das Wiener Übereinkommen zum Schutz der Ozonschicht von 1985 mit dem Montrealer Protokoll von 1987, die Basler UNEP-Konvention über die Kontrolle der grenzüberschreitenden Verbringung gefährlicher Abfälle und ihrer Entsorgung von 1989, das Umweltschutzprotokoll zum Antarktisvertrag von 1991, die Konvention über biologische Vielfalt von 1992 mit Protokollen, das UN-Rahmenübereinkommen über Klimaänderungen von 1992 mit dem Protokoll von Kyoto von 1997 und dem Übereinkommen von Paris von 2015, das Rotterdamer Übereinkommen betr. den internationalen Handel mit gefährlichen Chemikalien usw. von 1998 und die Stockholmer Konvention über Persistente Organische Schadstoffe von 2001.[10] Ansätze zu umweltstrafrechtlichen Regelungen sind dabei auch auf UN-Ebene entwickelt worden, die schließlich in der Aufnahme eines Umweltkriegsdelikts in das Statut des Internationalen Gerichtshofs führten.[11] In gewissem Umfang gehen einzelne Übereinkommen von der Durchsetzung darin enthaltener Tätigkeitsverbote auch mit Mitteln des Strafrechts aus (vgl. Art. 207 ff,

---

Umweltkatastrophen betroffen: Ein Brand im Chemiewerk *Sandoz* bei Basel am 1.11.1986 führte durch Löschwasser zum Austreten Hunderter Tonnen Chemikalien-Gift in den Rhein, die den Fischbestand im Oberrhein vernichteten. Die Rheinversalzung durch die französischen Kalibergwerke war eine weitere – vergleichsweise schleichend verlaufende – Umweltkatastrophe. Die Chemiekatastrophe von Seveso am 10.6.1976 und noch mehr die zu Tausenden von Toten führende in Bhopal am 3.12.1984 sind weitere erschreckende Beispiele. Die Freisetzung radioaktiver Stoffe bei dem Reaktorunfall in Tschernobyl am 26.4.1986 (dazu z. B. Uekötter/*Kalmbach* Ökologische Erinnerungsorte S. 185 ff); und bei der Nuklearkatastrophe in Fukushima am 11.3.2011 mit ihren verheerenden Folgen erregte großes Entsetzen. Brennende Ölquellen beim Golfkrieg, tödlicher Wassermangel durch Versteppung weiter Gebiete der Erde (Beispiel: Austrocknung des sich auflösenden Aral-Sees), saurer Regen und Waldsterben, ausgedehnte Waldbrände im Mittelmeerraum, in Australien und Kalifornien, Ozonloch, Klimawandel mit Treibhauseffekt und Erwärmung, Plastikabfälle im Meer und die allgegenwärtigen Mikroplastikspuren sind weitere bewegende Umweltthemen.

8 *Kloepfer* Umweltrecht § 2 Rdn. 110 ff; *Krüger* 60 ff, 95 ff; *Radkau* (Fn. 6) 142, 157, 209 ff, 226 ff, 238 ff, 266 ff, 283 ff, 345 f, 364 ff, 445 f, 467 f, 481 ff, 534 f, 567 f, eindrucksvoll die Beispiele aus früheren Zeiten mit negativen Einstellungen bzw. Entscheidungen zum Umweltschutz bei *Eidam-Weyand* Kap. 8 Rdn. 11 ff.

9 S. die Zusammenstellung für Jahre der „ökologischen Revolution" (1965–1972) und für die Jahre nach Tschernobyl (1986–1992) bei *Radkau* (Fn. 6) 124 ff, 488 ff; zu Stockholm und Rio *Kloepfer* Umweltrecht § 10 B IV 1, 3.

10 Zum Umweltvölkerrecht allgemein s. z. B. *Proelß* Internationales Umweltrecht 1. und 3. Abschnitt; *Kloepfer* Umweltrecht § 10 Rdn. 90 ff; *Koch/Hofmann/Reese/Buck/Verheyen* § 1, zum Völkervertragsrecht in einzelnen Umweltbereichen § 4 B 1; § 5 B, § 6 B, § 7 C I, § 8 B, § 9 B, § 10 D I, § 11 B I 1; § 12 II; *Proelß* Internationales Umweltrecht 323 ff, 369 ff, 397 ff, 461 ff, 534 ff, 570 ff.

11 Vgl. dazu *Möhrenschlager* Loccumer Prot. 8/92 S. 85 f mit Hinweisen auf den 7. und 8. Kongress über Verbrechensverhütung 1985 und 1990 und den Entwurf der Völkerrechtskommission von 1991 mit Art. 26 als Straftatbestand gegen schwere Schädigung der Umwelt (zur Entwicklung der Entwürfe *Ambos* Treatise on International Criminal Law, Bd. I (2013) 16 f). Aufgenommen wurde schließlich in Art. 8 (2) b IV des Römischen Statuts eines Internationalen Gerichtshofs (IStGH-Statut) v. 4.12.1998 (BGBl 2000 II 1393, 1400) ein auf internationale bewaffnete Konflikte bezogener Straftatbestand gegen das „vorsätzliche Führen eines Angriffs in der Kenntnis, dass dieser auch ... weitreichende, langfristige und schwere Schäden an der natürlichen Umwelt verursachen wird, die eindeutig in keinem Verhältnis zu dem insgesamt erwarteten konkreten und unmittelbaren militärischen Vorteil stehen";

213 ff SRÜ, insbesondere Art. 217 Abs. 8, beschränkend Art. 230) bzw. statuieren deutlicher die Einführung strafrechtlicher Sanktionen (vgl. z. B. Art. 4 des sog. MARPOL-Übereinkommens zur Verhütung der Meeresverschmutzung durch Schiffe; Art. 4 Abs. 3 des Basler Übereinkommens, wo bestimmt wird, dass der unerlaubte Verkehr mit, d. h. die grenzüberschreitende Verbringung von Abfällen eine Straftat sei; demgegenüber enthält Art. VIII des CITES-Abkommens nur eine allgemeine Ahndungsverpflichtung). Einzelnen Übereinkommen trat die EG schon in den 70er und 80er Jahren bei; ausdehnende Auslegungen von Harmonisierungskompetenzen führten zu ersten umweltbezogenen Rechtsakten. Mit der Einführung einer umfassenden Kompetenz für Umweltpolitik im europäischen Primärrecht durch die Einheitliche Europäische Akte v. 28.2.1986 in Art. 130 r–t EWGV (danach Art. 174–176 EGV; nunmehr Art. 191–193 AEUV) begann eine neue europäische Phase. Ein hohes Maß an Umweltschutz und eine Verbesserung der Umweltqualität wird auch durch Art. 3 Abs. 3 EUV und Art. 37 der EU-Grundrechtecharta vorgegeben. Über die Vorgaben des Primärrechts und des abgeleiteten Sekundärrechts wirkt die EU durch Verordnungen, Richtlinien und Aktionsprogramme umfangreich und überlagernd auf das nationale Umweltrecht ein.[12] Im Inland zeigte sich eine Wirkung des veränderten Umweltbewusstseins nach bundeseinheitlichen Regelungen im AtomG und im WHG von 1960 und der Änderung des Grundgesetzes (Einfügung von Art. 74 Nr. 24 durch das 30. ÄndG von 1972) in neuen Gesetzen zum Schutze der Umwelt wie 1972 im AbfG, 1974 im BImSchG und 1976 BNatSchG sowie in wichtigen Änderungen des AtomG und des WHG. Angesichts weltweiter Umweltveränderungen besteht heute ein weitgehender Konsens, den Umweltgefahren mit globalen und regionalen Gegenstrategien völkerrechtlich und europäisch sowie weiterhin vor allem national unter Einschaltung verwaltungsrechtlicher, aber auch zivil- und als ultima ratio strafrechtlicher Instrumentarien zu begegnen.[13]

c) Frühere Strafvorschriften im Nebenstrafrecht. Soweit strafrechtlicher Schutz für geboten 4
erachtet wurde, reagierte man auf nationaler Ebene vor dem 18. StRÄndG, indem einzelnen durch die Technisierung veranlassten gesetzlichen Neuregelungen jeweils strafrechtliche Tatbestände angefügt wurden. So versah man beispielsweise das WHG, das AtomG, das AfG, das BImSchG und das BNatSchG mit Strafbestimmungen, die somit Bestandteile des außerhalb des Strafgesetzbuchs kodifizierten „Nebenstrafrechts“ wurden. Diese Lösung hatte den Vorteil, zur Umschreibung der Tatbestandsmerkmale auf die gesetzlichen Vorschriften ebendieser Spezialgesetze zurückgreifen zu können. So ließ sich der Gewässerbegriff der Strafbestimmung in § 38 WHG beispielsweise § 1 WHG entnehmen oder der Abfallbegriff in § 16 AbfG aus § 1 AbfG. Verweisungen der Strafnormen in den Spezialgesetzen auf allgemeine Vorschriften desselben Gesetzes waren „Binnenverweisungen“, die im Gegensatz zu Außenverweisungen auf andere Gesetze einfacher nachzuvollziehen waren. Die Aufnahme von Straftatbeständen in den Regelungszusammenhang der Spezialgesetze, die ein besonderes umweltrechtliches Thema abschließend behandelten, erzielte damit eine – relativ – größere Bestimmtheit i. S. v. Art. 103 Abs. 2 GG. Die Linie, Strafvorschriften zum Schutze der Umwelt in den jeweiligen Umweltgesetzen zu belassen, wurde noch bei den Arbeiten an einer Reform des Strafgesetzbuchs in den fünfziger und sechziger Jahren beibehalten. Nur für schwerwiegende Taten, Verletzungs- und

---

Umsetzung in § 11 Abs. 3 Völkerstrafgesetzbuch v. 26.6.2002 (BGBl. I S. 2254); dazu die Kommentierung von *Dörmann* MK-VStGB Rdn. 167 ff; *Grover* Interpreting Crimes in the Rome Statute of the International Criminal Court (2014) 283 f; *Heger* Europäisierung 28 ff; *Reichart* Umweltstrafrecht durch völkerrechtliches Strafrecht (1999) 526 ff; *Ambos* Treatise Bd. 2 (2014) 176 ff (teilw. krit.); *Werle/Jeßberger*[4] Rdn. 1378.

12 Dazu umfassend *Meßerschmidt* Europäisches Umweltrecht; *Kloepfer* Umweltrecht § 9 (Umwelteuroparecht) und *Koch/Hofmann/Reese/Appel* § 2.

13 So z. B. nachdrücklich wie überzeugend *Schünemann* Festschrift Triffterer 437 ff, mit knapperen Ausführungen auch bereits zum 31. StRÄndG in RAusschProt. 12/51 Anl. 181; i. E. auch *Schall* RAusschProt. 12/51 Anl. 184; vgl. aber zum 18. StRÄndG MdB *Hartmann* Plenarprot. 8/129 10047, 10049.

konkrete Gefährdungsdelikte wurde damals eine Aufnahme in das StGB befürwortet. Durch das 7. StrÄndG v. 1.7.1964 und das EGStGB v. 2.3.1974[14] wurden entsprechende Vorschläge der Großen Strafrechtskommission für schwere Sprengstoff-, Kernenergie- und Strahlungsverbrechen durch Einfügung der §§ 310b ff StGB a. F. umgesetzt.

5 Die zeitliche Streuung dieser Gesetze brachte andererseits Disharmonien der strafrechtlichen Ahndung mit sich, weshalb das Umwelt-Nebenstrafrecht sich keineswegs als „aus einem Guss" gefertigt darstellte. Zudem zeigten sich Ahndungslücken.[15] Zunächst versuchte der Gesetzgeber, durch Novellierung der einzelnen Umweltschutzgesetze die strafrechtlichen Bestimmungen zu harmonisieren, zu vervollständigen und zu modernisieren. Dieser „kleinen" Lösung (beispielsweise durch die 4. Novelle zum WHG 1976)[16] standen Bestrebungen gegenüber, im Wege einer Globallösung alle Umweltschutzgesetze (allein 20 Bundesgesetze, eine Vielzahl von Verordnungen und Verwaltungsvorschriften) einschließlich ihrer Strafbestimmungen in einem „Umweltgesetzbuch" (UGB) zusammenzufassen.[17] Während in den vom Umweltbundesamt geförderten wissenschaftlichen Vorarbeiten von *Kloepfer* das Strafrecht noch einbezogen wurde, nahmen der Professorenentwurf eines Allgemeinen Teils (1990) und der Kommissionsentwurf (UGB-KomE, 1998) angesichts der Verankerung wesentlicher Umweltstrafvorschriften im StGB davon wieder Abstand. Inzwischen ist das UGB-Vorhaben als solches gescheitert, auch wenn 2010 einzelne Teile im WHG, im BNatSchG und im Gesetz zum Schutz vor nichtionisierenden Strahlen bei der Anwendung am Menschen ihren Niederschlag fanden.

6 **d) 18. Strafrechtsänderungsgesetz.** Gewählt hat der Gesetzgeber im Gesetz zur Bekämpfung der Umweltkriminalität (18. StrÄndG) v. 28.3.1980 (BGBl I S. 373) schließlich den Weg, den Kernbereich der Umweltschutzstrafbestimmungen aus den Nebengesetzen herauszulösen und in einem eigenen Abschnitt in das Strafgesetzbuch einzustellen.[18] Dabei wurde eine Reihe von Tatbeständen umgestaltet bzw. erweitert; andere wie § 38 WHG konnten – unter Aufhebung parallel gestalteter Tatbestände zum Schutze des Meeres – im Wesentlichen unverändert übernommen werden. Mit der Aufnahme dieser Strafvorschriften in das Strafgesetzbuch sollte eine Konzentration und Harmonisierung der wichtigsten Umweltdelikte bewirkt werden. Lücken, die durch Anwendungsbeschränkungen in Umweltgesetzen auftraten, sollten geschlossen und damit eine Gleichbehandlung gleichartiger Sachverhalte erreicht werden. Auch wurde erklärtermaßen der Zweck verfolgt, die Bedeutung der geschützten Rechtsgüter hervorzuheben, ihre Gleichrangigkeit mit anderen Rechtsgütern anzuerkennen und den sozialschädlichen Charakter solcher Taten verstärkt ins Bewusstsein zu bringen.[19] Der besondere, mehr singuläre Charakter einzelner Strafvorschriften, insbesondere deren differenzierte Verknüpfung mit verwaltungsrechtlichen Regelungen (deutlich bei § 30a BNatSchG und § 27 ChemG) hat den Gesetzgeber freilich davon abgehalten, sämtliche Umweltstrafvorschriften in das StGB zu überführen.

7 Ob ein solcher Schritt ins StGB zur Erreichung des beschriebenen Zieles geboten war, ist umstritten.[20] Bezweifelt wurde eine stärkere Wirkung im StGB, kritisiert deren Lückenhaftigkeit, die vielfach verwaltungsakzessorische Ausgestaltung und die Verwendung von zu Auslegungs-

---

14 BGBl. 1964 I S. 337 bzw. BGBl. 1974 I S. 469.

15 BT-Drs. 8/2382 10; BMJ *Vogel* Plenarprot. 8/129 10047, 10048.

16 *Nadler* JZ **1977** 296, 297; *Kloepfer* Systematisierung des Umweltrechts (1978); vgl. auch MdB *Hartmann* Plenarprot. 8/129 10047, 10049.

17 Dazu *BMU* Umweltgesetzbuch (UGB-KomE) (1998) 71 ff; vgl. *Kloepfer* Umweltrecht § 1 Rdn. 40 ff; *Vierhaus* Rdn. 8; Umweltschutzrecht § 1 Rdn. 47 ff; Antwort der BReg. vom 29.5.1996 BT-Drs. 13/4767.

18 Ausführlich hierzu *Krüger* Die Entstehungsgeschichte des 18. Strafrechtsänderungsgesetzes, Diss. Münster 1995.

19 RegE, BT-Drs. 8/2382 1, 9 ff; Ausschussbericht, BT-Drs. 8/3633 19, 21 f; *Schmitz* MK vor § 324 Rdn. 2; *Schall* NJW **1990** 1263 f; *ders.* wistra **1992** 1 ff; *Laufhütte/Möhrenschlager* ZStW **92** (1980) 912 ff.

20 Zweifel bereits bei der Minderheit des Rechtsausschusses BT-Drs. 8/3633 22; weiter z. B. *Steindorf* LK[11] Vor § 324 Rdn. 5 (mit Hinweis auf die Anerkennung und Anwendung der nebenstrafrechtlichen Lösung im Betäubungsmittelg, im WaffenG und im KriegswaffenkontrollG); *Lackner/Kühl/Heger* vor § 324 Rdn. 3 ff; *Arzt* Kriminalistik **1981**

und Anwendungsschwierigkeiten führenden normativen Tatbestandsmerkmalen, insbesondere wenn verbunden mit Verweisungen auf umweltrechtliche Vorschriften, und eine nicht ausreichende Anwendung in der Praxis. Trotz aller Skepsis und Kritik wurde und wird die ursprüngliche Befürwortung der strafrechtlichen Lösung[21] jedoch weiterhin überwiegend für richtig, wenngleich in Teilbereichen für reformbedürftig gehalten.[22] Im Hinblick auf das Faktum der Übernahme in das Strafgesetzbuch und deren Ausbau durch das 31. StRÄndG – 2. UKG und das 45. StrÄndG ist ein Zurück in das Nebenstrafrecht politisch zurzeit wohl nicht mehr durchsetzbar.

Nicht übernommen hat der Gesetzgeber ein anderes Gesamtmodell zum strafrechtlichen Umweltschutz, das im Alternativ-Entwurf[23] enthalten war und das im Rahmen der „Personengefährdungen" das sog. Prüfstellensystem vorschlug.[24] Insbesondere aufgrund der dort vorausgesetzten Änderung der Verwaltungsstruktur wäre dieses Modell aber verfassungs- und verwaltungsrechtspolitisch kaum durchsetzbar gewesen.[25] **8**

Praktisch geringe Auswirkungen auf die Neugestaltung der Tatbestände hat dagegen – auffälligerweise – die Rechtsvergleichung gehabt, obwohl zahlreiche entsprechende Regelungen in Strafvorschriften anderer Staaten damals schon enthalten waren. Dies mag in der Verschiedenartigkeit der strafrechtlichen Regelungssysteme in den einzelnen Rechtsordnungen,[26] der sozialen Systeme und des Umweltbewusstseins in den einzelnen Nationen sowie in der Vorrangstellung des deutschen Umweltrechts[27] hinsichtlich der bereits bestehenden Regelungsdichte im Verwaltungs- und Strafrecht begründet sein. **9**

Da das 2. UKG und das 45. StrÄndG lediglich Ergänzungen und teilweise Überarbeitungen der vorhandenen Strafnormen, aber keine völligen Neuregelungen enthielten, sind die Motive des Gesetzgebers für das **18. StRÄndG**[28] nach wie vor bedeutsam. Das **Gesetzgebungsverfah-** **10**

117, 120; *Nadler* JZ **1977** 297; *Salzwedel* ZfW **1980** 211; zusammenfassend *Sch/Schröder/Heine/Schittenhelm* vor § 324 Rdn. 3 ff, ebenfalls aber weitgehend abl. *Herzog* 141 ff; vgl. weiter zur Kritik *Hassemer* NStZ **1989** 553 f; *ders.* Festschrift Lenckner 97, 114 f; *Kühl* Festschrift Lackner 815, 819 ff; weitere Nachweise bei *Schmitz* MK vor § 324 Rdn. 4; *Schall* SK vor § 324 Rdn. 2.

21 Nachweise bei *Laufhütte/Möhrenschlager* ZStW **92** (1980) 1 f m. Fn. 3.

22 *Dölling* Festschrift Kohlmann 111 ff; *Rogall* JZ-GD **1980** 101, 103 ff; *Schall* wistra **1992** 1 ff; *Schünemann* Triffterer-Festschrift 437, 459 f; *Triffterer* Umweltstrafrecht 30; *Tiedemann* Umweltstrafrecht 19; *Lackner/Kühl/Heger* Rdn. 2 ff; *Maurach/Schroeder/Maiwald* II § 58 Rdn. 4; *Maihofer* Dokumentation 119 und Thesen in RAusschProt. 8/81 Anl. 1; *Nadler* JZ **1977** 297; *Salzwedel* ZfW **1980** 211; *Sch/Schröder/Heine/Schittenhelm* vor §§ 324 ff Rdn. 3 ff.

23 *Arzt/Baumann/Backes* 48 ff; dazu auch *Backes* JZ **1973** 337, 340 f; *Baumann* ZfW **1973** 63, 70 ff; *Galonska* 45 ff; *Horn* Festschrift Welzel 719 ff; *Noll* Universitas **1971** 1021 ff.

24 §§ 151 ff AE; Begr. 49 ff.

25 Näher *Laufhütte/Möhrenschlager* ZStW **92** (1980) 912, 919.

26 Dazu RegE BT-Drs. 8/2382 9; *Heine/Meinberg* DJT-Gutachten D 107 ff; Kongressakten des XII. Internationalen Strafrechtskongresses in Hamburg 1979 (1980) 151 f; ferner zahlreiche rechtsvergleichende Untersuchungen des Max-Planck-Instituts für ausländisches und internationales Strafrecht in Freiburg.

27 *Kinkel* ZRP **1991** 409, 414 („das schärfste Umweltstrafrecht der Welt").

28 Schrifttum: *Backes* Fehlstart im Umweltstrafrecht? ZRP **1975** 229; *Bottke* Das zukünftige Umweltstrafrecht, JuS **1980** 539; *Buckenberger* Strafrecht und Umweltschutz. Möglichkeiten und Grenzen, Diss. Tübingen 1975; *Herrmann* Die Rolle des Strafrechts beim Umweltschutz in der Bundesrepublik Deutschland, ZStW **91** (1979) 281; *Hümbs-Krusche/Krusche* Die Effektivität gesetzgeberischer Initiativen im Umweltstrafrecht, ZRP **1984** 61; *Krüger* Die Entstehungsgeschichte des 18. Strafrechtsänderungsgesetzes zur Bekämpfung der Umweltkriminalität, Diss. Münster 1995; *Laufhütte/Möhrenschlager* Umweltstrafrecht in neuer Gestalt, ZStW **92** (1980) 912; *Leibinger* Der strafrechtliche Schutz der Umwelt. Tagung für Rechtsvergleichung, ZStW Beiheft **90** (1978) 69; *Maihofer* Thesen zum Umweltschutz durch Strafrecht, in: Dokumente zur Wissenschaftlichen Fachtagung 1979 der Gesellschaft für Umweltrecht (1980); *Möhrenschlager* Konzentration des Umweltstrafrechts, ZRP **1979** 97; *ders.* Neue Entwicklungen im Umweltstrafrecht des Strafgesetzbuches, NuR **1983** 209; *Noll* Der Schutz des Menschen und seiner natürlichen Umwelt heute, Universitas **1971** 1021; *Rogall* Das Gesetz zur Bekämpfung der Umweltkriminalität, JZ-GD **1980** 101; *Rüdiger* Zur Bekämpfung sozialgefährlicher Umweltverstöße durch das Kriminalstrafrecht, Diss. Gießen 1976; *Sack* Das Gesetz zur Bekämpfung der Umweltkriminalität, NJW **1980** 1424; *Schild* Probleme im Umweltstrafrecht, Jura **1979** 421;

ren, das zu diesem Gesetz führte, nahm im Wesentlichen folgenden Verlauf: Schon im Oktober 1973 hatte das Bundeskabinett angeregt, die wichtigsten Vorschriften zum strafrechtlichen Umweltschutz in das Strafgesetzbuch aufzunehmen. Am 21.6.1974 fasste der Bundesrat den Beschluss, die Bundesregierung möge die Strafvorschriften zum Schutz der Umwelt vorrangig behandeln und alle wesentlichen Strafvorschriften in das Strafgesetzbuch einfügen. Nach der Erstellung und Diskussion zweier interner Gesetzentwürfe zu einem 6. StrRG (1976) und zu einem 17. StRÄndG (1978) nahm das Gesetzgebungsvorhaben, das am 6.9.1978 von der Bundesregierung beschlossen worden war, als 16. StRÄndG und im – später wieder eingebrachten – RegE Gestalt an. Diese Entwürfe hatten zum Ziel, „schwerwiegenden Schädigungen und Gefährdungen der Umwelt wirksamer als bisher entgegenzutreten und dabei den sozialschädlichen Charakter solcher Taten verstärkt ins Bewusstsein der Allgemeinheit zu bringen".[29] Allerdings war aufgrund der Umweltskandale in den 70er Jahren zu dieser Zeit das Bewusstsein der Allgemeinheit bereits geschärft[30] und das gesetzgeberische Handeln eher eine Reaktion als eine vorausschauende Vorgabe an die Rechtsunterworfenen. Auch war sich die Bundesregierung durchaus bewusst, dass die Effektivität der Strafnormen weniger von ihrer Normierung in einem bestimmten Gesetz als vielmehr von ihrer konsequenten praktischen Anwendung abhängt. Immerhin konnten die Vorschriften des 28. Abschnitts des Strafgesetzbuchs das bestehende Umwelt- und Rechtsbewusstsein vertiefen. Strafnormen zum Schutze der Umwelt sind mit ihrer Aufnahme ins Strafgesetzbuch den Eigentums-, Vermögens- und Körperverletzungsdelikten in ihrer Bedeutung angenähert worden; jedenfalls können Umweltstraftaten nun grundsätzlich nicht mehr schon wegen ihrer Einordnung ins Nebenstrafrecht als Bagatelldelikte verkannt werden.

11 Nach der gesetzgeberischen Vorstellung des RegE zum 18. StRÄndG sollten den verwaltungsrechtlichen Regelungen, die dazu bestimmt sind, solche schädlichen Folgen für die Umwelt zu verhindern, mehr Nachdruck und Durchsetzungsfähigkeit verliehen werden, indem die wichtigsten Tatbestände zum Schutze der Umwelt zusammenhängend in einen neuen Abschnitt des Strafgesetzbuchs aufgenommen werden. Damit war bereits nach der Zielsetzung des Gesetzes einerseits eine Anknüpfung des Strafrechts an das Verwaltungsrecht, aber andererseits eine Herauslösung der darauf bezogenen Straftatbestände und deren harmonisierende Zusammenfassung in einem eigenständigen Abschnitt des Strafgesetzbuchs verbunden. Außerdem wurde der gemischt **ökologisch-anthropozentrische Schutzzweck** des Umweltstrafrechts betont. Zugleich sollten die bereits bestehenden Straftatbestände erweitert und ergänzt werden, um auch den Schutz der Luft zu erreichen, Schutz vor übermäßigem Lärm zu gewähren, Gefährdungen durch ionisierende Strahlen zu verhindern und den Schutz von Naturschutzgebieten bundeseinheitlich zu gestalten. Der RegE hob zugleich den Wunsch hervor, eine selbständige Beschreibung des kriminellen Unrechts im Strafgesetzbuch und nicht lediglich Blankettstraftatbestände zu schaffen.

12 Der RegE erkannte zwar die Möglichkeit, die Umweltmedien Gewässer, Boden und Luft durch parallel gelagerte Strafnormen zu schützen. Er nahm jedoch an, „die tatsächlichen und rechtlichen Besonderheiten im Bereich der Verunreinigung von Luft und Boden" müssten seinerzeit noch verschiedenartige strafrechtliche Schutznormen zur Folge haben; die erwünschte

---

Schall Umweltschutz durch Strafrecht: Anspruch und Wirklichkeit, NJW **1990** 1263; *ders.* Möglichkeiten und Grenzen verbesserten Umweltschutzes durch das Strafrecht, wistra **1992** 1; *Schild* Probleme im Umweltstrafrecht, Jura **1979** 421; *Tiedemann* Die Neuordnung des Umweltstrafrechts. Gutachtliche Stellungnahme zu dem Entwurf eines Sechzehnten Strafrechtsänderungsgesetzes (Gesetz zur Bekämpfung der Umweltkriminalität) (1980); *Triffterer* Die Rolle des Strafrechts beim Umweltschutz in der Bundesrepublik Deutschland, ZStW **91** (1979) 309.

29 Ausgangspunkt BR-Drs. 723/73; RegE BT-Drs. 8/2382; zu Schwierigkeiten bei der Erstellung des RegE der BMJ-Unterabteilungsleiter *Sturm* in MDR **1977** 618; zum Folgenden BT-Drs. 8/2382 1, 9 ff; BMJ-Minister *Vogel* BT-Plenarprot. 8/129 10047 f; MdB *Hartmann* (CDU), BT-RAusschProt. 8/60 40; *Triffterer* BT- RAusschProt. 8/73 II 189, 198 f; *ders.* Umweltstrafrecht 31; *Tiedemann* Neuordnung des Umweltstrafrechts 1 ff, 13 ff; nachträglich krit. zum gesetzgeberischen Optimismus *Heine/Meinberg* Gutachten D 21 ff.

30 *Krüger* 86 ff.

Harmonisierung der Umweltstraftatbestände blieb daher begrenzt. Grund für die strukturell unterschiedliche Regelung der Gewässerverunreinigung (§ 324), welche keine konkrete oder potenzielle Gefährdung von Menschen, Tieren, Pflanzen oder anderen Sachen von bedeutendem Wert voraussetzt und nur in dem Unrechtsmerkmal des „unbefugten" Handelns an das Verwaltungsrecht anknüpft, und der Luftverunreinigung im Sinne des § 325, die als potenzielles Gefährdungsdelikt ausgestaltet ist und den Verstoß gegen „verwaltungsrechtliche Pflichten" (§ 330d Nr. 4 a. F.) unter Strafe stellt, sowie der Bodenverunreinigung[31] (§ 324a), die erst nachträglich durch das 2. UKG eingefügt und inhaltlich zum Teil dem § 325 nachempfunden wurde, ist demnach die unterschiedliche verwaltungsrechtliche Regelungssituation. Das Wasserwirtschaftsrecht ist durch das WHG und die dazu ergangene Rechtsprechung, der Schutz der Luft vor allem durch das BImSchG und die TA-Luft und der des Bodens nachfolgend durch ein BBodSchG bzw. war zuvor durch landesrechtliche Regelungen geprägt. Bereits diese unterschiedliche rechtliche Regelung des verwaltungsrechtlichen Umgangs mit den verschiedenen Umweltmedien war ein sachlicher Grund für die unterschiedliche Ausgestaltung der Strafnormen.

Der RegE ließ indessen inhaltliche **Bedenken** aufkommen: Die Verwendung einer Vielzahl 13
unbestimmter Rechtsbegriffe wurde bemängelt, ebenso die erwähnte ausgebliebene inhaltliche Harmonisierung der Straftatbestände zum Schutze von Gewässern, Luft und Boden, die Erfassung von Fällen, die an der Grenze der Strafwürdigkeit liegen, die Nichterfassung von Fragen kumulierender Umweltbelastungen sowie die bewusste Aussparung einer Regelung zur Strafbarkeit von Amtsträgern bei den Umweltbehörden und der strafrechtlichen Haftung für Umweltverschmutzungen durch Verbände.[32] Der **Rechtsausschuss** hob in seinem Bericht hervor, die Zusammenfassung der wichtigsten Umweltschutz-Straftatbestände solle deren Bedeutung und prinzipielle Gleichrangigkeit mit den bisher im Kernstrafrecht enthaltenen Vorschriften zum Schutz von Individualrechtsgütern betonen und sei daher erstrebenswert, die wünschenswerte weitergehende Harmonisierung derzeit aber nicht erreichbar. Auf seinen Vorschlag[33] geht die Einfügung einer Regelung über die tätige Reue (§ 330b) zurück. Der Ausschuss sprach sich zudem gegen eine spezielle Regelung der **Amtsträgerstrafbarkeit** aus.[34] Er hielt es nicht für sachgerecht, den durch rechtswidrige Erteilung von Genehmigungen verursachten verwaltungsrechtlichen Konflikt durch die Schaffung eines neuen Straftatbestandes zu lösen. „Dem jeweiligen Verwaltungsgesetz müsse in erster Linie auf anderem Wege als dem eines neuen Straftatbestandes Geltung verschafft werden". Geholfen hat dann teilweise die richterrechtliche Ausdehnung[35] des § 25 Abs. 1 2. Alt., um über die Anwendung von Regeln des Allgemeinen Teils zur Amtsträgerstrafbarkeit zu gelangen. Beklagt wurde dann allerdings die strafrechtliche Ungleichbehandlung der Fälle des Handelns von Amtsträgern aufgrund nicht harmonisierter Tatbestände, die teils als Sonderdelikte, teils als Allgemeindelikte ausgestaltet sind. Die Verletzung von Aufsichts- und Überwachungspflichten durch Amtsträger sei, so meinte der Rechtsausschuss, bei Tatbeständen, die keine Beschränkung des Täterkreises kennen, jedenfalls nach

31 Abl. die naturwissenschaftliche Stellungnahme von *Schuhmann* RAusschProt. 8/73 Teil II 54 f zur Frage der Aufnahme des Freisetzens von Giften im Boden in das StGB.

32 Kritik an Verwendung von unbestimmten Rechtsbegriffen seitens des DIHT, RAusschProt. 8/73 Teil II 163, 167; an Erfassung von Fällen an der Grenze zur Strafwürdigkeit seitens des BDI, RAusschProt. 8/73 Teil II 133, 138 f, an fehlender Harmonisierung von Tatbeständen seitens der Minderheit im BT-Rechtsausschuss, BT-Drs. 8/3633 19 und an der Aussparung von Regelungen zur Amtsträgerstrafbarkeit und Ergänzungen zur Verantwortlichkeit juristischer Personen, vgl. MdB *Hartmann* Plenarprot. 8/129 10050 und RAusschProt. 8/59 71 ff; *Möhrenschlager* RAusschProt. 8/84 6 ff; 8/59 81 ff; *Triffterer* RAusschProt. 8/73 Teil II 189, 211 ff, 218 ff; *ders.* Umweltstrafrecht 101 ff.

33 BT-Drs. 8/3633 19 f.

34 BT-Drs. 8/3633 20 f; vgl. später zur Diskussion des 2. UKG in Kenntnis der BGH-Rspr. *Schall* RAusschProt. 12/51 148.

35 BVerfG NJW **1995** 186 f = NStE Nr. 23 zu § 326 StGB; BGHSt 39 381 = JR **1995** 383 mit abl. Anm. *Schirrmacher;* abl. auch *Knopp* DÖV **1994** 676, 680 ff; *Michalke* NJW **1994** 1693; *Otto* Jura **1995** 134, 140; krit. *Jung* JuS **1994** 530; *Wohlers* ZStW **108** (1996) 61 ff; *Schünemann* RAusschProt. 12/51 154 f (zur Ungleichbehandlung); zust. aber *Horn* JZ **1994** 636; *Rudolphi* NStZ **1994** 433.

allgemeinen Regeln auch strafbewehrt, weshalb jedenfalls insoweit kein kriminalpolitisches Bedürfnis für die Schaffung eines Sondertatbestandes zur Amtsträgerstrafbarkeit bestehe.

14 Der Entwurf ist schließlich als 18. StRÄndG verabschiedet worden. Von der breiten Zustimmung aus allen politischen Lagern zeugt die Tatsache, dass der Bundesrat keine Einwände gegen das Gesetz vorbrachte. Es trat am 1.7.1980 in Kraft und fasst zwar die wichtigsten, aber nicht alle Umweltschutzstrafbestimmungen im Strafgesetzbuch zusammen. Im Laufe des Gesetzgebungsverfahrens wurden zwar aufgrund eines Vorschlags des Rechtsausschusses[36] die früheren §§ 47 und 48 AtomG[37] über den Regierungsentwurf hinaus in die Regelung im „Kernstrafrecht" einbezogen (§§ 311d, 311e a. F., jetzt §§ 311, 312). Soweit andere Strafnormen ohne unmittelbaren Regelungszusammenhang mit den zugehörigen verwaltungsrechtlichen Vorschriften aus sich heraus nicht verständlich schienen, verzichtete jedoch bereits der RegE darauf, sie in das Strafgesetzbuch zu transponieren; das weitere Gesetzgebungsverfahren änderte hieran nichts. Dies galt etwa für die früheren Fassungen von § 7 DDT-Gesetz, § 7 Abs. 1 des Gesetzes zur vorläufigen Regelung der Rechte am Festlandsockel, § 24 Pflanzenschutzgesetz, § 9 Reblausgesetz, § 2 der Verordnung über die Schädlingsbekämpfung mit hochgiftigen Stoffen, sowie landesrechtliche Regelungen, insbesondere zum Naturschutzrecht vor Inkrafttreten des BNatSchG.[38]

15 Nach Inkrafttreten des 18. StRÄndG nahm die Zahl der **Umweltstrafverfahren** deutlich zu, diejenige der Verurteilungen dagegen ab. Auch wurde bald festgestellt, dass die Mehrzahl der Verfahren Straftaten der leichten oder mittleren Kriminalität betraf, die Beweisschwierigkeiten unverändert vorhanden und wichtige Probleme der Praxis ungelöst geblieben waren. Die Statistik wies daher zahlreiche Verfahrenseinstellungen nach den §§ 170 Abs. 2, 153, 153a StPO aus[39] (s. weiter Rdn. 30 ff).

16 **e) 31. Strafrechtsänderungsgesetz – 2. UKG.** Auslöser für eine erneute Reform des Umweltstrafrechts war die Überprüfung des geltenden Rechts, die nach der Katastrophe in dem Chemieunternehmen *Sandoz* in Basel im November 1986 eingeleitet worden war. Wissenschaftliche Erörterungen, praktische Erfahrungen und empirische Untersuchungen hatten schon in den achtziger Jahren Mängel und Probleme des neugestalteten Umweltstrafrechts aufgezeigt.[40] Beklagt wurden, soweit nicht das neue Umweltstrafrecht grundsätzlich als kontraproduktiv betrachtet wurde, u. a. die uneinheitliche und ungleichgewichtige Reichweite des Schutzes der drei Umweltmedien sowie die vielfache Verzahnung und Abhängigkeit vom Umweltverwaltungsrecht, insbesondere die Anknüpfung von Verstößen an Verwaltungsakte sowie die Konzentration der Verfolgung auf weniger gewichtige Umweltdelikte mit der Folge hoher Einstellungsquoten und geringer Sanktionen. Von erheblicher Bedeutung für eine weitere Reform wurde jedoch die grundsätzlich positive Einstellung der Mehrheit der Teilnehmer der strafrechtlichen Abteilung des 57. Deutschen Juristentages 1988. Die unterschiedliche Zusammensetzung führte zu einer beeindruckenden kontroversen Auseinandersetzung über die Rolle des Strafrechts und seiner Reformbedürftigkeit aus der Sicht der Strafjustiz, der Umweltverwaltung, der

---

36 BT-Drs. 8/3633 19.

37 Vgl. dazu *Möhrenschlager* LK Entstehungsgeschichte zu §§ 311 und 312.

38 Vgl. die Übersicht des BMJ 4000/1 Tk – 20448/79, Anl. 3 zu RAusschProt. 8/60.

39 Statistik bis 1. Halbjahr 1988 in *AK-U* 10; bis 1990/91 *Rüther* RAusschprot. 12/51 Anl. S. 110 ff; vgl. auch *Backes* RAusschProt. 11/82 107 f; weitere Zahlen bei *Heine* Umweltstrafrecht im Rechtsstaat, ZUR **1995** 63 ff; zur Ursachenforschung vgl. die Auswertung von 1.230 Verfahrensakten der Jahre 1978 bis 1981 im Auftrag des BMU durch *Rüther* Ursachen für den Anstieg polizeilich festgestellter Umweltschutzdelikte (1986).

40 Beispiele: *Triffterer* Umweltstrafrecht (1980); *Tiedemann* Neuordnung des Umweltstrafrechts; Nachweise insbesondere im DJT-Gutachten von *Meinberg/Heine,* zusammenfassend D 97 ff; BMJ/BMU-AK-Bericht über Umweltstrafrecht v. 19.12.1988; BMJ-Minister *Engelhard* PlenarProt. 11/198 15273 mit Hinweis auf die Katastrophe bei der Firma *Sandoz*; *Schünemann* wistra **1986** 235 (zur Amtsträgerstrafbarkeit); kriminologische Untersuchungen des Max-Planck-Instituts für ausländisches und internationales Strafrecht in Freiburg (seitens *Albrecht, Heine, Link, Meinberg*); von *Hümbs-Krusche/Krusche*, von *Rüther* und von *Wittkämper/Wulff-Nienhüser.*

öffentlichen und industriellen Anlagenbetreiber sowie der Straf- und Verwaltungsrechtswissenschaft. Ausgangspunkt der Diskussionen waren ein umfangreiches Gutachten von *Heine/Meinberg* vom Max-Planck-Institut für ausländisches und internationales Strafrecht in Freiburg sowie Referate von *Keller* (BW-Justizministerium), *Ossenbühl* (Bonn) und RA *Hamm* (Frankfurt).[41] Das mehrheitlich gewonnene Ergebnis[42] der zahlreichen Überlegungen war, dass auf das Umweltstrafrecht als „ultima ratio" des Umweltschutzes nicht verzichtet werden kann, eine völlige Trennung von Strafrecht und Verwaltungsrecht unangebracht erschien, also am Prinzip der Verwaltungsakzessorietät festzuhalten sei,[43] aber einzelne Strafbarkeitslücken geschlossen werden sollten und die Zusammenarbeit von Umweltverwaltungs- und Strafverfolgungsbehörden zu fördern sei.

Bei grundsätzlicher Beibehaltung des verwaltungsakzessorischen Umweltstrafrechts darf **17**
indessen auch die Verfolgung von weniger schwerwiegenden Straftaten nicht vollständig vernachlässigt werden;[44] insofern ist es erforderlich, Fehlinterpretationen der genannten Einstellungsstatistiken entgegenzutreten. Zumindest die Verfahren, die mit einer Einstellung nach den §§ 153, 153a StPO enden, tragen zur Ursachenerforschung für Umweltschädigungen und gleichzeitig zur Bewusstseinsbildung bei den betroffenen Personenkreisen bei. Sie entfalten daher selbst im Falle einer sanktionslosen oder mit maßvollen Sanktionen verbundenen Verfahrensbeendigung eine **präventive Wirkung**. Zudem lassen sich nur durch die Aufklärung von einzelnen, bei isolierter Betrachtung nicht verfolgungswürdigen Handlungen, die erst durch Summations- oder Kumulationseffekte zu schwerwiegenden Umweltbeeinträchtigungen führen, manche weitreichende Phänomene erklären.

Das 2. UKG[45] war dann die Folge der Erörterungen des 57. DJT, insbesondere aber auch der **18**
gleichzeitigen Arbeit der von BMJ und BMU eingerichteten interministeriellen Arbeitsgruppe

---

41 Im Vorfeld äußerten sich dazu *Breuer* NJW **1988** 2072; *Dahs/Redeker* DVBl. **1988** 803; *Dölling* ZRP **1988** 334; *Franzheim* JR **1988** 319; *Geulen* ZRP **1988** 323; *Meurer* NJW **1988** 2065; *Samson* JZ **1988** 800; *Tiedemann/Kindhäuser* NStZ **1988** 337.

42 Siehe die Verhandlungen des 57. DJT 1988/1989; Abdruck der Beschlüsse mit Abstimmungsergebnis auch in wistra **1988** H. 9 S. VII ff

43 Krit. aber später *Schünemann* BT-RAusschProt. 12/51 Anl. 150 ff; *ders.* Festschrift Triffterer 437 ff.

44 Vgl. dazu auch BT-Drs. 11/6453 11.

45 Schrifttum: *Breuer* Verwaltungsrechtlicher und strafrechtlicher Umweltschutz – Vom Ersten zum Zweiten Umweltkriminalitätsgesetz, JZ **1994** 1077; *Dölling* Empfehlen sich Änderungen des Umweltstrafrechts? ZRP **1988** 334; *Heid-Mann* Novellierung des Umweltstrafrechts, Der Gefahrgut-Beauftragte **1991** 67; *Heine/Meinberg* Gutachten D zum 57. DJT (1988); *Keller, Ossenbühl, Hamm* in Verhandlungen des 57. DJT Bd. II (1988); *Knopp* Neues Umweltstrafrecht und betriebliche Praxis BB **1994** 2219; *Langkeit* Zweites Gesetz zur Bekämpfung der Umweltkriminalität – Heilsweg oder Sackgasse? WiB **1994** 710; *Martin* Umweltstrafrecht im Umbruch? Die Gesetzentwürfe von Regierung und Opposition im Vergleich, IUR **1991** 141; *Michalke* Das neue Umweltstrafrecht, StraFo **1996** 73; *Minninger* Das Umweltstrafrecht nach dem 2. Gesetz zur Bekämpfung der Umweltkriminalität, Die Polizei **1992** 102; *Möhrenschlager* Revision des Umweltstrafrechts – Das Zweite Gesetz zur Bekämpfung der Umweltkriminalität – NStZ **1994** 513, 566; *Otto, Franz* Neue Strafvorschriften zum Schutz der Umwelt, RdL **1994** 253; *Otto, Harro* Das neue Umweltstrafrecht, Jura **1995** 134; *Paetzold* Die Neuregelung rechtsmißbräuchlich erlangter Genehmigungen durch § 330d Nr. 5 StGB, NStZ **1996** 170; *Perschke* Die Verwaltungsakzessorietät des Umweltstrafrechts nach dem 2. UKG, wistra **1996** 161; *Rogall* Die Verwaltungsakzessorietät des Umweltstrafrechts – Alte Streitfragen, neues Recht – GA **1995** 299; *Rügemer* Novellierung des Umweltstrafrechts: ineffektiv – demagogisch – folgenlos, Deutsche Polizei **1994** Heft 9 S. 6; *Rüther* „Immanente" oder radikale" Reform des Umweltstrafrechts? KritV **1993** 227; *Sack* Novellierung des Umweltstrafrechts (Zweites Gesetz zur Bekämpfung der Umweltkriminalität), MDR **1990** 286; *Schall* Möglichkeiten und Grenzen eines verbesserten Umweltschutzes durch Strafrecht, wistra **1992** 1; *Schmidt/Schöne* Das neue Umweltstrafrecht, NJW **1994** 2514; *Schöndorf* Umweltschutz durch Strafrecht – Bestandsaufnahme und Perspektiven, NJ **1991** 527, 531; *Terschlüssen* Reform des Umweltstrafrechts, IUR **1991** 168; *Schwertfeger* Die Reform des Umweltstrafrechts durch das Zweite Gesetz zur Bekämpfung der Umweltkriminalität (2. UKG), insbesondere unter kriminalpolitischen Gesichtspunkten (1998), zur Entstehungsgeschichte 37 ff; *Vierhaus* Die Reform des Umweltstrafrechts durch das 2. Gesetz zur Bekämpfung der Umweltkriminalität, ZRP **1992** 161; *ders.* Das 2. Gesetz zur. Bekämpfung der Umweltkriminalität, Beitrag zur Vollzugseffektivierung oder symbolische Gesetzgebung? UTR **17** (1992) 79.

„Umwelthaftungs- und Umweltstrafrecht" (AK-U). Das wiederum langwierige **Gesetzgebungsverfahren** begann Ende August 1989 mit einem Referentenentwurf des BMJ.[46] Nach der Beteiligung anderer Bundesministerien, der Bundesländer und von Verbänden beschloss das Bundeskabinett am 14.2.1990 einen darauf basierenden, aber einschränkender ausgestalteten Entwurf „eines ... Strafrechtsänderungsgesetzes – Zweites Gesetz zur Bekämpfung der Umweltkriminalität. Gleichzeitig brachten die Koalitionsfraktionen (CDU/CSU/FDP) diesen Entwurf als BT-Drs. 11/6453 und die SPD-Fraktion einen eigenen Entwurf als BT-Drs. 11/6449 im Bundestag ein. Der RegE wurde am 16.2.1990 als BR-Drs. 126/90 dem Bundesrat zugeleitet. Am gleichen Tag fand die 1. Lesung des Koalitions- und SPD-Entwurfs im Bundestag statt (PlProt. 11/198 15267 ff). Der Bundesrat beschloss am 6.4.1990 seine Stellungnahme (BR-Drs. 126-Beschluss; PlProt. 611 164, 184 ff), dem kontroverse Stellungnahmen seiner Ausschüsse (BR-Drs. 126/1/90) zu Grunde lagen. Die Bundesregierung brachte den RegE am 10.5.1990 im Bundestag als BT-Drs. 11/7101 mit der Stellungnahme des Bundesrates und der Gegenäußerung der Bundesregierung in den Anlagen 2 und 3 ein. Am 17.5.1990 fand eine öffentliche Anhörung im BT-Rechtsausschuss statt. Unter anderem wegen des Vorrangs parlamentarischer Arbeiten an der Herstellung der deutschen Einheit konnte das Vorhaben in der 11. Legislaturperiode jedoch nicht mehr verabschiedet werden; eine abschließende Beratung im BT-Rechtsausschuss hatte nicht mehr stattgefunden. Am 6.2.1991 beschloss die neue Bundesregierung die unveränderte Wiedereinbringung des Entwurfs. Er wurde am 8.2.1991 als BR-Drs. 77/91 dem Bundesrat zugeleitet. Dieser beschloss am 1.3.1991 unverändert seine frühere Stellungnahme. Diese wurde im am 5.3.1991 als BT-Drs. 12/192 dem Bundestag zugeleiteten RegE als Anl. 2 (S. 37 ff) mit der ebenfalls unveränderten Gegenäußerung der Bundesregierung wiedergegeben. Die SPD-Fraktion brachte am 17.4.1991 ihren Entwurf als BT-Drs. 12/376 ebenfalls unverändert im Bundestag ein. Eine 1. Lesung fand zwar bereits am 18.4.1991 statt (PlProt. 12/21 1369 ff). Das Gesetzgebungsverfahren zog sich danach aber recht lange hin; der Rechtsausschuss beriet die Vorlagen in zahlreichen Sitzungen (mit einer öffentlichen Anhörung am 7.10.1992 [Prot. Nr. 51] und weiteren Sitzungen bis zum 9.3.1994).

19 Der Entwurf sah keine revolutionären Neuregelungen vor, sondern begnügte sich mit Ergänzungen der Vorschriften des (damals noch) 28. Abschnitts sowie Verbesserungen beziehungsweise Verschärfungen einzelner Nebengesetze (OWiG, AbfG, StrahlenschutzVO, WHG, Wasch- und ReinigungsmittelG, PflSchG, ChemG). Schwerpunkte der Reform waren die Neuschaffung eines Bodenschutztatbestandes (§ 324a) und die Ausdehnung der Strafnorm gegen Luftverunreinigungen (§ 325) durch Einführung eines Emissionstatbestandes bei gleichzeitiger Ausgliederung des Lärmschutztatbestandes (§ 325a). Daneben wurde die Ausweitung des Anwendungsbereichs anderer, bereits vorhandener Strafnormen zur Schließung von Strafbarkeitslücken angestrebt, was mit einer weitergehenden Haftung für (konkrete, potenzielle oder abstrakte) Gefahren anstelle einer reinen Erfolgshaftung erreicht werden sollte. Vorgeschlagen wurde u. a. eine neue Regelung gegen den gefährlichen Umgang mit und dem Transport von gefährlichen Stoffen und Gütern (§ 328 Abs. 3 und 4). In § 327 sollten weitere Anlagen i. S. d. BImSchG einbezogen werden. Der Tatbestand über umweltgefährliche Abfallbeseitigung sollte erweitert werden, insbesondere um die Strafbarkeit ungenehmigter Ex- und Importe. Der RegE hob hervor, bereits „Verletzungen präventiver Kontrollinteressen der Umweltverwaltung" erschienen strafwürdig.[47] Diese Annahme betonte im Übrigen die Verwaltungsakzessorietät des Umweltstrafrechts zusätzlich, weshalb diese heute im Grundsatz außer Frage steht. Daneben wurden – mit der weiteren Folge verlängerter Verjährungsfristen – Strafrahmen angehoben, weitere Anwendungsbereiche für die Strafrahmenverschärfung mit einer Umgestaltung des im Referentenentwurf zu komplexen § 330 in besonders schweren Fällen erschlossen und – um Beweisproblemen zu begegnen – in weiterem Umfange fahrlässiges oder leichtfertiges Verhalten unter Strafe gestellt. Der RegE versuchte zudem, mit dem Ziel einer gewissen Harmonisierung

46 Dazu die Hinweise von *Kohlmann/Ostermann*, wistra **1990** 121 f; *Möhrenschlager* wistra **1990** H. 4 S. V.
47 BT-Drs. 12/192 10.

die Unterschiede zwischen den Straftatbeständen zum Schutz der Umweltmedien Gewässer, Boden und Luft „unter Wahrung der verfassungsrechtlich und strafrechtlich gebotenen Bestimmtheit" zu verringern, vermochte diese aber – u. a. auch wegen fortbestehender Unterschiede im jeweiligen Umweltverwaltungsrecht – nicht vollständig zu beheben.

Am Prinzip der **Verwaltungsakzessorietät** hielt der RegE also ausdrücklich fest[48] und verdeutlichte dies sogar durch Formulierung des Verstoßes gegen verwaltungsrechtliche Pflichten als Tatbestandsmerkmal verschiedener Normen (§§ 311d, 324a, 325, 325a, 328). Zudem fügte er eine im Wesentlichen klarstellende Definition in § 330d Nr. 4 (a. F.) ein.[49] Er ging dabei davon aus, dass mit der tatbestandlichen Anknüpfung der Strafbarkeit an den Verstoß gegen verwaltungsrechtliche Pflichten nur verfassungsrechtlich zulässige Konkretisierungen des Pflichtenverstoßes verbunden seien, keine (verdeckt dynamischen) Verweisungen auf Rechtssetzungsakte anderer Gesetzgeber oder der Exekutive. Damit befindet er sich grundsätzlich im Einklang mit der Rechtsprechung des Bundesverfassungsgerichts.[50] Der RegE sah aber wiederum keine ins Einzelne gehende Regelung der Folgen des Rechtsmissbrauchs bei verwaltungsaktsakzessorischen Straftatbeständen vor. Er wollte die weitere Rechtsentwicklung unter Hinweis auf die übergreifende Bedeutung des Problems auch außerhalb des Umweltstrafrechts erneut Rechtsprechung und Lehre überlassen. **20**

Der RegE ging davon aus, dass Bagatellstraftaten „durch sachgerechte einengende Auslegung und ergänzend durch eine entsprechende Anwendung der §§ 153 ff StPO ausgeschieden werden".[51] Die ausdrückliche Formulierung von Erheblichkeitsschwellen in einzelnen neugefassten Tatbeständen (§§ 324a Abs. 1 Nr. 2, 325 Abs. 2, 329 Abs. 3) komme „darüber hinaus" zum Tragen. Gleichfalls tatbestandsbegrenzend wirke das in anderen Normen (§§ 311d, 324a Abs. 1 Nr. 1, 325a Abs. 1, 328 Abs. 3 und 4) aufgestellte Erfordernis der Eignung der Umweltbeeinträchtigungen zur Herbeiführung von Gefahren oder zur Schädigung von Menschen, Tieren, Pflanzen oder anderen Sachen von bedeutendem Wert sowie die vereinzelt normierte Anknüpfung an eine „grobe" Verletzung verwaltungsrechtlicher Pflichten (§§ 311d Abs. 3 Nr. 2, 325 Abs. 2, 328 Abs. 3 und 4 a. F.). Damit sollte – in verschiedenen Schattierungen[52] – grundsätzlich dem Satz „minima non curat praetor" Rechnung getragen werden, der sich auch ohne positivrechtliche Regelung in allen Tatbeständen jedenfalls aus dem Verhältnismäßigkeitsprinzip ableiten lässt.[53] Verfassungsrechtliche Bedenken gegen die verschiedenen Ausprägungen des Satzes „minima non curat praetor" – von der Nichterwähnung in § 324 über die Ausformulierung der Erheblichkeitsschwelle in den § 324a Abs. 1 Nr. 2, 325 Abs. 2, 329 Abs. 3 bis zur Heraufstufung von Tatbeständen zu abstrakten, potenziellen oder gar konkreten Gefährdungstatbeständen – bestehen jedenfalls im Ergebnis nicht. Dass es kein Zeichen guter Gesetzgebungstechnik ist, geringfügiges Unrecht in vermeidbarer Weise materiellrechtlich zu erfassen, um die damit einhergehenden Verhältnismäßigkeitsprobleme sodann prozessual über die §§ 153 ff StPO bewältigen zu wollen, steht auf einem anderen Blatt. Um den weit gefassten Tatbeständen keine für den Bestand der **21**

---

48 BT-Drs. 12/192 11 f; s. a. BMJ *Engelhard* BT-PlenarProt. 11/198 15273, die MdB *Laufs* und *Eylmann* 15269 f, 15272 f sowie *Yser* BT-PlenarProt. 12/21 1374; in der 2./3. Lesung auch MdB *Funke* BT-PlenarProt. 12/222 19175; zur Diskussion vgl. *Backes* BT-RAusschProt. 11/82 113 ff; abl. im „Hearing" *Schünemann* RAusschProt. 12/51 44 ff.

49 BT-Drs. 12/192 11 f, 31; abl. hierzu *Schall* RAusschProt. 12/51 Anl. S. 186.

50 BVerfGE 75 329 ff.

51 BT-Drs. 12/192 12; demgegenüber hatte der Referentenentwurf noch die Aufnahme einer Bagatellklausel in § 324 ähnlich wie der SPD-Entwurf („in nicht unerheblichem Umfang") vorgeschlagen, vgl. *Möhrenschlager* wistra **1990** H. 4 S. V; s. weiter MdB *Eylmann* Plenarprot. 11/198 15273; MdB *Schmidt* PlenarProt. 12/222 19167; wohl nur de lege ferenda *Meurer* NJW **1988** 2065, 2068.

52 Krit. dazu als Ausdruck fehlgeschlagener Harmonisierungsversuche *Rogall* RAusschProt. 12/51 125.

53 Vgl. *Horn* BT-RAusschProt. 11/82 190, der darauf hinweist, dass auch beim Körperverletzungstatbestand eine „Minima-Klausel" fehlt, unwesentliche Beeinträchtigungen des körperlichen Wohlbefindens aber gleichwohl von der Strafbarkeit ausgeschlossen werden, ohne dass dies die Praxis jemals als problematisch eingestuft hätte. Für eine Einstufung von Bagatelltaten de lege ferenda als Ordnungswidrigkeiten *Yser* und *Schütz* BT-PlenarProt. 12/21 1373, 1377; ferner *Rüther* BT-RAusschProt. 12/51 37 f.

Umweltmedien kontraproduktive Wirkung zukommen zu lassen, wurde durch den RegE allerdings zugleich die Regelung des § 330c über „tätige Reue" ergänzt. Sie sollte dort kriminalpolitisch von Nutzen sein, wo ein sozialschädlicher Erfolg durch aktives Handeln des Verursachers beseitigt werden kann.

22 Zur Verbesserung der Bekämpfung der **Unternehmenskriminalität** konnte der RegE nur durch eine Verschärfung des Ordnungswidrigkeitenrechts (§§ 30, 107, 130 OWiG) beitragen. Weitergehende Vorschläge im Referentenentwurf für einen Straftatbestand der „Verletzung der Aufsichtspflicht" sowie eine Erweiterung von § 14 StGB (durch Streichung des Zusatzes „ausdrücklich" [beauftragt] in Abs. 2 Nr. 2) wurden von der Bundesregierung nach erheblichen Einwänden aus Wirtschafts- und Anwaltskreisen fallen gelassen.[54] Der Unterausschuss des Ausschusses für Umwelt, Naturschutz und Reaktorsicherheit des Bundesrats und der Unterausschuss des Rechtsausschusses hatten demgegenüber aufgrund der Vorarbeiten des „Arbeitskreises Umweltstrafrecht"[55] ergänzend die Einführung einer übergreifenden Regelung zur Strafbarkeit von Inhabern eines Betriebes oder Unternehmens wegen Verletzung ihrer Aufsichtspflicht in einem neuen § 261 StGB vorgeschlagen.[56]

23 Außerdem schlug der Unterausschuss Recht[57] eine Regelung über „Umweltstraftat im Amt" in einem neuen § 329a StGB vor, dem jedoch bereits der Ausschuss für Umwelt, Naturschutz und Reaktorsicherheit des Bundesrats widersprach.[58] Der SPD-Entwurf eines 2. UKG (BT-Drs. 11/6449 = 12/376) hatte ebenfalls die **Strafbarkeit von Amtsträgern** in einem etwas anders gestalteten § 329a vorgeschlagen. Der Ausschuss für Umwelt, Naturschutz und Reaktorsicherheit trat dieser Empfehlung mit der Begründung entgegen, eine Ungleichbehandlung der Amtsträger der Umweltschutzbehörden gegenüber anderen Amtsträgern sei aus kriminalpolitischen Gründen nicht gerechtfertigt. Das bisherige strafrechtliche Instrumentarium reiche aus. Zudem würde die Strafdrohung, die zur Überprüfung der Verwaltungsentscheidungen durch Strafrichter führen würde, die Amtsträger im Umweltbereich verunsichern, ihr Handeln aus Furcht vor eigener Strafverfolgung lähmen und dadurch kontraproduktiv wirken.[59] Wegen dieser Einwände gelangte der Entwurf des Rechtsausschusses für einen § 329a bereits nicht in die Stellungnahme des Bundesrates. Nur der Entwurf eines § 261 zur Strafbarkeit wegen Verletzung der Aufsichtspflicht in Betrieben und Unternehmen wurde dort empfohlen.[60] Er wurde jedoch in den anschließenden Textfassungen des RegE nicht übernommen, weil der übergreifende Tatbestand zu einer erheblichen Ausdehnung der Strafbarkeit führe und nicht isoliert im Zusammenhang mit der Novellierung des Umweltstrafrechts behandelt werden könne.[61] Er wurde auch gegen-

---

54 Vgl. auch die abl. Stellungnahmen von *Kohlmann/Ostermann*, wistra **1990** 121 (sogar verfassungswidrig) und später im Hearing von *Schünemann* RAusschProt. 12/51 50.

55 UA U Nr. U 3/90 80 f; UA R Nr. R 26/90 17 f; *AK-U* 72 ff, 78 f, 225.

56 Abgedruckt bei *Steindorf* LK[11] Vor § 324 Rdn. 8c.

57 UA R Nr. 2690 34 ff, 105 ff; Text bei *Steindorf* (Fn. 57); für einen Sondertatbestand auch die Mehrheit im *AK-U* 51 ff, 59 f, 222 f; zust. später im Hearing *Horn* BT-RAusschProt. 11/82 191 f.

58 BR-Drs. 126/1/90 31; abl. auch *Schall* BT-RAusschProt. 12/51 55; *für* einen § 329a jedoch *Schütz* BT-PlenarProt. 12/21 1378 und *Rüther* BT-RAusschProt. 12/51 39 ff; im „Hearing" grundsätzlich dafür *Schünemann* BT-RAusschProt. 12/51 48 und ebenda Anl. S. 157 ff.

59 Anders in der Diskussion des RegE zum 2. UKG *Schünemann* BT-RAusschProt. 12/51 48 ff; im Erg. auch *Buchholz* RAuschProt. 12/51 Anl. S. 8 ff; einen Sondertatbestand für die Amtsträgerstrafbarkeit mit Blick auf das „Prinzip der Pflichtenklarheit" befürwortend *Eylmann* RAusschProt. 12/51 104 f; dagegen *Schall* RAusschProt. 12/51 Anl. S. 55, 187 ff; *Rogall* ebenda 79 ff; ihm zust. *von Lersner* ebenda 126 („eher kontraproduktiv"); MdB *Schmidt* PlenarProt. 12/222 19168; für den Strafrechtsausschuss der BRAK abl. *Dahs* RAusschProt. 2/51 Anl. S. 131; zum Vorschlag im SPD-Änderungsantrag vgl. BT-Drs. 12/7331 10 ff; dazu auch *Bachmaier* BT-PlenarProt. 12/222 19172.

60 BR-Drs. 126/90-Beschluss = BT-Drs. 11/7101 37 ff.

61 BT-Drs. 12/192 43; s. a. *Rogall* BT-RAusschProt. 12/51 81 f; *Winkelbauer* BT-RAusschProt. 11/82 41 f; die mangelnde Begründung im RegE rügte *Rüther* BT-RAusschProt. 12/51 95.

über der mit den allgemeinen Zurechnungsregeln der §§ 14, 25 ff bestehenden Rechtslage als unproduktiv angesehen.[62]

24 Der BT-Rechtsausschuss zeichnete in der BT-Drs. 12/7300 das Ergebnis der Erörterungen nach. Am Prinzip der Verwaltungsakzessorietät sei festzuhalten, wobei aber rechtsmissbräuchliches Handeln mit der klarstellenden neuen Regelung in § 330d Nr. 5 erfasst werde. Die neu geschaffenen Tatbestände sollten, da das Strafrecht „ultima ratio" des Umweltschutzes sei, sich nur auf „wirklich strafwürdige Fälle beziehen". Deswegen seien bei einzelnen Tatbeständen auch Einschränkungen vorgenommen worden. Die Schaffung eines eigenständigen Tatbestandes zur Strafbarkeit von Amtsträgern sei nicht geboten, zumal es bisher nur wenige Verurteilungen von Amtsträgern von Genehmigungs- und Überwachungsbehörden gegeben hätte; er führe auch zu einer sachlich nicht gerechtfertigten Ungleichbehandlung der Amtsträger der Umweltschutzbehörden gegenüber anderen. Die Heranziehung allgemeiner Regeln, wie sie in der höchstrichterlichen Rechtsprechung praktiziert werde, genüge.[63] Der Hinweis im 2. Periodischen Sicherheitsbericht von BMI und BMJ (2006, S. 279) auf weitere Befürworter einer Regelung über die Amtsträgerstrafbarkeit hat auch in der Folgezeit nicht zu einer entsprechenden Initiative für ein solches Vorhaben geführt.

25 Zur zweiten Beratung des RegE brachte die SPD-Fraktion in BT-Drs. 12/7331 einen Änderungsantrag an, in welchem sie wiederum neben verschiedenen Modifikationen der einzelnen Umweltstraftatbestände Regeln zur Erweiterung der strafrechtlichen Haftung von Betriebsbeauftragten (E § 14 Abs. 2 Satz 1) durch den – dem RegE zum 2. WiKG[64] entsprechenden – Wegfall des Erfordernisses einer „ausdrücklichen" Beauftragung, zur Strafbarkeit der Verletzung der Aufsichtspflicht in Betrieben und Unternehmen (E § 261a) sowie der Strafbarkeit von Amtsträgern (E § 329a) vorschlug. Dieser Änderungsantrag wurde jedoch nicht angenommen,[65] vielmehr der RegE am 21.4.1994 in zweiter und dritter Lesung verabschiedet. Der Unterausschuss Recht des Bundesrats[66] prüfte im Hinblick auf Anträge zu den im SPD-Änderungsantrag vorgeschlagenen Regelungen die Anrufung des Vermittlungsausschusses, lehnte jedoch entsprechende Anträge ab. Auf Empfehlung des Rechtsausschusses und des Ausschusses für Umwelt, Naturschutz und Reaktorsicherheit beschloss der Bundesrat am 20.5.1994, den Vermittlungsausschuss nicht anzurufen.[67] Am 5.7.1994 wurde das Gesetz v. 27.6.1994 im BGBl. I S. 1440 verkündet und trat am **1.11.1994 in Kraft.**

26 Einzelne Änderungen und Ergänzungen nahm der Gesetzgeber 1997 und 1998 vor. Das „Gesetz zur Bekämpfung der Korruption" v. 13.8.1997 (BGBl. I S. 2038) fügte einen neuen 26. Abschnitt „Straftaten gegen den Wettbewerb" (§§ 298–302) in das StGB ein, womit nach Art. 1 Nr. 4 die §§ 324 ff seither im 29. Abschnitt stehen. Das Sechste Gesetz zur Reform des Strafrechts (**6. StrRG**) v. 26.1.1998[68] brachte Änderungen der §§ 330 und 330a durch Einführung von Qualifikationen (unter Umwandlung von zwei bisherigen Regelbeispielen) und minder schweren Fällen sowie eine Anpassung der Überschrift von § 326 unter Berücksichtigung des neuen Abfallbegriffs in § 3 des Kreislaufwirtschafts- und Abfallgesetzes v. 7.10.1996.[69] Art. 2 Nr. 2 des Ausführungsgesetzes zum Vertrag vom 24. September 1996 über das umfassende Verbot von Nuklearversuchen v. 23.7.1998[70] stellte die Verursachung einer nuklearen Ex-

62 *Horn* BT-RAusschProt. 11/82 23 f; dort auch *Storm* 29 und *Wolst* 44.
63 BT-Drs. 12/7300 21, 27; vgl. in der Rechtsprechung BGHSt 38 325; 39 381.
64 BT-Drs. 10/318 15.
65 PlenarProt. 12/222 19179 entsprechend der ablehnenden Stellungnahme im BT-Rechtsausschuss, BT-Drs. 12/7300 21, 26 f.
66 UA R, Sitzung vom 26.4.1994, R 005 (10) Nr. 46/94.
67 BR-Rechts- und Unterausschuss, 681. Sitzung, R 0055–49/94 bzw. 96. Sitzung, U 402–96/94, jeweils am 5.5.1994; BR-Drs. 330/1/94; PlenarProt. 669/94 242; BR-Drs. 330/94 (Beschluss).
68 BGBl. I S. 164.
69 BGBl. I S. 2705; zur Begündung s. RegE BT-Drs. 13/8587 52 f.
70 BGBl. 1998 II S. 1210 bzw. BGBl. 1998 I S. 1862.

plosion nebst Teilnahmehandlungen in § 328 Abs. 2 Nr. 3, 4, Abs. 6 unter Strafe und erweiterte nach Art. 2 Nr. 1 insoweit zudem die Strafbarkeit von Auslandstaten Deutscher in § 5 Nr. 11a.[71]

27 **f) Europäisierung des Umweltstrafrechts und 45. StrÄndG.** Stationen europäischer Umweltschutzbemühungen sind eine Entschließung der Europäischen Justizministerkonferenz von 1972, die Resolution (77) 28 des Europarats über den Beitrag des Strafrechts zum Umweltschutz und der Beschluss der Europäischen Justizministerkonferenz von 1990 zur Entwicklung gemeinsamer Leitlinien (initiiert vom damaligen BMJ *Engelhard*). Nach längeren Erörterungen in einem Sachverständigenausschuss und in der Parlamentarischen Versammlung wurde das Übereinkommen über den Schutz der Umwelt durch Strafrecht v. 4.11.1998 (ETS 172) verabschiedet; es ist mangels ausreichender Ratifizierungen nicht in Kraft getreten und inzwischen überholt.[72] Dem Anliegen, eine europäische Rechtsgrundlage zu schaffen, nahmen sich dann die EWG bzw. die EU an. Initiativ wurde hier einerseits 1998 Dänemark, was 1999 zum Vorschlag einer „Gemeinsamen Maßnahme“, umgewandelt 2000 in den eines „Rahmenbeschlusses“ führte. Andererseits legte die Kommission 2001 ebenfalls einen Richtlinienvorschlag (KOM [2001] 139 endg.) vor, dem 2002 eine Neufassung folgte (KOM [2002] 544 endg.). Der dänische Vorschlag stieß bei der Mehrheit der Mitgliedstaaten inhaltlich auf Kritik; der Kommissionsvorschlag wurde andererseits vom Rat mit großer Mehrheit wegen erheblicher Bedenken an einer Kompetenzgrundlage im EG-Vertrag abgelehnt.[73] Der dann angenommene Rahmenbeschluss über den Schutz der Umwelt durch das Strafrecht v. 27.1.2003 (2003/80/JI)[74] lehnte sich weitgehend an das Übereinkommen des Europarates an. Seiner Umsetzung sollte der Regierungsentwurf eines Strafrechtsänderungsgesetzes v. 27.5.2005[75] dienen, der jedoch dem Diskontinuitätsprinzip zum Opfer fiel. Auf Klage der Kommission erklärte der EuGH den Rahmenbeschluss am 13.9.2005 wegen Verstoßes gegen Art. 47 und 175 EUV a. F. für nichtig.[76] Daraufhin legte die Kommission am 9.2.2007 einen neuen Richtlinienvorschlag (KOM [2007] 51 endg.) vor. Europäisches Parlament und Rat haben dann schließlich die „Richtlinie 2008/99/EG ... vom 19. November 2008 über den strafrechtlichen Schutz der Umwelt“[77] beschlossen; sie ist am 26.12.2008 in Kraft getreten und war bis 26.12.2010 national umzusetzen. Nach der Richtlinie sollen im Wesentlichen unter Strafe gestellt werden: vorsätzlich und grobfahrlässig begangene, detailliert umschriebene auf EU-Recht bezogene rechtswidrige Handlungen, die erhebliche Schäden für den Menschen oder die

---

71 Zur Begründung s. BT-Drs. 13/10076 10 f; zu § 328 *Alt* MK Rdn. 26 ff; *Ransiek* NK Rdn. 8 f; *Sch/Schröder/Heine/Hecker* Rdn. 13c; *Fischer* Rdn. 9 ff; zu § 5 Nr. 11a; *Werle/Jeßberger* LK Rdn. 184 ff; *Böse* NK Rdn. 13.

72 Bericht der Bundesregierung um Stand der Unterzeichnung und Ratifizierung europäischer Abkommen und Konventionen durch die Bundesrepublik Deutschland vom 20.5.2019 BT-Drs. 19/10419 16; dazu sowie zu dem Übereinkommen näher *Schall* SK Rdn. 6; *Dannecker/Streinz* EUDUR § 8 Rdn. 92 f; *SSvHH/Hecker* § 28 Rdn. 7, 9, 11, 30; *Knaut* 243 ff.

73 Zur Entwicklung *Hecker* (Fn. 70) Rdn. 7 f; *Heger* Europäisierung 68 ff, 82 ff, 118 ff; 131 ff; zum Inhalt *Dannecker/Streinz* EUDUR § 8 Rdn. 92; *Günter-Nicolay* 395 ff; *Heger* 275 ff; *Knaut* 333 ff; *Möhrenschlager* wistra **2000** R XXXVI (dänischer Vorschlag); **2001** R LXIV; **2003** R XXXVI f; *Schmalenberg* 13 ff, 34 ff (ausführlich zum RL-Vorschlag).

74 AblEU L 29/55 v. 5.2.2003 (abgedruckt bei *Wasmeier* Das Strafrecht der Europäischen Union [2003] 357); dazu *Hecker* (Fn. 70) Rdn. 9; *Heger* Europäisierung 275 ff; *Knaut* 339 ff.

75 BR-Drs. 399/05; dazu *Möhrenschlager* wistra **2005** R XL.

76 EuGHE **2005** 7879 = NStZ **2008** 702; dazu *Böse* GA **2006** 211; *Ambos* JZ **2009** 468; *Braum* wistra **2006** 121; *Hefendehl* und *Pohl* ZIS **2006** 161 bzw. 213; *Heger* JZ **2006** 307, 310; Europäisierung 1 ff, 133 ff; *Kubiciel* NStZ **2007** 136; *Schäfer* JA **2006** 342; *Streinz* JuS **2006** 164; *Wegener/Greenawalt* ZUR **2005** 585; Urteil bestätigt im Meeresverschmutzungsfall EuGHE **2007** 9097 = NStZ **2008** 703; dazu *Eisele* JZ **2008** 248, 251; *Fromm* ZUR **2008** 301; ZIS **2008** 168; *Satzger* KritV **2008** 17, 22; *Zimmermann* NStZ **2008** 662; *Zöller* ZIS **2009** 340.

77 AblEU L 328/28 v. 6.12.2008 (abgedruckt bei *Esser* Europäisches und internationales Strafrecht, 3. Aufl. 2017); dazu *Fromm* ZfW **2009** 157; *Hecker* (Fn. 70) Rdn. 12 ff; *Heger* 275 ff (noch zum RL-Vorschlag); *Möhrenschlager* wistra **2009** R XXII; *Zimmermann* ZRP **2009** 74.

Umwelt durch Stoffe, ionisierende Strahlen, beim Umgang mit Abfällen oder mit gefährlichen radioaktiven Substanzen oder durch den Betrieb gefährlicher Anlagen verursachen können. Mit „Umwelt" ist dabei generell die Luft-, Boden- und Wasserqualität gemeint. Abgesehen von der ersten Alternative werden als Schutzobjekte auch Tiere und Pflanzen einbezogen. Für diese erweiterte die RL über eine Schadenseignung hinaus die Strafbarkeit auf den Bereich geschützter wildlebender Tier- und Pflanzenarten. Darüber hinaus sollen auch Verstöße gegen eine EU-VO bei der Verbringung von Abfällen, die erhebliche Schädigung eines Lebensraums in einem geschützten Gebiet sowie der illegale Umgang beim Umgang mit Stoffen, die zum Abbau der Ozonschicht beitragen, einbezogen werden.

Zur **Umsetzung** der Richtlinie brachte die Bundesregierung am 4.2.2011 den Entwurf eines Strafrechtsänderungsgesetzes zur Umsetzung der Richtlinie des Europäischen Parlaments und des Rates über den strafrechtlichen Schutz der Umwelt im Bundesrat als BR-Drs. 58/11 ein. Dieser nahm dazu am 18.3.2011 mit Änderungsvorschlägen zu den §§ 326 und 327, des BNatSchG und BJagdG sowie des Abfallverbringungsgesetz Stellung.[78] Die Bundesregierung brachte dann ihren Entwurf am 8.5.2011 im Bundestag als BT-Drs. 17/5391 mit der Stellungnahme des Bundesrates (S. 25 ff) und ihrer die Vorschläge zu den §§ 326 und 327 ablehnenden Stellungnahme (S. 29) ein. Der Bundestag verwies in erster Lesung am 7.7.2011 den Entwurf ohne Aussprache an den federführenden Rechtsausschuss, an den Innenausschuss sowie den Ausschuss für Umwelt, Naturschutz und Reaktorsicherheit.[79] Die letzteren Ausschüsse empfahlen die Annahme des Entwurfs. Als problematisch sah die Fraktion BÜNDNIS 90/DIE GRÜNEN im Rechtsausschuss die Strafbarkeit von Verstößen gegen bestimmte verwaltungsrechtliche Vorschriften und Maßnahmen anderer EU-Mitgliedstaaten an, äußerte Zweifel an der Bestimmtheit einzelner Regelungen und sah die Erhöhung des Höchstmaßes der Freiheitsstrafe im vorgeschlagenen § 38 Abs. 2 BJagdG als unverhältnismäßig an, was im Prinzip auch die Auffassung der CDU/CSU-Fraktion war. In der Beschlussempfehlung folgte der Rechtsausschuss der Empfehlung des Bundesrates zu § 326 und beschloss auch weitere Änderungen im BNatSchG. Den Bedenken gegen die Erhöhung der Freiheitsstrafe in § 38 Abs. 2 BJagdG trug er Rechnung.[80] Ohne Aussprache nahm der Bundestag in 2. und 3. Lesung am 10.11.2011 die Beschlussempfehlung an.[81] Damit hat der Gesetzgeber schließlich mit wenigen Änderungen den Entwurf im **„Fünfundvierzigsten Strafrechtsänderungsgesetz** zur Umsetzung der Richtlinie des Europäischen Parlaments und des Rates über den strafrechtlichen Schutz der Umwelt" v. 6.12.2011 (BGBl. I S. 2557) übernommen.[82] Die Änderungen des StGB sind am 14.12.2011 in Kraft getreten. Da das deutsche Umweltstrafrecht im Wesentlichen den EU-Vorgaben bereits entsprach, waren Änderungen nur in Teilbereichen notwendig gewesen. Erweitert wurden § 311 Abs. 1 (Freisetzen ionisierender Strahlen), § 325 (Luftverunreinigung) in den Absätzen 3, 5 und 7 auf nicht anlagenbezogene Schadstoffemissionen, verbunden mit einer Einschränkung der Fahrzeug-Privilegierung, § 326 (Unerlaubter Umgang mit Abfällen) in den Absätzen 1 und 2 durch Einbeziehung weiterer Tathandlungen, einschließlich der Erstreckung der Abfallverbringung auf z. T. weniger gefährliche Abfälle i. S. d. AbfallverbringungsVO in nicht unerheblicher Menge, § 327 in Abs. 2 S. 2 (Unerlaubtes Betreiben 28

78 BR-Drs. 58/11; Beschluss PlProt. 861 131.

79 PlProt.17/120 13931 ff.

80 Näher dazu Beschlussempfehlung und Bericht des BT-Rechtsausschusses v. 9.11.2011, BT-Drs. 17/7674 5, 10 f, 14, 17 ff.

81 PlProt. 17/139 16491 f.

82 Schrifttum: *DAV* Stellungnahme in Nr. 71/2010; *Deutscher Richterbund* iuris 19.11.2010; *Heger* HRRS **2012** 211; *ders.* Der Einfluss des Europarechts auf das Umweltstrafrecht einschließlich des Nebenstrafrechts (BNatSchG, BJagdG) in: *Kloepfer/Heger* Das Umweltstrafrecht nach dem 45. Strafrechtsänderungsgesetz (2015) 43; *Kloepfer/Heger* Umweltstrafrecht, Rdn. 25 ff; *dies.* (Hrsg.) Das Umweltstrafrecht nach dem 45. Strafrechtsänderungsgesetz (2015); *Meyer* wistra **2012** 371; *Pfohl* NuR **2012** 307; *ders.* ZWH **2013** 95; *ders.* Das 45. StrÄndG – Neue Herausforderungen für die Praxis der Strafverfolgung in Umweltstrafsachen, in: *Kloepfer/Heger* Das Umweltstrafrecht nach dem 45. Strafrechtsänderungsgesetz (2015) 65; *Schall* Festschrift Wolter (2013) 643; *Szesny/Görtz* ZUR **2012** 405; *U. Weber* Festschrift Kühl (2014) 747.

von Anlagen) durch Ausdehnung auf den illegalen Umgang mit gefährlichen Anlagen in einem EU-Mitgliedstaat, § 328 (Unerlaubter Umgang mit radioaktiven Stoffen und anderen gefährlichen Stoffen und Gütern) in Absatz 1 durch Einbeziehung der Herstellung radioaktiver Stoffe und Verzicht auf die Beschränkung auf Fälle grober Pflichtwidrigkeit und in Absatz 3 durch eine neue auf eine EU-VO bezogene Definition gefährlicher Stoffe, § 329 (Gefährdung schutzbedürftiger Gebiete) in einem neuen Absatz 4 durch Ausdehnung auf den Schutz von Lebensraum(typen) in einem Natura 2000-Gebiet (Gebiete von gemeinschaftlicher Bedeutung i. S. d. Fauna-Flora-Habitat-Richtlinie und Europäische Vogelschutzgebiete), ergänzt durch Änderungen von Strafvorschriften für Handlungen zum Nachteil geschützter wildlebender Tier- und Pflanzenarten in § 71 und § 71a BNatSchG und §§ 38, 38a BJagdG, sowie § 330d (Begriffsbestimmungen) in einem neuen Absatz 2 durch Ausdehnung des Begriffs der Verletzung einer verwaltungsrechtlichen Pflicht auf solche in einem anderen EU-Mitgliedstaat. Zur Kritik an den Änderungen wird auf die Kommentierung bei den einzelnen Tatbeständen verwiesen.

29 **Weitere Änderungen**: Artikel 5 des Gesetzes zur Änderung des Rechtsbehelfsgesetzes und anderer umweltrechtlicher Vorschriften v. 21.1.2013[83] passte die Verweisung des Abfallbegriffs in § 326 Abs. 2 Nr. 1 auf die AbfallverbringungsVO an deren neuerliche Änderung an.[84] Eine weitere Ergänzung von § 327 Abs. 2 brachte Art. 8 Nr. 3 des Gesetzes zur Umsetzung der Richtlinie über Industrieemissionen v. 8.4.2013.[85] Strafbar ist nun nach Satz 1 Nr. 4 seit 2.5.2013 auch das Betreiben einer Abwasserbehandlungsanlage nach § 60 Abs. 3 WHG ohne die erforderliche Genehmigung oder entgegen einer vollziehbaren Untersagung (näher dazu die Kommentierung bei § 327). Nach Art. 1 Nr. 14 des Gesetzes zur Bekämpfung der Korruption v. 20.11.2015[86] wurde eine Verweisung in § 329 Abs. 4 Nr. 1 und 2 StGB auf EU-Recht an dessen letzte Änderung angepasst.[87] Durch Art. 2 des Gesetzes zur Änderung abfallverbringungsrechtlicher Vorschriften v. 1.11.2016[88] wurde die Strafvorschrift über die grenzüberschreitende Verbringung von Abfällen in § 326 Abs. 2 Nr. 1 unter Verstoß gegen EU-Recht mit einer Neugestaltung in die §§ 18a 18b des AbfVerbrG verlagert. Als Folge hat § 326 Abs. 2 nunmehr wieder die Gestalt vor der Änderung durch das 45. StrÄndG (näher dazu die Erläuterung bei § 326).[89]

2. Strafverfolgung

30 Allgemein wird zwar der Umweltkriminalität ein großes **Dunkelfeld** zugeschrieben, eine Aussage, die angesichts fehlender umfassender empirischer und repräsentativer Untersuchungen hinsichtlich Größe und Struktur selbst im Dunklen bleibt und daher auch als spekulativ bezeichnet wird.[90] Die Aufdeckung und Verfolgung von Umweltstraftaten zeigt darüber hinaus in über vierzig Jahren seit ihrer registrierten Erfassung im Jahr 1973 ein ambivalentes Bild. Polizeiliche Kriminalstatistik (PKS) und Strafverfolgungsstatistik des Statistischen Bundesamts wiesen schon vor der Reform von 1980 einen Anstieg aus. Er war hinsichtlich der WHG-, AbfG- und BImSchG-Delikte deutlicher bei den PKS-Fallzahlen; er stieg von 2321 (1973) auf 5151 (1980); weniger deut-

83 BGBl. I S. 95, 98.

84 Die Verweisung auf die „Verordnung (EU) Nr. 413 (2010) (ABl. L 119 vom 13.5.2010)" wurde durch die auf die „Verordnung (EU) Nr. 135/2012g (ABl. L 46 v. 17.2.2012, S. 30)" mit Wirkung ab 29.1.2013 ersetzt.

85 BGBl. I S. 734, 752; s. dazu RegE BT-Drs. 17/10486 49 f; *Möhrenschlager* wistra **2013** H. 7 S. XI.

86 BGBl. I S. 2015.

87 Die Verweisungen auf die RL 2006/105/EG (AblEU L 363/368 v. 20.12.2006) wurden durch Verweisungen auf die RL 2013/17/EU (AblEU 158/193 v. 10.6.2013) ersetzt.

88 BGBl. I S. 2452.

89 Näher zu den Hintergründen der Änderungen, insbesondere zum EU-bezogenen Auslegungsstreit RegE BT-Drs. 18/8961; *Möhrenschlager* wistra **2016** R LVII; **2017** H. 1 IX; *Hecker/Lorenz* NStZ-RR **2017** 33.

90 *BMI/BMJ* 1. und 2. Periodischer Sicherheitsbericht [zit. PSB I] (2001) 181 (mit Hinweis auf in Aussagekraft unzureichende Einschätzung durch Staatsanwälte, Polizei- und Umweltbedienstete) bzw. PSB II (2006) 266; BT-Drs. 11/1555 4; *Schall* Festschrift Schwind 395, 397.

lich war die Zahl der Ab- und (rechtskräftigen) Verurteilungen (A/V) mit einem Anstieg von 1011/687 (1975) auf 1429/915 (1979) bzw. 1295/791 (1980). Bei den neuen Straftaten nach den §§ 324 ff erfolgte zunächst ein rasanter Anstieg der PKS-Fallzahlen von 5844 (1981) auf 41381 (1998) und weniger stark der A/V von 1536/928 (1981) auf 5314/3895 (1997; 1998: 4809/3443). Seitdem sind die Zahlen jedoch erheblich gesunken. Die PKS-Fallzahlen liegen inzwischen (2018) bei 11.296 Delikten, die Ab- und Verurteilungszahlen bei 1593/1256.[91] Der gleiche Trend zeigt sich auch in den Erledigungszahlen der Staatsanwaltschaften: 2002 23150 (noch ohne Schleswig-Holstein), 2005 20709 (alle Länder) und 2009–2011 17546/16691/15831 sowie 16412/16596/17349/15391/14640/14965 (2013–2018). Der Vergleich der Zahlreihen, insbesondere auch von StA- und Gerichtsstatistik, zeigt eine hohe Einstellungsquote, auch wenn sie sich neuerdings der in allgemeinen Strafsachen angenähert hat. Umweltstrafverfahren werden weiterhin häufig nach den §§ 153, 153a StPO eingestellt (Annahme geringer Schuld bei Ersttätern bei zumeist fahrlässiger Begehung und nicht allzu gewichtigen ökologischen Beeinträchtigungen).

An der **Dominanz der Geldstrafe** bei den formellen Sanktionen hat sich nicht viel geändert; Freiheitsstrafen werden weiterhin in geringem Umfang verhängt, ohne Bewährung ganz selten. Von einiger Bedeutung sind noch Delikte außerhalb des StGB wie die §§ 27 ff ChemG, § 26 GefahrstoffVO, § 39 PflSchG und § 71 BNatSchG. Verändert hat sich die Verteilung der Umweltdelikte. Die ursprüngliche Dominanz der Gewässerverunreinigungen wurde ab Ende der achtziger/Anfang der neunziger Jahre durch die der unerlaubten Abfallbeseitigung abgelöst, welche heutzutage zahlenmäßig prägend ist (PKS 2018: § 324 20,4 %; § 326 65,6 %.; Strafverfolgungsstatistik 2018: A/V § 324 10,2/9,9 %; § 326 68,7/71,7 %). 31

Teilweise wurde bei dem früheren Ansteigen von einer stärkeren Ausschöpfung des Dunkelfeldes durch mehr Anzeigen, intensivere Kontrollen und intensivere Verfolgung ausgegangen. Demgegenüber wird der deutliche Rückgang seit Ende der neunziger Jahre vor allem auf verändertes, d. h. geringeres polizeiliches Kontrollverhalten (auch aufgrund schlechterer Ausstattung und geminderter Aus- und Fortbildung) und auf ein Nachlassen von Anzeigen zurückgeführt. Im Gewässerbereich jedoch wird der sich schon seit langem abzeichnende Rückgang u. a. mit der Tätigkeit der Wasserbehörden erklärt (z. B. durch Anordnungen zur Errichtung von Auffangeinrichtungen bei Anlagen zum Umgang mit wassergefährdenden Stoffen und aus dem höheren Anschlussgrad an die öffentliche Kanalisation). Der neuere Vorrang der Abfallverwertung vor der Abfallbeseitigung hat zusätzlich dazu geführt, dass Abfälle in größerem Umfang verwertet werden und nicht mehr kostspielig zu entsorgen sind, was einen Anreiz zu illegalem Handeln zwecks Kostenersparnis in sich birgt. 32

Die **Bilanz der Reformen** wird weiterhin zwiespältig beurteilt. Zwar sind die Umweltschutz-Straftatbestände nun zusammengefasst, erweitert und ergänzt worden. Jedoch ist keine vollständige Harmonisierung der Tatbestände gelungen. Immerhin geht das Gesetz jetzt bei den Grundtatbeständen der §§ 324, 324a und 325 von den „prinzipiell gleichwertigen" Umweltmedien (Gewässer, Boden und Luft) als unmittelbar schützenswert aus; ihnen schließen sich in § 329 Abs. 3 und 4 Regelungen über gebietsbezogenen Naturschutz an. Verbleibende Unterschiede ergeben sich hier aus der Natur der Sache, insbesondere aus unterschiedlichen Ansätzen der verwaltungsrechtlichen Regelungen. Eine zweite Hauptgruppe stellen Tatbestände (§§ 325a bis 329 Abs. 1, 2) dar, deren Ansatzpunkt bestimmte Gefahrenquellen für die Umweltmedien und den Menschen darstellen.[92] 33

---

91 Angaben zu den §§ 324 ff sind der PKS und Rechtspflegestatistiken des Stat. Bundesamt entnommen; vgl. weiter die Tabellen und die Darstellungen auch zum Folgenden bei *AK-U* 9 ff (auch für die Zeit seit 1973); *Dölling* Festschrift Kohlmann 111, 118 ff; *MG/B-Pfohl* § 54 Rdn. 334 ff; Meinberg/Möhrenschlager/Link/*Meinberg* 215 ff, 313 ff; *Möhrenschlager* HWiStr Umweltstraftaten, III; *ders.* NuR **1983** 209 f; PSB I 183 ff; PSB II 268 ff; *Pfohl* NuR **2012** 307, 312 ff; *Dolde/Rogall* 795, 805 ff, 812, 834; *Saliger* Umweltstrafrecht Rdn. 526 ff; *Schall* Festschrift Schwind 395, 398 ff; *ders.* SK Rdn. 7 ff, jeweils m. w. N.

92 Vgl. zu dieser Zweiteilung *Kindhäuser* BT § 73 I Rdn. 1 ff; *Rengier* BT § 47 Rdn. 2; *Dolde/Rogall* 795, 819 f; krit. zur Gliederung weiterhin *Maurach/Schroeder/Maiwald* II § 58 Rdn. 13 ff.

34 Ein negatives Urteil über die Reform wird insbesondere aus der hohen Zahl von Verfahrenseinstellungen und der gängigen Sanktionspraxis mit niedrigen Geldstrafen und der geringen Zahl von zumeist zur Bewährung ausgesetzten Freiheitsstrafen und damit einer weitgehenden Konzentration der Verfolgung auf weniger gewichtige Umweltdelikte hergeleitet,[93] aber wohl zu Unrecht. Denn in der Dominanz weniger gewichtiger, meist fahrlässig begangener Umweltstraftaten mit der Konsequenz weniger einschneidender Sanktionen spiegelt sich auch ein geringeres Erfolgs- bzw. Gefahrenunrecht bei einer meist sozial eingegliederten Täterpopulation wider. Auffällig ist weiterhin nicht nur die starke Diskrepanz zu polizeilichen Zahlen, die auch in anderen Kriminalitätssektoren zu verzeichnen ist, sondern zwischen denen der Staatsanwaltschaften und der gerichtlichen Aburteilungen. Die Tätigkeit der StA ist weiterhin von einer **hohen Einstellungsquote** gekennzeichnet. Die meisten Verfahren werden nach § 170 Abs. 2 StPO mangels Tatverdachts oder aus rechtlichen Gründen eingestellt, wobei allerdings seit 1998 hier ein nicht unerheblicher Rückgang festzustellen ist. Als positiv ist eine sich steigernde gerichtliche Erledigungspraxis in den letzten zwanzig Jahren (1985: 55 %) auf eine über 70 %ige Verurteilungsquote hervorzuheben, auch wenn sie seit 2002 (ca. 81,4 %) schwankt und insgesamt wieder leicht zurückgegangen ist (2010: ca. 71 %; 2011: 69,35 %; 2018: 78,8 %). Generell kann aus dieser Entwicklung eine stärkere Vertrautheit von Staatsanwaltschaften und Gerichten mit der Materie entnommen werden. Rechtliche Probleme bei der Aufklärung und Verfolgung von Umweltkriminalität, etwa im industriellen Bereich mit den dort bestehenden Personal- und Ablaufstrukturen und dem Verhalten von Umweltverwaltungsbehörden gegenüber auftretenden Gefahren, was ggf. zu sog. informellem Verwaltungshandeln (z. B. in Form sog. Duldungen) führen kann, sowie vielfach bestehende **Beweisschwierigkeiten** in der Praxis sind indessen nicht zu verkennen und beeinträchtigen eine wirksame Strafverfolgung. Immerhin wurde z. B. 1989/1990 in Schleswig-Holstein festgestellt, dass 35 % der Verfahren den gewerblichen Bereich betrafen.[94] Dabei ist auch nicht zu verkennen, dass in der Vergangenheit allein schon die Tatsache der Einleitung von Ermittlungsverfahren, aber auch deren Erledigung etwa durch umweltbezogene Auflagen und der Verhängung von Freiheitsstrafen in diesem Bereich wohl eine gewisse spezial- und generalpräventive Wirkung hatten. Zusammenfassend besteht weitgehende Einigkeit in einer generell positiven Einschätzung der Notwendigkeit auch umweltstrafrechtlicher Regelungen, die freilich den **Vorrang präventiver planerischer und administrativer Maßnahmen** zum Schutze der Umwelt nicht in Frage stellt. Generell sollte die Aufklärung und Erledigung von Umweltstrafsachen durch eine personelle und sachliche Stärkung der spezialisierten Kontrolltätigkeit von Polizei und Umweltverwaltungsbehörden sichergestellt werden, zusätzlich durch eine Stärkung des Umweltbewusstseins in der Bevölkerung nicht zuletzt im Bildungsbereich (angesprochen z. B. in § 2 Abs. 6 BNatSchG).[95] Zu einer weiteren Aufklärung könnte rechtspolitisch eine Erweiterung der Länderverwaltungsvorschriften über Anzeigepflichten der Verwaltungsbehörden oder gar deren Sanktionsbewehrung führen, was derzeit aber wohl illusorisch ist. Ob die Einführung einer generellen strafrechtlichen Verantwortlichkeit von Unternehmen hier weiterhelfen kann, ist fraglich, weil damit alleine den Aufklärungsdefiziten nicht beizukommen sein wird.

---

93 So insbesondere die sog. „Frankfurter Schule", z. B. *Hassemer* NKrimPol **1989** 46, 47 ff; NStZ **1989** 553 f; ZRP **1992** 378 mit grundlegender Skepsis und Befürwortung der Abschaffung des neuen Umweltstrafrechts (allein aufgrund der EU-Vorgaben von vornherein überholt), in dieser Richtung auch *Albrecht* KritV **1988** 182, 188 ff; *Hohmann* 188 ff; *Müller-Tuckfeld* 461 ff; *Rotsch* 17 ff; *ders.* wistra **1992** 321, 368 ff; zurückhaltender, aber weiterhin skeptisch MK-*Schmitz* vor § 324 Rdn. 17 (Verschärfungen haben Umweltschutz kaum verbessert, daher insoweit „symbolische Gesetzgebung").

94 *Franzheim/Pfohl* Rdn. 37 m. N.

95 Vgl. dazu die wohl nicht ausreichenden Bemühungen der Rhld-Pf. Landesregierung, LT-Drs. 16/1568 3.

II. Allgemeines zum Begriff der „Umwelt" und zum Umweltschutz

Der 29. (früher 28.) Abschnitt trägt die Überschrift „Straftaten gegen die Umwelt". Damit soll 35 zum Ausdruck gebracht werden, dass Verhalten unter Strafdrohung gestellt ist, welches sich gegen „die Umwelt" richtet. Bundesregierung und Gesetzgeber gingen schon Ende der siebziger/Anfang der achtziger Jahre als selbstverständlich davon aus, dass „der strafrechtliche Umweltschutz ... sich nicht allein auf den Schutz menschlichen Lebens und menschlicher Gesundheit vor den Gefahren der Umwelt beschränken" dürfe; er müsse „auch den Schutz elementarer Lebensgrundlagen wie Wasser, Luft und Boden als Bestandteile menschlichen Lebensraumes einbeziehen".[96] Seit 1994 erklärt folgerichtig Art. 20a GG den Schutz der „natürlichen Lebensgrundlagen" zur Staatsaufgabe („auch in Verantwortung für künftige Generationen"). Der Umweltschutz ist zudem in allen Landesverfassungen verankert. Die strafrechtliche Reichweite wurde durch das 2. UKG und das 45. StrÄndG in den umweltbezogenen Begriffsbestimmungen in § 330d Abs. 1 Nr. 4 und Abs. 2 S. 2 StGB gesetzlich verdeutlicht. Dort wird als Anknüpfungspunkt zahlreicher Tatbestände eine verwaltungsrechtliche Pflicht genannt, die auf den „Schutz vor Gefahren oder schädlichen Einwirkungen auf die Umwelt, insbesondere auf Menschen, Tiere oder Pflanzen, Gewässer, die Luft oder den Boden" bezogen ist (vgl. zuvor § 326 Abs. 6, der allerdings den Bereich von Flora und Fauna auf Nutztiere- und Nutzpflanzen beschränkte). In unterschiedlichen Schattierungen spiegeln sich die einzelnen Schutzbereiche in den §§ 324 ff wider. Eine Erweiterung stellt die Einbeziehung des Schutzes von Sachen (teilweise auch des Sacheigentums) sowie die relativ eigenständige Aufnahme des Schutzes von bestimmten Gebieten und Lebensräumen in § 329 dar. Insgesamt werden nun strafgesetzlich zum einen der Mensch mit seinem Lebensraum geschützt, aber weitergehend auch die **natürlichen Lebensgrundlagen**. Waren Gewässer, Luft, Boden und Naturhaushaltsbestandteile sowie ihr Schutz zunächst noch auf den Menschen als ihm dienend bezogen, so wird nun ihr selbständiger Schutz in neueren Umweltgesetzen deutlich, z. B. in § 1 (vgl. auch § 6 Abs. 1 Nr. 1) WHG: Zweck des Schutzes von Gewässern ist nicht nur ihre Wahrung als Lebensgrundlage des Menschen, sondern als „Bestandteil des Naturhaushalts" und als „Lebensraum für Tiere und Pflanzen." (vgl. auch § 1 Abs. 2 Nr. 1a BBodSchG mit dem Hinweis auf die natürliche Funktion des Bodens als Lebensgrundlage und Lebensraum für Menschen, Tiere, Pflanzen und Bodenorganismen", § 1 KrWG mit dem Hinweis auf den „Schutz von Mensch und Umwelt bei der Erzeugung und Bewirtschaftung von Abfällen" und § 1 ChemG, das „den Menschen und die Umwelt vor schädlichen Einwirkungen gefährlicher Stoffe" schützen soll). Nach § 1 BNatSchG sind „Natur und Landschaft ... auf Grund ihres eigenen Wertes und als Grundlage für Leben und Gesundheit des Menschen ... zu schützen", wozu u. a. die biologische Vielfalt i. S. v. Absatz 2 und damit auch der Artenschutz i. S. d. §§ 44 ff BNatSchG und die Bundesartenschutzverordnung gehören. Der offene Begriff der „Umwelt" in § 330d, auch wenn weitgehend konkretisiert durch beispielhafte Schutzbereiche, schließt darüber hinaus weitere Ausdehnungen nicht aus. Diese können sich aus der Verzahnung strafrechtlicher und umweltrechtlicher Regelungen ergeben. Letztere beziehen sich teilweise auf den Schutz der „Atmosphäre" (§§ 1, 3 Abs. 2 BImSchG; vgl. auch § 2 Abs. 3 Nr. 1 UIG), von „Landschaften" bzw. Landschaftsteilen (§§ 1, 22 ff BNatSchG; vgl. auch § 2 Abs. 3 Nr. 1 UIG), wie z. B. in Naturschutzgebieten, deren Schutz u. a. aus landeskundlichen Gründen erforderlich ist (§ 23 Abs. 1 Nr. 2 BNatSchG), von „Kulturgütern" (§§ 1, 3 Abs. 2 BImSchG) und des Bodens als „Archiv der Natur- und Kulturgeschichte" (§§ 1, 2 Abs. 2 Nr. 2 BBodSchG). Anhaltspunkte für eine weite Auslegung des Begriffes Umwelt finden sich ferner in dem nicht strafrechtlich relevanten § 3 i. V. m. § 2 Abs. 1 UVPG. In dieser Bestimmung wird klargestellt, dass die Prüfung eines Vorhabens auf seine Umweltverträglichkeit die Auswirkungen auf Menschen, Tiere und Pflanzen, die biologische Vielfalt, Boden, Wasser Luft, Klima und Landschaft, einschließlich der jeweiligen Wechselwirkungen, sowie auf Kultur- und sonstige Sachgüter umfassen muss (vgl. auch § 2 Abs. 3 Nr. 1 UIG). Weit geht ferner § 1 Nr. 1 BWaldG, dessen Zweck

96 BT-Drs. 8/2382 9 f.

u. a. ist, „den Wald ... für die dauernde Leistungsfähigkeit des Naturhaushaltes, das Klima, den Wasserhaushalt, die Reinhaltung der Luft, die Bodenfruchtbarkeit, das Landschaftsbild, die Agrar- und Infrastruktur ... zu erhalten.“ Umgekehrt kann bei einem weiten Umweltbegriff, der den Menschen einbezieht, eine „Straftat gegen die Umwelt“ dann auch eine solche sein, die **Nutzungsfunktionen der Umwelt für den Menschen**, wie solche von Gewässern als „nutzbares Gut“ (§ 1 WHG), die des Bodens i. S. v. § 2 Abs. 2 Nr. 3 BBodSchG, „den Wald wegen eines wirtschaftlichen Nutzens“ oder zur „Erholung der Bevölkerung“ (§ 1 Abs. Nr. 1 BWaldG) beeinträchtigt.

36 Diese Weite spiegelt sich in **europäischen Rechtsakten** wider, die allerdings vielfach keine konkreten Zweckbestimmungen voranstellen. In der RL 2006/11/EG v. 15.2.2006 umfasst der Schutz von Gewässern gegen Verschmutzungen nach der Definition in Art. 3 neben der Gefährdung der menschlichen Gesundheit die Schädigung lebender Bestände und deren Ökosystem, die Beeinträchtigung von Erholungsmöglichkeiten und die Beeinträchtigung von Nutzungen. Nach Erwägungsgrund 2 der RL 2006/12EG ist wesentliche Zielsetzung der Abfallbewirtschaftung der Schutz der menschlichen Gesundheit und der Umwelt gegen nachteilige Auswirkungen des Umgangs mit Abfällen. Auch Art. 1 der stoffbezogenen sog. REACH-VO (EG) 1907 (2006) bezweckt „ein hohes Schutzniveau für die menschliche Gesundheit und die Umwelt“. Art. 2 Abs. 2 der RL 2008/1/EG und Art. 3 Abs. 2 der RL 2010/75/EU verstehen unter zu vermeidender bzw. zu vermindernder Umweltverschmutzung „die durch menschliche Tätigkeiten direkt oder indirekt bewirkte Freisetzung von Stoffen, Erschütterungen, Wärme oder Lärm in Luft, Wasser oder Boden, die der menschlichen Gesundheit oder der Umweltqualität schaden oder zu einer Schädigung von Sachwerten bzw. zu einer Beeinträchtigung oder Störung von Annehmlichkeiten und anderen legitimen Nutzungen der Umwelt führen können“. Insgesamt spiegelt sich in solchen nationalen und europäischen Rechtsinstrumenten ein generell sowohl anthropozentrisch als auch ökologisch bezogenes Umweltverständnis wider. Ein extensiverer Umweltbegriff ist, wie der vereinzelte Bezug auf Kulturgüter zeigt, daher nicht von vornherein aus dem Bereich des strafrechtlichen Umweltschutzes ausgeschlossen. Selbstverständlich kann ein juristischer Umweltbegriff andererseits nicht die „gesamte menschliche Umgebung räumlicher, sozialer, kultureller und politischer Art“ abdecken.[97] Die Betrachtung der einzelnen Strafvorschriften wird indessen zeigen, dass einige sich auf singuläre Umweltbestandteile (Gewässer, Boden, Landschaft[-sbestand]teile, Luft) beziehen, andere aber Tätigkeiten betreffen, die einen weiteren Umweltbezug aufweisen; in einem größeren Umfang ist dabei die Gesundheit des Menschen einbezogen, vereinzelt sogar nur diese allein.

III. Die geschützten Rechtsgüter

37 Der Auffassungswandel in der Beurteilung umweltschädlicher und umweltgefährlicher Handlungen hat zur Anerkennung von Umweltgütern als überindividuell strafrechtlich zu schützenden Rechtsgütern geführt. Die Strafvorschriften bei Delikten „gegen die Umwelt“ sehen heutzutage mit unterschiedlicher Akzentuierung eine **Kombination von „ökologischem“ und „anthropozentrischem“ Interessenschutz** vor,[98] wobei als Folge des Bewusstseinswandels das Schwergewicht nunmehr der ökologischen Komponente zukommt. Die h. M. eines solchen **doppelten Rechtsgutsbezugs**[99] wird bestärkt durch Art. 20a GG, der erkennen lässt, dass es

97 *Kloepfer* Umweltrecht § 1 Rdn. 53; *ders.* Umweltrecht § 1 A III 1.

98 *Kloepfer* Umweltrecht § 7 Rdn. 11 f; *Sch/Schröder/Heine/Schittenhelm* Rdn. 8; *Saliger* Umweltstrafrecht Rdn. 43 ff; *Kloepfer/Vierhaus* Rdn. 16; *Kareklas* 110 ff; *Rogall* Festschrift Köln 505, 512; eingehend *Nida-Rümelin/von der Pfordten/Kühl* Ökologische Ethik und Rechtstheorie (1995) 245, 261 ff.

99 *Steindorf* LK[11] Vor § 324 Rdn. 12; *SSW/Saliger* Rdn. 11; *Kareklas* 110 ff; *Kloepfer/Vierhaus* Rdn. 16; *Kloepfer/Heger* Rdn. 43 ff; *Lackner/Kühl/Heger* Vor § 324 Rdn. 7; *Rengier* NJW **1990** 2506; *Rogall* Umweltstrafrecht 513; *Sch/Schröder/Heine/Schittenhelm* Rdn. 8.

sich bei den zu schützenden „natürlichen Lebensgrundlagen“ auch um die Lebensgrundlagen des Menschen handelt.[100]

Abzulehnen sind – als nicht alle Intentionen der Gesetze berücksichtigend – die „reinen“ **38**
Theorien sowohl des „ökologischen“ als auch des „anthropozentrischen“ Extrems: Entgegen der schlagwortartigen Überschrift des 29. Abschnitts ist nicht die Umwelt in ihrer Gesamtheit um ihrer selbst willen geschützt.[101] Zwar werden – wie dies einzelne Strafvorschriften belegen – in differenzierter Weise einzelne, aber auch miteinander verbundene ökologische Bestandteile und Funktionen gegenüber den ursprünglichen gesetzgeberischen Intentionen inzwischen stärker als selbstständig schützenswert anerkannt (was auch für den Natur-, Tier- und Artenschutz außerhalb des StGB gilt[102]). Gleichwohl bleiben sie weiterhin als **elementare Lebensgrundlage in die Umwelt des Menschen eingebettet.** Letzteres ist offenkundig, wenn neben Umweltgütern vielfach Leib und Leben des Menschen als schützenswerte Rechtsgüter einbezogen werden. Im Ergebnis werden daher die §§ 324 ff insgesamt von einer ökologisch-anthropozentrischen Rechtsgutauffassung getragen.[103]

Weder dem Willen des Gesetzgebers noch dem objektiven Inhalt der Umweltstrafbestim- **39**
mungen wird demgegenüber eine Auffassung gerecht, die ausschließlich auf den Individualrechtsgüterschutz abstellt und als Rechtsgüter nur die traditionellen (Leben, Gesundheit u. a.) ansieht, welche durch das Umweltstrafrecht – allerdings bereits im Vorfeld – geschützt werden sollen.[104] Eine solche Betrachtungsweise lag dem Alternativentwurf in seinem Abschnitt „Personengefährdungen“ (§§ 151 ff AE) zugrunde. Zwar stellen auch das 18. und 31. StrÄndG in einigen Bestimmungen auf den Menschen als tatbestandliches Schutzobjekt ab (§ 324a Abs. 1 Nr. 1, § 325, § 328 Abs. 1, 3, § 330 Abs. 2, § 330a) oder bezwecken die Abwehr bestimmter Gefahren vor allem für den Menschen (Lärm: § 325a, § 330 Abs. 1 Nr. 2 a. F.; Gifte, gefährliche Stoffe: § 326 Abs. 1 Nr. 1 und 2, § 330a). Diese Einzelregelungen dürfen aber nicht den Blick auf das Gesamtsystem verstellen, das erkennbar in erster Linie auf den Schutz überindividueller Rechtsgüter ausgerichtet ist.[105]

Ungeachtet aller Verbindungen zu verwaltungsrechtlichen Regelungen stellen die ökolo- **40**
gisch schützenswerten Güter auch keine bloßen **„Verwaltungsrechtsgüter“**[106] in dem Sinne

---

100 Dazu *Kloepfer* Umweltrecht § 3 Rdn. 28 ff; *ders.* DVBl. **1996** 73, 77; *Vogel* StV **1996** 110 aus verfassungsrechtlicher Sicht m. w. N.

101 *Kloepfer/Heger* Rdn. 40 ff; so aber früher *Arzt* Kriminalistik **1981** 117, 120; zu Recht abl. *Saliger* Umweltstrafrecht Rdn. 33 f.

102 Z. B. in § 1 BNatSchG („Natur und Landschaft sind auf Grund ihres eigenen Wertes und als Grundlage für Leben und Gesundheit des Menschen ... zu schützen ...“); mit „Umwelt“ ist zwar jeweils die Umwelt des Menschen gemeint, was aber den Schutz der Umwelt anderer Lebewesen nicht ausschließt (**aA** wohl *Saliger* Umweltstrafrecht Rdn. 25 f).

103 Vgl. RegE BT-Drs. 8/2382 9 f, 19; *Arzt/Weber/Heinrich/Hilgendorf* BT § 41 Rdn. 2 ff; *Bloy* JuS **1997** 577, 579 ff; *ders.* ZStW **100** (1988) 485, 487 ff, 493; *Dölling* Festschrift Kohlmann 111 f; *Gössel/Dölling* BT 1 § 45 Rdn. 1; *Eisele* BT 1 Rdn. 1270; *Fischer* Vor § 324 Rdn. 3a; *Kim* Umweltstrafrecht 142 f; *Kuhlen* ZStW **105** (1993) 697, 701 ff; *Lackner/Kühl/Heger* Rdn. 7; *Laufhütte/Möhrenschlager* ZStW **92** (1980) 912, 917; *Rengier* NJW **1990** 2506 f; *ders.* BT II § 47 Rdn. 10; *Dolde/Rogall* Umweltrecht 795, 820 f; *Schmitz* MK Rdn. 19, 26; *Steindorf* LK[11] Rdn. 12 ff.

104 So die Vertreter der „personalen Rechtsgutslehre“ *Hassemer* ZRP **1992** 378, 383; *Herzog* 141 ff, 147 ff; *Hohmann* Rechtsgut 188 ff, 196 ff und GA **1992** 76, 80 ff; hiergegen zu Recht *Schünemann* GA **1995** 201, 205 ff; *Vogel* StV **1996** 110 unter Hinweis auf die Rspr. des BVerfG.

105 *Schmitz* MK Rdn. 20 ff; *Kuhlen* ZStW **105** (1993) 697, 703 ff; *Saliger* Umweltstrafrecht Rdn. 30 f.

106 Ausführlich kritisch *Saliger* Umweltstrafrecht Rdn. 35 ff; für Orientierung des Umweltstrafrechts an Beeinträchtigungen bzw. Gefährdungen verwaltungsrechtlicher Zweckbestimmungen wie einem Bewirtschaftungskonzept der Umwelt *Papier* Gewässerverunreinigung 10 ff, 24 f, 27 f; NuR **1986** 1 f; *Ossenbühl* 57. DJT 1988, Bd. 2 L 48 f, 52; weitergehend *Meinberg/Möhrenschlager/Link/Bickel* 261, 275 f (Schutzgut z. B. von § 324 sei das staatliche Bewirtschaftungs- und Zuteilungsmonopol). Solche Bezüge können auch schwerlich im Bereich des Meeresschutzes hergestellt werden, selbst wenn dort für gewisse Beeinträchtigungen Gestattungsmöglichkeiten bestehen; die *Papier*'sche Auffassung (28) für unbewirtschaftete Gewässer zeigt die Brüchigkeit des Konzepts, abl. deshalb auch *Saliger* Rdn. 40 und *SSW/ders.* Rdn. 12; *Schmitz* MK Rdn. 24 f.

dar, dass die Verwaltung, die spezielle Umweltverwaltungsbehörde, die jeweiligen Schutzbedingungen bindend festlegt und damit auch die Voraussetzungen für strafbares Verhalten bestimmt (**administrativer Rechtgutsschutz**). Eine solche Sicht entspricht nicht dem Konzept und dem Willen des Gesetzgebers. Eine starke Ausprägung in diese Richtung weist zwar z. B. § 327 aus, wenn dort das Handeln ohne Genehmigung oder entgegen einer Untersagung für strafbar erklärt wird. Dies schließt aber bei einer Deutung als abstraktes Gefährdungsdelikt den Umweltbezug keineswegs aus.[107] Darüber hinaus käme die administrative Auffassung in Schwierigkeiten bei der strafrechtlichen Verantwortlichkeit von Amtsträgern. Gerade die Ausgestaltung mancher Umweltstraftat als abstraktes Gefährdungsdelikt zeigt aber auf der anderen Seite, dass neben den im Hintergrund geschützten Umweltgütern weitere Allgemeingüter als sog. Zwischenrechtsgüter vorhanden sind, die ebenfalls als Schutzgüter fungieren. So wie bei § 316 neben die abstrakt geschützten Individualgüter der Verkehrsteilnehmer als Zwischenrechtsgut die Sicherheit des Straßenverkehrs tritt, so wird bei § 327 zugleich die **Überwachungs- und Bewirtschaftungskompetenz der Umweltbehörden als Schutzgut anzusehen** sein. Diese Konzeption steht nicht im Widerspruch zur ökologisch-anthropozentrischen Rechtsgutauffassung, sondern ist die Konsequenz des Umstandes, dass nicht erst die Verletzung mancher Umweltgüter strafrechtlich sanktioniert werden kann, wenn ein wirksamer präventiver Strafrechtsschutz erreicht werden soll, sondern ein effektiver Schutz bereits im Vorfeld der eigentlichen Verletzungshandlungen ansetzen muss.[108]

41 Die anerkannten und im Ergebnis strafrechtlich zu schützenden „ökologischen“ Rechtsgüter“[109] beziehen sich auf die Umweltmedien (Wasser, Luft, Boden), sonstige Erscheinungsformen (Fauna und Flora) sowie einzelne ausgewählte Umweltfaktoren,[110] die natürliche Lebensgrundlagen des (auch künftigen) Menschengeschlechts (vgl. den Bezug in Art. 20a GG) darstellen. Die genannten ökologisch schützenswerten Güter hat der Gesetzgeber ausdrücklich als eigenständige Rechtsgüter verstanden.[111] Diese Eigenständigkeit wird zu Recht von der ganz h. M. nicht in Zweifel gezogen, wobei wegen des nicht vollständig abgeklärten Begriffs der „Umwelt“ (Rdn. 18) nicht an diesen Begriff selbst, sondern an die konkreten Erscheinungsformen ihrer Bestandteile, die Umweltmedien angeknüpft wird.[112] Von der h. M. wird der Zusammenhang zwischen diesen eigenständigen Rechtsgütern und dem Schutz des Menschen betont, was angesichts neuerer Entwicklungen in der umweltrechtlichen Gesetzgebung etwas zu relativieren ist. Dem Umweltstrafrecht kommen damit **ambivalente Schutzaufgaben** zu:[113] Schutz der natürlichen Lebensgrundlagen des Menschen vor dem Menschen für den Menschen, aber auch für Tiere, Pflanzen und andere Bestandteile der Natur in ihrem Wirkungsgefüge.

42 Die Umweltrechtsgüter können allerdings weitgehend nur relativ, **nicht absolut in ihrem Ist-Zustand geschützt** werden. Die Notwendigkeit, Wasser, Luft, Boden und andere Naturbestandteile bis zu einem gewissen Grad zu nutzen, schließt es aus, jegliche Einwirkungen auf sie

---

107 *Saliger* Umweltstrafrecht Rdn. 37; *Schall* SK Rdn. 23, 25, jeweils m. w. N.; *Kloepfer/Heger* Rdn. 47; das gilt auch gegenüber der Auffassung, die als geschütztes Rechtsgut die Dispositions- und Kontrollbefugnis der Behörde ansieht (dazu bei § 327).

108 Ausführlich dazu *Heghmanns* 156 ff, 162 ff.

109 *Kareklas* 88 ff, 96 ff.

110 *Sch/Schröder/Heine/Schittenhelm* Rdn. 8; *Fischer* Rdn. 3; *Lackner/Kühl/Heger* Rdn. 7.

111 BT-Drs. 8/2382 10; 8/3633 19; s. a. *Saliger* Umweltstrafrecht Rdn. 43; *Schünemann* Festschrift Triffterer 437, 452 ff.

112 *Arzt* Kriminalistik **1981** 117, 120; *Blei* II § 89 II; *Bottke* JuS **1980** 539 f, 540; *Fischer* Rdn. 3a; *Herrmann* ZStW **91** (1979) 297 ff; *Kuhlen* ZStW **105** (1993) 697, 701; *Lackner/Kühl/Heger* Rdn. 7; *Laufhütte/Möhrenschlager* ZStW **92** (1980) 912, 917 f und Rdn. 17; *Leibinger* ZStW **90** (1978) Beiheft S. 69, 83; *Maurach/Schroeder/Maiwald* II § 58 Rdn. 19; *Möhrenschlager* ZRP **1979** 97 f, 98; *Rogall* JZ-GD **1980** 101, 104; *Rüdiger* 92 f m. w. N.; *Schild* Jura **1979** 421, 423; *ders.* JurBl. **1979** 18 ff; *Sch/Schröder/Heine/Schittenhelm* Rdn. 8; *Schall* SK Rdn. 26; *Tiedemann* Neuordnung des Umweltstrafrechts 18 u. 29 ff; *Triffterer* Umweltstrafrecht 33 f; *Vogel* ZRP **1980** 178, 180; *Wegscheider* DRiZ **1983** 56, 57; *de With* Recht u. Politik **1980** 33 ff.

113 *Rengier* NJW **1990** 2512 f; *ders.* JR **1996** 34, 35; ähnlich *Triffterer* Umweltstrafrecht 35 m. w. N.

zu verbieten. Der Schutzumfang ist vielmehr generell vom Gesetzgeber und auf dieser Basis konkret in untergesetzlichen Regelungen, Rechtsverordnungen, allgemeinen Verwaltungsvorschriften und letztlich in Entscheidungen hierfür zuständiger Behörden festzulegen. Die Bestimmung differenzierender Grenzen umweltbezogen risikobehafteten Verhaltens ist ein fortdauernder politischer und administrativer Prozess auf nationaler, europäischer und internationaler Ebene, der sich unmittelbar auf das Straf- und Ordnungswidrigkeitenrecht auswirkt und in dem die nur ergänzende, subsidiäre und „ultima ratio"-Rolle des Strafrechts zum Ausdruck kommt.

Träger ökologischer Rechtsgüter ist naturgemäß nicht die Einzelperson. Ihr kommt keinerlei Verfügungsbefugnis über die Umweltgüter zu.[114] Das gilt auch, soweit der Individualrechtsschutz in den §§ 324a ff, 327 Abs. 2 S. 2, § 328 Abs. 1 Nr. 2, Abs. 3 mittelbar durch Anknüpfung gesundheitlicher Gefahren an umweltbezogene Tathandlungen einbezogen ist oder in Gestalt einer Qualifikation nach Art des § 330 Abs. 2 zu einem Grundtatbestand hinzutritt. Ob die Dispositionsbefugnis über ein Individualgut als Teil der durch eine Umwelttat in Mitleidenschaft gezogenen Rechtsgüter für ein tatbestandsausschließendes Einverständnis oder eine rechtfertigende Einwilligung ausreicht, ist umstritten, aber richtigerweise zu bejahen, soweit das tatbestandliche Unrecht durch eine kumulative Verletzung von Allgemein- und Individualgütern gekennzeichnet ist.[115] Eine **Dispositionsbefugnis** über die Umweltgüter und damit über die Strafbarkeitsgrenzen kommt freilich Amtsträgern der Umweltbehörden zu, soweit ihnen durch Gesetz z. B. die Möglichkeit einer Genehmigung und ein damit verbundener Entscheidungsspielraum eingeräumt ist. Gleichwohl sind weder Behörden noch Amtswalter Träger der Umweltgüter, sondern lediglich deren Hüter und Verwalter im Interesse der Allgemeinheit. 43

IV. Tatbestandsstrukturen

1. Deliktsnatur

Bei der Ausgestaltung der einzelnen Tatbestände hat der Gesetzgeber die schon bei den früheren Strafvorschriften in Umweltschutzgesetzen eingeschlagene Richtung fortgesetzt. Angesichts des Erfordernisses eines Kausalzusammenhangs zwischen Handlung und schädlichen oder gefährlichen Folgen war mit Verletzungs- und konkreten Gefährdungsdelikten allein kein effektives Umweltstrafrecht zu erreichen.[116] Soweit nicht schon die Rechtsprechung Auswege gefunden hatte,[117] haben der nationale wie auch der europäische Gesetzgeber versucht, durch die Bildung **abstrakter und abstrakt-konkreter** bzw. auf Eignung abzustellender **Gefährdungstatbestände** den bei der Verfolgung von Umweltstraftaten auftretenden Kausalitätsproblemen und Beweisschwierigkeiten (z. B. bei der Kumulation umweltbeeinträchtigender Handlungen) zu begegnen. Gefahren für Umweltgüter durch unerlaubtes riskantes Verhalten sollen damit bereits im Ansatz verhindert werden. 44

Für die gleichwohl vorhandenen Verletzungs- bzw. **Erfolgsdelikte** steht § 324 mit dem Erfordernis einer nachteiligen Veränderung von Gewässereigenschaften. Die weite Auslegung des Begriffs einer nachteiligen Veränderung zeigt jedoch bereits eine gewisse Annäherung an den Gefährdungsbereich (s. § 324 Rdn. 22 ff). Entsprechendes gilt für eine nachteilige Veränderung eines Bodens in bedeutendem Umfang (§ 324a Abs. 1 Nr. 2). Als **konkrete Gefährdungsdelikte** sind u. a. § 325a Abs. 2, § 328 Abs. 3 und § 330a ausgestaltet. Rein abstrakte Gefährdungsdelikte knüpfen an bestimmte Handlungen ohne irgendeinen konkreten Bezug 45

114 *Saliger* Umweltstrafrecht Rdn. 45; *Kloepfer/Vierhaus* Rdn. 18; *Kloepfer/Heger* Rdn. 50.
115 Vgl. zu dieser Thematik *Jansen* ZIS **2019** 2, 4 ff; *Wolters* SK vor § 306 Rdn. 13.
116 Vgl. z. B. *Kloepfer/Heger* Rdn. 58 f; *Heger* Europäisierung 335 ff; *Anastasopoulos* 57 ff; *Rogall* JZ-GD **1980** 101, 104; *ders.* in *Dolge* 795, 822.
117 Vgl. die Auslegung des § 38 WHG, insbesondere durch das OLG Stuttgart (§ 324 Rdn. 30).

auf eine Verletzung oder Gefährdung(-seignung) an, wie dies etwa in § 325 Abs. 2 und 3 oder in den §§ 326 Abs. 3, 327 Abs. 1, Abs. 2 S. 1 geschieht. Eine Zwischenstellung nehmen die sog. abstrakt-konkreten bzw. potenziellen Gefährdungsdelikte ein, die überwiegend als **Eignungsdelikte** bezeichnet werden. Von solchen Deliktsumschreibungen wird die Umweltstrafrechtrichtlinie 2008/99/EG geprägt. Zu ihnen zählen § 324a Abs. 1 Nr. 1, 325 Abs. 1 oder zumindest in Teilen auch § 326 Abs. 1. Ob eine solche Eignung vorliegt, ist im Einzelfall festzustellen. „Nur eine generelle Gefährlichkeit der konkreten Tat [gehört] ... zum Tatbestand. Der Tatrichter hat dabei zu prüfen, ob die jeweilige Handlung bei genereller Betrachtung der konkreten Umstände gefahrengeeignet ist."[118] Ein Kausalzusammenhang zwischen dem Verhalten des Täters (bzw. einer Stoffeigenschaft) und dem Eintritt eines Schadens bzw. einer Gefahr braucht also nicht nachgewiesen zu werden. Es reicht eine vom Richter nach den Umständen festzustellende generelle Kausalität aus. Das Verhalten (bzw. die Stoffeigenschaft) muss nach derzeit gesicherter naturwissenschaftlicher Erfahrung mit Fällen dieser oder vergleichbarer Art generell den Eintritt eines Schadens mit hinreichender Wahrscheinlichkeit befürchten lassen.[119] Noch nicht ausreichend geklärt ist, auf welche Umstände es bei der Feststellung der Eignung ankommt. Überwiegend werden konkrete statisch/konstante Umstände, wie bei anlagebezogenen Tatbeständen die Beschaffenheit und Lage einer Anlage (z. B. die Höhe eines Schornstein), die Nähe zu anderen emittierenden Anlagen und geographische sowie bevölkerungsbezogene Verhältnisse (wie Lage und Beschaffenheit des Geländes, Nähe zu Naturschutzgebieten, Siedlungsdichte, Bebauung), bei § 324a die Beschaffenheit des Bodens und eine Gewässernähe und bei Schadstoffen die Art, Menge, Konzentration und Ausbreitung sowie deren Dauer zu berücksichtigen sein.[120] Variable Einflüsse wie vor allem schwankende Witterungs- und Windverhältnisse und die An- oder Abwesenheit von Personen, Tieren oder Pflanzen spielen im Allgemeinen keine Rolle,[121] was bei generalisierender Betrachtung Ausnahmen nicht ausschließt (§ 325 Rdn. 14).[122] Davon ging offenbar auch der Regierungsentwurf zum 18. StrÄndG mit dem Hinweis zu § 325 aus, individuelle Tatumstände, selbst wenn nur generalisierend, könnten berücksichtigt werden.[123] Technische Anleitungen (wie z. B. TA Luft oder TA Lärm) enthalten i. d. R. nur ein Eignungsindiz.

46 Umweltdelikte unterteilen sich in Allgemeindelikte, d. h. von jedermann begehbare Straftaten, und Sonderdelikte, die nur von bestimmten Personen, insb. im Zusammenhang mit der Wahrnehmung bestimmter Funktionen begangen werden. Ihre Abgrenzung ist jedoch umstritten. **Allgemeindelikte** sind unstreitig die §§ 324, 326 Abs. 1, § 328 Abs. 2 Nr. 3 und 4 sowie § 330a. Als **Sonderdelikte** werden nach h. M. solche (reinen) Betreiberdelikte bezeichnet, die auf das **Betreiben einer Anlage** als Tathandlung abstellen (§ 327 Abs. 1 Nr. 1, Abs. 2; § 329 Abs. 1, Abs. 2 Nr. 1 und 2);[124] eine Mindermeinung dehnt diese Tatbestände auf faktisch Herrschaftsbefugte über eine Anlage aus.[125] Darüber hinaus werden jedoch teilweise auch Betreiberdelikte, die Handlungen beim Betrieb bzw. Betreiben einer Anlage mit Strafe bedrohen (§ 325 Abs. 1 und 2; § 325a, § 328 Abs. 3 Nr. 1), zu den Sonderdelikten gerechnet.[126] Dagegen spricht,

---

118 BGH NStZ **2012** 450 (zu § 5 HeilprG); BGHSt **39** 371 f (zu § 311 StGB, s. auch LK Rdn. 19 ff); zu § 34 Abs. 2 AWG a. F. BGHSt **53** 128, 133, 135; **54** 275, 296; NJW **1999** 2129 (bes. kritisch zur Rechtsprechung *Zieschang* Festschrift Wolter 557 ff und für eine differenziertere Auslegung der einzelnen Eignungstatbestände.

119 Zu § 325 OLG Karlsruhe ZfW **1996** 406 f; *Alt* MK Rdn. 28; *Schmitz* MK Rdn. 28; *Schall* SK Rdn. 31; *Kloepfer/Heger* Rdn. 235; *Möhrenschlager* WiVerw **1984** 47, 65.

120 *Schall* SK Rdn. 35; zu § 325 *Alt* MK Rdn. 29.

121 Zu § 325 *Alt* MK Rdn. 29; *SSW/Saliger* § 325 Rdn. 5.

122 *Schall* SK Rdn. 35 m. Rdn. 151.

123 BT-Drs. 8/2382 16.

124 *Saliger* Umweltstrafrecht Rdn. 149 ff; allgemein zum Betreiberbegriff im Umweltrecht *Vierhaus* NuR **2014** 98.

125 *Ransiek* NK § 327 Rdn. 5; *ders.* Festschrift Widmaier 730 ff; *Steindorf* LK[11] § 327 Rdn. 25; *Alt* MK § 327 Rdn. 11, 47.

126 BVerfG NJW **1995** 186 f; *AK-U* 114; *Steindorf* LK[11] § 325 Rdn. 1a; § 325a Rdn. 31; *Maurach/Schroeder/Maiwald* II § 58 Rdn. 34; *Franzheim/Pfohl* Rdn. 574; *Ramming* 219 ff; *Weber* GK-BImSchG vor § 62 Rdn. 75.

dass diese Vorschriften nicht von vornherein ausschließlich für bestimmte Täterkreise wie für Anlagenbetreiber gelten, sondern nur die Reichweite der Tatbestände anlagenbezogen räumlich-gegenständlich beschränken.[127] Ein Sonderdeliktscharakter mag jedoch Tatbeständen zukommen, die an die Verletzung verwaltungsrechtlicher Vorschriften anknüpfen (§ 324a, §§ 325, 325a, 326 Abs. 3, § 328 Abs. 3, § 329 Abs. 4), sofern diese Pflichten sich an bestimmte Personenkreise und nicht an jedermann richten.[128]

2. Kausalität und Zurechnung

Schädliche oder auch nur konkret gefährliche Auswirkungen auf Umweltgüter und auf den Menschen können nicht nur Folgen des Verhaltens eines Einzelnen sein, sondern sind vielfach Ergebnis eines Zusammenwirkens mehrerer Tätigkeiten eines Einzelnen oder mehrerer Personen, mitunter auch beeinflusst durch natürliche Gegebenheiten. Die **Kumulation** verschieden belastender Aktivitäten kann ggf. gleichzeitig oder zeitlich verschoben, also sukzessiv, oder in ihrer Summation sowie darüberhinausgehend sogar mit einem sog. **synergetischen Effekt** einen tatbestandsmäßigen Erfolg oder eine tatbestandsmäßige konkrete Gefährdung herbeiführen oder verstärken. In den Fällen der Kumulation und der Synergetik ist i. S. d. Äquivalenztheorie an der Kausalität der Einzelhandlungen für den Gesamterfolg nicht zu zweifeln, wenn dieser ohne das Zusammenwirken in seiner konkreten Gestalt nicht zustande gekommen wäre bzw. anders ausgesehen hätte. Verunreinigt ein Täter ein stehendes Gewässer sukzessiv durch Einleiten jeweils geringer Mengen von Müll, so werden alle Beiträge zusammen, d. h. in ihrer Gesamtwirkung gerechnet. Dasselbe gilt, wenn verschiedene Beteiligte bewusst und gewollt minimale Beiträge leisten, die zu einer vollendeten Gewässerverunreinigung führen. 47

Demgegenüber ist nicht von vornherein klar, ob in Fällen sog. **Nebentäterschaft** die kausale Mitherbeiführung der Verunreinigung durch jeweils minimale Beiträge zur Zurechnung führt oder darauf abzustellen ist, ob der einzelne Tatbeitrag für die Vollendung des Tatbestandes ausreicht oder nicht. Gegen die letztere, verschiedentlich vertretene Auffassung[129] spricht allerdings die vom Gesetzgeber gebilligte Auffassung des RegE, wonach es genügt „wenn das Verhalten des Täters nur deswegen zu einer Verunreinigung führt, weil auch andere dem Gewässer Stoffe zuführen.“[130] Unterstützt wird dies in der Ablehnung der Empfehlung des Bundesrates zur Einschränkung des mit dem gleichen Problem behafteten Tatbestandes der Luftverunreinigung, bei dem Zusammenwirken verschiedenartiger Emittenten nur auf den maßgeblichen Beitrag des jeweiligen Anlagenbetreibers abzustellen.[131] Zusätzlich wurde in der Ablösung vom Konzept konkreter Gefährdungsdelikte und der Einführung abstrakter Gefährdungsdelikte auch eine sachgerechte Lösung des Problems kumulativer Umweltbelastungen erblickt.[132] Der Gesetzgeber hat seine Auffassung zudem auf mehrere Entscheidungen des OLG Stuttgart[133] gestützt.[134] 48

---

127 *Saliger* Umweltstrafrecht Rdn. 151; *Schall* SK Rdn. 43; vgl. auch *Alt* MK § 325 Rdn. 62.

128 *Alt* MK § 324a Rdn. 42; § 325 Rdn. 48; § 328 Rdn. 62 f; § 329 Rdn. 48; *Kemme* 484 ff; *J. Martin* 57 ff, 62 ff, 77 ff; *Ransiek* NK § 324a Rdn. 27; § 325 Rdn. 19; *Rengier* Festschrift Kohlmann 225, 230 f, 236; *Sack* § 325 Rdn. 194; *Saliger* Umweltstrafrecht Rdn. 152 ff; *Schall* Rdn. 45; *ders.* Festschrift Schöch 619, 626 ff; *Sch/Schröder/Heine/Schittenhelm* Rdn. 25.

129 Nur auf den Teilerfolgsbeitrag stellen ab *Schmitz* MK Rdn. 36 ff; *Daxenberger* passim; *Kuhlen* WiVerw **1991** 181, 199, 201 f; *Samson* ZStW **99** (1987) 617, 628 ff; wohl auch *Wohlers* Deliktstypen des Präventionsstrafrechts (2000) 142 f; differenzierend (dem Zweithandelnden wird der Gesamterfolg [Verunreinigung] zugerechnet, nicht dem Ersthandelnden): *Saliger* Umweltstrafrecht Rdn. 247 ff; *SSW/ders.* Rdn. 71 ff, 76; *Schall* SK Rdn. 39; *Alt* MK² § 324 Rdn. 39 f m. w. N.; *Kloepfer/Heger* Rdn. 189 ff; *Bloy* JuS **1997** 577, 582.

130 BT-Drs. 8/2382 14.

131 BT-Drs. 8/2382 30.

132 BT-Drs. 8/2382 22.

133 OLG Stuttgart ZfW **1976** 380; NJW **1977** 1406; NJW **1977** 1408.

134 BT-Drs. 8/2382 14.

Am deutlichsten ist hier die erste Entscheidung, in der das Gericht es zu § 38 WHG a. F. als wenig gerecht angesehen hat, „die Frage der schädlichen Verunreinigung danach zu bemessen, ob die jeweilige Einleitung bei isolierter Betrachtung tatsächlich einen materiellen Nachteil zur Folge gehabt hat. Entscheidend kann nur sein, ob eine derartige Einleitung eventuell im Zusammenwirken mit weiteren Einleitungen oder mit Schadstoffen, die bereits von anderen eingebracht worden sind, materielle Nachteile zur Folge haben kann." Aufbauend darauf lässt sich die Kausalität zunächst einmal bejahen, wenn z. B. jemand Abwässer in ein Gewässer einleitet, dies für sich genommen keine erhebliche Veränderung zur Folge hat, mit den bereits von anderen eingebrachten Schadstoffen jedoch eine „Verunreinigung" i. S. v. § 324 bewirkt.

49 Bei der Frage der **objektiven Zurechnung** ist dann freilich zu differenzieren: Selbstverständlich sind dem Täter Erfolge zuzurechnen, die durch seinen Beitrag im Zusammenwirken mit bereits vorgefundenen Bedingungen eintreten. Dasselbe gilt, wenn der Täter schädliche Stoffe einleitet, obwohl künftige Einleitungen Dritter zu erwarten sind, mit denen zusammen die Veränderung des Umweltmediums bedeutsam genug ist, um materielle Nachteile nach sich zu ziehen. Gleiches ist der Fall, wenn im Umweltmedium bereits vorhandene Schadstoffe mit Zuführungen durch den Täter und durch voraussehbar hinzukommende Dritte zusammenwirken.[135]

V. Verwaltungsakzessorietät

1. Allgemeines

50 Ein Kennzeichen des Umweltstrafrechts im StGB ist die dort besonders hervorgehobene Verbindung zum und Abhängigkeit vom Umweltverwaltungsrecht, die sog. (Umwelt-)Verwaltungsakzessorietät.[136] Sie verdeutlicht sich zum einen in der ausdrücklichen Anknüpfung von Tatbeständen an nationale oder europäische umweltbezogene Rechtsvorschriften (wie in § 326 Abs. 2

135 *Möhrenschlager* WiVerw **1984** 47, 63 f; i. Erg. weitgehend auch OLG Frankfurt NJW **1987** 2753, 2755; OLG Celle NJW **1986** 2326 f; *Alt* MK § 324 Rdn. 23; *Fischer* § 324 Rdn. 5b; *Braun* 52 f; *Kleine/Cossack* 18 ff, 76 f,119 ff, 168 ff; *Sack* § 324 Rdn. 50c; *Kuhlen* GA **1986** 398, 400 ff; vgl. auch BGHSt **34** 211, 213 f = NStZ **1987** 323 (betr. den Zweithandelnden); diff. *Schall* SK Rdn. 39 (keine Zurechnung künftiger Beiträge).

136 Grundlegende Werke aus dem Schrifttum sind insb. *Bergmann Zur* Strafbewehrung verwaltungsrechtlicher Pflichten im Umweltstrafrecht, dargestellt am § 325 StGB (1993); *Cornelius* Verweisungsbedingte Akzessorietät bei Straftatbeständen (2016); *Ensenbach* Probleme der Verwaltungsakzessorietät im Umweltstrafrecht. Dargestellt an den Straftatbeständen der Gewässerverunreinigung, Luftverunreinigung und Lärmverursachung (1988); *Fortun* Die behördliche Genehmigung im strafrechtlichen Deliktsaufbau (1998); *Frank* Strafrechtliche Relevanz rechtswidrigen begünstigenden Verwaltungshandelns, Diss. Berlin 1985; *Frisch* Verwaltungsakzessorietät und Tatbestandsverständnis im Umweltstrafrecht (1993); *Gornik* Die Strafbarkeit von Zuwiderhandlungen gegen Verwaltungsakte, Diss. Frankfurt/Main 1971; *Haaf* Die Fernwirkungen gerichtlicher und behördlicher Entscheidungen (1984); *Heghmanns* Grundzüge einer Dogmatik der Straftatbestände zum Schutz von Verwaltungsrecht oder Verwaltungshandeln (2000); *Heine* Verwaltungsakzessorietät des Umweltstrafrechts. Rechtsvergleichende Funktionsanalysen – unbestimmte Rechtsbegriffe – Reichweite von Genehmigungen, in: *Lorenz Schulz* (Hrsg.) Ökologie und Recht (1992) 55; *Heine/Meinberg* Empfehlen sich Änderungen im strafrechtlichen Umweltschutz, insbesondere in Verbindung mit dem Verwaltungsrecht? Gutachten zum 57. DJT (1988), D 45 ff, 119 ff; *Hellmich* Kooperation statt Konfrontation als Alternative bei der Bekämpfung der Umweltkriminalität (2008); *Hoch* Die Rechtswirklichkeit des Umweltstrafrechts aus der Sicht von Umweltverwaltung und Strafverfolgung. Empirische Untersuchung zur Implementation strafbewehrter Vorschriften im Bereich des Umweltschutzes (1994); *Horn* Umweltschutz-Strafrecht: eine After-Disziplin? UPR 1983 362; *Hundt* Die Wirkungsweise der öffentlich-rechtlichen Genehmigung im Strafrecht (1994); *Jarass* Verwaltungsrecht als Vorgabe für Zivil- und Strafrecht DÖV 1990 1059; *Kemme* Das Tatbestandsmerkmal der Verletzung verwaltungsrechtlicher Pflichten in den Umweltstraftatbeständen des StGB (2007); *Kühl* Probleme der Verwaltungsakzessorietät des Strafrechts, insbesondere im Umweltstrafrecht, Festschrift Lackner (1987) 815; *Lenk* Die Bedeutung verwaltungsrechtlicher Entscheidungen und Rechtsbehelfe im Strafrecht (2020); *Marx* Die behördliche Genehmigung im Strafrecht (1993); *Matejko* Der Irrtum über Verwaltungsnormen im Rahmen der Verwaltungsakzessorietät

Nr. 1, § 327 Abs. 2, § 328 Abs. 2 Nr. 1, Abs. 3 Nr. 1 und § 329), zum anderen an Verstöße gegen verwaltungsrechtliche Verbote, Genehmigungserfordernisse und Untersagungen (wie z. B. in § 326 Abs. 2 Nr. 1, § 327, § 328 Abs. 1 und § 329). Eine nur im Abschnitt „Straftaten gegen die Umwelt" (und in § 311) zu findende Besonderheit bildet dabei die umfangreiche Anknüpfung an die „Verletzung verwaltungsrechtlicher Pflichten" (§§ 324a, 325, 325a, 326 Abs. 3, § 328 Abs. 3 und § 329 Abs. 4), deren Inhalt in § 330d Abs. 1 Nr. 4 d) gesondert umschrieben und EU-bezogen durch Absatz 2 ergänzt wird. Verwaltungsakzessorietät ist hingegen **keine singuläre Erscheinung im Umweltstrafrecht**; sie zieht sich vielmehr durch das gesamte Strafrecht, wo immer dieses verwaltungsrechtliche Regularien qua Sanktionsdrohung flankiert, etwa im Lebensmittel-, Waffen-, Betäubungsmittel- oder Straßenverkehrsrecht. So weist etwa die Strafrechtsnorm des Fahrens ohne Fahrererlaubnis (§ 21 Abs. 1 Nr. 1 StVG) dieselbe Struktur auf wie das unerlaubte Betreiben von Anlagen in § 327 Abs. 1. Die Akzessorietät ist aber nicht einmal auf das Verhältnis von Straf- und Verwaltungsrecht begrenzt, sondern stellt eine **allgemeine Eigenart des Strafrechts** dar, das als sekundäres Recht nicht den Anspruch haben darf, sich eine Regelungskompetenz anzumaßen, wo diese bereits von einem der unmittelbar dazu berufenen Teilrechtsgebiete ausgeübt wurde. Strafrecht darf daher nichts per Strafdrohung verbieten, was Zivil- oder öffentliches Recht ausdrücklich zugelassen haben;[137] es darf – und insoweit ist die Akzessorietät eingeschränkt – im Hinblick auf seinen fragmentarischen Charakter und seine ultima ratio-Funktion allerdings auf eine Strafbewehrung verzichten, obschon ein bestimmtes Verhalten zivil- oder öffentlich-rechtlich verboten ist, denn Nichtstrafbarkeit impliziert keine allgemeine Erlaubnis, sondern nur den Verzicht auf eine zusätzliche ethische Missbilligung verbotswidrigen Verhaltens.[138] Insofern ist die Akzessorietätsdurchbrechung mittels der Rechtsmissbrauchsklausel in § 330d Abs. 1 Nr. 5 eine ausgesprochen problematische Konstruktion, weil sie dazu führt, strafrechtlich etwas zu verbieten, was qua Genehmigung – rechtswidrig, aber rechtswirksam – erlaubt wurde (s. dazu näher § 330d Rn. 29).

In der Akzessorietät „spiegelt sich der Vorrang des Umweltverwaltungsrechts wieder (sic!). Es **51** legt die rechtlichen Grenzen umweltbezogenen Verhaltens und den Schutzumfang von Umweltgütern fest, der das Ergebnis einer Abwägung zwischen der Notwendigkeit, Umweltgüter bis zu einem gewissen Grad zu nutzen und den dadurch möglichen Gefährdungen der Umwelt ist. Der Gesetzgeber kann im Strafrecht grundsätzlich nicht abweichende und strengere Verhaltensmaßstäbe entwickeln als im übrigen Umweltrecht. In der Gesamtheit der Instrumentarien, die zur Durchsetzung umweltpolitischer Zielsetzungen zur Verfügung stehen, kommt dem Straf- und Ordnungswidrigkeitenrecht deshalb – ungeachtet seiner Eigenständigkeit – eine im Wesentlichen flankierende und ergänzende Funktion zu. [...] Die dynamische Entwicklung des Umweltrechts bringt es mit sich, daß im Umweltstrafrecht nicht sämtliche Strafbarkeitsvoraussetzungen im Einzelnen gesetzlich festgelegt werden können, sondern von verfassungsrechtlich zulässigen Konkretisierungen in umweltrechtlichen Gesetzen, Rechtsverordnungen und Verwaltungsakten abhängig sind."[139] Das Zusammenspiel von Umweltverwaltungs- und Umweltstrafrecht gewährleistet zum

(2008); *Michalke* Verwaltungsrecht im Umweltstrafrecht (2001); Verwaltungsrecht im Umweltstrafrecht. Die Legaldefinition der „verwaltungsrechtlichen Pflicht" in § 330d Ziffer 4 StGB (2001); *Mumberg* Der Gedanke des Rechtsmißbrauchs im Umweltstrafrecht (1989); *Ries* Die Durchbrechung der Verwaltungsakzessorietät durch § 330d Nr. 5 StGB (2003); *Schmitz* Verwaltungshandeln und Strafrecht (1993) S. 82 ff; *Schröder, M.* Genehmigungsverwaltungsrecht (2015); *Seibert* Die Bindungswirkung von Verwaltungsakten (1989); *Tiessen* Die „genehmigungsfähige" Gewässerverunreinigung, Diss Kiel 1987; *Winkelbauer* Zur Verwaltungsakzessorietät des Umweltstrafrechts (1985); *Wüterich* Wirkungen des Suspensiveffektes auf die Strafbewehrung und andere Folgen des Verwaltungsakts, Diss. Bonn 1985; *Zeitler* Die strafrechtliche Haftung für Verwaltungsentscheidungen nach dem neuen Umweltstrafrecht, dargestellt an dem § 324 StGB (1982).

137 *Schall* SK Rdn. 50; *Saliger* Umweltstrafrecht Rdn. 67; *Lackner/Kühl/Heger* Rdn. 3 m. w. N.

138 Zu einer ausführlichen Ableitung vgl. *Heghmanns* 116 ff, 126 f.

139 RegE BT-Drs. 12/192 11 f.

einen die **Einheit** der Rechtsordnung[140] und vor allem ihre **Widerspruchsfreiheit**. Zum anderen erlaubt es, die Verhaltensregeln für die diversen notwendigen Umweltinanspruchnahmen an den Erfordernissen des Einzelfalls auszurichten[141] und gleichwohl eine strafrechtliche Sanktionsbewehrung unter Beachtung des Bestimmtheitsgebotes (Art. 103 Abs. 2 GG) herzustellen. Die Verwaltungsakzessorietät enthebt den Strafrechtsanwender zudem ein Stück weit der Notwendigkeit, innerhalb eines ihm fachfremden Rechtsgebietes selbst die Grenzen des erlaubten Verhaltens zu definieren, und erlaubt ihm, sich zumeist auf eine Rechtmäßigkeitskontrolle zu beschränken. Die Grenzen des Erlaubten variieren damit allerdings, sobald Verwaltungshandeln am Opportunitätsprinzip und nicht an dem für das Strafverfahrensrecht geltenden Legalitätsprinzip ausgerichtet ist. Eine Anbindung der Strafbarkeitsfrage an vorhandene oder fehlende Verwaltungsakte oder -normen kann deshalb auch zu unterschiedlicher Rechtsanwendung führen. Strafbewehrt ist – wo die strafbare Handlung verwaltungsrechtlich genehmigungsfähig wäre – letztlich nur der Verstoß gegen die Gebote der Verwaltungsbehörden. Nach der gesetzgeberischen Vorstellung ist die abstrakte Strafdrohung, die sich gleichermaßen gegen materiell verwaltungsrechtswidriges und formell rechtswidriges, aber genehmigungsfähiges Verhalten richtet, gleichwohl sinnvoll und sachgerecht.[142] Ein Verstoß greift auch bei genehmigungsfähigem, aber zur Tatzeit eben ungenehmigtem Verhalten bereits als solcher in die mit Ermessen verbundenen Genehmigungs- und Überwachungskompetenzen der Fachbehörden ein. Auf Grund der formalen Anknüpfung des Strafrechts an die verwaltungsrechtliche Lage und das Verhalten der Verwaltungsbehörden lässt sich allerdings das Problem der kumulierenden Einwirkung auf die Umwelt durch viele erlaubte Eingriffe, z. B. durch Genehmigungen von isoliert betrachtet geringfügigen und sozialadäquaten Umweltbeeinträchtigungen, die in der Summation bzw. Kumulation Schäden an Umweltgütern verursachen, nicht strafrechtlich lösen. Solche und andere Mängel des Verwaltungsrechts müssten in den Umweltschutzgesetzen und ihren Durchführungsvorschriften behoben werden. So kann z. B. selbst eine geringfügige Beeinträchtigung eines Gewässers einer Erlaubniserteilung nach § 12 WHG entgegenstehen, wenn eine Vielzahl ähnlicher Benutzungen eine wasserwirtschaftliche Fehlentwicklung verursachen würde, etwa bei der Einleitung von Abwässern aus vielen Kleinkläranlagen.[143]

2. Verfassungsmäßigkeit verwaltungsakzessorischer Straftatbestände

52 Bereits im Gesetzgebungsverfahren zum 18. StRÄndG waren verfassungsrechtliche Bedenken gegen die verwaltungsakzessorischen Strafnormen erhoben worden; die Kritik[144] ist zwar inzwischen schwächer geworden, aber nie verstummt. Sie resultiert vor allem aus der nicht näher konkretisierten Bezugnahme der Strafgesetze auf verwaltungsrechtliche Vorschriften und sogar auf Verwaltungsakte (beziehungsweise verwaltungsrechtliche Verträge, § 330 d Abs. 1 Nr. 4), die zur – relativen[145] – Unbestimmtheit der Straftatbestände führe und damit den Anwendungsbereich des Art. 103 Abs. 2 GG berühre.[146] Ferner wurde und wird die auf diese Weise verursachte

---

140 *Breuer* JZ **1994** 1077, 1983; *Kuhlen* WiVerw. **1992** 217; *Rogall* Festschrift Köln 505, 522; *Odersky* Festschrift Tröndle 291, 292; *Ossenbühl* DVBl. **1990** 971 f; *Scheele* 24 ff; *Rengier* ZStW **101** (1989) 874; *Kloepfer/Vierhaus* Rdn. 29 bevorzugen den prägnanteren, aber weniger gebräuchlichen Begriff der „Widerspruchsfreiheit der Rechtsordnung"; krit. zum Argument der „Einheit der Rechtsordnung" insgesamt *Galonska* 30 ff; abl. auch *Schwarz* GA **1993** 318, 323 f.

141 Vgl. *Breuer* NJW **1988** 2076 f; *ders.* JZ **1994** 1077, 1983; *Czychowski* ZfW **1984** 266; *Frisch* 7 ff; *Laufhütte/Möhrenschlager* ZStW **92** (1980) 912, 919; *Ostendorf* JZ **1981** 174.

142 Vgl. auch OLG Köln NStE Nr. 11 zu § 327 StGB.

143 *Czychowski/Reinhardt* § 12 WHG Rdn. 17.

144 Zusammenfassend *Hassemer* Festschrift Lenckner 97, 114 f; *Heghmanns* 100 ff; *Kühl* Festschrift Lackner 815, 819 ff, 827 ff; *Lackner/Kühl/Heger* Rdn. 3; *Michalke* Verwaltungsrecht im Umweltstrafrecht 61 ff; *Ransiek* NK Rdn. 45; *Arzt/Weber/Heinrich/Hilgendorf* BT § 41 Rdn. 15; dazu auch *Winkelbauer* 29 ff; *Heine* NJW **1990** 2425, 2429.

145 *Sch/Schröder/Heine/Schittenhelm* Rdn. 4 f; *Pfeiffer* Verunreinigung der Luft 44.

146 *Dietmeier* 67 ff; *Heghmanns* 100 ff; *Michalke* (Fn. 142); *dies.* Umweltstrafsachen Rdn. 3, 14; *Peters* Festschrift Leuze (2003) 419, 424 ff; *Ransiek* Gesetz und Lebenswirklichkeit 112 ff; vgl. auch *Schmitz* MK Rdn. 3, 45, 51.

„Selbstentmachtung" des Strafgesetzgebers kritisiert, wobei die Kritik in verfassungsrechtlicher Hinsicht auf eine Missachtung des Rechtsstaats- und Gewaltenteilungsprinzips hinausläuft. Schließlich wecke die unterschiedliche Handhabung des Umweltverwaltungsrechts durch die Behörden Zweifel an der Wahrung des Gleichbehandlungsgebots (Art. 3 Abs. 1 GG). Überwiegend greifen diese Bedenken jedoch nicht durch.[147]

Die relative „Weite und Unbestimmtheit"[148] der in den einzelnen Strafnormen verwendeten Rechtsbegriffe führt für sich alleine genommen zu keinem Verstoß gegen Art. 103 Abs. 2 GG. Die Trennung der Straftatbestände von den themenzugehörigen verwaltungsrechtlichen Vorschriften der Nebengesetze hat allerdings dazu geführt, den Regelungszusammenhang mit den zur Rechtsanwendung im Einzelfall meist weiter erforderlichen verwaltungsrechtlichen Vorschriften zu durchbrechen. Der Zusammenhang innerhalb eines Nebengesetzes hatte den Vorteil der besseren Überschaubarkeit der Gesamtmaterie.[149] Die im Strafgesetzbuch geführten Strafnormen verweisen zudem nicht immer ausdrücklich auf das jeweils themenzugehörige verwaltungsrechtliche Nebengesetz. Sie sind allerdings keine, jedenfalls aber keine vollständigen Blankettstrafgesetze.[150] Die verwaltungsrechtlichen Vorschriften und Anordnungen, die verwaltungsrechtliche Verhaltenspflichten begründen (§ 330d Abs. 1 Nr. 4) werden tatbestandlich entweder ausdrücklich oder zumindest stillschweigend vorausgesetzt. Die Normerkennbarkeit ist – zumal für Gewerbetreibende, bei denen die Kenntnis der sie betreffenden Gesetzesmaterien erwartet werden darf – gewährleistet, insb. durch einzelfallbezogene Genehmigungen, Untersagungen oder verhaltensbestimmende Verwaltungsakte. Die Voraussetzungen der Strafbarkeit sind zudem ausreichend genau umschrieben, was es erlaubt, Tragweite und Anwendungsbereich der Straftatbestände durch Auslegung zu ermitteln.[151] Voraussetzung für eine ausreichende Bestimmtheit ist aber zusätzlich, dass die den Straftatbestand ausfüllenden verwaltungsrechtlichen Regelungen ihrerseits im Sinne von Art. 103 Abs. 2 GG ausreichend bestimmt sind.[152] Insoweit bestehende Defizite mögen die Strafbarkeit im Einzelfall in Frage stellen, nicht aber das Regelungskonzept als solches. Soweit die Straftatbestände der §§ 324 ff bereits aus sich heraus, wenigstens aber im Kontext konkretisierender Verwaltungsanordnungen verständlich und bestimmt sind, muss aber, um dem Gesetzlichkeitsprinzip zu genügen, die letzten Endes strafbewehrte Verhaltensnorm sich auch im Einzelfall **auf den Willen des parlamentarischen Gesetzgebers zurückführen** lassen, um so dem Parlamentsvorbehalt als weiterem Aspekt von Art. 103 Abs. 2 GG zu genügen;[153] andernfalls droht zugleich **eine Missachtung des Rechtsstaats- und Gewaltenteilungsprinzips** (Art. 20 Abs. 2 und 3 GG).[154] Dies betrifft vor allem Straftatbestände wie § 325, die an eine „Verletzung verwaltungsrechtlicher Pflichten" anknüpfen, sofern sich diese Pflicht aus einem Verwaltungsakt oder öffentlich-rechtlichen Vertrag ergibt (§ 330d Abs. 1 lit. c-e) und sich der Inhalt dieser Pflicht auf keine entsprechend konkret formulierte Ermächtigungsnorm zurückführen lässt.[155] Hat hingegen der Gesetzgeber die Verwaltung bereits gesetzlich ermächtigt, beispielsweise bestimmte Auflagentypen oder Grenzwerte einer Ge- 53

---

147 *AK-U* 43 f; *Heine/Meinberg* Gutachten D 53 ff, *dies.* GA **1990** 16; *Heine* NJW **1990** 2425; *Kloepfer/Vierhaus* Rdn. 29 f; *Winkelbauer* 28 ff; für § 325 *Pfeiffer* Verunreinigung der Luft 42 ff.

148 *Frisch* 121 ff; ähnlich *Galonska* 6.

149 *Kühl* Festschrift Lackner 815, 821; zur Frage der Anschaulichkeit und Bestimmtheit der Normen *Triffterer* Umweltstrafrecht 75 ff.

150 *Kloepfer/Heger* Rdn. 93 ff; zur Blanketttechnik *Winkelbauer* 12 ff.

151 So auch *Kemme* 106, 125 f in Auseinandersetzung mit *Heghmanns* (in den Straftatbeständen ist das typische Unrecht bereits jenseits der Verwaltungsrechtswidrigkeit weitgehend und deutlich umschrieben); vgl. auch *Schmitz* MK Rdn. 50; zu den Anforderungen an die Bestimmtheit BVerfGE **75** 329, 341 (s. nachstehend); **78** 374, 381 f; **87** 399, 407, 411; NJW **1992** 2624; **2010** 754 f; BGHSt **42** 79, 84; wistra **1997** 25, 27.

152 BVerfGE **75** 329, 343 ff; *Kemme* 90 ff; *Schall* SK Rdn. 60 m. w. N. (auch zu Gegenmeinungen).

153 Vgl. BVerfGE **71** 108, 114; **75** 329, 341; **78**, 374, 282; **90** 145, 224; *Schmidt-Leichner* NJW **1962** 1372; *Heghmanns* 85 ff.

154 *Winkelbauer* 32 ff; zum Problem der „Selbstentmachtung" des Gesetzgebers hinsichtlich der Verwaltungsaktsakzessorietät *Schünemann* Festschrift Triffterer 437, 444 f; *Perschke* wistra **1996** 161, 163.

155 *Heghmanns* 289 ff.

nehmigung festzulegen, so stellt es keine Selbstentmachtung des Gesetzgebers zugunsten der Verwaltung dar, wenn diese im Anschluss die exakten Grenzen strafbaren Verhaltens definiert.[156]

54 Diese Linie entspricht der Rechtsprechung des **BVerfG**, das über eine Vorlage des AG Nördlingen[157] zu entscheiden hatte, welche § 327 Abs. 2 Nr. 1 betraf. Das vorlegende Gericht nahm an, die Möglichkeit der Verwaltung, durch rechtswidrige Duldungen oder Verwaltungsakte die Strafbarkeit zu bestimmen, verletze das Prinzip des Gesetzesvorbehaltes sowie das Gewaltenteilungsprinzip. Das BVerfG[158] hielt demgegenüber § 327 Abs. 2 Nr. 1 für hinreichend bestimmt.[159] Zwar ergebe sich nicht bereits aus der Strafnorm, welche Anlagen genehmigungspflichtig seien; dies sei jedoch durch ausdrückliche Verweisung auf das BImSchG und darauf aufbauend in einer Rechtsverordnung geregelt. Die von Art. 103 Abs. 2 i. V. m. Art. 80 Abs. 1 S. 2 und Art. 104 Abs. 1 S. 1 GG vorausgesetzte, nach Inhalt, Zweck und Ausmaß bestimmte Ermächtigung sah das BVerfG als erfüllt an. „Eine detaillierte Regelung dieser überwiegend technischen Fragen im Bundes-Immissionsschutzgesetz selbst würde das Gesetz starr und kasuistisch machen und die notwendige Anpassung an die raschem Fortschritt und Wandel unterworfene Naturwissenschaft und Technik erschweren."[160] Die Auflistung der Anlagen informiere den Normadressaten strafrechtlich verlässlich. Von Betreibern technischer Anlagen sei zu verlangen, sich über die einschlägigen Vorschriften zu informieren.[161] Grenzfälle könnten mit den strafrechtlichen Irrtumsregelungen sachgerecht behandelt werden. Probleme, die sich aus der Anwendung ergeben – z. B. bei Genehmigungen, die mit schweren Mängeln behaftet sind, bei behördlichen Duldungen, bei nach Ansicht des Strafgerichts unzutreffender Verneinung der Genehmigungsbedürftigkeit – müssten von den Gerichten mit den Mitteln des geltenden Rechts bewältigt werden. Ein Verstoß gegen Art. 3 Abs. 1 GG liege nicht vor. Unterschiedliche Rechtsanwendung durch Verwaltungsbehörden oder Gerichte könne der Strafgesetzgeber nicht ausschließen.

55 Entgegen dem Eindruck,[162] den der Leitsatz zur Bestimmtheit „von Straftatbeständen auf dem Gebiet des Umweltschutzes" vermittelt, betrifft dieser Beschluss zwar allein die besondere Regelung des § 327 Abs. 2 Nr. 1. Gleichwohl lässt sich daraus die grundsätzliche Verfassungsmäßigkeit von Anknüpfungen in (Blankett-)Tatbeständen an andere Gesetze, an Rechtsverordnungen und auch Einzelakten der Verwaltung ableiten, soweit dies in einem zu konkretisierenden bzw. spezifizierenden Rahmen geschieht.[163] Die Voraussetzungen der Strafbarkeit sowie Art und Maß der Strafe müssen daher **bereits im Gesetz hinreichend deutlich umschrieben** sein, womit sich die Konkretisierung durch untergesetzliche Rechtsquellen bis hin zu einem Verwaltungsakt[164] nur als logische, konsequente und vorhersehbare Fortsetzung der gesetzlichen Regelung darstellt. Bedenken hinsichtlich der Vereinbarkeit mit dem Demo-

---

156 BGHSt **42** 220 f; *Sch/Schröder/Heine/Schittenhelm* Rdn. 4; *Meurer* NJW **1988** 2065, 2067; *Tiedemann/Kindhäuser* NStZ **1988** 344; krit. *Perschke* wistra **1996** 161, 163.

157 AG Nördlingen StV **1987** 23 = NStZ **1986** 315 mit abl. Anm. *Meinberg*.

158 BVerfGE **75** 329 = NJW **1987** 3175.

159 BVerfGE **75** 329, 340 ff, 343 ff.

160 Vgl. auch BVerfG wistra **2010** 396, 402.

161 Zur Rolle des sog. „Expertenstrafrechts" bereits BVerfGE **48** 48, 57; **75** 329, 345; *Cornelius* 359 ff.

162 Überbewertet etwa von *Ossenbühl/Huschens* UPR **1991** 161, 164; genauer *Gerhardt* BayVBl. **1990** 549; 551; *Scheele* 21.

163 BVerfGE **143** 48 Rdn. 39, 47, 53 ff = NJW **2016** 3648, 3650 ff; weiter *Heghmanns* 84 ff, 89 ff; *Kemme* 95, 103 ff; *Kühl* Festschrift Lackner 815, 832 f; *Michalke* Verwaltungsrecht 73, *Otto* JuS **1991** 308, 310; *Ransiek* NK Rdn. 18, 23; *ders.* Gesetz und Lebenswirklichkeit 111; *Schall* SK Rdn. 62; *ders.* NJW **1990** 1263, 1266; *Kloepfer/Heger* Rdn. 97; *Winkelbauer* 33 f; *Cornelius* 327 ff.

164 Dazu BVerfGE **75** 329, 343 ff; BVerfGE **78** 374 = NJW **1989** 1663 (wo § 15 Abs. 1 a. F. FAG als nicht ausreichend bestimmt angesehen wurde); **80** 244, 256 f = NJW **1990** 37 (Vereinsverbot); **87** 399, 408 f = NJW **1993** 581 (rechtmäßige Anordnung der Entfernung von einer aufgelösten Versammlung); NJW **1992** 2624; BGH wistra **1997** 25 f; *Kemme*

kratieprinzip und dem Bestimmtheitsgebot[165] im Allgemeinen teilt die Rechtsprechung bei solchen Verweisungen nicht. Der Gesetzgeber kann dabei grundsätzlich auch auf Normen und Begriffe des Rechts der Europäischen Union verweisen. Dabei müssen die in Bezug genommenen Vorschriften dem Normadressaten durch eine Veröffentlichung zugänglich sein.[166] Verfassungsrechtlich unbedenklich ist es, wenn der verweisende Gesetzgeber sich den Inhalt von Rechtsvorschriften des anderen Normgebers in der Fassung zu eigen macht, wie sie bei Erlass des Gesetzesbeschlusses galt (sog. **statische Verweisung**[167]). Sog. **dynamische Verweisungen,** bei denen der Gesetzgeber auf andere Vorschriften in der jeweiligen Fassung verweist, sind bisher nur in engen Grenzen zulässig. Deren Rahmen wird nach dem BVerfG durch die Prinzipien der Rechtsstaatlichkeit, der Demokratie und der Bundesstaatlichkeit gezogen.[168] Danach wird man eine ausreichende Bestimmtheit allenfalls dort annehmen dürfen, wo sich eine zwischenzeitlich geänderte Bezugsnorm inhaltlich nicht wesentlich von derjenigen Bezugsnorm unterscheidet, die zum Zeitpunkt des Erlasses der Verweisungsnorm galt und die der Gesetzgeber damit ausdrücklich in seinen Willen aufgenommen und als Strafnorm autorisiert hatte.[169]

3. Verschiedene Formen und Funktionen der Verwaltungsakzessorietät

Unter dem Oberbegriff der Verwaltungsakzessorietät werden drei größere Unterbegriffe gefasst, die 56
begriffliche Akzessorietät, die Verwaltungsrechtsakzessorietät sowie die Verwaltungsaktsakzessorietät. Die **begriffliche Akzessorietät** kennzeichnet die bewusste Übernahme von Begriffen des Umweltverwaltungsrechts in das Umweltstrafrecht (oder zumindest die Anlehnung an sie).[170] Ein Beispiel ist die ausdrückliche Bezugnahme auf nationale Regelungen wie beim Anlagenbegriff in § 327 Abs. 2 S. 1. **Verwaltungsrechtsakzessorisch** sind Tatbestände, soweit sie inhaltlich auf um-

---

111 ff, 117 f, 124 f, 127 f, 131 ff; *Schmitz* MK Rdn. 47 ff, 50; *Schall* SK Rdn. 65 f; *Heghmanns* S. 280 ff; krit. *Arzt/Weber/Heinrich/Hilgendorf* BT § 41 Rdn. 15; *Kühl* Festschrift Lackner 815, 834 ff; *Lackner/Kühl/Heger* Rdn. 3; *Otto* Jura **1991** 308, 311; *Perschke* wistra **1996** 161, 163.

165 So für das Naturschutz-Strafrecht des § 30a BNatSchG a. F. *Weber* Naturschutz mit den Mitteln des Straf- und Ordnungswidrigkeitenrechts, Diss. Tübingen 1991, 86 ff, im Anschluss an *Krey* Zur Verweisung auf EWG-Verordnungen in Blankettstrafgesetzen am Beispiel der Entwürfe eines Dritten und Vierten Gesetzes zur Änderung des Weingesetzes, in: Schriftenreihe zum europäischen Weinrecht (EWR) **1981** 109. BGHSt **42** 219 = NJW **1996** 3220 hat aber vorausgesetzt, dass § 30a Abs. 2 BNatSchG a. F. mit der Anknüpfung an den auch in § 20e Abs. 1 S. 2 BNatSchG erwähnten Begriff der „vom Aussterben bedrohten" Tierarten, die besonders bestandsgefährdet sind (§ 20e Abs. 1 S. 1 BNatSchG a. F.), bereits hinreichend bestimmt ist, ohne dass die Verweisung auf EG-Recht dafür konstitutiv ist. Auch die sonstige Rechtsprechung wandte den nicht ganz unproblematischen Tatbestand des § 30a BNatSchG a. F. an, ohne verfassungsrechtliche Bedenken anzumelden, vgl. BayObLGSt **1993** 84 ff; HansOLG Hamburg OLGSt. Nr. 1 zu § 30 a BNatSchG a. F. = NuR **1994** 398 ff; AG Goslar NuR **1993** 184 f mit Anm. *Hammer*.

166 BVerfGE **47** 285, 311; wistra **2018** 336, 338; *Wagner* 224.

167 BVerfGE **47** 285, 311; **143** 48 Rdn. 43 = NJW **2016** 3648, 3650.

168 BVerfE **143** 48 Rdn. 43; vgl. auch wistra **2010** 396, 400 f; ausführlich zur dynamischen Verweisung *Cornelius* 320 ff, zum Verweis auf EU-Recht S. 393 ff.

169 *Ambos* § 11 Rdn. 33; *Satzger* § 9 Rdn. 67 f, *SSvHH/Satzger*² § 9 Rdn. 33; **aA** *Tiedemann* Wirtschaftsstrafrecht Rdn. 250, der davon ausgeht, dynamische Verweisungen auf EU-Recht seien aufgrund höherer demokratischer Legitimation überwiegend zuzulassen; ebenso *Cornelius* 108 für den europäischen Verordnungsgeber; dabei habe der Gesetzgeber die Gruppe der zu sanktionierenden Verhaltensanweisungen auf einen bestimmten Aufgabenbereich der Europäischen Union (z. B. den des Artenschutzes) so festzulegen, dass das durch die Strafvorschrift geschätzte Rechtsgut erkennbar sei (399 f).

170 Vgl. RegE BT-Drs. 8/2382 10; *Kemme* 39 f; *Otto* Jura **1991** 308, 309 f; *Perschke* wistra **1996** 162; *Rogall* GA **1995** 299, 302; *Saliger* Umweltstrafrecht Rdn. 77 ff; *Schall* SK Rdn. 52 ff, *ders.* NJW **1990** 1263, 1265; *Schmitz* MK Rdn. 43 f; *Winkelbauer* Verwaltungsakzessorietät 11 f.

weltbezogene (nationale oder sogar direkt auf EU-) Rechtsvorschriften verweisen.[171] Dies geschieht zum einen durch eine ausdrückliche Bezugnahme wie in § 329 Abs. 1–3 (Verordnungen nach BImSchG; Rechtsvorschriften zum Schutz von Wasser- und Heilquellenschutzgebieten oder naturschutzbezogene Rechtsvorschriften), durch Bezugnahme auf eine Einzelregelung wie in § 328 Abs. 2 Nr. 1 auf § 5 Abs. 2 und 3 AtomG oder unter Anknüpfung an die „Verletzung verwaltungsrechtlicher Pflichten" in den §§ 324a bis 325a, § 326 Abs. 3, § 328 Abs. 3 und § 329 Abs. 4 i. V. m. § 330d Abs. 1 Nr. 4. Einbezogen sind diejenigen Tatbestände, die ausdrücklich an ein Handeln „ohne die erforderliche Genehmigung" anknüpfen (§ 326 Abs. 2 Nr. 2, §§ 327, 328 Abs. 1), da auch deren Grundlage jeweils eine Rechtsvorschrift ist.[172] **Verwaltungsaktsakzessorische** Tatbestände zeichnen sich durch eine Verknüpfung mit einer Einzelfallentscheidung einer Verwaltungsbehörde aus, insbesondere einem (belastenden) Verwaltungsakt i. S. v. § 35 VwVfG.[173]

57 Diese Kategorisierung einzelner Spielarten der Akzessorietät zum Verwaltungsrecht und -handeln besitzt eine gewisse Anschaulichkeit; für die Auslegung und Rechtsanwendung allerdings bleibt sie **unergiebig**. Zudem wird auch keine dieser Akzessorietätsformen vom Strafrecht im Allgemeinen und dem Umweltstrafrecht im Besonderen konsequent durchgehalten, wie das Beispiel des § 330d Abs. 1 Nr. 5 am augenfälligsten belegt. Sie entheben den Rechtsanwender weder gänzlich der Notwendigkeit, die Übernahme verwaltungsrechtlicher Bewertungen oder Begriffe im Einzelfall zu prüfen, noch genügen sie als Begründungstopos für bestimmte Resultate. Maßgebend ist vielmehr das beschriebene und grundlegende Prinzip der beschränkten Akzessorietät des Strafrechts (s. Rdn. 50), wonach die Strafbarkeitsgrenzen nicht zulasten des Bürgers über das verwaltungsrechtlich Verbotene hinausgeschoben, wohl aber zu seinen Gunsten hinter verwaltungsrechtlichen Missbilligungen zurückbleiben dürfen, um dem aus dem Verhältnismäßigkeitsprinzip ableitbaren ultima ratio-Charakter des Strafrechts und seiner daraus folgenden fragmentarischen Natur gerecht zu werden.

4. Folgen der akzessorischen Natur des Strafrechts

58 **a) Verwaltungsbehördliche Zulassungen.** Aus der Akzessorietät (auch) des Umweltstrafrechts folgt zunächst, dass sich derjenige nicht strafbar macht, der unmittelbar im Einklang mit verwaltungsrechtlichen Vorschriften handelt. Dies gilt zum einen für Verhalten, das ohne Weiteres durch Verwaltungsrechtsnormen ausdrücklich zugelassen ist wie die Gewässerbenutzung im Fall des § 8 Abs. 2 WHG zur Abwehr einer drohenden Gefahr für die öffentliche Sicherheit oder in Ausübung alter Rechte nach § 20 WHG. Es betrifft zum anderen bei einem Verbot mit Erlaubnisvorbehalt jedenfalls unstrittig denjenigen, der in Einklang mit einer zur Tatzeit bestehenden, wirksamen und rechtmäßigen behördlichen Gestattung handelt. Dies gilt selbst dann, wenn sein genehmigtes Verhalten aufgrund von Summations- oder Kumulationseffekten für erhebliche Beeinträchtigungen der Umwelt mitursächlich ist.[174] Die Diskrepanz zwischen Legalität des gesetzlich oder behördlich erlaubten umweltbeeinträchtigenden Verhaltens einerseits und einer im Übrigen gegen das strafrechtliche Handlungsverbot verstoßenden Umweltbeeinträchtigung andererseits erzeugt nicht unerhebliche Spannungen und bildet ein wesentliches praktisches Problem des Umwelt-

---

171 Dazu *Kemme* 40 ff; *Kühl* Festschrift Lackner 815, 829 ff; *Michalke* Verwaltungsrecht 72 ff; *Otto* jura **1991** 308, 310 f; *Perschke* wistra **1996** 162 f; *Rogall* GA **1995** 299, 302; *Saliger* Umweltstrafrecht Rdn. 80 ff; *Schall* SK Rdn. 54 f; *ders.* NJW **1990** 1263, 1266; *Schmitz* MK Rdn. 45 f; *Winkelbauer* 13 ff, 33 f; zur Europarechtsakzessorietät *Kloepfer/Heger* Rdn. 88 ff.

172 *Breuer* JZ **1994** 1077, 1083 f; *Michalke* Verwaltungsrecht 23; *Kemme* 41; andere rechnen diesen Fall zur Verwaltungsaktakzessorietät (s. nachstehend).

173 Dazu *Kemme* 40 f; *Otto* Jura **1991** 308, 311; *Kühl* Festschrift Lackner 815, 833 f; *Otto* Jura **1991** 308, 311; *Perschke* wistra **1996** 163; *Rogall* GA **1995** 299, 303; *Saliger* Umweltstrafrecht Rdn. 89 ff; *Schall* SK Rdn. 56 ff, *ders.* NJW **1990** 1263, 1266; *Schmitz* MK Rdn. 47 ff; *Winkelbauer* 13 f, 34 ff.

174 OLG Frankfurt JR **1988** 168, 169.

strafrechts; es relativiert zudem dessen Ziel, die Umweltgüter zu wahren. Erhebliche Beeinträchtigungen von Umweltmedien als Wirkung menschlichen Verhaltens können damit gleichermaßen auf erlaubtes wie auf unerlaubtes Tun zurückzuführen sein. Erlaubtes Verhalten unterscheidet sich vom unerlaubten folglich nicht nach dem Grad der Umweltschädlichkeit und der Dauer und Intensität des Verhaltens, sondern nach der Gestattung oder Nichtgestattung durch das Umweltverwaltungsrecht beziehungsweise die Umweltverwaltungsbehörden.

aa) Genehmigungen. Der in dem Genehmigungsbescheid bezeichnete Rahmen der genehmigten Tätigkeit bestimmt mit der Reichweite einer behördlichen Genehmigung zugleich ihre im Ergebnis strafbefreiende Wirkung[175] (dazu auch § 324 Rdn. 33 ff). Dies gilt bei einer Auslandstat auch für eine ausländische Genehmigung, die i. d. R. innerstaatlich anzuerkennen ist (was bei einem Verstoß gegen den internationalen ordre public nicht der Fall ist).[176] Die **Reichweite** wird innerstaatlich bestimmt durch gesetzliche Vorgaben für die verschiedenen Arten von Genehmigungsregelungen. Wesentlich sind Inhaltsbestimmungen (teilweise weiter als Benutzungsbedingungen benannt), die konkretisierend den Rahmen abstecken, in welchem der Inhaber der Genehmigung – im Rahmen eines Unternehmens auch die unter dessen Verantwortung tätigen Mitarbeiter[177] – von dieser sachlich, räumlich und zeitlich Gebrauch machen dürfen. Er wird, abhängig von einschlägigen Vorschriften (vgl. zur allgemeinen Zulassung § 36 VwVfG, dem jedoch spezialgesetzliche Regelungen vorgehen), vielfach ergänzt durch Nebenbestimmungen (vgl. § 13 WHG, § 36 KrWG betr. Deponien, § 12 BImSchG i. V. m. § 21 9. BImSchV, § 66 UVPG betr. Rohrleitungsanlagen, § 12b ChemG, § 2 ChemVerbotsV), insbesondere durch Befristungen, Bedingungen, Auflagen und Vorbehalte für nachträgliche Änderungen (§ 36 Abs. 2 VwVfG). Keine echte Auflage ist eine als Auflage bezeichnete Bestimmung, die umweltschutzbezogen den wesentlichen Inhalt der Genehmigung eingrenzt (euphemistisch bezeichnet als **„modifizierende Auflage"**),[178] deren Verletzung daher ein genehmigungsloses Handeln darstellt. Gleiches gilt für die Festlegung von **Grenzwerten**. Handelt es sich dabei um stets einzuhaltende Höchstwerte, so ist deren Überschreitung rechtswidrig und der Täter handelt ohne die erforderliche Genehmigung. Anders liegt es bei der Überschreitung von sog. **Überwachungswerten**, die zum Ausgleich von z. B. in Kläranlagen auftretenden schwankenden Schadstoffbelastungen eingeführt 59

---

175 Nach BVerwGE **84** 220, 226 = NVwZ **1990** 963, 965 gestattet eine (immissionsschutzrechtliche) Genehmigung das, was vom Antragsteller zur Genehmigung gestellt und worüber von der Behörde positiv entschieden worden ist. Verschweigt oder übersieht der Antragsteller eine bestimmte Nutzung oder Betriebsweise der zur Genehmigung gestellten Anlage, an die das Immissionsschutzrecht – wie bei der Verbrennung von PCB-haltigen Stoffen – besondere Anforderungen stellt, so ist dies nicht zur Genehmigung gestellt und daher auch nicht genehmigt. Im Falle einer „Genehmigungsfiktion" i. S. v. § 42a VwVfG i. V. z. B. m. § 54 Abs. 6 Satz 2 KrWG ist die i. d. R. nach Ablauf von drei Monaten nach Einreichung der Unterlagen (fingierte) Genehmigung entsprechend § 43 Abs. 1 Satz 1 VwVfG mit dem Regelungsinhalt wirksam, der sich ergeben hätte, wenn der (hinreichend bestimmte) Antrag positiv beschieden worden wäre (*Ramsauer* § 42a Rdn. 15).

176 *Ambos* MK § 7 Rdn. 10, 15 m.w.N; *Kloepfer/Heger* Rdn. 86 (außer bei hochgiftigen Stoffen unter Bezugnahme auf *Alt* MK² § 324 Rdn. 69); gegen eine Einschränkung der Anerkennung bei einem Völkerrechtsverstoß *Kemme* 461 m. w. N.

177 Zu einer personellen Erstreckung der Reichweite der Genehmigung auch ohne ausdrückliche Regelung wie in § 5 Abs. 1 Satz 1 KrWaffG *Martin, J.* Sonderdelikte 65 f; *Ransiek* NK § 324 Rdn. 30; *ders.* Festschrift Widmaier 725, 735; *Schall* SK Rdn. 84; *Schmitz* MK Rdn. 66 ff (durch Bescheidauslegung); *Schroeder, A.* 169, 177 f, 185 (durch Anerkennung der Genehmigungsfähigkeit als Rechtfertigungsgrund oder durch analoge Anwendung von § 14 StGB); *Weber* Festschrift Hirsch 795, 803; *Winkelbauer* Festschrift Lenckner 645, 651 f.

178 Z. B. die Auflage zur erteilten Baugenehmigung, eine Pipeline auf dem Nachbargrundstück feuerhemmend zu ummanteln (BVerwG NvWZ **1984** 366 f); die Auflage über die Verwendung schwefelarmen Heizöls zur Genehmigung einer Feuerungsanlage (BVerwG GewArch **1984** 170); krit. zum Begriff der „modifizierenden Auflage" BayObLGSt **1987** 78 = NvWZ **1987** 1022; für OLG Karlsruhe ZfW **1996** 406 liegt bei Verletzung von für den Fortbestand und die Wirksamkeit der ursprünglich (nach dem BImSchG) erteilten Genehmigung essentiellen Umweltschutzauflagen ein Handeln ohne die erforderliche Genehmigung vor.

wurden und deren einmalige Überschreitung noch nicht, deren Nichteinhaltung insgesamt aber strafrechtlich rechtswidrig sein kann (dazu näher § 324 Rdn. 35 f). Die Wirkung einer Genehmigung wird hingegen durch allgemein bei der Nutzung von Umweltgütern statuierte Sorgfaltspflichten („**materielle Betreiberpflichten**") nicht eingeschränkt.[179] Eine Ausnahme kommt in Betracht, wenn dem Genehmigungsbescheid durch Auslegung ihre gewollte Berücksichtigung im Sinne einer Genehmigungseingrenzung entnommen werden kann.

60 Generell problematisch ist die Behandlung von **alten Genehmigungen**, die allzu großzügig gefasst worden waren und später tatsächlich auftretende Umweltbeeinträchtigungen und Gefahren seinerzeit nicht ausreichend bedacht hatten. Grundsätzlich ist hier zunächst die Umweltverwaltung gefordert, die den begünstigenden Verwaltungsakt gegebenenfalls mit nachträglichen Anordnungen ergänzen (vgl. § 13 WHG; § 17 BImSchG) oder mit Wirkung für die Zukunft widerrufen kann (§ 20 Abs. 2 WHG; § 49 Abs. 2 Nr. 3 VwVfG). Eine Auslegung der Altgenehmigung[180] dahin, die später erkennbar gewordene Gefahrverursachung habe durch den Genehmigungsbescheid von vornherein nicht abgedeckt werden sollen,[181] wäre bedenklich; entscheidend ist der objektiv erkennbare Inhalt. Der Strafrichter ist nicht befugt, sich davon zu lösen und ihn neu zu bestimmen.[182]

61 Entspricht eine erteilte Genehmigung nicht dem materiellen Umweltverwaltungsrecht, ist daher **rechtswidrig** und hätte folglich nicht erteilt werden dürfen, so bleibt dieser Umstand nach zutreffender h. M. strafrechtlich ohne Wirkung, solange die Gestattung verwaltungsrechtlich **wirksam** ist.[183] Andernfalls entstünde ein Widerspruch zwischen dem Primärrecht, das ein Bürgerverhalten wirksam gestattet, und dem akzessorischen Strafrecht, welches dasselbe Verhalten bei Strafandrohung verböte. **Nichtige** Genehmigungen (vgl. § 44 VwVfG) hingegen bleiben ohne Einfluss auf die Strafbarkeit des Verhaltens,[184] selbst wenn es sich bei dem jeweiligen Nichtigkeitsgrund um rein formelle Mängel i. S. v. § 44 Abs. 2 Nr. 1–3 handelt.[185] Gegen die abweichende Mindermeinung spricht das Fehlen sonst notwendiger, klar definierter genuin strafrechtlicher Nichtigkeitsgründe.

62 Wird eine zunächst erteilte Genehmigung nicht mit Wirkung ex nunc, sondern ex tunc **widerrufen** (vgl. § 48 Abs. 2 S. 3 und 4 VwVfG, z. B. bei grobfahrlässiger Unkenntnis der Rechtswidrigkeit), ändert dies nichts daran, dass der Bürger bis zum Widerruf auf der Basis einer wirksamen Genehmigung und damit formal rechtmäßig handelt; eine rückwirkende Begründung der Strafbarkeit für ein vergangenes Verhalten verstieße gegen Art. 103 Abs. 2 GG. Ab Widerruf entscheidet sich die Strafrechtswidrigkeit des weiteren Verhaltens nach der Wirksamkeit des Widerrufes, bei seiner Anfechtung nach der Vollziehbarkeit.[186] Die **nachträgliche Genehmigungserteilung** ändert zwar ebensowenig wie das nachträgliche Einverständnis des Gewahrsamsinhabers beim einmal gesche-

---

179 OLG Frankfurt NJW **1987** 2753, 2755 f; *Franzheim/Pfohl* Rdn. 88 ff; *Papier* NuR **1986** 1, 3 f; *Schall* SK Rdn. 82; *ders.* Festschrift Küper 505, 511 f; *Schmitz* MK Rdn. 55.

180 OLG Düsseldorf wistra **1994** 73; zu einer offensichtlich überholten Erlaubnis StA Mannheim NJW **1976** 585, 586.

181 *Heine* NJW **1990** 2425, 2431 ff; *Sch/Schröder/Heine/Schittenhelm* Rdn. 17b; *Otto* Jura **1991** 308, 312 f; *Schmitz* MK Rdn. 56 m. w. N.

182 *Kemme* 307 ff; *Schall* Rdn. 83; *Schmitz* MK Rdn. 56; *Steindorf* LK[11] Rdn. 36 f; **aA** mit einschränkender Auslegung einer Altgenehmigung bei im Genehmigungszeitpunkt unbekannten, erst heute erkennbar werdenden Gefährdungsfolgen *Sch/Schröder/Heine/Schittenhelm* Rdn. 17b m. w. N.; Beispiele für eine zu Recht begrenzte Reichweite einer alten Genehmigung in OLG Düsseldorf wistra **1994** 73, 75; OVG Hamburg UPR **1992** 352.

183 *Jescheck/Weigend* 369; *Sch/Schröder/Sternberg-Lieben* vor § 32 Rdn. 62a; *Sack* § 327 Rdn. 49; *Winkelbauer* Verwaltungsakzessorietät 67; *Lenk* 98 ff; *Dolde* NJW **1988** 2329, 2330 f; *Ensenbach* 106 ff; *Mumberg* 19; *Papier* NJW **1988** 1113, 1115; **aA** *Schmitz* 60 ff (jedenfalls bei materiellrechtlichen Fehlern); *Perschke* wistra **1996** 161, 165.

184 *Jescheck/Weigend* 369; *Sch/Schröder/Sternberg-Lieben* vor § 32 Rdn. 62a; *Sack* § 327 Rdn. 49; *Haaf* 33; *Ensenbach* 108; *Scheele* 104; *Won* 88 f; *Lenk* 84 ff; differenzierend *Frisch* Verwaltungsakzessorietät 102 ff; *Paeffgen* Festschrift Stree/Wessels 687, 592.

185 BGHSt **23** 86, 91; **50** 105, 113; *Schall* SK Rdn. 72; *Schmitz* MK Rdn. 80; *Kemme* 310 ff; *Otto* Jura **1991** 308, 311; *Saliger* Umweltstrafrecht Rdn. 110; teilweise **aA** *Ransiek* NK § 324 Rdn. 24; *Sch/Schröder/Heine/Schittenhelm* Rdn. 16a; *Paeffgen* Festschrift Stree/Wessels 587, 592; *Rogall* GA **1995** 299, 310; *Schünemann* wistra **1986** 235, 239.

186 *Heghmanns* 230 f; *Haafs* 252 f; *Hill* GewArch **1981** 183, 187; *Kuhlen* WiVerw **1992** 215, 265 f.

henen Diebstahl etwas an der Verhaltensnormwidrigkeit vor Genehmigungserteilung. Wenn allerdings die Genehmigung nachträglich (und materiell rechtmäßig) mit ex tunc-Wirkung erfolgt, so ist damit das zuvorige Bürgerverhalten zum einen materiell als umweltgerecht eingestuft und es ist zudem formal die Kontrollkompetenz der Behörde auch für den Tatzeitraum jedenfalls im Ergebnis gewahrt worden. Als Unrecht bliebe damit ein rein formales Fehlverhalten ohne Relevanz für die Umweltgüter und deren behördlichen Schutz, weshalb eine tatbestandsausschließende Wirkung naheliegt,[187] mindestens aber ein Strafausschluss in Ermangelung eines strafwürdigen Fehlverhaltens angezeigt erscheint.[188] Zur bloßen Genehmigungsfähigkeit s. Rdn. 64.

Ob eine erteilte Genehmigung **tatbestandsausschließend oder rechtfertigend** ist, hängt 63
von der Struktur des betroffenen Straftatbestandes ab. Unbestritten tatbestandsausschließend wirkt eine Genehmigung dort, wo ein Straftatbestand explizit ungenehmigtes Handeln unter Strafe stellt (z. B. § 326 Abs. 2, § 327 Abs. 1). Dasselbe gilt für Tatbestände, die eine „Verletzung verwaltungsrechtlicher Pflichten" als Tatbestandsmerkmal normieren (etwa in den §§ 324a, 325, 325a), sofern das Umweltverwaltungsrecht den zuvorigen Erwerb einer Genehmigung erfordert und ungenehmigtes Verhalten verbietet. Hier entspricht das Handeln mit wirksamer Genehmigung der verwaltungsrechtlichen Pflichtenlage und schließt damit (jedenfalls insoweit) die tatbestandliche Verletzung ebendieser Pflichten aus. Wo das Strafgesetz keinerlei Hinweise auf die Wirkung einer im Einzelfall erteilten Genehmigung enthält (so die §§ 328 Abs. 2 Nr. 3, 329 Abs. 1–3, 330a), bleibt ein entsprechendes Verhalten trotz seiner Genehmigung tatbestandlich; eine Genehmigung kann hier also nur rechtfertigend wirken. Umstritten ist die Genehmigungswirkung bei § 324, der die **„unbefugt**[e]" Gewässerverunreinigung verbietet. Hier nimmt die h. M. eine Rechtfertigungswirkung an,[189] während richtigerweise in der Gesamtschau wasserrechtlicher Bewirtschaftungsgrundsätze eine typischerweise rechtswidrige Handlung erst unter Berücksichtigung des Merkmals „unbefugt" angenommen werden kann und dieses daher als Tatbestandsmerkmal fungiert (s. näher § 324 Rdn. 31 f). Bei § 326 Abs. 1 hingegen, der ebenfalls unbefugtes Verhalten verlangt, aber durch die anschließenden Merkmale „außerhalb einer dafür zugelassenen Anlage oder unter wesentlicher Abweichung von einem vorgeschriebenen oder zugelassenen Verfahren" bereits alle Fälle genehmigter Abfallbehandlung tatbestandlich ausschließt, erfasst „unbefugt" keine Genehmigungsfälle und ist daher als allgemeines Rechtswidrigkeitsmerkmal anzusehen. Der Streit um die tatbestandsausschließende oder rechtfertigende Wirkung bleibt ohnehin im Regelfall für die strafrechtliche Beurteilung im Ergebnis ohne Bedeutung; er kann allerdings bedeutsam werden, wenn ein Bürger an das Fehlen einer tatsächlich ergangenen Genehmigung glaubt. Während dies nach der Tatbestandslösung zum Versuch führt, hängt es bei rechtfertigender Wirkung einer Genehmigung weiterhin davon ab, ob man zur Rechtfertigung ein subjektives Rechtfertigungselement verlangt (dann Versuch) oder nicht (dann strafloses Verhalten). Auch fiele es bei nur rechtfertigender Wirkung leichter, den die (rechtswidrige) Genehmigung erteilenden Amtsträger strafrechtlich zu erfassen.[190]

Umstritten ist ferner, ob und inwieweit sich die strafbefreiende Wirkung einer Genehmigung 64
auf Gefährdungen und **Verletzungen individueller Rechtsgüter** (Leben, Körper- und Eigentumsverletzung) erstreckt. Zwar spricht die mangelnde Dispositionsbefugnis der Verwaltung über Individualrechtsgüter ebenso gegen eine Legalisierungswirkung[191] wie die Schutzrichtung des Um-

---

187 *Heghmanns* 194 f.
188 *Hundt* 15; *Steindorf* LK[11] Rdn. 43.
189 *Hallwaß* 98 ff; *Winkelbauer* Verwaltungsakzessorietät 20; *Laufhütte/Möhrenschlager* ZStW **92** (1980) 912, 931; *Sack* § 324 Rdn. 60 ff; *Bickel* ZfW **1979** 139, 146; *Breuer* NJW **1988** 2072, 2079; *Dahs/Pape* NStZ **1988** 393; *Randelzhofer/Wilke* 20 ff; *Rengier* NJW **1990** 2506, 2508; *Schmitz* 25 ff; *Tiedemann/Kindhäuser* NStZ **1988** 337, 342 f; OLG Braunschweig ZfW **1991** 52, 61; OLG Frankfurt NStZ **1987** 508, 510; OLG Saarbrücken NJW **1991** 3045, 3046.
190 Vgl. *Kühne* NJW **1991** 3020; *Rengier* NJW **1990** 2506, 2509 f.
191 *Schall* SK Rdn. 86; *Kuhlen* WiVerw **1992** 215, 249; *Rudolphi* Festschrift Lackner 863, 881 f; *Sch/Schröder/Sternberg-Lieben* vor §§ 32 ff Rdn. 63c.

weltverwaltungs- und Umweltstrafrechts, (auch) solche Rechtsgüter zu wahren.[192] Richtigerweise ist allerdings zu differenzieren: Solange sich die Rechtsgüterschäden als unmittelbare Verwirklichung des genehmigten und damit erlaubten Betriebes darstellen, kann ihr Verursacher ebensowenig dafür strafrechtlich haften, wie der Inhaber einer Fahrerlaubnis Verletzungen anderer Verkehrsteilnehmer zu vertreten hat, die er ohne eigenen Sorgfaltsverstoß verursacht. Maßgebend ist daher, ob der Genehmigungsinhaber sich im Rahmen der Genehmigung gehalten hat, da ihm sonst deren Schutzwirkung selbstverständlich nicht zukommen kann. Hat er andererseits den Eintritt von Individualschäden als Folge des Betriebes erkannt oder musste sich ihm dies aufdrängen, so handelt er mindestens sorgfaltswidrig, wenn er gleichwohl die Genehmigung ausnutzt, was zu einer Haftung u. a. nach § 229 führen kann. Hierfür sprechen nicht allein die Ausschluss- oder Widerrufsgründe für eine Genehmigung, sofern erheblichere Gefahren für Individualgüter drohen (vgl. § 36 Abs. 1 Nr. 1 a) KrWG, § 21 Abs. 1 Nr. 5 BImSchG; § 17 Abs. 5 AtomG), sondern auch das Erfordernis, selbst den genehmigten Betrieb nur so zu gestalten, dass keine erheblichen Gefahren für die Umgebung entstehen (vgl. § 5 Abs. 1 Nr. 1 BImSchG). Die mit einem Anlagenbetrieb hingegen notwendig verbundenen (quantitativ und qualitativ nicht erheblichen) Gefahren, die im Rahmen des Genehmigungsverfahrens zu erwägen waren und der Genehmigung letztlich nicht im Wege standen, sowie die allein daraus resultierenden Schäden sind dagegen dem Anlagenbetreiber nach den Grundsätzen des **erlaubten Risikos** nicht zuzurechnen.[193] Da kaum eine Umweltinanspruchnahme gänzlich ohne nachteilige Umweltveränderungen verläuft und die Toleranzfähigkeit der menschlichen Gesundheit höchst unterschiedlich ist, lassen sich Körperschäden (z. B. infolge der Entstehung von Allergien, Immunreaktionen bis hin zu psychosomatischen Erscheinungen) ohnehin praktisch nie völlig ausschließen und sind daher von der Genehmigungswirkung zunächst einmal erfasst. Es ist ggf. Aufgabe der Umweltverwaltungsbehörden, das Risiko solcher Schädigungen durch Modifikationen oder letztlich die Nichterteilung bzw. den Widerruf einer Genehmigung zu reduzieren. Erst ein signifikant von derjenigen Risikoeinschätzung, welche der Genehmigung zu Grunde lag, abweichendes, gesteigertes Risiko gesundheitlicher Schäden hat nicht mehr als erlaubtes Risiko zu gelten und kann daher beim Hinzutreten eines entsprechenden Sorgfaltsverstoßes zu einer strafrechtlichen Haftung führen.[194]

65 Ganz überwiegend wird ausschließlich darauf abgestellt, ob ein Handeln genehmigt war oder nicht, wohingegen die materielle **Genehmigungsfähigkeit** unbeachtlich bleibt.[195] Andernfalls würde das der Behörde eingeräumte Ermessen oder ihr Beurteilungsspielraum bei der Bewirtschaftung der strafrechtlich geschützten Umweltgüter übergangen und damit eine Umgehung des Genehmigungsverfahrens eröffnen. Der Gesetzgeber hat es als gravierend angesehen, wenn „jemand der Behörde erst gar keine Gelegenheit gebe zu prüfen, ob die Genehmigung erteilt werden könne".[196] Dies gilt selbst dann, wenn ein Genehmigungsanspruch (etwa nach § 6 BImSchG) besteht.[197] Die vielfach nicht leicht festzustellenden umfangreichen Voraussetzungen für einen Anspruch auf eine mit inhaltlichen Konkretisierungen verbundene Genehmigung und die – auch als Vertrauensgrundlage im Interesse Dritter bestehende – strikte Beachtung von Verfahrensvorschriften sprechen

---

192 So in der Vorauflage *Möhrenschlager* LK[12] Rdn. 41.

193 Vgl. *Prittwitz* 282 ff; *Heine* NJW **1990** 2425, 2431 f; *Sach* 76 f; *Otto* Jura **1991** 308, 312.

194 Insoweit im Ergebnis auch *Schall* SK Rdn. 86 mit abw. Begründung.

195 BGH NJW **2020** 2282, 2283 f; NStZ-RR **2018** 214 (zum Glücksspielrecht); OLG Frankfurt NJW **1987** 2753, 2755; OLG Köln wistra **1991** 74 f; *Heghmanns* 234 ff; *Arzt/Weber/Heinrich/Hilgendorf* BT § 41 Rdn. 25; *Fischer* Rdn. 10; *Kemme* 332 ff; *Kloepfer/Heger* Rdn. 103; *Lackner/Kühl/Heger* Rdn. 10b; *Möhrenschlager* NuR **1983** 209, 215; *Rengier* ZStW **101** (1989) 874, 902 ff; *Saliger* Umweltstrafrecht Rdn. 118 ff; *Schall* SK Rdn. 87; *Schmitz* MK Rdn. 94 ff; *Sch/Schröder/Heine/Schittenhelm* Rdn. 19, jeweils m. w. N.; **aA** *Brauer* 90 ff, 104, 123 ff, 127; *Bloy* JuS **1997** 577, 586 (Tatbestandsausschluss); *Rudolphi* NStZ **1984** 193, 197 f; *Perschke* wistra **1996** 161, 167 (Rechtfertigung).

196 BT-Drs. 8/3633 30.

197 So auch die Fn. 213 zit. Rechtsprechung; ferner *Schall* SK Rdn. 90; *Dölling* JZ **1985** 461 ff, 468 f; *Ensenbach* 116 ff; 122 ff, 173 ff; *Kuhlen* WiVerw **1992** 215, 254 ff; *Rogall* GA **1995** 299, 314 ff; *ders.* Festschrift Uni Köln 505, 525, 528 f; *Tiedemann/Kindhäuser* NStZ **1988** 337, 343 f; **aA** *Brauer* 114 ff; *Bloy* JuS **1997** 577, 586; *ders.* ZStW **100** (1988) 485, 506 f; *Heider* 189 f; *Ransiek* NK § 324 Rdn. 28; *Schmitz* MK Rdn. 95 m. w. N.

selbst in einem solchen Fall dafür, die behördliche Entscheidung abzuwarten. Andernfalls wären potenzielle Betreiber geradezu verleitet, ihrer vermeintlichen Sachkunde folgend sich der behördlichen Risikoprüfung zu entziehen. Dies spricht letztlich im Regelfall auch gegen die Anerkennung eines nachträglichen Strafaufhebungsgrundes,[198] selbst bei nachträglich noch erteilter Genehmigung. Der geringeren Rechtsgutsgefahr kann im Rahmen der Strafzumessung Rechnung getragen werden. Ausnahmsweise kommt eine Strafausschließung allerdings dann in Betracht, wenn nach durchgeführtem Genehmigungsverfahren nur noch die formale Genehmigungsausfertigung oder gar ihr Zugang ausstehen oder wenn die Behörde rechtskräftig qua Verpflichtungsurteil zur Genehmigungserteilung verpflichtet wurde, dem aber, ohne dass sich die Sachlage geändert hätte, (noch) nicht nachgekommen ist.[199] Denn in diesen Fällen sind alle Funktionen eines Genehmigungserfordernisses erfüllt, weshalb das vorzeitige Handeln lediglich formalen Unwert besitzt, der nicht strafwürdig erscheint.

bb) Behördliche Duldungen. Die – oft formlose, jedenfalls aber formalen Standards einer ordnungsgemäßen Genehmigung nicht entsprechende – Hinnahme eines genehmigungspflichtigen, jedoch nicht oder (bei Überschreitung zugelassener Mengen) jedenfalls nicht so genehmigten Verhaltens ist ein Phänomen, das nicht nur,[200] aber besonders augenfällig im Umweltrecht in Erscheinung tritt. Seine strafrechtliche Verarbeitung hat im Umweltstrafrecht von Anbeginn an eine bedeutende Rolle gespielt,[201] zumal Strafverfolgungsbehörden[202] und Gerichte wiederholt Gelegenheit hatten, Stellung zu beziehen.[203] Die Relevanz des Themas geht auf die Neigung der Verwaltungsbe- 66

---

198 Dafür aber *Arzt/Weber/Heinrich/Hilgendorf* BT § 41 Rdn. 26; *Ensenbach* 122 ff, 175; *Michalke* Rdn. 91, 203; *Saliger* Umweltstrafrecht Rdn. 120; *Sch/Schröder/Heine/Schittenhelm* Rdn. 19, 21; *Weber* GK-BImSchG vor § 62 Rdn. 73; *Winkelbauer* 39 ff; *ders.* NStZ **1988** 201, 203; diff. *Lüthge/Klein* ZStW **129** (2017) 48, 74 (bei konkreten Gefährdungs- und Verletzungsdelikten); **aA** OLG Köln wistra **1991** 74 f; *Dölling* JZ **1985** 461, 465 f; *Lüthge/Klein* ZStW **129** (2017) 48, 77 f; *Franzheim/Pfohl* Rdn. 395; *Kemme* 345 ff; *Lenk* 234 ff; *Rogall* Festschrift Uni Köln 505, 525, 528 f; *Schall* SK Rdn. 91.

199 *Tiessen* 136; *Rengier* ZStW **101** (1989) 874, 903 f.

200 Vgl. beispielsweise zur Bedeutung im Glücksspielstrafrecht *Deiters/Reuker/Wagner* NStZ **2021** 321.

201 Aus dem Schrifttum: *Alleweldt* Zur Strafbarkeit der geduldeten Gewässerverunreinigung, NuR **1992** 312; *Dahs/Pape* Die behördliche Duldung als Rechtfertigungsgrund im Gewässerstrafrecht (§ 324 StGB), NStZ **1988** 393; *Fluck* Die Duldung des unerlaubten Betreibens genehmigungsbedürftiger Anlagen, NuR **1990** 197; *Gentzcke* Informales Verwaltungshandeln und Umweltstrafrecht. Eine verwaltungs-und strafrechtsdogmatische Untersuchung am Beispiel der behördlichen Duldung im Wasserrecht (1990); *Hallwaß* Die behördliche Duldung als Unrechtsausschließungsgrund im Umweltstrafrecht, Diss. Kiel 1987; *Heider* Die Bedeutung der behördlichen Duldung im Umweltstrafrecht, Diss. Tübingen 1994; *Hermes/Wieland* Die staatliche Duldung rechtswidrigen Verhaltens (1988); *Hopf* Umweltstrafrecht und die Duldungspraxis in der Umweltverwaltung, IUR **1990** 64; *Hüting* Die Wirkung behördlicher Duldung im Umweltstrafrecht (1996); *Koch/Wasmuth* Rechtfertigende Wirkung der behördlichen Duldung im Umweltstrafrecht, NJW **1990** 2434; *Malitz* Zur behördlichen Duldung im Strafrecht, Diss. Köln 1995; *Nisipeanu* Die Duldung im (Ab-) Wasserrecht. Voraussetzungen sowie ordnungs-und strafrechtliche Auswirkungen abwasserrechtlicher „Duldungen", ZfW **1990** 365; *Pfohl* Strafbarkeit von Amtsträgern wegen Duldung unzureichender Abwasserreinigungsanlagen, NJW **1994** 418; *Platz* Die Duldung im Verwaltungsrecht – speziell im Wasserrecht, BayVBl. **1983** 622; *Randelzhofer/Wilke* Die Duldung als Form flexiblen Verwaltungshandelns (1981); *Rogall* Die Duldung im Umweltstrafrecht, NJW **1995** 922; *Schmitz* Verwaltungshandeln und Strafrecht (1993) 82 ff; *Shim* Verwaltungshandeln und Rechtfertigungsprobleme im Umweltstrafrecht (1994) S. 112 ff; *Tschepke* Behördlich geduldete Rechtsverstöße, Kriminalistik **1985** 558; *Wasmuth/Koch* Rechtfertigende Wirkung der behördlichen Duldung im Umweltstrafrecht, NJW **1990** 2434; *Wüterich Zur* Duldung im Umweltstrafrecht, UPR **1988** 248.

202 GenStA Hamm NuR **1986** 223; StA Mainz NStE § 324 Nr. 13; GenStA Koblenz, 127 E – 1/02 (zit. bei *Sack* Rdn. 112 h).

203 BGHZ **55** 180, 187; OLG Hamm ZfW **1974** 315 m. abl. Anm. *Wiedemann;* OLG Stuttgart ZfW **1976** 380; **1977** 118, 121 ff; NJW **1977** 1408 = JR **1978** 294 m. Anm. *Sack;* OLG Karlsruhe DVBl. **1980** 607 = Die Justiz **1979** 390 f; ZfW **1996** 406, 409; OLG Celle ZfW **1987** 126 f = NdsRPfl **1986** 217 f; OLG Frankfurt NJW **1987** 2753, 2755; OLG Braunschweig ZfW **1991** 52, 62; BayObLGSt **2000** 5, 11 = NuR **2000** 407, 409 (betr. § 327); LG Bonn NStZ **1988** 224 f; LG Hanau NJW **1988** 571; LG München II NuR **1986** 259 f.

hörden zurück, bei ihrer Tätigkeit nicht konfrontativ auf hoheitliche Akte zurückzugreifen, sondern unter dem Leitbild des **kooperativen Verwaltungshandelns**[204] auf die informelle Zusammenarbeit mit Bürgern und Unternehmen zu setzen. Dies führt zu einer Vielzahl von Duldungsformen, weshalb sich die schematische Anknüpfung bestimmter strafrechtlicher Konsequenzen verbietet.[205] Auch die geläufigen schlagwortartigen Differenzierungen (insb. zwischen „aktiver" und „passiver" Duldung[206]) bleiben wenig hilfreich, solange sie sich nicht auf den zu Grunde liegenden Sachverhalt des Bürgerverhaltens beziehen, das einer behördlichen Zulassung bedürfte, und das Verwaltungshandeln daraufhin untersuchen, ob darin eine wirksame Zulassung liegen kann. Dabei ist zum einen die grundsätzliche Formfreiheit des Verwaltungshandelns zu berücksichtigen (§§ 10, 37 Abs. 2 VwVfG) und andererseits die Wirksamkeit auch rechtswidriger Akte, welche die Grenze zur Nichtigkeit (§ 44 VwVfG) nicht überschreiten.

67 Eine behördliche Zulassung qua Duldung setzt zumindest einen **Willensakt der Behörde** voraus, das genehmigungspflichtige Bürgerverhalten hinzunehmen, was wiederum nur bei einer behördlichen Kenntnis desselben überhaupt denkbar ist. Weiterhin bedarf es einer **Bekanntgabe** des Behördenwillens (§ 41 VwVfG), die freilich **auch konkludent** erfolgen kann. Immerhin muss die hinnehmende Reaktion der Behörde als solche dem Bürger ersichtlich werden, z. B. durch eine Nichtreaktion bei und nach einer Ortsbesichtigung. Eine Differenzierung zwischen einer gutheißenden behördlichen Stellungnahme einerseits (mit Zulassungswirkung) und einer Hinnahme unter prinzipiellem Bestehen auf der Verbotswidrigkeit (ohne Gestattungseffekt)[207] ist abzulehnen. Vielmehr kann es letztlich nur darauf ankommen, ob der Bürger die behördliche Reaktion dahin verstehen darf, sein Verhalten werde (vorläufig, befristet) toleriert und das an sich geltende gesetzliche Verbot damit suspendiert. Würde man hingegen eine gewissermaßen zwiespältige behördliche Stellungnahme akzeptieren, so führte dies zu einem rechtsstaatlich nicht hinnehmbaren, widersprüchlichen Zustand. Die Behörde wäre nämlich weiterhin verpflichtet, qua Untersagung, Stilllegungsverfügung usw. gegen einen gesetzwidrigen Zustand einzuschreiten, würde aber genau das (pflichtwidrig) nicht tun und obendrein dem Bürger signalisieren, er habe kein entsprechendes Tätigwerden zu fürchten, was dieser nur so verstehen kann, mit seinem an sich verbotswidrigen Verhalten fortfahren zu dürfen. Ginge man dann weiterhin mangels Gestattung von einer Strafrechtswidrigkeit des Bürgerverhaltens aus, so müsste zwangsläufig auch das Behördenverhalten als entsprechende Teilnahmehandlung ihrer handelnden Amtsträger angesehen werden. Dies würde aber die Rechtswirklichkeit des kooperativen, nicht konfrontativen Verwaltungshandelns, das im Grundsatz auch gutzuheißen ist, in eklatanter Weise verkennen. Somit ist grundsätzliche **jegliche Form des erklärten Nichteinschreitens** gegen ein genehmigungsbedürftiges, aber (noch) ungenehmigtes Bürgerverhalten (sofern kein Nichtigkeitsgrund vorliegt) entgegen der h. M.[208] als auch **strafrechtlich wirksame Zulassung** anzusehen.[209]

---

204 *Schneider* VerwA **1996** 38; *Bulling* DÖV **1989** 277.

205 *Gentzcke* 77; *Rönnau* LK vor §§ 32 ff Rdn. 292.

206 *Bloy* JuS **1997** 577, 586 f; *Hennecke* NuR **1991** 267, 271; *Wasmuth/Koch* NJW **1990** 2434, 2436; *Winkelbauer* DÖV **1988** 723, 728; *Franzheim* Umweltstrafrecht 29 ff.

207 So *Dahs/Pape* NStZ **1988** 393, 394; *Hallwaß* NuR **1987** 296, 297 f; *Hermes/Wieland* 30 f; *Hopf* ZUR **1990** 64, 66; *Hüting* 30.

208 So für die sog. passive Duldung BGHSt **37** 21, 28 (zu § 326; bloßes stillschweigendes Dulden); OLG Braunschweig ZfW **1991** 52, 62 f, OLG Karlsruhe DVBl. **1980** 607; ZfW **1996** 407, 409; OLG Stuttgart NJW **1977** 1408; LG Bonn NStZ **1988** 224; *AK-U* 125; *Schall* SK Rdn. 94; *Fischer* Rdn. 11; *Lackner/Kühl/Heger* § 324 Rdn. 12; *Breuer* NJW **1988** 2072, 2082; *Dölling* JZ **1985** 461, 469; *Fluck* NuR **1990** 197 ff; *Gentzcke* 154; *Heine* NJW **1990** 2425, 2433 f; *Sch/Schröder/Heine/Schittenhelm* Rdn. 20; *Kemme* 351 f; *Kühn* wistra **2002** 41, 46; *Laufhütte/Möhrenschlager* ZStW **92** (1980) 912, 931 f; *Michalke* Rdn. 94; *Odersky* Festschrift Tröndle 291, 298; *Pfohl* NJW **1994** 418, 422; *Sack* § 324 Rdn. 112; *Saliger* Umweltstrafrecht Rdn. 129; *Wasmuth/Koch* NJW **1990** 2434, 2439; *Winkelbauer* DÖV **1988** 723, 727 f.

209 Ausführlicher *Heghmanns* 252 ff; *Rönnau* LK vor §§ 32 ff Rdn. 292; für sog. aktive Duldungen aber auch OLG Celle ZfW **1987** 126; OLG Frankfurt NJW **1987** 2753, 2755 (konkludente Erlaubnis im Zusammenhang mit Bau, Moder-

Gegen die hier vertretene Auffassung kann das Fehlen gesetzlicher Regelungen zur behördlichen Duldung im Umweltrecht im Unterschied z. B. zu § 60a AufenthG nicht ins Feld geführt werden.[210] Zum einen kann die singuläre Entscheidung des Gesetzgebers, im Aufenthaltsrecht eine Rechtsfigur explizit zu etablieren, nicht als Entscheidung verstanden werden, dies auf allen anderen Teilgebieten des Verwaltungsrechts nicht zu tun, zumal dies an der Rechtswirklichkeit und dem modernen Verständnis eines primär kooperativen, am Opportunitätsprinzip orientierten Verwaltungshandelns eklatant vorbeiginge. Zum anderen regelt § 60a AufenthG bei näherem Hinsehen eher Konstellationen des Absehens von einer Vollstreckung, deren strafrechtliche Bedeutung anders einzuschätzen ist (Rn. 69). Ebensowenig können umweltrechtliche Regelungen, mit denen vor Erteilung einer Erlaubnis, Genehmigung oder Planfeststellung eines Vorhabens ein vorzeitiger Beginn vorübergehend zugelassen wird, wie in § 37 KrWG (betr. Errichtung, Probebetrieb von Deponien), § 8a BImSchG (auch bei wesentlicher Änderung nach Absatz 3 i. V. m. § 16 Abs. 1) und § 17 WHG) das Phänomen der Duldung mit ihrem Regelungsgehalt abdecken oder gegenstandslos werden lassen.[211] Sie erfassen vielmehr nur Teilbereiche behördlichen Handelns im Kontext von Umweltinanspruchnahmen und können daher nicht als abschließende Regelungen des verwaltungsrechtlichen Handlungskanons gelten, zu dem vielmehr gleichermaßen formale wie informelle Gestattungen mit entsprechender Legalisierungswirkung zu zählen sind, die sodann auch das Strafrecht als legalisierende Akte zu respektieren hat. 68

Keinerlei Wirkungen zieht hingegen eine behördliche Untätigkeit nach sich, die auf einer Unkenntnis der betreffenden Umweltinanspruchnahme beruht[212] oder die nicht – und zwar nicht einmal konkludent – gegenüber dem Bürger kommuniziert wird.[213] Ebensowenig ändert das bloße **Absehen von der Vollstreckung** einer Stilllegungs- oder Untersagungsverfügung etwas an der Verbotswidrigkeit, solange die Behörde ihr vorheriges Handlungsverbot aufrechterhält, etwa eine Untersagung der Abwassereinleitung für den Fall befristet nicht mit Zwangsmitteln durchsetzt, dass mit dem Bau einer Kläranlage begonnen wird.[214] Die Zwangsvollstreckung eines Verbots stellt keine zwingende Konsequenz verbotswidrigen Verhaltens dar, sondern steht im Ermessen der Behörde (vgl. § 6 Abs. 1 VwVG) und hat im Extremfall einer Unverhältnismäßigkeit sogar zu unterbleiben. Diese Regelungslage verdeutlicht die notwendige Differenzierung zwischen Zulassung/Untersagung einerseits und ihrer zwangsweisen Durchsetzung andererseits. Der Verzicht auf eine Vollstreckung ist daher nicht mit der Zulassung oder Duldung des Verhaltens selbst gleichzusetzen, das vielmehr in diesen Fällen strafrechtswidrig bleibt. 69

---

nisierung und Reparatur eines Abwassersystems in der Erwartung einer Situationsverbesserung), OLG Karlsruhe DVBl. **1980** 607; ZfW **1996** 407, 409; LG Bonn NStZ **1988** 224 (billigende vorübergehende Inkaufnahme einer Wasserverschmutzung kommt einer konkludenten Erlaubnis gleich); *Odersky* Festschrift Tröndle 291, 301; *Rudolphi* NStZ **1984** 193, 198; *Altenhain* Festschrift Weber 441, 446 ff; *Kemme* 360 ff; *Perschke* wistra **1996** 161, 168; *Saliger* Umweltstrafrecht Rdn. 129; *Schall* SK Rdn. 96 f; *Schmitz* MK Rdn. 105 f; **aA** BayObLGSt **2000** 5, 11 (zu § 327); OLG Braunschweig ZfW **1991** 52 ff; **1996** 406, 409; OLG Karlsruhe ZfW **1996** 406, 409; *Alleweldt* NuR **1992** 312, 315 ff; *Hallwass* 48 f, 114; *Hopf* ZUR **1990** 64 ff; *Kloepfer/Vierhaus* Rdn. 39; *Sack* Rdn. 112 f–h (außer bei Sanierungsverfügung, durch die ein rechtswidriger Zustand bis zur Realisierung der Sanierungsmaßnahme unter Fristsetzung hingenommen wird); differenzierend bei Vorliegen eines Verwaltungsaktes GJW/*Bock* Vor § 324 Rdn. 35; *Fischer* Rdn. 11; *Otto* Jura **1991** 313.

210 So noch *Möhrenschlager* LK[12] Vor § 324 Rdn. 43.

211 So aber *Möhrenschlager* LK[12] Rn. 43; *ders.* NuR **1983** 209, 215; vgl. auch *Ransiek* NK Rdn. 31, für den bei Existenz einer Regelung über die Zulassung vorzeitigen Beginns kein Bedarf für informelles Handeln besteht.

212 BGHSt **37** 21, 28; *Schmitz* MK Rdn. 105; *ders.* Verwaltungshandeln 85; *Schall* SK Rdn. 94; *Sch/Schröder/Heine/Schittenhelm* Rdn. 20; *Franzheim/Pfohl* Rdn. 105; *Kemme* 352; *Rogall* NJW **1995** 922 f.

213 *Kemme* 359; *Sack* Rdn. 112, 112h; *Ransiek* NK Rdn. 33; *Saliger* Umweltstrafrecht Rdn. 129; *Schall* SK Rdn. 95 f; **aA** *Schmitz* MK Rdn. 105.

214 OLG Stuttgart JR **1978** 294.

70 **b) Verwaltungsbehördliche Handlungsverbote.** Etliche Tatbestände bedrohen Handlungen mit Strafe, die „entgegen einer vollziehbaren Untersagung" (§§ 327, 328 Abs. 1, § 329 Abs. 2, 3) oder unter „Verletzung einer verwaltungsrechtlichen Pflicht" begangen werden (§§ 311, 324a bis 325a, § 326 Abs. 3, § 328 Abs. 3 sowie § 329 Abs. 4 i. V. m. § 330d Abs. 1), wobei i. V. m. § 330d Abs. 1 Nr. 4 c)-e) auch Zuwiderhandlungen gegen einen „vollziehbaren Verwaltungsakt", gegen eine „vollziehbare" Auflage und einen „öffentlich-rechtlichen Vertrag" (als Ersatz eines sonst möglichen Verwaltungsaktes) als entsprechende Pflichtverstöße in Betracht kommen. Solche Pflichten entstehen zudem nach § 330d Abs. 2 Nr. 1, 3 und 4 auch durch Rechtsakte von EU-Mitgliedsstaaten. Damit können letztlich behördliche Einzelentscheidungen die straftatbestandliche Handlungsbeschreibung formulieren, was mit Blick auf Art. 103 Abs. 2 GG jedenfalls nicht von vornherein unproblematisch ist. Verfassungsrechtlich unbedenklich sind solche Konstruktionen indessen immer dann, sofern sich der behördliche Akt als Konkretisierung einer gesetzlichen vorgesehenen und vorgezeichneten Handlungsanweisung an den Bürger darstellt. Wenn beispielsweise § 327 Abs. 2 Nr. 4 den Betrieb einer Abwasserbehandlungsanlage entgegen einer vollziehbaren Untersagung bestraft und zugleich eine solche Untersagung in § 60 Abs. 5 WHG bereits gesetzlich vorgesehen ist, so stellt der Untersagungsakt eine **gesetzlich konkret vorgesehene Maßnahme** dar. Die Behörde formuliert damit nicht selbst eine Pflicht des Bürgers, sondern sie bezieht nur eine gesetzlich bereits in genau dieser Form und für diesen Fall konzipierte Bürgerpflicht auf den individuellen Fall.[215] Dabei spielt es keine Rolle, wenn die gesetzliche Präzisierung außerhalb des eigentlichen Strafgesetzes stattfindet, zumal Straf- und Verwaltungsgesetzgeber keine unterscheidbaren Institutionen darstellen, sondern sich auf dasselbe Parlament beziehen. Verfassungsrechtlich bedenklich erscheint es aber, wenn die **behördlich angeordnete Pflicht gesetzlich nicht in annähernd vorhersehbarer Form vorgesehen**, sondern allenfalls nach ihrer Zweckrichtung benannt ist, wie dies in § 52 Abs. 1 Nr. 1 WHG geschieht („durch behördliche Entscheidung können in Wasserschutzgebieten, soweit der Schutzzweck dies erfordert, [...] *bestimmte Handlungen* verboten oder für nur eingeschränkt zulässig erklärt werden [...]"). Denn was als Handlung verboten und damit ggf. über § 324a Abs. 1 StGB strafbedroht sein soll, bleibt hier der behördlichen Phantasie überlassen. Darüber helfen auch die in § 324a Abs. 1 StGB ausreichend präzise benannten Verunreinigungserfolge nicht hinweg, denn der Gesetzgeber hat hier kein reines Erfolgsdelikt geschaffen, sondern eines, das mit der Verletzung verwaltungsrechtlicher Pflichten ein zusätzliches Handlungsunrecht erfordert, welches dann aber seinerseits (verwaltungs-)gesetzlich ausreichend bestimmt formuliert sein muss. Die Anordnung eines seiner Art nach gesetzlich vorgesehenen Handlungsge- oder -verbots darf der Behörde überlassen sein, nicht aber seine Formulierung in Vertretung des Strafgesetzgebers.[216] Ausreichend bestimmt erscheint daher z. B. § 52 Abs. 1 Nr. 2 lit. a) WHG („durch behördliche Entscheidung können in Wasserschutzgebieten [...] die Eigentümer und Nutzungsberechtigten von Grundstücken verpflichtet werden, [...] bestimmte auf das Grundstück bezogene Handlungen vorzunehmen, insbesondere die Grundstücke nur in bestimmter Weise zu nutzen [...]"), soweit darin behördliche Nutzungsverbote vorgesehen sind, wohingegen erneut die Vornahme (irgendwelcher) „bestimmte[r] Handlungen" zu unbestimmt ist, um ggf. als Verletzung verwaltungsrechtlicher Pflichten eine Strafbarkeit zu begründen. Es ist daher bei strafbegründenden Verwaltungsanordnungen stets im Einzelfall zu untersuchen, ob sich eine ausreichend bestimmte gesetzliche Grundlage für das behördliche Handlungsgebot findet und sich dieses nur als letzte, vom Gesetz nicht mehr zu leistende Konkretisierung einer gesetzli-

215 *Heghmanns* 283 f.
216 Eingehend *Heghmanns* 284 ff.

chen Ermächtigungsgrundlage darstellt. Diese Differenzierung entspricht der verfassungsgerichtlichen Rechtsprechung, die ihrer Art nach bereits gesetzlich vorgesehene Handlungsanweisungen nicht beanstandet, wohl aber solche, bei denen die gesetzliche Grundlage (wie in § 15 Abs. 2 FAG a. F.) keine näheren Hinweise enthält.[217]

Soweit es um Untersagungen oder Anordnungen geht, verlangen die Straftatbestände aus- **71**
nahmslos die **Vollziehbarkeit** des behördlichen Aktes. Dies gilt auch für die Verletzung verwaltungsrechtlicher Pflichten, weil § 330d Abs. 1 Nr. 4 lit. c) und d) gleichfalls auf vollziehbare Anordnungen abstellen. Vollziehbarkeit liegt zum einen vor bei Unanfechtbarkeit des belastenden Verwaltungsakts oder nach rechtskräftigem Abschluss eines Klageverfahrens, ferner, wenn die zuständige Behörde solche Akte nach § 80 Abs. 2 Nr. 4 VwGO für sofort vollziehbar erklärt oder sie dies von Gesetzes wegen nach § 80 Abs. 2 Nr. 1–3 VwGO sind und der Sofortvollzug nicht nach § 80 Abs. 5 VwGO wieder beseitigt wird.

Ein vollziehbarer, aber **rechtswidriger belastender Verwaltungsakt** (wie z. B. eine voll- **72**
ziehbare Untersagung, Anordnung oder Auflage) ist zwar nach § 43 VwVfG wirksam. Entgegen der h. M.[218] wäre eine solche Anordnung aber ungeeignet, eine strafrechtswidrige Normwidrigkeit zu begründen. Er vermag nämlich wegen seiner Rechtswidrigkeit nicht mit der notwendigen Verlässlichkeit die Angemessenheit des Eingriffs in die Freiheitsrechte des Bürgers zum Zwecke der Abwehr von Umweltgefahren zu dokumentieren. Die h. M. beruft sich in diesem Kontext zu Unrecht auf die Einheit und Widerspruchsfreiheit der Rechtsordnung, denn ein Nichteingreifen des Strafrechts gegenüber Normverstößen, die ein anderes Teilrechtsgebiet formuliert, führt gerade zu keinen widersprüchlichen Normbefehlen, sondern ist notwendige Konsequenz des fragmentarischen Charakter des Strafrechts, sich auf die Sanktionierung der schwersten Normwidrigkeiten zu beschränken, zu welchen Verstöße gegen fälschlich ergangene behördliche Normbefehle nicht zwangsläufig zu zählen sind. Die Gegenmeinung[219] sieht demgegenüber zu Recht vor allem deshalb keinen überzeugenden Grund für eine Strafbarkeit des Verstoßes gegen einen rechtswidrigen Verwaltungsakt, weil dadurch in der Regel materielle Umweltschutzinteressen nicht verletzt werden. Eine Ausnahme wird nur für den Fall einer rechtswidrig in zu geringem Maße umweltschützenden Anordnung in Betracht kommen,[220] zumal sich der Betroffene hier selbst verwaltungsrechtlich kaum auf die Verletzung seiner Rechte wird berufen können.

Eine **nachträgliche Korrektur** (durch Rücknahme, Widerruf oder verwaltungsgerichtliche **73**
Entscheidung) des belastenden Verwaltungsaktes ändert an der einmal im Hinblick auf einen zwischenzeitlichen Verstoß eingetretenen Strafbarkeit selbst bei verwaltungsrechtlicher ex tunc-Wirkung nichts.[221] Gleiches gilt, sofern die nachträgliche Entscheidung alleine die Vollziehbarkeit aufhebt (z. B. nach § 80 Abs. 5 VwGO).

---

217 Vgl. BVerfGE **22** 21; **55** 144; **75** 329; **80** 244 einerseits und BVerfGE **78** 374 andererseits; ferner *Tiedemann* Tatbestandsfunktionen 239 ff; *Jäger* SK § 1 Rdn. 28; *Dannecker/Schuhr* LK § 1 Rdn. 216.

218 BGHSt **23** 86, 91 ff; **31** 314 f = NStZ **1983** 321; *Fischer* Rdn. 7; *Schall* SK Rdn. 78; *Sch/Schröder/Heine/Schittenhelm* Rdn. 16a, c; *GJW/Bock* Rdn. 21; *Franzheim/Pfohl* Rdn. 74; *MG/Pfohl* § 54 Rdn. 130 f; *Lagemann* 110 ff; *Ocker* 233; *Odenthal* NStZ **1991** 418, 419; *Rogall* GA **1995** 299, 307 ff.

219 *Arnhold* JZ **1977** 789 f; *Bergmann* 155 ff, 179 ff; *Haaf* 273 ff, 288; *Lenk* 109 ff, 126; *Ransiek* NK Rdn. 46; *Saliger* Umweltstrafrecht Rdn. 115 (bei materieller, nicht formeller Rechtswidrigkeit); *Schmitz* MK Rdn. 88 ff; *Szesny* AnwK Rdn. 57; *Kühl* Festschrift Lackner 843 ff; *Perschke* wistra **1996** 161, 164 f; *Rengier* BT § 47 Rdn. 17; *Wüterich* NStZ **1987** 106, 108 f; *Heghmanns* 317 ff.

220 *Heghmanns* 321 f.

221 *Odenthal* NStZ **1991** 418, 420; *Ocker* 234; *Rogall* NStZ **1992** 561, 565; *Meurer* NJW **1988** 2065, 2068; ferner OLG Frankfurt OLGSt § 21 AuslG Nr. 1 4; OLG Hamm NJW **1967** 1344; BGHSt **23** 86, 93; OLG Karlsruhe NJW **1978** 116, 117; **aA** *Dahs/Redeker* DVBl. **1988** 803, 810; *Gerhards* NJW **1978** 86, 88; *Janicki* JZ **1968** 94, 95; *Lenk* 214 ff.

VI. Amtsträgerstrafbarkeit

1. Allgemeines

74 Wie oben bereits dargestellt (Rdn. 12, 22), hat der Gesetzgeber bewusst auf die Schaffung eines spezifischen Tatbestandes für die Amtsträgerstrafbarkeit[222] im Umweltstrafrecht verzichtet. Er

---

222 Wichtigeres Schrifttum (für die Zeit bis 1990 s. ergänzend die Nachweise bei *Rogall* Amtsträgerstrafbarkeit 289 ff.): *Atladi* Amtsträgerstrafbarkeit im Umweltstrafrecht – Rechtsvergleichende Analyse der Rechtslage in Deutschland und der Türkei (2011); *Bickel* Die Amtsträgerstrafbarkeit, in: *Meinberg/Möhrenschlager/Link* (Hrsg.) Umweltstrafrecht (1989); *Busch* Unternehmen und Umweltstrafrecht (1997); *Dahs* Zur strafrechtlichen Haftung des Gewässerschutzbeauftragten nach § 324 StGB, NStZ **1986** 97; *Dominik* Strafrechtliche Unterlassungshaftung von Amtsträgern in Umweltbehörden: Die Nichtrücknahme fehlerhafter Genehmigungen, dargestellt am Beispiel des § 324 StGB, (1997); *Faure/Oudijk/Koopmans* Ökonomische Analyse der Amtsträgerstrafbarkeit – Eine Skizze strafrechtlicher Steuerung von Umweltdelinquenz, wistra **1992** 121; *Fischer/Leirer* Die Rechtswidrigkeit gewässerverunreinigenden Handelns von Amtsträgern, ZfW **1996** 349; *Führen* Strafbarkeit von Amtsträgern wegen Gewässerverunreinigung durch Kläranlagen, Verwaltungsrundschau **1988** 430; *Galonska* Amtsdelikte im Umweltrecht. Ein Beitrag zu der Frage der Strafbarkeit von Amtsträgern der Aufsichtsbehörden, Diss. Würzburg 1986; *Gebhard* Unternehmensangehörige und Straftaten gegen die Umwelt (2001); *Geisler* Strafbarkeit von Amtsträgern im Umweltrecht, NJW **1982** 11; *Glauben* Strafbarkeit von Amtsträgern, Abfallbesitzern- und -anlagebetreibern bei der Sonderabfallentsorgung, DRiZ **1998** 23; *Gröger* Die Haftung des Amtsträgers nach § 324 StGB, Diss. Konstanz 1985; *Groß/Pfohl* Zur Strafbarkeit von Bürgermeistern im Bereich kommunaler Abwasserreinigungsanlagen – Zugleich Anmerkung zu OLG Saarbrücken, NStZ 1991, 531 – NStZ **1992** 119; *von der Grün* Garantenstellung und Anzeigepflichten von Amtsträgern im Umweltbereich (2003); *Gürbüz* Zur Strafbarkeit von Amtsträgern im Umweltstrafrecht (1997); *Hillebrand* Risiko einer strafrechtlichen Verfolgung im Umweltstrafrecht im Bereich kommunaler Verwaltung, Gemeinde 1993 383; *Himmel/Sanden* Undichte Abwasserkanäle als strafrechtliches Risiko, ZfW **1994** 449; *Hofmann* Die strafrechtliche Verantwortlichkeit kommunaler Mandatsträger und leitender Verwaltungsbeamter im Umweltrecht, BayBgm. **1988** 90; *Hohmann* Wasserrechtliche Pflichten und Strafbarkeit der Wasserbehörden, NuR **1991** 8; *Horn* Strafbares Fehlverhalten von Genehmigungs- und Aufsichtsbehörden, NJW **1981** 1; *Hoyer* Gewässerverunreinigung durch Bürgermeister – Anmerkung zu OLG Saarbrücken NStZ 1991, 531, NStZ **1992** 387; *Hübenett* Rechtswidrige behördliche Genehmigungen als Rechtfertigungsgrund – ein gelöstes strafrechtliches Problem? Diss. Bonn 1986; *Hüper* Die strafrechtliche Verantwortlichkeit von Klärwerksbetreibern, Die Gemeinde **1988** 65; *Hüwels* Fehlerhafter Gesetzesvollzug und strafrechtliche Zurechnung: die Organisationszuständigkeit und die institutionelle Zuständigkeit des Amtsträgers, dargestellt an Beispielen aus dem Umweltschutzrecht (1986); *Hug* Umweltstrafrechtliche Verantwortlichkeiten in den Kommunen (1996); *Iburg* Zur strafrechtlichen Verantwortlichkeit von Amtsträgern der Gewerbeaufsicht, UPR **1989** 128; *Immel* Die Notwendigkeit eines Sondertatbestandes im Umweltstrafrecht – Umweltuntreue, ZRP **1989** 105; *ders.* Strafrechtliche Verantwortlichkeit von Amtsträgern im Umweltstrafrecht (1987); *Keller* Zur strafrechtlichen Verantwortlichkeit des Amtsträgers für fehlerhafte Genehmigungen im Umweltrecht, Festschrift Rebmann 241; *Knopp* Strafbarkeit von Amtsträgern bei Umweltbehörden – Zugleich eine Besprechung von BGH v. 3.11.1993 – 2 StR 321/93, ZAP **1994** 289; *ders.* Zur Strafbarkeit von Amtsträgern in Umweltverwaltungsbehörden unter besonderer Berücksichtigung der BGH-Rechtsprechung, DÖV **1994** 676; *Lange* Die Sanktionierung von Aufsichtspflichtverletzungen in der öffentlichen Verwaltung (2016); *Laufhütte* Überlegungen zur Änderung des Umweltstrafrechts, ZRP **1989** 337; *Martin* Umweltbehörden und Strafrecht. Anmerkungen zum Urteil des Landgerichts Hanau im „Alkem-Prozeß", KritJ **1988** 159; *Mayer/Brodersen* Strafbarkeit von Amtsträgern im Umweltstrafrecht, BayVBl. **1989** 257; *Meinberg* Amtsträgerstrafbarkeit bei Umweltbehörden, NJW **1986** 2220; *Michalke* Die Strafbarkeit von Amtsträgern wegen Gewässerverunreinigung (§ 324 StGB) und umweltgefährdender Abfallbeseitigung (§ 326 StGB) in neuem Licht, NJW **1994** 1693; *Müller, W.* Amtsträger im Umweltstrafrecht, Städtetag **1990** 376; *ders.* Strafrechtliche Verantwortung von Bürgermeistern und anderen Bediensteten im Umweltstrafrecht, Verwaltungsrundschau **1991** 48; *ders.* Zur Haftung der Amtsträger und politischen Mandatsträger im Umweltstrafrecht, UPR **1990** 367; *ders.* Gewässerstrafrecht und Amtsträgerstrafbarkeit ZfW **1999** 288; *Nappert* Die strafrechtliche Haftung von Bürgermeistern und Gemeinderäten im Umweltstrafrecht (1997); *Nestler* Die strafrechtliche Verantwortlichkeit eines Bürgermeisters für Gewässerverunreinigungen der Bürger, GA **1994** 514; *Odersky* Zur strafrechtlichen Verantwortlichkeit für Gewässerverunreinigungen, Festschrift Tröndle 291; *Otto, Franz* Verantwortlichkeit des Hauptverwaltungsbeamten für Gewässerverunreinigung, DVP **1993** 111; *Papier* Strafbarkeit von Amtsträgern im Umweltschutz, in *Denzer* (Hrsg.) Strafverfolgung und Umweltschutz (1988) 35; *ders.* Strafbarkeit von Amtsträgern im Umweltrecht, NJW **1988** 1113; *Pfohl* Strafbarkeit kommunaler Amtsträger im Umweltstrafrecht, Kommunal-Praxis BaWü **1993** 171; *ders.* Strafbarkeit von Amtsträgern wegen Duldung

ging davon aus, dass kein dringendes Regelungsbedürfnis bestehe,[223] ein entsprechender Tatbestand nicht nur singulär das Umweltstrafrecht, sondern alle Verwaltungssektoren erfassen müsste und das Verhältnis zwischen den Verwaltungs- und Strafverfolgungsbehörden nicht durch einen solchen Straftatbestand belastet werden dürfe. In der Tat besteht jedenfalls keine erhebliche Regelungslücke, weil die strafrechtliche Haftung der Amtsträger nach allgemeinen Regeln zu einem großen Teil angemessen beurteilt werden kann.

Kriminalpolitisch wäre eine Amtsträgerstrafbarkeit allerdings grundsätzlich **diskutabel**, 75
weil schuldhaftes Fehlverhalten der Amtsträger in Umweltschutzbehörden, z. B. im Zuge einer fälschlich erteilten Genehmigung, weitreichende Folgen für Umweltmedien haben kann. Eine Strafdrohung kann dazu beitragen, allzu nachlässiges Behördenverhalten zu verhindern und ein behördliches Umweltbewusstsein zu verstärken. Auf der anderen Seite haben Strafverfahren gegen Amtsträger in führenden Positionen insbesondere nach Inkrafttreten des 1. UKG in Einzelfällen zu Verunsicherungen geführt.[224] Sie hat sich z. B. in einem verstärkten Vorlageverhalten gezeigt, d. h. in der Einholung der Entscheidung von Vorgesetzten oder in der Einleitung von Bußgeldverfahren statt nachträglicher Anordnungen, um eine gerichtliche Klärung herbeizuführen. Auch wurde mitunter von einer gesunkenen Informationsbereitschaft der Umweltverwaltungs- gegenüber Strafverfolgungsbehörden aus Furcht vor einem Übergriff in ihre Kompetenzen berichtet. Eine solche Flucht aus der Verantwortung wäre im Ergebnis kontraproduktiv. Strafrechtswidriges Amtsträgerverhalten bedarf daher einer klaren Begrenzung auf schwerwiegendes Verhaltensunrecht[225] und hat – wie bei § 266 – großzügige Entscheidungsspielräume zuzugestehen. Hilfreich wäre es, wenn materielle Regelungen, wie z. B. solche über eine Pflicht zum Einschreiten, und Zuständigkeitsregelungen im Verwaltungsrecht stärker präzisiert würden.[226]

Weder aus der Existenz besonderer Amtsdelikte[227] noch aus der Regelung von Sonderde- 76
likten im Umweltstrafrecht kann der Umkehrschluss gezogen werden, Amtsträger der Umwelt-

---

unzureichender Abwasserreinigungsanlagen, NJW **1994** 418; *Reinert* Haftungs-, insbesondere strafrechtliche Konsequenzen bei Gewässerverunreinigungen durch undichte öffentliche Kanalisationen, UTR 17 (**1992**) 63, 66 ff; *Rogall* Die Strafbarkeit von Amtsträgern im Umweltbereich (1991); *Roxin* Der strafrechtliche Rechtswidrigkeitsbegriff beim Handeln von Amtsträgern – eine überholte Konstruktion, Festschrift Pfeiffer 45; *Rudolphi* Probleme der strafrechtlichen Verantwortlichkeit von Amtsträgern für Gewässerverunreinigungen, Festschrift Dünnebier 561; *ders.* Strafrechtliche Verantwortlichkeit der Bediensteten von Betrieben für Gewässerverunreinigungen und ihre Begrenzung durch den Einleitungsbescheid, Festschrift Lackner 863; *Sangenstedt* Garantenstellung und Garantenpflicht von Amtsträgern (1989); *Schall* Zur Strafbarkeit von Amtsträgern in Umweltverwaltungsbehörden – BGHSt **38** 325, JuS **1993** 719; *Schick* Der umweltkriminelle Beamte – Probleme der strafrechtlichen Haftung des Beamten für rechtswidriges Verhalten Dritter (1984); *Schmeken/Müller* Umweltstrafrecht in den Kommunen (1993); *Schmitz* Verwaltungshandeln und Strafrecht (1992); *Schultz* Amtswalterunterlassen (1984); *Schünemann* Die Strafbarkeit von Amtsträgern im Gewässerstrafrecht, wistra **1986** 235; *Weber* Strafrechtliche Verantwortlichkeit von Bürgermeistern und leitenden Verwaltungsbeamten im Umweltrecht (1988); *Wernicke* Zur Strafbarkeit der Amtsträger von Wasseraufsichtsbehörden bei Unterlassungen, ZfW **1980** 261; *Winkelbauer* Die strafrechtliche Verantwortung von Amtsträgern im Umweltstrafrecht, NStZ **1986** 149; *Winter* Umweltschutz durch Bestrafung von Umweltbeamten? BaWüVerwPr. **1994** 178; *Wohlers* Der Erlaß rechtsfehlerhafter Genehmigungsbescheide als Grundlage mittelbarer Täterschaft, ZStW **108** (1996) 61; *Zeitler* Die strafrechtliche Haftung für Verwaltungsentscheidungen nach dem neuen Umweltstrafrecht, Diss. Tübingen 1982.

223 Vgl. Ausschussbericht BT-Drs. 12/7300 27; *Möhrenschlager* NStZ **1994** 513, 515 f; empirische Erkenntnisse nennen *AK-U* 52 f und *Rogall* Strafbarkeit von Amtsträgern 30 ff.

224 *AK-U* 56 f; Meinberg/Möhrenschlager/Link/*Schendel* 246, 257.

225 Ebenso *Schall* SK Rdn. 101; vgl. auch *Sangenstedt* 692 f; für eine wohl weitergehende telelogische Reduktion *Breuer/Gärditz* Rdn. 1623 f i. S.e. Beschränkung auf qualifizierte, gesetzlich spezifizierte und selektive Rechtsverstöße unter Ausklammerung von vertretbarer, ex post für falsch erachteter Anwendung; generelle Strafbarkeit verneinen *Hansmann/Sellner/Salzwedel/Durner* Kap. 8 Rdn. 200 bei bloß ermessensfehlerhafter Genehmigung.

226 Ausschussbericht BT-Drs. 8/3633 21; *Schall* SK Rdn. 102.

227 Für eine Sperrwirkung der Amtsdelikte noch *Galonska* 130 ff; bezüglich der Fahrlässigkeitstatbestände *Rademacher* 199.

behörden seien für Umweltdelikte strafrechtlich nicht verantwortlich.[228] Sie haften strafrechtlich vielmehr aufgrund der allgemeinen Zurechnungsregeln. Bei **Allgemeindelikten** wie den §§ 324, 326 Abs. 1 besteht mit der nach h. M. möglichen Anwendung der allgemeinen Regelungen in den §§ 25–27 und 13 keine Regelungslücke. Anders liegt es hinsichtlich eines Fehlverhaltens von Genehmigungs- und Überwachungsbehörden bei der Anwendung von **Sonderdelikten**, d. h. insbesondere hinsichtlich der auf Anlagenbetreiber beschränkten Tatbestände (wie z. B. den §§ 325, 325a und 327). Bei diesen kommt nur eine Teilnahmestrafbarkeit an Vorsatzdelikten in Betracht, die aber am Fehlen einer rechtswidrigen Haupttat scheitern kann. Eine (teilweise) Umgestaltung in Allgemeindelikte bzw. eine Ergänzung durch zusätzliche Amtsträgerregelungen war aber politisch nicht durchsetzbar, zumal eine zwingende Notwendigkeit angesichts kaum ausreichender Belege über häufiger auftretende Missbräuche wohl nicht besteht.

2. Unmittelbare Verantwortlichkeit beim Betreiben kommunaler Einrichtungen

77 Amtsträger können ohne Weiteres selbst Täter oder Teilnehmer von Umweltdelikten werden, wo sie als Behördenvertreter[229] zur Erfüllung eines Straftatbestandes im Zusammenhang mit dem **Betrieb kommunaler Einrichtungen** beitragen.[230] Insoweit können sie unter Anwendung von § 14 selbst Täter entsprechender Sonderdelikte sein. Wird durch den fehlerhaften Betrieb eines Schwimmbades[231] oder einer kommunalen Kläranlage[232] ein Gewässer unbefugt verunreinigt, so macht sich der zuständige Amtsträger strafbar, wenn er vorsätzlich oder fahrlässig dazu beigetragen hat (näher dazu § 324 Rdn. 72). Wird auf einem Gemeindegrundstück eine „wilde" Mülldeponie errichtet, so haftet der zuständige Amtsträger aufgrund allgemeiner Zurechnungsregeln nach den §§ 326, 327, sofern die Deponie als gemeindliche Anlage zu definieren ist.[233] Amtsträger in **Aufsichtsbehörden** können sodann wegen Beteiligung strafbar sein.[234] Soweit der Amtsträger nicht selbst handelt, kann er als Überwachergarant wegen pflichtwidrigen Unterlassens eines gebotenen Einschreitens zur Verantwortung gezogen werden. Problematisch kann dabei die Frage werden, wann er haftet, wenn er für die Beseitigung eines Missstandes erst nach dessen Entstehung zuständig wird und jedenfalls nicht sofort für Abhilfe sorgen kann.[235] Eine strafbewehrte Handlungspflicht setzt jedoch stets eine reale, erfolgsvermeidende Handlungsmöglichkeit voraus. Werden alle Befugnisse ausgeschöpft, schließt dies eine Haftung für ein Unterlassen aus.

78 Täterschaft des Amtsträgers kommt nicht in Betracht, wo **Sonderdelikte** durch Private begangen werden und der Amtsträger das entsprechende persönliche Merkmal (z. B. die Betreibereigenschaft) nicht besitzt; dort ist allenfalls seine Teilnahme möglich.[236]

---

228 Heute allgemeine Meinung, vgl. *Rogall* 144 f m. w. N.; überholt GenStA bei dem OLG Hamm NStZ **1984** 219 mit abl. Anm. *Zeitler*, einschränkend *Geisler* NJW **1982** 11 ff.

229 Näher *Rogall* 145 ff.

230 *Rogall* 147 ff; *Schall* JuS **1993** 719, 720.; *ders.* SK Rdn. 104 f.

231 OLG Köln NJW **1988** 2119, 2121 (pflichtwidriger Anschluss an Kanalisation; ungeklärtes, mit Chemikalien versetztes Abwasser gelangte in ein Gewässer).

232 BGHSt **38** 325 = NStZ **1993** 285; ferner OLG Saarbrücken NStZ **1991** 531 f; OLG Stuttgart NStZ **1989** 122; LG München II NuR **1986** 259; *Groß/Pfohl* NStZ **1992** 119; *Hoyer* NStZ **1992** 387; *Pfohl* NJW **1994** 418.

233 Unter dem Gesichtspunkt des Unterlassens OLG Stuttgart NuR **1987** 281; LG Koblenz NStE Nr. 6 zu § 326; StA Landau MDR **1994** 935 mit abl. Anm. *Otto* JK **1995** StGB § 327/1.

234 *Sch/Schröder/Heine/Schittenhelm* Rdn. 41; *Pfohl* NJW **1994** 418, 421; zur Strafbarkeit von Gemeinderatsmitgliedern *Schall* SK Rdn. 105; *Schmitz* MK Rdn. 139; *Franzheim/Pfohl* Rdn. 558 ff.

235 OLG Saarbrücken NStZ **1991** 531 mit Anm. *Franzheim* ZfW **1991** 325.

236 *Schall* JuS **1993** 719 f; *Weber* 34 f; *Kloepfer/Heger* Rdn. 126.

3. Verantwortlichkeit für die Erteilung von Genehmigungen

Eine verwaltungsrechtlich **rechtmäßige Erlaubnis** lässt für deren Adressaten entweder die Tatbestandsmäßigkeit (so bei an eine fehlende Genehmigung oder Planfeststellung anknüpfenden Tatbeständen wie bei den §§ 326, 327, 328 Abs. 1) oder die Rechtswidrigkeit wegen Vorliegens eines Rechtfertigungsgrundes entfallen (so bei Allgemeindelikten wie § 324 [nach h. M.] und bei § 329 Abs. 1–3. Entsprechendes gilt für einen gemäß § 43 VwVfG **wirksamen Verwaltungsakt**, selbst wenn er fehlerhaft ist, also nicht mit dem materiellen Recht übereinstimmt (dazu Rdn. 60). Durch die Erteilung einer rechtmäßigen Genehmigung macht sich der zuständige Amtsträger in keinem Falle wegen eines Umweltdeliktes strafbar. Rechtmäßig ist eine Genehmigung stets, wenn sich die Erteilung der Erlaubnis im Rahmen pflichtgemäßen Ermessens bewegt.[237] Nach verbreiteter, aber abzulehnender Auffassung ist jedoch nicht erst bei Nichtigkeit des Verwaltungsakts, die auch für den Inhaber der Genehmigung die Strafbarkeit eröffnet (Rdn. 79), sondern schon bei Erteilung von Genehmigungen unter Fehlgebrauch des Ermessens (vgl. § 114 VwGO) oder unter Überschreitung des der Behörde eingeräumten Beurteilungsspielraums die Grenze zur Strafbarkeit erreicht.[238] Auch dieser Auffassung steht jedoch die akzessorische Natur des Strafrechts im Wege, solange verwaltungsrechtlich weiterhin eine zwar rechtswidrige, dennoch aber wirksame Genehmigung existiert. 79

Bei fehlerhaften Genehmigungen[239] ist zu differenzieren. Nach § 44 i. V. m. § 43 Abs. 3 VwVfG **nichtige Genehmigungen** sind unwirksam; auf Seiten des Genehmigungsempfängers liegt dann eine rechtswidrige Tat im Falle einer im Übrigen tatbestandlichen Umweltinanspruchnahme vor. Die Genehmigungserteilung kann in diesem Falle bei Allgemeindelikten Mittäterschaft (z. B. bei einverständlichem, also kollusivem Zusammenwirken, wenn etwa bezweckt wird, andere Amtsträger vom Einschreiten abzuhalten; bloße beiderseitige Kenntnis der Rechtswidrigkeit reicht dabei freilich noch nicht aus), mittelbare Täterschaft (kraft überlegenen Wissens, etwa, wenn der Amtsträger die Unwirksamkeit kennt, der Empfänger aber von der Wirksamkeit der Erlaubnis ausgeht, sowie bei Täuschung über die Unwirksamkeit) oder ggf. fahrlässige (Neben-)Täterschaft des Amtsträgers vorliegen (z. B. bei erkannter Täuschung durch den Genehmigungsempfänger oder bei sorgfaltswidriger Erteilung der nichtigen Genehmigung).[240] Seltener wird bloße Beihilfe in Betracht kommen, nach der Rechtsprechung insb. bei fehlendem Tatinteresse des Amtsträgers. Bei Sonderdelikten, die nur auf den unmittelbar umweltgefährdenden Täter zugeschnitten sind, kann der Amtsträger seinerseits kein Täter, wohl aber Anstifter oder Gehilfe sein.[241] 80

Ähnlich der Nichtigkeit würden nach h. M. Genehmigungen für den sie erteilenden Amtsträger wirken, die zwar wirksam sind, aber nach § 330d Abs. 1 Nr. 5 **rechtmissbräuchlich** (d. h. durch Drohung, Bestechung oder Kollusion oder durch Täuschung) erlangt wurden.[242] Nach der hier vertretenen Auffassung (s. Rn. 49 sowie § 330d Rn. 29) dürfte das Strafrecht zwar die Kollusion als solche unter Strafe stellen, nicht aber ihr Produkt ignorieren, solange das Primärrecht, nämlich das Umweltrecht selbst, noch von seiner Wirksamkeit, d. h. dem Bestand der Genehmigung ausgeht, wie es bislang der Fall ist. Daher handelt auch in diesen Fällen der Genehmi- 81

237 OLG Frankfurt NStZ **1987** 508, 510 = JR **1988** m. Anm. *Keller*.
238 OLG Frankfurt JR **1988** 168, 171; *Lackner/Kühl/Heger* Rdn. 10; *Möhrenschlager* NuR **1983** 209, 212; *ders.* LK[12] Rdn. 52; *Rogall* 168; *Winkelbauer* NStZ **1986** 149, 152.
239 Zur Strafbarkeit nach fehlerhafter Erteilung einer Genehmigung BGHSt **39** 381 = NStZ **1994** 432; ferner § 324 Rdn. 75 ff m. w. N.
240 Dazu zusammenfassend *Sch/Schröder/Heine/Schittenhelm* Rdn. 29 ff; *Schmitz* Rdn. 115 ff; *Saliger* Umweltstrafrecht Rdn. 194 ff.
241 *Sch/Schröder/Heine/Schittenhelm* Rdn. 33 f.
242 *Schmitz* MK § 330d Rdn. 27 f; *Sch/Schröder/Heine/Schittenhelm* § 330d Rdn. 27 f; *Fischer* § 330d Rdn. 12; *Schall* SK § 330d Rdn. 40 ff.

gungsempfänger formal in Einklang mit dem Verwaltungsrecht, weshalb es an einer beteiligungsfähigen Haupttat bei ihm fehlt.

82 In den Fällen, in denen der Adressat der Genehmigung auf Grund der Wirksamkeit einer Genehmigung nicht tatbestandsmäßig und rechtswidrig handelt, wenn er in Ausübung der fehlerhaften Genehmigung die Umwelt schädigt, kann der genehmigende Amtsträger nach herrschender Auffassung[243] **mittelbarer Täter** sein. Er öffne die „Rechtsschranke" für die Tatbestandsverwirklichung durch den Inhaber der Genehmigung.[244] Anders als bei der Figur der Mittäterschaft[245] ist die Tatsache, dass der Amtsträger hier nicht im Stadium der eigentlich tatbestandsmäßigen Handlung an der Tat im Einvernehmen mit dem Genehmigungsempfänger beteiligt ist, rechtlich grundsätzlich nicht bedeutsam. Die Wirksamkeit der Genehmigung fungiert nicht als Hindernis für die Tatbestandserfüllung bzw. die Rechtswidrigkeit. Die Kritik[246] an dieser Meinung, die bemängelt, der Amtsträger übe auf das eigentlich tatbestandsmäßige Handeln keinen unmittelbaren Einfluss aus, geht von einem anderen, nicht wertenden[247] Tatherrschaftsbegriff aus. Besitzt aber die Fachbehörde die Einschätzungsprärogative für die Umweltgefährlichkeit des genehmigten Verhaltens, dann hat sie – in ihrer Funktion „Bewirtschaftung der Umweltgüter" – grundsätzlich überlegenes Sachwissen, und sie hat mit Erteilung oder Versagung der Genehmigung ein wesentliches Mittel zur Herbeiführung, Steuerung oder Verhinderung der Umweltbeeinträchtigung in der Hand. Bei wertender Betrachtung besteht kein Grund, dies nicht als eine taugliche Form der Tatherrschaft aufzufassen. Allerdings handelt es sich nicht um eine Tatherrschaft im engeren Sinne.[248] Die Annahme einer mittelbaren Täterschaft dehnt hier demnach die Figur der Tatherrschaft (richterrechtlich) aus.[249] Dies ist vom Bundesverfassungsgericht[250] verfassungsrechtlich gebilligt worden. Voraussetzung ist aber stets eine Kenntnis des Amtsträgers von der Fehlerhaftigkeit seiner Genehmigung, eine entsprechende Unkenntnis beim Genehmigungsempfänger und eine Tätereignung des Amtsträgers, weshalb dieses Konstrukt bei Sonderdelikten i. d. R. versagt. Soweit der Genehmigungsempfänger bösgläubig in Bezug auf die ihm fehlerhaft erteilte Genehmigung ist, scheidet mangels Steuerungsherrschaft des Amtsträgers folglich eine mittelbare Täterschaft aus, statt ihrer kommt dann jedoch nach h. M. Mittäterschaft des Amtsträgers in Frage,[251] weil die Genehmigung in solchen Fällen nach Maßgabe des § 330d Abs. 1 Nr. 5 keine tatbestandsausschließende oder rechtfertigende Wirkung zugunsten des Genehmigungsempfängers entfalte. Wo das Einvernehmen[252] – der gemeinsame Tatentschluss – fehlt, bleibt nur Teilnahme möglich.

---

243 BGHSt **39** 381, 386, 388; ferner OLG Frankfurt NStZ **1987** 508, 510 = JR **1988** 168, 171 mit zust. Anm. *Keller* 172, 174; OLG Oldenburg NuR **1986** 164; zur Gegenmeinung s. z. B. *Rogall* 192 ff; krit. z. B. *Michalke* NJW **1994** 1693, 1696 ff; für mittelbare Täterschaft in Fällen überlegenen Wissens *Schall* NJW **1990** 1263, 1269; *ders.* JuS **1993** 719, 721; *Schall* SK Rdn. 107; *Sch/Schröder/Heine/Schittenhelm* Rdn. 35; *Schünemann* wistra **1986** 235, 240.

244 Zuerst *Horn* NJW **1981** 1, 4; ihm folgend BGHSt **39** 381, 386; OLG Frankfurt NStZ **1987** 508, 510 = NJW **1987** 2753, 2757 = JR **1988** 168, 171 mit Anm. *Keller* 172, 174; *Ransiek* NK § 324 Rdn. 74; einschränkend *Fischer* Rdn. 16; *Kloepfer/Heger* Rdn. 132; *Winkelbauer* NStZ **1986** 149, 151; krit. *Galonska* 51 f; *Geisler* NJW **1982** 11, 13.

245 Vgl. dazu *Schünemann/Greco* LK § 25 Rdn. 176.

246 *Sch/Schröder/Heine/Schittenhelm* Rdn. 35; *Schmitz* Rdn. 115 ff; *Szesny* AnwK Rdn. 65; *Immel* 144 ff; *Otto* Jura **1995** 134, 140; *Paeffgen* Festschrift Stree/Wessels 587, 606; *Wohlers* ZStW **108** (1996) 61 ff.

247 Für ein offenes Wertungsproblem im „Katzenkönig-Fall" BGHSt **35** 349, 353; krit. dazu *Wohlers* ZStW **108** (1996) 61, 66 ff.

248 *Wohlers* ZStW **108** (1996) 61, 68 ff, 76 ff.

249 *Rogall* 196; *Schünemann* wistra **1986** 235, 240; *Wohlers* ZStW **108** (1996) 61, 68 ff, 76 ff.

250 BVerfG NJW **1995** 186 f.

251 BGHSt **39** 381, 385 ff; *Schall* SK Rdn. 107; einschränkend mit dem Erfordernis der Identifikation mit dem rechtswidrigen Ziel des Genehmigungsempfängers *Saliger* Umweltstrafrecht Rdn. 192; *Wohlers* ZStW **108** (1996) 61, 65. Zum Streitstand zur Frage der mittelbaren Täterschaft i. Ü. *Rogall* 194 ff.

252 BGHSt **39** 381, 386.

Das Konstrukt mittelbarer Täterschaft bleibt **gleichwohl abzulehnen**, soweit ein Tatbestand eine fehlende Genehmigung voraussetzt und diese vom Amtsträger böswillig, aber wirksam erteilt wurde. In den Fällen eines objektiv tatbestandlichen Mangels beim Werkzeug (Genehmigungsempfänger) muss nämlich stets der mittelbare Täter (Amtsträger) das fehlende Merkmal wenigstens in eigener Person verwirklichen, d. h. es bleibt das Fehlen einer Genehmigung letztlich unabdingbar. Der Amtsträger aber bewirkt im Gegenteil eine verwaltungsrechtlich wirksame Genehmigung; er verwirklicht daher nicht den Tatbestand „durch einen anderen", wie es § 25 Abs. 1 Alt. 2 verlangt, sondern sorgt gerade für ein genehmigtes Handeln durch den anderen. Wenn daher eine Strafbarkeit des Amtsträgers in derartigen Fällen kriminalpolitisch sinnvoll erscheint, so muss der Gesetzgeber einen solchen Fall mittelbarer Täterschaft ähnlich dem Modell des § 271 in Tatbestandsform bringen oder die verwaltungsrechtliche Unwirksamkeit so entstandener Genehmigungen nach dem Muster von § 330d Abs. 1 Nr. 5 im Primärrecht anordnen. Das aber ist bislang nicht geschehen. 83

4. Pflichtwidriges Unterlassen der Beseitigung einer rechtswidrigen Genehmigung

Unterlässt der Amtsträger die Rücknahme oder den Widerruf gemäß den §§ 48, 49 VwVfG einer von Anfang an rechtswidrigen oder einer sich nachträglich als materiell (verwaltungs-) rechtswidrig erweisenden (**rechtfertigenden**) Genehmigung,[253] so kann er bei Allgemeindelikten, die zugleich kein Merkmal fehlender Genehmigung oder einer entsprechenden Verletzung verwaltungsrechtlicher Pflichten im Tatbestand enthalten (wie §§ 324, 326 Abs. 1) **wegen pflichtwidrigen Unterlassens** strafbar sein. Im ersten Fall kann eine Garantenpflicht aus Ingerenz wegen pflichtwidrigem (genehmigenden) Vorverhalten,[254] aber auch aus einer Garantenstellung aus behördlichen Überwachungs-, Gefahrenabwehr- und Mängelbeseitigungspflichten hergeleitet werden. Letztere bildet die praktikablere Grundlage,[255] zumal für Amtsnachfolger.[256] Die Entscheidung über die Rücknahme steht grundsätzlich im Ermessen der Behörde. Ihr Unterbleiben im Rahmen des eingeräumten Ermessensspielraums kann daher nicht zur Strafbarkeit führen. Erst recht gilt dies, wenn die Rücknahme der Genehmigung an dem Grundsatz des Vertrauensschutzes zugunsten des Bürgers scheitert, also rechtlich und tatsächlich gar nicht möglich ist. Die Rücknahme einer rechtswidrigen Genehmigung als begünstigender Verwaltungsakt ist nach § 48 Abs. 1 S. 2, Abs. 3 S. 3 Nr. 3 VwVfG jedoch u. a. möglich, wenn der Genehmigungsempfänger die Rechtswidrigkeit kannte oder aufgrund grober Fahrlässigkeit nicht kannte, was zur Annahme von Nichtigkeit der Genehmigung nach § 44 VwVfG oder strafrechtlicher Unwirksamkeit wegen Rechtsmissbrauch nach § 330d Abs. 1 Nr. 5 nicht ausreicht. Allerdings soll nach § 48 Abs. 1 VwVfG und dem zumindest analog anwendbaren Abs. 3 S. 2 i. V. m. Abs. 2 S. 4 bei Rechtswidrigkeitskenntnis usw. i. S. v. Abs. 2 S. 3 Nr. 3 VwVfG in der Regel die Genehmigung zurückgenommen werden. Ist in einem konkreten Fall eine Rücknahme sogar wegen einer Ermessensreduktion auf Null zwingend geboten, so verletzt der zuständige Amtsträger durch deren Unterlassen eine zur Strafbarkeit führende Garantenpflicht. Darauf beschränkt die h. M. die Strafbarkeit.[257] Jedoch kann auch ermessens- 84

253 *Sch/Schröder/Heine/Schittenhelm* Rdn. 36 ff; *Lackner/Kühl/Heger* Rdn. 11; *Rogall* 201 ff; *Schall* JuS **1993** 719, 721; *Schall* SK Rdn. 111 ff; *Schmitz* MK Rdn. 128 ff.

254 BGHSt **39** 381, 389 f; OLG Frankfurt NStZ **1987** 508, 510; *Schmitz* MK Rdn. 131; *Schall* SK Rdn. 115; *ders.* JuS **1993** 719, 721; *Dominok* 219 ff, jeweils m. w. N.; **aA** *Galonska* 107 f; *Immel* 205 ff.

255 *Sch/Schröder/Heine/Schittenhelm* Rdn. 38; *Ransiek* NK § 324 Rdn. 69; *Saliger* Umweltstrafrecht Rdn. 208 ff; *SSW/Saliger* Rn. 63 f; **aA** *Schall* SK Rdn. 116 f; *Schmitz* MK Rdn. 129 f.

256 *Ransiek* NK § 324 Rdn. 70; *Schall* SK Rdn. 119; *Lackner/Kühl/Heger* Rdn. 11; *Saliger* Umweltstrafrecht Rdn. 207.

257 OLG Frankfurt NStZ **1987** 508, 510; GenStA Celle NJW **1988** 2394, 2395 f (betr. Änderung eines Planfeststellungsbeschlusses); GenStA Hamm NStZ **1984** 219 m. krit. Anm. *Zeitler; Schall* SK Rdn. 111; *Schmitz* MK Rdn. 134; *Saliger* Umweltstrafrecht Rdn. 212.

fehlerhaftes Verhalten genügen,[258] wenn der Amtsträger z. B. aus unsachlichen oder willkürlichen Gründen untätig geblieben ist. Die unterbliebene Rücknahme einer rechtswidrigen **tatbestandsausschließenden** Genehmigung vermag hingegen zu keiner Strafbarkeit des Amtsträgers zu führen, da sein Unterlassen i. S. v. § 13 nicht dem doppelten Unrecht des zum einen umweltbelastenden, zum anderen ungenehmigten aktiven Tun zu entsprechen vermag, sondern man das notwendige Entsprechen nur dort wird bejahen können, wo das tatbestandliche Unrecht alleine durch die Umweltinanspruchnahme gekennzeichnet ist.

5. Pflichtwidrig unterlassenes Einschreiten gegen rechtswidrige Umwelttaten Dritter

85 Schreitet ein Amtsträger gegen ungenehmigtes Verhalten eines Bürgers nicht ein, so kann er wegen pflichtwidrigen Unterlassens strafbar sein.[259] Dies gilt gleichermaßen für die §§ 324, 326 Abs. 1 wie für alle übrigen Umweltdelikte, sofern es sich um keine Betreibersonderdelikte handelt. Die notwendigen Garantenpflichten können sich aus den wasser-, immissions-, abfall- oder sonstigen ordnungsrechtlichen Überwachungs- und Abwehrpflichten der für den jeweiligen Bereich konkret zuständigen Amtsträger der betroffenen Umweltbehörden herleiten. Inhalt und Umfang der strafrechtlichen Garantenpflicht bestimmen sich nach der verwaltungsrechtlichen Eingriffsverpflichtung. Eine solche Pflicht kann sich auch im Rahmen von Ermessensentscheidungen ergeben und verletzt sein, wenn Ermessensgrenzen überschritten werden oder vom Ermessen nicht zweckentsprechend Gebrauch gemacht wird. Vielfach werden die strafrechtlich relevanten Fälle zwar auf Fälle des Ausscheidens eines Ermessensspielraums bzw. der Ermessensreduzierung beschränkt.[260] Hierauf hat der Gesetzgeber eine strafbare Garantenpflichtverletzung jedoch nicht verengt, sondern angenommen, auch ein ermessensfehlerhaftes Verhalten könne eine Garantenpflicht begründen, was bei Untätigkeit aus unsachlichen oder aus willkürlichen Gründen oder auch bei Überschätzung bzw. Überschreitung des Ermessensspielraums bejaht wird.[261] Bei **Sonderdelikten** des Genehmigungsempfängers kommt wiederum nur Teilnahme des Amtsträgers durch Unterlassen in Frage.

86 Verurteilungen wegen Unterlassens sind nur dann möglich, wenn festgestellt werden kann, dass die jeweilige tatbestandliche Umweltinanspruchnahme bei geeignetem behördlichem Handeln mit an Sicherheit grenzender Wahrscheinlichkeit nicht eingetreten wäre. Das setzt eine tatsächlich und rechtlich mögliche behördliche Eingriffshandlung voraus, die auch durchsetzbar gewesen wäre. Lässt sich diese sog. **Quasi-Kausalität der Rettungshandlung** nicht nachweisen, bleibt dort, wo eine Versuchsstrafbarkeit möglich ist, immerhin eine Strafbarkeit wegen eines versuchten Unterlassungsdeliktes zu erwägen.

---

258 *Lackner/Kühl/Heger* Rdn. 11; *GJW/Bock* Rdn. 75; *Hohmann* 12; *Sack* § 324 Rdn. 202d; *v. d. Grün* 98 ff.

259 *Breuer* NJW **1988** 2072, 2084; *Lackner/Kühl/Heger* Rdn. 12; *Rogall* 217 ff; *Schall* SK Rdn. 121 ff; *Weber* 49 ff; offengelassen in BGHSt **38** 325, 331; **aA** *Rudolphi* NStZ **1984** 193, 198.

260 *Schall* SK Rdn. 121 i. V. m. Rdn. 111; *Alt* MK § 324 Rdn. 111; *Fischer* Rdn. 18; *Saliger* Umweltstrafrecht Rdn. 215; GenStA OLG Hamm NStZ **1984** 219; NJW **1988** 2394, 2396; vgl. auch BGHSt **38** 325, 335 ff zu einem Fall mangelnden (Entschließungs-, Auswahl) Ermessensspielraums; *Steindorf* LK[11] § 324 Rdn. 67 forderte, dass in dem Untätigbleiben bei verständiger Würdigung aller in Betracht kommenden Umstände ein offenkundiger und/oder schwerwiegender Pflichtenverstoß zu erblicken ist. – Strafbarkeit ist jedenfalls bei Ermessensreduzierung auf Null gegeben: GenStA Celle NJW **1988** 239 f; *Sch/Schröder/Heine/Schittenhelm* Rdn. 38; *Papier* NJW **1988** 1113, 1114; *Rogall* 214 f.

261 *Lackner/Kühl/Heger* Rdn. 12; *Horn* NJW **1981** 1, 7, 10; *Möhrenschlager* NStZ **1982** 165 (zu eng Beschränkung auf Untätigkeit aus unsachlichen oder willkürlichen Gründen, wie etwa StA Mannheim NJW **1976** 585, 588; LG Bremen NStZ **1982** 164 f); *Zeitler* 152 ff; NStZ **1984** 220; *Winkelbauer* NStZ **1986** 149, 152 (auch bei Verminderung einer Gewässerverunreinigung durch jede von verschiedenen Handlungsmöglichkeiten); enger *Kuhlen* WiVerw **1992** 297, 299 f; *Franzheim/Pfohl* Rdn. 596; *MG/Pfohl* § 54 Rdn. 316 (bei schwerwiegenden Ermessensfehlern, bei denen die Entscheidung nicht einmal vertretbar erscheint und *Winkelbauers* zusätzlicher Vorschlag).

VII. Unternehmensdelinquenz

1. Allgemeines

Unternehmens- bzw. Verbandsdelinquenz verursacht zwar nicht die zahlenmäßig häufigsten, wohl aber die gewichtigeren Umweltbeeinträchtigungen, die auch zu Wettbewerbsvorteilen gegenüber der Konkurrenz führen können.[262] Sowohl aus der Unternehmensbezogenheit als auch aus der Struktur des Umweltstrafrechts ergeben sich Begrenzungen für die Wirkung von Sanktionen gegen Unternehmen, aus denen heraus Umweltstraftaten begangen werden, ebenso wie gegen Personen, die diese zugunsten der Unternehmen begehen. In Fällen von Illegalität sind Verbände de lege lata (noch) nicht strafrechtlich als juristische Personen oder Personengesellschaften verantwortlich; bis zur Etablierung eines echten Verbandsstrafrechts, das sich zurzeit in der Diskussion befindet, stehen stattdessen gegen sie nur nichtstrafrechtliche Sanktionen und Maßnahmen zur Verfügung. Die Bekämpfung von Umweltkriminalität in Unternehmen erfolgt daher im Schwerpunkt durch die Verfolgung der individuell im Unternehmen hierfür Verantwortlichen. Probleme ergeben sich dabei zum einen aus der möglichen Komplexität von Strukturen eines Unternehmens mit vielstufigen Produktionsabläufen und zum anderen aus dessen auf Teilung, Delegation und Koordination von Verantwortung und Tätigkeit angelegter Organisation. Strafrechtlich relevante Handlungen von Arbeitnehmern, deren Eingliederung in das Unternehmen die individuelle Hemmschwelle zur Begehung illegaler Handlungen herabsetzen mag, stehen vielfach im Zusammenhang mit Fehlverhalten von verantwortlichen Personen auf einer höheren Unternehmensstufe. Mit diesem Auseinanderfallen möglicher Verantwortung stößt die Ermittlung und Verfolgung sowohl auf tatsächliche als auch auf rechtliche Schwierigkeiten individueller Zurechnung. Darüber hinaus können sich Anwendungsprobleme aus der unterschiedlichen Struktur umweltrechtlicher Tatbestände ergeben, insbesondere solcher, die nicht Allgemeindelikte, sondern etwa auf Betreiber von Anlagen oder auf die Verletzer von ein- 87

262 Aus dem einschlägigen Schrifttum: *Alexander* Die strafrechtliche Verantwortlichkeit für die Wahrung der Verkehrssicherungspflichten in Unternehmen (2005); *Arndt* Der Betriebsbeauftragte im Umweltrecht – Garant im Umweltstrafrecht? (1985); *Athanassiou* Die Strafbarkeit der juristischen Personen am Beispiel des Umweltstrafrechts (2002); *Benz* Die Haftung des betrieblichen Vorgesetzten im Bereich der Arbeitssicherheit und des Umweltschutzes, BB **1988** 2237; *Bosch* Organisationsverschulden in Unternehmen (2002); *Busch* Unternehmen und Umweltstrafrecht (1997); *Dahs* Zur strafrechtlichen Haftung des Gewässerschutzbeauftragten nach § 324 StGB, NStZ **1986** 97; *Ebenroth/Willburger* Die strafrechtliche Verantwortung des Vorstandes für Umweltstraftaten und gesellschaftsrechtliche Vermeidungsstrategien, BB **1991** 1941; *Gebhard* Unternehmensangehörige und Straftaten gegen die Umwelt – Eine Untersuchung vom Vorliegen von den Täterkreis einschränkenden persönlichen Merkmalen im Umweltrecht (2001); *Heine* Die strafrechtliche Verantwortlichkeit von Unternehmen. Von individuellem Fehlverhalten zu kollektiven Fehlentwicklungen, insbesondere bei Großrisiken (1995); *Hölzen* Auswirkungen des Öko-Audits auf das Umweltstrafrecht (2011); *Rotsch* Individuelle Haftung in Großunternehmen: Plädoyer für den Rückzug des Umweltstrafrechts (1998); *Rudolphi* Strafrechtliche Verantwortlichkeit der Bediensteten von Betreibern für Gewässerverunreinigungen und ihre Begrenzung durch den Einleitungsbescheid, Festschrift Lackner (1987) 863; *Sander* Betriebliche Umweltbeauftragte als Beitrag zum Umweltschutz, WUR **1991** 31; *Schall* Probleme der Zurechnung von Umweltdelikten in Betrieben, in: *Schünemann* (Hrsg.) Unternehmenskriminalität, Deutsche Wiedervereinigung. Die Rechtseinheit, Arbeitskreis Strafrecht, Bd. III (1996) 99; *ders.* Grund und Grenzen der strafrechtlichen Geschäftsherrenhaftung, Festschrift Rudolphi (2004) 267; *ders.* Öko-Audit – Entlastungsinstrument im Unternehmensstrafrecht? Festschrift Schindhelm (2009) 469; *ders.* Der Umweltschutzbeauftragte: Ein Mann ohne Eigenschaften, Festschrift Amelung (2009) 287; *ders.* Die Ambivalenz von Eigenüberwachung und Selbstaufzeichnung im Umweltstrafrecht, Festschrift Samson (2011) 483; *Schall/Schreibauer* Gegenwärtige und zukünftige Sanktionen bei Umweltdelikten, NuR **1996** 440, 448; *Scheidler* Zurechenbarkeit umweltdeliktischen Verhaltens bei arbeitsteiligen Betriebsorganisationen, ZUR **2010** 16; *Schmidt-Salzer* Konkretisierungen der strafrechtlichen Produkt- und Umweltverantwortung, NJW **1996** 1; *Vierhaus* Die neue Gefahrgutbeauftragtenverordnung aus der Sicht des Straf-, Ordnungswidrigkeiten- und Umweltverwaltungsrechts, NStZ **1991** 466; *Winkelbauer* Umweltstrafrecht und Unternehmen, Festschrift Lenckner (1998) 645; *Wirtz/Schleimer/Esser* Die Bedeutung des Umweltstrafrechts für die betriebliche Praxis (1995).

zelnen oder verschiedenen verwaltungsrechtlichen Pflichten (vgl. § 330d Abs. 1 Nr. 4) begrenzte Tatbestände sind.

88 Grundsätzlich trifft die strafrechtliche Verantwortung wegen der Entscheidungsmacht und Organisationsherrschaft[263] den Leiter des Verbandes, aber zusätzlich auch diejenigen Personen, an die er Verantwortung wirksam delegiert hat (§ 14 Abs. 2),[264] sowie selbstverständlich daneben alle, die in eigener Person tatbestandsmäßig gehandelt haben (§ 25 Abs. 1).

2. Strafbarkeit von Mitarbeitern

89 Bei Allgemeindelikten kann jeder Mitarbeiter eines Unternehmens, der die tatbestandsmäßige Handlung selbst oder zusammen mit einem anderen vornimmt, als unmittelbarer Täter (§ 25 Abs. 1) oder als Mittäter (§ 25 Abs. 2) strafbar sein. Dies gilt selbst dann, wenn er außerhalb seiner Zuständigkeit oder kraft Anweisung durch positives Tun gehandelt hat.[265] Beschränkungen der strafrechtlichen Verantwortlichkeit ergeben sich in Fällen von Unterlassungen. Erkennt ein Arbeitnehmer, sich umweltschädlich oder -gefährlich verhalten zu haben, so kann sich daraus eine strafbewehrte Pflicht zum Einschreiten wegen Ingerenz oder ggf. aufgrund der Beherrschung einer Gefahrenquelle ergeben.[266] Im Übrigen richtet sich seine strafrechtliche Verantwortlichkeit als Garant jedoch nach seinem rechtlichen oder faktischen Zuständigkeitsbereich. Prinzipiell kann er zudem bis zum Wahrnehmen anderslautender Hinweise darauf vertrauen, dass auch andere Arbeitnehmer im Rahmen ihrer Zuständigkeit ihre Aufgaben ordnungsgemäß und legal erledigen (zur Verantwortlichkeit von Leitungspersonen s. u.).

90 Eine Besonderheit der Begehung von Straftaten durch die Mitarbeiter von (größeren) Unternehmen besteht darin, dass ihr jeweiliger mitwirkender Ursachenbeitrag zum Gesamterfolg ggf. minimale Einzelwirkungen entfalten kann, die erst durch das Zusammenwirken einer Vielzahl von Personen das tatbestandliche Gesamtergebnis herbeiführen. Naturwissenschaftliche Kausalität ist meist verhältnismäßig leicht festzustellen, aber nicht in jedem Einzelfall für die Annahme der Verantwortlichkeit ausreichend; genauer Prüfung bedarf stets die Frage der objektiven und subjektiven Zurechnung. Die Berücksichtigung der Tatsache, dass viele Mitursachen zum Gesamtergebnis beitragen und nur in ihrem Gesamtbild den konkret eingetretenen tatbestandsmäßigen Erfolg verursacht haben, ist auch für die umstrittene Reichweite strafloser bzw. strafbarer Hilfeleistung durch sog. berufstypische neutrale Handlungen von Bedeutung.[267] Die Rechtsprechung[268] schränkt die Strafbarkeit einer die Haupttat fördernden Beihilfe vor allem im subjektiven Bereich ein und verlangt direkten Vorsatz hinsichtlich der Haupttatbegehung. Ob es allerdings genügt, wenn jemand an ein Unternehmen Material liefert, bei oder nach dessen Verarbeitung dieser, wie der Lieferant weiß, gegen Umweltschutzvorschriften verstößt, erscheint zweifelhaft.[269] Von der notwendigen Solidarisierung mit dem Haupttäter wird man auch dort noch nicht sprechen können, wo ein Arbeitnehmer an einem Produktionsprozess beteiligt ist, der Abwasser hervorbringt, das, wie er weiß, von anderen im Unternehmen illegal entsorgt wird.[270] Anders ist die Sachlage wohl dann, wenn ein Arbeitnehmer am Bau einer Abwasseran-

---

263 *Ransiek* 41 ff, 46 ff; *Murmann* GA **1996** 269, 279 ff; für das Zivilrecht BGHZ **133** 370 = NJW **1997** 130.

264 Näher dazu *Schünemann* LK § 14 Rdn. 60 ff.

265 *Schmitz* MK Rdn. 140; *Schall* SK Rdn. 135 f; *Sch/Schröder/Heine/Schittenhelm* Rdn. 28c; einschränkend *Ransiek* NK Rdn. 57 f (bei Unzuständigkeit bzw. bei nicht offenkundiger oder fehlender Kenntnis der Rechtswidrigkeit).

266 *Steindorf* LK[11] Rdn. 61; *Möhrenschlager* LK[12] Rdn. 58.

267 Siehe dazu näher *Schünemann/Greco* LK § 27 Rdn. 17 ff; *Joecks/Scheinfeld* MK Rdn. 54 ff, 84 ff; *Schall* SK Rdn. 137; *Sch/Schröder/Heine/Weißer* § 27 Rdn. 10 ff.

268 BGHSt **46** 107, 112; BGH NJW **2006** 522, 528; wistra **2014** 176, 178 f = NZWiSt **2014** 139; NStZ **2017** 337 m. Anm. *Kudlich*; BGH NStZ **2017** 461; wistra **2018** 342.

269 *Roxin* AT II § 26 Rn. 244 (kein deliktischer Sinnbezug der Beihilfe); ebenso *Schünemann/Greco* LK § 27 Rdn. 17 f; im Ergebnis auch *Ransiek* wistra **1997** 41, 46; *Meyer-Arndt wistra* **1997** 281, 285 f.

270 Für Strafbarkeit hingegen *Ransiek* NK § 324 Rdn. 58.

lage beteiligt ist, die, wie er weiß, mit einer direkt ungefilterten Zuleitung in ein Gewässer der illegalen Entsorgung dienen soll. Zur Klärung im Einzelfall sind sowohl objektive als auch subjektive Umstände im Rahmen einer Gesamtwertung heranzuziehen. So spielen die Nähe oder Ferne zur Alltäglichkeit bzw. dem berufstypischen Verhalten, die Kenntnis von Tatneigung bzw. Tatentschlossenheit des Haupttäters und die subjektive Einstellung des kausal Unterstützenden zur Tat eine Rolle.[271]

3. Strafbarkeit von Leitungspersonen

Auch Leitungspersonen in einem Unternehmen können Umweltstraftaten als unmittelbare Täter 91 begehen.[272] Wird unter ihrer Mitwirkung eine Umweltstraftat von einer anderen zum Unternehmen gehörenden Person begangen, können je nach Konstellation Mittäterschaft, mittelbare Täterschaft, Anstiftung oder Beihilfe vorliegen. Konkrete Anweisungen zur Begehung einer Umweltstraftat gegenüber einem Arbeitnehmer, der dann voll verantwortlich die Tat ausführt, stellen auf jeden Fall eine Anstiftung dar, können aber auch zur Mittäterschaft führen. Vor allem die Detailliertheit von Auftrag bzw. Anweisung und die Mitwirkung bei der Ausführung und nach der Tat können zugunsten der Mittäterschaft sprechen. Diese kommt zudem bei **Gremienentscheidungen** für die Begehung einer Umweltstraftat in Frage, d. h. bei Einstimmigkeit aller bzw. bei Mehrheitsentscheidungen der die Mehrheit (auch wenn mehr als notwendig) bildenden Mitglieder.[273] Mittelbare Täterschaft kommt in Betracht, wenn ein Mitarbeiter, der Abwasser in einen Kanal einleitet, über dessen Weiterführung in ein Gewässer, über das Vorliegen einer behördlichen Erlaubnis oder über Inhalt und Reichweite von Auflagen getäuscht wird. Darüber hinaus hat die Rechtsprechung auch bestimmte Formen der **mittelbaren Täterschaft** unter Auslösung regelhafter Abläufe und der Ausnutzung unbedingter Bereitschaft unmittelbar Handelnder unter dem Begriff des Organisationsdelikts erfasst. Die Übertragung dieser Rechtsfigur von „**Tatherrschaft kraft organisatorischer Machtapparate**" auf betriebliche Organisationen, auch wenn sie auf Fälle von räumlichem, zeitlichem und hierarchischem Abstand zwischen der die Befehle verantwortenden Organisationsspitze und den unmittelbar Handelnden beschränkt wird,[274] ist jedoch auf grundsätzliche Kritik gestoßen, zumal entsprechenden Fallgestaltungen durch eine weitere Ausdehnung der Mittäterschaft, im Übrigen durch Annahme von Anstiftung ohne gravierende Strafbarkeitsausfälle begegnet werden kann.[275]

Strafbares **Unterlassen** von Leitungspersonen spielt in der Praxis eine häufige Rolle. Dabei 92 kann es sich zum einen um Fälle handeln, in denen ein Unglück oder ein Versagen bzw. ein Mangel an technischen Geräten Umweltgefahren heraufbeschwört oder sogar zu Umweltschäden führt. Hier ergibt sich für Leitungspersonen im Rahmen des ihnen übertragenen bzw. faktisch wahrgenommenen Zuständigkeitsbereichs eine Pflicht zum Einschreiten aus dem Gesichtspunkt einer **Garantenstellung** zur Überwachung von Gefahren aus dem eigenen Herrschaftsbereich. Sie führt zur Pflicht, konkrete Gegenmaßnahmen technischer und auch organisatorischer Art zu ergreifen (Stopp der Produktion von als schädlich erkannten Stoffen und Produkten; Maßnahmen gegen umweltgefährliche Emissionen in Gewässer und Luft, Reparaturen, Einsatz von Hilfskräften im Betrieb oder von außerhalb, wie seitens Polizei, Gewerbeaufsichtsamt, Technisches Hilfswerk usw., Entwicklung von schnell wirkenden Programmen zur Schadensminderung). Sie kann auch zum Verbot der Auslieferung umwelt- und gesundheitsgefährlicher Produkte oder zu deren Rück-

271 Zu einer Gesamtwürdigung z. B. *Joecks* MK § 27 Rdn. 49 ff, 79 ff m. zahlreichen N. wie z. B. *Jäger* wistra **2000** 344.
272 Vgl. im Rahmen von Gremienleitungen die sog. „Lederspray"-Entscheidung BGHSt 37 106.
273 *Schall* SK Rdn. 141, 155 f; *Fischer* § 25 Rdn. 42 f; *Raum* Rdn. 29 ff.
274 BGH NStZ **2008** 89 f = wistra **2008** 57 f.
275 Vgl. *Schünemann/Greco* LK § 25 Rdn. 142 ff; *Fischer* § 25 Rdn. 13 ff; *Schall* Sk Rdn. 140; *Saliger* Umweltstrafrecht Rdn. 169; *Kloepfer/Heger* Rdn. 140; *ARR/Rotsch* Teil 1 Kap. 4 Rdn. 71 f.

ruf aus dem Handel führen.[276] Darüber hinaus kann sich aus der Stellung als Betriebsinhaber bzw. Vorgesetzter eine Garantenpflicht zur Verhinderung von betriebsbezogenen Straftaten nachgeordneter Mitarbeiter (sog. „Geschäftsherrenhaftung") ergeben.[277]

93 Bei **mehrköpfigen Geschäftsleitungen** in Großunternehmen wird die gesellschaftsrechtlich vorgegebene Gesamtverantwortung aller Geschäftsführer jedoch in strafrechtlicher Hinsicht im Allgemeinen auf den von einem Geschäftsführer betreuten Geschäfts- und Verantwortungsbereich beschränkt. Ist jedoch, wie in Krisen- und Ausnahmesituationen (so etwa im Lederspray-Verfahren) aus besonderem Anlass ein Unternehmen als Ganzes betroffen, ist die Geschäftsführung insgesamt zum Handeln berufen.[278] In solchen Fällen bleibt allerdings die Handlungspflicht des einzelnen Geschäftsführers beschränkt. Er ist „dann nur dazu verpflichtet, unter vollem Einsatz seiner Mitwirkungsrechte das ihm Mögliche und Zumutbare zu tun, um einen Beschluss der Gesamtgeschäftsführung über Anordnung und Vollzug" der gebotenen Maßnahme, hier „des gebotenen Rückrufs zustande zu bringen."[279] Als solche Ausnahmesituationen gelten Fallgestaltungen der §§ 330, 330a, drohende Umweltkatastrophen und ggf. sich häufende Störfälle oder Anliegerbeschwerden.[280]

94 Die Arbeitsteilung in einem Unternehmen führt außerhalb des organisatorischen Kernbereichs zur **Delegation** von Zuständigkeiten und Aufgaben. Der Delegierende wird dadurch nicht generell von strafrechtlicher Verantwortlichkeit befreit. Begeht ein ihm unterstellter Mitarbeiter eine Umweltstraftat, so kann dies zu einer Strafbarkeit des Delegierenden führen, wenn diesem ein Verschulden bei der Auswahl des beauftragten Mitarbeiters, der Organisation und der Aufgabenverteilung, der Instruktion und Aufklärung der Mitarbeiter über Aufgaben und Pflichten, der Kontrolle und der Überwachung (etwa durch Stichproben) zur Last fällt.[281] Kann nicht hinreichend sicher festgestellt werden, ob die Einhaltung der Pflichten die Umweltstraftat verhindert hätte, kann – soweit mangels Vorsatzes kein Unterlassungsversuch in Betracht kommt – subsidiär eine Ordnungswidrigkeit nach § 130 Abs. 1 OWiG vorliegen, für die eine wesentliche Erschwerung der Tat durch die unterbliebenen Maßnahmen genügt.

95 Bei **Sonderdelikten**, bei denen wie z. B. in § 327 die Strafbarkeit das Betreiben einer Anlage voraussetzt, ist der Kreis der Täter nach dem Wortlaut auf den Anlagenbetreiber beschränkt. Handelt es sich dabei um ein Unternehmen, wird der Täterkreis jedoch durch § 14 auf bestimmte Unternehmensangehörige erstreckt. Dasselbe gilt für Tatbestände, die an die Verletzung von Zulassungsvoraussetzungen (Genehmigung, Erlaubnis, Planfeststellung), an Verstöße gegen Untersagungen oder sonst an die Verletzung „verwaltungsrechtlicher Pflichten" (§ 330d Abs. 1 Nr. 4, Abs. 2) anknüpfen, sofern sich diese nicht an jedermann richten.

4. Verantwortlichkeit von Betriebsbeauftragten

96 Noch immer in der Diskussion ist die Frage des Ob und der Reichweite der Strafbarkeit von **Betriebsbeauftragten** für den Umweltschutz wie Gewässerschutzbeauftragte (§§ 64 ff WHG), Abfallbeauftragte (§§ 59 f KrWG), Immissionsschutzbeauftragte (§§ 53 ff BImSchG), Störfallbeauftragte (§§ 58a f BImSchG i. V. m. der 5. BImSchV), Strahlenschutzbeauftragter (in Zusammenarbeit mit

276 So BGHSt **37** 106 im Lederspray-Urteil zu Gesundheitsgefahren für Verbraucher, auch wenn die Herleitung von Verantwortlichkeit aus Ingerenz überwiegend auf Kritik gestoßen ist. Vgl. zur Diskussion um eine sachgerechte Begründung einer Garantenpflicht auch in diesen Fällen *Schall* SK Rdn. 144 ff; *Roxin* AT II Rdn. 107 ff, 195 ff, 210 ff; *Weigend* LK § 13 Rdn. 48 ff, 53; *Fischer* § 13 Rdn. 71 ff; *ARR/Kuhlen* Teil 2 Kap 1 Rdn. 37 ff.

277 BGHSt **57** 42, 47 = NStZ **2012** 142.

278 BGHSt **37** 106, 123 f.

279 BGHSt **37** 106, 126.

280 *Saliger* Umweltstrafrecht Rdn. 165; *Kloepfer/Heger* Rdn. 144.

281 *Schünemann* LK § 14 Rdn. 72 f; *Saliger* Umweltstrafrecht Rdn. 170; *Eidam*[5] Kap. 7, Rdn. 86 ff; *Kloepfer/Heger* Rdn. 136 f.

dem Strahlenschutzverantwortlichen, §§ 70 ff StrahlenschutzG); kerntechnische Sicherheitsbeauftragte (§ 2 AtSMV), Gefahrgutbeauftragte (§ 3 Abs. 1 Nr. 14 GefahrgutbeförderungsG i. V. m. §§ 3 ff GefahrgutbeauftragtenVO), Beauftragte für die biologische Sicherheit (§ 3 Nr. 9 GenTG i. V. m. §§ 16 ff GenTSVO). Diesen Personen obliegen Beratungs- und Überwachungspflichten wie Kontrollen der Funktionsfähigkeit von Anlagen, deren Wartung, ferner Messungen, Aufzeichnungen und Mitteilung von Mängeln sowie (Initiativ-)Pflichten, auf umweltfreundlichere Maßnahmen hinzuwirken, und ergänzende Aufklärungspflichten gegenüber Betriebsangehörigen. Die gesetzlich bestellten Umweltschutzbeauftragten (sog. **„Nur-Betriebsbeauftragte"**) haben nach diesen Regelungen zwar keine Entscheidungs-, Anordnungs- und Delegationsbefugnisse. Sie können sich gleichwohl wegen von ihnen (mit-)verursachten Umweltstraftaten strafbar machen. Bei Allgemeindelikten können Falschinformationen als positives Tun zur Strafbarkeit als (mittelbarer) Täter führen.[282] Mit der Bestellung zum Umweltbeauftragten werden diesem die einem Unternehmensinhaber obliegenden umweltschützerischen Pflichten in einem gesetzlich bzw. verordnungsrechtlich vorgegebenem Rahmen übertragen. Für den Beauftragten entsteht daraus eine Überwachungsgarantenpflicht,[283] deren Verletzung zur Strafbarkeit führen kann. In der Regel ist der Umweltbeauftragte im Falle seiner Strafbarkeit Täter und nicht nur Teilnehmer.[284] Täterschaft wird vor allem dann angenommen, wenn einem Umweltbeauftragten (als sog. **„Auch-Betriebsbeauftragtem"**) innerbetrieblich Entscheidungsbefugnisse übertragen wurden, z. B. als Leiter einer Produktionsabteilung, deren Abwasser Gewässer verunreinigen. Bei Sonderdelikten wie z. B. § 325 kann die Anwendung von § 14 Abs. 2 Nr. 2 zur Strafbarkeit eines Umweltbeauftragten, hier des Immissionsschutzbeauftragten, führen.[285]

Aus dem Auftrag für einen **Compliance-Beauftragten**, Rechtsverstöße und Straftaten zu verhindern, die in bzw. aus einem Unternehmen heraus begangen werden, hat BGHSt **54** 44, 49 f in einem obiter dictum eine umstrittene Garantenpflicht i. S. v. § 13 hergeleitet, die in der Literatur, soweit nicht gänzlich abgelehnt, nur in einem eingeschränkten Bereich zugestanden wird. Voraussetzung wird eine klare (dienst-, arbeitsrechtliche) Vereinbarung und deren tatsächliche Übernahme sein.[286] 97

5. Sanktionen gegen Unternehmen und Gewinnabschöpfung

Strafrechtliche Sanktionen gegen Unternehmen für aus ihnen heraus begangene (Umwelt)Straftaten kennt das deutsche Strafrecht, anders als ausländische, insbesondere angloamerikanische Staaten, bisher nicht. Bislang können lediglich über § 30 OWiG **Geldbußen gegen juristische Personen und Personenvereinigungen** verhängt werden, sofern eine der in § 30 Abs. 1 OWiG genannten Leitungsperson in strafbarer oder ordnungswidriger Weise Pflichten, welche die juristische Person oder die Personenvereinigung treffen, verletzt hat oder diese bereichert worden ist oder werden sollte. Zu den in Betracht kommenden **Pflichtverletzungen** gehört insbesondere die **vorsätzliche oder fahrlässige** Verletzung der Aufsichtspflicht **in Unternehmen nach § 130 OWiG**. Durch die Verknüpfung von § 30 mit § 130 und § 9 OWiG (Regelung über Handeln für einen anderen ähnlich wie in § 14 StGB) können auch Straftaten und Ordnungswidrigkeiten nachgeordneter Betriebsangehöriger eine Geldsanktion gegen die juristische Person usw. auslösen, wenn diese mit einer Aufsichtspflichtverletzung verbunden sind. In 98

282 Vgl. zur Gewässerverunreinigung § 324 Rdn. 70 m. w. N.

283 Vgl. BGHSt **54** 44, 48.

284 Für Täterschaft z. B. *Schmitz* MK Rdn. 145 f; differenzierend nach Tatherrschaftsgesichtspunkten *Schall* SK Rdn. 159 f; *ders.* Festschrift Amelung 287, 299 ff; für Teilnahmestrafbarkeit OLG Frankfurt NJW **1987** 2753, 2756.

285 *Schünemann* LK § 14 Rdn. 72 f; *Schall* SK Rdn. 161; *Böse* NStZ **2003** 636, 638 f; *Kloepfer/Heger* Rdn. 136; *Martin* 132 ff, 135; *Saliger* Umweltstrafrecht Rdn. 172; **aA** *Michalke* Rdn. 82, 174, 287.

286 *Schall* SK Rdn. 164; *Brettel/Schneider* Wirtschaftsstrafrecht 3. Aufl. (2020) § 2 Rdn. 99 ff, 104 ff, 108 ff, jeweils m. w. N.

der Regel ist das Verfahren gegen das Unternehmen mit einem Verfahren gegen die für das Unternehmen tätige Person verbunden, kann aber auch unter den Voraussetzungen des § 30 Abs. 4 OWiG selbständig betrieben werden. Die Geldbuße beträgt bei einer vorsätzlichen Straftat bis zu zehn Mio. Euro, bei einer fahrlässigen Straftat bis zu fünf Mio. Euro (§ 30 Abs. 2 Satz 1 OWiG). Nach § 30 Abs. 3 i. V. m. § 17 Abs. 4 S. 2 OWiG kann zusätzlich der jeweilige Höchstbetrag zur Abschöpfung des wirtschaftlichen Vorteils des Täters überschritten werden.

99 Generell wird seit längerem beklagt, dass zur Bekämpfung der Umweltkriminalität das Instrument des früheren Verfalls und heutigen **Einziehung** nach den §§ 73 ff zur Gewinnabschöpfung[287] unpraktikabel sei und im Übrigen auch zu wenig genutzt werde.[288] Im Umweltstrafrecht ist daher **Gewinnabschöpfung** immer noch eine Ausnahme. Gleichwohl wäre eine Gewinnabschöpfung in einem größeren Umfang möglich. Nach § 73 Abs. 1 ist die Einziehung anzuordnen, wenn der Täter **„etwas" aus einer Umweltstraftat** erlangt hat. Gemeint sind damit als Tatbelohnung anzusehende Gegenleistungen, wie Zahlungen für eine illegale Entsorgung (z. B. an einen LKW-Fahrer) oder auch direkt für eine illegale (Ab-)Lagerung von Abfällen, die nicht auf der Tatbestandsverwirklichung selbst beruhen.[289] Aufwendungen des Täters können nach Einführung des Bruttoprinzips 1992 nicht mehr gegengerechnet werden. Mit dem Merkmal „durch die Tat" in § 73 Abs. 1[290] sollen auch indirekt erlangte wirtschaftliche Vorteile eingezogen werden können. „Durch die Tat" erlangt sind alle Vermögenswerte, die dem Täter aus der Verwirklichung des Tatbestands in irgendeiner Phase des Tatablaufs zufließen. Dies ist z. B. der Fall, wenn ein Täter durch den Betrieb einer illegalen Deponie, d. h. durch das unerlaubte Betreiben einer Abfallentsorgungsanlage nach § 327 Abs. 2 Nr. 3 Vermögenszuwächse erwirtschaftet. Primär können unmittelbar erlangte Vorteile eingezogen werden. Mittelbare Vorteile werden aber über die Nutzungs- und Surrogatseinziehung nach § 73 Abs. 2 und 3 abgeschöpft. Praktisch am bedeutsamsten ist jedoch die **Einziehung von** Wertersatz nach § 73c. Sie setzt voraus, dass eine Einziehung nach § 73, etwa wegen der Art des Erlangten, nicht oder nicht mehr möglich ist, beispielsweise weil das Erlangte in der Ersparnis von Aufwendungen etwa der für eine geordnete Abfallbeseitigung erforderlichen Kosten (z. B. Gebühren) besteht.[291] Der frühere Ausschlussgrund **unbilliger Härte** (§ 73c a. F.) steht der Einziehungsanordnung heute nicht mehr im Wege;

---

287 Aus dem Schrifttum: Beschluss 29 des 57. DJT 1988 zum Umweltstrafrecht, Sitzungsberichte L 286 f; *Borchers* Umweltstrafrecht und Sanktionen unter besonderer Berücksichtigung des Potentials der Gewinnabschöpfung für den Umweltschutz (2012); *Franzheim* Gewinnabschöpfung bei der Umweltkriminalität – dargestellt anhand von Fallbeispielen. Der Verfall des Vermögensvorteils in Umweltstrafsachen – sein Umfang und seine Berechnung, in: *Polizei-Führungsakademie* (Hrsg.) Schlußbericht über das Seminar Umweltkriminalität vom 16.–20.10.1989 in Münster (1990) 141; *ders.* Gewinnabschöpfung im Umweltstrafrecht, wistra **1986** 253; *ders.* Der Verfall des Vermögensvorteils in Umweltstrafsachen – sein Umfang und seine Berechnung, wistra **1989** 87; *Hildenstab* Die Gewinnabschöpfung im Umweltstrafverfahren, Diss. Köln 1990; *Kracht* Gewinnabschöpfung und Wiedergutmachung bei Umweltdelikten, wistra **2000** 326; *Lottmann-Kaeseler/Rüther* Ordnungswidrigkeiten im Umweltdeliktsbereich, in: *Kaiser/Kury/Albrecht* (Hrsg.) Kriminologische Forschung in den 80er Jahren (1988) 63; *Meinberg* Probleme der Verfolgung von Umweltstraftaten aus kriminologischer Sicht, Schriftenreihe der Polizeiführungsakademie **1986** 271; *Pelz* Verfall bei Handeln ohne Genehmigung, Festschrift Imme Roxin (2012) 181; *Poerting/Seitz/Störzer* Gewinnabschöpfung und Umweltstraftaten, in: *Schulze/Lotz* Polizei und Umwelt, Teil 2, BKA-Schriftenreihe Bd. 55 (1987) 287; *Waldzus* Zur Sanktionsproblematik im Umweltstrafrecht unter Berücksichtigung des Wiedergutmachungsgedankens (1997).

288 *AK-U* 98 f; *Kloepfer/Heger* Rdn. 153; *Schall/Schreibauer* NuR **1996** 440, 448.

289 Allgemein BGHSt **50** 299, 309 f = NStZ **2006** 210, 212; BGHSt 57 79 = NZWiSt **2012** 144 (ersparte Aufwendungen durch Unterbleiben des Genehmigungsverfahrens); wistra **2013** 347, 350 m. w. N.; zu Umweltstraftaten grundsätzlich ebenso OLG Düsseldorf wistra **1999** 477 f (auch wenn in concreto der Täter selbst nichts erlangt hatte); näher zum neueren Recht *Franzheim/Pfohl* Rdn. 624 mit zusätzlichem Beispiel (Mitarbeiter eines Tankreinigungsunternehmens erhält Geld für die heimliche Ableitung mineralölhaltiger Abwässer in eine Kanalisation oder ein Gewässer).

290 Neufassung durch das Gesetz zur Reform der strafrechtlichen Vermögensabschöpfung v. 13.4.2017 (BGBl. I S. 872).

291 OLG Düsseldorf wistra **1999** 477 f; weiter der Fall einer Entsorgung von halogenhaltigen Destillationsrückständen durch (mittelbare) Veräußerung unter Vorspiegelung falschen Inhalts an einen Gutgläubigen *MG/Pfohl* § 54 Rdn. 349.

derartige Fälle können nur noch wegen Unverhältnismäßigkeit zum Unterbleiben der Vollstreckung führen (§ 459g Abs. 5 StPO).

Der weiteren Konkretisierung des Bruttoprinzips dient die Bestimmung des **Wertes des Erlangten** in § 73d Abs. 1, wonach zwar die Aufwendungen des Täters abzuziehen sind, dabei jedoch solche Aufwendungen außer Betracht bleiben, die für die Begehung der Tat oder für ihre Vorbereitung erbracht wurden. Die Rückausnahme vom Abzugsverbot („soweit es sich nicht um Leistungen zur Erfüllung einer Verbindlichkeit gegenüber dem Verletzten handelt") gilt ausweislich des Textes allein bei individualrechtsgutsbezogenen Straftaten, d. h. nicht bei solchen, die wie Umweltstraftaten Rechtsgüter der Allgemeinheit betreffen. **100**

Die Anordnung der **Einziehung gegen Drittbegünstigte** (§ 73b Abs. 1) kommt vor allem in Frage, wenn der Täter für ein Unternehmen (juristische Person, Personengesellschaft, nicht rechtsfähiger Verein und sonstige Personenvereinigung i. S. v. § 30 OWiG) gehandelt hatte und diesem der Vermögensvorteil zugutekommt.[292] Sie ist allerdings nach § 30 Abs. 5 OWiG nicht anwendbar, sofern bereits eine Geldbuße gegen das Unternehmen selbst verhängt wurde. **101**

Die §§ 74 ff eröffnen in bestimmten Fällen vorsätzlicher Tatbegehung die Einziehung von Gegenständen, die **durch die Tat hervorgebracht** wurden (so z. B. hinsichtlich der Produkte einer genehmigungswidrig betriebenen Anlage) oder zu ihrer Begehung oder Vorbereitung gebraucht wurden oder dazu bestimmt gewesen sind (z. B. ein beim illegalen Transport von Abfällen zur illegalen Entsorgung verwendeter LKW oder ein zu illegalen Abbrüchen asbesthaltiger Zementplatten eingesetzter Bagger).[293] § 74e erlaubt auch die Einziehung von Gegenständen eines Unternehmens, dem die strafbare Handlung seiner Organe, Vertreter leitender Angestellter zugerechnet werden. Eine weitergehende Einziehungsmöglichkeit besteht gemäß **§ 330c** bei Taten nach den §§ 326, 327 Abs. 1, 2, §§ 328, 329 hinsichtlich Beziehungsgegenständen (ggf. sogar einer Anlage, soweit nicht unverhältnismäßig) und bei fahrlässiger Begehung. Nach § 330c Abs. 1 Nr. 2 i. V. m. § 74a kann ggf. auch täterfremdes Eigentum eingezogen werden (z. B. ein LKW). **102**

Die Verurteilung wegen einer Umweltstraftat, die unter Missbrauch eines Berufs oder Gewerbes oder unter grober Verletzung der mit ihnen verbundenen Pflichten begangen wurde, kann insbesondere bei Wiederholungsgefahr zur Verhängung eines Berufsverbots nach § 70 führen.[294] Nach **§ 35 GewO** kann zudem bei Unzuverlässigkeit ein **Gewerbe untersagt** werden. Dies kann sowohl Einzelpersonen als auch Unternehmen treffen, denen für sie begangene Umweltstraftaten zugerechnet werden. Daneben können Umweltverwaltungsbehörden nach Umweltschutzgesetzen (§§ 20, 25 BImSchG; § 19 Abs. 3 S. 2 Nr. 3 AtomG, §§ 39, 40 KrWG) ggf. auch die (Fort-)Führung von Betrieben der Anlagebetreiber untersagen. **103**

Eine bisher wohl nicht praktizierte, aber gesetzlich nach den §§ 369 AktG, 62 GmbHG, 81 GenG und den §§ 43, 44 BGB bestehende Möglichkeit wäre schlussendlich sogar die **Auflösung juristischer Personen** bei Gefährdung des Allgemeinwohls durch gesetzwidriges Verhalten. **104**

---

292 *Kloepfer/Heger* Rdn. 160. Zu Ausnahmen *Franzheim/Pfohl* Rdn. 646 ff; allgemein zu Drittbegünstigung BGH NStZ **2017** 151 m. Anm. *Nestler* wistra **2017** 190; weiter BGHSt **45** 235, 245 f (mit der Unterscheidung nach Vertretungs-, Verschiebungs- und Erfüllungsfällen); **47** 369, 377; OLG Düsseldorf wistra **1999** 477.

293 *Franzheim/Pfohl* Rdn. 628 f, 651 ff; *Klopfer/Heger* Rdn. 165 f, *Schall* SK Rdn. 178; *Schall/Schreibauer* NuR **1996** 440, 442.

294 LG Frankfurt a. M. NStZ **1983** 171 (betr. umweltgefährdende Abwasserbeseitigung bei einem Galvanikbetrieb); s. weiter *Sack* § 324 Rdn. 263b; *Kloepfer/Heger* Rdn. 152; *Pfohl* wistra **1994** 6, 10; *Franzheim/Pfohl* Rdn. 617 ff.

§ 324 Gewässerverunreinigung

(1) Wer unbefugt ein Gewässer verunreinigt oder sonst dessen Eigenschaften nachteilig verändert, wird mit Freiheitsstrafe bis zu fünf Jahren oder mit Geldstrafe bestraft.
(2) Der Versuch ist strafbar.
(3) Handelt der Täter fahrlässig, so ist die Strafe Freiheitsstrafe bis zu drei Jahren oder Geldstrafe.

Schrifttum

Siehe zunächst die Literaturnachweise vor § 324.

Strafrecht. *Alleweldt* Zur Strafbarkeit der geduldeten Gewässerverunreinigung, NuR **1992** 312; *Apel* Die Strafbarkeit von Grundwasserverunreinigungen durch undichte Abwasserkanäle, Korrespondenz Abwasser **1990** 669; *Arndt* Der Betriebsbeauftragte im Umweltrecht – Garant im Umweltstrafrecht? Diss. Kiel 1985; *Baumgarten* Strafbarkeit wegen Gewässerverunreinigung nach § 324 StGB und Konkretisierung der wasserrechtlichen Erlaubnis (2008); *Bickel* Die Strafbarkeit der unbefugten Gewässerverunreinigung nach § 38 WHG, ZfW **1979** 139; *Bloy* Die Straftaten gegen die Umwelt im System des Rechtsgüterschutzes, ZStW **100** (1988) 485; *ders.* Umweltstrafrecht: Geschichte – Dogmatik – Zukunftsperspektiven, JuS **1997** 577; *Böse* Die Garantenstellung des Betriebsbeauftragten, NStZ **2003** 636; *Brahms* Definition des Erfolges der Gewässerverunreinigung (1994); *Braun* Die kriminelle Gewässerverunreinigung (§ 324 StGB) – Eine strafrechtliche Studie über die Verschmutzung von Gewässern unter Berücksichtigung von Kriminologie und Kriminalistik (1990); *ders.* Zu den Ursachen und Tätertypen bei kriminellen Gewässerverunreinigungen (§ 324 StGB) – Eine Studie über kriminogene und tatauslösende Faktoren sowie die Tätertypologie derartiger Delikte, ArchKrim. **1990** 4; *Breuer/Gärditz* Öffentliches und privates Wasserrecht, 4. Aufl. (2017); *Bundesministerium der Justiz/Bundesministerium für Umwelt, Naturschutz und Reaktorsicherheit* Bericht der Interministeriellen Arbeitsgruppe „Umwelthaftungs- und Umweltstrafrecht" – Arbeitskreis „Umweltstrafrecht", 19.12.1988 (zit. BMJ/BMU-AK); *Bussek* Schutz der Meere vor Verschmutzung – Haftung, Strafe und besondere Pflichten durch nationale und internationale Verantwortungsregelungen (1993); *Christiansen* Grenzen der behördlichen Einleiteerlaubnis und Strafbarkeit nach § 324 StGB – Materielle Betreiberpflichten und Überwachungswertregelung (1996); *Colussi/Haase* Das Problem des Kausalitätsnachweises in komplexen Ermittlungs- und Strafgerichtsverfahren, Kriminalistik **2010** 473; *Czychowski* Wasserstrafrecht, ZfW **1972** 190; *ders.* Das neue Wasserstrafrecht im Gesetz zur Bekämpfung der Umweltkriminalität, ZfW **1980** 205; *ders. Zur* Erörterung des strafrechtlichen Gewässerschutzes auf der 7. wissenschaftlichen Fachtagung der Gesellschaft für Umweltrecht e.V., ZfW **1984** 263, 265; *Dahs* Zur strafrechtlichen Haftung des Gewässerschutzbeauftragten nach § 324 StGB, NStZ **1986** 97; *ders.* Der Überwachungswert im Strafrecht – ein untauglicher Versuch, NStZ **1987** 440; *ders.* Strafrechtliche Haftung des „Zustandsstörers" für Altlasten? Festschrift Redeker 475; *Dahs/Pape* Die behördliche Duldung als Rechtfertigungsgrund im Gewässerstrafrecht (§ 324 StGB), NStZ **1988** 393; *Dölling* Umweltstrafrecht und Verwaltungsrecht, JZ **1985** 461; *Dominok* Strafrechtliche Unterlassungshaftung von Amtsträgern in Umweltbehörden (2007); *Englisch Zum* begünstigten Verwaltungshandeln auf der Rechtfertigungsebene im Umweltstrafrecht (§§ 324, 326 Abs. 1 StGB), Diss. Bonn 1993; *Ensenbach* Probleme der Verwaltungsakzessorietät im Umweltstrafrecht: dargestellt an den Straftatbeständen der Gewässerverunreinigung, Luftverunreinigung und Lärmverursachung (1989); *Erdt* Das verwaltungsakzessorische Merkmal der Unbefugtheit in § 324 StGB und seine Stellung im Deliktsaufbau (1997); *Fischer/Leirer* Die Rechtswidrigkeit gewässerverunreinigenden Handelns von Amtsträgern, ZfW **1996** 349; *Frank* Strafrechtliche Relevanz rechtswidrigen begünstigenden Verwaltungshandelns, erläutert am Beispiel der Gewässerverunreinigung (Paragraph 324 StGB) (1986); *Franzheim* Strafrechtliche Konsequenzen von Betriebsstörungen in abwassertechnischen Anlagen, ZfW **1985** 145; *ders.* Gewinnabschöpfung im Umweltstrafrecht, wistra **1986** 253; *ders.* Strafrechtliche Probleme der Altlasten, ZfW **1987** 9; *ders.* Die Umgrenzung der wasserrechtlichen Einleitungserlaubnis als Rechtfertigungsgrund des Straftatbestandes der Gewässerverunreinigung, NStZ **1987** 437; *ders.* Der Überwachungswert im Strafrecht – ein brauchbares Instrument, NStZ **1988** 208; *ders.* Die Bewältigung der Verwaltungsrechtsakzessorietät in der Praxis, JR **1988** 319; *ders.* Der Verfall des Vermögensvorteils in Umweltstrafsachen, sein Umfang und seine Berechnung, wistra **1989** 87; Beweisverbote bei Erkenntnissen der Eigenüberwachung, NJW **1990** 2049; *Friesecke* Strafbare Gewässerverunreinigung in mittelbarer Täterschaft, NJW **1965** 190; *Gässler* Das neue Wasserstrafrecht im Gesetz zur Bekämpfung der Umweltkriminalität, ZfW **1980** 217; *Geisler* Strafbarkeit von Amtsträgern im Umweltrecht, NJW **1982** 11; *Gentzcke* Informales Verwaltungshandeln und Umweltstrafrecht – Eine verwaltungs- und strafrechtsdogmatische Untersuchung am Beispiel der behördlichen Duldung im Wasserrecht (1990); *Gieseke* Rechtswidrigkeit als Voraussetzung der zivilrechtlichen und strafrechtlichen Haftung für Gewässerverunreinigungen, ZfW **1963** 257; *Grau/Frick* Gewässerverschmutzung durch Seeschiffe – das aktuelle Sanktionensystem, TransportR **2009** 251; *Gröger* Die Haftung des Amtsträgers nach § 324

https://doi.org/10.1515/9783110490305-005

StGB (1985); *Groß/Pfohl Zur* Strafbarkeit von Bürgermeistern im Bereich kommunaler Abwasserreinigungsanlagen – Zugleich Anmerkung zu OLG Saarbrücken NStZ **1991,** 531, NStZ **1992** 119; *Günther* Wasserrechtliche Meldepflichten und ihre Bedeutung im Straf- und Ordnungswidrigkeitsverfahren, ZfW **1996** 290; *Günther-Nicolay* Die Erfassung von Umweltstraftaten mit Auslandsbezug durch das deutsche Umweltstrafrecht gemäß §§ 324 ff StGB (2003); *Gürbüz* Zur Strafbarkeit von Amtsträgern im Umweltrecht (1997); *Heemann* Maßnahmen der Wasserschutzpolizei zum Schutze der Umwelt, in: *Schulze/Lotz* (Hrsg.) Polizei und Umwelt Teil 1 (1986) 335; *Heine* Schutz von Gewässer und Meer durch Strafrecht: Neue europäische und nationale Entwicklungen, Festschrift Otto (2007) 1015; *Himmel/Sanden* Die strafrechtlichen Folgen defekter Kanalsysteme, Wasser Abwasser Praxis **1993** 114; *dies.* Undichte Abwasserkanäle als strafrechtliches Risiko, ZfW **1994** 449; *Hohmann* Wasserrechtliche Pflichten und Strafbarkeit der Wasserbehörden für unbefugte Gewässerverschmutzung durch Unterlassen, NuR **1991** 8; *Horn* Strafbares Fehlverhalten von Genehmigungs- und Aufsichtsbehörden, NJW **1981** 1; *Hüper* Die strafrechtliche Verantwortlichkeit von Klärwerksbetreibern, Die Gemeinde **1988** 65; *Hüting* Die Wirkung der behördlichen Duldung im Umweltstrafrecht (1996); *Imhoff* Probleme des Umweltstrafrechts aus der technischen Sicht eines Abwasserverbandes, in: *Schwind/Steinhilper* (Hrsg.) Umweltschutz und Umweltkriminalität (1986) 63; *Jünemann* Rechtsmissbrauch im Umweltstrafrecht (1998); *Kasper* Die Erheblichkeitsschwelle im Bereich des Umweltstrafrechts, insbes. bei § 324 StGB (1997); *Kaster* Die Rechtsstellung des Betriebsbeauftragten für Umweltschutz, GewArch **1998** 129; *Kausch* Strafverfahren gegen Kommunalbedienstete wegen Umweltschäden, Die Gemeinde **1988** 69; *Kay* Beweissichere Wasserproben, Deutsche Polizei **1987** 17; *Kemme* Das Tatbestandsmerkmal der Verletzung verwaltungsrechtlicher Pflichten in den Umweltstraftatbeständen des StGB (2007); *Kibele* Gewässerstrafrecht – eine moderne Dreiecksgeschichte, Kommunalpraxis BW **1994** 3; *Klages* Meeresumweltschutz und Strafrecht – Zur Ausdehnung deutscher Strafgewalt auf den Festlandsockel, Diss. Freiburg 1989; *Knaut* Die Europäisierung des Umweltstrafrechts: von uneinheitlichen nationalen Regelungen über einheitliche Mindeststandards zur Optimierung der Umweltstrafrechtsordnungen (2005); *Köhler* Der strafrechtliche Schutz der Gewässer, ZfW **1994** 321; *Kohlhaas* Das Strafrecht und die Gewässer, ZfW **1964** 49; *ders.* Zum Stande der strafrechtlichen Rechtsprechung und Reform zum Wasserhaushaltsgesetz, ZfW **1974** 331; *Koppe* Zum Begriff der schädlichen Verunreinigung in § 38 WHG, ZfW **1972** 155; *Krell* Der Umgang mit Gülle, Jauche und Mist als umweltstrafrechtliches Problem, NuR **2009** 327; *Krissei* Gewässerverunreinigungen durch Einleitungen mineralöl-, fett- und stärkehaltiger Abwässer – Abscheidetechnik, in: *Schulze/Lotz* (Hrsg.) Polizei und Umwelt Teil 2 (1987) 181; *Kühne* Strafrechtlicher Gewässerschutz, NJW **1991** 3020; *Kuhlen Zur* Rechtfertigung von Gewässerverschmutzungen, StV **1986** 544; *ders.* Der Handlungserfolg der der strafbaren Gewässerverunreinigung (§ 324 StGB), GA **1986** 389; *ders.* Umweltstrafrecht – auf der Suche nach der neuen Dogmatik, ZStW **105** (1993) 697; *ders.* Die Abgrenzung von Täterschaft und Teilnahme, insbesondere bei den sog. Betriebsbeauftragten, in: *Amelung* (Hrsg.), Individuelle Verantwortung und Beteiligungsverhältnisse bei Straftaten in bürokratischen Organisationen des Staates, der Wirtschaft und Gesellschaft (2000) 71; *Kuhnert* Polizeiliche Erfahrungen bei der Aufklärung von Straftatbeständen der Gewässerverschmutzung, Die Polizei **1982** 361; *Lenk* Die Bedeutung verwaltungsrechtlicher Entscheidungen und Rechtsbehelfe im Strafrecht (2020); *Martin* Strafbarkeit grenzüberschreitender Umweltbeeinträchtigungen – Zugleich ein Beitrag zur Gefährdungsdogmatik und zum Umweltvölkerrecht (1989); *ders.* Grenzüberschreitende Umweltbeeinträchtigungen im deutschen Strafrecht, ZRP **1992** 19; *Meinberg/Möhrenschlager/Link* (Hrsg.) Umweltstrafrecht (1989); *Meißner* Die wasserrechtlichen Sanktionen im Umweltrecht der ehemaligen DDR und das Wasserrecht der Bundesrepublik Deutschland, UTR **15** (1991) 263; *Michalke* Verwertbarkeit von Erkenntnissen der Eigenüberwachung zu Beweiszwecken im Straf- und Ordnungswidrigkeitenverfahren, NJW **1990** 417; *dies.* Die Strafbarkeit von Amtsträgern wegen Gewässerverunreinigung (§ 324 StGB) und umweltgefährdender Abfallbeseitigung (§ 326 StGB) in neuem Licht, NJW **1994** 1693; *dies.* Verwaltungsrecht im Umweltstrafrecht: Die Legaldefinition der „verwaltungsrechtlichen Pflicht" in § 330d Ziff. 4 StGB (2001); *Möhrenschlager* Das neue Wasserstrafrecht im Gesetz zur Bekämpfung der Umweltkriminalität, ZfW **1980** 214; *ders.* Kausalitätsprobleme im Umweltstrafrecht des Strafgesetzbuches, WiVerw **1984** 47; *ders.* Der strafrechtliche Schutz gegen Gewässerverunreinigungen durch Schiffe, 22. Deutscher Verkehrsgerichtstag 1984 (VGT **1984)** 313; *Müller* Gewässerstrafrecht und Amtsträgerstrafbarkeit, ZfW **1999** 498; *Müssig* Schutz abstrakter Rechtsgüter und abstrakter Rechtsgüterschutz. Zu den materiellen Konstitutionskriterien sog. Universalrechtsgüter und deren normentheoretischem Fundament – am Beispiel der Rechtsgutbestimmung für die §§ 129, 129a und 324 StGB (1994); *Nappert* Die strafrechtliche Haftung von Bürgermeistern und Gemeinderäten im Umweltstrafrecht (1997); *Nestler* Die strafrechtliche Verantwortlichkeit eines Bürgermeisters für Gewässerverunreinigungen der Bürger, GA **1994** 514; *Niering* Der strafrechtliche Schutz der Gewässer – Rechtsvergleichung zwischen der Bundesrepublik Deutschland, Österreich und der Schweiz (1993); *Nisipeanu* Nach § 324 StGB strafbare Gewässerverunreinigung bei Überschreitung der wasserrechtlichen (sonderordnungsrechtlichen) Überwachungswerte oder/und der abwasserabgabenrechtlichen Höchstwerte? NuR **1988** 225; *ders. Der* Betriebsbeauftragte für Gewässerschutz (Der Gewässerschutzbeauftragte), NuR **1990** 439; *ders.* Die Duldung im (Ab-) Wasserrecht – Voraussetzungen sowie ordnungs- und strafrechtliche Auswirkungen abwasserrechtlicher „Duldungen", ZfW **1990** 365; *Odersky* Zur strafrechtlichen

Verantwortlichkeit für Gewässerverunreinigungen, Festschrift Tröndle (1989) 291; *Oehler* Internationales Strafrecht, 2. Aufl. (1983); *ders.* Die internationalstrafrechtlichen Bestimmungen des künftigen Umweltstrafrechts, GA **1980** 241; *Papier* Gewässerverunreinigung, Grenzwertfestsetzung und Strafbarkeit (1984); *ders.* Zur Disharmonie zwischen verwaltungs- und strafrechtlichen Bewertungsmaßstäben im Gewässerstrafrecht, NuR **1986** 1; *ders.* Umweltschutz durch Strafrecht? UTR 3 (**1987**) 65; *ders.* Strafbarkeit von Amtsträgern im Umweltrecht, NJW **1988** 1113; *ders.* Strafrechtliche Probleme des Gewässerschutzes, in: *Krebs/Oldiges/Papier* (Hrsg.), Aktuelle Problerme des Gewässerschutzes (1990) 61; *Paul* Betriebsstörungen in Abwasseranlagen und Strafrecht, in: *Abwassertechnische Vereinigung* (Hrsg.) Störfälle bei der Abwasserbeseitigung, 53; *Perschke* Die Verwaltungsakzessorietät des Umweltstrafrechts nach dem 2. UKG, wistra **1996** 161; *Peters* Meßungenauigkeiten und Gewässerstrafrecht, Diss. Kiel 1986; *ders.* Meßungenauigkeiten – ein nicht zu lösendes Problem im Rahmen des § 324 StGB? NuR **1989** 167; *Pfohl* Strafbarkeit von unerlaubten Einleitungen in öffentliche Abwasseranlagen, wistra **1994** 6; *ders.* Strafbarkeit von Amtsträgern wegen Duldung unzureichender Abwasserreinigungsanlagen, NJW **1994** 418; *Rademacher* Die Strafbarkeit wegen Verunreinigung eines Gewässers (§ 324 StGB) unter besonderer Berücksichtigung der behördlichen Genehmigung als Rechtfertigungsgrund (1989); *Radisch* Die verfahrensrechtliche Stellung des Beschuldigten im deutschen und italienischen Umweltstrafprozeß am Beispiel des wasserrechtlichen Emittenten, Diss. Marburg 1996; *Ransiek* Unternehmensstrafrecht: Strafrecht, Verfassungsrecht, Regelungsalternativen (1996); *Reinert* Haftungs-, insbesondere strafrechtliche Konsequenzen bei Gewässerverunreinigungen durch undichte öffentliche Kanalisationen, UTR **17** (1992) 63; *Rengier* Zur fahrlässigen Gewässerverunreinigung, JR **1994** 124; *ders.* Die öffentlich-rechtliche Genehmigung im Strafrecht, ZStW **101** (1989) 874; *ders.* Zur Bestimmung und Bedeutung der Rechtsgüter im Umweltstrafrecht, NJW **1990** 2506; *ders.* Das moderne Umweltstrafrecht im Spiegel der Rechtsprechung, Bilanz und Aufgaben (1992); *ders.* Zur Reichweite von Sorgfaltspflichten und verwaltungsrechtlichen Pflichten im Umweltstrafrecht, Verantwortung und Gestaltung, Festschrift Boujong 791; *Riegel Zur* Auslegung des § 38 WHG, NJW **1974** 127; *Rogall* Gegenwartsprobleme des Umweltstrafrechts, Festschrift Köln 505; *ders.* Die Strafbarkeit von Amtsträgern im Umweltbereich (1991); *Ronzani* Erfolg und individuelle Zurechnung im Umweltstrafrecht: eine Studie zur Funktionalität der Strafrechtsdogmatik im Umweltschutz unter besonderer Berücksichtigung des Schweizer Rechts (1992); *Rudolphi* Schutzgut und Rechtfertigungsprobleme der Gewässerverunreinigung i. S. des § 324 StGB, ZfW **1982** 197; *ders.* Probleme der strafrechtlichen Verantwortlichkeit von Amtsträgern für Gewässerverunreinigungen, Festschrift Dünnebier 561; *ders.* Primat des Strafrechts im Umweltschutz? NStZ **1984** 193; *ders.* Zur Erörterung des strafrechtlichen Gewässerschutzes, ZfW **1984** 263; *ders.* Strafrechtliche Verantwortlichkeit der Bediensteten von Betrieben für Gewässerverunreinigungen und ihre Begrenzung durch den Einleitungsbescheid, Festschrift Lackner 863; *Salje* Zivilrechtliche und strafrechtliche Haftung des Betriebsbeauftragten für Umweltschutz, BB **1993** 2297; *Salzwedel* Zum Begriff der schädlichen Verunreinigung in § 38 WHG, ZfW **1972** 149; *ders.* Das neue Wasserstrafrecht im Gesetz zur Bekämpfung der Umweltkriminalität, ZfW **1980** 211; *ders.* Umweltstrafrecht – Probleme der Rechtsprechung, in: Praxis der Umwelt- und Friedenserziehung Bd. 1 (1987); *Samson* Kausalitäts- und Zurechnungsprobleme im Umweltstrafrecht, ZStW **99** (1987) 617; *ders.* Gewässerstrafrecht und wasserrechtliche Grenzwerte, ZfW **1988** 201; *ders.* Konflikte zwischen öffentlichem und strafrechtlichem Umweltschutz, JZ **1988** 800; *Sanden* Die Bodenverunreinigung (§ 324a StGB), wistra **1996** 283; *Sander* Neues vom Abfall- und Abwasserstrafrecht – Nachteilige Gewässerveränderung durch häusliche Abwässer, Umweltmagazin **1993** 72; *Schall* Zur Reichweite der verwaltungsrechtlichen Erlaubnis im Umweltstrafrecht, Festschrift Roxin (2001) 927; *ders.* Grund und Grenzen der strafrechtlichen Geschäftsherrenhaftung, Festschrift Rudolphi 267; *Scheu* Anzeigepflicht von Verwaltungsbediensteten bei Umweltverstößen, NJW **1983** 1707; *Schink* Vollzug des Umweltstrafrechts durch die Umweltbehörden, DVBl. **1986** 1073; *Schlüchter* Der Kaufmann als Garant im Rahmen der unerlaubten Gewässerverunreinigung, Festschrift Salger 139; *Schmidt-Schönenberg* Der Fahrlässigkeitsbegriff bei den Umweltdelikten vor dem Hintergrund des Technikrechts – dargestellt an den Straftatbeständen der Gewässerverunreinigung und des unerlaubten Umgangs mit gefährl. Abfällen (2000); *Schminke* Die Einleitung häuslicher Schiffsabfälle nach nationalem und internationalem Recht (2009); *Scholz* Gewässerverunreinigung durch Indirekteinleitungen (1996); *Schramm* Die Verpflichtung des Abwassereinleiters zur Weitergabe von Eigenmeßwerten und der *nemotenetur*-Satz (1990); *Schröder* Die personelle Reichweite öffentlich-rechtlicher Genehmigungen und ihre Folgen für das Umweltstrafrecht: dargestellt am Beispiel der Gewässerverunreinigung gemäß § 324 StGB (2000); *Schuck Zur* Auslegung des Rechtswidrigkeitsmerkmals „unbefugt" in § 324 StGB, MDR **1986** 811; *Schünemann* Die Strafbarkeit von Amtsträgern im Gewässerstrafrecht, wistra **1986** 235; *Schwarz* Zur persönlichen Strafbarkeit eines Gemeindebeamten wegen unterlassener Abwendung einer Gewässerverunreinigung, NStZ-RR **1993** 285; *Seelmann* Atypische Zurechnungsstrukturen im Umweltstrafrecht, NJW **1990** 1257; *Seier* Probleme des Umweltstrafrechts – dargestellt anhand von Fallbeispielen, JA **1985** 23; *Shim* Verwaltungshandeln und Rechtfertigungsprobleme im Umweltstrafrecht: Untersuchungen mit besonderer Betonung der Gewässerverunreinigung nach § 324 StGB, unter vergleichender Betrachtung der Rechtslage in Korea, Diss. Tübingen 1994; *Stange* Die strafrechtliche Verantwortlichkeit von Klärwerksbetreibern, in: *Abwassertechnische Vereinigung* (Hrsg.) Störfälle bei der Abwasserbeseitigung, 66; *Tiessen* Die „genehmigungsfähige" Gewässerverunreinigung (1987); *Tratz* Rechtsprechung zur straffreien unmittelbaren Wiedereinbringung des Rechengutes, Das Wassertriebwerk **1974** 41; *Truxa* Referat zum Kolloquium am 12.1.1979, ZfW **1980** 220; *Velten* Grenzüberschreitende Gefährdungsdelikte, Festschrift Rudolphi 329; *Vierhaus* Die neue Gefahrgutbeauftragtenverordnung aus der Sicht des Straf-, Ordnungswidrigkeiten- und Umweltverwaltungsrechts, NStZ **1991** 466; *Vogelsang-Rempe* Umweltstrafrechtliche Relevanz der Altlasten – Eine Untersuchung zu der Frage, ob im Zusammenhang mit Altlasten, die vor dem 1.7.1980 entstanden sind, die Tatbestände der §§ 326, 324 StGB rechtswidrig verwirklicht werden (1992); *Wachenfeld* Wasserrechtliches Minimierungsgebot und Gewässerstrafrecht (1993); *Wasmuth/Koch* Rechtfertigende Wirkung der behördlichen Duldung im Strafrecht, NJW **1990** 2434; *Wegscheider* Der Schutz der Nordsee als Problem internationaler Übereinkommen und EG-Richtlinien, NuR **1988** 318; *Wernicke* Verunreinigung eines Gewässers und sonstige Veränderung seiner Eigenschaften durch Einbringen von festen Stoffen, NJW **1964** 910; *ders.* Strafrechtliche Beurteilung des Einleitens in Entwässerungsanlagen (Zur Frage des mittelbaren Einleitens), ZfW **1969** 109; *ders.* Zum Begriff der schädlichen Verunreinigung in § 38 WHG, ZfW **1972** 156; *ders. Zur* Auslegung des § 38 WHG eine Erwiderung, NJW **1974** 633; *ders.* Das neue Wasserstrafrecht NJW **1977** 1662; *ders.* Zur Strafbarkeit der Amtsträger von Wasseraufsichtsbehörden bei Unterlassungen, ZfW **1980** 261; *Wimmer* Die Strafbarkeit grenzüberschreitender Umweltbeeinträchtigungen, ZfW **1991** 141; *Winkelbauer* Umweltstrafrecht und Unternehmen, Festschrift Lenckner 645; *Winkemann* Probleme der Fahrlässigkeit im Umweltstrafrecht, erläutert anhand des § 324 III StGB (1991); *Wirtz/Schleimer* Die Bedeutung des Umweltstrafrechts für die betriebliche Praxis (1995); *Wüterich* Die Bedeutung von Verwaltungsakten für die Strafbarkeit wegen Umweltvergehen (§§ 324 StGB), NStZ **1987** 106; *Zeitler* Die strafrechtliche Haftung für Verwaltungsentscheidungen nach dem neuen Umweltstrafrecht, dargestellt an dem § 324 StGB, Diss. Tübingen 1982.

Gewässerschutz und Gewässerrecht. *Aurand* Gefahren durch die Verunreinigung der Gewässer mit radioaktiven Stoffen, Der Landkreis **1960** 101; *Aurand/Hasselbarth/Lange-Asschenfeldt/Steuer* Die Trinkwasserverordnung, 3. Aufl. (1992); *Bang u. a.* Lagern und Beförderung wassergefährdender Flüssigkeiten im Industriebetrieb, IWL-Forum **1969**/I; *Bassot* Neue Entwicklungen des Wasserrechts in Frankreich, NuR **1993** 17; *Bauer* Zum öffentlich-rechtlichen Nachbarschutz im Wasserrecht, JuS **1990** 24; *Beckert/Breuer, Gerhard* Öffentliches Seerecht (1991); *Beermann* Überschwemmungsgebiete, ZfW **1963** 342; *Berendes/Frenz/Müggenborg* Wasserhaushaltsgesetz (2011); *Beyerlin/Marauhn* International Environmental Law (2011); *Bickel* Anforderungen an das Einleiten von Abwasser – Rechtsfragen zu § 7 a WHG, ZfW **1978** 289; *ders.* Die wasserrechtlichen Bestimmungen über die Lagerung wassergefährdender Stoffe, DÖV **1979** 242; *ders.* Praktische Vollzugshindernisse in der täglichen Arbeit der Wasserbehörden, ZfW **1979** 101; *ders.* Grenzgebiete des Wasserrechts, DÖV **1981** 448; *ders.* Das Elend der Grenzwerte im Wasserrecht, NuR **1982** 214; *ders.* Anwendungsprobleme des Umweltstrafrechts aus öffentlichrechtlicher Sicht, in: *Meinberg/Möhrenschlager/Link* (Hrsg.) Umweltstrafrecht (1989); *Böhm* Die Wirksamkeit von Umweltlenkungsabgaben am Beispiel des Abwasserabgabengesetzes (1990); *ders.* Die Vierte Novelle zum Abwasserabgabengesetz, NVwZ **1995** 557; *Brandt* Meeresumweltschutz in der Seeschiffahrt, NuR **2003** 411; *Breuer* Öffentliches und privates Wasserrecht, 3. Aufl. (2004); *ders.* Die Entwicklung des Wasser- und Abfallrechts 1974–1976, NJW **1977** 1174; *ders.* Die Verfassungsmäßigkeit der wasserwirtschaftlichen Benutzungsordnung, ZfW **1979** 78; *ders.* Konflikte zwischen Verwaltung und Strafverfolgung, DÖV **1987** 169; *ders.* EG-Richtlinien und deutsches Wasserrecht, WiVerw **1990** 79; *Breuer/Gärditz* Öffentliches und privates Wasserrecht, 4. Aufl. (2017); *Büllesbach* Zur Stellung der Wasserbehörden in parallelen Genehmigungsverfahren, ZfW **1995** 6; *Bulling/Finkenbeiner/Eckardt/Kibele* Wassergesetz in Baden-Württemberg, 3. Aufl. (Loseblattausgabe); *Burghartz* Wasserhaushaltsgesetz und Wassergesetz für Nordrhein-Westfalen, 2. Aufl. (1974); *Czychowski* Gewässerschutz und Mineralöllagerung, NJW **1964** 909; *ders.* Gewässerschutz und Mineralöltransport in Rohrleitungen, NJW **1964** 1888; *ders.* Gewässerschutz und Ölgefahr, ZfW **1967** 1; *ders.* Verunreinigung des Gewässerbettes, ZfW **1972** 159; *ders.* Die Einleitung von Straßenoberflächenwasser in ein Gewässer, ZfW **1972** 286; *ders.* Aufgaben der Polizei im Rahmen des Umweltschutzes. Gewässerschutz, Die Polizei **1975** 302; *ders.* Bewirtschaftung und Schutz der Gewässer, in: Verwaltungsrecht zwischen Freiheit, Teilhabe und Bindung (1978) 121; *ders.* Wasserrecht im geeinten Deutschland. Die Situation in den neuen Bundesländern, LKV **1991** 220; *Czychowski/Prümm* Wasserrecht Nordrhein-Westfalen, 9. Aufl. (1995); Czychowski/*Reinhardt* Wasserhaushaltsgesetz, 12. Aufl. (2019); *Danielowski* Einsatz und Funktion der unteren Wasserbehörde bei Gewässerschutzalarmfällen, in: *Schulze/Lotz* (Hrsg.) Polizei und Umwelt Teil 1 (1986) S. 357; *Degener/Krause* Lagerung und Abfüllung brennbarer Flüssigkeiten (VbF/TRbF) 3. Aufl. (Loseblattausgabe); *Deselaers* Existenzgefährdungen durch Wasserschutzgebiete – vermeidbar? AgrarR **1991** 325; *Diesel/Lühr* Lagerung und Transport wassergefährdender Stoffe (LTwS) (Loseblattausgabe); *Dinkloh* Werden unsere Gewässer wirksam vor Umweltchemikalien geschützt? (1989); *Douvier* MARPOL (2012); *Drost/Ell* Das neue Wasserrecht, 2. Aufl. (2016); *Edinger* Gewässerschutz in Hessen: Zwei Schritte vor, einen Schritt zurück – Zulassung illegaler Bauten in und an Gewässern durch die Novelle zum Hessischen Wassergesetz, NVwZ **1992** 151; *Ehlers* Meeresumweltschutz – eine eigenständige Staatsaufgabe? NuR **1983** 129; *ders.* Seeschiffahrt und Umweltschutz – internationale und nationale Rechtsgrundlagen, 22. VGT **1984** 302; *ders.* Das neue Helsinki-Abkommen – Ein weiterer Schritt zum Schutz der Ostsee, NuR **1993** 202; *Engelhardt/Ruchay*

Gewässerschutz und Abwasser (Loseblattausgabe 1981 ff); *Engen* Gewässerschutz und Mineralöllagerung, BB **1965** 425; *Di Fabio* Rechtliche Instrumente zum Schutz von Boden, Wasser und Luft vor landwirtschaftlichen Umweltbelastungen, NuR **1995** 123; *Fischerhof* Die Belastbarkeit von Gewässern mit eingeleitetem Warmwasser (Kühlwasserkapazität) im internationalen Recht unter besonderer Berücksichtigung der Beanspruchung des Rheinstroms durch Kernkraftwerke, et **1971** 101; *ders.* Wasserrechtliche Konsequenzen der Kernenergienutzung, Recht der Wasserwirtschaft **1973** 81; *Fluck Zum* Begriff des Abwassers – Überlegungen aus dem Blickwinkel des neuen Kreislaufwirtschafts- und Abfallgesetzes, ZfW **1996** 489; *Franke* Umweltschutz, Verursacherprinzip und Bestandsschutz im Wasserrecht, ZfW **1976** 195; *Frees* Maßnahmen und rechtliche Möglichkeiten der Europäischen Gemeinschaft zur Bekämpfung und Verhütung von Öltankerunfällen vor ihren Küsten, NuR **1992** 16; *Friesecke* Die ordnungsrechtliche Zustandshaftung als Instrument zur Reinhaltung der Bundeswasserstraßen, VerwArch. **1991** 565; *ders.* Umweltschutz an Bundeswasserstraßen, NuR **1993** 6; *ders.* Bundeswasserstraßengesetz, 7. Aufl. (2020); *Gieseke* Die Haftung für Verunreinigung von Gewässern nach dem Wasserhaushaltsgesetz (1958); *ders.* Die Haftung für Änderungen der Wasserbeschaffenheit nach dem deutschen Wasserrecht, ZfW **1962** 4; *ders.* Verunreinigung von Binnengewässern als völkerrechtliches Problem, ZfW **1964** 113; *ders.* Haftung für Grundwasserverunreinigungen durch Auslaufen von Öl aus einem Tankwagen, ZfW **1965** 179; *ders.* Uneinheitlichkeit des Rechts bei der Bekämpfung der Ölverschmutzung, ZfW **1965** 218; *ders.* Neue westeuropäische Gesetze (und Entwürfe) zur Bekämpfung der Gewässerverunreinigung und die Möglichkeit einer Vereinheitlichung im Rahmen der EWG, ZfW **1966** 1; *Gieseke/Wiedemann/Czychowski* Wasserhaushaltsgesetz, 11. Aufl. (2014); *Gourlay* Mord am Meer – Bestandsaufnahme der globalen Zerstörung (1991); *Greinen* Landesrechtliche Anforderungen an Anlagen zum Herstellen, Behandeln und Verwenden wassergefährdender Stoffe nach § 19g Abs. 1 WHG, ZfW **1992** 329; *Gündling* Rechtsprobleme der Abfallbeseitigung auf See, NuR **1982** 41; *Habel* Läßt sich die Belastung des Grundwassers mit Schadstoffen überhaupt noch aufhalten? Das strapazierte wasserrechtliche Vorsorgeprinzip in Baden-Württemberg, BaWüVerwBl. **1990** 441; *Handl* Interessenausgleich und völkerrechtliche Haftung für die Verunreinigung internationaler Wasserläufe, in: Wertung und Interessenausgleich im Recht (1975) S. 245; *Hansmann/Sellner* Grundzüge des Umweltrechts, 4. Aufl. (2012); *Haupt/Reffken/Rhode* Niedersächsisches Wassergesetz (Loseblattausgabe); *Heffler* Eine Lücke im Wasserrecht, BaWüVerwBl. **1970** 177; *Heffler* Die vollständige Verdolung eines oberirdischen Gewässers – Ein Beitrag zum Gewässerbegriff, BaWüVerw-Bl. **1971** 102; *Heider* Die Bedeutung der behördlichen Duldung im Umweltrecht, NuR **1995** 335; *Heiermann* Der Schutz des Bodens vor Schadstoffeintrag (1992); *Hellwig*/Pfaff zur Erlaubnispflicht nach dem WHG für Einleitungen von Schiffsabwasser, ZfW **2005** 154; *Hennekken/Theuer* Der Umgang mit wassergefährdenden Stoffen. Wasserhaushaltsgesetz §§ 19g bis 191 – Hilfen und Hintergründe für die praktische Arbeit (1990); *Henseler* Der Abwasserbegriff des Wasser- und Abfallrechts, NuR **1984** 249; *Heumann u. a.* Wasserrecht, Deutsches Polizeiblatt **1991** 2; *Hill* Die befugte Gewässerbenutzung nach dem Wasserhaushaltsgesetz, GewArch **1981** 155 und 183; *Höllwarth* Gewässergüte: Grundlage einer sicheren Zukunft, in: *Böhm/Deneke* (Hrsg.) Wasser. Eine Einführung in die Umweltwissenschaften (1992) 72; *Hohmann* Suche nach nationalen und internationalen Regelungen eines modernen Meeresumweltschutzes, NuR **1990** 49; *Honert/Rüttgers/Sanden* Landeswassergesetz Nordrhein-Westfalen, 4. Aufl. (1996); *Horn, K.* Die Lagerung brennbarer Flüssigkeiten sowie von festen und flüssigen wassergefährdenden Stoffen im privaten und gewerblichen Bereich – Befüllung und Entleerung – Sicherheitseinrichtungen, in: *Schulze/Lotz* (Hrsg.) Polizei und Umwelt Teil 2 (1987) 210; *Jäschke* Gewässernutzung und Genehmigungspflicht nach dem Wasserhaushaltsgesetz, WiR **1993** 305; *Kaster* Das Verhältnis von immissionsschutzrechtlicher Genehmigung und wasserrechtlicher Erlaubnis (1996); *Kaster* Die Stellung der Umweltschutzbehörden in parallelen Gestattungsverfahren. Am Beispiel von Überschneidungen im Verhältnis des Wasserrechts zum Immissionsschutzrecht, NuR **1996** 109; *Kaut* Gewässerschutz und Mineralöllagerung, NJW **1964** 2085; *Kehden* Seeschiffahrt und Meeresumweltschutz, in: Die Plünderung der Meere (1981) 247; *Keppeler Zur* Versagung wasserrechtlicher Gestattungen nach § 6 WHG, NVwZ **1992** 137; *Kerger* Klärschlamm auf landwirtschaftlich genutzten Flächen: Abwasser oder Abfall? AgrarR **1990** 273; *Kerger* Düngebeschränkungen aus Gründen der Vorsorge, AgrarR **1991** 117; *Keune* Probleme der Umsetzung der EG-Gewässerschutzrichtlinie in deutsches Wasserrecht, DVB1. **1979** 222; *ders.* Wasserrechtsfragen zum Verregnen, Verrieseln und Versickern von Abwasser, ZfW **1980** 325; *Kibele* Umgang mit wassergefährdenden Stoffen in Baden-Württemberg, BaWüVerwPr. **1995** 148; *Kickuth* Höhere Pflanzen und Gewässerreinhaltung, Umschau in Wissenschaft und Technik **1970** 818; *Kloepfer* Rechtsprobleme der Grenzwerte für Abwassereinleitungen, ZfW **1989** 1; *ders.* Umweltrecht, 4. Aufl. (2016); *Kloepfer/Brandner* Rechtsprobleme der Grenzwerte für Abwassereinleitungen, ZfW **1989** 1; *Knopp* Rechtliche Kriterien bei der Festsetzung von Wasserschutzgebieten, ZfW **1995** 1; *Knopp* Schwerpunkte der 6. Novelle zum Wasserhaushaltsgesetz, NJW **1997** 417; *Knopp/Manner/Drost* Wasserrecht in Bayern (Loseblattausgabe); *Koch/Langoni* (Hrsg.) Meeresumweltschutz für Nord- und Ostsee (1996); *Kölble* Gewässerschutz in der Gesetzgebung (1982); *Köck/Möckel* Quecksilberbelastungen von Gewässern durch Kohlekraftwerke – Auswirkungen auf die Genehmigungsfähigkeit, NVwZ **2010** 1390; *König* Durchsetzung internationaler Bestands- und Umweltvorschriften auf Hoher See im Interesse der Staatengemeinschaft (1990); *Kolb* Wasserhaushaltsgesetz (1958); *ders.* Gewässerverunreinigung durch Hausabwässer über gemeindliche Kanalisation, BayVBl. **1977** 199; *Kolkmann* Die EG-Trinkwasserrichtlinie (1991); *Kollmann* Das Landeswassergesetz Schleswig-Holstein nach der 5. Novellierung, Die Gemeinde SH **1992** 175; *Kollmer* Einstweiliger Rechtsschutz nach § 80 a VwGO im Pipeline-Genehmigungsverfahren, NuR **1994** 15; *Kollmer* Zentrale Rechtsprobleme im wasserrechtlichen Pipeline- Genehmigungsverfahren, ZfW **1995** 129; *Kotulla* Wasserhaushaltsgesetz, 3. Aufl. (2020); *Kotulla/Rolfsen* Der Widerruf von wasserrechtlichen Bewilligungen nach § 18 Abs. 2 WHG – ein Beitrag zur Vereinfachung des Umweltrechts? NuR **2010** 625; *Kracht* Gewinnabschöpfung und Wiedergutmachung bei Umweltdelikten, wistra **2000** 326; *Krebs/Oldiges/Papier* Aktuelle Probleme des Gewässerschutzes (1990); *Krieger* Neuere Entwicklungen im Recht der wassergefährdenden Stoffe, insbesondere technische Anforderungen an Anlagen zum Herstellen, Behandeln und Verwenden, ZfW **1992** 277; *ders.* Normkonkretisierung im Recht der wassergefährdenden Stoffe: Rechtlicher Regelungsbedarf unterhalb der Verordnungsebene ... (1992); *ders.* Neuere Entwicklungen im Recht der wassergefährdenden Stoffe, insbesondere technische Anforderungen an Anlagen zum Herstellen, Behandeln und Verwenden (Tagungsbericht), ZfW **1992** 277; *Kummer/Giesberts* Rechtsfragen der Privatisierung kommunaler Abfallentsorgung und Abwasserbeseitigung, NVwZ **1996** 1166; *Kummen/Stumm* Gewässer als Ökosysteme, Grundlagen des Gewässerschutzes, 3. Aufl. 1992; *Kunig* Ölverschmutzung durch Schiffe – Das Verhältnis von Recht und Wirklichkeit am Beispiel der Nordsee, NuR **1986** 265; *Labbé/Kaltenegger* Wasserschutzgebiete und Entschädigung, BayVBl. **1994** 1; *Ladeur* Rechtsdogmatische Grundlagen des Nachbarschutzes im Wasserrecht, UPR **1992** 81; *Lambert* Umweltgefährdende Beseitigung von Gärsickersäften, NJW **1987** 421; *Latif* Das Ende der Ozeane (2014); *Lauer* Das WHG 2010 – Weichenstellung oder Interimslösung, NuR **2010** 636; *dies.* Das Wasserhaushaltsgesetz 2010, NuR **2010** 692; *von Lersner* Verfahrensvorschläge für umweltrechtliche Grenzwerte, NuR **1990** 193; *Liebmann* Die biologischen Grundlagen des Gewässerschutzes, Universitas **1962** 1005; *Linden* Gewässerschutz und landwirtschaftliche Bodennutzung (1993); *Löbsack* Unsere Gewässer verfaulen, PharmZtg. **1971** 331; *Löffler* Integrierter Schutz vor gefährlichen Stoffen – Auswirkung und Operationalisierung der REACH-Verordnung im Wasser- und Immissionsschutzrecht (2020); *Loos/Gasper* Einleiten von Krankenhausabwasser in die Kanalisation – zum Merkblatt des Bundesgesundheitsamts von 1975 VersR **1977** 786; *Lozan/Lenz/Rachor/Watermann/von Westernhagen* (Hrsg.) Warnsignale aus der Nordsee (1990); *Lozan/Rachor/Reise/von Westernhagen/Lenz* (Hrsg.) Warnsignale aus dem Wattenmeer (1994); *Lübbe* Anwendungsverbote bei Grundwasserbelastungen durch Pflanzenschutzmittel, BayVBl. **1995** 97; *Lübbe-Wolff* Wasserrecht und kommunale Entwässerungssatzung, NVwZ **1989** 205; *dies. Grundwasserbelastung* durch CKW. Rechtsfragen der Ermittlung und Sanierung (1991); *dies.* Sanierungsverträge oder ordnungsrechtliches Vorgehen bei der Sanierung von Grundwasserschäden – Empfehlungen für die behördliche Praxis unter besonderer Berücksichtigung komplex verursachter (summierter) Schäden, IWS-Schriftenreihe **18** 75; *Luenstedt* Die Bedeutung der EG-Nitrat-Richtlinie und der Pestizid-Richtlinie für den deutschen Gewässerschutz (Tagungsbericht), ZfW **1992** 483; *Lwowski/Tetzlaff* Umweltrisiken und Altlasten in der Insolvenz, ein Handbuch für die Praxis (2002); *Mäder* Die Sicherheit bei der Lagerung, Abfüllung von und dem Umgang mit Gasen in der Produktion im Hinblick auf den Gewässerschutz, in: Einzelfragen des Umgangs mit wassergefährdenden Stoffen (1993) 17; *Maas* Schutz des Grundwassers gegen Ölverunreinigungen, Der Landkreis **1961** 77; *Mechel/Reese* Meeresumweltschutz für Nord- und Ostsee im Überblick, ZUR **2003** 321; *Meisheimer* Wasserrecht Berlin/Brandenburg (1996); *Möker* Gewässerbelastungen durch Agrarstoffe – Rechtliche Standards beim Einsatz von Düngern und Pflanzenschutzmitteln (1993); *Mühlbauer* Rechtliche und politische Aspekte des Grundwasserschutzes in der Bundesrepublik Deutschland (1993); *ders.* Recht des Grundwasserschutzes und der Landwirtschaft im Spannungsfeld (1997); *Müller, Norbert* Umschlagen wassergefährdender Stoffe in ortsbeweglichen Behältern in speditionellen Anlagen, UPR **1991** 257; *Müller* Lagern wassergefährdender Stoffe, ZfW **2006** 189; *Müllmann* Die Plangenehmigung im Wasserrecht (1994); *Nagel* Der Gewässerschutzbeauftragte nach neuem Recht, ZfW **2012** 71; *Nawratil* Die heutige Vergiftung des Wassers und die Möglichkeiten ihrer Überwindung, Universitas **1963** 1111; *Niedermayer* Alte „Rechte" und „Befugnisse" nach dem Wasserhaushaltsgesetz und die alten Landeswasserrechte, BayVBl. **1972** 227; *Nisipeanu* Abwasserrecht (1991); *ders.* Die Abwasserbehandlungsanlage i. S. d. § 18c WHG, NuR **1992** 101; *ders.* Das Scoping-Verfahren nach § 5 UVPG – Dargestellt an (ab-) wasserrechtlichen Genehmigungsverfahren, NVwZ **1993** 319; *ders.* Wasserrechtliche Probleme der Sickerwasser-Beseitigung, ZfW **1993** 69; *ders.* Rechtliche Anforderungen an den Bau von Kläranlagen, NuR **1996** 17; *Olschowy* Wasser- und Luftverschmutzung in der Bundesrepublik Deutschland – eine Bilanz der Schäden, in: Vergiftete Umwelt (1970) 3; *ders.* Die gegenwärtige Umweltbelastung der Gewässer und des Wasserhaushaltes, Universitas **1979** 727; *Otto* Haftung für Gewässerbeeinträchtigung durch Produktionsabfälle, Versicherungspraxis **1976** 54; *Pape* WHG, in: *Landmann/Rohmer* UmwR II; *ders.* Die Bewältigung von Altlasten in der Praxis, NJW **1994** 409; *Peine* Rechtsfragen der Gewässerrenaturierung, ZfW **1993** 189; *Paul* Betriebsstörungen auf Abwasserbehandlungsanlagen – Rechtliche und finanzielle Konsequenzen, ZfW **1999** 498; *Peters* Das planungsrechtliche Instrumentarium des Wasserrechts – Chance für dezentrale Lösungen im Gewässerschutz, UPR **1988** 325; *Platz* Die Duldung im Verwaltungsrecht – speziell im Wasserrecht, BayVBl. **1983** 622; *Pöpel/Lotz* Abwasserreinigung im Lichte neuer Anforderungen, in: *Böhm/Deneke* (Hrsg.) Wasser. Eine Einführung in die Umweltwissenschaften (1992); *Pohl* Das „Düngeprivileg" des § 51 Abs. 2 Nr. 1 LWG NW und der Klärschlamm aus landwirtschaftlichen Kleinkläranlagen, AgrarR **1991** 211; *Poncelet* Der wasserrechtliche Anlagenbegriff (1995); *Poymann* Die Ökologisierung des Wasserrechts, BaWüVerwPr. **1996** 198; *Praml* Abfall und Abwasser – Abgrenzungsfragen, ZfW **1983**

92; *ders.* Anmerkungen zur Novellierung des Bundes-Wasserrechts, NuR **1986** 66; *Rehborn/Rehborn* Der Gewässerschutzbeauftragte, ZfW **1999** 363; *Rehbinder/Schink* Grundzüge des Umweltrechts, 5. Aufl. (2018); *Rehder* Der wasserrechtliche Gemeingebrauch – Eine Bestandsaufnahme, AgrarR **1972** 485; *Reinhardt, M.* Abschied von der Verwaltungsvorschrift im Wasserrecht? DÖV **1992** 102 und ZfW **1992** 346 (Tagungsbericht); *Reinhardt, R.* Renaturierung von Bundeswasserstraßen, NuR **1994** 417; *Rengeling* Umweltvorsorge und ihre Grenzen im EWG-Recht – Zu Grenzwerten für Pflanzenschutzmittel in der EWG-Richtlinie über die Qualität von Wasser für den menschlichen Gebrauch (80/778/EWG) (1989); *Riegel* Die neuen Vorschriften des Wasserhaushaltsgesetzes, NJW **1976** 783; *Richter* Der Begriff der Anlage im Umwelt- und Energierecht, (2012); *Riese/Karsten* Bodenschutzrechtliche Ordnungspflichten im Insolvenzverfahren, NuR **2005** 234; *Rolfsen* Das neue Wasserhaushaltsgesetz, NuR **2009** 765; *Roth u. a.* Grenzwerte (Loseblattausgabe ab 1993); *Rottgardt/Sterger/Grunder/Hanssmann/Lühr* Anforderungen an den Umgang mit wassergefährdenden Stoffen (1993); *Ruchay* Die Überwachung industrieller Abwassereinleitungen durch Sonderordnungsbehörden, Die Polizei **1982** 357; *Rupp* Der Umgang mit wassergefährdenden Stoffen, UPR **1988** 332; *Salzwedel* Der Begriff des Unternehmers im Wasserrecht, ZfW **1981** 15; *ders.* Wasserrecht, in: *Arbeitskreis für Umweltrecht/Salzwedel* (Hrsg.) Grundzüge des Umweltrechts (1982) S. 569; *ders.* Rechtsfragen der Gewässerverunreinigung durch Überdüngung, NuR **1983** 41; *ders.* Abfall und Abwasser – Abgrenzungsfragen, ZfW **1983** 84; *ders.* Ausweisung von Wasserschutzgebieten und verwaltungsgerichtliche Nachprüfung – Zur Funktion besonderer Schutzanordnungen vor dem Hintergrund verschärfter flächendeckender Anforderungen an den Gewässerschutz, ZfW **1992** 397; *ders.* Wasserrecht, in: *Kimminich/von Lersner/Storm* (Hrsg.) Handwörterbuch des Umweltrechts (HdUR) Bd. II 2. Aufl. 1994 Sp. 2725; *Salzwedel/Reinhardt* Neuere Tendenzen im Wasserrecht, NVwZ **1991** 946; *Sanden* Wasserrecht im Wandel – Die wasserrechtlichen Abgaben der ehemaligen DDR und ihre Relevanz für das bundesdeutsche Umweltrecht (1994); *ders.* Die Abgaben für die Wasserentnahme in den ZfW **2012** 124; *Sander* Rechtsstellung und Rechtsschutz des Betriebsbeauftragten für Gewässerschutz aus der Sicht der Industrie, NuR **1985** 47; *ders.* Neue Anforderungen an wasserrechtliche Bescheide für Abwassereinleitungen in Gewässer, ZfW **1990** 438; *ders. Die* Bedeutung der wasserrechtlichen „Überwachungswerte", ZfW **1993** 204; *ders.* Die Indirekteinleiterverordnungen der Länder – Wasserrechtliche Anforderungen an Ab-Wassereinleitungen in die öffentliche Kanalisation (1993); *ders.* Rechtsfragen beim Umgang mit wassergefährdenden Stoffen, in: Einzelfragen des Umgangs mit wassergefährdenden Stoffen (1993), 3; *Sautter u. a.* Das Verhältnis zwischen Abfallrecht und Wasserrecht, ZfW **1974** 213; *Scheier* Die Gewässereigenschaft von Entwässerungsgräben auf künstlich angelegten Hochkippen, ZfW **1976** 267; *ders.* Zur Anwendung von Abfall- und Wasserrecht auf Sickerwasser aus Halden, Kippen und Deponien, ZfW **1981** 142; *ders.* Abfallrechtliche, wasserrechtliche und ordnungsrechtliche Probleme der Sanierung von „Altlasten", ZfW **1984** 333; *Schminke* Die Einleitung häuslicher Schiffsabwässer nach nationalem und internationalem Recht (2009); *Scholz* Gewässerverunreinigungen durch Indirekteinleitungen (1996); *Schulz* Einfluß der Düngung auf das Grundwasser, Umschau in Wissenschaft und Technik **1973** 442; *ders.* Pestizide im Grundwasser – Das wasser- und pflanzenschutzrechtliche Instrumentarium zum Schutz des Grundwassers gegen Verunreinigungen durch Pflanzenschutzmittel NuR **2001** 311; *Schulze* Probennahme – Wasser – Grundwasser, Boden, Luft, in: *Schulze/Lotz* (Hrsg.) Polizei und Umwelt Teil 1 (1986) 117; *Seifert* Lagern und Ablagern von Abfällen und wirtschaftliche Tätigkeit im Bereich der Landwirtschaft unter wasserrechtlichen und abfallrechtlichen Gesichtspunkten, AgrarR **1980** 7; *Sell* Gewässerschutz im legislativen Kompetenzgefüge des europäischen Mehrebenensystems, Diss. Jena 2013; *Sieder/Zeitler/Dahme/Knopp* Wasserhaushaltsgesetz (Loseblattausgabe); *Sieder/Zeitler/Dahme* Bayerisches Wassergesetz (Loseblattausgabe); *Sievers* Gewässerschutz und alte Rechte; DVB1. **1961** 141; *Sondermann* Umweltrechtliche Fragen bei der Grundwassersanierung, IWS-Schriftenreihe **15** 17; *ders.* Grundwassersanierung und wasserrechtliche Erlaubnis, IWS-Schriftenreihe 18 15; *Sonnen*/Tetzlaff Umweltrechtliche Unterlassungshaftung des Insolvenzverwalters bei Umweltschäden in der Insolvenz, wistra **1999** 1; *Sparwasser/Engel/Voßkuhle* Umweltrecht, 5. Aufl. (2003); *Stemmler* Die Privilegierung „ordnungsgemäßer Gewässerverschmutzung" durch § 19 Abs. 4 WHG, NuR **1991** 366; *Süß/Adler* Neue Entwicklungen im Internationalen Wasserrecht, ZfW **1995** 197; *Thiel* Verschmutzung und Vergiftung der Meere, in: Die Plünderung der Meere (1981) 131; *Thorwarth* Die Konzentrationswirkung der Zulassung des vorzeitigen Ausbaubeginns nach § 9a i. V. m. § 31 Abs. 2a WHG in Planfeststellungsverfahren, ZfW **1991** 205; *Tiroch/Kirschner* Überblick über das Wasserrecht der Bundesrepublik Deutschland (2011); *Winter* Der Schutz der Nordsee als Problem internationaler Übereinkommen und EG-Richtlinien, NuR **1988** 265; *Tratz* Der Begriff „Quelle" in wasserrechtlicher Sicht und seine Bedeutung für andere Gebiete, Das Wassertriebwerk **1973** 33; *Truxa* Rechtsstellung und Funktion von Betriebsbeauftragten für Gewässerschutz nach §§ 21a ff WHG, ZfW **1980** 220; *Veh/Knopp* Gewässerschutz nach EG-Recht (1995); *Viertel* Die Bedeutung von § 1a WHG für die Zulässigkeit von Abwassereinleitungen, ZfW **1996** 417; *ders.* Vorsorge im Abwasserrecht (1995); *Volkens* Vorsorge im Wasserrecht (1993); *Wabnitz* Das Verschlechterungsverbot für Oberflächengewässer und Grundwasser (2010); *Waitz/von Gierke* Die weiterfressende Gewässerverunreinigung durch natürliche Ausbreitung eines verunreinigten Gewässers, BB **1986** 475; *Wendt* Schiffahrt und Gewässerschutz, 22. VGT **1984** 332; *Weber* Zur Umsetzung von EG-Richtlinien im Umweltrecht, UPR **1992** 5; *Wernicke* Das Einbringen und Einleiten sowie Lagern und Ablagern von Stoffen im WHG, ZfW **1963** 270; *ders.* Verunreinigung eines Gewässers und sonstige Veränderungen seiner Eigenschaften durch Einbringen von festen Stoffen, NJW **1964** 910; *ders.* Haftung bei der Gewässerbenutzung und Abfallbeseitigung, DVBl. **1968** 578; *Westerholt* Die Haftung der Gemeinden für undichte Abwasserkanäle, Abwassertechnik **1993** 35; *Wilhelm* Grenzüberschreitende Umweltverschmutzung und Haftung: Der Fall „Rhein“, NuR **1991** 115; *Wüsthoff/Kumpf/von Lersner/Roth* Handbuch des deutschen Wasserrechts (Loseblattausgabe); *Zehrfeld* Probleme beim Vollzug des Wasserrechts in den neuen Bundesländern, ZfW **1994** 459; *Ziehm* Die Störerverantwortlichkeit für Boden- und Wasserverunreinigungen (1989); *Zillien* Neuerungen des Landeswassergesetzes von Rheinland-Pfalz, RdL **1995** 253; *Zils* Die Bekämpfung der Rheinverschmutzung, UPR **1992** 5; *Zitzelsberger* Wasserhaushaltsgesetz, 2. Aufl. (1976).

Entstehungsgeschichte

Die Bestimmung ist ursprünglich **1980** durch das **18. StRÄndG**[1] eingefügt worden und war in dieser Fassung vom 1.7.1980 bis zum 31.10.1994 in Kraft. In sie ist eine ganze Reihe bis dahin geltender Vorschriften eingearbeitet worden. Wichtigster **Vorläufer** war der am 1.3.1960 in Kraft getretene § 38 WHG. Zuvor regelten Strafvorschriften der Landeswassergesetze und andere landesrechtliche Bestimmungen den Gewässerschutz nur unzureichend. So waren Fälle unbefugter Wassernutzung, Verstöße gegen verwaltungsrechtliche Schutzvorschriften bzw. bestimmte wassergefährdende Handlungen nur als Übertretungen (mit Geldstrafe bis 150 Mark) oder Vergehen mit Geldstrafe über 150 Mark oder Haft (vgl. § 2 Abs. 2, § 18 RStGB a. F.) geahndet worden.[2] Immerhin hatte § 375 pr. Wassergesetz v. 7.4.1913 (GS S. 513)[3] u. a. mit Geldstrafe und Gefängnisstrafe bis zu einem Jahr bedroht, wer „vorsätzlich ... flüssige Stoffe, durch deren Einleitung das Wasser verunreinigt werden kann, in ein Gewässer einleitet“; fahrlässiges Handeln war eine Übertretung. Der neue § 38 knüpfte an fünf typische wasserrechtliche Verbote an. Er lautete:

„(1) Wer vorsätzlich
1. in ein Gewässer Stoffe unbefugt oder unter Nichtbefolgen einer Auflage einbringt oder einleitet und dadurch eine schädliche Verunreinigung des Gewässers oder eine sonstige nachteilige Veränderung seiner Eigenschaften bewirkt,
2. Stoffe so lagert oder ablagert oder Flüssigkeiten oder Gase durch Rohrleitungen so befördert, dass eine schädliche Verunreinigung eines Gewässers oder eine sonstige nachteilige Veränderung seiner Eigenschaften eintritt, wird mit Freiheitsstrafe bis zu zwei Jahren und mit Geldstrafe oder mit einer dieser Strafen bestraft.

(2) Wer die Tat fahrlässig begeht, wird mit Freiheitsstrafe bis zu sechs Monaten oder mit Geldstrafe bestraft.“

Diese Beschränkung auf einige wenige wasserrechtliche Tatbestände schützte die Gewässer allerdings nur unzureichend.[4] Mit der 4. Novelle zum WHG vom 26.4.1976[5] wurde § 38 WHG in seinem Grundtatbestand umformuliert und lautete fortan: „Wer unbefugt ein Gewässer verunreinigt oder sonst dessen Eigenschaften nachteilig verändert, wird mit Freiheitsstrafe bis zu zwei Jahren oder mit Geldstrafe bestraft.“ Diese Änderung sollte „alle Fälle, in denen Gewässer schädlich verunreinigt werden“, erfassen. Aufgegeben wurden damit Beschränkungen auf bestimmte Verhaltensweisen, d. h. sich auf das Gewässer beziehende zweckgerichtete Handlungen und bestimmte Arten der Ge-

---

1 Art. 1 Nr. 18 des 18. StRÄndG v. 28.3.1980 (BGBl. I S. 373).

2 Nachw. bei *Laufhütte/Möhrenschlager* ZStW **92** (1980) 912, 922.

3 Vorläufer mit beschränkter Wirkung waren die Kabinettsordre betr. Die Verunreinigung der schiff- und flößbaren Flüsse und Kanäle v. 24.2.1816 (GS S. 108) gegen massenweises Abwerfen von Abgängen in den Fluss; Verbot der Beeinträchtigung des Bedarfs der Umgegend an reinem Wasser durch Einleiten des zum Betrieb von Färbereien, Gerbereien, Walken und ähnlichen Anlagen verwendeten Wassers nach § 3 des Gesetzes über die Benutzung der Privatflüsse v. 28.2.1843 (GS S. 41; Flüsse sind Privatflüsse bis zum Beginn der Schiffbarkeit, PrObertribunal, 3.6.1867, JMBl. S. 323); Nach § 49 Nr. 7 des Fischereigesetzes v. 30.5.1874 (GS S. 197) konnte mit Geldstrafe bis zu 30 Mark Reichsmünze oder mit Haft bis zu einer Woche bestraft werden, wer entgegen § 43 „schädliche, die Fischerei gefährdende Stoffe zuführt“.

4 *Laufhütte/Möhrenschlager* ZStW **92** (1990), 912, 923 f m. w. N.; dasselbe galt für die Fassung des RegE für ein 4. ÄndG zum WHG v. 30.11.1971, BT-Drs. VI/2869, der noch an die unbefugte Ausübung einer Benutzung anknüpfte und fahrlässiges Handeln nur durch eine Bußgeldvorschrift erfassen wollte. Auf den Widerspruch des Bundesrates hin erklärte sich jedoch die Bundesregierung damit einverstanden, die Strafbarkeit fahrlässigen Handelns doch wieder, und zwar mit einer Freiheitsstrafe bis zu einem Jahr, zu ahnden (BT-Drs. VI/2869 14, 17). Der frühere Vorschlag für ein abstraktes bzw. abstrakt-konkretes Gefährdungsdelikt in § 43 RegE-WHG, BT-Drs. II/2072, war zuvor am Widerstand von Bundesrat, Industrie und Landwirtschaft gescheitert; *Rengier* JR **1994** 124, 125 f.

5 BGBl. I 1109; in Kraft getreten zum 1.10.1976.

wässerbenutzung sowie die Beschränkung auf „schädliche" Verunreinigungen (ein von der Praxis aufgrund negativer Erfahrungen bisweilen als zu hoch eingeschätztes Hindernis). Zugleich stellte die Änderung sicher, auch mittelbare Einleitungen (über eine Kanalisation) zu erfassen.[6] Handeln gegen Entgelt oder in Schädigungs- oder Bereicherungsabsicht konnte seither nach einem neuen Absatz 2 mit Freiheitsstrafe bis zu drei Jahren geahndet werden. Für Fahrlässigkeitstaten wurde in Absatz 4 die Obergrenze für Freiheitsstrafe auf ein Jahr angehoben. Art. 1 Nr. 1 des Dritten Änderungsgesetzes zum Wasserhaushaltsgesetz[7] hatte zuvor bereits den Anwendungsbereich auf Küstengewässer ausgedehnt.

In dieser Gestalt wurde die Vorschrift – unter Anhebung der angedrohten Freiheitsstrafe auf fünf (Absatz 1) bzw. für fahrlässige Begehung auf zwei Jahre Freiheitsstrafe (Absatz 3) und unter nunmehr umfassender Versuchsstrafbarkeit (Absatz 2) – durch das 18. StRÄndG in das Strafgesetzbuch überführt. Vorschläge zum Verzicht auf das Merkmal des Eintritts eines Nachteils im Alternativentwurf, zur Anknüpfung an Grenzwerte, EG-Gewässer-Richtlinien oder Bewirtschaftungspläne griff der Gesetzgeber damals nicht auf. Eine Bagatellklausel wurde für überflüssig gehalten, da eine Verunreinigung erst dann gegeben sei, wenn sie von einer gewissen Intensität sei.[8] Bestrebungen einer Minderheit im BT-Rechtsausschuss, die als „zu weitgehend" befundene Strafbarkeit auf die Bestrafung leichtfertigen Verhaltens zu beschränken, die Strafdrohungen nicht anzuheben und von der Strafbarkeit des Versuchs abzusehen,[9] blieben ohne Erfolg.

Infolge der gleichzeitigen Erweiterung des Gewässerbegriffs in § 330d Nr. 1 um „das Meer" dient die Vorschrift seither über den Bereich der Küstengewässer hinaus dem „marinen" Gewässerschutz. Zahlreiche bis dahin geltende Spezialregelungen[10] wurden im Gegenzug aufgehoben.

Das **2. UKG** vom 27.6.1994[11] änderte die Überschrift – entsprechend den Tatbeständen der Bodenverunreinigung (§ 324a) und der Luftverunreinigung (§ 325) – in „Gewässerverunreinigung" und hob insbesondere zur Erfassung zuvor in § 330 Abs. 6 i. V. m. § 330 Abs. 1 S. 1 Nr. 1, Abs. 2 a. F. geregelter Fälle fahrlässiger schwerer Umweltgefährdung – die Strafandrohung in Absatz 3 für die fahrlässige Begehung auf drei Jahre Freiheitsstrafe an. Zugleich wurde die Beschränkung in § 330d Nr. 1 a. F. auf Gewässer „im räumlichen Geltungsbereich dieses Gesetzes" beseitigt. Damit konnte nunmehr auch die Verunreinigung ausländischer Gewässer verfolgt werden, wenn sie beispielsweise von deutschen Staatsangehörigen begangen wird.[12]

Auch in diesem Gesetzgebungsverfahren sahen Regierung und Gesetzgeber trotz fortwährender Kritik an Weite und Bestimmtheit keinen Anlass, über die Änderungen hinaus korrigierend in die Tatbestandsfassung einzugreifen. Der RegE folgte im Wesentlichen den Empfehlungen des BMJ/BMU-AK. Abgelehnt wurden Vorschläge zur Ergänzung oder Umwandlung in einen abstrakten bzw. abstrakt-konkreten Gefährdungstatbestand, aber auch umgekehrt solche zur Eingrenzung auf ein konkretes Gefährdungsdelikt, auf nachhaltige Verunreinigungen, zur Beschränkung auf Verstöße gegen Bewirtschaftungsregelungen sowie zur Ausgrenzung von Verstößen gegen Vorsorgewerte. Auch der mit knapper Mehrheit angenommene Vorschlag des 57. DJT 1988,[13] dass „bei nicht vorsätzlichem Handeln allgemein nur Leichtfertigkeit bestraft werden [sollte], einfache Fahrlässigkeit dagegen nur, wenn der Täter gegen besondere verwaltungsrechtliche, zum Schutz des Wassers aufgestellte Pflichten verstößt", fand keine ausreichende Unterstützung.[14] Der Vorschlag im SPD-Entwurf sowie Erwägungen auf ministerieller Ebene und von einem Teil der Sachverständigen in der Anhörung, die Ausgrenzung von Bagatellen und unerheblichen Veränderungen im Tatbe-

---

6 BT-Drs. 7/888 12; *Wernicke* NJW **1977** 1662; *Breuer/Gärditz* Rdn. 1557 f; vgl. auch die Hinweise im RegE BT-Drs. 8/2382 13 f.

7 BGBl. 1967 I S. 909.

8 RegE BT-Drs. 8/2382 14: Ausschussbericht BT-Drs. 8/3633 27 f; *Laufhütte/Möhrenschlager* ZStW **92** (1990) 912, 925 f; umfassende Literaturübersicht zum 18. StRÄndG bei *Heinz* NStZ **1981** 253.

9 BT-Drs. 8/3633 24, 26.

10 Zu Einzelheiten des zuvor geltenden Rechts s. *Möhrenschlager* LK[12] Rdn. 3.

11 31. Strafrechtsänderungsgesetz – Zweites Gesetz zur Bekämpfung der Umweltkriminalität v. 27.6.1994 (BGBl. I S. 1440).

12 RegE BT-Drs. 12/192 30.

13 *Heine/Meinberg* Gutachten D zum 57. DJT 1988, 132 f, 168; *dies.* GA **1990** 1, 20 f.

14 Abl. dazu insbesondere *AK-U* 36 f, 120 (zur Konkretisierung sei es – wie im Straßenverkehrsbereich und bei ärztlichem Handeln – Aufgabe der Rechtsprechung, unter Anknüpfung an Vorsorgemaßnahmen und Sicherheitsstandards betroffener Berufs- und Branchenkreise, technische Standards und Verwaltungspraxis Sorgfaltsmaßstäbe zu entwickeln); offenbar daran anknüpfend SPD-Entwurf, BT-Drs. 11/6449 16 f; weiterhin, insbesondere wegen nicht ausreichender Konkretisierung, für eine Beschränkung auf Leichtfertigkeit *Schmitz* MK vor § 324 Rdn. 40 f m. w. N.; **aA** insoweit *Winkemann* 118 f.

stand zu verdeutlichen, wurde im Hinblick auf die einengende Auslegung in der Rechtsprechung als nicht notwendig erachtet und daher nicht aufgegriffen.[15]

Das **Ausführungsgesetz zum Seerechtsübereinkommen** (SRÜ) 1982/1994 vom 6.6.1995[16] änderte in seinem Art. 11 das deutsche Strafanwendungsrecht in § 5 Nr. 11 StGB und bewirkte die Geltung deutschen Strafrechts unabhängig vom Recht des Tatorts für Auslandtaten gegen die Umwelt in den Fällen der §§ 324, 326, 330 und 330a, die im Bereich der deutschen ausschließlichen Wirtschaftszone (AWZ) begangen werden, soweit völkerrechtliche Übereinkommen zum Schutze des Meeres ihre Verfolgung als Straftaten gestatten. Diese Fassung der Vorschrift beruht auf einer Formulierungshilfe des BMJ im Verlauf der Beratungen durch den zuständigen Ausschuss für Verkehr,[17] nachdem der Bundesrat eine Änderung des RegE zu Plattformen, die sich in der AWZ befinden, angeregt hatte.[18] Die Auffassung in der Literatur, die Erstreckung gelte ebenso für die §§ 325, 325a, 327 ff, soweit die Voraussetzungen eines besonders schweren Falles i. S. v. § 330 vorliegen,[19] dürfte hingegen zu weit gehen. Der RegE hatte die §§ 325, 327 ff im Hinblick auf ihre damalige inländische Beschränkung ausdrücklich nicht mit aufgenommen.[20] Auch wenn die genannten Tatbestände inzwischen Taten außerhalb Deutschlands erfassen, so hat der Gesetzgeber doch bis heute keine ausdrückliche Ergänzung von § 5 Nr. 11 vorgenommen, was nach dem Gesetzlichkeitsprinzip aber erforderlich gewesen wäre. Die – ohnehin überflüssige – Nennung von § 330 liefert jedenfalls keine Handhabe, die von dieser Bestimmung erfassten Grundtatbestände (§§ 324-329) gleich einem trojanischen Pferd in den Anwendungsbereich von § 5 Nr. 11 zu bringen. Immerhin handelt es sich bei § 330 Abs. 1 nur um eine Strafzumessungsvorschrift in Regelbeispielstechnik mit entsprechend flexibler, von Einzelfallwertungen abhängiger Reichweite, die daher keinesfalls als Kriterium rechtssicherer und vorhersehbarer Anwendung deutschen Strafrechts taugen kann. Die hinsichtlich ihrer Reichweite klarer gefasste Regelung in § 5 Nr. 11a erlaubt ferner keinen Gegenschluss auf § 5 Nr. 11. Eine derartige ausdrückliche Verknüpfung von § 330 mit den §§ 324, 326 war in § 5 Nr. 11 zum einen nicht notwendig, weil sich diese für den Gesetzgeber – unterstützt durch den RegE – als selbstverständlich ergab. Von einer Einbeziehung weiterer Taten war im weiteren Gesetzgebungsverfahren keine Rede, weder insgesamt noch in Bezug auf § 330. Zum anderen war die Erwähnung von § 330 selbst hier völlig überflüssig, weil sie zu keinem modifizierten Regelungsgehalt in § 5 Nr. 11a führen kann, und dürfte daher ein redaktioneller Fehlgriff sein, dem keine weiterführenden Aussagen entnommen werden können.

Durch Art. 12 des Ausführungsgesetzes zum SRÜ erfolgte noch eine zusätzliche Erweiterung des Geltungsbereichs des deutschen Strafrechts. Danach gilt dieses für Straftaten gegen die Umwelt in den Fällen der §§ 324, 326, 330 und 330a, die in der Nordsee oder Ostsee von einem Schiff aus **außerhalb der deutschen AWZ** (innerhalb gilt § 5 Nr. 11) durch Einleiten von Stoffen unter Verletzung verwaltungsrechtlicher Pflichten (§ 330d Abs. 1 Nr. 4 und 5) begangen werden, welche der Durchführung völkerrechtlicher Übereinkommen zum Schutz des Meeres dienen. Soweit die Tat in den Hoheitsgewässern eines anderen Staates begangen wird, gilt dies, wenn die Tat nach dem Recht dieses Staates mit Strafe bedroht ist (Art. 12 S. 2). Zusätzlich zu den in der Vorschrift genannten Einschränkungen (Verletzung verwaltungsrechtlicher Pflichten) sind noch die Begrenzungen zu beachten, die aus Art. 218 Abs. 1 und 2, Art. 228, 230 SRÜ hervorgehen.[21] Näheres hierzu findet sich in der „Denkschrift" zum SRÜ.[22] Für die Abgrenzung der Nordsee verweist Art. 12 S. 3 auf Art. 2 des Übereinkommens zur Zusammenarbeit bei der Bekämpfung der Verschmutzung der Nordsee durch Öl und andere Schadstoffe vom 13.9.1983.[23]

Materialien

zu § 38 WHG: BT-Drs. 11/2072 13, 44; 11/3536 15; 6/2869; 7/888 21 f; 7/1088; ferner 6/3250 225 und BR-Drs. 411/71 8 f. Einen ausführlichen Fundstellennachweis zu den Materialien zum WHG hat der BT, Abt. wissensch. Dokumentation, Referat Parlamentsarchiv, herausgegeben;

zum 18. StRÄndG: BT-Drs. 8/2382 und 8/3633;

zum 31. StRÄndG – 2. UKG: BT-Drs. 12/192, 12/376 und 12/7300; Plenarprotokoll 12/222.

---

15 BT-Drs. 11/6449; *AK-U* 36, 120; Gutachten und Beschlüsse des 57. DJT 1988; zur Kritik in der Anhörung *Möhrenschlager* NStZ **1994** 513, 516; zur Ablehnung einer Bagatellklausel von der Mehrheit der Sachverständigen s. u. a. *Schmidt* [Berichterstatter]/*Schöne* NJW **1994** 2514, 2517 (hätte nur deklaratorische Bedeutung).

16 BGBl. 1995 I 778.

17 BT-Drs. 13/696 26.

18 BT-Drs. 13/193 23, 26, 28.

19 *Werle/Jeßberger* LK § 5 Rdn. 149 ff, *Böse* NK § 5 Rdn. 20 und *GJW/Rotsch* § 5 Rdn. 20; **aA** *SSW/Satzger* § 5 Rdn. 2.

20 BT-Drs. 8/2382 12.

21 Dazu *Werle/Jeßberger* LK § 5 Rdn. 183.

22 Abgedruckt in BT-Drs. 12/7829 229, 270 ff.

23 BGBl. 1990 II 70.

zum Ausführungsgesetz zum Seerechtsübereinkommen (SRÜ): BT-Drs. 13/193, 13/696; zum Vertragsgesetz Seerechtsübereinkommen (einschließlich „Denkschrift"): BT-Drs. 12/7829.

Übersicht

I. Allgemeines

1. Bedeutung des Gewässerschutzes

1 **Wasser** gehört zu den Grundvoraussetzungen irdischen Lebens. In der Gestalt eines Gewässers ist es „Bestandteil des Naturhaushalts" und neben Luft und Boden ein elementares Umweltmedium (sog. „aquatisches Ökosystem"), das in all seiner biologischen Vielfalt „Lebensgrundlage des Menschen" und „Lebensraum für Tiere und Pflanzen" ist (§ 1 WHG). Oberirdische Gewässer wirken landschaftsprägend und beeinflussen durch ihre Fähigkeit, Wärme zu speichern, Temperaturen, den Feuchtigkeitsgehalt der Luft sowie das lokale Klima.[24] Auch als „nutzbares Gut" (§ 1 WHG) wird es im Wege der „Ressourcenbewirtschaftung" „nicht nur als Trink- und Brauchwasser, sondern auch als Produktionsmittel in Industrie und Handwerk benötigt".[25] Wasser dient als Energiequelle (ca. 3,6 % der Energieerzeugung in Deutschland, ca. 16 % weltweit[26]), als Wasserstraßen-Transportmittel, zur Entsorgung von abgeleitetem Abwasser und schließlich auch als Erholungsraum. Den größten Anteil an der Wasserentnahme haben Wärmekraftwerke,

---

24 *Koch/Laskowski/Ziehm* § 5 Rdn. 2; *Sparwasser/Engel/Voßkuhle* § 8 Rdn. 3.
25 BVerfGE **58** 300, 341.
26 *Umweltbundesamt* Nutzung von Flüssen: Wasserkraft (https://www.umweltbundesamt.de/themen/wasser/fluesse/nutzung-belastungen/nutzung-von-fluessen-wasserkraft#wasserkraftnutzung-global; 1.3.2021).

insbesondere für Kühlzwecke, gefolgt von verarbeitendem Gewerbe und Bergbau, öffentlicher Wasserversorgung und in geringerem Umfang von der Bewässerung in der Landwirtschaft (nur 1,3 % der Wasserentnahme).[27]

Die **Versorgung der Bevölkerung** und der Wirtschaft mit Wasser in Deutschland als einem wasserreichen Land gilt selbst in Zeiten des Klimawandels auf absehbare Zeit mengenmäßig als noch gesichert.[28] Das Problem ist, die benötigten Mengen in der erforderlichen Qualität zu erhalten und bereitzustellen. Belastungen, die zu Gewässerverunreinigungen führen (können), treffen die Gewässer in unterschiedlicher Weise: Oberflächengewässer sind betroffen durch örtliche schadstoffhaltige Abwassereinleitungen seitens der (chemischen, metallverarbeitenden) Industrie und der Kommunen, auch durch Unfälle, ferner durch sog. diffuse (flächendeckende) Einträge z. B. von Schwermetallen etwa in Regenabwässern in städtischen Straßen und Dächern, sowie von Nährstoffen (Phosphate, Nitrate), insbesondere aus der Landwirtschaft durch (Über-)Düngung und Einsatz von Pflanzenbehandlungsmitteln, was letztendlich u. U. zu stärkerem Algenwachstum durch Eutrophierungen führen kann. Belastend wirkt auch die bei der Kühlwassertechnik entstehende Abwärme. Beklagt wird der sog. hydromorphologische, die Gewässerstruktur und Durchgängigkeit durch Bachausbauten, Flusslaufbegradigungen, Kanalisierungen u. Ä. beeinträchtigende, sich auf Habitate negativ auswirkende Zustand zahlreicher Gewässer. Der flächendeckende Ausbau von Kläranlagen führte in den 80er und 90er Jahren immerhin zu einer deutlichen Minderung der Einträge von Nährstoffen, Schwermetallen und organischen Verunreinigungen und hat die Gewässergüte nachhaltig verbessert. Zudem kommen immer mehr industrielle Verfahren zum Einsatz, bei denen weniger Schadstoffe ins Abwasser gelangen. Gleichwohl wird der Gewässerzustand generell noch nicht als befriedigend bezeichnet. Weitergehende Anstrengungen zur Reduzierung der Stoffeinträge sind erforderlich. Anspruchsvollere ökologische Zustands-Ziele hat die Richtlinie 2000/60/EG v. 23.10.2000 (Wasser-Rahmenrichtlinie – WRRL)[29] gesetzt; sie können nur schrittweise über viele Jahre erreicht werden. Nur 8,2 % der Oberflächenkörper erreichten 2015 einen guten ökologischen WRRL-Zustand, allerdings 83 % den guten chemischen Zustand. Grundwasser, das 2013 69,7 % des zu 99 % die Anforderungen erfüllenden Trinkwassers lieferte, wird weiterhin vor allem (wenn auch abnehmend) durch Nitrate, aber auch durch Phosphate, Chloride und Pestizide ebenfalls als Folge von Überdüngung und den Einsatz von Pflanzenschutzmitteln belastet; weitere Belastungen ergeben sich punktuell aus Altlasten und undichten Abwasserkanälen sowie sonstigen diffusen Einträgen aus Industrie (auch aus der Luft) und Verkehr (durch den Boden versauernde Abgasemissionen). 65,2 % des Grundwassers erreichte 2015 den guten chemischen Zustand. Schadstoffeinträge in Küstengewässer und insgesamt in die Nord- und Ostsee gehen auf (schwermetallhaltige, organische) Schad- und Nährstofffrachten der Flüsse, Eingriffe in deren Gewässerstruktur, z. B. durch Ausbaggern von Fahrrinnen, daneben auch auf Reinigungs- und Ballastwasser von Öltan- 2

27 *Umweltbundesamt* Wasserressourcen und ihre Nutzung 2020 mit Zahlenangaben für 2016 (https://www.umweltbundesamt.de/daten/wasser/wasserressourcen-ihre-nutzung#wassernachfrage; 1.3.2021); *Koch/Laskowski/Ziehm* § 5 Rdn. 3; *Meßerschmidt* § 14 Rdn. 7.

28 In Deutschland gibt es knapp 9900 Oberflächenwasserkörper (davon über 9000 in Flüssen und Bächen mit einer Länge von 127.000–130.000 km; 710 in Seen; 74 in Küstengewässern; im Durchschnitt erreicht das Wasserdargebot 1961–1990 188 Mrd. m³, 2001–2007 181 Mrd. m³ (*BMU* Die Wasserrahmenrichtlinie, Auf dem Weg zu guten Gewässern https://www.umweltbundesamt.de/sites/default/files/medien/publikation/long/4012.pdf; 1.3.2021), das 2007 zu über 80 % ungenutzt blieb; *Koch/Laskowski/Ziehm* § 5 Rdn. 3.

29 Richtlinie 2000/60/EG v. 23.10.2000 zur Schaffung eines Ordnungsrahmens für Maßnahmen der Gemeinschaft im Bereich der Wasserpolitik (Wasser-Rahmenrichtlinie – WRRL), ABl. L 327/1 v. 22.12.2000; vgl. Art. 2 Abs. 1 Nrn. 21 ff; Art. 4 Abs. 1a, 5b; Anh. V Nr. 1 WRRL.

kern, Unglücke von Schiffen und auf Bohrinseln und Fällen von Abfallbeseitigung auf See („Verklappung") zurück.[30]

3 Das **Meer** mit seinem Volumen von etwa 1,35 Milliarden km^3 und 97 % des Weltwasservorkommens umfasst neben den bereits angesprochenen Küstengewässern zum Großteil die „Hohe See" und steht als solche allen Nationen offen. Es ist mit seiner biologischen Vielfalt das umfassendste ökologische System der Erde, dem wir unter anderem Sauerstoff, Rohstoffe, Nahrungsmittel, Wirkstoffe für Arzneimittel, Wasser, Energie, Wärme und Erholung verdanken. Störungen dieses trotz seiner Größe empfindlichen Systems wirken sich in ihren Folgeerscheinungen empfindlich zum Nachteil des Menschen, der Lebewelt und der Funktionen des Meeres aus. Ihre Verschmutzung berührt deshalb nicht nur die Interessen einiger weniger Staaten, sondern die der Völkergemeinschaft insgesamt, die sich deshalb schon recht früh zu internationalen Maßnahmen auf diesem Gebiet zusammengefunden hat (s. Rdn. 8 ff).[31] Direkt verunreinigt werden die Meere durch Schadstoffe wie bestimmte Schwermetalle, Kohlenwasserstoffe (auch aus der Luft), insbesondere Erdöl, Nährstoffe und neuerdings immer mehr auch schlecht abbaubare Substanzen wie (Micro-) Plastikmüll (nach UNEP ca. 13000 Teile/$km^{2)}$. Insgesamt wird von 100 bis 140 Mio. Tonnen Abfällen im Meer ausgegangen, davon ca. drei Viertel aus Kunststoff). Die Notwendigkeit einer wirksameren und intensiveren Bekämpfung der Meeresvermüllung wurde in der Abschlusserklärung des G7-Gipfels in Elmau am 8.6.2015 anerkannt; ein weltweites Abkommen gegen Plastikmüll im Meer scheiterte jedoch im Frühjahr 2019. Immerhin gelang es auf EU-Ebene als erste einschlägige Maßnahme, die Richtlinie 2019/904 v. 5.6. 2019 über die Verringerung der Auswirkungen bestimmter Kunststoffe auf die Umwelt zu verabschieden.[32] Sie gilt für Einwegkunststoffartikel, für Artikel aus oxoabbaubaren Kunststoffen und für Fanggeräte, die Kunststoffe enthalten. Die Ölverschmutzung der Meere hat heute (neben der bakteriellen, chemischen, thermischen und radioaktiven) ebenfalls große Ausmaße erreicht. Die bei weitem stärksten Verschmutzungsquellen sind dabei nicht die aufsehenerregenden Schiffsunglücke oder Unfälle auf Bohrinseln, sondern die Reinigungs- und Ballastwasser aus Schiffen sowie die Flüsse, die Öl (wie andere Schadstoffe) aus Industriebabfällen vom Land aus ins Meer schwemmen.[33]

2. Rechtlicher Schutz von Gewässern im Überblick

4 Das Gewässerschutzrecht soll zum einen mit seinen Zielen, einen „guten Zustand" von Gewässern zu schaffen und den Schutz vor Belastungen und Verunreinigungen zu gewährleisten, ökologischen Belangen Rechnung tragen. Zum anderen hat neben dem Wassergüterecht das damit teilweise konvergierende Wasserwirtschaftsrecht vielfältigen Nutzungsinteressen und ansprüchen gerecht zu werden (u. a. zur Sicherstellung der öffentlichen Wasserversorgung, der Einleitung von Abwässern, von Zwecken des Wasserwege- und -verkehrsrechts). Eine Vielfalt von sich immer weiter entwickelnden Regelungen auf nationaler, europäischer und internationaler Ebene dient diesen Aufgaben.

---

30 *BMU* Wasserrahmenrichtlinie 11 f; *Umweltbundesamt* Wasserwirtschaft in Deutschland (2017), Teil 4, Gewässerbeschaffenheit S. 56, 120, 129 f. (https://www.umweltbundesamt.de/sites/default/files/medien/1410/publikationen/uba_wasserwirtschaft_in_deutschland_2017_web_aktualisiert.pdf; 2.3.2021); Umweltbericht 2010 BT-Drs. 17/4130 115, 181; Wasser, Wohlstand, Wandel, Nov. 2011 BT-Drs. 17/8036 6; *Sachverständigenrat für Umweltfragen* Umweltgutachten 2008 BT-Drs. 16/9990, Ziff. 7.2, 7.3; zuvor *BMU* Umweltpolitik, Die Wasserrahmenrichtlinie – Ergebnisse der Bestandsaufnahme 2004 (2005) 9 ff; weiter zu den Belastungen die Überblicke in *Kloepfer* Umweltrecht § 14 Rdn. 5; *Koch/Laskowski/Ziehm* § 5 Rdn. 5 ff; *Meßerschmidt* § 14 Rdn. 9 ff; *Sparwasser/Engel/Voßkuhle* § 8 Rdn. 18 ff.

31 *Proelß* Meeresschutz im Völker- und Europarecht (2004), insb. *Proelß/Matz-Lück* Abschnitt 12 Rdn. 54 ff; *Koch/Laskowski/Ziehm* § 5 Rdn. 10 ff, 22 ff; *Ehlers* NuR **1983** 129, 22; *ders.* VGT **1984** 302, *ders.* NuR **1993** 202; *ders.* ZUR **2003** 342; *Wendt* 22; *ders.* VGT **1984** 332; *Meßerschmidt* § 14 F.

32 AblEU L 155/1 v. 12.6.2019.

33 S. die Grafik https://worldoceanreview.com/wp-content/uploads/2010/10/k4_d_oel_schifffahrtsbetrieb.jpg (16.10.2020).

a) Nationales Recht. Auf nationaler Ebene umfasst das öffentliche Wasserrecht primär das in wesentlichen Teilen am 1.3.2010 in Kraft getretene neue Wasserhaushaltsgesetz (WHG) v. 31.7.2009.[34] Es novelliert und konsolidiert auf der Grundlage des gescheiterten Umweltgesetzbuches (UGB), stark europäisch geprägt, das jetzt mehr ökologisch orientierte Wasserwirtschaftsrecht auf Bundesebene. Neben „Allgemeinen Bestimmungen“ (§§ 1–5 WHG), enthält es u. a. solche über die „Bewirtschaftung von oberirdischen und Küsten-Gewässern“ (einschließlich des Grundwassers)“ (§§ 6–49 WHG), die öffentliche Wasserversorgung, Wasserschutzgebiete, die Abwasserbeseitigung und den Umgang mit wassergefährdenden Stoffen (§§ 50-63 WHG), die wasserwirtschaftliche Planung (§§ 82–88 WHG) sowie die Gewässeraufsicht (§§ 100–102 WHG). Die zahlreichen in § 103 WHG angesiedelten **Bußgeldbestimmungen** erfassen insb. Verstöße gegen formale Bestimmungen des Gesetzes, insb. auch bestimmte ungenehmigte Einleitungen in Gewässer (z. B. § 103 Abs. 1 Nr. 4 und 9 WHG), ohne allerdings Beeinträchtigungen des jeweiligen Umweltmediums zu sanktionieren. Auch bleibt der Bußgeldrahmen mit 10.000 bzw. 50.000 € relativ bescheiden (§ 103 Abs. 2 WHG). 5

Die ökologische Dimension spiegelt sich u. a. wider in dem den Wasserbehörden obliegenden Ziel, die Gewässer nachhaltig zu bewirtschaften (§ 6 Abs. 1 S. 1 WHG) und dadurch „ein hohes Schutzniveau für die Umwelt insgesamt zu gewährleisten“ (§ 6 Abs. 1 S. 2 WHG). Das **Spannungsverhältnis mit ökonomischen Interessen** verdeutlicht dabei § 6 Abs. 1 Nr. 3 WHG, der aufgibt, die Gewässer „zum Wohl der Allgemeinheit und im Einklang mit ihm auch im Interesse Einzelner zu nutzen“. Konkretisiert wird dies in den Bewirtschaftungszielen für oberirdische Gewässer (§ 27 WHG), für Küstengewässer (§ 44 WHG), das Meer (§ 45a WHG) und das Grundwasser (§ 47 WHG). Aus zahlreichen Gründen können zudem Abweichungen und Ausnahmen von Bewirtschaftungszielen gestattet sein (§§ 30, 31, auch i. V. m. den §§ 44, 47 Abs. 3 WHG). Als künstlich oder erheblich verändert eingestufte Gewässer genießen ohnehin nur einen relativierten Schutz (§§ 27 Abs. 2, 28 WHG). 6

Innerhalb des so gesteckten Rahmens finden sich konkretere Regeln. Zu vermeiden ist einerseits eine Verschlechterung des ökologischen und chemischen Zustands (§ 27 Abs. 1 Nr. 1, auch i. V. m. § 44 WHG; für Grundwasser in § 47 Abs. 1 Nr. 1 WHG auf letzteren beschränkt). Andererseits sind oberirdische und Küstengewässer so zu bewirtschaften, dass „ein guter ökologischer und ein guter chemischer Zustand erhalten oder erreicht werden“ (§ 27 Abs. 1 Nr. 2, § 44 WHG); letzteres gilt auch für das Grundwasser (§ 47 Abs. 1 Nr. 3 WHG). Allgemein ist jede Person u. a. „verpflichtet, [...] die nach den Umständen erforderliche Sorgfalt anzuwenden, um eine nachteilige Veränderung der Gewässereigenschaften zu vermeiden“ (§ 5 Abs. 1 Nr. 1 WHG). „Die Erlaubnis und die Bewilligung“ [zur Benutzung eines Gewässers] sind zu versagen, wenn schädliche, auch durch Nebenbestimmungen nicht vermeidbare oder ausgleichbare Gewässerveränderungen zu erwarten sind“ (§ 12 Abs. 1 Nr. 1 WHG). Ergänzt wird dies in Reinhaltungsvorschriften für oberirdische und Küstengewässer mit dem Verbot der Einbringung fester Stoffe zur Entledigung und der (Ab-)Lagerung von Stoffen, durch die eine nachteilige Veränderung der Wasserbeschaffenheit (i. S. v. § 3 Nr. 9) zu besorgen ist (§ 32 Abs. 1, § 45 Abs. 1 WHG). Auf der anderen Seite orientieren sich die Definition der „schädlichen Gewässerveränderungen“ in § 3 Nr. 10 WHG, die Nutzung der Gewässer in § 6 Abs. 1 Nr. 3 WHG sowie die Abwasserbeseitigung (§ 55 Abs. 1 WHG) weiter am „Wohl der Allgemeinheit“, wozu nicht nur, aber jedenfalls auch eine ökologisch-nachhaltig betriebene öffentliche Wasserversorgung und Abwasserentsorgung zählt.[35] Nähere Regelungen „zum Schutz und zur Bewirtschaftung der Gewässer“ sind in Rechtsverordnungen nach § 23 Abs. 1 WHG zu finden. Dazu gehören insbesondere die Abwasserverordnung (AbwV), die Grundwasserverordnung (GrwV), die (neue) Oberflächengewässerverordnung (OGewV); die Verordnung über Anla- 7

34 BGBl. I S. 2585, zuletzt geändert durch Gesetz. 4.12.2018 (BGBl. I S. 2254); dazu der Überblick bei *Kloepfer* Umweltrecht § 14 E.

35 *Koch/Laskowski/Ziehm* § 5 Rdn. 68 ff; *Czychowski/Reinhardt* Einl. Rdn. 49 ff; *Kloepfer* Umweltrecht § 14 Rdn. 86 ff, 90, 108 ff, 113 ff, 190.

gen zum Umgang mit wassergefährdenden Stoffen (AwSV), die Deponieverordnung (DepV) sowie die Verordnung zur biologischen Behandlung von Abfällen (30. BImSchV).[36]

8 **b) Europäischer Einfluss.** Zunehmend wird das deutsche Gewässerschutzrecht **europäisch geprägt**. Seit Jahren entwickelte Richtlinien wurden in der Zwischenzeit zu einem großen Teil grundlegend überarbeitet. Wesentliche Grundlage ist die Wasserrahmen-Richtlinie (WRRL)[37] mit ihren anspruchsvollen Herausforderungen (durch Emissionsgrenzwerte und Umweltqualitätsstandards), deren Ergänzung und Umsetzung sich sowohl auf EU- wie auf nationaler Ebene erst über einen längeren Zeitraum vollziehen wird. Ziel ist zum einen die Verhinderung einer weiteren Verschlechterung, also die Vermeidung und Verminderung von Schad- und Nährstoffeinleitungen, darüber hinaus aber auch die Herbeiführung eines „guten Zustands" aller Gewässer (Art. 4 Abs. 1 WRRL, dazu Art. 2 Abs. 1 Nrn. 17–25, Anh. II, V), auch wenn weiterhin Abweichungen und Ausnahmen zugelassen werden. Ergänzt und konkretisiert wird die WRRL u. a. durch die Gewässerschutz-Tochterrichtlinie mit Regelungen über das Genehmigungserfordernis für die Einleitung bestimmter gefährlicher Stoffe und die Grundwasser-Tochterrichtlinie mit Verbots-, Grenz- und Schwellenwertregelungen u. a. für Nitrate, Wirkstoffe in Pestiziden und weitere neun Stoffe. Sektoral gelten weitere Richtlinien fort: Belastungen der Gewässer mit Nährstoffen, insbesondere des Grundwassers durch Einträge aus der Landwirtschaft, sollen durch die Nitrat-Richtlinie verringert werden. Schädlichen Auswirkungen von Abwässern in Kommunen und aus bestimmten Industriezweigen soll insbesondere mit Mindestanforderungen an die Abwasserbehandlung mit der Kommunalabwasserrichtlinie begegnet werden. Qualitätsanforderungen zum Schutz der menschlichen Gesundheit enthalten die Trinkwasserrichtlinie und die Badegewässerrichtlinie. Nach der Richtlinie über die integrierte Vermeidung und Verminderung der Umweltverschmutzung (**IVU-RL**) müssen Abwassereinleitungen aus Anlagen i. S. d. RL deren Genehmigungsanforderungen entsprechen.[38]

9 **c) Völkerrecht.** Dem Schutz von (grenzüberschreitenden) Binnengewässern dienen ferner **internationale Verträge**. Dazu gehören z. B. das Übereinkommen zum Schutz und zur Nutzung grenz-

---

36 AbwV i. d. F. v. 17.6.2004, BGBl. I S. 1108, 2625; wegen Wegfalls der Ermächtigungsgrundlage (§ 7a WHG a. F.) wird teilweise vom Außerkrafttreten der AbwV ausgegangen, *Kotulla* § 23 Rdn. 3; § 57 Rdn. 13, bis zu einer neuen VO wandte die Praxis die bisherige AbwV gleichwohl an, vgl. VGH Mannheim, BeckRS **2011** 50413 (gebilligt von BVerwG, 7 B 43/11, 20.12.2011, Z. 9); BeckRS **2012** 45894; *Berendes/Nisipeanu* § 57 Rdn. 16, 25; S/Z/D/K-*Zöllner* Rdn. 5; *Czychowski/Reinhardt* Rdn. 32; GrwV v. 9.11.2010, BGBl. I S. 1513; OGewV v. 20.6.2016, BGBl. I S. 137; AwSV v. 18.4.2017, BGBl. I S. 905; IZÜV (Industriekläranlagen-Zulassungs- und Überwachungsverordnung) v. 2.5.2013, BGBl. I S. 1429; DepV v. 27.4.2009, BGBl. I S. 900; 30. BImSchV v. 20.2.2001, BGBl. I S. 317; weiter die auf § 21 Abs. 5 UVPG gestützte RohrfernleitungsVO v. 27.9.2002 (BGBl. I S. 3777, 3809); WRMG (Wasch- und Reinigungsmittelgesetz i. d. F. v. 17.7.2013 (BGBl. I S. 2538); PhosphathöchstmengenVO v. 4.6.1980 (BGBl. I S. 664); Trinkwasserverordnung i. d. F. v. 10.3.2016 (BGBl. I S. 459).

37 Wasserrahmen-Richtlinie (WRRL) v. 23.10.2000 (AblEU L 327/1 v. 22.12.2000); dazu BT-Drs. 14/154; *Meßerschmidt* § 14 B.

38 RL 2006/11/EG v. 15.2.2006 betr. die Verschmutzung infolge der Ableitung bestimmter gefährlicher Stoffe in die Gewässer der, AblEU 64 v. 4.3.2006 [Gewässerschutz-(Tochter-)RL]; RL 2006/118/EG v. 12.12.2006 zum Schutz des Grundwassers vor Verschmutzung und Verschlechterung, AblEU L 372/19 v. 27.12.2006; L 53/30 v. 22.2.2007; L 139/39 v. 31.5.2007 [Grundwasser-(Tochter)-RL]; RL 91/678/EWG v. 12.12.1991 zum Schutz der Gewässer vor Verunreinigung durch Nitrat aus landwirtschaftlichen Quellen [Nitrat-RL], AblEU L 375/1 v. 31.12.1991; RL 91(271/EWG v. 21.5.1991 über die Behandlung von kommunalem Abwasser, AblEU L 135/40 v. 30.5.1991 (dazu Übersicht über umsetzende LänderVOen, abrufbar unter bmu.de); RL 98/83/EG v. 3.11.1998 über die Qualität von Wasser für den menschlichen Gebrauch [Trinkwasser-RL], AblEU 1998 L 330/32; Badegewässer-RL 2006/7/EG über die Qualität der Badegewässer und deren Bewirtschaftung v. 15.2.2006, ABlEU 2006 Nr. 64, 37; IVU-RL 2008/1/EG v. 15.1.2008, AblEU L 24/8 v. 29.1.2008; RL 2008/ 105/EG v. 16.12.2008 über Umweltqualiutätsnormen im Bereich der Wasserpolitik (UQN-RL), AblEU L 38/84 v. 24.12.2008; UVP-RL 85/337/EWG v. 27.6.1985, ABl. L 175/40 v. 5.7.1985; RL 2013/39/EU v. 12.8.2013 in Bezug auf prioritäre Stoffe im Bereich der Wasserpolitik, ABlEU L 226/1 v. 24.8.2013.

überschreitender Wasserläufe und internationaler Seen v. 17.3.1992, über das Recht der nicht die Schifffahrt betreffenden Nutzung internationaler Wasserläufe v. 21.5.1997 sowie zum Schutz des Rheins, dem das Chlorid- und Chemieübereinkommen vorangegangen ist, sowie das Donauschutzübereinkommen.[39]

Den Abschluss jahrzehntelanger Bemühungen um eine Regelung des Meeresumweltschutzes bildet das UN-Seerechtsübereinkommen (SRÜ) vom 10.12.1982.[40] Es enthält in den Art. 192, 194 ff, 207 ff in allgemeiner Form Pflichten zum Schutz und zur Bewahrung der Meeresumwelt, einschließlich seiner Tier- und Pflanzenwelt, insbesondere über Maßnahmen zur Verhütung und Verringerung von Verschmutzungen, innerstaatlich umgesetzt durch Ausführungsgesetz vom 6.6.1995.[41] Unter anderem schuf Art. 9 das Meeresbodenbergbaugesetz, das in seinem § 12 ein konkretes Gefährdungsdelikt enthält, das allerdings nach seinem Absatz 3 gegenüber § 324 explizit subsidiär ist. Art. 12 bringt eine zusätzliche Erweiterung für von Schiffen aus begangene Gewässerstraftaten in Ost- und Nordsee. Zu beachten ist indessen Art. 230 SRÜ, wonach bei Meeresverschmutzungen, die von ausländischen Schiffen ausgehen, außerhalb der nationalen Küstengewässer keine und innerhalb dieser Gewässer nur noch beschränkt Freiheitsstrafen verhängt werden können;[42] möglich bleibt dies aber dem „Flaggenstaat".[43] 10

Für Bereiche jenseits der Küstengewässer wurde auf EU-Ebene die Meeresstrategie-Rahmenrichtlinie[44] erlassen, die jedoch erhebliche Defizite aufweist. Durch Entwicklung und Umsetzung von Meeresstrategien auf der Ebene der Mitgliedstaaten sollen Verschlechterungen verhindert, geschädigte Meeresökosysteme wiederhergestellt und schädliche Einträge verhindert oder verringert werden. 11

II. Tatbestandsstruktur und Rechtsgut

Bei § 324 handelt es sich zunächst um ein **Allgemeindelikt**, das jedermann und nicht nur ein Betreiber von Anlagen begehen kann.[45] Es führt mit der Verunreinigung und der sonst nachteiligen Eigenschaftsveränderung zwei Handlungserfolge auf, von denen der erstere als exemplifizierter Unterfall des letzteren anzusehen ist.[46] Die erfolgsursächliche Handlung wird tatbestandlich lediglich durch das Merkmal „unbefugt" beschrieben, sonst aber nicht näher spezifiziert, weshalb insoweit jedwede unbefugte Verursachung genügt. Ausweislich ihrer tatbestandlichen Struktur stellt die Gewässerverunreinigung jedenfalls auch ein Erfolgsdelikt dar.[47] Das Vorsatzvergehen in Absatz 1 wird durch einen Fahrlässigkeitstatbestand in Absatz 3 ergänzt. Bei vorsätzlicher Begehung besteht zudem Versuchsstrafbarkeit (Abs. 2). 12

---

39 Vgl. Gesetz v. 2.9.1994 zum UN/ECE-Übereinkommen v. 17.3.1992 (BGBl. 1994 II S. 2333 f; in Kraft 6.10.1996); Gesetz v. 16.8.2006 zum UN-Übereinkommen v. 21.5.1997 (BGBl. II 2006 II S. 742; noch nic ht in Kraft); Gesetz zu dem Übereinkommen v. 12.4.1999 zum Schutz des Rheins v. 2.9.2001 (BGBl. II S. 849); Gesetz v. 11.8.1978 zum Chlorid- und Chemieübereinkommen/Rhein v. 3.12.1976 (BGBl. II S. 1053); Gesetz v. 3.6.1996 zum Donauschutzübereinkommen v. 29.6.1994 (BGBl. 1996 II S. 874; in Kraft 22.10.1998); vgl. weiter BGBl-Fundstellennachweis B, Sachgebiet XI; *Kloepfer* Umweltrecht § 14 Rdn. 12 f; *Koch/Laskowski/Ziehm* Umweltrecht § 5 Rdn. 24.

40 Vgl. das entsprechende Vertragsgesetz v. 2.9.1994, BGBl. II 1798 f, in Verbindung mit dem Übereinkommen vom 28.7.1994 zur Durchführung von dessen Teil XI.

41 Ausführungsgesetz Seerechtsübereinkommen 1982/1994 v. 6.6.1995, BGBl. I S. 778.

42 Krit. insoweit *Möhrenschlager* VGT **1984** 313, 330.

43 Vgl. Art. 211, 217 SRÜ; zu §§ 4, 5 Nr. 11 und Art. 12 AusfGSRÜ *Werle/Jeßberger* LK Vor §§ 3 ff Rdn. 167 ff; § 5 Rdn. 172 f; *Ambos* Int. Strafrecht § 3 Rdn. 26 ff; *ders.* MK § 4 Rdn. 1, 5; § 5 Rdn. 33 f.

44 Richtlinie 2008/56/EG v. 17.6.2008 zur Schaffung eines Ordnungsrahmens für Maßnahmen der Gemeinschaft im Bereich der Meeresumwelt (Meeresstrategie-Rahmenrichtlinie), ABlEU L 164/19.

45 BGHSt **38** 325, 330; *Schall* SK Vor §§ 324 ff Rdn. 41; *Ransiek* NK Rdn. 49; *Fischer* Vor § 324 Rdn. 14.

46 *Ransiek* NK Rdn. 10; *Sch/Schröder/Heine/Schittenhelm* Rdn. 9; *Schall* SK Rdn. 23; OLG Celle NJW **1986** 2326, 2327.

47 BGH NStZ **1991** 490; OLG Frankfurt NStZ-RR **1996** 103; NJW **1987** 2753 f = JR **1988** 168 m. zust. Anm. *Keller*; OLG Saarbrücken NJW **1991** 3045; *Alt* MK Rdn. 5; *Sch/Schröder/Heine/Schittenhelm* Rdn. 1; *Schall* SK Rdn. 9, 22; *Fischer*

13 Zur Bestimmung des hinter der Strafbestimmung stehenden und zu schützenden **Rechtsgutes** (das nicht mit dem unmittelbaren Schutzgut identisch sein muss), ist in Einklang mit dem Schutzzweck des WHG (§ 1) bei der gebotenen ökologisch-anthropozentrischen Betrachtungsweise (vor § 324 Rdn. 36 ff) auf das Gewässer als „elementare Lebensgrundlage des Menschen" und als „Bestandteil des Naturhaushalts", insbesondere auch als „Lebensraum für Tiere und Pflanzen", und damit auch als ökologisches Schutzgut[48] zurückzugreifen. Rechtsgut ist also weder eine konkrete noch eine von den Fachbehörden angestrebte Gewässerbenutzung.[49] Es darf indessen nicht verkannt werden, dass das WHG seinerseits keinen absoluten Schutz der Gewässer anstrebt (Rdn. 6), sondern zugleich deren Bewirtschaftungsfähigkeit im Blick behält (§ 6 Abs. 1 Nr. 3 WHG). Das Strafrecht kann sich als sekundäres, akzessorisches Recht dieser Bewertung nicht entziehen und ein höheres Schutzziel definieren als das dazu berufene, im WHG präzisierte Primärrecht. So hat der Gesetzgeber konsequent die Beeinträchtigung objektiver Benutzungsmöglichkeiten in den Schutzbereich von § 324 einbezogen.[50] Damit werden Gewässer auch als ein durch den Menschen „nutzbares Gut" i. S. v. § 1 WHG geschützt. Rechtsgut ist damit die **Gewässerreinheit nach Maßgabe der dazu formulierten Vorgaben des Umweltverwaltungsrechts,**[51] das sich jedoch im Vergleich zu früheren Fassungen in zunehmendem Maße auch ökologischen Werten verpflichtet sieht.[52] Als Folge wird nunmehr die „relative Gewässerreinheit" (also keine absolute oder ideale natürliche Gewässerreinheit), bezogen auf die chemischen, physikalischen, biologisch-ökologischen Gewässereigenschaften, als eigentliches vor Beeinträchtigung zu schützendes Gut hervorgehoben.[53]

14 Eine Analyse des straftatbestandlich beschriebenen Unrechts lässt jedoch als **unmittelbares Schutzgut** der Strafvorschrift nicht das soeben skizzierte Rechtsgut alleine erkennen. Vielmehr relativiert die Begrenzung auf unbefugte nachteilige Gewässerveränderungen den Gewässerschutz als solchen. Dieser bleibt zwar letztlich Ziel (und Rechtsgut) der Vorschrift. Befugte Veränderungen werden jedoch aus dem Anwendungsbereich des Tatbestandes ausgeblendet. Eine Befugnis aber kann – von letztlich unbedeutenden weiteren Rechtfertigungsgründen und genehmigungsfreien, weil das Gewässer nicht erheblich belastenden Wassernutzungen (§§ 8 Abs. 3, 20, 43, 46 WHG) abgesehen – im Wesentlichen allein aus einem genehmigenden oder duldenden behördlichen Verhalten herrühren (vgl. § 8 Abs. 1 WHG). Die Strafvorschrift bezweckt damit auch, den Bürger dazu anzuhalten, für geplante Rechtsgutsinanspruchnahmen den Weg über eine behördliche Zulassung einzuschlagen. Da die Wasserbehörden wiederum den Zielen des WHG und damit dem Schutz des Rechtsgutes verpflichtet sind, dient das zweite Schutzgut von § 324, nämlich die **Sicherung der umweltbehördlichen Zugangskontrolle** zur Gewässerinanspruchnahme, einem Vorfeldschutz, wie er auch sonst von Zwischen- oder Sicherheitsgütern (wie der Sicherheit des Straßenverkehrs oder des Rechtsverkehrs) für die eigentlichen Hintergrundrechtsgüter (beim

---

Rdn. 2; *Lackner/Kühl/Heger* Rdn. 1; *Szesny* AnwK Rdn. 1; *GJW/Bock* Rdn. 1; *Sack* Rdn. 6d; *Rengier* BT II § 48 Rdn. 3; *Arzt/Weber/Heinrich/Hilgendorf* BT § 41 Rdn. 11, 59; *Gössel/Dölling* § 46 Rdn. 2; *Möhrenschlager* NuR **1983** 209, 211; *Rudolphi* NStZ **1984** 193 f; *Breuer* Rdn. 1214; *Kloepfer* Umweltrecht, § 7 Rdn. 79; zu Gegenpositionen s. Fn. 56.

48 BT-Drs. 8/2382 10; 8/3633 19.

49 BGH NStZ **1987** 323, 324; zust. *Rudolphi* NStZ **1987** 324, 325.

50 RegE BT-Drs. 8/2382 14.

51 *Ransiek* NK Rdn. 2; *Breuer* Rdn. 1216 (etwas relativiert in 4. Aufl. Rdn. 1620 f.); *Dominok* 179, jeweils m. w. N.; **aA** jedoch mit Unterschieden im Detail, *Saliger* Umweltstrafrecht Rdn. 38, 338 ff; *Alt* MK Rdn. 2; *Sch/Schröder/Heine/Schittenhelm* Rdn. 1; *Schall* SK Rdn. 6 f; *Franzheim/Pfohl* Rdn. 50 f; *Rogall* Festschrift Köln 505, 511 f; *Kloepfer* Umweltrecht § 7 Rdn. 80; vgl. auch BVerwG NVwZ **2005** 84, 86: „Die Gewässer sind nicht nur für rein wasserwirtschaftliche Ziele, z. B. die Wasserversorgung, sondern auch für den Naturhaushalt ... von nicht hoch genug einzuschätzender Bedeutung. Der Gesetzgeber stellt deshalb bewusst die Sicherung der ökologischen Gewässerfunktionen in den Vordergrund und nicht die Ausnutzung natürlicher Ressourcen zu Gunsten der Menschen".

52 So zutreffend *Sch/Schröder/Heine/Schittenhelm* Rdn. 1.

53 BGHSt **38** 325, 332 f; *Alt* MK Rdn. 1 ff; *Steindorf* LK[11] Rdn. 3 ff; *Szesny* AnwK Rdn. 2; *Maurach/Schroeder/Maiwald* § 58 Rdn. 38 (Qualität des Wassers in relativer Reinheit); *Gössel/Dölling* BT 1 § 46 Rdn. 1; *Schall* SK Rdn. 4 ff; *ders.* NStZ **1992** 209.

Straßenverkehr Leben, Gesundheit und Eigentum, beim Rechtsverkehr insb. Eigentum und Vermögen) bewirkt wird, deren unmittelbarer Schutz entweder präventiv unzulänglich wäre oder aber zu undifferenziert geschähe.[54]

Das beschriebene partielle Auseinanderfallen von Rechtsgut und Schutzgut dürfte mit dazu beitragen, wenn § 324 z. T. der Charakter eines Erfolgsdeliktes abgesprochen wird.[55] Hinsichtlich des Rechtsgüterschutzes steht die Strafvorschrift nämlich strukturell einem (potenziellen) Gefährdungsdelikt näher, zumal durch eine weite Interpretation des Verunreinigungsbegriffs bereits im Vorfeld einer eigentlichen Rechtsgutsverletzung liegende Handlungen erfasst werden. Die gängige Interpretation einer nachteiligen Veränderung als eine solche, bei der ein Nachteil noch nicht eingetreten sein muss (s. Rn. 22), spricht ebenfalls gegen ein Verständnis einer Straftat nach § 324 als zwingend und stets rechtsgutsverletzende Handlung. Bei einer Fokussierung auf die tatbestandliche Struktur ist jedoch eindeutig ein Erfolgsdelikt zu erkennen, dessen Erfolg das Schutzgut, nicht aber unbedingt zugleich das dahinterstehende Rechtsgut beeinträchtigt. 15

III. Objektiver Tatbestand des Vorsatzdelikts (Absatz 1)

1. Gewässer

Tatobjekt ist das Gewässer, das nach der durch das 18. StRÄndG eingeführten und durch das 2. UKG erweiterten Begriffsbestimmung in § 330d Abs. 1 Nr. 1 aus inländischen und im Rahmen der §§ 3 ff auch ausländischen **oberirdischen Gewässern**, dem **Grundwasser** sowie dem **Meer** besteht. Allgemein werden unter Gewässer alle (nicht völlig unbedeutenden) Teile der Erdoberfläche verstanden, die nach ihrer natürlichen Beschaffenheit oder auf Grund künstlicher Vorrichtungen nicht nur vorübergehend oder bei ganz außerordentlichen Witterungsanlagen wiederkehrend vorübergehend mit Wasser bedeckt sind, sowie die Teile des Erdinnern, die Wasser enthalten. Dazu gehören auch mitgeführte Stoffe wie Schwebstoffe, Geschiebe und Eis.[56] Nach der DIN 4049 Teil 1 Nr. 1.10 sind Gewässer das „in der Natur fließende oder stehende Wasser einschließlich Gewässerbett und Grundwassereinleiter."[57] Zu den näheren Einzelheiten s. die Erläuterungen zu § 330d Rdn. 2 ff. 16

Geschützt werden die Gewässerarten nicht nur im Ganzen, sondern auch – klargestellt in § 2 Abs. 1 S. 2 WHG – „Teile dieser Gewässer."[58] Als **Teil** kann jedoch nicht jeder beliebige Anteil eines Gewässers gelten, weil andernfalls geringfügigste Verunreinigungen, bezogen auf einen entsprechend geringfügigen Gewässeranteil, als massive Verunreinigungen unter den Tatbestand fielen und dieser damit nahezu grenzenlos geriete. Es muss sich daher um einen auch **durch äußerliche Merkmale begrenzbaren**, nicht ganz unerheblichen Teilbereich eines Gewässers handeln, etwa einen Flussarm oder -abschnitt,[59] eine Bucht oder einen (längeren) Strandabschnitt. 17

---

54 Zu einer eingehenderen Ableitung vgl. *Heghmanns* 144 ff, 174 ff.

55 So *Ransiek* NK Rdn. 12; *Rogall* Festschrift Köln 505, 517, 519 f; *Hohmann* Rechtsgut der Umweltdelikte (1991) 186 f; 199 ff (abstraktes bzw. potenzielles Gefährdungsdelikt); *Kuhlen* GA **1986** 389, 399 f; *ders.* ZStW **105** (1993) 697, 712; *Rotsch* Individuelle Haftung in Großunternehmen (1998) 111 ff, 114 ff; *ders.* wistra **1999** 321, 323 f (Kumulationsdelikt).

56 *Czychowski/Reinhardt* § 2 Rdn. 6; *Berendes* § 2 Rdn. 3; *Breuer* Rdn. 117; *Koch/Laskowski/Ziehm* § 5 Rdn. 53; *Sack* Rdn. 7.

57 Ebenso *Kotulla* § 2 Rdn. 3.

58 BGH NStZ **1991** 281, 282; *Alt* MK Rdn. 12; *Fischer* Rdn. 5a.

59 OVG Magdeburg NVwZ-RR **2020** 342, 344 (auf eine Länge von 640 m verohrter Bachteil); BVerwG NVwZ **2011** 696, 697 (Verrohrung der Alten Saale über 524 m).

2. Verunreinigung

18 Die Verunreinigung bildet einen speziellen Unterfall der nachteiligen Veränderung der Gewässereigenschaften. Sie muss daher wie diese zu einer nachteiligen, nicht nur bagatellhaften Eigenschaftsveränderung im Vergleich zum – möglicherweise bereits suboptimalen – status quo ante führen (s. daher Rn. 21 ff). Verunreinigen erfasst aber nur das **Einbringen von Stoffen.**[60] Zudem soll darunter ausschließlich die **äußerlich erkennbare** Veränderung fallen.[61] Das lässt sich zwar nicht unbedingt aus dem Wortlaut ableiten, weil „unrein" sich auch auf unsichtbare Beimischungen erstrecken kann, entspricht aber dem Willen des Gesetzgebers.[62]

19 **Beispiele** sind das Einleiten von Speise- oder Sonnenblumenöl, Farben, Fäkalien,[63] Appreturflüssigkeit einer Textilfabrik,[64] (flüssigem) Zement,[65] z. B. von Abwässern aus dem Abbau von Kalisalzen,[66] aus einer nicht ausreichend reinigenden Kläranlage,[67] einer Zellstofffabrik, aus Haushalten, von naturbedingtem belastetem Moorwasser, von Schlamm,[68] von erheblich verschmutztem (Grund)Wasser, von Schiffsabwässern, z. B. aus einem Restaurationsschiff,[69] von Raffinerie- und von Tankwaschrückständen,[70] von (Bilgen-/Diesel-)Öl (auch beim Beladen).[71] Strittig ist, ob auch feste Stoffe, die keine Verbindung mit dem Wasser eingehen, zu seiner Verunreinigung führen, beispielsweise das Einleiten von festen scharfkantigen Gegenständen, die infolge ihrer Beschaffenheit Badende oder die Schifffahrt gefährden können. Richtigerweise ist dies zu bejahen,[72] weil es um die Belastung des Gewässers und nicht nur des Wassers geht. Eine bloße – unschädliche – Verfärbung, kurzfristige Schaumbildung oder (etwa durch Aufwirbelung absetzbarer Stoffe durch eine Schiffsschraube oder durch Sand oder Lehm bewirkte) vorübergehende Trübung des Wassers, die lediglich den Anblick stört, reicht hingegen nicht aus.[73]

3. Nachteilige Eigenschaftsveränderung

20 Eine Veränderung der Eigenschaften liegt bei jeder Modifikation der **physikalischen, chemischen, biologischen oder thermischen Beschaffenheit** des Gewässers vor.[74] Dazu müssen seine objektiven Benutzungsmöglichkeiten berührt sein,[75] also u. a. seine Fähigkeit, Trinkwas-

---

60 *Fischer* Rdn. 5a; *Ransiek* NK Rdn. 16; *Sch/Schröder/Heine/Schittenhelm* Rdn. 8; OLG Karlsruhe NVwZ **1982** 702.

61 OLG Karlsruhe JR **1983** 339, 340 m. Anm. *Triffierer/Schmoller;* OLG Hamburg ZfW **1983** 112, 113; OLG Celle NJW **1986** 2326, 2327; OLG Frankfurt NJW **1987** 2753; OLG Köln NJW **1988** 2119; *Sch/Schröder/Heine/Schittenhelm* Rdn. 8; *Schall* SK Rdn. 24; *Czychowski* ZfW **1980** 205, 207; *Sack* Rdn. 26.

62 BT-Drs. 8/2382 14.

63 LG Heilbronn NJW **1967** 1144.

64 OLG Stuttgart NJW **1977** 1406.

65 *Koppe* ZFW **1972** 155; *Sack* Rdn. 29, 35.

66 VG Kassel NuR **2012** 802.

67 BGH[Z] NVwZ **2003** 376.

68 OLG Köln OLGSt § 38 WHG 19.

69 BGH NStZ **1991** 281; OLG Köln NStZ **1986** 225 = JR **1987** 297 m. Anm. *Möhrenschlager.*

70 AG Hamburg MDR 1995 406.

71 Weitere Beispiele aus dem Schifffahrtsbereich bei *Möhrenschlager* VGT **84** 303, 317 f.

72 *Ransiek* NK Rdn. 14 f; *Schall* SK Rdn. 32; *Sack* Rdn. 35; *Saliger* Umweltstrafrecht Rdn. 350 m. w. N.; *Rengier* BT 2 § 48 Rn. § 48 Rdn. 7; **aA** *Alt* MK Rdn. 30; *Kloepfer/Heger* Rdn. 184; *Sch/Schröder/Heine/Schittenhelm* Rdn. 8.

73 *Alt* MK Rdn. 36; *Sch/Schröder/Heine/Schittenhelm* Rdn. 8; *SSW/Saliger* Rdn. 14; *Schall* SK Rdn. 19, 23; *Michalke* Rdn. 19; *Sack* Rdn. 34; BGH NStZ **1991** 281; BayObLGSt **1988** 25 = JR **1988** 344 m. Anm. *Sack* (kurzfristige Schaumbildung durch Wegschütten von 60 Liter Putzwasser in einen Gully); OLG Celle NJW **1987** 2326; OLG Karlsruhe JR **1983** 339 m. Anm. *Triffterer/Schmoller.*

74 BGH NStZ **1987** 323, 324; LG Kleve NStZ **1981** 266; *Sch/Schröder/Heine/Schittenhelm* Rdn. 9; *Fischer* Rdn. 6; *Alt* MK Rdn. 25; *Sack* NJW **1977** 1407.

75 *Fischer* Rdn. 6; *Schall* SK Rdn. 32; OLG Stuttgart NJW **1977** 1406.

ser zu liefern, als Lebensraum für Pflanzen und Tiere zu dienen, seine Nutzbarkeit als Freizeitareal oder als Verkehrsweg. Neben der Wasserzusammensetzung und jeder Temperaturveränderung kommen als Ansatzpunkt der Tathandlung u. a. der Sauerstoffgehalt des Gewässers, der Bestand an Bakterien und sonstigen (Kleinst-) Lebewesen sowie an Wasserpflanzen, aber auch das Absenken des Wasserspiegels[76] in Betracht. Erst recht ist die völlige Beseitigung eines Gewässers eine Veränderung, zumal sie notwendigerweise ein Durchgangsstadium reduzierten Wasserbestandes durchläuft.[77] Dagegen fällt die Entnahme von Fischen oder anderen Gewässerbewohnern jenseits der Mikroebene nicht unter den Tatbestand, weil sie ihrerseits das Gewässer zwar nutzen, aber nicht selbst zu ihm zählen. Ebensowenig verändert die Zuführung oder die Entnahme von (nur aus Wasser bestehendem) Eis ein Gewässer, solange dies zu keinen relevanten Veränderungen der Wassertemperatur führt.[78]

Erfasst sind allerdings nur **nachteilige Veränderungen**, die zu wasserwirtschaftlichen oder ökologischen Nachteilen führen können.[79] Ausgangspunkt sind die zum Zeitpunkt des Eingriffs vorhandenen Gewässereigenschaften, um deren Verschlechterung bzw. Verschmutzung es i. w. S. geht.[80] Auch ein bereits stark verschmutztes Gewässer kann daher noch weiter verschlechtert oder verunreinigt werden.[81] Bei dem heutigen Zustand der meisten Gewässer ist bei dem anzustellenden Vergleich von einem bereits vorhandenen Verschmutzungsgrad auszugehen und sodann das Ausmaß der weiteren Verschlechterung der Gewässergüte festzustellen. Zur Feststellung der Veränderung der Gewässereigenschaften hat also eine Gegenüberstellung stattzufinden zwischen dem Zustand des Gewässers vor und nach der Tathandlung oder Unterlassung (Saldierung).[82] Die Auffassung, es liege kein Nachteil vor, wenn der veränderte Gewässerzustand auch durch natürliche Umwelteinflüsse bewirkt wird oder werden kann,[83] wird überwiegend und zu Recht abgelehnt. Das Gesetz verlangt keine unnatürliche, sondern nur eine nachteilige Eigenschaftsänderung.[84] 21

Indessen bedeutet „nachteilig" nicht, dass bereits Nachteile entstanden oder gar festzustellen sind. Es genügt beispielsweise, wenn ein eingeleiteter Schadstoff nach Art und Umfang **geeignet ist, materielle Nachteile hervorzurufen,**[85] sei es auch nur im Zusammenspiel mit anderen, für sich genommen unerheblichen Verunreinigungen oder dadurch, dass auch andere dem Gewässer Schadstoffe zuführen.[86] Dementsprechend ist allein entscheidend, ob die eingeleiteten Flüssigkeiten schon auf Grund ihrer schädlichen Zusammensetzung – nach aller Erfahrung – zu einer qualitativen Verschlechterung der Gewässereigenschaften führen.[87] Auch hier 22

76 OLG Stuttgart NStZ **1994** 590; *Lackner/Kühl/Heger* Rdn. 5; *Alt* MK Rdn. 26.

77 *Ransiek* NK Rdn. 17; *Alt* MK Rdn. 26; *Sch/Schröder/Heine/Schittenhelm* Rdn. 9; *Schall* SK Rdn. 32; *Börner* § 8 Rdn. 25; **aA** *Horn* JZ **1994** 1097, 1098; *Lackner/Kühl/Heger* Rdn. 5.

78 *Alt* MK Rdn. 30; BayObLG NJW **1966** 1572, 1573.

79 BT-Drs. 8/3633 25.

80 Zur nicht näher definierten „Verschlechterung" s. WRRL Erwägungsgrund 25, 31; Art. 1a; der Begriff der „Verschmutzung" in Art. 2 Nr. 33 bezieht sich auf die Freisetzung von Stoffen und Wärme, die Schäden herbeiführen können oder eine Beeinträchtigung oder Störung legitimer Nutzungen mit sich bringen; *Schall* NStZ **1992** 209 f.

81 BGH NStZ **1997** 189; OLG Stuttgart MDR **1976** 690; OLG Hamburg ZfW **1983** 112, 113; OLG Karlsruhe JR **1983** 339; OLG Celle NJW **1986** 2326, 2327; NStZ-RR **1996** 103; OLG Frankfurt NStZ-RR **1996** 103; GenStA Celle NJW **1988** 2394; *Schall* SK Rdn. 24; *Sch/Schröder/Heine/Schittenhelm* Rdn. 8; *Alt* MK Rdn. 22.

82 OLG Frankfurt NStZ-RR **1996** 103; OLG Hamburg ZfW **1983** 112 f; OLG Köln NJW **1988** 2119; *Alt* MK Rdn. 31; *Schall* NStZ **1992** 209, 211; *ders.* SK Rdn. 25, 34 m. w. N.; *Kloepfer/Heger* Rdn. 183; *Saliger* Umweltstrafrecht Rdn. 347.

83 *SSW/Saliger* Rdn. 11; *Triffterer/Schmoller* Anm. zu OLG Karlsruhe JR **1983** 339 f, das beim Einleiten stark milchig eingetrübtem Grundwasser als nachteilig angesehen hat, auch wenn es aus demselben Ursprungsgebiet wie das fließende Gewässer stammt, zust. *Sack* Rdn. 34.

84 OLG Karlsruhe NVwZ **1982** 702; *Schall* SK Rdn. 29; *Busch/Iburg* 165.

85 BT-Drs. 8/3633 25; *Schall* SK Rdn. 22; OLG Stuttgart NJW **1977** 1406, 1407 mit insoweit zust. Anm. von *Sack;* OLG Karlsruhe ZfW **1996** 406 f.

86 RegE BT-Drs. 8/2382 14; *Sieder/Zeitler/Dahme* Rdn. 8.

87 *Czychowski* ZfW **1980** 205, 207; *Niering* 40 ff; *Triffterer/Schmoller* JR **1983** 341, 343 (Schwefelsäure, Dioxin).

kommt es auf die **Gewässereigenschaft** an, was nicht zwingend zugleich eine negative Veränderung der **Wassergüte** verlangt.[88] Andernfalls würden Eingriffe, die ohne Beeinträchtigung der Wasserqualität bestimmte Nutzungen verhindern (z. B. die Schiffbarkeit durch Aufbaggern künstlicher Sandbänke oder den Fischfang durch Einbringen scharfkantiger, die Netze zerstörender Gegenstände), nicht erfasst werden, was sich mit dem umfassenden Schutz des Gewässers auch in seiner Nutzbarkeit für den Menschen nicht vertrüge. Zudem zeigt eine Gegenüberstellung von § 3 Nr. 7 und Nr. 9 WHG, dass mit „Gewässereigenschaften" nicht allein solche des „Wassers" gemeint sein können, sondern sie weiter zu verstehen sind, auch wenn die Wassereigenschaften in der Praxis sicher die größte Rolle spielen.

23 Weiterhin wird z. T. gefordert, die Veränderung der Eigenschaften habe nachweisbar eine ganz bestimmte Benutzung des Gewässers – auch eine angestrebte – spürbar zu beeinträchtigen.[89] Allerdings zielt § 324 nicht darauf ab, bestimmte Benutzungen oder gar deren Begünstigte zu schützen, sondern die Gewässer insgesamt vor weiteren Belastungen und Schäden zu bewahren.[90] Daneben wird die Ansicht vertreten, die Beeinträchtigung der theoretischen Benutzungsmöglichkeiten, die das Gewässer an sich an der bestimmten Stelle nach der wasserwirtschaftlichen Ordnung bereithält, sei ausreichend,[91] aber auch erforderlich.[92] Vor dem Hintergrund der in § 6 WHG festgelegten Bewirtschaftungsziele, die auch die Wahrung des Naturhaushalts und der Funktion eines umfassenden Lebensraumes in den Blick nehmen, kann jedoch die Beeinträchtigung einer tatsächlichen menschlichen Benutzung keinesfalls als tatbestandliche Voraussetzung formuliert werden; andernfalls bliebe ein Naturgewässer, das unzugänglich und fernab jeder menschlichen Nutzbarkeit liegt, ungeschützt, was dem Grundgedanken des modernen Wasserrechts widerspräche. Auch nach Ablehnung dieser engeren Auffassungen bleibt gleichwohl die Beeinträchtigung von (objektiven) Benutzungsmöglichkeiten eines Gewässers jedenfalls als Unterfall der nachteiligen Veränderung weiter anzuerkennen; der Gesetzgeber hat 1980 offensichtlich an der einschlägigen Rechtsprechung festhalten wollen.[93] Beispiele wären die Beeinträchtigung des Ge- und Verbrauchswerts des Grundwassers im Hinblick auf seine erst spätere Nutzung oder das Aufstauen eines Gewässers mit Anhebung des Wasserspiegels.[94]

24 Nach der ganz überwiegenden Meinung ist über diese Auffassungen hinaus als nachteilige Veränderung eine **„Verschlechterung der natürlichen Gewässereigenschaften im physikalischen, chemischen oder biologischen Sinn**, die über unbedeutende, vernachlässigbare kleine Beeinträchtigungen hinausgeht", zu verstehen.[95] In diesem Zusammenhang bietet es sich an, für die Auslegung auch die neuen, insbesondere qualitätsbezogenen wasserrechtlichen Begriffe in § 3 Nr. 7 und Nr. 9 WHG heranzuziehen. § 3 Nr. 7 WHG versteht *Gewässereigenschaften* als „die auf die Wasserbeschaffenheit, die Wassermenge, die Gewässerökologie und die Hydromor-

---

88 *Schall* SK Rdn. 31; *Fischer* Rdn. 6; *Ransiek* NK Rdn. 10; *Rengier* BT 2 § 48 Rdn. 7; *Sack* Rdn. 27, 35; *Sieder/Zeitler* Rdn. 9; OLG Stuttgart NStZ **1994** 590; **aA** BGH(Z) NuR **2004** 334; *Sch/Schröder/Heine/Schittenhelm* Rdn. 8; *Lackner/Kühl/Heger* Rdn. 4; *Heine* Festschrift Otto 1019 f.

89 *Wernicke* NJW **1977** 1662, 1666.

90 RegE BT-Drs. 8/2382 13.

91 BayObLG BayVBl. **1974** 590.

92 *Papier* 10 ff; *Breuer* Wasserrecht Rdn. 334: „spezifisch wasserwirtschaftlicher Nachteil"; so auch *Knopp/Manner* § 38 WHG Rdn. 9; ähnlich *Winter* BaWüVerwPr. **1994** 178.

93 RegE BT-Drs. 8/2382 14 unter Bezugnahme auf BayObLG BayVBl. **1974** 590; zuvor auch OLG Stuttgart NJW **1977** 1406; weiter OLG Frankfurt NJW **1987** 2753; OLG Karlsruhe JR **1983** 39 m. Anm. *Triffterer/Schmoller*; *Fischer* Rdn. 6; *Ransiek* NK Rdn. 15; *Sack* Rdn. 27, 35; *Rengier* BT 2 § 48 Rdn. 7; *ders.* Umweltstrafrecht 16 ff; *Franzheim/Pfohl* Rdn. 53; *Laufhütte/Möhrenschlager* ZStW 92 (**1980**) 912, 930; *Schall* NStZ **1992** 209 f; *ders.* NStZ-RR **2005** 33 f; **aA** *Maurach/Schroeder/Maiwald* BT § 58 Rdn. 38, 40; *Sch/Schröder/Heine/Schittenhelm* Rdn. 8 f; *Lackner/Kühl/Heger* Rdn. 4; *GJW/Bock* Rdn. 12; *Kindhäuser/Hilgendorf* LPK Rdn. 5; *Volk/Leitpold/Engel* § 28 Rdn. 117.

94 BVerwG DVBl. **1974** 297; BVerwG NVwZ **1990** 474; VG Ansbach ZfW **2012** 165, 167.

95 BGH NStZ **1987** 323; ferner BayObLGSt **1988** 25 = JR **1988** 344 m. Anm. *Sack*; OLG Celle ZfW **1986** 403; **1989** 239; OLG Düsseldorf NJW **1991** 1123 f; OLG Frankfurt/M. NStZ-RR **1996** 103; NJW **1987** 2753 m. Anm. *Keller* JR **1988** 172; OLG Karlsruhe JR **1983** 339 m. Anm. *Triffterer/Schmoller*; OLG Köln NJW **1988** 2119; OLG Oldenburg NuR **1990** 480;

phologie bezogenen Eigenschaften von Gewässern und Gewässerteilen", während § 3 Nr. 9 WHG ergänzend den Begriff der *Wasserbeschaffenheit als* „die physikalische, chemische oder biologische Beschaffenheit des Wassers eines oberirdischen Gewässers oder Küstengewässers sowie des Grundwassers" definiert. In weitgehender Übernahme von WRRL-Anh. V spezifiziert OGewV-Anl. 3 die biologischen, chemischen und allgemeinen physikalischen Qualitätskomponenten. Die **biologischen** Eigenschaften beziehen sich auf die Gewässerflora, z. B. Plankton und Algen, sowie die Gewässerfauna (wirbellose Tiere und Fische). Die **chemischen** Komponenten beziehen sich auf Schadstoffe, deren Art und deren Konzentration, was auch für das Grundwasser gilt: Wesentliche „Grundlage für die Beurteilung des chemischen Grundwasserzustands sind die in Anlage 2 aufgeführten Schwellenwerte" (§ 5 Abs. 1 Satz 1 GrwV). Als Beispiele für chemisch-physikalische Merkmale werden genannt: Nährstoffverhältnisse (Phosphor, Stickstoffe), Sauerstoffhaushalt, Salzgehalt, Versauerungszustand (ph-Wert) bzw. das Säureneutralisierungsvermögen, Wassertemperatur und die Sichttiefe. Bei den **physikalischen** Eigenschaften spielt zunächst die Wassermenge eine Rolle.[96] Quantität und Volumen des Wassers bestimmen die Hydraulik insbesondere der Fließgewässer und wirken sich so wesentlich auf Ökologie und Struktur der Gewässer aus. **Hydromorphologische** Eigenschaften beziehen sich (konkretisiert in OGew-Anl. 3) auf die physische Struktur (Gestalt und Form) und die damit verbundene Abflussdynamik bei Flüssen, die Wasserstandsdynamik und -erneuerungszeit bei Seen, die Struktur der Gezeitenzone mit den Tiden bei Küstengewässern, Struktur und Substrat des Bodens, Form, Bepflanzung und Befestigung des Ufers sowie die Art und Weise des Gewässerverlaufs; sie ist vor allem bedeutsam für die Existenz und den Bestand der aquatischen Lebensgemeinschaften.[97]

Zu Verschlechterungen der **physikalischen Beschaffenheit** gehören jene der Temperatur- **25**
verhältnisse wie eine Erwärmung durch Einleiten von Kühlwasser oder das Zuführen von Eisbrocken mit gegenteiliger Wirkung,[98] negative Auswirkungen auf die Dichte und Viskosität des Wassers, auf Geruch und Geschmack, auf optische Eigenschaften wie bei beträchtlicher Trübung und Färbung durch Zufuhr sich lösender oder schwebender Stoffe und auf die für Wasserläufer wichtige Oberflächenspannung[99] sowie radioaktive Kontaminierungen.[100] Einbezogen werden hier Änderungen der physischen bzw. hydromorphologischen Struktur eines Gewässers (mit eventuellen Auswirkungen auf aquatische Lebensgemeinschaften), also von Gestalt, Form und Verlauf und der damit verbundenen Abflussdynamik durch Beschleunigung oder Hemmung des Wasserablaufs, Entnahme von Wasser, Absenken des Wasserspiegels,[101] ferner Beein-

---

OLG Stuttgart NStZ-RR **1990** 13; NStZ **1994** 590; LG Kleve NStZ **1981** 266 m. Anm. *Möhrenschlager*; *Alt* MK Rdn. 25 ff; *Sch/Schröder/Heine/Schittenhelm* Rdn. 9; *SSW/Saliger* Rdn. 10; *Fischer* Rdn. 6; *Lackner/Kühl/Heger* Rdn. 4; *Kindhäuser/Hilgendorf* LPK Rdn. 2; *Szesny* AnwK Rdn. 9 ff; *Sack* Rdn. 27 f; *Franzheim/Pfohl* Rdn. 53; *Volk/Leipold/Engel* § 28 Rdn. 113, 115; *Michalke* Rdn. 28; *Rengier* BT 2 § 48 Rdn. 4; *Schall* SK Rdn. 30 f; *Kuhlen* GA **1986** 389; *ders.* ZStW 105 (**1993**) 697, 716.

96 Vgl. die §§ 3 Nr. 8, § 47 Abs. 1 Nr. 1 WHG zum mengenmäßigen Zustand eines Gewässers, ferner Art. 2 Nr. 26 WRRL.

97 Weitere Konkretisierungen enthalten die Anlagen zur OGewV und zur GrwV i. V. mit WRRL-Anh. V; zusammengefasst in der Auslegung von § 3 Nr. 7 WHG bei *Berendes* Rdn. 22 ff, § 27 Rdn. 25, § 47 Rdn. 22 ff; *Czychowksi/Reinhardt* Rdn. 64; *Guckelberger* BeckOK-UmwR Rdn. 20 f.

98 OLG Frankfurt NStZ **1987** 508 (zur verwaltungsrechtlichen Berücksichtigung der Temperaturverhältnisse OVG Münster ZfW **2012** 143, 148 f.); *Schall* SK Rdn. 30; *Ransiek* NK Rdn. 16; *SSW/Saliger* Rdn. 12; *Fischer* Rdn. 6; *Szesny* AnwK Rdn. 11; *Guckelberger* BeckOK-UmwR § 3 WHG Rdn. 23; *Kotulla* § 3 WHG Rdn. 79; zum Eiseinbringen BayObLGSt **1996** 31 = NJW **1966** 1572; vgl. auch SRU-Sondergutachten Grundwasserschutz, BTDruck s. 13/10196 82 f.

99 Vgl. die Aufzählung bei Wikipedia unter „Eigenschaften des Wassers" (Stand: 16.10.2020).

100 Hess VGH ZfW **1984** 363 f, 364; zu § 3 WHG *Berendes* Rdn. 29; *Guckelberger* BeckOK- UmwR § 3 WHG Rdn. 23; für Zuordnung zur Änderung chemischer Eigenschaften *Alt* MK Rdn. 29.

101 OLG Oldenburg NuR **1990** 480; OLG Stuttgart NStZ **1994** 590; *Ransiek* NK Rdn. 17; *Sch/Schröder/Heine/Schittenhelm* Rdn. 9; *Fischer* Rdn. 6; *Lackner/Kühl/Heger* Rdn. 5; *GJW/Bock* Rdn. 11; *Maurach/Schroeder/Maiwald* II § 58 Rdn. 40; *Rengier* BT § 48 Rdn. 6; abl. *Szesny* AnwK Rdn. 12.

trächtigungen des Ufers durch Veränderungen im Pflanzenwuchs oder der Sohle durch deren Verdichtung oder Verklebung.[102] Auf Veränderungen der **chemischen Beschaffenheit** kann bei der Einleitung von (Schad)Stoffen aufgrund ihrer chemischen Zusammensetzung, ggf. feststellbar durch Messung des ph-Wert, geschlossen werden;[103] solche liegen auch bei negativen Einflüssen auf den Sauerstoffgehalt (feststellbar durch Messung des CBS-Werts) vor.[104] Die **biologische Beschaffenheit** wird beeinträchtigt durch Störung des Wassers als Element für das tierische und pflanzliche Leben in ihm sowie in seiner Bedeutung für den Stoffwechsel bei allen Organismen. Beispiele sind negative Auswirkungen auf Pflanzenwuchs und auf Fische (auch wenn sie nur zur Abwanderung führen), etwa durch Einleitung bakterienverseuchten Abwassers,[105] oder die o. g. Änderung des Wasserspiegels. Es genügt insoweit, wenn sich die natürliche Regeneration des Wassers verzögert.[106]

26 Auszuscheiden haben hingegen alle Handlungen, die sich auf die Eigenschaften des Gewässers letztlich überhaupt nicht negativ auswirken (wie das Zuführen sauberen Wassers) sowie alle, welche die Eigenschaften des Gewässers **verbessern.**[107] So kann durch das Einleiten von sauberem Bachwasser oder von Flüssigkeiten, die einen im verschmutzten Wasser vorhandenen Schadstoff – ohne weitere schädliche Nebenwirkungen – chemisch neutralisieren, eine Verbesserung der Wassergüte eintreten.

---

102 Zu Wasserentnahme, Grundwasserabsenkung und Änderung des Wasserverlaufs *Alt* MK Rdn. 28; *Sack* Rdn. 29; *Berendes* § 3 WHG Rdn. 23; anders RegE BT-Drs. 12/192 S. 16; *SSW/SSW/Saliger* Rdn. 12; zur Verklebung LG Kleve WaWi **1971** 195.

103 Vgl. §§ 3, 6 OGewV Anl. 3 Nr. 3, Anl. 8; zur chemischen Grundwassergefährdung durch Überschreitung der Schwellenwerte für eine Reihe von Schadstoffen s. §§ 3, 5 GrwV m. Anl. 2. – Beispiele aus der Rspr.: BGH NJW **1966** 1570 (Fäkalienjauche ins Gewässer nach Düngen einer Wiese); **1966** 2014 (Fischsterben in einem Teich durch Schwefelsäure aufgrund pyrithaltigem Lehm im Wasser); BGH(Z) NuR **1984** 203 (Entnahme von Wasser, die die Verdünnung von später eingeleiteten Schadstoffen vermindert); NStZ **1987** 323 m. Anm. *Rudolphi* (arsenhaltiges Material im Grundwasser aus Ablagerung auf einer Deponie); NStZ **1991** 281 (Küchen- und Toilettenabwässer eines Restaurationsschiffs); BVerwG NJW **1974** 8 (ausgelaufenes Öl nach Tankwagensturz); BayObLGSt **1982** 75 = NStZ **1983** 169 m. Anm. *Sack* (Einleiten von Schiffsabwässern); JR **1988** 344 m. Anm. *Sack* (mit Duschkonzentrat versetztes Putzwasser über eine Kläranlage ins Gewässer); VG Ansbach ZfW **2012** 165, 167 f (Silagesaft aus Silostock für Gärfutter ins Grundwasser mit Sauerstoffentzug); BayObLG NuR **1984** 318 (Düngereinsatz); dazu *Schall* NStZ-RR **1992** 209, 215 f; OLG Celle NJW **1986** 2326 (Versickernlassen von nitrathaltigem Silagesaft in das Grundwasser); ZfW **1992** 517 (Haushaltsabwässern mit 40 % zu hohen Schadstoffen in Kleingewässer, dazu auch *Schall* NStZ-RR **1998** 353 f.); OLG Düsseldorf NJW **1991** 1123 (Öl, Schadstoffe aus Tank); **1993** 1408 m. Anm. *Rengier* JR **1994** 124 (Heizöleintritt durch Überlaufen beim Betanken); OLG Frankfurt NStZ **1987** 508; NStZ-RR **1996** 103 (Toilettenabwässer); OLG Hamburg ZfW **1983** 112 (Dieselöl durch Schiffskollision); OLG Hamm NJW **1975** 747 (chromhaltiges Spülwasser eines Galvanisierungsbetriebs über Regenwasserkanals in ein Gewässer); OLG Karlsruhe NJW **1966** 559 (Öl von einer Tankstelle); **1967** 1335 (Fischsterben durch über die Kanalisation eingeleitetes cyanhaltiges Abwasser); ZfW **1992** 520 (Öl, Schadstoffe aus Tank); OLG Koblenz OLGSt § 38 WHG 15 (Heizöl für Schiff im Hafenbecken); NJW **1994** 1887 (Grundwasser verunreinigt durch chemische Reinigung); OLG Köln NJW **1972** 1338 (Heizöl aus Tank im Grundwasser); **1986** 225 m. Anm. *Möhrenschlager* JR **1987** 299 (Küchen- und Toilettenabwässer eines Schiffs); **1988** 2119 m. Anm. *Hange* NStZ **1989** 122 (chlorhaltiges Schwimmbadwasser und Aluminiumsulfate); OLG Saarbrücken NStZ **1991** 53 (Fischsterben durch Gemeindeabwässer); OLG Stuttgart NJW **1977** 1406 (Appreturflüssigkeit einer Textilfärberei); NStZ **1989** 122 (Einleitung von Natronlagenwasser mit zu hohem ph-Wert; LG Bonn NStZ **1987** 461 (Zinkeinleitung); LG Heilbronn NJW **1967** 1144 (Abortbrühe); LG Kleve WaWi **1971** 196 (übelriechende Raffinerierückstände aus Tankmotorschiff).

104 Vgl. OGewV Anl. 3 Nr. 3; BGH(Z) NVwZ **2003** 376; BayObLGSt **1982** 75 = NStZ **1983** 169 (Einleiten von ölhaltigem Schiffsabwasser); OLG Düsseldorf NVwZ **1991** 510 (zu hoher CSB-Wert von eingeleitetem Kühl- und Speisewasser); OLG Karlsruhe JR **1983** 339, 341; LG Kleve NStZ **1981** 266 (Glyzerinwasser; dazu *Sack* Rdn. 44a; *Schall* NStZ **1992** 209, 211); vgl. auch OVG Hamburg Urteil v. 18.1.2013 – 5 E 11/08, juris (Verringerung des Sauerstoffgehalts durch Entnahme von Elbwasser zur Durchlaufkühlung eines Kraftwerks und Wiedereinleitung des Kühlwassers).

105 *Guckelberger* BeckOK-UmwR § 3 WHG Rdn. 23; *Sieder/Zeitler/Dahme/Knopp* § 22 WHG a. F. Rdn. 14 ff, 19a.

106 OLG Frankfurt NJW **1987** 2753; OLG Köln NJW **1988** 2119; OLG Celle ZfW **1987** 126; *Schall* SK Rdn. 30.

107 OLG Frankfurt NStZ **1987** 508; *Alt* MK Rdn. 35; *SSW/Saliger* Rdn. 10; *Schall* SK Rdn. 26; *Szesny* AnwK Rdn. 14; *Kloepfer/Heger* Rdn. 186; *Michalke* Rdn. 32; *Samson* ZStW **99** (1987) 617, 622 f.

Da § 324 im Unterschied zu § 326 Abs. 6 keine Bagatellklausel enthält, andererseits evident 27
keine Strafwürdigkeit vorliegt, wenn beispielsweise einmalig in einen See uriniert wird,[108] ist die Strafbestimmung – schon nach dem Willen des Gesetzgebers[109] – dahin restriktiv auszulegen, geringfügige, **belanglose Beeinträchtigungen tatbestandlich auszuschließen.**[110] Die Einzelheiten sind jedoch alles andere als klar. Als Parameter kommen Größe und Tiefe eines Gewässers, die Wasserführung, die Geschwindigkeit eines fließenden Gewässers sowie die Menge und Gefährlichkeit des verunreinigenden Stoffes, d. h. die Schadstoffkonzentration und auch die Dauer ihrer Einwirkung in Betracht.[111] Bei der Einleitung eines wassergefährdenden Stoffes in einen kleinen Teich wird naturgemäß eine Verunreinigung eher zu bejahen sein als bei der Einleitung der gleichen Menge dieses Stoffes in die Hohe See. Der Blick auf das gesamte Gewässer darf jedoch nicht dazu verleiten, die tatsächlich erfolgte Schadstoffzuführung zu bagatellisieren,[112] zumal die Rspr. selbst kurzzeitige, vorübergehende[113] und partielle, d. h. nur einen Teil des Gewässers erfassende Verunreinigungen als ausreichend erachtet.[114] Sie ist dabei mitunter nicht der Gefahr entgangen, zu geringe Anforderungen an die Tatbestandserfüllung zu stellen. Da vielfach bei Nichtanwendung des § 324 Bußgeldtatbestände zur Verfügung stehen, sollte der Bagatellbereich großzügig bemessen werden. Einen abstrakten Maßstab vermag dabei die Besinnung auf den Charakter als potenzielles Gefährdungsdelikt (s. o. Rn. 15) zu liefern: Immer dann, wenn eine tatsächliche Schädigung der Gewässerfunktionen offensichtlich auszuschließen ist, liegt eine nicht mehr tatbestandliche Bagatelle vor.[115]

4. Tathandlung

Der tatbestandliche **Erfolg** kann durch positives Tun[116] oder Unterlassen unter Verletzung einer 28
Garantenpflicht,[117] eigenhändig oder aufgrund genereller oder spezieller Anordnung[118] herbeigeführt werden, unmittelbar (z. B. bei Direkteinleitung von Abwasser) oder mittelbar (durch ei-

108 Andere Beispiele sind das Ausleeren von Cola- oder Speiseölflaschen, vgl. *Möhrenschlager* NStZ **1981** 267; *Schall* SK *Rdn.* 29; *Rengier* BT 2 § 48 Rn. 8.

109 BT-Drs. 8/2382 14.

110 BGH NStZ **1987** 323, 324; OLG Köln NJW **1988** 2119, 2120; *Schall* SK Rdn. 27 ff; *Börner* § 8 Rdn. 17, 20 f; *Ransiek* NK Rdn. 10; *Sch/Schröder/Heine/Schittenhelm* Rdn. 8; *Alt* MK Rdn. 36; BT-Drs. 8/3633 26.

111 RegE BT-Drs. 8/2382 14; BGH NStZ **1991** 281, 282; BayObLGSt **1988** 25 m. Anm. *Sack* JR **1988** 344; OLG Celle NJW **1986** 2326; OLG Frankfurt NStZ **1987** 508; OLG Karlsruhe ZfW **1982** 387; JR **1983** 339 m. Anm. *Triffterer/Schmoller* (milchig eingetrübtes Grundwasser durch Schweb- und absetzbare Stoffe); OLG Köln NJW **1988** 2119; OLG Stuttgart MDR **1976** 690 (deutliche Trübung des Wassers mit Verschlammung des Flussbetts an Auslaufstelle eines Abwasserkanals durch eingeleitete nicht absetzbare Stoffe); NJW **1977** 1406 (schmieriger Film mit ausgedehnter Schaumbildung ca. 80 m flussabwärts und von 7,2 mg/l auf 0,6 mg/l absinkendem Sauerstoffgehalt), 1408; LG Kleve NStZ **1981** 266; *Alt* MK Rdn. 34; *Ransiek* NK Rdn. 12 f; *Sch/Schröder/Heine/Schittenhelm* Rdn. 8; *Lackner/Kühl/Heger* Rdn. 4; *Fischer* Rdn. 5a; *Saliger* Umweltstrafrecht Rdn. 349, 357; *Sack* Rdn. 28, 30; *Schall* NStZ **1992** 209; *ders.* NStZ-RR **1998** 353; als problematisch sieht *Schmitz* MK Vor § 324 Rdn. 31 die Bestimmung des Bagatellbereichs an.

112 *Steindorf* LK[11] Rdn. 27; *Rengier* Umweltstrafrecht 15 f.

113 OLG Stuttgart NStZ **1989** 122; OLG Hamburg ZfW **1983** 112; LG Kleve NStZ **1981** 266 (6 m^3 Glyzerin über Klärbecken in Rhein, Ausdehnung 50–100 m mit erhöhtem Sauerstoffbedarf für ca. zwei Stunden).

114 OLG Stuttgart NVwZ-RR **1990** 13.

115 *Ransiek* NK Rdn. 12.

116 Beispiele: Einleitung/Einbringung von gefährlichen festen oder flüssigen Stoffen; Absenken (des Wasserspiegels) eines oberirdischen Gewässers oder des Grundwassers, vgl. BGH ZfW **1984** 352; OLG Oldenburg ZfW **1990** 435; OLG Stuttgart NStZ **1994** 590; VGH München BayVBl **1975** 367 (betr. Grundwasser); *Ransiek* NK Rdn. 17; *Saliger* Umweltstrafrecht Rdn. 352; *Kloepfer/Heger* Rdn. 183.

117 Seitens für die Gewässeraufsicht in Behörden oder Unternehmen als Schutz- bzw. Überwachungsgarant Verantwortlichen, vgl. OLG Frankfurt NStZ **1987** 508, *Schall* SK Rn. 40 ff; *Alt* MK Rdn. 97 ff, 10 ff, 109 ff, 61 f, ggf. auch für einen Grundstückseigentümer hinsichtlich wassergefährdender Auswirkungen von Altlasten, s. *Alt* MK Rdn. 104.

118 OLG Stuttgart ZfW **1977** 177, 182; NJW **1977** 1406 (Anordnung eines Geschäftsführers gegenüber Färbermeister).

nen Indirekteinleiter über eine Abwasseranlage,[119] einen Sickerschacht,[120] über Auslaufen auf das Erdreich in ein oberirdisches Gewässer oder das Grundwasser[121]), allein oder im Zusammenwirken mit anderen Tathandlungen, auch Dritter.[122] Ein unmittelbar auf die Gewässerbenutzung zweckgerichtetes Verhalten in Form des Einbringens, Einleitens oder Einwirkens wird nicht – wie zum ursprünglichen § 38 WHG – vorausgesetzt,[123] die bloße Verursachung des Hineingelangens schädlicher Stoffe in das Gewässer reicht aus.

29 Da laufende Messungen der Gewässereigenschaften meist nicht durchgeführt werden, ist der konkrete Nachweis einer Veränderung der Gewässereigenschaften in der Praxis oft nicht leicht zu führen. Der Nachweis einer nachteiligen Veränderung eines Gewässers setzt nicht unbedingt die Feststellung voraus, es sei eine bestimmte Abwassermenge mit einem bestimmten Schadstoffgehalt zu einem bestimmten Zeitpunkt eingeleitet worden. Vielmehr kann bereits ausreichen, wenn die eingeleiteten Flüssigkeiten schon aufgrund ihrer chemischen Zusammensetzung den Wasserhaushalt nachteilig beeinflussen können. Jedenfalls genügt es, anhand von Messwerten (pH-Wert, CSB-Wert etc.) aufgrund naturwissenschaftlicher Erfahrungssätze auf eine nachteilige Veränderung zu schließen.[124] Soweit **Grenzwerte** vorgeschrieben sind, mag deren Überschreitung zwar als Indiz für eine nachteilige Veränderung fungieren, diese kann indessen damit alleine regelmäßig noch nicht als bewiesen angesehen werden.[125] Denn die Grenzwertfestlegung erfolgt stets abstrakt anhand von Gefährdungsprognosen und eine Grenzwertüberschreitung bedeutet daher keineswegs zwangsläufig bereits den Eintritt eines tatbestandlichen Erfolges. Ebensowenig schließt die Einhaltung von Grenzwerten eine nachteilige Eigenschaftsveränderung im Einzelfall aus.[126]

30 Für die Feststellung der **Kausalität** gelten im Übrigen die allgemeinen Grundsätze. Beim Zusammentreffen und -wirken beispielsweise von verschiedenen Einzeleinleitungen von Abwasser bewirkt möglicherweise erst die Kumulation, Summation oder synergetische Wirkung die

---

119 Indirekteinleitung nunmehr hinsichtlich öffentlicher Abwasseranlagen definiert in § 58 Abs. 1 S. 1 WHG; zum Einbringen von Abwasser über Kläranlagen, Kanalisation mit Verunreinigung von oberirdischen Gewässern oder des Grundwassers BayObLG OLGSt § 38 WHG 3; OLG Düsseldorf NJW **1993** 1408 = JR **1994** 123 m. Anm. *Rengier;* ZfW **1996** 549; OLG Frankfurt NStZ **1987** 508; OLG Köln NJW **1988** 2119; OLG Saarbrücken OLGSt § 38 WHG 1; LG Ellwangen NStZ **1982** 468 m. krit. Anm. *Möhrenschlager*; AG Öhringen NJW **1990** 2581; BVerwG NJW **1995** 2303 (betonaggressive Abwässer); *Alt* MK Rdn. 22; *Ransiek* NK Rdn. 18; *Schall* SK Rdn. 36 f; *Sch/Schröder/Heine/Schittenhelm* Rdn. 10; *Franzheim/Pfohl* Rdn. 54; *Michalke* Rdn. 28 f, 37; *Mayer/Brodersen* BayVBl. **1989** 258.

120 OLG Düsseldorf OLGSt. § 38 WHG Nr. 17; NJW **1991** 1123 m. Anm. *Möhrenschlager* JR **1991** 342; *Sander* ZfW **1981** 69, 71 (Altöl).

121 Überlaufenlassen eines Öltanks, Auslaufen von Öl mit Grundwasserverunreinigung (OVG Münster NVwZ-RR **2013** 681), Benzin aus einem Tankfahrzeug; Lagern und Ablagern gefährlicher Stoffe in der Nähe von Gewässern, z. B. auf einer Deponie (BGHSt **34** 211); Verunreinigung durch Nitrate aus landwirtschaftlichen Quellen, u. a. durch Überdüngung, Verrieselung, Aufbringung von (gemischten) Abwässern, Versickernlassen auf einem Acker von Silagesaft in Grundwasser (OLG Celle NJW **1986** 2326).

122 OLG Stuttgart NJW **1977** 1406 m. Anm. *Sack*; OLG Celle NJW **1987** 2326; OLG Karlsruhe wistra **1992** 270, 272 (fehlerhafte Bescheinigung der Ordnungsmäßigkeit eines Tanks durch einen Sachverständigen, die für eine Gewässerverunreinigung mit ursächlich ist).

123 Z. B. BayObLG JR **1988** 344 m. Anm. *Sack;* OLG Celle NJW **1986** 2326 f; OLG Düsseldorf NJW **1991** 1123 f; **1993** 1408 m. Anm. *Rengier* JR **1994** 125; OLG Hamburg ZfW 1983 112; *Alt* MK Rdn. 23; *Sack* Rdn. 54 f; *Schall* NStZ **1992** 209, 211; *ders.* SK Rdn. 36.

124 OLG Frankfurt NStZ **1987** 508; OLG Köln NJW **1988** 2119; OLG Celle NuR **1992** 396; OLG Stuttgart NJW **1977** 1408 (zu weitgehend jedoch hinsichtlich Einleitung schadstoffhaltiger Abwässer ohne jegliche Kenntnis chemischer Zusammensetzung oder der Menge, weil so eine Bagatelle nicht auszuschließen ist, *Szesny* AnwK Rdn. 15); *Saliger* Umweltstrafrecht Rdn. 357; krit. auch *Michalke* Rdn. 32); *Alt* MK Rdn. 31 f, 34 f; *Sack* Rdn. 38, 44, 50; *Schall* SK Rdn. 34; *Samson* ZStW 99 (**1987**) 617 ff, 621.

125 *Alt* MK Rdn. 32; *Ransiek* NK Rdn. 13; *Schall* SK Rdn. 35; *Szesny* AnwK Rdn. 17; *Börner* § 8 Rdn. 19; **aA** (regelmäßig als Beweis anzusehen) OLG Frankfurt NStZ **1987** 508; LG Kleve NStZ **1981** 266; *Fischer* Rdn. 7a; *GJW/Bock* Rdn. 13; *Witteck* BeckOK Rdn. 20; *Michalke* Rdn. 33; *Sack* Rdn. 50a; *Saliger* Umweltstrafrecht Rdn. 357.

126 *Schall* SK Rdn. 35.

Verunreinigung des Gewässers.[127] Liegt bewusstes und gewolltes Zusammenwirken der Einleiter (Mittäterschaft nach § 25 Abs. 2) vor, so steht ihre Verantwortlichkeit außer Frage. Entsprechendes gilt für den Fall, dass derselbe Täter nacheinander jeweils in geringfügiger Weise Schadstoffmengen einleitet, die sich zu einer Verunreinigung des Gewässers aufsummieren.[128] Für Fälle der Nebentäterschaft soll es nach dem Willen des Gesetzgebers[129] ausreichend sein, wenn das Verhalten des Täters nur deswegen zu einer Verunreinigung führt, weil auch andere dem Gewässer Stoffe zuführen.[130] Nach der damals herangezogenen Entscheidung des OLG Stuttgart ist darauf abzustellen, ob eine Einleitung von Schadstoffen im Zusammenwirken mit weiter eingeleiteten, gleichzeitig oder bereits eingebrachten Schadstoffen zu einer nachteiligen Veränderung führt.[131] Kausalität i. S. d. Äquivalenztheorie ist zu bejahen, sobald auf das Gewässer Einwirkende eine – wenngleich minimale – Ursache für den schädlichen Erfolg gesetzt haben. Anders liegt es, falls eine Schadensursächlichkeit allein Dritter nicht auszuschließen ist.[132] **Objektiv zuzurechnen** sind freilich kumulativ bewirkte Verunreinigungserfolge nur dann, solange sie sich nicht als atypische Abläufe darstellen und nicht auf einem eigenverantwortlichen, vom Einleitenden nicht vorhersehbaren Verhalten Dritter beruhen.[133] Zu weitgehend gleichen Ergebnissen gelangt, wer mit der Rspr. zur Beurteilung subjektive Komponenten, insb. die Vorhersehbarkeit des weiteren Verlaufs, d. h. der hinzutretenden Einleitungen durch Dritte, heranzieht.

5. Unbefugtes Handeln

a) Einordnung. Das Merkmal „unbefugt“ ist nach dem Willen des Gesetzgebers dahin zu verstehen, „dass nach einschlägigen gesetzlichen Regelungen und allgemeinen Rechtsgrundsätzen zu prüfen ist, ob das im Übrigen tatbestandsmäßige Verhalten straflos ist.“[134] Die dogmatische Einordnung hat der Gesetzgeber bewusst der Rechtsprechung überlassen.[135] Nach h. M. soll es sich um ein allgemeines Rechtswidrigkeitsmerkmal handeln, womit wasserrechtliche Gestattungen jeder Art nichts an der Tatbestandsmäßigkeit einer Einleitung ändern und erst als Rechtfertigungsgründe zu berücksichtigen wären.[136] Begründet wird dies u. a. mit dem repressiven Charakter des Verbots der Gewässerbeanspruchung[137] sowie dem zugespitzten Erfolgsmerkmal der 31

---

127 *Schall* SK Rdn. 38; *Möhrenschlager* WiVerw. **1984** 47, 60; *Kleine-Cosack* 219 f; *Kloepfer/Heger* Rdn. 188 ff; *Niering* 53; *Wegscheider* ÖJZ **1983** 90; *Kuhlen* WiVerw. **1991** 181, 195 ff; krit. *Samson* ZStW 99 (**1987**) 617, 629; hierzu auch die Diskussion auf der Salzburger Tagung der Strafrechtslehrer, wiedergegeben ZStW 99 (**1987**) 657.

128 *Rengier* in: Ökologie und Recht 33, 52; krit., weil praktisch nicht beweisbar *Michalke* Rdn. 40.

129 BT-Drs. 8/2382 14 (unter Bezugnahme u. a.auf OLG Stuttgart NJW **1977** 1406; BT-Drs. 8/2382 30; 8/3633 22, 34.

130 Dazu näher mit unterschiedlicher Auffassung *Alt* MK Rdn. 23 f; *Schmitz* MK vor § 324 Rdn. 36 ff; *Ransiek* NK Rdn. 19; *Schall* SK Rdn. 38 f; *Sch/Schröder/Heine/Schittenhelm* Rdn. 8, 10; *Fischer* Rdn. 5a, b; *Szesny* AnwK Rdn. 6; *Witteck* BeckOK Rdn. 25 f; *Kloepfer/Heger* Rdn. 188 ff; *Braun* 52 f; *Kleine-Cossack* 18 ff, 119 ff, 168 ff; *Möhrenschlager* WiVerw **1984** 61, 63; *Niering* 53; *Samson* ZStW 99 (**1987**) 617, 621, 627 ff; *Sander* 65; *Michalke* Rdn. 39 ff.

131 OLG Stuttgart DVBl. **1976** 798; *Möhrenschlager* WiVerw **1984** 47, 63 f; VGT 84 302, 323; *Ransiek* NK Rdn. 19; *Sack* Rdn. 50c; *Witteck* BeckOK Rdn. 26.

132 LG Bad Kreuznach NJW **1993** 1725; OLG Koblenz NJW **1994** 1887.

133 *Schmitz* MK Vor § 324 Rdn. 37 ff; *Samson* ZStW 99 (**1987**) 617, 626 ff; wohl auch *Ransiek* NK Rdn. 19; diff. (nur Zurechnung eines bereits vorhandenen, nicht auch eines künftig zu erwartenden Beitrags) *Saliger* Umweltstrafrecht Rdn. 247 f; *Schall* SK Rdn. 39; *Sch/Schröder/Heine/Schittenhelm* Rdn. 8; *Kloepfer/Heger* Rdn. 191.

134 BT-Drs. 8/2382 14.

135 BT-Drs. 8/3633 25.

136 BayObLGSt **1982** 75 f = JR **1983** 120; indirekt auch OLG Braunschweig ZfW **1991** 52, 61; OLG Celle ZfW **1987** 126; OLG Hamburg ZfW **1983** 112, 116 f; OLG Karlsruhe ZfW **1982** 388; OLG Köln NStZ **1986** 225 = JR **1987** 297 m. Anm. *Möhrenschlager*; *ders.* LK[12] Rdn. 65 f; *Schall* SK Rdn. 59; *Sch/Schröder/Heine/Schittenhelm* Rdn. 11; *Schmitz* MK Vor § 324 Rdn. 54; *Lackner/Kühl/Heger* Rdn. 8; *Fischer* Rdn. 7; *GJW/Bock* Rdn. 17; *Saliger* Umweltstrafrecht Rdn. 96 ff, 358; *Sack* Rdn. 61 f; *Franzheim/Pfohl* Rdn. 38 ff; *Maurach/Schroeder/Maiwald* II § 58 Rdn. 8.

137 Vgl. OLG Frankfurt NJW **1987**, 2753, 2755 (Prinzip des absoluten Gewässerschutzes); *Schmitz* MK Vor § 324 Rdn. 54.

Verunreinigung.[138] Allerdings ist schon die Unterscheidung zwischen präventiven und repressiven Verboten verwaltungsrechtlich kaum präzise durchzuhalten[139] und der Eintritt einer nachteiligen Eigenschaftsveränderung keineswegs gleichbedeutend mit einer wasserrechtlichen Genehmigungsunfähigkeit der entsprechenden Handlung.

32 Die Gegenposition, die „unbefugt“ im Ergebnis mit „ungenehmigt“ gleichsetzt und das Merkmal im Tatbestand verortet,[140] kann sich auf die Funktion des Tatbestands berufen, allein typisches Unrecht zu bezeichnen. Wo der Resttatbestand kein solches typisches Unrecht zu beschreiben vermag (wie z. B. in den §§ 107a Abs. 1, 1. Alt., 132a Abs. 1), muss die im Merkmal „unbefugt“ zum Ausdruck kommende, fehlende Befugnis als zusätzliches Tatbestandsmerkmal diese Unrechtsvertypung leisten. Angesichts der zahlreichen Möglichkeiten zur legalen, auch die Umwelt tangierenden Wasserinanspruchnahme (vgl. die §§ 8 ff i. V. m. den Bewirtschaftungsgrundsätzen in § 6 WHG, ferner die §§ 20, 25, 43, 46 WHG[141]) kann aber auch für § 324 gerade nicht angenommen werden, jedwede mit (partiellen) Eigenschaftsveränderungen verbundene Wasserinanspruchnahme sei typischerweise strafrechtliches Unrecht. Dieses entsteht vielmehr erst, wenn zugleich die behördliche Bewirtschaftungs- und Zugangskontrolle als weiteres Schutzgut des § 324 (s. o. Rn. 14) missachtet und Gewässer ungenehmigt verändert werden. Das im Merkmal „unbefugt“ ausgedrückte Fehlen einer wasserrechtlichen Erlaubnis ist daher unrechtskonstituierend und dieses daher richtigerweise als **Tatbestandsmerkmal** anzusehen.

33 **b) Reichweite der Erlaubnis.** Liegt zum Tatzeitpunkt ein mit der Bekanntgabe nach § 43 VwVfG wirksamer Verwaltungsakt der Wasserbehörde i. S. v. § 35 VwVfG vor, der auch eine bestimmte nachteilige Veränderung von Gewässereigenschaften erlaubt,[142] so liegt hinsichtlich der Herbeiführung dieses Erfolges befugtes Handeln vor, wenn derjenige, der diese Veränderung durch sein Verhalten verändert, im Rahmen seiner Erlaubnis handelt.[143] Unbefugt ist das Einleiten nach Ablauf einer Befristung und von Stoffen in größerer Menge oder mit einem größeren Verschmutzungsgrad als zugelassen. Zu ungenehmigtem, aber genehmigungsfähigen Verhalten sowie zur Wirkung rechtswidriger Gestattungen s. vor § 324 Rdn. 60 f, 64. Tatbestandsausschließend wirkt, jedenfalls soweit sie als konkludente Gestattung zu begreifen ist, auch eine informelle behördliche Duldung der Gewässerbeeinträchtigung (s. vor § 324 Rdn. 65 ff).

34 Das Recht, das betroffene Gewässer nach § 10 Abs. 1 WHG „zu einem bestimmten Zweck in einer nach Art und Maß bestimmten Weise zu benutzen“, wird in dem Erlaubnisbescheid nach § 13 WHG durch Inhaltsbestimmungen konkretisiert und kann durch Nebenbestimmungen i. S. v. § 36 VwVfG ergänzt werden. Konstitutive, insbesondere aus speziellen wasserrechtlichen Regelungen abzuleitende Anforderungen an die Gewässerbenutzung (wie über Zweck, Art, Maß, Umfang und Modalitäten) bestimmen den Inhalt der Erlaubnis. Dazu können „Anforderungen an die Beschaffenheit einzubringender oder einzuleitender Stoffe“ (§ 13 Abs. 2 Nr. 1 WHG) gehören. Zu den Nebenbestimmungen gehören insbesondere solche nach § 36 Abs. 2 VwVfG (Befristung,

---

138 *Sch/Schröder/Heine/Schittenhelm Vor §§ 324 ff Rdn. 14; Möhrenschlager* LK[12] Rdn. 65.

139 *Schwabe* JuS **1973** 133, 135; *Gusy* JA **1981** 80, 81; *Wimmer* JZ **1993**, 67, 69; *Marx* 61 ff.

140 *Ransiek* NK Rdn. 21; *Heghmanns* 174 ff, 177; *Papier* NuR **1986** 1, 3; *Lenk* 75 f; *Nisipeanu* ZfW **1990** 365, 379; *Bergmann* 234 ff; *Hundt* 85 ff; LG Bonn NStZ **1988** 224; in die gleiche Richtung auch *Goll* Offenbarungsbefugnisse im Rahmen des § 203 Abs. 2 StGB – zugleich eine Darstellung der verschiedenen Funktionen des Merkmals „unbefugt“, Diss. Tübingen 1980, 8; ferner *Winkelbauer* Verwaltungsakzessorietät 24.

141 Befugnisse können sich auch aus Regelungen zu internationalen Abkommen oder europäischen Regelungen zum Schutze des Meeres ergeben, ferner aus gewohnheitsrechtlichem Schifffahrtsrecht.

142 Nicht ausreichend ist eine Genehmigung zur Instandsetzung, zum teilweisen Neubau und zur Wiederinbetriebnahme einer Wasserkraftanlage, wenn die Ausnutzung dieser Genehmigung die Benutzung eines Gewässers voraussetzt, VG Chemnitz ZUR **2002** 424; *Sack* Rdn. 62d; *Schall* NStZ-RR **2003** 65 f; *ders.* SK Rdn. 55; mit dem Recht, Wasser in einen Triebwerkskanal abzuleiten, ist nicht notwendig das Recht verbunden, die am Kraftwerksrechen sich ansammelnden Stoffe wieder in das unterhalb der Anlage fließende Wasser einzubringen, *Sieder/Zeitler* Rdn. 12.

143 *Schall* SK Rdn. 60, 68; *Sack* Rdn. 62.

[aufschiebende oder auflösende] Bedingungen, Auflagen und ein auflagenbezogener Vorbehalt).

Beim Einleiten von **Abwasser** (Schmutzwasser und Niederschlagswasser [§ 54 WHG; § 2 AbwAG]) in ein Gewässer sind neben den §§ 57 ff WHG die einschlägigen Vorschriften der Abwasserverordnung (AbwV) mit ihren Anhängen, das Abwasserabgabengesetz (AbwAG) für die Bestimmung der Abwasserabgabe nach der Schädlichkeit des Abwassers, ggf. Länderregelungen, Abwasserverwaltungsvorschriften und technische Regelwerke zu beachten.[144] Ein Erlaubnisbescheid enthält inhaltsbestimmend Angaben über Grenzwerte (Fracht-, Konzentrationswerte, Temperatur) und sonstige AbwV-Anforderungen zusammen mit denen aus § 4 AbwAG i. V. m. Anl. zu § 3.[145] Dazu gehören z. B. Bestimmungen zur Einleitung von Abwasser bestimmter Qualität und/oder Menge und die Staffelung der Abwassereinleitungsmenge in Abhängigkeit von der Wasserführung des benutzten Gewässers.[146] Der wasserrechtliche Bescheid hat nach § 4 Abs. 1 S. 2 für bestimmte Schadstoffe bzw. Schadstoffgruppen in einem bestimmten Zeitraum mindestens einzuhaltende Konzentrationen bzw. den einzuhaltenden Verdünnungsfaktor als Überwachungswerte sowie die Jahresschmutzwassermenge festzulegen. **Überwachungswerte** gelten i. S. v. §§ 4 Abs. 4 S. 2, 6 Abs. 1 AbwAG in der wasserrechtlichen Zulassung als Inhaltsbestimmung. Sie gilt allgemein als noch eingehalten, wenn die Ergebnisse dieser und der vier vorausgegangenen in einem angemessenen Zeitabstand getätigten staatlichen Überwachungen (der letzten drei Jahre) in vier Fällen den jeweils maßgeblichen Wert nicht überschreiten und auch kein einzelnes Ergebnis den Wert um mehr als 100 % übersteigt. Die AbwV geht davon aus, dass bei Beachtung des Stands der Technik die der Vorschrift enthaltenen Grenzwerte i. d. R. eingehalten werden, seltene Überschreitungen aber nicht ausgeschlossen werden können. Anhand der „4 aus 5-Regelung" wird festgestellt, ob ein gemessener Wert, der den zu beachtenden Wert überschreitet, lediglich ein seltener Ausreißer ist.[147] Im Einzelfall ist dabei ggf. zunächst zu klären, für welche Betriebsabläufe (Normalbetrieb, Einfahrphase, Wartungen, Reparaturen, Baumaßnahmen) der Bescheid und die in ihm enthaltenen Werte gelten sollen. Ergibt die Auslegung des Bescheids, dass ein bestimmter festgesetzter Wert immer einzuhalten, also ein Höchstwert ist, dann ist schon die einmalige Überschreitung unbefugt. Ist dies nicht der Fall, überschreitet aber bei einer anwendbaren 4 aus 5-Regelung die aktuelle Probe die festgesetzten Werte um mehr als 100 %, so kann dies ebenfalls nicht mehr ausgeglichen werden. Überschreitet sie zwar in solchen Fällen den festgesetzten Wert, bleibt sie aber unterhalb der 100 %-Grenze, kommt es auf die vier vorangegangenen Untersuchungsergebnisse an. Waren die hierbei festgestellten Werte unterhalb des Grenzwertes oder höchstens gleich mit diesem, tritt hinsichtlich der aktuellen Probe die Fiktionswirkung ein. Hatte indessen ein Wert der früheren vier die Grenze bereits überschritten, kann keine „Heilung" erfolgen; die Grenze erlaubter Einleitung ist mit der zweiten Überschreitung des Wertes übertreten.[148] Bei der Feststellung eines Verstoßes spielt es keine Rolle, ob für die Einhaltung früherer Werte ein Rechtsvorgänger verantwortlich war.[149] Nach § 6 Abs. 3 AbwV gilt ein festgesetzter oder direkt verbindlicher Wert für den Chemischen Sauerstoffbedarf (CSB) ebenfalls als eingehalten, wenn der vierfache Wert des gesamten organisch gebundenen Kohlenstoffs (TOC) in mg/Liter diesen Wert nicht übersteigt. 35

144 S. zu allem die Übersicht bei *Berendes/Frenz/Müggeborg* WHG, 1650 ff sowie unter www.bfr-abwasser.de; zu den Regelwerken vgl. auch die Hinweise in § 4 AbwV.

145 *Berendes/Schmid* § 13 Rdn. 25.

146 *Kotulla* § 57 Rdn. 7.

147 BVerwG NVwZ **2011** 1529.

148 *Alt* MK Rdn. 83 f; *Schall* SK Rdn. 64 f; *Ransiek* NK Rdn. 39 f; *MG/Pfohl* § 54 Rdn. 18, 138 f; *Kloepfer/Brandner* ZfW **1989** 1, 22; *Sander* ZfW **1993** 204, 206; BVerwG UPR **1996** 148; NVwZ **1998** 408; NVwZ-RR **2007** 127; *Möhrenschlager* NuR **1983** 209, 214; *Eidam* Kap. 8 Rdn. 136 ff (mit Beispiel); nach *Sack* Rdn. 96a kann bei außergewöhnlich hohen Einzelwerten (sog. Ausreißer) nicht auf den Mittelwert abgestellt werden; eingehend zum Ganzen *Christiansen* 33 ff, 56 ff, 133.

149 *Ransiek* NK Rdn. 41.

36 Orientiert sich ein Erlaubnisbescheid nur an **Höchstwerten**, ist deren Überschreitung jeweils unbefugt. Mitunter kann jedoch selbst in Fällen der Überschreitung der Grenzwerte die Tatbestandsmäßigkeit ausnahmsweise doch noch entfallen, etwa wenn eine vereinzelte Überschreitung objektiv unvermeidbar war, was ggf. auch dem Bescheid im Wege der Auslegung entnommen werden kann.[150]

37 Der sog. **mittelbare Einleiter** von Abwasser handelt nach h. M. selbst dann unbefugt, wenn er sein Abwasser zwar im Einklang mit der **kommunalen Abwassersatzung** einem öffentlichen Kanalnetz zuführt, dadurch aber eine Verschlechterung der Gewässereigenschaften verursacht.[151] Hintergrund ist die gegenüber wasserrechtlichen Regelungen teilweise unterschiedliche Zweckrichtung solcher Satzungen (Sicherung des Bestandes und der Funktionsfähigkeit der Abwasseranlage; Schutz des Anlagenpersonals), auch wenn damit (mittelbar) zugleich gewässerschützerischen Belangen Rechnung getragen wird. In bestimmtem Umfang können ggf. in einer Satzung auch strengere Grenzwerte als wasserrechtlich vorgesehen festgelegt werden[152] und zur Strafbarkeit nach § 324 führen, soweit dadurch, auch wenn die wasserrechtlichen Grenzwerte nicht überschritten werden, gleichwohl eine nachteilige Gewässerveränderung verursacht wird. Allerdings wird sich ein Nutzer einer kommunalen Abwasseranlage regelmäßig darauf verlassen dürfen, dass in Einklang mit der Satzung eingeleitete Schadstoffe in einer Weise behandelt werden, die keine Gewässerverunreinigung verursacht. Ist dies dennoch der Fall, wird dies jedenfalls zu einem Irrtum führen, der je nach Sachlage tatbestands- oder schuldausschließend wirken kann.[153]

38 Die Nichteinhaltung von behördlicherseits festgelegten **Auflagen** richtet sich nicht unbedingt direkt gegen den Inhalt des Bescheids, sofern es sich um keine den Bescheid modifizierenden Auflagen handelt (z. B., entstehende Abwasser durch eine binnen einer bestimmten Frist zu errichtende Kläranlage aufbereiten zu lassen[154] oder Abwässer von einem Restaurantschiff in einem gesonderten Tank [und nicht in ein Gewässer einzuleiten][155]). Bei selbstständigen Auflagen, die auch selbstständig anfechtbar sind, wird gerade im Hinblick auf die Selbständigkeit der Gestattung trotz eines Auflagenverstoßes weiterhin befugtes Handeln vorliegen.[156] Allerdings führt selbst bei modifizierenden Auflagen nicht jeder Verstoß automatisch zur Annahme unbefugten Handelns.[157] Das ergibt sich schon daraus, dass § 103 Abs. 1 Nr. 2 WHG ausdrücklich einen Bußgeldtatbestand für den Fall bestimmter Verstöße gegen Auflagen bereithält. Die Auflage muss vielmehr (zumindest mittelbar) zugleich dem Gewässerschutz dienen.[158] Nicht direkt gewässerschützend sind etwa Auflagen nach § 13 Abs. 2 WHG, die bestimmte Beobachtungen vorschreiben (Nr. 2c), die Bestellung eines Betriebsbeauftragten verlangen (Nr. 3), die Leistung

150 *Ransiek* NK Rdn. 42; Meinberg/Möhrenschlager/Link/*Möhrenschlager* 42; *Rudolphi* Festschrift Lackner 863 ff; OLG Frankfurt NStZ **1987** 508; für *Sack* Rdn. 96d handelt es sich hier um eine Frage des Verschuldens.

151 OLG Karlsruhe NJW **1966** 559; *Schall* SK Rdn. 60; *Sch/Schröder/Heine/Schittenhelm* Rdn. 12; *Witteck* BeckOK Rdn. 20; *Sack* Rdn. 113b; *Scholz* 49 ff, 78 ff, 109 f; auch *Czychowski/Reinhardt* § 58 WHG Rdn. 11 (Einhaltung des schärferen wasserrechtlichen Grenzwerts, ebenso *Pfohl* wistra **1994** 6, 8; *Lübbe-Wolff* NVwZ **1989** 205, 207 f.); **aA** *Alt* MK Rdn. 66; *Breuer/Gärditz* Rdn. 1635; *Michalke* Rdn. 41, 87; *Krebs/Oldiges/Papier* Aktuelle Probleme des Gewässerschutzes 65, 75 f.

152 Vgl. OVG Münster ZfW **1996** 328; **2008** 41; *Czychowski/Reinhardt* § 58 WHG Rdn. 11; *Hendler* BWVBl **1992** 401; *Lübbe-Wolff* NVwZ **1989** 205, 210; *Reichert* ZfW **1997** 141; **aA** *Scholz* 56 (Ausnahmen nur in engen Grenzen).

153 *Alt* MK Rdn. 66.

154 *Möhrenschlager* NuR **1983** 209, 214; *Steindorf* LK[11] Rdn. 84; *Michalke* Rdn. 9.

155 BGH NStZ **1991** 281 f; *Momsen/Grützner/Ventzura-Heinrich* Wirtschaftsstrafrecht (2013) Kap 10 F Rdn. 50.

156 So z. B. *Bickel* ZfW **1979** 139, 141; *ders.* DÖV **1981** 448, 453; *Papier* NuR **1986** 1.

157 *Sieder/Zeitler/Dahme* Rdn. 12; *Sack* NJW **1977** 1408; *Wernicke* NJW **1977** 1662, 1664.

158 *Alt* MK Rdn. 81 m. w. N.; *Ransiek* NK Rdn. 22; *Schall* SK Rdn. 63; *Sch/Schröder/Heine/Schittenhelm* Rdn. 12; *Fischer* Rdn. 7b; *GJW/Bock* Rdn. 28 vor § 324; *Kloepfer/Heger* Rdn. 194; *Matt/Renzikowski/Rettenmaier/Gehrmann* Rdn. 13; *Michalke* Rdn. 93; *Möhrenschlager* NuR **1983** 209, 214; *Sack* Rdn. 111.

von Beiträgen aufgeben (Nr. 4) oder die Vorlage von Untersuchungsergebnissen zum Inhalt haben.[159]

c) Erlaubnisfreie Benutzung. Zur **Gefahrenabwehr** kann nach § 8 Abs. 2 WHG z. B. Wasser aus überfluteten Kellern nach Überschwemmungen erlaubnisfrei in ein Gewässer eingeleitet werden, sofern der drohende Schaden schwerer wiegt als die mit dem Einleiten verbundene nachteilige Veränderung des Gewässers. 39

d) Alte Rechte. Die an sich überholten[160] privilegierten „Alten Rechte und alten Befugnisse" für am 12.8.1957 im Gebiet der früheren Bundesrepublik bzw. am 1.7.1990 im Beitrittsgebiet oder zu einem sonst von den Ländern bestimmten Zeitpunkt (zumeist der zum Inkrafttreten von Wassergesetzen) bestehende rechtmäßige Anlagen (§§ 20 f WHG) können eine Benutzung des Gewässers als befugt erscheinen lassen. Inhalt und Umfang bestimmen sich nach dem ihnen zugrunde liegenden früheren Recht bzw. gestattenden Akt (§ 20 Abs. 1 WHG).[161] Die alten Rechte und Befugnisse bestehen grundsätzlich mit ihrem bisherigen Inhalt und Umfang fort. Allerdings gilt nach Auffassung des BVerwG die Vorschrift nur für solche Rechte weiter, bei deren Erteilung oder Aufrechterhaltung eine öffentlich-rechtliche Überprüfung in wasserwirtschaftlicher Hinsicht stattgefunden hat.[162] 40

e) Gemeingebrauch und ähnliche Befugnisse. Gemeingebrauch (§ 25 WHG), Eigentümer- und Anliegergebrauch (§ 26 WHG)[163] sowie die erlaubnisfreie Benutzung von Küstengewässern (§ 43 WHG) begründen generell keine Befugnis zur Benutzung oberirdischer Gewässer, die zu nachteiligen Veränderungen ihrer Eigenschaften führt.[164] Deutlicher als § 25 ist in dieser Hinsicht § 26 Abs. 1 S. 1 WHG, der eine Erlaubnisfreiheit u. a. davon abhängig macht, ob durch die Benutzung eine Änderung der Wasserbeschaffenheit i. S. v. § 3 Nr. 9 WHG zu erwarten ist. Nach den §§ 25 S. 2, 26 Abs. 1 S. 2 WHG umfassen diese „Gebräuche" nicht das Einbringen und Einleiten von Stoffen in oberirdische Gewässer. Die Ausnahmen in den §§ 25 S. 3 Nr. 2, 26 Abs. 1 S. 3 WHG für das Einbringen von Stoffen zu Zwecken der Fischerei können indessen kraft Landesrechts zur Befugnis führen, solange keine „signifikanten nachteiligen Auswirkungen auf den Gewässerzustand zu erwarten sind",[165] was immerhin geringere nachteilige Veränderungen legitimieren mag.[166] 41

---

159 *Michalke* Rdn. 93.

160 Vgl. *Berendes* § 20 Rdn. 6 ff (der vom BMU 2007 vorgeschlagene Wegfall nach einer Übergangszeit war politisch nicht durchsetzbar).

161 Zu einzelnen Rechtsquellen s. *Kotulla* Rdn. 6 ff, 16, 20 f; *S/Z/Dahme* § 16 WHG a. F. Rdn. 17, 37; *Czychowski/Reinhardt* § 20 WHG Rdn. 10 ff; ausführliche Erörterung bei *Breuer/Gärditz* Rdn. 475 f. – In diesen Zusammenhang gehört auch die gewohnheitsrechtlich anerkannte Befugnis kraft „unvordenklicher Verjährung" (widerlegliche Vermutung eines in früherer Zeit entstandenen Rechts), BayVGH ZfW **2005** 43 (auch zum Erlöschen eines Altrechts); VG Regensburg ZfW **2008** 231, 232 f; *Saliger* Umweltstrafrecht Rdn. 358; *Schall* NStZ-RR **2006** 161, 163; *ders.* SK Rdn. 74; *Czychowski/Reinhardt* § 20 WHG Rdn. 23; *Kloepfer/Heger* Rdn. 194.

162 BVerwGE **37** 103; *Czychowski* § 15 WHG a. F., Rdn. 4; *Hansmann/Sellner/Salzwedel/Durner* Kap. 8 Rdn. 110.

163 Dazu ausführlich *Breuer* Rdn. 264 ff, 277 ff; Überblick bei *Kloepfer* Umweltrecht § 14 Rdn. 159 ff.

164 BVerfGE **93** 319, 339.

165 *Berendes/Frenz/Müggenborg/Schmid* § 25 WHG Rdn. 66; *Kotulla* § 25 WHG Rdn. 30; vgl. auch das landesrechtliche Verbot nachteiliger Veränderungen in § 36 NRW WG; zum Bereich der Fischer s. *Kloepfer* Umweltrecht § 14 Rdn. 161 f.

166 § 26 BW-WG erlaubt den Gemeingebrauch nur für unschädliche Verrichtungen; Art. 18 Abs. 1 S. 1 BayWG erlaubt keine erhebliche Beeinträchtigung des Gewässers und seiner Ufer; §§ 25 Abs. 1, 26 BerlWG lassen bestimmte Benutzungen nur in unschädlichen Mengen bzw. nicht bei fehlender Eignung zur Nachteilsveränderung zu; ein

42 **f) Landwirtschaft.** Sonderregelungen über Befugnisse ergeben sich im Bereich der Landwirtschaft. Hier kann der Einsatz von Düngemitteln (z. B. von Jauche, Gülle, Mist, Fäkalien sowie die Lagerung von Silage) und von Pflanzenhilfsmitteln ggf. zur Verunreinigung von Quell- und Grundwasser durch Phosphat und Nitrat, aber auch von Oberflächengewässern (etwa durch Eutrophierungen) führen.[167] Wenn die Verwendung von Düngemitteln, Bodenhilfsstoffen, Pflanzenhilfsmitteln und Kultursubstraten i. S. v. § 3 Abs. 2 S. 1 DüngeG[168] i. V. m. der Düngeverordnung (DÜV)[169] v. 26.5.2017 auf landwirtschaftlichen Flächen sich noch im Rahmen „guter fachlicher Praxis" bewegt (§ 3 Abs. 2 DüngeG, §§ 3 ff DÜV, § 3 Abs. 1 PflSchG i. V. m. der PFlSchAnwV[170]), wird davon ausgegangen, dass gleichwohl entstehende Gewässerbeeinträchtigungen befugt erfolgt sind. Das Aufbringen von Klärschlamm auf landwirtschaftlich oder gärtnerisch genutzten Böden ist im Rahmen der KlärschlammVO zulässig.[171]

43 **g) Gewohnheitsrecht der Schifffahrt.** Ein früheres Gewohnheitsrecht ist angenommen worden hinsichtlich der Einleitung von nichtölhaltigen Schiffsabwässern (Küchenabwässern, Fäkalien aus der Bordtoilette) in die auf bayerischem Gebiet liegenden Bundeswasserstraßen und von fahrenden Restaurantschiffen in den Rhein.[172] Angesichts des gestiegenen Umweltbewusstseins der Bevölkerung kann jedoch heutzutage von einem solchen Gewohnheitsrecht nicht mehr ausgegangen werden.[173] Aus dem zulässigen Betrieb der Schifffahrt lässt sich auch keine generelle Befugnis zum Einleiten von Abwässern herleiten.[174] Das geltende nationale, europäische und internationale Schifffahrtsrecht enthält vielmehr zahlreiche explizite Verbote.[175]

44 **h) Behördliche Duldung.** Zur Differenzierung und Wirkung behördlicher Duldungen[176] s. vor § 324 Rdn. 65 ff, wo deren grundsätzliche Beachtlichkeit hergeleitet wurde. Danach besitzen Duldungen, die einen das Bürgerverhalten hinnehmenden Inhalt kommunizieren, dieselben strafrechtlichen Auswirkungen wie eine ordnungsgemäße wasserrechtliche Erlaubnis: Sie führen zu einem befugten Handeln und somit nach der hier vertretenen Auffassung (s. o. Rdn. 31 f) zum Tatbestandsausschluss, nach h. M. – z. T. unter der irreführenden Kategorisierung einer

Benachteiligungsverbot enthält § 14 BremWG; § 9 HmbWG erlaubt bestimmte Nutzungen ohne Verwendung wassergefährdender Stoffe bzw. schädlicher Bestandteile; § 34 SächsWG verlangt wasserwirtschaftliche Unbedenklichkeit.

167 BayObLGSt **1978** 82 = NJW **1978** 2046 (Ablassen von Fäkalien nach Unfall auf einem fremden landwirtschaftlichen Grundstück); NuR **1984** 318 (Jauchedüngung; ammoniumhaltiges Mistsickerwasser ins Grundwasser); BayObLGSt **1989** 13 = wistra **1989** 235 (Rindergülle); OLG Celle NJW **1986** 2326 (Versickernlassen von Silagesaft ins Erdreich).

168 DüngeG v. 9.1.2009 (BGBl. I S. 54, 136).

169 DüngeVO v. 26.5.2017 (BGBl. I S. 1305).

170 Pflanzenschutzgesetz v. 6.2.2012 (BGBl. I S. 148, 1281); Verordnung über Anwendungsverbote für Pflanzenschutzmittel (PflSchAnwV) v. 10.11.1992 (BGBl. I S. 1887).

171 Verordnung über die Verwertung von Klärschlamm, Klärschlammgemisch und Klärschlammkompost (Klärschlammverordnung – AbfKlärV) v. 27.9.2017 (BGBl. I S. 3465).

172 BayObLGSt **1982** 75 = NStZ **1983** 169; BGH NStZ **1991** 281; OLG Köln NStZ **1986** 225 (jedoch nicht für stationäre Restaurations- und Hotelschiffe).

173 LG Hamburg NuR **2003** 776 (dazu *Schall* NStZ-RR **2005** 33, 34 f.); *Alt* MK Rdn. 63; *Ransiek* NK 22; *Sack* Rdn. 113; *ders.* JR **1983** 123 f; *Saliger* Umweltstrafrecht Rdn. 359; *Ensenbach* 209; *Franzheim/Pfohl* Rdn. 98; *Heine* Festschrift Otto 1015, 1021 f; *Kuhlen* WiVerw **1991** 181, 215, 227 f; *Möhrenschlager* NuR **1983** 209, 215; *Schminke* 155, 179 ff.

174 LG Hamburg NuR **2003** 776 (betr. Elbe, Hamburger Hafen); *Schall* SK Rdn. 76; *Ensenbach* 204 f; *Sack* Rdn. 113a; *Schminke* 96 ff; **aA** – als obiter dictum – OLG Köln NStZ **1986** 225 = JR **1987** 297 m. abl. Anm. *Möhrenschlager;* krit. auch *Lackner/Kühl/Heger* Rdn. 9.

175 Vgl. dazu die detaillierte Aufstellung bei *Möhrenschlager* LK[12] Rdn. 78.

176 Zum einschlägigen Schrifttum s. vor § 324 Fn. 201.

„aktiven" Duldung – immerhin zur Rechtfertigung.[177] Wird keine solche Entscheidung getroffen, liegt vielmehr bloße unbewusste Untätigkeit der Behörde vor (häufig als sog. „passive Duldung" eingeordnet), so ändert dies nichts an Tatbestandsmäßigkeit oder Rechtswidrigkeit.[178]

IV. Vorsatz

Absatz 1 verlangt vorsätzliches Handeln, wobei bedingter Vorsatz genügt.[179] Der Vorsatztäter muss erkennen oder damit rechnen und zumindest billigend in Kauf nehmen, dass sein Handeln oder Unterlassen eine nachteilige Veränderung der Eigenschaften eines Gewässers zur Folge hat. 45

Es ist zunächst ausreichend, wenn der Täter über die tatsächlichen Umstände der **Gewässereigenschaft** informiert ist. Ist er dies nicht, handelt es sich nach seinem Wissensstand z. B. nur um eine gelegentlich auftretende Wasseransammlung, so liegt ein vorsatzausschließender Tatumstandsirrtum nach § 16 Abs. 1 vor. Ein Gleiches gilt, wenn der Täter das Gewässer für ein nicht mit dem Wasserkreislauf in Verbindung stehendes Pumpspeicherbecken hält[180] oder irrtümlich in einen über einen Kanal mit einem Gewässer verbundenen Oberflächengully Abwässer schüttet, weil er meint, dieser sei an die örtliche Kläranlage angeschlossen.[181] Es kommt hingegen nicht darauf an, ob der Täter den Schluss von den ihm bekannten Tatumständen auf den Begriff des „Gewässers" selbst richtig zieht. Eine entsprechende rechtliche Fehlvorstellung führt nicht zum Tatumstandsirrtum, sondern stellt einen Subsumtionsirrtum dar, der nach den Regeln des Verbotsirrtums (§ 17) zu behandeln ist,[182] d. h. nur im Falle seiner Unvermeidbarkeit zum Schuldausschluss führt. 46

In gleicher Weise ist nur eine Kenntnis von denjenigen einzelnen Tatumständen erforderlich, die der juristischen Bewertung als „Verschlechterung der Gewässereigenschaften" zugrunde liegen.[183] Genaue Einzelheiten der Verunreinigung, wie chemische Zusammensetzung der eingeleiteten Flüssigkeit oder Art und Ausmaß der vorhergesehenen Gewässerschädigung, brauchen nicht bekannt zu sein. Die Kenntnis von der grundsätzlichen Schädlichkeit der dem Ge- 47

177 *Alt* MK Rdn. 75; *Ransiek* Rdn. 31 ff; *Schmitz* MK vor § 324 Rdn. 105; *ders.* Verwaltungshandeln 95; *Schall* SK Rdn. 62; vor § 324 Rdn. 87; *Sch/Schröder/Heine/Schittenhelm* vor §§ 324 ff Rn. 20; *Börner* § 4 Rn. 72; *Dolde* NJW **1988** 2329, 2333; *Franzheim/Pfohl* Rdn. 102 ff; *Gentzcke* 133 f, 145; *Perschke* wistra **1986** 161, 167 f; *Rogall* NJW **1995** 922, 923 f; ausführlich *Kuhlen* WiVerw. **1992** 215, 266 ff, 276; aus der Rspr. OLG Celle ZfW **1987** 126; OLG Frankfurt NJW **1987** 2753, 2755 (konkludente Erlaubnis im Zusammenhang mit Bau, Modernisierung und Reparatur eines Abwassersystems in der Erwartung einer Situationsverbesserung); LG Bonn NStZ **1988**, 224; **aA** (grundsätzlich keine Rechtfertigung) OLG Braunschweig ZfW **1991** 52; **1996** 406, 409; OLG Karlsruhe ZfW **1996** 406, 409; *Alleweldt* NuR **1992** 312, 315 ff; *Hallwass* NuR **1987** 296; *Kloepfer* Umweltrecht § 7 Rdn. 31; *Kloepfer/Heger* Rdn. 195 f; *Fischer* vor § 324 Rdn. 11 (grundsätzlich abl; Ausnahme: Duldung lässt sich als nach Verwaltungsrecht wirksamer Genehmigungsakt darstellen); *Otto* § 82 Rdn. 14; *Sack* Rdn. 112 f–h (erlaubt aber wohl eine Sanierungsverfügung, durch die ein rechtswidriger Zustand bis zur Realisierung der Sanierungsmaßnahme unter Fristsetzung hingenommen wird).

178 OLG Braunschweig ZfW **1991** 52, 62 f; OLG Stuttgart ZfW **1976** 380; **1977** 118, 121 ff; JR **1978** 294 m. Anm. *Sack*; LG Bonn NStZ **1988** 224 f; *Schall* SK Vor § 324 Rdn. 94; *Sch/Schröder/Heine/Schittenhelm* vor §§ 324 ff Rdn. 20; *Fischer* Vor § 324 Rdn. 11; *Lackner/Kühl/Heger* Rdn. 12; *Breuer* NJW **1988** 2072, 2082; *Czychowski* ZfW **1980** 205, 208; *Herrmann* ZStW 89 (**1977**) 281, 300; *Hill* GewArch **1981** 155, 157; *Laufhütte/Möhrenschlager* ZStW **92** (1980) 912, 932; *Odersky* Festschrift Tröndle 291, 298; *Otto* Jura **1991** 308, 313 f; *Franzheim/Pfohl* Rdn. 105; *Sack* Rdn. 112a; *Salzwedel* ZfW **1972** 154; *Sieder/Zeitler* Rdn. 13; **aA** und für weitergehende Rechtfertigung *Schmitz* MK Vor § 324 Rdn. 105 f; *Gentzcke* 221 f; *Malitz* 133 ff; *Samson* JZ **1988** 802 f.

179 BGH NStZ **1987** 323, 324 m. Anm. *Rudolphi*; *Alt* MK Rdn. 38; *Ransiek* NK Rdn. 43; *Schall* SK Rdn. 46; *Sch/Schröder/Heine/Schittenhelm* Rdn. 14; *SSW/Saliger* Rdn. 20; *Lackner/Kühl/Heger* Rdn. 7.

180 *Alt* MK Rdn. 39; *Schall* SK Rdn. 47; *Sack* Rdn. 167; *Michalke* Rdn. 109.

181 BayObLGSt **1988** 25, 26 f = JR **1988** 344 m. Anm. *Sack*; OVG Greifswald DVBl. **2003** 1471 (betr. Ablaufkanal eines ehemaligen Kraftwerks); *Schall* NStZ **1992** 265.

182 *Alt* MK Rdn. 39; *Schall* SK Rdn. 47; *Michalke* Rdn. 109; *Sack* Rdn. 170.

183 *Ransiek* NK Rdn. 43; *Sack* Rdn. 148; *Salzwedel* ZfW **1972** 149.

wässer in der jeweiligen Menge zugeführten Stoffe und der dadurch eintretenden Verunreinigung reicht aus.[184] Lässt ein Schiffsführer Teile eines Anstrichmittels ins Wasser des Rheinhafens gelangen, ohne dass ihm die Schädlichkeit des Stoffes bekannt war, weil diese sich auch aus dem beigefügten Merkblatt nicht ergab, so fehlt ihm der Vorsatz.[185] Die Fehlvorstellung, bei der Qualität oder Quantität der dem Gewässer zugeführten Stoffe sei mit keiner Verschlechterung der Gewässereigenschaften zu rechnen gewesen, führt ebenso zum Vorsatzausschluss nach § 16 Abs. 1. Ein unbeachtlicher Irrtum über gleichwertige Tatbestandsalternativen liegt vor, wenn der Täter den tatsächlich verunreinigenden Stoff verkannt, gleichzeitig aber einen anderen schädigenden Stoff als dem Gewässer zugeführt angesehen hat.[186]

48 Beim Handeln durch Unterlassen sind die tatsächlichen Grundlagen der **Garantenstellung** Gegenstand des Vorsatzes, nicht jedoch die Garantenpflicht als solche.[187] Eine Fehlvorstellung in diesem Bereich ist nach den Grundsätzen über den Verbotsirrtum (§ 17) zu behandeln.

49 Das Merkmal **„unbefugt"** als Tatbestandsmerkmal muss ebenfalls vom Vorsatz umfasst sein. Wenn man mit der h. M. von einem Rechtswidrigkeitsmerkmal ausgeht, ändert sich insoweit wenig. Stellt sich der Täter nämlich tatsächliche Umstände vor, die bei ihrem tatsächlichen Vorliegen einen Rechtfertigungsgrund ergeben würden, so wäre dies als Erlaubnistatbestandsirrtum ebenso i. E. vorsatzausschließend[188] wie bei einer irrigen Annahme einer tatbestandsausschließenden wasserrechtlichen Erlaubnis. Vorsatzrelevant ist daher die irrtümliche Vorstellung, es liege eine behördliche Gestattung (auch in der Form einer konkludent erklärten Duldung) vor.[189] Die auf einer rechtlichen Fehlwertung beruhende Annahme, befugt zu handeln, stellt demgegenüber einen Verbotsirrtum dar.[190] Entsprechendes gilt, wenn der Gestattungsempfänger irrtümlich meint, die Frist für seine Befugnis bestehe noch, obwohl sie inzwischen abgelaufen ist.[191] Auch ein Irrtum über die Genehmigungsbedürftigkeit (bei ansonsten vollständiger Tatsachenkenntnis) wäre als Verbotsirrtum einzustufen.[192]

V. Fahrlässig begangene Tat (Absatz 3)

50 Nach Absatz 3 ist die fahrlässig unbefugte Verunreinigung oder nachteilige Eigenschaftsveränderung ebenfalls strafbedroht. Die Prüfung des Fahrlässigkeitsvorwurfs erstreckt sich dabei auf Fragen der (objektiven und subjektiven) Sorgfaltspflichtverletzung, des Pflichtwidrigkeitszusammenhangs zwischen Sorgfaltspflichtverletzung und zurechenbarem Erfolg, seiner (objektiven wie subjektiven) Vermeidbarkeit und (objektiven wie subjektiven) Voraussehbarkeit sowie

---

184 BGH NStZ **1987** 323, 324 m. Anm. *Rudolphi;* OLG Braunschweig ZfW **1991** 52, 61; OLG Stuttgart NJW **1977** 1408; LG Kleve Wasserwirtschaft **1971** 196; *Alt* MK Rdn. 40; *Schall* SK Rdn. 46; *Sack* Rdn. 158a; *Braun* 73; *Steindorf* LK[11] Rdn. 125 (hält ein Schiffer beim Abpumpen von Schmutzwasser in ein Gewässer das eingeleitete Wasser vorwerfbar für sauber, handelt er nicht vorsätzlich, sondern fahrlässig).

185 *Sander* ZfW **1981** 69; ähnlich i. E. *Schall* SK Rdn. 47.

186 *Alt* MK Rdn. 40; *Schall* SK Rdn. 47; *Rudolphi* NStZ **1987** 326.

187 BGHSt 16 155; *Steindorf* LK[11] Rdn. 112; *SSW/Saliger* Rdn. 20.

188 *Schall* SK Rdn. 48; *Alt* MK Rdn. 89; *Sack* Rdn. 173; *Schünemann* wistra **1986** 235, 245; ausführlich dazu *Vogel/Bülte* LK § 16 Rdn. 110 ff; OLG Frankfurt NJW **1987** 2753, 2756 (irrtümliches vereinzeltes Überschreiten festgesetzter Höchstwerte; ebenso *Sack* Rdn. 173; im Ergebnis wohl auch *Ransiek* NK Rdn. 41, 45, der hinsichtlich Überschreitungen Vorsatz verlangt).

189 *Ransiek* NK Rdn. 45; *Sch/Schröder/Heine/Schittenhelm* Rdn. 14; *Odersky* Festschrift Tröndle 291, 300 ff.

190 OLG Braunschweig ZfW **1991** 52, 61; OLG Stuttgart ZfW **1977** 118, 125; OLG Frankfurt NJW **1987** 2753 = JR **1988** 168 m. Anm. *Keller; Alt* MK Rdn. 89; *Sack* Rdn. 170; *Sch/Schröder/Heine/Schittenhelm* Rdn. 14; *Franzheim/Pfohl* Rdn. 122; **aA** *Ransiek* NK Rdn. 45; *Wernicke* NJW **1977**, 1662, 1666.

191 LG München II BayVBl. **1986** 317; *Schall* NStZ **1992** 265; *Alt* MK Rdn. 89; *Sack* Rdn. 173; **aA** *Ransiek NK Rdn. 45.*

192 BayObLG NuR **1992** 393; ähnlich NStZ-RR **1996** 341; MDR **1997** 188; *Alt* MK Rdn. 89; *Schall* SK Rdn. 80; *Michalke* Rdn. 113; *Franzheim/Pfohl* Rdn. 122; **aA** *Ransiek* NK Rdn. 45.

der Zumutbarkeit pflichtgemäßen Verhaltens.[193] Im Hinblick auf diese Anforderungen ist vor dem bisweilen in der Praxis anzutreffenden Irrtum zu warnen, bei der Verneinung vorsätzlichen Handelns sei – quasi automatisch – Fahrlässigkeit anzunehmen. Neben den situationsbedingten Umständen der Tat sind die persönlichen Verhältnisse des Täters in Rechnung zu stellen.[194]

Im Hinblick auf die Bedeutung des Rechtsguts „Gewässer" und den allgemeinen Informati- 51
onsstand über die Gefahren einer Gewässerschädigung ist ein **strenger Sorgfaltsmaßstab** anzulegen.[195] Ausgangspunkt ist zunächst von § 5 Abs. 1 Nr. 1 WHG,[196] wonach „jede Person ... verpflichtet [ist], bei Maßnahmen, mit denen Einwirkungen auf ein Gewässer verbunden sein können, die nach den Umständen erforderliche Sorgfalt anzuwenden, um ... eine nachteilige Veränderung der Gewässereigenschaften zu vermeiden." Diese zunächst wenig aussagekräftige Regelung, die insb. offenlässt, was jeweils „erforderlich" ist, wird durch speziellere Rechtsnormen zum Gewässerschutz sowie durch anerkannte technische Standards und Regeln konkretisiert (Rdn. 52). Bei dem anzulegenden Sorgfaltsmaßstab sind zwar auch die persönlichen Verhältnisse des Täters, insb. seine Fähigkeiten, Kenntnisse und Lebenserfahrung, sowie die situationsbedingten Umstände der Tat zu berücksichtigen. Ausgangspunkt ist jedoch zunächst die Sorgfalt eines „umweltbewussten Rechtsgenossen",[197] was in Einzelbereichen noch berufs- oder tätigkeitsbezogen (z. B. hinsichtlich des Umgangs mit gefährlichen Anlagen) spezifiziert wird.[198]

Beispiele finden sich insb. im Abwasser- und Rohrleitungsanlagenrecht: Objektiv sorgfalts- 52
widrig handelt, wer bei der Einleitung von **Abwasser** in der Erlaubnis enthaltene Inhalts- und Nebenbestimmungen (wie z. B. Auflagen) und die dem Stand der Technik i. S. v. § 3 Nr. 11 WHG entsprechenden Anforderungen der Abwasserverordnung (AbwV) samt ihren Anhängen (wie z. B. von Emissionsgrenzwerten) nicht beachtet;[199] entsprechendes gilt bei der Nichtbeachtung von Dienstanweisungen, selbst beim Fehlen von Spezialkenntnissen,[200] ferner bei der Verletzung der Vorschriften für Abwasseranlagen und Abwasserbehandlungsanlagen nach §§ 58, 59 Abs. 1 WHG i. V. m. der AbwV, § 60 WHG. Zur Selbstüberwachungspflicht vgl. § 61 WHG i. V. m. ggf. künftigen Verordnungen und bis dahin geltenden landesrechtlichen Regelungen.[201] Speziel-

---

193 *Ransiek* NK Rdn. 46 f; *Saliger* Umweltstrafrecht Rdn. 252; *Sack* Rdn. 152.

194 OLG Stuttgart NStZ *1989* 122; *Wernicke* NJW **1977** 1662, 1666.

195 BayObLG AgraR 1972 396; OLG Celle NJW **1995** 3197; ZfW **1990** 303; OLG Düsseldorf NJW **1991** 1123 = JR **1991** 340 m. Anm. *Möhrenschlager;* OLG Stuttgart NStZ **1989** 122.

196 Zu § 5 WHG *Czychowski/Reinhardt* Rdn. 4; *Berendes* Rdn. 8; *Kotulla* Rdn. 10; *Breuer* Rdn. 164.

197 OLG Celle ZfW **1990** 303; **1991** 254 (Anlegen einer Feldmiete); NuR **2011** 531; NJW **1995** 3197; OLG Düsseldorf NJW **1991** 1123; OLG Stuttgart NStZ **1989** 122; *Alt* MK Rdn. 42; *Schall* SK Rdn. 49; *Fischer* Rdn. 10; *Lackner/Kühl/Heger* Rdn. 7; *Sch/Schröder/Heine/Schittenhelm* Rdn. 15 (bei Fehlen von Sonderregeln); *Franzheim/Pfohl* Rdn. 120; *Sack* Rdn. 152, 163; *Saliger* Umweltstrafrecht Rdn. 254.

198 Beispiele sind die Bezugnahme auf den Ausbildungs- und Kenntnisstand eines „gewissenhaften und verständigen – vertypten – Befüllers i. S. v. § 19i WHG" (a. F.) in OLG Düsseldorf NJW **1993** 1408 m. Anm. *Rengier* JR **1994** 124 f; die Anwendungen nach „guter fachlicher Praxis" in der Landwirtschaft (§ 3 Abs. 2 DüngeG, §§ 1, 3, §§ 4 ff DüngeVO; der Hinweis auf mangelnde Rechtswidrigkeit üblicher Maßnahmen der landwirtschaftlichen Boden- und Pflanzenbehandlung in BGH NVwZ-RR **2007** 754; vgl. weiter *Alt* MK Rdn. 48 f; *Berendes/Schmid* § 9 WHG Rdn. 83 ff; *Berendes/Reiff* § 89 Rdn. 16 (zur Überdüngung); *Breuer* Rdn. 235, 254 ff, 1104; BGH NJW **1966** 1570 = ZfW **1987** 40 m. Anm. *Kohlhaas* (Düngung mit Fäkalien in der Nähe eines versteckten Bachs und einer Wasserversorgungsanlage; Bodenbeschaffungserkundigungspflicht; BayObLG NuR **1984** 318 (Aufbringen von Abwasser, Gülle, Stallmist u. a. außerhalb landbaulicher Bodenbehandlung); OLG Celle NuR **1991** 399 (Sorgfaltspflicht eines Landwirts bei der Anlegung eines Foliensilos in der Nähe eines Entwässerungsgrabens); allgemein zur typisierten Sorgfaltspflicht orientiert am „Verkehrskreis", dem der Täter angehört, *Vogel/Bülte* LK § 15 Rdn. 213, 219 ff.

199 Zum früheren Recht BVerwG ZfW **1997** 23 = NVwZ-RR **1997** 214; BGH ZfWSo **1979** II; *Alt* MK Rdn. 42 ff; *Franzheim* NStZ **1987** 437, 438 f; *ders.* JR **1988** 319, 321 f; zur Pflicht, sich über den Verlauf von Ableitungen in einem Industriebetrieb zu unterrichten, LG Kleve NStZ **1981** 266.

200 OLG Stuttgart NStZ **1989** 122; *Alt* MK Rdn. 43.

201 Dazu die Kommentierungen von *Berendes/Frenz/Müggenborg/Nisipeanu, Czychowski/Reinhardt* und *Kotulla* (m. N. zum Landesrecht).

le Anforderungen bestehen für Anlagen zum Umgang mit **wassergefährdenden Stoffen** (§ 62 WHG i. V. m. § 15 ff AwSV[202]). Einschlägig für Rohrleitungsanlagen zum Befördern wassergefährdender Stoffe sind die Anforderungen gemäß §§ 65 ff UVP-Gesetz m. Anl. 1 Nr. 19.3 i. V. m. den §§ 3, 4 der RohrfernleitungsVO (Errichten und Betreiben nach dem im Bundesanzeiger zu veröffentlichenden Stand der Technik, Überwachungs- und Reparaturpflicht). Ergänzend sind die zum Schutz von Gewässern in § 32 Abs. 2, § 45 Abs. 2, § 48 Abs. 2 WHG aufgeführten (Ab-)Lagerungs- und Rohrleitungsbeförderungsverbote[203] und die Umgangsregelungen für Anlagen in der Nähe oberirdischer Gewässer in § 36 WHG zu nennen.

53 Fahrlässigkeit scheidet in aller Regel wegen Fehlen einer **Sorgfaltswidrigkeit** aus, wenn die technischen Anforderungen (d. h. die [anerkannten] „Regeln der Technik"), z. B. betreffend Anlagen wie Behälter und Rohrleitungen für (flüssige) Schadstoffe, eingehalten werden, es sei denn, deren Unzulänglichkeit war für den Betreiber erkennbar.[204] Besondere Umstände, wie hohes Alter einer Anlage, außergewöhnliche Gefahren, Zustandsänderungen durch Unfälle oder Beschädigungen, auch besondere Pflichtenstellungen können strengere Sorgfaltspflichten begründen; Vorkehrungen sind auch für eventuelle Störfälle zu treffen.[205] Hat der Betreiber einer wassergefährdenden Anlage einen Sachverständigen mit deren turnusmäßiger Überprüfung beauftragt und wird diese durchgeführt, kann das zur Erfüllung seiner Sorgfaltspflicht im Einzelfall ausreichen.[206] Die Einhaltung behördlicher festgelegter Grenzwerte berührt dagegen nicht erst die Fahrlässigkeit, sondern führt bereits zu einem befugten Handeln.[207] Fahrlässigkeit kann sich für Betriebsinhaber und Vorgesetzte auch aus zu Gewässerverunreinigungen führendem **Organisationsverschulden** in einem Unternehmen durch unzureichende Kenntnisvermittlung, Auswahl, Beauftragung oder Kontrolle von Mitarbeitern ergeben.[208] Der Annahme von Fahrlässigkeit steht ferner nicht im Wege, wenn eine Gewässerverschmutzung als Folge eines nicht auf das Gewässer gerichteten Verhaltens entsteht, etwa aufgrund eines fahrlässig verursachten Schiffs-, Betriebs- oder Verkehrsunfalls.[209]

---

202 Verordnung über Anlagen zum Umgang mit wassergefährdenden Stoffen (AwSV) v. 18.4.2017 (BGBl. I S. 905).

203 Beispielsfall OLG Celle NJW **1986** 2326 f (Verstoß gegen § 34 Abs. 2 a. F. = § 48 Abs. 2 n. F. WHG beim Versickern von Futterrapssilagesaft im Boden mit Grundwassergefährdung).

204 *Schall* SK Rdn. 52; *Sack* Rdn. 154a; *Saliger* Umweltstrafrecht Rdn. 256; *Michalke* Rdn. 117, 120.

205 OLG Celle NJW **1995** 3197, 3199 (28 Jahre alter Heizöltank; dazu *Schall* NStZ-RR **1998** 353); OLG Düsseldorf NJW **1991** 1123 m. Anm. *Möhrenschlager* JR **1991** 342 (Erdarbeiten mit Großgeräten im Bereich heizölführender Leitungen in einem Landschaftsschutzgebiet).

206 OLG Karlsruhe wistra **1992** 270, 272 (aber Verurteilung des Sachverständigen, der ohne genauere Prüfung Ordnungsgemäßheit des Tanks bescheinigt); *Schall* SK Rdn. 52; *Michalke* Rdn. Rdn. 116.

207 *Schall* SK Rdn. 5; **aA** *Alt* MK Rdn. 45 (nur Indiz für Einhaltung der Sorgfaltsregeln).

208 Zur Orientierungspflicht des Arbeitgebers BGH NJW **1972** 42; zur Verantwortlichkeit eines Reeders hinsichtlich des Schiffstransports schädlicher Abwässer LG Kleve Wasserwirtschaft **1971** 196, 198; *Sack* Rdn. 157; zum Verhältnis zwischen Schiffsführer und Lotsen OLG Nürnberg NStZ-RR **1997** 271; zum Auswahlverschulden OLG Düsseldorf NJW **1991** 1123 f; zur Reichweite der Aufsichtspflicht OLG Düsseldorf NStZ-RR **1999** 151 (Überprüfung eines Röntgengeräts); *Alt* MK Rdn. 52; *Sack* Rdn. 153; zur Überwachungspflicht eines untätigen Sachbearbeiters einer unteren Wasserbehörde AG Hanau wistra **1988** 199; zur Untätigkeit eines Klärwerksleiters OLG Stuttgart NStZ **1989** 122.

209 OLG Hamburg NStZ **1983** 170 (Dieselöl gelangt nach Schiffskollision infolge Vorfahrtsverletzung ins Gewässer); hierzu *Rengier* Festschrift Boujong 791, 793 ff; OLG Düsseldorf NJW **1991** 1123 = JR **1991** 340 m. Anm. *Möhrenschlager*; **1993** 1408 = JR **1994** 123 m. Anm. *Rengier; Czychowski* ZfW **1980** 205, 209; *Alt* MK Rdn. 49; *Fischer* Rdn. 10; *Lackner/Kühl/Heger* Rdn. 7; *Schall* NStZ **1992** 265; *Franzheim/Pfohl* Rdn. 163 (außer bei Verstoß gegen Parkverbot); *Riegel* NJW **1976** 785; *Sack* Rdn. 155; *Saliger* Umweltstrafrecht Rdn. 253; einschränkend *Winkemann* 101 ff (nur bei Verstoß gegen wasserrechtliche Vorschriften); *Michalke* Rdn. 116; *Wernicke* NJW **1977** 1662, 1666; *Bickel* ZfW **1979** 139; *Kuhlen* WiVerw. **1991** 181, 202 f; („gewässerspezifische" Sorgfaltswidrigkeit); hiergegen *Rengier* Festschrift Boujong 795 ff; verneinend bei allgemeinen Verstößen gegen die Verkehrssicherheit *Schall*SK Rdn. 54 (bei Geschwindigkeitsbeschränkungen, Überholverboten); *Sch/Schröder/Heine/Schittenhelm* Rdn. 15 (nicht ausreichend Geschwindigkeitsverletzung eines Sonntagsfahreres).

Von besonderer praktischer Bedeutung ist die **Erkennbarkeit** tatbestandlicher Umstände.[210] Sowohl die Verunreinigung bzw. die nachteilige Eigenschaftsveränderung des Gewässers müssen in ihrer konkreten Gestalt ebenso wie der Kausalverlauf in den wesentlichen Zügen erkennbar bzw. vorhersehbar gewesen sein. Nach der Rechtsprechung braucht sich die Vorhersehbarkeit nicht auf alle Einzelheiten dieses Kausalverlaufs erstrecken.[211] Beruht die Verunreinigung des Gewässers auf mehreren Ursachen, so kann ein Fahrlässigkeitsvorwurf nur erhoben werden, wenn alle diese Umstände dem Täter erkennbar und damit die Verunreinigung vorhersehbar war[212] und der Beschuldigte zur Verhinderung aller dieser Ursachen, soweit er sie selbst nicht gesetzt hatte, verpflichtet und in der Lage gewesen wäre.[213] Ist durch eine Einleitung die Grenze einer Verunreinigung noch nicht, aber beinahe erreicht, wird diese aber durch weitere vorhersehbare Einleitungen Dritter überschritten, so soll daran die Vorhersehbarkeit noch nicht scheitern.[214] Die Voraussehbarkeit des Schadenseintritts ist regelmäßig zu bejahen, wenn wasserschädliche[215] Stoffe in der Nähe oberirdischer Gewässer (vorübergehend) gelagert oder (endgültig) abgelagert werden, selbst wenn die Gewässerverunreinigung erst Folge starker Niederschläge oder eines Hochwassers ist;[216] mit einer solchen Möglichkeit muss aller Erfahrung nach gerechnet werden. Entsprechendes gilt für Ansammlungen von derartigen Stoffen, bei denen es etwa durch Auslaugungen infolge von Niederschlägen oder infolge des Versickern durch Umwandlung entstehender Flüssigkeiten zu Schädigungen des Grundwassers kommt.[217] Nicht vorhersehbar sind dagegen Erscheinungsformen höherer Gewalt wie Erdbeben (in nicht erdbebengefährdeten Gebieten) sowie in der Regel Deich- oder Talsperrenbrüche.[218] Vorhersehbar sind das zu einer Grundwasserverunreinigung führende Durchrosten eines nicht regelmäßig überprüften, 28 Jahre alten Heizöltanks,[219] für einen Betriebsmeister das Vorhandensein gewässerschädlicher Stoffe in chemischen Reinigungsmitteln,[220] der Ablauf einer Betriebsstörung und das ungeklärte Einleiten von Abwasser bei Nichtbeachtung einer Dienstanweisung durch einen Klärwerksleiter auch ohne fachliche Ausbildung.[221] 54

VI. Versuch (Absatz 2) und Vollendung

Für die Abgrenzung des Versuchs von bloßen Vorbereitungshandlungen einerseits und dem vollendeten Delikt andererseits gelten die allgemeinen Grundsätze.[222] Das **Vorbereitungsstadium** ist nicht überschritten, solange der Täter nach seiner Vorstellung noch nicht zur Verwirkli- 55

---

210 Allgemein dazu *Vogel/Bülte* LK § 15 Rdn. 250 ff.
211 OLG Stuttgart NStZ **1989** 122 f; NJW **1977** 1406 m. Anm. *Sack;* LG Kleve Wasserwirtschaft **1971** 196 f; *Alt* MK Rdn. 53; *Schall* SK Rdn. 53; *Sack* Rdn. 156, 161 f.
212 BGH NStZ **2001** 143, 144 f (zu § 222); *Vogel/Bülte* LK § 15 Rdn. 252.
213 BGH Urt. v. 10.1.1978 – 5 StR 383/77 – Rdn. 6 (insoweit in GA **1978** 371 nicht abgedruckt).
214 *Sack* Rdn. 50c; *Alt* MK Rdn. 54.
215 Es reicht nicht aus, dass die Stoffe erst infolge eines unvorhersehbaren Brandes in Verbindung mit dem Löschwasser wassergefährdend werden (BGH UPR 1983 156 zu § 22 Abs. 2 WHG). In dem entschiedenen Fall wurden Natronlauge und andere Rückstände der chemischen Industrie aus einem großen Auffangbecken auf einem Flughafengelände abgepumpt auf den ungeschützten Boden mit der Folge des Versickerns im Sande; eine Drainage fehlte.
216 *Alt* MK Rdn. 53; *Sack* Rdn. 154; zur Voraussehbarkeit hinsichtlich eines Dieselölfasses auf einer Baustelle in der Nähe eines Abwasserschachtes BayObLG ZfW **1993** 178.
217 *Steindorf* LK[11] Rdn. 124.
218 BGH UPR **1983** 156 zu § 22 Abs. 2 WHG (Stoffe wurden erst infolge eines unvorhersehbaren Brandes in Verbindung mit dem Löschwasser wassergefährdend); *Sack* Rdn. 154; *Alt* MK Rdn. 53.
219 OLG Celle NJW **1995** 3197; *Alt* MK Rdn. 46; *Schall* SK Rdn. 53; *Sack* Rdn. 154.
220 OLG Celle ZfW **1990** 303, 304 f; *Schall* NStZ **1992** 265.
221 OLG Stuttgart NStZ **1989** 122 (Klärwerksleiter unternahm als Garant nichts dagegen, dass ca. 130 m^3 laugenhaltiges Abwasser ungeklärt in einen Fluss gelangten); *Schall* SK Rdn. 53.
222 Dazu u. a. *Jäger* SK § 22 Rdn. 11 ff; *Murmann* LK vor § 22 Rdn. 5, § 22 Rdn. 68 ff; *Fischer* Rdn. 8 ff.

chung einer Gewässerverunreinigung unmittelbar angesetzt hat, also insbesondere subjektiv noch keine konkrete (unmittelbare) Gefahr für das Gewässer eingetreten ist.[223] Daher liegt kein Versuch beim Transport gewässerschädigender Stoffe in Richtung eines Gewässers vor, der noch auf der Straße sein Ende findet, anders mit Beginn des Einleitens, aber auch des Abladens,[224] selbst wenn dieses schließlich verhindert wird.[225] Vorbereitungshandlung bleibt ferner der Abschluss eines Vertrages, aufgrund dessen Schadstoffe gewässerschädigend beseitigt werden sollen.[226] **Versuch** kann dagegen vorliegen, wenn der Täter wassergefährdende Schadstoffe der Kanalisation oder einer Kläranlage zuführt und dabei in der Vorstellung handelt, sie würden wegen des direkten Anschlusses an ein Gewässer oder wegen Überlastung in ein Gewässer gelangen, dieser Erfolg aber ausbleibt.[227] Mit dem Beginn des Einleitens in ein Gewässer ist regelmäßig ein Versuchsbeginn anzunehmen.

56 **Vollendet** ist die Tat, sobald das Gewässer – wenigstens teilweise – in seinen Eigenschaften gegenüber dem zuvor bestehenden Zustand zumindest graduell verschlechtert worden ist,[228] selbst wenn die Einleitung sodann fortgesetzt und das Gewässer dadurch noch weiter beeinträchtigt wird. Eine Vollendung wird i. d. R. jedoch noch nicht vorliegen, wenn Stoffe, die ihrer Beschaffenheit nach geeignet sind, zur Verschlechterung der Gewässereigenschaften zu führen, in festen (Metall-)Behältern (Fässern, Kanistern u. Ä.) in das Gewässer eingebracht werden. Hier tritt der Erfolg (Verschlechterung der Gewässereigenschaften) vorerst nicht ein, sofern nicht daneben eine Beeinträchtigung von Benutzungsmöglichkeiten durch die Behältnisse selbst entsteht.[229] Es liegt aber in aller Regel Versuch vor, und zwar nicht erst dann, wenn der Behälter bereits stark korrodiert ist und daher nach kurzer Zeit auslaufen muss.[230] Da der Täter nach allgemeiner Erfahrung damit rechnet und es billigend in Kauf nimmt, dass die schützende Hülle durch chemische Einflüsse im Laufe der Zeit verrottet und das Gewässer verunreinigt wird, hat er mit seiner Handlungsweise zu der Verschlechterung der Gewässereigenschaften nach seiner Vorstellung bereits unmittelbar angesetzt, zumal der weitere Prozess auch ohne sein weiteres Zutun zwangsläufig und unumkehrbar verläuft.[231]

VII. Rechtswidrigkeit und Rechtfertigung

57 Nach h. M. ist das Merkmal „unbefugt" ein allgemeines Rechtswidrigkeitsmerkmal, womit das Vorliegen einer wasserrechtlichen Erlaubnis (einschließlich entsprechender Duldungen) rechtfertigend wirkt. Wegen der Einzelheiten s. o. Rdn. 31 ff. Nach der hier vertretenen Auffassung schließen Gestattungen jedoch bereits den Tatbestand aus, womit für eine Rechtfertigung lediglich die allgemeinen Gründe in Betracht kommen.

58 Der Rechtfertigungsgrund des **Notstandes** (§ 34) ist auch im Gewässerstrafrecht zu beachten, allerdings mit besonderer Vorsicht. Die Berufung auf ihn setzt bei der Interessenabwägung bzw. der Angemessenheitsprüfung (§ 34 S. 2) das Fehlen eines rechtlich geordneten Verfahrens zur Lösung des Interessenkonflikts voraus.[232] Allerdings sieht die wasserrechtliche Benutzungsordnung vor, dass sich jeder, der Stoffe in ein Gewässer einbringen oder einleiten will, der

223 *Schall* SK Rdn. 57.
224 *Schall* SK Rdn. 57; *Sack* Rdn. 228 f.
225 *Sack* Rdn. 228 f; *Steindorf* LK[11] Rdn. 121.
226 *Schall* SK Rdn. 57; *Sack* Rdn. 228a; *Steindorf* LK[11] Rdn. 121 m. w. N.
227 *Schall* SK Rdn. 58; *Czychowski* ZfW **1980** 205, 209; *Sack* Rdn. 228a; *Steindorf* LK[11] Rdn. 121 m. N. unter Hinweis auf einen Klärwerksfall (AG Kronach, Ds Js 187/81, 6.8.1981).
228 *Lackner/Kühl/Heger* Rdn. 15; *Sack* Rdn. 229.
229 *Schall* SK Rdn. 58.
230 *Sack* Rdn. 228.
231 *Schall* SK Rdn. 58; *Braun* 88; **aA** *Sack* Rdn. 228.
232 Vgl. *Zieschang* LK § 34 Rdn. 160 ff; *Erb* MK § 34 Rdn. 254 ff; *Neumann* NK § 34 Rdn. 119 f; *Sch/Schröder/Perron* § 34 Rdn. 35.

behördlichen Vorkontrolle unterziehen und von der Wasserbehörde eine Gestattung zu seiner geplanten Maßnahme einholen muss (vgl. §§ 8, 9 Abs. 1 Nr. 4 WHG). Im Rahmen dieser Vorkontrolle werden entsprechend den gesetzlichen Wertungen des WHG die widerstreitenden Interessen der Beteiligten geprüft und berücksichtigt.[233] Die Ablehnung einer Erlaubnis durch die Behörde zeigt, dass dem Gewässerschutz in concreto der Vorrang gebührt. Diese gesetzliche Interessenabwägung und das verfahrensrechtliche Instrumentarium zu ihrer fachgerechten Prüfung und Bewertung darf durch keine eigenmächtige Inanspruchnahme und abweichende Bewertung qua Notstand unterlaufen werden.[234] Im Hinblick darauf ist die Anwendung des § 34 auf Not-, Stör- und Katastrophenfälle zu begrenzen;[235] im Anwendungsbereich von Notstandsrechten des WHG (§ 8 Abs. 2 WHG) oder einschlägiger Regelungen von Landeswassergesetzen lässt sich auch deren Vorrang vertreten.[236] Engere Sonderregelungen bestehen im Zusammenhang mit der Umsetzung völkerrechtlicher Übereinkommen auch im Meeresbereich, z. B. in § 7 S. 1 des Hohe-See-Einbringungsgesetzes.[237] Notstandsfälle sind das Abpumpen von Wasser aus einem nach einem starken Regenfall überfluteten (verunreinigten) Keller in ein Gewässer, das Einleiten bei unvorhergesehenem Ausfall einer Klär- oder Filteranlage, das Hineinspülen von Schmutzstoffen aus abfließendem Feuerlöschwasser oder bei Verwendung von chemischen Mitteln zur Bindung ausgelaufenen Öls.[238] Auf der anderen Seite ist der Einsatz eines Bilgenentölerbootes nicht gerechtfertigt, auch wenn die gleichwohl eintretende Gewässerverunreinigung geringer war als beim wilden Entleeren, sofern im konkreten Fall der Einsatz eines technisch besseren und größeren Bootes bzw. eine Beseitigung zu Lande möglich wäre.[239]

Die Aufrechterhaltung der Produktion und die **Erhaltung der Arbeitsplätze** in einem Un- 59
ternehmen erkennt die h. M. als notstandsfähiges Rechtsgut an.[240] Die Berufung auf diesen Gesichtspunkt bei Umweltdelikten wie z. B. bei Gewässerverunreinigungen, stößt indessen auf Bedenken im Rahmen der Interessenabwägung. Normalerweise ist davon auszugehen, dass Gesetz- und Verordnungsgeber und auch die Verwaltungsbehörden bei ihren Entscheidungen mögliche Auswirkungen auf kommunale und gewerbliche Einleiter in die Entscheidungen ein-

233 *Sch/Schröder/Heine/Schittenhelm* Rn, 13; *Sch/Schröder/Perron* § 34 Rdn. 41; *Rudolphi* ZfW **1982** 197, 208 ff, 252, 263; *Zieschang* LK § 34 Rn. 160.

234 *Sch/Schröder/Perron* § 34 Rdn. 41; *Schall* SK Rdn. 71; *ders.* Die Relevanz der Arbeitsplätze 6 ff; *Möhrenschlager* NStZ **1982** 165 f; *Lackner/Kühl/Heger* Rdn. 14; *Maurach/Schroeder/Maiwald* II § 58 Rdn. 30; *Kuhlen* WiVerw **1991** 181, 277 ff; *Nisipeanu* NuR **1988** 225; *Odersky* Festschrift Tröndle 291 ff; *Sack* Rdn. 127 ff, 132a.

235 *Alt* MK Rdn. 86 f; *Ransiek* NK Rdn. 48; *Sch/Schröder/Heine/Schittenhelm* Rdn. 13; *Fischer* Rdn. 7a; *Lackner/Kühl/Heger* Rdn. 14; *Franzheim* ZfW **1985** 148 f; *Laufhütte/Möhrenschlager* ZStW **92** (1980) 912, 932; *Rudolphi* NStZ **1984** 193, 196 f; **aA** *Albrecht/Heine/Meinberg* ZStW **96** (1984) 943, 956 f; *Kuhlen* WiVerw **1992** 215, 277 ff.

236 So *Kotulla* § 8 WHG Rdn. 13; vgl. zu § 8 WHG zudem *Czychowsky/Reinhardt* Rdn. 32 f; *Berendes/Schmid* Rdn. 23 ff.

237 Vgl. ferner Art. 11 Abs. 4 des Helsinki-Übereinkommens über den Schutz der Meeresumwelt des Ostseegebiets von 1992.

238 *Alt* MK Rdn. 85; *Schall* SK Rdn. 71; *Kloepfer/Heger* Rdn. 195; *Sack* Rdn. 132a; *Saliger* Umweltstrafrecht Rdn. 260, 263; *Czychowski/Reinhardt* § 32 f.

239 Für Anwendung von § 34 LG Bremen NStZ **1982** 164 (gegen AG Bremen NStZ **1981** 268), abl. *Möhrenschlager* NStZ **1982** 165 f; *Maurach/Schroeder/Maiwald* II § 58 Rdn. 30; *Sack* Rdn. 132a; *Saliger* Umweltstrafrecht Rdn. 259 f; Zweifel bei *Schall* SK Rdn. 71; umstritten ist die Auffasung der GenStA Celle NJW **1988** 2394 zur Anwendung des § 34 beim Aufwirbeln von Eisenhydroxidschlamm in Ausübung einer gesetzlichen Gewässerunterhaltungspflicht; krit. *Sack* Rdn 132a.

240 RGSt **30** 25, 28; BGH bei Dallinger MDR **1975** 723 (vollständig abgedruckt bei *Tiedemann* Neuordnung des Umweltstrafrechts (1980) 58; BayObLGSt **1953** 124; OLG Hamm NJW **1952** 838; OLG Köln NJW **1953** 1844 (alle drei Entscheidungen zur Verletzung von Preisvorschriften); OLG Oldenburg NJW **1978** 1868 f (betr. Verletzung von Auflagen bei Schwertransporten); OLG Stuttgart ZfW **1976** 378, 380; **1977** 118, 124; StA Mannheim NJW **1976** 1223 m. Anm. *Wernicke* NJW **1976** 1223; zu § 34 *Zieschang* LK § 34 Rdn. 50; *Schall* SK Rdn. 72; *Sch/Schröder/Perron* § 34 Rdn. 9; *Franzheim/Pfohl* Rdn. 109; *Kuhlen* WiVerw **1991** 181, 277; **aA** *Neumann* NK § 34 Rdn. 26.

bezogen haben. In der Regel ist eine Anwendung von § 34 daher insoweit nicht begründbar.[241] Eine Ausnahme wird bei der Abwendung einer außergewöhnlichen, rechtlich nicht zuvor einkalkulierten Gefahr, also in den zuvor genannten Not- bzw. Katastrophenfällen zu machen sein.

60 Die Berufung auf Notstand kann darüber hinaus als **rechtsmissbräuchlich** ausgeschlossen sein, wenn es der Täter durch pflichtwidrige Versäumnisse zu der Konfliktsituation hat kommen lassen und vorausgesehen hat, sie nur durch Verletzung fremder Rechte beseitigen zu können.[242]

61 Statt eines Rückgriffs auf den Rechtsgedanken des § 34 kommt eine rechtfertigende **Pflichtenkollision**[243] in Betracht, sofern es um die Konkurrenz zweier gleichwertiger Handlungspflichten geht, etwa zwischen der Pflicht eines Bürgermeisters, angefallenes Abwasser zu beseitigen, und derjenigen, Gewässerverschmutzungen zu unterlassen, solange keine rechtmäßige Verhaltensalternative besteht.[244] Gegenüber dem Notstand besteht insoweit der Unterschied, bereits bei Gleichwertigkeit und nicht erst bei wesentlichem Überwiegen eines der jeweils betroffenen Güter zur Rechtfertigung zu gelangen.

VIII. Schuld

62 Ein als **Verbotsirrtum** nach § 17 zu behandelnde Fehlvorstellung liegt vor allem bei rechtlichen Fehlbewertungen vor, z. B. über die Erlaubnispflicht oder die wasserrechtliche Reichweite einer Erlaubnis. Ein Schuldausschluss erfordert jedoch die **Unvermeidbarkeit** des Verbotsirrtums, die nach den allgemein geltenden Grundsätzen zu beurteilen ist.[245] Dabei ist ein strenger Maßstab anzulegen.[246] Das festzustellende gestiegene Umweltbewusstsein der Bevölkerung gerade im Bereich des Gewässerschutzes wird in aller Regel dazu führen, die Berufung auf eine Unkenntnis vom Verbotensein der bewirkten Gewässerverunreinigung nicht anzuerkennen. Das gilt umso mehr in Kreisen, die beruflich mit umweltbelastenden Emissionen umgehen müssen.[247] Die Verantwortlichen entsprechender Unternehmen müssen sich (ggf. mit sachverständiger Hilfe) über das einschlägige Recht, auch über die Rechtsprechung dazu, informieren.[248] Dieser Erkundigungspflicht wird nicht genügt, wenn die Information bei einem (möglicherweise befangenen) „Hausjuristen" eingeholt wird, nachdem behördlicherseits wiederholt auf die Unzulänglichkeit der von einer Firma getroffenen Maßnahme hingewiesen worden war.[249] Geeignete Adressaten der Erkundigungspflicht sind Fachverbän-

---

241 BGH NStZ **1997** 189, 190 = JR **1997** 253 m. Anm. *Sack*; AG Gemünd ZfW **1963** So II Nr. 18; *Zieschang* LK § 34, 12. Aufl., Rdn. 38 (anders 13. Aufl., Rdn. 62); *Neumann* NK § 34 Rdn. 120; *Ransiek* NK Rdn. 48; *Fischer* Rdn. 7a; *Sch/Schröder/Perron* § 34 Rdn. 35; *Jakobs* AT Abschn 13 Rdn. 42; *Kuhlen* WiVerw **1991** 181, 277; *Laufhütte/Möhrenschlager* ZStW **92** (1980) 912, 932; *Möhrenschlager* NuR **1983** 209, 215; für Interessenabwägung im Einzelfall OLG Stuttgart ZfW **1977** 118, 122 f; *Schall* SK Rdn. 72; *Franzheim/Pfohl* Rdn. 111; *Sack* Rdn. 132a (bei fehlerhaftem Untätigbleiben der Verwaltung oder ermessensfehlerhaftem Versagen der Erlaubnis); *Michalke* Rdn. 106.

242 OLG Stuttgart ZfW **1976** 378; BayObLGSt **1978** 82 = NJW **1978** 2046; LG München NuR **1986** 259, 260.

243 Dazu *Rönnau* LK Vor §§ 32 ff Rdn. 115 ff; *Zieschang* LK § 34 Rdn. 33; *Lackner/Kühl/Heger* § 34 Rdn. 15.

244 BGHSt 38 325, 331; vgl. auch OLG Saarbrücken NJW **1991** 3045; GenStA Celle NJW **1988** 2394; *Schall* in SK Rdn. 73; *ders.* JuS **1993** 1719 f; *Ransiek* NK Rdn. 48; *Franzheim* ZfW **1992** 325; *Lackner/Kühl/Heger* Rdn. 15; *Saliger* Umweltstrafrecht Rdn. 259.

245 Dazu *Vogel/Bülte* LK § 17 Rdn. 35 ff, 58 ff.

246 OLG Braunschweig ZfW **1991** 52, 63; BayObLG AgrarR **1972** 396; *Alt* MK Rdn. 90; *Schall* NStZ **1992** 265; *ders.* SK Rdn. 81; *Sack* Rdn. 171; *Braun* 76; *Hermes/Wieland* 111; *Sander* 70.

247 BGHR StGB § 34 Gefahrabwehr 2 (betr. Zulassen der Einleitung von Abfällen aus einem Schlachthof in ein Gewässer durch einen Bürgermeister; weitere Revisionsentscheidung in dieser Sache BGH NStZ **1997** 189).

248 *Alt* MK Rdn. 90; *Schall* SK Rdn. 81.

249 OLG Stuttgart ZfW **1977** 125, 183; NJW **1977** 1408 f = JR **1978** 294 m. Anm. *Sack*; *Alt* MK Rdn. 90; *Schall* SK Rdn. 81; *Vogel/Bülte* LK § 17 Rdn. 82, 87 mit dem Hinweis, es bestehe kein Grund, allgemein an der Objektivität von „Hausjuristen" oder Syndikusanwälten zu zweifeln.

de, Berufsorganisationen und die Gewässerbehörden, aber auch unabhängige Rechtsanwälte.[250] Liegt ein behördliches Verbot vor, so ist die irrtümliche Annahme der Nichtigkeit dieses Verwaltungsaktes wegen des Ausnahmecharakters dieser öffentlich-rechtlichen Rechtsfigur in der Regel vermeidbar. Die Unkenntnis von der – ausnahmsweise gegebenen – Nichtigkeit einer Erlaubnis dagegen mag im Einzelfall auch einmal unvermeidbar sein.[251] Hält sich ein Betroffener an die (sachlich unzutreffenden) Anordnungen einer Behörde, so wird dies sogar regelmäßig zu einem unvermeidbaren Verbotsirrtum führen.[252] Auch unklares, zögerndes oder widersprüchliches Verhalten der für die Erteilung der Befugnis zuständigen Behörde kann eine Unvermeidbarkeit nahelegen.[253]

IX. Täterschaft und Teilnahme

1. Allgemeines

§ 324 StGB ist ein **Allgemeindelikt.** Jedermann (einschließlich der Unternehmensangehöri- 63
gen [Rdn. 64] und Amtsträger [Rdn. 72]) kann Täter sein. Täter des Begehungsdelikts ist zunächst derjenige, der in eigener Person die Maßnahme trifft, die unmittelbar zur Verschlechterung der Gewässereigenschaften führt. Dies kann auch ein Arbeitnehmer sein, der lediglich eine an ihn ergangene Anordnung ausführt; erst recht, wenn er von Anordnungen abweicht und eigenmächtig Stoffe in ein Gewässer einleitet.[254] Wer einer ihm unterstellten Person Anweisungen erteilt, deren Ausführungen zu einer Verschlechterung der Gewässereigenschaften führt, kann (Mit-)Täter oder Anstifter sein;[255] bei Gutgläubigkeit des Angewiesenen (z. B. im Fall der Täuschung über Vorliegen einer Erlaubnis oder die Reichweite von Auflagen) käme mittelbare Täterschaft kraft überlegenen Wissens in Betracht.[256] Ein Gleiches gilt, sofern die Gewässerverunreinigung infolge einer Falschunterrichtung der Betriebsleitung geschieht.[257]

2. Unternehmen

Häufig hat die Beeinträchtigung der Gewässer ihren Ursprung in **Unternehmen**, insb. der 64
industriellen Produktion.[258] Dabei ist es, da § 324 kein Sonderdelikt darstellt, nicht notwendig,

---

250 Überblick über verlässliche Auskunftspersonen und -institutionen bei *Vogel/Bülte* LK § 17 Rdn. 82 f; s. auch BayObLGSt **1988** 139, 142 = NJW **1989** 1744; OLG Frankfurt NStZ-RR **2003** 263.
251 OLG Celle NJW **1969** 2250 (zu § 284); *Vogel/Bülte* LK § 17 Rdn. 71, 73.
252 *Schall* NStZ **1997** 420, 422; *ders.* SK Rdn. 82, StA Landau NStZ **1984** 553, 554.
253 BGH bei Dallinger MDR **1975** 723; AG Opladen ZfW Sonderheft **1973** 11 Nr. 36; AG Lübeck StV **1989** 348, 349; StA Mannheim NJW **1976** 585; *Alt* MK Rdn. 90; *Laufhütte/Möhrenschlager* ZStW **92 (1980)** 912, 932; *Sch/Schröder/Heine/Schittenhelm* Vor §§ 324 ff Rdn. 23; *Tiedemann* Neuordnung des Umweltstrafrechts 42; *Wiedemann* ZfW **1974** 320.
254 *Alt* MK Rdn. 91 f; *Szesny* AnwK Rdn. 20; *Sack* Rdn. 195 a (unter Anwendung von § 14); vgl. dazu den Salzsäure-Fall des LG Frankfurt NuR **1983** 114.
255 OLG Düsseldorf VersR **1973** 236 = VRS 44 236; *Alt* MK Rdn. 91 f; alternativ *Tiedemann* Wirtschaftsstrafrecht Rdn. 431; (i. d. R. Täter); *Saliger* Umweltstrafrecht Rdn. 168, 219; für mittelbare Täterschaft bei bindenden Weisungen *Wernicke* ZfW **1972** 156 f.
256 *Saliger* Umweltstrafrecht Rdn. 219; dazu und zur Ausdehnung des Tatherrschaftsgedankens Vor § 324 Rdn. 81.
257 *Alt* MK Rdn. 94 (betr. Gewässerschutzbeauftragten); *Sch/Schröder/Heine/Schittenhelm* Rdn. 17; *Szesny* AnwK Rdn. 20; *Fischer* Rdn. 9; Meinberg/Möhrenschlager/Link/*Möhrenschlager* 33, 38; *Dahs* NStZ **1986** 97, 99.
258 Eingehend *Schall* Zurechnung 99 ff; *ders.* SK Vor § 324 Rdn. 132 ff.

zur Bestimmung der Verantwortlichkeit eines Betriebsangehörigen auf § 14 zurückzugreifen.[259] Bei juristischen Personen kommen als Täter neben den unmittelbaren Verursachern diejenigen in Frage, die ressortmäßig als Mitglied des Vertretungsorgans für den Bereich der Abwasserbeseitigung und des Gewässerschutzes zuständig sind.[260] Die Verantwortung trifft grundsätzlich denjenigen, dem die innerbetriebliche Entscheidungsbefugnis für den Gewässerschutz zusteht.[261] Für die Grundentscheidungen, beispielsweise hinsichtlich der Entsorgung, kann bei einem Großunternehmen der Vorstandsvorsitzende verantwortlich sein, der entsprechende Beschlüsse des Vorstandes herbeizuführen hat.[262] Beschlüsse eines Gesamt-Leitungsorgans, die eine Gewässerverunreinigung gestatten, können aber zur Verantwortlichkeit aller Mitglieder führen, selbst wenn sie ressortmäßig nicht direkt betroffen sind.[263] Dies ist in erster Linie dann der Fall, wenn ein Mitglied für den Beschluss gestimmt hat.[264] Im Falle von Enthaltung und Ablehnung erhebt sich primär die Frage, ob eine Unterlassens-Strafbarkeit (z. B. wegen Nichtunterrichtung des Aufsichtsorgans) in Betracht kommt. Im Übrigen sind bei dem Aufspüren der verantwortlichen Stelle die einzelnen Pflichten- und Funktionsübertragungen im Unternehmen zu untersuchen.[265] Für die strafrechtliche Beurteilung steht im Vordergrund, wer tatsächlich handelt oder sonst das Unternehmen beherrscht (faktische Betrachtungsweise).[266] Im Übrigen hat diejenige Person, die eigenverantwortlich tatsächlich zu bestimmen hat, welche Maßnahmen zu treffen sind, auch dafür einzustehen, wenn getroffenen Maßnahmen oder ihr Unterbleiben zumindest mitursächlich für eine Umweltbeeinträchtigung werden.[267] Umfangreichere Zuständigkeitsaufteilungen können für dadurch Betroffene zu Zuständigkeitsverringerungen führen, die in einem Unternehmen bei der **Delegation von Funktionen** auf nachgeordnete Personen bei dem Delegierenden zu zusätzlichen, wenn auch nicht allumfassenden Überwachungspflichten führen. Eine Delegation ist verbunden mit einer primären Wahrnehmung übertragener Aufgaben und Pflichten; in ihm spiegelt sich das Vertrauen in die ordnungsgemäße Erfüllung zugewiesener Aufgaben wider. Der Übertragende wird dabei nicht völlig von seiner Haftung befreit; sie wandelt sich vielmehr in eine Pflicht zur angemessenen Organisation, Auswahl, Aufsicht und ausreichenden Unterrichtung sowie Kontrolle des Untergeordneten.[268] Entsprechendes Fehlverhalten ist zwar zunächst einmal eine Ordnungswidrigkeit nach § 130 OWiG, führt aber kraft einer Überwachungsgarantenstellung ggf. auch zur

---

259 OLG Düsseldorf wistra **2002** 357; *Alt* MK Rdn. 93; *Ransiek* NK Rdn. 50, 57 ff; *Schall* SK Rdn. 85; Vor § 324 Rdn. 139, 164; *Kuhlen* WiVerw *1991* 181, 241; *Schünemann* LK § 14 Rdn. 1; *Schlüchter* Festschrift Salger 139, 143; *Winkemann* 143; Meinberg/Möhrenschlager/Link/*Möhrenschlager* 33, 38; für Anwendung von § 14 OLG Frankfurt NStZ **1987** 508; OLG Köln NJW **1988** 2119, 2121; OLG Saarbrücken NStZ **1991** 531; OLG Stuttgart MDR **1976** 690; *Michalke* Rdn. 84 f; *Sack* Rdn. 194 ff.

260 *Tiedemann* Wirtschaftsstrafrecht Rdn. 424; *Schall* SK Vor § 324 Rdn. 151; *Odersky* Festschrift Tröndle 291, 295; zur – eingeschränkten – Verantwortlichkeit des kaufmännischen Vorstandes oder Geschäftsführers in Bezug auf technische Vorgänge ausführlich *Schlüchter* Festschrift Salger 139.

261 OLG Frankfurt NStZ **1987** 508; *Fischer* Rdn. 9; *Lackner/Kühl/Heger* Rdn. 16; *Rudolphi* Festschrift Lackner 863, 867, 870; *Schlüchter* Festschrift Salger 151, 155; *Winkemann* 125.

262 StA Frankfurt/M. NuR **1982** 115; Beispiel von *Franzheim/Pfohl* Rdn. 126: Ablehnung der Sanierung einer bekanntermaßen unzureichenden Abwasserbehandlungsanlage.

263 *Böse* NStZ **2003** 636, 638; zur Einschränkung der Gesamtverantwortung OLG Düsseldorf wistra **2002** 357; dazu auch Vor § 324 Rdn. 90 f.

264 Zur Problematik der Gremienentscheidungen vgl. *Hoyer* SK § 25 Rdn. 128 f; *Schünemann/Greco* LK § 25 Rdn. 219.

265 BGH, Urteil vom 15.10.1996 – VI ZR 319/95; LG Bad Kreuznach NVwZ-RR **1993** 403 zur Übertragung auf einen Vertragspartner; hierzu ergangen OLG Koblenz NJW **1994** 1887; ferner *Schmidt-Salzer* NJW **1996** 1, 5.

266 *Alt* MK Rdn. 92, 100; *Ransiek* NK Rdn. 55 f, 61; *Schall* SK Vor § 324 Rdn. 151; *Saliger* Umweltstrafrecht Rdn. 163; in diesem Sinne auch BGHSt **11** 102; 31 118; NStZ **1997** 545 f; **2017** 149.

267 Vgl. *Tiedemann* Wirtschaftsstrafrecht Rdn. 424 (Täter einer vorsätzlichen Gewässerverunreinigung ist, zu dessen Funktions- und Verantwortungsbereich die ordnungsgemäße Beseitigung von Abwässern gehört).

268 *Alt* MK Rdn. 101; *Schall* SK Rdn. 44; Vor § 324 Rdn. 136, 152; *Sack* Rdn. 195a; *Saliger* Umweltstrafrecht Rdn. 170; *Tiedemann* Wirtschaftsstrafrecht Rdn. 430; näher *Schünemann* LK § 14 Rdn. 14 ff, 65 ff.

Strafbarkeit des Vorgesetzten.[269] Ergänzt wird dies durch die Anerkennung einer Geschäftsherrenhaftung, d. h. einer Garantenstellung des Geschäftsherrn oder entsprechend Beauftragter zur Verhinderung von betriebsbezogenen Straftaten seiner Bediensteten als Ausfluss von Direktions- und Weisungsrechten[270] (sog. Compliance). Darüber hinaus hat die in der Literatur vielfach kritisierte Rechtsprechung eine Verantwortlichkeit von Führungsorganen über die Figur der mittelbaren Täterschaft kraft **Organisationsherrschaft** in wirtschaftlichen Unternehmen bei Ausnutzung von durch Organisationsstrukturen bestimmten Rahmenbedingungen, die regelhafte Abläufe auslöse, entwickelt.[271]

Es bedarf stets einer **Kongruenz innerbetrieblicher Entscheidungsmacht und Verantwortung**. Das Einstehenmüssen für die Erfüllung übertragener Pflichten reicht jeweils nur so weit, wie der konkrete tatsächliche und rechtliche Einflussbereich des Untergebenen.[272] Kann eine von einem Unternehmen ausgehende Gewässerbeeinträchtigung nur durch die Stilllegung des Betriebes unterbunden werden, so ist der technische Leiter, der betriebsintern die Abwasserbeseitigung zu regeln hat, hierfür nicht verantwortlich, da die Anordnung der Schließung seine begrenzten Entscheidungsbefugnisse überstiege.[273] 65

Geht die Verschlechterung der Gewässereigenschaften von einer Anlage zum Umgang mit wassergefährdenden Stoffen aus, so bestimmt sich die Täterschaft nach der **tatsächlichen und wirtschaftlichen Verfügungsgewalt** über die Anlage,[274] die auch einem Pächter zukommen kann, aber eine Verantwortlichkeit des Verpächters nicht ausschließt, z. B. bei fortbestehenden Zugangsrechten.[275] Die Eigentumsverhältnisse an der Anlage oder die behördlicherseits erteilten Gestattungsrechte sind hierfür nicht ausschlaggebend. Das bedeutet gleichzeitig, dass die Verantwortlichkeit wechseln kann. Ist eine Ölheizungsanlage Ursache für eine Gewässerverschmutzung, so können zunächst Lieferant und Installateur verantwortlich sein, solange die Anlage dem Hauseigentümer nicht als betriebsfertig angezeigt und das Befüllen nicht ausdrücklich untersagt worden ist.[276] 66

3. Unterlassen

Ist die Verschlechterung der Gewässereigenschaften durch ein Untätigbleiben (§ 13) herbeigeführt worden, ist stets vorab zu klären, ob überhaupt ein unechtes Unterlassungsdelikt oder doch eine positive Handlung vorliegt.[277] In der Rechtsprechung[278] wird für die **Abgrenzung** darauf abgestellt, wo (bei normativer Betrachtung und Berücksichtigung des sozialen Handlungssinns) der Schwerpunkt des strafrechtlich relevanten Verhaltens liegt. Wer eine Tankfül- 67

269 *Saliger* Umweltstrafrecht Rdn. 170; *Steindorf* LK[11] Vor § 324 Rdn. 61; *Schall* SK vor § 324 Rdn. 152 m. w. N.

270 BGHSt **57** 43 = NStZ **2012** 142 = wistra **2012** 64 f = JR **2012** 303 m. zust. Anm. *Roxin* (nicht jedoch hinsichtlich bei Gelegenheit der Tätigkeit im Betrieb begangenen Taten, weitergehend jedoch *Kuhn* wistra **2012** 297); grundsätzlich zust. auch *Bülte* und *Schlösser* NZWiSt **2012** 176 bzw. 281; *Tiedemann* Wirtschaftsstrafrecht Rdn. 354 ff, jeweils m. w. N.; krit. und einschränkend auf evidente Fehler bei der Auswahl und unterbliebener Kontrolle nach Hinweisen auf rechtswidriges Verhalten *Schmitz* MK Vor § 324 Rdn. 143; mehr für Herleitung aus der Herrschaft über eine betriebliche Gefahrenquelle *Schall* SK Vor § 324 Rdn. 153.

271 BGHSt **40** 218, 236 f; **49** 147, 163f; StV **1998** 416, 417; NStZ **2008** 89, 90; dazu *Schünemann/Greco* LK § 25 Rdn. 145, 150 mit Kritik Rdn. 151; *Tiedemann* Wirtschaftsstrafrecht Rdn. 432 ff; *Saliger* Umweltstrafrecht Rdn. 169.

272 *Sanden* wistra **1995** 283, 284 f, vor allem zur Frage der Organisationsstruktur aufgrund des Öko-Audit- Systems.

273 AG Mannheim ZfW **1964** Sonderheft II Nr. 24; *Steindorf* LK[11] Rdn. 45.

274 OLG Karlsruhe ZfW **1992** 520; OVG Schleswig ZfW **1996** 537.

275 OLG München NJW **1973** 2073; OLG Frankfurt ZfW **1987** 195, 196 f; *Alt* MK Rdn. 98; *Sack* Rdn. 202.

276 OLG Karlsruhe ZfW **1965** 46; *Sieder/Zeitler* Rdn. 17.

277 OLG Düsseldorf ZfW **1991** 257; *Alt* MK Rdn. 96; *Schall* SK Rdn. 40 m. w. N.

278 BGHSt **6** 46, 59; NStZ **1999** 607; **2005** 446; **2012** 210; NStZ-RR **2006** 174; OLG Karlsruhe wistra **1992** 270, 272; in der Literatur wird in Zweifelsfällen vielfach von einem Vorrang der Strafbarkeit wegen Tuns und von alternativen Kriterien ausgegangen; vgl. dazu näher *Weigend* LK § 13 Rn. 5 ff m. w. N.

lung vornimmt und die Zuleitung nicht rechtzeitig abstellt, hat die durch Überlaufen verursachte Gewässerbeeinträchtigung durch sein positives Handeln herbeigeführt, nicht durch ein Unterlassen des Abstellens. So verursacht ein Anlagenbetreiber, dessen Produktion zu nicht ausreichend gereinigten Abwässern führt, oder ein Betriebsangehöriger, der es „unterlässt", eine von ihm veranlasste Abwassereinleitung abzustellen, durch das – positive – andauernde Einleiten den Erfolg.[279] Dasselbe gilt für einen Sachverständigen, der eine unrichtige Bescheinigung über die Ordnungsmäßigkeit eines undichten Tanks ausstellt und dadurch eine Gewässerverunreinigung mit bewirkt.[280] Dagegen liegt ein Unterlassen vor, wenn der Grundstückseigentümer keine Sicherheitsvorkehrungen gegen das Auslaufen seines Öltanks trifft, der Leiter eines Klärwerks den Ausfluss von Schadstoffen nicht verhindert bzw. ein Tankwagenfahrer sein abgestelltes Fahrzeug nur mangelhaft sichert, eine Schlauchverbindung reißt und dadurch Ölmengen in ein Gewässer gelangen.[281]

68 Voraussetzung für die Annahme eines unechten Unterlassungsdelikts ist nach § 13 eine **Garantenstellung.**[282] Die **Sachherrschaft** über ein Grundstück als eventuell gefährlicher Bereich kann dazu verpflichten, etwaige Grundwasserverunreinigungen durch Schadstoffbelastungen als Verursacher oder als Zustandsstörer zu verhindern[283] (zu Altlasten näher § 324a Rdn. 41, 45 f). Damit ist jedoch keine generelle Haftung verbunden, insb. nicht bei missbräuchlicher Nutzung einer an sich ungefährlichen Anlage durch Dritte. So haftet der Inhaber eines frei zugänglichen Waschplatzes zur Reinigung landwirtschaftlicher Geräte nicht, wenn der unmittelbare Täter einen dort befindlichen Gully zur Entsorgung von Pflanzenschutzmittel in einen Bach missbraucht.[284] Pflichtwidriges Vorverhalten (**Ingerenz**), führt etwa dann zu einer Garantenstellung, wenn ein noch Betriebsflüssigkeiten enthaltendes Autowrack abgestellt wird und die Betriebsstoffe später gewässerschädigend auslaufen.

69 Im Rahmen eines **Unternehmens** kann sich eine Überwachungsgarantenstellung für den Inhaber eines Unternehmens, vertretungsberechtigte Organe oder zuständige Angestellte ergeben mit der Pflicht, Gewässerverunreinigungen zu verhindern, die beim Umgang mit im Unternehmen anfallenden wassergefährdenden Abwässern entstehen (können).[285] Grundsätzlich richtet sich die Garantenstellung wie in den Fällen aktiven Handelns (Rdn. 64 ff) nach der Zuständigkeit und der Leitungsverantwortung für einen bestimmten Betrieb(steil), die sich aus der tatsächlichen Aufgabenverteilung in einem Unternehmen ergibt (Ressortprinzip).[286] Die Rechtsprechung macht allerdings eine Ausnahme für „Krisen- und Ausnahmefälle", in denen „das

---

279 Zum ersteren Fall *Franzheim/Pfohl* Rdn. 131; weiter *Steindorf* LK[11] Rdn. 48; *Alt* MK Rdn. 96; *Schall* SK Rdn. 40; abw. *Odersky* Festschrift Tröndle 291, 293, 296 f.

280 OLG Karlsruhe wistra **1992** 270.

281 *Schall* SK Rdn. 40; *Alt* MK Rdn. 96.

282 BGHSt **38** 325, 331 = NJW **1992** 3247, 3249; *Schall* SK Rdn. 41 ff; *Rudolphi* Festschrift Dünnebier 561, 571 ff.

283 BGH NJW **1992** 122; *Schall* SK Rdn. 36; *ders.* Festschrift Achenbach 463 ff; *Szesny* AnwK Rdn. 21, 27; *Franzheim/Pfohl* Rdn. 185 ff.

284 *Schall* NStZ-RR **2005** 33 f (im Anschluss an die eine zivilrechtliche Haftung verneinende Entscheidung BGH[Z] NuR **2003** 254); *ders.* SK Rdn. 42; *Sch/Schröder/Heine/Schittenhelm* Rdn. 10.

285 *Schall Zurechnung* 99, 108 ff; *ders.* SK Rdn. 42, 44; Vor § 324 Rdn. 134; *Michalke* Rdn. 48; *Sack* Rdn. 212 ff; Beispiele: OLG Karlsruhe wistra **1992** 270 (Betreiber eines latent grundwassergefährdenden Tanks mit wassergefährdenden Stoffen); OLG Stuttgart NJW **1977** 1406 (Verletzung einer Auflage zum Bau einer Kläranlage und der Aufsichtspflicht gegenüber einem Färbermeister, der schädliche Appreturabwässer einer Textilfärberei einleitet); OLG Stuttgart MDR **1976** 690 (Verletzung von Auflagen für die Abwassereinleitung durch Geschäftsführer einer GmbH & Co KG); BayObLG BayVBl. **1993** 90 = VRS **84** 32 (Verletzung von Sicherheitspflichten durch einen für die Sicherheit einer Baustelle Verantwortlichen hinsichtlich dort lagernden Dieselöls); LG Kassel Urt. v. 6.3.1981 – 135 Js 33918/79 – bei *Sack* Rdn. 216a (Verletzung der Pflicht zur Schadensbehebung bzw. -meldung durch Vorarbeiter sowie Geschäftsführer einer Baufirma nach Beschädigung eines Tankrohrs durch Bagger mit der Folge einer Grundwasserverunreinigung durch Heizöl); OLG Stuttgart ZfW **1977** 177 (Verantwortlichkeit eines für die Abwasserentgiftung zuständigen AG-Vorstands).

286 BGH NStZ **1997** 545 f; *Schall* SK vor § 324 Rdn. 153.

Unternehmen als Ganzes betroffen ist", und leitet daraus eine gesellschaftsrechtliche Verantwortung und Allzuständigkeit für die gesamte Leitungsebene ab.[287] Eine solche kann bei Auftreten einer schweren Umweltgefahrenlage vorliegen, etwa durch zahlreiche oder zunehmende Störfälle.[288] Eine Leitungsverantwortung kann auch Organisations-, Auswahl-, Instruktions- und Aufsichtspflichten sowie Eingriffspflichten, insbesondere in Fällen von Delegation einschließen.[289]

Umstritten ist, ob Betriebsbeauftragte für Gewässerschutz (§ 13 Abs. 2 Nr. 3 WHG) oder **Gewässerschutzbeauftragte** (§§ 64 ff WHG) Garanten im Sinne dieser Erfordernisse sind. Dem Gewässerschutzbeauftragten obliegen zum einen Beratungs- und Kontrollaufgaben, Pflichten zur Aufklärung gegenüber Betriebsangehörigen und zur Mitteilung von Mängeln und Vorschlägen zu ihrer Beseitigung gegenüber dem Gewässerbenutzer, ferner Pflichten, auf die Anwendung geeigneter Verfahren zur Abwasserbehandlung und umweltfreundlicherer Produktionsmethoden hinzuwirken. Soweit diese Pflichten der Überwachung zur Verhinderung von Gewässerverunreinigungen dienen, stellen sie eine (Überwachungs-)Garantenpflicht zwar nicht zu deren direkter, wohl aber mittelbarer Verhinderung durch Einschaltung zuständiger Verantwortlicher dar.[290] Die vom Gesetzgeber unterstützte Gegenauffassung nimmt eine Garantenpflicht nur bei Übertragung von Entscheidungs- bzw. Anordnungsbefugnissen an;[291] fehlen dem Gewässerschutzbeauftragten solche Befugnisse, kann er gleichwohl noch Teilnehmer sein.[292] Zur Begründung der Strafbarkeit muss die (mittelbare hypothetische) Kausalität der Pflichtverletzung für die Verunreinigung nachgewiesen werden, d. h. „wenn die ... nachteilige Veränderung ... durch die Einhaltung der gebotenen Kontroll-, Informations- oder Initiativpflichten abgewendet oder zumindest die Vollendung oder Fortsetzung der strafbaren Handlung erschwert hätte".[293] Es ist darzulegen, ob der Gewässerbenutzer den Hinweisen und Vorschlägen des Beauftragten bei tatsächlich möglicher und zumutbarer Pflichterfüllung gefolgt wäre. Wenn allerdings nicht auszuschließen ist, dass dieser untätig geblieben wäre, entfällt die (Quasi-)Kausalität des Unterlassens. Einigkeit scheint darüber zu bestehen, den Gewässerschutzbeauftragte dann als mittelbaren Täter einzustufen, wenn er durch bewusste Falschunterrichtung des Verantwortlichen eine Gewässerschädigung mit herbeiführt.[294] Eine weitergehende Pflicht zur Verhinderung von Straftaten besteht regelmäßig für **Compliance-Beauftragte**, die u. a. Straftaten im Betrieb verhindern sollen, wobei sich auch hier regelmäßig ein Kausalitätsproblem stellt.[295] 70

Für Gewässerverunreinigungen, die auf **Altlasten** zurückzuführen sind, ist in erster Linie der Verursacher, in zweiter Linie der Inhaber der tatsächlichen Gewalt über die Sache als „Zu- 71

287 BGHSt 37 106, 123 f (Lederspray-Entscheidung).

288 Vgl. *Schall Zurechnung* 99, 108 ff; *Saliger* Umweltstrafrecht Rdn. 165.

289 OLG Stuttgart NJW **1977** 1406; *Alt* MK Rdn. 97, 99, 101; *Schall* SK Rdn. 40, 42.

290 Für Täterschaft aufgrund der Überwachungsfunktion *Alt* MK Rdn. 101; *Schmitz* MK Vor § 324 Rdn. 145 f; *Ransiek* NK Rdn. 66; *Horn* NJW **1980** 1, 10; *Lackner/Kühl/Heger* Rdn. 16; *Szesny* AnwK Rdn. 28; *Sack* Rdn. 196 ff; *Arndt* 186 ff, 203 ff; *Böse* NStZ **2003** 636, 640 f; *Dahs* NStZ **1986** 97, 100 f; *Eidam* Kap. 3 Rdn. 74; *MG/Pfohl* § 54 Rdn. 323; *Nisipeanu* NuR **1990** 439; *Rudolphi* Festschrift Lackner 863, 877 ff, 879 f; *Mückenborg* BeckOK-WHG § 65 Rdn. 5; *Landmann/Rohmer/Hünnekens* WHG § 65 Rdn. 30 f; *Salje* BB **1993** 2297; *Salzwedel* ZfW **1980** 205, 213; einschränkend *Saliger* Umweltstrafrecht Rdn. 172; *ders.* SSW Rdn. 50 vor § 324; zur Täterschaft *Schall* Zurechnung 117 ff, 119; *ders.* Festschrift Amelung 287 ff (wenn Inhaber sich vollständig auf seinen Betriebsbeauftragten verlässt).

291 BTRechtsausschuss Drucks. 8/3633 S. 21 ließ unter Berufung auf die damals h. L. die Bestellung zum Betriebsbeauftragten zum Gewässerschutz nicht ausreichen; ebenso *Steindorf* LK[11] Rdn. 49; *GJW/Bock* Vor § 324 Rdn. 63; *Sander* NuR **1985** 47, 54 f; *Truxa* ZfW **1980** 220, 224.

292 OLG Frankfurt NStZ **1987** 508; *Sch/Schröder/Heine/Schittenhelm* Rdn. 17; *Fischer* Rdn. 9; *Witteck* BeckOK Rdn. 45; *Braun* 57; *Michalke* Rdn. 79; *Berendes/Frenz* § 64 WHG Rdn. 23; *Breuer* Rdn. 772.

293 OLG Frankfurt/M NStZ **1987** 508.

294 *Ransiek* NK Rdn. 66; *Sch/Schröder/Heine/Schittenhelm* Rdn. 17; *Fischer* Rdn. 9; *Bickel* ZfW **1979** 139, 148; *Czychowski* ZfW **1980** 205; *Salzwedel* ZfW **1980** 213; *Weber* 28.

295 BGHSt **54** 44, 49 f; dazu *Kraft* wistra **2010** 81; krit. *Schall* SK Vor § 324 Rdn. 153 f (für Annahme einer Überwachungsgarantenstellung).

standsstörer" verantwortlich, nicht ohne Weiteres der später eingestellte technische Betriebsleiter.[296] Es handelt sich hierbei vom wasserrechtlichen Standpunkt aus hauptsächlich um aus Deponien austretendes Sickerwasser.[297] Soweit solche Verunreinigungen im Zusammenhang mit Bodenverunreinigungen stehen, wird zur Reichweite der Verantwortlichkeit auf die Ausführungen zu § 324a Rdn. 45 f verwiesen.

X. Verantwortlichkeit von Amtsträgern

1. Aktives Tun oder Unterlassen

72 Amtsträger[298] öffentlicher Körperschaften und Anstalten des öffentlichen Rechts können wie private Personen Umweltschäden verursachen und deswegen als Täter nach § 324 in Betracht kommen.[299] Das ist z. B. der Fall, wenn Kreise, Städte und Gemeinden sowie Zweckverbände selbst Anlagen wie Krankenhäuser, Schwimmbäder, Kraftwerke, Kläranlagen, Mülldeponien oder Verbrennungsanlagen und Schlachthöfe betreiben.[300] Führt dieser Betrieb beispielsweise unzulässige Abwassereinleitungen in Gewässer durch, so sind die behördenintern zuständigen Amtsträger hierfür strafrechtlich verantwortlich.[301] Die Verantwortung kann neben den Bediensteten an der Anlage deren Leiter und im kommunalen Bereich neben den Dezernenten auch Bürgermeister und Landräte treffen.[302]

73 Probleme treten hier bei der **Abgrenzung von positivem Tun und Unterlassen** auf. Positives Tun liegt jedenfalls vor, wenn der Leiter eines städtischen Schlachthofs die Anweisung gibt, entgegen einer Auflage nicht vorgeklärte Abwässer in das Kanalnetz zu leiten, das in ein Gewässer mündet,[303] oder wenn der Leiter eines Tiefbauamts den Einbau einer zusätzlichen Pumpe (ohne wasserrechtliche Erlaubnis) zur Entlastung des städtischen Abwassersammlers veranlasst, die aber gleichwohl bei starkem Abwasseranfall ungeklärte häusliche Abwasser in den Vorfluter leitet, ferner beim Kippen einer auch nach Ablauf der wasserrechtlichen Erlaubnis vor Errichtung einer Neuanlage noch betriebenen, erweiterungsbedürftigen kommunalen Kläranlage mit übermäßiger, zu einem Fischsterben führenden Verunreinigung eines Vorfluters.[304] Ein

---

296 BGH NStZ **1991** 490 m. w. N.; vgl. auch VGH Mannheim NVwZ-RR **2002** 16; weiter einschränkend *Alt* MK Rdn. 97, 104; *Sch/Schröder/Heine/Schittenhelm* Rdn. 10; *Fischer* Rdn. 9; *Schall* SK Rdn. 37; *ders.* Festschrift Achenbach 463 ff; krit. *Michalke* Rdn. 52. Auch ein Gewässerschutzbeauftragter kann strafbar sein, wenn er bei sich durch Altlasten ausbreitender Boden- und Gewässerverunreinigung die erforderliche Einschaltung des Gewässerbenutzers unterlässt, vgl. *Szesny* AnwK Rdn. 27.

297 Hierzu VGH Mannheim ZfW **1990** 428; VG Karlsruhe ZfW **1990** 423; *Scheier* ZfW **1981** 142.

298 Zum einschlägigen Schrifttum siehe vor § 324 Rdn. 73.

299 BGHSt **38** 325, 330 ff = NStZ **1993** 285; dazu *Jung* JuS **1993** 346; *Knopp* DÖV **1994** 676; *Michalke* NJW **1994** 169 f; *dies.* Umweltstrafsachen Rdn. 54, 74 ff; *Nestler* GA **1994** 514; *Schall* JuS **1993** 719 f; *Schwarz* NStZ **1993** 285; ebenso i. E. OLG Saarbrücken NStZ **1991** 531 (aber Freispruch wegen Handlungsunmöglichkeit; zur Begründung krit. *Franzheim* ZfW **1991** 325); *Groß/Pfohl* NStZ **1992** 119; *Hoyer* NStZ **1992** 387; *Kühne* NJW **1991** 3020; *Alt* MK § 324 Rdn. 95; *Ransiek* NK Rdn. 67; *Weber* 23.

300 *Schmitz* MK Vor § 324 Rdn. 113; *Saliger* Umweltstrafrecht Rdn. 177 ff; *Breuer/Gärditz* Rdn. 1615 ff, 1636 ff; *Franzheim/Pfohl* Rdn. 129 f, 534 ff; *Groß/Pfohl* NStZ **1992** 119; *Kloepfer/Vierhaus* Rdn. 53; *Nappert* 37 ff; *Rengier* BT II § 47 Rdn. 23; *Rogall* Strafbarkeit von Amtsträgern 147 ff; *Sack* Rdn. 202b; *Schall* NJW **1990** 1269; *ders.* JuS 1993 719; *Winkelbauer* NStZ **1986** 149, 151 f; zu Mülldeponien OLG Stuttgart NuR **1987** 281; LG Koblenz NStZ **1987** 281 (zu § 327 Abs. 2 Nr. 3); zu Kläranlagen OLG Saarbrücken NStZ **1991** 531; OLG Stuttgart NStZ **1989** 122; LG München II NuR **1986** 259; zur Rechtsprechung ferner *Rogall* Strafbarkeit von Amtsträgern 317 ff.

301 OLG Celle ZfW **1987** 126; OLG Köln NJW **1988** 2119, 2121; *Sack* Rdn. 195b.

302 Zu Bürgermeistern OLG Saarbrücken NStZ **1991** 531, LG Koblenz NStZ **1987** 281; LG München II NuR **1986** 259; betr. Dezernenten BGHSt **39** 381 (betr. § 326); OLG Frankfurt NStZ **1987** 508.

303 Vgl. *Sch/Schröder/Heine/Schittenhelm* Vor § 324 Rdn. 41; *Möhrenschlager* NuR **1983** 209, 212.

304 *Franzheim/Pfohl* Rdn. 542 ff (im zweiten Fall des LG München II NuR **1986** 259 eher für Unterlassen); für positives Tun im ersten Fall auch *Saliger* Umweltstrafrecht Rdn. 179.

Teil der Literatur nimmt aktives Tun beim Weitereinleiten der Abwässer z. B. im Zusammenhang mit der Errichtung von Kläranlagen an,[305] ebenso beim fehlerhaften Einsatz von Chemikalien in einem Schwimmbad, dessen Abwässer ungeklärt in einen Bach eingeleitet werden.[306] Bei erlaubniswidriger Einleitung des von Grundstückseigentümern verursachten Abwassers über Teilortkanalisationen in Bäche hat der BGH jedoch eine Verantwortlichkeit des Bürgermeisters der Stadt als Trägerin dieser Kanalisation und damit auch für die damit verbundene städtische Direkteinleitung durch positives Tun verneint: „Denn insoweit bestand für die Stadt keine rechtmäßige Verhaltensalternative ... Sie hätte, da sie mangels entsprechender Einrichtungen das in ihre Kanalisation geflossene Abwasser nicht selbst vorklären konnte, die Einleitung in die Vorfluter überhaupt unterlassen müssen, was ihr aber ohne Verstoß gegen ihre Abwasserbeseitigungspflicht nicht möglich gewesen wäre." Er hielt den Bürgermeister gleichwohl für strafbar, da er im Aufgabenbereich der Abwasserbeseitigung eine Garantenstellung habe, kraft derer ihn die Verpflichtung treffe, rechtswidrige, von ortsansässigen Grundstückseigentümern ausgehende Gewässerverunreinigungen abzuwenden. Im Schwimmbadfall leitete das Gericht aus der Verantwortlichkeit für die Verwaltung des Schwimmbads eine Garantenpflicht ab, bei den zuständigen Amtsträgern auf einen Kanalanschluss für die Schwimmbadabwässer hinzuwirken. Den Leiter eines Klärwerks trifft eine Garantenpflicht für die Einleitung gereinigter Abwässer in einen Fluss.[307] Eine solche Verantwortlichkeit kann sich auch ergeben, wenn aus der gemeindeeigenen, undicht gewordenen Kanalisation Schmutzwasser ins Grundwasser gelangt.[308] Wegen der Abwasserbeseitigungspflicht ist vom Vorwurf einer Unterlassung ausgegangen worden, wenn zur Behebung der Mängel der Bürgermeister den Gemeinderat nicht einschaltet und Planungen nicht in Angriff genommen werden.[309] Angesichts der Abwasserbeseitigungspflicht und damit des Ausschlusses der Alternative einer Stilllegung des Systems bedarf die Handlungsmöglichkeit jeweils einer genauen Prüfung. Unmöglichkeit und Unzumutbarkeit weiterer Hilfsmaßnahmen nach Ausschöpfung aller Befugnisse führen zur Straflosigkeit. Schwierigkeiten der Abgrenzung zeigten sich ferner bei dem vom Leiter eines Wasserwirtschaftsamtes vertraglich erlaubten Einsatz eines nicht mit ausreichender Separierungsanlage versehenen Bilgenentölungsbootes mit nachfolgender Duldung von Gewässerverunreinigungen. Während das Gericht nur eine Verantwortlichkeit kraft Garantenstellung untersuchte, wäre vorrangig an das fehlerhafte Vorverhalten als positives Tun anzuknüpfen gewesen.[310] Aktive Handlungen, die zu Verunreinigungen führen, können ggf. auch bei sich mittelbar verunreinigend auswirkenden Gewässerunterhaltungsmaßnahmen und Baumaßnahmen vorliegen.[311]

Erörtert wird bei Anlagenbetreibern auf kommunaler Ebene zudem die strafrechtliche Verantwortlichkeit von **Mitgliedern des Gemeinderates**. Der Beschluss, den notwendigen (Aus-)Bau einer Kläranlage nicht vorzunehmen, stellt ein positives Tun dar.[312] Widerspricht der Bürgermeister, wie es geboten wäre, dem nicht, macht er sich ggf. wegen Unterlassens straf- **74**

---

305 *Schmitz* MK Vor § 324 Rdn. 114 (selbst wenn die Einleitungen schon vor Amtsantritt bestanden; **aA** insoweit *Odersky* Festschrift Tröndle 291, 293); gegen Annahme einer Handlung beim Fortdauernlassen eines Zustandes *Groß/Pfohl* NStZ **1992** 119.

306 OLG Köln NJW **1988** 2119, 2121 (Strafbarkeit aber verneint, weil kein fehlerhafter Umgang mit Chemikalien festgestellt).

307 OLG Stuttgart NStZ **1989** 122 f.

308 *Sack* Rdn. 195b; *Kloepfer/Vierhaus* 45; *Pfohl* NJW **1994** 418; *Himmel/Sanden* ZfW **1994** 449.

309 Vgl. BGHSt **38** 325, 330 ff; *Pfohl* NJW **1994** 418 geht aber von einem positiven Tun aus, wenn in einer kleinen Gemeinde mit geringem Abwasseraufkommen dem einzigen Großbetrieb eine Einleitung in ein offensichtlich überlastetes Abwassersystem gestattet wird; ferner *Schmitz* MK Vor § 324 Rdn. 114; für positives Tun auch *Franzheim/Pfohl* Rdn. 542 ff, wenn Amtsträger zur Entlastung der Kanalisation ohne Erlaubnis eine Pumpe einbauen lässt, die bei starkem Abwasseranfall das ungeklärte Abwasser in ein Gewässer einleitet.

310 LG Bremen NStZ **1982** 164 m. krit. Anm. *Möhrenschlager*.

311 Vgl, die Einstellungsentscheidung der GenStA Celle NJW **1988** 2394.

312 *Schmitz* MK Vor § 324 Rdn. 139; *Pfohl* NJW **1984** 418, 420; *Saliger* Umweltstrafrecht Rdn. 180; *Schall* SK Vor § 324 Rdn. 96; *Franzheim/Pfohl* Rdn. 558 ff; *Hug* 81 ff; *Nappert* 46 ff; *Schmeken/Müller* 93 ff, 164 ff; *Scholl* 122 ff.

bar.[313] Ebenso kann ein Unterlassen vorliegen, wenn begrenzte Haushaltsmittel nicht für die Erweiterung einer Kläranlage bereitgestellt, sondern für Sportanlagen oder eine neue Festhalle ausgegeben werden.[314]

2. Fehlerhafte behördliche Gestattungen

75 Es besteht Einigkeit, dass eine verwaltungsrechtlich rechtmäßige Gestattung das Verhalten des Handelnden strafrechtlich „salviert“,[315] indem man entweder den Ausschluss des Tatbestandes oder den Wegfall der Rechtswidrigkeit wegen Vorliegens eines Rechtfertigungsgrundes annimmt (Rn. 31 f, 57). Das gilt freilich nur, solange sich ein Verhalten innerhalb der Begrenzungen einer Gestattung hält und mit ihr kongruent ist.[316] Bei der Erteilung von fehlerhaften umweltrechtlichen Gestattungen gilt es zu differenzieren. Ist eine **Genehmigung unwirksam**, kann der Amtsträger Täter oder Teilnehmer der folgenden Gewässerbeeinträchtigung sein. Sie ist unwirksam, wenn sie entweder nach § 44 i. V. m. § 43 Abs. 3 VwVfG nichtig oder nach § 330d Abs. 1 Nr. 5, sofern sie durch Drohung, Bestechung, Kollusion oder durch unrichtige oder unvollständige Angaben erschlichen wurde (strittig, vgl. § 330d Rdn. 27 ff). Der Genehmigungsempfänger handelt dann unbefugt. Mittäterschaft kann insbesondere vorliegen, wenn das kollusive Zusammenwirken über die beiderseitige Kenntnis der Rechtswidrigkeit hinausgeht.[317] Bloße beiderseitige Kenntnis der Rechtswidrigkeit reicht nicht, jedoch genügen ein stillschweigendes Einvernehmen und ein darauf gegründeter Tatbeitrag des Amtsträgers. Bei durch Bestechung erwirkten Genehmigungen wird der Amtsträger regelmäßig Mittäter sein; war Drohung das Mittel, so mag auch nur Beihilfe vorliegen.[318] Bei seiner Täuschung fehlt zwangsläufig der Vorsatz des Amtsträgers, was eine Fahrlässigkeitsstrafbarkeit bei Erkennbarkeit der Fehlinformationen indessen nicht ausschließt;[319] eine Strafbarkeit wegen Beihilfe durch Unterlassen kann aber vorliegen, wenn der Amtsträger die Täuschung nachträglich erkennt und die Genehmigung gleichwohl nicht widerruft.[320] Mittelbare Täterschaft kommt in Betracht, falls der Amtsträger davon ausgeht, der Genehmigungsempfänger glaube fälschlicherweise an die Wirksamkeit der Genehmigung.[321] Erteilt der Amtsträger unvorsätzlich, aber unter Verletzung objektiver Sorgfaltspflichten eine Erlaubnis, die unwirksam ist, so kann er wegen fahrlässiger Tatbegehung nach Absatz 3 bestraft werden.[322]

76 Erteilt ein Amtsträger vorsätzlich eine nach außen **wirksame, aber verwaltungsrechtlich materiell fehlerhafte** Erlaubnis, so kann diese Handlungsweise für die durch den unmittelbar Handelnden bewirkte (qua Genehmigung für ihn befugte) Gewässerverunreinigung ursächlich sein. Der die Genehmigung erteilende Amtsträger, aber auch derjenige einer beteiligten Fachbehörde, deren Vorschläge i. d. R. übernommen werden, soll dann nach h. M. als mittelbarer Täter, der

---

313 *Pfohl* NJW **1994** 418, 420 f; *Nappert* 37 ff, 41 ff; *Schmeken/Müller* 90 f, 93 ff, 164 ff; *Scholl* 122 ff, 193 f; *Winkelbauer* NStZ **1986** 149, 151 f.

314 Vgl. *Weber* 32.

315 *Rogall* GA **1995** 299, 310 m. w. N.

316 OLG Düsseldorf NVwZ **1991** 510 (zu § 41 a. F. WHG).

317 Vgl. BGHSt **39** 381, 386 (Mülldeponie-Fall).

318 *Alt* MK Rdn. 107; *Schmitz* MK Vor § 324 Rdn. 12 ff, 125; *Sch/Schröder/Heine/Schittenhelm* Vor § 324 Rdn. 35; *Saliger* Umweltstrafrecht Rdn. 191 f; *Rehbinder/Schink-Durner* Kap. 9 Rdn. 194; einschränkend zur Mittäterschaft bei Mitwirkung eines nur an der Vorbereitung der Genehmigung tätigen Amtsträgers *Schall* SK Vor § 324 Rdn. 107.

319 *Schall* SK Vor § 324 Rdn. 107; *Rogall* Strafbarkeit von Amtsträgern 173, 199 f; *Gürbüz* 79; *Schmitz* MK Vor § 324 Rdn. 124 (wenn Nichtigkeit mit Sorgfaltswidrigkeit zusammentrifft).

320 *Schall* SK Vor § 324 Rdn. 107, 111; *Gürbüz* 83 ff; *Rudolphi* Festschrift Dünnebier 561, 570.

321 *Schmitz* MK Vor § 324 Rdn. 122; *Saliger* Umweltstrafrecht Rdn. 193; *Schall* SK Vor § 324 Rdn. 107; *Sch/Schröder/Heine/Schittenhelm* Vor § 324 Rdn. 33.

322 *Schmitz* MK Vor § 324 Rdn. 124; *Saliger* Umweltstrafrecht Rdn. 200; *Lackner/Kühl/Heger* Rdn. 10 vor § 324; *Rudolphi* ZfW **1984** 263 f; *Möhrenschlager* NuR **1983** 209, 212.

sich eines tatbestandlos oder rechtmäßig handelnden Werkzeuges bedient, strafbar sein.[323] Der Amtsträger öffne durch den fehlerhaften Bescheid „die entscheidende Rechtsschranke" für die Herbeiführung des tatbestandsmäßigen Erfolgs. Mittelbare Täterschaft des Amtsträgers ist hier nach der Rspr. „jedenfalls anzunehmen, wenn sein Tatbeitrag im Rahmen des Gesamtgeschehens so gewichtig ist, dass es [sic!]– bei isolierter Betrachtung – täterschaftlichen Rang hat".[324] Bei dieser Konstruktion entschiede allerdings allein das materielle Umweltrecht darüber, ob die erteilte Erlaubnis strafrechtlich rechtmäßig ist oder nicht, und zwar unabhängig davon, worauf die Rechtswidrigkeit beruht. Damit wird verkannt, dass § 324 auch die verwaltungsrechtliche Zugangskontrolle zu dem Umweltmedium schützen soll (Rn. 14). Wird dieses Schutzgut jedoch nicht durch den Bürger angegriffen, sondern von der Kontrollinstanz selbst missachtet, während sich der Bürger an die ihm erteilten Vorgaben hält, so verfehlt eine Bestrafung des Amtsträgers den Unrechtskern von § 324 und wandelt das Delikt in eine Art Umweltuntreue. Ein systematischer Bruch entstünde zudem im Vergleich zu demjenigen Bürger, der die Rechtswidrigkeit einer wirksamen, gutgläubig erteilten Genehmigung kennt und sich gleichwohl nicht wegen einer Gewässerverunreinigung strafbar machen kann. Wenn aber die Kenntnis der Rechtswidrigkeit schon beim Bürger die Strafbarkeit nicht zu begründen vermag, so kann ihre Projizierung auf den Amtsträger ebensowenig zu dessen Strafbarkeit führen. Die deswegen die h. M. ablehnende Gegenauffassung[325] bezweifelt zudem zu Recht die Tatherrschaft des Amtsträgers, da der Empfänger der Genehmigung selbst darüber entscheidet, ob er von ihr Gebrauch macht oder nicht. Sofern von Letzterem teilweise bei Gutgläubigkeit des Genehmigungsempfängers bzw. bei Wissensüberlegenheit des Amtsträgers eine Ausnahme gemacht wird,[326] ist das inkonsequent.

Soweit die h. M. entgegen der hier vertretenen Auffassung eine **mittelbare Täterschaft** bejaht, 77
differenziert sie allerdings danach, an welcher Art von Normverstoß die Genehmigung krankt. Zur strafrechtlichen Haftung des Amtsträgers führt es demnach, wenn er gegen eine gewässerschützende Norm verstößt. Das ist z. B. anzunehmen, sofern eine Erlaubnis oder Bewilligung zum Einleiten von Abwasser nach § 57 WHG nicht erteilt werden durfte, weil die dort aufgestellten Anforderungen nicht einzuhalten sind. Dazu gehört auch eine Erlaubnis, welche die Überschreitung von Höchstwerten gestattet. Form-, Zuständigkeits- oder Begründungsfehler begründen eine strafrechtliche Verantwortlichkeit hingegen noch nicht.[327] Die Verfahrensvorschrift über die Bürgerbeteiligung im Planfeststellungsverfahren besitzt gewässerschützenden Charakter.[328] Soweit ein Ermessensspiel-

---

323 BGHSt **39** 381, 388 = NStZ **1994** 432 m. Anm. *Rudolphi*; dazu *Michalke* NJW **1994** 1693, 1696 ff.); *Schirrmacher* JR **1995** 386; *Horn* JZ **1994** 636; *Knopp* DÖV **1994** 696; dagegen keine Einwände von BVerfG [Kammer] NJW **1995** 186; OLG Frankfurt NStZ **1987** 508, 510 = JR **1988** 168 m. Anm. *Keller*; OLG Oldenburg NuR **1996** 164; *Ransiek* NK Rdn. 72; *Möhrenschlager* LK[12] Rdn. 56; *SSW/Saliger* vor § 324 Rdn. 60; *Fischer* Vor § 324 Rdn. 16; *Lackner/Kühl/Heger* Vor § 324 Rdn. 10; *Horn* NJW **1981** 1, 3 f; *Sack* Rdn. 202c; *Kloepfer/Vierhaus* Rdn. 50; *Dölling* Festschrift Kohlmann 111, 117; *Franzheim/Pfohl* Rdn. 578 ff; *Hüwels* 53 ff; *Keller* Festschrift Rebmann 242, 252; *Kloepfer/Heger* Rdn. 126 f; *Kuhlen* WiVerw **1992** 215, 294 f; *Matt/Renzikowski/Rettenmaier/Gehrmann* vor § 324 Rdn. 15; *Meinberg* NJW **1986** 2220, 2222; *Michalke* NJW **1994** 1693; *W. Müller* ZfW **1999** 288, 294; *Nappert* 221 f, 226 ff; *Rademacher* 186 ff; *Rudolphi* NStZ **1992** 193, 198; *Tiedemann/Kindhäuser* NStZ **1988** 337, 345; *Winkelbauer* NStZ **1986** 149, 151 f; *Wohlers* ZStW **108** (1996) 61.

324 BGHSt **39** 381, 388 f.

325 *Schmitz* MK Vor § 324 Rdn. 116 f; *Sch/Schröder/Heine/Schittenhelm* Vor § 324 Rdn. 35; *Szesny* AnwK vor § 324 Rdn. 65; *GJW/Bock* Vor § 324 Rdn. 70; *Arzt/Weber/Heinrich/Hilgendorf* BT § 41 Rdn. 43; *Breuer* NJW **1988** 2072, 2084 f; *Gürbüz* 25, 73 f; *Immel* Verantwortlichkeit 107 ff, 144 ff, 164; *ders.* ZRP **1989** 105, 107; *Otto* Jura **1991** 308, 314 f; **1995** 134, 140; *Paeffgen* Festschrift Stree/Wessels 587, 606; *Rogall* Strafbarkeit von Amtsträgern 194 ff; *ders.* NJW **1995** 922, 925; *Schall* NJW **1990** 1269; *ders.* SK Vor § 324 Rdn. 109; *Sch/Schröder/Heine/Schittenhelm* Vor § 324 Rdn. 35; *Schünemann* wistra **1996** 235. 240 f; *Tröndle* NVwZ **1989** 918, 921 f; *ders.* Festschrift Meyer 607, 609, 613 ff; *Wohlers* ZStW 108 (**1996**) 61, 64 ff, 69 f, 82, 85.

326 *Arzt/Weber/Heinrich/Hilgendorf* BT § 41 Rdn. 43; Sieder/Zeitler/Dahme/*Knopp* Rdn. 16a; *Schall* SK Vor § 324 Rdn. 110 *Sch/Schröder/Heine/Schittenhelm* Vor § 324 Rdn. 35; *Schünemann* wistra **1986** 235, 240 f.

327 OLG Frankfurt NJW **1987** 2753, 2757 (ausnahmsweise kann bei solchen Fehlern die Erlaubnisfähigkeit zur Straflosigkeit genügen); *Rudolphi* NStZ **1992** 193, 198.

328 *Fischer/Leirer* ZfW **1996** 349, 354; vgl. auch *Ransiek* NK Rdn. 73.

raum besteht, soll vorsätzlicher oder fahrlässiger Ermessensfehlgebrauch zur Strafbarkeit führen,[329] und zwar nicht nur bei besonders gewichtigen oder offenkundigen Grenzüberschreitungen, unvertretbaren Entscheidungen oder Ermessensreduzierungen auf Null.[330]

78 Ein Amtsträger kann sich auch strafbar machen, indem er eine von Anfang an rechtswidrige oder eine nachträglich rechtswidrig gewordene Genehmigung nicht gemäß § 48 VwVfG zurücknimmt. Im ersten Fall hat der Amtsträger – sofern er selbst die Genehmigung erteilt hatte – eine Gefahrenlage durch ein pflichtwidriges Vorverhalten geschaffen. Er kann dann Garant nach den Grundsätzen der Ingerenzhaftung sein, aber zugleich auf Grund seiner gewässerschützenden Funktion.[331] Eine solche besteht in beiden Fällen auch beim Amtsnachfolger.[332] Der Amtsträger muss **zur Rücknahme** allerdings auch **verpflichtet** sein, was insbesondere bei auf Null reduziertem Ermessen anzunehmen ist.[333] Unterlässt der Amtsträger die Rücknahme hingegen im Rahmen des ihm eingeräumten Ermessensspielraums, handelt er nicht rechtswidrig. Bei ermessensfehlerhafter Entscheidung, von Rücknahme abzulassen, kann ein strafbares Verhalten vorliegen.

3. Nichteinschreiten gegen rechtswidrige Gewässerverunreinigung durch Dritte

79 Aus den Gestaltungs-, und Überwachungsbefugnissen und -pflichten der mit dem Gewässerschutz betrauten Wasserbehörden nach dem WHG und ergänzenden landesrechtlichen Regelungen kann eine **Garantenstellung** dieser Behörden hergeleitet werden, deren Wahrnehmung ihren Bediensteten im jeweiligen Zuständigkeitsbereich obliegt.[334] Umstritten sind Inhalt und Umfang der Garantenpflichten. Sie müssen sich nach Wasserverwaltungsrecht in Verbindung mit allgemeinen Prinzipien des Verwaltungsverfahrensrechts richten. Einigkeit besteht, dass die

---

329 OLG Frankfurt NJW **1987** 2753, 2756 f; *Horn* NStZ **1981** 1, 7, 10; *Lackner/Kühl/Heger* Vor § 324 Rdn. 10; *Sack* Rdn. 202a, 202c; *Möhrenschlager* NuR **1983** 209, 212; *Nappert* Haftung 235 f; *Rogall* Strafbarkeit von Amtsträgern 168 f; *Schünemann* wistra **1986** 235, 239; *Zeitler* NStZ **1984** 220.

330 So aber OLG Frankfurt NStZ-RR **1996** 105 (offenkundiger und/oder schwerwiegender Pflichtenverstoß); *Ransiek* NK Rdn. 73; *Sch/Schröder/Heine/Schittenhelm* Vor § 324 Rdn. 30; *SSW/Saliger* vor § 324 Rdn. 57; *Franzheim/Pfohl* Rdn. 596 (nicht vertretbare Erlaubnis); *Keller* Festschrift Rebmann 241, 247; *Kuhlen* WiVerw **1992** 299.

331 Für Anwendung von Ingerenz BGHSt **39** 381, 389 f; OLG Frankfurt NJW **1987** 2753, 2756 f; *Schmitz* MK Vor § 324 Rdn. 131; *Ransiek* NK Rdn. 70; *Fischer* vor § 324 Rdn. 20; *Lackner/Kühl/Heger* vor § 324 Rdn. 11; *Sack* Rdn. 202d; *Saliger* Umweltstrafrecht Rdn. 202 ff; aus dem Aspekt des Beschützergaranten zudem die h. M., u. a. *Ransiek* NK Rdn. 70; *Lackner/Kühl/Heger* vor § 324 Rdn. 11; *Saliger* Umweltstrafrecht Rdn. 210; **aA** insoweit *Schmitz* MK vor § 324 Rdn. 129 f.

332 *Alt* MK Rdn. 108; *Saliger* Umweltstrafrecht Rdn. 207 ff; *Ransiek* NK Rdn. 70; *Lackner/Kühl/Heger* Vor § 324 Rdn. 11; *Schall* SK Vor § 324 Rdn. 119; abl. *Schmitz* MK vor § 324 Rdn. 133.

333 BGHSt **38** 325, 335 ff; OLG Frankfurt NJW **1987** 2753, 2756 f; *Schmitz* MK vor § 324 Rdn. 134; *Ransiek* NK Rdn. 70; *Sch/Schröder/Heine/Schittenhelm* vor § 324 Rdn. 38; *Saliger* Umweltstrafrecht Rdn. 212; weitergehend *Lackner/Kühl/Heger* Vor § 324 Rdn. 11 (ausreichend auch eindeutige Ermessensfehler).

334 BGHSt **38** 325, 336 f; 39 381, 388 f; OLG Düsseldorf NVwZ-RR **1990** 11, 13; OLG Frankfurt NJW **1987** 2753, 2757; NStZ-RR **1996** 104; OLG Köln NJW **1988** 2119 f; OLG Saarbrücken NJW **1991** 3045; LG Bremen NStZ **1982** 164 mit Anm. *Möhrenschlager,* dazu auch *Ranft* JZ **1987** 916 f; LG Hanau § 324 NStE Nr. 10; AG Hanau wistra **1988** 199 f; AG Lübeck StV **1989** 348; GenStA OLG Celle NJW **1988** 2395; StA Mannheim NJW **1976** 585, 587; *Alt* MK Rdn. 109; *Ransiek* NK Rdn. 69; *Wohlers/Gaede* NK § 13 Rdn. 63; *Sch/Schröder/Heine/Schittenhelm* Vor § 324 Rdn. 38 f; *Fischer* Vor § 324 Rdn. 18; *Lackner/Kühl/Heger* Rdn. 11 f vor § 324; *SSW/Saliger* vor § 324 Rdn. 64, 67; *Witteck* BeckOK Rdn. 60 f; *Bickel* ZfW **1979** 139, 148; *Franzheim/Pfohl* Rdn. 589; *v.d.Grün* 51 ff, 60 ff, 149 ff; *Hohmann* NuR **1991** 8, 12; *Horn* NJW **1981** 1, 5 f, 9; *Hug* 161 ff, 185 ff; *Iburg* UPR **1989** 130 f; *Keller* JR **1988** 174; *Kuhlen* WiVerw **1992** 298; *Laubenthal* Festschrift Weber 109, 114; *Meinberg* NJW **1986** 2220, 2223 f; *Möhrenschlager* ZfW **1980** 215 f; *Nestler* GA **1994** 514, 523 ff; *Otto* Jura **1991** 315; *Pfohl* NJW **1994** 418, 421; *Ranft* JZ **1987** 916; *Rengier* Umweltstrafrecht 43; *Sack* Rdn. 198, 202a ff; *Sangenstedt* 669 ff; *Schall* SK Rdn. 103 ff (einschränkend); *Schultz* 166 ff; *Schwarz* NStZ **1993** 285; *Triffterer* Umweltstrafrecht 138; *Winkelbauer* NStZ **1986** 149, 151 f; *Zeitler* NStZ **1984** 220; zweifelnd *Tiedemann* Neuordnung des Umweltstrafrechts 43; **aA** GenStA Hamm NStZ **1984** 219; *Arzt/Weber/Heinrich/Hilgendorf* BT § 41 Rdn. 54 ff; *Galonska* 103 f; *Geisler* NJW **1982** 11, 12 f; *Gürbüz* 173 ff; *Rudolphi* Festschrift Dünnebier 561, 575 ff, 578 ff.

strafrechtliche Garantenpflicht nicht weiter als die verwaltungsrechtliche Handlungspflicht reichen kann. Ob und inwieweit eine solche Pflicht der zuständigen Gewässeraufsichtsbehörde zur Verhinderung einer drohenden oder sich weiter auszubreitenden Gewässerverunreinigung besteht, richtet sich nach ihrer – gemäß § 100 WHG übertragenen – Pflicht zur Wahrnehmung von Gegenmaßnahmen. Eine verwaltungsrechtliche Pflichtverletzung liegt vor, wenn i. S. v. § 114 VwGO „die gesetzlichen Grenzen des Ermessens überschritten sind oder von dem Ermessen in einer dem Zweck der [gesetzlichen] Ermächtigung nicht entsprechenden Weise Gebrauch gemacht ist." Der Gesetzgeber ist insbesondere dann von einer auch strafrechtlich relevanten Verletzung ausgegangen, wenn „die Behörde keine oder ungeeignete Maßnahmen" trifft, „um eine Gefährdung für die öffentliche Sicherheit und Ordnung abzuwehren. Das Gleiche werde bei einer konkreten Gefahr im Sinne des § 330 Abs. 1 [a. F.] ... anzunehmen sein."[335] Eine **Einschreitenspflicht** wird deshalb insbesondere in Situationen angenommen, in denen eine Erlaubnis oder Bewilligung zum Einleiten oder anderen Benutzungen i. S. v. § 9 WHG nach § 12 Abs. 1 WHG zu versagen ist, also eine Gewässerveränderung vorliegt, die nach § 3 Nr. 10 WHG das Wohl der Allgemeinheit, insbesondere die öffentliche Wasserversorgung beeinträchtigt,[336] dem eine schwerwiegende Beeinträchtigung des Gewässers i. S. v. § 330 Abs. 1 Nr. 1 und erst recht eine schwere Personengefährdung i. S. v. § 330a gleichzustellen ist.[337] Teilweise werden die strafbaren Fälle des Nichteinschreitens gegen rechtswidrige Gewässerverunreinigungen Dritter auf solche Fälle beschränkt, in denen kein Ermessensspielraum besteht oder dieser auf Null reduziert ist.[338] Im Einklang mit den verwaltungsrechtlichen Vorgaben hat der Gesetzgeber eine Garantenpflicht jedoch nicht auf schwerwiegende Fälle beschränkt, sondern ist davon ausgegangen, dass auch in anderen Fällen „ein ermessensfehlerhaftes Verhalten unter Umständen eine Verletzung der Garantenpflicht „darstellen" könne,[339] so wenn die zuständigen Amtsträger aus unsachlichen oder willkürlichen Gründen überhaupt untätig geblieben sind,[340] verfehlte Handlungen vorgenommen oder sonst Grenzen des Ermessens überschritten haben. Die Beurteilung zum Ob, Wann und Wie des Einschreitens nach den verwaltungsrechtlich zur Verfügung stehenden Möglichkeiten (Anordnungen und andere Zwangsmaßnahmen[341]) wird davon abhängen, welche Beeinträchtigungen oder Gefahren drohen und welche Interessen bei der Ermessensentscheidung zu berücksichtigen sind. Eine Garantenpflicht ist zu bejahen, wenn über das „Ob" des verwaltungsrechtlichen Einschreitenmüssens („Entschließungsermessen") nach der Gesetzeslage kein Zweifel besteht.[342] Unterliegt das „Wie" des Einschreitens der Disposition der Behörde, so muss der Amtsträger eine von mehreren wirksamen Möglichkeiten ergreifen. Besteht insoweit (noch) ein Auswahlermessen, führen wiederum nur die o. g. Ermessensfehler zu einer Haftung, sofern im Ergebnis eine signifikant weniger wirksame Maßnahme gewählt wird.

Um die (Quasi-)Kausalität einer Unterlassung[343] bejahen zu können, ist die Feststellung **80**
erforderlich, dass die Verschlechterung der Gewässereigenschaften bei dem verwaltungsrecht-

---

335 BT-Drs. 8/3633 21; zust. *Saliger* Umweltstrafrecht Rdn. 186.

336 *Alt* MK Rdn. 111 unter Bezugnahme auf AG Hechingen NJW **1976** 1222; *Möhrenschlager* NuR **1983** 209, 213; *Pfohl* NJW **1994** 418 f; *Zeitler* NStZ **1984** 220.

337 *Steindorf* LK[11] Rdn. 67; *Möhrenschlager* NuR **1983** 209, 212 f.

338 OLG Frankfurt NStZ-RR **1996** 103, 105; GenStA Celle NJW **1988** 2324 f; GenStA Hamm NStZ **1984** 219; NJW **1988** 2394, 2396; vgl. auch BVerwG JR **1969** 313 (mit Beschränkung der Ermessensfreiheit beim polizeilichen Einschreiten gegen Lärmimmissionen auf besonders schwere Fälle); *Alt* MK Rdn. 111 f; *Schall* SK Rdn. 117 i. V. m. Rdn. 102.

339 BT-Drs. 8/3633 21; vgl. auch *Horn* NJW **1981** 1, 10; *Möhrenschlager* ZfW **1980** 216 f; NuR **1983** 209, 212 f; *Zeitler* S. 140 ff; *Geisler* NJW **1982** 11, 13 f; *Sch/Schröder/Heine/Schittenhelm* Vor § 324 Rdn. 30 (bei eindeutigen Ermessensfehlern).

340 LG Bremen NStZ **1982** 164 m. Anm. *Möhrenschlager;* StA Mannheim NJW **1976** 585; *Herrmann* ZStW **91** (1979) 294; *Zeitler* NStZ **1984** 220.

341 Vgl. OLG Frankfurt NJW **1987** 2753, 2756 f.

342 BGHSt **38** 325, 335 f.

343 Hierzu BGHSt **38** 325, 337 f (weitergehend abgedruckt in wistra **1993** 62, 65 f.); OLG Frankfurt/M. NStZ-RR **1996** 103, 105.

lich gebotenen Amtsträgerhandeln mit an Sicherheit grenzender Wahrscheinlichkeit ausgeblieben oder weniger schwerwiegend ausgefallen wäre.[344] Dazu muss die Behörde in Gestalt ihrer Amtsträger in der Lage gewesen sein, die konkrete Verunreinigung etwa durch Genehmigungswiderruf, durch Auflagen oder sonstige Anordnungen, „real zu unterbinden“.[345] Bei Zweifeln scheidet eine Vollendungsstrafbarkeit aus.[346] Erscheinen mehrere Handlungsalternativen als „geboten“, so ist für sie alle die Frage der Kausalität separat zu prüfen; es reicht dann aus, wenn sie hinsichtlich einer Alternative zu bejahen ist.

81 Umstritten ist, ob die **Entsprechensklausel** des § 13 Abs. 1 Wirkungen entfaltet.[347] Sofern man in § 324 kein reines Erfolgsdelikt sieht, sondern wegen des Erfordernisses unbefugten Verhaltens auch verhaltensgebundene Unrechtsanteile annimmt, ist richtigerweise zu fordern, dass das Unterlassen des Einschreitens des Amtsträgers der unerlaubten Gewässerverunreinigung gleichkommen muss.[348] Das kann jedenfalls dann bejaht werden, wenn der Amtsträger für die Nichteinholung der Genehmigung mitursächlich geworden ist (etwa durch ungenaue Auskünfte), die von ihm erkannte Gewässerbeeinträchtigung gegenüber Dritten verschleiert oder ihre Entdeckung durch andere Behördenmitarbeiter hintertreibt.

XI. Rechtsfolgen

82 Auf die **Vorsatztaten** nach Absatz 1 drohen bis zu fünf Jahre Freiheitsstrafe oder Geldstrafe bis zu 360 Tagessätzen (§ 40 Abs. 1 S. 2). In der Praxis werden Freiheitsstrafen allerdings selten verhängt und wenn doch, dann meistens auf Bewährung. Hat sich der Täter durch die Tat zu bereichern versucht oder ist ihm dies gar gelungen, was bei der vorsätzlichen Verursachung von Gewässerverschmutzungen häufig der Fall sein wird, so können nach § 41 Freiheitsstrafe und Geldstrafe auch kombiniert angeordnet werden.[349] Bei einer von einem ausländischen Schiff begangenen und nach § 5 Nr. 11 verfolgbaren Meeresverschmutzung können aufgrund der Beschränkungen in Art. 230 des UN-Seerechtsübereinkommens bei Verstößen grundsätzlich nur Geldstrafen, jedoch bei vorsätzlich schwerer Verschmutzung innerhalb des Küstengewässers auch Freiheitsstrafen verhängt werden.[350]

83 Zu beachten sind neben der Qualifikationsbestimmung von § 330 Abs. 2 die von § 330 Abs. 1 ermöglichten **Strafschärfungen** auf Freiheitsstrafen zwischen sechs Monaten und zehn Jahren. Hierbei handelt es sich um eine Strafzumessungsvorschrift in Regelbeispielstechnik, wobei als Regelbeispiele schwerwiegende oder gar dauerhafte Gewässerbeeinträchtigungen, Gefährdungen der öffentlichen Wasserversorgung, Schädigungen eines Bestandes von streng geschützten Tieren oder Pflanzen und das Handeln aus Gewinnsucht genannt werden. Zu den Einzelheiten siehe § 330 Rdn. 4 ff.

84 Die Höchststrafe für das **Fahrlässigkeitsdelikt** nach Absatz 3 beträgt drei Jahre Freiheitsstrafe. Hier liegen die tatsächlich verhängten Strafen zumeist im untersten Sanktionsbereich. Strafschärfungen sind nicht vorgesehen, weil § 330 explizit an Vorsatztaten anknüpft.

---

344 Allgemein BGHSt **37** 106, 126 f (Lederspray-Fall); **43** 381, 397; **48** 77, 93; **52** 159, 164; *Weigend* LK § 13 Rdn. 70 ff; *Wohlers/Gaede* NK § 13 Rdn. 15; *Sch/Schröder/Bosch* § 13 Rdn. 61.

345 *Steindorf* LK[11] Rdn. 68; *Bickel* ZfW **1979** 139, 149; ähnlich *Sch/Schröder/Heine/Schittenhelm* Rdn. 38 vor § 324; *Maiwald* JuS **1981** 437. 438.

346 OLG Hamm NJW **1959** 1551; *Sch/Schröder/Bosch* § 13 Rdn. 61; *Wernicke* ZfW **1980** 261, 266.

347 Verneinend *Wohlers/Gaede* NK § 13 Rdn. 19; *Weigend* LK § 13 Rdn. 77, jeweils m. w. N.; ferner *Möhrenschlager* LK[12] Rdn. 64.

348 So allerdings *Wernicke* ZfW **1980** 261, 265; allgemein befürwortend *Freund* MK § 13 Rdn. 202 ff.

349 BGHSt **26** 325, 328; **32** 60, 64; StV **2016** 556.

350 *Alt* MK Rdn. 118; *Schall* SK Rdn. 91; krit. *Heine* Festschrift Otto 1015, 1024; *Möhrenschlager* VGT **1984** 313, 330 f im Hinblick auf die dabei sichtbare Dominanz von Handels- und Schifffahrtsinteressen bei solchen Delikten in anderen Kontinenten.

Die **Strafzumessung** im Einzelfall ist an den zu § 46 entwickelten Grundsätzen auszurichten.[351] Strafschärfend wirkt das Handeln in Schädigungsabsicht oder gegen Entgelt, wie es zuvor in § 38 Abs. 2 WHG aufgeführt war. Hier sind die Fälle einzureihen, in denen der Täter einer vom Kunden teuer bezahlten vertraglichen Verpflichtung zu geordneter Beseitigung besonders gefährlicher Abwässer nicht nachkommt, sondern sie einfach in ein Gewässer pumpt. Hinsichtlich des Verunreinigungserfolges können das Zuführen besonders giftiger, stark konzentrierter oder schwer abbaubarer Schadstoffe oder solcher, die nach ihrer Beschaffenheit geeignet sind, große Wassermengen zu verunreinigen (Öl), die große Menge der zugeführten Schadstoffe, die Zahl der Einleitungen und eine fortgesetzte Begehungsweise, das Ausmaß der Gewässerschädigung (Teilbereich oder gesamtes Gewässer), die Verursachung konkreter Schäden (Fischsterben) sowie hoher Entsorgungskosten berücksichtigt werden. Straferschwerend wirken ferner das Hinwegsetzen über (wiederholte) behördliche Anordnungen sowie erhebliche Sanierungs- und Reparaturversäumnisse. Eine Rolle mag zudem die Stellung des Täters im Rahmen seines Verantwortungsfeldes oder seine besondere Vorbildung spielen, welche das Erkennen der Gefährlichkeit des Handelns erleichtern sollte. Schulderhöhend kann der Missbrauch der sozialen Abhängigkeit Untergebener gewertet werden; einschlägige Vorstrafen mögen das Präventionsbedürfnis steigern.[352] Zugunsten des Täters kann eine behördliche Untätigkeit wirken, widersprüchliches oder unklares Verhalten der zuständigen Amtsträger, eine Notsituation, soweit sie nicht bereits nach § 34 zum Ausschluss der Rechtswidrigkeit führt, ferner eine nachträglich erteilte Erlaubnis einer erlaubnisfähigen Gewässerbenutzung[353] sowie die Schadenswiedergutmachung aus eigenen Mitteln. 85

Zur **Einziehung** von Taterträgen nach den §§ 73 ff siehe vor § 324 Rn. 98 ff. Sie kommt bei durch eine Tat nach § 324 ersparten Aufwendungen zur Entsorgung schädlicher Abwässer, zur Reparatur, zur Sanierung bzw. unterlassenen Umweltschutzinvestitionen[354] in Betracht; von Bedeutung sind hierbei die Anwendung des einen Abzug von Kosten (etwa der illegalen Entsorgung) vermeidenden Bruttoprinzips und die Abschöpfung auch beim von der Tat profitierenden Unternehmen (§ 73b). Beim Unterlassen von Reparaturen und der Anschaffung kurzlebiger Einrichtungen wird deren Vermögenswert abgeschöpft. Wird eine Abwasser(-behandlungs-)anlage ohne Genehmigung betrieben oder verändert, sind die durch die Illegalität erzielten Einnahmen einzuziehen.[355] Unanwendbar ist die Sondervorschrift des § 330c. Werden von einem Schiff aus gewässerverunreinigend Abfälle oder Abwässer in ein Gewässer eingeleitet, kann das Schiff nach § 74 Abs. 1 eingezogen werden, wenn es gezielt dazu eingesetzt wurde.[356] Einziehungen sind bei der Gesamtbetrachtung der im Einzelfall verhängten Rechtsfolgen zu berücksichtigen und können dann ggf. strafmildernd wirken. 86

---

351 S. dazu die eingehende Behandlung bei *Schneider* LK § 46 Rdn. 73 ff.

352 LG Kleve Wasserwirtschaft **1971** 196; ausführlich wiedergegeben bei *Salzwedel* ZfW **1972** 149 und *Sack* Rdn. 253; *Alt* MK Rdn. 121.

353 *Alt* MK Rdn. 117; *Schall* SK Rdn. 89.

354 Vgl. OLG Düsseldorf wistra **1999** 477 f (zu § 326; illegales Ablagern stark giftiger Abfälle; Ersparnis von 563.000 DM Deponiegebühren); OlG Frankfurt wistra **1988** 155 (zu § 326); OLG Köln wistra 1991 74 (zu §§ 326, 327); AG Gummersbach NStZ **1988** 460; AG Köln NStZ **1988** 274 (dinglicher Arrest über 150 000 DM); *Ransiek* NK Rdn. 77; *Fischer* § 73 Rdn. 9; *Rönnau* Vermögensabschöpfung in der Praxis Rdn. 202 ff in *Volk* (Hrsg.) Verteidigung in Wirtschafts- und Steuerstrafsachen[2] (2013) § 12 Rdn. 62 ff; *Sack* Rdn. 259 ff; *Franzheim* wistra **1986** 253; **1989** 87, 89 f; *Franzheim/Pfohl* Rdn. 633 ff; *Güntert* Die Gewinnabschöpfung als strafrechtliche Sanktion, (1983) 37; *Hildenstab* Die Gewinnabschöpfung im Umweltstrafverfahren, Diss. Köln 1990 37 ff, 61, 122 ff; *Kracht* wistra **2000** 330; *Schall/Schreibauer* NuR **1996** 440, 441 f; *Weber* NStZ **1986** 481.

355 *Schall/Schreibauer* NuR **1996** 440, 441 f; OLG Düsseldorf wistra **1995** 75 f (Erstattung kommunaler Entsorgungskosten abziehbar); zur Vermögensabschöpfung beim Handeln ohne Genehmigung generell BGHSt **57** 79 (betr. AWG) = NStZ **2012** 265 m. zust. Anm. *Wagner* = NZWiSt **2012** 144 m. zust. Anm. *Rönnau/Krezer*; dazu auch *Saliger* NK § 73 Rdn. 9b, 17.

356 *Schall/Schreibauer* NuR **1996** 440, 441 f; vgl. auch den Hinweis von *Kunig* NuR **1986** 265 auf die Einziehung eines Schiffes durch das AG Hamburg im Oktober 1995.

87 Eine weitere Nebenfolge ist die Festsetzung einer **Geldbuße gegen eine juristische Person** oder Personenvereinigung nach § 30 OWiG bzw. dem künftigen Verbandssanktionenrecht. Gegen den Inhaber eines Unternehmens oder eines Betriebes kann zudem ggf. eine Geldbuße wegen Aufsichtspflichtverletzung nach § 130 OWiG verhängt werden.

XII. Verjährung

88 Die Strafverfolgung der Vorsatztat verjährt nach fünf Jahren (§ 78 Abs. 3 Nr. 4), die der fahrlässigen Tat nach drei Jahren (§ 78 Abs. 3 Nr. 5). Die Verjährung beginnt mit abgeschlossener Verbreitung der Verunreinigung bzw. nachteiliger Eigenschaftsveränderung, die sich auch auf die Einbeziehung weiterer Gewässerteile bezieht (auch wenn die Tat bereits zuvor vollendet ist).[357] Beim Versickern von gefährlichen Stoffen im Boden ist die dadurch verursachte Grundwasserverunreinigung mitunter erst nach langer Zeit abgeschlossen.

XIII. Konkurrenzen

89 Tateinheit ist anzunehmen beim Zusammentreffen mit den §§ 263, 274 Abs. 1 Nr. 3; §§ 303 bis 305, 307 ff, 312 ff, 316b Abs. 1 Nr. 2 (Wasserwerk), §§ 318 ff, 324a, 325, teilweise § 326 Abs. 1, §§ 327, 328 Abs. 1, § 329 Abs. 2 und 3, § 330a, § 27 ChemG, §§ 71 f BNatSchG.[358] Bei der Beseitigung von Abwasser mit nachhaltiger Gewässerverunreinigung geht nach überwiegender Meinung § 324 dem nur eine potenzielle Gewässergefährdung beschreibenden Tatbestand in § 326 Abs. 1 Nr. 4 vor,[359] soweit durch die Tat neben dem Gewässer keine weiteren Umweltmedien gefährdet wurden.[360] § 12 MBergG[361] ist gegenüber § 324 StGB kraft ausdrücklicher Anordnung subsidiär. Gleiches gilt für § 37 des Umweltschutzprotokoll-Ausführungsgesetzes[362] nach dessen Absatz 5.

---

357 *Alt* MK Rdn. 126; *Sack* Rdn. 52, 265; *Franzheim/Pfohl* Rdn. 148, 150; **aA** wohl *Schall* SK Rdn. 92 hinsichtlich der Ausdehnung der Verunreinigung auf weitere Gewässerteile.

358 *Alt* MK Rdn. 115; *Ransiek* NK Rdn. 79; *Sch/Schröder/Heine/Schittenhelm* Rdn. 18; *SSW/Saliger* Rdn. 23; *Fischer* Rdn. 11; *Lackner/Kühl/Heger* Rdn. 18; *Sack* Rdn. 266; *Schall* SK Rdn. 88; *Braun* 92 ff; *Seier* JA **1985** 25.

359 BGHSt **38** 325, 338 f = NJW **1992** 3247, 3251; BayObLG ZfW **1995** 11 f; OLG Frankfurt NStZ-RR **1996** 103; **aA** (Tateinheit) noch BGHSt **34** 211 = NStZ **1987** 323 f; *Lackner/Kühl/Heger* Rdn. 18.

360 *Alt* MK Rdn. 115.

361 Gesetz zur Regelung des Meeresbodenbergbaus (Meeresbodenbergbaugesetz – MBergG) v. 6.6.1995 (BGBl. I S. 778, 782), s. § 12 Abs. 3 MBergG.

362 Gesetz zur Ausführung des Umweltschutzprotokolls vom 4.10.1991 zum Antarktis-Vertrag (Umweltschutzprotokoll-Ausführungsgesetz) v. 22.9.1994 (BGBl. I S. 2593, 2603).

§ 324a Bodenverunreinigung

(1) Wer unter Verletzung verwaltungsrechtlicher Pflichten Stoffe in den Boden einbringt, eindringen läßt oder freisetzt und diesen dadurch
1. in einer Weise, die geeignet ist, die Gesundheit eines anderen, Tiere, Pflanzen oder andere Sachen von bedeutendem Wert oder ein Gewässer zu schädigen, oder
2. in bedeutendem Umfang
verunreinigt oder sonst nachteilig verändert, wird mit Freiheitsstrafe bis zu fünf Jahren oder mit Geldstrafe bestraft.
(2) Der Versuch ist strafbar.
(3) Handelt der Täter fahrlässig, so ist die Strafe Freiheitsstrafe bis zu drei Jahren oder Geldstrafe.

Schrifttum

Siehe zunächst die Literaturnachweise vor § 324.

Strafrecht. *Bartholme* Der Schutz des Bodens im Umweltstrafrecht (1995); *Dahs* Strafrechtliche Haftung des „Zustandsstörers" für Altlasten, Festschrift Redeker (1993) 475; *Dasselaar* Die Auswirkungen verfassungsrechtlicher Einschränkungen der Verantwortlichkeit des Zustandsstörers für Altlasten auf die strafrechtliche Haftung des Grundstücksinhabers (2009); *Günther-Nicolay* Die Erfassung von Umweltstraftaten mit Auslandsbezug durch das deutsche Umweltstrafrecht gem. §§ 324 ff (2003); *Hellmann* Fälle zum Wirtschaftsstrafrecht, 4. Aufl. (2007); *Hofmann* Bodenschutz durch Strafrecht? Die Probleme bei der Auslegung und Anwendung des Tatbestandes der Bodenverunreinigung (§ 324a StGB) und ihre Auswirkungen auf die Effizienz strafrechtlichen Umweltschutzes, Diss. Kiel 1996; *ders.* Verunreinigung des Bodens (§ 324a StGB) – ein neuer Tatbestand auf dem naturwissenschaftlichen Prüfstand, wistra **1997** 89; *Hons* Die Grundlagen der umweltstrafrechtlichen Verantwortung für sog. Altlasten (2014); *Knaut* Die Europäisierung des Umweltstrafrechts (2005); *Krell* Der Umgang mit Gülle, Jauche und Mist als strafrechtliches Problem, NuR **2009** 327; *Kubiciel* in: *Esser/Rübenstahl/Saliger/Tsambikakis* (Hrsg.) Wirtschaftsstrafrecht (2017) (zit. ERST/*Kubiciel*); *Laski* Die strafrechtlichen Bezüge des Bundes-Bodenschutzgesetzes, Diss. Göttingen 2003; *Martin, Julia* Sonderdelikte im Umweltstrafrecht (2006); *Rengier* Zum Gefährdungsmerkmal „(fremde) Sachen von bedeutendem Wert" im Umwelt- und Verkehrsstrafrecht, Festschrift Spendel (1992) 559; *ders.* Zur Reichweite von Sorgfaltspflichten und verwaltungsrechtlichen Pflichten im Umweltstrafrecht, Festschrift Boujong (1996) 791; *ders.* Bundes-Bodenschutzgesetz und strafbare Bodenverunreinigung, Festschrift Brohm (2002) 525; *ders.* Zum Täterkreis und zum Sonder- und Allgemeindeliktscharakter der „Betreiberdelikte" im Umweltstrafrecht, Festschrift Kohlmann (2003) 225; *Robra/Meyer* Umweltstrafrechtliche Unterlassungshaftung des Konkursverwalters im Zusammenhang mit Altlasten, wistra **1996** 243; *Sanden* Die Bodenverunreinigung (§ 324a StGB), wistra **1996** 283; *Schall* Zur Reichweite der verwaltungsrechtlichen Erlaubnis im Umweltstrafrecht, Festschrift Roxin (2001) 927; *ders.* Die „Verletzung verwaltungsrechtlicher Pflichten" als strafbegründendes Tatbestandsmerkmal im Umweltstrafrecht, Festschrift Küper (2007) 505; *ders.* Allgemein- und Sonderdelikte: Versuch einer Abgrenzung im Umweltstrafrecht, Festschrift Schöch (2010) 619; *ders.* Alte Lasten neue Pflichten – strafrechtliche Grenzen, Festschrift Achenbach (2011) 463; *Schmidt/Schöne* Das neue Umweltstrafrecht, NJW **1994** 2514; *Schmitz* „Wilde" Müllablagerungen und strafrechtliche Garantenstellung des Grundstückseigentümers, NJW **1993** 1167; *Stegmann* Artenschutz-Strafrecht (2000); *Vierhaus* Das 2. Gesetz zur Bekämpfung der Umweltkriminalität. Beitrag zur Vollzugseffektuierung oder symbolische Gesetzgebung? Jahrb. des Umwelt- und Technikrechts (UTR) **17** (1992) 79.

Bodenschutz und Bodenrecht. *Attendorn* Haben BBodSchG und BBodSchV unmittelbar zulassungsmodifizierende Wirkung? NUR **2011** 28; *Bachmann* Entgiftung des Bodens? ZfU **1988** 119; *Bachmann/König/Utermann* (Hrsg.) Bodenschutz. Ergänzbares Handbuch der Maßnahmen und Empfehlungen für Schutz, Pflege und Sanierung von Böden, Landschaft und Grundwasser (Loseblatt); *Becker* Altlasten – eine Renaissance der polizeilichen Gefahrenabwehr? NVwZ **1987** 781; *ders.* Bundes-Bodenschutzgesetz, Kommentar (Loseblattwerk); *ders.* Die neue öffentlich-rechtliche Haftung für die Sanierung schädlicher Bodenveränderungen und Altlasten nach § 4 III BBodSchG, DVBl. **1999** 134; *ders.* Zur Verantwortung für fremdes Handeln im öffentlichen Recht am Beispiel des Bundes-Bodenschutzgesetzes, NuR **2003** 513; *Bickel* Bundes-Bodenschutzgesetz, 4. Aufl. (2004); *ders.* Grenzen der Zustandshaftung des Eigentümers für die Grundstückssanierung bei Altlasten, NJW **2000** 2562; *ders.* Die schädliche Bodenveränderung als Abfall, DÖV **2005** 994; *Blatt/Franßen* Die Abgrenzung von Bodenschutzrecht und sonstigem Umweltrecht gem. § 2 V BBodSchG, NVwZ **2011** 1291; *Blume* u. a. Handbuch der Bodenkunde (Loseblatt; Stand: 09/2011); *Blume u. a.*

https://doi.org/10.1515/9783110490305-006

Handbuch des Bodenschutzes, 4. Aufl. (2011); *Brandt* Bodenschutzrecht (2000); *Buck* Die Störerhaftung nach dem Bundes-Bodenschutzgesetz, NVwZ **2001** 51; *Bückmann* Bodenschutzrecht. Rechtliche und verwaltungsmäßige Grundlagen des Bodenschutzes unter besonderer Berücksichtigung der Altlastensanierung (1992); *ders.* Bodenschutz – länderübergreifender Vergleich bestehender Gesetze und Gesetzentwürfe anhand des rechts- und naturwissenschaftlichen Forschungsstandes, UPR **1996** 132; *Bückmann u. a.* Rechtsprobleme eines Bodenschutzgesetzes, UPR **1991** 321; *Bückmann/Dreißigacker/Eleveld/Gerner/Lee/Mackensen/Maier* Bodenschutzrecht in der Europäischen Union (1994); *Bundesministerium für Umwelt. Naturschutz und Reaktorsicherheit* Zweiter und Dritter Bodenschutzbericht der Bundesregierung, 2009/2013; *Burkert* Mikroklimatypen des Freiflächenklimas im Rahmen der Landschaftsplanung, Natur und Landschaft **1995** 537; *Dazert* Gelten die Anforderungen des Bundes-Bodenschutzgesetzes auch für vor seiner Geltung bergrechtlich zugelassene Verfüllungen von Tagebauten? AnfR **2010** 102; *Dombert* Die Bewertung von Altlasten nach dem neuen Bodenschutzrecht des Bundes, altlasten spektrum **1998** 86; *ders.* Der Sanierungsvertrag nach § 13 Abs. 4 BBodSchG, ZUR **2000** 303; *ders.* Streben nach effektivem Bodenschutz an den Grenzen des Grundgesetzes, NJW **2001** 927; *Droese* Die Erweiterung des Kreises der Zustandsverantwortlichen nach dem Bundes-Bodenschutzgesetz, UPR **1999** 86; *Ehlers/Ginzky* Soil matters – 2015 wird das Internationale Jahr des Bodens, ZUR **2014** 577; *Eilers/Rosenberg* Rückstellungen für Altlasten – Bundes-Bodenschutzgesetz und neueste Rechtsentwicklung, DStR **1996** 1113; *Eisenkrämer* Der Boden und sein Schutzbedürfnis – Betrachtungen zur Bodenschutzkonzeption von Bund und Ländern, AgrarR **1985** 305; *Ekhardt/Holzapfel/Ulrich* Nachhaltigkeit im Bodenschutz – Landnutzung und Ressourcenschonung – Phosphor-Düngung und Bodenbiodiversität als Rechtsproblem, UPR **2010** 260; *Ekardt/Seidel* Düngemittelrecht, Atomrecht und Bodenschutzrecht – lückenlose Anwendungsbereiche (zur Uranbelastung von Böden infolge Düngung), NuR **2006** 420; *Ellinghaus* Die Verantwortlichkeit des ehemaligen Betreibers einer genehmigungsbedürftigen Anlage für die Altlastensanierung unter besonderer Berücksichtigung der Rückwirkungsproblematik (2006); *Erbguth* Rechtsfragen des Bodenschutzes, UPR **1984** 241; *ders.* Weiterentwicklungsbedarf im Bodenschutzrecht? NuR **1986** 137; *ders.* Zum Bodenschutz aufgrund der neugefassten Vorschriften über die Luftreinhalteplanung, BayVBl. **1993** 97; *Erbguth/Stollmann* Die Bodenschutz- und Altlastengesetze der Länder vor dem Hintergrund des Entwurfs eines Bundes-Bodenschutzgesetzes, UPR **1996** 281; *dies.* Zum Stand des Bodenschutzrechts – dargestellt unter Berücksichtigung der Altlastenproblematik, NuR **1994** 319; *dies.* Das sächsische Bodenschutzrecht, Sachs VerwBl. **1995** 49; *dies.* Das neue Bodenschutzrecht des Bundes, GewArch **1999** 223, 283; *dies.* Einzelfragen der Sanierung und des Altlastenmanagements im Bundes-Bodenschutzgesetz, NuR **1999** 127; *dies.* Das Bodenschutzrecht (2001); *dies.* Zum Anwendungsbereich des Bundes-Bodenschutzgesetzes, NuR **2001** 241; *dies.* Verantwortlichkeit im Bodenschutzrecht DVBl. **2001** 601; *di Fabio* Rechtliche Instrumente zum Schutz von Boden, Wasser und Luft vor landwirtschaftlichen Umweltbelastungen, NuR **1995** 123; *Fasterding* Altlasten und Polizeihaftung, JA **1996** 599; *Feldwisch/Hendrischke/Schmehl* Gebietsbezogener Bodenschutz, Bodenschutzgebiete, Bodenplanungsgebiete, Bodenbelastungsgebiete und Bodengefährdungsgebiete im Gefüge des Umwelt- und Planungsrechts – rechtliche und bodenschutzfachliche Grundlagen (2003); *Finger* Neues von den Altlasten NVwZ **2011** 1288; *Fluck* „Legalisierungswirkung" bergrechtlicher Zulassungen und öffentlich-rechtliche Verantwortlichkeit für Altlasten, ZBergR **1989** 13; *Fluck/Frenz/Fischer/Franßen, Kommentar zum* Kreislaufwirtschafts-, Abfall- und Bodenschutzrecht, Bd, 6 (Loseblatt); *Fouquet* Die Sanierungsverantwortlichkeit nach dem Bundes-Bodenschutzgesetz (2000); *Fränzle/Jensen-Huss/Daschkeit/Hertling/Lüschow/Schröder* Grundlagen zur Bewertung der Belastbarkeit von Böden als Teilen von Ökosystemen, Texte des Umweltbundesamtes Bd. 59/93 (1993); *Frank/Malkomes* Mikrobielle Aktivitäten in landwirtschaftlich genutzten Böden Niedersachsens: II. Bodencharakterisierung anhand mikrobieller Stoffwechselaktivitäten, Zeitschr. für Pflanzenernährung und Bodenkunde **156** (1993) 491; *Franz* Die Sanierungsverantwortlichen nach dem Bundes-Bodenschutzgesetz. Voraussetzungen und Grenzen der Altlastenhaftung (2007); *Franzius/Wolf/Brandt* Handbuch der Altlastensanierung (Loseblatt); *Frenz* Bundes-Bodenschutzgesetz (2000); *ders.* Bodenschutz und Umweltrecht in 15. Trierer Kolloquium zum Umwelt- und Technikrecht (2000); *ders.* Das Verhältnis von Abfall- und Bodenschutzrecht, ZUR **2001** 337; *Frenz/Heßler* Altlastensanierung und öffentlichtrechtlicher Sanierungsvertrag, NVwZ **2001** 13; *Fröhlich* Vom Nutzen ausgedienter Deponien, NuR **2011** 555; *Gerhold* Die Behandlung streitiger Rechtsfragen der Sanierungsverantwortlichkeit durch das Bundes-Bodenschutzgesetz, altlasten spektrum **1998** 107; *Giesberts* die gerechte Lastenverteilung unter mehreren Störern (1990); *Ginsky* Zehn Jahre Bundes-Bodenschutzgesetz – Nachsorge hui, Vorsorge Pfui! ZUR **2010** 1; *ders.* Bodenschutz weltweit – Konzeptionelle Überlegungen für ein internationales Regime, ZUR **2015** 199; *ders.* 20 Jahre Bundes-Bodenschutzgesetz – hinreichend vorsorgend? ZUR **2019** 1; *Ginsky/Markus* Internationales Bodenschutzrecht ZUR **2015** 193; *Gisi* Bodenökologie (1990); *Grzeszick* Eigentum verpflichtet – auf ewig? Grundrechtliche Grenzen für Störerbestimmungen am Beispiel der Sanierungspflichten früherer Eigentümer nach § 4 VI BBodSchG, NVwZ **2001** 7212; *Gröhn* Bodenschutzrecht auf dem Weg zur Nachhaltigkeit (2014); *Gugel* Das badenwürttembergische Bodenschutzgesetz, Archiv für Kommunalwissenschaften **1994** 66; *de Haan/Dohren* Enthebt ein „Wegfließen" des Schadens den Zustandsstörer seiner Verantwortlichkeit gem. § 4 III BBodSchG? NVwZ **2013** 1247; *Haberland* Ansätze zur Beurteilung von Böden, Mitteilungen der

Deutschen Bodenkundlichen Gesellschaft **63** (1991) 59; *Haibt/Rinne* Altlasten als zivilrechtliches Haftungsrisiko und Innenausgleich zwischen mehreren Störern, ZIP **1997** 2113; *Harbeck* Landwirtschaftliche Bodennutzung und Umweltschutz – Inwieweit können die Verwaltungsgerichte zum Ausgleich der unterschiedlichen Interessen beitragen? SchlHA **1988** 2; *Hartge/Horn* Einführung in die Bodenphysik, 3. Aufl. 1999; *Heiermann* Der Schutz des Bodens vor Schadstoffeintrag – Die Instrumente der direkten Verhaltenssteuerung des öffentlichen Rechts (1992); *ders.* Bundes-Bodenschutzgesetz überwindet Rechtszersplitterung, ZG **1999** 215; *Heimann*, Bodenschutz durch prioritäre Gebiete (2011); *v. Held* Eine Strategieanalyse der thematischen Strategie für den Bodenschutz der EU (2009); *Hendler u. a.* Bodenschutz und Umweltrecht (2000); *Henke* Funktionaler Bodenschutz (2003); *Heuser* Europäisches Bodenschutzrecht (2005); *Hildebrandt* Sanierungsplanungen und -verträge bei komplexen Altlastensituationen – §§ 13 ff Bundesbodenschutzgesetz, altlasten spektrum **2006** 249; *Himmelmann/Pohl/Tünessen-Harmes*, Handbuch des Umweltrechts, Kap. B 8 (Loseblatt; Stand: 08/2000); *Hipp/Rech/Turian* Das Bundesbodenschutzgesetz mit Bodenschutz- und Altlastenverordnung (2000); *Hohmann* Völkerrechtliche Pflichten und Prinzipien zum Schutz und zur rationellen Nutzung des Bodens und ihre Umsetzung in der Bundesrepublik Deutschland, NuR **1993** 474; *Holzwarth/Radtke/Hilger/Bachmann* Bundes-Bodenschutzgesetz, Bundes-Bodenschutz- und Altlastenverordnung, 2. Aufl. (2000); *Hünnekens/Arnold* Haftung des Gesamtrechtsnachfolgers nach dem Bundes-Bodenschutzgesetz, NJW **2006** 3388; *Hummel* Durchgriffsverantwortlichkeit von Gesellschaftern nach dem Bundes-Bodenschutzgesetz, GewArch **2002** 52; *Joachim/Lange* Haftungsbeschränkung des Erben für bodenschutzrechtliche Sanierungspflichten, ZEV **2011** 53; *Jochum* Neues zum europäischen Bodenschutz- und Abfallrecht, NVwZ **2005** 140; *Kahl* Die Sanierungsverantwortlichkeit nach dem Bundes-Bodenschutzgesetz, Die Verwaltung **33** (2000) 29; *Kauch* Bodenschutz aus bundesrechtlicher Sicht (1993); *Kiepe* Bodenschutz in der kommunalen Bauleitplanung, in: Grundfragen des Bodenschutzrechts (1992), 136; *Kloepfer* Die Verantwortlichkeit für „Altlasten" im öffentlichen Recht – dargestellt am Beispiel der Deponiesanierung, NuR **1987** 7; *ders.* Zur Kodifikation des Besonderen Teils des Umweltgesetzbuches (UGB-BT), DVBl **1994** 305; *ders.* Umweltrecht in Bund und Ländern (2003); *Kloepfer/Kröger* Haftungsfreistellung für „Altlasten" in den neuen Bundesländern, DÖV **1991** 989; *Kneib/Runge* Verfahren und Modelle für den Bodenschutz zur Belastungs- und Risikoabschätzung von Schadstoffeinträgen. Darstellung des Forschungsstandes und -bedarfs (1989); *Knoche* Altlasten und Haftung (2001); *Knopp* Die „radioaktive" Altlast, NVwZ **1991** 42; *ders.* Erstes Gesetz zur Abfallwirtschaft und zum Bodenschutz im Freistaat Sachsen, Landes- und Kommunalverwaltung (LKV) **1994** 215; *ders.* Selbstanzeigepflicht bei Bodenkontaminationen, NVwZ **1988** 1004; *ders.* Praktische Rechtsfragen der Sicherung und Sanierung von kontaminierten Abfallablagerungen und Standorten, BB **1990** 575; *ders.* Bundes-Bodenschutzgesetz: Katalog der Sanierungsverantwortlichen und Wertausgleichsregelung, ZUR **1999** 210; *ders.* EuGH erweitert Abfallbegriff für Altlasten, BB **2004** H. 51/52; *Knopp/Albrecht* Altlastenrecht in der Praxis (1998); *dies.* Das neue Bundes-Bodenschutzgesetz und Altlasten, BB **1998** 1853; *Knopp/Löhr* Bundes-Bodenschutzgesetz in der betrieblichen und steuerlichen Praxis (2000); *Kobes* Das Bundes-Bodenschutzgesetz, NVwZ **1998** 786; *Koch/Herrmann* Bodensanierung nach dem Verursacherprinzip (1985); *Kohl* Altlasten in der verwaltungsgerichtlichen Praxis, JuS **1992** 864; *Körner/Vierhaus* Das neue Berliner Bodenschutzrecht, Grundeigentum **1996** 1010; *Kothe* Die Verantwortlichkeit bei der Altlastensanierung, VerwArch. **88** (1997) 456; *Krieger* Die Verantwortlichkeit für die Sanierung von Altlasten und schädlichen Bodenveränderungen nach den Bundes-Bodenschutzgesetz (2008); *Kügel* Die Entwicklung des Altlasten- und Bodenschutzrechts, NJW **2000** 107; **2004** 1570; *Kunig* Bodenschutz durch Abfallrecht, ZfW **1992** 469; *Kuntze* Bodenschutz in der Landwirtschaft, RdL **1992** 57; *Roeschmann/Schwerdtfeger* Bodenkunde 5. Aufl. (1994); *Kutzschbach* Das Bundes-Bodenschutzgesetz, JURA **2000** 225; *Ladeur* Öffentlich-rechtliche Haftung für „Altlasten" – retrospektive Zurechnung unerkannter Risiken? Zu den Entwürfen eines Bodenschutzrechts des Bundes, UPR **1995** 1; *Landes/Versteyl* Zur Verantwortlichkeit im Bodenschutz für das Handeln der Vorväter, ZUR **2006** 475; *Landel/Vogg/Wüterich*, Bundes-Bodenschutzgesetz (2010); *Landmann/Rohmer* Umweltrecht, Bd. IV, Bodenschutzrecht (Loseblatt); *Landsberg* Gesetz zum Schutz vor schädlichen Bodenveränderungen und zur Beseitigung von Altlasten, Stadt und Gemeinde **1993** 9; *Leidig* Bodenschutz im Rechtssystem. Eine nationale und internationale Bestandsaufnahme (1987); *ders.* Grenzüberschreitender Bodenschutz, NuR **1988** 377; *Leitzke/Otto* Bodenschutz- und Umweltschadensrecht (2008); *von Lersner* Das dritte Medium – Der Schutz des Bodens als umweltpolitische Aufgabe, NuR **1982** 201; *ders.* Schutz des Bodens als umweltpolitische Aufgabe, in: *Rosenkranz/Einsele/Harreß* (Hrsg.) Bodenschutz (Loseblatt-Handb.) Bd. 1 (1994) Nr. 0125; *Lindemann/Eickhoff* Kommt ein bundeseinheitliches Altlastensanierungsrecht? NuR **1994** 330; *Lübbe-Wolff Das* BImSchG als Instrument des Bodenschutzes, NVwZ **1986** 178; *dies. Die* neue Klärschlammverordnung, IUR **1992** 156; *Maaß* Schutz der natürlichen Lebensräume und Böden vor stofflichen Immissionen, ZUR **2000** 308; *Mathes/Weidemann* Beurteilung und Bewertung der Wirkung von Pflanzenschutzmitteln auf den Naturhaushalt, in: *Rehbinder* (Hrsg.) Bremer Kolloquium über Pflanzenschutz (1991); *Mökel* Verbesserte Anforderungen an die gute fachliche Praxis der Landwirtschaft, ZUR **2014** 14; *Möker* Gewässerbelastung durch Agrarstoffe, IUR **1991** 1; *Möker* Gülleverordnung des Landes Schleswig-Holstein, AgrarR **1989** 325; *Mohr* Zur Begrenzung der Zustandshaftung bei Altlasten, NVwZ **2001** 540; **2003** 686; *ders.* Einstufung als Altlastengrundstück, UPR **2006**

299; *ders.* Haftungsrisiken des Zustandsstörers; auch für die ineffiziente Bodenschutzbehörde? UPR **2010** 175; *ders.* Der Haftungsumfang des bodenschutzrechtlichen Zustandsstörers jenseits des BVerfG, UPR **2013** 327; *Mückenhausen* Die Bodenkunde und ihre geologischen, geomorphologischen, mineralogischen und petrologischen Grundlagen, 3. Aufl. (1985); *Müggenborg* Die Haftung des früheren Eigentümers nach § 4 VI BBodSchG, NVwZ **2000** 50; *Neun* Das Bundes-Bodenschutzgesetz, NJ **1999** 123; *Nolte/v. Mutius* Die Rechtsnachfolge im Bundes-Bodenschutzgesetz, DÖV **2000** 1; *Oerder/Numberger/Schönfeld* Bundes-Bodenschutzgesetz (1999); *Offermann-Clas* Die Klärschlammverordnung in europäischer und deutscher Sicht, DVB1. **1988** 328; *Ossenbühl* Zur Haftung des Gesamtrechtsnachfolgers für Altlasten (1995); *Ott* Der Entwurf der Bundesregierung für ein Bodenschutzgesetz, ZUR **1994** 53; *ders.* Grenzwerte zum Schutz des Bodens gegen Schadstoffe (1996); *ders,* Bodenschutzrecht, in *Kimminich/v. Lersner/Storm* (Hrsg.), Handbuch des Umweltrechts, Bd. 1, 2. Aufl. 1994, Sp. 315; *Otting/Weber* Grenzen der kommunalen Zustandsstörerhaftung nach dem Bundes-Bodenschutzgesetz, NVwZ **2014** 1618; *Papier* Altlasten und polizeiliche Störerhaftung (1995); *ders.* Empfehlen sich ergänzende gesetzliche oder untergesetzliche Regelungen für Altlasten und welchen Inhalt sollen sie haben? JZ **1994** 810; *Peine* Bodenschutzrecht – Gesetzliches Instrumentarium und gesetzgeberischer Handlungsbedarf, in: Jahrb. für Umwelt- und Technikrecht (UTR) 3 (**1987**) 201; *ders.* Endbericht zum F + E-Vorhaben „Umweltgesetzbuch – Besonderer Teil", Teilgebiet „Bodenschutz", in: Verh. des 60. DJT Bd. I (1994) B 87; *ders.* Die Bodenschutzkonzeption der Bundesregierung, UPR **1997** 53; *ders.* Das Bundes-Bodenschutzgesetz, NuR **1999** 121; *ders.* Bodenschutz, in: *Rengeling* (Hrsg.) Handbuch zum europäischen und deutschen Umweltrecht, Band II/1 (2003) § 79; *Queitsch* Die neue Klärschlammverordnung, AbfallR **2018** 78; *Rech* Das sächsische Bodenschutzgesetz – Erstes Gesetz zur Abfallwirtschaft und zum Bodenschutz im Freistaat Sachsen (EGAB), Sächs VerwBl. **1996** 125; *Rech/Henke* Die Abgrenzung von Boden und Grundwasser und die Verzahnung des Bundes-Bodenschutzgesetzes mit dem Wasserrecht, LKV **2000** 369; *Riese/Karsten* Ist unausgekofferter kontaminierter Boden Abfall? ZUR **2005** 75; *Rösgen* Rechtliche Zulässigkeit der Bodenbehandlung mit stickstoffhaltigen Düngemitteln, AgrarR **1983** 141; *Rosenkranz/Einsele/Harreß* (Hrsg.) Bodenschutz (Loseblatt-Handb.) (2005 ff); *Sanden* Altlastenverantwortlichkeit trotz Dereliktion, NVwZ **2014** 1329; *Sanden/Schoeneck* Bundes-Bodenschutzgesetz (1998); *Sandner* Schafft die Bundes-Bodenschutzverordnung mehr Sicherheit bei der Altlastensanierung? NJW **2000** 2542; *Sauerbeck* Funktionen, Güte und Belastbarkeit des Bodens aus agrikultur-chemischer Sicht (1985); *Schäfer* Zum Altlastenregime des Bundes-Bodenschutzgesetzes, NuR **2001** 429; *ders.* Anwendungsbeispiele schädlicher Bodenveränderungen, NuR **2004** 223; *Schälling* Grenzen der Sanierungsverantwortlichkeit nach dem Bundes-Bodenschutzgesetz (2008); *Scheffler/Schachtschabel u. a.* Lehrbuch der Bodenkunde (2002); *Scheidler* Der Begriff des Altlastenstandorts im Bodenschutzrecht, UPR **2014** 132; *Scherer/Leydecker* Bodenschutzrecht (Loseblatt; Stand: 12/2008); *Schink* Rechtsfragen der Altlasten, GewAtrch **1996** 50; *Schlabach* Bodenschutzrecht, BaWüVerwPr. **1990** 153; *ders.* Bodenschutzrecht – Ein Überblick über die Rechtslage in Baden-Württemberg, VerwBlBaWü. **1989** 310; *ders.* Das Bodenschutzgesetz von Baden-Württemberg, VerwBIBaWü. **1993** 121; *ders.* Bundesbodenschutzgesetz. Gesetz zum Schutz vor schädlichen Bodenveränderungen und zur Sanierung von Altlasten, UPR **1996** 1; *Schlabach/Landel/Notter* Schädliche Bodenveränderung – eine Annäherung an einen unbestimmten Rechtsbegriff, ZUR **2003** 73; *Schlabach/Simin* Die Rechtsnachfolge beim Verhaltensstörer, NVwZ **1992** 143; *Schlechter* Bodenschutzgesetz Baden-Württemberg: Anwendung und Erfahrungen, Wasser + Boden **1993** 68; *Schlemminger/Friedrich* Die bodenschutzrechtliche Verantwortlichkeit des Alteigentümers, NJW **2001** 2133; *Schrader/Wackerath* Bodenschutzrecht (2005); *Schröder/Fränzle/Daschkeit* Festsetzung bodenschützender Normwerte – Praktische Notwendigkeit im Spannungsfeld von Erkenntnismöglichkeiten der Ökosystemforschung und Anforderungen des Umweltschutzes, in: MAB-Mitteilungen 37 (**1993**) 79; *Schulz* Die Lastentragung bei der Sanierung von Bodenkontaminationen (1995); *Seibert* Bodenschutz durch Begrenzung von Emissionen und Immissionen nach dem Bundes-Immissionsschutzgesetz, in: Grundfragen des Bodenschutzrechts (1992) 99; *ders.* Altlasten in der verwaltungsgerichtlichen Rechtsprechung, DVBl. **1992** 664; *ders.* Bodenschutz durch Begrenzung von Emissionen und Immissionen nach dem Bundes-Immissionsschutzgesetz, NVwZ **1993** 16; *Seidel* Grenzwerte im Bodenschutz (2009); *Sieben* Der Grundsatz der nachhaltigen Entwicklung und Bodenschutz, (2002); *Smeddinck/Tils* Normgenese und Handlungslogiken in der Ministerialverwaltung – Die Entstehung des Bundes-Bodenschutzgesetzes: eine politik- und rechtswissenschaftliche Analyse (2002); *Smollich* Der Bodenschutz in der Rechtsordnung der Bundesrepublik Deutschland, JA **1988** 592; *Sparwasser/Geißler* Grenzen der Zustandsstörerhaftung am Beispiel des Altlastenrechts, DVBl. **1995** 1317; *Spieth/v. Oppen* Begrenzung der Sanierungsverantwortung für Altlasten, ZUR **2002** 257; *Spieth/Wolfers* Die neuen Störer: zur Ausdehnung der Altlastenhaftung in § 4 BBodenSchG, NVwZ **1999** 355; *Spilok* Bodenschutzgesetz Baden-Württemberg (1992); *ders.* Zur Einführung: Bodenschutzrecht, Jura **1987** 352; *Spindler* Gesellschaftsrechtliche Verantwortlichkeit nach dem Bundes-Bodenschutzgesetz: Grundlagen und Grenzen, ZGR **2001** 385; *Storni* Bodenschutzrecht, DVB1. **1985** 317; *Striegnitz* (Hrsg.) Schutz des Umweltmediums Boden, 3. Aufl. (1985); *Strüve* Grundstrukturen des Bodenschutzrechts, Jura **2013** 383; *Tiedemann* Die bodenschutzrechtliche Einstandsverantwortlichkeit und der existenzvernichtende Eingriff – Öffentlichrechtliche Auswirkungen der Änderung der Rechtsprechung des BGH zur gesellschaftsrechtlichen Durchgriffshaftung, NVwZ **2008** 257; *Tollmann* Die Zustandsverantwortlichkeit des früheren Grundstückseigentümers gemäß § 4 Abs. 6 BBodSchG – ein Irrläufer der Geschichte? ZUR **2008** 512; *Troidl* Zehn Jahre Bundes-Bodenschutzgesetz – rechtswidrige Sanierungsverfügungen, NVwZ **2010** 154; *Versteyl* Altlast = Abfall – Vom Ende des „beweglichen" Abfallbegriffs? NVwZ **2004** 1297; *ders.* Risikoanalyse der bodenbezogenen Verwertung kommunaler Klärschlämme unter Hygieneaspekten (2015); *Versteyl/Sondermann* Bundes-Bodenschutzgesetz, 2. Aufl. (2005); *Vierhaus* Das Bundes-Bodenschutzgesetz, NJW **1998** 1262; *ders.* Die Ausweitung des Kreises der Verantwortlichen durch das Bundes-Bodenschutzgesetz, NZG **2000** 240; *Vossenkämer* Grenzen der Gesamtrechtsnachfolge bei der Sanierung von Altlasten (2009); *Waskow* Stichwort Nitrat, ein natürlicher Stoff macht Probleme, IUR **1991** 10; *Weber/Otting* Grenzen der kommunalen Zustandsstörerhaftung nach dem Bundes-Bodenschutzgesetz, NVwZ **2014** 1618; *Werner* Das neue Bundes-Bodenschutzgesetz, BWGZ **1998** 847; *Wieber* Stillgelegte geflutete Erzbergwerke – Schädliche Bodenveränderungen gemäß Bundes-Bodenschutzgesetz? altlasten spektrum **2013** 201; *Willand* Altlasten und Gewässerschäden zwischen deutschem und europäischem Abfall-, Bodenschutz- und Wasserrecht, Schnittstellen und Bruchstellen, ZUR **2006** 567; *Wittmann* Vorschriften des Gesetzes zum Schutz des Bodens, RdL **1999** 141; *Wolf* Bodenfunktionen, Bodenschutz und Naturschutz – Zum Verhältnis von Bodenschutz- und Naturschutzgesetz, NuR **1999** 545; *Ziegler* Aspekte des Bodenschutzrechts, BaWüVerwPr. **1987** 145; *ders.* Das Bodenschutzgesetz des Landes Baden-Württemberg, NVwZ **1991** 1154; *Ziehm* Die Störerverantwortlichkeit für Boden- und Wasserverunreinigungen (1992).

Entstehungsgeschichte

Die Vorschrift wurde durch das 2. UKG eingeführt[1] und ist seit dem 1.11.1994 in Kraft. Zuvor war der strafrechtliche Bodenschutz nicht in einem spezifischen Tatbestand geregelt und lückenhaft.[2] Wegen Beeinträchtigung des Bodens waren damals im StGB nur die nachhaltig bodengefährdende Abfallbeseitigung außerhalb zugelassener Anlagen oder abweichend von zugelassenen Verfahren strafbar (§ 326 Abs. 1 Nr. 3 a. F.; nunmehr § 326 Abs. 1 Nr. 4 a), der illegale Abbau von Bodenbestandteilen in Schutzgebieten (§ 329 Abs. 3 Nr. 1) und mittelbar die mit schweren Personengefahren verbundene Freisetzung von Giften in einem Boden (§ 330a a. F.). Im geltenden § 325 Abs. 6 Nr. 2 gehören zu den nach § 325 Abs. 2, 3 freigesetzten Schadstoffen i. S. v. Abs. 6 Nr. 2 auch solche, die geeignet sind, den Boden nachteilig zu verändern. Die langfristige Beeinträchtigung der Bewirtschaftungsfähigkeit land- oder forstwirtschaftlich bzw. gärtnerisch genutzten Bodens war nach § 330 Abs. 2 Nr. 1 a. F. immerhin Qualifikationsmerkmal für eine schwere Umweltgefährdung aufgrund von Tatbeständen zum Schutze anderer Umweltgüter (vgl. nunmehr § 330 Abs. 1 S. 2 Nr. 1). Grund für die Zurückhaltung bei der Schaffung eines einheitlichen Bodenschutz-Straftatbestandes waren tatsächliche und rechtliche Besonderheiten im Bereich der Verunreinigung des Bodens im Vergleich zur Gewässer- und Luftverunreinigung.[3] Boden war lange Zeit nie so ein Gemeingut wie Wasser und Luft; Böden hatten i. d. R. Eigentümer oder Pächter, die im Interesse ihrer Nutzung zunächst als Verantwortliche für die Verhinderung und Beseitigung von Schäden betrachtet wurden. Auch die Sorge um eine zu weitgehende Strafbarkeit eines generellen Tatbestandes gegen Bodenverunreinigung und der Mangel an einem ausreichendem (einheitlichem) öffentlichen Bodenschutzrecht erklärt die zunächst bestehende Zurückhaltung des Gesetzgebers.[4] Als Reaktion auf das gefahrenträchtige Problem der sog. Altlasten (wie Altablagerungen in Deponien und in Altstandorten der Industrie) sowie die Verschiedenartigkeit von im Vollzug als defizitär angesehenen (mittelbar) bodenschützenden Vorschriften entwickelten die Bundesländer schließlich ab den 1990er Jahren Regelungen in eigenständigen, zunächst noch unterschiedlich ausgestalteten Gesetzen vor allem zum Umgang mit Altlasten und Abfällen unter teilweiser Hervorhebung des Bodenschutzes (insbesondere in Baden-Württemberg, Berlin und Sachsen).[5] Eine weitergehende Harmonisierung gelang dann im Bundes-Bodenschutzgesetz (BBodSchG);[6] es trat am 1.3.1999 in Kraft, ergänzt durch die Bundes-Bodenschutz- und Altlastenverordnung (BBodSchV).[7]

---

1 Art. 1 Nr. 7 des 31. StRÄndG – 2. UKG – v. 27.6.1994 (BGBl. I 1440).

2 *Breuer* JZ **1994** 1077, 1081 f; *Sack* Rdn. 2; *Sanden* wistra **1996** 283; *Schmidt/Schöne* NJW **1994** 2514, 2517; *Sieder/Zeitler/Knopp* WHG, AbwAG Anh. III 4.1 StGB § 324a Rdn. 1; ein Bsp. liefert LG Bad Kreuznach NJW **1993** 1725, wo (mit der dort nicht abgedruckten Hauptbegründung) die Eröffnung des Hauptverfahrens mangels Nachweisbarkeit einer Tat nach § 324 abgelehnt wurde; bestätigt durch OLG Koblenz NJW **1994** 1887.

3 BT-Drs. 8/2382 11.

4 *Breuer* JZ **1994** 1077, 1081 f; *Kloepfer/Vierhaus* Rdn. 102; *Laufhütte/Möhrenschlager* ZStW **92** (1980) 912, 948.

5 *Kloepfer* Umweltrecht in Bund und Ländern S. 236 ff (mit Details zu den einzelnen Ländern ab S. 334 ff.); *Versteyl/Sondermann* BBodSchG, Einl 2.2; s. weiter die im Literaturverzeichnis angegebenen Kommentierungen von Ländergesetzen.

6 Gesetz zum Schutz vor schädlichen Bodenveränderungen und zur Sanierung von Altlasten (Bundes-Bodenschutzgesetz – BBodSchG) v. 17.3.1998 (BGBl. I S. 502).

7 Bundes-Bodenschutz- und Altlastenverordnung (BBodSchV) v. 12.7.1999 (BGBl. I S. 1554), in Kraft seit 17.7.1999.

Die in der Zeit davor gegen das Fehlen einer speziellen Strafvorschrift gerichtete Kritik in der Wissenschaft und bei den Strafverfolgungsbehörden fand einen breiteren Widerhall in den Empfehlungen des 57. DJT zum „Schutz des Bodens“[8] sowie des Arbeitskreises „Umweltstrafrecht“ der Interministeriellen Arbeitsgruppe „Umwelthaftungs- und Umweltstrafrecht“ v. 19.12.1988. Für den AK-U ergab sich ein Bedürfnis für einen neuen Tatbestand u. a. aus Fällen, in denen der Boden durch rechtswidrigen Umgang mit gefährlichen Stoffen verunreinigt worden war. Dies zeigten Einstellungsentscheidungen, aber auch Entscheidungen, die nur über die §§ 324, 330 zu Verurteilungen gelangten und dem Unrechtsgehalt damit nicht ausreichend gerecht werden konnten.[9] Der heutige Tatbestand beruht wesentlich auf den Überlegungen des AK-U, wobei in der Ausgestaltung noch der mit der Wiedervereinigung ab 3.10.1990 im Beitrittsgebiet bis 31.10.1994 geltende,[10] neu formulierte § 191a DDR-StGB[11] Hilfestellung leistete. Er lautete:

§ 191a Verursachung einer Umweltgefahr
(1) Wer unter Verletzung verwaltungsrechtlicher Pflichten eine Verunreinigung des Bodens mit schädlichen Stoffen oder Krankheitserregern in bedeutendem Umfang verursacht, wird mit Freiheitsstrafe bis zu fünf Jahren oder mit Geldstrafe bestraft.
(2) Der Versuch ist strafbar.
(3) Handelt der Täter fahrlässig, so ist die Strafe Freiheitsstrafe bis zu zwei Jahren oder Geldstrafe.
(4) Verwaltungsrechtliche Pflichten im Sinne des Absatzes 1 verletzt, wer gegen eine Rechtsvorschrift, eine vollziehbare Untersagung, Anordnung oder Auflage verstößt, die dem Schutz des Bodens vor Verunreinigungen dient.

Eine tragende Erwägung des 2. UKG war der Wunsch nach einer Harmonisierung der Straftatbestände zum Schutz der Umweltgüter Wasser, Boden und Luft in den §§ 324, 324a, 325. Diese sollten einen „prinzipiell gleichwertigen Schutz“ erfahren.[12] Andererseits sollte einer zu weiten Ausdehnung der Strafbarkeit durch die Normierung einer Erheblichkeitsschwelle in den §§ 324a, 325 Abs. 2 vorgebeugt und das ultima-ratio-Prinzip des Umweltstrafrechts durchgesetzt werden.[13] Der Vorschlag des DJT-Gutachtens,[14] nur eine „nachhaltige“ Bodenverunreinigung mit Strafe zu bedrohen, wurde hingegen nicht übernommen. Die im RegE vorgeschlagene Eingrenzung von Abs. 1 Nr. 2 auf „erhebliche“ Verunreinigungen oder nachteilige Veränderungen wurde im Laufe des Gesetzgebungsverfahrens in teilweiser Anpassung an die Nummer 1 und den aufgehobenen § 191a DDR-StGB auf solche „in bedeutenden Umfang“ geändert.[15]

---

8 Abgedruckt u. a. wistra **1988** H. 9 S. VIII.
9 Einstellung durch StA Stuttgart wistra **1987** 305 (Versickern erheblicher Mengen chlorierten Kohlenwasserstoffs durch falsches Einfüllen vom Tankzug aus); StA Ansbach, 28.10.1986, BayLT-Drs. 11/3021 (Bodenverunreinigung durch unsachgemäßen Umgang mit halogeniertem Kohlenwasserstoff); AG Hanau, 6 Js 4117/84 v. 6.8.1987 (Boden- und Grundwasservereinigung durch Öl, chlorierte Kohlenwasserstoffe und polychloriertem Biphenyl als Folge defekter Abfüllanlagen bzw. unsachgemäßer Handhabung bei der Umfüllung von Altöl), RegE BT-Drs. 12/192 16; in der Entscheidung des OLG Düsseldorf JR **1991** 340 m. krit. Anm. *Möhrenschlager* nach § 330 a. F. hatte die Verletzung von Sorgfaltspflichten bei Erdarbeiten mit Großgeräten im Bereich von Ölversorgungsleitungen zur Verseuchung von Erde, Gewässer und Landschaftsschutzgebiet geführt.
10 Aufgehoben durch Art. 12 des 31. StRÄndG – 2. UKG.
11 Zum vormaligen § 191a DDR-StGB (in den 70er Jahren eingeführt, später noch ergänzt) vgl. die Fassung v. 14.12.1988, GB1. I 1989 Nr. 3, 33, 65; das am 1.7.1990 in Kraft getretene 6. StRÄndG v. 29.6.1990 (GBl. I Nr. 39 S. 526) hatte an dem sich auch auf die Verunreinigung des Bodens beziehenden Tatbestand über die „Verursachung einer Umweltgefahr“ mit dem Inkrafttreten der Währungsunion noch nichts geändert (s. Textausgabe mit der letzten DDR-Fassung von *Haße/Teichler* [1990]). Die Neufassung für das Beitrittsgebiet war ihrerseits unter westdeutschem Einfluss bei den Beitrittsverhandlungen entstanden. Die Beschränkung des § 191a DDR-StGB auf Fälle von Gemeingefahr wurde dabei bereits aufgegeben.
12 BT-Drs. 11/6453 9; 11/7101 10; 12/192 10.
13 BT-Drs. 11/6453 11; 11/7101 12; 12/192 12.
14 DJT-Gutachten 136 f, 168 (s. auch RegE BT-Drs. 12/192 16).
15 BT-Drs. 12/7300 5, 22; BT-Plenarprot. 127 112 v. 3.2.1994 7 ff; besonders krit. dazu SPD-Fraktion, BT-Drs. 12/7300 22 (macht Vorschrift unpraktikabel); *Steindorf* LK[11] Rdn. 56.

Ein Vorschlag, in § 324a zum Schutze vor Erosion, Verdichtung und anderen Schäden der Bodenstruktur[16] eine Strafbarkeit des Abtrags oder der nachteiligen Strukturveränderung des Bodens (unter Verletzung verwaltungsrechtlicher Pflichten) einzufügen, wurde im Laufe des Gesetzgebungsverfahrens von Ausschüssen des Bundesrates eingebracht,[17] aber nicht weiterverfolgt.[18] Durchgesetzt hat sich auch nicht der SPD-Vorschlag, in stärkerer Parallele zu § 324 die vorsätzliche und fahrlässige unbefugte nachhaltige nachteilige Veränderung des Bodens (ohne Anknüpfung an die Verletzung verwaltungsrechtlicher Pflichten) mit Strafe zu bedrohen.[19]

Materialien

a) allgemein: *Bericht der BReg.* zum Jahresgutachten 1994 „Welt im Wandel: Gefährdung der Böden" BT-Drs. 13/2221; Nationale Strategie für eine nachhaltige Entwicklung, BT-Drs. 14/8953; *Rat von Sachverständigen für Umweltfragen*, Sondergutachten: „Waldschäden und Luftverunreinigungen" BT-Drs. 10/113; „Umweltprobleme der Landwirtschaft" BT-Drs. 10/3613; „Altlasten" BT-Drs. 11/6191 (1990); Umweltgutachten 1987 BT-Drs. 11/1568; Umweltgutachten 1994 BT-Drs. 12/6995; Altlasten II, BT-Drs. 13/380 (1995); Umweltgutachten 1996 BT-Drs. 13/4108; Umweltgutachten 2000, Schritte ins nächste Jahrtausend, BT-Drs. 14/3363; Umweltgutachten 2008; Zweiter Bodenschutzbericht der Bundesregierung (2009); Umweltbericht 2010, BT-Drs. 17/4130 S. 55 f; Wissenschaftlicher Beirat Bodenschutz beim BMU, Wege zum vorsorgenden Bodenschutz, BT-Drs. 14/2834; Dritter Bodenschutzbericht der Bundesregierung, BT-Drs. 17/14044 (2013); Vierter Bodenschutzbericht der Bundesregierung, BT-Drs. 18/13666 (2017).

b) zum 31. StRÄndG – 2. UKG: *Heine/Meinberg* Empfehlen sich Änderungen im strafrechtlichen Umweltschutz, insbesondere in Verbindung mit dem Verwaltungsrecht? Gutachten D zum 57. Deutschen Juristentag (1988) [zit. DJT-Gutachten]; *Bundesministerium der Justiz/Bundesministerium für Umwelt, Naturschutz und Reaktorsicherheit*, Bericht der Interministeriellen Arbeitsgruppe „Umwelthaftungs- und Umweltstrafrecht" – Arbeitskreis „Umweltstrafrecht, 19.12.1988 [zit. AK-UStR]; RegE BT-Drs. 11/6453; 11/7101; 12/192; Beschlussempfehlung und Bericht BT-Drs.12/7300; 12/7331; BR-Drs. 126/90; 77/91; 330/94; öffentl. Anhörungen BT-PlProt. 11/82 v. 17.5.1990 und 11/51 v. 7.10.1992; weitere Materialien BT-PlProt. 11/198 v. 6.2.1990 15268 ff und 12/21 v. 7.10.1992 (1. Lesung), BT- PlProt. 12/222 v. 21.4.1994 19167 ff (2. und 3. Lesung); BR-PlProt. Nr. 611 v. 6.4.1990.

c) zum BBodSchG: RegE BR-Drs. 702/96; Fraktionsentwurf Bündnis 90/Die Grünen BT-Drs. 13/5203; RegE BT-Drs. 13/6701 v. 14.1.1997.

Übersicht

16 Zur Bedeutung der Einwirkungen auf die Bodenstruktur *Bartholme* 48 f; *Kauch* 22 ff; zu „Veränderungen der Bodenphysik" als schädlicher Bodenveränderung im Sinne des RegE BBodSchG BR-Drs. 702/96 85.

17 BR-Drs. 126/1/90 17.

18 *Sanden* wistra **1996** 283, 284 meint, die Ausklammerung von Bodenerosionen sei „angesichts der in den Stoffeinträgen liegenden großen Gefährdungspotentiale durchaus sinnvoll"; krit. *Schall* SK Rdn. 8; *Franzheim/Pfohl* Rdn. 166.

19 BT-Drs. 12/376 4, 18 f; 12/7331 2, 5 f.

I. Allgemeines

1. Bedeutung des Bodenschutzes – Bodenfunktionen – Gefährdungen

1 Böden sind **Lebensgrundlage und Lebensraum** für Menschen, Tiere, Pflanzen und Bodenorganismen (vgl. § 2 Abs. 2 Nr. 1 a) BBodSchG). Gleichzeitig leisten sie mit ihrer zentralen Rolle in den natürlichen Stoff- und Energiekreisläufen einen Großteil der stofflichen Umbau- und Abbauprozesse im Naturhaushalt und haben damit einen wesentlichen Einfluss auf die Ausprägung von Ökosystemen. Die Überlagerung und Durchdringung von Atmosphäre, Lithosphäre, Hydrosphäre und Biosphäre führt im Boden zu vielfältigen und komplexen Wechselwirkungen zwischen den Umweltmedien und den in und auf dem Boden lebenden Organismen.[20] Als (Oberflächen-/Tiefen-)Filter; Puffer und Speicher für den Wasser- und Stoffhaushalt und durch Stoffumwandlungen (u. a. durch Verwitterung, Mineralisierung, Zersetzung und Humusbildung) sowie Stoffverlagerungen haben Böden eine wichtige Regelungs- und Reinigungsfunktion im Naturhaushalt zum Schutze des Grundwassers und zur Trinkwassergewinnung, zur Speicherung von Stoffen, als Abbau-, Ausgleichs- und Aufbaumedium für stoffliche Einwirkungen (vgl. § 2 Abs. 2 Nr. 1 c) BBodSchG) sowie zur Schadensreduzierung, etwa durch Veränderung von Abfall und als Vermittler von Stoffkreisläufen für organische und anorganische Substanzen. Sie dienen als Lagerstätte von Rohstoffen, für Bodenschätze und als Energiequellen, als Standort für die Nutzungen in der Land- und Forstwirtschaft, als Fläche für Siedlungen, wirtschaftliche und sonstige Nutzungen, etwa zur Produktion, für den Verkehr, für Ver- und Entsorgung (z. B. als Abfalllagerstätte, als Freizeitgestaltungs- und Erholungsraum und nicht zuletzt als „Archiv der Natur- und Kulturgeschichte" (§ 2 Abs. 2 Nr. 2 BBodenG).[21] Böden speichern große Mengen Kohlenstoff. Drei Viertel des Trinkwassers werden in Deutschland aus dem Grundwasser gewonnen. Ein Hektar unversiegelter Boden kann im Jahr große Mengen an Niederschlagswasser aufnehmen, filtern und dem Grundwasser zuführen. Dies sichert u. a. die Grundwasserneubildung, ist wesentlich für die landwirtschaftliche Produktion, schützt vor lokalen Überflutungen und mildert Hochwasserspitzen und deren Auswirkungen.

2 Andererseits sind Böden **empfindliche Systeme**, die für viele Formen von Belastungen durch den Menschen anfällig sind. Veränderungen laufen auf und in ihnen in der Regel sehr langsam ab und sind meist nur schwer erkennbar. Sind jedoch erst einmal Schäden eingetreten, sind sie oft nur in geologischen Zeitmaßstäben zu beheben. Der Boden und damit seine Funktionen sind zahlreichen Gefährdungen ausgesetzt: von der völligen Zerstörung und dem Verlust in Folge von Versiegelung und Flächenverbrauch bis zur Einschränkung oder negativen Beeinflussung von Funktionen aufgrund stofflicher oder nicht stofflicher Belastungen. Auch kann der Boden, etwa durch sog. Altlasten, wegen Gesundheitsgefahren als Standort für Wohngebäude oder sonstige belastungsempfindliche Nutzungen unbrauchbar werden. Wird seine Belastbar-

20 BT-Drs. 14/2834 13 f.
21 RegE BT-Drs. 12/192 15 f; RegE BBodSchG BT-Drs. 13/6701 28; KomE BodSch-Rahmen-RL, KOM (2006) 232, Art. 1; Dritter Bodenschutzbericht BT-Drs. 17/14044 3.

keit, insbesondere seine Puffer- und Filterkapazität überschritten, so kann dies zu Bodenversalzung und -versauerung sowie -verseuchung, zu einer nachteiligen Veränderung des Grundwassers durch Verlagerung von Schadstoffen bis hin zu ihrer Weitergabe in Lebensmittel führen. Besorgniserregend können Schadstoffbelastungen landwirtschaftlicher Böden durch intensivere Nutzung etwa durch Eutrophierung aufgrund eines Überangebots von Pflanzennährstoffen (Überdüngung) und unzulässigen Pestizideinsatz werden. Landnutzungsänderungen, zum Beispiel durch Umwandlung von Forst- und Grünlandböden in Ackerland, durch Entwaldung zur Gewinnung von Bauland oder durch Trockenlegung von Torfböden, führen ebenso wie eine nicht standortangepasste Bodenbewirtschaftung zu einer Abnahme des Bodenkohlenstoffs und damit zu einer Freisetzung von Kohlendioxid.

2. Überblick über den rechtlichen Schutz

a) Nationale Ebene. Es war ein langer Weg von der Feststellung im Umweltprogramm der 3
Bundesregierung von 1971 über Maßnahmen zum Schutz auch des Bodens bis zum Erlass des BBodSchG v. 17.3.1998. Nach dessen § 1 ist Zweck des BBodSchG, nachhaltig die Funktionen des Bodens zu sichern oder wiederherzustellen. Dazu gehört die Abwehr schädlicher Bodenveränderungen (§ 4 BBodSchG), die Sanierung von Altlasten (§§ 8, 9, 11 ff BBodSchG) und die Vorsorge gegen nachteilige Einwirkungen, insbesondere seiner natürlichen Funktionen (§§ 7, 17 BBodSchG). Anforderungen dazu und Einzelheiten zur Untersuchung und Bewertung von Altlasten (Verdachtsflächen) enthält die BBodSchV. Behördliche Eingriffsermächtigungen für Anordnungen zur Erfüllung gesetzlicher Pflichten beruhen auf § 10 BBodSchG. Bodenschutzrechtliche Regelungen finden sich zudem im sonstigen Bundesrecht (z. B. in §§ 1, 3 Abs. 3 BImSchG, § 2 Abs. 1 Nr. 3, 11 BNatSchG) und zum Schutz vor Schadstoffen vor allem durch landwirtschaftliche Bodennutzung im DüngeG sowie im KrWG, weiter im Wasserrecht und im Recht zum Schutz vor gefährlichen Stoffen sowie mit einem begrenzten Anwendungsbereich im Landesrecht.[22]

b) Internationale und europäische Ebene. Mit der Notwendigkeit auch internationaler An- 4
strengungen befasste sich 1981 das UNITED Nations Environment Programme (UNEP) und 1982 die Food and Agriculture Organisation (FAO) in der World Soil Charter und die UNEP in der World Soil Policy mit einer UEP-Erklärung mit dem Hinweis auf alarmierende Ausmaße des Verlusts und der Desertifikation fruchtbarer Böden, weiter die Agenda 21 der RIO-Konferenz von 1992 („Integrierter Ansatz für die Planung und Bewirtschaftung der Bodenressourcen"), Agenda 30 Nr. 15.3 der Vereinten Nationen von 2015 sowie die IUCN seit den neunziger Jahren. Ein verbindliches Übereinkommen stellt die Alpenkonvention v. 7.11.1991 dar mit ihren Verpflichtungen zu qualitativen und quantitativen Maßnahmen zum Schutze der Böden im Alpenraum zusammen mit dem Durchführungsprotokoll vom 16.10.1998. Bodenschutz ist auch einbezogen in das Übereinkommen über die Biologische Vielfalt v. 5.6.1992 und über weiträumige grenzüberschreitende Luftverunreinigung v. 13.11.1979 der UN-Wirtschaftskommission für Europa (UNECE) mit zahlreichen Protokollen sowie dem Stockholmer Übereinkommen über persistente Schadstoffe v. 22.5.2001.[23]

Auf **europäischer Ebene** besteht bisher keine umfassende Regelungskompetenz. Die Euro- 5
päische Kommission hat 2014 ihren Vorschlag für eine Bodenschutzrahmenrichtlinie nach lan-

22 Überblick dazu bei *Kloepfer* § 13 Rdn. 70 ff, 101 ff, 134 ff, 172 ff (subsidiärer Anwendungsbereich), 220 ff (Gefahrenabwehr, Vorsorge, Sanierung); *Koch/Sanden* § 8 Rdn. 27 ff (betr. Eingriffsermächtigungen zur Vermeidung, Abwehr und Sanierung schädlicher Bodenveränderungen sowie zur Vorsorge), 122 ff, 136 ff, jeweils m. w. N.

23 *Proelß* Internationales Umweltrecht (2017) Abschn. 10 Rdn. 80 ff; *Kloepfer* § 13 Rdn. 35 ff; *Koch/Sanden* § 8 Rdn. 15 ff.

gen Debatten wegen Uneinigkeit mit den Mitgliedstaaten wieder zurückgezogen. Übrig bleibt vor allem die Richtlinie 86/278/EWG über den Schutz der Umwelt und insbesondere der Böden bei der Verwendung von Klärschlamm in der Landwirtschaft (Klärschlamm-RL) vom 12.8.1986. In Deutschland ist inzwischen die Klärschlammverordnung in Kraft getreten.[24] Zahlreiche Rechtsinstrumente wie die Flora-Habitat-RL, die Umweltverträglichkeitsprüfungs-RL, die Industrie-Emissions-RL sowie abfallrechtliche Richtlinien heben auf EU-Ebene jeweils auch den Schutz des Bodens hervor.[25]

II. Tatbestandsstruktur – Funktionen des Straftatbestandes

6 Absatz 1 in der Alternative der Nr. 1 stellt ein Erfolgs- bzw. Verletzungsdelikt mit Eignungsklausel dar, die bestimmte Erfolge ausblendet. Er bildet also eine Kombination von Erfolgs- und potenziellem Gefährdungsdelikt.[26] Nr. 2 ist dagegen als Erfolgsdelikt anzusehen.[27] Beide Erfolgsvarianten können jedoch nicht durch irgendeine kausale Handlung verwirklicht werden; vielmehr enthalten beide Tatbestände mit der Verletzung verwaltungsrechtlicher Pflichten eine zusätzliche Verhaltenskomponente. Demgegenüber wirken die weiteren Handlungsmerkmale (Einbringen, Eindringenlassen und Freisetzen) kaum weiter einschränkend, weil sie im Grunde jegliche Form denkbarer Bodenkontaminierung abdecken dürften. Der Erfolg besteht – insoweit parallel zu § 324 – in der nachteiligen Veränderung des Mediums Boden, wofür als plastisches Beispiel die Verunreinigung hervorgehoben wird. Absatz 1 stellt ein Vorsatzdelikt dar, dessen Versuch nach Absatz 2 ebenfalls strafbedroht ist. Eine Fahrlässigkeitsvariante komplettiert in Absatz 3 die Strafbestimmung.

7 § 324a erfüllt im Umweltstrafrecht eine wichtige Funktion. Wo sich die Herbeiführung von Verunreinigungen von Gewässern oder der Luft nicht nachweisen oder strafrechtlich nicht einer bestimmten Person zurechnen lässt, kann der Ausgangs- oder Endpunkt der Beweisführung in der Beeinträchtigung des Bodens liegen. § 324a schließt somit nicht nur eine Strafbarkeitslücke,[28] sondern löst oft auch ein Beweisproblem bei Emissionen, die mehrere Umweltmedien zugleich gefährden.

III. Geschütztes Rechtsgut

8 Rechtsgut ist der Boden in seiner **qualitativen Funktion** für den Menschen, für Tiere und Pflanzen, insbesondere in seiner ökologischen Funktion (vgl. § 2 Abs. 2 Nr. 1 BBodSchG, dort bezeichnet als „natürliche Funktionen"), aber auch in seiner Funktion als Standort für belastungsempfindliche Nutzungen (i. S. v. § 2 Abs. 2 Nr. 3 BBodSchG) und als Archiv der Natur- und

---

24 AbfKlärV v. 27.9.2017 (BGBl. I S. 3465); dazu *Oehlmann/Krebsbach* AbfallR **2015** 268; *Queitsch* AbfallR **2018** 78.

25 *Kloepfer* § 13 Rdn. 52 ff; *Koch/Sanden* § 8 Rdn. 19 ff.

26 *Alt* MK Rdn. 6; *Sch/Schröder/Heine/Schittenhelm* Rdn. 1; *SSW/Saliger* Rdn. 3; *Schall* SK Rdn. 11; *Szesny* AnwK Rdn. 1; *Witteck* BeckOK Rdn. 2; *Bartholme* 206; *Lackner/Kühl/Heger* Rdn. 1; im Erg. wohl auch *Ransiek* NK Rdn. 5; *Arzt/Weber/Heinrich/Hilgendorf* BT § 41 Rdn. 61; *GJW/Bock* Rdn. 1; *Michalke* Rdn. 124; *Franzheim/Pfohl* Rdn. 155; *Laski* 45 f; *Zieschang* Gefährdungsdelikte (1998) 231; *Sanden* wistra **1996** 283, 284; *Sieder/Zeitler/Knopp* WHG, AbwAG Anh. III 4.1 StGB § 324a Rdn. 4; zur Abgrenzung vom abstrakten Gefährdungsdelikt BGH NJW **1994** 672 (am Beispiel von § 311d); ähnl. *Breuer* JZ **1994** 1077, 1081 f; krit. *Kloepfer/Vierhaus* Rdn. 21 und *Vierhaus* UTR **17** (1992) 88: abl. zur Konstruktion *Kuhlen* ZStW **105** (1993) 697, 711 ff.

27 *Bartholme* 207; *Kloepfer/Vierhaus* Rdn. 102; *Möhrenschlager* NStZ **1994** 513, 516; **aA** *Sanden* wistra **1996** 283, 284: „(rein) abstraktes Gefährdungsdelikt ..."; *Ransiek* NK Rdn. 5 qualifiziert Nr. 2 als „Verletzungsdelikt", das vor Gefahren für die Umwelt durch Verunreinigung des Bodens in bedeutendem Umfang begegnen soll; *Fischer* Rdn. 2 ordnet wohl beide Alternativen als Erfolgs- bzw. potenzielles (abstraktes) Gefährdungsdelikt ein.

28 Krit. hierzu *Hofmann* wistra **1997** 89.

Kulturgeschichte (§ 2 Abs. 2 Nr. 2 BBodSchG).[29] Einbezogen in den Schutz ist letzten Endes die Gesamtheit aller Bodenfunktionen und damit der Boden als Lebensgrundlage und Lebensraum für Menschen, Tiere und Pflanzen,[30] als Bestandteil des Naturhaushalts und als Klimastabilisator gegenüber schädlichen Bodenveränderungen mit negativen ökologischen und nutzungsbezogenen Wirkungen. Geschützt wird damit der Boden als **ökologisch-anthropozentrisch bedeutsames Umweltmedium**, wenn auch nur im Rahmen verwaltungsrechtlicher Vorgaben. § 324a schützt allerdings nur gegen Beeinträchtigungen durch eindringende und freigesetzte Schadstoffe. Diese Einschränkung schließt den sog. **quantitativen Bodenschutz** vom Anwendungsbereich aus. Unerlaubte Bodenbeeinträchtigungen, wie etwa Abgrabungen, Aufschüttungen, Grundwasserabsenkungen, Rodungen, die u. a. zu Bodenerosionen führen können, sowie das ungenehmigte Errichten von Gebäuden (Schwarzbauten), auch soweit es zu Bodenverdichtungen führt, wollte der Gesetzgeber nicht über § 324a erfassen, ebensowenig übermäßigen Flächenverbrauch oder sonstige Bodenversiegelungen.[31] Mittelbar geschützt sind in Abs. 1 Nr. 1 die menschliche Gesundheit, Tiere, Pflanzen sowie Sachen, was i. E. zugleich einen Eigentumsschutz bewirkt, und zusätzlich Gewässer; über § 330 Abs. 1 Nr. 2 tritt ferner die öffentliche Wasserversorgung hinzu.[32]

Seit der Aufhebung der räumlichen Beschränkung des § 330d Abs. 1 Nr. 1 für Gewässer im 2. UKG wird die vom BGH[33] zu § 326 Abs. 1 Nr. 3 a. F. auch für den Boden vertretene Auffassung, der Schutzbereich erstrecke sich nicht auf das Ausland, allgemein nicht mehr geteilt.[34] Angesichts des verwaltungsakzessorischen Charakters von § 324a ist durch § 330d Abs. 2 mit seinem ausdrücklichen Bezug auf § 324a zudem die bisherige Streitfrage geklärt, inwieweit die Verletzung ausländischer verwaltungsrechtlicher Pflichten dem Tatbestand unterfällt. Erfasst sind allein Verletzungen von bodenschutzbezogenen EU-Rechtsakten und Regelungen von EU-Staaten in Ausführung von EU-Richtlinien.[35] Eine Bodenverunreinigung durch einen Deutschen etwa in der Schweiz unter Verletzung dortigen Rechts ist daher nicht strafbar. 9

29 *Alt* MK Rdn. 1 ff; *Schall* SK Rdn. 4 f; *Matt/Renzikowski/Rettenmaier/Gehrmann* Rdn. 2; *Saliger* Umweltstrafrecht Rdn. 366; *Hofmann* 82 ff, 88 f; *ders.* wistra **1997**, 89 f; *Laski* 46 ff; für Einbeziehung der ökologischen und nutzungsbezogenen Funktionen *Sack* Rdn. 6; vgl. auch *Witteck* BeckOK Rdn. 3 – den Schutz ökologisch bedeutsamen Funktion heben hervor *Sch/Schröder/Heine/Schittenhelm Rdn. 1*; *Lackner/Kühl/Heger* Rdn. 1; *Szesny* AnwK Rdn. 2; *Arzt/Weber/Heinrich/Hilgendorf* BT § 41 Rdn. 61; *Kloepfer/Heger* Rdn. 211; *Kemme* Verletzung verwaltungsrechtlicher Pflichten (2007) 237; für Beschränkung auf die natürlichen Bodenfunktionen *Sanden* wistra **1996** 283 f; nach *Rengier* BT § 48 II Rdn. 11 sind geschütztes Rechtsgut in erster Linie und bei Absatz 1 Nr. 2 ausschließlich die ökologisch-anthropozentrischen Bodenfunktionen, wobei man vor allem die Lebensraum-, Klima-, Regelungs- und Reinigungsfunktion unterscheiden könne; wieder anders *Ransiek* NK Rdn. 3 (in Absatz 1 Nr. 1 seien nur spezifische Funktionen schutzwürdig, in Nr. 2 sämtliche Bodenfunktionen; Schutzgut sei insgesamt der Boden als Lebensgrundlage des Menschen in seiner Ausgestaltung durch das Umweltverwaltungsrecht); dazu abl. *Schall* SK Rdn. 7; krit. zur Orientierung an verschiedenen Bodenfunktionen *Michalke* Rdn. 129; für Abwägung zwischen verschiedenen Bodenfunktionen *Kloepfer* Umweltrecht § 13 Rdn. 155.

30 *Fischer* Rdn. 2; *Sack* Rdn. 6; *Rengier* BT II § 48 Rdn. 11; *GJW/Bock* Rdn. 1.

31 RegE BT-Drs. 12/192 16.

32 *Alt* MK Rdn. 1 ff; *Schall* SK Rdn. 4 f; *Kemme* 237; *Sanden* wistra **1996** 283 f sieht offenbar allein die in der Eignungsklausel genannten Rechtsgüter, nicht den Boden (so zu Nr. 2) als geschützt an.

33 BGHSt **40** 79 ff = JR **1996** 33 f m. krit. Anm. *Rengier*; dem BGH zust. *Lackner/Kühl/Heger* § 326 Rdn. 6; *Michalke* StV **1994** 428; *Otto* NStZ **1994** 437.

34 *Alt* MK Rdn. 11; *Ransiek* NK Rdn. 4; *Schall* SK Rdn. 17; *Saliger* Umweltstrafrecht Rdn. 370; *Fischer* Rdn. 2; *GJW/Bock* Rdn. 2; *Knaut* 132; *Kloepfer/Heger* Rdn. 213; *Rengier* JR **1996** 34 f; *Sack* Rdn. 6a, 21a; **aA** *Günther-Nicolay* 329 f; krit. *Michalke* Rdn. 127 f.

35 *Ransiek* NK Rdn. 4; *Sch/Schröder/Heine/Schittenhelm* § 330d Rdn. 40; so generell bisher schon, also auch für § 324a, *Kemme* 464 ff; vgl. zur Europarechtsakzessorietät auch *Heger* Europäisierung des deutschen Umweltstrafrechts (2007) 296 ff, 322, 341.

IV. Objektiver Tatbestand

1. Der Boden als Tatobjekt

10 Der Begriff „Boden" wird in den §§ 324a, 330d nicht definiert. In der Bodenkunde wird unter Boden das einen Teil der Erdoberfläche in einer dünnen Schicht bedeckende, dynamische System verstanden, das mit Wasser, Luft und Lebewesen durchsetzt ist und in dem mineralische und organische Substanzen enthalten sind, die durch physikalische, chemische und biologische Prozesse umgewandelt wurden oder werden.[36] Der Boden wird danach räumlich nach unten durch Gestein und nach oben durch eine Vegetationsdecke oder die Atmosphäre begrenzt.[37] Diese Begrenzung ist freilich zu eng, um einen wirkungsvollen Schutz zu erlauben. Die Bodenschutzgesetze der Länder[38] sehen als Boden die oberste Schicht der festen Erdkruste an, soweit sie durch menschliche Aktivitäten beeinflusst werden kann, einschließlich des Grundes fließender und stehender Gewässer. § 2 Abs. 1 BBodSchG entwickelt hingegen eine **funktionale Betrachtung**, indem er Boden als „die obere Schicht der Erdkruste, soweit sie Träger der in Absatz 2 genannten Bodenfunktionen ist", versteht. Angesichts des akzessorischen Charakters von § 324a ist diese Sichtweise nicht nur systematisch logisch, sondern auch unter präventiven Aspekten sinnvoll. So ist es im Hinblick auf die Erfüllung der vielfältigen, in § 2 Abs. 2 BBodSchG aufgeführten ökologischen, ökonomischen und selbst historischen Funktionen des Bodens auf jeden Fall angebracht, neben den von Tieren, Pflanzen und Mikroorganismen belebten oberen Bodenschichten auch den unbelebten Untergrund (Tiefenschicht) unter den Bodenbegriff zu subsumieren, der als Filter, Speicher, Puffer, zum Stofftransfer und zur Reinigung, etwa durch Abbau oder Umwandlung von Schadstoffen dient und auch in einem Austauschverhältnis mit der belebten Schicht stehen kann. Gerade im Hinblick auf die Reichweite der Nutzungsfunktionen des Bodens ist auch der Bereich einzubeziehen, der, wie z. B. das Gestein bzw. der felsige Untergrund, vom Menschen verändert oder sonst beeinflusst werden kann.[39]

11 Einbezogen in den Bodenbegriff sind mit dem Boden **fest verbundene künstliche Auffüllungen**, Aufschüttungen durch Erdaushub oder Abfälle,[40] nicht jedoch bewegliche Gegenstände, die auf dem Boden gelagert werden, ohne mit ihm in einem ökologischen Sachzusammenhang zu stehen; dies gilt auch für Kies-, Sand- (auch nicht in einem Sandkasten) oder Erdhaufen vor einer weiteren Verwendung als Baustoffe.[41] Auch der überbaute Boden ist geschütztes Hand-

---

36 So UGB-KomE (1998) 981; ähnlich *Kloepfer* § 13 Rdn. 141; nach der Mitteilung KOM (2002) 179 Nr. 2.1 „wird Boden allgemein als die oberste Schicht der Erdrinde, definiert. Er setzt sich aus mineralischen Teilen, organischen Substanzen, Wasser, Luft und lebenden Organismen zusammen [so auch ISO 11074–1 v. 1.8.1996]. Der Boden bildet die Schnittstelle zwischen Erde (Geosphäre), Luft (Atmosphäre) und Wasser (Hydrosphäre)"; nach KOM (2006) 232 E-Bodenrahmen-RL v. 22.9.2006, Art. 1 Abs. 2, ist Boden „die oberste Schicht der Erdrinde zwischen dem Grundgestein und der Oberfläche unter Ausschluss des Grundwassers".

37 *Bartholme* 15; *Blume* Handb. des Bodenschutzes 5.

38 *Erbguth/Stollmann* UPR **1996** 281, 282; *Brugger* BaWüVerwPr **1986** 281 f.

39 Für einen weiten funktionalen Bodenbegriff wie dargestellt *Alt* MK Rdn. 11; *Schall* SK Rdn. 14; *Matt/Renzikowski/Rettenmaier/Gehrmann* Rdn. 3; *Witteck* BeckOK Rdn. 6; *Franzheim/Pfohl* Rdn. 157 (gesamte Erdschicht, einschließlich der tieferen unbelebten Schichten, ebenso *MG/Pfohl* § 54 Rdn. 182 und *Kloepfer/Vierhaus* Rdn. 104); *Sack* Rdn. 7; *Scherer-Leydecker/Rausch* Kap. 10 Rdn. 38 f (Erdkruste mit Bodenfunktionen, nicht die verflüssigten Bestandteile im Erdinnern wie das Magma); auf die Bodenfunktionen und damit deren Reichweite nehmen ebenfalls Bezug *GJW/Bock* Rdn. 2; *Saliger* Umweltstrafrecht Rdn. 370; eine primäre Orientierung an den ökologischen Funktionen findet sich bei *Sch/Schröder/Heine/Schittenhelm* Rdn. 3; *Steindorf* LK[11] Rdn. 9 ff m. w. N.; *Kloepfer/Heger* Rdn. 211; *Szesny* AnwK Rdn. 4 (unter Einbeziehung von Gesteinsschichten); *Laski* 46; *Möhrenschlager* NStZ **1994** 513, 516 f; *Heiermann* 27; *Storm* DVBl. **1985** 317, 319; *Ziegler* BaWüVerwPr. **1987** 145.

40 *Szesny* AnwK Rdn. 4; *Sieder/Zeitler/Dahme/Knopp* Rdn. 3.

41 *Alt MK* Rdn. 12; *Schall* SK Rdn. 15; *Szesny* AnwK Rdn. 4; *GJW/Bock* Rdn. 2; *Sieder/Zeitler/Dahme/Knopp* Rdn. 3.

lungsobjekt,[42] während die baulichen Anlagen selbst, einschließlich der Teerdecke einer Straße,[43] nicht dem Bodenbegriff unterfallen. Zum Boden zählen nach § 2 Abs. 1 BBodSchG seine flüssigen oder gasförmigen Bestandteile (Bodenlösung [auch Erdöl], Bodenluft), nicht aber Gewässer oder die Luft, soweit sie Schutzobjekte der spezielleren §§ 324, 325 sind. Einbezogen sind die Böden von Mooren und Sümpfen.[44] Im Boden lebende Tiere oder Mikroorganismen, Bäume und Pflanzen, also der Bewuchs, sind ihrerseits keine Bestandteile des Bodens.[45]

Bei der **Bodenluft** (§ 2 Abs. 1 BBodSchG) handelt es sich um die „Luft" in den nicht mit Wasser gefüllten Räumen zwischen festen Bodenteilen (Bodenporen): sie umfasst auch Gase wie Erdgas oder Methan.[46] Der „Luftgehalt" des Bodens kann, klimatisch bedingt, erheblich schwanken. Die atmosphärische Luft außerhalb der Materialschicht des Bodens wird durch § 325 geschützt. 12

Das Grundwasser zählt nicht zum Boden,[47] wohl aber – als flüssiger Bodenbestandteil – die **Bodenlösung** (§ 2 Abs. 1 BBodSchG), auch als „Bodenwasser" bezeichnet, soweit es sich nicht um Kristallwasser in Bodenmineralien handelt oder sie ein Gewässer im Sinne des § 324 bildet. Bodenwasser ist meist durch Niederschlag als Sickerwasser in den Boden eingedrungen und wird dort entweder durch die Schwerkraft festgehalten (Haftwasser) oder hängt an festen Bodenbestandteilen (Adsorptionswasser). Stagnierend oder beweglich ist das Wasser in Kapillaren oder größeren Bodenporen. Erst mit dem Eintreffen in der Sättigungszone (vgl. § 3 Nr. 3 WHG) gehört es wasserrechtlich zum Grundwasser.[48] Bodenlösung bzw. Bodenwasser ist notwendiger Bestandteil für alle biologischen, chemischen oder physikalischen bodenbildenden Vorgänge; es ist außerdem unentbehrlich für die Nährstoffversorgung der Pflanzen. Der Schutzbereich des § 324a muss sich daher bei funktionaler Betrachtung des Schutzgutes Boden darauf erstrecken. 13

Nicht notwendig ist eine Ausdehnung von § 324a auf die Verunreinigung des **Gewässerbodens** (im In- und Ausland, vom Meer). Diese wird ausreichend durch § 324 erfasst.[49] Wegen des wasserrechtlichen Regimes auch für Gewässerbetten (§ 330d Rdn. 5 f) hat § 2 Abs. 1 BBodSchG diese ebenfalls von seinem Anwendungsbereich ausgenommen. Zum Boden werden allerdings Schichten unterhalb des unmittelbaren Gewässerbetts gerechnet.[50] 14

---

42 *Alt* MK Rdn. 11; *Schall* SK Rdn. 15; *Sch/Schröder/Heine/Schittenhelm* Rdn. 3; *Saliger* Umweltstrafrecht Rdn. 370; *Rengier* BT § 48 Rdn. 12; *Möhrenschlager* NStZ **1994** 517; *Ott* ZUR **1994** 57.

43 LG Karlsruhe DÖV **2002** 349 (kontaminierte Bauwerke und Straße mit ihrer Asphalt- und Trageschicht); *Alt* MK Rdn. 12; *Ransiek* NK Rdn. 4; *GJW/Bock* Rdn. 2; *Bartholme* S. 17; *Kloepfer* Umweltrecht § 13 Rdn. 145; Versteyl/Sondermann/*Heyman* § 2 BBodSchG Rdn. 9.

44 *Szesny* AnwK Rdn. 5.

45 *Scherer-Leyendecker/Rausch* Kap. 10 Rdn. 38; *Alt* MK Rdn. 12; *Schall* SK Rdn. 15; *GJW/Bock* Rdn. 2; weitergehend OVG Münster ZUR **2012** 568 (Grasnarbe einer Pferdeweide); zum landesrechtlichen Schutz einer Bodendecke gegen Vernichten nach dem NRW-Landschaftsgesetz vgl. OLG Düsseldorf NuR **1992** 497.

46 *Scherer-Leydecker/Rausch* Kap. 10 Rdn. 42.

47 *Schall* SK Rdn. 14; *Sack* Rdn. 7; *SSW/Saliger* Rdn. 5; *Kloepfer/Vierhaus* Rdn. 104; *Bartholme* 16; *Scherer-Leydecker/Rausch* Kap. 10 Rdn. 41; anders noch § 2 Abs. 1 BaWü-BodSchG a. F. und § 8 Abs. 1 sächs. EGAB a. F.

48 BGHZ **172** 287 = NVwZ-RR **2007** 754; vgl. auch *Scherer/Leydecker/Rausch* Kap. 10 Rdn. 44.

49 *Ransiek* NK Rdn. 4; *Sch/Schröder/Heine/Schittenhelm* Rdn. 3; *GJW/Bock* Rdn. 2; *Saliger* Umweltstrafrecht Rdn. 370; *Szesny* AnwK Rdn. 5; *Matt/Renzikowski/Rettenmaier/Gehrmann* Rdn. 3; *Kloepfer/Heger* Rdn. 212; *Möhrenschlager* NStZ **1994** 513, 517; *Sanden* wistra **1996** 283, 286; näher zum Gewässerbett *Scherer/Leydecker/Rausch* Kap. 10 Rdn. 45; **aA** *Alt* MK Rdn. 11; *Steindorf* LK[11] Rdn. 14 ff; *Schall* SK Rdn. 16; *Lackner/Kühl/Heger* Rdn. 2; *Bartholme* 17; *Franzheim/Pfohl* Rdn. 158; *Sack* Rdn. 7.

50 Zu § 2 BBodSchG *Frenz* Rdn. 13 f; Versteyl/Sondermann/*Hejman* Rdn. 13 f; *Scherer/Leydecker/Rausch* Kap. 10 Rdn. 45.

2. Nachteilige Veränderung und Bodenverunreinigung

15 **a) Veränderung und Verunreinigung.** Das Merkmal der nachteiligen Veränderung beschreibt wie bei § 324 den tatbestandlichen Erfolg umfassend, während die **Verunreinigung** als spezieller Unterfall lediglich einen besonders plastischen Unterfall einer **sichtbaren negativen Veränderung** der Bodenzusammensetzung zur Veranschaulichung hervorhebt.

16 Eine nachteilige Veränderung liegt vor, wenn der Boden hinsichtlich einer seiner (ökologisch-anthropozentrischen) Funktionen unter Beeinträchtigung seiner physikalischen, chemischen oder biologischen Beschaffenheit verschlechtert wird.[51] Wird der Boden durch nach Art und Umfang nachteilig wirkende Schadstoffe nur vorübergehend geschädigt, weil diese nach einer gewissen Zeit ohne Rückstände versickern und in das Grundwasser gelangen, so ist dies gleichwohl tatbestandsrelevant; es wird **keine nachhaltig nachteilige Veränderung** verlangt.[52]

17 Selbst ein **bereits belasteter** Boden kann zum noch Negativeren verändert werden.[53] Der Boden wird in seiner relativen Güte zur Tatzeit vor (weiteren) nachteiligen Veränderungen geschützt.[54] Boden im ursprünglichen natürlichen Zustand findet sich ohnehin kaum noch; daher kann der strafrechtliche Schutz nur der Erhaltung des Status quo dienen. Als Vergleichsgrößen dienen folglich der Ist-Zustand des Bodens vor und nach der Verunreinigung.[55]

18 Nicht tatbestandsmäßig sind Bodenveränderungen, die für die ökologische Bodengüte wertneutral bleiben oder diese sogar verbessern. Allerdings können selbst an sich ungefährliche Stoffe in großer Menge die Bodenbeschaffenheit dennoch nachteilig verändern.[56] Als Indizien, ob und in welchem Umfang eine Veränderung im ökologischen System vorliegt und sich diese gegebenenfalls nachteilig auswirkt, können festgelegte **Grenzwerte** und die in Anh. 2 zur BBodSchV mit (negativer) Vermutungswirkung festgelegten **Prüf- und Maßnahmenwerte** dienen.[57]

19 **Nachteilig** sind alle Veränderungen, welche die in § 2 Abs. 2 BBodSchG aufgeführten Funktionen (Rdn. 1) beeinträchtigen. Das Gesetz schränkt den Straftatbestand allerdings ein, indem es eine bestimmte Schädigungseignung der nachteiligen Bodenveränderung (Abs. Nr. 1) oder einen bedeutenden Umfang (Abs. 1 Nr. 2) der Stoffeinträge voraussetzt. Durch diese Beschränkung wird keine volle, sondern nur eine teilweise Identität mit dem Begriff der „Schädlichen Bodenveränderung" in § 2 Abs. 3 BBodSchG erreicht (Beeinträchtigungen der Bodenfunktionen, die geeignet sind, Gefahren, erhebliche Nachteile oder erhebliche Belästigungen für den einzelnen oder die Allgemeinheit herbeizuführen).

---

51 *Schall* SK Rdn. 18; *Alt* MK Rdn. 19; *Sack* Rdn. 14, 23b f (mit Beispielen aus der Praxis); *Möhrenschlager* NStZ **1994** 513, 517; *Matt/Renzikowski/Rettenmaier/Gehrmann* Rdn. 7 verlangen eine Verschlechterung der ökologisch-anthropozentrischen Funktion; ähnlich *Steindorf* LK[11] Rdn. 37; enger BT-Drs. 12/192 16 (durch alleinige Bezugnahme auf ökologische Nachteile); ähnlich *Sch/Schröder/Heine/Schittenhelm* Rdn. 9; *Lackner/Kühl/Heger* Rdn. 3; *Fischer* Rdn. 5; *Szesny* AnwK Rdn. 8; *Witteck* BeckOK Rdn. 12; *Saliger* Umweltstrafrecht Rdn. 374; *Michalke* Rdn. 153; *Laski* 55; *Bartholme* 211 f; *Hofmann* 32 ff; *Kloepfer/Heger* Rdn. 216; *Sanden* wistra **1996** 283, 284.

52 Reg BT-Drs. 12/192 17; *Alt* MK Rdn. 19; *Sch/Schröder/Heine/Schittenhelm* Rdn. 9; *Szesny* AnwK Rdn. 8; *Schall* SK Rdn. 18; *ders.* Festschrift Achenbach 463, 468; *Möhrenschlager* NStZ **1994** 513, 517; für Erfordernis der Nachhaltigkeit SPD-Entwurf BT-Drs. 12/7331 6; beim bloßen Durchsickern von Stoffen ohne jede Bodenreaktion liegt keine Bodenverunreinigung vor, vgl. *Hofmann* wistra **1997** 89, 95.

53 *Ransiek* NK Rdn. 6; *Alt* MK Rdn. 19; *Schall* SK Rdn. 18; *SSW/Saliger* Rdn. 12; *Laski* 56.

54 *Schall* SK Rdn. 18 m. w. N.

55 RegE BT-Drs. 12/192 16; krit. *Hofmann* 33, 74 ff, 91.

56 Für eine Deponie von Hausmüll BGHSt **34** 211.

57 *Alt* MK Rdn. 20; *GJW/Bock* Rdn. 11; *Laski* 88; *Sander* NJW **2000** 2544; *Sanden* wistra **1996** 283, 286 f; s. auch *Scherer-Leydecker/Rausch* Kap. 10 Rdn. 58; *Kloepfer* Umweltrecht § 13 Rdn. 395 ff; zur Problematik der Grenzwerte *Hofmann* 86 ff.

b) Schädigungseignung. Sie liegt bereits dann vor, wenn eine generelle Möglichkeit dafür besteht, dass die Bodenverunreinigung Schäden an der menschlichen Gesundheit oder an Tieren, Pflanzen oder Sachen von bedeutendem Wert verursacht.[58] Der tatsächliche Schadenseintritt oder eine konkrete Gefährdung sind nicht erforderlich.[59] Die Eignung bedarf allerdings konkreter Feststellung.[60] Erfasst werden auch potenziell zu „Kombinationseffekten" führende und erst mittelbar für Menschen, Tiere, Pflanzen oder Sachen schädliche Bodenverunreinigungen. Insbesondere die mittelbar über die Nahrungskette mögliche Gesundheitsschädigung infolge einer Bodenbelastung mit Schadstoffen ist dazu zu rechnen. 20

Die **Feststellung** einer potenziellen Schädigungseignung kann an wissenschaftliche Erfahrungssätze anknüpfen. Wie bei § 325 braucht naturwissenschaftlich nicht bereits zuvor nachgewiesen zu sein, dass eine Bodenveränderung der vom Täter verursachten Art eine solch schädliche Wirkung tatsächlich gehabt hat.[61] Vielmehr genügt es, wenn die konkrete Bodenveränderung nach derzeitiger gesicherter naturwissenschaftlicher Erfahrung generell schädliche Auswirkungen auf die von Abs. 1 Nr. 1 genannten Rechtsgüter mit hinreichender Wahrscheinlichkeit erwarten lässt. Der Tatrichter darf sich bei seiner Überzeugungsbildung sogar auf naturwissenschaftliche Erkenntnisse stützen, die Gegenstand eines naturwissenschaftlichen Meinungsstreits sind;[62] er muss aus revisionsrechtlichen Gründen allerdings – sachverständig beraten – seine eigene Auffassung nachvollziehbar darlegen. 21

Anknüpfungspunkt für die naturwissenschaftliche Begutachtung muss die konkrete Bodenbeschaffenheit zur Tatzeit sein. Alle konstanten Umstände des Einzelfalles, insbesondere die Eigenschaft, Menge, Konzentration und Ausbreitung(-smöglichkeit), Bodenkontaktdichte des Schadstoffs, die Bodenart, -dichte und -formung, der Bewuchs und anderes mehr, sind zu berücksichtigen. Variable Einflüsse, die zur Schädigung der von Abs. 1 Nr. 1 zusätzlich geschützten Rechtsgüter beitragen können, wie vor allem die Witterung, sind dagegen generalisierend und nicht in ihrer konkreten Ausgestaltung zur Tatzeit zu berücksichtigen.[63] Vegetationsschäden oder -beeinträchtigungen, nachteilige Veränderungen in der Lebewelt des Bodens oder Beeinträchtigungen der Filter- und Pufferkapazität können die Eignung belegen.[64] Nicht erforderlich ist, dass im Zeitpunkt des Erfolgseintritts möglicherweise gefährdete Menschen oder Tiere sich bereits auf dem verunreinigten Boden befinden.[65] 22

Für die Beurteilung der Umstände kommt es auf die wissenschaftlichen Erkenntnisse zur Zeit der jeweiligen Entscheidung an. Es sind also auch im Revisionsverfahren neuere naturwissenschaftliche Erkenntnisse zu berücksichtigen, selbst wenn diese dem Tatgericht noch nicht zur Verfügung gestanden hatten. Prüf- und Maßnahmenwerte nach § 8 Abs. 1 Satz 2 Nr. 1, 2, Abs. 2 Nr. 1 BBodSchG m. Anh. 2 BBodSchV, Gefahren-, Belastungs- und Orientierungswerte nach Länder-Bodenschutzgesetzen, Höchstgehaltsüberschreitungen von Lebensmittel-Kontami- 23

---

58 *Alt* MK Rdn. 21; *Schall* SK Rdn. 25 f; *Sch/Schröder/Heine/Schittenhelm* Rdn. 11; *Sack* Rdn. 15; *Franzheim/Pfohl* Rdn. 168; *Sieder/Zeitler/Knopp* WHG/AbwAG Anh. III 4.1 StGB § 324a Rdn. 4.

59 *Ransiek* NK Rdn. 7; *Alt* MK Rdn. 21; *Schall* SK Rdn. 25; für die Luftverunreinigung *J. Pfeiffer* 149 f.

60 OLG Celle NStZ-RR **1998** 208 f.

61 *Alt* MK Rdn. 21; *Schall* SK Rdn. 25; *Sch/Schröder/Heine/Schittenhelm Rdn. 11; Möhrenschlager* NStZ **1994** 513, 517; *Bartholme* 213; **aA** *Michalke* Rdn. 146 f; krit. *Hofmann* 47 ff m. w. N.

62 BGHSt **41** 206, 214 f (Holzschutzmittel); BGH StV **1996** 593, 602 (Promille-Grenzwert für § 21), krit. zu diesen Hinweisen *Michalke* Rdn. 146 f.

63 *Alt* MK Rdn. 22; *Schall* SK Rdn. 26; *Sch/Schröder/Heine/Schittenhelm* Rdn. 11; *Saliger* Umweltstrafrecht Rdn. 376; *Michalke* Rdn. 147; *Bartholme* 213 f; krit. *Hofmann* 44 f; *ders.* wistra **1997** 89, 94 f.

64 *Alt* MK Rdn. 22; *Schall* SK Rdn. 26; *Möhrenschlager* NStZ **1994** 513, 517.

65 *Schall* SK Rdn. 27 (betr. Aufenthaltsorte für Zugvögel); *Ransiek* NK Rdn. 9 bejaht Eignung nur, wenn im Zeitpunkt der Verunreinigung es möglich ist, dass andere zumindest mittelbar in gefährlichen Kontakt mit dem Boden geraten, etwa dann, wenn belasteter Kopfsalat veräußert werden soll; dieser kann jedoch je nach Menge ggf. als verseuchter Grundstücksbestandteil von bedeutendem Wert erfasst werden.

naten, norminterpretierende/konkretisierende Verwaltungsvorschriften oder technische Anleitungen können auch Anhaltspunkte bei der Feststellung der Geeignetheit liefern.[66]

24 Das Erfordernis der Eignung der Bodenveränderung zur Gesundheitsschädigung soll die Verursachung bloßer Belästigungen oder Störungen von der Strafbarkeit ausschließen.[67] Erforderlich ist eine potenzielle Beeinträchtigung der Gesundheit eines anderen im Sinne der §§ 223 ff. Es genügt als generell mögliche Schädigung eine nicht unerhebliche Beeinträchtigung des körperlichen Wohlbefindens. Hustenreiz, Übelkeit und Kopfschmerzen können, wenn nicht vereinzelt oder kurzfristig, genügen. Psychische Störungen sind nur bedeutsam, wenn sie sich körperlich auswirken oder Krankheitswert besitzen. Psychosomatische Erkrankungen sind gleichfalls bedeutsam, sobald sie die Schwelle der Erheblichkeit überschreiten und nicht nur von bloßer Belästigungsqualität sind.[68]

25 **c) Objekte der Schädigungseignung.** Die Eignung zur (nicht unbedeutenden) Schädigung von Tieren, Pflanzen oder anderen Sachen von bedeutendem Wert ist ebenso wie in § 325 Abs. 6 Nr. 1 als Alternative zur Beschränkung des Tatbestandes vorgesehen.

26 **Tiere** sind Lebewesen, die ihre Energie nicht durch Photosynthese gewinnen, sondern dazu Sauerstoff aufnehmen, sich von organischen Stoffen (pflanzliche und tierische Produkte) ernähren, sich (zum größten Teil[69]) bewegen und auf Reize reagieren können. **Pflanzen** (§ 2 Nr. 3 PflanzenschutzG) sind photoautotrophe Lebewesen, die in der Lage sind, aus anorganischen Stoffen mit Hilfe des Sonnenlichts oder in einigen Fällen mit Hilfe aus chemischen Reaktionen gewonnener Energie organische Stoffe aufzubauen. Begrifflich ist also auch die Bodenflora und -fauna vom Schutz erfasst. Eine Einschränkung des Straftatbestandes erfolgt durch das Erfordernis des bedeutenden Wertes der Tiere oder Pflanzen, wobei sicherlich keine rein ökonomische Betrachtung anhand des Verkehrswertes angezeigt ist, sondern auch nach ökologischen und kulturellen Maßstäben vorzugehen ist.[70] Folglich kann das Wertkriterium bei kleinen Lebewesen selbst ohne Verkehrswert durch die Beeinträchtigung ökologischer Funktionen zumindest einer Vielzahl dieser Wesen[71] erfüllt sein. Umgekehrt reicht die Gefährdung einzelner Tiere oder Pflanzen, selbst wenn von bedeutendem Sachwert, nicht aus;[72] anders kann dies sein, wenn gerade bei ihnen ein gewichtiges ökologisches Erhaltungsinteresse besteht, etwa weil sie vom Aussterben bedroht sind oder die gesamte Art in dem jeweiligen Biotop gefährdet wird.[73]

27 Tiere sind noch nicht geschädigt, wenn sie durch die Bodenveränderung zum Abwandern bewegt werden,[74] es sei denn sie wären außerhalb ihrer gegenwärtigen Lebensstätte (§ 7 Abs. 2 Nr. 5, § 39 Abs. 1 Nr. 3 BNatSchG) nicht überlebensfähig.[75] Indessen kann sich das Abwandern

---

66 *Alt* MK Rdn. 22; *Schall* SK Rdn. 25; *MG/Pfohl* § 54 Rdn. 183; *Saliger* Umweltstrafrecht Rdn. 376; *Sack* Rdn. 15; *Franzheim/Pfohl* Rdn. 180; *Kloepfer/Heger* Rdn. 218; *Laski* 57: *Sanden* wistra **1996** 283, 287; **aA** *Michalke* Rdn. 148.

67 BT-Drs. 12/192 17; weitergehend erfasst der Begriff der schädlichen Bodenveränderungen in § 2 Abs. 3 BBodSchG auch erhebliche Belästigungen.

68 Zum Ganzen *Alt* MK Rdn. 23; *Schall* SK Rdn. 19; *Fischer* Rdn. 7; *Lackner/Kühl/Heger* Rdn. 4; *Möhrenschlager* NStZ **1994** 513, 517; *Sack* Rdn. 16; *Saliger* Umweltstrafrecht Rdn. 376; *Szesny* AnwK Rdn. 9; *Laski* 57; *Sanden* wistra **1996** 283 f, 287.

69 Es gibt auch unbewegliche (sessile) Tiere, etwa (Stein)Korallen.

70 *Schall* SK Rdn. 20; *Alt* MK Rdn. 25; *Fischer* Rdn. 8.

71 *Sieder/Zeitler/Knopp* WHG, AbwAG Anh. III 4. StGB § 324a Rdn. 4: „nicht nur ... ein einziges Tier und eine einzige Pflanze.".

72 *Alt* MK Rdn. 24; *Sieder/Zeitler/Knopp* Rdn. 4 (verlangt allgemeinere Gefährdung, die aber nicht den Begriff Bestand von Tieren oder Pflanzen erfüllen muss); *Stegmann* Artenschutz-Strafrecht (2000) 218 (Mehrheit von Tieren und Pflanzen).

73 *Schall* SK Rdn. 21.

74 So noch *Steindorf* LK[11] Rdn. 48; *Fischer* Rdn. 8.

75 *Schall* SK Rdn. 21; zu den Lebensstätten als „regelmäßiger Aufenthaltsort der wildlebenden Individuen einer Art" s. Schlacke/*Schütte/Gerbig* Gemeinschaftskommentar zum BNatSchG, 2. Aufl. (2017) § 7 Rdn. 37; § 39 Rdn. 8.

von Tieren durch die damit verbundene Störung des ökologischen Systems mittelbar auf andere Tierarten oder Pflanzen nachteilig auswirken und insofern zur Erfüllung des Tatbestandes des § 324a Abs. 1 Nr. 1 genügen.[76] Die Tiere selbst werden geschädigt, wenn sie getötet oder in einer Weise verletzt werden, die ihnen für eine nicht unerhebliche Zeitspanne ihre ökologische Funktion nimmt. Belästigungen reichen als solche von vornherein nicht aus.[77]

Sachen sind entsprechend § 90 BGB bewegliche oder unbewegliche körperliche Gegenstän- 28
de in der Außenwelt und zwar nach dem Gesetzeswortlaut selbst dann, wenn sie dem Täter gehören.[78] Das ist allerdings fragwürdig, soweit ausschließlich tätereigene Sachen ohne weiteren ökologischen oder kulturellen Wert geschädigt werden können, weil dies in Widerspruch zur Eigentumsfreiheit geriete.[79] Zu weit ginge es freilich, selbst fremden Eigentumsschutz unter Hinweis auf § 303 auszublenden,[80] weil dies den Schutzzweck unterliefe, die Bodennutzbarkeit nicht nur, aber auch in rein wirtschaftlicher Hinsicht zu wahren. Ebenso wenig kann es angehen, das Grundstück, zu welchem der veränderte Boden zählt, als erfasste Sache anzusehen,[81] weil damit das Kriterium der Sachgefährdung seine Bedeutung als Merkmal zur Begrenzung des Straftatbestandes verlöre und bei jeglicher Bodenveränderung stets zugleich eine Schädigungseignung des (ja regelmäßig werthaltigen) Grundstücks angenommen werden müsste.[82]

Das Gesetz begrenzt die Schädigungseignung auf Tiere, Pflanzen oder Sachen von **bedeu-** 29
tendem Wert. Bei einer Gefahr für eine Mehrzahl von Tieren, Pflanzen oder anderen Sachen kommt es auf den Gesamtwert an. Gemeint ist nach dem Willen des Gesetzgebers[83] entsprechend der ökologisch-anthropozentrischen Schutzrichtung der Bestimmung nicht nur der ökonomische, sondern auch der ökologische Wert.[84] Ebenso kann auf den kulturellen und historischen Wert abgestellt werden.[85] Selbst wirtschaftlich wertlose Tiere, Pflanzen oder andere Sachen werden damit im Interesse des Umweltschutzes berücksichtigt. Soweit der wirtschaftliche Wert der gefährdeten Tiere, Pflanzen oder anderen Sachen als Maßstab herangezogen wird, ist primär der **Verkehrswert** von Bedeutung. Drohen allenfalls Schäden, die den Wert des Objektes nicht erreichen, ist wie bei den §§ 315 ff der konkret drohende Verlust in Gestalt des Wiederherstellungsaufwandes maßgebend.[86] Als bedeutend ist aus systematischen Gründen wie bei den §§ 315 ff ein Wert von ca. 1.300-1.500 € anzusehen.[87]

Der **ökologische Wert** ergibt sich demgegenüber aus der Funktion der Tiere oder Pflanzen 30
im Naturhaushalt. Rechtlich problematisch[88] ist im Hinblick auf das Bestimmtheitsgebot des Art. 103 Abs. 2 GG das Fehlen eines ohne Weiteres bezifferbaren Maßstabs, wie er beim ökonomisch bedeutenden Wert in Gestalt des Geldwertes existiert. Vielmehr handelt es sich um eine

---

76 *Steindorf* LK[11] Rdn. 49; *Saliger* Umweltstrafrecht Rdn. 376.

77 *Maurach/Schroeder/Maiwald* II § 58 Rdn. 48.

78 *Schall* SK Rdn. 23; *Alt* MK Rdn. 25; *Sch/Schröder/Heine/Schittenhelm* Rdn. 11; *Saliger* Umweltstrafrecht Rdn. 376; *GJW/Bock* Rdn. 15; *Kloepfer/Heger* Rdn. 218.

79 *Schall* SK Rdn. 23.

80 So aber *Ransiek* NK Rdn. 10.

81 So jedoch zu § 330 a. F. BGH NJW **1990** 194, 195 (nicht tragend); AG Offenbach NStE Nr. 1; ferner *Alt* MK Rdn. 25; *Sack* Rdn. 17; *Bartholme* 67, 214; *Rengier* Festschrift Spendel 559, 566 ff; **aA** *Schall* SK Rdn. 22; offenbar ebenso AG Schwäbisch Hall NStZ **2002** 152 f.

82 *Schall* SK Rdn. 22; **aA** *Möhrenschlager* LK[12] Rdn. 30.

83 BT-Drs. 12/192 17.

84 *Alt* MK Rdn. 24 f; *Ransiek* NK Rdn. 8; *Schall* SK Rdn. 20; *Sch/Schröder/Heine/Schittenhelm* Rdn. 11; *Saliger* Umweltstrafrecht Rdn. 376; *Fischer* Rdn. 8; *Bartholme* 214; *Hofmann* 101 ff; *Lackner/Kühl/Heger* Rdn. 4; *Sack* Rdn. 17; *Sanden* wistra **1996** 283, 284.

85 *Kloepfer/Heger Rdn. 4; Sack* Rdn. 17; *Ransiek* NK Rdn. 8; *Schall* SK Rdn. 20; *Alt* MK Rdn. 25.

86 *Schall* SK Rdn. 21; *Ransiek* NK Rdn. 8. *Rengier* Festschrift Spendel 559, 566 ff.

87 Vgl. *Fischer* § 315 Rdn. 16a; *Sch/Schröder/Hecker* § 315c Rdn. 31, jeweils m. w. N.; die anderslautende Entscheidung BGH NStZ **2011** 215 (750 €) rechtfertigt dies mit dem Schutzzweck, was jedoch gerade bei § 324a für einen höheren Wert spräche; wie der BGH *König* LK § 315 Rdn. 95.

88 *Hofmann* 59; *ders.* wistra **1987** 283 f; *Sanden* wistra **1996** 283 f.

relative Größe, die der Bedeutung der betroffenen Tiere nach Art und Anzahl innerhalb des Naturhaushaltes des jeweiligen Biotops entspricht. Von daher wird die Beseitigung einer großen Anzahl von Ratten kaum einmal einen bedeutenden Wert vernichten, während die Gefährdung vom Aussterben bedrohter Tiere bereits dann tatbestandlich ist, wenn sie nur wenige oder gar ein einzelnes Tier betrifft.[89] Jenseits dieser klaren Fallgestaltungen bedarf es einer wertenden Entscheidung im Einzelfall,[90] wobei es helfen mag, die Bedeutung der Pflanzen und Tiere innerhalb des Biotops mit der Bedeutung des bedeutenden Vermögenswertes für einen durchschnittlichen Bürger abzugleichen. Belastet ein Verlust der betroffenen Tiere oder Pflanzen den Naturhaushalt vor Ort in ähnlicher Weise oder gar mehr als der Verlust von 1.300 € den Durchschnittsverdiener, so kann auch in ökologischer Beziehung von einem bedeutenden Wert ausgegangen werden.

31 Die Eignung der Bodenverunreinigung zur Schädigung eines **Gewässers** ist in das Gesetz aufgenommen worden, weil Fälle erfasst werden sollen, bei denen eine Bodenverunreinigung vorliegt, die als solche zwar nachteilig wirkt, aber nicht genügend intensiv im Sinne der übrigen Alternativen von Abs. 1 Nr. 2 ist, jedoch durch Versickern von Schadstoffen im Boden das Grundwasser bedrohen kann.[91] Der strafrechtliche Umweltschutz hatte sich zuvor gerade in jenen Fällen als lückenhaft erwiesen, bei denen zwar eine Bodenverunreinigung vor- und eine Gewässerverunreinigung i. S. v. § 324 nahe lag, letztere aber nicht sicher nachgewiesen werden konnte.[92] Der Gewässerbegriff des § 324 bzw. 330d Abs. 1 Nr. 1 (s. dort Rdn. 2 ff) ist auch hier anzuwenden.

32 Das Erfordernis des bedeutenden Wertes bezieht sich auf Tiere, Pflanzen oder andere Sachen, nicht dagegen auf gefährdete Gewässer. Unerhebliche Beeinträchtigungen, die dem Gewässer drohen, erfüllen gleichwohl nicht den Tatbestand.[93] Zur Bestimmung der Schwelle des auszuscheidenden Bagatellfalls können u. a, die in Rdn. 18 genannten Prüf- und Maßnahmenwerte als Maßstab herangezogen werden. Bei demjenigen, der an seinem Pkw einen Ölwechsel vornimmt und das Altöl in einer Menge von wenigen Litern in den Boden eindringen lässt,[94] kann allerdings nicht mehr von einer nur unwesentlichen Gewässerverunreinigung gesprochen werden, die dem Grundwasser durch das Motoröl droht.

33 **d) Bodenveränderung in bedeutendem Umfang (Abs. 1 Nr. 2).** Diese Variante ist alternativ zur Schädigungseignung möglich. Ihr Anwendungsbereich wird angesichts der Weite von Abs. 1 Nr. 1 beschränkt sein und vor allem Bodenbelastungen ohne unmittelbare Auswirkungen auf Lebewesen, Sachen oder das Grundwasser erfassen.

34 Die Klausel „in bedeutendem Umfang" bleibt auch nach der sprachlichen Anpassung an Abs. 1 Nr. 1 wenig aussagekräftig.[95] „Umfang" ist nicht nur rein quantitativ, sondern auch qualitativ/ökologisch zu verstehen.[96] Quantität (wie durch die Menge von Schadstoffen), räumliche Ausdehnung, Intensität und Dauer der ökologischen Beeinträchtigung des Bodens (unter Berücksichtigung seiner Qualität) sind die alternativ oder kumulativ maßgeblichen Abgrenzungs-

---

89 Ähnlich *Schall* SK Rdn. 21 (auch wenn dort eine extensive Auslegung befürwortet wird); *Sch/Schröder/Heine/Schittenhelm* Rdn. 11; *Ransiek* NK Rdn. 8.

90 *Bartholme* 214; *Sanden* wistra **1996** 283 f; krit. *Hofmann* 59; *ders.* wistra **1987** 283 f.

91 BT-Drs. 12/192 17; *Alt* MK Rdn. 26; *Schall* SK Rdn. 24; *Möhrenschlager* NStZ **1994** 513, 517.

92 S. den Fall LG Bad Kreuznach NJW **1993** 1725 und die Beispiele in BT-Drs. 12/192 16.

93 *Alt* MK Rdn. 26 (m. Hinweis auf die Verneinung einer Grundwassergefährdung im Putenmist-Fall des OLG Celle NStZ-RR **1998** 208); *Schall* SK Rdn. 24; *Ransiek* NK Rdn. 8.

94 Diesen Fall erfasst § 324a nach Meinung des Abg. *Schmidt* BT-Plenarprot. 12/222 v. 21.4.1994, 19167.

95 *Hofmann* S. 106 f; *Schall* SK Rdn. 29 m. w. N. (reichlich vage); krit. zur Bestimmtheit *Keller* 57. DJT (1988) Bd. 2 L 7, L 12; *Steindorf* LK[11] Rdn. 56; *Witteck* BeckOK Rdn. 20.

96 Ausschussbericht BT-Drs. 12/7300 22.

faktoren; eine langanhaltende oder auch nur nachhaltige Verunreinigung wird nicht verlangt.[97] Es kommt die Beeinträchtigung einer größeren Bodenfläche oder die intensive,[98] schwer zu beseitigende oder gar irreparable Verunreinigung selbst einer kleineren Fläche in Betracht.[99] Von Bedeutung ist auch der Beseitigungsaufwand.[100] Die Beeinträchtigung braucht natürlich nicht die Schwelle des besonders schweren Falles in § 330 Abs. 1 Satz 2 Nr. 1 zu erreichen; dieser setzt eine nicht, nur mit außerordentlichem Aufwand oder erst nach längerer Zeit mögliche Beseitbarkeit voraus.

3. Einbringen, Eindringenlassen und Freisetzen von Stoffen

Der Erfolg nachteiliger Bodenveränderung soll nach der Formulierung des Tatbestandes nicht irgendwie kausal verursacht, sondern durch das Einbringen, Eindringenlassen oder Freisetzen von Stoffen bewirkt werden. Der Begriff der **Stoffe** ist hier weit auszulegen.[101] Er umfasst alle organischen oder anorganischen Substanzen jenseits der Grundstücksbestandteile, und zwar unabhängig davon, ob sie chemisch, chemisch-physikalisch, mechanisch, thermisch oder in sonstiger Weise wirken.[102] Erfasst werden auch radioaktive Stoffe und Abfälle (§ 326 Abs. 1 Nr. 3).[103] Die Stoffe müssen allerdings in der Lage sein, die Bodenbeschaffenheit nachteilig zu verändern.[104] Dazu gehören insbesondere „Schadstoffe" nach § 2 Nr. 6 BBodSchV („Stoffe und Zubereitungen, die auf Grund ihrer Gesundheitsschädlichkeit, ihrer Langlebigkeit oder Bioverfügbarkeit im Boden oder auf Grund anderer Eigenschaften und in ihrer Konzentration geeignet sind, den Boden in seinen Funktionen zu schädigen oder sonstige Gefahren hervorzurufen"). Auf den Aggregatzustand kommt es nicht an. Der Einsatz von Strahlen (§§ 309, 311) oder andere nichtstoffliche Einwirkungen auf den Boden,[105] insbesondere die Herbeiführung von Bodenerosionen erfüllen den Tatbestand jedoch nicht. 35

Stoffe, die eine schädigungsgeeignete Bodenverunreinigung oder eine solche in bedeutendem Umfang bewirken können, sind zum einen **Gifte** und andere **gesundheitsschädliche Stoffe** i. S. v. § 224 Abs. 1. Deren toxische Wirkung hängt von ihrer Art, Zusammensetzung, Konzentration im Boden und der konkreten Möglichkeit ihres durch die Nahrungskette oder auf andere Weise vermittelten Kontakts mit dem menschlichen Körper ab. Auch Stoffe, die in geringer Konzentration nicht gesundheitsschädlich sind oder sogar ökologische Funktionen des Bodens un- 36

---

97 BT-Drs. 12/192 17; *Alt* MK Rdn. 27; *Schall* SK Rdn. 29 f; *Sch/Schröder/Heine/Schittenhelm* Rdn. 12; *Kloepfer/Vierhaus* Rdn. 109; *Lackner/Kühl/Heger* Rdn. 5; *Sack* Rdn. 19; ERST/*Kubiciel* Rdn. 12; *Michalke* Rdn. 154; *Laski* 49; *Möhrenschlager* NStZ **1994** 513, 517; für Einbeziehung auch ökonomischer Beeinträchtigungen *Ransiek* NK Rdn. 10 f; *GJW/Bock* Rdn. 17; für eine Orientierung an den Maßnahmewerten i. S. v. ı 2 Abs. 7 BBodSchG und der BBodSchV *MG/Pfohl* § 54 Rdn. 183; **aA** *de With* Plenarprot. 12/112 v. 3.2.1994, 8; *Sieder/Zeitler/Knopp* WHG, AbwAG Anh. III 4.1 StGB § 324a Rdn. 5 („räumlicher Bezug").

98 Zur nachhaltigen Bodenverunreinigung nach § 326 Abs. 1 Nr. 3 a. F. OLG Zweibrücken NJW **1992** 2841, 2842.

99 *Möhrenschlager* Plenarprot. 12/51 v. 3.2.1994, 8 f; *Sack* Rdn. 19; nur für eine flächenbezogene Abgrenzung dagegen *Bartholme* 215.

100 *Lackner/Kühl/Heger* Rdn. 5; *GJW/Bock* Rdn. 17; *Szesny* AnwK Rdn. 10; **aA** *Steindorf* LK[11] Rdn. 57; *Ransiek* NK Rdn. 11.

101 RegE BT-Drs. 12/192 17 (noch zu § 229 a. F.; nunmehr § 224 Abs. 1 Nr. 1); StA Hannover NuR **2013** 300; *Alt* MK Rdn. 14; *Schall* SK Rdn. 31; *Saliger* Umweltstrafrecht Rdn. 371; *Fischer* Rdn. 4; *Kloepfer/Vierhaus* Rdn. 107; *Sack* Rdn. 9; *Sanden* wistra **1996** 283; *Sieder/Zeitler/Knopp* WHG, AbwAG Anh. III 4.1 StGB § 324a Rdn. 6.

102 StA Hannover NuR **2013** 300; *Alt* MK Rdn. 14; *Schall* SK Rdn. 31; *Sch/Schröder/Heine/Schittenhelm* Rdn. 15; *Saliger* Umweltstrafrecht Rdn. 371; *Sack* Rdn. 9; *GJW/Bock* Rdn. 3; ERST/*Kubiciel* Rdn. 5; *Bartholme* 209; *Kloepfer/Vierhaus* Rdn. 107; ferner *Hartmann* HK-GS Rdn. 3 (auch Krankheitserreger).

103 *Alt* MK Rdn. 14.

104 *Schall* SK Rdn. 31; *GJW/Bock* Rdn. 3; *Storm* DVBl. **1985** 317, 319; *ders.* Jura **1987** 352, 353.

105 *Bartholme* 209 f; zu Strahlen auch StA Hannover NuR **2013** 300; *Alt* MK Rdn. 14; *Schall* SK Rdn. 31; *GJW/Bock* Rdn. 3.

terstützen, können in überhöhter Konzentration toxische Wirkungen entfalten. Neben einer gesundheitsgefährdenden Wirkung können sie auch für Tiere, Pflanzen oder Gewässer schädlich werden, ggf. treten solche Wirkungen nur bei diesen ein. So werden etwa Stickstoffe, die von Pflanzen nicht benötigt werden, durch Sickerwasser ins Grundwasser abgegeben und können dadurch ein Gewässer verunreinigen.[106] Die in der Landwirtschaft anzutreffende Überdüngung (durch Jauche, Gülle, Mist, Fäkalien, Klärschlamm) ist insb. wegen der damit einhergehenden Sättigung des Bodens mit Schwermetallen ein ernstzunehmendes ökologisches Problem.[107] Dasselbe gilt für den übermäßigen Einsatz von Pflanzenschutzmitteln wie Pestiziden, Herbiziden oder Insektiziden. Aber auch andere Schadstoffe bewirken nachteilige Bodenveränderungen; bei den anorganischen Stoffen insbesondere Säuren und säurebildende Stoffe (Schwefeldioxid, Stickoxide), Schwermetalle, radioaktive Stoffe, Salze; bei den organischen Stoffen vor allem Hexachlorcyclohexan, Hexachlorbenzol, polychlorierte Biphenyle, polychlorierte Dibenzo-Dioxine und -Furane (PCDD/F) und polyzyklische aromatische Kohlenwasserstoffe (PAK).[108] In der Praxis sind vor allem die Fälle des unsachgemäßen Umgangs mit Chemikalien in der gewerblichen Wirtschaft oder in der Landwirtschaft als Bodenverunreinigungen bedeutsam.[109]

37 Die Einwirkung auf den Boden kann vom Täter unmittelbar oder – insbesondere über den Luft- oder Gewässerpfad (Luftverunreinigungen durch Müllverbrennung, Immissionen von Industrieanlagen, Abgase, durch Gewässerverunreinigungen nach Überschwemmungen) – auch mittelbar verursacht werden.[110] Feststellungsprobleme bereiten Fälle der Kumulation, Summation oder synergetischen Wirkung verschiedener Handlungen. Während die Kausalität i. d. R. zu bejahen ist, sind kumulativ bewirkte Verunreinigungserfolge nur dann **objektiv zuzurechnen**, solange sie sich nicht als atypische Abläufe darstellen und sie nicht auf eigenverantwortlichem, vom Einleitenden nicht vorhersehbaren Verhalten Dritter beruhen.[111] Die Rspr. gelangt über die

---

106 *Kauch* 19 f.

107 *Bartholme* 36 f; Bundesverband Boden, Materialien IV (2000); *Krell* NuR **2009** 327; verneint in OLG Celle NStZ-RR **1998** 208 (Putenmist; vgl. jedoch § 1 Nr. 2 DüngeG).

108 *Bartholme* 38 f; Bundesverband Boden, Materialien IV (2000); AG Germersheim, 7024 Js 9382/96, bei *Sack* Rdn. 23c (atrazinhaltige Herbizide auf Maisanbaufläche).

109 *Sack* Rdn. 23b, c; *Kloepfer*/*Vierhaus* Rdn. 110; Beispiele: StA Ansbach Einstellungsverfügung v. 28.10.1986, zit. in bay. LT-Drs. 11/3021 (Austreten leichtflüchtiger halogenierter Kohlenwasserstoffe); BGH NJW **1992** 122 (Auslaufenlassen von flüssigen Chlorkohlenwasserstoffen; dazu *Lübbe* Grundwasserbelastung durch CKW [1991]); BGH NJW **2005** 1366 (Bodenverunreinigung durch Kohlenwasserstoff); VG Düsseldorf ZUR **2010** 85 (CKW aus undichten Lagertanks); BVerwGE 125 325 = NVwZ **2006** 928 (Versalzung beim Abbau von Rohsalzen auf der Halde eines Kalibergwerks); VGH Mannheim NVwZ-RR **2003** 103 (Kontamination durch LCKW-haltige Reinigungsmittel); StA Stuttgart wistra **1987** 305 (Trichlorethan bei fehlerhafter Tankbefüllung); VGH Mannheim NVwZ **2000** 1199 (Trichlorethan als Altlast-Kontamination mit Gewässerverunreinigung); VGH Mannheim NVwZ-RR **2002** 16 (Mineralölprodukt von Tankstelle); BVerwG NVwZ **2008** 684 (Ablagerung von Säureharzen); VGH Kassel NVwZ **2000** 828 (Zinkschlamm); AG Hanau Beschl. v. 6.8.1987 – 6 Js 4117/84 Ls – zit. in BT-Drs. 12/192 16 (polychloriertem Biphenyl); VGH Mannheim NVwZ **1990** 781 (Dioxin); LG Bad Kreuznach NJW **1993** 1725 (Tetrachlorethylen); OLG Zweibrücken NJW **1992** 2841 (Getriebe- oder Hydrauliköl aus Fahrzeugen); BGH BeckRS **2001** 04330 (Entsorgung von Filterkuchen/Sandfanggemisch/Sandrückständen); OLG Celle NJW **1986** 2326 (Silagesaft); OLG Celle NStZ-RR **1998** 208 (Ammoniumstickstoff/Nitratgehalt durch Putenmist, dort jedoch verneint); OLG Koblenz NStZ-RR **1997** 363 (Pferdemist mit zu viel Nitrat/Phosphat); BayObLGSt **1989** 13 = NStZ **1989** 270 (Gülle); VG Stade NVwZ **1990** 1004; OLG Stuttgart NStZ **1991** 590; OVG Koblenz NVwZ-RR **1991** 532; VG Osnabrück NuR **2003** 63 (Klärschlamm auf landwirtschaftlicher Fläche); OVG Greifswald NVwZ **1997** 1027 (Klärschlamm auf Betriebsgrundstück); OLG Stuttgart NVwZ-RR **1997** 220 (Klärschlamm im Kleingarten); BVerwG NVwZ **1999** 421 (Chemikalien auf Parkplatz einer Fernstraße).

110 *Bartholme* 43 f; *Kauch* 21 ff; *Alt* MK Rdn. 17; *Ransiek* NK Rdn. 12; *Schall* SK Rdn. 33; *Sch*/*Schröder*/*Heine*/*Schittenhelm* Rdn. 7; krit. wegen Beweisproblemen *Hofmann* wistra **1997** 89 f.

111 *Schmitz* MK Vor § 324 Rdn. 37 ff; *Samson* ZStW **99** (1987) 617, 626 ff; wohl auch *Ransiek* NK Rdn. 15; diff. (nur Zurechnung eines bereits vorhandenen, nicht auch eines künftig zu erwartenden Beitrags) *Saliger* Umweltstrafrecht Rdn. 247 f; *Schall* SK Rdn. 39; s. ferner *Kleine-Cosack* Kausalitätsprobleme im Umweltstrafrecht (1988) 18 ff, 119 ff, 130 f.

Vorhersehbarkeit des weiteren Verlaufs, d. h. der Einleitungen durch Dritte, zu weitgehend identischen Resultaten.

Einbringen ist der finale Stoffeintrag[112] durch **unmittelbar** auf den Boden einwirkendes positives Tun. Beispiele sind das Einleiten, Ablassen, Ausschütten oder (Ab-)Lagern flüssiger oder fester Abfälle oder sonstiger Schadstoffe in bzw. auf den Boden, das Vermischen und Vermengen mit dem Boden, wie durch Einpflügen oder Einschaufeln, einschließlich des Aufbringens, etwa von Düngemitteln, Insektiziden oder Gülle.[113] **38**

Freisetzen bedeutet wie in den §§ 311, 325 und 330a, eine Situation zu schaffen, in der sich ein Stoff ganz oder teilweise unkontrollierbar in der Umwelt ausbreiten kann.[114] Erfasst wird jedes Verhalten, das Schadstoffe mittelbar durch verstreute (Ab-)Lagerungen auf dem Boden, über das Emittieren von Gasen in die Luft (z. B. aus Industrieanlagen oder bei der Müllverbrennung) oder über den Wasserweg unkontrolliert in den Boden gelangen lässt. Die besondere Problematik dieses **mittelbaren Schadstoffeintrags** in den Boden liegt in vielen Fällen in der Unmöglichkeit, die Ursächlichkeit eines bestimmten Verhaltens einer Person für festgestellte Umweltbeeinträchtigungen nachzuweisen.[115] **39**

Die Handlungsmodalität des **Eindringenlassens** setzt wie das Freisetzen kein auf den Boden gerichtetes Handeln voraus und kann vielmehr die kausale Folge einer (positiven) Handlung mit anderer Zielrichtung sein.[116] Sie liegt vor, wenn „der Täter pflichtwidrig nicht verhindert, dass der Boden durch die Stoffe verunreinigt wird."[117] Die Tathandlung ist mithin als Unterlassungsdelikt ausgestaltet, wobei darüber gestritten wird, ob es sich um ein echtes[118] oder unechtes Unterlassen[119] handelt. Wortlaut wie Systematik sprechen indessen eindeutig für eine Einordnung als Fall echten Unterlassens, zumal die Materialien sich zu der Frage nicht klar verhalten, weil die dort erwähnte Pflichtwidrigkeit nicht zwingend auf eine Garantenpflicht zu beziehen ist, sondern ebensogut die Verletzung verwaltungsrechtlicher Pflichten im Blick haben kann. Die weitere Frage ist, ob mit dem Eindringenlassen alle denkbaren Unterlassensfälle (also auch des Freisetzens durch Unterlassen) erfasst werden,[120] nur die Nichthinderung des (unmittelbaren) Eindringens gemeint ist[121] oder gar eine abschließende Regelung vorliegt, die eine Sperrwirkung gegenüber dem Freisetzen durch Unterlassen entfaltet.[122] Die Stellung innerhalb des Tatbestandes vor dem Freisetzen deutet freilich weder auf eine Sperrwirkung gegenüber sonstigen (dann nur aus einer Garantenstellung heraus strafbaren) Unterlassungen noch auf eine das Freisetzen durch Unterlassen mit erfassende Variante hin. Durch das Nebeneinander von unechten Unterlassungen (Freisetzen) und echten Unterlassungen (Eindringenlassen als Pendant zum Einbringen) ergibt sich zudem nur scheinbar ein systematischer Bruch, da das **40**

---

112 BT-Drs. 12/192 17; *Alt* MK Rdn. 15; *Ransiek* NK Rdn. 12; *Sch/Schröder/Heine/Schittenhelm* Rdn. 7; *Schall* SK Rdn. 32; *Fischer* Rdn. 4; *Szesny* AnwK Rdn. 6; *Sack* Rdn. 10; *Lackner/Kühl/Heger* Rdn. 6; *Franzheim/Pfohl* Rdn. 165; *Bartholme* 211; *Laski* 52; *Michalke* Rdn. 135; *Möhrenschlager* NStZ **1994** 513, 517; *Sanden* wistra **1996** 283, 284; abl. zur Finalität als unnötige Subjektivierung *Horn* SK[7] Rdn. 10; GJW/*Bock* Rdn. 6.

113 *Hofmann* 22; *Alt* MK Rdn. 15; *Sch/Schröder/Heine/Schittenhelm* Rdn. 7; *Schall* SK Rdn. 32; *Sieder/Zeitler/Knopp* Rdn. 6.

114 BT-Drs. 12/192 17; BR-Drs. 126/90 46; BT-Drs. 8/2382 25 f (zu § 330a); *Alt* MK Rdn. 17; *Sch/Schröder/Heine/Schittenhelm* Rdn. 7; *Fischer* Rdn. 4; *Szesny* AnwK Rdn. 6; GJW/*Bock* Rdn. 9; *Lackner/Kühl/Heger* Rdn. 6; *Sack* Rdn. 12; *Saliger* Umweltstrafrecht Rdn. 372; *Schall* SK Rdn. 33; *Michalke* Rdn. 98; *Möhrenschlager* NStZ **1994** 513, 517.

115 *Hofmann* 22 f; *Steindorf* LK[11] Rdn. 36.

116 *Sieder/Zeitler/Knopp* Rdn. 6 (z. B. Folge eines fahrlässigen Verkehrsunfalls mit Öltransporter).

117 BT-Drs. 12/192 17.

118 *Steindorf* LK[11] Rdn. 33; *Bartholme* 211; *Franzheim/Pfohl* Rdn. 165; *Michalke* Rdn. 136; *Sanden* wistra **1996** 283, 285.

119 *Möhrenschlager* LK[12] Rdn. 18; *Sch/Schröder/Heine/Schittenhelm* Rdn. 7; *Schall* SK Rdn. 34; *Fischer* Rdn. 4a; *Alt* MK Rdn. 16; *Lackner/Kühl/Heger* Rdn. 6; *SSW/Saliger* Rdn. 9.

120 So *Schall* SK Rdn. 34; *Sch/Schröder/Heine/Schittenhelm* Rdn. 7; *Möhrenschlager* LK[12] Rdn. 18.

121 So wohl *Alt* MK Rdn. 16; *Steindorf* LK[11] Rdn. 33; *Lackner/Kühl/Heger* Rdn. 6.

122 *Ransiek* NK Rdn. 13.

Erfordernis einer zusätzlichen Garantenpflicht für die Fälle unechten Unterlassens sich im Ergebnis nicht auswirkt, weil sich diese Pflicht regelmäßig aus der ohnehin notwendigen verwaltungsrechtlichen Pflicht herleiten lässt.[123] Vorzugswürdig ist daher, das Eindringenlassen als **echte Unterlassungsvariante des Einbringens** zu begreifen, die einem (unechten) Freisetzen durch Unterlassen nicht im Wege steht.

41 Ebenfalls umstritten ist die Anwendung des Eindringenlassens auf die strafrechtliche Zurechnung sog. **Altlasten**, insb. von stillgelegten Abfallbeseitigungsanlagen und anderen industriellen Altstandorten. Strafrechtlich verfolgbare Fälle von Altlasten, die auf positivem Tun beruhen, wird es allerdings wegen der regelmäßig eingetretenen Strafverfolgungsverjährung kaum geben.[124] Eine Verantwortlichkeit kann sich dann nur wegen eines Unterlassens ergeben, was wiederum bedingt, auf den gegenwärtigen Grundstücksverantwortlichen als fraglichen Verursacher im Wege der Nichtbeseitigung zuzugreifen. Hierbei kommt es auch darauf an, ob für ihn verwaltungsrechtliche Pflichten bestehen bzw., wenn man von einem unechten Unterlassen ausgeht, zusätzlich bzw. gleichzeitig eine Garantenpflicht (dazu Rn. 45 f). Zu beachten sind aber diejenigen Einschränkungen, die sich aus der tatbestandlichen Struktur von § 324a ergeben. So ist Eindringenlassen als ein Prozess zu verstehen, der eine Veränderung der Bodeneigenschaften durch das Nichtstun voraussetzt.[125] Weil es um ein Eindringen geht, das zu verhindern wäre, darf sogar darüber hinaus der Boden durch die Altlast noch gar nicht belastet sein, weil es sonst begrifflich allein um eine Ausbreitung bereits vorhandener Schadstoffe, aber nicht mehr um ein Einbringen bzw. Eindringen gehen könnte.[126] Im Ergebnis lässt sich die Untätigkeit gegenüber Altlasten also nur strafrechtlich erfassen, wenn sich diese gerade noch nicht im Boden befinden, sondern im Laufe der Untätigkeit in diesen eindringen. Die Nichtbeseitigung auf dem Boden lagernder (Autowracks, Mülldeponien) oder in das Erdreich eingelassener, aber von diesem noch durch Behältnisse separierter Abfälle (Öl in Tankanlagen) kann daher erst dann den Unterlassungstatbestand erfüllen, wenn infolge der Untätigkeit Schadstoffe in den Boden eindringen, etwa aus undicht werdenden Öltanks. Die Nichtbeseitigung bereits im Boden befindlicher Stoffe bleibt dagegen tatbestandslos.[127]

4. Verletzung verwaltungsrechtlicher Pflichten

42 **a) Verwaltungsrechtliche Pflichten.** Bodenveränderungen sind nur strafbar, soweit die zur Veränderung führende Handlung zugleich verwaltungsrechtliche Pflichten des Handelnden verletzt. Zudem muss zwischen Bodenveränderung und Pflichtverletzung ein **Pflichtwidrigkeitszusammenhang** bestehen, d. h. sich die konkrete Bodenbeeinträchtigung als Folge der Pflichtverletzung darstellen. Wäre hingegen die Bodenveränderung auch ohne die Pflichtverletzung eingetreten, stehen beide also ohne Zusammenhang nebeneinander, so genügt dies noch nicht.

43 Zur **Herkunft** solcher Pflichten ist zunächst auf § 330d Abs. 1 Nr. 4, Abs. 2 zu verweisen, wobei gerichtliche Entscheidungen (§ 330d Abs. 1 Nr. 4 b) höchst selten einschlägig werden dürften. Allgemein kommen nur solche Rechtsakte in Betracht, die dem Normenadressaten mit hinreichender Deutlichkeit erkennen lassen, welches unmittelbar oder nach dem Willen des Gesetzgebers auch „deutlich erkennbar zumindest mittelbar dem Bodenschutz"[128] dienende Verhalten ihm in einer konkreten Situation abverlangt wird. Nicht ausreichend sind reine Pro-

---

123 *Ransiek* NK Rdn. 12; *Alt* MK Rdn. 16; *Börner* § 9 Rdn. 9; *Witteck BeckOK* Rdn. 10.1; *Laski 53*; nicht ganz eindeutig *Schall* SK *Rdn.* 34 einerseits, Rdn. 38 andererseits.

124 *Michalke* AbfallR **2003** 71 f; *Franzheim/Pfohl* Rdn. 172; *Schall* SK Rdn. 54; *Laski* 65 ff; *Vogelsang-Rempe* 68 ff.

125 *Schall* SK Rdn. 57 f; *Sch/Schröder/Heine/Schittenhelm* Rdn. 7; *Lackner/Kühl/Heger* Rdn. 6; wohl auch *Witteck* BeckOK Rdn. 10.2.

126 *Ransiek* NK Rdn. 13 f.

127 *Ransiek* NK Rdn. 14; *Börner* § 9 Rdn. 10; **aA** *Fischer* Rdn. 4a; *Lackner/Kühl/Heger* Rdn. 6.

128 BT-Drs. 12/192 17.

grammsätze und allgemein gehaltene Rechtsvorschriften, wie solche, die nur die Einhaltung ganz allgemeiner Sorgfalts-, Vorsorge- und Gefahrenabwehrpflichten verlangen.[129] Diese können aber durch weitere ausreichend bestimmt formulierte Rechtsnormen oder im Einzelfall durch Verwaltungsentscheidungen konkretisiert werden. Eine Pflichtverletzung kann insb. in einem Verstoß gegen ein Genehmigungserfordernis nach den nachstehend beschriebenen Rechtsvorschriften mit bodenverunreinigenden Folgen liegen, etwa nach dem Abfallentsorgungsrecht, dem Immissionsschutzrecht oder im Gewässerrecht für Anlagen zum Umgang mit wassergefährdenden Stoffen. Zur Frage, wann ein Verstoß gegen den Inhalt einer Genehmigung (Nichtigkeit, Eintritt einer auflösenden Bedingung, Erlöschen, wesentliche Änderung) einen Rechtsverstoß darstellt, sei auf die Erörterungen vor § 324 Rdn. 58 ff verwiesen.

b) Ableitung aus Rechtsnormen. Der in § 3 BBodSchG verankerte subsidiäre Charakter zeigt, dass als Rechtsnormen,[130] an die hier anzuknüpfen ist, vor allem solche außerhalb des BBodSchG in Frage kommen, zumal die allgemeine Pflicht nach § 4 Abs. 1 BBodSchG, keine schädlichen Veränderungen hervorzurufen, viel zu allgemein gehalten ist.[131] Ein wichtiges Beispiel ist das in § 28 KrWG verankerte Gebot der Behandlung und (Ab-)Lagerung von Abfällen zum Zweck der Beseitigung in nach den §§ 35, 4 BImSchG, § 1 4. BImSchV, Anh. 1 Nr. 8 zugelassenen Abfallbeseitigungsanlagen. Das Planfeststellungs-/Genehmigungserfordernis nach § 35 Abs. 2 KrWG für eine Deponie ist wie das Genehmigungserfordernis für Abfallentsorgungsanlagen nach Immissionsschutzrecht eine einschlägige verwaltungsrechtliche Pflicht.[132] Genannt seien ferner die Überlassungspflichten nach § 17 KrWG.[133] Einschlägig sind zudem die konkreten „Anforderungen an die Abfallbeseitigung" in auf § 16 KrWG beruhenden Rechtsverordnungen. Dazu gehören z. B. die Deponieverordnung (mit Voraussetzungen der Ablagerung in § 6), weiter die auf § 11 KrWG beruhenden Gebote und Verbote zur Aufbringung von Klärschlamm und Bioabfällen auf land-, forstwirtschaftlich oder gärtnerisch genutzten Böden in der AbfKlärV (vgl. dort § 4) und der BioabfallV (§§ 3 ff),[134] auf die § 12 Abs. 1 BBodSchV z. T. Bezug nimmt. Ergänzend sind ferner die Anwendungsverbote/-beschränkungen zur Anwendung von Düngemitteln wie auch von Wirtschaftsdünger tierischer Herkunft (Jauche, Gülle usw.) auf landwirtschaftlich genutzten Flächen (s. DüngeV) und die Anwendungsverbote und -beschränkungen für Pflan- 44

129 BT-Drs. 12/192 17, 31; OLG Celle NStZ-RR **1998** 208; AG Schwäbisch Gmünd NStZ **2002** 15; vgl. auch OLG Braunschweig NStZ-RR **2004** 52 zu einer bußgeldbewehrten Abfallentsorgungs-Satzung; *Alt* MK Rdn. 29, 31; *Ransiek* NK Rdn. 14, 16 f; *Sch/Schröder/Heine/Schittenhelm* Rdn. 14; *GJW/Bock* § 330d Rdn. 13 f; *Saliger* Umweltstrafrecht Rdn. 379; *Fischer* Rdn. 3; *Lackner/Kühl/Heger* Rdn. 7; *Szesny* AnwK Rdn. 11; *MG/Pfohl* § 54 Rdn. 185; *Franzheim/Pfohl* Rdn. 162; *Rengier* Festschrift Boujong 791, 803; *ders.* Festschrift Brohm 525, 527 ff; *Bartholme* 216 f; *Laski* 49 f, 61, 94, 96, 101; *Möhrenschlager* NStZ **1994** 513, 517; *Sanden* wistra **1996** 283, 285, 287 f; **aA** (nur *unmittelbar* dem Schutz des Bodens dienende Rechtsvorschriften kommen in Frage) *Schall* SK Rdn. 41 ff, 46; *ders.* Festschrift Küper 505, 513, 515 ff; *Hofmann* 107 ff, 116, 126 f; *ders.* wistra **1997** 89, 90 f; *Schmitz* MK § 330d Rdn. 10; *Kemme* 200 ff, 221, 229 ff, 245 f (Nebenzweck dabei aber ausreichend; krit. dazu *Ransiek* ZStW **121** (2009) 162); enger *Michalke* Verwaltungsrecht durch Umweltstrafrecht 81 ff, 107 ff (Beschränkung auf das „spezifische Hauptschutzgut" des jeweiligen Tatbestandes, bei § 324a also vor allem auf Rechtsvorschriften des BBodSchG und darauf beruhender VO); nicht so strikt *dies.* Umweltstrafsachen Rdn. 159.

130 Einen ausführlichen, infolge von Rechtsänderungen allerdings zu ergänzenden Katalog der Normen nennt *Hofmann* 141 ff.

131 *Schall* SK Rdn. 41; *Sch/Schröder/Heine/Schittenhelm* Rdn. 14; *SSW/Saliger* Rdn. 17; *Ransiek* NK Rdn. 18.

132 Zu § 28 Abs. 1 KrWG (§ 4 Abs. 1 AbfG a. F.) BGH Urt. v. 6.4.2001 – 2 StR 356/00 Rn. 36 (juris); vgl. ferner *Alt* MK Rdn. 32 (m. Hinweis auf § 1 Abs. 1, § 3 Abs. 2, §§ 4, 5 Abs. 1, § 22 Abs. 1 BImSchG; § 3 Abs. 3 BBodSchG); *Kemme* 302 ff; einschr. *Hofmann* 113 ff.

133 *Saliger* Umweltstrafrecht Rdn. 379; *Rengier* Festschrift Brohm 525, 528.

134 *Sch/Schröder/Heine/Schittenhelm* Rdn. 14; *Saliger* Umweltstrafrecht Rdn. 379; *Fischer* Rdn. 3; *Kemme* 251 f; *Schall* SK Rdn. 43 f; *ders.* NStZ-RR **2005** 33, 35; vgl. dazu die „Grundsätze und Handlungsempfehlungen zur guten fachlichen Praxis der landwirtschaftlichen Bodennutzung" BAnz **1999** 658.

zenschutzmittel in § 12 und in den auf § 14 PflSchG beruhenden §§ 1 ff PflSchAnwV zu nennen. In Betracht kommen außerdem die Regeln über die – auch zum Schutz des Bodens dienenden – Anforderungen an genehmigungs- und nichtgenehmigungsbedürftige Anlagen gemäß §§ 7, 23 BImSchG i. V. m. den darauf beruhenden Verordnungen (vgl. § 3 Abs. 1 Nr. 11 BImSchG), Verwendungsverbote bzw. -beschränkungen nach § 17 ChemG i. V. m. § 16 der Gefahrstoffverordnung 2010,[135] Art. 67 i. V. m. Anh. XVII der REACH-VO (EG) 1907/2006 sowie weitere Vorschriften des Gefahrgutrechts. Schließlich sind nach h. M. einschlägig auch Normen des WHG zur Gewässerreinhaltung (§§ 32, 45, 48, 62) sowie ergänzende landesrechtliche Bestimmungen.[136] Die meisten Normen, die das Grundwasser schützen, sind als verwaltungsrechtliche Verhaltensregeln auch für den mit dem Gewässerschutz in Wechselbeziehung stehenden Bodenschutz bedeutsam.[137] Nicht genügen hingegen die reinen Programmsätze in § 5 WHG, § 3 Abs. 2 S. 1 DüngeG, § 3 Abs. 1 S. 1 oder § 13 Abs. 1 PflSchG.[138] Auch die Verletzung einschlägiger Vorschriften des Straßenverkehrsrechts, die – wenngleich nur mittelbar – dem Schutz des Bodens dienen, z. B. gegen diesen beeinträchtigenden Unfälle als Folge der Verletzung von Geschwindigkeitsbeschränkungen, Überholverboten, mag im Einzelfall relevant werden.[139]

45 Soweit, was vor allem im Altlastenbereich der Fall ist, ein Unterlassen in Rede steht, überschneiden sich die Fragen von Garanten- und verwaltungsrechtlichen Pflichten. Für **Altlasten** wird dabei zum Teil, wenn auch in eingeschränktem Umfang, an die verwaltungsrechtliche Verantwortlichkeit des Eigentümers bzw. des Inhabers tatsächlicher Gewalt über ein Grundstück als „Zustandsstörer“, insbesondere nach § 4 Abs. 2, 3 BBodSchG, angeknüpft.[140] Von einer Minderheit werden Einschränkungen aus dem Prinzip der Eigenverantwortlichkeit Dritter bei von diesen unerlaubterweise vorgenommenen Ablagerungen auf fremden Grundstücken hergeleitet.[141] Strafrechtlich nicht unproblematisch ist die direkte Anknüpfung an Sanierungspflichten nach § 4

135 *Ransiek* NK Rdn. 15; *Sch/Schröder/Heine/Schittenhelm* Rdn. 14; *Schall* SK Rdn. 41, 43 ff, 47; *Fischer* Rdn. 3; *Sack* Rdn. 23; *Franzheim/Pfohl* Rdn. 162; *Kloepfer/Vierhaus* Rdn. 106a; *Rengier* Festschrift Brohm 525, 530; *Möhrenschlager* NStZ **1994** 513, 517; teilw. abl *Kemme* 251 zum BImSchG.

136 BT-Drs. 12/192 17; *Alt* MK Rdn. 32; *Ransiek* NK Rdn. 17; *Sch/Schröder/Heine/Schittenhelm* Rdn. 14; *Lackner/Kühl/Heger* Rdn. 7; *Franzheim/Pfohl* Rdn. 162; *Möhrenschlager* NStZ **1994** 513, 517; *Sack* Rdn. 22; *Saliger* Umweltstrafrecht Rdn. 379; *Sanden* wistra **1996** 283, 285; **aA** zu § 48 Abs. 2 Satz 1 (§ 34 Abs. 2 Satz 1 a. F., §§ 62, 63 WHG *Schall* SK Rdn. 43, 47; *Hofmann* 113 f, 123; weitergehend *Kemme* 246, 300 ff.

137 BT-Drs. 12/192 17; *Lackner/Kühl/Heger* Rdn. 7; *Möhrenschlager* NStZ **1994** 513, 517.

138 BT-Drs. 12/192 17; zu § 1a Abs. 2 WHG a. F. OLG Celle NStZ-RR **1998** 208 f; *Ransiek* NK Rdn. 18; *Schall* SK Rdn. 43; *Sch/Schröder/Heine/Schittenhelm* Rdn. 14; *Kemme* 176, 179 f; *Laski* 101; *Julia Martin* 61 f; *Rengier* Festschrift Brohm 525, 529; *Möhrenschlager* NStZ **1994** 513, 517; *Saliger* Umweltstrafrecht Rdn. 379; *Sanden* wistra **1996** 283, 285; *Vierhaus* NJW **1998** 1262, 1264, abl. i. Erg. auch *Hons* 231; **aA** *Fischer* Rdn. 3.

139 AG Offenbach NStE § 330 Nr. 1; *Ransiek* NK Rdn. 17; *Lackner/Kühl/Heger* Rdn. 7; *Bartholme* 217 f; *Julia Martin* 59 f; *Rengier* Festschrift Boujong 791, 802 f; *ders.* Festschrift Brohm 525, 530 f; *Stegmann* Rdn. 10 (Rdn. 12 f zu einschlägigen StVO- und Gefahrgut-Vorschriften); *Witteck* BeckOK Rdn. 15.1; beschränkt auf den Schutz der Umwelt vor den Risiken des Transports gefährlicher Güter *Alt* MK Rdn. 29; in dieser Richtung auch *Klemme* 257 f; abl. hinsichtlich allgemeiner Regelungen wie Geschwindigkeitsbeschränkungen, Überholverboten AG Schwäbisch Hall NStZ **2002** 152, 153; *Schall* NStZ-RR **2003** 65 f; *ders.* Festschrift Küper 505, 517; *Sch/Schröder/Heine/Schittenhelm* Rdn. 14; *SSW/SSW/Saliger* Rdn. 17; § 330d Nr. 13; *Fischer* Rdn. 3; *Szesny* AnwK Rdn. 11; *Klemme* 259 ff; gänzlich abl. *Michalke* Verwaltungsrecht 71 ff, 83 ff; *Hartmann* HK-GS Rdn. 4.

140 Dazu *Sparwasser/Engel/Voßkuhle* § 9 Rdn. 98 f, 196 ff; *Scherer-Leydecker/Rausch* Kap. 10 Rdn. 79 ff, 109 f; *Koch/Sanden* § 8 Rdn. 82 ff; *Finger* NVwZ **2011** 1288, 1289 f; *Troidl* NVwZ **2010** 154, 158 f, *Schall* SK Rdn. 54 ff, jeweils m. w. N.; nach *Kloepfer* Umweltrecht § 13 Rdn. 223 hat § 4 Abs. 1 nur Appellfunktion, **aA** KG Berlin Beschl. v. 12.10.2001 – 1 Ss 85/01 Rn. 9 zu dem § 4 Abs. 1 BBodSch entsprechenden§ 4 BerlBodSchG a. F. (juris), ebenso *Hartmann* HK-GS Rdn. 4; *Kloepfer/Vierhaus* Rdn. 106.

141 Dazu *Schall* SK Rdn. 42, 54; *ders.* Festschrift Achenbach 463, 465 f, 470 f m. w. N. (anders, wenn Grundstück durch die Ablagerungen Dritter selbst zur Gefahrenquelle geworden ist).

Abs. 3 BBodSchG,[142] da diese bereits entstandene Bodenschädigungen beheben oder begrenzen sollen, auch wenn dies dem Ziel dient, „dauerhaft keine Gefahren, erhebliche Nachteile oder erhebliche Belästigungen für den einzelnen oder die Allgemeinheit entstehen" zu lassen, wobei „bei Belastungen durch Schadstoffe neben Dekontaminations- auch Sicherungsmaßnahmen in Betracht kommen, die eine Ausbreitung der Schadstoffe langfristig verhindern". Sie haben daher primär reparierenden Charakter. § 324a findet keine Anwendung, wenn die Altlast für einen neuen Grundstückseigentümer aus weiterhin unbeweglichen Schadstoffen besteht, seine (pflichtwidrige) Untätigkeit also keine relevante Tathandlung, sondern nur ein „Belassen" der Stoffe im Boden darstellt;[143] die verwaltungsrechtliche Verantwortlichkeit eines „Gesamtrechtsnachfolgers" für vom Vorgänger verursachte Altlasten[144] begründet keine strafrechtliche Verantwortlichkeit. Da es in § 324a weder um die Beseitigung von Schäden noch um die Verhinderung einer Kostenabwälzung auf die Allgemeinheit geht, darf an Absatz 3 nur angeknüpft werden, wenn die Sanierungspflicht im konkreten Fall zugleich dazu dient, ein drohendes weiteres Ausbreiten der Schadstoffe in den Boden, also ein sich ausdehnendes Eindringen zu verhindern. Eine solche Pflicht ist aber schon aus Absatz 2 herzuleiten.[145] Verwaltungsrechtliche Begrenzungen der Zustandsstörerhaftung nach § 4 Abs. 3 BBodSchG wirken auf die strafrechtliche Abwehrpflicht zurück. Solche ergeben sich insbesondere aus der Unverhältnismäßigkeit bzw. einer sog. „Opferposition" des Grundstückseigentümers.[146] Strittig ist dabei die dogmatische Einordnung als Tatbestandsvoraussetzung (Ausschluss des Tatbestandes bei Unzumutbarkeit normgemäßen Verhaltens), als Rechtfertigungsgrund oder als Schuldausschließungsgrund.[147]

Aufgrund des unterschiedlichen Ansatzpunkts für die strafrechtliche Garanten- und die ver- **46**
waltungsrechtliche Sanierungspflicht des Grundstückseigentümers ist die Reichweite des Zustandsstörerbegriffs in Absatz 3 nicht automatisch maßgebend für das Strafrecht. Die verwaltungsrechtliche Sanierungsverpflichtung für handels- und gesellschaftsrechtlich verantwortliche Personen[148] und eines früheren Eigentümers bei Aufgabe oder Übertragung des Eigentums (Abs. 3 S. 4, Abs. 6 S. 1) reicht für die strafrechtliche Verantwortlichkeit nicht aus. Bei der Dereliktion wird in der Literatur eine Entlastung des früheren Eigentümers angenommen, wenn seitens des Erwer-

142 Dafür z. B. *Hellmann* Fälle Rdn. 414; bei Kenntnis eines Grundstückseigentümers von einem sanierungsbedürftigen Schadensfall *Franzheim/Pfohl* Rdn. 194 f; so auch *Saliger* Umweltstrafrecht Rdn. 564 (kraft überlegenen Wissens); abl. wegen mangelnder Bestimmtheit *Kemme* 183; i. E. auch *Schall* SK Rdn. 42; *ders.* Festschrift Achenbach 463, 470 f.

143 *Ransiek* NK Rdn. 13; *Saliger* Umweltstrafrecht Rdn. 372; *Fischer* Rdn. 4a; *GJW/Bock* Rdn. 8; *Laski* 105 ff; *Franzheim/Pfohl* Rdn. 178 f; *Rengier* Festschrift Brohm 525, 529; *Schall* SK Rdn. 57; *ders.* Festschrift Achenbach 463, 468; *Vorholt* Rdn. 1499; *Dasselaar* 74; *Vogelsang-Rempe* 94 f.

144 BVerwGE **125** 325.

145 Ausreichend bestimmte Vorschrift, *Rengier* Festschrift Brohm 525, 529; wohl ebenso *Sanden* wistra **1996** 283, 2876; demgegenüber ist für *Kloepfer* Umweltrecht § 13 Rdn. 225 § 4 Abs. 2 BBodSchG erst im Wege einer Anordnung nach § 10 Abs. 1 S. 1 BBodSchG vollzugstauglich.

146 BVerfGE **101** 1, 19 ff = NJW **2000** 2573; dazu ausführlich *Dasselaar* 24 ff; weiter *Müggenborg* NVwZ **2001** 39; *Schall* SK Rdn. 56; *ders.* NStZ-RR **2002** 33 f, *ders.* Festschrift Achenbach 463, 472 ff; BVerwG NVwZ **2001** 65 (Zumutbarkeit gemessen am Verhältnis des finanziellen Aufwands zum Verkehrswert nach Sanierung; bejaht bei bewusster Inkaufnahme des Gefahrenrisikos); VGH Mannheim ZfW **2002** 264 (dazu *Schall* NStZ-RR **2003** 65 ff); VGH München NVwZ **2003** 363, 364 f; OVG Lüneburg NVwZ-RR **2006** 397 (dazu *Schall* NStZ-RR **2008** 97, 100); VG Freiburg NuR **2004** 257 (dazu *Schall* NStZ-RR **2005** 33, 36).

147 Vgl. zu dieser Frage *Weigend* LK § 13 Rdn. 68; *Sch/Schröder/Bosch* Vor §§ 13 ff Rdn. 155 f; *Köhler* AT 297; *Baumann/Weber/Mitsch* AT § 15 Rdn. 19; § 23 Rdn. 63; *Roxin* AT II § 31 Rdn. 230 ff m. w. N.

148 Zu verwaltungsrechtlichen Grenzen VGH München ZUR **2005** 154 (abl. zur Anwendung von § 128 HGB); dazu zust. *Koch/Sanden* § 8 Rdn. 90 und zu strafrechtlichen Konsequenzen *Schall* NStZ-RR **2006** 161, 165 f.

bers eine eigenverantwortliche Pflichtenübernahme vorliegt.[149] Umgekehrt kann trotz verwaltungsrechtlicher Freistellung von Sanierungspflichten u. U. auch ein früherer Eigentümer strafrechtlich verantwortlich sein, wenn er es bereits unterlassen hatte, Abwehrmaßnahmen gegen sich im Boden ausbreitende Schadstoffe zu ergreifen. Die Verletzung einer verwaltungsrechtlichen Pflicht setzt in diesem Zusammenhang keinen vorherigen Erlass einer vollziehbaren Sanierungsanordnung (oder einen öffentlich-rechtlichen Vertrag) mit dem Eigentümer voraus.[150] Selbst aus verwaltungsrechtlicher Sicht ist eine Sanierungspflicht nicht von vornherein an einen solchen Verwaltungsakt gebunden.[151] Abgesehen davon steht nicht die Vornahme einer Sanierung in Rede, sondern die Pflicht, eine fortschreitende Kontamination aufzuhalten. Für diese Pflicht reicht eine drohende Gefahr aus. Das Erfordernis einer behördlichen Verfügung könnte demgegenüber zu dem unangemessenen Ergebnis führen, denjenigen straflos zu lassen, der es in Kenntnis sich ausbreitender Bodenverunreinigung z. B. unterlässt, die zur erforderlichen Gefahrenbekämpfung zuständige Behörde einzuschalten oder eigene Abwehrmaßnahmen zu ergreifen.

47 **c) Verwaltungsakte als Quelle.** Soweit wirksame Verwaltungsakte bodenschützende Pflichten begründen, sind diese – außer bei Nichtigkeit – nach h. M. durch die Strafverfolgungsbehörden und Strafgerichte als solche zu berücksichtigen, ohne dass es auf ihre inhaltliche Richtigkeit ankäme.[152] Richtigerweise lassen sich jedoch verwaltungsrechtliche Pflichten durch verwaltungsrechtlich rechtswidrige Akte nicht begründen, weil ihre Rechtswidrigkeit zugleich ihre Eignung zum Rechtsgüterschutz und zur Begründung von Handlungspflichten des Bürgers in Zweifel zieht (vor § 324 Rn. 71).

48 Umgekehrt sind wirksame begünstigende Verwaltungsakte zu respektieren, soweit sie die Verwaltungsrechtswidrigkeit des bodenverunreinigenden Verhaltens beseitigen. Handelt der Rechtsunterworfene bei einer Bodenverunreinigung im Einklang mit einem ihn begünstigenden Verwaltungsakt, so kann er daher strafrechtlich nicht zur Verantwortung gezogen werden. Im Grundsatz gilt hier eine formelle Verwaltungsaktsakzessorietät, selbst im Falle der Rechtswidrigkeit des begünstigenden Verwaltungsakts. Allenfalls über die Rechtsmissbrauchsklausel des § 330d Abs. 1 Nr. 5 ließe sich theoretisch ein anderes Resultat erzielen.[153] Allerdings betrifft § 330d Abs. 1 Nr. 5 explizit ohnehin nur tatbestandlich benanntes Handeln ohne Genehmigung, erfasst also sonstige begünstigende Verwaltungsakte von vornherein nicht. Eine materiellrechtliche Überprüfung der Rechtswidrigkeit begünstigender Verwaltungsakte durch die Strafgerichte ist daher grundsätzlich verwehrt.

---

149 *Sch/Schröder/Heine/Schittenhelm* Rdn. 7; *Schall* SK Rdn. 55; *ders.* NStZ-RR **2005** 33, 36; *Saliger* Umweltstrafrecht Rdn. 381; *GJW/Bock* Rdn. 8; *Sack* Rdn. 49; weitergehend *Laski* 146, 154; *Michalke* AbfallR **2003** 71; zur Verantwortlichkeit von Insolvenzverwaltern BVerwGE **122** 75 = NVwZ **2004** 1505; ZinsO **2006** 495; *Koch/Sanden* § 8 Rdn. 95; *Schall* SK Rdn. 36; *ders.* NStZ-RR **2006** 161, 164, *ders.* Festschrift Achenbach 63, 467; *Gerloff* in *Bittmann* Insolvenzstrafrecht § 23 Rdn. 55 ff; abl. *Schmitz* MK vor § 324 Rdn. 127 m. w. N.

150 So aber *Sch/Schröder/Heine/Schittenhelm* Rdn. 7 und *Saliger* Umweltstrafrecht Rdn. 381 (einschränkend Rdn. 564 bei Geheimhaltung gegenüber Behörde); *Ransiek* NK Rdn. 14, 19; *Franzheim/Pfohl* Rdn. 162, 186 ff, 193 ff; *Schall* SK Rdn. 42, 54; *ders.* Festschrift Küper 505, 512; *ders.* Festschrift Achenbach 463, 470 f; *Dasselaar* 140 ff, 243; *Hons* 232 ff; *Kemme* 481 f; *Laski* 154 f; *Robra/Meyer* wistra **1996** 243, 245; *Sack* Rdn. 23, 49; StA Hannover NuR **2013** 300, 303; **aA** wie hier *Steindorf* LK[11] Rdn. 35, 59; *Busch/Iburg* 156 f; *Kloepfer/Vierhaus* Rdn. 106; *Rengier* Festschrift Brohm 525, 528 f; wohl auch *Sanden* wistra **1996** 283, 286 f; *Witteck* BeckOK Rdn. 15.

151 Von unmittelbarer Pflichtigkeit ging der RegE zum BBodSchG BT-Drs. 13/6701 19, 26, 34 aus; ebenso BVerwGE 126 1 Rdn. 12 = NVwZ **2006** 1067 f; *Hartmann* HK-GS Rdn. 4; vgl. auch OLG München Urt. v. 8.2.2017 – 3 U 3659/14 (juris); *Kloepfer/Heger* Rdn. 223; *Giesbers/Hilf* BeckOK-BBodSchG § 4 Rdn. 16 (vor einer behördlichen Anordnung sind grundsätzlich alle im Gesetz genannten Adressaten zur Sanierung verpflichtet; durch die Anordnung erfolge eine Konkretisierung auf bestimmte Personen und Maßnahmen).

152 So die h. M., vgl. *Ransiek* NK Rdn. 20 f; *Schall* SK Rdn. 50; *Möhrenschlager* LK[12] Rdn. 36, jeweils m. w. N.; **aA** *Saliger* Umweltstrafrecht Rdn. 115 ff m. w. N.

153 Zu ihrer Anwendbarkeit s. aber § 330d Rn. 27 ff.

d) Ausländische Rechtsnormen. Eine Verletzung verwaltungsrechtlicher Pflichten im Ausland kommt im Anwendungsbereich von § 330d Abs. 2 in Betracht, sofern im Übrigen deutsches Strafrecht auf die Tat Anwendung finden kann. Verwirklicht ein Deutscher in einem anderen Mitgliedstaat der Europäischen Union den dort ebenfalls strafbaren Tatbestand der Bodenverunreinigung unter Verletzung dortiger ausreichend bestimmter Rechtsnormen oder Verwaltungsakte, soweit damit ein EU/Euratom-Rechtsakt umgesetzt oder angewendet wird, die unmittelbar oder mittelbar dem Schutz des Bodens dienen, so macht er sich nach § 324a i. V. m. § 330d Abs. 2 und § 7 Abs. 2 strafbar.[154] Ist die Tat unter Verletzung solcher EU-bezogener ausländischer verwaltungsrechtlicher Pflichten vom Ausland aus **grenzüberschreitend begangen** worden, der Erfolg der Bodenverunreinigung aber im Inland eingetreten, so besteht Strafbarkeit nach § 324a i. V. m. § 330d Abs. 2, §§ 3, 9 Abs. 1.[155] Liegt für die im EU-Ausland begangene Tat eine Erlaubnis vor, entfällt der Tatbestand und damit auch die Strafbarkeit. Dies ist allerdings nicht der Fall, wenn die Erlaubnis nach dortigem Recht unwirksam ist, etwa wenn – anders als im deutschen Recht – dort jede materiellrechtlich unrichtig erteilte Gestattung unbeachtlich bleibt. Wird eine im Ausland materiellrechtlich rechtswidrig erteilte Erlaubnis dort stets als wirksam erachtet, selbst wenn die Voraussetzungen von Rechtsmissbrauch i. S. v. § 330d Abs. 1 Nr. 5 vorlägen, so ist streitig, ob gleichwohl § 330d Abs. 1 Nr. 5 angewandt werden sollte; dafür spräche der Charakter von § 330d Abs. 2 als Gleichstellungsklausel.[156] Allerdings spielt der Streit bei einer von einem Deutschen vollständig **in einem EU-Staat begangenen Tat** keine Rolle; die Strafbarkeit entfällt nach § 7 Abs. 2, da die Voraussetzung der Strafbarkeit am Tatort nicht vorliegt.[157] Anders ist die Sachlage in grenzüberschreitenden Fällen. Führt eine luftverunreinigende Handlung im EU-Ausland zu einer Bodenverunreinigung im Inland, so liegt nach § 9 Abs. 1 zugleich eine Inlandstat vor. Es erscheint jedenfalls vertretbar, wenn in einem solchen Fall eine rechtsmissbräuchlich vom Ausland aus verursachte inländische Bodenverunreinigung nicht hingenommen werden muss. Immerhin entsteht in einem solchen Fall – anders als bei einer Erlaubnis nach deutschem Recht – jedenfalls kein innerstaatlicher Normenwiderspruch. Der räumlich beschränkte Anwendungsbereich von § 330d Abs. 2 spricht gegen eine Anwendung von § 324a auf eine **außerhalb der EU begangene** Auslandstat unter Verletzung am Tatort bestehender verwaltungsrechtlicher Pflichten. Eine Ausnahme wird insoweit allerdings für Gestattungen gemacht.[158] 49

V. Innere Tatseite

Die Bodenverunreinigung nach Absatz 1 setzt (mindestens bedingten) **Vorsatz** voraus, der sich auf die Tathandlung, auf die Garantenstellung beim Unterlassen und die (erhebliche) nachteilige Bodenveränderung durch Einwirkung mittels Stoffen, deren potenzielle Gefährlichkeit für eines der in Absatz 1 Nr. 1 genannten Rechtsgüter oder ihren bedeutenden Umfang nach Absatz 1 Nr. 2 sowie auf die Verletzung verwaltungsrechtlicher Pflichten beziehen muss.[159] Der Täter muss wenigstens eine laienhafte Vorstellung von der nachteiligen Wirkung seiner Tat auf 50

---

154 BT-Drs. 17/5391 21; *Schall* SK Rdn. 51; *ders.* Festschrift *Wolter* 643, 657; *Ransiek* NK Rdn. 23, Vor § 324 Rdn. 67, § 330d Rdn. 6; *Schmitz* MK Vor § 324 Rdn. 156; *Sch/Schröder/Heine/Schittenhelm* § 330d Rdn. 40; *Fischer* Rdn. 12; *Lackner/Kühl/Heger* § 330d Rdn. 6; *Matt/Renzikowski/Rettenmaier/Gehrmann* § 330d Rdn. 14; *Heger* HRRS **2012** 211, 219; *Saliger* Umweltstrafrecht Rdn. 132; *ders.* SSW § 330d Rdn. 21 f; *Weber* Festschrift Kühl 747, 749.

155 *Schall* SK Rdn. 51; *Schmitz* MK Vor § 324 Rdn. 156, 158; *Ransiek* NK Vor § 324 Rdn. 65; *Szesny* AnwK Rdn. 11.

156 Dafür jedenfalls in grenzüberschreitenden Fällen *Schall* SK § 330d Rdn. 47; *ders.* weitergehend Festschrift Wolter 643, 659; *Schmitz* MK § 330d Rdn. 56; *Sch/Schröder/Heine/Schittenhelm* § 330d Rdn. 40; *SSW/Saliger* § 330d Rdn. 17; **aA** *Heger* HRRS **2012** 211, 219 f; *ders.* Festschrift Kühl 669, 682; *ders.* ZIS **2013** 289, 292 ff; *Pfohl* ZWH **2013** 95, 100 f; *Szesny* AnwK § 330d Rdn. 13.

157 *Schmitz* MK Rdn. 57.

158 *Schall* SK Rdn. 53, Vor § 324 Rdn. 74 f; *Schmitz* MK § 330d Rdn. 64, 151.

159 *Schall* SK Rdn. 59; *Bartholme* 222; *Sack* Rdn. 32; *Sanden* wistra **1996** 283, 285.

den Boden und ihre möglichen Auswirkungen wie die Schädigungswirkung entwickeln.[160] Genaue Kenntnisse über Art und Zusammensetzung der Schadstoffe sowie ihre Wirkungen werden hingegen nicht verlangt, solange sich die Vorstellung auf keinen Erfolg bezieht, der die in Absatz 1 enthaltenen Bagatellgrenzen nicht überschreitet; dann läge ein Irrtum im Sinne des § 16 vor.[161] Ein Tatbestandsirrtum kann zudem bei irriger Annahme der Existenz und des Inhalts einer behördlichen Anordnung vorliegen. Ein erst auf Schuldebene zu berücksichtigender Verbotsirrtum kommt in Betracht, wenn der Täter in Kenntnis der Tatsachen irrig annimmt, der Boden oder eines der in Absatz 1 Nr. 1 genannten Rechtsgüter seien nicht geschützt oder eine verwaltungsrechtliche Pflicht nicht auf sein Verhalten anzuwenden.

51 Die nach Absatz 3 ebenfalls strafbedrohte **fahrlässige Bodenverunreinigung** kommt z. B. in Frage, wenn der Täter sich hinsichtlich eines der Merkmale des Absatzes 1 im Tatumstandsirrtum befindet. Dies ist etwa dann der Fall, wenn er sorglos mit einem Schadstoff umgeht und dessen Eintritt in das Erdreich nicht erkennt. Die dabei verletzte **Sorgfaltspflicht** wird sich als solche regelmäßig aus den betroffenen verwaltungsrechtlichen Pflichten herleiten lassen (Rn. 42 ff). Für die **Vorhersehbarkeit** ihrer Anforderungen und des Veränderungserfolges ist auf die Sicht einer Durchschnittsperson in dem betroffenen Lebenskreis abzustellen; bei dem Personal eines Unternehmens oder bei Landwirten sind daher strengere Maßstäbe anzulegen als bei einer Person, die beruflich mit dem Boden oder Schadstoffen umgeht. Die Vorhersehbarkeit kann im Einzelfall dann ausgeschlossen sein, wenn für den Täter Kumulation, Summation oder synergetische Wirkung verschiedener Ursachen nicht abzusehen gewesen sind. Beispiele für Fahrlässigkeit aus der Literatur sind unzureichende präventiv wirkende Alterssanierung gegen die weitere Ausbreitung von Schadstoffen oder unsachgemäßer Erdaushub in unmittelbarer Nähe unterirdisch verlaufender Ölleitungen.[162]

VI. Versuch (Absatz 2) und Vollendung

52 Vollendung tritt ein, sobald der Boden in dem in Absatz 1 beschriebenen Ausmaß verändert ist, selbst wenn sich der Vorgang der Verunreinigung in der Folge noch fortsetzt. Erreicht die Vorsatztat dieses Stadium noch nicht, so kommt ein nach Absatz 2 strafbarer Versuch in Betracht. Für den **Versuchsbeginn** kommt es darauf an, ob die nachteilige Bodenveränderung unmittelbar bevorgestanden hat, z. B. beim Vergraben eines Behälters mit bodenschädlichem Inhalt, mit dessen schnellem Austreten in den Boden der Täter rechnet, was aber behördlich verhindert wird.[163] Die Verletzung der verwaltungsrechtlichen Pflicht markiert für sich genommen noch keinen Beginn des Versuchs; hinzukommen muss das Bevorstehen der Bodenkontamination ohne weitere wesentliche Zwischenschritte.

VII. Rechtswidrigkeit

53 Rechtfertigungsgründe für eine Bodenverunreinigung greifen selten ein. Bei der Anwendung von § 34, der im Einzelfall in Betracht kommen mag, ist Zurückhaltung geboten.[164] Die Erhaltung von Arbeitsplätzen liefert regelmäßig keinen ausreichenden Grund zur Rechtfertigung ei-

---

160 Vgl. *Laski* 85 (Täter lagert unsachgemäß Fässer mit hochgiftigen Stoffen, obwohl er weiß, dass der Boden gefährdet ist, wenn die Fässer leck werden. Das ist aber nur dann anzunehmen, wenn er mit einem solchen Schadensfall rechnet und ihn hinnimmt, nicht aber dann, wenn er auf das Dichtbleiben der Fässer vertraut).

161 *Alt* MK Rdn. 36; *Schall* SK Rdn. 59; *Laski* 58.

162 *SSW/Saliger* Rdn. 20; *Sack* Rdn. 36; *Laski* 59; s. auch *Schall* SK Rdn. 60.

163 *Schall* SK Rdn. 61; *Sack* Rdn. 52.

164 *Schall* SK Rdn. 62.

ner rechtsgutgefährdenden oder umfangreichen Bodenverunreinigung.[165] Ein rechtfertigender Notstand kann jedoch in schwerwiegenden Unglücks- und Notfällen sowie bei Katastrophen vorliegen, etwa bei fachgerecht eingesetztem, aber gleichwohl schadstoffhaltigem Löschwasser. Weiteres Literaturbeispiel ist das vorübergehende Weiterbetreiben einer Abfallentsorgungsanlage, um gefährliche gesundheitsgefährdende bodenverunreinigende Abfälle schadlos zu machen.[166] Eine behördliche Duldung kann, sofern ihr eine verwaltungsrechtliche Gestattungswirkung zukommt, die Verletzung einer verwaltungsrechtlichen Pflicht und damit bereits den Tatbestand ausschließen.[167] Auch die Einwilligung des Inhabers eines Rechtsguts im Sinne des Abs. 1 Nr. 1 entfaltet keine rechtfertigende Wirkung, weil das Umweltschutzgut „Boden" nicht zu seiner Disposition steht.[168]

VIII. Täterschaft und Teilnahme

Täter der Bodenverunreinigung kann jeder Verursacher sein, der gegen eine verwaltungsrechtliche Pflicht verstößt. Eine solche wiederum kann sich an jedermann richten (wie z. B. § 12 Abs. 3, § 13 Abs. 1, 2 PflSchG; ungenehmigte Gewässernutzung i. S. v. § 8 Abs. 1 WHG). Ist die verwaltungsrechtliche Pflicht jedoch an einen bestimmten Personenkreis adressiert, vermag ein Außenstehender nicht dagegen zu verstoßen, erfüllt daher auch nicht den Tatbestand und kann allenfalls Teilnehmer neben einem tauglichen Täter sein. Bei einer Bodenverunreinigung im Rahmen eines Unternehmens durch die Mitarbeiter eines Betriebes ist daher stets zu prüfen, wer innerbetrieblich für die Erfüllung der verwaltungsrechtlichen Pflichten verantwortlich ist. Die Verantwortlichkeit kann auf bestimmte Personen im Rahmen von § 14 delegiert sein, womit der Letztverantwortliche strafrechtlich haftet.[169] Andernfalls bleibt es bei der Verantwortlichkeit der Leitung. 54

Sofern sich eine bodenschützende Norm an jedermann richtet, können durch ihre Verletzung auch **Amtsträger** zu Tätern werden. Dies ist z. B. dort der Fall, wo die öffentliche Hand durch ihre Bediensteten Anlagen (Kraftwerke, Mülldeponien, Abwasseranlagen) wie ein Unternehmer betreibt.[170] In Frage kommt dies auch bei Verletzung kommunaler Sanierungspflichten, insb. der unsorgfältigen Auswahl eines Sanierers.[171] Weitergehend kann selbst eine hoheitliche Handlung zur Strafbarkeit führen, wenn ein Amtsträger etwa eine Genehmigung oder einen Verwaltungsakt unter Verletzung von Vorschriften erlässt, die ihm ein bestimmtes bodenschützendes Eingreifen oder Handeln gebieten. Dies wäre etwa anzunehmen, wenn er gegen ein Eindringen von Schadstoffen in den Boden unter Verstoß gegen eine ihn treffende Pflicht nicht einschreitet, z. B. eine Sanierungsanordnung nicht rechtzeitig gegen sich abzeichnende Bodenschäden erlässt.[172] Eine fehlerhaft erteilte Genehmigung legalisiert die Bodenverunreinigung durch den Genehmigungsempfänger; es fehlt damit an einer beteiligungsfähigen Haupttat. Mittelbare Täterschaft kommt in derartigen Fällen regelmäßig nur dann in Betracht, wenn der 55

---

165 BGH bei Dallinger MDR **1975** 723; zu § 326 BGH NStZ **1997** 189; *Laufhütte/Möhrenschlager* ZStW 90 (**1980**) 912, 932; *Börner* § 7 Rdn. 42.

166 *Laufhütte/Möhrenschlager* ZStW 90 (**1980**) 912, 932 (dort Fn. 78).

167 *Schall* SK Rdn. 63; *Laski* 159 f; *Michalke* Rdn. 160; *Sanden* wistra **1996** 283, 287.

168 *Börner* § 7 Rdn. 38; *Schall* SK Rdn. 63; im Grundsatz auch *Ransiek* NK Rdn. 26.

169 *Alt* MK Rdn. 41; *Ransiek* NK Rdn. 27; *Schall* SK Rdn. 65; *Sack* Rdn. 47; für § 324 StGB: OLG Koblenz, Beschl. v. 9.12.1992 – 1 Ws 502/92 – S. 7 f (insoweit in NJW **1994** 1887 nicht abgedruckt).

170 *Schall* SK Rdn. 68; NStZ-RR 2006 164; 2008 99 f; *Ransiek* NK Rdn. 28; *Saliger* Umweltstrafrecht Rdn. 381; *J. Martin* 62 ff, 125 f; *Rengier* Festschrift Kohlmann 229 ff.

171 *Ransiek* NK Rn, 28 f; *Schall* SK Rdn. 68; *Sack* Rdn. 48.

172 *Ransiek* NK Rdn. 29; *Schall* Rdn. 68; *ders.* NStZ-RR **2006** 161, 165; *Sch/Schröder/Heine/Schittenhelm* Rdn. 18; *Szesny* AnwK Rdn. 12; *Franzheim/Pfohl* Rdn. 573 ff; *Laski* 165; *J. Martin* 57 ff, 123 ff; *Wohlers* ZStW **108** (1996) 18;

Amtsträger die Rechtwidrigkeit kennt, der Genehmigungsempfänger indessen nicht; andernfalls scheitert mittelbare Täterschaft an der fehlenden Steuerungsherrschaft über das Geschehen.[173]

IX. Rechtsfolgen

56 Die Strafrahmen entsprechen denjenigen der Gewässer- und Luftverunreinigung. Die vorsätzlich begangene Bodenverunreinigung wird mit Freiheitsstrafe bis zu fünf Jahren oder mit Geldstrafe bestraft. Für Fahrlässigkeitstaten ist die Strafrahmenobergrenze auf drei Jahre herabgesenkt. Zur Strafzumessung und zu möglichen Nebenfolgen gelten die Ausführungen zu § 324 Rdn. 85 ff entsprechend.

57 Bei Vorsatztaten sind neben der Qualifikationsbestimmung von § 330 Abs. 2 die von § 330 Abs. 1 vorgesehenen Strafschärfungen auf Freiheitsstrafen zwischen sechs Monaten und zehn Jahren zu beachten. Hierbei handelt es sich um eine Strafzumessungsvorschrift in Regelbeispielstechnik, wobei schwerwiegende oder gar dauerhafte Bodenbeeinträchtigungen, Schädigungen eines Bestandes von streng geschützten Tieren oder Pflanzen sowie das Handeln aus Gewinnsucht als Regelbeispiele genannt werden. Zu Einzelheiten s. § 330 Rdn. 4 ff.

X. Verjährung

58 Die Strafverfolgungsverjährung beginnt mit der Beendigung der Bodenverunreinigung als tatbestandlichem Erfolg (§ 78a). Eine weitere Ausbreitung einer durch die tatbestandsmäßige Handlung bereits abgeschlossenen Verunreinigung innerhalb des Bodens schiebt den Beginn der Verjährungsfrist nicht hinaus.[174] Anders liegt es freilich, wenn zwar bereits ein Erfolg eingetreten ist, gleichwohl aber – etwa aus einer undichten Leitung – weitere Schadstoffe in den Boden gelangen. In diesem Fall ist die Tat erst beendet, wenn das Eindringen selbst abgeschlossen ist.

59 Die Verjährungsfrist beträgt fünf Jahre (§ 78 Abs. 3 Nr. 4). Sie ist vom Gesetzgeber nicht etwa mit Rücksicht auf die Besonderheiten der – nicht zuletzt hinsichtlich der Altlasten – späten Entdeckbarkeit derartiger Taten länger bemessen worden. Infolge der Speicherfähigkeit des Bodens bleiben Schadstoffe als Tatspuren längere Zeit darin verborgen. Erst bei Überschreiten der Kapazitätsgrenzen treten sie schlagartig in Erscheinung. Es wäre deshalb sinnvoll gewesen, dieser Tatsache und den Schwierigkeiten beim Nachweis der Verursachung von Bodenverunreinigungen durch eine längere Verjährungsfrist Rechnung zu tragen.[175]

XI. Konkurrenzen

60 Tateinheitliches Zusammentreffen der vorsätzlichen Bodenverunreinigung ist möglich mit den §§ 223 ff, 222, 230, 303, 304, 314, 316b, 318, 319, 324, 325, 326 Abs. 1 Nrn. 1–3, §§ 327, 328 Abs. 3,

---

einschränkend auf Fälle der Ermessensreduzierung auf Null *Alt* MK Rdn. 49; *Sanden* wistra **1996** 283, 289 f; *Saliger* Umweltstrafrecht Rdn. 381 (weiter wohl *SSW* Rdn. 21); abl. *Sack* Rdn. 48; *Steindorf* LK[11] Rdn. 62 (außer bei Nichtigkeit eines Verwaltungsakts). Das BVerwG hat in W + B (Zeitschrift für deutsches und europäisches Wasser-, Abwasser- und Bodenrecht) **2013** 230 eine Garantenstellung zur Vornahme eigener Gefahrenmaßnahmen abgelehnt, weil hierfür die Inanspruchnahme von Verhaltens- und Zustandsstörern das Mittel sei.

173 Vgl. oben vor § 324 Rdn. 81; ferner *Ransiek* NK Rdn. 29; noch weiter *Börner* § 5 Rdn. 19; **aA** *Schall* SK Rdn. 68.

174 *Sch/Schröder/Heine/Schittenhelm* Rdn. 17; *Schall* SK Rdn. 72; *Fischer* Rdn. 11; *Szesny* AnwK Rdn. 14; *Kloepfer/Heger* Rdn. 220; wohl auch *Alt* MK Rdn. 53 (wenngleich missverständlich); **aA** (Ausbreiten innerhalb des Bodens genügt) *Steindorf* LK[11] Rdn. 70; *Möhrenschlager* LK[12] Rdn. 45; *Sack* Rdn. 59.

175 *Kloepfer/Vierhaus Rdn.* 110.

329 Abs. 2 und 3, § 330a StGB, § 27 Chemikaliengesetz.[176] Hingegen treten § 325 Abs. 2, 4, § 326 Abs. 1 Nr. 4a und § 328 Abs. 3 Nr. 1 im Wege der Subsidiarität zurück, wenn durch Freisetzen von Schadstoffen in die Luft, durch Abfallbeseitigung oder illegale Lagerung von Gefahrstoffen eine Bodenverunreinigung eintritt,[177] da diese Delikte Gefährdungen bestrafen, während § 324a insoweit ein schwereres Erfolgsunrecht sanktioniert. Die fahrlässige Bodenverunreinigung kann tateinheitlich mit den §§ 222, 230 oder 329 zusammentreffen. Die Ordnungswidrigkeit nach § 26 BBodSchG erlangt gemäß § 21 Abs. 1 OWiG nur Bedeutung, solange die Strafnorm nicht eingreift.

176 *Alt* MK Rdn. 51; *Schall* SK Rdn. 69; *Sch/Schröder/Heine/Schittenhelm* Rdn. 19; *Lackner/Kühl/Heger* Rdn. 11; *SSW/Saliger* Rdn. 22; *Fischer* Rdn. 13; *GJW/Bock* Rdn. 22; *Matt/Renzikowski/Rettenmaier/Gehrmann* Rdn. 15.

177 Zu § 326 Abs. 1 Nr. 4a BGH wistra **2001** 259; ebenso *Schall* NStZ-RR **2002** 33, 34 f; *Ransiek* NK Rdn. 30; *Fischer* Rdn. 13; *Sch/Schröder/Heine/Schittenhelm* Rdn. 19; *Bartholme* 224; *Michalke* Rdn. 165; zu § 325 ferner *Alt* MK Rdn. 51; **aA** *Ransiek* NK Rdn. 30; zu § 328 Abs. 3 *Bartholme* 224; *Ransiek* NK Rdn. 30; **aA** *Matt/Renzikowski/Rettenmaier/Gehrmann* Rdn. 15; *SSW/Saliger* Rdn. 22; generell für Tateinheit *Steindorf* LK[11] Rdn. 72.

§ 325 Luftverunreinigung

(1) Wer beim Betrieb einer Anlage, insbesondere einer Betriebsstätte oder Maschine, unter Verletzung verwaltungsrechtlicher Pflichten Veränderungen der Luft verursacht, die geeignet sind, außerhalb des zur Anlage gehörenden Bereichs die Gesundheit eines anderen, Tiere, Pflanzen oder andere Sachen von bedeutendem Wert zu schädigen, wird mit Freiheitsstrafe bis zu fünf Jahren oder mit Geldstrafe bestraft. Der Versuch ist strafbar.

(2) Wer beim Betrieb einer Anlage, insbesondere einer Betriebsstätte oder Maschine, unter Verletzung verwaltungsrechtlicher Pflichten Schadstoffe in bedeutendem Umfang in die Luft außerhalb des Betriebsgeländes freisetzt, wird mit Freiheitsstrafe bis zu fünf Jahren oder mit Geldstrafe bestraft.

(3) Wer unter Verletzung verwaltungsrechtlicher Pflichten Schadstoffe in bedeutendem Umfang in die Luft freisetzt, wird mit Freiheitsstrafe bis zu drei Jahre oder mit Geldstrafe bestraft, wenn die Tat nicht nach Absatz 2 mit Strafe bedroht ist.

(4) Handelt der Täter in den Fällen der Absätze 1 und 2 fahrlässig, so ist die Strafe Freiheitsstrafe bis zu drei Jahren oder Geldstrafe.

(5) Handelt der Täter in den Fällen des Absatzes 3 leichtfertig, so ist die Strafe Freiheitsstrafe bis zu einem Jahr oder Geldstrafe.

(6) Schadstoffe im Sinne der Absätze 2 und 3 sind Stoffe, die geeignet sind,

1. die Gesundheit eines anderen, Tiere, Pflanzen oder andere Sachen von bedeutendem Wert zu schädigen oder

2. nachhaltig ein Gewässer, die Luft oder den Boden zu verunreinigen oder sonst nachteilig zu verändern.

(7) Absatz 1, auch in Verbindung mit Absatz 4, gilt nicht für Kraftfahrzeuge, Schienen-, Luft- oder Wasserfahrzeuge.

Schrifttum

S. zunächst die Literaturnachweise vor § 324.

Strafrecht. *Arnhold* Die Strafbewehrung rechtswidriger Verwaltungsakte (1978), *ders.* Strafbarer Ungehorsam gegen rechtswidrige Verwaltungsakte, JZ **1977** 789; *Beer* Die Luftverunreinigung unter strafrechtlichen Gesichtspunkten, Diss. Mainz 1968; *Berg* Die Strafbewehrung rechtswidriger Verwaltungsakte unter besonderer Berücksichtigung des Wirtschaftsverwaltungsrechts, WiVerw. **1982/83** 169; *Bergmann* Zur Strafbewehrung verwaltungsrechtlicher Pflichten im Umweltstrafrecht: dargestellt an § 325 StGB – unter vergleichender Berücksichtigung der Reformentwürfe eines Zweiten Gesetzes zur Bekämpfung der Umweltkriminalität (2. UKG) (1993); *Bräutigam-Ernst* Die Bedeutung von Verwaltungsvorschriften für das Strafrecht, dargestellt am Beispiel der §§ 325, 325a StGB und der technischen Anleitung des Immissionsschutzrechts (2010); *Daxenberger* Kumulationseffekte: Grenzen der Erfolgszurechnung im Umweltstrafrecht (1997); *Egner* Probleme bei der strafrechtlichen Beurteilung von Luftverunreinigungen in reformpolitischer Hinsicht (1994); *Ensenbach* Probleme der Verwaltungsakzessorietät im Umweltstrafrecht. dargestellt an den Straftatbeständen der Gewässerverunreinigung, Luftverunreinigung u. Lärmverursachung (1989); *Führ* (Hrsg.) Gemeinschaftskommentar zum Bundes-Immissionsschutzgesetz (GK-BImSchG), 2. Aufl. (2018); *Gerhardt* Verwaltungsrecht als Vorgabe für Zivil- und Strafrecht, BayVBl. **1990** 549; *Hecker* Die Strafbarkeit grenzüberschreitender Luftverunreinigungen im deutschen und europäischem Umweltstrafrecht, ZStW **115** (2003) 880; *ders.* Die Auslandsakzessorietät des deutschen Umweltstrafrechts (§ 330d Abs. 2 n.F.), in Festschrift Meinhard Schröder (2012) 531; *Heidt* Polizeiliche Erfahrungen bei der Aufklärung von strafbarer Luftverunreinigung, Die Polizei **1982** 346; *Hoyer* Die Eignungsdelikte (1987); *Jaeschke* Informale Gestattungen und §§ 327, 325 StGB (2004); NuR **2006** 480; *Kemme* Das Tatbestandsmerkmal der Verletzung verwaltungsrechtlicher Pflichten in den Umweltstraftatbeständen des StGB (2007); *Kuchenbauer* Asbest und Umweltstrafrecht, NJW **1997** 2009; *Julia Martin* Sonderdelikte im Umweltstrafrecht (2006); *Mitsch* Motorradfahren im Walde aus straf- und ordnungswidrigkeitsrechtlicher Perspektive, NZV **2013** 375; *Möhrenschlager* Luftverunreinigung, HWiStR (Mai 1990); *Paetzold* Die Neuregelung rechtsmißbräuchlich erlangter Genehmigungen durch § 330 d Nr. 5 StGB, NStZ **1996** 170; *Peterson* Schadstoffe in der Luft sowie rechtliche Grundlagen für polizeiliche Maßnahmen, in: *Schulze/Lotz* (Hrsg.) Polizei und Umwelt Teil 2 (1987) S. 77; *Pfeiffer* Der neue Straftatbestand zum Schutz der Luft – Vertane Chance? DRiZ **1995** 299; *ders.* Verunreinigung

https://doi.org/10.1515/9783110490305-007

der Luft nach § 325 StGB, Probleme eines strafrechtlichen Unrechtstatbestandes (1996); *Ransiek* Betreiben, Ausführen, Herstellen – § 327 StGB und andere Tatbestände des Wirtschaftsstrafrechts, Festschrift Widmaier (2008) 725; *Rengier* Zum Gefährdungsmerkmal „(fremde) Sachen von bedeutenden Wert" im Umwelt- und Verkehrsstrafrecht, Festschrift Spendel (1992) 559; *ders.* Zum Täterkreis und zum Sonder- und Allgemeindeliktscharakter der „Betreiberdelikte" im Umweltstrafrecht, Festschrift Kohlmann (2003) 225; *von Rohr* Das Strafrecht im System umweltrechtlicher Instrumentarien: am Beispiel deutscher und US-amerikanischer Luftreinhaltepolitik (1995); *Schall* Die „Verletzung verwaltungsrechtlicher Pflichten" als strafbegründendes Tatbestandsmerkmal im Umweltstrafrecht, Festschrift Küper (2007) 505; *ders.* Allgemein- und Sonderdelikte: Versuch einer Abgrenzung im Umweltstrafrecht, Festschrift Schöch (2010) 619; *Szesny/Görtz* Das neue Umweltstrafrecht Kritisches zur Umsetzung der Richtlinie Umweltstrafrecht, ZUR **2012** 405; *Thomas* Asbest und Umweltstrafrecht (2015); *Velten* Grenzüberschreitende Gefährdungsdelikte, Festschrift Rudolphi (2004) 329.

Umweltrecht. *Appel* Emissionsbegrenzung und Umweltqualität, DVB1. **1995** 399; *Arndt* Anwendbarkeit der 18. BImSchV (SportanlagenlärmschutzVO) auf Spielplätze, NuR **2001** 445; *Asbeck-Schröder* Der „Stand der Technik" als Rechtsbegriff im Umweltschutzrecht, DÖV **1992** 252; *Begemann/Vogel* Auswirkungen der novellierten Verordnung über Großfeuerungs- und Gasturbinenanlagen auf Raffineriestandorte, NVwZ **2005** 632; *Bier* Immissionsschutz-rechtlicher Nachbarschutz, ZfBR **1992** 15; *Berkemann* Sportstättenbau in Wohngebieten – Alte und neue bau- und immissionsschutzrechtliche Probleme, NVwZ **1992** 817; *ders.* Erlöschen der Genehmigung gemäß § 18 BImSchG – Ein Überblick über Rechtsprechung und Schrifttum (1989-2019), ZUR **2019** *579; Betenstedt/Gandjot/Waskow* Die Umsetzung der Richtlinie 2010/75/EU über Industrieemissionen (IE-Richtlinie), ZUR **2013** 395; *Biesecke* Integrative Aspekte im BImSchG-Genehmigungsverfahren (2006); *Blech* Die Verhältnismäßigkeit nachträglicher Anordnungen nach § 17 Bundes-Immissionsschutzgesetz (1990); *Böhler* Öffentlich-rechtliche Genehmigungen im Konzern, DVBl. **2017** 403; *Böhm* Umsetzungsdefizite und Direktwirkung der IVU- und UVP-Änderungsrichtlinien? ZUR **2002** 6; *Brandner* Immissionsschutzrechtlicher Bestandsschutz und BVT-Schlussfolgerungen (2019); *Brandt* Luftreinhaltung und ihre Umsetzung, NVwZ **2018** 945; *Breuer* Die Entwicklung des Immissionsschutzrechts 1974–1976, NJW **1977** 1025; *ders.* Die rechtliche Bedeutung der Verwaltungsvorschriften nach § 48 BImSchG im Genehmigungsverfahren, DVBl. **1978** 28; *ders.* Der maßgebende Zeitpunkt für die gerichtliche Kontrolle atom- und immissionsschutzrechtlicher Genehmigungen, DVB1. **1981** 300; *ders.* Anlagensicherheit und Störfälle – Vergleichende Risikobewertung im Atom- und Immissionsschutzrecht, NVwZ **1990** 211; *ders.* Anlagengenehmigung und Grundpflichten, Festschrift Feldhaus (1999) 49; *ders.* Immissionsschutzrechtliche Vorsorge und Stand der Technik, NVwZ **2016** 822; *Brodale* Die Rücknahme von Verwaltungsakten im Industriezulassungsverfahren im weitesten Sinne (1993); *Büge/Tünnesen-Harmes* Das Gesetz zur Beschleunigung und Vereinfachung immissionsschutzrechtlicher Genehmigungsverfahren und seine praktische Bedeutung für die Betreiber genehmigungspflichtiger Anlagen, GewArch **1997** 48; *Busse* Die immissionsschutzrechtlichen Genehmigungsverfahren, Verwaltungsrundschau **1998 263;** *Classen* Erheblichkeit und Zumutbarkeit bei schädlichen Umwelteinwirkungen, JZ **1993** 1042; *Couzinet* Die Zulässigkeit von Immissionen im anlagenbezogenen Immissionsschutzrecht (2007); *Diehl* Stärkung des europäischen Konzepts der „best-verfügbaren" Techniken durch die Richtlinie über Industrieemissionen, ZUR **2011** 59; *Dietlein/Thiel* Altes und neues zum Vorbescheid – Rechtsfragen des immissionsschutzrechtlichen Vorbescheids im gestuften Anlagenzulassungsverfahren, Die Verwaltung 38 (**2005**) 211; *Diehl* Stärkung des Konzepts der „besten verfügbaren Techniken" durch die Richtlinie über Industrieemissionen? Kritik der Neufassung der IVU-Richtlinie, ZUR **2011** 59; *Ehlers* Die Rechtsnatur der Bekanntgabe von Smog-Alarm, DVBl. **1987** 972; *Eiermann/Göck* Das Immissionsschutzrecht des Bundes, JuS **1995** 671; *Enders* Kompensationsregelungen im Immissionsschutzrecht (1996); *Engelhardt* Bundes-Immissionsschutzgesetz, 4. Aufl. (1997); *Engler* Der öffentlich-rechtliche Immissionsabwehranspruch (1995); *Erbguth/Stollmann* Die Verzahnung der integrativen Elemente von IVU- und UVP-Änderungs-Richtlinie, ZUR **2000** 379; *Di Fabio* Rechtliche Instrumente zum Schutz von Boden, Wasser und Luft vor landwirtschaftlichen Umweltbelastungen, NuR **1995** 123; *ders.* Integratives Umweltrecht, NuR **1998** 359; *Feldhaus* (Hrsg.) Bundesimmissionsschutzrecht. (Loseblattausgabe, Stand August 2020); *ders.* Bestandsschutz immissionsschutzrechtlich genehmigter Anlagen im Wandel, WiVerw **1986** 67; *ders.* Entwicklung des Immissionsschutzrechts, NVwZ **1998** 1138; *ders.* Beste verfügbare Techniken und Stand der Technik, NVwZ **2001** 1; *ders.* Einführung in die neue Störfall-Verordnung, UPR **2000** 121; *ders.* Integriertes Anlagenzulassungsrecht, ZUR **2002** 1; *ders.* Zur Konkretisierung des (neuen) Standes der Technik im Immissionsschutzrecht, in Festschrift Kutscheidt (2003) S. 261; *ders,* Bundes.-Immissionsschutzgesetz, 2. Aufl. (2014); *Feldhaus/Ludwig/David* Die TA Luft 1983, DVB1. **1983** 565; **1986** 641; *Feldhaus/Schmitt* Kausalitätsprobleme im öffentlichrechtlichen Umweltschutz – Luftreinhaltung, WiVerw **1984** 1; *Fest/Fechler* Neue Anforderungen an Planung und Genehmigung von Windenergieanlegen, NVwZ **2016** 1050; *Fluck* Die Duldung des unerlaubten Betreibens genehmigungsbedürftiger Anlagen, NuR **1990** 1716; *ders.* „Genehmigungszusätze", nachträgliche Anordnungen und Aufhebung der Genehmigung im Immissionsschutzrecht, DVB1. **1992** 862; *ders.* Die Konzentrationswirkung der immissionsschutz-rechtlichen Genehmigung und ihre Grenzen, NVwZ **1992** 114; *ders.* Die abschließend bestimmte nachträgliche Anordnung nach § 17 Abs. 4 BImSchG. Ein zu wenig genutztes Instrument bei wesentlichen Änderungen? UPR **1992** 326; *ders.* Wider die Restriktionen bei der Zulassung vorzeitigen Beginns nach § 15a BImSchG, DÖV **1994** 885; *ders.* „Umplanungen" genehmigter Anlagen vor Inbetriebnahme als wesentliche Änderungen im Sinne von § 15 BImSchG, GewArch **1996** 222; *ders.* Änderungen genehmigungsbedürftiger Anlagen nach §§ 15, 16 BImSchG idF der Beschleunigungsnovelle, VerwArch. **1997** 265; *ders.* Die Sachgenehmigung, DVBl. **1999** 496; *Fonk* Europäische Luftqualitätsziele und nationale Erfüllungsverantwortung (2009); *Frenz* Genehmigungsbedürftige Anlagen nach dem BImSchG und Emissionshandel, NVwZ **2006** 1095; *Friedrich* Umweltrechtliche Folgen einer Aufteilung bestehender Anlagen auf mehrere Betreiber, NVwZ **2002** 1174; *Führ* Anlagenänderung durch Anzeige – § 15 BImSchG als Modell in der Risikoverteilung zwischen Behörde und Privaten? UPR **1997** 421; *ders.* Wesentliche Änderung von Industrieanlagen – Praktische Auswirkungen des neuen § 16 BImSchG, ZUR **1997** 293; *Gassner Gleichstellung* der Rechtswirkungen von Planfeststellung und Plangenehmigung, UPR **1996** 412; *Gawel/Ewringmann* Die Kompensationsregel der TA Luft, NuR **1994** 120; *Giern* Veränderte Genehmigungspraxis durch neugefasste Bundesimmissionsschutzverordnung, AbfallR **2015** 54; *Glietz* Grundprobleme von Vorbescheid und Teilgenehmigung im Immissionsschutzrecht (1985); *Glöckner* Anordnungsbefugnis der Immissionsschutzbehörden gegenüber kommunalen Anlagebetreibern nach § 24 BImSchG, NVwZ **2003** 207; *Grohmann* Rechtsschutz gegen grenzüberschreitende Umweltbeeinträchtigungen (2005); *Grossrau/Stephany/Conrad/Dürre* Handbuch des Lärmschutzes und der Luftreinhaltung (Immissionsschutz), Loseblattausgabe; *Halmschlag* Immissionsschutz bei nicht genehmigungsbedürftigen Anlagen (2008); *Hoch* Völkerrechtliche Pflichten zur Verminderung grenzüberschreitender Luftverschmutzung in Europa (1993); *Hansmann* Bundes-Immissionsschutzgesetz 35. Aufl. (2017); *ders.* Auslegungs- und Anwendungsprobleme der TA Luft, UPR **1989** 321; *ders.* Vorsorgepflichten bei nicht genehmigungsbedürftigen Anlagen, NVwZ **1991** 829; *ders.* Zur Problematik der Festsetzung von Immissionsgrenzwerten, Festschrift Sendler (1991) 285; *ders.* Änderungen der Störfall-Verordnung und der Verordnung über genehmigungsbedürftige Anlagen, NVwZ **1991** 1138; *ders.* Die Nachsorgepflichten im Immissionsschutzrecht, NVwZ **1993** 921; *ders.* Beschleunigung und Vereinfachung immissionsschutzrechtlicher Genehmigungsverfahren? NVwZ **1997** 105; *ders.* Änderungen von genehmigungsbedürftigen Anlagen im Sinne des Immissionsschutzrechts, DVBl. **1997** 1421; *ders.* Die Luftqualitätsrichtlinie der EG und ihre Umsetzung in deutsches Recht, NuR **1999** 10; *ders.* Rechtsprobleme bei der Bewertung von Geruchsimmissionen, NVwZ **1999** 1158; *ders.* Beurteilung krebserzeugender Luftverunreinigungen, Festschrift Feldhaus (1999) 199; *ders.* Integrierter Umweltschutz durch untergesetzliche Normsetzung, NuR **2002** 19; *ders.* Die neue TA Luft, NVwZ **2003** 266; *ders.* TA Luft, 2. Aufl. (2004); *ders.* Öffentliches Immissionsschutzrecht, in Rehbinder/Schink, Grundzüge des Umweltrechts, 5. Aufl. (2018) Kap. 7; *Henkel* Der Anlagenbegriff des Bundes-Immissionsschutzgesetzes – Inhalt, Funktion und praktische Bedeutung (1989); *Hennecken* Die Geltungsdauer der immissionsschutzrechtlichen Genehmigung, Zeitschrift für Immissionsrecht und Emissionshandel **2015** 34; *Hofmann* Der Schutz vor Immissionen des Verkehrs (1997); *ders.* Luftreinhaltung und ihre Umsetzung, NVwZ **2018** 928; *Hüttermann* Funktionen der Grenzwerte im Umweltrecht und Abgrenzung des Begriffs (1993); *Ipsen* Die Genehmigung technischer Großanlagen, AöR **107** (1982) 259; *Jäde* Beschleunigung von Genehmigungsverfahren nach dem Genehmigungsverfahrensgesetz, UPR **1996** 361; *Jahns-Böhm* Umweltschutz durch europäisches Gemeinschaftsrecht am Beispiel der Luftreinhaltung (1994); *Janker* Geschwindigkeitsbeschränkung bei Ozonbelastung? NJW **1993** 2711; *Jankowski* Aktuelle Probleme des Immissionsschutzrechts, NuR **1998** 534; *Jarass* Bundes-Immissionsschutzgesetz, 11. Aufl. (2015); *ders.* Der Umfang einer immissionsschutzrechtlich genehmigungsbedürftigen Anlage, NVwZ **1995** 529; *ders.* Europäisierung des Immissionsschutzrechts, UPR **2000** 241; *ders.* Neue (und alte) Probleme bei der Änderung immissionsschutzrechtlicher Anlagen, NJW **1998** 1097; *ders.* Zur Systematik des Immissionsschutzrechts, in Dolde, Umweltrecht im Wandel (2001) 381; *ders.* Luftqualitätsrichtlinien der EU und die Novellierung des Immissionsschutzrechts, NVwZ **2003** 257: *ders.* Änderung und Ersatz von genehmigungsbedürftigen Anlagen im Immissionsschutzrecht, UPR **2006** 45; *ders.* Rechtsfragen des neuen Luftqualitätsrechts, VerwArch. **97** (2006) 429; *ders.* Grundstrukturen des Immissionsschutzrechts, JuS **2009** 608; *ders.* Immissionsschutzrechtlicher Anlagenbegriff und Reichweite des Genehmigungserfordernisses, UPR **2011** 201; *ders.* Das neue Recht der Industrieanlagen, NVwZ **2013** 169; *ders.* Zur Bedeutung der BTV-Schlussfolgerungen für Industrieemissions-Anlagen, Zeitschrift für Immissionsschutzrecht und Emissionshandel **2016** 148; *Jocham* Rechtsfragen bei Verkehrsbeschränkungen aufgrund erhöhter Ozonwerte (1997); *Judex* Die immissionsschutzrechtliche Genehmigung im Lichte der Umweltwirkungen (2016); *Kahl* Verwaltungsrechtliche Grundlagen des Immissionsschutzes, in Meinberg/Möhrenschlager/Link Umweltstrafrecht (1989) 82 ff; *Kalmbach* Handbuch der Luftreinhaltung und des Lärmschutzes (Losebl.); *Kalmbach/Schmölling* Technische Anleitung zur Reinhaltung der Luft 5. Aufl. (2004); *Kaster* Das Verhältnis von immissionsschutzrechtlicher Genehmigung und wasserrechtlicher Erlaubnis (1996); *ders.* Die Stellung der Umweltschutzbehörden in parallelen Gestattungsverfahren. Am Beispiel von Überschneidungen im Verhältnis des Wasserrechts zum Immissionsschutzrecht, NuR **1996** 109; *Klinger* Die neue Luftqualitätsrichtlinie der EU und ihre Umsetzung, ZUR **2009** 16; *ders.* Zu Maßnahmen zur Einhaltung der Grenzwerte der Luftqualitäts-Richtlinie, ZUR **2015** 37; *Kloepfer* Grenzüberschreitende Umweltbelastungen als Rechtsproblem, DVBl. **1984** 245; *Kloepfer/Kröger* Zur Konkretisierung der immissionsschutzrechtlichen Vorsorgepflicht, NuR **1990** 8; *Kment/Braun* Immissionsschutzrecht, Jura **2011** 414; 490; *Koch* Luftreinhalterecht in der Europäischen Gemeinschaft, DVBl. **1992** 124; *ders.* Probleme des Verkehrsimmissionsschutzrechts, ZUR **1995** 190; *ders.* (Hrsg.) Aktuelle Probleme des Immissionsschutzrechts (1998); *Koch/Braun* Aktuelle Entwicklungen des Immissionsschutzrechts, NVwZ **2010** 1199, 1271; *Koch/Jankowski* Neue Entwicklungen des Verkehrsimmissionsschutzrechts, NuR **1997** 365; *Koch/Kahle* Aktuelle Entwicklungen des Immissionsschutzrechts, NVwZ **2006** 1006; *Koch/Lechelt* (Hrsg.) Zwanzig Jahre Bundes-Immissionsschutzgesetz (1994); *Koch/Prall* Entwicklungen des Immissionsschutzrechts, NVwZ **2002** 666; *Koch/Scheuing/Pache* (Hrsg.) Gemeinschafts-Kommentar zum Bundes-Immissionsschutzgesetz (GK-BImSchG) Loseblattausgabe; *Koch/Wells* Aktuelle Entwicklungen des Immissionsschutzrechts, NVwZ **2015** 633, 1100; *Köck/Lehmann* Die Entwicklung des Luftqualitätsrechts, ZUR **2013** 67; *Köck/Lemke* Verkehrsimmissionsschutzrecht und Ozongesetz., ZUR **1996** 133; *Kothe* Rechtliche Beurteilung von Gerüchen – Dargestellt am Beispiel von Geruchsemissionen aus Abwasseranlagen, NuR **1998** 240; *Kotulla* Die neue 5. BImSchV und ihre Auswirkungen hinsichtlich der Bestellung für Immissionsschutz- und Störfallbeauftragte, GewArch **1994** 177; *ders.* Anlagen des Bergwesens und immissionsschutzrechtliche Genehmigungsbedürftigkeit, NuR **2006** 348; *ders.* (Hrsg.) Immissionsschutzgesetz (2014); *Kracht* Die immissionsschutzrechtliche Genehmigungsbedürftigkeit ortsfester Abfallentsorgungsanlagen, UPR **1993** 369; *Kraft* Internationales Luftreinhaltungsrecht (1996); *Krings* Die Klagbarkeit europäischer Umweltstandards im Immissionsschutzrecht, UPR **1996 89;** *ders.* Umwelt und Verkehr – Umweltgerechter Verkehr oder Recht auf Mobilität, DVBl. **1996** 90; *Kühling/Röckinghausen* Legislative Umsetzungsdefizite und exekutive Schadensbegrenzung – Zur (in)direkten Wirkung der IVU-Richtlinie in Deutschland, DVBl. **1999** 1614; *Kürzel* Der Betreiberbegriff im Umweltrecht (2015); *Kunig* Entwicklungslinien des Immissionsschutzrechts, NJ **1992** 55; *Kutscheidt* Das gestufte Genehmigungsverfahren, Festschrift Sendler (1991) S. 303; *ders.* Zulassung von Abfallentsorgungsanlagen, NVwZ **1994** 209; *ders.* Das Ozongesetz – ein Reizthema, NJW **1995** 3153; *ders.* Die wesentliche Änderung industrieller Anlagen, NVwZ **1997** 111; *ders.* Schädliche Umwelteinwirkungen, Festschrift Feldhaus (1999) 1; *Lämmle* Konkurrenz paralleler Genehmigungen (1991); *Lang* Die rechtliche Beurteilung von Gerüchen (2007); *Laubinger* Zur Umsetzung der BVT-Schlussfolgerungen im Immissionsschutzrecht, Festschrift Jarass (2015) 329; *Lechelt* Zwanzig Jahre Bundes-Immissionsschutzgesetz: Bericht über das Symposium der Forschungsstelle Umweltrecht der Universität Hamburg am 2.2.1994, NVwZ **1994** 458; *Löffler* Integrierter Schutz vor gefährlichen Stoffen – Auswirkung und Operationalisierung der REACH-Verordnung im Wasser- und Immissionsschutzrecht (2020); *Lohse* Der Rechtsbegriff „Stand der Wissenschaft" aus erkenntnistheoretischer Sicht am Beispiel der Gefahrenabwehr im Immissionsschutz- und Atomrecht (1994); *Louis/Käthe* § 50 BImSchG und Naturschutzrecht, UPR **1995** 247; *Ludwig* TA Luft, 2. Aufl. (2002); *Lübbe-Wolff Das* Bundesimmissionsschutzgesetz als Instrument des Bodenschutzes, NVwZ **1986** 178; *dies.* Abfallverbrennung in Industrieanlagen, DVBl. **1999** 1091; *Lühle* Beschränkungen und Verbote des Kraftfahrzeugverkehrs zur Verminderung der Luftbelastung (1997); *Maaß* Rechtliche Instrumente einer dauerhaft umweltgerechten Verkehrspolitik, UPR **1999** 339; *Mann* „Technisch möglich" als Rechtsbegriff im Umweltrecht, UPR **1995** 180; *Marburger* Massenstromwerte und Anlagenbegriff der TA Luft (1993); *Martens* Die wesentliche Änderung im Sinne des § 15 BImSchG unter besonderer Berücksichtigung des umfänglichen Anlagenbegriffs (1993); *Martin* Schwierigkeiten der Rechtsprechung mit § 24 BImSchG, UPR **1998** 321; *Mayer* Die immissionsschutzrechtliche Zulassung von Abfallbeseitigungsanlagen, ZUR **1997** 201; *Mayntz u. a.* Vollzugsprobleme der Umweltpolitik (1978); *Millgramm* Bestandsschutz, Vertrauensschutz und Duldung im Bereich des BImSchG, NuR **1999** 608; *Möggendorf* Die neue Störfall-Verordnung, NVwZ **2002** 1174; *Mohr* Die rechtliche Beurteilung von Gerüchen (2007); *ders.* Die Bewertung von Geruch im Immissionsschutzrecht (2010); *Moormann* Die Änderung des Bundes-Immissionsschutzgesetzes durch das Gesetz zur Beschleunigung und Vereinfachung immissionsschutzrechtlicher Genehmigungsverfahren, UPR **1996** 408; *Mücke/Lemmen* Bioaerosole und Gesundheit (2008); *Müggenborg* Die neue Störfall-Verordnung, NVwZ **2000** 1096; *ders.* Betriebskindergärten und Störfallrecht, NVwZ **2016** 1059; *Müller* Klimaschutz durch Versagung von Genehmigungen für Windkraftanlagen in der Ausschließliche Wirtschaftszone, ZUR **2008** 584; *Neumann* Die Durchsetzung internationaler Umweltschutzpflichten im Bereich der Luftreinhaltung, der Atmosphäre und des Klimaschutzes (2000); *dies.* Regeln zu Platzierung und Höhe von Schornsteinen – Verschärfung der Bundes-Immissionsschutzverordnung, Grundeigentum **2019** 215; *Nöthlichs* Immissionsschutz (Loseblatt); *Ochtendung* Neuere Entwicklungen des Anlagengenehmigungsrechts nach BImSchG, ZUR **2006** 184; *Ohms* Die neue TA Luft 2002, DVBl. **2002** 1365; *ders.* Praxishandbuch Immissionsschutzrecht (2003); *Otto, Franz* Duldung und Abwehr von nachbarschaftlichen Immissionen, RdL **1995** 32; *Peine* Die Ausgestaltung der immissionsschutzrechtlichen Genehmigung nach der neuen IE-Richtlinie, UPR **2012** 8; *Perschau* Geruchsfreisetzungen und Geruchsbewertungen im Bereich der Landwirtschaft aus immissionsschutzrechtlicher Sicht, UPR **1998** 248; *Peters* Die Adressaten der Nachsorgepflicht gem. § 5 III BImSchG, NVwZ **1994** 879; *ders.* Bewertung und Berücksichtigung der Umweltauswirkungen bei UVP-pflichtigen BImSchG-Anlagen, UPR **1994** 93; *Pschera/Kloepfer* Die neue TA-Luft – Gefährdet der integrative Ansatz die Bindungswirkung? NuR **2003** 517; *Pütz/Buchholz* Die Genehmigungsverfahren nach dem Bundes-Immissionsschutzgesetz, 6. Aufl. (1996);

dies. Immissionsschutz bei nicht genehmigungsbedürftigen Anlagen. Grundpflichten des Betreibers; Anforderungen an Standort, Errichtung, Betrieb und Überwachung, 3. Aufl. (1996); *Pudenz* Zur Reichweite immissionsschutzrechtlicher Genehmigungen, UPR **1990** 331; *Queitsch* TA Luft – Technische Anleitung zur Reinhaltung der Luft, BAnz **2002** Nr. 223a; *Rebentisch* Änderungen des BImSchG – überwachungs-, stoff- und gebietsbezogene Neuerungen, NVwZ **1991** 310; *ders.* Die Neuerungen im Genehmigungsverfahren nach dem Bundes-Immissionsschutzgesetz, NVwZ **1992** 926; *ders.* Auswirkungen der „Seveso-Richtlinie" auf das deutsche Anlagensicherheitsrecht, NVwZ **1997** 6; *ders.* Immissionsschutzrechtliche Grundpflichten im Wandel, in Dolde, Umweltrecht im Wandel (2001) 419; *ders.* Änderungen des BImSchG durch das Rechtsbereinigungsgesetz, UPR **2010** 121; *ders.* „Kumulierende Vorhaben" in der neueren Rechtsprechung des BVerwG: ein fragwürdiges Anlagenverständnis, UPR **2016** 53; *Rebentisch/Kühn* Die Aggregationsregelungen der novellierten Verordnung über Großfeuerungsanlagen, UPR **2017** 168; *Rebler/Scheidler* Die typisierende Betrachtungswiese bei der Genehmigung von Betrieben nach dem BImSchG, UPR **2011** 9; *Rehbinder* Das Vorsorgeprinzip im internationalen Vergleich (1991); *ders.* Prinzipien des Umweltrechts in der Rechtsprechung des Bundesverwaltungsgerichts: das Vorsorgeprinzip als Beispiel, Festschrift Sendler (1991) 269; *ders.* Die Regelung von Kombinationswirkungen luftbelastender Stoffe im Bundes-Immissionsschutzgesetz, Festschrift Kutscheidt (2002) 275; *ders.* Die Entwicklung des Luftqualitätsrechts, NuR **2005** 493; *Reidt* Die Änderungen nach § 16 BImSchG, NVwZ **2017** 356; *Repkewitz* Bemerkungen zu den Ozonverordnungen der Länder Bremen, Hessen, Niedersachsen und Schleswig-Holstein, Zugleich ein Beitrag zur Auslegung von § 40 I 1 BImSchG, VerwArch. **86** (1995) 88; *Richter* Der Begriff der Anlage im Umwelt- und Energierecht, (2012); *Riemer* Rechtliche Bewertung von Geruchsimmissionen (2008); *Röckinghausen* Der Bestandsschutz von immissionsschutzrechtlichen Genehmigungen, UPR **1996** 50; *ders.* Die neue Verordnung über kleine und mittlere Feuerungsanlagen (1. BImSchV), ZUR **2011** 65; *ders.* Die Industrie-Emissions-Richtlinien (IED) und ihre Umsetzung im Immissionsschutzrecht, UPR **2012** 161; *ders.* Die Umsetzung der Richtlinie über Industrieemissionen, Zeitschrift für Immissionsschutzrecht und Emissionshandel **2013 99;** *Röthel* Techniksteuernde Grenzwerte, JZ **2013** 1136; *Roller* Wesentliche Änderungen bei Anlagenerweiterungen – Ein kurzer Beitrag zur Auslegung des § 16 Abs. 1 S. 1 Hs. 2 BImSchG, NVwZ **2020** 1169; *Rombach* Der Faktor Zeit in umweltrechtlichen Genehmigungsverfahren (1994); *Ronellenfitsch* Beschleunigung und Vereinfachung der Anlagenzulassungsverfahren (1994); *Sander* Zu neuen Entwicklungen des Immissionsschutzrechts – Bewertungen aus industrieller Sicht – DVB1. **1985** 269; *Schäfer* Die Beschleunigungsnovelle zum Immissionsschutzrecht, NVwZ **1997** 526; *Scheidler* Rechtsnatur und Wirkungen der immissionsschutzrechtlichen Genehmigung, DVP **2008** 233; *ders.* Neue Rechtsgrundlagen zur Bekämpfung von Feinstaub UPR **2010** 365; *ders.* Die Anlegerüberwachung im Immissionsschutzrecht, WiVerw **2010** 177; *ders.* Das 8. Gesetz zur Änderung des BImSchG, NVwZ **2010** 866; *ders.* Das Neunte Gesetz zur Änderung des Bundes-Immissionsschutzgesetzes, NVwZ **2011** 1; *ders.* Das Zehnte Gesetz zur Änderung des Bundes-Immissionsschutzgesetzes, NVwZ **2011** 838; *ders.* Immissionen bei der Tierhaltung aus öffentlich-rechtlicher und zivilrechtlicher Sicht, NuR **2012** 6; *ders.* Die wichtigsten Änderungen im Immissionsschutzrecht nach Umsetzung der Industrieemissions-Richtlinie, UPR **2013** 121; *ders.* Die Nachsorgepflichten für Betreiber von Anlagen nach der Industrie-Emissionsrichtlinie, Verwaltungsrundschau **2015** 7; *ders.* Die materiell-rechtlichen Voraussetzungen der immissionsschutzrechtlichen Genehmigung für Industrieanlagen, GewArch **2016** 321; *ders.* Das Erlöschen der immissionsschutzrechtlichen Genehmigung nach § 18 BImSchG, Zeitschrift für Verwaltung, Organisation und Recht (Kommunalpraxis BY) **2016** 253; *ders*, Die Zweckbestimmung des § 1 BImSchG, NuR **2016** 450; *Scheidmann* Veränderungen im Stoffrecht durch die Seveso III-Richtlinie, I + E **2013** 3; *Scheier* Die Zulassung des vorzeitigen Beginns – ein neues Instrument des Umweltrechts (§ 15 a BImSchG, § 9 a WHG, § 7 a AbfG), ZfW **1992** 412; *Schink* Vier Jahrzehnte Immissionsschutz, NVwZ **2017** 377; *Scherer-Leydecker* Die Konzentrationswirkung bei der Zulassung raumbedeutsamer Vorhaben und umweltrelevanter Anlagen, DVBl. **2015** 816; *Schlotterbeck* Nachbarschutz im anlagenbezogenen Immissionsschutzrecht, NJW **1991** 2669; *Schmehl/Karthaus* Die Verkehrsbeschränkungen bei Ozonsmog nach §§ 40a–40e BImSchG, NVwZ **1995** 1171; *Schmidt-Becker* Zukünftige Überwachung von Industrieanlagen nach der Seveso III-Richtlinie, I+E **2013** 10; *Schmidt-Preuß* Integrative Anforderungen an das Vorhaben der Vorhabenzulassung – Anwendung und Umsetzung der IVU-Richtlinie, NVwZ **2000** 252; *Schneider Zwanzig* Jahre Bundes-Immissionsschutzgesetz, DVB1. **1994** 398; *Schröder, Meinhard* „Nachhaltigkeit" als Ziel und Maßstab des deutschen Umweltrechts, WiVerw. **1995** 65; *Schröder, Michael* Die Durchsetzung immissionsschutzrechtlicher Pflichten mit § 17 BImSchG, BaWüVerwPr. **1996** 33; *Schulze-Fielitz* Rechtsfragen der Durchsetzung von Luftreinhalte- und Lärmminderungsplänen, UPR **1992** 41; *Seibert* Bodenschutz durch Begrenzung von Emissionen und Immissionen nach dem Bundes-Immissionsschutzgesetz, NVwZ **1993** 16; *Seiler* Die Rechtslage der nicht genehmigungsbedürftigen Anlagen im Sinne von §§ 22 ff Bundes-Immissionsschutzgesetz (1985); *Sellner* Zum Vorsorgegrundsatz im Bundes-Immissionsschutzgesetz, NJW **1980** 23 u. 1255; *ders.* Änderungen des Bundes-Immissionsschutzgesetzes – Allgemeine und anlagenbezogene Neuerungen, NVwZ **1991** 305; Der integrative Ansatz im Bundes-Immissionsschutzgesetz, in *Dolde*, Umweltrecht im Wandel (2001) 401; *ders.* Probleme der UVP-Pflichtigkeit wesentlicher Änderung von immissionsschutzrechtlich genehmigungsbedürftigen Anlagen, Festschrift Jarass (2015); *Sellner/Löwer* Immissionsschutzrecht der nicht genehmigungsbedürftigen Anlagen, WiVerw. **1980** 221; *Sellner/Reidt/Ohms* Immissionsschutzrecht und Industrieanlagen, 3. Aufl. (2006); *Sendler* Normkonkretisierende Verwaltungsvorschriften im Umweltrecht, UPR **1993** 321; *Spannowsky* Der rechtliche Umgang mit gesundheitsgefährdenden Luftschadstoffen mit und ohne Grenzwerte: eine Doppelmoral im Lichte von Nachhaltigkeit und Umweltgerechtigkeit, NuR **2019** 433; *Specht/Strauß* Ziele und Vollzug des neuen Ozon-Gesetzes, UPR **1995** 385; *Spieler* Beste verfügbare Technik und Immissionsschutzrecht (2006); *Spohn* Erlöschen einer immissionsschutzrechtlichen Genehmigung durch Fristablauf, ZUR **2003** 99; *Steiling* Mangelnde Umsetzung von EG-Richtlinien durch den Erlaß und die Anwendung der TA Luft, NVwZ **1992** 134; *Steinberg/Koepfer* IVU-Richtlinie und immissionsschutzrechtliche Genehmigungen, DVBl. **1997** 973; *Steinhoff* Zur Bindungswirkung der Emissionswerte der TA Luft zugunsten des Anlagenbetreibers (1991); *Stich* Lärmbegrenzung, Luftreinhaltung und sonstiger Immissionsschutz, WiVerw. **1995** 191; *Stich/Porger* Immissionsschutzrecht des Bundes und der Länder (Loseblatt); *Stüer/Hermanns* Immissionsschutz zwischen Integrationskonzept und Verfahrensbeschleunigung, DVBl. **1999** 972; *Traulsen* Auswirkungen der Industrieemissionsrichtlinie auf das deutsche Umweltrecht, DÖV **2011** 769; *Uechtritz* Zur Umsetzung der Seveso III – Richtlinie, DVBl. **2017** 659; *Ule/Laubinger* Bundes-Immissionsschutzgesetz (Loseblatt); *Ule* Die Bindung der Verwaltungsgerichte an die Immissionswerte der TA Luft, BB **1976** 446; *Uth* Störfallverordnung (1989); *Vallendar* Die Betriebseinstellung – ein neuer Regelungsgegenstand des BImSchG, UPR **1991** 91; *ders.* Die UVP-Novelle zur BImSchV 9, UPR **1992** 212; *Verheyen* Die Bedeutung des Klimaschutzes bei der Genehmigung von Kohlekraftwerken und bei der Zulassung des Kohleabbaus, ZUR **2010** 403; *Vollmer* Schadstoffimmissionen mittelgroßer Feuerungsanlagen, NuR **2015** 442; *Wachs* Das Recht auf Akteneinsicht im immissionsschutzrechtlichen Genehmigungsverfahren (1996); *Wagner* Öffentlich-rechtliche Genehmigung und zivilrechtliche Rechtswidrigkeit (1989); *ders.* Wesentlichkeit gleich Erheblichkeit? NJW **1991** 3247; *Wahl* Die Normierung der materiell-integrativen (medienübergreifenden) Genehmigungsanforderungen, ZUR **2000** 360; *ders.* Materiell-integrative Anforderungen an die Vorhabenzulassung – Anwendung und Umsetzung der IVU-Richtlinie, NVwZ **2000** 502; *Wasielewski* Die „wesentliche Änderung" – eine rechtsvergleichende Betrachtung des Atom- und Immissionsschutzrechts, UPR **1998** 420; *ders.* Auswirkungen der Richtlinie über Industrieemissionen auf den immissionsschutzrechtlichen Vollzug aus Ländersicht, UPR **2012** 424; *ders.* Stand der Umsetzung der Seveso III – RL im deutschen Recht, UPR **2017** 1; *Weber Zur* Umsetzung von EG-Richtlinien im Umweltrecht, UPR **1992** 5; *Willand Zwanzig* Jahre BImSchG, UPR **1994** 175; *Winkler* Die neue Betreiberpflicht, Klimaschutz und Emissionshandelssystem, NJW **2005** 1078; *Wolf* Anlagengenehmigungsrecht und Emissionshandel, ZUR **2009** 571; *ders.* Die Genehmigung von Kohlekraftwerken im Zeichen der Europäisierung des Rechtsrahmens, NuR **2010** 244; *Wulfhorst* Der Schutz „überdurchschnittlich empfindlicher" Personen im immissionsschutzrechtlichen Genehmigungsverfahren, NuR **1995** 221; *Zeissler* Quellenunabhängiges EU-Luftqualitätsrecht und die Genehmigung und Überwachung des Betriebs von Anlagen im Sinne des Bundes-Immissionsschutzgesetzes (2014); *Ziegler* Zum Anlagenbegriff nach dem Bundes-Immissionsschutzgesetz, UPR **1986** 170; *Zitzelsberger* Auslegungsfragen beim Widerruf einer Anlagengenehmigung nach § 21 BImSchG, GewArch **1990** 271; *Zöttl* Die Mitteilung über die immissionsschutzrechtliche Genehmigungsbedürftigkeit einer Anlagenänderung, NVwZ **1998** 234.

Entstehungsgeschichte

Probleme mit Luftverschmutzungen und Maßnahmen zu ihrer Bekämpfung begegnen uns schon in der Antike und setzen sich im Mittelalter fort. Als zivilrechtlichen Abwehranspruch entwickelte z. B. das römische Recht die „actio negatoria". Zivil-/Nachbarrechtliche Regelungen dominierten bis zum Gemeinen Recht. Aus dem Mittelalter sind aber auch schon Vorschriften über die Luftreinhaltung in den Melfi-Konstitutionen Kaiser Friedrichs II. überliefert. In England gab es bereits 1273 ein Gesetz zur Verringerung der Rauchbelastung durch häusliche Feuerstellen. Polizeirechtliche Regelungen wurden später auch in verschiedenen Städten eingeführt. Mehr Wirksamkeit erwartete man von den im 19. Jahrhundert entwickelten öffentlich-rechtlichen Regelungen. Ausgangspunkte waren dem Personenschutz dienende gewerberechtliche Regelungen, die sich mittelbar auch gegen von Betrieben ausgehende Luftverunreinigungen hätten auswirken können, u. a. das napoleonische (im westlichen Preußen) geltende *„Décret impérial relatif aux Manufactures et Ateliers qui répondent une Odeur insalubre ou incommode"* v. 15.10.1810 und die in Preußen später erlassene Dampfkessel-Kabinettsorder v. 31.1.1831,[1] vor allem aber die preußische Allgemeine Gewerbe-Ordnung v. 17.1.1845[2] mit einschlägigen Regelungen in den §§ 177, 180. Daran orientiert erließ noch der Norddeutsche Bund eine Gewerbeordnung v. 21.6.1869[3] mit in § 147 strafbewehrten Genehmigungspflichten für bestimmte gefährliche Betriebe. Nach der Gründung des Deutschen Reiches wurde ihre Gültigkeit auf das ganze Reich

1 PrGs 1831 S. 243.
2 PrGs 1845 S. 41.
3 Bundesgesetzblatt des Norddeutschen Bundes 1869 S. 245.

erstreckt.[4] Der steigenden Luftbelastung durch Rauch und Ruß in industriellen Kerngebieten wie im Ruhrgebiet konnte durch solche Regelungen i. V. m. Ausführungsvorschriften wie Technischen Anleitungen (in Preußen 1895) zunächst nur teilweise (z. B. durch höhere Schornsteine, Anforderungen an Kohle) begegnet werden. Abgelöst wurde die GewO erst durch das Bundes-Immissionsschutzgesetz v. 15.3.1974[5] mit einschlägigen Strafvorschriften in den §§ 63 und 64, nachdem zuvor Nordrhein-Westfalen 1962 mit einem Immissionsschutzgesetz vorangeschritten war.[6]

In strafrechtlicher Hinsicht wurde 1980 durch das **18. StrÄndG**[7] ein Tatbestand gegen Luftverunreinigung (und zusätzlich in Abs. 1 Nr. 2 gegen Lärm) als Grundtatbestand des Immissionsschutzes in das Strafgesetzbuch aufgenommen. Der Gesetzgeber ging dabei über die bisherigen Strafvorschriften der §§ 63, 64 BImSchG a. F. hinaus; diese übernahm er in ihrer andersartigen Struktur im Wesentlichen in den § 327 Abs. 2, Abs. 3 Nr. 2; § 329 Abs. 1, 4 und § 330 Abs. 1 Nr. 2, Abs. 5, 6.[8] Er wurde zwar parallel zum Grundtatbestand gegen Gewässerverunreinigung eingeführt, aber diesem gegenüber erheblich eingeschränkt, da der Gesetzgeber nicht schon die unbefugte Herbeiführung schädlicher Umwelteinwirkungen durch Immissionen unter Strafe stellen wollte, weil dies zu weit gehe.[9] Die im 18. StrÄndG gefundene Lösung stellte einen Kompromiss zwischen dem zuvor geltenden Recht und Forderungen nach einem umfassenden, ggf. auch erheblichere Belästigungen einbeziehenden Tatbestand[10] dar. Die Entscheidung des Gesetzgebers hatte ihren Grund auch darin, dass das Wasserrecht anders gestaltet ist und z. B. vom Verbotsprinzip mit Erlaubnisvorbehalt beherrscht wird; insofern war die Ausgangslage hier für das verwaltungsrechtsabhängige Strafrecht eine andere.[11] Die Beschränkung des Tatbestandes auf Luftverunreinigungen beim Anlagenbetrieb, auf Fälle der Schädigungseignung, das Erfordernis eines grob pflichtwidrigen Verstoßes gegen eine Anordnung oder Auflage (i. S.e. Vorwarnung) sowie der Ausschluss des Verkehrsbereichs waren schon bei der Anhörung auf Kritik gestoßen.[12] Sie führten jedoch zu keiner Änderung des RegE, zumal noch weitergehende einengende Vorschläge des Bundesrates[13] abzuwehren waren. Insbesondere ging es ihm damals zu weit, nur auf die Überschreitung von Grenzwerten abzustellen, da dadurch schon bloße Belästigungen erfasst würden; an einen Verstoß gegen die in der TA Luft festgesetzten Werte anzuknüpfen, kam wegen deren Charakter als Verwaltungsvorschrift nicht in Frage.

Die Frage, ob sich der neue Tatbestand in der Praxis bewähren würde, wurde von Anfang an überwiegend pessimistisch beantwortet.[14] In der Folge erlangte er tatsächlich keine große Bedeutung.[15] Selbst wenn man berücksichtigt, dass bei den Schwierigkeiten der Strafverfolgung die Besonderheiten des betroffenen Mediums eine größere Rolle spielen, so war hierfür doch vor allem die mit vielen Einschränkungen versehene Struktur des Tatbestandes

4 Neufassung v. 26.7.1900 (RGBl. I 871).

5 BGBl. I S. 721, 1193.

6 Dazu zusammenfassend *Kloepfer* Geschichte 49 ff; *ders.* Umweltrecht § 2 Rdn. 8, 19 ff, 29, 31 ff, 43 ff, 101 ff; § 15 Rdn. 17 ff, 40 ff, 62 ff; 90 ff, 105 ff; Lübbe/Ströker/*Heine* Ökologische Probleme im kulturellen Wandel (1986) 116 ff; zur Entwicklung *Lies-Benahabib,* Immissionsschutz im 19. Jahrhundert (2002); *Uekötter* Von der Rauchplage zur ökologischen Revolution. Eine Geschichte der Luftverschmutzung in Deutschland und den USA, 1880–1970 (2003); Siemann/*Brüggemeier* Umweltgeschichte (2003) 87 ff, 94 ff (zum Ruhrgebiet).

7 Art. 1 Nr. 18, Art. 17 des 18. StRÄndG v. 28.3.1980 (BGBl. I S. 373), in Kraft getreten am 1.7.1980.

8 Der Gesetzgeber von 1974 hatte sich zwar nicht damit begnügt, in § 63 BImSchG das genehmigungslose Betreiben einer (gefährlichen) Anlage in Anlehnung an die Vorbilder in § 147 Abs. 1 Nr. 2 a. F. i. V. m. § 16 GewO (Vorläufer §§ 177, 180 i. V. m, §§ 26 f PrAllg GewO 1845) mit Strafe zu bedrohen. Die Einführung höherer Strafdrohungen in § 64 bei Gefährdungen von Menschen und (fremden) Sachen durch eine Tat nach § 63 (einschließlich des Verstoßes gegen eine Smog-VO) oder durch bestimmte Ordnungswidrigkeiten in § 62 diente jedoch weiterhin nur dem Schutz von Personen und fremden Sachen vor konkreten Gefährdungen und daher nur mittelbar gegen Luftverunreinigungen.

9 RegE BT-Drs. 8/2382 15; Bericht Rechtsausschuss BT-Drs. 8/3633 27.

10 Z. B. *Triffterer* 190 ff, 203, 267 (nachteilige Veränderung ausreichend); *Tiedemann* Neuordnung des Umweltstrafrechts 34; *Just-Dahlmann* in der Anhörung BT-Drs. 8/3633 (beide für Ausdehnung auf Belästigungen); w. N. bei *Laufhütte/Möhrenschlager* ZStW 92 (**1980**) 912, 938.

11 BT-Drs. 8/3633 27.

12 Bericht BT-Drs. 8/3633 27 f.

13 BT-Drs. 8/2382 30 (Beschränkung auf Anlagen i. S. d. BImSchG und auf Luftverunreinigungen in erheblichem Umfang; dagegen Bundesregierung S. 34); BT-Rechtsausschuss BT-Drs. 8/3633 27.

14 *Sack* NJW **1980** 1425, 1426; *Laufhütte/Möhrenschlager* ZStW **92** (1980) 912, 938; *Möhrenschlager* NuR **1983** 209, 216; eingehend *Rudolphi* NStZ **1984** 248.

15 *AK-U* 131 f (bis 1988 keine gerichtlichen Strafverfahren); *Kühne/Görgen* 93; *Breuer* JZ **1994** 1077, 1081; *Möhrenschlager* NStZ **1994** 513, 514; *Sack* Rdn. 7 (m. Zahlen über polizeiliche Registrierung, Ab- und Verurteilung ab 1981);

verantwortlich. Ein Reformbedürfnis wurde allenthalben anerkannt. Dies zeigten vor allem Stellungnahmen aus der Strafverfolgungspraxis, weiten Teilen der Wissenschaft und die Ergebnisse des 57. DJT (1988).[16]

Im **2. UKG** 1994[17] wurde zunächst eine Grundentscheidung dahin getroffen, die bisherigen Tatbestände „Luftverunreinigung und Lärm" aufgrund ihrer verschiedenartigen Schutzrichtung in zwei gesonderten Vorschriften zu regeln. Der gegenüber dem bisherigen Recht (insbesondere durch die Anknüpfung an die Verletzung von in § 330d [Abs. 1] Nr. 4 umfassender definierten „verwaltungsrechtlichen Pflichten" und dem Verzicht auf grob pflichtwidrige Verstöße) erweiterte Immissionstatbestand des Absatzes 1 blieb in seiner Struktur (zusammen mit einer Vereinfachung des Begriffs der „Veränderung von Luft") erhalten. Um den Anwendungsschwierigkeiten des auf eine Eignungswirkung abstellenden Absatzes 1 zu begegnen, wurde in Absatz 2 ein Tatbestand über die Emission von Schadstoffen in Gestalt eines abstrakten Gefährdungsdelikts eingeführt.[18] Die Umschreibung des Tatmittels mit „Schadstoffen in nach Art, Beschaffenheit oder Menge erheblichem Ausmaß" im RegE[19] schränkte der Gesetzgeber auf „Schadstoffe in bedeutendem Umfang", zusätzlich definiert in Absatz 4 a. F., ein.[20] Beibehalten wurde – trotz aller Kritik – das Erfordernis einer „groben" Pflichtwidrigkeit in Absatz 2 und die Anlagenbezogenheit beider Tatbestände; für einen Verzicht darauf[21] sah der Gesetzgeber wegen des weiten Anlagenbegriffs kein Bedürfnis. Auch an den Beschränkungen des RegE auf den Bereich von Gefahren außerhalb des Anlagenbereichs (Absatz 1) bzw. „außerhalb des Betriebsgeländes" (Absatz 2) und die Ausschlussklausel für Fahrzeuge (Absatz 5 a. F.) hielt er fest.[22] Naturgemäß litt die Praktikabilität unter diesen Einschränkungen.

Eine Verbesserung brachte die Umsetzung der strafrechtlichen EU-Richtlinie 2008/99/EG[23] durch das **45. StrÄndG.**[24] Der in Art. 2 RL verankerte weite Rechtswidrigkeitsbegriff (aufgegriffen in § 330d Abs. 1 Nr. 4 und Absatz 2 i. d. F. v. Art. 1 Nr. 10 StrÄndG) führte zum Verzicht auf das bisher schon kritisierte Erfordernis einer „groben" Pflichtverletzung in Absatz 2.[25] Die durchgängige Anlagenbezogenheit und die Fahrzeug-Ausschlussklausel konnten ebensowenig aufrechterhalten werden. Die RL geht in dieser Hinsicht weiter. Zur Schließung der erkannten Lücken nahm der Gesetzgeber einen zusätzlichen Emissionstatbestand (mit einem geringeren Unrechtsgehalt) in einen neuen Absatz 3 auf und bezog die Ausschlussklausel in einem neuen Absatz 7 nur noch auf Fälle des Absatzes 1 und 4 n. F.; eine Notwendigkeit, sie gänzlich zu streichen, sah er nicht. Insbesondere blieben Luftverunreinigungen, die aus Gründen der Verkehrssicherheit erfolgen (z. B. durch Ablassen von Kerosin aus einem Flugzeug bei Notlandungen), straflos. Hinsichtlich des allgemeineren Emissionstatbestandes in Absatz 3 wurde in Ergänzung zu der in Absatz 4 verschobenen Fahrlässigkeitsregelung in einem neuen Absatz 5 die Strafbarkeit – entsprechend der Mindestvorgabe der RL – auf leichtfertiges Handeln beschränkt. Folge der Änderungen war eine Verschiebung der Schadstoffdefinition im bisherigen Absatz 4 in den neuen Absatz 6.[26] Übrig bleibt die Frage, ob die Erweiterungen auch angesichts fortbestehender Beweisprobleme[27] einen nennenswerten Anwendungsbereich des § 325 bewirken werden. Dies wird vielfach bezweifelt.[28]

Schall SK Rdn. 11 (im Schnitt unter 10 Verurteilungen); *Weber* GK-BImSchG Rdn. 4 (seit 1981 nie mehr als 20 Verurteilungen). Bericht der Interministeriellen Arbeitsgruppe „Umwelthaftungs- und Umweltstrafrecht" – Arbeitskreis „Umweltstrafrecht" v. 19.12.1988, insbes. S. 131 ff; 2018 gab es insgesamt 10 Verurteilungen wegen vorsätzlicher Taten nach Absatz 1 bis 3 (*Statistisches Bundesamt* Strafverfolgung 2018).

16 *Heine/Meinberg* Gutachten D 39, 134 ff; Beschluss B 14; RegE BT-Drs. 12/192 17 mit dem vorangegangenen Bericht einer Interministeriellen Arbeitsgruppe, *AK-U* 229 f.

17 31. StRÄndG – 2. UKG v. 27.6.1994 (BGBl. I S. 1440).

18 RegE BT-Drs. 12/192 S. 11, 17, 19; *Möhrenschlager* NStZ **1994** 513, 516.

19 BT-Drs. 12/192 3 f, 19.

20 Bericht BT-Drs. 12/7300 6.

21 Dafür z. B. der Bundesrat, BT-Drs. 12/192 39.

22 BT-Drs. 12/192 18 (Bundesrat S. 39); zu Recht kritisch *Steindorf* LK[11] Rdn. 54; *Franzheim/Pfohl* Rdn. 217 ff; *Sack* Rdn. 6; *Pfeiffer* DRiZ **1995** 301; *Egner* 126.

23 EU-Richtlinie 2008/99/EG v. 19.11.2008 (AblEU L 328/28 v. 6.12.2008).

24 45. Strafrechtsänderungsgesetz zur Umsetzung der Richtlinie des Europäischen Parlaments und des Rates über den strafrechtlichen Schutz der Umwelt v. 6.12.2011 (BGBl. I S. 2557).

25 Nach *Heger* Europäisierung 309 war dies im Hinblick auf den von der RL geforderten vorsätzlichen oder mindestens grob fahrlässigen Verstoß nicht notwendig.

26 Siehe insgesamt dazu RegE BT-Drs. 17/5391 21 f.

27 *Egner* 58 ff; 119 f, 158 ff; *Pfeiffer* 223 f, 266 f.

28 *Schall* SK Rdn. 11 f; *ders.* Festschrift Walter 634 f; *Szesny/Görtz* ZUR **2012** 405; *Pfohl* ZWH **2013** 85, 96 f; *Fischer* NuR **2011** 564.

Übersicht

I. Allgemeines

1. Bedeutung des Schutzes der Luft

1 Luft ist ein Gemisch vor allem aus Stickstoff (78,08 %) und Sauerstoff (20,95 %), daneben enthält es auch Argon (0,93 %), in kleinen Mengen Kohlstoffdioxid (0,04 %) und in noch kleineren Mengen andere (Edel-)Gase. Luft ist als Lebenselixier elementar für Mensch und Natur. Zu **Luftschadstoffen** zählen vor allem Kohlendioxid (CO^2), Kohlenmonoxid (CO), Stickstoffoxid (NO^2), Distickstoffoxid (N^2O), Schwefeldioxid (SO^2), Ammoniak (NH^3), Methan (CH^4), Staubpartikel und flüchtige organische Verbindungen (VOC) einschließlich leichtflüchtiger und aromatischer Kohlenwasserstoffe (KWS und PAK), daneben auch Schwermetallverbindungen wie Kadmium, Blei, Zink, weiter Dioxine und Furane, Fluorkohlenwasserstoffe (wie FCKW) und Halone. Art und Ausmaß der **schädlichen Wirkungen** hängen von der Gefährlichkeit (Grad der Giftigkeit, Eignung zur Krebserzeugung usw.), der Menge bzw. Konzentration und Einwirkungsdauer sowie dem Zusammenwirken mit anderen schädlichen Stoffen ab. Sie können Hautallergien oder Atemwegserkrankungen verursachen und ggf. sogar die Entstehung von Krebs begünstigen, etwa von Hautkrebs als Folge von Schädigungen der Ozonschicht. Tiere und Pflanzen (Stichwort: Waldsterben durch sog. sauren Regen) können, auch in ihrer Vielfalt, ebenso wie Baudenkmäler geschädigt werden. Der sog. Treibhauseffekt, insbesondere durch zunehmende,

weiträumig grenzüberschreitende Emissionen von CO^2, verändert in bedenklicher Weise Temperaturen mit schwerwiegenden Folgen in der Zukunft, die jetzt schon sichtbar sind.

Neben Naturereignissen (wie Vulkanausbrüche, z. B. 1815 von Tambora in Indonesien oder 2
des Eyjafjallajökull auf Island 2010) verursachen zu einem erheblichen Anteil die Aktivitäten des Menschen relevante Luftverunreinigungen. Deren Hauptquellen sind die Erzeugung von Energie in (Fernheiz-)Kraftwerken und in Haushalten, die Produktion von Gütern in der Industrie und die Landwirtschaft durch Ammoniak-, Distickstoffoxid- und Methanemissionen, aber auch der Verkehr.[29]

2. Rechtlicher Schutz gegen Luftverunreinigungen

Globale und regionale Luftverunreinigungen haben schon vor Jahrzehnten zu immer wieder 3
weiter entwickelten **internationalen und europäischen Initiativen** zu ihrer Bekämpfung geführt. Hervorzuheben sind die Genfer Konvention über weiträumige grenzüberschreitende Luftverunreinigung von 1979 mit zahlreichen, oft spezifisch stoffbezogenen Protokollen, das Wiener Übereinkommen zum Schutz der Ozonschicht von 1985, die UN-Klimarahmenkonvention von 1992 mit dem Kyoto-Protokoll von 1997 und das Pariser Klimaschutzübereinkommen von 2015. Im Übrigen ist das Immissionsschutzrecht inzwischen besonders stark durch europäische Richtlinien geprägt. Von Bedeutung sind vor allem die Richtlinie 2001/81/EG über nationale Emissionshöchstmengen für bestimmte Luftschadstoffe (NEC-RL), die Richtlinie 2004/107/EG über Arsen, Kadmium und andere Stoffe in der Luft, die Richtlinie 2008/50/EG über Luftqualität und saubere Luft für Europa, die Richtlinie 2010/75/EU über Industrieemissionen (sog. IR-RL) sowie die Richtlinie 2016/2284 über die Reduktion nationaler Emissionen bestimmter Luftschadstoffe.[30]

Auf **nationaler Ebene** werden verschiedene Bekämpfungsstrategien verfolgt: die Festle- 4
gung von Luftqualitätsstandards vor allem zum Schutz und der Gefahrenabwehr, deren Einhaltung durch geeignete Instrumente (Luftreinhaltepläne, immissionsschutzrechtliche Anlagengenehmigung) sicherzustellen ist, emissionsbegrenzende Anforderungen (für emissionsrelevante Quellen nach dem Stand der Technik bzw. bestverfügbarer Technik und in einzelnen Fällen auch Produktverbote) und die Festlegung von Emissionshöchstmengen durch Begrenzungen der nationalen Emissionsfrachten für relevante Massenschadstoffe (nationale Deckelung der Emissionen aller Quellen). **Rechtliche Grundlagen** sind vor allem das Bundes-Immissions-Schutzgesetz (BImSchG), mit seinen zahlreichen Durchführungsverordnungen (zuletzt die 44. BImSchV[31]) und Verwaltungsvorschriften wie der Technischen Anleitung zur Reinhaltung der Luft (TA Luft) von 2002, deren Novellierung bevorsteht. Auf der Makroebene ist das zur Umsetzung des Pariser Klimaschutzabkommens Ende 2019 in Kraft getretene Bundes-Klimaschutzgesetz[32] zu nennen, dessen Ziele eine regelmäßige Datenerhebung und Fortschreibung von Klimaschutzprogrammen sind. Auf Anwenderebene steht weiterhin das BImSchG im Zentrum mit seinem Recht der genehmigungs- und nicht genehmigungsbedürftigen Anlagen (§§ 4 ff, 22 ff) in Verbindung vor allem mit der 1., 4., 9., 13., 17., 30., 39. und 43. BImSchV. Produktbezogene Vorsorge- und Schutzvorschriften enthält vor allem der Dritte Titel (§§ 32 ff BImSchG) mit Anforderungen an die Beschaffenheit von Anlagen, Stoffen, Erzeugnissen, Brenn-, Treib- und Schmierstoffen. Wichtig sind hier vor allem die 10., 13., 17. BImSchV. Verkehrsbezogene Vorschriften finden sich in den §§ 38 ff BImSchG, ergänzt durch die 39. und

29 *Kloepfer* § 15 Rdn. 5 ff; *Koch/Hofmann* § 4 Rdn. 2 ff; *Rengeling/Koch* EUDUR Bd. II § 47 I.
30 *Kloepfer* § 15 Rdn. 25 ff, 38 ff; *Koch/Hofmann* § 4 Rdn. 14 ff, 23 ff; *Proelß* 11. Abschn. Rdn. 6 ff: *Meßerschmidt* § 15.
31 Verordnung über mittelgroße Feuerungs- Gasturbinen- und Verbrennungsmotoranlagen – 44. BImSchV v. 13.6.2019 (BGBl. I S. 804).
32 Bundes-Klimaschutzgesetz (KSG) v. 12.12.2019 (BGBl. I S. 2513).

43. BImSchV. Dem gebietsbezogenen Schutz dienen Schutzgebietsfestsetzungen nach § 49 BImSchG und Maßnahmen zur Luftreinhaltung nach den §§ 44 ff BImSchG.[33]

II. Tatbestandsstruktur und geschützte Rechtsgüter

5 § 325 enthält in seinen ersten drei Absätzen ebenso viele verschiedene **Vorsatztatbestände**. Wegen seines Erfordernisses der Verursachung von „Veränderungen der Luft ..., die geeignet sind ... zu schädigen" handelt es sich bei dem **Immissionsschutztatbestand** des Absatz 1 um ein Erfolgsdelikt mit einer abstrakt-konkreten Gefährdungskomponente.[34] Die Absätze 2 und 3 enthalten hingegen als **Emissionsschutztatbestände** abstrakte Gefährdungsdelikte, die vielfach wegen des an eine Eignung anknüpfenden Tatmittels der Schadstoffe (Absatz 6) auch als Eignungs- bzw. potenzielle Gefährdungsdelikte eingestuft werden.[35] Sie unterscheiden sich in ihren Anwendungsvoraussetzungen: Absatz 2 erfasst (wie Absatz 1) lediglich den Anlagenbetrieb, während Absatz 3 diese Einschränkung nicht kennt. Weil und soweit er an den Betrieb einer Anlage anknüpft, wird § 325 auch in der Neufassung durch das 2. UKG teilweise als ein Sonderdelikt angesehen; andere leiten dies (mit Einschränkungen) aus dem Merkmal „Verletzung verwaltungsrechtlicher Pflichten" her.[36]

6 Ergänzt werden die Vorsatzdelikte um eine **Fahrlässigkeitsbestimmung** in Absatz 4, die sich auf die Absätze 1 und 2 bezieht. Absatz 3 wird hingegen durch einen **Leichtfertigkeitstatbestand** in Absatz 5 abgerundet.

7 Die Bestimmung weist den für Umweltschutzstraftatbestände typischen **doppelten Rechtsgutsbezug** auf.[37] Bezweckt ist bei Absatz 1 einmal der Schutz der menschlichen Gesundheit, der Umweltelemente Tiere und Pflanzen sowie von Sachen mit bedeutendem (ökologischen, wirtschaftlichen, historischen, kulturellem) Wert.[38] Damit wird das Eigentum an ihnen, obwohl der Tatbestand nicht darauf abstellt, jedenfalls mit geschützt.[39] Zum anderen wird die Reinheit der (Außen-)Luft als vorgelagertes Zwischenrechtsgut[40] unmittelbar vor ge-

---

33 *Kloepfer* § 15 Rdn. 211 ff, 602 ff, 636 ff und 789 ff; *Koch/Hofmann* § 4 Rdn. 60 ff, 74 ff, *Koch, Jarass, Sellner, Ronellenfitsch, Scheuing* in *Rengeling*, EUDUR Bd. 2, 1. Tbd., § 47 Rdn. 101 ff, § 48 Rdn. 65 ff, § 49 Rdn. 135 ff, § 50 Rdn. 22 ff, § 51 Rdn. 51, 61, 70.

34 *Möhrenschlager* NStZ **1994** 513, 517; *Laufhütte/Möhrenschlager* ZStW **92** (1980) 912, 938; ähnlich *Alt* MK Rdn. 5; *Saliger* Umweltstrafrecht Rdn. 393; *Arzt/Weber/Heinrich/Hilgendorf* BT § 41 Rdn. 62 (Erfolgs- und potenzielles Gefährdungsdelikt); ERST/*Kubiciel* Rdn. 2; *Michalke* Rdn. 167; *Kloepfer* Umweltrecht § 7 Rdn. 15, 98 (Verletzungs-Gefährdungskombination); *Tiedemann/Kindhäuser* NStZ **1988** 337, 341; für abstrakt-konkretes bzw. potenzielles Gefährdungsdelikt *Sch/Schröder/Heine/Schittenhelm* Rdn. 1; *Lackner/Kühl/Heger* Rdn. 1; *Fischer* Rdn. 2a; *Szesny* AnwK Rdn. 2; *GJW/Bock* Rdn. 1, 11; *Sack* Rdn. 15; *Maurach/Schroeder/Maiwald* II § 58 Rdn. 55 (m. Kritik); *Rengier* BT II § 48 Rdn. 14; *Breuer* JZ **1994** 1077, 1081; *Franzheim/Pfohl* Rdn. 201; *Hecker* ZStW 115 (**2003**) 880, 883; *Heinz* NStZ **1981** 253, 256; *Rogall* Festschrift Uni Köln (**1988**) 505, 515; *Schall* SK Rdn. 9 f; *Tiedemann* Neuordnung des Umweltstrafrechts 31; für verhaltensgebundenes Erfolgsdelikt *Pfeiffer* 15; für abstraktes Gefährdungsdelikt *Otto* BT § 82 Rdn. 49.

35 *Alt* MK Rdn. 5; *Arzt/Weber/Heinrich/Hilgendorf* BT § 41 Rdn. 62; *Sack* Rdn. 15; *GJW/Bock* Rdn. 1, 11; *Michalke* Rdn. 206; *Fischer* Rdn. 2a; *Saliger* Umweltstrafrecht Rdn. 407 (tatmittelbezogenes Eignungsdelikt); für Verletzungsdelikt hinsichtlich der Luft *Pfeiffer* 15; ders. DRiZ **1995** 299, 301; abw. *Schall* SK Rdn. 10 (Mischtatbestand aus Verletzungsdelikt – Freisetzen von Schadstoffen bewirkt Veränderung der Luft – und Eignungsdelikt).

36 *AK-U* 141; *Kloepfer/Vierhaus* Rdn. 114; *Weber* GK-BImSchG Vor § 62 Rdn. 75; dazu *Schall* SK Rdn. 86 f; *ders.* Festschrift Schöch 619, 626 ff; *Sack* Rdn. 194.

37 *Kloepfer* Umweltrecht § 7 Rdn. 98; *Kareklas* 131; *Rengier* NJW **1990** 2506, 2511.

38 *Fischer* Rdn. 2; *Weber* GK-BImSchG Rdn. 2; *Kloepfer* Umweltrecht § 7 Rdn. 98; *Schall* SK Rdn. 6.

39 *Rogall* JZ-GD **1980** 101, 109; *Pfeiffer* 8 f.

40 *Steindorf* LK[11] Rdn. 2; *Saliger* Umweltstrafrecht Rdn. 392; für *Schall* SK Rdn. 5 dagegen „Vordergrund-Rechtsgut".

fährlichen Veränderungen geschützt.[41] Bei den Emissionstatbeständen der Absätze 2 und 3 gilt wegen der Legaldefinition des Schadstoffes in Absatz 6 prinzipiell dasselbe, jedoch ist die (Reinheit der) Luft als geschütztes Rechtsgut hier noch stärker hervorgehoben.[42] Geschützt ist auch die ausländische Luft, jedenfalls im europäischen Raum gem. § 330d Abs. 2, insb. bei grenzüberschreitenden Wirkungen.[43] Mittelbar dient § 325 zugleich dem Schutz von Gewässern und des Bodens.[44]

III. Der Luftveränderungstatbestand (Absatz 1)

1. Luftveränderung

Verlangt wird die Verursachung einer – erheblichen, im Ergebnis **nachteiligen** – Veränderung 8
der Luft. Soweit in den §§ 324 f ausdrücklich eine „nachteilige" Veränderung gefordert wird, entspricht dem hier die Eignung, bestimmte Werte zu schädigen; unter Berücksichtigung dessen erklärt sich die Einschränkung auf „erhebliche Veränderungen".[45] Die Veränderung kann auf alle nur denkbare Weise (physikalisch, chemisch oder biologisch) bewirkt werden. Als gesetzliches Beispiel führte der Gesetzgeber im 18. StrÄndG das Freisetzen von Staub, Gasen, Dämpfen (auch Wasserdampf, insbesondere bei unnatürlicher Nebel- und Wolkenbildung) oder Geruchsstoffen auf;[46] weiter nennt § 3 Abs. 4 BImSchG Rauch, Ruß und Aerosole. Der geltende Text verzichtet – in Anlehnung an § 324 Abs. 1 – auf die Aufzählung solcher Beispiele. Bisher zweifelhaft gebliebene Fälle, wie die Verursachung der radioaktiven Kontaminierung von Luftbestandteilen, fallen nun eindeutig unter die Vorschrift.[47] Biologisch verändert wird die Luft ferner durch Bakterien, Viren, Sporen oder Pollen.[48] Da nicht mehr auf die „natürliche Zusammensetzung" der Luft abgestellt wird, werden der Entzug von Luftbestandteilen (z. B. von Sauerstoff) und Temperaturänderungen ebenso erfasst.[49] Wie bei der Gewässerverunreinigung (§ 324

41 RegE BT-Drs. 8/2382 10; *Alt* MK Rdn. 1 f; *Ransiek* NK Rdn. 3; *Sch/Schröder/Heine/Schittenhelm* Rdn. 1; *SSW/Saliger* Rdn. 1; *Lackner/Kühl/Heger* Rdn. 1; *Szesny* AnwK Rdn. 1; *Dölling* JZ **1985** 461, 466; *Weber* GK-BImSchG Rdn. 2; *Jaeschke* 20, 188 (in der Funktion für menschliche Gesundheit und die Umwelt); *Laufhütte/Möhrenschlager* ZStW **92** (1980) 912, 940; *Kareklas* 128 f, 131; *Rengier* NJW **1990** 2506, 2511; *Rogall* Festschrift Köln 505, 515; *Triffterer* 34, 38, 68, 71; i. E. ähnlich *Rudolphi* NStZ **1984** 193, 248 f; *Pfeiffer* 9 ff, 13; *Rohr* 136; *Witteck* 204; **aA** zu Absatz 1 *Breuer* NJW **1988** 2072, 2075, wohl auch *Sack* NJW **1980** 1424, 1426.

42 *Breuer* JZ **1994** 1077, 1081; *Sack* Rdn. 14.

43 *Alt* MK Rdn. 34, *Sch/Schröder/Heine/Schittenhelm* Rdn. 1; *SSW/Saliger* Rdn. 1; *Schall* SK Rdn. 8 (bei von Deutschland ausgehenden Grenzüberschreitungen); *Hecker* ZStW 115 (**2003**) 880, 898 ff, 901 für Anwendung von § 325 bei grenzüberschreitenden Luftverunreinigungen, die von einer in einem EU-Mitgliedstaat betriebenen Anlage unter Verletzung von EU-Recht ausgehen.

44 Entsprechend der Zielrichtung des BImSchG in seinem § 1 Abs. 1; *Schall* SK Rdn. 6; zu Absatz 2 *Fischer* Rdn. 2; *Weber* GK-BImSchG § 325 Rdn. 2; *Franzheim/Pfohl* Rdn. 201.

45 Begr. RegE BT-Drs. 12/192 18; *Steindorf* LK[11] Rdn. 3; *Saliger* Umweltstrafrecht Rdn. 396; *Michalke* 182; **aA** *Schall* SK Rdn. 14; *Kloepfer* Umweltrecht § 7 Rdn. 99 („jegliche nachteilige Veränderung der Luft").

46 *Steindorf* LK[11] Rdn. 8; *Saliger* Umweltstrafrecht Rdn. 395; zu den einzelnen Elementen in § 3 Abs. 4 BImSchG *Landmann/Rohmer/Thiel* Rdn. 74 ff; zur Geruchsbelästigung durch eine Kläranlage (aus zivilrechtlicher Sicht) BGH DVBl. **1984** 624.

47 RegE BT-Drs. 12/192 18; *Alt* MK Rdn. 26; *Schall* SK Rdn. 16; *Sch/Schröder/Heine/Schittenhelm* Rdn. 2; *Fischer* Rdn. 6; *Sack* Rdn. 27; *Michalke* Rdn. 180; *Weber* GK-BImSchG Rdn. 7; *Möhrenschlager* NStZ **1994** 511, 517.

48 *Alt* MK Rdn. 26; *Schall* SK Rdn. 16; ERST/*Kubiciel* Rdn. 7.

49 *AK-U* 140; *Alt* MK Rdn. 26; *Schall* SK Rdn. 16; ERST/*Kubiciel* Rdn. 7; *Ransiek* NK Rdn. 4; *Sch/Schröder/Heine/Schittenhelm* Rdn. 2; *SSW/Saliger* Rdn. 4; *Kloepfer/Heger* Rdn. 235; zum Luftentzug *Michalke* Rdn. 184; *Pfeiffer* 137; bei Temperaturänderungen und radioaktiver Kontaminierung verlangt *Sack* Rdn. 27 die Zuführung luftfremder Stoffe (so zum 18. StRÄndG auch noch *Möhrenschlager* NuR **1983** 212, 216); zu Recht abl. *Schall* SK Rdn. 15 f.

Rdn. 21) kann Absatz 1 auch erfüllt sein, wenn die Luft bereits verschmutzt war und sie durch die Tathandlung nur signifikant weiter verunreinigt wird.[50]

2. Schädigungseignung

9 **a) Eintritt der Schädigungseignung.** Die Luft muss infolge der Einwirkung des Täters so verunreinigt sein, dass sie – ex ante betrachtet[51] – generell geeignet erscheint, die im Gesetz genannten Güter zu schädigen.[52] Zum Eintritt eines Schadens oder auch nur zum Entstehen einer konkreten Gefahr braucht es nicht zu kommen.[53] Mit erfasst werden potenziell zu Kombinationseffekten bzw. Kumulationseffekten führende, nicht nur geringfügig gefährliche Verunreinigungen,[54] soweit sie dem einzelnen Verursacher als bekannt oder erwartbar zuzurechnen sind. Die zu erwartende Schädigung der geschützten Güter braucht durch die verursachte Luftverunreinigung nicht unmittelbar herbeigeführt zu werden. Es reicht aus, wenn dies – wie voraussichtlich in einer Vielzahl von Fällen – mittelbar geschieht, indem eine Luftverunreinigung zunächst zu einer Schadstoffbelastung des Bodens führt, die sich wiederum schädlich auf Pflanzen und weiter auf Tiere auswirkt, die diese Pflanzen zur Nahrungsaufnahme verzehren,[55] was auf dem Wege über den Fleischverzehr dann Auswirkungen auf die Gesundheit der Menschen haben kann. Zu denken ist ferner an Fälle, in denen die Luftverunreinigung ihre Schädlichkeit erst im Zusammenwirken mit Niederschlägen zu entfalten vermag. Feststellungen dieser Art sind in der Praxis freilich nicht leicht zu treffen und bedürfen sachverständiger Beratung.[56]

10 **b) Nachweis der Eignung.** Im Gegensatz zu *Horn*[57] und *Rudolphi*[58] ist ein „Geeignetsein" nicht erst dann zu bejahen, wenn naturwissenschaftlich bereits einmal nachgewiesen wurde, dass eine Luftveränderung der vom Täter bewirkten Art eine solch schädliche Wirkung tatsächlich gehabt hat.[59] „Geeignet" in diesem Sinne ist die veränderte Luft vielmehr schon dann, wenn sie Eigenschaften aufweist, die nach gesicherter naturwissenschaftlicher Erfahrung generell – im Kontext der jeweils gegebenen konstanten Rahmenbedingungen wie der geographischen Verhältnisse oder der Siedlungsstruktur (s. näher Rdn. 13) – schädliche Auswirkungen auf die genannten Güter mit hinreichender Wahrscheinlichkeit erwarten lassen.[60] Dauer und Intensität

---

50 RegE BT-Drs. 8/2382 23; *Ransiek* NK Rdn. 4; *Schall* SK Rdn. 13; *Sch/Schröder/Heine/Schittenhelm* Rdn. 2; *Saliger* Umweltstrafrecht Rdn. 395; *Laufhütte/Möhrenschlager* ZStW 92 (**1980**) 912, 942 m. w. N.

51 *Steindorf* LK[11] Rdn. 4; *Rogall* Festschrift Köln 505, 516.

52 OLG Karlsruhe ZfW **1996** 406 f; *Alt* MK Rdn. 28; *Schall* SK Rdn. 41; *Saliger* Umweltstrafrecht Rdn. 396; *Sack* Rdn. 28.

53 *Alt* MK Rdn. 28; *Laufhütte/Möhrenschlager* ZStW **92** (1980) 912, 941 f; *Möhrenschlager* WiVerw **1984** 47, 65.

54 *Alt* MK Rdn. 27; *Möhrenschlager* WiVerw **1984** 47, 62 f; *Weber* GK-BImSchG Rdn. 9; *Bottke* JuS **1980** 539, 540; *Pfeiffer* 137 ff; *Rotsch* wistra **1999** 321, 323; zw. *Lackner/Kühl/Heger* Rdn. 13.

55 *Alt* MK Rdn. 27; *Sch/Schröder/Heine/Schittenhelm* Rdn. 18; *Schall* SK Rdn. 31; *Sack* Rdn. 28; *Laufhütte/Möhrenschlager* ZStW **92** (1980) 912, 943; *Jarass* § 3 BImSchG Rdn. 40; **aA** *Michalke* Rdn. 187.

56 *Rudolphi* NStZ **1984** 248, 250; *Möhrenschlager* WiVerw. **1984** 47, 65; *Schall* SK Rdn. 17, 41.

57 *Horn* SK[8] Rdn. 5 (und zwar nicht bezogen auf die konkret veränderte Luftmasse); ebenso *Ransiek* NK Rdn. 5; *Michalke* Rdn. 188.

58 *Rudolphi* NStZ **1984** 248, 250.

59 *Alt* MK Rdn. 28; *Steindorf* LK[11] Rdn. 5; *GJW/Bock* Vor § 324 Rdn. 41; *Möhrenschlager* WiVerw. **1984** 47, 65; *Pfeiffer* 159.

60 OLG Karlsruhe ZfW **1996** 406 (Vinylchloridgase; schädliche Wirkung muss nach gesicherter naturwissenschaftlicher Erfahrung erwartet werden, so auch *Michalke* 119); *Alt* MK Rdn. 28; *Schall* Rdn. 41; *Saliger* Umweltstrafrecht Rdn. 396; *GJW/Bock* Vor § 324 Rdn. 41; *Weber* GK-BImSchG Rdn. 31; *Rogall* Festschrift Köln 505, 515 f; *Möhrenschlager* WiVerw. **1984** 47, 65; *Sack* Rdn. 28, 56); einschränkend *Rudolphi* NStZ **1984** 250; ferner *Pfeiffer* 189 (Existieren eines Kausalgesetzes und die Möglichkeit des Eintritts der zur Schadensrealisierung erforderlichen Bedingungen).

der vom Täter bewirkten Emissionen müssen dabei ihrer konkreten Beschaffenheit nach generell tauglich sein, Schädigungen der vorausgesetzten Art herbeizuführen.[61] Die bloße abstrakte Möglichkeit reicht nicht aus,[62] ebenso wenig Vermutungen oder ein Verdacht.[63]

Eine Legaldefinition der Eignung enthält § 3 Abs. 1 BImSchG, dessen Schädlichkeitsschwelle[64] allerdings weiter reicht und auch die Eignung zu Belästigungen einbezieht. Sie wird in untergesetzlichen Regelungen wie z. B. der TA Luft konkretisiert. Die Beurteilung, ob ein „Geeignetsein" des Herbeiführens vorliegt, richtet sich umweltverwaltungsrechtlich zunächst nach der allgemeinen Lebenserfahrung unter Einbeziehung wissenschaftlicher Erkenntnisse.[65] Gefordert wird auch hier eine „hinreichende Wahrscheinlichkeit",[66] teilweise eine „überwiegende Wahrscheinlichkeit";[67] eine „massenstatistische Beweisführung"[68] kann ggf. ausreichen.[69] Wenn wie meist die allgemeine Lebenserfahrung zur Beurteilung nicht ausreicht, ist auf den „gegenwärtigen Stand der Wissenschaft" abzustellen.[70] Es reicht aus, wenn ein Stoff, der nach gesicherter wissenschaftlicher Erfahrung von herausragender Gesundheitsgefährlichkeit ist (z. B. Vinylchlorid als gentoxisches Cancerogen), als Gas in die Luft gelangt, selbst wenn immissionsschutzrechtliche Grenzwerte für derartige Emissionen fehlen.[71] Rein theoretische Erörterungen über mögliche Schadenswirkungen, für die es bisher keine wissenschaftlich hinreichend gesicherten Anhaltspunkte gibt, haben auszuscheiden.[72] Zur Feststellung des Geeignetseins ist nach allem auf Art, Ausmaß und Dauer der Immissionen in dem betroffenen Bereich abzustellen. 11

Umstritten ist, inwieweit die Eignung zur Schädigung aus den auf der Basis von § 48 BImSchG in der TA Luft festgesetzten Grenzwerten hergeleitet werden kann.[73] Diese liefern für den Strafrichter zumindest Anhaltspunkte.[74] Bei ihrer Einhaltung ist wegen der akzessorischen Natur des Strafrechts eine Schädigungseignung grundsätzlich abzulehnen,[75] während ihre 12

61 *Lackner/Kühl/Heger* Rdn. 13; teilw. abw. *Hoyer* 165 („hinreichende Verletzungsursachentauglichkeit" des vom Täter zumindest mitverursachten Gesamtsachverhalts); *Tiedemann* Neuordnung des Umweltstrafrechts 32; Ensenbach/*Dölling* Natur- und Umweltschutzrecht (1989) 81, 86; *Sch/Schröder/Heine/Schittenhelm* Rdn. 18.

62 *Alt* MK Rdn. 28.

63 *Alt* MK Rdn. 28; *Saliger* Umweltstrafrecht Rdn. 396; *Rudolphi* NStZ **1984** 250.

64 Hierzu *Kloepfer* Umweltrecht § 15 Rdn. 168 ff; *Landmann/Rohmer/Thiel* § 3 Rdn. 10 ff; *Jarass* § 3 Rdn. 20 ff; *Koch/Hofmann* § 4 Rdn. 94 ff; *Schulte/Michalk* BeckOK-UmwR § 3 Rdn. 31 ff.

65 *Landmann/Rohmer I/Thiel* § 3 BImSchG Rdn. 54; *T. Horn* UPR **1983** 215, 219.

66 OLG Karlsruhe ZfW **1996** 406; *Alt* MK Rdn. 28; *Schall* SK Rdn. 41; zu § 3 BImSchG *Kloepfer* Umweltrecht § 15 Rdn. 204; *Jarass* Rdn. 39 ff;; *Schulte/Michalk* BeckOK-UmwR Rdn. 33 unter Bezugnahme auf BVerwG NVwZ **2009** 95.

67 *Rogall* Festschrift Köln 505, 516.

68 *Tiedemann* Neuordnung des Umweltstrafrechts 31 f.

69 *Alt* MK Rdn. 28; *Möhrenschlager* WiVerw **1984** 47, 65; *Heine* Umweltstrafrecht 112 m. w. N.; **aA** *Michalke* 119.

70 Zu § 3 BImSchG; *Schulte/Michalk* BeckOK-UmwR Rdn. 57; *Landmann/Rohmer/Thiel* § 3 BImSchG Rdn. 51; *Jarass* Rdn. 41 (Einbeziehung wissenschaftlicher Erkenntnisse bzw. Erfahrungssätze/-werte).

71 OLG Karlsruhe ZfW **1996** 406, 407; *Sack* Rdn. 28, 33a.

72 *Jarass* 3 BImSchG Rdn. 41; *Rudolphi* NStZ **1984** 248, 250.

73 Hierzu näher *Dölling* ZRP **1988** 334, 336; *Heinz* NStZ **1981** 253, 255; *Kühl* Festschrift Lackner 815, 859 ff; *Bergmann* 23 ff; *Herrmann* ZStW **91** (1979) 281, 301; *Rudolphi* NStZ **1984** 248 ff; *Tiedemann/Kindhäuser* NStZ **1988** 337, 341; *Sack* Rdn. 55; zur Beachtlichkeit im Verwaltungsgerichtsverfahren BVerwG BayVBl. **1999** 600; NuR **1996** 522, 523; GewArch **1995** 436; BVerwGE **55** 250, 256 (die dortige These des „antizipierten Sachverständigengutachtens" ist inzwischen aufgegeben, vgl. *Kloepfer* Umweltrecht § 15 Rdn. 100); *BVerwG* NVwZ **2000** 440 (Reingas); NVwZ **2001** 1165 (Gesamtstaub); NVwZ **2004** 610 f (Nanopulver; keine Immissionsgrenzwerte); zur Begrenzung von Emissionen bei potenziell gesundheitsgefährdenden Stoffen); BayVGH DVB1. **1997** 70, 71; VGH Mannheim NVwZ-RR **1995** 509; DVBl. **2000** 1865 (Zementklinker); OVG Münster NuR **1990** 417; NJW **1976** 2360; *Nicklisch* NJW **1983** 841.

74 *Alt* MK Rdn. 30; *Schall* SK Rdn. 45, *Michalke* 120; *MG/Pfohl* § 54 Rdn. 199 (Orientierungswerte, ebenso *Kloepfer* Umweltrecht § 7 Rdn. 99, 255); *Koch/Hofmann* § 4 Rdn. 119 f; *AK-U* 136 („gewisse Vermutung"); *Pfeiffer* 171 f.

75 *Alt* MK Rdn. 30; *Sch/Schröder/Heine/Schittenhelm* Rdn. 19; zurückhaltender *Franzheim/Pfohl* Rdn. 214; *Schall* SK Rdn. 45 (konkrete Umstände des Einzelfalls können Eignung begründen).

Überschreitung ein Indiz für eine Schädigungseignung liefert,[76] das in der Regel sodann einer sachverständigen Klärung bedarf. Soweit die TA Luft oder Rechtsverordnungen gemäß § 48a BImSchG darüber hinaus Immissionsgrenzwerte zum Schutz vor erheblichen Nachteilen oder erheblichen Belästigungen enthalten, sind diese für Absatz 1 irrelevant.[77] Für Taten nach Absatz 2 oder 3 kann ihre Überschreitung indessen Bedeutung gewinnen.

13 **c) Umgebungsparameter.** Ebenfalls umstritten ist, ob variable Wetter- und Windverhältnisse zu berücksichtigen sind. Da es auf die generelle Eignung zur Schädigung ankommt, haben im Allgemeinen die konkret vorhandenen, Schwankungen unterworfenen Witterungsverhältnisse unberücksichtigt zu bleiben. Dasselbe gilt für die Feststellung, zur Tatzeit sei keine Person oder keine Tierwelt in dem betroffenen Bereich zugegen gewesen.[78] Dagegen werden konstante Umstände wie Art, Menge, Zusammensetzung, Konzentration, Dauer und Ausbreitung der Schadstoffe, die Beschaffenheit und Lage einer Anlage (z. B. die Höhe eines Schornsteins), ihr Verhältnis zu anderen emittierenden Anlagen, die Bebauung, Lage und Beschaffenheit des Geländes und die Besiedlungsdichte mit herangezogen.[79] Kommt das Geeignetsein erst deswegen in Betracht, weil Emissionen kumulativ zu berücksichtigen sind,[80] so muss auch die synergetische Wirkung nach dem derzeitigen Stand der Wissenschaft hinreichend gesichert erscheinen.[81] Für den objektiven Tatbestand ist dabei der Wissenschaftsstandard zum Zeitpunkt der letzten richterlichen Entscheidung maßgebend.[82] Entgegen *Horn* kommt hierfür nicht nur die letzte tatrichterliche Hauptverhandlung in Betracht,[83] sondern gegebenenfalls der Zeitpunkt der Revisionsentscheidung, da wissenschaftliche Erfahrungssätze auch in der Revisionsinstanz zu berücksichtigen sind.

3. Potenziell gefährdete Objekte

14 **a) Gesundheit eines anderen.** Nach allgemeiner Meinung kommt es hierbei auf den strafrechtlichen Begriff der Gesundheit an, wie er im Bereich der Körperverletzungsdelikte gilt.[84] Die weitere Definition der WHO, die bereits jede Störung des Wohlbefindens genügen lässt, ist nicht heranzuziehen.[85] Es reicht aber aus, wenn die Verursachung von Husten- oder Brechreiz, Übelkeit, Atem- oder Schlafbeschwerden, Kopfschmerzen, Benommenheit, Nies- oder Tränenreiz,

---

76 *Alt* MK Rdn. 30; *Saliger* Umweltstrafrecht Rdn. 396; *GJW/Bock* Vor § 324 Rdn. 42; *Sack* Rdn. 28, 55; *Schall* SK Rdn. 45; *ders.* NStZ-RR **2003** 65, 67; *Kloepfer* Umweltrecht § 7 Rdn. 99; Überblick über gesundheitsgefährliche Werte bestimmter Schadstoffe nach dem Bericht der Bund/Länder-Arbeitsgemeinschaft für Immissionsschutz von 2004 bei *Hansmann/Sellner* Grundzüge des Umweltrechts, 4. Aufl. (2012) Kap. 6 Rdn. 148; zu Nr. 4.2.1 TA Luft auch *Koch/Hofmann* § 4 Rdn. 84 (mit Schaubild).

77 *Weber* GK-BImSchG Rdn. 31; *Rudolphi* NStZ **1984** 248, 250 f; *Lackner/Kühl/Heger* Rdn. 15.

78 *Alt* MK Rdn. 29; *Steindorf* LK[11] Rdn. 6; *Sch/Schröder/Heine/Schittenhelm* Rdn. 18; *Schall* SK Rdn. 43 f (mit Ausnahmen); *Saliger* Umweltstrafrecht Rdn. 396; *Weber* GK-BImSchG Rdn. 32; *Möhrenschlager* WiVerw. **1984** 47, 65; *Rudolphi* NStZ **1984** 248, 250; *Ensenbach/Dölling* 81, 86; **aA** *Rogall* Festschrift Köln 505, 516; *Triffterer* 191, 200; zu Wetter und Wind auch *Schmitz* MK Vor § 324 Rdn. 28; *Ransiek* NK Rdn. 5 (nur wenn Wetterwechsel absehbar); *GJW/Bock* Vor § 324 Rdn. 41.

79 *Alt* MK Rdn. 29; *Steindorf* LK[11] Rdn. 6; *Saliger* Umweltstrafrecht Rdn. 396; *Weber* GK-BImSchG Rdn. 32; *Möhrenschlager* WiVerw. **1984** 47, 65; *Ensenbach/Dölling* 81, 86; *Schall* SK Rdn. 42.

80 Zum Problem der Kumulation bzw. Summation *Koch/Hofmann* § 4 Rdn. 98 ff.

81 Ähnlich OVG Lüneburg DVBl. **1977** 347.

82 *Alt* MK Rdn. 29; *Steindorf* LK[11] Rdn. 6; *Saliger* Umweltstrafrecht Rdn. 396.

83 *Horn* SK[8] Rdn. 5.

84 BT-Drs. 8/3633 27 f; *Fischer* Rdn. 8; *Sch/Schröder/Heine/Schittenhelm* Rdn. 14; *Lackner/Kühl/Heger* Rdn. 13; *Sack* NJW **1980** 1424, 1425; *Laufhütte/Möhrenschlager* ZStW 92 (**1980**) 912, 942.

85 BT-Drs. 8/3633 27 f; *Sch/Schröder/Heine/Schittenhelm* Rdn. 14.

also eine somatische Auswirkung zu erwarten ist, soweit sie die Erheblichkeitsschwelle überschreitet.[86] Von zu erwartenden psychischen Schädigungen sind nach dem Willen des Gesetzgebers nur solche erfasst, die sich körperlich manifestieren.[87] Die Tauglichkeit zum Hervorrufen allein von (gelegentlichem) Schnupfen und „leichten" Kopfschmerzen scheidet aus.[88] Ebensowenig genügt es, wenn die Beschwerden nur vereinzelt oder kurzfristig auftreten[89] oder bloße Belästigungen darstellen.[90] Bei der Frage der Geeignetheit zur Gesundheitsschädigung wird auf den Empfindlichkeitsgrad anlagegemäß besonders empfindsamer Menschen abzustellen sein; denn bereits, wenn diese beeinträchtigt werden, ist die Verunreinigung der Luft im geforderten Sinne „geeignet".[91] Ähnliches gilt für Tiere, Pflanzen und empfindliche Sachen.

b) Tiere. Die Schädigung von Tieren betrifft Tötungen, Verletzungen, Missbildungen oder die Unverwertbarkeit zum vorgesehenen Zweck. Ein **bedeutender Wert** ist anzunehmen, wenn ein gewichtiges wirtschaftliches, ökologisches,[92] kulturelles oder historisches Allgemein- oder Individualinteresse an unversehrter Erhaltung besteht.[93] Von Bedeutung für den ökologischen Wert ist dabei, ob Schäden zu nachhaltigen Änderungen bei Tieren in einem bestimmten Gebiet führen können,[94] wobei im Einzelfall der ökologische Verlust mit dem Durchschnittsverlust eines bedeutenden finanziellen Schadens abzugleichen ist (s. § 324a Rdn. 30). Umstritten ist die Frage, ob ein ökologischer Schaden auch vorliegt, wenn Tiere ihren angestammten Lebensbereich verlassen und abwandern. Sofern diese Tiere, ohne selbst Schaden zu nehmen, lediglich ihren Standort wechseln, kann eine Schädigung der Tiere nicht angenommen werden.[95] Der jeweilige ökologische Status ist als solcher nicht generell geschützt.[96] Wenn das Abwandern der Tiere sich allerdings auf andere Tier- oder Pflanzenarten schädigend auswirken kann, mag man darin die erforderliche Schädigungseignung sehen.[97] 15

Ob an den Tieren (oder Sachen) **Eigentumsrechte** bestehen, ist ohne Belang, womit – herrenlose – wildlebende Tiere ebenfalls als Schädigungsobjekte in Betracht kommen. Daher kann es insoweit nicht auf den Verkehrswert ankommen, sondern auf die ökologische Bedeutung.[98] Soweit allerdings fremde Tiere gefährdet werden, ist deren ökonomischer Wert bzw. dessen drohende Minderung maßgebend. Drohen nämlich Tieren oder im Sinne der Vorschrift bedeuten- 16

---

86 BGH Urt. v. 13.3.1975 – 4 StR 28/75 JurionRS **1975**, 11938; StA Landau NStZ **1984** 553; *Schall* SK Rdn. 32 f; *Sch/Schröder/Heine/Schittenhelm* Rdn. 14; *Saliger* Umweltstrafrecht Rdn. 397; *Fischer* Rdn. 8; *GJW/Bock* Rdn. 12; *Sack* Rdn. 32; *Weber* GK-BImSchG Rdn. 33; *Laufhütte/Möhrenschlager* ZStW **92** (1980) 912, 942 f.

87 BT-Drs. 8/3633 28; BGH NStZ **1997** 123; *Schall* SK Rdn. 32 f; *Sch/Schröder/Heine/Schittenhelm* Rdn. 14; *Fischer* Rdn. 8; **aA** (ohne Erfordernis somatischer Auswirkung) *Pfeiffer* 145 f; *Laufhütte/Möhrenschlager* ZStW **92** (1980) 912, 943.

88 *Steindorf* LK[11] Rdn. 10.

89 *Alt* MK § 324a Rdn. 23.

90 *Schall* SK Rdn. 33; *Fischer* Rdn. 8; *Schulte/Michalk* BeckOK-UmwR § 3 BImSchG Rdn. 40 (Geruchsimmissionen eines landwirtschaftlichen Betriebes als Beispiel für Belästigungen); zu Abgrenzungsschwierigkeiten s. Anhörung zum 18. StRÄndG AP I 53, 66, 94, 96 ff; *Triffterer* 191.

91 *Alt* MK § 324a Rdn. 23; *Schall* SK Rdn. 33; *Steindorf* LK[11] Rdn. 9; *Sch/Schröder/Heine/Schittenhelm* Rdn. 18.

92 BT-Drs. 8/2382 16; Begr. RegE BT-Drs. 12/192 45; *Alt* MK Rn. 25; *Sch/Schröder/Heine/Schittenhelm* Rdn. 15.

93 *Steindorf* LK[11] Rdn. 11; *Schall* SK Rdn. 34; *Lackner/Kühl/Heger* Rdn. 13; *Sack* Rdn. 33; *Möhrenschlager* NuR 1983 212, 216; HWiStR III 2; enger *Rengier* Festschrift Spendel (1992) S. 571.

94 *Sch/Schröder/Heine/Schittenhelm* Rdn. 15; *Schall* SK Rdn. 34; diff. *Alt* MK Rdn. 24 (Wiederherstellungsaufwand).

95 *Weber* GK-BImSchG Rdn. 35; **aA** *Fischer* Rdn. 9; *Schall* SK Rdn. 35.

96 *Sch/Schröder/Heine/Schittenhelm* Rdn. 15; *Steindorf* LK[11] Rdn. 11.

97 *Sch/Schröder/Heine/Schittenhelm* Rdn. 15, 18; *Steindorf* LK[11] Rdn. 11; *Weber* GK-BImSchG Rdn. 35; *Sack* Rdn. 33; differenzierend *Stegmann* 216 f.

98 *Lackner/Kühl/Heger* Rdn. 13; *Steindorf* LK[11] Rdn. 12.

den Sachen nur unerhebliche Beeinträchtigungen, so genügt dies nicht.[99] Sie müssen einzeln oder zusammen einem bedeutenden Schaden ausgesetzt sein.[100]

17 **c) Pflanzen.** Für Pflanzen gelten die Ausführungen zu den Tieren (Rn. 15 ff) entsprechend, soweit es ihre Wertbemessung und wirtschaftliche wie ökologische Schädigung anbelangt. Dazu gehört neben (starker) Beschädigungen von Bäumen und Sträuchern auch die Verkümmerung und das Eingehen von Pflanzen bis hin zur Vernichtung einer Pflanzenart, weiter Missbildungen, Anreicherung mit Schadstoffen und Unverwertbarkeit zum vorgesehenen Zweck, insbesondere bei Pflanzenschäden in der Land- und Forstwirtschaft.[101] Nicht ausreichend sind ästhetische Auswirkungen, z. B. durch Staub, ohne nachweisbare Folgen für den Naturhaushalt.[102]

18 **d) Sachen.** Für die „anderen Sachen von bedeutendem Wert" gilt der Sachbegriff des § 90 BGB. Erfasst sind sowohl bewegliche als auch unbewegliche Sachen; die Eigentumslage spielt keine Rolle.[103] Der Gesetzgeber hat neben ökologischen Schäden vor allem an die „Korrosion von Anlagen, Gebäuden, u. a. auch von Kunstwerken" gedacht.[104] Bei ihnen wird ein bedeutender Wert zu bejahen sein, selbst wenn die jeweilige Sache keinen Verkaufswert aufweist, sofern sie (als erhaltungswürdig) in hohem Maße sanierungsbedürftig ist.[105] Lässt sich ein Geldwert nicht bestimmen, geben die Schadensbehebungskosten einen Anhaltspunkt, sonst ist auf den ideellen Wert abzustellen.[106] Als Mindestgrenze ist aus systematischen Gründen wie bei den §§ 315 ff ein Wert von ca. 1.300-1.500 € anzusetzen.[107] Zu Sachen von unbedeutendem Wert wird man zum Abriss bestimmte Gebäude ohne kulturelle Bedeutung, Abfallstoffe u. Ä. zu rechnen haben. Bei tätereigenen Sachen wird verlangt, dass mit ihrer Gefährdung zugleich Allgemeininteressen bedroht sind.[108]

19 **e) Eignung zur Gefährdung außerhalb des Anlagenbetriebs.** Die Luftverunreinigung muss die Eignung aufweisen, Schadenswirkungen „außerhalb des zur Anlage gehörenden Bereichs", der auch im Ausland liegen kann, zu entfalten. Drohender Schaden, der sich auf den internen Bereich der Anlage beschränkt, reicht nicht aus, sofern auszuschließen ist, dass er auf Bereiche außerhalb der Anlage (abw. bei Absatz 2: außerhalb des Betriebsgeländes) einwirken kann. Bei dem Medium (Außen-)Luft wird allerdings unter Berücksichtigung der im Regelfall unvorhersehbaren Witterungsbedingungen eine Verunreinigung regelmäßig nicht auf den Anlagenbereich zu beschränken sein.

---

99 *Alt* MK § 324a Rdn. 25; *Lackner/Kühl/Heger* Rdn. 13; *Sch/Schröder/Heine/Schittenhelm* Rdn. 13; *Laufhütte/Möhrenschlager* ZStW **92** (1980) 912, 942.

100 *Sch/Schröder/Heine/Schittenhelm* Rdn. 15; *Steindorf* LK[11] § 324a Rdn. 51; *Saliger* Umweltstrafrecht Rdn. 397.

101 BT-Drs. 8/2382 15; *Saliger* Umweltstrafrecht Rdn. 397.

102 *Möhrenschlager* LK[12] Rdn. 12.

103 *Sch/Schröder/Heine/Schittenhelm* Rdn. 16; *Schall* SK Rdn. 36; *SSW/Saliger* Rdn. 6; *Fischer* Rdn. 10; *Lackner/Kühl/Heger* Rdn. 13; *Sack* Rdn. 33; *Weber* GK-BImSchG Rdn. 35; ERST/*Kubiciel* Rdn. 9; *Franzheim/Pfohl* Rdn. 215 (Lackschäden durch Rußpartikel aus einer Feuerungsanlage mit defektem Filter).

104 BT-Drs. 8/2382 15; *Schall* SK Rdn. 37; *Sch/Schröder/Heine/Schittenhelm* Rdn. 16; ausf. *Rengier* Festschrift Spendel 559, 570.

105 *Weber* GK-BImSchG Rdn. 35; *Szesny* AnwK Rdn. 29.

106 *Schall* SK Rdn. 38 ff.

107 *Schall* SK Rdn. 40; vgl. im Übrigen *Fischer* § 315 Rdn. 16a; *Sch/Schröder/Hecker* § 315c Rdn. 31, jeweils m. w. N.; die anderslautende Entscheidung BGH NStZ **2011** 215 (750 €) rechtfertigt dies mit dem Schutzzweck, was jedoch gerade bei § 325 für einen höheren Wert spräche; wie der BGH *König* LK § 315 Rdn. 95.

108 *Ransiek* NK Rdn. 7; *Sch/Schröder/Heine/Schittenhelm* Rdn. 16; *Saliger* Umweltstrafrecht Rdn. 397 (Gefährdung muss über den Lebenskreis des Täters hinausreichen; dagegen *Schall* SK Rdn. 36); *Rengier* Festschrift Spendel 572.

Der zur Anlage gehörende Bereich kann nicht weiter gehen als bis zur Grenze desjenigen Bereichs, der dem Arbeitsschutz unterfällt. Unter den zur Anlage gehörenden Bereich fällt nur ein eng begrenzter, nahe um die emittierende Anlage selbst befindlicher Bezirk, nicht etwa bei Industrieanlagen, die ganze Stadtviertel einnehmen, der gesamte von Industrieanlagen bedeckte Bereich. Bei der **Abgrenzung** ist „von der Anlage auszugehen, auf die sich die verwaltungsrechtlichen Pflichten beziehen, die verletzt werden".[109] Einwirkungen auf die Anlage selbst scheiden aus, da Nachbarschaft und Allgemeinheit betroffen sein müssen.[110] Der Schutz wird in diesen Fällen versagt, weil nur eine Schädigung solcher Rechtsgüter erwartet werden kann, die der eigenen Sphäre des Anlagebetreibers zuzuordnen sind. Sachen von noch so bedeutendem Wert, die sich innerhalb des Anlagebereichs befinden, sind demnach ausgenommen. Bei Tieren, Pflanzen und anderen Sachen ist der zur Anlage gehörende Bereich in aller Regel durch eine Einfriedung abgegrenzt. 20

4. Begriff der Anlage

Der Kritik[111] an diesem einschränkenden Merkmal hat der Gesetzgeber in Absatz 3 Rechnung getragen. Zudem haben sich die Strafvorschriften von dem Begriff der „Anlage" i. S. d. des BImSchG in einigen Punkten gelöst,[112] wobei von einem **weiten Anlagebegriff** auszugehen ist.[113] Die Begründung[114] spricht davon, dass sich der Tatbestand „im wesentlichen" auf „ortsfeste und ortsveränderliche Anlagen i. S. v. § 3 Abs. 5 Nr. 1 und 2 BImSchG, wie z. B. Betriebsstätten und Maschinen" – in § 325 Abs. 1 und 2 hervorgehoben – beziehe; eine Beschränkung auf den Anwendungsbereich des BImSchG hat der Gesetzgeber jedoch – entgegen dem Votum des Bundesrats[115] – abgelehnt.[116] Deshalb finden in § 325 die Anwendungsbeschränkungen des BImSchG[117] und der BImSchV keine Anwendung; auch Anlagen i. S. d. Landes-Immissionsschutzgesetze unterfallen § 325.[118] Als Anlage wird daher allgemein eine auf eine gewisse Dauer angelegte, als Funktionseinheit organisierte Einrichtung nicht ganz unerheblichen Ausmaßes angesehen, die der Verwirklichung beliebiger Zwecke zu dienen bestimmt ist.[119] Ob die Einrichtung ortsfest oder beweglich ist, gewerblichen, der Erzeugung technischer Leistungen, der Be- 21

---

109 BT-Drs. 8/2382 S. 16; *SSW/Saliger* Rdn. 7; *Schall* Rdn. 47 f (zusätzlich für Abgrenzung nach Funktions- bzw. Organisationsbereichen).

110 *Lackner/Kühl/Heger* Rdn. 3; *Saliger* Umweltstrafrecht Rdn. 398; *GJW/Bock* Rdn. 14.

111 *Triffterer* 196; *Pfeiffer* DRiZ **1995** 299, 301 f; *Egner* 183 f.

112 *Saliger* Umweltstrafrecht Rdn. 400; *Sch/Schröder/Heine/Schittenhelm* Rdn. 4; *Martin* Sonderdelikte 34 ff; *Rogall* JZ-GD **1980** 101, 109; *Rudolphi* NStZ **1984** 248, 251 *Kloepfer* Umweltrecht § 7 Rdn. 101; **aA** *Schall* SK Rdn. 19 ff (für grundsätzliche Orientierung an § 3 Abs. 5 BImSchG).

113 BT-Drs. 12/192 18; *Laufhütte/Möhrenschlager* ZStW 92 (**1980**) 912, 941; *Möhrenschlager* NuR **1983** 209, 216; krit. *Lackner/Kühl/Heger* Rdn. 2; *GJW/Bock* Rdn. 4 („uferlos weit").

114 BT-Drs. 8/2382 15.

115 BT-Drs. 8/2382 30; dazu die Gegenäußerung der Bundesregierung BT-Drs. 8/2382 34.

116 Ausschussbericht BT-Drs. 8/3633 27.

117 So § 2 Abs. 2 BImSchG (Flugplätze und Anlagen i. S. d. AtomG und seiner RVOen), § 3 Abs. 5 Nr. 2 BImSchG; zur Ausnahme bei Fahrzeugen § 3 Abs. 2 Nr. 2 i. V. m. § 38 BImSchG sowie § 325 Abs. 7.

118 *Sch/Schröder/Heine/Schittenhelm* Rdn. 5; *Lackner/Kühl/Heger* Rdn. 2; *Laufhütte/Möhrenschlager* ZStW 92 (**1980**) 912, 941; krit. *Schall* SK Rdn. 20 ff.

119 OLG Koblenz MDR **1986** 162 = GA **1986** 234 (verneint für Lastzug im Straßenverkehr, der durch bloße Zuladung gefährlicher Güter nicht zur Anlage wird); vgl. auch BayObLGSt **1994** 52 = wistra **1994** 237 (zu § 329 Abs. 2 Nr. 1); *Alt* MK Rdn. 14; *Sch/Schröder/Heine/Schittenhelm* Rdn. 4; *SSW/Saliger* Rdn. 9; *Fischer* Rdn. 4; *Lackner/Kühl/Heger* Rdn. 2; *Szesny* AnwK Rdn. 5; *Witteck* BeckOK Rdn. 7; *Franzheim/Pfohl* Rdn. 204; *Michalke* Rdn. 176; *J. Martin* 35; *Otto* BT § 82 Rdn. 50; weiter *Ransiek* NK Rdn. 8; *Sack* Rdn. 16; enger wohl *Steindorf* LK[11] Rdn. 18, *Pfeiffer* 17 f; **aA** *Schall* SK Rdn. 19.

wahrung von Rohstoffen oder Produkten, der Entsorgung von Abfällen bzw. privatwirtschaftlichen oder hoheitlichen Zwecken dient, ist ohne Bedeutung.[120]

22 Erfasst werden aber auf jeden Fall Anlagen i. S. v. § 3 Abs. 5 BImSchG, die nach § 4 Abs. 1 BImSchG i. V. m. § 1 der 4. BImSchV und dem Anh. 1 genehmigungsbedürftig oder nach § 22 BImSchV nicht genehmigungsbedürftig sind.[121] Zu den genehmigungsbedürftigen Anlagen gehören räumlich zusammengefasste, der Ausübung eines stehenden Betriebs dienende Betriebsstätten und sonstige **ortsfeste Einrichtungen** wie Fabriken, ähnliche industrielle und gewerbliche Werke, Anstalten, Bergwerke, Bauernhöfe, handwerkliche Betriebsstätten, einschließlich fest eingebauter Maschinen sowie in einem räumlichen oder betriebstechnischen Zusammenhang stehende Neben- und Hilfseinrichtungen (wie Materiallager, Tanklager/-stellen, Kühltürme, Feuerungsanlagen, Verpackungs-, Verlade- oder Reparatureinrichtungen, Mess-, Steuer- und Regeleinrichtungen.[122] Anh. 1 der 4. BImSchV enthält dazu eine Liste einschlägiger genehmigungsbedürftiger Anlagen.

23 Ebenfalls zu den Anlagen zu rechnen sind Maschinen, Geräte und sonstige **ortsveränderliche technische Einrichtungen.**[123] Abgrenzungsprobleme bestehen dabei zu den **nach Absatz 7 ausgeschlossenen Fahrzeugen**. Dazu gehören Kraftfahrzeuge (§ 1 Abs. 2 StVG), Schienenfahrzeuge (§ 1 Abs. 1 AEG, § 4 PersonenbefG, einschließlich Bergbahnen), Luftfahrzeuge (§ 1 Abs. 2 LuftVG) und Wasserfahrzeuge (§ 2 Abs. 1, § 3 Abs. 1 Nr. 2 BinnenSchAufgG, einschließlich Luftkissenfahrzeugen). Solche Fahrzeuge sind jedoch gleichwohl Anlagen, falls sie außerhalb des öffentlichen Verkehrsraums[124] innerhalb einer Betriebsstätte (d. h. auf dem Werksgelände, Tankstellengelände oder im Parkhaus außerhalb der Öffnungszeiten) als Arbeitsgerät eingesetzt werden, die Emissionen dem Betrieb der Anlage zuzurechnen sind und die Nutzung nicht mit der Eigenschaft als Beförderungs- bzw. Transportmittel zusammenhängt. Nicht erfasst wird deshalb ein Fahrzeug im öffentlichen Verkehr durch die bloße Zuladung gefährlicher Güter.[125] Zum Anlagenbetrieb zählen dagegen der Einsatz von Ernte- oder Baumaschinen oder eines luftverunreinigenden Pflanzenschutzmittel-Sprühgeräts an einem Flugzeug oder eines luftverunreinigenden Kesselwagens als Lagerbehälter.

24 Eingeschlossen werden zudem **Grundstücke**, auf denen Stoffe (nicht nur kurzfristig) gelagert oder Arbeiten durchgeführt werden, die Emissionen verursachen können; dazu gehören neben privaten auch – entgegen § 3 Abs. 5 Nr. 3 BImSchG – öffentliche Verkehrswege einschließlich Flugplätzen und Häfen. Beispiele wären Mülldeponien, Abfallaufbereitungs-/-verwertungsanlagen, Klärwerke, Kompostwerke, land- und forstwirtschaftliche Flächen, wenn sie nicht nur gelegentlich in einer umweltschädlich geeigneten Weise genutzt (z. B. gedüngt) werden,[126] Anlagen zur Tierhaltung, Flächen mit (dauernder) Dunglagerung (Misthaufen), Kohle- und sonstige Lagerhalden, Bahnhöfe, Baustelleneinrichtungen, auch zur Sanierung und zum

---

120 *SSW/Saliger* Rdn. 9; *Sch/Schröder/Heine/Schittenhelm* Rdn. 4; *Lackner/Kühl/Heger* Rdn. 2; *Sack* Rdn. 22; eine immissionsschutzrechtliche Relevanz verlangt *Richter* 30.

121 BT-Drs. 7/179 S. 29 f; 8/2382 15, 34; 8/3633 27; 12/192 18; *Alt* MK Rdn. 14; *Sch/Schröder/Heine/Schittenhelm* Rdn. 4; *Jarass* NVwZ **1995** 529, 530; *Kloepfer/Vierhaus* Rdn. 114; *Michalke* Rdn. 93; **aA** zu Grundstücken *Pfeiffer* 16 ff.

122 *Alt* MK Rdn. 15; *SSW/Saliger* Rdn. 10; *Sack* Rdn. 18; *Sch/Schröder/Heine/Schittenhelm* Rdn. 4;; *Schulte/Michalk* BeckOK-UmwR § 3 BImSchG Rdn. 74 f; *Landmann/Roehmer/Thiel* Rdn. 85 f; Ortsfestigkeit liegt vor, wenn eine Einrichtung kraft Konstruktion oder beabsichtigter Nutzungsdauer ständig oder wenigstens über einen längeren Zeitraum am selben Ort eingesetzt werden soll, s. *Richter* 23 f; *Jarass* § 3 Rdn. 69.

123 Die Beispiele in der Literatur wie etwa bei *SSW/Saliger* Rdn. 10; *Fischer Rdn. 4; und Sch/Schröder/Heine/Schittenhelm* Rdn. 4 beziehen sich zumeist auf lärmerzeugende Einrichtungen. Anders kann dies bei einer Teersplittanlage sein. *Richter* 25 stellt bei „technischen" Einrichtungen eine Verbindung zu Verfahren, Einrichtungen bzw. Maßnahmen her, die der praktischen Nutzung naturwissenschaftlicher Erkenntnisse dienen.

124 Näher zum öffentlichen und nichtöffentlichen Verkehrsraum *König* LK § 315b Rdn. 7 f.

125 *Schall* SK Rdn. 25; *SSW/Saliger* Rdn. 11; *Sch/Schröder/Heine/Schittenhelm* Rdn. 4, 20; *Sack* Rdn. 23, 138 mit Hinweis auf OLG Koblenz MDR **1986** 162 (vom schleudernden Anhänger eines Lastzugs fallen Giftfässer, wodurch giftige Dämpfe entstehen).

126 BT-Drs. 7/1513 2; 14/4599 125.

Abbruch von Asbest oder Lageplätze für (immissionsträchtige) Baumaterialien.[127] Konkrete Beispiele genehmigungsbedürftiger Anlagen enthält ferner Anh. 1 der 4. BImSchV.

Einrichtungen oder Grundstücke, denen Wesensmerkmale fehlen, die für den Anlagebegriff bestimmend sind, scheiden hingegen aus. Es handelt sich dabei einmal um das temporale Element („auf längere Dauer geplant") und nach weit verbreiteter Meinung zum anderen um das finale Element („bestimmungsgemäß, nicht nur gelegentlich").[128] Auf die bestimmungsgemäße Nutzung ist allerdings schon deswegen nicht abzustellen, weil auch Umwelteinwirkungen erfasst sein sollten, die bei nicht bestimmungsgemäßem Betrieb entstehen.[129] Ein berechtigtes Kriterium bildet hingegen der temporale Aspekt. Einrichtungen oder Grundstücke, die nur vorübergehend oder gelegentlich zur Durchführung von Arbeiten im weitesten Sinne genutzt werden, stellen keine Anlagen im hier geforderten Sinne dar. Wesentliches Merkmal der Anlage ist deshalb, dass man sich auf etwas „eingerichtet" hat, das konstant bleiben soll; das Grundstück muss **durch die betreffende Nutzung geprägt** sein. Bei den Betriebsstätten und anderen ortsfesten Einrichtungen sowie bei Maschinen und Geräten wird dies regelmäßig der Fall sein, weil erfahrungsgemäß Investitionen nicht für einmalige oder nur gelegentliche Nutzungen aufgebracht werden. Dieses Merkmal einer gewissen Konstanz ist unabdingbar, wie sich aus dem gesetzlichen Beispiel (§ 3 Abs. 5 Nr. 3 BImSchG) der Lagerung (als Zwischenlagerung) und Ablagerung (endgültiges Deponieren) ergibt.[130] Ein Grundstück stellt danach nur dann eine „Anlage" dar, wenn auf ihm Arbeiten, die Immissionen verursachen können, nicht nur einmalig oder gelegentlich, sondern auf eine gewisse Dauer, wenn auch nicht ständig, stattfinden sollen.[131] Werden nur gelegentlich Materialien behandelt oder verbrannt, so genügt das nicht. Das die Nachbarschaft belästigende Flammen von Gärten und Äckern scheidet daher aus, soweit nicht Absatz 3 einschlägig ist; nach früherer Ansicht des Gesetzgebers sollte es insoweit mit Bußgelddrohungen sein Bewenden haben.[132] 25

5. Betrieb der Anlage

Das Gesetz verlangt weiter, dass die Luftveränderung „beim Betrieb" der Anlage herbeigeführt wird. Der Begriff „Betrieb" ist auch im BImSchG nicht definiert. Er ist ebenfalls in einem umfassenden Sinne zu verstehen,[133] weshalb hierunter nicht allein die Produktion im engeren Sinne, sondern **die gesamte Betriebsweise** der Anlage, einschließlich ihrer Wartung, Reparatur und Unterhaltung zu fassen ist. Das Errichtungsstadium einschließlich späterer Umbauphasen ist aber nicht erfasst. Ferner muss die errichtete Anlage in Funktion, also in Gang gesetzt sein, was bereits durch Probeläufe geschieht. Das Betreiben dauert danach bis zum endgültigen Stilllegen an.[134] Nicht erfasst werden demnach Luftverunreinigungen, die stattfinden, nachdem die Anla- 26

---

127 *Alt* MK Rdn. 16 ff; BayObLGSt **1986** 3 = NStZ **1986** 319 (Autowrackplatz); OLG Stuttgart NStZ **1991** 590 (geruchsbelästigende Klärschlammablagerung); *Sch/Schröder/Heine/Schittenhelm* Rdn. 4; *Sack* Rdn. 20 f; zu § 3 BImSchG *Landmann/Roehmer/Thiel* Rdn. 91 ff; *Jarass* Rdn. 74 ff.

128 BT-Drs. 7/1513 2. BTDrs. 7/1513 2; *Alt* MK Rdn. 17 f (für Nutzungsprägung); *Saliger* Umweltstrafrecht Rdn. 402; zu § 3 BImSchG *Jarass* Rdn. 74; vgl. zu Abfallentsorgungsanlagen BayObLG NJW **1992** 935; BayObLGSt **1998** 58 = NStZ **1998** 465; OLG Köln NStZ **1987** 461; OLG Stuttgart NStZ **1991** 590; VGH München NVwZ **1986** 492; OVG Münster NJW **2000** 2124 (LKW-Lärm auf Abstellplatz).

129 *Alt* MK Rdn. 17 f; *Schall* SK Rdn. 26; *Jarass* § 3 Rdn. 73; *Schulte/Michalk* BeckOK-UmwR § 3 BImSchG Rdn. 73, 80.

130 BGHZ **46** 17, 19.

131 BayObLGSt **1978** 53 = GewArch **1978** 237; OVG Münster NJW **2000** 2124; *Jarass* § 3 Rdn. 73.

132 BT-Drs. 12/192 18; *Saliger* Umweltstrafrecht Rdn. 402.

133 BT-Drs. 7/179 31.

134 BayObLGSt **1998** 58 f = NVwZ **1998** 465 (zu § 327 Abs. 2 Nr. 3); *Alt* MK Rdn. 21 ff; *Ransiek* NK Rdn. 9; *Schall* SK Rdn. 26 f; *Sch/Schröder/Heine/Schittenhelm* Rdn. 6; *SSW/Saliger* Rdn. 12; *Fischer* Rdn. 5; *Lackner/Kühl/Heger* Rdn. 2; *Sack* Rdn. 25; *Michalke* Rdn. 178; OLG Stuttgart wistra **1987** 306 f; NuR **1998** 446 (jeweils zu § 327 Abs. 2 Nr. 2).

ge völlig außer Funktion gesetzt worden ist, wobei allerdings auch ein Lagergrundstück noch eine in Betrieb befindliche, nämlich der Lagerung dienende Anlage darstellen kann. Die Stilllegung einer Müllhalde liegt nicht schon dann vor, wenn keine neuen Ablagerungen mehr stattfinden, sondern erst, wenn Vorsorge gegen die Weiterbenutzung – auch unerlaubte durch Dritte – getroffen worden ist.[135]

6. Verletzung verwaltungsrechtlicher Pflichten

27 **a) Allgemeine Anforderungen.** Die Verhaltensbeschreibung des Tatbestands erfährt (i. V. m. § 330d Abs. 1 Nr. 4 und 5) eine weitere Eingrenzung, weil alles als nicht tatbestandsmäßig ausscheidet, was im **Einklang mit dem Umweltverwaltungsrecht** steht, hier dem Immissionsschutzrecht. Die Verletzung verwaltungsrechtlicher Pflichten ist als Tatbestandsmerkmal zu qualifizieren[136] und verdeutlicht die enge Verknüpfung zwischen Umweltverwaltungsrecht und Strafrecht. Zur Problematik in verfassungsrechtlicher Hinsicht s. § 330d Rdn. 21, 29. Im Ergebnis werden sämtliche erfolgsursächlichen Zuwiderhandlungen gegen insb. Rechtsvorschriften, Verwaltungsakte und öffentlich-rechtliche Verträge erfasst, die dem Schutz vor Luftverunreinigungen außerhalb der Anlage dienen, sofern sie nur jeweils bestimmt genug umschrieben sind.[137]

28 Nicht zur Verantwortung gezogen werden kann, wer sich voll im Einklang mit dem verwaltungsrechtlich Geforderten befindet, sich also verwaltungskonform verhält. Verwaltungsanordnungen sind jedoch teilweise veraltet oder vor längerer Zeit zu großzügig gefasst worden.[138] Die Strafdrohung des § 325 bleibt daher ein „stumpfes Schwert", solange die Umweltschutzbehörden es versäumen, die entsprechenden zeitgerechten verwaltungsrechtlichen Regelungen zu treffen.[139]

29 Des weiteren ist aus der Formulierung das Erfordernis einer (Mit-)**Ursächlichkeit** des „Ungehorsams" gegenüber den verwaltungsrechtlichen Pflichten für die eingetretene Luftverunreinigung herzuleiten.[140] Zusätzlich hat eine solche Pflicht dem Schutz vor (auch potenziellen und abstrakten[141]) Gefahren oder schädlichen Einwirkungen auf die Umwelt außerhalb der Anlage zu dienen, insbesondere auf Menschen, Tiere oder Pflanzen, Gewässer, die Luft oder den Boden.[142]

30 **b) Rechtsvorschriften.** Tatbestandlich können nicht nur Verstöße gegen konkrete, den Betreffenden „vorwarnende" Verwaltungsakte oder das genehmigungslose Betreiben von Anlagen sein, sondern auch die Missachtung von verwaltungsrechtlichen Pflichten, die bereits in Gesetzen oder Verordnungen in einer derart bestimmten, verbindlichen Form enthalten sind, die eine Umsetzung in Gestalt eines Verwaltungsaktes zur Anwendung auf den Einzelfall entbehrlich

---

135 AG Cochem NStZ **1985** 505; *Saliger* Umweltstrafrecht Rdn. 403; *Schall* SK Rdn. 27; *Fischer* Rdn. 5; *Lackner/Kühl/Heger* Rdn. 2.

136 GenStA Zweibrücken NStZ **1984** 554; *Alt* MK Rdn. 38; *Fischer* Rdn. 3; *Heine/Meinberg* Gutachten D zum 57. DJT (1988) 48; *Lackner/Kühl/Heger* Rdn. 5; *Otto* Jura **1995** 134, 142; *Pfeiffer* DRiZ **1995** 299, 303; *Sch/Schröder/Heine/Schittenhelm* Rdn. 7; *Sack* Rdn. 34, 150; *Bergmann* 44; *Ensenbach* 31 ff, 35; *Laufhütte/Möhrenschlager* ZStW **92** (1980) 912, 941; *Schall* SK Rdn. 50; *Tiedemann* Neuordnung des Umweltstrafrechts 25; *Tiedemann/Kindhäuser* NStZ **1988** 337, 343.

137 RegE BT-Drs. 12/192 18, 31; *Fischer* Rdn. 3; *Lackner/Kühl/Heger* Rdn. 6; *Michalke* Rdn. 448; *Egner* 127 f.

138 *Heidt* Die Polizei **1982** 346, 352; dazu *Schall* SK Rdn. 57.

139 *Rudolphi* NStZ **1984** 248, 249.

140 StA Landau NStZ **1984** 553, 554; *Schall* NStZ **1997** 421; *Sch/Schröder/Heine/Schittenhelm* Rdn. 12; *Schall* SK Rdn. 18.

141 *Sch/Schröder/Heine/Schittenhelm* § 330d Rdn. 21; *Schmitz* MK § 330d Rdn. 24.

142 Begr. RegE BT-Drs. 12/192 31; *Sch/Schröder/Heine/Schittenhelm* Rdn. 8; *SSW/Saliger* Rdn. 12; *Schall* SK Rdn. 53; *Fischer* Rdn. 11; *Sack* Rdn. 36a.

macht, ohne deswegen mit dem Bestimmtheitsgrundsatz (Art. 103 Abs. 2 GG) in Konflikt zu geraten. Allgemein gehaltene Programmsätze in Rechtsvorschriften, die nur ein generelles Wohlverhalten in Bezug auf ein Umweltgut fordern, ohne konkrete Einzelpflichten zu begründen, weisen die geforderte Bestimmtheit nicht auf.[143] Hierzu gehören beispielhaft die allgemeinen Betreiberpflichten in den §§ 5 und 22 BImSchG.[144] Dagegen findet sich eine Anzahl unmittelbar verbindlicher, der Luftreinhaltung dienender Vorschriften des Verwaltungsrechts in Verordnungen wie der KleinfeuerungsanlagenVO (1. BImSchV), der Verordnung zur Emissionsbegrenzung von leichtflüchtigen Halogenkohlenwasserstoffen (2. BImSchV), der StörfallVO (12. BImSchV), der GroßfeuerungsanlagenVO (13. BImSchV), der VO über die (Mit-)Verbrennung von Abfällen (17. BImSchV), den VOen zur Begrenzung der Emissionen flüchtiger organischer Verbindungen usw. (20. und 31. BImSchV) und der VO über Luftqualitätsstandards und Emissionshöchstmengen (39. BImSchV).[145] In Frage kommt vor allem die Einbeziehung derjenigen Rechtsvorschriften, die bußgeldbewehrt sind und daher Anforderungen an Bestimmtheit und Klarheit entsprechen sollten.[146]

Rechtsvorschriften der hier angesprochenen Art müssen nicht unbedingt im Immissionsschutzrecht ihren Ursprung haben; in Betracht kommen auch solche des Atomrechts, des Gentechnikrechts, des Abfallrechts (vgl. z. B. § 15 Abs. 2 Nr. 4 KrWG), des Düngerechts, der Gewerbeordnung, des ChemG,[147] des Gefahrgutrechts (vgl. den Gefahrenbezug in § 2 GGBefG) oder auch des **Verkehrsrechts**, sofern sie nur zugleich dem Schutz vor Luftverunreinigungen dienen (vgl. z. B. § 30 Abs. 1, § 41 (mit Zeichen 270.1) StVO; 35. und 39. BImSchV).[148] Nach § 30 Abs. 1 S. 1 StVO sind bei der Benutzung von Fahrzeugen im Straßenverkehr vermeidbare Abgasbelästigungen verboten und schuldhaft begangen ordnungswidrig nach § 49 Abs. 1 Nr. 25 StVO i. V. m. § 24 StVG. In dem allerdings kaum praktisch denkbaren Fall des Freisetzens von schädlichen Abgasen (wie Stickstoffdioxiden) in einem bedeutenden Umfang käme daher eine Strafbarkeit nach § 325 Abs. 2 oder 3 in Frage. Zusätzlich stellt es nach § 62 Abs. 1 Nr. 7a i. V. m. § 38 Abs. 1 S. 2 BImSchG eine Ordnungswidrigkeit dar, wenn ein nicht zum Verkehr auf öffentlichen Straßen zugelassenes oder ein sonstiges Fahrzeug nicht so betrieben wird, dass vermeidbare Emissionen vermieden werden.[149] Ausscheiden müssen dagegen Normen, die keinerlei Bezug zum Umweltschutz aufweisen. 31

Rechtsvorschrift kann auch eine im Rahmen der **Europäischen Union** ergangene Verordnung sein, einschließlich einer Rechtsverordnung nach § 48a BImSchG, und hinsichtlich einer in einem anderen EU-Staat eine dort in Umsetzung eines Rechtsakts der EU oder von Euratom ergangene Rechtsvorschrift (§ 330d Abs. 2).[150] Einbezogen sind ferner **landesrechtliche** Rechtsvorschriften, wie z. B. die Verbote in § 7 ([wiederholtes] „Abbrennen von Gegenständen zum 32

143 *Sch/Schröder/Heine/Schittenhelm* Rdn. 8; *Möhrenschlager* LK[12] Rdn. 30; *Lackner/Kühl/Heger* Rdn. 6; *Kemme* 179 f.

144 BT-Drs. 12/192 18; *Alt* MK Rdn. 35; *Sch/Schröder/Heine/Schittenhelm* Rdn. 8; *Saliger* Umweltstrafrecht Rdn. 404; *Lackner/Kühl/Heger* Rdn. 6; *Fischer* Rdn. 3; *Sack* Rdn. 38; *Franzheim/Pfohl* Rdn. 207; *Michalke* Rdn. 197; *Schall* SK Rdn. 51; *Möhrenschlager* NStZ **1994** 513, 515, 517; *J. Martin* 61 f, 73; *Pfeiffer* 253.

145 Vgl. die Hinweise in BT-Drs. 12/192 18.

146 Begr. RegE BT-Drs. 12/192 31; zu Zweifeln bei § 24 Nr. 1 der 13. BImSchV i. V. m. § 4 Abs. 1 S. 1, 2 Nr. 1 und 2 der 13. BImSchV *Pfohl* NuR **2012** 307, 310.

147 *Schall* SK Rdn. 54; *Fischer* Rdn. 3 *Saliger Umweltstrafrecht* Rdn. 404; *Sack* Rdn. 39a.

148 *Ransiek* NK § 325 Rdn. 10 i. V. m. § 324a Rdn. 16; *Sch/Schröder/Heine/Schittenhelm* Rdn. 8; *Lackner/Kühl/Heger* Rdn. 6; *Saliger* Umweltstrafrecht Rdn. 87; *Pfeiffer* 54; für Beschränkung auf Rechtsvorschriften, die unmittelbar den Schutz der Luft bezwecken *Schall* SK Rdn. 53, 55; *Kemme* 225 ff; *Schmitz* MK § 330d Rdn. 23.

149 Zu den Ordnungswidrigkeiten nach § 62 BImSchG vgl. *Weber* GK-BImSchG § Rdn. 74 (auch zu StVO/StVG); *Landmann/Roehmer/Hansmann/Röckinghausen* Rdn. 17a; *Jarass* Rdn. 26 (beide mit Zweifel an Bestimmtheit, zumal OVG Münster DVBl. **1976** 800, eine Auflage, Luftverunreinigungen möglichst zu vermeiden, als nicht hinreichend bestimmt angesehen hat).

150 *Schmitz* MK § 330d Rdn. 10, 47 ff; *Schall* SK Rdn. 63 f; *Sch/Schröder/Heine/Schittenhelm* § 330d Rdn. 12; *Saliger* Umweltstrafrecht Rdn. 404; *Sack* Rdn. 39a; vgl. auch BGHSt **42** 219, 220 ff = NJW **1996** 3220.

Zwecke der Rückgewinnung einzelner Bestandteile" [auf einem Grundstück]) oder § 13a ImSchG-NRW, Landesverordnungen nach § 23 Abs. 2 BImSchG und gemeindliche Satzungen (§ 49 Abs. 3 BImSchG) sowie sonstige ortsrechtliche Vorschriften (z. B. nach § 5 ImSchG-NRW).[151]

33 Keine Rechtsvorschriften sind dagegen generell allgemeine Verwaltungsvorschriften. Der Gesetzgeber hat offensichtlich – wie sich aus den Materialien (aufgrund ihrer Nichterwähnung) inzidenter ergibt – derartige Verwaltungsvorschriften mit ihrer im Wesentlichen internen Bindungswirkung trotz ihrer herausragenden Bedeutung für die Praxis nicht erfassen wollen. Dementsprechend kann eine verwaltungsrechtliche Pflicht nicht direkt aus der **TA Luft** oder anderen „Technischen Anleitungen" hergeleitet werden.[152]

34 **c) Ungenehmigtes Verhalten.** Wer eine Anlage von vornherein oder nach wesentlicher Änderung ohne die zum Schutz vor schädlichen Umwelteinwirkungen erforderliche Genehmigung betreibt, verletzt eine verwaltungsrechtliche Pflicht, die sich aus einer Rechtsvorschrift ergibt. Die Frage, welche Art der Genehmigung erforderlich ist, kann bei Überschneidungen – etwa im Verhältnis zwischen Wasserrecht und Immissionsschutzrecht – Schwierigkeiten bereiten.[153] Der Kreis der „genehmigungsbedürftigen Anlagen" ist in § 4 Abs. 1 BImSchG und der hierzu ergangenen 4. BImSchV abschließend aufgeführt, womit aus diesen Vorschriften die verwaltungsrechtliche Pflicht folgt, eine Genehmigung für das Betreiben der Anlage einzuholen.[154] Eine Genehmigungsbedürftigkeit bei wesentlichen Betriebsänderungen ergibt sich aus § 16 BImSchG. Ausnahmen sind bei Anlagen der Landesverteidigung nach § 60 BImSchG möglich. Auch ist zu beachten, dass sog. Altanlagen u. U. nicht genehmigungsbedürftig, sondern nach § 67 Abs. 2 BImSchG nur anzeigepflichtig sind;[155] anders ist dies bei wesentlicher Änderung.[156] Nach anderen Regelungen erforderliche Genehmigungen sind einschlägig, sofern diese zugleich dem Schutz der Luft und der Rechtsgüter des § 325 dienen und soweit sie immissionsschutzrechtliche Genehmigungen ersetzen. Dass sie gerade zur Vermeidung des in Absatz 1 umschriebenen Taterfolges erforderlich gewesen sein müssen, wird nicht verlangt.[157] Auszuscheiden haben Genehmigungen aufgrund anderer Verwaltungsgesetze, die ausschließlich andere als immissionsschutz-rechtliche Zwecke verfolgen.[158] Eine erforderliche Genehmigung kann nur eingeschränkt durch Gestattungssurrogate oder Duldungen (Rdn. 35) ersetzt werden.

35 Das Verhalten verletzt verwaltungsrechtliche Pflichten, wenn zur Zeit der Tat (Betreiben) die aufgrund der Rechtsvorschrift erforderliche (vollziehbare) Genehmigung seitens der zuständigen Behörde nicht erteilt war.[159] Unerheblich bleibt der Einwand, der beantragten Genehmigung hätten keine Hindernisse entgegengestanden, es liege Genehmigungsfähigkeit vor.[160] Der Umfang der Genehmigung ergibt sich aus dem Bescheid, dessen obligatorischen Inhalt § 21 der 9. BImSchV nennt. Zu verschiedenen Fällen des genehmigungslosen Betreibens, auch bei we-

---

151 *Alt* Rdn. 36; *Schall* SK Rdn. 52; *Fischer* § 330d Rdn. 6; *Sack* Rdn. 39a; *Hochhuth* JZ **1994** 283, 288; vgl. auch VGH Mannheim NVwZ-RR **2004** 82; *Schall* NStZ-RR **2006**, 161, 166.

152 *Sch/Schröder/Heine/Schittenhelm* § 330d Rdn. 12; **aA** Maunz/Dürig/*Schmidt-Aßmann* Art. 103 Rdn. 215; *Schröder* VVDStRL 50 218.

153 Hierzu *Breuer/Gärditz* Rdn. 603 ff, 744; *Kaster* NuR **1996** 109.

154 BVerwG NuR 1994 132; *Eiermann/Göck* JuS **1995** 671, 672 ff.

155 Dazu BayVGH UPR **1983** 272; *Meixner* NVwZ **1997** 127.

156 *Alt* MK² Rdn. 43; G/R-*Büge* § 67 Rdn. 11.

157 *Steindorf* LK¹¹ Rdn. 32.

158 BT-Drs. 8/2382 34.

159 OLG Köln wistra **1991** 74 (zu § 327 Abs. 2 Nr. 2); *Lackner/Kühl/Heger* Rdn. 10; *Laufhütte/Möhrenschlager* ZStW **92** (1980) 912, 920; *Rogall* JZ-GD **1980** 101, 110.

160 BGH NJW **2020** 2282, 2283 f; NStZ-RR **2018** 214 (zum Glücksspielrecht); BayObLGSt **1994** 77 = NJW **1994** 2103 zum Ordnungswidrigkeitenrecht; *Alt* MK Rdn. 40; *Sch/Schröder/Heine/Schittenhelm* Rdn. 9; *Horn* NJW **1981** 1, 8; *Lackner/Kühl/Heger* Rdn. 10; *Laufhütte/Möhrenschlager* ZStW 92 (**1980**) 912, 921; näher vor § 324 Rn. 68 – Zur Genehmigungsfiktion nach § 42a VwVfG s. *Eisele* NJW **2014** 1417.

sentlicher Änderung, s. § 327 Rdn. 29 f, 49 ff.[161] Eine nachträglich erteilte Genehmigung entfaltet strafrechtlich keine rückwirkende Kraft.[162] Eine Altgenehmigung aus dem Jahre 1922 kann bei einer wesentlichen Änderung des Betriebs ebenfalls nicht genügen.[163] Dagegen reicht eine **vorläufige Zulassung** nach § 8a BImSchG i. V. m. § 24a der 9. BImSchV aus, soweit darin ein (Probe-)Betrieb gestattet wird.[164] Ungenügend bleibt dagegen eine **Duldung**, sofern sie dem Schriftformerfordernis der Genehmigung (§ 10 Abs. 7 BImSchG) nicht entspricht (und daher nach § 44 Abs. 2 Nr. 2 VwVfG nichtig ist).[165] Liegt eine nach Verwaltungsrecht wirksam erlassene Genehmigung vor, schadet eine sonstige Rechtswidrigkeit ihr jedoch nicht (s. vor § 324 Rn. 60).

Konkretisierte Rechtsvorschriften finden sich für genehmigungsbedürftige Anlagen in nach 36 § 7 BImSchG und für nicht genehmigungsbedürftige Anlagen in nach § 23 BImSchG erlassenen Rechtsverordnungen. Anhaltspunkte für ihre Bestimmtheit ergeben sich auch hier aus der Bußgeldbewehrung gemäß § 62 Abs. 1 Nr. 2 und Nr. 7, Abs. 3 Nr. 2 BImSchG. Die Frage ist, ob die Verletzung der gegenüber den §§ 5 und 22 BImSchG präziser gefassten **allgemeinen Betreiberpflichten** und sonstigen Grundpflichten in §§ 3 ff StörfallVO (12. BImSchV) als Anknüpfungspunkt ausreicht; diese sind jedoch generell **nicht ausreichend bestimmt**,[166] weswegen der Verordnungsgeber auch hier auf die Bußgeldbewehrung verzichtet hat. Anders liegt etwa der Fall, wenn Gefahrenabwehrpläne nicht rechtzeitig erstellt bzw. erprobt werden (Ordnungswidrigkeit nach § 21 Abs. 1 Nr. 7, 8, 11 der 12. BImSchV) und diese Unterlassung dann mit ursächlich für eine gefährliche Luftverunreinigung wird. Entsprechendes gilt bei einer luftverunreinigenden Verletzung von Pflichten bei einer Betriebsstörung von Abgaseinrichtungen nach § 17 Abs. 2 (ordnungswidrig nach § 29 Abs. 1 Nr. 6–8) 13. BImSchV. Konkrete bußgeldbewehrte Betreiberpflichten enthalten auch die §§ 3, 4 12 20. BImSchV. Bejaht wird die Verletzung verwaltungsrechtlicher Pflichten zudem bei einem Verstoß gegen einen in einer Rechtsverordnung festgelegten Grenzwert.[167] Einschlägig sind hier vor allem – als Verletzungen der Betreiberpflicht – Verstöße gegen die Grenzwerte für Emissionen (i. S. v. § 3 Abs. 3 BImSchG, § 1 Nr. 6 39. BImSchV) für Feuerungsanlagen in den §§ 4 ff 13. BImSchV (bußgeldbewehrt nach § 29 Abs. 1 Nr. 1), für Anlagen in der Titan-Dioxid-Industrie in § 3 25. BImSchV (bußgeldbewehrt nach § 7 Nr. 1), für Abfall(mit)verbrennungsanlagen in den §§ 8, 9 der 17. BImSchV (bußgeldbewehrt nach § 27 Abs. 1 Nr. 2), für biologische Abfallbehandlungsanlagen in § 6 30. BImSchV (bußgeldbewehrt nach § 18 Nr. 1) und bei der Verwendung bestimmter Lösungsmittel in Anlagen in § 4 31. BImSchV (bußgeldbewehrt nach § 12 Abs. 1 Nr. 1) Sonderregelungen ähnlich wie in der AbwV bestehen darüber, wann Grenzwerte bei kontinuierlichen Messungen und bei Einzelmessungen eingehalten sind (vgl. § 22 Abs. 3, § 24 Abs. 2 13. BImSchV;§ 17 Abs. 5, § 19 Abs. 2 17. BImSchV; § 9 Abs. 4, § 11 Abs. 2 30. BImSchV). Die Überschreitung von solchen in Rechtsvorschriften vorgegebenen Emissionsgrenzwerten ist eine Verletzung verwaltungsrechtlicher Pflichten.[168]

d) Pflichtbegründende Verwaltungsakte. Während sich aus gerichtlichen Entscheidungen 37 kaum einmal Pflichten ergeben, stellt deren Begründung durch einen vollziehbaren Verwaltungsakt eine praktisch bedeutsame Variante dar.[169] Da es um die Begründung verwaltungs-

161 Dazu auch der Überblick *Schmidt/Kötters* BeckOK-UmwR § 4 BImSchG Rdn. 22, 34 ff, 48 ff, 69 ff.
162 LG Bremen NStZ **1982** 163; *Möhrenschlager* NuR **1983** 209, 216; *Lackner/Kühl/Heger* Rdn. 10.
163 OVG Hamburg NVwZ-RR **1992** 540.
164 Anders noch *Möhrenschlager* LK[12] Rdn. 34.
165 BVerwGE **85** 368, 372 = NVwZ **1991** 369; *Alt* MK Rdn. 45; *Sch/Schröder/Heine/Schittenhelm* Rdn. 9; **aA** *Lackner/Kühl/Heger* Rdn. 10.
166 *Jarass* § 20 BImSchG Rdn. 13.
167 *Alt* MK Rdn. 37; *Saliger* Umweltstrafrecht Rdn. 404; zum Rechtsnormcharakter von Grenzwerten nach der 17. BImSchV BVerwG NVwZ **2007** 1086 f.
168 *MG/Pfohl* § 54 Rdn. 121 (Verstoß gegen 13. BImSchV als Beispiel); *Alt* MK Rdn. 37; *Saliger* Umweltstrafrecht Rdn. 404.
169 Zum Erfordernis der Bestimmtheit eines solchen OVG Münster NVwZ **1993** 1000.

rechtlicher Pflichten geht, kommen hier nur belastende, nicht aber begünstigende Verwaltungsakte in Betracht. Unterfälle sind die im früheren Recht genannten Untersagungen und Anordnungen. Sie können auf den §§ 17, 20, 24–26, 28 ff BImSchG sowie auf den BImSchV beruhen, sich aber auch auf andere Verwaltungsgesetze (wie KrWG, WHG) und ggf. auch auf das Arbeitsrecht (vgl. § 22 Abs. 3 ArbSchG) stützen.[170] Landesrechtliche Verordnungen, wie z. B. Bauordnungen, kommen gleichfalls als Grundlage in Frage (nach h. M.[171] nicht nur im Fall des § 23 Abs. 2 BImSchG). Jedoch muss in jedem Fall die verwaltungsrechtliche Pflicht bereits **hinlänglich konkret im Gesetz** bzw. in der auf dieses gestützten Verordnung **angelegt** sein, um dem Gesetzlichkeitsprinzip zu genügen (näher dazu vor § 324 Rn. 69). So gestatten die § 7, 48a BImSchG, im Verordnungswege Messungen und sicherheitstechnische Prüfungen zu verlangen, § 17 Abs. 4a BImSchG erlaubt die Anordnung einer Sicherheitsleistung. Auf derartig konkrete Ermächtigungen gestützte Verwaltungsakte genügen, nicht aber Anordnungen, die ihrer Art nach gesetzlich nicht näher beschrieben werden (z. B. die „erforderlichen Anordnungen" in § 24 BImSchG) und daher nicht als vom parlamentarischen Gesetzgeber gedeckte strafrechtliche Verhaltensnormen gelten können.

38 Die Anordnung als Verwaltungsakt kommt nur in Betracht, wenn sie **vollziehbar** ist (§ 80 VwGO). Vollziehbarkeit liegt bei einem Verwaltungsakt vor, wenn er unanfechtbar, kraft Gesetzes sofort vollziehbar (§ 80 Abs. 2 Nr. 1 bis 3 VwGO) oder die sofortige Vollziehbarkeit schriftlich angeordnet worden ist (§ 80 Abs. 2 Nr. 4 VwGO), nicht jedoch schon mit seinem Erlass, solange die Widerspruchsfrist noch läuft.[172] Ein Antrag auf Wiederherstellung der aufschiebenden Wirkung nach § 80 Abs. 5 VwGO, über den noch nicht entschieden ist, steht der Vollziehbarkeit und der darauf aufbauenden Strafbarkeit nicht entgegen.[173] Vollziehbarkeit ist in jedem Falle zu bejahen, wenn dem Betroffenen keine Möglichkeit mehr eingeräumt ist, den Vollzug durch Rechtsbehelfe abzuwenden.[174] Während es nach h. M. für die Strafbarkeit eines Verstoßes, bei dem die Zuwiderhandlung gegen einen Verwaltungsakt strafbegründend wirkt, nur darauf ankommt, ob das durch den behördlichen Akt gebotene oder verbotene Verhalten in einem verwaltungsrechtlich wirksamen, ggf. auch materiell rechtswidrigen und aus diesem Grunde aufhebbaren Verwaltungsakt enthalten ist,[175] lassen sich richtigerweise strafbewehrte verwaltungsrechtliche Pflichten durch verwaltungsrechtlich rechtswidrige Akte nicht begründen,[176] weil ihre Rechtswidrigkeit zugleich die Eignung zum Rechtsgüterschutz und zur Begründung von Handlungspflichten des Bürgers in Zweifel zieht (näher vor § 324 Rn. 72). Die Frage, ob sich der Täter verwaltungskonform verhalten hat, entscheidet der Strafrichter auf Grund eigener Prüfung; die spätere Einstufung des Verwaltungsakts durch die Widerspruchsbehörde oder das Verwaltungsgericht als rechtswidrig (entgegen der Auffassung des Strafrichters) bleibt sodann folgenlos.[177] Der Gesetzgeber des 31. StRÄndG hat in Kenntnis der Problematik von einer Änderung der Gesetzeslage abgesehen. Eine gesetzlich nicht vorgesehene

---

170 BT-Drs. 8/2382 34; *Alt* MK Rdn. 42; *Landmann/Roehmer/Hansmann/Ohms* § 17 BImSchG Rdn. 44 f; *Posser* BeckOK-UmwR § 17 BImSchG Rdn. 13.

171 OVG Koblenz DÖV **1989** 778; *Alt* MK Rdn. 42; *Landmann/Roehmer/Hansmann/Ohms* § 17 BImSchG Rdn. 44 f.

172 *Schmitz* MK vor § 324 Rdn. 78 f; *Möhrenschlager* NuR **1983** 209, 216: *Wiedemann* 273.

173 BVerfG NJW **1990** 3139.

174 BVerfGE **80** 244 = NJW **1990** 37, 39 (zum Vereinsgesetz); BGHSt **23** 86 (zum Verkehrsrecht); *Lackner/Kühl/Heger* Rdn. 7; *Odenthal* NStZ **1991** 418.

175 BGHSt **31** 315; **23** 86, 91; **50** 105, 112 ff; KG NZV **1990** 441; OLG Frankfurt StV **1988** 301 m. Anm. *Wolf;* OLG Karlsruhe NJW **1988** 1604 (hierzu krit. *Waniorek* JuS **1989** 24); OLG Hamburg JZ **1980** 110; *Ransiek* NK § 324a Rdn. 21; *Schall* Vor § 324 Rdn. 69 f; *Laufhütte/Möhrenschlager* ZStW **92** (1980) 912, 921; *Rogall* JZ-GD **1980** 101, 105; *ders.* Festschrift Köln 505, 528; *Rudolphi* NStZ **1984** 249, 253; *Sack* Rdn. 43.

176 *Schmitz* MK vor § 324 Rdn. 86 ff; *ders.* Verwaltungshandeln und Strafrecht 67 f; *Bergmann* 140 ff; *Saliger* Umweltstrafrecht Rdn. 115 ff; *Wiedemann* 282 ff.

177 BGHSt **23** 86, 93; *Schall* Vor § 324 Rdn. 69 f; *Laufhütte/Möhrenschlager* ZStW **92** (1980) 912, 921; *Breuer* JZ **1994** 1077 1084; *Dölling* JZ **1985** 461, 464; *Kuhlen* WiVerw. **1992** 215, 262; *Odenthal* NStZ **1991** 418; *Seier* JA **1985** 23, 25; *Heghmanns* 329 ff; **aA** *Wiedemann* 278 ff, 284 ff unter Berufung auf BVerfG **87** 399, 407 ff = NJW **1993** 581 (zum Versammlungsgesetz); *Dahs/Redeker* DVBl. **1988** 803, 810; *Ensenbach* 94; *Gerhards* NJW **1978** 86, 88.

Strafbefreiung (oder Strafmilderung) bei voller Verwirklichung aller Deliktsmerkmale würde „auf einen Gnadenakt in Form eines richterlichen Urteils hinauslaufen".[178]

Bei **Untersagungen** des Betriebs ist ebenfalls außer auf die geforderte umweltschutzrechtliche Zweckbestimmung für die Frage des Ungehorsams auf die verwaltungsrechtliche Rechtmäßigkeit, Wirksamkeit und Vollziehbarkeit des Verwaltungsaktes abzustellen.[179] Untersagungen der hier maßgeblichen Art haben ihre Rechtsgrundlage insb. in § 20 Abs. 1 oder § 25 Abs. 2 BImSchG. **39**

e) Auflagen. Bei ihnen handelt es sich um zu einer Genehmigung hinzutretende Nebenbestimmungen, durch welche dem durch die Genehmigung Begünstigten ein Tun, Dulden oder Unterlassen vorgeschrieben wird (§ 36 Abs. 2 Nr. 4 VwVfG). Nach § 12 Ab. 1 S. 1 BImSchG kann eine Genehmigung zur Erfüllung der Genehmigungsvoraussetzungen mit Auflagen verbunden werden. Ein Verstoß gegen „echte" Auflagen führt in aller Regel noch nicht dazu, ein Handeln ohne Genehmigung anzunehmen. Um die Erfüllung solcher Auflagen sicherzustellen, sind eigenständige Bußgeldandrohungen im Gesetz enthalten (§ 62 Abs. 1 Nr. 3 BImSchG). Auflagen müssen hinreichend bestimmt sein, also fest umrissene Maßnahmen fordern.[180] Eine echte Auflage ist – im Gegensatz zu einer im Genehmigungsbescheid enthaltenen Bedingung oder Befristung – im Verwaltungsrechtsweg selbstständig anfechtbar,[181] es sei denn, es handelt sich um eine sog. „modifizierende", vom Genehmigungsinhalt nicht trennbare Anordnung,[182,] die eine „wesentliche Genehmigungsvoraussetzung" darstellt.[183] Auch eine Auflage muss, um verwaltungsrechtliche Pflichten begründen zu können, vollziehbar sein. Dass für das Betreiben der Anlage an sich eine Genehmigung erteilt worden ist und diese fortbesteht, nimmt einem Verstoß gegen eine immissionsschutzrelevante Auflage nicht die Pflichtwidrigkeit; insoweit besteht eine verwaltungsrechtliche Pflicht, die selbstständig verletzt werden kann. **40**

f) Öffentlich-rechtlicher Vertrag. Verwaltungsrechtliche Pflichten können ebenso aus einem anstelle eines Verwaltungsakts genutzten öffentlich-rechtlichen Vertrag (§§ 54 ff VwVfG) erwachsen.[184] Bei den vertraglich übernommenen Pflichten muss es sich um solche handeln, die seitens der Behörde auch durch einen – rechtmäßigen – Verwaltungsakt hätten auferlegt werden „können", wobei letzteres im Sinne von „dürfen" zu verstehen ist.[185] Etwaige Nichtigkeitsgründe ergeben sich für öffentlich-rechtliche Verträge aus § 59 VwVfG.

---

178 *Steindorf* LK[11] Rdn. 46 unter Bezugnahme auf *Hirsch* LK[10] vor § 32 Rdn. 213 im Anschluss an *Gallas* Festschrift Mezger 311, 334.

179 *Heghmanns* 325; ferner die Fn. 240 Genannten.

180 Z. B. monatliche Messungen (*Kloepfer* Umweltrecht § 15 Rdn. 464; *Landmann/Roehmer/Mann* § 12 Rdn. 69); Anschluss an ein staatliches Emissionsfernüberwachungssystem (OVG Lüneburg UPR **1996** 34); Betrieb einer Ölfeuerungsanlage nur unter Verwendung von Heizöl mit einem Schwefelgehalt von höchstens 1 % (BVerwGE **69** 37, 39 = NVwZ **1984** 371 f).

181 *Kloepfer* Umweltrecht § 15 Rdn. 463; *Schmidt* NVwZ **1996** 1188.

182 BVerwGE 69 37, 39 = DVBl. **1984** 476; 112 221, 224 = NuR **2001** 455; VG Weimar ZUR **2016** 55 (Abschaltzeiten einer Windenergieanlage in einer Genehmigung zum Schutz von Fledermäusen).

183 *Schall* SK Rdn. 58; *Kemme* 369 f; OLG Frankfurt OLGSt § 324 Nr. 1, S. 4 f, dazu *Schall* NStZ **1991** 209, 214 f; LG Bonn NStZ **1987** 461.

184 Nach *MG/Pfohl* § 54 Rdn. 200 angewendet in Baden-Württemberg; *Pfeiffer* 127 ff.

185 *Steindorf* LK[11] Rdn. 52; *Schmitz* MK § 330d Rdn. 18 f; *Sch/Schröder/Heine/Schittenhelm* § 330d Rdn. 19.

IV. Der anlagenbezogene Emissionstatbestand (Absatz 2)

41 Der Emissionstatbestand in Absatz 2 in Gestalt eines abstrakten Gefährdungsdelikts (i. w. S., s. aber Rdn. 45) soll u. a. die mit dem Immissionstatbestand des Absatzes 1 verbundenen Beweisschwierigkeiten[186] umgehen. Die tatbestandliche Fassung enthält allerdings mit den Anforderungen an das Tatmittel in Absatz 6, dem Erfordernis eines Freisetzens in „bedeutenden Umfangs", einer Wirkung außerhalb des Betriebsgeländes sowie der Verletzung verwaltungsrechtlicher Pflichten zahlreiche Einschränkungen der Strafbarkeit, welche auch die praktische Anwendbarkeit nicht unerheblich beeinträchtigen.[187] Ein breiteres Anwendungsfeld ergibt sich für Absatz 3, der unter Verzicht auf die Anlagenbeziehung und eine außerbetriebliche Wirkung ansonsten dieselben Elemente wie Absatz 2 aufweist und gegenüber diesem explizit subsidiär ausgestaltet ist. Zur erforderlichen Verletzung verwaltungsrechtlicher Pflichten gelten die Ausführungen zu Absatz 1 entsprechend (s. Rdn. 27 ff).

1. Freisetzen von Schadstoffen

42 Die Tathandlung beider Emissionstatbestände (Absatz 2 und 3) besteht im Freisetzen von bestimmten Schadstoffen (Absatz 6) in bedeutendem Umfang in die Luft unter Verletzung verwaltungsrechtlicher Pflichten. Um welche Art von **Schadstoffen** als Tatmittel es sich handeln muss, ist anhand der **Legaldefinition des Absatzes 6** zu ermitteln. Konkrete Schadstoffarten werden hierin nicht genannt[188] und lassen sich anhand des Gesetzeswortlauts auch nicht ohne Weiteres bestimmen. Soweit an die Formulierung in Abs. 1 S. 1 angeknüpft worden ist, kann zu Abs. 6 Nr. 1 auf die Ausführungen zur (potenziellen) Schädigungseignung (Rdn. 9 ff) in Bezug auf Gesundheit, auf Tiere, Pflanzen oder andere Sachen von bedeutendem Wert verwiesen werden (Rdn. 14-18). Während es insoweit auf eine **Schädigungseignung** ankommt, begnügt sich Abs. 6 Nr. 2 alternativ mit einer **Eignung zu nachhaltiger Veränderung** eines Umweltmediums. Nachhaltig sind Veränderungen, die nach Intensität, Umfang und Dauer erheblich schädigen und nicht ohne Weiteres kompensierbar wären. Bagatellgefahren scheiden damit aus. Im Übrigen kann insoweit auf die Erläuterungen zu § 326 Abs. 1 Nr. 4 a) Bezug genommen (§ 326 Rdn. 64 ff).

43 In Abweichung von den Erläuterungen zu Absatz 1, bei dem es um Eigenschaften der vom Täter veränderten Luft geht, ist die Schädigungseignung i. S. v. Absatz 6 **abstrakt zu ermitteln**, also nicht nach weiteren konkreten Umständen am jeweiligen Handlungsort wie baulichen und räumlichen Gegebenheiten.[189] Die dem Schadstoff anhaftende Eignung kann sich als konstanter Faktor aus der Art, der Beschaffenheit, der Menge, Konzentration oder Wirkungsdauer ergeben. Nachhaltige Temperaturänderungen oder Verminderungen des Sauerstoffgehalts der Luft werden nur dann erfasst, wenn sie auf das Freisetzen von Stoffen zurückzuführen sind.[190]

44 Da sie „in die Luft" freizusetzen sind, muss es sich um Stoffe handeln, die sich entweder bereits im gasförmigen Aggregatzustand befinden oder doch in der Lage sind, in diesen überzugehen. Feste Stoffe können allerdings als feinste Partikel in die Luft gelangen. § 3 Abs. 4 BImSchG nennt beispielhaft Rauch, Ruß, Staub, Gase, Aerosole, Dämpfe und Geruchsstoffe. Ansonsten scheiden feste Schadstoffe und nicht verdampfungsfähige flüssige aus. Das Tatbe-

186 *AK-U* 136 f; *Möhrenschlager* NStZ **1994** 513, 518.

187 Kritisch daher z. B. *Steindorf* LK[11] Rdn. 54; *Fischer* Rdn. 2a; *Schall* SK Rdn. 65.

188 Eine solche hätte nach Ansicht des Rechtsausschusses „unter Verwendung von Formulierungen in § 324a Abs. 1 Nr. 1, § 325 Abs. 1 Satz 1 und § 326 Abs. 1 Nr. 4 Buchst. a StGB" jedoch vorgenommen werden sollen (BT-Drs. 12/7300 22).

189 *Alt* MK Rdn. 45 ff; *Sch/Schröder/Heine/Schittenhelm* Rdn. 21; *Schall* SK Rdn. 67; *Saliger* Umweltstrafrecht Rdn. 409; *Möhrenschlager* NStZ **1994** 513, 518; *Pfeiffer* DRiZ **1995** 299, 301; **aA** *Michalke* Rdn. 208, die auch den Nachweis zulassen will, aufgrund konkreter örtlicher Gegebenheiten sei eine Eignung auszuschließen.

190 *Alt* MK Rdn. 45; *Sch/Schröder/Heine/Schittenhelm* Rdn. 22; näher *Schall* SK Rdn. 67 f.

standsmerkmal des **Freisetzens** findet sich auch in § 324a (dort Rdn. 39) und § 330a und bedeutet, die Kontrolle über die Stoffe bewusst aufzugeben, wodurch sich diese unkontrolliert ausbreiten können. Dazu können sie als Gas verströmt, in flüssiger Form versprüht oder in kleinsten Partikeln staubförmig in der Luft verbreitet, z. B. vernebelt werden. Auch durch ein garantenpflichtwidriges Unterlassen wie etwa das Versäumen ausreichender Schutzvorkehrungen kann freigesetzt werden.

2. Bedeutender Umfang

Die erforderliche Freisetzung der Schadstoffe „in bedeutendem Umfang" kann sich nur bedingt an das entsprechende Tatmerkmal in § 324a Abs. 1 Nr. 2 anlehnen,[191] weil es sich dort auf den Verunreinigungserfolg bezieht, hier aber auf die Freisetzungshandlung.[192] Es kommt zudem nicht allein auf die Menge, sondern auch auf die Art und Beschaffenheit an. Je gefährlicher ein Stoff ist, desto eher kann dessen Freisetzen einen bedeutenden Umfang erlangen.[193] Eine Orientierung an § 29 Abs. 1 Nr. 2 BImSchG und entsprechenden Konkretisierungen in der TA Luft bei Anordnung von laufenden Messungen bei Anlagen mit erheblichen Emissionsmassenströmen luftverunreinigender Stoffe mag hilfreich sein,[194] beseitigt aber Bedenken gegen die Bestimmtheit der Vorschrift an dieser Stelle[195] nicht völlig. Eine gewisse Annäherung lässt sich jedoch im Zusammenspiel mit Abs. 6 erzielen: Während dieser nur eine abstrakte Eignung bezeichnet (Rdn. 43), bedarf es nunmehr einer solchen Menge, die angesichts der Art ihrer Freisetzung **tatsächlich in der Lage ist, die beschriebenen Schäden zu bewirken**, ohne dass es zu einer konkreten Gefährdung zu kommen braucht. Absatz 2 ist damit, soll der bedeutende Umfang überhaupt eine Begrenzungsfunktion besitzen, nicht als rein abstraktes, sondern als **potenzielles Gefährdungsdelikt** anzusehen. 45

3. Emission von der Anlage über die Betriebsgrenzen hinweg

Im Unterschied zu dem Tatbestand in Absatz 3 müssen die Schadstoffe bei Absatz 2 in die Luft außerhalb des Betriebsgeländes geraten. Der Gesetzgeber hatte an den Fall gedacht, dass sich mehrere emittierende Anlagen auf einem Fabrikgelände befinden. In diesem Fall sollte die schadensgeneigte Emission so lange strafrechtlich unbeachtlich bleiben, wie lediglich die Luft über dem Betriebsgelände beeinträchtigt wird; der Schutz der Betriebsangehörigen würde insoweit von Vorschriften des Arbeitsschutzes übernommen.[196] 46

Die Anknüpfung an den **Anlagenbetrieb** entspricht derjenigen in Abs. 1 S. 1 (Rdn. 21 ff, 26). Da sich die Fahrzeugausschlussklausel in Absatz 7 auf die Absätze 2 und 3 nicht bezieht, könnten im Verkehr zu Transportzwecken eingesetzte **Kraftfahrzeuge** grundsätzlich von Absatz 2 erfasst werden, etwa wenn beim pflichtwidrigen Umgang mit einem auf dem Gelände eines Betriebs eingesetzten Fahrzeug gefährliche Stoffe außerhalb dieses Geländes gelangen. Nicht zu folgen ist jedoch der weitergehenden Auffassung, damit werde der Verkehrsbereich generell von Absatz 2 erfasst.[197] Dagegen spricht, dass der Gesetzgeber in Absatz 2 an dem Merkmal der Freisetzung von Schadstoffen „außerhalb ‚des' [nicht eines] Betriebsgeländes" festgehalten hat. 47

191 So aber *Möhrenschlager* LK[12] Rdn. 55; *Sch/Schröder/Heine/Schittenhelm* Rdn. 23.
192 *Schall* SK Rdn. 71.
193 *Alt* MK Rdn. 50; *Sch/Schröder/Heine/Schittenhelm* Rdn. 23; *Fischer* Rdn. 16; *Sack* Rdn. 143.
194 So schon RegE BT-Drs. 12/192 19; *Sch/Schröder/Heine/Schittenhelm* Rdn. 23; *SSW/Saliger* Rdn. 17; *Sack* Rdn. 143; *Weber* GK-BImSchG Rdn. 48; *Franzheim/Pfohl* Rdn. 220; zurückhaltend *Schall* SK Rdn. 70.
195 *Schall* SK Rdn. 71; *Pfeiffer* DRiZ **1995** 299, 301; *Franzheim/Pfohl* Rdn. 220.
196 BT-Drs. 12/7300 22.
197 BT-Drs. 17/5391 17.

Führt die Verletzung von Vorschriften des Gefahrgutrechts zu Unfällen mit Fahrzeugen mit gefährlichen Schadstoffemissionen im öffentlichen Verkehrsraum, so spricht schon die Entstehungsgeschichte von Absatz 2 dagegen, solche Fälle zu erfassen, selbst wenn das Fahrzeug einem Betrieb zugerechnet werden kann. Erst recht gilt dies, wenn eine Betriebszugehörigkeit überhaupt nicht besteht. Für solche Fälle ist Absatz 3 anwendbar. Eine Ausnahme besteht nur in dem Fall, dass sich das schadstofffreisetzende Fahrzeug auf einem Betriebsgelände (etwa einem Flughafen) befindet und Schadstoffe nach außen emittiert.[198]

V. Der allgemeine Emissionstatbestand (Absatz 3)

48 Absatz 3 bedroht die unter Verletzung verwaltungsrechtlicher Pflichten bewirkte Freisetzung von Schadstoffen in bedeutendem Umfang in die Luft mit Strafe. Er entspricht damit Absatz 2, verzichtet aber auf dessen räumliche Eingrenzungen. Seine Subsidiaritätsklausel reduziert den damit wohl im Ergebnis sehr begrenzten Anwendungsbereich auf Emissionsfälle außerhalb des Anwendungsbereichs von Absatz 2. Zur Tathandlung und zur Verletzung verwaltungsrechtlicher Pflichten gelten die obigen Ausführungen (Rdn. 27 ff, 42 ff). Die **Subsidiaritätsklausel** besitzt bestenfalls klarstellende Funktion und ist im Grunde überflüssig, weil von der Struktur her Absatz 3 gegenüber Absatz 2 einen Grundtatbestand bildet, dem Absatz 2 mit seiner engeren Ausgestaltung nach allgemeinen Grundsätzen als lex specialis ohnedies vorgeht.

49 Fälle erheblicher Schäden der Luftqualität können auch durch Handlungen **ohne Zusammenhang mit einer Anlage** verursacht werden. Dazu gehören solche, die von Grundstücken oder Einrichtungen ausgehen, die nur vorübergehend oder gelegentlich zur Durchführung von Arbeiten im weitesten Sinne genutzt werden, also keine Anlage darstellen (s. Rdn. 21). Einmalige oder gelegentliche, dem Umfang nach erhebliche Emissionen außerhalb einer Betriebsstätte oder Maschine, beruhend etwa auf dem Entweichenlassen von Giftstoffen aus einem Vorratsbehälter oder dem Freisetzen von Giftstoffen durch Abbrennen von Isolationsmaterial zur Gewinnung wertvoller Buntmetalle, werden als zuvor nicht strafbare Beispiele genannt.[199]

50 Darüber hinaus fallen unter Absatz 3 auch Handlungen **beim Betrieb einer Anlage**, die von Absatz 2 nicht erfasst werden. Das sind die – allerdings wohl seltenen – Fälle, in denen Schadstoffe in bedeutendem Umfang nur in die Luft innerhalb des Betriebsgeländes freigesetzt werden. Der RegE ging irrigerweise davon aus, Absatz 3 werde nur Emissionen außerhalb von Anlagen erfassen,[200] was aber dem Wortlaut nicht entspricht[201] und zudem zu wenig wünschenswerten Strafbarkeitslücken bei Störfällen führt, deren Auswirkungen nur mit Glück innerhalb der betrieblichen Anlage gehalten werden können.

51 Soweit Absatz 2 Emissionen aus **Kraftfahrzeugen** in die Außenluft außerhalb des Betriebsgeländes erfasst, ist Absatz 2 vorrangig. Entgegen dem RegE[202] ist jedoch Absatz 3 bei einschlägigen Taten im öffentlichen Verkehrsraum, also außerhalb von Betrieben anwendbar (Rdn. 47). Das wird ebenso für den ansonsten nicht erfassten Unfall[203] gelten, bei dem von einem Lastzug Fässer fallen, die nach dem Aufprall Giftstoffe in die Luft ausströmen.

---

198 *Möhrenschlager* NStZ **1994** 513, 518; im Ergebnis ähnlich *Alt* MK Rdn. 44, 48 (sieht Straßenverkehr als weitgehend nicht betroffen an); *Sack* Rdn. 145; **aA** *Schall* SK Rdn. 72 (jedoch wegen der Zulassung keine Verletzung verwaltungsrechtlicher Pflichten); *SSW/Saliger* Rdn. 20.

199 BT-Drs. 17/5391 16; *Heger* Europäisierung 305 ff; *Fischer* Rdn. 18a; *Franzheim/Pfohl* Rdn. 206; *Saliger* Umweltstrafrecht Rdn. 417.

200 BT-Drs. 17/5391 16.

201 Ebenso *Fischer* Rdn. 18a; *Alt* MK Rdn. 54; *Lackner/Kühl/Heger* Rdn. 14a; *Szesny/Görtz* ZUR **2012** 405 f; *Szesny* AnwK Rdn. 33; **aA** *Schall* SK Rdn. 76; *Sch/Schröder/Heine/Schittenhelm* Rdn. 24b; *SSW/Saliger* Rdn. 22; *Pfohl* ZWH **13** 95, 96 f.

202 BT-Drs. 17/5391 17; ebenso *Ransiek* NK Rdn. 16; *SSW/Saliger* Rdn. 22.

203 OLG Koblenz MDR **1986** 162 = GA **1986** 234.

VI. Innere Tatseite

Die Absätze 1–3 bilden Vorsatzdelikte; bedingter Vorsatz genügt.[204] Dieser muss sich auf alle tatsächlichen Umstände des Tatbestandes (in den Absätzen 1 und 2 z. B. das Betreiben einer Anlage), auf die Verletzung verwaltungsrechtlicher Pflichten sowie beim Absatz 1 auf die Schädigungseignung der Luftveränderung (möglicherweise erst im Zusammenwirken mit anderen Emissionen[205]), bei Absatz 2 auch auf das Freisetzen in die „Außenluft" und (insoweit ebenso bei Absatz 3) auf die Schadstoffvoraussetzungen in Absatz 6 beziehen. Eine genaue Kenntnis der Schadstoffe und ihrer Wirkung ist nicht erforderlich.[206] 52

Hält der Täter, der volle Kenntnis von den tatsächlichen Gegebenheiten hat, eine bestimmte Vorrichtung oder Einrichtung nicht für eine „Anlage" (z. B. ein Fahrzeug), so unterliegt er einem Subsumtionsirrtum, der nach den Grundsätzen des § 17 zu behandeln wäre.[207] Ein Tatumstandsirrtum liegt hingegen vor, wenn der Täter nicht erkennt, dass der freigesetzte Stoff ein Schadstoff ist, z. B. weil er die Art oder Zusammensetzung der emittierten Stoffe nicht kennt oder nicht weiß, dass diese schädigend i. S. v. Abs. 6 Nr. 1 sein bzw. Umweltmedien nachteilig i. S. v. Nr. 2 verändern können.[208] Bei an ihn ergangenen Verwaltungsakten oder ihm erteilten Auflagen muss der Adressat Kenntnis von deren Existenz und Inhalt haben; fehlt diese, liegt ein Tatbestandsirrtum vor.[209] Der Irrtum über das tatsächliche Vorliegen einer Genehmigung ist ebenso vorsatzrelevant. Das gleiche gilt, wenn der Täter irrtümlich glaubt, eine bestehende Genehmigung erstrecke sich auch auf in der Anlage vorgenommene Änderungen.[210] Um einen Verbotsirrtum handelt es sich, wenn der Täter glaubt, mangels Abmahnung durch die Behörde einem vollziehbaren Verwaltungsakt oder einer vollziehbaren Auflage zuwiderhandeln zu dürfen, oder wenn er irrtümlich von einer rechtfertigenden Genehmigungsfähigkeit oder Duldung ausgeht.[211] 53

VII. Die fahrlässig bzw. leichtfertig begangene Tat (Absätze 4 und 5)

Während die Taten der Absätze 1 und 2 auch fahrlässig verwirklicht strafbar sind (Absatz 4), kann das subsidiäre Emissionsdelikt des Absatz 3 gemäß Absatz 5 nur leichtfertig begangen werden; einfache Fahrlässigkeit genügt insoweit nicht. In der Regel wird es um Verstöße gehen, bei denen nur einzelne Vorsatzdefizite vorliegen, etwa bewusst emittiert, aber die Schädigungseignung nach Abs. 6 Nr. 1 verkannt wird. Die Fahrlässigkeit bzw. Leichtfertigkeit kann sich theoretisch auf sämtliche Tatumstände beziehen, insb. auf den Verstoß gegen das Umweltverwaltungsrecht, aber auch auf die Einschätzung der Schadstoffe, in Absatz 1 auf die Luftverunreinigung sowie in den Absätzen 2 und 3 auf den Umfang der Emissionen.[212] Maßstab für Sorgfaltswidrigkeit und Vorhersehbarkeit ist der **sorgfältige, umweltbewusste Anlagenbetreiber** oder -benutzer. Von einem solchen ist zu erwarten, sich über die seinen Fachbereich regelnden Vorschriften zu informieren. Beim Betreiben einer Anlage ohne Genehmigung handelt i. d. R. fahrlässig, wer sich hinsichtlich eines etwaigen Genehmigungserfordernisses, etwa durch Einholen einer behördlichen Auskunft, nicht 54

---

204 *Alt* MK Rdn. 56; *Sch/Schröder/Heine/Schittenhelm* Rdn. 26; *Lackner/Kühl/Heger* Rdn. 16.
205 *Alt* MK Rdn. 56; *Fischer* Rdn. 19; *Michalke* Rdn. 215.
206 *Schall* SK Rdn. 77.
207 *Sack* Rdn. 178; BayObLGSt **1992** 11 = NuR **1993** 393 (Irrtum über Umzäunung als Anlage); vgl. auch *Puppe* NK § 16 Rdn. 43, 47 (im Wald zur Entledigung abgestelltes Autowrack hält Täter nicht für Abfall).
208 *Schall* SK Rdn. 78; *Sack* Rdn. 176.
209 *Sch/Schröder/Heine/Schittenhelm* Rdn. 26; *Schall* SK Rdn. 78; *Szesny* AnwK Rdn. 43; *Weber* GK-BImSchG Rdn. 89 vor § 62 BImSchG; *Michalke* Rdn. 215.
210 *Sch/Schröder/Heine/Hecker/Schittenhelm* Rdn. 26; *Schall* SK Rdn. 78; *Michalke* Rdn. 215; vgl. auch BGH NJW **1996** 1604 (zum Besitz im BtMG).
211 *Sch/Schröder/Heine/Hecker/Schittenhelm* Rdn. 26; *Schall* SK Rdn. 78 und zur Unvermeidbarkeit Rdn. 85; *Szesny* AnwK Rdn. 43; *Sack* Rdn. 178.
212 *Alt* MK Rdn. 58; *Schall* SK Rdn. 78; *Lackner/Kühl/Heger* Rdn. 16.

kundig macht.[213] Die Fahrlässigkeit kann auch darin bestehen, das Zusammenwirken der aus anderen Quellen stammenden Immissionen mit den selbst verursachten zu verkennen.[214] Ein Schwerpunkt der Straftaten nach Absatz 4 dürfte in der objektiv und subjektiv sorgfaltswidrigen Verursachung von Stör- und Unfällen liegen.[215]

55 Im Einklang mit der umweltstrafrechtlichen RL beschränkt sich Absatz 5 für die Fälle des Absatzes 3 auf **leichtfertiges Verhalten**, d. h. auf grob fahrlässig begangene Verstöße,[216] die eklatant sorgfaltswidrig bei auf der Hand liegender, besonderer Vorhersehbarkeit begangen werden. Zur Leichtfertigkeit s. näher § 15 Rn. 292 ff.

VIII. Versuch (Abs. 1 S. 2)

56 Der Versuch ist allein bei dem Immissionstatbestand nach Absatz 1 strafbar. Ein Versuch kann vorliegen, wenn eine Anlage verwaltungsrechtswidrig betrieben wird (z. B. durch Entfernung eines vorgeschriebenen Schmutzfilters oder seines nicht fristgerechten Einbaus), aber die vom Täter bewusst in Kauf genommene gefährliche Luftveränderung noch nicht eingetreten ist bzw. ihr Eintreten durch Eingreifen der Behörde verhindert werden konnte,[217] oder wenn der Täter irrtümlich glaubt, er hätte keine Genehmigung, und der Tatbestand im Übrigen erfüllt ist.

57 Für die Abgrenzung von Vorbereitungshandlung und Versuch gelten die allgemeinen Grundsätze. Da die Luftverunreinigung „beim Betrieb einer Anlage“ verursacht sein muss, wird ein unmittelbares Ansetzen zur Tatbestandsverwirklichung (§ 22) nicht anzunehmen sein, bevor die Anlage in Funktion gesetzt worden ist.[218]

IX. Die Rechtswidrigkeit und ihr Ausschluss

58 Die Fälle befugten Handelns sind bei der gewählten Tatbestandskonstruktion bereits berücksichtigt: Wer sich verwaltungskonform verhält, handelt nicht tatbestandsmäßig. Eine **Duldung** lässt nur in Ausnahmefällen eine Verletzung verwaltungsrechtlicher Pflichten entfallen, soweit sie nicht genehmigungsersetzend und daher mangels Schriftform nichtig ist (s. Rdn. 35), sondern andere Pflichten dispensiert. Bejaht werden kann dies ggf. bei einem Absehen von einer Untersagung nach den §§ 20, 25 BImSchG.[219] Eine atypische zulässige Duldung wurde im Berliner Fall Sonnenschein bei Bleiemissionen eines ungenehmigten Betriebs angenommen, deren Umwelteinwirkungen die Behörde aufgrund der bisherigen Überwachungstätigkeit und bisher erlassener Maßnahmen so unter Kontrolle hielt, dass die Fortsetzung des Betriebs für die Zeit bis zum Abschluss des Genehmigungsverfahrens hingenommen werden konnte.[220] Soweit eine Duldung in Gestalt eines Verwaltungsaktes erfolgt, d. h. als Einzelfallregelung dem Empfänger bewusst kundgetan wird, kommt es nur auf ihre Wirksamkeit, nicht aber auf ihre Vereinbarkeit mit dem materiellen Immissionsschutzrecht an.

---

213 *Sch/Schröder/Heine/Schittenhelm* Rdn. 27; *Ransiek* NK Rdn. 17; *Szesny* AnwK Rdn. 44.
214 *Alt* MK² Rdn. 71.
215 RegE BT-Drs. 12/192 19.
216 BT-Drs. 17/5391 17; *Schall* SK Rdn. 80; *Alt* MK Rdn. 59.
217 *Alt* MK Rdn. 68; *Sch/Schröder/Heine/Schittenhelm* Rdn. 28; *Fischer* Rdn. 20; *Sack* Rdn. 202.
218 *Alt* MK Rdn. 68; *Schall* SK Rdn. 81; *Sack* Rdn. 203.
219 *Schmitz* MK Rdn. 103 vor § 324; *Rönnau* Rdn. 292 vor § 32; vgl. auch OVG Berlin NVwZ **1985** 756 f; grundsätzlich ablehnend wohl *Alt* MK Rdn. 77; weitgehend abl. OLG Karlsruhe ZfW **1996** 406, 409, sofern die Duldung keine Erlaubnisqualität erreicht.
220 OVG Berlin NVwZ **1985** 756, 757; zur Kritik *Heghmanns* 269; vgl. auch OVG Münster NJW **1985** 933 (Absehen von Stilllegung für bestimmte Zeit unter Berücksichtigung von Konkurs- und Arbeitsplatzgefahr, wenn Schwelle der Umweltwirkungen unterhalb von Gefährdungen); OLG Karlsruhe ZfW **1996** 406, 409.

Von den allgemeinen Rechtfertigungsgründen vermag allenfalls der **Notstand** (§ 34) praktische Bedeutung zu gewinnen. Auch hier wird der Anwendungsbereich auf „nicht kalkulierbare Not- und Katastrophenfälle“[221] beschränkt bleiben müssen. Es gelten ähnliche Erwägungen, wie sie bei § 324 eine Rolle spielen (dort Rdn. 58). Die Aufrechterhaltung der Produktion und der Erhalt der Arbeitsplätze rechtfertigt es nicht, die Gesundheit der Anwohner durch Dämpfe von Lacklösemitteln zu beeinträchtigen.[222] 59

X. Täterschaft und Teilnahme

Die Absätze 1–3 enthalten ausdrücklich **keine Eingrenzung auf einen bestimmten Personenkreis.** Für die Absätze 1 und 2 ergibt sich diese auch nicht aus der Beschränkung auf Handlungen „beim Betrieb einer Anlage“; das wäre nur der Fall, wenn diese Tatbestände ausdrücklich die „Betreiber einer Anlage“ als Täter umschrieben hätten. Deshalb kommt grundsätzlich jedermann als Täter in Betracht, der am Betreiben einer Anlage oder Maschine (wie eines Fahrzeuges, Absatz 7) mitwirkt. Dazu können in einem Betrieb leitende Personen, Mitarbeiter, Fremdpersonal oder selbst solche gehören, die sich einer Anlage oder Maschine bemächtigen.[223] Noch weiter im Anwendungsbereich geht Absatz 3 mit dem Verzicht auf jeden Betriebsbezug. 60

Eine Einschränkung ergibt sich für alle Absätze jedoch aus dem Tatbestandsmerkmal der Verletzung „verwaltungsrechtlicher Pflichten“. **Normadressat verwaltungsrechtlicher Pflichten** können natürliche oder juristische Personen oder rechtsfähige Personengesellschaften sein. Dabei ist von Bedeutung, ob sich eine solche Pflicht an jedermann oder – als besonderes persönliches Merkmal i. S. v. § 14 – nur an bestimmte Personen richtet. Letzteres betrifft beispielsweise Verstöße eines Unternehmensinhabers gegen eine Einzelanordnung oder eine Untersagungsverfügung nach den §§ 20, 25 BImSchG.[224] Hingegen richtet sich z. B. das (bußgeldbewehrte) Verbot des gefährlichen Ver-/Abbrennens von Gegenständen zum Zwecke der Rückgewinnung einzelner Bestandteile im Freien (§ 7 Abs. 1 S. 1 NRW-LImSchG) eindeutig an jedermann. Ebenso betreffen die Verbote, entgegen § 28 Abs. 1 S. 1 i. V. m. § 3 KrWG m. Anl. 1 D 10 außerhalb einer (zugelassenen) Abfallbeseitigungsanlage (gefährliche) Abfälle zu verbrennen oder entgegen § 39 Abs. 5 S. 1 Nr. 1 BNatSchG (chemisch verseuchte) Wiesen abzubrennen, jedermann. Betroffen von den Pflichten nach § 30 Abs. 1 S. 1 StVO, bei der Benutzung von Fahrzeugen im Straßenverkehr vermeidbare Abgasbelästigungen zu unterlassen, ist jeder Fahrzeugführer, gleichgültig, ob er das Fahrzeug zurecht besitzt oder nicht, also auch ein Dieb. 61

Außerhalb des Fahrzeugbereichs ist teilweise streitig, ob sich einzelne Vorschriften an jedermann oder nur an Betreiber einer Anlage richten und wie im letzteren Fall der **Betreiberbegriff** zu verstehen ist. So kann das Gebot in § 3 1. BImSchV, in nicht genehmigungsbedürftigen Feuerungsanlagen nur bestimmte Brennstoffe zu verwenden, als an jedermann gerichtet verstanden werden, womit ein schuldhafter Verstoß auch für jedermann eine Ordnungswidrigkeit nach § 24 Nr. 1 wäre.[225] Zweifelhaft bleibt diese Auslegung, da die 1. BImSchV sich u. a. auf den „Betrieb“ einer nicht genehmigungsbedürftigen Anlage bezieht, weswegen die Regelungen auch nur als an den Betreiber gerichtete Vorschriften verstanden werden könnten. Sie müssen sich 62

---

221 *Schall* SK Rdn. 83 m. w. N.; *Rudolphi* NStZ **1984** 249, 253; vgl. auch BGH NStZ **1997** 189 (zu § 326).

222 BGH Urt. v. 13.3.1975 – 4 StR 28/75, JurionRS **1975**, 11938; zum tatrichterlichen Urteil des LG Frankenthal BB **1974** 1415.

223 *Sch/Schröder/Heine/Schittenhelm* Rdn. 29; *Alt* MK Rdn. 62; *Schall* SK Rdn. 86; *ders.* Festschrift Schöch 619, 623 f; *Szesny* AnwK Rdn. 40; *Matt/Renzikowski/Rettenmaier/Gehrmann* Rdn. 15; *Saliger* Umweltstrafrecht Rdn. 149, 151; *Martin* 53 ff, 147 f; *Fiedler* Bucerius Law Journal **2009** 56, 58.

224 *Alt* MK Rdn. 62 f; *Ransiek* NK Rdn. 19; *Sch/Schröder/Heine/Schittenhelm* Rdn. 29; *SSW/Saliger* Rdn. 25; *Schall* SK Rdn. 86 f; *ders.* Festschrift Schöch 619, 627 (betr. Verstöße gegen § 52 Abs. 2 § 53 Abs. 1, § 55 BImSchG); zu Beispielen aus anderen umweltrechtlichen Regelungen *J. Martin* 72 ff.

225 *Rengier* Festschrift Kohlmann 225, 230 f.

auch nicht auf Gäste beziehen, die (ohne Einverständnis des Eigentümers) rechtswidrig luftverunreinigende Brennstoffe in einem privaten Haushalt oder in einem Handwerksbetrieb verwenden.[226] Jedenfalls gilt dies bei bußgeldbewehrten Verstößen gegen Emissionsgrenzwerte nach den §§ 4 ff 13. BImSchV (betr. Großfeuerungsanlagen usw.) und § 3 der 25. BImSchV, die sich ausdrücklich an Betreiber von Anlagen richten.[227] Teilweise wird aus der Formulierung „beim Betrieb einer Anlage" eine Verletzung verwaltungsrechtlicher Pflichten selbst dann angenommen, falls sich die konkret betroffene Pflicht nicht ausdrücklich an einen einzigen Adressaten direkt richtet, so etwa bei einem Mitarbeiter (außerhalb des Anwendungsbereichs von § 14), wenn dieser die ihm bekannte Pflicht des Betriebsinhabers verletzt, z. B. durch eigene Überschreitung von Emissionsgrenzen.[228] Selbst dann, wenn man „Betrieb" nicht als jegliches Betreiben – durch wen auch immer – interpretiert, sondern als persönliches Pflichtenmerkmal, kann der Betreiber seine Pflichten jedoch ggf. über § 14 delegiert haben, womit eine Täterschaft auch durch Mitarbeiter jenseits des eigentlichen Betreiberkreises ermöglicht wird.

63 Da der Handelnde gegen verwaltungsrechtliche Pflichten verstoßen muss, scheiden **Amtsträger** der Umweltschutzbehörden als Täter vielfach aus, soweit sie diese Pflichten selbst festsetzen und deshalb nicht gleichzeitig Adressaten dieser Pflichten sein können.[229] Anders ist dies, wenn ein Amtsträger für die eine Anlage betreibende juristische Person des öffentlichen Rechts tätig wird.[230] Schreiten Beamte der Immissionsschutzbehörden entgegen den §§ 17, 20, 24 oder 25 Abs. 2 BImSchG gegen Immissionen nicht ein, können sie nach h. M. jedenfalls bei Taten nach Absatz 1 und 2 nicht als Täter, sondern nur als Teilnehmer an der Tat eines für den Betrieb Verantwortlichen bestraft werden.[231] Der Verzicht in Absatz 3 auf das Handeln „beim Betrieb einer Anlage" eröffnet jedoch die Möglichkeit einer Täterschaft von Bediensteten einer Aufsichtsbehörde, die eine Pflicht zum Eingreifen verletzen.

64 Die Bestellung zum **Immissionsschutzbeauftragten** (§§ 53 ff BImSchG i. V. m. den §§ 1 ff der 5. BImSchV) kann diesen aufgrund ihm gesetzlich übertragener Überwachungs- und Mitteilungspflichten (§ 54 BImSchG, z. B. für Mängel) zum ausdrücklich Beauftragten i. S. v. § 14 Abs. 2 Nr. 2 machen[232] und wie beim Gewässerschutzbeauftragten (§ 324 Rdn. 70) auch eine Garantenstellung begründen.[233] Soweit er in Teilbereichen Entscheidungsbefugnisse übertragen erhält, ist er allgemein als Garant anerkannt.

---

226 So aber *Rengier* Festschrift Kohlmann 225, 230 f; dagegen *Möhrenschlager* LK[12] Rdn. 64; vgl. auch die §§ 5 ff zu Überschreitung von Grenzwerten und sonstigen Werten.

227 *Schall* Festschrift Schöch 619, 627.

228 So *Alt* MK Rdn. 62 f; ähnlich *Ransiek* NK Rdn. 19; *Rengier* Festschrift Kohlmann 225, 230 f, die davon ausgehen, dass die betroffenen Pflichten auch direkt für Mitarbeiter gelten; **aA** (soweit keine direkt für Mitarbeiter und nicht allein für Betreiber geltende Vorschrift verletzt wird) *Schall* SK Rdn. 87 f; *ders.* Festschrift Schöch 619, 624, 627 f; *Saliger* Umweltstrafrecht Rdn. 155 f.

229 *Ransiek* NK Rdn. 21; *Sch/Schröder/Heine/Schittenhelm* Rdn. 29; *Witteck* BeckOK Rdn. 37 f; *Sack* Rdn. 196.

230 *Ransiek* NK Rdn. 21; *Schall* SK Rdn. 89; *Witteck* BeckOK Rdn. 38.

231 *Ransiek* NK Rdn. 21; *Sack* Rdn. 199; *Laufhütte/Möhrenschlager* ZStW 92 (**1980**) 912, 943; *Rudolphi* NStZ **1984** 248, 251; *Horn/Hoyer* JZ **1991** 703, 708; *Tiedemann* Neuordnung des Umweltstrafrechts 25 f *Winkelbauer* NStZ **1986** 149 f. – Zur Einengung des Ermessens bei Nichteinschreiten auch durch die 39. BImSchV näher *Alt* MK Rdn. 67; weitergehend offenbar *Schall* SK Rdn. 89.

232 *Schünemann* LK § 14 Rdn. 68; *Schall* SK Rdn. 90; *Saliger* Umweltstrafrecht Rdn. 172; *Sack* Rdn. 196; *Amelung/Kuhlen*, Verantwortung 76 f; *Böse* NStZ **2003** 636, 639, 641; *J. Martin* 133 ff; **aA** *Sch/Schröder/Heine/Schittenhelm* Rdn. 29a; *Weber* GK-BImSchG Rdn. 151 vor § 62 BImSchG.

233 BGHSt **54** 44 = NJW **2009** 3173 ff (Garantenpflicht des Leiters der Innenrevision einer Anstalt des öffentlichen Rechts mit Hinweis in Rdn. 24 auf die Garantenpflicht von Umweltschutzbeauftragten als obiter dictum); *Schmitz* MK Vor § 324 Rdn. 145 f. m. w. N.; *Schall* SK Rdn. 90; *Saliger* Umweltstrafrecht Rdn. 172; *Szesny* AnwK vor § 324 Rdn. 72; **aA** *Ransiek* NK Rdn. 21; *GJW/Bock* Vor § 324 Rdn. 63; *Sch/Schröder/Heine/Schittenhelm* Rdn. 29a; *Michalke* Rdn. 174.

XI. Rechtsfolgen

Der **vorsätzliche Verstoß** gegen Absatz 1 entspricht mit seiner Höchststrafe von fünf Jahren Freiheitsstrafe in seiner Schwere der Gewässerverunreinigung.[234] Zu Nebenfolgen s. vor § 324 Rdn. 98 ff und § 324 Rdn. 86 f. Für die gleiche Strafdrohung des Absatzes 2 berief sich der Gesetzgeber auf die Parallele zum abstrakten Gefährdungstatbestand des § 326,[235] was im Verhältnis zu Absatz 1 dem Unrechtsgehalt nicht immer gerecht wird. Wegen des angeblich i. d. R. geringeren Unwertgehalts bei Verfehlungen nach Absatz 3 hat der Gesetzgeber den Strafrahmen dort hingegen auf Freiheitsstrafe bis zu drei Jahren beschränkt; inwieweit der Verzicht auf einen betrieblichen Kontext insoweit das Tatunrecht signifikant geringer erscheinen lassen sollte, vermag freilich nicht ganz einzuleuchten; sachgerechter wäre ein Gleichlauf der Absätze 2 und 3 gewesen. 65

Noch fragwürdiger ist die Einordnung der **Fahrlässigkeitsdelikte**. Während die Höchststrafdrohung für die Fahrlässigkeitsvarianten der Absätze 1 und 2 mit drei Jahren Freiheitsstrafe derjenigen des Vorsatzdeliktes nach Absatz 3 entspricht, wirkt die Strafe für leichtfertige Begehung von Absatz 3 in Absatz 5 mit nur einem Jahr Höchstfreiheitsstrafe unverhältnismäßig niedrig. Das allenfalls leicht niedrigere Tatunrecht wird durch den höheren Tatschuldgehalt der Leichtfertigkeit gegenüber einfacher Fahrlässigkeit im Zweifel mehr als ausgeglichen; angemessener wäre es daher vermutlich gewesen, für die fahrlässige Begehung von Absatz 2 und die leichtfertige von Absatz 3 eine einheitliche Höchststrafe von zwei Jahren Freiheitsstrafe vorzusehen. 66

Auf Vorsatztaten können neben der **Qualifikationsbestimmung** von § 330 Abs. 2 die von § 330 Abs. 1 vorgesehenen **Strafschärfungen** auf Freiheitsstrafen zwischen sechs Monaten und zehn Jahren zur Anwendung gelangen. Hierbei handelt es sich um eine Strafzumessungsvorschrift in Regelbeispielstechnik, wobei – hier vor allem mittelbar durch die Luftveränderung bewirkte – schwerwiegende oder gar dauerhafte Beeinträchtigungen anderer Umweltmedien, Schädigungen eines Bestandes von streng geschützten Tieren oder Pflanzen sowie das Handeln aus Gewinnsucht als Regelbeispiele genannt werden. Zu Einzelheiten siehe § 330 Rdn. 4 ff. 67

XII. Verjährung

Die Strafverfolgungsverjährung tritt sowohl bei den Vorsatztaten als auch bei dem fahrlässigen Verstoß des Absatzes 4 nach fünf Jahren ein (§ 78 Abs. 3 Nr. 4). Bei einer leichtfertig nach Absatz 5 begangenen Tat beträgt die Verjährungsfrist drei Jahre (§ 78 Abs. 2 Nr. 5). Die Verjährung beginnt mit Tatbeendigung, die bei Absatz 1 mit dem Entfallen der Schädigungseignung, bei den Absätzen 2 und 3 mit dem Ende des Freisetzens anzunehmen ist.[236] 68

XIII. Konkurrenzen

Beim Zusammentreffen der Absätze 1 und 2 (Freisetzen einer zur Luftveränderung führenden, bedeutenden Schadstoffmenge) wird von einem **Vorrang des Erfolgsdeliktes nach Absatz 1** gegenüber dem materiell subsidiären Gefährdungsdelikt nach Absatz 2 auszugehen sein. Absatz 3 wiederum ist gegenüber Absatz 2 formell subsidiär. Die Subsidiaritätsklausel ist auf Absatz 5 schon von ihrem Wortlaut her nicht anzuwenden; angesichts der geringeren Strafdrohung des Absatzes 5 wird man indessen eine materielle Subsidiarität gegenüber Absatz 4 annehmen dürfen. 69

234 BT-Drs. 12/192 19.
235 BT-Drs. 12/192 19.
236 *Alt* MK Rdn. 72.

70 Ein tateinheitliches Zusammentreffen **mit anderen Straftaten** ist denkbar für die §§ 211 ff, 223 ff, 303, 304,[237] 311, 324, 325a, 326, 329 Abs. 1 und § 330a,[238] ferner für § 328 Abs. 3 und § 27 ChemG; § 327 Abs. 2 Satz 1 Nr. 1 tritt hinter § 325 Abs. 1 zurück,[239] da der Unrechtsgehalt des ungenehmigten Betriebs bereits durch die Verletzung verwaltungsrechtlicher Pflichten dort mit erfasst wird.

237 *Schall* SK Rdn. 92; *Ransiek* NK Rdn. 22; *Fischer* Rdn. 25.
238 *Schall* SK Rdn. 92; *Sack* Rdn. 231.
239 *Schall* SK Rdn. 92; *Alt* MK Rdn. 89; *Weber* GK-BImSchG Rdn. 67.

§ 325a Verursachen von Lärm, Erschütterungen und nichtionisierenden Strahlen

(1) Wer beim Betrieb einer Anlage, insbesondere einer Betriebsstätte oder Maschine, unter Verletzung verwaltungsrechtlicher Pflichten Lärm verursacht, der geeignet ist, außerhalb des zur Anlage gehörenden Bereichs die Gesundheit eines anderen zu schädigen, wird mit Freiheitsstrafe bis zu drei Jahren oder mit Geldstrafe bestraft.

(2) Wer beim Betrieb einer Anlage, insbesondere einer Betriebsstätte oder Maschine, unter Verletzung verwaltungsrechtlicher Pflichten, die dem Schutz vor Lärm, Erschütterungen oder nichtionisierenden Strahlen dienen, die Gesundheit eines anderen, ihm nicht gehörende Tiere oder fremde Sachen von bedeutendem Wert gefährdet, wird mit Freiheitsstrafe bis zu fünf Jahren oder mit Geldstrafe bestraft.

(3) Handelt der Täter fahrlässig, so ist die Strafe

1. in den Fällen des Absatzes 1 Freiheitsstrafe bis zu zwei Jahren oder Geldstrafe,

2. in den Fällen des Absatzes 2 Freiheitsstrafe bis zu drei Jahren oder Geldstrafe.

(4) Die Absätze 1 bis 3 gelten nicht für Kraftfahrzeuge, Schienen-, Luft- oder Wasserfahrzeuge.

Schrifttum

Siehe zunächst das Literaturverzeichnis vor § 324 Strafrecht.

Bräutigam-Ernst Die Bedeutung von Verwaltungsvorschriften für das Strafrecht, dargestellt am Beispiel der §§ 325, 325a StGB und der Technischen Anleitungen des Immissionsschutzrechts (2010); *Führ* (Hrsg.) Gemeinschaftskommentar zum Bundes-Immissionsschutzgesetz (GK-BImSchG), 2. Aufl. (2018); *Heine/Truniger* Die strafrechtliche Verantwortlichkeit des Konzertveranstalters, ZStrR **128** (2010) 83; *Kemme* Das Tatbestandsmerkmal der Verletzung verwaltungsrechtlicher Pflichten in den Umweltstraftatbeständen des StGB (2007); *J. Martin* Sonderdelikte im Umweltstrafrecht (2006); *Moench* Lärm als kriminelle Umweltgefährdung (1980); *dies.* Kriminelle Umweltgefährdung durch Lärm, ArchKrim. **165** (1980) 129; *Reinhardt* Der strafrechtliche Schutz vor den Gefahren der Kernenergie und den schädlichen Wirkungen ionisierender Strahlen (1989); *Rengier* Zum Gefährdungsmerkmal „(fremde) Sachen von bedeutendem Wert" im Umwelt- und Verkehrsstrafrecht, Festschrift Spendel 559; *Schwertfeger* Die Reform des Umweltstrafrechts durch das Zweite Gesetz zur Bekämpfung der Umweltkriminalität (2. UKG), insbesondere unter kriminalpolitischen Gesichtspunkten (1998).

Lärm- und Lärmrecht. *Arndt* Spielplätze und Wohnnutzung (2002); *Babisch* Quantifizierung des Einflusses von Lärm auf Lebensqualität und Gesundheit, UMID **2011** 28; *Babisch u. a.*, Lärm, in: *Wichmann/Schlipköter/Fülgraff* (Hrsg.) Handbuch Umweltmedizin (2014, Lfg. 6); *Babisch/Becker/Fabricius* TA Lärm, Kommentar (2009); *Berkemann* Sportstättenbau in Wohngebieten – Alte und neue bau- und immissionsschutzrechtliche Probleme, NVwZ **1992** 817; *Bethge/Meurers* TA Lärm, 4. Aufl. (1985); *Berkmann* Lärmfragen in den vergangenen 40 Jahren, ZUR **2016** 515; *Bodanowitz* Rechtliche Grundlagen des Baulärmschutzes, NJW **1997** 2351; *Brendle* Lärm als körperliche Einwirkung – Gewaltbegriff und Einheit der Rechtsordnung, NJW **1983** 727; *Bürgel* Schutz vor Verkehrslärm an Straßen und Schienenwegen, NJW **1996** 1804; *Bundestag/Wissenschaftliche Dienste* Lärmschutz bei Sportanlagen, Kindertagesstätten und Spielplätzen (2009); *Chotjewitz* Die neue TA Lärm – eine Antwort auf die offenen Fragen beim Lärmschutz, LKV **1999** 47; *Diekmann* Immissionsschutz bei Gaststätten aus der Sicht einer Ordnungsbehörde, in: *Schulze/Lotz* (Hrsg.) Polizei und Umwelt Teil 2 (1987) 138; *Dietrich* Die immissionsschutzrechtliche Beurteilung von Baustellenlärm, NVwZ **2009** 144; *Dolde* Immissionsschutzrechtliche Probleme der Gesamtlärmbewertung, in *Dolde* (Hrsg.) Umweltrecht im Wandel (2001) 451; *Feldhaus* Einführung in die TA Lärm 1998, UPR **1999** 1; *ders.* Rechtliche Bewertung von Kinderlärm, Festschrift Wahl (2011) 495; *Feldhaus/Tegeder* Erläuterung zur TA Lärm, in *Feldhaus*, Bundesimmissionsschutzrecht, Bd. 4, Nr. B 3.6; *Gesellschaft für Umweltrecht* (Hrsg.) Dokumentation zur 33. wissenschaftlichen Fachtagung der Gesellschaft für Umweltrecht (zum Bereich Schutz vor Lärm), 2009 (2010); *Grossrau/Stephany/Conrad/Dürre* Handbuch des Lärmschutzes und der Luftreinhaltung (Immissionsschutz), Loseblattausgabe; *Guckelberger* Geräuschemissionen von Kinder- und Jugendeinrichtungen aus öffentlich-rechtlicher Sicht, UPR **2010** 241; *Hagmann/Thal* Die Bewältigung von Lärmkonflikten bei der Zulassung von Höchstspannungsleitungen, NVwZ **2016** 1524; *Halama/Stüer* Lärmschutz in der Planung, NVwZ **2003** 137; *Hansmann* Erläuterung, Vergleich und *xe „Manfred Möhrenschlager „ \f S*Abgrenzung der für Geräuscheinwirkungen verwendeten Rechtsbegriffe, UPR **1982** 353; *ders.* Rechtsprobleme bei der Bewertung von Lärm, NuR **1997** 53; *ders.* TA Lärm (2000); *ders.* Anwendungsprobleme der TA Lärm, ZUR **2002** 207; *ders.* Öffentliches Immissionsschutzrecht in: *Rehbinder/Schink* Grundzüge des Umwelt-

https://doi.org/10.1515/9783110490305-008

rechts, 5. Aufl. (2018) Kap. 7; *Heilshorn* Schutz vor gewerblichen Immissionen durch passiven Schallschutz? NVwZ **2009** 137; *Herr* Sportanlagen in Wohnnachbarschaft (1997); *Hirsch* Schallimmissionsschutz bei der Zulassung von Windenergieanlagen, ZUR **2006** 567; *Hoffmann/von Lüpke* 0 Dezibel + 0 Dezibel = 3 Dezibel. Einführung in die Grundbegriffe und die quantitative Erfassung des Lärms, 6. Aufl. (1993); *Ising* Lärm – Wirkung und Bekämpfung (1978); *Jarass* Das Immissionsschutzrecht für Verkehrswege – ein reformbedürftiges Rechtsgebiet, DVB1. **1995** 589; *ders.* Bundes-Immissionsschutzgesetz, 11. Aufl. (2015); *Kämper* Gestaltungsspielräume des Gesetzgebers bei der Festlegung von Lärmschutzzielen, UPR **2015** 424; *Karkaj* Die Gesamtlärmbewertung im Immissionsschutzrecht (2009); *Ketteler* Die Sportanlagenlärmschutzverordnung (18. BImSchV) in Rechtsprechung und behördlicher Praxis, NVwZ **2002** 1070; *ders.* Die Beurteilung von Geräuschimmissionen bei Freizeitanlagen, DVBl. **2008** 220; *Kloepfer* u. a. Leben mit Lärm? Risikobeurteilung und Regulation des Umgebungslärms im Verkehrsbereich (2006); *Koch* (Hrsg.) Schutz vor Lärm (1990); *ders.* Aktuelle Probleme des Immissionsschutzrechts (1998); *ders.* Die rechtliche Bewertung der Lärmsituation nach BImSchG und TA Lärm 1998, Festschrift Feldhaus (1999) 225; *ders.* Aktuelle Probleme des Lärmschutzes, NVwZ **2000** 490; *ders.* Industrie- und Gewerbelärm, Sport- und Freizeitlärm in *Rengeling*, Handbuch zum europäischen und deutschen Umweltrecht, Bd. II, Teilbd. 1 (2003) § 56; *Koch/Maaß* Die rechtlichen Grundlagen zur Bewältigung von Freizeitkonflikten, NuR **2000** 69; *Krane* Lärmbekämpfung, in: HdUR Bd. I, 2. Aufl. (1996) Sp. 1302; *Kühling/Seiler* Möglichkeiten und Grenzen von Betriebsbeschränkungen als Mittel der Lärmreduktion, DVBl. **2016** 155; *Kunert* Alte und neue Probleme beim Lärmschutz, NuR **1999** 430; *Kutscheid* Die Neufassung der TA Lärm, NVwZ **1999** 577; *ders.* Eine neue TA Lärm? NVWVBl **1994** 284; *Landmann/Rohmer* Umweltrecht, Besonderer Teil (BImSchG, BImSchV, TA Lärm u. a. (Loseblatt); *Lechelt* ParaBel – Lärm für Juristen von Juristen und Lärmexperten (Tagungsbericht), UPR **1994** 53; *Mitschang* (Hrsg.) Aktuelle Fach- und Rechtsfragen des Lärmschutzes. Bauleitplanung, Fachplanung und Zulassung von Bauvorhaben (2010); *Müggenborg* Lärmschutz eines Industrieparks, NVwZ **2003** 1025; *Müller* Die TA Lärm als Rechtsproblem (2001); *Ortscheid/Wende* Lärm – Erfassung und Bewertung, ZUR **2002 185;** *Oftinger* Lärmbekämpfung als Aufgabe des Rechts (1956); *Patow* Lärmschutz in der aktuellen höchstrichterlichen Rechtsprechung, NVwZ **2010** 1184; *Quambusch* Lärmbelästigung durch Windkraftanlagen, RdL **2007** 144; *Pfeifer* Lärmstörungen – Gutachten und Lärmlexikon, 9. Aufl. (1999); *Reidt* Der Einwirkungsbereich von gewerblichen Anlagen nach der TA Lärm UPR **2020** 41; *Saip* Lärmschutz durch Lärmaktionsplanung (2019); *Scheidler* Lockerungen des Lärmschutzes bei Public-Viewing-Veranstaltungen zur Fußball-Weltmeisterschaft, UPR **2010** 213; *ders.* Lärmminderungsplanung – Restriktionen für Handwerk, Gewerbe und Industrie? GewArch **2019**, 217-222; *Schulze-Fielitz* Rechtsfragen der Durchsetzung von Luftreinhalte- und Lärmminderungsplänen, UPR **1992** 41; *Schmidt* Rechtsfragen bei der Ermittlung und Bewertung von Fluglärm, UTR **12** (1990) 159; *Schulte/Schröder* Europäisches Lärmschutzrecht, DVBl. **2000** 1985; *Siegel* Nachbarschutz bei Großveranstaltungen, GewArch **2019** 227; *Smeddinck/Willmann* „Vorfeld-Kolonisation" und Lärmschutz, UPR **2015** 295; *Söhnlein* Die Umsetzung der Umgebungslärmrichtlinie in deutsches Recht, NuR **2006** 276; *Spindler/Spindler* Die Sportanlagenlärmschutz-Verordnung in ihrer praktischen Anwendung, NVwZ **1993** 225; *Spohn* Die neue TA Lärm – Ausgewählte Fragen und Probleme, ZUR **1999** 297; *Steinberg* Violinespiel als gesundheitsgefährdender Lärm? NuR **2007** 530; *Stich* Lärmbegrenzung, Luftreinhaltung und sonstiger Immissionsschutz, WiVerw. **1995** 191; *Storost* Rechtliche Aspekte einer Gesamtlärmbewertung, UPR **2015** 121; *Tegeder* Die TA Lärm 1998: technische Grundlagen der Lärmbewertung, UPR **2000** 99; *Tegeder/Kleinschnittger* Aktuelle Rechtsprobleme im Konfliktfeld von Sport und Umweltschutz, JZ **1992** 109; *Till* Die Regulierung anthropogener Lärmeinträge in die Meeresumwelt, NuR **2010** *236*; *Vierling* Der Begriff „Gemengelage" bei der Beurteilung von Gewerbelärm, NuR **1994** 115; *Vieweg/Röthel* Konvergenz oder Divergenz öffentlich-rechtlichen und privatrechtlichen Immissionsschutzes? Zur Problematik des Lärmschutzes bei nicht genehmigungsbedürftigen Anlagen i. S. v. §§ 22 ff BImSchG, DVB1. **1996** 1171; *Wagner* Wesentlichkeit gleich Erheblichkeit? NJW **1991** 3247; *Wothge* Die körperlichen und psychischen Wirkungen von Lärm, UMID **2016** 38; *Würsig* Die Steuerung von Summenbelastungen im öffentlichen Immissionsschutzrecht (2010); *Wütig* Rechtsprobleme bei der Anwendung der TA Lärm, BB **1974** 1047; *Wulfhorst* Der Schutz „überdurchschnittlich empfindlicher" Personen im immissionsschutzrechtlichen Genehmigungsverfahren, NuR **1995** 221; *Zuck* Das Empfinden für Lärm ist situationsbezogen – Der Schutz der Ruhe zwischen Abwehr von Belästigungen und Gesundheitsgefährdungen, ZRP **2012** 253.

Recht der nichtionisierenden Strahlen. *Appel/Bulla* Mobilfunkanlagen schlagen Wellen, DVBl. **2008** 1277; *Buchner/Schwab* Die Grenzwerte der 26. BImSchV: Naturwissenschaftliche und juristische Defizite, ZUR **2013** 202; *Budzinski* Nach der Novellierung der 26. Bundesimmissionsschutzverordnung 2013: Endlich Schutz vor Elektro-Smog und Mobilfunkstrahlung? NuR **2013** 613; *ders.* Beim Elektro-Smog nichts Neues? NVwZ **2013** 404; *Determann* Neue gefahrverdächtige Technologien als Rechtsproblem. Beispiel: Mobilfunk-Sendeanlagen (1996); *Di Fabio* Rechtsfragen zu unerkannten Gesundheitsrisiken elektromagnetischer Felder, DÖV **1995** 18; *Europäische Kommission* Ein unverbindlicher Leitfaden zur Richtlinie 2006/25/EG über künstliche optische Strahlung (2010); *Feldhaus* Entwicklung des Immissionsschutzrechts, NVwZ **1998** 1138; *Herkner* Mobilfunkanlagen Rechte der Nachbarn und Kommunen, 3. Aufl. (2008); *Hoppenberg/Hamm/Martens* Die Zulässigkeit von Mobilfunkstationen aus bau- und immissionsrechtlicher Sicht, NVwZ **1997** 12; *Kirchberg* Elektrosmog – und (k)ein Ende? NVwZ **1998** 375; *Klindt*, Das novellierte Gesetz über die elektromagnetische Verträglichkeit von Geräten, NJW **1999** 175; *Kloepfer/Jablonski* Das Gesetz zur Regelung des Schutzes vor nicht ionisierender Strahlung, UPR **2009** 418; *Köck* Immissionsschutzrechtliche Aspekte des Ausbaus der Übertragungsleitungen für Strom, ZUR **2014** 131; *Köhler/Rott* Sendeanlagen für Mobilfunk – öffentlichrechtlicher Nachbarschutz, JA **2001** 802; *Kremser* Die rechtliche Bewertung elektromagnetischer Strahlungen (sog. Elektrosmog) nach der Verordnung über elektromagnetische Felder, DVBl. **1997** 1360; *Kutscheidt* Die Verordnung über elektromagnetische Felder, NJW **1997** 2481; *Ossenbühl/Di Fabio* Rechtliche Kontrolle ortsfester Mobilanlagen (1995); *Pauly/Bernhardt* Biologische Wirkungen nichtionisierender Strahlung, in: *Messerschmidt/Olbert* (Hrsg.) Nichtionisierende Strahlung: Anwendung, Wirkungen, Schutzmaßnahmen (1980); *Pützenbacher* Schädliche Umwelteinwirkungen durch Elektrosmog (1998); *ders.* Elektrosmog als Rechtsproblem in den USA, RIW **1999** 182; *Rebentisch* Immissionsschutzrechtliche Aspekte der Festlegung von Grenzwerten für elektromagnetische Felder, DVBl. **1995** 495; *ders.* Schutz und Vorsorge gegenüber elektromagnetischen Feldern bei Niederfrequenzanlagen nach der neuen 26. BImSchV, Festschrift *Koch* (2014) 529; *Roßnagel/Neuser* Die rechtliche Regulierung des Elektrosmogs, UPR **1993** 401.

Entstehungsgeschichte

Der Schutz vor übermäßigem Lärm ist ein altes Thema. Ein Großteil der Bevölkerung fühlt sich durch Lärmbelästigungen beeinträchtigt, die in schwerwiegenden Formen sogar zu Gesundheitsgefahren führen können. Hauptquelle sind heutzutage der Verkehr (in jeder Form) sowie Industrie und Gewerbe, wozu noch Bau-, Nachbarschafts-, Freizeit- und Sportlärm treten.[1] Vor allem mit technischen, planerischen und sonstigen administrativen sowie aufklärerischen Schutzmaßnahmen wird versucht, auf nationaler, aber seit den siebziger Jahren in beschränktem Umfang auch auf europäischer Ebene[2] Abhilfe zu schaffen. Schon im 19. Jahrhundert wurden zur Bekämpfung auch (polizei-)strafrechtliche Regelungen eingesetzt, deren Wirkung jedoch angesichts der niedrigen Sanktionen beschränkt blieb. Die in § 360 Abs. 1 Nr. 11 RStGB aus § 340 Nr. 9 PreußStGB 1851 übernommene Übertretungsvorschrift über die ungebührliche Erregung ruhestörenden Lärms wurde ab 1975 durch die Bußgeldvorschrift über „Unzulässigen Lärm" in § 117 OWiG mit einer Geldbuße bis zu 10.000 DM (nun 5.000 €) ersetzt. Der gewerberechtliche Vorläufer von § 325a in § 147 i. V. m. § 16 GewO von 1869, der auch auf übermäßigen Lärm durch eine ohne Genehmigung errichtete Anlage angewandt werden konnte, sah ursprünglich ebenfalls nur niedrige Geldstrafen (1869 bis zu 100 Thalern) vor, die sich später allerdings von 300 Mark (1873) nach der Geldstrafenreform der 20er-Jahre auf zuletzt bis zu 10.000 DM steigerten.[3] Diese Vorschrift wurde in § 68 Abs. 1 Nr. 7 BImSchG[4] aufgehoben und ersetzt durch eine Strafvorschrift über den vorsätzlichen oder fahrlässigen ungenehmigten Betrieb von Anlagen und die Zuwiderhandlung gegen Anordnungen aufgrund einer RVO unter Androhung von Freiheitsstrafe bis zu zwei Jahren (§ 63 BImSchG a. F.), was bei Verursachung von Gefahren oder schweren menschlichen Schäden noch zu höheren Strafen (§ 64 BImSchG a. F.) führen konnte. Diese neuen Regelungen verstärkten zwar den Strafrechtsschutz gegenüber früher; sie konnten sich in der Praxis offenbar aber nur begrenzt auswirken. Die Zahl der polizeilichen Ermitt-

---

1 Hierzu z. B. *Sachverständigenrat für Umweltfragen* Umweltgutachten 1987, BT-Drs. 11/1568 383 ff und Umweltgutachten 2008, Kapitel 9: Lärmschutz, 621 ff; Sondergutachten Umwelt und Gesundheit – Risiken richtig einschätzen – BT-Drs. 14/2300 158 ff; zu gesundheitlichen Auswirkungen *WHO* Burden of disease from environmental noise (2011).

2 *Meßerschmidt* § 17 B, C; vgl. die Nachweise im Fundstellen- und Inhaltsnachweis Umweltschutzrecht der EU, Loseblatt Stand 2019; Nrn. 2100 ff (neuere Beispiele: RL 2000/14/EG v. 8.5.2000.zur Angleichung der Rechtsvorschriften der Mitgliedstaaten über umweltbelastende Geräuschemissionen von zur Verwendung im Freien vorgesehenen Geräten und Maschinen, ABl. L 162/1 v. 3.7.2000; RL 2002/30/EG v. 26.3.2002 über Regeln und Verfahren für lärmbedingte Betriebsbeschränkungen auf Flughäfen der Gemeinschaft, ABl. 2002 L 85/40 v. 28.3.2002; aufgehoben durch VO 598/2014 v. 16.4.2014 über Regeln und Verfahren für lärmbedingte Betriebsbeschränkungen auf Flughäfen der Union im Rahmen eines ausgewogenen Ansatzes (AblEU 2014 L 173/65); RL 2002/49/EG v. 25.6.2002 über die Bewertung und Bekämpfung von Umgebungslärm, ABl. 2002 L 189/13; L 189/12 v. 18.7.2002.

3 Zur Geschichte des Lärmschutzes *Moench* 19 ff; zu früheren Strafandrohungen: Steigerung der Höchstgeldstrafe als Folge des Gesetzes zur Erweiterung des Anwendungsgebiets der Geldstrafe vom 21.12.1912 (RGBl. 1604) und von Art. XIV Abs. 2 Nr. 2 der VO über Vermögensstrafen und Bußen v. 6.2.1924 (RGBl. I 44), s. v.Liszt/Delaquis/*Kohlrausch*, 26. Aufl. (1922) Anm. 3; *Olshausen* § 27 Anm. 5, 12 (1927); v.Liszt-*Schmidt* Strafrecht, 25. Aufl. (1927) § 63 III m. Rdn. 5. – § 147 GewO war dann als „mit Geldstrafe [im Höchstmaß von 10.000 Mark] schlechthin bedrohte Handlung" (§ 1 Abs. 2, § 27 Abs. 1 Nr. 1 StGB a. F.) ein Vergehen, vgl. *Dalcke/Fuhrmann/Schäfer* Strafrecht und Strafverfahren, 37. Aufl. 1961, 799, 802.

4 BImSchG v. 15.3.1974 (BGBl. I S. 721).

lungs- und der Strafverfahren blieb gering; i. d. R. wurden Geldstrafen verhängt.[5] Das gilt weitgehend auch bei Verstößen gegen speziellere bundesrechtliche Vorschriften.[6] Weiterhin bestehende landesrechtliche Vorschriften,[7] z. B. das bußgeldbewehrte Verbot zum Schutz der Nachtruhe und gegen die Nutzung von zu lauten Tongeräten in den §§ 9, 10, 17 Abs. 1 e), f) NRW-LImSchG, dienen, wie die Androhung von Geldbußen bis zu 5.000 € zeigt, primär dem Schutz vor belästigend wirkendem Lärm.

Seit Anfang der siebziger Jahre wurde dieser strafrechtliche Schutz als ungenügend empfunden, was schließlich 1980 im **18. StrÄndG** in § 325 Abs. 1 S. 1 Nr. 2, Abs. 3 zu einem neuen Straftatbestand über die verwaltungsrechtswidrige, zur Gesundheitsschädigung geeignete Lärmverursachung beim Betrieb einer Anlage führte. Vorschläge zur Erweiterung des Tatbestandes (etwa von *Tiedemann*), insbesondere auch lediglich belästigenden Lärm (§ 154 Alternativentwurf und u. a. auch der Vorschlag von *Triffterer* bei den Beratungen) einzubeziehen, wurden vom Gesetzgeber nicht aufgegriffen.[8] Die Ratifizierung des bisher nicht in Kraft getretenen Übereinkommens des Europarates von 1998 über den Schutz der Umwelt durch Strafrecht[9] zwänge ebenfalls zu keinen Ausdehnungen, denn Art. 4 b) überlässt es den Vertragsstaaten, die vorsätzlich oder (grob) fahrlässige rechtswidrige Verursachung von Lärm als Straftat oder als Verwaltungsdelikt (d. h. im deutschen Recht als Ordnungswidrigkeit) auszugestalten. Keine Regelung zum Lärmschutz und auch nicht die zum Umweltstrafrecht erfordern seitens der EU bislang eine strafrechtliche Regelung.

Der Gesetzgeber des **2. UKG** hat die Strafbarkeit anlagebedingter gesundheitsgefährlicher Lärmverursachung beibehalten,[10] jedoch die Strafbestimmung aus § 325 herausgelöst und in eine neue selbstständige Vorschrift aufgenommen. Maßgebend hierfür war die „verschiedenartige Schutzrichtung" der dem Lärmschutz und der Luftreinhaltung dienenden Vorschriften.[11] Die Grundstruktur des Tatbestandes wurde in **§ 325a Abs. 1** mit einem ermäßigten Strafrahmen und dem Verzicht auf die Versuchsstrafbarkeit beibehalten. Das 45. StrÄndG hat zu keiner Änderung geführt, bedauerlicherweise auch nicht hinsichtlich des Ausschlusses von Lärmverursachungen durch Fahrzeuge im öffentlichen Verkehr, wie dies teilweise in § 325 geschehen ist. Wie dort führt die Erweiterung des Kreises der verletzten verwaltungsrechtlichen Pflichten (§ 330d Abs. 1 Nr. 4) zu einer Ausdehnung des Tatbestandes. Dazu gehören auch Verstöße gegen bestimmt umschriebene Rechtsvorschriften und gegen Pflichten aus öffentlich-rechtlichen Verträgen. Die frühere Beschränkung auf „grob" pflichtwidrige Verstöße gegen Verwaltungsakte und Auflagen ist entfallen. Trotz dieser Neuerungen ist die Vorschrift in der Praxis bedeutungslos geblieben, zumal bisher nur wenige einschlägige Rechtsvorschriften bestehen.[12] Weitere ausdehnende Vorschläge wie z. B. auf nicht anlagenbezogene gesundheitsgefährliche Lärmverursachung[13] wurden nicht aufgegriffen.

Der **neue Absatz 2** übernahm wesentliche Inhalte des Gefährdungstatbestandes in § 330 Abs. 1 Nr. 2 b) a. F.,[14] nämlich zusätzlich zum Lärm noch umweltbezogene Gefährdungen durch beim Anlagenbetrieb auftretende Erschütterungen und nichtionisierende Strahlen.[15]

---

5 *Laufhütte/Möhrenschlager* ZStW **92** (1980) 912, 968 f; *Sack* Rdn. 208; *BMJ/BMI*, Bericht der Interministeriellen Arbeitsgruppe „Umwelthaftungs- und Umweltstrafrecht", Arbeitskreis „Umweltstrafrecht" (AK UStR), 19.12.1988, 143.

6 Nachweise in Buddendiek/*Rutkowski* Lexikon des Nebenstrafrechts (2017) unter „Lärm".

7 Nachweise in Buddendiek/*Rutkowski* Lexikon des Nebenstrafrechts (2017) unter „Lärm" Rdn. 154 f, 611 (z. B. HmbLärmSchG 2010; NdsLärmSchG 2012).

8 Dazu *Laufhütte/Möhrenschlager* ZStW **92** (1980) 912, 970 m. Hinweisen auf *Tiedemann* 16 f, 24 f, 34 f, *Triffterer* 195, 200 f, 203 f, 260, 267; zur Frage des Reformbedarfs *Schwertfeger* 218 ff.

9 Übereinkommen über den Schutz der Umwelt durch das Strafrecht v. 4.11.1998, SEV Nr. 172.

10 So zuvor schon DJT-Beschluss Lärmschutz (102:50:11 für Beibehaltung, auch abgedruckt in wistra **1988** H. 8 S. VIII, entgegen dem Streichungsvorschlag von *Heine/Meinberg*, Gutachten D zum 57. DJT 1988, 142 f.).

11 Begr. RegE BT-Drs. 12/192 17.

12 *Alt* MK Rdn. 3 f; *Schall* NStZ **2005** 33, 37 (Beispiel: frühere RasenmäherlärmVO – 8. BImSchV; nicht TA-Lärm und andere Verwaltungsrichtlinien); *Schall* SK Rdn. 4.

13 Dafür z. B. *Rogall* KK-OWiG § 117 OWiG Rdn. 36.

14 Dazu näher Ausschussbericht zum 18. StRÄndG BT-Drs. 8/3633 33 f; *Steindorf* LK[11] Rdn. 3 ff; *Sack* Rdn. 6 ff; der Gesetzgeber hatte die Vorschrift gegenüber dem RegE, BT-Drs. 8/2382 erweitert, u. a. um nicht hinter dem Qualifikationstatbestand in § 64 BImSchG zurückzubleiben.

15 Begr. RegE BT-Drs. 12/192 19 f (betont Gleichbehandlung von Gefährdungen durch überlaute Musikanlagen im Freien und Erschütterungen des Bodens beim Betrieb von Anlagen ohne Beschränkung); von einer Empfehlung, Erschütterungen einzubeziehen, hatte der *AK-U* 144 mangels Anhaltspunkten für ein praktisches Bedürfnis abgesehen; dafür dann jedoch der Bundesrat BT-Drs. 8/2382 30; in der Gegenäußerung (BT-Drs. 8/2382 34) hatte die Bundesregierung jedoch weiterhin Zweifel geäußert; angesichts der Tatbestände über den Missbrauch und das Frei-

Übersicht

I. Struktur und geschützte Rechtsgüter

Die Vorschrift enthält **zwei Umweltdelikte** aus dem Immissionsschutzbereich, die sich strukturell und von ihrer Schutzrichtung her z. T. unterscheiden. Absatz 1 bildet ein Erfolgsdelikt mit potenzieller bzw. abstrakt-konkreter Gefährdungskomponente,[16] das ausschließlich dem Lärmschutz dient. Absatz 2 hingegen erfasst – was der Wortlaut nur mittelbar zu erkennen gibt – neben dem Lärm zusätzlich Erschütterungen und Strahlenimmissionen und stellt dabei ein konkretes Gefährdungsdelikt dar.[17] Die verharmlosende Überschrift „Verursachen von Lärm, Erschütterungen und nichtionisierenden Strahlen" bringt dies nur unzureichend zum Ausdruck.[18] Beide Tatbestände büßen entscheidend an praktischer Bedeutung ein, indem Absatz 4 im Einklang mit § 3 Abs. 5 Nr. 2, § 38 BImSchG mit den Verkehrsfahrzeugen wichtige, weil massenhaft auftretende Lärmerreger von der gesetzlichen Regelung ausnimmt. 1

Die Bestimmung weist einen unterschiedlichen Rechtsgutsbezug auf. Bezweckt ist einmal der Schutz der menschlichen Gesundheit (Absatz 1), bei Absatz 2 daneben der Schutz von Tieren, sofern sie nicht dem Täter gehören, und in fremdem Eigentum stehende Sachen von bedeutendem Wert; herrenlose Sachen sind damit – im Gegensatz zu herrenlosen (wilden) Tieren – nicht erfasst. Auch das Eigentum an Tieren und Sachen ist im jeweiligen Umfang als geschützt 2

setzen ionisierender Strahlen (§§ 309, 311) bestand kein Bedürfnis mehr, § 330 Abs. 1 Nr. 2 c) (Gefährdungen durch Freisetzen von Strahlen) insgesamt in § 325a zu übernehmen; auch wurde damals schon bezweifelt, ob die Regelung auf ionisierende Strahlen überhaupt anwendbar war (so z. B. *Steindorf* LK[11] Rdn. 11 m. w. N.). Auf die Übernahme von Gefährdungen durch sonstige schädliche Umwelteinwirkungen (Beispiele von *Steindorf* LK[11] Rdn. 12: Licht, Wärme, Holzspäne); von *Kloepfer* Umweltrecht § 15 Rdn. 195; G/R-*Schulte/Michalk* § 3 BImSchG Rdn. 29 (Zufuhr von Kälte und Krankheitserregern sowie Funken- und Pollenflug) oder anderen Gefahren für die Allgemeinheit oder die Nachbarschaft (Beispiele von *Steindorf* LK[11] Rdn. 13: Feuer- und Explosionsgefahr) war mangels eines praktischen Bedürfnisses bzw. der Anwendbarkeit anderer Tatbestände zu Recht stillschweigend verzichtet worden.

16 *Alt* MK Rdn. 2; *Weber* GK-BImSchG Rdn. 5; *Sch/Schröder/Heine/Schittenhelm* Rdn. 1; *Schall* SK Rdn. 3; *Steindorf* LK[11] Rdn. 1; *Saliger* Umweltstrafrecht Rdn. 423; *Lackner/Kühl/Heger* Rdn. 1; *Szesny* AnwK Rdn. 3; *GJW/Bock* Rdn. 1; *Sack* Rdn. 13; *Rogall* Festschrift Köln 505, 515; **aA** (abstraktes Gefährdungsdelikt) *Ransiek* NK Rdn. 2; *Michalke* Rdn. 218; *Kloepfer/Vierhaus* Rdn. 119.

17 *Ransiek* NK Rdn. 2; *Sch/Schröder/Heine/Schittenhelm* Rdn. 1; *Schall* SK Rdn. 3.

18 *Steindorf* LK[11] Rdn. 1.

anzusehen.[19] Die Struktur des Tatbestandes liefert hingegen keinen ausreichenden Anhaltspunkt für die Anerkennung eines zusätzlichen Rechtsguts der „(rekreativen) Ruhe" oder gar der Stille in § 325a,[20] selbst wenn Lärm vielfach zu den als Zivilisationsproblemen genannten „klassischen Umweltgefahren" gezählt wird.[21]

II. Verursachen von gesundheitsgefährlichem Lärm (Absatz 1)

1. Lärmverursachung

3 **Tathandlung** des Absatzes 1 ist das unter Verletzung verwaltungsrechtlicher Pflichten erfolgende Verursachen von Lärm beim Betrieb einer Anlage, der geeignet ist, außerhalb des zur Anlage gehörenden Bereichs die Gesundheit eines anderen Menschen zu schädigen.

4 Den Begriff des **Lärms** definiert das Gesetz nicht. Zu verstehen sind darunter Schallwellen, die durch Schwingungen in einem elastischen Medium seitens einer Schallquelle entstehen (als Emission, § 3 Abs. 3 BImSchG), sich ausbreiten und in ihrer Wirkung (Immission, § 3 Abs. 2 BImSchG) als unerwünschte Geräusche nach Art, Ausmaß oder Dauer störend, unangenehm, für einen objektiven Durchschnittsbeobachter belästigend, nachteilig oder gar gesundheitsgefährdend sind oder dies sein können.[22] Im Kontext des für § 325a vor allem maßgeblichen Immissionsschutzrechts definiert Nr. 2.1 der TA Lärm[23] den Begriff als „schädliche Umwelteinwirkungen durch Geräusche" d. h. als „Geräuschimmissionen, die nach Art, Ausmaß oder Dauer geeignet sind, Gefahren, erhebliche Nachteile oder erhebliche Belästigungen für die Allgemeinheit oder die Nachbarschaft herbeizuführen."

5 **Verursachen** von Lärm kann durch den Täter unmittelbar geschehen, indem er die Lärmquelle betätigt, oder mittelbar, indem er einen anderen „zum Lärmen bringt".[24] Bei der Feststellung von Kausalität und Eignung kann auch hier der kumulierende Effekt durch die Emissionen verschiedener Anlagen berücksichtigt werden.[25] Allerdings sind der gegenseitigen Zurechnung Grenzen gesetzt, sobald der einzelne Tatbeitrag minimal bleibt. So kann der Lärm einer fünfstelligen Besucherzahl eines Fußballspiels nicht mehr jedem einzelnen Besucher zugerechnet werden.[26]

---

19 *Alt* MK Rdn. 1; *Ransiek* NK Rdn. 2; *Sch/Schröder/Heine/Schittenhelm* Rdn. 1; *Saliger* Umweltstrafrecht Rdn. 433; *Lackner/Kühl/Heger* Rdn. 1; *Szesny* AnwK Rdn. 2; *GJW/Bock* Rdn. 1; *Sack* Rdn. 11; *Franzheim/Pfohl* Rdn. 232 f; *Günter-Nicolay* Erfassung von Umweltstraftaten mit Auslandsbezug (2003) 332; *Stegmann* Artenschutz-Strafrecht (2000) 220; *Breuer* NJW **1988** 2072, 2075; *ders.* JZ **1994** 1077, 1081; *Möhrenschlager* NStZ **1994** 513, 518; *Rengier* NJW **1990** 2506, 2511.

20 *Alt* MK Rdn. 1; *Fischer* Rdn. 2; *Schall* SK Rdn. 2; *Saliger* Umweltstrafrecht Rdn. 425; *Ensenbach* 17; *Kemme* 240 ff; *Kloepfer/Vierhaus* Rdn. 119; *Kloepfer/Heger* Rdn. 254; *Laufhütte/Möhrenschlager* ZStW **92** (1980) 912, 971; *Rogall* JZ-GD **1980** 109; *ders.* Festschrift Köln 505, 509 ff; *Tiedemann/Kindhäuser* NJW **1988** 337; **aA** *Sch/Schröder/Heine/Schittenhelm* Rdn. 1; *Rengier* NJW **1990** 2506, 2511; *Triffterer* 38, 68, 70; *Ensenbach/Dölling* 81 ff; *ders.* JZ **1985** 461, 466 f; *Bloy* ZStW **100** (1988) 485, 493.

21 *Moench* 15; *Steindorf* LK[11] Rdn. 2.

22 *Rogall* KK-OWiG § 117 OWiG Rdn. 13; vgl. auch DIN 1320: Lärm ist unerwünschter „Hörschall" (Schall im Hörfrequenzbereich, 16 Hz bis 16kHz, teilweise bis 20 kHz, *Schulte/Michalk* BeckOK-UmwR § 3 BImSchG Rdn. 22), der zu Störung, Belästigung, Beeinträchtigung oder Schäden führen kann.

23 Sechste Allgemeine Verwaltungsvorschrift zum Bundes-Immissionsschutzgesetz (Technische Anleitung zum Schutz gegen Lärm – TA Lärm) v. 26.8.1998 (GMBl. 503; Begründung in BR-Drs. 254/98), geändert durch Allg. Verwaltungsvorschrift v. 1.6.2017 (BAnz AT, 8.6.2017 B5).

24 *Rogall* KK-OWiG § 117 OWiG Rdn. 17 m. Nachweisen aus der Rspr.

25 *Möhrenschlager* WiVerw **1984** 47, 62 f; *Triffterer* 200 f; *Steindorf* LK[11] Rdn. 8; kritisch *Schmitz* MK Rdn. 36 ff vor § 324; zur streitigen Diskussion um die Berücksichtigung von Belastungsbeiträgen näher *Koch/Hofmann* Umweltrecht § 4 Rdn. 98 ff.

26 *Ransiek* NK Rdn. 3.

Auch eine **Unterlassungstat** ist denkbar, soweit eine Erfolgsabwendungspflicht besteht. 6
Dies kann der Fall sein, wenn pflichtwidrig der Einbau eines Schalldämpfers oder die Verwendung von Gehörschutzgeräten seitens eines Garanten, z. B. eines Arbeitgebers, unterlassen wird. Unterlassen können ferner der Gastwirt, der nächtliches Kegeln der Gäste bei offenem Fenster zulässt, der Halter eines Kraftfahrzeugs, der duldet, dass Handwerker zur Nachtzeit mit Lärm verbundene Reparaturen ausführen.[27] Eltern wird man als Garanten für verpflichtet halten müssen, ihre Kinder von gesundheitsschädigendem Lärmen, z. B. durch langanhaltende Nutzung besonders lärmintensiver Anlagen, abzuhalten.[28]

2. Eignung zur Gesundheitsschädigung

Unter den **möglichen Wirkungen** von Lärm sind folgende Erscheinungen hervorzuheben: 7
Schlafstörungen durch Wechsel des Schlafstadiums, Aufwachreaktionen, Veränderungen der Schlafstadien-Verteilung, Verkürzung der Gesamtschlafzeit, Veränderungen von Atemfrequenz, Stress, Hormonausschüttungen sowie vermehrte Körperbewegungen. Klassisch sind Beeinträchtigungen des Gehörs bis zu schweren Gehörschäden. Schwerwiegend für das Herz-Kreislaufsystem können Veränderungen von Blutdruck, Blutgerinnung und Blutzucker sowie der Herzfrequenz mit der Folge von Herzkrankheiten bis zum Herzinfarktrisiko sowie Beeinträchtigungen von Teilen des Nervensystems und der Stoffwechselregulation sein. Es finden sich Hinweise auf Anstiege von psychischen Erkrankungen wie Depressionen. Durch Lärm können Kommunikations- und Konzentrationsstörungen auftreten und die kognitive Leistungsfähigkeit, z. B. der Lesekompetenz von Kindern, kann beeinträchtigt werden.[29]

Der Gesetzgeber hat sich dafür entschieden, nicht schon generell schuldhaft rechtswidrige 8
Lärmbelästigung, sondern nur „schwerwiegende Fälle unzulässiger Lärmverursachung" mit Kriminalstrafe zu bedrohen.[30] Der Eingrenzung dient das Erfordernis der **Eignung zur Gesundheitsschädigung** (i. S. d. §§ 223 ff). Dazu zählen auch psychische Wirkungen, die sich körperlich auswirken. Ähnlich wie bei § 325 (s. dort Rn. 10 f) ist es als ausreichend anzusehen, wenn nach dem Erfahrungsstand der einschlägigen Wissenschaft ein Lärm nach Art und Stärke, ohne dass bisher ein konkret nachweisbarer Fall vorgelegen haben müsste, generell (ggf. mit massenstatistischer Beweisführung) die Eignung aufweist, die menschliche Gesundheit mit hinreichender Wahrscheinlichkeit zu schädigen.[31] Unter Bezugnahme auf die Begründung des RegE zum 18. StrÄndG stellt dabei die h. L. für die Beurteilung „auf den normal empfindenden Menschen" ab; die „übermäßige Empfindlichkeit", auch die Geräuschunempfindlichkeit Einzelner „soll unberücksichtigt bleiben".[32] Wenn man allerdings in § 325 auch den empfindlichen Menschen berücksichtigt (Rdn. 14), liegt es nahe, dies in gleicher Weise auf § 325a zu übertragen,[33] zumal subjektive Überempfindlichkeiten sich zwar in Belästigungsgefühlen äußern mögen, die sich als solche indessen regelmäßig noch nicht in Gesundheitsgefährdungen niederschlagen werden. Ausgangspunkt für die Beurteilung sind die nachgewiesenen Umstände zur Tatzeit. Bei der Beurteilung der Eignung sind die lokalen Gegebenheiten mit zu berücksichtigen, etwa ob von dem

27 *Rogall* KK-OWiG § 117 OWiG Rdn. 17; OLG Koblenz VRS 42 365, 367 (zum letzteren Fall).

28 *Rogall* KK-OWiG § 117 OWiG Rdn. 17; Göhler/*Gürtler* § 117 Rdn. 9; *Rebmann/Roth/Herrmann* OWiG § 117 Rdn. 7.

29 *Sparwasser/Engel/Voßkuhle* Umweltrecht § 10 Rdn. 34; *Kloepfer* Umweltrecht § 15 Rdn. 11; *Koch/Hofmann* HB Umweltrecht § 4 Rdn. 12 f; *SRU* Umweltgutachten 2008 389; *Babisch* UMID **2011** 28 ff; *Wothge* UMID **2016** 38 ff; *BMU* Umweltbewusstsein 2016 50.

30 BT-Drs. 8/2382 15 f; vgl. auch BT-Drs. 12/192 19.

31 *Alt* MK Rdn. 12; *Sch/Schröder/Heine/Schittenhelm* Rdn. 5; *Schall* SK Rdn. 16, 18; *Szesny* AnwK Rdn. 9; *Michalke* Rdn. 221; *Rogall* KK-OWiG § 117 OWiG Rdn. 29 f.

32 BT-Drs. 8/2382 16; *Sch/Schröder/Heine/Schittenhelm* Rdn. 3; *Saliger Umweltstrafrecht* Rdn. 427; *Szesny* AnwK Rdn. 8; *Wittig* BeckOK Rdn. 8; *GJW/Bock* Rdn. 4; *Weber* GK-BImSchG Rdn. 8; *Schall* SK Rdn. 7, 17; *Franzheim/Pfohl* Rdn. 236; *Michalke* Rdn. 225.

33 *Steindorf* LK[11] Rdn. 6; *Alt* MK Rdn. 11.

Lärm Gewerbegebiete, Wohngebiete oder Kranken- und Kuranstalten betroffen sind.[34] Auch der Zeitpunkt der Lärmverursachung ist von Bedeutung. Ob sich tatsächlich irgendein Mensch im Wirkbereich des Lärms aufgehalten hat, spielt keine Rolle, solange die Möglichkeit einer Anwesenheit bestanden hatte.[35]

9 **Schädigungsgeeignet** ist Lärm, der bei langanhaltender Belästigung zu Schwerhörigkeit (etwa verbunden mit Störungen des Sprachverständnisses und damit der Kommunikation) mit Schädigungen des Innenohres (Haarzellenschädigung), mitunter begleitet von Tinnitus, bis zum Hörverlust führt (Dauerschallpegel von 80/85/90 db[A]; Gesamt/Einzelschallpegel ab 100 db und mehr), eine der häufigsten Berufskrankheiten.[36] Schädigungen treten auch bei sehr hohen Schallimpulsen auf. Daneben kommen psychophysiologische/vegetative Störungen des menschlichen Organismus in Betracht. Dazu können, ggf. schon ab 30 db(A) psycho-vegetative Reizwirkungen, ab 65 dB(A), auch starke Kreislaufregulations- und Durchblutungsstörungen, etwa als Folge wiederholter intensiver Nachtruhestörungen, sowie Herzbeschwerden und Magen-/Darmerkrankungen gehören. Mit 120 dB(A) ist i. d. R. die Schmerzgrenze erreicht. Bloße Beeinträchtigungen des seelischen Wohlbefindens genügen nicht.[37] Die **Lärmskalen** in db(A) dienen der Orientierung für mögliche Lärmwirkungen: 0 db(A): Hörschwelle; 10: normales Atmen; 10–30: Flüstern, Blätterrauschen; 40: leise Unterhaltung, leise Radiomusik; 50–55: normale Unterhaltung; 60: laute Unterhaltung; 75: Fahrradglocke; 70–80: Staubsauger; 65–80: Straßenlärm, Kindergeschrei; 90: Arbeitslärm in einer Fabrikhalle, Autohupen, LKW-Fahrgeräusch; 100–110: Diskomusik, Presslufthammer, Kreissäge, Rockkonzert; 120: Flugzeug in geringer Entfernung; 130: Düsenflugzeug in geringer Entfernung, Schmerzschwelle; 140: Raketenstart.[38] Die TA-Lärm (Nrn. 6, 7) und die VDI-RL 2058 für Betriebslärm sehen Immissionsrichtwerte für bestimmte Gebiete bzw. Einrichtungen vor, die eine Indizwirkung entfalten können.[39]

3. Anlagenbezug

10 Die Lärmerzeugung hat beim bestimmungsgemäßen bzw. **nutzungsbezogenen Betrieb einer Anlage**, insbesondere einer Betriebsstätte oder einer Maschine, und nicht nur in zufälligem zeitlichem Zusammenhang damit[40] stattzufinden. Die Erzeugung von Lärm durch schlichtes,

---

34 *Alt* MK Rdn. 11; *Ransiek* NK Rdn. 5; *Schall* SK Rdn. 16 f; vgl. auch die differenzierenden Richtwerte in § 2 SportanlagenlärmschutzVO (18. BImSchV) sowie der TA-Lärm Nr. 6.1.

35 *Alt* MK Rdn. 11; *Sack* Rdn. 25; **aA** wohl *Ransiek* NK Rdn. 5 (keine Eignung verneint, wenn aufgrund der Umstände des Einzelfalls eine Gefährdung anderer mit Sicherheit ausgeschlossen ist).

36 Vgl. dazu § 2 Abs. 1 LärmVibrationsSchV v. 6.3.2007 (BGBl. I S. 261): „Schall, der zu einer Beeinträchtigung des Hörvermögens oder zu einer sonstigen mittelbaren oder unmittelbaren Gefährdung von Sicherheit und Gesundheit der Beschäftigten führen kann"; Technische Regeln zur Lärm- und Vibrations-Arbeitsschutzverordnung v. 23.3.2010, Teil 1, GMBl. 362 ff, Anh. 2, Absatz 7 (mit Darstellung physiologischer Reaktionen); VDI 2058 Bl. 2; Merkblatt des Bundesministeriums für Arbeit und Soziales (BMAS) zur Berufskrankheit Lärmschwerhörigkeit v. 1.7.2008 (GMBl. S. 798); *Lippert*, Medizinische Gutachten (2008), 381 ff.

37 Dazu insgesamt BT-Drs. 8/3633 28; *Alt* MK Rdn. 10; *Schall* SK Rdn. 14; *Saliger* Umweltstrafrecht Rdn. 428; *Fischer* Rdn. 5; *Lackner/Kühl/Heger* Rdn. 5; *Szesny* AnwK Rdn. 9; *Sack* Rdn. 29; *Moench* 131; *Laufhütte/Möhrenschlager* ZStW **92** (1980) 912, 971 f; *Halama/Stüer* NVwZ **2003** 137; *Jansen* in der Anhörung zum 18. StRÄndG, BT-Drs. 8/3633 28, der bei Einzel/Gesamtschallpegel ab 100 dB(A) eine direkte potenzielle Schädigung des Organismus nicht ausschließt; AG Dieburg NStZ-RR **1998** 73 (dauerhafter Schlafentzug, stärkere Herz- und Magenbeschwerden durch Industrienähmaschine); nach StA Hannover NStZ **1987** 175 können ggf. psycho-vegetative Störungen bei lang anhaltenden Schalleinwirkungen von 65 bis 90 dB(A) auftreten, was im konkreten Fall bei einem $2^1/^2$-stündigen Open-Air-Rockkonzert bei 50–65 db(A) nicht festgestellt wurde.

38 Umweltgutachten 1999, BT-Drs. 14/2300 158; *Sparwasser/Engel/Voßkuhle* § 10 Rdn. 37; *Schall* SK Rdn. 15; *Szesny* AnwK Rdn. 10; *Kohlenberg* www.code-knacker.de/dba.htm (1.12.2020).

39 Zu Immissionsrichtwerten *Hansmann* Kap 7 Rdn. 167 ff.

40 VGH Mannheim DVB1. **1984** 881, 882; *Steindorf* LK[11] Rdn. 10, 19; *Sch/Schröder/Heine/Schittenhelm* Rdn. 4.

nicht anlagenvermitteltes menschliches Verhalten (Schreien, Aufstampfen mit Stiefeln, Händeklatschen, Husten, Niesen, menschlicher Wohnlärm, Lärm der Besucher von Freizeit- und Sportveranstaltungen), oder der in tierischem Verhalten seinen Ursprung hat (Hundegebell), das kein technisches Hilfsmittel nutzt, ist von vornherein nicht erfasst.[41] Hierfür gelten ggf. landesrechtliche Vorschriften sowie § 117 OWiG.

Allerdings ist der Begriff „Anlage" **im weiten Sinne** zu verstehen (§ 325 Rdn. 21 ff). Daher 11
fallen nach h. M. hierunter sämtliche Geräte, die menschliche Tonerzeugung technisch verstärken, wie Megaphone, Lautsprechereinrichtungen,[42] Tonwiedergabe- und -übertragungsgeräte sowie Musikinstrumente,[43] Rundfunk-, Fernsehgeräte, Stereoanlagen, Musikboxen, Volksfeste u. ä.[44] Anlagen sind auch kirchliche Glockentürme und Kirchturmuhren.[45] Selbst ein öffentlicher Grillplatz kann eine solche Anlage darstellen.[46] Zu den Anlagen zählen danach ferner Grundstücke mit regelmäßigen Freizeitbeschäftigungen wie Sport-, Kinderspielplätzen, Freibäder,[47] Biergärten,[48] Betriebsstätten mit lärmverursachenden Maschinen wie Motorsportanlagen, Schießstände,[49] eine Windenergieanlage,[50] eine kommunale Energieanlage,[51] eine lärmerregende Autowrackanlage,[52] eine Industrienähmaschine nebst Hammer in einer Wohnung[53] sowie eine durch Elektromotor auf- und abziehbare Jalousie.[54] Keine „Anlagen", weil nichts vom menschlichen Körper zu Trennendes, sind bloße Anhängsel menschlicher „Werkzeuge", wie Handwerkzeuge (Hämmer, Handsägen u. Ä.), aber auch bloße Sprechtüten.[55]

Dieses sehr weite Verständnis des Anlagenbegriffs ist allerdings gerade deswegen zu relati- 12
vieren, weil auch in § 325 als Anlagen nur organisierte **Funktionseinheiten eines nicht ganz unerheblichen Ausmaßes** angesehen werden (s. § 325 Rdn. 21). Das schließt aus, einfache Geräte als Anlagen zu begreifen, die nicht im Kontext einer betrieblichen oder sonstigen Funktionseinheit eine Rolle spielen, sondern, wie ein privat gespieltes Instrument, eine einzige Funktion der Geräuscherzeugung besitzen. Für eine solche Restriktion spricht der gesetzliche Hinweis

---

41 *Alt* MK Rdn. 8; *Schall* SK Rdn. 10; *Sch/Schröder/Heine/Schittenhelm* Rdn. 4; *SSW/Saliger* Rdn. 7; *Fischer* Rdn. 2c; es wird auch keine Anlage wird betrieben, wenn ein Hund im Haus oder in einer Hundehütte gehalten wird, s. VGH Mannheim DÖV **1975** 608 mit Anm. *Engelhardt;* VGH Mannheim BaWüVerwBl. **1982** 142 (Hundezwinger); hierzu *Engelhardt* NuR **1984** 81, 87 f, 88.

42 *Alt* MK Rdn. 7; *Schall* SK Rdn. 9; *SSW/Saliger* Rdn. 7; OVG Lüneburg GewArch **1995** 173 (Verstärker für Open-Air-Konzerte).

43 Abl. zum Violinspielen *Steinberg* NuR **2007** 530, 532; *Saliger* Umweltstrafrecht Rdn. 429; krit. auch *Sack* Rdn. 19 und *Szesny* AnwK Rdn. 5 (wenn ohne elektrischen Verstärker).

44 VGH München NVwZ **2005** 719; StA Hannover NStZ **1987** 175; AG Paderborn (überlaute Musikanlage in Gaststätte), v. 6.4.1982, zitiert bei *Sack* Rdn. 133; *Saliger* Umweltstrafrecht Rdn. 429; *Möhrenschlager* NuR **1983** 209, 216; *Sch/Schröder/Heine/Schittenhelm* Rdn. 4; *Wittig* BeckOK Rdn. 7; *Szesny* AnwK Rdn. 5; *Fischer* Rdn. 2c; *Schall* SK Rdn. 9.

45 BVerwGE **68** 62 = NJW **1984** 989; **90** 163, 165 = NJW **1992** 2779; JZ **1984** 228; NJW **1994** 956; **2005** 315, dazu *Schall* SK Rdn. 8; *ders.* NStZ **1997** 422; *ders.* NStZ-RR **2008** 100; VGH München NVwZ-RR **2004** 829 (gemeindlich betriebenes Läutwerk); OVG Saarlouis NVwZ **1992** 72; **aA** *Michalke* Rdn. 222.

46 VGH Mannheim UPR **1994** 278.

47 Jeweils *Alt* MK² Rdn. 6 m. N. in Rdn. 27 ff zur Rechtsprechung zu Bolz-, Go-Kart- und Skate- sowie Tennisplätzen und Freibädern – zum Sportplatz BVerwGE **81** 197 = NJW **1989** 1291; **88** 143 = NVwZ **1991** 884.

48 Zum Biergartenlärm: BVerwGE **108** 260 = NVwZ **1999** 651; BayVGH NVwZ **1995** 1032; VGH Kassel UPR **2005** 360; *Vieweg/Röthel* DVB1. **1996** 1171, 1175.

49 *Sch/Schröder/Heine/Hecker* Rdn. 4; *Szesny* AnwK Rdn. 5. BVerwG NVwZ **1996** 1001.

50 Zur Anwendung der TA Lärm auf Windenergieanlagen OVG Münster ZUR **2016** 550.

51 VGH Mannheim NuR **1999** 282 (kommunale Energieanlage).

52 StA Landau (lärmerregende Autowrackanlage), 24 Js 3345/87, bei *Sack* Rdn. 133; zur Sozialadäquanz bei Lärm, der von einem Wertstoffhof ausgeht, BVerwG NVwZ **1996** 1001.

53 AG Dieburg NStZ-RR **1998** 73 (Industrienähmaschine); *Sack* Rdn. 16, 133; für Einbeziehung auch von Haushaltsnähmaschinen *Ransiek* NK Rdn. 6.

54 OVG Berlin UPR **1982** 275 (motorisch betriebene Jalousie); *Sack* Rdn. 15a.

55 *Alt* MK Rdn. 7; *Schall* SK Rdn. 10; *Steindorf* LK¹¹ Rdn. 11; *SSW/Saliger* Rdn. 7; *Fischer* Rdn. 2c; *Sack* Rdn. 19; *Möhrenschlager* NuR **1983** 209, 216; *Richter* 25; *Sander* 128.

auf die Betriebsstätte und Maschine als Regelfall einer Anlage, denn insb. die Betriebsstätte impliziert, dass die Lärmerzeugung kein Selbstzweck ist, sondern seine Rolle im Rahmen eines anderen, hauptsächlich verfolgten Zwecks spielt. Danach werden zwar Musik- oder Verstärkeranlagen, die in Gaststätten, auf Volksfesten oder Konzerten eingesetzt werden, als Anlagen zu betrachten sein, nicht jedoch die private Stereoanlage oder gar das – womöglich noch nicht einmal technisch verstärkte – Musikinstrument. Auch wird unverstärkter menschlicher Lärm nicht deshalb zu Anlagenlärm, weil er im Rahmen eines Freibades, Fußballstadions oder Kinderspielplatzes anfällt. Hier entsteht die Lärmbelästigung zwar anlässlich des Betriebes einer Einrichtung, aber nicht auf Grund des Betriebes, sondern infolge einer menschlichen Reaktion auf Geschehnisse während des Betriebes, die nicht dem Betreiber zuzurechnen sind. Wollte man dies anders sehen, müsste man konsequenterweise auch städtische Fußgängerzonen am Samstagmorgen als Anlagen begreifen und die verantwortlichen Amtsträger der Stadt wegen des Lärms der Besucher zur Verantwortung ziehen. Vielmehr muss der Lärm, um beim Betrieb einer Anlage i. S. v. Absatz 1 zu entstehen, ein **technisches Produkt der Anlage** selbst sein und zudem **im Kontext einer nicht allein auf Geräuscherzeugung angelegten Funktionseinheit** entstehen.

13 Ebenfalls keine Anlage wird betrieben, wenn lediglich ein Hund im Haus oder in einer **Hundehütte** gehalten wird.[56] Aus verwaltungsrechtlicher Sicht hat VGH Mannheim einem Hundezwinger den Anlagecharakter abgesprochen, da der erforderliche technische Bezug fehle.[57] *Engelhardt* weist darauf hin, es sei nicht folgerichtig, Einrichtungen zur Haltung von Schweinen und Hühnern (jetzt Nr. 7.1 des Anhangs 1 zur 4. BImSchV) als Anlagen anzusehen, Einrichtungen zur Hundehaltung dagegen nicht. Der maßgebliche Unterschied liegt indessen darin, dass es bei Hühner- und Schweinehaltung in der Regel (so in der 4. BImSchV) um Tausende bzw. Hunderte von Tieren geht. Dem Hundezwinger mit ein oder zwei Hunden fehlt hingegen in Ermangelung einer bedeutenderen Größe die Anlageneigenschaft.

14 Eine weitere Restriktion enthält **Absatz 4**, wonach zur Beförderung benutzte **Verkehrsfahrzeuge** wie Kraftfahrzeuge, Schienen-, Luft- und Wasserfahrzeuge von § 325a insgesamt nicht erfasst werden. Dagegen unterfallen dem Anlagenbegriff ortsveränderliche, nicht allein der Beförderung von Sachen oder Personen dienende Einsatzmittel wie Baumaschinen (Presslufthämmer, Bagger, Betonmischer, Planierraupen), Sandstrahlgeräte, Hochdruckreiniger, Kompressoren, mobile Pumpen und Hebewerke bei ihrem Arbeitseinsatz,[58] aber auch landwirtschaftliche Maschinen und nicht ganz unbedeutende Rasenmäher.[59] Das Gleiche gilt für ausschließlich außerhalb des öffentlichen Verkehrs, beispielsweise auf separatem Betriebsgelände eingesetzte Fahrzeuge.[60] So unterfällt auch eine Flüssiggas-Umfüllanlage auf einem Bahnhof dem Anlagenbegriff.[61]

4. Die Verletzung verwaltungsrechtlicher Pflichten

15 Die Verhaltensbeschreibung des Tatbestands erfährt (i. V. m. § 330d Abs. 1 Nr. 4 und 5) eine weitere Eingrenzung, weil die Lärmverursachung zusätzlich gegen das Umweltverwaltungsrecht, in erster Linie das Immissionsschutzrecht, aber auch Gewerberecht oder Vorschriften des Chemie-

---

56 VGH Mannheim DÖV **1975** 608 mit Anm. *Engelhardt*.

57 VGH Mannheim BaWüVerwBl. **1982** 142 (Hundezwinger); hierzu *Steindorf* LK[11] Rdn. 16; *Engelhardt* NuR **1984** 81, 87 f.

58 BT-Drs. 8/2382 16.

59 *Lackner/Kühl/Heger* Rdn. 2; *Steindorf* LK[11] Rdn. 13; *Busch/Iburg* 222; **aA** *Ransiek* NK Rdn. 6 (auch kleinere Mäher); *Schall* Rdn. 9; vgl. ferner VGH Mannheim NuR **2001** 397 (nächtlich eingesetzte Erntemaschinen).

60 *Möhrenschlager* LK[12] Rdn. 11; *Steindorf* LK[11] Rdn. 13.

61 VG Schleswig GewArch **1990** 373; **aA** VG Braunschweig GewArch **1993** 437; hierzu auch *Büge* GewArch **1993** 357, 359; OVG Lüneburg GewArch **1993** 373.

gesetzes verstoßen muss, sofern durch die betroffenen Regelungen – auch – Lärmschutz bezweckt ist. Verwaltungsrechtliche Pflichten finden zudem nur Berücksichtigung, wenn sie dem Lärmschutz außerhalb des zur jeweiligen Anlage gehörenden Bereichs dienen.[62]

Als konkretisierte Ausformungen verwaltungsrechtlicher Pflichten sind neben vollziehbaren Verwaltungsakten (und Auflagen[63]) vor allem die unter Bußgelddrohung stehenden Bestimmungen in **Rechtsvorschriften**, die dem Lärmschutz dienen, zu nennen, so u. a. in der Verordnung gegen Geräte- und Maschinenlärm (32. BImSchV).[64] Angewandt wird auch die Sportanlagenlärmschutzverordnung (18. BImSchV), obschon die Verletzung ihrer Vorgaben nicht bußgeldbewehrt ist.[65] Geräuscheinwirkungen von Kinderspielplätzen sowie Kindertageseinrichtungen wird gemäß § 22 Abs. 1a BImSchG im Regelfall nicht mehr als schädliche Umwelteinwirkung angesehen.[66] Besondere Umstände können zu einer anderen Beurteilung führen, wie z. B. bei Kinderspielplätzen in unmittelbarer Nachbarschaft zu Krankenhäusern oder Pflegeanstalten.[67] **Verwaltungsvorschriften** wie die TA Lärm, die Freizeitlärm-Richtlinie des Länderausschusses, die Allgemeine Verwaltungsvorschrift gegen Baulärm und die VDI-Richtlinie 2058 sind keine Rechtsvorschriften und begründen daher keine verwaltungsrechtlichen Pflichten; sie stellen allenfalls Orientierungshilfen mit Indizwirkung (etwa für die Schädigungseignung) dar.[68] Ferner fallen aufgrund von Absatz 4 alle Bestimmungen aus, die den von Verkehrsfahrzeugen erzeugten Lärm betreffen. Das gilt in Teilen auch hinsichtlich der allgemeinen Vorschrift gegen unzulässigen Lärm in **§ 117 OWiG**;[69] bei ihr handelt es sich wegen der Bezugnahmen auf materielles Verwaltungsrecht bei ihren Merkmalen der Unzulässigkeit und des Fehlens eines berechtigenden Anlasses um keine pflichtenbegründende Verhaltensnorm, sondern um eine bloße Sanktionsnorm. Lediglich die Verpflichtung, dem Grunde nach zulässigen, berechtigten, aber vermeidbar lauten Lärm zu unterlassen, kann hier als verwaltungsrechtliche Pflicht angesehen werden. 16

§ 330d Abs. 2 sieht im Unterschied zu etlichen anderen Umweltvergehen keine Ausdehnung von § 325a auf **im Ausland begangene** Taten vor, selbst wenn sie von Deutschen nach Tatortrecht (vgl. § 7 Abs. 1) verwaltungsrechtswidrig verübt werden (§ 330d Rdn. 37). Ausländische Taten, die zu einem gesundheitsgefährlichen **Lärm im Inland** führen und daher auch hier begangen werden (§ 9 Abs. 1), können genauso wenig verfolgt werden. Aus dem Verhältnis der beiden Absätze in § 330d und der Begründung dazu ergibt sich, dass der Begriff der (verletzten) „verwaltungsrechtlichen Pflicht" nur im Anwendungsbereich von § 330d Abs. 2 ausgedehnt werden sollte. Die bisher mögliche gemeinschafts-/unionsrechtskonforme Auslegung[70] von § 325a durch Einbeziehung von Regelungen in anderen EU-Mitgliedstaaten, die 17

---

62 *Möhrenschlager* LK[12] Rdn. 17.

63 Zur Zulässigkeit eines erhöhten Immissionsrichtwerts bei einer versammlungsrechtlichen Lärmschutzauflage VG Osnabrück Beschl. v. 23.8.2017 – 6 B 88/17 (juris).

64 Hierzu BVerwG UPR **1995** 108; OVG Münster NuR **1995** 205; UPR **1994** 75; BayVGH NVwZ **1993** 1006; OLG Koblenz NVwZ **1993** 301; VG Würzburg UPR **1996** 119; nach VGH München NJW **2005** 2108 (m. Anm. *Schall* NJW-RR **2006** 161, 167); *Szesny* AnwK Rdn. 6 ist die VO nicht anwendbar auf vorübergehende Livemusikdarbietungen, Diskotheken- und ähnliche Vergnügungsveranstaltungen in Zelten oder im Freien.

65 Zu weiteren Regelungen s. *Sack* Rdn. 68 f; *Alt* MK Rdn. 15; *Rogall* KK-OWiG § 117 OWiG Rdn. 43 f; Göhler/*Gürtler* § 117 OWiG Rdn. 17; *Schall* NStZ-RR **2006** 161, 166.

66 10. ÄndG zum BImSchG v. 20.7.2011 (BGBl. I S. 1474).

67 *Jarass* BImSchG § 22 Rdn. 46; *Enders* BeckOK-UmwR § 22 BImSchG Rdn. 24a f; VG Karlsruhe BauR **2017** 1082 (Kindertageeinrichtung mit 61 Plätzen in einem Dorf); VG Trier Urt. v. 28.1.2015 – 5 K 1542/14.TR (juris) zur Zulässigkeit eines Kinderspielplatzes in einem Wohngebiet.

68 *Schall* SK Rdn. 19 f, 25; *Saliger* Umweltstrafrecht Rdn. 430; *Sack* Rdn. 36a; *Szesny* AnwK Rdn. 6, 11.

69 Gänzlich ablehnend zur Anwendung *Schall* SK Rdn. 24 (kein tatbestandsspezifischer Schutzzweckzusammenhang).

70 *Hecker* Europäisches Strafrecht § 10 Rdn. 73 ff; *ders.* ZStW **115** (2003) 880, 900 (zur Luftverunreinigung); *Kemme* 470 f; *Sch/Schröder/Heine/Schittenhelm* § 330d Rdn. 12.

sich am europäischen Recht orientieren, wie z. B. an der RL 2000/14/EG v. 8.5.2000 über umweltbelastende Geräuschemissionen von zur Verwendung im Freien vorgesehenen Geräten, wird zwar weiterhin vertreten,[71] dürfte aber angesichts der fehlenden Erwähnung von § 325a in § 330d Abs. 2 nicht mehr zulässig sein.[72] Umgekehrt unterfällt dem Tatbestand der Betrieb einer Anlage unter Verstoß gegen eine inländische Regelung, wenn der verwaltungsrechtswidrig erzeugte Lärm die Grenze nach außen überschreitet und die Gesundheit von Menschen **im Ausland schädigen** kann.[73]

III. Konkrete Gefährdungen beim Anlagenbetrieb (Absatz 2)

1. Tathandlung

18 Die Tathandlung wird im Gesetz zwar nicht im Einzelnen umschrieben, was zu dem Fehlschluss verleiten könnte, es genüge jegliche kausale Verursachung des Gefährdungserfolges im Rahmen des Anlagenbetriebes ohne inneren Bezug zur Verletzung verwaltungsrechtlicher Pflichten. Aus dem Schutzbezug der verletzten Pflichten ergibt sich jedoch, dass ein Pflichtwidrigkeitszusammenhang zwischen der Pflichtverletzung und dem Gefährdungserfolg bestehen muss, was weiterhin dazu führt, dass als Auslöser für die Gefahr nur die **Erzeugung von Lärm, Erschütterungen oder nichtionisierende Strahlen** in Frage kommen. Zum Begriff des **Lärms** s. Rn. 4, 7 ff.

19 Bei **Erschütterungen** handelt sich um „stoßhaltige, periodische oder regellose niederfrequente mechanische Schwingungen", die ausgehend von festen Körpern durch Druckwellen oder Bodenerschütterungen bewirkt werden. Dazu gehören Vibrationen gemäß § 2 Abs. 5 S. 1 LärmVibrations-ArbSchV,[74] gekennzeichnet als „mechanische Schwingungen, die durch Gegenstände auf den menschlichen Körper übertragen werden und zu einer mittelbaren oder unmittelbaren Gefährdung von Sicherheit und Gesundheit der Beschäftigten führen können." Treten sie beim Menschen auf, so belästigen sie oder führen gar zu gesundheitlichen Beeinträchtigungen, wie gemindertes Wohlbefinden, Herabsetzung der Leistungsfähigkeit bis hin zur Einflussnahme auf die körperliche Unversehrtheit.[75] Sie können die Gesundheit bei „Hand-Arm-Vibrationen" insbesondere durch Knochen- oder Gelenkschäden, Durchblutungsstörungen oder neurologische Erkrankungen und bei „Ganzkörper-Vibrationen" insbesondere durch Rückenschmerzen und Schädigungen der Wirbelsäule gefährden (§ 2 Abs. 5 S. 2 Nr. 1, 2 LärmVibrationsArbSchV). Bei Gebäuden oder Maschinen und sonstigen Geräten können Erschütterungen zu Funktionsstörungen führen. Derartige Erschütterungen treten besonders auf in der Maschinen- und Elektroindustrie sowie im Bauwesen (durch Rammarbeiten) und in der Verfahrenstechnik; sie führen dort zu Spannungen in der Materie oder zu deren Verformung. Zu Erschütterungen im Bauwesen ist zur Beurteilung DIN 4150–3 heranzuziehen. Weiter wird zu denken sein an Vibrationen von unbeweglichen oder beweglichen Sachen, hervorgerufen durch Explosionen oder ähnliches. Diese müssen aber immer im Betrieb einer Anlage ihren Ursprung haben (Sprengungen in Steinbrüchen o. ä.). Erschütterungen des Bodens treten auf beim Betreiben schwerer Maschinen, sei es rotierender stationärer oder mobiler Natur (Schleudern in Großwäschereien; Rüttler, Verdich-

---

71 *Schall* SK § 330d Rdn. 71 f; *Sch/Schröder/Heine/Schittenhelm § 330d* Rdn. 40; *Wittig* BeckOK § 330d Rdn. 15; wohl auch *Meyer* wistra **2012** 371, 376.

72 *Matt/Renzikowski/Rettenmaier/Gehrmann* Rdn. 5; *Weber* GK-BImSchG Rdn. 9; *Schmitz* MK § 330d Rdn. 62 f; *Lackner/Kühl/Heger* § 330d Rdn. 6.

73 *Schmitz* MK Vor § 324 Rdn. 154, 157; *Schall* SK Vor § 324 Rdn. 212; § 330d Rdn. 65. *Ransiek* NK § 330d Rdn. 6.

74 Verordnung zum Schutz der Beschäftigten vor Gefährdungen durch Lärm und Vibrationen (Lärm- und Vibrations-Arbeitsschutzverordnung – LärmVibrationsArbSchV) v. 6.3.2007 (BGBl. I S. 261).

75 Umweltgutachten 1987 BT-Drs. 11/1568 401.

ter oder Presslufthämmer im Baubereich). Häufig werden Erschütterungen mit Lärmerregung einhergehen (vgl. zur Berücksichtigung der Kombinationswirkung § 3 Abs. 3 LärmVibrationsArbSchV). So handelt es sich bei den im Anhang der Geräte- und MaschinenlärmschutzVO (32. BImSchV) genannten Baumaschinen um solche, die zugleich Erschütterungen bewirken (Motorkompressoren, handbetriebene Betonbrecher, Abbau-, Aufbruch- und Spatenhämmer). Die Kombinationswirkungen von Lärm und Vibration verstärken nachgewiesenermaßen das Risiko für Gesundheitsschäden.[76]

Nach § 1 Abs. 2 NiSG[77] umfasst **nichtionisierende Strahlung** (im medizinischen und ge- 20
werblichen/unternehmensbezogenen Anwendungsbereich) „elektrische, magnetische und elektromagnetische Felder in einem Frequenzbereich von 0 Hertz bis 300 Gigahertz, optische Strahlung im Wellenlängenbereich von 100 Nanometern bis 1 Millimeter sowie Ultraschall im Frequenzbereich von 20 Kilohertz bis 1 Gigahertz." Die Abgrenzung nichtionisierender Strahlen ist in Übrigen nur in der Weise möglich, dass von den vorkommenden Strahlenarten als nicht erfasst all diejenigen auszusondern sind, denen die Eigenschaft zur Ionisation zukommt.[78] Stets muss es sich bei derartigen Immissionen um physische und chemische Einwirkungen handeln.[79] Beispiele für nichtionisierende Strahlen sind neben Wellen elektromagnetischer Felder in der Medizin (z. B. beim Einsatz von MRT mit hohen Feldstärken) in der Wirtschaft und in der Kommunikationstechnik Radiowellen sowie die bei Mobilfunk- und Richtfunkübertragungen verwendeten elektrischen und magnetischen Wellen,[80] auch Mikrowellen.[81] Zu den nichtionisierenden optischen Strahlen zählen UV-Strahlen, sichtbare Lichtstrahlen, Infrarotstrahlen, Laserstrahlen,[82] Ultraschall sowie Radarstrahlen.[83] Lichtimmissionen finden sich bei Werbeanlegen und im Scheinwerferlicht.[84] Neuere Erkenntnisse und Forschungsvorhaben im Bereich ionisierender Strahlen finden sich in den in den Strahlenschutzberichten (Umweltradioaktivität und Strahlenbelastung) der Bundesregierung.[85]

Die Bezugnahme auf einen **Anlagenbetrieb** hat der Gesetzgeber auch im Absatz 2 für erfor- 21
derlich gehalten. Lärm, Erschütterungen und Strahlenemissionen müssen im Kontext des Anlagenbetriebs entstehen. Zur Erläuterung der Anlage und ihres Betriebs kann auf die Ausführungen zu Absatz 1 (Rdn. 10 ff) und zu § 325 (Rdn. 21 ff) verwiesen werden. Auch insoweit scheidet der Kraftfahrzeugverkehr nach Absatz 4 aus (zu Ausnahmen s. Rdn. 14). Im Unterschied zu Absatz 1 brauchen die Gefährdungen sich indessen nicht unbedingt außerhalb des Anlagenbereichs zu ereignen, sondern können **auch innerhalb des Betriebes** auftreten. Absatz 2 dient damit zugleich dem Arbeitsschutz.[86]

---

76 Umweltgutachten 1987 BT-Drs. 11/1568 401; *Alt* MK Rdn. 18; *Steindorf* LK[11] Rdn. 29; gegen die Berücksichtigung von Lärmschutzvorschriften, wenn die Verursachung von Erschütterungen mit der Lärmerzeugung einhergeht, *Schall* SK Rdn. 36; *Kemme* 272.

77 Gesetz zum Schutz vor nichtionisierender Strahlung bei der Anwendung am Menschen (NiSG) v. 29.7.2009 (BGBl. I S. 2433).

78 Näher *Möhrenschlager* LK § 311 Rdn. 5.

79 BVerwGE **28** 131 = NJW **1967** 2325; *Landmann/Rohmer I/Thiel* § 3 BImSchG Rdn. 14.

80 *Alt* MK Rdn. 18; *Schall* SK Rdn. 31; *ders.* NStZ-RR **2006** 161, 167 m. w. N. zur Diskussion um Gesundheitsgefahren; dazu auch *Landmann/Roehmer/Heilshorn/Sparwasser* § 22 BImSchG Rdn. 30; ausführlich *Enders* BeckOK-UmwR § 22 BIMSchG Rdn. 34.1; vgl. dazu auch OVG Bautzen NVwZ **2005** 352; VG München BeckRS **2017** 108913, 117933; EGMR NVwZ **2008** 1215 (Grenzwerte bisher ausreichend); BVerfG NVwZ **2007** 805 f (Grenzwerte verfassungsgemäß); VGH Kassel NuR **1995** 38; zu elektromagnetischen Feldern BVerwG NuR **1996** 513, 514.

81 *Kloepfer* § 15 Rdn. 183; *Alt* MK Rdn. 18; *Schall* SK Rdn. 31.

82 Definition in § 2 Abs. 1–3 der ArbeitsschutzVO zu künstlicher optischer Strahlung v. 19.7.2010 (BGBl. I S. 960).

83 OVG Koblenz NVwZ **1987** 149; *Kloepfer* § 15 Rdn. 183; *Alt* MK Rdn. 18; *Schall* SK Rdn. 31.

84 OVG Lüneburg NVwZ-RR **2003** 820; OVG Münster DVBl. **2008** 791; *Schall* SK Rdn. 31; *Alt* MK Rdn. 18.

85 Zuletzt für das Jahr 2017 in BT-Drs. 19/18500 v. 8.4.2020, 41 ff.

86 *Fischer* Rdn. 6; *Schall* SK Rdn. 27; *Möhrenschlager* NStZ **1994** 513, 518.

2. Gefährdungserfolg

22 Verlangt wird eine **konkrete Gefährdung.** Dabei handelt es sich um eine Situation unmittelbar naheliegender Schädigung, in welcher es bei ex ante-Betrachtung unkalkulierbar und nur noch vom Zufall abzuhängen scheint, ob sich der Schaden realisiert oder nicht.[87] Der Tatbestand bezieht diese Gefahr auf drei verschiedene Arten von Rechtsobjekten: die Gesundheit eines anderen Menschen, dem Täter nicht gehörende Tiere und fremde Sachen von bedeutendem Wert. Hinsichtlich der Gesundheitsgefährdung sei auf die Erläuterungen zu Absatz 1 (Rdn. 8 f) verwiesen.

23 Die Gefährdung von **Tieren** zielt auf drohende Tötungen, Verletzungen, Missbildungen oder die Unverwertbarkeit zum vorgesehenen Zweck. Dass Tiere durch Lärm Hörschäden erleiden können, ist jedenfalls für bestimmte Tierarten gesichert, etwa bei Haustieren durch Knaller und Feuerwerk, bei Walen auch durch den Betrieb von Anlagen wie einer Ölbohrplattform.[88] Da sie dem Täter **nicht gehören** dürfen, müssen sie entweder fremd sein, also im Eigentum eines anderen stehen, oder wild leben und daher herrenlos sein.[89] Die Gegenposition, die herrenlose Tiere als ungeschützt ansieht,[90] ist aus systematischen Gründen abzulehnen; wäre das gewollt gewesen, hätte der Gesetzgeber den Begriff fremd wählen können. Tiere, die dem Täter gehören, sind ausgenommen.[91] Das gilt selbst dann, wenn der Täter nur **Miteigentümer** ist, was wiederum aus der Wahl des Begriffes „nicht gehören" an Stelle der Fremdheit folgt, denn auch dann gehören sie ihm, wenngleich nicht allein.

24 Geschützt sind allerdings nur Tiere **von bedeutendem Wert,** weil sich dieses Attribut trotz der zweideutigen Fassung des Gesetzestextes sowohl auf Sachen als auch auf Tiere bezieht;[92] andernfalls müsste dem Gesetzgeber unterstellt werden, die Gefährdung einer einzelnen Ameise für strafwürdig zu halten, was absurd wäre. Ein solcher Wert kann sich aus einem jeweils gewichtigen wirtschaftlichen, ökologischen, historischen oder kulturellen Individual- oder Allgemeininteresse an einem einzelnen Tier oder aus der Anzahl betroffener Tiere herleiten.[93] Zur Wertbemessung s. § 324a Rdn. 26, 29 ff.

25 Die Gefährdung von **Sachen** bezieht sich allein auf **fremde,** wobei die zu den Eigentumsdelikten entwickelten Grundsätze gelten; hier sind daher auch Sachen geschützt, die im Miteigentum des Täters stehen, solange sie zugleich noch einer weiteren Person gehören. Zur Bemessung des bedeutenden Wertes s. Rdn. 24.

3. Die Verletzung verwaltungsrechtlicher Pflichten

26 Infolge der ausdrücklichen Zweckbestimmung der zu verletzenden verwaltungsrechtlichen Pflichten kommen drei Gruppen von Pflichtenregelungen in Betracht: Lärmschutzregelungen, Bestimmungen gegen Erschütterungen sowie Schutzvorschriften gegen nichtionisierende Strahlen.

---

87 *Schall* SK Rdn. 26; BGHSt **36** 255, 256 = NStZ **1990** 36, 37 (zu § 330 Abs. 1 a. F.); ähnlich *Alt* MK Rdn. 21; *Sack* Rdn. 150 (Wahrscheinlichkeit eines Schadens).

88 https://www.spiegel.de/wissenschaft/natur/mittelmeer-karte-zeigt-laermquellen-ungestoerte-raeume-immer-kleiner-a-1073171.html (22.7.2021).

89 *Alt* MK Rdn. 19; *Sch/Schröder/Heine/Schittenhelm* Rdn. 10; *Schall* SK Rdn. 28; *SSW/Saliger* Rdn. 10; *Lackner/Kühl/Heger* Rdn. 6; GJW/*Bock* Rdn. 12.

90 *Fischer* Rdn. 8; *Weber* GK-BImSchG Rdn. 19 unter Hinweis auf AG Öhringen NJW **1990** 2481 (zu § 330 Abs. 1 Nr. 2, der jedoch die Gefährdung herrenloser wilder Tiere noch nicht einbezog, s. *Steindorf* LK[10] § 330 Rdn. 4).

91 *Alt* MK Rdn. 19; *Schall* SK Rdn. 28; *Sack* Rdn. 152; *Möhrenschlager* NStZ 1994 513, 518.

92 *Schall* SK Rdn. 28; *Alt* MK Rdn. 19; *Ransiek* NK Rdn. 8; *Sch/Schröder/Heine/Schittenhelm* Rdn. 10; *SSW/Saliger* Rdn. 10; *Szesny* AnwK Rdn. 14; *Sack* Rdn. 152; **aA** *Stegmann* Artenschutz-Strafrecht (2000) 220.

93 Begr. RegE 18. StRÄndG BT-Drs. 8/2382 16; *Fischer* Rdn. 8; *Schall* Rdn. 29; *Sch/Schröder/Heine/Schittenhelm* Rdn. 10; *SSW/Saliger* Rdn. 10.

Zu den Schutzvorschriften, die der **Bekämpfung von Lärm** dienen, kann auf die Ausführungen zu Absatz 1 verwiesen werden (Rdn. 16). Weitergehend sind hier arbeitsschutzrechtliche Normen[94] mit einzubeziehen. Nicht ausreichend ist die Verletzung privatrechtlicher Pflichten gegenüber einer Kommune.[95] 27

Bei **Erschütterungen** kommt, da entsprechende Immissionen im Anlagenbetrieb selbst miterfasst sind, bei einem Bauarbeiter, der einen Presslufthammer bedient, die Verletzung einer arbeitsschutzrechtlichen Vorschrift nach § 10 LärmVibrationsArbSchV in Betracht. Einschlägig können auch Vorschriften zum Schutz vor Gefahren durch Anlagen sein, die mit Überdruck arbeiten oder die bei Explosionen Druckwellen auslösen und dadurch Personen oder Sachen gefährden können, wie z. B. bei der Verletzung von (Prüf-)Vorschriften für überwachungsbedürftige Anlagen nach den §§ 12 ff der BetrSichV.[96] 28

Bestimmungen zum Schutz vor **nichtionisierenden Strahlen** enthält vor allem das NiSG.[97] Dieses Gesetz wird ergänzt durch die in weiten Teilen am 31.12.2020 in Kraft getretene Verordnung zum Schutz vor schädlichen Wirkungen nichtionisierender Strahlung bei der Anwendung am Menschen (NiSV).[98] Die NiSV benennt Anforderungen an den sicheren Betrieb von Anlagen, bei denen gewerblich oder im Rahmen sonstiger wirtschaftlicher Unternehmungen nichtionisierende Strahlenquellen betrieben werden, z. B. Laser, hochenergetische Blitzlampen und Ultraschall, die zu kosmetischen oder sonstigen nichtmedizinischen Zwecken eingesetzt werden (§ 1 Abs. 1 S. 1, § 3 NiSV). Die NiSV gilt nach § 1 Abs. 1 S. 2 nicht für den Betrieb von UV-Bestrahlungsgeräten zu kosmetischen oder sonstigen Zwecken. Diese unterfallen der UV-Schutz-Verordnung (UVSV).[99] Einschlägige Anlagen sind nach § 2 Abs. 1 NiSV, insbesondere wenn auf den Menschen bezogen, näher umschriebene Ultraschallgeräte, Lasereinrichtungen, intensive Lichtquellen, Hoch- und Niederfrequenzgeräte, Gleichstrom- und Magnetfeldgeräte, einschließlich Anlagen zur Stimulation des zentralen Nervensystems (§ 2 Abs. 2 Nr. 5, § 8, Anl. I). Enger ist der Frequenzbereich bei Geräten zur Anwendung am Menschen in § 2 Abs. 1 Nr. 4, 5 NiSV, weshalb insoweit ergänzend die 26. BImSchV[100] hinsichtlich des Betriebs von Hochfrequenzanlagen (z. B. Sendefunkanlagen), Niederfrequenzanlagen (z. B. Freileitungen, Erdkabel, Bahnstromoberleitungen) und Gleichstromanlagen heranzuziehen ist. Gefahren seitens der Betriebsmittel (Geräte, ortsfeste Anlagen), die zu elektromagnetischen Störungen führen können, soll das Elektromagnetische Verträglichkeitsgesetz (EMVG)[101] begegnen und sicherstellen, dass Funknetze einschließlich Rundfunkempfang und Amateurfunkdienst, Stromversorgungs- und Telekommunikationsnetze sowie an diese Netze angeschlossene Geräte gegen elektromagnetische Störungen geschützt werden. Im Übrigen können verwaltungsrechtliche Pflichten in gleicher Weise wie in anderen Umweltschutzbereichen durch konkret gefasste Rechtsvorschriften, öffentliche Verträge oder Verwaltungsakte begründet werden, die nicht speziell immissionsschutzrechtlichen Charakter haben, sofern sie nur – auch – den Schutz vor den hier angesprochenen Strahlen bezwecken. 29

---

94 So die Arbeitsstättenverordnung v. 12.8.2004 (BGBl. I S. 2179) oder die LärmVibrationsArbSchV (Fn. 89).

95 StA Hannover NStZ **1987** 175 f; *Saliger* Umweltstrafrecht Rdn. 438.

96 Verordnung über Sicherheit und Gesundheitsschutz bei der Verwendung von Arbeitsmitteln (Betriebssicherheitsverordnung – BetrSichV) v. 3.2.2015 (BGBl. I S. 49).

97 Siehe Fn. 92.

98 Verordnung zum Schutz vor schädlichen Wirkungen nichtionisierender Strahlung bei der Anwendung am Menschen (NiSV), erlassen als Art. 4 der Verordnung zur weiteren Modernisierung des Strahlenschutzrechts v. 29.11.2018 (BGBl. I S. 2034, 2187); ein weiterer Teil tritt am 31.12.2021 in Kraft (Art. 20 Abs. 3 der VO).

99 Verordnung zum Schutz vor schädlichen Wirkungen künstlicher ultravioletter Strahlung (UV-Schutz-Verordnung – UVSV) v. 20.7.2011 (BGBl. I S. 1412).

100 Verordnung über elektromagnetische Felder – 26. BImSchV – i. d. F. d. Bek. v. 14.8.2013 (BGBl. I S. 3266). Stand: Neugefasst durch Bek. v. 14.8.2013 I 3266, 3942.

101 Gesetz über die elektromagnetische Verträglichkeit von Betriebsmitteln (Elektromagnetische-Verträglichkeit-Gesetz – EMVG) v. 14.12.2016 (BGBl. I S. 2879).

IV. Innere Tatseite

Für die Verwirklichung der Tatbestände der Absätze 1 und 2 ist jeweils Vorsatz erforderlich, der aber in der Form des dolus eventualis ausreicht. Wissen und Wollen des Täters müssen den einzelnen Tatbestandsmerkmalen gegenüber, zu denen auch die Verletzung verwaltungsrechtlicher Pflichten gehört, kongruent sein. Insoweit wird auf die Erläuterungen zu § 325 Rdn. 52 f, die hier entsprechend gelten, verwiesen. Bei Absatz 2 muss der Vorsatz den im Tatbestand vorgesehenen Erfolg, die betrieblich veranlasste Gefährdung der Gesundheit eines anderen Menschen, eines ihm nicht gehörenden Tieres oder einer in fremdem Eigentum stehenden Sache sowie den bedeutendem Wert von beidem umfassen. Auch hier reicht jeweils das Wissen um die Tatumstände tatsächlicher Natur aus; rechtliche Einordnungen (Anlage, Gefährdung, bedeutender Wert) braucht der Täter nicht mit vollzogen zu haben; insoweit kommt allenfalls ein als Verbotsirrtum zu behandelnder Subsumtionsirrtum in Betracht.

V. Fahrlässige Begehung (Absatz 3)

30 Beide Vorsatztatbestände können auch fahrlässig begangen werden, wobei die Tat nach Absatz 1 gemäß Abs. 3 Nr. 1 mit maximal zwei Jahren Freiheitsstrafe bedroht ist, während für die Tat nach Absatz 2 – die auch vorsätzlich eine höhere Strafdrohung besitzt – in Abs. 3 Nr. 2 eine Höchstfreiheitsstrafe von drei Jahren angesetzt ist. Für die Frage, ob der Täter sich in Bezug auf die einzelnen Tatbestandsmerkmale objektiv und subjektiv sorgfaltswidrig verhalten hat, gelten die allgemeinen Grundsätze. Es ist auf die Sorgfalt eines umweltbewussten Anlagebetreibers oder Anlagebenutzers abzustellen. Von einem solchen wird man auch erwarten können, sich jeweils über die für seinen Betriebszweig bestehenden Vorschriften zu informieren.

VI. Die Rechtswidrigkeit und ihr Ausschluss

31 Wer gegen keine verwaltungsrechtlichen Pflichten verstößt, handelt schon nicht tatbestandmäßig. Hinsichtlich einer **Einwilligung** ist zu unterscheiden. In Absatz 1 kann nicht rechtfertigend eingewilligt werden, weil der Deliktscharakter eines überindividuellen, potenziellen Gefährdungsdeliktes dem entgegensteht. Für Absatz 2 hingegen kann eine Einwilligung in die Gesundheitsgefahr rechtfertigend wirken, dies zumindest dann, wenn der Einwilligende sich aus dem Gefahrenbereich entfernen konnte.[102] Zur Duldung und zum Rechtfertigungsgrund des § 34 wird auf § 325 Rdn. 58 f Bezug genommen.

VII. Täterschaft und Teilnahme

32 Täter sowohl des potenziellen Gefährdungsdelikts des Absatzes 1 als auch des konkreten Gefährdungsdelikts des Absatzes 2 kann nur sein, **wer verwaltungsrechtlich in die Pflicht genommen** worden ist (also nicht der Besucher eines Sportplatzes, der die Anlage nur als Anlass zum Lärmen nimmt[103]). Der Normadressat ist, wenn es sich – wie häufig – um Lärmverursachung im Rahmen eines Industriebetriebes handelt, anhand des innerbetrieblichen Organisationsplans zu ermitteln (§ 324 Rdn. 64 f). Bei juristischen Personen und Personenverbänden als Anlagenträger ist die etwaige Verlagerung der Verantwortlichkeiten aufgrund von § 14 zu be-

---

102 Demgegenüber zumeist undifferenziert für beide Absätze *Alt* MK Rdn. 25; *Schall* SK Rdn. 41; *Ransiek* NK Rdn. 13; **aA** (Einwilligung gar nicht möglich) *Rengier* NJW **1990** 2506, 2512; *Sack* Rdn. 167; *Weber* GK-BImSchG Rdn. 24.

103 *Alt* MK Rdn. 27.

rücksichtigen. Die Strafdrohung beschränkt sich nicht immer auf den Betreiber der Anlage oder den an seiner Stelle Verantwortlichen, sondern erfasst ggf. jeden sonstigen Betriebsangehörigen, falls er nur irgendwie „beim Betrieb der Anlage", also im Zusammenhang mit dem Betreiben, eigenverantwortlich mit Tatherrschaft, also nicht nur auf Geheiß eines Höhergestellten, Lärm der im Tatbestand vorausgesetzten Intensität bewirkt. Stets muss geprüft werden, ob sich eine einschlägige verwaltungsrechtliche Pflicht an jedermann oder allein an den Betreiber oder eine sonst verantwortliche Person richtet.[104] Im Rahmen der SportanlagenlärmschutzVO ist der Adressat der (verfügungsberechtigte) Betreiber der Anlage, während bei der Geräte- und MaschinenlärmschutzVO jedermann betroffen sein kann. Hinsichtlich der Stellung des **Immissionsschutzbeauftragten** wird auf § 325 Rdn. 64, bezüglich der Strafbarkeit von **Amtsträgern** auf § 325 Rdn. 63 und vor § 324 Rn. 73 ff verwiesen.

VIII. Rechtsfolgen

Für die Vorsatztat des Absatzes 1 werden drei Jahre Freiheitsstrafe als Höchststrafe angedroht. 33
Demgegenüber kann der vorsätzliche Verstoß gegen Absatz 2 als konkret gesundheitsgefährdende Tat mit bis zu fünf Jahren Freiheitsstrafe belegt werden. Entsprechend sind die Strafdrohungen für die jeweiligen fahrlässigen Verstöße unterschiedlich bemessen: für Absatz 1 gilt nach Abs. 3 Nr. 1 eine Höchststrafe von zwei Jahren, für Absatz 2 nach Abs. 3 Nr. 2 eine solche von drei Jahren Freiheitsstrafe. In den Fällen des Absatzes 2 und des Absatzes 3 Nr. 2 kann **tätige Reue** nach § 330b in Betracht kommen. Zu Nebenfolgen s. vor § 324 Rdn. 98 ff und § 324 Rdn. 86 f.

Bei Vorsatztaten sind neben der **Qualifikationsbestimmung** von § 330 Abs. 2 die von § 330 34
Abs. 1 vorgesehenen **Strafschärfungen** auf Freiheitsstrafen zwischen sechs Monaten und zehn Jahren zu beachten. Aus dieser Strafzumessungsvorschrift in Regelbeispielstechnik wird vermutlich nur die Gewinnsucht als Regelbeispiel ernsthaft in Betracht zu ziehen sein. Zu Einzelheiten siehe § 330 Rdn. 4 ff.

IX. Verjährung

Die Verfolgung der Straftaten unterliegt einheitlich einer Verjährungsfrist von fünf Jahren (§ 78 35
Abs. 3 Nr. 4). Für Beginn, Unterbrechung, Hemmung und Ablauf der Frist gelten keine Besonderheiten. Die Tatbeendigung ist – auch für Absatz 2 – mit dem Ende des Freisetzens von Lärm, Erschütterungen bzw. Strahlen anzusetzen.[105]

X. Konkurrenzen

Absatz 1 ist als potenzielles Gefährdungsdelikt subsidiär zur konkret gefährlichen Lärmvariante 36
des Absatzes 2. Tateinheit kommt nur in Betracht, wenn die konkrete Gefahr auf eine der beiden anderen Emissionen als den von Absatz 1 erfassten Lärm zurückgeht. Dagegen ist die z. T. angenommene Tateinheit mit Absatz 1, falls neben einer konkreten Gefahr zusätzlich noch eine potenzielle Gefahr für eine weitere Person besteht,[106] abzulehnen. Weil es auf die Gegenwart weiterer Personen bei Absatz 1 überhaupt nicht ankommt (Rdn. 8), kann deren zufällige Anwesenheit keine Rolle für das Tatunrecht spielen; in letzter Konsequenz wäre dann stets Absatz 1 neben Absatz 2 in der Lärmvariante verwirklicht, was wenig sinnvoll anmutet.

---

104 Dazu *Schall* SK Rdn. 43 f; *Sack* Rdn. 199; *J. Martin* 53 ff.
105 *Alt* MK Rdn. 32; *Schall* SK Rdn. 49.
106 So aber *Alt* MK Rdn. 30; *Sch/Schröder/Heine/Schittenhelm* Rdn. 18; *Schall* SK Rdn. 46.

37 Kommt es über die konkrete Gefährdung (der Gesundheit des Menschen, der Tiere oder der Sachen) hinaus zu einer Schädigung, so tritt das Gefährdungsdelikt des Abs. 2 regelmäßig nicht hinter die einschlägigen Verletzungsdelikte (z. B. nach den §§ 211 ff, § 223 ff, 303) zurück, weil andernfalls die Umweltbeeinträchtigung im Schuldspruch nicht zum Ausdruck käme.[107] Tateinheit ist ferner möglich mit den §§ 325, 327, 329 Abs. 1, 3 und 4.[108] Darüber hinaus können Vorschriften des Arbeitsschutzes (§ 40 ProdSG; § 26 ArbSchG) ideell konkurrieren, so z. B. bei vorsätzlicher Personengefährdung nach § 26 Nr. 2 ArbSchG i. V. m. § 16 Abs. 2 LärmVibrationsArbSchV. Die Ordnungswidrigkeit nach **§ 117 OWiG** tritt nach ihrem Absatz 2, i. Ü. nach § 21 Abs. 1 OWiG gegenüber § 325a zurück.

---

107 Für Tateinheit bei weitergehendem Gefährdungsunrecht, als in der Verletzung realisiert, *SSW/Saliger* Rdn. 17; *Schall* SK Rdn. 46; *Steindorf* LK[11] Rdn. 38.

108 *Sch/Schröder/Heine/Schittenhelm* Rdn. 18; mit Einschränkungen auch *Schall* SK Rdn. 46; *Fischer* Rdn. 13.

§ 326 Unerlaubter Umgang mit Abfällen

(1) Wer unbefugt Abfälle, die

1. Gifte oder Erreger von auf Menschen oder Tiere übertragbaren gemeingefährlichen Krankheiten enthalten oder hervorbringen können,

2. für den Menschen krebserzeugend, fortpflanzungsgefährdend oder erbgutverändernd sind,

3. explosionsgefährlich, selbstentzündlich oder nicht nur geringfügig radioaktiv sind oder

4. nach Art, Beschaffenheit oder Menge geeignet sind,

a) nachhaltig ein Gewässer, die Luft oder den Boden zu verunreinigen oder sonst nachteilig zu verändern oder

b) einen Bestand von Tieren oder Pflanzen zu gefährden,

außerhalb einer dafür zugelassenen Anlage oder unter wesentlicher Abweichung von einem vorgeschriebenen oder zugelassenen Verfahren sammelt, befördert, behandelt, verwertet, lagert, ablagert, ablässt, beseitigt, handelt, makelt oder sonst bewirtschaftet, wird mit Freiheitsstrafe bis zu fünf Jahren oder mit Geldstrafe bestraft.

(2) Ebenso wird bestraft, wer Abfälle im Sinne des Absatzes 1 entgegen einem Verbot oder ohne die erforderliche Genehmigung in den, aus dem oder durch den Geltungsbereich dieses Gesetzes verbringt.

(3) Wer radioaktive Abfälle unter Verletzung verwaltungsrechtlicher Pflichten nicht abliefert, wird mit Freiheitsstrafe bis zu drei Jahren oder mit Geldstrafe bestraft.

(4) In den Fällen der Absätze 1 und 2 ist der Versuch strafbar.

(5) Handelt der Täter fahrlässig, so ist die Strafe

1. in den Fällen der Absätze 1 und 2 Freiheitsstrafe bis zu drei Jahren oder Geldstrafe,

2. in den Fällen des Absatzes 3 Freiheitsstrafe bis zu einem Jahr oder Geldstrafe.

(6) Die Tat ist dann nicht strafbar, wenn schädliche Einwirkungen auf die Umwelt, insbesondere auf Menschen, Gewässer, die Luft, den Boden, Nutztiere oder Nutzpflanzen, wegen der geringen Menge der Abfälle offensichtlich ausgeschlossen sind.

Schrifttum

Siehe zunächst die Nachweise vor § 324.

Abfallstrafrecht. *Ahlmann-Otto* Die Verknüpfung von deutschem- und EG-Abfallwirtschaftsrecht mit dem Abfallstrafrecht (2000); *Alt* Unbewegliche Sachen als Abfall – Folgerungen aus der Entscheidung des EuGH v. 7.9.2004 für das Strafrecht? StraFo **2006** 441; *Bartholme* Strafrechtliche Aspekte des „Plutoniumtourismus", JA **1996** 730; *Beckemper/Wegner* Der Abfallbegriff – Geltung des § 3 Abs. 3 S. 1 Nr. 2 KrW-/AbfG im Abfallstrafrecht, wistra **2003** 281; *Börner* Das illegale Verbringen von Abfällen i. S. v. § 326 Abs. 2 StGB an den Grenzen des Bestimmtheitsgebots und des materiellen Schuldprinzips, NZWiSt **2014** 378; *Brede* Illegale Lagerung, Ablagerung und Behandlung von Fahrzeugwracks, Anm. zu OLG Braunschweig v. 2.2.1998 – Ss 97–97, NStZ **1999** 137; *B. Breuer* Der Im- und Export von Abfällen innerhalb der Europäischen Union aus umweltstrafrechtlicher Sicht (1998); *Buckenberger* Strafrecht und Umweltschutz, Möglichkeiten und Grenzen, dargestellt anhand der Abfallbeseitigung (1975); *Bugdahn* Abfallkriminalität als Problem der deutschen und europäischen Rechtspolitik (1997); *Christ* Rechtsfragen der Altautoverwertung (1998); *Clausen* Die umweltgefährdende Abfallbeseitigung durch Unterlassen (2000); *St. Cramer* Zur Strafbarkeit einer bei der Verbringung von umweltgefährdenden Abfällen ins Ausland durchgeführten Zwischenlagerung im Inland, NStZ **1995** 186; *Dahs* Strafrechtliche Haftung des „Zustandsstörers" für Altlasten? Festschrift Redeker (1993) 475; *Eisele/Majer* „Die unkonventionelle Entsorgung", JA **2011** 187; *Ferchland* Illegaler Mülltourismus, Kriminalistik **1991** 729; *Fluck* Reststoffverwertung und Strafrecht – Erwiderung und Ergänzung zu Iburg, ZfW **1989** 67; *ders.* Reststoffverwertung und Strafrecht, ZfW **1990** 260; *Franzheim* Zur Frage, inwieweit die Lagerung von Klärschlamm als umweltgefährdende Abfallbeseitigung nach § 326 strafbar sein kann, JR **1992** 481; *ders.* Der europäische Abfallbegriff im Umweltstrafrecht als Auslöser einer abfallwirtschaftlichen Problemlawine, in: *Gutke* (Hrsg.) Abfallwirtschaft im EG-Binnenmarkt (1993) 207; *Franzheim/Kreß* Die Bedeutung der EWG-Richtlinien über Abfälle für den strafrechtlichen Abfallbegriff, JR **1991** 402; *Frenz* Abfallstrafrecht – Verwaltungsrecht – Europarecht, NVwZ

https://doi.org/10.1515/9783110490305-009

2016 1510; *Geidis* Betrieb „wilder" Müllkippen durch Unterlassen? NJW **1989** 821; *Glauben* Strafbarkeit von Amtsträgern, Abfallbesitzern und -anlagebetreibern bei der Sonderabfallentsorgung, DRiZ **1998** 23; *Gradl* Umweltgefährdende Abfallbeseitigung – eine strafrechtliche Studie zu § 326 StGB unter Berücksichtigung von Kriminologie und Kriminalistik (1992); *Griesbach* Illegale grenzüberschreitende Abfallverbringung und der „sonstige Beteiligte" nach § 6 Abs. 1 Abfallverbringungsgesetz, AbfallR **2006** 224; *ders.* Der (illegale) Export von Elektro(-alt)geräten; verwaltungs- und strafrechtliche Bestimmungen, AbfallR **2016** 235; *Hallwaß* Das Merkmal „nachhaltig" i. S. von § 326 I Nr. 3 StGB, NJW **1988** 880; *Hauber* Abfallstrafrecht und Abfallkriminalität, VR **1990** 365; *Hecker* Die Verunreinigung öffentlicher Anlagen durch Hunde aus abfallstraf- und ordnungswidrigkeitenrechtlicher Sicht, NStZ **1990** 326; *ders.* Die abfallstraf- und bußgeldrechtliche Verantwortlichkeit für illegale Müllablagerungen (1991); *ders.* „Wilde" Müllablagerungen Dritter als Problem der abfallstrafrechtlichen Unterlassungshaftung, NJW **1992** 873; *ders.* Umweltstrafrecht – das Risiko des Entsorgungspflichtigen bei Beauftragung ungeeigneter Dritter, MDR **1995** 757; *Hecker/Heine/Risch/Windolph/Hühner* Abfallwirtschaftskriminalität im Zusammenhang mit der EU-Osterweiterung (2008); *Heine* Strafrecht und „Abfalltourismus", Festschrift Triffterer (1996) 401; *ders.* Auswirkungen des Kreislaufwirtschafts- und Abfallgesetzes auf das Abfallstrafrecht, NJW **1998** 3665; *ders.* Die Europäisierung des Strafrechts, dargestellt am Beispiel der Verbringung von Abfällen innerhalb der EU, Festschrift Jung (2007) 261; *Heine/Martin* Die Beseitigung radioaktiv kontaminierten Klärschlamms als strafrechtliches Problem – Tschernobyl und die Anwendbarkeit von § 326 StGB, NuR **1988** 325; *Henzler* Die strafrechtliche Behandlung der Lagerung von Oldtimer-Fahrzeugen, wistra **2002** 413; *ders.* Die Festmistlagerung aus strafrechtlicher Sicht, NuR **2003** 270; *ders.* Die Verwendungsbeschränkungen nach der Gefahrstoffverordnung 2010 aus strafrechtlicher Sicht, NuR **2012** 91; *Henzler/Pfohl* Der unerlaubte Betrieb von Anlagen zur Lagerung und Behandlung von ausgedienten Kraftfahrzeugen, wistra **2004** 331; *M. Hoffmann* Grundfragen der grenzüberschreitenden Verbringung von Abfällen nach nationalem Recht und nach EG-Recht (1994); *Hofmann* Bodenschutz durch Strafrecht? (1996); *Hohmann* Nochmals: Zur Unterlassungstäterschaft im Abfallstrafrecht bei „wilden" Müllablagerungen, NJW **1989** 1254; *Hons* Die Grundlagen der umweltstrafrechtlichen Verantwortung für sog. Altlasten (2014); *Horn* Zu den Begriffen des Abfalls und des Lagerns von Abfällen im Sinne von § 326 Abs. 1, JZ **1991** 886; *ders.* Strafrechtliche Verantwortlichkeit von Amtsträgern für die Genehmigung umweltgefährdender Projekte, JZ **1994** 636; *Iburg* Zur Anwendbarkeit des § 326 Abs. 1 Nr. 3 auf grundwassergefährdende Gülleaufbringung und Silosickerwasserbeseitigung, ZfW **1986** 347; *ders.* Zur Unterlassungstäterschaft im Abfallrecht bei „wilden" Müllablagerungen, NJW **1988** 2338; *ders.* Die „Wirtschaftsguteinrede" – Schlupfloch für den Abfalltäter, ZfW **1989** 67; *ders.* Hundekot – ein strafrechtliches Problem? UPR **1990** 291; *ders.* Zur Stellung des Autowracks im repressiven Abfallrecht, NJW **1994** 894; *Jung* Rechtsprechungsübersicht – Umweltgefährdende Abfallbeseitigung durch Amtsträger, JuS **1994** 530; *Kasper* Die Erheblichkeitsschwelle im Bereich des Umweltstrafrechts (1997); *Kirchner/Jakielski* Autowracks und andere Probleme des Abfallstrafrechts, OLG Braunschweig, NStZ-RR 1998 175, JA **2000** 813; *Klages* Praktisch bedeutsame Entwicklungen im Abfallstrafrecht einschl. des Abfallgebührenrechts, ZfW **2001** 1; *Klett* u. a. Erste Erfahrungen bei der Anwendung der EG-Abfallverbringungsverordnung, WuV **1995** 40; *Knopp* Strafrechtliche Sanktionen im Abfallbereich, ZAP **1990** 705; *Köhne* Die richtlinienkonforme Auslegung im Umweltstrafrecht – dargestellt am Abfallbegriff des § 326 Abs. 1 StGB (1997); *Krell* Der Umgang mit Gülle, Jauche und Mist als umweltstrafrechtliches Problem, NuR **2009** 327; *ders.* Das Verschenken eines nicht mehr fahrbereiten Altfahrzeugs und der objektive Tatbestand des § 326 Abs. 1 Nr. 4 lit. a StGB, NuR **2011** 487; *ders.* Die Systematik des Abfallstrafrechts – Zugleich Besprechung von BGH, Urt. v. 23.11.2013, NZWiSt **2014** 14; *ders.* Umweltstrafrecht (2017); *Krieger* Sorgfaltspflichten des Abfallbesitzers bei der Entsorgung durch Dritte, DB **1996** 613; *Kropp* Umfang und Dauer der abfallstrafrechtlichen Verantwortlichkeit des Abfallerzeugers und -besitzers, ZUR **2008** 401; *ders.* Der Begriff der Abfallverbringung in § 326 II StGB im Lichte des EU-Rechts – Änderungen nach Umsetzung der Umweltstrafrechtslinie 2008/99/EG, NStZ **2011** 674; *ders.* Der Begriff der „nicht unerheblichen Menge" in § 326 Abs. 2 Nr. 1 StGB, AbfallR **2012** 60; *ders.* Rechtsprobleme des § 326 Abs. 2 StGB, AbfallR **2013** 50; *Krusche/Krusche* Die strafrechtliche Erfassung von Umweltbelastungen (1982); *Kuchenbauer* Asbest im Strafrecht, NJW **1997** 2009; *Kunz* Die Verunreinigung öffentlicher Anlagen durch Hunde, DÖV **1983** 189; *Lamberg* Umweltgefährdende Beseitigung von Gärfuttersickersäften (Anm. zu OLG Celle v. 11.2.1986), NJW **1987** 421; *ders.* Nochmals: „Umweltgefährdende Beseitigung von Gärfuttersickersäften" und § 1 Abs. 3 AbfG, NJW **1989** 575; *ders.* Die Tathandlung des § 326 Abs. 1 StGB in den Fällen des § 1 Abs. 3 Nr. 5 AbfG, NJW **1991** 1996; *Lotz* Polizeiliche Erfahrungen bei der Aufklärung von umweltgefährdender Abfallbeseitigung, Die Polizei **1982** 369; *Ludwig/Gawel/Pannicke* Ende der Abfalleigenschaft – am Beispiel von Brennstoff aus der hydrothermalen Karbonisierung, AbfallR **2015** 287; *Lwowski/Tetzlaff* Strafbarkeit des Konkursverwalters wegen umweltgefährdender Abfallbeseitigung nach Betriebsstillegung, NZI **2001** 182; *Mackenthun/Jaeschke* Der sorglose private Umgang mit Asbest und dessen strafrechtliche Sanktion, ZUR **2003** 408; *Mattausch/Baumann* Nuklearkriminalität – Illegaler Handel mit radioaktiven Stoffen, NStZ **1994** 462; *Meeder/Eßling* Die Strafbarkeit des Abstellens von Auowracks i. S. des § 326 Abs. 1 Nr. 4a StGB unter Berücksichtigung der gerichtlichen Spruchpraxis, NZV **2004** 446; *Meinberg* Ist das Verbrennen eines PKW, um sich seiner zu entledigen, eine nach StGB § 326 Abs. 1 Nr. 3 strafbare unerlaubte Abfallbeseitigung? NStZ **1988** 366; *ders.* Zur Frage, ob Pferdemist Abfall im Sinne von § 326 sein kann, JR **1991** 437; *Michaelis* Grundprobleme des Abfallstrafrechts, NStZ **1992** 360; *Michalke* Die Strafbarkeit von Amtsträgern wegen Gewässerverunreinigung (§ 324 StGB) und umweltgefährdender Abfallbeseitigung (§ 326 StGB) in neuem Licht, NJW **1994** 1693; *dies.* Keine strafbare umweltgefährdende Abfallbeseitigung durch Ablagern des Abfalls im Ausland, StV **1994** 428; *dies.* Zu den Anforderungen an die Sorgfaltspflicht dessen, der einen anderen mit der Beseitigung umweltgefährdenden Abfalls beauftragt, StV **1995** 137; *dies.* Die strafrechtliche Behandlung von Altlasten, AbfallR **2003** 71; *dies.* Abfall oder Wirtschaftsgut? – Ein altes Strafrechtsthema unter dem Aspekt des jüngsten Urteils des Europäischen Gerichtshofs zum Abfallbegriff, AbfallR **2005** 157; *dies.* Umweltstrafsachen, 2. Aufl. (2000) Rdn. 231 ff (§ 326 StGB); *dies.* Abfall oder Wirtschaftsgut? AbfallR **2005** 157; *dies.* Die geplante Erweiterung der Umweltstraftatbestände u. a. des Abfallstrafrechts aus Auslandstaten, AbfallR **2005** 214; *dies.* Die Historie des strafrechtlichen Abfallbegriffs, AbfallR **2006** 275; *dies.* Strafrechtliche Verantwortlichkeiten im Abfallbereich angesichts neuer Entwicklungen, AbfallR **2007** 82; *Mitsch* Versuch bei erfolgsqualifizierter strafbarer Abfallverbringung, NZWiSt **2019** 121; *Möhrenschlager* Abfallbeseitigung, in: *Krekeler/Tiedemann/Ulsenheimer/Weinmann* Handwörterbuch des Wirtschafts- und Steuerstrafrechts (Mai 1990); *J. Mülller* Strafrechtliche Relevanz des privaten Umgangs mit Asbest, NuR **2001** 202; *Oexle* Zur Entwicklung des Abfallverbringungsrechts, EurUP **2014** 33; *Ohm* Der Giftbegriff im Umweltstrafrecht (1985); *Ott* Grenzwerte zum Schutz des Bodens gegen Schadstoffe (1995); *Otto* Die Bäuerin, der Feuerteufel und die Gülle, Jura **1994** 96; *ders.* Zur Strafbarkeit einer Zwischenlagerung giftiger Abfälle im Inland und einer Endlagerung im Ausland nach § 326 Abs. 1 Nr. 3, NStZ **1994** 437; *Paul* Probleme der §§ 324, 326 Strafgesetzbuch – Kann der Betreiber einer Abfallbeseitigungsanlage auch bei genehmigungskonformem Verhalten den Tatbestand der §§ 324 und/oder 326 StGB erfüllen? UPR **1985** 235; *Pfohl* Strafbarkeit kommunaler Amtsträger im Umweltstrafrecht, Kommunalpraxis **1993** 171; *ders.* Strafbarkeit von unerlaubten Einleitungen in öffentliche Abwasseranlagen, wistra **1994** 6; *ders.* Die Altlastenregelungen der Länder, NJW **1995** 1645; *ders.* Ordnungswidrigkeitsrechtliche und strafrechtliche Haftung in *Klett/Schmitt-Glaeser* 5. Kölner Abfalltage (1996) 231; *Pösel* Legale und illegale Abfallexporte, ZUR **1993** 214; *Reinhardt* Der strafrechtliche Schutz vor den Gefahren der Kernenergie und den schädlichen Wirkungen ionisierender Strahlen (1989); *Reinicke* Das Autowrack im Abfallrecht und im Strafrecht (2006); *Rengier* Zum Schutzbereich von § 326 Abs. 1 Nr. 3, JR **1996** 34; *Riettiens* Der Abfallbegriff im Strafrecht: zur Definition des Tatmittels der umweltgefährdenden Abfallbeseitigung (1994); *Robra/Meyer* Umweltstrafrechtliche Unterlassungshaftung des Konkursverwalters im Zusammenhang mit Altlasten, wistra **1996** 170; *Rogall* Grundprobleme des Abfallstrafrechts, NStZ **1992** 360, 561; *ders.* Das Abfallstrafrecht der Bundesrepublik Deutschland, in: *Blaurock* (Hrsg.) Verantwortlichkeit für Abfall in Deutschland und Frankreich (1992) 143; *ders.* Die Auswirkungen des neuen Kreislaufwirtschafts- und Abfallgesetzes auf das Umweltstrafrecht, Festschrift Boujong (1996) 807; *Rudolphi* Zur umweltgefährdenden Abfallbeseitigung durch die Beseitigung von Hausmüll und zur Auslegung von § 324 Abs. 1 StGB, NStZ **1987** 324; Zur Strafbarkeit eines Amtsträgers wegen einer fehlerhaften Abfallbeseitigung, die auf einer von ihm materiellrechtlich zu Unrecht erteilten Genehmigung beruht, NStZ **1994** 433; *Sack* Die Problematik des Begriffs „Abfall" im Abfallbeseitigungsgesetz, insb. aus strafrechtlicher Sicht, JZ **1978** 17; *ders.* Umweltgefährdende Abfallbeseitigung auch bei Beseitigung latent gefährlicher Stoffe, NStZ **1986** 412; *ders.* Strafbarkeit umweltgefährdender Beseitigung von Hausmüll? NJW **1987** 1248; *ders.* Ist Pferdemist, der von einem Landwirt vor der beabsichtigten Ausbringung als Dünger auf seinem Hof gelagert wird, Abfall? NStZ **1991** 337; *ders.* Zu den Begriffen „Abfall" und „Lagern", JR **1991** 338; *ders.* Zu den Grenzen der umweltgefährdenden Abfallbeseitigung – Zum Begriff des Lagerns, JR **1991** 525; *ders.* Oldtimer als Zwangsabfall nach § 326? – Anm. zu OLG Celle v. 24.11.1997 – 3 Ss 8/97, NStZ **1998** 198; *ders.* Zur Einordnung des § 326 Abs. 1 Nr. 4 Buchst. a, JR **2001** 475; *ders.* Nochmals: Die Strafbarkeit des Abstellens von Autowracks, NZV **2005** 179; *Satzger* „Giftiges" im Strafrecht – Überlegungen zur kontextabhängigen Auslegung eines Tatbestandsmerkmals im StGB, Jura **2015** 580; *Schall* Alte Lasten – neue Pflichten – strafrechtliche Grenzen, Festschrift Achenbach (2011) 463; *ders.* Das 45. StÄG – Echte Gesetzesreform oder auftragsgemäße Erledigung? Festschrift Wolter (2013) 643; *Scheidler* Hundekot als Rechtsproblem, KommPraxis BY **2007** 368; *ders.* Tierfäkalien im öffentlichen Raum, KommJur **2011** 296; *Schittenhelm* Probleme der umweltgefährdenden Abfallbeseitigung nach § 326 StGB, GA **1983** 310; *Schley* Abfallverschiebung als klassischer Typus der Kontrollkriminalität verlangt nach operativen Konzepten. Abfallverschiebung mit Transportkontrollen bekämpfen, MuA **2013** 463; *Schmitz* Erläuterte Entscheidungen – Strafrrecht BT – Unbefugte Abfallbeseitigung, strafrechtlicher Begriff des Abfalls und seine Lagerung, JA **1992** 31; *ders.* „Wilde" Müllablagerungen und strafrechtliche Garantenstellung des Grundstückeigentümers, NJW **1993** 1167; *Schmoller* Zur Strafbarkeit nach StGB § 324 und § 326 Abs. 1 Nr. 3, JR **1987** 473; *ders.* Zum Begriff des umweltgefährdenden Abfalls, JR **1991** 217; *Schnurbus* Deutscher Müll für alle Welt – Die dunklen Geschäfte der Müllschieber (1993); *Schröder* Ordnungswidrige Überzeichnung bei Abfalltransporten mittels A-Schild, MuA **2013** 466; *Schroth* Ist die Benutzung von giftigen Schlacken im Straßenbau strafbar? NStZ **1996** 547; *Schulz* Zur Strafbarkeit des Konkursverwalters nach § 326, EWiR **2000** 671; *Siederer/Nicklas* Strafbarkeit von Verstößen gegen Abfalllagerungsverordnung und Deponieverordnung, AbfallR **2003** 187; *Sonnen/Tetzzlaff* Umweltstrafrechtliche Unterlassungshaftung des Insolvenzverwalters bei Umweltschäden in der Insolvenz, wistra **1999** 1; *Stotz* Manchmal stinkt es zum Himmel – Zur Strafbarkeit landwirtschaftlicher Überdüngung, Kriminalistik **1990** 41; *Szelinski/Schneider* Grenzüberschreitende Abfallverbringung (1995); *K. Thomas* Asbest und Umweltstrafrecht (2015); *Tölle* Zum Beginn der Strafbarkeit einer Abfallverschiebung nach § 326 II, IV StGB, NStZ **1997** 325; *Trurnit* Zur Bedeutung der LAGA-Mitteilung 20 für § 326 Abs. 1 Nr. 4 StGB, AbfallR **2004** 289; *Vogelsang-Rempe* Umweltstrafrechtliche Relevanz der Altlasten (1992); *Weber/Weber* Erfordert der Tatbestand von § 326 Abs. 1 Nr. 3 eine Gefährdung der Umweltgüter mit größeren Schäden? NStZ **1994** 36; *Wendler* Die Haftung des Betriebsbeauftragten im Strafrecht (2010); *Wessel* Die umweltgefährdende Abfallbeseitigung durch Unterlassen: eine straf- und verwaltungsrechtliche Untersuchung (1993); *Winkelbauer* Aspekte des Abfallrechts – OLG Zweibrücken, NJW 1992 2841, Jus **1994** 112; *Wüterich* Strafrechtliche Probleme der Altlastenproblematik, BB **1992** 2449.

Abfall- und sonstiges Umweltrecht. *Amrhein* Leitfaden Abfallrecht (2007); *Arndt* Der Betriebsbeauftragte im Umweltrecht, Diss. Kiel 1985; *Arndt* Rechtspflicht des Verbrauchers zur Nutzung des Dualen Systems, NJW **1993** 1945; *Arndt/Fischer* Kommentar zur Verpackungsverordnung, 2. Aufl. (2007); *Atzpodien* Geltung und Grenzen des Vorsorgeprinzips im Abfallrecht, NVwZ **1989** 415; *Attendorn* Die Entstehung eines Bergbauabfallrechts – Rechtsfragen der Umsetzung der Bergbauabfallrichtlinie 2006/21/EG, NuR **2008** 153; *Baars* Enttäuschte Erwartungen, NVwZ **2002** 309; *Baars/Nottrodt* Naturwissenschaftlich-technische Rationalität versus juristische Rationalität. Anmerkungen zur Diskussion über den Verwerterstatus von Abfallverbrennungsanlagen, AbfallR **2007** 137; *Backes* Das neue Abfallgesetz des Bundes und seine Entstehung, DVB1. **1987** 333; *Bälder* Recht der Abfallwirtschaft (1979); *Bartels* Abfallrecht (1987); *Bartlsperger* Die Entwicklung des Abfallrechts in den Grundfragen von Abfallbegriff und Abfallregime, VerwArch. **1995** 32; *Bartram/Engel* Ende des Giftmüllkolonialismus? Vereinte Nationen **1989** 115; *Bartram/Schade* Andienungs- und Überlassungspflichten contra Eigenverantwortung -Abfallverwertung und Abfallbeseitigung nach dem neuen Kreislaufwirtschafts- und Abfallgesetz (KrW-/AbfG), UPR **1995** 253; *Bastians* Verpackungsregulierung ohne den Grünen Punkt (2002); *Bechtolsheim/Wenze* Überlassungspflichten für Gewerbeabfälle und Mindestgebühr, NVwZ **2006** 541; *Becker* Die Berücksichtigung des Staatsziels Umweltschutz beim Gesetzesvollzug – Zum Erlaß abfallvermeidender Maßnahmen durch die Verwaltung, DVB1. **1995** 713; *Beckmann* Rechtsfragen der Genehmigung mobiler Bodenreinigungsanlagen, NVwZ **1993** 305; *ders.* Produktverantwortung – Grundsätze und zulässige Reichweite, UPR **1996** 41; *ders.* Rechtsprobleme der Rücknahme- und Rückgabepflichten, DVB1. **1995** 313; *ders.* Abfallwirtschaftsplanung als Instrument zur Umsetzung der TA Siedlungsabfall, DVB1. **1997** 216; *ders.* Konkretisierung des Abfallbegriffs, NuR **1999** 24; *ders.* Ist die deutsche Abgrenzung von Abfallbeseitigung und Abfallverwertung noch zeitgemäß? NuR **2002** 72; *ders.* Abfallrecht zwischen staatlicher Lenkung, kommunaler Daseinsvorsorge und privatem Wettbewerb, VerwArch. **2003** 371; *ders.* Kreislaufwirtschafts- und Abfallrecht (*2007*); *ders.* Abfallhierarchie und gesetzliche Überlassungspflichten im Arbeitsentwurf des Kreislaufwirtschaftsgesetzes, AbfallR **2010** 54; *ders.* Das neue Kreislaufwirtschaftsgesetz, AbfallR **2012** 142; *ders.* Keine gewerbliche Sammlung von Abfällen durch Personenhandelsgesellschaften? Anmerkung zu VGH München, U. v. 26.9.2013 – 20 BV 13.428, AbfallR **2013** 296; *ders.* Das Kreislaufwirtschaftsgesetz, AL **2016** 77; *Beckmann u. a.* Kreislauf oder Kollaps im Abfallwirtschaftsrecht? in: Trierer Kolloquium zum Umwelt- und Technikrecht vom 14. bis 16.9.1994 (1995); *Beckmann/Gruber* Gefahrgutrechtliche Rahmenbedingungen der Kontrolle von Abfall-Gefahrguttransporten im Straßenverkehr, AbfallR **2016** 279; *Beckmann/Kersting* Die Verwertung von Klärschlamm und Kompost unter dem Abfallgesetz sowie dem Kreislaufwirtschafts- und Abfallgesetz, UPR **1995** 321; *dies.* Kreislaufwirtschafts- und Abfallgesetz, in *Landmann/Rohmer* UmwR II (Loseblattausgabe); *Beckmann/Wittmann* Rechtsfragen der Zwischenlagerung von Abfällen, UPR **2007** 247; *dies.* Pflichten zur Drittbeauftragung und kommunale Selbstverwaltungsgarantie, AbfallR **2011** 55; Beckmann/*Wübbenhorst* Rechtliche Rahmenbedingungen für gewerbliche und gemeinnützige Sammlungen nach dem neuen KrWG, DVBl. **2012** 1403; *Begemann* Die Abgrenzung zwischen Verwertung und Beseitigung nach europäischem Abfallrecht, NJW **2002** 2613; *ders.* Neuere Entwicklungen im europäischen Abfallrecht, NVwZ **2003** 1205; *ders.* Die Erhebung von Einwänden durch die zuständigen Behörden bei der grenzüberschreitenden Abfallverbringung, NVwZ **2004** 1402; *Bickel* Zur Unterscheidung von Abfall und Abwasser, ZfW **1985** 198; *ders.* Hessisches Abfallwirtschafts- und Altlastengesetz (1991); *ders.* 20 Jahre Abfallbegriff – Ortsbestimmung und Neuansatz, NuR **1992** 361; *ders.* Die schädliche Bodenveränderung als Abfall, DÖV **2005** 943; *Biletewski/Härdtle* Abfallwirtschaft: Handbuch für Praxis und Lehre (2013); *Bilitewski/Quicker/Schnurer/Zeschmar-Lahl* (Hrsg.) Müll-Handbuch, Vermeidung, Sammlung und Transport, Behandlung, Verwertung sowie Ablagerung von Abfällen (Loseblatt); *Birkmann* Die Sanierung von Altlasten (1996); *Birn* Rechtliche Instrumente zur Steuerung der Abfall- und Reststoffströme, NVwZ **1992** 419; *Birn/Jung* KrWG/AbfG in der betrieblichen Praxis (Loseblattausgabe); *Blankenagel/Bohl* Abfallrecht und Immissionsschutzrecht – russisches Roulette der Genehmigungsverfahren, DÖV **1993** 585; *Böhm* Abfallverbrennung in Industrieanlagen – Zur Neuregelung des § 4 Abs. 1 Satz 2 AbfG, DVB1. **1991** 242; *Bonz* Rechtliche Behandlung von Flugasche, NuR **1983** 219; *Borck* Die Endlagerung radioaktiver Abfälle aus Deutschland im Ausland (2014); *Bothe* Zum Verwertungsbegriff im Kreislaufwirtschaftsgesetz, UPR **1996** 170; *Braczyk* Zur Möglichkeit der Verhinderung von „Abfallimporten", SächsVerwBl. **1995** 151; *Brandt* Rechtsfragen der Altlastensanierung, in: *Baumann/Roßnagel/Weinzierl* (Hrsg.) Rechtsschutz für die Umwelt im vereinigten Deutschland (1992) 103; *Brandt* Altlastenrecht (1993); *ders.* Abfallverbrennung – energetische Verwertung oder Beseitigung (2006); *Brandt/Ruchay/Weidemann* Kreislaufwirtschafts- und Abfallgesetz (1997); *Brenner* Die Abfallbeseitigung als Gegenstand der Bundesgesetzgebung und die Grenzen einer landesrechtlichen Ordnung der Abfallwirtschaft, BayVBl. **1992** 70; *Breuer* Die Abgrenzung zwischen Abwasserbeseitigung, Abfallbeseitigung und Reststoffverwertung (1985); *ders.* Industrieanlagen, Abwasser und Abfall-Überlegungen zum Wert rechtsbegrifflicher Klarheit, Festschrift Kutscheidt (2003) 389; *Bruch* Das neue Recht der Kreislaufwirtschaft, DÖV **2012** 807; *Brunke/Engel/Frank/Koch/Ormond/vom Baur* Abfallwirtschafts- und Bodenschutzrecht in Hessen (Loseblatt); *Brunner/Heber* Eine verpasste Gelegenheit: Folgeregelungen zum Krw-/AbfG lassen auf sich warten, UPR **1996** 294; *Buch* Anforderungen an die Umsetzung der novellierten Abfallrahmenrichtlinie in nationales Recht aus Landessicht, AbfallR **2009** 58; *Buck/Helm* Zehn Jahre Basler Übereinkommen: Internationaler Handel mit gefährlichen Abfällen (1999); *Budde* Neuerungen des Kreislaufwirtschafts- und Abfallgesetzes, JA **1996** 613; *Büdenbender/Heintschel v. Heinegg/Rosin* Energierecht I (1999); *Busch* Zur Zwischenlagerung von Klärschlamm, NuR **1994** 177; *Busch/Strecker* Gewerbliche und gemeinnützige Sammlungen, AbfallR **2013** 121; *Cancik* Das Sortieren von Abfallgemischen und die Unterscheidung von Verwertung-Beseitigung nach dem Kreislaufwirtschafts- und Abfallgesetz, BayVBl. **2000** 719; *Cosson* Altes Papier und neue Rechtsfragen, AbfallR **2004** 17; *ders.* Die EU-Abfallende-Verordnung für Eisen-, Stahl- und Aluminiumschrott, AbfallR **2011** 132; *Dageförde/Thärichen* Aktuelle obergerichtliche Rechtsprechung zur gewerblichen Sammlung, Zentrale Rechtsfragen bleiben höchst umstritten, AbfallR **2013** 276; *Dehoust/Jepsen/Knappe/Wilts/Gsel/Kopytziok/Schneider* Konzeption für ein nationales Abfallvermeidungsprogramm MuA **2013** 482, 532; *Deike/Ebert/Schubert/Ulum/Warnecke/Vogell* Das Recycling von Metallen aus MV-Schlacke. Potenziale für ein wirtschaftliches und nachhaltiges Urban-Mining, MuA **2014** 4; *Deselaers* Kreislaufwirtschaftsgesetz mit gesetzlichem Klärschlammfonds – eine ausgewogene Regelung? AgrarR **1995** 257; *Dieckmann* Der Abfallbegriff des EG-Rechts und seine Konsequenzen für das nationale Recht, NuR **1992** 407; *ders.* Das neue Abfallverbringungsrecht der Europ. Gemeinschaft – Ende des „Abfalltourismus? ZUR **1993** 109; *ders.* Das Abfallrecht der Europäischen Gemeinschaft (1994); *ders.* Was ist „Abfall"? ZUR **1995** 169; *ders.* Rechtsfragen der Abfallverwertung nach dem Kreislaufwirtschafts- und Abfallgesetz, NuR **1995** 233; *ders.* Die Abgrenzung zwischen Abfallbeseitigung und Abfallverwertung, ZUR Sonderheft **2000** 70; *ders.* Zur Abgrenzung zwischen Abfallbeseitigung und Abfallverwertung bei der grenzüberschreitenden Verbringung, ZUR **2001** 333; *ders.* Abfalleigenschaft von verunreinigtem Erdreich, EuGH, Urteil vom 7.9.2004, AbfallR **2004** 280; *ders.* Die neue EG-Abfallverbringungsverordnung, ZUR **2006** 561; *ders.* Entsorgungsautarkie der Mitgliedstaaten nach der Novelle der EG-Abfallrahmenrichtlinie, ZUR **2008** 505; *ders.* Nationale Entsorgungsautarkie und Europarecht (2009); *ders.* Entsorgungszuständigkeiten nach dem neuen Kreislaufwirtschaftsgesetz, AbfallR **2010** 301; *Dieckmann/Graner* Die Abgrenzung der thermischen Abfallbeseitigung von der energetischen Abfallverwertung nach EG-Recht, NVwZ **1998** 221; *Dieckmann/Ingerowski* Rechtsfragen der Anzeige bestehender gewerblicher und gemeinnütziger Sammlungen nach § 72 Abs. 2 KrWG, AbfallR **2013** 12; *Diederichsen* Stationen der Umweltrechtsentwicklung am Beispiel des Abfallrechts, BayVBl. **1996** 649; *ders.* das Vermeidungsgebot im Abfallrecht (1998); *ders.* Abgrenzung zwischen Abfall zur Beseitigung und Abfall zur Verwertung mit Hilfe von Auskunftsverpflichtungen? BayVBl. **2000** 461; *Diederichsen/Ahlhaus* Das neue Elektro- und Elektronikgerätegesetz, NJW **2005** 2741; *Dierkes* Die TA Siedlungsabfall: eine zukunftsorientierte Verwaltungsvorschrift? NVwZ **1993** 951; *Dippel* Die Verfüllung von Tagebauten mit ungeeigneten Abfallstoffen. AbfallR **2010** 132; *Dippel/Hamborg* Rechtsfragen der Zulässigkeit gewerblicher und gemeinnütziger Abfallsammlungen. Eine Zwischenbilanz anhand der Rechtsprechung, AbfallR **2014** 30; *Dippel/Ottensmeier* Die Entscheidung des BVerfG v. 30.6.2016 zum Recht der gewerblichen Abfallsammlungen – Was ist geklärt, was ist noch offen? AbfallR **2017** 13; *dies.* Die konkurrierenden Anwendungsbereiche von Abfallrecht und Wasserrecht, W + B **2018** 25; *Dolde* Rechtsfragen der Verwertung und Beseitigung von Abfällen (1999); *Dolde/Vetter* Abgrenzung von Abfallverwertung und Abfallbeseitigung nach dem KrW-/AbfG, NVwZ **1997** 941; *dies.* Einzelner Abfall – vermischter Abfall, NVwZ **1999** 1193; *dies.* Verwertung und Beseitigung von Abfall nach dem Entwurf einer Abfallverwaltungsvorschrift des Bundes, NVwZ **2000** 1104; *Doms* Rechtsgrundlagen der Beseitigung von Autowracks (1978); *Donner/Meyerholt* Die Entwicklung des Abfallrechts von der Beseitigung zur Kreislaufwirtschaft, ZfU **1995** 81; *Dreher* Das Recht der Altautoverwertung: die Umsetzung der Altauto-Richtlinie (2002); *Dube* Altlastenbearbeitung – eine Einführung, AKP **2014** 37; *Eckert* Die Entwicklung des Abfallrechts, NVwZ **1985** 388; **1987** 951; **1989** 421; **1992** 725; **1995** 749; **1997** 972; **1999** 1187; *ders.* Reform des Abfallrechts, NVwZ **1986** 898; *Eder* Die rechtlichen Grundlagen einer geordneten Altölerfassung und -wiederverwertung, DB **1983** 755; *Ehrmann* Aktuelle Entwicklungen des europäischen Abfallrechts, AbfallR **2006** 19; *Eisberg* Der Grundsatz der Abfallentsorgung im Inland – Vereinbarkeit mit dem Recht der Europäischen Gemeinschaften und den Übereinkommen zum Schutz der Meeresumwelt (1991); *Eitel* Die Konkretisierung der abfallrechtlichen Produktverantwortung für Reifen (2009); *Ekardt*/Seidel Düngemittelrecht, Atomrecht und Bodenschutzrecht, NuR **2006** 420; *Ellinghaus* Die Verantwortlichkeit des ehemaligen Betreibers einer genehmigungsbedürftigen Anlage für die Altlastensanierung unter besonderer Berücksichtigung der Rückwirkungsproblematik (2006); *Endemann* Abgrenzung industrielle Nebenprodukte zu Abfall, AbfallR **2010** 84; *Enders* Rechtsprobleme der Behandlung von Abfallaltanlagen und Altlasten in den neuen Bundesländern, DVB1. **1993** 82; *ders.* Vorschlag zur Änderung des Abfallbegriffs der EG-Abfallrahmenrichtlinie, DVBl. **2002** 1021; *ders.* Die öffentlich-rechtliche und zivilrechtliche Verantwortlichkeit des Abfallerzeugers, NVwZ **2005** 381; *ders. Enders/Krings* Das Artikelgesetz aus immissionsschutz- und abfallrechtlicher Sicht – Zur Umsetzung der UVP-Änderungsrichtlinie, der IVU-Richtlinie, der Deponierichtlinie und weiterer EG-Richtlinien zum Umweltschutz, DVBl. **2001** 1389; *Engel* Gemischtwirtschaftliche Abfallentsorgung (1995); *Engel/Mailänder* Die Vorschläge der Europäischen Kommission zur Novellierung der Abfallrichtlinien, AbfallR **2016** 273; *Engels* Grenzüberschreitende Abfallverbringung nach EG-Recht (1997); *Engler/Klett* Abfallhierarchie und Vollzug, MuA **2015** 56; *Erbguth* Aspekte der Abfallwirtschaftsplanung und ihre Auswirkungen auf die Zulassung von Abfallanlagen, UPR **1997** 60; *Erbguth/Stollmann* Zum Stand des Bodenschutzrechts – dargestellt unter Berücksichtigung der Altlastenproblematik, NuR **1994** 319; *Erler/Eisert* Abfallvermeidung, AbfallR **2014** 230; *Fassbender* Abfallhierarchie, Vermeidungsprogramme, Recyclingsquoten – Wirksame Instrumente für Vermeidung und Ressourcenschutz? AbfallR **2011** 165; *Feldhaus* Entsorgung bei der Genehmigung von Industrieanlagen, UPR **1983** 356; *Feller/Kafka* Die Ausgestaltung der kommunalen Überlassungspflichten im Kreislaufwirtschaftsgesetz, IR **2012** 343: *Fertig* Begriff, Funktion und Tätigkeitsfeld der Tierkörperbeseitigungsanstalt, NuR **1994** 477; *ders.* Rechtlicher Status der Tierkörperbeseitigungsanstalt, GewArch **1994** 353; *ders.* Die anstaltsfreie Tierkörperbeseitigung: zu den Sonder- und Ausnahmeregelungen für Tierkörper außerhalb von Beseitigungsanlagen, NuR **1998** 459; *ders.* Rechtsgrundlagen für die Beseitigung von Speiseabfällen, ZUR **1999** 461; *ders.* Tierische Nebenprodukte aus der Sicht des Entsorgungs- und Abfallverbindungsrechts, GewArch **2000** 305; *Figgen/Schäffer* Blaue Tonnen und kein Ende, EurUP **2011** 115; *Fischer* Verstößt die deutsche AltfahrzeugVO gegen Europäisches Gemeinschaftsrecht? NVwZ **2003** 321; *ders.* Zur Umsetzung von EG-Richtlinien für Elektro- und Elektronikgeräten, UPR **2004** 12; *ders.* Recyclingaktivitäten auf der Schnittstelle von Abfallrecht und REACH, (zugleich Anmerkung zu EuGH, U. v. 7.3.2013 – Rs. C-358/11 –), AbfallR **2013** 265; *Fischerhof* Deutsches Atom- und Strahlenschutzrecht, 2. Aufl. (1978); *Fluck* Zum Abfallbegriff im europäischen, im geltenden und im werdenden deutschen Abfallrecht, DVB1. **1993** 590; *ders.* Der „marktwirtschaftliche Abfallbegriff" oder: Neues zum objektiven Abfallbegriff, UPR **1993** 426; *ders.* (Hrsg.) Kreislaufwirtschafts- und Abfallgesetz (Loseblattausgabe 1995); *ders.* Der neue Abfallbegriff – eine Einkreisung, DVB1. **1995** 537; *ders.* Rechtsfragen der Abfallverwertung nach dem Kreislaufwirtschafts- und Abfallgesetz, NuR **1995** 233; *ders.* Zum Begriff des Abwassers. Überlegungen aus dem Blickwinkel des neuen Kreislaufwirtschafts- und Abfallgesetzes, ZfW **1996** 489; *ders.* Die Verarbeitung und Beseitigung von tierischen Nebenprodukten nach der EG-VO Nr. 1774/2002 und dem TierNebG, NuR **2004** 503; *ders.* REACH und Abfall, AbfallR **2007** 4; *Fluck/Frenz/Fischer/Franßen* Kreislaufwirtschaftsrecht, Abfallrecht und Bodenschutzrecht (Loseblatt); *Fouquet* Verwertung und Beseitigung von Stoffen nach dem KrW-/AbfG, ZUR **1996** 186; *Franßen* Vom Elend des (Bundes-)Abfallgesetzes, Festschrift Redeker (1993) 457; *ders.* Der Begriff des Deponiebetreibers im Krw-/AbfG und in der DeponieVO, AbfallR **2007** 106; *ders.* Kann Grubengas Abfall sein? AbfallR **2008** 240; *ders.* Abfallwirtschaftsrecht, in: *Hansmann/Sellner* (Hrsg.) Grundzüge des Umweltrechts, 4. Aufl. (2012) Kap III 14; *Franßen/Blatt* Reichweite und Inhalt des Gebots der Ordnungsgemäßheit der Abfallverwertung – Zugleich Anm. zu VG Würzburg, 11.10.2012, W4 S 12.820, AbfallR **2013** 87; *Frenz* Die Abfalleigenschaft von Verpackungen, DÖV **1994** 421; *ders.* Die Verwirklichung des Verursacherprinzips im Abfallrecht (1996); *ders.* Zur Rechtsgrundlage der Sanierung stillgelegter Deponien, ZUR **2001** 337; *ders.* Überlassungspflicht von gemischten hausmüllähnlichen Gewerbeabfällen? DVBl. **2002** 543; *ders.* Bergbauliche Abfälle zwischen europäischer Rechtsprechung und -setzung, NuR **2004** 207; *ders.* Zur Abfalleigenschaft von mit Kraftstoffen verunreinigtem Erdreich einer Tankstelle, DVBl. **2004** 1542; *ders.* Abfallerzeuger und -besitzer nach deutschem und europäischen Recht, ZIR **2005** 57; *ders.* Abwasserverwertung zwischen Abfall- und Wasserrecht, UPR **2006** 383; *ders.* Abfall und Produkt, Verwertung und Beseitigung nach dem EuGH, AbfallR **2008** 105; *ders.* Abfallwirtschaftsplanung und Klimaschutz zwischen alter und neuer Abfallrahmenrichtlinie, UPR **2009** 241; *ders.* Unmittelbare Wirkung der Abfallrahmenrichtlinie, AbfallR **2011** 124; *ders.* Einforderbarkeit der AbfRRL – europarechtliche Vorgaben, AbFallR **2011** 160; *ders.* Die neue Abfallhierarchie, UPR **2012** 210; *ders.* Grenzen des Abfallbegriffs nach dem neuen Kreislaufwirtschaftsgesetz, NVwZ **2012** 1590; *ders.* Energetische Verwertung nach dem neuen Kreislaufwirtschaftsgesetz, MuA **2013** 228; *ders.* Entsorgungsverantwortung für Bauabfälle, DVBl. **2014** 1295; *ders.* Klärschlammverbrennung in der MVA, AbfallR **2014** 249; *ders.* Solardeponien, AbfallR **2015** 49; *ders.* Abfallrahmenvereinbarungen, AbfallR **2017** 275; *Frenz/Kaßmann* Verpackungsverordnung, Grundlagen, Thesen und Perspektiven (2008); *Freytag* Der Einsatz von Rückständen im Bergbau – an der Nahtstelle von Berg- und Abfallrecht, NuR **1996** 334: *Fricke/Heußner/Hüttner/Turk/Pereira/Bauer/Bidlingmaier* Vergärung von Bio- und Grünabfällen, MuA **2013** 628; **2014** 21; *Friedrich* EU erzwingt neues Kreislaufwirtschaftsgesetz, ZRP **2011** 108; *ders.* Europäisierung des abfallrechtlichen Vollzugs? Inspektionsplanung und -überwachung als Instrumente EU-rechtlicher Compliance-Steuerung am Beispiel der novellierten EG-Abfallverbringungsverordnung, AbfallR **2016** 119; *Fritsch*

Das neue Kreislaufwirtschafts- und Abfallrecht (1996); *Fritz* Kreislauf oder Kollaps im Abfallwirtschaftsrecht? (Tagungsbericht), UPR **1994** 431; *Fröhlich* Illegale Abfallentsorgungsanlagen, DÖV **1989** 1029; *ders.* Vom Nutzen ausgedienter Deponien – Sanierung und Folgenutzung nach Abfallrecht und Bodenschutzrecht, NuR **2011** 555; *ders.* Auffüllungen und Aufschüttungen mit mineralischen Bauabfällen, NuR **2015** 246; *Fuchs* Abfallbegriff und Abfallbeförderung, GewArch **1984** 217; *Führ* Ökologische Stoffwirtschaft, KJ **1997** 159; *Gaggia/Koß/Malorny/Stahlke* Handbuch der Abfallkataloge (1994); *Gädeke* Das Kreislaufwirtschaftsgesetz in der Praxis, NuR **1999** 32; *Gassner* TA Abfall – Siedlungsabfall (1993); *ders.* TA Sonderabfall, 2. Aufl. (1993); *ders.* Von der Abfallwirtschaft zur Kreislaufwirtschaft, AöR 123 (**1998**) 201; *ders.* Abfallbegriff und Umsetzungspflicht, NVwZ **1998** 1148; *Gaßner/Fichtner* Urteile des EuGH zur Einstufung der Abfallverbrennung als Verwertungs- oder Beseitigungsverfahren, AbfallR **2003** 50; *Gaßner/Schmidt* Die Neuregelung der Zulassung von Abfallentsorgungsanlagen, NVwZ **1993** 946; *Gaßner/Thärichen* Zur fortdauernden Entsorgungsverantwortung des Abfallbesitzers, AbfallR **2007** 164; *Gelen* Das Rückwirkungsverbot im Altlastenrecht, UPR **1996** 212; *Giesberts* „Konkurrenz um Abfall": Rechtsfragen der Abfallverbringung in der Europäischen Union, NVwZ **1996** 949; *ders.* Vermischung von Abfällen: Verbote und Gebote im deutschen und gemeinschaftsrechtlichen Abfallrecht, NVwZ **1999** 600; *ders.* Ende der Abfalleigenschaft und 5-stufige Abfallhierarchie, im Rahmen des BImSchG, DVBl. **2012** 816; *Giesberts/Hilf* Neue Instrumente zur Steuerung der Altautoentsorgung, NVwZ **1998** 1158; *dies.* Elektro- und Elektronikgesetz, 3. Aufl. (2018); *Giesberts/Kleve*, Einmal Abfall – nicht immer Abfall: das Ende der Abfalleigenschaft, DVBl. **2008** 678; *Giesberts/Reinhardt* Umweltrecht, 2. Aufl. (2018); *Gossow* Altlastensanierung (1992); *Grabitz* Abfall im Gemeinschaftsrecht, Festschrift Sendler (2011) 443; *Gottschling* Das Abfall- und Bodenschutzrecht in Rheinland-Pfalz (Loseblatt); *Greve/Neudeck/Rebling/Röhrdanz* Perspektiven zur nachhaltigen Nutzung von organischen Rest- und Abfallstoffen mittels Hydrothermaler Carbonisierung, MuA **2014** 86; *Griesbach* Zum abfallrechtlichen Umgang mit „HBCD"-haltigen Dämmstoffen – Gefährlicher Abfall nach der Abfallverzeichnisverordnung, AbfallR **2017** 205; *Grobba/Christopher* Altkleider- und Wertstoffcontainer in der kommunalen Praxis – gewerbliche und gemeinnützige Sammlungen nach § 17 des Kreislaufwirtschaftsgesetzes, HGZ **2013** 35; *Gruber* Adressaten deponierechtlicher Pflichten, AbfallR **2011** 173; *ders.* Aktuelles zu gewerblichen und gemeinnützlichen Sammlungen von Abfällen, AbfallR **2015** 174; *Grundmann* „Wilder Müll" im Spannungsfeld des allgemeinen und besonderen Ordnungsrechts (2003); *Grünewald* Handbuch des Tierkörperbeseitigungsrechts (1994); *ders.* Gewerbliche Küchen- und Speiseabfälle in die Restmülltonne? AbfallR **2004** 123; *Gruneberg* Aktuelle Entwicklungen der verwaltungsgerichtlichen Rechtsprechung zu gewerblichen Sammlungen aus Sicht der kommunalen Entsorgungswirtschaft, EurUP **2015** 22; *Grunow/Franßen* Entsorgung von HBCD-haltigen Dämmstoffen, AbfallR **2017** 101; *Gündling* Rechtsprobleme der Abfallbeseitigung auf See, NuR **1982** 41; *Gutke* (Hrsg.) Abfallwirtschaft im EG-Binnenmarkt (1993); *Hagel* Zur abfallrechtlichen Genehmigung von Fotovoltaikanlagen auf Deponien, AbfallR **2013** 63; *Hagmann* Das Chrom VI-Verbot der AltfahrzeugVO, ZUR **2007** 135; *ders.* Abfallerzeuger und -besitzerhaftung nach dem KrWG, AbfallR **2013** 150; *Hagemann* Behördliche Kompetenzen bei grenzüberschreitender Abfallverbringung, UPR **2005** 133; *Hahn* Die Abfallhierarchie der europäischen Abfallrahmenrichtlinie und ihre Umsetzung im deutschen Kreislaufwirtschaftsgesetz (2017); *Haller* Die Genehmigung einer Abfallverbrennungsanlage nach neuem Recht und die Unzulässigkeit einer Einzugsgebietsbeschränkung, NVwZ **1994** 1066; *Hamborg* Zur Entstehung der Abfalleigenschaft von Elektro- und Elektronikgeräten, AbfallR **2014** 181; *Hecht/Werbeck* Rücknahmeverpflichtungen als Instrument der Abfallwirtschaft – eine ökonomische Analyse am Beispiel des Dualen Systems Deutschland, ZfU **1995** 49; *Helmig/Allkemper* Der Abfallbegriff im Spannungsfeld von europäischer und nationaler Rechtsetzung, DÖV **1994** 229; *Hendler/Eske* Produktverantwortung nach der Verpackungsverordnung, UPR **2013** 84; *Henke* Abfallbegriff, Nebenprodukt und Ende der Abfalleigenschaft im neuen Kreislaufwirtschaftsgesetz, SächsVBl. **2013** 225; *Henkel* Altlasten als Rechtsproblem (1987); *Henselder-Ludwig* TA Siedlungsabfall (1993); *ders.* TA Abfall (1991); *ders.* Abfallrecht (1991); *Henseler* Der Abwasserbegriff des Wasser- und Abfallrechts, NuR **1984** 256; *Henssen/Schneider* Getrennte Sammlung von Bioabfall in Deutschland. Umsetzung der Vorgabe des § § 11 Abs. 1 KrWG, MuA **2013** 66; *Henze* Zur stofflichen Verwertung von metallhaltigen Verpackungsabfällen: Wann verliert Schrott seine Abfalleigenschaft, AbfallR **2003** 167; *Herbert* Zehn Jahre Kreislaufwirtschafts- und Abfallgesetz, NVwZ **2007** 617; *Herkommer/Kreßel/Wollenschläger* Rechtsprobleme bei der Genehmigung von Anlagen zur Verwertung fester Verbrennungsrückstände aus der Hausmüllverbrennung, UPR **1989** 257; *Herkommer/Wollenschläger* Standortwahl bei Müllverbrennungsanlagen, BayVBl **1994** 129; *Hermanns* Die Novelle der Abfallbeauftragtenverordnung, AbfallR **2017** 242; *Heuer* Abfallüberwachung in der Kreislaufwirtschaft, NVwZ **1999** 624; *Himmel* Abfallrecht in 23 Schaubildern (1990); *ders.* Die Grundzüge des Abfallrechts, DVP **1991** 103; *Hölscher* Öffentliche und private Abfallentsorgung, ZfU **1995** 176; *Hösel/von Lersner* Recht der Abfallbeseitigung des Bundes und der Länder (Loseblattausgabe); *Hoffmann* Grundfragen der grenzüberschreitenden Verbringung von Abfall nach nationalem und nach EG-Recht (1994); *ders.* Verfassungsrechtliche Anforderungen an Rechtsverordnungen zur Produktverantwortung nach dem Kreislaufwirtschafts- und Abfallgesetz, DVB1. **1996** 347; *ders.* Abfallrechtliche Produktverantwortung nach §§ 22 ff KrW-/AbfG, DVB1. **1996** 898; *Hofmann* Rechtsfragen der atomaren Entsorgung (1981); *ders.* Abfallbeseitigung und kommunale Selbstverwaltung, BayVBl. **1984** 289; *Holzapfel* Umweltrechtliche Anforderungen an die Verwertung mineralischer Abfälle in und auf dem Boden – Eine Untersuchung unter besonderer Berücksichtigung der Verfüllung von Tagebauen (2014); *Hoppe/Beckmann* Rechtliche Möglichkeiten des internationalen Austausches von Abfällen und Recycling-Produkten, DVBl. **1995** 817; *Hoppe/Bleicher* Rechtsprobleme bei der Verfahrensprivatisierung von Standortauswahlverfahren im Abfallrecht, NVwZ **1996** 421; *Hoschützky/Kreft* Recht der Abfallwirtschaft (Loseblattausgabe); *Huntemann* Recht der unterirdischen Endlagerung radioaktiver Abfälle (1989); *Hurst* Die Umsetzung der Abfallrahmenrichtlinie aus Sicht der privaten Entsorgungswirtschaft, AbfallR **2009** 159; *ders.* Das neue Kreislaufwirtschaftsgesetz aus der Sicht eines Abfallerzeugers, UPR **2012** 216; *ders.* Anzeige- und Erlaubnispflichten nach dem neuen Kreislaufwirtschaftsgesetz (KrEG), AbfallR **2012** 176; *Hutsch* Rechtspolitische Ziele des Kreislaufwirtschaftsgesetzes auf dem Prüfstand, DÖV **2012** 145; *Illig* Das Vorsorgeprinzip im Abfallrecht (1992); *Jakobi* Abfall – Begriff und Identifikation, UPR **1985** 82; *Jacobi* Trendwende in der abfallrechtlichen Judikatur des EuGH: Petrokoka als Nebenerzeugnis, AbfallR **2004** 90; *Jacobj/Ramin* Abfallhierarchie und Altölrecht, ZUR **2014** 649; *Jahn/Deifuß-Kruse/Brandt* Kreislaufwirtschaftsgesetz (2014); *Janke* Wertstoffe im Abfall – Eine Herausforderung für Industrie, Handel, Gewerbe und Kommunen, ZUR **2014** 378; *Jarass* Beschränkungen der Abfallausfuhr und EG-Recht, NuR 1998 397; *Jarass/Petersen* Kreislaufwirtschaftsgesetz (2013); *Jaron* Weltweite Mindeststandards für die umweltgerechte Bewirtschaftung von Abfällen, MuA **2013** 168; *ders.* Das deutsche Abfallvermeidungsprogramm, MuA **2014** 420; *Jekewitz* Regelungstechnische Ungereimtheiten des neuen Abfallrechts, ZG **1995** 40; *Jochum* Neues zum europäischen Bodenschutz- und Abfallrecht, NVwZ **2005** 140; *Jungnickel/Bree* Warum ist eine Anlage „eigen" im Sinne des § 13 Abs. 1 S. 2 KrW-/AbfG? UPR **1996** 297; *Kahl* Die Privatisierung der Entsorgungsordnung nach dem Kreislaufwirtschafts- und Abfallgesetz, DVBl. **1995** 1327; *ders.* Abfallrecht in: *Fehling/Ruffert* Regulierungsrecht (2009) § 13; *Kalberer* Ausgedehnte Bahnschwellen als Baumaterial, AbfallR **2008** 123; *Karlheinz* Die Gewerbeabfallverordnung – mehr als eine Aufforderung zum Dreschen leeren Strohs? NVwZ **2003** 22; *Kasten* Europarechtliche und völkerrechtliche Aspekte der grenzüberschreitenden Abfallverbringung (1997); *Kauch* Verfahrensbeschleunigung bei der Planung von Fernstraßen und Abfallentsorgungsanlagen (1994); *Kerger* Düngebeschränkungen aus Gründen der Vorsorge, AgrarR **1991** 117; *Kempkes* Anforderungen an die Stilllegung und Nachsorge von Deponien im europäischen Kontext (2002); *Kersting* Die Abgrenzung zwischen Abfall und Wirtschaftsgut (1992); *ders.* Die Vorgaben des europäischen Abfallrechts für den deutschen Abfallbegriff, DVBl. **1992** 343; *ders.* Das Kreislaufwirtschafts- und Abfallgesetz – eine Chance? DVBl. **1994** 273; *ders.* Kreislaufwirtschafts- und Abfallrecht, DVBl. **1994** 511; *ders.* Ist die Verwertung von Abfallgemischen rechtlich unmöglich? NVwZ **1998** 1153; *Kibele* Grüntischig – oder: der 3. Senat des BVerWG zur Qualifizierung von gewerblichen Abfallgemischen, NVwZ **2001** 42; *Kiefer* Die Pflichtenübertragung als neues Instrument des Kreislaufwirtschafts- und Abfallgesetzes, NVwZ **2001** 1109; *Kiethe/Sproll* Die Privatisierung der Abfallentsorgung am Beispiel der Verpackungsverordnung, ZIP **1994** 275; *Kitzinger* Sekundärprodukte und Sekundärrohstoffe – Ende der Abfalleigenschaft und Beginn der REACH-Regulierung? AbfallR **2007** 216; *Kix/Nernheim/Wendenburg* Niedersächsisches Abfallgesetz (Loseblatt); *Klafki* Rechtsfragen der Abfallverbringung innerhalb der Europäischen Union (2006); *ders.* Novellierung der Regeln über die gemeinschaftsweite Verbringung von Abfällen, DVBl. **2007** 870; *Klages* Vermeidungs- und Verwertungsgebote als Prinzipien des Abfallrechts: Zur Fortentwicklung des Abfallbeseitigungsrechts zu einem Recht der Abfallwirtschaft (1991); *Klement* Ein neuer Kampf um das Abfallrecht, VerwArch. **2012** 218; *Klett* Rohstoffsicherung als Herausforderung für die Kreislaufwirtschaft, AbfallR **2009** 279; *Klett/Enders* Der Bauherr als Abfallbesitzer und Abfallerzeuger nach geltendem und künftigem Abfallrecht, BB **1996** 2003; *Klett/Gerhold* Das Investitionserleichterungs- und Wohnbaulandgesetz aus abfall- und immissionsschutzrechtlicher Sicht, NuR **1993** 421; *Klett/Kaminski/Konzak* Erste Erfahrungen bei der Anwendung der EG-Abfallverbringungsverordnung, WiVerw. **1995** 40; *Klett/Probst* Chemisierung des Abfallrechts bei der Abgrenzung zwischen gefährlichen und nicht gefährlichen Abfällen, AbfallR **2017** 193; *Kloeck* Stoffliche und energetische Abfallverwertung im KrW-/AbfG, ZUR **1997** 117; *Kloepfer* Gewerbemüllbeseitigung durch Private, VerwArch. **1979** 195; *ders.* Umweltsinn und Sonderabfallentsorgung, UTR **1991** 139; *ders.* Produktverantwortung für Elektroaltgeräte (2001); *ders.* Zur Entwicklung des Kreislaufwirtschafts- und Abfallrechts in der Bundesrepublik Deutschland, AbfallR **2012** 261; *ders.* Das neue Recht der Kreislaufwirtschaft (2013); *Kloepfer/Kohls* Abfallrechtliche Produktverantwortung für Fremdgeräte, DVBl. **2000** 1013; *Kloepfer/Ochtendung* Wohin mit dem „Shredder-Rest"? UPR **1995** 420; *Kniep* Das neue Gesetz zur Vermeidung, Verwertung und Beseitigung von Abfällen, GewArch **1995** 19; *Knopp* Selbstanzeigepflicht bei Bodenkontaminationen, NVwZ 1988 1004; *ders.* Praktische Rechtsfragen der Sicherung und Sanierung von kontaminierten Abfall-Ablagerungen und Standorten, BB **1990** 575; *ders.* Die „radioaktive" Altlast, NVwZ **1991** 42; *Knopp/Albrecht* Altlastenrecht in der Praxis (1998); *Koch* Rechtsgrundlagen für das Aufstellen und Betreiben von Altglascontainern, NuR **1996** 276; *Koch/Reese* Novellierung der Abfallrahmenrichtlinie (2006); *dies.* Getrennthaltung und Überlassung von Abfällen zur Beseitigung aus Gewebebetrieben (2002); *Kochenburger* Die Neuordnung des Altlastenrechts in Hessen, NVwZ **1996** 249; *Köster* Kreislaufwirtschafts- und Abfallrecht – Neue Entwicklungen in der Bundesrepublik Deutschland und in der Europäischen Gemeinschaft, UPR **1994** 177; *Köster/Reese* Vollzugsfragen der Abfallablagerungsverordnung, ZUR **2003** 203; *von Köller/Klett/Konzak* EG-Abfallverbringungsverordnung (1994); *Köster/Reese* Vollzugsfragen der Abfalllagerungsverordnung, ZUR **2003** 203; *Konzak* Inhalt und Reichweite des europäischen Abfallbegriffs, NuR **1995** 130; *ders.* Das Abfallregime auf dem Vormarsch in die Produktion (Tagungsbericht), NVwZ **1996** 963; *Kopp* Rechtliche Regelungen beim Umgang, beim Inverkehrbringen und bei der Entsorgung von PCB sowie von PCB-haltigen Zubereitungen und Erzeugnissen, GewArch **1991** 128; *ders.* Altautoentsorgung, NJW **1997** 3292; *Kopp/Assenmacher* Kreislaufwirtschaftsgesetz (2015); *dies.* Abfall ist Ressource, ZUR **2019** 65; *Kopp-Assenmacher/Glass* Das Ende der Abfalleigenschaften bei Gebrauchsteilen aus Altfahrzeugen, AbfallR **2010** 228; *Kopp/Piroch* Neuordnung des Kreislaufwirtschafts- und Immissionsschutzrechts, UPR **2010** 438; *Kormann* (Hrsg.) Abfallrecht und Abfallwirtschaft (1993); *Kotulla* Der Abfallbeauftragte nach dem neuen Kreislaufwirtschafts- und Abfallgesetz, DÖV **1995** 452; *Kracht* Die immissionsschutzrechtliche Genehmigungsbedürftigkeit ortsfester Abfallentsorgungsanlagen, UPR **1993** 369; *Krämer* Die Europäische Union und der Export von Abfällen in die Dritte Welt, KJ **1998** 345; *ders.* EU-rechtliche Vorgaben für die Erfüllung von Aufgaben der Daseinsvorsorge im Rahmen der Abfallwirtschaft, AbfallR **2010** 40; *Krahnefeld* Die abfallrechtlichen Entsorgungspflichten, NuR **1996** 269; *Krahnefeld/Conzelmann* Die „flexible" Ausgestaltung der Abfallhierarchie im KrWG durch einzelfallbezogene Ökobilanzierungen – unionrechtskonform? AbfallR **2012** 269; *dies.* Abfallgrundpflichten und fünfstufige Abfallhierarchie. Bedeutung für Betreiber genehmigungsbedürftiger BImSchG-Anlagen, AbfallR **2014** 2; *Krause* Thermische Abfallverwertung im Lichte aktueller juristischer Entwicklungen, AbfallR **2010** 29; *Kreft* Der Betriebsbeauftragte für Abfall, Der Landkreis **1980** 348; *ders.* Überwachung der Verwertung von Klärschlamm, RdL **1979** 172; *ders.* Aktuelle Entwicklungen im Recht der Abfallbeseitigung, UPR **1982** 105; *Kretz* Rechtsgrundlagen und Rechtsprobleme der Altlastensanierung in der Verwaltungspraxis, UPR **1993** 41; *ders.* Die Zulassung von Abfallentsorgungsanlagen, UPR **1994** 44; *Krieger* Wozu wird das Abfallrecht gebraucht? UPR **1995** 408; *ders.* Basel, Brüssel und Bonn: Der Anwendungsbereich des Abfallrechts, NuR **1995** 170; *ders.* Inhalt und Grenzen des Verwertungsbegriffs im deutschen, supra- und internationalen Abfallrecht, NuR **1995** 342; *ders.* Sorgfaltspflichten des Abfallbesitzers bei der Entsorgung durch Dritte, DB **1996** 613; *Krings* Der Abfallbegriff nach geltendem und künftigem Abfallrecht aus europäischer und nationaler Sicht, WiVerw **1995** 103; *Kropp* Die Abgrenzung zwischen Berg- und Abfallrecht bei der Rekultivierung einer Bohrspülungsdeponie, NuR **2003** 526; *ders.* Die neue Verordnung über die Verbringung von Abfällen (VVA), AbfallR **2006** 150; *ders.* Anforderungen an eine vollständige Stabilisierung von gefährlichen Abfällen, NuR **2006** 363; *ders.* Einstufung der Abfallvorbehandlung als Verwertung oder Beseitigung, AbfallR **2008** 162; *ders.* Zuständigkeiten und Vorgehensweise bei der Kontrolle grenzüberschreitender Abfalltransporte, UPR **2008** 213; *ders.* Umfang und Dauer der abfallrechtlichen Verantwortung des Abfallerzeugers und -besitzers, ZUR **2008** 401; *ders.* Die Bedeutung von § 3a VwVfG für die abfallrechtliche Überwachung, NVwZ **2008** 1055; *ders.* Die Energieeffizienzformel und die neue Abfallrichtlinie, ZUR **2009** 584; *ders.* Die Anwendung der neuen Abfallrahmenrichtlinie auf tierische Nebenprodukte und Tierkörper, NuR **2009** 841; *ders.* Erzeuger und Besitzer von Bauabfällen, ZUR **2010** 461; *ders.* Neuabgrenzung von Verwertung und Beseitigung, AbfallR **2010** 193; *ders.* Begründet die R1-Formel der Richtlinie 2008/98/EG einen allgemeinen „Verwerterstatus" von Hausmüllverbrennungsanlagen? AbfallR **2011** 207; *ders.* Grenzüberschreitende Abfallverbringungen durch Einsammler, Händler und Makler, AbfallR **2012** 11; *ders.* Getrennthaltungsgebote und Vermischungsverbote nach dem neuen KrWG, ZUR **2012** 474, 543; *ders.* Die Abgrenzung von Abfällen und Nebenprodukten nach dem Kreislaufwirtschaftsgesetz, UPR **2013** 369; *ders.* Fortentwicklung der abfallrechtlichen Überwachung. Anzeige- und Erlaubnisverordnung, AbfallR **2014** 12; *ders.* Fortentwicklung der abfallrechtlichen Überwachung – „Kleine" Novelle der Nachweisverordnung (Teil 2), AbfallR **2014** 89; *ders.* Die Beweislastumkehr beim Export von gebrauchten Elektro- und Elektronikgeräten, AbfallR **2014** 280; *ders.* Nachweis-, Erlaubnis-, Andienungs- und Überlassungspflichten für Elektro- und Elektronikaltgeräte, AbfallR **2015** 281; *ders.* Die Bezeichnung und Einstufung von Abfällen nach der neuen Abfallverzeichnis-Verordnung, UPR **2016** 206; *Kropp/Kälberer* Noch Abfall oder schon Produkt? – Zum Ende der Abfalleigenschaft bei der stofflichen Verwertung, AbfallR **2010** 124; *Knopp/Piroch* Neues Kreislaufwirtschaftsgesetz, UPR **2012** 343; *Kronawitter* Geplante Umsetzung der EU-Abfallrahmenrichtlinie in deutsches Recht und deren steuerliche Auswirkungen auf kommunale Müllverbrennungsanlagen, NVwZ **2010** 1054; *ders.* Die EU-Abfallrahmenrichtlinie und das geplante Kreislaufwirtschaftsgesetz, VersorgW **2011** 85; *Kropp* Abfallverbringung im Krisenmodus – Elektronische Kontrollverfahren während der COVID-19-Pandemie, AbfallR **2020** 98; *Kügel* Die Entwicklung des Altlastenrechts, NJW **1996** 2477; *Kummer/Giesberts* Rechtsfragen der Privatisierung kommunaler Abfallentsorgung und Abwasserbeseitigung, NVwZ **1996** 1166; *Kunig* Bodenschutz durch Abfallrecht, ZfW **1992** 469; *ders.* Der Abfallbegriff, NVwZ **1997** 209; *Kurth/Oexle* Handbuch der Kreislauf- und Rohstoffwirtschaft (2013); *Kutscheidt* Zulassung von Abfallentsorgungsanlagen – ein Schnellschuß des Gesetzgebers, NVwZ **1994** 209; *Lammers* Zur Abgrenzung von Bodenschutzrecht und Abfallrecht, W + B **2016** 194; *Lange* Zur Zulässigkeit gewerblicher Sammlung und Verwertung von Altpapier, GewArch **1996** 217; *ders.* Nützlichkeit als Begriffsmerkmal der stofflichen Reststoff- und Abfallverwertung, NVwZ **1996** 729; *Lagoni/Albers* Schiffe als Abfall? NuR **2008** 220; *Landmann/Rohmer* Umweltrecht (Losebl.); *Leitzke* Fortgeltung der auf der Grundlage des AbfG erlassenen Rechtsverordnungen trotz Inkrafttretens des KrW-/AbfG? UPR **1996** 177; *Lepsius* Vom Abfall zum Produkt, NVwZ **2003** 1182; *von Lersner* Abfallgesetz, in: Das Deutsche Bundesrecht I L 23 S. 19; *ders.* Abfall als Wirtschaftsgut, NuR **1981** 1; *ders.* Abfallrecht, HdUR Bd. I Sp. 1 ff; *v. Lersner/Wendenburg/Versteyl* Recht der Abfallbeseitigung (Loseblatt); *Lindemann/Eickhoff* Kommt ein bundeseinheitliches Altlastensanierungsrecht? NuR **1994** 330; *Locher* Transportgenehmigung und Genehmigung für Vermittlungsgeschäfte nach dem Kreislaufwirtschafts- und Abfallgesetz, DVBl. **1997** 145; *Lottermoser* Die Fortentwicklung des Abfallbeseitigungsrechts zu einem Recht der Abfallwirtschaft (1992); *Lovens* Altlastenfreistellung nach dem Umweltrahmengesetz (2002); *Ludwig/Gawel/Pannicke* Ende der Abfalleigenschaft- am Beispiel von Brennstoff aus der hydrothermalen Karbonisierung, AbfallR **2015** 287; *Lübbe-Wolff* Abfallverbrennung in Industrieanlagen DVBl. **1999** 1091; *v. d. Lühe/Werner* Zur Wirksamkeit bestehender Andienungspflichten für besonders überwachungsbedürftige Abfälle zur Verwertung und Beseitigung im Lichte der neuen Rechtsprechung der Abfallgemische, NVwZ **2000** 1126; *Lukner* Umsetzung der neuen Abfallverbrennungsrichtlinie: Stand und Perspektiven, UPR **2001** 340; *Mann* Abfallverwertung als Rechtspflicht (1992); *ders.* Überlegungen zum System der Entsorgungshandlungen, NuR **1998** 405; *Manß* Umweltprobleme der Tierhaltung im Bereich des deutschen Rechts, RdL **1993** 115, 199; *Matschull-Zorn* Das neue Kreislaufwirtschaftsgesetz, EurUP **2012** 247; *Meßerschmidt* Nachträgliche Entscheidungen nach Landesabfallrecht – ein Kompetenzproblem, NVwZ **1984** 565; *Michaelis* Theorie und Politik der Abfallwirtschaft (1991); *Michel* Haben die Kreise die Kosten für die Beseitigung „wilden Mülls" zu tragen? BaWüVerwPr. **1994** 249; *Möckel* Politische und rechtliche Ziele zum vorsorgenden Bodenschutz in Deutschland, NuR **2015** 497; *Müggenborg* Abfallerzeuger und Abfallbesitzer, NVwZ **1998** 1121; *ders.* Auswirkung der EuGH-Rechtsprechung zur Nacherfüllung auf das Abfallrecht, AbfallR **2011** 268; *Müller/Schmidt-Gleser* Handbuch der Abfallentsorgung (Loseblatt); *Müllmann* Die Zulassung von Abfallentsorgungsanlagen nach dem Investitionserleichterungs- und Wohnbaulandgesetz, DVBl. **1993** 637; *ders.* Altlastensanierung und Kooperationsprinzip – der öffentlich-rechtliche Vertrag als Alternative zur Ordnungsverfügung, NVwZ **1994** 876; *Müllmann/Lohmann* Die TA Siedlungsabfall – eine „lex Müllverbrennung"? UPR 1995 168; *Murswiek* Umweltrecht: Abfallrechtliche Überlassungspflicht, JuS **2010** 564; *Nisipeanu* Rechtsfragen zum Betrieb und zur Entsorgung von Chemietoiletten, NuR **1994** 105; *Nolte/Stüber* Zum Verhältnis von Wasser- und Abfallrecht – Anwendungsbereiche und abfallrechtliches Abwägungsgebot, NVwZ **2001** 1131; *Oebbecke* Die Reichweite des Bestandsschutzes von Altdeponien nach §§ 9 a AbfG und 35 Abs. 2 KrW-/AbfG, UPR **1995** 161; *Oehlmann* Die Fortentwicklung des europäischen Deponierechts als Voraussetzung für mehr Umwelt-, Ressourcen- und Klimaschutz, AbfallR **2013** 258; *ders.* The Vision of a „European Circular Economy" and the Need to Further Develop the Common European Waste Legislation, ZEuS **2013** 449; *ders.* Vom Abfall als Problem zum Abfall als Ressource. Das europäische Abfallrecht als Baustein einer europäischen Kreislaufwirtschaft (2017); *Oehlmann/Seifert* Die europäische Abfallverbringungsverordnung im Spannungsfeld rohstoff- und umweltpolitischer Ansprüche, AbfallR **2013** 198; *Oerder* Ordnungspflichten und Altlasten, NVwZ **1992** 1031; *ders.* Altlasten in der anwaltlichen Praxis, DVB1. **1992** 691; *ders.* Empfiehlt sich eine eigenständige bundesgesetzliche Regelung der Altlasten, und welchen Inhalt sollte sie haben? NJW **1994** 2181; *Oexle* Rechtsfragen des neuen Verbringungsrechts, ZUR **2007** 460; *ders.* Zur Entwicklung des Abfallverbringungsrechts, EurUP **2014** 33; *Oexle/Epiney/Breuer* EG-Abfallverbringungsverordnung (2010); *Oexle/Lammers* Rechtsfragen der Zulässigkeit der gewerblichen Sammlung von Bioabfällen, AbfallR **2014** 225; *dies.* Entsorgung von Elektroaltgeräten im Auftrag des Besitzers: Zulässigkeit und rechtliche Anforderungen nach der Novelle des ElektroG, AbfallR **2016** 27; *dies.* Ende der Abfalleigenschaft von Ersatzbaustoffen, AbfallR **2017** 110; *Offermann-Clas* Das Abfallrecht der Bundesrepublik Deutschland nach 10 Jahren EG-Abfallgesetzgebung, NVwZ **1985** 377; *Oppard* Abfallvermeidung: Zero Waste – nicht mehr als eine Vision?, AKP **2014** 28; *Ossenbühl* Zur Kompetenz der Länder für ergänzende abfallrechtliche Regelungen, DVB1. **1996** 19; *Ott* Grenzwerte zum Schutz des Bodens gegen Schadstoffe (1995); *Paetow* Das Abfallrecht als Grundlage der Altlastensanierung, NVwZ **1990** 510; *Pape* Die Bewältigung von Altlasten in der Praxis, NJW **1992** 2661, **1994** 409; *Papier* Altlasten und polizeiliche Störerhaftung, DVB1. **1985** 873; *Pauly* Das Altauto als Wirtschaftsgut nach geltendem deutschen Abfallrecht, NJW **1994** 2200; *Peine* Organisation und Finanzierung der Sonderabfallentsorgung, UPR **1992** 121; *ders.* Die Verantwortung für Abfall, in: *Blaurock* (Hrsg.) Verantwortlichkeit für Abfall in Deutschland und Frankreich (1992) 79; *ders.* Organisation und Finanzierung der Sonderabfallentsorgung – neuere Entwicklungen, UPR **1996** 161; *ders.* Stoffrecht in der Landwirtschaft, StoffR **2012** 96; *ders.* Zur Zulässigkeit der gewerblichen Sammlung von Sperrmüll, AbfallR **2016** 222; *Peters* Die Auswirkungen des neuen Abfallbegriffs im Chemikalien- und Immissionsschutzrecht, UPR **1996** 434; *Petersen* Das untergesetzliche Regelungswerk zum Kreislaufwirtschafts- und Abfallgesetz, UPR **1996** 328; *ders.* Kreislaufwirtschafts- und Abfallgesetz – quo vadis? NVwZ **1998** 1113; *ders.* „Mit der Kreislaufwirtschaft Ernst machen" – Überlegungen zur Konkretisierung des deutschen Abfallrechts, ZUR **2000** 61; *ders.* Die Fortentwicklung des europäischen Abfallrechts, ZUR **2005** 562; *ders.* Die Novelle der Abfallrahmenrichtlinie, AbfallR **2008** 154; *ders.* Entwicklungen des Kreislaufwirtschaftsrechts – Die neue Abfallrahmenrichtlinie – Auswirkungen auf das Kreislaufwirtschafts- und Abfallgesetz, NVwZ **2009** 1063; *ders.* Die Abgrenzung zwischen Abfall und Produkt nach der neuen Abfallrahmenrichtlinie, Festschrift Sellner (2010) 315; *ders.* Die Pflicht zur „Darlegung der vorgesehenen Verwertungswege“ nach § 18 Abs. 2 Nr. 4 KrWG – Gewerbliche Sammlungen vor dem Aus? AbfallR **2015** 202; *Petersen/Doumet/Stöhr* Das neue Kreislaufwirtschaftsgesetz, NVwZ **2012** 521; *Petersen/Hermanns* Personengesellschaften als Träger gewerblicher Sammlungen im Sinne des § 3 Abs. 18 KRWG, AbfallR **2014** 62; *Petersen/Lorenz* Das „Van de Walle“ – Urteil des EuGH – Sanierung von Altlasten nach Abfallrecht? NVwZ **2005** 257; *Petersen/Rid* Das neue Kreislaufwirtschafts- und Abfallgesetz, NJW **1995** 7; *Petersen/Stöhr/Kracht* Das untergesetzliche Regelwerk zum Kreislaufwirtschafts- und Abfallgesetz, DVB1. **1996** 1161; *Pippke* Öffentliche und private Abfallentsorgung: die Privatisierung der Abfallwirtschaft nach dem Kreislaufwirtschafts- und Abfallgesetz (1999); *Pösel* Legale und illegale Abfallexporte, ZUR **1993** 214; *Pohl* Die Altlastenregelungen der Länder, NJW **1995** 1645; *Posser* Rechtsfragen des Transports abgebrannter Brennelemente, DVBl. **2001** 601; *Praml* Abfallmengenreduzierung. Rechtsgrundlagen für Abfallvermeidung und -Verwertung, in: *Baumann/Roßnagel/Weinzierl* (Hrsg.) Rechtsschutz für die Umwelt im vereinigten Deutschland (1992) 113; *Prelle* Illegale Exporte von Elektronikaltgeräten, AbfallR **2011** H. 1; *ders.* Begriff und Bedeutung der (Vorbereitung zur) Wiederverwendung im Abfallrecht, AbfallR **2008** 220; *ders.* Abfallrechtliche Produktverantwortung, ZUR **2010** 512; *Queitsch* Das neue Kreislaufwirtschafts- und Abfallgesetz (KrW-/AbfG), UPR **1995** 412; *ders.* Kreislaufwirtschafts- und Abfallrecht (1995) mit Ergänzungsband (1996); 2. Aufl., BAnz **1999** Beil. 207a; *ders.* Gibt es noch „Abfälle zur Beseitigung“ nach dem KrW-/AbfG? UPR **2000** 1; *ders.* Kommunale Bioabfallentsorgung und die Novelle der BioabfallVO, AbfallR **2009** 58; *ders.* Die Novellierung des Kreislaufwirtschafts- und Abfallgesetzes, AbfallR **2011** 30; *ders.* Das Kreislaufwirtschaftsgesetz aus kommunaler Sicht, UPR **2012** 221; *ders.* Die §§ 17, 18 KrWG unter dem Blickwinkel der aktuellen Rechtsprechung, AbfallR **2013** 169; *ders.* Getrennte Bioabfallerfassung und -verwertung, AbfallR **2014** 163; *ders.* Der Vollzug der neuen Gewerbeabfallverordnung, AbfallR **2017** 249; *ders.* Die neue Klärschlamm-Verordnung und die Folgen für die Entsorgungspraxis, AbfallR **2018** 78; *Raasch* Die Harmonisierung der Verfahrensstandards im europäischen Abfallrecht (2008); *ders.* Aktuelle Fragen der Abfallverbringungs-VO, ZfW **2009** 25; *Rabanus* Der bundesrechtliche Abfallbegriff – Zu den Aussagen insbesondere im Abfallgesetz und im Bundes-Immissionsschutzgesetz (1993); *Radcke* Wege aus der „kostenlosen“ Abfallentsorgung durch den Staat bei Insolvenz des Betreibers einer Abfallentsorgungsanlage (2011); *Ramin* Umgang mit Altölen nach Einführung des Kreislaufwirtschaftsgesetzes, AbfallR **2014** 41; 98; *Rebentisch* Aktuelle Fragen der Kreislaufwirtschaft, RdE **1994** 92; *ders.* Probleme zwischen Abfallrecht und Immissionsschutzrecht – ein Ausschnitt, NVwZ **1995** 639; *ders.* Freistellung der Lagerung sichergestellter Stoffe vom immissionsschutzrechtlichen Genehmigungserfordernis – ein Fehlgriff des Bundesrates; NVwZ **2015** 785; *Reese* Kreislaufwirtschaft im integrierten Umweltrecht (2000); *ders.* Neues vom „Kampf um den Abfall“ – aktuelle Rechtsprechung zum Abfallrecht, ZUR **2000** 410; *ders.* Die Urteile des EuGH zur Abgrenzung von energetischer Verwertung und thermischer Behandlung zur Beseitigung, ZUR **2003** 217; *ders.* Grundprobleme des Europäischen Abfallrechts und Lösungsbeiträge der novellierten Abfallrahmenrichtlinie, NVwZ **2009** 1073; *Reese/Koch* Abfallwirtschaftliche Daseinsvorsorge im Europäischen Binnenmarkt, DVBl. **2010** 1393; *Reese/Schütte* Die abfallrechtliche Verantwortung des Abfallerzeugers, ZUR **1999** 136; *Reicherzer* Der diffuse Kampf um den Abfall – ein Klärungsversuch, NuR **2002** 594; *Renck* Neues zum Begriff der Abfallentsorgungsanlage, BayVBl. **1992** 168; *Rengeling Zur* Fortgeltung von Genehmigungen der ehemaligen DDR-Verwaltung, DVB1. **1992** 222; *ders.* Rechtsfragen zur Langzeitsicherheit von Endlagern für radioaktive Abfälle (1995); *ders.* (Hrsg.) Kreislaufwirtschafts- und Abfallrecht (1995); *ders.* Verwertung und Beseitigung radioaktiver und konventioneller Abfälle, DVBl. **1997** 268; *Rengeling/Gellermann* Vorgaben der EG für die Zulassung von Abfallentsorgungsanlagen, DVB1. **1995** 389; *Rettenberger/Urban-Kiss/Müsken* Untersuchungen zur Charakterisierung des Anlagenbestands zur Bioabfallbehandlung in Deutschland. „Handbuch Bioabfallbehandlung“, MuA **2013** 48; *Richter* u. a. Physikalisch-chemische und biologische Verfahren zur Behandlung quecksilberkontaminierter Abfälle, altlasten-spektrum **2008** H. 3; *Riese/Karsten* Ist unausgekofferter kontaminierter Boden Abfall? ZUR **2005** 75; *Rindtorff* Götterdämmerung für die kommunale Hausmüllentsorgung? DVBl. **2001** 1038; *Roder* Die Verpackungsverordnung (2009); *Roßnagel/Hentschel* Verbringung in Deutschland erzeugter radioaktiver Abfälle und abgebrannter Brennelemente ins Ausland (2013); *Rublack* Der grenzüberschreitende Transfer von Umweltrisiken im Völkerrecht (1993); *Rühl* Die Durchsetzung der Abfallüberlassungspflichten nach dem Urteil des BVerfG vom 15.6.2000, NuR **2001** 671; *Rummler* Weiterentwicklung der abfallrechtlichen Produktverantwortung, ZUR **2001** 308; *Salzwedel* Abfall und Abwasser – Abgrenzungsfragen, ZfW **1983** 84; *ders.* Probleme der Abfallentsorgung, NVwZ **1989** 820; *ders.* Probleme der Umsetzung europäischen Gemeinschaftsrechts in das Umwelt- und Technikrecht der Mitgliedstaaten, UPR **1989** 41; *Sanden* Altlastenverantwortlichkeit trotz Dereliktion, NJW **2014** 1329; *Sanden/Schomerus* Rechtsfragen des Landfill Mining, AbfallR **2012** 194; *Sander* Neue Entwicklungen im Abfallrecht, IWL-Forum 92–1 S. 93; *Schärdel* Das neue Recht der Kreislaufwirtschaft, AbfallR **2012** 250; *Scharf* Abfallwirtschaftskonzepte und Abfallbilanzen (1998); *Scheier* Zur Anwendung von Abfall- und Wasserrecht auf Sickerwasser aus Halden, Kippen und Deponien, ZfW **1981** 142; *ders.* Rechtsprobleme der Verwertung von Klärschlamm, ZfW **1996** 296; *ders.* Umsetzung der Abfallrahmenrichtlinie, ZfW **2011** 5; *ders.* Die Nichtanwendung des KrWG im Verhältnis bzw. in Abgrenzung zu Wasser- und Bodenrecht, UPR **2011** 300; *ders.* Umsetzung der Abfallrahmenrichtlinie, ZfW **2011** 5; *Scheidler* Tierfäkalien auf öffentlichen Straßen, Plätzen und in öffentlichen

Grünanlagen, NuR **2007** 383; *ders.* Hundekot als Rechtsproblem, KommPraxis BY **2007** 368; *ders.* Tierfäkalien im öffentlichen Raum, KommJur **2011** 296; *Scheier* Die Nichtanwendung des KrWG im Verhältnis bzw. in Abgrenzung zu Wasser- und Bodenrecht, UPR **2011** 300; *ders.* Umsetzung der Abfallrahmenrichtlinie, ZfW **2011** 5; *Scherer-Leydecker* Europäisches Abfallrecht, NVwZ **1999** 590; *Schimanek* Die abfallwirtschaftliche Zielhierarchie nach dem neuen Kreislaufwirtschaftsgesetz (2012); *Schink.* Abfallrechtliche Probleme der Sanierung von Altlasten, DVBl. **1985** 1149; *ders.* Kontrollerlaubnis im Abfallrecht, DÖV **1993** 725; *ders.* Von der Abfallentsorgung zur Kreislaufwirtschaft, StG **1993** 18; *ders.* Auswirkungen des Kreislaufwirtschafts- und Abfallgesetzes auf die Entsorgungsstrukturen, DÖV **1995** 881; *ders.* Rechtsfragen der Altlasten, GewArch **1995** 441, **1996** 6, 50; *ders.* Der neue Abfallbegriff und seine Folgen, VerwArch. **1997** 230; *ders.* Elemente symbolischer Umweltpolitik im Abfallrecht, KJ **1999** 205; *ders.* Auswirkungen der Entscheidung des EuGH vom 13. Februar 2003 auf das deutsche Abfallrecht, UPR **2003** 121; *ders.* Der Abfallbegriff im Kreislaufwirtschaftsgesetz, UPR **2014** 201; *Schink/Queitsch/Scholz/Stollmann* Abfallgesetz für das Land Nordrhein-Westfalen/Bodenschutz- und Altlastenrecht in Nordrhein-Westfalen (Loseblatt); *Schink/Redeker/Sellner/Dahs* Der Abfallbegriff im Kreislaufwirtschaftsgesetz, UPR **2012** 201; *Schink/Versteyl* Kreislaufwirtschaftsgesetz, 2. Aufl. (2017); *Schlabach/Simon* Die Rechtsnachfolge beim Verhaltensstörer, NVwZ **1992** 143; *Schleier* Anforderungen an die Ablagerung von Baggergut, Bodenaushub und sonstigen Stoffen, ZfW **2004** 1; *Schmehl* Gemeinschaftskommentar zum Kreislaufwirtschaftsgesetz (2013); *Schmeken* TA Abfall. Abfall- und Reststoffüberwachungs-Verordnung 2. Aufl. (1991); *Schneider* Zum Transport gefährlicher Abfälle, UPR **1983** 253; *Schoch* Privatisierung der Abfallbeseitigung (1992); *ders.* Rechtsfragen der Privatisierung von Abwasserbeseitigung und Abfallentsorgung, DVB1. **1994** 1; *ders.* Bindungswirkungen der Entscheidungen des Europäischen Gerichtshofes auf dem Gebiet des Abfallrechts, DVBl. **2004** 69; *Schoeneck* Abfall und Haftung, ZUR **1997** 107; *Schoepke* Gesichtspunkte zur Rechtsformfrage bei der Organisation der Abfallentsorgung, BaWüVerwBl. **1995** 417; *Schomerus/Herrmann-Reichold/Strophal* Abfallvermeidungsprogramme im neuen Kreislaufwirtschaftsgesetz – ein Beitrag zum Ressourcenschutz? ZUR **2011** 507; *Schomerus/Versteyl* Weitere Vereinfachung des Abfallrechts – Auf dem Weg zum Kreislaufwirtschaftsgesetz (2010); *Schrader* Altlasten und Grenzwerte, NuR **1989** 288; *ders.* Produktverantwortung, Ordnungsrecht und Selbstverpflichtungen am Beispiel der Altautoentsorgung, NVwZ **1997** 943; *Schreier* Die Auswirkungen des EG-Rechts auf die deutsche Abfallwirtschaft (1994); *M. Schröder* Grundfragen des europäischen Abfallrechts, WiVerw. 1990 118; *ders.* Aktuelle Konflikte zwischen europäischem und deutschem Abfallrecht, DÖV **1991** 910; *ders.* „Nachhaltigkeit" als Ziel und Maßstab des deutschen Umweltrechts, WiVerw **1995** 65; *ders.* Die steuernde und marktbegrenzende Wirkung umweltschutzrelevanter Prinzipien des EG-Vertrages am Beispiel des Abfallexports, NVwZ **1996** 853; *Schulte* Die Reichweite abfallrechtlicher Anforderungen im immissionsschutzrechtlichen Genehmigungsverfahren, UPR **1996** 436; *Schulz* Auswirkungen des Kreislaufwirtschafts- und Abfallgesetzes auf die Unternehmen, DB **1996** 77; *Schulze/Schöne* Deponien als Lagerstätten zur Rohstoffgewinnung – Die Bedeutung zurückliegender Abfallgesetzgebung und aktuelle rechtliche Aspekte zu Landfill Mining, NuR **2014** 324; *Schütte/Siebel-Hoffmann* Die Elektroschrottrichtlinie, ZUR **2003** 211; *Schwachheim Zum* Tatbestandsmerkmal „bewegliche Sache" in § 1 I AbfG, NVwZ **1989** 128; *Schwind* Von den Schwierigkeiten der Kommunen mit dem Kreislaufwirtschafts- und Abfallgesetz, ZG **1996** 97; *Seibert* Zum europäischen und deutschen Abfallbegriff, DVB1. **1994** 229; *ders.* Der Abfallbegriff im neuen Kreislaufwirtschafts- und Abfallgesetz sowie im neugefaßten § 5 Abs. 1 Nr. 3 BImSchG, UPR **1994** 415; *Seifert* Stärkung des Vollzugs der Abfallverbringungsverordnung oder neue bürokratische Hürden? AbfallR **2014** 243; *Shirvani/Schröder* Die Verantwortlichkeit des ehemaligen Abfallbesitzers, UPR **2008** 41; *Siebert* Getrennte Sammlung von Bioabfall. Grundlage für das Ende der Abfalleigenschaft von Kompost und Gärprodukten in Europa, MuA **2014** 53; *Siederer/Wenzel/Schütze* Unzulässigkeit gewerblicher Sammlungen bei bestehenden Erfassungssystemen des öffentlich-rechtlichen Entsorgungsträgers, AbfallR **2014** 79; *Skolik/Geis* Immissions- und abfallrechtliche Bewertung PCB-belasteter Kunststofferzeugnisse und Kunststoffzubereitungen am Beispiel des Kabel-Recyclings, UPR **2004** 124; *Sobotta* Die Abgrenzung von Nebenprodukten und Produktionsabfällen in der Rechtsprechung des EuGH, ZUR **2007** 187; *Sondermann/* Knopp, Die Deponieverordnung, ZUR **2003** 198; *Späth/Zachmann* Verwertung von Gärresten aus rechtlicher Sicht, VR **2014** 406; *Stark* Der Abfallbegriff im europäischen und deutschen Umweltrecht (2009); *Stede* Die Reststoffbestimmungsverordnung – eine Offerte an den illegalen Giftmüllexport? UPR **1991** 422; *Stengler* Die Verwertung und Beseitigung von Abfällen nach nationalem Recht und nach EG-Recht (1999); *ders.* Bergversatz mit Abfällen – Verwertung oder Beseitigung? NVwZ **2000** 645; *ders.* Europäische Leitlinien zur Energieeffizienzberechnung in Abfallverbrennungsanlagen, AbfallR **2011** 213; *Stöfen* Europarechtliche Einstufung von Gülle als Abfall oder Nebenprodukt, EurUP **2014** 132; *Stöfen-O'Brien* Müllhalde Meer, ZUR **2017** 594; *Stöhr* Vereinfachung der abfallrechtlichen Überwachung, ZUR **2007** 77; *Stollenwerk* Der Umgang mit Autowracks, abgemeldeten und betriebsunfähigen Kraftfahrzeugen im Ordnungsrecht, UPR **2019** 501; *Stratmann* Abfallrecht in Bewegung – zur Neuordnung der Verpackungsentsorgung, UPR **2007** 295; *Stroetnabb/Flanderka* VerpackungsVO, Kommentar, 4. Aufl. (2015); *Stüer* Vierte Kölner Abfalltage (Tagungsbericht), DVBl. **1996** 242; *Stüer/Hönig* Umweltrecht: Immissionsschutzrecht, Abfallrecht, Bodenschutzrecht und Bergrecht, DVBl. **2004** 282; *Stuttmann* Der Rechtsbegriff „Abfall", NVwZ **2006** 401; *Suhl* Die

Europarechtswidrigkeit des KrWG, AbfallR **2012** 201; *Szelinski/Schneider* Grenzüberschreitende Abfallverbringungen (1995); *Tettinger* Rechtliche Bausteine eines modernen Abfallwirtschaftsrechts, DVBl. **1995** 213; *Tettinger/Asbeck-Schröder/Mann* Vorrang der Abfallverwertung (1993); *Tettinger/Mann* Abfallrecht an der Schwelle zur Kreislaufwirtschaft, UTR 31 (**1995**) 113; *Thärichen* Europarechtliche Bewertung der Neuregelung des Rechts der gewerblichen Sammlung durch das Kreislaufwirtschaftsgesetz, AbfallR **2012** 150; *ders.* Die Überlassungspflicht für gewerbliche Abfälle nach dem neuen Kreislaufwirtschaftsgesetz und und der Gewerbeabfallverordnung, AbfallR **2013** 18; *Thomsen* Produktverantwortung (1998); *Thürmer* Das neue Kreislaufwirtschaftsgesetz – Herausforderungen und Chancen für öffentliche Unternehmen, IR **2010** 291; *Tiedemann* Die Verpackungsabgabe als Instrument kommunaler Abfallvermeidungspolitik, DÖV **1990** 1; *Töpfer* Kreislauf statt Beseitigung – Das neue Abfallgesetz, StädteT **1993** 374; *Umweltbundesamt* Transformation von Tierarzneimitteln und Bioziden in Gülle (2014); *Versteyl* Ende des Altölgesetzes – Abgesang auf ein mißbrauchtes Vorbild, NVwZ **1989** 1142; *ders.* Abfall- und Altlasten (1993); *ders.* Auf dem Weg zu einem neuen Abfallbegriff, NVwZ **1993** 961; *ders.* Zur Verantwortlichkeit des Abfallbesitzers, NJW **1995** 1070; *ders.* Bergversatz als Abfallbeseitigungsmaßnahme, NVwZ **2000** 1009; *ders.* Der Abfallbegriff im europäischen Recht, EuZW **2000** 585; *ders.* Zur Hochwertigkeit der Verwertung im Kreislaufwirtschafts- und Abfallgesetz, NdsVBl. **2001** 25; *ders.* Altlast = Abfall – Vom Ende des beweglichen Abfallbegriffs? NVwZ **2004** 1297; *ders.* Zur Verantwortlichkeit des Abfallerzeugers/-besitzers – Vorläufiges oder Endgültiges (zu BVerW vom 28.6.2007), NVwZ **2007** 1150; *ders.* Emissionsbegrenzung durch Kontrollwerte – zu den rechtlichen Grundlagen einer möglichen neuen Wertekategorie der 17. BImSchVO, AbfallR **2009** 182; *ders.* (K)ein Weg zur Deponie? Rechtsfragen der Erschließung und andere Zulassungsfragen aus der aktuellen Rechtsprechung, AbfallR **2016** 96; *Versteyl/Jacobj* Zur Verfüllung von Abgrabungen in Sachsen-Anhalt, AbfallR **2008** 247; *Versteyl/Mann/Schomerus* Kreislaufwirtschaftsgesetz, 4. Aufl. (2019); *Versteyl/Molkenbur* Die Bedeutung des USchadG beim Betrieb von Deponien, AbfallR **2010** H. 1; *Versteyl/Wendenburg* Änderungen des Abfallrechts – Anmerkungen zum Kreislaufwirtschafts- und Abfallgesetz sowie den Gesetzen zu dem Basler Übereinkommen, NVwZ **1994** 833; *dies.* Änderungen des Abfallrechts: Aktuelles zum Kreislaufwirtschafts- und Abfallgesetz sowie dem untergesetzlichen Regelwerk, NVwZ **1996** 937; *Vettel* Bioabfallverordnung 1998 (1999); *Waggershauser* Die Novelle der EG-Abfallrahmenrichtlinie – Ein Überblick, AbfallR **2009** 50; *Wagner* Fragen zur Entsorgungsregelung nach dem Atomgesetz, DVBl. **1983** 574; *ders.* Die Ablagerung besonders von überwachungsbedürftigen Abfällen – ein Überblick, AbfallR **2003** 134; *Wahlen* Die Verwendung von Bioabfällen und tierischen Wirtschaftsdüngern in der Landwirtschaft: Grenzen des Abfallbegriffs und rechtlicher Stellenwert der stofflichen Verwertung nach dem neuen Kreislaufwirtschaftsgesetz (2013); *ders.* Biokompost: Abfall ohne Ende? AbfallR **2013** 138; *Walprecht* (Hrsg.) Abfall und Abfallentsorgung. Vermeidung, Verwertung, Behandlung (1989); *Wandhoff* Abfalleigenschaft von Glas in Sammelbehältern, NuR **1983** 127; *Webersinn* Produktverantwortung – Eine ordnungspolitische Standortbestimmung anlässlich der Umsetzung der EU-Abfallrahmenrichtlinie in deutsches Recht, AbfallR **2010** H. 6; *ders.* Neues Kreislaufwirtschaftsgesetz – Europarechtswidrigkeit der Überlassungspflichten nach § 17 KrWG, UPR **2012** 436; *Weidemann* Die Vorschriften zur Neuordnung von Abfallentsorgung und Reststoffverwertung, NVwZ **1991** 226; *ders.* Immissionsrechtliche Abfallentsorgungsanlagen (1994); *ders.* Umweltschutz durch Abfallrecht. Eine kritische Bewertung des neuen Kreislaufwirtschafts- und Abfallgesetzes, NVwZ **1995** 631; *ders.* Umsetzung von Abfall-Richtlinien: Urteil des EuGH zum deutschen Abfallrecht, NVwZ **1995** 866; *ders.* Übergangsprobleme bei der Privatisierung des Abfallwesens, NJW **1996** 2757; *ders.* Kreislaufwirtschaft contra dezentrale Verwaltungswirtschaft, GewArch **1997** 311; *ders.* Abfall oder Rohstoff? (1998); *ders.* Nochmals: Die Abgrenzung von Abfallverwertung und Abfallbeseitigung, NVwZ **1998** 258; *ders.* Die materielle Privatisierung der Hausmüllentsorgung nach § 16 Abs. 2 des Kreislaufwirtschafts- und Abfallgesetzes, DVBl. **1998** 661; *ders.* Zum Verhältnis von privater Verwertungs- und kommunaler Entsorgungspflicht, NVwZ **2000** 193; *ders.* Abfallwirtschaftsplanung zwischen Umweltbewirtschaftung und Planwirtschaft, Festschrift Hoppe (2000) 791; *ders.* Zum Ende der Abfalleigenschaft von Bauteilen aus Elektro- und Elektronik-Altgeräten und Altfahrzeugen, NuR **2004** 97; *ders.* Das BVerwG und das Dosenpfand, NVwZ **2007** 1268; *ders.* Zur Systematik der abfallrechtlichen Überlassungspflichten, AbfallR **2008** 14; *ders.* Altpapierentsorgung durch gewerbliche Sammlung – Wende der verwaltungsgerichtlichen Rechtsprechung zum KrWG-/AbfG im Sinne der Liberalisierung? AbfallR **2008** 169; *ders.* Dar Hausmüll privat verwertet werden? NVwZ **2008** 1068; *ders.* Private Entsorgungstätigkeit nach dem neuen Kreislaufwirtschaftsgesetz – Rechtsstellung von Abfallverursachern und Entsorgungswirtschaft, AbfallR **2012** 96; *Weidemann/Neun* Zum Ende der Abfalleigenschaft von Bauteilen aus (Elektro- und Elektronik-) Altgeräten und Altfahrzeugen, NuR **2004** 97; *dies.* Die Rechtsprechung des EuGH zur Abgrenzung zwischen Nebenprodukt und Abfall, AbfallR **2006** 158; *Weiland* Der Abfallbegriff. Eine vergleichende Analyse rechtswissenschaftlicher und wirtschaftswissenschaftlicher Vorstellungen zum Begriff des Abfalls, ZfU **1993** 113; *Weins* Schritte zur Agrarwende: Die „gute fachliche Praxis" konkretisieren, ZUR **2001** 247; *Welsch* Das Kreislaufwirtschaftsgesetz und seine Folgen für die kommunale Abfallentsorgung, StädteT **1998** 530; *Wendenburg* Die Umsetzung des europäischen Abfallrechts, NVwZ **1995** 833; *ders.* Regelungsziel und Vollzug der Gewerbeabfallverordnung. ZUR **2003** 193; *Wenzel* Gewerbliche und gemeinnützige Sammlungen vor Gericht, ZUR

2014 579; *ders.* Über die Irrelevanzschwelle auf dem Verwertungsweg, AbfallR **2017** 57; *von Wilmowski* Abfallwirtschaft im Binnenmarkt. Europäische Probleme und amerikanische Erfahrungen (1990); *ders.* Grenzüberschreitende Abfallentsorgung: Ressourcenkonflikt im gemeinsamen Markt, NVwZ **1991** 1; *ders.* Die Haftung des Abfallerzeugers, NuR **1991** 253; *Wilts* Potenziale und Bewertung von Abfallvermeidungsmaßnahmen, MuA **2014** 424; *Windoffer* Das Rechtsprinzip der Kreislaufwirtschaft und seine Effektivierung im Bereich der Bodennutzung, DÖV **2014** 654; *Winter* Die neue Abfallverbringungs-Verordnung der EG, UPR **1994** 161; *ders.* Notifizierung und Andienung bei grenzüberschreitender Verbringung von gefährlichen Abfällen zur Verwertung, NuR **1998** 233; *Winters* Atom- und Strahlenschutzrecht (1978); *Witthohn* Schärfere Anforderungen bei der Mitverbrennung von Abfällen – Auswirkungen der Abfallverbrennungs-Richtlinie, DVBl. **2001** 1648; *Wizgall* Ideen für mögliche Maßnahmen zur Abfallvermeidung, MuA **2013** 400; *Wolfers* Produkt oder Abfall? Die Grenzen des neuen Abfallrechts, NVwZ **1998** 235; *Wrede* Kontaminierter Boden als Abfall, NuR **2005** 28; *Wolters* Produkt oder Abfall? Die Grenzen des neuen Abfallrechts, NVwZ **1998** 225; *Wuttke* Grenzüberschreitende Abfallverbringung (2013); *Wuttke/Baehr* Praxishandbuch zur grenzüberschreitenden Abfallverbringung, 2. Aufl. (2008); *Zacker* Abfall im gemeinschaftlichen Umweltrecht (1998); *Zacker/von Zitzewitz* Altöl als Rechtsproblem (1987); *Zühlsdorf* Abfall oder Nebenprodukt? AgrarR **2005** 357.

Entstehungsgeschichte

1. Allgemeines zur Geschichte. Abfall gehört zu den ältesten Umweltproblemen.[1] Zu seiner Beseitigung gab es schon zu römischer Zeit Abfallgruben in Häusern, Ortsvierteln und am Stadtrand; gleichwohl wurde über zu viel Abfall auf Straßen und Verstöße gegen Instand- und Sauberhaltungspflichten geklagt; eine regelmäßige Müllabfuhr fehlte trotz der Einrichtung von „curatores cloacarum" als Verantwortliche. Zur Entwässerung wurde bereits eine Art Schwemmkanalisation wie durch die „cloaca maxima" in Rom bekannt. Etliche umweltschützerische Errungenschaften der Antike gingen im frühen Mittelalter wieder verloren. Die Entsorgung der Privathaushalte von Schmutzwasser, Fäkalien und sonstigen Abfällen war in mittelalterlichen Städten vorrangig Privatangelegenheit. Altstadtabgrabungen haben dabei Hinweise auf häusliche Abfallgruben und Latrinenschächte zu Tage gefördert. Städtische Abzugsrinnen und -gräben sind spätestens seit dem 12. Jahrhundert belegt. Lokale Sauberhaltungspflichten wurden eingeführt (z. B. 1381 in Paris mit einem steuerfinanzierten Straßenreinigungsbetrieb; auch sonst organisierte Abfuhr von Straßenabfällen, Bauschutt und Müll und auch die Einrichtung von Ableitungskanalisationen). Die Verlagerung der Abfallbeseitigung von der Stadt aufs Land durch zum Teil ungeordnete Ablagerungen im Gelände oder durch Zuleitungen in Gewässer wurde dabei vielfach in Kauf genommen, auch wenn es z. T. bereits Verbote gab, Gewässer mit gewerblichen Abfallprodukten zu belasten. Auch in der beginnenden Neuzeit blieb es schwierig, Gegenmaßnahmen zu ergreifen und etwa Reinigungspflichten für Straßen durchzusetzen. Müllabfuhr als kommunale Aufgabe findet sich ab dem 18. Jahrhundert. Eine geordnetere Abwasserversorgung begann mit der allmählichen Einführung der Kanalisation (in Wien 1739, in London 1842/1858, in Hamburg und Berlin ab 1856). Ein Bericht über beklagenswerte Zustände veranlasste z. B. Preußen zu dem Gesetz v. 24.2.1816,[2] dass „Niemand, der eines Flusses sich zu seinem Gewerbe bedient, Abgänge in solchen Massen in den Fluß werfen darf, dass derselbe dadurch nach dem Urteil der Provinzial-Polizei-Behörde, erheblich verunreinigt werden kann." Tätern wurde eine Wegräumungspflicht und eine Polizeistrafe von 10 bis 50 Talern auferlegt. Nach § 3 des Gesetzes über die Benutzung der Privatflüsse v. 28.2.1843[3] durfte „das zum Betriebe von Färbereien, Gerbereien, Walken und ähnlichen Anlagen benutzte Wasser ... keinem Flusse zugeleitet werden, wenn dadurch der Bedarf der Umgegend an reinem Wasser beeinträchtigt oder eine erhebliche Belästigung des Publikums verursacht wird." Nach § 43 des Fischereigesetzes v. 30.5.1874[4] war es grundsätzlich (mit gewissen Ausnahmen für die Landwirtschaft) verboten, „in die Gewässer aus landwirtschaftlichen oder gewerblichen Betrieben Stoffe von solcher Beschaffenheit und in solchen Mengen einzuleiten, dass dadurch fremde Fischereirechte geschädigt werden können." Die Sorge galt daneben weiterhin der durch Fäkalien bewirkten Boden- und Wasserverunreinigung und dem Umfang des vor allem in großen Städten zunehmenden Mülls. Innerhalb der durch die Industrialisierung wachsenden Städte wurde eine ausreichende Entsorgung der zunehmenden Abfall- und Fäkalienmengen spürbar problematischer. Eine Teillösung war die Verwendung von Fäkalien und sonstiger städtischer Abfälle als Dünger in der Landwirtschaft, was aber mit der

1 *Riettiens* 18; *Radkau* Die Ära der Ökologie (2011) 55, 64 ff, 133, 252 f, 495; *ders.* Natur und Macht, 2. Aufl. (2012), 274 ff; *Thommen* Umweltgeschichte der Antike (2009) 127; Hermann/*Dirlmeier*/*Herrmann* Mensch und Umwelt im Mittelalter (1989) 150, 154 ff; 160 ff; Lübbe/Ströker/*Heine* Ökologische Probleme im kulturellen Wandel (1986) 116, 119, 124 f, 131 f; *Herrmann*/*Heine* Umwelt in der Geschichte (1989) 111 ff; *Kloepfer* Geschichte des Umweltrechts (1994) 20 ff, 66 ff, 127 ff; *Reith* Umweltgeschichte der frühen Neuzeit (2011) 53, 57 f, 63 f, 127, 139, *Uekötter* Umweltgeschichte im 19. und 20. Jahrhundert (2007) 19, 64 ff, *ders.* Deutschland in Grün (2015) 55 f, 97, 120.

2 PrGS 1816 108.

3 PrGS 1843 41.

4 PrGS 1874 197.

Zunahme von nicht ohne Weiteres verwertbaren Industrieabfällen an Grenzen stieß. Die notwendige Stadtsanierung führte u. a. unter dem Eindruck noch bis zum Ende des 19. Jahrhunderts verursachter mangelnder Hygiene mit teilweise verheerenden Typhus- und Choleraseuchen unter der Bevölkerung (z. B. die Hamburger Choleraepidemie 1892 mit 8000 Todesopfern, auch im Zusammenhang mit der Entnahme des Wassers aus der Elbe ohne Aufbereitung) im Verbund mit einer um sich greifenden Hygienebewegung zu Gegenmaßnahmen. Die vielfach beschworene Selbstheilungskraft der Flüsse, mit der oft die Einleitung von Abwässern gerechtfertigt wurde, war in Ballungsgebieten ersichtlich überfordert. Eine einwandfreie (Trink-)Wasserversorgung, das Bemühen um besseren Schutz von Gewässern vor Verunreinigung und ordnungsgemäße Reinigung der Ortschaften von Unrat wurden zentrale Anliegen. (Schwemm-)-Kanalisationen nahmen zu, erste Kläranlagen entstanden und breiteten sich bis 1900 aus, blieben aber in der Entwicklung hinter dem Bau der Kanalisationen zurück; hinzu kam die Anlage von Rieselfeldern. Lokale Reinigungsmaßnahmen bestanden, neben der Reinigung öffentlicher Wege,[5] vielfach darin, feste Abfallstoffe so schnell wie möglich außerhalb der besiedelten Gebiete auf Deponien abzulagern. 1910 waren in 120 Städten mit mehr als 25.000 Einwohnern Müllablagerungen als Entsorgungsverfahren in Gebrauch. Problematisch blieb dabei die Entsorgung schlammiger Abfallstoffe, die als Klärschlämme zunehmend infolge der Abwasserreinigungsmaßnahmen entstanden. Erste Müllverbrennungsanlagen, 1894 in Hamburg und 1900 in München, verlagerten das Abfallproblem in die Luft. Die Bildung von Genossenschaften zur Reinhaltung von Gewässern (wie z. B. der Emscher Genossenschaft) führte dann zu Beginn des 20. Jahrhunderts zum Bau von Kläranlagen.

Zur Bewältigung der ungeahnten Ausweitung der Abfallmengen im 20. Jahrhundert, bedingt durch die Steigerung der Produktion und des Verbrauchs an Gütern, bestand zunächst kein übergreifendes Konzept. In Preußen konnten allerdings bereits ab 1893 Beiträge zum Bau von Kanalisationen und Gebühren für die Müllabfuhr und Abwasserbeseitigung erhoben werden, was durch Polizeiverordnungen um die Möglichkeit der Einführung von Anschluss- und Benutzungszwang ergänzt wurde. Erst 1935 wurden die Gemeinden reichsweit durch § 18 der Deutschen Gemeindeordnung[6] ermächtigt, bei Vorliegen eines dringenden öffentlichen Bedürfnisses durch Satzung für Grundstücke ihres Gebiets den Anschluss- und Benutzungszwang für die „Müllabfuhr" und „Straßenreinigung" (neben der für die Wasserleitung und Kanalisation) vorzuschreiben. Bis nach dem zweiten Weltkrieg wurde die Abfallentsorgung überwiegend auf der Ebene kommunaler Satzungen mit Anschluss- und Benutzungszwang in sog. „Bürgermeisterdeponien" (als sog. ungeordnete Müllkippen) geregelt. Ende der 1960er Jahre gab es etwa 50.000 Müllkippen;[7] zu Beginn der 1970er Jahre existierten erst 100 sog. geordnete Deponien, auf denen lediglich 15 % des Hausmüllaufkommens entsorgt wurde.[8]

2. Neuere Rechtsentwicklung. Eine einheitliche gesetzliche Ordnung dieses wichtigen Teilgebiets des Umweltschutzes konnte ab 1972 nach Einführung der konkurrierenden Gesetzgebungskompetenz des Bundes in Art. 74 Nr. 24 GG geschaffen werden. Zuvor galten auf Bundesebene nur spezielle Regelungen wie das Tierkörperbeseitigungsgesetz[9] oder das Altölgesetz.[10]

a) Abfallbeseitigungsgesetz. Das AbfG[11] brachte 1972 eine erste umfassende Regelung des Abfallbeseitigungswesens, darunter einen Vergehenstatbestand der unzulässigen Abfallbeseitigung in § 16. Das Gesetz war geprägt vom Ziel der Gefahrenabwehr und der Seuchenhygiene und führte eine umfassende Entsorgungszuständigkeit von Gemeinden und Kreisen mit einer Pflicht zur Überlassung der Abfälle an die öffentlich-rechtlichen Entsorgungsträger ein. Eine Regelung zur Abfallverwertung enthielt seit 1974 das Reststoffverwertungsgebot in § 5 Abs. 3 BImSchG. Mit dem Anlagenzwang für die Beseitigung von Abfällen und einem Zulassungsverfahren konnten die sog. „Bürgermeisterdeponien" allmählich geschlossen und die Deponierung effektiver geregelt werden. Zwischen 1972 und 1986 reduzierte sich die Zahl der kommunalen Deponien auf noch etwa 3000. Nach dem Inkrafttreten des AbfG wurden der breiteren Öffentlichkeit mehrere Fälle bekannt, in denen größere Mengen gesundheitsschädlicher industrieller Abfälle von Transportunternehmen „wild" abgelagert und nicht in die dafür vorgesehenen Beseitigungsanlagen befördert worden waren. Diese Vorgänge motivierten eine Novellierung des AbfG zum 1.1.1977[12] mit Regelungen zu gefährlichen Abfällen, der Einführung von Anzeige- und Nachweispflichten zur Kontrolle des Abfall-

5 S. dazu z. B. das preußische Gesetz v. 1.7.1912 (PrGS 187).
6 Deutschen Gemeindeordnung v. 30.1.1935 (RGBl. I S. 49).
7 BT-Drs. VI/2407 7.
8 BT-Drs. VI/1519 7.
9 Tierkörperbeseitigungsgesetz v. 1.2.1939 (RGBl. 1939 I 187), aufgehoben durch Gesetz v. 25.1.2004 (BGBl. I S. 82).
10 Gesetz über Maßnahmen zur Sicherung der Altölbeseitigung v. 7.6.1972 (BGBl I 1419), aufgehoben durch Gesetz v. 27.8.1986 (BGBl. I S. 1410) mit Wirkung zum 1.1.1990.
11 Gesetz über die Beseitigung von Abfällen (Abfallbeseitigungsgesetz) v. 7.6.1972 (BGBl. I S. 873).
12 Gesetz zur Änderung des Abfallbeseitigungsgesetzes v. 21.6.1976 (BGBl. I S. 1601); dazu BR-Drs. 694/73 u. 388/74; BT-Drs. 7/2593; zur Entwicklung des Abfallrechts i. Ü. die Übersichten bei *Jarass/Petersen* KrWG (2014) Einf. I

verbleibs, zur Bestellung von Betriebsbeauftragten für Abfall mit der Pflicht, auf Verfahren zur Reduzierung und Wiederverwendung von Abfall hinzuwirken, sowie zur Einsammlungs- und Beförderungsgenehmigung.

Durch Art. 13 des 18. StRÄndG vom 28.3.1980 wurde die Strafvorschrift des § 16 AbfG aufgehoben und § 326 StGB eingeführt. Das AbfG selbst wurde zum 1.11.1986 durch eine Neufassung ersetzt.[13] Die veränderten Prioritäten waren Abfallvermeidung (blieb im Wesentlichen Programmsatz) – Abfallverwertung – Abfallentsorgung. Eine weitere völlige Umgestaltung des AbfG, auch in Anpassung an europäische Vorgaben, brachte das heftig umstrittene **„Kreislaufwirtschafts- und Abfallgesetz** (KrW-/AbfG)",[14] das am 7.10.1996 in Kraft trat. Eine Grundlage für das neue Gesetz war die weitgehende Verwendung des EU-Abfallbegriffs in § 3 Abs. 1 Satz 1 („Abfälle ... sind alle beweglichen Sachen [i. S. v. Anh. I)] ..., deren sich ihr Besitzer entledigt, entledigen will oder entledigen muss.") mit der in Satz 2 verdeutlichten Einbeziehung der „Abfälle zur Verwertung". Das Gesetz wurde bis zum Außerkrafttreten 21mal geändert.

b) Kreislaufwirtschaftsgesetz. Das – nach mehr als zweijähriger Debatte beschlossene – KrWG[15] trat im Wesentlichen am 1.6.2012 in Kraft. Zweck des Gesetzes ist nach § 1 eine Förderung der Kreislaufwirtschaft (i. S. v. Vermeidung und Verwertung von Abfällen, § 3 Nr. 19, 20, 23) zur Schonung der natürlichen Ressourcen und die Sicherstellung des Schutzes von Mensch und Umwelt bei der Erzeugung und Bewirtschaftung von Abfällen (i. S. v. § 3 Abs. 14). Ergänzt wird es durch ein umfangreiches untergesetzliches Regelwerk.[16]

3. Entwicklung des Abfallstrafrechts. Die Strafvorschrift des **§ 16 AbfG** war in ihrer ursprünglichen Fassung als konkretes Gefährdungsdelikt ausgestaltet:

(1) Mit Freiheitsstrafe bis zu fünf Jahren und mit Geldstrafe oder mit einer dieser Strafen wird bestraft, wer
1. entgegen § 4 Abs. 1 Abfälle, die Gifte oder Erreger übertragbarer Krankheiten enthalten oder hervorbringen können, behandelt, lagert oder ablagert,
2. entgegen § 4 Abs. 1 Abfälle so in der Nähe von Lebensmitteln behandelt, lagert oder ablagert, dass diese verunreinigt werden können, oder
3. entgegen § 7 eine Abfallbeseitigungsanlage errichtet oder betreibt oder die Anlage oder den Betrieb wesentlich ändert

und dadurch das Leben oder die Gesundheit anderer gefährdet.

(2) Handelt der Täter fahrlässig, so ist die Strafe Freiheitsstrafe bis zu drei Jahren oder Geldstrafe.

Dieses konkrete Gefährdungsdelikt erwies sich allerdings als wenig praxisgerecht, weil der Nachweis, gerade die unzulässige Abfallbeseitigung des jeweils Beschuldigten habe – isoliert betrachtet – das Leben oder die Gesundheit anderer konkret gefährdet, nur äußerst selten zu führen war.[17] Durch aufsehenerregende „Giftmüllskandale" veranlasst, wurde eine Änderung der Strafbestimmung erwogen. Mit Recht hebt die Begründung für die 1. Novelle zum AbfG[18] hervor, die damalige Strafvorschrift sei der Sozialschädlichkeit des Verhaltens nicht gerecht geworden; bei „wilder" Ablagerung gesundheitsgefährdender Abfälle hänge es nur noch vom Zufall ab, ob beispielsweise Trinkwasservorkommen verunreinigt werden oder nicht. Jede mögliche Beeinträchtigung der Trinkwasserversorgung in eng besiedeltem Land begründe zugleich die Gefahr von Katastrophen für die Bevölkerung. Schon die unzulässige Beseitigung gefährlicher Abfälle stelle damit einen so schwerwiegenden Verstoß gegen die grundlegenden Normen unseres Zusammenlebens dar, dass eine strenge strafrechtliche Ahndung erforderlich sei. Im Hinblick darauf wurde die Strafbestimmung des **§ 16 AbfG 1976**[19] wie folgt umgestaltet:

(1) Mit Freiheitsstrafe bis zu zwei Jahren oder mit Geldstrafe wird bestraft, wer
1. entgegen § 4 Abs. 1 Abfälle, die Gifte oder auf Menschen übertragbare Erreger schwerer Krankheiten enthalten oder hervorbringen können, behandelt, lagert oder ablagert,

---

Rdn. 16 ff; *Beckmann* Kreislaufwirtschaftsgesetz, 21. Aufl. (2018), XIV ff; *Kloepfer* Geschichte des Umweltrechts (1994) 128 ff; zur Entwicklung des europäischen Rechts *Meßerschmidt* Europäisches Umweltrecht (2011) § 18 Rdn. 7 ff; *Weidemann* u. a. EUDUR, Bd. II, 1. Tbd., 2. Aufl. (2003), §§ 70 ff.

13 Gesetz über die Vermeidung und Entsorgung von Abfällen (Abfallgesetz-AbfG) v. 27.8.1986 (BGBl. I 1410, ber. 1501).

14 Art. 1 des Gesetzes zur Vermeidung, Verwertung und Beseitigung von Abfällen v. 27.9.1994 (BGBl. I S. 2705).

15 Gesetz zur Förderung der Kreislaufwirtschaft und Sicherung der umweltverträglichen Bewirtschaftung von Abfällen (Kreislaufwirtschaftsgesetz – KrWG) v. 24.2.2012 (BGBl. I S. 212; ber. 1474).

16 Siehe dazu die Aufstellung bei *Möhrenschlager* LK[12] Entstehungsgeschichte.

17 *Rengier* NJW **1990** 2506, 2512; *Rogall* NStZ **1992** 360.

18 BT-Drs. 7/2593 10.

19 I.d.F. des Gesetzes zur Änderung des Abfallbeseitigungsgesetzes v. 21.6.1976 (BGBl. I S. 1601).

2. entgegen § 7 Abs. 1 oder 2 eine Abfallbeseitigungsanlage ohne die erforderliche Planfeststellung oder Genehmigung betreibt.

(2) Handelt der Täter fahrlässig, so ist die Strafe Freiheitsstrafe bis zu einem Jahr oder Geldstrafe.

(3) Mit Freiheitsstrafe bis zu fünf Jahren oder mit Geldstrafe wird bestraft, wer eine in Absatz 1 bezeichnete Handlung begeht und dadurch das Leben oder die Gesundheit eines anderen oder fremde Sachen von bedeutendem Wert gefährdet.

(4) In besonders schweren Fällen ist die Strafe Freiheitsstrafe von sechs Monaten bis zu zehn Jahren. Ein besonders schwerer Fall liegt in der Regel vor, wenn der Täter durch die Tat das Leben oder die Gesundheit einer großen Zahl von Menschen gefährdet oder leichtfertig den Tod oder eine schwere Körperverletzung (§ 224 des Strafgesetzbuches) eines Menschen verursacht.

(5) Wer in den Fällen des Absatzes
1. die Gefahr fahrlässig verursacht oder
2. fahrlässig handelt und die Gefahr fahrlässig verursacht,

wird mit Freiheitsstrafe bis zu zwei Jahren oder mit Geldstrafe bestraft.

Das **18. StRÄndG** hat § 16 AbfG aufgehoben.[20] Sein Inhalt wurde geändert und aufgespalten: Eine Teilregelung findet sich in § 326; die das Betreiben von Anlagen betreffende in § 327 Abs. 2 Nr. 2 (nach jetziger Fassung Nr. 3). Diese Gesamtregelung hat sich im Wesentlichen bewährt.[21] Vermisst wurde aber eine Ausdehnung auf den Umgang mit umweltgefährdenden Stoffen insgesamt, auch soweit sie nicht dem Abfallbegriff unterfallen.[22]

Das **2. UKG** hat die Struktur der Strafvorschrift im Wesentlichen beibehalten. Hinzugefügt wurde Abs. 1 Nr. 2, da der Giftbegriff in Nummer 1 als zu eng angesehen wurde.[23] Die bisherige Nummer 3 wurde zu Nummer 4 mit dem neuen Zusatz in lit. b). Als wichtigste Änderung ist ein neuer Absatz 2 eingefügt worden, der den Zweck verfolgt, den „Abfalltourismus" vor allem in die sog. Dritte Welt[24] zu bekämpfen. Gefährliche Sonderabfälle sollen danach möglichst in dem Staat der Entsorgung zugeführt werden, in dem sie erzeugt worden sind. Mit der Schaffung dieser Vorschrift ist Deutschland seinen Verpflichtungen sowohl aus Art. 4 Abs. 3 des Basler Übereinkommens über die Kontrolle der grenzüberschreitenden Verbringung gefährlicher Abfälle und ihrer Entsorgung" vom 22.3.1989[25] als auch aus der VO (EWG) Nr. 259/93 des Rates der EG[26] vom 1.2.1993 nachgekommen. § 326 Abs. 2 galt nunmehr in der Fassung des Art. 3 des genannten Ausführungsgesetzes.[27] Zur Begründung heißt es im Bericht des Umweltausschusses,[28] wegen des voraussichtlich späteren Inkrafttretens des 2. UKG werde vorgeschlagen, die dort enthaltene strafrechtliche Regelung über die grenzüberschreitende Verbringung von Abfällen auch in das Ausführungsgesetz zu übernehmen; dabei werde davon ausgegangen, dass die weite Auslegung des Abfallbegriffs in der strafrechtlichen Rechtsprechung durch die Bezugnahme des neuen Absatzes 2 auf Absatz 1 des § 326 erhalten bleibe und auch die „Begriffsinhalte dieses Gesetzes" – gemeint ist offensichtlich das Ausführungsgesetz – erfasst würden. Die bisherigen Absätze 2 bis 5 wurden zu 3 bis 6.

Weitere Änderungen brachte das **Ausführungsgesetz zum Seerechtsübereinkommen** (SRÜ) 1982/1994 vom 6.6.1995.[29] Durch dessen Art. 11 ist das deutsche Strafanwendungsrecht in § 5 Nr. 11 StGB so geändert worden, dass das deutsche Strafrecht – unabhängig vom Recht des Tatorts – u. a. für im Ausland begangenen Straftaten nach § 326 gilt, die im Bereich der deutschen ausschließlichen Wirtschaftszone (AWZ) begangen werden, soweit völkerrechtliche Übereinkommen zum Schutze des Meeres ihre Verfolgung als Straftaten gestatten. Diese Fassung erhielt die Vorschrift durch eine Formulierungshilfe des BMJ im Verlauf der Beratungen durch den zuständigen Ausschuss für Verkehr,[30] nachdem der Bundesrat eine Änderung des RegE zu Plattformen, die sich in der AWZ befinden,

20 Näher *Rogall* Festschrift Boujong S. 807, 809 f.
21 Nachweise bei *Rogall* NStZ **1992** 361.
22 *Heine/Meinberg* Gutachten D zum 57. DJT 1 ff; differenzierend *AK-U* 181 ff.
23 RegE BT-Drs. 12/192 20.
24 Begr. BT-Drs. 12/192 20 f.
25 Übereinkommen im BGBl. 1994 II S. 2703; 2704 ff; Art. 3 Nr. 1 Ausführungsgesetz vom 30.9.1994 (BGBl. I S. 2771, III S. 2129–15–8/1); näher dazu *B. Breuer* Der Im- und Export von Abfällen innerhalb der Europäischen Union aus umweltstrafrechtlicher Sicht (1998) 43 ff; *Proelß/Durner* IntUmweltR, 15. Abschn. Rdn. 25 ff; EUDUR BT 1 § 74 Rdn. 5 ff (*Krieger*).
26 Vom 1.2.1993 (ABl. EG Nr. L 30/1).
27 BGBl. I S. 2771, 2778.
28 BT-Drs. 12/7032 28.
29 BGBl. I S. 778.
30 BT-Drs. 13/696 S. 26.

angeregt hatte.[31] Durch Art. 12 wurde außerdem eine Erweiterung des Geltungsbereichs des deutschen Strafrechts eingeführt. Danach gilt dieses für Straftaten nach u. a. § 326, die in der Nordsee oder Ostsee von einem Schiff aus außerhalb der deutschen ausschließlichen Wirtschaftszone – innerhalb gilt § 5 Nr. 11 – durch Einleiten von Stoffen unter Verletzung verwaltungsrechtlicher Pflichten begangen werden, welche der Durchführung völkerrechtlicher Übereinkommen zum Schutz des Meeres dienen. Soweit die Tat in den Hoheitsgewässern eines anderen Staates begangen wird, gilt dies, wenn die Tat nach dem Recht dieses Staates mit Strafe bedroht ist. Zusätzlich zu den in der Vorschrift genannten Einschränkungen (Verletzung verwaltungsrechtlicher Pflichten) sind noch die Begrenzungen zu beachten, die aus Art. 218 Abs. 1 und 2, 228 sowie 230 SRÜ hervorgehen. Näheres hierzu findet sich in der „Denkschrift" zum SRÜ.[32] Für die Abgrenzung der Nordsee wird auf Art. 2 des Übereinkommens zur Zusammenarbeit bei der Bekämpfung der Verschmutzung der Nordsee durch Öl und andere Schadstoffe vom 13.9.1983[33] verwiesen.

Art. 1 Nr. 4 des **45. StrÄndG** v. 6.12.2011[34] zur Umsetzung der Richtlinie des Europäischen Parlaments und des Rates über den strafrechtlichen Schutz der Umwelt[35] strich in der Überschrift das Wort „gefährlichen"; in Absatz 2 wurde ein weitergehender europarechtlicher Abfallbegriff aus der Richtlinie über die Verbringung von Abfällen verwendet. In Abs. 1 Nr. 2 ersetzte im Einklang mit § 3a ChemG das Wort „fortpflanzungsgefährdend" das bis dahin zu findende „fruchtschädigend". Die Tathandlungen in Abs. 1 Nr. 4 wurden an die Richtlinie angepasst. Ein neuer Abs. 2 Nr. 1 setzte Art. 3c der umweltstrafrechtlichen Richtlinie um. Tatobjekt sind nun alle „Abfälle" i. S. v. Art. 3 Nr. 1 AbfRRL und nicht nur „gefährliche Abfälle" i. S. v. Art. 3 Nr. 2 dieser Richtlinie und i. S. d. früheren Absätze 1 und 2.[36] Anzupassen war allerdings die Verweisung im Text von Abs. 2 Nr. 1, was die vielfach kritisierte Problematik einer statischen Verweisung aufzeigte. Dieses Problem hat sich durch die Verlagerung (und damit Aufhebung von Abs. 2 Nr. 1) in das Abfallverbringungsgesetz v. 19.7.2007[37] mit den neuen §§ 18a, 18b durch das Gesetz zur Änderung abfallverbringungsrechtlicher Vorschriften v. 1.11.2016[38] und durch dessen Art. 2 erledigt. Gerügt worden war ein nicht ausreichend differenziertes Sanktionsgefüge hinsichtlich der Verbringung gefährlicher und nicht gefährlicher Abfälle; auch war die Auslegung zum Tatbestandsmerkmal „verbringen" streitig geworden. Deshalb hat sich der Gesetzgeber auf Vorschlag der Bundesregierung für eine umfassende Neugestaltung insbesondere der Verstöße gegen Art. 2 Nr. 35 der VO (EG) 1013/2006 außerhalb des StGB im Abfallverbringungsgesetz entschieden.[39] Folge war die Wiederherstellung des Textes von Absatz 2 aus der Zeit vor dem 45. StrÄndG.

Übersicht

31 BT-Drs. 13/193 S. 23, 26, 28; näher: Erläuterungen zu § 5 Nr. 11.
32 Abgedruckt in BT-Drs. 12/7829 S. 269, 270 ff.
33 BGBl. 1990 II 70.
34 BGBl. I S. 2557.
35 Vom 19.11.2008 (AblEU L 328/28 v. 6.12.2008).
36 Dazu näher RegE BT-Drs. 17/5391 19 f.
37 BGBl. I S. 1462.
38 BGBl. I S. 2452; dazu *Alt* MK Rdn. 11 ff; *Hecker/Lorenz* NStZ-RR **2017** 33; *Möhrenschlager* wistra **2016** R LVII; 2017 R XVII.
39 S. RegE BT-Drs. 18/8961; Ausschussbericht BT-Drs. 18/9706; *Möhrenschlager* wistra **2016** R LVII; **2017** R XXVII m. w. N.; *Alt* MK Rdn. 11 f; *Ransiek* NK Rdn. 2 ff; *Sch/Schröder/Heine/Schittenhelm* Rdn. 1; *Hecker/Lorenz* NStZ-RR **2017** 33.

I. Deliktsnatur und Rechtsgut

1. Deliktsstruktur

§ 326 enthält in seinen Absätzen 1–3 Vorsatzdelikte, wobei die ersten beiden Absätze dieselben gefährlichen Abfälle betreffen und sich lediglich hinsichtlich der Tathandlungen unterscheiden. Während Absatz 1 letztlich nahezu jeden nicht zugelassenen Umgang mit diesen Abfällen unter Strafe stellt, bestraft Absatz 2 deren ungenehmigte oder verbotene Ein-, Aus- und Durchfuhr. Demgegenüber stellt Absatz 3 eine ausschließlich auf radioaktive Abfälle bezogene Strafvor- 1 schrift in der Form eines echten Unterlassungsdeliktes[40] mit einer einzigen möglichen Tathandlung dar, nämlich der verwaltungsrechtswidrigen Nichtablieferung. Alle drei Absätze können nach Absatz 5 auch fahrlässig begangen werden, die Absätze 1 und 2 sind zudem bereits im Versuch strafbar (Absatz 4). Eine Minimaklausel in Absatz 6 stellt die Straflosigkeit sicher, sofern sich die Tat auf geringe und daher offensichtlich ungefährliche Abfallmengen bezieht.

2 **Absatz 1** bildet kein Sonderdelikt, das nur vom Abfallbesitzer begangen werden könnte,[41] sondern ein Allgemeindelikt[42] und umschreibt – wie schon § 16 Abs. 1 Nr. 1 AbfG (i. d. F. v. 1976) – ein **abstraktes Gefährdungsdelikt**[43] mit jeweils unterschiedlicher Konkretisierung des Gefährdungspotenzials der in den einzelnen Nummern genannten Abfälle.[44] Zwar wird für Abs. 1 Nr. 4 auch die Auffassung vertreten, insoweit liege ein – verklausuliertes – konkretes Gefährdungsdelikt vor,[45] was indessen nicht zutrifft. Vielmehr verlangt die Eignungsklausel zwar eine bestimmte Gefährlichkeit der Abfälle, die aber in vergleichbarer Weise den in den Nummern 1–3 genannten Stoffen zueigen ist. Die Tathandlung selbst braucht kein Gefahrenpotenzial zu enthalten; auch jede tatsächlich völlig ungefährliche Umgangsform wird erfasst, sofern sie nicht zugelassen ist.

3 Wegen seiner gleichartigen Struktur ist auch **Absatz 2** als abstraktes Gefährdungsdelikt einzuordnen. Soweit eine Ausfuhr gefährlicher Abfälle in bestimmte Länder generell (vgl. Art. 34 VO [EG] 1013/2006), also für jedermann verboten ist oder z. B. illegal mangels Notifizierung gemäß Art. 2 Nr. 35 erfolgt, handelt es sich um ein Allgemeindelikt, bei Verstoß gegen einen gegen eine einzelne Person oder ein einzelnes Unternehmen erlassenen Verwaltungsakt um ein Sonderdelikt.

4 **Absatz 3** ist nach zutreffender h. M. ebenfalls als abstraktes Gefährdungsdelikt anzusehen. Es trifft vor allem Besitzer radioaktiver Abfälle, also einen bestimmten Personenkreis, und ist insoweit ebenfalls ein Sonderdelikt.[46]

2. Rechtsgut

5 Der Rechtsgüterschutz zeigt auch hier einen doppelten Bezug im Sinne einer **anthropozentrisch-ökologischen** Sichtweise.[47] Schutzobjekte sind neben dem Menschen die (in- und ausländischen) Bestandteile der Umwelt, wie Gewässer, Luft, Boden, aber auch Tiere und Pflanzen. Die beiden ersten Abfallvarianten in Absatz 1 (Nr. 1 und 2) – und wegen seiner Bezugnahme insoweit auch Absatz 2 – dienen dem Individualrechtsschutz von Menschen, die erstere zugleich von Tieren, und die letzte Variante (Nr. 4) dem Schutz der „ökologischen Güter". Die Variante der Nr. 3 kann sowohl als ökologisch, aber auch auf den Menschen bezogen verstanden und zu den gemeingefährlichen Delikten gerechnet werden (wie in Nr. 1 hinsichtlich der gemeingefährlichen Krankheiten).

---

40 *Alt* MK Rdn. 5; *Schall* SK Rdn. 145; *Ransiek* NK Rdn. 61.

41 BGHSt **40** 84, 87.

42 BVerfG(K) NJW **1995** 186; BGHSt **39** 381, 385; **40** 84, 87; *Alt* MK Rdn. 113; *Schall* SK Rdn. 10; *J. Martin* 107 ff, 113, jeweils m. w. N. – **aA** (Pflicht- und Herrschaftsdelikt) *Sch/Schröder/Heine/Schittenhelm* Rdn. 21.

43 BGHSt **36** 255, 257; **39** 381, 385; BGH NStZ **1997** 189; NJW **1992** 122; NStZ **1997** 189; BayObLG NuR **1989** 321 (L); OLG Celle NStZ **1996** 191, 192; AG Hamburg NStZ **1988** 365, 366 m. Anm. *Meinberg/Cramer* NStZ **1995** 186; *Ransiek* NK Rdn. 3; *Kloepfer/Vierhaus* Rdn. 127; differenzierend (Abs. 1 Nr. 4 sei potenzielles Gefährdungsdelikt bzw. Eignungsdelikt) *Fischer* Rdn. 1; *Lackner/Kühl/Heger* Rdn. 1; *Schall* SK Rdn. 9; *Alt* MK Rdn. 5; *Schmitz* MK Vor § 324 Rdn. 28 m. w. N.; *Rogall* NStZ **1992** 360, 362; *Sack* Rdn. 20; *Sch/Schröder/Heine/Schittenhelm* Rdn. 1a.

44 *Schroeder* ZStW **94** (1982) 1, 17; *Rogall* NStZ **1992** 360, 362.

45 *Riettiens* 165, 171.

46 Vgl. zur Differenzierung *Schall* SK Rdn. 10.

47 *Sch/Schröder/Heine/Schittenhelm* Rdn. 1a; *Schall* SK Rdn. 5; *Alt* MK Rdn. 3; *Laufhütte/Möhrenschlager* ZStW **90** (1980) 919, 954; *Rengier* NJW **1990** 2506, 2512 f; *Rogall* NStZ **1992** 360, 363; *Kuhlen* WiVerw **1991** 181, 205 f; *Sack* Rdn. 22.

Unmittelbares **Schutzgut** aller drei Absätze ist weiterhin die behördliche bzw. verwaltungsrechtliche **Abfallregulierung**, da die Strafnorm den Rechtsgüterschutz über die Anweisung erzwingen will, nur zugelassene Anlagen und Verfahren zu nutzen, Genehmigungsvorbehalte einzuhalten bzw. Anweisungen zu folgen. Nicht der Umgang, sondern der nicht (oder nicht so) genehmigte oder gar verbotene Umgang mit den bezeichneten Abfällen steht unter Strafe. § 326 operiert also ähnlich § 324, indem er den bezweckten Schutz seiner eigentlichen Rechtsgüter (Rdn. 5) durch die Gewährleistung der verwaltungsrechtlichen bzw. -behördlichen Abfallregularien zu erreichen strebt. 6

II. Das Tatmittel „Abfall"

1. Strafrechtlicher Abfallbegriff

Allen drei Tatbeständen ist gemein, sich auf „Abfall" zu beziehen, der sodann für die Absätze 1 und 2 in Abs. 1 Nr. 1–4 und für Absatz 3 durch seine Radioaktivität qualitativ weiter konkretisiert wird. Das 18. StRÄndG hatte 1980 – ohne ihn zu definieren[48] – einen **eigenständigen strafrechtlichen Abfallbegriff** eingeführt. Dieser übernahm insb. nicht die in § 1 Abs. 3 AbfG a. F. festgelegten Anwendungsbeschränkungen,[49] die in der Folgezeit noch beträchtlich erweitert wurden und derzeit in § 2 Abs. 2 KrWG aufgelistet sind. Ebensowenig wird strafrechtlich die Erweiterung des Abfallbegriffs durch die Fiktionen in § 3 Abs. 2 und 3 S. 1 KrWG nachvollzogen, die höchstens eine Indizwirkung entfalten bzw. eine Vermutungsregelung darstellen.[50] Die Rechtsprechung hat in der Zeit nach Inkrafttreten des 18. StRÄndG den strafrechtlichen Abfallbegriff fortentwickelt, allerdings weiterhin in Anlehnung an § 1 AbfG a. F.[51] Hierbei wurde weitgehend auf die von *Steindorf* geprägte, in der 10. Auflage dieses Kommentars herausgearbeitete Unterscheidung zwischen „gewillkürtem Abfall" und „Zwangsabfall" zurückgegriffen.[52] 7

Solange es bis zum Inkrafttreten des KrW-/AbfG 1996 um die Abgrenzung von „Abfall" zu **„Wirtschaftsgut"** (einem Stoff, der sich noch im Wirtschaftskreislauf befindet) ging, bereitete die Behauptung des Besitzers, die Sache solle dem Wirtschaftskreislauf erhalten bleiben, der Praxis erhebliche Schwierigkeiten („Wirtschaftsguteinrede").[53] Bei der Annahme von „gewillkürtem Abfall" hat der BGH schließlich eine „enge" Auffassung des Abfallbegriffs abgelehnt und als Abfall auch bewegliche Sachen angesehen, die nach ihrer Entsorgung wieder dem Wirtschaftskreislauf zugeführt werden sollen, wenn nur der Besitzer sich ihrer gegenwärtig als für ihn wertlos entledigte („weiter" Abfallbegriff).[54] Durch diese Entscheidungen des BGH wurden dem Abfallbegriff gewisse Konturen verliehen.[55] Eine abschließende Klärung des Begriffs war 8

---

48 BT-Drs. 8/3633 36.

49 BT-Drs. 8/2382 17.

50 *Schall* SK Rdn. 15; *Ransiek* NK Rdn. 7; *Sch/Schröder/Heine/Schittenhelm* Rdn. 2g; *Saliger* Umweltstrafrecht Rdn. 280; *Sack* Rdn. 73 ff, 82; *ders.* NStZ **1991** 337; *Lackner/Kühl/Heger* Rdn. 2a; *Beckemper/Wegner* wistra **2003** 281 ff; *Rogall* NStZ **1992** 360, 363; *Winkelbauer* JuS **1994** 112, 114.

51 BGHSt **37** 21 = NJW **1990** 2477; BGHSt **37** 333 = NJW **1991** 1621 = JR **1991** 337, 338 m. Anm. *Sack* = JZ **1991** 885 m. Anm. *Horn*; BGHSt **40** 84 = StV **1995** 135 m. Anm. *Michalke*; OLG Düsseldorf ZfW **1994** 440 = wistra **1994** 73; OLG Zweibrücken JR **1991** 436, 437.

52 OLG Braunschweig NVwZ **1994** 934; OLG Celle NStZ **1996** 191, 192; OLG Düsseldorf wistra **1994** 73; OLG Koblenz NStZ-RR **1996** 9; OLG Köln NVwZ-RR **1995** 386; OLG Oldenburg MDR **1996** 301, 302; *Kloepfer/Vierhaus* Rdn. 127; *Kuhlen* WiVerw **1991** 181, 207; *Lackner/Kühl/Heger* Rdn. 2 f; *Otto* Jura **1991** 308, 310; *ders.* Jura **1995** 134, 143; *Rengier* Umweltstrafrecht 19 ff; *Rogall* NStZ **1992** 360, 363.

53 Hierzu *Iburg* ZfW **1989** 67; *Fluck* ZfW **1990** 260.

54 BGHSt **37** 21, 26 f; BGHSt **37** 333 (Pyrolyse-Urteil); mit Bezugnahme auf die Abfall-RL 75/442/EWG v. 15.7.1975, ABl. L 194/47, und die RL 78/319/EWG v. 20.3.1978 über giftige und gefährliche Abfälle, ABl. L 84/43, sowie EuGH, Slg. **1990** I-1461; 1509, NVwZ **1991** 661 (zustimmend *Rogall* NStZ **1992** 360, 364).

55 *Rogall* NStZ **1992** 360, 363.

dadurch aber nicht erreicht worden.[56] Infolge der Aufnahme der Tathandlung des Verwertens in Absatz 1 ist aber inzwischen die alte Streitfrage, ob **„Abfälle zur Verwertung"** in § 3 KrwG-/AbfG bzw. nun § 3 Abs. 1 S. 2 KrWG angesichts der Bezugnahme auf die „Beseitigung" in § 326 gleichwohl nicht auf den strafrechtlichen Begriff des Abfalls zu übertragen sei,[57] im Sinne der Gegenauffassung entschieden.

9 Der Begriff „Abfall" wird im **Verwaltungsrecht** durch den mit § 3 KrW-/AbfG weitgehend identischen § 3 KrWG bestimmt. Mit der Verordnung über das Europäische Abfallverzeichnis v. 10.12.2001[58] und insbesondere mit deren Änderung durch die Verordnung zur Umsetzung der novellierten abfallrechtlichen Gefährlichkeitskriterien vom 4.3.2016[59] liegen auch Ausführungsbestimmungen vor.

10 Da der (strafrechtliche) Begriff „Abfall" in § 326 nicht definiert wird, sondern anerkanntermaßen im Wesentlichen weiterhin aus dem Abfallverwaltungsrecht hergeleitet wird, handelt es sich um eine dynamische Verweisung[60] mit der Folge, dass der Abfallbegriff des jeweils geltenden Verwaltungsgesetzes mit der europarechtlichen Grundlage für die Auslegung des Straftatbestandes heranzuziehen ist. Wegen der Bezugnahme auf verwaltungsrechtlich zugelassene Anlagen und Verfahren ist dies auch das einzig sinnvolle Verständnis. Der BGH hat erkennen lassen, dieser Auffassung zu folgen: In seiner als „Pyrolyse-Urteil" bekannt gewordenen Entscheidung hat er den Abfallbegriff des AbfG unter jedenfalls mittelbarer Berücksichtigung von EG-Abfall-Richtlinien näher bestimmt.[61] Auch der Gesetzgeber des 2. UKG fasste die Verweisung auf den „weiten" Abfallbegriff im Ergebnis als „dynamische" auf, auch wenn er diesen Begriff nicht verwendet hat.[62]

2. Allgemeine Voraussetzungen

11 Als Abfälle kommen, was der Wortlaut nahelegt, „Stoffe oder Gegenstände" (§ 3 Abs. 1 KrWG), d. h. nur **bewegliche Sachen** in Betracht.[63] Zwar hat § 3 Abs. 1 KrWG auf das Merkmal der „Beweglichkeit" im früheren § 3 Abs. 1 Satz 1 KrW-/AbfG im Einklang mit Art. 3 Nr. 1 der AbfRRL[64] verzichtet. Nach § 2 Abs. 1 Nr. 10 gilt jedoch das KrWG und damit auch § 3 Abs. 1 nicht für „Böden am Ursprungsort ..., einschließlich nicht ausgehobener kontaminierter Böden und Bauwerke, die dauerhaft mit dem Grund und Boden verbunden sind". Erwägungsgrund 10 der AbfRRL hatte den Grundsatz der Anwendung auf bewegliche Sachen bereits hervorgehoben. Die weitergehende Entscheidung des EuGH v. 7.9.2004[65] ist daher nicht mehr relevant. Entsprechend § 90 BGB sind Abfälle nur körperliche räumlich abgrenzbare Gegenstände oder Stoffe einschließlich

---

56 *Möhrenschlager* NuR **1983** 209, 218.

57 So insb. *Steindorf* LK[11] Rdn. 14 ff; *Michalke* Rdn. 253 (unter Bezugnahme auf BGHSt **37** 333; **43** 219); **aA** *Fischer* Rdn. 2; *Ransiek* NK[4] Rdn. 8; *Schall* NStZ-RR **1998** 353, 354 f; **2001** 1; **2002** 33, 37; **2003** 65, 68; *MG/Pfohl*[6] Rdn. 225.

58 BGBl. I S. 3379.

59 BGBl. I S. 382.

60 *Alt* MK Rdn. 20; *Fischer* Rdn. 5; *Steindorf* LK[11] Rdn. 13; *Saliger* Umweltstrafrecht Rdn. 274; generell kritisch *Dannecker/Schuhr* LK § 1 Rdn. 158 f; zur Begrenzung gesetzlicher dynamischer Verweisungen s. Vor § 324 Rdn. 54.

61 BGHSt **37** 333 = JZ **1991** 885 m. Anm. *Horn* = JR **1991** 338 m. Anm. *Sack;* hierzu *Heger* Europäisierung des deutschen Umweltstrafrechts (2009) 38 ff; *Böse/Heger* Europäisches Strafrecht (2013) § 5 Rdn. 79 (implizite Verweisung auf EU-Recht wirkt i. Erg. wie eine dynamische Verweisung); *Sch/Schröder/Heine/Schittenhelm* Rdn. 2a f; *Riettiens* 22 ff; *Franzheim/Kreß* JR **1991** 402; *Hugger* NStZ **1993** 421; *Iburg* NJW **1994** 894 f.

62 Ber. RAussch. BT-Drs. 12/7300 23; *Rogall* Festschrift Boujong 807, 812; *Schall* SK Rdn. 13.

63 StA Hannover NuR **2013** 300 f; *Alt* MK Rdn. 23; *ders.* StraFo **2006** 441; *Ransiek* NK Rdn. 11; *Schall* SK Rdn. 17 ff; *Szesny* AnwK Rdn. 6; *Saliger* Umweltstrafrecht Rdn. 275 ff; *MG/Pfohl* § 54 Rdn. 53; vgl. auch *Jarass/Petersen* § 2 KrWG Rdn. 111; **aA** *Fischer* Rdn. 6; *Lackner/Kühl/Heger* Rdn. 2a, 3; *Kloepfer/Heger* Rdn. 282.

64 Richtlinie 2008/98/EG des Europäischen Parlamentes und des Rates v. 19.11.2008 über Abfälle und zur Aufhebung bestimmter Richtlinien (AblEU L 312/3).

65 EuGH C-1/03 (van de Walle, Texaco) v. 7.9.2004, Slg. **2004** I = NVwZ **2004** 1341 f (kontaminiertes Erdreich ist vor Auskofferung auch Abfall).

Flüssigkeiten,[66] die weder Grundstücke noch Grundstücksbestandteile sind. Dazu gehören abgetrennte Körperteile, tote Tiere, Mumien und Moorleichen, menschlicher und tierischer Kot und Urin, Gülle, Hühner- und Pferdemist; Silagesaft, Schlachthofabfälle, Hausmüll, Klärschlamm, Abwasser[67] und die darin enthaltenen Stoffe, nicht dagegen menschliche Leichen im Allgemeinen (zur Bestattung) und lebende Tiere.[68] Von einer unbeweglichen Sache gelöste Teile (z. B. durch „Auskofferung" gewonnene Bodenbestandteile) werden mit der Trennung bewegliche Sachen (Teile eines Bauwerks wie Kabelschächte, Abwasserkanäle, Rohrleitungen, Fundamente, Bauschutt nach Gebäudeabriss, asbesthaltige Wandplatten, Erdaushub, ölverseuchtes Erdreich[69] oder Pflanzen). Bewegliche Sachen verlieren durch ihre feste Verbindung mit einem Grundstück oder einem Gebäude die Abfalleigenschaft; das gilt selbst dann, wenn sie vor der Verbindung Abfall waren.[70] Nicht in Behälter gefasste gasförmige Stoffe (§ 2 Abs. 2 Nr. 8 KrWG) hätten deshalb nicht besonders ausgenommen zu werden brauchen, da sie als nicht abgegrenzte Gegenstände vom Begriff der beweglichen Sache ohnehin nicht erfasst werden.[71] Befinden sie sich dagegen in abgegrenzten Behältnissen, so sind sie naturgemäß als Sachen taugliches Objekt. Bei der Trennung von Sachen ist die Eigenschaft als körperlicher Gegenstand jeweils für die Bestandteile neu festzulegen. Wenn beispielsweise von Kabelmaterial die Ummantelung abgetrennt werden soll und dies durch Verbrennen geschieht, so verliert die Ummantelung durch das Verbrennen ihren Charakter als körperlicher Gegenstand.[72] Auf dem Wasser einer Bundeswasserstraße (infolge eines Unfalls) treibendes Öl ist ebenfalls keine bewegliche Sache.[73] Auf das Eigentum kommt es nicht an, weshalb auch herrenlose Sachen Abfall sein können; wer eine herrenlos gewordene Sache zunächst an sich nimmt und sich ihrer als neuer Besitzer später entledigt, kann so die Abfalleigenschaft begründen.

3. Abfall zur Beseitigung und zur Verwertung

Da Beseitigung und Verwertung, zumal in den verschiedenen verwaltungsrechtlichen Bereichen, unterschiedlichen Anforderungen unterliegen, ist die **Bestimmung der Abfallart** für die nach Absatz 1 notwendige Feststellung bedeutsam, ob mit dem jeweiligen Abfall „außerhalb einer dafür zugelassenen Anlage oder unter wesentlicher Abweichung von einem vorgeschriebenen oder zugelassenen Verfahren" umgegangen wurde. Wegen des Genehmigungserfordernisses gilt dies aber in vergleichbarer Weise für Absatz 2. 12

„Abfälle zur Verwertung sind Abfälle, die verwertet werden; Abfälle, die nicht verwertet werden, sind Abfälle zur Beseitigung" (§ 3 Abs. 1 S. 2 KrWG). Die Verfahren dazu (einschließlich der Vorbereitung) sind die „Abfallentsorgung" nach § 3 Abs. 22. Nach § 7 Abs. 2 S. 2 hat „die Verwertung von Abfällen" grundsätzlich „Vorrang vor deren Beseitigung". **Beseitigung** ist entsprechend Art. 3 Nr. 19 AbfRRL nach § 3 Abs. 26 S. 1 KrWG „jedes Verfahren, das keine Verwertung ist, auch wenn das Verfahren zur Nebenfolge hat, dass Stoffe oder Energie zurückgewon- 13

66 *Rogall* JZ-GD **1980** 101, 109.

67 BGHSt **37** 21, 24 f; OLG Oldenburg wistra **1988** 299; OLG Koblenz OLGSt § 324 Nr. 2 m. Anm. *Möhrenschlager*; *AK-U* 166; *Schall* SK Rdn. 14, 19; *Sack* Rdn. 81.

68 *Alt* MK Rdn. 22; *Schall* Rdn. 19 ff; *Sack* Rdn. 56; *Michalke* Rdn. 254.

69 BGHSt **37** 21; OLG Düsseldorf NuR **1994** 462; OVG Lüneburg NVwZ **1990** 1001, BGH NStZ **1991** 490 (verseuchte Erde kein Abfall); StA Hannover NuR **2013** 300 (strahlenbelasteter Boden vor Auskofferung kein Abfall); zum Bauschutt aus Gebäudeabriss BVerwGE **92** 352, 357 f = NVwZ **1993** 988; Bay ObLGSt **1993** 17 = NuR **1993** 295; VGH Mannheim NVwZ-RR **1995** 506.

70 *Alt* MK Rdn. 23; *Schall* SK Rdn. 19; *ders.* NStZ-RR **2008** 97, 103; *Saliger* Umweltstrafrecht Rdn. 278; *Szesny* AnwK Rdn. 6: **aA** *Steindorf* LK[11] Rdn. 19; *Sack* Rdn. 56; *Vogelsang/Rempe* 40 ff; BayVGH NVwZ **1989** 681; VG Würzburg AbfallR **2007** 101 (wegen öffentlich-rechtlicher Beseitigungspflicht).

71 OLG Karlsruhe ZfW **1996** 406, 408.

72 BayObLGSt **1978** 53.

73 BVerwG NJW **1986** 2524 f.

nen werden“, etwa die Lagerung in Deponien, Verpressung, bestimmte Behandlungen, Einleitung in Gewässer und Verbrennung. Die Anlage 2 zum KrWG nennt Beseitigungsverfahren, die in der Praxis angewandt werden (von D1: Ablagerungen in oder auf dem Boden, d. h. Deponien usw., endend mit D15: Lagerung bis zur Anwendung eines der in dieser Anlage beschriebenen Verfahren, ausgenommen zeitweilige Lagerung – bis zum Einsammeln – auf dem Gelände der Entstehung der Abfälle).

14 Gemäß § 3 Abs. 23 ist entsprechend Art. 3 Nr. 15 AbfRRL eine **Verwertung** etwas unscharf „jedes Verfahren, als dessen Hauptergebnis die Abfälle innerhalb der Anlage oder in der weiteren Wirtschaft einem sinnvollen Zweck zugeführt werden, indem sie entweder andere Materialien ersetzen, die sonst zur Erfüllung einer bestimmten Funktion verwendet worden wären, oder indem die Abfälle so vorbereitet werden, dass sie diese Funktion erfüllen.“[74] Der Substitutionseffekt kann auch außerhalb der entsorgenden Anlage eintreten, etwa durch Auskopplung von Fernwärme einer Müllverbrennungsanlage in ein Fernwärmenetz. Beispiele sind die Hauptverwendung als (Ersatz-)Brennstoff oder sonst zur Energieerzeugung, Recycling (näher § 3 Abs. 25 KrWG),[75] Rückgewinnung und Aufbringung auf dem Boden zum Nutzen der Landwirtschaft. Die Schädlichkeit des Abfalls und die Vermischung spielen für die Abgrenzung keine Rolle.[76] Obwohl § 3 Abs. 1 S. 2 KrWG auf die tatsächliche Verwertung abstellt, reicht es für das Vorliegen einer Verwertung aus, wenn der Abfallerzeuger/-besitzer bereits eine konkrete Verwertungsmaßnahme benennt; eine bloße Verwendungsabsicht oder die bloße Möglichkeit einer späteren Verwertung genügen nicht. Eine Verwertungsmöglichkeit, die sich erst einem späteren Abfallbesitzer eröffnet und ggf. auch von ihm genutzt wird, lässt nicht den Rückschluss zu, dass beim Abfallerzeuger zuvor keine Abfälle zur Beseitigung angefallen sind.[77] Nach Durchlaufen eines Verwertungsverfahrens endet die Abfalleigenschaft unter den in § 5 Abs. 1 Nr. 1–4 KrWG genannten Voraussetzungen (Verwendung für bestimmte Zwecke, Bestehen eines Marktes bzw. einer Nachfrage und die Erfüllung technischer Anforderungen für Erzeugnisse sowie Unschädlichkeit).

15 Die Anlage 2 zum KrWG führt **Verwertungsverfahren** auf, „die in der Praxis angewandt werden“. Unter R1 werden die „Hauptverwendung als Brennstoff oder ein anderes Mittel der Energieerzeugung“ mit Ergänzungen in der dortigen Fn. 1 (Verbrennungsanlagen zur Behandlung fester Siedlungsabfälle, deren Energieeffizienz mindestens bestimmte Werte haben müssen),[78] unter R 2 „Rückgewinnung/Regenerierung von Lösungsmitteln“ genannt; das letzte aufgeführte Verfahren (R 13) erfasst „Lagerung von Abfällen bis zur Anwendung einer zuvor genannten Verfahren ausgenommen zeitweilige Lagerung – bis zum Einsammeln – auf dem Gelände der Entstehung der Abfälle“. Dabei sind „Abfälle zur Verwertung“ nur solche Abfälle, die tatsächlich verwertet werden (§ 3 Abs. 1 S. 2 KrWG), nicht bereits solche, bei denen eine einseitige Widmung zu irgendeiner Art von Verwertung seitens des Besitzers vorliegt oder eine abstrakte Verwendungs- oder Verwertungsmöglichkeit besteht; in all diesen Fällen handelt es sich um Abfälle, die effektiv nicht verwertet werden[79] und damit – entsprechend der Begriffsbestimmung in § 3 Abs. 1 S. 2 2. Hs. KrWG – um „Abfälle zur Beseitigung“. Kommt es später tatsächlich zu einer Verwertung, so können dadurch „Abfälle zur Verwertung“ entstehen.

---

74 So zuvor schon EuGH Urt. v. 27.2.2002, Slg. **2002** I 1961, NVwZ **2002** 579; ihm folgend BGHSt **59** 45, 51 = NStZ **2014** 89, 91.

75 So auch BVerwGE 123 247, 252 = NVwZ **2005** 954 (Schädlichkeit nicht geeignet, einen Verwertungsvorgang in einen Beseitigungsvorgang umzuwandeln); BGHSt **59** 45, 52 f = NStZ **2014** 89, 91 (beide noch zu § 4 Abs. 3 KrW-/AbfG); vgl. auch EuGH NVwZ **2002** 579, 582.

76 BT-Drs. 17/6052 74; BVerwGE **123** 247, 252 = NVwZ **2005** 954 (Schädlichkeit nicht geeignet, einen Verwertungsvorgang in einen Beseitigungsvorgang umzuwandeln); BGHSt **59** 45, 52 f = NStZ **2014** 89, 91 (beide noch zu § 4 Abs. 3 KrW-/AbfG); vgl. auch EuGH NVwZ **2002** 579, 582.

77 BVerwG AbfallR **2006** 91; *Schall* SK Rdn. 29 m. w. N.

78 Dazu *Jarass/Petersen/Reese* § 3 KrWG Rdn. 56 ff, 320; *Koch/Dieckmann/Reese* § 6 Rdn. 74 ff (insb. zu Müllverbrennungsanlagen).

79 VG Freiburg NuR **1988** 45.

16 Schwierigkeiten bereitet mitunter die Abgrenzung von energetischer Verwertung und thermischer Behandlung zu Beseitigungszwecken. In grundlegenden Urteilen[80] geht der EuGH davon aus, die Verwendung von Abfällen als **Brennstoff** (z. B. in Zementöfen) setze als Mittel zur Energieerzeugung voraus, durch Verbrennung mehr Energie zu erzeugen und zu erfassen, als beim Verbrennungsvorgang verbraucht wird, und einen Teil des gewonnenen Energieüberschusses in Form von Verbrennungswärme oder nach Umwandlung in Elektrizität zu nutzen. Der größere Teil der Abfälle muss also bei dem Vorgang verbraucht und der größte Teil der freigesetzten Energie erfasst und genutzt werden. Die Verbrennung von Abfällen stellt daher eine Verwertungsmaßnahme dar, wenn es ihr Hauptzweck ist, die Abfälle zur Energieerzeugung einzusetzen und dadurch eine Primärenergiequelle zu ersetzen, die sonst für diesen Zweck hätte eingesetzt werden müssen. Eine Maßnahme, deren Hauptzweck die Abfallbeseitigung durch thermische Behandlung ist, ist als Beseitigungsmaßnahme einzustufen, wenn die Rückgewinnung der durch die Verbrennung erzeugten Wärme nur einen Nebeneffekt der Maßnahme darstellt. Etwas anderes soll gelten, wenn der Betrieb der Anlage ohne die Versorgung mit Abfällen unter Verwendung einer Primärenergiequelle hätte fortgesetzt werden müssen oder der Betreiber für die Lieferung der Abfälle hätte bezahlen müssen. Nach dem BVerwG[81] wird in einer Sonderverbrennungsanlage Primärenergie substituiert, wenn Abfall dort gezielt als Stützfeuer zur Steuerung des Verbrennungsprozesses eingesetzt wird.

17 Ähnliche Abgrenzungsprobleme sind bei der Nutzung von Abfällen als **Füll- oder Versatzstoffe** in Bergwerken, Gruben und bei Deponien aufgetreten. Nach § 6 Abs. 1 Nr. 4 KrWG kann Verfüllung eine Maßnahme der Verwertung sein. Ähnlich wie bei der Verbrennung stellt das Einbringen von Abfällen (z. B. von Schlacken und Asche) in ein Bergwerk eine Verwertung dar, wenn ihr Hauptzweck i. S.e. sinnvollen Aufgabenerfüllung ist, andere (Füll-)Materialien zu ersetzen, die sonst hätten verwendet werden müssen.[82] Die Verfüllung einer Tongrube wurde als Verwertung angesehen, wenn durch die zur Verdichtung geeignete Verwendung der Abfälle als konkreter Nutzen ein Zustand wiederhergestellt wird, der dem früheren gleichkommt, und dadurch eine sonst notwendige Verfüllung mit Rohstoffen vermieden wird.[83] Ein entsprechender Maßstab wurde bei der Verfüllung eines Kiessandtagebaus mit Klärschlammkompost angelegt. Eine Beseitigung liege aber dann vor, wenn die Behandlung darauf ausgerichtet sei, den wegen großer Schadstoffhaltigkeit oder aus anderen Gründen (z. B. wegen zu großer Menge) nicht weiter nutzbaren Stoff dauerhaft von der Kreislaufwirtschaft auszuschließen.[84] Problematisch ist weiter die Einordnung bei Abfallgemischen aus verwertbaren und unverwertbaren Abfällen, deren Relevanz allerdings durch neu eingeführte Getrennthaltungspflichten (§ 14 KrWG) an Bedeutung verloren hat. Ein Gemisch ist als Abfall zur Verwertung eingestuft worden, wenn über 50 % einer sinnvollen Nutzung zugeführt wird, ggf. auch darunter, wenn die zurückgewonnenen Stoffe besonders wertvoll sind.[85]

4. Objektiver und subjektiver Abfall

18 Entsprechend dem verwaltungsrechtlichen Abfallbegriff in § 3 Abs. 1 KrWG und dem europarechtlichen Abfallbegriff in Art. 3 Nr. 1 AbfRRL ist auch im Strafrecht zwischen Abfällen zu un-

---

80 EuGH Urt. v. 13.2.2003 -C-228/00 (belgische Zementindustrie), Slg. **2003** I-1439 = NVwZ **2003** 455; Parallelentscheidung C-458/00 (Hausmüllverbrennung), Slg. **2003** I-1553 = NVwZ **2003** 457; dazu *Kloepfer* Umweltschutzrecht § 15 Rdn. 27; vgl. zum Recycling auch EuGH Urt. v. 19.6.2003 C-444/00, Slg. **2003** I-6163 = ZfW **2004** 85.

81 BVerwG NVwZ **2007** 1083.

82 EuGH Urt. v. 27.2.2002 C-6/00, Slg. **2002** I-1961 = NVwZ **2002** 579; *Schall* SK Rdn. 26; teilw. krit. *Stengler* NVwZ **2002** 568 f.

83 BVerwG NuR **2005** 387 = DVBl. **1994** 1014.

84 BGHSt **59** 45, 51 = NStZ **2014** 89, 91; BVerwGE **123** 247, 250 = NVwZ **2005** 954.

85 VGH München ZUR **2001** 340 f; *Jarass/Petersen/Reese* § 3 KrWG Rdn. 327 ff; *Koch/Dieckmann/Reese* § 6 Rdn. 78 ff. Bei gemischten Abfällen aus Abfällen zur Verwertung und gemischten gewerblichen Siedlungsabfällen geht OVG Koblenz NVwZ-RR **2015** 490 von der widerleglichen Vermutung von Abfällen zur Beseitigung aus.

terscheiden, „deren sich ihr Besitzer entledigt oder entledigen will" (subjektiver, gewillkürter privatrechtsbezogener Abfallbegriff) und solchen, deren er sich „entledigen muss" (objektiver, verwaltungsrechtsbezogener, Zwangsabfallbegriff),[86] d. h. deren Entsorgung zum Wohl der Allgemeinheit, insb. zum Schutz der Umwelt, notwendig ist (§ 3 Abs. 4 KrWG). Strafrechtlich ist es dabei ohne Belang, über welchen der beiden Abfallbegriffe sich im konkreten Fall die Abfalleigenschaft begründen lässt. Entledigen und entledigen wollen unterscheiden sich im Übrigen nicht grundlegend; denn auch bei der „Entledigung" ist grundsätzlich eine entsprechende zielgerichtete Einstellung erforderlich.[87]

5. Abfallbesitzer

19 Auch für die strafrechtliche Bewertung ist es durchweg von Bedeutung, wer Abfallbesitzer ist. Denn zum einen richten sich die verwaltungsrechtlichen Pflichten (zugelassene Verfahren, von den abgewichen wird) stets an den Abfallbesitzer. Zum anderen zeigt das Zusammenspiel von § 3 Abs. 1 und 2 KrWG, dass die Frage, ob eine Sache Abfall ist, von dem Willen des jeweiligen Abfallbesitzers abhängen kann. Hinsichtlich des Besitzes von Abfall gelten nach weiterhin überwiegender Meinung grundsätzlich privatrechtliche Grundsätze, wonach Besitz die mit Besitzbegründungswillen einhergehende, tatsächliche Sachherrschaft einer – natürlichen oder juristischen – Person über eine Sache ist.[88] Ausgehend von der grundsätzlichen Anlehnung des strafrechtlichen an den verwaltungsrechtlichen Abfallbegriff ist freilich die Orientierung am öffentlich-rechtlichen Begriff des Abfallbesitzers in § 3 Abs. 9 KrWG, der nur auf die **tatsächliche Sachherrschaft** abstellt, vorzuziehen. Für diesen weiteren Begriff spricht das abfallrechtliche Interesse, für die Entsorgung an Pflichten anknüpfen zu können, die nicht dem subjektiven Belieben des Abfallbesitzers unterliegen, sondern vor allem der Gefahrenabwehr dienen.[89] Nach der h. M. scheitert hingegen i. d. R. die Einstufung eines „Hundehaufens" als subjektiver Abfall am fehlenden Besitzbegründungswillen des anwesenden Besitzers, was angesichts der zumeist bestehenden Sachherrschaft aber richtigerweise nicht zwingend gegen die Annahme der Abfalleigenschaft spricht, wenn sich der Hundebesitzer im Anschluss nicht weiter um den Kot kümmert[90] (zur gleichwohl möglichen Einschränkung der Strafbarkeit und zur alternativen Einstufung als „objektiver Abfall" s. Rdn. 35 ff).

---

86 Vgl. *Steindorf* LK[11] Rdn. 24 f; krit. zu der Unterscheidung zwischen dem „privatrechtsbezogenen" und dem „verwaltungsrechtsbezogenen" Abfallbegriff *Schall* SK Rdn. 32; *Erbs/Kohlhaas/Häberle* § 3 KrWG Rdn. 25 (beide Abfallbegriffe lehnen sich an das Abfallverwaltungsrecht an).

87 OLG Düsseldorf NJW **1993** 1408; *Ransiek* NK Rdn. 13; *Sch/Schröder//Heine/Schittenhelm* Rdn. 2c; *Schall* SK Rdn. 33, 37; *Sack* Rdn. 33 f, 36; *Kloepfer/Heger* Rdn. 286; *Saliger* Umweltstrafrecht Rdn. 290; *Heine* NJW **1998** 3665, 3667; **aA** *Fischer* Rdn. 12; *Alt* MK Rdn. 24; *Szesny* AnwK Rdn. 9 (hinsichtlich versehentlichem Auslaufenlassen von Kraftstoffen beim Befüllungsvorgang).

88 *Sch/Schröder/Heine/Schittenhelm* Rdn. 2d; *Steindorf* LK[11] Rdn. 27, 33; *Lackner/Kühl/Heger* Rdn. 2; *GJW/Bock* Rdn. 7; *Matt/Renzikowski/Rettenmaier/Gehrmann* Rdn. 7; *Saliger* Umweltstrafrecht Rdn. 286; *Riettiens* 108 ff; *Erbs/Kohlhaas/Häberle* § 3 KrWG Rdn. 11.

89 *Alt* MK Rdn. 28; *Schall* SK Rdn. 35; *Sack* Rdn. 57; *Busch/Iburg* 124; *Hecker* NStZ **1989** 326 f; 1990 326 f; *Krell* Rdn. 147; *Meinberg/Möhrenschlager/Link/Möhrenschlager* 57; OLG Düsseldorf NStZ **1991** 335 f; AG Düsseldorf NStZ **1989** 532; verwaltungsrechtlich *Jarass/Petersen* § 3 KrWG Rdn. 182 unter Bezugnahme auf BVerwGE **67** 8; BVerwG NVwZ **1984** 40; NJW **1989** 1295; **1998** 1004; vgl. auch OVG Lüneburg NuR **1988** 151; OVG Brandenburg NuR **2003** 764.

90 OLG Celle NJW **1979** 227; Nds. Rpfl. **1990** 230; *Sch/Schröder/Heine/Schittenhelm* Rdn. 2d; GJW/*Bock* Rdn. 7; *Matt/Renzikowski/Rettenmaier/Gehrmann* Rdn. 7; *Saliger* Umweltstrafrecht Rdn. 286, 317; **aA** wie hier OLG Düsseldorf NStZ **1991** 335; OLG Frankfurt NStZ **1993** 348; AG Düsseldorf NStZ **1989** 532; *Schall* SK Rdn. 36; *Sack* Rdn. 115; *ders.* NJW **1979** 937; *Hecker* NStZ **1990** 326; *ders.* NStZ **1993** 348; *Iburg* UPR **1990** 291.

An dem Beispiel von **„wild" abgelagertem Müll**[91] lässt sich zeigen, dass privatrechtsbezogene und verwaltungsrechtsbezogene Auffassung zum Abfallbegriff allerdings zum gleichen Ergebnis kommen können. Derjenige, der einen Sack mit gefährlichem Müll zusammengepackt hat und sich dessen entledigen will, übt die tatsächliche Gewalt darüber aus und hat bis dahin Besitzwillen. Seine in die Tat umgesetzte Entscheidung, sich der Sachen zu entledigen, begründet die Abfalleigenschaft aus privatrechtlicher, aber auch aus öffentlich-rechtlicher Sicht. Letztere verlangt wie für das Zuführen (vgl. § 3 Abs. 2 KrWG) auch die Aufgabe der tatsächlichen Sachherrschaft einen willensgetragenen Akt.[92] Ein unabsichtlicher Verlust einer Sache macht diese nicht zu Abfall (was sich aber ändern kann, wenn man nachträglich bewusst von der Suche absieht). Legt nun der Besitzer den Sack an einer Stelle im Wald ab, so handelt es sich um Abfall. Die Sache hat aber in diesem Falle keinen Besitzer (mehr). Wald und Flur gehören nämlich zu den Grundstücken, die nach der Verkehrsauffassung keinen Herrschaftsbereich vermitteln, der die Annahme tatsächlicher Gewalt über die dort lagernden Gegenstände begründet und damit den Grundstücksbesitzer zum Abfallbesitzer macht.[93] Legt der frühere Besitzer den Müllsack aber auf einem Grundstück ab, das nach der Verkehrsauffassung einen Herrschaftsbereich vermittelt, so ist – auch ohne einen Besitzbegründungswillen – derjenige, der das Grundstück tatsächlich „in der Gewalt" hat, nach verwaltungsrechtlichen Grundsätzen „Abfallbesitzer". Ihn treffen alle Pflichten eines solchen.[94] Bei den der Allgemeinheit offenstehenden Grundstücken muss der Entsorgungspflichtige bereits das „Zusammentragen" übernehmen. Der (privatrechtliche) Besitzer eines Grundstücks wird zwar nach der privatrechtsbezogenen Auffassung mit dem Erfordernis eines Besitzbegründungswillen nicht schon Besitzer einer Sache, die andere gegen seinen Willen auf seinem Grundstück abgelegt haben.[95] Dies wird allerdings dann angenommen, wenn er sich der Sache annimmt und sie beispielsweise zur Abholung bereitstellt bzw. sonst in zurechenbarer Weise dazu beigetragen hat.[96] Die bereits bestehende Abfalleigenschaft wird dadurch indessen nicht berührt. Kümmert sich der tatsächliche Gewalthaber über ein Grundstück, das, etwa im Stadtbereich oder umfriedet, nicht im obengenannten Sinne der Allgemeinheit offensteht, um den wild abgelagerten Abfall nicht, so ist er nach Verwaltungsrechtsgrundsätzen, also der öffentlich-rechtlichen Auffassung, dennoch Abfallbesitzer geworden. Er ist danach für seinen Herrschaftsbereich als eine Art „Zustandsstörer" verantwortlich;[97] auf einen entgegenstehenden Willen kommt es nach polizeirechtlichen Grundsätzen, die hier entsprechend heranzuziehen sind, nicht an. Eine „Handlungshaftung" des Verursachers kennt das Gesetz daneben nicht; hier sind jedoch landesrechtliche Regelungen nicht ausgeschlossen.[98] 20

Klarzustellen bleibt, dass grundsätzlich nur der **unmittelbare Besitz** ausschlaggebend ist und eine Person zum Abfallbesitzer werden lässt (§ 3 Abs. 9 KrWG). Der mittelbare Besitzer er- 21

91 Hierzu eingehend *Hecker* Verantwortlichkeit für illegale Müllablagerungen 56 ff, *ders.* NJW **1992** 873; *Schmitz* NJW **1993** 1167; *Iburg* NJW **1988** 2338; *Geidies* NJW **1989** 821; *Eckert* NVwZ **1989** 421; *Hohmann* NJW **1989** 1254; weiter *Jarass/Petersen* § 3 KrWG Rdn. 182 f.

92 *Jarass/Petersen* § 3 KrWG Rdn. 61 f.

93 BVerwGE 67 8, 11 f = NVwZ **1984** 40; BVerwGE 106 43 = NJW **1989** 1004; NJW **1989** 1295; NVwZ **2003** 1252; *Franzheim/Pfohl* Rdn. 287; *Meinberg/Möhrenschlager/Link/Möhrenschlager* 57; *Alt* MK Rdn. 122; *Schall* SK Rdn. 36, 110; *Schmitz* NJW **1989** 1167.

94 BVerwG NVwZ **1988** 1021 (Sortierungs- bzw. Beseitigungspflicht); NJW **1989** 1295 (Überlassungspflicht).

95 *Steindorf* LK[11] Rdn. 34; *Brosche* DVBl. **1977** 235.

96 OLG Braunschweig NStZ-RR **1998** 175, 177; OLG Stuttgart ZfW **1988** 249 f; *Saliger* Umweltstrafrecht Rdn. 286, 313; krit. zu letzterer Alternative *Schall* SK Rdn. 110; *Hecker* NJW **1992** 873, 876; *ders.* Verantwortlichkeit für illegale Müllablagerungen 83 f.

97 LG Koblenz NStZ **1987** 281; LG Frankfurt NZM **2005** 679; *Schall* Festschrift Achenbach 463, 464 f; *ders.* SK Rdn. 35, 110; *Saliger* Umweltstrafrecht Rdn. 287; *Ransiek* NK Rdn. 42; *Sch/Schröder/Heine/Schittenhelm* Rdn. 2d, 11; *Meinberg/Möhrenschlager/Link/Möhrenschlager* 57.

98 BVerwG NVwZ **1988** 1126 (beschränkt möglich); BVerwGE 89 138; VGH Mannheim NVwZ **1993** 1014; OVG Koblenz DVBl. **2012** 515.

bringt aufgrund seiner nur formalen Rechtsstellung nicht die vom Gesetz geforderte Voraussetzung, sich einer in seiner tatsächlichen Gewalt befindlichen Sache zu entledigen und damit eine „Widmung" zu Abfall zu realisieren. Die Tathandlung beispielsweise des „Makelns" in Absatz 1 setzt daher eine Sache voraus, deren Abfalleigenschaft anderweitig zu begründen ist. Die Maßgeblichkeit des unmittelbaren Besitzes bleibt selbst dann erhalten, wenn eine Sache ohne Aufgabe des Besitzes veräußert worden ist.[99] Schon das Beispiel des Besitzdieners zeigt aber, dass die Sachherrschaft nicht unbedingt derjenige hat, der den Stoff oder Gegenstand selbst verwahrt, sondern diese bei demjenigen liegt, dem die Bestimmungs- und Zugriffsrechte zustehen.[100]

6. Subjektiver Abfallbegriff

22 **a) Entledigungsformen.** Bei der Prüfung, ob eine bewegliche Sache im strafrechtlichen Sinne „gewillkürten Abfall" darstellt und somit unter den subjektiven Abfallbegriff fällt, wird man wie folgt vorzugehen haben: Zunächst ist zu prüfen, ob einer der beiden für das Strafrecht relevanten (aus den im Gesetz aufgeführten drei) **Entledigungstatbestände** nach § 3 Abs. 2 KrWG erfüllt ist: Zweckmäßigerweise wird hierbei zunächst zu untersuchen sein, ob der Besitzer die tatsächliche Sachherrschaft unter Wegfall jeder weiteren Zweckbestimmung aufgegeben hat. Ist dies nicht der Fall, folgt ein Blick in die Anlagen 1 und 2 zum KrWG zur Klärung der Frage, ob durch den Besitzer eine „Zuführung" der Sache zu einem der dort genannten Entsorgungsverfahren erfolgt ist. Hat diese Prüfung nicht zur Bejahung der Abfalleigenschaft geführt, so liegt aus strafrechtlicher Sicht jedenfalls kein „gewillkürter" Abfall vor. Es kann sich aber ungeachtet dessen um „Zwangsabfall" (Rdn. 35 ff) handeln. Die nach früherem Recht maßgebliche binäre Unterscheidung zwischen „Abfall" und „Wirtschaftsgut" hat mit der Einbeziehung der „Abfälle zur Verwertung" in den Abfallbegriff durch das KrWG für das Verwaltungsrecht ihre Berechtigung verloren. Sie sollte auch im Strafrecht nicht aufrechterhalten bleiben. Die nunmehr erforderliche Gegenüberstellung lautet „Produkt" (zielgerichtet erzeugte Sache) oder „Abfall".[101]

23 Abzulehnen ist die vereinzelt[102] vertretene Ansicht, auch bei gewillkürtem Abfall sei die Wahrung des Allgemeinwohls (§ 1 Abs. 1 2. Alt. AbfG a. F.; vgl. § 3 Abs. 4 KrWG) insoweit zu berücksichtigen, als **Kleinigkeiten** (z. B. Papierschnipsel) nicht erfasst würden. Eine solche Einschränkung ist jedoch dem subjektiven Abfallbegriff nicht immanent.[103] Auch in Bagatellfällen kann die Abfalleigenschaft nicht angezweifelt werden; zu ihrer Bewältigung steht vielmehr die Minimaklausel in Abs. 6 zur Verfügung. Der **Wert** einer Sache ist für die Frage, ob ein Besitzer sich ihrer entledigt, unerheblich.[104] Es wird von dem Lebenszuschnitt des jeweiligen Besitzers abhängen, von welchen Sachen er sich trennt.

24 Nach § 3 Abs. 2 KrWG kann das die Abfalleigenschaft begründende **Sichentledigen** in dreierlei Formen geschehen: Der Besitzer führt die Sache einer Verwertung i. S. d. Anlage 2 oder einer Beseitigung i. S. d. Anlage 1 zu oder er gibt die tatsächliche Sachherrschaft über sie unter Wegfall jeder weiteren Zweckbestimmung in sonstiger Weise auf. Das führt bezüglich der Verwertung zu Verwerfungen, weil es Verwertungsverfahren gibt, die ohne Besitzaufgabe vonstat-

---

99 OLG Koblenz VRS 50 152, 153.

100 Jarass/Petersen/*Dieckmann* § 3 KrWG Rdn. 184 (mit Beispielen zu Auftragsverhältnissen); zur Abfallerzeugerschaft eines Auftraggebers OVG NRW AbfallR **2012** 294; in einem Unternehmen sind Geschäftsführer und sonstige Mitarbeiter keine Besitzer; wohl aber ein selbständiger Abfalltransporteur und der Besitzer einer Entsorgungsanlage.

101 Begr. RegE BT-Drs. 12/5672 120; *Fluck* DVBl. **1995** 537, 541; *Petersen/Rid* NJW **1995** 7, 9; *Seibert* UPR **1994** 415, 419); *Fischer* Rdn. 8; *Steindorf* LK[11] Rdn. 46; **aA** *Schall* SK Rdn. 47.

102 OLG Hamm OLGSt § 4 AbfG S. 5.

103 *Steindorf* LK[11] Rdn. 45; *Laufhütte/Möhrenschlager* ZStW **92** (1980) 912, 956.

104 BayObLGSt **1983** 44, 45; OLG Hamm ZfW **1977** 60.

ten gehen können.[105] Zum Teil wird deshalb angenommen, im Rahmen strafrechtlicher Auslegung könne das „Sichentledigen" nicht vorliegen, wenn der Besitzer die tatsächliche Sachherrschaft über die Sache behält.[106] Allerdings fingiert § 3 Abs. 2 KrWG eine Entledigung für den Fall einer Verwertung, und zwar unabhängig von einer Besitzaufgabe. Bedenken, dies strafrechtlich nachzuvollziehen, sei wegen des Schuldprinzips nicht möglich,[107] greifen nicht. Immerhin geht es allein um die Auslegung des Abfallbegriffs, dessen Wortlaut der Annahme von Abfall trotz einer Verwertung ohne Besitzaufgabe nicht im Wege steht. Vielmehr spricht der Gedanke der Verwaltungsrechtsakzessorietät gerade für eine strafrechtliche Beachtung verwaltungsrechtlich bindender Definitionen.

b) Entledigungswille. Soweit von einer (objektiven) Entledigung auszugehen ist, kommt es weiter darauf an, ob auch subjektiv ein Entledigungswille vorliegt. Beim subjektiven Abfallbegriff entscheidet nämlich in erster Linie der derzeitige Besitzer darüber, welche Gegenstände Abfall sein sollen, indem er einen entsprechenden Entledigungswillen fasst und auch erklärt. Der versehentliche Verlust von Kraftstoff aus einem beschädigten Tank macht diesen noch nicht zum (subjektiven) Abfall.[108] In der Befugnis zur „Entledigung" spiegelt sich die durch Art. 14 GG geschützte Befugnis vor allem des Eigentümers einer Sache wider, mit ihr grundsätzlich nach Belieben zu verfahren (§ 903 S. 1 BGB).[109] § 3 Abs. 1–4 beziehen „Entledigung" und „Entledigungswillen" auf den Besitzer, der infolge seiner Willensbetätigung sodann zum Abfallbesitzer i. S. v. § 3 Abs. 9 KrWG werden kann, und regelt die vorgeschaltete Frage, auf welche Art und Weise es zur (auch zeitlichen) Entstehung der Abfalleigenschaft durch den Besitzer als Ersterzeuger von Abfall i. S. v. § 3 Abs. 8 Nr. 1 KrWG kommt. Keine Rolle spielt der Wert oder die Nutzbarkeit einer Sache. Unwichtig ist nach h. M. zudem, ob der Besitzer Eigentümer oder sonst zivilrechtlich befugt ist. Gegen den Willen des Besitzers kann eine Sache nicht zum subjektiven Abfall erklärt werden.[110] Ein Besitzdiener, der sich unrechtmäßig eine Sache aneignet, dadurch die ihm sonst fehlende Sachherrschaft erlangt und sich dann ihrer erledigt, hat als Besitzer Abfall erzeugt. Selbst gestohlene Sachen können für den sich ihrer entledigenden Dieb Abfall sein.[111] 25

Die Fassung von § 3 Abs. 1 KrWG („sich entledigen will") ist missverständlich, weil sie den irrigen Eindruck erweckt, als käme es allein auf den inneren Willensentschluss an. Solange der Besitzer die tatsächliche Sachherrschaft innehat und lediglich beabsichtigt („will"), sich der Sache zu entledigen, ist sie noch kein Abfall. An die Willensbildung, die sich im Kopf des Betreffenden vollzieht, kann zur Begründung der Abfalleigenschaft schlechterdings nicht angeknüpft werden. Zu Abfall wird die Sache vielmehr erst durch die **nach außen erkennbare Betätigung des Entledigungswillens.** Es genügt demnach nicht, sich – innerlich – der Sache entledigen zu wollen, der unmittelbare Besitzer muss vielmehr diesen Willen durch sein Verhalten erkennen 26

---

105 Verwertung innerhalb der den Abfall erzeugenden Anlage (vgl. § 3 Abs. 23 KrWG), bei der Eigenkompostierung von pflanzlichen Hausabfällen (vgl. § 17 Abs. 1 Satz 1 KrWG), Beseitigung in eigenen Anlagen (vgl. § 17 Abs. 1 Satz 2 KrWG), Jarass/*Petersen* § 3 KrWG Rdn. 54.

106 *Steindorf* LK[11] Rdn. 29, 31; *Rogall* Festschrift Boujong 807 f.

107 *Möhrenschlager* LK[12] Rdn. 20.

108 OLG Düsseldorf NJW **1993** 1408; *Schall* SK Rdn. 37; *ders.* NStZ-RR 2006 296; *SSW/Saliger* Rdn. 17; **aA** *Alt* MK Rdn. 24 unter Bezugnahme auf EuGH Urt. v. 7.9.2004 (van de Walle, Texaco) C-1/03, Slg. **2004** I-7613, NVwZ **2004** 1341 f; EuGH Urt. v. 10.5.2007 (Thames Water) C-252/02, Slg. **2007** I-3883, NVwZ **2007** 1037 (Abwasser aus Kanalisationsnetz).

109 *Schall* SK Rdn. 33; *Saliger* Umweltstrafrecht Rdn. 285.

110 BGHSt **37** 21, 26; OLG Celle NStZ-RR **1998** 208; OLG Schleswig SchlHA **1980** 182; *Schall* SK Rdn. 33; *Sack* Rdn. 31; *Saliger* Umweltstrafrecht Rdn. 285.

111 *Alt* MK Rdn. 28; *Ransiek* NK Rdn. 15; *Sch/Schröder/Heine/Schittenhelm* Rdn. 2d; *Schall* SK Rdn. 34; *Sack* Rdn. 57; **aA** *Steindorf* LK[11] Rdn. 27a.

lassen.[112] Nur in dieser Form kann die Variante „sich entledigen will" neben derjenigen des „sich entledigt" in § 3 Abs. 1 KrWG eigenständige Bedeutung beanspruchen. Der Entledigungswille muss zwar nicht ausdrücklich erklärt, aber nach außen erkennbar werden.[113] Möglich ist jede im Rechtsverkehr gebräuchliche Form der Willensbekundung. In der Praxis wird die Willenskundgabe durch konkludentes Verhalten[114] besonders häufig anzutreffen sein. Auch Unterlassen (langjähriges Liegenlassen von Bauschutt, Abstellen von Autowracks auf dem eigenen Grundstück) mag den Entledigungswillen dokumentieren.[115] Inwieweit aus der Besitzaufgabe selbst auf den Entledigungswillen geschlossen werden kann, hängt von den Umständen des Einzelfalles ab. Wenn alte Autoreifen, alte Ölfässer und Kraftfahrzeugteile zum Auffüllen eines Grundstücks verwendet werden, ist offenkundig, dass der Betroffene die angeführten Gegenstände keiner anderweitigen wirtschaftlichen Verwertung zuführen wollte, da ihre Verwendung als Füllmaterial unüblich und wenig geeignet ist.[116]

27 Man wird auch eine rechtliche **Handlungsfähigkeit** des Erklärenden fordern müssen.[117] Von Minderjährigen abgegebene Willenskundgebungen, soweit ihnen aus dem Schutzgedanken des Gesetzes die Wirksamkeit abgesprochen wird, lassen eine Sache daher nicht zu Abfall werden. Auch der Geisteskranke, der sich seiner Sammlung alter holländischer Meister „entledigen" will,[118] vermag mit dieser Willensäußerung die Abfalleigenschaft nicht zu begründen.

28 Maßgebend ist die **Willensrichtung des gegenwärtigen Besitzers.**[119] Eine Sache, die mit Entledigungswillen vom Vorbesitzer aufgegeben worden ist, kann durch den erklärten Willen eines neuen Besitzers wieder dem Abfallregime entzogen werden. Das trifft beispielsweise bei der Aneignung von Sperrmüll durch Dritte zu; ein landesrechtliches Aneignungsrecht zugunsten des öffentlich-rechtlich Beseitigungspflichtigen wäre demgegenüber verfassungswidrig.[120] Die Deklarierung einer Sache zu Abfall ist also nicht endgültig, sondern wandelbar.[121]

29 **c) Widmung der Sache.** Es reicht zudem nicht aus, dass der Besitzaufgebende einen Entledigungswillen offenbart. Bereits nach dem AbfG a. F. war vielmehr zur Begründung der Abfalleigenschaft darüber hinaus zu verlangen, dass eine Art „Widmung" vorgenommen wurde, die Sache solle künftig „als Abfall"[122] und nicht etwa als „Wirtschaftsgut" gelten. Nach dem heutigen § 3 Abs. 3 KrWG ist der „Wille zur Entledigung" (i. S. v. Absatz 1) hinsichtlich solcher Stoffe oder Gegenstände anzunehmen, die bei der Energieumwandlung, Herstellung, Behandlung oder Nutzung von Stoffen oder Erzeugnissen oder bei Dienstleistungen anfallen, sofern der Zweck der jeweiligen Handlung nicht hierauf gerichtet ist (§ 3 Abs. 3 Nr. 1 KrWG),[123] oder deren ur-

---

112 BayObLG NZV **1993** 164; OLG Karlsruhe NuR **1991** 347, 348 = GewArch **1991** 394; OLG Köln NVwZ-RR **1995** 386.

113 BayObLGSt **1983** 44, 46; *Kuhlen* WiVerw **1991** 181, 207; *Rogall* NStZ **1992** 360, 364. OLG Celle BeckRS **2016** 09489.

114 Bereitstellung zur Müllabfuhr OLG Stuttgart JZ **1978** 691.

115 BVerwG NVwZ 1990 564; BayObLGSt **1992** 145 = ZfW **1993** 236; OLG Braunschweig NVwZ **1994** 934; LG Frankfurt NZM **2005** 679; OVG Bautzen NuR **2004** 601; *Alt* MK Rdn. 30; *Sch/Schröder/Heine/Schittenhelm* Rdn. 2d; *Schall* SK Rdn. 43; **aA** *Ransiek* NK Rdn. 15; von Abfall ging VGH Mannheim BeckRS **2013** 58123 bei jahrelanger Lagerung auf einem Grundstück von durch Wettereinfluss erheblich verschlechterten und für stoffliche Verwertung nicht mehr geeigneten Holzresten aus; nicht ausreichend war einfaches Liegenlassen für OLG Karlsruhe NuR **1991** 347.

116 BayObLGSt **1983** 44, 46.

117 *Laufhütte/Möhrenschlager* ZStW 92 (**1989**) 912, 955; Ro*gall* NStZ **1992** 360, 364.

118 Beispiel von *Zuck* DVB1. **1973** 205.

119 BayObLG NJW **1974** 156.

120 *Weber* JZ **1978** 691.

121 *Von Lersner* NuR **1981**, 1, 2.

122 OLG Koblenz GA 1976 83; *Weinheimer* ZfW **1977** 7, 9 f.

123 In der Literatur bezeichnet als „Produktionsabfälle", vgl. *MG/Pfohl* § 54 Rdn. 55; Jarass/*Petersen* § 3 KrWG Rdn. 67; Hansmann/Sellner/*Franßen*, Kap. 14 Rdn. 65, *Kloepfer* Umweltschutzrecht § 15 Rdn. 21.

sprüngliche Zweckbestimmung entfällt oder aufgegeben wird, ohne dass ein neuer Verwendungszweck unmittelbar an deren Stelle tritt (§ 3 Abs. 3 Nr. 2 KrWG).[124] Für die **Beurteilung der Zweckbestimmung** ist die Auffassung des Erzeugers oder Besitzers unter Berücksichtigung der Verkehrsanschauung zugrunde zu legen. Vor allem durch Letzteres ist der subjektive Abfallbegriff objektiviert worden. Der Gesetzgeber wollte mit dieser Neuerung den subjektiven Entledigungswillen durch das Merkmal der Produktionsbehandlung (in Nr. 1) bzw. der Verwendung eines Gegenstandes (in Nr. 2) konkretisieren. Entscheidend für die Entledigungsabsicht sei nunmehr die Produktions- oder Verwendungsabsicht des Besitzers oder Erzeugers. Im Rahmen der Produktion liege nach der insoweit maßgeblichen Produktionsabsicht – unter Berücksichtigung der Verkehrsanschauung – keine Entledigungsabsicht vor, wenn Stoffe und Gegenstände produziert oder für besondere Nutzungen hergestellt werden.[125] Ein Entledigungswille sei hingegen zu vermuten, wenn Produktions- und Verbrauchsrückstände als ein Erzeugnis, das nicht als solches angestrebt wurde, betroffen sind (sofern nicht die Voraussetzungen von § 4 KrWG vorliegen). Stoffe oder Gegenstände, die bei der Herstellung usw. als „Hauptzweck" anfallen, sind also keine Abfälle, sondern „Produkte".[126]

Für den Bereich der „Herstellung" wird § 3 Abs. 3 Nr. 1 KrWG überlagert durch § 4 KrWG 30
betr. „Nebenprodukte" als lex specialis.[127] Dies löste die zuvorige **Abgrenzung zwischen Abfällen und Nebenprodukten** über eine Auslegung des Entledigungswillens ab, für welche Entscheidungen des EuGH richtungsweisend waren.[128] § 4 KrWG konkretisiert das Nebenprodukt als „Stoff oder Gegenstand bei einem Herstellungsverfahren, dessen hauptsächlicher Zweck nicht auf die Herstellung dieses Stoffes oder Gegenstandes gerichtet ist", wenn die

---

124 In der Literatur bezeichnet als „Produktabfälle aus bereits existenten Stoffen oder Gegenständen", vgl. Jarass/*Petersen* § 3 KrWG Rdn. 81; *Kloepfer* Umweltschutzrecht § 15 Rdn. 21; OLG Düsseldorf wistra **1994** 73.

125 Ausschussbericht BT-Drs. 12/7284, 12 (zu BT-Drs. 12/7672) unter Bezugnahme auf den RegE BT-Drs. 12/5672; übernommen in BT-Drs. 12/8084.

126 *Sch/Schröder/Heine/Schittenhelm* Rdn. 2b; *Schall* SK Rdn. 50; *SSW/Saliger* Rdn. 19; zum „Hauptprodukt" Jarass/*Petersen* § 4 KrWG Rn. 22 unter Bezugnahme auf EuGH C-235/02, 15.1.2004, Slg. **2004** I 1005, AbfallR **2004** 95. Weiter, aber umstritten ist die Abgrenzung zwischen „Wirtschaftsgut" (Weiterverwendung im Rahmen des ursprünglichen Zwecks oder neuer Verwendungszweck durch Umwidmung) und „Produkt" (neues Erzeugnis nach Abschluss des Verwertungsverfahrens", s. bejahend *Schall* SK Rdn. 47; *Sch/Schröder/Heine/Schittenhelm* Rdn. 2c, f; *Riettiens* 119 f, 130; BGH NStZ **1997** 544 f; für Abgrenzung nur zwischen Abfall und Produkt spricht die Entwicklung des Abfallverwaltungsrechts, so *Steindorf* LK[11] Rdn. 46; dafür auch *Fischer* Rdn. 8 m. w. N.; *Franzheim/Pfohl* Rdn. 260; vgl. OLG Oldenburg NuR **2000** 409; weiter *Meßerschmid* § 18 Rdn. 30 f.

127 Dazu RegE-KrWG BT-Drs. 17/6052 76.

128 EuGH Urt. v. 15.6.2000 C-418/97/419/97, Slg. **2000** I-4475, NVwZ **2000** 1156 (Arco-Chemie, Holzspäne als Abfall); Urt. v. 18.4.2002 C-9/00 (Palin-Granit), Slg. **2002** I 3533, NVwZ **2002** 1362 (Lagerung von Bruchgestein aus einem Steinbruch auf unbestimmte Zeit bis zu einer möglichen Verwendung von Bruchgestein ist Abfall; anders, wenn Wiederverwendung ohne vorherige Bearbeitung in Fortsetzung des Gewinnungsverfahrens gewiss ist); dazu *Schall* NStZ-RR **2005** 97, 100; EuGH Urt. v. 11.9.2003 C-114/01 (Avesta-Polarit), Slg. **2003** 8725, NuR **2004** 164 (Nebengestein und Sandrückstände im Bergbau zur Stollenauffüllung kein Abfall); Urt. v. 15.1.2004 C-235/02 (Saetti, Frediani), Slg. **2004** I-1005, AbfallR **2004** 95 (zur Verwendung als Raffineriebrennstoff mit anderen Erdölderivaten absichtlich erzeugter Petrokoks ist kein Abfall); Urt. v. 7.9.2004 C-1/03 (van de Walle), Slg. **2004** I-7613, NVwZ **2004** 1341; Urt. v. 11.11.2004 C-457/02 (Antonio Niselli), Slg. **2004** I-10875, NVwZ **2005** 306 (verunreinigte Eisenteile aus Verschrottung von Maschinen, Fahrzeugen u. a. sind Abfall); Urt. v. 8.9.2005 C-121/03, Slg. **2005** I-7593, ZUR **2005** 599 (tote Tiere im Betrieb sind Abfall; Jauche als Dünger kein Abfall; krit. Jarass/*Petersen* § 4 KrWG Rdn. 11); EuGH Urt. v. 3.10.2013 C-113/12 UPR **2014** 61 (Gülle aus Schweinemastbetrieb); vgl. auch OLG Oldenburg NuR **2000** 409 (Rindergülle-Produkt, zu Recht krit. *Schall* SK Rdn. 47 Fn. 213); EuGH Urt. v. 18.12.2007 C-195/05, Slg. **2007**-I 11721, NVwZ **2008** 295, 296 f (Futtermittel aus Nahrungsabfällen können Abfall sein); BVerwGE 127 250, 256 ff = NVwZ **2007** 338 (Klärschlammkompost Abfall bis zur Aufbringung auf geeignete Böden, ebenso BGHSt **59** 45, 48); BVerwG NVwZ **2007** 1314 (Fritierfette als Abfall); OVG Münster ZUR **2005** 608 (im Produktionsprozess einer Harzfabrik als Nebenprodukt entstandenes wertvolles Destillat zur betrieblichen Energieversorgung, deren Wiederverwendung ohne Bearbeitung gewiss ist).

weiteren Voraussetzungen seiner Nr. 1–4 vorliegen,[129] insb. einschlägige Produkt-, Umwelt- und Gesundheitsschutzanforderungen erfüllt werden und keine schädlichen Auswirkungen auf Mensch und Umwelt auftreten. Die bloße Möglichkeit oder eine nur langfristige Vorstellbarkeit einer Verwendung genügt nicht.[130] Für die positive Prognose einer Weiterverwendung/-verwertung ist der wirtschaftliche Vorteil (ggf. auch durch erhebliche Kostenersparung), bestätigt durch Marktpreis, Nachfrage, Qualität und langfristige Verträge, von Bedeutung.[131] Schwierigkeiten bereitet die Abgrenzung zwischen Neben- bzw. Koppelprodukten und Produktionsabfällen insb. dann, wenn ein Produktionsprozess auf die Erzeugung mehrerer Produkte gerichtet ist. Da die genannten Kriterien nicht durchweg eindeutig sind, ist die Abgrenzung nicht immer leicht. Weitere Klärung wird von einer Verordnung gemäß § 4 Abs. 2 KrWG zu Ersatzbaustoffen erwartet.[132]

31 Eine **Widmung zu Abfall qua Entledigung** erfolgt gemäß § 3 Abs. 2, 3. Var. KrWG auch, wenn das künftige Schicksal der Sache für den Besitzer ohne Interesse ist, er die Sache nur „loswerden“ will und die tatsächliche Sachherrschaft über eine bewegliche Sache „unter Wegfall jeder weiteren Zweckbestimmung aufgibt.“ Im Unterschied zu dieser „faktischen“ Entledigung setzt der Entledigungswille in § 3 Abs. 3 Nr. 2 KrWG die Aufgabe der tatsächlichen Sachherrschaft nicht voraus. Ein **Entledigungswille** liegt also schon vor, wenn die „ursprüngliche Zweckbestimmung“, also der Verwendungszweck oder das Gebrauchsinteresse, entweder entfällt oder (ersatzlos) aufgegeben wird. Für die Beurteilung der Zweckbestimmung ist die Auffassung des Erzeugers oder Besitzers unter Berücksichtigung der Verkehrsanschauung zugrunde zu legen. Insgesamt liegt auch darin eine gewisse Objektivierung des subjektiven Abfallbegriffs.[133] Ein Entledigungswille kann vorliegen, wenn der Besitzer etwas für die Abnahme der Sache zahlt (z. B. bei der Weiterveräußerung i. S. v. § 3 Abs. 12 KrWG). § 3 Abs. 3 Nr. 2 KrWG bezieht sich auf bereits vorhandene Stoffe oder Gegenstände, die zu „Produktabfällen“ werden. Wenn der Besitzer (leere) Flaschen in einen Altglascontainer, Alttextilien in einen Sammelcontainer wirft,[134] Möbelstücke für die Sperrmüllabfuhr bereitstellt oder Altreifen auf eine Deponie verbringt, dann will er diese (als Abfallersterzeuger nach § 3 Abs. 8 Nr. 1 KrWG), weil „subjektiv gebrauchswertlos“ geworden, als „Abfälle zur Beseitigung“ aufgeben.[135] Von der Aufgabe der Zweckbestimmung ist ebenso bei langdauernder ungeschützter Lagerung von Schrottfahrzeugen im Freien auf einem Grundstück auszugehen.[136] Hier wie auch in anderen Fällen spricht gegen die Abfalleigenschaft nicht, dass ein Stoff theoretisch weiter verwendbar oder aufgrund in ihr enthaltener Bestandteile noch verwertbar ist.[137] Die Verkehrsanschauung dient insoweit als Glaubhaftigkeitsmaßstab für Angaben des Abfallbesit-

---

129 Beispiele von *Schall* SK Rdn. 44: EuGH ZUR **2005** 599; OLG Oldenburg NuR **2000** 409 f (Jauche/Gülle rechtmäßig in der Landwirtschaft verwendet); zu Pferde/Putenmist OLG Celle NStZ-RR **1998** 208; OLG Oldenburg NuR **1992** 40 f; OLG Zweibrücken NStZ **1991** 336 m. Anm. *Sack*; VGH Mannheim NVwZ **2008** 1200; VG Cottbus NuR **2004** 540; dazu *Schall* NStZ-RR **2005** 97, 100 f; VGH München Beschl. v. 17.2.2020 – 12 CS 19.2505 (juris) (Teppichstanzreste als Reitbodenbelag).

130 *Schall* SK Rdn. 45, 48; *SSW/Saliger* Rdn. 19 f; Jarass/*Petersen/Bearbeiter* § 3 KrWG Rdn. 88.

131 *Schall* Rdn. 46; zur Marktgängigkeit *Franzheim/Pfohl* Rdn. 260; *Krell* Rdn. 150; VGH Mannheim BeckRS **2013** 58123 (zur Lagerung von Holzresten; gegen die Erwartung weiterer Verwendung von Produktionsrückständen sprechen insbesondere eine längere Zwischenlagerung, nicht feststellbare positive Marktpreise und fehlende längerfristige Handelsverträge mit potenziellen Weiterverwendern).

132 Entwurf in BT-Drs. 18/12213; zum Stand s. BRat-Drs. 587/20 v. 26.10.2020.

133 *SSW/Saliger* Rdn. 18; *Schall* SK Rdn. 39; *Sack* Rdn. 68.

134 BVerwG NVwZ **2018** 1073.

135 BGHSt **40** 84 = NStZ **1994** 341 f (Falisan-Saatgutbeize, die für eine bestimmungsgemäße Verwendung nicht mehr in Frage kam).

136 VGH München NVwZ-RR **2015** 326; *Sack* Rdn. 155 (beim „wilden“ Abstellen von Autowracks); krit. auch *Henzler* Anm. zu LG Stuttgart NStZ **2006** 291, das wie andere Gerichte (z. B. OLG Braunschweig NStZ-RR **2001** 42; w. N. bei *Fischer* Rdn. 13) dazu neigt, die leichtere Alternative „Zwangsabfall“ aufzugreifen.

137 BGHSt **37** 333, 335 f = NStZ **1991** 282 (Pyrolyse-Urteil; als Abfall zählen auch solche subjektiv gebrauchswertlose und objektiv auch minderwertige Stoffe, die nach Wiederaufbereitung ein Wirtschaftsgut darstellen könnten);

zers,[138] insb. wenn die Angaben zum behaupteten Produktionszweck stärker von dem abweichen, was nach Maßgabe der jeweiligen Branche üblich ist.[139]

d) Weiterverwendung. Kein (subjektiver) Abfall liegt vor, wenn die Sache weiter **wie bisher** 32
verwendet wird oder werden soll (vgl. § 3 Abs. 21 KrWG; sog. Sekundärnutzung), wenn etwa der Besitzer die Altreifen, bis sie abgefahren sind, weiter verwenden will. Gleiches gilt, wenn eine Sache in unmittelbarem Anschluss an die bisherige Verwendung (ohne weitere Behandlung/Verwertung) einen neuen Verwendungszweck durch Umwidmung erhalten hat oder hätte. So läge es etwa bei Altreifen, die zum Schutz des Wagens an der Garagenwand angebracht,[140] in der Landwirtschaft zum Beschweren von Plastikplanen[141] oder in der Schifffahrt als Puffer dienen.[142] Die tatsächliche Anschlussnutzung muss hierbei nicht sofort realisiert werden. Eine Lagerung über einen vorübergehenden kurzen Zeitraum ist unschädlich, wenn der spätere Nutzungszweck feststeht.[143] Die sachliche Identität der betroffenen Sache ist nicht mehr gegeben, wenn sie im Hinblick auf den neuen Verwendungszweck erst behandelt oder bearbeitet werden muss.[144] Werden Altreifen weggegeben, damit sie nach Runderneuerung weiterhin verwendet werden, sind sie deswegen Abfälle zur Verwertung.[145]

Ist eine Sache **unbrauchbar geworden** oder so defekt, dass sie nicht mehr ordnungsgemäß 33
oder nur mit hohem Aufwand repariert werden kann und deshalb wertlos ist, so ist i. d. R. von einem Willen zur Entledigung auszugehen.[146] Sog. „Oldtimer“ sind nach der Verkehrsauffassung Abfall, wenn aufgrund langer Lagerung erhebliche Substanzschäden drohen oder gar entstehen, die zur Inbetriebnahme erhebliche Aufwendungen erforderlich machen würden.[147]

e) Entsorgung. Das die Abfalleigenschaft qua Entledigung ebenfalls begründende **„Zuführen“** 34
zu den Entsorgungsverfahren nach § 3 Abs. 2, Var. 1 und 2 i. V. m. Abs. 1 KrWG ist ein diesen Verfahren unmittelbar vorgelagertes Stadium, das mit der gewollten Bereitstellung der betroffenen Sache zur Verwertung bzw. Beseitigung beginnt. Mit dem Zuführen entscheidet der Sachbesitzer also, ob es sich um einen entsprechenden Abfall handelt. Eine Aufgabe der Sachherrschaft – wie bei der weiteren Alternative von § 3 Abs. 2 KrWG – wird dabei nicht vorausgesetzt. Der Besitzer der zu Abfall werdenden Sache kann ggf. auch selbst Entsorgungsmaßnahmen durchführen. Die Verwertung kann auf privat genutzten Grundstücken (vgl. § 17 Abs. 1 S. 1 a. E.

BGHSt **43** 219 = NStZ **1997** 544 (Gummi-Metall-Gemisch; Verwertung durch Dritte vorgeschoben); BGHSt **59** 45, 47 f = NStZ **2014** 89 (Entledigung von großen Mengen Klärschlammkompost aus einem Erdenwerk durch Einbringung in einen Kiessandtagebau); OLG Oldenburg NuR **2009** 409 f (Aufbringung von Rindergülle entgegen DüngeVO; dazu *Krell* Rdn. 152; NuR **2009** 327, 329 zu Ausnahmen bei Eigendüngung); zu Schrottautos vgl. z. B. BayObLGSt **1991** 144 = NVwZ-RR **1993** 240; OLG Celle NuR **2011** 531 m. Anm. *Krelle* (Ausschlachten kein Gebrauch zum ursprünglichen Verwendungszweck); LG Kiel NStZ **1997** 496 (Verschenken eines Autos in miserablem Zustand zum Ausschlachten); VG München Urt. v. 15.5.2019 – M 28 K 18.840 (juris); *Schall* SK Rdn. 39 f; Jarass/*Petersen* § 3 KrWG Rdn. 39; *Koch/Dieckmann/Reese* § 6 Rdn. 65.

138 *Kloepfer* Umweltrecht § 20 Rdn. 62.

139 *Hansmann/Sellner/Franßen* Kap. 14 Rdn. 66.

140 *Eisele* BT I Rdn. 1334.

141 *Schall* SK Rdn. 47; *Kloepfer* Umweltrecht § 20 Rdn. 62; *Sparwasser/Engel/Voßkühle* § 11 Rdn. 145.

142 *Schall* SK Rdn. 47 m. w. N.

143 OVG Lüneburg UPR **2011** 36 f; *Jarass/Petersen* § 3 KrWG Rdn. 88.

144 *Hansmann/Sellner/Franßen* Kap. 14 Rdn. 67.

145 *Rengier* BT I § 48 Rdn. 19; *Schall* SK Rdn. 47.

146 Beispiel OLG Düsseldorf NStZ-RR **2000** 19; dazu *Schall* SK NStZ-RR **2001** 1, 2 f; s. weiter zu Anhaltspunkten für Abfalleigenschaft *Koch/Dieckmann/Reese* § 6 Rdn. 65 ff.

147 OVG Lüneburg NVwZ **2010** 1111 f; OVG Koblenz NVwZ **2009** 1508 f; *Jarass/Petersen* § 3 KrWG Rdn. 83.

KrWG, z. B. durch Eigenkompostierung) oder sonst – wie die Beseitigung (vgl. § 17 Abs. 1 S. 2 und 3 KrWG) – innerhalb einer eigenen Anlage erfolgen.

7. Zwangsabfall (verwaltungsrechtsbezogener Abfallbegriff)

35 **a) Notwendigkeit einer Zwangsregelung.** Der verwaltungsrechtsbezogene oder objektive Abfallbegriff bildet eine Ergänzung zu dem privatrechtsbezogenen oder subjektiven. Wenn das Gesetz bei der Begründung der Abfalleigenschaft ausschließlich auf die Willensentscheidung des Besitzers abstellen würde, hätte das zur Folge, eine ordnungsgemäße Entsorgung auch noch so umweltschädlicher Abfälle nicht durchführen zu können, wenn der Besitzer diese sabotiert, indem er sich der Sache einfach nicht entledigt, sondern in deren Besitz verbleibt. Der Gesetzgeber musste daher für solche Fälle durch eine „Entledigungspflicht" bzw. ein „Entledigungsgebot" Vorsorge treffen. Bereits nach der zweiten Alternative des früheren § 1 Abs. 1 AbfG waren Abfälle u. a. solche beweglichen Sachen, deren geordnete Entsorgung (bis 1986: Beseitigung) zur Wahrung des Wohls der Allgemeinheit geboten war. Diese Variante wird als „objektiver" oder „verwaltungsrechtsbezogener Abfallbegriff" bezeichnet, der zur Begründung von „Zwangsabfall" führt.[148] Die fehlende Willensentschließung und -betätigung des Abfallbesitzers wird gewissermaßen von Amts wegen im öffentlichen Interesse ersetzt.[149] Dieser Eingriff besitzt unbestreitbar enteignungsähnliche Wirkungen; ein Verstoß gegen Art. 14 GG wurde indessen mit Recht nicht angenommen.[150]

36 Der beschriebene Versuch einer Begriffsbestimmung war seinerzeit allerdings zu weit geraten. Bei oberflächlicher Einordnung konnte nämlich auch ein auf einer verkehrsreichen Straße liegengebliebenes Kraftfahrzeug als vom Gesetzeswortlaut miterfasst angesehen werden.[151] Das **KrWG** hat im Wesentlichen an diesem Rechtszustand festgehalten, sich allerdings um eine Präzisierung bemüht. In § 3 Abs. 4 KrWG heißt es (in Erläuterung der Formulierung „entledigen muss" in Absatz 1) nunmehr, der Besitzer müsse sich solcher Stoffe oder Gegenstände entledigen, die nicht mehr entsprechend ihrer ursprünglichen Zweckbestimmung verwendet werden, aufgrund ihres konkreten Zustandes geeignet sind, gegenwärtig oder künftig das Wohl der Allgemeinheit, insbesondere die Umwelt, zu gefährden und deren Gefährdungspotenzial nur durch eine ordnungsgemäße und schadlose Verwertung oder gemeinwohlverträgliche Beseitigung ausgeschlossen werden kann. Ob diese Voraussetzungen für die Annahme von „Zwangsabfall" vorliegen, ist beim verwaltungsrechtsbezogenen Abfallbegriff aufgrund einer **Gesamtabwägung** der genannten Kriterien des § 3 Abs. 4 KrWG festzustellen.[152] Hierbei ist auch der Grundsatz der Verhältnismäßigkeit zu beachten.[153]

37 **b) Wegfall der Verwendung.** Während nach dem bis 1996 geltenden Recht weitgehend auf die – im Einzelfall schwierig festzustellende – tatsächlich vorhandene mangelnde Verwertbarkeit einer Sache als Wirtschaftsgut abgestellt worden war, ist nach jetzigem Recht nur noch Voraussetzung, dass die Sache nicht mehr entsprechend ihrer ursprünglichen Zweckbestim-

---

148 BGHSt **37** 21 = NJW **1990** 2477; BGHZ **110** 210 = NJW **1990** 2471; OLG Karlsruhe NuR **1991** 347, 348 f.

149 *Steindorf* LK[11] Rdn. 49.

150 KG b. *Rützler* DAR **1981** 205, 206; OLG Koblenz OLGSt. § 18 AbfG S. 1, 2; BVerwGE **92** 353 = NVwZ **1993** 988 f = UPR **1993** 387 (Altreifen); BVerwGE **92** 359 = NVwZ **1993** 990 f = UPR **1993** 389 (Bauschutt).

151 BayObLGSt **1974** 77 = NJW **1975** 396; weitere Beispiele bei *Laufhütte/Möhrenschlager* ZStW **92** (1980) 912, 956 Rdn. 179; *Möhrenschlager* NuR **1983** 209, 218; *Sack* Rdn. 51.

152 BGHSt **37** 21, 27 = NStZ **1990** 438; OVGE Berlin **15** 138 = NuR **1981** 102; OLG Koblenz NuR **1984** 37; NuR **1984** 38; GewArch **1981** 237; *von Lersner* NuR **1981** 1, 3; *Möhrenschlager* NuR **1983** 209, 218; *Kuhlen* WiVerw **1991** 181, 208; *Rogall* NStZ **1992** 360, 364.

153 OLG Düsseldorf NVwZ-RR **1990** 11, 13; BayVGH ZfW **1981** 178, 184.

mung verwendet wird (§ 3 Abs. 4 KrWG), also „ausgedient“ hat. Im Gegenschluss führt die fortbestehende Verwendung der Sache als Ganzes zum ursprünglichen Zweck – selbst in der Hand eines Dritten[154] oder bei unmittelbarer Umwidmung zu einem neuen sinnvollen Zweck – in jedem Fall zur Verneinung der Abfalleigenschaft.[155] Ob eine aktuell ungenutzte Sache möglicherweise anderweitig verwertet werden kann, spielt keine Rolle.[156]

Um eine bewegliche Sache als „Zwangsabfall“ deklarieren zu können, muss also zunächst die **Beendigung ihrer ursprünglichen Nutzung** festgestellt werden. Erfasst ist sowohl der Fall, dass der Besitzer die Zweckbestimmung, wenn eine solche überhaupt vorhanden war, aufgibt, als auch derjenige, dass diese Zweckbestimmung ohne sein Zutun entfallen ist.[157] Soweit in diesem Zusammenhang auf die Fiktion des Entledigungswillens in § 3 Abs. 3 KrWG zurückgegriffen wird,[158] ist dies für das Strafrecht an dieser Stelle ohne unmittelbare Bedeutung. Solange die Sache noch ihrem ursprünglichen Zweck entsprechend tatsächlich verwendet wird, sei es auch in der Hand eines Dritten, bildet sie daher keinen Abfall. Zur Bekämpfung von Gefahren, die von einer solchen Sache ausgehen mögen, bleibt allein das einschlägige Ordnungsrecht berufen.[159] Die Fortführung der alten Nutzung stellt damit in Bezug auf die Annahme von Zwangsabfall ein „generelles Abfallausschließungskriterium“[160] dar. Die von Anfang an, insb. vom BGH vertretene, Auffassung, nur solche Sachen seien als objektive Abfälle anzusehen, die in ihrem gegenwärtigen konkreten Zustand objektiv gebrauchswertlos sind (bzw. keinem vernünftigen Zweck mehr dienen), hat sich weitgehend durchgesetzt.[161] Beim Begriff des „**Gebrauchswerts**“ wird auf den ursprünglichen Verwendungszweck oder auf einen unmittelbar an dessen Stelle tretenden neuen Verwendungszweck sowie darauf abgestellt, ob die Sache in ihrem gegenwärtigen Zustand als Ganzes nicht mehr verwendbar ist und auch nicht alsbald mit vernünftigem wirtschaftlichen Aufwand wieder ihrem ursprünglichen Verwendungszweck zugeführt werden kann. Dieser Gebrauchswert ist nicht mit dem wirtschaftlichen Wert identisch, weshalb auch Sachen von möglicherweise hohem Wert, die (nach Behandlung) wiederverwertbar sind, als (in ihrem gegenwärtigen Zustand) gebrauchswertlos anzusehen sind.[162] Für eine Mindermeinung kommt es demgegenüber für die Eigenschaft als „objektiver Abfall“ auf den (Gebrauchs-)Wert der Sache nicht an.[163] **38**

Weitgehend anerkannt ist, dass die **Möglichkeit einer späteren Wiederverwendung** oder Verwertung (und erst recht eine entsprechende subjektive Vorstellung) der Annahme eines ob- **39**

---

154 BVerwGE **92** 353 = NVwZ **1993** 988.

155 BayObLGSt **1995** 50, 51 = NuR **1995** 431; *Schall* SK Rdn. 52f.

156 BGHSt **37** 21, 27; 37 333, 335; BayObLGSt **1995** 50, 51; *Schall* SK Rdn. 53 m. w. N.

157 *Schall* SK Rdn. 52; *Steindorf* LK[11] Rdn. 53; *SSW/Saliger* Rdn. 17; die Einschränkung von *Ransiek* NK Rdn. 22, dass die Sache auch künftig nicht mehr verwendet werden soll, was auf die dauerhafte Aufgabe der ursprünglichen Zweckbestimmung hinausläuft, ist auf Ablehnung gestoßen, vgl. *Schall* SK Rdn. 53; *SSW/Saliger* Rdn. 17; *Henzler* wistra **2002** 413, 415.

158 *Fluck* DVBl. **1995** 537, 543.

159 BVerwGE **92** 353, 355 = NVwZ **1993** 988; so auch Jarass/*Petersen* § 3 Rdn. 99; **aA** offenbar OVG Berlin OVGE **15** 138.

160 *Fluck* DVB1. **1995** 537, 545; vgl. auch *Schall* SK Rdn. 53 bei Weiterbenutzung entsprechend dem ursprünglichen Zweck; ebenso *SSW/Saliger* Rdn. 22; *Henzler* wistra **2002** 413, 415; ferner bei unmittelbarer Umwidmung zu einem neuen sinnvollen Zweck, vgl. LG Stuttgart NStZ **2006** 292f.

161 BGHSt **37** 21, 26 f = NStZ **1990** 438 (Sache, die aufgrund Verunreinigung ohne Entsorgung objektiv ohne Gebrauchswert ist und die Umwelt gefährdet); BayObLGSt **1992** 144 = NVwZ-RR **1993** 240; NVwZ **1995** 935; **1995** 50; OLG Celle NStZ **1996** 191; NuR **2011** 531 m. Anm. *Krell;* OLG Düsseldorf NStZ-RR **2000** 19; OLG Braunschweig NStZ-RR **2001** 42 (Autowrack); OLG Oldenburg wistra **1996** 116 (Altöl); OLG Naumburg NStZ-RR **2017** 13 (Oldtimer); LG Stuttgart NStZ **2006** 291 (kein Abfall bei nennenswertem Gebrauchswert) m. Anm. *Henzler*; etwas enger KG ZfW **1993** 239; zur älteren Rspr. *Möhrenschlager* NuR **1983** 211, 218; *Sch/Schröder/Heine/Schittenhelm* Rdn. 2 f; *Schall* SK Rdn. 52; *Witteck* BeckOK Rdn. 13; *Krell* Rdn. 154.

162 BayObLGSt **1995** 50.

163 VG Neustadt BeckRS **2015** 52919; *Häberle* § 3 Rdn. 32; *Kuhlen* WiVerw **1991** 181, 209; *Versteyl/Mann/Schomerus*, § 3 Rdn. 26 OVG Berlin, OVGE **15** 138 = NuR **1981** 102 sah den objektiven Handelswert oder eine Weiterverwertbarkeit

jektiven Abfallbegriffs nicht entgegensteht.[164] Anderenfalls würde bereits die Möglichkeit eines Recyclings zur Entleerung des objektiven Abfallbegriffs führen. Ein Autowrack ist Abfall, wenn es trotz eines gewissen Materialwerts in seinem gegenwärtigen Zustand als Ganzes nicht mehr verwendbar ist und mit wirtschaftlich vernünftigem Aufwand nicht mehr verkehrssicher gemacht werden kann.[165] Das Ausschlachten eines Fahrzeugs stellt keinen Gebrauch i. S. d. ursprünglichen Verwendungszweckes dar. Kein objektiver Abfall ist ein Oldtimer, der als Ganzes erhalten und funktionstüchtig ist, selbst wenn die Kosten der Reparatur den wirtschaftlichen Wert übersteigen.[166]

40 **c) Gefährdungseignung.** Weiterhin müssen die Sachen aufgrund ihres konkreten Zustandes geeignet sein, gegenwärtig oder zumindest künftig das **Wohl der Allgemeinheit**, insb. die Umwelt, zu gefährden. Damit ist eine zentrale Aufgabe des Abfallbeseitigungsrechts angesprochen. § 15 Abs. 2 KrWG zählt beispielhaft auf, welche Beeinträchtigungen bei der Abfallbeseitigung insbesondere vermieden werden müssen. Was unter den unbestimmten Rechtsbegriff „Wohl der Allgemeinheit"[167] fällt und zu dessen Schutz im Einzelfall erforderlich ist, muss unter umfassender Gesamtbetrachtung und unter Abwägung aller Umstände des Einzelfalls, insbesondere betroffener Interessen und Schutzgüter der Allgemeinheit (§ 15 Abs. 2 S. 2 KrWG), ggf. aber auch von betroffenen Personen unter Berücksichtigung des konkreten Zustands der betroffenen Sache festgelegt werden.[168] Beeinträchtigungen der Gesundheit können sich aus Verletzungs-, Infektions- und Unfallgefahren sowie ggf. mittelbar durch aus dem Abfall entstehende gefährliche Luftschadstoffe ergeben. Fühlen sich nur einzelne oder bestimmte Nachbarn, also ein kleiner, fest umrissener Personenkreis belästigt, so ist das Wohl der Allgemeinheit noch nicht tangiert.[169] Bei Ablagerungen werden die Lage des Betriebes und des Aufbewahrungsorts, Art und Weise der Aufbewahrung, der Zweck der Lagerung, die Menge, die Art und Beschaffenheit des Abfalls bzw. der Reststoffe (Schadstoffhaltigkeit, Dichtigkeit der Verpackung, Korrosionsanfälligkeit) und die Zeit der Lagerung eine Rolle spielen.[170] Auch mag von Bedeutung sein, ob es sich um natürliche Stoffe wie Abfallholz handelt.[171]

---

nicht als entscheidend an; notwendig sei eine Gesamtabwägung zwischen den durch Nichtbeseitigung drohenden Gefahren und den Verwirklichungsaussichten einer wirtschaftlichen Wiederverwertung; für LG Stuttgart NStZ **2006** 292 scheidet eine Gemeinwohlgefährdung aus, wenn das Fahrzeug noch einen nennenswerten Gebrauchswert i. S. d. ursprünglichen Verwendungszwecks oder eines unmittelbar an dessen Stelle tretenden neuen Verwendungszwecks hat, was es bei einem schrottreifen Autowrack verneint.

164 BGHSt **37** 21, 26 f; **37** 333, 334 f; BayObLGSt **1992** 144, 146; **1995** 50; OLG *Braunschweig* NStZ-RR **2001** 42; OLG Celle NStZ **1996** 191; OLG Düsseldorf NStZ-RR **2000** 19; OLG Koblenz NStZ-RR **1997** 363; BVerwGE **92** 353; NVwZ-RR **2018** 961, 964; *Alt* MK Rdn. 32; *Schall* SK Rdn. 53.

165 BayOblGSt **1997** 11 = NVwZ **1997** 1038; OLG Braunschweig NStZ-RR **2001** 42; OLG Celle NZV **1997** 405; OLG Düsseldorf NStZ-RR **2000** 19; LG Stuttgart NStZ **2006** 291 m. Anm. *Henzler; Fischer* Rdn. 13; *Schall* SK Rdn. 54.

166 OLG Celle NZV **1997** 405; OLG Naumburg NStZ-RR **2017** 13 f; OLG Düsseldorf NVwZ **1999** 571; *Schall* SK Rdn. 54; *Franzheim/Pfohl* Rdn. 332; G/R-*Wolf* § 3 Rdn. 16b; näher *Henzler* wistra **2002** 413; krit. *Krell* Rdn. 155; *Sack* NStZ **1998** 197 f.

167 BT-Drs. 6/3154 3; BayObLG NuR **1984** 246; BayObLGSt **1983** 4 106, 107 = NStZ **1984** 123; *Jarass/Petersen/Dieckmann* § 15 KrWG Rdn. 40.

168 BGHSt **37** 21, 27 = NJW **1990** 2477; **37** 333 = NStZ **1991** 282; BayObLGSt **1983** 106 = NStZ **1984** 123; BayObLGSt **1992** 144 = NVwZ-RR **1993** 240; BayObLGSt **1994** 225 = NVwZ **1995** 935; BayObLG NuR **1984** 246 (Betroffenheit einer unbestimmten Zahl von Individuen); NVwZ-RR **1995** 513; OLG Celle NZV **1997** 405; *Schall* SK Rdn. 55; *SSW/Saliger* Rdn. 23; einschränkend zur Anwendung der Abwägungstheorie *Jarass/Petersen/Dieckmann* § 15 KrWG Rdn. 43 m. w. N.

169 BayObLG NuR **1984** 246.

170 BayObLGSt.**1984** 106, 108; OLG Zweibrücken NStZ **1991** 336; *SSW/Saliger* Rdn. 23; vgl. auch *Kloepfer* Umweltrecht § 21 Rdn. 137.

171 OLG Hamm NuR **1980** 134.

In der gesetzlichen Formulierung, die auf die Eignung zur Gefährdung abstellt, kommt klar zum Ausdruck, dass keine konkrete Gefahr vorliegen muss, sondern eine **potenzielle Gefährlichkeit** genügt. Das Abfallregime soll nicht erst eingreifen, wenn es zu einer Störung gekommen ist, sondern bereits präventiv. Ausreichend, aber auch erforderlich ist danach, dass „die gegenwärtige Aufbewahrung der Sache und ihre künftige Verwendung oder Verwertung nach Art oder Verfahren aufgrund allgemeiner Erfahrungen und wissenschaftlicher Erkenntnisse typischerweise zu einer Gemeinwohlgefährdung, insbesondere zu Umweltgefahren, führen".[172] Die beschriebene Eignung hängt vom konkreten Zustand der Sache ab. Er ist im Wege einer Gesamtschau aller Umstände zu ermitteln, die für die Gefährlichkeitsprognose von Bedeutung sein können.[173] Dazu gehören nicht nur die der Sache selbst innewohnenden gefahrbringenden Eigenschaften, sondern auch die Gefahrenmomente, die aufgrund ihrer Lagerung, der möglichen Nutzung, der Umgebung sowie der äußeren Einflüsse (Witterung, Tierfraß) hinzutreten. Alsdann ist aufgrund naturwissenschaftlicher Erfahrungswerte – meist mit sachverständiger Hilfe – zu untersuchen, ob von einer derart beschaffenen Sache künftig Gefährdungen in den genannten Ausprägungen zu besorgen sind. Wie auch bei anderen Bestimmungen, die auf eine „Eignung" abstellen, ist nicht erforderlich, dass Stoffe dieser Art tatsächlich bereits einmal zu Gefährdungen oder gar Schäden geführt haben. Es genügt die plausible sachverständige Prognose einer Gefährlichkeit.[174] 41

Andererseits darf sich die Annahme der Eignung zur Gefährdung nicht in einer bloßen Vermutung erschöpfen. Eine rein theoretische Möglichkeit reicht ebensowenig aus. Zudem hat **Unerhebliches** auszuscheiden. Daher genügt nicht jede geringfügige drohende Beeinträchtigung zur Annahme der Gefährdungseignung. Maßgebend ist der Maßstab eines sachkundigen umweltbewussten Betrachters: Was unter Berücksichtigung von Umfang und Dauer der zu besorgenden Störung aus dessen Blickwinkel nicht ins Gewicht fällt, stellt noch keine Gefahr dar.[175] Unbedeutend in diesem Sinne ist es, wenn nur das ästhetische Empfinden der unmittelbaren Nachbarn betroffen ist,[176] wenn die lagernden Gegenstände lediglich im Bereich einer Grundstückseinfahrt wenige Meter einsehbar oder mit Planen abgedeckt sind[177] oder wenn ein einzelnes oder einige wenige Autowracks nur ein paar Tage lang in einem städtischen Gewerbegebiet gelagert werden.[178] 42

Die drohende Gefahr muss demnach eine gewisse Intensität aufweisen.[179] Dabei sind an den Grad der Gefährdung umso geringere Anforderungen zu stellen, je größer und folgenschwerer der mögliche Schaden sein würde.[180] Bei abgestellten **Autowracks** besteht die Möglichkeit einer Beeinträchtigung von Boden und Gewässern vor allem durch noch vorhandene Betriebsflüssigkeiten wie Öl, Benzin, Brems- und Batteriesäuren mit der Gefahr allmählichen Korrodie- 43

---

172 BVerwGE **92** 353 = NVwZ **1993** 988; vgl. auch *Schall* SK Rdn. 56 (Wahrscheinlichkeitsurteil); *Rogall* Festschrift Köln 505, 515 ff.

173 BVerwGE **92** 353 = NVwZ **1993** 988; OLG Koblenz NStZ-RR **1996** 9.

174 BVerwGE **92** 353 = NVwZ **1993** 988.

175 BayObLGSt **1993** 78, 80 = NVwZ-RR **1993** 1023; NuR **1984** 246; BayObLGSt **1983** 106, 108 = NStZ **1984** 123; *Alt* MK Rdn. 33; *Sack* Rdn. 41.

176 BayVGH ZfW **1977** 47, 49.

177 BayObLG NuR **1984** 246.

178 BayObLGSt **1984** 106, 108 (drei Autowracks für zweieinhalb Monate im Gewerbegebiet lagernd ist nicht unerheblich).

179 BayObLGSt **1981** 37 = NuR **1982** 79; BayObLGSt **1992** 144, 147 (mögliche Beeinträchtigung von Boden und Gewässer); zur besonderen Beeinträchtigung durch Hundekot OLG Düsseldorf NStZ **1991** 535; OLG Frankfurt NVwZ-RR **1992** 545; *Schall* Rdn. 55; *Hecker* NStZ **1993** 348 f; VGH Kassel NuR **1996** 262, 263 (Ungeziefer; Brandgefahr); BayObLG NuR **1984** 246 (erhebliche Geruchsbelästigung); OVG Lüneburg GewArch **1975** 277, 279 (Rattenplage).

180 BayObLGSt **1992** 144, 147 = NVwZ-RR **1993** 164; NVwZ-RR **1995** 513; OLG Düsseldorf NStZ-RR **2008** 19; LG Stuttgart NStZ-RR **2000** 20; OVG Lüneburg NuR **2003** 565; *Schall* SK Rdn. 56; *SSW/Saliger* Rdn. 23.

rens von Kraftstofftanks, Motor- und Getriebewannen und Leitungen oder in der Folge von Eingriffen Dritter.[181]

44 Eine ganze Reihe von Entscheidungen haben sich damit befasst, ob auch eine **Beeinträchtigung des Orts- oder Landschaftsbildes**, wenn sie nicht lediglich unerheblich ist,[182] unter dem Gesichtspunkt der Wahrung des Wohles der Allgemeinheit die Beseitigung gelagerter Gegenstände als Abfall erforderlich macht. Diese Frage ist zu Recht allgemein bejaht worden.[183]

45 **d) Beseitigung der Gefährdung nur durch Entsorgung.** Schließlich muss als drittes Erfordernis nach § 3 Abs. 4 KrWG das Gefährdungspotential der betreffenden Sachen nur durch eine ordnungsgemäße und schadlose Verwertung oder gemeinwohlverträgliche Beseitigung nach den Vorschriften des KrWG und dessen Ausführungsbestimmungen ausgeschlossen werden können. Bis 1996 genügte es, wenn die „geordnete Entsorgung [...] geboten" war. Heute ist Zwangsabfall erst dann anzunehmen, wenn Maßnahmen der Abfallentsorgung – Verwertung oder Beseitigung der Sache – als ultima ratio zur Behebung oder Verhinderung der drohenden Gefährdung erscheinen. Diese enge Gesetzesfassung berücksichtigt in stärkerem Maße den hier tangierten Eigentumsschutz. Danach kann kein Zwangsabfall entstehen, solange tatsächlich eine ernsthafte anderweitige Möglichkeit besteht, das Gefährdungspotential, das von der Sache ausgeht, auszuräumen.[184] Darüber hinaus ist eine abfallrechtliche Entsorgung auch nicht geboten, wenn eine mögliche Gefährdung bereits durch Polizei- und sonstiges Ordnungsrecht ausgeschlossen werden kann.[185]

46 Bei der vorzunehmenden **Einschätzung** ist als wesentlicher Maßstab der Grundsatz der Verhältnismäßigkeit zu beachten.[186] Der Eigentümer muss danach im Hinblick auf Art. 14 Abs. 1 S. 2, Abs. 2 GG Einschränkungen seines Eigentums umso eher hinnehmen, je gewichtiger das Interesse der Allgemeinheit an einer ordnungsgemäßen Entsorgung ist. Bei der Prüfung, ob eine echte, effektive, gleichwertige nichtstaatliche Alternative bereitsteht, ist in Anbetracht der von „zwecklos" gewordenen Sachen – infolge der Neigung, sich ihrer möglichst kostensparend zu entledigen – ausgehenden Gefahren ein strenger (objektiver) Maßstab anzulegen.[187] Bloße subjektive Behauptungen oder Versprechungen des Betroffenen über Möglichkeiten der privaten Weiterverwendung oder Verwertung[188] reichen niemals aus, das Abfallregime mit seinen im

181 *Sack* Rdn. 132, 141 f, 143, 145, 155; *Fischer* Rdn. 13; für das Erfordernis einer gegenwärtigen Gefahr BayObLG NuR **1995** 319 f; NVwZ **1995** 935; OLG Braunschweig NStZ-RR **1998** 175; dazu krit. *Brede* NStZ **1999** 137 f; OLG Koblenz NStZ-RR **1996** 9; OLG Schleswig NStZ **1997** 546; *SSW/Saliger* Rdn. 23; zu Recht weitergehend BayObLG JR **2001** 475 m. Anm. *Sack;* OLG Braunschweig NStZ-RR **2001** 42; OLG Celle NStZ **1996** 191 f; LG Stuttgart NStZ **2006** 291 m. zust. Anm. *Henzler;* OVG Lüneburg NuR **2003** 565; *Sch/Schröder/Heine/Schittenhelm* Rdn. 8; *Schall* Rdn. 57; *Reinicke* 99 f; *Matt/Renzikowski/Rettenmaier/Gehrmann* Rdn. 12; *Sack* NStZ **1998** 198 f; *Kloepfer* Umweltrecht § 21 Rdn. 138; *Krell* NuR **2011** 487 f.

182 BayObLGSt **1981** 37 = NuR **1982** 79; BayObLGSt **1992** 144 = ZfW **1993** 236; BayObLGSt **1997** 11 = NVwZ **1997** 1038; KG bei *Rützler* DAR **1981** 205; *Schall* SK Rdn. 55; *SSW/Saliger* Rdn. 23.

183 BayObLGSt **1997** 11; **1992** 144, 147; **1984** 106, 108; **1981** 37 = NuR **1982** 79; **1973** 162 = NJW **1974** 154; **1973** 166 = NJW **1974** 157; BayObLG NVwZ **1990** 597, 598; NuR **1981** 181; KG bei *Rützler* DAR **1981** 205; OLG Celle MDR **1978** 955; OLG Frankfurt NJW **1974** 1666; OLG Hamm NJW **1975** 1042; NuR **1980** 134, Beschl. v. 26.4.1984 – 3 Ss OWi 425/84 (juris [LS]); OLG Koblenz GewArch **1980** 97 = DAR **1980** 93; VRS **60** 239; GewArch **1981** 237; VGH München ZfW **1977** 47, 49; BayObLG NVwZ **1990** 597; OVG Saarlouis NuR **1982** 28.

184 *Sch/Schröder/Heine/Schittenhelm* Rdn. 2f; *Schall* SK Rdn. 59; *SSW/Saliger* Rdn. 19.

185 BayObLGSt **1997** 11, 13; VGH Kassel NJW **1987** 393; *Alt* MK Rdn. 34; *Sch/Schröder/Heine/Schittenhelm* Rdn. 2f; *Kloepfer* Umweltrecht § 21 Rdn. 143 f; Jarass/*Petersen* § 3 KrWG Rdn. 115.

186 BVerwGE **92** 353 = NVwZ **1993** 988; BayVGH ZfW **1981** 178, 184.

187 BVerwGE **92** 353 = NVwZ **1993** 988; 92 359 = NVwZ **1993** 990, 991 f; NVwZ **1999** 1111; *Schall* SK Rdn. 60.

188 BVerwGE **92** 359 = NVwZ **1993** 990, 991 f; *Schall* SK Rdn. 69.

öffentlichen Interesse eingerichteten Kontrollbefugnissen auszuschalten. Typischerweise umweltgefährdende, aber noch verwend- oder verwertbare bewegliche Sachen sind nach diesen Grundsätzen nur dann kein Zwangsabfall, wenn die begründete Annahme besteht, der Besitzer werde „in rechtlicher, tatsächlicher, organisatorischer, finanzieller, personeller und unternehmerischer Hinsicht“ in der Lage (und zudem willens) sein, die Sachen – gegebenenfalls unter Beauftragung Dritter – alsbald einer umweltunschädlichen Verwendung oder Verwertung zuzuführen.[189]

8. Rechtsprechung zum Abfallbegriff

Abbrand-Schlacke: OLG Braunschweig ZfW **1991** 52, 58 47

Abbrennen eines reparaturbedürftigen Pkw: AG Hamburg NStZ **1988** 365 m. krit. Anm. *Meinberg*

Abbruchmaterial (nicht mehr verwendungsfähig): OVG Münster NuR **1988** 255; (teilweise schadstoffbelastet): BayObLGSt **1989** 3 = NJW **1989** 1290

Abfallholz eines Möbelherstellers: BayObLGSt **1975** 77 = NJW **1975** 396; eines Sägewerks: OLG Hamm NuR **1980** 134

Abgefahrene Autoreifen: BayVGH RdL **1977** 108

Abgestellte Autos: OLG Düsseldorf ZfW **1989** 168 (Abfall); OVG Lüneburg DÖV **1976** 386; VG Münster NVwZ **1991** 98 (kein Abfall)

Absiebrückstände: BGH NStZ **1997** 545 = StV **1998** 126 = ZfW **1999** 35; BayVGH NVwZ-RR **1994** 319

Abwasser: EuGH ZUR **2007** 366; BGHSt **37** 21 = NStZ **1990** 438; NStZ **1991** 281 (Restaurationsschiff); BGH NStZ **1997** 189; BGHSt **38** 325 = NStZ **1993** 285; OLG Celle NuR **1992** 396 = ZfW **1992** 317; OLG Koblenz OLGSt § 324 StGB Nr. 2 m. Anm. *Möhrenschlager*; OLG Celle NuR **1992** 396 = ZfW **1992** 517 (Haushaltsabwässer); LG Frankfurt NStZ **1983** 171 (betrieblich)

Abwasser, mit Vinylchlorid kontaminiert: OLG Karlsruhe ZfW **1996** 406

Abwasserschlamm: OLG Oldenburg NStZ-RR **2008** 243 = AbfallR **2008** 59

Alte Autoteile, von Dritten widerrechtlich auf den eigenen LKW geladen: OLG Köln VRS 49 463 = OLGSt § 1 AbfG S. 1

Altglas ab AbfG 1986: OVG Schleswig NuR **1992** 443; zur Rechtslage davor (kein Abfall): BGH ZfW **1991** 17; BVerwG ZfW **1984** 240 = DÖV **1983** 600 (kein Abfall); Vorinstanz OVG Münster ZfW **1984** 238 = NVwZ **1983** 561

Altmaterialien, ungeordnet angehäuft: VGH Kassel NuR **1996** 262, 263 f.

Altöl: BVerwG ZfW **1980** 225; OLG Düsseldorf ZfW **1994** 440 = NuR **1994** 361; OLG Köln NJW **1986** 1117; OLG Oldenburg MDR **1996** 301 = NuR **1996** 164; OVG Hamburg NuR **2004** 463; BGH NStZ-RR **1998** 367; BeckRS **2001** 04330

Altöl-Wassergemisch: AG Lübeck NJW **1991** 1125, 1126 m. Anm. *Sack*

Altpapier ab AbfG 1986: OVG Schleswig NuR **1992** 443; BayObLGSt **1992** 114 = NuR **1993** 95; zur Rechtslage davor: BayObLGSt **1984** 123 = NVwZ **1984** 198

Altreifen: BVerwGE **92** 359 (Leitentscheidung) = NVwZ **1993** 990; BayObLG NuR **1984** 246 (Auffüllen einer Grube); BayVGH NVwZ-RR **1993** 464; VGH Kassel DÖV **1992** 272; UPR **1992** 356 = NuR **1992** 238; (falls einer wirtschaftlichen Verwertung zuzuführen): BayVGH ZfW **1994** 340; VGH Kassel ZfW **1994** 412 und 413; (privat verbrannt): OLG Oldenburg NdsRPfl. **1984** 242

Alttextilien BVerwG NVwZ **2018** 1073; VGH Mannheim NVwZ-RR **2018** 800

Aluminiumkrätze: BGH wistra **1991** 339

---

189 BVerwGE **92** 359 = NVwZ **1993** 990, 991 f; DÖV **2007** 1015, 1016 f; BayVGH NVwZ-RR **1993** 464.

Asbesthaltiger Abfall: AG Landau bei *Sack* Rdn, 145; VGH Kassel NuR **2003** 432 = ZUR **2003** 245; VG Gelsenkirchen Urt. v. 14.1.2020 – 9 K 5432/16 – juris
Asche aus Holzresten: OVG Lüneburg UPR **1986** 28 = NuR **1987** 86 (verneint)
Aussiebmaterial (PCB-haltig): VGH Kassel GewArch **1994** 174
Autoteile von wirtschaftlich bedeutendem Wert: KG ZfW **1993** 239 = GewArch **1993** 173; Autoteile u. a.: OLG Hamm Beschl. v. 26.4.1984 – 3 Ss OWi 425/84
Autowracks: KG GewArch **1993** 173; NZV **1992** 459; BayObLG NVwZ **1997** 1038 = StraFo **1997** 146; MDR **1996** 303; BayObLGSt **1995** 50 = NVwZ-RR **1995** 513; BayObLGSt **1994** 225 = NVwZ **1995** 935; NZV **1993** 164 = DÖV **1993** 959; BayObLGSt **1973** 162 u. 166 = NJW **1974** 156 u. 157; BayObLG NVwZ **1993** 240; NuR **1981** 181; BayObLGSt **1981** 37 = NuR **1982** 79; BayObLGSt **1982** 198; BayObLGSt **1984** 106 = NStZ **1984** 123; BayObLG NuR **1984** 246; VGH München BayVBl. **1976** 371 = ZfW **1977** 47; OLG Braunschweig NStZ-RR **2001** 42 = NJW **2001** 1079; NStZ **1999** 137 m. Anm. *Brede;* NVwZ **1994** 934 = NuR **1995** 162; OLG Celle NStZ **1996** 191 = NuR **1996** 215; NuR **2011** 531; NStZ-RR **2012** 75 = StV **2012** 156; ZUR **2016** 314; OLG Düsseldorf NZV **1989** 40 = VRS 75 477; NStZ-RR **2000** 19; OLG Frankfurt NJW **1979** 1468; OLG Koblenz OLGSt. § 18 AbfG S. 1; DAR **1980** 93; OLG Karlsruhe NStZ **1990** 128 (verneint); NuR **1991** 347 = GewArch **1991** 394; VGH Kassel ZfW **1991** 44 = NuR **1991** 31; OLG Koblenz NStZ-RR **1996** 9; VRS **46** 447; VRS **50** 152 und 394; GewArch **1980** 97 = DAR **1980** 93; UPR **1981** 32 = NuR **1984** 38; NStZ-RR **1996** 9; OVG Koblenz NVwZ **1986** 665; OVG Lüneburg NVwZ **2010** 1111; DÖV **1976** 386 = GewArch **1976** 137; VGH Mannheim BaWüVerwPr. **1975** 156 = NuR **1995** 195; VGH München NJW **1983** 1442, 1443; NVwZ-RR **2015** 326; KG bei *Rützler* DAR **1981** 205; OLG Naumburg NStZ-RR **2017** 13; OLG Schleswig SchlHA **1986** 117 = NuR **1987** 42; SchlHA **1978** 176; NuR **1990** 92; NStZ **1997** 546 m. Anm. *Iburg*; OLG Stuttgart NVwZ **1987** 461; OLG Zweibrücken NJW **1992** 2841 = NuR **1992** 145; hierzu *Winkelbauer* JuS **1994** 112 und *Weber/Weber* NStZ **1994** 36; LG Stuttgart NStZ **2006** 291 m. Anm. *Henzler*; VG Cottbus Beschl. v. 7.7.2020 – 3 L 140/20 – juris; VG Bremen NVwZ **1997** 1029; VG Göttingen NuR **1995** 571; LG Kiel NStZ **1997** 496; dazu *Sack* Rdn. 155; *Franzheim/Pfohl* Rdn. 328 ff; *Reinicke* Das Wrack im Abfallrecht und im Strafrecht (2006)
Bahnschwellen, mit Teer behandelt, benutzt zur Einzäunung: OVG Lüneburg NuR **2003** 565; OVG Münster NuR **2003** 297 = ZUR **2003** 297
Balken und Bretter eines abgebrochenen Hauses: BayObLG BayVBl. **1973** 273
Batteriesäure aus Altbatterien: OLG Frankfurt NuR **1989** 405
Bauabfälle, recycelbare: OVG Bautzen NVwZ-RR **1996** 570 = NuR **1996** 534
Bauschutt (unbelastet: kein Abfall): BVerwG NuR **1990** 408; NVwZ **1994** 897, 898; (unsortiert) BVerwGE **92** 353 [Leitentscheidung] = NVwZ **1993** 988; BVerwG NVwZ **1990** 564; BayObLG NuR **1993** 295; OLG Düsseldorf NuR **1984** 76; BayVGH BayVBl. **1984** 688; VGH Kassel NVwZ-RR **1991** 532 = NuR **1990** 471; OVG Koblenz NVwZ **1985** 436 = NuR **1986** 134; NuR **1992** 437; DÖV **1984** 897 und **1987** 1021; AG Dachau NStZ **1996** 546; VGH Mannheim NVwZ-RR **1995** 506 = NuR **1995** 409; OVG Münster NVwZ-RR **1995** 441; DÖV **1987** 978; OLG Schleswig NuR **1979** 43 (L)
Bauschutt und Hausmüll zur Auffüllung eines Bombentrichters: OLG Hamm NJW **1975** 1042 = ZfW **1975** 255
Bauschutt, mit Teer belastet: OVG Münster NVwZ-RR **1995** 441 = ZfW **1996** 403, 404; VG München, 21.1.2016, M 17 K 17 K 14.5755 (juris);
Baustellenabfälle (in Abgrenzung zu Bauschutt): BayObLGSt **1993** 17 = ZfW **1994** 308; VGH Kassel NVwZ-RR **1991** 532
Betriebsabfälle (Ölfässer, Autoreifen u. a.): BayObLG NuR **1982** 114
Biostoffe, vom Besitzer nicht kompostiert und nicht anderweitig verwertet: OVG Münster RdL **1995** 258
Boden, strahlenbelastet: StA Hannover NuR **2013** 300 (kein Abfall vor Auskofferung); zum verunreinigten Bodenaushub *Franzheim/Pfohl* Rdn. 336 ff
Bruchgestein: EuGH NuR **2003** 741

Chemikalien: BGH NStZ **1991** 490 = ZfW **1992** 435; OVG Berlin GewArch **1980** 279 = NuR **1981** 102; BayVGH ZfW **1981** 178, 181; OLG Köln JR **1991** 523 m. Anm. *Sack* und NJW **1986** 1117 (Clophen)
Destillationsrückstände u. Ä. aus stillgelegter Pelzveredlungsfirma: VGH Mannheim NVwZ **1994** 1130
Dünger: BayObLG NuR **1984** 318; OLG Stuttgart OLGSt § 4 AbfG, S. 1; OLG Saarbrücke MDR **1977** 865; OLG Celle NStZ-RR **1998** 208; OLG Zweibrücken NStZ **1991** 337
(Rinder) Dung: SchlHA **1997** 214
Einwegverpackungen (gelagert zu Demonstrationszwecken): OLG Celle NVwZ **1988** 190
Eisenbahnwagen (ausgemusterte): OVG Münster DÖV **1978** 48 = ZfW **1977** 173
Erdaushub: BGH (Z) NuR **1994** 364; BGH NJW **1990** 2476; BVerwG NVwZ **1994** 897, 898 (unbelastet: kein Abfall); BVerwG ZfW **1994** 466 (belastet: Abfall); OLG Braunschweig OLGSt. (1983) § 1 AbfG Nr. 1; OLG Hamm NJW **1975** 1042 und NuR **1980** 41; OLG Karlsruhe Die Justiz **1977** 25; OLG Köln MDR **1981** 518 = NStZ **1981** 150; OVG Lüneburg NuR **1990** 227; OLG Zweibrücken NVwZ **1983** 180; VGH Kassel ZfW **1974** 363; OVG Koblenz DÖV **1987** 1021; VGH München NuR **1989** 311; OVG Münster NVwZ-RR **1995** 441; ZfW **1983** 117 = NuR **1983** 243; VG Köln UPR **1983** 131 Erdaushub, unbelastet (kein Abfall): VG Freiburg NuR **1995** 569
Fäkalien: OLG Koblenz NStZ-RR **1997** 363; Fäkalschlamm: BayObLG NStZ **1988** 26 = NuR **1988** 95; OLG Koblenz GewArch **1978** 394 = OLGSt § 4 AbfG S. 1
Falisan (quecksilberhaltige Saatgutbeize): BGHSt 40 79, 80 = NStZ **1994** 436 m. Anm. *Otto*; Anm. *Rengier* NuR **1994** 409; hierzu weiter *St. Cramer* NStZ **1995** 186; *Michalke* StV **1994** 428; *Rengier* JR **1996** 34; BGHSt **40** 84 = NStZ **1994** 341
Fangstoffe (Produktionsreste) einer Kartonagenfabrik: OVG Koblenz ZfW **1991** 186
Felle, Lederreste und andere Gerbereiabfälle: BayVGH ZfW **1981** 178 = GewArch **1981** 233
Fischkadaver auf der Weser: BVerwG NJW **1984** 817 = DVBl. **1984** 225
Fixierbäder aus Fotolabors und Druckereien: VGH Kassel Besch. v. 21.4.1986 – 5 TH 592/86 (juris) = NJW **1987** 393
Flüssige Stoffe eingeleitet: BayObLGSt **1994** 191 = NVwZ-RR **1995** 77; NJW **1995** 186 = NVwZ **1995** 263
Frittierfett, gebraucht: BVerwG AbfallR **2007** 232; OVG Koblenz AbfallR **2007** 185
Füllmaterial: BGH NStZ **1997** 545 = StV **1998 126**
Galvanik-Abwässer, die in die öffentliche Kanalisation eingeleitet werden: BGH, Urteil vom 14.6.1994 – 1 StR 40/94, in BGHSt **40** 191 insoweit nicht abgedruckt
Gießerei-Altsande (Abfall): OVG Weimar NVwZ-RR **1995** 253, 254 = ZfW **1995** 253
Giftschlamm aus einer stillgelegten Tierkörperverwertungsanstalt: OVG Koblenz NVwZ **1989** 985, 986
Grünabfälle aus Baum- und Grasschnitt: BayObLGSt **1993** 78 = NVwZ **1993** 1023
Gülle: BayObLGSt **1989** 13 = NJW **1989** 1290 (Rindergülle von über 10.000 Litern); NStZ-RR **1997** 119; OLG Koblenz Beschl. v. 16.10.1987 – 2 Ss 38/87; OLG Düsseldorf (Z) NuR **1996** 316; OLG Oldenburg NuR **2000** 409; dazu *Franzheim/Pfohl* Rdn. 344 ff.
Gummi-Metall-Gemisch: BGH NStZ **1997** 544
Hausmüll (in großen Mengen): BGHSt **34** 211 = NJW **1987** 1280 m. Anm. *Sack* (NJW **1987** 1248) = NStZ **1987** 323 m. Anm. *Rudolphi* = JR **1987** 470 m. Anm. *Schmoller;* zum Verfüllen von Gräben: BGHSt **58** 152 = NStZ **2013** 401 = StV **2013** 563; OVG Hamburg DÖV **1975** 862; LG Frankfurt NZM **2005** 680;
hausmüllähnliche Stoffe: OLG Zweibrücken NJW **1988** 3029
Hochwassergeschwemmsel: Zwangsabfall OVG Münster NuR **1996** 314
Holz behandelt mit Holzschutzmitteln: BayObLGSt **2000** 5 = NuR **2000** 407
Holzkisten und Plastikfolien: OLG Zweibrücken NJW **1988** 3029
Holzreste: BayObLGSt **1975** 77 = NJW **1975** 396
Hühnerkot: OLG Koblenz GewArch **1978** 394; Beschl. v. 18.8.1986 – 2 Ss 254/86; OLG Oldenburg NdsRPfl **2009** 251

Hundekot: OLG Düsseldorf NStZ **1991** 335; AG Düsseldorf NStZ **1989** 532; OLG Celle NJW **1979** 227 m. Anm. *Sack* S. 937; OLG Frankfurt NVwZ-RR **1992** 545 = NStZ **1993** 348 m. Anm. *Hecker*; OLG Karlsruhe NJW **1984** 502

Isolatoren, nicht gebrauchsfähig und mit Mineralöl gefüllt: OLG Düsseldorf ZfW **1990** 352 = MDR **1989** 931

Jauche-Wasser-Mischung: OLG Oldenburg NuR **1992** 40, 41 = NJW **1992** 924

Kabelreste: BayObLG GewArch **1978** 237

Klärschlamm: OLG Stuttgart NStZ **1991** 590 = JR **1992** 478 m. Anm. *Franzheim;* BayVGH ZfW **1981** 178, 181; OVG Greifswald NuR **1998** 380; OVG Koblenz NVwZ-RR **1991** 532; NuR **1992** 287; NVwZ **1994** 511; OVG Lüneburg DÖV **1981** 271 = NuR **1981** 139; VG Aachen ZfW **1983** 54; VG Sigmaringen Urt. v. 10.4.2019 – 5 K 1924/18 (juris); BVerwG NVwZ **2007** 338; dazu *Franzheim/Pfohl* Rdn. 350 f

Klärschlammkompost BGHSt **59** 45 = NStZ **2014** 89; BVerwG NVwZ **2007** 338

Knochenwasser: OVG Lüneburg AgrarR **1986** 115

Kompostierbare Stoffe, die vollständig kompostiert werden: OVG Münster NuR **1996** 212 = NVwZ-RR **1996** 80

Kontaminiertes Erdreich (mit Dieselöl): OLG Düsseldorf NVwZ-RR **1995** 78

Kühlschränke (gebrauchte): BayObLG NVwZ-RR **1991** 143 = NuR **1992** 39; OLG Celle ZfW **1994** 380

Kugelmühlstaub, beim Mahlen von Aluminiumkrätze entstanden: BGH wistra **1991** 339

Kupferkabelrollen, deren Ummantelung durch Abbrennen beseitigt wird: BayObLG GewArch **1978** 237; OLG Koblenz MDR **1983** 601; OLG Celle ZfW **1994** 504

Lkw mit Kranaufbau, nicht zugelassen und nicht fahrtauglich, abgestellt auf Außenbereichsgrundstück: VGH Mannheim NVwZ-RR **1995** 75 = NuR **1995** 195

Lösungsmittel: OVG Berlin NuR **1981** 102 = GewArch **1980** 279

Mineralwollabfälle: VGH Kassel NVwZ-RR **2013** 136

Motorrad (altes, jahrelang auf eigenem Grundstück abgestellt): OLG Schleswig SchlHA **1979** 229

Mutterboden: OLG Braunschweig OLGSt. (1983) § 1 AbfG Nr. 1

Natursteinreste: BayObLG NVwZ **1990** 597 = MDR **1990** 360

Obstreste und Papierfetzen: OLG Hamm OLGSt § 4b AbfG S. 5

Oldtimer-Fahrzeug OLG Celle NZV **1997** 405 = NStZ **1998** 198 m. krit. Anm. *Sack;* OVG Lüneburg NVwZ **2010 1111** = ZUR **2010** 541

Öl (auf Flusswasser treibend): BVerwG NJW **1986** 2524, 2525; (recycelt): OVG Hamburg NuR **2004** 463; (in Autowrack): OLG Karlsruhe NStZ **1990** 128 = NuR **1990** 186

Ölbehälter, entleerte: OLG Karlsruhe NVwZ-RR **1995** 508

Ölschlammreste: BayObLG NVwZ-RR **1989** 642 = ZfW **1989** 229

Omnibusanhänger in Kleingartengelände: OLG Frankfurt NuR **1981** 143 (als Verstoß gegen das Hessische Landschaftspflegegesetz)

Omnibuswrack in reiner Wohngegend: OLG Koblenz VRS **50** 152

Pansenmist: BayObLGSt **1992** 116 = ZfW **1993** 182 = NuR **1993** 177

Papierfetzen und andere Kleinigkeiten: OLG Hamm OLGSt § 4 AbfG S. 5

Pappkartons in Abfallcontainer der Straßenverwaltung: OLG Stuttgart Die Justiz **1974** 139

Pferdemist, gelagert bis zur Verwendung als Dünger: BayObLGSt **2001** 86 = NStZ-RR **2002** 76 m. Anm. *Sack*; OLG Frankfurt AgrarR **1994** 373; OLG Zweibrücken NStZ **1991** 336 m. Anm. *Sack* = JR **1991** 436 m. Anm. *Meinberg;* NuR **1991** 41; OLG Koblenz NStZ-RR **1997** 363 = NuR **1997** 467; AG Bingen RdL **1998** 194; OLG Celle NStZ-RR **1998** 208; EuGH ZUR **2005** 599; OVG Hamburg NuR **1993** 147; dazu *Franzheim/Pfohl* Rdn. 344 ff; *Henzler* NuR **2003** 270; *Krell* NuR **2009** 327

Pflanzenreste: BayVGH DVB1. **1988** 544; OLG Düsseldorf NVwZ-RR **1994** 321 = NuR **1994** 151

Produktionsrückstände: VGH Kassel NJW **1987** 393; und andere ungeordnet aufgeschichtete Altstoffe: OVG Lüneburg GewArch **1975** 277; BayVGH GewArch **1981** 233

Putenmist: OLG Celle NStZ-RR **1998** 208 = NuR **1998** **231** (verneint; abl. *Sack* Rdn. 149; OLG Zweibrücken NStZ **1991** 386 m. abl. Anm. *Sack*)
Pyrolyse BGHSt **37** 21, 27 f; 333, 334 f.
Radioaktiver Abfall: OVG Magdeburg NVwZ-RR **1996** 75; OLG Celle NJW **1987** 1281; OLG Karlsruhe Beschl. v. 3.8.2004 – 1 Ws 157/03 (juris)
Reifen (wiederverwendbare): BayObLG BayVBl. **1973** 272; OLG Frankfurt NuR **1979** 87 (L)
Reifen und Sitze aus Omnibussen: BayObLG NVwZ **1986** 511
Reste von Natursteinplatten: BayObLG NuR **1990** 233
Reststoffe aus Produktionsvorgängen: VGH Kassel NJW **1987** 393
Rindenreste und Splitterholz: OLG Hamm NuR **1980** 134
Rindermist: BayObLGSt NStZ-RR **1997** 19
Rübenerde aus Zuckerfabrik; VG Schleswig-Holstein UPR **1982** 279
Rückstände aus der Marmeladen- und Fruchtsaftherstellung: VGH Mannheim GewArch **1990** 425
Salzabraum (Gorleben): BVerwG NuR **1996** 288
Schlachthofabfälle: BGH NStZ **1995** 204 = BGHR StGB § 34 Gefahrenabwehr 2; BGH NStZ **1997** 189
Schlacke im Damm- und Straßenbau: OLG Braunschweig ZfW **1991** 52; AG Dachau NStZ **1996** 546 m. Anm. *Schroth*
Schreddermaterial: BGHSt **43** 219 (PCB-belastet) = NStZ **1997** 544 = StV **1998** 131; BGH NStZ **1997** 188; OLG Hamm StV **2000** 442 = StraFo **2000** 35; VGH Mannheim DÖV **1996** 39; NVwZ-RR **1992** 543
Schrott: OLG Karlsruhe NuR **1991** 347; OLG Köln ZfW **1994** 121; OLG Koblenz GewArch **1975** 347 = GA **1976** 83; bei Ausfall des Transportfahrzeugs nur vorübergehend gelagert: BayObLG MDR **1991** **77**
Schwemmgut: OVG Münster VkBl. **1985** 359
Schwermetallhaltiger Müll: BGHSt **39** 381, 383 f.
Schweröl: BayVGH ZfW **1981** 178, 182
Sickersäfte aus Düngerhaufen: OLG Oldenburg NJW **1992** 924 = ZfW **1992** 320; SchlHA **1997** 214; BayObLGSt **2000** 143 = NuR **2001** 118; AG Nordenham RdL **2008** 48; Sickerwasser OLG Oldenburg AUR **2010** 95
Silagesickersaft: BayObLGSt **1994** 191 = NVwZ-RR **1995** 77 (aber nach Einleiten in ein Gewässer nicht mehr Abfallrecht, sondern Wasserrecht anwendbar); BayObLGSt **2000** 143 = NuR **2001** 118
Silagesäfte: OLG Oldenburg NJW **1988** 2391 = MDR **1988** 1073; OLG Celle NJW **1986** 2326; dazu *Lamberg* NJW **1987** 421; OLG Oldenburg NuR **1990** 92; NJW **1992** 924 = NuR **1992** 40; OLG Celle MDR **1989** 842 = ZfW **1989** 239
Sondermüll: BGH NJW **1994** 670 = wistra **1994** 101
Speiseabfälle: OLG Düsseldorf MDR **1982** 868
Speisereste aus privaten Haushaltungen: BVerwG NVwZ **1996** 1010
Strahlenbelasteter Boden vor Auskofferung: SA Hannover NuR **2013** 300
Straßenaufbruch (teerhaltig): OVG Münster NVwZ-RR **1995** 441 = ZfW **1996** 403; VG Würzburg AbfallR **2007** 101
Styropor: OLG Zweibrücken NStZ **1986** 411 m. Anm. *Sack*
Tiere, verendet: EuGH ZUR **2005** 599
Traubentrester (Rückstände einer gewerblichen Kelterei): OLG Stuttgart OLGSt § 4 AbfG S. 1
Verbrauchsverpackungen: VGH Kassel ZfW **1995** 240; VG Freiburg NVwZ-RR **1995** 255, 258
Verbrennungsrückstände: OLG Celle ZfW **1994** 504
Verseuchtes Erdreich: BGHSt **37** 21 = NJW **1990** 2477; NStZ **1991** 490; BayVGH NVwZ **1992** 905; AG Lübeck NJW **1991** 1125; OLG Düsseldorf NVwZ-RR **1995** 78
Versickertes Getriebeöl: OLG Zweibrücken NJW **1992** 2841; hierzu *Winkelbauer* JuS **1994** 112
Waschmaschinen (gebrauchte): BayObLG NVwZ-RR **1991** 143 = JR **1991** 216 m. Anm. *Schmoller*

„Wilder" Müll: BVerwG NVwZ **1989** 669 = DVBl. **1989** 522; BayObLG UPR **1992** 157
Ziegelsteinabbruch (kein Abfall): BVerwG ZfW **1989** 86 = NuR **1989** 84; OVG Münster RdL **1989** 62 = UPR **1989** 230;
Zugmaschine, als Antrieb für eine Holzschneidemaschine: OLG Koblenz Beschluss v. 15.6.1981 – 2 Ss 286/81

III. Unerlaubter Umgang mit gefährlichen Abfällen (Abs. 1)

1. Gefährliche Abfälle

48 Aus dem weit gefassten Abfallbegriff (Rdn. 7 ff) greift Absatz 1 (ebenso wie Absatz 2) nur einen Anteil wirklich gefährlicher Abfälle heraus. Mit der Neufassung von Absatz 1 durch das 2. UKG glaubte der Gesetzgeber, „weitgehend erschöpfend alle Arten von Abfall" erfasst zu haben, „die für den Menschen gefährlich werden können."[190] Dabei reicht es aus, wenn die Abfälle die geforderte Gefährlichkeit vor Beendigung der Tathandlung erlangen.[191] Die in Absatz 1 in den Nr. 1–4 genannten Abfallgruppen knüpfen an verschiedene spezifische Gefährlichkeitskriterien an und überschneiden sich auf diese Weise in Teilbereichen.

49 **a) Abfälle mit Gift oder Krankheitserregern (Abs. 1 Nr. 1).** Für die Anwendung von Nr. 1 reicht es nicht aus, dass die Abfälle Gifte oder Erreger nur enthalten können, sondern es bedarf der positiven Feststellung des Vorhandenseins.[192]

50 Unter **Gift** verstand der Gesetzgeber – wie in den §§ 229, 319 a. F. – Stoffe, die nach Beschaffenheit und Menge geeignet sind, unter bestimmten Bedingungen durch chemische oder chemisch-physikalische Einwirkung Gesundheit und Leben von Menschen zu zerstören, also zumindest wesentliche körperliche Fähigkeiten und Funktionen in erheblichem Umfang aufzuheben.[193] Der Entwurf des AbfG[194] hatte an die Stelle von „Giften" den Begriff „gesundheitsschädigende Stoffe" (wie in § 224 Abs. 1 Nr. 1) setzen wollen, weil der Begriff Gift umstritten und möglicherweise zu eng sei, beispielsweise einen so gefährlichen Stoff wie Öl nicht umfasse. Diese Ansicht, wonach schon eine bloße Gesundheitsschädlichkeit zur Begründung der Giftigkeit genügt hätte, hatte sich damals indessen nicht durchsetzen können. Erforderlich ist vielmehr – im Unterschied zur Auslegung bei § 224 Abs. 1 Nr. 1 – die Eignung im konkreten Fall zur **Zerstörung der Gesundheit.**[195] Damit entspricht die Gefährlichkeit qualitativ den übrigen in Absatz 1 erfassten, nämlich gemeingefährliche Krankheiten verursachenden (Nr. 1) oder krebserzeugenden (Nr. 2) Abfällen. Der betreffende giftige Stoff muss sich als solcher zur Gesundheitszerstörung eigenen; es genügt nicht, wenn er diese Eignung erst infolge der besonderen körperlichen Disposition einzelner Opfer erlangt.[196] Beispiele für solche Gifte sind Giftgase

190 BT-Drs. 12/192 20.
191 OLG Zweibrücken NStZ **1986** 411 m. Anm. *Sack.*
192 OLG Düsseldorf NStZ **1991** 335 (336) (Hundekot); *Alt* MK Rdn. 38; *Sch/Schröder/Heine/Schittenhelm* Rdn. 3; *Schall* SK Rdn. 66; *Szesny* AnwK Rdn. 25; *Hecker* NStZ **1990** 327; *Krell* Rdn. 168.
193 BT-Drs. 8/2382 17; 8/3633 35 (zu § 330a; aber auch zum Bereich des Abfallstrafrechts).
194 BT-Drs. 7/2593 11.
195 *Alt* MK Rdn. 36 (der allerdings dabei auch auf den Giftigkeitsbegriff in § 3a Abs. 1 Nr. 7 ChemG verweist, der nach § 3 Nr. 7 GefStoffVO jedoch auch die Möglichkeit der Verursachung nur akuter Gesundheitsschäden umfasst); *Ransiek* NK Rdn. 25; *Sch/Schröder/Heine/Schittenhelm* Rdn. 3; *Schall* SK Rdn. 63; *SSW/Saliger* Rdn. 29; *Matt/Renzikowski/Rettenmaier/Gehrmann* Rdn. 14; *Szesny* AnwK Rdn. 26; *GJW/Bock* Rdn. 14; *Witteck* BeckOK Rdn. 16; *Krell* Rdn. 168; *Möhrenschlager* NuR **1983** 209, 218; **aA** *Lackner/Kühl/Heger* Rdn. 4; *MG/Pfohl* § 54 Rdn. 228.
196 *Sch/Schröder/Heiner/Schittenhelm* Rdn. 3; *SSW/Saliger* Rdn. 29; *Franzheim/Pfohl* Rdn. 266; *Matt/Renzikowski/Rettenmaier/Gehrmann* Rdn. 14; *Sack* Rdn. 161; *Ohm* 55; **aA** *Ransiek* NK Rdn. 25.

(„Gelbkreuz", Leuchtgas), flüssige (toxische Pflanzenschutzmittel) und feste Stoffe (Rattengift, Giftmüll), z. B. Cyanid, Strychnin, Arsen, Rizin, Borulin, Aflatoxin, Anthrax und besonders gefährliche Säuren, ggf. auch Holzschutzmittel.[197] Gifte, die nur auf Pflanzen oder Tiere zerstörerische Wirkungen entfalten, sind nicht einbezogen.[198]

Im Regelfall werden Abfälle die Gifte **bereits enthalten**; das Gesetz stellt ihnen jedoch solche Abfälle gleich, die das Gift erst **hervorbringen können**. Auch diese Formulierung fand sich bereits in § 16 AbfG a. F. Damit lassen sich Abfälle erfassen, bei denen Giftstoffe erst durch chemische oder andere (physikalische, biologische) Eigenreaktionen oder aufgrund natürlicher Umwelteinflüsse entstehen.[199] Wird eine solche Umwandlung in Gift später festgestellt, so braucht der Nachweis, dass diese Giftstoffe bereits bei der Tathandlung vorhanden gewesen sind, nicht geführt zu werden, sofern die Abfallstoffe offensichtlich so angelegt waren, diese Gifte hervorbringen zu können.[200] 51

Den vergifteten Abfällen stehen solche gleich, die **Erreger von** auf Menschen oder Tiere **übertragbaren gemeingefährlichen Krankheiten** enthalten. Nicht erfasst sind Abfälle, die Erreger ausschließlich unter Pflanzen übertragbarer Krankheiten beinhalten.[201] Diese Variante, die den Seuchenschutz bezweckt, weicht von § 16 AbfG a. F. ab, der lediglich „auf Menschen übertragbare Erreger schwerer Krankheiten" erfasst hatte und allein den Schutz der menschlichen Gesundheit im Auge hatte. Das OLG Düsseldorf hat im Falle der Ablagerung von Hundekot sogar die Untersuchung des konkreten Kothaufens verlangt,[202] um Feststellungen zu den enthaltenen Krankheitserregern treffen zu können. Das wird indessen entbehrlich sein, wenn nach gesicherter wissenschaftlicher Erfahrung generell derartige Erreger enthalten sind; die bloße Möglichkeit reicht jedoch nie aus.[203] 52

Dass die Fassung des Gesetzes auf die **Übertragbarkeit der Krankheit** und nicht auf die des Erregers (wie § 16 AbfG a. F.) abstellt, hat seine Ursache in der bewussten Anlehnung an Art. 74 Nr. 19 GG, durch den dem Bund die konkurrierende Gesetzgebungszuständigkeit unter anderem für „Maßnahmen gegen gemeingefährliche und übertragbare Krankheiten bei Menschen und Tieren" eingeräumt wird. Erfasst sind Abfälle, die Erreger von Krankheiten im Sinne von § 2 Nr. 1, 3 IfSG (insb. meldepflichtige nach § 6 IfSG), oder von anzeigepflichtigen Tierseuchenerregern nach § 2 Nr. 1, 2, § 4 TierGesG[204] i. V. m. der TierSeuchAnzV[205] enthalten.[206] Nach § 2 Nr. 1, 3 IfSG sind übertragbare Krankheiten solche, die durch Krankheitserreger (vermehrungsfähige Agens wie Viren, Bakterien, Pilze, Parasiten) oder deren toxische Produkte verursacht und die unmittelbar oder mittelbar auf den Menschen übertragen werden können. Damit reichen auch Übertragungen von Tieren (Tollwut, Malaria) oder Sachen (Botulismus, Typhus, Gasbrand) aus, wobei es nicht darauf ankommt, ob der Erreger von dem infizierten Menschen 53

---

197 BT-Drs. 8/2382 17; 8/3633 35; *Sack* Rdn. 161; zu Cyanid/Blausäure LG Frankfurt NStZ **1983** 171; zu Holzschutzmitteln LG Frankfurt ZUR **1994** 33, 37; zu Aflatoxin in Futtermais VG Oldenburg AbfallR **2015** 38; zu durch den Insektizidwirkstoff Carbofuran vergiftetem Mais VGH München Beschl. v. 29.4.2013 – 21 ZB 12.1006 – juris.

198 *Alt* MK Rdn. 36; *Ransiek* NK Rdn. 25; *Sch/Schröder/Heine/Schittenhelm* Rdn. 3; *Riettiens* 143 f; *SSW/Saliger* Rdn. 29; GJW/*Bock* Rdn. 14; *Sack* Rdn. 161; *Laufhütte/Möhrenschlager* ZStW **92** (1980) 912, 957; *Michalke* Rdn. 255; *Ohm* 34 ff; **aA** *Triffterer* 208.

199 *Alt* MK Rdn. 38; *Sch/Schröder/Heine/Schittenhelm* Rdn. 3; *Schall* SK Rdn. 66; *Fischer* Rdn. 15; *Ohm* 78 f.

200 Bericht des Rechtsausschusses BT-Drs. 8/3633 29.

201 *Alt* MK Rdn. 37; *Sch/Schröder/Heine/Schittenhelm* Rdn. 3; *Michalke* Rdn. 255.

202 OLG Düsseldorf NStZ **1991** 335, 336.

203 OLG Düsseldorf NStZ **1991** 335, 336; hierzu auch AG Düsseldorf NStZ **1989** 532, OLG Frankfurt NVwZ-RR **1992** 545 m. Anm. *Hecker* NStZ **1993** 348; *ders.* NStZ **1990** 326, 327; *Iburg* UPR **1990** 291.

204 Gesetz zur Vorbeugung vor und Bekämpfung von Tierseuchen (Tiergesundheitsgesetz – TierGesG) v. 22.5.2013 i. d. F. d. Bek. v. 21.11.2018 (BGBl. I S. 1938).

205 Verordnung über anzeigepflichtige Tierseuchen v. 23.5.1991 i. d. F. d. Bek.v. 19.7.2011 (BGBl. I S. 1404).

206 *Alt* MK Rdn. 37; *Schall* SK Rdn. 64; *SSW/Saliger* Rdn. 29; *Sack* Rdn. 164 f.

im Anschluss weiterübertragen werden kann oder nicht.[207] Erfasst sind ferner Erreger von Krankheiten, die beispielsweise über Pflanzen auf Menschen oder Tiere übertragen, unter diesen selbst aber durch Ansteckung nicht mehr weiterverbreitet werden können.[208]

54 Ob übertragbare Krankheiten mit erheblicher, eine größere Anzahl von Menschen oder Tieren drohender Gesundheitsgefahr als **gemeingefährlich** einzustufen sind, ist in Anlehnung an die §§ 6, 7 Abs. 1 und 3 IfSG zu beurteilen, da hier die besonders gefährlichen Krankheiten bzw. Erreger mit der am weitesten gehenden Meldepflicht aufgeführt sind. Bei Tierseuchen ist § 1 der TierSeuchAnzV heranzuziehen. Auch hier sind gleichermaßen Abfälle erfasst, die die vorgenannten Erreger schon enthalten oder sie erst noch hervorbringen können. Damit wird berücksichtigt, dass Abfälle sich chemisch zu verändern vermögen und dass durch das Zusammenwirken von Naturfaktoren aus einer in ihnen angelegten Gefahr eine reale werden kann.

55 **b) Krebserzeugende, fortpflanzungsgefährdende und erbgutverändernde Abfälle.** Nachdem sich die frühere Fassung von Abs. 1 Nr. 1 als unzureichend erwiesen hatte, werden seit der Neufassung durch das 2. UKG 1994 auch Abfälle erfasst, die Stoffe enthalten, welche den „akut toxisch wirkenden Humangiften“ gleichzuachten sind.[209] Dementsprechend fallen unter die gesetzliche Neuregelung auch Abfälle, die krebserzeugende, fortpflanzungsgefährdende oder erbgutverändernde Stoffe enthalten.

56 Die **Begriffe** krebserzeugend, fortpflanzungsgefährdend und erbgutverändernd fanden sich zunächst – entsprechend der vom Gesetzgeber befürworteten Anlehnung[210] – in § 3a Abs. 1 Nr. 12–14 ChemG a. F., sind aber in der Neufassung seit 2017[211] dort nicht mehr enthalten und durch einen Verweis auf Anhang I Teile 2 und 3 der VO (EG) 1272/2008[212] ersetzt. Die entsprechend der Ermächtigung in § 3a Abs. 2 ChemG erlassene GefStoffV[213] verwendet in ihrem § 2 Abs. 3 neben dem überkommenen „krebserzeugend“ die Begriffe „keimzellmutagen und reproduktionstoxisch“ und verweist dazu einerseits auf Anhang VI der VO (EG) 1272/2008 in der jeweils geltenden Fassung.[214] Erweiterungen können sich nach § 2 Abs. 3 Nr. 4 i. V. m. § 20 Abs. 4 GefStoffV durch Festlegungen auf Empfehlung des Ausschusses für Gefahrstoffe ergeben. Damit ergeben sich **nur terminologische Abweichungen** zwischen Strafnorm und Gefahrstoffrecht, die inhaltlich deshalb unschädlich bleiben, weil „erbgutverändernd“ mit „keimzellmutagen“ gleichzusetzen ist und „fortpflanzungs*gefährdend*“ im Zweifel weiter reicht als „reproduktions*toxisch*“, weshalb die Einstufung als reproduktionstoxisch damit stets auch eine Fortpflanzungsgefährdung beinhaltet. Die einzelnen Stoffe, um die es geht, finden sich in der Tabelle 3.1. des Anhangs VI der VO (EG) 1272/2008, und zwar nach Tabelle 1.1 desselben Anhangs mit den Bezeichnungen „Karz.“, „Mutag.“, „Repr.“ oder „Lakt.“. Radioaktive Abfälle werden nicht von Abs. 1 Nr. 2,[215] sondern von der insoweit spezielleren Nr. 3 erfasst.

57 Allgemein gilt ein Stoff als **krebserzeugend**, wenn er Krebs erzeugen oder die Krebshäufigkeit erhöhen kann (VO [EG] 1272/2008 Anhang I, Tabelle 3.6.1.1). Ein **keimzellmutagener** Stoff

---

207 BT-Drs. 12/192 20; *Sch/Schröder/Heine/Schittenhelm* Rdn. 3; *Schall* SK Rdn. 64 f; *Lackner/Kühl/Heger* Rdn. 4; *SSW/Saliger* Rdn. 29; *Möhrenschlager* NStZ **1994** 513, 519.

208 *Lackner/Kühl/Heger* Rdn. 4; krit. *Triffterer* 205 ff.

209 *AK-U* 167.

210 BT-Drs. 12/192 20; 17/5391 17.

211 Art. 1 Nr. 2 d. Gesetzes zur Änderung d. ChemG v. 18.7.2017 (BGBl. I S. 2774).

212 Verordnung (EG) Nr. 1272/2008 des Europäischen Parlaments und des Rates v. 16.12.2008 über die Einstufung, Kennzeichnung und Verpackung von Stoffen und Gemischen, zur Änderung und Aufhebung der Richtlinien 67/548/EWG und 1999/45/EG und zur Änderung der Verordnung (EG) Nr. 1907/2006 (ABl. EU 2008 L 353/1).

213 Verordnung zum Schutz vor Gefahrstoffen (Gefahrstoffverordnung – GefStoffV) v. 26.11.2010 (BGBl. I S. 1643).

214 Letzte Änderung durch Delegierte Verordnung (EU) 2020/1676 der Kommission v. 31.8.2020 (ABl. L 379 v. 13.11.2020).

215 *Ransiek* NK Rdn. 26.

verändert nach Anhang I Ziff. 3.5.1.1 dauerhaft Menge oder Struktur des genetischen Materials einer Zelle, wobei es genügt, wenn Stoffe zu einer gesteigerten Mutationshäufigkeit in Populationen von Zellen und/oder Organismen führen. **Reproduktionstoxizität** bedeutet nach Anhang I, Ziff. 3.7.1.1. die Beeinträchtigung der Sexualfunktionen bei Mann und Frau sowie die Entwicklungstoxizität bei den Nachkommen. Besonders gefährliche krebserzeugende Stoffe sind in Anhang II Nr. 6 der GefStoffV aufgeführt. Erfasst werden allerdings nur für den Menschen gefährliche Stoffe. Der Gesetzgeber hatte eine Einbeziehung der für Tiere bzw. Pflanzen krebserzeugenden Abfälle abgelehnt, weil insoweit § 326 Abs. 1 Nr. 4 lit. b) genüge.[216] In der Praxis werden vor allem krebserzeugende Abfälle eine Rolle spielen, insb. im Zusammenhang mit dem Abriss und der Reparatur von asbesthaltigen Gebäuden.[217] Ein weiteres Beispiel sind zweckentfremdet zur Eingrenzung von Grundstücken verwendete, teerölhaltige Bahnschwellen.[218]

Im Gegenschluss zu Abs. 1 Nr. 1 muss der Abfall die in Nr. 2 erfassten Wirkungen bereits 58
zum Zeitpunkt der Tathandlung enthalten; es genügt nicht, wenn er seine gefährlichen Eigenschaften erst infolge späterer Reaktion mit anderen Stoffen hervorbringen kann.[219] Das schließt eine Erfassung von Abfällen nicht aus, die noch während der Handlung (etwa des Behandelns oder Bewirtschaftens) ihre spezifische Gefährlichkeit entwickeln.

c) Explosionsgefährliche Abfälle (Abs. 1 Nr. 3 1. Var.). Die Einordnung richtet sich nach 59
dem SprengG.[220] Explosionsgefährliche Stoffe sind nach § 3 Abs. 1 Nr. 1 a) SprengG „feste oder flüssige Stoffe und Gemische [...], die durch eine gewöhnliche thermische, mechanische oder andere Beanspruchung zur Explosion gebracht werden können". Eine präzisere Definition liefert § 3a Nr. 1 ChemG i. V. m. § 2 Abs. 1 Nr. 1, § 3 GefStoffV i. V. m. VO (EG) 1272/2008 Anhang I Ziff. 2.1. Davon erfasst sind nach § 3 Abs. 1 Nr. 1 lit. a), bb) SprengG nur diejenigen Stoffe, die in einem nach EU-Recht vorgeschriebenen Prüfverfahren als solche anerkannt worden sind. Unterteilt werden die explosionsgefährlichen Stoffe in § 1 Abs. 2 SprengG nach ihrem Verwendungszweck in „Explosivstoffe" (§ 3 Abs. 1 Nr. 2 mit Anl. III SprengG), „pyrotechnische Gegenstände" (§ 3 Abs. 1 Nr. 3 SprengG) und „sonstige explosionsgefährliche Stoffe" (§ 3 Abs. 1 Nr. 9 SprengG). Darüber hinaus werden auch explosionsfähige Stoffe i. S. v. § 1 Abs. 3 SprengG aufgrund ihrer Gleichstellung mit Explosivstoffen einbezogen.[221] Bedenken gegen die Bestimmtheit[222] greifen im Ergebnis nicht durch. Der Bürger kann anhand der gesetzlichen Begriffsbestimmung in Verbindung mit Anlage III zum SprengG feststellen, welche Objekte erfasst sind.

d) Selbstentzündliche Abfälle (Abs. 1 Nr. 3 2. Var.). Hierunter fallen Abfälle, die sich unter 60
den von der Natur gegebenen Bedingungen ohne besondere Zündung erhitzen und schließlich entzünden können.[223] Dies lehnt sich an den Begriff „leicht entzündlich" und seine Definition in § 1 I Nr. 3 lit. a) ArbstoffV a. F.[224] an. Heute verweist § 3 Abs. 1, 2 Nr. 1 lit. k) und l) GefStoffV

---

216 RegE BT-Drs. 12/192 20.

217 Dazu BayObLGSt **1996** 137 = NStZ-RR **1997** 120; VG Karlsruhe NVwZ **2002** 243; NVwZ-RR **2002** 270; VGH Kassel ZUR **2003** 245 = NuR 2003 432; *Alt* MK Rdn. 70; *Franzheim/Pfohl* Rdn. 269, 364 ff; *Henzler* NuR **2001** 91 f, 94; *Kuchenbauer* NJW **1997** 2009; *Mackenthun/Jaeschke* ZUR **2003** 408; *Müller* NuR **2001** 202 f.

218 OVG Lüneburg NuR **2003** 565, 566 f; OVG Münster NuR **2003** 297 = ZUR **2003** 297; *Alt* MK Rdn. 73; *Henzler* NuR **2012** 91, 94; *Sack* Rdn. 158; *Schall* NStZ-RR **2001**, 6; **2003** 65, 70 f; **2005** 97, 99.

219 Wohl **aA** noch *Möhrenschlager* LK[12] Rdn. 64.

220 RegE BT-Drs. 8/2382 18; *Ransiek* NK Rdn. 27.

221 *Sack* Rdn. 176; zur Auslegung s. *Erbs/Kohlhaas/Steindorf/Pauckstadt-Maihold/Lutz* § 1 SprengG Rdn. 2 ff, § 3 Rdn. 2 ff.

222 So *Sack* NJW **1980** 1424, 1426; *Michalke* Rdn. 257; wie hier *Steindorf* LK[11] Rdn. 83; *Laufhütte/Möhrenschlager* ZStW **92** (1980) 912, 958.

223 BT-Drs. 8/2382 18.

224 Verordnung über gefährliche Arbeitsstoffe (Arbeitsstoffverordnung – ArbStoffV) v. 17.9.1971 (BGBl. I S. 1609).

auf die VO (EG) 1272/2008 Anhang I Ziff. 2.9. bis 2.12 und die dortigen Gefahrenkriterien. Die in Betracht kommenden Stoffe finden sich in der Tabelle 3.1. des Anhangs VI der VO (EG) 1272/2008, und zwar nach Tabelle 1.1 desselben Anhangs mit den Bezeichnungen „selbstzers.“, „selbsterh.“ und „Pyr.“

61 **e) Abfälle mit mehr als geringer Radioaktivität (Abs. 1 Nr. 3 Var. 3).** Der Begriff des radioaktiven Abfalls ist atomrechtlich zu verstehen[225] und erfasst sowohl kernbrennstoffhaltige als auch sonstige radioaktive Abfallstoffe. Nach § 2 Abs. 1 AtomG sind **radioaktive Stoffe** alle (auch kernbrennstoffhaltige) Stoffe, die Radionuklide enthalten und die gemessen an ihrer (spezifischen) Aktivität den einschlägigen strahlenschutzrechtlichen Bestimmungen unterliegen. Da das AtomG keine allgemeine eigene Definition des **radioaktiven Abfalls** kennt,[226] war es naheliegend, auf § 3 Abs. 2 Nr. 1 lit. a) StrlSchV a. F.[227] zurückzugreifen. Danach waren radioaktive Abfälle solche radioaktiven Stoffe, die nach § 9a AtomG geordnet beseitigt werden müssen,[228] ausgenommen Ableitungen [mit Luft und Wasser aus Anlagen und Einrichtungen][229] i. S. d. heutigen § 102 StrlSchV.[230] Nachdem die genannte Vorschrift der StrlSchV nicht mehr in die Neufassung aufgenommen wurde, ist nunmehr § 9a Abs. 1 S. 1 AtomG direkt anzuwenden. Nach § 9a Abs. 1 S. 1 AtomG haben Betreiber von Anlagen, in denen mit Kernbrennstoffen umgegangen oder ionisierende Strahlung erzeugt wird, sowie diejenigen, die mit radioaktiven Stoffen außerhalb solcher Anlagen umgehen, „dafür zu sorgen, dass anfallende radioaktive Reststoffe [z. B. abgebrannte Brennelemente, vgl. § 3 Nr. 2 ATAV] sowie ausgebaute oder abgebaute radioaktive Anlagenteile den in § 1 Nr. 2 bis 4 bezeichneten Zwecken entsprechend schadlos verwertet oder als radioaktive Abfälle geordnet beseitigt werden (direkte Endlagerung)“.[231]

62 Teilweise wird entsprechend der früheren Regelung in § 9a Abs. 1 Nr. 2 AtomG[232] weiterhin vorausgesetzt, dass die schadlose Verwertung nicht möglich, wirtschaftlich nicht vertretbar oder

---

225 BT-Drs. 8/2382 18; *Ransiek* Rdn. 27.

226 *Jarass/Petersen* § 2 KrWG Rdn. 67; vgl. jedoch die Definition der „radioaktiven Abfälle“ in § 3 Nr. 1 der atomrechtlichen Abfallverbringungsverordnung – AtAV v. 30.4.2009 (BGBl. I S. 1000) in Umsetzung von Art. 5 Nr. 1 der (Verbringungs)RL 2006/117/Euratom v. 20.11.2006 (AblEU L 337/21): alle gasförmigen, flüssigen und festen radioaktiven Stoffe, für die vom Ursprungsland und vom Bestimmungsland oder einer natürlichen oder juristischen Person, deren Entscheidung von diesen Staaten akzeptiert wird, keine weitere Verwendung vorgesehen ist und die als radioaktive Abfälle nach den Rechts- und Verwaltungsvorschriften des Ursprunglandes und des Bestimmungslandes der Kontrolle durch die Aufsichtsbehörde unterliegen, wenn die Werte der spezifischen Aktivität der Anlage III Tabelle 1 Spalte 3 und der Aktivität der Anlage III Tabelle 1 Spalte 2 der StrlSchV überschritten werden.

227 StrlSchV i. d. F. v. 20.7.2001 (BGBl. I S. 1714).

228 So zur früheren Fassung OLG Celle NJW **1987** 1281.

229 *Alt* MK Rdn. 93 (entgegen *Alt* sind aber radioaktive Reststoffe keine radioaktiven Abfälle, vgl. *Büdenbender/Rosin* Rdn. 1217); *Sack* Rdn. 258; *Witteck* BeckOK Rdn. 12.

230 Verordnung zum Schutz vor der schädlichen Wirkung ionisierender Strahlung (Strahlenschutzverordnung – StrlSchV) v. 29.11.2018 (BGBl. I S. 2034, 2036). Mit der Ausnahme sind wohl nur die zulässigen Ableitungen gemeint, da sie damit implizit von der Ablieferungspflicht ausgenommen werden. Im atomrechtlichen Genehmigungsverfahren werden Grenzwerte für maximal zulässige Aktivitätsabgaben mit Fortluft und Abwasser aus kerntechnischen Anlagen mit einer solchen Begrenzung festgelegt, dass die Einhaltung der nach § 102 f AtomG geltenden Dosisgrenzwerte gewährleistet wird. Vorsätzliche und fahrlässige Verstöße können eine Ordnungswidrigkeit nach § 184 Abs. 1 Nr. 45 StrlSchV darstellen.

231 Zusätzlich zu den §§ 9a ff AtomG enthält seit 31.12.2018 die Verordnung zur Entsorgung radioaktiver Abfälle (AtEV) v. 29.11.2018 (BGBl. I S. 2034, 2172) nähere Bestimmungen u. a. über Planungen für Anfall und Verbleib, die Erfassung, die Behandlung und Verpackung, die einstweilige Zwischenlagerung sowie die Ablieferung an eine Anlage des Bundes oder eine Landessammelstelle (zuvor §§ 72 ff StrlSchV a. F.).

232 § 9a AtomG i. d. F. v. 15.7.1985 (BGBl. I S. 1565).

eine Verwertung mit den Schutzzwecken des AtomG nicht vereinbar sei.[233] Mit der Neufassung ist jedoch an die Stelle des Vorrangs schadloser Verwertung den Betreibern von Kernkraftwerken die Wahl zwischen schadloser Verwertung und geordneter Beseitigung eröffnet worden.[234] Seit 1.7.2005 ist allerdings die Abgabe von bestrahlten Kernbrennstoffen aus dem vom sog. Ausstieg erfassten Kernkraftwerken an eine Anlage zur Aufarbeitung unzulässig (§ 9a Abs. 1 S. 2 AtomG).[235] Insoweit ist die geordnete Beseitigung mit dem Ziel direkter Endlagerung vorgeschrieben. Im Übrigen besteht jedoch, z. B. für Forschungsreaktoren, die Wahlmöglichkeit weiter.[236] Bei einer Entscheidung gegen die Verwertung und für die Beseitigung wird atomrechtlich von der Qualifizierung als radioaktiver Abfall ausgegangen.[237] Für die Anwendung von Abs. 1 Nr. 3 sollte dann jedoch von einem Begriff des radioaktiven Abfalls ausgegangen werden, der sich von der bloßen Bezugnahme auf die Beseitigung in § 9a AtomG löst. Es gelten daher die allgemeinen Ausführungen zum Begriff des Abfalls (Rdn. 18 ff). Folgerichtig sind auch die vom Besitzer zu Abfall erklärten radioaktiven Stoffe („gewillkürter Abfall") unter den Begriff einzuordnen.[238] Auf dem Hintergrund dieser Entwicklung fällt unter Absatz 1, wenn radioaktive Abfälle außerhalb der dafür zugelassenen Anlage (des Bundes oder eines Landes) beseitigt oder gelagert werden sollen oder dabei von einem zulässigen Verfahren wesentlich abgewichen wird. Auch eine nicht ordnungsgemäße Entsorgung durch Personen, die für die Entsorgung in Sammelstellen zuständig oder damit beauftragt sind (§ 9a Abs. 3 S. 3 AtomG), kann zur Strafbarkeit führen.[239] Ebenfalls strafbar kann eine unzulässige Verwertung sein, etwa die unzulässige Wiederaufarbeitung abgebrannter Brennelemente.[240] Radioaktiver Abfall kann selbst dann vorliegen, wenn keine Ablieferungspflicht besteht oder er anderweitig (z. B. als Folge eines Störfall) entsteht, etwa als radioaktiver Klärschlamm oder als radioaktiv verseuchtes Lebensmittel.[241] Ein verplombter Bleibehälter mit funktionstüchtigen Strahlenquellen stellt hingegen keinen radioaktiven Abfall dar,[242] ebensowenig ein betriebsbereites messtechnisches Gerät (Füllstandsmesser).[243]

---

233 *Fischer* Rdn. 17; *Schall* SK Rdn. 147; *Reinhardt* 120; auf OLG Celle NJW **1987** 1281bezugnehmend verneinte BGH NJW **1994** 2161 bei Behältern mit Strontium und Cäsium wegen Verwertungsmöglichkeiten die Abfalleigenschaft; i. E. auch *Franzheim/Pfohl* Rdn. 271.

234 BT-Drs. 12/6908 17.

235 Art. 1 Nr. 9 d. Gesetzes zur geordneten Beseitigung der Kernenergienutzung zur gewerblichen Erzeugung von Elektrizität v. 22.4.2002 (BGBl. I S. 1351).

236 BT-Drs. 14/6890 21.

237 *Rosin* Rdn. 972; *Rengeling* DVBl. **1997** 270.

238 *Alt* MK Rdn. 93; *Sch/Schröder/Heine/Schittenhelm* Rdn. 2h, 5; *Schall* SK Rdn. 73, 147.

239 *Sch/Schröder/Heine/Schittenhelm* Rdn. 5; *Schall* SK Rdn. 73; Meinberg/Möhrenschlager/Link/*Winkelbauer* 76 (auch bei unbefugter Zwischenlagerung).

240 Streitig ist, ob bei der weiterhin noch zulässigen Wiederaufarbeitung abgebrannter Kernbrennstäben im Ausland (vgl. zu den Vereinbarungen *Koch/John* § 10 Rdn. 116 f; dazu auch *Kloepfer* Umweltrecht § 16 Rdn. 232 ff.) die deutschen Sicherheitsstandards einzuhalten sind (so *Roßnagel* DVBl. **1991** 839, 840) oder sich nach dem ausländischen Recht richten (so *Kloepfer* Umweltrecht § 16 Rdn. 234); *Franzheim/Pfohl* Rdn. 271 hatten unter Orientierung an § 9a AtomG solche Wiederaufarbeitungen aus dem Abfallbegriff ausgenommen.

241 *Sch/Schröder/Heine/Schittenhelm* Rdn. 5; *Schall* SK Rdn. 73, 148; *Michalke* Rdn. 258; *Winkelbauer* 76; zum Klärschlamm *Heine/Martin* NuR **1988** 325; durch den in Art. 15 des Gesetzes v. 27.6.2017 (BGBl. I S. 1966) eingefügten Abs. 3 in § 2 KrWG gilt nun allerdings wieder das KrWG (mit Modifikationen durch das Strahlenschutzrecht) auch für die Entsorgung von Abfällen, die infolge eines Notfalls i. S. d. StrlSchG radioaktiv kontaminiert sind oder radioaktiv werden können. Diese Abweichung von den Bereichsausnahmen in § 2 Abs. 2 KrWG soll allerdings nicht für Kernbrennstoffe und sonstige radioaktive Stoffe gelten, die nach § 9a Abs. 1 AtomG zu verwerten oder zu beseitigen sind (RegE BT-Drs. 18/11241 462). Dies schließt aber weiterhin nicht aus, generell strafrechtlich radioaktiv kontaminierte Abfälle von Abs. 1 Nr. 3 zu erfassen.

242 BGH NJW **1994** 2161 (wegen Gebrauchswert und Verwertungsmöglichkeit).

243 OLG Celle NJW **1987** 1281.

63 Mangels Gefährlichkeit hat der Gesetzgeber Abfälle, die i. S. v. § 2 Abs. 2 AtomG a. F. **„nur geringfügig radioaktiv“** sind, aus dem Tatbestand ausgenommen.[244] Zur Bestimmung der Geringfügigkeit ist auf die atomrechtlichen Ausnahmeregelungen in § 2 Abs. 2 AtomG, §§ 3 Abs. 2, 17 Abs. 1 StrlSchG[245] jeweils i. V. m. den Regelungen der StrlSchV (u. a. § 5 Abs. 1, 11 StrlSchV sowie deren Anlagen 3 und 4) zurückzugreifen. Maßgeblich für die Geringfügigkeit sind insb. die festgelegten oder durch Freigabe genehmigten Freigrenzen (§ 11 i. V. m. Anlage 4 Tab. 1 Sp. 1–3 StrlSchV). Werden diese überschritten, so sind die radioaktiven Stoffe Abfälle „nicht nur geringfügig radioaktiv“.[246]

64 **f) Nach Art, Beschaffenheit oder Menge umweltgefährdende Abfälle (Abs. 1 Nr. 4).** Die Begriffsbestimmung in Nr. 4 geht auf zwei verschiedene Quellen zurück: Inhaltlich stellen die genannten Abfälle einen Ausschnitt aus den im früheren § 2 Abs. 2 AbfG (nebst Abfallbestimmungs-Verordnung und Anlage hierzu) genannten Abfällen dar, in der Formulierung lehnt die Definition sich an § 19g Abs. 5 WHG a. F. an.[247] Abfälle, die „nach Art, Beschaffenheit oder Menge in besonderem Maße [...] luft- oder wassergefährdend“ (§ 2 Abs. 2 Satz 1 AbfG a. F.) – hinzugenommen wurde die Gefährdung des Bodens einschließlich der Beeinträchtigung des Pflanzenwachstums[248] – sollten durchweg auch die Voraussetzungen der heutigen Nr. 4 erfüllen, sind also „geeignet“, Gewässer, Luft oder Boden – mindestens eines hiervon – nachhaltig in ihrer Qualität zu verschlechtern.

65 **aa) Eignung zu schwerer Umweltgefährdung.** Entsprechend der in Nr. 3 vorausgesetzten Explosions-, Feuer- oder atomaren Gefahr ist auch für Nr. 4 die Eignung zu einer schweren Umweltgefahr zu fordern. Der Wortlaut der Bestimmung in lit. a), wonach es sich um Abfälle handeln muss, die nach Art, Beschaffenheit oder Menge geeignet sind, nachhaltig die genannten Umweltmedien zu verunreinigen oder sonst nachteilig zu verändern, bringt dies nur unzulänglich zum Ausdruck. Gemeint sind vielmehr Abfälle, die für die Umwelt besonders gefährlich sind, nicht jedoch alle Abfälle, die generell geeignet sind, eines der genannten Schutzgüter zu gefährden.[249] Dieser Einschränkung bedarf es schon deshalb, weil durch das Nebeneinander qualitativer (Art, Beschaffenheit) und quantitativen Aspekte (Menge) und die Kombination mit bloßer Gefährdungseignung ein breites Anwendungsfeld entstanden ist, auf welchem im Ergebnis praktisch **jede Abfallart** angesiedelt werden kann. Praktisch relevant ist dies etwa beim normalen **Hausmüll**, der nach ausdrücklicher Klarstellung durch den Rechtsausschuss selbst dann, wenn er giftige oder sonst umweltschädliche Stoffe enthält, eigentlich nicht erfasst sein sollte. Gleichwohl sieht die Rechtsprechung des Bundesgerichtshofs organische Stoffe, die zu erheblichen Teilen Hausmüll darstellen, als erfasst an, wenn sie in großen Massen abgelagert

---

244 RegE BT-Drs. 8/2382 18.

245 Gesetz zum Schutz vor der schädlichen Wirkung ionisierender Strahlung (Strahlenschutzgesetz – StrlSchG) v. 27.6.2017 (BGBl. I S. 1966).

246 *Alt* MK Rdn. 93; *Ransiek* Rdn. 27; *Schall* SK Rdn. 72; *Szesny* AnwK Rdn. 32; *Steindorf* LK[11] Rdn. 85 (immer, wenn weit über die Freigrenzen liegend); *Sack* Rdn. 181; Beispiel bei *Heine/Martin* NuR **1988** 325: über 3700 Bq/kg durch Cäsium belasteter kommunaler Klärschlamm.

247 BT-Drs. 8/2382 18; die Umschreibung der „wassergefährdenden Stoffe“ in § 19 Abs. 5 WHG a. F. wurde im Gesetz zur Neuregelung des Wasserrechts v. 31.7.2009 (BGBl. I S. 2585) in § 62 Abs. 3 WHG durch eine allgemeinere Formulierung ohne die früheren Beispiele ersetzt (BT-Drs. 16/12275 71); vgl. nunmehr § 2 Abs. 2, §§ 3 ff AwSV m. Anl. 1; *Czychowski/Reinhardt* Rdn. 49.

248 OLG Stuttgart NStZ **1991** 590.

249 BT-Drs. 8/3633 29.

werden und aufgrund dieser Menge als umweltgefährdend i. S. d. Eignungsklausel einzustufen sind.[250] Sofern man den Rechtsausschuss dahin versteht, unter „normal" sei auch eine mengenmäßige Begrenzung gemeint, so entspräche die Interpretation der Rspr. noch dem Willen des Gesetzgebers.

Soweit man auf die **Art** abstellt, geht es um generell („durch und durch") umweltgefährden- 66
de Materie, ohne Rücksicht auf die Menge.[251] Hier sind jedenfalls alle Abfälle einbezogen, die nach gesetzlicher Vorschrift einer gesonderten Regelung unterliegen. Dementsprechend wird als (indizielle) Richtschnur die Aufnahme in die auf Grund der §§ 3 Abs. 5, 48 S. 2 KrWG erlassene AVV[252] gelten dürfen. Nach § 3 Abs. 1 AVV sowie in dem in der Anlage zur AVV geführten Abfallverzeichnis sind unter Berücksichtigung der Gefahrenmerkmale in § 3 Abs. 2 AVV bestimmte Abfälle durch „*" als gefährlich kennzeichnet. Die Möglichkeit zur Einstufungsänderung nach § 3 Abs. 2 AVV zeigt, dass diese Kennzeichnung aber weder abschließend noch zwingend ist. Eine abweichende richterliche Bestimmung bleibt daher möglich.[253] Hinsichtlich der in § 2 Abs. 2 Nr. 9 KrWG ausgenommenen, in Gewässer oder Abwasseranlegen eingeleiteten Stoffe gelten die Regelungen des WHG mit seiner allgemeinen Umschreibung der wassergefährdenden Stoffe in § 62 Abs. 3. Konkretisierend ist die AwSV[254] heranzuziehen. Die Definition des Begriffs „wassergefährdende Stoffe" in § 2 Abs. 2 AwSV setzt eine entsprechende Einstufung voraus, die im Ergebnis durch das Umweltbundesamt im BAnz. veröffentlicht wird (§§ 5 f AwSV). Davon unabhängig gelten als allgemein wassergefährdend nach § 3 Abs. 2 AwSV u. a. Wirtschaftsdünger, Jauche, Gülle, Silage(-sickersaft) sowie tierische Ausscheidungen ohne landwirtschaftlichen Bezug. Bei der **Beschaffenheit** richtet sich der Blick auf umweltgefährdende Bestandteile, etwa den Gehalt an besonders umweltgefährdenden Schadstoffen,[255] oder die Konsistenz des Abfalls und seine Abschirmung gegenüber der Umwelt. Für die erforderliche **Menge** des Abfalls existieren keinerlei indizielle Vorgaben, weshalb sich die Erfüllung des quantitativen Kriteriums alleine aus der daraus folgenden Gefährdungseignung folgern lässt und somit kaum eine eigenständige Eingrenzungsfunktion besitzt. Allenfalls lässt sich für den bereits erwähnten Hausmüll eine Tatbestandlosigkeit haushaltsüblicher Mengen ableiten. Umgekehrt werden Abfälle erfasst, die in kleineren Mengen die besondere Gefährlichkeit nicht aufweisen.[256]

bb) Nachhaltige Verunreinigung oder Veränderung von Umweltmedien. Nr. 4 lit. a) ver- 67
langt die Eignung zu einer **nachhaltigen** Verunreinigung oder einer ebensolchen nachteiligen Veränderung. Sie liefert den Maßstab für die Schwere des Verstoßes,[257] die allein es rechtfertigt, die Kriminalitätsschwelle bereits hier anzusetzen.[258] Das Merkmal „nachhaltig" beinhaltet ein

---

250 BGHSt **34** 211, 213 = NStZ **1987** 323 m. zust. Anm. *Rudolphi*; *Sack* NJW **1987** 1248; *Schmoller* JR **1987** 473; *Schall* SK Rdn. 75, 80; *Breuer* NJW **1988** 2072, 2083; *Hallwaß* NJW **1988** 880; *Horn/Hoyer* JZ **1991** 707; *Knopp* ZAP **1990** 705, 708; *Kuhlen* WiVerw **1991** 181, 214.

251 BT-Drs. 8/2382 18; *Sch/Schröder/Heine/Schittenhelm* Rdn. 8; *Schall* SK Rdn. 83; *Sack* Rdn. 187; für *Franzheim/Pfohl* Rdn. 280 sämtliche Stoffe, die gemäß der kommunalen Abwassersatzung ausgeschlossen sind, wie etwa Jauche, Gülle, Abgänge aus Tierhaltungen, Silosickersaft, Molke, Lake, Reinigungswasser aus Sauerkrautproduktion.

252 Verordnung über das Europäische Abfallverzeichnis (Abfallverzeichnis-Verordnung – AVV) v. 10.12.2001 (BGBl. I S. 3379).

253 BGH NStZ-RR **2020** 315; *Schall* SK Rdn. 74 (unter Hinweis auf BGHSt **34** 211).

254 Verordnung über Anlagen zum Umgang mit wassergefährdenden Stoffen (AwSV) v. 18.4.2017 (BGBl. I S. 905).

255 BT-Drs. 8/2382 18; OLG Braunschweig NVwZ **1994** 934 (konkrete Zusammensetzung und Verfassung des Abfalls); *Alt* MK Rdn. 41; *Schall* SK Rdn. 75, 83; *Franzheim/Pfohl* Rdn. 280 (Beispiele: Gehalt an Schwermetallen, Nitrit, Sulfid, Lösungsmitteln); *Iburg* NJW **1994** 894, 895 f.

256 BGHSt **34** 211, 213 f = NStZ **1987** 323 (Hausmüll); *Sch/Schröder/Heine/Schittenhelm* Rdn. 8; *Schall* Rdn. 83; *Sack* Rdn. 189.

257 OLG Braunschweig NVwZ **1994** 934; vgl. auch *Kuhlen* WiVerw **1991** 181, 212 f; *Riettiens* 160 ff.

258 *Riettiens* 158 ff.

temporales und ein quantitatives Element.[259] Es sind Fälle auszuscheiden, in denen eine nur vorübergehende oder kurzfristige Schadenswirkung zu erwarten ist; sie muss vielmehr auf längere Dauer bestehen.[260] Das quantitative Moment setzt eine gewisse Intensität bzw. Beträchtlichkeit voraus,[261] die jedenfalls bei „ganz geringen Mengen" oder „geringfügiger Schadenswirkung" fehlen wird.[262] Bei auf unbefestigtem Boden abgestellten **Autowracks**, die noch Betriebsflüssigkeiten enthalten, ist die Eignung zur nachhaltigen Verunreinigung eines Gewässers oder des Bodens generell zu bejahen;[263] auf die Feststellung des konkreten Zustandes der Flüssigkeitsbehältnisse und -leitungen kommt es schon deshalb nicht an, weil dieser nicht dauerhaft zu gewährleisten ist. Es ist *Riettiens*[264] zuzugeben, dass die Abgrenzung nachhaltiger von nicht nachhaltigen Veränderungen nicht leicht vorzunehmen ist und mangels fassbarer Maßstäbe auch die Rechtsprechung keine einheitliche Linie erkennen lässt. Jedenfalls fehlt es an der Nachhaltigkeit, wenn aus einer überlaufenden Plastikschüssel Regenwasser mit einem geringen Altölanteil in Gartenboden gerät, der auf einer Fläche von 136 × 90 cm bis in eine Tiefe von 10 cm verunreinigt wird, also 0,1224 m3 Erdreich betroffen sind.[265] Erforderlich ist ein naturwissenschaftlicher, d. h. i. d. R. sachverständig festgestellter Nachweis der Eignung[266] zu nachhaltiger Veränderung in Bezug auf das jeweils bedrohte Umweltmedium, allerdings nicht im Sinne einer konkreten Schadensprognose, sondern als generelle, an den Eignungsmerkmalen ausgerichtete Aussage.[267] Dabei sind auch konkrete Umstände (klimatische Verhältnisse u. Ä.) zu berücksichtigen,[268] da sich die Gefährdungseignung sachlogisch auf die konkreten Handlungsbedingungen beziehen muss. Es kommt daher sowohl auf die dem Stoff innewohnenden Risiken an als auch solche externer Natur, die infolge Art und Weise seiner Behandlung drohen,[269] etwa wenn die Gefährlichkeit erst bei der Verbrennung des Abfalls entsteht.[270]

68 Die Beurteilung, ob eine Verschlechterung der **Gewässereigenschaften** zu befürchten ist, richtet sich nach den Anforderungen des § 324 (dort Rdn. 20 ff), wobei dort keine „Nachhaltigkeit" verlangt wird.[271] Wenn – anders als in § 19g Abs. 5 WHG a. F. („wassergefährdend") – von

---

259 BGHSt **59** 45, 56 = NStZ **2014** 89, 92 (Intensität und Dauer); BGHSt **34** 211, 212 (in erheblichem Umfang und für längere Dauer); OLG Zweibrücken NJW **1992** 2841; OLG Celle ZfW **1994** 380; AG Hamburg NStZ **1988** 365; AG Lübeck NJW **1991** 1125; *Alt* MK Rdn. 45; *Ransiek* NK Rdn. 28; *Sch/Schröder/Heine/Schittenhelm* Rdn. 6; *Schall* SK Rdn. 78; *SSW/Saliger* Rdn. 34; *Sack* Rdn. 191; *Kloepfer/Heger* Rdn. 295; *Laufhütte/Möhrenschlager* ZStW 92 (**1980**) 958; *Czychowski* ZfW **1977** 84; *Kuhlen* WiVerw **1991** 181, 212; *Rogall* NStZ **1992** 561, 562; krit. zu dieser Kumulation *Kuhlen* ZStW **105** (1993) 697, 717; *Rotsch* wistra **1999** 321, 324.

260 OLG Zweibrücken NStZ **1986** 411; NJW **1992** 2841; OLG Frankfurt AgrarR **1994** 373, 374; *Kloepfer/Heger* Rdn. 295; *Sack* Rdn. 191; *Sch/Schröder/Heine/Schittenhelm* Rdn. 6.

261 OLG Zweibrücken NStZ **1986** 411 m. Anm. *Sack; Alt* MK Rdn. 45; *Szesny* AnwK Rdn. 38.

262 BGHSt **59** 45, 56 = NStZ **2014** 89, 94; OLG Braunschweig NVwZ **1994** 934 (betr. Öl); ferner OLG Zweibrücken NJW **1992** 2841 mit abl. Anm. *Weber* NStZ **1994** 36 und Bespr. *Winkelbauer* JuS **1994** 112; OLG Celle ZfW **1994** 380; AG Hamburg NStZ **1988** 365 m. Anm. *Meinberg; Alt* MK Rdn. 45; abw. AG Lübeck NJW **1991** 1125; hierzu abl. *Kuhlen* WiVerw **1991** 181, 212.

263 OLG Braunschweig NStZ-RR **2001** 42; OLG Celle NStZ **1996** 191; LG Stuttgart NStZ **2006** 191 m. Anm. *Henzler.*

264 *Riettiens* 161.

265 *Kuhlen* WiVerw **1991** 181, 212; **aA** AG Lübeck NJW **1991** 1125.

266 *Riettiens* 163; *Alt* MK Rdn. 42.

267 BayObLGSt **2001** 86 = NStZ-RR **2002** 76; LG Stuttgart NStZ **2006** 291 m. zust. Anm. *Henzler; Alt* MK Rdn. 42 f; *Schall* SK Rdn. 84; *Sch/Schröder/Heine/Schittenhelm* Rdn. 8; *SSW/Saliger* Rdn. 33; GJW/*Bock* Rdn. 26; *Rengier* BT § 48 Rdn. 26; *Riettiens* 151 ff.

268 OLG Braunschweig NStZ-RR **1998** 175, 177 m. w. N. (keine Eignung bei Altfahrzeug, wenn Ölbehälter ausreichend dicht); *Fischer* Rdn. 25; *Lackner/Kühl/Heger* Rdn. 6; *Matt/Renzikowski/Rettenmaier/Gehrmann* Rdn. 17; *Michalke* Rdn. 261; *Kuhlen* WiVerw **1991** 181, 213 ff; *Reinicke* 131 f, 167 ff, 210 ff; *Rogall NStZ* **1992** 561 f; **aA** *Möhrenschlager* LK[12] Rdn. 71; *Szesny* AnwK Rdn. 34.

269 *Schall* SK Rdn. 84, 86; *Riettiens* 164.

270 OLG Zweibrücken NStZ **1986** 411; NJW **1988** 3029; AG Hamburg NStZ **1988** 365; *Schall* SK Rdn. 75, 86; *Franzheim/Pfohl* Rdn. 274.

271 OLG Celle NJW **1986** 2326.

Verunreinigung und nachteiliger Veränderung eines Gewässers die Rede ist, soll damit die Einheit „Gewässer“ angesprochen werden, bestehend aus Wasser, Ufer und Gewässerbett.[272] Die dadurch bewirkte Überlappung mit dem Boden als Schutzobjekt gewährleistet einen lückenlosen Schutz.[273] Hinsichtlich der **Luftverunreinigung** ist in entsprechender Weise auf § 325 zu schauen; allerdings entfallen die dort in Absatz 1 vorgesehenen Beschränkungen, z. B. auf Veränderungen, die für die Gesundheit oder für Sachen von bedeutendem Wert gefährlich sind.[274] An die Nachhaltigkeit knüpft jedoch der Schadstoffbegriff in § 325 Abs. 6 Nr. 2 an. Bloße Belästigungen werden in aller Regel nicht die Intensität aufweisen, die das Nachhaltigkeitskriterium fordert; es muss sich schon um erhebliche bzw. nachhaltige Belästigungen handeln.[275] Hinsichtlich des **Bodens** kann zwar generell § 324a herangezogen werden, wobei jedoch die Einschränkungen in § 324a Abs. 1 Nr. 1 zu weit gehen und selbst Nr. 2 mit dem Erfordernis der Bodenverunreinigung „in bedeutendem Umfang“ zu eng erscheint.

Klar ist ferner, dass keine nachteilige Veränderung eines Gewässers, der Luft oder des Bodens und nicht einmal eine konkrete Gefahr für eine solche Veränderung eingetreten sein muss. **69** Ist dies jedoch der Fall, ist von einer **Eignung** auszugehen.[276] Erst recht setzt das Erfordernis der Eignung einer nachhaltigen Verunreinigung etwa des Grundwassers nicht den Nachweis voraus, infolge der Schadstoffbelastung bestehe schon gegenwärtig die generelle Möglichkeit einer Gefährdung oder einer ganz erheblichen Belästigung von Menschen oder Sachen von bedeutendem Wert.[277] Dasselbe gilt für den Bereich des Bodens; die Eignungsmerkmale in § 324a Abs. 1 Nr. 1 stellen hier zu hohe Anforderungen. Es bestand daher kein Problem, § 326 in einem Fall anzuwenden, in dem ein Entsorgungsfachbetrieb, der sog. Bürgermeister-Deponien zu verfüllen hatte, entgegen bestehender Vereinbarungen Kunststoffabfälle, Haus- und Gewerbemüll sowie andere gefährliche Abfälle einbaute, die eine Kontamination der Bodenschichten und des Grundwassers herbeiführen konnten.[278] Maßgebend ist die Eignung, die sich für den Zeitpunkt der Tathandlung ergibt;[279] entfällt sie vor deren Beendigung, so kommt Versuch (Absatz 4) in Betracht.[280]

Die genannten drei Schutzgüter Gewässer, Luft und Boden sind selbst dann in den Schutz- **70** bereich des Gesetzes einbezogen, wenn sie sich im **Ausland** befinden. Dies ist nach der Aufhebung der innerstaatlichen Beschränkung des Gewässerbegriffs in § 330d durch das 2. UKG jedenfalls für die Gewässer unbestritten. Weitgehende Einigkeit besteht heutzutage, dies ebenso auf die Bereiche Boden und Luft zu erstrecken.[281]

---

272 BT-Drs. 8/2382 18.
273 BT-Drs. 8/2382 18.
274 *Lackner/Kühl/Heger* Rdn. 6; *Ransiek* NK Rdn. 28; *Schall* SK Rdn. 77.
275 *Alt* MK Rdn. 45; *Sch/Schröder/Heine/Schittenhelm* Rdn. 7; *SSW/Saliger* Rdn. 34; *Sack* Rdn. 193; OLG Zweibrücken NStZ **1986** 411 lässt offenbar Hustenreiz als Beeinträchtigung der Atmungsorgane ausreichen; nach OLG Zweibrücken NJW **1988** 3029 genügt jedoch nicht allein die Feststellung, nach Lebenserfahrung könnte Rauchentwicklung die Nachbarschaft belästigen.
276 Wenn demgegenüber BGHSt **59** 45, 55 f = NZWiSt **2014** 26, 31 für eine Straftat nach § 326 Abs. 1 Nr. 4 a) nähere Feststellungen zur Schadstoffkonzentration und zur Intensität und Dauerhaftigkeit der Veränderung des biologischen Werts des betroffenen Grundwassers fordert, so geht das zur Feststellung einer Eignung zu weit; zu Recht krit. *Heger* HRRS **2014** 168, 171 f; *Krell* NZWiSt **2014** 14, 17; Rdn. 171; *SSW/Saliger* Rdn. 33; *Rengier* BT II § 48 Rdn. 26; *Sack* Rdn. 195.
277 BGHSt **59** 45, 55; zust. insoweit *SSW/Saliger* Rdn. 33; *Hecker* NStZ-RR **2017** 33, 36; ebenso hinsichtlich der Luftverunreinigung *Ransiek* NK Rdn. 28.
278 BGHSt **58** 152 = NStZ **2013** 401.
279 OLG Zweibrückern NStZ **1986** 411; *Alt* MK Rdn. 42; *Schall* SK Rdn. 86.
280 *Sack* Rdn. 197.
281 *Alt* MK Rdn. 44; *Schmitz* MK Vor § 324 Rdn. 155; § 330d Rdn. 3; *Ransiek* NK Rdn. 4; *Sch/Schröder/Heine/Schittenhelm* Rdn. 7, § 330d Rdn. 4; *Lackner/Kühl/Heger* Rdn. 6; *SSW/Saliger* Rdn. 1; *Schall* SK Rdn. 8, § 330d Rdn. 5; *Fischer* Rdn. 21; *GJW/Bock* Rdn. 1; *Matt/Renzikowski/Rettenmaier/Gehrmann* Rdn. 4; *Kloepfer/Heger* Rdn. 371; *B. Breuer* 77 f; **aA** *Steindorf* LK[11] Rdn. 94; *Michalke* Rdn. 446.

71 **cc) Gefährdung von Tier- oder Pflanzenbeständen.** Die in Abs. 1 Nr. 4 lit. b) genannte Eignung zur Gefährdung von Tier- oder Pflanzenbeständen soll sich nach dem Willen des Gesetzgebers hinsichtlich des „Bestandes" an § 39 PflSchG a. F.[282] anlehnen[283] (insoweit weitgehend in § 6 Abs. 5 PflSchG n. F. übernommen). Ein **Bestand** sei demnach eine „Tier- oder Pflanzenpopulation" in einem „bestimmten Gebiet".[284] Angesichts der berechtigten Kritik an Weite und mangelnder Bestimmtheit[285] ist eine einengende Auslegung angezeigt.[286] Im PflSchG wird der Bestandsbegriff als eine im ökologischen Gefüge zusammengehörende Zahl von lebenden, auf ihrem Platz befindlichen Pflanzen in einem räumlichen Bezug verstanden.[287] „Population" ist nach § 7 Abs. 2 Nr. 6 BNatSchG „eine biologisch oder geografisch abgegrenzte Zahl von Individuen einer Art". Individuen gleicher Art sind regelmäßig durch ein besonderes genetisches Verwandtschaftsverhältnis gekennzeichnet.[288] Naheliegend ist auch eine Beschränkung auf „lokale Populationen" i. S. v. § 44 Abs. 1 Nr. 2 BNatSchG, insbesondere, wenn die Ansiedlung der Tiere räumlich gut abgrenzbar ist.[289] Dies kann ein Acker, eine Wiese oder ein Gehölz sein, braucht sich aber nicht darauf zu beschränken. Es ist jedoch ein für die Lebensansprüche der Art ausreichend funktional-räumlicher Zusammenhang erforderlich.[290] Der gefährdete Bestand muss zudem weit mehr als einzelne oder wenige Pflanzen umfassen. Die Tathandlung hat einen erheblichen Eingriff in den Erhaltungszustand (vgl. § 44 Abs. 1 Nr. 2 BNatSchG)[291] darzustellen, etwa durch eine Gefährdung der Überlebenschancen des gesamten Bestands (wie durch Krankheitserreger in Abfällen) oder sonst durch dessen schwerwiegende Dezimierung, was auch Abwanderungen einschließen kann.[292]

72 **dd) Rechtsprechung.** Beispiele aus der Rechtsprechung:
Abbrennen eines Pkw: AG Hamburg NStZ **1988** 365 m. Anm. *Meinberg*
Abwässer aus Raffinerie: BGHSt 37 21; aus Schlachthof BGH **NStZ** 1997 189; aus Haushalten OLG Celle ZfW **1992** 517
Altöl: OLG Oldenburg MDR **1996** 301; OLG Düsseldorf wistra **1994** 73, 74; OLG Köln NJW **1986** 1117
Altöl-Wasser-Gemisch: AG Lübeck NJW **1991** 1126; abl. *Kuhlen* WiVerw **1991** 181, 212
Chemikalien: OLG Köln JR **1991** 523 m. Anm. *Sack*
Fäkalschlamm: BayObLG NStZ **1988** 27
Galvanik-Abwässer, in die Kanalisation eingeleitet: BGH Urt. v. 14.6.1994 – 1 StR 40/94 (in BGHSt 40 191 insoweit nicht abgedruckt)
Hausmüllähnliche Stoffe: OLG Zweibrücken NJW **1988** 3029

---

282 § 39 Abs. 1 PflSchg i. d. F. d. Art. 15 Nr. 1 G v. 28.6.1990 (BGBl. I S. 1221).
283 BT-Drs. 12/192 20.
284 BT-Drs. 12/192 20; ebenso *Schall* SK Rdn. 81; *Fischer* Rdn. 26; *Ransiek* Rdn. 30.
285 *Steindorf* LK[11] Rdn. 95; *Sch/Schröder/Heine/Schittenhelm* Rdn. 7a; *Lackner/Kühl/Heger* Rdn. 6a; *Michalke* Rdn. 158.
286 *Schall* SK Rdn. 81.
287 *Erbs/Kohlhaas/Metzger* § 6 PflSchG Rdn. 18; vgl. auch den Hinweis von *Sch/Schröder/Heine/Schittenhelm* Rdn. 7a.
288 *Schütte/Gerbig/Köck* GK-BNatSchG, 2. Aufl. (2017), § 7 Rdn. 38; ähnlich *Alt* MK Rdn. 46.
289 *Schütte/Gerbig/Köck* GK-BNatSchG § 44 BNatSchG Rdn. 25; *Erbs/Kohlhaas/Stöckel/Müller-Walter* § 44 BNatSchG Rdn. 16.
290 BT-Drs. 16/5100 11; *Pfohl* MK § 69 BNatSchG Rdn. 63; *Erbs/Kohlhaas/Stöckel/Müller-Walter* § 44 BNatSchG Rdn. 16.
291 *Schütte/Gerbig/Köck* GK-BNatSchG § 44 BNatSchG Rdn. 26.
292 *Schall* SK Rdn. 81, der auch Lebensgemeinschaften i. S. v. § 7 Abs. 2 Nr. 4 BNatSchG einbeziehen will, was jedoch weiter ist als der Begriff der „Population", da ersterer auch Gemeinschaften verschiedener Arten in einem abgegrenzten Lebensraum umfasst (BT-Drs. 16/12274 53; *Schütte/Gerbig/Köck* GK-BNatSchG § 7 Rdn. 36). Für Einbeziehung seltener Pflanzen, die nur noch an einem winzigen See wachsen, *Ransiek* NK Rdn. 30.

Hausmüllgemisch: BGHSt 34 211 (arsenhaltig); BGHSt 37 211 (s. Rdn. 65)
Hundekot: OLG Düsseldorf NStZ **1991** 335
Klärschlamm OLG Stuttgart NStZ **1991** 590 m. krit. Anm. Franzheim JR **1992** 481
Landwirtschaftliche Abfälle (Jauche, Gülle, Silagesäfte): BayObLGSt **2000** 143 = NuR **2001** 118; NStZ-RR **2002** 76; **1997** 119; NJW **1989** 1290; OLG Celle NJW **1986** 2326; OLG Oldenburg NJW **1988** 2391; NuR **1992** 41; dazu *Franzheim/Pfohl* Rdn. 344 ff; Henzler NuR **2003** 270; Krell NuR **2009** 327; OLG Oldenburg Beschl. v. 1.9.2020 – 1 Ss 71/20 (juris)
Ölpellets, in Tongrube gelagert: BGH Urt. v. 30.7.2020 – 4 StR 419/19 (juris)
Pferdemist: OLG Zweibrücken NStZ **1991** 481 m. Anm. *Meinberg* JR **1991** 437; *Sack* NStZ **1991** 337; OLG Zweibrücken NuR **1991** 41
Rindergülle: BayObLG NJW **1989** 1290

Weitere Beispiele insbesondere auch von Entscheidungen von Land- und Amtsgerichten bei *Sack* Rdn. 242.

2. Tathandlungen von Absatz 1

In Umsetzung von Art. 3 lit. b) der umweltstrafrechtlichen Richtlinie 2008/99/EG, aufbauend auf Art. 3 Nr. 7–10, 15 der Abfall-Rahmen-RL 2008/98/EG (AbfRRL) und damit verbunden § 3 Abs. 10–15, 23 KrWG, ist der Kreis der bisher auf das Behandeln, (Ab-)Lagern, Ablassen und Beseitigen beschränkten Tathandlungen durch das 45. StrÄndG erheblich erweitert worden. Täter kann nun zusätzlich sein, wer „sammelt, befördert, verwertet, handelt, makelt oder sonst bewirtschaftet". Im Kontext mit Abs. 2 ist damit letztlich **jeder unerlaubte Umgang** mit Abfall erfasst. Die Aufzählung von insgesamt zwölf Handlungsformen spiegelt somit eine Präzision vor, die bestenfalls noch veranschaulichenden Charakter besitzt, aber zur Abgrenzung des Tatbestandes nichts beiträgt. 73

a) Sammeln. Entsprechend § 3 Abs. 15 KrWG ist das „Einsammeln von Abfällen, einschließlich deren vorläufiger Sortierung und vorläufiger Lagerung zum Zweck der Beförderung zu einer Abfallbehandlungsanlage" gemeint. Erfasst werden damit sowohl i. S. v. § 3 Abs. 18 KrWG gewerbsmäßige als auch i. S. v. § 3 Abs. 17 KrWG gemeinnützige Sammlungen.[293] Einsammeln umfasst Entgegennehmen und Abholen überlassener oder bereitgestellter Abfälle. Das Zusammentragen eigener Abfälle auf einem Privat- oder Betriebsgelände fällt hingegen nicht unter den Sammlungsbegriff.[294] Gesammelt wird auch nicht, wenn im Rahmen der Sperrmüllabfuhr bereitgestellter Abfall auf Brauchbares durchsucht und dieser Teil dann zusammengetragen wird.[295] 74

b) Befördern. Abs. 1 betrifft allein den **innerstaatlichen Transportvorgang**, weil für grenzüberschreitende Vorgänge Abs. 2 als lex specialis anzusehen ist.[296] Transportwege sind öffentliche Verkehrswege[297] einschließlich des Luftverkehrs mittels Flugzeug, Hubschrauber oder auch Drohne. Soweit zugleich die Übernahme und die Ablieferung des Gutes sowie zeitweilige Aufenthalte im Verlauf der Beförderung, Vorbereitungs- und Abschlusshandlungen (Verpacken und 75

293 *Alt* MK Rdn. 48; *SSW/Saliger* Rdn. 37; *Sch/Schröder/Heine/Schittenhelm* Rdn. 10; *Schall* SK Rdn. 92; *Lackner/Kühl/Heger* Rdn. 7c; *Pfohl* ZWH **2013** 95, 98.
294 Jarass/Petersen/*Hurst/Reese* § 3 KrWG Rdn. 260.
295 OLG Thüringen ZUR **2005** 441.
296 AG Kehl Beschl. v. 10.11.2017 – 9 Cs 301 Js 6684/14 Rdn. 11 ff (juris); *Sch/Schröder/Heine/Schittenhelm* Rdn. 10; gegen eine solche Begrenzung *Witteck* BeckOK Rdn. 22; *Fischer* Rdn. 29; *Lackner/Kühl/Heger* Rdn. 7c.
297 *Fischer* Rdn. 29 schließt die Beförderung in Rohrleitungen ein.

Auspacken der Güter, Be- und Entladen) eingeschlossen sein sollen,[298] ist dem nicht nur wegen der drohenden Überschreitung der Wortlautgrenze, sondern auch aus systematischen Erwägungen zu widersprechen, weil § 328 Abs. 3 Nr. 2 derartige Ausdehnungen ausdrücklich nennt. Im Gegenschluss können diese hier daher nicht bereits als Befördern angesehen werden.[299] Ebenso wie beim Sammeln braucht das Befördern keine i. S. v. § 3 Abs. 11 KrWG gewerbliche oder wirtschaftliche Unternehmenstätigkeit darzustellen.[300]

76 **c) Behandeln.** Dieses Merkmal kennzeichnet die finale (chemische/physikalische/biologische) Einwirkung auf die Beschaffenheit im Rahmen eines Verwertungs-[301] oder Beseitigungsverfahrens (Art. 1 Nr. 14 AbfRRL, einschließlich Vorbereitungshandlungen), welche den Abfall qualitativ oder quantitativ verändert.[302] Dazu gehören Aufbereiten, Zerkleinern, Kompostieren, Entgiften und Verbrennen,[303] das Ausschlachten von Autowracks,[304] das Ver- und Umschmelzen (mit möglicher Giftgasentwicklung), Vermischen,[305] Sortieren, Verdichten und Entwässern.[306] Auch das Verpacken wird man jedenfalls dann als Behandeln einstufen können, wenn es die Gefährlichkeit des Abfalls beeinflusst, etwa das Einschließen radioaktiver Abfälle in Strahlenschutzbehältnisse. Angesichts der erforderlichen finalen Einwirkung liegt kein Behandeln vor, wenn sich die Abfälle während der Lagerung in ihrer Zusammensetzung ändern, etwa durch Schimmelpilzbildung, Verdunstung oder Ausgasung.[307] Eine Änderung der Gefährdung, etwa durch Verminderung der Schädlichkeit i. S. v. § 15 Abs. 1 S. 2 KrWG, setzt das Behandeln nicht voraus.[308]

77 **d) Verwerten.** Abfälle werden verwertet, wenn sie (entsprechend Art. 3 Nr. 15 AbfRRL) einem sinnvollen Zweck zugeführt werden, indem sie andere Materialien ersetzen, die ansonsten zur Erfüllung einer bestimmten Funktion verwendet worden wären, oder wenn sie so vorbereitet werden, dass sie diese Funktion erfüllen (§ 3 Abs. 23 KrWG). Dazu gehört auch die Verwertung durch Privatpersonen.[309] Indizielle Beispiele für Verwertungsverfahren finden sich in Anlage 2 zum KrWG. Kern der Verwertung ist die **Substitutionswirkung** des Entsorgungsverfahrens, die sich auf den Ersatz eines Erzeugnisses, Rohstoffes oder Brennstoffes richtet.[310] Umweltbezogene Aspekte, wie etwa die Schädlichkeit des Abfalls oder die Vermischung spielen keine Rolle.[311]

78 **e) Lagern.** Während das Ablagern das endgültige Ablegen eines Abfallstoffes (Endlagerung) bedeutet (Rdn. 83), versteht man unter Lagern die zwar für eine gewisse Dauer erfolgende, jedoch vorübergehende Aufbewahrung (einschließlich der Zwischenlagerung) mit dem Ziel der

298 *SSW/Saliger* Rdn. 37; *Möhrenschlager* LK[12] Rdn. 82; *Kloepfer/Heger* Rdn. 298; Jarass/Petersen/*Hurst* § 3 KrWG Rdn. 219.
299 *Ransiek* NK Rdn. 63; *Sch/Schröder/Heine/Schittenhelm* Rdn. 10, 20a; *Schall* SK Rdn. 94; *Sack* Rdn. 206b.
300 *Schall* SK Rdn. 93; *Lackner/Kühl/Heger* Rdn. 7c; *SSW/Saliger* Rdn. 37; *Pfohl* ZHW **2013** 95, 98.
301 AG Dachau NStZ **1996** 546; *Alt* MK Rdn. 50.
302 *Sch/Schröder/Heine/Schittenhelm* Rdn. 10; *Schall* SK Rdn. 95; *SSW/Saliger* Rdn. 37; *GJW/Bock* Rdn. 33; *Szesny* AnwK Rdn. 45; *Witteck* BeckOK Rdn. 23; *Sack* Rdn. 207; *Jarass/Petersen/Spoerr* § 28 KrWG Rdn. 34.
303 BT-Drs. 18/2382 18; OLG Zweibrücken NStZ **1986** 411 (Verbrennen von Styroporresten).
304 LG Stuttgart NStZ **2006** 291; BayObLGSt **1995** 50 = NStZ-RR **1995** 513; BayObLGSt **1998** 60, 61 = NVwZ **1999** 570; *Henzler/Pfohl* wistra **2004** 331, 333.
305 BGHSt **37** 21, 28 (Vermischen von ölhaltigem Erdreich mit unbelastetem Sand und Erdreich).
306 *Schall* SK Rdn. 95; *Alt* MK Rdn. 50.
307 *Schall* NStZ-RR **2008** 129; *Alt* MK Rdn. 50; *Jarass/Petersen/Spoerr* § 28 KrWG Rdn. 34.
308 *Alt* MK Rdn. 50; *Schall* SK Rdn. 95; *Steindorf* LK[11] Rdn. 99; **aA** *Ransiek* NK Rdn. 34.
309 *Schall* SK Rdn. 97; *SSW/Saliger* Rdn. 37; *Ransiek* NK Rdn. 35.
310 *Schall* SK Rdn. 97; *Alt* MK Rdn. 26.
311 BT-Drs. 17/6052 74.

späteren Weiterverwendung, Verwertung oder Beseitigung[312] (auch durch Dritte nach Abgabe). Allerdings scheiden geringfügige Umschichtungen des bereits lagernden Abfalls aus.[313]

Der Begriff des „Lagerns“ war vielfach Gegenstand der **Rechtsprechung**, u. a. der Charakter der Tathandlung (Dauerdelikt?) und die daran anknüpfende Frage der Verfolgungsverjährung (s. Rdn. 138). Ansonsten soll beispielsweise das Abstellen eines zugelassenen und fahrbereiten Kraftfahrzeugs im Straßenverkehr, auch wenn es verkehrsunsicher ist, keine Lagerung von Abfall darstellen;[314] dagegen lagert Abfall, wer ein als Schrottfahrzeug gekauftes Auto auf einer öffentlichen Straße abstellt;[315] in einem solchen Autowrack werden meist gefährliche Abfallstoffe nach Abs. 1 Nr. 4 lit. a) enthalten sein.[316] Der BGH hat in einem Fall der vorübergehenden Aufbewahrung von Abfallstoffen mit dem Ziel der Wiederaufarbeitung[317] zum Ausdruck gebracht, dass die Umstände des Einzelfalls darüber entscheiden, ob ein bloßes Bereitstellen zum Abtransport oder eine (Zwischen-)Lagerung vorliegt; hierbei sei die **Dauer der Aufbewahrung** ebenso von Bedeutung wie die Frage, ob bereits ein Abnehmer oder Entsorgungspflichtiger vorhanden oder dessen alsbaldiges Erscheinen gesichert ist.[318] Die Tatsache, dass bei einer durch Umlagerung vorgenommenen Neulagerung keine Steigerung der den betreffenden Umweltgütern drohenden Gefahr eintritt, hindert nicht die Annahme eines (erneuten) Lagerns.[319] 79

Schwierigkeiten kann im Einzelfall die **Abgrenzung zum Bereitstellen** von Abfällen zur Abholung durch den Beseitigungspflichtigen mit sich bringen.[320] Nach dem Abfallverwaltungsrecht treffen den unmittelbaren Besitzer von „Abfällen zur Beseitigung“ u. a. die Pflichten zum Zusammentragen, Bereitstellen und Überlassen an den Abfallbeseitigungspflichtigen. Sind diese Pflichten erfüllt, gelten die Abfälle als „angefallen“. Hierauf folgt das Einsammeln durch den öffentlich-rechtlich zur Abfallbeseitigung Verpflichteten.[321] Hat der Abfall keinen unmittelbaren Besitzer (in Wald und Flur lagernder Abfall), hat der Beseitigungspflichtige diese Abfälle zusammenzutragen und einzusammeln. Daraus folgt, dass derjenige Abfallbesitzer, der Abfälle zusammenträgt oder Abfälle bereitstellt, um seiner Überlassungspflicht nach § 17 KrWG zu genügen, sich gesetzmäßig verhält und jedenfalls kein unbefugtes Lagern vornimmt.[322] Die Grenze (vom bloßen Bereitstellen) zum (unerlaubten) Lagern ist aber überschritten, wenn beispielsweise der Inhaber eines Speiselokals etwa 6 m^3 Küchen-, Papier- und Pappabfälle über einen Zeitraum von drei Wochen lose auf seinem Grundstück anhäuft. Hier war die Überlassungspflicht verletzt worden, weil der Betroffene nichts veranlasst hatte, um die „gewöhnlich bei Bedarf mehrmals in der Woche“ tätig wer- 80

312 BGHSt **37** 333, 335, 337 = NStZ **1991** 238 (Ziel der Wiederaufarbeitung bzw. der Zuführung zum Wirtschaftskreislauf); BGHSt **36** 255, 258; 40 79, 82 = NStZ **1994** 436 (beide beschränkt auf den Fall der Beseitigung bzw. Ablagerung); BayObLGSt **1983** 265 = NVwZ **1984** 541; OLG Köln NStZ **1987** 461 (betr. Müllumschlagestation); *Alt* MK Rdn. 52; *Ransiek* NK Rdn. 37; *Sch/Schröder/Heine/Schittenhelm* Rdn. 10a; *Schall* SK Rdn. 98; *SSW/Saliger* Rdn. 37; *Sack* Rdn. 208.

313 *Steindorf* LK[11] Rdn. 100.

314 BayObLGSt **1984** 165 = NuR **1984** 157.

315 OLG Düsseldorf ZfW **1989** 168 = VRS 75 477.

316 OLG Karlsruhe NStZ **1990** 128, 129; dies bedarf aber ausdrücklicher Feststellung, s. OLG Koblenz NStZ-RR **1996** 9.

317 BGHSt **37** 333 = NJW **1991** 1621 = JZ **1991** 885 m. Anm. *Horn* = JR **1991** 337 m. Anm. *Sack.*

318 BGHSt **37** 333, 337; *Steindorf* LK[11] Rdn. 104; *Schall* SK Rdn. 99.

319 BGHSt **40** 79 = NStZ **1994** 496 m. Anm. *Otto*, *Sack* Rdn. 209; *Alt* MK Rdn. 54; *Sch/Schröder/Heine/Schittenhelm* Rdn. 10a; *Schall* SK Rdn. 100; *SSW/Saliger* Rdn. 37; *Fischer* Rdn. 32; **aA** OLG Köln JR **1991** 523 m. krit. Anm. *Sack.*

320 BGHSt **37** 333; OLG Köln NStZ **1987** 461; *Jarass/Petersen/Kraft* § 69 KrWG Rdn. 41.

321 BVerwG DVBl. **1983** 637, 638.

322 OLG Stuttgart Die Justiz **1974** 139 (Einwerfen in Abfallcontainer); BayObLGSt **1992** 114 = NuR **1993** 95; NuR **1984** 36 = wistra **1984** 80 (Altpapier, Altkleider); BayObLG BayVBl. **1974** 591; BayObLGSt **1998** 199 = NStZ **1999** 574; OLG Koblenz, Beschl. v. 5.12.1983 – 2 Ss 526/83 (Ansammeln von verrottungsresistentem Abfall über wenige Tage bis zur Abfuhr in die Deponie stellt noch kein Lagern dar); *Möhrenschlager* NuR **1983** 209, 217; *Sack* Rdn. 209.

dende städtische Müllabfuhr zu benachrichtigen.[323] Ein Lagern liegt auch vor, wenn Bauschutt über mehrere Monate auf dem eigenen Grundstück in der Absicht der Wiederverwendung aufbewahrt werden, nicht aber, wenn Baumaterial als Einsatzmaterial an einem Standort vorhanden ist.[324] Kein bloßes Bereitstellen, sondern Lagern ist auch anzunehmen, wenn Schrottgegenstände nach einem Ausfall des Transportfahrzeugs fast einen Monat lang auf dem eigenen Grundstück liegengelassen werden[325] oder kontaminiertes Erdreich monatelang in einem Container aufbewahrt wird.[326] Ein bloßes Bereitstellen der Abfälle ist nach allem nur dann anzunehmen, wenn eine vom Abfallbesitzer ins Auge gefasste nahe, effektive Möglichkeit der Überlassung an den Entsorgungsträger festgestellt werden kann.

81 Lagern kann selbst durch **Unterlassen** erfolgen.[327] Die notwendige Garantenstellung mag sich aus der Sachherrschaft seitens des Eigentümers oder Besitzers eines Grundstücks ergeben[328] (vgl. § 3 Abs. 9 KrWG). Sie kann ferner durch bewusste Eröffnung einer abfallrechtlichen Gefahrenquelle – Verpachtung einer Lederfabrik – begründet werden[329] ebenso wie durch vorangegangenes rechtswidriges Tun.[330] Das Lagern geschieht hier durch das Liegenlassen des Abfalls entgegen einer Erfolgsabwendungspflicht.[331]

82 Diskutiert wird, ob eine solche Garantenstellung auch der unmittelbare Besitzer innehat, auf dessen Grundstück **Dritte widerrechtlich** („wild“) **Abfall abgelegt** haben. Die Verantwortlichkeit und damit auch die Garantenstellung richten sich nach der tatsächlichen und rechtlichen Möglichkeit, auf das Grundstück und die dort lagernden Gegenstände einzuwirken. Maßgeblich ist hier der öffentlich-rechtliche Besitzbegriff als „tatsächliche Sachherrschaft“ i. S. v. § 3 Abs. 9 KrWG ohne das Erfordernis eines Besitzbegründungswillens (Rdn. 20).[332] Daraus ergibt sich eine Garantenstellung für Eigentümer bzw. Besitzer für auf einem Grundstück gelagerte und damit eine öffentlich-rechtliche Pflicht zur Entsorgung angefallener Abfälle.[333] Der tatsächlichen Sachherrschaft des Eigentümers oder Besitzers eines Grundstücks an „aufgedrängtem“ Abfall steht i. d. R. nicht entgegen, wenn das unerlaubte Hineinwerfen, Hineingelangen oder Lagern „wilden Mülls“ durch keine Maßnahmen zur Sicherung des Grundstücks (z. B. Einzäunung, Schilder mit Zutrittsverbot) wirksam unterbunden werden kann. Das geforderte Mindestmaß an Sachherrschaft kann allerdings fehlen, wenn das Grundstück etwa bei Wald- oder Wiesengrundstücken aufgrund naturschutz- oder waldrechtlicher Betretungsrechte tatsächlich

---

323 OLG Düsseldorf MDR **1982** 868.

324 OLG Stuttgart NuR **2004** 556.

325 BayObLG MDR **1991** 77 (außer in Ausnahmesituation wie etwa einem LKW-Achsenbruch).

326 OLG Düsseldorf NVwZ-RR **1995** 78.

327 *Alt* MK Rdn. 117 f; *SSW/Saliger* Rdn. 39; *Fischer* Rdn. 32; *Rogall* NStZ **1992** 561, 562; *Sch/Schröder/Heine/Schittenhelm* Rdn. 11.

328 *Alt* MK Rdn. 117 ff; *Schall* SK Rdn. 109 ff; *Ransiek* NK Rdn. 38 ff; *SSW/Saliger* Rdn. 39; *Sch/Schröder/Heine/Schittenhelm* Rdn. 11.

329 BayVGH ZfW **1981** 178; *Steindorf* LK[11] Rdn. 105.

330 *Schall* SK Rdn. 109; *Sch/Schröder/Heine/Schittenhelm* Rdn. 11; *SSW/Saliger* Rdn. 39; *Franzheim* ZfW **1987** 9; *Lackner/Kühl/Heger* Rdn. 7a.

331 BayVGH ZfW **1981** 178; *Brosche* DVBl. **1977** 235, 239; *Hartl* BayVBl. **1979** 171, 173.

332 BVerwGE **67** 8, 12 = DVB1. **1983** 637; NVwZ **1988** 1021; NJW **1989** 1295; BVerwGE **106** 43, 46 = NJW **1998** 1004 (Hochwasserabfälle); OVG Münster NuR **2006** 726; *Jarass/Petersen/Dieckmann* § 3 KrWG Rdn. 182 f.

333 LG Koblenz NStZ **1987** 281; LG Frankfurt NZM **2005** 679; *Alt* MK Rdn. 122; *Ransiek* NK Rdn. 39; *Sch/Schröder/Heine/Schittenhelm* Rdn. 11; *Schall* SK Rdn. 111; *ders.* Festschrift Achenbach 463, 465 f; *SSW/Saliger* Rdn. 39; *Szesny* AnwK Rdn. 56; *GJW/Bock* Rdn. 39; *Sack* Rdn. 215 ff; *Franzheim/Pfohl* Rdn. 286 ff; dazu weiter *Hecker* Verantwortlichkeit für illegale Müllablagerungen Dritter; *Kirchner* Unterlassungshaftung 71 ff, 110 ff; **aA** *Clausen* Umweltgefährdende Abfallbeseitigung durch Unterlassen 119 ff, 205 ff; einschränkend (Besitzer muss zur der Müllablagerung beigetragen haben) OLG Braunschweig NStZ-RR **1998** 175; OLG Stuttgart ZfW **1988** 248 f; *Steindorf* LK[11] Rdn. 106; *Wessel* 143.

allgemein zugänglich ist.[334] Weitgehend besteht in der Literatur Einigkeit in der Ablehnung einer Pflicht zur Verhinderung der Abfalllagerung durch Dritte.[335]

f) Ablagern. Ablagern bedeutet endgültiges Ablegen mit dem Ziel der Dauerentledigung (Endlagerung) unter Ausschluss einer Wiederverwendung/-verwertung.[336] Es stellt – wie das Lagern – **keine Dauerhandlung** dar und ist mit dem Ablagerungsakt abgeschlossen.[337] Der Transport der Abfälle zum Ablagerungsort gehört noch nicht zum Ablagern,[338] sondern zur Vorbereitungsphase. Die Verwendung eines Stoffs für eine bauliche Anlage bildet ebenfalls kein Ablagern.[339] Ein solches kann hingegen bei landwirtschaftlichen Düngungen in der unzulässigen Ausbringung von Jauche oder Gülle liegen.[340] Auch diese Variante kann durch Unterlassen (§ 13) begangen werden.[341] Ein praktisch relevantes Beispiel bildet die Nichtbeseitigung von (gefährlichem) **Hundekot** durch den Hundebesitzer (Ingerenz).[342] 83

g) Ablassen. Die Tatmodalität des Ablassens ist dem Abfallverwaltungsrecht unbekannt. Der Begriff entstammt dem Internationalen Übereinkommen zur Verhütung der Verschmutzung der See durch Öl.[343] Nach der Begründung zum 18. StRÄndG[344] soll er „jegliches Ausfließen, ohne Rücksicht auf seine Ursache" umfassen. Da es sich jedoch um menschliche Verhaltensweisen handelt, die inkriminiert sind, kann es sich nur um das finale Bewirken des Ausfließens, das Ausfließenlassen, handeln.[345] Außer flüssigen Abfällen[346] können auch Gase, feste Stoffe, etwa rieselfähige oder auch andere, abgelassen (abgekippt, verklappt) werden.[347] Beispiele sind das Ausfließenlassen von Altöl oder von Gift in ein Gewässer,[348] das Einleiten von Cyanid und anderen Schadstoffen aus einem Galvanisierbetrieb in die Kanalisation,[349] ebenso das (unbeabsich- 84

---

334 LG Koblenz NStZ **1987** 281; LG Frankfurt NZM **2005** 679; BVerwG NuR **2003** 691 (Abfall auf Gelände von Schifffahrtsanlagen an Bundeswasserstraßen); NVwZ **2010** 121 m. Anm. *Neumann* jurisPR-BVerwG 2/2010; krit. *Jarass/Petersen/Schoch* § 20 KrWG Rdn. 41 f; VGH München NVwZ-RR **2004** 736 (allgemeines Betretungsrecht verneint für Straßen); Meinberg/Möhrenschlager/Link/*Möhrenschlager* 57.

335 *Schall* SK Rdn. 111; *Sch/Schröder/Heine/Schittenhelm* Rdn. 11; *SSW/Saliger* Rdn. 39; *Schmitz* NJW **1989** 1167, 1169; weitergehend *Iburg* NJW **1998** 2338, 2342 f; *Hohmann* NJW **1989** 1254, 1257 f.

336 RegE BT-Drs. 8/2382 18; BGH NJW **1992** 122; BayObLGSt **2000** 143, 145 = NuR **2001** 118 f; OLG Stuttgart NuR **2004** 556; *Alt* MK Rdn. 55; *Sch/Schröder/Heine/Schittenhelm* Rdn. 10a; *Schall* SK 101; *Fischer* Rdn. 33; *SSW/Saliger* Rdn. 37; *Laufhütte/Möhrenschlager* ZStW **92** (1980) 912, 959; *Sack* Rdn. 210.

337 BGHSt **36** 255, 257 = NStZ **1990** 36, 37; OLG Celle NStZ-RR **2012** 75; OLG Köln OLGSt § 1 AbfG 2; *Fischer* Rdn. 52; ausführlich *Schittenhelm* GA **1983** 310, 323.

338 *Sack* Rdn. 211; *Hruschka* JR **1979** 127.

339 OVG Greifswald NuR **1999** 49; auch das vorbereitende Bereitstellen von Baustoffen auf dem Grundstück ist kein Lagern, s. *Jarass/Petersen/Spoerr* § 28 KrWG Rdn. 33.

340 *Alt* MK Rdn. 55; *Franzheim/Pfohl* Rdn. 344 ff; zur unzulässigen Ablagerung von mineralischen Abfällen in eine Tagebaugrube VG Dessau NuR **2004** 477; zum Abstellen von verpacktem Altpapier neben zu vollem Sammelbehälter (i. d. R. kein Lagern) BayObLGSt **1992** 114 = NuR **1993** 95.

341 BayObLGSt **2000** 143, 145 (aus Ingerenz mit der Bildung von Sickersaft als Folge der Anlegung einer Dungstätte); *Sch/Schröder/Heine/Schittenhelm* Rdn. 10a, 11; *Schall* SK Rdn. 101; *Sack* Rdn. 215 ff.

342 *Schall* SK Rdn. 101 (Fn. 481); *Saliger* Rdn. 317; *Sch/Schröder/Heine/Schittenhelm* Rdn. 10a; *Hecker* NStZ **1990** 326, 328 f; AG Düsseldorf NStZ **1989** 532 (jedenfalls auch Unterlassen); **aA** OLG Düsseldorf NStZ **1991** 336 (aktives Tun).

343 BGBl. 1954 II 381.

344 BT-Drs. 8/2382 18.

345 *Schall* SK Rdn. 102; *Sack* Rdn. 213; *Rogall* JZ-GD **1980** 101, 110.

346 *Alt* MK Rdn. 56; *Ransiek* Rdn. 33; *Fischer* Rdn. 34; *Sch/Schröder/Heine/Schittenhelm* Rdn. 10a.

347 *Alt* MK Rdn. 56; *Schall* SK Rdn. 102; *Szesny* AnwK Rdn. 46; *Fischer* Rdn. 34.

348 *Alt* MK Rdn. 56; *Pfohl* wistra **1994** 8.

349 LG Frankfurt NStZ **1983** 171.

tigte) Ausfließenlassen von Kraftstoff bei einem Befüllvorgang,[350] das „Verklappen" von Dünnsäure ins Meer,[351] die „wilde" Beseitigung ungeklärter häuslicher Abwässer in größeren Mengen,[352] das Ausfließenlassen von Sickersäften in einen Bach[353] oder das Ablaufenlassen von Gülle über einen Steilhang.[354]

85 **h) Beseitigen.** Entsprechend der Regelung der fünfstufigen Abfallhierarchie durch Art. 4 AbfRRL bzw. § 6 KrWG bildet die „Beseitigung" die letzte Maßnahme der Abfallvermeidung und -bewirtschaftung. Sie umfasst nach § 3 Abs. 26 KrWG „jedes Verfahren, das keine Verwertung ist, auch wenn das Verfahren zur Folge hat, dass Stoffe oder Energie zurückgewonnen werden." Anlage 1 zum KrWG enthält eine indizielle Liste solcher Beseitigungsverfahren. Die Beseitigung ist, auch ohne Ortsveränderung,[355] auf dauerhafte Vernichtung oder Entfernung durch endgültige Aufgabe der Sachherrschaft ausgerichtet,[356] selbst wenn der Abfallstoff nach Entsorgung wieder in den Wirtschaftskreislauf zurückkehrt.[357] Als illegale Handlung entzieht sie sich der rechtlich gebotenen Abfallentsorgung oder gefährdet diese zumindest erheblich, was mit der Gefahr eines unkontrollierten Freisetzens von gefährlichen Schadstoffen einhergeht.[358] Beispiele sind das Einbringen von Abfall in ein Gewässer, wo der Abfall sofort chemisch verändert wird und eine neue chemische Verbindung bildet, das Verbrennen von Abfällen[359] (auch auf Hoher See), das Versenken von Baggergut,[360] die Verwendung von Schlacken im Straßenbau[361] und die Verfüllung eines Tonsteintagebaus mit mineralischen Reststoffen.[362]

86 **i) Handeln und Makeln.** In Umsetzung von Art. 3 lit. b) der umweltstrafrechtlichen Richtlinie 2008/99/EG und in Anlehnung an Art. 3 Nr. 7, 8 AbfRRL sowie Art. 2 Nr. 12, 13 EG-AbfallverbringungsVO 1013/2006 sind diese Tätigkeiten das Erwerben und Weiterveräußern (Kaufen und Verkaufen) von Abfällen in eigener Verantwortung (Handeln) bzw. die Verwertung und Beseitigung von Abfällen für andere (Makeln). Während sich sowohl diese Vorgaben als auch § 3 Abs. 12, 13 KrWG auf gewerbsmäßig und im Rahmen wirtschaftlicher Tätigkeiten begangene Handlungen beschränken, ist eine solche Verengung weder vom Wortlaut noch im Interesse des Rechtsgüter-

---

350 *Alt* MK Rdn. 56; *Szesny* AnwK Rdn. 48; **aA** *Schall* SK Rdn. 102; *Pfohl* wistra **1994** 6, 8.

351 Zum unabsichtlichen Ausbringen von Kohlenwasserstoffen nach Havarie EuGH Slg. **2008** I 4501 = ZUR **2008** 590.

352 OLG Celle NuR **1992** 396.

353 OLG Oldenburg wistra **1988** 200.

354 BayObLGSt **1989** 13 = NJW **1989** 1290.

355 BT-Drs. 8/2382 18.

356 *Fischer* Rdn. 35; *Schall* SK Rdn. 103; *SSW/Saliger* Rdn. 38; *Ransiek* NK Rdn. 33.

357 BGHSt **43** 219, 231 f = NStZ **1997** 544 (Weitergabe von Gummi-Metall-Gemischen, dessen Alumium-Anteil beim Abnehmer noch teilweise aussortiert wurde); BGHSt **37** 333, 335, 337 = NStZ **1991** 282 (Lagern zur Beseitigung mit möglicher Wiederzuführung zum Wirtschaftskreislauf); OLG Düsseldorf wistra **1994** 73, 75 f (Weiterverkauf von belastetem Altöl); OLG Köln NJW **1986** 1117; LG Kiel NStZ **1997** 461 (Verschenken eines Autowracks zum Ausschlachten); *Schall* SK Rdn. 103; *Fischer* Rdn. 35.

358 OLG Düsseldorf wistra **1994** 73, 76; OLG Köln NJW **1986** 1117, 1119; *Fischer* Rdn. 35; *Schall* SK Rdn. 104; *Sch/Schröder/Heine/Schittenhelm* Rdn. 10; *SSW/Saliger* Rdn. 38; *Szesny* AnwK Rdn. 55; *Heine* NJW **1988** 3665 f; auf das Vorenthalten gegenüber dem Entsorgungspflichtigen stellen ab *Lackner/Kühl/Heger* Rdn. 7a; *Steindorf* LK[11] Rdn. 97 f, 109.

359 BT-Drs. 8/2382 18; OVG Münster NVwZ-RR **2004** 739 (privates Osterfeuer); zu den Anforderungen an die Verbrennung vgl. die 17. BImSchV v. 2.5.2013 (BGBl. I S. 1021, 3754), zur Verbrennung i. S. thermischer Behandlung insb. § 2 Abs. 3 S. 2 Nr. 2, Abs. 4.

360 Verboten nach § 29 Abs. 4 KrWG i. V. m. § 6 Hohe See-EinbringungsG (§ 6); *Landmann/Roehmer/Beckmann* Rdn. 31 ff; *Schall* SK Rdn. 105.

361 AG Dachau NStZ **1996** 546; VG Würzburg AbfallR **2007** 101 (Einbau in Waldweg); *Schall* SK Rdn. 105.

362 VG Dessau NuR **2004** 474.

schutzes geboten. Dementsprechend können **auch Privatpersonen** ohne gewerbliche Intention i. S. d. Strafbestimmung handeln und makeln.[363] Entsprechend den EU-Vorgaben ist die Erlangung tatsächlicher Sachherrschaft nicht erforderlich. Für die Vollendung bedarf es eines **tatsächlichen Abschlusses** des Kauf- und Vermittlungsgeschäfts, da andernfalls noch keine strafwürdige Rechtsgutsgefährdung gewährleistet wäre.[364]

j) (Sonstiges) Bewirtschaften. In Umsetzung des Oberbegriffs „Bewirtschaftung von Abfall" in Art. 3 lit. b) der umweltstrafrechtlichen RL 2008/99/EG i. V. m. Art. 3 Nr. 9 AbfRRL umfasst das „Bewirtschaften" wie in § 3 Abs. 14 KrWG „die Bereitstellung, Überlassung, Sammlung, Beförderung, Verwertung und Beseitigung von Abfällen, einschließlich der Überwachung dieser Verfahren, der Nachsorge von Beseitigungsanlagen sowie die Tätigkeiten, die von Händlern und Maklern vorgenommen werden". Der Begriff erstreckt sich auf alle entsorgungsrelevanten Handlungen, einschließlich derjenigen zur Vorbereitung, Logistik, Nachsorge oder Überwachung der Entsorgung.[365] Angesichts der zuvor erörterten, spezielleren Tathandlungen des Absatzes 1 bleibt für den Anwendungsbereich dieser **Auffangbestimmung** nicht viel übrig. Selbst das Bereitstellen und das Überlassen von Abfällen (an öffentlich-rechtliche Entsorgungsträger bzw. beauftragte Entsorgungsunternehmen) wird man weitgehend mit den Begriffen Sammeln und Lagern erfassen können.[366] Eine selbständige Bedeutung mag zunächst dem Bewirtschaften in Gestalt des „Bereitstellens" und „Überlassens" zukommen. Verwaltungsrechtlich liegt Bereitstellen z. B. vor, wenn in Entledigungsabsicht Abfälle in zur Abholung bestimmte Behältnisse eingegeben werden, die dann mit der Abholung dem Entsorgungspflichtigen überlassen werden.[367] Jedoch ist das Zurücklassen von Abfällen an Sammelstellen, die dort nicht von dem Entsorgungspflichtigen eingesammelt werden, kein Bereitstellen, sondern ein Lagern.[368] „Überlassen" bedeutet Wechsel der Sachherrschaft zwischen Abfallbesitzern.[369] Ggf. kann ein strafbares Verhalten vorliegen, wenn das Abholen durch einen Entsorgungspflichtigen nicht rechtzeitig veranlasst und dadurch die Überlassungspflicht verletzt wird,[370] sofern dies nicht bereits wieder ein Lagern darstellt. Plausibler sind demgegenüber Verstöße gegen Überwachungs- und Nachsorgepflichten.[371] Nicht erfasst sind die Abfallvermeidung, die abfallwirtschaftliche Planung und die Erstellung von Abfallkonzepten. Um einer zu weitgehenden Strafbarkeit zu entgehen, wird ein Zustand verlangt, bei dem die Abfälle – mit der Gefahr eines unkontrollierten Freisetzens von Schadstoffen – **der gesetzlichen Abfallentsorgung entzogen** werden oder dies zumindest droht.[372] 87

3. Verwaltungsrechtswidrigkeit der Tathandlung

Mit den Merkmalen des Umgangs mit dem Abfall „außerhalb einer dafür zugelassenen Anlage" 88
oder „unter wesentlicher Abweichung von einem vorgeschriebenen oder zugelassenen Verfah-

---

363 *Alt* MK Rdn. 57; *Schall* SK Rdn. 106 f; *Ransiek* NK Rdn. 36; *Lackner/Kühl/Heger* Rdn. 7c; *Pfohl* ZWH **2013** 95, 97 f; **aA** (wie in § 3 Abs. 12, 13 KrWG) *SSW/Saliger* Rdn. 38; *Sch/Schröder/Heine/Schittenhelm* Rdn. 10b; *Szesny* AnwK Rdn. 52 f; *Fischer* Rdn. 36.
364 *Alt* MK Rdn. 57; *Ransiek* NK Rdn. 36; *Sch/Schröder/Heine/Schittenhelm* Rdn. 10b; *SSW/Saliger* Rdn. 38; *Schall* SK Rdn. 106; *Fischer* Rdn. 36.
365 RegE KrWG BT-Drs. 17/6052 73; vgl. ferner BT-Drs. 17/5391 18.
366 *Schall* SK Rdn. 108.
367 *Schall* SK Rdn. 108.
368 BayObLGSt **1992** 114 = NuR **1993** 95.
369 *Jarass/Petersen/Mann* § 10 KrWG Rdn. 36; *Jarass/Petersen/Karpenstein/Dingemann* § 17 KrWG Rdn. 59 ff.
370 *Sch/Schröder/Heine/Schittenhelm* Rdn. 10b.
371 *Schall* SK Rdn. 108; *SSW/Saliger* Rdn. 38; BT-Drs. 17/5391 13.
372 *SSW/Saliger* Rdn. 38; *Alt* MK Rdn. 58 f (mit Beispielen); *Sch/Schröder/Heine/Schittenhelm* Rdn. 10b; *Schall* SK Rdn. 108; *Fischer* Rdn. 38.

ren" wird die Einhaltung der verwaltungsrechtlichen Abfallbehandlungspflichten strafrechtlich bewehrt. Wer sich in Einklang mit diesen verhält, handelt bereits nicht tatbestandlich.[373] Demgegenüber bleibt für das Merkmal **„unbefugt"** kein eigenständiger Anwendungsbereich mehr übrig; es ist daher **allgemeines Rechtswidrigkeitsmerkmal**[374] und an sich überflüssig.

89 **a) Umgang mit Abfall außerhalb einer dafür zugelassenen Anlage.** Den Begriff „Anlage" hat der Gesetzgeber bewusst nicht definiert;[375] er ergibt sich aus der jeweils einschlägigen verwaltungsrechtlichen Regelung. **Beispiele** für Abfallentsorgungs-, -behandlungs- und -beseitigungsanlagen[376] sind Anlagen zur:

Abfallbeseitigung i. S. v. § 28 KrWG, einschließlich der Nutzung von Mineralgewinnungsanlagen i. S. v. § 29 Abs. 3 KrWG;

Abwasserrückhaltung für Schiffe i. S. v. § 6b der Schiffssicherheitsverordnung v 18.9.1998 (BGBl. I S. 3013, 3023);

Annahme von Schiffsabfällen und entsprechende Hafenauffangeinrichtungen;

Annahme, Rücknahme, Demontage, zum Schreddern oder sonstigen Behandlung von Altfahrzeugen i. S. v. § 2 Abs. 1 Nr. 14–16, 18, 19 AltfahrzeugV[377] und von Anhang 1 Nr. 8.9.2 der 4. BImSchV;

Behandlung und Beseitigung von Abwasser i. S. v. § 60 Abs. 1, 3, 4 WHG;

Behandlung von Bioabfällen (wie Misthaufen) nach der BioAbfV;[378]

Entsorgung (Verwertung und Beseitigung) von Abfällen i. S. v. § 35 Abs. 1 KrWG i. V. m. § 4 BImSchG und Nr. 8 des Anhangs der 4. BImSchV, einschließlich Verbrennungs-, Energiegewinnungs-, Stoffrückgewinnungsanlagen, größere Kompostanlagen, Bioabfallbehandlungsanlagen i. V. m. der 30. BImSchV und 4. BImSchV Anhang 1 Nr. (8.5, 8.6);

Kampfmittelbeseitigung nach dem jeweiligen Landesrecht;

Kohlendioxidspeicherung (§ 2 Abs. 2 Nr. 15 KrWG) i. S. v. § 11 Kohlendioxid-Speicherungsgesetz v. 17.8.2012 (BGBl. I S. 1726);

Lagerung (oberirdische und Untertage-Deponien) i. S. v. § 3 Abs. 27, § 35 Abs. 2 KrWG;

Rücknahme von Batterien nach den §§ 7 ff Batteriegesetz v. 25.6.2009 (BGBl. I S. 1582);

Tierkörperbeseitigung und Beseitigung von tierischen Nebenprodukten nach den §§ 3, 9 TierNebG[379] i. V. m. Art. 3 Nr. 1 Verordnung EG 1069/2009;

Verwertung radioaktiver Reststoffe i. S. v. § 9a Abs. 1 und zur Zwischen- und Endlagerung radioaktiver Abfälle i. S. v. § 9a AtomG i. V. m. der AtEV;[380]

Vorbehandlung nach § 4 Gewerbeabfallverordnung;[381]

weiter bergrechtliche Anlagen nach dem Betriebsplan i. S. v. §§ 52, 55 Abs. 1 Nr. 6, 9 BBergG und hinsichtlich des Einsatzes von Versatz von Abfällen in untertägigen Grubenbauten gemäß Versatzverordnung.

---

373 *Lackner/Kühl/Heger* Rdn. 8; *Alt* MK Rdn. 109.

374 BGHSt **37** 21, 29; *Lackner/Kühl/Heger* Rdn. 11; *Alt* MK Rdn. 109; *Schall* SK Rdn. 172; **aA** *Sch/Schröder/Heine/Schittenhelm* Rdn. 16 (Doppelfunktion).

375 BT-Drs. 8/3633 S. 36.

376 *Sack* Rdn. 221 ff; *Alt* MK Rdn. 66; *Schall* SK Rdn. 117; *Steindorf* LK[11] Rdn. 112 f; Einzelbeispiele aus der Rechtsprechung bei *Jarass/Petersen/Fellenberg/Schiller* § 35 KrWG Rdn. 16.

377 Verordnung über die Überlassung, Rücknahme und umweltverträgliche Entsorgung von Altfahrzeugen (Altfahrzeug-Verordnung – AltfahrzeugV) i. d. F. v. 21.6.2002 (BGBl. I S. 2214).

378 Verordnung über die Verwertung von Bioabfällen auf landwirtschaftlich, forstwirtschaftlich und gärtnerisch genutzten Böden (Bioabfallverordnung – BioAbfV) v. 4.4.2013 (BGBl. I S. 658).

379 Tierische Nebenprodukte-Beseitigungsgesetz v. 25.1.2004 (BGBl. I S. 82).

380 Atomrechtlichen Entsorgungsverordnung (AtEV) v. 29.11.2018 (BGBl. I S. 2034, 2172).

381 Verordnung über die Bewirtschaftung von gewerblichen Siedlungsabfällen und von bestimmten Bau- und Abbruchabfällen (Gewerbeabfallverordnung – GewAbfV) v. 18.4.2017 (BGBl. I S. 896).

Die für den Umgang mit Abfällen artspezifische Anlage muss **„dafür zugelassen"** sein. Gesetzliche bzw. behördliche Zulassungen, die sich gerade auf die Art und Menge des betreffenden Abfalls beziehen müssen,[382] können auf verschiedenen Rechtsgrundlagen mit jeweils unterschiedlichen Voraussetzungen (z. B. für Beseitigungs- und Verwertungsanlagen) beruhen. Beispiele sind die Genehmigung einer Abfallentsorgungsanlage nach § 35 Abs. 1 KrWG i. V. m. § 4 BImSchG und § 1 der 4. BImSchV mit Anhang 1 Nr. 8 oder eine nach § 5 Abs. 3 AltfahrzeugV zertifizierte, nach § 4 BImSchG i. V. m. § 1 der 4. BImSchV mit Anhang 1 Nr. 8. 9.2 zugelassene Anlage zur Behandlung von Altfahrzeugen. Zugelassene Anlagen sind nach den §§ 28 Abs. 1, 35 Abs. 1 i. V. m. § 4 Abs. 1 BImSchG auch **genehmigungsfreie Anlagen.**[383] So ist die Lagerung und Behandlung von Abfällen zur Beseitigung mit geringem Beeinträchtigungspotenzial in Abfallbeseitigungsanlagen nach § 28 Abs. 1 S. 3 KrWG genehmigungsfrei, etwa beim Unterschreiten von Schwellenwerten.[384] Bei gefährlichen Abfällen wird diese Ausnahmeregelung allerdings selten zur Anwendung kommen. 90

Für die Feststellung, ob eine Handlung **„außerhalb einer zugelassenen Anlage"** vorgenommen wurde, ist die jeweilige örtliche Zuständigkeit ohne Belang.[385] Entscheidend ist, ob die Anlage sachlich für den in Rede stehenden Umgang mit dem Abfall nach dem konkreten Inhalt der verwaltungsrechtlichen Zulassung vorgesehen ist.[386] Ist sie das, so kann ein regelwidriger Abfallumgang innerhalb dieser Anlage allenfalls nach der Alternative der Verfahrensabweichung sanktioniert werden (Rdn. 94). Es gibt darüber hinaus Fälle, in denen ausnahmsweise die Beseitigung schädlicher Abfälle außerhalb einer Anlage gestattet ist. Eine solche Möglichkeit eröffnet z. B. § 27 Abs. 3 TierNebV[387] für das Vergraben der Kadaver einzelner Haustiere.[388] 91

Ein strafbares Handeln außerhalb einer Anlage liegt vor, wenn gegen einen Verwaltungsakt mit der Verpflichtung, gefährliche Abfälle einem besonderen Entsorgungsunternehmen zuzuführen, verstoßen wird[389] oder ein Altfahrzeug (Abfall nach § 3 Abs. 1 KrWG gemäß § 2 Abs. 1 Nr. 2 AltfahrzeugV) mit gefährlichem Inhalt zur Demontage nicht wie in § 4 AltfahrzeugV vorgeschrieben, einem Demontagebetrieb überlassen, sondern im öffentlichen Verkehrsraum zur Beseitigung abgestellt oder an einen privaten Dritten zum Ausschlachten übergeben und damit beseitigt wird.[390] Das Gleiche gilt in Fällen, in denen Schiffsabfälle nicht an eine Annahmestelle (z. B. eine Hafeneinrichtung) abgeliefert, sondern unerlaubt im Gewässer entsorgt werden. Allgemein anerkannt ist, dass eine Strafbarkeit nach § 326 Abs. 1 auch dann möglich ist, wenn es für die konkreten Abfälle **keine besonders zugelassenen Anlagen** gibt. Sonst könnten be- 92

---

382 BGHSt **39** 381, 385; **43** 219, 221 = NStZ **1997** 544 f; OLG Düsseldorf wistra **1994** 73, 75; NuR **1994** 361, 363; *Sch/Schröder/Heine/Schittenhelm* Rdn. 12; *Schall* SK Rdn. 118; *Fischer* Rdn. 41; *Sack* Rdn. 231 (mit weiteren Beispielen aus der Rspr.).

383 *Jarass/Petersen/Spoerr* § 28 KrWG Rdn. 107.

384 *Jarass/Petersen/Spoerr* Rdn. 70 ff; Jarass/Petersen/*Fellenberg/Schiller* § 35 KrWG Rdn. 15; *Hansmann/Sellner/Franßen* Kap 14 Rdn. 150 ff.

385 BGHSt **43** 219, 222 = NStZ **1997** 544, 545 (§ 326 soll nicht die regionale Zuständigkeit von Abfallentsorgungsanlagen sichern); *Alt* MK Rdn. 65; *Schall* SK Rdn. 119; *SSW/Saliger* Rdn. 40.

386 Zulassungen können ggf. durch nachfolgende Regelungen, z. B. in einer VO, einen veränderten Inhalt erhalten, die dann Beseitigungshandlungen nicht mehr ausreichend decken, vgl. OVG Münster NuR **2004** 472; BVerwG NVwZ **2004** 1246; OVG Lüneburg ZUR **2006** 41; *Schall* SK Rdn. 118.

387 Verordnung zur Durchführung des Tierische Nebenprodukte-Beseitigungsgesetzes (Tierische Nebenprodukte-Beseitigungsverordnung – TierNebV) v. 27.7.2006 (BGBl. I S. 1735).

388 Dazu OVG Magdeburg NVwZ-RR **2005** 812.

389 BGHSt **43** 219, 220 ff, 230 f; *Schall* SK Rdn. 118; *Ransiek* NK Rdn. 45.

390 *SSW/Saliger* Rdn. 40; *Ransiek* NK Rdn. 43; *Krell* NuR **2011** 488 f; OLG Celle NuR **2011** 531 hat hingegen die 2. Alt. angewandt.

stimmte gefährliche Abfälle solange unbehelligt entsorgt werden, wie für ihre Beseitigung noch keine formell zugelassenen Anlagen existieren.[391]

93 **b) Handeln unter wesentlicher Abweichung von einem vorgeschriebenen oder zugelassenen Verfahren.** Die Anwendung dieser 2. Alt. setzt wie die 1. Alt. nicht voraus, dass überhaupt ein Verfahren zum Umgang mit gefährlichen Abfällen vorgeschrieben oder zugelassen ist.[392] Fehlt es sowohl an einem Verfahren als auch einer zulässigen Anlage, verbleibt es allerdings bei der 1. Alt.[393] Die 2. Alt. liegt zum einen vor, wenn die Beseitigung schädlicher Abfälle außerhalb einer Anlage zugelassen ist, aber dabei „von dem in Rechtsvorschriften konkretisierten oder durch die Verwaltung in einer Genehmigung oder durch Auflagen oder Anordnungen vorgeschriebenen oder zugelassenen Verfahren zur Beseitigung wesentlich abgewichen wird."[394] Ein Beispiel wäre der Verstoß gegen § 27 Abs. 3 TierNebV, wenn ein Haustierkadaver, der an sich zulässigerweise vergraben werden könnte, in unmittelbarer Nähe öffentlicher Wege und Plätze beigesetzt wird, was die genannte Vorschrift explizit ausschließt. Ist der Tierkörper z. B. wegen einer Vergiftung als gefährlicher Abfall einzuordnen, kann dies Absatz 1 erfüllen.[395] Nach heute allgemeiner Meinung ist die 2. Alt. zum anderen auf eine wesentliche Abweichung von Verfahrensbestimmungen innerhalb des räumlichen Bereichs einer an sich dafür vorgeschriebenen oder zugelassenen Anlage anzuwenden.[396]

94 Streitig ist, ab wann ein **wesentliches Abweichen** vorliegt. Der Gesetzgeber wollte dies – zu der früheren Fassung – davon abhängig machen, inwieweit nach einer „Behandlung" gefährliche Wirkungen des Abfalls für die Umwelt noch vorhanden sind oder nicht.[397] Auch wenn bei Verstößen gegen eine relevante Rechtsvorschrift oder einen Verwaltungsakt, die zu konkreten Gefahren für Umweltmedien führen, ein wesentliches Abweichen anzunehmen sein wird,[398] insb. wenn sogar die Voraussetzungen für einen besonders schweren Fall nach § 330 Abs. 1 Nr. 1–3 oder gar für die Qualifikation nach § 330 Abs. 2 vorliegen,[399] so dürfte doch die Anknüpfung an eine (zusätzliche oder fortbestehende) Gefährdung eine zu hohe Schwelle darstellen.

---

391 OLG Oldenburg NJW **1988** 2391 (Silagesaft; vgl. dazu BGH NJW **1988** 2392); BayObLGSt **1989** 13 = NStZ **1989** 270 (Rindergülle); OLG Celle NVwZ-RR **1990** 10 (Silagesaft); OLG Düsseldorf NStZ **1991** 335 (Hundekot); *Alt* MK Rdn. 60; *Sch/Schröder/Heine/Schittenhelm* Rdn. 12; *Lackner/Kühl/Heger* Rdn. 8; *Schall* SK Rdn. 120; *Fischer* Rdn. 43; *SSW/Saliger* Rdn. 40; *Sack* Rdn. 231; *Franzheim/Pfohl* Rdn. 295; *MG/Pfohl* § 54 Rdn. 239; *Rogall* NStZ **1992** 561, 563; **aA** noch OLG Celle NJW **1986** 2326.

392 OLG Oldenburg NJW **1988** 2391; OLG Celle NVwZ-RR **1990** 10; *Alt* MK Rdn. 60; *SSW/Saliger* Rdn. 40; *GJW/Bock* Rdn. 44; *Witteck* BeckOK Rdn. 28; *Lackner/Kühl/Heger* Rdn. 8; **aA** *Schall* SK Rdn. 124; *Ransiek* NK Rdn. 46.

393 *Sch/Schröder/Heine/Schittenhelm* Rdn. 12; *Schall* SK Rdn. 124; *Ransiek* NK Rdn. 46; *Fischer* Rdn. 43.

394 BT-Drs. 8/2382 19; *SSW/Saliger* Rdn. 40.

395 Andernfalls verbliebe es bei einer Ordnungswidrigkeit nach § 14 Abs. 2 Nr. 2 TierNebV i. V. m. § 14 Abs. 2 Nr. 5 TierNebG.

396 OLG Karlsruhe NStZ **1990** 128; *Alt* MK Rdn. 68; *Ransiek* NK Rdn. 45; *Sch/Schröder/Heine/Schittenhelm* Rdn. 12; *Schall* SK Rdn. 121; *SSW/Saliger* Rdn. 40; *Lackner/Kühl/Heger* Rdn. 8; *Fischer* Rdn. 42; *Szesny* AnwK Rdn. 59; *Sack* Rdn. 236 m. w. N. aus der Rspr.; *Eidam* Unternehmen und Strafe, 3. Aufl., Rdn. 1453; *Franzheim/Pfohl* Rdn. 298; *Kloepfer* Umweltrecht § 7 Rdn. 132; *Kuhlen* WiVerw **1991** 181, 218; *Möhrenschlager* NuR **1983** 209; *Rogall* NStZ **1992** 561 f; **aA** OLG Düsseldorf ZfW **1990** 352, 355; *Steindorf* LK[11] Rdn. 115; *Michalke* Rdn. 275.

397 RegE BT-Drs. 8/2382 19.

398 Darauf stellen ab *Fischer* Rdn. 42; *SSW/Saliger* Rdn. 41 (bei Verstößen gegen § 54 KrWG); *Pfohl* ZWH **2013** 95, 98; *Alt* MK Rdn. 69 (z. T. auf eine Umweltgefährdung und alternativ auf den Erhalt der Gefährlichkeit abstellend); ähnlich *Sch/Schröder/Heine/Schittenhelm* Rdn. 12; *GJW/Bock* Rdn. 45; *Szesny* AnwK Rdn. 59 f; für *Gössel/Dölling* BT § 46 Rdn. 45 kommt es darauf an, ob Umweltgefahren, die durch das korrekte Verfahren vermieden worden wären, nicht ausgeschaltet werden (ähnlich ERST/*Kubiciel* Rdn. 27; *Eidam* Unternehmen und Strafe Rdn. 1454), wobei teilweise unklar bleibt, ob damit konkrete oder abstrakte Gefahren (so wohl *Eidam* hinsichtlich der Lieferung unzulässig hohen PCB-Anteils bei Altöl) gemeint sind.

399 *Alt* MK Rdn. 69.

Auf der anderen Seite kann nicht jeder Verstoß ausreichen.[400] Einsichtig ist dies schon im Fall des Vergrabens eines Haustiers bei nur geringfügiger Missachtung der Tiefenbegrenzung. Eine wesentliche Abweichung wird vielmehr vorliegen, wenn **grundlegende Elemente eines Verfahrens nicht beachtet** werden. Ein Beispiel ist die Nichtanwendung bzw. die Verletzung von notwendigen Untersuchungsmethoden.[401] Im Übrigen empfiehlt sich eine ergänzende Anlehnung an das Verständnis der wesentlichen Änderung in § 16 Abs. 1 S. 1 BImSchG, worauf auch § 35 Abs. 1 KrWG Bezug nimmt. Danach liegt eine solche Änderung im Allgemeinen vor, wenn durch sie nachteilige Auswirkungen hervorgerufen werden *können*. Auch die allgemeine Genehmigungsvoraussetzung nach § 4 BImSchG stellt darauf ab, ob Errichtung und Betrieb von Anlagen *geeignet* sind, schädliche Umwelteinwirkungen hervorzurufen. Entsprechend kann in § 326 Abs. 1 die „Wesentlichkeit" bejaht werden, wenn die mit der Abweichung verbundene Tathandlung *geeignet* ist, die genannten Gefahren für Mensch oder Umwelt herbeizuführen.[402] Auf die „abstrakte Gefährlichkeit" der Abweichung abzustellen,[403] liefert hingegen keinen ausreichend konkreten Maßstab. Der Blick auf die **Eignung zur Umwelt-/Personengefährdung** lässt es zu, ggf. bereits Verstöße gegen das Genehmigungserfordernis als wesentliche Abweichung anzusehen, falls diesem ein entsprechend weiter Schutzgedanke zugrunde liegt. Keine wesentliche Abweichung läge hingegen vor, wenn Sammler, Beförderer, Händler und Makler gefährlicher Abfälle die Anzeige- und Kennzeichnungspflichten nach den §§ 18, 53, 55 KrWG verletzen, was nach § 69 Abs. 2 Nr. 1, 13 KrWG zur Verhängung von Geldbußen führen kann. Zumal angesichts dieser Sanktionierungsmöglichkeit würde es zu weit gehen, im Verstoß gegen diese Pflichten ohne weiteres Gefährdungspotenzial bereits eine wesentliche Abweichung von dem vorgeschriebenen Erlaubnis- und Anzeigeverfahren zu sehen.[404]

4. Vollendung der Tathandlung

Beim Verstoß gegen Absatz 1 ist die Tat mit **Abschluss der Tathandlung**, zumindest hinsicht- 95
lich eines Teils der Abfälle, **vollendet**.[405] Das gilt selbst für das Lagern und Ablagern; insoweit liegt kein Dauerdelikt vor, das erst mit dem Abklingen des geschaffenen gefährlichen Zustands beendet wäre. Zum Wesen des Lagerns als Form des Zwischenlagerns gehört zwar, dass die gefährlichen Abfälle im Anschluss an das Lagern noch ein weiteres Schicksal erfahren sollen. Die Aufbewahrung bis zu diesem Neubeginn stellt aber kein stetiges willentliches Aufrechterhalten des Zustandes dar.[406] (Ab-)Lagern ist vielmehr mit dem Niederlegen des gefährlichen Abfalls (einschließlich des Einleitens von gefährlichem Abwasser in ein Gewässer) vollendet.[407] Beim Handeln und Makeln liegt Vollendung mit dem Abschluss des (Verpflichtungs-)Geschäfts

400 *Laufhütte/Möhrenschlager* ZStW **92** (1980) 912, 959; i. E. auch *Sch/Schröder/Heine/Schittenhelm* Rdn. 12; *Witteck* BeckOK Rdn. 30; **aA** *Ransiek* NK Rdn. 45 (Verletzung der Vorgaben, die dem Schutz der Umwelt dienen; ähnlich *Schall* SK Rdn. 123 mit dem Konzept der abstrakten Gefährlichkeit); *Rogall* JZ-GD **1980** 101, 110 (Verletzung zwingender verfahrensrechtlicher Vorschriften genügt).

401 BGHSt **39** 381, 383 = NStZ **1994** 432; *Schall* SK Rdn. 121; *Fischer* Rdn. 42; *SSW/Saliger* Rdn. 40; *Krell* NuR **2011** 489.

402 In dieser Richtung bereits *Steindorf* LK[11] Rdn. 116; *Maurach/Schroeder/Maiwald* II § 58 Rdn. 71 (Eignung zur Wirkung); *Krell* NZWiSt **2014** 14, 18 (Eignung zur Beeinträchtigung des umweltschützenden Zwecks des Verfahrens).

403 So aber *Schall* SK Rdn. 123.

404 *SSW/Saliger* Rdn. 41; *Szesny* AnwK Rdn. 61 (betr. Handeln ohne Erlaubnis); weitgehend auch *Pfohl* ZWH **2013** 95, 98; *MG/Pfohl* § 54 Rdn. 240a, der aber beim Verstoß gegen § 55 KrWG zur Strafbarkeit kommt.

405 BGHSt **36** 255, 257 = NStZ **1990** 36 (zur Beendigung); OLG Celle NStZ-RR **2012** 75; *Alt* MK Rdn. 124; *Sch/Schröder/Heine/Schittenhelm* Rdn. 20; *Schall* SK Rdn. 165 f; *Fischer* Rdn. 52; *Lackner/Kühl/Heger* Rdn. 13; *SSW/Saliger* Rdn. 49; *Sack* Rdn. 330; *Schittenhelm* GA **1993** 310, 323.

406 BayObLGSt **1993** 108 = wistra **1993** 313; BayObLGSt **1995** 178.

407 *Alt* MK Rdn. 124; *Sch/Schröder/Heine/Schittenhelm* Rdn. 20; *SSW/Saliger* Rdn. 49.

vor.[408] Die Tat ist mit dem Abschluss der Tathandlung **beendet,**[409] beim Lagern also mit dem Niederlegen des letzten Abfalls.

IV. Die Strafvorschrift gegen den „Mülltourismus" (Absatz 2)

1. „Mülltourismus" und Reaktionen des Gesetzgebers

96 Unter „Mülltourismus" versteht man die **illegale Verbringung** von Abfall an andere Orte (regional/überregional, Export und Import) mit dem Ziel der Einsparung von Entsorgungskosten.[410] Berüchtigtes internationales Beispiel ist die Irrfahrt von Fässern mit hochgiftigem Dioxin-Abfall in den Jahren 1982/1983. Sie stammten aus einem Chemieunfall 1976 in Icsema (Italien), der zu beträchtlichen Schäden für Mensch und Tier vor allem in Seveso führte. Sie wurden in Nordfrankreich aufgefunden und dann in der Schweiz verbrannt. Als deutsches Beispiel sei der vom Bundesgerichtshof entschiedene Fall genannt, in welchem eine quecksilberhaltige Saatgutbeize („Falisan"), die nach der Wiedervereinigung Deutschlands im Gebiet der früheren DDR nicht mehr verwendet werden durfte, tonnenweise über Umwege nach Polen gelangte.[411] In der Praxis geschah ähnliches in einer Vielzahl von Fällen, wobei auf diesem Gebiet die Dunkelziffer besonders hoch liegen dürfte. Die Gründe für diese Entwicklung sind vielschichtig. Zunächst förderte ein Mangel an inländischen Entsorgungsmöglichkeiten den illegalen Export. Die Entsorgung gefährlicher Abfälle im Ausland (Afrika, Asien, Osteuropa) ist zudem oft billiger als im Inland. Dabei spielten auch zumindest in der Anwendung weniger strengere Umweltschutzvorschriften eine Rolle.[412] Hinzu kam die Bereitschaft devisenabhängiger Staaten, unter Hintanstellung von Umweltgefahren an den zu erzielenden Gewinnen teilzuhaben.[413]

97 Eine erste überstaatliche Reaktion stellte die RL 84/631/EWG v. 6.2.1984 über die Überwachung und Kontrolle der grenzüberschreitenden Verbringung gefährlicher Abfälle dar. Sie war (mit ihrer nur zivilrechtlichen Haftung) in Ausgestaltung und Wirkung freilich unzulänglich. Ein Fortschritt brachte dann das unter UNO-Ägide zustande gekommene Basler Übereinkommen v. 22.3.1989.[414] Hinzu kamen ein OECD-Beschluss v. 30.9.1992 und die AbfallverbringungsVO v. 1.2.1993.[415] Letztere wurde wegen ihrer komplizierten Ausgestaltung und wegen Vollzugsschwierigkeiten von der umfangreichen neuen AbfallverbringungsVO (EG) 1013/2006 v. 14.6.2006 abgelöst.[416] Die Neuregelungen waren von dem Grundsatz beherrscht, gefährliche Abfälle regelmäßig in ihrem Entstehungsland zu entsorgen. Statuiert wurden vor allem in größerem Umfang Ausfuhrverbote. Unter bestimmten Voraussetzungen noch zugelassene Ausfuhren wurden an die Notifikationspflicht des Ausführers und die Zustimmung des betroffenen Staates geknüpft. Die Ahndung von Verstößen wurde in Art. 50 Abs. 1 der VO verankert.

---

408 *Alt* MK Rdn. 124; *Schall* SK Rdn. 165; *Fischer* Rdn. 52 (zur Beendigung).

409 BGHSt **36** 255, 257; OLG Celle NStZ-RR **2012** 75; *Sch/Schröder/Heine/Schittenhelm* Rdn. 20; *Fischer* Rdn. 52; ausführl. *Schittenhelm* GA **1983** 310, 322 ff.

410 *B. Breuer* 31 f, 35 f; *Ferchland* Kriminalistik **1991** 729 f; *Hecker* Abfallwirtschaftskriminalität 195, 197; *Pösel* ZUR **1993** 214 f; *Schnurbus* Deutscher Müll für alle Welt (1993); zu Müllexporten in die DDR Ende der achtziger Jahre *Uekötter* Deutschland in Grün (2015) 183 f; *Wuttke* Grenzüberschreitende Abfallverbringung (2013) 1.

411 BGHSt **40** 79 = NStZ **1994** 436.

412 RegE BT-Drs. 12/192 20 f.

413 *Stede* UPR **1991** 422, 426 f.

414 Übereinkommen von Basel über die Kontrolle der grenzüberschreitenden Verbringung gefährlicher Abfälle und ihrer Entsorgung – Basler Übereinkommen – v. 22.3.1989 (BGBl. 1994 II S. 2703, 2704).

415 Verordnung (EWG) 259/93 des Rates v. 1.2.1993 zur Überwachung und Kontrolle der Verbringung von Abfällen in der, in die und aus der Europäischen Gemeinschaft (ABl. L 030 v. 6.2.1993 S. 1).

416 Verordnung (EG) Nr. 1013/2006 des Europäischen Parlaments und des Rates v. 14.6.2006 über die Verbringung von Abfällen (Abl. L 190/1 v. 12.7.2006).

98 Die internationalen Neuerungen führten in der Folge im deutschen Recht ebenfalls zu einer Neubewertung des Unrechts.[417] Zuvor hatte sich das deutsche Recht mit der Ahndung durch Geldbußen begnügt. Dann entschied sich der Gesetzgeber jedoch für eine strafrechtliche Lösung mit einem neuen Absatz 2 in § 326. Durch Art. 1 Nr. 4 c) des 45. StrÄndG wurde Absatz 2 erweitert. In Abs. 2 Nr. 1 wurde ein neuer auf die VO (EG) 1013/2006 v. 14.6.2006 bezogener und nicht auf gefährliche Abfälle beschränkter Verbringungstatbestand aufgenommen und der bisherige Absatz 2 in die neue Nummer 2 verschoben.[418] Diese Neugestaltung wurde jedoch mit Wirkung vom 10.11.2016 wieder rückgängig gemacht.[419]

2. Verbliebener Anwendungsbereich von Absatz 2

99 Als Nachfolger der früheren Regelung in Abs. 2 Nr. 1 erfassen jetzt die **§§ 18a, 18b AbfVerbrG** im Kern dieselben Handlungen wie der heutige Absatz 2, wobei § 18a AbfVerbrG die EG-rechtswidrige grenzüberschreitende Verbringung gefährlicher und § 18b AbfVerbrG diejenige nicht gefährlicher Abfälle sanktioniert. Einbezogen wurden dort etwas verändert als Qualifikationen auch besonders schwere Fälle und Qualifikationen aus § 330 sowie die Regelung zur tätigen Reue aus § 330b. In den meisten Fällen wird das Tatobjekt „gefährlicher Abfall“ i. S. v. § 18a Abs. 1 AbfVerbrG i. V. m. Art. 3 Nr. 2 RL 2008/98/EG mit Anhang III (explosiv, brandfördernd, entzündbar, reizend, toxisch, karzinogen, ätzend, infektiös, reproduktionstoxisch, mutagen, sensibilisierend, ökotoxisch[420]) auch die Eigenschaften eines gefährlichen Abfalls nach § 326 Abs. 1 aufweisen, wodurch zugleich § 326 Abs. 2 erfüllt wäre. Der Gesetzgeber hat sich deshalb für die nicht von vornherein einsichtige Lösung – anders als bei den ausdrücklichen Subsidiaritätsregelungen in § 37 Abs. 6 Umweltschutzprotokoll-Ausführungsgesetz (betr. die Antarktis), § 12 Abs. 3 Meeresbodenbergbaugesetz und § 327 Abs. 6 ChemG – eines Vorrangs von § 18a AbfVerbrG als **lex specialis** entschieden.[421]

100 Anwendbar bliebe § 326 Abs. 2 danach im Grunde nur noch im Bereich der Anwendungsbeschränkungen in Art. 1 Abs. 3 der VO 1013/2006.[422] Aus der Bezugnahme in § 18a AbfVerbrG auf die VO ergibt sich, dass im Bereich der dortigen Anwendungsbeschränkungen diese Strafvorschrift nicht anzuwenden ist.[423] Zumeist wird daher im klassischen Bereich des „Mülltourismus“ § 18a AbfVerbrG als teilweise differenziertere Regelung § 326 Abs. 2 StGB vorgehen. § 326 Abs. 2 bezieht sich demgegenüber auf einen weniger praktisch bedeutsamen Randbereich. Diese Umkehrung ist eine legislatorische Fehlleistung. Sie hätte durch die Beibehaltung des Inhalts von § 18a AbfVerbrG im früheren Absatz 2 Nr. 1 vermieden werden können.

417 Hierzu und zum Folgenden RegE BT-Drs. 12/192 21, 40, 44; Ausschussbericht BT-Drs. 12/7300 23 (unter Bezugnahme auch auf den RegE zum Ausführungsgesetz zum Basler Übereinkommen, BT-Drs. 12/6351 und die AbfallverbringungsVO 1993); *Proelß* Int Umweltrecht Abschn. 15 Rdn. 25 ff, 44 ff; *B. Breuer* 43 f, 46 f; *Höpfel* Festschrift Triffterer 425, 428 ff; *Wuttke* 1 f.

418 RegE BT-Drs. 17/5391 13, 18.

419 Durch Art. 2 lit. d) d. Gesetzes zur Änderung abfallverbringungsrechtlicher Vorschriften v. 1.11.2016 (BGBl. I S. 2452); dazu RegE BT-Drs. 18/8961 1, 11, 18 ff; Ausschussbericht BT-Drs. 18/9706 1; *Möhrenschlager* wistra **2016** R LVII; **2017** R XXVII; ERST/*Kubiciel* § 326 Rdn. 1, 29 ff; *Witteck* BeckOK Rdn. 2, 31 ff, 58.

420 Der bisher allgemeine ökotoxische Begriff (Abfall mit [un-]mittelbaren Gefahren für Umweltbereiche) soll nach dem Vorschlag der Kommission in KOM/2017/23 endg. v. 19.1.2017 konkretisiert werden (unter Hinweis auf Abfälle mit näher umschriebenen ozon- und wassergefährdenden Stoffen).

421 RegE BT-Drs. 18/8961 18 f; BGH NStZ-RR **2018** 359 (gegen LG Essen BeckRS **2017** 119538); so ausdrücklich auch *Witteck* BeckOK Rdn. 58; *Alt* MK Rdn. 129; *SSW/Saliger* Rdn. 42; *Sch/Schröder/Heine/Schittenhelm* Rdn. 12a, 22; *Lackner/Kühl/Heger* Rdn. 8a, 17; wohl auch *Krell* Rdn. 186.

422 So auch *Ransiek* NK Rdn. 51; *SSW/Saliger* Rdn. 42; *Sch/Schröder/Heine/Schittenhelm* Rdn. 12b; *Lackner/Kühl/Heger* Rdn. 8a; *Witteck* BeckOK Rdn. 32 – Anwendungsbeschränkungen enthält auch schon Art. 1 III, IV des Basler Übereinkommens v. 22.3.1989 für radioaktive Abfälle und für beim Betrieb eines Schiffes anfallende Abfälle.

423 Vgl. RegE zum AbfVerbrG BT-Drs. 16/5384 14, wonach § 1 den Geltungsbereich an den der VO anpasst.

101 Zu den **Anwendungsbeschränkungen** in Art. 1 Abs. 3 der VO (EG) 1013/2006, die somit im Ergebnis zur Anwendbarkeit von § 326 Abs. 2 führen, ist zunächst auf Art. 1 Abs. 3 lit. c) hinzuweisen. Diese Bestimmung betrifft „die Verbringung **radioaktiver Abfälle** [...] von einem Mitgliedstaat in einen anderen, in die Gemeinschaft und aus der Gemeinschaft". Art. 1 Abs. 3 lit. f) bezieht sich auf „die Verbringung von **Abfällen aus der Antarktis** in die Gemeinschaft" und Art. 1 Abs. 3 lit. a) auf „das Abladen von Abfällen an Land, einschließlich der Abwässer und Rückstände, aus dem normalen Betrieb von **Schiffen** und **Offshore-Bohrinseln**, sofern diese Abfälle unter das Internationale Übereinkommen zur Verhütung der Meeresverschmutzung durch Schiffe von 1973 in der Fassung des Protokolls von 1978 (MARPOL 73/78) oder andere bindende internationale Übereinkünfte fallen". Weniger bedeutsam ist Art. 1 Abs. 3 lit. b), der die Verbringung von in Fahrzeugen, Zügen, Luftfahrzeugen und Schiffen anfallenden Abfällen nennt; diese werden aber i. d. R. keine gefährlichen (Toiletten-/Küchen-)Abfälle sein. Art. 1 Abs. 3 lit. d) betrifft Verbringungen, die unter die Zulassungsanforderungen der (früheren) VO (EG) 1774/2002 v. 3.9.2002 mit Hygienevorschriften für nicht für den menschlichen Verzehr bestimmte tierische Nebenprodukte fallen. Diese VO wurde jedoch am 4.3.2011 aufgehoben und durch die VO (EG) 1069/2009 über **tierische Nebenprodukte** ersetzt. Dies hindert die Anwendung von § 326 Abs. 2 bei unzulässiger Verbringung solcher Produkte allerdings im Ergebnis nicht. Art. 1 Abs. 3 lit. e) bezieht sich auf die Verbringung von Abfällen in Art. 2 Abs. 1 lit. b) Ziff. ii (**mineralische** Abfälle), iv (**Abwässer**) und v (**ausgesonderte Sprengstoffe**). Praktisch wird § 326 Abs. 2 nur im Rahmen dieser letztlich wenigen Ausnahmefälle überhaupt wirksam werden können.

3. Tatbestand

102 **a) Abfall.** Absatz 2 verweist auf „Abfälle im Sinne des Absatzes 1", weshalb die Ausführungen Rdn. 48 ff hier entsprechend gelten, allerdings nur im Rahmen der Rdn. 101 genannten Anwendungsbereiche. Insbesondere erfasst Absatz 2 damit auch nur solche Abfälle, welche gleichfalls die in Absatz 1 bezeichnete Eignung zur Umweltbeeinträchtigung und die in den dortigen Nr. 1–4 genannten weiteren Gefährlichkeitskriterien aufweisen.[424]

103 **b) Verbringen.** Strafbar ist die Verbringung „in den, aus dem und durch den Geltungsbereich des StGB (Bundesrepublik Deutschland). Generell ist damit eine **grenzüberschreitende Beförderung** i. S. einer Ortsveränderung über verschiedene staatliche Hoheitsgebiete gemeint.[425] Nach § 3 Nr. 4 AtAV[426] umfasst Verbringen „alle zur grenzüberschreitenden Beförderung radioaktiver Abfälle [...] vom Ursprungsland oder Ursprungsmitgliedstaat zum Bestimmungsland oder Bestimmungsmitgliedstaat notwendigen Handlungen". Dies könnte dazu verleiten, auch Handlungen, welche die Grenzüberschreitung nur vorbereiten wie den Transport(-beginn) zur Grenze, schon als Verbringung anzusehen. Die Parallele zu einer ähnlich weiten Auslegung des Verbringungsbegriffs in Art. 2 Nr. 34 VO 1013/2006 (Abfalltransport, der grenzüberschreitend „erfolgen soll") bei der Anwendung von Absatz 2 Nr. 1 a. F.,[427] scheint eine solche Auslegung,

---

424 *Witteck* BeckOK Rdn. 32; *Schall* SK Rdn. 143; *Alt* MK Rdn. 76; *Fischer* Rdn. 46.

425 OLG Hamburg NZWiSt **2016** 146; LG Essen BeckRS **2017** 119538 (Vorinstanz von BGH NStZ-RR **2018** 359); *Schall* SK Rdn. 134, 167; *Alt* MK Rdn. 80, 125; *SSW/Saliger* Rdn. 42; *Fischer* Rdn. 48; *Sch/Schröder/Heine/Schittenhelm* Rdn. 12c; *Lackner/Kühl/Heger* Rdn. 8b; *Ransiek* NK Rdn. 52; *Witteck* BeckOK Rdn. 33.

426 Verordnung über die Verbringung radioaktiver Abfälle oder abgebrannter Brennelemente (Atomrechtliche Abfallverbringungsverordnung – AtAV) v. 30.4.2009 (BGBl. I S. 1000).

427 Für die weite Auslegung *Heger* HRRS **2012** 211, 214; *Kropp* NStZ **2011** 674, 677; *ders.* AbfallR **2013** 50, 59; *Sack* Rdn. 248b; **aA** zu Recht *Alt* MK Rdn. 82; *Ransiek* NK Rdn. 35; *Sch/Schröder/Heine/Schittenhelm* Rdn. 12c; *SSW/Saliger* Rdn. 42; *Schall* SK Rdn. 134; *Fischer* Rdn. 48; *Szesny/Görtz* ZUR **2012** 405, 407.

die der Gesetzgeber in der Begründung zum Verbringungsbegriff in § 18a AbfVerbrG übernommen hat,[428] zwar zu unterstützen. Dies würde aber dem Wortlaut von Absatz 2 mit der Betonung des Verbringens „in, aus und durch" widersprechen. Deshalb ist Absatz 2 i. S. d. traditionellen Begriffe von Ein-, Aus- und Durchfuhr grenzüberschreitend zu verstehen. Eine weitergehende Auslegung wird auch nicht durch Art. 3 lit. e) der umweltstrafrechtlichen Richtlinie 2008/99/EG gefordert; dort ist allein von Ein- und Ausfuhr die Rede.

c) Verbotswidriges oder ungenehmigtes Verhalten. Anstelle (irgend-)eines Verstoßes gegen verwaltungsrechtliche Pflichten sanktioniert Absatz 2 allein verbotenes oder genehmigungspflichtiges Verhalten ohne die erforderliche Genehmigung. Gemeint sind dabei ausschließlich abfallrechtliche Genehmigungserfordernisse.[429] Für die hier noch relevanten Abfälle (Rdn. 100 f) sind dazu folgende Regelungen zu beachten: 104

Die Verbringung **radioaktiver Abfälle** (oder abgebrannter Brennelemente) an einen Ort (Land oder Meer) südlich des 60. (südlichen) Breitengrades und in einen AKP-Staat ist nach § 5 Abs. 1 AtAV verboten. Die Verbringung in andere Länder bedarf nach § 5 Abs. 2 AtAV der Genehmigung[430] durch das Bundesamt für Wirtschaft und Ausfuhrkontrolle im Benehmen mit derjenigen Landesbehörde, in deren Zuständigkeitsbereich der Ausgangs- oder Bestimmungsort liegt. 105

Die Verbringung von **Abfällen aus der Antarktis** in die EU ist im AntarktUmwSchProtAG[431] in Umsetzung des Umweltschutzprotokolls zum Antarktis-Vertrag geregelt. Nach § 21 Abs. 2 AntarktUmwSchProtAG dürfen außerhalb der Antarktis (Gebiet südlich von 60° südlicher Breite, § 2 Abs. 1 Nr. 1) erzeugte Abfälle nicht in der Antarktis entsorgt werden, also damit nicht dorthin verbracht werden. Nach § 21 Abs. 4 S. 1 AntarktUmwSchProtAG sind Abfälle, die aus der Antarktis entfernt werden, nach Deutschland oder in ein anderes Land zu verbringen, in dem Vorkehrungen für ihre Beseitigung im Einklang mit internationalen Übereinkommen bestehen. Nach Satz 2 sollte bei Verbringung nach Deutschland § 13 AbfG a. F. mit der dort vorausgesetzten Genehmigungspflicht unberührt bleiben. Inzwischen existiert aber – abgesehen von der generellen Beförderungsbetriebserlaubnis nach § 54 KrWG – keine vergleichbare Regelung zur Einzeltransportgenehmigung mehr. Nach Art. 1 Abs. 4 der VO 1013/2006 unterliegt die Verbringung von Abfällen aus der Antarktis in Staaten außerhalb der EU, aber mit Durchfuhr durch die EU, den Bestimmungen in Art. 36 (Ausfuhrverbot in Staaten, für die der OECD-Beschluss i. S. v. Art. 2 Nr. 17 VO nicht gilt). 106

Das Abladen von **Abfällen aus Schiffen** und Offshore-Bohrinseln an Land wird in erster Linie geregelt im MARPOL-Übereinkommen i. V. m. dessen Anl. I, V u. a. mit spezifischen Verboten. Nach § 2 Abs. 2 Nr. 13 KrWG gilt das KrWG nicht für die Übergabe von Schiffsabfällen. Einschlägig sind jedoch landesrechtliche Regelungen, die bußgeldbewehrte Gebote zum Abladen von Abfällen aus in Häfen einkommende Schiffe in Hafenauffangeinrichtungen vor dem Wiederauslaufen enthalten, jedoch keine Genehmigungsvorbehalte oder Verbote. 107

Für Abfälle, die beim Aufsuchen, Gewinnen, Aufbereiten und Lagern von Bodenschätzen sowie beim Betrieb von **Steinbrüchen** entstehen gelten die Entsorgungsregelungen in § 22a ABergV und in der GewinnungsAbfV[432] finden. Insoweit werden vor allem behördliche Untersagungen bei Nichteinhaltung der Entsorgungsregelungen zu Verboten führen. Die unzulässige 108

---

428 RegE BT-Drs. 18/8961 23.

429 OLG Oldenburg BeckRS **2009** 12611; *Fischer* Rdn. 49.

430 Dazu auch *Alt* MK Rdn. 91.

431 Gesetz zur Ausführung des Umweltschutzprotokolls vom 4.10.1991 zum Antarktis-Vertrag (Umweltschutzprotokoll-Ausführungsgesetz – AntarktUmwSchProtAG) v. 22.9.1994 (BGBl. I S. 2593).

432 Verordnung zur Umsetzung der Richtlinie 2006/21/EG des Europäischen Parlaments und des Rates v. 15.3.2006 über die Bewirtschaftung von Abfällen aus der mineralgewinnenden Industrie und zur Änderung der Richtlinie 2004/35/EG (Gewinnungsabfallverordnung – GewinnungsAbfV) v. 27.4.2009 (BGBl. I S. 900).

grenzüberschreitende Verbringung von **Abwasser** (mit Ausnahme flüssiger Abfälle) verweist richtet sich nach der Abwasser-RL 91/271/EG und der RL 78/176/EWG über Abfälle aus der Titandioxidproduktion. **Ausgesonderter Sprengstoff** ist nach den Kampfmittelverordnungen der Länder auszulegen. Er wird überwiegend als „gewahrsamslos gewordene Gegenstände militärischer Herkunft" bezeichnet und ist damit enger als der Sprengstoffbegriff. Nach § 3 der KampfmittelVO-NRW[433] v. 12.11.2003 (GV. S. 685) ist die „Behandlung" von Kampfmitteln i. S. v. § 1 Abs. 2 der VO nicht gestattet. Ob damit auch grenzüberschreitende Verbringungen gemeint sind, bleibt offen. Für Abfall, der bei der Behandlung von Kampfmitteln anfällt, gilt das KrWG und auch das AbfVerbrG. Im Übrigen können hier auch Vorschriften des SprengG einschlägig sein.

V. Nichtabliefern radioaktiver Abfälle (Absatz 3)

109 Absatz 3 trat bei Erlass des 18. StRÄndG als Sondervorschrift für radioaktive Abfälle an die Stelle des gleichzeitig aufgehobenen § 45 Abs. 2 Nr. 3 AtomG a. F. Es handelt sich um ein abstraktes Gefährdungs- sowie um ein **echtes Unterlassungsdelikt.**[434] Die Tathandlung besteht in der pflichtwidrigen Nichtablieferung radioaktiver Abfälle. Es sind nur die Fälle erfasst, in denen nach Atomrecht eine Ablieferungspflicht besteht; diese kann sich auch aus einem auf Atomrecht beruhenden vollziehbaren Verwaltungsakt (wie gemäß § 19 Abs. 3 Nr. 2 AtomG) ergeben. Bei „nicht nur geringfügig radioaktiven Abfällen", für die keine Ablieferungspflicht besteht ist, ist die Anwendung von Abs. 1 Nr. 3 oder von Absatz 2 zu prüfen.

110 Objekt der Handlung sind **„radioaktive Abfälle"**. Nach § 9a Abs. 1 S. 1 AtomG sind dies anfallende radioaktive Reststoffe (wie abgebrannte Brennelemente, s. § 3 Nr. 2 AtAV) sowie aus- oder abgebaute radioaktive Anlagenteile, die nicht schadlos verwertet (auch in Form der Wiederaufbereitung[435]) oder als radioaktive Abfälle geordnet beseitigt werden müssen; bei der Verbringung stellt § 3 Nr. 1 AtAV u. a. darauf ab, ob für radioaktive Stoffe keine weitere Verwendung vorgesehen ist. Nur geringfügig radioaktive Stoffe fallen dabei von vornherein heraus (Rdn. 63). Wie Rdn. 62 erläutert, ist im Übrigen zwischen objektivem und subjektivem Abfall zu unterscheiden. Bei Ersterem handelt es sich um Abfälle, die nach dem jeweiligen Stand von Wissenschaft und Technik nicht schadlos verwertet werden können, deren Verwertung wirtschaftlich nicht vertretbar oder mit den Schutzzwecken des § 1 Nr. 2–4 AtomG nicht zu vereinbaren ist.[436] Subjektiver Abfall sind die vom Besitzer zu Abfall erklärten radioaktiven Stoffe, selbst wenn sie noch verwertbar wären.[437]

111 Keinen Abfall bilden die nicht beim Umgang mit radioaktiven Stoffen, sondern **sonst radioaktiv gewordenen Sachen**, z. B. radioaktiver Klärschlamm nach den Unglücken von Tschernobyl oder Fukushima, da sich diese Objekte nicht unter § 9a Abs. 1 AtomG subsumieren lassen.[438] Zu den zu beseitigenden Abfällen können aber nicht nur geringfügig radioaktive Krankenhausabfälle gehören.[439] Aus § 47 StrlSchV a. F. (entspr. § 99 StrlSchV n. F.) lässt sich ferner die Einbeziehung gasförmiger radioaktiver Abfälle herleiten, die bei einem Produktionsprozess anfallen

---

433 Ordnungsbehördliche Verordnung zur Verhütung von Schäden durch Kampfmittel (Kampfmittelverordnung) v. 12.11.2003 (GVBl. NRW 685).

434 Ganz h. M., so *Alt* MK Rdn. 92; *Ransiek* NK Rdn. 61; *Sch/Schröder/Heine/Schittenhelm* Rdn. 13; *Schall* Rdn. 145; *Fischer* Rdn. 50; *Lackner/Kühl/Heger* Rdn. 9; *SSW/Saliger* Rdn. 44; *Sack* Rdn. 255; *Riettiens* 146; **aA** *Kloepfer/Vierhaus* Rdn. 140 (abstraktes Gefährdungsdelikt „im Sinne eines unechten Unterlassungsdelikts").

435 *Schall* SK Rdn. 147.

436 OLG Celle NJW **1987** 1281; *Schall* SK Rdn. 147; *Fischer* Rdn. 50; *Szesny* AnwK Rdn. 13; *Sack* Rdn. 258; *Witteck* BeckOK Rdn. 12; ERST/*Kubiciel* Rdn. 33.

437 *Sch/Schröder/Heine/Schittenhelm* Rdn. 2h; *Alt* MK Rdn. 93; *Schall* SK Rdn. 147; *Steindorf* LK[11] Rdn. 127; **aA** früher *Wessel* 30.

438 *Schall* SK Rdn. 148; *Alt* MK Rdn. 93; ERST/*Kubiciel* Rdn. 36; *Meinberg/Möhrenschlager/Link/Winkelbauer* 75; **aA** *Heine/Martin* NuR **1988** 325; *Sack* Rdn. 258 (aber zweifelhaft).

439 *SSW/Saliger* Rdn. 44; *Schall* SK Rdn. 147; *Fischer* Rdn. 50; *Sack* Rdn. 258; *Kloepfer/Heger* Rdn. 309.

und in die Luft oder ins Wasser abgeleitet werden.[440] Dies unterstützt § 3 Nr. 1 AtAV, wonach zu den radioaktiven Abfällen u. a. alle zu beseitigenden gasförmigen radioaktiven Stoffe gehören.

Vom Täter wird ein (aktives) **Hinbringen** an eine Sammelstelle verlangt (§ 9a Abs. 3 S. 1 AtomG); das bloße Bereitstellen genügt nicht und erfüllt vielmehr noch den Tatbestand der Nichtablieferung.[441] Die Ablieferung muss dem Täter möglich und zumutbar sein.[442] Auch wenn der Gesetzgeber den Ablieferungszeitpunkt nicht näher festgelegt hat, so hat sie doch im Hinblick auf die Gefährlichkeit des Abfalls **unverzüglich nach Inbesitznahme** zu erfolgen.[443] Der Besitzer hat die Abfälle an eine Landessammelstelle für die Zwischenlagerung abzuliefern; der Bund hat die Endlagerung zu gewährleisten. 112

Die **Verletzung verwaltungsrechtlicher Pflichten** kann insb. aus der Nichterfüllung einer Pflicht aus § 9a Abs. 2 S. 1 AtomG i. V. m. § 5 AtEV[444] folgen. Für kernbrennstoffhaltige Abfälle ergibt sich die Ablieferungspflicht aus der Bezugnahme in § 5 Abs. 1 Nr. 1–4 AtEV auf Tätigkeiten beim Umgang mit Kernbrennstoffen. Bisher wurde dabei vor allem auf den (insoweit weniger präzisen) § 5 Abs. 2, 3 AtomG hingewiesen.[445] Für nicht kernbrennstoffhaltige radioaktive Abfälle ergibt sich die Ablieferungspflicht aus § 5 Abs. 1 Nr. 5 und Abs. 2 AtEV. Die Ablieferungspflicht trifft den **Besitzer**[446] radioaktiver Abfälle, bei dem sich eine nicht lediglich unbeträchtliche Menge angesammelt hat,[447] wobei sich letztere Einschränkung jedenfalls aus Absatz 6 ergibt. Besitzer ist der unmittelbare Besitzer, der im öffentlich-rechtlichen Sinn die tatsächliche Sachherrschaft über die Abfälle hat (§ 3 Abs. 6 KrWG), also ggf. auch ein Grundstückseigentümer mit Sachherrschaft über dort von Fremden abgelagerte Abfälle. Eine Aufbewahrung der Abfälle unter Ausschluss einer Umweltgefährdung hebt die Ablieferungspflicht nicht auf.[448] 113

Eine Ablieferungspflicht kann sich daneben aus einem vollziehbaren **Verwaltungsakt** ergeben, z. B. aus einer Anordnung der Ablieferung nach § 19 Abs. 3 Nr. 2 AtomG oder § 7 Abs. 2 AtEV.[449] 114

Strafbarkeitsbefreiende **Ausnahmen von der Ablieferungspflicht** bestehen in den Fällen des § 6 AtEV (u. a. kraft behördlicher Genehmigung) oder der §§ 32 ff StrlSchV (behördliche Freigabe). Das gilt selbst dann, wenn der Besitzer die in seinem Genehmigungsbescheid enthaltenen Bedingungen, Auflagen oder Anordnungen nicht befolgt; hier kann erst der Widerruf der Genehmigung die Ablieferungspflicht wiederaufleben lassen.[450] Entsprechendes gilt bei einer zwar rechtswidrigen, aber wirksamen Genehmigung.[451] Die Ablieferungspflicht kann ferner entfallen, wenn eine Landessammelstelle zur Abnahme nicht in der Lage ist.[452] Sie entsteht auch nicht 115

440 BT-Drs. 8/2382 19; *Alt* MK Rdn. 93; *Sch/Schröder/Heine/Schittenhelm* Rdn. 2h; *Schall* SK Rdn. 146; *Fischer* Rdn. 51; zweifelnd *Sack* Rdn. 264; *Winters* 39.

441 *Alt* MK Rdn. 94; *Matt/Renzikowski/Rettenmaier/Gehrmann* Rdn. 24; *GJW/Bock* Rdn. 57; *Steindorf* LK[11] Rdn. 129.

442 *Alt* MK Rdn. 94; *Sch/Schröder/Heine/Schittenhelm* Rdn. 13; *Fischer* Rdn. 12; *Lackner/Kühl/Heger* Rdn. 9; *Szesny* AnwK Rdn. 65.

443 *Sch/Schröder/Heine/Schittenhelm* Rdn. 13; *Steindorf* LK[11] Rdn. 129; *Ransiek* NK Rdn. 61; *Schall* SK Rdn. 151; *Sack* Rdn. 263; *Franzheim/Pfohl* Rdn. 326; *GJW/Bock* Rdn. 56; *Matt/Renzikowski/Rettenmaier/Gehrmann* Rdn. 24; *Triffterer* 214; **aA** *Reinhardt* 122 ff; RegE BT-Drs. 8/2382 19 sprach nur davon, dass die Ablieferung „jeweils so rechtzeitig zu erfolgen hat, dass der Eintritt von Gefahren vermieden wird", so auch *SSW/Saliger* Rdn. 44.

444 Verordnung über Anforderungen und Verfahren zur Entsorgung radioaktiver Abfälle (Atomrechtliche Entsorgungsverordnung – AtEV) v. 29.11.2018 (BGBl. I S. 2034, 2172).

445 *Ransiek* NK Rdn. 61; *Schall* SK Rdn. 150; *GJW/Bock* Rdn. 58.

446 Im Insolvenzfall wird dies der Insolvenzverwalter anstelle des Gemeinschuldners, s. OLG Celle NJW **1987** 1281; *Schall* SK Rdn. 150; *Fischer* Rdn. 51; *Sack* Rdn. 320.

447 *Alt* MK Rdn. 94; *Steindorf* LK[11] Rdn. 129.

448 *Ransiek* NK Rdn. 61; *Kloepfer/Heger* Rdn. 309; ERST/*Kubiciel* Rdn. 35.

449 BT-Drs. 12/192 21; *Alt* MK Rdn. 95; *Schall* SK Rdn. 149; *Fischer* Rdn. 50; *SSW/Saliger* Rdn. 44; *Sack* Rdn. 261.

450 BT-Drs. 8/2382 19; *Reinhardt* 108.

451 *Schall* SK Rdn. 149; *Ransiek* NK Rdn. 61.

452 *Alt* MK Rdn. 94; *Schall* SK Rdn. 151.

für dort abgelieferte und anschließend nicht ordnungsgemäß entsorgte, sondern unbefugt zwischengelagerte radioaktive Abfälle.[453]

VI. Innere Tatseite

116 Das Vorliegen des Vorsatzes für alle drei Absätze ist nach den allgemeinen Grundsätzen zu prüfen; **bedingter Vorsatz** genügt.[454] Die Wissenskomponente des Vorsatzes ist erfüllt, wenn der Täter über alle tatsächlichen Umstände richtig und vollständig informiert ist oder ihr Vorhandensein für möglich hält, insb. diejenigen Umstände, welche die Gefährlichkeit betreffen, wobei es jedoch keiner zutreffenden Vorstellung über die konkrete Zusammensetzung und Wirkungsweise der Abfälle bedarf.[455] Der Vorsatz muss also die Eignung zur Schädigung (nach Abs. 1 Nr. 4 lit. a) oder zur Gefährdung (lit. b) umfassen. Ferner hat der Täter zumindest damit zu rechnen, dass sein Handeln nicht innerhalb einer zugelassenen Anlage erfolgt bzw. keinem vorgeschriebenen oder zugelassenen Verfahren entspricht oder davon erheblich abweicht.[456] Informationsdefizite in Bezug auf die tatsächlichen Umstände führen zur Annahme eines Irrtums nach § 16. Hierbei sind allerdings die Regeln über den Irrtum über Tatbestandsalternativen zu beachten.[457] Der Vorsatz bei **Absatz 2** muss in tatsächlicher Hinsicht die in der Vorschrift vorausgesetzte verwaltungsrechtliche Pflichtwidrigkeit umfassen,[458] d. h. entweder die Kenntnis vom Erlass eines entgegenstehenden Verbots oder vom Nichtvorliegen einer Genehmigung und den tatsächlichen Umständen, welche zur Genehmigungspflichtigkeit führen. Die Annahme vorsätzlichen Handelns nach **Absatz 3** setzt voraus, dass dem Täter die tatsächlichen Umstände – wie die Abfalleigenschaft und die Radioaktivität – bekannt sind, die eine atom- oder strahlenschutzrechtliche Ablieferungspflicht begründen; er muss diese Verpflichtung selbst nicht unbedingt kennen; Unkenntnis führt allerdings zur Annahme eines Irrtums nach § 17.[459]

117 Ein **Tatumstandsirrtum** (§ 16) liegt im Einzelnen vor bei Fehlvorstellungen des Täters über: tatsächliche Umstände, die im Einzelnen der Wertung „Abfall" zugrunde gelegt werden (eine fehlerhafte rechtliche Einordnung, z. B. hinsichtlich der Abfalleigenschaft eines Autowracks, ist Subsumtionsirrtum[460]); tatsächliche Eigenschaften des Abfalls (Gehalt an Giften oder Erregern, die Übertragbarkeit, die Tatsache, dass Gifte oder Erreger hervorgebracht werden können, die Eigenschaft der Abfälle als krebserzeugend, fortpflanzungsgefährdend oder erbgutverändernd, die Explosionsgefährlichkeit, Selbstentzündlichkeit, der nicht nur geringfügige Gehalt an Radioaktivität, die tatsächlichen Umstände, die die Wertung ergeben, dass ein „Geeignetsein" zur Schädigung oder Gefährdung vorliegt). Eine unbeachtliche Fehlvorstellung liegt vor, wenn die vom Täter fälschlich angenommene und die von ihm tatsächlich verwirklichte Tatbestandsmodalität in ihrer Unrechtsqualität vergleichbar sind. Dies wird i. d. R. bei den verschiedenen Begehungsformen von Abs. 1 Nr. 1 und Nr. 4 lit. a) jeweils untereinander anzunehmen sein,[461] aber auch bei einzelnen Varianten der Nr. 2. Vom Vorsatz umfasst sein müssen weiter die tatsächli-

---

453 Meinberg/Möhrenschlager/Link/*Winkelbauer* 75.

454 *Fischer* Rdn. 54; *Lackner/Kühl/Heger* Rdn. 10; *Sch/Schröder/Heine/Schittenhelm* Rdn. 14; *Schall* SK Rdn. 154.

455 *Sch/Schröder/Heine/Hecker* Rdn. 14; *Lackner/Kühl/Heger* und *Schall* Rdn. 155.

456 *Lackner/Kühl/Heger* Rdn. 10.

457 *Vogel/Bülte* LK § 16 Rdn. 42; *Joecks/Kulhanek* MK § 16 Rdn. 110 ff; *Alt* MK Rdn. 99; *Lackner/Kühl/Heger* Rdn. 10; *Sch/Schröder/Heine/Schittenhelm* Rdn. 14; *Schroeder* GA **1979** 321.

458 *Fischer* Rdn. 54; *Lackner/Kühl/Heger* Rdn. 10.

459 Wohl ebenso BGH NJW **1994** 61, 62; unklar *Schall* SK Rdn. 159; *Alt* Rdn. 102; **aA** (Kenntnis schon für Vorsatz notwendig) die h. M., vgl. *Sch/Schröder/Heine/Schittenhelm* Rdn. 14; *Fischer* Rdn. 54; *Lackner/Kühl/Heger* Rdn. 10; *Ransiek* NK Rdn. 64.

460 OLG Schleswig NStZ **1997** 546 f; OLG Braunschweig ZfW **1991** 52, 63; *Alt* MK Rdn. 98; *Schall* SK Rdn. 154; *Henzler* NuR **2003** 327, 3431 f; *Rengier* Umweltstrafrecht 25; *Sack* Rdn. 300, 309.

461 *Alt* MK Rdn. 99; *Sch/Schröder/Heine/Schittenhelm* Rdn. 14; für *Schall* SK Rdn. 156 genügt es, wenn der Täter den Abfall für gefährlich i. S. irgendeiner Variante hält; ähnlich allgemein *Vogel/Bülte* LK § 16 Rdn. 42.

chen Umstände, die den Anlagenbegriff ausfüllen, die räumlichen Grenzen der Anlage, das spezifische Zugelassensein einer Anlage,[462] das Vorgeschriebensein oder das Zugelassensein eines Verfahrens, die tatsächliche Abweichung von diesem Verfahren, die tatsächlichen Umstände, die das Urteil „wesentlich" ausmachen sowie die tatsächlichen Umstände der konkreten Beseitigungshandlung. In den Fällen des Absatzes 3 liegt ein Tatumstandsirrtum vor, wenn die tatsächlichen Umstände, welche die Wertung als „radioaktiver Abfall" begründen, unbekannt sind. Die Tatsachen, welche die Ablieferungspflicht begründen, muss der Täter ebenfalls kennen.

Eine Verkennung der jeweiligen Begriffe ist **Subsumtionsirrtum** und unterfällt somit der Regelung des § 17. Verbotsirrtum ist weiter anzunehmen, wenn der Handelnde glaubt, Abfälle dürften auch außerhalb zugelassener Anlagen beseitigt werden, oder wenn er die das Beseitigungsverfahren außerhalb von Anlagen regelnden Vorschriften nicht kennt.[463] Hinsichtlich der Vermeidbarkeit derartiger Irrtümer gelten die allgemeinen Grundsätze.[464] 118

VII. Fahrlässig begangene Verstöße (Absatz 5)

Sämtliche Tatvarianten sind ebenso strafbar, wenn sie zwar unvorsätzlich, jedoch fahrlässig begangen werden. Entsprechend den abgestuften **Strafdrohungen** für die Vorsatztaten differenziert Absatz 5 zwischen ihren Fahrlässigkeitsvarianten. Die fahrlässige Begehung der Taten nach den Absätzen 1 und 2 ist mit maximal drei Jahren Freiheitsstrafe bedroht, während auf die Fahrlässigkeitstat des Absatz 3 eine Höchstfreiheitsstrafe von einem Jahr verhängt werden kann. Für die Feststellung der objektiven und subjektiven Elemente der Fahrlässigkeit gelten die allgemeinen Grundsätze.[465] Maßstab für die erforderliche objektive Sorgfalt ist das Verhalten eines umweltbewussten Abfallbesitzers in der konkreten Situation. 119

Bei der Beseitigung besonders gefährlicher Abfälle der in Absatz 1 umschriebenen Art kann sich der **Fahrlässigkeitsvorwurf** auf verschiedene Aspekte beziehen. Soweit eine bloße Verkennung der Gefährlichkeit der Abfälle vorliegt,[466] wird jedenfalls eine Sorgfaltspflichtverletzung anzunehmen sein, wenn es sich dabei um Abfälle der in einer Rechtsverordnung (zum KrWG) aufgeführten Art handelt; insoweit besteht eine Erkundigungspflicht und -möglichkeit. Allgemein gilt, dass ein Gewerbetreibender sich über betriebseinschlägige Vorschriften informieren muss.[467] An Seuchen Erkrankte handeln zumindest fahrlässig, wenn sie in Kenntnis ihrer Krankheit infizierte Abfallstoffe Dritten zugänglich machen.[468] Zu denken ist auch daran, dass der Täter den Beseitigungserfolg sorgfaltswidrig verursacht,[469] beispielsweise das „Ablassen" bei einem fahrlässig verschuldeten Schiffsunfall. Wer dies mit dem Argument bestreitet, alle Tathandlungen müssten final begangen werden,[470] verkennt die im Rahmen der Fahrlässigkeit mögliche Vorverlagerung des Vorwurfs auf eine vorherige, final begangene Handlung als kausale Ursache des späteren Handlungserfolges. Wer gefährliche Abfälle nicht selbst beseitigt, sondern einen anderen mit der Beseitigung beauftragt, muss Erkundigungen einziehen, ob der Be- 120

462 *Sch/Schröder/Heine/Schittenhelm* Rdn. 14; *Schall* SK Rdn. 157; *Meinberg/Möhrenschlager/Link/Winkelbauer* 75.
463 OLG Braunschweig ZfW **1991** 52, 63; *Alt* MK Rdn. 100; *Sch/Schröder/Heine/Schittenhelm* Rdn. 14; *Schall* SK Rdn. 157.
464 Vgl. dazu BGH bei *Dallinger* MDR **1975** 723; OLG Stuttgart OLGSt § 4 AbfG S. 3.
465 Dazu *Vogel/Bülte* LK § 16 Rdn. 155 ff.
466 Dazu OLG Düsseldorf NStZ-RR **2000** 19, 20 f.
467 OLG Stuttgart NStZ **1989** 122, 123 = OLGSt § 4 AbfG; OLG Celle ZfW **1990** 303, 304 f; *Alt* MK Rdn. 105.
468 *Sack* Rdn. 295.
469 *Sch/Schröder/Heine/Schittenhelm* Rdn. 15.
470 *Ransiek* NK Rdn. 67; *Witteck* BeckOK Rdn. 39; *Schall* SK Rdn. 102, 162.

auftragte tatsächlich hierzu in der Lage ist und über die erforderlichen rechtlichen Befugnisse verfügt; unterlässt er dies, handelt er regelmäßig fahrlässig.[471]

VIII. Versuch (Absatz 4) und Vollendung

121 Absatz 4 erklärt in den Fällen der Absätze 1 und 2 auch die versuchte umweltgefährdende Abfallbeseitigung für strafbar. Der Versuch einer Tat nach Absatz 3 ist hingegen nicht unter Strafe gestellt. Hier ist die Tat vollendet, sobald der Besitz erlangt und die Ablieferung möglich und zumutbar ist.

122 Ob ein **Bedürfnis für eine Versuchsstrafbarkeit** besteht, kann durchaus bestritten werden,[472] vor allem, weil – so eine Minderheit im Rechtsausschuss – aus allgemeinen Erwägungen bei einem abstrakten Gefährdungstatbestand eine weitere Vorverlagerung qua Versuch an die Grenzen des noch Strafwürdigen stoßen mag.[473] Im Gesetzgebungsverfahren wurde dazu der – wohl gar nicht einschlägige – Fall erwähnt, dass jemand unmittelbar dazu ansetzt, Abfälle unzulässigerweise zu beseitigen, indem er im Begriff ist, diese aus einem Transportfahrzeug abzuladen,[474] sowie derjenige einer noch rechtzeitigen Hinderung durch die Behörde,[475] wo freilich ein Strafbedürfnis angesichts des Eingreifens verwaltungsrechtlicher Präventionsinstrumente jedenfalls nicht unabweisbar erscheint.

123 Wann ein **unmittelbares Ansetzen** zur Tat vorliegt, ist von Fall zu Fall nach allgemeinen Regeln[476] zu entscheiden. Beim Versuch kann es auch dann bleiben, wenn während der Tathandlung bei Giftstoffen nach Abs. 1 Nr. 1 die begrifflich vorausgesetzte oder in den Fällen des Abs. 1 Nr. 4 ausdrücklich geforderte Eignung entfällt.[477] Vollendung liegt aber bereits vor, sobald die Beseitigungshandlung zumindest hinsichtlich eines Teils der Abfälle abgeschlossen ist.[478] Beim Handeln und Makeln wird die Tat mit erfolgreichem Abschluss des Verpflichtungsgeschäfts vollendet.[479] Ein Versuch des „Verbringens“ in Gestalt der versuchten Einfuhr nach Absatz 2 liegt vor, wenn der Abfall die Grenznähe erreicht hat und der Täter unmittelbar durch Bewegung zur Grenze zum Übertritt ansetzt. Die Grenzüberschreitung führt zur Vollendung.[480]

IX. Rechtswidrigkeit und Schuld

124 Zum allgemeinen Rechtswidrigkeitsmerkmal „unbefugt“ in Absatz 1 s. Rdn. 88. Ansonsten gelten die allgemeinen Rechtfertigungsgründe an sich auch hier. Während Notwehr (§ 32) praktisch keine Rolle spielen dürfte, mag rechtfertigender **Notstand** (§ 34) in Not- und Katastrophenfällen eingreifen.[481] Zu denken ist daran, gefährliche Abfälle unvorschriftsmäßig zu beseitigen, um damit eine

471 BGHSt **40** 84 = StV **1995** 135 m. krit. Anm. *Michalke*; hierzu ferner *Hecker* MDR **1995** 757; *Krieger* DB **1996** 613; *Alt* MK Rdn. 106; *Witteck* BeckOK Rdn. 39.
472 *Sack* Rdn. 328 unter Hinweis auf die vorhandene Bußgeldregelung; betr. radioaktive Abfälle des Abs. 1 Nr. 3 *Reinhardt* 131.
473 Bericht Rechtsausschuss BT-Drs. 8/3633 29.
474 BT-Drs. 8/2382 19; zu Recht für Vollendung der Beförderung *Schall* SK Rdn. 169; *Alt* MK Rdn. 124; *SSW/Saliger* Rdn. 49.
475 BT-Drs. 8/3633 29.
476 Dazu näher *Murmann* LK § 22 Rdn. 68 ff.
477 *Horn* SK^7 Rdn. 9.
478 BGH NStZ **1997** 189; *Alt* MK Rdn. 124; *Schall* SK Rdn. 170; *Fischer* Rdn. 52; *Schittenhelm* GA **1983** 310, 323 (Beginn schon mit Beladung).
479 *Alt* MK Rdn. 124; *Schall* Rdn. 165; *Fischer* Rdn. 52; *Sack* Rdn. 330.
480 *Schall* Rdn. 167, 171; *Fischer* Rdn. 48a; *B. Breuer* S. 154 f; *Sack* Rdn. 332; **aA** *Alt* MK Rdn. 125 (Beginn schon mit Beladung).
481 *Alt* MK Rdn. 110; *Sch/Schröder/Heine/Schittenhelm* Rdn. 16; *Schall* SK Rdn. 173.

Gefährdung für höherwertige Rechtsgüter abzuwenden. Beispiele sind ungenehmigte Zwischenlagerungen von Teerabfall, um zu verhindern, dass flüssige Teerrückstände in einer Baugrube das Grundwasser gefährden, oder von Müll während eines Müllarbeiterstreiks.[482] Wenn für einen Zeitraum von drei Wochen keine genehmigte Deponie zur Verfügung gestanden hat, so berechtigt das aber noch nicht zur Ablagerung auf nicht genehmigten Anlagen.[483] Die menschliche Gesundheit hat bei notwendigen Güterabwägungen stets Vorrang vor anderen schutzbedürftigen Rechtsgütern wie der Aufrechterhaltung der Produktion oder der Erhaltung von Arbeitsplätzen.[484] **Einwilligung** scheidet als Rechtfertigungsgrund aus, da § 326 keine disponiblen Rechtsgüter schützt.[485] So rechtfertigt es nicht, wenn Abfälle mit Zustimmung des Eigentümers, aber ohne behördliche Gestattung, auf einem Grundstück abgelagert werden.[486] Die **Duldung** unvorschriftsmäßiger Abfallbeseitigung durch eine Behörde kann, soweit ihr Gestattungswirkung zukommt, bereits zum Tatbestandsausschluss führen (s. vor § 324 Rdn. 65 ff).[487]

X. Der Strafausschließungsgrund des Absatzes 6

So vielfältig die Bezeichnungen für ihn sind (wie „Bagatellklausel",[488] „Minimaklausel"[489] oder **125**
„Ungefährlichkeitsklausel"[490]), so wenig herrscht doch Streit darüber, dass Absatz 6 missglückt ist und weitgehend überflüssig erscheint.[491] Dogmatisch ist die Regelung als sachlicher, objektiv wirkender Strafausschließungsgrund einzuordnen,[492] weshalb auch Einmütigkeit darüber besteht, dass die Voraussetzungen von den Vorstellungen des Täters unabhängig sind.[493] Als Ausnahmeregelung ist sie nicht etwa entsprechend auf andere Fälle abstrakter Gefährdungsdelikte anzuwenden.[494]

Nach dem Willen des Gesetzgebers soll mit dieser Ausnahmeregelung sichergestellt werden, **126**
dass der Täter „bei der Beseitigung kleiner Abfallmengen, die keine Umweltschäden hervorbringen können, von Kriminalstrafe verschont bleibt",[495] ja gegen ihn „gar nicht erst ermittelt" werden solle.[496] Als Voraussetzung müsse „offensichtlich" und damit positiv feststehen, „dass keine schädlichen Umwelteinwirkungen [...] auftreten können". Die auf der geringen Menge beruhende Ungefährlichkeit müsse „ex ante" unmittelbar einleuchten.[497] Falls nicht aufzuklä-

482 *Alt* MK Rdn. 110; *Schall* SK Rdn. 173; *Sack* Rdn. 280.
483 *Steindorf* LK[11] Rdn. 135 unter Hinweis auf BGH Urt. v. 13.12.1977 – 1 StR 626/77 – S. 11 (zu § 16 OWiG).
484 BGH NStZ **1997** 189; BGH, Urt. v. 13.3.1975 – 4 StR 28/75 (abgedr. bei *Tiedemann* 58 ff, auszugsweise bei *Dallinger* MDR **1975** 723); zust. *SSW/Saliger* Rdn. 46; differenzierend *Schall* SK Rdn. 173.
485 *Alt* MK Rdn. 109; *Sch/Schröder/Heine/Schittenhelm* Rdn. 16; *Schall* SK Rdn. 173; *Sack* Rdn. 284.
486 OLG Hamm NJW **1975** 1042; NuR **1980** 41; OLG Köln OLGSt § 4 AbfG Nr. 1.
487 Ähnlich für aktive Duldungen *Schall* SK Rdn. 172 (jedoch nur Rechtfertigung); **aA** *Sch/Schröder/Heine/Schittenhelm* Rdn. 16; *Möhrenschlager* LK[12] Rdn. 116.
488 BT-Drs. 8/3633 30; *Ransiek* NK vor Rdn. 69.
489 Bundesrat BT-Drs. 12/192 40; *Schall* SK Rdn. 181; *Sch/Schröder/Heine/Schittenhelm* Rdn. 17; *Lackner/Kühl/Heger* Rdn. 12; *Kloepfer/Vierhaus* Rdn. 141; *Sack* Rdn. 334 ff.
490 *Rogall* JZ-GD **1980** 101, 110.
491 *Schall* SK Rdn. 181; *Lackner/Kühl/Heger* Rdn. 12; *Sch/Schröder/Heine/Schittenhelm* Rdn. 17; *Rogall* NStZ **1992** 363; *Schittenhelm* GA **1983** 310, 318; *Tiedemann* 37; *Triffterer* 214 ff; *Meinberg/Möhrenschlager/Link/Winkelbauer* 77.
492 BT-Drs. 8/3633 29; *Lackner/Kühl/Heger Rdn. 12; Sch/Schröder/Heine/Schittenhelm Rdn. 17; Rogall* NStZ **1992** 363; *Tiedemann* 37; *SSW/Saliger* Rdn. 45; *Laufhütte/Möhrenschlager* ZStW 92 (**1980**) 912, 960; *Fischer* Rdn. 58; *Ostendorf* GA **1982** 333, 337; für Tatbestandsausschluss *Maurach/Schroeder/Maiwald* II § 58 Rdn. 77; für Straffreierklärung eigener Art *Steindorf* LK[11] Rdn. 144.
493 *Sch/Schröder/Heine/Schittenhelm* Rdn. 19; *Schall* SK Rdn. 181; *Lackner/Kühl/Heger Rdn. 12.*
494 *Lackner/Kühl/Heger* Rdn. 12; *Steindorf* LK[11] Rdn. 149; *Rogall* JZ-GD **1980** 101, 110 m. w. N.; *Laufhütte/Möhrenschlager* ZStW **92** (1980) 912, 960.
495 RegE BT-Drs. 8/2382 19.
496 Bericht Rechtsausschuss BT-Drs. 8/3633 30.
497 *Rogall* JZ-GD **1980** 101, 110, *Sch/Schröder/Heine/Schittenhelm* Rdn. 19.

ren sei, welche Wirkungen der beiseitegeschaffte Abfall für die Umwelt haben kann, solle Absatz 1 „weiterhin anwendbar" sein. Mit Recht weist *Heger*[498] darauf hin, dass zunächst in solchen Fällen die Tatsachengrundlage nach allgemeinen Regeln zur Überzeugung des Gerichts festgestellt werden muss, wobei auch eine nicht widerlegte Einlassung nach dem Grundsatz in dubio pro reo in die tatsächlichen Feststellungen eingeflossen sein kann. Erst auf dieser so ermittelten Tatsachengrundlage baut die Prüfung auf, ob die Ungefährlichkeit der Beseitigungshandlung jedem Zweifel entrückt ist oder nicht.

127 Unabhängig davon, ob die Regelung in Absatz 6 schon deshalb entbehrlich erscheint, weil die Möglichkeiten des Strafverfahrensrechts zur Ausscheidung von Bagatellfällen ausreichen,[499] ist sie jedenfalls nach allgemeiner Meinung **nicht besonders glücklich** gefasst.[500] Sie ist, obwohl sie sich auf die Absätze 1–5 zu beziehen scheint, auf die Fälle des Abs. 1 Nr. 1 bezüglich Giftstoffen, Nr. 2 und Nr. 4 (und damit zugleich auf diese Abfälle im Kontext der Absätze 2 und 3) nicht anwendbar, weil diese Modalitäten nach der gesetzlichen Umschreibung nur erfüllt sind, wenn die Abfälle die im einzelnen geforderte „Eignung" aufweisen. Eine Straffreierklärung nach Absatz 6 unter der Voraussetzung einer „Ungeeignetheit" wegen der geringen Menge steht damit nicht in Einklang, da bei der Feststellung der Eignung bereits die Menge berücksichtigt wird. Anwendbar erscheint die Klausel nur auf Absatz 1 Nr. 1 bzgl. der „Erreger" und die Fälle der Nr. 3.

128 Zudem ist die alleinige Anknüpfung an die **Menge des Abfalls** mit Recht auf Kritik gestoßen.[501] Nach ausdrücklicher (und abgeschlossener[502]) Regelung muss alleinige Ursache für das Ausbleiben schädlicher Einwirkungen die geringe Menge „der Abfälle" sein. Hierbei ist nach der überwiegenden Lehre ausschließlich auf die Menge der Schadstoffe[503] in den gefährlichen Abfällen abzustellen, sofern sie Bestandteile einer größeren Menge von nicht in dieser Weise qualifizierten Abfällen sind.[504] Wenn trotz geringer Menge die Beseitigungshandlung aus anderen Gründen schädliche Umwelteinwirkungen erwarten lässt, so bleibt die Strafbarkeit bestehen. Besondere Formen der Beseitigungshandlung oder spezielle Vorkehrungsmaßnahmen, die eine ebensolche Ungefährlichkeit zur Folge haben, können nämlich nicht nach Absatz 6 behandelt werden. Hier bleiben dann nur die strafverfahrensrechtlichen Möglichkeiten (§§ 153, 153a StPO) übrig.

129 Ebenfalls zu beanstanden ist es, wenn in der **Aufzählung der Rechtsgüter** der Mensch als Teil der Umwelt begriffen wird.[505] Dagegen wird die angeblich beispielhafte („insbesondere") Nennung von Umweltgütern von der Lehre als vollständig und damit abschließend angesehen.[506] Die Begriffe „Nutztiere" und „Nutzpflanzen" (als Gegensatz zu ausschließlich schädlichen Tieren und Pflanzen) sind so aufzufassen, dass es sich hierbei nicht um einen Nutzen unmittelbar für den Menschen handeln muss, sondern die allgemeine Umweltnützlichkeit aus ökologischer Sicht maßgebend ist. Schädliche Einwirkungen auf bloße Schädlinge (soweit es diese nach dem genannten Verständnis in der Natur überhaupt gibt) hätten jedenfalls einen „positiven" Erfolg und schieden aus. Insoweit besser wäre trotz der übrigen Mängel die Formulierung des Bundesrats gewesen, § 326 nicht anzuwenden, „wenn schädli-

---

498 *Lackner/Kühl/Heger* Rdn. 12.

499 So *Sack* NJW **1980** 1424, 1427; insoweit zu Recht **aA** Bericht Rechtsausschuss BT-Drs. 8/3633 30 (Strafverfahren bleibe gleichwohl möglich).

500 *Lackner/Kühl/Heger* Rdn. 12; *Sch/Schröder/Heine/Schittenhelm* Rdn. 17; *Schall* SK Rdn. 181; *Tiedemann* 37; *Trifterer* 214 ff.

501 *Schall* SK Rdn. 183; *Rogall* JZ-GD **1980** 101, 110; *Tiedemann* 37; *Sch/Schröder/Heine/Schittenhelm* Rdn. 18; *Lackner/Kühl/Heger* Rdn. 12; *Rogall* NStZ **1992** 561, 563; *Frisch* 133; teilw. **aA** *Fischer* Rdn. 58; *Franzheim/Pfohl* Rdn. 306.

502 *Lackner/Kühl/Heger* Rdn. 12.

503 *Alt* MK Rdn. 105; *Ransiek* NK Rdn. 69; *Steindorf* LK[11] Rdn. 147; *Schittenhelm* GA **1983** 310, 319; zu Recht krit. *Schall* SK Rdn. 183; *Sack* Rdn. 336.

504 *Sch/Schröder/Heine/Schittenhelm* Rdn. 18; *Schittenhelm* GA **1983** 310, 319.

505 *Sch/Schröder/Heine/Schittenhelm* Rdn. 19; *Schittenhelm* GA **1983** 310, 311.

506 *Sch/Schröder/Heine/Schittenhelm* Rdn. 19; *Schall* SK Rdn. 183.

che Einwirkungen auf Menschen, Gewässer, die Luft, den Boden, Tiere, Pflanzen und andere Sachen [...] offensichtlich ausgeschlossen sind."[507]

XI. Täterschaft und Teilnahme

Die Straftaten des § 326 bilden **generell Allgemeindelikte**; Sonderdelikte sind sie allerdings, sobald die Tat unter Verstoß gegen einen Verwaltungsakt oder gegen eine Rechtsvorschrift begangen wird, die sich ausschließlich an bestimmte Personen richtet,[508] was vor allem die Absätze 2 und 3 betrifft. **Absatz 1** ist demgegenüber nach allgemeiner Meinung stets Allgemeindelikt.[509] Täter ist zunächst daher jeder (selbst als nachgeordneter oder höherer Mitarbeiter eines Unternehmens,[510] auch ohne Anwendung von § 14), der eine tatbestandsmäßige Handlung selbst als Alleintäter,[511] mit anderen als Mittäter oder als mittelbarer Täter[512] vornimmt. Täter ist ferner, wer, ohne für die ordnungsgemäße Abfallbeseitigung selbst verantwortlich zu sein, eine Beseitigungshandlung mit Tatherrschaft vornimmt (selbst wenn für andere übernommen[513]) oder durch Delegation vornehmen lässt.[514] Bei untergeordneter Mitwirkung kann Beihilfe vorliegen.[515] **130**

Täter der Straftat nach **Absatz 2** kann sowohl sein, wer das Verbringen als Geschäftsherr, Betriebsinhaber oder Exporteur veranlasst, als auch der Beförderer (Spediteur, Transportfahrer) der Abfälle.[516] Einsammeln, Handeln oder Makeln hinsichtlich der Verbringung sind (auch bei dem beschränkten Anwendungsbereich des Absatzes 2) nur Beihilfehandlungen.[517] Als Täter für das echte Unterlassungssonderdelikt des **Absatzes 3** kommt nach klarer gesetzlicher Regelung allein der Besitzer der radioaktiven Abfälle in Betracht.[518] **131**

Der **Betriebsbeauftragte für Abfall** (§§ 59 f KrWG) ist kraft seiner formalen Rechtsstellung noch kein Beschützergarant.[519] Er kann jedoch Täter sein, wenn ein Verstoß gegen seine spezifi- **132**

---

507 Stellungnahme des Bundesrates BT-Drs. 8/2382 30.

508 *Schall* SK Rdn. 175 ff m. zahlreichen Hinweisen auf unterschiedliche Auffassungen.

509 BGHSt **39** 381, 385 = NStZ **1994** 432; BGHSt **40** 84, 87 (Falisan-Fall) = StV **1995** 135 m. krit. Anm. *Michalke*; BVerfG (Kammer) NJW **1995** 186, 187; *Alt* MK Rdn. 113; *Schall* SK Rdn. 175; *SSW/Saliger* Rdn. 48; *Lackner/Kühl/Heger* Rdn. 14; *Fischer* Rdn. 39; *J. Martin* Sonderdelikte 107 ff, 115.

510 Etwa als Geschäftsführer einer GmbH, der ohne Genehmigung einen Teil eines Kiessandtagebaus mit großen Mengen von Klärschlammkomposten verfüllt, vgl. BGHSt **59** 45 = NStZ **2014** 89; zur Lagerung umweltgefährdenden Schreddermaterials durch Betriebsleiter OLG Hamm StV **2000** 442; zur strafrechtlichen Verantwortlichkeit von Geschäftsführern einer GmbH & Co KG wegen illegaler Abfallbeseitigung BGHSt **43** 219, 231 = NStZ **1997** 544.

511 Aufbewahrung von Dung in einer ungenehmigten Grube auf einem Bauernhof und Lagerung von Strohmist auf einer Weide mit austretendem Jauchsickersaft, vgl. OLG Oldenburg AUR **2010** 95; AG Nordenham RdL **2008** 48; zur Lagerung von Pferdemist mit austretendem Sickersaft BayObLGSt **2001** 86 = NStZ-RR **2002** 76; zum Abstellen eines Autowracks auf öffentlicher Straße LG Stuttgart NStZ **2006** 291; zur umweltgefährenden Lagerung von Diesel und Altöl auf einem Donauschiff durch Schiffsführer BGH NStZ-RR **1998** 367.

512 BGHSt **43** 219, 231 = NStZ **1997** 544 (Abfallentsorgung durch Dritte, denen die Schadstoffbelastung verschwiegen wurde); OLG Köln NJW **1986** 1117, 1119 (Vermischung und Abtransport gefährlicher Abfälle mittels eines gutgläubigen Dritten); zur mittelbaren Täterschaft bei Amtsträgern BGHSt **39** 381, 385 f.

513 BGHSt **58** 152 = NStZ **2013** 401 (illegal durchgeführte Verfüllung einer sog. Bürgermeisterdeponie durch einen Entsorgungsfachbetrieb im Auftrag einer Gemeinde).

514 BGHSt **40** 84, 87 = NStZ **1994** 341; vgl. auch BGHSt **43** 219, 231 f; OLG Köln NJW **1986** 1117; zur fortbestehenden Verantwortlichkeit des Abfallbesitzers bei Übertragung der Entsorgung an Dritte BVerwGE **129** 93 = NVwZ **2007** 1185.

515 Vgl. OLG Karlsruhe ZfW **1996** 406.

516 *Alt* MK Rdn. 115; *Ransiek* NK Rdn. 71; *Schall* SK Rdn. 178; *Sack* Rdn. 319a.

517 *Schall* SK Rdn. 175.

518 *Alt* MK Rdn. 116; *Sch/Schröder/Heine/Schittenhelm* Rdn. 21; *Ransiek* NK Rdn. 71, 73; ERST/*Kubiciel* Rdn. 41; *SSW/Saliger* Rdn. 48; **aA** (Allgemeindelikt) *Schall* SK Rdn. 180; *J. Martin* 117 f.

519 Eingehend *Arndt* 120 ff; *Wessel* 166 ff, 173.

schen Pflichten kausal für den Taterfolg geworden ist;[520] nach § 60 Abs. 1 Nr. 2 KrWG hat er die Einhaltung der einschlägigen Rechtsvorschriften und Verwaltungsanordnungen zu überwachen und damit eine bedeutsame Pflichtenstellung innerhalb des Betriebes (s. vor § 324 Rdn. 95). Die für die wasserrechtlichen Betriebsbeauftragten entwickelten Grundsätze gelten entsprechend (§ 324 Rdn. 70).

133 Hinsichtlich der Verantwortlichkeit von **Amtsträgern** bei Zuständigkeit einer Gemeinde für die Abwasser-/Abfallbeseitigung sind ebenfalls die allgemeinen Grundsätze anzuwenden.[521] Für die Fälle, bei denen die zuständigen Verwaltungsbehörden die Genehmigungen erteilen, gilt das zu § 324 Ausgeführte (§ 324 Rdn. 75 ff; ferner vor § 324 Rdn. 78 ff). Täter kann der beamtete sachverständige Berater sein, von dessen Gutachten die entscheidende Behörde ihre Entschließung erkennbar abhängig macht.[522] Ebenfalls von Absatz 1 werden Fälle erfasst, in denen ein Amtsträger gegen unzulässige Abfallbeseitigung nicht einschreitet.[523]

XII. Rechtsfolgen

134 Die Strafdrohung des Absatzes 1 – bis zu fünf Jahren Freiheitsstrafe oder Geldstrafe – ist gegenüber § 16 Abs. 1 Nr. 1 AbfG a. F. (zwei Jahre oder Geldstrafe) und gegenüber der Fassung durch das 18. StRÄndG (drei Jahre oder Geldstrafe) durch das 2. UKG nochmals erhöht worden; sie bleibt damit nicht mehr hinter der von § 324 zurück. Die frühere niedrigere Androhung hatte der Gesetzgeber mit dem Charakter derartiger Delikte als „Vorfeldtatbestände“[524] begründet. Bei Absatz 2 ist eine gleich hohe Strafandrohung für berechtigt angesehen worden. In Absatz 3 hat der Gesetzgeber die Strafdrohung gegenüber § 45 Abs. 2 Nr. 3 AtomG a. F. (fünf Jahre Freiheitsstrafe) zurückgenommen. Im Jahr 2018 führten von 895 Verurteilungen nach Absatz 1 nur 13 zu Freiheitsstrafen (davon 11 mit Strafaussetzung zur Bewährung).[525]

135 Zu beachten ist die schwerere Strafandrohung (Freiheitsstrafe von sechs Monaten bis zu zehn Jahren) für die im Katalog des § 330 Abs. 1 enthaltenen vier **besonders schweren Fälle** sowie die **Qualifikationen** in § 330 Abs. 2.

136 Das 2. UKG hat die gesetzlichen Vergünstigungen für eine **tätige Reue** beträchtlich erweitert. Waren zuvor nur konkrete Gefährdungsdelikte erfasst, so erstreckt sich die Neuregelung auch auf das abstrakte Gefährdungsdelikt des § 326 Abs. 1–3 mit den Möglichkeiten der Strafmilderung und des Absehens von Strafe (§ 330b Abs. 1 S. 1) sowie des Absatzes 5 mit dem Entfallen der Strafe (§ 330b Abs. 1 S. 2).

137 Zur **Einziehung** von Taterträgen nach den §§ 73 ff siehe vor § 324 Rn. 98 ff. Als weitere Nebenfolge kommen die Verhängung eines Berufsverbots nach § 70 sowie die Gewerbeuntersagung wegen Unzuverlässigkeit (§ 35 Abs. 1 GewO) in Betracht. Diese Maßnahmen können in der Praxis möglicherweise eine nicht ganz unbedeutende Rolle spielen.[526]

XIII. Verjährung

138 Die Verfolgungsverjährungsfristen betragen für die Absätze 1–3 und Abs. 5 Nr. 1 fünf Jahre (§ 78 Abs. 3 Nr. 4, Abs. 4), für Abs. 5 Nr. 2 drei Jahre (§ 78 Abs. 3 Nr. 5). Für den Beginn der Frist gelten

---

520 *Steindorf* LK[11] Rdn. 132; *Sack* Rdn. 319.
521 BGH NStZ **1997** 189; *Schall* SK Rdn. 177.
522 BGHSt **39** 381, 386 ff.
523 *Ransiek* NK Rdn. 72.
524 BT-Drs. 8/2382 19.
525 Strafverfolgungsstatistik 2018 182.
526 Zum Berufsverbot LG Frankfurt NStZ **1983** 171 m. Anm. der Schriftleitung, die auf weitere Anwendungsfälle hinweist.

die allgemeinen Erwägungen. Umstritten ist, wann bei der Tatbestandsvariante „Lagern" die Verjährungsfrist beginnt. Dieser Zeitpunkt hängt davon ab, ob man ein Dauerdelikt annimmt oder nicht. Richtigerweise liegt ebenso wie beim Ablagern auch beim Lagern kein solches vor (Rdn. 83, 95), womit die Verjährungsfrist mit dem Abschluss der Ausführungshandlung und nicht erst mit der Beseitigung des rechtswidrigen Zustandes zu laufen beginnt.[527] Beendigungszeitpunkt ist daher beim (Ab-)Lagern der Abschluss des Ablegens der Abfälle.[528] In Fällen des Absatzes 2 beginnt die Verjährung mit Abschluss der Beförderung, des Absatzes 3 mit Aufgabe des Besitzes bzw. dem Entfallen der Ablieferungspflicht.[529]

XIV. Konkurrenzen

Werden innerhalb von Absatz 1 **mehrere Tatbestandsalternativen** verwirklicht, wird man **139** prinzipiell von einer tatbestandlichen Handlungseinheit ausgehen dürfen. Eine Ausnahme gilt für das sonstige Bewirtschaften, das wegen seines Auffangcharakters gegenüber anderen Tatvarianten zurücktritt. Zwischen Absatz 1 und Absatz 2 ist grundsätzlich Tateinheit möglich; eine tatbestandliche Handlungseinheit ist hier wegen des verschiedenartigen Verwaltungsunrechts abzulehnen. Allerdings tritt beim Befördern nach Absatz 1 dieses gegenüber Absatz 2, der das grenzüberschreitende Befördern sanktioniert, im Wegen der Spezialität zurück.[530] Absatz 3 ist gegenüber den Absätzen 1 und 2 subsidiär, wenn deren Tathandlungen mit dem Nichtabliefern einhergehen.[531]

Mit **anderen Delikten** kann § 326 ideell konkurrieren, so mit den §§ 311, 325a, mit Tötungs- **140** und Körperverletzungsdelikten, den §§ 263, 266 und 267[532] sowie mit § 27 ChemG. Die Straftaten nach § 37 Abs. 1–4 AntarktUmwSchProtAG treten nach dessen Absatz 5 hinter § 326 als subsidiär zurück.[533] Dagegen tritt § 326 seinerseits zurück hinter die §§ 307, 309, da diese Vorschriften das Verwirklichen der vorliegenden Strafnorm voraussetzen und darüber hinaus weitere Merkmale enthalten.[534] Strittig ist das Verhältnis von **Absatz 1** zu den übrigen Umweltdelikten, soweit diese die Beeinträchtigung von Umweltmedien bestrafen, deren Gefährdung Abs. 1 Nr. 4 benennt. Zutreffend hat hier der BGH ein Zurücktreten von § 326 Abs. 1 im Wege der Subsidiarität gegenüber § 324 angenommen.[535] Dies hat entsprechend für die §§ 324a,[536] 325[537] zu gelten, jedenfalls soweit das Einbringen der nach § 326 Abs. 1 Nr. 4 tatbestandlichen Abfälle in das fragliche Umweltmedium die in den genannten Vorschriften bestrafte Umweltveränderung bewirkt. Insoweit ist auf das allgemeine Prinzip zu verweisen, wonach Gefährdungsdelikte ohne weitergehenden Unrechtsgehalt gegenüber entsprechenden Erfolgsdelikten zurücktreten. Tathandlungen des Absatz 1 betreffend die übrigen Abfallarten der Nr. 1–3 stehen dagegen nach allgemeiner

---

527 So für das Ablagern und wohl auch für das Lagern BGHSt **36** 255, 257 f = NStZ **1990** 36 m. Anm. *Laubenthal* JR **1990** 513; zum Ablagern BGH NJW **1992** 122, 123; BayObLG MDR **1996** 303 (zum Ordnungswidrigkeitenrecht); BayObLGSt **1993** 108; OLG Düsseldorf NJW **1989** 537; *Lackner/Kühl/Heger* Rdn. 13; *Schall* SK Rdn. 191; ausf. hierzu *Schittenhelm* GA **1983** 310, 323; **aA** zum Lagern *Sack* Rdn. 354.

528 BGHSt **36** 255, 257 f; OLG Celle NStZ-RR **2012** 75.

529 *Alt* MK Rdn. 135; *Ransiek* NK Rdn. 75; *Schall* SK Rdn. 191.

530 *Heger* HRRS **2012** 211, 217; *Fischer* Rdn. 59.

531 *Ransiek* NK Rdn. 76; *Schall* SK Rdn. 187.

532 *Sack* Rdn. 357; *Gradl* 85.

533 *Fischer* Rdn. 59.

534 *Gradl* 85.

535 BGHSt **38** 325, 338 f; *Ransiek* NK Rdn. 76; *Fischer* Rdn. 59; *Schall* SK Rdn. 185; *Sch/Schröder/Heine/Schittenhelm* Rdn. 22; *Witteck* BeckOK Rdn. 56; **aA** *Möhrenschlager* LK[12] Rdn. 139; *Lackner/Kühl/Heger* § 324 Rdn. 18.

536 BGH wistra **2001** 259; *Ransiek* NK Rdn. 76; *Schall* SK Rdn. 185; *Fischer* Rdn. 59.

537 *Alt* MK Rdn. 129.

Auffassung mit den genannten sowie allen weiteren Umweltdelikten in Tateinheit,[538] weil sie andere Gefährdungsaspekte beinhalten, die über die dort geschützten Umweltmedien hinausgehen. Bei **Absatz 2**, der im Übrigen gegenüber § 18a AbfVerbrG zurücktritt (Rdn. 99), kommt bei einem Gemisch von Abfällen i. S. d. Anwendungsbeschränkungen der VO 1013/2006 (EU) Idealkonkurrenz in Betracht. **Absatz 3** vermag insb. mit § 327 Abs. 1, § 328 Abs. 2 Nr. 2–4 und § 330a Abs. 1 ideell zu konkurrieren;[539] gegenüber § 328 Abs. 2 Nr. 1 ist er hingegen subsidiär.

538 *Ransiek* NK Rdn. 76; *Fischer* Rdn. 59; *Schall* SK Rdn. 185; *Sch/Schröder/Heine/Schittenhelm* Rdn. 22; *Witteck* BeckOK Rdn. 56; *Alt* MK Rdn. 129.

539 *Fischer* Rdn. 59; *Schall* SK Rdn. 187; **aA** *Sch/Schröder/Heine/Schittenhelm* Rdn. 22 (Realkonkurrenz).

§ 327 Unerlaubtes Betreiben von Anlagen

(1) Wer ohne die erforderliche Genehmigung oder entgegen einer vollziehbaren Untersagung
1. eine kerntechnische Anlage betreibt, eine betriebsbereite oder stillgelegte kerntechnische Anlage innehat oder ganz oder teilweise abbaut oder eine solche Anlage oder ihren Betrieb wesentlich ändert oder
2. eine Betriebsstätte, in der Kernbrennstoffe verwendet werden, oder deren Lage wesentlich ändert,
wird mit Freiheitsstrafe bis zu fünf Jahren oder mit Geldstrafe bestraft.

(2) Mit Freiheitsstrafe bis zu drei Jahren oder mit Geldstrafe wird bestraft, wer
1. eine genehmigungsbedürftige Anlage oder eine sonstige Anlage im Sinne des Bundes-Immissionsschutzgesetzes, deren Betrieb zum Schutz vor Gefahren untersagt worden ist,
2. eine genehmigungsbedürftige Rohrleitungsanlage zum Befördern wassergefährdender Stoffe im Sinne des Gesetzes über die Umweltverträglichkeitsprüfung oder
3. eine Abfallentsorgungsanlage im Sinne des Kreislaufwirtschaftsgesetzes,
4. eine Abwasserbehandlungsanlage nach § 60 Absatz 3 des Wasserhaushaltsgesetzes
ohne die nach dem jeweiligen Gesetz erforderliche Genehmigung oder Planfeststellung oder entgegen einer auf dem jeweiligen Gesetz beruhenden vollziehbaren Untersagung betreibt. Ebenso wird bestraft, wer ohne die erforderliche Genehmigung oder Planfeststellung oder entgegen einer vollziehbaren Untersagung eine Anlage, in der gefährliche Stoffe oder Gemische gelagert oder verwendet oder gefährliche Tätigkeiten ausgeübt werden, in einem anderen Mitgliedstaat der Europäischen Union in einer Weise betreibt, die geeignet ist, außerhalb der Anlage Leib oder Leben eines anderen Menschen zu schädigen oder erhebliche Schäden an Tieren oder Pflanzen, Gewässern, der Luft oder dem Boden herbeizuführen.

(3) Handelt der Täter fahrlässig, so ist die Strafe
1. in den Fällen des Absatzes 1 Freiheitsstrafe bis zu drei Jahren oder Geldstrafe,
2. in den Fällen des Absatzes 2 Freiheitsstrafe bis zu zwei Jahren oder Geldstrafe.

Schrifttum

S. zusätzlich die Literaturangaben in den Vorbemerkungen vor § 324 sowie zu den §§ 310 ff (Strahlenschutzrecht, Atomrecht).

Strafrecht. *Altenhain* Die Duldung des ungenehmigten Betreibens einer kerntechnischen Anlage, Festschrift U. Weber (2004) 441; *Börner* § 327 Abs. 2 Nr. 1 StGB und die „wesentliche Änderung" des Betriebs, wistra **2006** 7; *Brede* Autowrack als Abfall – Irrtum über die Genehmigungsbedürftigkeit der Anlage im Sinne des § 327 II Nr. 1 StGB, NStZ **1999** 137; *Dannecker/Streinz* Umweltpolitik und Umweltrecht: Strafrecht, in: *Rengeling* Handbuch zum europäischen und deutschen Umweltrecht, Bd. I § 8 (2003); *Dölling* Umweltstraftat und Verwaltungsrecht – Zur Bedeutung von Verwaltungsakten und materiellem Verwaltungsrecht für die Strafbarkeit des Bürgers wegen eines Umweltdelikts, JZ **1985** 461; *Dolde* Zur Verwaltungsakzessorietät von § 327 StGB – Bemerkungen zum Alkem-Urteil des LG Hanau, NJW **1988** 2329; *Fiedler* Die Betreiberdelikte im Umweltstrafrecht, Bucerius Law Journal **2009** 56; *Fischer* Deutschlands Umweltstrafrecht unter Änderungsdruck der EU, NuR **2011** 564; *Fluck* Die Duldung des unerlaubten Betreibens genehmigungsbedürftiger Anlagen, NuR **1990** 197; *Fortun* Die behördliche Genehmigung im strafrechtlichen Deliktsaufbau (1998); *Heider* Die Bedeutung der behördlichen Duldung im Umweltstrafrecht, NuR **1995** 335; *Heine* Materielles Immissionsschutz- und Atomstrafrecht, in: *Meinberg/Möhrenschlager/Link* Umweltstrafrecht (1989) 109; *ders.* Verwaltungsakzessorietät des Umweltstrafrechts Rechtsvergleichende Funktionsanalysen – unbestimmte Rechtsbegriffe – Reichweite von Genehmigungen, NJW **1990** 2425; *Henzler/Pfohl* Der unerlaubte Betrieb von Anlagen zur Lagerung und Behandlung von ausgedienten Kraftfahrzeugen, wistra **2004** 331; *Heyer* Erlaubtes Risiko und technologische Entwicklung, ZStW **121** (2009) 860; *Horn* Bindung des Strafrechts an Entscheidungen der Atombehörde? Lehren aus dem Alkem-Urteil, NJW **1988** 2335; *Jaeschke* Informale Gestattungen und §§ 327, 325 StGB (2004); *ders.* Informale Gestattungen und §§ 327, 325 StGB, NuR **2006** 480;

https://doi.org/10.1515/9783110490305-010

Jedwab Irrtum des Genehmigungsempfängers im Umweltstrafrecht (2006); *Kindhäuser* Rechtstheoretische Grundfragen des Umweltstrafrechts, Festschrift Helmrich (1994) 967; *Kohlhaas* Die Straf- und Bußgeldbestimmungen des Luftverkehrsgesetzes und des Atomgesetzes, GA **1962** 43, 50 ff; *v. Kranenbrock* Strafrechtliche Auswirkungen der Novellierung des BImSchG, StraFo **1997** 169; *Julia Martin* Sonderdelikte im Umweltstrafrecht (2006); *Meinberg* Anm. zu AG Nördlingen, NStZ **1986** 315; *Nappert* Die strafrechtliche Haftung von Bürgermeistern und Gemeinderäten im Umweltstrafrecht (1997); *Nehring* Strafnormen im Atomenergierecht, Studien zum internationalen Wirtschaftsrecht Bd. 19 (1965); *Ocker* Das unerlaubte Betreiben von genehmigungsbedürftigen Anlagen oder sonstigen Anlagen im Sinne des Bundes-Immissionsschutzgesetzes, deren Betrieb zum Schutz vor Gefahren untersagt worden ist (§ 327 Abs. 2 Nr. 1 StGB) (1995); *Palme* Atomrechtliches Genehmigungsverfahren und Strafrecht (zu *Winkelbauer* JuS **1988**, 692 ff), JuS **1989** 944; *Pietzak* Umweltstrafrechtliche Grundpflichten – Möglichkeiten und Grenzen (1991); *Radtke* Der strafrechtliche Amtsträgerbegriff und neue Kooperationsformen zwischen öffentlicher Hand und Privaten (Public Private Partnership) im Bereich der Daseinsvorsorge, NStZ **2007** 57; *Raetzcke* Die Veränderungsgenehmigung für Kernkraftwerke nach § 7 Atomgesetz (2001); *Ramming* Der Anlagenbetreiber des Umweltstrafrechts im Lichte des Gefahrenabwehrrechts: dargestellt am Beispiel des § 327 StGB (2010); *Ramsauer* Planfeststellung ohne Abwägung? NVwZ **2008** 944; *Ransiek* Betreiben, Ausführen, Herstellen – § 327 StGB und andere Tatbestände des Wirtschaftsstrafrechts, Festschrift Widmaier (2008) 725; *Reinhardt* Der strafrechtliche Schutz vor den Gefahren der Kernenergie und den schädlichen Wirkungen ionisierender Strahlen (1989); *Rengier* Zur Bestimmung und Bedeutung der Rechtsgüter im Umweltstrafrecht, NJW **1990** 2506; *ders.* Überlegungen zu den Rechtsgütern und Deliktstypen im Umweltstrafrecht, in: *Schulz* (Hrsg.) Ökologie und Recht (1991) 33; *ders.* Zum Täterkreis und zum Sonder- und Allgemeindeliktscharakter der „Betreiberdelikte" im Umweltstrafrecht, Festschrift Kohlmann (2003) 225; *Rogall* Die Duldung im Umweltstrafrecht NJW **1995** 315; *ders.* Die Verwaltungsakzessorietät des Umweltstrafrechts, GA **1995** 315; *ders.* Probleme des Umweltstrafrechts in Deutschland, in: *Hirsch/Hofmanski* (Hrsg.) Neue Erscheinungsformen der Kriminalität in ihrer Auswirkung auf das Strafrecht und Strafprozessrecht (1996) 171; *ders.* Zur Reichweite der verwaltungsrechtlichen Erlaubnis im Umweltstrafrecht, Festschrift Roxin (2001) 927; *Roger* Atomschmuggler und Strafrecht, atw **1993** 697; *Rumpel* Abschied von der „modifizierenden Auflage" im Umweltverwaltungs- und -strafrecht, NVwZ **1988** 502; *Schall* Allgemein- und Sonderdelikte: Versuch einer Abgrenzung, Festschrift Schöch (2010) 619; *Scheidler* Zurechenbarkeit umweltdeliktischen Verhaltens bei arbeitsteiligen Betriebsorganisationen ZUR **2010** 16; *Scholl* Strafrechtliche Verantwortlichkeit von Gemeinde-, Kreisräten und Mitgliedern der Zweckverbandsversammlungen im Umweltrecht: §§ 324, 326 Abs. 1, 327 Abs. 2 Nr. 3 StGB (1996); *Sieren* Ausländische Umweltmedien als Schutzgüter des deutschen Umweltstrafrechts, Diss. Osnabrück 2001; *Winkelbauer* Zur Verwaltungsakzessorietät des Umweltstrafrechts (1985); *ders.* Atomrechtliches Genehmigungsverfahren und Strafrecht, JuS **1988** 691; *ders.* Die Verwaltungsabhängigkeit des Umweltstrafrechts, DÖV **1988** 723; *ders.* Umweltstrafrecht und Unternehmen, Festschrift Lenckner (1998) 645; *Wirtz/Schleimer/Eßer* Die Bedeutung des Umweltstrafrechts für die betriebliche Praxis (1995); *Witteck* Der Betreiber im Umweltstrafrecht: zugleich ein Beitrag zur Lehre von den Pflichtdelikten (2004); *Wohlers* Der Erlass rechtsfehlerhafter Genehmigungsbescheide als Grundlage mittelbarer Täterschaft, ZStW **108** (1996) 61; *Wüterich* Die Bedeutung von Verwaltungsakten für die Strafbarkeit wegen Umweltvergehen, NStZ **1987** 106; *ders.* Bestandsschutz und unerlaubtes Betreiben von Anlagen nach dem Bundes-Immissionsschutzgesetz (§ 327 StGB), NStZ **1990** 112.

Atomrecht. *Badura* Der atomrechtliche Funktionsvorbehalt der Genehmigungsbehörde für die Ermittlung und Bewertung des Risikos einer nuklearen Anlage, DVBl. **1998** 1197; *Blümel/Wagner* (Hrsg.) Technische und rechtliche Fragen der Stillegung und Beseitigung nuklearer Anlagen in der Bundesrepublik Deutschland (1993); *Böwing* Sicherheitsstandard und befristete Laufzeit von Genehmigungen, in: *Ossenbühl* (Hrsg.) Deutscher Atomrechtstag 2000 29; *Breuer* Planungsverfahren und atomrechtliches Verwaltungsverfahren, in: *BMU* (Hrsg.) Siebtes Deutsches Atomrechts-Symposium, 1983 153; *ders.* Rechtsprobleme der Stilllegung kerntechnischer Anlagen zur gewerblichen Erzeugung von Elektrizität, DVBl. **2005** 1359; *Brosche/Klein/Vollradt* Zur Stillegung von kerntechnischen Anlagen, atw **1979** 170; *Burianek* Die sogenannte Vorabzustimmung im atomrechtlichen Genehmigungsverfahren – ein zulässiges Instrument der Verwaltung? NJW **1987** 2727; *Cloosters* Aspekte der Stilllegung von Prototyp- und Versuchskraftwerken sowie sonstigen nuklearen Anlagen, in: *Pelzer* (Hrsg.), Stilllegung und Beseitigung kerntechnischer Anlagen (1993); *v. Danwitz* Aktuelle Entwicklungen im Kernenergierecht. Zum Krümmel-Urteil des BVerwG v. 21.8.1996 (1997); *ders.* Die Legalisierungswirkung bestandskräftiger Genehmigungen bei wesentlichen Änderungen im Atomrecht, RdE **1997** 55; *ders.* Genehmigungsrechtliche Fragen terroristischer Angriffe auf Kernkraftwerke, RdE **2002** 113; *Fischerhof* Deutsches Atomgesetz und Strahlenschutzrecht, Bd. I² (1978); *Fluck* Die Duldung des unerlaubten Betreibens genehmigungsbedürftiger Anlagen, NuR **1990** 197; *Frenz* (Hrsg.) Atomrecht (2019); *Fröhlich* Illegale Abfallentsorgungsanlagen, DÖV **1989** 1029; *Gaentzsch* Struktur und Probleme des atomrechtlichen Planungsverfahren, in *Ossenbühl* (Hrsg.) Deutscher Atomrechtstag **2004** 115; *Grawe* Allgemeine Rahmenbedingungen der Stilllegung und Beseitigung nuklearer Anlagen in der BRD. Technische und rechtliche Fragen der Stilllegung und Beseitigung nuklearer Anlagen in der BRD (1993); *Greipl* Bestandsaufnahme und Reformüberlegungen zum Recht der Stilllegung, in: *Pelzer* (Hrsg.), Stilllegung und Beseitigung kerntechnischer Anlagen (1993); *Grigoleit/Mager* Die atomrechtliche

Änderungsgenehmigung und ihr Verhältnis zur Ausgangsgenehmigung, NuR **1997** 469; *Haedrich* Atomgesetz mit Pariser Atomhaftungsübereinkommen (1986); *Hansmann* Zum Anlagenbegriff des § 7 I AtomG, NVwZ **1983** 16; *ders.* Genehmigungsrechtliche Behandlung von Änderungen in einem laufenden Verfahren nach § 7 AtomG, NVwZ **1985** 27; *Henseler* Kompetenzkonflikte paralleler Gestattungsverfahren am Beispiel der Genehmigung von Atomanlagen, DVBl. **1982** 390; *Heu* Öffentlichkeitsbeteiligung beim atom- und immissionsschutzrechtlichen Genehmigungsverfahren (1994); *Hollmann* Stillegungsgenehmigung, Erfordernis und Regelungsgehalt, et **1986** 589; *Ipsen* Die Genehmigung technischer Großanlagen, AöR **107** (1982) 259; *Jaeschke* Zur „Kompetenz-Kann" des § 19 Abs. 3 AtomG, ZNER **2003** 322; *Jochum* Der praktische Fall. Verbindliche Weisungen und informelles Handeln des Bundes, VR **2005** 20; *Junker* Stillegungs-, Einschluß- und Abbaugenehmigung für Kernkraftwerke nach § 7 Abs. 3 des Atomgesetzes (1990); *ders.* Stillegung und Beseitigung nuklearer Anlagen in der Bundesrepublik Deutschland (Tagungsbericht), DVB1. **1992** 1214; *Kahl* Das gemeindliche Einvernehmen bei der Genehmigung standortnaher Brennelemente-Zwischenlager, BayVBl. **2001** 545; *Kimminich* Zur Genehmigungsfähigkeit von Kompaktlagern in Kernkraftwerken, et **1982** 502; *Kinate* Erste Teilgenehmigung und Vorbescheid im Atomrecht (1984); *Koehl* Die Umrüstungsverpflichtung für den neuen Forschungsreaktor Garching (FRM II), BayVBl. **2005** 421; *König* Transportminimierung, Transportsicherheit und Zwischenlagerung (2000); *ders.* Genehmigungsverfahren für Zwischenlager in Deutschland, atw **2001** 172; *ders.* Zwischenlager im Entsorgungskonzept für Deutschland, et **2001** 162; *Kröncke* Die Genehmigung von Kernkraftwerken (1982); *Kühne* Versagungsermessen und Atomausstieg. Zur Genehmigungsfähigkeit einer Urananreicherungsanlage im Lichte von § 1 Nr. 1 Atomgesetz, DVBl. **2003** 1361; *Kunth* Zum Widerruf atomrechtlicher Genehmigungen wegen erheblicher Gefährdung im Sinne von § 17 Abs. 5 AtG, RdE **1992** 177; *Kurz* Normative Anforderungen an die Stilllegung und Beseitigung nuklearer Anlagen. Technische und rechtliche Fragen der Stilllegung und Beseitigung nuklearer Anlagen (1993); *ders.* Stillegung und Beseitigung nuklearer Anlagen (1994); *Kutscheidt* Das stillgelegte Atomkraftwerk, NVwZ **1987** 33; *ders.* Das atomrechtliche Genehmigungsverfahren – Überlegungen zur Reform des Atomrechts, in *BMU* (Hrsg.) Neuntes Deutsches Atomrechtssymposium (1991) 229; *ders.* Das gestufte Genehmigungsverfahren, Festschrift Sendler (1991) 303; *Leidinger* Energieanlagenrecht (2007); *Lukes* Änderungsgenehmigung und Öffentlichkeitsbeteiligung im atomrechtlichen Verfahren, NJW **1983** 1753; *Martens* Suspensiveffekt, Sofortvollzug und vorläufiger gerichtlicher Rechtsschutz bei atomrechtlichen Genehmigungen (1983); *Mattern/Raisch* Atomgesetz (1961); *Mondre* Verwertungspflichten im Abfall-, Immissionsschutz- und Atomrecht (1998); *Müller-Dehn* Stilllegung von Kernkraftwerken – rechtliche Fragen, Deutscher Atomrechtstag 2002 (2003); *v. Mutious/Schoch* Die atomrechtliche „Konzeptgenehmigung", DVBl. **1983** 149; *Näser* Beurteilung der Zwischenlagerentscheidungen aus juristischer Sicht, DVBl. **2002** 584; *Ossenbühl* Regelungsgehalt und Bindungswirkung der 1. Teilgenehmigung im Atomrecht, NJW **1980** 1353; *ders.* Änderungsgenehmigung und Öffentlichkeitsbeteiligung im Atomrecht, DVBl. **1981** 65; *ders.* Rechtsanspruch auf Erteilung atomrechtlicher Genehmigungen und Versagungsermessen, et **1983** 665; *ders.* Bestandsschutz und Nachrüstung von Kernkraftwerken (1994); *Orantek* Einführung in das Atom- und Strahlenschutzrecht, NuR **2011** 856; *Papier* Untersuchungen im Bereich Genehmigung, Aufsicht, Nachrüstung. Reformüberlegungen zum Atomrecht (1991); *Pelzer* Stilllegung und Beseitigung kerntechnischer Anlagen (1993); *Posser/Schmans/Müller-Dehn* Atomgesetz, Kommentar zur Novelle 2002 (2003); *Raetzke* Die Veränderungsgenehmigung für Kernkraftwerke nach § 7 Atomgesetz (2001); *Ramsauer* Planfeststellung ohne Abwägung? Die Rechtsprechung zur atomrechtlichen Planfeststellung, NVwZ **2008** 944; *Rebentisch* Überlegungen zu atomrechtlichen Nachsorgepflichten, DVBl. **1992** 1255; *ders.* Die Änderungsgenehmigung im Lichte des Krümmel-Urteils, DVBl. **1997** 810; *ders.* Entwicklungen des Rechts der Atomanlagengenehmigung, RdE **1999** 18; *ders.* Rechtliche Zweifelsfragen der gesetzlichen Beendigung der Kernenergienutzung durch Strommengenregelung, Festschrift Baur (2001) 63; *Rengeling* Aktuelle verwaltungsrechtliche und verwaltungsgerichtliche Fragen bei der Errichtung von Kernkraftwerken, JZ **1977** 542; *ders.* Die Konzeptgenehmigung und das vorläufig positive Gesamturteil in der ersten atomrechtlichen Teilgenehmigung, NVwZ **1982** 217; *ders.* Planfeststellung für die Endlagerung radioaktiver Abfälle (1984); *ders.* Anlagenbegriff, Schadensvorsorge und Verfahrensstufung im Atomrecht – Bemerkungen zu dem Urteil des Bundesverwaltungsgerichts vom 19.12.1985 betreffend das Kernkraftwerk Wyhl, DVB1. **1986** 265; *ders.* Zur Fortgeltung von Genehmigungen der ehemaligen DDR-Verwaltung, DVBl. **1992** 222; *ders.* Verwertung und Beseitigung radioaktiver und konventioneller Abfälle, DVBl. **1997** 268; *Richter* Die Nachrüstung von Kernkraftwerken (1985); *Rodi* Grundlagen und Entwicklungslinien des Atomrechts, NJW **2000** 7; *Ronellenfitsch* Das atomrechtliche Genehmigungsverfahren (1983); *ders.* Zur Zulässigkeit sogenannter Vorabzustimmungen zu genehmigungspflichtigen Tätigkeiten bei Brennelementfabriken, et **1986** 797; *ders.* Wesentliche Änderungen durch „Vorabzustimmungen" – ein neues Instrument des Atomrechts? DVBl. **1987** 65; *ders.* Stilllegung und Betreiberrechte, in: *Pelzer* (Hrsg.), Stilllegung und Beseitigung kerntechnischer Anlagen (1993); *ders.* Schlussfolgerungen und Thesen zur Stilllegung kerntechnischer Anlagen. Technische und rechtliche Fragen der Stilllegung und Beseitigung nuklearer Anlagen in der Bundesrepublik Deutschland (1993); *ders.* Der Begriff der Gefahren in § 19 Abs. 3 AtG, DÖV **1998** 1048; *Roßnagel* Wesentliche Änderungen durch „Vorabzustimmungen" – ein neues Instrument des Atomrechts? DVB1. **1987** 65; *ders.* Teilgenehmigung und vorläufiges positives Gesamturteil, DÖV **1995** 624; *ders.* Der Nachweis der Sicherheit im Anlagenrecht, DÖV **1997** 801; *Roßnagel/Hentschel* Alternativenprüfung für atomare Endlager? Zur Prüfpflicht des öffentlichen Vorhabenträgers im Fachplanungsrecht, UPR **2004** 291; *Rupp* Der Anlagenbegriff des Atomgesetzes, DVBl. **1989** 345; *Ruttloff/Teichgräber* Das Verfahren zur Stilllegung von Kernkraftwerken in Zeiten der Energiewende, NVwZ **2016** 1119; *Schärf* Europäisches Atomrecht. Recht der Nuklearenergie, 2. Aufl. (2012); *Schattke* Rechtliche Vorgaben für die Stilllegung kerntechnischer Anlagen, atw **2001** 108; *ders.* Rechtliche Fragen der Stilllegung von Kernkraftwerken, Deutscher Atomrechtstag 2002 (2003); *Scherer/Leydecker* Die Konzentrationswirkung bei der Zulassung raumbedeutsamer Vorhaben und umweltrelevanter Anlagen, DVBl. **2015** 816; *Schmidt/Preuß* Europäisches Gemeinschaftsrecht und deutsches Atom- und Strahlenschutzrecht, in: *Rengeling* (Hrsg.) Handbuch zum europäischen und deutschen Umweltrecht, Bd. II 1, 2. Aufl. (2003) § 60; *Schwartzkopff* Der Rückbau von Kernkraftwerken aus behördlicher Sicht, in: *Pelzer* (Hrsg.), Stilllegung und Beseitigung kerntechnischer Anlagen (1993); *Sellner* Gestuftes Genehmigungsverfahren, Schadensvorsorge, verwaltungsgerichtliche Kontrolldichte, NVwZ **1986** 616; *ders.* Nachträgliche Auflagen und Widerruf der Genehmigung bei Kernenergieanlagen, Festschrift *Sendler* (1991) 359; *ders.* Atom- und Strahlenschutzrecht, Festgabe 50 Jahre Bundesverwaltungsgericht (2003) 741; *Sellner/Hennenhöfer* Atom- und Strahlenschutzrecht, in *Rehbinder/Schink*, Grundzüge des Umweltrechts, 5. Aufl. (2018); Kap. III 12; *Sendler* Das Krümmel-Urteil des BVerwG – ein Sturm im Wasserglas? UPR **1997** 161; *Shirvani* Informales Verwaltungshandeln und Bundesauftragsverwaltung – zugleich eine Würdigung der Rechtsprechung des Bundesverfassungsgerichts im Biblis-Urteil (Anm. zu BVerfG, Urteil vom 19.2.2002 – 2 BvG 2/00), BayVBl **2005** 164; *Siegmann* Änderungsgenehmigungen im Atom- und Strahlenschutzrecht (1993); *Sommer* Aufgaben und Grenzen richterlicher Kontrolle atomrechtlicher Genehmigungen (1983); *Steinberg* Atomrechtliche Änderungsgenehmigung und Öffentlichkeitsbeteiligung, UPR **2000** 161; *Steinkämper* Genehmigung, Aufsicht, Nachrüstung, in: *Lukes/Birkhofer* (Hrsg.) 9. Deutsches Atomrechtssymposion (1991) 255; *Thomas* Technik und Sicherheit bei der Stilllegung und Beseitigung kerntechnischer Anlagen in: *Pelzer* (Hrsg.), Stilllegung und Beseitigung kerntechnischer Anlagen (1993); *Ullrich* Nochmals: „Die Freigaberegelung des § 29 StrSchV – Missinglink zwischen Atom- und Abfallrecht, DVBl. **2004** 227; *Wahl* Genehmigung und Planungsentscheidung, DVBl. **1982** 51; *Wasielewski* Die „wesentliche Änderung" – eine rechtsvergleichende Betrachtung des Atom- und Immissionsschutzrechts, UPR **1998** 420; *Weides* Noch einmal: Das stillgelegte Atomkraftwerk ..., NVwZ **1987** 200; *Wieland* Die Stufung von Anlagegenehmigungen im Atomrecht, DVBl. **1991** 616; *ders.* Stilllegung von Kernkraftwerken – Technische Aspekte, Deutscher Atomrechtstag 2002 (2003); *ders.* Konsequenzen aus dem Biblis-Urteil des Bundesverfassungsgerichts für die Bundesauftragsverwaltung (Anm. zu BVerfG, Urteil vom 19.2.2002 – 2 BvG 2/00 = BVerfGE 81, 310), ZUR **2004** 7; *Wilting* Gestuftes atomrechtliches Genehmigungsverfahren und Bürgerbeteiligung (1985); *Winkler v. Mohrenfels* Errichtung und Betrieb von Kernkraftwerken, ZRP **1980** 86; *Winters* Atom- und Strahlenschutzrecht (1978); *Ziegler Zur* Problematik des Anlagenbegriffes nach dem Atomgesetz, et **1978** 664.

Immissionsschutzrecht. *Aerter* Europäisches Zulassungsrecht für Industrieanlagen (2000); *Arnold* Aktuelle Probleme der bau- und immissionsschutzrechtlichen Zulassungen von Tierhaltungsanlagen, NVwZ **2017** 497; *Biesecke* Integrative Aspekte im BImSchG-Genehmigungsverfahren (2006); *Breuer* Anlagengenehmigung und Grundpflichten, Festschrift Feldhaus (1999) 49; *Büge/Tünnesen-Harmes* Das Gesetz zur Beschleunigung und Vereinfachung immissionsschutzrechtlicher Genehmigungsverfahren und seine praktische Bedeutung für die Betreiber genehmigungspflichtiger Anlagen, GewArch **1997** 48; *Couzinet* Die Zulässigkeit von Immissionen im anlagenbezogenen Immissionsschutzrecht (2007); *Dietlein/Thiel* Altes und neues zum Vorbescheid, Die Verwaltung **2005** 211; *Dolde* Anwendung der Irrelevanzklauseln bei Änderungsgenehmigungen nach § 16 BImSchG, Festschrift *Sellner* (2010) 237; *Eckert* Beschleunigung von Genehmigungsverfahren (1997); *Engelhardt* Die Umsetzung der IVU-Richtlinie (2002); *Erbguth/Schlacke* Umweltrecht, 6. Aufl. (2016); *Feldhaus* Bundesimmissionsschutzrecht (Losebl., Stand August 2020); *ders.* Integriertes Anlagenzulassungsrecht, ZUR **2002** 1; *ders.* zur Konkretisierung des (neuen) Standes der Technik im Immissionsschutzrecht, Festschrift Kutscheidt (2003) 261; *Fest* Die Errichtung von Windenergieanlagen in Deutschland und seiner Ausschließlichen Wirtschaftszone – Genehmigungsverfahren, planerische Steuerung und Rechtsschutz an Land und auf See (2010); *Fluck* Die Duldung des unerlaubten Betreibens genehmigungsbedürftiger Anlagen, NuR **1990** 1716; *ders.* Die Konzentrationswirkung der immissionsschutzrechtlichen Genehmigung und ihre Grenzen, NVwZ **1992** 114; *ders.* „Genehmigungszusätze", nachträgliche Anordnungen und Aufhebung der Genehmigung im Immissionsschutzrecht, DVBl. **1992** 862; *ders.* Wider die Restriktionen bei der Zulassung vorzeitigen Beginns nach § *15*a BImSchG, DÖV **1994** 885; *ders.* „Umplanungen" genehmigter Anlagen vor Inbetriebnahme als wesentliche Änderungen im Sinne von § 15 BImSchG, GewArch **1996** 222; *ders.* Änderungen genehmigungsbedürftiger Anlagen nach §§ 15, 16 BImSchG idF der Beschleunigungsnovelle, VerwArch. **1997** 265; *Frenz* Genehmigungsbedürftige Anlagen nach dem BImSchG und Emissionshandel, NVwZ **2006** 1095; *Führ* Anlagenänderung durch Anzeige, UPR **1997** 421; *ders.* Wesentliche Änderung von Industrieanlagen – Praktische Auswirkungen des neuen § 16 BImSchG, *ZUR* **1997** 293; *Gassner* Gleichstellung der Rechtswirkungen von Planfeststellung und Plangenehmigung, UPR **1996** 412; *Glietz* Grundprobleme von Vorbescheid und Teilgenehmigung im Immissionsschutzrecht (1985); *Glöckner* Anordnungsbefugnis der Immissionsschutzbehörden gegenüber kommunalen Anlagebetreibern nach § 24 BImSchG, NVwZ **2003** 1207; *Häfner* Verantwortungsteilung im Genehmigungsrecht (2010); *Halmschlag* Immissionsschutz bei nicht genehmigungsbedürftigen Anlagen (2008); *Hansmann* Bundes-Immissionsschutzgesetz, 10. Aufl. (1992); *ders.* Beschleunigung und Vereinfachung immissionsschutzrechtlicher Genehmigungsverfahren? NVwZ **1997** 105; *ders.* Änderungen von genehmigungsbedürftigen Anlagen im Sinne des Immissionsschutzrechts, DVBl. **1997** 1421; *ders.* Öffentliches Immissionsschutzrecht, in *Rehbinder/Schick* (Hrsg.), Grundzüge des Umweltrechts, 5. Aufl. (2018), Kap. III 7; *Henkel* Der Anlagenbegriff des Bundes-Immissionsschutzgesetzes. Inhalt, Funktion und praktische Bedeutung. (1989); *Hennecken* Die Geltungsdauer immissionsschutzrechtlicher Genehmigungen, I + E **2015** 34; *Hölscher* Die planungsrechtliche Einbindung von immissionsschutzrechtlich genehmigten Abfallbeseitigungsanlagen nach dem BauROG 1998, NVwZ **1998** 1134; *Hoppenberg/Meiners/Hamm/Martens* Die Zulässigkeit von Mobilfunkstationen aus bau- und immissionsrechtlicher Sicht, NVwZ **1997** 12; *Jäde* Vereinfachungsprobleme des Anlagenzulassungsrechts, WiVerw. **1995** 119; *ders.* Beschleunigung von Genehmigungsverfahren nach dem Genehmigungsverfahrensgesetz, UPR **1996** 361; *Jarass* Der Umfang einer immissionsschutzrechtlich genehmigten Anlage, NVwZ **1995** 529; *ders.* Änderung und Ersatz von genehmigungsbedürftigen Anlagen im Immissionsschutzrecht, UPR **2006** 45; *ders.* Neue (und alte) Probleme bei der Änderung immissionsschutzrechtlicher Anlagen, NJW **1998** 1097; *ders.* Zur Systematik des Immissionsschutzrechts, in: *Gesellschaft für Umweltrecht* (Hrsg.), Umweltrecht im Wandel (2001) 381; *ders.* Grundstrukturen des Immissionsschutzrechts, JuS **2009** 608; *ders.* Das Gebot der Koordinierung konkurrierender Zulassungsverfahren, NVwZ **2009** 65; *ders.* Immissionsschutzrechtlicher Anlagenbegriff und Reichweite der Genehmigungsbedürftigkeit, UPR **2011** 201; *ders.* Zur Bedeutung der BVT-Schlussfolgerung für Industrieemissionsanlagen, I + E **2016** 148; *ders.* Bundes-Immissionsschutzgesetz, 12. Aufl. (2017); *ders.* Die (umfangreichen) neuen Regelungen im Bundes-Immissionsschutzgesetz für Störfallanlagen, NVwZ **2018** 185; *Kaster* Das Verhältnis von immissionsschutzrechtlicher Genehmigung und wasserrechtlicher Erlaubnis (1996); *ders.* Die Stellung der Umweltschutzbehörden in parallelen Gestattungsverfahren. Am Beispiel von Überschneidungen im Verhältnis des Wasserrechts zum Immissionsschutzrecht, NuR **1996** 109; *Koch, S.* Die grenzüberschreitende Wirkung von nationalen Genehmigungen für umweltbeeinträchtigende industrielle Anlagen, Diss. Frankfurt 2010; *Kotulla* Bundes-Immissionsschutzgesetz [Losebl]; *Kracht* Die immissionsschutzrechtliche Genehmigungsbedürftigkeit ortsfester Abfallentsorgungsanlagen, UPR **1993** 369; *Kutscheidt* Die Erweiterung genehmigungsbedürftiger Anlagen, DÖV **1976** 663; *ders.* Zulassung von Abfallentsorgungsanlagen – ein Schnellschuß des Gesetzgebers, NVwZ **1994** 209; *ders.* Die wesentliche Änderung industrieller Anlagen, NVwZ **1997** 111; *Ladeur* Risikobewertung und Risikomanagement im Anlagensicherheitsrecht – Zur Weiterentwicklung der Dogmatik der Störfallvorsorge, UPR **1993** 121; *Lämmle* Konkurrenz paralleler Genehmigungen (1991); *Lang* Zum Bundes-Immissionsschutzgesetz, in: *Säcker* (Hrsg.) Berliner Kommentar zum Energierecht, Bd. II 4887 (2010); *Martens* Die wesentliche Änderung im Sinne des § 15 BImSchG unter besonderer Berücksichtigung des umfänglichen Anlagenbegriffs (1993); *Moormann* Die wesentlichen Änderungen des Immissionsschutzrechts durch das Investitionserleichterungs- und Wohnbaulandgesetz, UPR **1993** 286; *ders.* Die Änderung des Bundes-Immissionsschutzgesetzes durch das Gesetz zur Beschleunigung und Vereinfachung immissionsschutzrechtlicher Genehmigungsverfahren, UPR **1996** 408; *Müller* Klimaschutz durch Versagung von Genehmigungen für Windkraftanlagen in der Ausschließliche Wirtschaftszone, ZUR **2008** 584; *Ohms* Praxishandbuch Immissionsschutzrecht (2003); *Peine* Die Ausgestaltung der immissionsschutzrechtlichen Genehmigung nach der neuen IE-Richtlinie, UPR **2012 8**; *Pudenz* Zur Reichweite immissionsschutzrechtlicher Genehmigungen, UPR **1990** 331; *Pütz/Buchholz* Immissionsschutz bei nicht genehmigungsbedürftigen Anlagen, 6. Aufl. (1996); *Pütz/Buchholz/Rute* Anzeige- und Genehmigungsverfahren nach dem Bundes-Immissionsschutzgesetz, 8. Aufl. (2007); *dies.* Immissionsschutz bei nicht genehmigungsbedürftigen Anlagen. Grundpflichten des Betreibers; Anforderungen an Standort, Errichtung, Betrieb und Überwachung, 3. Aufl. (1996); *Rebentisch* Die Neuerungen im Genehmigungsverfahren nach dem Bundes-Immissionsschutzgesetz, NVwZ **1992** 926; *ders.* Immissionsschutzrechtliche Grundpflichten im Wandel in: Umweltrecht im Wandel (2001) 419; *Reidt* Die Änderungsgenehmigung nach § 16 BImSchG, NVwZ **2017** 356; *Rengeling* (Hrsg.) Beschleunigung von Planungs- und Genehmigungsverfahren (1997); *Repkewitz* Das immissionsschutzrechtliche Genehmigungsverfahren in den neuen Bundesländern, LKV **1992** 6; *Richter*, Der Begriff der Anlage im Umwelt- und Energierecht, (2012); *Röckinghausen* Der Bestandsschutz von immissionsschutzrechtlichen Genehmigungen, UPR **1996** 50; *ders.* Die neue Verordnung über kleine und mittlere Feuerungsanlagen (1. BImSchV), ZUR **2011** 65; *Rombach* Der Faktor Zeit in umweltrechtlichen Genehmigungsverfahren (1994); *Ronellenfitsch* Beschleunigung und Vereinfachung der Anlagenzulassungsverfahren (1994); *Sach* Genehmigung als Schutzschild (1994); *Schäfer* Genehmigungsverfahren nach dem Bundes-Immissionsschutzgesetz (1977); *ders.* Die Beschleunigungsnovellen zum Immissionsschutzrecht, NVwZ **1997** 526; *Scheidler* Die Anlagenüberwachung im Immissionsschutzrecht, WiVerw **2010** 177; *Scheier* Die Zulassung des vorzeitigen Beginns – ein neues Instrument des Umweltrechts (§ 15a BImSchG, § 9a WHG, § 7a AbfG), ZfW **1992** 412; *Schlichter* Investitionsförderung durch flexible

Genehmigungsverfahren, DVBl. **1995** 173; *Schmatz/Nöthlichs* Immissionsschutz (Losebl.); *Schreiber* Regelungsmodell der Genehmigung im integrierten Umweltschutz (2000); *Schröder/Steinmetz/Maaz* Rechtsfragen der vorzeitigen Zulassung von Abfallentsorgungsanlagen, DVBl. **1992** 23; *Seiler* Die Rechtslage der nicht genehmigungsbedürftigen Anlagen im Sinne von §§ 22 ff Bundes-Immissionsschutzgesetz (1985); *Seimer* Vorbescheid und Teilgenehmigung im Immissionsschutzrecht (1979); *Sellner* Die Genehmigung nach dem Bundes-Immissionsschutzgesetz. Genehmigungstypen, Genehmigungsverfahren, Rechtsschutz, NJW **1975** 801; *ders.* Änderungen des Bundes Immissionsschutzgesetzes – Allgemeine und anlagebezogene Änderungen, NVwZ **1991** 305; *ders.* Anlagenbezogene Regelungen im Luftreinhalterecht, in *Rengeling* (Hrsg.) Handbuch zum europäischen und deutschen Umweltrecht, Bd. II 1, 2. Aufl. (2003) § 49; *Sellner/Löwer* Immissionsschutzrecht der nicht genehmigungsbedürftigen Anlagen, WiVerw. **1980** 221; *Sellner/Reidt/Ohms* Immissionsschutzrecht und Industrieanlagen, 3. Aufl. (2006); *Stapelfeldt* Die immissionsschutzrechtliche Anlagenzulassung nach europäischem Recht (2000); *Tegethoff* Die Abgrenzung von Genehmigungsbestimmung und Nebenbestimmung im Anlagenzulassungsrecht, UPR **2003** 416; *Ule/Laubinger/Repkewitz*, Bundes-Immissionsschutzgesetz (Losebl.); *Verheyen* Die Bedeutung des Klimaschutzes bei der Genehmigung von Kohlekraftwerken und bei der Zulassung des Kohleabbaus, ZUR **2010** 403; *Wagner* Wesentlichkeit gleich Erblichkeit? NJW **1991** 3247; *Wahl* Genehmigung und Planungsentscheidung, DÖV **1982** 51; *ders.* Materiell-integrative Anforderungen an die Vorhabenzulassung – Anwendung und Umsetzung der IVU-Richtlinie, NVwZ **2000** 502; *ders.* Die Normierung der materiell-integrativen (medienübergreifenden) Genehmigungsanforderungen, ZUR **2000** 360; *Wolf* Die Genehmigung von Kohlekraftwerken, NuR **2010** 244; *Ziegler* Zum Anlagenbegriff nach dem Bundes-Immissionsschutzgesetz, UPR **1986** 170; *Zitzelsberger* Auslegungsfragen beim Widerruf einer Anlagengenehmigung nach § 21 BImSchG, GewArch **1990** 271; *Zöttl* Die Mitteilung über die immissionsschutzrechtliche Genehmigungsbedürftigkeit einer Anlagenänderung, NVwZ **1998** 234.

Entstehungsgeschichte

Die Bestimmung ist mit dem 18. StRÄndG 1980 im Rahmen der Überführung von „Anlagetatbeständen" des Nebenstrafrechts in das StGB[1] eingefügt worden.[2] Sie übernahm im Wesentlichen bereits zuvor geltendes Recht und beruht auf drei verschiedenen Quellen aus dem Nebenstrafrecht.[3]

a) Absatz 1 (kerntechnische Anlagen/Betriebstätten). Der kerntechnische Anlagen betreffende **Abs. 1 Nr. 1** geht auf den RegE eines Gesetzes über die Erzeugung und Nutzung der Kernenergie und den Schutz gegen ihre Gefahren zurück.[4] Nach Scheitern dieses Entwurfs wurden zwischenzeitlich Länderregelungen eingeführt.[5] Nach Ergänzungen gegenüber dem RegE 1956 trat das AtomG[6] am 1.1.1960 in Kraft. Nach seinem § 45 Abs. 1 Nr. 4, Abs. 4 war strafbar, wer vorsätzlich oder fahrlässig „ohne die ... erforderliche Genehmigung ... Anlagen zur Erzeugung oder zur Spaltung von Kernbrennstoffen oder zur Aufarbeitung bestrahlter Kernbrennstoffe errichtet, betreibt oder sonst innehat oder die Anlage oder ihren Betrieb wesentlich verändert". Dieser Straftatbestand wurde seinerzeit als „wichtigster Fall" der Strafsanktionen im Bereich der Überwachungsvorschriften des AtomG bezeichnet.[7] **Abs. 1 Nr. 2** (Betriebsstätten, die Kernbrennstoffe verwenden) geht auf eine im Gesetzgebungsverfahren eingefügte Ergänzung von § 45 Abs. 1 Nr. 5 AtomG a. F. zurück.[8] § 45 Abs. 1 Nr. 5 AtomG a. F. war zunächst in § 328 StGB überführt worden. Auf Grund der Umgestaltung des § 328 durch das 2. UKG wurde 1994 die dortige Alternative der unerlaubten wesentlichen Änderung der in der Genehmigung bezeichneten Betriebsstätte oder deren Lage in den sachlich richtigeren Standort des § 327 Abs. 1 als

1 Auf Grund von Vorbehalten der Großen Strafrechtskommission, die sich gegen einen Vorschlag ihres Mitglieds *Rösch*, ein Anlagendelikt in den Abschnitt „Gemeingefährliche Handlungen" eines neuen StGB (Niederschrift der II. Unterkommission 315 f, 348 f; *Reinhardt* 363; *Laufhütte/Möhrenschlager* ZStW **92** [1980] 912, 964) aufzunehmen, ausgesprochen hatte (vgl. die Erörterung des Vorschlags des RegE zum Atomgesetz am 17.9.1958 in den Niederschriften der Kommission Bd. 9 242 und die Beschränkung von Kernenergiedelikten im E 1959 I), hatte sich auch der RegE eines StGB (E 1960, BT-Drs. 3/2150 459; E 1962, BT-Drs. 4/650 496, 5/32 496) noch für die Belassung abstrakter Gefährdungstatbestände im Nebenstrafrecht ausgesprochen.

2 Art. 1 Nr. 18 d. 18. StRÄndG v. 28.3.1980 (BGBl. I S. 373); näher z. 18. StRÄndG s. vor § 324 Rdn. 5 ff.

3 Ausführlich zur Gesetzgebungsgeschichte *Reinhardt* passim mit Texten 339 f, 343 ff, 392 ff., 400, 409; s. auch *Sack* Rdn. 1 ff.

4 RegE 1956 BT-Drs. 2/3026, dort § 36 Abs. 1, 4, vom Ausschuss für Atomfragen später in § 37 übernommen.

5 Z. B. § 11 Abs. 1 Nr. 1, Abs. 2 eines Schleswig-Holsteinischen Gesetzes v. 30.6.1958 (GVBl. 225).

6 Gesetz über die friedliche Nutzung der Kernenergie und den Schutz gegen ihre Gefahren (Atomgesetz) v. 23.12.1959 (BGBl. I S. 814).

7 BT-Drs. 3/759 32 zum damaligen § 46 des Entwurfs.

8 Vgl. BT-Drs. 3/1412 26.

dessen Nummer 2 übernommen.[9] Diese Fassungen wurden in der Folgezeit in Details geändert.[10] Art. 1 Nr. 4 des 3. ÄndG d. AtomG dehnte in § 7 Abs. 1 AtomG den Kreis der Anlagen auf solche „zur Bearbeitung und Verarbeitung von Kernbrennstoffen" (d. h. insbesondere Brennelementefabriken und Konversionsanlagen) aus, was dann durch das 4. ÄndG auf § 45 Abs. 1 Nr. 4 AtomG übertragen wurde.§ 327 Abs. 1 StGB i. d. F. des 18. StrÄndG lehnte sich weitgehend an § 45 Abs. 1 Nr. 4 AtomG a. F. an. Ähnlich § 63 Abs. 1 Nr. 1 (i. V. m. § 20 BImSchG a. F.) wurde auch der Verstoß gegen eine vollziehbare Untersagung (vgl. § 19 Abs. 3 AtomG) erfasst. Auf Anregung des Bundesrates wurde des Weiteren klargestellt, dass auch der nach § 7 Abs. 3 AtomG genehmigungsbedürftige Abbau einer kerntechnischen Anlage vom Tatbestand erfasst ist, um der möglichen Auslegung zu begegnen, ein solcher stelle keine wesentliche Änderung dar.[11] Wegen des geringen Gefährdungspotentials wurde die genehmigungslose Errichtung einer solchen Anlage zu einem Bußgeldtatbestand (§ 46 Abs. 1 Nr. 2 AtomG a. F.) herabgestuft. Aus dem zuvorigen Anwendungsbereich ausgenommen wurde auch, wer eine nicht betriebsbereite oder nie betriebene Anlage innehat, und der Tatbestand damit auf betriebsbereite oder nach Betrieb stillgelegte Anlagen beschränkt.[12] Neu war zudem die Einführung des Begriffs der „kerntechnischen Anlage" mit der Verlagerung der Umschreibung aus § 7 Abs. 1, § 45 Abs. 1 Nr. 4 AtomG a. F. in den § 330d Nr. 2.

b) Abs. 2 Nr. 1 (Anlagen i. S. d. BImSchG). Diese Bestimmung geht auf § 63 Abs. 1 Nr. 1 und 2 BImSchG v. 15.3.1974[13] zurück. Vorläufer war § 147 Nr. 2 i. V. m. § 16 Gewerbeordnung (f. d. Norddeutschen Bund) v. 21.6.1869.[14] Dieser beruhte seinerseits auf den §§ 177, 180 (Geldbuße bis zu 200 Thalern oder Gefängnis bis zu drei Monaten) i. V. m. den §§ 26, 27 der preußischen Allgemeinen Gewerbe-Ordnung v. 17.1.1845.[15]Im Gesetzgebungsverfahren des 18. StrÄndG von einer Minderheit (und zuvor von Verbänden und MdB *Maihofer*, FDP[16]) vorgetragene Bedenken gegen die Strafbarkeit des unerlaubten Betreibens von Anlagen führten zu dem Antrag der CDU/CSU-Fraktion, das unerlaubte Betreiben der im vereinfachten Verfahren nach § 19 BImSchG zu genehmigenden Anlagen nur dann mit Strafe zu bedrohen, wenn dadurch schädliche Einwirkungen auf die Umwelt hervorgerufen würden. Dies wurde von der Mehrheit u. a. im Hinblick auf die potenzielle Gefährlichkeit und die Kontrollinteressen abgelehnt.[17] Ein Erweiterungsvorschlag des Bundesrats zum Betrieb einer wesentlich geänderten Anlage wurde von Bundesregierung und Gesetzgeber in vereinfachter Form aufgegriffen.[18] Auch wenn der Text dadurch unschärfer geworden sein mag, so deckt er doch entsprechend dem gesetzgeberischen Willen den Fall des Anlagenbetriebs unter wesentlicher Abweichung von einer Genehmigung.[19] Erwägungen, etwaige ungenehmigte Verbesserungen, z. B. beim Einbau eines Filters, aus der Strafbarkeit auszunehmen, hat der Gesetzgeber wegen des gleichwohl bestehenden Prüfungs-

---

9 Vgl. Bericht des Rechtsausschusses BT-Drs. 12/7300 23.

10 Durch Art. 192 Nr. 2 EGStGB 1974, Art. 1 Nr. 34 des Dritten Gesetzes zur Änderung des Atomgesetzes vom 15.7.1975 (BGBl. I 1885) sowie Art. 1 Nr. 18 und 19 des Vierten Gesetzes zur Änderung des Atomgesetzes vom 30.8.1976 (BGBl. I 2573).

11 BT-Drs. 8/2382 31; die Bundesregierung allerdings teilte die befürchtete Auffassung ohnehin nicht, s. BT-Drs. 8/2382 34.

12 Vgl. RegE BT-Drs. 8/2382 19 f; Bericht des Rechtsausschusses BT-Drs. 8/3633 30; die Bedenken des Sachverständigen *Triffterer* (217 f.) gegen diese Einschränkungen im Hinblick auf mögliche latente Gefahren wurden nicht geteilt; ebenso im Ergebnis *Reinhardt* 109 und die Interministerielle Arbeitsgruppe von BMJ und BMI „Umwelthaftungs- und Umweltstrafrecht" – Arbeitskreis Umweltstrafrecht – in ihrem Bericht v. 19.1.1988 S. 154; die Entkriminalisierung betr. die Errichtung hatte diese (155, 230) noch für überprüfungswürdig gehalten, was danach zwar in einem Referentenentwurf des BMJ und im Entwurf des Arbeitskreises Rechtswesen der SPD-Fraktion (Text in wistra **1989** Heft 7 S. VI) vorgeschlagen worden war (*Heine* GA **1990** 1, 25), aber weder von der Bundesregierung weiterverfolgt noch vom Gesetzgeber aufgegriffen wurde (BT-Drs 12/7300 21). Dasselbe gilt für den Vorschlag von SPD-AK-Recht und SPD (BT-Drs 12/376), eine Anlage zur Zwischenlagerung oder Endlagerung radioaktiver Abfälle mit einzubeziehen.

13 BGBl. 1974 I S. 721, 1193; dazu BT-Drs. 7/1508 32; 7/1513 8 f; RegE BT-Drs. 6/2868; BT-Drs. 7/179; *Ocker* 32 ff.

14 BGBl. S. 245; zuletzt i. d. F. v. 26.7.1900 (RGBl. I S. 871) mit weiteren Änderungen; dazu *Ocker* 22 ff.

15 GS 1845 41; vorangegangen war die Dampfkessel-Kabinettsorder v. 31.1.1831 (PrGs 243), und das napoleonische, im Westen Preußens geltende „Décret impérial relatif aux Manufactures et Ateliers qui répondent une Odeur insalubre ou incommode" v. 15.10.1810; zur Geschichte näher *Ocker* 14 ff; *Kloepfer* § 2 Rdn. 29 ff; § 15 Rdn. 18; *ders.* Geschichte des Umweltrechts 26 ff (zu Vorläufern); *Landmann/Rohmer/Dietlein* Rdn. 1 ff vor § 4.

16 Nachweise bei *Laufhütte/Möhrenschlager* ZStW **92** (1980) 912, 944.

17 BT-Drs. 8/3633 30.

18 Vgl. BT-Drs. 8/2382 31, 35; 8/3633 30 f.

19 *Sch/Schröder/Heine/Schittenhelm* Rdn. 18; *Steindorf* LK[11] Rdn. 15; *Szesny* AnwK Rdn. 21; **aA** *Börner* wistra **2006** 7.

interesses nicht aufgegriffen.[20] Durch das 31. StrÄndG wurde der Katalog der als gefährlich einzustufenden Anlagen in Absatz 2 erweitert. Neben den nach § 4 BImSchG genehmigungsbedürftigen Anlagen wurden aus dem Kreis der nicht genehmigungsbedürftigen Anlagen (§§ 22 ff BImSchG) zusätzlich diejenigen erfasst, deren Betrieb zum Schutz vor Gefahren durch – mindestens vollziehbaren – Verwaltungsakt untersagt worden ist (§ 25 Abs. 2 BImSchG); zuvor war ein solcher Verstoß nur als Ordnungswidrigkeit geahndet worden (§ 62 Abs. 1 Nr. 6 BImSchG a. F.).

c) Abs. 2 Nr. 2 (Rohrleitungsanlagen). Erst das 31. StrÄndG dehnte 1994 den Kreis der Anlagen auf nach § 19a Abs. 1 S. 1 WHG a. F. genehmigungsbedürftige und auf nach § 19e Abs. 2 S. 5 i. V. m. § 19c WHG a. F. untersagte anzeigepflichtige Rohrleitungsanlagen zum Befördern wassergefährdender Stoffe aus. Grund waren die besonderen Gefahren für Boden und Gewässer durch fehlerhaftes oder unsachgemäßes Betreiben oder durch Undichtwerden.[21] Das gilt aber nicht für Verstöße gegen die bloße Anzeigepflicht.[22] Zu einer Ausdehnung auf (betriebliche) Anlagen zum Umgang mit wassergefährdenden Stoffen[23] über die von § 329 Abs. 1 Nr. 1 erfassten Fälle hinaus konnte sich der Gesetzgeber nicht entschließen. Art. 3 des Gesetzes zur Neuregelung des Wasserrechts v. 31.7.2009[24] passte Abs. 2 Nr. 2 an das – durch grundgesetzliche Kompetenzveränderungen notwendige – neue Wasserhaushaltsgesetz an. Die Änderung ergab sich aus der Überführung von Bestimmungen über Rohrleitungsanlagen aus dem bisherigen WHG (§§ 19a ff) in die §§ 20 ff UVPG.[25] Dabei wurde stillschweigend und ohne weitere Begründung auf die Einbeziehung nur anzeigepflichtiger Anlagen, möglicherweise wegen praktischer Bedeutungslosigkeit, verzichtet.[26]

d) Abs. 2 Nr. 3 (Abfallentsorgungsanlagen). Das abstrakte Gefährdungsdelikt des § 16 Abs. 1 Nr. 2 AbfG,[27] das seinerseits erst 1976 aus einem konkreten Gefährdungsdelikt hervorgegangen war,[28] lieferte die Vorlage für Abs. 2 Nr. 3. Die frühere Fassung hatte sich insbesondere im hessischen „Plaumann-Giftmüllskandal“ als ineffektiv erwiesen.[29] Die Übernahme in § 327 durch das 18. StRÄndG 1980 wurde auch hier mit einer Ausdehnung auf vollziehbare Untersagungen verbunden. Das Gesetz zur Vermeidung, Verwertung und Beseitigung von Abfällen vom 27.9.1994[30] ersetzte den Begriff „Abfallbeseitigungsanlage“ durch den der „Abfallentsorgungsanlage“ und den Verweis auf das „Abfallgesetz“ durch den auf das „Kreislaufwirtschafts- und Abfallgesetz“, seinerseits 2012 wieder ersetzt durch „Kreislaufwirtschaftsgesetz“.[31]

e) Abs. 2 Nr. 4 (Abwasserbehandlungsanlagen). Diese Variante wurde 2013 eingefügt,[32] um eine Verpflichtung aus der Umweltstrafrecht-RL umzusetzen.[33] Nach Art. 3 lit. d) der Richtlinie 2008/99/EG bzw. Art. 2 Abs. 1 Nr. 3, Art. 3 des Übereinkommens des Europarats [E-Ü] über den Schutz der Umwelt durch das Strafrecht[34] ist der vorsätzlich oder zumindest grob fahrlässige rechtswidrige Betrieb einer Anlage/Fabrik unter Strafe zu stellen, in der eine gefährliche Tätigkeit ausgeübt wird oder gefährliche Stoffe oder Zubereitungen gelagert oder verwendet werden, wenn dadurch außerhalb der Anlage der Tod, eine schwere Körperverletzung oder erhebliche Schäden der Luft-, Boden- oder Wasserqualität oder an Tieren oder Pflanzen verursacht werden (können). Diese Regelungen beschränken sich auf schädigende bzw. konkret gefährliche Verhaltensweisen, sind also insoweit enger als § 327. Andererseits sollen nach der Definition des Rechtswidrigkeitsbegriffs in Art. 2 lit. a) der RL 2008/99/EG und Art. 1 lit. a) E-Ü nicht nur Verstöße gegen das Genehmigungserfordernis und eine Untersagung erfasst werden, sondern auch sonstige Verstöße gegen eine verwaltungsrechtliche Vorschrift oder eine behördliche Entscheidung. Aus dieser Diskrepanz ergibt sich ein möglicher Erwei-

---

20 BT-Drs. 8/3633 30.

21 RegE BT-Drs. 12/192 22; die Tat war zuvor ordnungswidrig nach § 41 Abs. 1 Nr. 3 WHG a. F.

22 *Möhrenschlager* NStZ **1994** 513, 519.

23 Vgl. dazu die VO v. 31.3.2010 (BGBl. I S. 377).

24 BGBl. I S. 2585.

25 Gesetz über die Umweltverträglichkeitsprüfung (UVPG), jetzt i. d. F. d. Bek. v. 24.2.2010 (BGBl. I S. 94).

26 Koalitions-E BT-Drs. 16/12275 8.

27 I.d.F. v. 5.1.1977 (BGBl. I S. 41, 288).

28 Frühere Fassung in § 16 Abs. 1 Nr. 3 i. V. m. § 7 AbfG v. 7.6.1972 (BGBl. I S. 873); geändert durch ÄndAbfG v. 21.6.1976 (BGBl. I S. 1601).

29 Nachweise bei *Laufhütte/Möhrenschlager* ZStW **92** (1980) 912, 953; vgl. auch die damaligen Bedenken von *Rüdiger* 111 f.

30 Art. 5 des gen. Gesetzes v. 27.9.1994 (BGBl. I S. 2705, 2726).

31 Art. 5 Abs. 3 des Gesetzes v. 24.2.2012 (BGBl. I S. 212).

32 Art. 8 Nr. 3 des Gesetzes zur Umsetzung der Richtlinie über Industrieemissionen v. 8.4.2013 (BGBl. I S. 734, 752).

33 Der Anhang A der Richtlinie 2008/99/EG verweist auf die IVU-[Industrie-Emissions] RL 2008/1/EG i. d. F. der RL 2010/75/EU v. 24.11.2010 (AblEU L 334/17 v. 17.12.2010). Sie enthält in Art. 4 Abs. 1 i. V. m. Art. 3 Nr. 3 i. V. m. Anhang I Nr. 6.11 eine Regelung über eigenständig betriebene Abwasserbehandlungsanlagen, die Abwasser aus anderen Anlagen des Anhangs I behandeln, das kein Abwasser i. S. der RL 91/271/EWG ist (AblEU 2010 L 334/23, 25, 55).

34 Übereinkommen v. 4.11.1998 (ETS Nr. 172).

terungsbedarf für Absatz 2.[35] Dabei stellt sich insbesondere die Frage, ob die Beschränkung rechtswidrigen Handelns in § 327 auf genehmigungsloses Handeln und auf Verstöße gegen Untersagungsverfügungen nicht zu eng ist. Angesichts der gegenüber § 327 generell engeren Fassung der RL durch die Schadenseignungsklausel lässt sich jedoch vertreten, dass schon dann, wenn beim Betreiben einer genehmigten Anlage z. B. eine im Bescheid enthaltene Auflage oder Grenzwerte verletzt werden, die geeignet sind, (erhebliche) Schäden für Mensch und Umwelt herbeizuführen, dies als ein wesentliches Abweichen von den Genehmigungsvoraussetzungen, d. h. als ein Handeln „ohne die erforderliche Genehmigung" i. S. v. § 7 AtomG, § 16 BImSchG und § 35 KrWG verstanden werden kann. Der Gesetzgeber ist jedenfalls davon ausgegangen, dass, soweit Anlagen in Deutschland betroffen sind, die Vorgaben von Art. 3 lit. d) RL 2008/99/EG vollständig durch § 327 Abs. 2 umgesetzt sind.[36] Im Übrigen wird sonstiges verwaltungsrechtswidriges Verhalten, das zu (erheblichen) Schäden für Mensch und Umwelt führt, außer durch § 327 ergänzend durch die §§ 324, 324a, 325 und 328 und die einschlägigen naturschutzrechtlichen Strafvorschriften abgedeckt. Sie erfassen ausdrücklich oder implizit unter Verletzung verwaltungsrechtlicher Pflichten begangene und damit rechtswidrige Verhaltensweisen und setzen dabei noch nicht einmal eine konkrete Gefährdung voraus.[37]

f) Abs. 2 S. 2 (Anlagen mit gefährlichen Stoffen und Gemischen in anderen EU-Staaten). Wegen der zuvorigen Bezugnahme auf innerstaatliche Genehmigungen bzw. Untersagungen in Absatz 2 hat der Gesetzgeber es im Hinblick auf den soeben beschriebenen Umsetzungsbedarf für notwendig erachtet, im 45. StrÄndG 2011 eine eigene auslandsbezogene Ausdehnung, begrenzt auf die Umschreibung der Tathandlungen in Art. 2 lit. d) RL 2088/99/EG, als Satz 2 in § 327 Abs. 2 einzufügen. Neben den bereits erwähnten Ausdehnungen hat das 31. StrÄndG die Höchststrafen in Absatz 2 und 3 erhöht. § 327 hielt in seinem immissionsschutzrechtlichen Teil der Überprüfung durch das Bundesverfassungsgericht stand[38] und ist auch in seinem abfallrechtlichen Teil (Absatz 2 Nr. 3) verfassungsgemäß.[39]

Übersicht

35 *Heger* 313; die Begründung, die RL erfasse jeden verwaltungsrechtswidrigen Betrieb einer Anlage, während wegen § 330d Nr. 5 ein ordnungsgemäß genehmigter, aber materiell verwaltungsrechtswidriger Anlagenbetrieb nach § 327 nicht strafbar sei, überzeugt allerdings nicht. Die Regelung der Voraussetzungen der Wirksamkeit einer Genehmigung wurden weiterhin dem innerstaatlichen Recht überlassen (*Möhrenschlager* wistra **2011** R.XXXV).
36 RegE BT-Drs. 17/5391 13, 18.
37 Hinsichtlich atomaren Gefahren durch eine kerntechnische Anlage reicht § 311 aus; dasselbe gilt für §§ 324, 324a (betr. Gefahr erheblicher Schäden für Gewässer und Boden durch illegal betriebene Rohrleitungsanlagen), § 325 (betr. Gefahr erheblicher Schäden für die Luftqualität beim illegalen Betrieb von Anlagen i. S. d. BImSchG) und § 326 (betr. Gefahr erheblicher Schäden für die Bodenqualität durch illegal betriebene Abfallentsorgungsanlagen), die ausdrücklich oder implizit auch erhebliche Gefahren für den Gesundheitsschutz und den Schutz von Tieren und Pflanzen einbeziehen.
38 BVerfGE **75** 329, 340 = NStZ **1987** 450 (Vorlage durch das AG Nördlingen NStZ **1986** 315 m. Anm. *Meinberg*).
39 BayObLGSt **1987** 64 = NStZ **1988** 27.

I. Allgemeines, Struktur und geschützte Rechtsgüter

1 Die Vorschrift umschreibt – mit Ausnahme der EU-auslandsbezogenen Sonderregelung in Abs. 2 S. 2 – **abstrakte Gefährdungsdelikte,**[40] die nicht den Eintritt konkreter Gefahren oder Schäden für Mensch und Umwelt voraussetzen, sondern deren Schutz im Vorfeld dienen.[41] Insoweit bestraft § 327 den ungenehmigten oder untersagten Betrieb bestimmter, potenziell gefährlicher Anlagen, wobei Absatz 1 (mit fünf Jahren Höchstfreiheitsstrafe) kerntechnische Anlagen und Betriebsstätten, die Kernbrennstoffe verwenden, erfasst und zusätzlich deren ungenehmigte oder untersagte Veränderung unter Strafe stellt. Demgegenüber geht es in Absatz 2 (drei Jahre Höchstfreiheitsstrafe) allein um den ungenehmigten oder untersagten Betrieb, und zwar von Anlagen nach dem BImSchG, von Rohrleitungs-, Abfallentsorgungs- sowie Abwasserbehandlungsanlagen. Allein bei Abs. 2 S. 2 handelt es sich wegen des Eignungserfordernisses um ein **potenzielles Gefährdungsdelikt.**[42]

2 Sämtliche Tatbestandsalternativen der Absätze 1 und 2 stellen **Vorsatzdelikte** dar, die nach Absatz 3 aber **auch fahrlässig** begangen mit drei bzw. zwei Jahren Freiheitsstrafe bedroht sind. Eine Versuchsstrafbarkeit ist nicht vorgesehen.

3 Die Norm dient dem vorverlagerten (Rechtsgüter-)Schutz der Umweltmedien sowie der Gesundheit und dem Leben von Menschen, Tieren und Pflanzen im Sinne einer anthropozentrisch-ökologischen Sichtweise. Unmittelbares **Schutzgut** ist freilich die präventive **behördliche Prüfungs- und Entscheidungskompetenz** bzw. Dispositionsbefugnis bei der Zulassung und Überwachung potenziell gefährlicher Anlagen.[43] Bestraft wird die Nichteinhaltung der vorgesehen Zulassungs- und Bewirtschaftungsverfahren.[44]

---

40 RegE BT-Drs. 8/2382 19; OLG Köln wistra **1991** 74; OLG Stuttgart ZfW **1988** 248; NJW **1987** 1282; *Alt* MK Rdn. 2; *Schall* SK Rdn. 5; *SSW/Saliger* Rdn. 1; *Szesny* AnwK Rdn. 1; *Witteck* BeckOK Rdn. 6; *Ocker* 76 ff; *Reinhardt* 191 ff, 228 ff; *Kuhlen* WiVerw **1991** 181, 223; *Rengier* NJW **1990** 2506, 2513, 2516; *Rogall* NStZ **1992** 561, 564; **aA** *Marx* Die behördliche Genehmigung im Strafrecht (1993) 143.

41 *Alt* MK Rdn. 1; *Martin* 200 f; *Sack* Rdn. 29; *Rogall* Festschrift Köln 510 ff; *ders.* NStZ **1992** 561, 564; *Reinhardt* 225 ff (zu Absatz 1); *Ocker* 75; *Weber* GK-BImSchG Rdn. 3 (zu Abs. 2 Nr. 1); vgl. auch BT-Drs. 12/192 21.

42 *Schall* SK Rdn. 5; *Alt* MK Rdn. 2; *Sch/Schröder/Heine/Schittenhelm* Rdn. 19; *Witteck* BeckOK Rdn. 6; *SSW/Saliger* Rdn. 1; **aA** (ebenfalls abstraktes Gefährdungsdelikt) *Ransiek* NK Rdn. 3; *Lackner/Kühl/Heger* Rdn. 1.

43 Für beide Aspekte *SSW/Saliger* Rdn. 1; *Rengier* NJW **1990** 2506, 2513; *ders.* in *Schulz* 44 f (administrativ-ökologisch-anthropozentrische Sichtweise); *Busch/Iburg* 146; *Dannecker/Streinz* § 8 Rdn. 12; *Jaeschke* 185; *Jünemann* 25; *Knaut* 53; *Kuhlen* WiVerw **1991** 223.

44 Für eine entsprechende Schutzgutbestimmung *Schall* SK Rdn. 5 f; *Fischer* Rdn. 2; *Witteck* 194 ff; *ders.* BeckOK Rdn. 7; *Ransiek* NK Rdn. 3; *Maurach/Schroeder/Maiwald* II § 58 Rdn. 80; *Rengier* NJW **1990** 2506, 2513; *Dölling* JZ **1985** 461, 464; *Dolde* NJW **1988** 2329, 2334; *Lüthge/Klein* ZStW **129** (2017) 48, 66; *Franzheim/Pfohl* Rdn. 377; *Koch/Engelstätter* § 18 Rdn. 132; *Tiedemann/Kindhäuser* NStZ **1988** 343; *Winkelbauer* Verwaltungsakzessorietät 61 f; *ders.* JuS **1988** 694; auch nach OLG Braunschweig NStZ-RR **1998** 175, 177 wird das Unrecht entscheidend durch die Umgehung behördlicher Gestattung geprägt.

II. Der unerlaubte Umgang mit kerntechnischen Anlagen und mit Kernbrennstoffe verwendenden Betriebsstätten (Absatz 1)

1. Unerlaubter Umgang mit kerntechnischen Anlagen (Abs. 1 Nr. 1)

a) Tatobjekt. Gegenstand der Tat ist eine „kerntechnische Anlage" i. S. v. § 330d Abs. 1 Nr. 2 („eine 4
Anlage zur Erzeugung oder zur Bearbeitung oder Verarbeitung oder zur Spaltung von Kernbrennstoffen oder zur Aufarbeitung bestrahlter Kernbrennstoffe", entnommen § 7 Abs. 1, 5 AtomG). Solche Anlagen bedürfen in besonderem Maße einer behördlichen Überwachung, weil bei ihnen außer der Gefahr einer Schädigung durch ionisierende Strahlen auch ein „ausgeprägtes Kritikalitätsrisiko",[45] insb. der Gefahr nicht mehr beherrschbarer Kettenreaktionen besteht. Mittlerweile enthält allerdings auch § 2 Abs. 3a AtomG eine bisher im AtomG nicht enthaltene Definition der „kerntechnischen Anlage".[46] Sie umfasst nunmehr neben den Anlagen nach § 7 Abs. 1 Nr. 1 AtomG auch „Aufbewahrungen von bestrahlten Kernbrennstoffen" nach § 6 Abs. 1, 3 AtomG und Zwischenlagerungen für radioaktive Abfälle, wenn die Zwischenlagerungen direkt mit vorgenannten Anlagen in Zusammenhang stehen und sich auf deren Gelände befinden; auf Endlager wurde die Regelung bewusst nicht ausgedehnt.[47] Solche Aufbewahrungen und Zwischenlagerungen sind, wenn ungenehmigt oder untersagt, jedoch bereits nach § 328 Abs. 1 Nr. 1, Abs. 5, § 326 Abs. 1 Nr. 3, Abs. 5 Nr. 1 strafbar, weshalb insoweit kein strafrechtlicher Änderungsbedarf besteht. Misslich bleibt die unterschiedliche Definition der „kerntechnischen Anlage" im AtomG und in § 327 Abs. 1 Nr. 1 i. V. m. § 330d Abs. 1 Nr. 2. Eine Ausweitung des § 330d Abs. 1 Nr. 2 bietet sich im Hinblick auf die Strafbarkeit nach den §§ 326, 328 nicht an. Zur Behebung der Diskrepanz wäre – unter Streichung von § 330d Abs. 1 Nr. 2 – eine Aufnahme der Umschreibung in § 7 AtomG in § 327 empfehlenswert;[48] dafür spricht rein praktisch auch, dass in der Literatur fast durchweg die Definition bei § 327 und nicht bei § 330d Abs. 1 Nr. 2 erörtert wird. Zu den sonstigen Anlagen i. S. d. AtomG, die nicht von dessen § 7 Abs. 1, 5 und von § 330d Abs. 1 Nr. 2 erfasst werden, s. näher *Möhrenschlager* LK § 312 Rdn. 8.[49]

Der **Anlagenbegriff** ist nicht unumstritten. Auch für das Strafrecht ist angesichts der wörtli- 5
chen Übernahme aus § 7 Abs. 1, 5 AtomG in § 330d Abs. 1 Nr. 2[50] von dem vom BVerwG entwickelten „sicherheitstechnischen Anlagebegriff" auszugehen.[51] Dies geht etwas weiter als die bisher h. L., die weitgehend nur nuklearspezifische Anlagenteile einbezieht.[52] Es werden daher nicht nur Anlagen und Anlagenteile bzw. -vorrichtungen erfasst, die nuklearspezifisches Gefährdungspotential in sich bergen (Anlagenkern), sondern zudem solche Nebeneinrichtungen, die für sich zwar keine Strahlengefahren mit sich bringen, aber in einem räumlichen wie betrieblichen Zusammenhang

---

45 Zu § 7 AtomG *Fischerhof* Rdn. 1; *Steindorf/Häberle* Rdn. 2; vgl. auch BVerfGE 53 50, 58 (Mülheim-Kärlich): „außerordentliches Gefährdungspotential"; *Kloepfer* § 7 Rdn. 147; *Kloepfer/Heger* Rdn. 318.

46 Eingeführt durch Art. 1 Nr. 1 des Zwölften Gesetzes zur Änderung des Atomgesetzes v. 8.12.2010 (BGBl. I S. 1817) in Umsetzung von Art. 3 Nr. 1 der Richtlinie 2009/71/Euratom über einen Gemeinschaftsrahmen für die nukleare Sicherheit kerntechnischer Anlagen v. 25.6.2007 (AblEU L 172/18 v. 2.7.2009).

47 BT-Drs. 17/3052 12.

48 Dafür schon *Triffterer* 252 f; *Steindorf* LK[11] § 330d Rdn. 1; *Schmitz* MK § 330d Rdn. 1.

49 Weiter *Alt* MK Rdn. 8; *Schall* SK Rdn. 17; *Steindorf/Häberle* Rdn. 2 f; *Eidam* Unternehmen und Strafe, Kap. 8 Rdn. 306; *Sack* Rdn. 34 ff, 54; *Kloepfer* Umweltrecht § 16 Rdn. 97 ff.

50 BT-Drs. 8/2382 27; 17/5391 18.

51 BVerwGE **72** 300, 328 ff; **80** 21, 25 ff; **80** 207, 211 f; auch nach BT-Drs. 17/3052 12 entspricht – jedenfalls für das Atomrecht – die Reichweite in § 2 Abs. 3a Nr. 1a AtomG-E „dem Anlagebegriff nach § 7 Absatz 1 (beides bezogen auf ortsfeste Anlagen) in seiner durch die Rechtsprechung präzisierten Ausprägung".

52 *Alt* MK Rdn. 8 (Reaktorgebäude, Reaktorhilfsanlagengebäude, von denen ein Strahlungsrisiko ausgeht); *Sch/Schröder/Heine/Schittenhelm* Rdn. 3; *Szesny* AnwK Rdn. 5; *Sack* Rdn. 36a; ERST/*Kubiciel* Rdn. 2; *Kloepfer/Heger* Rdn. 319; *Michalke* Rdn. 300; etwas weiter *Ransiek* NK Rdn. 4 (Anlagenteile, die mit den Gefahren der Kernenergie zusammenhängen); *SSW/Saliger* Rdn. 4; *Schall* SK Rdn. 17 (mit den typischen Gefahren der Kernenergie zusammenhängend); *Maurach/Schroeder/Maiwald* II § 58 Rdn. 82; *Steindorf* LK[11] Rdn. 4 (funktionaler Zusammenhang bzw. funktionale Rückwirkung mit der Anlage).

mit dem Anlagenkern stehen und sicherheits- sowie sicherungstechnisch **zum gefahrlosen Betrieb der Anlage notwendig** sind.[53] Dazu können ggf. auch Kühltürme gehören.[54] Eine Ausnahme ergibt sich aus § 6 Abs. 3 AtomG. Nach dieser Regelung[55] ist ein Zwischenlager, in dem Kernbrennstoffe in Transport- und Lagerbehältern in einem gesonderten Lagergebäude innerhalb der Kernkraftanlage bis zu deren Ablieferung an ein Endlager (trocken) aufbewahrt werden, kein Teil der (genehmigten) Anlage und bedarf deshalb keiner Änderungsgenehmigung nach § 7 AtomG.[56] Einigkeit besteht weiter, dass sog. funktionsneutrale Anlagenteile, soweit ihnen keine Funktion im nuklearen Bereich zukommt (z. B. Verwaltungs- und Sozialgebäude, Kantinen, Garagen, Werkstätten) keine kerntechnischen Anlagen sind.[57] Wachgebäude und Außenzäune sind jedoch nicht von vornherein aus dem Anlagenbegriff auszuschließen.[58]

6 Durch die europarechtlich gebotene auslandsbezogene Gleichstellung von inländischen und Genehmigungen anderer EU-Mitgliedsstaaten ist auf Grund von § 330d Abs. 2 das unerlaubte Betreiben von kerntechnischen Anlagen **in anderen Staaten der EU** ebenfalls mit Strafe bedroht.[59] Aus der Einfügung einer zusätzlichen Erweiterungsregelung in § 327 Abs. 2 S. 2 für die dort genannten Anlagen lässt sich kein Gegenschluss für Absatz 1 ziehen. Die besondere Regelung in Absatz 2 wurde nur wegen der dortigen ausdrücklichen Verweisungen auf deutsches Umweltverwaltungsrecht (BImSchG; UVPG, KrWG) für notwendig erachtet.[60] Eine solche ausdrückliche Verweisung auf das (deutsche) AtomG enthält Absatz 1 wegen seiner Formulierung der „erforderlichen" Genehmigung nicht. Auch wenn Absatz 1 bisher überwiegend national bezogen ausgelegt wird, so erlaubt doch der Wortlaut i. V. m. § 330d Abs. 1 Nr. 2, Abs. 2 eine weitergehende Auslegung. Wäre dies nicht der Fall, hätte es nahegelegen, eine ausdrückliche EU-bezogene Erweiterung auch in Absatz 1 einzuführen. Aufgrund der allgemeinen Regelung in § 330d Abs. 2 war dies jedoch nicht notwendig. Der zur Auslandsanwendung nach § 330d Abs. 2 S. 2 erforderliche Rechtsakt von Euratom findet sich in der RL 96/29;[61] deren Art. 4 Abs. 1 verlangt eine Genehmigung für den „Betrieb einer Anlage des nuklearen Brennstoffkreislaufs".[62]

---

53 Näher mit Einzelheiten und Beispielen *Möhrenschlager* LK § 312 Rdn. 6 f, 9; *Kloepfer* § 7 Rdn. 147; § 16 Rdn. 95 ff; insbes. 101; Büdenbender/*Rosin* Rdn. 438 ff; *Lang* Rdn. 23; *Sparwasser/Engel/Vosskuhle* § 7 Rdn. 183 f (für einen weiten Begriff im Atomrecht offenbar die Praxis, weil diese auch nicht nuklearspezifische Anlagenteile einschließe, die erst den bestimmungs- und funktionsgerechten Betrieb der nuklearspezifischen Teile ermöglichen und deshalb eine i. S. v. § 7 zusammenfassende funktionelle und technische Einheit bilden würden).

54 Die ablehnende Entscheidung im Wyhl-Urteil (BVerwGE **72** 300, 328 f gegen VGH Mannheim NJW **1983** 63) hat das Wackersdorf-Urteil (BVerwGE **80** 21, 26) relativiert; *Rehbinder/Schink-Sellner/Hennenhöfer* Kap. 12 Rdn. 90; Büdenbender/*Rosin* Rdn. 709 f (mit Hinweis auf die frühere Auffassung vor dem Wyhl-Urteil); *Kloepfer* § 16 Rdn. 100. – Für Anwendung von § 327 Abs. 1 auf Kühltürme *Schall* SK Rdn. 17; **aA** *Steindorf* LK[11] Rdn. 4; *Steindorf/Häberle* § 7 AtomG Rdn. 2c; *Michalke* Rdn. 300.

55 Eingeführt durch das Gesetz zur geordneten Beendigung der Kernenergienutzung zur gewerblichen Erzeugung von Elektrizität v. 22.4.2002 (BGBl. I S. 1351); dazu BT-Drs. 14/6890 20.

56 BVerwGE 131 129 = NVwZ **2008** 1012; vgl. zuvor BVerwG NVwZ **2007** 88; zur Genehmigungsbedürftigkeit BVerfG (Kammer) NVwZ **2009** 171; entsprechend ist die Regelung dazu in der Definition der kerntechnischen Anlage in § 2 Abs. 3a Nr. 1 lit. c) AtomG getrennt aufgenommen worden.

57 *Kloepfer* § 7 Rdn. 147; § 16 Rdn. 95 ff, 101; Büdenbender/*Rosin* Rdn. 710; *Lang* Rdn. 23; *Sparwasser/Engel/Vosskuhle* § 7 Rdn. 183 f; näher mit Einzelheiten und Beispielen *Möhrenschlager* LK § 312 Rdn. 9; *Steindorf/Häberle* § 7 Rdn. 2c.

58 BVerwGE **80** 21 f, 28 f; Büdenbender/*Rosin* Rdn. 441; **aA** *Schall* SK Rdn. 17; *Saliger* Umweltstrafrecht Rdn. 463; *SSW/Saliger* Rdn. 4.

59 *Alt* MK Rdn. 9; *Schmitz* MK § 330d Rdn. 6; *Schall* SK Rdn. 9; § 330d Rdn. 7; *Sch/Schröder/Heine/Schittenhelm* Rdn. 3; *SSW/Saliger* Rdn. 4; *Möhrenschlager* wistra **2011** R XXXV.

60 RegE BT-Drs. 17/5391 18.

61 Richtlinie 96/29/Euratom des Rates v. 13.5.1996 zur Festlegung der grundlegenden Sicherheitsnormen für den Schutz der Gesundheit der Arbeitskräfte und der Bevölkerung gegen die Gefahren durch ionisierende Strahlungen (AblEU L 159 v. 29.6.1996 0001 – 0114).

62 Vgl. auch die Hinweise von *Pelzer* EUDUR II 1 § 58 A III 2, Rdn. 5, B I 1, Rdn. 33 f.

Einschlägig ist ferner die RL 2009/71/Euratom[63] mit ihrer Verpflichtung in Art. 4 S. 2 lit. b) zur Einführung eines Genehmigungssystems für kerntechnische Anlagen. Eine Auslegung, die auch kerntechnische Anlagen außerhalb der EU erfassen würde, wäre angesichts der bewussten Beschränkung der Ausdehnungen nicht mehr vertretbar.

Kerntechnische Anlagen i. S. v. Abs. 1 Nr. 1 (und § 330d Abs. 1 Nr. 2) sind sowohl **ortsfeste** Anlagen i. S. v. § 7 Abs. 1 AtomG (Gebäude, Grundstücke, Betriebsstätten) als auch **ortsveränderliche** i. S. v. § 7 Abs. 5 AtomG[64] (z. B. Reaktorschiffe sowie bewegliche Anlagen an Bord von Atom-U-Booten, Luftfahrzeugen oder Satelliten). 7

b) Tathandlungen. Während bis zum 18. StRÄndG in § 45 Abs. 1 Nr. 4 AtomG noch das nicht genehmigte „Errichten" derartiger Anlagen unter Strafe gestellt war, erfasst die Strafdrohung in Nr. 1 erst das Stadium **ab erstmaliger Betriebsbereitschaft** der Anlage, weil nach Ansicht des Gesetzgebers von einer nicht betriebsbereiten Anlage keine Strahlungsrisiken ausgehen.[65] 8

Ist die Anlage indessen **betriebsbereit**, also „sofort aktivierbar",[66] so ist im Hinblick auf die von ihr ausgehenden Gefahren bereits das unerlaubte **„Innehaben"** erfasst. Nach dem Sinn der gesetzlichen Regelung hat derjenige die Anlage inne, der sie aufgrund seiner tatsächlichen Beherrschungsmöglichkeiten (unmittelbarer Besitz, tatsächliche Gewalt) alsbald in Betrieb setzen kann. Das wird in aller Regel derjenige sein, der die Anlage errichtet hat und damit Adressat der Genehmigungspflicht ist. Erfasst sind aber auch andere, die maßgebliche Entscheidungen über das Betreiben mit Übernahme des wirtschaftlichen Risikos treffen.[67] Zu weit würde es allerdings gehen, mangels wirtschaftlicher Verfügungsmacht über den technischen Betrieb der Anlage auch Personen, die sich rechtswidrig in den Besitz der Anlage gesetzt haben (Anlagebesetzer) als die Anlage „innehabende" Betreiber anzusehen;[68] dasselbe gilt für die Umdeutung in ein Unterlassungsdelikt (Gebot, sich der Anlage vorschriftsgemäß zu entledigen). 9

Strafbar ist indessen, wer unerlaubt eine **„stillgelegte Anlage innehat"**.[69] Auch für diese Alternative ist Innehaben im obigen Sinn zu verstehen und nicht als Verletzung des Gebots, sich der Anlage zu entledigen.[70] Das widerspräche dem Wortlaut.[71] Dem Einwand eines andernfalls fehlenden sinnvollen Normbefehls lässt sich mit dem Hinweis begegnen, dass das Verbot des Innehabens jedenfalls auch das Verbot beinhaltet, sich in eine entsprechende Stellung zu begeben, d. h. sich die tatsächliche Gewalt über eine stillgelegte Anlage ungenehmigt zu verschaffen. Die Stilllegung hat endgültig oder auf Dauer angelegt[72] (und nicht nur vorübergehend[73]) zu sein; die bewusste Ausklammerung einer nie betriebenen Anlage[74] zeigt, dass sie vorher betrie- 10

---

63 Richtlinie 2009/71/Euratom des Rates v. 25.6.2009 über einen Gemeinschaftsrahmen für die nukleare Sicherheit kerntechnischer Anlagen (AblEU L 172/18 v. 2.7.2009).

64 *Alt* MK Rdn. 8; *Ransiek* NK Rdn. 4; *Sch/Schröder/Heine/Schittenhelm* Rdn. 3; *SSW/Saliger* Rdn. 4; *Schmitz* MK § 330d Rdn. 5; *Steindorf/Häberle* Rdn. 2c; *Sack* Rdn. 33.

65 BT-Drs. 8/2382 20.

66 *Rogall* JZ-GD **1980** 101, 110; *Sack* Rdn. 38.

67 *Alt* MK Rdn. 10; *Ransiek* NK Rdn. 7; *Sch/Schröder/Heine/Schittenhelm* Rdn. 6; *SSW/Saliger* Rdn. 5; *Szesny* AnwK Rdn. 8; *Matt/Renzikowski/Rettenmaier/Gehrmann* Rdn. 5; *GJW/Bock* Rdn. 8; *Sack* Rdn. 38; *Vierhaus* NuR **2014** 98, 104 m. w. N.

68 *Schall* SK Rdn. 23; **aA** *Steindorf* LK[11] Rdn. 5.

69 Vgl. VGH München NVwZ-RR **1995** 136 betr. Versuchsatomkraftwerk (= Unterlassungsdelikt).

70 So aber *Ransiek* NK Rdn. 7; *Witteck* BeckOK Rdn. 11.

71 *Sch/Schröder/Heine/Schittenhelm* Rdn. 6; *SSW/Saliger* Rdn. 5; *Schall* SK Rdn. 23.

72 *Steindorf* LK[11] Rdn. 7; Büdenbender/*Rosin* Rdn. 737; *Ramming* Anlagenbetreiber (2010) 185; *Schall* SK Rdn. 20 (endgültig); *Sack* Rdn. 38; *Rehbinder/Schick-Sellner/Hennenhöfer* Kap. 12 Rdn. 277 (dauernd).

73 Wie beim Abschalten zu Wartungszwecken, zur Durchführung der periodischen Sicherheitsüberprüfung nach § 19a AtomG oder zur Reparatur, vgl. *Schall* SK Rdn. 20; *Sack* Rdn. 38; *Reinhardt* 141.

74 BT-Drs. 8/2382 20.

ben worden sein muss, was auch aus dem Begriff der Stilllegung hergeleitet wird.[75] Teilweise wird verlangt, dass von der Anlage noch tatsächlich ein gewisses Risiko ausgeht.[76] Wenn damit konkrete Gefahren gemeint sein sollten, so wäre dies eine zu enge Auslegung und würde dem Charakter von § 327 als abstraktes Gefährdungsdelikt widersprechen.[77]

11 Nicht eindeutig ist, ab wann von einer **erfolgten Stilllegung** ausgegangen werden kann. International und auch in technischer Hinsicht wird der Begriff weit verstanden und auf sämtliche stilllegungsgerichtete Tätigkeiten ausgerichtet.[78] Aus dem Nebeneinander von Stilllegung, sicherem Einschluss und Abbau in § 7 Abs. 3 AtomG wird jedoch eine Verengung auf Maßnahmen zwischen endgültiger bzw. dauerhafter Betriebseinstellung und dem Beginn des sicheren Einschlusses bzw. des Abbaus von Anlage(-teilen) geschlossen.[79] Von einer solchen Anlage können jedenfalls in dieser Phase noch Strahlungsgefahren und ggf. Kritikalitätsrisiken ausgehen.[80] Da in Abs. 1 Nr. 1 zwar die Alternative „Abbau", nicht aber die des „sicheren Einschlusses" genannt wird, entstünde eine Lücke, wenn man das Innehaben auf den Beginn dieser Maßnahmen beschränkt; wer ohne Genehmigung, insbesondere abweichend von einer solchen, eine Anlage als Inhaber sicher einschließt, sollte wegen Innehabens einer stillgelegten Anlage bestraft werden können; alternativ könnte dieses Vorgehen allerdings wohl auch als eine wesentliche Änderung erfasst werden. Da eine Stilllegung auch in Fällen angenommen werden kann, in denen der Betreiber den unmittelbaren Besitz mit der ungenehmigten Stilllegung aufgibt, einschließlich des Falles, in dem Atomkraftgegner eine Anlage besetzen und diese nach Stilllegung sofort wieder verlassen, haben es *Steindorf* und *Reinhardt*[81] darüber hinaus für überlegenswert gehalten, im Tatbestand alternativ auf den (nach § 7 Abs. 3 AtomG genehmigungsbedürftigen) Akt der Stilllegung abzustellen.

12 Das unerlaubte **Betreiben** der Anlage ist der gravierendste Fall des Abs. 1 Nr. 1, weil hierbei die Gefahren naturgemäß am stärksten auftreten. Nach Erreichen der Funktionsbereitschaft (Errichten) sind Probeläufe[82] der Anlage bereits dem Betreiben zuzurechnen.[83] Wie im Immissionsschutzrecht[84] ist das Betreiben „in einem umfassenden Sinne" zu verstehen. Es umfasst alle Handlungen, die der bestimmungsgemäßen Nutzung dienen.[85] Darunter fällt nicht allein die Produktion im engeren Sinne, sondern die gesamte Betriebsweise einschließlich Wartung und Unterhaltung der Anlage, von der (Wieder-)Inbetriebnahme bis zur endgültigen Einstellung des (Produktions-/Leistungs-)Betriebs bzw. vollständigen Stilllegung.[86] Der Transport von Kernbrennstof-

---

75 *Steindorf* LK[11] Rdn. 7 unter Hinweis auf *Kurz* Stilllegung und Beseitigung nuklearer Anlagen (1994); *Junker* Stillegungs-, Einschluß- und Abbaugenehmigung für Kernkraftwerke nach § 7 Abs. 3 des Atomgesetzes (1990).

76 *Alt* Rdn. 11; *Sch/Schröder/Heine/Schittenhelm* Rdn. 7; *GJW/Bock* Rdn. 7; *Szesny* AnwK Rdn. 8; *Eidam* Unternehmen und Strafe Rdn. 1476 (konkretes Strahlungsrisiko).

77 *Schall* SK Rdn. 22.

78 BMU-Leitfaden zur Stilllegung, zum sicheren Einschluss und zum Abbau von Anlagen oder Anlagenteilen nach § 7 des Atomgesetzes, BAnz. Nr. 162a v. 28.10.2009, Anl. 1 (Begriffsbestimmungen); OECD Working Party on Decommissioning and Dismantling v. 26.2.2014.

79 BMU-Leitfaden (Fn. 89) Anl. 1 (zu allen drei Begriffen); in *Rehbinder/Schink/Sellner/Hennenhöfer* (Stilllegung ist dauerhafte Betriebseinstellung); Büdenbender/*Rosin* Rdn. 737 (endgültige Einstellung des Leistungsbetriebs, z. B. durch Abschalten des Reaktors oder Entfernen der Brennelemente).

80 BT-Drs. 3/759 50, 59; vgl. auch die Atomrechtliche Sicherheitsbeauftragten- und Meldeverordnung (AtSMV) v. 14.10.1992 (BGBl. I S. 1766).

81 *Steindorf* LK[11] Rdn. 7; *Reinhardt* 142; ebenso *Sack* Rdn. 38.

82 Zum „Probebetrieb" BVerwGE **88** 286 = NVwZ **1993** 177 (mit verschiedenen Definitionen in Rdn. 29).

83 *Alt* MK Rdn. 10; *Schall* Rdn. 19; *SSW/Saliger* Rdn. 5; *Szesny* AnwK Rdn. 4; *Sack* Rdn. 37, 54 (mit Hinweis auf StA Stuttgart NStE Nr. 9 zu § 327); *Kloepfer* § 16 Rdn. 100; *Fischerhof* § 7 AtomG Rdn. 8; Büdenbender/*Rosin* Rdn. 716.

84 BT-Drs. 7/179 31.

85 BayObLGSt **1998** 58 = NStZ **1998** 465; OLG Stuttgart NStZ **1991** 590; LG Frankfurt NZM **2005** 679.

86 *Alt* MK Rdn. 10; *Schall* Rdn. 19; *SSW/Saliger* Rdn. 5; *Szesny* AnwK Rdn. 4; *Kloepfer* § 16 Rdn. 100; *Fischerhof* § 7 AtomG Rdn. 8.

fen zu einer atomaren Anlage gehört nicht zu ihrem Betrieb,[87] auch nicht das bloße Liegenlassen von Abfällen oder deren Entfernen aus einer Anlage.[88] Solange die Anlage nicht tatsächlich in Funktion tritt, liegt kein Betreiben vor. Handlungen, durch die die Anlage unmittelbar in Gang gesetzt werden soll, die diesen Erfolg aber noch nicht herbeiführen, haben auszuscheiden.[89]

Der unerlaubte **„Abbau“** (oft als Rückbau bezeichnet) einer (betriebsbereiten oder stillgelegten) kerntechnischen Anlage und ihrer Anlageteile umfasst als Eingriff in die Sachsubstanz die ganze oder teilweise Beseitigung von Strukturen (Gebäude, Systeme, Komponenten).[90] Das Abschalten eines Reaktors oder sein Stilllegen stellen – weil ohne Eingriff in die Sachsubstanz – keinen solchen Abbau dar.[91] Die Demontage einer Anlage, bevor die Betriebsbereitschaft erreicht worden ist, oder einer solchen, die nie tatsächlich betrieben worden ist, wird über das Merkmal „Abbau“ ebensowenig erfasst.[92] 13

Während sich die Tathandlungen des Innehabens und des Abbaus nur auf betriebsbereite oder stillgelegte Anlagen beziehen, sind Gegenstand der **„wesentlichen Änderung“**[93] vor allem die tatsächlich betriebenen Anlagen.[94] Nach der Rechtsprechung werden jedoch auch Änderungen (ggf. auch nur von Plänen) während der Errichtung, also zwischen Genehmigungserteilung und Fertigstellung der Anlage, einbezogen.[95] Das wesentliche Ändern einer nicht betriebsbereiten oder nie betriebenen Anlage wollte der Gesetzgeber jedoch nicht mit Strafe bedrohen, da davon keine Strahlungsrisiken ausgehen.[96] Das schließt nicht aus, eine wesentliche Änderung einer betriebsbereiten oder stillgelegten Anlage mit einzubeziehen.[97] Auch von einer stillgelegten Anlage können noch Strahlenrisiken ausgehen.[98] Ein Betreiben dieser geänderten Anlage wird nicht gefordert, **es genügt die Vornahme der Änderung** selbst. 14

Das **Ändern** der Anlage umfasst ihre **Umgestaltung in lokaler, qualitativer oder funktionaler Beziehung**. Es kann ihre Lage, die Beschaffenheit oder den Betrieb betreffen.[99] Zu den Lageveränderungen gehören die Veränderung des örtlichen Standortes, der Anordnung von Gebäuden oder sonstigen Anlagenteilen oder Nebeneinrichtungen auf dem Anlagengrundstück. Solche Änderungen liegen auch vor, wenn Verlegungen innerhalb eines Gebäudes erfolgen, erst recht bei der Verlagerung ganzer Betriebsstätten.[100] Eine Änderung der Beschaffenheit der Anlage liegt bereits dann vor, wenn ihr technischer Zustand, wie er im Genehmigungsbescheid umschrieben ist, dem tatsächlichen Befund nicht mehr entspricht, sei es durch Wegnahme, Hinzufügung[101] oder 15

---

87 OVG Lüneburg NVwZ-RR **1994** 17.
88 BayObLGSt **1998** 58 = NStZ **1998** 465.
89 *Sch/Schröder/Heine/Schittenhelm* Rdn. 5; *Ransiek* NK Rdn. 6; *Sack* Rdn. 37; *Alt* MK Rdn. 10.
90 *Alt* MK Rdn. 12; *Ransiek* NK Rdn. 7; *Schall* SK Rdn. 24; *Fillbrandt/Paul* § 7 AtomG Rdn. 14; *Kurz* 35.
91 *Alt* MK Rdn. 12; *Sch/Schröder/Heine/Schittenhelm* Rdn. 8; *Schall* SK Rdn. 24; *SSW/Saliger* Rdn. 5; *Szesny* AnwK Rdn. 9; *Sack* Rdn. 39; *Michalke* Rdn. 307.
92 *Sack* Rdn. 39; krit. *Reinhardt* 144.
93 BVerwGE **101** 347 = NVwZ **1997** 161; *Böhme* JZ **1997** 203; *Kutscheidt* NVwZ **1997** 111; *Kraetzke* Veränderungsgenehmigung (2001).
94 Allgemeine Meinung, z. B. *Alt* MK Rdn. 13; *Ransiek* NK Rdn. 8; *Sch/Schröder/Heine/Schittenhelm* Rdn. 9 f; *Schall* SK Rdn. 25; Büdenbender/*Rosin* Rdn. 720 ff.
95 BVerfGE **53** 30, 61 = NJW **1980** 759, 762 (Mülheim-Kärlich); OVG Lüneburg DVBl. **1981** 644; OVG Münster ZUR **2010** 52; vgl. auch BVerwGE **112** 123 = NVwZ **2001** 567.
96 RegE BT-Drs. 8/2382 20; *Lackner/Kühl/Heger* Rdn. 4; *Sch/Schröder/Heine/Schittenhelm* Rdn. 7; *SSW/Saliger* Rdn. 5.
97 *Schall* SK Rdn. 25; *Lackner/Kühl/Heger* Rdn. 4; *Fischer* Rdn. 4.
98 Büdenbender/*Rosin* Rdn. 737 f; *Junker* Stillegungs-, Einschluss- und Abbaugenehmigung (1990) 32.
99 *Alt* MK Rdn. 13; vgl. § 16 Abs. 1 BImSchG.
100 OVG Koblenz NJW **1982** 197, 200 (Mülheim-Kärlich, betr. Veränderung von Standort- und Gebäudeanordnung; zur Planänderung während Errichtung einer Anlage s. BVerfGE **53** 30, 61); *Steindorf* LK[11] Rdn. 10.
101 Vgl. BVerwG **112** 123 = NVwZ **2001** 567 (Einbau eines Reaktordruckbehälters).

Austausch von Bestandteilen oder infolge der Manipulation an vorhandenen Einrichtungen, sofern deren Eigenschaften schutzrechtlich relevant verändert werden. In Betracht kommen Modifikationen der technischen Apparaturen oder der technischen oder baulichen Schutzeinrichtungen.[102] Eine **Betriebsänderung einer Anlage** ist dann anzunehmen, wenn ihre Funktionsweise, etwa ihr Gegenstand, die Art und Weise der Herstellung, verändert wird. Beispiele sind (thermische) Leistungserhöhungen des Reaktors, die Verwendung anderer Brennelemente und das (elektronische) Ausschalten von Schutzvorrichtungen. Beschaffenheit und Betrieb werden verändert, wenn der Reaktorkern mit veränderten Brennelementen ausgestattet wird.[103] Bloße Änderungen der Betriebsorganisation reichen hingegen nicht aus.[104]

16 Zwar liegt in jeder Abweichung vom genehmigten Anlagenbestand oder -betrieb eine Änderung. Wann ihr die erforderliche **Wesentlichkeit** zuerkannt werden muss, bleibt eine Wertungsfrage, die anhand der vorhandenen Genehmigung mit dem Blick auf die Zwecksetzung der gesetzlichen Regelung zu entscheiden ist.[105] Sie ist verwaltungsrechtlich und damit auch strafrechtlich „wesentlich", wenn sie nach Art und/oder Umfang geeignet erscheint, die in den Genehmigungsvoraussetzungen angesprochenen Sicherheitsaspekte zu berühren und deswegen die Genehmigungsfrage erneut aufwirft. Das ist der Fall, sobald eine Änderung mehr als nur offensichtlich unerhebliche Auswirkungen auf das Sicherheitsniveau der Anlagen haben kann.[106] Wichtige Anhaltspunkte enthält § 4 Abs. 2 AtVfV.[107] Dieser sieht eine Öffentlichkeitsbeteiligung bei wesentlichen Änderungen sicherheitstechnisch bedeutsamer Einrichtungen (mit Beispielen) vor.[108] Aus dem Unterschreiten dieser Maßstäbe kann aber nicht ohne Weiteres auf Unwesentlichkeit geschlossen werden. Unwesentlich (also gedeckt durch die bestehende Genehmigung) sind aber Änderungen, wenn größere Auswirkungen auf die Umwelt ausgeschlos-

---

102 OVG Koblenz NJW **1982** 197, 200; *Witteck* BeckOK Rdn. 12; *Schall* SK Rdn. 25; *Fischerhof* § 7 Rdn. 10; *Sack* Rdn. 41; *Eidam* Unternehmen und Strafe Rdn. 1479; *Koch/John* § 10 Rdn. 100 (auch neue Software); nach VGH München NVwZ **1985** 761 stellt die Errichtung und der Betrieb eines Kompaktlagers im Brennelement-Lagerbecken eines betriebenen Kernkraftwerks zu Zwecken anlageinterner Zwischenlagerung betriebsbedingt angefallener bestrahlter Brennelemente eine wesentliche Änderung dar; die Ersetzung eines Kernbestandteils einer Anlage kann aber bereits eine Neuerrichtung darstellen (BVerwG GewArch **1976** 99).

103 Vgl. BVerwGE 101 347, 353 (Krümmel) = NVwZ **1997** 161; dazu *Aulehner* JA **1997** 541; *Böhm* JZ **1997** 205; *Gielen* JR **1997** 10; *Murswiek* JuS **1997** 568; zu Änderungen des Betriebs insgesamt *Schall* SK Rdn. 25; *Sch/Schröder/Heine/Schittenhelm* Rdn. 9; *Sack* Rdn. 42.

104 *Szesny* AnwK Rdn. 11; *GJW/Bock* Rdn. 12; für *Koch/John* § 84 Rdn. 100 kann jedoch eine Änderung der Betriebszeiten eine relevante Änderung sein.

105 BVerwG **101** 347, 353 = NVwZ **1997** 161, 162; OVG Lüneburg GewArch **1996** 346, 347; VG Gießen GewArch **1996** 344, 345.

106 BVerwGE **101** 347; BVerfGE **53** 30, 61; *Alt* MK Rdn. 14; *Ransiek* NK Rdn. 8; *Fischer* Rdn. 5; *Schall* SK Rdn. 26; *Szesny* AnwK Rdn. 11; *Reinhardt* 139; *Eidam* Unternehmen und Strafe Rdn. 1481; *Koch/John* § 10 Rdn. 100; auf die Erhöhung der abstrakten Gefahr stellen *Sch/Schröder/Heine/Schittenhelm* Rdn. 10; *SSW/Saliger* Rdn. 5; GJW/*Bock* Rdn. 13 ab.

107 Verordnung über das Verfahren bei der Genehmigung von Anlagen nach § 7 des Atomgesetzes (Atomrechtliche Verfahrensverordnung – AtVfV) i. d. F. d. Bek. v. 3.2.1995 (BGBl. I S. 180).

108 So Erhöhungen von Aktivitätsabgaben oder Immissionen, thermischen Leistungen und des Spaltproduktinventars, Änderung der Konzeption der Anlage, die bei Störfällen zu einer sicherheitstechnisch bedeutsamen Erhöhung der Beanspruchung von Anlageteilen führen können, besorgniserregende Änderungen des Sicherheitssystems; Erhöhung der thermischen Leistung oder des maximalen Spaltproduktinventars um mehr als 10 % der der sich aus dem vorgesehenen Vollastbetrieb ergebenden Werte oder der vorgesehenen Lagerkapazität für bestrahlte Brennelemente um mehr als 10 %; vgl. *Sparwasser/Engel/Voßkuhle* § 7 Rdn. 209; Büdenbender/*Rosin* Rdn. 735. Beispiele für wesentliche Änderungen sind: Einsatz des Druckwassersprühsystems als Löschwassersystems (OVG Münster DVBl. **1990** 598), Einsatz von Brennstäben (BVerwGE **101** 347) und von Mischoxidbrennelementen, Einsatz eines zusätzlichen Nachwärmeabfuhrsystems; weiteres Beispiel ist für *Koch/John* § 10 Rdn. 100 der Wechsel des Betreibers.

sen sind.[109] Änderungen, welche die Schutz- und **Sicherheitseinrichtungen verbessern**, sind nach überwiegender Auffassung ebenfalls nicht tatbestandsmäßig.[110] Umgekehrt stellt die Erhöhung des Gefahrenpotentials stets eine wesentliche Änderung dar, was von einem Teil der Literatur[111] als letztlich entscheidender Maßstab für eine wesentliche Änderung angesehen wird, während anderen bereits die Möglichkeit dazu genügt.[112] Letzterem ist zuzustimmen, weil jede Veränderung mit ungeklärten Auswirkungen auf die Betriebssicherheit eine verwaltungsbehördliche Prüfung erfordert[113] und § 327 Abs. 1 die Einhaltung dieses Prüfverfahrens zu gewährleisten hat.

2. Unerlaubtes Ändern von Betriebsstätten, die Kernbrennstoffe verwenden (Abs. 1 Nr. 2)

Strafbedroht ist die wesentliche Änderung einer Betriebsstätte, in der Kernbrennstoffe verwen- 17
det werden, sowie eine Änderung ihrer Lage ohne die nach § 9 Abs. 1 S. 2 AtomG erforderliche Genehmigung oder entgegen einer vollziehbaren Untersagung (etwa nach § 19 Abs. 3 AtomG). Der Umgang mit Kernbrennstoffen, soweit er innerhalb von kerntechnischen Anlagen nach § 330d Abs. 1 Nr. 2, § 7 AtomG stattfindet, ist durch eine vorhandene Anlagengenehmigung mit abgedeckt, ein insoweit ungenehmigtes Verhalten wäre daher bereits nach Abs. 1 Nr. 1 strafbar. Dessen strafrechtlicher Schutz sowie derjenige des § 328 Abs. 1 Nr. 1 (unerlaubter Umgang mit Kernbrennstoffen) erstreckt sich vielmehr über die Nummer 2 auf einen zusätzlichen anlagenbezogenen Gefahrenbereich.

Der Begriff der **Betriebsstätte** ist, wie der Blick auf § 325 Abs. 1 S. 1 zeigt, enger als der 18
einer Anlage und vielmehr als Teil einer solchen zu verstehen (vgl. die Definition in § 12 AO). Es handelt sich um eine zu einem stehenden Betrieb räumlich zusammengefasste Einrichtung,[114] in der Kernbrennstoffe i. S. v. § 2 Abs. 1 S. 2, Abs. 3 AtomG verwendet werden. Näher zum Begriff des **Verwendens** von Kernbrennstoffen § 328 Rdn. 17 (dynamische Behandlung mit dem Ziel der Nutzbarmachung; vgl. ferner die Beispiele in § 3 Nr. 10 ChemG). In erster Linie handelt es sich hier – nach Unterstellung von Brennelementefabriken der Anlagegenehmigung nach § 7 AtomG – um den experimentellen Umgang mit Kernbrennstoffen zu Forschungszwecken.[115] Zu den – gemessen an der Genehmigung – tatbestandlichen Veränderungen der Betriebsstätte gehören z. B., ähnlich wie in Nummer 1, solche der technischen Apparaturen und baulichen Schutzeinrichtungen.[116] Eine Veränderung der Lage ist das Verlegen der Betriebsstätte auf ein anderes Grundstück, wozu auch die umweltrelevante räumliche Erweiterung des Standorts auf

---

109 Mindermeinung in BVerfGE **53** 30 Rdn. 98 unter Bezugnahme auf VGH Mannheim Urt. v. 14.9.1979 – VII 2854/78; Beispiele für im Allgemeinen unwesentliche Änderungen bei Büdenbender/*Rosin* Rdn. 735 (neuer leistungsfähigerer Prozessrechner; neue Borsäuremethode ersetzt genehmigte Methode; Umverlegung von Kabeln; neue Armatur wiegt geringfügig mehr als Vorgängerin).

110 *Alt* MK Rdn. 14; *Ransiek* NK Rdn. 8; *Fischer* Rdn. 5; *Sch/Schröder/Heine/Schittenhelm* Rdn. 10; *SSW/Saliger* Rdn. 5; *Michalke* Rdn. 308; **aA** *Schall* SK Rdn. 26 f.

111 *Sch/Schröder/Heine/Schittenhelm* Rdn. 10; *SSW/Saliger Rdn.* 5, *Winkelbauer* JuS **1988** 691, 695; *Witteck* BeckOK Rdn. 12; *Michalke* Rdn. 308.

112 *Möhrenschlager* LK[12] Rdn. 13; *Ransiek* NK Rdn. 8; *Fischer* Rdn. 5; *Schall* SK Rdn. 26 f.

113 *Schall* SK Rdn. 27.

114 *Alt* MK Rdn. 18; *Ransiek* NK Rdn. 10; *Sch/Schröder/Heine/Schittenhelm* Rdn. 11; *Schall* SK Rdn. 36; *SSW/Saliger* Rdn. 7; *Szesny* AnwK Rdn. 6; *Witteck* BeckOK Rdn. 13; eine Betriebsstätte wird vielfach eine Mehrheit von Anlagen umfassen. Die Auslegung sollte sich an dem identischen Begriff in § 3 Abs. 5 Nr. 1 BImSchG orientieren (vgl. *Landmann/Rohmer/Kutscheidt* Rdn. 25 f; *Jarass* Rdn. 70 f; nach dem RegE zum BImSchG (BT-Drs. 7/179 29) gehören dazu Fabriken, Werke, Anstalten einschließlich zusammenhängender umweltschutzrelevanter Nebeneinrichtungen.

115 *Alt* MK Rdn. 18; *Schall* SK Rdn. 36; *Witteck* BeckOK Rdn. 13; *Sack* Rdn. 56; *Michalke* Rdn. 309.

116 *SSW/Saliger* Rdn. 7; *Schall* SK Rdn. 37; *Sack* Rdn. 59.

ein zusätzliches Grundstücks gehören kann.[117] Selbst eine (umweltrelevante) Verlagerung auf dem Betriebsgrundstück ist einzubeziehen. Dies gilt jedoch nicht für bloße Änderungen der Betriebsweise, die aber ggf. nach § 328 zu beurteilen sind.

19 Wann eine Änderung **wesentlich** ist, ist anhand der konkreten Beschreibung in der vorhandenen Genehmigungsurkunde nach den gleichen Grundsätzen wie bei der Änderung kerntechnischer Anlagen (Rdn. 16) zu beurteilen. Änderungen, selbst wenn sie ihrem Umfang nach wesentlich erscheinen, haben dann auszuscheiden, wenn durch sie die zu gewährleistende Sicherheit des Umgangs mit den gefährlichen Stoffen und damit die Umwelt nicht beeinträchtigt werden kann.

III. Ungenehmigter Betrieb sonstiger Anlagen (Abs. 2 S. 1)

20 Im Gegensatz zu Absatz 1 geht es bei den Regelungen in Abs. 2 S. 1 allein um das Betreiben von – gegenüber Absatz 1 etwas weniger gefährlichen – Anlagen. Jegliches unerlaubtes Betreiben ist strafbar,[118] nicht dagegen schon das Errichten, Abbauen oder Ändern, bevor diese Maßnahmen durch den Betrieb in die Tat umgesetzt werden. Erfasst sind die in den Nummern 1–4 näher bezeichneten genehmigungsbedürftigen Anlagen ohne Rücksicht auf ihren jeweiligen konkreten Gefährlichkeitsgrad.

1. Anlagen nach dem BImSchG (Nummer 1)

21 **a) Genehmigungsbedürftige Anlagen.** Der Kreis der tatbestandlichen genehmigungsbedürftigen Anlagen i. S. d. BImSchG ist in § 4 Abs. 1 S. 1–3 BImSchG i. V. m. § 1 der 4. BImSchV[119] mit ihrem Anhang 1 abschließend festgelegt. Diese VO, insbesondere ihr Anhang, wird laufend an die technische Entwicklung angepasst. Ob eine genehmigungsbedürftige Anlage vorliegt, richtet sich ausschließlich danach, ob die betreffende Anlagenart, ihr Typus, in diese Verordnung und ihre Anlage 1 aufgenommen worden ist.[120] Diese Gesetzestechnik genügt dem strafrechtlichen Bestimmtheitsgebot. Der Gesetzgeber darf sich im stark der Wandlung der Gegebenheiten unterliegenden technischen Recht darauf beschränken, die Leitlinien seiner Grundentscheidung in einem förmlichen Gesetz festzulegen, und die Anpassung an geänderte Verhältnisse dem dazu von ihm ermächtigten Verordnungsgeber überlassen.[121]

22 Unerheblich ist, ob die Anlage tatsächlich im Einzelfall schädliche Umwelteinwirkungen erwarten lässt, also emissionsträchtig ist.[122] Ausgangspunkt für die Verordnung ist der Anwendungsbereich des BImSchG in dessen § 2 sowie der Anlagenbegriff in § 3 Abs. 5. Hierunter fallen Betriebsstätten, ortsfeste Einrichtungen, Maschinen, Geräte und sonstige ortsveränderliche technische Einrichtungen und Fahrzeuge (allerdings ohne die gewöhnlichen Kraftfahrzeuge nach § 38 BImSchG) sowie Grundstücke, auf denen Stoffe (ab-)gelagert oder emissionsträchtige Arbeiten durchgeführt werden, also Anlagen, die in irgendeiner Hinsicht „betrieben“ werden.[123]

---

117 *Schall* SK Rdn. 37; *Sack* Rdn. 59; *Möhrenschlager* NuR **1983** 209, 215 (zu § 327 Abs. 2 Nr. 1); **aA** *Sch/Schröder/Heine/Schittenhelm* Rdn. 11; *Witteck* BeckOK Rdn. 20 i. V. m. § 324 Rdn. 79; *SSW/Saliger* Rdn. 7; *GJW/Bock* Rdn. 19.

118 BT-Drs. 8/3633 30.

119 Vierte Verordnung zur Durchführung des Bundes-Immissionsschutzgesetzes (Verordnung über genehmigungsbedürftige Anlagen – 4. BImSchV) i. d. F. d. Bek. v. 31.5.2017 (BGBl. I S. 1440).

120 BT-Drs. 8/2382 20.

121 BVerfGE **75** 329 = NStZ **1987** 450; vgl. BVerfGE **31** 145, 176.

122 BGHSt **59** 45, 54 = NStZ **2014** 89 (Anlage zur endgültigen Ablagerung von Abfällen in einem Tagebau nicht in Anhang 1 aufgeführt; bedurfte daher keiner immissionsschutzrechtlichen, sondern nur einer bergrechtlichen Genehmigung), dazu *Heger* HRRS **2014** 170; *Krell* NZWiSt **2014** 19; früher BVerwG GewArch **1962** 3.

123 BT-Drs. 7/179 29 f; OVG Münster NJW **2000** 2124 f; BayObLG NStZ **1998** 465.

Zu beachten bleibt, dass eine zunächst gemäß § 22 BImSchG nicht genehmigungsbedürftige Anlage durch Erweiterungen des Betriebsumfangs genehmigungspflichtig werden kann.[124] **Abfallentsorgungsanlagen**, die früher der abfallrechtlichen Gestattung bedurften, sind bis auf die Deponien jetzt alle ebenfalls nach Immissionsschutzrecht zu behandeln (4. BImSchV Anh. Nr. 8; § 35 Abs. 1 KrWG. Das ungenehmigte Betreiben von Abfallentsorgungsanlagen richtet sich deshalb in aller Regel nach Abs. 2 Nr. 1; für die Anwendung der Nr. 3 bleiben nur die Deponien übrig (vgl. § 35 Abs. 1 und 2 KrWG).[125]

Schwierigkeiten kann im Einzelfall die Frage bereiten, ob eine bestimmte Anlage einem Anlagetyp im Anhang 1 der 4. BImSchV zuzuordnen ist, was vor allem von der Art der technischen Prozesse (z. B. dem Einsatz bestimmter Anlagenleistungen) beim Umgang mit bestimmten Stoffen und der **Zweckbestimmung der Anlage** entsprechend der tatsächlichen Nutzung (unter Heranziehung von Sprachgebrauch und Verkehrsauffassung) abhängt.[126] Auch kann zu klären sein, in welchem Umfang eine Anlage genehmigungsbedürftig ist. Zunächst ist jeweils zu prüfen, ob die betr. Nummer des Anhangs 1 der 4. BImSchG eine Antwort liefert. Im Übrigen ist nach wohl überwiegender, von der Rechtsprechung aber nicht immer geteilten Auffassung der Begriff „Anlage" i. S. v. § 3 Abs. 5 und § 4 BImSchG in der Regel in einem weiten und umfassenden Sinne zu verstehen.[127] Er erfasst die Haupteinrichtung („Anlagekern") für den Betriebszweck,[128] Anlagenteile und Verfahrensschritte (§ 1 Abs. 2 Nr. 1 der 4. BImSchV),[129] bei großen komplexen (ortsfesten) Anlagen auch die gesamte Betriebsstätte.[130] Bei einer Vielzahl von Anlagen hängt die Genehmigungsbedürftigkeit von einer in der 4. BImSchV festgelegten Leistungsmenge oder Anlagengröße der Einzelbetriebsstätte ab (§ 1 Abs. 1 S. 4 der 4. BImSchV).[131] In der Praxis ist auf die theoretisch abrufbare, also **mögliche Leistung** bzw. Nutzung abzustellen. Eine Leistungsbeschränkung durch Genehmigung oder Selbstverpflichtung hat in relevanten Fällen kaum vorgelegen.[132] Voraussetzung ist grundsätzlich weiter, dass nach den Umständen zu erwarten ist, die Anlage werde länger als diejenigen zwölf Monate, die auf die Inbetriebnahme folgen, an demselben Ort betrieben werden (§ 1 Abs. 1 S. 1 der 4. BImSchV).[133] Nach § 1 Abs. 6 4. BImSchV sind von der Genehmigung Anlagen für die wissenschaftliche Entwicklung und Forschung ebenso ausgenommen wie nur anzeigebedürftige Altanlagen (§ 67 Abs. 2, 7, § 67a BImSchG).[134] 23

124 BVerwGE **85** 368 = NVwZ **1991** 369 (Fabrik aus Handwerksbetrieb).

125 *Alt* MK Rdn. 22; *Ransiek* NK Rdn. 13; *Schall* SK Rdn. 45; *Sch/Schröder/Heine/Schittenhelm* Rdn. 17; *Lackner/Kühl/Heger* Rdn. 3; *Saliger* Umweltstrafrecht Rdn. 327; *GJW/Bock* Rdn. 26; *Sack* Rdn. 130, 146; **aA** *Michalke* 326 f.

126 *SSW/Saliger* Rdn. 9 unter Bezugnahme auf VG Braunschweig AbfallR **2006** 192; *Schall* SK Rdn. 46; *ders.* NStZ-RR **2007** 577, 581; **2008** 129, 136; *Führ/Böhm* GK-BImSchG § 4 Rdn. 33; vgl. auch *Landmann/Rohmer/Dietlein* § 4 Rdn. 17 f (allerdings ohne Bezugnahme auf die tatsächliche Nutzung).

127 Vgl. BT-Drs. 7/179 29 f (im weitesten Sinne); näher zum Anlagenbegriff zu § 3 Abs. 5, § 4 BImSchG *Steindorf/Wache* Rdn. 2 ff; *Landmann/Rohmer/Dietlein* Rdn. 44 ff; *Giesberts/Reinhardt* BeckOK-UmwR § 4 BImSchG Rdn. 71 ff; *Jarass* § 3 Rdn. 66 ff, § 4 Rdn. Rdn. 51 ff; *ders.* NVwZ **1995** 529; zu früheren Nachweisen *Möhrenschlager* NuR **1983** 209, 215.

128 BVerwGE **69** 351, 355; NVwZ-RR **1992** 402.

129 *Ocker* 85; *Henkel* 116.

130 Dazu näher *Ocker* 97 ff, 102 f (auch zum Streit um die Auslegung von „derselben Art"); *Landmann/Rohmer/Dietlein*, § 4 BImSchG Rdn. 50. – Ergibt sich eine Genehmigungsbedürftigkeit bereits aus dem Anhang, ist ein Rückgriff auf § 1 Abs. 3 entbehrlich (BVerwGE **121** 182 = NVwZ **2004** 235 f.).

131 Zur Kritik an dem Bezug auf den Betriebsumfang *Ocker* 88 ff.

132 VGH Mannheim NVwZ-RR **1999** 552; OVG Berlin-Brandenburg Urt. v. 5.2.2009 – OVG 11 B 19.08 (juris); *Franzheim/Pfohl* Rdn. 379; *Henzler* wistra **2004** 331, 334; zur Leistungsbeschränkung einer Windenergieanlage durch Anordnung OVG Münster Beschl. v. 27.4.2005 – 10 B 355/05 (juris).

133 Näher *Ocker* 103; nach § 1 Abs. 1 S. 2 ff gelten jedoch Ausnahmen für Abfallentsorgungsanlagen.

134 Dazu näher *Franzheim/Pfohl* Rdn. 407; *Sack* Rdn. 113; *Ocker* 154 ff; *Wüterich* NStZ **1990** 112; *Landmann/Rohmer/Dietlein* Rdn. 21 ff vor § 4; OLG Köln NStZ-RR **1999** 270 (zust. *Schall* NStZ-RR **2001** 1, 5); zu Forschungseinrichtungen OVG Münster ZUR **2005** 161 = NuR **2006** 66; zu sonstigen Ausnahmen (Flugplätze, ggf. Anlagen aus dem atomrechtlichen Bereich) *Sack* Rdn. 85; zu Anlagen aus dem Bereich des Bergwesens § 4 Abs. 2 BImSchG und BGHSt **59** 45, 54.

24 Nach der Regelung in § 1 Abs. 2 Nr. 2 der 4. BImSchV erstreckt sich das Genehmigungserfordernis auf alle vorgesehenen **Nebeneinrichtungen**, die mit der Haupteinrichtung, d.h. den Anlagenteilen und Verfahrensschritten in einem räumlichen und betriebstechnischen Zusammenhang stehen und die für das Entstehen schädlicher Umwelteinwirkungen, die Vorsorge gegen schädliche Umwelteinwirkungen oder das Entstehen sonstiger Gefahren, erheblicher Nachteile oder Belästigungen von Bedeutung sein können (Beispiele: Roh-, Rest-/Brennstofflager, Fertigproduktlager und Verpackungseinrichtungen,[135] Materiallager, Abfallentsorgungs-/Abgasreinigungsanlagen, Bauschuttsortieranlagen, Verlade- und Reparatureinrichtungen). Nebenanlagen, die sich außerhalb jeden funktionalen Zusammenhangs mit dem emissionsausschüttenden eigentlichen Anlagenbereich befinden (wie Verwaltungs- und Sozialgebäude, selbst ggf. eine Lagerhalle[136]), unterfallen der Genehmigungspflicht nicht. Nähere Anhaltspunkte zu Abgrenzungen geben sog. LAI-Hinweise der Länder zu einzelnen Nummern des Anhangs 1 der 4. BImSchV.[137] Generell hat der Strafrichter selbstständig (ohne Bindung an die Auffassung der Verwaltungsbehörde) zu prüfen, ob eine Genehmigungsbedürftigkeit besteht. Allgemein ist bei der Auslegung der Schutzzweck der verwaltungsrechtlichen Regelung einzubeziehen, über das Genehmigungserfordernis potenziell umweltgefährdender Anlagen eine präventive Kontrolle ihrer Umweltverträglichkeit zu ermöglichen.[138]

25 **Beispiele** für genehmigungsbedürftige Anlagen führen die Nrn. 1 bis 10 des Anhangs 1 zur 4. BImSchV auf, die in Spalte 1 dem Genehmigungsverfahren nach § 10, in Spalte 2 dem vereinfachten Verfahren nach § 19 BImSchG unterfallen; die Einstufung ist oft abhängig von bestimmten Leistungen. Hervorzuheben sind Anlagen aus den Bereichen Wärmerzeugung, Bergbau und Energie (Nr. 1),[139] Steine und Erde, Glas, Keramik, Baustoffe (Nr. 2),[140] Stahl, Eisen und sonstige Metalle (Nr. 3),[141] Anlagen für chemische Erzeugnisse und Arzneimittel und zur Mineralölraffination (Nr. 4), zur Oberflächenbehandlung mit organischen Stoffen, zur Verarbeitung von Kunststoffen und Harzen (Nr. 5), aus den Bereichen Holz und Zellstoffe (Nr. 6, wie zur Herstellung von Papier), Nahrungs-, Genuss- und Futtermittel, landwirtschaftliche Erzeugnisse (Nr. 7),[142] Anlagen zur Lagerung[143] und zum Be- und Entladen von Stoffen und Zubereitungen (Nr. 9)[144] sowie zur Herstellung von Sprengstoffen u. Ä. (Nr. 10).[145]

---

135 BVerwG NVwZ-RR **1992** 402, 403.

136 BVerwG NVwZ-RR **1992** 402, 403 f.

137 Wiedergegeben in *Landmann/Rohmer/Hansmann/Röckinghausen* 4. BImSchV Anh. Rdn. 1 ff; s. weiter *Ocker* 85.

138 BVerwG NVwZ **1997** 497.

139 Z.B. Heizkraftwerke (Nr. 1.1), Verbrennungsmotoranlagen (Nr. 1.4), wie etwa zum Einsatz von Biogas (LG Münster wistra **2011** 238; *Sens* wistra **2014** 463; zu einer wegen Geruchszusatzbelastung rechtswidrigen Genehmigung VG Schleswig BeckRS **2011** 51024); Windkraftanlagen (Nr. 1.6, BVerwGE **129** 209 = NVwZ **2008** 76; VGH München NVwZ **2009** 338; *Fest* Die Errichtung von Windenergieanlagen [2010]; *Ramtke* Die Rechtsprobleme des Ausbaus der Windenergienutzung in Deutschland [2010]; *Schall* NStZ-RR **2007** 35).

140 Wie etwa zur Herstellung von Zement (Nr. 2.2), eine Bauschuttrecyclinganlage (OLG Stuttgart NStE Nr 10 zu § 327 StGB; *Sack* Rdn. 113) oder eine Rumpleranlage als Nebeneinrichtung zu einer Betonsteinfertigungsanlage (Nr. 2.14, OVG Lüneburg GewArch **1996** 346).

141 Etwa zur Herstellung von Stahlrohren, Schiffskörpern, Schienen-, Kraft- und Luftfahrzeugen, zum (Er)Schmelzen (z.B. Aluminiumschmelzwerk BVerwGE **107** 299 = NJW **1999** 1416), Umformen und zur Oberflächenbehandlung (AG Lindau, bei *Sack* Rdn. 113), Gießereien und Hammerwerke.

142 So zur Haltung von Rindern, Schweinen (BVerwG NVwZ-RR **1994** 200), Hühnern, zur Herstellung von Zucker (LG Hildesheim bei *Sack* Rdn. 113) und Süßwaren, zum Rösten und Mahlen von (Ersatz-)Kaffee, Brauereien.

143 Unter „Lagern" wird allgemein die Aufbewahrung zur späteren Verwendung (oder Beseitigung) verstanden, vgl. OVG Münster NVwZ **2001** 231 m. w. N.; *Jarass* § 3 Rdn. 76.

144 Zu Nr. 9.1 zur Lagerung von brennbaren Gasen; hinsichtlich des Betreibens eines Flüssiggasbehälters durch einen Mieter VG Gießen NVwZ **1991** 914; zu Nr. 9.35 gehören nicht Anlagen zur Lagerung giftiger Stoffe (Hauptlabor eines chemischen Großunternehmens; zur Verwendung in einer Forschungseinrichtung OVG Münster ZUR **2005** 161, jedoch ggf. Containerterminals nach OVG Münster NVwZ **2001** 231).

145 Z.B. Anlage zur Begasung mit giftigen Stoffen bei Übersehcontainern (Nr. 10.22, OVG Hamburg ZUR **2007** 322).

Zu den ebenfalls unter Abs. 2 Nr. 1 fallenden genehmigungsbedürftigen **Abfallentsorgungsanlagen** zählen nicht nur Anlagen zur Beseitigung (i. S. v. § 28 i. V. m. § 3 Abs. 26 KrWG; Beispiele in dessen Anlage 1), sondern auch zur Verwertung (definiert in § 3 Abs. 23 KrwG; Beispiele in Anlage 2).[146] Die Rdn. 23 erwähnte 12-Monats-Erwartung gilt für Abfallentsorgungsanlagen nicht mehr (§ 1 Abs. 1 S. 2 der 4. BImSchV). Die Anlage muss nach wohl noch überwiegender Meinung vom Betreiber (Grundstückseigentümer/Besitzer wie Pächter oder Mieter) zur Behandlung und Lagerung von Abfällen bestimmt worden (Zweckbestimmung), tatsächlich entsprechend genutzt[147] und das Grundstück(-steil) durch die Art der Nutzung geprägt sein.[148] Um jedoch Umwelteinwirkungen bei nicht bestimmungsgemäßer Nutzung zu erfassen, ist vorzugswürdig, auf das Merkmal der Bestimmung zu verzichten.[149] 26

Beispiele: Anlagen zur Beseitigung und Verwertung gasförmiger Abfälle, von Deponiegas usw. durch thermische Verfahren (4. BImSchV Anhang Nr. 8.1), zur Müllverbrennung, wenn die Energie- oder Wärmeerzeugung nicht den Hauptzweck darstellt, zum Verbrennen von gefährlichem Verpackungsmaterial (Nr. 8.1.1);[150] zur thermischen Aufbereitung für die (Rück-)Gewinnung von Metall(-verbindungen) (Nr. 8.3), zur Erzeugung von Kompost aus organischen Abfällen (Nr. 8.5), zur biologischen Behandlung von Abfällen (Nr. 8.6),[151] zur Behandlung von verunreinigtem Boden (Nr. 8.7), zur (physikalisch-)chemischen Behandlung von Abfällen (Nr. 8., 10), zum Zerkleinern und zur zeitweiligen Lagerung von Schrott einschließlich Autowracks und zur Behandlung von Altautos (Nr. 8.9); zur Durchsatzkapazität je Woche von fünf oder mehr Altfahrzeugen (Nr. 8.9.2); dazu näher auch die AltfahrzeugV.[152] Anlagen zum bloßen Sammeln und Befördern von Abfällen gehören nicht dazu,[153] jedoch solche zur zeitweiligen Lagerung (Anhang Nr. 8.12 f) bzw. Zwischenlagerung. 27

Entsprechend der bei Erlass des BImSchG vorgefundenen Auslegung wollte der Gesetzgeber nur solche **Grundstücke** dem Anlagenbegriff unterwerfen, auf denen bestimmte Tätigkeiten mit einer gewissen Stetigkeit und Konstanz für einen nicht unerheblichen Zeitraum durchgeführt werden; nur gelegentliche Arbeiten oder das einmalige, zeitlich begrenzte Lagern eines Stoffes auf einem Grundstück machen dieses daher noch zu keiner Anlage.[154] Das singuläre, kurzfristige Wegwerfen von Abfällen, Abstellen von Autowracks und Ablagern von Altreifen auf einem 28

---

146 Vgl. OLG Oldenburg NuR **1992** 40 zur Verneinung einer Abfallbeseitigungsanlage im landwirtschaftlichen Bereich.

147 BayObLG ZfW **1982** 382; NJW **1992** 925 = JR **1992** 516, 517 m. Anm. *Sack;* OLG Köln NStZ **1987** 461; LG Frankfurt NZM **2005** 679; OVG Münster NJW **2000** 2124; *Sch/Schröder/Heine/Schittenhelm* Rdn. 17; *SSW/Saliger* Rdn. 9; *Ramming* 66; *Führ/Krohn* GK-BImSchG § 3 Rdn. 198.

148 BayObLGSt **1984** 48; OLG Stuttgart NStZ **1991** 590; OLG Braunschweig ZfW **1991** 52; OLG Zweibrücken NJW **1992** 2841; VGH Kassel NuR **1991** 31; *Steindorf* LK[11] Rdn. 20; *Sch/Schröder/Heine/Schittenhelm* Rdn. 17; Beispiele bei *SSW/Saliger* Rdn. 9.

149 *Sack* Rdn. 132 (für mehr objektive Betrachtungsweise); *Schulte* BeckOK-BImSchG Rdn. 73, 80 f; ähnlich *SSW/Saliger* Rdn. 9 (Zwecksetzung gemäß tatsächlicher Nutzung).

150 Zu unerlaubten Feuerstellen OLG Celle ZfW 1994 504.

151 Zu Biogasanlagen OVG Koblenz BeckRS **2011** 46829; dazu *Senf* wistra **2014** 463.

152 BGBl. 2002 I S. 2214; näher *Schall* SK Rdn. 47; *Henzler/Pfohl* wistra **2004** 331, 334 f; *Pfohl* NuR **2012** 307, 310; *Sch/Schröder/Heine/Schittenhelm* Rdn. 15, 17; zur Rechtsprechung BayObLGSt **1998** 58 = NStZ **1998** 465; OLG Braunschweig NStZ-RR **1998** 175, 177; OLG Köln NStZ-RR **1999** 270; OLG Stuttgart wistra **1987** 306; verwaltungsrechtlich zur Lagerung und Behandlung von Autowracks und Altreifen BVerwG DVBl. **1983** 350; VGH Kassel NVwZ **1987** 993; NuR **1993** 448; VGH München NVwZ **1986** 512; *Fischer* Rdn. 11; zur Lagerung von Elektromotoren VG München AbfallR **2006** 240; zur Behandlung, zur Lagerung und zum Umschlagen von (zumeist gefährlichen) Abfällen (Nr. 8.11, 12) Lagerplatz für Granulat zur Altkabelverwertung VG Cottbus NuR **2004** 540; zur Lagerung von Fäkalschlamm BayObLG NStZ **1988** 26 und Schlämmen (Nr. 8.13 betr. ungefährliche Abfälle).

153 OLG Köln NStZ **1987** 461 (außer bei Umschlagstationen zur Zwischenlagerung); BayObLGSt **1981** 37, 39; OLG Stuttgart Die Justiz **1974** 139; auch nicht Ofen, Herd, Behälter zum Aufbewahren, Komposthaufen im Hausgrundstück, vgl. *Saliger* Rdn. SSW Rdn. 9; *Fischer* Rdn. 11.

154 Bericht des Innenausschusses BT-Drs. 7/1513 2; BayObLG GewArch **1978** 327; OVG Münster NJW **2000** 2124.

Grundstück ist deshalb noch kein Betreiben einer Abfallentsorgungsanlage.[155] Werden Autowracks im Rahmen eines gewerblichen Betriebs angekauft und gelagert bzw. ausgeschlachtet, so liegt hingegen eine Abfallentsorgungsanlage ohne Rücksicht darauf vor, ob das Grundstück(-steil) auch noch anderen Zwecken dient.[156] Problematisch ist, ob unter Berücksichtigung neuerer Rechtsprechung des EuGH, wonach kontaminiertes Erdreich vor Auskofferung als Abfall anzusehen ist, sogar Altlastenflächen als Abfallbeseitigungsanlagen anzusehen sind.[157] Das ist jedoch im Hinblick auf die Beschränkung des Abfallbegriffs auf bewegliche Sachen infolge der Ausklammerung ausgehobenen kontaminierten Bodenmaterials aus dem Anwendungsbereichs des KrWG in § 2 Nr. 10 und 11 (§ 326 Rdn. 11) abzulehnen.

29 **b) Wesentliche Änderungen.** Die für die Anlage erteilte Genehmigung deckt keineswegs ein für alle Mal jeden weiteren Betrieb der Anlage ab. Die Realkonzession wird behördlicherseits nach umfassender Prüfung für eine im Einzelnen genau umschriebene Anlage erteilt. Mit jeder ungenehmigten Änderung der Anlage, durch die **wesentliche Genehmigungsvoraussetzungen nicht eingehalten** werden (z. B. auch sog. modifizierende Auflagen), wird das gesetzliche Genehmigungserfordernis unterlaufen. Werden anlagenbezogene Anordnungen der Behörde nicht erfüllt, so kommt es darauf an, ob sie für den ordnungsgemäßen Betrieb der Anlage unverzichtbar sind und damit wesentlich den Umfang der Genehmigung bestimmen.[158] Eine zusätzliche Genehmigung ist nach § 16 Abs. 1 S. 1 BImSchG[159] immer dann erforderlich, wenn eine „Änderung der Lage, der Beschaffenheit oder des Betriebs" der genehmigungsbedürftigen Anlage vorliegt, „durch die Änderung nachteilige Auswirkungen hervorgerufen werden können und diese für die Prüfung nach § 6 Abs. 1 Nr. 1[160] erheblich sein können". Eine „Genehmigung ist stets erforderlich, wenn die Änderungen oder Erweiterung des Betriebs einer genehmigungsbedürftigen Anlage für sich genommen die Leistungsgrenzen oder Anlagengrößen des Anhangs ... erreichen." Im Übrigen ist zu prüfen, ob eine Änderung sich nach Art und Umfang derart nachteilig auf die in § 1 Abs. 1 BImSchG genannten Schutzgüter (Menschen, Tiere, Pflan-

---

155 Zur Anwendung von zu Abs. 2 Nr. 1 BayObLGSt **1998** 58 = NStZ **1998** 465; LG Frankfurt NZM **1995** 679; OLG Köln NStZ-RR **1999** 270; zu Abs. 2 Nr. 2 a. F. BayObLGSt **1984** 48 (Lagerung über nahezu zwei Jahre von drei Schrottautos, Altreifen, verrosteten PKW-Einzelteilen, mehr als einem Kubikmeter Hausabfälle und anderen nicht verwertbaren Gegenstände); **1981** 198; NuR **1985** 335 = ZfW **1985** 203; ZfW **1991** 135 (Lagerung eines beschädigten LKW weniger als einen Monat bis zur Reparatur); NJW **1992** 925; MDR **1991** 78; OLG Braunschweig NStZ-RR **1998** 175, 177; ZfW **1991** 52; OLG Celle ZfW **1994** 380 (Lagerung erheblicher Mengen im Rahmen einer größeren Aktion genügt); ZfW **1994** 504 (Abbrennen von Kupferkabeln zur Rückgewinnung von Buntmetall); OLG Düsseldorf wistra **1994** 73, 76 = NuR **1994** 361 (Vorübergehende Lagerung von Abfällen in einem Tankbehälter vor Weitergabe); ZfW **1995** 187 (ähnlich BayObLGSt **1984** 48); OLG Koblenz, 26.4.2006, bei *Sack* Rdn. 113, 152 a. E.; OLG Köln NStZ **1987** 461; wistra **1991** 74; OLG Stuttgart wistra **1987** 306; NStZ **1991** 590 (keine Anlage bei wenige Wochen dauernder Zwischenlagerung von Klärschlamm vor Aufbringung auf landwirtschaftlichen Grundstücken) m. Anm. *Franzheim* JR **1992** 481; OLG Zweibrücken NJW **1992** 2841 f (sechs LKW; krit. dazu *Schall* NStZ **1997** 581; *Winkelbauer* JuS **1994** 112; LG Frankfurt NZM **2005** 679; *SSW/Saliger* Rdn. 9; *Weber* NStZ **1994** 36); LG Frankfurt NZM **2005** 679; VGH Kassel NuR **1986** 177 (Kiesgrube); OVG Lüneburg NuR **1986** 345 (Abfallcontainer auf Grundstück als Zwischenlager); OVG Münster ZfW **1983** 124 (Verfüllen eines Baggersees bei Kiesgewinnung); *Sack* Rdn. 113; *Möhrenschlager* NuR **1983** 209, 217; *Laufhütte/Möhrenschlager* ZStW **92** (1990) 912, 961 m. w. N. zur älteren Rspr.

156 BayObLGSt **1981** 198 = NVwZ **1982** 214.

157 EuGH NVwZ **2004** 1341 = NuR **2005** 33; dazu *Sack* Rdn. 80 m. w. N.; *Schall* NStZ-RR **2007** 33, 36.

158 BayObLG wistra **1988** 240 = NuR **1988** 49.

159 Entspr. Art. 3 Nr. 9 Industrieemissions-RL 2010/75/EU v. 24.11.2010 (AblEU L 334/17 v. 17.12.2010); dazu *Führ* GK-BImSchG § 16 Rdn. 16 ff.

160 Erfüllung der Grundpflichten gemäß § 5 BImSchG betr. Schutz und Vorsorge vor Umweltschäden und Gefahren, Abfallvermeidungs-, verwertungs- und -beseitigungspflichten, sparsame und effektive Energieverwendung, Nachsorgepflicht und der sich aus Rechtsverordnungen nach § 7 BImSchG ergebenden Pflichten (Beispiele: Störfall-, GroßfeuerungsanlagenVO, VO über Verbrennung und biologische Behandlung von Abfällen [12., 13., 17., 30. BImSchV], VO zur Begrenzung von Emissionen [2., 20., 31. BImSchV]).

zen, Boden, Wasser, Atmosphäre, Kultur- und Sachgüter) auswirken kann, um die Frage der Genehmigungsfähigkeit neu zu stellen.[161] Ob die Änderung die Immissionsverhältnisse tatsächlich nachteilig beeinflusst, wird erst im Rahmen der dann erforderlich werdenden neuen Prüfung festgestellt;[162] ihre Möglichkeit (nach dem Maßstab praktischer Vernunft) reicht für die Genehmigungsbedürftigkeit aus. Diese – und damit auch die Strafbarkeit – entfällt allerdings, wenn nachteilige Auswirkungen ausgeschlossen sind oder sie nach § 16 Abs. 1 S. 2 BImSchG „offensichtlich gering sind und die Erfüllung der sich aus § 6 Abs. 1 Nr. 1 ergebenden Anforderungen sichergestellt ist." Erst recht gilt dies für Verbesserungen.[163] Zusätzlich wurde in § 16 Abs. 5 BImSchG klargestellt, dass es einer Genehmigung ebenfalls nicht bedarf, „wenn eine genehmigte Anlage oder Teile einer genehmigten Anlage im Rahmen der erteilten Genehmigung ersetzt oder ausgetauscht werden sollen." Das Gleiche gilt für sonstige bloße Reparaturen.

Beispiele für Lageänderungen: Verlegung innerhalb eines Gebäudes, auf ein anderes 30
Grundstück, der Anlage in eine Halle, umweltrelevante Erweiterung des Grundstücks;[164] für **Beschaffenheitsänderungen**: Errichtung/Erweiterung von zur Anlage gehörenden Gebäuden, Entfernung einer Teilanlage, zusätzliche Lagerhalle zu einer Körnertrocknungsanlage mit mehr Lärm,[165] weitere Windenergieanlage;[166] Auswechslung von Maschinen[167] Lagerung von Hausmüll, chemischem Abfall auf Autowrackplatz;[168] für **Betriebsänderungen**: Umgestaltung von Produktionsverfahren, auch bei Umgang mit anderen Stoffen, Kapazitätserweiterungen (auch durch Erhöhung der Menge der betroffenen. Stoffe), Änderung von Betriebszeit/-ablauf, Erweiterung des Schichtbetriebs,[169] Nichteinhalten des Lärmpegels, keine Verwendung von schwefelarmem Heizöl.[170]

c) Genehmigungsfreie, untersagte Anlagen. Weiteres Tatobjekt von Abs. 2 Nr. 1 ist eine 31
sonstige, d. h. eine nicht genehmigungsbedürftige Anlage im Sinne des BImSchG, deren Betrieb zum Schutz vor Gefahren untersagt worden ist. Es handelt sich also um den umfangreichen Bereich von Anlagen, die zwar nicht der Genehmigungspflicht nach § 4 BImSchG unterliegen, aber gleichwohl die sich aus § 22 Abs. 1 S. 1 BImSchG i. V. m. den sich aus den gemäß § 23 BImSchG erlassenen, zahlreichen Verordnungen ergebenden immissionsschutzrechtlichen Betreiberpflichten zur Vermeidung und Minimierung schädlicher Umwelteinwirkungen und zur

---

161 BVerwGE **101** 347, 356 = JZ **1997** 203 m. Anm. *Böhm* (zum Atomrecht, aber mit Hinweisen auf immissionsschutzrechtliche Rspr.); NVwZ **1985** 46; GewArch **1977** 168, 170; NJW **1978** 64, 65; VGH Mannheim DÖV **1984** 727 f (Installation einer Schrottstelle für eine Blechpresse in einer Abfallbeseitigungsanlage); OLG Oldenburg NuR **2014** 594 (Erhöhung der durch Biogasanlage erzeugten Strommenge); LG Hof bei *Sack* Rdn. 113 (Anschluss weiterer Absaugstützen und einer neuen Abfüllmaschine); *Wüterich* NStZ **1990** 112, 115; *Steindorf/Wache* § 16 BImSchG Rdn. 6; *Sack* Rdn. 97a.

162 BVerwGE 69 351, 358 = NVwZ **1985** 46; DVBl. **1977** 770.

163 *SSW/Saliger* Rdn. 16; *Sack* Rdn. 98; etwas einschränkend *Schall* SK Rdn. 58 („reine" Verbesserungen, wie der Einbau eines Rußfilters nur genehmigungsfrei, wenn nachteilige Auswirkungen offensichtlich ausgeschlossen sind, was z. B. beim Einbau eines Rußfilters wegen möglicher Explosionsgefahr und ggf. nicht fachgerechter Entsorgung des Filters für ihn nicht von vornherein feststeht).

164 *Sack* Rdn. 93.

165 LG Frankfurt, 20.9.1983, bei *Sack* Rdn. 152 (mit weiteren Beispielen Rdn. 94).

166 BVerwGE **122** 117 = NVwZ **2005** 208.

167 BVerwGE **50** 49 = DÖV **1976** 387 (Tunnelofen anstelle eines Ringofens ist Neueinrichtung; abl. *Kutscheidt* 663).

168 BayObLG NJW **1987** 2757; VGH Kassel BuR **1990** 224 (Bauschutt statt Hausmüll).

169 OLG Düsseldorf wistra **2002** 357.

170 BayObLG NJW **1987** 2757; *Sack* Rdn. 95, 152; für *Eidam* Kap. 8 Rdn. 345 liegt eine wesentliche Änderung bei allen apparativen Änderungen vor, die die Emissionsverhältnisse um 10 % verändern.

Abfallbeseitigung zu erfüllen haben. **Beispiele** für einschlägige Anlagen[171] sind Autowaschstraßen, Baustellen,[172] Biergärten, Gaststätten und Grillplätze,[173] chemische Reinigungen, Diskotheken,[174] KFZ-Einstellplätze, Parkhäuser,[175] Rasenmäher, Sport- und Kinderspielplätze[176] und Tankstellen.[177] Gartengrundstücke und -land sowie wirtschaftliche Flächen (Äcker, Weideland) sind nur Anlagen, wenn sie bestimmungsgemäß, also nicht nur gelegentlich, in einer Weise genutzt werden, die schädliche Umwelteinwirkungen hervorrufen kann.[178]

32 Tatbestandlich sind solche Anlagen freilich nur, wenn die zuständige Behörde zuvor ihren Betrieb nach § 25 Abs. 2 BImSchG **untersagt** hat, weil von ihr schädliche Umwelteinwirkungen ausgehen, die das Leben oder die Gesundheit von Menschen oder bedeutende Sachwerte gefährden. Der darauffolgende Weiterbetrieb entspricht vom Unrechtsgehalt her dem Betreiben ungenehmigter genehmigungsbedürftiger Anlagen.[179] Das Erfordernis einer **Vollziehbarkeit** der Untersagung folgt aus der entsprechenden Ergänzung bei der Tathandlung; die Doppelung des Merkmals „Untersagung" ist jedenfalls gesetzestechnisch suboptimal. Die Nichtbeachtung von Untersagungsanordnungen nach § 25 Abs. 1 BImSchG genügt hier allerdings nicht, weil solche „nicht notwendigerweise direkt auf die Vermeidung der in § 25 Abs. 2 BImSchG genannten Gefährdungen" abzielen.[180] Eine auf § 25 Abs. 1a BImSchG gestützte Untersagung reicht ebensowenig, da eine Untersagung zur Verhütung schwerer Unfälle keine konkrete Gefahr voraussetzt.[181] Ist die Untersagungsverfügung nicht explizit auf § 25 Abs. 2 BImSchG gestützt, so schließt dies eine Anwendung von Abs. 2 Nr. 1 dann nicht aus, wenn die Verfügung in der Sache selbst erkennbar (z. B. anhand ihrer Begründung) wegen Vorliegens einer Gefahr i. S. v. § 25 Abs. 2 BImSchG ergangen ist;[182] der Wortlaut der Strafvorschrift bezieht sich schließlich auf eine „Gefahr" als Motiv der Untersagung und nicht auf eine bestimmte Formulierung des Verfügungstextes.

2. Rohrfernleitungsanlagen nach dem UVPG (Nummer 2)

33 Diese Strafvorschrift bezieht sich auf genehmigungsbedürftige Rohrleitungsanlagen zur Beförderung wassergefährdender Stoffe i. S. d. UVPG.[183] Das **Genehmigungsbedürfnis**, genauer das Erfordernis von Planfeststellung oder Plangenehmigung,[184] folgt insoweit aus § 65 Abs. 1 UVPG, der zur Bezeichnung der betreffenden Anlagen auf die Anlage 1 zum UVP Ziff. 19.3. Bezug nimmt. Dort werden die betreffenden **Rohrleitungen** bezeichnet als solche zum Befördern was-

171 Übersicht bei *Steindorf/Wache* Rdn. 3; *Giesberts/Reinhardt-Enders* GK-BImSchG § 7 Rdn. 26 ff; *Roßnagel/Hentschel* Rdn. 69 ff; *Jarass* Rdn. 9; *Sparwasser/Engel/Voßkuhle* § 10 Rdn. 256 ff; zu weiteren Beispiele s. die Vorauflage *Möhrenschlager* LK[12] Rdn. 28.

172 VGH München NVwZ-RR **2003** 271; *Dietrich* NVwZ **2009** 144.

173 BVerwG NVwZ **1999** 651; VGH Mannheim NVwZ-RR **2003** 745; BVerwG DÖV **1996** 919; VGH Mannheim NVwZ **1994** 920.

174 BVerwGE **101** 157, 161; VGH München NVwZ-RR **2003** 816.

175 OVG Bremen UPR **1986** 159; OVG Münster NJW **2000** 2124.

176 BVerwGE **81** 197; NVwZ **1992** 884; **2000** 550; **2001** 1167; VGH München NVwZ-RR **2004** 20; NJW **2005** 1882; VGH Mannheim NVwZ-RR **1990** 988; OVG Münster NVwZ-RR **2005** 102; OVG Schleswig NVwZ **2005** 1019.

177 BVerwG NJW **1993** 342; NVwZ-RR **1989** 621.

178 Innenausschuss BT-Drs. 7/1513 2; 14/4599 125; *Jarass* § 3 Rdn. 77.

179 RegE BT-Drs. 12/192 21.

180 BT-Drs. 12/192 21; *Sch/Schröder/Heine/Schittenhelm* Rdn. 15; *Ransiek* NK Rdn. 9; *SSW/Saliger* Rdn. 11; *GJW/Bock* Rdn. 24; *Michalke* Rdn. 318; *Weber* Rdn. 15 f.

181 *SSW/Saliger* Rdn. 11; **aA** *Hansmann* Rdn. 37.

182 Vgl. *Witteck* BeckOK Rdn. 25; *Kloepfer/Vierhaus* Rdn. 122; *Franzheim/Pfohl* Rdn. 389; *Weber* GK-BImSchG Rdn. 15, 17; *Ocker* 123 f *Sack* Rdn. 118; **aA** wohl *Schall* SK Rdn. 59; *SSW/Saliger* Rdn. 11.

183 Gesetz über die Umweltverträglichkeitsprüfung – UVPG – i. d. F. d. Bek. v. 24.2.2010 (BGBl. I S. 94).

184 Ebenfalls für eine Gleichstellung der Begriffe *Schall* SK Rdn. 61.

sergefährdender Stoffe i. S. v. § 21 Abs. 4 S. 7 UVP, ausgenommen Rohrleitungsanlagen, die den Bereich eines Werksgeländes nicht überschreiten, die Zubehör einer Anlage zum Umgang mit solchen Stoffen sind oder die Anlagen verbinden, welche in engem räumlichem und betrieblichem Zusammenhang miteinander stehen und kurzräumig durch landgebundene öffentliche Verkehrswege getrennt sind. Dazu gehört nicht die öffentliche Abwasserkanalisation. Der in Bezug genommene § 21 Abs. 4 S. 7 UVPG existiert allerdings nicht mehr an dieser Stelle; die entsprechende Regelung findet sich jetzt in § 66 Abs. 6 S. 7 UVPG und stellt eine Verordnungsermächtigung dar, welche durch Erlass der Rohrfernleitungsverordnung (RohrFLtV)[185] ausgeübt wurde. § 2 Abs. 1 RohrFLtgV definiert als **wassergefährdende Stoffe** „brennbare Flüssigkeiten mit einem Flammpunkt kleiner als 100 Grad Celsius sowie brennbare Flüssigkeiten, die bei Temperaturen gleich oder oberhalb ihres Flammpunktes befördert werden" und „Stoffe mit den R-Sätzen R 14, R 14/15, R 29, R 50, R 50/53 oder R 51/53" und jeweils die Gefahrenmerkmale T, T+ oder C tragen. Die genannten R[isiko]-Sätze sind dem (europäischen) Gefahrstoffrecht entnommen, bisher EWG-RL 67/548 Anh. III [Beispiel R 53: „kann in Gewässern längerfristig schädliche Auswirkungen haben"], umgewandelt in durch H-Zahlen gekennzeichnete, im Einzelnen aufgeführte akut und chronisch wassergefährdende Stoffe in VO (EG) 1272/2008, Anh. VII Tabelle 1.1 i. V. m. Anh. 1 Teil 4.1.1.2.1, Tabelle 1.1, u. Anh. VI Tabelle 3.1.[186] Zur Auslegung der RohrFLtV können die „Technischen Regelungen für Rohrfernleitungen nach § 9 Abs. 5 der Rohrfernleitungsverordnung"[187] herangezogen werden.

In der Tat bringt der Betrieb solcher „Pipelines" (wie z. B. von Mineralöl oder Erdgas) besondere Gefahren für Boden und Gewässer mit sich.[188] Die Rohrleitungen werden mit meist starker Füllung über weite Strecken geführt, ohne ständig auf Undichtigkeiten untersucht werden zu können. Deshalb unterwirft das UVPG insb. größere Vorhaben einer strengen behördlichen Vorkontrolle in Gestalt des **Planfeststellungsverfahrens** mit Umweltverträglichkeitsprüfung (§ 65 i. V. m. §§ 5 ff UVPG) oder zumindest einem **Plangenehmigungsverfahren** (§ 66 Abs. 2 UVPG). Aus der Umschreibung der Rohrleitungsanlagen in Anhang 1 zum UVPG Nr. 19.3.1–3 geht hervor, dass es sich um längere (mehr als 40 km), mittlere (2–40 km) oder kürzere (weniger als 2 km) Anlagen handeln kann. Längere Anlagen sind nach § 6 UVPG immer UVP-pflichtig und unterliegen einem Planfeststellungsverfahren nach § 66 Abs. 1 UVPG. Bei Anlagen bis 40 km Länge ist nur eine Vorprüfung im Einzelfall nach den § 7 Abs. 1 UVPG vorgesehen; diese führt zur Umweltverträglichkeitsprüfung, wenn das Vorhaben erhebliche nachteilige Umweltauswirkungen haben kann. Ist dies nicht der Fall, ist eine Planfeststellung nach § 65 Abs. 1 nicht notwendig, jedoch gleichwohl noch eine Plangenehmigung nach § 65 Abs. 2 UVPG (außer in Fällen unwesentlicher Bedeutung). 34

Das Erfordernis einer Planfeststellung bzw. -genehmigung gilt auch für Änderungen (z. B. des zu befördernden Stoffes oder der Betriebsweise) der betriebenen Anlage. Allerdings gilt dieses Erfordernis nach dem Wortlaut in § 65 UVPG für alle Änderungen und nicht nur für wesentliche. Lediglich hinsichtlich der Plangenehmigungen macht § 65 Abs. 2 S. 2 UVPG eine Ausnahme für „Änderungen von unwesentlicher Bedeutung". Im Übrigen hängt das Genehmigungserfordernis nach § 65 Abs. 1 UVPG auch für Änderungen davon ab, ob insoweit eine UVP-Pflicht nach den §§ 6-14 UVPG besteht. § 9 Abs. 1 Nr. 2 UVPG statuiert aber nur bei Änderungen mit erheblich nachteiligen Umweltauswirkungen eine solche UVP-Pflicht. Damit bleibt es im Ergebnis nur für **wesentliche Änderungen** bei einer (neuen) Planfeststellungs- oder -genehmigungspflicht. Nähere Ausführungen zur Wesentlichkeit enthält der frühere Anhang D Ziff. 2 und 3 TRFL.[189] 35

---

185 Verordnung über Rohrfernleitungsanlagen (Rohrfernleitungsverordnung -- RohrFLtgV) v. 27.9.2002 (BGBl. I S. 3777, 3809).

186 ABlEU 2008 L 353/1, 38, 130, 348 ff, 1352 ff.

187 TRFL i. d. F. v. 3.5.2017 (BAnz. AT 7.6.2017 B6).

188 RegE BT-Drs. 12/192 22.

189 In Anhang D. 2.1 TRFL a. F. (BAnz. Nr. 73a v. 18.5.2010) wurde davon ausgegangen, dass Änderungen unwesentlich sind, wenn sie ohne erhebliche Auswirkungen auf die Schutzgüter nach § 2 Abs. 1 Nr. 2 UVPG sind (mit

36 Ein Verstoß gegen eine **vollziehbare Untersagung** kann nur noch bei genehmigungsbedürftigen, nicht bei nur anzeigepflichtigen Anlagen in Frage kommen. Das UVPG enthält dazu keine ausdrückliche Regelung. Grundlage für eine Untersagung kann vielmehr § 4 Abs. 5 RohrFLtgV sein, der es der zuständigen Behörde ermöglicht, bei Nichterfüllung der Anforderungen der §§ 3 und 4 RohrFLtgV die im Einzelfall erforderlichen Anordnung zu erlassen, worunter auch eine (vollziehbare) Untersagung zur Verhinderung oder Bekämpfung schädlicher Umweltwirkungen fallen kann.

3. Abfallentsorgungsanlagen (Nummer 3)

37 Das Tatobjekt einer „Abfallentsorgungsanlage i. S. d. KrWG" ist ein wenig paradox,[190] weil das KRWG die Genehmigung derartiger Anlagen in § 35 KrWG dem Regime des BImSchG unterstellt, womit diese Anlagen weitgehend bereits unter Nummer 1 fallen, hingegen kein Betrieb ohne Genehmigung „nach dem jeweiligen Gesetz" (= KrWG) i. S. v. Nummer 3 möglich ist. Genehmigungserfordernisse nach dem KrWG bestehen **nur noch für Deponien** (§ 35 Abs. 2 und 3 i. V. m. § 3 Abs. 27 KrWG).[191] Ihr Betreiben bedarf (auch nach wesentlicher Änderung) einer Planfeststellung bzw. -genehmigung. Ob etwa die Zulassung neuer Deponieflächen neben einer bestehenden Deponie die Errichtung einer neuen oder bloß die Änderung der bestehenden Abfallentsorgungsanlage ist, beurteilt sich danach, ob durch die Einbeziehung der neuen Deponieflächen die Identität der alten Anlagen gewahrt bleibt oder eine nach Gegenstand, Art und Betriebsweise im Wesentlichen andersartige Anlage hinzukommt.[192] Werden Zwischenlager auf dem Gelände einer Deponie errichtet, so mag eine Planänderung in Betracht kommen.[193] Eine für die Genehmigungsbedürftigkeit **wesentliche Änderung** kann in einer anderen als der zugelassenen Abfallart liegen, in einer Erweiterung des Betriebsgeländes, der Erhöhung der Umschlagskapazität, einer Neukonzeption des Entwässerungssystems, Änderungen der Basisabdichtung einer Deponie und Errichtung neuer Maschinen.[194]

38 **Deponien** sind – in Anlehnung an Art. 2 lit. g) RL 1999/131/EG[195] – Beseitigungsanlagen zur Ablagerung von Abfällen oberhalb der Erdoberfläche (oberirdische Deponien[196]) oder unterhalb der Erdoberfläche (Untertagedeponien). Dazu zählen auch betriebsinterne Abfallbeseitigungsanlagen für die Ablagerung von Abfällen, in denen ein Abfallerzeuger selbst die Abfallbeseitigung am Erzeugungsort vornimmt. Konkretisierungen des Deponiebegriffs finden sich in der DepV[197] mit der Einteilung in Deponieklassen (§ 2 Nr. 6-10 DepV). § 35 Abs. 3 Nr. 3 KrWG erfasst

---

zahlreichen Beispielen wie Instandhaltung, Änderungen und Austausch von Teilen und Hilfseinrichtungen). Der Anhang D (bzw. IV nach der Neufassung) ist bei der Neufassung der TRFL 2017 nicht übernommen worden. Der Gedanke einer entsprechenden Differenzierung dürfte indessen weiterhin Geltung beanspruchen.

190 *Schall* SK Rdn. 64.

191 *Alt* MK Rdn. 31; *Sch/Schröder/Heine/Schittenhelm* Rdn. 17; *Fischer* Rdn. 11; *SSW/Saliger* Rdn. 13; *Witteck* BeckOK Rdn. 19; *Lackner/Kühl/Heger* Rdn. 3; *Rogall* Festschrift Boujong 807, 814 f; *Sack* Rdn. 130 f; *Kloepfer/Vierhaus* Rdn. 142; *Rehbinder/Schink/Franßen* Kap. 13 Rdn. 231 ff; **aA** *Ransiek* NK Rdn. 13 (auch Abfallentsorgungsanlagen einzubeziehen, wenn nach dem BImSchG genehmigungsbedürftig); *Michalke* Rdn. 326 f (Nichtanwendung von Nummer 3, da auch Deponie keine Abfallentsorgungsanlage i. S. d. KrWG).

192 BVerwG NVwZ **1992** 789.

193 *Giesberts/Reinhardt/Klages* Rdn. 59 m. w. N.

194 *Alt* MK Rdn. 34; VGH Kassel RdL **1990** 55; VGH München BayVBl. **1996** 560, 563; VGH Mannheim DÖV **1984** 727; *Giesberts/Reinhardt/Klages* Rdn. 60.

195 Richtlinie 1999/31/EG des Rates v. 26.4.1999 über Abfalldeponien (AblEU L 182 v. 16.7.1999) i. d. F. der Richtlinie (EU) 2018/850 v. 30.5.2018 (AblEU L 150/100 v. 14.6.2018).

196 Dazu gehören auch sog. Bürgermeister-Deponien (aus der DDR-Zeit stammende Abfallsammelstellen), die rekultivierend verfüllt werden sollten, was in dem Fall von BGHSt **58** 152 = NStZ **2013** 401 nicht den Vorgaben entsprechend geschehen war.

197 Verordnung über Deponien und Langzeitlager (Deponieverordnung – DepV) v. 27.4.2009 (BGBl. I S. 900).

auch zeitlich begrenzte genehmigungsbedürftige Deponien, die überwiegend der Entwicklung und Erprobung neuer Verfahren dienen. Da solche Anlagen dem Ziel der endgültigen Abfallbeseitigung dienen sollen, wird man sie als Abfallbeseitigungsanlagen im weiteren Sinne und damit auch als Abfallentsorgungsanlagen i. S. v. § 327 Abs. 2 Satz 3 ansehen können.

Abfallentsorgungsanlagen, die **der Verwertung von Abfällen dienen**, können demgemäß keine Deponien sein. Die Abgrenzung mag mitunter Schwierigkeiten bereiten. Sie richtet sich danach, ob nach der Verkehrsanschauung unter Berücksichtigung der Vorstellung des Betreibers der Hauptzweck eine Beseitigung ist, darauf ausgerichtet, den wegen Schadstoffhaltigkeit oder aus anderen Gründen nicht weiter nutzbaren Stoff dauerhaft von der Kreislaufwirtschaft auszuschließen, oder ob die (gelegentlich lang andauernde) Lagerung auf eine Verwertung abzielt, bei der aus den Eigenschaften des Stoffes ein konkreter wirtschaftlicher oder sonstiger Nutzen gezogen werden soll.[198] Aus § 35 Abs. 1 KrWG (und dem Verhältnis zu Absatz 2) ergibt sich, dass Anlagen zur Behandlung oder Lagerung von Abfällen zur Beseitigung (wie Abfallverbrennungsanlagen, mechanisch-biologische Behandlungsanlagen, Kompostwerke, Zwischenlager, Tierkörperbeseitigungsanlagen) keine Deponien und damit keine Abfallentsorgungsanlagen i. S. v. Nummer 3 sind. Die Abgrenzung erfolgt also nach h. M. danach, ob Zweck und tatsächliche Nutzung eine **endgültige Ablagerung** (in oder auf dem Boden, in isoliert verschlossenen abgedichteten, getrennten Räumen) oder nur eine angestrebte, wenn auch lange Lagerung von Abfällen zur Beseitigung ist.[199] Keine nach dem KrWG zulassungsbedürftige Deponien sind sog. „Langzeitlager" (§ 2 Nr. 22 DepV), „Dauerlager" (vgl. KrWG Anl. 1 D 12) oder „Zwischenlager".[200] Werden in ihnen Abfälle vor der Verwertung über einen Zeitraum von weniger als drei Jahren gelagert, ist die DepV nach § 1 Abs. 3 Nr. 5 gar nicht anwendbar. Im Übrigen bedürfen Anlagen, in denen Abfälle vor deren Beseitigung oder Verwertung jeweils über einen Zeitraum von mehr als einem Jahr gelagert werden, einer Genehmigung nach § 4 Abs. 1 BImSchG i. V. m. der 4. BImSchV Anh. Nr. 8. 14. Aus dem Bezug auf die Zulassungsbedürftigkeit nach dem KrWG ergibt sich ferner die Geltung der Anwendungsbeschränkungen in § 2 Abs. 2 Nr. 5, 14 KrWG; Anlagen zur endgültigen Ablagerung von radioaktiven Abfällen oder Kampfstoffen können daher keine Deponien darstellen. 39

Ein **Grundstück** wird zur Deponie, wenn es als sachliche Funktionseinheit nach der Verkehrsanschauung zur endgültigen Ablagerung von quantitativ beachtlichen Abfällen genutzt werden soll. Kurzfristiges Ablagern, das Ablagern kleinerer Mengen und bloßes Sammeln (einschließlich vorläufiger Lagerung, § 3 Abs. 15 KrWG, vgl. auch Anl. 1 D 15) reichen für die Annahme einer Deponie nicht aus.[201] Nicht erfasst wird zudem die (endgültige) Ablagerung durch Dritte auf einer Deponie.[202] 40

4. Abwasserbehandlungsanlagen (Nummer 4)

Erfasst wird hier der unerlaubte Betrieb von Abwasserbehandlungsanlagen i. S. v. § 60 Abs. 3 WHG. Zum einen handelt es sich um Anlagen, für die nach § 6 i. V. m. Anl. 1 Nr. 13.1.1 UVPG 41

---

198 BVerwGE **123** 247, 250 = NVwZ **2005** 954 (Verfüllung der Tongrube Lonnig); BGHSt **59** 45 = NStZ **2014** 89, 91; zur Verwertung vgl. EuGH NVwZ **2002** 579, 582.

199 BayObLG NJW **1992** 925 = JR **1992** 516 m. krit. Anm. *Sack*; AG Kreuznach NStZ **1998** 571; BVerwG UPR **1990** 306 (zur früheren Fassung); *Sch/Schröder/Heine/Schittenhelm* Rdn. 17.

200 OVG Münster BeckRS **2010** 50691; *Landmann/Rohmer/Beckmann* Rdn. 42; *Giesberts/Reinhardt/Klages* Rdn. 57 ff; *Steindorf/Häberle* § 3 KrWG Rdn. 60; zur Beseitigung von Altreifen s. VG Greifswald NordÖR **2000**, 388.

201 *Sch/Schröder/Heine/Schittenhelm* Rdn. 17; *SSW/Saliger* Rdn. 13; *Schall* SK Rdn. 66 f; BayObLG MDR **1991** 77 (Deponie von Schrott für einen Monat); OLG Stuttgart NStZ **1991** 590 (gelegentliches Aufbringen von Klärschlamm); OLG Düsseldorf wistra **1994** 76 (Sammeln kontaminiertes Altöl für Verkauf), LG Frankfurt NZM **2005** 679 (Sammeln von Gebrauchsgegenständen).

202 *Schall* SK Rdn. 68.

eine Verpflichtung zur Umweltverträglichkeitsprüfung besteht (§ 60 Abs. 3 Nr. 1 WHG). Deren Betrieb (aber ebenso die Errichtung und wesentliche Änderungen) bedarf einer Genehmigung. Entsprechendes gilt für Anlagen, in denen Abwasser behandelt wird, das aus Anlagen nach § 3 der 4. BImSchV stammt (insb. nach Anhang 1 Ziff. 8.11.), deren Genehmigungserfordernis sich nicht nach § 1 Abs. 2 4. BImSchV auf die Abwasserbehandlungsanlage erstreckt und nicht unter die Richtlinie 91/271/EWG[203] fällt (§ 60 Abs. 3 Nr. 2 WHG), oder das aus einer Deponie mit bestimmter Aufnahmekapazität stammt (§ 60 Abs. 3 Nr. 3 WHG). Es handelt sich hier vor allem um industrielle Großkläranlagen, die in Industrieparks häufig kommunales Abwasser mitbehandeln und die für einen bestimmten Durchsatz von Abwasser ausgelegt sind.[204]

5. Betreiben

42 Strafbar ist jedes unerlaubte Betreiben der Anlage. Das vorbereitende **Errichten** oder das **Ändern** der Anlage in wesentlichem Umfang sind nicht strafbar, solange der Betrieb, der erst die unmittelbare Gefährdung mit sich bringt,[205] noch nicht (wieder) aufgenommen wird, aber evtl. **ordnungswidrig** nach § 62 Abs. 1 Nr. 1 und 4 BImSchG, § 69 Abs. 1 Nr. 1 UVPG, § 69 Abs. 1 Nr. 3 KrWG oder § 103 Abs. 1 Nr. 10 WHG. Wie im Immissionsschutzrecht[206] ist das **Betreiben in einem umfassenden Sinne zu verstehen.**[207] Es umfasst alle Handlungen, die der bestimmungsgemäßen Nutzung dienen. Hierunter fällt nicht allein die Produktion im engeren Sinne, sondern die gesamte Betriebsweise einschließlich Wartung und Unterhaltung der Anlage, von der (Wieder-)Inbetriebnahme bis zur endgültigen Einstellung von Produktion oder Leistung bzw. bis zur vollständigen Stilllegung.[208] Solange eine Anlage nicht tatsächlich in Funktion tritt, liegt kein Betreiben vor. Handlungen, durch welche die Anlage unmittelbar in Gang gesetzt werden soll, die diesen Erfolg aber nicht auch bereits herbeiführen, haben ebenso auszuscheiden.[209] Nach Erreichen der konkret beabsichtigten Funktionsbereitschaft (Errichten) sind Probeläufe[210] bereits dem Betreiben zuzurechnen.[211]

43 Eine Rohrleitungsanlage wird (mit dem Befüllen) durch ortsverändernde Verbringung von wassergefährdenden Stoffen betrieben.[212] Ein Grundstück wird zur betriebenen Anlage, indem es mit einer gewissen Intensität (also immer wieder oder im Rahmen einer großen Aktion mit erheblichen Mengen) als Behandlungs- oder Lagerstätte für Abfälle, Autowracks oder Altreifen nicht nur bestimmt, sondern auch tatsächlich benutzt wird.[213] Dagegen wird keine solche Anlage betrieben, wenn anlässlich eines Fahrzeugschadens dabei entstehende Abfälle etwa einen Monat lang auf dem Grundstück gelagert werden.[214] Der Gesetzgeber hat bewusst davon abgesehen, die einzelnen Fälle verbotenen Betreibens ausdrücklich aufzuzählen.[215]

---

203 Richtlinie 91/271/EWG des Rates v. 21.5.1991 über die Behandlung von kommunalem Abwasser (ABl. L 135/40 v. 30.5.1991).
204 BT-Drs. 17/10486 49 f; *SSW/Saliger* Rdn. 14.
205 BVerfG NVwZ **1984** 429.
206 BT-Drs. 7/179 29, 31; *Führ/Böhm* GK-BImSchG § 4 Rdn. 103; *Hansmann* Rdn. 3, 20 ff vor § 22; *Jarass* § 4 Rdn. 57.
207 Zu Abfallentsorgungsanlagen BayObLGSt **1998** 58 = NStZ **1998** 465; OLG Stuttgart NStZ **1991** 590; LG Frankfurt a. M. NZM **2005** 679.
208 *Alt* MK Rdn. 10; *Schall* SK Rdn. 50, *SSW/Saliger* Rdn. 15; *Sack* Rdn. 37; *Führ/Böhm* GK-BImSchG § 4 Rdn. 103 f; *Giesberts/Reinhardt-Schmidt-Kötters* § 4 Rdn. 105 ff.
209 *Sch/Schröder/Heine/Schittenhelm* Rdn. 5; *Ransiek* NK Rdn. 6; *Sack* Rdn. 37; *Alt MK Rdn. 10; Schall SK Rdn. 19.*
210 Zum Probebetrieb BVerwGE **88** 286 = NVwZ **1993** 177; Büdenbender/*Rosin* 446; näher *Giesberts/Reinhardt/Schmidt-Kötters* § 4 Rdn. 113 f.
211 *Alt* MK Rdn. 10; *SSW/Saliger* Rdn. 5; *Ransiek* NK Rdn. 6; *Sack* Rdn. 37, 54; *Fischerhof* § 7 AtomG Rdn. 8.
212 *Alt* MK Rdn. 28.
213 BayObLG NJW **1992** 925 = JR **1992** 516 m. Anm. *Sack;* BayObLGSt **1984** 48.
214 BayObLG ZfW **1991** 202.
215 BT-Drs. 8/3633 30 f.

Die Tat kann bei Vorliegen einer Erfolgsabwendungspflicht in Ausnahmefällen auch durch Unterlassen begangen werden. Ein „Betreiben durch Unterlassen" ist jedoch nicht schon im bloßen Liegenlassen von Abfällen oder anderen Gegenständen zu sehen.[216] Dies wird jedoch für möglich gehalten, wenn Dritte ein Grundstück zum Lagern von Abfällen nutzen und der Grundstückseigentümer mit „gewisser Stetigkeit" nichts dagegen unternimmt – etwa durch notwendige Sicherungsmaßnahmen (z. B. Einzäunungen) – und das Lagern duldet.[217] 44

IV. Unerlaubter Betrieb gefährlicher Anlagen im Ausland (Abs. 2 S. 2)

Tatobjekt ist nach Satz 2 eine Anlage, in der gefährliche Stoffe oder Gemische gelagert oder verwendet oder gefährliche Tätigkeiten ausgeübt werden. Nicht von vornherein klar und daher unter dem Gesichtspunkt der Bestimmtheit kritisch zu betrachten sind die Begriffe **gefährliche Stoffe** bzw. **Gemische** und **gefährliche Tätigkeiten**. Es liegt nahe – angesichts der von der EU gewollten Erstreckung der Strafbarkeit des rechtswidrigen Betreibens einer solchen gefährlichen Anlage in einem Mitgliedstaat auch auf den Fall der Begehung in einem anderen Mitgliedsstaat –, als Ausgangspunkt zunächst an die Umschreibung der Anlagen in Abs. 2 S. 1 anzuknüpfen.[218] Voraussetzung ist dann aber jeweils, dass tatsächlich in diesen Anlagen generell gefährliche Tätigkeiten ausgeübt werden oder gefährliche Stoffe/Gemische verwendet werden (unter Einbeziehung der Lagerung). Zu den Anlagen, in denen gefährlichen Tätigkeiten ausgeübt werden, gehören sicher solche, die EU-weit in anlagebezogenen EU-Regelungen,[219] verbunden mit ihrer Umsetzung ins deutsche Recht, erfasst werden. Das sind dann vorwiegend immissionsschutzrechtlich genehmigungsbedürftige Anlagen.[220] Die Anwendung ist jedoch nicht auf diese oft größeren Anlagen beschränkt; selbst rechtswidrig im EU-Ausland gelagerte Schrottautos mit Betriebsstoffresten können ein Tatobjekt sein. Darüber hinaus sind auch die einschlägigen EU-Regelungen in Bereichen der Abfallentsorgung und des Umgangs mit Rohrleitungs- und Abwasserbehandlungsanlagen heranzuziehen. Der Wortlaut von Satz 2 schließt indessen nicht aus, auch sonstige gefährliche Anlagen (abgesehen von den kerntechnischen Anlagen, die von Absatz 1 i. V. m. § 330d Abs. 2 erfasst werden) einzubeziehen.[221] 45

---

216 BayObLGSt **1998** 58 = NStZ **1998** 465; LG Frankfurt NZM **2005** 679.

217 OLG Stuttgart OLGSt § 327 Nr. 1; wistra **1987** 306 (bei strafrechtlicher Zurechnung als Eigenbetrieb); NJW **1987** 1281 (Unterlassen des Einzäunens allein nicht ausreichend); NStZ **1991** 590; OLG Braunschweig NStZ-RR **1998** 175, 177; OLG Köln NStZ **1987** 461; LG Frankfurt NZM **2005** 679; LG Koblenz NStZ **1987** 281 (keine Maßnahmen gegen Abfalllagerung auf Gemeindegrundstück durch Bürgermeister, der damit als Organ eine ungenehmigte Abfallbeseitigungsanlage betreibt); AG Cochem NStZ **1985** 505 (Duldung einer von der Gemeinde betriebenen Müllkippe durch Bürgermeister nach Untersagung); StA Landau MDR **1994** 935 = NuR **1994** 462 (mangelnde Einzäunung eines städtischen Grundstücks); *Alt* MK Rdn. 48 f; *Sch/Schröder/Bosch* § 13 Rdn. 44; *SSW/Saliger* Rdn. 15 (zurechenbarer Beitrag des Grundstückseigentümers notwendig); *Iburg* NJW **1988** 2338 (Garantenstellung aus Herrschaft über Grundstück als Gefahrenquelle); *Schall* SK Rdn. 52 f; *ders.* NStZ **1997** 577, 580, 582; verneinend BayObLG NJW **1992** 925 = JR **1992** 518 m. Anm. *Sack* (fehlende Bestimmung durch Nutzungsberechtigten zur Abfalllagerung; **aA** *Sack* Rdn. 200, der entscheidend auf objektive Kriterien und nicht mehr auf subjektive Zielvorstellungen abstellen will); AG Kreuznach NStZ **1998** 570 (mangels Zweckbestimmung); *Ransiek* NK Rdn. 14 (verlangt Zweckbestimmung); *Wohlers* NK § 13 Rdn. 47 (keine Garantenpflicht bei Gefahrschaffung durch missbräuchliches Verhalten Dritter, z. B. im Fall „wilder" Müllablagerungen); *Geidis* NJW **1989** 821; zum aktiven Betreiben bei Untätigkeit nach Einzäunungsverfügung *Schmitz* NJW **1993** 1167, 1170; *Schall* SK Rdn. 52.

218 *Sack* Rdn. 153b.

219 So die RL 2001/80/EG v. 23.10.2001 betr. Großfeuerungsanlagen (ABlEU L 309/1 v. 27.11.2001); die Industrieemissions-RL 2010/75/EZ v. 24.10.2010 (AblEU L 334/17 v. 17.12.2010).

220 *Koch/Hofmann*§ 4 Rdn. 23 f, 32 ff, 74; *Meßerschmidt* Europäisches Umweltrecht § 10 Rdn. 7, 30, § 15 Rdn. 58, 64 (zur IVU-RL).

221 *Alt* MK Rdn. 38; *Lackner/Kühl/Heger* Rdn. 3a.

46 Angesichts der Parallelität der Begriffe der gefährlichen Stoffe und Gemische in § 328 Abs. 3 Nr. 1 lässt sich die in der letzteren Regelung enthaltene strafrechtliche Umsetzung von EU-Recht[222] auf die Auslegung von Abs. 2 S. 2 übertragen.[223] Bei der Umsetzung der VO wurde der dortige Begriff der „gefährlichen Stoffe und Gemische" zunächst auch in § 3a Abs. 3 ChemG a. F. übernommen. Infolge der Neufassung von § 3a ChemG mit seiner alleinigen Orientierung an der CLP/GHS-VO hat sich der Begriff „gefährliche Stoffe und Gemische" an § 3a ChemG und der CLP/GHS-VO zu orientieren. Die umweltbezogene Beschränkung ergibt sich sowohl aus § 3a Nr. 2 ChemG als auch aus der Eignungsklausel.

47 Zusätzlich zur Erfassung derart umschriebener Anlagen verlangt der Tatbestand, diese **in schädigungsgeeigneter Weise zu betreiben**. Aus dem Betrieb einer generell gefährlichen Anlage und dem Lagern und Verwenden gefährlicher Stoffe kann im Einzelfall nicht ohne Weiteres auf das Vorliegen einer solchen Schädigungseignung geschlossen werden. Umgekehrt spricht eine im Einzelfall bestehende Schädigungseignung beim Betrieb einer Anlage für deren Gefährlichkeit. Strafbarkeit setzt ein Handeln **ohne Genehmigung** (oder Planfeststellung) oder einen Verstoß gegen eine **Untersagung** voraus. Dies erfordert eine Äquivalenz dieser verwaltungsakzessorischen Merkmale im Verwaltungsrecht des betroffenen EU-Mitgliedstaates. Zusätzlich müssen diese dabei nach § 330d Abs 2 S. 2 in Einklang mit einem harmonisierten umweltschützerischen Rechtsakt der EU stehen. Bei der Verfolgung sind außerdem die Regeln und Grenzen des Strafanwendungsrechts der §§ 3 ff StGB zu beachten.[224]

V. Fehlende Genehmigung und vollziehbare Untersagung

48 Die Tathandlungen nach Absatz 1 und 2 erhalten ihren spezifischen Unrechtsgehalt erst, sobald sie ohne die gesetzlich vorgeschriebene verwaltungsbehördliche Gestattung[225] oder entgegen einer durch entsprechenden Verwaltungsakt vollziehbar angeordneten Untersagung vorgenommen werden.[226] Entweder ist beim unerlaubten Handeln die aufgrund behördlicher Vorkontrolle (Genehmigungs- oder Planfeststellungsverfahren) ergehende Gestattung gar nicht erst eingeholt worden oder es wird das behördliche Veto in Bezug auf das (weitere) Betreiben der betreffenden Anlage missachtet. Dabei hat der Strafrichter nur zu prüfen, ob (im ersten Fall) das betreffende Verhalten aufgrund spezialgesetzlicher Regelungen der **behördlichen Gestattung bedarf**, was bei legalen[227] Altanlagen (§ 67 Abs. 2, 7; § 67a BImSchG; § 74 Abs. 6a UVPG; § 21 WHG)[228] entfallen kann, und – bejahendenfalls – ob diese durch einen wirksamen Verwaltungsakt erteilt worden ist.[229] Eine gewerberechtliche Erlaubnis ersetzt dabei nicht die Zulassung der Anlage;[230] im ausländischen Recht mag dies anders ein. Ob bei fehlendem Gestattungsakt die Voraussetzungen einer Gestattung an sich vorliegen, also Genehmigungsfähigkeit gegeben ist, bleibt unerheblich.[231]

---

222 Art. 3 [CLP- bzw. GHS-]VO EG 1272/2008 v. 16.12.2008 (AblEU L 353/1 v. 31.12.2008) i. V. m. Anh. I.

223 *Sch/Schröder/Heine/Schittenhelm* Rdn. 19; *Witteck* BeckOK Rdn. 26; *Alt* MK Rdn. 39.

224 BT-Drs. 17/5391 25 f, 29.

225 Bei (grenznahen) Vorhaben in Deutschland ist zwar grundsätzlich nur die Vereinbarkeit mit deutschem Recht (nicht mit dem Recht des Nachbarstaates) zu prüfen (OVG Lüneburg NVwZ **2011** 1073), was aber bei schädlichen Auslandsauswirkungen wohl anders aussehen dürfte.

226 *Ocker* 131 f.

227 BVerwG DVB1. **1983** 350.

228 Zum BImSchG VGH München UPR **1983** 72; *Ocker* 154 ff.

229 Ausführlich *Dölling* JZ **1985** 461, 462 ff; *Ocker* 151 ff.

230 BVerwG DVBl. **1983** 351, 352; *Alt* MK Rdn. 33; *Schall* SK Rdn. 30.

231 BGHSt **37** 21, 28 f; OLG Frankfurt NJW **1987** 2753, 2755; OLG Köln wistra **1991** 74; LG Bremen NStZ **1982** 163; *Dölling* JZ **1985** 461, 463; *Alt* MK Rdn. 24, 34, 53; *Sch/Schröder/Heine/Schittenhelm* Rdn. 22; *Schall* SK Rdn. 11, 33; *Saliger* Umweltstrafrecht Rdn. 118 f, 446; *Fischer* Rdn. 5; *Kemme* 335; *Kuhlen* WiVerw **1991** 181, 224; *Möhrenschlager* NuR **1983** 209, 215; *Rogall* GA **1980** 110; hierzu auch vor § 324 Rdn. 64 m. w. N. auch zu Gegenmeinungen.

a) Genehmigungen. Es muss stets eine „Kongruenz" zwischen dem nach der Genehmigungsurkunde gestatteten und dem festgestellten Verhalten des Betreffenden vorliegen, wobei nach Umweltschutzgesichtspunkten unwesentliche Abweichungen unschädlich sind. Das Vorliegen einer Errichtungsgenehmigung kann niemals zum Betreiben der Anlage berechtigen. Liegt aber eine Betriebsgenehmigung vor, so kann das Fehlen einer Errichtungsgenehmigung nicht schaden.[232] Unter die Strafvorschrift fällt auch das Betreiben einer ursprünglich zugelassenen Anlage, nachdem eine nicht genehmigte **wesentliche Änderung** an derselben vorgenommen worden ist, sowie – bei unverändert gebliebener Anlage – eine wesentliche Änderung des behördlich zugelassenen Betriebsablaufs, da auch in diesen Fällen ein Betreiben in einer in dieser Form nicht zugelassenen Art und Weise vorliegt. Der Verstoß gegen eine Anzeigepflicht genügt hingegen nicht. 49

Liegt eine **wirksame behördliche Gestattung** vor, wobei § 330d Abs. 1 Nr. 5 zu beachten ist,[233] so entfällt bereits der Tatbestand.[234] Teilgenehmigungen entfalten im Rahmen eines gestuften Genehmigungsverfahrens ihre Wirkung naturgemäß nur für den betroffenen Teilbereich.[235] Ohne Genehmigung handelt ebenso, wer das Betreiben im Falle einer befristeten Genehmigung nach Fristablauf, nach Erlöschen oder nach Eintritt einer auflösenden Bedingung fortsetzt oder eine mit der Gestattung verbundene Bedingung nicht erfüllt. Gleiches gilt für ein Zuwiderhandeln gegen wesentliche Genehmigungsvoraussetzungen, ohne die der Genehmigungsbescheid verändert würde, wie etwa Inhaltsbestimmungen der Genehmigung oder bei sog. modifizierenden Auflagen, die für den (Fort-)Bestand der Genehmigung in ihrer konkreten Ausgestaltung essentiell sind.[236] Genehmigungslos handelt jedoch nicht, wer gegen eine (echte) Auflage verstößt. Weitergehend wird von Abs. 1 Nr. 1 schon die ungenehmigte wesentliche Änderung als solche erfasst; einen ähnlichen Sonderfall bildet die wesentliche Änderung einer Betriebsstätte (Abs. 1 Nr. 2) ohne Genehmigung nach § 9 Abs. 1 S. 2 AtomG. 50

Andere behördliche Gestattungsakte sind jedenfalls dann in der Lage, den Tatbestand entfallen zu lassen, wenn sie wirksam und nicht nichtig sind und tatsächlich den Betrieb sanktionieren wollen. Das gilt insbesondere für die im „Alkem-Verfahren"[237] zu einer gewissen Bekanntheit gelangten **„Vorabzustimmungen"**.[238] Zu Unrecht hatte sich das LG Hanau auf den Standpunkt gestellt, derartige informelle behördliche Verhaltensweisen stellten keine Genehmigungen im Sinne des § 7 AtomG und damit auch nicht i. S. v. § 327 Abs. 1 Nr. 1 dar.[239] Verwischt wurde zwar die rechtsstaatlich gebotene Trennung zwischen Genehmigungs- und Aufsichtsverfahren; auch das Öffentlichkeitsbeteiligungsverfahren wurde umgangen.[240] Deshalb ist eine Vorabzustimmung eine atomrechtlich unzulässige und dennoch erst einmal wirksame Maßnahme.[241] Daher erkennt ihr ein Teil der Literatur zu Recht (wie entsprechenden Duldungen) eine 51

232 Dazu *Ocker* 134 ff; *Ransiek* NK Rdn. 11; **aA** *Sch/Schröder/Heine/Schittenhelm* Rdn. 14; *Rogall* JZ-GD **1980** 110 f.

233 Hierzu *Paetzold* NStZ **1996** 170.

234 OLG Braunschweig NStZ-RR **1998** 175, 177; *Ransiek* NK Rdn. 9; *Sch/Schröder/Heine/Schittenhelm* Rdn. 22; *Schall* SK Rdn. 29, 54; *SSW/Saliger* Rdn. 1, 6, 16, *Sack* Rdn. 48, 154; *Kuhlen* WiVerw **1991** 181, 224; *Kloepfer/Vierhaus* Rdn. 144.

235 *Fischer* Rdn. 5; *Sack* Rdn. 87; zur „Stufung" von Anlagegenehmigungen im Atomrecht *Wieland* DVBl. **1991** 616.

236 BT-Drs. 12/192 19; BayObLG NVwZ **1987** 1022 = MDR **1988** 252; *Ocker* 195 ff; *Schall* SK Rdn. 31 f, 55 f, 62.

237 LG Hanau NStZ **1988** 179, 180 m. abl. Anm. *Bickel* (betr. Amtsträger); NJW **1988** 571 (betr. den Betreiber); hierzu u. a. *Dolde* NJW **1988** 2329; *Horn* NJW **1988** 2335 und *Winkelbauer* JuS **1988** 691; *Kemme* 362 ff; *Alt* MK Rdn. 16.

238 Hierzu *Ronellenfitsch* et **1986** 797 (Vorabzustimmung als Aufsichtsmaßnahme nach § 19 Abs. 3 AtG); *Burianek* NJW **1987** 2727 (für prinzipielle Zulässigkeit).

239 *Alt* MK Rdn. 16; *Ransiek* NK Rdn. 9; *Schall* SK Rdn. 33; *Lackner/Kühl/Heger* Rdn. 2; *Szesny* AnwK Rdn. 14; *Horn* NJW **1988** 2335; *Winkelbauer* JuS **1988** 691, 693; **aA** *Sch/Schröder/Heine/Schittenhelm* Rdn. 12; *SSW/Saliger* Rdn. 6; *Fischer* Rdn. 5; *Witteck* BeckOK Rdn. 16; *Matt/Renzikowski/Rettenmaier/Gehrmann* Rdn. 3; *Sack* Rdn. 48; *Kloepfer/Vierhaus* Rdn. 144 Rdn. 488; *Kloepfer* Umweltrecht § 16 Rdn. 181; *Kemme* S, 363 f; *Kuhlen* WiVerw 1991 224; *Dolde* NJW **1988** 2329 f.

240 Büdenbender/v. Heinegg/*Rosin* Rdn. 1384; *Kloepfer* Umweltrecht § 16 Rdn. 163, 181.

241 VGH Kassel NVwZ-RR **1990** 128, 132 f.

Gestattungswirkung zu,[242] solange kein Nichtigkeitsgrund (z. B. nach § 44 Abs. 2 Nr. 2 VwVfG die Nichteinhaltung der Schriftform) vorliegt.

52 **Teilgenehmigungen** (vgl. dazu § 7b AtG, § 18b AtVfV, § 8 BImSchG) sind Bestandteile eines gestuften Genehmigungsverfahrens. Die Regel ist eine Mehrzahl von Teilgenehmigungen für die Errichtung abgrenzbarer Anlagenteile (Errichtungsgenehmigung) und für die Betriebsphase (Betriebsgenehmigung für Anlagenblöcke).[243] Sie enthalten gestattende und, jedenfalls im atomrechtlichen Verfahren, aus einem vorläufigen positiven Gesamturteil bestehende feststellende Regelungen.[244] Bei einem solchen Verfahren liegt ein Verstoß gegen Abs. 1 Nr. 1 vor, wenn keine rechtswirksame Teilgenehmigung vorliegt.[245] Eine erteilte Teilgenehmigung entfaltet ihre Wirkung naturgemäß nur, soweit sie gestatten will. Abs. 1 Nr. 1 ist deshalb verletzt, wenn beim Betrieb über Stufen der jeweils vorhandenen Teilgenehmigungen hinausgegangen wird.[246]

53 **b) Vollziehbare Untersagungen.** Entsprechende Verwaltungsakte können ihre Rechtsgrundlage in folgenden Bestimmungen haben:

Absatz 1: § 19 Abs. 3 Nr. 3 AtomG; ausländische Untersagungen werden erfasst über § 330d Abs. 2 Nr. 3, S. 2 i. V. m. der RL 96/29/Euratom jedenfalls im Rahmen von sog. Interventionen (Art. 48 ff) bzw. der von RL 2009/71 in Art. 4 S. 2 lit. d) geforderten Durchsetzungsmaßnahmen;

Absatz 2 Nr. 1: § 20 BImSchG[247] hinsichtlich genehmigungsbedürftiger Anlagen; § 25 Abs. 2 BImSchG im Übrigen (Rdn. 32),[248] nicht aber § 17 BImSchG, der als nachträgliche Anordnung höchstens eine vorübergehende Abschaltung bzw. kurzfristige Stilllegung vorsieht;[249]

Absatz 2 Nr. 2: § 4 Abs. 5 RohrFLtgV;

Absatz 2 Nr. 3: § 39 Abs. 1 S. 2, Abs. 2 S. 2 KrWG, der nach seinem Wortlaut aber allein für Altanlagen gilt; i. Ü. ist § 62 KrWG einschlägig;[250]

Absatz 2 Nr. 4: § 60 Abs. 5 WHG;

Absatz 2 S. 2: Insoweit ist die Rechtsgrundlage im betroffenen Mitgliedsstaat zu suchen (Rdn. 47).

54 Der Strafrichter hat nach h. M. nur zu prüfen, ob – auch unter Berücksichtigung von § 330d Abs. 1 Nr. 5 – ein **wirksamer Verwaltungsakt** vorliegt, der dem Betroffenen das Betreiben der Anlage untersagt, und ob dieser Verwaltungsakt nach verwaltungsrechtlichen Grundsätzen (§ 80 Abs. 2 Nr. 4 VwGO) unanfechtbar oder kraft Anordnung **sofort vollziehbar** ist.[251] Die **materielle Rechtmäßigkeit** des Verwaltungsaktes einschließlich der Anordnung sofortiger Vollziehbarkeit unterliegt danach nicht seiner Nachprüfung. Richtigerweise bedarf es jedoch auch der Rechtmäßigkeit der Anordnung, weil nur so eine hinlängliche Garantie für einen zur Gefah-

---

242 *Alt* MK Rdn. 16; *Ransiek* NK Rdn. 9; *Schall* SK Rdn. 33; *Lackner/Kühl/Heger* Rdn. 2; *Szesny* AnwK Rdn. 14; *Horn* NJW **1988** 2335; *Winkelbauer* JuS **1988** 691, 693; *Breuer* JZ **1994** 1077, 1079 f, 1084; *Bergmann* 48 ff; *Keller* Festschrift Rebmann 243; *Kuhlen* WiVerw **1991** 181, 228 ff; *Michalke* Rdn. 150, 304; *Wüterich* NStZ **1990** 112, 116; diff. *Fischer* Rdn. 5 (Rechtfertigung).

243 *Rehbinder/Schink-Sellner/Hennehöfer* Kap. 12 Rdn. 224 ff; *Wieland* DVBl. **1991** 616; zum Immissionsschutzrecht *Kloepfer* Umweltrecht § 5 Rdn. 340 ff; § 15 Rdn. 482 f, 491 ff.

244 *Rehbinder/Schink-Sellner/Hennehöfer* Kap. 12 Rdn. 226 ff; *Kloepfer* Umweltrecht § 16 Rdn. 165 ff.

245 *Fischer* Rdn. 5; *Sack* Rdn. 49a.

246 StA Stuttgart NStE § 327 N. 9; *Schall* SK Rdn. 31.

247 *Alt* MK Rdn. 25; *Schall* SK Rdn. 59; *SSW/Saliger* Rdn. 16; VGH München UPR **1983** 272.

248 *Alt* MK Rdn. 25; ausführlich *Ocker* 222 ff; *Jarass* Rdn. 2 (Untersagung kann sich auch gegen hoheitlich betriebene Anlagen richten, unter Bezugnahme auf BVerwGE 117 1, 3 ff = NVwZ **2003** 346 [zu § 24 BImSchG]).

249 VG Gießen Beschl. v. 23.1.2013 – 1 L 3310/12.GI (juris).

250 *Schall* SK Rdn. 65; BVerwG DVBl. **1983** 350; **aA** (stets § 39 KrWG) *Alt* Rdn. 35; *SSW/Saliger* Rdn. 16; *Sack* Rdn. 150; *Möhrenschlager* LK[12] Rdn. 48.

251 BGHSt **23** 86, 91 ff; **31** 314 = NStZ **1983** 321; *Fischer* vor § 324 Rdn. 7; *Schall* SK vor § 324 Rdn. 78; *Sch/Schröder/Heine/Schittenhelm* vor § 324 Rdn. 16a, c; *Ocker* 225 ff; *Möhrenschlager* NuR **1983** 209, 216; *Rogall* JZ-GD **1980** 101, 105, 110; *Steindorf/Wache* § 25 BImSchG Rdn. 3.

renabwehr erforderlichen Eingriff in die Rechte des Anlagenbetreibers auf Grund einer sonst drohenden Gefährdung von Umweltgütern besteht (s. näher vor § 324 Rdn. 71). Eine spätere Aufhebung der Anordnung ändert an ihrer Tatbestandswirkung für den Tatzeitraum jedoch nichts.[252]

VI. Innere Tatseite

Die einzelnen Tatbestände der Absätze 1 und 2 erfordern mindestens bedingten Vorsatz. Folglich muss der Täter über alle tatsächlichen Umstände, die zur Erfüllung des objektiven Tatbestandes festgestellt worden sind, informiert gewesen sein. Das Betreiben, Innehaben und der Abbau einer Anlage oder Betriebsstätte sowie deren tatsächliche Eigenschafen (wie kerntechnisch, betriebsbereit, stillgelegt; Art der Anlage) rechnen hierzu. Dasselbe gilt für die Merkmale der (wesentlichen) Änderung der Anlage und des Vorliegens einer vollziehbaren Untersagung. Nach h. M. muss sich der Vorsatz nicht nur auf Tatobjekt und Tathandlung, sondern auch auf die **Verbotswidrigkeit** beziehen.[253] Richtig ist, dass das Fehlen einer Genehmigung als wesentliches unrechtscharakterisierendes pflichtbegründendes Merkmal vom Täter realisiert worden sein muss.[254] Indessen braucht er die Erforderlichkeit einer Genehmigung nicht zu kennen, weil es sich insoweit um eine rechtliche Bewertung anhand der Art von Anlage und Betrieb handelt. Unkenntnis insoweit ist daher nicht für den Vorsatz bedeutsam, sondern berührt das Unrechtsbewusstsein und damit erst die Schuld.[255] Sie führt bei Unvermeidbarkeit zum Wegfall der Schuld, bei Vermeidbarkeit zur fakultativen Strafmilderung nach § 17 S. 2.[256] 55

Dementsprechend ist die Fehlvorstellung, eine Genehmigung sei vorhanden, ein den Vorsatz ausschließender Irrtum nach § 16.[257] Verbotsirrtum nach § 17 in Gestalt eines Subsumtionsirrtums mag vorliegen, wenn der Täter zwar die tatsächlichen Umstände kennt, den Begriff der Anlage aber verkennt.[258] Andere Beispiele sind die irrtümliche Annahme der Wirksamkeit einer durch Täuschung oder Bestechung erlangten Genehmigung, der Unwirksamkeit einer Unterlassung oder der Annahme einer Genehmigung bei einem nur genehmigungsfähigen Akt. 56

VII. Fahrlässigkeitstaten (Absatz 3)

Alle Tatbestände der Absätze 1 und 2 sind nach Absatz 3 auch fahrlässig begangen strafbedroht. Der unterschiedliche Unrechtsgehalt der Tatbestände des Absatzes 1 gegenüber Absatz 2 spiegelt sich in der abgestuften Strafdrohung für Fahrlässigkeit wider. Für die Feststellung fahrlässigen Verhaltens gelten die allgemeinen Grundsätze. Fahrlässige Begehungsweise wird verhältnismäßig selten vorliegen. Theoretisch vorstellbar ist eine auf Nachlässigkeit beruhende Unkenntnis der behördlichen Entscheidung zu dem betreffenden Vorhaben (Fehlen der Gestattung, Vorliegen einer Untersagungsverfügung), etwa bei Versäumnis, sich bei der zuständigen 57

252 *Möhrenschlager* NuR **1983** 209.

253 BGHSt **59** 45, 53 f = NStZ **2014** 89, 92; OLG Braunschweig NStZ-RR **1998** 175, 177 m. Anm. *Brede* NStZ **1999** 137; *Fischer* Rdn. 16; *Schall* SK Rdn. 74; *SSW/Saliger* Rdn. 20; *Sch/Schröder/Heine/Schittenhelm* Rdn. 20; *Kloepfer* Umweltrecht § 7 Rdn. 116.

254 BGH **59** 45, 53 f.

255 *Sack* Rdn. 178; OLG Braunschweig ZfW **1991** 52; *Horn* SK (Loseblatt EL 51) Rdn. 6, § 325 Rdn. 11; *Jedwab* 246 ff, 256 f.

256 Zur Unvermeidbarkeit BGH Urt. v. 13.3.1975 – 4 StR 28/75, teilw. abgedr. bei *Dallinger* MDR **1975** 723; *Tiedemann* 58; StA Mannheim NJW **1976** 585.

257 *SSW/Saliger* Rdn. 20; *Franzheim/Pfohl* Rdn. 392; *MG/Pfohl* § 54 Rdn. 216; *Sack* Rdn. 176, 178; *Kuhlen* WiVerw **1991** 181, 225; zum Irrtum über Inhalt und Umfang der Genehmigung BayObLG wistra **1988** 240.

258 *Schall* SK Rdn. 75; *ders.* NStZ **1997** 577, 582 f; *Alt* MK Rdn. 43; *Sack* Rdn. 178.

Behörde zu erkundigen.[259] Fahrlässiges Handeln kann ferner in Betracht kommen, wenn die Anlage aus Nachlässigkeit in der Überwachung in Tätigkeit gerät oder derjenige, der die Betriebsaufnahme anordnet, infolge unsorgfältigen Verhaltens nicht weiß, dass für diese Betriebsform keine Genehmigung vorliegt.

VIII. Rechtswidrigkeit

58 Gerade bei § 327 mit seiner Fokussierung auf formal verbotenes, aber prinzipiell erlaubnisfähiges Verhalten stellt sich die Frage, inwieweit sich die **behördliche Duldung** des Betriebs einer Anlage ohne die erforderliche Genehmigung, d. h. das Nichteinschreiten gegen den illegalen Betrieb, strafrechtlich auswirkt. Soweit man einer Duldung die kommunizierte Willensbildung der Behörde entnehmen kann, dem Betreiber jedenfalls derzeit den Betrieb nicht verbieten (also zulassen) zu wollen und einer solchen informellen Zulassungsentscheidung keine (missachteten) Formerfordernisse einer Zulassung im Wege stehen, führt eine Duldung zu einem genehmigungsgleich erlaubten Verhalten, das dann nicht mehr als „ohne die erforderliche Genehmigung" begangen gewertet werden kann (vor § 324 Rdn. 65 ff).[260] Selbst wenn man der hier vertretenen Auffassung nicht folgen mag, so wäre es jedenfalls angezeigt, die behördliche Duldung strafrechtlich in dem Umfang rechtfertigend wirken zu lassen, soweit dies im Umweltverwaltungsrecht anerkannt ist.[261] Ein zulässiger Anwendungsbereich, sogar von verschiedenen Strafgerichten gebilligt,[262] folgt aus Kann-Regelungen wie in § 19 Abs. 3 AtomG, §§ 20, 25 BImSchG, die mit der Möglichkeit einer ermessensgerechten Duldung die Annahme einer rechtfertigenden Wirkung eröffnen.[263]

59 Keine Zulassungswirkung besitzt eine Duldung hingegen gegenüber einer bereits ausgesprochenen vollziehbaren Untersagung, soweit die Behörde lediglich **von der Vollstreckung absehen**, nicht jedoch den soeben erst untersagten Betrieb erneut zulassen möchte (vor § 324 Rdn. 68).

60 Rechtfertigungsgrund kann ausnahmsweise der rechtfertigende **Notstand** (§ 34) sein,[264] soweit der Täter zur Abwendung einer größeren Gefahr tätig wird, etwa eine nicht genehmigte Abfallbeseitigungsanlage vorübergehend weiterbetreibt, um die lagernden Abfälle, von denen Gesundheitsgefahren ausgehen, schadlos zu verwahren.[265] Der Ausschluss der Rechtswidrigkeit wird freilich nur in Ausnahmefällen (Katastrophen, Not- und Störfälle) bejaht werden können;[266] bei einer Untersagung nach § 25 BImSchG kommt dies kaum in Frage. Generell reicht die Arbeitsplatzgefahr zur Rechtfertigung nicht aus.

---

259 *Alt* MK Rdn. 43; *Ransiek NK Rdn. 18; Sch/Schröder/Heine/Schittenhelm* Rdn. 20; *Schall* SK Rdn. 75; vgl. auch OLG Braunschweig NStZ-RR **1998** 175, 177 (fahrlässiges Verkennen der Anlageneigenschaft eines privaten Müllplatzes und dessen Genehmigungsbedürftigkeit).

260 *Schall* SK Rdn. 80; *Rönnau* LK vor §§ 32 ff Rdn. 292; **aA** *Sch/Schröder/Heine/Schittenhelm* Rdn. 22; *Alt* MK Rdn. 45.

261 BVerwGE **112** 123 = NVwZ **2001** 567, 570; OVG Berlin NVwZ **1985** 756 f; **aA** OVG Münster NWVBl **1992** 205, 207; *Kloepfer* Umweltrecht § 7 Rdn. 29 ff.

262 OLG Celle ZfW **1987** 126; OLG Karlsruhe DVBl. **1980** 607; OLG Stuttgart ZfW **1977** 118, 121 ff = JR **1978** 294 m. krit. Anm. *Sack*; LG München II NuR **1986** 259; LG Bonn NStZ **1988** 224; **aA** BayObLGSt **2000** 5, 11 = NuR **2000** 407, 409; OLG Karlsruhe ZfW **1996** 406, 409.

263 *Schmitz* MK Rdn. vor § 324 103 ff; *Szesny* AnwK vor § 324 Rdn. 59; *Rönnau* LK vor § 32 Rdn. 292; *Altenhain* Festschrift Weber 441, 446 ff, 453 (zum AtomG); *Jaeschke* Informale Gestattungen 121 ff, 237 f, 256 ff.

264 So auch *Sch/Schröder/Heine/Schittenhelm* Rdn. 22; *Schall* SK Rdn. 80; *Ransiek* NK Rdn. 19.

265 *Alt* MK Rdn. 45; vgl. auch *Sack* Rdn. 158.

266 *Sch/Schröder/Heine/Schittenhelm* Rdn. 22; *Saliger* Umweltstrafrecht Rdn. 258 ff; *Schall* SK Rdn. 80 (unvorhersehbare Kollisionslagen).

IX. Täterschaft und Teilnahme

Wer Täter sein kann, ist je nach Tatbestandsvariante zu beurteilen: Hinsichtlich des **Betreibens** (Abs. 1 Nr. 1, Abs. 2) ist es der jeweilige Betreiber der Anlage. Insofern handelt es sich nach h. M. bei § 327 um ein Sonderdelikt,[267] das allerdings von jedermann, der diese Funktion ausübt, begangen werden kann. Selbstverständlich erfüllt diese Voraussetzung kein Arbeitnehmer, der beim Betrieb der Anlage nur irgendwie mitwirkt. Adressat ist aber jeder, der – nicht notwendig eigenhändig – die Anlage eigenverantwortlich tatsächlich in Gang setzt bzw. hält und bestimmenden Einfluss hinsichtlich Lage, Beschaffenheit und Betrieb der Anlage, d. h. ihrer Abläufe, ausübt.[268] An ihn richten sich die umweltverwaltungsrechtlichen Pflichten, wie die der Einholung einer Genehmigung oder der Befolgung einer Untersagung; insofern ist § 327 auch ein Pflichtdelikt.[269] Die Norm beansprucht daher nicht allein vom Eigentümer Gehorsam; vielmehr können auch Mieter oder Pächter, andere Nutzungsberechtigte sowie Insolvenzverwalter angesprochen sein.[270] Aus der Anlagenbezogenheit der Genehmigung ergibt sich, dass eine für den Eigentümer erteilte Genehmigung auch für den Mieter, Pächter usw. der (unveränderten) Anlage gilt, weshalb sich diese nicht nach § 327 strafbar machen, wenn sie selbst keine (weitere) Genehmigung einholen. Konsequenterweise ist auch derjenige, der die Anlage faktisch in Funktion bringt und hält, sofern er eigenverantwortlich aus eigenem Entschluss mit maßgeblichem Einfluss tätig wird, als tauglicher Täter anzusehen.[271] Dazu kann selbst jemand gehören, der sich die Anlage rechtswidrig angeeignet hat, z. B. durch Betrug oder Erpressung. Wird die Anlage von einem Unternehmen oder von der öffentlichen Hand betrieben, so ist diese zwar generell der Adressat der Genehmigungspflicht und der Untersagung. Deren Erfüllung obliegt aber den dafür zuständigen Organen. Täter kann daher der intern für den Betrieb Verantwortliche oder Beauftragte (§ 14) sein, der die Inbetriebnahme angeordnet hat oder den Betrieb willentlich aufrechterhält.[272] 61

Als Täter des **Innehabens** (Abs. 1 Nr. 1) kommt der unmittelbare Besitzer in Betracht, der die tatsächliche Gewalt ausübt; bei Unternehmen ist dies der für die Anlage betriebsintern Verantwortliche.[273] Beim **Abbauen** (Abs. 1 Nr. 1) richtet sich der Vorwurf an denjenigen, der das Abbauvorhaben eigenverantwortlich durchführt oder durchführen lässt, beim **Ändern der Anlage oder ihres Betriebs** (Absätze 1 und 2) an denjenigen, der selbst eigenverantwortlich ändert oder auf dessen Anordnung hin die Änderung vorgenommen wird. 62

Täter muss damit nicht jeweils ausschließlich sein, wen die Pflicht zur Einholung der behördlichen Gestattung trifft.[274] Die tatsächliche Inbetriebnahme, der tatsächliche Abbau, das Ändern selbst führt zur Täterschaft, sofern keine Gestattung vorliegt. Entsprechendes gilt für 63

---

267 BVerfG (Kammer) NJW **1995** 186; OLG Karlsruhe ZfW **1996** 406, 408; *Fischer* Rdn. 18; *Lackner/Kühl/Heger* Rdn. 6a; *SSW/Saliger* Rdn. 21; *Weber* GK-BImSchG Rdn. 25; *Franzheim/Pfohl* Rdn. 394, 396 f; *J. Martin* 36 ff, 45 ff, 49 f; *Rengier* Festschrift Kohlmann 225, 236 f; *Schall* SK Rdn. 81 f; *ders.* NStZ **1997** 577, 580; *Witteck* 72 ff, 203; *Kloepfer/Heger* Rdn. 318; *Alt* MK Rdn. 47.

268 *J. Martin* 36 ff; *Schall* NStZ **1997** 577, 580; *Vierhaus* NuR **2014** 98; vgl. auch BVerwGE **102** 299 = NJW **1999** 1416; *Ramming* 89 ff m. w. N. aus Immissionsschutzrecht; weitergehend *Ransiek* NK Rdn. 5 f, 20; *ders.* Festschrift Widmaier 725, 730 ff, 738 ff; *Schünemann* LK § 14 Rdn. 21, 31, der § 327 als Organisationsdelikt kennzeichnet.

269 *Sch/Schröder/Heine/Schittenhelm* Rdn. 23; *Witteck* BeckOK Rdn. 34, 36.

270 Zum Insolvenzverwalter BVerwGE **102** 299 = NJW **1999** 1416 (auch zu Abgrenzungen bei der Pacht).

271 *Ransiek* NK Rdn. 5 f; *ders.* Festschrift Widmaier 730 ff; abl. zur Anwendung einer faktischen Betrachtungsweise *Sch/Schröder/Heine/Schittenhelm* Rdn. 23; *SSW/Saliger* Rdn. 21; *Szesny* AnwK Rdn. 29; *J. Martin* 31 ff; *Rengier* Festschrift Kohlmann 236 f; *Schall* SK Rdn. 82; *ders.* Festschrift Schöch 626; *Witteck* BeckOK Rdn. 36.

272 *Sack* Rdn. 197 (Betreiber, Besitzer, für die Anlage oder deren Betrieb Verantwortliche, Rdn. 195, 201); für Anwendung von § 14 auch OLG Karlsruhe ZfW **1996** 406, 408; LG Hanau NJW **1988** 571; AG Cochem NStZ **1985** 505; *Alt* MK Rdn. 47 i. V. m. § 325 Rdn. 65; *Sch/Schröder/Heine/Schittenhelm* Rdn. 23; *Fischer* Rdn. 18; *SSW/Saliger* Rdn. 21; *Lackner/Kühl/Heger* Rdn. 6a; *Schall* SK Rdn. 83; *Witteck* BeckOK Rdn. 34 (betr. öffentliche Hand); **aA** *Ransiek* NK Rdn. 5 f.

273 *Alt* MK Rdn. 47; *Sch/Schröder/Heine/Schittenhelm* Rdn. 23; *Sack* Rdn. 197 f.

274 So allerdings *Sch/Schröder/Heine/Schittenhelm* Rdn. 23; *Witteck* Betreiber im Umweltstrafrecht 203.

den Fall der Untersagung des Betriebs. Hier kommt als Täter neben dem Adressaten des Verwaltungsaktes auch der nach betriebsinternen Grundsätzen Verantwortliche nach § 14 sowie der rein tatsächlich Handelnde in Betracht, der sich über das Verbot hinwegsetzt.[275] Das Fehlen der Genehmigung ist tatbezogen,[276] § 28 Abs. 1 nicht anzuwenden.

64 Bei **Abs. 1 Nr. 2** ist Täter, wer die Betriebsstätte oder deren Lage durch eigenverantwortliche Maßnahmen wesentlich ändert oder verändern lässt. Hier wird in erster Linie derjenige in Frage kommen, der die Genehmigungsurkunde besitzt, in welcher die Behörde die Einzelheiten bezüglich der Betriebsstätte verbindlich festgelegt hatte.

X. Rechtsfolgen

65 Das Gesetz hält für das vorsätzliche Handeln i. S. d. Absätze 1 und 2 jeweils unterschiedlich hohe Strafdrohungen bereit und gibt damit eine abgestufte Bewertung der Unrechtstatbestände kund. Für das ungenehmigte oder untersagte Handeln hinsichtlich der besonders gefährlichen kerntechnischen Anlagen droht es Freiheitsstrafe bis zu fünf Jahren oder Geldstrafe an, bei den Anlagen des Absatzes 2 nur bis zu drei Jahren Freiheitsstrafe oder Geldstrafe. Entsprechend differenziert droht Absatz 3 für die Fahrlässigkeitstaten des Absatzes 1 bis zu drei Jahre und diejenigen des Absatzes 2 bis zu zwei Jahre Freiheitsstrafe oder jeweils Geldstrafe an.

66 § 330 Abs. 1 sieht für einen Katalog von **besonders schweren Fällen** der Vorsatztaten Freiheitsstrafen von sechs Monaten bis zu zehn Jahren vor. § 330 Abs. 2 (Verbrechen) enthält einen theoretisch auch für Taten nach § 327 anwendbaren **Qualifikationstatbestand** für den Fall des Eintritts schwerer Folgen. Zu beachten ist insoweit das Erfordernis des Risikozusammenhangs zwischen fehlender Genehmigung und schwerer Folge; dieser fehlt, wenn die schwere Folge zwar beim Betrieb, nicht aber auf Grund der durch das Genehmigungserfordernis zu verhütenden Umweltgefahren eintritt, also etwa ein Arbeiter auf der ungenehmigt betriebenen Deponie durch ein unzulänglich gesichertes Fahrzeug überrollt wird.

67 Die **Einziehung** ist (jedoch nur für Vorsatztaten) in § 330c geregelt. In Frage kommt sie nach § 73 Abs. 1, § 73c auch hinsichtlich ersparter Aufwendungen für die erforderliche Genehmigung und die Durchführung des dafür vorgesehenen Verfahrens.[277] Gleiches gilt, falls jemand für die Verfüllung mit nicht genehmigten Abfällen in Deponien Zahlungen von abfallliefernden Müllunternehmern erlangt.

XI. Verfolgungsverjährung

68 Die Verfolgungsverjährungsfrist beträgt nach der Heraufstufung der Höchststrafen durch das 2. UKG bei allen Deliktsformen einheitlich fünf Jahre (§ 78 Abs. 3 Nr. 4). Ihr Beginn richtet sich nach den allgemeinen Vorschriften. Beim gesetzwidrigen Betreiben einer Anlage handelt es sich um ein Dauerdelikt;[278] Tatbeendigung und damit Verjährungsbeginn sind mit der Beseitigung der Gefährdungslage, wie der Einstellung bzw. Stilllegung des Betriebes, anzusetzen.[279]

---

275 Vgl. *Weber* GK-BImSchG Rdn. 139 vor § 62 (Betriebsangehöriger schwingt sich zum Herrn des Geschehens auf und hält eine Anlage ohne Weisung in Betrieb).

276 *Sch/Schröder/Heine/Schittenhelm* Rdn. 23.

277 So schon zum früheren Recht BGH NStZ **2014** 89, 93 (Ersparnis für eine rechtmäßige Entsorgung kompostierter Abfälle); LG Münster wistra **2011** 238 (Ersparnis von Filtern und Sicherungsmaßnahmen, die zur Erlangung der Genehmigung notwendig gewesen wären); *Ransiek* NK Rdn. 21.

278 BayObLGSt **1997** 11, 13 = ZfW **1998** 391, 393.

279 *Alt* MK Rdn. 54; *Sch/Schröder/Heine/Schittenhelm* Rdn. 22a; *Schall* SK Rdn. 85; *Fischer* Rdn. 19; *Sack* Rdn. 224.

XII. Konkurrenzen

Tateinheit kommt mit den Verletzungsdelikten der §§ 211, 212, 223 ff, 303 ff in Betracht.[280] Umstritten ist das Verhältnis zu anderen Umweltdelikten, die tatbestandlich das Fehlen einer Genehmigung über die Verletzung verwaltungsrechtlicher Pflichten oder als unbefugt erfassen und zugleich eine höhere Umweltgefahr als Voraussetzungen nennen. Gegenüber solchen Tatbeständen hat § 327 als rein abstraktes Umweltgefährdungsdelikt als subsidiär zurückzutreten. Das betrifft das Verhältnis von Absatz 1 zu den §§ 311[281] und 328, während mit § 312 wegen seiner andersartigen Unrechtsbeschreibung Tateinheit möglich ist. Gegenüber den §§ 307 und 309 mit ihrem deutlich höheren Unrechtsgehalt tritt § 327 im Wege der Subsidiarität zurück.[282] Mit entsprechenden Erwägungen wird § 327 Abs. 2 generell gegenüber den §§ 324-326 zurücktreten.[283] Im Verhältnis zu § 329 ist im Einzelfall danach zu differenzieren, ob sich das tatbestandliche Unrecht im ungenehmigten oder untersagten Betrieb erschöpft (dann Vorrang von § 329 als lex specialis) oder – wie bei § 329 Abs. 2 Nr. 3 i. d. R. anzunehmen – zusätzliche Handlungen inkriminiert sind (dann Tateinheit).[284] 69

280 *Alt* MK Rdn. 52; *Schall* SK Rdn. 85.

281 *Alt* MK Rdn. 52; *Szesny* AnwK Rdn. 33; *GJW/Bock* Rdn. 33; *SSW/Saliger* Rdn. 22; **aA** (Tateinheit) *Möhrenschlager* LK § 311 Rdn. 41; *Lackner/Kühl/Heger* Rdn. 8; *Börner* AnwK § 311 Rdn. 6.

282 *Sch/Schröder/Heine/Schittenhelm* Rdn. 25; *Alt* MK Rdn. 52; *Witteck* BeckOK Rdn. 43; *Szesny* AnwK Rdn. 33; *Schall SK* Rdn. 85; **aA** *Lackner/Kühl/Heger* Rdn. 8 (Tateinheit).

283 *Weber* GK-BImSchG Rdn. 30; **aA** (Tateinheit) *Fischer* Rn. 18; *Schall* SK Rdn. 85; *Sch/Schröder/Heine/Schittenhelm* Rdn. 25; *Alt* MK Rdn. 52; *Lackner/Kühl/Heger* Rdn. 8; *Witteck* BeckOK Rdn. 44; BGHSt **58** 152, 155 = wistra **2013** 225; OLG Düsseldorf wistra **1994** 73, 76 (bzgl. § 326).

284 *Alt* MK Rdn. 52; **aA** (stets Tateinheit) *Sch/Schröder/Heine/Schittenhelm* Rdn. 25; *SSW/Saliger* Rdn. 22; *Lackner/Kühl/Heger* Rdn. 8.

§ 328 Unerlaubter Umgang mit radioaktiven Stoffen und anderen gefährlichen Stoffen und Gütern

(1) Mit Freiheitsstrafe bis zu fünf Jahren oder mit Geldstrafe wird bestraft,
1. wer ohne die erforderliche Genehmigung oder entgegen einer vollziehbaren Untersagung Kernbrennstoffe oder
2. wer ohne die erforderliche Genehmigung oder wer entgegen einer vollziehbaren Untersagung sonstige radioaktive Stoffe, die nach Art, Beschaffenheit oder Menge geeignet sind, durch ionisierende Strahlen den Tod oder eine schwere Gesundheitsschädigung eines anderen oder erhebliche Schäden an Tieren oder Pflanzen, Gewässern, der Luft oder dem Boden herbeizuführen,
herstellt, aufbewahrt, befördert, bearbeitet, verarbeitet oder sonst verwendet, einführt oder ausführt.

(2) Ebenso wird bestraft, wer
1. Kernbrennstoffe, zu deren Ablieferung er auf Grund des Atomgesetzes verpflichtet ist, nicht unverzüglich abliefert,
2. Kernbrennstoffe oder die in Absatz 1 Nr. 2 bezeichneten Stoffe an Unberechtigte abgibt oder die Abgabe an Unberechtigte vermittelt,
3. eine nukleare Explosion verursacht oder
4. einen anderen zu einer in Nummer 3 bezeichneten Handlung verleitet oder eine solche Handlung fördert.

(3) Mit Freiheitsstrafe bis zu fünf Jahren oder mit Geldstrafe wird bestraft, wer unter Verletzung verwaltungsrechtlicher Pflichten
1. beim Betrieb einer Anlage, insbesondere einer Betriebsstätte oder technischen Einrichtung, radioaktive Stoffe oder gefährliche Stoffe und Gemische nach Artikel 3 der Verordnung (EG) Nr. 1272/2008 des Europäischen Parlaments und des Rates vom 16. Dezember 2008 über die Einstufung, Kennzeichnung und Verpackung von Stoffen und Gemischen, zur Änderung und Aufhebung der Richtlinien 67/548/EWG und 1999/45/EG und zur Änderung der Verordnung (EG) Nr. 1907/2006 (Abl. L 353/1 vom 31.12.2008), die zuletzt durch die Verordnung (EG) Nr. 790/2009 (Abl. L 235/1 vom 5.9.2009) geändert worden ist, lagert, bearbeitet, verarbeitet oder sonst verwendet oder
2. gefährliche Güter befördert, versendet, verpackt oder auspackt, verlädt oder entlädt, entgegennimmt oder anderen überlässt
und dadurch die Gesundheit eines anderen, Tiere oder Pflanzen, Gewässer, die Luft oder den Boden oder fremde Sachen von bedeutendem Wert gefährdet.

(4) Der Versuch ist strafbar.

(5) Handelt der Täter fahrlässig, so ist die Strafe Freiheitsstrafe bis zu drei Jahren oder Geldstrafe.

(6) Die Absätze 4 und 5 gelten nicht für Taten nach Absatz 2 Nr. 4.

Nach Art. 2 des Gesetzes zu dem Übereinkommen vom 26.10.1979 über den physischen Schutz von Kernmaterial vom 24.4.1990 (BGBl. II 326) i. d. F. des Art. 6 des 2. UKG gilt zusätzlich Folgendes:

Einer verwaltungsrechtlichen Pflicht im Sinne des § 311d Abs. 1 und einer Genehmigung und Untersagung im Sinne des § 328 Abs. 1 Nr. 1 stehen eine entsprechende ausländische verwaltungsrechtliche Pflicht, Genehmigung und Untersagung gleich.

https://doi.org/10.1515/9783110490305-011

Schrifttum

S. zunächst die Nachweise vor § 324.

Atom- und Strahlenschutzstrafrecht. *Bartholme* Strafrechtliche Aspekte des „Plutoniumtourismus", JA **1996** 730; *Bickel* Anm. zu LG Hanau, NStZ **1988** 181; *Braun/Ferchland* Nuklearkriminalität – ein neues Kriminalitätsphänomen, Kriminalistik **1993** 481; *Dietzel* Der Tatbestand des § 328 Abs. 3 StGB: Eine Untersuchung zur Effektivität des Umweltstrafrechts in Bezug auf den Umgang mit radioaktiven Stoffen und mit Gefahrstoffen im Sinne des Chemikaliengesetzes (2010); *Heine* Materielles Immissionsschutz- und Atomstrafrecht, in *Meinberg/Möhrenschlager/Link* 109; *Holthausen* Zum Tatbestand des Förderns in den neuen Strafvorschriften des Kriegswaffenkontrollgesetzes (§§ 16–21 KWKJG), NJW **1991** 203; *Horn* Bindung des Strafrechts an Entscheidungen der Atombehörde? Lehren aus dem Alkem-Urteil, NJW **1988** 2335; *Kohlhaas* Die Straf- und Bußgeldbestimmungen des Luftverkehrsgesetzes und des Atomgesetzes, GA **1962** 43; *Mattausch/Baumann* Nuklearkriminalität – Illegaler Handel mit radioaktiven Stoffen, NStZ **1994** 462; *Nehring* Strafnormen im Atomenergierecht (1965); *Palme* Atomrechtliches Genehmigungsverfahren und Strafrecht (zu *Winkelbauer* JuS 1988, 692 ff), JuS **1989** 944; *Peters* „Schutz vor Gefahren" im Strafblankett §§ 328 Abs. 3 Nr. 1, 330d Nr. 4 lit. a (1. Alt) StGB und das Bestimmtheitserfordernis gem. Art. 103 Abs. 2 GG, Festschrift Leuze (2003) 419; *Ransiek* Betreiben, Ausführen, Herstellen – § 327 StGB und andere Tatbestände des Wirtschaftsstrafrechts, Festschrift Widmaier (2008) 725; *Reinhardt* Der strafrechtliche Schutz vor den Gefahren der Kernenergie und den schädlichen Wirkungen ionisierender Strahlen (1989); *Roger* Atomschmuggler und Strafrecht, atw **1993** 697; *Saliger* Grundfrage des heutigen Umweltstrafrechts, in: *Kloepfer/Heger* Was ändert das 45. Strafrechtsänderungsgesetz am deutschen Umweltstrafrecht? (2015) 9; *Sauer* Kernenergie- und Strahlungsdelikte, in: *Ulsamer* (Hrsg.) Lexikon des Rechts, Straf- und Strafverfahrensrecht, 2. Aufl. (1996); *Schall* Strafrechtliche Folgen von Störfällen bei Hochrisikoanlagen, in Kloepfer, Hochrisikoanlagen (2012) 45; *Winkelbauer* Atomrechtliches Genehmigungsverfahren und Strafrecht, JuS **1988** 691; *Ziegler* Kernenergie- und Strahlendelikte, in: *Ulsamer* (Hrsg.) Lexikon des Rechts, Straf- und Strafverfahrensrecht, 2. Aufl. (1996).

Verwaltungsrechtliches Atom- und Strahlenschutzrecht. *Brandl/Blechschmidt* Bestimmungen über die Beförderung radioaktiver Stoffe (1986); *Breuer* Die Entwicklung des Atomrechts 1974–1976, NJW **1977** 1121; *ders.* Gefahrenabwehr und Risikovorsorge im Atomrecht, DVBl. **1978** 829; *Buttermann* Radioaktivität und Strahlung. Tschernobyl – Medizin – Technik, in: *Schiwy* (Hrsg.) Strahlenschutzvorsorgegesetz (1987); *Feldmann/Paschke* Strahlenexposition und Strahlenwirkungen, in: *Michaelis/Salander* Handbuch Kernenergie (1995) 559; *Fischerhof* Deutsches Atomgesetz und Strahlenschutzrecht, Bd. 1, 2. Aufl. (1978); *Frenz* (Hrsg.) Atomrecht (2019); *Giesberts/Mager* Öffentlich-rechtliche Verantwortung und zivilrechtliche Haftung für Radonbelastung, EurUP **2010** 62; *Haedrich* Atomgesetz mit Pariser Haftungsübereinkommen (1986); *ders.* Neuere Entwicklungen im Atomrecht, et **1988** 631; *Huck* Transport radioaktiver Stoffe (1992); *Kaul* Die radiologischen Folgen von Tschernobyl, atw **1987** 532; *Kimminich* Atomrecht (1974); *Klöpping* Das Recht der Gefahrstoffe im deutschen Recht und im Recht der Europäischen Gemeinschaft (1996); *Kölzer* Strahlen und Strahlenschutz (1987); *Lohse* Der Rechtsbegriff „Stand der Wissenschaft" aus erkenntnistheoretischer Sicht am Beispiel der Gefahrenabwehr im Immissionsschutz- und Atomrecht (1994); *Martin* Verwaltungsrechtliche Grundlagen des Atom- und Strahlenschutzrechts, in: *Meinberg/Möhrenschlager/Link* 100; *Pelzer* Revisited: Euroeigentum an besonders spaltbaren Stoffen, atw **2015** 101; *Posser* Rechtsfragen des Transports abgebrannter Brennelemente, DVBl. **2001** 609; *Rengeling* Anlagenbegriff, Schadensvorsorge und Verfahrensstufung im Atomrecht – Bemerkungen zu dem Urteil des Bundesverwaltungsgerichts vom 19.12.1985 betreffend das Kernkraftwerk Wyhl, DVB1. **1986** 265; *ders.* Zur Fortgeltung von Genehmigungen der ehemaligen DDR-Verwaltung, DVB1. **1992** 222; *Ronellenfitsch* Das atomrechtliche Genehmigungsverfahren (1983); *ders.* Zur Zulässigkeit sogenannter Vorabzustimmungen zu genehmigungspflichtigen Tätigkeiten bei Brennelementfabriken, et **1986** 797; *Rosin* in *Büdenbender/Heintschel v. Heinegg/Rosin* Energierecht I, Recht der Energieanlagen (1999) Kap. 6; *Schmatz/Nöthlichs* Immissionsschutz. Strahlenschutz. Radioaktive Stoffe, Röntgengeräte, Beschleuniger (1987); *Schmidt-Preuß* Europäisches Gemeinschaftsrecht und deutsches Atom- und Strahlenschutzrecht, in: *Rengeling* (Hrsg.), Handbuch zum europäischen und deutschen Umweltrecht, Bd. II Teil 1, 2. Aufl. (2003), § 60; *Sellner/Hennenhöfer* Atom- und Strahlenschutzrecht, in *Rehbinder/Schinck* (Hrsg.) Grundzüge des Umweltrechts, 5. Aufl. (2018), Kap. III 12; *Siegmann* Änderungsgenehmigungen im Atom- und Strahlenschutzrecht (1993); *Sommer* Zum Dosisgrenzwertkonzept des § 45 Strahlenschutzverordnung, DÖV **1983** 754; *Spohn* Die Freigaberegelung des § 29 StrlSchV, DVBl. **1983** 893; *Timm* Probleme der internationalen Kernbrennstoffbeförderung, et **1985** 260; *Wachsmann* Sind kleine Strahlendosen wirklich so gefährlich? atw **1986** 499; *Wasielewski* Die „wesentliche" Änderung – eine rechtsvergleichende Betrachtung des Atom- und Immissionsschutzrechts, UPR **1998** 420; *Winters* Atom- und Strahlenschutzrecht (1978).

Gefahrstoff-/Gefahrguttransportstrafrecht. *Bottke* Zur straf- und ordnungswidrigkeitsrechtlichen Verantwortlichkeit bei der Beförderung gefährlicher Güter einschließlich der Verantwortlichkeit des Gefahrgutbeauftragten, TranspR **1992** 390; *Dietzel* Der Tatbestand des § 328 Abs. 3 StGB: Eine Untersuchung zur Effektivität des Umweltstrafrechts in Bezug auf den Umgang mit radioaktiven Stoffen und Gefahrstoffen i. S. des ChemG (2010); *Fromm* Bekämpfung schwerer Umweltkriminalität in der EG durch einheitliche strafrechtliche Sanktionen? ZfW **2009** 157; *Henzler* Die Verwendungsbeschränkungen nach der Gefahrstoffverordnung 2010 aus strafrechtlicher Sicht, NuR **2012** 91; *Kuchenbauer* Asbest und Strafrecht, NJW **1997** 2009; *Lach/Burckhardt* Steigende strafrechtliche Haftungsrisiken für Chemieunternehmen und einzelne Verantwortliche in Europa, StoffR **2013** 253; *Mackenthun/Jaeschke* Der sorglose private Umgang mit Asbest und dessen strafrechtliche Sanktion, ZUR **2003** 408; *Meine* Die Strafbarkeit von Embargoverstößen nach § 34 Abs. 4 AWG, wistra **1996** 41; *Müller* Strafrechtliche Relevanz des privatrechtlichen Umgangs mit Asbest, NuR **2001** 202; *Peters* „Schutz vor Gefahren" im Strafblankett § 328 Abs. 3 Nr. 1, § 330d Nr. 4 lit. a (1. Alt.) StGB und das Bestimmtheitserfordernis, Festschrift Leuze (2003) 419; *Petzsche* Die Verweisung auf EU-Rechtsakte im Umweltstrafrecht des StGB, NZWiSt **2015** 210; *Schröder* Zur Europäisierung der Fahrlässigkeits- und Unterlassungsdelikte, NStZ **2006** 669; *Thomas* Asbest und Umweltstrafrecht (2015); *Vierhaus* Die neue Gefahrgutbeauftragtenverordnung aus der Sicht des Straf-, Ordnungswidrigkeiten- und Umweltverwaltungsrecht, NStZ **1991** 466; *Vollmöller* Gefahrguttransporte und Strafrecht, Entsorgungs-Technik **1992** 23; *Wendler* Die Haftung des Betriebsbeauftragten im Strafrecht, insbes. des Gewässerschutz-, des Gefahrgut- und des Strahlenschutzbeauftragten (2010); *Wiedemann* Der Gefahrguttransport-Tatbestand im neuen Umweltstrafrecht – § 328 III Nr. 2 StGB (1995).

Gefahrstoffrecht. *Ahlhaus/Mayer/Schucht* Die Gefahrstoffverordnung 2010, StoffR **2011** 231; *Albrecht* Risikomanagement nach REACH, StoffR **2008** 64; *Albrecht/Goebelbecker* Nano gegen REACH. Klassisches Stoffverständnis zu größeninduzierten Eigenschaften – Geltungs- und Haftungsfragen, StoffR **2017** 2; Albrecht/*Krause* Produktbezogener Umweltschutz und die neue europäische Chemikalienpolitik [REACH] (2010); *Au/Rühl* REACH-Verordnung (2007); *Au* Die Neuordnung des Gefahrstoffrechts, ZUR **1994** 237; *Becker* Schon wieder neues Chemikalienrecht: Zur sog. GHS-Verordnung (EG) Nr. 1272/2008 über die Einstufung, Kennzeichnung und Verpackung von Stoffen und Gemischen, NVwZ **2009** 1011; *Becker/Tiedemann* Chemikalienrecht (2011); *Biwer* Entwicklung des EU-Stoffrechts: Vergleich der Regelungen für Pflanzenschutzmittel, Biozid-Produkte und Chemikalien, EurUP **2010** 234; *Böttcher* Pflanzenschutz-, Schädlingsbekämpfungsmittel und Biozide, in *Rengeling* Handbuch zum europäischen und deutschen Umweltrecht, Bd. II, BTZ, Teil 1 (EUDR), 2. Aufl. (2003) § 62; *Brandhofer*/Heitmann, REACH – Die neue Herausforderung für ihr Unternehmen (2007); *Bunke/Schneider/Hansschmidt/Lulei* REACH und Gemische: Vorgaben der Verordnung und Handlungsmöglichkeiten für Stoffhersteller und Formulierer, StoffR **2012** 170; *Busse* Grundstrukturen des Gefahrstoffrechts, DVBl. **2009** 1289; *Damaschke* Der Einfluss der Verbände auf die Gesetzgebung am Beispiel des Gesetzes zum Schutz vor gefährlichen Stoffen (Chemikaliengesetz) (1986); *Dilling* Grenzüberschreitende Produktverantwortung – Zum prozeduralen Recht betrieblicher Risikobewältigung (2010); *Drohmann/Becker* REACH und Arbeitsschutz, StoffR **2017** 229; *Durner* Abfall-und Gefahrstoffrecht in *Proelß* Internationales Umweltrecht (2017), 570 ff, 592 ff; *Engelstätter* Gewässerschutz durch Gefahrstoffrecht (2006); *Fischer* Verbraucherschutz und Chemikalienrecht (2005); *ders.* REACH – das neue europäische Chemikalienrecht, DVBl. **2007** 853; *ders.* Beschränkungen nach REACH und Verbraucherschutz, StoffR **2005** 147; *ders.* Beschränkungen nach REACH und die deutsche Chemikalien-Verbotsverordnung, StoffR **2010** 108; *Fluck* Die Ein- und Ausfuhr gefährlicher Chemikalien nach dem Rotterdamer Übereinkommen und der Verordnung (EG) Nr. 304/3003, StoffR **2005** 13; *Führ* Stoffbezogenes Umweltrecht: Vom Gefahrstoffrecht zum produktorientierten Stoffstrommanagement, in *Dolde*, Umweltrecht im Wandel (2001) S. 685; *ders.* Praxishandbuch REACH (2011); *Funke* Grundprobleme der Zulassung besonders gefährlicher Stoffe in der REACH-Verordnung (2008); *Ginzky* Rechtsfragen zur Reform der Altstoffregulierung, NVwZ **2003** 792; *ders.* Vermarktungsbeschränkungen von gefährlichen Chemikalien, NVwZ **2001** 129; *Hecker/Hendler/Proelß/Reiff* Perspektiven des Stoffrechts (2012); *Hendler/Marburger/Reiff/Schröder* (Hrsg.) Neues Europäisches Chemikalienrecht (REACH) (2008); *Henning/Thiemann* Phase-Out und Cut-Off-Kriterien in dem Zulassungsverfahren der REACH-, Biozid- und Pflanzenschutz-Verordnung, StoffR **2011** 142; *Herb/Hamer* Die Substitution gefährlicher Stoffe im europäischen Recht, StoffR **2005** 198, 263; *Hoppe/Sandner* Zur Reichweite des Verbots PCB-belasteter Recyclingprodukte, NuR **1999** 311; *Ingerowski* Die REACH-Verordnung (2010); *Kaus* Das deutsche Pflanzenschutzgesetz – eine dynamische Rechtsmaterie, StoffR **2008** 58; *ders.* Das neue europäische Pflanzenschutzmittelrecht – der Anfang vom Ende? StoffR **2009** 184; *ders.* Importe von Pflanzenschutzmitteln – Problembereich Umpacken, StoffR **2010** 176; *ders.* Pflanzenschutzrecht: Auf das Übergangsgesetz folgt das Ablösegesetz, StoffR **2012** 48; *Klein/Wahl/Allescher* REACH und Arbeitsschutz, StoffR **2006** 163; *Klöpping* Das Recht der Gefahrstoffe im deutschen Recht und im Recht der Europäischen Gemeinschaft (1996); *Kowalski* Die Ausfuhr und Einfuhr bestimmter gefährlicher Chemikalien nach der Export/Import-Verordnung, StoffR **2004** 72; *Krause* Der Risikobegriff im Gefahrstoffrecht, StoffR **2009** 20; *ders.* Risiko und Restrisiko im Gefahrstoffrecht, NVwZ **2009** 94; *Krüger/Plog/Bayer* Rechtsfolgen aus der Einstufung von Stoffen und Gemischen, StoffR **2015** 226; *Kuhn* REACH – das neue europäische Regulierungssystem für Chemikalien (2010); *Kummer* Chemikalien- und Abfallrecht – Harmonisierungsbemühungen der EU, StoffR **2018** 49; *Maaß* Schutz vor Gefahrstoffen am Arbeitsplatz – Zugleich ein Beitrag zur Systematik der Gefahrstoffverordnung, NZA **1998** 688; *ders.* Kunststoffrecyclingprodukte und PCB-Grenzwerte, Besprechung von VG Potsdam, B v. 14.12.1998 – 5 L 81/98 –, NVwZ **1999** 1196; *Mayer/Figge* Vollzug des Chemikalienrechts in Europa, StoffR **2010** 196; *Merenyi* Stoffrecht: Systematisches Rechtsgebiet oder unkoordinierte Normproduktion?

StoffR **2011** 165; *Meßerschmidt* Europäisches Umweltrecht (2011); *Morlet* REACH – Das neue Chemikalienrecht (2007); *Müggenborg* Das Gefahrstoffrecht beim Vertrieb von Chemikalien über Einkaufsgesellschaften, StoffR **2016** 267; *Müller* GHS – Das neue Chemikalienrecht (2009); *Pache* Rechtliche Aspekte der REACH-Verordnung, Bundesgesundheitsblatt **2009** 1408; *Peine* Probleme des Chemikalienrechts, Jura **1993** 337; *ders.* Zum Verhältnis von Produkt- und Stoffrecht, StoffR **2011** 188; *Pieper* Gefahrstoffverordnung (2013); *Quart* Das neue Pflanzenschutzrecht (2012); *ders.* Ungelöste Probleme bei der Zulassung von Pflanzenschutzmitteln, StoffR **2017** 23; *Rat von Sachverständigen für Umweltfragen* Umweltchemikalien, Entwurf eines Gesetzes zum Schutz vor gefährlichen Stoffen (Stellungnahme) (1997); *Raupach* Neues europäisches Chemikalienrecht, NuR **2008** 171; *ders.* Der sachliche Anwendungsbereich der REACH-Verordnung (2011); *Rausch* Chemikalien-Verbotsverordnung – Anforderungen und Umsetzung in der Praxis, StoffR **2014** 98; *Rehbinder* Gefährliche Stoffe, in: Umweltgesetzbuch – Besonderer Teil (UGB-BT) (1994) S. 875; *ders.* Allgemeine Regelungen – Chemikalienrecht in *Rengeling* (Hrsg.) Handbuch zum europäischen und deutschen Umweltrecht, Bd. 2/1 (2003), § 61; *ders.* Stoffrecht in *Rehbinder/Schink* Grundzüge des Umweltrechts 5. Aufl. (2018) Kap. III 15; *Reiml* Zulassung unter dem Chemikalienrecht REACH, StoffR **2013** 150; *Rengeling* Harmonisierung und Systematisierung im Europäischen Stoffrecht, DVBl. **2009** 605; *ders.* Europäisches Stoffrecht (2010); *Rucerito* Nanomaterialien im europäischen Stoffrecht (2013); *Sanden* Wassergefährdende Stoffe und Europäisches Chemikalienrecht, ZfW **2010** 323; *Schmatz/Nöthlichs* Gefahrstoffe (2010); *Schröder, M. u.a.* Chemikalienrecht (1986); *ders.* Genehmigungsverwaltungsrecht (2016); *Szezekalla* Umgestaltung des deutschen Chemikalienrechts durch europäische Chemikalienpolitik, DVBl. **2003** 647; *Tiedemann* Beschränkungen bestimmter gefährlicher Stoffe in Elektro- und Elektronikgeräten; *ders.* Das neue RoHS-Richtlinienrecht der EU, ZUR **2012** 281; *Vater* Gefahrstoffrecht, Bd. 1 BAnz 2000 Nr. 205a; *Wagner/Spiecker gen. Döhmann* Einführung in das Stoffrecht – Europäisierungstendenzen im Umweltrecht, JuS **2016** 413; *Wahl* Die EU-GHS-Verordnung – ein Überblick, StoffR **2008** 249; *Welzbacher* GHS-Verordnung (2009); *Winter* Risikoanalyse und Risikoabwehr im Chemikalienrecht (1995).

Gefahrguttransportrecht. *Albrecht* Das Unfallgeschehen im LKW-Bereich – eine Herausforderung an den Gesetzgeber, NZV **2002** 153; *Brandl/Blechschmidt* Bestimmungen über die Beförderung radioaktiver Stoffe (1986); *Bressin* Unfälle bei Transport gefährlicher Güter auf der Straße, 2. Aufl. (1986); *Busch* Was Wann Wo? Beim Gefahrgut-Transport, Lehrbuch, 2. Aufl. (1990); *ders.* Gefahrgutverordnung Straße, GGVS (2001); *ders.* Gefahrgut für die Praxis (2004); *Busch/Hole*, Gefahrgutbeförderungsgesetz (2014); *Delbrück* Die internationale Verkehrsordnung. Grenzüberschreitender Verkehr zu Lande, auf Binnenwasserstraßen und in der Luft (2015); *Döring* Einführung in das ADR, mit Ausblick auf Neuerungen (2011); *Fuhrmann* Gefahrgutrecht, ADR **2009** 2008; *Heid-Mann* Der Gefahrgutbeauftragte (1991); *Heid-Mann/Mann* Gefahrgutrecht (Loseblatt); *Hole/Busch* Internationale und nationale Vorschriften für die Beförderung gefährlicher Güter, TransportR **1986** 401; *ders.* Quo vadis Gefahrgutrecht? TransportR **2003** 133; *Holthausen* Zum Tatbestand des Förderns in den neuen Strafvorschriften des Kriegswaffenkontrollgesetzes (§§ 16–21 KrWaffG), NJW **1991** 203; *Holthausen/Hucko* Das Kriegswaffenkontrollgesetz und das Außenwirtschaftsrecht in der Rechtsprechung, NStZ-RR **1998** 193; *Holzhäuser* Gefahrgutrecht aktuell: Vorschau auf ADR/RID/ADN **2019** (2018); *Holzhäuser/Ridder* Gefahrgut Aktuell, 8. Aufl. (2016); *Hommel* Handbuch der gefährlichen Güter, Transport- und Gefahrenklassen, 35. Aufl. (2021); *Huck* Transport radioaktiver Stoffe (1992); *Lenz* Straßengütertransportrecht (1988); *Lorenz* Das Recht der Beförderung gefährlicher Güter auf der Straße, GewArch **1983** 14; *Posser* Rechtsfragen des Transports abgebrannter Brennelemente, DVBl. **2001** 609; *Rehbinder* Gefahrguttransporte in *Rengeling* Handbuch zum europäischen und deutschen Umweltrecht, Bd. II, 1. Teilbd, § 61, 2. Aufl. (2003); *Ridder* Der Gefahrgutfahrer, 23. Aufl. (2013); *ders.* Handbuch Gefahrgut (Losebl.); *Ridder/Holzhäuser* Handbuch GGVSEB/ADR [Stand; November 2020); *Salje* Umweltverantwortung und Haftung des Gefahrgutbeauftragten, TransportR **1998** 1; *Schneider* Zum Transport gefährlicher Abfälle, UPR **1983** 253; *Schröter* Der Gefahrgut-Transport im nationalen und internationalen Recht, NJW **1982** 1186; *Timm* Probleme der internationalen Kernbrennstoffbeförderung, et **1985** 260.

Entstehungsgeschichte

Die sehr heterogene Vorschrift geht in ihren einzelnen Teilen auf verschiedene Quellen aus dem Nebenstrafrecht, dem Völkerrecht und dem Europäischen Recht zurück.

Kernbrennstoffe, radioaktive Stoffe (Absätze 1 und 2). Die Kernbrennstoffe betreffenden Regelungen in Abs. 1 Nr. 1, Abs. 2 Nr. 1 und 2 finden ihren Ursprung im Atomstrafrecht der Fünfziger Jahre.[1] Der Gesetzgeber stellte

1 Näher dazu *Reinhardt* 53 ff, 63 ff, 101, 110, 149 ff, 197; Texte 337 ff, 352, 357 f, 363, 392, 395 f, 400, 409 ff.

in § 45 des AtomG 1959[2] – unter (etwas erweiterter) Übernahme der bereits in § 36 des RegE 1956[3] enthaltenen und dann in § 46 des RegE 1958[4] aufgenommenen Regelung – die vorsätzliche und fahrlässige Ein- und Ausfuhr, Beförderung, Aufbewahrung (außerhalb staatlicher Verwahrung), Bearbeitung und Verwendung (außerhalb von entsprechenden Anlagen) von Kernbrennstoffen ohne die erforderliche Genehmigung sowie deren nicht unverzügliche Ablieferung und Herausgabe an Unberechtigte unter Strafe. Ausdrücklich wurde auch die wesentliche Abweichung[5] von dem in einer Genehmigung festgestellten Verfahren für die Bearbeitung, Verarbeitung und sonstigen Verwendung mit erfasst. In dem **1980** durch das **18. StrÄndG** eingeführten § 328 über den „Unerlaubten Umgang mit Kernbrennstoffen"[6] entsprach Abs. 1 Nr. 1 dem § 45 Abs. 1 Nr. 5 AtomG a. F., Abs. 1 Nr. 2 lit. a) dem § 45 Abs. 1 Nr. 3, lit. b) der dortigen Nr. 2 und lit. c) der dortigen Nr. 1. Absatz 2 entsprach mit seinen Nummern (Nummern 1 und 2 der heutigen Fassung) der Regelung in § 45 Abs. 2 Nr. 1 und 2 AtomG a. F. Ein Teil der Regelung, nämlich soweit sie auf betriebsstättenbezogenen Genehmigungen aufbaute, wurde durch das **2. UKG 1994** in § 327 Abs. 1 Nr. 2 übernommen (s. § 327 Entstehungsgeschichte). Darüber hinaus wurde die Vorschrift – mit einem erweiterten Anwendungsbereich durch Einbeziehung radioaktiver Stoffe und anderer gefährliche Stoffe und Güter – neu gefasst. Absatz 1 wurde vor allem im Hinblick auf die verstärkt im Zuge der Auflösung des Ostblocks festgestellte Nuklearkriminalität,[7] insbesondere den sog. Atomschmuggel, in seiner Struktur völlig umgestaltet und gleichzeitig vereinfacht.[8] Der Tatbestand verlangte aber, um eine zu weitgehende Strafbarkeit zu vermeiden[9] (etwa bei geringfügiger Überschreitung der genehmigten Menge), noch einen „grob pflichtwidrigen" Verstoß gegen verwaltungsrechtliche Pflichten. In Abs. 2 Nr. 2 wurde durch die Neuregelung – mit vereinfachter Formulierung – bereits das Vermitteln der Abgabe von Kernbrennstoffen oder der genannten hochgefährlichen radioaktiven Stoffe an Unberechtigte unter Strafe gestellt, um den illegalen Handel mit diesen Stoffen bereits im Vorfeld zu unterbinden. Eine weitere Ausdehnung brachte die im RegE noch nicht vorgesehene Strafbarkeit des Versuchs in Absatz 4.

Bei Abs. 1 Nr. 1 wurden seit **1990** zudem ausländische Genehmigungen oder Untersagungen in den strafrechtlichen Schutz einbezogen.[10] **1998** wurde § 328 Abs. 2 um die Straftaten der Verursachung einer nuklearen Explosion (Nr. 3) und des Verleitens zu und des Förderns einer solchen Tat (Nr. 4) ergänzt.[11] Darüber hinaus wurde die Anwendbarkeit des deutschen Strafrechts auf die Begehung einer solchen vorsätzlich, fahrlässig oder versucht begangenen Tat in § 5 Nr. 11a verankert.

Nach Art. 3 lit. e) der Richtlinie Umweltstrafrecht ist neben zahlreichen anderen Umgangsformen auch die rechtswidrige Herstellung von Kernmaterial und anderen gefährlichen radioaktiven Stoffen unter Strafe zu stellen, soweit diese Tathandlung schwere Folgen bei Personen, der Umwelt oder an Tieren oder Pflanzen verursachen oder verursachen können. Der unerlaubte Umgang mit Kernbrennstoffen und sonstigen radioaktiven Stoffen war zwar bereits weitgehend strafbewehrt, nicht ausdrücklich erfasst war allerdings bis dahin das Herstellen von radioaktiven Stoffen. Häufig wird ein rechtswidriges Herstellen zwar mit der Tathandlung des Verarbeitens zusammenfallen.

---

2 AtomG v. 23.12.1959 (BGBl. I S. 814, m. Änderungen im 3./4. ÄndG v. 15.7.1975, BGBl. I S. 1885, und v. 30.8.1976, BGBl. I S. 2573).

3 BT-Drs. 2/3026; der Vorschlag von *Rösch* (BayJM) in der II. Unterkommission der Großen Strafrechtskommission, den Inhalt von§ 36 RegE 1956 in ein neues StGB zu übernehmen (UK II Nd. Anl. 1, 346; *Reinhardt* 363), war bereits in der Unterkommission abgelehnt worden (315).

4 BT-Drs. 3/759.

5 Gegen Beschränkung auf wesentliche Abweichungen *Triffterer* 219 f (auch für die Einbeziehung von Genehmigungs-Abweichungen bei der Beförderung; generell für die Einbeziehung jeder Form unerlaubten Umgangs S. 269); demgegenüber sah der Arbeitskreis Umweltstrafrecht der Interministeriellen Arbeitsgruppe „Umwelthaftungs- und Umweltstrafrecht" in seinem Bericht v. 19.12.1988 S. 156 kein Bedürfnis, unwesentliche Abweichungen zu erfassen. Auf dem 57. DJT 1988 kam es zu keiner Reformdebatte, nachdem *Heine/Meinberg* in ihrem Gutachten D 169 von vornherein keinen Änderungsbedarf sahen.

6 Dazu der Überblick unter Bezugnahme auf die atomrechtlichen Regelungen von *Laufhütte/Möhrenschlager* ZStW **92** (1980) 912, 967.

7 Hierzu BGHSt **39** 371 = NJW **1994** 672 = JR **1995** 32 m. Anm. *Geerds;* BGH NJW **1994** 2161; *Braun/Ferchland* Kriminalistik **1993** 481; *Roger* atw **1993** 697; *Bartholme* JA **1996** 730.

8 Näher der Bericht des BT-Rechtsausschusses BT-Drs. 12/7300 23 f; *Möhrenschlager* NStZ **1994** 566 f.

9 BT-Drs. 12/7300 23 f.

10 S. den oben abgedruckten Art. 2 des Gesetzes v. 24.4.1990 zum Übereinkommen v. 26.10.1979 über den physischen Schutz von Kernmaterial (BGBl. II 326), neugefasst durch Art. 6 des 31. StRÄndG.

11 Art. 2 Nr. 2 des Ausführungsgesetzes zum Vertrag v. 24.9.1996 über das umfassende Verbot von Nuklearversuchen v. 23.7.1998 (BGBl. I S. 1882).

Allerdings ergaben sich Lücken bei der Erstherstellung gefährlicher radioaktiver Stoffe.[12] Deshalb wurde Absatz 1 im **45. StrÄndG 2011** um die Tathandlung „herstellen" ergänzt. Zudem wurde das Merkmal „grob pflichtwidrig" in den Absätzen 1 und 3 gestrichen. Faktisch war damit freilich keine erhebliche Erweiterung des Straftatbestandes verbunden, weil der dort beschriebene, konkret bzw. potenziell gefährliche Umgang i. d. R. zugleich als grob pflichtwidrig eingestuft werden konnte. In Abs. 1 Nr. 2, Abs. 3, die sich bis dahin nur auf radioaktive Stoffe bezogen hatten, die geeignet sind, den Tod oder eine schwere Gesundheitsschädigung eines anderen herbeizuführen, wurde der Schutzbereich auf erhebliche Umweltbeeinträchtigungen ausgedehnt. Eine zusätzliche Erweiterung brachte die Einführung der Gleichstellungsklausel in § 330d Abs. 2. Für die Anwendung des § 328 in Fällen, in denen die Tat in einem anderen EU-Mitgliedstaat begangen wird, stehen danach u. a. einer Genehmigung oder Untersagung wie in Absatz 1 oder einer Pflicht, die sich aus einer Rechtsvorschrift ergibt, wie in Abs. 2 Nr. 1 und 2 eine entsprechende Genehmigung, Untersagung und auch Pflicht in einem anderen EU-Mitgliedstaat gleich, soweit damit ein Rechtsakt von Euratom umgesetzt oder angewendet wird, der dem Schutz vor Umweltbeeinträchtigungen, einschließlich vor Gefahren für den Menschen dient.

Gefahrstoffrecht (Abs. 3 Nr. 1). Neben den radioaktiven Stoffen wurde das Gefahrstoffstrafrecht nach dem ChemG und seinen Rechtsverordnungen – unbeschadet der Strafvorschrift des § 27 ChemG – ebenfalls durch das **2. UKG 1994** in den Tatbestand des Abs. 3 Nr. 1 eingefügt.[13] Bestraft wurde der grob pflichtwidrige anlagenbezogene Umgang mit derartigen Gefahrstoffen in Form von Lagern, Bearbeiten, Verarbeiten und sonstigem Verwenden in Gestalt eines konkreten Gefährdungsdelikts,[14] sofern dadurch eine Gefährdung für die Gesundheit eines anderen Menschen, für dem Täter nicht gehörende Tiere oder für fremde Sachen von bedeutendem Wert entstand.[15] Dieses Rechtsgebiet betreffende Strafvorschriften enthielt das Strafgesetzbuch zuvor nicht. Da aber der Umgang mit (chemischen) Gefahrstoffen u. U. erhebliche Risiken und Gefahren für den Menschen (Gesundheit, Sachgüter) und die Umwelt in sich bergen kann,[16] war die Notwendigkeit schon bald erkannt worden, auch insoweit das Strafrecht als zusätzlichen Schutzschild einzusetzen. Während zunächst, besonders im Zusammenhang mit dem 57. Deutschen Juristentag 1988, favorisiert wurde, diese Neuregelung in den Abfallparagraphen (§ 326) einzubinden, hat der Gesetzgeber sich dafür entschieden, § 328 als Standort zu wählen, um den bewährten § 326 in seinem prägnanten Unrechtstypus nicht „aufzuweichen".[17] Die neugeschaffene Bestimmung (Abs. 3 Nr. 1) sollte gegenüber der bereits bestehenden Strafbarkeit nach § 27 ChemG „gesteigertes Unrecht" erfassen, was in der neugeschaffenen Subsidiaritätsklausel des § 27 Abs. 6 ChemG seinen Ausdruck fand; die Subsidiarität ist jedoch nur partiell.[18]

Das **45. StrÄndG** verstärkte den EU-Bezug der Strafvorschrift. Aufgegeben wurde der Gefahrstoffbezug zum ChemG, kritisiert wegen mangelnder Definition,[19] und ersetzt durch die Bezugnahme auf „gefährliche Stoffe und Gemische nach Art. 3 der VO (EG) Nr. 1272/2008" (CLP[Classification Labeling Packaging]-VO; auch GHS-VO)[20] mit dem Ziel einer praktikableren Konkretisierung und EU-weiten Anwendbarkeit.[21] Ebenso wie in Abs. 1 Nr. 2 wurde das bisherige Erfordernis eines grob pflichtwidrigen Verhaltens aufgegeben, womit seither die Verletzung verwaltungsrechtlicher Pflichten genügt. Entsprechend Abs. 1 Nr. 2 wurde der Schutzbereich auf erhebliche Umweltbeeinträchtigungen ausgedehnt.

Sonstige gefährliche Güter (Abs. 3 Nr. 2). Unter den gleichen Voraussetzungen konkreter Gefährdung beging nach dieser durch das **2. UKG 1994** eingefügten Neuregelung eine Straftat, wer grob pflichtwidrig entgegen den Bestimmungen zum Schutz vor den von gefährlichen Gütern ausgehenden Gefahren mit derartigen Gütern in der

---

12 *Heger* 314 f.

13 *Baumann/Roßnagel/Weinzierl/Wimmer* Rechtsschutz für die Umwelt im vereinigten Deutschland (1992) 201, 208 ff.

14 Für diese – die extensive Tatbestandsgestaltung einengende – Ausgestaltung: *Langkeit* WiB **1994** 710, 712.

15 Abw. *Otto, F.* RdL **1994** 253, 255; *ders.* DVP **1995** 98, 100 (potenzielles Gefährdungsdelikt).

16 Zum Gefährdungspotential in gesundheitlicher und ökologischer Hinsicht vgl. *Kloepfer* Umweltrecht Rdn. 2; *Pache* Rdn. 3.

17 Begr. RegE BT-Drs. 12/192 22.

18 *Möhrenschlager* NStZ **1994** 566 f.

19 RegE BT-Drs. 17/5391 unter Bezugnahme auf *SSW/Saliger* Rdn. 10; *Steindorf* LK[11] Rdn. 23 ff.

20 Vom 16.12.2008 (AblEU L 353/1 v. 31.12.2008); zuletzt geändert durch VO (EU) 2017/776 v. 4.5.2017 (AblEU L 116/1 v. 5.5.2017; ber. AblEU L 190/20 v. 27.7.2018). Damit umgesetzt wurde das weltweit einheitliche System zur Einstufung und Kennzeichnung von Chemikalien unter Leitung der UN (Globally Harmonized System, GHS) in das Recht der EU und das der Mitgliedstaaten überführt; vgl. *Pache* § 12 Rdn. 15 f, 28, 35, 37, 156 ff; *Kloepfer* Umweltschutzrecht § 19 Rdn. 19, 54, 57, 171 ff; *Rehbinder/Schink* Kap. III 15 Rdn. 11, 28 ff, 82 ff, 140 ff; *Becker* NVwZ **2009** 1011; *Meßerschmidt* § 19 Rdn. 203 ff.

21 RegE BT-Drs. 17/5391 19; *Kloepfer/Heger* Rdn. 327 ff mit Kritik wegen der Weite des Anhangs I der VO.

vom Gesetz umschriebenen Weise umging. Vorschriften hierüber enthielt das Umweltstrafrecht zuvor nur in § 330 Abs. 1 Nr. 4 a. F. Diese Variante des § 330 a. F. hatte zuvor den Inhalt von § 11 des Gesetzes über die Beförderung gefährlicher Güter (GBG) ins Strafgesetzbuch übernommen. Dessen Regelungsbereich wurde jedoch seinerzeit erweitert, weshalb er auch die Verursachung von konkreten Gefahren für die Wasserversorgung und staatlich anerkannte Heilquellen erfasste,[22] was durch das 2. UKG wieder beseitigt worden ist.

Im Hinblick auf die schwerwiegenden Risiken, die mit dem Transport gefährlicher Güter verbunden sind und die sich beispielsweise in folgenschweren Tanklastzugunfällen in erschreckender Weise realisiert hatten (Herborn 1987), war die Umgestaltung der Strafvorschrift in ein abstraktes Gefährdungsdelikt erwogen worden. Eine die Strafbarkeit ähnlich weit ausdehnende Fassung hatte der 57. DJT im Jahre 1988 vorgeschlagen.[23] Danach sollte bei Stoffen, die in ihrer Gefährlichkeit den in § 326 Abs. 1 genannten Abfallstoffen gleichkommen, die unbefugte Beförderung dann unter Strafdrohung gestellt werden, wenn sie wesentlich von einem vorgeschriebenen oder zugelassenen Verfahren abwich. Beide Lösungen fanden indessen nicht die Billigung des Gesetzgebers für die Reform des Umweltstrafrechts. Dessen ursprünglicher Gesetzentwurf zum **2. UKG**[24] sah für den Gefahrstoff- und den Gefahrguttransport-Tatbestand jeweils einen besonderen Absatz und für beide die Form eines auf die bloße Eignung zur Schädigung abstellenden potenziellen Gefährdungsdelikts vor. Aber selbst diese Lösung wurde vom Rechtsausschuss verworfen, der zur Eingrenzung des jeweiligen Tatbestandes auf besonders strafwürdige Fälle auf der Schaffung eines konkreten Gefährdungsdelikts bestand.[25] Zur Angleichung an vergleichbare Vorschriften über den illegalen Umgang mit gefährlichen Stoffen (wie z. B. § 27 ChemG) hat der Gesetzgeber zugleich in Absatz 4 den Versuch auch hinsichtlich Absatz 3 unter Strafdrohung gestellt.[26]

Übersicht

22 BT-Drs. 8/2382 24.
23 Hierzu BMJ/BMU *AK-U* 182 ff.
24 RegE BT-Drs. 12/192 24.
25 Ausschussbericht BT-Drs. 12/7300 24; zu allem ausführlich *Wiedemann* 35 ff.
26 Ausschussbericht BT-Drs. 12/7300 24.

I. Unerlaubter Umgang mit Kernbrenn- und radioaktiven Stoffen (Absatz 1)

1. Allgemeines zu Absatz 1 – Struktur und Rechtsgut

Im Hinblick auf die außergewöhnlich großen Gefahren, die Kernbrennstoffe in sich bergen, hat das AtomG jeden Umgang mit ihnen unter ein präventives Verbot mit Erlaubnisvorbehalt gestellt. Es geht von dem Grundsatz der staatlichen Verwahrung der Kernbrennstoffe aus, die als besonders spaltbare Stoffe im Eigentum der Europäischen Gemeinschaft stehen,[27] und will durch ein lückenloses Überwachungssystem sicherstellen, dass nur besonders zuverlässige Personen mit diesen gefährlichen Materialien in Berührung kommen, um jeden Missbrauch auszuschalten. Unter der Überschrift „Überwachungsvorschriften" enthält das AtomG in seinen §§ 3 ff, 9 einzelne Tätigkeitsumschreibungen, die genehmigungspflichtig sind. An diese knüpft die strafrechtliche Regelung an und ordnet jedem Genehmigungstatbestand eine Tatbestandsvariante zu. 1

In Abs. 1 Nr. 1 handelt es sich im Hinblick auf das hohe Risiko, das im unkontrollierten Umgang mit Kernbrennstoffen liegt, um ein **abstraktes Gefährdungsdelikt**.[28] Im weiten Gefährdungsvorfeld geschützte **Rechtsgüter** sind die in § 1 Nr. 2 AtomG genannten Leben, Gesundheit und Sachgüter, darüber hinaus aber die gesamte Umwelt,[29] was die Berücksichtigung von Umweltauswirkungen bei der Genehmigung von Anlagen zum Umgang mit Kernbrennstoffen in § 7 Abs. 2 Nr. 6 AtomG erkennen lässt. Damit liegt ein doppelter Rechtsgutsbezug vor.[30] Unmittelbares **Schutzgut** sind freilich die Entscheidungs- und Überwachungsmöglichkeiten der zuständigen Genehmigungsbehörden.[31] 2

Auch Abs. 1 Nr. 2 umschreibt ebenfalls ein abstraktes Gefährdungsdelikt,[32] hier jedoch wegen der an eine Stoffeignung anknüpfende Umschreibung des Tatobjekts in der Form eines **potenziellen Gefährdungsdelikts**.[33] Der drohende Schädigungserfolg beim Menschen in Gestalt von Tod oder schwerer Gesundheitsschädigung verlangt dabei gegenüber den §§ 324a Abs. 1 Nr. 1, 325 Abs. 1, 325a und § 327 Abs. 2 S. 2 ein deutlich gesteigertes Schädigungspotenzial (näher Rdn. 8). Dem gleichgesetzt sind drohende erhebliche Schäden an Tieren, Pflanzen sowie 3

---

27 Art. 86 Euratomvertrag; *Pelzer* atw **2015** 101.

28 RegE BT-Drs. 8/2382 20; *Alt* MK Rdn. 2; *Sch/Schröder/Heine/Schittenhelm* Rdn. 1; *Schall* SK Rdn. 4; *Fischer* Rdn. 2; *Kloepfer/Heger* Rdn. 324.

29 *Alt* MK Rdn. 1; *Ransiek* NK Rdn. 2; *Schall* SK Rdn. 6; *SSW/Saliger* Rdn. 1; *Szesny* AnwK Rdn. 2; *Witteck* BeckOK Rdn. 3; *Maurach/Schroeder/Maiwald* II § 58 Rdn. 21.

30 *Sack* Rdn. 9; *Saliger* Umweltstrafrecht Rdn. 468; *Kareklas* Die Lehre vom Rechtsgut (1990) 144.

31 Vgl. BT-Drs. 12/192 22; *Schall* SK Rdn. 7.

32 *Ransiek* NK Rdn. 2; *Fischer* Rdn. 2; *Lackner/Kühl/Heger* Rdn. 1; *Sack* Rdn. 9; *Kloepfer/Heger* Rdn. 324; *Michalke* Rdn. 338.

33 *Alt* MK Rdn. 2; *Sch/Schröder/Heine/Schittenhelm* Rdn. 1; *Schall* SK Rdn. 4; *Szesny* AnwK Rdn. 2; *Matt/Renzikowski/Rettenmaier/Gehrmann* Rdn. 3; *SSW/Saliger* Rdn. 1; *Dietzel* 150.

den Umweltmedien Gewässer, Luft und Boden. Auch dies geht über die Formulierungen in den §§ 324a Abs. 1 Nr. 1, 325 Abs. 1 hinaus, die auf das Erheblichkeitsmerkmal verzichten, entspricht aber insoweit § 327 Abs. 2 S. 2.

2. Tatmittel

4 **a) Kernbrennstoffe.** Gegenstand der inkriminierten Handlungen in Abs. 1 Nr. 1 (und in Abs. 2 Nr. 1 und 2) sind die „extrem risikobehafteten"[34] Kernbrennstoffe. Hierunter versteht man auch strafrechtlich[35] nach § 2 Abs. 1 S. 2 AtomG und dem insoweit identischen § 3 Abs. 1 S. 2 StrlSchG dort näher aufgeführte **„besondere spaltbare Stoffe"** Plutonium 239, Plutonium 241, mit den Isotopen 235 oder 233 angereichertes Uran,[36] ferner Stoffe, mit deren Hilfe in einer geeigneten Anlage eine sich selbst tragende Kettenreaktion aufrechterhalten werden kann und die durch Rechtsverordnung bestimmt werden.[37] Der Katalog ist nicht abschließend; es bleibt dem Gesetzgeber vorbehalten, über die Einbeziehung weiterer spaltbarer Stoffe und Ausgangsstoffe zu entscheiden.[38]

5 Bei den **Kernbrennstoffen** handelt es sich um Stoffe, deren Atomkerne durch Beschuss mit Neutronen verschiedener Geschwindigkeiten (über eine Kettenreaktion) gespalten werden können, wobei Kernenergie in Form von kinetischer Energie (Wärme) der Bruchstücke und in Form von β- und γ-Strahlung erzeugt wird. Die Definition hängt nicht davon ab, für welche Zwecke die Stoffe verwendet werden sollen, ob sie bereits bestrahlt sind oder nicht und ob sie als bestrahlte radioaktive Abfälle beseitigt werden sollen. Durch die Aufarbeitung bestrahlter Kernbrennstoffe verlieren diese nicht die Eigenschaft als Kernbrennstoff.[39] Zu den in der Natur vorkommenden Stoffen gehört Uran 235, das mit seinem geringen Anteil durch ein Trennverfahren von dem im natürlichen Uran vor allem enthaltenen Isotop 238 abgetrennt werden kann, aber auch das gering vorkommende Uran 234. Plutonium 239 und Uran 233 sind in der Regel[40] künstliche Kernbrennstoffe. Plutonium 239 entsteht, wenn Uran 238 in einem Reaktor ein Neutron einfängt und in seinem Kern einlagert; Plutonium 241 entsteht aus Plutonium 239 durch Aufnahme weiterer Neutronen.[41] Mit den Isotopen 235 und 233 angereichertes Uran (§ 2 Abs. 1

---

34 Begr. RegE BT-Drs. 12/192 22.

35 Strafrechtlich anerkannt als Definition durch RegE BT-Drs. 8/2382 20; dazu *Bartholme* JA **1996** 730 f.

36 Also nicht die Uran-Isotope als solche, vgl. *Rosin* Rdn. 665 unter Bezugnahme auf RegE BT-Drs. 13/861 11 zum 8. ÄndGAtomG v. 6.4.1998 (BGBl. I S. 694); nach § 2 Abs. 1 letzter Hs. muss angereichertes Uran die Isotope 235 oder 233 oder diese beiden Isotope in einer solchen Menge enthalten, dass die Summe der Mengen dieser beiden Isotope größer ist als die Menge des Isotops 238 multipliziert mit dem in der Natur auftretenden Verhältnis des Isotops 235 zum Isotop 238; näher dazu *Rosin* Rdn. 664 f.: Mit Erhöhung des Anteils von Uran 235 im natürlichen Uran (99,3 % Isotop 238; 0,7 % Isotop 235) steigert sich die Spaltbarkeit entscheidend.

37 Das 8. ÄndGAtomG hat nach der Neufassung von § 2 Abs. 1 Nr. 1 lit. a) bis c) AtomG (heute Nr. 1–3) keine Notwendigkeit mehr für eine zusätzlich direkt anwendbare lit. d) angesichts deren geringerer Bedeutung gesehen und damit ein gewisses Hindernis für einen zu weiten Kernbrennstoffbegriff errichtet. Offengehalten wurde lit. d) gleichwohl für bestimmte in Kernreaktoren einsetzbare, durch VO näher zu bestimmende Natururane. Die Auslegung des BVerwG NVwZ **1995** 996 zur früheren Fassung der weitergehenden selbständigen lit. e) („Uran und uranhaltige Stoffe der natürlichen Isotopenmischung, die so rein sind, daß durch sie in einer geeigneten Anlage (Reaktor) eine sich selbst tragende Kettenreaktion aufrechterhalten werden kann.") kann weiterhin zur Auslegung von Nr. 4 herangezogen werden (ebenso *Rosin* Rdn. 666; *Steindorf/Häberle* § 2 AtomG Rdn. 3). Verlangt wurde vom BVerwG zu diesem Punkt nur eine technische Realisierbarkeit, nicht ihr tatsächliches Vorhandensein oder deren Erwartung. Auf dieser Grundlage könnte auch der VO-Geber weiterhin von einer solch weiten Auslegung ausgehen (was er aber bislang nicht getan hat).

38 BT-Drs. 3/759 18 f.

39 BVerwGE **80** 21, 25 = NVwZ **1988** 1024; *Rosin* Rdn. 670; s. auch § 2 Abs. 3 S. 2 AtomG.

40 Plutonium 239 kommt auch als natürliches Isotop in der Erdkruste vor; Uran 235 sehr selten, s. *Grupen* 163, 239.

41 *Rosin* Rdn. 663; *Grupen* 137 (mit nachfolgendem β-Zerfall).

Nr. 2 AtomG) entsteht aus dem in der Natur vorkommenden Thorium 232.[42] Kernbrennstoff nach § 2 Abs. 1 Nr. 3 AtomG ist auch jeder Stoff, der Plutonium 239/241 oder angereichertes Uran 233/235 enthält. Uran und Plutonium können in Metall, Legierungen oder in chemischen Verbindungen enthalten sein. „Besonders spaltbare Stoffe" finden sich auch in Brennelementen, die bereits in einem Kernkraftwerk eingesetzt waren, also abgebrannte (bestrahlte) Brennelemente[43] (vgl. § 7 Abs. 1 AtomG). „Ausgangsstoffe" und „Erze" i. S. v. Art. 197 Euratomvertrag sind keine „besonders spaltbaren Stoffe".[44] Stoffe, die nur geringe Mengen Kernbrennstoffe enthalten (weniger als 15 g pro 100 kg), unterfallen nicht den Genehmigungsvorschriften (und damit dem Tatbestand), wohl aber verfestigte – Kernbrennstoffe enthaltende – Spaltproduktlösungen aus der Aufarbeitung von Kernbrennstoffen (§ 2 Abs. 3 AtomG).

b) Sonstige radioaktive Stoffe. Das sind – in Umsetzung der Begriffsbestimmung in der Eu- 6
ratom-Grundnormen-RL[45] – nach § 2 Abs. 1 S. 1 AtomG, § 3 Abs. 1 S. 1 StrlSchG radioaktive Stoffe, die wie Kernbrennstoffe (instabile) Radionuklide enthalten „und deren Aktivität oder spezifische Aktivität [...] nicht außer Acht gelassen werden kann." Sie zerfallen unter (spontaner) Aussendung von ionisierenden [α-, β- und/oder γ-] Strahlen in andere Nuklide;[46] in höheren Dosen können sie zu Strahlenschäden führen.[47] Die Werte aus den verschiedenen Anlagen zur Strahlenschutzverordnung können als Anhaltspunkte für das Maß der jeweiligen Strahlungsgefahren herangezogen werden.[48] Wie Kernbrennstoffe können sich sonstige radioaktive Stoffe in Metallen, Legierungen, chemischen Verbindungen und Mineralien finden,[49] auch in Baustoffen (Ziegel, [Leicht-]Beton).[50] Radioaktive Stoffe unterschiedlicher Art und Aktivität können u. a. in wissenschaftlichen Instrumenten, elektronischen Bauteilen, Leuchtstoffröhren, Ionisationsrauchmeldern, Gasglühstrümpfen, Schweißelektroden und keramischen Gegenständen enthalten sein.[51] Der Tatbestand erfasst ferner radioaktive Stoffe, die in der Nuklearmedizin zur Diagnostik oder Strahlentherapie eingesetzt werden.[52] Zu den „sonstigen radioaktiven Stoffen" gehören auch geringe Mengen von Kernbrennstoffen nach Maßgabe von § 2 Abs. 3 AtomG[53] so-

42 BT-Drs. 3/759 18 f; *Rosin* Rdn. 665; *Sack* Rdn. 12; zu Tritium (zusammen mit Deuterium) als Kernbrennstoff i. S. d. Kriegswaffenkontrollgesetzes und der Kriegswaffenliste BGHSt **38** 205, 207 = NStZ **1992** 241.

43 BVerwG NVwZ **1994** 1097; vgl. auch BVerwGE **82** 61 = NVwZ **1989** 1163; *Rosin* Rdn. 670.

44 BT-Drs. 13/8411 11.

45 Art. 1 RL zu den Grundnormen für d. Gesundheitsschutz der allgemeinen Bevölkerung und der Arbeiter gegenüber den Gefahren ionisierender Strahlung (96/29/Euratom) v. 13.5.1996 (ABl. EG L 159/1 v. 29.6.1996); seit 7.2.2018 Art. 4 Nr. 78 der neuen RL 2013/59/Euratom zur Festlegung grundlegender Sicherheitsnormen für den Schutz vor den Gefahren einer Exposition gegenüber ionisierender Strahlung (AblEU L 18/1 v. 17.1.2014) („jeder Stoff, der ein oder mehrere Radionuklide enthält, deren Aktivität oder Aktivitätskonzentration unter Strahlenschutzgesichtspunkten nicht außer Acht gelassen werden kann").

46 BT-Drs. 18/13180 13 ff (Strahlenschutzbericht 2015); BT-Drs. 19/5350 54, 57 (2016); BfS Jahresbericht 2015 34 ff, 38 ff, 102 ff, 110 ff.

47 *Grupen* 179 ff, 192 ff und Strahlenschutzberichte der BReg. BTDrs. 13/2287 bis 19/18500 v. 8.4.2020 und des Bundesamts für Strahlenschutz, etwa für 2018/19 (2019).

48 BGHSt **39** 371; NJW **1994** 2161.

49 *Rosin* Rdn. 667.

50 BfS Jahresbericht 2015 32; Jahresbericht 2017/2018 32 ff; Strahlenschutzbericht 2016 BT-Drs. 19/5350 15 f, 28.

51 Strahlenschutzbericht 2015, BT-Drs. 18/13180 24; 2017 BT-Drs. 19/18500 12 ff.

52 BMUB/BfS Jahresbericht 2015 197 ff, 2017/2018 53, z. B. in der nuklearmedizinischen Diagnostik Verabreichung von Radiopharmaka zur Untersuchung von Organsystemen, von Radionuklid I-131 zur Behandlung von Schilddrüsenproblemen; Strahlenschutzbericht 2017 BT-Drs. 19/18500 37 ff.

53 Beispiele nach *Sack* Rdn. 46b: Schmuggel von Wischtüchern und einem Reagenzröhrchen aus einem Betrieb, die Plutonium und Uran, Antimon Sb 125, Americum 241 und Cäsium 137 in einer Menge unterhalb der für Kernbrennstoffe enthielten (Urt. d. LG Karlsruhe v. 11.6.2002 – KLs 55 Js 22449/01); Einfuhr von ½ kg Uran-Pellets (Urt. d. AG Ansbach v. 1.7.1993 – KLs 5 Js 10147/92); Erwerb und Lagerung von ca. 5kg radioaktivem toxischen Uranoxid in einem Keller (Urt. d. AG Berlin-Tiergarten v. 19.12.1994).

wie „Ausgangsstoffe" (z. B. chemisch reines Uran und Thorium) und „Erze" von Kernbrennstoffen.[54]

7 Da hier auf **Stoffe** abgestellt wird, fallen darunter natürlich keine Grundstücke, Gebäude und Räume,[55] aber auch keine Geräte, die künstlich erzeugte ionisierende Strahlen aussenden, also z. B. Röntgengeräte (vgl. § 5 Abs. 30 StrlSchG) oder „Störstrahler", d. h. Geräte oder Einrichtungen, die – unbeabsichtigt – Röntgenstrahlen erzeugen, wie Elektronenmikroskope (vgl. § 5 Abs. 37 StrlSchG) und Hochspannungsgleichrichter.[56] Röntgenstrahlen als solche sind keine Stoffe.

8 Unter den radioaktiven Stoffen kommen aber nur solche für den Tatbestand in Betracht, die qualitativ (nach Art oder Beschaffenheit) oder quantitativ (nach ihrer Menge) die **Eignung** aufweisen, durch die von ihnen ausgehenden ionisierenden Strahlen zum Tod, zu schweren Gesundheitsschädigungen bei anderen Menschen oder zu spezifizierten Umweltschäden zu führen (s. Rdn. 3). Zu den Fragen, die mit „Art, Beschaffenheit und Menge" zusammenhängen, sowie zur „Eignung" s. § 326 Rdn. 64 ff und § 325 Rdn. 9 ff. Um die Eignung zur Herbeiführung des Todes bejahen zu können, bedarf es eines Rückgriffs auf naturwissenschaftliche Erkenntnisse. Zur „Letaldosis" s. § 311 Rdn. 6. Eine **schwere Gesundheitsschädigung** setzt keine Dauerfolgen i. S. d. schweren Körperverletzung (§ 226) voraus. Vielmehr genügen Folgen, die ihrem Gewicht nach den in § 226 beschriebenen gleichkommen, ohne deren Dauerhaftigkeit zu besitzen. Lang andauernde Arbeitsunfähigkeit kann ebenso genügen wie schwere, aber folgenlos ausheilende Verletzungen.[57] Als Anhalt mag dienen, ob die Strahlung geeignet ist, die in § 326 Abs. 1 Nr. 2 bezeichneten Folgen auszulösen, nämlich krebserzeugend, fortpflanzungsgefährdend oder erbgutverändernd zu wirken (hierzu § 326 Rdn. 55 ff). Daneben kommen natürlich die akuten Strahlenschäden in Betracht, die kurzzeitig nach der Kontamination auftreten.[58] Eine mangelfreie Verpackung kann ggf. die Eignung ausschließen.[59] Alternativ genügt die Eignung zur erheblichen Schädigung – auch im Ausland – von Tieren (§ 7 Abs. 2 Nr. 1 BNatSchG), Pflanzen (§ 7 Abs. 2 Nr. 2 BNatSchG), Gewässern (§ 330d Abs. 1 Nr. 1), der Luft (s. § 3 Abs. 4 BImSchG) oder dem Boden (§ 2 Abs. 1 BBodSchG).[60] **Erhebliche Schäden** daran sind solche, die entweder qualitativ, vor allem aber quantitativ über die Schädigung einzelner Exemplare oder begrenzter Wasser- oder Bodenflächen hinausgehen und nicht relativ kurzfristig auf natürliche Weise zu kompensieren oder anderweitig zu beheben sind.[61]

3. Tathandlungen

9 **a) Allgemeines.** Die Liste der Tathandlungen zeigt, dass mit „Umgang" i. S. d. amtlichen Überschrift von § 328 Tätigkeiten gemeint sind, die etwas mehr umfassen als der engere **Begriff des Umgangs** in § 2 Abs. 3a Nr. 3 AtomG und § 5 Abs. 39 StrlSchG (vgl. § 4 Abs. 1 StrlSchG; Beförderung, Ein- und Ausfuhr stehen dort neben dem „Umgang"). Diese Divergenz bleibt allerdings im Hinblick auf den Zweck, die jeweiligen verwaltungsrechtlichen Regelungen strafrechtlich zu flankieren, bedeutungslos, weil alle in § 328 Abs. 1 genannten Tathandlungen einem Genehmi-

---

54 RegE BT-Drs. 13/8641 11; *Steindorf/Häberle* Rdn. 5; *Rosin* Rdn. 667 f.

55 RegE BT-Drs. 13/8641 11; *Rosin* Rdn. 667.

56 *Alt* MK Rdn. 11; *Schall* SK Rdn. 12; *Franzheim/Pfohl* Rdn. 427.

57 BGH NJW **2002** 2043; *Fischer* § 239 Rdn. 15a; *Sch/Schröder/Heine/Schittenhelm* Rdn. 2/3; *Alt* MK Rdn. 13; *Schall* SK Rdn. 14; *Lackner/Kühl/Heger* Rdn. 3; *Ransiek* NK Rdn. 5.

58 *Reinhardt* 28 f.

59 *Alt* MK Rdn. 12; *GJW/Bock* Rdn. 5; zum Fall einer mangelhaften Verpackung BGHSt **39** 371 = NJW **1994** 672.

60 *Alt* MK Rdn. 13; *Fischer* Rdn. 3; *Sack* Rdn. 46a; *Saliger* Rdn. 471; für *Schall* Rdn. 14 liegt eine umweltbezogene Schädigungseignung vor, wenn nach Intensität und Dauer ein nicht ohne Weiteres kompensierbarer Schaden vorliegt.

61 *Schall* SK Rdn. 14; ähnl. *Fischer* Rdn. 3; *Alt* MK Rdn. 13 (aber insb. quantitativ zu bestimmen).

gungsvorbehalt unterliegen, sei es über die Genehmigungsbedürftigkeit des Umgangs i. S. v. AtomG und StrlSchG (§ 12 Abs. 1 Nr. 3 StrlSchG) oder nach speziellen Bestimmungen (z. B. §§ 3, 4, 9 AtomG, § 12 Abs. 1 Nr. 2 StrlSchG). Von der Genehmigungsbedürftigkeit werden grundsätzlich auch diejenigen Fälle erfasst, bei denen es sich um wesentliche Abweichungen von einem vorgeschriebenen oder zugelassen Verfahren handelt (§ 9 Abs. 1 AtomG; § 12 Abs. 2 StrlSchG). Im Sinne einer Vereinfachung des Gesetzestextes hatte der Gesetzgeber im 2. UKG auf die Hervorhebung dieser Fälle verzichtet. Eine sachliche Änderung gegenüber dem zuvor geltenden Recht sollte nicht eintreten.[62] Soweit es § 328 betrifft, geht es jeweils um persönliche Verhaltensweisen, nicht um den Anlagenbetrieb an sich. Zu einer speziellen atomrechtlichen Genehmigung für den Umgang mit Kernbrennstoffen kann daher noch das Erfordernis einer Genehmigung für die Anlage hinzukommen. Im Einzelnen gilt folgendes:

b) Herstellung. Was die (Erst-)Herstellung von **Kernbrennstoffen** anbelangt, so enthält im Unterschied zu den anderen Formen des Umgangs das AtomG hierzu keine spezifische Bestimmung. Nur in der Genehmigungsvorschrift für Anlagen in § 7 Abs. 1 AtomG findet sich ein Bezug auf die „Erzeugung [...] von Kernbrennstoffen". Gemeint sind damit Anlagen, in denen zunächst die sog. Ausgangsstoffe mit dem Ziel der Herstellung von Kernbrennstoffen zum Einsatz kommen, also vor allem Urananreicherungs-/Isotropentrennanlagen.[63] Wer in einem solchen Rahmen ohne die erforderliche Betriebsgenehmigung Kernbrennstoffe, also etwa angereichertes Uran 235, herstellt, kann sich nicht nur nach § 327 Abs. 1 Nr. 1, sondern zugleich nach § 328 Abs. 1 Nr. 1 strafbar machen. 10

Etwas deutlicher ist die Regelungslage für die Herstellung **sonstiger radioaktiver Stoffe.** Hier definiert § 5 Abs. 39 Nr. 1 StrlSchG die Herstellungssynonyma „Gewinnung" und „Erzeugung" als Formen des „Umgangs", welcher nach § 12 Abs. 1 Nr. 3 StrlSchG genehmigungsbedürftig ist. Die Voraussetzungen der Genehmigung sind in den §§ 13 ff StrlSchG bzw. in § 7 StrlSchV geregelt. Der **Begriff** des Herstellens ist im Übrigen weit auszulegen, auch wenn er sich mit anderen Tathandlungen überschneidet. Er umschließt Verarbeitungen, Gestaltungen und die Auswahl und Verwendung von Rohstoffen und Halbfertigfabrikaten.[64] 11

c) Aufbewahrung. Aufbewahren ist das Ausüben der tatsächlichen Gewalt über Sachen[65] für eine gewisse Zeit, enthält aber gleichzeitig ein (finales) Element des Behütens oder Bewahrens.[66] Als Hauptanwendungsfall nennt die Begr. zum RegE AtomG[67] das Lagern von Kernbrennstoffen in der Nähe des Reaktors durch den Inhaber einer Reaktoranlage, um ständige Transporte und Stockungen im Betriebsablauf zu vermeiden. Zur Aufbewahrungstätigkeit zählen nur die mit ihr eng zusammenhängenden Verhaltensweisen, wie Lagern, Stapeln oder Umlagern; genannt wird auch die Übernahme und das Herrichten der Behälter für die Einlagerung, Transporte zur jeweiligen Behälterposition und sonstige bei der Lagerhaltung übliche Betriebsvorgänge, wie z. B. Wartungsarbeiten. 12

---

62 BT-Drs. 12/7300 24; krit. *Triffterer* 119 f, der jede Abweichungen erfassen wollte.

63 *Rosin* Rdn. 681 ff (mit dem Hinweis in Rdn. 683, dass auch Plutonium und Uran 233 in bestimmten Anlagen, wie denen zur Spaltung von Kernbrennstoffen, erzeugt werden können); zu den Anlagen s. Begr. zum RegEAtomG BT-Drs. 3/759 22.

64 *Möhrenschlager* LK § 312 Rdn. 14; *SSW/Saliger* Rdn. 3; *Fischer* Rdn. 3; enger *Alt* MK Rdn. 14 und *Matt/Renzikowski/Rettenmaier/Gehrmann* Rdn. 8 unter Bezugnahme auf Art. 2 Nr. 14 GHS-VO (EG) 1272/2008 v. 16.12.2008 (AblEU L 353/1) und Art. 3 Nr. 8 REACH-VO (VO[EG] 1907/2006 v. 18.12.2006, AblEU L 396/1).

65 *Alt* MK Rdn. 14 (unter Einbeziehung des Besitzdieners); *Ransiek* NK Rdn. 4; *Sch/Schröder/Heine/Schittenhelm* Rdn. 6; *Szesny* AnwK Rdn. 11; *GJW/Bock* Rdn. 10; *Matt/Renzikowski/Rettenmaier/Gehrmann* Rdn. 8; *Saliger* Umweltstrafrecht Rdn. 470; *Sack* Rdn. 15 (unmittelbarer Besitz).

66 *Schall* SK Rdn. 16.

67 BT-Drs. 3/759 22.

13 Die (zeitweilige) Aufbewahrung von **Kernbrennstoffen** „außerhalb der staatlichen Verwahrung" entgegen § 5 Abs. 1, § 6 Abs. 1 AtomG ist nur mit behördlicher Genehmigung des Bundesamts für kerntechnische Entsorgungssicherheit (§ 23d Satz 1 Nr. 7, 8 AtomG) gestattet. Eine Genehmigung kann sich auch aus erteilten Genehmigungen nach den §§ 4, 7 oder 9 (vgl. auch § 9c) AtomG für die Sachherrschaft über Kernbrennstoffe ergeben (§ 5 Abs. 1 AtomG). In § 6 Abs. 3 AtomG wurde allerdings für die Aufbewahrung von bestrahlten Kernbrennstoffen innerhalb eines abgeschlossenen Geländes einer nach § 7 Abs. 1 genehmigten kerntechnischen Anlage als „(Standort)Zwischenlager" eine gesonderte Genehmigungspflicht nach § 6 Abs. 1 AtomG eingeführt.[68] Eine solche Genehmigung ist nicht nur für zentrale Zwischenanlagen, sondern auch für Anlagen in der Nähe der kerntechnischen Anlage erforderlich (vgl. § 9a Abs. 2 S. 3 AtomG). Die Aufbewahrung **sonstiger radioaktiver Stoffe** unterfällt nach § 5 Abs. 39 StrlSchG (Lagerung) den Regelungen des Umgangs mit diesen Stoffen und damit der Genehmigungsbedürftigkeit nach § 12 Abs. 1 Nr. 3 StrlSchG.

14 **d) Befördern.** Jedes Verbringen des Materials von einem Ort zum anderen[69] einschließlich des Be- und Entladevorgangs[70] gilt als Befördern. Alle technisch möglichen Beförderungsmittel sind erfasst (z. B. Eisenbahn, Kraftfahrzeuge, Flugzeuge und Schiffe, ggf. auch Kräne, nicht aber durch Fußgänger), die bei dem Transport oder dem Be- oder Entladevorgang eingesetzt werden. Die Beförderungstätigkeit endet, sobald sie in eine andere, nach den Vorschriften des AtomG genehmigungsbedürftige Tätigkeit übergeht, etwa die Aufbewahrung (§ 6 AtomG) bei Zwischenlagerungen oder die Ausfuhr aus dem Geltungsgebiet des Gesetzes (§ 3 Abs. 1 AtomG). Während der Beförderung notwendig werdende Verwendungsmaßnahmen (§ 9 Abs. 1 AtomG) bedürfen einer eigenen Genehmigung.

15 Genehmigungsbedürftig ist nach § 4 Abs. 1 AtomG die Beförderung von Kernbrennstoffen **außerhalb eines abgeschlossenen Geländes**, auf dem solche Stoffe staatlich verwahrt werden oder eine nach den §§ 6, 7 und 9 AtomG genehmigte Tätigkeit ausgeübt wird.[71] § 328 Abs. 1 Nr. 1 muss dementsprechend einschränkend dahin interpretiert werden, nur das im AtomG umschriebene Verhalten zu erfassen,[72] also nicht das Befördern von Kernbrennstoffen schlechthin, d. h. nicht jede Herbeiführung einer Ortsveränderung. Ausgeschlossen sind folglich das Befördern von Kernbrennstoffen innerhalb eines abgeschlossenen, gegen unbefugtes Betreten durch einen Zaun oder andere Baulichkeiten geschützten[73] Geländes einer kerntechnischen Anlage[74] oder innerhalb eines entsprechenden Geländes, auf dem eine bereits genehmigte Aufbewahrung (§ 6 AtomG) oder Verwendung (§ 9 AtomG) stattfindet. Hier zeigt sich wiederum, dass bei den Genehmigungen nach §§ 6 und 9 AtomG nicht nur die Tätigkeit als solche Gegenstand der Genehmi-

---

68 RegE BT-Drs. 14/6890 20; BVerfG (Kammer) NJW **2009** 1869; BVerwGE **131** 129 = NVwZ **2008** 1012; VGH München BeckRS **2006** 20858; **2009** 40313, 40327; näher *Frenz-Leidinger* § 6 Rdn. 40 ff.

69 *Alt* MK Rdn. 14; *Ransiek* NK Rdn. 4; *Sch/Schröder/Heine/Schittenhelm* Rdn. 7; *Sack* Rdn. 18; *Greulich* 8; *Huck* 96; Mattern-*Raisch* § 4 Rdn. 2; *Rosin* Rdn. 1172.

70 *Alt* MK Rdn. 14; *Sch/Schröder/Heine/Schittenhelm* Rdn. 7; *Schall* SK Rdn. 15; *SSW/Saliger* Rdn. 3; *Steindorf/Häberle* § 4 Rdn. 2; *Matt/Renzikowski/Rettenmaier/Gehrmann* Rdn. 8; GJW/*Bock* Rdn. 10; **aA** zum Beladen *Ransiek* NK Rdn. 4; *Szesny* AnwK Rdn. 12.

71 Hierzu allgemein *Huck* Transport radioaktiver Stoffe (1992); *Rosin* Rdn. 1166 ff; *Koch/John* § 10 Rdn. 140 ff; Beispiele: BVerfG (Kammer) NVwZ **2009** 515 (Straßen-Beförderung von Castor-Behältern vom Verladebahnhof in Abfall- und Transportbehälterlager); OVG Lüneburg NVwZ-RR **2005** 538 (Beförderung von Kernkraftwerk zu Zwischenlager); BVerwG NVwZ **2013** 1407 (Schienentransport von deutsch-französischer Grenze zum Transportbehälterlager Gorleben).

72 *Bartholme* JA **1996** 730, 732.

73 *Sch/Schröder/Heine/Schittenhelm* Rdn. 7, 9; *Fischerhof* § 4 Rdn. 2; *Huck* 110; *Rosin* Rdn. 1173; *Sack* Rdn. 17; nach *Steindorf* LK[11] Rdn. 8 sind Lücken im Umfriedungssystem unerheblich.

74 Zu den Prüfungen von Transportvorgängen im Verfahren der Anlagengenehmigung OVG Lüneburg NVwZ-RR **1994** 17; *Rosin* Rdn. 1173.

gung ist, sondern auch die Örtlichkeit, wo sie ausgeübt wird. Es ist ggf. im Einzelfall zu prüfen, welche Beförderungsvorgänge mit den nach den §§ 6, 7 oder 9 AtomG genehmigten Tätigkeiten räumlich so eng zusammenhängen, um sie noch dem zugehörigen „abgeschlossenen Gelände" zurechnen zu können.

Die hier angesprochene **Genehmigung** ist die nach Atomrecht erforderliche, nicht die nach 16
Gefahrgutrecht vorgeschriebene;[75] insoweit wäre Absatz 3 Nr. 2 einschlägig. Von der Beförderung ohne die nach § 4 Abs. 1, 4 AtomG einzeln oder pauschal zu erteilende Genehmigung wird der bloße **Verstoß gegen Auflagen** in einem Genehmigungsbescheid nicht erfasst. Dies ist nur dann der Fall, wenn es sich in Auflageform gekleidete Modalitäten mit Bestimmungen über Verpackung, Transportmittel, Ladeplan, Transportpersonal, Weg, Zeit, Sicherheitsvorkehrungen oder Meldungen handelt, die wesentliche Voraussetzungen einer Genehmigung darstellen, also deren Kern betreffen.[76] Wohl nicht bei allen der genannten Modalitätsbestimmungen wird man von einer solchen Inhaltsbestimmung ausgehen können.[77] Eine wesentliche – ähnlich wie bei § 9 Abs. 1 S. 2 AtomG genehmigungsbedürftige[78] – Abweichung von der Genehmigung liegt z. B. vor, wenn geänderte Modalitäten mehr als nur offensichtlich unerhebliche Auswirkungen auf das Sicherheitsniveau der Beförderung (gemäß § 4 Abs. 2 AtomG) haben können,[79] sie insb. geeignet sind, erhebliche Schäden für Mensch und Umwelt zu verursachen.[80] Die Vorschriften über die Beförderung sonstiger radioaktiver Stoffe, namentlich ihre Genehmigungsbedürftigkeit und deren Voraussetzungen, finden sich in den §§ 27 ff StrlSchG.

e) Bearbeitung, Verarbeitung und sonstige Verwendung. Das AtomG versteht Be- und Ver- 17
arbeiten von Kernbrennstoffen als Unterfälle ihrer Verwendung. Die Genehmigungsbedürftigkeit folgt daher einheitlich aus § 9 Abs. 1 S. 1 AtomG; eine entsprechende Genehmigung berechtigt zugleich zum Besitz (§ 5 Abs. 1 Nr. 3 AtomG). Das Verwenden setzt eine dynamische (mechanische, metallurgische, chemische) Behandlung der Kernbrennstoffe mit dem Ziel ihrer Nutzbarmachung – etwa zur Verwendung in einem Reaktor oder zu Forschungszwecken – voraus.[81] Nicht hierher gehört die Beseitigung ausgebrannter Kernbrennstoffe; sie stellt keine Verwendung dar.[82] Gleiches gilt für die bloße Aufbewahrung von Atommüll, die stattdessen der Genehmigungspflicht nach § 6 AtomG untersteht. Ein nach § 9 Abs. 1 S. 2 AtomG ebenfalls genehmigungsbedürftiges wesentliches Abweichen von dem Verwendungsverfahren liegt vor, wenn es nach Art und Ausmaß geeignet erscheint, die in den Genehmigungsvoraussetzungen in § 9 Abs. 2 angesprochenen Sicherheitsaspekte zu berühren, was der Fall ist, wenn eine Änderung mehr als nur offensichtlich unerhebliche Auswirkungen auf das Sicherheitsniveau für Mensch und Umwelt haben kann.

Für die **sonstigen radioaktiven Stoffe** werden Be- und Verarbeitung sowie Verwendung 18
nach § 5 Abs. 39 StrlSchG als Fälle des Umgangs behandelt und unterliegen dessen Genehmigungserfordernis in § 12 Abs. 1 Nr. 3 StrlSchG. Zu beachten sind stets die in § 5 StrlSchV enthaltenen Ausnahmeregelungen i. V. m. den Anlagen zur Verordnung. Keinen strahlenschutzrechtli-

75 *Alt* MK Rdn. 15; *Ransiek* NK Rdn. 3; *Sch/Schröder/Heine/Schittenhelm* Rdn. 10; *Szesny* AnwK Rdn. 14; *Fischer* Rdn. 6; *Laufhütte/Möhrenschlager* ZStW 92 (**1980**) 912, 967; zur Abgrenzung *Wiedemann* 69 f.
76 *Sch/Schröder/Heine/Schittenhelm* Rdn. 10; *Sack* Rdn. 16; *Szesny* AnwK Rdn. 15.
77 So offenbar noch *Steindorf* LK[11] Rdn. 10.
78 *Steindorf* LK[11] Rdn. 10.
79 *Sch/Schröder/Heine/Schittenhelm* Rdn. 10.
80 *Sch/Schröder/Heine/Schittenhelm* Rdn. 10 stellen hinsichtlich Abweichungen auch darauf ab, ob der Kernbereich des Regelungsgehalts der Genehmigung berührt ist; ebenso *Szesny* AnwK Rdn. 15. Demgegenüber sieht *Michalke* Rdn. 345 keinerlei Abweichen von der genehmigten Art und Weise als tatbestandlich an.
81 *Alt* MK Rdn. 14; *Schall* SK Rdn. 16; *Witteck* BeckOK Rdn. 9; *Frenz-John* § 9 AtomG Rdn. 4.
82 *Schall* SK Rdn. 16; *Alt* MK Rdn. 14; *SSW/Saliger* Rdn. 3.

chen Umgang stellt das Auskoffern von Böden und Sanierungsmaßnahmen bei radioaktiven Altlasten dar.[83]

19 **f) Ein- und Ausführen.** Erfasst wird jedes Verbringen in das Ausland oder aus dem Aus- ins Inland[84] (vgl. § 3 Abs. 5 AtomG). Wie beim Verbringen nach § 326 Abs. 2 bedarf es der **Überquerung der deutschen Hoheitsgrenze**; bis zum Grenzübertritt handelt es sich noch um straflose Vorbereitung (s. § 326 Rdn. 103). Das Genehmigungserfordernis für die Ein- und Ausfuhr von **Kernbrennstoffen** regelt § 3 Abs. 1 AtomG (seitens des Bundesamts für Wirtschaft und Ausfuhrkontrolle, § 22 Abs. 1 AtomG). Die entsprechende Regelung für sonstige radioaktive Stoffe ist gemäß § 30 StrlSchG in den §§ 12 ff StrlSchV enthalten. § 12 StrlSchV regelt allerdings nur die Verbringung **hochradioaktiver Strahlenquellen** aus einem Nichtmitgliedstaat der EU bzw. in einen solchen Staat (für letzteres einschließlich bestimmter radioaktiver Stoffe ab einer Freigrenze; bei sonstigen radioaktiven Stoffen besteht nach § 13 nur eine Anmeldepflicht). Ein- und Ausfuhr innerhalb der EU werden daher von der Genehmigungspflicht nicht erfasst.

20 Sonderregelungen für die grenzüberschreitende Verbringung **radioaktiver Abfälle** enthält die AtAV. Ihre Anwendung im Rahmen von § 326 Abs. 2 (s. dazu § 326 Rdn. 101, 105) reicht mit dem Verzicht auf die Eignungsvoraussetzungen in § 328 Abs. 1 Nr. 2, der Einbeziehung von Verbringungen innerhalb der EU sowie der Versuchs- und Fahrlässigkeitsstrafbarkeit weiter als § 328 Abs. 1, weshalb insoweit von einem Vorrang von § 326 Abs. 2 ausgegangen werden kann.

4. Verwaltungsrechtswidrigkeit

21 Der Tatbestand aller Varianten des Absatzes 1 ist nur dann erfüllt, wenn verwaltungsrechtswidriges Handeln vorliegt, die erforderliche Genehmigung also nicht erteilt oder die Tathandlung durch einen vollziehbaren Verwaltungsakt, der auf Untersagung lautet (§ 19 Abs. 3 Satz 2 Nr. 3 AtomG), verboten worden ist. Auch hier hat der Strafrichter nur zu prüfen, ob eine nach Verwaltungsrecht **wirksame Genehmigung** erteilt worden ist und ob deren Inhalt das dem Täter vorgeworfene Verhalten deckt (näher vor § 324 Rdn. 58 ff). Zum Rechtsinstitut der **vollziehbaren Untersagung** s. § 327 Rdn. 54. Die atomrechtliche Untersagungsverfügung richtet sich sowohl für das AtomG als auch für das Strahlenschutzrecht (vgl. § 179 Abs. 1 Nr. 2 StrlSchG) nach § 19 Abs. 3 Satz 2 Nr. 3 AtomG. Danach kann die Aufsichtsbehörde anordnen, dass der Umgang mit radioaktiven Stoffen einstweilen oder, wenn eine erforderliche Genehmigung nicht erteilt oder rechtskräftig widerrufen ist, endgültig eingestellt wird.[85]

22 Aufgrund einer Gleichstellung in Art. 2 AtSchÜbKG[86] stehen einer Genehmigung und Untersagung i. S. v. § 328 Abs. 1 Nr. 1 eine entsprechende **ausländische Genehmigung und Untersagung** gleich. Daher sind Verstöße gegen ausländische Genehmigungsvorschriften und Untersagungen hinsichtlich der kernbrennstoffbezogene Tathandlungen ebenfalls strafbar. Hinsichtlich der sonstigen radioaktiven Stoffe nach Abs. 1 Nr. 2 gilt das AtSchÜbkG nicht, weshalb sich die Anwendbarkeit ausländischer Verwaltungsakte gemäß § 330d Abs. 2 auf den EU-Bereich beschränkt. Die Verfolgung Deutscher für solche Auslandstaten ist im Rahmen des § 7 Abs. 2 StGB möglich, die Verfolgung von Nichtdeutschen hingegen nicht, zumal § 9 StGB bei abstrakten

---

83 BT-Drs. 18/11241 239.

84 *Alt* MK Rdn. 14; *Sch/Schröder/Heine/Schittenhelm* Rdn. 8.

85 Näher dazu *Rosin* Rdn. 1065 ff, 1079 ff; *Frenz-Leidinger* § 19 AtomG Rdn. 57 ff; vgl. auch RegE AtomG BT-Drs. 3/759 32; zum Auswahlermessen BVerwG DVBl. **2001** 381; ferner *Schall* SK Rdn. 20; *Sack* Rdn. 31; *Alt* MK Rdn. 19; *Witteck* BeckOK Rdn. 12.

86 Gesetz zu dem Übereinkommen v. 26.10.1979 über den physischen Schutz von Kernmaterial – AtSchÜbk – v. 24.4.1990 (BGBl. II S. 326).

Gefährdungsdelikten nach jüngerer Rspr. des BGH keine Tatortzuständigkeit zu begründen vermag.[87]

II. Strafbarer Umgang mit insb. Kernbrennstoffen (Absatz 2)

1. Struktur der Bestimmung

Die vier sehr heterogenen Tatbestände des Absatzes 2 sanktionieren in den Nummern 1 und 2 die Verletzung atom- und strahlenschutzrechtlicher Pflichten, vor allem zur Verhinderung der unkontrollierten Verbreitung entsprechender Stoffe. In den Nummern 3 und 4 werden völkerrechtswidrige Verstöße mit Strafe bedroht, wobei die Nummer 4 eine tatbestandlich vertypte Teilnahmehandlung an Nummer 3 darstellt. Das echte Unterlassungsdelikt der Nummer 1[88] bildet wie der Verstoß gegen die Abgabeverbote der Nummer 2 ein abstraktes Gefährdungsdelikt. Das soll auch für die in Nummer 3 bezeichnete nukleare Explosion gelten,[89] wenngleich kaum vorstellbar erscheint, wie ein solches Ereignis nicht zu einer Situation führen sollte, in der es zur Verletzung der Rechtsgüter Leib, Leben, Eigentum sowie zu massiven Schädigungen von Umweltmedien kommt.[90] 23

2. Nichtablieferung von Kernbrennstoffen (Nummer 1)

Unter Strafe steht hier der Verstoß gegen § 5 Abs. 3 S. 1 AtomG, die pflichtwidrige Nichtablieferung von Kernbrennstoffen (Rdn. 4 f). Der frühere Grundsatz staatlicher Verwahrung ist inzwischen allerdings nur noch ultima ratio; er wurde 2002[91] durch das Konzept standortnaher Zwischenlager ersetzt. Ein Besitzer (ohne Berechtigung nach § 5 Abs. 1 AtomG) hat regelmäßig nach § 5 Abs. 2 S. 1 AtomG zum Verbleib der Kernbrennstoffe (minima grundsätzlich gemäß § 2 Abs. 3 AtomG ausgenommen) bei einem nach den §§ 4, 6, 7, 9 ff i. V. m. § 5 Abs. 1 AtomG Besitzberechtigten zu sorgen. Erst wenn dies nicht möglich sein sollte, hat er sie unverzüglich dem Bundesamt für die Sicherheit der nuklearen Entsorgung (§ 23d Nr. 8 AtomG) abzuliefern (§ 5 Abs. 3 S. 1 AtomG). 24

Adressat der Ablieferungspflicht ist der unmittelbare Besitzer,[92] also wer die tatsächliche Gewalt über die Kernbrennstoffe ausübt. Dies kann in einem Unternehmen, dessen Genehmigung durch Fristablauf geendigt hat, sowohl die betriebsintern verantwortliche Person sein als auch derjenige, der die tatsächliche Einwirkungsmöglichkeit besitzt, etwa der LKW-Fahrer, der auf dem Wege zur Ablieferungsstelle eigenmächtig die Ablieferungspflicht unterläuft. 25

Das Merkmal **unverzüglich** ist i. S. v. § 121 Abs. 1 S. 1 BGB zu verstehen. Im Hinblick auf die außergewöhnliche Gefährlichkeit der Kernbrennstoffe ist grundsätzlich eine sofortige Ablieferung zu verlangen.[93] Strafbar macht sich auch, wer unvollständig oder zu spät abliefert.[94] Bloßes Bereitstellen der Stoffe genügt zur Pflichterfüllung nicht; Abliefern bedeutet das Hinbringen und die Übergabe an einen Besitzberechtigten bzw. an die staatliche Verwahrungs- 26

---

87 BGH NStZ **2015** 81, 82; NStZ-RR **2013**, 253; wistra **2019**, 336; **aA** noch BGHSt 46, 212; zur Debatte *Wabnitz/Janovsky/Möhrenschlager* Kap. 3 Rdn. 39 m. w. N.
88 *Alt* MK Rdn. 49; *Schall* SK Rdn. 23; *Sch/Schröder/Heine/Schittenhelm* Rdn. 12.
89 *Schall* SK Rdn. 31; *Sch/Schröder/Heine/Schittenhelm* Rdn. 13b; *Fischer* Rdn. 10; *Alt* MK Rdn. 2; *Ransiek* Rdn. 2; *Lackner/Kühl/Heger* Rdn. 1; *Franzheim/Pfohl* Rdn. 432; *Michalke* Rdn. 338.
90 *Saliger* Umweltstrafrecht Rdn. 468.
91 Durch das 8. Änderungsgesetz zum AtomG v. 22.4.2002 (BGBl. I S. 1351).
92 *Schall* SK Rdn. 23; *Ransiek* NK Rdn. 6; *SSW/Saliger* Rdn. 5; *Bartholme* JA **1996** 730, 732.
93 *Schall* Rdn. 24; *Sch/Schröder/Heine/Schittenhelm* Rdn. 12; *Steindorf* LK[11] Rdn. 17; *Fischerhof* § 5 AtomG Rdn. 5.
94 *Alt* MK Rdn. 22; *Schall* SK Rdn. 24; *Sch/Schröder/Heine/Schittenhelm* Rdn. 12.

stelle. Tatbestandsmäßig handelt ferner derjenige, der die Stoffe einem Unberechtigten überlässt.[95]

27 Eine Ablieferungspflicht „aufgrund des Atomgesetzes" besteht auch, wenn die Aufsichtsbehörde nach § 19 Abs. 3 Nr. 2 AtomG eine **vollziehbare Anordnung** erlassen hat, die Kernbrennstoffe zur Gefahrenabwehr bei einer von ihr bestimmten Stelle zu verwahren.[96] Die Nichtablieferung **radioaktiver Abfälle** wird von dem spezielleren § 326 Abs. 3 erfasst. Dies gilt auch für Kernbrennstoffe, die in radioaktiven Abfällen enthalten sind und deshalb nach § 5 Abs. 8 AtomG nicht unter die Ablieferungspflicht nach § 5 AtomG fallen. Für sie gelten die §§ 9a – 9c AtomG.

3. Abgabe und Vermittlung (Nummer 2)

28 Mit der Abgabe von Kernbrennstoffen und hochgefährlichen radioaktiven Stoffen i. S. v. Abs. 1 Nr. 2 an Unberechtigte sowie der Vermittlung einer solchen Abgabe pönalisiert Abs. 2 Nr. 2 einen Verstoß gegen § 5 Abs. 6 AtomG bzw. gegen § 94 Abs. 1 StrlSchV. **Abgabe** ist als (bewusste) (Mit-)Gewahrsamsübertragung i. S.e. Überlassens an einen anderen zu verstehen.[97] Teilweise wird angenommen, hier sei allein die Abgabe durch einen Berechtigten gemeint, da der Nichtberechtigte sich durch Abgabe an einen anderen Nichtberechtigten bereits nach Abs. 2 Nr. 1 wegen Verletzung der Ablieferungspflicht strafbar mache.[98] Das ist allerdings abzulehnen, weil beim Nichtberechtigten durch die Weiterverbreitung der Stoffe ein zusätzliches Gefährdungspotenzial entsteht und damit die Handlung gegenüber dem bloßen Unterlassen des Ablieferns einen gesteigerten Unrechtsgehalt aufweist.[99] Wer **berechtigter Empfänger** von Kernbrennstoffen ist, ergibt sich aus § 5 Abs. 1 i. V. m. den §§ 4, 6, 7, 9–9c AtomG. Für sonstige radioaktive Stoffe verweist § 94 Abs. 1 StrlSchV auf Genehmigungsinhaber nach den §§ 6, 7, 9, 9b AtomG und § 12 Abs. 1 StrlSchG. Strafbar macht sich auch, wer die Stoffe **durch Unterlassen**, z. B. durch Nichthinderung eines Diebstahls, an Unberechtigte gelangen lässt. Die notwendige Garantenstellung folgt aus der Sachherrschaft über eine Gefahrenquelle.[100] **Vollendet** ist die Abgabe erst mit der Gewahrsamserlangung durch den Nichtberechtigten; zuvor handelt es sich allenfalls um einen nach Absatz 4 strafbaren Versuch.

29 Mit dem tatbestandlichen **Vermitteln** wollte der Gesetzgeber Verstöße schon im Vorfeld der Abgabe erfassen.[101] Die Vermittlung setzt eine Dreiecksbeziehung zwischen Abgebendem, Interessenten und Vermittler mit dem Ziel voraus, ein konkretes Abgabegeschäft bzw. eine Abgabe zu ermöglichen. Zur Abgabe selbst braucht es zwar nicht zu kommen. Angesichts der bestehenden Versuchsstrafbarkeit (Absatz 4) ist jedoch zumindest ein **Vermittlungserfolg** zu verlangen, d. h. die Herstellung einer Geschäftsbeziehung und die Einigung zwischen Abgebendem und Interessenten über die Abgabe. Eine Werbung oder der Nachweis einer Beschaffungsmöglichkeit genügen nicht.[102] Ferner muss die Vermittlungstätigkeit ursächlich für die Einigung

---

95 *Alt* MK Rdn. 22; **aA** *Witteck* BeckOK Rdn. 14 (nur Fall von Abs. 2 Nr. 2).

96 *Alt* MK Rdn. 22; *Fischerhof* § 5 AtomG Rdn. 5.

97 *Ransiek* NK Rdn. 7; *Sch/Schröder/Heine/Schittenhelm* Rdn. 13; *Schall* SK Rdn. 26; *Sack* Rdn. 61; *Alt* MK Rdn. 24; *Szesny* AnwK Rdn. 21; *Witteck* BeckOK Rdn. 14.

98 *Ransiek* NK Rdn. 7; *Szesny* AnwK Rdn. 21; *Sack* Rdn. 61.

99 *Alt* MK Rdn. 24; *Schall* SK Rdn. 26.

100 *Schall* SK Rdn. 27; *Alt* MK Rdn. 49; *Sch/Schröder/Heine/Schittenhelm* Rdn. 13; *SSW/Saliger* Rdn. 6; *GJW/Bock* Rdn. 17; **aA** *Ransiek* NK Rdn. 7; *Lackner/Kühl/Heger* Rdn. 4.

101 Ausschussbericht BT-Drs. 12/7300 24.

102 *Ransiek* NK Rdn. 7; *Matt/Renzikowski/Rettenmaier/Gehrmann* Rdn. 11; *Schall* SK Rdn. 29; **aA** (Anbahnungstätigkeiten genügen schon vor Einigung) *Alt* MK Rdn. 24; *Lackner/Kühl/Heger* Rdn. 4; *Sch/Schröder/Heine/Schittenhelm* Rdn. 13; *Szesny* AnwK Rdn. 22; *Möhrenschlager* LK[12] Rdn. 22; *Witteck* BeckOK Rdn. 13; *Sack* Rdn. 65.

sein; bloß fördernde Aktivitäten, die eher einen Beihilfecharakter besitzen, stellen noch kein Vermitteln dar.[103]

4. Verursachen einer Nuklearexplosion (Nummer 3)

Die Regelungen in Abs. 2 Nr. 3 und 4 beruhen auf Art. 2 Nr. 2 des Ausführungsgesetzes zum 30 Atomteststoppvertrag CTBT.[104] Sie setzen die aus Art. I und III Abs. 1 des Vertrages[105] folgenden Verpflichtungen in nationales Recht um, Nuklearexplosionen an Orten, die eigener Hoheitsgewalt unterstehen, ebenso zu verbieten wie entsprechende Handlungen durch eigene Staatsangehörige, sofern das geltende Recht nicht ausreicht.[106] Die Strafvorschrift des § 307 war insoweit formal unzulänglich, weil sie Nuklearexplosionen nur im Falle konkreter Gefährdungen sanktioniert. Ob es allerdings angesichts ihrer Explosionsgewalt daneben tatsächlich ein Anwendungsfeld für ein schlichtes strafrechtliches Nuklearexplosionsverbot gibt, mag man bezweifeln.

Tatgegenstand ist eine **nukleare Explosion**, bei der durch Kernspaltung oder Kernfusion 31 Energie freigesetzt wird,[107] die zu außergewöhnlich beschleunigten Druckwellen und zumeist Wärme- und ionisierenden Strahlen führen. Kontrollierte Vorgänge im Normalbetrieb von Reaktoren unterfallen nicht dem Tatbestand, was sich ändern kann, wenn es zu unkontrollierten Kettenreaktionen mit explosionsartiger Wirkung kommt. Auch Laborexperimente im Teilchenbereich scheiden aus, ebenso Implosionen.[108]

Nummer 3 erfasst – in Abgrenzung zu Nummer 4 – die täterschaftliche „Verursachung" 32 einer nuklearen Explosion, die teilweise mit dem „Herbeiführen" (einer Explosion bzw. einer Überschwemmung) in den §§ 307, 308 und 313 bzw. dem „Bewirken" (von Kernspaltungsvorgängen) in § 311 Abs. 1 Nr. 2 gleichgesetzt wird.[109] Betont wird andererseits, es bedürfe gleichwohl eines unmittelbar täterschaftlichen Herbeiführens der Explosion selbst.[110] Das dürfte im Ergebnis auch zutreffen. Die Hinzufügung des „Verursachens" im Gesetzestext gibt keinen Anlass, von den allgemeinen Regeln zur Erfolgsherbeiführung abzugehen, wie sie etwa für § 212 gelten.[111] Dort wird zwar mit dem „Töten" ein anderer Wortlaut als „Verursachen des" [Todes bzw. der Nuklearexplosion] verwendet; ein entsprechendes Verb für die Verursachung einer Explosion steht in der deutschen Sprache jedoch auch nicht zur Verfügung. Verursacher ist daher nicht nur, wer unmittelbar die Explosion zündet, sondern jeder, der mit **Tatherrschaft über das Explosionsgeschehen** für dieses kausal wird. Das kann auch mittels einer Anordnung oder qua organisatorischem Einfluss auf die Detonation geschehen,[112] setzt aber stets eine tatherrschaftliche Stellung im Gesamtgeschehen voraus. Wo diese fehlt, genügen technische und wissenschaftliche Vorarbeiten, die Vermittlung von unentbehrlichem Knowhow für Stoffproduktion oder Zünder, die Lieferung von Materialien und Geräten selbst im

---

103 *Schall* SK Rdn. 30; *Ransiek* NK Rdn. 7.

104 Ausführungsgesetz zum Vertrag v. 24.9.1996 über das umfassende Verbot von Nuklearversuchen (CTBT = Comprehensive Nuclear-Test-Ban Treaty) v. 23.7.1998 (BGBl. I S. 1882); BT-Drs. 13/10076 11.

105 Dazu das Vertragsgesetz v. 9.7.1998 (BGBl. II S. 1210).

106 RegE BT-Drs. 13/10075; 10076 10 f; Bericht BT-Drs. 13/10695; *Möhrenschlager* NStZ **1994** 566 f.

107 *Alt* MK Rdn. 26; *Schall* SK Rdn. 31; *Sch/Schröder/Heine/Schittenhelm* Rdn. 13b; *SSW/Saliger* Rdn. 7; *Matt/Renzikowski/Rettenmaier/Gehrmann* Rdn. 12; *Szesny* AnwK Rdn. 24; *Fischer* Rdn. 9; abw. *Ransiek* NK Rdn. 8 (kein Freisetzen von Kernenergie erforderlich).

108 *Alt* MK Rdn. 26; *Fischer* Rdn. 9; *Schall* SK Rdn. 31; *Sch/Schröder/Heine/Schittenhelm* Rdn. 13b; *Ransiek* NK Rdn. 8.

109 *Alt* MK Rdn. 27; *Fischer* Rdn. 10; *Sch/Schröder/Heine/Schittenhelm* Rdn. 13b; *Witteck* BeckOK Rdn. 17.

110 *Fischer* Rdn. 10; *Schall* SK Rdn. 32; *Sch/Schröder/Heine/Schittenhelm* Rdn. 13b; *Witteck* BeckOK Rdn. 17; *Saliger* Umweltstrafrecht Rdn. 474.

111 *Schall* SK Rdn. 32.

112 *Alt* MK Rdn. 27; *Schall* SK Rdn. 32; *Sch/Schröder/Heine/Schittenhelm* Rdn. 13b; *Fischer* Rdn. 10.

Falle ihrer Kausalität für die Tat als klassische Beihilfehandlungen nicht für eine Täterschaft nach Nummer 3.[113]

5. Verleiten zu und Fördern einer Nuklearexplosion (Nummer 4)

33 Nach Nummer 4 macht sich strafbar, wer eine andere Person zur Verursachung einer nuklearen Explosion verleitet oder diese fördert. Vorbilder waren § 19 Abs. 1 Nr. 1a, 2 KWKG und § 17 Abs. 1 Nr. 2, 3 CWÜAG.[114] Nach dem Willen des Gesetzgebers sollten damit Strafbarkeitslücken geschlossen werden, die sich andernfalls ergäben, falls die Haupttat, etwa weil im Ausland verübt, nicht rechtswidrig begangen wurde.[115] Ebensowenig wie etwa bei der Absatzhilfe in § 259 sollen folglich durch Nummer 4 alle Anstiftungs- und Beihilfehandlungen täterschaftlich verselbständigt erfasst werden.[116] Vielmehr kommt Nummer 4 eine **Lückenfüllerfunktion** zu, auf welche sein Anwendungsfeld richtigerweise auch zu begrenzen ist; soweit Beihilfe und Anstiftung zu Nummer 3 nach allgemeinen Akzessorietätsregeln strafbedroht sind, bleiben die §§ 26, 27 daher exklusiv anwendbar. Damit ist Nummer 4 entgegen einiger Stimmen[117] nicht geeignet, Irrtumsfälle zu erfassen. Hält der Verleitende oder der Förderer den Explosionsverursacher irrtümlich für gut- oder bösgläubig, so handelt es sich um Fälle des versuchten Verleitens (straflos nach Absatz 6) bzw. der (ebenso straflosen) versuchten Anstiftung. Auf die Strafbarkeit oder Rechtswidrigkeit der Haupttat kommt es nicht an.[118] Eine Ausnahme wird allerdings in dem Fall gemacht, dass auf die Haupttat deutsches Strafrecht nach den §§ 3, 4, 5 Nr. 11a anwendbar ist; dann wirken sich Rechtfertigungsgründe für den Haupttäter auch auf den nach Nummer 4 Beteiligten aus.[119]

34 **Verleiten** bedeutet vorsätzliche Bestimmung eines anderen zu einer Handlung; insoweit entspricht die Tathandlung also der Anstiftung ebenso wie der mittelbaren Täterschaft, nur dass es keiner vorsätzlichen rechtswidrigen Haupttat bedarf. In entsprechender Weise ist **Fördern** identisch mit der Beihilfe. Es umfasst nicht nur unmittelbare Hilfeleistung bei der Herbeiführung der Explosion, sondern auch mittelbar hilfreiche Tätigkeiten wie die Zulieferung von Kernbrennstoffen, anderem Material oder von Geräten, die Hilfe bei Planung, Herstellung und Einrichtung der für die Tat erforderlichen Anlagen, die finanzielle Unterstützung, die Vermittlung von technischem und wissenschaftlichem Know-how,[120] wovon teilweise der „Alltagsfall universitärer Tätigkeit im Wege von Veröffentlichungen, Vorträgen und Vorlesungen" ausgenommen wird,[121] sofern sich dies nicht als bewusste Förderung einer konkreten Tat darstellt.[122] Als Förderung wird auch die illegale Ausfuhr über Strohleute angesehen.[123] Die Strafbarkeit setzt – neben dem Ausfall von Anstiftung und Beihilfe nach den §§ 26 f – voraus, dass die Handlungen eine nukleare Explosion oder zumindest deren Versuch (Absatz 4), also nicht bloß eine Vorberei-

113 *Alt* MK Rdn. 27; *Schall* SK Rdn. 32; *Sch/Schröder/Heine/Schittenhelm* Rdn. 13b; *SSW/Saliger* Rdn. 7.

114 Ausführungsgesetz zum Übereinkommen v. 13.1.1993 über das Verbot der Entwicklung, Herstellung, Lagerung und des Einsatzes chemischer Waffen und über die Vernichtung solcher Waffen (Ausführungsgesetz zum Chemiewaffenübereinkommen – CWÜAG) v. 2.8.1994 (BGBl. I S. 1954).

115 RegE BT-Drs. 13/10076 11.

116 So aber *Alt* MK Rdn. 28; *Schall* SK Rdn. 33 f; wohl auch *Sch/Schröder/Heine/Schittenhelm* Rdn. 13e, f; *Saliger Umweltstrafrecht* Rdn. 475; *Witteck* BeckOK Rdn. 18, 18.1.

117 *Schall* SK Rdn. 34; *Ransiek* NK Rdn. 9; *SSW/Saliger* Rdn. 8; *Matt/Renzikowski/Rettenmaier/Gehrmann* Rdn. 13.

118 *Sch/Schröder/Heine/Schittenhelm* Rdn. 13c; *Alt* MK Rdn. 28; *Schall* SK Rdn. 33.

119 *Schall* SK Rdn. 36; *Fischer* Rdn. 11; *Sch/Schröder/Heine/Schittenhelm* Rdn. 13c.

120 Ausschussbericht BT-Drs. 12/7300 24.

121 *Sch/Schröder/Heine/Schittenhelm* Rdn. 13e; *Alt* MK Rdn. 30; *Schall* SK Rdn. 35; *Szesny* AnwK Rdn. 29.

122 *Alt* MK Rdn. 30; *Holthausen* NJW **1991** 203, 207 (zum KWKG).

123 *Alt* MK Rdn. 30; *Schall* SK Rdn. 35; *Meine* wistra **1996** 41, 45 (zum AWG a. F.).

tung,[124] verursacht bzw. gefördert haben. Versuchtes Verleiten und versuchtes Fördern sind ebensowenig strafbar (Absatz 6), wie es Versuche nach den §§ 26 f wären.

III. Der unerlaubte Umgang mit anderen gefährlichen Stoffen und Gütern (Absatz 3)

1. Allgemeines

Absatz 3 sanktioniert in Gestalt eines **konkreten Gefährdungsdelikts** den verwaltungsrechtswidrigen betrieblichen Umgang mit radioaktiven Stoffen und Gefahrgütern (Nr. 1, **Gefahrstofftatbestand**) und ebenso verwaltungsrechtswidrige Verhaltensweisen rund um den Transport gefährlicher Güter (Nr. 2, **Gefahrguttransporttatbestand**), sofern dadurch eine Gefährdung der menschlichen Gesundheit, von Tieren und Pflanzen, der Umweltmedien sowie fremder Sachen von bedeutendem Wert verursacht wird. Während der Regierungsentwurf[125] noch ein potenzielles Gefährdungsdelikt und eine Aufspaltung in einen Gefahrstofftatbestand (als Absatz 3) und einen Gefahrguttatbestand (als Absatz 4) vorgesehen hatte, wurden beide Regelungen auf Vorschlag des Rechtsausschusses[126] aus Gründen der Vereinfachung im 2. UKG in Absatz 3 zusammengefasst, wobei man gleichzeitig zur Konstruktion eines konkreten Gefährdungsdelikts überging, um den Tatbestand auf besonders strafwürdige Fälle einzugrenzen. 35

2. Der Gefahrstofftatbestand (Nummer 1)

a) Tatobjekte. Hierbei handelt es sich zunächst um „radioaktive Stoffe“, wie sie bereits in den Absätzen 1 und 2 genannt werden. Nach der Begriffsbestimmung in § 2 Abs. 1 AtomG versteht man hierunter die Kernbrennstoffe und sonstige radioaktive Stoffe (Rdn. 4 f, 6). Die Beschränkung auf die hochgefährlichen sonstigen radioaktiven Stoffe des Absatzes 1 Nr. 2 gilt hier nicht.[127] Das Erfordernis der konkreten Gefährdung macht sie entbehrlich. 36

Zur näheren Bestimmung des neuen Tatobjekts der **Gefahrstoffe** hatte der Gesetzgeber 1994 ursprünglich auf das Chemikaliengesetz verwiesen. Dies wurde in der Literatur für problematisch gehalten, weil § 19 Abs. 2 ChemG a. F. keine eigene Definition gab, sondern insb. mit der Verweisung auf § 3a ChemG a. F. nur Fallgruppen aufführte.[128] Im Hinblick darauf hat der Gesetzgeber im 45. StrÄndG – zudem unter der unrichtigen Annahme einer Notwendigkeit europaweiter und leichterer Anwendbarkeit[129] – die Verweisung in eine solche auf die Verordnung (EG) Nr. 1272/2008 geändert.[130] Art. 3 der Verordnung als nunmehr maßgebliche Definition lautet: 37

---

124 BT-Drs. 12/192 22 ff; OLG Düsseldorf NStZ-RR **1998** 153, 154 (zu § 20 Abs. 1 Nr. 1 KWKG); OLG Stuttgart NStZ **1997** 288 (zu § 69a Abs. 2 Nr. 3 AWV a. F.) m. zust. Anm. *Holthausen* NStZ **1997** 290, 292.

125 BT-Drs. 12/192 5, 22 ff.

126 BT-Drs. 12/7300 20, 24.

127 *Alt* MK Rdn. 32; *Schall* SK Rdn. 38.

128 *SSW/Saliger*[1] (2009) Rdn. 10, wiedergegeben im RegE BT-Drs. 17/5391 19.

129 Zur Begründung RegE BT-Drs. 17/5391 19; krit. *Schall* SK Rdn. 39, *ders.* Festschrift Wolter 643, 654; *Kloepfer/Heger* 38; *Szesny* AnwK Rdn. 6; *Sch/Schröder/Heine/Schittenhelm* Rdn. 16; *Sack* Rdn. 71a; *Pfohl* ZWH **2013** 95, 98; zweifelnd auch *Möhrenschlager* wistra **2011** R XXXVI.

130 AblEU L 3553/1 v. 31.12.2008, ber. AblEU 2011 L 16/1; geändert durch VO (EG) 790/2009, AblEU L 235/1 v. 5.9.2009 (wie in Absatz 3 Nr. 1 angegeben), zuletzt geändert durch Delegierte Verordnung (EU) 2020/1676 der Kommission v. 31.8.2020 (ABlEU L 379 v. 13.11.2020). Diese Regelung wird generell als CLP [Classification, Labelling and Packaging]- oder als GHS-VO bezeichnet. Sie hat das weltweit einheitliche System des „Global Harmonized System of Classification and Labelling of Chemicals“ [GHS] der Vereinten Nationen in das Recht der EU und damit auch das der Mitgliedstaaten überführt. Umgesetzt wurde die VO mit Durchführungsgesetz v. 2.11.2011 (BGBl. I S. 2162); dazu RegE BT-Drs. 17/6054 und Ausschussbericht BT-Drs. 17/6463.

„Ein Stoff [i. S. v. Art. 2 Nr. 7[131]] oder ein Gemisch [i. S. v. Art. 2 Nr. 8[132]], der bzw. das den in Anhang I Teile 2 bis 5 dargelegten Kriterien für physikalische Gefahren, Gesundheitsgefahren oder Umweltgefahren entspricht, ist gefährlich und wird entsprechend den Gefahrenklassen jenes Anhangs eingestuft. Werden in Anhang I Gefahrenklassen nach dem Expositionsweg oder der Art der Wirkungen differenziert, so wird der Stoff oder das Gemisch entsprechend dieser Differenzierung eingestuft.“ Anhang I beschreibt die Kriterien für die Einstufung in Gefahrenklassen und ihre Differenzierungen. Teil 2 erfasst Stoffe mit „physikalischen Gefahren“ (wie explosive Stoffe; entzündbare, oxydierende Gase; Gase unter Druck; entzündbare, pyrophore und oxydierende Flüssigkeiten und Feststoffe; selbstzersetzliche und -erhitzungsfähige Stoffe; bei Berührung mit Wasser entzündbare Stoffe; Aerosole, organische Peroxide sowie gegenüber Metallen korrosive Stoffe). Teil 3 bezieht sich auf gesundheitsgefährdende Stoffe (mit akuter Toxizität, Ätz-/Reizwirkung auf der Haut, schwerer Augenschädigung/-reizung, Beeinträchtigung der Atemwege und Aspirationsgefahr, Hautallergene, Stoffe mit Keimzellenmutagenität, Karzinogenität, Reproduktionstoxizität sowie spezifischer Zielorgan-Toxizität). Aus dem Umweltbereich erfassen Teil 4 gewässergefährdende und Teil 5 ozonschichtschädigende Stoffe. Ergänzend können den Anhängen II und III weitere Konkretisierungen entnommen werden. Zur Einordnung wird auf etwaige notwendige Tests hingewiesen, was zu Zweifeln an der Bestimmtheit geführt hat.[133] Im Anwendungsbereich dürfte sich gleichwohl letztlich nicht viel geändert haben.[134] Hervorzuheben ist, dass der Tatbestand auch Stoffe erfasst, die ihre Gefährlichkeit erst durch die Art der Herstellung oder Verwendung erfahren.[135]

38 **b) Tathandlungen.** Zur Erfüllung des Tatbestandes ist es erforderlich, dass mit den gefährlichen Stoffen (beim Betrieb einer Anlage, Rdn. 39) in bestimmter Weise umgegangen wird. Oberbegriff ist das **„sonst Verwenden“**, das beispielhaft umschrieben wird als Lagern, Bearbeiten oder Verarbeiten. Als Anhaltspunkt für die Annahme weiterer Verwendungsarten bei Gefahrstoffen kann die Begriffsbestimmung in § 3 Nr. 10 ChemG dienen.[136] Dort werden als Verwenden zusätzlich Gebrauchen, Verbrauchen, Aufbewahren, Abfüllen,[137] Umfüllen, Mischen, Entfernen, Vernichten[138] und innerbetriebliches Befördern genannt. Gleichwohl kein Verwenden stellt – neben dem Herstellen und der Entsorgung – das Vernichten und Entfernen dar, weil damit das

131 „Stoff: chemisches Element und seine Verbindungen in natürlicher Form oder gewonnen durch ein Herstellungsverfahren, einschließlich der zur Wahrung seiner Stabilität notwendigen Zusatzstoffe und der durch das angewandte Verfahren bedingten Verunreinigungen, aber mit Ausnahme von Lösungsmitteln, die von dem Stoff ohne Beeinträchtigung seiner Stabilität und ohne Änderung seiner Zusammensetzung abgetrennt werden können“.

132 „Gemische oder Lösungen, die aus zwei oder mehr Stoffen bestehen“.

133 *Szesny/Görtz* ZUR **2012** 405, 408; *Heger* HRRS **2012** 211, 217 f; ebenso *Schall* SK Rdn. 40; *ders.* Festschrift Wolter 643, 655.

134 *Kloepfer/Heger* Rdn. 329; *Lackner/Kühl/Heger* Rdn. 3; *SSW/Saliger* Rdn. 10; *Schall* SK Rdn. 40; *ders.* Festschrift Wolter 643, 654; *Sack* Rdn. 71a; *Sch/Schröder/Heine/Schittenhelm* Rdn. 16; Gefahrstoffe i. S. d. frühere Chemikalienrechts sind Ammoniak (dazu solches in einer Kühlanlage, zit. bei *Franzheim/Pfohl* Rdn. 437), Asbest (BayObLGSt **1996** 137 = NStZ-RR **1997** 120; *Kuchenbauer* NJW **1997** 2009 f.), Heizöl (BayObLGSt **1994** 261, 263 = NJW **1995** 540 = JR **1996** 299 m. Anm. *Heine; Bartholme* JA **1995** 924); alle als gefährlich gekennzeichnet nach GHS; vgl. weiter *Sack* Rdn. 71, 71a, 81 mit weiteren Beispielen (kontaminiertes Produktionsabwasser mit laugenhaltigem ätzendem Wasserdampf [LG Stuttgart, 29.9.1997]; giftige Flusssäure, Formaldehyd [AG Göttingen, 22.1.2013]).

135 BT-Drs. 12/192 23; *Schall* SK Rdn. 40; *Sch/Schröder/Heine/Schittenhelm* Rdn. 16.

136 RegE BT-Drs. 12/192 24; *Sch/Schröder/Heine/Schittenhelm* Rdn. 15; *Schall* SK Rdn. 42; *Lackner/Kühl/Heger* Rdn. 4.

137 BayObLGSt **1994** 261, 263 f = NStZ **1995** 190 (Abfüllen von Heizöl aus einem Tankwagen in den Öltank eines Betriebes).

138 So BayOblGSt **1996** 137 = NStZ-RR **1997** 120 (Verurteilung wegen Überschreiten von Schutzgrenzen bei Abbrucharbeiten zu Asbest, was als Vernichten und Entfernen angesehen wurde); zu Recht krit. *Schall* SK Rdn. 42 (keine Nutzbarmachung); *Alt* MK Rdn. 33; *GJW/Bock* Rdn. 28.

strafrechtliche Wortlautverständnis überschritten wäre. Dasselbe gilt für das Inverkehrbringen i. S. v. § 3 Nr. 9 ChemG, also insbesondere für Ein- und Ausfuhr.[139] Einschränkungen der Reichweite des Verwendungsbegriffs können sich für bestimmte Tätigkeiten aus Ausnahmen von Verwendungsbeschränkungen ergeben, etwa aus Anhang XVII der REACH-VO (s. den Verweis in § 16 Abs. 1 GefStV). Ein Beispiel ist die Verwendung bestimmter bleihaltiger Stoffe als Farben für die Restaurierung von Kunstwerken und historischen Gebäuden gemäß Nr. 16 und 17 des Anhangs. Beispiele für Ausnahmen von den weitergehenden Verwendungsbeschränkungen nach § 16 Abs. 2 i. V. m. Anhang II Nr. 1 Abs. 1 Nr. 1 GefStV sind asbestbezogene Abbrucharbeiten oder sonstige Tätigkeiten.[140] § 2 Abs. 6 GefStoffV beschreibt den Begriff des **Lagerns** eigenständig als Aufbewahren zur späteren Verwendung sowie zur Abgabe an andere. Es schließt die Bereitstellung zur Beförderung ein, wenn diese nicht binnen 24 Stunden nach ihrem Beginn oder am darauffolgenden Werktag erfolgt. Ist dieser Werktag ein Samstag, so endet die Frist mit Ablauf des nächsten Werktags. Endgültiges Ablagern oder nur gelegentliches Liegenlassen eines Gefahrstoffes ist kein Lagern i. S. d. Gefahrstofftatbestandes.

Wie schon in den §§ 325 Abs. 1 und 2, 325a Abs. 1 und 2 hat der Gesetzgeber eine Eingren- 39
zung des Tatbestandes auf das Verwenden der gefährlichen Stoffe **beim Betrieb einer Anlage**, insbesondere einer Betriebsstätte oder technischen Einrichtung, vorgenommen. Die hier verwendete Formulierung weicht von derjenigen in den genannten Vorschriften nur insoweit ab, als dort von „Betriebsstätte oder Maschine" gesprochen wird, hier hingegen von „Betriebsstätte oder technischen Einrichtung". Eine sachliche Abweichung im Sinne einer Erweiterung kann hierin nicht erblickt werden, zumal § 306 Abs. 1 Nr. 2 die Maschinen als Unterfall von beidem ansieht. Der Gesetzgeber wollte an § 3 Abs. 5 BImSchG anknüpfen;[141] erfasst sind damit sowohl ortsfeste als auch ortsveränderliche Anlagen, z. B. **innerbetriebliche Fahrzeuge**,[142] Kühlaggregate, Heizungen oder Forschungsstätten.[143] Zur Erläuterung der mit dem Anlagenbetrieb zusammenhängenden Fragen wird auf § 325 Rdn. 26 und § 325a Rdn. 10 ff verwiesen. Abweichend von § 325 Abs. 1, 2 und § 325a Abs. 1 ist der in Betracht kommende Gefährdungsbereich nicht allein derjenige außerhalb der Anlage, sondern wie in § 325 Abs. 3 und § 325a Abs. 2 gleichermaßen innerhalb einer Anlage, weshalb die besonders gefährdeten Betriebsangehörigen an dem Schutz teilhaben.[144] Aus § 330d Abs. 2 ergibt sich die grundsätzliche Anwendbarkeit von § 328 auf vergleichbare Taten in einem anderen EU-Staat und damit auch eine entsprechende Erweiterung des Anlagenbegriffs. Die darin enthaltene Begrenzung steht jedoch einer Anwendung auf Taten außerhalb der EU entgegen.

3. Der Gefahrguttransporttatbestand (Nummer 2)

a) Allgemeines. Der Transport gefährlicher Güter hat eine erhebliche wirtschaftliche Bedeu- 40
tung. Nach den Übersichten des Statistischen Bundesamtes wurden 2017 im Straßenverkehr 147,6 Mio. t. Gefahrgüter transportiert, per Eisenbahn 70,8 Mio. t., in der Binnenschifffahrt 47,2 Mio. t. und in der Seeschifffahrt 44,5 Mio. t.[145] Das entspricht einem Anteil an der beförderten Gesamttransportmenge von 4,7 % (Straße), 20,3 % (Eisenbahn), 21,2 % (Binnenschiffe) und

---

139 *Alt* MK Rdn. 33; *Ransiek* NK Rdn. 11; *GJW/Bock* Rdn. 28; *Matt/Renzikowski/Rettenmaier/Gehrmann* Rdn. 16. Einfuhr gilt nach Art. 2 Nr. 18 GHS/CLP-VO als Inverkehrbringen.

140 *Alt* MK Rdn. 33; zu Ausnahmen von Verwendungsbeschränkungen in einer früheren Fassung der GefStV BayObLGSt **2001** 115 = NStZ-RR **2002** 152.

141 RegE BT-Drs. 12/192 23 f.

142 Begr. RegE BT-Drs. 12/192 24; beispielsweise ein mit Giftfässern beladener LKW, so *Alt* MK Rdn. 33; *Schall* SK Rdn. 45, **aA** OLG Koblenz MDR **1986** 162 (zu § 325).

143 *Fischer* Rdn. 14; *Witteck* BeckOK Rdn. 22.

144 RegE BT-Drs. 12/192 23; *Schall* Rdn. 44.

145 *Statistisches Bundesamt* Gefahrguttransporte – Fachserie 8 Reihe 1.4 – 2017 (2020), 6 ff.

von 15,1 % (Seeschifffahrt). Die am häufigsten transportierte Gefahrgutklasse stellt für alle Verkehrszweige die Gefahrgutklasse 3 (entzündbare flüssige Stoffe) dar. Ihr Anteil ist mit über 83,8 % aller Gefahrguttransporte vor allem auf See besonders hoch. Auf Schienenwegen sind 58,9 % der Gefahrgüter entzündbare flüssige Stoffe. Auf der Straße beträgt ihr Anteil über 65,2 %. In den Jahren 2016 bis 2018 waren jeweils 144, 177 bzw. 143 Güterkraftfahrzeuge mit näheren Angaben zum betroffenen Gefahrgut an Straßenverkehrsunfällen mit Personen- oder Sachschäden beteiligt.[146] Besonders problematisch bei dem Transport ist die Dichtheit von Behältnissen für gasförmige Güter. Eine große Bedeutung kommt ferner der ausreichenden Kennzeichnung der gefährlichen Transporte zu.

41 **b) Gefährliche Güter.** Die Legaldefinition in § 330d Abs. 1 Nr. 3 erläutert den Begriff als ein Gut im Sinne des GGBefG,[147] einer darauf beruhenden Rechtsverordnung und i. S. v. Rechtsvorschriften über die internationale Beförderung gefährlicher Güter im jeweiligen Anwendungsgebiet.[148] Nach § 2 Abs. 1 GGBefG sind dies – ohne Rücksicht auf ihren Aggregatzustand – Stoffe und Gegenstände, von denen auf Grund ihrer Natur, ihrer Eigenschaften oder ihres Zustandes im Zusammenhang mit der Beförderung Gefahren für die öffentliche Sicherheit oder Ordnung, insbesondere für die Allgemeinheit, für wichtige Gemeingüter, für Leben und Gesundheit von Menschen sowie für Tiere und andere Sachen ausgehen können. Als erfasste **Anwendungsbereiche** gelten nach § 1 Abs. 1 S. 1 GGBefG die Beförderung gefährlicher Güter mit Eisenbahn, Magnetschwebebahn, Straßen-, Wasser- und Luftfahrzeugen, für die aufgrund von § 3 GBG jeweils eigene Gefahrgutverordnungen erlassen worden sind.[149] Einschlägig sind die Verordnung über die innerstaatliche und grenzüberschreitende Beförderung gefährlicher Güter auf der Straße, mit Eisenbahnen und auf Binnengewässern (Gefahrgut-VO Straße, Eisenbahn und Binnenschifffahrt – GGVSEB)[150] sowie die Verordnung über die Beförderung gefährlicher Güter mit Seeschiffen (GefahrgutVO See – GGVSee).[151] Sie werden ergänzt durch die Verordnung über Ausnahmen von den Vorschriften über die Beförderung gefährlicher Güter (Gefahrgut-Ausnahme-VO – GGAV).[152] Die Verordnungen unterliegen indessen ständiger Änderung.

42 Für den **grenzüberschreitenden Verkehr** gehen nach § 1 Abs. 1 Nr. 3 GGBefG unmittelbar geltende Regelungen der EU und zwischenstaatliche Vereinbarungen vor. Einschlägig sind hier insb. das Europäische Übereinkommen v. 30.9.1957 über die Beförderung gefährlicher Güter auf der Straße (ADR) mit den Anlagen A und B,[153] das Übereinkommen v. 9.5.1980 über den internationalen Eisenbahnverkehr (COTIF),[154] die Ordnung für die internationale Eisenbahnbeförderung gefährlicher Güter (Anlage C zum Übereinkommen über den internationalen Eisenbahnver-

146 BASt-U2p-02/2019 (https://www.bast.de/BASt_2017/DE/Statistik/Unfaelle/Gefahrgutunfaelle.html, 31.1.2021); zur Unfallhäufigkeit der einzelnen Transportsparten und den Ursachen eingehend *Wiedemann* 7 ff.

147 Gesetz über die Beförderung gefährlicher Güter (Gefahrgutbeförderungsgesetz – GGBefG) i. d. F. d. Bek. v. 7.7.2009 (BGBl. I S. 1774, 3975).

148 Zur Kritik insbesondere hinsichtlich der Bestimmtheit *Schall* SK Rdn. 53; *Schmitz* MK § 330d Rdn. 7.

149 Nachweise bei *Buddendiek/Rutkowski* Lexikon des Nebenstrafrechts unter 318.

150 I.d.F. v. 11.3.2019 (BGBl. I S. 258).

151 I.d.F. v. 21.10.2019 (BGBl. I S. 1475).

152 I.d.F. v. 11.3.2019 (BGBl. I S. 229).

153 Dazu das Gesetz (ADRG) v. 18.8.1969 (BGBl. II S. 1489, 1491; 1970 II 50); Änderungen des Übereinkommens durch Protokolle v. 21.8.1975 und v. 28.10.1993 (dazu Gesetz v. 12.12.2007, BGBl. II S. 1950); Neufassung der Anlagen A und B v. 29.11.2017 (BGBl. II S. 1520, 1529 mit Anlagenband); Änderungen der Anlagen jeweils aufgeführt im Fundstellennachweis B 2018 (zu BGBl. II) zu dem Übereinkommen von 1957, zuletzt 28. ADR-Änderungsverordnung v. 14.10.2020 (BGBl. II S. 757).

154 Übereinkommen v. 9.5.1980 (dazu Gesetz v. 23.1.1985, BGBl. II S. 130, 132) i.d.F des Änderungsprotokolls (von Vilnius) v. 3.6.1999 (dazu Gesetz v. 24.8.2002, BGBl. II S. 2140, 2142, 2149), und weiteren Änderungen, zuletzt v. 29./30.9.2015 (dazu Gesetz v. 17.7.2017, BGBl. II S. 820).

kehr [COTIF], RID) v. 9.5.1980[155] sowie das Europäische Übereinkommen vom 26.5.2000 über die internationale Beförderung gefährlicher Güter auf Binnenwasserstraßen (ADN).[156] Diese Regelungen gelten nach Maßgabe von § 1 Abs. 3, 5 GGVSEB sowohl für innerstaatliche als auch für grenzüberschreitende Beförderungen. Die GGVSee gilt nach § 1 Abs. 1 für die Beförderung gefährlicher Güter mit Seeschiffen außerhalb Deutschlands und auf Seeschifffahrtsstraßen und in Seehäfen in Deutschland; i. Ü. gilt die GGVSEB. Einschlägig ist auch die Richtlinie 2008/68/EG v. 24.9.2008 über die Beförderung gefährlicher Güter im Binnenland, eine harmonisierende Grundlage für die GGVSEB.[157] Bei diesen Verzahnungen stimmen die nationalen Vorschriften weitgehend mit den internationalen Übereinkommen überein.

Nach § 2 Nr. 7 GGVSEB sind gefährliche Güter die Stoffe und Gegenstände, deren Beförderung nach Teil 2 Kapitel 3.2 Tabelle A und Kapitel 3.3 ADR/RID/ADN verboten oder nach den vorgesehenen Bedingungen des ADR/RID/ADN gestattet sind, sowie zusätzlich für innerstaatliche Beförderungen die in der Anlage 2 Gliederungsnummer 1.1 und 1.2 zur GGVSEB genannten Güter. Im ADR, RID und der ADN-VO gibt es nach Teil 2 Klassen gefährlicher Güter, die sich nicht völlig mit den Gefährlichkeitsmerkmalen der GGVSEB decken.[158] Alle spezifizierten Eintragungen für gefährliche Güter sind nach Teil 2.1.2.2. in Kapitel 3.2 Tabelle A ausgeführt; Sondervorschriften für bestimmte Stoffe enthält Kapitel 3.3. Weitere Ergänzungen finden sich in Anlage 2 der GGVSEB. Auch wenn in einem konkreten Fall hinsichtlich eines bestimmten Stoffes ein Listeneintrag nicht festzustellen ist, so kann gleichwohl ein gefährliches Gut vorliegen, wenn die Kriterien des § 2 Abs. 1 GGBefG erfüllt sind. 43

c) Tathandlungen. Die vom Gesetz genannten Tatmodalitäten sollen erkennbar den Beförderungsvorgang lückenlos erfassen; sie lehnen sich an § 2 Abs. 2 GGBefG an.[159] 44

aa) Befördern. Dies ist das Bewirken der Ortsveränderung des Gutes mittels eines Fahrzeugs (ADR/RID/ADN Nr. 1.2.1). Zum Befördern gehören aber darüber hinaus[160] nach § 2 Abs. 2 GGBefG die Übernahme und die Ablieferung des Gutes sowie Zwischenaufenthalte im Verlauf der Ortsveränderung,[161] z. B. auch das zeitweilige Abstellen für den Wechsel der Beförderungsart oder des Beförderungsmittels (Umschlag). Schließlich zählen hierzu noch Vorbereitungs- und Ab- 45

155 BGBl. 1985 II S. 296; Neufassung im Änderungsprotokoll v. 3.6.1999 (BGBl. 2002 II S. 2142); zahlreiche Änderungen, zuletzt 22. RID-Änderungsverordnung v. 26.10.2020 (BGBl. II S. 856).
156 BGBl. 2007 II S. 1908 (dazu Gesetz v. 23.11.2007, BGBl. 2007 II S. 1906) mit Änderungen, zuletzt durch 8. ADN-Änderungsverordnung v. 23.11.2020 (BGBl. II S. 1035).
157 AblEU 2008 L 260/13.
158 *Hansemann/Sellner/Rehbinder* Grundzüge des Umweltrechts, Kap. 11 Rdn. 252. Beispiele aus der Praxis BGHR § 328 Abs. 3 Nr. 2 = BeckRS **2009** 20066 (Spraydosen-Explosion beim Entpacken); BayObLGSt **1996** 146 (Gasflasche mit Kältemittel R 134a); NStZ-RR **2001** 378 (tiefgekühlter Stickstoff); OLG Hamm Beck RS **2009** 19903 (Kohlenwasserstoffgas, Gemisch, verflüssigt); weiter *Franzheim/Pfohl* Rdn. 447 (stark ätzende, lähmend wirkende kresol- und phenolhaltige Kunstharzlösung beim Ausladen von einem LKW); *Sack* Rdn. 101, 110 (flüssiger 150° heißer Schwefel auslaufend aus umgekipptem Lastzug; Tankfahrzeug-Transport von auslaufender Beizsäure mit Dämpfen; von Lastzug herabfallende Fässer mit Thionyl-Chlorid mit Gesundheitsbeeinträchtigungen durch Auslaufen; dazu auch OLG Koblenz GA **1986** 234 = MDR **1986** 162); LG München I NStZ **1982** 470 (Isotopengerät Gammamat TI-F); AG Offenbach NStE § 330 Nr. 1 (15000 l Benzin aus wegen zu hoher Geschwindigkeit verunglücktem Tanklastzug verunreinigten den Boden); dazu *Kemme* 192 f, 283 f; *Rengier* Umweltstrafrecht 34 ff; ein leerer Öltank, in dem sich früher einmal Öl befunden hat, ist kein Gefahrgut, s. OLG Düsseldorf NZV **1992** 42.
159 Begr. RegE BT-Drs. 8/2382 24; 12/192 25; zu den Tathandlungen *Bartholme* JA **1996** 730, 733; *Bottke* TransportR **1992** 394; *Alt* MK Rdn. 36; *Sch/Schröder/Heine/Schittenhelm* Rdn. 17; *Schall* SK Rdn. 54; *Szesny* AnwK Rdn. 32; *SSW/Saliger* Rdn. 12; *Wiedemann* 116; vgl. auch OVG Münster ZUR **2005** 231, 233.
160 OLG Düsseldorf GewArch **1994** 303, 304 (zum Ordnungswidrigkeitenrecht).
161 BR-Drs. 48/83 8.

schlusshandlungen (Ver- und Auspacken, Beladen und [Bereitstellen zum] Entladen[162]), selbst wenn diese nicht mehr vom Beförderer ausgeführt werden. Ziel der Tathandlung muss aber immer sein, ein gefährliches Gut nicht nur mitzuführen (wie etwa einen Reservekanister), sondern von einem Ort zu einem anderen zum dortigen – wenn auch nur vorübergehenden – Verbleib zu transportieren.[163] Die innerbetriebliche Beförderung ist nicht erfasst (§ 1 Abs. 1 Nr. 1 GGBefG),[164] wohl aber der Verkehr innerhalb einer – lediglich abgesicherten – Straßenbaustelle.[165]

46 **bb) Versenden.** Der Begriff des Versendens findet keine direkte Entsprechung in den Definitionen von § 2 GGVSEB. § 2 Nr. 1 befasst sich mit dem Absender, der als Unternehmer gefährliche Güter versendet (zu Pflichten § 18 GGVSEB). Erfolgt die Beförderung aufgrund eines Beförderungsvertrags, gilt als Absender der vertraglich festgelegt Absender. Wird kein Beförderungsvertrag abgeschlossen, so ist der tatsächliche Versender der Absender (vgl. auch ADR/RID/ADN Nr. 1.2.1).

47 **cc) Verpacken.** Ein solches ist das zum Zwecke der Beförderung vorgenommene Zurichten des gefährlichen Gutes zu Versandstücken.[166] Der Verpacker ist derjenige, der das gefährliche Gut zuletzt sieht und durch sein Verhalten von der Außenwelt abschließt. Ob Gefahren entstehen, hängt weitgehend davon ab, ob er die sachgerechte Verpackung wählt und außerdem das Gefahrgut für alle in die Beförderungskette Eingeschalteten richtig kennzeichnet (zu Pflichten § 22 GGVSEB). Alle weiteren Glieder in dieser Kette müssen auf dessen Angaben vertrauen dürfen. Das Verpacken wird meist bereits vom Hersteller des Gutes vorgenommen werden. Verpacker ist also, wer als Unternehmer, Inhaber eines Betriebes, Leiter einer Behörde oder als Privatperson derartige Güter zu Versandstücken verpackt oder im Rahmen seiner Verantwortlichkeit verpacken lässt (vgl. zum Begriff des Verpackers und der Versandstücke § 2 Nr. 4, 5 GGVSEB; ARD/RID/ADN Nr. 1.2.1).

48 **dd) Auspacken.** Das Auspacken ist gegenüber dem Verpacken der „actus contrarius", das Befreien des gefährlichen Gutes von der angebrachten Verpackung. Im Hinblick darauf kann diese Tätigkeit mit erheblichen Gefahren verbunden sein.

49 **ee) Verladen.** Auch dem Verladen kommt in der Transportkette eine große Bedeutung zu. Verlader ist nach § 2 Nr. 3 GGVSEB u. a. derjenige, der verpackte gefährliche Güter auf ein Beförderungsmittel verlädt, darüber hinaus aber auch derjenige, der als unmittelbarer Besitzer das Gut dem Beförderer zur Beförderung übergibt oder selbst befördert (zu Pflichten § 21 GGVSEB). Damit ist jeder erfasst, der – unabhängig von handelsrechtlichen oder sonstigen Vertragsbeziehungen – vom Hersteller bis zum Empfänger das jeweilige gefährliche Gut im Verlaufe der Beförderung aus seinem tatsächlichen Besitz heraus dem nächsten in der Transportkette übergibt.[167]

---

162 BR-Drs. 48/83 5; es spielt beim Entpacken keine Rolle, dass diese nicht unmittelbar nach der Entladung, sondern erst am nächsten Tag erfolgt, s. BGH BeckRS **2009** 20066; *Schall* SK Rdn. 54.

163 Vgl. OLG Koblenz MDR **1986** 162.

164 RegE BT-Drs. 12/192 25; *Alt* MK Rdn. 36; *Schall* SK Rdn. 54; *SSW/Saliger* Rdn. 12; *Sch/Schröder/Heine/Schittenhelm* Rdn. 17; *Wiedemann* 116.

165 Dazu *Wiedemann* 117.

166 BR-Drs. 48/83 5; zum Befördern gehört auch das Umladen von Gütern wie das Umfüllen von Stoffen, BGH NStZ-RR **2001** 378; *Wiedemann* 119.

167 BR-Drs. 48/83 5.

ff) Entladen. Dies ist wiederum der „actus contrarius" zum Verladen (zum Begriff des Entladers s. ADR/RID/ADN Nr. 1.2.1). Es bezeichnet die Tätigkeit, die den eigentlichen dynamischen Beförderungsvorgang abschließt und – sei es auch nur vorübergehend – in den statischen Lagerungszustand überleitet. Der Entlader übt wiederum tatsächliche Gewalt über den Gegenstand aus und hat damit die Möglichkeit, das Gut auf Transportschäden zu untersuchen und entsprechende Meldungen vorzunehmen (§ 23a GGVSEB). 50

gg) Entgegennahme. Dies stellt die Erlangung der tatsächlichen Gewalt über die Sache dar (zu den Pflichten des Empfängers § 20 GGVSEB). 51

hh) Überlassen. Anderen überlassen heißt, den unmittelbaren Besitz (die tatsächliche Gewalt) so auf einen anderen zu übertragen, dass dieser die Möglichkeit erlangt, über das Gut nach eigenem Willen zu verfügen. Es setzt keine gänzliche Aufgabe des eigenen unmittelbaren Besitzes durch den Überlassenden voraus.[168] Gefahren können nämlich bereits entstehen, wenn ein Unzuverlässiger in die Transportkette eingeschaltet wird, der nur Mitbesitz erhält. Das Überlassen an andere kann auch verwirklicht werden, indem der Täter es unterlässt, eigenmächtige Gewahrsamsbegründungen durch Dritte zu unterbinden.[169] Der Begriff des Überlassens ist dem der Abgabe in Abs. 2 Nr. 2 verwandt (Rdn. 28). 52

4. Verletzung verwaltungsrechtlicher Pflichten (Absatz 3)

Zu den allgemeinen Fragen, die mit der Verletzung verwaltungsrechtlicher Pflichten (§ 330d Abs. 1 Nr. 4 und 5) zusammenhängen, kann auf die Erläuterungen zu § 324a Rdn. 42 ff und § 325 Rdn. 27 ff verwiesen werden. Tatbestandsspezifisch gilt ergänzend Folgendes: 53

Einschlägige verwaltungsrechtlichen Pflichten beim **Umgang mit radioaktiven Stoffen** ergeben sich z. B. aus Vorschriften zum Schutz beim Umgang mit radioaktiven Stoffen, wie etwa die Vorschriften über die Ausübung von Tätigkeiten zum Schutz beruflich exponierter Personen und der Bevölkerung in §§ 76 ff StrlSchG i. V. m. der StrlSchV. Dazu gehören auch die oben dargestellten Gefahrgutvorschriften mit ihren Sonderregelungen für die Beförderung radioaktiver Stoffe.[170] Nach § 1 Abs. 1 Nr. 1 GGBefG ist das GGBefG allerdings grundsätzlich innerhalb eines Betriebes auf Beförderungen nicht anwendbar, soweit diese auf einem abgeschlossenen, d. h. durch bauliche Maßnahmen gegen unbefugtes Betreten geschütztes Gelände erfolgt. Das soll auch für die Handlungen gelten, die dem weiten Beförderungsbegriff des GGBefG, nicht aber dem engeren des AtomG unterfallen.[171] Als umweltschutzrechtliche Regelungen, die auch dem Schutz des Menschen hinsichtlich Gesundheit und Sachgütern dienen sollen, gelten die §§ 7, 23 BImSchG i. V. m. den jeweils hierauf beruhenden Verordnungen (z. B. § 2 2. und §§ 4 ff 12. BImSchV), § 17 ChemG,[172] § 6, 10 BBodSchG i. V. m. §§ 9, 12 BodSchV, §§ 7, 14 PflSchG i. V. m. der PflSchV, § 3 Abs. 2, § 5 DüngeG i. V. m. der DüngeV, §§ 10 bis 12 AtomG i. V. m. dem StrlSchG, § 62 WHG.[173] Als nicht umweltschutzrechtlich ausgerichtete Regelungen zur Gefahrenabwehr kommt 54

---

168 *Schall* SK Rdn. 55; *Sch/Schröder/Heine/Schittenhelm* Rdn. 17; *Wiedemann* 119; *Bottke* TranspR 390, 394.
169 *Schall* SK Rdn. 55.
170 Nach § 27 Abs. 5 StrLSchG bleiben die für den jeweiligen Verkehrsträger geltenden Rechtsvorschriften über die Beförderung gefährlicher Güter unberührt. Näher zu den Grundlagen für die einzelnen Beförderungshandlungen *Büdenbender/Heintschel v. Heinegg/Rosin* Energierecht I (1999) Rdn. 1186 ff; *Mandel/Pinter* Gefahrgut-Transport (1996) 12 ff, 16 ff.
171 *Huck* Transporte radioaktiver Stoffe (1992) 166; *Büdenbender/Heintschel v. Heinegg/Rosin* Rdn. 1181 f.
172 *Schall* SK Rdn. 51 (betr. Sicherheits- und Schutzmaßnahmen in den §§ 8 ff GefStV); *Theuer* NuR **1996** 120.
173 BayObLG NJW **1995** 540 (zu § 19g WHG a. F.).

darüber hinaus der Bereich des Arbeitsschutzes[174] in Betracht, z. B. die §§ 2 ff ArbstättV, die den Gesundheitsschutz und die Sicherheit in Arbeitsräumen zum Gegenstand haben. Aus allem wird ersichtlich, dass die weit zu verstehende Pflichtenbegründung[175] aus einer Vielzahl von Vorschriften folgen kann.

55 Für den **Gefahrguttransportbereich** kommen aus den Varianten des § 330d Abs. 1 Nr. 4 als Pflichtenquellen im Wesentlichen Rechtsvorschriften und Verwaltungsakte in Betracht.[176] Einschlägige **Rechtsvorschriften** sind insbesondere Regelungen im GGBefG i. V. m. konkretisierenden Gefahrgutverordnungen (GGVSEB, GGVSee, Ausnahmen in GGAV[177]) mit Bezugnahmen auf die in Rdn. 42 f genannten internationalen Vorschriften wie die in ARD/RID/ADN und im Luftverkehr (vgl. die Genehmigungspflicht in § 78 LuftVZO; VO(EG) 859/2008, OPS 1.1155); daneben verdient die GbV Erwähnung.[178] Unterhalb der Verordnungsebene existiert eine Fülle von allgemeinen und technischen Richtlinien, die nahezu jede Einzelheit des Umgangs mit gefährlichen Gütern reglementieren.[179]

56 Die GGVSEB und die GGVSee enthalten neben allgemeinen Verhaltensregeln und Sicherungspflichten in den jeweiligen §§ 3 f, 17 ff detaillierte Pflichten für einzelne Verantwortungsbereiche (u. a. für Ab-/Versender, Verpacker, Be-/Verlader, Beförderer, Fahrzeug-/Schiffsführer).[180] Einen guten Anhaltspunkt für die einschlägigen Pflichten geben im Falle ihrer Verletzung die umfangreichen Kataloge zu den einschlägigen Bußgeldvorschriften in § 37 GGVSEB und § 27 GGVSee. Neben diesen speziell den Transportbereich regelnden Vorschriften gelangen auch **allgemeine Normen der Gefahrenabwehr** zur Anwendung. Einschlägig sind hier insbesondere die sektorspezifischen Verkehrsregelungen, etwa die Straßenverkehrsordnung,[181] ferner die Vorschriften zur Arbeitssicherheit.[182] Aus dem Straßenverkehrsbereich sind nicht nur gefahrgutspezifische Vorschriften heranzuziehen,[183] sondern auch Regelungen, die generell die Umweltmedien (mit-)schützen wollen.[184] Geschwindigkeitsbegrenzungen, die hingegen der allgemeinen Unfallverhütung dienen, sind an dieser Stelle nicht einschlägig.[185] Bedeutsam können auch umweltspezifische Pflichtverletzungen sein, wie z. B. Beförderungsverbote in einem Wasserschutzgebiet aufgrund einer behördliche Entscheidung nach § 52 Abs. 1 Nr. 1 WHG oder in einer WasserschutzgebietsVO nach § 51 WHG.[186] Ebenso kommt die Verletzung der Erlaubnispflicht oder von Nebenbestimmungen einer Erlaubnis bei der Beförderung gefährlicher Abfälle nach § 54 KrWG i. V. m. der AbfAEV in Betracht.[187] Beim Immissionsschutz kann ggf. die 12. BImSchV

---

174 *Baumann/Roßnagel/Weinzierl/Wimmer* Rechtsschutz für die Umwelt im vereinigten Deutschland (1992) 201, 209.

175 So im Ergebnis auch RegE BT-Drs. 12/192 23; *Witteck* BeckOK Rdn. 18; *Dietzel* 116 ff; einschränkend *Schall* SK Rdn. 49, 51 ff.

176 *Wiedemann* 254.

177 Siehe Rdn. 41; hierzu *Vierhaus* NStZ **1991** 466.

178 Verordnung über die Bestellung von Gefahrgutbeauftragten in Unternehmen (Gefahrgutbeauftragtenverordnung – GbV) v. 25.2.2011 i. d. F. d. Bek. v. 11.3.2019 (BGBl. I S. 304).

179 Nachweise bei www.umwelt-online.de/regelwerk/gefahr.gut/ueber.htm (2.2.2021).

180 Zu Beispielen aus der GGVSEB *Kemme* 282 f.

181 *Sch/Schröder/Heine/Schittenhelm* Rdn. 23; *Lackner/Kühl/Heger* Rdn. 2; *Fischer* Rdn. 13b; *Witteck* BeckOK Rdn. 20; *Sack* Rdn. 96; *Rengier* Festschrift Boujong 791, 796 ff, 800 f; *Franzheim/Pfohl* Rdn. 163, 444; *Martin* Sonderdelikte 58 ff; *Wiedemann* 262 f.

182 Vgl. RegE BT-Drs. 12/192 24; *Alt* MK Rdn. 37; *Fischer* Rdn. 13b; *SSW/Saliger* Rdn. 12; *Wiedemann* 262; einschränkend *Schall* SK Rdn. 60; *Kemme* 284 f.

183 So aber *Fischer* Rdn. 13b; *Alt* MK Rdn. 37; *Schmitz* MK § 330d Rdn. 22 f; *Sch/Schröder/Heine/Schittenhelm* Rdn. 23; *Schall* SK Rdn. 59; *ders.* Festschrift Küper 505, 517; z. B. Verstöße gegen § 2 Abs. 3a Satz 4; § 41 Abs. 1 StVO i. V. m. Anl. 2 Zeichen 261, 269 (Verbot v. Gefahrguttransporten bzw. wassergefährdender Ladung); *Kemme* 283 f; *Krell* NZV **2012** 116; *Peters* Festschrift Leuze 419, 427 f.

184 *Saliger* Umweltstrafrecht Rdn. 87, 487.

185 *Sch/Schröder/Heine/Schittenhelm* Rdn. 23; *Schall* SK Rdn. 59; *Saliger* Umweltstrafrecht Rdn. 87.

186 Beispiel OVG Schleswig NVwZ **1994** 1034 (Beförderungsverbot und Ausnahme für Anlieger).

187 *Fischer* Rdn. 13b; *Sack* Rdn. 96.

(Störfall-VO) anwendbar sein.[188] Die Zulässigkeit der Beförderung solcher Güter durch Luftfahrzeuge bedarf nach § 27 Luftverkehrsgesetz[189] i. V. m. den §§ 76, 78 Luftverkehrszulassungsordnung[190] grundsätzlich einer Erlaubnis.

An **vollziehbaren Verwaltungsakten** kommen insb. diejenigen in Betracht, die unmittelbar auf § 7 oder 8 GBG gestützt sind, ferner solche, die ihre Rechtsgrundlage in den Gefahrgutverordnungen haben und die von § 330d Abs. 1 Nr. 4 geforderte Zielrichtung aufweisen. 57

5. Das Erfordernis der konkreten Gefährdung

Die konkrete Gefahr muss durch eine der genannten Tathandlungen in Bezug auf eines der Schutzobjekte verursacht werden; die Ursache für die konkrete Gefährdung hat dabei in der typischen Gefährlichkeit der umschriebenen Tathandlung zu wurzeln und das **typische Risiko des jeweiligen Umweltrechtsverstoßes widerspiegeln.** Bei radioaktiven Stoffen kann die Gefährdung sowohl durch deren Strahlung, wie sie in Absatz 1 Nr. 2 angesprochen ist, als auch durch ihre Giftigkeit hervorgerufen werden. Zum Ausmaß der Gefährdung sind die üblichen Maßstäbe anzulegen. Eine konkrete Gefahr wurde früher von der Rechtsprechung angenommen, wenn sich die geschützten Rechtsgüter in einem Zustand befinden, bei dem der Eintritt eines Schadens aufgrund einer objektiven nachträglichen Prognose nach den Umständen des Einzelfalls wahrscheinlicher als sein Ausbleiben erscheint.[191] In Abgrenzung gegenüber der nur abstrakten Gefahr wird heute indessen ganz überwiegend darauf abstellt, ob es zu einer „unmittelbaren Beeinträchtigung der Sicherheit des geschützten Objekts"[192] gekommen ist und dieses so stark bedroht war, dass die Vermeidung der Rechtsgutsverletzung nur noch vom Zufall abhing.[193] In der Rspr. ist anschaulich vom „Beinahe"-Unfall, bei dem es gerade noch gut gegangen sei, die Rede.[194] 58

Die konkrete Gefahr kann sich auf sieben verschiedene Schutzobjekte beziehen. Gefährdungsobjekt ist zunächst die **Gesundheit** eines anderen. Die bis zum 1.11.1994 geltende Fassung des § 330 Abs. 1 Nr. 4 a. F. hatte noch – wie in den §§ 315 ff – auf die konkrete Gefährdung von „Leib oder Leben eines anderen" abgestellt. Der jetzt verwendete Begriff der – konkreten – Gesundheitsgefährdung bringt indessen keine sachliche Änderung mit sich.[195] Er lehnt sich an den Gesundheitsbegriff des § 223 an, wo die Gesundheitsschädigung als Hervorrufen, Steigern oder Aufrechterhalten eines pathologischen, der Heilung bedürftigen Zustandes körperlicher Art verstanden wird.[196] Hier allerdings ist ausreichend die Verursachung eines Zustandes, der einen derartigen Schadenseintritt nach den konkreten Umständen befürchten und sein Ausbleiben als nur noch vom Zufall abhängig erscheinen lässt (Rdn. 58).[197] Die Gefahr des Verursachens unerheblicher, geringfügiger, vorübergehender Schäden, wie z. B. die einer temporären leichten 59

---

188 *Schall* NStZ-RR **2007** 33, 36 (in einem konkreten Fall gemäß § 1 Abs. 5 der 12. BImSchV a. F. vom OVG Münster ZUR **2005** 531 abgelehnt); *Sack* Rdn. 96.
189 LuftVG i. d. F. d. Bek. v. 10.5.2007 (BGBl. I S. 698).
190 LuftVZO i. d. F. d. Bek. v. 10.7.2008 (BGBl. I S. 1229).
191 BGHSt 18 271, 272; VRS 45 38, 39; zu weiteren Nachweisen *König* LK § 315 Rdn. 53; kritisch dazu *Zieschang* Gefährdungsdelikte 37 ff; *ders.* NK § 315 Rdn. 32 f.
192 BGH NZV **1989** 31 f.
193 BGHSt 22 341, 344; VRS 44 422; NStZ **2013** 167; *Schall* SK Rdn. 46.
194 BGH NJW **1995** 3131 f; NStZ-RR **1997** 200; **2012** 123 f; NStZ **2009** 100; NStZ-RR **2019** 343, 344; BGH Beschl. v. 3.12.2020 – 4 StR 371/20 (juris); zu weiteren Nachweisen *König* LK § 315 Rdn. 53, 61.
195 *Steindorf* LK[11] Rdn. 49; *Wiedemann* 138.
196 Zur Diskussion um die Einbeziehung psychischer Beeinträchtigungen *Grünewald* LK[12] § 223 Rdn. 9 ff m. w. N.
197 Zu einer Gesundheitsgefährdung durch Ablagern von Arsenschlamm auf einer ungeordneten Deponie LG Düsseldorf Urt. v. 16.5.1974 – 5 KLs 9/73 (nach *Gieseke/Wiedemann/Czychowski*, 6. Aufl., 1992, § 330 Rdn. 16); zur Gesundheitsgefährdung infolge unachtsam verursachten Austretens von Strahlen aus einem Isotopengerät LG München NStZ **1982** 470.

Allergie, reicht nicht aus.[198] Wenn insoweit bei bagatellhafteren Gesundheitsbeeinträchtigungen eine Abweichung gegenüber § 223 entsteht, ist dies mit der Vorverlagerung der Strafbarkeit ist das Gefährdungsvorfeld zu rechtfertigen; es führte zu weit, schon die Gefahr kleinerer Schäden zu sanktionieren.

60 Die vormalige Beschränkung auf die konkrete Gefährdung dem Täter nicht gehörender **Tiere** ist seit dem 45. StrÄndG entfallen, womit tätereigene Tiere (hierzu § 324a Rdn. 26, § 325 Rdn. 16) jetzt ebenfalls geschützt sind. Erfasst sind damit zugleich Fische in Gewässern sowie Wild. Beschränkungen auf Tiere von bedeutendem bzw. auf solche von ökologischem Wert, d. h. etwa i. S.e. Arterhaltung, existieren bei Absatz 3 keine mehr. Diese sehr weitgehende Ausdehnung hat berechtigte Überlegungen zu einer **einengenden Auslegung** hervorgerufen, um Bagatellfälle auszuklammern.[199] Die Gefährdung einiger weniger Borkenkäfer stellte ersichtlich kein strafwürdiges Unrecht dar. Jedenfalls erscheint der weite Tierbegriff i. S. v. § 7 Abs. 2 Nr. 1 BNatSchG ungeeignet; zumindest eine davon abweichende Beschränkung auf lebende Tiere (§ 7 Abs. 2 Nr. 1 lit. a BNatSchG) bietet sich an. Darüber hinaus wäre jedoch eine Begrenzung auf eine Bestandsgefährdung (wie § 326 Abs. 1 Nr. 4 lit. a) oder auf Tiere von bedeutendem Wert (wie in den §§ 325 Abs. 6 Nr. 1, 325a Abs. 2) sinnvoll. In den Schutzbereich fallen ferner **Pflanzen** (zum allgemeinen Begriff s. § 324a Rdn. 26). Auch hier sollte der Anwendungsbereich auf lebende Pflanzen i. S. v. § 7 Abs. 2 Nr. 2 lit. a) BNatSchG – unter Einbeziehung eigener Pflanzen – beschränkt werden.

61 Zum Begriff des **Gewässers** kann auf § 330d Abs. 1 Nr. 1 i. V. m. § 2 Abs. 1, § 3 WHG verwiesen werden (s. § 330d Rdn. 11 ff). Eine konkrete Gefährdung der **Luft** betrifft drohende Veränderungen ihrer natürlichen Zusammensetzung i. S. v. § 3 Abs. 4 BImSchG. Gefährdungen des **Bodens** beziehen sich vor allem auf dessen natürliche Funktionen i. S. v. § 2 Abs. 2 Nr. 1 BBodSchG, können sich aber auch auf Nutzungsfunktionen i. S. v. § 2 Abs. 2 Nr. 3 BBodSchG beziehen (zum Begriff des Bodens und seiner Funktionen s. § 324a Rdn. 10 ff).

62 Soweit **fremde Sachen von bedeutendem Wert** als Gefährdungsobjekt genannt werden, greift das Gesetz auf die in den §§ 315 ff benutzte Formulierung zurück, wie sie bereits bei den §§ 324a-325a verwendet wird. Es gelten auch insoweit die Erläuterungen hierzu (§ 324a Rdn. 29 f; § 325 Rdn. 18). Es kann sich neben ökonomischen um ökologische oder historische Bewertungen handeln, nach denen einer Sache ein bedeutender Wert beigemessen wird.[200] Objekt der Gefährdung kann immer nur die ganze Sache sein. Bei der Gefährdung des Bodens als einer unbeweglichen Sache ist der Wert des bedrohten Grundstücksteils maßgebend. Infolge des Merkmals der Fremdheit, das an bestehendes zivilrechtliches Eigentum eines Dritten anknüpft, werden herrenlose Sachen ausgeblendet.

IV. Innere Tatseite

63 Bei Absatz 1 bis 3 (sowie beim Versuch nach Absatz 4) hat der Täter zur Annahme vorsätzlichen Handelns alle (objektiven) Tatbestandsmerkmale bzw. Tatumstände zu kennen oder wenigstens für möglich zu halten und, soweit es sich um Handlungs- oder Erfolgsumstände handelt, deren Verwirklichung in Kauf zu nehmen. Bei Abs. 1 Nr. 1 muss er z. B. wissen, mit (laienhaft richtig erkannten) Kernbrennstoffen als besonderen spaltbaren, nicht i. S. v. § 2 Abs. 3 AtomG ungefährlichen Stoffen in der beschriebenen Art umzugehen. Ähnliches gilt hinsichtlich Abs. 1 Nr. 2 für sonstige radioaktive Stoffe; nur muss er hier auch wissen, dass es sich bei diesen um solche gefährlichen Stoffe handelt, die geeignet sind, durch ionisierende Strahlen Schäden herbeizuführen. Der Vorsatz hat zudem diejenigen tatsächlichen Umstände, die zum Genehmigungser-

---

198 *Alt* MK Rdn. 40; *Steindorf* LK[11] Rdn. 49; *Sack* Rdn. 78; *Gieseke/Wiedemann/Czychowski* § 330 Rdn. 17.
199 So *Szesny* AnwK Rdn. 34 (Ausklammerung der konkreten Gefährdung eines einer nicht vom Aussterben bedrohten Gattung angehörenden Tieres); *Schall* SK Rdn. 47 sieht auch Bagatellfälle als erfasst an.
200 Begr. RegE BT-Drs. 12/192 25.

fordernis führen, bzw. das Vorliegen einer den Stoffumgang untersagenden Anordnung zu umfassen. Die Unkenntnis der Genehmigungspflicht selbst ist – entgegen der h. M.[201] – eine Frage des Unrechtsbewusstseins und damit der Schuld (vgl. § 327 Rdn. 55).

Entsprechendes gilt für die Kenntnis der Ablieferungspflicht in Abs. 2 Nr. 1. Pflichtenun- 64
kenntnis ändert nichts am Tatvorsatz, kann aber zum nach § 17 zu behandelnden Gebotsirrtum führen.[202] In Fällen des Abs. 2 Nr. 2 muss der Täter wissen, dass er Kernbrennstoffe an Personen abgibt oder vermittelt, die keine entsprechende Erlaubnis besitzen. Bei Tathandlungen nach Absatz 3 bedarf es der Kenntnis des Betriebs der Anlage (Nummer 1), der Stoffe sowie der Verursachung einer Gefährdung der geschützten Objekte; für letzteres gilt § 18 nicht. Hält der Täter eine bestimmte Einrichtung oder Maschine nicht für eine Anlage i. S. v. Nr. 1, so liegt nur ein Subsumtionsirrtum vor.[203] Weiß der Täter nicht, dass es sich in Fällen der Abs. 1, Abs. 2 Nr. 1 und 2 um Kernbrennstoffe oder radioaktive Stoffe handelt, besteht ein vorsatzrelevanter Tatumstandsirrtum. Das Gleiche gilt bei Unkenntnis über die geschehenden Tathandlungen des Umgangs nach Abs. 3 Nr. 1 und bei Transportvorgängen nach Nr. 2 über die Gefahrstoffe oder Gefahrgüter. Er muss die gefährlichen Eigenschaften des Stoffes bzw. der Gefahrgüter kennen oder zumindest mit ihnen rechnen. Meint er jedoch, der Stoff bzw. das Gut unterfalle nicht dem Gefahrstoff- bzw. dem Gefahrgutrecht, so liegt ein in der Regel unbeachtlicher Subsumtionsirrtum vor, der nur ausnahmsweise auf einen (ggf. sogar unvermeidbaren) Verbotsirrtum hinausläuft.[204]

V. Der Fahrlässigkeitstatbestand (Absatz 5)

Die Strafvorschrift für den fahrlässigen Verstoß nach Absatz 5 betrifft nahezu sämtliche Tat- 65
handlungen der Absätze 1–3. Ausgenommen bleibt nach **Absatz 6** allerdings das Verleiten und Fördern gemäß Abs. 2 Nr. 4. Diese Ausnahme war notwendig, weil es insoweit vorwiegend um materielle Teilnahmehandlungen geht, die nach den §§ 26 f nur vorsätzlich begangen werden können. Eine Erstreckung der Fahrlässigkeitsstrafbarkeit auf die Tathandlungen nach Abs. 2 Nr. 4 hätte daher zu einem systematischen Bruch geführt.

Scheidet jedoch in den übrigen Tatvarianten der Absätze 1–3 aufgrund eines Tatbestandsirr- 66
tums eine Vorsatztat aus, so bleibt immer zu prüfen, ob der Irrtum und damit die Tathandlung nicht auf nach Absatz 5 vorwerfbarer Fahrlässigkeit beruht. Ob fahrlässiges Verhalten vorliegt, ist dabei nach den allgemeinen Grundsätzen zu beurteilen. Abgesehen von Fällen der Nuklearkriminalität wird es beim Umgang mit gefährlichen Stoffen häufiger zu unvorsätzlichen Verstößen infolge der Unkenntnis über die Eigenschaften der tatgegenständlichen Stoffe kommen. Von Personen, die beruflich mit potenziell nicht nur ungefährlichen Stoffen umgehen, kann indessen erwartet werden, sich über die Gefährlichkeit ihrer jeweiligen Handlungen und der behandelten Stoffe zu orientieren. Das Gleiche gilt für die ihr Tätigkeitsfeld regelnden detaillierten Vorschriften im Gefahrstoff- und Gefahrgutrecht, deren Unkenntnis allerdings nach der hier vertretenen Auffassung an der Vorsatzstrafbarkeit nichts ändert; der skizzierte Fahrlässigkeitsvorwurf betrifft dann jedoch in gleicher Weise die Frage der Vermeidbarkeit der Verbotsunkenntnis im Rahmen von § 17. Im Einzelfall kann die Sorgfaltspflicht sogar über bestehende Mindestregelungen hinausgehen.[205]

---

201 *Schall* SK Rdn. 62; *Ransiek* NK Rdn. 13; *Alt* MK Rdn. 43; *Witteck* BeckOK Rdn. 30.
202 *Alt* MK² Rdn. 51; *Schall* SK Rdn. 62.
203 *Alt* MK² Rdn. 52.
204 Zur Abgrenzung von Subsumtions- und Verbotsirrtum *Roxin/Greco* AT I § 21 Rdn. 23 f; *Kloepfer/Heger* Rdn. 329 halten die Annahme eines unvermeidbaren Verbotsirrtums angesichts der Reichweite und des Umfangs von Gefahrstoffen für Personen, soweit sie keine Experten sind, für möglich.
205 BGH Beck RS **2009** 20066 Rdn. 18 ff. Zur Fahrlässigkeit beim Abfüllen von Heizöl BayObLGSt **1994** 261 = NJW **1995** 540.

VI. Versuch (Absatz 4)

67 Nach Absatz 4 im Zusammenspiel mit Absatz 6 besteht eine generelle Versuchsstrafbarkeit mit erneuter Ausnahme für die Tathandlungen des Verleitens und Förderns nach Abs. 2 Nr. 4, weil andernfalls versuchte Teilnahmehandlungen inkriminiert wären, was sonst regelmäßig nur im Rahmen von § 30 der Fall ist.

68 Ein tatbestandlicher Versuch der Tathandlungen nach den Abs. 1, Abs. 2 Nr. 1 erscheint nur schwer vorstellbar, soweit es sich nicht um irrtümliche Annahmen des Täters handelt, er agiere mit gefährlichen Kernmaterialien, die aber tatsächlich harmlos sind. Bei Absatz 3 bedarf es eines Ansetzens zur Gefährdung, bei deren Eintritt das Delikt bereits vollendet ist, weshalb auch insoweit kaum Raum für eine Versuchsphase besteht. Der Beginn der strukturell eher denkbaren Versuche nach Abs. 2 Nr. 2 und 3, Stoffe abzugeben oder eine Nuklearexplosion herbeizuführen, ist nach den allgemeinen Grundsätzen über den Versuchsbeginn zu beurteilen.[206]

VII. Rechtswidrigkeit

69 Fälle der Rechtfertigung sind kaum denkbar. Die Verwaltungsrechtswidrigkeit ist unrechtsbegründendes Tatbestandsmerkmal, weshalb das Vorliegen einer dem Tathandeln kongruenten Genehmigung (oder einer entsprechenden Duldung mit Verwaltungsaktcharakter) bereits den Tatbestand entfallen lässt. Auf die bloße Genehmigungsfähigkeit kommt es nicht an. Ein rechtfertigender Notstand wird nur in Not- und Katastrophenfällen unter Abwägung mit den bei der Verwendung von besonders gefährlichen Stoffen auftretenden Gefahren möglich sein.

VIII. Täterschaft und Teilnahme

70 **Absatz 1** ist hinsichtlich des **Handelns ohne Genehmigung** ein Allgemeindelikt.[207] Die Genehmigung wird in einem Unternehmen gegenüber dem Betriebsinhaber erteilt. Liegt eine solche Genehmigung für das Unternehmen vor, so deckt sie den Umgang mit dem radioaktiven Material auch durch die Arbeitnehmer. Der einzelne Beschäftigte, der die im Tatbestand umschriebenen Tätigkeiten für den Geschäftsherrn ausübt, bedarf also keiner eigenen Genehmigung.[208] Das gilt entsprechend für die Beförderung, die meist von berufsmäßigen Beförderern ausgeführt wird.[209] Bei der grenzüberschreitenden Verbringung ist Täter auch der Auftraggeber einer Beförderung.[210] Fehlt bei Handlungen in einem Unternehmen die an den Unternehmer gerichtete erforderliche Genehmigung, so ist Täter einmal derjenige, der in dem betreffenden Unternehmen betriebsintern die Entscheidungsbefugnis hat. Das kann der Inhaber selbst oder die von ihm dazu bestimmte Person sein. Erfasst wird jedoch auch derjenige Mitarbeiter, der in einer

206 Zu Abgrenzungsproblemen vgl. *Murmann* LK § 22 Rdn. 68 ff; *Zaczyk* NK § 22 Rdn. 29a m. w. N.; zum Gefahrguttransporttatbestand *Wiedemann* 331.

207 *Alt* MK Rdn. 47; *Ransiek* NK Rdn. 15; *Schall* SK Rdn. 75; *Matt/Renzikowski/Rettenmaier/Gehrmann* Rdn. 21; *SSW/Saliger* Rdn. 15; **aA** (Sonderdelikt) *Szesny* AnwK Rdn. 39, da es sich um Betreiberpflichten handele.

208 *Schall* Rdn. 75.

209 *Schall* Rdn. 75.

210 *Alt* MK Rdn. 47; i. E. auch Büdenbender/Heintschel v. Heinegg/*Rosin* Energierecht I (1999) Rdn. 1174. Danach ergibt sich aus dem Wortlaut von § 4 Abs. 1 S. 2 AtomG, dass derjenige, der die Beförderung von Kernbrennstoffen ausführt, nicht als Genehmigungsempfänger in Betracht kommt; die Genehmigung wird dem „Absender" erteilt, z. B. einem Anlagenbetreiber, der einen Frachtführer beauftragt, oder demjenigen, der die Versendung oder Beförderung „besorgt", also z. B. der vom Anlagenbetreiber beauftragte Spediteur, der dann einen Beförderer einschaltet. Beförderer ist also jeweils auch der Auftraggeber (ebenso *Frenz-Thienel* § 4 AtomG Rdn. 4). Strafrechtlich ist allerdings der faktische Beförderer auch Täter, wenn er ohne die erforderliche Genehmigung des Anlagenbetreibers oder Spediteurs die Beförderung durchführt.

tatbestandsmäßigen Weise mit den Stoffen umgeht; geschieht dies innerhalb eines Betriebes und ist er weisungsgebunden, wird er hingegen nur als Gehilfe einzustufen sein.[211]

Das Handeln **entgegen einer vollziehbaren Untersagung** stellt ein Sonderdelikt dar, das nur von demjenigen begangen werden kann, gegen den sich die Untersagung richtet.[212] Bei Unternehmen und juristischen Personen wird der Täterkreis daher unter Anwendung von § 14 bestimmt. 71

Auch **Abs. 2 Nr. 1** bildet ein Allgemeindelikt.[213] Täter ist der unmittelbare Besitzer von Kernbrennstoffen, der nach § 5 Abs. 3 S. 1 AtomG oder durch eine atomrechtliche Anordnung zur Ablieferung (dann freilich Sonderdelikt) verpflichtet ist (Rdn. 25, 27). In einem Unternehmen ist dies sowohl die intern verantwortliche Person als auch derjenige, der wie ein LKW-Fahrer eine tatsächliche Einwirkungsmöglichkeit nutzt (s. Rdn. 25). 72

Täter nach **Abs. 2 Nr. 2** in der Alternative der Abgabe an einen Nichtberechtigten kann nicht allein der berechtigte Besitzer werden (Rdn. 28), sondern jedermann.[214] Ebenso kann die Alternative der Vermittlung der Abgabe an Unberechtigte von jedermann begangen werden. Gleiches gilt für Abs. 2 **Nr. 3 und 4.**[215] 73

Bei **Abs. 3 Nr. 1** ist Voraussetzung, die Tathandlungen „beim Betrieb einer Anlage unter Verletzung verwaltungsrechtlicher Pflichten" vorzunehmen. Daraus wird – wie auch zu §§ 325 Abs. 1 und 2, § 325a – z. T. hergeleitet, dass es sich um Sonderdelikte handelt.[216] Dagegen spricht jedoch der hier nicht von vornherein beschränkte Täterkreis. Der Anlagenbezug beschränkt die Reichweite des Tatbestandes zwar räumlich-gegenständlich ein; was die verwaltungsrechtliche Rechtswidrigkeit angeht, so hängt die Einstufung aber davon ab, ob sich eine aus dem Gefahrstoffrecht ergebende Pflicht nur an bestimmte Personenkreise richtet (dann Sonderdelikt) oder an jedermann (dann Allgemeindelikt).[217] 74

Der Täterkreis bei **Abs. 3 Nr. 2** war ursprünglich auf Führer von Fahrzeugen und auf für die Sicherheit und die Beförderung Verantwortliche beschränkt.[218] Das 2. UKG hat von einer solchen Eingrenzung jedoch Abstand genommen, weil eine Ausgestaltung als Sonderdelikt „nicht gerechtfertigt" sei.[219] Als Täter kommt deshalb jetzt jeder in Betracht, der in den Transportvorgang eingeschaltet und Adressat der einschlägigen verwaltungsrechtlichen Pflichten ist. Im Ergebnis ergibt sich nun der Täterkreis über das Merkmal der Verletzung verwaltungsrechtlicher Pflichten aus den jeweils einschlägigen Vorschriften.[220] Entscheidend für die Einstufung als Sonder- oder Allgemeindelikt ist daher auch hier, ob sich diejenigen Vorschriften, die sich auf die Beförderung beziehen, an einen bestimmten Personenkreis oder an jedermann richten.[221] Im Allgemeinen sind im Gefahrguttransportrecht die Normadressaten (Absender, Ver- und Entlader, Verpacker, Befüller und Beförderer i. e. S.) Unternehmen (vgl. § 9 Abs. 5 GGBefG, § 2 Nrn. 1–4 GGVSEB, ARD/RID/ADN Nr. 1.2.1). Dies ist nach der auch national geltenden[222] Definition des Unterneh- 75

211 *Alt* MK Rdn. 47; *Steindorf* LK[11] Rdn. 56; **aA** *Schall* SK Rdn. 75 (aber Tatherrschaft notwendig).
212 *Schall* SK Rdn. 76; *SSW/Saliger* Rdn. 15; insoweit auch *Szesny* AnwK Rdn. 39.
213 *Alt* MK Rdn. 47; *Matt/Renzikowski/Rettenmaier/Gehrmann* Rdn. 21; *Saliger* Umweltstrafrecht Rdn. 469; *J. Martin* Sonderdelikte 117 ff; **aA** *Ransiek* NK Rdn. 15 (im Hinblick auf die verwaltungsrechtlich bestimmte Pflicht); *Szesny* AnwK Rdn. 39.
214 *Schall* SK Rdn. 77; *Alt* MK Rdn. 47; *J. Martin* 117 f; **aA** *SSW/Saliger* Rdn. 15; *Szesny* AnwK Rdn. 39.
215 *Alt* MK Rdn. 47; *Schall* SK Rdn. 77; *SSW/Saliger* Rdn. 15; *J. Martin* 119 f.
216 *Kloepfer/Heger* Rdn. 334; *Franzheim/Pfohl* Rdn. 445, 574.
217 *Schall* SK Rdn. 78; *ders.* Festschrift *Schöch* S. 619, 623 f; *Alt* MK Rdn. 48; *SSW/Saliger* Rdn. 15; *Sack* Rdn. 118; *Witteck* BeckOK Rdn. 40; *Matt/Renzikowski/Rettenmaier/Gehrmann* Rdn. 21; *Dietzel* 74 ff.
218 Näher *Steindorf* LK[11] Rdn. 58 ff.
219 Begr. RegE BT-Drs. 12/192 24.
220 *Möhrenschlager* NStZ **1994** 561, 567; *Sack* Rdn. 118; einschränkend *Schall* SK Rdn. 58 ff; *Kemme* 281 ff.
221 *Schall* SK Rdn. 79; *SSW/Saliger* Rdn. 15; *Alt* MK Rdn. 48; *Witteck* BeckOK Rdn. 40; *Matt/Renzikowski/Rettenmaier/Gehrmann* Rdn. 21; **aA** *Szesny* AnwK Rdn. 39 (Allgemeindelikt); *Steindorf* LK[11] Rdn. 63; *Wiedemann* 76 (faktisches Sonderdelikt).
222 *Erbs/Kohlhaas/Lampe* § 37 GGVSEB Rdn. 2, 5.

mens in ARD/RID/ADN neben juristische Personen auch jeder Zusammenschluss von Personen. Das schließt ausdrücklich einzelne natürliche Personen (als Unternehmer) mit ein. Das ergibt sich auch daraus, dass nach ADR/RID/ADN Nr. 1.1.3.1 a) im Ausnahmefall die Vorschriften auf die Beförderung gefährlicher Güter selbst auf Privatpersonen anwendbar sind, wenn die näher beschriebenen Voraussetzungen der Nichtanwendbarkeit nicht vorliegen. Insoweit kann also jedermann zum Normadressaten werden. Erst recht gilt dies für Fahrzeug- und Schiffsführer, Besatzungsmitglieder und Reisende (vgl. zu letzterem die Bußgeldvorschrift § 37 Abs. 1 Nr. 24 i. V. m. § 32 GGVSEB bei Verletzung von Vorschriften über Zweckbestimmung, Verpackung und Behältnismenge für flüssige Stoffe im Reisegepäck in Fahrzeugen).[223] Nach Nr. 1.2.1 ARD/RID/ADN können gemäß Beförderungsvertrag zudem Privatpersonen „Empfänger" eines gefährlichen Gutes sein.

76 Dem – internen oder externen – **Gefahrgutbeauftragten** obliegen als Sicherheitsberater für die Beförderung gefährlicher Güter nach § 8 GbV[224] vor allem umfangreiche Pflichten nach Ziff. 1.8.3.3 ARD/RID/ADN. Er hat u. a. die Aufgabe, die Einhaltung der einschlägigen Vorschriften zu überwachen. Dazu ist ihm aufgegeben, das Vorgehen bzw. das Verfahren bei bestimmten Tätigkeiten zu überprüfen, wie z. B. die Einhaltung von Vorschriften zur Identifizierung des gefährlichen Gutes, über das Be- und Entladen und die Auswahl von Subunternehmern sowie über die Durchführung geeigneter Maßnahmen bei etwaigen sicherheitsgefährdenden Zwischenfällen. Angesichts der generellen Beschränkung des Personenkreises des Abs. 3 Nr. 2 auf den Beförderungsbereich und die damit verbundenen spezifischen Pflichten wird dem Gefahrgutbeauftragten überwiegend allein auf Grund seiner Bestellung noch keine Täterschaft zugewiesen.[225] Eine solche kann sich gleichwohl aus der Verletzung ihm nach § 8 GbV i. V. m. Ziff. 1.8.3.3 ARD/RID/ADN obliegenden Überwachungs-, Risikovorsorge- und Informationspflichten ergeben, wenn deren Wahrnehmung den Eintritt tatbestandlicher Gefährdungen verhindert hätte. § 14 Abs. 2 Nr. 2 kann hier angewendet werden.[226] Dies gilt umso mehr, falls dem Gefahrgutbeauftragten zusätzlich Verantwortlichkeiten aus den einzelnen Transportbereichen übertragen worden sind;[227] im Übrigen kommt seine Strafbarkeit als Teilnehmer in Betracht.[228]

IX. Rechtsfolgen

77 Für die Vorsatztaten nach den Absätzen 1–3 wird einheitlich Freiheitsstrafe bis zu fünf Jahre oder Geldstrafe angedroht, ein für die Verursachung einer Nuklearexplosion kaum adäquater Ansatz. Soweit strafbedroht (Rdn. 65), beträgt die Höchststrafe für die entsprechenden Fahrlässigkeitsvarianten drei Jahre Freiheitsstrafe. § 330 Abs. 1 sieht für einen Katalog **besonders schwerer Fälle** der Vorsatztaten Freiheitsstrafen von sechs Monaten bis zu zehn Jahren vor. § 330 Abs. 2 (Verbrechen) enthält einen auf Taten nach § 328 anwendbaren **Qualifikationstatbestand** für den Fall des Eintritts schwerer Folgen, die vor allem bei den Taten nach Abs. 2 Nr. 3, Abs. 3 durchaus realistisch sein können. Anwendbar sind zudem die Bestimmungen über die **tätige Reue** in § 330b.

78 Zur **Einziehung** (für die Vorsatztaten) findet § 330c Anwendung. In Frage kommt die Einziehung ferner nach § 73 Abs. 1, § 73c insb. hinsichtlich ersparter Aufwendungen für die Einholung der erforderlichen Genehmigung nach Absatz 1 oder für die Nichteinhaltung von Sicherheitsvorschriften nach Absatz 3.

---

223 *Erbs/Kohlhaas/Lampe* § 37 GGVSEB Rdn. 25 ff.

224 Verordnung über die Bestellung von Gefahrgutbeauftragten in Unternehmen (Gefahrgutbeauftragtenverordnung – GbV) v. 25.2.2011 i. d. F. d. Bek. v. 11.3.2019 (BGBl. I S. 304).

225 *Alt* MK Rdn. 48; *Witteck* BeckOK Rdn. 44.

226 *Böse* NStZ **2003** 636, 641 unter Bezugnahme auf *Vierhaus* NStZ **1991** 466, 467 f; *Eidam* Rdn. 146.

227 *Wiedemann* 94 ff, 107, 109 ff; *Schall* SK Rdn. 79.

228 OLG Frankfurt NJW **1987** 2753, 2756 (zu § 324); *Schall* SK Rdn. 79.

X. Verjährung

79 Die Strafverfolgungsverjährung tritt nach fünf Jahren ein (§ 78 Abs. 3 Nr. 4). Abweichend von der Situation beim Lagern (§ 326 Rdn. 138, hier in Abs. 3 Nr. 1 einschlägig) beginnt die Verjährungsfrist beim **Aufbewahren** (Absatz 1) erst mit dem Ende der Verwahrung, weil die gesamte Besitzdauer bei Kernbrennstoffen illegal ist.[229] Die **Nichtablieferung** (Abs. 2 Nr. 1) ist beendet, sobald die Ablieferung erfolgt oder die Pflicht zur Ablieferung aus anderen Gründen erlischt.[230] Beim **Befördern** (Abs. 1, Abs. 3 Nr. 2) beginnt die Verjährungsfrist auch bei den Hilfstätigkeiten zum eigentlichen Transport (z. B. Verpacken, Verladen nach Absatz 3) erst mit dem Abschluss des Beförderungsvorgangs, also nach Eintreffen der Ware am Bestimmungsort.[231]

XI. Konkurrenzen

80 **Innerhalb der Strafbestimmung** können insb. Tathandlungen im Umgang mit Kernbrennstoffen oder radioaktiven Stoffen zusammentreffen. So kann Tateinheit zwischen Abs. 2 Nr. 1 und Nr. 2 bestehen, weil sich das Unrecht der Nichtablieferung durch die Abgabe an einen Unberechtigten steigert, während umgekehrt letzteres Unrecht sich noch steigert, wenn der Abgebende seinerseits nicht zum Besitz berechtigt, sondern zur Ablieferung verpflichtet war.[232] Demgegenüber tritt Abs. 1 Nr. 2 als abstraktes Gefährdungsdelikt hinter das konkrete Gefährdungsdelikt nach Absatz 3 zurück.[233] Zwischen Abs. 3 Nr. 1 und Nr. 2 ist Tateinheit möglich, soweit unterschiedliche Tathandlungen erfasst werden; geht es jeweils um das Befördern, dürfte Abs. 3 Nr. 1 als spezieller vorgehen.

81 Aus dem Kreis **anderer Straftaten** kann § 328 tateinheitlich mit den Verletzungs- bzw. Erfolgsdelikten (§§ 211 ff, 223 ff, 303 ff) zusammentreffen.[234] Hinter die Erfolgsdelikte der §§ 307, 309 treten die Absätze 1, 2 sowie Abs. 3 Nr. 1 im Wege der Subsidiarität zurück.[235] Mit den §§ 310, 311 ist Tateinheit denkbar.[236] Aus dem engeren Kreis der Umweltdelikte genießen die Erfolgsdelikte der §§ 324, 324a Vorrang vor Absatz 3, sofern nicht noch weitere Umweltmedien oder Objekte gefährdet wurden.[237] Demgegenüber verdrängt Absatz 1 den noch weiter im Gefährdungsvorfeld angesiedelten § 327 Abs. 1. Im Übrigen ist Tateinheit möglich.[238] Jenseits des StGB treten Abs. 1 Nr. 2, Abs. 2 Nr. 3 und 4 hinter die §§ 19, 22a KWKG zurück.[239] § 27 ChemG wird nach dessen Absatz 6 von § 328 Abs. 3 Nr. 1 teilweise verdrängt.[240] Es handelt sich aber um eine unvollständige Subsidiarität, da Abs. 3 Nr. 1 in mehrfacher Hinsicht zusätzliche Beschränkungen enthält.[241]

---

229 *Alt* MK Rdn. 53; *Schall* SK Rdn. 69.
230 *Schall* SK Rdn. 70.
231 *Schall* SK Rdn. 69, 71.
232 Offenbar **aA** *Witteck* BeckOK Rdn. 14 (nur Abs. 2 Nr. 2).
233 *Schall* SK Rdn. 81.
234 *Sch/Schröder/Heine/Schittenhelm* Rdn. 28; *Schall* SK Rdn. 81; *SSW/Saliger* Rdn. 17; *Szesny* AnwK Rdn. 43.
235 *Ransiek* NK Rdn. 16; *SSW/Saliger* Rdn. 17; *Schall* SK Rdn. 81; *Sch/Schröder/Heine/Schittenhelm* Rdn. 28; *Szesny* AnwK Rdn. 43; **aA** *Witteck* BeckOK Rdn. 45; *Alt* MK Rdn. 51; *Lackner/Kühl/Heger* Rdn. 7 (Tateinheit); *Fischer* Rdn. 22 (Tateinheit nur mit § 309).
236 *SSW/Saliger* Rdn. 17; *Witteck* BeckOK Rdn. 45.
237 *Schall* SK Rdn. 81; *Alt* MK Rdn. 51; **aA** *SSW/Saliger* Rdn. 17.
238 *Witteck* BeckOK Rdn. 45; *Schall* SK Rdn. 81; *Sch/Schröder/Heine/Schittenhelm* Rdn. 28; *Szesny* AnwK Rdn. 43.
239 *Schall* SK Rdn. 81; *Ransiek* NK Rdn. 16; *SSW/Saliger* Rdn. 17; *Lackner/Kühl/Heger* Rdn. 7; **aA** (Tateinheit mit Abs. 2 Nr. 3) *Alt* MK Rdn. 51.
240 *Fischer* Rdn. 22; *Ransiek* NK Rdn. 16; *Schall* SK Rdn. 81; *SSW/Saliger* Rdn. 17.
241 Ähnlich *Kuchenbauer* NJW **1997** 2009, 2010.

§ 329 Gefährdung schutzbedürftiger Gebiete

(1) Wer entgegen einer auf Grund des Bundes-Immissionsschutzgesetzes erlassenen Rechtsverordnung über ein Gebiet, das eines besonderen Schutzes vor schädlichen Umwelteinwirkungen durch Luftverunreinigungen oder Geräusche bedarf oder in dem während austauscharmer Wetterlagen ein starkes Anwachsen schädlicher Umwelteinwirkungen durch Luftverunreinigungen zu befürchten ist, Anlagen innerhalb des Gebietes betreibt, wird mit Freiheitsstrafe bis zu drei Jahren oder mit Geldstrafe bestraft. Ebenso wird bestraft, wer innerhalb eines solchen Gebiets Anlagen entgegen einer vollziehbaren Anordnung betreibt, die auf Grund einer in Satz 1 bezeichneten Rechtsverordnung ergangen ist. Die Sätze 1 und 2 gelten nicht für Kraftfahrzeuge, Schienen-, Luft- oder Wasserfahrzeuge.

(2) Wer entgegen einer zum Schutz eines Wasser- oder Heilquellenschutzgebietes erlassenen Rechtsvorschrift oder vollziehbaren Untersagung

1. betriebliche Anlagen zum Umgang mit wassergefährdenden Stoffen betreibt,
2. Rohrleitungsanlagen zum Befördern wassergefährdender Stoffe betreibt oder solche Stoffe befördert oder
3. im Rahmen eines Gewerbebetriebes Kies, Sand, Ton oder andere feste Stoffe abbaut,

wird mit Freiheitsstrafe bis zu drei Jahren oder mit Geldstrafe bestraft. Betriebliche Anlage im Sinne des Satzes 1 ist auch die Anlage in einem öffentlichen Unternehmen.

(3) Wer entgegen einer zum Schutz eines Naturschutzgebietes, einer als Naturschutzgebiet einstweilig sichergestellten Fläche oder eines Nationalparks erlassenen Rechtsvorschrift oder vollziehbaren Untersagung

1. Bodenschätze oder andere Bodenbestandteile abbaut oder gewinnt,
2. Abgrabungen oder Aufschüttungen vornimmt,
3. Gewässer schafft, verändert oder beseitigt,
4. Moore, Sümpfe, Brüche oder sonstige Feuchtgebiete entwässert,
5. Wald rodet,
6. Tiere einer im Sinne des Bundesnaturschutzgesetzes besonders geschützten Art tötet, fängt, diesen nachstellt oder deren Gelege ganz oder teilweise zerstört oder entfernt,
7. Pflanzen einer im Sinne des Bundesnaturschutzgesetzes besonders geschützten Art beschädigt oder entfernt oder
8. ein Gebäude errichtet

und dadurch den jeweiligen Schutzzweck nicht unerheblich beeinträchtigt, wird mit Freiheitsstrafe bis zu fünf Jahren oder mit Geldstrafe bestraft.

(4) Wer unter Verletzung verwaltungsrechtlicher Pflichten in einem Natura 2000-Gebiet einen für die Erhaltungsziele oder den Schutzzweck dieses Gebietes maßgeblichen

1. Lebensraum einer Art, die in Artikel 4 Absatz 2 oder Anhang I der Richtlinie 2009/147/EG des Europäischen Parlaments und des Rates vom 30. November 2009 über die Erhaltung der wild- lebenden Vogelarten (ABl. L 20 vom 26.1.2010, S. 7) oder in Anhang II der Richtlinie 92/43/EWG des Rates vom 21. Mai 1992 zur Erhaltung der natürlichen Lebensräume sowie der wildlebenden Tiere und Pflanzen (ABl. L 206 vom 22.7.1992, S. 7), die zuletzt durch die Richtlinie 2013/17/EU (ABl. L 158 vom 10.6.2013, S. 193) geändert worden ist, aufgeführt ist, oder
2. natürlichen Lebensraumtyp, der in Anhang I der Richtlinie 92/43/EWG des Rates vom 21. Mai 1992 zur Erhaltung der natürlichen Lebensräume sowie der wildlebenden Tiere und Pflanzen (ABl. L 206 vom 22.7.1992, S. 7), die zuletzt durch die Richtlinie 2013/17/EG (ABl. L 158 vom 10.6.2013, S. 193) geändert worden ist, aufgeführt ist,

https://doi.org/10.1515/9783110490305-012

erheblich schädigt, wird mit Freiheitsstrafe bis zu fünf Jahren oder mit Geldstrafe bestraft.

(5) Handelt der Täter fahrlässig, so ist die Strafe

1. in den Fällen der Absätze 1 und 2 Freiheitsstrafe bis zu zwei Jahren oder Geldstrafe,

2. in den Fällen des Absatzes 3 Freiheitsstrafe bis zu drei Jahren oder Geldstrafe.

(6) Handelt der Täter in den Fällen des Absatzes 4 leichtfertig, so ist die Strafe Freiheitsstrafe bis zu drei Jahren oder Geldstrafe.

Schrifttum

Siehe auch die Literaturnachweise vor § 324.

Strafrecht. *Bange* Straftaten und Ordnungswidrigkeiten im Naturschutzrecht in: *Kerkmann* (Hrsg) Naturschutzrecht in der Praxis 2006; *Falke* Neue Entwicklungen im Europäischen Umweltrecht, ZUR **2011** 608; *Fischer, M.* Deutschlands Umweltstrafrecht unter Änderungsdruck der EU, NuR **2011** 564; *Fromm* Bekämpfung schwerer Umweltkriminalität in der EG durch einheitliche strafrechtliche Sanktionen, ZfW **2009** 157; *Gütschow* Der Artenschutz im Umweltstrafrecht (1998); *Hefendehl* Die Strafvorschriften im Naturschutzrecht, NuR **2001** 498; *Henzler* Die Griechische Landschildkröte und der Strafrichter – eine Darstellung anhand eines artenschutzrechtlichen Falles aus der Praxis, NuR **2005** 646; *Klinkhammer/König* Bekämpfung der Artenschutzkriminalität durch die deutsche Zollverwaltung, ZfZ **1995** 194; *Meyer, K.* Führt § 330d Abs. 2 zur endgültigen Europarechtsakzessorietät des deutschen Umweltstrafrechts, wistra **2012** 371; *Müller-Tuchfeld* Das Problem der Verschärfung, KritV **1995** 69; *Petzsche* Die Verweisung auf EU-Rechtsakte im Umweltstrafrecht des StGB, NZWiSt **2015** 210; *Pfohl* Artenschutz-Strafrecht, wistra **1999** 161; *ders.* Strafbarkeitsrisiken bei der Waldbewirtschaftung in Natura 2000-Gebieten, NuR **2013** 311; *Sammüller-Gradl* Die Zurechnungsproblematik als Effektivitätshindernis im deutschen Umweltstrafrecht (2015); *Stegmann* Artenschutz-Strafrecht (2000); *Weber, F. K.* Naturschutz mit den Mitteln des Straf- und Ordnungswidrigkeitenrechts, Diss. Tübingen 1991.

Umweltrecht: Immissionsschutz. *Ehlers* Die Rechtsnatur der Bekanntgabe von Smog-Alarm, DVBl. **1987** 972; *Feldhaus* Bundesimmissionsschutzrecht (Losebl., Stand August 2020); *Führ-Strube* Gemeinschaftskommentar zum Bundes-Immissionsschutzgesetz (GK-BImSchG), 2. Aufl. (2019); *Hansmann* Rechtsprobleme der neuen Smog-Verordnungen, NVwZ **1987** 89; *Heinz* Nochmals: Die Fahrverbotsregelungen der Smog-Verordnungen auf dem Prüfstand des EG-Rechts, NVwZ **1989** 1035; *Jänkel* Die Smog-Verordnung des Landes Brandenburg, LKV **1992** 224; *Jarass* Das rechtliche Instrumentarium zur Bekämpfung des Smogs, NuR **1984** 176; *ders.* Die Bekanntgabe des Smog-Alarms – Probleme des Rechtscharakters, der Rechtmäßigkeit und des Rechtsschutzes, NVwZ **1987** 95; *ders.* BImSchG; 13. Aufl. (2020); *Kluth* Der Smog-Alarm zwischen Regelung und Realakt, NVwZ **1987** 960; *Kotulla* Bundes-Immissionsschutzgesetz (Stand: 23. Ergänzungslieferung 2019); *Landmann/Rohmer* Umweltrecht (Stand: 93. Ergänzungslieferung Aug. 2020); *Moench* Die Fahrverbotsregelungen der Smog-Verordnungen auf dem Prüfstand des EG-Rechts, NVwZ **1989** 335; *Schmehl/Karthaus* Die Verkehrsbeschränkungen bei Ozonsmog nach § 40 a–e BImSchG, NVwZ **1995** 1174; *Sellner* Tagung der Gesellschaft für Umweltrecht zum Thema „Die neuen Smog-Verordnungen. Rechtsfragen ihrer Anwendung", NVwZ **1987** 117.

Schutz von Wasser- und Heilquellenschutzgebieten. *Anders/Krüger* Festsetzung von Wasserschutzgebieten, NuR **2004** 491; *Berendes/Frenz/Müggenborg* Wasserhaushaltsgesetz; 2. Aufl. (2017); *Breuer/Gärditz* Öffentliches und privates Wasserrecht, 4. Aufl. (2017); *Czychowski/Reinhardt* Wasserhaushaltsgesetz, 12. Aufl. (2019); *Gieseke/Wiedemann/Czychowski*, Wasserhaushaltsgesetz, 6. Aufl. (1992); *Knopp* Abwägungsprobleme bei der Festsetzung von Wasserschutzgebieten für die öffentliche Wasserversorgung, ZUR **2007** 467; *Kotulla* Wasserhaushaltsgesetz (2013); *Kröger/Moos* Die Festsetzung von Wasserschutzgebieten in der Bewertung durch die Gerichte, ZfW **1997** 1; *Müggendorf/Hentschel* Neues Wasser- und Naturschutzrecht, NJW **2010** 961; *Scheidler* Beschränkungen landwirtschaftlicher Nutzungen durch die Festsetzung von Wasserschutzgebieten, NuR **2006** 631; *ders.* Die Festsetzung von Wasserschutzgebieten nach § 19 WHG mit Ausblick auf das kommende Umweltgesetzbuch, UPR **2008** 334.

Schutz von Naturschutzgebieten und Nationalparks. *Agena/Louis* Die Schutzerklärung für geschützte Teile von Natur und Landschaft, NuR **2014** 313; *Bernatzky/Böhm* Bundesnaturschutzrecht (Losebl., Stand: 142. Ergänzungslieferung Okt. 2018); *Carlsen* (Hrsg.) Naturschutz und Bauen, Schriftenreihe Natur und Recht Bd. 2 (1996); *Czybulka* Rechtliche Anforderungen an die Unterschutzstellung von Natura 2000-Gebieten auf sonstige Weise und die Umsetzung in den Bundesländern, EurUP **2008** 181; **2009** 180; *Endres/Krohn/Markus* Naturschutz/Landschaftspflege (Losebl., Stand 2019); *Epiney/Gammenthaler* Das Rechtsregime der Natura 2000-Gebiete (2009); *Faßbender/Köck* Neue Entwicklungen im Naturschutzrecht (2015); *Frenz/Müggenborg* Bundesnaturschutzgesetz, 2. Aufl. (2016); *Gaentzsch* Die naturschutzrechtliche Eingriffsregelung, NuR **1986** 89; *Gassner* Ethische Aspekte des Tier- und Naturschutzrechts, NuR **1987** 97; *ders.* Natur- und Landschaftsschutzrecht, 2. Aufl. (2016); *Gassner/Bendomir-Kahlo/Schmidt-Ränsch* Bundesnaturschutzgesetz, 2. Aufl. (2003); *Gellermann/Stoll/Czybulka* Handbuch des Meeresnaturschutzrechts in der Nord- und Ostsee (2012); *Glaser* Grundstrukturen des Naturschutzrechts, JuS **2010** 209; *Hellenbroich/Frenz* Naturschutzrechtliche Vorgaben zur Verwendung gebietseigener Gehölze, NuR **2008** 449; *Hennig/Krappel* Natura 2000-Recht im gestuften Planungs- und Zulassungsverfahren, UPR **2013** 133; *Hofmann* Natur und Naturschutz im Spiegel des Verfassungsrechts, JZ **1988** 265; *Kerkmann* Naturschutzrecht in der Praxis, 2. Aufl. (2011); *Johlen* Der Natur- und Umweltschutz in der Planfeststellung, WiVerw **2000** 35; *Kohls* Zulassung von Projekten in Natura-2000-Gebieten, NuR **2011** 161; *Kuschnerus* Die naturschutzrechtliche Eingriffsregelung, NVwZ **1996** 235; *Lau* Die naturschutzrechtliche Eingriffsregelung, NuR **2011** 680, 768; *ders.* Der Naturschutz in der Bauleitplanung (2012); *Lorz/Konrad/Mühlbauer/Müller-Walter/Stöckel*, Naturschutzrecht, 3. Aufl. (2013); *Louis* Das neue Bundesnaturschutzgesetz, NuR **2010** 77; *Louis/Engelke* Bundesnaturschutzgesetz (2000); *Lütkes/Ewer*, Bundesnaturschutzgesetz, 2. Aufl. (2018); *Menegel/Ewer* Bundesnaturschutzgesetz (2011); *Meßerschmidt* Bundesnaturschutzrecht (Losebl., Stand: 152. Ergänzungslieferung 2021); *Michel/Möller* Änderungen in der Eingriffsregelung durch das BNatSchG 2010, NuR **2011** 81; *Möckel* Landwirtschaft und naturschutzrechtliche Eingriffsgenehmigung, NuR **2012** 225; *ders.* Novellierungsbedarf beim BNatSchG aus ökologischer und europarechtlicher Sicht, ZUR **2017** 195; *Niederstadt* Die Ausweisung von Natura-2000-Gebieten unter Verzicht auf klassische Schutzgebietsverordnungen, NVwZ **2008** 126; *Scheidler* Windräder in Natura 2000-Gebieten, DVBl. **2012** 216; *Schlacke* Gemeinschaftskommentar zum Bundesnaturschutzgesetz, 2. Aufl. (2017); *Schumacher/Fischer-Hüftle*, Bundesnaturschutzgesetz, 2. Aufl. (2010); *Sparwasser/Wöckel* Zur Systematik der naturschutzrechtlichen Eingriffsregelung, NVwZ **2004** 1189; *Stock* Nationalparke in Deutschland, ZUR **2000** 198; *Weidemann/Krappel* Natura 2000-Recht bei Planungen und Infrastrukturvorhaben, EurUP **2011** 61, 106; *Wichert* Natura 2000 (2001); *Winter* Alternativprüfung und Natura 2008, NuR **2010** 601; *Wolf* Die Alpenkonvention, NuR **2016** 396; *Wolf* Völkerrechtliche Grundlagen des deutschen Naturschutzrechts, ZUR **2017** 3.

Artenschutz. *Berner* Der Habitatschutz im europäischen und deutschen Recht (2000); *Bick/Wulfert* Der Artenschutz in der Vorhabenzulassung aus rechtlicher und naturschutzfachlicher Sicht, NVwZ **2017** 346; *Gassner* Ethische Aspekte des Tier- und Naturschutzrechts, NuR **1987** 97; *Gellermann* Naturschutzrecht nach der Novelle des Bundesnaturschutzgesetzes, NVwZ **2010** 73; *ders.* Natura 2000 – Europäisches Habitatschutzrecht und seine Durchführung in der Bundesrepublik Deutschland, 2. Aufl. (2001); *Gellermann/Schreiber* Schutz wildlebender Tiere und Pflanzen in staatlichen Planungs- und Zulassungsverfahren (2007); *Halama* Die FFH-Richtlinie – unmittelbare Auswirkungen auf das Planungs- und Zulassungsrecht, NVwZ **2001** 506; *Henzler* Die griechische Landschildkröte und der Strafrichter – eine Darstellung anhand eines artenschutzrechtlichen Falles aus der Praxis, NuR **2005** 646; *Jarass* EG-rechtliche Folgen ausgewiesener und potentieller Vogelschutzgebiete, ZUR **2000** 35; *Klinkhammer/König* Bekämpfung der Artenschutzkriminalität durch die deutsche Zollverwaltung, ZfZ **1995** 194; *Köck* Die EU-Verordnung über invasive gebietsfremde Arten. NuR **2015** 73; *Lau* Neues aus Luxemburg zum Artenschutzrecht, NuR **2013** 685; *Louis* 20 Jahre FFH-Richtlinie, NuR **2012**, 385, 467; *Philipp* Artenschutz in Genehmigung und Planfeststellung, NVwZ **2008** 593; *Rödiger-Vorwerk* Die Fauna-Flora-Habitat-Richtlinie der Europäischen Union und ihre Umsetzung in nationales Recht (1998); *Schumacher/Werk* Die Ausbringung gebietsfremder Pflanzen nach § 40 Abs. 4 BNatSchG, NuR **2010** 848; *Stüer* Europäischer Gebiets- und Artenschutz in ruhigeren Gefilden, DVBl. **2009** 1; *Tholen* Das Artenschutzregime der Flora-Fauna-Habitat-Richtlinie im deutschen Recht – Umsetzung der europäischen Vorgaben in Gesetzgebung, Auslegung und Vollzug (2014); *Trautner* Die Krux der charakteristischen Arten, NuR **2010** 90; *Trautner/Jooss* Die Bewertung „erheblicher Störung" nach § 42 BNatSchG bei Vogelarten, NuL **2008** 265; *Vierhaus* Naturschutzrecht nach dem Einigungsvertrag, NVwZ **1991** 341; *Westermann* Artenschutzrecht – Der rechtliche Schutz wild lebender Tier- und Pflanzenarten in Deutschland (2012).

Entstehungsgeschichte

a) Das **18. StRÄndG** hatte bei Schaffung der Vorschrift 1980 – damals im Wesentlichen aus den Vorsatzdelikten der Absätze 1–3 und einem Fahrlässigkeitstatbestand in Absatz 4 bestehend – weitgehend auf seinerzeit geltendes Recht zurückgegriffen.[1] Absatz 1 entsprach inhaltlich dem Blanketttatbestand in § 63 Abs. 1 Nr. 3 BImSchG a. F. Abweichend von diesem wurde die Tathandlung des Betreibens einer Anlage unter Verstoß gegen Regelungen oder Anordnungen zum Schutze von bestimmten Gebieten gegen Luftverunreinigungen und Lärm aufgenommen. Die Absätze 2 und 3 bauten jedenfalls im Kern auf bisherigem Recht auf. Die in Absatz 2 erfassten Wasserschutzgebiete wurden aufgrund von § 19 WHG a. F., teilweise auch nach Landesrecht, Heilquellenschutzgebiete nach den Landeswassergesetzen festgesetzt. Vorläufer des WHG waren insoweit einzelne Landesgesetze, wie z. B. die §§ 3 ff prQuellenschutzG

1 RegE BT-Drs. 8/2382 20, 31, 35; Bericht Rechtsausschuss BT-Drs. 8/3633 3.

von 1908.[2] Verstöße waren bis dahin im WHG lediglich als Ordnungswidrigkeiten eingestuft (vgl. § 41 Abs. 1 Nr. 2 a. F.).[3] Absatz 3 brachte eine (teils verschärfende) Vereinheitlichung des bisherigen Naturschutzrechts der Länder, welche die weitergehende (strafrechtliche) Regelung in § 21 des Reichsnaturschutzgesetzes (unbefugte Veränderung als Straftat) abgelöst hatten. Verboten wurden danach im Einzelnen umschriebene Landschaftseingriffe innerhalb von Naturschutzgebieten (§ 13 BNatSchG a. F.) oder Nationalparken (§ 14 BNatSchG a. F.) sowie innerhalb einer als Naturschutzgebiet kraft Landesrecht einstweilig sichergestellten Fläche (vgl. § 12 Abs. 3 Nr. 2 BNatSchG a. F.). Die Verwaltungsrechtswidrigkeit ergab sich aus den Rechtsvorschriften der Länder.

b) Das **2. UKG 1994** hielt an § 329 – entgegen dem Vorschlag im DJT-Gutachten zur Neuregelung im Nebenstrafrecht und in Übereinstimmung mit dem *AK-U*[4] – fest. Die bisherigen Absätze 2–4 wurden neugefasst und die Höchststrafdrohung in Absatz 1 von zwei auf drei Jahre angehoben. In die Absätze 2 und 3 wurden zusätzlich Handlungen aufgenommen, die von außen auf die geschützten Gebiete einwirken; zuvor musste der Täter innerhalb des Gebietes handeln. Zudem erstreckte man die Vorschrift auf den Verstoß gegen vollziehbare Untersagungen, nachdem bis dahin nur derjenige gegen Rechtsvorschriften erfasst gewesen war. Abs. 2 Nr. 1 wurde unter Einbeziehung weiterer Anlagen zum Umgang mit wassergefährdenden Stoffen an das zwischenzeitlich geänderte Wasserhaushaltsgesetz angepasst. Ferner wurde in Abs. 2 Nr. 2 das Befördern wassergefährdender Stoffe innerhalb eines Schutzgebietes in den Strafrechtsschutz einbezogen, selbst wenn es nicht mittels Rohrleitungsanlagen geschieht; Veranlassung hierzu waren spektakuläre Unfälle mit Tanklastzügen. Aus der Definitionsvorschrift des § 330d a. F. wurde die Nummer 3 in Abs. 2 S. 2 übernommen, da sie lediglich noch in diesem Zusammenhang Bedeutung hatte. In Absatz 3 wurde der Katalog der Tathandlungen auf die Schädigung von artengeschützten Tieren und Pflanzen sowie auf das gebietsinterne Errichten von Gebäuden ausgedehnt. Der Begriff der Beeinträchtigung wurde den Erfordernissen der Praxis angepasst, nachdem die bisherige Fassung zu unbefriedigenden Einstellungen der Strafverfolgung geführt hatte. Schließlich sah Absatz 4 nun abgestufte Strafandrohungen für Fahrlässigkeitstaten vor.

c) Das **45. StrÄndG** hat 2011 in Umsetzung von Art. 3 lit. h) i. V. m. Art. 2 lit. a)–c) der Richtlinie 2008/99/EG v. 19.11.2008 über den strafrechtlichen Schutz der Umwelt[5] die neuen Absätze 4 und 6 eingefügt. Art. 3 lit. f)–h) der Richtlinie verpflichtete u. a. dazu, jedes vorsätzlich oder zumindest leichtfertig begangene Verhalten mit Strafe zu bedrohen, das eine erhebliche Schädigung eines Lebensraums (i. S. v. Art. 4 Abs. 1, 2 RL 74/409/EWG [Vogelschutz-RL] und Art. 4 Abs. 4 RL 92/43/EWG [Fauna-Flora-Habitat-RL]) verursacht. Besser wäre es allerdings gewesen, diese Neuerung wegen der Sachzusammenhänge in das BNatSchG aufzunehmen.[6] Beklagt wurde die komplizierte und unübersichtliche Fassung,[7] insb. die Kettenverweisung auf EU-Rechtsakte, als Verstoß gegen den Bestimmtheitsgrundsatz, was von der Bundesregierung wegen des statischen Charakters der Verweisung[8] nicht geteilt wurde; der Sprachgebrauch entstamme dem BNatSchG, weswegen Absatz 4 für die Betroffenen verständlich sei.[9]

d) Durch Gesetz v. 20.11.2015 schließlich sind die Verweisungen in Abs. 4 aktualisiert und die Vorschrift auf den aktuellen Stand gebracht worden.[10]

---

2 Nachweise bei Sieder/Zeitler/*Dahm*/*Knopp-Gößl* WHG § 51 Rdn. 2.

3 Verstöße in Trinkwasserschutzgebieten konnten nach § 45 DDR-Wassergesetz v. 17.4.1963 (GBl. I 77) bei Vorsatz auch nur mit Ordnungsstrafe bis zu 1000 Mark, sonst bis zu 500 Mark geahndet werden. Früheres Recht sah Verstöße teilweise als strafbare Handlungen von allerdings weniger hohem Unrechtsgehalt an; so konnten nach § 31 prQuellenschutzG vorsätzliche, eine (Mineral-/Thermal-)Quelle beeinflussende Ausgrabung ohne die erforderliche Genehmigung mit Gefängnis bis zu sechs Monaten oder mit Geldstrafe bis zu 1000 Mark geahndet werden; fahrlässiges Handeln stellte eine Übertretung dar (Haft oder Geldstrafe bis 150 Mark), vgl. *Voelkel* Quellenschutzgesetz (1909) 24, 54, 58 f.

4 *Heine*/*Meinberg* DJT-Gutachten (1988) D 143 (mit Rücküberführung von Absatz 1 in das BImSchG); *AK-U* 147.

5 AblEU L 328/28 v. 6.12.2008; vgl. dazu RegE, BT-Drs. 17/5391 14, 19 f.

6 *Szesny* AnwK Rdn. 5; *Möhrenschlager* wistra **2011** R XXXVIII; *Schall* Festschrift Wolter 643, 656; anders wohl *Pfohl* ZWH **2013** 95, 100, da „Natura-2000-Gebiete“ als Naturschutzgebiete ausgewiesen werden könnten und sich deswegen Absatz 4 zwanglos an Absatz 3 anschließe.

7 *Alt* MK Rdn. 5; *Schall* Festschrift Wolter 643, 655; *ders.* SK Rdn. 1 f.

8 Krit. hinsichtlich der statischen Verweisung *Szesny* AnwK Rdn. 26; *Heger* HRRS **2012** 211, 218; *Möhrenschlager* wistra **2011** R XXXVIII; *Pfohl* ZWH **2013** 95, 100; *Schall* Festschrift Wolter 643, 656; *ders.* SK Rdn. 2; *Weber* Festschrift Kühl 747, 748 f.

9 BT-Drs. 17/7674 17 f; krit. hinsichtlich der Bestimmtheit *Pfohl* ZWH **2013** 95, 100; *Szesny* AnwK Rdn. 26; *Deutscher Richterbund* Stellungnahme v. 19.11.2010 (juris, hinsichtlich „erheblich schädigt“).

10 BGBl. I S. 2015.

Übersicht

I. Allgemeines

1 Die insgesamt **wenig übersichtliche, heterogene Vorschrift** enthält vier verschiedene Vorsatztatbestände zum vorverlagerten Schutz besonders schutzbedürftiger Gebiete: den immissionsschutzrechtlichen (Absatz 1), den wasserrechtlichen (Absatz 2), den naturschutzrechtlichen (Absatz 3) und schließlich den artenschutzrechtlichen Tatbestand (Absatz 4). Absatz 1 ergänzt § 325 sowie § 325a und wird seinerseits ergänzt durch den Ordnungswidrigkeitentatbestand des § 62 Abs. 1 Nr. 8 BImSchG. Absatz 2 leistet über § 324 hinaus zusätzlichen Gewässerschutz. Absatz 3 harmonisiert weitgehend Bundes- und Landesrecht auf dem Gebiet des Naturschutzes.[11] Absatz 4 setzt europäisches Recht zum Schutz von Lebensräumen und Lebensraumtypen in einem Natura 2000-Gebiet um. Die Absätze 1 und 2 sind als abstrakte Gefährdungsdelikte ausgestaltet.

---

11 BT-Drs. 8/2382 22.

Demgegenüber stellen Absatz 3, der eine Beeinträchtigung, und Absatz 4, der eine Schädigung fordert, Erfolgs- bzw. Verletzungsdelikte dar.[12] Zwar wird in Absatz 3 seit dem 2. UKG nicht mehr verlangt, Bestandteile des Naturhaushalts zu beeinträchtigen. Es ist aber bei dem Erfordernis einer „Beeinträchtigung" geblieben, die nunmehr den Schutzzweck selbst betreffen muss. Das gilt auch für eine Schädigung eines Natura 2000-Gebietes in Absatz 4. Es besteht **keine Versuchsstrafbarkeit.**

Zu den geschützten **Rechtsgütern** geht das Gesetz hier erneut von dem allgemein für die Umweltschutzdelikte zu bejahenden Doppelschutz aus, nämlich demjenigen der verselbständigten, ökologisch bedeutsamen Umweltrechtsgüter (Gewässer, Boden, Atmosphäre [Luft], Tiere und Pflanzen, auch mit ihren Funktionen beim Schutz von wertvollen Landschaftsbestandteilen) und dem Individualschutz (Leben, Gesundheit, Eigentum an Sachen).[13] Absatz 1 dient der Prävention gegenüber Luftverunreinigungen und Lärm. Absatz 2 bringt einen vorverlagerten Gewässerschutz. Schutzgut ist hier das Gewässer – nicht nur das Wasser – in seiner Gesamtheit mit allen seinen Funktionen.[14] Absatz 3 und 4 schützen Natur, Landschaft mit Gewässer, Boden, Tieren und Pflanzen in dem sich aus den §§ 1, 23, 24 und 32 BNatSchG i. V. m. den einschlägigen internationalen Regelungen ergebenden Umfang.[15] Unmittelbares Schutzgut des Absatz 1 ist zugleich die verwaltungsbehördliche Dispositionsbefugnis zum Zwecke des Schutzes der genannten Rechtsgüter.[16] 2

II. Der immissionsschutzrechtliche Tatbestand (Absatz 1)

1. Schutzbereich

Absatz 1 leistet eine Strafbewehrung zur immissionsrechtlich vorgesehenen Festlegung von besonderen Schutzgebieten, in denen sodann bestimmte Anlagen nicht oder nur mit näher bezeichneten Einschränkungen errichtet und betrieben werden dürfen. Hierzu existieren im BImSchG drei Ermächtigungsgrundlagen. Zwei davon finden sich in **§ 49 BImSchG**. Die beiden in § 329 Abs. 1 tatbestandlich genannten Gebietsarten (Alt. 1: besondere Schutzbedürftigkeit gegenüber schädlichen Umwelteinwirkungen durch Luftverunreinigung oder Lärm, Alt. 2: besondere Anfälligkeit bei austauscharmen Wetterlagen) korrespondieren mit den zwei Ermächtigungsgrundlagen in § 49 Abs. 1 BImSchG (Schutz von aus immissionsschutzrechtlicher Sicht gegen Luftverunreinigungen und Lärm besonders anfälligen, schutzbedürftigen Gebieten) und in § 49 Abs. 2 BImSchG (Schutz besonders stark vorbelasteter Gebiete). Beide Bereiche sind im 3

12 *Alt* MK Rdn. 2; *Ransiek* NK Rdn. 1; *Schall* SK Rdn. 3; *Fischer* Rdn. 2; *Matt/Renzikowski/Rettenmaier/Gehrmann* Rdn. 2; *Witteck* BeckOK Rdn. 2; ERST/*Kubiciel* Rdn. 1; *Sack* Rdn. 21 ff; *Rogall* JZ-GD **1980** 101, 112; *Saliger* Umweltstrafrecht Rdn. 489, 491; *Sch/Schröder/Heine/Schittenhelm* Rdn. 35 (Verletzungsdelikt mit potenzieller Umweltgefährdung); *Franzheim/Pfohl* Rdn. 448; *Laufhütte/Möhrenschlager* ZStW **92** (1980) 912, 950; *Michalke* Rdn. 376 (jeweils zu Absatz 3); *Lackner/Kühl/Heger* Rdn. 1 (zu Absatz 4); *Heger* Europäisierung des dt. Umweltstrafrechts 235 (zu Absatz 3); **aA** (abstraktes Gefährdungsdelikt) *Szesny* AnwK Rdn. 6 (zu Absatz 3 und 4); *Kloepfer/Vierhaus* Rdn. 154; *Lackner/Kühl/Heger* Rn 1 (zu Absatz 1–3); *Zieschang* Gefährdungsdelikte 257 (potenzielles Gefährdungsdelikt mit konkret gefährlichem Zustand); *Maurach/Schroeder/Maiwald* II § 58 Rdn. 109 (konkretes Gefährdungsdelikt).

13 *Sch/Schröder/Heine/Schittenhelm* Rdn. 1; *Szesny* AnwK Rdn. 1; *Saliger* Umweltstrafrecht Rdn. 453 (zu Absatz 1); *Sack* Rdn. 21 ff; *Rogall* JZ-GD **1980** 101, 104; *Kloepfer/Heger* Rdn. 272; *Schall* SK Rdn. 4 sieht die Umweltmedien jedenfalls als mittelbar geschützt an; im Übrigen sind für ihn die im Tatbestand umschriebenen Gebiete unmittelbar geschütztes Rechtsgut.

14 *Sch/Schröder/Heine/Schittenhelm* Rdn. 12; *Sack* Rdn. 22; vgl. auch *Eidam* Unternehmen und Strafe Rdn. 361 (Güte, Menge und Abflussverhältnisse des Wassers).

15 *Alt* MK Rdn. 1; *Sch/Schröder/Heine/Schittenhelm* Rdn. 35; *Sack* Rdn. 23; *Rogall* JZ-GD **1980** 101, 112; *Heger* Europäisierung des dt. Umweltstrafrechts 235.

16 *Witteck* BeckOK Rdn. 3; *Ransiek* NK Rdn. 1; **aA** *Sch/Schröder/Heine/Schittenhelm* Rdn. 1; *Möhrenschlager* LK[12] Rdn. 2.

Rahmen des gebietsbezogenen Immissionsschutzes[17] aus den übrigen normal belastbaren Teilen des Bundesgebietes herausgenommen worden, um ihnen einen Sonderschutz angedeihen zu lassen. Aufgegriffen wurde damit eine Entschließung des Ministerrats des Europarats v. 8.3.1968, besondere Maßnahmen für schutzbedürftige Gebiete und für Gebiete mit stark verunreinigter Luft zu ergreifen.[18] Heutzutage dienen dem gebietsbezogenen Schutz vor allem aufgrund der Luftqualitätsrichtlinie nach §§ 44 ff BImSchG zu erlassende **Luftreinhaltepläne,**[19] wobei als dritte Ermächtigungsgrundlage **§ 47 Abs. 7 BImSchG** als Konsequenz der Überschreitung von Grenzwerten in Verordnungen nach § 48a BImSchG ebenfalls die Festlegung bestimmter Schutzgebiete mit vergleichbaren Einschränkungen für bestimmte Anlagen und ihren Betrieb ermöglicht. Solche Gebiete lassen sich ebenfalls als besonders schutzbedürftig i. S. v. Absatz 1 Alt. 1 einordnen.

4 Bei den nach **§ 49 Abs. 1 BImSchG** durch Rechtsverordnung der Landesregierungen näher zu bestimmenden Gebieten, die lokal eines besonderen Schutzes vor schädlichen Umwelteinwirkungen durch Luftverunreinigungen oder Geräusche bedürfen, handelt es sich um aufgrund besonderer Nutzung schutzbedürftige Schongebiete wie Kurorte/-bezirke, (Nah-)Erholungs-, Bade- oder Krankenhausgebiete,[20] was auch Landschaftsschutzgebiete wie Naturparks oder bedeutsame Naherholungsgebiete einschließen kann.[21] Derartige Rechtsverordnungen existieren zurzeit keine;[22] bisher wurden nur zwei[23] erlassen, die inzwischen nicht mehr gelten. Die Strafvorschrift läuft damit insoweit gegenwärtig ins Leere. Zukünftig ergehende Rechtsverordnungen der Landesregierungen können die Unterschutzstellung sowohl wegen der spezifischen tatsächlichen oder angestrebten Nutzung des Gebietes als auch wegen der besonderen bereits vorhandenen Belastung vornehmen.[24]

5 Im Gegensatz zu der Regelung in § 49 Abs. 1 geht es bei **§ 49 Abs. 2 BImSchG** (erfasst über Absatz 1 Alt. 2) alleine um Luftverunreinigungen. Die Landesregierungen hatten früher von der Ermächtigung nach § 49 Abs. 2 BImSchG weitgehend Gebrauch gemacht und sog. Smog-Verordnungen erlassen.[25] Es geht hierbei um stark vorbelastete Gebiete, in denen schon eine geringfügige Erhöhung der Immissionen – etwa bei Inversionswetterlagen – erhebliche nachteilige Folgen hat.[26] Diese Verordnungen wurden mangels Bedarfs inzwischen alle aufgehoben.[27] Damit besteht zurzeit **keine Grundlage für strafrechtliche Ahndungen** mehr. Kurzfristigen Schadstoffanstiegen kann gegenwärtig zur Emissionsminderung mit Aktionsplänen nach § 47 Abs. 2 BImSchG und der Anwendung der 22. BImSchV sowie sonstigen Maßnahmen begegnet werden.[28]

6 Eine entsprechende Verordnung müsste das zu schützende Gebiet eindeutig umschreiben. Die früheren Verordnungen führten regelmäßig in einer beigefügten Liste die Gemeindebezirke auf, die erfasst waren. Die Besonderheit gerade dieses Tatbestandes ist, dass die Strafbarkeit nicht permanent, sondern nur temporär gegeben und von ad hoc-Entscheidungen der zuständi-

---

17 *Landmann/Rohmer/Thiel* § 49 BImSchG Rdn. 1; *Kloepfer* Umweltrecht § 15 Rdn. 789 ff.

18 RegE BT-Drs. 7/179 26 f, 45.

19 Dazu *Kloepfer* Umweltrecht § 15 Rdn. 808 ff; *Koch/Hofmann* § 4 Rdn. 68 ff.

20 BT-Drs. 7/179 45 f.

21 *Alt* MK Rdn. 9; *Sch/Schröder/Heine/Hecker* Rdn. 3–6; *Schall* SK Rdn. 8; *Steindorf* LK[11] Rdn. 4; *Sack* Rdn. 29; zu § 49 BImSchG *Jarass* Rdn. 5; *Landmann/Rohmer/Thiel* § 49 BImSchG Rdn. 12; *Führ-Strube* Rdn. 14; *Giesberts/Reinhardt-Hofmann* Rdn. 3.

22 *Feldhaus* § 49 BImSchG Rdn. 6a.

23 *Landmann/Rohmer/Hansmann*[93] § 49 BImSchG Rdn. 39a verweist auf zwei VOen über den Schwefelgehalt von Braunkohle für Heizzwecke in Berlin v. 15.1.1981 (GVBl. S. 217), aufgehoben am 11.7. 2006 (GVBl. S. 819), und (befristet bis 31.12.1994) für Heizwerke in Thüringen v. 13.1.1993 (GVBl. S. 108).

24 So *Giesberts/Reinhardt-Hofmann* Rdn. 3; *Landmann/Rohmer/Thiel* Rdn. 12 f; *Feldhaus* § 49 BImSchG Rdn. 16.

25 Hierzu ausführlich *Jarass* NuR **1984** 176; *Hansmann* NVwZ **1987** 89; KG NJW **1988** 2393.

26 BT-Drs. 8/2382 21; vgl. auch BT-Drs. 7/179 45; *Landmann/Rohmer/Thiel* § 49 BImSchG Rdn. 30 f.

27 *Feldhaus* § 49 BImSchG Rdn. 48.

28 *Landmann/Rohmer/Thiel* § 49 BImSchG Rdn. 32.

gen Behörde abhängig ist. Das strafbare Betreiben einer Anlage entgegen den Bestimmungen der Verordnung oder einer hierauf fußenden vollziehbaren Anordnung setzt ein, „sobald die austauscharme Wetterlage von der zuständigen Behörde bekanntgegeben wird" (§ 49 Abs. 2 S. 2, letzter Hs. BImSchG). Die **behördliche Bekanntgabe** ist Wirksamkeitsvoraussetzung für den Eintritt der in der Rechtsverordnung vorgesehenen Rechtsfolgen.[29] Bei ihr handelt es sich nach heute überwiegender Auffassung um einen Verwaltungsakt in der Gestalt einer Allgemeinverfügung, da sie eine in der Verordnung nur vorgesehene Regelung für einen bestimmten Zeitraum in Kraft setzt.[30] Die Voraussetzungen für den Smogalarm hat der Strafrichter nicht nachzuprüfen.[31] Für ihn ist allein die Tatsache der Bekanntgabe durch die zuständige Behörde entscheidend. Sie ist Tatbestandsmerkmal.[32] Über die Form der Bekanntgabe enthält das Gesetz nichts. Gedacht ist in erster Linie an eine solche durch die Medien wie Rundfunk, Fernsehen und die Presse,[33] aber auch soziale Medien kommen in Betracht.

Absatz 1 gilt ferner für Gebiete, die bereits wegen vorhandener hoher Immissionsbelastung, 7 insbesondere wegen der Überschreitung von Immissionswerten, eines besonderen Schutzes bedürfen.[34] Der Gesetzeswortlaut besagt nämlich nichts darüber, woher die erforderliche besondere Schutzbedürftigkeit rührt, ob sie auf dem Charakter des Gebietes beruht (worauf § 49 Abs. 1 BImSchG zielt) oder auf einer Überschreitung von Belastungsgrenzen infolge anderer Ursachen. Grundlage für eine Rechtsverordnung i. S. v. Abs. 1 Alt. 1 kann daher auch eine solche nach **§ 47 Abs. 7 BImSchG** sein. Sie kann bei Gefahr, in einer Rechtsverordnung nach § 48a Abs. 1 BImSchG festgelegte Immissionsgrenzwerte (der 25. oder 39. BImSchV) könnten überschritten werden, erlassen werden;[35] geschehen ist dies bislang jedoch ebenfalls noch nicht.[36]

Die Schutzgebiete nach allen drei Ermächtigungsgrundlagen müssen in der jeweiligen 8 Rechtsverordnung bestimmt und eindeutig am Schutzzweck orientiert festgelegt sein.[37] Dabei kann auf Gemeinde- oder Verwaltungsgrenzen oder natürliche Gegebenheiten zurückgegriffen oder auf Eintragungen in einer mitveröffentlichten Karte verwiesen werden. Die Ermächtigung greift bei Verordnungen nach § 49 Abs. 1 BImSchG nicht ein, soweit das Immissionsproblem durch weniger einschneidende Maßnahmen gelöst werden kann. Dazu gehören Untersagungen, Anordnungen und insb. Auflagen (s. § 49 Abs. 1, letzter Hs. BImSchG).[38] Hinsichtlich einer Rechtsverordnung nach § 47 Abs. 7 wird ebenfalls darauf hingewiesen, dass kein milderes Mittel zur Verfügung stehen darf.[39]

2. Tathandlungen

Bestraft wird für alle Varianten des Absatzes 1 das verwaltungsrechtswidrige **Betreiben einer 9 Anlage** innerhalb des betreffenden Schutzgebiets. Damit scheiden aus den Rechtsverordnungen

29 *Alt* MK Rdn. 10; *Schall* SK Rdn. 9; *Michalke* Rdn. 378; *Sack* Rdn. 45; *Landmann/Rohmer/Thiel* § 49 BImSchG Rdn. 40; *Feldhaus* § 49 BImSchG Rdn. 47.

30 *Jarass* NuR **1984** 176, 180; *ders.* NVwZ **1987** 95; *ders.* § 49 BImSchG Rdn. 23 (unter Bezugnahme auf BVerwGE 117 322, 327 = NVwZ **2003** 864 [Bekanntgabe der wiederholten Unterschreitung der Mehrwegquote i. S. v. § 9 Abs. 2 S. 2 VerpackV als feststellender Verwaltungsakt]); *Feldhaus* § 49 BImSchG Rdn. 47; für Rechtsverordnung *Ehlers* DVBl. **1987** 972; *Kluth* NVwZ 1987 960 (Realakt); **aA** *Möhrenschlager* LK[12] Rdn. 7 (Rechtsinstitut eigener Art).

31 *Alt* MK Rn: 10; *Sch/Schröder/Heine/Schittenhelm* Rdn. 3–6; *Schall* SK Rdn. 9; *Witteck* BeckOK Rdn. 5.

32 *Alt* MK Rdn. 10; *Schall* SK Rdn. 9; *Matt/Renzikowski/Rettenmaier/Gehrmann* Rdn. 4; *Sack* Rdn. 45; *Michalke* Rdn. 378.

33 § 4 des Rahmenentwurfs von 1984; nicht mehr erwähnt im Entwurf von 1987.

34 *Landmann/Rohmer/Hansmann/Röckinghausen* § 47 BImSchG Rdn. 30; **aA** RegE BImSchG BT-Drs. 14/8450 14.

35 *Landmann/Rohmer/Hansmann/Röckinghausen* § 47 BImSchG Rdn. 36; *Jarass* § 47 Rdn. 63.

36 *Jarass* § 47 Rdn. 69; *Kloepfer* Umweltrecht § 15 Rdn. 802.

37 *Szesny* AnwK Rdn. 11; *Feldhaus* § 49 BImSchG Rdn. 18 f; *Landmann/Rohmer/Thiel* § 49 Rdn. 28.

38 *Landmann/Rohmer/Thiel* § 49 Rdn. 16 f; *Jarass* § 49 BImSchG Rdn. 12 f; *Führ-Strube* § 49 Rdn. 29.

39 *Jarass* § 47 BImSchG Rdn. 66 i. V. m. Rdn. 33; *Feldhaus* § 47 BImSchG Rdn. 208.

herzuleitende andere Verstöße wie der Einsatz bestimmter Brennstoffe innerhalb einer an sich noch rechtmäßig betreibbaren Anlage keineswegs aus. Das verwaltungsrechtswidrige Betreiben kann also auch darin liegen, beim Betrieb verbotene Brennstoffe zu benutzen.

10 Eine **Anlage** kann hier, was sich auch aus dem einleitenden Satz der Strafbestimmung ergibt, nur eine solche nach § 3 Abs. 5 BImSchG sein; eine ausdrückliche Klarstellung dieser als „eindeutig" angesehenen Gesetzeslage hatte der Rechtsausschuss abgelehnt.[40] Zur Erläuterung des Begriffs „Anlage", der damit nicht nur die genehmigungsbedürftigen Anlagen nach § 4 BImSchG, sondern auch die nicht genehmigungsbedürftigen Anlagen (§§ 22 ff BImSchG) umfasst,[41] wird auf § 325 Rdn. 21 ff und § 327 Rdn. 21 ff verwiesen. Ausdrücklich ausgenommen sind nach Abs. 1 S. 3 Schienen-, Luft-, Wasser- und sonstige **Kraftfahrzeuge** (im Unterschied zu den §§ 3 Abs. 5 Nr. 2, 38 BImSchG), allerdings wie bei § 325 Abs. 7 nur im Verkehrsraum; ihr Betrieb innerhalb des Betriebes kann daher durchaus tatbestandlich erfolgen.[42] Soweit Fahrzeuge am öffentlichen Verkehr teilnehmen, gelten die Vorschriften des Verkehrsrechts,[43] insb. die Ordnungswidrigkeiten nach § 24 StVG i. V. m. den §§ 41, 49 Abs. 3 Nr. 4 StVO sowie den entsprechenden Verbotszeichen (z. B. Zeichen 28, 29, 44 Anlage 2 zur StVO).

11 Anders als bei den §§ 325, 325a, bei denen es auf eine umweltgefährdende Luftverunreinigung, das rechtswidrige Freisetzen von Schadstoffen in die Luft oder eine Lärmverursachung ankommt, reicht für Absatz 1 das schlichte **Betreiben** als solches zur Tatbestandserfüllung aus. Es beginnt mit dem Ingangsetzen und dauert für die Zeit des Inganghaltens an. Auch der Probebetrieb ist erfasst.[44] Das Errichten einer Anlage ist schon nach dem Schutzzweck hier nicht mit aufgenommen.[45] Insoweit liegt allenfalls eine Ordnungswidrigkeit nach § 62 Abs. 1 Nr. 8 BImSchG vor.

3. Verwaltungsrechtswidrigkeit

12 Tatbestandliches Handeln kann sich entweder unmittelbar gegen eine Verordnung nach den §§ 49 Abs. 1 oder 2, 47 Abs. 7 BImSchG oder mittelbar gegen einen auf eine solche Verordnung gestützten vollziehbaren Verwaltungsakt richten. Verwaltungsrechtswidrig ist das Betreiben auch, wenn von dem geforderten Verhalten nur teilweise abgewichen wird. So kann außer völliger Nichtbeachtung der Vorschriften deren **unvollständige oder verspätete Erfüllung** ausreichen. Allerdings müssen sich die fraglichen Ge- und Verbote explizit auf den Anlagenbetrieb richten; sind lediglich bestimmte Tätigkeiten (z. B. die Verwendung von Laubbläsern) untersagt, die keinen notwendigen Anlagenbezug aufweisen, so führt ihre Ausübung im Rahmen eines Anlagenbetriebs nicht zur Strafbarkeit nach § 329 Abs. 1. Entscheidend für die Verwaltungsrechtswidrigkeit ist allein die Existenz des Verbotes. Mit der Behauptung, schädliche Einwirkungen auf die Umwelt seien im konkreten Fall nach Lage der Dinge ausgeschlossen, kann der Betreiber der Anlage daher nicht gehört werden. Eine hiervon abweichende Regelung, etwa in Gestalt einer Minima-Klausel wie in § 326 Abs. 6, ist im Gesetzgebungsverfahren ausdrücklich verworfen worden.[46]

13 Nach der eindeutigen Fassung des Gesetzes müssen die Anlagen **innerhalb des Gebietes betrieben** werden, das zum Schutzgebiet erklärt worden ist. Nicht erfasst sind daher Betreiber von Anlagen, die außerhalb des Gebietes ihren Standort haben, selbst wenn deren Emissionen in das schutzbedürftige Gebiet hineinwirken. Dagegen kann sich der Verantwortliche für eine

40 BT-Drs. 8/3633 31.
41 *Fischer* Rdn. 4; *Alt* MK Rdn. 8; *Witteck* BeckOK Rdn. 6.
42 Siehe § 325 Rdn. 23; *Schall* SK Rdn. 11.
43 BT-Drs. 8/2382 21.
44 *Sch/Schröder/Heine/Schittenhelm* Rdn. 9; *Schall* SK Rdn. 12.
45 BT-Drs. 8/2382 21.
46 BT-Drs. 8/3633 31.

am Rande, aber innerhalb des Gebietes liegende Anlage nicht darauf berufen, seine Emissionen könnten etwa wegen der Wind- oder Geländeverhältnisse den zu schonenden Bereich gar nicht beeinträchtigen. Es ist Aufgabe der Verwaltung, den Bereich in einer Weise zuzuschneiden, die den mit der Regelung verfolgte Schutzzweck optimal erreicht.

4. Täterschaft

Täter ist der **Betreiber** der Anlage, der die Anlage eigenverantwortlich, d. h. mit maßgeblichem Einfluss auf Lage, Beschaffenheit und Betrieb der Anlage, ausgestattet mit wirtschaftlicher Verfügungsmacht bestimmungsgemäß nutzend in Betrieb setzt oder sie in Betrieb hält (s. § 327 Rdn. 61). Im Hinblick auf diese Anforderungen ist ein Betriebsleiter, Maschinenmeister oder Maschinist, der die Anlage rechtswidrig tatsächlich in Betrieb setzt, noch kein Betreiber einer Anlage. Handelt es sich bei dem Betreiber um ein Unternehmen, so kann sich jedoch ggf. eine strafrechtliche Verantwortlichkeit aus § 14 ergeben. 14

III. Der wasserrechtliche Tatbestand (Absatz 2)

1. Schutzbereich

Absatz 2 schützt Wasserschutz- und Heilquellenschutzgebiete. Im Jahr 2017 gab es in der Bundesrepublik 18.341 Wasserschutzgebiete mit einer Fläche von ca. 55.000 km^2 (= ca. 15,4 % der Fläche Deutschlands).[47] Heilquellenschutzgebiete kommen deutlich seltener vor; zurzeit sind beispielsweise für Nordrhein-Westfalen 16 solcher Gebiete ausgewiesen oder in Planung.[48] Wasserschutzgebiete sind ein Hauptinstrument für einen umfassenden Trink- und Brauchwasserschutz;[49] sie werden i. d. R. zum Schutz des Grundwassers,[50] aber auch von oberirdischen Gewässern (z. B. von Stauseen) festgesetzt (vgl. § 51 Abs. 1 WHG).[51] Bei Heilquellenschutzgebieten steht der (öffentliche) Gesundheitsschutz im Vordergrund (vgl. § 53 Abs. 1 und 2 WHG). 15

Wasserschutzgebiete werden nach § 51 WHG in Verbindung mit dem jeweiligen Landeswasserrecht in einem (nach Landesrecht ggf. förmlichen[52]) Verfahren als solche festgesetzt. Bei dieser Festsetzung geht es zum einen um die räumliche Eingrenzung und zum anderen nach § 52 WHG um die Festlegung der erforderlichen besonderen Schutzanordnungen. Nähere Regelungen über „Anforderungen an Anlagen in Schutzgebieten" finden sich in § 49 AwSV.[53] Die Voraussetzungen, unter denen nach § 51 Abs. 1 WHG ein Wasserschutzgebiet festgesetzt werden kann, müssen für jede darin einbezogene Teilfläche gegeben sein.[54] Ferner ist das erfasste Gebiet grundsätzlich genau zu bezeichnen; allerdings sind dem beim Schutz von Grundwasservorkommen Grenzen gesetzt, da sich das Einzugsgebiet regelmäßig nicht auf der Erdoberfläche abzeichnet. Hier kann die Wasserbehörde sich zur näheren Abgrenzung mit wissenschaftlich fundierten, schlüssigen Schätzungen begnügen. Die räumliche Festsetzung folgt dann ggf. nicht 16

---

47 *Umweltbundesamt* (Hrsg.) Wasserwirtschaft in Deutschland (2017) 161.

48 Zusammenstellung des Landesamtes für Natur, Umwelt und Verbraucherschutz NRW (https://www.lanuv.nrw.de/umwelt/wasser/wasserversorgungtrinkwasser/trinkwasserschutzgebiete/) (24.7.2021).

49 *Breuer/Gärditz* Öffentliches und privates Wasserrecht, 4. Aufl. (2017) Kap. 4 Rdn. 1070 ff.

50 *Breuer/Gärditz* Öffentliches und privates Wasserrecht Kap. 4 Rdn. 1073.

51 *Berendes/Frenz/Müggenborg/Schwind* § 51 WHG Rdn. 13 ff; *Landmann/Rohmer/Hünnekens* § 51 WHG Rdn. 26 ff; *Breuer/Gärditz* Rdn. 1074: *Rehbinder/Schink-Durner* Grundzüge des Umweltrechts, 5. Aufl. (2018) Kap. 9 Rdn. 164.

52 *Breuer/Gärditz* Rdn. 1045 m. w. N.

53 Verordnung über Anlagen zum Umgang mit wassergefährdenden Stoffen (AwSV) v. 18.4.2017 (BGBl. I S. 905); dazu Begr. in BR-Drs. 77/14 78 ff.

54 BVerwG DVBl. **1984** 342; VGH München BeckRS **2009** 36294 Rdn. 14; *Berendes/Frenz/Müggenborg/Schwind* § 51 WHG Rdn. 39.

exakt den unterirdischen Grenzen, sondern orientiert sich etwa an Grenzen von Flurstücken, an Straßen, Flussläufen oder Gebäuden.[55] Geschütztes **Rechtsgut** ist im Hinblick auf die Schutzzwecke von § 51 WHG nicht nur die Wassergüte,[56] sondern zugleich das Wasservorkommen in seiner Gesamtheit.[57] Wie § 51 Abs. 1 Nr. 2 WHG zeigt, ist zudem eine Verbesserung wasserwirtschaftlicher Verhältnisse durch Anreicherung des Grundwassers mit einbezogen. Es genügt außerdem, wenn einem schädlichen Grundwasserschwund begegnet werden soll.[58] Darüber hinaus kann ein Wasserschutzgebiet auch anderen Zwecken des Allgemeinwohles dienen, etwa dem land- und forstwirtschaftlichen Interesse an der Erhaltung oder Steigerung der Bodenfruchtbarkeit oder dem Schutz vor Verkarstung.[59]

17 **Schutzgebiete für Heilquellen** (§ 51 Abs. 1 WHG: „natürlich zu Tage tretende oder künstlich erschlossene Wasser- oder Gasvorkommen, die auf Grund ihrer chemischen Zusammensetzung, ihrer physikalischen Eigenschaften oder der Erfahrung nach geeignet sind, Heilzwecken zu dienen") werden nach § 53 Abs. 4 WHG durch Rechtsverordnungen der Landesregierungen oder der dazu ermächtigten Landesbehörden festgesetzt.

2. Tathandlungen

18 **a) Betreiben betrieblicher Anlagen zum Umgang mit wassergefährdenden Stoffen (Abs. 2 Nr. 1).** Diese Variante zielt auf alle Anlagen zum „Umgang" mit wassergefährdenden Stoffen, wie sie in § 62 Abs. 1 WHG näher umschrieben sind. Erfasst werden also zum einen „Anlagen zum Lagern, Abfüllen, Herstellen und Behandeln wassergefährdender Stoffe sowie Anlagen zum Verwenden wassergefährdender Stoffe" in der gewerblichen Wirtschaft und in öffentlichen Einrichtungen, zum anderen Rohrleitungsanlagen im Bereich eines Werkgeländes sowie „Anlagen zum Umschlagen wassergefährdender Stoffe" (vgl. dazu § 2 Abs. 9 AwSV).

19 **aa) Wassergefährdende Stoffe.** Der Begriff der wassergefährdenden Stoffe, wie er hier zu Grunde zu legen ist, ergibt sich aus § 62 Abs. 3 WHG i. V. m. § 2 Abs. 2 AwSV, nämlich „feste, flüssige oder gasförmige Stoffe und Gemische (i. S. v. § 2 Abs. 4–7 AwSV),[60] die geeignet sind, dauernd oder in einem nicht nur unerheblichem Ausmaß nachteilige Veränderungen der Wasserbeschaffenheit herbeizuführen." Über die allgemeine Eignung zur Verschlechterung der Wasserqualität (§ 324 Rdn. 20 ff) hinaus muss in der 1. Alt. von § 62 Abs. 3 WHG die Eignung zu dauernder nachteiliger Wasserbeschaffenheitsveränderung vorliegen. Damit wird auf eine deutliche Langzeitwirkung[61] auf das Wasser abgestellt.[62] Darüber hinaus erfasst die 2. Alt. mit der Eignung zur Herbeiführung von nachteiligen Veränderungen in einem nicht nur unerheblichem Ausmaß zugleich intensive, wenn auch nur vorübergehende Beeinträchtigungen.[63] Verschlechterungen der Wasser-

---

55 VGH München ZfW **2010** 177 = BeckRS **2008** 36263; *Berendes/Frenz/Müggenborg/Schwind* § 51 WHG Rdn. 40 m. w. N.

56 So allerdings *Rogall* JZ-GD **1980** 101, 111.

57 *Steindorf* LK[11] Rdn. 2, 15; *Eidam* Rdn. 361; ähnl. *Sch/Schröder/Heine/Schittenhelm* Rdn. 12; *Szesny* AnwK Rdn. 3 („Gesamtgewässer in seiner Funktion für Mensch und Umwelt").

58 *Czychowski/Reinhardt* § 51 WHG Rdn. 30; *Breuer/Gärditz* Rdn. 1073.

59 *Berendes/Frenz/Müggenborg/Schwind* § 51 WHG Rdn. 24; *Breuer/Gärditz* Rdn. 1073.

60 Mit Gemischen sind solche i. S. v. Art. 2 Nr. 8 EG-VO 1272/2008 (GHS/CLP-VO, AblEU EU 353/1 v. 31.12.2008) gemeint; eingeschlossen sind Abfälle i. S. v. § 3 Abs. 1 S. 1 KrWG (BT-Drs. 16/12275 S. 71); vgl. *Berendes/Frenz/Müggenborg/Jannsen-Overath* § 62 WHG Rdn. 34; *Alt* MK Rdn. 16.

61 BT-Drs. 8/2382 21: „nicht nur kurzfristig".

62 OLG Schleswig NuR **1990** 93; OLG Zweibrücken ZfW **1987** 60 (jeweils zu § 326).

63 *Alt* MK Rdn. 16; *Czychowski/Reinhardt* § 9 WHG Rdn. 84; *Berendes/Frenz/Müggenborg/Schmid* § 9 WHG Rdn. 74 ff (erfordert generell konkrete Anhaltspunkte für Eignung, wobei bei Einwirkungen auf das Grundwasser ein vergleichsweise entfernterer Grad an Wahrscheinlichkeit genügt); OVG Münstern ZfW **1996** 469, 473.

qualität, die ihrem Ausmaß nach unbedeutend sind, werden hingegen selbst dann nicht erfasst, wenn sie dauerhaft bleiben. Zur Bestimmung der wassergefährdenden Stoffe verweisen § 2 Abs. 2, § 3 Abs. 1, 2 AwSV auf die in drei Wassergefährdungsklassen als schwach, deutlich oder stark wassergefährdend eingestuften Stoffe[64] sowie die als „allgemein wassergefährdend" geltenden Stoffe. Beispiele für letztere sind nach § 3 Abs. 2 AwSV u. a. Wirtschaftsdünger (Gülle, Festmist), Jauche, Silagesaft und Gärsubstrate landwirtschaftlicher Herkunft zur Gewinnung von Biogas.

Erfasst sind die in § 62 Abs. 1 S. 3 WHG genannten Anlagen zum Umschlagen wassergefährdender Stoffe sowie zum Lagern und Abfüllen von Jauche usw. (sog. **JGS-Anlagen**; Definition in § 2 Abs. 13 mit Anl. 7 AwSV).[65] Ihre Errichtung und ihr Betrieb bedürfen keiner Eignungsfeststellung (§ 63 Abs. 2 Nr. 1 WHG). Ausgeklammert bleiben gemäß § 62 Abs. 6 WHG Abwasser sowie Stoffe, die hinsichtlich der Radioaktivität die Freigrenzen des Strahlenschutzrechts überschreiten. Hier wurden die einschlägigen Abwasservorschriften der §§ 54 ff, 59 ff WHG und die der §§ 3 f StrlSchV für ausreichend erachtet. Da § 329 Abs. 2 solche Einschränkungen allerdings nicht ausdrücklich übernommen hat, ist die Ausklammerung dieser Anlagen vom Anwendungsbereich des Absatzes 2 nicht zwingend. Sie sind einbezogen, soweit Schutzgebietsverordnungen sich auch auf solche Anlagen erstrecken.[66] Wenn Schutzanordnungen nach § 52 WHG sich gegen wassergefährdende Maßnahmen der Landwirtschaft richten können, dann wird dies nicht ausschließen, solche auch zum Verhalten beim Betreiben von JGS-Anlagen in einer Verordnung vorzusehen. 20

bb) Umgang. Die vom Gesetz erfassen Formen des Umgangs mit wassergefährdenden Stoffen in betrieblichen Anlagen werden in der Strafvorschrift nicht mehr wie früher im Einzelnen aufgeführt; sie ergeben sich aber aus § 62 WHG (und § 2 Abs. 9 Nr. 1 AwSV): 21

Lagern ist zweckgerichtetes, aber nur temporäres, vorübergehendes, auch kurzzeitiges „Vorhalten zur weiteren Nutzung, Abgabe oder Entsorgung" (§ 2 Abs. 20 AwSV). „Vorhalten zur Nutzung" versteht sich als Aufbewahren zur (Wieder-)Verwendung[67] einschließlich der Verwertung (vgl. § 2 Abs. 27 AwSV). Die Aufbewahrung kann in einem Behälter oder ohne einen solchen stattfinden. Stoffe in Maschinen und Geräten, die deren Funktionsfähigkeit sicherstellen, werden dort nicht gelagert, ebensowenig Stoffe im Arbeitsgang, Kraftstoffe in Tanks betriebsbereiter Fahrzeuge oder Maschinen;[68] sie werden vielmehr bereits verwendet. Anwendungsfälle sind[69] das Lagern in Hallen, ortsbeweglichen oder ortsfesten Behältern, aber auch in für eine gewisse Dauer abgestellten Tankfahrzeugen, Eisenbahnkesselwagen und Aufsatztanks. Dies gilt allerdings noch nicht bei kurzen Unterbrechungen einer Beförderung, z. B. durch Stau, Streik, Halten vor einem Signal.[70] Ablagern i. S.e. endgültigen Deponierens von Stoffen ist nicht erfasst.[71] Stets ist für ein Lagern erforderlich, dass im Anschluss eine weitere gezielte menschliche 22

---

64 Abrufbar über die Datenbank Rigoletto des Umweltbundesamtes (http://webrigoletto.uba.de/rigoletto/public/welcome.do) (24.7.2021).

65 *Alt* MK Rdn. 15; *Schall* SK Rdn. 20; *Franzheim/Pfohl* Rdn. 451, 453; dazu näher Giesberts/Reinhardt/*Sanden* § 62 Rdn. 14 ff; 22 ff.

66 *Alt* MK Rdn. 15; *Ransiek* NK Rdn. 5; Sieder/Zeitler/Dahm/*Knopp* Rdn. 7; *Franzheim/Pfohl* Rdn. 451; **aA** *Schall* SK Rdn. 20; *Fischer* Rdn. 7.

67 BT-Drs. 8/2381 21.

68 BT-Drs. 8/2381 21; BayOblGSt **1994** 52, 54 = JR **1995** 35 m. Anm. *Sack; Alt* MK Rdn. 17; *Sch/Schröder/Heine/Schittenhelm* Rdn. 9; *Schall* SK Rdn. 21; *Czychowski/Reinhardt* § 62 WHG Rdn. 21; ausführlich *Czychowski* ZfW **1977** 84, 87; nach *Eidam* Rdn. 364 gehört dazu auch auf einem unbefestigten Grundstück gelagertes Streusalz für den Winterdienst, das aufgrund von Niederschlägen verunreinigend in das Erdreich eindringt (hierzu abl. Sieder/Zeitler/*Gößl* § 62 WHG Rdn. 33).

69 Vgl. *Alt* MK Rdn. 17; *Sch/Schröder/Heine/Schittenhelm* Rdn. 9; *Schall* SK Rdn. 21; *Fischer* Rdn. 7; *Sack* Rdn. 60.

70 Sieder/Zeitler/*Gößl* § 62 WHG Rdn. 98 f (auch zur Abgrenzung zum Gefahrgutbeförderungsrecht).

71 BR-Drs. 77/14 118; OVG Münster ZfW **1983** 181 (betr. wassergefährdende Stoffe in verrotteten, der Natur überlassenen Tanks); *Czychowski/Reinhardt* § 62 WHG Rdn. 21; *Berendes/Frenz/Müggenborg/Janssen-Overath* § 62 WHG Rdn. 13.

Einwirkung auf den Stoff vorgenommen werden soll;[72] ob diese alsbald oder erst nach längerer Zeit erfolgt und ob es zu ihr am Ende wirklich kommt, bleibt unerheblich. Eine solche Einwirkung liegt selbst dann vor, wenn es nach Bearbeitung oder nach Verbringung an einen anderen Ort zur Beseitigung kommen soll.[73]

23 **Abfüllen** ist das Befüllen von Behältern oder Verpackungen mit wassergefährdenden Stoffen (§ 2 Abs. 22 AwSV). Die abzufüllenden Stoffe brauchen nicht aus Behältnissen entnommen oder in Behältnisse gefüllt zu werden. Auch lose Materialien können abgefüllt werden. Ferner können neben flüssigen (Ausgießen, Ausschütten) und gasförmigen Stoffen auch feste Materialien abgefüllt werden, beispielsweise rieselfähige Granulate. Erfasst ist nach dem Willen des Gesetzgebers insb. das Verbringen in eine Transportanlage und in ein Fahrzeug.[74] Transportbezogene Vorgänge werden jedoch als „Umschlagen" erfasst (Rdn. 24); damit scheidet ein „Abfüllen" aus. Daraus folgt, dass ansonsten das Umfüllen von einem Behältnis in ein anderes als Abfüllen gewertet werden kann.[75] Auch das Befüllen von Einrichtungen, Geräten und Fahrzeugen, in denen Stoffe als Betriebsmittel dienen oder der Behandlung in einem Produktionsprozess zugeführt werden, soll als „Abfüllen" erfasst sein.[76] Die Gefährlichkeit dieser Tätigkeiten ergibt sich daraus, dass Übergangsstadien vorhanden sind, in denen die Kontrolle über das Füllgut entgleiten kann.

24 **Umschlagen** ist das Laden und Löschen von Schiffen, das Umladen in Behältern oder Verpackungen von einem Transportmittel auf ein anderes. Zum Umschlagen gehört auch das vorübergehende Abstellen von Behältern oder Verpackungen in einer Umschlaganlage im Zusammenhang mit dem Transport (§ 2 Abs. 23 AwSV). Das Umschlagen erfasst den ständigen Wechsel von Zugang (Beladen) und Abgang (Entladen) des betreffenden Stoffes mit den hieraus entstehenden erhöhten Risiken. Beispiele sind Vorgänge, bei denen Stoffe in Transportanlagen oder in feste Anlagen überführt werden, die dem Bereitstellen oder Aufbewahren zum Zwecke des späteren Transportes dienen. Wer also etwas aus einem Eisenbahnwagen in ein Straßenfahrzeug überführt, schlägt um. Das Entladen mit einem Gabelstapler allerdings ist für sich genommen noch kein Umschlagen.[77] Zum Begriff des Umschlagens gehört, dass die zu bewegenden Stoffe als solche die Objekte und nicht nur das Mittel des Transports oder der Lagerung sind. Anlagen zum Umschlagen sind beispielsweise Befüllvorrichtungen wie Bühnen zum Auffüllen von Tanklastzügen, zum Befüllen von Pipelines sowie diese selbst, ferner Einrichtungen zum Beladen von Transportmitteln (Kräne, Bagger); auch Förderbänder werden dazu gerechnet.[78]

25 **Herstellen** ist das Erzeugen und Gewinnen von wassergefährdenden Stoffen (§ 2 Abs. 25 AwSV), also die zielgerichtete, nicht nur belanglose Produktion von Stoffen, wobei entscheidend die Wassergefährlichkeit des Endproduktes ist.[79] Insbesondere Produktionsanlagen der chemischen Industrie sind betroffen.

26 **Behandeln** als „Einwirken auf wassergefährdende Stoffe, um deren Eigenschaften zu verändern" (§ 2 Abs. 26 AwSV) ist in einem umfassenden Sinne zu verstehen und meint jegliche (physikalische, chemische oder biologische) Einwirkung, z. B. zur Herstellung von Kunststoffen. Auch ein Bearbeiten des Stoffes mit dem Ziel, ihm die Gefährlichkeit zu nehmen, stellt ein solches Behandeln dar, solange die Wassergefährlichkeit während der Bearbeitung noch umweltgefährdend in Erscheinung tritt. Werden Anlagen i. S. v. § 62 Abs. 6 WHG in den Anwendungsbereich einge-

---

72 Sieder/Zeitler/*Gößl* § 62 WHG Rdn. 96.

73 *Sch/Schröder/Heine/Schittenhelm* Rdn. 18, *Schall* SK Rdn. 21; *Kloepfer* Umweltrecht § 14 Rdn. 261.

74 BT-Drs. 8/2382 21.

75 *Sch/Schröder/Heine/Schittenhelm* Rdn. 20; *Schall* SK Rdn. 22; *Sack* Rdn. 61; *Szesny* AnwK Rdn. 18.

76 *Schall* SK Rdn. 22; *Sch/Schröder/Heine/Schittenhelm* Rdn. 20; *Czychowski/Reinhardt* § 62 WHG Rdn. 24; *Eidam* Rdn. 365 (Umfüllen von Kühlmittel in Kühlsystem, von Hydraulikflüssigkeiten in Hebelvorrichtungen).

77 RegE BT-Drs. 8/2381 21; *Berendes/Frenz/Müggenborg/Janssen-Overath* § 62 WHG Rdn. 15.

78 *Sack* Rdn. 65; *Eidam* Rdn. 366.

79 *Alt* MK Rdn. 17; *Schall* SK Rdn. 23; *Sack* Rdn. 62; *Holtmeier* ZfW **1988** 215; *Kibele* BaWüVerwBl. **1986** 441, 443; *Czychowski/Reinhardt* § 62 WHG Rdn. 25.

schlossen (s. Rdn. 20), so kann auch ein rechtwidriges Betreiben einer Abwasserbehandlungsanlage (s. § 60 Abs. 3 WHG) den Tatbestand erfüllen, soweit eine Schutzgebietsverordnung sich auf diesen Bereich erstreckt.

Auch der Begriff des **Verwendens** ist an sich weit zu verstehen.[80] § 2 Abs. 27 AwSV definiert 27
ihn als „das Anwenden, Gebrauchen und Verbrauchen von wassergefährdenden Stoffen unter Ausnutzung ihrer Eigenschaften". Anlagen zum Verwenden sind im Wesentlichen die Produktionsanlagen der weiterverarbeitenden Industrie[81] wie Hydraulikaggregate, Galvanik-, Oberflächenbehandlungs-, Entfettungs-, Beizanlagen, aber auch (chemische) Reinigungsanlagen für Klein- und Metallteile oder Kühlanlagen und Wärmepumpen (auch im öffentlichen Bereich wie in [Hoch-]Schulen, Krankenhäusern, Tierkörperbeseitigungsanstalten, Forschungseinrichtungen und Heizkraftwerken).[82] Mit dem Verwenden erfasst man alle Handlungsweisen, die sich den wassergefährdenden Stoff zur Erreichung eines weiteren Produktionszieles im Arbeitsgang zunutze machen. Ob der Stoff hierbei nur gebraucht oder verbraucht wird, ist unerheblich. In Betracht kommen neben den bereits umschriebenen Tätigkeiten auch solche des Desinfizierens, des Verfeuerns und Verbrennens.[83]

cc) Anlagenbetrieb. Die sprachlich seltsame Formulierung des Betreibens betrieblicher Anla- 28
gen verlangt zunächst eine Anlage als Bezugsobjekt. Der Begriff der Anlage als solcher wird über § 62 Abs. 4 Nr. 3 WHG in § 2 Abs. 9 AwSV definiert. Danach handelt es sich um selbständige und ortsfeste oder ortsfest benutzte Einheiten sowie Rohrleitungsanlagen nach § 62 Abs. 1 S. 2 WHG. Als ortsfest oder ortsfest benutzt gelten Einheiten, wenn sie länger als ein halbes Jahr an einem Ort zu einem bestimmten betrieblichen Zweck betrieben werden. Dieser Ausschluss beweglicher Anlagen bindet mittelbar auch die Strafvorschrift, sofern das konkrete Betriebsverbot in der Verordnung nach § 52 WHG nicht explizit auf sie erstreckt wird.[84] Anlage ist wie im Immissionsschutzrecht im weitesten Sinne zu verstehen. Der Begriff meint eine auf eine gewisse Dauer vorgesehene, als erkennbare Funktionseinheit organisierte Einrichtung von nicht ganz unerheblichem Ausmaß, die an der jeweiligen Tätigkeit ausgerichtet ist.[85] Anlage in diesem Sinne kann auch ein Grundstück sein,[86] sofern eine sich aus dessen tatsächlicher Nutzung ergebende Zweckbestimmung zum nicht nur vorübergehenden Lagern, Ab-/Umfüllen usw. vorliegt,[87] z. B. als Lagerplatz, auch wenn unbefestigt oder ohne technische Vorrichtungen gesichert.[88]

Das Erfordernis einer **„betrieblichen"** Anlage kennt das Wasserrecht in dieser Form nicht. 29
Durch dieses Attribut sollten die in der Regel weniger gefährlichen Anlagen, die dem Privatgebrauch dienen, ausgeschieden werden.[89] Nicht erfasst sind danach private Öltanks einschließ-

---

80 *Schall* SK Rdn. 23; *Steindorf* LK[11] Rdn. 22c; *Czychowski/Reinhardt* § 62 Rdn. 27 ff.

81 RegE BT-Drs. 10/3973 14.

82 *Schall* SK Rdn. 23; *Sack* Rdn. 64; *Berendes/Frenz/Müggenborg/Janssen-Overath* § 62 WHG Rdn. 19; VGH München ZfW **1989** 102.

83 *Czychowski/Reinhardt* § 62 WHG Rdn. 27.

84 *Matt/Renzikowski/Rettenmaier/Gehrmann* Rdn. 6; **aA** *Möhrenschlager* LK[12] Rdn. 28.

85 BayObLGSt **1993** 81 = ZfW **1994** 378 (zu § 41 Abs. 1 Nr. 6a WHG a. F.); BayObLGSt **1994** 52 = JR **1995** 35 m. Anm. *Sack*.

86 *Schall* SK Rdn. 19; *Sch/Schröder/Heine/Schittenhelm* Rdn. 15; *Sack* Rdn. 58.

87 Die Zweckbestimmung ist wie bei Abfallentsorgungsanlagen i. S. v. § 327 nicht rein subjektiv, sondern auch objektiv vorzunehmen (s. dort Rdn. 26); vgl. *Franzheim/Pfohl* Rdn. 453 mit Kritik an BayObLGSt **1996** 176 = NStZ-RR **1997** 119 (Dungstätte auf unbefestigtem Grund und ohne Auffangvorrichtungen für austretende Jauche stellt keine Anlage zum Lagern oder Abfüllen dar).

88 *Sch/Schröder/Heine/Schittenhelm* Rdn. 15 (betr. Streusalzlagerung); zum Lagerplatz holzverarbeitender Industrie s. BayObLGSt **1983** 81.

89 BT-Drs. 8/2381 21.

lich der angeschlossenen Verteilungssysteme.[90] Betrieblichkeit verlangt eine nicht nur vorübergehende organisatorisch zusammengefasste Einheit von Personen und Sachmitteln unter einheitlicher Leitung zu dem arbeitstechnischen Zweck, bestimmte Leistungen hervorzubringen oder zur Verfügung zu stellen.[91] Betrieblich geht jedenfalls weiter als gewerbsmäßig[92] oder gewerblich;[93] einer Absicht der Gewinnerzielung bedarf es nicht. Erfasst werden Wirtschaftsunternehmen, land- und forstwirtschaftliche Betriebe, Gewerbe- und Dienstleistungsbetriebe wie Arztpraxen, wegen Abs. 2 S. 2 **auch öffentliche Unternehmen** wie Gas- und Elektrizitätswerke und Verkehrsbetriebe, also öffentlich-rechtlich oder privatrechtlich gebildete Organisationsformen der öffentlichen Verwaltung, durch die sie als Erzeuger oder Verteiler von Gütern am Wirtschaftsleben teilnehmen.[94]

30 Zum Begriff des **Betreibens** als Tathandlung s. § 325 Rdn. 26; § 327 Rdn. 42 ff. Das Errichten einer betrieblichen Anlage kann vor Inbetriebnahme nur eine Ordnungswidrigkeit nach § 103 Abs. 1 Nr. 12 i. V. m. § 63 Abs. 1 S. 1 WHG darstellen.

31 **b) Betreiben von Rohrleitungsanlagen, Befördern wassergefährdender Stoffe (Abs. 2 Nr. 2).** In Ergänzung zum Betreiben von Rohrleitungsanlagen in § 327 Abs. 2 Nr. 2 erfasst die 1. Alt. von Abs. 2 Nr. 2 den betreffenden Betrieb im Kontext der Wasser- und Heilquellenschutzgebiete. Bis zum 2. UKG war dies die einzige Tatvariante, da das „Befördern" bis dahin als solches noch nicht mit Strafe bedroht war. Der Transport von Stoffen durch derartige Fern-Rohrleitungen (Pipelines) ist von erheblicher volkswirtschaftlicher Bedeutung, aber auch mit erheblichen Gefahren für die Gewässer verbunden, da die Rohrleitungen undicht werden können. Heutzutage bedarf das Vorhaben (Errichtung, Betrieb, Änderung, § 2 Abs. 4 UVPG) einer Rohrleitungsanlage zum Befördern wassergefährdender Stoffe bei einer Länge von mehr als 40 km oder bei UVP-Pflicht im Einzelfall (§ 65 Abs. 1 i. V. m. § 7 UVPG, Anl. 1 Nr. 19.3) der Planfeststellung, im Übrigen der Plangenehmigung (§ 65 Abs. 2 UVPG). Ausgenommen von dieser Erlaubnispflicht sind werksinterne Rohrleitungsanlagen, Zubehöranlagen i. S. v. Umgangsanlagen und sog. Verbindungsanlagen (s. Anl. 1 Nr. 19.3; Begriff wie in § 62 Abs. 1 S. 2 WHG). Das Betreiben einer Rohrleitungsanlage ohne Planfeststellungsbeschluss oder ohne Genehmigung ist bereits nach § 327 Abs. 2 Nr. 2 strafbar, die Errichtung nach § 69 Abs. 1 Nr. 1 UVPG ordnungswidrig. In aller Regel wird zudem eine Pipeline durch ein Schutzgebiet, wie sie hier vom Tatbestand gefordert wird, kaum genehmigt werden. Hinsichtlich der genehmigungspflichtigen Rohrleitungsanlagen bleibt daher § 329 Abs. 2 Nr. 2 weitgehend ohne Funktion, womit die genehmigungs- bzw. planfeststellungsfreien Rohrleitungsanlagen in den Vordergrund rücken. Einen sinnvollen Anwendungsbereich erhält die Strafvorschrift daher nur, wenn sie sich auf illegale Handlungen beim Betrieb solcher Leitungen, wie werksinterner Anlagen usw., in Wasserschutzgebieten bezieht. Deshalb ist der Begriff der Rohrleitungsanlage hier umfassend und nicht beschränkt auf den Bereich des UVPG wie in § 327 Abs. 2 Nr. 2 zu verstehen.[95] Davon geht auch § 49 AwSV mit seinen hohen Anforderungen an Anlagen in Schutzgebieten aus, da nach § 2 Abs. 9 AwSV zu den Anlagen auch betriebsinterne Rohrleitungsanlagen i. S. v. § 62 Abs. 1 S. 2 WHG gehören. Nur

90 BT-Drs. 7/888 18; in BayObLG ZfW **1993** 178 hatte die Vorinstanz die Voraussetzungen des § 19g Abs. 1 S. 1 WHG a. F. bei einem 20l-Ölfass auf einer Baustelle nicht als gegeben angesehen (s. *Alt* MK Rdn. 15 Fn. 36), möglicherweise aber nur wegen zu kurzer Aufstelldauer.

91 BayObLGSt **1994** 52, 54; *Sch/Schröder/Heine/Schittenhelm* Rdn. 16; *Ransiek* NK Rdn. 5; *Szesny* AnwK Rdn. 16.

92 *Schall* SK Rdn. 18.

93 *Sch/Schröder/Heine/Schittenhelm* Rdn. 16; *Fischer* Rdn. 7; *Czychowski* ZfW **1980** 205, 209; *Lackner/Kühl/Heger* Rdn. 7; zweifelhaft für *Sack* Rdn. 58.

94 *Alt* MK Rdn. 15; *Szesny* AnwK Rdn. 16; *Schall* SK Rdn. 18.

95 *Alt* MK Rdn. 19; *Schall* SK Rdn. 26; *Ransiek* NK Rdn. 7; **aA** *Sch/Schröder/Heine/Schittenhelm* Rdn. 25 (nur Abs. 2 Nr. 1 anwendbar); *Matt/Renzikowski/Rettenmaier/Gehrmann* Rdn. 7.

so können zudem die in § 52 WHG vorgesehenen Verbote bestimmter Handlungen in Wasserschutzgebieten strafrechtlich flankiert werden.

Gegenstand der vorliegenden Regelung sind **Rohrleitungsanlagen zum Befördern** wassergefährdender Stoffe. Befördern bedeutet ein Durchführen der fraglichen Materie durch das Rohrleitungssystem. Rohrleitungen sind feste oder flexible Leitungen einschließlich ihrer Formstücke, Armaturen, Förderaggregate, Flansche und Dichtmittel (§ 2 Abs. 19 AwSV). Vom Betriebszweck her ergibt sich die Festlegung dessen, was im Einzelnen zu der Funktionseinheit „Rohrleitungsanlage" hinzuzurechnen ist, nämlich alle dem Leitungsbetrieb dienenden Einrichtungen, insbesondere Pump-, Abzweig-, Übergabe-, Absperr- und Entlastungsstationen sowie Verdichter-, Regel- und Messanlagen (§ 2 Abs. 2 S. 2 RohrFLtgV). Außerdem sind einzubeziehen Sicherheits- und Entleerungstanks, Überwachungseinrichtungen sowie die gesamte Kopf- und Endstation (sog. „Schieberhäuschen").[96] Einrichtungen, die funktionsmäßig nicht dem dynamischen Beförderungsvorgang, sondern dem statischen Lagervorgang zuzurechnen sind, werden nicht erfasst; für sie gilt ausschließlich Abs. 2 Nr. 1.[97] Zum Wesen einer Rohrleitungsanlage gehört, dass ihr das Moment einer gewissen Dauerhaftigkeit innewohnt.[98] Zum **Betreiben** s. § 325 Rdn. 26; § 327 Rdn. 42 ff. Das Errichten ist allenfalls ordnungswidrig nach § 69 Abs. 1 Nr. 1 i. V. m. § 2 Abs. 4 Nr. 1, § 65 UVPG. Die Inbetriebnahme beginnt mit dem erstmaligen Befüllen der Anlage mit wassergefährdenden Stoffen und erfasst auch hier bereits Testfüllungen, Dichtungsprüfungen und Probeläufe;[99] wird die Dichtheit mit anderen als wassergefährdenden Stoffen geprüft, so liegt freilich – am Regelungszweck orientiert – noch kein Betreiben vor.[100] Das Betreiben endet erst mit der vollständigen Entleerung.[101] Zu den **wassergefährdenden Stoffen** s. Rdn. 19 f sowie § 327 Rdn. 33. 32

Im Gefolge schwerer Verkehrsunfälle mit Tanklastzügen wurden Stimmen laut, den zunächst nicht erfassten, nicht durch Rohrleitungen erfolgenden Transport brennbarer Flüssigkeiten ebenfalls unter Strafdrohung zu stellen. Nachdem bereits einzelne Ländervorschriften die Beförderung von wassergefährdenden Stoffen durch Schutzgebiete untersagt hatten,[102] knüpfte der Gesetzgeber des 2. UKG hieran an und stellte mit einer entsprechenden Ergänzung von Abs. 2 Nr. 2 um die 2. Alt. seit 1994 auch das (sonstige) **Befördern wassergefährdender Stoffe** entgegen einer Schutzanordnung oder vollziehbaren Untersagung unter Strafe.[103] Der Begriff der wassergefährdenden Stoffe wurde in dieser Alternative jedoch nicht vollständig geklärt. Bisher verstehen die Erläuterungen in der VwV-StVO[104] zu dem Zeichen 354 (Wasserschutzgebiet), das vor allem an Einzugsgebieten von Trinkwasser und Heilquellen aufgestellt werden kann, in denen häufig Fahrzeuge mit wassergefährdender Ladung fahren, sowie zu dem ggf. zusätzlich angebrachten Zeichen 269 (Verbot für Fahrzeuge mit wassergefährdender Ladung) den Begriff der „wassergefährdenden Stoffe" weiterhin wie in § 19g Abs. 5 WHG a. F. Auch wenn diese Vorschrift inzwischen von § 62 Abs. 3 WHG abgelöst wurde, so ist bei Verstößen gegen die dafür einschlägigen Regelungen im Straßenverkehr doch weiterhin der überholte, auf Eignung zur nachhaltigen Wassereigenschaftsveränderung abstellende Begriff maßgebend. Das für den Straßenverkehr zuständige Bundesministerium hat hier bislang eine Anpassung verpasst. 33

96 *Schall* SK Rdn. 27; *Witteck* BeckOK Rdn. 12; Giesberts/Reinhardt/*Sanden* § 62 WHG Rdn. 20; Sieder/Zeitler/*Gößl* § 62 WHG Rdn. 37; *Sch/Schröder/Heine/Schittenhelm* Rdn. 25; *Sack* Rdn. 71.
97 *Schall* SK Rdn. 27; *Sch/Schröder/Heine/Schittenhelm* Rdn. 25.
98 OLG Frankfurt ZfW **1976** 305; *Sch/Schröder/Heine/Schittenhelm* Rdn. 25.
99 Sieder/Zeitler/Dahme/*Knopp* Rdn. 11; *Sch/Schröder/Heine/Schittenhelm Rdn. 25.*
100 *Steindorf* LK[11] Rdn. 27.
101 Sieder/Zeitler/Dahme/*Knopp* Rdn. 11; *Steindorf* LK[11] Rdn. 27.
102 So etwa die Rechtsverordnung d. MdI BaWü vom 8.7.1987 (GB1. 263).
103 Begr. RegE BT-Drs. 12/192 26.
104 Allgemeine Verwaltungsvorschrift zur Straßenverkehrsordnung (VwV-StVO) v. 26.1.2001 idF v. 22.5.2017 (BAnz. Nr. 29.5.2017 B 8).

34 Der Begriff des **Beförderns** ist wie bei § 326 (s. dort Rn. 75) auf den eigentlichen Transportvorgang begrenzt und erfasst daher das vorgelagerte Beladen ebensowenig wie das folgende Entladen.[105] Hierfür spricht nicht nur die andernfalls drohende Überschreitung der Wortlautgrenze, sondern auch das systematische Argument der expliziten Benennung solcher Tätigkeiten in § 328 Abs. 3 Nr. 2.

35 **c) Abbau fester Stoffe im Rahmen eines Gewerbebetriebs (Abs. 2 Nr. 3).** Zweck der Regelung ist es zu verhindern, das Grundwasser oder geschützte Quellen schädlichen Einflüssen durch den Abbau auszusetzen.[106] Abbau (das WHG kennt den Begriff selbst nicht) stellt sich als jede Maßnahme dar, mit der aus einer festen unbeweglichen Sache (Boden, Grundstücke) z. B. durch Ausgrabung oder Aushebung feste bewegliche Sachen gewonnen, gefertigt oder hergestellt werden.[107] Ein solcher Abbau erfüllt dann noch nicht den Tatbestand, wenn er lediglich „in privatem und damit regelmäßig unerheblichem Umfang"[108] geschieht. Diese quantitative Einschränkung gilt aber auch jenseits des privaten Bereichs, wenn geringfügige Abbaumaßnahmen nicht zu erheblichen Beeinträchtigungen führen können.[109] Schon vom Wortsinn her verlangt nämlich ein „Abbau" eine umfangreichere Maßnahme als das Entnehmen geringer Mengen durch einige wenige Spatenstiche. Da die Beschränkung auf Geschehnisse innerhalb des Schutzgebietes entfallen ist, sind auch Abbaumaßnahmen erfasst, die extern vorgenommen werden, aber innerhalb des Schutzgebietes Wirkungen entfalten können, sofern sie in den verwaltungsrechtlichen Anordnungen untersagt sind.

36 Durch die Beschränkung auf einen Abbau **„im Rahmen eines Gewerbebetriebes"** soll eine Konzentration auf die für die geschützten Gebiete wirklich gefährlichen Ausbeutungsformen erreicht werden.[110] Der Gewerbebegriff der GewO kann dazu nicht zugrunde gelegt werden, weil er auf die hier ins Visier genommene Form der Urproduktion gerade nicht anzuwenden ist.[111] Der Gesetzgeber hätte deshalb besser eine andere Formulierung gewählt (z. B. „geschäftsmäßig" oder „nicht zum ausschließlich privaten Gebrauch"). Nach dem Sinn der Regelung kommt es entscheidend auf das Ausmaß des betriebenen Abbaus an und auf die Unternehmensform des Betreibers, weshalb auch nicht auf Gewinnerzielung ausgerichtete Betriebe unter die Regelung fallen.[112] **Abbaumaßnahmen der öffentlichen Hand** sind zwar nicht über Abs. 2 S. 2 erfasst,[113] weil diese Regelung nur „betriebliche Anlagen" betrifft und keine Tätigkeiten, wohl aber über die vornehmlich quantitative Bestimmung des Merkmals gewerblicher Vornahme. Allerdings muss es auch insoweit bei dem Abbau um die Gewinnung von Material gehen. Tätigkeiten der Wasser- und Schifffahrtsverwaltungen im Rahmen von Unterhaltungs- und Ausbauarbeiten, der Bundeswehr bei Manövern oder der Straßenbauverwaltung, die allesamt andere Zwecke verfolgen, unterfallen deswegen nicht dem Tatbestand.[114]

---

105 *Schall* SK Rdn. 28; *Alt* MK Rdn. 21; *SSW/Saliger* Rdn. 6.

106 RegE BT-Drs. 8/2382 21 f.

107 *Schall* SK Rdn. 29; *SSW/Saliger* Rdn. 7; *Alt* MK Rdn. 22.

108 RegE BT-Drs. 8/2382 21 f; krit. *Triffterer* 223, der auch Beeinträchtigungen beim Abbau fester Stoffe durch einen privaten Grundstückseigentümer für strafwürdig hält.

109 *Schall* SK Rdn. 29; *Alt* MK Rdn. 22; *Sch/Schröder/Heine/Schittenhelm* Rdn. 32; **aA** *SSW/Saliger* Rdn. 7.

110 BT-Drs. 8/2382 21 f.

111 *Erbs/Kohlhaas/Ambs/Lutz* § 1 GewO Rdn. 6, 8.

112 *Steindorf* LK[11] Rdn. 31; **aA** *Witteck* BeckOK Rdn. 14; *Alt* MK Rdn. 23; *Sch/Schröder/Heine/Schittenhelm* Rdn. 33; *Lackner/Kühl/Heger* Rdn. 7; *Ransiek* NK Rdn. 8; *Schall* SK Rdn. 30; *SSW/Saliger* Rdn. 7; *Matt/Renzikowski/Rettenmaier/Gehrmann* Rdn. 8; *Czychowski* ZfW **1980** 205, 210; beschränkt auf erlaubte Gewerbebetriebe *Sack* Rdn. 81.

113 *Matt/Renzikowski/Rettenmaier/Gehrmann* Rdn. 8; **aA** *Alt* MK Rdn. 23; *Witteck* BeckOK Rdn. 14.

114 *Czychowski* ZfW **1980** 205, 210; *Ransiek* NK Rdn. 8; mit abw. Begr. auch *Alt* MK Rdn. 15; *Schall* SK Rdn. 30; *Sch/Schröder/Heine/Schittenhelm* Rdn. 33; *Witteck* BeckOK Rdn. 14 (Hoheitsverwaltung ausgeschlossen); **aA** *SSW/Saliger* Rdn. 7 (öff. Verwalter ganz ausgeschlossen).

Es geht allein um den Abbau **fester Stoffe**. Unter diesen Grundbegriff fallen neben den exemplarisch im Gesetz genannten (Kies, Sand, Ton) auch Erde, Humus[115] sowie Steine und Torf. Der Begriff der festen Stoffe des Wasserrechts[116] ist hier nicht anzuwenden; er würde beispielsweise auch Eis (auf Gewässern), Schilf, Rohr und andere Pflanzen einbeziehen. Die Fassung des Gesetzes bezieht jedoch im Hinblick auf den Sprachgebrauch nur abbaufähige feste Stoffe ein; der wasserrechtliche Bezug der Norm ist nur ein mittelbarer. Unmittelbar wird die Erhaltung der Bodensubstanz auf Grund ihrer Wirkung für das Grundwasser und Heilquellen bezweckt; hierzu wird man pflanzlichen Bewuchs nur zu rechnen haben, soweit er eine wichtige Rolle bei der Wasserrückhaltung spielt, weshalb das Abholzen eines Waldbestandes ebenfalls ein Abbauen fester Stoffe darstellen kann. Einzubeziehen sind ferner Sedimente und Schlamm jeder Art als Ansammlung fester Partikel in einem flüssigen Medium.[117] 37

3. Verwaltungsrechtswidrigkeit

Die Schutzanordnungen, die in den Schutzgebietsverordnungen erlassen werden, sind die spezifischen **Rechtsvorschriften**, von denen Absatz 2 spricht. An ihnen wird im Einzelfall das Handeln des Täters gemessen. Darüber hinaus kommt ein Verstoß gegen eine **vollziehbare Untersagung** in Betracht (hierzu § 325 Rdn. 43; § 327 Rdn. 27 ff, 37). Erforderlich bei dieser Art Untersagungen ist nicht, dass sie ihre Rechtsgrundlage in einer landesrechtlichen Schutzanordnung haben; es reicht vielmehr, wenn sie mit der Zielrichtung erlassen worden sind, zumindest auch dem Wasser- oder Heilgebietsschutz zu dienen.[118] In Betracht kommen insoweit also beispielsweise Untersagungen einer Gashochdruckleitung nach § 6 Abs. 4 GasHDrLtgV,[119] von Anlagen zum Umgang mit wassergefährdenden Stoffen nach § 62 Abs. 4 Nr. 2 WHG i. V. m. § 16 Abs. 1 S. 2 AwSV oder von Erdaufschlüssen[120] nach § 49 Abs. 3 WHG sowie nach der allgemeinen Regelung in § 100 Abs. 1 WHG. Nach der Begründung des 18. StRÄndG liegt verwaltungsrechtswidriges Betreiben einer Anlage auch dann vor, wenn eine Regelung ausdrücklich nur das Errichten einer solchen Anlage verbietet und auf das Betreiben nicht gesondert eingeht; ein Errichtungsverbot umfasst danach stets zugleich das Verbot des Betreibens.[121] 38

IV. Beeinträchtigung von Naturschutzgebieten und Nationalparks (Absatz 3)

1. Allgemeines

Der durch das **18. StRÄndG 1980** neu geschaffene Tatbestand[122] vereinheitlichte landesrechtliche Regelungen, indem er zum Schutz von Naturschutzgebieten und Nationalparks fünf abschließend umschriebene Handlungsweisen unter Strafdrohung stellte, die typischerweise den Schutzzweck besonders gefährden können.[123] In Abkehr von § 21 Reichsnaturschutzgesetz wur- 39

115 *Sch/Schröder/Heine/Schittenhelm* Rdn. 30/31; *SSW/Saliger* Rdn. 7; *Schall* SK Rdn. 29; *Fischer* Rdn. 9.
116 *Czychowski/Reinhardt* § 9 WHG Rdn. 22.
117 *SSW/Saliger* Rdn. 7; *Sch/Schröder/Heine/Schittenhelm* Rdn. 30/31; *Fischer* Rdn. 9; *Schall* SK Rdn. 29; *Czychowski/Reinhardt* § 9 WHG Rdn. 23; **aA** *Wernicke* ZfW **1963** 271.
118 RegE BT-Drs. 12/192 25 (zu § 19g Abs. 1 WHG a. F.); *Alt* MK Rdn. 25; *Fischer* Rdn. 5; *Sack* Rdn. 55; *Witteck* BeckOK Rdn. 15; **aA** *Schall* SK Rdn. 31 (unmittelbare Absicherung gegen Beeinträchtigungen der Schutzgebiete muss bezweckt sein).
119 Verordnung über Gashochdruckleitungen (Gashochdruckleitungsverordnung – GasHDrLtgV) v. 18.5.2011 (BGBl. I S. 928).
120 *Czychowski/Reinhardt* § 49 WHG Rdn. 18; *Landmann/Rohmer/Meyer* § 49 WHG Rdn. 15, 17.
121 BT-Drs. 8/2381 21; *Schall* SK Rdn. 32.
122 Rechtshistorisch hierzu *Laufhütte/Möhrenschlager* ZStW **92** (1980) 912, 948 f.
123 BT-Drs. 8/2382 22.

den nicht mehr alle unbefugten Veränderungen innerhalb eines Naturschutzgebietes als Straftaten eingestuft, sondern allein die vom Gesetz aufgeführten mit der weiteren Einschränkung, dass durch sie „wesentliche Bestandteile eines solchen Gebiets beeinträchtigt“ worden sein müssen. Die Bestimmung war damit als Verletzungsdelikt ausgestaltet.[124]

40 Das **2. UKG** gab 1994 die Beschränkung des Tatbestandes auf schutzgebietsinterne Handlungen auf.[125] Nach dem Schutzzweck der Vorschrift, die in der Praxis bisher nur eine untergeordnete Rolle gespielt hat, kann es für die Frage der Beeinträchtigung eines Bereichs nur auf die Einwirkung auf diesen und nicht darauf ankommen, wo die schädigenden Handlungen ihren Ausgang nahmen. Darüber hinaus wurden die Tathandlungen um drei Modalitäten erweitert[126] und der tatbestandsmäßige Erfolg abweichend bestimmt: Während nach der zuvorigen Fassung von den Tathandlungen verlangt wurde, „wesentliche Bestandteile“ des geschützten Gebietes zu beeinträchtigen, genügt es nunmehr, wenn der Täter durch sie „den jeweiligen Schutzzweck nicht unerheblich beeinträchtigt“, wobei diese Formulierung an verwaltungsrechtliche Schutzregelungen anknüpft. Bezugspunkt ist der Schutzzweck i. S. v. § 22 Abs. 1 S. 2 BNatSchG, der in den jeweiligen gebietsbezogenen Schutzanordnungen der Länder weiter zu präzisieren ist, womit sodann jede fragliche Tathandlung „auf ihre Tattauglichkeit überprüft werden“ kann.[127]

41 Teilweise ergänzt wird die Strafvorschrift durch Tatbestände im Jagdrecht (§§ 38 f BJagdG) sowie im Naturschutzrecht (§§ 71 f BNatSchG). Die zusätzliche Beeinträchtigung des Schutzzwecks des Naturschutzgebiets rechtfertigt die höhere Strafdrohung in Absatz 3, der zudem in Abs. 5 Nr. 2 über eine Fahrlässigkeitsvariante verfügt, während § 71 Abs. 3 und 4 BNatSchG nur Leichtfertigkeitsalternativen enthält.

2. Geschützte Gebiete

42 **a) Naturschutzgebiete.** Hierbei handelt es sich nach § 23 Abs. 1 BNatSchG um rechtsverbindlich festgesetzte Gebiete, in denen ein besonderer Schutz von Natur und Landschaft in ihrer Ganzheit oder in einzelnen Teilen erforderlich ist zwecks Erhaltung, Entwicklung oder Wiederherstellung von Lebensstätten, Biotopen[128] oder Lebensgemeinschaften bestimmter wildlebender Tier- und Pflanzenarten, aus wissenschaftlichen, naturgeschichtlichen oder landeskundlichen Gründen oder wegen ihrer Seltenheit, besonderen Eigenart oder Schönheit.[129] Die Tatsache und der genaue Umfang der durch Erklärung erfolgten Unterschutzstellung ergeben sich jeweils aus den entsprechenden landesrechtlichen Regelungen (§ 22 Abs. 2 BNatSchG),[130] die durch förmliches Gesetz, durch Rechtsverordnung, aber auch durch Satzung[131] vorgenommen sein können. Ende 2017 verfügte Deutschland über 8.833 Naturschutzgebiete mit einer Fläche von 26.275 km^2 (= 6,3 % der Gesamtfläche Deutschlands); die durchschnittliche Fläche eines Naturschutzgebiets liegt bei 1,59 km^2.[132] Den Naturschutzgebieten stellt Absatz 3 ausdrücklich die in

124 *Alt* MK Rdn. 2; *Ransiek* NK Rdn. 1; *Schall* Rdn. 3; *Sch/Schröder/Heine/Schittenhelm* Rdn. 35; *Saliger* Umweltstrafrecht Rdn. 491; *Franzheim/Pfohl* Rdn. 448, 457; *Rogall* JZ-GD **1980** 101, 112; *Sack* Rdn. 24; **aA** (abstraktes Gefährdungsdelikt) *Szesny* AnwK Rdn. 6; *Kloepfer/Heger* Rdn. 339.

125 Begr. RegE BT-Drs. 12/192 26 (mit Hinweis auf unbefriedigende Einstellungen der Strafverfolgung nach bisher geltendem Recht, z. B. durch die StA Stuttgart bei Bauten am Rande eines Naturschutzgebietes, die den Grundwasserspiegel senkten, wodurch vorhandene Bäume eingingen); *Franzheim/Pfohl* Rdn. 457.

126 Krit. *Kloepfer/Vierhaus* Rdn. 153; *Michalke* Rdn. 390 (Akt „symbolischer Gesetzgebung“).

127 RegE BT-Drs. 12/192 27.

128 Zu diesen Begriffen § 7 Abs. 2 Nr. 4 und 5 BNatSchG.

129 Vgl. VGH Mannheim NVwZ-RR **1996** 639.

130 Hierzu BT-Drs. 9/1385; 16/13298 5 f.

131 *Erbs/Kohlhaas/Stöckel/Müller-Walter* § 22 BNatSchG Rdn. 2.

132 Daten des Bundesamts für Naturschutz (https://www.bfn.de/infothek/daten-fakten/schutz-der-natur/nationaler-gebietsschutz/ii-23-2-4-naturschutzgebiete-in-dl.html) (24.7.2021).

der Planung befindlichen, gemäß § 22 Abs. 3 BNatSchG „als [künftige] Naturschutzgebiete einstweilig sichergestellten Flächen“ gleich, um so eine Sabotierung der Unterschutzstellung durch zwischenzeitliche, endgültige Zustände herstellende Maßnahmen, die erfahrungsgemäß gerade in dieser Zeit stattfinden,[133] zu verhindern.[134]

b) Nationalparks. Nach § 24 BNatSchG handelt es sich bei Nationalparks um rechtsverbindlich festgesetzte Gebiete, die großräumig, weitgehend, unverschnitten und von besonderer Eigenart sind, im überwiegenden Teil ihres Gebietes die Voraussetzungen eines Naturschutzgebietes erfüllen, sich größtenteils in einem vom Menschen nicht oder wenig beeinflussten Zustand befinden oder wenigstens geeignet sind, sich in einen Zustand zu entwickeln, der einen möglichst ungestörten Ablauf der Naturvorgänge in ihrer natürlichen Dynamik gewährleistet. In Deutschland gibt es bisher (Stand Ende 2020) 16 Nationalparks mit einer Fläche von 10.504 km^2 (davon allein Meeresflächen von ca. 8.422 km^2). Die meisten der Nationalparks erfüllen derzeit erst teilweise die Kriterien für eine großflächige, ungestörte Naturentwicklung und befinden sich noch in der Entstehung.[135] 43

Nicht in den Katalog strafrechtlich besonders schutzbedürftiger Gebiete aufgenommen wurden die Landschaftsschutzgebiete nach § 26 BNatSchG[136] wegen „zu weitgehender Ausdehnung der Strafbarkeit“,[137] ferner Naturparke (§ 27 BNatSchG), Naturmonumente nach § 24 Abs. 4 BNatSchG, Biosphärenreservate nach § 25 BNatSchG und Naturdenkmäler nach § 28 BNatSchG, wobei letztere aber durch § 304 geschützt werden. Ebenfalls nicht erfasst sind geschützte Landschaftsbestandteile nach § 29 BNatSchG und nach § 30 BNatSchG gesetzlich geschützte Biotope. 44

3. Tathandlungen

Die in acht Nummern aufgelisteten Tatmodalitäten sind nicht notwendigerweise auf gebietsinterne Handlungen beschränkt;[138] erforderlich ist dann aber eine entsprechende Verbotsfestsetzung in Rechtsvorschrift oder vollziehbarer Untersagung. 45

a) Abbau oder Gewinnung von Bodenschätzen oder anderen Bodenbestandteilen (Nummer 1). Derartige im Naturschutzrecht als „Eingriffe in Natur und Landschaft“ bezeichnete Verhaltensweisen (§ 14 Abs. 1 BNatSchG), etwa der Kiesabbau,[139] bringen in aller Regel aus ökologischer Sicht erhebliche Gefahren mit sich und können sich negativ auf das Naturschutzgebiet auswirken. Zum „Abbau“ s. Rdn. 35. Der Begriff des „Gewinnens“ ist dem Bergrecht entlehnt. Er wird in § 4 Abs. 2 BBergG als ein Loslösen oder Freisetzen von Bodenschätzen verstanden, was dann auch für andere Bodenbestandteile gilt. In der Literatur wird zusätzlich die Ausrichtung auf eine Förderung betont,[140] was aber in dem bergrechtlichen „Gewinnen“ bereits mit enthalten ist. 46

---

133 Prot. über die öffentliche Anhörung von Sachverständigen (AP), 8. Wahlperiode, Nr. 81 S. 33.
134 BT-Drs. 8/3633 32.
135 Angaben des Bundesamts für Naturschutz (https://www.bfn.de/infothek/daten-fakten/schutz-der-natur/nationaler-gebietsschutz/ii-23-6-7-nationalparke-in-dl.html) (24.7.2021); Zur Nationalparkidee und der Entwicklung *Kloepfer* Umweltrecht § 12 Rdn. 289 ff; weiter Rdn. 291 f zum Scheitern der Einrichtung eines Nationalparks „Elbtalaue“ aufgrund der umstrittenen Entscheidung des OVG Lüneburg in ZUR **1999** 156.
136 Zu Begriff und Reichweite von „Landschaftsschutzgebiet“ BVerwG NuR **2018** 488.
137 BT-Drs. 8/3633 32.
138 BT-Drs. 12/192 26; *Fischer* Rdn. 11; *Alt* MK Rdn. 26; *Schall* SK Rdn. 35; *SSW/Saliger* Rdn. 8; *Möhrenschlager* NStZ **1994** 566, 568; *Pfohl* NuR **2013** 311, 312.
139 BT-Drs. 8/2382 22.
140 *Alt* MK Rdn. 28; *Sch/Schröder/Heine/Schittenhelm* Rdn. 39; *Ransiek* Rdn. 9; *Schall* SK Rdn. 37.

47 Objekt des Abbauens oder Gewinnens sind **Bodenbestandteile jeglicher Art**, wobei der Begriff des „Bodens“ (s. § 324a Rdn. 10 ff; § 2 Abs. 1 BBodSchG) im weitesten Sinne zu verstehen ist, womit die Erdoberfläche insgesamt – auch soweit sie von Wassermassen bedeckt ist – Gegenstand des Eingriffs sein kann. Mit dem Begriff Bodenbestandteil wird zudem klargestellt, dass sämtliche Eingriffe in die Pflanzendecke, den Mutterboden sowie die Oberflächengestaltung erfasst werden.[141] Lediglich beispielhaft veranschaulichend nennt das Gesetz „Bodenschätze“ als eine Gruppe der Bodenbestandteile. Ihnen kommt wirtschaftlich gesehen die größte Bedeutung zu, weil hier Eingriffe Gewinne erwarten lassen und deshalb meist in größerem Stil vorgenommen werden. **Bodenschätze** sind nach § 3 Abs. 1 BBergG „mit Ausnahme von Wasser alle mineralischen Rohstoffe in festem oder flüssigem Zustand und Gase, die in natürlichen Ablagerungen oder Ansammlungen (Lagerstätten) in oder auf der Erde, auf dem Meeresgrund, im Meeresuntergrund oder im Meerwasser vorkommen.“[142] Der Begriff der Bodenschätze bezieht sich nicht nur auf Kohle, Salze, Eisen, Kupfer, Gold und Silber, Schiefer und Ton, sondern umfasst einen Großteil aller Bodenbestandteile, wie die Aufzählung in § 3 Abs. 3, 4 BBergG zeigt. So gehören dazu auch Kies, Sand, Lehm, Torf und Moorschlamm sowie Erdöl, selbst wenn dort nicht ausdrücklich erwähnt. Dasselbe gilt für Erdgas, da dieses ebenfalls Bodenbestandteil ist, worauf schon die Einbeziehung gasförmiger Bestandteile in den Bodenbegriff in § 2 Abs. 1 BBodSchG hinweist.[143] Voraussetzung ist bei Nummer 1 – im Gegensatz zu Abs. 2 Nr. 3 – nicht, dass im Rahmen eines Gewerbebetriebes gehandelt wird, weshalb auch der Kleintagebau erfasst wird.[144]

48 **b) Abgrabungen und Aufschüttungen (Nummer 2).** Schädliche Auswirkungen auf die Ausgestaltung und Integrität eines Naturschutzgebiets können eintreten, wenn die Erdoberfläche durch Aushöhlung oder Anhäufung von Stoffen in größerem Umfang verändert wird.[145] **Abgrabungen** sind Vertiefungen des Bodenniveaus. Hierunter fallen das Anlegen von Sand-[146] oder Kiesgruben, von Ein- oder Anschnitten beim Straßen-, Bahn- und Bergbau oder bei baulichen Anlagen in Hängen.[147] Auch das Abtragen ganzer Bergkuppen[148] zählt hierzu. Der Gesetzgeber ist seinerzeit der Anregung des Bundesrates, auch Auf- und Abspülungen mit einzubeziehen, auf Vorschlag des Rechtsausschusses[149] nicht gefolgt. Abzulehnen ist die Auffassung, derartige Maßnahmen stünden gleichwohl unter Strafe, weil sie bereits durch den Gesetzestext abgedeckt würden.[150] Vielmehr beziehen sich „Grabungen“ und „Schüttungen“ auf unmittelbare Einwirkungen, während „Spülungen“ eines Trägermediums (z. B. Wasser) bedürfen. Das mag im Ergebnis sogar zu gravierenderen Eingriffen führen, gleichwohl steht der Gesetzeswortlaut ihrer Einbeziehung im Wege. Bezeichnenderweise sind „Aufschüttungen“ von Wassermassen im Rahmen einer Bewässerung von Trockengebieten – mangels praktischen Bedürfnisses[151] – bewusst nicht einbezogen worden; sie wären aber tatbestandlich, falls man Aufspülungen als erfasst

---

141 *Schall* SK Rdn. 36; *Alt* MK Rdn. 28; *Sch/Schröder/Heine/Schittenhelm* Rdn. 39; *Sack* Rdn. 89 f.
142 Für Ausklammerung von Stoffen „im Meerwasser“ *Schall* SK Rdn. 36.
143 *Schall* SK Rdn. 36; *Alt* MK Rdn. 28; *Sch/Schröder/Heine/Schittenhelm* Rdn. 39; **aA** *Steindorf* LK[11] Rdn. 39.
144 *Schall* SK Rdn. 37; *Alt* MK Rdn. 28.
145 BT-Drs. 8/2382 22.
146 BVerwG DVBl. **1983** 895 = NVwZ **1985** 42.
147 *Alt* MK Rdn. 29.
148 BVerwG DVBl. **1983** 893 = NVwZ **1984** 303.
149 BT-Drs. 8/3633 32.
150 BT-RechtsausschussProt. (Anhörung) Nr. 81 S. 33; RegE BT-Drs. 8/2382 35; *Schall* SK Rdn. 38; *Fischer* Rdn. 12; *SSW/Saliger* Rdn. 9.
151 BT-Drs. 8/3633 32.

ansähe. **Aufschüttungen** sind Erhöhungen des Bodenniveaus. Kurzfristige Lagerungen scheiden aus.[152] Auswirkungen auf das Grundwasser spielen hier keine Rolle.[153]

c) Schaffen, Verändern oder Beseitigen von Gewässern (Nummer 3). Gerade Gewässer geben unter Naturschutz gestellten Lebensräumen oft ihr spezifisches ökologisches Gepräge. Bedeutsamere Eingriffe in den natürlichen Wasserhaushalt wirken sich fast immer folgenschwer auf den Bestand des Schutzobjekts aus. Dabei ist an dieser Stelle nicht an den umfassenden Gewässerbegriff des § 330 d Abs. 1 Nr. 1 anzuknüpfen, der auch die Hohe See und fremde Küstengewässer umfasst; den Rahmen setzt hier vielmehr der Geltungsbereich der Naturschutzgesetze, weshalb allein Gewässer in ihrem Bereich erfasst sind.[154] Die Regelung entspricht im Wesentlichen dem Ausbau eines Gewässers (unter Einbeziehung seiner Ufer) i. S. v. § 67 Abs. 2 WHG. Das Schaffen entspricht dort dem erstmaligen Herstellen eines Gewässers. Dabei entsteht durch erheblichere Wasseransammlung über mehr als einen begrenzten Zeitraum hinweg (§ 67 Abs. 2 S. 2 WHG) ein Gewässer i. S. v. § 1 WHG. Beispiele sind das Schaffen eines Baggersees, Anlegen künstlicher Seen (auch eines Stausees), von Teichen,[155] Kanälen, Durchstichen und Entwässerungsgräben sowie das Freilegen von Grundwasser bei der Kiesgewinnung („Nassauskiesung"). Eine Veränderung liegt bei der (äußeren) Umgestaltung eines Gewässers vor. § 67 Abs. 2 WHG scheint mit dem Begriff der wesentlichen Umgestaltung eines Gewässers zwar enger zu sein; angesichts des Erfordernisses einer nicht unerheblichen Beeinträchtigung eines Naturschutzgebietes dürfte der Unterschied im Ergebnis freilich gering sein, zumal bei der Anwendung von § 67 WHG an das Vorliegen einer wesentlichen Umgestaltung keine sonderlich hohen Ansprüche gestellt werden.[156] Beispiele sind Verlegen, Ändern des Laufs (auch durch Begradigung), Verbreitern oder Erweitern, Vertiefen (z. B. durch Entschlammung) eines (oberirdischen) Gewässers, Aufschütten eines Sees, Wiederverfüllen eines Baggersees nach Abschluss einer Auskiesung, Bau einer Talsperre oder eines Hochwasserrückhaltebeckens, eines Gewässerbettes für wild abfließenden Wassers, Beseitigung von Inseln, Einbau von Buhnen, Verdolung/Verrohrung eines Baches, Eindeichen von Teilen des Wattenmeers, Maßnahmen zur Absenken des Grundwasserspiegels. Ein Beseitigen, d. h. ein Aufheben der Gewässereigenschaft, liegt natürlich vor, wenn das Gewässer oder ein bedeutsamer Teil desselben verschwindet. Beispiele sind das Zuschütten eines Baggersees, Abdämmen und Verfüllen einer Flussschleife, teilweises Verfüllen eines Baches oder sein Einbeziehen in ein Kanalisationssystem unter Absonderung vom natürlichen Wasserkreislauf.[157] Unbedeutende Eingriffe scheiden wie stets aus, weil dadurch das Schutzgebiet nicht in dem vom Gesetz vorausgesetzten Maße beeinträchtigt sein wird. Ausbaumaßnahmen an einem Gewässer können mit Modalitäten von Nummer 1 (Kiesabbau) oder Nummer 2 (Abgrabungen oder Aufschüttungen) einhergehen. 49

d) Entwässern von Feuchtgebieten (Nummer 4). Erfasst werden Feuchtgebiete im Allgemeinen; Moore, Sümpfe und Brüchen führt das Gesetz nur als besonders anschauliche Beispiele auf. 50

152 *Alt* MK Rdn. 29; *Ransiek* NK Rdn. 10; *Sch/Schröder/Heine/Schittenhelm* Rdn. 40; *Schall* SK Rdn. 38; *SSW/Saliger* Rdn. 9.

153 *Alt* MK Rdn. 29.

154 BT-Drs. 8/2382 22; *Alt* MK Rdn. 30; *Sch/Schröder/Heine/Schittenhelm* Rdn. 41, *Ransiek* NK Rdn. 11; *Schall* SK Rdn. 39.

155 Auch von Fischteichen, vgl. *Breuer/Gärditz* Rdn. 1198 m. N. aus der Rspr.; zum Verbot in einem Landschaftsschutzgebiet BayVGH NuR **1982** 108; *Breuer/Gräditz* Rdn. 1244.

156 *Czychowski/Reinhardt* § 67 WHG Rdn. 30.

157 Zu Beispielen insgesamt s. *Alt* MK Rdn. 30; *Ransiek* NK Rdn. 11; *Sch/Schröder/Heine/Schittenhelm* Rdn. 41 f; *Schall* SK Rdn. 40; *Berendes/Frenz/Müggenborg/Maus* § 67 WHG Rdn. 45 ff, *Czychowski/Reinhardt* § 67 WHG Rdn. 22 ff; *Breuer/Gärditz* Rdn. 1197 ff.

In Betracht kommen Tümpel, Streuwiesen,[158] Riede, Nieder- und Hangquellmoore,[159] Sümpfe, Röhrichte, Nasswiesen, Auwälder und die Verlandungsbereiche stehender Gewässer.[160] Sie sind weitgehend gesetzlich geschützte Biotope (vgl. § 30 Abs. 2 Nr. 1, 2 und 4 BNatSchG). Nach der Prioritätenliste der Internationalen Union für die Erhaltung der Natur und der natürlichen Hilfsquellen (IUCN) stehen die Nass- und Feuchtgebiete unter internationalen Gesichtspunkten an erster Stelle der gefährdeten Biotope. In Bayern sind heute landesweit etwa 90 % der noch vor zwei Jahrhunderten bestehenden Niedermoore und Streuwiesen nicht mehr vorhanden. Gerade diese Bereiche sind aber nach wissenschaftlichen Erkenntnissen von besonderer Bedeutung für den Natur- und Wasserhaushalt. Sie sind Lebensraum für eine anderswo nicht lebensfähige Pflanzen- und Tierwelt, die die biologische Leistungsfähigkeit und Regenerationsmöglichkeit des Naturhaushalts langfristig sichert. Außer für die Erhaltung von bedrohten Tier- und Pflanzenarten haben diese Gebiete auch eine besondere Bedeutung für die Regulierung des Wasserhaushalts. Entwässern ist jede Form des (nahezu gänzlichen) Ableitens des in dem Feuchtgebiet vorhandenen Wassers. Es kommt nur auf den Entwässerungserfolg an. In welcher Weise er herbeigeführt wird, ist unerheblich. Zu denken ist an „großflächige Auffüllungen, Abtorfungen oder Trockenlegungen",[161] wie sie beispielsweise bei der Eindeichung von Wattenmeer vorkommen. Andere Mittel wären das Verlegen von Entwässerungsrohren, das Einsetzen von Pumpanlagen oder die Schaffung (oder Entfernung) von Entwässerungsgräben.[162]

51 **e) Waldrodungen (Nummer 5).** Als **Wald** gilt nach § 2 Abs. 1 BWaldG jede mit Forstpflanzen bestockte Grundfläche,[163] zu der auch sonstige mit dem Wald verbundene oder ihm dienende Flächen (wie Waldwiesen, Lichtungen) gerechnet werden. Die gesetzlichen Beispiele können landesgesetzlich ergänzt werden. Ausnahmen finden sich in § 2 Abs. 2 BWaldG wie z. B. für Waldflächen zur baldigen Holzentnahme oder landesgesetzlich für Weihnachtsbaumkulturen sowie für zum Wohnbereich gehörende Parkanlagen (z. B. § 1 Abs. 2 LFoG NRW[164]). Der strafrechtliche Waldbegriff, wie er zu den §§ 306, 306f entwickelt worden ist,[165] gilt hier nicht. Eine nicht unerhebliche Fläche wird zu verlangen sein.[166] Warum ein **Roden** nur dann anzunehmen sein soll, wenn über das oberirdische Abholzen hinaus auch das unterirdische Knollen- und Wurzelwerk beseitigt wird,[167] bleibt unerfindlich.[168] Zwar wird Roden i. e. S. als Fällen und Ausgraben verstanden; im weiteren Sinne ist der Begriff aber auch für das Abholzen gebräuchlich, das zudem als Synonym ausgewiesen wird.[169] Angesichts teleologischer Gesichtspunkte sind vor diesem Hintergrund Abholzen und Brandrodungen einzubeziehen; der für den Waldbestand entstehende Nachteil ist vergleichbar. Durch die Rodung muss allerdings die vom Tatbestand geforderte Beeinträchtigung herbeigeführt werden. Das Roden oder Fällen einzelner Bäume

---

158 BVerwGE 67 33 = NVwZ **1985** 42; explizit genannt z. B. in § 33 Abs. 1 Nr. 1 BWNatSchG.
159 VG Sigmaringen NuR **1984** 74.
160 *Sch/Schröder/Heine/Schittenhelm* Rdn. 43; *Schall* SK Rdn. 41; *Sack* Rdn. 98; *Eidam* Rdn. 380 (m. Hinweis auf Situation in Bayern).
161 BT-Drs. 8/2382 22.
162 *Schall* SK Rdn. 41; *Eidam* Rdn. 380; VG München NuR **1980** 173 (Entwässerung eines Moores durch Drainage); nicht ausreichend ist die bloße Gewässerverunreinigung durch Stoffeinleitungen, s. *Ransiek* NK Rdn. 11.
163 BVerwG NVwZ **1986** 206; OVG Münster NVwZ **1988** 1048.
164 Landesforstgesetz für das Land Nordrhein-Westfalen (LFoG) i. d. F. d. Bek. v. 24.4.1980 (GV 546).
165 BGHSt **31** 83 = NJW **1982** 2266; *Valerius* LK § 306 Rdn. 35 f.
166 Vgl. die Ausnahme in § 2 Abs. 2 Nr. 4 BWaldG; hierzu geht der RegE zum BWaldG (BT-Drs. 7/789 25) von bis zu 0,2 ha als ausgenommener „kleinere Fläche" aus; ebenso *Alt* MK Rdn. 32; *Sch/Schröder/Heine/Schittenhelm* Rdn. 44; **aA** *Schall* SK Rdn. 42 (keine Mindestgröße festzulegen).
167 So *Alt* MK Rdn. 32; *Sch/Schröder/Heine/Schittenhelm* Rdn. 44; *Schall* SK Rdn. 42; *Saliger* Umweltstrafrecht Rdn. 493; *Sack* Rdn. 103; *Witteck* BeckOK Rdn. 21.5.
168 *Ransiek* NK Rdn. 13 unter Hinweis auf die Brandrodung.
169 Duden (https://www.duden.de/rechtschreibung/roden).

stellt ohnehin kein Roden von „Wald“ dar; zudem erreicht es nicht die vom Gesetz geforderte Intensität.[170]

f) Handlungen gegen Tiere einer besonders geschützten Art (Nummer 6). Diese Tatbestandsvariante ergänzt die Strafvorschriften in § 71 Abs. 1 Nr. 1 (i. V. m. § 69 Abs. 2 Nr. 1) sowie in § 71a Abs. 1 Nr. 1 (i. V. m. § 69) BNatSchG zum Schutz besonders geschützte Arten und zur Durchsetzung der Verbote in § 44 Abs. 1 BNatSchG. Die gebietsbetonte Regelung der Nummer 6 sollten diesen dem Artenschutz dienenden Bestimmungen ergänzend an die Seite gestellt werden. Primäres Schutzziel ist jedoch das Gebiet, dessen Schutzzweck unter Beeinträchtigungen der dort lebenden, seltenen Tier- und Pflanzenarten leide.[171] 52

Tatobjekt sind **Tiere einer** i. S. d. BNatSchG **besonders geschützten Art.** Zu diesen Tieren gehören nach § 7 Abs. 2 Nr. 13 BNatSchG Tierarten in Anh. A und B der EG-ArtenschutzVO, in Anh. IV der Fauna-Flora-Habitat-RL und sonstige europäische Vogelarten i. S. d. EG-Vogelschutz-RL,[172] ferner als solche gemäß § 1 BArtSchV[173] in Anl. 1 Sp. 2 mit einem Pluszeichen versehene Tierarten. Nicht dazu gehören tote Tiere i. S. v. § 7 Abs. 2 Nr. 1 BNatSchG, sowie Teile und Eier von Tieren, da diese bereits Schutz als „Gelege“ genießen.[174] 53

Tathandlungen sind das Nachstellen, Fangen und Töten sowie hinsichtlich von Gelegen solcher Tiere das Entfernen und das – gänzliche oder teilweise – Zerstören. Unter **Nachstellen** werden alle Handlungen erfasst, welche die beiden schwereren Formen des Fangens und Tötens unmittelbar vorbereiten.[175] Zur Erläuterung dieses Merkmals kann auf § 292[176] verwiesen werden, an den sich die Formulierung anlehnt. Nachstellen bedeutet danach zunächst ein Verfolgen mit dem Ziel des Fangens oder Tötens. Auffälligerweise wird das Ziel des Verletzens nicht erwähnt. Dies findet seine Ursache in der Herleitung des Begriffs des Nachstellens aus dem Jagdrecht, wo bloßes Verletzen kein relevantes Handlungsziel darstellt. Aus der Nichterwähnung des Verletzens in Nr. 6 kann aber nicht etwa entnommen werden, dass insoweit Straflosigkeit besteht; es fällt vielmehr – als besonders erschwerende Form – unter den naturschutzrechtlichen Begriff des „Nachstellens“, wie sich aus § 44 Abs. 1 Nr. 1 BNatSchG ergibt, wo das Verletzen „besonders geschützter“ Tierarten gleichermaßen verboten ist. Nach dem Inhalt der wiedergegebenen Begründung („unmittelbar vorbereiten“) fällt hierunter nicht bereits das Verfolgen lediglich zur Beobachtung des Tieres oder zum Auskundschaften einer späteren Gelegenheit zum Fangen oder Töten.[177] Schon zum „Nachstellen“ zu rechnen sind dagegen das Aufstellen von Fangeinrichtungen jeder Art (Netze, Schlingen, Fallen, Leimruten, Auslegen von Ködern), das Nacheilen, Anschleichen, Auflauern, Anlocken sowie vergleichbare Handlungen.[178] 54

Fangen bedeutet nach dem in der Begründung zum Ausdruck gekommenen Willen des Gesetzgebers eine Handlungsweise, mit der das Tier aus seinem Lebensraum entfernt wird.[179] 55

170 *Schall* SK Rdn. 42; *Alt* MK Rdn. 32; *Witteck* BeckOK Rdn. 21.5.
171 RegE BT-Drs. 12/192 26.
172 VO (EG) 338/97 (sog. EG-ArtenschutzVO) v. 9.12.1996 über den Schutz wildlebender Tier- und Pflanzenarten durch Überwachung des Handels (ABlEU L 61/1 v. 3.3.1997); RL 92/43/EWG zur Erhaltung der natürlichen Lebensräume sowie der wildlebenden Tiere und Pflanzen (sog. Faun-Flora-Habitat-RL) v. 21.5.1992, ABlEU L 206 7; RL 2009/147/EG (sog. EG-Vogelschutz-RL) v. 30.11.2009, AblEU 2010 L 20/7.
173 Verordnung zum Schutz wild lebender Tier- und Pflanzenarten (Bundesartenschutzverordnung – BartSchV) v. 16.2.2005 (BGBl. I S. 258, 896).
174 *Schall* SK Rdn. 43 Fn. 177.
175 Begr. RegE BT-Drs. 12/192 26.
176 Vgl. *Sch/Schröder/Heine/Hecker* § 292 Rdn. 12; *Hoyer* SK § 292 Rdn. 14 f; *Fischer* § 292 Rdn. 11.
177 *Alt* MK Rdn. 34; *Steindorf* LK[11] Rdn. 44b.
178 *Pfohl* MK § 71 BNatSchG Rdn. 54; *Erbs/Kohlhaas/Stöckel/Müller-Walter* § 44 BNatSchG Rdn. 9; *Sch/Schröder/Heine/Schittenhelm* Rdn. 44a; *Schall* SK Rdn. 44.
179 BT-Drs. 12/192 26.

Nach der Zielrichtung des Gesetzes sind aber – trotz des missverständlichen Wortlauts – auch bereits Fälle erfasst, in denen das Tier eingefangen, aber noch innerhalb des Schutzgebietes gefangen gehalten wird;[180] denn auch dadurch ist das wildlebende Tier bereits aus seinem Lebensraum entfernt worden. Als schwerwiegendste Beeinträchtigung des Tieres wird schließlich dessen **Tötung** vom Tatbestand erfasst.

56 Mit Recht wendet sich die Bestimmung nicht allein gegen Aktivitäten gegen das lebende Tier, sondern erfasst bei nicht lebendgebärenden Tieren auch Vorstufen und damit die Störung ihrer Entwicklungsformen. Geschützt sind allerdings nur **Gelege**. Hierunter versteht man die Gesamtheit der Eier, die eierlegende Tiere (z. B. Vögel, Kriechtiere, Insekten) an einer Stelle ablegen.[181] Unter Strafdrohung stehen sowohl das **Zerstören** oder **Entfernen** des gesamten Geleges als auch von Teilen desselben (etwa einzelner Eier). Soweit die naturschutzrechtliche Regelung (§ 44 Abs. 1 Nr. 3 BNatSchG) darüber hinaus allgemein verbietet, Nist-, Brut-, Ruhe- oder Zufluchtsstätten der Natur zu entnehmen, zu beschädigen oder zu zerstören, wird dies von der gebietsbezogenen strafrechtlichen Regelung nicht erfasst.[182] Insoweit bestehen allerdings Ahndungsmöglichkeiten nach § 71 Abs. 1 Nr. 1 i. V. m. § 69 Abs. 2 Nr. 3 BNatSchG.

57 **g) Beschädigen und Entfernen besonders geschützter Pflanzen (Nummer 7).** Besonders geschützten Pflanzen wird ein ähnlicher Schutz wie den besonders geschützten Tieren zuteil. Welche hierunter fallen, ergibt sich aus denselben Rechtsgrundlagen wie bei den Tieren (vgl. die Hinweise in § 7 Abs. 2 Nr. 13 BNatSchG, Rdn. 53).

58 Als **Tathandlungen** nennt das Gesetz Beschädigen und Entfernen. Nach dem Willen des Gesetzgebers soll beim **Beschädigen** zwar noch nicht schon jede geringste Beeinträchtigung tatbestandsmäßig sein, wohl aber „jede nicht nur unerhebliche Einwirkung auf die Pflanze, durch die diese entweder in ihrer Substanz verletzt oder in ihren Lebensfunktionen beeinträchtigt wird."[183] Anschaulicher – aber auch weiter – sind die Verbotsumschreibungen in § 44 Abs. 1 Nr. 4 BNatSchG (Entnahme von Pflanzen oder ihrer Entwicklungsformen aus der Natur, Beschädigung der Pflanzen oder ihrer Standorte). Demgegenüber verwendet das Strafgesetz auf Grund seiner Orientierung am Gebietsschutz neben dem Beschädigen nur noch die Tatform des **Entfernens**. Gemeint sind damit alle Handlungen, durch welche die Pflanze aus dem geschützten Gebiet verbracht wird.[184] Dies entspricht dem Entnehmen i. S. v. § 44 Abs. 1 Nr. 4 BNatSchG. Diese bewusste Einschränkung der Schutzrichtung führt dann auch dazu, dass sorgsames, ohne Beschädigung (soweit möglich) vollzogenes Umsetzen einer Pflanze innerhalb des Schutzgebietes regelmäßig den Tatbestand nicht erfüllt.[185]

59 **h) Errichten von Gebäuden (Nummer 8).** Gebäude können zum einen den Gesamteindruck einer zuvor noch unberührten Naturlandschaft nachteilig prägen; zum anderen ist ein Gebäude erfahrungsgemäß ein Anziehungspunkt für Menschen, deren störender Einfluss auf das Schutzgebiet möglichst gering gehalten werden soll.[186] **Gebäude** sind (wie bei den §§ 243, 305 ff) infol-

180 *SSW/Saliger* Rdn. 10.

181 BT-Drs. 12/192 26; *SSW/Saliger* Rdn. 10.

182 *Steindorf* LK[11] Rdn. 44e; *Schall* SK Rdn. 45 Fn. 187; **aA** *Alt* MK Rdn. 33 (ohne Wanderkorridore, BVerwG NuR **2007** 269); *Sch/Schröder/Heine/Schittenhelm* Rdn. 44a.

183 Begr. RegE BT-Drs. 12/192 26; als Beispiel mittelbarer Einwirkung nennt *Schall* SK Rdn. 46 das Trockenlegen von Mooren.

184 RegE BT-Drs. 12/192 26; *Alt* MK Rdn. 35; *Sch/Schröder/Heine/Schittenhelm* Rdn. 44b; *Schall* SK Rdn. 46; *Fischer* Rdn. 12; *SSW/Saliger* Rdn. 10.

185 BT-Drs. 12/192 26; *Alt* MK Rdn. 35; *Sch/Schröder/Heine/Schittenhelm* Rdn. 44b; *Schall* SK Rdn. 46; *Fischer* Rdn. 12.

186 Begr. RegE BT-Drs. 12/192 26 f, Zweifel an der Notwendigkeit bei *Schall* SK Rdn. 47; *Ransiek* NK Rdn. 16 (sogar verfassungswidrig).

ge ihres Gewichtes auf dem Boden fest ruhende Bauwerke, auch wenn sie nicht im Boden verankert sein müssen.[187] Von einem **Errichten** wird man nicht nur nach vollständiger Erstellung sprechen dürfen. Der Wortlaut gestattet, bereits den Errichtungsvorgang als vollendete Tathandlung anzusehen. Systematisch spricht für diese Erweiterung der Vergleich mit den übrigen Alternativen, wo z. B. mit dem Nachstellen in Nummer 6 auch Tätigkeiten im Vorfeld endgültiger Schädigung erfasst werden. Zudem werden die Schutzzwecke der Norm regelmäßig bereits mit der Bautätigkeit beeinträchtigt, z. B. mit dem Ausheben der Fundamente.[188] Da die Naturlandschaft durch jede Art von baulicher Anlage „verschandelt" werden kann, braucht die Baulichkeit nicht zur Aufnahme von Menschen bestimmt zu sein; auch das Errichten z. B. von Viehunterkünften kann den Tatbestand erfüllen.[189]

4. Verwaltungsrechtswidrigkeit

Die mangelnde Kongruenz der Tathandlung mit dem seitens der Umweltverwaltungsbehörden **60**
im Einzelnen geforderten Verhalten ist gemeinsames Merkmal aller Tatbestände des Absatzes 3. Wer sich mit dem Umweltverwaltungsrecht voll im Einklang (ggf. auch auf Grund einer Ausnahme- oder Befreiungsvorschrift, s. § 45 Abs. 7, § 67 BNatSchG) befindet, handelt deshalb nicht tatbestandsmäßig. Das verwaltungsrechtlich geforderte Verhalten ergibt sich in allen Fällen aus den einschlägigen Schutzverordnungen mit bestimmt genug formulierten Rechtsvorschriften und ggf. vollziehbaren Verwaltungsakten wie Untersagungen. Zu den Rechtsvorschriften gehören auch solche, die sich auf Grund der Schutzanordnung auf außerhalb eines Schutzgebietes vorgenommene Handlungen beziehen, die Gefährdungen für das Schutzgebiet mit sich bringen können.[190] Zur Unbeachtlichkeit rechtswidriger belastender Anordnungen s. vor § 324 Rn. 71.

5. Beeinträchtigungserfolg

Der Gesetzgeber des 2. UKG hat als vom Tatbestand vorausgesetzten Erfolg die **nicht unerhebli- 61**
che Beeinträchtigung des jeweiligen Schutzzweckes eingeführt. Er hat damit an dem schon zuvor verwendeten Begriff der Beeinträchtigung festgehalten, ihm aber anstelle der „wesentlichen Bestandteile eines solchen Gebietes" ein neues Bezugsobjekt gegeben. Von einer Beeinträchtigung ist damit auszugehen, wenn aufgrund der Tathandlungen nicht nur vorübergehende Störungen von einer gewissen Intensität und Dauer vorliegen, die das Eintreten konkreter Gefahren für die in der Schutzanordnung näher beschriebenen Güter wahrscheinlich machen.[191] Unerheblich ist, ob das Schutzgebiet bereits zuvor beeinträchtigt war.[192] Das Vorliegen einer Beeinträchtigung ist folglich an der jeweiligen einschlägigen naturschutzrechtlichen „Erklärung" nach § 22 Abs. 1 i. V. m. den §§ 23, 24 BNatSchG zu messen. Sie hat außer dem Schutzgegenstand auch den Schutzzweck, die zur Erreichung des Zwecks für notwendig erachteten Gebote und Verbote und, soweit erforderlich, die Pflege-, Entwicklungs- und Wiederherstellungsmaßnahmen zu benennen. Der Schutzzweck kann selbst durch **außerhalb des Schutzgebiets** (sogar im Ausland) **begangene Tathandlungen** beeinträchtigt werden, sofern diese einem konkreten Verbot nach der Rechtsverordnung oder einer vollziehbaren Untersagung unterliegen. Die Handlung muss stets mit Rücksicht auf das

187 *Schall* SK Rdn. 48; wohl ebenso *Alt* MK Rdn. 36; *SSW/Saliger* Rdn. 10; *Sack* Rdn. 112.
188 *Alt* MK Rdn. 36; *SSW/Saliger* Rdn. 10; *Ransiek* NK Rdn. 16; *Schall* SK Rdn. 49.
189 *Steindorf* LK[11] Rdn. 46; *Sack* Rdn. 112; krit. *Schall* SK Rdn. 48.
190 *Sch/Schröder/Heine/Schittenhelm* Rdn. 45; *Schall* SK Rdn. 51.
191 RegE BT-Drs. 12/192 27; *Alt* MK Rdn. 38; *Sch/Schröder/Heine/Schittenhelm* Rdn. 46; *Schall* SK Rdn. 50; *SSW/Saliger* Rdn. 11; *Fischer* Rdn. 11; *Szesny* AnwK Rdn. 25; *Matt/Renzikowski/Retttenmaier/Gehrmann* Rdn. 11; *Sack* Rdn. 117; *Möhrenschlager* NStZ **1994** 566, 568; *Pfohl* NuR **2013** 311, 314.
192 *Alt* MK Rdn. 38; *Sch/Schröder/Heine/Schittenhelm* Rdn. 46; *Schall* SK Rdn. 50; *Sack* Rdn. 116.

jeweilige Gebiet bewertet werden. Was sich in einem Schutzgebiet als schwerwiegende Beeinträchtigung des Schutzzwecks darstellt, kann in einem anderen Gebiet eine tatbestandlich neutrale Handlung sein.[193] Aus dem Erfordernis einer erheblichen Beeinträchtigung ergibt sich, dass i. d. R. keine Handlung genügt, die sich nur auf ein Tier oder eine Pflanze bezieht,[194] solange nicht deren Singularität Grund und Anlass für die Erklärung zum Schutzgebiet bildete.[195]

V. Schädigung eines Lebensraums in einem Natura 2000-Gebiet (Absatz 4)

1. Allgemeines

62 Die infolge der komplizierten, schwer zu lesenden Verweistechnik sprachlich verunglückte und daher ihren Apellcharakter verfehlende Vorschrift[196] schützt Lebensräume und Lebensraumtypen wildlebender Tiere (insb. Vögel) und Pflanzen innerhalb sog. **Natura 2000-Gebiete**. Bei ihnen handelt es sich nach § 7 Abs. 1 Nr. 8 BNatSchG um „Gebiete von gemeinschaftlicher Bedeutung und Europäische Vogelschutzgebiete". Ihre Benennung erfolgt durch die Bundesländer entsprechend europäischer Vorgaben (Rdn. 63) gegenüber der EU-Kommission (§ 32 Abs. 1 BNatSchG) und durch Festsetzung gemäß § 32 Abs. 2 BNatSchG als Schutzgebiete i. S. v. § 20 Abs. 2 BNatSchG.

63 Basis ist zum einen Art. 4 Abs. 2 und 4 **Fauna-Flora-Habitat-Richtlinie** (FFH-RL) 92/43/EWG,[197] wonach die Mitgliedstaaten (vereinfacht) Gebietslisten mit Lebensräumen bestimmter, in Anh. II der RL aufgeführter Arten (überwiegend lateinisch bezeichnete Wirbeltiere [Säugetiere, Reptilien, Amphibien, Fische], wirbellose Tiere [Gliederfüßler, Insekten, Weichtiere] und Pflanzen), zu erstellen und sodann zu schützen haben. Zum anderen geht es um Art. 4 Abs. 1 **EU-Vogelschutz-RL** 2009/147/EG.[198] Danach sind für die in Anh. I der RL (leider nur mit lateinischer Bezeichnung[199]) aufgeführten, vom Aussterben bedrohten, gegen Veränderungen ihrer Lebensräume empfindlichen oder seltenen Vogelarten zum Artenerhalt geeignete Lebensräume als Schutzräume auszuweisen. Lediglich die nach der FFH-RL benannten Gebiete werden europarechtlich als Natura 2000-Gebiete bezeichnet und sollen schließlich ein kohärentes europäisches ökologisches Netz bilden (Art. 3 Abs. 1 FFH-RL). Bundesrechtlich fassen § 7 Abs. 1 Nr. 8 und § 31 BNatSchG indessen beide Schutzgebietarten unter der Bezeichnung Natura 2000 zusammen. In Deutschland gibt es (Stand: 2015) 4.557 FFH- und 742 Vogelschutzgebiete. Unter Berücksichtigung der Überschneidungen nehmen die Natura 2000-Gebiete insgesamt 15,4 % der Landfläche Deutschlands ein.[200]

64 Die Verpflichtung zum Schutz der im Ergebnis also als **Schutzgebiete nach § 20 Abs. 2 BNatSchG** ausgewiesenen Flächen beruht auf Art. 3 lit. h) der RL Umweltstrafrecht.[201] Danach ist jedes vorsätzlich oder zumindest grob fahrlässige Verhalten, das eine erhebliche Schädigung eines Lebensraums eines geschützten Gebietes i. S. v. Art. 2 lit c) (der wiederum auf die Gebiete

---

193 BT-Drs. 12/192 27; *Alt* MK Rdn. 38; *Sch/Schröder/Heine/Schittenhelm* Rdn. 46; *Schall* SK Rdn. 50; *Sack* Rdn. 117.

194 *Möhrenschlager* NStZ **1994** 866, 868; *Steindorf* LK[11] Rdn. 51.

195 *Sch/Schröder/Heine/Schittenhelm* Rdn. 46.

196 *SSW/Saliger* Rdn. 16; *Schall* SK Rdn. 52; *Pfohl* NuR **2013** 311, 313; *Petzsche* NZWiSt **2015** 210, 215 f.

197 Richtlinie 92/43/EWG des Rates v. 21.5.1992 zur Erhaltung der natürlichen Lebensräume sowie der wildlebenden Tiere und Pflanzen (Fauna-Flora-Habitat-RL) (AblEU L 206 v. 22.7.1992 7).

198 Richtlinie 2009/147/EG des Europäischen Parlaments und des Rates v. 30.11.2009 über die Erhaltung der wildlebenden Vogelarten (sog. EG-Vogelschutz-RL) (AblEU 2010 L 20/7 v. 26.1.2010).

199 Eine deutsche Übersetzung ist abrufbar unter https://de.wikipedia.org/wiki/Arten_des_Anhangs_I_der_Vogelschutzrichtlinie_der_EU (24.7.2021).

200 Bundesamt f. Naturschutz (https://www.bfn.de/infothek/daten-fakten/schutz-der-natur/nationaler-gebietsschutz/ii-22-15-16-ffh-und-vogelschutzgebiete-in-dl.html) (24.7.2021).

201 Richtlinie 2008/99/EG d. Europäischen Parlaments und des Rates v. 19.11.2008 über den strafrechtlichen Schutz der Umwelt (AblEU L 328/28 v. 6.12.2008).

nach FFH-RL und EU-Vogelschutz-RL verweist) verursacht, unter Strafe zu stellen. Vor diesem Hintergrund erklärt sich die Beschränkung der Fahrlässigkeitsstrafbarkeit für Absatz 4 auf leichtfertiges Verhalten in Absatz 6.[202]

Geschütztes **Rechtsgut** ist damit die Wahrung der Erhaltung und der Funktionsfähigkeit der genannten Lebensräume[203] insbesondere für die dort betroffenen wildlebenden Vogelarten, sonstige Tiere und Pflanzen, die auf diese Weise mitgeschützt werden.[204] Weiteres, unmittelbares Schutzgut ist daneben die dem Rechtsgüterschutz verpflichtete umweltbehördliche Regulierungsbefugnis. Das Erfordernis einer erheblichen Schädigung eines betroffenen Lebensraums charakterisiert die Straftaten des Absatzes 4 als **Erfolgsdelikte.**[205] 65

2. Geschützte Gebiete und Lebensräume

a) Geschützte Gebiete (Nummer 1). Der strafrechtliche Schutz kann sich entweder aus Gebietsfestlegungen auf Grund der FFH-RL oder der EU-Vogelschutz-RL ergeben. Die Bezugnahme auf das europaweite Regelungen erlaubt es, Absatz 4 auch ohne Erwähnung in § 330d Abs. 2 StGB auf Lebensräume und Lebensraumtypen richtlinienkonform in einem anderen EU-Mitgliedstaat anzuwenden.[206] Unterstützt wird diese Annahme dadurch, dass merkwürdigerweise im RegE § 329 Abs. 4 bei der Aufzählung von einschlägigen Tatbeständen bei der Verletzung verwaltungsrechtlicher Pflichten, obwohl nicht im Text aufgeführt, mit erwähnt wird.[207] 66

aa) FFH-Gebiete. Nach Art. 4 Abs. 1 FFH-RL und § 32 Abs. 1 S. 1 BNatSchG hat ein Mitgliedstaat (als Phase 1) nach den Kriterien des Anhangs III der FFH-RL eine Liste von Gebieten vorzulegen, in der die einheimischen Arten des Anhangs II vorkommen. Diese Liste wird nach Art. 4 Absatz 1 FFH-RL und § 32 Abs. 1 S. 3 BNatSchG der Kommission übermittelt. Im Einvernehmen mit betroffenen Mitgliedstaaten erstellt (als Phase 2) die Kommission aus den Listen der Mitgliedstaaten den Entwurf einer Liste der „Gebiete von gemeinschaftlicher Bedeutung". Nach Art. 4 Abs. 2 Unterabs. 3 FFH-RL wird schließlich in Phase 3 die endgültige Liste von der Kommission nach Art. 21 FFH-RL festgelegt. In § 7 Abs. 1 Nr. 6 BNatSchG wird ein solches Gebiet als „Gebiet von gemeinschaftlicher Bedeutung" bezeichnet, was nach Aufnahme in die Liste selbst dann gilt, wenn ein Schutz i. S. v. § 32 Abs. 2–4 BNatSchG noch nicht gewährleistet ist. Diese Liste wird im AblEU veröffentlicht und laufend ergänzt.[208] Für die Ausweisung als „maßgeblicher Lebensraum" i. S. v. § 329 Abs. 4 Nr. 1 ist eine zuvor erfolgte Festsetzung als Schutzgebiet also nicht erforderlich,[209] auch wenn die Strafbarkeitsverpflichtung in Art. 3 lit. h) i. V. m. Art. 2 lit. c) RL Umweltstrafrecht sich erst auf ein zu einem Schutzgebiet erklärtes Gebiet bezieht. Dieser weitere 67

---

202 RegE zum 45. StRÄndG BT-Drs. 17/5391 20.

203 *Schall* SK Rdn. 53 f; wohl auch *SSW/Saliger* Rdn. 12; *Ransiek* NK Rdn. 18, 20; die Vogelschutz-RL bezieht sich primär auf den Lebensschutz, sekundär auf den Artenschutz, vgl. *Meßerschmidt* EurUmweltR § 13 Rdn. 22.

204 *Ransiek* NK Rdn. 19; *Schall* SK Rdn. 53; *SSW/Saliger* Rdn. 12.

205 *Lackner/Kühl/Heger* Rdn. 1; *Schall* SK Rdn. 53 *SSW/Saliger* Rdn. 12; *Matt/Renzikowski/Rettenmaier/Gehrmann* Rdn. 2.

206 *Alt* MK Rdn. 39; *Sch/Schröder/Heine/Schittenhelm* § 330d Rdn. 40; *Witteck* BeckOK § 330d Rdn. 15; *Schall* SK Rdn. 61; mit Bedenken *Schmitz* MK § 330d Rdn. 61 (unter Hinweis auf *Meyer* wistra **2012** 371, 374 f.); **aA** *Ransiek* NK Rdn. 18; *Lackner/Kühl/Heger* § 330d Rdn. 6.

207 RegE BT-Drs. 17/5391 20 f.

208 *Alt* MK Rdn. 39; *Sch/Schröder/Heine/Schittenhelm* Rdn. 46b.

209 *Sch/Schröder/Heine/Schittenhelm* Rdn. 46b; *Pfohl* NuR **2014** 311, 313; vgl. auch *Szesny* AnwK Rdn. 26; **aA** *Ransiek* NK Rdn. 19.

Schritt der Schutzerklärung (nach den §§ 32, 20 Abs. 2, 22 BNatSchG) ist (als Phase 4) nach Art. 4 Abs. 4 FFH-RL so schnell wie möglich, spätestens innerhalb von sechs Jahren nachzuholen.[210]

68 **bb) EU-Vogelschutzgebiete.** Zu den zu schützenden maßgeblichen Lebensräumen in Abs. 4 Nr. 1 gehören zum einen Gebiete i. S. v. Art. 4 Abs. 1 EU-Vogelschutz-RL zur Sicherstellung des Überlebens und der Vermehrung vom Aussterben bedrohter oder seltener Arten und zum anderen Gebiete i. S. v. Art. 4 Abs. 2 S. 1 EU-Vogelschutz-RL, d. h. Vermehrungs-, Mauser- und Überwinterungsgebiete sowie Rastplätze bestimmter Zugvogelarten. In § 7 Abs. 1 Nr. 7 BNatSchG werden solche Gebiete als „Europäische Vogelschutzgebiete" bezeichnet, falls ein Schutz nach § 32 Abs. 2–4 BNatSchG bereits gewährleistet ist. Die Feststellung eines Schutzgebiets erfolgt auch hier aufgrund einer Schutzerklärung nach den §§ 32, 20 Abs. 2, 22 BNatSchG zu einem geschützten Teil von Natur und Landschaft. Nach § 32 Abs. 1 S. 3 BNatSchG ist das Schutzgebiet der Kommission zu benennen.

69 **b) Natürliche Lebensraumtypen (Nummer 2).** Abs. 4 Nr. 2 bezieht sich auf einen maßgeblichen natürlichen Lebensraumtyp, der in Anh. I der FFH-RL unter der Kategorie „natürliche Lebensraumtypen von gemeinschaftlichem Interesse, für deren Erhaltung besondere Schutzgebiete ausgewiesen werden müssen", aufgeführt ist (§ 7 Abs. 1 Nr. 4 BNatSchG). Dazu gehören zahllose Lebensräume in Küstenbereichen (u. a. Meeresgewässer, Gezeitenzonen, Felsenküste, Kiesstrände, Salzsümpfe/wiesen), Dünen (an Nord- und Ostsee), Süßwasserlebensräume, Heide- und Buschvegetation, Hartlaubgebüsche, Grasland, Moore, Geröll, Schutthalden, felsige Lebensräume wie Höhlen sowie permanente Gletscher und in großem Umfang auch Wälder wie bestimmte Buchen-, Eichen-, Auen-, Kiefern-, Fichten- und alpine Lärchenwälder. Ein solches Habitatgebiet unterliegt ebenfalls dem Dreiphasenregime nach Art. 4 FFH-RL (s. Art. 4 Abs. 1 S. 1 mit dem Verweis auf Anhang I). Sie werden auch hier von der Kommission nach einer Meldung in eine Liste aufgenommen. Danach sind sie national als besonderes Schutzgebiet auszuweisen (Art. 3 Abs. 2 FFH-RL, § 32 Abs. 1 BNatSchG), ohne dass letzteres für die Ausweisung als maßgeblicher Lebensraum i. S. v. § 329 Abs. 4 Nr. 2 notwendig wäre (§ 7 Abs. 1 Nr. 6 BNatSchG).

70 **c) Maßgeblichkeit für Erhaltungsziele oder den Schutzzweck des Gebietes.** Nach dem Wortlaut von Absatz 4 ist Tatobjekt der Strafvorschrift ein für die Erhaltungsziele (i. S. v. § 7 Abs. 1 Nr. 9 und 10 BNatSchG) oder den Schutzzweck eines Natura 2000-Gebietes maßgeblicher Lebensraum bzw. natürlicher Lebensraumtyp. Daraus ergeben sich mehrere Einschränkungen des Tatbestands. Zum einen wird damit nicht jeder Lebensraum(-typ) innerhalb eines Natura 2000-Gebietes geschützt, sondern nur ein solcher, der charakteristisch für das Gebiet ist und deshalb den konkreten Gebietsschutz motiviert hat. Es besteht daher Einigkeit, dass unwesentliche Bereiche von Natura 2000-Gebieten dem Tatbestand nicht unterfallen.[211] Zum anderen lässt sich die Maßgeblichkeit nur dann feststellen, wenn die entsprechende Schutzerklärung vorliegt, denn erst sie „bestimmt den Schutzzweck entsprechend den jeweiligen Erhaltungszielen und die erforderlichen Gebietsbegrenzungen" (§ 32 Abs. 3 BNatSchG). Zwar wollte der Gesetzgeber offenbar für die Strafbarkeit von Schädigungen eines in die Kommissionsliste aufgenommenen FFH-Gebietes weder eine Erklärung zum Schutzgebiet noch das Bestehen eines nach § 32 Abs. 4 BNatSchG bereits bestehenden Schutzes verlangen, sondern eine Aufnahme in die Kommissi-

---

210 Näher zu den Voraussetzungen für die Bestimmung eines FFH-Gebietes *Kloepfer* UmweltR § 12 Rdn. 371 ff; *Koch/Maaß/Schütte* § 7 Rdn. 94 ff; *Meßerschmidt* EurUmweltR § 12 Rdn. 49 ff; *Niederstadt* NVwZ **2008** 126 ff; *Pfohl* NuR **2013** 311, 313 f.

211 *Schall* SK Rdn. 56; *Pfohl* NuR **2013** 311, 314.

onsliste genügen lassen (vgl. Rdn. 67, 69).[212] Die Abhängigkeit der Maßgeblichkeit von der Festlegung von Erhaltungszielen und Schutzzweck lässt es aber schon aus Gründen der Gesetzesbestimmtheit nicht zu, im Vorfeld einer solchen Festlegung Strafschutz zu gewähren.[213] Noch nicht förmlich ausgewiesene Schutzgebiete wie sog. faktische Vogelschutzgebiete und potenzielle FHH-Gebiete werden daher im Ergebnis von Absatz 4 nicht erfasst.

3. Tathandlungen und Erfolg

Anders als Absatz 3 führt Absatz 4 keine spezifischen Tathandlungen auf. Erfasst ist damit jede 71 Tathandlung, die unter Verletzung einer verwaltungsrechtlichen Pflicht für die erhebliche Schädigung eines Lebensraums bzw. Lebensraumtyp kausal wird. Unerheblich ist, ob die Handlung ihren Ursprung innerhalb oder außerhalb des Natura 2000-Gebietes genommen hat[214] (sofern sie gegen entsprechende verwaltungsrechtliche Pflichten verstieß).

Unter Bestimmtheitsaspekten bleibt die Erfolgsbeschreibung fragwürdig, weil sie zum einen 72 an den inhaltlich letztlich vagen Begriff des Lebensraums oder Lebensraumtyps anknüpft und nicht beispielsweise an das klar abgegrenzte Gebiet selbst. Zum anderen ist nicht unmittelbar anschaulich, wie diese Objekte geschädigt werden können und welche Kriterien für die verlangte erhebliche **Schädigung** gelten sollen. Nach den §§ 33, 34 Abs. 2 BNatSchG sind bereits Veränderungen und Störungen unzulässig, die (nur) zu einer erheblichen Beeinträchtigung der Erhaltungsziele oder des Schutzzwecks führen können. Im RegE wurde daher davon ausgegangen, die vorgesehene Strafbarkeitsschwelle der erheblichen Schädigung eines Lebensraum(typ)s entspreche jener Schwelle der Beeinträchtigung.[215] Dagegen spricht allerdings, dass der Begriff Schädigung deutlich enger als der einer Beeinträchtigung zu verstehen ist.[216] Auch stellt der Verstoß gegen § 33 Abs. 1 S. 1 BNatSchG nach § 69 Abs. 3 Nr. 6 BNatSchG nur eine Ordnungswidrigkeit dar, was ebenfalls dafür spricht, eine Schädigung als ein Mehr gegenüber einer Beeinträchtigung zu verstehen. Zudem genügt nicht einmal jede Schädigung, sondern diese hat **erheblich** zu sein. In der Literatur genannte Beispiele sind die unzulässige Trockenlegung von Feuchtgebieten, die übermäßige Rodung alter Biotopbäume, eine pflichtwidrige Bepflanzung mit Douglastannen statt der angeordneten Buchen oder das Unterlassen einer auferlegten Buchenverjüngung. Eine erhebliche Schädigung wird bei solchen und anderen Tathandlungen (ggf. auch durch Verunreinigung eines Gewässers, der Luft oder des Bodens) angenommen, wenn diese dem Schutzzweck derart zuwiderlaufen, dass sie diesen aufheben oder ihn quantitativ oder qualitativ nachhaltig untergraben. Ein Beispiel wäre auch die Entstehung ernsthafter Gefahren für den Fortbestand geschützter Tiere und Pflanzen,[217] was allerdings bei der Vernichtung einzelner Exemplare infolge der Einwirkung auf deren Lebensraum kaum der Fall sein kann.[218] Eine erhebliche Schädigung wird zudem angenommen, wenn etwa die Pflanzenwelt eines Gebietes zerstört wird, was ein Rasten von Zugvögeln oder ein Niederlassen zum Brüten verhindert.[219]

---

212 RegE BT-Drs. 17/5391 20.
213 *Ransiek* NK Rdn. 19; wohl auch *Schall* SK Rdn. 56; *SSW/Saliger* Rdn. 13; **aA** *Sch/Schröder/Heine/Schittenhelm* Rdn. 46b; *Witteck* BeckOK Rdn. 23.
214 RegE BT-Drs. 17/5391 20.
215 BT-Drs. 17/5391 20; ebenso *Matt/Renzikowski/Rettenmaier/Gehrmann* Rdn. 12.
216 *Alt* MK Rdn. 41; *SSW/Saliger* Rdn. 14; *Fischer* Rdn. 15; *Sch/Schröder/Heine/Schittenhelm* Rdn. 46c; *Schall* SK Rdn. 57; *Kloepfer/Heger* Rdn. 345; *Pfohl* NuR **2013** 311, 314.
217 *Sch/Schröder/Heine/Schittenhelm* Rdn. 46c; *Ransiek* NK Rdn. 19; *Szesny* AnwK Rdn. 27; *Fischer* Rdn. 15; ERST/*Kubiciel Rdn. 25; Alt* MK Rdn. 41; *SSW/Saliger* Rdn. 14; *Pfohl* NuR **2013** 311, 314; *Sack* Rdn. 117g (gravierend und nachhaltig).
218 *Ransiek* NK Rdn. 19; *Sch/Schröder/Heine/Schittenhelm* Rdn. 46c; *Schall* SK Rdn. 58.
219 *Alt* MK Rdn. 41; *Schall* SK Rdn. 58; *Matt/Renzikowski/Rettenmaier/Gehrmann* Rdn. 12.

4. Verwaltungsrechtswidrigkeit

73 Die „Verletzung einer verwaltungsrechtlichen Pflicht" kann sich gemäß § 330d Abs. 1 Nr. 4 u. a. aus dem Verstoß gegen eine ausreichend bestimmte Rechtsvorschrift, einen vollziehbaren Verwaltungsakt oder eine vollziehbare Auflage ergeben, die jeweils dem Schutz des betroffenen Gebietes und damit dem Erhalt des Lebensraum(typ)s dienen müssen. Einschlägig sind insb. die Schutzvorschriften, die spezifisch für die unter Schutz gestellten Teile von Natur und Landschaft i. S. v. § 20 Abs. 2 BNatSchG gelten. Die Anwendung von § 330d Abs. 2 StGB (s. Rdn. 66) führt dazu, dass auch Verstöße gegen einschlägige Rechtsvorschriften im EU-Ausland zur Strafbarkeit führen können. Allgemeine Programmsätze, Vorgaben in Verwaltungsvorschriften und ministeriellen Runderlässen, Management-, Maßnahmen- und Bewirtschaftungspläne (vgl. § 32 Abs. 5 BNatSchG) reichen vor ihrer Umsetzung nicht aus.[220] Der Annahme, die allgemeine Vorschrift über das Verbot möglicherweise zu erheblichen Beeinträchtigungen führenden Veränderungen und Störungen eines Gebiets in § 33 Abs. 1 S. 1 BNatSchG sei ebenfalls nur ein Programmsatz,[221] widerspricht die gesetzgeberische Entscheidung, Verstöße dagegen nach § 69 Abs. 3 Nr. 6 BNatSchG als Ordnungswidrigkeit zu ahnden. Eine verwaltungsrechtliche Pflichtverletzung kann sich nach § 330d Abs. 1 Nr. 4 lit. e) auch aus einem Verstoß gegen eine vertragliche Schutzvereinbarung (§ 32 Abs. 4 BNatSchG) ergeben, z. B. in Bewirtschaftungsverträgen.

VI. Innere Tatseite und Fahrlässigkeit

74 Strafbar ist neben vorsätzlichem Verhalten (Absätze 1-4) das fahrlässige bei Taten nach Absatz 1–3 (Absatz 5) sowie das leichtfertige bei Taten nach Absatz 4 (Absatz 6).

75 **Vorsatz** (einschließlich des bedingten) setzt dabei auf der Wissensseite voraus, dass der Täter über alle tatsächlichen Umstände, die die Vorschrift anspricht, informiert gewesen ist. Solche tatsächlichen Umstände sind auch diejenigen Tatsachen, aus denen sich die Verwaltungsrechtswidrigkeit, das Verbotene des Handelns ergibt, eingeschlossen die Tatsache der Unterschutzstellung eines Gebiets (Absätze 3 und 4)[222] bzw. des besonderen Schutzstatus eines FFH-Gebiets (Absatz 4) mit Kenntnis des Erlasses eines entsprechenden Verwaltungsaktes.[223] Fehlvorstellungen auf diesem Gebiet führen nach § 16 zum Vorsatzausschluss. Ein Irrtum dieser Art wird beim Ergehen eines Verwaltungsaktes kaum vorkommen, weil der behördliche Akt mit seiner Bestimmtheit den Adressaten in aller Regel voll informiert. Es genügt auch, wenn der Täter weiß, dass er gegen eine formal wirksame Rechtsvorschrift verstößt; er braucht nicht zu durchschauen, welchen gesetzgeberischen Grund die Vorschrift hat und wie sie im Einzelnen beschaffen ist. Fehleinschätzungen nichttatsächlicher Art, z. B. über die Rechtsnatur einer Anlage, sind als Subsumtionsirrtum nach den Grundsätzen des Verbotsirrtums zu behandeln. Hinsichtlich der nicht unerheblichen Beeinträchtigung (Absatz 3) bzw. erheblichen Schädigung (Absatz 4) handelt der Täter vorsätzlich, wenn er damit rechnet, sein Verhalten werde den erklärten Schutzzweck erheblich schädigen, und er diese Folge billigend in Kauf nimmt.

76 **Fahrlässig** (Absatz 5) handelt, wer die objektiv gebotene und ihm persönlich mögliche Sorgfalt außer Acht lässt. Besonderheiten bestehen insoweit keine. Ein am Wirtschaftsleben Teilnehmender muss sich über die für seinen Bereich geltenden Vorschriften wie auch die Reichweite einer Schutzanordnung zuverlässig unterrichten. Fahrlässig kann handeln, wer

220 *Sch/Schröder/Heine/Schittenhelm* Rdn. 46d; *Schall* SK Rdn. 60; *Witteck* BeckOK Rdn. 26; *SSW/Saliger* Rdn. 15; *Pfohl* NuR **2013** 311, 314 f.

221 *Sch/Schröder/Heine/Schittenhelm* Rdn. 46d; *Schall* SK Rdn. 60; *Witteck* BeckOK Rdn. 26; *SSW/Saliger* Rdn. 15; *Pfohl* NuR **2013** 311, 314 f.

222 *Pfohl* NuR **2013** 311, 313.

223 *Sch/Schröder/Heine/Schittenhelm* Rdn. 48; *Schall* SK Rdn. 62; *SSW/Saliger* Rdn. 18; *Szesny* AnwK Rdn. 31; **aA** *Ransiek* NK Rdn. 21 (auch Kenntnis der Normwidrigkeit verlangt).

sich aus Achtlosigkeit oder Gleichgültigkeit gegenüber den Belangen des Umweltschutzes der beeinträchtigenden Auswirkungen seines Eingriffs in das Schutzgebiet nicht bewusst ist. Beim Betreiben, Befördern, Abbauen kann Fahrlässigkeit bei der Verkennung des verwaltungsrechtlichen Verbots vorliegen. **Leichtfertigkeit** liegt bei grober Sorgfaltswidrigkeit vor, gekennzeichnet etwa durch besonderen Leichtsinn oder besondere Gleichgültigkeit beim Pflichtenverstoß. In Fällen des Absatzes 4 kann die Unkenntnis von der Listung ggf. als leichtfertig bewertet werden, wenn die besondere Unterschutzstellung sich eigentlich hätte aufdrängen müssen.[224]

VII. Rechtswidrigkeit

Das verwaltungskonforme Verhalten, etwa in Fällen des Absatzes 3 durch die behördliche Er- 77
laubnis eines spezifischen Landschaftseingriffs gestattet, ist bereits nicht tatbestandsmäßig.[225] In Fällen des Absatzes 4 liegt bei Zulassung eines Projekts nach § 34 BNatSchG ebenfalls keine Verletzung einer verwaltungsrechtlichen Pflicht vor.[226] Als Rechtfertigungsgrund kann allenfalls in Ausnahmefällen § 34 StGB in Betracht kommen.

VIII. Täterschaft und Teilnahme

Zu Absatz 1 s. Rdn. 14. Hinsichtlich der Absätze 2–4 gelten keine Besonderheiten. Zur Annahme 78
der Täterschaft beim Betrieb einer Anlage wird auf § 327 Rdn. 61 verwiesen. Bei einer Tat nach Abs. 2 Nr. 1, Nr. 2 Alt. 1 ist Täter der (auch öffentliche) Betreiber der betroffenen Anlage und in Nr. 3 der Inhaber eines Gewerbebetriebes. Insoweit sind die Tatbestände Sonderdelikte. Das gilt auch für Untersagungen.[227] Bei Abs. 2 Nr. 2 kann jeder Täter sein, der in den Beförderungsvorgang eingeschaltet und Adressat einschlägiger Rechtsvorschriften ist.[228] Absatz 3 ist, abgesehen von dem Sonderdelikt des Verstoßes gegen eine vollziehbare Untersagung, ein Allgemeindelikt. Bei Absatz 4 hängt die Deliktseigenschaft davon ab, ob die verwaltungsrechtliche Pflicht zur Schadensvermeidung sich an jedermann richtet, was in der Regel der Fall sein wird (dann Allgemeindelikt), oder nur an denjenigen, der von einer Rechtsvorschrift, einer Untersagung, Anordnung oder Auflage direkt betroffen ist (dann Sonderdelikt).[229] Die Ausgestaltung als Allgemeindelikt kann zur Einbeziehung von Amtsträgern bei fehlerhaftem Verhalten führen, was etwa bei einer rechtswidrigen Genehmigung eines einen Lebensraum schädigenden Projektes unter Verstoß gegen § 34 Abs. 2 bis 4 BNatSchG der Fall sein kann.

IX. Strafe und Nebenfolgen

Die vorsätzliche Begehung der abstrakten Gefährdungsdelikte in den Absätzen 1 und 2 ist mit 79
Freiheitsstrafe bis zu drei Jahren, die der Erfolgsdelikte in den Absätzen 3 und 4 mit Freiheitsstrafe bis zu fünf Jahren, alternativ jeweils auch mit Geldstrafe bedroht. Für fahrlässige Verstöße sieht Absatz 5 eine abgestufte Höchststrafdrohung vor: in den Absätzen 1 und 2 Freiheitsstrafe

224 Zur Leichtfertigkeit *Schall* SK Rdn. 64; **aA** zum Fall der Listungsunkenntnis *Szesny* AnwK Rdn. 27.

225 *Schall* SK Rdn. 67; *Witteck* BeckOK Rdn. 32 (zu Abs. 1 und 2); **aA** (Rechtfertigungsgrund) *Alt* MK Rdn. 46; *Sch/Schröder/Heine/Schittenhelm* Rdn. 50; *Witteck* BeckOK Rdn. 32 (zu Abs. 3 und 4); *Pfohl* NuR **2013** 311, 315.

226 *SSW/Saliger* Rdn. 17; **aA** *Pfohl* NuR **2013** 311, 315 (Rechtfertigung).

227 BayObLGSt **1994** 52, 55 = wistra **1994** 237, 239; *Alt* MK Rdn. 48; *SSW/Saliger* Rdn. 19; *Schall* NStZ **1997** 577, 584; *ders.* SK Rdn. 70 (anders bei Nr. 3); *Witteck* BeckOK Rdn. 35; **aA** *Ransiek* NK Rdn. 24; *Szesny* AnwK Rdn. 29.

228 *Alt* MK Rdn. 48; *SSW/Saliger* Rdn. 19; *Schall* SK Rdn. 71.

229 *SSW/Saliger* Rdn. 19; *Schall* SK Rdn. 70 f.

bis zu zwei Jahren, in Absatz 3 bis zu drei Jahren. Für die leichtfertige Begehung von Absatz 4 beträgt das Höchstmaß der Freiheitsstrafe nach Absatz 6 ebenfalls drei Jahre.

80 Eine Straflosigkeit für Minima, wie sie in § 326 Abs. 6 enthalten ist, sieht das Gesetz bei den Erfolgsdelikten von Absatz 3 und 4 bewusst nicht vor.[230] Sie käme auch allenfalls für die abstrakten Gefährdungsdelikte der Absätze 1 und 2 in Betracht. Die genannte Regelung ist aber nicht entsprechend heranzuziehen.[231] Auch eine analoge Anwendung der Tätige Reue-Regelung (§ 330b) scheidet mangels planwidriger Lücke aus.[232]

81 Eine **Strafschärfung** sieht § 330 Abs. 1 vor, wobei insb. das Regelbeispiel nach der dortigen Nummer 1 zu beachten ist, das explizit auf Schutzgebiete nach § 329 Abs. 3, nicht aber auf Abs. 4 Bezug nimmt und deren nachhaltige Beeinträchtigung erfasst. Auch das Regelbeispiel nach Nummer 3 kann für § 329 Abs. 3 und 4 Bedeutung erlangen. Fälle, in welchen die theoretisch ebenfalls anwendbare Qualifikationsvorschrift von § 330 Abs. 2 einschlägig sein könnte, erscheinen hingegen kaum vorstellbar.

82 Die **Einziehungsvorschrift** des § 330c gilt für die Vorsatztaten der Absätze 1-4, darüber hinaus auch für die fahrlässige Begehung des Absatzes 3 sowie die leichtfertige des Absatzes 4.

X. Konkurrenzen

83 **Innerhalb der Vorschrift** verdrängen Taten nach den Absätzen 3 und 4 als Erfolgsdelikte die Gefährdungsdelikte nach den Absätzen 1 und 2, soweit deren Tathandlungen für die Erfolge ursächlich geworden sind; andernfalls ist Tateinheit anzunehmen.[233]

84 **Zu anderen Delikten** kann Tateinheit bestehen zwischen **Absatz 1** und den §§ 223 ff, 325a, 327 Abs. 2 Satz 1 Nr. 1; §§ 328 Abs. 1, 3.[234] § 325 verdrängt als potenzielles Gefährdungsdelikt mit höherer Strafdrohung hingegen Absatz 1 im Wege der Subsidiarität.[235] Bei Absatz 2 kommt Idealkonkurrenz mit den §§ 304, 324, 326 Abs. 1, 327 Abs. 2 in Betracht. Absatz 3 kann mit den §§ 304, 324 und 327 Abs. 2 zusammentreffen und schließlich Absatz 4 mit den §§ 304, 324 bis 325a, § 327 Abs. 2.[236]

---

230 Bericht des Rechtsausschusses BT-Drs. 8/3633 31.
231 *Schall* SK Rdn. 75; *Fischer* Rdn. 17; *Rogall* JZ-GD **1980** 101, 110.
232 RegE BT-Drs. 12/192 29; *Schall* SK Rdn. 75.
233 *Schall* SK Rdn. 73; *Witteck* BeckOK Rdn. 39; **aA** (stets Tateinheit); *Alt* MK Rdn. 51; *Pfohl* NuR **2013** 311, 315.
234 *Schall* SK Rdn. 74; *SSW/Saliger* Rdn. 20; *Witteck* BeckOK Rdn. 38.
235 Wohl **aA** *Fischer* Rdn. 19; *Schall* SK Rdn. 74; *Sch/Schröder/Heine/Schittenhelm* Rdn. 54.
236 *Alt* MK Rdn. 51; *SSW/Saliger* Rdn. 20; *Schall* SK Rdn. 74; *Witteck* BeckOK Rdn. 38.

§ 330 Besonders schwerer Fall einer Umweltstraftat

(1) In besonders schweren Fällen wird eine vorsätzliche Tat nach den §§ 324 bis 329 mit Freiheitsstrafe von sechs Monaten bis zu zehn Jahren bestraft. Ein besonders schwerer Fall liegt in der Regel vor, wenn der Täter
1. ein Gewässer, den Boden oder ein Schutzgebiet im Sinne des § 329 Abs. 3 derart beeinträchtigt, dass die Beeinträchtigung nicht, nur mit außerordentlichem Aufwand oder erst nach längerer Zeit beseitigt werden kann,
2. die öffentliche Wasserversorgung gefährdet,
3. einen Bestand von Tieren oder Pflanzen der vom Aussterben bedrohten Arten nachhaltig schädigt oder
4. aus Gewinnsucht handelt.

(2) Wer durch eine vorsätzliche Tat nach den §§ 324 bis 329
1. einen anderen Menschen in die Gefahr des Todes oder einer schweren Gesundheitsschädigung oder eine große Zahl von Menschen in die Gefahr einer Gesundheitsschädigung bringt oder
2. den Tod eines anderen Menschen verursacht,
wird in den Fällen der Nummer 1 mit Freiheitsstrafe von einem Jahr bis zu zehn Jahren, in der Fällen der Nummer 2 mit Freiheitsstrafe nicht unter drei Jahren bestraft, wenn die Tat nicht in § 330a Abs. 1 bis 3 mit Strafe bedroht ist.

(3) In minder schweren Fällen des Absatzes 2 Nr. 1 ist auf Freiheitsstrafe von sechs Monaten bis zu fünf Jahren, in minder schweren Fällen des Absatzes 2 Nr. 2 auf Freiheitsstrafe von einem Jahr bis zu zehn Jahren zu erkennen.

Schrifttum

Hiéramente Gewinnsucht im Umweltstrafrecht, jurisPR-StrafR 20/**2019** Anm. 2; *Kretschmer* Strafrechtliche Zahlenrätsel, Festschrift Herzberg (2008) 827; *Mitsch* Versuch bei erfolgsqualifizierter strafbarer Abfallverbringung, NZWiSt **2019** 121; *Möhrenschlager* Zu den Voraussetzungen der schweren Umweltgefährdung durch Verunreinigung eines Gewässers, JR **1991** 342; *ders.* Revision des Umweltstrafrechts, NStZ **1994** 566; *Nagel* Der unbestimmte Rechtsbegriff der großen Zahl, Jura **2001** 588; *Windhorst* Der Rechtsbegriff der „schweren Gesundheitsschädigung" (2001).

Entstehungsgeschichte

Bei der Neuordnung des Umweltstrafrechts im **18. StRÄndG** 1980 hatte der Gesetzgeber keinesfalls hinter den zuvorigen Rechtszustand zurückfallen wollen. Er schuf daher in Anlehnung an die gleichzeitig aufgehobenen § 39 Abs. 1 WHG, § 64 Abs. 1 BImSchG, § 16 Abs. 3 AbfG, § 45 Abs. 3 AtomG und § 11 GGBefG a. F. ein einheitliches **konkretes Gefährdungsdelikt** mit einer Strafdrohung zwischen drei Monaten und fünf Jahren Freiheitsstrafe, das jedoch äußert unübersichtlich geriet. Absatz 1 sah als Erfolg die Gefährdung von Leib oder Leben eines anderen, fremder Sachen von bedeutendem Wert, der öffentlichen Wasserversorgung oder einer staatlich anerkannten Heilquelle vor; als Tathandlungen knüpfte er in seiner Nummer 1 an die – sogar fahrlässige[1] – Begehung der Grundtatbestände der §§ 324 Abs. 1, 326 Abs. 1 und 2, § 327 Abs. 1 und 2, § 328 Abs. 1 und 2 und § 329 Abs. 1–3 an. Die Nummern 2–4 schilderten eigenständige Tathandlungen, die sich als Erweiterungen der Grundtatbestände der §§ 325a, 329 Abs. 2 sowie des § 11 GGBefG a. F. lasen. Absatz 2 verwies auf diese Tathandlungen, verband damit aber andere Erfolge, nämlich Beeinträchtigungen von Gewässereigenschaften, bestimmter Böden und die nachhaltige Beeinträchtigung von Bestandteilen ökologisch bedeutsamer Bestandteile des Naturhaushalts. Absatz 4 schließlich enthielt eine Strafzumessungsvorschrift in Regelbeispielstechnik mit besonders schweren Fällen (Gefährdung einer großen Zahl von Menschen, leichtfertige Verursachung des Todes oder einer schweren Körperverletzung nach § 224 a. F.) und einer Strafdrohung zwischen sechs Monaten und zehn Jahren Freiheitsstrafe.[2] Die praktische Bedeutung des Tatbestandes

---

1 Vgl. OLG Düsseldorf NJW **1991** 1123 = JR **1991** 342 m. Anm. *Möhrenschlager.*
2 Zum näheren Inhalt s. den RegE BT-Drs. 8/2382 22 ff, 32, 35; Ausschussbericht BT-Drs. 8/3633 32 ff; ferner die Kommentierung von *Steindorf* LK[10] (1986).

https://doi.org/10.1515/9783110490305-013

blieb äußerst gering.[3] Die komplizierte und unübersichtliche Struktur und Ausgestaltung der Vorschrift stieß zudem auf allgemeine Kritik.[4]

Das **2. UKG** zog die Konsequenzen und gestaltete die Bestimmung 1994 völlig um. In Anlehnung an den Vorschlag des 57. Deutschen Juristentages (1988) wurde die Vorschrift einheitlich in eine **Strafzumessungsbestimmung in Regelbeispielstechnik** umgewandelt.[5] In nur noch einem einzigen Absatz drohte sie Freiheitsstrafe zwischen sechs Monaten und zehn Jahren für insgesamt sechs Regelbeispiele an, während als Tathandlungen schlicht auf sämtliche Vorsatztaten der §§ 324-329 verwiesen wurde. Alle dort im Gegensatz zur früheren Fassung nicht mehr genannten nachteiligen Folgen einer Umweltstraftat sollten nach der Neuregelung mit dem jeweiligen Grundtatbestand abgegolten werden. Als Regelbeispiele dienten die leichtfertige Verursachung des Todes oder einer schweren Gesundheitsschädigung (Nummer 1), die Verursachung einer Gefahr des Todes oder einer schweren Gesundheitsschädigung für einen einzelnen oder einer Gefahr der (einfachen) Gesundheitsschädigung für eine große Zahl von Menschen (Nummer 2), die nachhaltige Gewässer-, Boden- oder Schutzgebietsbeeinträchtigung (Nummer 3), die Gefährdung der öffentlichen Wasserversorgung (Nummer 4), die nachhaltige Schädigung eines Bestandes von Tieren oder Pflanzen einer vom Aussterben bedrohten Art (Nummer 5) sowie das (auf Vorschlag des Bundesrates angefügte[6]) Handeln aus Gewinnsucht (Nummer 6). Die vom Bundesrat darüber hinaus erstrebte Ausweitung auf „gewerbsmäßiges" und „beharrlich pflichtwidriges" Verhalten hatte der Gesetzgeber abgelehnt.

Das **6. StrRG** wandelte 1998 die Regelbeispiele in § 330 Nr. 1 und 2 (Verursachung des Todes oder einer schweren Gesundheitsschädigung bzw. entsprechende Gefährdungen) unter weiteren Abänderungen in **Qualifikationstatbestände** eines neuen Absatzes 2 um und schuf damit im Wesentlichen die derzeit geltende Fassung. So wurde in Abs. 2 Nr. 2 nur noch die Todesverursachung genannt und auf die leichtfertige Herbeiführung verzichtet, womit nunmehr § 18 anzuwenden ist und einfache Fahrlässigkeit genügt. Insoweit wurde die Strafdrohung auf Freiheitsstrafe nicht unter drei Jahren verschärft. Abs. 2 Nr. 1 übernahm mit nur sprachlichen Veränderungen die vorherige Nummer 2 und drohte hierauf Freiheitsstrafe zwischen einem und zehn Jahren an. Zugleich wurde für beide Qualifikationstatbestände eine formelle Subsidiarität gegenüber § 330a Abs. 1–3 angeordnet. In einem ebenfalls neuen Absatz 3 wurden zudem unterschiedliche (unbenannte) minder schwere Fälle der Qualifikationstatbestände angefügt. Aufgrund dieser Umgestaltungen entspricht die amtliche Überschrift nicht mehr dem gesamten Inhalt von § 330. Anschaulicher wäre es gewesen, wenn das Wort „besonders" gestrichen und die Bestimmung „Schwere Fälle einer Umweltstraftat" betitelt worden wäre.

Das **45. StrÄndG** ersetzte 2011 lediglich bei Abs. 1 Nr. 3 in Anpassung an Neuerungen in § 7 Abs. 2 Nr. 14 BNatSchG die Worte „der vom Aussterben bedrohten Arten" durch den Begriff „einer streng geschützten Art".[7] Offensichtlich versäumt wurde, in Abs. 1 Nr. 1 zusammen mit der Verweisung auf § 329 Abs. 3 auch eine solche auf den zugleich geschaffenen § 329 Abs. 4 aufzunehmen.

Übersicht

---

3 LG Ellwangen NStZ **1982** 468 und LG München I NStZ **1982** 470; statistische Nachweise im BMI/BMJ-Bericht des Arbeitskreises Umweltstrafrecht v. 19.12.1988 195 f; *Sack* Rdn. 10, 98.

4 Vgl. *Heine/Meinberg* DJT-Gutachten D 139 ff; vgl. RegE BT-Drs. 12/192 27; *Möhrenschlager* JR **1991** 342, 343 f; *Sack* NJW **1980** 1428; *Triffterer* Umweltstrafrecht 226.

5 DJT-Beschlüsse C 24, 25a, b (auch abgedruckt in wistra **1988** H. 7 VIII f); *Heine/Meinberg* DJT-Gutachten D 139 ff, 170; anders noch das Votum des BMI/BMJ-*Arbeitskreises „Umweltstrafrecht"* 199.

6 BT-Drs. 12/7300 24.

7 RegE BT-Drs. 17/5391 20.

I. Strukturen und Rechtsgüter

Absatz 1 stellt eine **Strafzumessungsvorschrift** für besonders schwere Fälle einer Umweltstraftat nach den §§ 324 bis 329 dar. Absatz 2 enthält dagegen zwei echte **Qualifikationstatbestände**. Beide Absätze knüpfen einheitlich an die vorsätzliche Begehung von Taten nach den §§ 324-329 an. **Rechtsgüter** sind daher zunächst diejenigen, die auch von den §§ 324 ff geschützt werden. Lediglich die Akzente der Schutzrichtung werden verstärkt oder verschoben, so etwa in Absatz 2 mit dem Fokus auf Lebens- und Gesundheitsschutz.[8] 1

Hinsichtlich der Regelbeispiele und der **Regelbeispielstechnik** gelten zunächst die allgemeinen Grundsätze. Regelbeispiele besitzen nach ganz h. M. nur **indiziellen Charakter**; ihr Vorliegen führt für gewöhnlich zur Annahme eines schweren Falles. Die Indizwirkung kann jedoch entfallen, insb. beim Zusammentreffen mit gravierenden Strafmilderungsgründen, etwa den in § 330b genannten,[9] der formal auf § 330 nicht anzuwenden ist. Umgekehrt soll nach (umstrittener, im Schrifttum überwiegend abgelehnter Auffassung) der Rechtsprechung trotz Nichtvorliegens eines Regelbeispiels die Annahme eines (unbenannten) schweren Falles zulässig sein, wenn andere Strafschärfungsgründe den Normalstrafrahmen als nicht mehr angemessen erscheinen lassen.[10] Regelbeispiele stellen damit zwar keine Tatbestandsmerkmale dar, sind aber weitgehend wie solche zu behandeln, weshalb es auch eines entsprechenden **Tätervorsatzes** bedarf, soweit es sich um objektive Erschwerungsgründe handelt.[11] Der **Versuch** eines besonders schweren Falles ist grundsätzlich möglich, soweit der Versuch des Grunddeliktes seinerseits strafbedroht ist.[12] Umstritten ist freilich, ob es bei nur versuchtem Grunddelikt zur Annahme eines besonders schweren Falles der objektiven Verwirklichung des Regelbeispiels bedarf (so die h. M. im Schrifttum) oder mit der Rspr. ein entsprechender Tätervorsatz sowie ein unmittelbares Ansetzen genügt.[13] Übereinstimmung herrscht demgegenüber, bei vollendetem Grunddelikt keine Indizwirkung eines nur versuchten Regelbeispiels anzunehmen.[14] 2

II. Regelbeispiele besonders schwerer Fälle (Absatz 1)

1. Begehung eines Grunddeliktes

Absatz 1 setzt die **vorsätzliche Begehung** einer Straftat nach den **§§ 324-329** voraus. In den Fällen der §§ 324, 324a, 325 Abs. 1, 326 Abs. 1 und 2, 328 genügt auch ein versuchtes Grunddelikt. Eine fahrlässige oder leichtfertige Verwirklichung reicht als Grundlage eines besonders schweren Falles hingegen nicht aus. Soweit die Regelbeispiele Erfolge oder Gefährdungserfolge beschreiben (Nummern 1–3), muss sich in der jeweiligen Beeinträchtigung die typische Gefahr der 3

---

8 *Schall* SK Rdn. 5; *Alt* MK Rdn. 1; *Witteck* BeckOK Rdn. 1; *SSW/Saliger* Rdn. 1.
9 *Alt* MK Rdn. 23; *Sch/Schröder/Heine/Schittenhelm* Rdn. 13.
10 BGHSt **23** 254, 257; **29** 319, 323; s. dazu im Einzelnen *Dannecker/Schuhr* LK § 1 Rdn. 270; *Sch/Schröder/Hecker* § 1 Rdn. 29 m. w. N.
11 *Vogel/Bülte* LK § 16 Rdn. 94.
12 *Murmann* LK vor §§ 22 ff Rdn. 146.
13 BGH NJW **2020** 2570, 2571; BayObLG NStZ **1997** 442; eingehend *Murmann* LK vor §§ 22 ff Rdn. 147.
14 Dazu *Murmann* LK vor §§ 22 ff Rdn. 147.

Tathandlung realisieren; führt ein atypischer Verlauf oder ein zufälliges Ereigniszusammentreffen zur Verwirklichung des Regelbeispiels, so bleibt es beim Strafrahmen des Grunddeliktes.

2. Nachhaltige Beeinträchtigung von Umweltmedien (Nummer 1)

4 In diesem ersten Regelbeispiel werden als Tatobjekte die beiden Umweltmedien Gewässer und Boden sowie ein Schutzgebiet i. S. v. § 329 Abs. 3 (Naturschutzgebiete einschließlich dafür einstweilig sichergestellter Areale, Nationalparks) genannt. Ferner bedarf es als Erfolg der Täterhandlung einer Beeinträchtigung dieser Objekte, die nicht oder nur aufwendig oder erst langfristig wieder beseitigt werden kann.

5 Zum Begriff des **Gewässers** sei auf § 330d Abs. 1 Nr. 1 (Rdn. 2 ff) verwiesen, zum Begriff des **Bodens** auf die Definition in § 2 BBodSchG und die darauf aufbauenden Erläuterungen zu § 324a Rdn. 10 ff. Zum **Schutzgebiet** vgl. § 329 Rdn. 42 f. Insoweit ist das Objekt der Beeinträchtigung abweichend von § 329 Abs. 3 nicht der Schutzzweck, sondern das Schutzgebiet selbst.

6 **Beeinträchtigen** verlangt, das Schutzobjekt durch den Eingriff im Vergleich zu dem Zustand zuvor mehr als nur geringfügig nachteilig zu beeinflussen.[15] Die darüber hinaus zusätzlich erforderliche **Schwere** der Beeinträchtigung, also die Unmöglichkeit, Aufwendigkeit oder Dauer ihrer Beseitigung, die zu einem weitgehenden Funktionsverlust (ökologisch bzw. nutzungsbezogen) der Schutzobjekte führen kann, legt die Schwelle des besonders schweren Falles angemessen hoch.

7 Eine **Beeinträchtigung eines Gewässers** kann dann **nicht mehr beseitigt werden**, wenn nach dem gegenwärtigen Stand der Technik ein Ausfall bestimmter Funktionen des Wassers nicht mehr rückgängig gemacht werden kann, es z. B. auf Dauer „umkippt" oder in unzulässiger Weise über seinen gesamten Verlauf hinweg kanalisiert wird. Dazu gehört auch der dauerhafte Verlust von rechtmäßigen Nutzungsfunktionen wie der Tauglichkeit als Badesee. Das alternative Merkmal der **„erst nach längerer Zeit" möglichen Beseitigung** verdeutlicht jedoch, dass selbst Beeinträchtigungen vorübergehenden Charakters genügen können. Wann aber „längere Zeit" verstrichen ist, kann nicht allgemein, sondern nur unter Berücksichtigung der Umstände des Einzelfalles beurteilt werden.[16] Eine längere Zeit kann dann als gegeben angenommen werden, wenn nach Ende von Sofortmaßnahmen bei fortbestehender Beeinträchtigung eine Sanierung über mehrere Monate andauern wird. Beträgt der Zeitraum nur wenige Wochen, so genügt das regelmäßig nicht, weil sonst der Kreis der erfassten Gegenmaßnahmen zu groß würde und das Regelbeispiel seine herausgehobene Schwere verlöre.[17]

8 Auf eine feste **Zeitspanne** abzuheben, wäre ohnehin zur Quantifizierung der Beeinträchtigung nicht immer geeignet, weil es jedenfalls auch darauf ankommt, wie sehr die Funktionen des Gewässers leiden und welche Folgeschäden in der Zeit bis zur Wiederherstellung zu erwarten sind.[18] So wird der Ausfall eines beispielsweise zur Trinkwassergewinnung notwendigen Gewässers schneller eine „längere Zeit" andauern, wenn dieser Ausfall nicht oder nur mit erheblichen Kosten kompensiert werden kann. Umgekehrt wäre ein solches Gewässer, dessen Ausfall ohne Weiteres überbrückt werden kann, erst erheblich später als auf längere Zeit beeinträchtigt anzusehen. Führt die Gewässerbeeinträchtigung dazu, dass ein Kraftwerk mehrere Tage nicht betrieben werden kann, so kann hierin bereits ein längerer Zeitraum liegen, sofern der bedarfs-

15 *Alt* MK Rdn. 7; *Ransiek* NK Rdn. 3; *Sch/Schröder/Heine/Schittenhelm* Rdn. 4; *Schall* SK Rdn. 9; *SSW/Saliger* Rdn. 4.

16 *Sack* NJW **1980** 1424, 1429; *Schall* SK Rdn. 11; *Sch/Schröder/Heine/Schittenhelm* Rdn. 5; *Witteck* BeckOK Rdn. 6; *SSW/Saliger* Rdn. 4.

17 Weniger restriktiv *Sch/Schröder/Heine/Schittenhelm* Rdn. 5; *SSW/Saliger* Rdn. 4 (nur Tage/wenige Wochen genügen nicht).

18 *Schall SK* Rdn. 11; *Witteck* BeckOK Rdn. 6.

gerechte und notwendige Betrieb ansonsten Tag und Nacht stetig andauert.[19] Kommt es bei der Einleitung von Schadstoffen in ein Gewässer zu einem Fischsterben, so liegt im Zweifel eine längerfristige Beeinträchtigung vor, selbst wenn der Fischbestand wieder aufgefüllt werden kann. Die Annahme einer nur vorübergehenden Schädigung scheitert, weil sich das betroffene Biosystem nicht kurzfristig vollständig regenerieren wird. Deshalb gehört auch das (nicht auf Dauer wirkende) „Umkippenlassen" eines stehenden Gewässers hierher.[20] Weiteres Beispiel für eine schwerwiegende Beeinträchtigung wäre die Schädigung eines Gewässers mit sich dort verteilt ablagernden und in die Tier- und Pflanzenwelt eindringenden Schwermetallen.[21] Dagegen wird man eine Beeinträchtigung verneinen müssen, wenn lediglich das Baden in dem Gewässer für wenige Stunden oder Tage unmöglich wird; hier liegt noch eine vorübergehende Beeinträchtigung vor.[22] Bei (nur) mehrtägiger Unterbrechung der Nutzungsmöglichkeit infolge eines Ölunfalls dürfte die Grenze zur nicht mehr nur vorübergehenden Beeinträchtigung ebenfalls noch nicht überschritten sein.[23] Kein besonders schwerer Fall liegt ferner vor, wenn die bisherige Nutzung bereits erheblich beeinträchtigt oder ihre Aufhebung ohnehin schon fest geplant war und die Beeinträchtigung dem nur zuvorkommt.[24]

Eine Beeinträchtigung kann dann nur **mit außerordentlichem Aufwand beseitigt** wer- 9
den, wenn dieser – persönliche oder finanzielle – Aufwand weit über dem Durchschnitt liegt.[25] Dabei kommt es insbesondere auf die Höhe des Planungs-, Material- und Arbeitsaufwandes sowie ggf. weiterer Investitionskosten und des sonstigen Aufwands zur Wiederherstellung des früheren Zustandes an.[26] Die Schwierigkeit liegt hier darin, den Durchschnittsfall als Bezugspunkt des „Außerordentlichen" festzulegen. Empirische Daten dürften kaum zu erlangen sein, was die Beseitigung einer „normalen" Beeinträchtigung an „durchschnittlichen Kosten" erfordert, um daran ermessen zu können, ob der Aufwand im konkreten Fall außerordentlich war. Ein entsprechender Nachweis wird daher nur zu führen sein, wenn sich bei der Sanierung spezifische, sonst bei Sanierungsmaßnahmen regelmäßig nicht anfallende Schwierigkeiten stellen, die einen ungewöhnlich hohen Aufwand plausibel machen, oder wenn die Sanierungsmaßnahmen sich auf einen ungewöhnlich großen Bereich erstrecken, etwa etliche Kilometer eines nach einem Ölunfall kontaminierten Strandbereiches.

Eine **Beeinträchtigung des Bodens** kann durch eine direkte oder indirekte Einbringung 10
von Stoffen, Zubereitungen, Organismen oder Mikroorganismen auf, in oder unter dem Boden hervorgerufen werden (vgl. § 2 Abs. 1 Nr. 1c USchadG), sofern dies seine Funktionen schädigt. Auch wenn Pflanzen keine Bestandteile des Bodens sind, so liegt doch eine schwerwiegende Beeinträchtigung eines Nutzbodens vor, wenn durch Einwirkungen auf ihn das Wachstum von Pflanzen nachhaltig gestört wird.[27] Ein Beispiel für eine dauerhafte Schädigung ist die Übernutzung des Bodens, z. B. durch Überweidung, die zu Erosionen führen kann, die ihn als Pflanzenträger ausschalten. Ebenso mag die Entwässerung von Mooren zur Degradierung und Ver-

19 *Alt* MK Rdn. 8.

20 *Witteck* BeckOK Rdn. 6.1; *Alt* MK Rdn. 8; *Sch/Schröder/Heine/Schittenhelm* Rdn. 5; *SSW/Saliger* Rdn. 4; *Wernicke* NJW **1977** 1662, 1667.

21 *Alt* MK Rdn. 8; *Sch/Schröder/Heine/Schittenhelm* Rdn. 5; *Sack* Rdn. 51; *Matt/Renzikowski/Rettenmaier/Gehrmann* Rdn. 6.

22 BT-Drs. 12/192 28; *Alt* MK Rdn. 8; *Sch/Schröder/Heine/Schittenhelm* Rdn. 5; *Laufhütte/Möhrenschlager* ZStW **92** (1980) 912, 935; *Sack* NJW **1980** 1424, 1429.

23 *SSW/Saliger* Rdn. 4; *Sch/Schröder/Heine/Schittenhelm* Rdn. 5; *Sack* NJW **1980** 1426, 1429; *Laufhütte/Möhrenschlager* ZStW **92** (1980) 912, 935; teilweise **aA** *Alt* MK Rdn. 8; *Schall* SK Rdn. 10.

24 RegE Begr. BT-Drs. 12/192 28; *Alt* MK Rdn. 7; *Sch/Schröder/Heine/Schittenhelm* Rdn. 4; *SSW/Saliger* Rdn. 4; *Sack* Rdn. 57; *Möhrenschlager* NStZ **1994** 566, 568; **aA** *Schall* SK Rdn. 11 (nur wenn neue Beeinträchtigung gegenüber der alten nicht ins Gewicht fällt).

25 *Alt* MK Rdn. 8; *SSW/Saliger* Rdn. 4; *Witteck* BeckOK Rdn. 6.

26 *Alt* MK Rdn. 7; *SSW/Saliger* Rdn. 4; *Sch/Schröder/Heine/Schittenhelm* Rdn. 5; *Schall* SK Rdn. 10; *Matt/Renzikowski/Rettenmaier/Gehrmann* Rdn. 6.

27 *Sack* Rdn. 55.

dichtung des Moorbodens mit Reduzierung der Torfmächtigkeit und der Fähigkeit, Wasser zu speichern, eine dauerhafte oder jedenfalls für längere Zeit dauernde Beeinträchtigung darstellen.[28] Im Übrigen gelten zur längerfristigen oder nur mit außerordentlichem Aufwand zu beseitigenden Beeinträchtigungen die Ausführungen zu den Gewässern entsprechend (Rdn. 7 ff). War der Boden schon vor der Tat beeinträchtigt, z. B. durch jahrzehntelange unzulässige Ablagerung von Sonderabfällen, so liegt auch hier kein besonders schwerer Fall vor. Ein Gleiches gilt, wenn bei Bodenverunreinigungen von Sanierungsmaßnahmen abgesehen werden kann, weil z. B. kein weiterer Schaden (etwa nach Abkapselung der Schadstoffe im Boden) erwartet werden kann, oder wenn die Sanierung sogar zu weiteren Schäden führen könnte (weil beispielsweise eine Auskofferung des schadstoffbelasteten Bodens die Schädigung unbelasteter Teile zur Folge hätte).[29]

11 Die **Beeinträchtigung von Naturschutzgebieten** und Nationalparks muss das Gebiet selbst betreffen, womit die Beeinträchtigung seiner Bewohner nicht ohne Weiteres genügen kann. Ein Beispiel wäre aber die Vernichtung von Biotopen, denen eine relevante Ausgleichsfunktion in dem Naturschutzgebiet zukommt. Je nach Art des Naturschutzgebiets können auch die Entwässerung eines Bodens, die massive Düngung von Magerrasen, Auwaldrodungen, das Verschwinden oder die erhebliche Reduzierung von Pflanzen sich so schädlich auswirken, dass sie den spezifischen Charakter des jeweiligen Gebiets nachhaltig verändern.[30] Eine dauerhafte Beeinträchtigung ist eine solche, die eine selbständige Wiederherstellung oder Reorganisation innerhalb vertretbarer Zeiträume nicht mehr erwarten lässt. Zu längerer Beseitigungsdauer und außerordentlichem Aufwand s. Rdn. 7 ff.

3. Gefährdung der öffentlichen Wasserversorgung (Nummer 2)

12 Unter öffentlicher (§ 50 Abs. 1 WHG: „die der Allgemeinheit dienende“) Wasserversorgung versteht man die nicht nur vorübergehende Versorgung anderer mit Trink- oder Brauchwasser aufgrund vertraglicher oder satzungsmäßiger (öffentlich-rechtlicher) Verpflichtung.[31] Zur Wasserversorgung zählt das Sammeln, Fördern, Reinigen, Aufbereiten, Bereitstellen, Speichern, Weiterleiten, Zuteilen, Verteilen von und das Beliefern mit Trink- und Brauchwasser (auch als Produktionsmittel in Industrie, Gewerbe und Handwerk).[32] Die Einbeziehung des Schutzes der öffentlichen Wasserversorgung in den qualifizierten Tatbestand wurde in den Materialien zum WHG[33] damit begründet, dass beim Eindringen gesundheitsschädlicher Stoffe in ein Wassereinzugsgebiet einer gemeindlichen Trinkwassergewinnung trotz seiner Gefährlichkeit noch keine konkrete Gefährdung von Leben und Gesundheit vorzuliegen brauche und der erforderliche Rechtsgüterschutz deshalb zusätzlich erfolgen müsse. Unter die öffentliche Wasserversorgung fallen auch Eigenversorgungen für Krankenanstalten oder Kasernen.[34] Nicht erfasst ist aber die rein private oder betriebliche Eigenversorgung, etwa über einen eigenen Hausbrunnen.[35] Die Einbeziehung derartiger Versorgungsanlagen ist mit Recht abgelehnt worden, da ihnen heute

28 *Alt* MK Rdn. 9; *Sch/Schröder/Heine/Schittenhelm* Rdn. 4.
29 *Michalke* Rdn. 401 f.
30 *Steindorf* LK[11] Rdn. 13 ff; *Sack* Rdn. 51.
31 So seinerzeit die Definition in § 14 S. 1 der 10. DVO über Ausgleichsabgaben nach dem LastenausgleichsG v. 28.6.1954 (BGBl. I S. 161); Bezugnahme darauf im RegE BT-Drs. 8/2382 23; BayVGH NVwZ-RR **1995** 649, 650; *Czychowski/Reinhardt* § 6 WHG Rdn. 40; § 50 Rdn. 4.
32 *Czychowski/Reinhardt* § 50 WHG Rdn. 4; *Berendes/Frenz/Müggenborg/Gruneberg* § 50 WHG Rdn. 32.
33 BT-Drs. 7/888 22.
34 *Sch/Schröder/Heine/Schittenhelm* Rdn. 6; *Szesny* AnwK Rdn. 5; *Czychowski/Reinhardt* § 6 WHG Rdn. 40; **aA** *Schall* SK Rdn. 12; *SSW/Saliger* Rdn. 5.
35 BT-Drs. 8/2382 23; *Alt* MK Rdn. 10 (z. B. von Brauereien); *Sch/Schröder/Heine/Schittenhelm* Rdn. 6; *Berendes/Frenz/Müggenborg/Gruneberg* § 50 WHG Rdn. 33.

keine größere praktische Bedeutung mehr zukommt; hier besteht ein ausreichender Schutz durch § 314.[36]

Eine **Gefährdung** der öffentlichen Wasserversorgung liegt beispielsweise vor, wenn durch die Ablagerung von Fäkalien in einem Wasserschutzgebiet ein Teil der vorhandenen Brunnen gesperrt werden muss und daher Wasser nicht mehr in ausreichender Menge zur Verfügung steht.[37] Wann für die öffentliche Wasserversorgung jeweils eine konkrete Gefährdung eingetreten ist, wird nach der neueren Rechtsprechung zur konkreten Gefährdung danach zu beurteilen sein, ob eine Schädigung so nahe liegt, dass ihre Vermeidung sich aus ex ante-Sicht praktisch nur noch als Zufall darstellt (s. § 328 Rdn. 58). Eine solche Gefährdung liegt z. B. vor, wenn gesundheitsschädliche Stoffe in das Einzugsgebiet einer gemeindlichen Trinkwasserversorgung eindringen[38] oder gar für einen erheblichen Zeitraum nicht mehr in ausreichender Weise einwandfreies Trinkwasser zur Verfügung steht, dieses also rationiert werden müsste.[39] Eine tatsächliche Verunreinigung des Wasserspeichers braucht zwar noch nicht eingetreten zu sein.[40] Es reicht für eine konkrete Gefährdung schon aus, wenn das Eindringen lebens-, gesundheits-, sachvernichtender oder sonst verunreinigender Partikel in die öffentlichen Wasservorräte unmittelbar bevorstand und nur durch Zufall ausgeblieben ist oder verhindert wurde.[41] 13

4. Schädigung geschützter Tier- und Pflanzenbestände (Nummer 3)

Dieses Regelbeispiel betrifft Bestände von Tieren oder Pflanzen einer **streng geschützten Art** und beinhaltet deren **nachhaltige Schädigung**. Im Gegensatz zu § 329 Abs. 3 Nr. 6 und 7 geht es hier nicht um die nur „besonders geschützten" Tier- und Pflanzenarten (§ 329 Rdn. 53), sondern um eine noch empfindlichere und daher in weit größerem Maße schutzbedürftige Kategorie, deren naturschutzrechtliche Definition sich in § 7 Abs. 2 Nr. 14 BNatSchG findet, und zwar unter Verweis auf die in Anh. A der EG-ArtenschutzVO 338/97, auf Anh. IV der FFH-Richtlinie 92/43/EWG und auf die in der Anl. 1 Spalte 3 zu § 1 S. 2 BundesartenschutzVO aufgeführten mit einem „+" gekennzeichneten, unter strengen Schutz gestellten Tier- und Pflanzenarten.[42] Darunter fallen beispielsweise der Eisvogel, die Moorente und der Wiedehopf, während etwa sämtliche Lurch- oder Geierarten „nur" besonders geschützt sind. 14

Unter einem **Bestand** ist nach den Vorstellungen des Gesetzgebers eine Tier- oder Pflanzenpopulation (i. S. v. § 20a Abs. 1 Nr. 5 BNatSchG a. F.) in einem bestimmten Gebiet (in Anlehnung an § 39 PflSchG a. F.) zu verstehen.[43] Zur Kritik und eingrenzenden Erwägungen s. § 326 Rdn. 71. Heutzutage wird in Anlehnung an den Begriff der Population in § 7 Abs. 2 Nr. 6 BNatSchG ein Bestand als eine biologisch oder geografisch abgegrenzte Zahl von Individuen in einem bestimmten Gebiet verstanden,[44] wobei in der Literatur noch ausdrücklich ein Bezug auf Art oder 15

36 BT-Drs. 8/2382 23.
37 BGH NStZ **1991** 490.
38 RegE 4. WHGÄndG, BT-Drs. 7/888 22.
39 BGH NStZ **1991** 490; *Alt* MK Rdn. 10; *SSW/Saliger* Rdn. 5; *Szesny* AnwK Rdn. 5; *Sack* Rdn. 71; zu eng für *Schall* NStZ **1997** 577, 584.
40 *Alt* MK Rdn. 10; *Fischer* Rdn. 4.
41 *Schall* SK Rdn. 13.
42 VO (EG) 338/97 v. 9.12.1996 über den Schutz von Exemplaren wildlebender Tier- und Pflanzenarten durch Überwachung des Handels (EG-ArtenschutzVO), ABl. L 61/1, ber. ABl. 1997 L 100/72; L 298/70; Richtlinie 92/43/EWG v. 21.5.1992 zur Erhaltung der natürlichen Lebensräume sowie der wildlebenden Tiere und Pflanzen (Fauna-Flora-Habitat-RL], AblEU L 206/7; Verordnung zum Schutz wild lebender Tier- und Pflanzenarten (Bundesartenschutzverordnung – BArtSchV) v. 16.2.2005 (BGBl. I S. 258; ber. 896).
43 RegE BT-Drs. 12/192 28 i. V. m. 20 (zu § 326).
44 BT-Drs. 12/192 28; *Ransiek* NK Rdn. 5 i. V. m. § 326 Rdn. 30; *Schall* SK Rdn. 14; *Saliger* Umweltstrafrecht Rdn. 308.

Unterart einschließlich ihrer Entwicklungsformen hervorgehoben wird, die innerhalb ihres Ausbreitungsgebietes in generativen oder vegetativen Vermehrungsbeziehungen stehen.[45]

16 Im Gegensatz zur Regelung in § 326, wo nur eine (Eignung zur) Bestandsgefährdung genannt wird, bedarf es hier einer eingetretenen **nachhaltigen Schädigung**. Der Begriff „nachhaltig" enthält ein quantitatives und ein temporäres Kriterium und verlangt kumulativ eine Schädigung in erheblichem Umfang und auf längere Dauer[46] (s. dazu weiter § 326 Rdn. 67). Dies wird insbesondere in Betracht kommen, falls große Gebiete geschädigt oder äußerst seltene Bestände ausgerottet worden sind. Aber selbst wenn ein Bestand mit großem Aufwand nach langer Zeit wiederherzustellen wäre, kann eine nachhaltige Schädigung bejaht werden. Nicht ausreichend ist die Vernichtung einzelner Individuen aus einem Bestand.[47] Eine Ausnahme mag gelten, wenn – etwa durch die Tötung des letzten Weibchens oder Männchens des Bestandes – damit das künftige Überleben der Population vereitelt wird.[48]

5. Handeln aus Gewinnsucht (Nummer 4)

17 Als letztes Regelbeispiel nennt das Gesetz das subjektive Merkmal des Handelns aus Gewinnsucht. Üblicherweise wird darunter ein Handeln aus einem **ungewöhnlichen Gewinnstreben** heraus verstanden, das in sittlich anstößiger Weise gesteigert erscheint und über die reine Gewerbsmäßigkeit hinausgeht.[49] Um die sehr unbestimmte, unangemessen moralisierende Beschreibung des sittlich Anstößigen entkleidet, geht es richtigerweise um ein außergewöhnlich starkes, über Gewerbsmäßigkeit hinausgehendes Gewinnerzielungsmotiv.[50] Objektive Anhaltspunkte hierfür können systematisches, planvolles Vorgehen oder ein besonderer Umfang der Tat sein; Beharrlichkeit alleine genügt freilich nicht.[51] Der Gesetzgeber bezog sich an dieser Stelle[52] auf ähnliche Bestimmungen in § 236 Abs. 4 Nr. 1, § 283a Nr. 1 und § 283d Abs. 3 Nr. 1. Auf die Erläuterungen zu diesen Bestimmungen[53] sei daher ergänzend hingewiesen.

III. Qualifikationstatbestände der besonders schweren Umweltstraftat (Absätze 2 und 3)

18 Absatz 2 bildet einen **echten Qualifikationstatbestand** zu vorsätzlich begangenen Straftaten nach den §§ 324-329 mit unterschiedlich schweren Strafdrohungen. Nummer 1 ergänzt die §§ 324 ff durch die Umgestaltung zu einem konkreten Lebens- und Leibesgefährdungsdelikt (Strafrahmen: ein bis zehn Jahre Freiheitsstrafe). Nummer 2 bildet eine Erfolgsqualifikation der Umweltstraftat mit Todesfolge (Strafrahmen: drei bis fünfzehn Jahre Freiheitsstrafe). Die Qualifikation stellt daher in jedem Fall ein **Verbrechen** dar, was zur obligatorischen **Versuchsstrafbarkeit** führt (§ 23 Abs. 1). Dadurch kann allerdings die Straflosigkeit des versuchten Granddeliktes (z. B. bei den §§ 327, 329) nicht überspielt werden. Denn § 330a Abs. 2 setzt eine „Tat" z. B. nach § 327 Abs. 1 voraus, was nach § 11 Abs. 1 Nr. 5 zwar die tatbestandliche Verwirklichung

45 *Alt* MK § 326 Rdn. 46.
46 *Sch/Schröder/Heine/Schittenhelm* Rdn. 7; *Schall* SK Rdn. 15; *Saliger* Umweltstrafrecht Rdn. 308.
47 *Alt* MK Rdn. 11; *SSW/Saliger* Rdn. 6; *Witteck* BeckOK Rdn. 10; *Matt/Renzikowski/Rettenmaier/Gehrmann* Rdn. 8.
48 So wohl auch *Alt* MK Rdn. 11.
49 BGHSt **1** 388, 390; BGH NStZ-RR **2017** 282; BayObLG BeckRS **2020** 22025; *Alt* MK Rdn. 12; *Witteck* BeckOK Rdn. 11; *Sch/Schröder/Heine/Schittenhelm* Rdn. 8; *Szesny* AnwK Rdn. 7.
50 *Schall* SK Rdn. 16; *Ransiek* NK Rdn. 6.
51 BayObLG BeckRS **2020** 22025 m. zust. Anm. *Hiéramente* jurisPR-StrafR 20/**2019** Anm. 2; *Schall* SK Rdn. 16; *Alt* MK Rdn. 12.
52 Begr. RegE BT-Drs. 12/192 45.
53 Z. B. *Sch/Schröder/Heine/Schuster* § 283a Rdn. 4; *Kindhäuser* NK § 283a Rdn. 4; *Tiedemann* LK[12] § 283a Rdn. 3 f.

eines Straftatbestandes (einschließlich des Versuchs) sein kann, aber nicht der straflose Versuch.[54] Wer also einen Anlagenbetrieb nach § 327 nur versucht (z. B. bei irriger Annahme, es liege eine vollziehbare Untersagung vor), kann selbst dann nicht nach § 330 Abs. 2 Nr. 2 (sondern allein nach § 222) bestraft werden, wenn der Anlagenbetrieb in zurechenbarer Weise zu einem sorgfaltswidrig verursachten Todesfall führt.

Absatz 3 enthält eine auf Absatz 2 bezogene, differenzierende Strafzumessungsvorschrift. 19
Danach ist der Strafrahmen in **(unbenannten) minder schweren Fällen** des Abs. 2 Nr. 1 auf Freiheitsstrafe zwischen sechs Monaten und fünf Jahren, in denen des Abs. 2 Nr. 2 auf Freiheitsstrafe zwischen einem und zehn Jahren Freiheitsstrafe abzusenken. Zur Bestimmung minder schwerer Fälle gelten die allgemeinen Grundsätze; im Rahmen einer Gesamtwürdigung von Tat und Täter müssen gravierende Strafmilderungsgründe erkennbar sein, die eine Anwendung des Normalstrafrahmens als unangemessen erscheinen lassen. Ein Beispiel wäre das Vorliegen der Voraussetzungen tätiger Reue in dem – formal nicht auf § 330 anwendbaren – § 330b.[55]

1. Gefahr des Todes oder bestimmter Gesundheitsschädigungen (Nummer 1)

Die Bestimmung nennt insgesamt drei Qualifikationsmerkmale, nämlich die Gefahr des Todes, 20
die Gefahr einer schweren Gesundheitsbeschädigung, beide jeweils bezogen auf (jedenfalls) eine andere Person, sowie die Gefahr einer einfachen Gesundheitsbeschädigung, bezogen auf „eine große Zahl von Menschen". Erforderlich ist jeweils eine **konkrete Gefährdung**, wobei der Eintritt oder Nichteintritt der jeweiligen Folge bei ex ante-Sicht nur noch vom Zufall abhängen darf (s. § 328 Rdn. 58). Zudem muss sich in der jeweiligen Gefährdung bzw. Folge das spezifische Risiko des jeweiligen Grunddelikts verwirklicht haben; die Verursachung auf Grund einer anderen Pflichtwidrigkeit genügt also nicht.

Der Begriff der **schweren Gesundheitsschädigung** schließt die Einbeziehung der in § 226 21
genannten Folgen mit ein. Auch wenn Umweltstraftaten nur ausnahmsweise zum Verlust von Körpergliedern führen dürften, so ist doch jedenfalls ein Siechtum vorstellbar, etwa infolge einer Kontamination mit Radioaktivität oder Schwermetallen.[56] Weitere Beispiele wären die Entstehung von Krebs, Beeinträchtigungen der Fortpflanzungsfähigkeit (s. § 226 Abs. 1 Nr. 1) oder des Erbgutes. Mit der durch das 6. StrRG vielfach eingeführten Formel der schweren Gesundheitsschädigung wird der als zu eng angesehene Katalog der schweren Folgen des § 226 erweitert und auch die Gefahr vergleichbar schwerer Schädigungen erfasst, z. B. einer lebensbedrohenden, qualvollen, langwierigen ernsten Erkrankung (auch des werdenden Lebens) sowie einer erheblichen Beeinträchtigung der Arbeitsfähigkeit für eine lange Zeit.[57] Gleichgestellt werden die erhebliche Beeinträchtigung der Sinne oder der körperlichen Leistungsfähigkeit.[58] Auch schwere Strahlenschäden gehören dazu, selbst wenn sie zu keinem Siechtum i. e. S. führen.

Die Gefahr jeglicher Gesundheitsschädigung (i. S. v. § 223 Abs. 1) genügt, sofern sie infolge 22
der Umweltstraftat „einer **großen Zahl von Menschen**" droht. Wann eine Anzahl als „groß" gelten darf, ist heftig umstritten. Das Merkmal ist tatbestandsspezifisch auszulegen[59] und sicherlich unterhalb der „unübersehbaren" Zahl in § 309 Abs. 2 anzusiedeln.[60] Ebensowenig kann die große Zahl mit dem Begriff der „Gemeingefahr"[61] beschrieben werden, selbst wenn dieser

54 Eingehend zu dieser Thematik *Mitsch* NZWiSt **2019** 121, 123 ff.
55 *Alt* MK Rdn. 24; *Sch/Schröder/Heine/Schittenhelm* Rdn. 13.
56 BT-Drs. 12/192 28.
57 BT-Drs. 12/192 28; *Alt* MK Rdn. 14; *Sch/Schröder/Heine/Schittenhelm* Rdn. 9a; *SSW/Saliger* Rdn. 9; *Schall* SK Rdn. 18; *Fischer* Rdn. 8; *Lackner/Kühl/Heger* Rdn. 6; *Witteck* BeckOK Rdn. 12; *Michalke* Rdn. 408.
58 *Alt* MK Rdn. 14; *Schall* SK Rdn. 18; *Fischer* Rdn. 8.
59 BGHSt **44** 175, 177.
60 *Steindorf* LK[11] Rdn. 6.
61 So aber *Kloepfer/Vierhaus* Rdn. 162 i. V. m. Rdn. 160; *Michalke* Rdn. 409.

Begriff mit seiner Auslegung als konkrete Gefahr für Leib, Leben und Sachwerte einer Vielzahl von Personen[62] dem hier verwendeten nahekommt. Eine große Zahl muss andererseits eine umfangreichere Menge als die „mehrerer" (d. h. dreier) Personen umfassen. Ungeeignet ist das Kriterium einer nicht von vornherein abgrenzbaren Menge,[63] weil dies eher in die Richtung einer Allgemeingefahr oder einer Gefahr für eine unübersehbare (s. o.) Zahl von Personen deutet. Angesichts der gegenüber den Grundtatbeständen erheblichen Ausweitung des Strafrahmens wird als große Zahl zumeist eine solche von mindestens 20 Personen angenommen.[64] Vorzugswürdig wäre es allerdings, die Schwelle noch höher, d. h. **bei 40-50 Personen** zu legen.[65] Immerhin geht es nicht um die Schädigung, sondern nur die Gefährdung von Personen, wobei sich die drohende Folge zudem als durchaus geringfügig darstellen kann. Um die Qualifikation zum Verbrechen zu tragen, genügt deswegen die vergleichsweise geringe Zahl von 20 Personen noch nicht.

23 Da § 18 auf die hier in Rede stehenden Gefährdungen nicht anzuwenden ist, bedarf es für die Gefährdung eines (mindestens bedingten) **Vorsatzes.**[66]

2. Umweltstraftat mit Todesfolge (Nummer 2)

24 Auch hier muss sich in der Verursachung des Todes die spezifische, dem Grundtatbestand innewohnende Gefährlichkeit niedergeschlagen haben.[67] Es stellt daher keinen Fall von Abs. 2 Nr. 2 dar, wenn im Rahmen der verbotenen Gebäudeerrichtung (§ 329 Abs. 3 Nr. 8) zugleich Fehler bei den statischen Berechnungen gemacht werden, die zum Einsturz und zum Tode von Bauarbeitern führen. Da Nummer 2 eine Erfolgsqualifikation darstellt, ist **§ 18 anwendbar**, also eine fahrlässige Herbeiführung des Todes ausreichend.

IV. Sonstiges; Konkurrenzen

1. Tenorierung

25 Als Strafzumessungsbestimmung taucht Absatz 1 im **Urteilstenor** nicht auf; der Schuldspruch nennt vielmehr nur das jeweilige Grunddelikt.[68] Im Fall von Absatz 2 könnte demgegenüber z. B. „wegen besonders schweren unerlaubten Betreibens von Anlagen" (Nummer 1) oder wegen „Luftverunreinigung mit Todesfolge" (Nummer 2) tenoriert werden.

2. Verjährung

26 Absatz 1 nimmt als Strafzumessungsbestimmung auf die Dauer der **Verjährungsfrist** keinen Einfluss (§ 78 Abs. 4). Allerdings führt die Erweiterung der Tat als historisches Geschehen dazu,

---

62 *Schmitz* MK § 243 Rdn. 54; *Fischer § 243* Rdn. 21 (z. B. bei Umweltverseuchungen); in diese Richtung für § 330 auch *Sack* Rdn. 78, der eine Nähe zum Begriff der „unübersehbaren Zahl" anführt.

63 So aber *Möhrenschlager* LK[12] Rdn. 18; *Szesny* AnwK Rdn. 9; *SSW/Saliger* Rdn. 9; wie hier dagegen *Ransiek* NK Rdn. 7; *Alt* MK Rdn. 15.

64 *Sch/Schröder/Heine/Schittenhelm* Rdn. 9a; *Steindorf* LK[11] Rdn. 6; *Schall* SK Rdn. 19; *SSW/Saliger* Rdn. 9; *Fischer* Rdn. 8; *Alt* MK Rdn. 15; *Kretschmer* Festschrift Herzberg 827, 833 f; *Nagel* Jura **2001** 588, 591; **aA** *GJW/Bock* Rdn. 10 (mehr als 10 Personen).

65 Ähnlich *Ransiek* NK Rdn. 7 (sicher ab 40 Personen).

66 *Alt* MK Rdn. 17; *Ransiek* NK Rdn. 10; *Sch/Schröder/Heine/Schittenhelm* Rdn. 12; *Schall* SK Rdn. 19; *SSW/Saliger* Rdn. 12; *Fischer* Rdn. 8.

67 *Alt* MK Rdn. 16; *Schall* SK Rdn. 20; *Mitsch* NZWiSt **2019** 121, 126; ähnlich *Fischer* Rdn. 9; *Michalke* Rdn. 410.

68 BayObLG BeckRS **2020** 22025; BGHSt **23** 254, 256.

den Verjährungsbeginn auch erst mit deren Abschluss, d. h. dem Eintritt der Folgen nach Abs. 1 Nr. 1–4 anzusetzen.[69] Für die Qualifikationen des Absatz 2 beträgt die Verjährungsfrist für Nummer 1 zehn Jahre (§ 78 Abs. 3 Nr. 3) und für Nummer 2 sogar 20 Jahre (§ 78 Abs. 3 Nr. 2).

3. Konkurrenzen

Als Strafzumessungsvorschrift ändert **Absatz 1** an der Konkurrenzsituation der jeweiligen Grunddelikte grundsätzlich nichts. Eine Ausnahme gilt, soweit andere Delikte eine formelle Subsidiaritätsbestimmung aufweisen, die als Bedingung eine höhere Bestrafung nennt; in diesen Fällen vermag Absatz 1 das Eingreifen der jeweils anderen Subsidiaritätsklausel zu hindern. Eine solche Auswirkung kann Absatz 1 z. B. auf die Anwendung der Subsidiaritätsklausel in § 27 Abs. 6 ChemG nehmen; entsprechendes gilt für § 37 Abs. 5 Umweltschutzprotokoll-Ausführungsgesetz und § 12 Abs. 3 Meeresbodenbergbaugesetz. 27

Absatz 2 ist nach seinem letzten Halbsatz gegenüber der vorsätzlichen Begehung von § 330a formell subsidiär.[70] Im Übrigen geht er als lex specialis den jeweiligen Grunddelikten vor, sofern nicht weitere, mit den schweren Folgen nicht zusammenhängende Tatvarianten verwirklicht wurden.[71] Im Übrigen ist zu differenzieren: Abs. 2 Nr. 1 kann, soweit es dieselbe Person als Verletzten betrifft, in Tateinheit zu den §§ 222, 223 ff, 314 stehen, während die §§ 211, 212 gegenüber der bloßen Lebensgefährdung vorgehen; insoweit bleibt es dann bei dem jeweiligen Grunddelikt. Abs. 2 Nr. 2 tritt ebenfalls gegenüber den §§ 211, 212 zurück,[72] verdrängt aber seinerseits § 222. Mit den übrigen Delikten kann weiterhin Idealkonkurrenz bestehen. 28

---

69 *Schall* SK Rdn. 23.

70 Zur Kritik daran s. *Fischer* Rdn. 10; *Witteck* BeckOK Rdn. 14.

71 *Alt* MK Rdn. 23.

72 Hinsichtlich der §§ 211 f offenbar **aA** (Tateinheit), jedoch zu pauschal *Schall* SK Rdn. 22; *Matt/Renzikowski/Rettenmaier/Gehrmann* Rdn. 14; *SSW/Saliger* Rdn. 12.

§ 330a Schwere Gefährdung durch Freisetzen von Giften

(1) Wer Stoffe, die Gifte enthalten oder hervorbringen können, verbreitet oder freisetzt und dadurch die Gefahr des Todes oder einer schweren Gesundheitsschädigung eines anderen Menschen oder die Gefahr einer Gesundheitsschädigung einer großen Zahl von Menschen verursacht, wird mit Freiheitsstrafe von einem Jahr bis zu zehn Jahren bestraft.

(2) Verursacht der Täter durch die Tat den Tod eines anderen Menschen, so ist die Strafe Freiheitsstrafe nicht unter drei Jahren.

(3) In minder schweren Fällen des Absatzes 1 ist auf Freiheitsstrafe von sechs Monaten bis zu fünf Jahren, in minder schweren Fällen des Absatzes 2 auf Freiheitsstrafe von einem Jahr bis zu zehn Jahren zu erkennen.

(4) Wer in den Fällen des Absatzes 1 die Gefahr fahrlässig verursacht, wird mit Freiheitsstrafe bis zu fünf Jahren oder mit Geldstrafe bestraft.

(5) Wer in den Fällen des Absatzes 1 leichtfertig handelt und die Gefahr fahrlässig verursacht, wird mit Freiheitsstrafe bis zu drei Jahren oder mit Geldstrafe bestraft.

Schrifttum

Esser/Tsambikakis Pandemiestrafrecht (2020); *Hilgendorf* Strafrechtliche Produzentenhaftung in der „Risikogesellschaft" (1993); *Horn* Strafrechtliche Haftung für die Produktion von und den Handel mit vergifteten Gegenständen, NJW **1986** 153; *Hotz* Die Strafbarkeit des Verbreitens von Krankheitserregern am Beispiel der Corona-Krise, NStZ **2020** 320; *Kuchenbauer* Asbest und Strafrecht, NJW **1997** 2009; *Mitsch* Versuch bei erfolgsqualifizierter strafbarer Abfallverbringung, NZWiSt **2019** 121; *Möhrenschlager* Konzentration des Umweltstrafrechts, ZRP **1979** 99; *ders.* Revision des Umweltstrafrechts, NStZ **1994** 566; *Ohm* Der Giftbegriff im Umweltstrafrecht (1985); *Satzger* „Giftiges" im Strafrecht – Überlegungen zur kontextabhängigen Auslegung eines Tatbestandsmerkmals im StGB, Jura **2015** 580; *Thomas* Asbest und Umweltstrafrecht (2015); *Velten* Grenzüberschreitende Gefährdungsdelikte, Festschrift Rudolphi (2004) 329; *Wisuschil* Ungeschützter Sexualverkehr eines HIV-Infizierten, ZRP **1998** 61; *ders.* Aids und die Unkontrollierbarkeit des Tatmittels in § 330a StGB, MedR **2006** 337.

Entstehungsgeschichte

Die durch das **18. StRÄndG 1980** neu geschaffene Vorschrift sollte eine Lücke im Strafrechtsschutz schließen, über deren Ausfüllung schon seit langem gestritten worden war: das Fehlen eines allgemeinen, nicht an bestimmte Handlungsmodalitäten anknüpfenden Tatbestandes gegen konkrete Lebensgefährdungen.[1] Die neue Bestimmung sollte aber so konstruiert werden, dass der Vorwurf der Unbestimmtheit, der den Vorgängervorschriften in verschiedenen Entwürfen (§ 243 E 1927/30, § 327 E 1962) entgegengehalten worden war, nicht erhoben werden konnte. Deshalb wurde eine Reihe von Eingrenzungen vorgenommen. So ist der Tatbestand auf den Umgang mit gemeingefährlichen Mitteln[2] in Gestalt von Giften beschränkt worden und, insoweit „systemwidrig",[3] auf die Verursachung besonders schwerer Gefährdungen.[4] Auslösend war die Berücksichtigung der Giftkatastrophe von Seveso in Norditalien.[5] Absatz 2 enthielt für die fahrlässige Gefährdung einen herabgesetzten Strafrahmen.

Das **2. UKG** hat 1994 die Bestimmung beibehalten, sie aber dem übrigen Gesetz angepasst und dabei ihren Anwendungsbereich teilweise ausgedehnt. Durch den Verzicht auf die bis dahin vorhandene Aufzählung der Umweltmedien ist die Formulierung gestrafft und der Charakter als allgemeine Lebens- und Gesundheitsgefährdungsvorschrift verdeutlicht worden.[6] Zur Klärung einer Streitfrage ist in Absatz 1 – wie schon zuvor in § 326 Abs. 1 Nr. 1 – aufgenommen worden, dass auch Gifte erfasst sind, die erst durch den Kontakt mit den Umweltmedien entstehen.[7]

---

1 *Sturm* BT-RAusschProt. 8. Wahlperiode 78/33.
2 BT-Drs. 8/2382 25.
3 *Maurach/Schroeder/Maiwald* II 6. Aufl. (1981) § 58 Rdn. 68, in 10. Aufl. (2012) Rdn. 118 als „Fremdkörper im Abschnitt der Straftaten gegen die Umwelt" bezeichnet.
4 Krit. *Triffterer* 243 ff.
5 BT-RAusschProt. 78/36.
6 *Möhrenschlager* NStZ **1994** 566, 568; *Kloepfer/Vierhaus* Rdn. 160; *Lackner/Kühl/Heger* Rdn. 1; *Sack* Rdn. 4 ff.
7 BT-Drs. 12/192 28; *Möhrenschlager* NStZ **1994** 566, 568.

https://doi.org/10.1515/9783110490305-014

Überdies wurde die Vorschrift zum einen durch die Einführung der Versuchsstrafbarkeit verschärft, zum anderen durch die Ergänzung des Vorsatzerfordernisses für die Tathandlung um eine Leichtfertigkeitsvariante im damaligen Absatz 4 (heute Absatz 5).

Eine weitere Änderung erfuhr die Strafbestimmung durch das **6. StrRG** 1998. In Angleichung an § 314 (Gemeingefährliche Vergiftung) wurde die Tathandlung in Absatz 1 durch die Anhebung der Mindeststrafe auf ein Jahr Freiheitsstrafe zum Verbrechen aufgewertet, womit die ausdrückliche Anordnung der Versuchsstrafbarkeit im früheren Absatz 2 überflüssig wurde. An seine Stelle trat die Qualifikationsvorschrift der Todesverursachung mit einer Mindeststrafe von drei Jahren Freiheitsstrafe. In Absatz 3 wurde für minder schwere Fälle – wie in § 330 Abs. 3 – eine abgestufte Strafzumessungsregelung eingeführt.[8] Als Folgeänderung verschoben sich die bisherigen Absätze 3 und 4 in die Absätze 4 und 5.

Übersicht

I. Strukturen, Rechtsgüter und Bedeutung

1 § 330a stellt **keine spezifische Umweltschutzstrafbestimmung** dar, da er ohne spezifischen Bezug zu Umweltmedien alle erdenklichen Gefährdungen durch Giftstoffe einbezieht. Diese Sonderstellung innerhalb des Abschnitts zeigt sich auch darin, dass der Tatbestand keinen flankierenden Strafrechtsschutz für Maßnahmen des Umweltverwaltungsrechts bietet, sondern seine „eigentliche Bedeutung"[9] infolge der völligen Loslösung des Strafrechts vom Verwaltungsrecht gewinnt. Die Strafbestimmung gelangt nämlich unabhängig von einer vorhandenen oder nichtvorhandenen Befugnis zur Stoffeinleitung oder -freisetzung zur Anwendung. Zur Rechtfertigung dieser Durchbrechung der Verwaltungsakzessorietät wird zum einen die Idee des Rechtsmissbrauchs bemüht, zum anderen ein etwaiger Verwaltungsakt mit Erlaubnischarakter wegen Verstoßes gegen § 44 Abs. 1 Nr. 5, 6 VwVfG für zwangsläufig nichtig gehalten und schließlich, so der Gesetzgeber, davon ausgegangen, Verwaltungsbehörden hätten ohnehin keine Rechtsmacht, über den Eintritt konkreter schwerster Gefahren für den Menschen zu befinden.[10] Im Hinblick darauf kommt dem Tatbestand auch neben § 330 eine eigene, mitunter bezweifelte[11] Existenzberechtigung zu.[12]

2 Die Bestimmung bildet in Absatz 1 ein **konkretes Gefährdungsdelikt** mit dem tatbestandlichen Erfolg einer Lebens- bzw. Gesundheitsgefährdung. Absatz 2 enthält eine **Erfolgsqualifika-**

8 BT-Drs. 13/8987 75 f, 90; BT-Drs. 13/9064 23.
9 *Sturm* BT-RAusschProt. 8. Wahlperiode 78/33.
10 BT-Drs. 8/2382 25; BT-Drs. 8/3633 34; *Sch/Schröder/Heine/Schittenhelm* Rdn. 1; *Fischer* Rdn. 1; *Dölling* JZ **1985** 461, 469; *Laufhütte/Möhrenschlager* ZStW 92 (**1980**) 912, 935; *Perschke* wistra **1996** 161, 162; *Rogall* JZ-GD **1980** 101, 114; *Sack* Rdn. 7, 23 (Rechtsmissbrauch bei vorsätzlicher Gefahrverursachung).
11 Z. B. bei den Beratungen im BT- RAusschProt 78/34; 81/41 f; 83/25.
12 BT-Drs. 8/3633 34; *Rogall* JZ-GD **1980** 101, 114; *Laufhütte/Möhrenschlager* ZStW **92** (1980) 912, 935.

tion zu der in Absatz 1 umschriebenen Tatalternative der Verursachung der Gefahr des Todes durch Giftfreisetzung oder -verbreitung. Hierauf ist § 18 anzuwenden, womit bereits eine fahrlässige Erfolgsherbeiführung genügt. Die Strafzumessungsvorschrift in Absatz 3 enthält für unbenannte minder schwere Fälle der Absätze 1 und 2 jeweils abgesenkte Strafrahmen. Die beiden letzten Absätze schließlich stellen in Ergänzung zum Gefährdungstatbestand des Absatzes 1 eine Vorsatz-/Fahrlässigkeitsvariante (Absatz 4) sowie eine (ungewöhnliche) Leichtfertigkeits-/Fahrlässigkeitsvariante unter Strafe.

3 Geschützte **Rechtsgüter** sind das Leben und die Gesundheit. **Praktische Bedeutung** hat der Tatbestand kaum erlangt (2018: vier Verurteilungen bei ca. 54 polizeilich bekannt gewordenen Fällen[13]), was auf die Subsidiarität gegenüber § 314 (Gemeingefährliche Vergiftung), Probleme des Nachweises der Kausalität zwischen dem Freisetzen von Gift und der Gefahr von Gesundheitsschädigung oder gar des Todes sowie auf das Fehlen einer Strafbarkeit für einfaches fahrlässiges Handeln zurückgeführt wird.[14]

4 Der **Geltungsbereich** ist nicht auf das Inland und auf die Begehung auf deutschen Schiffen i. S. d. §§ 3, 4 und 9 beschränkt. Auch Auslandstaten durch Deutsche werden bei Strafbarkeit oder fehlender Strafgewalt am Tatort im Rahmen des § 7 Abs. 2 Nr. 1 erfasst. Dasselbe gilt für nicht ausgelieferte Ausländer gemäß § 7 Abs. 2 Nr. 2. Außerhalb Deutschlands begangene Straftaten von Deutschen oder Ausländern auf deutschen Schiffen unterfallen § 4. Darüber hinaus kann nach dem durch Art. 11 des SeeRÜbkAG[15] eingeführten § 5 Nr. 11 ein Ausländer strafrechtlich verfolgt werden, der in der deutschen ausschließlichen Wirtschaftszone (AWZ) eine Straftat nach § 330a begeht, soweit ein völkerrechtliches Übereinkommen zum Schutze des Meeres wie das SeeRÜbk die Strafverfolgung gestattet. Noch weiter geht Art. 12 SeeRÜbkAG, wonach auch eine solche Straftat verfolgbar ist, die in der Nord- oder Ostsee außerhalb der AWZ von einem Schiff aus durch Einleiten von Stoffen unter Verletzung verwaltungsrechtlicher Pflichten, die der Durchführung völkerrechtlicher Meeresschutzübereinkommen dienen, verübt wird. Eine Tat, die in der Nord- oder Ostsee im Hoheitsgebiet eines ausländischen Staates begangen wurde, muss zudem nach dem Recht des jeweiligen Tatorts mit Strafe bedroht sein.[16]

II. Giftfreisetzung mit konkreter Gefährdung (Absatz 1)

1. Tatmittel Gift

5 Gegenstand der Tathandlung sind „Stoffe, die Gifte enthalten oder hervorbringen können“. Auf Kritik gestoßen ist die Verwendung des Wortes Gift in der Mehrzahl. Gleichwohl besteht Einigkeit, dass sowohl ein einziges Gift ausreicht als auch keine besondere Menge des Giftstoffes gefordert ist.[17] Ein Ausscheiden minimaler Mengen ergibt sich aber einmal aus dem dem Giftbegriff immanenten Merkmal des Geeignetseins zur Gesundheitszerstörung, zum anderen aus der Fassung des Tatbestandes, der voraussetzt, dass das Gift in der Lage sein muss, konkrete Todes- oder schwere bzw. verbreitete Gesundheitsgefahren herbeizuführen.

---

13 Strafverfolgungsstatistik 2018 44 f; PKS 2018 Tabelle 1.

14 *Alt* MK Rdn. 3; *Schall* SK Rdn. 5; *Michalke* Rdn. 413; *Matt/Renzikowski/Rettenmaier/Gehrmann* Rdn. 2; *Franzheim/Pfohl* Rdn. 464.

15 Gesetz zur Ausführung des Seerechtsübereinkommens der Vereinten Nationen v. 10.12.1982 sowie des Übereinkommens v. 28.7.1994 zur Durchführung des Teils XI des Seerechtsübereinkommens (Ausführungsgesetz Seerechtsübereinkommen 1982/1994 – SeeRÜbkAG) v. 6.6.1995 (BGBl. I S. 778).

16 S. dazu *Werle/Jeßberger* LK § 5 Rdn. 144 ff, 174 ff, 181; *Ambos* MK § 5 Rdn. 31 f; *Böse* NK § 5 Rdn. 20; *Sch/Schröder/Eser/Weißer* § 5 Nr. 27; *Fischer* Rdn. 11; *Nicolay* 367; *Velten* 329 ff.

17 *Alt* MK Rdn. 7; *Sch/Schröder/Heine/Schittenhelm* Rdn. 2/3; *Schall* SK Rdn. 11; *SSW/Saliger* Rdn. 3; *Witteck* BeckOK Rdn. 6; *Steindorf* LK[11] Rdn. 3 (krit. zur Mehrzahlverwendung).

Der Begriff des **Giftes** entspricht dem restriktiven Begriff,[18] wie er auch § 326 zu Grunde liegt (§ 326 Rdn. 50). Er erfasst nur („hochgiftige") organische und anorganische Stoffe, die unter bestimmten Bedingungen durch chemische oder chemisch-physikalische Wirkung nach Beschaffenheit und Menge dazu geeignet sind, die Gesundheit zu zerstören;[19] die Eignung zu einer bloßen Schädigung der Gesundheit – wie beim Zünden von Rauchbomben in Fußballstadien[20] – reicht nicht aus. In diesem Sinne sind auch hochpathogene Viren (wie HIV oder SARS-CoV-2) als Gifte anzusehen.[21] Die Giftigkeit braucht nicht von Anfang an bestehen, sondern kann sich auch erst durch chemische oder biologische Prozesse nach der Tathandlung infolge des Kontaktes mit Stoffen der Umgebung entwickeln[22] (so bei bestimmten toxinbildenden Bakterien wie Bacillus anthracis [Anthrax]). Die Materialien zum 18. StRÄndG[23] nennen als Beispiele Giftgase („Gelbkreuz", Leuchtgas), Pflanzenschutzmittel und feste Gifte (Rattengift, Giftmüll, gestäubte Pflanzenschutzmittel), nicht aber Asbest wegen seiner primär mechanischen Wirkung.[24] Andere Beispiele sind Cyanid, Arsen, Strychnin, besonders gefährliche Säuren, ggf. auch Holzschutzmittel, gefährliche Betäubungs- und Rauschmittel.[25] Die Begründung des Entwurfs schließt im Übrigen die Gefährdung durch Strahlen jeglicher Art bewusst aus. Ebensowenig werden Gifte erfasst, die ausschließlich auf Tiere oder Pflanzen wirken.[26] 6

2. Verbreiten und Freisetzen

Tathandlung ist das Verbreiten oder Freisetzen von Stoffen, die Gifte enthalten oder hervorbringen können. Der Begriff des **Verbreitens** wird zwar vom Gesetz auch an anderen Stellen verwendet (§§ 74d, 131, 184 ff), hat aber dort eine dem jeweiligen Regelungsgegenstand angepasste eigenständige, hier nicht brauchbare Auslegung erfahren.[27] Nach den Beratungen im Rechtsausschuss soll die Modalität des Verbreitens eine eigene, von der des Freisetzens abgrenzbare Bedeutung haben,[28] nämlich als absichtliches, zielgerichtetes, auf Breitenwirkung angelegtes Ver- 7

18 RegE BT-Drs. 8/2382 25; Bericht BT-Drs. 8/3633 34; RegE BT-Drs. 12/192 28 (gesundheitszerstörend); Bericht BT-Drs. 12/7300 (hochgiftig); so vor der Änderung durch das 6. StrRG LG Frankfurt NStZ **1990** 592.

19 *Ransiek* NK Rdn. 2; *Sch/Schröder/Heine/Schittenhelm* Rdn. 2/3; *Schall* SK Rdn. 11; *Fischer* Rdn. 2 i. V. m. § 314 Rdn. 3; *Lackner/Kühl/Heger* Rdn. 2; *Szesny* AnwK Rdn. 2; *SSW/Saliger* Rdn. 3; *Matt/Renzikowski/Rettenmaier/Gehrmann* Rdn. 4; *Sack* Rdn. 161; *Michalke* Rdn. 417; *Kloepfer/Heger* Rdn. 364; Sieder/Zeitler/Dahme/*Knopp* Rdn. 2; *Witteck* BeckOK Rdn. 6; *Ohm* 17 f, 59 ff, 76; **aA** (Eignung zur Gesundheitsschädigung) *Alt* MK Rdn. 7.

20 So aber AG Dortmund SpuRt **2005** 257; zu Recht **aA** *Schall* NStZ-RR **2008** 129, 137; *Alt* MK Rdn. 7; *Matt/Renzikowski/Rettenmaier/Gehrmann* Rdn. 4.

21 *Fischer* § 314 Rdn. 3; *Esser/Tsambikakis/Zitzelsberger* Rdn. 54; *Hotz* NStZ **2020** 320, 326.

22 BT-Drs. 12/192 28; LG Frankfurt ZUR **1994** 33, 37; *Alt* MK Rdn. 4; *Schall* SK Rdn. 11; *Möhrenschlager* NStZ **1994** 566, 568; *Fischer* Rdn. 2; *Ohm* 32 ff, 59 ff.

23 BT-Drs. 8/2382 25; 8/3633 35.

24 *Alt* MK Rdn. 7; *Schall* SK Rdn. 12; *Lackner/Kühl/Heger* Rdn. 2; *Witteck* BeckOK Rdn. 7; *Kuchenbauer* NJW **1997** 2009, 2011.

25 Zu weiteren Giften *SSW/Saliger* Rdn. 3; *Sack* Rdn. 10; *Matt/Renzikowski/Rettenmaier/Gehrmann* Rdn. 4; *Michalke* Rdn. 417; zu Cyanid LG Frankfurt NStZ **1983** 171 (zu § 326 Abs. 1 Nr. 1); zu Blausäure AG Trier, 7 Js 3562/66 jug., zit. bei *Sack* Rdn. 10; zu Salzsäure BGHSt **15** 113 = NJW **1960** 2254 (betr. § 229 a. F.); zu Gasen LG Berlin MDR **1964** 1023; zu Quecksilber LG Frankfurt NStE § 330a Nr. 1; zu Holzschutzmitteln LG Frankfurt NStZ **1990** 592 (i. E. verneint); LG Frankfurt ZUR **1994** 33, 37 (bejaht bei bioziden Inhaltsstoffen PCP, Lindan), aufgehoben durch BGHSt **41** 206 = NStZ **1995** 590 (ungenügende Kausalitätsfeststellungen); LG Frankfurt NJW **1997** 1994 (Einstellung nach § 153a Abs. 2 StPO; krit. *Schall* NStZ **1997** 577, 584 f); zu Allergenen durch Vogelzuchtanlage HessLSG Urt. v. 17.12.2008 – L 4VG 5/07 (juris).

26 *Tiedemann/Kindhäuser* NStZ **1988** 337, 342; *Ohm* 32 ff.

27 *Fischer* Rdn. 3.

28 *Ruppert* BT-RAusschProt. 78/37; *Michalke* Rdn. 418; *Szesny* AnwK Rdn. 3; *Sack* Rdn. 11 f; *SSW/Saliger* Rdn. 4.

giften,[29] während **Freisetzen** ein „unwillkürliches Geschehenlassen, d. h. eine weniger aktive Form des Handelns bzw. Untätigkeit" bedeuten soll. Das leuchtet schon vom Wortlaut her kaum ein und geriete zudem in die Nähe von Handlungen, die nicht mehr als zweckgerichtetes Verhalten i. S. d. strafrechtlichen Handlungsbegriffs gelten könnten. Wenn man überhaupt eine Abgrenzung vornehmen kann,[30] dann wäre Verbreiten als ein Verhalten zu charakterisieren, welches das Gift bereits kontrolliert zu einer Mehrzahl von Zielobjekten steuert, während Freisetzen die Auswahl der Zielobjekte ungesteuert dem „freien" Spiel der Natur, also dem Zufall überlässt. Erforderlich bleibt gleichwohl auch beim Verbreiten das **Erreichen eines Zustandes unkontrollierter Giftwirkung.**[31] Es genügt daher kein Verkaufen oder Liefern an informierte Abnehmer,[32] weil dies noch keine unmittelbare konkrete Gefährdung Dritter bewirkt, sondern diese vom zweckorientierten Verhalten ebendieser Abnehmer abhängt. Der Verkauf von gifthaltigen Holzschutzpräparaten alleine stellt aber selbst bei uninformierten Abnehmern weder Verbreiten noch Freisetzen dar;[33] erst die spätere Anwendung solcher Mittel (durch die Abnehmer als Täter oder Tatmittler) kann den Tatbestand erfüllen.[34] Sachwidriges Liegenlassen oder Lagern von Giften kann je nach Situation als Verbreiten (etwa bei der Lagerung in ungekennzeichneten Behältnissen) oder als Freisetzen durch Unterlassen zu bewerten sein (wenn zugreifende Personen sich unmittelbar der Giftwirkung aussetzen).[35]

8 Diskutiert wird, ob die Verbreitung von gefährlichen Viren, insb. von **SARS-CoV-2**, durch infizierte Personen infolge der Nichteinhaltung von Abstandsregeln oder des Nichttragens von Schutzmasken als Verbreitung anzusehen ist.[36] Diese Auffassung verkennt jedoch den Wortlaut, wonach nicht das Gift selbst, sondern **ein Stoff freizusetzen** oder zu verbreiten ist, **der das Gift Virus enthält.** Die beim Ausatmen entstehenden Aerosole als Trägermedium der Viren als freigesetzte Stoffe anzusehen, ließe sich aber schon mit dem Wortlaut nur bedingt vereinbaren, da es letztlich um kleinste Partikelteilchen geht, an denen die Viren haften, deren Stofflichkeit von daher zweifelhaft erscheint. Vor allem aber handelt es sich letztlich um Atemluft, deren Freisetzen und Verbreiten schlechterdings nicht zu verhindern ist, etwa im Freien oder im Schlaf. Atmen ist prinzipiell sozialadäquat und kann unmöglich als typisches Unrecht bezeichnet werden, wie es Absatz 1 aber bei dem genannten Verständnis täte. Das Unrecht des aus Unvorsichtigkeit geschehenden Verbreitens der Viren – infolge Nichteinhaltens von Abständen, Nichttragens von Masken u. a. – liegt daher in der Art und Weise des Umgangs mit den Infektionsrisiken begründet. Insoweit enthalten das IfSchG und die darauf basierenden Länderverordnungen detaillierte Verhaltensregeln, deren Nichteinhaltung ihrerseits strafrechtlich in den §§ 74, 73 Abs. 1, 1a IfSchG in deutlich angemessenerer Weise sanktioniert wird als über die Verbrechensstrafe des Absatzes 1. Die hohe Strafdrohung sowie die Einbettung der Norm in das Umweltstrafrecht streiten vielmehr dafür, eine letztlich allein im sozialen Nahraum wirkende potentielle Gefährdungshandlung nicht ihrem Regime zu unterstellen.

9 Auf welchem Weg der tatbestandliche Erfolg unkontrollierter Giftwirkung auf Dritte über Freisetzen oder Verbreiten erreicht wird, spielt keine Rolle; er kann auf jede nur ausführbare

---

29 *Alt* MK Rdn. 8; *Saliger* Umweltstrafrecht Rdn. 505; *Matt/Renzikowski/Rettenmaier/Gehrmann* Rdn. 5; *Michalke* Rdn. 418; *Rogall* JZ-GD **1980** 101, 113; abl. dazu *Weber* GKBImSchG Rdn. 9; *Arzt/Weber/Heinrich/Hilgendorf* BT § 41 Rdn. 94; *Maurach/Schroeder/Maiwald* II § 58 Rdn. 119 (unter Hinweis auf die entgegenstehende Strafbarkeit der Leichtfertigkeit in Absatz 5, was aber schon deswegen nicht überzeugt, weil sich die Leichtfertigkeit nicht zwingend auf die Tathandlung beziehen muss, sondern ebenso auf das Nichterkennen der Gifteigenschaft).

30 Insoweit zweifelnd *Schall* SK Rdn. 6; *Alt* MK Rdn. 3; *Lackner/Kühl/Heger* Rdn. 3; *Franzheim/Pfohl* Rdn. 463.

31 *Schall* SK Rdn. 6; *SSW/Saliger* Rdn. 4; *Matt/Renzikowski/Rettenmaier/Gehrmann* Rdn. 5; *Sch/Schröder/Heine/Schittenhelm* Rdn. 4; *Alt* MK Rdn. 8; *Szesny* AnwK Rdn. 3; LG Frankfurt NStZ **1990** 592.

32 *Sch/Schröder/Heine/Schittenhelm* Rdn. 4; *Alt* MK Rdn. 9.

33 So aber *Hilgendorf* Strafrechtliche Produzentenhaftung 169 f, 196.

34 LG Frankfurt/M. ZUR **1994** 33, 37 m. Anm. *Schulz*; dazu auch *Schall* NStZ **1997** 577, 584 f.

35 *Schall* SK Rdn. 10; *Alt* MK Rdn. 8, 16; *Ransiek* NK Rdn. 5; *Sch/Schröder/Heine/Schittenhelm* Rdn. 4; *Fischer* Rdn. 3; *Lackner/Kühl/Heger* Rdn. 3; zurückhaltender BT-RAusschProt 78/37.

36 So *Esser/Tsambikakis/Zitzelsberger* Rdn. 55; *Hotz* NStZ **2020** 320, 326.

Art und Weise bewirkt werden. Die Zwischenvergiftung eines Umweltmediums wird nicht gefordert.[37] Einbezogen ist demgemäß auch das Einleiten in Leitungen oder Behältern, etwa die Kanalisation.[38] Beim Vergraben (im Boden) und Versenken (in ein Gewässer) von Fässern oder anderen **Behältnissen mit Giftstoffen** kommt eine Verwirklichung des Tatbestandes immer erst dann in Betracht, wenn die Umhüllungen die Kontrolle über das Gift nicht mehr auszuüben vermögen und ein nicht mehr beherrschbares Ausbreiten erfolgt; zuvor kann aber ein strafbarer Versuch vorliegen. Die bloße Möglichkeit, dass Dritte das Gift freisetzen oder die Fässer durch Korrosion später undicht werden können, lässt den Akt des Vergrabens oder Versenkens noch nicht zu einem vollendeten tatbestandsmäßigen Verbreiten oder Freisetzen werden.[39] Der Fall des Einbringens von Gift in ein Gewässer in einem (intakten) Behältnis, das ein Dritter findet, herausholt, an Land öffnet und sich nunmehr dadurch gefährdet, kann als mittelbare Tatbegehung erfasst werden.[40] Ob sich die Gifte noch im Gewahrsam oder Einwirkungsbereich des Täters befinden, ist nicht entscheidend. Ein solches räumliches Abgrenzungsmerkmal muss versagen, wo es allein auf die effektive Fähigkeit zur Kontrolle, die **technische Beherrschbarkeit** ankommt.[41] So kann sich ein Giftstoff, der sich räumlich noch in jemandes Herrschaftsbereich befindet, mangels ausreichender technischer Beherrschungsmittel selbst für ihn als nicht mehr kontrollierbar erweisen.

Beispiele sind unsachgemäßes Versprühen von Insekten- und Pflanzenschutzmitteln,[42] das Vergiften von Schlachtviehkörpern[43] oder von Lebensmitteln, Obst und Gemüse.[44] Das zielgerechte Auslegen von festen Giftstoffen wie Rattengift in Gebäuden lässt in aller Regel die geforderte Breitenwirkung vermissen, gewährleistet vielmehr eine begrenzte, abgesteckte Wirkung, weshalb diese Fälle ausscheiden.[45] Allerdings kann ein derartiges Auslegen im Freien in Verbindung mit Witterungseinflüssen, wie Niederschlägen und Wind, zu unbeherrschbaren Verläufen führen, so bei zahlreichen und in Vergessenheit geratenden Ausstreuorten, und ein Freisetzen darstellen.[46] Der ungeschützte Sexualverkehr eines HIV-Infizierten fällt wegen seiner fehlenden Breitenwirkung nicht unter § 330a.[47] **10**

Soweit ein **Unterlassen** naheliegt, wird in erster Linie zu prüfen sein, ob der Tatbestand nicht dennoch durch positives Tun erfüllt worden ist. So liegt kein bloßes Unterlassen vor, wenn giftige chemische Abfälle nach ihrer Lagerung nicht beseitigt werden[48] und dadurch das in ihnen enthaltene Gift unkontrollierbar austritt. Hier ist in der positiven Handlung des Lagerns der Stoffe das Freisetzen zu erblicken. Anders ist die Sachlage, wenn der gelagerte Giftstoff seine sich räumlich ausdehnende gefährliche Wirkung erst nachträglich, etwa durch Witterungseinflüsse entfaltet. Für die im Einzelfall möglicherweise schwierige Abgrenzung zwischen Tun und Unterlassen gelten die allgemeinen Grundsätze. Versagen die technischen Sicherheits- **11**

---

37 *Alt* MK Rdn. 8; *Sch/Schröder/Heine/Schittenhelm* Rdn. 4; *Saliger* Umweltstrafrecht Rdn. 505.
38 *Schall* SK Rdn. 7; *Laufhütte/Möhrenschlager* ZStW 92 (**1980**) 912, 935.
39 *Ransiek* NK Rdn. 3; *Szesny* AnwK Rdn. 3; *SSW/Saliger* Rdn. 4; *Sack* Rdn. 15, 17; **aA** bei nicht hinreichender Überwachung *Alt* MK Rdn. 9; *Sch/Schröder/Heine/Schittenhelm* Rdn. 4.
40 *Alt* MK Rdn. 10; *SSW/Saliger* Rdn. 5; *Schall* SK Rdn. 13; *Laufhütte/Möhrenschlager* ZStW **92** (1980) 912, 935.
41 LG Frankfurt/M. ZUR **1994** 33, 37; NStZ **1990** 592; *SSW/Saliger* Rdn. 4; **aA** *Sch/Schröder/Heine/Schittenhelm* Rdn. 4.
42 BT-Drs. 8/3633 35; 12/192 28; *Sch/Schröder/Heine/Schittenhelm* Rdn. 4; *Fischer* Rdn. 3; *Szesny* AnwK Rdn. 3; *SSW/Saliger* Rdn. 4; *Matt/Renzikowski/Rettenmaier/Gehrmann* Rdn. 4.
43 Begr. RegE BT-Drs. 12/192 28; *Sack* Rdn. 15.
44 *Sch/Schröder/Heine/Schittenhelm* Rdn. 4; *Matt/Renzikowski/Rettenmaier/Gehrmann* Rdn. 4.
45 BT-Drs. 8/2382 26; *SSW/Saliger* Rdn. 4; *Fischer* Rdn. 3; *Matt/Renzikowski/Rettenmaier/Gehrmann* Rdn. 4; **aA** *Ransiek* NK Rdn. 4; *Szesny* AnwK Rdn. 3.
46 Ähnlich *Triffterer* 246; *Fischer* Rdn. 3; abw. *Sack Rdn.* 12; **aA** *Ransiek* NK Rdn. 4.
47 *Alt* MK Rdn. 9; *Schall* SK Rdn. 9 (einschränkend); *SSW/Saliger* Rdn. 4; *Matt/Renzikowski/Rettenmaier/Gehrmann* Rdn. 5; **aA** *Wisuschil* ZRP **1998** 61; *ders.* MedR **2006** 337, 340 f.
48 *Sack* Rdn. 21; *Matt/Renzikowski/Rettenmaier/Gehrmann* Rdn. 6; **aA** offenbar *Sch/Schröder/Heine/Schittenhelm* Rdn. 6; *Franzheim/Pfohl* Rdn. 463.

vorkehrungen, die ein Ausströmen der Giftstoffe verhindern sollen, und unterlässt der Verantwortliche die erforderliche Reparatur,[49] liegt in Wirklichkeit positive Verursachen des Ausströmens vor; er bewirkt das Freisetzen, er unterlässt es nicht nur, gegen ein von seinem positiven Tun unabhängiges Geschehen einzugreifen.

12 Ein Unterlassen liegt jedoch vor, wenn jemand Giftstoffe außerhalb von entsprechenden Anlagen beseitigt hat und nun nachträglich erfährt, dass die Giftstoffe – möglicherweise infolge Verfalls der Umhüllungen – unkontrollierbar in das angrenzende Medium austreten. In derartigen Fällen besteht eine **Garantenstellung** aus Ingerenz, aus der eine Pflicht zum Einschreiten resultiert. Ein solcher Garant kann auch ein Behördenangehöriger sein, der beispielsweise von der mangelhaften Abdichtung einer unter seiner Verantwortung stehenden Giftmülldeponie erfährt und daraufhin gegen das Versickern von Giften ins Erdreich nicht einschreitet.[50] Die Untätigkeit stellt in diesem Falle ein zurechenbares Freisetzen dar. Ein Amtsträger kann sich auch strafbar machen, indem er pflichtwidrig gegen rechtswidriges gefahrenträchtiges Verhalten Dritter nicht einschreitet.

3. Konkrete Gefährdung

13 Als Handlungserfolg wird verlangt,[51] dass aus dem Verbreiten oder Freisetzen für einen (auch werdenden) Menschen die **konkrete Gefahr** des Eintritts des Todes, einer schweren Gesundheitsschädigung oder einer einfachen Gesundheitsschädigung einer großen Zahl von Menschen erwächst. Da der Tatbestand insoweit dieselbe Regelung aufweist wie § 330 Abs. 2, kann auf dessen Erläuterung verwiesen werden (s. dort Rdn. 20 ff). Eine konkrete Gefährdung darf nicht allein aus der abstrakt gefährlichen Tathandlung gefolgert werden.[52]

14 Aus den Merkmalen des Verbreitens und Freisetzens lässt sich herleiten, dass die **gezielte Gefährdung einer einzelnen Person** nicht tatbestandsmäßig ist.[53] Hingegen unterfällt der Strafdrohung die bewusste Gefährdung fremder Menschenleben im Rahmen eines **Selbstmordversuchs** mit Gas. Erfasst wird insoweit allerdings nur die Gefährdung Dritter, die aus einer Vergiftung durch die Gase herrührt,[54] nicht jedoch diejenige durch die Explosion der Gase,[55] da sich hierin nicht die typische Giftgefahr manifestiert. Hier greift § 308 ein. Entsprechendes gilt für andere Fälle,[56] in denen die Gefährdung nicht aus der typischen Giftgefahr resultiert.

4. Vorsatz und Fahrlässigkeit

15 Das Verbreiten oder Freisetzen muss jeweils vorsätzlich vorgenommen werden, wobei **bedingter Vorsatz** ausreicht.[57] Erfasst ist damit auch derjenige, der bei einem versuchten Selbstmord mit Giftstoffen billigend in Kauf nimmt, andere durch sein Verhalten in die umschriebene Gefahr der Vergiftung zu bringen.[58] Der Täter hat über alle Umstände tatsächlicher Art informiert zu sein, beispielsweise sich des Charakters des Stoffes als Gift bewusst und sich im Falle des Frei-

49 *Sch/Schröder/Heine/Schittenhelm* Rdn. 6.
50 *Schall* SK Rdn. 10; *Alt* MK Rdn. 16.
51 Krit. hierzu *Triffterer* 243 f.
52 BGHSt **36** 255, 256 = NJW **1990** 194.
53 *Alt* MK Rdn. 10; *Schall* SK Rdn. 13; *SSW/Saliger* Rdn. 5; *Ransiek* NK Rdn. 4 (verlangt unter Bezugnahme auf BGHSt 36 255 zusätzlich eine abstrakte Gefahr für mehrere Personen, so auch *Szesny* AnwK Rdn. 5).
54 BT-Drs. 8/2382 26; *Sch/Schröder/Heine/Schittenhelm* Rdn. 9; *Schall* SK Rdn. 13.
55 *Steindorf* LK[11] Rdn. 11; *Schall* SK Rdn. 13.
56 *Schall* SK Rdn. 13.
57 *Sch/Schröder/Heine/Schittenhelm* Rdn. 9; *Lackner/Kühl/Heger* Rdn. 5; *SSW/Saliger Rdn. 6.*
58 RegE BT-Drs. 8/2382 26.

setzens über die Unbeherrschbarkeit des Ausbreitens der Giftstoffe im Klaren zu sein. Bei Absatz 1 muss zudem die Herbeiführung der Gefahr vom Vorsatz umfasst sein.

Absatz 4 lässt jedoch – bei vorsätzlicher Begehung – eine **fahrlässige Verursachung der Gefahr** genügen. Die Tat bleibt damit Vorsatzdelikt (§ 11 Abs. 2) mit allen Folgerungen für die Teilnahme.[59] 16

Bewusst abgelehnt worden ist bei Verabschiedung des 18. StRÄndG die Pönalisierung des in vollem Umfang fahrlässig Handelnden, und zwar wegen der sonst drohenden Weite eines solchen Tatbestandes.[60] Nach Absatz 5 ist jedoch immerhin eine **leichtfertige Tatbegehung** i. S. v. Absatz 1 in Kombination mit (einfach) fahrlässiger Verursachung der Gefährdung strafbedroht. Leichtfertigkeit liegt dann vor, wenn sich die Giftigkeit der Stoffe oder eine erhebliche Gefahr des Freisetzens geradezu aufgedrängt hatte. 17

III. Giftfreisetzung mit Todesfolge (Absatz 2)

Die Erfolgsqualifikation des Absatzes 2 entspricht § 330 Abs. 2 Nr. 2. Insoweit ist **§ 18 anzuwenden**, d. h. eine fahrlässige Todesverursachung genügt. Hinsichtlich der Tathandlung des Verbreitens bzw. Freisetzens ist jedoch Vorsatz erforderlich, weil sich Absatz 5 nur auf Absatz 1 bezieht. 18

IV. Versuch und Vollendung

Seit der Einstufung des § 330a Abs. 1 und 2 als Verbrechen war die gesonderte Erwähnung einer **Versuchsstrafbarkeit** hinfällig, die sich nun unmittelbar aus § 23 Abs. 1 ergibt. Das gilt allerdings nur für die Taten nach den Absätzen 1 und 2. Die an sich ebenfalls versuchstaugliche Vorsatztat nach Absatz 3 mit fahrlässiger Gefährdungsfolge stellt hingegen ein Vergehen dar, womit es einer – nicht vorhandenen – ausdrücklichen Anordnung der Versuchsstrafbarkeit bedurft hätte. 19

Strafbarer **Versuch** liegt zum einen vor, wenn der Täter mit dem Vorsatz der Lebens- oder Gesundheitsgefährdung unmittelbar dazu ansetzt, Gift enthaltende Stoffe zu verbreiten oder freizusetzen, ihm dies aber misslingt. Zum anderen macht er sich wegen Versuchs strafbar, wenn zwar das Freisetzen oder Verbreiten gelingt, aber es nicht zur von ihm gewollten Lebens- oder Gesundheitsgefährdung kommt. **Vollendet** ist die Tat mit dem Eintreten der konkreten Gefährdung in Absatz 1 bzw. der Todesfolge in Absatz 2. 20

V. Rechtswidrigkeit

Infolge der gewollten Abkoppelung des Tatbestandes vom Verwaltungsrecht (Rdn. 1) indiziert nach allgemeinen Grundsätzen die Erfüllung der Tatbestandsmerkmale hier die Rechtswidrigkeit, ohne dass irgendein Verstoß gegen Umweltverwaltungsrecht als unrechtscharakterisierendes Moment festgestellt werden müsste. Zu prüfen bleibt demnach allenfalls, ob die Rechtswidrigkeit ausnahmsweise durch Rechtfertigungsgründe beseitigt wird. 21

---

59 LG Frankfurt/M. ZUR **1994** 33, 37; *Sch/Schröder/Heine/Schittenhelm* Rdn. 10; *Schall* SK Rdn. 14; *Fischer* Rdn. 6; *Lackner/Kühl/Heger* Rdn. 5.

60 BT-Drs. 8/2382 26; krit. schon seinerzeit hierzu mit dem Vorschlag, zumindest „leichtfertige" Verhaltensweisen einzubeziehen, *Rogall* JZ-GD **1980** 101, 114.

22 Die **Einwilligung** des Gefährdeten muss als Rechtfertigungsgrund ausscheiden, soweit ein unkontrollierbares Freisetzen auch weitere Personen gefährdet. Eine Ausnahme kommt bei einem einwilligungsfähigen Alleingefährdeten in Frage.[61]

23 Umstritten ist, ob eine verwaltungsrechtlich **wirksame behördliche Gestattung** zum Freisetzen von giftigen Emissionen rechtfertigende Wirkung entfalten kann.[62] Nach den Vorstellungen des Gesetzgebers[63] sollte eine behördlicherseits erteilte Befugnis zur Verursachung von Immissionen die Herbeiführung von konkreten schwersten Gefahren oder gar von Körperverletzungen nicht rechtfertigen. Richtigerweise muss hier wie in ähnlichen Fällen unterschieden werden: Wie eine behördliche Genehmigung in Form einer Fahrerlaubnis nur gestattet, am Straßenverkehr mit den ihm immanenten normalen Risiken teilzunehmen, eine hierbei pflichtwidrig verursachte Rechtsgutsverletzung indessen nicht rechtfertigt, kann auch die behördliche Gestattung des Betriebes einer Anlage nur eine Rechtfertigung bilden für das Betreiben als solches im Rahmen der auch bei der Vorkontrolle durch die Behörde bereits überschaubaren Risiken. Führt das Betreiben indessen zu Rechtsgutsbeeinträchtigungen, so muss in Bezug auf deren Verursachung geprüft werden, ob dieser Erfolg auf ein rechtswidriges Verhalten und Verschulden des Verursachenden zurückzuführen ist. Wie die im Straßenverkehr zugefügte Körperverletzung nicht allein dadurch gerechtfertigt wird, dass der Handelnde an sich befugt am Straßenverkehr teilgenommen hat, wird auch hier die durch das Betreiben einer Anlage verursachte Rechtsgutsbeeinträchtigung nicht schon deshalb rechtmäßig, weil sie aufgrund des Betreibens der Anlage mit behördlicher Genehmigung erfolgt ist. Abgesehen davon hätte die Verwaltungsbehörde gar nicht die Rechtsmacht, über schwerste Gefahren für Menschen zu befinden (s. Rdn. 1). Auch bei vorsätzlicher Herbeiführung der Gefahr nach Absatz 1 kann die Berufung auf die erteilte Genehmigung rechtsmissbräuchlich sein, womit deren rechtfertigende Wirkung entfällt. In derartigen Fällen mag ggf. die Frage des Verbotsirrtums und seiner Vermeidbarkeit eine Rolle spielen. Dies wird aber nur selten zur Straflosigkeit führen können.[64]

24 Eine Rechtfertigung wegen **Notstandes** nach § 34 wird ebenfalls kaum in Betracht kommen. Das Interesse an der Aufrechterhaltung der Produktion und an der Erhaltung von Arbeitsplätzen vermag jedenfalls die vorsätzliche – zumal schwerwiegende – Gefährdung der Gesundheit von Anwohnern nicht zu rechtfertigen. Notstand wird sich daher auf extreme Ausnahmefälle beschränken.[65]

VI. Strafe und Nebenfolgen

25 Für eine Vorsatztat des Absatzes 1 droht das Gesetz Freiheitsstrafe von einem Jahr bis zu zehn Jahren an, im minder schweren Fall (Absatz 3) von sechs Monaten bis zu fünf Jahren. Für die Vorsatztat nach Absatz 2 beträgt die Strafe zwischen drei und fünfzehn Jahren Freiheitsstrafe, im minder schweren Fall zwischen einem und zehn Jahren. Die Vorsatztat des Absatzes 4 ist – ihrem verminderten Unrechtsgehalt entsprechend – in der Strafdrohung (Freiheitsstrafe bis zu fünf Jahren oder Geldstrafe) abgesenkt, aber nach wie vor beträchtlich. Der leichtfertige Verstoß nach Absatz 5 enthält eine Höchststrafdrohung von drei Jahren Freiheitsstrafe.

26 Die Bestimmung zur **tätigen Reue** (§ 330b) ist nur teilweise auf § 330a anzuwenden. Nach dem Wortlaut von § 330b Abs. 1 S. 1 wird für die Taten nach den Absätzen 1, 3 und 4 eine fakultative Strafmilderung oder sogar ein Absehen von Strafe ermöglicht, nicht hingegen für Ab-

---

61 *Alt* MK Rdn. 14; *Sch/Schröder/Heine/Schittenhelm* Rdn. 8; *SSW/Saliger* Rdn. 10; *Ransiek* NK Rdn. 7; *Schall* SK Rdn. 19; *Lackner/Kühl/Heger* Rdn. 14; einschränkend *Steindorf* LK[11] Rdn. 14.

62 Bejahend wohl *Rogall* JZ-GD **1980** 101, 114; *Sack* Rdn. 23 (außer bei vorsätzlicher Gefährdung).

63 BT-Drs. 8/2382 25.

64 Vgl. BGH bei Dallinger MDR **1975** 723; *Schall* SK Rdn. 20 m. w. N.

65 *Sch/Schröder/Heine/Schittenhelm* Rdn. 8 (wenn eine sichere Todesfolge innerhalb eines Betriebes nur zu verhindern ist, indem giftige Gase freigesetzt werden); *Schall* SK Rdn. 19; *SSW/Saliger* Rdn. 10.

satz 2. Zwar könnte man insoweit auf die Idee kommen, ein unter Absatz 3 fallender minder schwerer Fall des Absatzes 2 käme gleichwohl für eine tätige Reue in Betracht in Betracht. Allerdings ist bei eingetretener Todesfolge nicht vorstellbar, wie die übrigen Voraussetzungen von § 330b vorliegen können sollten. Für die Leichtfertigkeitstat nach Absatz 5 sieht § 330b Abs. 1 S. 2 hingegen sogar eine obligatorische Nichtbestrafung vor.

Da § 330c keine Anwendung auf § 330a findet, kann sich eine **Einziehung** lediglich aus den 27
§§ 73 ff ergeben, insb. von Tatmitteln.

VII. Konkurrenzen

Der Gesetzgeber des 18. StRÄndG hatte seinerzeit bewusst davon abgesehen, im Verhältnis von 28
§ 330a zu § 330 a. F. eine Subsidiaritätsklausel einzufügen; es sollten vielmehr die allgemeinen Grundsätze (Tateinheit) maßgebend sein.[66] Dagegen hat das 6. StrRG **§ 330 Abs. 2** gegenüber § 330a Abs. 1–3 für subsidiär erklärt. Dies wird allgemein kritisiert[67] und kann zu dem seltsamen Resultat führen, dass eine Abfallbeseitigung mit Todesfolge (§§ 326, 330 Abs. 2 Nr. 2) hinter ein gleichzeitiges, nicht todesursächliches Giftfreisetzen mit bloßer Gefährdungsfolge (§ 330a Abs. 1) zurücktritt.

Nach h. M. soll **§ 314** als lex specialis vorgehen,[68] was jedenfalls gegenüber Absatz 1 nicht 29
überzeugt, weil damit das dort enthaltene, in § 314 als abstraktem Gefährdungsdelikt aber fehlende, konkrete Gefährdungsunrecht nicht zum Ausdruck käme. Insoweit erscheint daher Tateinheit als sachgerechter. Im Übrigen ist allerdings ein Vorrang von § 314 durchaus zutreffend, weil über dessen Absatz 2 mit dem Verweis auf § 308 Abs. 2–4 Vergiftungen mit schweren Folgen dort deutlich schärfer sanktioniert werden als durch § 330a Abs. 2 und 3.

Tateinheit besteht im Übrigen mit den **Verletzungsdelikten** der §§ 223 ff.[69] Gegenüber vor- 30
sätzlichen **Tötungsdelikten** ist § 330a indessen – wie ähnliche erfolgsqualifizierte Delikte (§§ 221 Abs. 3, 227, 239 Abs. 4) – subsidiär.[70] Absatz 2 wiederum verdrängt § 222.

Idealkonkurrenz ist ferner mit den **§§ 324 ff** möglich.[71] Die §§ 324-329 dienen dem Schutz 31
besonderer ökologischer Güter und gewinnen zudem ihren Unrechtsgehalt aus dem Verstoß gegen Umweltverwaltungsrecht, während § 330a einen hiervon unabhängigen allgemeinen Lebensgefährdungstatbestand darstellt. Die Bestimmung geht infolge ausdrücklicher gesetzlicher Regelung § 37 Abs. 1–4 Umweltschutzprotokoll-Ausführungsgesetz nach dessen Absatz 5 vor. Zurück treten ferner § 12 Abs. 1 und 2 Meeresbodenbergbaugesetz nach dessen Absatz 3.

66 RAusschProt. 78/34 f; 81/42.

67 *Fischer* § 330 Rdn. 10; *SSW/Saliger § 330* Rdn. 12; *Alt* MK § 330 Rdn. 22.

68 *Alt* MK Rdn. 18; *Ransiek* NK Rdn. 9; *SSW/Saliger* Rdn. 12; *Sch/Schröder/Heine/Schittenhelm* Rdn. 12; *Schall* SK Rdn. 22; *Szesny* AnwK Rdn. 13; *Laufhütte/Möhrenschlager* ZStW **92** (1980) 912, 935; *Sack* Rdn. 57; *Lackner/Kühl/Heger* Rdn. 7; diff. *Möhrenschlager* LK[12] Rdn. 28 (nur die 1. Alt. von § 314 genießt Vorrang).

69 *Fischer* Rdn. 8; *Alt* MK Rdn. 18; *Sch/Schröder/Heine/Schittenhelm* Rdn. 12; *SSW/Saliger* Rdn. 12.

70 *Steindorf* LK[11] Rdn. 22 (allerdings nur im Verhältnis zu § 211 bei Tötung mit gemeingefährlichen Mitteln); ohne Begründung für § 330a **aA** *Fischer* Rdn. 8; *Alt* MK Rdn. 18; *Sch/Schröder/Heine/Schittenhelm* Rdn. 12; *Witteck* BeckOK Rdn. 24; *SSW/Saliger* Rdn. 12.

71 *Alt* MK Rdn. 18; *Fischer* Rdn. 8; *Sch/Schröder/Heine/Schittenhelm* Rdn. 12; *Witteck* BeckOK Rdn. 24; *SSW/Saliger* Rdn. 12; *Schall* SK Rdn. 22.

§ 330b Tätige Reue

(1) Das Gericht kann in den Fällen des § 325a Abs. 2, des § 326 Abs. 1 bis 3, des § 328 Abs. 1 bis 3 und des § 330a Abs. 1, 3 und 4 die Strafe nach seinem Ermessen mildern (§ 49 Abs. 2) oder von Strafe nach diesen Vorschriften absehen, wenn der Täter freiwillig die Gefahr abwendet oder den von ihm verursachten Zustand beseitigt, bevor ein erheblicher Schaden entsteht. Unter denselben Voraussetzungen wird der Täter nicht nach § 325a Abs. 3 Nr. 2, § 326 Abs. 5, § 328 Abs. 5 und § 330a Abs. 5 bestraft.

(2) Wird ohne Zutun des Täters die Gefahr abgewendet oder der rechtswidrig verursachte Zustand beseitigt, so genügt sein freiwilliges und ernsthaftes Bemühen, dieses Ziel zu erreichen.

Schrifttum

Hellmich Kooperation statt Konfrontation als Alternative bei der Bekämpfung der Umweltkriminalität (2008); *Hillenkamp* Möglichkeiten der Erweiterung des Instituts der tätigen Reue, in: *Schöch* (Hrsg.) Wiedergutmachung und Strafrecht (1987) 81; *Kleinert* Die Rechtspolitik der FDP seit 1969, ZRP **1980** 129; *Krack* Die tätige Reue im Wirtschaftsstrafrecht, NStZ **2001** 505; *Oğlakcıoğlu/Kulhanek* Antizipierte tätige Reue, JR **2014** 462; *Rogall* Das Gesetz zur Bekämpfung der Umweltkriminalität, JZ-GD **1980** 101; *Sack* Novellierung des Umweltstrafrechts, MDR **1990** 286; *Schmidt-Schöne* Das neue Umweltstrafrecht, NJW **1994** 2514.

Entstehungsgeschichte

Erst in den späten Beratungen des Rechtsausschusses zum **18. StRÄndG** ist ein vermeintliches kriminalpolitisches Bedürfnis für die Schaffung der Möglichkeit erkannt worden, demjenigen strafrechtlich eine „goldene Brücke" zu bauen, der nach Verursachung einer Umweltgefahr Maßnahmen ergreift, um den Eintritt eines aus seiner Handlungsweise entstehenden Schadens zu verhindern, beispielsweise nach unerlaubter Lagerung von Giftfässern vor deren Durchrosten für eine geordnete Beseitigung Sorge trägt.[1] Eine solche Regelung war dem Umweltschutzrecht bis dahin fremd. Wie weit man in dem Spannungsfeld zwischen Strafzweck und Umweltschutzzweck zu Gunsten des letzteren gehen sollte, war dabei bis zuletzt umstritten. Von vornherein kamen nur „rücktrittsfähige" Delikte[2] in Betracht, nicht etwa die Verunreinigung eines Gewässers (§ 324), da der Schaden mit der Verunreinigung bereits eingetreten ist. Entsprechendes galt bei § 330 Abs. 2 a. F. hinsichtlich des Beeinträchtigungserfolges.[3] Der Anreiz zur Verhinderung eines Umweltschadens sollte danach nur für die konkreten Gefährdungsdelikte des § 330 Abs. 1, 5, 6 und des § 330a (a. F.) geschaffen werden.[4] Nach der Konstruktion dieser Delikte mit ihrer Vorverlagerung in das Gefährdungsvorfeld ist die Vollendung bereits mit dem Verursachen der Gefahr eingetreten und damit kein Rücktritt vom Versuch mehr möglich. Dem Täter bleibt aber zwischen dem Verursachen der Gefahr und deren Umschlagen in einen konkreten Schaden häufig noch ein Zeitfenster, in dem er zur Abwendung des Schadens tätig werden könnte. Wer dies nutzt, soll eine mildere Bestrafung erfahren. Für sonstige Fälle, die durch das Reueverhalten des Täters gekennzeichnet sind, kann dieses bei der Bemessung der Strafe oder bei Anwendung der §§ 153, 153a StPO berücksichtigt werden.

Mit dem **2. UKG** 1994 wurde die Regelung auf einige abstrakte Gefährdungsdelikte (§ 326 und § 328 Abs. 1, 2) sowie auf das konkrete Gefährdungsdelikt des § 325a Abs. 2 ausgedehnt.[5] Seither erfolgten lediglich noch redaktionelle Änderungen als Konsequenz von Umgestaltungen in § 330a im 6. StrRG.[6]

---

1 Im einzelnen *Kleinert* ZRP **1980** 129, 131; *Rogall* JZ-GD **1980** 101, 114.
2 *Rogall* JZ-GD **1980** 101, 114.
3 Krit. gegen diese Beschränkung *Triffterer* 162; *Rogall* JZ-GD **1980** 101, 114.
4 BT-Drs. 8/3633 19 f, 35.
5 BT-Drs. 12/192 12 f, 28 f; BT-Drs. 12/7300 25.
6 Art. 1 Nr. 92 des 6. StrRG v. 26.1.1998 (BGBl. I S. 164); korrigiert durch Art. 2 Nr. 3 des Ausführungsgesetzes zum Vertrag v. 24.9.1996 über das umfassende Verbot von Nuklearversuchen v. 23.7.1998 (BGBl. I S. 1882).

https://doi.org/10.1515/9783110490305-015

Übersicht

I. Funktion, Struktur und Anwendungsbereich

Praktische Bedeutung hat die Vorschrift trotz ihrer Erweiterung im 2. UKG kaum erlangt, was auch auf die Anwendung der §§ 153 ff StPO in den an sich geeigneten Fällen zurückgehen mag. Es erscheint aber ohnehin zweifelhaft, ob sie geeignet ist, das Ziel des Gesetzgebers zu erreichen, einen Anreiz zur Umkehr für Umweltsünder zu bieten. Da die wenigsten potenziellen Straftäter die Vorschrift kennen, wird sie auch **keine Verhaltensmotivation** erzeugen. Tätige Reue, so sie tatsächlich einmal vorkommt, wird vielmehr eher in der diffusen Kenntnis allgemeiner Strafzumessungsgrundsätze ihre Ursache finden, wonach Schadenswiedergutmachung oder -begrenzung – was schon eher allgemein bekannt sein dürfte – Strafmilderung versprechen. Ihren dogmatischen Sinn gewinnt die Bestimmung daher vornehmlich aus Gründen der auf künftiges Verhalten zielenden Kriminalprävention: Die gezeigte **Umkehr in die Legalität** lässt das **Strafbedürfnis geringer** erscheinen oder es in Einzelfällen gar völlig entfallen. Will man, um dem Rechnung zu tragen, nicht auf prozessuale Hilfsmittel in Gestalt der §§ 153 ff StPO ausweichen, so liefert § 330b ein adäquates Instrumentarium für einen ganz oder teilweisen Strafverzicht.[7] 1

Strukturell entspricht die Vorschrift den gleichnamigen Bestimmungen der §§ 83a, 306e, 314a und 320. Der Täter kann durch Strafmilderung oder durch ein Absehen von Strafe belohnt werden, sofern er von ihm verursachte Gefahren freiwillig wieder beseitigt (Absatz 1). Geschieht dies unabhängig von seinem Verhalten, so genügt sein freiwilliges und ernsthaftes Bemühen um die Gefahrenbeseitigung (Absatz 2). 2

Unterschieden werden in Absatz 1 – aber zugleich mit Wirkung für Absatz 2 – zwei Gruppen von Straftaten: Abs. 1 S. 1 sieht **für die Vorsatztaten** nach § 325a Abs. 2, § 326 Abs. 1–3, § 328 Abs. 1–3 und § 330a Abs. 1, 3 und 4 eine „bewegliche Lösung“[8] in Gestalt einer **fakultativen gerichtlichen Reaktion** vor, der zudem zwei unterschiedliche Entscheidungsvarianten zur Verfügung stehen. Es obliegt dem Gericht zu entscheiden, ob es eine Vergünstigung überhaupt bewilligt und falls ja, ob es eine solche in Gestalt einer Strafmilderung nach seinem Ermessen (§ 49 Abs. 2) oder in Gestalt des Absehens von Strafe gewährt. Bei den entsprechenden **Fahrlässigkeitstaten** nach § § 325a Abs. 3 Nr. 2, § 326 Abs. 5, § 328 Abs. 5 und § 330a Abs. 5 ordnet Satz 2 hingegen zwingend die Straflosigkeit an. Es handelt sich insoweit um einen **persönlichen Strafaufhebungsgrund;**[9] ein gerichtlicher Entscheidungsspielraum besteht an dieser Stelle nicht. 3

7 Für eine reine rechtsgüterschützende Präventivwirkung dagegen *Schall* SK Rdn. 1; *Alt* MK Rdn. 1; *Matt/Renzikowski/Rettenmaier/Gehrmann* Rdn. 1; *Saliger* Umweltstrafrecht Rdn. 507; *Szesny* AnwK Rdn. 1; allgemein *Oğlakcioğlu/Kulhanek* JR **2014** 462, 464 f.

8 BT-Drs. 8/3633 35.

9 *Alt* MK Rdn. 8; *Fischer* Rdn. 4; *Schall* SK Rdn. 13.

4 **Keine Anwendung** findet § 330b auf Straftaten nach den §§ 324, 324a, 325, 325a Abs. 1, 327, 329, 330 Abs. 2 und 330a Abs. 2. Einleuchtend ist dies hinsichtlich der Delikte mit Todesfolge (§§ 330 Abs. 2 Nr. 2, 330a Abs. 2), während der Ausschluss des konkreten Gefährdungsdeliktes in § 330 Abs. 2 Nr. 1 unsystematisch erscheint.[10] Konsequent ist die Nichtberücksichtigung der rein abstrakten Gefährdungsdelikte (§§ 327, 329 Abs. 1 und 2),[11] während zumindest bei einigen der potenziellen Gefährdungsdelikte (insb. den §§ 325 Abs. 1, 329 Abs. 3) rechtsgüterschützende Täterhandlungen nach Tatvollendung durchaus denkbar – und dann auch honorierungswürdig – erscheinen. Selbst bei den Erfolgsdelikten könnte sich in Anlehnung an § 306e eine sinnvolle Anwendung ergeben, etwa für denjenigen, der nach eingetretener Bodenverunreinigung (§ 324a Abs. 1) anschließende Sanierungsmaßnahmen vornimmt.[12] Die Fälle des § 330 Abs. 1 sind wiederum nicht in die Regelung einbezogen worden, weil tätige Reue bei ihnen eine atypische Situation bewirkt, der bereits durch die Nichtberücksichtigung der Indizwirkung des Regelbeispiels ausreichend Rechnung getragen werden kann.[13]

II. Abwenden der Gefahr oder Beseitigung des Zustandes (Absatz 1)

1. Anwendungsfelder von Gefahrabwendung und Zustandsbeseitigung

5 Voraussetzung für die Gewährung jeglicher Vergünstigung nach Absatz 1 ist, dass der Täter die Gefahr abwendet oder den von ihm verursachten Zustand beseitigt, bevor ein erheblicher Schaden „entsteht“, also entstanden ist. Eine Gefahrenbeseitigung ist deshalb naturgemäß nur dort sinnvoll, wo der Tatbestand auch eine solche (konkrete) Gefahr voraussetzt, d. h. bei den §§ 325a Abs. 2, 328 Abs. 3, 330a Abs. 1, 3 und 4. Für die übrigen Straftaten ist die Variante der Zustandsbeseitigung einschlägig (§§ 326, 328 Abs. 1 und 2). Entsprechendes gilt für die in Satz 2 genannten Fahrlässigkeitsvarianten.

6 **Abwenden** der Gefahr bedeutet nicht, die Gefahrenentstehung zu hindern, sondern die **Eliminierung der eingetretenen Gefahr**, bevor sie in einen Schaden umschlagen kann. Tätige Reue kommt immer nur beim vollendeten Delikt (hier bei Eintritt der konkreten Gefahr) in Betracht. Fälle, in denen die Entstehung der Gefahr verhindert wird, sind – soweit Versuchsstrafbarkeit besteht – von § 24 erfasst.[14] Vom „reuigen“ Täter kann und ist jedoch zu verlangen, vom Zeitpunkt seines Tätigwerdens ab das weitere **Umschlagen** der verursachten Gefahr **in einen Schaden zu verhindern**. Entsprechendes gilt für eine **Zustandsbeseitigung**; auch hier muss ein beseitigungsfähiger Zustand durch die Tathandlung entstanden sein, was die tätige Reue letzten Endes überall dort ausschließt, wo die Tathandlung einen solchen gar nicht bewirkt, etwa beim Befördern (§ 326 Abs. 1, § 328 Abs. 1), oder wo ein Zustand faktisch gar nicht mehr zu beseitigen ist, z. B. beim Ausführen (§ 328 I, ähnlich § 326 Abs. 2) oder nach einer nuklearen Explosion (§ 328 Abs. 2 Nr. 3). Wo dennoch möglich, hat der Täter den entstandenen Zustand zu beseitigen, also im Grunde seine Tathandlung, die diesen bewirkt hat, rückgängig zu machen.

2. Sperrwirkung eines entstandenen, erheblichen Schadens

7 Unschädlich bleibt es zwar, wenn sich ein Teil der Gefahr bereits im Entstehen eines Teilschadens verwirklicht hat. Allerdings wird § 330b gesperrt, sobald „ein **erheblicher Schaden** ent-

---

10 *Szesny* AnwK Rdn. 3; *Ransiek* NK Rdn. 2; zu pauschal für den gesamten § 330 Abs. 2 dagegen *SSW/Saliger* Rdn. 1.
11 *Schall* SK Rdn. 4; *Ransiek* NK Rdn. 2.
12 *Ransiek* NK Rdn. 2; *Szesny* AnwK Rdn. 3; *Schall* SK Rdn. 3.
13 RegE BT-Drs. 12/192 29; *SSW/Saliger* Rdn. 1; *Schall* SK Rdn. 4.
14 *Alt* MK Rdn. 3; *Ransiek* NK Rdn. 3; *Schall* SK Rdn. 7; *Fischer* Rdn. 1; *Lackner/Kühl/Heger* Rdn. 2; *SSW/Saliger* Rdn. 2; *Rogall* JZ-GD **1980** 101, 114.

steht." Wann diese Sperre einsetzt, wird unterschiedlich beantwortet. Der Bericht des BT-Rechtsausschusses zum 18. StRÄndG[15] spricht einmal davon, dass die Gefahr abgewendet werden muss, „bevor ein Schaden oder jedenfalls ein nennenswerter Schaden eingetreten ist", zum anderen davon, tätige Reue sei auch dann anzunehmen, wenn „bereits ein gewisser Schaden entstanden" ist.[16] Beide Formulierungen sind wenig ergiebig. Auszugehen ist stets von dem Grundgedanken der Regelung, einem gesunkenen Strafbedürfnis Rechnung zu tragen (Rdn. 1). Falls die konkrete Gefahr oder der gefährliche Zustand bereits voll oder doch zum überwiegenden Teil in den typischen Schaden umgeschlagen ist, erscheint eine solche Vergünstigung für den Täter unangebracht, weil (vor allem general-)präventive Erwägungen weiterhin seine Bestrafung verlangen. Ob ein für eine tätige Reue daher nicht mehr genügendes Täterverhalten, das z. B. eine verbleibende geringe Restgefahr neutralisiert, gleichwohl eine Umkehr in die Legalität andeutet, bleibt im Rahmen der normalen Strafzumessungserwägungen zu berücksichtigen.

Bei den Personengefährdungen ist ein erheblicher Schaden bereits dann zu bejahen, wenn die körperliche Integrität auch nur eines Menschen beeinträchtigt worden ist und i. S. v. § 223 eine **Körperverletzung von einigem Gewicht** vorliegt.[17] In Anbetracht dieser letztlich vagen Hinweise und der Spannbreite möglicher Gesundheitsschäden wird teilweise vorgeschlagen, ergänzend die Relation zwischen geschehenem Körperschaden und gleichwohl vermiedenen, weiteren Umweltschäden heranzuziehen. Je effektiver die Reuehandlung des Täters weitere Schäden vermeide, desto eher könnten auch schwerere Personenschäden hingenommen werden.[18] Dieser Ansatz fußt auf dem verfehlten Gedanken, es müsse ein Anreiz für eine Umkehr des Täters geboten werden (Rdn. 1), und zwar umso stärker, je wünschenswerter eine Verhaltensänderung aus Aspekten des Rechtsgüterschutzes erscheint. Für die hier vertretene, am Strafbedürfnis orientierte Sichtweise kommt es demgegenüber vornehmlich auf die verwirkte Schuld an, womit die bereits erreichte, unumkehrbare erhebliche Schädigung eines Menschen selbst dann eine Anwendung von § 330b ausschließen muss, wenn der Täter mit seinem Nachtatverhalten den Eintritt noch weitaus schwererer Schäden verhindert. Ein tauglicheres Kriterium zur Abgrenzung unbedeutender, § 330b nicht im Wege stehender Körperschäden liefert der Maßstab des öffentlichen Interesses (§§ 153, 376 StPO) an der Strafverfolgung einer Körperverletzung. Wenn der eingetretene Gesundheitsschaden als solcher keine Strafverfolgung fordert, weil er noch zu verschmerzen ist, steht einer Strafmilderung oder gar Straffreiheit qua tätiger Reue jedenfalls kein „erheblicher Schaden" im Wege. Dabei darf der Blick ausschließlich auf den Erfolg als solchen gerichtet werden, nicht hingegen auf die Modalitäten seiner Entstehung, also dem umweltstrafrechtlichen Handlungsunrecht. Dieses bleibt ja bestehen und ihm hat die folgende Wahl und Anwendung der Rechtsfolgen von § 330b differenzierend Rechnung zu tragen hat. 8

Die Frage, wo bei **Sachen** bzw. den **Umweltmedien** die maßgebliche Erheblichkeitsschwelle für eingetretene Schäden anzusetzen ist, erfährt ebenfalls bislang keine eindeutige Antwort. Zum einen werden Sachschäden in bedeutendem wirtschaftlichen oder ökologischen Ausmaß gefordert.[19] Andere wiederum stellen darauf ab, ob ein „bedeutender Wertverlust"[20] festzustellen ist. Auch hier wird teilweise vertreten, der eingetretene Schaden müsse so einzustufen sein, dass er im Blick auf den insgesamt drohenden Verletzungserfolg nicht beträchtlich ins Gewicht 9

15 BT-Drs. 8/3633 35.

16 BT-Drs. 8/3633 35.

17 *Sch/Schröder/Heine/Schittenhelm* Rdn. 3; *SSW/Saliger* Rdn. 2; *Witteck* BeckOK Rdn. 3 („ernsthafte" Gesundheitsschädigung); weiter *Alt* MK Rdn. 4 (Schwelle von § 226); enger *Lackner/Kühl/Heger* Rdn. 2 (jeder Gesundheitsschaden); *Steindorf* LK[11] Rdn. 5 (schon bei mehr als ganz geringfügigen Schäden).

18 *Schall* SK Rdn. 9.

19 *Rogall* JZ-GD **1980** 101, 114.

20 *Sch/Schröder/Heine/Schittenhelm* Rdn. 3; *SSW/Saliger* Rdn. 2; *Alt* MK Rdn. 4.

fällt.[21] Ein Schaden, bei dem mehr als ein Viertel des Sachwertes vernichtet worden sei, solle in jedem Fall zur Erheblichkeit führen. Bei wertmäßig geringeren Schäden könne ergänzend die Aufhebung oder Beeinträchtigung der Funktion, der die Sache diene, herangezogen werden.[22] Aus den genannten Gründen (Rdn. 8) kann jedoch auch hier keine dynamische Grenze gezogen werden, sondern es ist schon aus Gründen der Bestimmtheit eine **feste Grenze** zu suchen. Als Vorbild mag die Rspr. zu § 306e dienen, die trotz der auch bei den Branddelikten denkbaren großen Spanne entstandener und drohender Schäden inzwischen eine einheitliche Erheblichkeitsschwelle bei **2.500 €** zieht.[23] Dabei sind nicht nur die Wertverluste an der Sache selbst, sondern auch mittelbare Vermögensnachteile wie die Folgekosten der Wiederherstellung zu berücksichtigen.[24] Soweit sich Umweltschäden nicht betragsmäßig quantifizieren lassen, mag der genannte Wert immerhin als Anhaltspunkt zur Einschätzung ihrer Erheblichkeit dienen.

3. Anforderungen an die Reuehandlung

10 Das eingreifende Handeln des Täters, die Abwendung der noch drohenden Gefahr oder Beseitigung des gefährlichen Zustands durch ihn, muss für Absatz 1 ursächlich das Ausbleiben weiteren Schadens bewirken. Allerdings braucht er nicht selbst tätig zu werden, solange ihm das Handeln Dritter, etwa alarmierter Rettungsdienste, als von ihm veranlasst zuzurechnen ist.[25] Diejenigen Fälle, in denen dieser Effekt ohne Zutun des Täters eintritt, regelt Absatz 2 (Rdn. 12). Bei **mehreren Tatbeteiligten** gelten die zu § 24 Abs. 2 entwickelten Grundsätze.[26]

4. Freiwilligkeit

11 Die Täterhandlung braucht nicht von echter Reue getragen zu sein, hat jedoch freiwillig zu erfolgen, d. h. entsprechend den zu § 24 entwickelten Grundsätzen auf einer nicht von äußeren Zwängen gebeugten, **freien Willensentschließung** zu beruhen. Sie darf auch kein Ausdruck sog. Verbrechervernunft sein, sondern muss sich als Schritt zurück in die Legalität darstellen.[27]

III. Freiwilliges ernsthaftes Bemühen (Absatz 2)

12 Nach Absatz 2 privilegiert das Gesetz (ähnlich den Regelungen in § 24 Abs. 1 S. 2, § 139 Abs. 4 S. 2, § 306e Abs. 3, § 314a Abs. 4 und § 320 Abs. 4) auch denjenigen, der einen freiwilligen und ernsthaften Versuch zur Schadensverhütung im Sinne von Absatz 1 unternimmt, der aber deshalb nicht ursächlich wird, weil die Gefahr bereits ohne sein Zutun abgewendet wird, etwa vor ihm schon Dritte einen Rettungsdienst verständigt hatten. Ein solches Bemühen setzt stets ein Gelingen der anderweitigen Rettungsbemühungen voraus; scheitern diese, ist Absatz 2 nicht anwendbar. Zur **Freiwilligkeit** s. Rdn. 11. **Ernsthaft** sind Bemühungen, die nach Überzeugung des Täters erforderlich sind und geeignet erscheinen, die Gefahr abzuwenden bzw. den Zustand zu beseitigen. Unter mehreren sich anbietenden und geeigneten Maßnahmen muss er diejenige

21 *Möhrenschlager* LK[12] Rdn. 6; *Alt* MK Rdn. 4; *Ransiek* NK Rdn. 4; *Szesny* AnwK Rdn. 5.
22 *Möhrenschlager* LK[12] Rdn. 6; *Alt* MK Rdn. 4.
23 BGH NJW **2019** 243, 245.
24 *Sch/Schröder/Heine/Schittenhelm* Rdn. 3; *SSW/Saliger* Rdn. 2; *Ransiek* NK Rdn. 4; **aA** OLG Schleswig SchlHA **1998** 169; *Szesny* AnwK Rdn. 5.
25 *Szesny* AnwK Rdn. 4; *Alt* MK Rdn. 3; *Schall* SK Rdn. 11; *Sch/Schröder/Heine/Schittenhelm* Rdn. 2 (durch zuverlässige Beauftragte).
26 *Alt* MK Rdn. 7; *Schall* SK Rdn. 14.
27 Vgl. die nähere Darstellung bei *Murmann* LK § 24 Rdn. 234 ff m. w. N.

wählen, die den größten Erfolg verspricht.[28] Weniger effektive Mittel darf er nur einsetzen, wenn diese jedenfalls auch geeignet erscheinen und falls die effektiveren für ihn ein höheres Risiko, einschließlich der Strafverfolgung, bergen.[29]

IV. Rechtsfolgen

Die Sätze 1 und 2 des Absatzes 1 (qua Verweis auch auf Absatz 2 anzuwenden) weisen der tätigen Reue bei Vorsatz- und Fahrlässigkeitsdelikten unterschiedliche Rechtsfolgen zu (s. Rdn. 3). Für die betroffenen **Vorsatztaten** handelt es sich um eine **Kann-Bestimmung**, deren Einordnung als echte (selbst nur „pflichtgemäße") Ermessensentscheidung[30] indessen verfehlt wäre. Das Gesetz darf dem Richter keine freie Entscheidung nach Gutdünken zubilligen. Vielmehr hat er nach normativer Bewertung der Reuehandlung im Verhältnis zur ursprünglich verwirklichten Tatschuld darüber zu befinden, ob und ggf. in welchem Maße eine Strafmilderung angezeigt oder gar ein Absehen von Strafe geboten ist. Unbenommen bleibt dabei die Existenz eines **tatrichterlichen Beurteilungsspielraumes**, zumal die letztlich auf einer Strafzumessungsentscheidung basierende Bewertung auch in Ansehung der Täterpersönlichkeit zu erfolgen hat, welche ein Revisionsgericht nicht nachzuvollziehen vermag. 13

In Übereinstimmung mit § 314a Abs. 3 Nr. 1 und § 320 Abs. 3 schreibt das Gesetz bei den in Abs. 1 S. 2 aufgeführten **Fahrlässigkeitstaten** vor, dass die tätige Reue stets und ohne richterlichen Entscheidungsspielraum zur Nichtbestrafung führt, da die Abwendung der Gefahr in diesen Fällen gegenüber dem bloßen Sorgfaltspflichtverstoß „ein so gewichtiges positives Gegenverhalten" darstellt, das sogar eine Straflosigkeit gerechtfertigt erscheint.[31] 14

Aufgrund von Überlegungen im BT-Rechtsausschuss ist durch das 18. StRÄndG ausdrücklich in die Bestimmung aufgenommen worden, dass die tätige Reue nur die Strafbarkeit nach „diesen", den im Einzelnen genannten Vorschriften, einschränkt. Stehen die in Absatz 1 genannten Vorschriften also in Tateinheit mit anderen Delikten (z. B. nach § 230) oder mit Ordnungswidrigkeiten, so bleiben diese weiterhin verfolgbar.[32] 15

Einer **Einziehung** (§§ 73 ff, 330c) steht die Gewährung von Vergünstigungen nach § 330b ebenfalls nicht entgegen.[33] Im Falle eines Absehens von Strafe erfolgt sie allerdings im Wege der selbstständigen Einziehung nach § 76a. 16

---

28 *Alt* MK Rdn. 6; *Schall* SK Rdn. 12; *Witteck* BeckOK Rdn. 4; eingehender zur Thematik *Murmann* LK § 24 Rdn. 389 ff.

29 Zu diesem Aspekt im Kontext von § 24 *Heghmanns* ZJS **2020** 164, 167.

30 So aber ohne nähere Begründung *Alt* MK Rdn. 7; *SSW/Saliger* Rdn. 3; *Schall* SK Rdn. 13; *Szesny* AnwK Rdn. 6; *Ransiek* NK Rdn. 5; *Witteck* BeckOK Rdn. 8.

31 BT-Drs. 8/3633 36.

32 BT-Drs. 8/3633 36; *Szesny* AnwK Rdn. 3; *Schall* SK Rdn. 14; *Sch/Schröder/Heine/Schittenhelm* Rdn. 5; *Lackner/Kühl/Heger* Rdn. 3; *Rogall* JZ-GD **1980** 101, 114.

33 *Alt* MK Rdn. 8; *SSW/Saliger* Rdn. 3; *Schall* SK Rdn. 14; *Sch/Schröder/Heine/Schittenhelm* Rdn. 5.

§ 330c Einziehung

Ist eine Straftat nach den §§ 326, 327 Abs. 1 oder 2, §§ 328, 329 Absatz 1, 2 oder Absatz 3, dieser auch in Verbindung mit Absatz 5, oder Absatz 4, dieser auch in Verbindung mit Absatz 6, begangen worden, so können
1. **Gegenstände, die durch die Tat hervorgebracht oder zu ihrer Begehung oder Vorbereitung gebraucht worden oder bestimmt gewesen sind, und**
2. **Gegenstände, auf die sich die Tat bezieht,**

eingezogen werden. § 74a ist anzuwenden.

Schrifttum

Borchers Umweltstrafrecht und Sanktionen (2012); *Lenz* Einziehung und Verfall (1986); *Schall/Schreibauer* Gegenwärtige und zukünftige Sanktionen bei Umweltdelikten, NuR **1996** 440; *Schmidt/Schöne* Das neue Umweltstrafrecht, NJW **1994** 2514.

Entstehungsgeschichte

Die Bestimmung entstand mit dem **18. StRÄndG 1980** (und verdrängte die bis dahin unter dieser Nummer angesiedelte unterlassene Hilfeleistung nach § 323c). Sie enthielt seinerzeit nur einen Satz, der weitgehend dem heutigen Satz 1 entsprach, allerdings nur auf Vorsatzstraftaten nach § 326 Abs. 1 und 2, § 327 Abs. 1 und § 328 Abs. 1 und 2 Bezug nahm.

Das **2. UKG** brachte 1994 die längst fällige Erweiterung durch die Anfügung von Satz 2, wodurch die Einziehung nicht dem Täter gehörender Sachen ermöglicht wurde. Der Katalog einziehungstauglicher Vorsatzdelikte wurde auf § 327 Abs. 2, § 328 Abs. 3 und § 329 Abs. 1–3 ausgedehnt. Im Hinblick auf die § 30b BNatSchG a. F., § 18a AbfG a. F. und § 7 Benzinbleigesetz a. F., aufgrund derer auch fahrlässige Straftaten die Einziehung rechtfertigen können, wurde in Satz 1 zudem die Einschränkung auf Vorsatztaten aufgegeben und einige, nicht jedoch alle Fahrlässigkeitsvarianten der bisher genannten Vorsatztaten hinzugenommen. Ausgeschlossen blieben fahrlässige Begehungen von § 327 und § 329 Abs. 1 und 2, wohingegen die Fahrlässigkeitsvarianten der §§ 326, 328 und § 329 Abs. 3 einziehungstauglich wurden, was insbesondere für den Abfallsektor und in Naturschutzsachen für wichtig erachtet worden war, um das Strafrecht an das – insoweit schärfere – Ordnungswidrigkeitenrecht anzupassen.[1] Bei den Verstößen gegen § 327 und § 329 Abs. 1 und 2 hatte man hingegen die Befürchtung, der Verhältnismäßigkeitsgrundsatz in Verbindung mit den umweltverwaltungsrechtlichen Maßnahmen der Untersagung oder Stilllegung von Anlagen würde ohnehin „eine Einziehung typischerweise nicht zulassen".[2]

Eine bislang letzte Änderung erfolgte 2011 durch das **45. StrÄndG**. Als Folge der Erweiterung des § 329 um dessen neuen Absatz 4 wurden dieser sowie die Leichtfertigkeitsvariante in § 329 Abs. 6 in § 330c aufgenommen.[3]

Die praktische Bedeutung von § 330c ist bis heute gering geblieben.

Übersicht

---

1 Begr. RegE BT-Drs. 12/192 30; *Michalke* Rdn. 430; *Möhrenschlager* NStZ **1994** 566, 568; *Schall/Schreibauer* NuR **1996** 440, 442; *Schall* SK Rdn. 2.

2 Begr. RegE BT-Drs. 12/192 30; *Sch/Schröder/Heine/Schittenhelm* Rdn. 3; *Schall* SK Rdn. 5; *SSW/Saliger* Rdn. 2; *Fischer* Rdn. 2; *Michalke* Rdn. 430.

3 BT-Drs. 17/5391 6, 20.

https://doi.org/10.1515/9783110490305-016

I. Regelungsinhalt

1. Ausdehnung auf Fahrlässigkeitstaten und Tatobjekte (Satz 1)

Die Bestimmung regelt letztlich nur einen kleinen Teil der möglichen Einziehungsfälle. Sie hat zunächst keinerlei Auswirkungen auf die weiterhin anwendbare Einziehung von Taterträgen oder von entsprechendem Wertersatz nach den §§ 73-73e. Der Regelungsinhalt erstreckt sich vielmehr auf **Tatprodukte** und **Tatmittel** (Nummer 1) sowie auf die sog. **Beziehungsgegenstände** (Nummer 2). Auch insoweit existieren bereits Regelungen vor allem in § 74, die allerdings durch § 330c modifiziert werden. 1

Gegenstände, die durch eine Tat hervorgebracht werden (sog. **Tatprodukte** nach der Legaldefinition in § 74 Abs. 1) sind solche Objekte, die unmittelbar aus der Tat entstanden sind.[4] Das können etwa die Endprodukte der Abfallverwertung (§ 326 Abs. 1), des unerlaubten Anlagenbetriebs (§ 327, § 329 Abs. 1), hergestellte Kernbrennstoffe (§ 328 Abs. 1), Holz (§ 329 Abs. 2 Nr. 5) oder errichtete Gebäude sein (§ 329 Abs. 2 Nr. 8).[5] Nach § 74 Abs. 1 können solche Tatprodukte allerdings nur bei Vorsatztaten eingezogen werden. Die Regelungswirkung von § 330c besteht insoweit darin, auch die in ihm genannten **Fahrlässigkeitsvarianten** (§ 326 Abs. 5, § 328 Abs. 5, § 329 Abs. 5 und 6, letztere aber allein auf § 329 Abs. 3 und 4 bezogen) als einziehungstaugliche Straftaten auszuweisen. 2

In gleicher Weise erschöpft sich die Regelung hinsichtlich der in Nummer 1 weiterhin genannten **Tatmittel** („Gegenstände, die zu ihrer [der Tat] Begehung oder Vorbereitung gebraucht oder bestimmt gewesen sind", vgl. erneut § 74 Abs. 1) darauf, die in Rdn. 2 genannten Fahrlässigkeitstaten zusätzlich als Einziehungsgrundlagen heranzuziehen. Tatmittel sind diejenigen Tatwerkzeuge, die unmittelbar zur Tatbestandsverwirklichung als deren eigentliche Mittel anzusehen sind, aber auch Gegenstände, die der Vorbereitung dienen oder die in der Beendigungsphase eingesetzt werden.[6] Beispiele wären der zum Transport oder zur Ein- oder Ausfuhr eingesetzte Fuhrpark (§ 326, § 328 Abs. 1), der zum Abbau eingesetzte Bagger (§ 329 Abs. 3 Nr. 1)[7] oder die zur Jagd verwendeten Waffen (§ 329 Abs. 3 Nr. 6). 3

Nummer 2 nennt ferner „Gegenstände, auf die sich die Tat bezieht", in § 74 als **Tatobjekte** definiert und häufig als sog. **Beziehungsgegenstände** bezeichnet.[8] Bei ihnen handelt es sich um diejenigen Gegenstände, die zur Tatbestandsverwirklichung notwendig sind, ohne mit ihnen unmittelbar die Tat zu begehen. Als solche kommen beispielsweise Abfälle (§ 326), beförderte oder abgegebene Kernbrennstoffe (§ 328 Abs. 1, Abs. 2 Nr. 2) sowie Tiere und Pflanzen (§ 329 Abs. 3 Nr. 6 und 7) in Betracht, aber auch ganze Anlagen nach § 327 Abs. 1.[9] Derartige Tatobjekte unterliegen nach § 74 Abs. 2 an sich nicht der Einziehung, sondern tun dies nur „nach Maßgabe besonderer Vorschriften." Eine solche besondere Vorschrift stellt § 330c S. 1 dar. Im Ergebnis gestattet diese Bestimmung daher eine ansonsten nicht mögliche Einziehung der Tatobjekte. 4

2. Ausdehnung auf dem Täter nicht gehörende Gegenstände (Satz 2)

Der angefügte Satz 2 („§ 74a ist anzuwenden.") bewirkt, dass sich die Einziehung von Tatprodukten, -mitteln und -objekten auch auf täterfremde Gegenstände erstrecken kann (sog. **Dritt-** 5

4 Eingehender *Lohse* LK § 74 Rdn. 12 ff; ferner *Schall* SK Rdn. 7.
5 *Schall* SK Rdn. 7.
6 Eingehend *Lohse* LK § 74 Rdn. 15 ff m. w. N.; offenbar enger *Schall* SK Rdn. 8 (nur zur unmittelbaren Tatbestandsverwirklichung).
7 *Witteck* BeckOK Rdn. 6; *Schall* SK Rdn. 8, auch mit weiteren Beispielen.
8 *Lohse* LK § 74 Rdn. 21; *Fischer* Rdn. 3; *Schall* SK Rdn. 9; *SSW/Saliger* Rdn. 2; *Sch/Schröder/Heine/Schittenhelm* Rdn. 4.
9 *Fischer* Rdn. 3; *SSW/Saliger* Rdn. 2; *Schall* SK Rdn. 9; *Sch/Schröder/Heine/Schittenhelm* Rdn. 4.

einziehung). Der Gesetzgeber hat insbesondere an den Fall gedacht, dass umweltgefährliche Anlagen oder Tatwerkzeuge nicht dem Täter gehören, sondern nur angemietet, gepachtet oder geleast worden sind. Hier soll „Manipulationen und verdeckten Handlungen durch Dritte" auch mit dem Mittel der Einziehung entgegengewirkt werden können.[10] Die Voraussetzungen für die Dritteinziehung ergeben sich aus § 74a (u. a. leichtfertiger Beitrag zur Verwendung als Tatmittel oder als Tatobjekt [Nr. 1] bzw. ein verwerflicher Erwerb in Kenntnis der Umstände, welche die Einziehung zugelassen hätten [Nr. 2]).[11]

II. Entscheidung

6 Im Unterschied zu der obligatorischen Tatertragseinziehung nach § 73 besteht für die Einziehungen nach den §§ 74, 74a und somit ebenso für § 330c ein **gerichtlicher Entscheidungsspielraum** („können...eingezogen werden"). Maßgebend ist dafür das Tatgewicht, der Umfang des Werkzeugeinsatzes, die Gefahren, die von dem Gegenstand ausgehen, sowie die Belastung, welche die Einziehung für den von ihr Betroffenen bedeutet (vgl. § 74f Abs. 1).[12]

10 RegE BT-Drs. 12/192 30.
11 *Lenz* 141 ff; *Lohse* LK § 74a Rdn. 15 ff, 19 ff.
12 Näher *Lohse* LK § 74 Rdn. 47 f; § 74f Rdn. 3 ff.

§ 330d Begriffsbestimmungen

(1) Im Sinne dieses Abschnitts ist
1. ein Gewässer: ein oberirdisches Gewässer, das Grundwasser und das Meer;
2. eine kerntechnische Anlage: eine Anlage zur Erzeugung oder zur Bearbeitung oder Verarbeitung oder zur Spaltung von Kernbrennstoffen oder zur Aufarbeitung bestrahlter Kernbrennstoffe;
3. ein gefährliches Gut: ein Gut im Sinne des Gesetzes über die Beförderung gefährlicher Güter und einer darauf beruhenden Rechtsverordnung und im Sinne der Rechtsvorschriften über die internationale Beförderung gefährlicher Güter im jeweiligen Anwendungsbereich;
4. eine verwaltungsrechtliche Pflicht: eine Pflicht, die sich aus
a) einer Rechtsvorschrift,
b) einer gerichtlichen Entscheidung,
c) einem vollziehbaren Verwaltungsakt,
d) einer vollziehbaren Auflage oder
e) einem öffentlich-rechtlichen Vertrag, soweit die Pflicht auch durch Verwaltungsakt hätte auferlegt werden können,
ergibt und dem Schutz vor Gefahren oder schädlichen Einwirkungen auf die Umwelt, insbesondere auf Menschen, Tiere oder Pflanzen, Gewässer, die Luft oder den Boden, dient;
5. ein Handeln ohne Genehmigung, Planfeststellung oder sonstige Zulassung: auch ein Handeln auf Grund einer durch Drohung, Bestechung oder Kollusion erwirkten oder durch unrichtige oder unvollständige Angaben erschlichenen Genehmigung, Planfeststellung oder sonstigen Zulassung.

(2) Für die Anwendung der §§ 311, 324a, 325, 326, 327 und 328 stehen in Fällen, in denen die Tat in einem anderen Mitgliedstaat der Europäischen Union begangen worden ist,
1. einer verwaltungsrechtlichen Pflicht,
2. einem vorgeschriebenen oder zugelassenen Verfahren,
3. einer Untersagung,
4. einem Verbot,
5. einer zugelassenen Anlage,
6. einer Genehmigung und
7. einer Planfeststellung
entsprechende Pflichten, Verfahren, Untersagungen, Verbote, zugelassene Anlagen, Genehmigungen und Planfeststellungen auf Grund einer Rechtsvorschrift des anderen Mitgliedstaats der Europäischen Union oder auf Grund eines Hoheitsakts des anderen Mitgliedstaats der Europäischen Union gleich. Dies gilt nur, soweit damit ein Rechtsakt der Europäischen Union oder ein Rechtsakt der Europäischen Atomgemeinschaft umgesetzt oder angewendet wird, der dem Schutz vor Gefahren oder schädlichen Einwirkungen auf die Umwelt, insbesondere auf Menschen, Tiere oder Pflanzen, Gewässer, die Luft oder den Boden, dient.

Schrifttum

Siehe dazu auch vor § 324 und zu § 324.

Bergmann Zur Strafbewehrung verwaltungsrechtlicher Pflichten im Umweltstrafrecht, dargestellt am § 325 StGB (1993); *Cornelius* Verweisungsbedingte Akzessorietät bei Straftatbeständen (2016); *Cornils* Die Fremdrechtsanwendung im Strafrecht (1978); *Ensenbach* Probleme der Verwaltungsakzessorietät im Umweltstrafrecht (1998); *Fenne* Der Rechtsmißbrauch im Umweltstrafrecht im System des Strafrechts und des Öffentlichen Rechts (Diss. Kiel 2000); *Führ* Der Dieselskandal und das Recht – Ein Lehrstück zum technischen Sicherheitsrecht, NVwZ **2017** 265; *Grau/Frick* Gewässerverschmutzung durch Seeschiffe – das aktuelle Sanktionensystem, TranspR **2009** 251; *Günther-Nico-*

https://doi.org/10.1515/9783110490305-017

lay Die Erfassung von Umweltstraftaten mit Auslandsbezug durch das deutsche Umweltstrafrecht gem. §§ 324 ff StGB (2003); *Hecker* Europäische Integration und Strafrechtsentwicklung in der EU am Beispiel des Umweltstrafrechts, Festschrift 400 Jahre Universität Gießen (2007) 455; *Heger* Die Europäisierung des deutschen Umweltstrafrechts (2009); *ders.* Das 45. Strafrechtsänderungsgesetz – Ein erstes europäisiertes Gesetz zur Bekämpfung der Umweltkriminalität, HRRS **2012** 211; *ders.* Die Beeinflussung des deutschen Strafrechts durch EU-Recht und der Gedanke des Rechtsmissbrauchs, ZIS **2013** 289; *Heghmanns* Grundzüge einer Dogmatik der Straftatbestände zum Schutz von Verwaltungsrecht oder Verwaltungshandeln (2000); *Jakobs* Nötigung durch Drohung als Freiheitsdelikt, Festschrift Peters (1974) 69; *Jünemann* Rechtsmißbrauch im Umweltstrafrecht (1998); *ders.* Zum Verhältnis von Verwaltungsrecht und Strafrecht unter besonderer Berücksichtigung von § 330d Nr. 5 StGB, UPR **1997** 399; *Kemme* Das Tatbestandsmerkmal der Verletzung verwaltungsrechtlicher Pflichten in den Umweltstraftatbeständen des StGB (2007); *Klages* Meeresumweltschutz und Strafrecht (1989); *Konzelmann* Zur Fremdrechtsanwendung im Wirtschaftsstrafrecht (2017); *Kühl* Probleme der Verwaltungsakzessorietät des Strafrechts, insbesondere im Umweltstrafrecht, Festschrift *Lackner* (1987) 815; *Kühn* Moderne Verwaltung und Strafrecht: Risiko und Chance, wistra **2002** 41; *Meyer* Führt § 330d Abs. 2 StGB zur endgültigen Europarechtsakzessorietät des deutschen Umweltstrafrechts? wistra **2012** 371; *Oehle* Die internationalstrafrechtlichen Bestimmungen des künftigen Umweltstrafrechts, GA **1980**, 241; *Paeffgen* Verwaltungsakt-Akzessorietät im Umweltstrafrecht, Festschrift Stree/Wessels (1993) 587; *Paetzold* Die Neuregelung rechtsmißbräuchlich erlangter Genehmigungen durch § 330d Nr. 5 StGB, NStZ **1996** 170; *Peters* „Schutz vor Gefahren" im Strafblankett §§ 328 Abs. 3 Nr. 1, 330d Nr. 4 lit. a (1. Alt.) StGB und das Bestimmtheitserfordernis gem. Art. 103 Abs. 2 GG, Festschrift Leutze (2003) 419; *Pfohl* Das 45. Strafrechtsänderungsgesetz – Umsetzung der EU-Richtlinien über den Schutz der Umwelt, ZWH **2013** 95; *Ransiek* Literaturbericht Umweltstrafrecht, ZStW **121** (2009) 162; *Rengier* Zur Reichweite von Sorgfaltspflichten und verwaltungsrechtlichen Pflichten im Umweltstrafrecht, Festschrift Boujong (1996) 791; *ders.* Bundes-Bodenschutzgesetz und strafbare Bodenverunreinigung, Festschrift Brohm (2002) 525; *Ries* Die Durchbrechung der Verwaltungsakzessorietät durch § 330d Nr. 5 StGB (2003); *Rogall* Die Duldung im Umweltstrafrecht, NJW **1995** 922; *ders.*, Die Verwaltungsakzessorietät des Umweltstrafrechts – Alte Streitfragen, neues Recht, GA **1995** 299; *Ruhs* Europäisierung des Umweltstrafrechts, ZJS **2011** 13; *Schall* Die „Verletzung verwaltungsrechtlicher Pflichten" als strafbegründendes Tatbestandsmerkmal im Umweltstrafrecht, Festschrift *Küper* (2007) 505; *ders.* Die Verwaltungsakzessorietät im Lichte des § 330d Nr. 5 StGB, Festschrift Otto (2007) 743; *ders.* Alte Lasten – neue Pflichten – strafrechtliche Grenzen, Festschrift Achenbach (2011) 463; *ders.* Das 45. StÄG: echte Gesetzesreform oder auftragsgemäße Erledigung, Festschrift Wolter (2013) 643; *Schröder* Europäische Richtlinien und deutsches Strafrecht (2002); *Schwerdtfeger* Die Reform des Umweltstrafrechts durch das Zweite Gesetz zur Bekämpfung der Umweltkriminalität (2. UKG), insbesondere unter kriminalpolitischen Gesichtspunkten (1998); *Sieren* Ausländische Umweltmedien als Schutzgüter des deutschen Umweltstrafrechts (Diss. Osnabrück 2001); *Stelkens/Bonk/Sachs* Verwaltungsverfahrensgesetz, 9. Aufl. (2018); *Wagner* Die Akzessorietät des Wirtschaftsstrafrechts (2016); *Weber* Zur Reichweite sektoraler gesetzlicher „Mißbrauchsklauseln", insbesondere des § 330d Nr. 5 StGB, Festschrift Hirsch (1999), 795; *Wegener* Verwaltungsakzessorietät im Umweltstrafrecht – Zur Auslegung von § 330d Nr. 5 StGB, NStZ **1998** 608; *Wimmer* Strafbarkeit des Handelns aufgrund einer erschlichenen behördlichen Genehmigung, JZ **1993** 67; *Wohlers* Verwaltungsrechtsakzessorietät und Rechtsmissbrauchsklauseln – am Beispiel des § 330d Nr. 5 StGB, JZ **2001** 850; *ders.* Der Erlass rechtsfehlerhafter Genehmigungsbescheide als Grundlage mittelbarer Täterschaft, ZStW **108** 61; *Wüterich* Die Bedeutung von Verwaltungsakten für die Strafbarkeit wegen Umweltvergehen (§§ 324 ff StGB), NStZ **1987** 106.

Entstehungsgeschichte

Die Bestimmung ist durch das **18. StRÄndG 1980** eingeführt worden und bestand zunächst nur aus einem Absatz mit vier Nummern, in welchen die Begriffsbestimmungen für das Gewässer (Nummer 1), die kerntechnische Anlage (Nummer 2) und gefährliche Güter (Nummer 4) enthalten waren. Nummer 3 enthielt den – heute in § 329 Abs. 2 S. 2 verschobenen – Hinweis, auch Anlagen in einem öffentlichen Unternehmen stellten betriebliche Anlagen zum Lagern, Abfüllen oder Umschlagen wassergefährdender Stoffe dar.

Die Notwendigkeit und Sinnhaftigkeit einer solchen Definitionsvorschrift ist lebhaft umstritten gewesen,[1] weil sie Begriffsbestimmungen enthält, die keineswegs alle für den gesamten 29. Abschnitt Bedeutung besitzen, sondern u. a. solche, die wie die Gefahrgutbestimmung (Absatz 1 Nr. 3 [Nr. 4 a. F.]), in nur einem einzigen Tatbestand Verwendung finden. Im Hinblick darauf wäre es sinnvoller gewesen, der jeweiligen einschlägigen Strafbestimmung die Definition anzufügen.[2] In der Tat hatte ein ursprünglicher Gesetzentwurf diesen Weg gewählt; unter dem Aspekt einer möglichen Überlastung der Tatbestandsvorschriften, also aufgrund rechtstechnischer Überlegungen, ist aber

1 Äußerst krit. *Triffterer* 249 ff.
2 So auch *Triffterer* 252.

schließlich davon abgesehen worden.[3] Bezeichnenderweise erfolgt die nähere Erläuterung der Einzelregelungen von § 330d in etlichen Kommentaren bei der Kommentierung derjenigen Bestimmungen, bei denen die Begriffe im Zusammenhang mit dem Unrechtstatbestand eine Rolle spielen. Der Entwurf des 18. StRÄndG rechtfertigte die Bestimmung schlicht mit dem Interesse an einer „präzisen" Umschreibung der Tatbestände.[4]

Das **2. UKG** führte 1994 zu einer umfangreichen Erweiterung der Bestimmung. Die Gewässerdefinition in Nummer 1 wurde durch den Wegfall der Begrenzung auf den räumlichen Geltungsbereich des StGB verallgemeinert. Nummer 3 a. F. wurde an seinen heutigen Standort in § 329 Abs. 2 S. 2 verschoben und an ihre Stelle die inhaltlich unveränderte Gefahrgutbestimmung gesetzt. Bahnbrechend für verwaltungsakzessorische Tatbestände war indessen die Aufnahme einer allgemeinen Regelung über die „verwaltungsrechtliche Pflicht" als neue Nummer 4. Nummer 5 ergänzte sie durch die Regelung zur Erfassung von Rechtsmissbräuchen, wonach bestimmte verwaltungsrechtlich wirksame Gestattungen strafrechtlich als nicht existent fingiert werden.

Das **45. StRÄndG** ergänzte – in Umsetzung der Richtlinie 2008/99/EG v. 19.11.2008 über den strafrechtlichen Schutz der Umwelt[5] – § 330d um einen neuen Absatz 2 zur Erfassung bestimmter europarechtsbezogener verwaltungsakzessorischer Straftaten in einem anderen Mitgliedstaat der Europäischen Union.

Übersicht

I. Die Begriffsbestimmungen in Absatz 1

1. Gewässer (Nummer 1)

a) Allgemeines. Der Begriff „Gewässer" wird vornehmlich in § 324 bedeutsam, taucht aber – wenngleich weniger zentral – daneben in § 324a Abs. 1 Nr. 1, § 325 Abs. 6 Nr. 2, § 326 Abs. 1 Nr. 4, Abs. 6, § 327 Abs. 2 S. 2, § 328 Abs. 1 Nr. 2, Abs. 3, § 329 Abs. 3 Nr. 3 und § 330 Abs. 1 Nr. 1 auf. 1

Gegenüber dem Gewässerbegriff des WHG a. F. nahm Nummer 1 eine bewusste Erweiterung in zweierlei Richtung vor:[6] auf das Meer und auf die vom Anwendungsbereich des WHG aus- 2

3 *Möhrenschlager* RAussch. Prot. 78/42.
4 BT-Drs. 8/2382 26.
5 AblEU L 328/28 v. 6.12.2008.
6 BT-Drs. 8/2362 26.

nehmbaren Heilquellen und kleinen Gewässer des § 2 Abs. 2 WHG.[7] **Gewässer** umfassen diejenigen Teile der Erdoberfläche, die nach ihrer natürlichen Beschaffenheit oder auf Grund künstlicher Vorrichtungen nicht nur vorübergehend oder bei außerordentlichen Witterungsanlagen mit Wasser bedeckt sind (Rdn. 4), sowie die Teile des Erdinnern, die Wasser enthalten. Einbezogen ist das Gewässerbett, während dies hinsichtlich des Ufers umstritten ist. Klar ist weiterhin, dass dieser Gewässerbegriff alle Formen des vom natürlichen Wasserhaushalt abgesonderten, gefassten Wassers (in Wasser- oder Abwasserleitungen, Kläranlagen, Schwimmbecken u. Ä.) ausschließt.[8]

3 Das 2. UKG hat den Gewässerbegriff nochmals erweitert: oberirdische Gewässer, das Grundwasser und das Meer werden nun **global erfasst**. Es verfolgt hierbei den Zweck, in verstärktem Ausmaß Auslandstaten, insbesondere von Deutschen, einzubeziehen.[9] Die Verfolgbarkeit hängt dann von der Anwendbarkeit der §§ 3 ff ab; das Weltrechtsprinzip (§ 6) gilt nicht.[10] Für wasserrechtliche Gestattungen bei reinen Auslandstaten bleibt das ausländische Wasserrecht maßgebend.

4 **b) Oberirdische (inländische) Gewässer.** Dies sind nach § 3 Nr. 1 WHG „das ständig oder zeitweilig in *Betten* fließende oder stehende Wasser" wie Ströme, Flüsse, Bäche, Kanäle, Gräben (fließende Gewässer, Fließgewässer) oder Seen, Teiche[11] und Weiher (stehende Gewässer, Stillgewässer). Sie werden ergänzt durch „aus *Quellen* wild [d. h. ohne Bett] abfließendes Wasser." Gekennzeichnet sind sie durch ihre Einbindung in den natürlichen Wasserkreislauf und die Teilnahme an den Gewässerfunktionen[12] mit einer gewissen Dauerhaftigkeit.[13] Die illegale Herstellung spielt keine Rolle.[14] Ohne Einfluss auf die Gewässereigenschaft ist es, wenn landesrechtliche Vorschriften derartige Gewässer nicht als „öffentliche", sondern als „private" Gewässer qualifizieren.[15]

5 **aa) Gewässerbett.** Das Gewässerbett[16] kann das von der Natur geschaffene „Gerinne" (Flussbett) oder das „Bett" eines stehenden Gewässers sein, aber auch das künstlich geschaffene, etwa die Kanaltrasse, künstliche Gräben und Speicherseen wie z. B. Talsperren. Es ist eine äußerlich erkennbare abgegrenzte Vertiefung der Erdoberfläche, die zumindest im Wesentlichen dazu dient, Wasser zu sammeln oder fortzuleiten.[17] Es genügt, dass es zeitweilig und unregelmä-

7 BT-Drs. 8/2382 26; BayObLGSt **1982** 69, 75 (nicht kettenförmig verbundene Teiche mit 366 m²); BayVGH ZfW **1988** 427 (bei mehr als 10 ha nicht unbedeutend); ZfW **1997** 99 f (nicht Fischteich von 10.000 m²); OVG Münster ZfW **1987** 88 (nicht 1 km langer und 4 m breiter Ems-Altarm); OLG Stuttgart NStZ **1994** 590 (Teiche, Amphibienbiotop); *Möhrenschlager* NuR **1983** 209, 211; *Rogall* JZ-GD **1980** 101, 108; *Michalke* Rdn. 14; *Sack* Rdn. 23; zu § 2 WHG *Berendes/Frenz/Müggenborg/Berendes* Rdn. 3 ff; *Czychowski/Reinhardt* Rdn. 13 ff; *Kotulla* Rdn. 10 ff; *Häberle* Rdn. 3; *Breuer* Rdn. 153 f (ggf. auch Teiche zur Eisgewinnung und Anbau von Wasserpflanzen, Pumpspeicher für Stromerzeugung, Klärbecken zur Wasserreinigung).

8 *Berendes/Frenz/Müggenborg/Berendes § 3 WHG Rdn. 5.*

9 Begr. RegE BT-Drs. 12/192 S. 30.

10 *Sch/Schröder/Heine/Schittenhelm* Rdn. 5.

11 Einschließlich dauerhafter Baggerseen, vgl. BVerwGE **55** 220, 223; 85 155.

12 BVerwG NVwZ-RR **2005** 739 = NuR **2005** 721; OVG Lüneburg ZfW **2003** 174.

13 BVerwG NVwZ-RR **2003** 829 = NuR **2004** 43.

14 BVerwG NVwZ-RR 2003 829 = ZfW **2004** 100.

15 VGH Mannheim ZfW **1994** 483.

16 *Berendes/Frenz/Müggenborg/Berendes § 3 WHG* Rdn. 5; *Czychowski/Reinhardt* § 3 Rdn. 11; *Kotulla* § 3 Rdn. 7; BVerwGE **49** 292, 296 = ZfW **1976** 282 (äußerlich erkennbare natürliche oder künstliche Begrenzung des Wassers in einer Eintiefung an der Erdoberfläche); NVwZ **2011** 696.

17 BVerwGE **49** 293, 298 = ZfW **1976** 282, 285.

ßig dem Ablauf des Wassers, z. B. bei Schneeschmelze oder Starkregen[18] oder, bei stehenden Gewässern, dessen Eingrenzung dient (Beispiel für letzteres: Hochwasserrückhaltebecken;[19] auch natürliche Retentionsfläche bei Hochwasser[20]). Es verliert seinen Charakter nicht, wenn es infolge mangelnder Unterhaltung verschlammt oder überwuchert ist.[21] Moore und Sümpfe werden nicht erfasst (anders sichtbare Moorweiher), sondern unterfallen dem Grundwasser.[22]

Obwohl § 3 Nr. 1 WHG den Begriff „Oberirdische Gewässer" nur auf „Wasser" bezieht, be- 6
steht strafrechtlich und wasserrechtlich allgemein ein Konsens darüber, zum Gewässer jedenfalls das Gewässerbett mit samt seiner Sohle zu zählen. Streitig ist, ob auch das Ufer dazu zu rechnen ist. Die h. M. im Strafrecht geht von einer **Einheit von Wasser, Bett und Ufer** aus,[23] während dies im Wasserrecht umstritten ist.[24] Die fehlende Nennung des Ufers in § 3 WHG, jedoch dessen gesonderte Erwähnung in § 38 Abs. 2, in § 39 Abs. 1 S. 1 Nr. 2, § 41 Abs. 1 Nr. 3 und § 67 Abs. 2 WHG könnten dafür sprechen, Ufer wasserrechtlich und als Folge auch strafrechtlich nicht als Bestandteil eines Gewässers anzusehen. Einbezogen werden kann sicherlich der seitliche Teil eines Gewässers bis zur Uferlinie als Linie des Mittelwasserstands, jedoch wohl auch der darüber liegende Teil bis zur Böschungsoberkante, der jedenfalls wasserrechtlich Ufer darstellt.[25] Ein überflutetes Gelände ist jedenfalls jenseits der Uferböschung noch kein Gewässer.[26] Strafrechtlich wird der Schutz des Gewässerbetts (einschließlich des Ufers) überwiegend auf die Fälle beschränkt, in denen durch seine Verunreinigung (mittelbar) die Wassergüte beeinträchtigt wird.[27] Bei ganzjähriger Trockenheit und bei teilweiser Trockenheit (bis zum Wiedereintritt von Wasser) kann sich eine Strafbarkeit wegen Verunreinigung des Gewässerbetts daher nur aus § 324a ergeben. Nicht zu den Gewässern zählen ferner Vertiefungen der Erdoberfläche, in denen sich gelegentlich Wasser ansammelt (Sandgruben, Bombentrichter, Fahrspuren) oder „nasse Stellen" im Gelände, bei denen eine natürliche oder künstliche Begrenzung des Wassers auf der Erdoberfläche nicht festzustellen ist. Hier kann es sich aber um zutage getretenes Grundwasser handeln.[28]

---

18 *Schall* SK § 324 Rdn. 16; *Saliger* Umweltstrafrecht Rdn. 343; *Kloepfer/Heger* Rdn. 175; *Czychowski/Reinhardt* § 3 WHG Rdn. 14 f; s. auch OLG Düsseldorf ZfW **1994** 505; OVG Schleswig NVwZ-RR **2004** 565.

19 *Czychowski/Reinhardt* § 3 WHG Rdn. 16; *Schall* SK § 324 Rdn. 14; als zweifelhaft offen gelassen von VGH Kassel ZfW **1991** 127.

20 *Schall* SK § 324 Rdn. 16.

21 *Schall* SK § 324 Rdn. 16; *Alt* MK § 324 Rdn. 13; LG Aachen ZfW **1986** 410 = NuR **1987** 143.

22 *Alt* MK § 324 Rdn. 18; *Schall* SK § 324 Rdn. 16; *Saliger* Umweltstrafrecht Rdn. 343; *Kloepfer/Heger* Rdn. 175 (kein Bett).

23 BGH NuR **1984** 203, 204 = ZfW **1984** 352; ZfW **1991** 231, 233, 235 f = NuR **1991** 498; *Alt* MK § 324 Rdn. 14; *Ransiek* NK § 324 Rdn. 8; *Fischer* § 324 Rdn. 2a f; *Schall* SK § 324 Rdn. 10; *Sch/Schröder/Heine/Schittenhelm* Rdn. 4; *Laufhütte/Möhrenschlager* ZStW 92 (**1980**) 912, 929; *Kessal* 111; *Michalke* Rdn. 15; **aA** *Heine* Festschrift Otto 1015, 1020 f.

24 Dafür *Czychowski/Reinhardt* § 3 WHG Rdn. 7 f; *Koch/Laskowski/Ziehm* § 5 Rdn. 66 f; *Sieder/Zeitler/Dahme/Knopp* § 1 WHG a. F. Rdn. 4; *Guckelberger* BeckOK § 3 WHG Rdn. 3 (bis zur Böschungsoberkante); **aA** *Berendes/Frenz/Müggenborg/Berendes § 3 WHG* Rdn. 5; *Kotulla* § 3 WHG Rdn. 7 f; § 38 WHG Rdn. 10 (Ufer als Bestandteil des Gewässerrandstreifens).

25 *Sack* Rdn. 11 (rechnet dazu das Ufer bis zur Uferlinie); zum Ufer OVG Münster OVGE **31** 223, 225 = ZfW **1976** 368; VGH Mannheim VBlBW **2010** 37, 39 (Nr. 35) = DÖV **2010** 47; *Kotulla* § 3 WHG Rdn. 7 f; § 38 WHG Rdn. 10; § 39 WHG Rdn. 5 f.

26 *Schall* SK § 324 Rdn. 15; *Alt* MK § 324 Rdn. 14; *Kotulla* § 3 WHG Rdn. 7; *Czychowski/Reinhardt* § 3 WHG WHGRdn. 11.

27 *Ransiek* NK § 324 Rdn. 8; *Schall* § 324 SK Rdn. 10; *Sch/Schröder/Heine/Schittenhelm § 324* Rdn. 4; *Fischer* § 324 Rdn. 2b; *Lackner/Kühl/Heger* § 324 Rdn. 2; *Szesny* AnwK § 324 Rdn. 3; weitergehend *Steindorf* LK[11] Rdn. 10, der auch Verunreinigungen des Betts mit einbeziehen will, die bei Wassereintritt bereits wieder verschwunden waren, i. Erg. wohl auch *Sack* Rdn. 13a.

28 BVerwG DÖV **1969** 755; ZfW **2004** 100 = NuR **2004** 43; BGH NuR **1984** 203; *Alt* MK § 324 Rdn. 14; *Schall* SK § 324 Rdn. 12, 19 (kein Bett; mangelnde Dauerhaftigkeit); *Sch/Schröder/Heine/Schittenhelm* § 324 Rdn. 4; **aA** z. T. *Czychowski/Reinhardt* § 3 WHG Rdn. 11, 51.

7 **bb) Aus Quellen „wild" abfließendes Wasser.** Eine **Quelle** bildet einen natürlichen, an einer bestimmten Stelle (auch in einer Höhle, in einem Bergwerkstollen oder Keller) auftretenden, nicht nur vorübergehender Austritt einer unterirdisch natürlich entstandenen Wasseransammlung[29] mit einem i. d. R. nicht nur vorübergehenden Abfluss, die damit nicht weiter zum Grundwasser zählt. Die Ergiebigkeit der Quelle ist ohne Bedeutung. Bereits mit dem „wilden" (ohne Gewässerbett erfolgenden), nicht nur vorübergehenden Abfließen wird es zum oberirdischen Gewässer,[30] erst recht, wenn der Abfluss sogleich in einem „Gerinne" stattfindet. Wird das aufsteigende Quellwasser direkt in einem Brunnen oder in Leitungen erfasst und fließt es auch danach in kein Bett, so bildet es kein Gewässer. Nicht aus Quellen hervortretendes, ohne Gewässerbett abfließendes Wasser (Niederschläge, Schmelzwasser, Hangdruckwasser, Überschwemmungsreste, ausufernder Wasserlauf)[31] unterliegt nicht generell dem WHG und wird auch von § 324 nicht erfasst. Anders ist dies, wenn ein Gewässerbett hierfür künstlich geschaffen wird[32] oder sich durch einen länger andauernden Abfluss neu bildet.

8 **cc) Wasser in Behältnissen.** Keine oberirdischen Gewässer sind alle in künstlichen Behältnissen gefassten, vom natürlichen Wasserhaushalt abgesonderten Wasseransammlungen.[33] Unerheblich ist hierbei, ob das Wasser in diesem Zustand fließt (z. B. in Wasserversorgungs- oder Abwasserleitungen)[34] oder ob es sich um stehende Wasseransammlungen (Schwimmbecken, Pump- oder Feuerlöschteiche, Hochbehälter, Zisterne, Springbrunnen, mit Folie ausgelegte Zierteiche, Klärbecken) handelt.[35] So ist auch ein undurchlässiges Erdbecken, in das Sickersäfte eines Dunghaufens und Oberflächenwasser eines Bauernhofs zusammenfließen, kein Gewässer.[36] Unbeabsichtigte, gelegentliche Wasseransammlungen in künstlich geschaffenen Erdlöchern wie Baugruben[37] sind gleichfalls nicht erfasst, weil ihnen jeder Bezug zum Wasserkreislauf fehlt. Ebensowenig bildet ein verrohrter Graben, der als private Entwässerungsleitung gedient hat, ein Gewässer.[38]

9 Die Eigenschaft als oberirdisches Gewässer geht indessen nicht verloren, wenn ein Gewässer streckenweise aus technischen Gründen **durch Rohre oder Tunnel geleitet** wird[39] oder

---

29 BVerwG DÖV **1969** 755 = ZfW **1969** 116; *Berendes/Frenz/Müggenborg/Berendes* § 3 WHG Rdn. 10; *Czychowski/Reinhardt* § 3 WHG Rdn. 32; *Kotulla* § 3 WHG Rdn. 14; *Schall* SK § 324 Rdn. 12.

30 VGH Mannheim BaWüVerwPr. **1994** 140; *Steindorf* LK[11] Rdn. 11; *Saliger* Umweltstrafrecht Rdn. 343.

31 *Berendes/Frenz/Müggenborg/Berendes* § 3 WHG Rdn. 11; *Czychowski/Reinhardt* § 3 WHG Rdn. 36; *Ransiek* NK § 324 Rdn. 8; *Szesny* AnwK § 324 Rdn. 3; *Saliger* Umweltstrafrecht Rdn. 343.

32 VGH München NuR **1999** 585; *Häberle* § 3 WHG Rdn. 4.

33 *Czychowski/Reinhardt* § 2 WHG Rdn. 8; *Häberle* § 3 WHG Rdn. 5; *Kloepfer/Heger* Rdn. 178.

34 RegE BT-Drs. 8/2382 26; BGH ZfW **1982** 215; NStZ **1997** 189 = wistra **1997** 147, 149; BVerwGE 49 300 = ZfW **1976** 286 (vollständig als Abwassersammler verrohrter Wasserlauf); BayVGH BeckRS **2009** 33812; BayObLGSt **1988** 25 = JR **1988** 344 m. Anm. *Sack* JR **1988** 25; OLG Koblenz OLGSt. § 324 Nr. 2 m. Anm. *Möhrenschlager*; OLG Oldenburg ZfW **1992** 320 = NuR **1992** 40, 41; OVG Greifswald ZfW **2002** 113, 116 = ZUR **2002** 419 (Kühlwasserkanal, auch wenn potenziell als Hafenbecken nutzbar); *Alt* MK Rdn. 16; *Ransiek* NK Rdn. 7; *Schall* NStZ-RR **2003** 65; *Berendes/Frenz/Müggenborg/Berendes* § 3 WHG Rdn. 5, 8.

35 BT-Drs. 8/2382 26; *Möhrenschlager* NStZ **1982** 469; *Pfohl* wistra **1994** 1, 6; *Schall* NStZ **1992** 209; anders bei einem ummauerten Hausbrunnen, der in Verbindung mit nachfließendem Grundwasser steht, s. OLG Celle NJW **1995** 3197 f; BVerwG ZfW **1969** 116 (direkt in einem Brunnen oder in einer Rohrleitung erfasstes „Quellwasser" ist kein Gewässer).

36 OLG Oldenburg NJW **1992** 924 = ZfW **1992** 320.

37 *Schall* SK § 324 Rdn. 7; *Kloepfer/Heger* Rdn. 175; *Häberle* § 3 WHG Rdn. 5; *Czychowski/Reinhardt* § 3 WHG Rdn. 11 (fehlendes „Bett"); *Kotulla* § 3 WHG Rdn. 10; *Möhrenschlager* NuR **1983** 209, 211.

38 OVG Hamburg ZfW **1993** 114.

39 RegE BT-Drs. 8/2382 26; BGH NStZ **1997** 189; BVerwG ZfW **1997** 25; BVerwGE **49** 293, 298 f = DÖV **1976** 279; NVwZ **2011** 696 (auch wenn das Wasser unterirdisch in ein anderes Gewässer geleitet wird); OVG Lüneburg NuR

naturbedingt zeitweise unterirdisch verläuft.[40] Wann ein Gewässer durch Vornahme technischer bzw. künstlicher Veränderungen seine Identität verliert, ergibt sich aus einer „natürlichen Betrachtung der Landschaft".[41] Die Eigenschaft als natürliches Fließgewässer ist nicht dadurch verloren gegangen, dass „in den 40er Jahren" sein Lauf um etwa 200 m in sein heutiges – insoweit künstlich geschaffenes – Bett verlegt worden ist.[42]

Bei der Einbeziehung eines natürlichen Gewässers in das **Abwassersystem**[43] einer Gemeinde ist entscheidend darauf abzustellen, ob die Verbindung zum natürlichen Kreislauf des Wassers weiter besteht oder nicht, ob also trotz der Schadfracht, mit der das Wasser belastet ist, das Wesen des von der Natur geschaffenen Gewässers erhalten geblieben oder ob es zu einer reinen Abwasserleitung degradiert worden ist.[44] Die „Zweinaturentheorie", d. h. die Auffassung, ein Gewässer könne zugleich Teil eines einheitlichen Kanalisationsnetzes einer Gemeinde sein und damit sowohl den Vorschriften des Wassergesetzes als auch der örtlichen Kanalisationssatzung unterliegen,[45] ist umstritten.[46] Ein Wassergraben, der „Brauchwasser" aus einem Freibad ableitet, bleibt ein oberirdisches Gewässer, auch wenn er streckenweise in Beton gefasst oder verrohrt ist.[47] 10

c) Grundwasser (§ 3 Nr. 3 WHG). Als Grundwasser gilt das gesamte, am natürlichen Wasserkreislauf teilnehmende, unter der Erdoberfläche (auch unter der des Küstengewässers und wohl auch des Meeres), Hohlräume der Erdrinde[48] oder Bergwerkstollen ausfüllende, nicht künstlich in Wasserleitungen gefasste[49] „unterirdische Wasser in der Sättigungszone, das in unmittelbarer Berührung mit dem Boden oder dem Untergrund steht."[50] Herkunft und Tiefe dieses stehenden oder fließenden Wassers spielen keine Rolle. Kein Grundwasser stellt das aus einem Oberflächengewässer in das Erdreich (u. a. unterhalb der Gewässersohle) abgesickerte, infiltrierte Wasser (Kapillar- bzw. Sickerwasser, auch sog. Uferfiltrat) dar. Flüssige Bestandteile des Bodens (Bodenlösung bzw. Bodenfeuchte [Porenwinkelwasser]) in der ungesättigten Zone sind vielmehr 11

1982 267; OVG Münster ZfW **1987** 123; zur „Verdolung" VGH Mannheim NuR **1995** 197; *Berendes/Frenz/Müggenborg/Berendes* § 3 WHG Rdn. 8; *Czychowski/Reinhardt* § 3 WHG Rdn. 13 (auch Verbindungsstollen zwischen zwei Talsperren); *Ransiek* NK § 324 Rdn. 7; *Schall* SK § 324 Rdn. 8; *Laufhütte/Möhrenschlager* ZStW 92 (**1980**) 912, 929; nach BVerwG NVwZ-RR **2005** 739 (Vorinstanz OVG Weimar NuR **2005** 195) wird bei der Führung von Bachwasser über eine 1 km lange Betonröhre, eine künstliche Kaskade, in Betonkanälen eines überbauten Bruthauses einer Fischzuchtanlage sowie durch einen Trommelfilter die Verbindung zum natürlichen Wasserhaushalt noch nicht unterbrochen, zust. *Häberle* § 3 WHG Rdn. 6; **aA** *Driewer* NuR **2006** 722 f; *Schall* NStZ-RR **2006** 161, 163.

40 Beispiel: Donau bei Tuttlingen; *Alt* MK § 324 Rdn. 15; *Häberle* § 3 WHG Rdn. 6.

41 Bay VerfGH NuR **1992** 268, 269.

42 BGH NuR **1994** 415.

43 Zur Abgrenzung BVerwGE **49** 293, 300 = ZfW **1976** 282, 286; OVG Hamburg NuR **1990** 131; OVG Münster ZfW **1990** 419, 420; OVG Lüneburg NuR **1982** 267 = ZfW **2003** 174; OLG Celle NJW **1993** 3197.

44 BGH NStZ **1997** 189 = wistra **1997** 147, 149; *Czychowski/Reinhardt* § 3 Rdn. 25; *Schall* SK § 324 Rdn. 13; *Sieder/Zeitler/Dahme/Knopp* § 2 WHG Rdn. 16; *Rehbinder/Schink-Durner* Kap. 9 Rdn. 24.

45 HessVGH ESVGH 13 115; ZfW **1997** 186; dazu ausführlich *Breuer/Gärditz* Rdn. 234 ff.

46 Abl. *Czychowski/Reinhardt* § 3 Rdn. 30 m. w. N.; krit. *Berendes/Frenz/Müggenborg/Berendes* § 3 WHG Rdn. 8, krit. auch, aber nicht entschieden von BVerwGE **49** 293, 301, 304 f; eingeschränkt zustimmend *Breuer/Gärditz* Rdn. 237 ff, 247 ff; ebenso *Rehbinder/Schink-Durner* Kap. 9 Rdn. 25 m. w. N.

47 OVG Münster ZfW **1981** 184 (Verrohrung); VGH Mannheim ZfW **1981** 170, 172 (Verhinderung der Sauerstoffaufnahme zu Regenerationszwecken sowie mögliche Verschlammung); ZfW **1995** 164 = NuR **1995** 197 (wasserwirtschaftliche Gefahren der „Verdolung").

48 Zu Erdhöhlen vgl. BVerwGE **27** 178.

49 BVerwGE **49** 298 f; *Schall* SK Rdn. 19; zu § 3 WHG *Berendes/Frenz/Müggenborg/Berendes* § 3 WHG Rdn. 17; *Czychowski/Reinhardt* § 3 WHG Rdn. 46; zum Grundwasser als Gewässer BGH NStZ **2014** 89, 92.

50 BVerfGE **58** 303 = ZfW **1982** 285; BVerwG ZfW **1969** 116; OVG Münster NuR **2011** 293, 295 = ZfW **2011** 101, 103; *Czychowski/Reinhardt* § 3 WHG Rdn. 45 ff; vgl. auch Art. 2 Nr. 2 WRRL; Art. 1 Abs. 2a Grundwasser-RL; DIN 4049 Teil 1 Nr. 4.2.

Gegenstand des Bodenschutzrechts (vgl. § 2 Abs. 1 BBodSchG).[51] Gelangen solches Sickerwasser aus oberirdischen Gewässern, Wasser aus sonstigen Ansammlungen, die keine Gewässer i. S. d. WHG darstellen, oder in einer Deponie gelagerte Stoffe[52] in die Sättigungszone, werden sie Bestandteile des Grundwassers; wer sie verunreinigt, kann damit eine Verunreinigung des Grundwassers herbeiführen.[53] Keine Ansammlungen von Grundwasser entstehen bei Wassereinbrüchen in Kellern, Baugruben[54] oder bei ähnlichen Vorfällen, soweit oder solange der natürliche Zusammenhang mit dem unterirdischen Wasser als unterbrochen anzusehen ist.[55] Bei Kiesgewinnung durch Eingriff in das Grundwasser auf Dauer entstehende Baggerseen sind ebenso wie Seen in stillgelegten Braunkohletagebaugebieten nicht mehr Grundwasser, sondern oberirdische Gewässer;[56] alsbald aufzufüllende Baggerseen werden noch dem Grundwasser zugerechnet.[57] Auch „gefasstes" unterirdisch verlaufendes Wasser (beispielsweise in Drainageleitungen) kann in Ausnahmefällen zum Grundwasser gehören,[58] wenn es nicht als Abwasser abgeleitet, sondern in den natürlichen Kreislauf des unterirdischen Wassers zurückgeführt wird.[59] Zum Grundwasser zählen z. B. auch ummauerte Hausbrunnen, in die nach Wasserentnahme Grundwasser nachläuft.[60]

12 **d) Das Meer.** Es umfasst Küstengewässer, die Ausschließliche Wirtschaftszone (AWZ) und den Festlandsockel (in Deutschland im Wesentlichen identisch mit der AWZ und damit Meeresgewässer i. S. v. § 3 Nr. 2a WHG), die entsprechenden auslandsbezogenen Meeresteile (ausländische Küstengewässer usw.) sowie die sonstige Hohe See.[61] **Inländische Küstengewässer** (§ 2 Abs. 1 Nr. 2 WHG), d. h. die deutschen Hoheitsgewässer der Nord- und Ostsee, sind nach § 3 Nr. 2 WHG „das Meer zwischen der Küstenlinie bei mittlerem Hochwasser oder zwischen der seewärtigen Begrenzung der oberirdischen Gewässer und der seewärtigen Begrenzung des Küstenmeeres." Die **Küstenlinie** bei mittlerem Hochwasser[62] ist in der Nordsee die Linie bei mittle-

---

51 BGHZ **172** 287 = NvWZ-RR **2007** 754; *Berendes/Frenz/Müggenborg/Berendes* § 3 WHG Rdn. 16 f; *Czychowski/Reinhardt* § 3 WHG Rdn. 45; *Rehbinder/Schink-Durner* Kap. 9 Rdn. 144 ff; **aA** OVG Münster NuR **2011** 293, 295; *Kotulla* § 3 WHG Rdn. 30 f; *Guckelberger* BeckOK § 3 WHG Rdn. 11 (anders aber zur sog. Bodenfeuchte); *Sparwasser/Engel/Voßkuhle* § 8 Rdn. 98, die in Übereinstimmung mit der Rechtsprechung vor der gesetzlichen Definition des Grundwassers sog. Uferfiltrate weiter zum Grundwasser rechneten; auch BT-Drs. 8/2382 26 sah das „gesamte unterirdische Wasser" noch als Grundwasser an, so auch noch die h. L. im Strafrecht, vgl. *Alt* MK § 324 Rdn. 17 f (nicht Bodenfeuchte); *Ransiek* NK § 324 Rdn. 9; *Schall* SK § 324 Rdn. 19; *Sch/Schröder/Heine/Schittenhelm* Rdn. 5; *Fischer* § 324 Rdn. 3.

52 GenStA Zweibrücken NStZ **1984** 554.

53 Zur Einleitung von ölverschmutztem Sickerwasser in eine Abwasseranlage OLG Karlsruhe NuR **1996** 163.

54 OVG Münster ZfW **1987** 191; *Kotulla* § 3 WHG Rdn. 32.

55 *Häberle* § 3 WHG Rdn. 11; *Breuer/Gärditz* Rdn. 278; anders bei vorübergehendem Austritt an die Oberfläche von Baugruben oder bei hohem Grundwasserspiegel auf Wiesen und Feldern, vgl. BVerwG DÖV **1969** 755 = ZfW **1969** 116 f; *Berendes/Frenz/Müggenborg/Berendes* § 3 WHG Rdn. 17.

56 BVerwGE **55** 220, 223; **85** 155; OVG Münster NuR **1992** 134 = ZfW **1992** 455; *Czychowski/Reinhardt* § 3 WHG Rdn. 52; *Berendes/Frenz/Müggenborg/Berendes* § 3 WHG Rdn. 6, 17; *Franzheim/Pfohl* Rdn. 46.

57 BayObLGSt **1981** 171, 176 f; *Berendes/Frenz/Müggenborg/Berendes* § 3 WHG Rdn. 17.

58 OVG Koblenz NVwZ-RR **1989** 10 = ZfW **1989** 165; *Alt* MK § 324 Rdn. 18; *Sack* § 324 Rdn. 16.

59 *Alt* MK § 324 Rdn. 18; *Sack* § 324 Rdn. 16; *Schall* SK § 324 Rdn. 19.

60 OLG Celle NJW **1995** 3197, 3198 = ZfW **1996** 331, 333.

61 Streitig ist, ob zur Hohen See auch die AWZ gehört, dafür ausdrücklich *Alt* MK § 324 Rdn. 20; die h. L. ging bisher davon aus, dass zur Hohen See die Bereiche jenseits der Küstengewässer gehören, s. *Ransiek* NK § 324 Rdn. 9; *Sch/Schröder/Heine/Schittenhelm* § 324 Rdn. 6; *Saliger* Umweltstrafrecht Rdn. 345; auch *Werle/Jeßberger* LK § 5 Rdn. 49 unter Bezugnahme auf Art. 1 HoheSeeÜbK, vgl. auch § 2 I 2 Hohe-See-Einbringungsgesetz, der die AWZ zur Hohen See zählt; in Rdn. 56 weisen sie allerdings darauf hin, dass Art. 86 SRÜ die AWZ aus dem Begriff Hohe See herausnimmt; **aA** *Schall* SK § 324 Rdn. 20; *Guckelberger* BeckOK § 3 WHG Rdn. 9a (unter Bezugnahme auf Art. 86 SRÜ).

62 BGHZ **102** 3 = ZfW **1988** 425.

rem Tidehochwasser bzw. in der Ostsee die Linie des Mittelwasserstandes.[63] Das Wattenmeer gehört zum Küstengewässer. Die **seewärtige Begrenzung** des oberirdischen Gewässers wird, soweit es sich um Binnenwasserstraßen des Bundes handelt, die dem allgemeinen Verkehr dienen, durch die Anlage 1 zu § 1 Abs. 1 Nr. 1 Bundeswasserstraßengesetz (WaStrG), im Übrigen durch die Küstenländer festgelegt (§ 3 Nr. 2 2. HS WHG). Länderbegrenzungen umfassen je nach Landesrecht auch Sund- und Boddengewässer, Haffe und Wieke, Siele, Schleusen und Schöpfwerke.[64] Die seewärtige Begrenzung des Küstenmeeres erfolgt entsprechend Art. 2 SRÜ durch die Hoheitsgrenze der Bundesrepublik Deutschland.[65] Zu beachten sind die Proklamationen der Bundesregierung über die Ausweitung des Küstenmeeres[66] mit grundsätzlicher Ausweitung auf zwölf Seemeilen (in der Nordsee mit weiterer Ausdehnung in der Tiefwasserreede westlich von Helgoland; Ausnahmen in der Ostsee).[67] Die Breite eines ausländischen Küstenmeers kann kürzer als im Inland sein, da Art. 3 SRÜ die 12-Meilen-Grenze nur als Höchstgrenze festlegt.

Darüber hinaus gilt gemäß Art. 12 des Ausführungsgesetzes zum Seerechtsübereinkommen 13
1982/1994 vom 6.6.1995[68] das deutsche Strafrecht auch für Gewässerverunreinigungen, die außerhalb der deutschen AWZ von einem Schiff aus in der Nordsee oder Ostsee durch Einleiten von Stoffen unter Verletzung verwaltungsrechtlicher Pflichten begangen werden, welche der Durchführung völkerrechtlicher Übereinkommen zum Schutz des Meeres dienen. Soweit eine solche Tat in den Hoheitsgewässern eines anderen Staates begangen wird, gilt die genannte Regelung, wenn die Tat nach dem Recht dieses Staates mit Strafe bedroht ist.

2. Kerntechnische Anlagen (Nummer 2)

Zum teilweise umstrittenen Begriff der kerntechnischen Anlage wird auf § 327 Rdn. 4 ff verwie- 14
sen. Außerhalb des 29. Abschnitts wird der Begriff noch in § 312 Abs. 1 verwendet, wo ebenfalls ausdrücklich auf § 330d Bezug genommen wird. Besser wäre es gleichwohl gewesen, die Definition bei § 327 anzusiedeln. Durch § 330d Abs. 2 ist jedenfalls geklärt, dass § 327 Abs. 1 auch den rechtswidrigen Umgang von kerntechnischen Anlagen oder von kernbrennstoffhaltigen Betriebsstätten jedenfalls in einem anderen Mitgliedstaat der Europäischen Union erfasst.[69]

3. Gefährliches Gut (Nummer 3)

Der Begriff des gefährlichen Gutes wird nur in § 328 Abs. 3 Nr. 2 verwendet (dazu im Einzelnen 15
§ 328 Rdn. 41 ff). Die Übernahme in eine zentrale Definitionsvorschrift erscheint im Hinblick

---

63 OVG Greifswald ZfW **2002** 113, 119 = NuR **2002** 688; *Berendes/Frenz/Müggenborg/Berendes* § 3 WHG Rdn. 13; *Czychowski/Reinhardt* § 3 WHG Rdn. 38 f; *Kotulla* § 3 WHG Rdn. 23.

64 Vgl. § 1 Abs. 3 MecklVorpWG; § 1 Abs. 3 S. 2 NdsWG; § 1 Abs. 3 SHWG; *Kotulla* § 3 WHG Rdn. 23, 25.

65 BVerfG NVwZ-RR **1992** 521; *Czychowski/Reinhardt* § 3 WHG Rdn. 41; *Schall* SK § 324 Rdn. 20; *Khan* Die deutschen Staatsgrenzen (2004) 583 ff.

66 Bekanntmachungen (betr. Verhinderung von Tankerunfällen in der Deutschen Bucht) vom 12.11.1984 (BGBl. I 1366) und vom 11.11.1994 (BGBl. I 3428).

67 Die Abgrenzung zu Polen ist in dem Vertrag v. 14.11.1990 (BGBl. 1991 II S. 1328) unter Übernahme der lateralen Grenze des Küstengewässers zwischen der DDR und Polen im Vertrag v. 22.5.1989 (GBl. DDR 1989 II 150) verankert; vgl. dazu *Khan* Die deutschen Staatsgrenzen 333 ff, 583, 603 ff, 609 ff; zur nicht ganz geklärten Abgrenzung zu Dänemark s. *Wolfrum* Archiv des Völkerrechts **24** (1986) 247, 267 (1986); *Khan* Staatsgrenzen 347, 583; weiter ungeklärt ist die Abgrenzung zu den Niederlanden im Ems-Dollart-Raum, vgl. *Khan* 416 ff, 429 ff, 583; *Hertel* Vergessene Grenzen in der Nordsee, in *Talmon* (Hrsg.) Über Grenzen (2012) 117, 120 ff; *Lagoni* Archiv des Völkerrechts **50** (2012) 348.

68 BGBl. I 778, 786.

69 RegE BT-Drs. 17/5319 13, 18, 20 f; *Alt* MK § 327 Rdn. 9; *Schall* SK Rdn. 7, 75; § 327 Rdn. 9; *Schmitz* MK Rdn. 6; *Möhrenschlager* wistra **2011** RXXXV.

darauf ebenfalls verfehlt.[70] In ihrer Allgemeinheit und mit ihren vielfach verschachtelten Verweisungen ist sie seit jeher erheblichen Bestimmtheitsbedenken ausgesetzt. Mit der Vorschrift soll „die Weite des Begriffs“ aufgezeigt werden und eine – eigentlich nicht geglückte – Umgrenzung vorgenommen werden.[71]

4. Verwaltungsrechtliche Pflicht (Nummer 4)

16 **a) Bestimmtheit.** Die Vorschrift enthält – im Wesentlichen zur Klarstellung – eine Art „Rahmenregelung“ des Begriffs der verwaltungsrechtlichen Pflicht,[72] für welche sie in den lit. a)–e) fünf denkbare Rechtsquellen benennt. Außerhalb des Abschnitts „Straftaten gegen die Umwelt“ wird der Begriff noch in § 311 Abs. 1, Abs. 3 Nr. 2 verwendet und dort auf diese Vorschrift verwiesen. Sie ist zu begrüßen, weil sie die Möglichkeit schafft, in den Tatbeständen die verwaltungsrechtliche Pflicht als Oberbegriff zu verwenden und so unnötige Längen zu vermeiden, ohne deswegen an Bestimmtheit einzubüßen. Trotz erheblicher Bedenken gegen die Weite von Nummer 4 hinsichtlich der Schutzrichtung der jeweiligen Pflichten geht die h. M. auf der Grundlage einschränkender Auslegungsmöglichkeiten im Ergebnis von ihrer Bestimmtheit aus.[73] Von nicht zu unterschätzender Bedeutung ist dabei die Beachtung des jeweils erforderlichen Schutzzwecks der verwaltungsrechtlichen Pflicht, wie er im letzten Halbsatz der Nummer 4 beschrieben wird; seine Einhaltung muss positiv festgestellt sein. Dieser Zweck ist aus dem Schutzbereich der jeweiligen Strafnorm und ihren tatbestandlichen Modalitäten in Verbindung mit der konkreten verwaltungsrechtlichen Pflicht im Einzelfall durch Auslegung zu ermitteln. Erfasst sind Pflichten aus Vorschriften, die erkennbar zumindest mittelbar **dem spezifischen Umweltschutz dienen.**[74] Nicht erforderlich ist eine Beschränkung auf die den jeweiligen Umweltbereich unmittelbar schützende Pflichten.[75] Der Schutzzweck der einzelnen Tatbestände kann zu Einschränkungen des Anwendungsbereichs auf bestimmte Bestandteile der Umwelt führen (wie den Boden in § 324a, die Luft in § 325, den Lärm in § 325a, den Lebensraumschutz in § 329 Abs. 4). Weiter geht die Zielrichtung von Tatbeständen, die über den Schutz vor Umweltgefahren auch anderen Gefahren, wie solchen am Arbeitsplatz, für die Allgemeinheit oder die Nachbarschaft begegnen wollen. Beispiele sind die Tatbestände zum Schutz vor illegalem Umgang mit Gefahrstoffen und gefährlichen Gütern in § 328 Abs. 3.

17 Der Bestimmtheitsgrundsatz verlangt, dass Rechtsvorschriften und Verwaltungsakte **konkrete Verhaltensanweisungen** für den Rechtsunterworfenen beinhalten, der zudem als Normadressat das strafrechtlich Verbotene oder Gebotene mit hinreichender Sicherheit erkennen können muss. Allgemein gehaltene Programmsätze, auch wenn sie die Form einer Rechtsvorschrift annehmen, reichen zur Pflichtenbegründung nicht aus.[76] Im Einzelfall ist die Abgrenzung zwischen hinreichend bestimmten Pflichten und allgemein gehaltenen Regelungsgeboten schwierig, was vor allem im Bodenschutzrecht zu Tage tritt (s. § 324a Rdn. 42 ff). Generell kann von der Bestimmtheit bei bußgeldbewehrten Vorschriften ausgegangen werden, da der Gesetzgeber diese als tauglichen Anknüpfungspunkt für eine Sanktion gewertet hat. Dies schließt nicht aus,

---

70 So auch *Triffterer* 252.

71 BT-Drs. 8/2382 27.

72 Begr. RegE BT-Drs. 12/192 31.

73 *Schmitz* MK Rdn. 23 (mit der Beschränkung der Alternative von Gefahren auf solche, die typischerweise mit einer tatbestandsmäßigen Handlung verbunden sind); *Sch/Schröder/Heine/Schittenhelm* Rdn. 13, 20; *Schall* SK Rdn. 11 f; *SSW/Saliger* Rdn. 10 ff; *Fischer* Rdn. 5.

74 Reg BT-Drs. 12/192 17 (zum Bodenschutz); *Ransiek* NK Rdn. 2; *Sch/Schröder/Heine/Schittenhelm* Rdn. 22; *Saliger* SSW Rdn. 10; *Szesny* AnwK Rdn. 3; *Matt/Renzikowski/Rettenmaier/Gehrmann* Rdn. 7; *Franzheim/Pfohl* Rdn. 162, 444; *J. Martin* Sonderdelikte 60.

75 So aber *Schall* SK Rdn. 23 f; *ders.* Festschrift Küper 505, 515 f; *Kemme* 245 ff; noch enger *Michalke* 88 (Beschränkung auf Pflichten, die sich aus den für die Strafbestimmung spezifischen Umweltrechtsvorschriften ergeben).

76 RegE BT-Drs.12/192 31.

bei einzelnen Bußgeldtatbeständen gleichwohl zur nicht ausreichenden Bestimmtheit zu gelangen. Ein umstrittenes Beispiel ist das bloße Zuwiderhandeln gegen Gebote oder Verbote einer Satzung zum Anschluss- und Benutzungszwang.[77]

b) Rechtsvorschrift (lit. a). Dazu gehören Gesetze des Bundes oder der Länder, weiter die hier zahlreichen Rechtsverordnungen (wie die diversen BImSchV) und Satzungen kommunaler Gebietskörperschaften. Sie komplettieren die einschlägigen (teilweisen) Blankettstraftatbestände wie etwa in den §§ 324a, 325, 325a, 326 Abs. 3, § 328 Abs. 3, § 329 Abs. 4. Dazu können aber auch direkt, d. h nach Art. 288 AEUV unmittelbar anwendbare Bestimmungen aus Verordnungen der Europäischen Union (oder ihrer Vorgänger EWG, EG) gehören.[78] Die Voraussetzungen der Strafbarkeit sowie Art und Maß der Sanktion müssen aus ihnen hinreichend deutlich hervorgehen. Verweisungen auf EU-Verordnungen sind insoweit unproblematisch, falls es sich um sog. **statische Verweisungen** handelt, in denen der Gesetzgeber sich den Inhalt von Rechtsvorschriften in der Fassung zu eigen macht, wie sie bei Erlass des Gesetzes galt.[79] Hingegen werden **dynamische Verweisungen** vielfach als im Widerspruch zu Art. 103 Abs. 2 GG stehend für unzulässig gehalten.[80] Die Rechtsprechung des BVerfG beurteilt sie ebenfalls vorwiegend skeptisch und gibt lediglich zu erkennen, sie könnten in einem eng begrenzten Rahmen den verfassungsrechtlichen Anforderungen genügen, soweit sie sich im Rahmen der Prinzipien von Rechtsstaatlichkeit, Demokratie, Bundesstaatlichkeit und grundrechtlichen Gesetzesvorbehalten bewegen.[81] Dieser recht vage und wenig richtungsweisende Hinweis, der auch bislang in keinem Fall – und insb. nicht in einem solchen des Strafrechts – zur Anerkennung einer dynamischen Verweisung geführt hat, lässt diese als Mittel der Strafrechtssetzung und damit als Grundlage verwaltungsrechtlicher Pflichten ungeeignet erscheinen. 18

Nicht zu den Rechtsvorschriften gehören generell nur verwaltungsintern wirkende **Verwaltungsvorschriften.**[82] Diese Auffassung ist hinsichtlich TA Luft und TA Lärm zwar für die verwaltungsrechtliche Praxis überholt, weil ihnen inzwischen vom BVerwG als „normkonkretisierende Verwaltungsvorschrift" eine die Gerichte prinzipiell bindende Außenwirkung zuerkannt worden ist.[83] In der Literatur bleibt dies jedoch weiterhin umstritten.[84] Als Grundlage für eine Bestrafung können sie unmittelbar nicht dienen, weil sie weder Gesetze im materiellen Sinne darstellen noch als unmittelbar an den Normadressaten gerichtete Verwaltungsakte nach lit. c) gelten können. Unbenommen bleibt aber eine mittelbare Wirkung, etwa über die Festlegung von Grenzwerten der TA Luft oder der TA Lärm in einem Genehmigungsbescheid. Ihre Nichteinhaltung kann zu einem Handeln ohne die erforderliche Genehmigung und so zu einer Verletzung verwaltungsrechtlicher Pflichten führen, nämlich dem Verstoß gegen eine Rechtsvorschrift mit einem Genehmigungsvorbehalt.[85] 19

c) Gerichtliche Entscheidung (lit. b). Diese in der Praxis wenig bedeutsame Rechtsquelle kann z. B. bei verwaltungsgerichtlichen Betriebsuntersagungen im einstweiligen Rechtsschutz- 20

---

77 OLG Köln NVwZ **1994** 935; offenbar **aA** *Cornelius* Verweisungsbedingte Akzessorietät bei Straftatbeständen (2016) 332 f zu einer ähnlichen Regelung in § 7 GemO NRW; weitere Beispiele bei *Rogall* KK-OWiG § 3 Rdn. 39.

78 Vgl. z. B. BGHSt **42** 219, 221 f = NJW **1996** 3220, 3221.

79 BVerfG NJW **1978** 1475, 1476; *Böse/Heger* Europäisches Strafrecht (2013) § 5 Rdn. 64.

80 *Wagner* Akzessorietät Rdn. 570; *Böse/Gärditz* Europäisches Strafrecht (2013) § 6 Rdn. 57; *SSvHH/Satzger*² Kap. 9 Rdn. 33.

81 BVerfG NJW **1978** 1475, 1476; BVerfGE **78** 32, 36; BVerfG NJW **2016** 3648, 3652; NVwZ **2016** 675, 680.

82 BT-Drs. 8/3633 27 betr. die TA Luft.

83 BVerwG NVwZ **1995** 994; BVerwG Beschl. v. 21.3.1996 – 7 B 165/95 (juris); weitere Nachweise bei *Kloepfer* Umweltrecht § 15 Rdn. 101 f.

84 Abl. weiterhin z. B. *Koch/Hofmann*⁵ § 4 Rdn. 122 ff; *Schall* SK Rdn. 14.

85 *Schall* SK Rdn. 14, 26.

verfahren gem. § 123 VwGO eine Rolle spielen, sofern man der umstrittenen Auffassung folgt, eine solche Entscheidung richte sich gegen den Bürger und verpflichte nicht nur die Behörde, eine entsprechende Maßnahme zu ergreifen.[86] Im Hinblick auf lit. c) wird jedenfalls auch hier die Vollziehbarkeit der Entscheidung oder ihre Rechtskraft zu fordern sein,[87] zugleich aber auch ihre materielle Richtigkeit (s. Rdn. 22).

21 **d) Vollziehbarer Verwaltungsakt (lit. c).** Der Verstoß gegen einen vollziehbaren Verwaltungsakt ist als verwaltungsaktsakzessorischer Anknüpfungspunkt ein besonders häufiger Unterfall der Verletzung einer verwaltungsrechtlichen Pflicht bei daran anknüpfenden Straftatbeständen. Dazu gehören materiell als weitere, allerdings speziell geregelte Unterfälle die Verstöße gegen vollziehbare Anordnungen (§ 329 Abs. 1), Untersagungen (§§ 327, 328 Abs. 1, § 329 Abs. 2 und 3) und im Grunde genommen auch gegen vollziehbare Auflagen. Verwaltungsakt ist nach § 35 S. 1 VwVfG „jede Verfügung, Entscheidung oder andere hoheitliche Maßnahme, die eine Behörde zur Regelung eines Einzelfalls auf dem Gebiet des öffentlichen Rechts trifft und die auf unmittelbare Rechtswirkung nach außen gerichtet ist." Er „muss inhaltlich **hinreichend bestimmt** sein" (§ 37 Abs. 1 VwVfG), was im Hinblick auf Art. 103 Abs. 2 GG im besonderen Maße gilt, wenn seine Nichtbeachtung strafbewehrt ist.[88] Der Adressat muss aus dem Verwaltungsakt eindeutig erkennen können, was die Behörde von ihm fordert.[89] Ein weiteres Bestimmtheitsproblem kann sich stellen, sofern die konkret angeordnete Verhaltenspflicht sich nicht hinreichend bestimmt bereits **in der jeweils einschlägigen Ermächtigungsgrundlage wiederfindet**, sondern die Behörde dort nur allgemein zur Ergreifung „der erforderlichen Maßnahmen" aufgefordert wird. Dies genügt strafrechtlich nicht; vielmehr muss das dem Bürger abzufordernde Verhalten bereits gesetzlich annähernd festgelegt sein, damit es zu einem strafrechtlichen Normverstoß kommen kann. Andernfalls fehlte es an der Rückführbarkeit der Anordnung und damit der Strafbarkeit auf einen eindeutig belegbaren parlamentarischen Willensakt (s. näher vor § 324 Rdn. 69).

22 Während **nichtige** Verwaltungsakte (§ 44 Abs. 1 VwVfG) unbeachtlich sind, können **rechtwidrige Verwaltungsakte** verwaltungsrechtliche Wirksamkeit erlangen, sofern nicht die Voraussetzungen von Abs. 1 Nr. 5 vorliegen[90] (was bei den hier in Rede stehenden belastenden Verwaltungsakten vor allem bei solchen in Betracht kommt, bei denen ein Dritter Nutznießer der Anordnung ist). Bei Zuwiderhandlung gegen eine behördliche Anordnung lässt zwar die Nichtigkeit, nicht aber die Rechtswidrigkeit des Verwaltungsakts nach h. M. die Strafbarkeit entfallen.[91] Nach der hier vertretenen Auffassung (s. vor § 324 Rdn. 71 f) vermag eine materiell-verwaltungsrechtlich rechtswidrige Anordnung hingegen keine strafrechtswidrige Normwidrigkeit zu begründen. Denn sie ist wegen des Verstoßes gegen das Umweltrecht ungeeignet, mit hinlänglicher Verlässlichkeit die Verhältnismäßigkeit des vorgenommenen Eingriffs in die Freiheitsrechte des Bürgers zum Zwecke der Abwehr von Umweltgefahren zu belegen. Wenn zudem unklar bleiben muss, ob überhaupt materielle Umweltschutzinteressen durch die Täterhandlung verletzt werden, so reduziert sich der nachweisbare Unrechtsgehalt auf schlichten Verwal-

---

86 VGH München NVwZ **1983** 478; **aA** *Kemme* 388 f.

87 *Ransiek* NK Rdn. 3; *Sch/Schröder/Heine/Schittenhelm* Rdn. 14; *Fischer* Rdn. 7; *Witteck* BeckOK Rdn. 7; **aA** *Kemme* 390 ff.

88 BVerwGE **145** 275 = NJW **1993** 1320 Rdn. 25.

89 BVerwGE **131** 259, 263 ff.

90 Dazu *Kemme* 122 f; *Schall* SK Rdn. 33.

91 BT-Drs. 12/192 42; BGHSt **23** 86, 91 ff; **31** 314 f = NStZ **1983** 321; *Fischer* vor § 324 Rdn. 7; *Schall* SK vor § 324 Rdn. 78; *Sch/Schröder/Heine/Schittenhelm* vor § 324a Rdn. 16a, c; *Franzheim/Pfohl* Rdn. 74; *MG/Pfohl* § 54 Rdn. 130 f; *Lagemann* 110 ff; *Ocker* 233; *Odenthal* NStZ **1991** 418, 419; *Rogall* GA **1995** 299, 307 ff.

tungsungehorsam, dessen Einordnung als strafwürdiges Unrecht in solchen Fällen (ohne belegbares Erfordernis zum Umweltschutz) verfehlt erscheint.[92]

23 Ein Verwaltungsakt ist **vollziehbar**, sobald er durch Ablauf der Widerspruchs- oder Klagefrist (vgl. § 70 Abs. 1, § 74 Abs. 1 VwGO) oder durch rechtskräftige Abweisung der gegen ihn gerichteten Klage unanfechtbar und damit bestandskräftig geworden ist. Gleiches gilt, wenn gegen ihn gerichtete Anfechtungen von Gesetzes wegen gar keine aufschiebende Wirkung besitzen (§ 80 Abs. 2 Nr. 1–3 VwGO) oder diese qua Anordnung sofortiger Vollziehbarkeit (§ 80 Abs. 2 Nr. 4 VwGO) beseitigt wird. Der Gesetzgeber ging davon aus, der strafrechtliche Begriff der Vollziehbarkeit sei nicht mit dem verwaltungsrechtlichen Begriff der unmittelbaren Wirksamkeit eines Verwaltungsakts nach dessen Bekanntgabe (§ 43 VwVfG) identisch.[93] Aus ähnlichen Erwägungen, wie sie für eine notwendige Rechtmäßigkeit des Grundverwaltungsaktes sprechen, muss auch die **Anordnung sofortiger Vollziehung rechtmäßig** ergehen; andernfalls wäre nicht hinlänglich sicher festzustellen, ob die Behörde bereits jetzt aus Gründen des Umweltschutzes Gehorsam vom Bürger verlangen kann; entsprechender Ungehorsam kann dann nicht strafwürdig sein.[94]

24 **e) Vollziehbare Auflagen (lit. d).** Dazu gehört die sog. echte Auflage (als akzessorischer Verwaltungsakt) in gleicher Weise wie eine belastende Nebenbestimmung zu einem begünstigenden Verwaltungsakt (§ 36 Abs. 2 Nr. 4 VwVfG). Eine solche Auflage ist als belastende Nebenbestimmung isoliert verwaltungsprozessual anfechtbar. Der Suspensiveffekt bezieht sich dann nur auf die Nebenbestimmung, nicht auf die gesamte Begünstigung.[95] Als „Auflagen" bezeichnete Nebenbestimmungen in einem privatrechtlichen Vertrag sind, selbst wenn mit einem Hoheitsträger abgeschlossen, keine Auflagen i. S. v. lit. d).[96] Zum Rechtmäßigkeitserfordernis gilt das zu lit. c) Gesagte (Rdn. 22).

25 **f) Öffentlich-rechtlicher Vertrag (lit. e).** Zunehmend werden in der Verwaltungspraxis von Umweltbehörden Rechtsverhältnisse in öffentlich-rechtlichen Verträgen gemäß § 54 S. 1 VwVfG kooperativ geregelt. Um Straflosigkeit durch die Wahl dieser Alternative zu vermeiden, hat der Gesetzgeber des 2. UKG, dem Bundesrat folgend und Stellungnahmen in der öffentlichen Anhörung aufgreifend, diese Alternative in den Kreis der verwaltungsrechtlichen Pflichten aufgenommen.[97] Eine zu weitreichende Strafbarkeit bei Verletzung freiwillig eingegangener überobligatorischer Pflichten wird dadurch verhindert, dass nur eine solche Pflicht strafrechtlich relevant ist, die auch durch Verwaltungsakt hätte auferlegt werden können.[98] Als Pendant zu § 44 VwVfG enthält § 59 VwVfG eine eigene **Nichtigkeitsregelung**, die in Absatz 2 für subordinationsrechtli-

---

92 *Arnhold* JZ **1977** 789 f; *Bergmann* 155 ff, 179 ff; *Haaf* 273 ff, 288; *Lenk* 109 ff, 126; *Ransiek* NK Rdn. 46; *Saliger* Umweltstrafrecht Rdn. 115 (bei materieller, nicht formeller Rechtswidrigkeit); *Schmitz* MK Rdn. 88 ff; *Szesny* AnwK Rdn. 57; *Kühl* Festschrift Lackner 843 ff; *Perschke* wistra **1996** 161, 164 f; *Rengier* BT § 47 Rdn. 17; *Wüterich* NStZ **1987** 106, 108 f; *Heghmanns* 317 ff.

93 Bericht des BT-Rechtsausschusses, BT-Drs. 8/3633 31 (betr. vollziehbare Untersagung unter Bezugnahme auf BGHSt **23** 86, 91 f = NJW **1969** 2023, 2025); näher zur Problematik *Schmitz* Verwaltungshandeln und Strafrecht (1992) 119 ff, 132 f mit dem Ergebnis einer Duldungspflicht der Behörde bei Möglichkeit eines Widerspruchs; *Kemme* 407 ff.

94 *Heghmanns* 325 ff.

95 Zur isolierten Anfechtbarkeit mit Bezugnahme auf die Rechtsprechung des BVerwG; zum Suspensiveffekt und zur Abgrenzung von Bedingungen *Stelkens/Bonk/Sachs/Stelkens* VwVfG, 9. Aufl. (2018) § 36 Rdn. 54, 64, 82 ff, 86 f; *Maurer* Allgemeines Verwaltungsrecht, 19. Aufl. (2017) § 12 Rdn. 4, 10, 18, 26 ff, 28; *Kemme* 414 ff.

96 StA Hannover NStZ **1987** 175 (zu § 325 Abs. 1 Nr. 2 a. F. und „Auflagen" in einem Mietvertrag mit der Stadt über ein Gelände für ein Open-Air-Konzert).

97 BT-Drs. 12/192 42; 12/7300 25.

98 BT-Drs. 12/192 45; 12/7300 25; statt auf auferlegt werden „können", wäre richtiger auf entsprechendes „Dürfen" abzustellen, vgl. *Schmitz* MK Rdn. 18; *Sch/Schröder/Heine/Schittenhelm* Rdn. 19; *Kemme* 446.

che Verträgen i. S. v. § 54 S. 2 VwVfG auch auf Nichtigkeitsgründe beim Verwaltungsakt zurückgreift. Ist ein öffentlich-rechtlicher Vertrag **rechtswidrig**, aber nicht nichtig, so bleibt er – ähnlich wie ein rechtswidriger nicht nichtiger Verwaltungsakt – zwar verwaltungsrechtlich wirksam,[99] kann aber nach der hier vertretenen Auffassung aus den o. g. Gründen ebensowenig wie ein Verwaltungsakt strafbegründend wirken (s. Rdn. 22). Allerdings bleiben an dieser Stelle wegen der freiwilligen Unterwerfung des Bürgers einschränkend solche Fehler des Vertrages unbeachtlich, welche die materielle Rechtmäßigkeit der Pflichtenauferlegung nicht in Frage stellen.[100]

26 Vornehmliche Anwendungsbereiche sind Sanierungsverträge zur Altlastenbeseitigung im Bodenschutzrecht (vgl. § 13 Abs. 4 BBodSchG)[101] und der Bereich des Immissionsschutzes.[102] Beispiel wäre ein Vertrag zwischen Betriebsinhaber und Gemeinde über die Förderung einer Betriebserweiterung in Verbindung mit einem Einvernehmensvorbehalt für Bauzwecke zur Vermeidung der Erhöhung bestehender Immissionen für die Nachbarschaft.[103] Weiter ist der sog. Vertragsnaturschutz zu nennen.[104] Nach § 3 Abs. 3 BNatSchG soll bei Maßnahmen des Naturschutzes geprüft werden, ob der Zweck mit angemessenem Aufwand auch durch vertragliche Vereinbarungen erreicht werden kann. So kann etwa eine Gemeinde mit einer Naturschutzbehörde zum Ausgleich eines planungsbedingten Eingriffs vertraglich die Bereitstellung von Flächen vereinbaren.[105] Nach § 32 Abs. 4 BNatSchG darf die Unterschutzstellung von Natura 2000-Gebieten durch Rechtsverordnung unterbleiben, wenn vertragliche Vereinbarungen einen gleichwertigen Schutz gewährleisten. § 21 Abs. 4 BNatSchG ermöglicht es zudem, die erforderlichen Flächen für einen Biotopverbund nicht nur durch Erklärung zu geschützten Teilen nach § 223 BNatSchG oder durch planungsrechtliche Festlegungen zu sichern, sondern auch durch langfristige vertragliche Vereinbarungen.

5. Rechtsmissbrauchsklausel (Nummer 5)

27 **a) Anwendungsbereich.** Diese **hochproblematische Bestimmung** will mittels einer Gleichstellungsklausel das Handeln in Ausübung bestimmter rechtsmissbräuchlich erlangter verwaltungsrechtlicher Gestattungen einem Handeln ohne Gestattung gleichsetzen. Sie ist gleichfalls durch das 2. UKG eingefügt worden,[106] war jedoch im Entwurf dieses Gesetzes noch gar nicht vorgesehen gewesen.[107] Vielmehr tritt sie erstmals in den Materialien im Bericht des Rechtsausschusses in Erscheinung.[108] Danach hat der Ausschuss beschlossen, ausgehend von dem damals engeren § 34 Abs. 8 AWG (heute §§ 17 Abs. 6, 18 Abs. 9 AWG)[109] für das Umweltstrafrecht eine entsprechende Regelung einzuführen. Gleichartige Regelungen finden sich in § 16 Abs. 4

---

99 *Stelkens/Bonk/Sachs/Bonk/Neumann/Siegel* § 50 VwVfG Rdn. 3; *Schall* SK Rdn. 37; *Kemme* 447 f.
100 *Schmitz* MK Rdn. 19, *Sch/Schröder/Heine/Schittenhelm* Rdn. 19.
101 *Kemme* 434 ff; *Stelkens/Bonk/Sachs/Bonk/Neumann/Siegel* § 54 VwVfG Rdn. 150; *Frenz/Heßler* NVwZ **2001** 13 f.
102 *Koch/Hofmann/Reese/Ramsauer* Rdn. 136; *Kemme* 438 ff, 441 (zu einem Vertrag über die Einhaltung von Grenzwerten für Benzol und Gesamtkohlenwasserstoffe an einer Tankwagenbefüllstelle).
103 BVerwGE 84 236 = NVwZ **1990** 665, 667; *Stelkens/Bonk/Sachs/Bonk/Neumann/Siegel* § 54 VwVfG Rdn. 150.
104 *Kloepfer* Umweltrecht Rdn. 1626 ff; *Stelkens/Bonk/Sachs/Bonk/Neumann/Siegel* § 54 VwVfG Rdn. 63; *Koch/Hofmann/Reese/Ramsauer* Rdn. 136.
105 BVerwGE **104** 353 = NVwZ **1997** 1216, 1218; *Stelkens/Bonk/Sachs/Bonk/Neumann/Siegel* § 54 VwVfG Rdn. 63; *Koch/Hofmann/Reese/Ramsauer* Rdn. 136.
106 Die zunächst von § 330d verkündete Fassung im 2. UKG (BGBl. 1994 I S. 1440) musste am 20.2.1995 wegen eines Satzbaufehlers berichtigt werden (BGBl. 1995 I 249).
107 Begr. RegE BT-Drs. 12/192 6.
108 BT-Drs. 12/7300 13, 25.
109 Hierzu *Wimmer* JZ **1993** 67; *Tiedemann* Festschrift Spendel 598 f; *Paeffgen* Festschrift Stree-Wessels 608; *Steindorf* Festschrift Salger 167, 182 f.

CWÜAG sowie in § 95 Abs. 6 AufenthG.[110] Betroffen sind mit Genehmigungen, Planfeststellungen und sonstigen Zulassungen alle Fälle begünstigender Verwaltungsakte, nicht jedoch belastende.[111] Wegen ihres Wortlauts soll die Regelung nicht auf behördliche Duldungen anwendbar sein,[112] was jedoch angesichts der Auffangkategorie „sonstiger Zulassungen" zumindest dann nicht zutreffen dürfte, wenn diese als Verwaltungsakt gelten können.[113] Zur Anwendung kann sie überall dort gelangen, wo ein Handeln ohne Genehmigung entweder explizit unter Strafandrohung steht (z. B. in den §§ 327, 328 Abs. 1), wo es bei der „Verletzung verwaltungsrechtlicher Pflichten" um ein Genehmigungserfordernis geht (etwa in den §§ 325, 328 Abs. 3) oder wo eine Genehmigung ein „unbefugtes" Verhalten auszuschließen vermag (z. B. bei § 324).[114] Die Regelung bleibt allerdings auf den Abschnitt „Straftaten gegen die Umwelt" (und auf § 311 qua Verweis in dessen Absatz 1) beschränkt.[115] Auch kommt eine Ausdehnung auf weitere Fälle rechtsmissbräuchlichen Handelns wie die Ausnutzung einer offenkundig veralteten oder überholten behördlichen Zulassung oder auf den Fall der Kenntnis der Rechtswidrigkeit nicht in Betracht.[116]

Nach h. M. sollen zudem nur zugleich **materiell rechtswidrige Verwaltungsakte** erfasst **28**
werden,[117] was sich indessen weder aus dem Wortlaut ableiten[118] noch sonst tragfähig begründen lässt. Wenn auch ansonsten die Frage von Rechtmäßigkeit oder Rechtswidrigkeit begünstigender Erlaubnisse strafrechtlich keine Rolle spielt, so ist nicht erkennbar, warum dies hier anders sein sollte, wo es ersichtlich alleine auf das fehlerhafte Zustandekommen der Erlaubnis ankommt. Zudem wäre gerade der kritische Bereich derjenigen Tätigkeiten, die zwar genehmigungsfähig sind, auf deren Genehmigung jedoch kein Anspruch besteht, ausgeblendet, obschon gerade hier ein besonderer Anreiz für Zuwendungen oder Nötigungen gegenüber Amtsträgern besteht. Die Genehmigungsfähigkeit bekäme damit eine Rolle zugewiesen, die sie sonst nicht besitzt. Der Verweis auf den Rechtsgedanken des § 48 Abs. 2 S. 3 VwVfG[119] hilft zudem nicht weiter, weil es dort um den Ausschluss eines Vertrauensschutzes geht, der bei rechtmäßigen Verwaltungsakten schon deshalb keine Rolle spielt, weil insoweit nur die Rücknahme für die Zukunft (§ 49 Abs. 1 und 2 VwVfG) oder nur in solchen Fällen für die Vergangenheit zulässig ist, wo ein Vertrauensschutz keine Rolle spielen kann (§ 49 Abs. 3 VwVfG). Wenn daher § 48 Abs. 2 VwVfG eine Rechtsmissbrauchsklausel ausschließlich für rechtswidrige Verwaltungsakte vorsieht, so dürfen daraus keine Schlüsse auf einen auch hier anzuwendenden Grundsatz gezo-

---

110 Dazu BGHSt **57** 239 = NStZ **2012** 644.

111 *Schmitz* MK Rdn. 30; *Sch/Schröder/Heine/Schittenhelm* Rdn. 23; *Schall* SK Rdn. 44; *SSW/Saliger* Rdn. 18; *Matt/Renzikowski/Rettenmaier/Gehrmann* Rdn. 10; *Paetzold* NStZ **1996** 170 f; *Weber* Festschrift Hirsch 795, 800 f; *Wohlers* JZ **2001** 855 f.

112 *Schmitz* MK Rdn. 30; *Sch/Schröder/Heine/Schittenhelm* Rdn. 23; *SSW/Saliger* Rdn. 18; *Witteck* BeckOK Rdn. 12; *Paetzold* NStZ **1996** 170 f; *Rogall* NJW **1995** 922, 924; *Wohlers* JZ **2001** 850, 854.

113 *Ransiek* NK § 324 Rdn. 37; *Schall* SK Rdn. 46; *Wegener* NStZ **1998** 608, 609 (dort Fn. 22).

114 *Schmitz* MK Rdn. 28; *Ransiek* NK Vor § 324 Rdn. 49; *Sch/Schröder/Heine/Schittenhelm* Rdn. 23; *Schall* SK Rdn. 44; *SSW/Saliger* Rdn. 18; *Witteck* BeckOK Rdn. 11; *Sack* § 324 Rdn. 62a; *Fenner* 30 f; *Kemme* 315; *Paetzold* NStZ **1996** 170 f; *Ries* 40 ff, 47 ff; *U. Weber* Festschrift Hirsch 795, 798 f; *Wegener* NStZ 1998 **608**, 609 f; **aA** *Jünemann* Rechtsmissbrauch 149 ff, 155 ff; *Perschke* wistra **1996** 161, 166.

115 *Schmitz* MK Rdn. 28; Vor § 324 Rdn. 80, 84; *Sch/Schröder/Heine/Schittenhelm* Rdn. 23; *Schall* Rdn. 42 f; vor § 324 Rdn. 64; *SSW/Saliger* Rdn. 16; *Paetzold* NStZ **1996** 170 f; *Perschke* wistra **1996** 161, 165; für weitere Beschränkung auf Tatbestände, die auf ein Verhalten ohne die erforderliche Genehmigung abstellen, *Wagner* Rdn. 753.

116 *Ransiek* NK vor § 324 Rdn. 49; *Sch/Schröder/Heine/Schittenhelm* Rdn. 25; *SSW/Saliger* Rdn. 16; *Schall* SK Rdn. 43; *Sack* § 324 Rdn. 62a; vgl. ferner den in BT-Drs. 12/7300 25 abgelehnten anderslautenden SPD-Antrag.

117 *Schmitz* MK Rdn. 32; *Ransiek* NK Rdn. 4; *Sch/Schröder/Heine/Schittenhelm* Rdn. 30; *Schall* SK Rdn. 44, 48; *Szesny* AnwK Rdn. 10; *Fenner* 32 ff; *Kemme* 314; *Möhrenschlager* NStZ **1994** 513, 519; *Ries* 104, 158; *Rogall* GA **1995** 299, 318; *Wimmer* JZ **1993** 67, 72; vgl. auch *Baumann/Weber/Mitsch/Eisele/Mitsch* AT § 15 Rdn. 166 mit Ausschluss der rechtfertigenden Wirkung selbst bei einer verwaltungsrechtskonformen Genehmigung, wenn diese durch Drohung usw. erwirkt worden ist.

118 *Steindorf* LK[11] Rdn. 6.

119 So *Schall* SK Rdn. 48.

gen werden. Die Regelung des Nummer 5 hat daher **ebenso für rechtmäßige Verwaltungsakte** zu gelten.

29 **b) Kritik.** Wenngleich das Motiv der Regelung, rechtsmissbräuchliches Verhalten zu erfassen, kriminalpolitisch sinnvoll erscheint,[120] so ist gleichwohl der gewählte Weg verfehlt. Die Regelung löst sich von einer strengen Verwaltungsaktsakzessorietät, denn nach § 43 Abs. 2, 3 VwVfG sind auch rechtsmissbräuchlich erlangte Verwaltungsakte, soweit nicht nichtig, grundsätzlich wirksam; sie sind nach § 48 VwVfG nur mit Wirkung für die Vergangenheit rücknehmbar, eine strafrechtlich wegen des Rückwirkungsverbots nicht mögliche Lösung. Damit bewirkt Nummer 5 einen **Widerspruch zwischen Straf- und Verwaltungsrecht**: Ein Verhalten wird wirksam genehmigt, die Ausübung der Genehmigung jedoch unter Strafe gestellt. Das widerspricht dem grundsätzlich akzessorischen Charakter des Strafrechts gegenüber dem sachlich zur Regelung berufenen Umweltverwaltungsrecht und gefährdet die Einheit der Rechtsordnung. Angesichts dieser Auswirkungen handelt es sich bei Nummer 5 um eine ungeeignete und damit unverhältnismäßige Regelung des Strafrechts. Um sein richtiges Ziel zu erreichen, hätte der Gesetzgeber zwei andere Wege wählen können: Zum einen hätte eine entsprechende Regelung in das Primärrecht, d. h. in die §§ 43 ff VwVfG aufgenommen werden können (was zugleich den Vorteil einer flächendeckenden Erfassung bedeutet hätte, gegen die schließlich keine durchgreifenden Einwände ersichtlich sind). Zum anderen hätte der Gesetzgeber das ausdrücklich tun können, was Nummer 5 nur implizit enthält, nämlich die strafrechtliche Sanktionierung des Erschleichens einer Genehmigung durch Nötigung, Bestechung, Kollusion oder Täuschung in einem entsprechenden Straftatbestand zu verankern. Ob eine auf § 330d Abs. 1 Nr. 5 gestützte Verurteilung auch verfassungsrechtlicher Prüfung standhält, muss vor diesem Hintergrund bezweifelt werden.[121]

30 **c) Die einzelnen Fälle des Rechtsmissbrauchs.** Die gesetzgeberische Entscheidung, sich bei der Umschreibung bestimmten rechtsmissbräuchlichen Verhaltens an § 48 Abs. 2 S. 3 Nr. 1, 2 VwVfG anzulehnen,[122] mag für die Auslegung zwar eine gewisse Rolle spielen; die Verwendung strafrechtlich genutzter Termini wie Drohung und Bestechung erzwingt aber zumindest insoweit schon aus systematischen Gründen ein strafrechtlich dominiertes Verständnis.

31 Der Begriff der **Drohung** ist, wie in den §§ 240, 253 explizit beschrieben, als das Inaussichtstellen eines **empfindlichen Übels** zu verstehen. Zwar liefert Nummer 5 gerade keinen textlichen Hinweis darauf, womit zu drohen ist. Jedoch hat die Drohung zum einen ein ausreichendes Gewicht zu enthalten, um das Genehmigungsverhalten überhaupt signifikant zu modifizieren, zum anderen wären Drohungen unterhalb der genannten Schwelle ungenügend, um zur Strafwürdigkeit trotz wirksamer Genehmigung zu gelangen.[123]

32 Als **Bestechung** ist der in § 334 Abs. 1 genannte Unterfall einer erfolgreichen Bestechung zu verstehen, weshalb insoweit auf die Erläuterungen dazu verwiesen werden kann. Da es hier einer Verletzung der Dienstpflichten durch die Genehmigungserteilung bedarf, ist an dieser Stelle ausnahmsweise (zum Regelfall s. Rdn. 28) zusätzlich die **Rechtswidrigkeit der erteilten Genehmigung** erforderlich.

---

120 *Schall* SK Rdn. 40; *ders.* Festschrift Otto 743, 749 f; *SSW/Saliger* Rdn. 15; ferner *Matt/Renzikowski/Rettenmaier/Gehrmann* Rdn. 10 (Vorrang materieller Gerechtigkeit vor formaler Rechtssicherheit); krit. *Ransiek* NK vor § 324 Rdn. 47 (insbesondere, wenn Verwaltungsakt trotz Einsatzes verbotener Mittel genehmigungsfähig ist; ähnlich zu diesem Fall *Rogall* GA **1995** 299, 317 ff.).

121 Näher *Heghmanns* 209 ff; kritisch auch *Ransiek* vor § 324 Rdn. 47; *Breuer* JZ **1994** 1077, 1099 f; *Breuer/Gärditz* 4. Aufl. (2017) Kap. 8 Rdn. 1605 f.

122 BT-Drs. 12/7300 25.

123 *Schmitz* MK Rdn. 35; *Schall* SK Rdn. 53.

Der im Strafgesetz erstmals verwendete Begriff der **Kollusion** ist insofern unglücklich, als er als spezifisch juristischer Fachbegriff für den Normadressaten im Zweifel unverständlich bleibt. Eine andere Umschreibung wäre daher vorzugswürdig gewesen.[124] Aufbauend auf BGHSt 39 381, 387 setzt Kollusion ein **pflichtwidriges, auf gemeinsamen Rechtsbruch gerichtetes Zusammenwirken** zwischen dem seine Position missbrauchenden Amtsträger und dem dies initiierenden oder zumindest bewusst ausnutzenden Genehmigungs-/Zulassungsempfänger voraus.[125] Beiderseitige Kenntnis der Rechtswidrigkeit des Verwaltungsakts stellt noch keine Kollusion dar,[126] vielmehr bedarf es einer Art Unrechtspakt zwischen dem Amtsträger und dem Antragsteller. Ausreichend ist ein kollusives Zusammenwirken mit dem Amtsträger einer anderen Behörde oder einem privaten Sachverständigen, der Amtsträger i. S. v. § 11 Abs. 1 Nr. 2c ist und dessen unrichtige Stellungnahme von dem zuständigen Amtsträger für seine Entscheidung über die Genehmigung übernommen wird.[127] 33

Beim **Erschleichen** durch unrichtige oder unvollständige Angaben ist abweichend von § 48 Abs. 2 S. 3 Nr. 2 VwVfG[128] vorsätzlich zielgerichtetes Falschinformieren erforderlich.[129] In dem Erfordernis der Ursächlichkeit für den Erlass des begünstigenden Verwaltungsakts liegt gleichzeitig, dass den falschen oder unvollständigen Angaben eine Erheblichkeit für die Entscheidung zukommen muss.[130] Wird später die Unrichtigkeit erkannt, die Behörde gleichwohl darüber nicht aufgeklärt, so liegt in diesem Unterlassen kein Erschleichen mehr.[131] 34

Generell müssen alle rechtsmissbräuchlichen Handlungen **zielgerichtet** erfolgen[132] und **kausal** für den Erlass des begünstigenden Verwaltungsakts werden.[133] Rechtsmissbräuchliches Verhalten Dritter ist dem Inhaber der Zulassung jedenfalls dann zuzurechnen, wenn er durch Mittäterschaft, Anstiftung oder Beihilfe oder als Garant nach § 13 StGB daran beteiligt ist oder die Voraussetzungen des § 14 StGB vorliegen.[134] Dies gilt auch für einen Rechtsnachfolger, der von dem rechtsmissbräuchlichen Verhalten seines Vorgängers Kenntnis erlangt hat.[135] 35

---

124 *Schmitz* MK Rdn. 39; *Schall* SK Rdn. 56.

125 BGHSt **39** 381, 387; BT-Drs. 12/7300 25; OLG Jena NZWiSt **2017** 480 = wistra **2018** 52, 55; *Schmitz* MK Rdn. 39 f; *Ransiek* NK Rdn. 5; *Sch/Schröder/Heine/Schittenhelm* Rdn. 37 f; *Schall* SK Rdn. 56 f; *SSW/Saliger* Rdn. 20; *Fischer* Rdn. 12; *Matt/Renzikowski/Rettenmaier/Gehrmann* Rdn. 13; *Witteck* BeckOK Rdn. 13; *Szesny* AnwK Rdn. 10; *Fenner* 210; *Jünemann* 137; *Paetzold* NStZ **1996** 170, 172 f; *Rogall* GA **1995** 299, 318 f; krit. *Breuer/Gärditz* 4. Aufl. (2017) Kap. 8 Rdn. 1605 f.

126 OLG Jena NZWiSt **2017** 480; *Schmitz* MK Rdn. 40; *Sch/Schröder/Heine/Schittenhelm* Rdn. 38; *Schall* SK Rdn. 56 f; *Fischer* Rdn. 12; *Möhrenschlager* NStZ **1994** 513, 515; *Ries* 130 f.

127 OLG Jena NZWiSt **2017** 480; *Schmitz* MK Rdn. 40 f; *Schall* SK Rdn. 57; *Sch/Schröder/Heine/Schittenhelm* Rdn. 38; *SSW/Saliger* Rdn. 20; weitergehend hinsichtlich sonstiger Sachverständiger *Ransiek* NK Rdn. 5.

128 Verwaltungsrechtlich ist nicht entscheidend, ob die fehlerhaften Angaben schuldhaft gemacht worden sind, *Knopp/Ramsauer* § 48 VwVfG Rdn. 119; *Stelkens/Bonk/Sachs* § 48 VwVfG Rdn. 156 m. w. N. aus der Rspr.

129 *Schmitz* MK Rdn. 44; *Schall* SK Rdn. 58; *SSW/Saliger* Rdn. 19; *Wimmer* JZ **1993** 67, 72 (zu § 34 Abs. 8 AWG).

130 *Schmitz* MK Rdn. 43; *Ransiek* NK Rdn. 4; *Schall* SK Rdn. 58; *Sch/Schröder/Heine/Schittenhelm* Rdn. 32; *Fenner* 251 ff; 257 ff; *Paeffgen* Festschrift Stree/Wessels 587, 602 f.

131 *Schall* SK Rdn. 58; *Schmitz* MK Rdn. 43; **aA** *Sch/Schröder/Heine/Schittenhelm* Rdn. 36; *Fenner* 273 ff.

132 OLG Jena NZWiSt **2017** 480 = wistra **2018** 52, 55; *Schmitz* MK Rdn. 44: *Sch/Schröder/Heine/Schittenhelm* Rdn. 36; *Schall* SK Rdn. 50; *Fenner* 257 ff; *Jünemann* 175 f; verwaltungsrechtlich *Stelkens/Bonk/Sachs* § 48 VwVfG Rdn. 150 m. w. N.; BT-Ausschussbericht BT-Drs. 12/7300 25 (vorsätzliches Handeln).

133 *Schmitz* MK Rdn. 33; *Sch/Schröder/Heine/Schittenhelm* Rdn. 31; *Schall* SK Rdn. 49; *Jünemann* 167 f; *Rogall* GA **1995** 299, 318; *Wimmer* JZ **1993** 67, 72.

134 *Schmitz* MK Rdn. 45; *Sch/Schröder/Heine/Schittenhelm* Rdn. 39; *Schall* SK Rdn. 59; *ders.* Festschrift Otto 743, 755 f; *SSW/Saliger* Rdn. 21; *Fenner* 156, 162; in diese Richtung auch *Knopp/Ramsauer* § 48 VwVfG Rdn. 114, 120.

135 *Schall* SK Rdn. 60; *ders.* Festschrift Otto 743, 755 f; *Ransiek* NK Rdn. 4; *Jünemann* 124 ff, 168, 177 f; *U. Weber* Festschrift Hirsch 795, 801 ff; näher *Schmitz* Rdn. 46; weniger weitgehend *Sch/Schröder/Heine/Schittenhelm* Rdn. 39; *Fenner* 151 ff; *Paezoldt* NStZ **1996** 170, 173; *Ries* 135 ff.

II. Die Begriffsbestimmungen in Absatz 2

1. Hintergrund

36 Absatz 2 dient der Umsetzung von Art. 3 i. V. m. Art. 2 lit. a) der umweltstrafrechtlichen Richtlinie 2008/99/EG. Nach Art. 2 lit. a) der RL gilt als „rechtswidrig“ i. S. d. von den Mitgliedstaaten zu sanktionierenden Straftaten ein Verstoß gegen einen im Anh. A oder B der RL aufgeführten oder sonst nach dem EG- oder Euratom-Vertrag erlassenen Rechtsakt oder gegen ein Gesetz, eine Verwaltungsrechtsvorschrift eines EU-Mitgliedstaates oder eine Einzelentscheidung der Behörde eines solchen Staates zur Umsetzung der zuvor genannten EU-Rechtsakte. Mit Absatz 2 sollte diese Verpflichtung bei Straftaten in einem anderen EU-Mitgliedstaat umgesetzt werden, was aber in der vom Gesetzgeber beschlossenen Art und Weise durch eine im Vergleich mit Absatz 1 andersartige Gleichstellungsklausel nicht als voll geglückt angesehen werden kann.

2. Anwendungsbereich

37 Nach seinem Wortlaut ist Absatz 2 nur anwendbar auf Straftaten nach den § 311 (s. dort Abs. 1), §§ 324a, 325, 326, 327 und 328. Zu Irritationen führt die Nichterwähnung der §§ 324, 325a und 329. Der Gesetzgeber ist jedoch davon ausgegangen, jedenfalls bei Gewässerverunreinigungen genüge § 324 den Anforderungen von Art. 3 lit. a) RL.[136] **§ 324** ist darüber hinaus sogar anwendbar auf entsprechende außerhalb der EU begangene Straftaten (s. Rdn. 12 f; § 324 Entstehungsgeschichte). Die Anwendbarkeit des § 324 auf Straftaten in der EU ist auch gedeckt durch eine Art. 3 lit. a) RL entsprechende Auslegung.[137] **§ 325a** wurde wohl deshalb nicht erwähnt, weil hierzu nach den Art. 3 ff RL kein Handlungsbedarf für eine Umsetzung bestand.[138] Trotzdem werden von Teilen der Literatur Straftaten nach § 325a in den Anwendungsbereich von Absatz 2 einbezogen, was jedoch zu weit geht.[139] Weiter umstritten ist auch die Anwendbarkeit auf **§ 329** (insb. Absatz 4). Hier erlaubt die generelle Bezugnahme auf die europäischen Natura 2000-Gebiete und der Hinweis auf die Einbeziehung von § 329 Abs. 4 im RegE – trotz der Nichterwähnung im Text[140] – im Wege einer richtlinienkonformen Auslegung zu Art. 3 f i. V. m. Art. 2 lit. b), i) und c) RL die Anwendung von Absatz 2 (§ 329 Rdn. 66).[141]

---

136 RegE BT-Drs. 17/5391 10 f, 12.

137 *Schmitz* MK Rdn. 60; *Ransiek* NK Rdn. 7; *Sch/Schröder/Heine/Schittenhelm* Rdn. 40; *SSW/Saliger* Rdn. 22, 27; *Breuer/Gärditz* Kap. 8 Rdn. 1613; *Heger* HRRS **2012** 211, 218 ff; *ders.* Festschrift Kühl 669, 677 ff; *Meyer* wistra **2012** 371, 374 (nur teilweise, weil die Richtlinien in Anh. A und B nicht alle Bereiche abdecken); für Erfassung ausländischer Gewässerverunreinigungen ohne richtlinienkonforme Auslegung *Lackner/Kühl/Heger* Rdn. 6.

138 *Schmitz* MK Rdn. 62; *Schall* SK Rdn. 72; *Heger* HRRS **2012** 211, 218; *Kloepfer/Heger* Rdn. 87; *Meyer* wistra **2012** 371, 373; *U. Weber* GK BImSchG § 325a Rdn. 9; *Kloepfer* Umweltrecht § 7 Rdn. 38.

139 Für Einbeziehung *Sch/Schröder/Heine/Schittenhelm* Rdn. 40; *SSW/Saliger* Rdn. 28; *Schall* SK Rdn. 73 (durch europarechtskonforme Auslegung), *Schmitz* MK Rdn. 62 f, *Meyer* wistra **2012** 371, 376; *Kloepfer/Heger* Rdn. 87); **aA** *Matt/Renzikowski/Rettenmaier/Gehrmann* § 325a Rdn. 5; *Lackner/Kühl/Heger* Rdn. 6; *Weber* GK-BImSchG § 325a Rdn. 9; *Schmitz* MK Rdn. 63 (gleichwohl für Berücksichtigung einer mitgliedschaftlichen Genehmigung aus allgemeinen Erwägungen heraus); ferner § 325a Rdn. 17.

140 Für *Kloepfer* Umweltrecht § 7 Rdn. 38 ein Redaktionsversehen; zum Entwurf s. BT-Drs. 17/5391 20 f.

141 *Sch/Schröder/Heine/Schittenhelm* Rdn. 40; *Alt* MK § 329 Rdn. 39; *Schall* SK Rdn. 73; *Matt/Renzikowski/Rettenmaier/Gehrmann* Rdn. 14; i. Erg. auch *Schmitz* MK Rdn. 60 f trotz Bedenken hinsichtlich der Anwendung von § 329 Abs. 4 auf Verstöße im EU-Ausland; **aA** *Ransiek* NK Rdn. 6; *Lackner/Kühl/Heger* Rdn. 6.

Voraussetzung ist die **Begehung in einem EU-Mitgliedstaat**[142] (auch bei Erfolgseintritt im Inland[143]). Für **außerhalb der EU begangene** Umweltstraftaten spricht sich die h. M. grundsätzlich gegen eine über § 330d hinausreichende generelle Auslandsverwaltungsrechtswidrigkeit aus.[144] Eine Strafverfolgung solcher Taten ist danach nicht möglich, soweit die nationalen Regelungen an die Verletzung verwaltungsrechtlicher Pflichten oder an Verstöße gegen Verwaltungsakte wie Untersagungen, Anordnungen oder Auflagen anknüpfen. Eine **Ausnahme für § 328 Abs. 1 Nr. 1** enthält Art. 2 AtSchÜbkG,[145] wonach „einer Genehmigung und Untersagung im Sinne des § 328 Abs. 1 Nr. 1 [...] eine entsprechende ausländische verwaltungsrechtliche Pflicht, Genehmigung und Untersagung gleich[stehen]." Damit ist die Verfolgung einer Straftat des Umgangs mit Kernbrennstoffen oder sonstigen radioaktiven Stoffen ohne die erforderliche Genehmigung oder entgegen einer vollziehbaren Untersagung, die außerhalb der EU begangen wird, im Inland möglich. Darüber hinaus kann bei Straftatbeständen, die ein „unbefugtes" Verhalten mit Strafe bedrohen (wie § 324 und § 326 Abs. 1) ebenfalls eine Strafverfolgung sowohl von innerhalb als auch außerhalb der Europäischen Union begangenen Straftaten stattfinden.[146] Dies scheitert aber, sofern eine wirksame ausländische Genehmigung vorliegt, die unter Berücksichtigung der Vorgaben des Völkerrechts und der EU anzuerkennen ist.[147] 38

3. Betroffene Rechtsinstitute und sonstige Begriffe

Absatz 1 und Absatz 2 sind bedauerlicherweise strukturell und begrifflich abweichend gestaltet worden, was im Ergebnis zu einer nicht ganz unbeachtlichen Regelungslücke führt. Absatz 2 nennt in seinen Nummern 1–7 zunächst sieben Begriffe, die zentrale Tatbestandsmerkmale in den betroffenen Strafvorschriften (Rdn. 37) darstellen. Allerdings wird die „verwaltungsrechtliche Pflicht" (Nummer 1) in Abs. 1 Nr. 4 u. a. auf **öffentlich-rechtliche Verträge** zurückgeführt. Demgegenüber verlangt Absatz 2 jedoch für verwaltungsrechtliche Pflichten (wie für alle übrigen gleichgestellten Begriffe auch) eine Begründung durch „Rechtsvorschrift [...] oder auf Grund eines Hoheitsaktes des anderen Mitgliedstaats". Verstöße gegen Bestimmungen in öffentlich-rechtlichen Verträgen anderer EU-Staaten werden daher entsprechenden inländischen Verstößen nicht gleichgestellt.[148] 39

Soweit es sich um Verstöße gegen Verwaltungsakte einschließlich Untersagungen und Auflagen handelt, ist wie in Absatz 1 auf die Vollziehbarkeit abzustellen. Ob die **Rechtsmissbrauchsregelung** des Absatzes 1 Nr. 5 im Rahmen von Absatz 2 Anwendung findet, ist umstrit- 40

142 Abzustellen ist auf die in einem EU-Mitgliedstaat als Handlungsort begangene Tathandlung, d. h. ohne Anwendung von § 9 Abs. 1 3. Alt., vgl. RegE BT-Drs. 17/5391 21; *Schmitz* MK Rdn. 50; *Ransiek* NK Rdn. 6; *Schall* SK Rdn. 65; *SSW/Saliger* Rdn. 25; *Meyer* wistra **2012** 371, 375; *Szesny/Görtz* ZUR **2012** 409.

143 *Schmitz* MK Rdn. 50; *Breuer/Gärditz* Kap. 8 Rdn. 1612 f; *Kloepfer* Umweltrecht § 7 Rdn. Rdn. 37.

144 *Schmitz* MK Rdn. 64; *Ransiek* NK Rdn. 6; *Sch/Schröder/Heine/Schittenhelm* Rdn. 19a; *Schall* SK Rdn. 74; *SSW/Saliger* Rdn. 27; *Lackner/Kühl/Heger* Rdn. 6; *Hecker* ZStW **115** (2003) 880, 890 ff; *Kemme* 459 ff; *Wimmer* ZfW **1991** 141, 146 ff.

145 Gesetz zu dem Übereinkommen v. 26.10.1979 über den physischen Schutz von Kernmaterial (AtSchÜbkG) v. 24.4.1990 (BGBl. II S. 326).

146 Zu § 324 RegE BT-Drs. 12/192 30; 17/5391 10 f; *Alt* MK Rdn. 21; *Schmitz* MK § 330d Rdn. 2; *Ransiek* NK Rdn. 5; *SSW/Saliger* Rdn. 1; *Lackner/Kühl/Heger* Rdn. 2; *Fischer* Rdn. 2a; *Witteck* BeckOK Rdn. 6; *Szesny* AnwK § 324 Rdn. 3; *Günther-Nicolay* Die Erfassung von Umweltstraftaten mit Auslandsbezug (2003) 272, 321; zu § 326 RegE, BT-Drs. 12/192 30; *Alt* MK Rdn. 4; *Schmitz* MK vor § 324 Rdn. 154 ff; *Ransiek* NK Rdn. 4; *Sch/Schröder/Heine/Schittenhelm* Rdn. 6; *Schall* SK Rdn. 8; *Lackner/Kühl/Heger* Rdn. 6; *Breuer* Der Im- und Export von Abfällen innerhalb der Europäischen Union aus umweltstrafrechtlicher Sicht (1998) 77 f, 83 ff; *Rengier* JR **1996** 34, 36; **aA** *Steindorf* LK[11] Rdn. 94.

147 BT-Drs. 17/5391 11; *Schmitz* MK Rdn. 64; vor § 324 Rdn. 157 ff; *Ransiek* NK Rdn. 7; *Schall* SK Rdn. 71.

148 *SSW/Saliger* Rdn. 26; **aA** offenbar *Schall* SK Rdn. 66 („umfassende[n] Verwaltungsakzessorietätsgleichstellung").

ten;[149] die besseren Gründe und insb. der Wortlaut sprechen dagegen. Ein anderes Resultat wird nur dort zu erzielen sein, wo bereits der andere Mitgliedstaat eine vergleichbare Regelung getroffen hat.[150] Ist nach diesen Maßstäben ein ausländischer Verwaltungsakt, etwa eine Genehmigung, rechtmäßig, so kann grundsätzlich einem ausländischen Emittenten, der sich an das Recht des Handlungsortes hält, kein Verstoß gegen deutsches Umweltstrafrecht vorgeworfen werden.[151] Weitere Voraussetzung ist eine Konformität des ausländischen Hoheitsakts mit Völker- und EU-Recht.[152]

41 Die Gleichstellung hängt nach Abs. 2 S. 2 ferner davon ab, ob mit der Anwendung des so umschriebenen Verwaltungsrechts eines anderen EU-Mitgliedstaates ein **EU-/Euratom-Rechtsakt umgesetzt** wird, der – wie in Abs. 1 Nr. 4 – dem Schutz vor Gefahren oder schädlichen Einwirkungen auf die Umwelt dient. Die Gleichstellung beschränkt sich dabei nicht auf die in Art. 2 lit. a) Ziff. i und ii RL zitierten Rechtsakte in Anh. A und B der Richtlinie. Künftige einschlägige Ergänzungen und sonstiges einschlägiges harmonisiertes EU-/Euratom-Umweltrecht sind damit generell einbezogen.[153]

4. Strafanwendungsrecht

42 Liegen die sachlichen Voraussetzungen für die Verfolgung einer **in einem EU-Mitgliedstaat begangenen Umweltstraftat** vor, so bleibt weiter zu untersuchen, ob nach dem deutschen Strafanwendungsrecht (§§ 5 ff) eine Strafverfolgung im Inland stattfinden kann.[154] Eine solche ist nach § 9 Abs. 1 3. Alt. bei Erfolgseintritt im Inland[155] und nach § 7 Abs. 2 Nr. 1 bei einer im Ausland von einem Deutschen begangenen Straftat möglich, wenn die Tat am Tatort mit Strafe bedroht ist, was vielfach auf dem Boden der mit der Umsetzung der Richtlinie angestrebten Harmonisierung des Umweltstrafrechts der Fall sein wird.[156] Auf die Tatortstrafbarkeit wird in § 5 Nr. 11a (für Taten nach § 328 Abs. 2 Nr. 3 und 4) sogar ganz verzichtet. Die Strafverfolgung von Ausländern ist bei **Tatbegehung im EU-Ausland** nur im Rahmen der stellvertretenden Strafrechtspflege (§ 7 Abs. 2 Nr. 2) möglich. Hier wird jedoch oft eine Auslieferung an den betroffenen EU-Mitgliedstaat erfolgen. Unabhängig davon kann ein Ausländer nach § 5 Nr. 11 bei einer in der deutschen AWZ begangenen Straftat nach den §§ 324, 326, 330 und 330a unter den dort genannten Voraussetzungen verfolgt werden.

---

149 Befürwortend *Sch/Schröder/Heine/Schittenhelm* Rdn. 40; *Schall* SK Rdn. 47; (für grenzüberschreitende Umweltkriminalität); *SSW/Saliger* Rdn. 17; *Kloepfer/Heger/Pfohl* 77; *Kemme* 472 f; **aA** *Szesny* AnwK Rdn. 13; *Heger* HRRS **2012** 211, 219; *ders.* ZIS **2013** 289, 291 ff.

150 *Heger* ZIS **2013** 289, 295.

151 *Pfohl* ZWH **2013** 95, 100.

152 RegE BT-Drs. 17/5391 11; *SSW/Saliger* Rdn. 27.

153 *SSW/Saliger* Rdn. 26; *Meyer* wistra **2012** 372, 374; *Möhrenschlager* wistra **2012** R XXXVI.

154 RegE BT-Drs. 17/5391 21.

155 *Schmitz* MK Rdn. 50; *Ransiek* NK Rdn. 6; *SSW/Saliger* Rdn. 25.

156 Vgl. den Hinweis im Bericht des Rechtsausschusses BT-Drs. 17/7674 18; *SSW/Saliger* Rdn. 25.

Sachregister

https://doi.org/10.1515/9783110490305-018

C

D

O